上海市志

科学分志
人文社会科学卷

1978—2010

上海市地方志编纂委员会　编

上海人民出版社

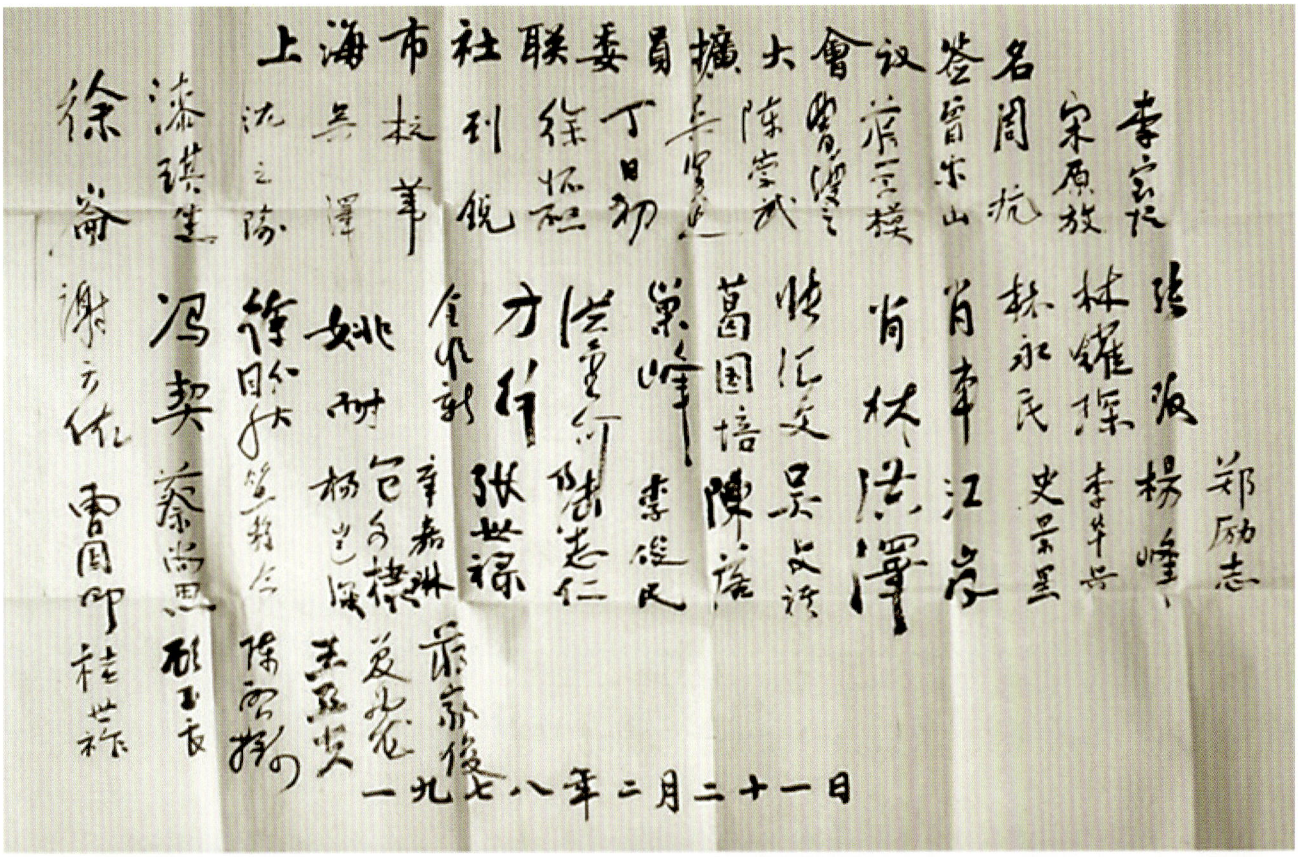

1978 年 2 月 21 日，上海社联委员会扩大会议在锦江饭店小礼堂举行，标志着社联及其所属学会正式恢复活动

2010 年 3 月 10 日，上海市社会科学界联合会第六次代表大会在友谊会堂召开

1978 年，上海社联恢复时办公地址康平路 141 号

1978 年 5 月，上海社联办公地址陕西北路 186 号

1979 年 4 月，上海社联办公地址迁至淮海中路 622 弄 7 号

20 世纪 90 年代，位于淮海中路 622 弄 7 号乙的上海社联办公大楼

20 世纪 90 年代，位于漕溪北路 41 号的上海社会科学会堂

1979 年 3 月 10—11 日，上海市教育学会召开 1978 年年会

1979 年 6 月，上海社联举办真理标准问题报告会

1983 年 3 月 18 日，上海社联举办“纪念马克思逝世一百周年座谈会”

1989 年 1 月 5—6 日，上海社联举行“纪念党的十一届三中全会十周年学术讨论会”

1993 年 4 月 28 日，上海社联召开 1988—1991 年度优秀学术成果优秀学会工作者颁奖大会

1997 年 1 月 23 日，上海社联举行第三次学会工作会议

1997 年 7 月 2 日，市委宣传部和上海社联举行上海理论界学习邓小平“一国两制”理论座谈会

1998 年 6 月 24 日，纪念上海社联成立 40 周年大会暨社会科学优秀成果颁奖大会

2002 年 4 月 30 日，上海社联和上海社会科学院联合主办发展繁荣哲学社会科学座谈会

2002 年 10 月 28 日，上海社联举办首届“上海市社会科学普及活动周”开幕式

2003 年 12 月 22 日，上海社联举办以“人文社会科学与当代中国”为主题的首届上海市社会科学界学术年会

2003 年 12 月 27 日，市委宣传部、市委党史研究室、上海社联联合召开上海市纪念毛泽东同志诞辰 110 周年学术研讨会

2004 年 6 月 2 日，东方讲坛开讲仪式在上海师范大学举行

2004 年 8 月 20—21 日，首届世界中国学论坛在上海举办

2005 年 8 月 29 日，市委宣传部、市委党史研究室、上海社联、上海社会科学院联合召开上海市纪念中国人民抗日战争胜利 60 周年理论研讨会

2010 年 11 月 28 日，上海社联、市委党校和市中国特色社会主义理论体系研究中心联合主办“马克思主义视野下的公平与正义——上海市社会科学界第八届学术年会马克思主义研究学科专场暨上海市马克思主义研究年度论坛”

上海市哲学社会科学优秀成果奖获奖名册（部分）

上海市邓小平理论研究和宣传优秀成果奖获奖名册（部分）

获奖成果

部分获奖成果

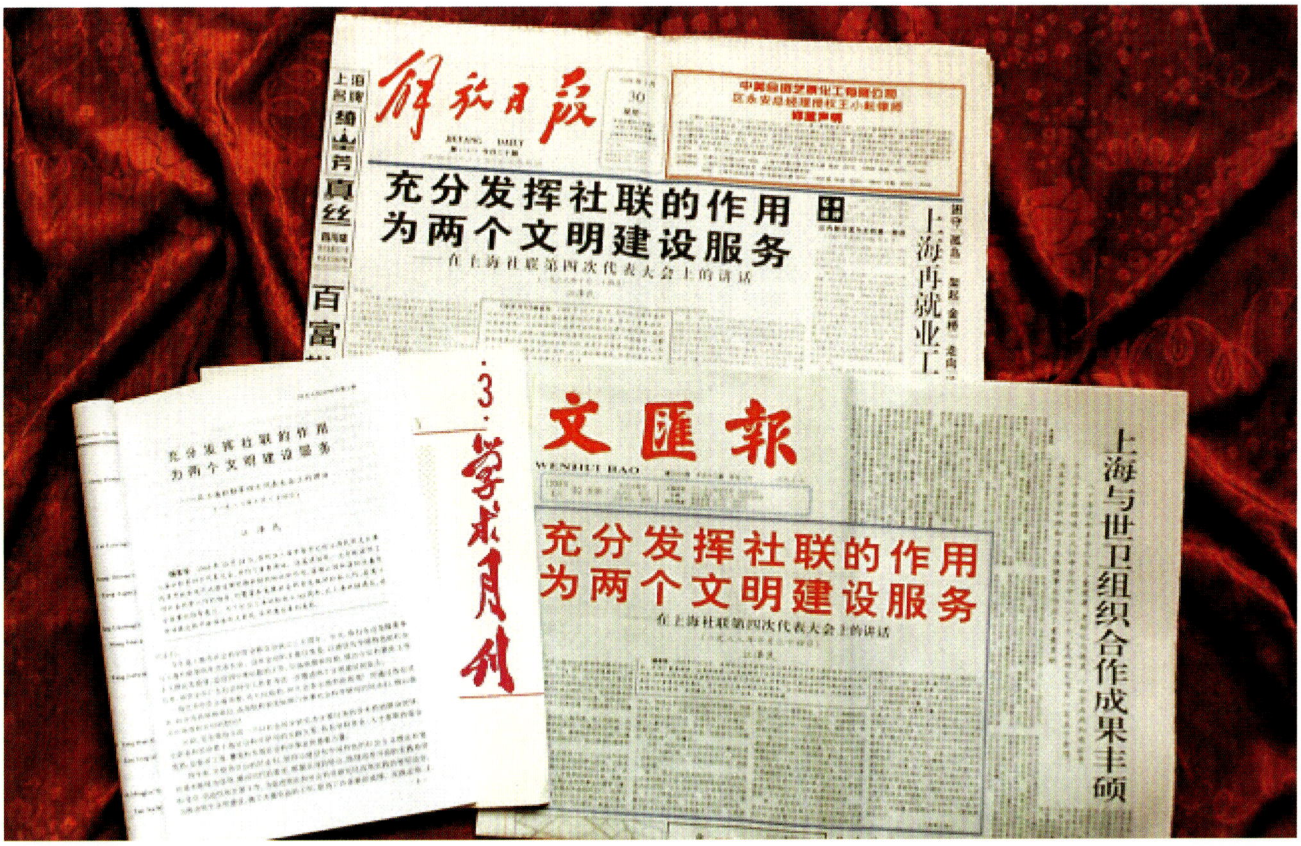

部分人文社会科学类报纸杂志

部分人文社会科学类期刊

部分高校学报（人文社会科学版）

上海市地方志编纂委员会

上海市地方志编纂委员会

（2007.8—2018.6）

《上海市志·科学分志·人文社会科学卷(1978—2010)》编纂委员会

《上海市志·科学分志·人文社会科学卷(1978—2010)》编纂委员会

(2018.5—2020.4)

《上海市志·科学分志·人文社会科学卷(1978—2010)》学术委员会

（以姓氏笔画为序）

基础类研究学术委员会：

任小文　江　波　李安方　吴晓明　忻　平　陈　恒　姜　锋

顾　锋(2020.4—　)　高德毅(2018.5—2020.4)　郭新立(2018.5—2020.4)

龚思怡　童世骏　解　超　谭　帆　熊月之

应用类研究学术委员会：

干春晖(2020.4—　)　王　战　叶　青　权　衡　刘　杰　刘靖北　李　琪

李友梅　沈　炜　沈国明　陈志敏　周　伟(2018.5—2020.4)　桑玉成

蒋传海　燕　爽(2018.5—2020.4)

《上海市志·科学分志·人文社会科学卷(1978—2010)》编纂办公室

主　　任　陈麟辉(2020.4—　)　任小文(2018.5—2020.4)

副 主 任　莫剑平(2018.5—2020.4)　梁　清(2020.4—　)　吴　诤　吴伟余

王心红　杜文俊(2020.4—　)　陶希东(2018.5—2020.4)　陈　梁

成　　员　吴梦宁　徐逸伦　范　博　史　越　张　强　邓光耀　王　军

王　江

《上海市志·科学分志·人文社会科学卷(1978—2010)》编纂责任人名单

（以姓氏笔画为序）

丁念金　马　春　王世伟　王炜麦　王建文　文　军　刘梁剑　李秀清

吴文钰　张　云　张　春　张玉梅　陈　宪　陈　梁　陈　强　陈鸿斌

周师迅　查建国　袁　峰　顾钰民　晏可佳　钱运春　倪建平　唐　涛

桑玉成　黄　旦　黄　霖　章　清　彭希哲　葛　涛　蒋连华　韩洪泉

程　琳　程福财　潘　力　潘玉民

《上海市志·科学分志·人文社会科学卷(1978—2010)》参与编纂人员名单

（以姓氏笔画为序）

丁　玉　　丁占胜　　丁忠明　　于　颖　　王　伟　　王文祺　　邓立丽　　龙劲松
田志伟　　冯羽奇　　冯泽洲　　冯艳玲　　权　衡　　曲　蕴　　朱晋峰　　朱淑丽
华芸萱　　向宽虎　　刘　翟　　刘　勰　　刘元雷　　刘承峰　　刘胜全　　刘亭亭
刘略昌　　闫宇豪　　闫碧舟　　江　彪　　江文君　　许建红　　许家鹏　　孙杨程
孙明映　　芮明杰　　严宇琼　　苏涛永　　李　田　　李　翼　　李广骁　　李亚丁
李成彬　　李伟民　　李春晓　　李珊珊　　李柏令　　李美慧　　李振林　　李晓荣
李新城　　吴　燕　　吴陈浩　　吴婧玮　　邱　越　　何瑞文　　佟亚洲　　谷娴子
沈开艳　　沈依嘉　　宋炳辉　　宋磊明　　张　申　　张　红　　张　建　　张　爽
张　曼　　张　靓　　张广婷　　张永广　　张明海　　张靖杰　　陆　扬　　陆　铭
陈　天　　陈　钊　　陈　斌　　陈文斌　　陈加林　　陈明明　　陈诗一　　陈建华
陈晓和　　陈越峰　　陈婷珠　　武鹏飞　　范　劲　　罗守贵　　金　堃　　金玉博
金桔芳　　金衡山　　周　云　　周士新　　周成慧　　周光俊　　周兴陆　　郑树明
赵　婷　　郝永林　　郝宇青　　胡若飞　　胡怡建　　胡嘉麟　　郜元宝　　俞　喆
姜　朋　　姜传松　　宫　雪　　姚　治　　姚俊兰　　姚潇潇　　贾　婷　　顾秀林
顾海英　　徐子明　　郭琳琳　　黄清泉　　曹正伟　　蒋　静　　蒋美颖　　韩　啸
韩星梅　　程　霖　　程名望　　舒　睿　　解　锟　　谭　旻　　潘　沛　　潘　迪
潘世圣　　潘春来　　燕红忠　　戴国强

《上海市志·科学分志·人文社会科学卷(1978—2010)》咨询专家名单

（以姓氏笔画为序）

丁　钢　　丁水木　　丁波涛　　丁晓强　　卜玉华　　王　申　　王　杰　　王　振
王　健　　王　蔚　　王天恩　　王友明　　王凤才　　王禾庭　　王立民　　王邦佐
王伟男　　王伦信　　王建平　　王建民　　王海良　　王菊芬　　王新华　　王慧敏
尤安山　　尤俊意　　毛文伟　　公　磊　　仓　平　　方松华　　方晶刚　　尹伯成
尹耐国　　邓伟志　　石良平　　卢汉龙　　业露华　　叶必丰　　田兆元　　白红义
白照杰　　宁越敏　　冯　瑜　　冯春英　　成素梅　　吕元智　　吕会霖　　年士萍

朱　芒　朱　晶　朱平芳　朱立元　朱国华　朱宝树　朱益明　朱敏彦
仲富兰　华　强　邬国平　刘　芳　刘　鸣　刘大为　刘向东　刘志基
刘放桐　刘俊敏　刘宪权　刘豪兴　池晨颖　汤啸天　安　俭　安介生
许　明　许红珍　孙　力　孙　玮　孙　晶　孙中峰　孙关宏　孙继林
孙常敏　严　明　严三九　苏　忱　苏长和　苏智良　杜艳华　杨　雄
杨国荣　杨剑龙　杨剑桥　杨洁勉　李　浩　李玉尚　李向平　李远涛
李良荣　李青青　李明明　李建国　李家珉　李维屏　束定芳　肖　林
肖清和　吴　弘　吴　诤　吴　铎　吴兆路　吴志华　吴苏贵　吴建南
吴信训　吴海江　吴海勇　吴瑞君　邱五芳　何雪松　余治平　狄其安
忻　平　汪　淼　汪少华　汪青松　沐　涛　沈国明　沈鸿鑫　宋　建
张　化　张　谷　张　雄　张广生　张文宏　张戎舟　张兆安　张汝伦
张远新　张明军　张忠民　张忠明　张凌云　张瑞山　陆怡清　陆晓禾
陆海昒　陈　挥　陈玉刚　陈正良　陈光磊　陈昌来　陈金钊　陈建华
陈晓和　陈家海　陈犀禾　陈群民　邵　健　邵育群　纳日碧力戈
武心波　武吉云　武克全　范　军　范并思　范国睿　范宝舟　郁喆隽
罗伟虹　罗培新　季桂保　依　宁　金　波　金可可　金应忠　金定海
金晓明　周　山　周　兵　周立民　周振华　周海旺　周敏凯　周智强
周锡山　周锦尉　庞树奇　郑　涵　郑少华　宗一文　宗爱东　项亚光
赵　靖　赵　赫　赵司空　赵修义　赵晓雷　赵魁澔　郝德良　荣跃明
胡　华　胡　琪　胡申生　胡范铸　胡洪庆　胡逢祥　胡凌伟　胡涵锦
俞正樑　俞新天　施炎平　姜义华　洪伟成　洪远朋　祝克懿　姚　凯
姚丽莎　姚建龙　姚锡棠　秦丽萍　袁　新　袁志刚　袁恩桢　莫建备
夏锦乾　钱乃荣　倪永杰　倪受彬　徐中振　徐龙炳　徐光寿　徐时仪
徐松如　徐明松　徐明祺　徐觉哉　徐祖友　徐澜波　高红霞　高惠珠
高瑞泉　郭　可　郭　建　郭小霞　郭隆隆　唐忠毛　唐莲英　唐晓杰
陶飞亚　桑赓陶　黄　秒　黄　洋　黄晓明　梅丽红　曹沛霖　曹泳鑫
章义和　商红日　葛　壮　葛宏波　董丽敏　蒋　杰　蒋传光　蒋建平
蒋晓伟　程竹汝　童茂云　曾　辉　温耀庆　谢天振　谢宝耿　谢海光
强　荧　靳玉英　谭根雄　缪其浩　潘　光　潘世伟　潘忠歧　潘悟云
薛匡勇　霍九仓　戴鞍钢　魏圣君

《上海市志·科学分志·人文社会科学卷(1978—2010)》评议专家名单

组　　长　奚洁人

成　　员　(以姓氏笔画为序)

王立民　巴兆祥　华　强　李向平　吴瑞君　陈　挥　周振华
莫建备　黄仁伟　董丽敏

《上海市志·科学分志·人文社会科学卷(1978—2010)》审定专家名单

组　　长　奚洁人

成　　员　(以姓氏笔画为序)

王立民　巴兆祥　刘　妮　李向平　陈　挥　周振华　莫建备
曹怡波

《上海市志·科学分志·人文社会科学卷(1978—2010)》验收单位和人员名单

验收单位　上海市地方志办公室

验收人员　洪民荣　姜复生　黄晓明　过文瀚　杨军益

业务编辑　李洪珍

序

在上海市第二轮新编地方志书编纂工作中，上海社联承担了《上海市志·科学分志·人文社会科学卷(1978—2010)》的组织编撰任务。该卷较全面客观地记述了改革开放至21世纪第一个十年间上海人文社会科学发展的总体情况。

1978—2010年，是我国改革开放事业波澜壮阔的30多年，也是我国哲学社会科学在经历十年曲折和坎坷后迎来繁荣发展的30多年。习近平总书记在哲学社会科学工作座谈会上指出，观察当代中国哲学社会科学，需要有一个宽广的视角，需要放到世界和我国发展大历史中去看。同样，考察30多年上海哲学社会科学发展，也要把它放在当时的历史阶段中去看。我们党领导的改革开放事业，不仅是我国历史上最为广泛而深刻的社会变革，而且是人类历史上最为宏大而独特的实践创新，因此它既没有现成模式可以参照，又没有成功经验可以借鉴。从摸着石头过河到各项制度逐渐成熟定型，这一阶段社会发展变革的方方面面，都为社会科学发展提供了丰富的素材，同时也对社会科学工作者提出了全新的课题和挑战。这一时期上海的人文社会科学，正是在研究这些新课题、应对这些新挑战的过程中，逐渐形成自己的风格和特色。

自近代开埠以来，上海就一直是引进和传播西方文化包括西方社会科学的主要窗口，也是马克思主义在中国引进和传播最早和最主要的窗口，一直以来，大师名家荟萃，学术繁荣兴盛。改革开放以来，在上海这片土地上，中西文化的交流汇聚、碰撞融合都更加深入而频繁。上海的人文社会科学，也在这种交流融合中不断吐故纳新，形成开放包容、理性平和的独特气质；在马克思主义的指导下，在改革创新的探索中，形成实事求是、立足学科、着眼实践的突出特点；在海派文化的浸润熏陶下，形成脚踏实地、细致入微的学术风范。

这一期间，上海人文社会科学学科体系不断健全，研究队伍不断壮大，研究水平和创新能力不断提高。本市广大哲学社会科学工作者解放思想、实事求是、与时俱进,坚持以马克思主义为指导,坚持为人民服务、为社会主义服务方向和百花齐放、百家争鸣方针,深入研究和回答上海乃至全国改革发展的重大理论和实践问题,推出一大批重要学术成果,为坚持和发展中国特色社会主义作出了重要贡献。但毋庸讳言,目前在学术命题、学术思想、学术观点、学术标准、学术话语上的能力和水平等方面,同实践发展都还有一些不相称的方面。如果从更广阔的历史时空来看,本卷只是人类文明历史长卷中的一帧画面,记载的是人们认识世界、改造世界漫长历程中的阶段性成果,它前有历史渊源和学术底蕴,今后也一定会在时代前进的过程中不断得到丰富和发展。

新形势下,哲学社会科学地位更加重要、任务更加繁重。面对世界多极化、经济全球化、文化多样化、社会信息化深入发展,人类社会充满希望;同时,国际形势的不稳定性不确定性更加突出,在百年未遇的大变局中,人类面临的全球性挑战更加严峻。应对共同挑战、迈向美好未来,既需要自然科学力量,也需要人文社会科学力量。中国的人文社会科学担负着重要的使命。特别是上海,作为改革开放排头兵和创新发展先行者,我们的人文社会科学应继续以我们正在做的事情为中心,从改革发展的实践中挖掘新材料、发现新问题、提出新观点、构建新理论,加强对改革开放和社会主义现代化建设实践经验的系统总结,让世界通过上海这个窗口,进一步了解和认识"学术中的中国""理论中的中国""哲学社会科学中的中国"。站在"两个一百年"的交汇点上,上海的人文社会科学比以往任何时候都更加任重而道远。

评判一个地方哲学社会科学的发展水平,通常无非是看出了哪些成果、哪些人才,归根到底,主要还是看成果,看影响力。很多重大成果的背后,都是学者们几年、十几年甚至几十年孜孜不倦钻研的艰辛和坚持;有些精品力作,甚至是几代学人薪火相传、接续努力的结果,背后蕴藏着很多感人至深的佳话和美谈。然而限于志书的体例规范等要求,本卷只记载客观事实,不讲故事;以综合性资料文献为特征,述而不论。作为资料,本卷虽基本做到了突出重点、纵不断主线,覆盖全面、横不缺要项,但由于人文社会科学的研究领域广泛而庞杂,本卷显然无法深入到每一根毛细血管;同时,在不同的学科之间、不同的人物事件之间,依据不同的标准自然就会有不同的轻重之分。因此本卷在广泛征求广大专家学者意见的基础上，数年来先后历经数十次完善修改，最终才向读者交出这样一份答卷。如果广大读者能在了解改革开放以来上海人文社会科学发展情况乃至在考察这一时期上海改革发展情况的过程中，从本卷得到一定收获，那将是令我们非常欣慰的事。

谨向为本卷志书付出艰苦努力和辛勤劳动的每一位同志，致以崇高敬意和真诚谢意。

（上海市社会科学界联合会党组书记、专职副主席）

2020年9月

《上海市志(1978—2010)》凡例

一、本志坚持以马克思主义为指导,遵循辩证唯物主义和历史唯物主义原理,实事求是记述上海市自然、政治、经济、文化和社会的历史与现状。

二、本志为上海市首轮社会主义新方志中《上海通志》《上海市专志系列丛刊》之续,续义不续例,体例方面创新调整,并对首轮志书补缺正误。采用小篇平列体,分别编纂,陆续出版,汇为全志。

三、本志记述地域范围,以2010年底上海市行政区划为准。由上海市辐射至全国其他地区及国外事物,兼及记述。

四、本志记述内容的时限,上起1978年,下讫2010年,反映这一时期上海改革开放全貌。首轮《上海市专志系列丛刊》所缺或记述内容不够丰富的分志、分卷,上溯至事物发端。中国共产党分志、人民代表大会分志、人民政府分志、人民政协分志、民主党派分志,为保持同一届次内容记述的完整性,下延至2010年后的首个换届年份。

五、本志按自然、政治、经济、文化和社会为序设置分志、分卷,事以类从,类为一志,并兼顾当代社会分工的原则。全志除总述外,中国共产党分志、农业分志、工业分志、商业分志、服务业分志、城乡建设分志、金融分志、口岸分志设置综述卷,并设经济综述分志,加强全志整体性。各分志、分卷采用篇章节体,卷首设概述、大事记,以专记、附录、索引殿后。

六、本志体裁以述、记、志、传、图、表、录为主,力求内容与形式统

七、本志人物传遵循"生不立传"原则。入传人物排列先后以卒年为序,在世人物以人物简介(排列以生年为序)、人物表(人物录)记载。

八、本志采用规范的语体文、记述体,行文按《〈上海市志(1978—2010)〉编纂行文规范》,力求严谨、朴实、简洁、流畅,以第三人称记述。

九、本志纪年,凡1949年5月27日上海市解放以前的用历史纪年,一般标示朝代、年号、年份,括注公元纪年;1949年5月27日上海市解放后,一律采用公元纪年。

十、本志所记述的地名、机构名称、职称及币种、计量单位,一般按当时称谓。

十一、本志所用统计资料,原则上根据统计部门公布的材料;未列入统计部门统计的,根据部门统计的材料。

十二、本志资料来源于国家档案馆、上海市及有关省市档案馆、部门档案馆(室),以及历史文献、口碑资料、社会调查、部门提供的材料等,均经考证核实,一般不注明出处。

编纂说明

一、本卷力求全面系统地记述1978—2010年间上海地区人文社会科学事业发展的历程和成就，个别内容适当上溯下延。

二、本卷相关机构名称首次出现时用全称，再次出现时用简称，特殊情况下仍用全称。

三、本卷除图照、序、凡例、编纂说明、概述、大事记、附录外，正文设机构社团、规划与管理、学术研究、学术活动、获奖成果、人物等6篇。

四、本卷学术研究篇章节参考全国哲学社会科学工作办公室、国务院学位委员会有关学科分类，并结合上海地区研究的实际情况设置。

五、本卷附录收录上海地区的人文社科类报纸期刊、国家社会科学基金立项课题（上海地区）、上海市哲学社会科学立项课题。

六、本卷内容主要来自有关报刊、专著、档案材料，以及其他公开资料。

目　录

CONTENTS

概 述

上海的人文社会科学发展较早，名人名著代有出现。自西晋陆机《文赋》以降，历代均有文人学士著书立说。明清以来，上海境内大家学者辈出，西学的引介更是为上海人文社会科学增添新貌。特别是上海开埠以来，在西学东渐的过程中，上海成为引进西方文化(包括西方社会科学在内)的最主要的窗口；其后，上海又成为全国传播和研究马克思主义学说的重要中心，为中国近代社会科学的诞生，以及以马克思主义为主体的中国现代社会科学的兴起发挥了重要作用。民国时期，上海社会科学学科体系初步建立，哲学、经济学、历史学、文学、社会学、政治学、法学、教育学、语言学、新闻学等学科的发展已有一定规模，并形成一批专业的研究社团和学术团体，包括一批全国性的社团组织。1949 年中华人民共和国成立以后，上海作为全国社会科学的重要研究基地，在社会主义革命和建设中，为发展和繁荣中国的哲学社会科学事业作出了杰出的贡献。

1978 年中共十一届三中全会召开标志着改革开放正式启动。1979 年 3 月，邓小平在党的理论工作务虚会上提出："我并不认为政治方面已经没有问题需要研究，政治学、法学、社会学以及世界政治的研究，我们过去多年忽视了，现在也需要赶快补课。"随后，人文社会科学进入"补课"、恢复和发展时期。上海的人文社会科学承继过去、接轨世界，在发展中反思，在反思中成长，逐渐成为中国人文社会科学研究的一块阵地、一个重镇、一个缩影。

一

1978—1982 年，上海的人文社会科学事业开始全面恢复。

1978 年前后，恢复和新建研究机构，重建和新建学科，全面恢复研究工作。1977 年 11 月，中共上海市委决定市委党校复校。1978 年 1 月 31 日，市委决定恢复上海社联的组织和工作。作为上海人文社会科学工作者之家的上海社联，为各大高校、党校、社会科学院、部队院校和党政企事业单位研究部门等"五路大军"的众多社会科学工作者提供了一个有益的平台。同年 9 月，上海社会科学院复院，并在院内相继组建了世界经济研究所、社会学研究所、文学研究所等研究机构。市哲学学会、市经济学会、市历史学会、市语文学会、市法学会、市外文学会、市教育学会、市国际关系学会上海社联成立之初的 8 个学会等也正式恢复活动。其后，市世界经济学会、市中共党史学会、市社会学学会、市人口学会、市马克思主义研究会、市政治学会等学会大多在 1982 年前成立，推动全市人文社会科学界的研究热潮，为广大人文社会科学工作者提供了平台。各个部门研究机构也相继成立或重建，如上海国际问题研究所、市人民政府发展研究中心、市委党史研究室等。不少学科获批硕士点、博士点，为人才培养创造了条件。这一时期在反思历史的基础上，恢复哲学、经济学、历史学、法学、文学、国际政治学、语言学、新闻学、教育学等学科，恢复整理与挖掘过去的学科、理论资源。"文化大革命"以前研究基础和力量比较薄弱的世界经济学、情报学，在 1978 年也成立专门的研究机构。1978 年还恢复人口学研究。早在 20 世纪 50 年代初因被全盘否定而成为研究禁区的社会学和政治学，在 1980 年前后也相继恢复；上海第一家专门的宗教学研究机构——上海社会科学院宗教研究所在 1981 年正式建成。在恢复和重建社会科学研究机构的基础上，根据现代化建设的需要及当代社会科学发展的特点,上海还逐步更新并开拓新的学科设置,扩大研究领域。哲学、经济学、历史学、法学、社会学等传统学科分别建立一批分支学科,充实了学科体系。此外,时间学、科学学、领导科学、软科学、战略学、管理科学等学科研究领域得到开拓。

与此同时,人文社科类的相关刊物恢复和创办,出版社开始出版适应新时期形势的教材,恢复开展学术研究。1978年8月,《复旦学报》复刊。10月20日,上海社联主办的内部刊物《社联通讯》创刊。1979年1月20日,《学术月刊》复刊。同年6月,《社会科学》创刊。这时候,为满足高等院校文科教学的需要,上海编写出版一批哲学、经济学、世界经济学、史学、政治学、中共党史等方面的理论教材。其中,上海市高校编写的《中国共产党历史讲义》是中共十一届三中全会后教育部推荐的第一部党史教材;蒋学模主编的《政治经济学教材》出版后,至2010年再版12次,发行近2 000万册,居社科类理论书刊发行量榜首;刘放桐等编著的《现代西方哲学》最早用马克思主义观点全面评述现代西方哲学,也是国内第一部现代西方哲学的高等院校教科书。此外,一些研究成果也相继出版。1979年9月,《辞海》修订3卷本出版,这是中华人民共和国成立后第一部大型百科全书式辞书。在美学研究领域,施昌东著的《先秦诸子美学思想述评》,是中国第一部研究先秦美学思想的专著。蒋孔阳连续发表一系列文章,对马克思的《1844年经济学—哲学手稿》中的美学观点进行分析,在上海美学界形成《巴黎手稿》研究热。此外,王元化的《文心雕龙创作论》采用古今中外结合、文史哲结合的研究方法全面探讨《文心雕龙》的理论体系。邹依仁的《旧上海人口变迁的研究》,系统论述上海从鸦片战争后至上海解放人口的发展变化。顾长声的《传教士与近代中国》,打破对传教士问题进行学术研究的禁区限制。

这一时期,上海理论工作者参加重大问题的讨论,清理社会科学领域一些重大理论中的"极左"观点,宣传党的重大理论政策方针。1978年5月11日,《实践是检验真理的唯一标准》在《光明日报》发表。5月12日,《解放日报》全文转载。6月29日,上海社联召开座谈会,讨论《光明日报》5月11日发表的《实践是检验真理的唯一标准》和《解放军报》6月24日发表的《马克思主义的一个最基本原则》两篇文章。9月8日,复旦大学哲学系也举办理论与实践关系的报告会。9月16日,《文汇报》刊登蒋文杰以笔名"虞丹"撰写的《读马克思的一封信:谈实践是检验真理的唯一标准》和复旦大学讨论真理标准的报道。1979年初,中央在北京召开理论务虚会的同时,上海也召开理论务虚会,深入批判林彪、江青集团的罪行和极"左"路线,学习邓小平关于"坚持四项基本原则"的讲话,进一步认识要完整准确掌握马克思主义、毛泽东思想科学体系的观点。年中,理论界提出上海真理标准问题讨论不深不透,必须补课,并展开深入讨论,推动全市对中共十一届三中全会精神的贯彻。在毛泽东思想研究中,认为不能用毛泽东的片言只语来替代毛泽东思想,不能搞"句句是真理",还初步涉及毛泽东思想和毛泽东晚年错误的关系问题。1979年6月30日,上海社联召开深入讨论真理标准问题座谈会。9月22日,上海社联以"坚持实践标准,发展社会科学"为主题举行大型座谈会。1980年秋冬,市委宣传部连续召开3次讨论会,进一步推动对毛泽东思想完整准确理解的讨论。1980年9月,上海社联在一系列小型座谈会的基础上,召开"党的思想路线讨论会",初步探讨中华人民共和国成立30多年来"左"的路线萌芽、形成、发展和全面推广的历史过程及其原因。1981年中共十一届六中全会通过《关于建国以来党的若干历史问题的决议》后,毛泽东思想和中共党史、党建的研究进入一个新阶段。在马克思主义研究中,对苏维埃俄国的战时共产主义与新经济政策、斯大林模式的功过及托洛茨基问题、列宁的晚年思想等问题展开了较为集中的讨论,并形成了一些不同观点和评价。在经济学领域,批判了把按劳分配说成是资产阶级产生的土壤,否定物质奖励的错误。从1979年11月起,还展开社会主义生产目的的讨论,讨论时间持续一年多,召开大小会议30多次，提出要按社会需要组织生产，注意提高人民的消费水平等观点。这次讨论是在全党开始实现工作重点转移时，对经济理论的拨乱反正。在史学领域，对"影射史学"、评法批儒运动进行痛彻的反省和深刻的批判，并在社会形态问题、历史发展的统一性和多样性问题、历史发展的动力问题、历史创造者问题等方面展开讨论，力图冲破教条化、公式化的框框。在文学领域，对以往一些被极"左"思潮搞乱的文艺理论问题，如文学的真实性、典型性、形象思维等问题重新展开正常的争鸣。此外，理论界关于人道主义异化的讨论在20世纪80年代初达到高潮，讨论的重点是马克思主义与人道主义的关系，异化在马克思主义学说中的作用，马克思的人的学说与当代西方人本主义哲学，特别是存在主义哲学之间的本质差别。讨论当时虽然没有明确的结论，但促进了对马克思主义本质的理解和思考。

随着社会科学研究活动的恢复与开展，各种学术交流，也开始活跃起来。1979年2月，罗竹风在昆明召开的全国首次宗教学研究规划会议上提出，要研究社会主义时期的宗教问题。1980年，在钱俊瑞等学者的推动下，中国世界经济学会成立大会在上海召开，标志着中国世界经济学开始创建。同年9月10—11日，上海社联举行"关于党的思想路线"大型理论研讨会，1981年5月8日，上海社联邀请部分理论工作者40多人举行座谈，讨论如何进一步坚持贯彻"双百"方针，开展学术活动问题。7月20日，上海社联举行学习贯彻党的十一届六中全会精神和《关于建国以来党的若干历史问题的决议》座谈会。9月26日，洋务运动史学术讨论会在华东师范大学举行，全国36名代表讨论太平天国与洋务运动的关系、洋务派搞洋务的目的、甲午战争是否标志着洋务运动的彻底失败等问题。1982年6月和12月，复旦大学召开两次"中国文化史研究学者座谈会"，是国内首次举行的关于文化史研究的专题学术会议。年内，上海还举行全国性的东西方文化比较研究学术讨论会，成立上海东西方文化比较研究中心，周谷城任名誉主席，王元化任主席。同年，受中国政治学会之托，复旦大学举办全国第一期政治学讲习班，为政治学在全国的恢复和发展培养骨干力量，也为上海政治学的发展奠定在全国的地位。在会议之外，上海市各单位邀请全国知名专家学者来沪进行理论座谈、发表报告、开展研讨，邀请费孝通作"社会学和社会问题"的学术报告(1981年)、千家驹作"关于我国经济体制的改革和调整问题"的学术报告(1981年)等。与此同时，上海学人在报纸杂志上发表诸多引发学界关注的文章和观点。1978年8月11日，《文汇报》发表卢新华的短篇小说《伤痕》，在全国引起对"伤痕文学"的讨论。1979年1月16日，《解放日报》发表李海庆的《人民在自己的法律面前人人平等》，从而引发关于"法律面前人人平等"的大讨论。2月，复旦大学新闻系77级大学生最早提出"社会主义报刊民主与新闻法"的问题。10月，谢自奋在《解放日报》发表《要允许部分农民先富起来》，后又发表《允许部分农民先富会产生两极分化吗?》(《文汇报》1980年6月9日)等文章，是全国最早宣传邓小平关于"要允许部分地区部分农民先富起来"讲话精神的文章。1979年1月，潘念之、齐乃宽的《关于"法律面前人人平等"的问题》，在全国引发一场关于"立法平等"的大讨论。1981年1月，卢绳祖的《关于海洋法的几个问题》，是国内最早研究海洋法的文章。1982年，陈誉的《社会科学情报源结构系统》是国内第一篇比较系统论述社会科学情报源构成的论文。

二

1982年以后，上海的人文社会科学事业进入一个全新发展时期。

1983年，上海市哲学社会科学规划领导小组成立，上海社会科学研究开始逐步走上统一领导、统一规划、加强协调的轨道。同时,根据改革开放的需要,上海也进一步调整、充实、拓展社会科学的研究范围。一方面,大力加强应用理论的研究,改变过去以基础理论研究为主的单一局面,形成基础理论研究与应用理论研究并举的格局。另一方面,对传统学科的内部结构也进行重组,研究内涵更为丰富。

20 世纪 80 年代社会科学界发展进入战略规划期。上海市的重大发展战略都是随着国家经济社会发展重点和上海市经济社会发展阶段而制定的。80 年代,上海市聚焦于上海经济发展战略,经过多次调研和会议汇编而成的《上海经济发展战略研究》成为上海改造和振兴的纲领性文件。90 年代后,研究聚焦于浦东开发开放、迈向 21 世纪的上海、加入世界贸易组织(WTO)、申办世博会等,服务于上海的重大发展战略。1992 年开始的长三角 15 个城市经济协作办主任联席会议制度,后发展为长三角区域合作,聚焦于长三角区域规划与统筹、长三角区域一体化发展、长江经济带区域发展等议题。除此之外,城市产业发展战略、社区建设与管理、文化发展战略等都成为上海重大发展战略。其中,80 年代市委宣传部组织发起的关于文化发展战略的大讨论成为影响上海文化发展走向的重要事件。1985 年 3 月,市委宣传部发布《上海城市文化发展战略》研讨课题,共 190 个研讨题目,发起一系列上海文化发展战略的研讨活动。市委宣传部组织全市高校、社会科学研究机构和政府工作部门的专家学者,以及宣传文化系统的同志共 400 多人的研究队伍,围绕着"改革时代上海应发展一种什么样的文化"这一中心,经过近一年时间的调查研究,提交 100 多篇、约 120 万字的研究论文和调查报告,结合全市的历史和现状,研究和探索改革开放后新的文化问题和文化情况,制定《上海文化发展战略》,初步明确上海文化发展的战略意义、指导思想、目标、任务和政策。这一时期的讨论对上海城市文化发展有着重要的影响,此后,上海社会主义精神文明建设、全国区域性文化中心、国际文化交流中心、文化城市、文化大都市等文化政策的制定都在一定程度上响应了这一时期的文化发展战略主题。

20 世纪 80 年代,上海市哲学社会科学规划开始起步,并逐步走向规范,主要体现在三个层次。第一层次,全市社科规划,上海市哲学社会科学规划领导小组及其办公室(以下简称规划办),制定全市哲学社会科学规划并向全市发布课题,贯彻中央和上海市繁荣发展哲学社会科学的相关精神,对全市哲学社会科学研究起着指导性作用。第二层次,系统社科规划,包括教委、科委、发展研究中心等系统的社科规划,并向本系统或者全市发布研究课题。第三层次,包括高校、军校、党校、科研院所、党政机关研究部门等在内的"五路大军"社科规划。其中,以市哲学社会科学规划最具有代表性。从"六五"到"十一五"期间,市哲学社会科学规划与国家哲学社会科学规划和上海市五年规划(计划)相呼应,有力地促进地方经济社会发展和学术理论体系建设。"六五"规划设立马克思主义基本理论和哲学、经济学和经济问题、政治学和法学、教育学和心理学、史学和国际问题等八个方面的课题。"七五"期间主要聚焦上海对外经济发展战略、开发浦东问题、行政体制改革、干部体制改革、大城市的管理、社会保障、"一国两制"、上海文化发展战略研究等。"八五"规划,市哲学社会科学规划小组办公室首次编制并颁布了《上海市哲学社会科学"八五"规划课题指南》,突出关于建设有中国特色的社会主义、关于 90 年代全市改革与振兴、关于学科研究等三大专题和三大板块。"九五"规划在既有规划课题基础上,突出 2010 年远景规划,对上海改革开放、经济建设、社会发展、社会主义精神文明建设、民主法制建设和浦东开发开放等方面实践中涉及全局的重大理论和实际问题提出研究。"十五"规划在 2004 年课题指南中共设了实施科教兴市战略系列研究、完善社会主义市场经济体制系列研究、上海城市治理现代化系列研究等六大系列课题。"十一五"规划响应把上海建设成为现代化的国际经济、贸易、金融、航运中心的重大国家战略,设立科学发展观的理论与实践系列研究、加强党的执政能力建设系列研究、上海文化发展问题系列研究等八大系列课题，并首次苏浙沪联合发布课题。

社会科学基础理论研究继续深化，在新时期学科建设和理论体系的创建中取得开拓性成果。在哲学领域，为适应时代的发展，突破苏联哲学教科书的模式，1983 年初上海学者提出并探讨马克思主义哲学体系的改革问题。同时展开中西哲学文化的比较研究，特别是关于现代西方哲学的研究。在经济学领域，改变在计划经济体制下政治经济学一花独放的单一格局，建设和大力发展部门经济科学理论的研究，开拓马克思主义世界经济学，加强对国际问题的研究。在史学领域，改变以往局限于政治斗争史的片面性，发展文化史、经济史、社会史、民族史、妇女史等分支学科的研究。恢复不久的政治学，很快形成由政治学基本理论、当代西方政治学说、外国政治制度、中国政党、中国政府、行政学等组成的学科框架。在法学研究中，国际经济法、科技法学、法律文化研究、青少年犯罪研究等新兴领域已形成特色。此外，1986 年上海学学会和上海大学文学院上海学研究所成立，标志着一门以“上海”为研究对象的“上海学”开始形成。1982 年，谭其骧主编的《中国历史地图集》开始正式出版。这不仅填补了中国历史地理研究的空白，而且确立上海在这一学科研究中的全国领先地位。葛惟熹的《国际税收概论》(1982 年)和符钢战、史正富、金重仁的《社会主义经济宏观分析》(1986 年)，陈琦伟的《国际竞争论》(1986 年)、张志超的《汇率论》(1987 年)、郭圣铭编著的《西方史学概要》(1983 年)、胡焕庸和张善余的《中国人口地理》(1984 年)、徐建主编的《青少年犯罪学》(1986 年)、吴申元的《中国人口思想史稿》(1986 年)、葛剑雄的《西汉人口地理》(1986 年)等分别为相关学科国内学者撰写的第一本学术专著。范明生的《柏拉图哲学述评》(1984 年)、魏建猷主编的《中国会党史论著汇要》(1985 年)、施建伟的《中国现代文学流派论》(1986 年)以及薛素珍、柳林的《儿童社会学》，孙金楼和柳林的《住宅社会学》、桂世勋的《人口社会学》等学术著作的出版，开拓了相关学科的研究领域。此外，上海学者还提出一系列创建性的或具有较高学术价值的理论观点。在宗教学研究中，罗竹风在 1983 年提出对马克思关于“宗教是鸦片”的论断要全面理解和认识；此后，罗竹风、萧志恬又进一步提出“宗教可以和社会主义社会相协调”等观点，在全国产生广泛的影响，并推动相关学科理论体系的创新与发展。1983 年 7 月至 1984 年底，在市长汪道涵的授意下，市城市经济学会组织专家，从马克思主义地租理论、土地开发、土地经济和土地政策等方面进行研究。1984 年，张薰华撰写的《论社会主义经济中地租的必然性》，在国内首次提出土地有偿使用的观点，为国内建立土地批租制度提出重要的理论依据。雍文远主编的《社会必要产品论——社会主义政治经济学探索》(1985 年)，突破社会主义政治经济学传统模式的框架，提出“社会主义基本经济范畴或社会主义经济运转的核心”是“社会必要产品”的新见解。1985 年，熊月之在租界问题研究中提出“租界双重影响说”。褚葆一、张幼文在《当代帝国主义经济》中详尽论述关于国家垄断资本主义是资本主义第三阶段的观点。王邦佐、王沪宁在“一国两制”问题的研究中，提出在主权统一的前提下，主权与治权可适当分离。此外，还有一批基础学科的最新研究成果出版，如王元化的《文学沉思录》(1983 年)、冯契的《中国古代哲学的逻辑发展》(1983 年)、吴泽主编的《史学概论》(1985 年)等。在中国文化史研究领域，1984 年后，上海举办专题学术讨论会，《文汇报》也开辟“中国传统文化与现代化”专栏。1986 年上海召开首届国际中国文化学术讨论会。其间，相关学术成果有蔡尚思的《中国文化史要论》(1979 年)、周谷城主编的“中国文化史丛书”(1985 年起)和苏渊雷的《佛教与中国传统文化》(1988 年)等。

应用理论研究围绕改革开放中出现的一系列新情况新问题，献计献策，取得显著成果。特别是 1983 年开始的上海经济发展战略研究，提出要充分发挥上海的优势，走改造和振兴的新路子，使上海既成为中国重要的先进工业基地,又成为全国最大的贸易中心和科技中心,重要的金融中心和信息中心;要大力发展第三产业,提高第三产业的比重,使上海逐步从以工业为主的单功能城市向产业结构合理、开放型的多功能经济中心转变。该研究课题在1984年形成《上海经济发展战略的汇报提纲》,1985年2月经国务院正式批准下达。以上海经济发展战略研究为契机,20世纪80年代中期,上海理论工作者围绕上海的改革开放与发展,展开一系列的发展战略研究,如《上海第三产业发展战略研究》《上海文化发展战略研究》《上海教育发展战略研究》《上海法制发展战略》《上海社会发展战略》《上海城市发展战略》等。1987年,上海学者首先提出争取出口导向和进口替代相结合的战略,努力加强向外向型经济转变的设想。年末,上海学者正式提出上海要建立外向型经济模式的概念,即上海不仅要建成类似珠江三角洲那种开放型、加工出口型的经济模式,而且要建成真正外向型的、在全国也是完全独特的新型的经济模式。1987年,上海社会科学院经济、法律、社会咨询中心在《经济咨询》杂志上连续发表《一论浦东》《二论浦东》两本专辑,较早地就开发浦东问题进行探讨。复旦大学编写的《中国农村经济发展研究》调查报告,提出加强劳动积累,以农业产前、产中、产后服务体系规模经营来带动农业生产规模经营,建立农村双层经营组织等对策建议。江泽民阅后做重要批示,并为1990年《政府工作报告》部分采纳。1982年,上海科学学研究所、华东师范大学联合完成《开展长江三角洲区域经济发展规划的研究报告》。在学科建设中,新学科的研究有较快发展。1987年1月,金哲、姚永抗、陈燮君主编的《世界新学科总览》出版后,又出版《世界新学科总览续篇》(1990年),集中介绍770多门新学科;张仲礼主编的《10新经济学科》(1987年)、《续10新经济学科》(1990年)等,集中反映国内外当代经济学领域新学科研究的成果。这些不仅推动了新学科的介绍和研究,而且对这一时期分支学科、新兴学科、交叉学科、边缘学科的不断建立也起到促进作用。

20世纪80年代的立法实践中,《中华人民共和国刑法》《中华人民共和国婚姻法》《中华人民共和国宪法》及其修正案等都进入了重要的拓展期,上海学者积极参与其中。80年代中后期,上海理论界开始反思探索,认真思考中国的现实国情,开展社会主义初级阶段理论研究。1987年6月,市委宣传部等11家单位联合发起召开理论讨论会。中共十三大召开后,上海以上海社会科学院为重点,组成初级阶段理论研究的中心小组,组织理论工作者开展有关基础理论和应用理论的研究,形成一批研究成果,涉及政治、经济、文化、社会诸方面的众多学科。在1988年10月举行的上海市纪念中共十一届三中全会召开10周年理论讨论会上,150余篇论文入选。其中,蒋学模的《对资本主义和社会主义的再认识》、伍柏麟的《经济落后国家超越资本主义发展阶段问题》、俞新天的《马克思主义与社会主义现代化》等9篇论文参加全国"纪念中共十一届三中全会召开10周年"理论讨论会。

马克思主义与马克思主义中国化问题受到关注。1982年9月,邓小平在中共十二大开幕词中正式提出建设有中国特色的社会主义,1983年《邓小平文选(1975—1982)》出版后,上海学者即开始对中国特色的社会主义理论进行探讨和研究,发表一批文章,具体阐发邓小平关于生产力标准、科学技术是第一生产力、新技术革命、计划经济和市场调节、精神文明建设、"一国两制"等问题论述;出版一批专著,如肖前、卢之超的《毛泽东哲学思想在新时期的继续——学习〈邓小平文选〉的哲学思想》(1984年),马洪的《探索经济建设之路》(1984年),市委宣传部组织编写的《改革时代的理论探索》(1986年)等。80年代末,面对国内国际新形势提出的挑战,上海理论界积极贯彻中共中央关于"一个中心、两个基本点"的基本路线,加强马克思主义理论的学习和研究。1989年下半年,上海理论界认真学习中共十三届四中全会、五中全会精神,进行深刻反思和总结。其间,市委宣传部先后组织“当前的形势和必要的反思理论座谈会”,举办 3 期全市主要理论刊物编辑学习班;上海社联、上海社会科学院等单位举办“10 年理论反思”“马克思主义在中国 40 年”“精神文明与社会主义现代化”等各种理论研讨会,市委宣传部还联系广大理论工作者撰写 100 多篇文章,从不同层面澄清理论建设中的大是大非问题。为回答马克思主义和社会主义在当代遇到的挑战,市委宣传部组织理论工作者编写“挑战与回答丛书”,从深层次上分清马克思主义与资产阶级自由化的理论是非。年末,市委宣传部设立“上海市马克思主义学术著作出版基金”,以支持和促进开展马克思主义研究。

多个领域出现全国领先的首创性研究成果。法学领域,1983 年,陈学明发表《法理学初议》,在上海地区第一次提出改法学基础理论为法理学的主张。1986 年,胡锡庆发表《论我国刑事诉讼主体》,首次明确提出刑事诉讼主体的概念和应具备的条件。1987 年,曹建明出版《国际产品责任法概说》,这是中国第一部关于涉外产品责任方面的专著。党史研究与国际共运史领域,1983 年,市党史学会组织编纂出版《中共党史事件人物录》,这是全国党史学界出版的第一本有关事件人物录。1984 年,又出版《国际共运史事件人物录》大型资料书。1985 年,夏征农主编出版国内第一本关于社会主义问题的辞典工具书——《社会主义辞典》。1986 年《党史信息报》由市中共党史学会创办,后与市委党史研究室合办,这是全国唯一一份党史专业报。同年,周原冰著的《共产主义道德通论》出版,这是第一次将共产主义道德作为完整体系论述的专著。1989 年,市委党史资料征集委员会主编的《中共上海党史大事记(1919—1949)》出版,这是国内第一部地方党史大事记。另外,出版第一本宋庆龄研究专著(季鸿生等人的《宋庆龄与抗日救亡运动》,1986 年)、潘汉年相关研究著作(陈修良的《潘汉年非凡的一生》,1989 年;《从驰骋疆场到失踪——蒙冤 27 年的潘汉年》,1990 年)。社会学与人口学领域,复旦大学人口研究所 1984 年成立,是中国第一批接受联合国人口基金援助单位,出版《人口》杂志。出版了中国第一部从社会学角度阐述儿童如何由“生物人”过渡到“社会人”的儿童社会学著作(薛素珍、柳林《儿童社会学》,1983 年)。1984 年,赵履宽、王子平的《劳动社会学概论》是中华人民共和国成立后第一本运用马克思主义的基本原理和现代社会学理论方法研究中国劳动问题的劳动社会学著作,也是中国社会学研究史上第一本以劳动社会学命名的学术专著。同年,出版第一本住宅社会学的专著(孙金楼、柳林的《住宅社会学》,1984 年)和第一部社会学辞书(李剑华、范定九主编的《社会学简明辞典》,1984 年)。1985 年,《社会》杂志编辑部举办由刘达临主讲的 10 讲“现代社会中的性问题”讲座,这是中国有史以来第一次在社会上公开地、有组织地开展性研究活动,也是中国性社会学研究的起始。1987 年,刘达临著的《性社会学》出版,这是中国第一部性社会学著作。1989 年 2 月至 1990 年 5 月,上海性社会学研究中心进行全国性的“性文明”调查,第一次从总体上勾勒出现代中国人性观念和性行为的现状。哲学领域,1983 年,全增嘏主编的《西方哲学史》出版,这是“文化大革命”后全国第一部现代西方哲学方面的高校教材。1984 年,范明生的《柏拉图哲学述评》出版,这是中国第一部全面论述柏拉图哲学的理论专著。1987 年,朱新民撰写中国第一本以“哲学逻辑”命名的专著《现代西方哲学逻辑》;张志超的《汇率论》出版,这是中国第一部汇率研究专著;陈克艰著的《上帝怎样掷骰子——因果性、概率与归纳》出版,这是国内第一本这方面的专著;朱水林著的《形式化:现代逻辑的发展》出版,这是国内第一本较为系统地介绍现代逻辑三大成果的专著。政治学领域,1983 年,夏禹龙等著的《领导科学基础》,是国内第一部领导科学的专门论著。1984 年,上海铁道管理科学研究所等编印的《行政管理》是上海行政学研究的第一本著作。1985—1986 年,王松出版上海政治学理论的第一本高校教科书——《政治学基础理论》(上、下册)。1987 年,王沪宁著的《比较政治分析》是中国大陆第一部比较政治学的专著。1989

年,潘光主编的《当代国际危机研究》出版,这是中国大陆最早系统研究国际危机问题的著作之一。同年,浦增元主编的《中国基层群众性自治组织》出版,这是国内第一本根据1982年《宪法》全面系统地研究基层群众性自治组织的专著。历史学领域主要是从专门史的视角讨论历史领域的重要问题。1985年,魏建猷主编的《中国会党史论著汇要》出版,这是第一本中国会党史研究的工具书。同年,张仲礼、陈曾年著的《沙逊集团在旧中国》出版,该书是第一部研究沙逊集团的专著。1986年和1993年,叶世昌的《中国货币理论史》(上、下册)出版,这是国内第一部从古代一直叙述到1949年的货币思想史方面的专著。1986年,吴申元的《中国人口思想史稿》出版,这是国内在这一领域最早的研究专著。1986年,葛剑雄的《西汉人口地理》出版,开创了中国断代历史人口地理的学科研究。1987年,周振鹤的《西汉政区地理》出版,是中国第一部断代历史政区地理专著。1988年,祝慈寿的《中国古代工业史》出版,随后他的《中国近代工业史》(1989年)、《中国现代工业史》(1990年)出版,填补了中国经济史研究的空白。1989年,唐振常主编的《上海史》出版,该书是第一部完整的上海通史。经济学领域,1985年,褚葆一、张幼文著的《当代帝国主义经济》出版,率先提出并详尽论述关于国家垄断资本主义是资本主义第三阶段的观点。1986年,陈琦伟著的《国际竞争论》,是国内首部国际贸易理论专著。同年,符钢战等著的《社会主义宏观经济分析》,为中国首部运用现代经济学方法研究社会主义宏观经济运行规律和作用机制的专著。1988年,马伯煌发表《上海经济开发的历史思想与实际》(《上海经济研究》第5期),是国内学术界探讨上海经济思想史的第一篇学术论文。1989年,褚葆一、张幼文著的《世界经济学》出版,是中国第一部具备完整理论体系的马克思主义世界经济学著作。文学与美学领域,1984年《上海"孤岛"文学回忆录》(上册)的出版填补"孤岛"文学研究的空白。1986—1991年,王永生主编的《中国现代文学理论批评史》(上、中、下)出版,这是中国第一部反映和总结五四运动至中华人民共和国成立前文学理论批评发展情况的学术著作。1986年,施建伟著的《中国现代文学流派论》开拓了现代文学社团流派研究的新领域。1988年,王亚夫、章恒忠主编的《中国学术界大事记(1919—1985)》,首次系统梳理中国近代以来学术界的大事。此外,1983年10月,复旦大学历史地理研究所研究生周振鹤、葛剑雄被复旦大学授予博士学位,这是中国大陆培养的第一批文科博士。

1982年,全国社会科学规划会议召开。1983年,上海市哲学社会科学规划领导小组成立,并开始组织实施上海社会科学的第一个五年规划(即"六五"规划),这是中华人民共和国成立以来第一个市哲学社会科学的五年规划。1986年6月,上海举行首次全市性的社会科学评奖活动,以检阅和表彰1979—1985年社会科学的研究成果。这次获奖成果345项,其中特等奖(著作)2项,优秀著作奖30项,优秀论文奖20项,学科门类齐全,成果形式多样。1987年7月,上海社联召开第一次学会工作会议,加强对学会工作的领导。1988年8月起,为了更好地加强政界与学术界的联系,形成了市委领导人和理论工作者座谈的双月座谈会制度。市委主要领导就每一时期的中心任务和重大理论问题,定期邀请理论工作者进行座谈,每次重点讨论一项专题。在此期间,《探索与争鸣》杂志创刊(1985年)、《上海社会科学院学术季刊》创刊(1985年)、《社会科学报》创刊(1985年)。一些新的社会科学研究团体成立,如市人类学学会(1983年)、市钱币学会(1983年)、市研究生教育学会(1984年)、市劳动和社会保障学会(1984年)、市日本学会(1985年)、市审计学会(1985年)、市服务经济研究会(1985年)、市教师学研究会(1986年)、市中山学社(1987年)、市工人运动研究会(1987年)、上海国际战略问题研究会(1988年)、市新学科学会(1989年)。多个高校科研机构和民间科研机构成立。复旦大学成立古籍整理研究所(1983年)、美国研究中心(1985年),后隶属于空军政治学院的中国人民解放军军事统筹学会上海研究会于1986年成立。同时,上海市各级党政机关相继成立了一些部门研究机构，如1980年上海经济研究中心成立，1995年改为上海市人民政府发展研究中心。80年代初，全国首家战略咨询研究机构上海市科学学研究所成立。1981年7月，中共上海市委党史资料征集调查委员会办公室成立，1990年4月改为中共上海市委党史研究室。此外，1988年，上海出现了一批民办科研机构：国际合作与中小型企业振兴研究所、和平与发展研究所、国际科技进步研究所、上海经济发展研究所、中国管理科学研究院上海分院、亚洲研究所、上海浦东开发研究所、台湾研究所等。此外，这一时期还开展了以县区、专业为记述对象的地方志编纂工作。80年代初率先在市郊10县展开，80年代后期区志和各专业志的编纂工作普遍展开，成为上海有史以来涉及面最广，持续时间最长的一次地方志编纂工作。

上海社会科学界积极开展各种学术活动，拓展对外交流，扩大上海学术影响。各个学科、学会、高校、科研院所召开了一系列有影响的相关学术会议。1983年3月18日，上海社联召开纪念马克思逝世100周年座谈会，12月13日和16日，上海社联为纪念毛泽东诞辰90周年举行毛泽东思想讨论会。是年，谢遐龄、吴晓明、俞吾金等人在参加一个全国性学术讨论会时，提出一份《认识论改革提纲》，对苏联模式的哲学教科书体系做了系统批评，并展示认识论研究的新领域。1985年初，他们又联合撰写《略论哲学改革中的若干问题》，全面论述马克思主义哲学体系的改革问题。1984年，上海社联与市委宣传部、市经济研究中心联合召开城市经济改革理论讨论会，复旦大学主办的中国学者《文心雕龙》学术讨论会在上海开幕。1985年5月20日，上海社联60多个学会在上海体育馆举行纪念中国社会科学家联盟成立55周年大会。同年，华东六省一市社联第二次协作会议在沪举行。当年6月，上海社会科学院组织召开振兴第三产业研讨会，这是上海第一次对第三产业展开的大型理论研讨活动。会后出版《第三产业的理论与实践》《大力发展第三产业》两本专著和《振兴上海第三产业》《第三产业纵横谈》两本论文集。80年代，开始出现上海学者与国外学者合作研究的情况，1983年，上海社会科学院青少年研究所、日本青少年研究所和美国有关部门合作比较研究三国中学生的价值观，4次抽样调查，研究涉及中国（上海市）、日本和美国城乡各类学校中影响学生学习情绪的因素、价值观、崇尚心理、政治意识等。1983年3月30日至4月2日，上海国际问题研究所和联邦德国艾伯特基金会在上海联合举办南北关系讨论会，探讨发达国家对南北关系政策及南北关系的发展趋向。1986年华东师范大学人口研究所与加拿大国际发展研究中心的《沪浙地区小城镇发展与人口迁移》，并围绕社会、经济、文化领域中的有关问题与国外学者举行相关学术会议，尤其关注上海的文化、妇女、青年、教育、婚姻家庭、集团犯罪等问题的研究。1985—1990年，上海社会科学院人口所和联合国人口发展基金会举办两期当代中国妇女问题研讨会。1987年6月，上海社联举行首次"社会主义初级阶段理论研讨会"。1989年1月，上海社联举行"纪念党的十一届三中全会10周年学术讨论会"，同年3月，上海社联与中国法国史研究会、复旦大学等联合举办"法国大革命200周年国际学术讨论会"，后又召开纪念五四运动70周年系列学术活动。

三

20世纪90年代以后，上海的人文社会科学事业进入快速发展时期。

这一时期，马克思主义中国化和毛泽东思想的研究进一步强化。为了加强中青年理论工作者的学习，市委宣传部从1993年起每年不定期举行为期两周的中青年理论工作者学习研讨班。同时，加强对马克思主义原著的解读。1992年，朱立元的《历史与美学之谜的求解——论马克思〈1844年经济学—哲学手稿〉与美学问题》出版，这是国内第一部较为系统的专门讨论"巴黎手稿"

的专著。1993年,俞吾金的《意识形态论》出版,是国内学术界第一部系统探讨意识形态概念发展史的著作。同年,刘豪兴出版国内第一部对人的社会化课题提出比较完整的理论构架体系的著作——《人的社会化》,张薰华出版国内第一部系统探讨《资本论》数量分析方法的力作——《〈资本论〉中的数量分析》。同时,加强对中国共产党建设的研究。市委宣传部围绕迎接中国共产党建党70周年,提出一批党史、党建理论研究的课题指南,并从100多个选题中,选定《中国共产党建设史》(陈至立)、《中国共产党七十年》(刘吉)、《中国共产党创建史》(周尚文)、《中国共产党统一战线史》(王邦佐)、《中国共产党七十年大事始末》(任建树)、《中国共产党在上海》(市委党史研究室)等为重点项目。这些著作在1991年上半年先后出版发行。毛泽东诞辰100周年前后,毛泽东思想研究成为理论研究的一个重点,迎来高峰。《毛泽东哲学思想研究》杂志开辟"哲学与科学社会主义研究"专栏。李君如的《毛泽东与当代中国》,成为国内研究毛泽东社会主义理论与实践的力作。1991年,上海召开了全国毛泽东哲学思想讨论会。11月,上海社会科学院成立毛泽东思想研究中心,以组织协调毛泽东思想研究。1992年,上海组织50多名理论工作者进行《毛泽东思想研究大系》7卷本的编撰工作,于次年底出版,对毛泽东思想作了全方位深入的研究论述。1993年,上海社会科学界举行一系列纪念毛泽东诞辰100周年学术研究活动,开展"毛泽东生平和思想""毛泽东的理论与实践""毛泽东与中国社会变革""毛泽东与中国文化""毛泽东与中国社会主义现代化道路""毛泽东的国际战略思想"等专题研讨,将毛泽东思想研究推向一个高潮。1994年,《毛泽东邓小平理论研究》创刊。1994年邵有民、尹继佐主编的《继承·丰富·发展——上海市毛泽东生平与思想研讨会文集》,多方面探讨了毛泽东的生平和毛泽东思想的指导作用。1996年,周一平撰写的《毛泽东思想研究史稿》,从学术史研究视角出发,对毛泽东思想的研究进行了梳理。1999年丁荫奎主编的《毛泽东思想概论》,被作为教育部规定的普通高校马克思主义理论课示范教材,其他还有数以千计相关研究论著。

20世纪90年代前半期,上海社会科学界把学习、研究、宣传邓小平关于建设有中国特色的社会主义理论作为理论建设的首要和根本的任务。1991年春节后,《解放日报》连续发表署名"皇甫平"的《做改革开放的带头羊》(2月15日)、《改革开放要有新思路》(3月2日)、《扩大开放的意识要更强些》(3月22日)3篇文章,从实际上传达了邓小平上海讲话的精神。4月12日《解放日报》又发表"皇甫平"的《改革开放需要大批德才兼备的干部》,该文是根据中共中央总书记江泽民在中共十三届七中全会上关于干部问题的讲话精神而撰写的。这4篇文章发表后在全国产生较大的反响,进一步宣传和阐述邓小平关于进一步深化改革开放的思想,并引起关于姓"社"姓"资"、关于"计划"与"市场"、关于"左"与"右"、关于一个中心还是两个中心、关于科技是第一生产力等6个问题的热烈讨论。此后,上海理论界继续坚持宣传和研究邓小平建设有中国特色社会主义理论,发表有一系列论述。其中《解放日报》6月5日发表的李君如的《邓小平的"中国特色的社会主义"》提出,党和毛泽东写下了中国革命建设的"上篇",邓小平则提出了毛泽东思想"下篇"的正确构想,这篇文章后获全国首届精神文明建设"五个一工程奖"(1992年)。1992年春,邓小平视察南方重要讲话发表后,上海积极宣传报道。《解放日报》于4月16—18日连载龚育之的《在中国特色的社会主义旗帜下》,10月28—30日又连载吴敬琏的《社会主义市场经济的历史沿革和现实意义》。上海学者还撰写一批研究论文,进一步论述邓小平理论的历史地位、邓小平理论的精髓等问题。中共十四大召开后,上海进一步加强邓小平理论的研究。1993年2月,上海社会科学院在全国率先成立邓小平理论研究中心。不久,中央将上海社会科学院列为全国邓小平理论研究五大基地之一。1993年6月,中宣部在上海召开第一次全国性的关于邓小平理论的研讨会——"建设有中国特色社会主义理论研讨会”。同年，夏禹龙、李君如的《邓小平的管理思想与领导艺术》获第二届精神文明建设“五个一工程奖”“好文章奖”。1994年4月，《毛泽东邓小平理论研究》创刊，这是全国第一份以宣传和研究毛泽东思想和邓小平建设有中国特色社会主义理论为宗旨的专业性理论刊物。6月，上海市邓小平理论研究会成立，全市形成邓小平理论研究基地网络。同年，上海市邓小平建设有中国特色社会主义理论研究基金成立。在当年的第三届精神文明建设“五个一工程奖”评选中，施芝鸿的《贯穿新一卷〈邓小平文选〉的四个“搞清楚”》获“好文章奖”。1995年3月，市委宣传部召开深入学习、研究、宣传邓小平建设有中国特色社会主义理论工作会议。同年10月，举行上海市邓小平建设有中国特色社会主义理论研究与宣传优秀成果颁奖大会，有61项成果获奖。同时，邓小平理论与实践研究课题评审工作揭晓，有52项课题被批准立项。在当年度举行的全国第四届精神文明建设“五个一工程奖”评选中，上海人民出版社出版的“邓小平理论与实践研究丛书”获“好书奖”。市教卫党委和市教委决定，从1995—1996学年开始，在高校开设邓小平理论教程，作为大学生必修课。90年代中期以后，在邓小平理论研究中上海学术界结合各自学科领域，从不同角度对社会主义精神文明建设的理论和实践问题展开全方位的研究和讨论。中共十四届六中全会召开后，这一研究进一步引向深入。研究和讨论内容包括精神文明建设的战略意义、指导思想、目标任务、基本方针以及社会主义市场经济与精神文明建设的关系，在精神文明建设中制度建设与道德建设的关系，精神文明与法制建设的关系、与科学文化建设关系和社区精神文明建设等诸多方面。1996年5月，为纪念毛泽东《在延安文艺座谈会上的讲话》发表54周年，由市委宣传部主办，上海社会科学院文学研究所与市作家协会联合召开“邓小平文艺理论学习研讨会”。同年，第五届精神文明建设的“五个一工程”评选中，奚洁人的《试论当代中国的民族精神——兼论邓小平对建设当代民族精神的理论贡献》获“好文章”奖。1997年2月19日，邓小平逝世，上海社会科学工作者怀着对邓小平的崇敬之情，撰写了一批理论文章，缅怀邓小平丰功伟绩，追思邓小平为创立建设有中国特色社会主义理论作出的历史性的重大贡献。同年4月，上海召开第四次邓小平理论研讨会，8月“邓小平理论与实践丛书”第二辑(共12本)由上海人民出版社出版。90年代末，上海的理论工作者全面贯彻中共十五大精神和市七次党代会精神，兴起学习邓小平理论新高潮，纪念中共十一届三中全会召开20周年的背景下，召开一系列理论讨论会，撰写出版了一大批理论著述。其中，1998年8月，上海召开学习邓小平理论工作会议，市委书记黄菊在会上要求各级党组织和广大党员要认真学习贯彻江泽民同志重要讲话和中央通知精神，增强学习邓小平理论的紧迫感和自觉性，紧紧围绕中共十五大主题，兴起学习邓小平理论的新高潮。9月出版了由市委宣传部组织编写的“学习党的十五大精神丛书”(22本)，这是全国第一套系统阐述中共十五大精神的丛书。年底，上海召开“纪念中共十一届三中全会20周年理论讨论会”。这一时期，上海电视台将《时代》专栏改版，办成电视理论杂志后，还陆续拍摄播放一批理论宣传片。如反映在邓小平理论指导下，上海改革开放所取得的成就的《伟大的航程》，反映邓小平理论“三进”工作的《托起未来》，宣传“两个根本转变”的《跨世纪的转折》以及理论专题片《很朴实的道理——学习邓小平建设有中国特色社会主义理论》，宣传江泽民论正确处理十二大关系的12集专题片《新世纪的号角》和5集电视片《人间正道——“发展才是硬道理”纵横谈》等。1999年7月，上海成立全国首家电视理论专题片策划中心，探索电视片理论宣传的新形式。

1995年，市委、市政府明确提出探索城市管理新体制和新机制的任务，并开始进行“两级政府、三级管理”的试点。此后，在政府的倡导和推动下，社区研究广泛展开，形成一大批研究论文和对策报告，内容涉及社区发展规划、管理体制、服务与社会保障、文化与精神文明建设、社区安全与综合治理、社区党建与社区政治、居民组织与基层民主等。这些研究将社区建设的实践提升到理论层面,开拓了社区研究的新领域,并初步构建了社区研究的理论体系。《社会》杂志从 1995 年开始,每年都刊发相当数量的社区研究论文,反映社区研究的前沿成果。

20 世纪 90 年代后期,文化产业的发展问题受到广泛重视,相关研究取得重大进展。1994 年 5 月,《探索与争鸣》杂志社召开"文化发展与市场经济讨论会",提出在中国社会由计划经济向市场经济转型后,文化发展面临严峻的挑战。因此要建立与市场经济相适应相协调的文化机制,探讨文化发展的新思路。这一时期,华东政法大学于 1994 年成立法律文化研究所,是国内第一个专门的法律文化研究机构。1998 年,在市委宣传部的组织下,上海掀起文化建设新高潮的调研活动,将上海的文化发展放到国际、国内的大背景进行思考,将文化建设放到理论中思考。内容包括上海文化体制改革的目标和思路,上海大都市文化建设的时空布局和结构类型,文化产业的发展和资源优化配置,全球视野中的都市文化建设,营造上海文化大市场及文艺人才的开发、文艺批评的发展、社区文化设施建设、群众性文化活动等。1999 年,市社科规划办和上海社会科学院共同举办"文化产业的发展和管理研讨会"。1999 年下半年,市委副书记龚学平先后在市委党校和上海社联论坛作《关于上海文化产业建设有关问题的报告》,明确提出文化建设走产业发展道路是社会主义市场经济发展的必然要求,发展文化产业是上海建设国际大都市的必要条件。要进一步解放思想,把文化产业的发展作为促进经济发展、提高精神文明建设水平的重要抓手。

20 世纪 90 年代,法学研究也取得重要成果。1990 年,郑伟的《刑法犯罪比较研究》是上海第一本比较刑法研究的专著。1990—1991 年,曹建明、陈浩东、周洪钧主编的《国际经济法新论》(3 卷)出版,这是中国第一部系统论述国际经济法领域各部门法理论与实务的专著。1991 年,董立坤出版国内第一部研究香港法律的专著——《香港法的理论与实践》。1992—1993 年,潘念之主编的《中国近代法律思想史》(上、下册)出版,这是国内第一本研究中国近代法律思想史的专著。1994—1995 年,顾肖荣先后主编中国第一部关于证券欺诈问题的专著——《证券违法犯罪》和国内高校第一本证券法统编教材——《证券交易法教程》。1996 年,丘日庆、王玉洁主编的《领事法论》是国内国际法学界首次从理论和实践的结合上全面论述领事法问题的著作。1997 年,上海社会科学院法学研究所牵头组织撰写"金融法制研究丛书",从银行、票据、保险、证券、期货、投资信托、信用卡、信用证八个方面研究金融违法犯罪的特征及防治,从 1998 年起开始陆续出版。同年,上海社会科学院法学研究所成立全国第一家"生命法学研究中心"。1999 年,王立民著的《上海法制史》出版,这是第一本专门研究上海近现代地方法制史的专著。同年,林喆的《权利的法哲学》和《黑格尔的法权哲学》先后出版,在国内第一次系统阐述黑格尔法权哲学的概念、体系、形成、基本原则、主要内容及其影响。中共十五大第一次将依法治国确定为治国的基本方针,进一步促进上海的法学研究。曹建明的《从"法制"到"法治"》、曹建明与贺小勇的《依法治国与对外经贸立法》(上、中、下),郝铁川的《冷静、理性地看待依法治国》《论依法治国与党的执政方式——学习邓小平理论的一点体会》等文章围绕实行法治的诸多方面展开广泛讨论。同时针对经济犯罪出现的新情况,加强了对证券金融法、金融法制的研究。1997 年,曹建明受邀为中央政治局讲授金融安全与法制建设,撰写《关于我国金融法制建设的几个问题》《论我国金融安全的法律保障》等文章。

围绕社会主义市场经济体制改革、北约轰炸南联盟、邪教组织、李登辉"两国论"等问题开展应用性和对策性研究。1990 年,上海社联和市经济学会根据中共中央总书记江泽民的要求,对中国经济发展与经济体制改革的一系列重大问题展开研讨,年底完成《发展与改革——若干重大经济问题研究》。1992 年,仇金泉、陈伟平、姚诗煌、罗祖德、朱新轩等人撰写的《开展长江三角洲区域经济发展规划的研究》首次提出"长江三角洲经济区"概念。同年,市府研究中心、市计委研究所、上海社联、上海社会科学院等单位就“上海率先实行社会主义市场经济”的问题展开广泛讨论，并形成必须率先建成社会主义市场经济体制，必须保持国民经济稳定增长，率先进行流通领域改革，率先走上城市建设资金良性循环的道路等“六个率先”的思路。在经济学研究中，结合中国经济改革实践和需要，积极研究了西方新制度经济学，在借鉴和吸收西方学说的基础上，对产权制度展开广泛的研究，推出一大批成果。这些论著把马克思、西方学者和中国学者的产权理论作了综合比较和分析，在理论和实践上提出一系列新的见解和建议对策，为上海率先建立现代企业制度和重塑国有资产管理体制进行积极探索。随着中国改革开放的不断扩大，以及世界经济出现新的发展趋势，90 年代后期上海世界经济研究出现了非常活跃的局面，特别对世界经济一体化的理论作了比较深入的探讨。研究内容包括世界一体化理论的概念，世界经济一体化的特性及与区域经济一体化的关系，对世界经济发展的影响等。同时针对世界经济发展过程中，国际金融领域发生的一系列新问题以及中国经济发展过程中的金融发展问题，上海学者还探讨金融深化理论，1998 年张幼文、干杏娣出版《金融深化的国际进程》。在亚太经济问题研究中，广泛探讨中国与 APEC 的问题，内容包括中国在亚太地区合作中的地位、作用、影响，以及在亚太地区经济一体化进程中，中国的发展战略和产业结构的调整问题等，出版《中国与 APEC 分工》(1998 年)。1999 年，根据中央和市委的要求，上海理论工作者在三场大的政治斗争中，作出了富有成效的理论研究和批判工作。针对以美国为首的北约悍然轰炸中国驻南联盟大使馆的严重政治事件，组织召开理论界座谈会，撰写文章，戳穿以美国为首的西方国家鼓吹的所谓有限国家主权论及合法的人道主义干预论的荒谬性、欺骗性和侵略性，同时还组织编写关于科索沃问题的由来和揭露以美国为首的北约霸权主义行径反动本质的宣讲材料。针对邪教组织的歪理邪说和非法活动，先后组织 3 次理论界座谈会，编写出版《崇尚科学，破除迷信——神秘主义面面观》等理论书籍，以及《切实加强理想信念教育》等 10 余篇文章和有关宣讲材料，组织拍摄 6 集电视专题片《我们不信邪教》等。针对李登辉的“两国论”，召开理论界座谈会，组织撰写文章，进行揭露和批判。如周忠菲的《李登辉“两国论”出台背景分析》、高民政与魏宽勇的《从“一国论”到“两国论”的演变轨迹》，以及华东政法大学《法学》杂志 1999 年第 9 期从国际法驳斥两国论的系列文章(曹建明的《从国际法原理驳李登辉的“两国论”》、周洪钧的《斥与国际法相悖的“两国论”》、丁成耀的《“两国论”于国际法无据》)等。

国际问题研究重点讨论苏联解体的经验教训、冷战后世界格局与世界秩序的变化发展趋势、世界经济形势及走向、亚太形势及经济区域与世界经济一体化的关系、全球民族主义浪潮、当代战争的特点与趋势等问题。1991 年，上海三联书店推出“犹太文化丛书”，共收录国内学者专著、译著 20 本，是国内第一套系统介绍犹太文化和移译犹太经典的丛书。1996 年，陈启懋主编的《跨世纪的世界格局大转换》是全国第一部系统研究冷战后世界格局的专著。成立于 1988 年的上海社会科学院上海犹太研究中心，就犹太人在中国，特别是犹太人在上海这一特殊领域而言，不仅在中国居领先地位，而且在国际学术界也颇具实力和影响。90 年代后期，上海犹太研究中心推出多部犹太研究著述，大型画册《犹太人在上海》(1995 年)和《犹太人在中国》(2001 年)，咨询研究报告数十篇，论文百余篇，包括潘光等著的《犹太民族复兴之路》(1998 年)、《一个半世纪以来的上海犹太人：犹太民族史上的东方一页》(2002 年)、《犹太文明》(2008 年)、《犹太研究在中国：三十年回顾 1978—2008》(2008 年)和王健著的《上海犹太人社会生活史》(2008 年)等。上海还在国内较早地开拓了以色列、犹太学的研究。

这一时期，多个领域一批影响深远、国内领先的学术著作陆续出版。1992 年 1 月 21 日，上海社联举行《社会科学争鸣大系》新闻发布会，该系列丛书由上海社联组织 600 余名学者历时 3 年编纂而成,共10卷500万字。1993—1994年,王沪宁主编的"现代政治透视丛书"(8本)相继出版。1999年,为纪念中华人民共和国成立50周年、上海解放50周年,上海学术界完成了一批重要的献礼专著。如熊月之主编的《上海通史》(15卷)、伍柏麟主编的"中国经济体制改革20年系列研究丛书"(10卷)、蒋孔阳与朱立元主编的《西方美学通史》(7卷)、华东政法大学国际经济法系编著的6卷本《国际经济法新论》等。在历史学领域,1990年,张仲礼主编的《近代上海城市研究》出版,是国内第一部对近代上海城市及城市发展一般规律和理论问题进行综合系统研究的专著。1991年,陆庭恩、艾周昌合著的《非洲史教程》出版,这是国内第一部非洲通史类教材。1991—1996年,沈以行、姜沛南、郑庆声主编的《上海工人运动史》(上、下卷)出版,这是国内第一部大型的工人运动专史。1995年,许纪霖、陈达凯主编的《中国现代化史:1800—1949年》出版,这是国内第一部系统研究中国近代化的专著。1996年,卢云出版中国第一部断代历史文化地理专著——《汉晋文化地理》,艾周昌、沐涛出版国内第一本系统论述中非关系史的专著——《中非关系史》,马光仁主编上海新闻发展史的第一部长篇著作——《上海新闻史(1850—1949)》。同年,葛剑雄主编的《中国移民史》(6卷本)出版。在政治学领域,1990年,浦兴祖主编第一本比较系统完整地阐述中华人民共和国政治制度的著作和教材《当代中国政治制度》。桑玉成、刘百鸣编著的《公共政策学导论》(1991年)是上海市政治学和行政学界第一部较为系统论述政策和决策的著作。是年,王沪宁的《美国反对美国》出版,运用历史—社会—文化的分析框架探讨美国社会的政治和社会管理过程。1992年,蓝瑛主编的《社会主义政治学说史》是国内当时最为齐全的一部社会主义政治学说史专著。1993年,浦兴祖、竺乾威主编的《当代中国行政》是国内第一部从法律、结构等方面系统研究当代中国行政管理过程的著作。在经济学领域,1991年,龚维敬著的《当代垄断资本主义经济》出版,填补了研究当代垄断资本主义最新发展的空白。同年,葛寿昌主编的《社会保障经济学》出版,这是国内第一部全面论述社会保障经济问题的专著。1997年,胡寄窗、谈敏主编的《新中国经济思想史纲要》出版,系国内第一部系统论述1949—1989年中国经济思想发展的专著。同年,董勤发著的《国际财政研究》出版,填补了国内国际财政理论研究的空白。1994年与1997年,丁日初主编的《上海近代经济史(第一卷)》和《上海近代经济史(第二卷)》是第一部上海经济发展通史。

咨询研究报告是学术科研服务国家与社会发展的重要表现。1994年,市政府首次采用立法的形式颁布实施《上海市决策咨询研究成果奖励规定》,集中体现了上海历届市委、市政府领导一贯尊重科学与民主,尊重知识与人才,对在上海改革、开放、发展过程中发挥决策咨询作用的单位和个人给予充分肯定。上海决策咨询研究对上海改革开放与发展、浦东的开发开放、上海的城市改造与发展、城市发展动力转换等重大理论与实践问题,进行深入的研究。上海市决策咨询研究成果奖分设两类奖项,即上海市决策咨询研究成果奖和上海市决策咨询研究政策建议奖。在每个时期,上海学术界对于相关问题的研究充分发挥咨政建言、理论创新、舆论引导、社会服务等,产生诸如《中学优秀教师的成长与高师教改之探索》(1995年)、《迈向21世纪的上海——1996—2010年上海经济、社会发展战略》(1995年)、《加强党内民主体制建设的若干思考》(2000年)、《关于反腐倡廉规范性文件有效性问题的研究报告》(2001年)、《社区网格化管理试点工作分析论证报告》(2004年)、《加快建设世界一流大学系列研究》(2005年)、《当前社会公共事业发展的三大瓶颈问题》(2007年)、《警惕美国金融危机的进一步扩散及对中国的不利影响》(2008年)、《对引进海外顶尖、领军和高层次优秀人才的若干建议》(2009年)、《大都市文化发展趋势与上海文化发展坐标、定位问题研究》(2010年)等大量成果,对于促进市委、市政府决策发挥重要作用,部分建议受到中央决策层的重视。为了更好地对决策咨询成果加以应用,市哲学社会科学规划项目等针对当前迫切需要解决的重大问题，以研究系列的形式列出，进行跨学科、跨单位、跨部门综合研究。在决策咨询中，最为突出的表现为市发展研究中心服务国家和上海战略的决策咨询研究规划，包括：80年代上海经济发展战略研究，90年代浦东开发开放战略研究，利用外资、股份制、证券市场研究、建设“四个中心”研究，实现“四个率先”研究，建设社会主义现代化国际大都市研究，经济体制和经济增长方式转变研究，进一步加强改革开放新特点、国际经济运行通行规则和再造上海经济发展新优势的研究，增强城市综合竞争力研究，增强城市国际竞争力研究等，都留下了全市广大决策咨询研究工作者艰苦探索的足迹。以20世纪90年代浦东开发开放战略研究为例，上海学术界完成一大批研究报告，对浦东开发的方案模式、资金筹措、文化人口、社会管理及浦东与浦西关系等提出一系列建议和对策。1989年，上海市市长国际企业家咨询会成立，聘请10多个国家的知名学者和企业家为上海市市长的国际智囊团成员，每年定期召开一次咨询会议，为上海的经济改革和城市发展出谋划策。华东师范大学完成的《上海市浦东地区行政区划研究》中提出新区行政区划的范围、行政区划的等级、行政中心范围选择等，复旦大学在《关于浦东开发开放方案研究报告》中提出的要重视浦东浦西联动中的中观调控机制及其他许多重大决策建议被政府部门采纳。同时，上海与长江沿岸省市还开始对浦东开发与长江流域协调发展问题进行研讨，1991年底上海社联主办首届浦东开发与长江流域协调发展系列研讨会。1992年姚锡棠主编的《浦东开发与长江流域协调发展研究》出版，为深入探讨这一问题奠定基础，其中不少内容成为政府部门决策的依据。

四

进入21世纪，上海人文社会科学事业进入拓展提高时期，学科建设健全、学术探究丰富、学术会议频繁，以上海社联组织的学术年会、学会学术活动月、东方讲坛、社科普及活动等学术活动为代表，人文社会科学研究蓬勃发展。这一时期，上海人文社会科学继续拓展理论研究，产生了一系列影响深远的论著，同时，倡导学术研究为社会发展服务，紧跟国家战略与社会发展需要，开展相关应用性与对策性研究。

上海是中国共产党的诞生地，上海学者利用区域性特点和优势，对中国共产党与中国政治进行深入研究，特别是围绕地方党史在党的创建、中共中央在上海、上海与抗日战争、上海与解放战争、上海与社会主义革命建设、上海与改革开放、上海革命文化、上海工人运动、上海地下党、中国共产党与上海社会组织、新四军与上海及新四军与华中抗日根据地等方面取得丰厚的学术成果。2001年建党80周年之际，上海人民出版社组织编纂出版的“中国共产党80年书系”是上海党史学界研究的新成果。王世根、贺世友编纂的《中国共产党80年》(中学生版)和张云、孙道同编纂的《中国共产党80年》(小学生版)两种科普性党史读物的出版发行，是上海市中共党史知识进入中小学课堂的开端。从2001年起，市党史学会承担上海市哲学社会科学十五规划课题，并于2005年出版“中国共产党与中国现代化研究丛书”。在对中共一大、二大的研究中，上海学者成果突出。2006年，徐云根发表《中共创建史上八大疑案》，对党成立的时间问题，陈独秀、李大钊为什么没有出席中共一大等做了考证和辨析。2006年，中共二大会址纪念馆编纂出版《中国共产党第二次全国代表大会》，是中共二大研究领域第一部系统的资料性著作。此外，2000年，解超发表《新民主主义论的思路——马列主义与中国社会主义建设实践的承启》，首次提出马克思的东方社会理论、列宁的新经济政策和邓小平社会主义初级阶段理论有着逻辑的一致性。2003年，梅丽红出版《当代中国民主政治建设——中国共产党探索之路》，2005年，顾行超出版《中国共产党统一战线思想史》。2007

年,齐卫平等出版《"思接千载"和"与时俱进"——中共对中国传统文化的历史考察》。2008 年,林尚立主编的《统一战线与国家建设》出版,2009 年,林尚立又出版《中国共产党与国家建设》。

20 世纪末,随着城市管理体制改革特别是社区建设过程中基层党组织所面临的一些新情况和新问题,市委围绕社区党建和社区建设逐步展开一系列部署,上海学者也在城市基层党建工作研究中开辟了一个新领域。1998 年,何明锐等的《社区党建工作的特点和发展趋势》,明确提出"社区党建"的概念。2000 年,徐中振发表《巩固扩大党的社会基础与加强社区党建》《社区党建的政治功能、组织架构的分析思考》,介绍社区党建的功能、组织、基础等。同年,市委党校和卢湾区委党校合作完成《中国城市社区党建》。2000 年 11 月,上海社联、市民政局、市社区发展研究会、上海大学社会发展研究中心共同主办"社区建设理论研讨会",《上海社区发展报告(1996—2000)》和"上海市社区建设研究报告丛书"也在会议期间推出。此外还有林尚立主编的《社区民主与治理——案例研究》(2003 年)、王邦佐等著的《居委会与社区治理——城市社区居民委员会组织研究》(2003 年)、林尚立发表的《关于新时期社区党建的若干理论思考》(2005 年)等。在社区党建之外,农村基层党建、新经济组织党建、社团党建、楼宇党建、网络党建等都有重要成果。2001 年,市委党校社会发展研究所完成《上海社团党建新探索》调研报告。1999 年上海首创"支部建在楼上",突破市场经济条件下传统"单位制"党建的局限性。2000 年前后,上海学界较早地对驻在楼宇党建开展研究,并一直处于领先地位。2003 年,乐基伟发表《基层党建创新:"支部建在楼上"》。2008 年,市党建研究会编著的《上海基层党建的探索与创新》对"支部建在楼上"作专题论述。

2000 年前后,上海理论界西方马克思主义研究粗具规模,形成以"西方马克思主义"研究为轴心,统摄"新马克思主义""后马克思主义""新社会主义"和其他左翼哲学和社会思潮的理论格局。上海理论界开始高度重视用西方马克思主义来解答中国发展中的现实问题,把西方马克思主义从文本和理论的介绍推向对现实问题的研究。2000 年,陈学明分别发表《法兰克福学派的批判理论在当代中国的意义》《为马克思辩护——读雅克·德里达的马克思的幽灵》等文章。2000 年,吴晓明的《当代学者视野中的马克思主义哲学》出版;2001 年,俞吾金发表《存在、自然存在和社会存在——海德格尔、卢卡奇和马克思本体论思想的比较研究》《从外在的对峙到内在的对话——对西方马克思主义与西方现代哲学关系的新思考》。在对西方马克思主义代表人物的研究中,童世骏陆续发表《哈贝马斯现代性理论的几个方法论问题》《没有主体间性就没有规则——论哈贝马斯的规则观》等文章,介绍哈贝马斯的相关学术观点。王凤才先后发表《霍耐特承认理论思想渊源探析》《霍耐特承认理论发生学探源》《论霍耐特的承认关系结构说》等文章对霍耐特具体思想进行研究。此外,上海学者还关注罗默的"一般剥削理论"、阿尔都塞的生活和思想、克尔凯郭尔哲学思想、海德格尔和葛兰西等人的思想。从 2007 年起,复旦大学当代国外马克思主义研究中心编撰每年一度的《当代国外马克思主义研究报告》,成为中国学界了解国外马克思主义研究最新动向的重要窗口。

围绕着中国加入 WTO 和加入 WTO 后的相关问题,各种学科的讨论主要集中于经济学、法学和政治学(行政学)、档案学等领域。经济学领域,主要研究中国加入 WTO 后,中国经济结构、产业结构、改革发展战略、金融秩序、外贸投资等方面。金芳的《加入 WTO 后中国外资政策的调整动向》、王如忠的《加入 WTO 与强化完善我国中央银行职能》、郭羽诞的《论我国加入 WTO 后上海产业结构的调整》、魏陆的《加入 WTO 对我国宏观财政政策效应的影响》、黄仁伟的《论加入 WTO 与中国改革和发展的战略推进》(上、下)、罗秦《中国企业所得税法与 WTO 规则从冲突走向协调》等在全国较为领先讨论相关问题。2001 年,随着中国加入 WTO 和金融市场的进一步开放,上海学者较深入地探讨利率市场、货币市场、资本市场等问题。王国松的《中国的利率管制与利率市场化》、戴国强的《论我国货币市场发展的目标及路径》、吴文锋等的《B股向境内居民开放对A、B股市场分割的影响》、潘英丽的《中国国际金融中心的崛起：沪港的目标定位与分工》等文章都反映了上述研究。法学领域，主要涉及中外法律制度的差异化、国际法、行政法领域等的研究。2001年7月，国家行政学院行政法研究中心和美国亚洲基金会在上海共同主办“WTO与中国行政法的改革国际研讨会”。瞿珉的《论贸易自由化与我国加入WTO的法律保护》，徐静琳的《比较与衔接——中国法制面临WTO》，徐冬根的《WTO法律规则解析》，王立民和叶青的《加入WTO与中国审判方式再改革研究》，漆多俊的《WTO与新的经济调解机制——国际调节》，龚柏华的《从WTO和人权国际保护角度评在中国推展SA8000标准》《“中国影响汽车零部件进口措施”WTO争端解决案评析》，周洪钧的《联合国的进程及其新视角》，朱榄叶的《从中国在TRIPs协定下的义务看美国对中国的申诉》，胡加祥的《WTO公力救济权之重构》等文章是这一领域的重要成果。加入WTO以后，中国政府的政府职能、政府与市场的关系等也随之发生较大变化。这一时期，关于政府新理念的研究正式进入上海政治学界的视野。姚尚建的《新公共服务视阈中的政党政府》、袁峰的《信息公平与政府责任》、陈毅的《底线伦理·公共理性·责任政府：基于平等公民的责任政府思考》等分别从政党政府、责任政府、政府公平正义的理念等不同的角度进行了研究。档案学领域，学界对档案部门开展“城市记忆工程”、参与社会记忆建构活动进行理论思考和回应，取得重要成果。2002年12月，上海大学档案学系和市档案学会联合召开“WTO与档案工作研讨会”，对中国入世后对档案工作的影响，入世后档案行政管理法制、体制、机制如何适应等问题开展研讨。2005年，市档案学会、上海大学档案事业发展研究中心共同完成《加入世贸组织后我国档案工作面临的挑战、机遇及其对策》课题研究。2005年以后，上海档案界结合政府信息公开给档案部门带来的新课题，对政府信息公开集中查阅利用、档案开放与政府信息公开的衔接、政府信息公开环境下档案的管理和利用等问题进行研究。

在学术活动与对外交流中，以上海社联为平台，全市学术机构重视学术活动的系列化。2000年5月，上海社联在淮海中路举办大型社科咨询活动，所属14个学会选派58位资深专家针对社会热点问题及群众的实际需求，为广大市民开展多种形式的咨询服务。2002年，“上海市社会科学普及活动周”正式启动，专家学者直接面对市民释疑解难，为市民提供社科知识咨询。2003年12月，上海社联举办以“人文社会科学与当代中国”为主题的首届上海市社会科学界学术年会。至2010年，学术年会共举办八届，构筑全市性的高水平学术交流平台，推动理论创新与发展。2004年6月，市委宣传部与市社联在上海师范大学举行“东方讲坛”开讲仪式，俞吾金作题为“遏止虚无主义、弘扬人文精神”的首场讲座。“东方讲坛”整合全市各类科技、社科、文化讲座资源，举办范围涵盖全市各区县、高校、机构、社区。截至2010年，共设立335个举办点，举行各类讲座14 500多场，深受广大市民欢迎，成为全市开展社会化教育和社会科学普及的标志性品牌。2007年，上海社联举办学会学术活动月，以后定期举办。在学术会议中，上海召开众多有重要影响的国内外学术会议。2000年5月，由上海社联发起，重庆、四川、陕西、甘肃、宁夏和青海等地社联共同举办的“西部大开发学术讨论会”在上海召开。2002年7月，上海社联、香港亚太二十一学会、市港澳台经济研究会在上海联合举办“促进沪港共同发展——首届沪港关系论坛”，2004年1月，又发展为“第九届中华经济协作系统研讨会暨第四届沪港澳关系论坛”。2002年8月，上海社联与市经济学会联合举办“东北亚区域经济发展国际学术研讨会”，此后这一会议定期举行。2003年4月29日，上海社联和《文汇报》社联合举办“世博会与上海社会发展主题座谈会”，与会专家就世博会如何推动上海社会发展发表意见和看法。同年4—5月，根据市委的统一部署，上海社联牵头组织“世博会与上海社会发展”专题讨论,全市有关单位联合举办7场系列讨论会。2004年8月19—22日,上海市人民政府主办、上海社会科学院承办的首届世界中国学论坛召开,之后论坛每两年举办一次,每次确定一个交流研讨的主题,邀请国内外著名中国学研究学者莅会,至2010年共举办四届。2005年,复旦大学和韩国高等教育财团共同发起主办"上海论坛",每年5月在上海举办年会。此外,全市还召开"上海市纪念毛泽东同志诞辰110周年学术研讨会""纪念邓小平诞辰100周年座谈会""纪念邓小平'南方谈话'发表10周年暨上海社科界迎春座谈会""纪念新中国成立60周年理论研讨会""纪念改革开放30周年理论研讨会"等。此外,上海各杂志社不定期举行的学术沙龙也是较为突出的学术活动形式。

五

上海是中国共产党的诞生地,是改革开放的前沿阵地,上海人文社会科学界扎根中国大地,立足中国问题,立意中国现实,形成了独具特色、独具风格、独具气派的上海人文社会科学。总结来看,1978—2010年上海人文社会科学的发展呈现出以下特点和经验。

主要特点:一是百花齐放,在竞发中提升学科发展。上海人文社会科学的发展并没有局限于某一学科领域的突飞猛进,而是实现了多学科的共同发展与繁荣。改革开放以来,上海语言学、法学、政治学、社会学、哲学、经济学等学科实现了从曲折中复苏、在复苏中崛起,在全国甚至是全世界都产生了一定的影响。进而,百花齐放的学科发展态势带动了一大批具有重要影响力的交叉学科、前沿学科的发展。二是兼收并蓄,在开放中坚持学科特色。上海学科发展重在兼收并蓄,坚持以开放激发学科发展后劲和活力。上海人文社会科学的发展在很大程度上得益于上海地处改革开放前沿阵地,在译介国外书报杂志的基础上,形成上海学科发展的基础和理论。上海人文社会科学的发展并没有以译介为唯一方式,翻译介绍国外人文社会科学理论只是手段,真正的目的是为了形成具有上海特色、中国风范、世界影响的理论。三是继承创新,在延续中坚守学科本色。上海人文社会科学的发展是在传承中不断开拓的,西晋以降上海人文社会科学的积累,尤其是上海开埠以来政治社会环境的变化为上海人文社会科学的发展提供了丰富的素材和观察的对象,助力上海人文社会科学实践累积。在学科延续的基础上,上海人文社会科学创新发展,呈现出一大批有特色的学科成果。

主要经验:一是学术发展与国家发展互相成就,紧跟时代潮流的自觉意识。改革开放是中国共产党在新的历史条件下领导人民进行的新的伟大革命,是决定当代中国命运的关键抉择。在改革开放的大潮下,上海人文社会科学站在时代的潮头、倾听时代的足音、把握时代的脉搏、解答时代提出的问题,与国家发展同呼吸、共命运。二是学科发展与社会发展互为支撑,紧随时代步伐的责任意识。人文社会科学研究的重要目的是为了国家和社会的发展贡献知识力量,实现学科发展与社会发展的互相支撑。在发展中国特色社会主义道路的大背景下培植学科发展的土壤和汲取学科发展的养分,同时,上海人文社会科学的发展也为当代中国的发展提供了坚实的知识储备、丰富的智力支撑、强大的人才支持。三是统一规划与自我发展相结合,紧扣时代发展的问题意识。在党的领导下,改革开放后的上海人文社会科学发展始终坚持马克思主义政治方向,始终根据上海重大发展战略,统筹制定全市社科规划、系统社科规划等规划与管理,制定全市哲学社会科学领域的规划,指导全市哲学社会科学研究。

大 事 记

1978 年

1 月 31 日　市委宣传部召开上海社联和上海文联扩大会议，市委第三书记彭冲在会上宣布市委关于恢复上海社联活动的决定。2 月 21 日，上海社联举行委员扩大会议，标志上海社联及其所属学会恢复活动。

5 月 24 日　市委同意建立上海社会科学院筹备小组。10 月 11 日，上海社会科学院复院。

6 月 30 日　上海社联召开座谈会，围绕《实践是检验真理的唯一标准》《马克思主义的一个最基本原则》展开讨论。

8 月 11 日　《文汇报》刊发卢新华的短篇小说《伤痕》，在全国引起对“伤痕文学”的讨论。

9 月 16 日　《文汇报》刊登蒋文杰以笔名“虞丹”撰写的《读马克思的一封信：谈实践是检验真理的唯一标准》及复旦大学讨论真理标准的报道。

9 月 22 日　上海社联于 9 月 22 日、28 日，10 月 11 日三次举行以“坚持实践标准，发展社会科学”为主题的大型座谈会，讨论理论与实践问题，全市 10 余家单位 60 余名理论工作者参加。

9 月 27 日　《文汇报》发表钱学森、许国志、王寿云撰写的中国大陆第一篇全面阐释系统工程的文章《组织管理的技术——系统工程》。

10 月 20 日　上海社联主办的内部刊物《社联通讯》创刊。

10 月 24 日　上海社联举行哲学社会科学界揭批林彪、“四人帮”大会，200 多人参会。同年，上海社联恢复后，市哲学学会、市经济学会、市历史学会、市语文学会、市法学会、市外文学会、市教育学会、市国际关系学会 8 个“文化大革命”前成立的、“文化大革命”中撤销的学会先后开始恢复活动。

1979 年

1 月 16 日　《解放日报》发表李海庆的《人民在自己的法律面前人人平等》，引发关于“法律面前人人平等”的大讨论。

1 月 18 日　上海市会计学会召开成立大会，宣告成立。这是 1978 年以后新成立的第一个学会。此后，各种学术团体纷纷成立。至 2010 年底，上海社联所属学术团体达 156 个。

1 月 20 日　上海社联主办的《学术月刊》复刊。

5 月　上海辞书出版社主办的《辞书研究》创刊，是全国唯一探讨辞书编纂理论和实践的学术性刊物。

同月　上海社联与上海图书馆联合举办关于坚持社会主义道路、坚持无产阶级专政、坚持共产党的领导、坚持马列主义、坚持毛泽东思想的系统讲座。

6 月 29 日　上海社联召开深入讨论真理标准问题座谈会。

6 月　上海社会科学院主办的《社会科学》创刊。

同月　市委决定夏征农兼任上海社联主席,罗竹风任上海社联常务副主席、党组书记。

7 月 2 日　上海社会科学院和市计划委员会联合发起举行双周"上海经济问题座谈会"。

8 月 15 日　上海社联和市高教局以"努力争取为马克思主义的新发展作出新贡献"为题联合举行座谈会,就真理标准问题、毛泽东对马克思主义哲学的贡献、社会主义民主、关于修正主义的概念等问题进行了讨论。

9 月　夏征农主编的《辞海》(3 卷本)由上海辞书出版社出版。

11 月 7 日　上海社会科学院、《学术月刊》编辑部、市经济学会联合召开"社会主义生产目的"座谈会,提出明确生产目的,按社会主义经济规律办事。

11 月 22 日　《汉语大辞典》编纂处在上海成立。

11 月　上海社联、上海社会科学院、市经济学会、《学术月刊》编辑部联合召开"社会主义生产目的讨论会",讨论持续一年多时间。

1980 年

3 月 3—5 日　上海社联召开第二届各学会理事会联席会议,选举产生第二届社联委员会。

3 月 15 日　上海社联第二届委员会召开第一次全体会议,选举夏征农为主席,罗竹风为常务副主席。

3 月 20 日　《社联通讯》第 5 期重新发表马寅初的《新人口论——在第一届全国人民代表大会第四次会议上的书面发言》,李平心的《论生产力性质》《辩证法可否应用到生产力研究上——十论生产力性质》,李佐长的《矛盾可以划分为"以斗争性为主"和"以同一性为主"的两类吗》,周谷城的《艺术创作的历史地位》5 篇曾遭批判的文章。

3 月　陈敏之在《社会科学》(第 3 期)发表《住房还是商品》,率先提出住宅商品化的观点。

6 月　蒋学模主编的《政治经济学教材》由上海人民出版社出版,至 2010 年共修订 12 版,累计发行量近 2 000 万册。

7 月 8—9 日　上海社联举行"关于社会主义生产目的问题大型讨论会",全市各理论和实际工作部门 200 多人参加。

7 月 20 日　上海社联举行学习贯彻党的十一届六中全会精神和《关于建国以来党的若干历史问题的决议》,进一步繁荣和发展社会科学事业座谈会,250 多人出席。

7 月　上海市高校编写组编写的《中国共产党历史讲义》由上海人民出版社出版,系全国第一部由教育部发文推荐的高校公共政治理论课教材。

9 月 10—11 日　上海社联举行"关于党的思想路线"大型理论研讨会,有关理论研究和宣传教育部门 300 多人参加。

10 月 3 日　《解放日报》头版发表沈峻坡的《十个第一和五个倒数第一说明了什么?——关于上海发展方向的探讨》,引起强烈反响。《解放日报》收到 300 多篇来稿并连续发表 9 期讨论文章。

10 月 11 日　中国宋史研究会在上海成立。

12 月　邹依仁著的《旧上海人口变迁的研究》由上海人民出版社出版,首次系统论述上海自鸦片战争至上海解放的人口发展变化。

1981 年

7 月 20 日　上海社联举行学习贯彻党的十一届六中全会精神和《关于建国以来党的若干历史问题的决议》座谈会，250 多人出席。

10 月　上海大学主办的《社会》杂志创刊，是全国第一本社会学专业期刊。

同年　复旦大学举办全国第一期政治学讲习班。

1982 年

1 月 14 日　上海社联在上海展览馆举行 1982 年新春茶话会，市委书记、市长汪道涵，市委书记、社联主席夏征农等出席。

2 月 11 日　上海社联与市经济研究中心等 8 个单位联合举行上海经济问题座谈会，围绕上海经济发展战略，研讨上海怎样走出经济建设的新路子。

3 月 11 日　上海社联与市计委等 8 个单位联合召开第二次上海经济问题座谈会，就"六五"期间上海经济调整目标，以及"七五"期间上海经济与社会发展战略问题展开讨论。

5 月　龚清浩、徐政旦主编的《会计辞典》由上海人民出版社出版，系全国第一部会计辞书。

6 月 4 日　复旦大学中国历史地理研究所成立，谭其骧任所长。

6 月　复旦大学召开中国文化史研究学者座谈会，是中华人民共和国成立以后中国大陆首次举行的关于文化史研究的专题学术会议。

10 月　谭其骧主编的《中国历史地图集》由地图出版社开始陆续出版，1988 年出全 8 册。

11 月 27 日　市社联、市文联、中国作家协会上海分会联合举行座谈会，讨论进一步贯彻党的十二大精神，加强社会主义精神文明建设。

12 月　葛惟熹著的《国际税收概论》由中国财政出版社出版，是第一本国内学者撰写的国际税收问题专著。

同年　陈誉发表的《社会科学情报源结构系统》(《情报科学》1980 年第 2 期)，在国内首次系统论述社会科学情报源构成。

同年　华东修辞学会主办的全国第一本修辞学杂志《修辞学习》创刊，2010 年改为《当代修辞学》。

1983 年

1 月 5—6 日　上海社联举行建设社会主义精神文明大型讨论会，300 多人出席。

2 月 2 日　上海社联举行 1983 年迎春座谈会暨社联全委扩大会议。社联委员及各学会负责人和各界代表共 400 多人出席，市委第一书记陈国栋出席座谈会并讲话，市委书记、社联主席夏征农主持会议。

3 月 18 日　上海社联召开纪念马克思逝世 100 周年座谈会，哲学社会科学界人士共 500 多人出席。

6 月 17 日　上海市哲学社会科学"六五"规划会议筹备会召开，陈国栋出席。7 月 26 日—8 月

30 日,市哲学社会科学“六五”规划会议正式召开。10 月 28 日,确定哲学社会科学“六五”规划重点项目 48 项。这是全国第一个市哲学社会科学的五年规划。

8 月 18—23 日　《历史研究》编辑部和复旦大学历史系联合举办“近代中国资产阶级研究”讨论会,就近代中国资产阶级的产生发展及其在近代中国的历史地位和作用等问题展开讨论。

8 月　市哲学社会科学规划小组成立,由王元化、洪泽、舒文、马一行、罗竹风组成,统一规划领导上海的哲学社会科学研究。1984 年 1 月,市哲学社会科学规划领导小组改为常设机构,下设办公室。负责制定全市哲学社会科学的研究规划,确定重点项目,检查规划执行情况。

同月　冯契的《中国古代哲学的逻辑发展》上册由上海人民出版社出版。中、下册于 1985 年出版。

11 月 28 日　上海社联举行理论界座谈会,交流学习中共十二届二中全会文件的体会并就如何结合理论战线实际,不搞“精神污染”等问题进行讨论,400 多位理论工作者参加。

11 月　龚古今、唐培吉主编的《中国抗日战争史稿》(上册)由湖北人民出版社出版,下册于 1984 年 5 月出版。这是国内第一部全面论述中国抗日战争史的专著。

12 月 13—16 日　上海社联举行纪念毛泽东诞辰 90 周年毛泽东思想讨论会,全市高校、社科研究机构,以及实际工作部门的理论工作者等 800 多人次参加。

12 月　罗竹风在上海宗教学会年会上提出要全面理解和认识马克思关于“宗教是人民的鸦片”的论断。此后上海宗教学界围绕这一问题展开广泛讨论和研究。

同月　薛素珍、柳林著的《儿童社会学》由山东人民出版社出版,是中国大陆第一部从社会学角度阐述儿童如何由“生物人”过渡到“社会人”的著作。

同月　夏禹龙、刘吉、冯之浚、张念椿著的《领导科学基础》由广西人民出版社出版,这是中国第一部领导科学方面的专门论著。

1984 年

1 月　樊松林在《中国社会科学》第 1 期发表《中国科技情报发展通论》,首次系统整理总结中国科技情报的历史发展过程,也是该杂志首次刊登的情报学论文。

4 月　上海社会科学院、市计划委员会、市经济研究中心联合召开上海经济发展战略讨论会,讨论新的经济形势下上海经济发展面临的新任务。会后编成《上海经济发展战略文集》。

5 月　《法学》杂志提出《关于开展我国法制建设协调发展问题讨论的意见》的倡议后,这一讨论持续两年多,《法学》杂志前后共发表 40 余篇文章。

6 月 13—15 日　上海社联召开第三次各学会理事会联席会议,市委第一书记陈国栋、市委书记、市长汪道涵出席。会议通过上届社联委员会的工作报告和新的社联章程,选举产生社联第三届委员会。6 月 16 日,上海社联第三届委员会举行第一次全体会议,选举产生由 53 人组成的常委会。周谷城、夏征农为名誉主席,罗竹风为主席。

7 月 18—19 日　上海社联、市委宣传部、市经济研究中心联合召开城市经济改革理论讨论会,就城市改革的突破口、沿海城市的开放和上海的改革方向、宏观经济与微观经济的关系等问题进行探讨。

9 月 17 日　上海文艺出版社编辑的《中国新文学大系(1927—1937)》开始出版,包括理论、小说、散文杂文、报告文学、诗歌戏曲、电影、史料和索引等 20 卷,1 000 余万字。

11 月　胡焕庸、张善余著的《中国人口地理》(上册)由华东师范大学出版社出版，下册于 1986 年出版。

12 月 21—26 日　上海社会科学院主办的全国东西文化比较研究讨论会在上海召开。会上成立东西文化比较研究中心，周谷城任名誉主席，王元化任主席。

12 月　胡寄窗的《中国近代经济思想史大纲》由中国社会科学出版社出版。

同年　李剑华、范定九主编的《社会学简明辞典》由甘肃人民出版社出版，系国内第一部社会学辞典。

1985 年

1 月　夏征农主编的《社会主义辞典》由吉林人民出版社出版，这是国内第一本关于社会主义问题的辞典。

2 月 8 日　上海社联在上海展览馆举行迎春茶话会。市委第一书记陈国栋，以及全市理论界 300 多人出席。与会专家学者围绕“坚持学术自由，繁荣社会科学”的主题畅谈新一年的打算。

3 月　上海社会科学院主办的《上海社会科学院学术季刊》创刊。萧志恬在第 1 期杂志发表《试论我国宗教同社会主义社会相协调问题》，首次提出中国宗教可以同社会主义相协调的观点。

同月　熊月之在《学术月刊》第 3 期发表《论上海租界与晚清革命》，提出“租界双重影响说”。

3—5 月　《社会》杂志编辑部举办由刘达临主讲的“现代社会中的性问题”讲座，每周一次，是全国首次公开的性研究活动。

5 月 20 日　上海社联举行纪念中国社会科学家联盟成立 55 周年大会，全市 60 多个学会一万多名会员出席。中顾委委员、上海社联名誉主席夏征农主持大会，主席罗竹风作纪念报告。

6 月　上海社联召开斯大林模式问题讨论会，探讨斯大林模式形成时间及条件、基本特征及其同列宁思想的联系，以及怎样理解斯大林模式。

8 月 5 日　上海新四军暨华中抗日根据地历史研究会主办的《大江南北》创刊。

8 月 15 日　上海社联主办的《探索与争鸣》创刊。

同日　上海社联举行纪念抗日战争和世界反法西斯战争胜利 40 周年座谈会，70 余人出席。

8 月　复旦大学新闻系编写的“新闻学基础教材丛书”开始陆续由福建人民出版社出版，为国内最早正式出版的新闻学基础教材。

9 月 9 日　上海社联召开座谈会，庆祝首届教师节。

10 月 15 日　上海社会科学院主办的《社会科学报》创刊。

10 月 30 日　上海社联召开座谈会，畅谈学习和宣传党的全国代表大会会议文件精神的重要意义。

11 月 2 日　上海社联举行“一国两制”问题学术研讨会。

11 月 11—13 日　华东、中南、西南省市区社联工作协作会议在成都召开。会议提倡积极开展学术活动，提高质量，讲求社会效益；切实贯彻“双百”方针，发扬学术民主，提倡学术自由；积极做好社会科学的普及和咨询服务工作，搞好智力开发；充分重视和发挥青年社会科学工作者的作用；加强社联的自身建设。

11 月 20—22 日　市经体改研究会、市国际问题研究所和联邦德国艾伯特基金会共同举行“市场机制和宏观控制学术讨论会”，讨论国家干预、经济计划、财政税收、金融货币等问题。

12月3—4日　市经济学会举行1985年年会,300余人出席。市政府顾问汪道涵出席并作“世界经济与对外开放”报告。

12月26日　市委书记芮杏文到上海社联视察工作。

1986年

1月6—10日　复旦大学主办的首届国际中国文化学术讨论会上海举行,70余名中外学者出席。

1月21日　上海社会科学院经济研究所、市经济学会、上海人民出版社、《上海经济研究》编辑部举行第五次“社会主义经济理论系列讨论会”,着重探讨1985年国内价格改革的经验教训及“七五”期间的发展趋势问题。

1月22日　上海社联在上海展览中心举行“在‘七五’新形势下,努力开创哲学社会科学研究新局面迎春座谈会”,全市学术界300余人参加座谈。

2月　徐建主编的《青少年犯罪学》由上海社会科学院出版社出版,是国内第一本关于青少年犯罪问题研究的专著。

3月21日　上海社联举行纪念艾思奇逝世20周年学术座谈会。

4月23日　上海人民广播电台《学习节目》新辟“邓伟志信箱”节目,每星期播送一期,邓伟志从社会学视角为听众解答社会热点问题,是中华人民共和国成立后第一个用人名命名的节目。

5月9日　华东六省一市社联第三次协作会议在福建厦门举行。

5月10—15日　市委宣传部举行“上海文化发展战略讨论会”,会议论文集结为《上海文化发展战略研究》(上海人民出版社,1987年)。上海形成“文化热”研究高潮。

5月26日　市委宣传部与上海社联、上海文联举行纪念“双百”方针提出30周年大型座谈会,200多人参加。

6月4—6日、26—27日　市委宣传部、上海社联、市体改办、市经济研究中心等单位联合举办上海市“在当前条件下改革理论研讨会”所有制结构专题讨论会,近百名经济理论工作者围绕所有制结构、有计划商品经济、市场经济、宏观控制专题展开讨论。

6月17日　上海大学文学院举行首届上海学研讨会,140余人出席会议。

6月18日　上海举行首届哲学社会科学优秀成果(1979—1985)颁奖大会,共有345项成果获奖。其中特等奖(著作)2项,优秀著作奖30项,优秀论文奖20项。

6月　桂世勋著的《人口社会学》由山东人民出版社出版,系第一本中国学者撰写的人口社会学专著。

9月4日　上海社联举行加强对政治体制改革的理论研究讨论会。

10月7日　上海社联举行学习讨论《中共中央关于社会主义精神文明建设指导方针的决议》座谈会。

10月17日　上海社联与上海社会科学院、上海交通大学、《解放日报》《文汇报》等联合举行于光远学术活动50周年庆贺会。市委书记芮杏文,市委副书记、市长江泽民以及全市学者100多人到会庆贺。

10月20日　市历史学会召开纪念孙中山诞辰120周年学术座谈会。

11月17日　上海社联青年学术活动周在上海社会科学院小礼堂开幕,近400位青年理论工作者参加开幕式。

1987 年

1 月 19 日　上海社联 1987 年迎春茶话会举行，主题为振奋精神、团结战斗，共同为哲学社会科学事业的健康发展和繁荣作出贡献。

3 月 4 日　上海社联举行座谈会讨论新形势下如何开展学术研讨活动。

3 月 11 日　市经济学会举行《上海经济区工业概貌》出版总结大会。市委副书记、市长江泽民，国务院上海经济区规划办公室主任汪道涵等出席。

4 月 15 日　市委宣传部、《解放日报》理论部、《文汇报》理论部、市经济学会、复旦大学经济系、《社会科学》杂志社等联合召开“社会主义商品经济研讨会”。

5 月 26 日　上海地方志编纂委员会成立大会举行，市委副书记、市长江泽民出席并讲话。

6 月 11 日　上海社联举行首次“社会主义初级阶段理论研讨会”，聚焦社会主义初级阶段的特征及划分标准、社会主义初级阶段与马克思的有关论述、社会主义初级阶段的中国特色、社会主义初级阶段的社会主义民主等问题。

6 月 25—26 日　上海社联举行多学科学术讨论会，探讨“提高中华民族素质”问题。

7 月 21—22 日　上海社联召开第一次学会工作会议，所属 93 个学会的 200 多位代表出席。

9 月 15 日　市哲学学会马哲史研究会、空军政治学院、复旦大学哲学系、上海社会科学院哲学研究所、市委党校哲学教研室联合召开“毛泽东哲学思想和建设有中国特色的社会主义学术讨论会”，纪念毛泽东《实践论》《矛盾论》发表 50 周年，《关于正确处理人民内部矛盾的问题》发表 30 周年。

9 月　《奉贤县志》由上海人民出版社出版，这是中华人民共和国成立后上海第一部正式出版的县志。

10 月 14 日　市价格学会、复旦大学、上海社会科学院经济研究所、上海社会科学院部门经济研究所联合主办华东地区首届价格理论研讨会，讨论农产品价格问题、生产资料价格问题以及价格改革的总体问题。来自华东地区六省一市的物价部门、有关部委和高等院校、科研机构 87 人参会。

11 月 24 日至 12 月 1 日　中国人民解放军军事科学院、国防大学、军事博物馆、空军政治学院、后勤学院、《历史研究》杂志社、复旦大学、上海社会科学院历史研究所、上海市历史学会共同举办的首次中国近代军事史学术讨论会在北京举行。会议围绕中国近代军事史的研究对象、上限和下限等问题展开讨论。

11 月　刘达临著的《性社会学》由山东人民出版社出版，系中国第一部性社会学著作。

12 月 26—27 日　市委党史资料征集办公室和市党史学会举办新民主主义革命时期党的城市工作学术研讨会，主要讨论党的白区工作在新民主主义革命时期的地位与作用等问题。

1988 年

1 月 5 日　上海社联举行党的十三大有关理论问题座谈会，全市社科界 100 多位学者参加。

5 月 25 日　上海社联召开政治体制改革和党的建设研讨会。

6 月 27—28 日　市哲学学会、《社会科学报》、市哲学社会科学规划办公室、复旦大学哲学系、华东师范大学哲学系、华东化工学院文化研究所、上海师范大学马列部和政教系、上海交通大学社会科学及工程研究所、上海社会科学院哲学研究所和科研处等 11 个单位联合举行“文艺复兴与人的现代化讨论会”。

7 月 2 日　上海社联举行从《改革与新思维》看苏联改革问题座谈会。

7 月 4—7 日　市历史学会和上海社会科学院历史研究所联合主办“租界与近代中国社会学术讨论会”,100 多名代表参加。绝大多数人赞同租界双重影响论。

8 月 2 日　《文汇报》刊出罗义俊的《第三期儒学发展的回顾与展望》,首次将民国至当时仍活跃于海内外的当代新儒学划分为三期三代。

8 月 24 日　上海社联组织召开“蛇口风波”和如何改造和加强思想政治工作讨论会。

8 月　市委宣传部建立理论工作者双月座谈会制度。由市委主要领导邀请理论工作者,围绕一个时期的中心工作,结合改革开放的实际,就领导和群众共同关心的问题进行定期讨论,每次讨论一个问题。1988 年先后举办 3 次,讨论“社会主义商品经济”“治理经济环境”“整顿经济秩序”“股份制的理论和实践”等专题。

9 月 7 日　上海社会科学院举行成立 30 周年纪念学术讨论会,中共中央政治局委员、市委书记江泽民到会讲话。

9 月 16 日　上海石油化工总厂成立社会科学界联合会,这是全市第一个地区性的社联组织。

9 月 28 日　《学术月刊》编辑部召开生产力标准座谈会,讨论生产力标准的含义、本质、理论意义等问题。

10 月 18—19 日　市委宣传部召开上海市“纪念中共十一届三中全会 10 周年理论讨论会”,中共中央政治局委员、市委书记江泽民到会讲话。

10 月 24—25 日　上海社联第四次各学会理事会联席会议召开,中共中央政治局委员、市委书记江泽民出席并讲话。大会审议通过罗竹风代表第三届社联委员会作的报告和新的社联章程;产生第四届委员会,并决定将“上海市哲学社会科学学会联合会”更名为“上海社会科学学会联合会”。

10 月 26 日　上海社联第四届委员会召开第一次全体会议,推选周谷城、夏征农、罗竹风为名誉主席,李储文为主席。

10 月 27 日　庆祝上海社联成立 30 周年大会召开,李储文主持会议。

11 月 3—4 日　市委宣传部组织召开上海市企业文化建设交流研讨会,100 余人参加会议。

11 月　市委任命林炳秋为上海社联党组副书记(主持日常工作)。

1989 年

1 月 5—6 日　上海社联举行“纪念党的十一届三中全会 10 周年学术讨论会”,200 余位理论工作者与会,围绕“改革的指导思想和思维模式”“改革的决策、措施与配套”等问题展开讨论。

1 月 26 日　上海社联举行主题为努力推进深化改革的理论研究的 1989 年新春茶话会。全国人大常委会副委员长、上海社联名誉主席周谷城,市委常委、宣传部部长陈至立,上海社联名誉主席夏征农、罗竹风等出席。

1 月 27 日　上海经济研究中心、复旦大学经济研究中心和市经济学会联合举行“当前经济运行态势与对策研讨会”,主要讨论当时通货膨胀的原因、经济紧缩阶段的问题和对策。

2 月 2 日　上海社联主办成立海峡两岸文化交流促进会,加强两岸学术文化交流。

2 月 15 日　中共中央政治局委员、市委书记江泽民出席第四次理论工作者双月座谈会,讨论中国教育现状与改革。

2月至1990年5月　上海性社会学研究中心首次在全国15个省市24个地区开展“性文明”调查，首次从整体上勾勒出中国人的性观念和性行为现状。

3月22—27日　上海社联与中国法国史研究会、复旦大学等联合举办“法国大革命200周年国际学术讨论会”，法国驻华大使出席开幕式并致辞。

4月7日　上海社联举行“教育面临的困境及其出路”研讨会，全市教育界、理论界、企业界70余人参会。

4月12日　市经济学会、价格学会联合召开价格问题讨论会，研讨当时物价严峻的形势以及价格大幅上升的原因。

4月15日　上海社联召开“五四运动与中国现代学术讨论会”。

4月27—29日　上海社联、上海社会科学院联合召开“五四”——中国文化的转机学术讨论会。

5月5日　上海社联与德国汉莎航空公司联合召开“欧洲—1992学术讨论会”。市委宣传部、市外办、市外经贸委、市经委负责人以及80多名中外学者出席会议。会议中心讨论欧洲单一大市场形成后对国际关系格局的影响以及欧洲单一大市场与中国(上海)的关系。

6月　王运熙、顾易生主编的《中国文学批评通史》开始由上海古籍出版社陆续推出，至1996年共出版7卷。

8月9日　市委书记、市长朱镕基出席第七次理论工作者双月座谈会，讨论上海如何进一步改革开放问题。

9月19—21日　市哲学学会、市委党校、《探索与争鸣》编辑部、复旦大学、华东师范大学、上海交通大学、上海社会科学院等联合召开“马克思主义哲学在中国40年理论讨论会”。

9月23日　上海社联举行十年理论研究反思专题研讨会。

9月26日　上海社联举行庆祝中华人民共和国成立40周年座谈会，300余位理论工作者出席。

9月　夏征农主编的1989年版《辞海》由上海辞书出版社出版。

同月　胡焕庸、伍理合作完成的《中华人民共和国人口分布图、等值线人口密度图》由中国地图出版社出版。

同月　陆谷孙主编的《英汉大词典》(上卷)由上海译文出版社出版，下卷于1991年9月出版，补编于1999年7月出版。

同月　任建树、唐宝林的《陈独秀传》由上海人民出版社出版。

10月10日　朱镕基出席第八次理论工作者双月座谈会，讨论文艺创作与文艺批评问题。

10月25日　上海社联举行报刊工作会议，主题为总结经验，推进社联系统的报刊工作。

10月　唐振常主编的《上海史》由上海人民出版社出版，是国内外第一部完整的上海通史。

11月8日　市国际关系学会苏联东欧研究会、上海苏联东欧协会联合举行“苏联、东欧现状座谈会”，60余人参加会议。

11月13—14日　上海社联举办“马克思主义在中国40年理论讨论会”。

12月12日　朱镕基出席第九次理论工作者双月座谈会，讨论学习马克思主义哲学问题。

12月15日　市委宣传部成立“上海市马克思主义学术著作出版基金”。当年拨款200万元，以后每年根据情况拨出一定款项作为出版基金。

12月27日　上海社联、市国际关系学会、市国际战略问题研究会联合召开“缓和形势下两种制度国家间关系新特点学术讨论会”,对苏联东欧国家形势及前景展开讨论。

同年　市委党史资料征集委员会主编的《中共上海党史大事记(1919—1949)》由知识出版社出版,系国内第一部地方党史大事记。

1990年

1—3月　根据中共中央总书记江泽民的要求,上海社联和市经济学会连续召开18次讨论会,对中国经济发展与经济体制改革的重大问题展开系列研讨。

3月　市委宣传部围绕迎接中国共产党建党70周年,提出一批党史党建理论研究的课题指南,选定《中国共产党七十年》《中国共产党建设史》《中国共产党创建史》《中国共产党统一战线史》《中国共产党七十年大事始末》《中国共产党在上海》等为重点攻关课题。

4月18日　上海社联举行“社会主义初级阶段与改革实践专题讨论会”,对张闻天遗作《关于生产关系两重性问题》进行讨论。

4月21日　上海社联与苏共中央社会科学院学术代表团联合举行“社会变革和精神文明建设研讨会”,就社会主义精神文明建设的基本任务、发展方向、实现途径等问题召开交流。

5月17日　市历史学会、上海社会科学院历史研究所、市地方志办公室、上海师范大学、上海太平天国史研究会在上海师范大学联合主办“太平天国与上海研讨会”。

5月20日　市委宣传部、上海社联、上海社会科学院联合举行纪念中国社会科学家联盟成立60周年大会。由上海社联和上海电视台联合摄制的“中国社联成立60周年电视专题片”播映。

5月　马克思主义学术著作出版资助申请进行第一次评审,共有22部著作获资助,之后每年进行一次。

8月14日　上海社联举行纪念抗日战争胜利45周年座谈会,参加过抗日战争的老战士和理论工作者100余人参加会议。

8月21—22日　上海经济研究中心、市计划委员会、市体改办、市政府研究室、上海社会科学院联合举办“90年代振兴上海、开发浦东研讨会”。市委书记、市长朱镕基到会并讲话。

8月23日　上海社联、市国际关系学会、市国际战略问题研究会联合召开“世纪之交国际格局学术讨论会”,有关专家学者120多人与会。

8月28日　上海社联召开“对外、对台学术交流管理工作会议”,提倡各学会进一步扩大对外、对台交流工作。

9月12—28日　上海社联举办国情讲习班,邀请学者开展国情教育。

9月26—27日　上海社联召开“欢庆国庆、振奋精神、繁荣社会科学座谈会”,100余位理论工作者参加会议。

11月26日　上海社联召开“恩格斯的社会主义思想学术讨论会”,纪念恩格斯诞辰110周年。

12月4—7日　上海社联、复旦大学、市档案馆、上海社会科学院历史研究所、华东师范大学历史系、上海大学文学院历史系、同济大学社会科学系联合举办“华东地区中国近代史学术、教学研讨会”。

12月　林炳秋、巢峰、武克全、乔林、孙熙泉主编的《发展与改革——若干重大经济问题研究》由上海人民出版社出版,该书是上海社联根据江泽民在1988年对上海理论界提出的17个重大经济课题和要求，组织全市理论工作者编写的探讨中国经济体制改革和经济发展重大问题的学术专著。

1991 年

1 月 17 日　市政协、上海社联、复旦大学、民盟上海市委、市文联联合举办纪念陈望道诞辰 100 周年大会，全市各界人士 300 余人出席。

1 月 18—19 日　上海社联、市语文学会、复旦大学联合举办陈望道学术思想研讨会，胡乔木、雷洁琼、夏征农、吴文祺、吕叔湘等分别为会议题词。

2 月 15 日　《解放日报》发表署名“皇甫平”的文章《做改革开放的带头羊》；3 月 2 日、22 日《解放日报》又分别发表“皇甫平”的两篇文章：《改革开放要有新思路》《扩大开放的意识要更强些》，强调要进一步解放思想，计划和市场只是资源配置的两种手段和形式，而不是划分社会主义和资本主义的标志。

3 月　陈誉主编的《社会科学情报工作导论》由华东师范大学出版社出版。

4 月 1—2 日　市委宣传部、市委党史研究室、市委党校、市中共党史学会联合召开“上海市纪念中国共产党成立 70 周年学术讨论会”。

4 月　范泉担任总编纂的《中国近代文学大系》开始由上海书店出版社陆续出版，至 1996 年 7 月出齐全部 30 卷，共 2 000 万字。

5 月 30 日至 6 月 3 日　由北京、天津、上海三市党史研究室、党校和党史学会联合召开的京津沪党史界纪念中国共产党成立 70 周年学术研讨会在上海召开。

5 月　上海三联书店开始推出“犹太文化丛书”，是国内第一套系统介绍犹太文化和翻译犹太经典的丛书。

6 月 5 日　李君如在《解放日报》发表《邓小平的“中国特色社会主义论”》，获第一届“五个一”工程奖。

6 月 18—22 日　中国马克思主义哲学史学会、全国毛泽东哲学思想研究会、上海社会科学院哲学研究所等单位联合发起的全国第六届毛泽东哲学思想讨论会在上海召开。重点探讨了党的思想方法与工作方法。

6 月 26 日　上海社联、上海社会科学院经济研究所、市经济学会、市轴承公司联合举办“搞活国营大中型企业”专题研讨会，理论界、企业界 100 多位代表出席。

6 月 29 日　上海社联召开“20 世纪社会主义的理论与实践”学术研讨会。

10 月 22—25 日　国务院发展研究中心国际技术研究所上海分所和上海市经济学会联合主办的“九十年代中国企业跨国经营研讨会”在上海举行。广东、福建、浙江、江苏、山东、湖北、北京、天津、上海的学术界、金融界、企业界的专家学者和有关部门人员 100 多人出席会议。

10 月 23—26 日　上海大学文学院等全国 14 所高校和学术单位在上海联合召开“秦汉思想文化和华夏民族传统学术讨论会”，来自美国、意大利、加拿大、中国香港以及大陆历史、哲学、宗教、民俗等方面的专家学者 100 余人出席会议。

11 月 5 日　上海社会科学院毛泽东思想研究中心成立。

11 月 19—21 日　《探索与争鸣》杂志社举办“时代与史学——上海市首届史学理论讨论会”，40 余位专家学者围绕时代与史学家的历史使命、中国近代以来的史学与时代发展等议题进行研讨。

11月26—30日　由上海、四川、湖北、湖南、江西、安徽、浙江、江苏七省一市社联发起，上海社联主办的“首届浦东开发与长江流域协调发展系列研讨会”在上海举行。

同年　王沪宁的《美国反对美国》由上海文艺出版社出版，是中国第一本政治社会学著作。

1992年

1月15—16日　上海社联举办理论工作者迎新座谈会，商讨进一步繁荣社会科学事业。

1月中旬　市中共党史学会、市历史学会联合举行“一·二八淞沪抗战学术讨论会”，纪念“一·二八淞沪抗战”60周年。

1月21日　上海社联举行《社会科学争鸣大系》新闻发布会。该系列丛书由上海社联组织600余名学者历时3年完成，共10卷500万字。

1月　市哲学社会科学规划办公室首次编制并颁布《上海市哲学社会科学“八五”规划课题指南》。

3月5日　市党史学会、毛泽东思想研究会、《探索与争鸣》杂志社联合召开“毛泽东与毛泽东热学术研讨会”。

3月20日　《学术月刊》编辑部与《文汇报》理论部联合召开座谈会，纪念毛泽东《在延安文艺座谈会上的讲话》发表50周年。

3月26日　上海社联举办“解放思想，抓住时机，加快改革开放步伐”系列讲座，辅导学习邓小平南方谈话。

3月28日　上海社联召开“解放思想、转变观念、深化改革、扩大开放研讨会”，学习和研究邓小平重要讲话。

4月22日　上海社联、市科协、上海电视台联合制作的4集系列电视片《抉择》在上海电视台播映，系全国第一部系统宣传、阐发邓小平关于“科学技术是第一生产力”科学论断的电视片。

5月25—30日　复旦大学美国问题研究中心和美国加利福尼亚大学伯克利分校东亚研究所联合举办“近代中国社会演变诸问题的历史考察国际学术研讨会”，来自美国、法国、日本、中国的专家学者50余人参加会议。

5月上旬　《学术月刊》在创刊35周年之际，举办“改革开放与繁荣学术研讨会”，讨论在改革开放的新形势下如何更好地发展学术文化。

6月9—13日　市哲学社会科学“八五”规划重点课题评审会举行，最后确定129项。

6月23日　上海社联和市中共党史学会联合召开“毛泽东建设社会主义的思想与实践学术研讨会”。

7月21—23日　市世界经济学会和关贸总协定上海研究中心联合召开“我国重返关贸总协定对企业带来的机遇和挑战研讨会”，上海飞机制造厂、永新彩管公司、上海电冰箱总厂、上海汽车工业供销公司、上海家用纺织品进出口公司等80余位企业界人士和21位专家学者出席会议。

9月12—16日　上海社联主办，市科协、市计划生育委员会、香港亚洲性学联会协办的1992年上海性学研讨会召开，围绕性教育、性与生育、性病和艾滋病防治、性与社会四个专题展开研讨。这是全国首次性科学国际学术会议。

9月25—27日　上海社联和日本国际文化会馆、日本中国社会科学研究会联合召开“纪念中日邦交20周年——现代中日关系学术讨论会”，中日学者近百人与会。

10 月 7 日　夏禹龙、李君如在《解放日报》发表《邓小平的管理思想与领导艺术》，获第二届“五个一”工程奖。

1993 年

2 月 13 日　上海社会科学院在全国率先建立邓小平理论研究中心，被中宣部确定为全国邓小平理论研究的五大基地之一。

4 月 28 日　上海社联召开 1988—1991 年度优秀学术成果优秀学会工作者颁奖大会，共有 311 项成果获奖。

5 月 8 日　上海社联召开《上海社会科学界人名辞典》(上海人民出版社)出版总结会，该书收录 1949 年至 1988 年 8 月上海社会科学界副高级以上职称的学者 3 400 多人。

6 月 15—19 日　中宣部在上海组织召开“建设有中国特色社会主义理论研讨会”。中共中央政治局委员、市委书记吴邦国在开幕式上作题为《以建设有中国特色社会主义理论指导上海工作》的讲话。

6 月　上海社会科学“八五”规划增补课题 23 项，突出加强邓小平建设有中国特色社会主义理论的研究，加强对 20 世纪 90 年代上海振兴发展和浦东开发开放中重大问题的研究，加强对社会主义市场经济的研究。

同月　《上海文学》第 6 期发表王晓明主持的谈话录《旷野上的废墟——文学和人文精神的危机》，引发全国关于人文精神的讨论。

8 月　上海社联办公楼在淮海中路 622 弄 7 号大院内破土动工。1995 年 3 月竣工并交付使用。

同月　上海译文出版社出版《英汉大词典》，获第三届“五个一”工程奖。

10 月　市委党史研究室编写的《毛泽东在上海》由中共党史出版社出版。

11 月 8 日　市委副书记、市长黄菊在《解放日报》发表学习《邓小平文选》(第三卷)的体会文章《发展才是硬道理》。

11 月 12 日　施芝鸿在《解放日报》发表《贯穿新一卷〈邓小平文选〉的四个“搞清楚”》，获第三届“五个一”工程奖。

11 月　陈至立主编的 7 卷本《毛泽东思想研究大系》由上海人民出版社出版。

12 月 1 日　市委宣传部、市委党史研究室、市委党校、上海社会科学院、市中共党史学会和市毛泽东思想理论与实践研究会联合举办“上海市毛泽东生平和思想研讨会”。会后出版论文集《继承·丰富·发展》。

12 月 10 日　上海社联、解放日报社、文汇报社联合召开“上海学术界纪念毛泽东同志诞辰 100 周年座谈会”。

下半年　上海市哲学社会科学优秀成果评奖委员会和评奖办公室成立，制定和颁布评奖实施条例。

1994 年

1 月 14 日　上海社联召开“上海率先建立市场经济新体制系列研讨成果交流会”。这次系列研讨由社联牵头，15 个学会参加，历时 8 个月，共举办 16 场讨论。

4月30日　上海社会科学院主办的《毛泽东邓小平理论研究》创刊。

6月29日　上海市邓小平理论研究会正式成立。

7月4日　上海哲学社会科学优秀成果(1986—1993)颁奖大会举行,443项学术成果获奖。

9月13—16日　华东地区社联协作会议在上海召开。

10月　赵修义在《毛泽东邓小平理论研究》第5期发表《社会主义市场经济的伦理辩护问题》,获第四届“五个一”工程奖。

11月24—25日　市委宣传部、上海社会科学院邓小平理论研究中心、市邓小平理论研究会、解放日报社和文汇报社联合召开“邓小平建设有中国特色社会主义理论与上海改革开放理论研讨会”。

同年　上海市邓小平建设有中国特色社会主义理论研究基金成立,由上海市外经贸委所属单位出资300万元建立。上海市哲学社会科学研究基金成立,由上海证券交易所出资500万元建立。

1995年

4月　戴家祥主编的《金文大字典》由学林出版社出版。全书约300多万字,共收可释金文单字2 661个。

5月　冯契在《学术月刊》第5期发表《〈智慧说三篇〉导论》,系统地表述了“智慧说”体系的形成过程和基本观点。

9月1日　上海市首届决策咨询研究成果奖颁奖大会举行,评选出特等奖1项,一等奖5项,二等奖21项,三等奖60项,政策建议奖101项。之后每两年评选一次,至2010年共评选七届。

10月19日　上海社联与台盟上海市委、解放日报之友联谊会、市台湾研究会和市台联等共同举行“纪念台湾回归祖国50周年学术讨论会”,50余位专家与会。

10月　市委宣传部举行首次上海市邓小平建设有中国特色社会主义理论研究和宣传优秀成果颁奖大会,61项成果获奖。

12月22日　上海市人民政府发展研究中心成立。

12月　奚洁人在《毛泽东邓小平理论研究》第6期发表《试论当代中国的民族精神——兼论邓小平对建设当代民族精神的理论贡献》,后获第五届“五个一工程”奖。

同年　市哲学社会科学规划领导小组编制并组织实施哲学社会科学“九五”规划和2010年远景规划。

同年　市哲学社会科学规划领导小组进行首次建设有中国特色社会主义理论和实践研究课题申报和评审工作,立项52项。

同年　瞿葆奎主编的“教育科学分支学科丛书”由人民教育出版社开始陆续出版,共15册,是国内第一套以系统结构编写的教育科学分支学科研究丛书。

1996年

1月18日　市委宣传部和市邓小平理论研究会联合举办“社会主义市场经济条件下的精神文明建设理论研讨会”。

3 月　长江沿岸中心城市经济协调会暨迈向 21 世纪的长江研讨会在上海召开。

4 月　在国家哲学社会科学研究"九五"规划重点项目评审中，上海有 21 项获立项资助。在中华基金项目评审中，上海有 11 项获 1995 年度立项，45 项获 1996 年度立项。

5 月 17 日　市委任命王邦佐为上海社联党组书记。

8 月 22 日　上海社联、市世界语协会和上海外国语大学主办的首届亚洲世界语大会在上海举行，会议主题为"亚洲与 21 世纪"。

9—12 月　上海市哲学社会科学"九五"规划研究课题进行申报和评审工作，确定第一批课题 151 项。其中，中长期课题 87 项，年度课题 64 项。

9—12 月　上海开展全市第三届哲学社会科学优秀成果(1994—1995)评奖活动，共评选出上海市优秀成果 212 项。

12 月 2 日　由上海市政府协作办公室、市政府发展研究中心、华东师范大学、上海浦东发展银行、长江经济联合发展(集团)股份有限公司共同发起的长江流域发展研究院在上海成立，是长江流域第一个跨地区的区域经济发展研究基地。

12 月　胡伟在《毛泽东邓小平理论研究》第 6 期发表《从政治上把握现代化建设的全局性重大问题》，后获第六届"五个一工程"奖。

1997 年

3 月　在国家哲学社会科学规划 1997 年度课题申报工作中，上海共有 35 项课题获得立项资助。其中，中华基金项目 29 项，青年基金项目 6 项。

4 月 16 日　市委宣传部、市委党校、市教卫党委、上海社联、上海社会科学院和市邓小平理论研究会联合召开"上海市邓小平理论研讨会"，围绕跨世纪发展战略和精神文明建设展开研讨。

6 月 19 日　上海社会科学院召开上海市生命法学理论研讨会，率先展开了生命法学的研究。次年 4 月，文汇出版社将会议论文结集出版《生命法学论丛》，系中国第一部有关生命法学的专门论集。

7 月 2 日　市委宣传部和上海社联举行上海理论界学习邓小平"一国两制"理论座谈会。有关方面负责人和理论工作者 80 余人出席。市委副书记陈至立出席并讲话。

7 月 8 日　市委宣传部、上海社联联合举行纪念"七七事变"全民抗战 60 周年座谈会。

7 月　葛剑雄主编的《中国移民史》(6 卷本)由福建人民出版社出版。

8 月 28 日　上海社联和市建委联合举行"上海城市建设与管理协调发展"研讨会，有关职能部门和专家学者 60 多人与会。

8 月　市委宣传部组织编写的"邓小平理论与实践研究丛书"由上海人民出版社出版。

8—11 月　在上海社会科学"九五"规划 1997 年度课题申报、评审工作中，共有 31 个课题立项。这次立项课题以建设有中国特色社会主义理论与实践为主题，以上海经济社会协调发展和社会主义精神文明建设为重点。

10 月 18 日　市委宣传部与上海社联联合召开本市理论界学习党的十四届六中全会精神座谈会。

1998 年

3 月 3 日　市委宣传部与市委党史研究室、市委党校、上海社联等单位联合召开“周恩来生平和思想研讨会”,纪念周恩来百年诞辰,会后编辑出版论文集《思想・精神・人格》。

3 月 19 日　为纪念上海社联成立 40 周年,中共中央总书记、国家主席江泽民题词:“发挥社联作用,繁荣社会科学”。

3 月　《学术月刊》(1998 年第 3 期)全文刊登江泽民任上海市委书记时在上海社联第四次代表大会上的讲话——《充分发挥社联的作用,为两个文明建设服务》。3 月 30 日,《解放日报》《文汇报》在头版头条全文转载该文。

4 月 8 日　上海社联召开常委会扩大会议,学习座谈江泽民在上海社联第四次代表大会上的重要讲话和 3 月 19 日的重要题词。

4 月 13 日　中共中央编译局和华东师范大学联合举行“马克思主义与当代——纪念《共产党宣言》发表 150 周年理论研讨会”。

4 月 25 日　上海社联、上海社会科学院召开“蔡元培诞辰 130 周年纪念座谈会”。

4 月　市委宣传部与市文明办、市社区发展研究会等单位联合举办“社区精神文明建设理论与实践研讨会”。会后编辑出版了研讨会论文集《社区精神文明建设》。

5 月 13 日　市委宣传部、市委党校、上海社联共同举办“纪念真理标准讨论 20 周年座谈会”。

6 月 24 日　纪念上海社联成立 40 周年暨社会科学优秀成果颁奖大会举行。会上,对 67 项荣获上海市第二届邓小平理论研究和宣传优秀成果、243 项荣获上海市第四届哲学社会科学优秀成果进行表彰。

6 月 28 日　中共中央总书记、国家主席江泽民为上海社会科学院建院 40 周年题词:“发扬理论联系实际的优良传统,推动两个文明建设健康发展。”

6 月　在 1998 年度国家社科规划项目申报工作中,上海共有 30 项课题获国家社科基金资助。其中,一般项目 25 项、青年项目 5 项。

同月　市委宣传部与市新闻出版局等单位联合召开以“回顾二十年,迎接新世纪”为题的上海市理论期刊工作研讨会。

8 月 5 日　市委宣传部召开上海市学习邓小平理论工作会议,中共中央政治局委员、市委书记黄菊在会上要求全市各级党组织和广大党员要认真学习和贯彻江泽民重要讲话和中央《通知》精神,增强学习邓小平理论的紧迫感和自觉性,紧紧围绕党的十五大主题,兴起学习邓小平理论的新高潮。

9 月 24 日　市委宣传部举行马克思主义学术著作出版资助工作座谈会。自 1990 年开展这项工作,共受理申请书稿 456 部,237 部获资助,其中 200 余部已出版。会上,还发布了上海市向新中国建立 50 周年献礼的 20 项社科“九五”规划重点课题名录;公布首批上海市社会科学博士文库资助书目。同时,开展第十次马克思主义学术著作出版赞助评审工作,19 部著作获资助。

9 月　市委宣传部组织全市理论工作者撰写的“学习党的十五大精神丛书”(22 本),由上海人民出版社出版。这是全国第一套系统阐述中共十五大精神的丛书。

同月　市委宣传部组织社科理论界部分学者座谈,就上海文化的改革和发展进行专题研讨。10 月 21 日召开“掀起上海文化建设新高潮调研课题”发布会,确定 9 个调研课题,并确定其为市社科“九五”规划1998年度课题。1999年上半年,9个调研课题全部完成。

10月12日　市法学会、市哲学学会和上海大学法学院联合举办上海市首届法哲学研讨会,探讨法哲学的学科定位、法哲学与法理学的关系和分类、法哲学的研究范围问题。

10月24—25日　上海社联、华东师范大学历史系和中国史学会东方历史研究中心联合召开“20世纪的世界——回顾与思辨学术研讨会”。

10月　市社科规划办公室召开迈向新世纪的社会科学管理——’98华东地区暨京津沪渝社科规划管理工作研讨会。

11月11—12日　上海社联、市社区发展研究会召开“社区资源开发与志愿者服务国际研讨会”,来自美国、加拿大、日本、新加坡,中国香港、中国台湾地区,以及兄弟省市和上海的100余名专家学者与会。

11月23日　市委组织部、市委宣传部、市委党史研究室、上海社联等单位联合召开“刘少奇生平和思想研讨会”,纪念刘少奇百年诞辰。

12月17日　市委宣传部、市委党校、市委党史研究室、上海社联、上海社会科学院和市邓小平理论研究会联合召开“纪念中共十一届三中全会20周年理论研讨会”。

12月28日　上海社联举行第五次代表大会,中共中央政治局委员、市委书记黄菊出席并致辞。市委副书记、市长徐匡迪等领导,以及全市社科界近千名代表出席大会。大会选举产生上海社联第五届委员会,修改了社联章程,决定将“上海社会科学学会联合会”更名为“上海市社会科学界联合会”。29日,上海社联第五届委员会第一次全体会议选出由59人组成的常务委员会,并选举李储文为主席。

同日　由市委宣传部主办、市社科规划办承办的《上海社会科学二十年(1978—1998)》图片展在上海展览中心举办。

12月29日　上海社会科学会堂正式启用揭牌。会堂位于漕溪北路41号汇嘉大厦。

12月　市委宣传部、上海社联编写的《上海哲学社会科学研究发展报告(1978—1998)》由上海人民出版社出版。

1999年

1月13日　上海社联和市经济学会、市世界经济学会、市社科普及研究会联合召开“经济全球化与我国改革开放研讨会”,本市理论界30多位专家学者与会。

1月25日　市长徐匡迪在上海社会科学会堂作经济形势报告,为“社联论坛”开讲,全本市社科界400多位专家学者出席报告会。

4月28日　上海社联举行“五四运动与中国现代化学术讨论会”,全市近60位专家学者与会。

4月26日　市社科规划办、《文汇报》社理论部、《社会科学》杂志社联合召开研讨会,对社会科学成果的社会化问题,从不同角度进行了研讨。

4月30日　邵煜栋、施芝鸿、张雄、王吉林在《毛泽东邓小平理论研究》第2期发表《高举邓小平理论伟大旗帜走出浦东开发创新之路》,后获第七届“五个一”工程奖。

5月　市委宣传部、市教育党委和团市委联合召开上海市青年学习邓小平理论交流会。

5—9月　在1999年度市社科规划立项课题评审中,共有77项课题获准立项。其中,年度课题44项,文化专题研究课题9项,青年课题24项。首次设立面向上海社会科学院和高校文科在读博士研究生的青年课题。

6月15日　上海社联和上海大学、市工业经济联合会联合召开“体制转型与行业协会理论研讨会”。会上同时举行由上海社联承担的市哲学社会科学“九五”规划重点课题——《上海培育和发展行业协会研究报告》的出版首发仪式。

9月21日　上海社联召开上海社会科学界庆祝中华人民共和国成立50周年座谈会。

9月23日　在首届国家社会科学基金项目优秀成果颁奖大会上,上海有10项成果获奖,获奖数名列全国各省、自治区、直辖市之首。

9月　熊月之主编的15卷本《上海通史》由上海人民出版社出版,获2001年第五届国家图书奖。

同月　《上海百科全书》由上海科学技术出版社出版。

11月　围绕贯彻中共中央《关于国有企业改革和发展若干重大问题的决定》,市社科规划办公室、上海社会科学院经济研究所、复旦大学经济研究中心和宝钢集团公司联合举办了4次“推进上海国有企业改革和发展系列研讨会”。

12月14日　上海社联举行“面向21世纪的中国社会科学学术讨论会”,来自全国10多个省市的百余位代表参加。会议论文集结为《回眸与前瞻:面向21世纪的中国社会科学》。

12月28日　复旦大学中国古代文学研究中心、复旦大学历史地理研究中心、华东师范大学课程与教学研究所被列为教育部首批普通高等学校人文社会科学重点研究基地。

2000年

3月14日　市社科规划办召开课题发布会,宣布2000年上海市哲学社会科学规划课题正式立项并启动研究。重点研究上海改革和发展中迫切需要解决的重大问题。

3月25—26日　由上海、江苏、浙江三省市社科规划办联合主办,并由上海市社科规划办承办的“21世纪初长江三角洲区域发展战略研讨会”在上海举行。

3月30日至4月1日　中国慰安妇问题国际学术研讨会在上海师范大学召开,这是中国首次举办有关“慰安妇”问题的国际研讨会。

4月26日　上海社联举行“社联论坛”第四次报告会,由市委常委、副市长韩正作“上海城市规划发展战略”报告,全市社科界400多位专家学者出席会议。

6月21日　市委宣传部召开“三个代表”重要思想座谈会。主题是畅谈学习江泽民同志“三个代表”重要思想的体会,交流近年来学习、研究、宣传邓小平理论队伍建设的实践。

7月26—27日　上海国际友人研究会和上海美国学会联合举办的中美关系的历史、现状及前景研讨会在上海召开。

9月21日　上海市第三届邓小平理论研究和宣传、第五届哲学社会科学优秀成果颁奖大会举行,共评出邓小平理论研究和宣传优秀成果61项,哲学社会科学优秀成果201项,其中《中华文化通志》(101卷)获荣誉奖,《辞海》(1999年版)获特等奖。

10月8—10日　华东师范大学朱熹研究中心、古籍研究所等单位联合发起举办的“纪念朱熹诞辰八百七十周年、逝世八百周年国际学术研讨会”召开。

10月19日　上海社联、市中共党史学会、解放军南京政治学院上海分院联合举办纪念抗美援朝战争50周年学术研讨会。

10 月 24 日　全国社联第五次学会工作会议在上海举行，来自全国各省、自治区、直辖市社联的 100 多位代表出席会议。

11 月 3 日　市委任命施岳群为上海社联党组书记。

11 月 9—11 日　上海社联、市民政局、市社区发展研究会、上海大学社会发展研究中心共同主办的“社区建设理论研讨会”召开，就新世纪的社区发展问题进行讨论，来自全国各地的 250 余名理论工作者和社区工作者参加了会议。

2001 年

2 月 6—7 日　上海鲁迅纪念馆、龙华烈士纪念馆、中国左翼作家联盟会址纪念馆举行“龙华 24 烈士殉难 70 周年学术研讨会”。

2 月 28 日　中共上海市黄浦区委员会、上海社会科学院邓小平理论研究中心在《毛泽东邓小平理论研究》第 1 期发表《春风化雨润沃土——上海市黄浦区文明城区思想道德建设的实践与思考》，后获第八届“五个一”工程奖。

3 月 10 日　《光明日报》理论部、市邓小平理论研究中心和上海社会科学院邓小平理论研究中心举行“学习江泽民同志，以德治国，重要思想理论研讨会”。

3 月 23 日　复旦大学、上海社会科学院等 6 家单位联合举办“经济哲学与新世纪现代化面临矛盾思辨研讨会”。

5 月 22—23 日　市委宣传部和市委党校、上海社会科学院、市邓小平理论研究中心联合举办学习江泽民同志“三个代表”重要思想高级研讨班。

6 月 28 日　上海社联举行上海市社会科学界纪念建党 80 周年座谈会。

7 月 12 日　市委宣传部、市哲学社会科学规划领导小组联合召开上海市哲学社会科学“十五”规划大会。

9 月 17 日　上海社联、市地方史志学会和上海淞沪抗战纪念馆联合召开“抗日战争与上海学术研讨会”暨《上海抗日战争史丛书》首发式。

10 月 24 日　上海社联、市历史学会、复旦大学等联合举办“辛亥革命与东南社会研讨会”，出席会议专家共 60 人。

11 月 16—17 日　上海社联、市经济学会、《学术月刊》杂志社联合举办“劳动与劳动价值论学术研讨会”。

11 月 26 日　由上海市档案馆与上海古籍出版社联合开发、翻译整理的《工部局董事会会议录》举行首发式座谈会。

11 月 30 日至 12 月 1 日　市哲学学会、市经济学会、市委党校等 8 家单位承办的全国第二次经济哲学研讨会在上海召开。

同年　由复旦大学中国历史地理研究所与美国哈佛大学东亚系、澳大利亚格林菲斯大学亚洲空间信息中心等单位合作研制的“中国历史地理信息系统”正式启动。

2002 年

1 月 18 日　上海社联和《解放日报》联合召开“纪念邓小平‘南方谈话’发表 10 周年暨上海社科

界迎春座谈会”，近200位理论工作者出席了会议。

2月27日　“上海社联科普讲坛”正式开讲。

4月12—13日　上海社联、市社区发展研究会、上海大学召开“组织与体制：上海社区发展理论研讨会”。

6月22日　第二届中国传播学论坛暨中国传播学会成立大会在上海召开。

7月15日　上海社联、香港亚太二十一学会、市港澳台经济研究会在上海联合举办“促进沪港共同发展——首届沪港关系论坛”。

7月　由上海社联主持、市统计局城市社会经济调查队具体实施的“上海市民社会科学知识调查”在全市展开。这是全市第一次在市民中开展社会科学知识的大型抽样调查，历时一个月。

9月14日　上海社联、同济大学亚洲太平洋研究中心、日本日中关系学会联合举办“构筑面向未来的中日关系——纪念中日邦交正常化30周年国际学术研讨会”，来自中、日两国的100多位专家学者出席会议。

9月23日　上海市第四届邓小平理论研究和宣传优秀成果、第六届哲学社会科学优秀成果评奖颁奖大会举行，共评出邓小平理论研究和宣传优秀成果52项，哲学社会科学优秀成果249项。

9月25日　中国第一部特大型综合性辞典《大辞海》编纂工作动员大会举行。

10月11—13日　为纪念胡风诞辰100周年，“第二届胡风研究学术讨论会”在复旦大学举行。

11月21日　市委宣传部、上海社联召开上海市社会科学界学习十六大精神座谈会。

同年　华东师范大学古籍所校勘整理的《朱子全书》由上海古籍出版社、安徽教育出版社出版。

同年　朱贻庭主编的《伦理学大辞典》由上海辞书出版社出版，是国内迄今容量最大、收词最多、内容最新的单卷本伦理学专科辞典，共收词4 500余条，260万字。

2003年

4—5月　根据市委统一部署，上海社联牵头组织“世博会与上海社会发展”7场专题讨论会，聚焦社会事业与公共改革、社会发展与志愿者行动、社会发展与社会工作、城市人口与社会治理、政治文明与法治建设、基层社会的长效管理、社会参与和社会发展。

7月　市委任命潘世伟为上海社联党组书记。

9月29日　上海社联举行“三个代表重要思想与上海现代化理论研讨会”。

11月3日　上海社联举行“第二届上海市社会科学普及活动周”开幕式，主题为“上海新一轮发展与率先实现现代化”。

12月3—4日　上海社联、徐汇区政府、上海市社区发展研究会、上海大学联合举办第三届“上海社区发展论坛暨现代文明与上海社区实践模式理论研讨会”。

12月14—16日　上海社会科学院与上海高校都市文化研究院联合主办“上海开埠160周年”纪念活动。

12月16—22日　上海社联举办以“人文社会科学与当代中国”为主题的首届上海市社会科学界学术年会。年会包括主题报告会和5个专场报告会，出席会议的专家学者达1 300人次。

12月27日　市委宣传部、市委党史研究室、上海社联召开“上海市纪念毛泽东同志诞辰110周年学术研讨会”。

2004 年

1 月 10 日　上海社联、香港亚太二十一学会、上海浦东发展研究院、上海财经大学人文学院联合召开“第九届中华经济协作系统研讨会暨第四届沪港澳关系论坛”，会议的主题是“区域经济：中国面临的机遇、挑战与前景”。

2 月 6 日　市委宣传部、上海社联共同举办上海市理论界学习贯彻《中共中央关于进一步繁荣发展哲学社会科学的意见》专题研讨班。

6 月 2 日　市委宣传部与上海社联联合举办的“东方讲坛”在上海师范大学举行开讲仪式，俞吾金做题为“遏止虚无主义、弘扬人文精神”的首场讲座。

7 月 23 日　上海社联举行“纪念邓小平诞辰 100 周年座谈会”。

8 月 20—21 日　上海市人民政府主办，上海社会科学院承办的首届“世界中国学论坛”召开，主题为“多元视野下的中国”。之后每两年举办一届，至 2010 年共举办四届。论坛从 2010 年第四届开始，由国务院新闻办公室和上海市人民政府共同主办，上海社会科学院和上海市人民政府新闻办公室联合承办。

9 月 13 日　上海市第五届邓小平理论研究和宣传优秀成果、第七届哲学社会科学优秀成果颁奖大会举行。297 项优秀成果获奖，张仲礼、蒋学模、刘放桐 3 位学者获首次设立的学术贡献奖。

10 月 25 日　上海社联举行第三届上海市社会科学普及活动周开幕式，主题为“发展先进文化，推进科教兴市”。

12 月 11 日　上海社联举行上海市社会科学界第二届学术年会大会，大会主题为“当代中国：发展・安全・价值”。

2005 年

2 月 7 日　中共中央总书记胡锦涛等中央领导同志对市庭院经济与文化研究会百老德育讲师团在学校、社区、农村举办多场专题报告会，进行爱国主义宣传教育的事迹给予充分肯定，并指示《人民日报》、新华社、中央人民广播电台、中央电视台等中央媒体对此进行重点报道。

6 月 7 日　市委下发《中共上海市委关于进一步繁荣发展哲学社会科学的意见》，进一步明确上海哲学社会科学界的使命和任务，确定今后一段时间上海繁荣发展哲学社会科学的战略目标。

6 月 9 日　市委宣传部、市委党史研究室、上海社联共同举办“上海市纪念陈云诞辰 100 周年理论研讨会”。

8 月 29 日　市委宣传部、市委党史研究室、上海社联、上海社会科学院联合召开“上海市纪念中国人民抗日战争胜利 60 周年理论研讨会”。

10 月 15 日　上海社联举行第四届上海市社会科学普及活动周开幕式暨大型义务咨询活，主题为“落实科学发展观，建设和谐新上海”。

10 月　“东方讲坛”工作得到中央和中宣部领导的肯定，根据中央领导的指示，新华社、《人民日报》《光明日报》《经济日报》、中央人民广播电台、中央电视台等中央新闻单位对东方讲坛进行了采访和报道。

11 月 1—3 日　华东师范大学、上海社会科学院、上海师范大学以及市中西哲学与文化比较研究会共同举办“冯契与二十一世纪中国哲学国际学术研讨会”。

11月12日　上海社联举行《二十世纪中国社会科学》出版座谈会。100多位学者与会研讨交流。

12月11日　上海社联举行上海市社会科学界第三届学术年会大会,主题为“当代中国:转型・发展・和谐”。

2006年

2月13日　“东方讲坛・院士风采系列”举行启动仪式。吴孟超、陈宜张、李大潜、王迅、王威琪、汪品先、戴复东、袁渭康8位院士出任“东方讲坛”首批院士特聘教授。

5月7日　上海社联、中华全国世界语协会、市科协、市世界语协会联合召开第58届国际铁路员工世界语大会。

8月18—19日　首届“复旦管理科学国际论坛”在上海召开。

10月19日　上海社联举办“第五届上海市社会科学普及活动周”开幕式暨主题报告会,本届科普周的主题为“落实科学发展观,建设和谐新农村”。

12月10日　上海市社会科学界第四届学术年会全体大会召开,主题为“当代中国:人文・和谐・进步”。

12月14日　上海市第六届邓小平理论研究和宣传、第八届哲学社会科学优秀成果电视颁奖典礼在广电大厦演播厅举行,评出邓小平理论研究和宣传优秀成果奖49项,评出哲学社会科学优秀成果奖271项,王元化、蔡尚思、王养冲获学术贡献奖。

同年　市哲学社会科学领导小组发布《上海市哲学社会科学规划课题管理办法》。

同年　在上海社会科学院务虚会议上,院长王荣华提出“建设社会主义新智库”的设想,得到了社会科学界积极响应。

2007年

3月16日　上海图书馆举行“盛宣怀档案出版编纂委员会成立、盛宣怀档案研究中心揭牌”大会。

4月21日　上海社联举行《学术月刊》创刊50周年纪念大会。

6月2日　由上海市档案馆、上海大学海派文化研究中心主办的“第六届海派文化学术研讨会”在上海举行。

6月17日　上海社联召开“和谐:新理念与新实践”深度理论研讨会,会议围绕核心价值与文化和谐、科学发展与经济和谐、和平发展与世界和谐、制度建设与政治和谐、社会公正与社会和谐五大专题展开研讨。

9月6日　上海社联召开“中国特色社会主义与上海改革发展”理论研讨会。

9月20—25日　由上海社联承办的“2007年全国社科联协作会议”在中国浦东干部学院召开。全国29个省、自治区、直辖市社科联的120多位代表参加会议。

10月13日　上海市第四届马克思主义论坛在华东师范大学举行,围绕“中国特色社会主义背景下的马克思主义理论学科建设”主题展开研讨。

10 月 15 日　以“科学发展共建和谐”为主题的第六届上海市社会科学普及活动周开幕式暨社会科学大型义务咨询活动举行。

12 月 9 日　上海市社会科学界第五届学术年会大会在上海展览中心举行，主题为“当代中国：科学发展·和谐社会·核心价值”。年会包括大会、6 个学科专场和 72 场学会学术活动。共收到应征论文 973 篇，遴选出 300 余篇优秀论文，汇编了 6 卷本年会文集。

12 月　华东师范大学成立中国当代史研究中心，是中国大陆高校设立的第一家专门研究中国当代历史的学术机构。

2008 年

1 月 5 日　复旦大学中文系、《修辞学习》杂志、市语文学会联合举办的“首届望道修辞学论坛”开幕。

4 月 5 日　第二届海峡两岸教育史研究论坛“教育史学科的新进展——研究与教学”在华东师范大学举行。

4 月 26 日　市教师学研究会、市教委教研室、《语文学习》编辑部举办首届“长三角中学语文教育论坛”，来自浙、苏、皖、沪四省市中学语文教育界 500 余名代表出席。

6 月 2 日　上海社联举行第七届上海市社会科学普及活动周开幕式，主题为“迎奥运、援灾区，共建美好精神家园”。

6 月 3 日　市新四军历史研究会和《大江南北》杂志社举行纪念新四军东进 70 周年座谈会。中共中央政治局委员、市委书记俞正声，市新四军历史研究会名誉会长夏征农分别给会议发来贺信。

7 月 27—28 日　由世界管理协会联盟主办、复旦大学承办的第九届世界管理大会在复旦大学召开。大会主题是“东西方管理文化融合发展”。

10 月 23 日　上海社联举行“纪念改革开放 30 周年理论研讨会”，应征论文作者和有关学会负责人 150 余人与会。

12 月 14 日　上海市社会科学界第六届学术年会大会在上海展览中心举行。年会主题为“当代中国：道路·经验·前瞻”。

12 月 24 日　上海市社会科学界联合会成立 50 周年纪念大会暨上海市第七届邓小平理论研究和宣传优秀成果、第九届哲学社会科学优秀成果颁奖会在上海展览中心举行。中共中央政治局委员、市委书记俞正声，市委副书记、市长韩正出席庆祝大会。

2009 年

1 月 19 日　中共中央政治局原常委、国务院原副总理李岚清出席“东方讲坛·高端讲座”，做篆刻与《突围》讲座。

5 月 23 日　上海社联举行第八届上海市社会科学普及活动周开幕式，本届科普周主题为“聚焦世博、服务世博、参与世博”。

6 月 18 日　中共中央政治局常委李长春在市委副书记、市长韩正陪同下视察“东方讲坛”长桥社区文化中心举办点，参观“种桃种李种春风，桃红李白皆是景——东方讲坛创办 5 周年展览”。

7 月 25—26 日　由上海社会科学院、江苏省社会科学院、浙江省社会科学院主办的“首届泛长三角合作与发展论坛”在上海召开。

9月18日　上海社联召开“上海市社科界纪念中华人民共和国成立60周年理论研讨会”,围绕经济增长、政治建设、社会发展、文化繁荣等方面,对新中国60年的发展历程和成功经验进行研讨。

9月22日　中国行政管理学会、上海市行政管理学会和上海行政学院共同举办的“中国行政管理60年:变迁与发展学术研讨会”在上海举行。

10月26日　“21世纪都市发展和文化:上海—巴黎都市文化国际学术研讨会”在上海师范大学举行。

10月27日　市哲学社会科学规划办公室与市政府发展研究中心联合,首次设立14个上海市社会科学创新研究基地,涉及中国特色社会主义理论体系、社会主义核心价值体系、上海航运中心建设、上海贸易中心建设、上海产业结构调整、上海城市发展战略、文化繁荣与新媒体发展、长三角区域一体化、党的建设理论与实践9个研究方向。分布在复旦大学、华东师范大学、上海社会科学院、中国浦东干部学院、上海交通大学、上海大学、上海海事大学、上海对外贸易学院、上海海关学院9个单位。

12月12日　上海市社会科学界第七届学术年会大会在上海展览中心友谊会堂举行,年会主题为“新中国60年:现代化道路与中国特色”。

2010年

2月2日　市委任命沈国明为上海社联党组书记。

3月16日　上海社联、人民日报社上海分社、市公安局、人民网、东方网联合主办的“东方讲坛・平安世博”社区安全防范宣讲系列活动正式启动。

3月30日　上海社联召开第六次代表大会。中共中央政治局委员、市委书记俞正声出席大会并讲话,市委副书记、市长韩正等出席。大会选举产生新一届社联委员会。在上海社联第六届委员会第一次全体会议上,秦绍德当选为新一届社联主席。

7月28日　首届“东方讲坛・中总香港高峰论坛”在香港会议展览中心举行,论坛以“环球经济新格局　世界华商新机遇”为主题。全国政协副主席董建华、钱运录,中央政府驻港联络办公室主任彭清华及各界600多人出席论坛。

11月6—7日　国务院新闻办公室、上海市政府联合主办,上海社会科学院、上海市政府新闻办公室承办的第四届世界中国学论坛在上海举行。论坛主题为“和合共生:中国与世界融合之道”。

11月10日　上海社联主办的第九届上海市社会科学普及活动周启动,主题是“共享世博成果,提升城市文化软实力”。

12月9日　上海市第八届邓小平理论研究和宣传优秀成果、第十届哲学社会科学优秀成果颁奖典礼在上海影城举行,共评出邓小平理论研究和宣传优秀成果奖58项,哲学社会科学优秀成果奖330项,裘锡圭、章培恒、袁恩桢获得学术贡献奖。

12月19日　以“上海・中国・世界:新挑战与新发展”为主题的上海市社会科学界第八届学术年会大会举行。评出优秀论文137篇,出版优秀论文集6辑。

第一篇

机构社团

1978年上海社会科学研究的机构社团开始恢复。当年，上海社会科学联合会及相关学会、上海国际问题研究所和上海社会科学院先后恢复重建。同时，上海相关高等院校的研究机构也开始恢复重建。20世纪80年代上海社会科学研究机构组织全面发展。1983年上海市哲学社会科学规划领导小组成立，上海社会科学研究机构进入统一管理与规划的发展阶段。同时上海社会科学学术团体也进入发展最快的时期。这一时期，上海社会科学的研究机构也全面发展。上海高等院校，上海相关党政机关，上海的党校系统和中国人民解放军驻沪院校也根据工作业务特点组建了一大批相关的专门研究机构。80年代中后期上海开始出现了一批民办研究机构，成为上海人文社会科学研究的补充部分。这些形成了今后一个时期上海社会科学研究机构社团的基本格局。

第一章 管理机构

1978年上海市社会科学界联合会恢复后，成为上海市党和政府联系协调全市广大社会科学工作者以及管理学术团体的学术性群众组织。这一时期，上海的社会科学研究工作主要由各研究机构、高等院校自行组织安排。1983年8月，上海市哲学社会科学规划小组成立后，统一领导管理和规划全市哲学社会科学研究工作。1984年，上海市哲学社会科学领导小组下设办公室，作为职能部门负责具体制定及组织实施上海市哲学社会科学的发展规划与课题管理工作。1992年，经市编制委员会批准正式成立上海市哲学社会科学规划领导小组办公室（简称"市社科规划办"）。为进一步加强决策咨询方面的研究，2003年5月，中共上海市委决定成立上海市决策咨询委员会，成为全市决策咨询研究的领导和管理机构。此后，围绕市委、市政府重点工作开展的各类决策咨询研究工作也进入统一规划统一管理的发展阶段。除市级层面之外，上海科委系统和教育系统也先后设立了相关的领导管理机构。1979年起，上海市科学技术委员会开始组织行业、重大工程项目、重大社会问题和科技发展长远规划等的调研、预测、论证，或可行性研究。1988年，上海科技发展基金会成立之后，上海科委系统软科学课题遂开始立项。1996年，为贯彻《中国教育改革和发展纲要》精神，上海市教育委员会成立了上海市教育科学规划领导小组，统一规划协调全市教育系统的教育科研工作。

第一节 上海市哲学社会科学规划领导小组及办公室

一、上海市哲学社会科学规划领导小组

1983年8月，经中共上海市委批准，上海市哲学社会科学规划小组（简称"规划小组"）成立。规划小组由王元化、洪泽、舒文、马一行、罗竹风5人组成。1984年1月，市委和市政府批准市哲学社会科学规划小组为常设机构，下设规划小组办公室。同年6月，市委又批准规划小组扩大成员。规划小组召集人：王元化、洪泽、舒文；小组成员：马一行、罗竹风、顾树桢、王崇基、王凌青、沈志农、李家镐、熊瑞祥、王正萍、张德龙、邹剑秋、袁运开、张仲礼、刘钧德、郭加复；小组秘书长：郭加复（兼）；小组办公室：主任刘钧德（兼），副主任陈其钦、陈本林。规划小组成立后，统一领导规划上海市哲学社会科学研究，并开始制定中华人民共和国成立后上海第一个哲学社会科学发展规划——《上海市哲学社会科学"六五"规划》。20世纪80年代中期以后规划小组改称"上海市哲学社会科学规划领导小组"。2010年规划领导小组成员为：组长杨振武；副组长薛明扬、潘世伟；成员（按姓氏笔画为序）：左学金、田春华、刘世军、吕贵、何勤华、张济顺、李进、李友梅、沈国明、陈昕、周波、周家伦、周振华、郑成良、荣跃明、秦绍德、谈敏、焦扬。

二、上海市哲学社会科学规划领导小组办公室

1984年1月上海市哲学社会科学规划小组下设办公室，作为职能部门负责日常工作。1992

年,上海市哲学社会科学规划领导小组办公室经市编委正式批准设立,业务主管单位为市委宣传部。主要职能包括:根据中央和上海市委的要求,组织和制定上海市哲学社会科学发展规划;受全国哲学社会科学规划办公室委托,负责对上海市承担的国家社会科学基金项目的组织申报与中后期管理;制定上海市哲学社会科学中长期研究规划、年度课题计划和课题管理办法,发布课题指南,组织上海市哲学社会科学规划研究课题的申报立项、中期检查及研究成果的鉴定验收;根据形势发展的需要,及时组织对重大理论和实际问题的研究;管理上海市哲学社会科学规划研究经费,下拨课题研究经费,检查课题经费的使用;组织协调上海市哲学社会科学研究优秀成果评奖工作,做好社会科学优秀成果宣传、推广与应用等。

第二节 上海市社会科学界联合会

上海市社会科学界联合会是市委领导下的以推动、协调全市社会科学研究和普及为主要任务的学术性群众团体,是上海社会科学界的联合组织。其历史可追溯至20世纪50年代。1956年2月23日,中共上海市委决定,成立上海市哲学社会科学学术委员会筹备委员会。筹委会委员32名,正副主任4名,主任陈望道,副主任李亚农、沈志远、王一平,秘书长罗竹风。其间,设立了哲学、政治、文学、历史、教育、语文、国际问题等8个组。1956年9月至1958年2月,国家调整改组学术性群众团体,上海地区先后成立上海语文学会、哲学学会、法学学会、经济学会、教育学会、外文学会、国际关系学会7个学会,同时保留之前已有的中国历史学会上海分会。1957年,创办《学术月刊》。1958年3月9日,上海市哲学社会科学学会联合会(简称上海社联)成立,是全国第一个学会联合体,由前述8个学会和中华全国新闻工作者协会上海分会联合组成,共有会员1 600名。同日,召开上海社联成立大会,9个学会的理事200余人出席。筹委会秘书长罗竹风汇报两年多来筹备工作情况。中共上海市委书记处书记陈丕显到会讲话。大会通过《上海市哲学社会科学学会联合会章程》,选举产生上海社联第一届委员会委员101名。正副主席10名,主席陈望道,副主席平海澜、李亚农、李培南、陈其五(常务)、孟宪承、周谷城、金仲华、彭康、雷经天,秘书长2名,曹漫之、胡少鸣。大会通过的《简章》规定,主席、副主席、秘书长组成主席团主持会务;常务副主席和秘书长共同协助主席负责处理上海社联的日常工作。工作机构设办公室、学术秘书组。1958年8月,创办《现代外国哲学社会科学文摘》。1960年,上海自然辩证法研究会成立。1962年1月,上海法学学会改名为上海政治法律学会。1964年5月上海社联改由徐盼秋任秘书长。1966年"文化大革命"开始后,上海社联及其所属学会、研究会和两个刊物,受到严重冲击被迫停止活动。1970年4月,上海社联撤销。

1978年1月31日,中共上海市委宣传部召开市文联、社联扩大会议,宣布市委关于恢复上海社联活动的决定,任命3名正副主席,主席夏征农(兼),副主席李培南、周谷城。2月21日上海社联召开委员扩大会议后,社联及所属学会正式恢复并开展工作,上海社联由秘书长徐盼秋主持恢复工作,各学会也相继成立恢复工作领导小组。1979年任命罗竹风为上海社联常务副主席。1月恢复《学术月刊》杂志社,4月,中共上海市委组织部下发《同意社联编制的批复》,明确上海社联内部机构设置为:办公室、学会工作处、学会秘书处(后改为学术情报组)、《学术月刊》编辑部。1980年3月3—5日,上海社联召开第二次各学会理事会联席会议,上海社联委员、17个学会、研究会理事500余人出席,列席400余人,常务副主席罗竹风作《上海社联工作报告》,市委副书记兼宣传部部长陈沂代表市委讲话,市委宣传部副部长江岚作报告;通过《上海市哲学社会科学学会联合会章程》,规定上海社联的任务:团结上海哲学社会科学理论工作者,在马克思列宁主义、毛泽东思想指导下，坚持理论与实践相结合的原则，贯彻党的“双百”方针，开展学术活动，组织学术成果和资料交流，促进哲学社会科学理论，特别是对中国社会主义建设中新课题的探讨，为马克思主义的发展，为祖国四个现代化的实现作出贡献；选举产生第二届上海社联委员会委员 125 名。经第二届委员会第一次全体会议选举常委 31 名，正副主席 5 名，主席夏征农，副主席罗竹风（常务）、李培南、周谷城、姚耐。由于社会主义现代化建设实践的需要和哲学社会科学研究工作日益发展，新兴学科和边缘学科不断衍生，各门类学会、研究会有较多增加，有些以前被视作禁区的如宗教学、社会学、犯罪学、社会心理学等学科，也成立了学会。1982 年 9 月，经市委宣传部同意，社联增设组织科，直属社联党组领导。1984 年 6 月 13—15 日，上海社联召开第三次各学会理事会联席会议，上海社联委员、46 个学会理事 1 600 余人出席，主席夏征农致开幕词，常务副主席罗竹风作工作报告，中共上海市委第一书记陈国栋到会祝贺并发表重要讲话，中共上海市委书记、市长汪道涵作报告；修订通过上海市哲学社会科学学会联合会章程，明确上海社联的宗旨是：在马克思列宁主义、毛泽东思想指导下，贯彻理论与实际相结合的原则和“百花齐放、百家争鸣”的方针，团结上海市哲学社会科学工作者，开展学术活动，促进哲学社会科学研究的繁荣和发展，为建设具有中国特色的社会主义和实现党在新时期的总任务服务；选举产生上海社联第三届委员会委员 263 名；6 月 16 日，经第三届委员会第一次全体会议推选周谷城、夏征农为名誉主席，常委 53 名，正副主席 9 名，顾问 8 名，主席罗竹风，副主席王眉征、冯契、孙怀仁、杭苇、郑英年、徐盼秋、巢峰、谭其骧，秘书长郭家复。1985 年 8 月，上海社联创办内刊《探索与争鸣》，1987 年 9 月，《探索与争鸣》取得国内统一刊号。1988 年 10 月 24—26 日，上海社联召开第四次各学会理事会联席会议，参加会议代表 1 000 多名。市委书记江泽民代表市委、市政府讲话，主席罗竹风作工作报告。大会修订社联章程，明确上海社联的主要任务：制定学术活动计划，组织活动，开展国内外学术交流；协调各学会、协会、研究会的工作，促进各学术团体之间、各学科之间、社会科学与自然科学之间，以及理论研究部门与实际工作部门之间的联系和协作；宣传、普及社会科学知识和成果，编辑、出版学术刊物和资料，兴办咨询服务事业；反映社会科学工作者的要求与愿望，维护他们的正当权益；奖励和表彰社会科学的优秀成果和优秀工作者。选举产生上海社联第四届委员会委员 204 名；经第四届委员会第一次全体会议推选周谷城、夏征农、罗竹风为名誉主席，常委 49 名、主席副主席 10 名。主席李储文，副主席王邦佐（1996 年起专职）、乔林（专职）、张仲礼、林炳秋（专职）、武克全（专职）、陈琦伟（至 1990 年 1 月）、姜义华、巢峰、蒋孔阳。大会决定将“上海市哲学社会科学学会联合会”更名为“上海社会科学学会联合会”，1988 年 11 月，中共上海市委宣传部发文同意更名。1990 年 1 月 10 日，上海社联第四届委员会第二次会议通过，增补常委 7 名。1990 年 11 月，市编制委员会下发《关于同意市社联内部机构设置的通知》，明确上海社联内部机构设置为：办公室（挂外事处牌子）、组织人事处、学会处、科研处、学术情报处、《学术月刊》编辑部。1994 年 4 月，市机构编制委员会发文，明确《学术月刊》杂志社为上海社联直属事业单位。2000 年 1 月，《探索与争鸣》编辑部划入《学术月刊》杂志社。1998 年 12 月 28 日，上海社联召开第五次代表大会，参加会议代表近千人，副主席王邦佐作工作报告。修订社联章程，决定将“上海社会科学学会联合会”更名为“上海市社会科学界联合会”。1999 年 1 月，市委宣传部发文同意上海社联更名。章程明确上海社联的主要任务为：发挥党和政府联系上海广大社会科学工作者的桥梁纽带作用，反映社会科学界的愿望与要求，维护社会科学工作者的正当权益；组织、协调学术研究活动，开展国内外学术交流；开展社会科学咨询工作，为党和政府以及社会各界提供服务；宣传普及社会科学知识和科研成果，编辑、出版学术书刊和资料；奖励和表彰社会科学的优秀成果、优秀学会和优秀学会工作者；依法履行市级社会科学学会团体业务主管单位的职责。选举产生 240

名委员,29日经第五届委员会第一次全会选举常委59名,主席副主席16名,主席李储文,副主席尹继佐、王邦佐(专职)、叶澜(女)、张仲礼、武克全(专职)、姜义华、赵凯、奚洁人、谈敏、巢峰、曹建明、彭希哲、蒋孔阳、潘世伟(专职)、潘悟云,秘书长朱耀人。2001年7月26日,市委办公厅印发《〈上海市社会科学界联合会机关机构改革方案〉的通知》,明确上海社联机关的主要工作任务是:组织、引导本市社会科学工作者坚持以马列主义、毛泽东思想和邓小平理论为指导,坚持理论联系实际,为党和政府决策服务,为两个文明建设服务;接受市委委托,履行市级社会科学学术社团业务主管单位的职责。接受市委委托,负责所属市级社会科学学术社团党建工作的领导和管理;做好党和政府与本市社会科学工作者之间的联系工作,反映社会科学工作者的情况,维护社会科学工作者的权益,加强依法管理和职业道德建设;组织、协调本市社会科学界的学术活动,开展国内外学术交流;宣传、普及社会科学知识,提高干部群众的理论水平,开展社会科学咨询服务,促进社会科学理论研究成果社会化;编辑、出版市社联主办的社会科学理论刊物,组织编写有关社会科学书籍;受市委、市政府委托,协助市委宣传部组织实施上海市哲学社会科学优秀成果奖评选活动,协助市委宣传部做好上海市邓小平理论研究和宣传优秀成果奖申报工作;制定社联系统事业发展规划,管理市社联所属事业单位;承办市委、市政府交办的其他事项。同时明确上海社联机关内设机构为:办公室(外事处)、组织人事处、学会管理处(社团党建办公室)、科研组织处(评奖办公室)、科普工作处,按有关规定设置机关党委。2007年2月13日,市委办公厅、市政府办公厅印发《关于本市工会、共青团、妇联等人民团体和群众团体机关参照〈中华人民共和国公务员法〉管理的实施办法》,明确上海社联机关参照《中华人民共和国公务员法》管理。2009年11月22日,上海市美国问题研究所成立,隶属于上海市社会科学界联合会,旨在加强美国问题及中美关系的研究、促进中美人员交流和两国间的相互理解,以打造中国特色的美国研究机构为目标,并为中国中央和地方政府决策提供咨询服务。2010年3月30日,上海社联召开第六次代表大会,参加会议代表近800名。党组书记沈国明作工作报告。修订社联章程,选举产生219名委员。同日经第六届委员会第一次全会选举常务40名,主席副主席18名,主席秦绍德,副主席沈国明(专职)、冯俊、吕贵、李进、李琪、李友梅(女)、何勤华、张济顺(女)、陈昕、周振华、胡伟、莫负春、谈敏、彭希哲、童世骏、裘新、潘世伟。截至2010年12月,上海市社会科学界联合会业务主管学会共154个、民办社科研究机构16个。

1987年11月—2010年12月,中共上海社联党组书记、副书记名单:

书记:罗竹风(1987.11—1988.10)

王邦佐(1996.5—2000.11)

施岳群(2000.11—2003.6)

潘世伟(2003.7—2010.1)

沈国明(2010.1—)

副书记:林炳秋(主持工作,1988.11—1996.5;1996.5—1998.12)

潘世伟(1999.2—2003.7)

桑玉成(2009.4—)

第三节　上海市决策咨询委员会

2003年5月,中共上海市委决定,成立上海市决策咨询委员会,下设办公室。委员会的主要工作是:对全市改革、发展、稳定工作的方针政策和重大问题进行研究咨询论证;对全市国民经济和社会发展战略与中长期规划提供研究咨询评估；对影响全局的专项改革方案或有战略意义的重大项目进行多方案比选研究及提供咨询参考意见；围绕市委、市政府重点工作，对全市重大决策的实施和经济运行中出现的突出问题进行调研，提出对策建议；收集和积累有关信息资料，对国内外的突发事件和重大事件作跟踪研究，为市委处理突发性重大事件提供可资参考的应对预案等。此后，上海各类决策咨询研究工作也进入了统一规划、统一管理的发展阶段。

第二章　研究机构与学术团体

“文化大革命”结束后一段时间，上海仅有复旦大学等个别高校设有少量人文社会科学研究的专门机构。中共十一届三中全会以后，上海各系统各方面恢复或新建了一大批社会科学研究机构，包括市属的专门研究机构，各高等院校所属的研究机构，市委、市政府及相关业务部门所属的研究机构，上海党校系统和人民解放军驻沪院校所属的研究机构。这些构成了上海社会科学研究的“五路大军”。20 世纪 80 年代中期，上海地区还出现了经政府批准的民间的社会科学研究机构，成为上海社会科学研究的一个重要方面。

第一节　市属研究机构

一、上海社会科学院

1958 年 9 月，上海社会科学院由上海财经学院、华东政法学院、复旦大学法律系和中国科学院上海经济研究所合并成立，是全国最早成立的社会科学院。“文化大革命”期间停办。1978 年 10 月，上海社会科学院恢复重建，是上海市人民政府直属的事业单位。复院后先后成立了一批研究机构，逐渐发展成为全国规模最大的地方社会科学院。至 2010 年，院直属研究所包括经济研究所、历史研究所、信息研究所、世界经济研究所、部门经济研究所、哲学研究所、法学研究所、文学研究所、宗教研究所、苏联东欧研究所、青少年研究所、新闻研究所、社会学研究所、人口与发展研究所、亚洲太平洋研究所等。院直属研究中心包括经济法律社会咨询中心、港澳研究中心、上海国际问题研究中心、邓小平理论研究中心、经济伦理研究中心、社会调查中心、区域发展研究中心、国际战略研究中心、思想文化研究中心、人力资源研究中心、互联网研究中心、金融研究中心、市场信用研究中心、城市与区域研究中心、传统中国研究中心、当代中国政治研究中心、生态与可持续发展研究中心、长三角联合研究中心、政府绩效评估中心、上海侨务理论研究、智库研究中心等。

二、上海国际问题研究院

成立于 1960 年 4 月。原名上海国际问题研究所，为上海社会科学院所属的一个研究所。1968 年建制撤销，1978 年 8 月重建后，隶属于上海市人民政府。2008 年 7 月经上海市委和市政府批准更名为“上海国际问题研究院”。其主要任务是：以服务党和政府决策为宗旨，以政策咨询为方向，通过对当代国际政治、经济、外交、安全的全方位研究，为党和政府决策提供有力的智力支持；通过与国内外研究机构和专家学者的合作交流，增强我国的国际影响力和国际话语权，提升国家的软实力。至 2010 年研究院下设 6 个研究所和 6 个研究中心，分别是：全球治理研究所、外交政策研究所、世界经济研究所、国际战略研究所、比较政治和公共政策研究所、台港澳研究所；美洲研究中心、亚太研究中心、俄罗斯中亚研究中心、西亚非洲研究中心、欧洲研究中心、海洋与极地研究中心。

三、上海市人民政府发展研究中心

前身为1980年12月26日成立的上海经济研究中心。1995年12月22日，更名为上海市人民政府发展研究中心，是市政府所属的决策咨询研究机构。承担着全市经济、社会发展和改革开放决策咨询的研究、组织、协调、管理、服务工作；负责全市两年一度的市决策咨询研究成果奖的评奖以及市决策咨询系统建议库信息管理和维护工作；同时受市政府委托，管理有关组织和事业机构工作。编辑出版《上海经济年鉴》和《科学发展》杂志。中心设有上海战略发展研究所、上海WTO事务咨询中心。

四、中共上海市委党史研究室

1981年7月，市委决定成立党史资料征集调查委员会，市委副书记陈沂任主任。1983年9月，调整成员，王尧山任主任；下设办公室，陆志仁兼主任。同年11月，市委党史资料征集调查委员会改名为市委党史资料征集委员会。2001年下设事业单位上海党史报刊社，出版《上海党史与党建》和《党史信息报》。2002年主管民办非企业社会组织现代上海研究中心。2004年1月，市委党史征委会撤销，其工作由市委党史研究室承担。2000年以后市委党史研究室主要职能：研究上海市党的历史，总结党的历史经验，资政育人；制定上海市党史工作的规划和计划，指导、协调和承担上海市地方党史资料的征集、整理、研究和编纂工作，负责编写上海地方党史。组织党史学术活动，研究党的历史经验。运用党史资料为市委解决有关党史问题提供史料依据和决策咨询等。

第二节 普通院校

“文化大革命”结束后，上海只有复旦大学等个别高校设有少量的人文社会科学研究机构，相关研究工作主要由各系的教研室（研究室）承担。党的十一届三中全会以后，上海高校的人文社会科学研究机构开始加快建设。20世纪80年代，复旦大学、华东师范大学等综合性大学在原研究室基础上相继组建、新设一批研究机构，其他文科高校专科高校也根据各自专业组建了各具特色的研究机构。同时，交通大学、同济大学、华东理工大学等理工科为主的大学也大力拓展人文社会科学的教育和研究领域，相应组建了一大批研究机构，转型为文理结合的综合性大学。2010年，在上海的国家部委所属的9所高等院校及上海市属的12所综合性大学、文科及专科大学已拥有数百所研究机构，覆盖众多学科、众多领域。此外，市属的8所理工科、医科体育科及7所民办大学也根据各自的教学需要，建立有相关的社会科学类研究机构。

一、复旦大学

始创于1905年，原名复旦公学，1917年定名为复旦大学，是中国人自主创办的第一所高等院校。1952年全国高等学校院系调整后，复旦大学成为文理综合大学；1959年为全国重点大学。1966年“文化大革命”，学校停止招生。1977年恢复招收本科生。1978年，再次被确定为全国重点大学。20世纪80年代以后，逐步发展成为一所人文科学、社会科学、自然科学、工程科学以及管理科学在内的高水平研究型大学。1994年,学校确立教育部和上海市共建机制,并首批入选"211工程"项目。1999年,首批入选国家"985"工程。2010年,学校专业设置涵盖哲学、经济学、法学、教育学、文学、历史学、理学、工学、管理学和医学十大学科门类,拥有哲学、历史学、中国语言文学、经济学等国家文科基础科学研究和教学人才培养基地。"985工程(二期)"国家哲学社会科学创新基地包括:历史地理研究国家哲学社会科学创新基地、国外马克思主义与国外思潮研究国家哲学社会科学创新基地、美国研究国家哲学社会科学创新基地、中国经济国际竞争力研究国家哲学社会科学创新基地、公共管理与公共政策研究国家哲学社会科学创新基地、新闻传播与媒介化社会研究国家哲学社会科学创新基地、出土文献与古文字研究中心、文史研究院、社会科学高等研究院。教育部人文社会科学重点研究基地包括:中国古代文学研究中心、历史地理研究中心、当代国外马克思主义研究中心、中国社会主义市场经济研究中心、传播与信息研究中心、美国研究中心、世界经济研究所、中外现代化进程研究中心等。

二、上海交通大学

始于1896年创办的南洋公学,1959年定名为上海交通大学。改革开放以来,先后恢复和兴建了管理学科、法学和人文学科等,并设立一批相关的研究机构,覆盖经济学、法学、文学、理学、工学、农学、医学、管理学等学科门类。至2010年,拥有1个国家社科基金决策咨询点,6个上海市哲学社会科学创新研究基地,3个上海市高校智库,4个上海市人民政府决策咨询研究基地(专家工作室),2个上海市软科学基地,1个教育部高等学校软科学研究基地。建有中国金融研究院(上海交通大学上海高级金融学院)、新农村发展研究院、行业研究院、出版传媒研究院、中国城市治理研究院(国际与公共事务学院)、高等教育研究院、人文艺术研究院、科学史与科学文化研究院等哲学社会科学研究机构。

三、同济大学

始于1907年创办的同济德文医学堂,1923年定名为同济大学。1949年,成为国内土木建筑领域规模最大、学科最全的工科大学。20世纪80年代以来,开始恢复或创建文科(哲学社会科学)并加快文科(哲学社会科学)建设的步伐。先后设立了经济管理学院、外国学院、文法学院,人文学院、法政学院、马克思主义学院、政治与国际关系学院等。2003年6月,成立文科(哲学社会科学)领导小组,制定了一系列促进文科(哲学社会科学)发展的计划。2009年重组各文科学院进行文科学科新布局,逐步形成涵盖"理科、工科、医科"和"哲学、文学、艺术学、法学、经济学、教育学、管理学"十大学科门类的学科格局。至2010年设有欧洲文化研究院、历史学研究院、中国思想文化研究院、德国哲学与文化研究院、欧洲马克思主义研究所、技术哲学与未来研究中心、中国现当代文学研究所、文化产业规划与发展研究中心、鲁迅研究中心、日本研究所等研究机构。

四、华东理工大学

原名华东化工学院,1952年10月组建,1960年起被中共中央确定为教育部直属的全国重点大学。1993年2月更为现名,1997年上海市参与共建共管。改革开放以后,加快人文社会科学学科建设与发展,至2010年设有商学院、社会与公共管理学院、艺术设计与传媒学院、外国语学院、法学院、体育科学与工程学院、马克思主义学院 7 个学院。先后设立社会工作与社会管理研究中心、能源经济与环境管理研究中心、中国特色可持续城市化研究基地、上海公共经济与社会治理研究中心和上海高校思想政治工作研究中心 5 个省部级研究基地和高校智库。

五、华东师范大学

成立于 1951 年，1972 年学校与上海师范学院、上海体育学院等院校合并，改名上海师范大学。1980 年恢复华东师范大学校名。1997 年 5 月 20 日，国家教育委员会和上海市人民政府决定共建华东师范大学。1999—2004 年，学校课程与教育研究所、中国现代思想文化研究中心、俄罗斯研究中心、中国文字研究与应用中心、基础教育改革发展和研究所、中国现代城市研究中心先后被评为教育部人文社会科学重点研究基地。2006 年 9 月，教育部和上海市决定重点共建华东师范大学，学校进入国家“985 工程”重点建设高校行列。2008 年，成立思勉人文高等研究院。至 2010 年设有地球科学学部、教育学部、经济与管理学部 3 个学部；设有人文社会科学学院、马克思主义学院、社会发展学院、外语学院、国际汉语文化学院、音乐学院、美术学院、教师教育学院、公共管理学院等 29 个全日制学院；并设有思勉人文高等研究院、国际关系与地区发展研究院、城市发展研究院、国家教育宏观政策研究院等 8 个实体研究院。

六、上海外国语大学

创建于 1949 年 12 月，前身为华东人民革命大学附设上海俄文学校，是中华人民共和国成立后兴办的第一所高等外语学府，是新中国外语教育的发祥地之一。1994 年正式更名为上海外国语大学。1996 年，学校通过国家教育委员会“211 工程”的部门预审。至 2010 年学校有 1 个教育部人文社会科学重点研究基地：中东研究所。还设有国际关系和外交事务研究院、语言研究院、文学研究院、跨文化研究中心、中亚研究中心、中国国际舆情研究中心、中国外语教材与教法研究中心等数十个研究机构和学术团体，研究领域涉及政治、经济、文化等各个方面。

七、上海财经大学

源于 1917 年南京高等师范学校创办的商科。1950 年，更名为上海财政经济学院。1985 年，更名为上海财经大学，成为以经济管理学科为主，经、管、法、文、理协调发展的多科性大学。2000 年 2 月，学校划归教育部领导。是教育部直属、国家“211 工程”重点建设高校，并进入国家建设高水平大学项目行列。至 2010 年，学校所属科研机构有财经研究所、高等教育研究所、高等研究院、上海财经大学自由贸易区研究院、上海财经大学上海发展研究院、经济学与中国转型发展协同创新中心、会计改革与发展协同创新中心、数据科学与统计研究院、交叉科学研究院、上海国际组织与全球治理研究院、三农研究院、长三角与长江经济带发展研究院等多个研究机构。

八、上海海关学院

前身为创建于 1953 年的上海海关学校，2007 年 3 月，经教育部批准，设立上海海关学院。2009

年,学院获批设立上海市社会科学创新研究基地、上海发展战略研究所工作室。学院设有海关管理系、经济与工商管理系、法律系、外语系、基础部(思政部)5 个教学系(部);设置分属管理学、经济学、法学、文学 4 个学科门类的 6 个本科专业和 4 个专科专业。其中,海关管理专业为国家控制布点特设专业,法学、税务专业分别是教育部第二、三批高等学校特色专业建设点。

九、上海大学

1983 年,上海市政府复办上海大学(简称原上海大学)。1994 年 5 月,新的上海大学由上海工业大学、上海科学技术大学、原上海大学和上海科技高等专科学校合并组建。1997 年 12 月,通过“211 工程”建设项目论证。至 2010 年设有港澳台法研究中心、人力资源研究中心、产业经济研究中心、政府效率研究中心、金融信息研究中心、公共艺术中心、妇女研究中心、公共人力资源研究所、档案事业发展研究中心、情报研究中心、通俗文学研究中心、东亚研究中心、上海政党研究中心、上海社会发展研究中心、中国当代文化研究中心、宗教与社会研究中心、和平与发展研究中心、古代文明研究中心、海派文化研究中心、中国古代文学与文化研究中心、乡土文化与文学研究中心、传媒研究中心、广告品牌研究中心、影视创作与批评研究中心等研究机构。

十、上海师范大学

创建于 1954 年,1981 年被国务院学位委员会确定为首批硕士学位授予单位,1986 年被批准为博士学位授予单位,是上海市重点建设高校。至 2010 年,学校建立起一批具有优势和特色的学科:比较文学与世界文学是国家重点学科;“都市文化研究中心”是上海地方高校中唯一的教育部人文社会科学重点研究基地。此外,学校还拥有 13 个上海市重点学科;15 个上海市教育委员会重点学科;3 个上海市普通高校人文社会科学重点研究基地。

十一、上海对外经贸大学

原为上海对外贸易学院,建于 1960 年,是原对外经济贸易部(商务部前身)所属的 4 所高校之一。1962 年、1972 年两次撤校并入原上海外国语学院,1964 年、1978 年两次恢复办学。1994 年,学校划归上海市人民政府管理。2008 年,学校和上海 WTO 事务中心合作设立了“中国 WTO 争端解决机制研究中心”。2009 年,学校成为世界贸易组织(WTO)总部选定的世界首批、中国唯一的世界贸易组织教席院校。至 2010 年,学校设有国际经济贸易研究所、上海市社会科学创新研究基地暨上海市人民政府决策咨询研究基地“王新奎工作室”等省部级科研机构。2013 年,学校更名为上海对外经贸大学。

十二、上海海事大学

前身为 1959 年交通部在沪组建的上海海运学院,2004 年经教育部批准更名为上海海事大学,以航运、物流、海洋为特色,具有工学、管理学、经济学、法学、文学、理学和艺术学等学科门类的多科性大学。该校国际法(海商法)学科创建于 1959 年,2007 年,海商法研究中心成为上海市人文社会科学重点研究基地。产业经济学学科创建于 1956 年,1997 年成为交通运输部重点学科,2006 年获得博士点授予权，是全国普通高校中最具涉海和临港产业特色的产业经济学学科。设有上海国际航运研究中心、上海海事大学海商法研究中心、水运经济研究所、海洋文化研究所等研究机构。

十三、华东政法大学

原名华东政法学院，1952 年 6 月成立，1972 年被撤销，1979 年 3 月复校。2007 年 3 月更名为华东政法大学。至 2010 年，学校有 16 个学院(部)，设有 1 个国家级重点学科(法律史)，2 个上海市一流学科(法学、公共管理)，2 个上海市级重点学科(经济法学、刑法学)，2 个上海哲学社会科学创新基地(中国自贸区法律研究院、法律文明史研究院)，3 个上海市高校人文社科重点研究基地(外国法与比较法研究院、政府体制改革与监管模式创新法治保障研究中心、经济法律战略研究院)。

十四、上海戏剧学院

前身为 1945 年创立的上海市市立实验戏剧学校，1956 年正式命名为上海戏剧学院，是一所以培养戏剧艺术人才为主的专业艺术院校。系文化部直属高等艺术院校。2000 年 4 月划转为由上海市与文化部共建。2010 年设有上海高校人文社会科学重点研究基地：中国戏剧研究基地等。

十五、上海音乐学院

前身为 1927 年创办的国立音乐学院，1956 年起改用现名。原为文化部所属全国重点艺术院校；1999 年开始由上海市和文化部共建。至 2010 年，学校设有音乐研究所，下设中日音乐文化研究中心、中国当代音乐研究与发展中心、上海音乐学院校史研究中心、音乐剧研究中心、音乐教育研究中心、音乐与社会研究中心等研究机构。

十六、上海立信会计学院

前身是创办于 1928 年的立信会计补习学校。1937 年更名为立信会计专科学校，1952 年全国院系调整时并入其他高校。1980 年复校，1992 年更名为立信会计高等专科学校，2003 年经上海市人民政府批准设立上海立信会计学院。至 2010 年学校初步形成了以会计学为重点，管理学、经济学为主体，文学、理学、法学为支撑的多学科协调发展学科专业布局。设有开放经济与贸易研究中心、中国立信风险管理研究院、立信会计研究院等三家独立建制的研究机构和若干非独立建制的研究机构。

第三节　党校系统研究机构

1977 年中共上海市委党校复校后，至 1978 年 10 月，各区委党校、各县委党校也相继恢复。与此同时，市机电一局等 9 个局党校先后成立。1978 年 10 月、1979 年 9 月还相继成立了财贸党校和工业交通党校(1984 年改名为工业党校)。1985 年 9 月，农委党校、教卫党校、宣传党校、建设党校、市委党校市级机关分校(市级机关工委党校)、外经贸党校相继开办。此外，在 1979 年五六月间上海有关国有大型企业相继建立了企业党校，包括：中共上海石油化工公司党校、中共上海梅山冶金公司党校、中共宝山钢铁公司党校、中共上海高桥石油化工公司党校、中共冶金部鲁中冶金矿山公司党校。1990 年 6 月，中共上海汽车工业总公司党校成立。2005 年 3 月中国浦东管理干部学院建成后也组建了一批研究机构，成为上海及党校系统人文社会科学研究的重要力量。2005 年 5 月，市委印发《关于加快推进本市党校系统资源整合的实施意见》，决定统筹上海党校资源，完善功能布局，逐步形成以中国浦东干部学院和市委党校为龙头、区县党校为基础、大口党校有特色的党校教育网络体系，构建上海干部教育大平台。此后，19 所区县党校增挂行政学院牌子，9 所大口党校调整为 6 所，即宣传党校、政法党校、建设与交通党校；科技党校与教育党校合并成立科教党校；外经贸党校与财贸党校合并成立经济党校；工业党校（上海市经济管理干部学院）整建制划归国资委党委，成立国资委党校；郊区党校并入市委党校。企业性质党校在上级党委指导下，原则上作为内设机构由企业党委自主管理。自此，市委党校成为上海所属党校系统的师资中心、研究中心和业务指导中心。

一、中共上海市委党校

成立于 1949 年 6 月 16 日，“文化大革命”期间停办，1977 年 11 月复校。1986 年，市委、市政府决定，中共上海市委党校兼办上海市行政管理干部学院，实行“两块牌子、一套机构”的办学体制。中共上海市委党校是中共上海市委直接领导下培养党员领导干部和理论干部的学校，是市委的重要部门，是上海市培训轮训党员领导干部的主渠道，是党的哲学社会科学研究机构。至 2010 年市委党校设有当代马克思主义哲学研究所、理论经济学研究所、当代社会主义研究所、政党研究所、政府研究所、城市社会研究所、人力资源测评中心等研究部门。

二、中国浦东干部学院

2005 年 3 月建成并正式开学。是中共中央直属事业单位，由中共中央组织部直接管理，中共上海市委协助管理。学院紧紧围绕党和国家工作大局，按照实事求是、与时俱进、艰苦奋斗、执政为民的办学要求，坚持政治性和时代性、开放性、实践性、国际性特色定位，坚持忠诚教育、能力培养、行为训练的教学布局，注重将党的理论教育、党性教育与专业化能力培训有机结合，依托上海及长三角地区优质教学资源，努力提高培训的针对性和有效性。为高质量教育培训干部、高水平服务党和国家事业发展发挥了主阵地主渠道作用。学院设有长江三角洲研究院、领导研究院、中国特色社会主义研究院 3 个院级研究机构。

第四节　政府部门研究机构

1979 年以后，上海市政府一些委办局等部门、市级群众团体以及浦东新区政府根据各自工作的开展要求和工作业务性质，先后成立了一批或具有专业（行业）特点，或具有上海特色的人文社会科学研究机构，成为上海人文社会科学研究的重要组成部分。

一、上海艺术研究所

始建于 1979 年 7 月 14 日，成立时隶属于市文化局。2010 年，隶属于市文化广播影视管理局。

该所为综合性的艺术科学研究机构，主要研究艺术史论和当代文艺发展的态势，并搜集、摄制、保存戏剧音像资料，编纂《上海艺术家》《上海戏曲史料荟萃》《戏曲音乐资料汇编》《上海艺术研究论坛》等刊物。至 2010 年设有戏曲研究室、话剧研究室、艺术理论研究室、音乐研究室、服饰史研究室、电视艺术部、音像档案室、生活美学研究室、表导演研究室、艺术资料室和《上海艺术家》杂志社。

二、上海市科学学研究所

成立于 1980 年 1 月，隶属于上海科学院，是全国最早的软科学研究机构之一。该所是科学研究类社会公益事业机构，以服务创新决策为宗旨，坚持需求导向、问题导向、应用导向，聚焦科技创新战略、公共政策和产业技术创新等领域，软硬结合、研咨一体，致力于打造专业化、平台型、有特色的高水平科技创新智库。2010 年设有科技发展研究中心、战略规划研究室、创新政策研究室、产业创新研究室等研究机构。

三、当代上海研究所

成立于 1986 年 9 月。前身为《当代中国・上海卷》编辑委员会办公室（编辑部），为财政金额拨款的事业单位，隶属中共上海市委宣传部。1992 年改由上海市地方志办公室代管。1997 年 8 月改为现名，自 2005 年开始，编辑出版《长江三角洲发展报告》《21 世纪上海纪事》《当代上海研究论丛》等书籍。当代所还不定期独立或与相关单位合作，举办各种形式的学术研讨会。

四、上海市总工会工运研究所

成立于 1987 年 1 月，是上海市总工会领导下从事工运史、工运理论及政策研究的专业机构。其任务是：坚持以马克思列宁主义和党的工运方针为指导，紧密联系改革开放和工会运动的实际，进行理论和政策方面的研究，为提高工会领导机关的指导水平和参政议政能力服务，为推动工会自身的建设和改革服务。

五、上海市公共行政与人力资源研究所（上海市社会保险科学研究所）

成立于 1992 年，是上海市人力资源和社会保障局直属科研机构，是上海市委组织部授牌的“上海市人才理论研究基地”。主要职能包括：负责开展公共行政、人力（人才）资源和社会保障等领域的理论研究、政策调研和规划研究等；围绕局中心工作开展人力资源和社会保障的理论研究、规划研究等，为局重大决策提供信息调研、理论论证和技术咨询服务等。

六、上海市浦东改革与发展研究院

成立于 1993 年 10 月，是浦东新区政府直属的事业编制科研单位。研究院始终坚持以立足浦东、研究浦东、服务浦东为己任，根据浦东改革开放各个阶段的不同特点、重点和难点，精心组织和参与一系列重要课题的研究，为政府领导和相关部门提供决策咨询意见，努力发挥参谋助手作用。

至2010年设有综合研究室、金融航运研究室、经济社会研究室。

七、上海市行政法制研究所

成立于1994年10月11日。是以行政法治领域应用性研究为主的研究机构。隶属于上海市人民政府法制办公室。其主要职责有：开展政府法制建设的基础理论研究和立法、执法、法制监督的应用研究及其他课题研究，承担课题研究的组织、管理工作；开展国内外行政法制领域和其他法律领域的学术交流；承担本市法规、规章的官方英文翻译和审核等工作，收集、整理、翻译、提供国内外法学情报资料和编译刊物；法律咨询服务等。

八、上海市教育科学研究院

1995年2月经中共上海市委、上海市人民政府批准成立，隶属于上海市教育委员会。是从事教育科学、人力资源开发和社会发展的专门研究和决策咨询机构。主要功能包括：从事教育规划、教育管理、教育政策与人力资源研究；从事教育教学理论与应用研究；开展教育教学实验研究；开展教育科研的国际国内合作与交流等。至2010年，设有普通教育研究所、高等教育研究所、职业教育与成人教育研究所、智力开发研究所、民办教育研究所、德育发展研究院(筹)等科研机构。

九、上海台湾研究所

由海峡两岸关系协会会长汪道涵倡议，1999年4月经上海市人民政府批准成立，由上海市人民政府台湾事务办公室业务指导。上海台湾研究所宗旨是“加强研究、扩大交流、增进了解、促进统一”。设有政治研究室、两岸关系研究室、经济研究室、法律研究室、资料室及综合室等。

十、上海市少年儿童研究中心

2003年1月正式建立注册，隶属于共青团上海市委员会。是全国首家团委系统下设的少年儿童专门研究机构。其职能是为团市委少年儿童工作以及少先队工作提供政策、理论支持，负责协调、促进、联合各方力量开展少年儿童和少先队工作的科研活动；制定上海少先队科研规划；调查研究新时期少年儿童、少先队工作的新情况、新问题；总结推广少年儿童教育、少先队工作的新经验；开展教育实验和国内外儿童组织的比较研究；出版少先队工作的辅导参考及理论书籍；发展与国内外儿童组织及有关机构、团体的友好合作联系。

十一、上海市发展改革研究院

2007年12月21日经市委、市政府批准正式成立。该院是在原上海综合经济研究所、上海体制改革研究所和上海价格研究所基础上合并组建的一家具有独立法人资格，为市委、市政府提供决策咨询服务的社会公益性事业单位，归属上海市发展和改革委员会。研究院主要职责是重点围绕市委、市政府确定的中心任务，以及全市经济社会发展和改革领域的战略性、全局性问题开展研究。承担国家、市委、市政府以及市发展改革委等有关部门下达的政府决策咨询研究项目，提供各类咨询研究报告和政策建议；关注并研究其他经济社会领域重大问题，承接社会委托的研究课题；编辑出版发展改革方面研究刊物《上海综合经济》等。研究院设有经济研究所、体制改革研究所、价格研究所、社会发展研究所、城市区域经济研究所、金融研究所、能源交通研究所等研究机构。

第五节 军事院校

一、中国人民解放军南京政治学院上海分院

前身是1951年1月在河南洛阳组建的空军军政干部学校，1954年9月迁址南京市，改建为空军政治学校，1962年7月迁至上海市，1986年6月更名为空军政治学院，1999年5月转隶并入南京政治学院，改名为中国人民解放军南京政治学院上海分院。至2010年底，该校下设基础系、军队政治工作学系、军事心理与心战系、军事信息管理系4个专业系，并设有中国特色社会主义研究所、军队政治工作研究所、外军政治性工作研究所、心理战专业研究中心、军队政治工作信息化研发中心、军事信息资源研究所等研究机构。

二、中国人民解放军第二军医大学

创建于1949年9月，称“华东军区人民医学院”。1950年改称上海军医大学。1951年7月正式定名为第二军医大学。是国家“211工程”、军队“2110工程”和总后“530工程”重点建设院校，军队研究生培养重点建设院校、国家生命科学与技术人才培养基地、外军医学留学生培养基地。1998年11月，第二军医大学创建人文社会科学部，下设哲学、经济学、历史学、法学、伦理学、时事政治等教研室，承担着全校本科生至博士生各个层次和专业的马克思主义理论与思想政治教育的培训任务，同时又承担了新时期加强和改进军队卫生人员思想政治建设的研究任务，以及新时期加强和改进军队卫生人员思想政治建设的研究任务。

三、中国人民武装警察部队政治学院

1984年8月成立。原为武警上海指挥学校。2000年5月更名为武警上海指挥学院；2006年9月改为现名，是武警部队唯一的一所政治院校。学院成立以后，坚持“以教学促进科研，以科研带动教学”，瞄准部队最新的热点、难点课题，积极开展学术研讨活动。2006年，学院政治工作专业成功申请了军队政治工作学专业“2110”工程领域点，成为全军重点建设学科。

第六节 民办研究机构

20世纪80年代前后，上海陆续成立了一批社会科学民间研究机构。如亚洲研究所、浦东开发研究所、台湾研究所、国际合作与中小企业振兴研究所、国际科技进步研究所、和平与发展研究所、中国管理科学研究院上海分院、上海经济发展研究所、上海通俗文学研究所等。1990年5月，上海

市人民政府发出《关于贯彻实施国务院发布的〈社会团体登记管理条例〉的通知》后，相关机构进行了清理整顿。至 2010 年在上海市民政局登记注册的民办研究机构有 30 家。

表 1-2-1　1995—2010 年上海市民办社科机构一览表

机构名称	批准登记日期	主管单位
上海东亚研究所	1995 年 7 月	上海市社会科学界联合会
上海环太国际战略研究中心	2000 年 7 月	上海市社会科学界联合会
上海国际战略研究所	2000 年 11 月	上海市社会科学界联合会
上海市国际信息研究中心	2001 年 10 月	上海市商务委员会
上海越剧艺术研究中心	2002 年 1 月	上海市文化局
上海华夏社会发展研究院	2002 年 3 月	上海市社会科学界联合会
上海市现代上海研究中心	2002 年 7 月	中共上海市委党史研究室
上海东方研究院	2002 年 7 月	上海市社会科学界联合会
上海金融与法律研究院	2002 年 10 月	上海市社会科学界联合会
上海市关心下一代研究中心	2002 年 10 月	中国福利会
上海市东方咨询产业研究中心	2003 年 1 月	上海市科学技术委员会
上海世界观察研究院	2003 年 4 月	上海市社会科学界联合会
上海社会经济文化发展研究中心	2004 年 7 月	上海市社会科学界联合会
上海管理科学研究院	2004 年 7 月	上海市社会科学界联合会
上海电子商务教育研究所	2004 年 11 月	上海市商务委员会
上海国际金融研究中心	2005 年 2 月	上海市社会科学界联合会
上海易居房地产研究院	2005 年 9 月	上海市社会科学界联合会
上海科学公共政策研究中心	2005 年 11 月	上海市科学技术委员会
上海太平洋国际战略研究所	2006 年 1 月	中共上海市委宣传部
上海知识产权研究所	2006 年 4 月	上海市社会科学界联合会
上海实业综合研究院	2006 年 10 月	上海市社会科学界联合会
上海市儿童艺术教育研究中心	2007 年 1 月	上海市妇女联合会
上海党建文化研究中心	2007 年 9 月	上海市社会科学界联合会
上海时代经济发展研究院	2007 年 10 月	上海市人民政府发展研究中心
上海企业竞争力研究中心	2008 年 1 月	上海市经济和信息化委员会
上海人口与发展研究院	2008 年 3 月	上海市人口和计划生育委员会
上海民政历史文化研究所	2009 年 1 月	上海市民政局
上海东方法治文化研究中心	2009 年 5 月	上海市社会科学界联合会
上海国有资本运营研究院	2010 年 5 月	上海市国有资产监督管理委员会
上海世纪世博成果发展中心	2010 年 12 月	上海市社会科学界联合会

第七节　上海社联所属学术团体

1950年，成立了上海市哲学学会和上海市经济学会，是上海解放后最早成立的群众性学术团体。1952年，上海市语言学、中国历史学会上海分会先后成立。1956年2月，上海市哲学社会科学学术委员会筹备委员会成立后，从1956年9月至1957年3月又先后成立了上海市语文学会、上海市外文学会、上海市教育学会和上海市国际关系学会。1958年3月，上海社联正式成立，由上海市哲学、经济、法学、历史、语文、外语、教育、国防关系等8个学会和中华全国新闻工作者协会上海分会联合组成。

1966年"文化大革命"开始后，上海社联和所属学会停止活动，1970年4月社联撤销。1978年1月，上海社联恢复后，"文化大革命"中被撤销的8个学会也同时恢复并开展工作。其后各种学术团体进入快速发展阶段。至20世纪80年代末，新成立了约100家学术团体。学术领域涉及传统学科、新兴学科、基础学科、应用学科及交叉学科。至2010年，上海社联的学术团体达到154家。

一、语言、教育、文化、新闻

【上海市语文学会】

1956年9月成立。首任会长为陈望道。"文化大革命"期间停止活动。1978年恢复，历任会长为罗竹风、濮之珍、许宝华、游汝杰。会员469人。学会始终坚持以"推动语文规范，提升城市精神"为宗旨，在中国语言学领域进行着开拓、创新和务实的学术工作。学会先后举办了数百次各种学术报告会与学术交流会。学会编辑出版《语文论丛》，以及与香港中国语文学会合编《国际吴语学术研讨会论文集》两种。

【上海市外文学会】

1957年2月成立，1970年撤销，其间会长为平海澜。1978年恢复，历任会长为平海澜、方重、裘劭恒、卢思源。下设高职高专外语教学专业委员会。有会员500人。1978年以来，学会以加强全市外语工作者联系，开展外国语言文学、外语教学、中外文翻译以及国际经济、国际金融、国际贸易等领域的研究、学术交流，以提高外语研究和应用水平为主要任务。

【上海市教育学会】

1957年3月成立，1970年撤销。其间会长为孟宪成。1978年恢复，历任会长为孟宪成、刘佛年、杭苇、吕型伟、张家祥、张民生、尹后庆。有会员900余人。学会下设陈鹤琴教育思想研究会及小学教育管理、初中教育管理、高中教育管理、九年一贯制学校教育管理、幼教、特殊教育、工读教育、职业技术教育、市教委教育督学、中小学图书馆、民族教育管理、学习科学、小学语文、中小学数学教学、中小学外语教学、中小学政治教学、地理教学、物理教学、中小学科学教学、中小学劳动技术教学、化学教学、生物教学、中小学音乐教学、中小学体育教学、中小学美术教学、中小学书法教学、中小学信息科技教学等专业委员会。学会致力于上海教育发展战略、教育体制、教育政策、课程教材改革、学生德育与教学方法改革等方面的研究，并通过学术报告、讲座、出版论文集、组织优秀论文评选等各种不同的方式开展科普活动。

【上海市高等教育学会】

成立于1979年11月,前身为上海高等教育研究会,1983年4月改为现名。历任会长为刘佛年、张德龙、郑令德、余立、王生洪、张伟江。有会员70人。学会下设实验室管理研究、保卫工作、信息管理、计算机、高校学报、高校基本建设、高校期刊、高校保健等专业委员会。学会1980年创办会刊《上海高教研究丛刊》,1985年改名为《上海高教研究》,1999年改名为《教育发展研究》。学会主要任务是组织协调相关科研人员,对高等教育及相关领域的理论与实践进行研究与交流,积极促进高等教育的学科发展,推动高等教育事业的改革与发展。

【上海市家庭教育研究会】

1981年6月成立。前身为上海市少年儿童家庭教育研究促进会,1992年9月改为现名。历任会长为吕洁、刘元璋、马秀蓉、王荣华,有会员220人。下设家庭教育理论、家庭教育工作指导、基础理论、研究与指导、培训、社会环境与家庭教育、儿童发展与家庭教育、家庭教育指导与培训等专业委员会。研究会以儿童发展为本,拓展家庭教育内涵,开展家庭教育理论研究、学术交流,实践指导和传播普及工作。1988年,各区县相继建立家庭教育研究会,街道(乡镇)建立家教领导小组,居委会(村)设家庭教育辅导站,建立全市六级家教工作网络,基本实现家教工作组织网络化、家教对象系列化、家教内容规范化的“三化”目标。研究会承担或完成《上海市社区家庭教育指导研究》《上海市民好家长标准调查报告》《21世纪初上海家庭教育发展趋势和应对策略》以及《全国家庭教育指导大纲“未成年人发展指数”》《第二代“独生子女”成长状况、社会风险及应对策略研究》等课题。

【上海市辞书学会】

1982年7月成立。历任会长为汤季宏、尚丁、鲍克怡、朱明钰。有会员198人。学会主要以辞书编纂、出版、教学的理论与实践的研究为主,加强辞书工作者的联系。

【上海市世界语协会】

1982年11月成立。历任会长为刘火子、魏源枢、汪敏豪。有会员180人。学会主要任务是组织会员学习、研究、宣传、推广世界语,提高世界语工作者的语言水平,发展壮大世界语工作者队伍。

【上海市研究生教育学会】

1984年4月成立。会长为钱旭红。有单位会员64个。学会坚持教育为人民服务,按照“教育要面向现代化,面向世界,面向未来”的要求,团结全市研究生教育工作者,开展学位与研究生教育的研究、交流、咨询和服务。1987年4月创刊《上海研究生教育》(内部资料)。

【上海市写作学会】

1984年7月成立。历任会长为许杰、余秋雨、赵长天。有会员293人。学会团结和组织写作学科的教学和研究工作者开展活动,致力于提高全市写作学科的教学和写作学科研究水平,普及写作知识。

【上海市比较文学研究会】

1985年3月成立。历任会长为贾植芳、谢天振。有会员152人。学会成立后,组织会员积极开展比较文学研究，2003年创办“沪上比较文学博士生论坛”，至2010年连续举办八届；多次举办国内外高层次学术会议。

【上海市编辑学会】

1985年6月成立。历任会长为宋原放、巢峰、贺圣遂。1986年学会创办《杂家》(1987年停刊)、《编辑学刊》杂志。2010年有理事单位40家，会员398人。20世纪90年代以后，学会组织编写一系列出版方面的著作和教材，举办一系列相关学术研讨会。主要有《我与上海出版》《上海出版战略研讨论文集》《出版专业理论与务实(中级)》《策划与管理》《上海出版人》等。

【上海市秘书学会】

1985年7月成立。历任会长为黄菊、王力平、周禹鹏、宋仪侨、李明佳、孙荣。有会员70人。学会致力于推动秘书学的研究工作，普及秘书学知识，为研究和发展秘书学，推动秘书工作、秘书学研究成果、教学经验及应用成果的交流和推广提供平台。

【上海市语言文字工作者协会】

1986年7月成立。历任会长为罗竹风、夏秀蓉、唐书林、薛喜民。有会员300人左右。学会以研究语言文字规范化、标准化、信息化为主要任务。积极推广普通话，努力提升语言文字能力，推进各项语言文字事业。

【上海市古典文学学会】

1987年2月成立。原名上海市古典文学研究会，1999年6月改为现名。学会成立后，致力于古典文学的研究与普及，为中小学教师举办古典文学培训班，编写普及读物等。

【上海市民俗文化学会】

1988年12月成立。前身为上海民俗文化学社，1992年改为现名。会长为仲富兰。有会员198人。学会主要开展民俗文化的研究与普及活动，组织相关的展览活动，编辑有学术集刊《国风》25期，丛刊3期，《民俗文化研究通信》39期，《民俗风》18期。出版《民俗传播学》《上海民俗——民俗视野下的上海日常生活》《中国民俗学文化导论》《民俗文化学论纲》《中国民俗演变》《现代民俗流变》等专著。承担《上海市岁时节日公众认知态度调查研究》《上海地方志普及化研究及“上海六千年”研究》《中国岁时节日研究》《太湖流域古河道沿岸民俗文化研究》等课题项目。

【上海社会科学普及研究会】

1989年1月成立。武克全任会长，有会员80人。研究会以交流传播社会科学的新知识、新理论、新观点为主要工作，研究社会转型过程中的热点难点问题，组织社会调研和考察，编撰科普读物。

【上海市群众文化学会】

1992年5月28日由上海市社会团体管理局于批准登记。是由全市群众文化工作者和群众文化相关单位自愿组成的学术性的非赢利性社会团体。它承担着对群众文化进行学术研究、学术交流,决策咨询、专业培训、科学普及成果评奖及编辑出版群众文化理论研究、信息交流的刊物、资料或有关书籍、专著等功能。

【上海市终身教育研究会】

1992年6月成立。会长为薛喜民。有会员240人。学会下设学术委员会和民办教育、远程与开放教育、学习化城市创建、职业教育4个专业委员会。研究会围绕终身教育的理论与实践,终身教育与各类教育的关系以及学校与社区、劳动与教育等展开了一系列研究。出版《终身教育理论与实践》《创建学习型城市的理论与实践》等专著。承担教育部立项课题《构筑终身教育体系,创建学习型城市》,市政协委托课题《上海市构建终身教育体系与学习化城市建设情况调研及其建议》等项目。

【上海市远距离高等教育学会】

1992年成立。历任会长为魏润柏、薛喜民、郑朝科、凌培亮、祝智庭、应卫勇、陶正苏。有会员280人左右。学会主要任务是组织远距离高等教育工作者和研究者,探索现代远距离高等教育的规律与特点以及理论与实践,促进有中国特色的远距离高等教育学科理论体系的创建。

【上海炎黄文化研究会】

1994年4月成立。内分学术研究、事业发展、文化艺术三部分和上海炎黄书画院。历任会长为陈沂、庄晓天。有会员325人。其间,汪道涵、董寅初、李国豪、王元化、徐中玉、张仲礼、顾传训担任过研究会名誉会长。2004年创办《炎黄春秋》。研究会注重优良传统与现代精神的结合和“炎黄文化”与“上海特点”的结合,致力于促进中国先进文化的建设。研究会还团结全市一批著名的书画家,多次举办过“炎黄书画展”。

【上海市演讲与口语传播研究会】

1994年12月成立。历任会长为刘德强、王群。有会员90人左右。下设演讲、朗诵、播音主持、高校、中学、小学等专业委员会及团体理事委员会和青少年口语传播研究中心。研究会以研究探讨交流演讲学与口语传播理论为中心工作,推动上海演讲与口语传播事业的发展。

【上海食文化研究会】

1996年5月成立。历任会长为王克、杨卫武。有会员200人。1996年创办《上海食文化通讯》,2010年改版为《上海食文化研究会会刊》。研究会组织联系国内外热心食文化的各界人士研究、探讨、弘扬中华优秀食文化,积极促进食经济健康发展。

二、哲学、史学

【上海市哲学学会】

1950年3月成立。“文化大革命”开始后撤销。其间会长为彭康。1978年1月恢复,历任会长为李培南、冯契、陈章亮。有会员约600人。下设辩证唯物主义、历史唯物主义、中国哲学、西方哲学、经济哲学、价值哲学6个专业委员会。学会组织协调上海哲学研究者开展学术研究与交流,促进哲学大众化和哲学学科发展。

【上海市历史学会】

1952年1月创办，前身为中国史学会上海分会，1958年改为现名。1970年撤销。其间会长为周谷城。1978年恢复，历任会长为周谷城、谭其骧、姜义华。学会有会员200余人。1978年后，学会从“如何评价苏联农业集化”讨论起，开始了一系列对苏联社会主义革命和建设经验教训的探讨。学会组织汇编的《中国会党史论著综录》是国内第一本会党史研究工具书。此外，学会对中国近代军事史、上海租界、中国革命史的教学等问题的探讨，开辟了史学研究的新领域。学会组织的“近代爱国主义”“主要资本主义国家的近代化问题”“近代振兴中华与实业建设”“中国封建社会的分析”等研讨，对传统课题从新的视角进行重新研究。

【上海市逻辑学会】

1979年11月成立。历任会长为冯契、傅季重、彭漪涟、马钦荣。学会以研究逻辑学，推动逻辑学学科建设，促进逻辑科学普及与提高为主要任务。学会承担市哲学社会科学重点项目《逻辑学大辞典》的编写任务。

【上海市伦理学会】

1980年1月成立。历任会长为周原冰、吴振标、朱贻庭。有会员250人。学会通过各项活动，积极开展社会主义市场经济条件下思想道德建设的相关理论与实践的研究，为社会主义精神文明建设服务。

【上海市新四军暨华中抗日根据地历史研究会】

1980年11月成立。历任会长为盛华、萧卡、阮武昌。下设有军直、文教、后勤、一师(苏南)、二师(淮南)、三师(苏北)、四师(淮北)、五师(鄂豫皖)、六师(苏南)、七师(皖江)、浙东、浙南11个分会和大专院校委员会。有会员5 000余人。1985年创办《大江南北》杂志。研究会致力于研究宣传新四军和华中抗日根据地历史，弘扬铁军精神，传承革命优良传统，出版《华中抗日斗争回忆(10集)》，编撰《新四军研究》学术论文集。

【上海市美学学会】

1981年1月成立。历任会长为贺绿汀、蒋冰海、朱立元。有会员120人。下设审美教育专业委员会。学会以研究美学理论，探讨美学问题，普及美学知识，开展审美教育为主要任务。学会成员编撰《西方美学通史》为国家社科基金“八五”“九五”规划重点项目，获教育部人文社会科学优秀成果一等奖；还出版有《世纪之交的上海审美文化建设》《现代都市之美——上海城市建设的美学思考》等专著。

【上海市史志研究会】

1981年5月成立。历任会长为陆志仁，有会员150余人。研究会成立以来，先后组织了上海港史、上海交通运输史、上海金融史、上海房地产史等专业编纂人员的座谈讨论，促进了有关部门开展专业志的编修工作。史志研究会与上海社会科学院历史所联合主办《上海史研究通讯》，共出版13

辑,累计发稿 65 万字。对上海各界编修社会主义新县志进行业务指导。

【上海市档案学会】

1981 年 11 月成立。历任会长为张世珠、卢莹辉、史梅定、董永昌、刘南山、吴辰。2010 年下属有高校档案、勘察设计档案、房地产档案、基础教育职业教育档案、建设交通档案 5 个专业委员。有团体会员 320 家,会员 1 615 人。1982 年学会创办内部刊物《档案学研究》,1988 年更名为《档案学探索》。2004 年 1 月,《档案学探索》与《上海档案》合并,改名为《新上海档案》,由市档案局与市档案学会共同出版;2007 年 1 月《新上海档案》更名为《上海档案》(内部刊物)。学会成立后,组织会员展开了一系列研究,发表《浅谈会计档案的管理》《科技档案必须向社会开放》《试论科技档案的社会化经济效益》《对档案馆与其若干环境的系统思考》《档案利用理论的初探》《上海市档案事业的现状及发展对策》《对县档案馆体系与结构的探讨》等论著,其中 11 项成果获上海社联学术成果奖。

【上海市中共党史学会】

1981 年 12 月建立。历任会长为陈其五、江岚、唐培吉、张云。有单位会员 10 个,个人会员 418 人。学会由全市高校、党校、市委党史研究室、纪念馆和有关从事党史、党建的教学和科研人员所组成。学会组织协调学术研究和学术交流活动,促进党史学科发展,发挥党史党建资政育人的社会功能。

【上海市宗教学会】

1982 年 3 月成立。历任会长为罗竹风、刘建、吴孟庆、晏可佳。有会员 120 人。学会主要任务是开展宗教学和当代宗教问题的研究以及相关学术交流。

【上海市华侨历史学会】

1983 年 12 月 23 日成立。历任会长为吴泽、姚楠、陈昌福、左学金。有单位会员 33 个,个人会员 32 人。学会组织和团结广大社会科学工作者和侨务工作者,用科学的历史观研究华侨华人的发展过程,华侨华人的现状,发扬华侨华人热爱祖(籍)国的优良传统。

【上海市教师学研究会】

1986 年 5 月成立。历任会长为于漪、李骏修。有会员 457 人。下设语文、数学、英语、物理、化学、政治德育、历史、音体类、综合、学前教育、教育心理、青年语文教师、教育管理、校(园)长、院长 15 个专业委员会。研究会主要围绕教师学理论和实践展开研究与交流。学会组织编撰的《现代教师学概论》是国内第一部系列论述现代教师学的专著,出版的《现代教师自我发展丛书》(18 册)为广大教师和师范学校学生所用。

【上海市青年运动史研究会】

1986 年 12 月成立。历任会长为王敏、陈永弟、康年。有会员 120 人。研究会团结、组织本市青年研究领域,尤其是青年运动历史方向的理论研究者和实践工作者,开展学术研究和科普活动,促进青年运动历史研究的繁荣和发展。

【上海市世界史学会】

1986 年成立。至 2010 年历任会长为陈崇武、潘光。有会员 120 人。学会成立后围绕世界史理论、学科建设展开相关研究。

【上海市医学伦理学会】

1987 年 3 月成立。历任会长为徐善兴、周剑萍、马强、黄红、邬惊雷。有会员 89 人。下设新药与科研、临床行为、新技术、口腔医学、儿科医学 5 个小组。1987 年创办《医学伦理通讯》。学会开展医学伦理学的研究与交流，推广医学伦理的科学知识，参与有关医学伦理方面相关政策法规、规则的研讨，承担有关医学伦理学科的项目评估、成果鉴定、资格评审、技术标准编审与资格证等任务。参与主办一系列有关医学伦理、医生职业精神、生命伦理、卫生政策道德导向、临终关怀与“安乐死”等学术研讨会。

【上海中山学社】

1987 年 10 月成立。历任会长为赵祖康、丁日初、厉无畏。学社主要任务是组织和推动上海地区孙中山研究的学术活动，交流社员的研究成果和资料；加强与国内特别是台湾、香港、澳门学术团体和有关单位以及热心于孙中山学说研究的人士的联系，沟通孙中山研究的信息，搜索、交流研究成果和资料：建立与海外有关孙中山研究的团体、个人的广泛接触和合作，开展学术交流；出版“近代中国丛书”。

【上海中西哲学与文化比较研究会】

1987 年成立。原名为上海中西哲学与文化交流研究中心，1996 年改为现名。历任会长为：冯契、丁祯彦、邓伟志、杨国荣。有会员 90 人。研究会以中西哲学、中西文化比较研究为中心，开展各种交流与研讨活动，推动学科建设和学科发展。

【上海经济史学学会】

1991 年 4 月 4 日由上海市社会团体管理局于批准登记，业务主管单位为上海社联。会长沈祖炜。学会推动学术研究，开展学术交流，推广研究成果，提供咨询服务。

【上海市宋庆龄研究会】

1991 年 5 月成立。历任会长为汪道涵、杜淑贞、许德馨。编辑《孙宋研究动态》。研究会在宋庆龄研究方面举办许多重要的研讨会，产生许多研究成果，如参与编写的大型画册《宋庆龄在上海》获市(1985—1993)哲学社会科学优秀成果二等奖、第七届华东地区优秀政治理论图书一等奖。参与编写的《孙中山》《宋庆龄》两书先后获 2010 年度中国书刊发行行业优秀畅销品种奖，入选国家新闻出版署向全国青少年推荐的百种优秀图书。

【上海市地方史志学会】

1992 年 2 月成立。历任会长为唐振常、邹逸麟。有会员 460 人。学会以上海地方史志的编纂实践和理论研究为重点，发挥史志资政育人的作用，开展各种研讨活动，交流编撰经验，提高史志编撰的整体质量。

【上海市地名学研究会】

1993年9月成立。历任会长为陆洁中、黄跃金、刘君德、满志敏。有会员264人。学会主要开展地名学术研究、考证,组织学术交流,提供地名咨询服务,编纂地名书刊。

【上海文物博物馆学会】

1993年12月成立。会长陈燮君,有团体会员26个,个人会员700余名。学会围绕文物保护、陈列展览、藏品研究和科学管理等开展理论研究和国内外学术交流,开展文物、博物馆咨询工作,宣传普及文物知识和科技成果,编辑出版相关研究成果和资料,奖励表彰学术研究的优秀成果和优秀文博工作者。

【上海市当代人物研究会】

1995年2月成立。会长夏征农。研究会主要研究当代先进人物,弘扬先进人物的事迹和思想,进行爱国主义、集体主义、社会主义教育,促进精神文明建设,编辑出版有关书刊。

【上海市年鉴学会】

2002年6月成立。历任会长为沙似鹏、朱敏彦。有单位会员60个。学员积极推动年鉴理论研究,编纂经验交流,开展年鉴编撰业务培训,着力提高上海年鉴编纂水平。

【上海东方青年学社】

2008年12月成立,会长李琪。有会员45人。学社以联系团结上海青年理论工作者,促进青年理论工作者成长发展为主要任务。从2010年起,学社在市委宣传部领导下,每年组织开展“上海社科新人评选活动”(市级奖项)。

三、政治、法律、社会、行政

【上海市法学会】

1956年成立。首任会长为雷经天。“文化大革命”期间停止活动。1978年恢复,历任会长为徐盼秋、李庸夫、倪鸿福、沈国明、吴光裕。会员近4 000名。学会围绕党的中心任务,服务全局,理论联系实际,在学术研究和法律实务方面做了大量工作,特别是改革开放以来,在推进民主与法制建设、依法治国,以及经济和社会发展等方面发挥了积极作用。

【上海科学社会主义学会】

1979年7月成立。历任会长为朱宁远、蓝瑛、夏军。有单位会员12个,个人会员328人。学会以当代中国社会主义的重大理论问题和实际问题为研究中心,并紧密结合当前时代特征和当代世界发展所提出的新情况、新问题,开展研究、宣传、调研、咨询等活动,为党和政府的决策服务。学会编辑出版的《科学社会主义基本原理》,获市哲学社会科学著作奖、上海社联第一次优秀学术成果奖;《当代大趋势与新发展——科学社会主义纲要》获华东地区优秀政治理论图书二等奖、上海社联优秀学术成果奖;《社会主义政治学说史》系“六五”国家重点项目,获华东地区优秀政治理论图书一等奖、市哲学社会科学优秀成果奖;《社会科学争鸣大系——科学社会主义国际共产主义运动史卷》

获上海社联优秀学术成果特等奖等。

【上海市马克思主义研究会】

1979 年 9 月成立。历任会长为李培南、严家栋、吕贵。有会员 390 人。研究会重点研究马克思主义与中国实践相结合的历史经验等问题。

【上海市社会学学会】

1979 年 9 月成立。历任会长为曹漫之、石祝三、邓伟志、李友梅。有会员 550 人。下设社会学理论与教学、体育社会学、产业社会学、外国社会学、法律社会学、青年社会学、性社会学、城市社会学、生活方式研究、文艺社会学、住宅社会学、人类学等 13 个专业研究分支。学会以研究社会学理论与社会学实际问题为主要任务，组织调查研究和学术研讨，举办讲座，开办咨询活动。在社会学理论、社会学方法、家庭婚姻、生活质量、社会保障、社会工作、城市发展、老年研究、社区研究、社会问题研究等多方面取得诸多研究成果。

【上海市人口学会】

1980 年 12 月成立。历任会长为吴斐旦、桂世祚、王建民、桂世勋、彭希哲、孙常敏。有会员 310 人。1982 年 1 月创办《人口》杂志。学会对重大人口理论和人口问题以及上海人口的发展进行一系列研究；涉及人口增长的控制，人口素质的提高，人口结构的改善等多个方面。学会研究成果《上海人口前景展望》获首届中国人口科学优秀成果一等奖，《九十年代上海人口问题综合研究》获市哲学社会科学优秀成果论文类二等奖。

【上海市政治学会】

1981 年 10 月成立。历任会长为潘念之、石啸冲、王邦佐、桑玉成。有会员 230 人。学会对政治学理论、国家学说、政党制度、政治体制、行政管理、市政管理、国际关系、政治思想史、政治制度史以及政治学领域内的其他问题进行研究，为中国社会主义政治制度建设服务。

【上海市婚姻家庭研究会】

1982 年 5 月成立。历任会长为刘光耀、吕洁、梁光璧、孟燕堃、孙小琪。有会员 249 人。研究会以婚姻家庭研究为主要任务，探讨新时期家庭婚姻观的现状、内涵及发展规律，先后出版《家庭社会学》《我的婚姻观》《中国婚姻质量研究》《中国母亲素质系列》等专著。

【上海市犯罪学学会】

1983 年 2 月成立。历任会长为曹漫之、王兴、史焕章、何勤华。有会员 218 人。创办有会刊《犯罪研究》。学会主要研究犯罪领域的犯罪学、犯罪心理学、预审学、司法鉴定以及犯罪侦查、犯罪预防和改造罪犯，社会治安综合治理等方面的理论和实践。

【上海人类学学会】

1983 年 5 月成立。历任会长刘威、林嘉煌、徐永庆、戴星翼、金力。有会员 400 人。下设体质人类学、考古人类学、科普人类学、应用人类学、文化人类学 5 个专业委员会。2006 年学会复办 1936

年创刊的《现代人类学通讯》杂志。学会主要开展人类理论研究,组织国内外人类学学术研讨活动。

【上海人才研究会】

1983年7月成立。历任会长为叶尚志、石涛、黄耀文、孙路一、丁薛祥、肖贵玉、毛大立。1986年学会创办《人才开发》杂志。学会主要在上海人才发展与管理、建设国际人才高地、人力资源开发等方面进行一系列学术研讨,出版有相关著作。

【上海市统一战线理论研究会】

1983年12月成立。历任会长为张承宗、赵定玉、王生洪、黄跃金、沈红光、杨晓渡。有单位会员82个,个人会员1 028人。1984年1月创办会刊《统战理论通讯》,2003年1月并入《上海市社会主义学院学报》。研究会主要开展统战理论的研究与学术交流,深入调查新时期统战工作新情况,许多成果获全国统战理论调研优秀奖项。

【上海市社会心理学学会】

1984年5月成立。历任会长为胡寄南、时蓉华、金国华。有会员464人。学会主要开展学术活动,普及社会心理学知识,促进上海地区社会心理学研究的繁荣和发展。

【上海市建设交通系统思想政治工作研究会】

1984年7月成立。历任会长为孙贵璋、李春涛、陈士杰、甘忠泽、许德明。有团体会员95个。1985年12月创办会刊《探索与实践》,后改名《上海建设政工研究》,现名为《上海建设交通政工研究》。研究会撰写的《真心真诚真情,为民亲民利民——关于动拆迁中的思想政治工作》获中国政治思想研究会全国思想政治工作创新研究优秀成果一等奖。

【上海市监狱学会】

1984年12月成立。原名上海市犯罪改造学学会,1992年10月更名为上海市劳动改造学会,1994年底改为现名。历任会长为李庸夫、王飞、颜锦章、乔野生、桂晓民。有会员932人。下设心理矫治、提篮桥监狱、五角场监狱、周浦监狱、北新泾监狱、宝山监狱、青浦监狱、新收犯监狱、未成年犯管教所、女子监狱、白茅岭监狱、军天湖监狱、南汇监狱、监狱总医院、司法警官学校15个工作委员会。1985年5月创办会刊《犯罪改造研究资料》,1989年7月改名为《劳改理论与实践》,1990年7月后改由中国法学会劳改法学研究会主办,市犯罪改造学会协办。2004年3月内部编辑《监狱学研究》。学会在监狱学理论、罪犯改造、狱政管理、民警队伍建设等方面进行了大量研究和探索。专著《罪犯分管分教》在国内首次提出对罪犯进行分类管理和教育,还出版《人格改造论》《上海监狱人权记录》《论上海监狱工作(1—4辑)》《中国监狱罪犯行刑分级处遇研究》《监狱学》等专著。

【上海市思想政治工作研究会】

1984年12月成立。历任会长为金炳华、殷一璀、王仲伟。有会员191人。1998年创办会刊《思想政治工作研究通讯》,2007年更名为《新视界》。研究会成立之后,在思想政治工作研究中取得许多重要成果。其中,《再就业工程中思想政治工作的实践与思考》《关于加强社区居民思想建设的研究报告》分别获得中国职工思想政治工作研究会优秀成果奖;《上海企业文化建设评估指标体系》获得全国优秀思想政治工作研究成果一等奖。

【上海市经济法研究会】

1985 年 1 月成立。历任会长为卢莹辉、谢天放、陈克宏。学会自成立以来，长期开展经济行政法制的理论研究和学术交流，并承担了对单位会员的法制培训和法律咨询服务工作。

【上海市科技系统思想政治工作和人才管理研究会】

1985 年 4 月成立。又名上海科技系统创新文化促进会。会长朱寄萍。学会开展基层党的建设、思想政治工作、人力资源开发、创新文化发展和心理健康服务等调查研究，着力加强和改进基层思想政治工作，扎实推进社会主义核心价值体系建设，为上海科技系统的改革发展服务。

【上海市老年学学会】

1985 年 12 月成立。历任会长为王眉征、张开敏、左学金。有单位会员 66 个，个人会员 1 100 人。下设：老年教育、老年社会学、老年心理学、老年用房、老年保健医疗、老年骨质疏松、老年旅游、老年摄影、老龄产业、老年信息科技和老年脑血管病防治 11 个专业委员会。学会开展老年学学术活动，促进上海老龄工作的进一步完善，为政府决策提供科学理论依据。

【上海市行政管理学会】

1986 年 6 月成立。历任会长为钱学中、黄菊、徐匡迪、姜平等。有会员 300 人左右。1990 年 11 月创办会刊《编制管理研究》。学会以行政管理科学研究为主要任务，探讨行政管理体制改革方向、途径，努力推动行政管理科学化、法制化、现代化。

【上海市妇女学会】

1986 年 8 月成立。历任会长为邢志康、章博华、孟燕堃、张丽丽。有会员 256 人。学会以推动和发展妇女研究为宗旨，致力于国内外妇女问题理论研究和学术交流。出版《妇女呐喊》《女性与近代中国社会》《妇女研究在上海》《面向 21 世纪的上海妇女发展》《上海妇女社会地位研究》等专著。

【上海市工人运动研究会】

1987 年 5 月成立。历任会长为滕一龙、包信宝、汪泓、汪兰杰、徐季平、茆荣华。有个人会员 120 人。下设工运理论政策、工会组织人事、民主管理、劳动法律、社会保障、职工思想文化、女职工问题、国际工运 8 个专业委员会。学会从理论和实践的结合上研究工人运动和工会工作的规律，研究改革开放中工人运动和工会工作出现的新情况、新问题。办有会刊《上海工运研究》。

【上海市毛泽东思想研究会】

1988 年 6 月成立。原名上海市毛泽东思想理论与实践研究会，2010 年 5 月改为现名。历任会长为郑英年、郭家复、杨德广、林樟杰、李进。有会员 201 人。曾下设上海市延安精神研究会，2006 年独立。研究会以学习、研究、宣传毛泽东思想及马克思主义中国化为主要任务。出版有《毛泽东——走自己的路》《邓小平——走自己的路》《忧患、振奋、腾飞——邓小平忧患意识论析》《光辉的业绩：伟大的思想》等著作，参与编写《陈云思想与生平研究——上海市纪念陈云诞辰一百周年研讨会文集》等。

【上海市形势政策教育研究会】

1989 年 12 月成立。会长为林炳秋。有会员 500 人。研究会成立时创办会刊《形势政策教育简讯》,后改名为《政论摘选》,2000 年更名为《观点》。研究会以研究新形势下加强和改进形势教育,探讨分析形势的科学方法,提高思想和政策水平为主要任务。编写《观念碰撞与更新》《形势教育概论》等著述。

【上海市刑事侦察学学会】

1992 年 2 月成立。历任会长为易庆瑶、郭建新。有会员 609 人。学会探索具有中国特色的刑事侦察学原理和方法。组织学术研究和交流,出版论文、专著和会刊,培养刑事侦察的专门人才,为政府决策机构及相关专业部门提供咨询服务。

【上海市监察学会】

1992 年 11 月成立。首任会长韩坤林,现任会长李梅。有团体会员 30 个,个人会员 130 名。办有会刊《上海监察研究》。学会紧密围绕各个时期的中心工作,针对反腐倡廉工作的难点、重点和热点问题,组织课题研究,努力促进反腐倡廉的理论建设。

【上海国际商务法律研究会】

1993 年 8 月成立。历任会长为姚锡棠、顾肖荣。有单位会员 48 个,个人会员 291 人。研究会致力于中国国际商务法律研究。

【上海市邓小平理论研究会】

1994 年 6 月成立,2015 年 11 月更名为上海市中国特色社会主义理论体系研究会。历任会长为金炳华、殷一璀。有会员 320 人。研究会旨在学习研究宣传马克思列宁主义、毛泽东思想、邓小平理论和中国特色社会主义理论体系,研究中国特色社会主义进程中的重大理论和实际问题。研究会积极开展各类理论研讨、决策咨询、专题调研、党的理论培训、理论普及和成果评奖、宣传工作。

【上海金融法制研究会】

1995 年 3 月成立。历任会长为倪维尧、潘世伟、倪维尧。有团体会员 30 个,个人会员 340 人。下设金融检察工作委员会。研究会围绕社会主义市场经济体制下金融法制的特点规律、金融体制改革、金融市场健康有序发展等方面进行了大量研究与探讨,并通过电视台、广播电台等媒体宣传普及金融安全、金融法制的知识。其承担的《上海加快发展金融仲裁》课题,推动上海金融仲裁院的成立;《上海市国际金融中心建设应加快发展金融》课题获上海市决策咨询研究成果三等奖。

【上海市退休职工管理研究会】

1995 年 7 月成立。历任会长为蒋明道、杜玉英、朱国庆、徐中原、王京平。有单位会员 80 个。研究会的主要活动是联系新形势下退管工作的实际,确定重点的研究课题,发动和组织会员单位及各区、县、局(集团)公司的退管会,进行理论研究,开展理论研讨活动。

【上海市社区发展研究会】

1997年1月成立。会长为林炳秋。有会员400人。研究会在社区建设理论研究，探索总结社区建设的发展趋势、交流社区建设工作的经验等方面取得重要成果。发表出版《志愿服务与社区发展：上海城市社区志愿者活动研究报告》《社区发展的理论与实践》《上海社区发展报告（1996—2000）》《上海社区建设研究报告丛书》《社区群众工作的新探索：上海市五里桥街道上海工作案例集》《走向社区治理》等论著。组织了一系列调研活动，举办了一系列研讨会、报告会。

【上海市劳动教养学会】

1998年12月成立。历任会长为吴军营、康家、章荣喜。有会员840人。下设心理健康与矫治专业委员会。2009年创办《上海矫治》。学会以劳动教养和戒毒的理论与实际工作为中心进行了大量的研究；开展学术交流，产生了一批重要成果。其中《TC模式与劳教戒毒的比较与借鉴》获中国劳教学会优秀奖；《劳教场所预防和控制艾滋病的途径与策略》获司法部二等奖；《4S女性强制隔离戒毒模式探析——以上海市女强制隔离戒毒所为例》和《强制隔离戒毒场所艾滋病人员管理方法研究》分别获司法部劳教局（戒毒局）一等奖和三等奖；《分类矫治分期康复强制隔离模式研究》获中国劳动教养学会二等奖。

【上海市法治研究会】

2002年8月成立。历任会长为刘云耕、金国华。有会员400人。研究会按照"立足法治，聚焦发展，重在治理"的要求，组织会员开展学术研究和各种交流活动，积极推动依法治市理论与实践的研究。

【上海国资企业思想政治工作研究会】

2004年2月成立。历任会长为马新生、吕永杰。有会员单位274家。2004年5月创办会刊《企业与文化》。研究会在国企思想政治工作研究中取得一些重要成果，其中，《国资企业改革中思想政治工作面临的挑战与对策研究报告》获中国思想政治工作研究会研究成果一等奖；《国资委系统"走出去"企业思想政治工作的探索和创新调研报告》获上海市思想政治工作研究优秀成果奖。

【上海市领导科学学学会】

2004年4月成立。会长为奚洁人。有会员380人。学会成立后，组织会员研究领导科学的理论和实际问题，探讨领导科学学科体系的建设，开展调查研究，进行学术交流，协调科研合作，举办专业培训，普及领导科学知识，推进领导工作科学化、规范化。

【上海市信访学会】

2006年5月成立。会长为杨全心。有会员385人。学会致力于信访理论研究、信访干部培训、信访学术书刊编辑、信访工作经验交流。促进本市信访理论研究工作的深化，提高信访干部依法行政能力和业务理论水平，推动社会稳定与和谐社会的构建。

【上海市延安精神研究会】

2007年1月成立。历任会长为林樟杰、叶骏。有会员78人。研究会大力倡导全心全意为人民服务的根本宗旨和自力更生、艰苦奋斗的创业精神,组织协调会员对延安精神及相关领域研究、学术交流和实践活动;开展革命传统教育;编辑出版学术专著和论文集;承接和开展重大理论课题研究和学术研讨;学习、宣传、研究与实践延安精神。

【上海市人民政协理论研究会】

2007年11月成立。历任会长为杨奇庆、陈海刚。有会员150人。研究会探讨人民政协理论和实践中的重要课题,开展中国共产党领导的多党合作和政治协商制度、人民政协理论与实践的研究。

【上海廉政研究会】

2010年5月成立。研究会主要从事反腐倡廉建设理论、政策和实践研究以及政策咨询、评估和建议,提供信息、编辑刊物,成果和经验交流等。

四、理论经济、综合经济、产业经济

【上海市经济学会】

1950年10月成立,1970年撤销。期间历任会长马寅初、李培南、孙怀仁。1978年恢复,历任会长为孙怀仁、张薰华、巢峰、袁恩桢、周振华。至2010年学会下属分支机构有中国特色社会主义理论、《资本论》研究、社会主义市场经济研究、所有制结构研究、工业经济研究、市场中介研究、现代营销理论、证券市场研究、城建经济研究、经济理论教学、区域经济研究11个专业委员会及青年学者工作部,有会员2 000人。1978—2010年,学会的研究成果有15项获中国高校人文社会科学研究优秀成果奖,8项获孙冶方经济科学奖,59项获上海市邓小平理论研究和宣传优秀成果奖,106项获上海市决策咨询研究成果奖,217项获上海市哲学社会科学优秀成果奖。

【上海市世界经济学会】

1979年11月成立。历任会长为马一行、储葆一、王祖康、余开祥、张幼文。有会员450人。下设世界经济理论、欧美经济、亚太经济、国际服务贸易、国际金融和国际企业6个研究组。学会团结和组织会员研究世界经济和上海对外开放中的重大理论与实际问题;承接课题研究,为有关部门和企业提供决策咨询;培训国际经营管理人才;开展国内外学术交流,促进改革开放,为振兴和发展上海经济服务。

【上海市统计学会】

1980年7月成立。历任会长为姚耐、桂世祚、颜德伦、陈步林、孙祖尧、潘建新。2010年学会下设建筑业与投资和工业股份制企业2个专业委员会以及轻工业、高校、商业、港口、人事、机电、化工7个工作委员会。有会员624人。1982年9月创办会刊《上海统计》(试刊),1985年5月改为内部发行,1988年公开发行。学会成立后,积极开展各项统计学术活动,研究和探讨统计理论和统计方法,推动和促进统计学科的发展。

【上海市城市经济学会】

1980年8月成立。历任会长为叶进明、李春涛、谭企坤、钱达仁、江绵康。有会员411人。学会成立后，在城市经济、城市建设、城市管理等方面进行大量研究和学术活动。《上海城市基础设施现代化问题研究》《上海市城市环境卫生设施的社会效益、生态环境效益和经济效益的研究》等成果获市决策咨询研究成果三等奖。

【上海市农村经济学会】

1980 年 9 月 22 日成立。原名为上海市农业经济学会，1986 年 5 月改为现名。历任会长为戴星明、罗大明、范德官、王东荣。有单位会员 181 个，个人会员 269 人。1981 年 3 月公开发行的会刊《上海农村经济》，获评“全国农经核心期刊”“全国农业优秀期刊”，是“中国期刊全文数据库全文收录期刊”“中国学术期刊综合评价数据库统计源期刊”。学会以研究农业农村农民工作为主要内容，围绕农村改革和发展，开展农村经济研究，为推进农村新型工业化、信息化、城镇化、农业现代化，繁荣农村经济，实现城乡一体化和农村全面小康服务。

【上海市物流学会】

1980 年 9 月成立。历任会长为王少卿、李厚圭。有会员 176 人。下设纺织、航天 2 个专业委员会。1990 年 11 月创办会刊《租售情报》。学会主要任务是组织委员研究社会主义市场经济条件下物流理论、物流管理与实务和物流科技现代化等问题，开展国内国际物流理论学术交流和物流技术交流。

【上海市房产经济学会】

1981 年 5 月成立。原名上海市房产经济研究会，1985 年 1 月改为现名。历任会长为陆文达、韦锡琢、桑荣林、庞元。下设 19 个分会，科教、会计、金融、老年用房、法律 5 个专业委员会及房地产企业工作委员会，有会员 3 633 人。1982 年创办会刊《上海房地》(内刊)，1987 年 9 月起公开发行。学会成立后研究探讨房地产经济的发展规律，房地产行业改革发展中的新情况新问题。学会研究成果《上海 2000 年居住目标调查》《中国(上海)房地产市场监测预报体系》获市科技进步三等奖，《上海物业管理现状发展对策研究》获建设部科技进步三等奖，《房地产金融政策研究》《上海房地产进一步市场化问题的实证研究》《房地产二三级市场联动与全面启动住宅市场》分获市决策咨询研究成果二等奖、政策建设奖和三等奖。

【上海邮电经济研究会】

1981 年 12 月成立。历任会长为何永忠、曹彬、徐志超、程锡元、张战国、张林德。有会员 328 人。1987 年 7 月创办会刊《邮电经济》。学会围绕邮电经济，在通讯发展、建设、经营、管理等方面展开各种学术研究。

【上海市商业经济学会】

1982 年 9 月成立。历任会长为陈慕云、张俊杰、朱成钢。有单位会员 37 个，个人会员 560 人。学会围绕建设有中国特色的社会主义大商业、大流通、大市场，积极开展商业经济理论和实践的研究，推动上海商业实现国际化、现代化的发展进程，为建设有中国特色的社会主义市场经济服务。学会主办《上海商业》杂志国内外公开发行。

【上海市农垦经济研究会】

1984年3月成立。首任会长王相道。学会研究农垦经济理论与实践,为促进农垦经济发展服务。

【上海市渔业经济研究会】

1984年7月成立。历任会长为范纬青、顾惠庭、顾道良、黄硕琳。有会员489人。学会成立后团结、组织全市水产行业的专家、学者、企业家和实际工作者,开展渔业经济理论和实际问题的研究,为政府、为企业、为渔民发展社会主义渔业经济提供智力支持。

【上海市劳动和社会保障学会】

1984年9月成立。历任会长为王克、沈智、王世宽。有单位会员900个,个人会员500人。下设劳动法、社会保障、人力资源管理、就业促进、青年学者等5个专业委员会,设有机电、水产、公用、轻工、纺织、化工、医药、汽车、市政、市残联、百联、咨询、酒店旅游13个分会。1987年6月创办学会通讯《上海劳动工资信息》,2001年更名为《上海劳动保障信息》。学会围绕劳动和社会保障理论、政策和实践问题展开研究,产生一批重要成果。《培育和发展上海劳动力市场对策研究》获劳动部社会科学类社会科学技术进步奖;《上海市"九五"至2010年就业趋势及相应对策》获中国劳动学会优秀科研成果一等奖;《完善社会统筹和个人账户相结合的模式》分别获上海市决策咨询优秀成果三等奖和中国劳动学会优秀论文奖。

【上海市价格学会(协会)】

1985年5月成立。历任会长为李功豪、程静萍、徐家树。有会员350人。下设价格评估鉴证分会。学会成立后,围绕价格中心工作,开展调查研究,研究成果《中国生产要素价格改革的逻辑》(论文)获薛暮桥价格研究奖。

【上海市经济体制改革研究会】

1985年10月成立。历任会长为贺镐圣、浦再明。有会员140人。编辑内刊《上海改革研究》。研究会组织会员调查改革情况,总结改革经验,提出改革建议,交流改革信息,组织学术研讨,宣传改革成果,介绍国外动态,培训干部,不断深化改革理论研究,全面谋划改革整体规划,为市委、市政府决策提供建议咨询。学会组织开展近百项重大课题研究。出版《上海巨变的启迪——改革和创新的实践与探索》《中国改革开放20年大事记》等专著。其中,受国家体改委托开展的"中国经济体制改革中期规划"课题载入《中国改革大思路》,获孙冶方学术成果奖。

【上海市集体经济研究会】

1985年11月成立。原名上海市合作经济研究会,1998年改为现名。历任会长为邢逸初、王定一、范大政、严镇博。下设宝钢企业发展有限公司企业工作委员会。2010年有会员180人。1986年3月创办《集体工业经济研究》,1991年更名为《上海集体工业》,1999年更名为《上海集体经济》。2002年5月与中华全国手工业合作总社办公室等单位联合建立中国合作经济网站。研究会成立后,组织会员积极探讨研究集体(合作)经济在改革开放发展中的理论和实际问题,取得一系列成果。包括《集体经济是劳动者共同致富的台阶》《发展集体经济是建设和谐社会的重要经验和制度保证》《社会主义所有制结构理论的创造性发展》《关于经济改革与经济利益的关系》《改革开放以来城市集体经济理论争鸣与思考》等。

【上海市服务经济研究会】

1985 年 12 月成立。历任会长为朱立新。有个人会员 531 人。研究会积极开展现代化和传统服务经济理论与实践问题的研究，努力促进上海市现代服务业的健康发展。

【上海市国际贸易学会】

1985 年 12 月成立。历任会长为孙更舵、王新奎。有单位会员 19 个，个人会员 250 人。学会自成立以来，积极为外经贸领域的企事业单位服务，探索和解决外贸实践和理论研究中的新问题。

【上海市固定资产投资建设研究会】

1985 年 12 月成立。原名上海市基本建设经济研究会，1995 年 9 月改为现名。历任会长为：张文韬、叶伯初、谭企坤。有会员 412 人。学会围绕固定资产投资和建设的理论、实际管理与操作、方案设计等，组织课题研究、学术讨论，开展专业培训和科学普及，为政府和企业提供决策咨询。

【上海市基本建设优化研究会】

1986 年 5 月成立。历任会长为翟立林、陈康民。有会员 1 200 人。研究会开展基建优化科学研究，促进基建投资效益提高，办有《基建管理优化》刊物。

【上海市数量经济学会】

1986 年 10 月成立。历任会长为钱志坚、黄树颜、左学金。有单位会员 17 个，会员 323 人。学会团结全体会员和广大数量经济工作者，研究经济理论，加强社会实践和学术交流，普及推广数量经济学的基础知识。

【上海市生态经济学会】

1986 年 10 月成立。历任会长为张仲礼、陈予群、王荣华。下设国际生态城市、生态企业、生态管理、市容环卫、生态园林、法制 6 个专业委员会；有会员 100 人。2009 年创办会刊《生态经济与可持续发展动态》。学会成立后，组织会员开展多种调研，发表出版有大量论著。其中，《上海可持续发展研究报告(2008)：城市生态文明专题研究》获市第十届哲学社会科学优秀成果著作类二等奖；与上海社会科学院合作出版的《上海资源环境发展报告(2010)：低碳城市》为上海资源环境蓝皮书，此后每年出版一本；2009 年还承担国家哲学社会科学基金重点项目《主要国家能源战略以及我国新能源产业制度建设研究》；学会还积极参与及组织各种高端学术讨论会。

【上海市工商行政管理学会】

1986 年 11 月成立。历任名誉会长为蔡北华、叶公琦、胡正昌，历任会长为满建华、张济、张文蔚、方慧萍。有会员 230 人；下设有上海市工商行政管理学会国际机场分会。学会成立后主要研究中国社会主义市场监管、行政执法以及工商管理理论与实践。会员发表的《上海九十年代私营经济发展趋势》《传销的利弊及行政监管的思考》分别获得中国工商学会优秀成果一等奖和二等奖。

【上海市宏观经济学会】

1987 年 4 月成立。前身是上海市计划学会,2009 年 8 月改现名。历任会长为潘学敏、许冠庠、蒋应时。有会员 292 人。学会成立后,围绕市委、市政府工作中心积极研究上海经济社会的发展现状与趋势,探讨政府宏观经济判断与管理能力,为政府决策提供智力支持。

【上海蔬菜经济研究会】

1987 年 5 月成立。历任会长为逢树春、朱颂华、庞廉、张四荣。有团体会员 42 个,个人会员 120 人。1987 年与上海农业科学院合办《上海蔬菜》杂志。研究会以蔬菜工作为中心,围绕蔬菜的生产、市场,郊区发展、农民增收等问题进行调研和研究,为菜农、菜企提供咨询与市场信息。

【上海市市场学会】

1987 年 7 月成立。历任会长为梅汝和、封福海、周锡樵、张新生、吕勇明、贺涛。有会员 236 人。学会成立后主要开展市场营销理论的研究,推动市场营销理论与技术的普及和实际应用。

【上海市土地学会】

1989 年 3 月成立。历任会长为蒋如高、殷国元、顾华昌。下设学术工作、团体会员、土地规划机构、建设用地和土地整治、青年学者 5 个专业委员会以及上海所属 14 个区联络处。有会员 2 160 人。1992 年 1 月创办会刊《上海土地》。学会成立后,围绕土地管理中的难点热点组织调查和课题研究,开展各种学术活动。其中《上海市征收农村集体土地补偿标准动态调整研究》获市决策咨询成果奖。

【上海企业发展促进研究会】

1989 年 4 月成立。研究会以中国特色社会主义理论为指导,坚持党的基本路线,贯彻落实科学发展观,着力建设社会主义核心价值体系,坚持理论联系实际,努力沟通政府部门与企业之间、企业管理人员与理论工作者之间的紧密合作,发挥桥梁和纽带作用;紧密结合上海经济社会发展和企业实际,在实施创新驱动、转型发展战略中,为促进上海企业发展服务。

【上海市预算会计学会】

1991 年 6 月成立。会长为程静萍。

【上海市供销合作经济研究会】

1992 年 4 月成立。历任会长为李学广、李志强、唐兆琪。有会员 250 人。创办会刊《上海合作供销经济》。研究会主要任务是组织会员研究合作经济理论,调研上海合作经济的发展状况,总结交流合作经济改革的经验,为上海供销合作社创新驱动、转型发展,更好地为农业、农村、农民服务提供咨询建议。

【上海市民营经济研究会】

1995 年 2 月成立。历任会长为王克忠、唐豪。有会员 120 余人。学会成立后,围绕社会主义市场经济体制下民营经济产生和发展规律、民营经济在社会主义初级阶段的历史地位和作用、民营经济发展中存在的问题和对策等展开调研，出版有《当代中国私营经济探索》《民营经济概论》《非公经济与中国特色社会主义》等专著。

【上海海外华人经济研究会】

1995 年成立。会长林同华，学会紧密联系实际，研究、总结、宣传海外华人在海外与在华进行经济活动的成就和经验，积极联络海外华人，为其在华投资经济贸易活动提供全面服务。

【上海生产力学会】

1997 年 7 月正式成立。会长为周瑞金。有会员 300 人左右。学会以社会生产力为主要研究对象，组织会员积极探讨生产力发展与实践问题，研究生产力要素和发展规律，推动生产力理论与学科建设的发展。

【上海粮食经济研究会】

1999 年 12 月 30 日成立。主要从事粮食经济理论的研究、学术交流以及出版文集书刊等。

【上海市信息学会】

2004 年 4 月成立。会长为黄晖。有会员 300 余人。学会主要任务是组织会员及相关研究人员研究信息学理论，丰富发展信息学学科体系，探讨信息化建设过程中出现的各种新情况新问题，促进信息科学和信息化建设的发展。

【上海市城市规划学会】

2008 年 11 月成立。会长为毛佳樑。学会组织会员研究城市规划理论，探讨交流城市规划建设的具体实践与经验，对相关城市规划进行评审，为政府城市规划建设提供咨询，培训相关人员，普及城市规划科学知识。

五、金融、财税、会计审计、其他经济

【上海市会计学会】

1979 年 1 月成立。历任会长为黄逸峰、顾树桢、汤云为。下设有行业、企业委员会 23 个，区委会 19 个，有会员 3 230 人。1979 年 4 月创办会刊《上海会计》，2009 年转为《新会计》。学会成立后，组织会计理论、教育和专业工作者开展会计学理论研究和学术科普活动，主要成果有《国际会计比较研究》《会计独立性研究》《新会计准则和国际趋同的研究》《中国公办和民办高校会计制度改革问题的研究》等。

【上海市财政学会】

1979 年 8 月成立。历任会长为王征眉、鲍友德、周有道、刘红薇、葛爱玲。有会员 631 人。学会组织推动上海地区的财政科学研究，促进财政事业发展，为加快完善社会主义市场经济体制、全面建成小康社会服务。

【上海市金融学会】

1980年6月成立。历任会长为姚国桐、赵忍安、龚浩成、毛应樑、胡西平、张新。有会员851人。1980年创办会刊《上海金融》。学会成立后,围绕经济金融中出现的新情况新问题以及上海国际金融建设等问题召开许多学术研讨会、讲座等,并组织会员开展大量研究。其中,《关于中央银行制度》,推动中国中央银行制度的建设;《票据承兑与贴现》推动全市银行进行票据承兑与贴现的试点工作;与中国人民银行上海分行合作,拟定《上海市票据暂行规定》,经上海市人民政府批准,于1988年10月1日正式实施,成为新中国第一部地方性票据法规。此外,还出版有一系列金融论丛系列丛书。

【上海市农村金融学会】

1981年12月成立。历任会长为朱如言、周鸿杰、金炳荣、郑鑫、刘桂平。有会员948人。1982年3月创办会刊《上海农村金融研究》,1986年改名为《上海农村金融》(双月刊)。学会以农村金融业务为主要研究对象,组织和推动农村金融科学研究和学术交流活动,为发展农村金融事业服务。

【上海市成本研究会】

1982年11月成立。历任会长为顾树桢、陈步林。有会员120人。学会围绕微观和宏观经济的成本管理,创建节约型社会等问题组织研究交流。

【上海市卫生经济学会】

1983年6月成立。历任会长为李存仁、邵浩奇、夏毅。有团体会员173个,个人会员337人。1985年创办会刊《卫生经济研究》杂志。学会主要开展卫生经济理论和应用的研究与宣传,为医疗卫生改革、发展卫生事业服务。

【上海市钱币学会】

1983年9月成立。学会理事会历任理事长为黄朝治、周芝石、陆祖成、陈永富、陈志、张新。先后成立的下属分支机构有南汇县(区)钱币研究组、上海市工人文化宫沪西钱币研究会、上海市农村金融系统钱币协会、上海市虹口区钱币协会、上海市老干部活动中心钱币协会。先后创办或出版有《钱币通讯》《钱币丛书》《上海金融钱币研究专辑》《钱币博览》等。2010年有会员763人。学会致力于普及钱币知识、推进钱币学、货币史研究开展各种学术研究和交流。学会编著的《中国历代货币大系》获市出版局"优秀图书"一等奖、中国钱币学会优秀学术成果金质奖章,《钱币博览》多次获得中国钱币学会优秀学术成果金质奖章。

【上海市保险学会】

1984年10月成立,同时创办会刊《上海保险》。历任会长为魏原杰、何静芝、张俊才。有团体会员55家,个人会员约550人。下设精算、法律研究、寿险管理、保险信息化技术4个专业委员会。学会致力于研究和探讨保险理论和保险事业发展的各种问题,参与及组织一系列国际、国内学术讨论会、报告会和专题讲座。

【上海市审计学会】

1985年5月成立。历任会长为顾树桢、赵洪元、葛爱玲、宋依佳。有会员680人。1985年8月创办会刊《上海审计》(内刊)，1989年2月改为公开发行，2004年停刊，后续办内刊《上海审计》。学会成立后，开展审计科学研究，传播审计知识，参与或组织一系列全国性审计理论学术研讨活动。

【上海市行为科学学会】

1985年8月成立。自2010年历任会长为杨锡山、魏瑚、王方华。有单位会员数10个，个人会员150名。学会有6个下属专业委员会：企业行为专业委员会、人力资源行为管理专业委员会、领导与组织发展行为专业委员会、消费行为专业委员会、犯罪行为专业委员会、医学行为专业委员会。学会整合上海地区人才资源，探索新时期有中国特色的人和团体的行为规律，领导管理理念和技法，提升个人和团体素质及整体领导水平。

【上海市投资学会】

1986年6月成立。会长为赵欢。有会员近500人。学会研究实物投资和证券投资的客观规律与管理方法，探索提高投资效益的有效途径，促进投融资管理体制改革，为建设具有中国特色的投资理论学科、提高宏观与微观投资管理水平服务。

【上海交通会计学会】

1986年12月成立。学会积极开展交通会计及审计实践与理论的学术探讨和学术交流，努力提高会计、审计工作科学水平。

【上海市总会计师工作研究会】

1987年9月成立。历任会长为包友德、邹华新。有会员561人。1989年创办会刊《上海会计管理》。学会成立后，主要开展总会计师理论、财务会计理论的研究，交流推广总会计师工作经验，维护总会计师的合法权益。

【上海市外经贸会计学会】

1987年11月成立。会长王晓华。原名中国对外经贸会计学会上海分会，1992年6月改现名。学会以研究探讨交流外经贸会计实务与理论，提供财会咨询、专业培训为主要任务，承担编辑财会书刊、评审财会优秀论文等任务。

【上海股份制与证券研究会】

1988年12月成立，原名上海股份制企业(公司)协会，1993年5月改为现名。1993—2010年历任会长为徐元达、厉无畏。下设有股份制企业(公司)、证券2个专业委员会和股份合作企业委员会，有单位会员70个，个人会员49人。1989年1月创办学会通讯《股份经济与证券通讯》和内刊《现代企业经营》。研究会成立后围绕国内外股份制和证券市场以及以股份制为基础的混合经济所有制理论与实践进行研究探讨交流。

【上海城市金融学会】

1989年7月成立。历任会长为毛应樑、沈若雷、姜建清、吉晓辉、孙持平、沈立强。有会员560人。学会成立后，以城市金融为重点，开展经济金融理论研究，宣传金融政策、普及金融知识，推动上海地方金融业发展。

【上海市商业会计学会】

1992年8月成立。历任会长为王相道、任连友。有会员760人。设有副食品行业、糖烟酒业2个财会工作委员会。1992年11月创办会刊《上海商业会计专刊》。学会成立后以研究探讨交流普及商业会计、会计理论和实务为主要方向。

【上海财务学会】

1992年12月成立。历任会长为李训儒、朱平芳。有会员270人。学会团结全体会员和广大财务管理工作者,深入研究财务理论,探索财务制度和规则的规范与改革,服务企业及其有关机构的财务活动,加强社会实践和学术交流,普及推广财务学基础知识。

【上海庭院经济与文化研究会】

1993年1月成立。会长为张燕。有个人会员1 008人。研究会在遵守宪法、法律、法规和国家政策,遵守社会道德风尚前提下,发展庭院经济促进精神文明。为推进庭院经济与文化事业作贡献。

【上海现代企业经营管理研究会】

1994年2月成立。历任会长为李家镐、凌宝亨、徐志毅。有单位会员77家,个人会员240人。下设民营(中小)企业工作委员会及市场营销、现代企业制度、仪表电子工业、职业经理人培训管理、信用控制管理5个专业委员会。研究会积极组织会员交流探讨国内外企业经营管理的理论与实践,沟通企事业单位之间以及与政府有关部门之间的联系,培训会员单位的管理人员,提高企业经营者的素质与能力,为企业现代化经营管理提供相关的指导与咨询。

【上海管理教育学会】

2007年9月成立。会长为赵晓康。有单位会员10个,个人会员300人。学会研究管理科学的方法和途径,探讨建立有中国特色的社会主义经济管理体制,普及经济管理的基本知识,培养经济管理干部,弘扬和发展东方管理科学理论体系。

六、国际问题、涉港澳台、其他

【上海市国际关系学会】

1957年3月成立,"文化大革命"开始后撤销。其间会长为金仲华。1978年恢复,至2010年历任会长为李储文、陈启懋、俞新天、杨洁勉。有会员150人。2010年下设南亚专业委员。1978年以来,学会联系和组织上海国际问题研究学者,围绕国际关系理论、现状和历史的发展展开研究和学术交流,出版有《战后国际关系讲义》《阿以冲突的由来和发展》《战后国际关系史料(1—5辑)》《亚太国家的对外开放》等论著。

【上海市日本学会】

1985年9月成立。历任会长为蔡北华、郑励志、郭炤烈、俞彭年。有会员350人。学会下设上海市中等日语教育研究中心。学会主要开展有关日本政治、经济、思想文化及中日关系的研究，推动中日两国学者与民间的交流与合作。编著《日本教育——中日比较与展望》（获第三届全国教育科学研究优秀成果二等奖）等论著。

【上海市创造学会】

1986年11月成立。历任会长为邓旭初、袁张度、吴启迪、陈成澍。学会以传播创新创造文化、推广创新创造知识，研究探讨交流创新创造理论为宗旨，推动“创造让生活更精彩”的主旋律。

【上海市俄罗斯东欧中亚学会】

1986年成立。原名上海市苏联东欧学会，1993年改为现名。历任会长为施平、姜琦。有会员80人左右。学会联系和组织会员对俄罗斯、东欧、中亚及相关国家政治经济外交社会文教等各方面的理论与实践展开研究，加强与研究对象间的了解及民间与学术机构的交流合作。从2009年开始，每年举办青年学术论坛，关注和推动青年学者的培养和发展。

【上海国际战略问题研究会】

1988年9月成立。历任会长为陈佩尧、杨洁勉。有会员120人，下设军事医学战略分会。研究会成立后，组织协调会员就当代国际战略问题的理论与实际进行调查研究，与国内外学术机构、专家学者进行学术合作与学术交流，为会员提供信息参考。

【上海工艺美术研究会】

1988年11月成立。历任会长为吴永林、许思豪、朱玉成、张心一。有会员243人。研究会组织会员开展工艺美术理论、艺术及科技创新的研究，推动工艺美术成果的交流、研讨，促进工艺美术艺术的合作与普及。

【上海市新学科学会】

1989年12月成立。历任会长为金哲、陈燮君。有会员75人。学会主要任务是组织协调社会科学及新学科研究者研究探索新学科的理论，内涵及发生发展规律，积极推动社会科学学科创新。

【上海市民防协会】

1990年3月成立。历任会长为倪天增、巴忠倓、韩哲一、徐文义、刘南山。有会员231人。1992年10月创办会刊《生命与灾祸》，1999年1月更名为《民防苑》。协会组织会员研究探讨高技术条件下防空防灾对策，民众防护和地下空间综合利用管理等相关工作，普及宣传、推广民防知识。

【上海市台湾研究会】

1991年12月成立。历任会长为郭绍烈、俞新天、严安林。有会员216人。研究会成立后坚持贯彻中央对台工作方针，积极开展台情研究、对台交流、涉台教育等，为两岸和平发展实现中华民族伟大复兴作贡献。

【上海欧洲学会】

1992 年 1 月成立。历任会长为晏小宝、伍贻康、戴炳然。有会员 97 人。学会以研究探讨欧洲欧盟经济、政治、社会等各方面以及中欧关系为主要任务,积极促进中欧民间的学术交流和合作。

【上海市太平洋区域经济发展研究会】

1993 年 9 月成立。历任会长为谢希德、叶取源、郑成良、张安胜。有会员 120 人。创办有会刊《环太平洋信息》。学会以太平洋地区的经济发展为中心,组织会员开展多学科综合研究。

【上海未来亚洲研究会】

1998 年 1 月成立。会长为夏禹龙。有会员 60 人。研究会成立后,组织会员交流和传播社会科学的新知识、新理论、新观点,研究社会转型过程中的热点难点问题,组织社会调查,编撰科普读物等。

【上海市美国学会】

2000 年 3 月成立。历任会长为丁幸豪、黄仁伟。有会员 200 人。学会组织、协调和支持相关研究机构和专家学者对美国经济、政治、安全战略、社会问题以及中美关系等理论与实际问题进行学术研究和学术讨论。开展普及教育,增加对美国的了解和认识,推动中美学术交流与合作。学会还编辑政策研究报告《美国问题专报》,向领导部门提供相关政策建议。

第二篇

规划与管理

中共十一届三中全会以后，上海市人文社会科学研究工作逐步恢复与发展。初期，相关研究工作由各单位自行组织安排。20 世纪 80 年代以后，为更好地指导统筹全市的社会科学研究工作，1983 年成立了上海市哲学社会科学规划领导小组（以下简称“市社科规划领导小组”）及市社科规划领导小组办公室（以下简称“市规划办”），负责制定全市哲学社会科学科学发展规划，向全市发布规划课题，并对所发布的课题执行情况进行管理。至此，上海哲学社会科学的规划与管理工作开始起步并逐步走向规范。

在市级层面，2003 年 5 月中共上海市委决定成立上海市决策咨询委员会，负责制定、发布围绕市委、市政府重点工作开展的各项决策咨询研究课题，并进行统一规划、统一管理。

除市级层面之外，上海市科学技术委员会从 1979 年起，对科委系统的软科学课题研究开始进行规划、立项、统一管理。上海市教育委员会 1996 年成立了上海市教育科学规划领导小组，统一规划、协调全市教育系统的教育科研工作。

此外，上海人文社会科学“五路大军”包括市属专门研究机构、各高等院校、党校系统（包括浦东干部学院和中共市委党校）、各党政机关所属研究机构以及驻沪部队各军事院校等研究机构，在 20 世纪 80 年代以后，根据国家和上海市繁荣与发展社会科学的有关精神，制定本单位社会科学研究规划，并积极探索实施各具特色的科研与课题的管理办法。

本篇主要记述市社科规划领导小组及市社科规划办组织实施的哲学社会科学规划与管理工作的情况。

第一章　上海市哲学社会科学规划

1983 年，市社科规划领导小组成立后，即开始组织实施上海社科“六五”规划，这是上海最早实施的社科规划。此后至 2010 年，共先后制定实施了“六五”—“十一五”共 6 份市社科规划。这些社科规划根据国家和上海市国民经济和社会发展的五年计划要求以及国家与上海市哲学社会科学规划的精神，在不同时期提出不同的研究领域和研究方向，确定重点课题。在“六五”规划期间，为保证规划的不断完善，1984 年 7 月市社科规划领导小组提出，社会科学长期规划要根据社会主义现代化事业发展的需要，采取逐年滚动的办法，逐年增加新的研究项目。为使社科规划对全市社会科学研究发挥更好的指导作用，“八五”规划期间，市社科规划办于 1992 年 1 月首次编制并颁布《上海市哲学社会科学“八五”规划课题指南》。以后，每年发布一次。“九五”规划期间，根据国家和上海市国民经济和社会发展“九五”规划和 2010 年远景目标纲要，上海社科“九五”规划和 2010 年远景规划也合并制定。为适应社科研究发展的需求，市社科规划的课题类别也不断地调整充实。除重点课题、一般课题外，1995 年底，首次设立“建设有中国特色社会主义理论和实践研究课题”作为年度课题。1998 年设立了专项课题，1999 年又首次设立了面向在读博士生的青年课题，2003 年又增加了系列研究课题。2006 年上海、浙江、江苏三地社科规划办首次发布《关于联合发布 2006 年度“长三角洲区域经济协调发展研究系列”课题的通知》，开始实行沪、浙、苏三地联合申报课题的办法。以后每年都有多类课题立项。

第一节　“六五”规划

1983 年，上海市哲学社会科学规划小组成立，开始组织实施上海哲学社会科学“六五”规划。“六五”社科规划设立 8 个方面的课题：马克思主义基本理论和哲学，经济学和经济问题，社会学、宗教、青少年问题，政治学和法学，文学、艺术和语言学，教育学和心理学，史学和国际问题等。自此，上海哲学社会科学研究逐步走上统一领导、统一规划、加强协调的轨道。同时，根据改革开放的需要，进一步调整、充实、拓展哲学社会科学研究范围。一方面，大力加强应用理论的研究，形成基础理论研究与应用理论研究并举的格局，促进理论工作者与实际工作者的联系与合作；另一方面，对传统学科的内部结构进行重新组合，丰富研究内涵。1984 年 7 月，市社科规划领导小组召开全体会议，指出全市社会科学长期规划应该成为一个留有余地和逐年滚动的规划。根据社会主义现代化事业发展急需解决的重大理论问题和实际问题，不断充实新的研究内容与要求，逐年增加新的研究项目。会后，向全市社会科学研究机构发出征询追加重点项目的通知，各单位先后提出 100 多个可供选择的课题，经过几个月的论证协调与组织落实工作，于 1985 年 6 月 1 日追加 3 个重点项目。

“六五”社科规划立项的 52 个重点项目，分为哲学 6 项、经济 17 项、政法 4 项、文学艺术语言 7 项、教育心理 6 项、史学 6 项，社会宗教青少年 3 项、国际问题研究 3 项。其中，直接研究上海问题的 25 项、基础理论研究 12 项、应用研究 28 项、史哲资料工具书 12 项。

第二节　“七五”规划

1987 年 7 月,按照国民经济和社会发展“七五”计划和中共上海市第五次代表大会精神,上海市“七五”社科规划进行制定并组织实施。

一、指导思想

加强对马克思主义基本理论的研究,大力开展经济、科技、文化、社会发展战略和以城市为重点的经济体制改革的重要课题的研究,发挥全市优势,适应上海经济、科技、社会发展的需要,为改造与振兴上海,为我国社会主义现代化建设事业服务,力争拿出一批高质量的研究成果。同时,加强新兴学科、边缘学科的建设,充实社会科学的研究体系。

二、主要内容

根据上海市和全国的需要,“七五”规划着重研究为社会主义现代化服务的现实问题,并重视基础理论研究和学科建设,对于上海市有优势的全国性和国际性问题研究也应予以注意与安排。在“七五”社科规划设立的 100 多项课题中,专门留出 30 多项额度,首次实行课题招标。“七五”规划重点项目的选题范围主要包括:

马克思主义基本原理研究。主要面对我国改革的实际和社会主义现代化事业实践,开展对新情况、新问题、新经验、新思想、新观点的研究,探讨其中的规律性,作出理论上的概括,在理论与实践的结合上坚持和发展马克思主义。

社会主义现代化重大理论问题和实际问题的研究。主要立足上海,面向全国,要抓准改革与开放、两个文明建设中的重大问题。包括:

经济方面。开展有计划商品经济、社会主义价格管理体制、社会主义经济运行机制、城乡一体化、横向经济联合、区域经济、搞活大中型企业、住房商品化、城市经济体制改革、城市土地收费、中心城市地位与作用、上海所有制结构与合理配置、上海市场体系、上海金融中心的恢复与发展问题、利用外资、上海对外经济发展战略、开发浦东、上海经济区发展战略、上海经济区城镇发展战略研究等。

政治、法律、社会、文化方面。开展政治体制改革、行政体制改革、干部体制改革、教育体制改革、领导决策体制、大城市的管理、社会保障、公共行政关系、“一国两制”、当代中国思潮、改革与开放中的法律问题、世界新技术革命发展对国内经济社会发展的影响及其对策、上海法制的发展战略、法人犯法问题、新时期政治思想工作的特点方法和规律性、上海文化发展战略研究等。

基础理论研究和学科建设方面。开展包括各学科基础理论和方法论的研究。薄弱学科、空白学科、边缘学科、交叉学科、新兴学科研究。如改革与开放中的哲学问题、新技术革命中的哲学问题、比较经济学、中外投资法比较研究、社会主义时期文学理论、行政管理理论、上海社会与城市社会学说、上海通史、中国现代小说研究、当代西方经济学说等。提出基础理论研究和学科建设,要改变脱离实际的教条主义的研究方法,要从实践中来开拓新的研究路子。

国际重大问题研究方面。开展包括战后资本主义发展的若干问题、苏联东欧国家经济、政治、科技体制改革问题，世界主要资本主义国家政府对经济宏观控制问题、科技发展对世界主要资本主义国家经济发展的关系、亚太地区各国经济发展战略比较研究、世界若干大城市发展问题比较研究等。对西方、苏东各种学术观点、思潮、流派的研究与评论。

三、执行情况

“七五”社科规划期间设立的134项课题，涉及哲学、经济学、语言学、文艺理论、历史学、法学、政治学、教育学、社会学、国际问题等。出版专著87部，论文选9本、资料5种，理论读物30种，在全国发表论文近千篇，内部综合报告24种，专题论文集12种。有的还举办讲习班、学习班，介绍研究成果，锻炼了青年研究人才。

其中，基础理论研究和学科建设主要成果有：《社会主义商品经济理论模式》《关于经济发展与经济体制改革的若干重大问题》《中国近代经济思想史》《哲学大辞典·中国哲学史卷》等。应用研究主要成果有：《上海市人口综合研究》《上海第三产业发展战略研究》《上海市节能途径研究》《上海私营经济发展问题调研》《现代企业家系统仿真测评系统》《行政诉讼研究》《经济体制改革中的法律问题》《国外中小学教育比较研究》《上海经济体制改革的实践》等。文化研究主要成果有：《上海文化研究》《上海文艺政策研究》《中国京剧史》等。

第三节　“八五”规划

1991年底，上海市哲学社会科学“八五”规划根据全国和上海市国民经济和社会发展规划和“八五计划”纲要的要求，为适应实现现代化建设的第二步战略目标的需要，推动全市哲学社会科学研究有一个更大的发展，进行制定并组织实施。

一、指导思想

坚持以马克思主义为指导，重点加强对建设中国特色社会主义理论问题实际问题的研究，特别要加强对20世纪90年代中国和上海经济、社会发展以及改革开放中的重大问题研究，为第二步战略目标的实现贡献力量，为社会主义物质文明和社会主义精神文明建设服务；加强国际问题研究，为社会主义现代化建设争取和平的国际环境服务；加强对马克思主义基本理论的研究和宣传，澄清思想理论是非，在同各种错误思潮的斗争中，坚持和发展马克思主义，促进哲学社会科学各个领域的繁荣和发展。

二、主要内容

1992年1月，市社科规划办公室在广泛征求意见的基础上，首次编制并颁布《上海市哲学社会科学“八五”规划课题指南》，打破传统的学科分类，形成“关于建设有中国特色的社会主义”“关于90年代全市改革与振兴”“关于学科研究”三大板块，突出主攻方向和主攻目标。“关于建设有中国特色的社会主义”主要包括总论、中国特色社会主义经济、中国特色社会主义政治、中国特色社会主义文化等；“关于90年代全市改革与振兴”，主要包括综合研究、深化改革的对策研究、开发开放浦东研究、上海社会发展与精神文明研究等;“关于学科研究”主要包括城市学、人口迁移与流动、上海史等。最终立项129项课题,其中统计综合类2项,经济学(基础理论)10项,经济学(应用经济)35项,历史学10项,文学、语言学、新闻学11项,哲学、宗教学12项,政治学、法学13项,社会学、人口学14项,教育学、心理学9项,国际问题研究13项。三大板块中,“关于建设有中国特色的社会主义”研究的课题占28%,“关于90年代全市改革与振兴”方面的课题占36%,“关于学科研究”的占36%。之后,这三大板块课题根据形势发展和学科建设需要,逐年滚动,又增加26项重点课题。

市哲学社会科学“八五”规划重点课题,坚持以应用研究、现实研究、国内问题研究为主的同时,兼顾基础理论研究、历史问题研究、国际问题研究。注意充分发挥传统特色学科研究优势,并积极扶持新兴、边缘、交叉学科的研究。注重重点课题的选题布局促进全市哲学社会科学的全面发展,并带动队伍的建设。

1992年底,根据“八五”社科规划精神,为了加强对中共十四大精神和中共上海市第六次代表大会精神,尤其是突出邓小平建设有中国特色社会主义理论的研究,增补课题指南,增设30项研究课题。1995年底,首次设立52项“建设有中国特色社会主义理论和实践研究课题”作为年度课题。

三、执行情况

“八五”社科规划顺利实施。期末,上海的社科规划研究在马列主义、毛泽东思想和邓小平建设有中国特色社会主义理论研究,建设有中国特色社会主义实践过程中有关政治、经济、法律、文化、国际关系等重大问题的研究,社会主义精神文明建设研究以及基础研究和新兴、边缘、交叉学科研究等方面取得诸多成绩。绝大部分课题在规定的截止期限内结项,完成率达95%以上。课题研究成果,出版各种学术著作和论文集140余种,在报刊上发表学术论文千余篇,内部成果的综合报告达110余种。其中,有41项研究成果获得各种省部级以上奖励48次。《邓小平理论研究与实践研究丛书》第一辑10本获中宣部“五个一工程”奖和上海市邓小平建设有中国特色社会主义理论研究与宣传优秀成果一等奖。

第四节　“九五”规划和2010年远景规划

1995年,上海市哲学社会科学“九五”规划和2010年远景规划,根据《中华人民共和国国民经济和社会发展“九五计划”和2010年远景目标纲要》和《上海市国民经济和2010年远景目标纲要》所提出的奋斗目标和主要任务,进行编制并组织实施。

一、指导思想

以马列主义、毛泽东思想和邓小平建设有中国特色社会主义理论为指导,坚持党的“一个中心,两个基本点”的基本路线,贯彻党的十四届五中全会和市委六届四次全会精神,贯彻理论联系实际、重在贯彻“百花齐放、百家争鸣”的方针,以建设有中国特色社会主义特别是上海两个文明建设中的重大理论问题和实践问题的研究作为主攻方向;着重加强对“九五”期间和21世纪初国内特别是上海经济、社会发展以及改革开放中重大问题的研究,重视和提高基础研究,加快发展新兴、边缘、交叉学科和跨学科综合研究,进一步发展和繁荣哲学社会科学,使哲学社会科学研究更好地适应经济发展和社会全面进步的需要，为建设有中国特色社会主义和上海的两个文明建设服务。

二、主要内容

在建设有中国特色社会主义重要理论问题和实践问题、特别是“九五”期间和21世纪初国内尤其是上海国民经济和社会发展中的重大问题的研究方面，充分显示上海哲学社会科学研究的整体优势，研究的重点是加强对促进经济体制从传统的计划经济向社会主义市场经济转变，增长方式从粗放型向集约型转变，提高国民经济整体素质和效益有关问题的研究；对上海深化经济体制改革，率先建立社会主义市场经济运行机制有关问题的研究；对深化国有企业改革，建立现代企业制度有关问题的研究；对上海进一步扩大对内对外开放，增强经济中心城市的功能有关问题的研究；对上海如何加快城市基础建设，形成现代化国际城市新格局有关问题的研究；对推进浦东开发开放有关问题的研究；对向社会主义市场经济体制转轨过程中精神文明建设有关问题的研究；对社区建设和社区管理，以及基层政权建设的研究等。

在突出地方特色的同时，对涉及全国性的重大理论问题和实际问题给予充分重视，力争在一些重大课题的研究上有所突破，取得重要成果。在各学科的基础研究方面，在继续保持国内领先的基础上，增强后劲，取得新的进展；在新兴边缘交叉学科研究和跨学科综合研究方面，积极进取，努力开拓，力争有新的建树。要树立精品意识，把多出高质量、高品位和综合效益好的优秀研究成果，作为哲学社会科学研究的努力目标，为繁荣社会主义文化，推进“两个文明”建设，促进建设有中国特色社会主义的宏伟事业，为把上海建设成为社会主义现代化的国际中心城市，作出应有的贡献。

“九五”社科规划和2010年远景规划合并实施。1996年，“九五”社科规划立项151项课题，其中中长期课题87项，1996年度课题64项。呈现出四大特色：一是加强、深化、拓展对马列主义、毛泽东思想，特别是对邓小平建设有中国特色社会主义理论的研究；二是继续加强对全市改革开放、经济建设和成为“一个龙头，三个中心”过程中的重大理论问题和实际问题的研究；三是进一步加强社会主义精神文明建设理论和实践问题的研究；四是在坚持以应用研究和对策研究为主的同时，还应重视基础理论研究，加强重点学科建设，发展新兴、边缘、交叉学科和跨学科综合研究。此外，在选题布局方面，既突出重点，又注重合理。

1997年，设立了31项年度课题。围绕两个主题：一是建设有中国特色社会主义理论与实践研究，二是上海经济社会协调发展和社会主义精神文明建设的理论与实践研究。截至1997年，市社科“九五”规划立项182项课题。

1998年，设立9项专题课题，均为市委宣传部设立的文化研究项目，即上海文化体制改革的目标和思路研究；上海大都市文化建设的时空布局和结构类型研究；文化产业的发展和资源优化配置研究；全球视野中的都市文化建设；上海文艺人才开发战略研究；关于上海文艺批评现状、走势和导向研究；社区文化设施建设中资源配置和管理的体制与机制研究；上海群众性文化活动的特点、功能、形态和发展趋势；营造上海文化大市场的若干思考研究。

1999年9月，又设立77项课题，其中，年度课题44项；文化专题研究课题9项。共有26家单位承担1999年的市社科规划课题研究。是年，首次设立面向在读博士生的课题，即青年课题。作为市社科规划研究新增的课题类别，设立青年课题的目的在于支持和鼓励在读博士研究生以马列主义、毛泽东思想，特别是邓小平理论为指导，将博士论文的撰写同对中国社会主义改革开放和现代化建设重大理论和实践问题的研究结合起来，通过研究，倡导理论联系实际的优良学风，提高博士研究生的马克思主义理论水平和解决实际问题的能力。是年,青年课题共立24项。

三、执行情况

“九五”社科规划期间,共立项414项课题,比“八五”期间增长100%。立项次数从“八五”时期五年三次增加到“九五”时期每年一次,个别年份甚至增补立项。立项类别,除中长期课题和年度课题外,还设立了委托课题、青年课题等,并根据实际需要,设立专题研究课题。“九五”期间,共开展两次邓小平论研究和宣传优秀成果评奖和三次哲学社会科学优秀成果评奖,共有784项成果获奖,其中社科规划课题成果约占38%。以中青年为骨干的研究中坚力量逐步形成,45周岁以下的中青年社会科学工作者承担的项目占总数的50%左右。经费投入大幅度增长,“八五”期间社科规划经费为250万元,到“九五”期间投入增加到750万元。

“九五”社科规划期间,上海一批优秀社科研究成果问世。主要有:《邓小平理论与实践研究丛书》12本、《学习党的十五大精神丛书》22本、《中国经济改革20年系列研究》《20年来中国政治体制改革和民主法制建设》《国际互联网的发展对思想文化领域的影响及对策系列研究》《新形势下加强上海社区建设系列研究》《邓小平理论与上海改革开放》《上海转变经济增长方式研究》。一批向中华人民共和国成立50周年献礼的社科研究项目如期完成。1998年,市哲社办在已立项的课题中,确定《上海通史》(15卷本)等21项,作为献礼重大项目。这批研究项目,既有回顾总结改革开放20年来建设具有中国特色社会主义伟大实践的理论著作,也有对实践中出现的新情况、新问题、新矛盾进行探索的前沿研究;既有着力于文化积累的基础研究,也有赶超前人成就的学术追求。不少成果卷帙浩大,是集体智慧的结晶、协作攻关的硕果。

第五节 “十五”规划

2000年,上海市哲学社会科学“十五”规划是根据中共中央关于制定国民经济和社会发展第十个五年计划的建议和中共上海市委七届六次代表大会精神,进行编制并组织实施。

一、指导思想

坚持以马克思列宁主义、毛泽东思想、邓小平理论和“三个代表”重要思想为指导,全面落实科学发展观,推进社会主义和谐社会建设,在贯彻落实《中共中央关于进一步繁荣发展哲学社会科学的意见》《中央宣传思想工作领导小组关于实施马克思主义理论研究和建设工程的意见》中,立足上海实际,坚持正确导向,以我国尤其是全市社会主义改革开放和现代化建设的重大理论和实践问题研究为重点,同时加强基础理论研究和学科建设,大力推进理论创新,努力发挥社会科学研究认识世界、传承文明、创新理论、咨政育人、服务社会的作用。

二、主要内容

2001年,市哲学社会科学“十五”规划立项课题234项。其中,中长期课题90项,年度课题100项,青年课题20项,中青班专项课题24项。在评审工作中,评审专家的聘请实行回避制度,首次采用两轮方式，即以活页匿名评审和申请书复审相结合的方法进行。为进一步探索评审机制改革，部分学科申报材料还以异地评审方式进行。2002 年，市社科规划课题共立 115 项，其中重点课题 18 项，一般课题 73 项，青年课题 24 项。2003 年，增设系列研究课题，对全国和全市的社会经济发展中的重大理论和现实问题进行系统研究。系列课题首次采用首席专家负责制，对每个子课题不仅有选题而且指定研究内容，鼓励跨部门跨单位跨学科合作，采用招标制并规定年内完成。市社科规划系统课题共设七大研究系列，90 项子课题，青年课题 24 项。2004 年度共立项各类课题 174 项，其中，系列课题立项六大系列 50 项子课题，一般课题立项 95 项，青年课题立项 26 项，委托课题立项 3 项。一般课题中，党史党建 2 项，法学 7 项，国际问题 5 项，应用经济 18 项，经济理论 6 项，教育学 6 项，马列科社 3 项，历史考古 5 项，社会学 4 项，图书情报 2 项，文学艺术 10 项，新闻学 3 项，语言学 4 项，综合学科 10 项，哲学 7 项，政治学 3 项。2005 年一般课题和青年课题共立项 62 项。

2004 年 1 月 5 日，中央发出《关于进一步繁荣发展哲学社会科学的意见》（中央 3 号文件）。19 日，中办转发《中央宣传思想工作领导小组关于实施马克思主义理论研究和建设工程的意见》（中办 5 号文件），明确提出“力争用 10 年左右时间，形成全面反映马克思列宁主义、毛泽东思想、邓小平理论和‘三个代表’重要思想的教材体系，形成具有时代特点、结构合理、门类齐全的学科体系，形成人尽其才、人才辈出的人才培养选择和管理机制”的任务，明确了哲学社会科学在认识世界、传播文明、创新理论、咨政育人、服务社会方面应当发挥积极作用。

2005 年 6 月 7 日，市委下发《中共上海市委关于进一步繁荣发展哲学社会科学的意见》，进一步明确上海哲学社会科学界的使命和任务，确定今后一段时间上海繁荣发展哲学社会科学的战略目标。指出要努力形成更多的优秀学科和特色研究领域，形成一批在上海、全国乃至在国际上有影响的精品力作，形成与社会主义市场经济要求相适应、符合哲学社会科学发展规律的科研管理体制和机制，形成提升市民理论素养的哲学社会科学普及网络，造就一批哲学社会科学学科带头人和重大项目研究的领军人物，用 10 年或更长时间形成具有世界影响的国际学术交流中心，指出要积极推进马克思主义理论研究和建设工程。其中包括加强邓小平理论和“三个代表”重要思想的研究，加强科学发展观和社会主义和谐社会建设理论的研究；进一步加强上海市邓小平理论和“三个代表”重要思想研究中心建设；进一步抓好高校思想政治理论课建设；加强马克思主义理论宣传等。指出要加强上海哲学社会科学重点研究领域、重点学科和重点研究项目建设，全面推进哲学社会科学普及和交流，不断深化哲学社会科学科研和管理体制改革，努力建设高素质的哲学社会科学队伍。这些精神在 2004 年、2005 年的课题立项和“十一五”社科规划编制中得到贯彻落实。

三、执行情况

“十五”时期，市哲学社会科学规划立足上海实际，坚持正确导向，以中国尤其是上海的社会主义改革开放和现代化建设的重大理论和实践问题研究为重点，加强基础理论研究和学科建设，大力推进理论创新，科学定位上海哲学社会科学繁荣发展的目标和任务，改革和完善哲学社会科学管理体制机制，营造有利于理论创新和学术繁荣的良好环境，培养造就高素质的社科人才，加大对本市哲学社会科学研究的投入。上海广大哲学社会科学工作者围绕党和国家的中心工作，推出一大批高质量、有深度的研究成果，为上海的经济建设和社会进步提供重要的理论支撑和智力支持，有力地促进了上海的改革开放和现代化建设，为“十一五”时期进一步加快发展奠定了坚实基础。

第六节　“十一五”规划

2005年，上海市哲学社会科学“十一五”规划，按照2004年中央3号文件和中办5号文件精神，贯彻《中共上海市委关于进一步繁荣发展哲学社会科学的意见》，结合上海是中国改革开放的前沿，又是中国最大的经济中心城市，把上海建设成为现代化国际经济、贸易、金融、航运中心重大国家战略的要求，进行编制，并组织实施。

一、指导思想

以马列主义、毛泽东思想、邓小平理论和“三个代表”重要思想为指导，贯彻落实科学发展观和构建社会主义和谐社会重大战略思想，贯彻落实党的十六大和十六届三中、四中、五中、六中全会精神和市委八届九次、十次会议精神，贯彻落实《中共中央关于进一步繁荣发展哲学社会科学的意见》和《中共上海市委关于进一步繁荣发展本市哲学社会科学的意见》，坚持解放思想，实事求是，与时俱进，坚持理论联系实际，坚持“二为”方向和“双百”方针，加强马克思主义理论研究，尤其要凸显马克思主义中国化理论研究，深化对我国全面建设小康社会和上海率先基本实现现代化进程中重大理论和实践问题研究，积极探索中国特色社会主义经济、政治、文化、社会发展规律，加强基础理论研究和学科建设，注重新兴边缘交叉学科和跨学科综合研究，大力推进理论创新，为党和政府决策服务，为社会主义物质文明、政治文明、精神文明和和谐社会建设服务，全面发展和繁荣哲学社会科学。

二、主要内容

“十一五”时期，市哲学社会科学研究规划工作要在以下几个方面力争有所突破：深入研究阐释邓小平理论和“三个代表”重要思想，深入研究阐释科学发展观，深入研究阐释构建社会主义和谐社会，积极推进实施马克思主义理论研究和建设工程，深入研究上海在实现“四个率先”中面临的重大理论和实践问题，深入研究上海在建设“四个中心”中面临的重大理论和实际问题，深入研究上海建设创新型城市的理论和实践问题，进一步加强哲学社会科学基础研究。

市社科规划办公室为落实上述精神，加强课题研究导向，围绕重大理论和实践问题开展研究。最终设立八大系列课题：分别是“科学发展观的理论与实践系列研究”“加强党的执政能力建设系列研究”“‘十一五’期间上海经济社会发展系列研究”“继续深化经济体制改革系列研究”“上海文化发展问题系列研究”“2010年上海世博会若干问题系列研究”“加强和改进高校思想政治工作系列研究”和“以科学发展观为指导，加快上海‘四个率先’系列研究”。

三、执行情况

2006年，上海市哲学社会科学规划课题分重大课题、系列课题、一般课题、青年课题等。重大课题更注重三类重点领域：第一类，马克思主义基础理论研究课题，尤其是马克思主义中国化理论成果的基础性研究课题。第二类，对全国、特别是全市社会主义现代化建设具有战略意义的重大协作性攻关课题。第三类，具有长期研究积累、显著创新价值、深厚学术含量、预期可形成精品成果，在文化积累、学科建设方面具有重大意义的原创性研究课题。

除重大课题单独申报外，其余四类课题共有256项课题获得立项，其中一般课题129项、青年课题32项、联合发布课题16项、委托招标课题4项、系列研究课题8个系列75项子课题（“科学发展观的理论和实践问题研究”系列子课题13项、“加强党的执政能力建设研究”系列子课题10项、“‘十一五’期间上海经济社会发展研究”系列子课题13项、“继续深化经济体制改革研究”系列子课题6项、“上海文化发展问题研究”系列子课题5项、“2010年中国上海世博会若干问题研究”系列子课题18项、“加强和改进高校思想政治工作研究”系列子课题7项、“以科学发展观为指导，上海加快实现‘四个率先’研究”系列子课题3项）。

“十一五”期间，为加强社科研究管理体制与机制创新，加强跨地区、跨部门合作研究，整合研究资源，发挥合作优势，提升品牌效应，打造多方位合作研究平台，2006年上海、浙江和江苏三地社科规划办公室首次发布《关于联合发布2006年度“长江三角洲区域经济社会协调发展研究系列”课题的通知》，开始实行联合申报课题的办法。此后，每年都有10多项课题立项。将研究成果通过《上海加快推进“四个率先”建设“四个中心”专报》《成果要报》《社会科学》《党委中心组学习》和《上海社科规划通讯》等报刊专栏介绍和宣传，推进研究成果的社会转化。

2007年，上海市哲学社会科学规划课题分重大课题、系列课题、一般课题、青年课题和苏浙沪三省市联合发布课题五类。为了保证课题申报工作的顺利进行，市哲社科办召开2007年市社科规划课题申报工作会议，下发《关于做好上海市哲学社会科学“十一五”规划2007年课题申报工作的通知》，共有249项课题获得立项，其中一般课题135项、青年课题45项、联合发布课题13项、系列研究课题9个系列56项子课题（“科学发展观研究系列”，立项子课题2项；“构建社会主义和谐社会研究系列”，立项子课题9项；“党的执政能力和先进性研究系列”，立项子课题4项；“上海加快实现‘四个率先’研究系列”，立项子课题4项；“转变经济增长方式，提高自主创新能力研究系列”，立项子课题12项；“新形势下加强社会管理、推进社会建设研究系列”，立项子课题7项；“推进上海文化发展与管理研究系列”，立项子课题5项；“2010年中国上海世博会研究系列”，立项子课题8项；“加快和改进高校思想政治工作研究系列”，立项子课题5项）。2007年，青年课题的申请对象由在读博士生改为在职青年学者，年龄在35周岁以下，尚未获得副高级以上职称人员。

2008年上海社科理论工作者紧紧围绕贯彻落实科学发展观和构建和谐社会的总体战略，共收到各类课题申请书1 515份，其中系列研究课题申请书121份、一般课题申请书933份、青年课题申请书419份。经评审结果232项市社科规划课题获得立项，其中一般课题129项、青年课题43项、联合发布课题17项、系列研究课题9个系列43项子课题。

2009年，市社科规划课题设立12个研究系列80个课题，如“科学发展观的理论与实践研究系列”“推动科学发展的体制机制研究系列”“新中国制度研究系列”“加快推进农村改革发展研究系列”“上海加快经济转型和结构调整研究系列”“上海推进社会建设研究系列”“上海对口支援都江堰地震灾后重建若干问题研究系列”“世博后上海经济社会持续发展研究系列”“互联网与信息社会研究系列”“上海加强社会主义精神文明建设研究系列”“上海文化大发展大繁荣研究系列”和“加强和改进高校思想政治工作研究系列”等，共有253项获资助立项。资助立项重大课题3项，即“上海城市生活史研究”“俄国中苏关系档案的整理与研究”和“现代汉语描写语法”。

2009年市规划办与市人民政府发展研究中心联合设立“上海市社会科学创新研究基地”（上海发展战略研究所工作室），首批设立14家基地。与上海市教委合作，共同设立教育学课题，每年设立约20项。

2010年,课题立项程序进一步规范化。大部分类型的课题均采用初审、专家打分、本人和单位回避、异地评审等方法,进一步确保课题评审的公平公正性。系列研究课题方面,主要采用会议评审,评审专家采用单位全回避制。10个系列研究课题共立项50项。一般课题和青年课题进行了异地通讯评审,评审专家主要遴选北京、上海、江苏和浙江等省市,其中上海专家不超过总数的40%。根据专家的打分评议,按照平均分高低进行排序、择取,共立项一般课题97项,青年课题56项。"专题研究课题"是2010年新设课题,共有8个专题,主要是学科型、综合性、前沿性的基础理论研究和跨学科研究选题,评审专家采用单位全回避制,共立5项。长三角课题由三地专家进行会议评审打分、投票表决,上海共立10项。

第二章　管　　理

根据哲学社会科学规划要求，哲学社会科学的管理以课题（项目）为纽带，通过课题管理、经费管理和评奖管理来实现。“六五”“七五”规划期间，规划课题由市规划办发布后，研究单位和学者根据发布的课题自行申报。“八五”规划开始，对课题的管理做了一系列调整和完善。1992 年市规划办首次编制并颁布了“八五”《课题指南》，以后《课题指南》通常每年发布一次，对全年的研究方向提出导向性的意见。同时课题的申报由自行申报为主，改为招标为主要形式。课题的评审也进一步严格，提出了一系列要求，完善了评审程序。此外，对课题的立项程序、课题的中期检查、课题的结项/撤项、课题成果的使用等方面也进行了改进，不断完善课题的管理制度。

市社科规划实施后，市财政每年拨付一定的课题经费，并随着立项课题的增多，不断加大对社科研究的投入。1994 年，同时设立了上海市邓小平建设有中国特色社会主义理论与实践研究基金和上海市哲学社会科学研究基金。1990 年市委宣传部还设立了上海市马克思主义学术著作出版基金，每年拨出专款扶持马克思主义著作的出版，后又设立了上海市哲学社会科学学术著作出版基金等，通过各种渠道和措施为社会科学的发展与繁荣提供经费保障。同时，对各类经费的管理程序也做了相应规定。包括经费的拨付、使用、审批等，形成了较为严格、完善的制度。

为激励和促进上海哲学社会科学的繁荣与发展，评估哲学社会科学规划与管理的成效，20 世纪 80 年代中期以后，上海还先后设立了上海市哲学社会科学优秀成果奖、上海市邓小平理论研究和宣传优秀成果奖、上海市决策咨询研究优秀成果奖等市级奖项。

第一节　课 题 管 理

一、课题指南

市社科规划课题的选题，主要以发布市哲学社会科学研究五年规划工作要点和《上海市哲学社会科学年度课题指南》（以下简称《课题指南》）的方式进行。五年规划工作要点通常五年制定一次，一般在规划起始年公布；《课题指南》通常一年发布一次。为了使选题的设立好地服务于市委、市政府决策，《课题指南》的制定，必须向有关部门广泛征求意见，经市社科规划办公室制定和修改，报市社科规划领导小组审定。

《课题指南》是社科管理年度计划的一种表现形式，也是各系统用以规划（计划）全年课题的研究方向，具有导向性，各系统的《课题指南》体现了各系统的特色。市社科规划办前期《课题指南》以学科为主设立，2003 年后以系列研究课题要求制定《课题指南》。主要原因：其一，更体现党和政府关注的重大理论和现实问题；其二，更发挥各学科研究人员的主动性和创造性；其三，更好体现国家社科规划办制定年度指南的指导作用。

《课题指南》要求申报课题充分反映本学科及相关研究领域新的进展，力求居于学科前沿，倡导原创性和开拓性研究，鼓励哲学社会科学各学科交叉融合，鼓励哲学社会科学与自然科学相互渗透。要着眼于世界形势变化和新时代特点，立足于当代中国国情和上海市情，注重研究我国尤其是上海改革开放和社会主义现代化建设中全局性、战略性和前瞻性的重大课题。

市哲学社会科学规划课题分为重大课题、系列课题、专题研究课题、三省市联合发布课题、一般课题和青年课题六类。《课题指南》重点指导系列课题、专题研究课题和三省市联合发布课题申报,同时也指导重大课题、一般课题和青年课题的申报。申报者可根据实际情况有选择地进行课题设计、申报。系列课题条目都是当时党和政府迫切需要研究的重大理论和实际问题,在于突出课题研究的重大理论和实际问题,在于突出课题研究所涉及问题的广度和深度,强调课题研究应该突破单一学科的局限,而由多学科共同参与。系列课题条目都是规定选题,条目不分学科,都将通过招标和公开评审立项,由首席专家负总责,统筹和协调所有子课题的研究工作。重大课题、一般课题和青年课题的申报不受《课题指南》条目限制,但必须遵循《课题指南》的指导思想。

二、课题申报

在"六五"和"七五"期间,课题申报主要从自己的研究兴趣出发自行申报,以致分散了研究的主攻目标等。后来,根据国家、上海国民经济和社会发展"七五"计划以及市委、市政府的工作需要,首次留出30多项,实行课题招标。"七五"之后,招标制成为课题申报的主要形式。

【申报资格】

市社会科学规划办对课题申报者资格做出了明确的规定,即社科规划课题申报者必须享有中华人民共和国公民权,遵守中华人民共和国宪法,拥护社会主义制度和中国共产党的领导;必须是在上海市工作或者居住的社科研究者。同时,不同类别课题的申报者还要符合相应条件:重大课题申报者,必须具有副高级以上专业技术职务;必须至少承担过1项国家社科基金项目,并已较好完成;必须至少获得1项上海市哲学社会科学优秀成果奖或同等水平的奖项;必须提交能反映整个课题研究水平,相对完整的部分前期研究成果。系列课题、一般课题申报者应具有副高级以上专业技术职务,如未达到上述要求,须有两名同一学科、具有正高级专业技术职务人员的书面推荐。青年课题申报者必须是35周岁以下,还未取得副高级专业技术职务的青年社科研究者。长三角联合申报课题接受三省市专家学者申报,尤其鼓励三省市专家学者跨地区、跨部门、跨单位联合研究。课题负责人按所属地区进行申报,由本地区社科规划办公室受理。

【负责人】

申报者在多人参加的课题中即为课题组长。课题组长必须是课题实施全过程的组织者和指导者,并担负实质性研究工作。以单位名义而无具体承担人的申报不予受理。市社科规划课题申报者当年只能申报1项,国家社科基金项目、市社科规划课题未结项者不得申报。

【成果类型和研究年限】

上海市哲学社会科学规划领导小组2006年通过的《上海市哲学社会科学规划课题管理办法》明确规定,申报课题的成果形式为专著、研究报告、论文等,应用性研究课题时限一般为1年,基础性研究课题一般为2至3年。以教科书、工具书、资料书、年鉴、编著、译著等为成果形式的申报课题一般不予受理。

【申报方式】

2006 年之后,《上海市哲学社会科学规划课题管理办法》规定市社科规划课题申报采取网上申报和书面申报相结合的方式。申报者通过市社科规划办公室信息网站下载相关类别课题的《上海市哲学社会科学规划课题申请书》及有关材料,并根据《课题指南》和《课题申请书》的要求认真填写,按规定时间将申报材料送所在单位或指定单位的科研管理部门审核。市社科规划办公室不直接受理个人申报。申报者所在单位科研管理部门须对《课题申请书》、申报者个人信息的真实性进行审核,承诺提供研究条件、承担课题管理任务及信誉保证,并根据本办法第九条规定,在认真核查基础上,签署意见,加盖公章,按时申报。

三、课题评审

自"六五"规划开始,评审均采取会议评审方式,随着对课题评审公平性和公正性的提高,自"八五"规划后,课题评审进一步严格,规定的评审环节是,市社科规划办公室初审、学科组评议、集体表决。有些重要的决策咨询课题,在会议评审基础上,对入围者进行面试评审。

市社科规划课题实行同行专家评审制。评审专家从市社科规划办公室设立的专家库和全国社科规划办公室设立的专家库中随机遴选,严格实行专家本人回避制度。评审专家应符合下列条件:坚持马列主义、毛泽东思想、邓小平理论、"三个代表"重要思想和科学发展观,坚持党的基本路线,政治立场坚定、正确;具有正高级专业技术职务;在本学科领域有较高的学术水平和学术声望;思想作风正派,具有良好的职业道德。

市社科规划课题在 20 世纪 80 年代是各单位自主申报选题、会议评审,形成"六五"或"七五"规划课题。到"九五"规划之后,流程改为先发布课题指南,各单位和研究人员根据指南申报,实行会议评审。会议评审须有 5 位以上(含 5 位)专家组成评审组;须有三分之二以上(含三分之二)成员出席才能召开会议;出席人数的三分之二以上(含三分之二)同意方能建议立项。

随着通信手段提高,"九五"规划之后开始实行通讯评审和会议评审相结合,通讯评审作为初评,凡采用通讯评审须有 5 位以上(含 5 位)专家依据统一制定的评估指标体系进行评分,按照应立项比例数,分数列前的建议立项。会议评审作为最终评审。投票汇总表和通讯评分表须由专家签名,由市社科规划办公室归档。一般课题、青年课题采用通讯评审方式。专家评审组按学科设置,一般外省市专家占多数,专家在认真审阅每份《课题申请书》基础上,进行打分,分数列前的建议立项。市哲学社会科学系列课题采用通讯打分和会议评审相结合的方式。专家评审组主要由本市实际部门专家组成,会前对《课题申请书》进行审阅和打分,会上参阅打分情况进行讨论和投票。对质量较高,又各具特色的系列课题和子课题可以建议立 A、B 课题。

哲学社会科学重大课题设立,采用面试评审方式。专家评审组由两部分组成,9 人为本市各学科著名专家,聘期为 5 年,特殊情况随时可作适当调整;3 人为申报选题二级学科本市同行专家,实行单位回避。评审会将在专家认真审阅申报材料基础上,由申报者到会陈述和答辩,每位专家各自写出评审意见,并进行投票。

四、课题立项

市社科规划办公室对会议评审和通讯评审结果进行统计、复核,呈报市社科规划领导小组审批。采用会议投票或通讯投票方式,两种方式均需三分之二以上(含三分之二)成员同意方能立项。特别委托课题经市社科规划领导小组负责人审定、批准,单独立项。前期采用会议审批,召开市社科规划领导小组成员会议审批立项课题。2004年之后采用通讯审批,由市社科规划领导小组成员通讯打钩汇总后审批。

市社科规划课题批准立项后,由市社科规划办公室下发《上海市哲学社会科学规划课题立项通知书》,同时进行网上公布。立项时间从立项通知书发出之日算起。

市社科规划办公室项目课题立项后,实行三级管理,包括市规划办、单位、院系(二级机构)。即在市哲学社会科学规划领导小组的领导下,市社科规划办公室全面负责市社科规划课题的管理。全市各社科研究单位科研管理部门,受市社科规划办公室的委托,具体负责本单位市社科规划课题管理工作。

五、课题中期检查

课题中期检查主要有两种形式,一是普遍进行书面检查,二是有针对性地选择部分社科研究单位进行会议检查。自"八五"规划以来,市社科规划办公室着重抓分级管理,依章办事,跟踪检查、规范鉴定四个环节。课题中期检查由市规划办深入科研单位,检查每一项课题进展情况。其他单位的中期检查一般也是通过各种形式与课题负责人或课题组见面,了解工作进度、询问存在的困难以及提出解决的建议等。有些课题规定,未通过中期检查者将予以撤项。

社科规划课题立项后,要求课题负责人所在单位对市社科规划课题实施日常管理,检查内容主要包括:研究工作是否按申请书预定计划进行;课题负责人和课题组成员是否按规定负责和参加研究工作;已有的研究成果是否坚持当年规定的指导思想;经费使用是否符合课题规定;其他不符合相关规定的行为。为了便于各课题组之间相互了解课题研究的进展情况,"八五"期间市社科规划办公室还创办了《上海社科规划通讯》,及时刊载各课题的研究进展情况和研究成果介绍,交流课题研究的经验和体会,沟通市社科规划办公室与各单位科研处和课题组之间的联系,并针对研究过程中出现的新情况和新问题,及时予以指导。

2006年,上海社科课题管理办法规定,市社科规划办公室每年下发《上海市哲学社会科学规划课题中期检查表》,适用于重大课题、一般课题和青年课题,课题承担者须认真填写课题中期检查表,经所在单位科研管理部门审核,在规定时间内报市社科规划办公室检查、备案。中期评审主要采取打分方式,以苏浙沪的专家为主。

市哲学社会科学规划办根据需要,对所有立项课题有选择地开展会议检查。重大课题自立项第二年起,采用小型研讨会的形式进行中期检查,委托所在单位科研管理部门组织实施,市社科规划办公室派人参加。

六、课题结项/撤项

凡立项课题均要结项(或撤项),其依据是经过成果鉴定,确定成果等级,下发结项通知书。鉴定为不合格的,下发撤项通知书。

成果鉴定需要提交材料。课题负责人通过所在单位科研管理部门向市社科规划办公室提出结题申请报告。1992年规定,需提供课题全部成果10套、科研成果登记表一式两份,科研经费结算表一式两份、总结报告一份(包括执行情况,成果自我评价和社会评价,结合课题开展的各类学术活动)。鉴定通过后,发结项证书。市社科规划办公室对成果有优先使用权,鉴定合格的成果,应该在显著位置标明“上海市哲学社会科学‘八五’规划重点课题研究成果”字样。2001年规定可结合课题开展各类学术活动等。2006年规定,不同课题有不同的评审方式,主要分通讯鉴定、会议鉴定、专家组会议鉴定三种。

一般课题和青年课题采用通讯鉴定方式,由市社科规划办公室直接组织。一般课题、青年课题侧重于专家评分等级。等级分为优秀、良好、合格、不合格。凡评定为合格以上的成果,视专家意见分为两种,同意结项或修改后再结项。系列课题侧重于会议鉴定。经鉴定合格,由市社科规划办公室印制专集,予以结项;鉴定不合格,即中止或撤项课题。重大课题采用会议鉴定,委托所在单位科研管理部门组织实施,市社科规划办公室派员参加。市社科规划办公室规定,凡是提出的理论观点、政策建议等被省部级以上党政领导机关完整采纳吸收的或涉及党和国家机密不宜公开,而质量已得到有关部门认可的,可免于鉴定。

市社科规划办公室规定,凡课题鉴定评定为不合格的,视专家意见也分为两种,一是根据专家鉴定意见,一年内作出修改,重新鉴定,再次鉴定仍不合格,予以撤项;二是直接予以撤项。研究成果有严重政治问题、擅自更改研究内容和计划、剽窃他人研究成果、无故不提交《中期检查表》、同意延期后仍不能按时完成研究任务、严重违反财务制度等将视实际情况中止或撤销该课题。凡被中止和撤项的,均不再拨付课题资助经费。被撤项的课题,还须追回已拨付的剩余经费,课题承担者在3年内不得申报市社科规划课题。

七、课题成果发表、出版和转化

为进一步加强课题管理,市规划办与相关单位对评奖、使用权、发表、出版等,都做了相应的规定。上海市哲学社会科学“八五”规划重点课题规定,市社科规划领导小组对成果有优先使用权。市社科规划课题研究成果未经市社科规划办公室同意,不得在互联网上发表。市社科规划办公室应采取各种措施对课题研究成果加以推广和应用,充分发挥其在改革开放和现代化建设中的作用。经鉴定与审核合格的课题最终成果,在公开发表及内部使用时,均应在显著位置标明“上海市哲学社会科学‘某五’规划课题研究成果”字样。

2006年市哲社办规定,课题最终研究成果必须经鉴定结项后,才能出版;未鉴定而先出版,则中止该课题。最终成果为多卷本的课题,在研究过程中如需出版部分成果,须向市社科规划办公室提交出版申请。并规定要充分利用报纸、刊物、广播电视、网络等媒体,向社会广泛宣传;对具有重要应用价值、学术意义的最终研究成果或阶段性成果,及时摘编各类专报,报送有关领导;同时,市社科规划办公室还将不定期举办市社科规划课题成果发布会,推动优秀成果向现实应用转化。课题承担者和所在单位,应采取各种积极措施加强对市社科规划课题的宣传、推广和转化,充分发挥其服务于党和政府决策、服务于和谐社会建设的作用。

第二节　经 费 管 理

一、经费投入

1983年11月,上海市哲学社会科学规划领导小组就全市哲学社会科学“六五”规划工作向市委和市政府写了专题报告。1984年1月,市委、市政府批复并从市财政经费中拨款50万元,作为市重点项目实施的经费。"八五"期间,上海社科规划研经费从"七五"规划的130万元增加到250万元。1994年2月,市委宣传部同时设立由市外经贸委所属单位出资300万元的上海市邓小平建设有中国特色社会主义理论与实践研究基金和由上海证券交易所出资500万元的上海市哲学社会科学研究基金。这些基金在1995年确立52项建设有中国特色社会主义理论与实践研究课题。从1990年起,市委宣传部设立马克思主义学术著作出版资助基金,每年拨出专款200万元,用以扶持马克思主义学术著作的出版,旨在鼓励和支持社会科学理论工作者加强对马克思列宁主义、毛泽东思想,尤其是邓小平建设有中国特色社会主义理论的研究,繁荣哲学社会科学,促进社科理论研究成果更好地为改革开放和两个文明建设服务。以后随着立项课题越来越多,经费投入也越来越大。如2002年7月18日,上海市哲学社会科学规划领导小组会议讨论、投票通过上海市哲学社会科学规划2002年重点课题18项,一般课题(含自选课题)73项,合计经费267.9万元。"十一五"期间继续加大对哲学社会科学研究工作的投入,保证全市哲学社会科学规划课题研究经费在"十一五"时期每年有所增加,为哲学社会科学的全面繁荣提供经费保障。

二、经费管理

纵向课题是指市社科规划办公室、教育科学规划办公室、市科委、市委党校等向全市或相关单位发布的公开招标课题。其经费是由发布单位直接拨付给相关课题承担单位,课题承担单位负有相应的管理责任。

市社科规划课题"八五"期间规定资助经费的使用范围包括:资料收集费用、国内调研差旅费、必要的文具纸张、小型会议费、临时聘用人员的补助以及必要的专家咨询费。"八五"期间课题经费超支不补,结余部分可以50%奖励单位,50%奖励个人。结余部分可以用于其他课题研究。"十一五"期间,市规划办对课题经费做了更加详细的规定。课题资助经费,由市社科规划办公室根据当年经费状况和研究需求确定。经审定的资助经费的拨付,由市社科规划办公室主任审批。年终,市社科规划办公室将经费开支情况报市社科规划领导小组。课题承担者在经费使用中,严重违反财务制度,将予以撤项。市社科规划办公室终止经费资助、追回已拨付经费的剩余部分,所在单位还须负责追回全部不合理开支。

市社科规划课题"八五"期间的规定,由课题负责人提出经费预算,按批准经费编制预算。经费在2万元(含)以下的由规划办公室主任审批,在2万元—5万元(含)的由市社科规划领导小组组长审批,5万元以上的由市社科规划领导小组集体审批。资助经费拨至负责人所在单位,由该单位财务部门负责代管并负责监督。课题申报者接到《立项通知书》后,填写回执,在一个星期内寄回市社科规划办公室。无特殊情况逾期视自动放弃,不再办理立项和拨款手续。市社科规划办公室收到回执后,将课题经费划拨到课题承担者所在单位的银行账户,由所在单位统一管理。单位财务部门要对课题资助经费单列财务账目,专款专用,加强代管和监督。课题资助经费一次核定,分三次拨款,专项使用,超支不补。"八五"规定中长期课题经费一般分三次拨款,前期立项后拨款课题总经费的40%,中期提交中间研究成果后拨款课题总经费的30%,后期课题评审通过结项后拨款课题总经费的30%。年度课题和青年课题经费一般分两次拨款,前期立项后拨款课题总经费的50%,后期课题评审通过结项后拨款课题总经费的50%。特别委托课题视实际情况下拨经费。这个规定也被沿用到2006年的课题管理办法中。

第三节　评奖与出版资助

为了鼓励和推进中国化马克思主义的学习、研究和宣传，不断赋予当代中国马克思主义鲜明的实践特色、民族特色、时代特色，推动马克思主义中国化、时代化、大众化；为了鼓励哲学社会科学的前瞻性、创新性、科学性研究，推进学科体系、学术观点、科研方法创新，鼓励哲学社会科学界为党和人民事业发展发挥思想库、智囊团作用，大力推进理论创新，发挥资政育人功能，促进上海哲学社会科学事业的繁荣和发展，评估哲学社会科学规划和管理成效，上海自改革开放之后，就加强了哲学社会科学成果的评奖和出版资助。评奖分为哲学社会科学优秀成果奖、邓小平理论研究和宣传优秀成果奖、决策咨询优秀成果奖以及教育科学优秀成果奖。出版资助分别为上海市马克思主义学术著作出版基金资助(含优秀博士论文)、上海市哲学社会科学学术著作出版基金资助等。

一、评奖

改革开放以来，上海出台评奖、出版资助、评定人才称号等多种措施，为哲学社会科学队伍建设提供新的激励手段。截至 2010 年，全市共举行十届上海市哲学社会科学优秀成果奖、八届邓小平理论研究和宣传优秀成果奖、七届上海市决策咨询优秀成果奖，有力地促进了人才队伍建设。

【上海市邓小平理论研究和宣传优秀成果奖、哲学社会科学优秀成果奖】

上海市哲学社会科学优秀成果评奖工作自 1986 年开始，每两年开展一次。凡本市作者在规定期间内公开出版、发表或播放的哲学社会科学各学科的研究成果，包括著作(一般不含个人文集)、工具书、古籍整理、理论普及读物、图集、年鉴、论文、研究报告、音像制品等，除已经申报过本市其他市级奖励的成果外，均可申请评奖。到 2010 年，奖项设置为：邓小平理论研究和宣传优秀成果奖、哲学社会科学优秀成果奖、内部探讨优秀成果奖、网络理论宣传优秀成果奖、学术贡献奖。

获奖成果必须坚持以马列主义、毛泽东思想、邓小平理论和“三个代表”重要思想为指导，坚持党的基本理论、基本路线、基本纲领、基本经验，坚持解放思想、实事求是、与时俱进，坚持“二为”方向和“双百”方针，贯彻理论联系实际，具有较高学术水平或应用价值，在学术研究上要有创新，在学科建设上要有建树。尤其要突出马克思主义中国化的三大理论成果——毛泽东思想、邓小平理论和“三个代表”重要思想的研究成果；突出我国，特别是上海改革开放与物质文明、政治文明和精神文明建设中重大问题的研究成果，突出哲学社会科学学科研究有较大突破的研究成果，突出社会科学普及有重大影响的研究成果。

“八五”期间，上海哲学社会科学优秀成果评奖，对上海哲学社会科学事业的进一步繁荣发展有明显的促进作用。这次评奖统一初审、复审、终审诸阶段的评审程序和要求，为今后评审奠定了基础和操作规范。1995 年上海在全国率先举行了邓小平建设有中国特色社会主义理论研究与宣传优秀成果评奖活动和课题申报工作。“邓小平理论与实践研究丛书”、《毛泽东思想研究大系》等 61 项成果获奖，52 项课题立项并获得资助。这次成果评奖和课题评审工作积极贯彻落实中共十四大精神，十四届三中、四中全会精神，以及市委六届三次会议精神，坚持以马列主义、毛泽东思想、特别是邓小平建设有中国特色社会主义理论为指导，坚持党的“一个中心，两个基本点”的基本路线，体现鲜明的指导思想。“八五”期间的评奖特别体现了扶持中青年理论工作者的精神，在立项的 52 项课题中,45 周岁以下的中青年理论工作者承担了 30 项,占总数的 58%。在 61 项获奖成果中,中青年理论工作者也占有相当一部分比例。这充分表明,上海已逐渐形成一支以中青年理论骨干为中坚力量的研究邓小平建设有中国特色社会主义理论的研究队伍。这个倾斜政策在历届评奖中都有体现。

自“九五”规划开始,2006 年在上海市哲学社会科学“内部探讨优秀成果奖”中新增“网络理论宣传优秀成果奖”。“十五”期间设立学术贡献奖和社科新人奖。更是从队伍建设上完善评奖的方式和内容。

“十一五”期间,进一步完善评奖工作,在放开申报配额、完善成果评价体系、成果评审方式等方面作了新的探索,更加符合人才队伍建设实际。2008 年,开展了上海市第七届邓小平理论研究和宣传优秀成果、第九届哲学社会科学优秀成果评奖工作,以优秀学术成果评奖活动为载体,大力宣传改革开放 30 年来理论社科繁荣发展的重要成就,54 项成果获得上海市第七届邓小平理论研究和宣传优秀成果奖。2010 年经上海市邓小平理论研究基金理事会和上海市哲学社会科学优秀成果评奖委员会评审通过,58 项申报成果获上海市第八届邓小平理论研究和宣传优秀成果奖;330 项申报成果获上海市第十届哲学社会科学优秀成果奖,其中 3 项为学术贡献奖,272 项为著作、论文一等奖、二等奖、三等奖,网络理论宣传优秀成果奖 15 项,内部探讨优秀成果奖 40 项。

2004 年,在上海市第七届哲学社会科学优秀成果评奖活动中,首次设立学术贡献奖。学术贡献奖评定的宗旨和要求是,重点奖励中华人民共和国成立以来具有原创性、基础性和广泛影响,并且必须得到全市社会科学界公认的学术观点,以鼓励社科工作者强化原创性和基础性研究。办法是由 3 名本学科正高职称的专家联名推荐的申报方式,由单独的评审通道评审。具体程序为:首先由各评奖归口单位限额初审推荐,市评奖办公室组织相应的学科评审组进行评审,邀请第一推荐人到会陈述推荐理由,然后组织以多学科专家构成的复审专家组对初审推荐成果进行复审,最后进入终审。这一奖项的设置拓展了评奖范围,对于进一步探索哲学社会科学优秀成果的奖励起到积极的推动作用。

【上海市决策咨询优秀成果奖】

1994 年 4 月 1 日,上海市人民政府发布《上海市决策咨询研究成果奖励规定》,首次采用以政府立法的形式颁布实施。这项市级大奖的创立,集中体现了上海历届市委、市政府领导一贯尊重科学与民主,尊重知识与人才,对软科学研究工作者在为上海改革、开放、发展过程中所发挥的决策咨询作用给予充分肯定。上海市决策咨询研究成果奖是上海市人民政府发展研究中心设立的,旨在为上海实现历史性跨越并不断向更高目标迈进等创新发展的重大战略研究和决策咨询研究提供智力支持,主要奖励在一定时期内完成并符合评奖有关规定的具有前瞻性、原创性等的优秀决策咨询研究成果。

上海市决策咨询研究成果奖坚持以马列主义、毛泽东思想、邓小平理论和“三个代表”重要思想为指导,坚持党的基本路线,努力推进决策科学化、民主化、规范化,使本市决策咨询研究工作进一步适应上海改革开放、经济建设和社会发展的需要。

决策咨询研究成果是指为上海市社会、经济、城市发展等方面决策提供的有一定价值的咨询研究报告等成果。具备以下条件之一者,单位或个人均可以申报评奖:决策咨询研究报告被市人民政府有关部门采纳应用,经过实践产生显著社会、经济效益的;决策咨询研究报告被国家有关部门采纳应用,对本市的社会、经济发展有重大促进作用的;决策咨询研究报告虽未被政府部门采纳,但若干年来显示出其正确性，证明若被采纳采用确能产生显著社会、经济效益或者避免重大损失的。

上海市决策咨询研究成果奖分设两类奖项，即上海市决策咨询研究成果奖和上海市决策咨询研究政策建议奖。两类奖项并列，并各自分设特等奖和一、二、三等奖。评审的标准为：对本市社会、经济的发展有一定贡献，理论或者对策有实用性，并取得一定的社会、经济效益的，可授予三等奖。对本市社会、经济的发展有较大贡献，理论或者对策有先进性，并取得明显的社会、经济效益的，可授予二等奖。对本市社会、经济的发展有重大贡献，理论或者对策有独创性，并取得较大的社会、经济效益的，可授予一等奖。对本市社会、经济的发展有特殊贡献的决策咨询研究报告，可授予特等奖。

1994年评奖办法首次规定了回避条款，即评委委员在对自己申报成果投票时，需要回避。对评奖成果的异议处理，也规定了有效期和受理部门。

1995年上海首次开展决策咨询研究成果评奖活动。政府通过立法形式设立市级大奖之一的决策咨询研究成果奖，是全市首创，在全国同类领域也走在前列。这次共收到450份申报申请(其中包括来自海内外的14份申请)，经过120余位(人次)专家的认真评审，最后经市决策咨询研究成果奖评审委员会终审，评选出特等奖1项、一等奖5项、二等奖21项、三等奖60项，提名奖101项。令人瞩目的《迈向21世纪的上海》(1996—2010年上海经济、社会发展战略)荣获特等奖。

1997年，上海市开展第二届决策咨询研究成果评奖活动，共收到申报成果276项，最终评审出91项优秀成果。在91项优秀成果中，一等奖5项、二等奖16项、三等奖30项、政策建议奖40项。

2000年，第三届首次对政策建议奖分设奖项等级，政策建议奖一等奖2项，二等奖8项，三等奖22项，优秀成果奖一等奖6项，二等奖15项，三等奖41项。

2002年，第四届政策建议奖一等奖5项，二等奖10项，三等奖32项，优秀成果奖特等奖1项，一等奖5项，二等奖11项，三等奖30项。

2004年开展第五届评奖，政策建议奖一等奖6项，二等奖14项，三等奖38项，优秀成果奖一等奖6项，二等奖17项，三等奖45项。

2006年第六届之后，申报实行网上申报、统一受理的办法。两个奖项仍然并列，但不再分开排列。共有奖项一等奖13项，二等奖42项，三等奖93项。

2010年第七届评奖共有奖项一等奖10项，二等奖35项，三等奖40项。

二、出版资助

1990年，市委宣传部专项筹集建立马克思主义学术著作出版基金，每年拨出专款200万元，旨在扶持马克思主义学术著作的出版，鼓励和支持社会科学理论工作者加强马列主义、毛泽东思想，特别是邓小平理论的研究，繁荣哲学社会科学，促进哲学社会科学理论研究成果更好地为改革开放和社会主义现代化建设服务。解决了学者研究成果转化难、出版难问题，积极推进社科人才队伍建设。

1998年，在此基础上，又推出了上海市社会科学博士文库和上海市社会科学学者文集出版资助工作。2005年，又增加了出版基金的投入，总经费增加到300万元，除了原有的上海市马克思主义学术著作出版基金外，增加了上海市哲学社会科学学术著作出版基金。

为有效、合理地使用好基金，市委宣传部聘请本市理论界有关主管部门领导同志组成市评审委员会。市评审委员会下设办公室，办公室设在市委宣传部理论处。

资助目的：为了鼓励和支持本市理论工作者加强对马列主义、毛泽东思想、邓小平理论和“三个代表”重要思想的研究，加强对马克思主义中国化的最新成果研究，如：科学发展观，社会主义和谐社会建设理论，党的先进性教育理论等，加强对我国改革开放和现代化建设的重大理论和实际问题的研究，坚持“二为”方向和“双百”方针，繁荣哲学社会科学，加强社会主义精神文明建设，促进理论研究更好地为改革开放和社会主义现代化建设服务。

资助对象：由上海市委宣传部每年所拨专款及有关方面捐款组成本基金，专门用于对本市科研人员撰写的具有较高学术价值的学术著作提供资助。

资助著作的作者在政治上必须坚持党的“一个中心、两个基本点”的基本路线，热爱祖国，热爱人民。作者在学术上不受学历和专业职务高低的限制，一视同仁。无年龄限制，但对35岁以下的青年作者将予以特殊的关注。

设立的上海市马克思主义学术著作出版基金资助书稿范围包括：专门研究和阐述马列主义、毛泽东思想基本原理、邓小平理论、“三个代表”重要思想和马克思主义中国化的最新成果，如科学发展观，社会主义和谐社会建设理论，党的先进性教育理论等具有较高学术价值的学术著作。以马列主义、毛泽东思想、邓小平理论、“三个代表”重要思想为指导，用马克思主义立场观点专门研究我国社会主义改革开放和现代化建设的重大理论问题和实际问题的学术著作。介绍国外有关马克思主义研究的优秀和比较优秀的译著和研究著作。有关宣传和普及马列主义、毛泽东思想、邓小平理论、“三个代表”重要思想和马克思主义中国化的最新成果的各类优秀和比较优秀的学术著作。

设立的上海市哲学社会科学学术著作出版基金资助书稿范围包括以当代中国马克思主义理论为指导，研究哲学社会科学各学科领域有重要学术价值或有独特见解的学术著作和以研究改革开放和现代化建设的重大理论问题和实际问题的学术著作。教科书、工具书、论文集、资料汇编原则上不属于资助范围。

资助著作的申报费用：每本申请出版资助的学术著作20万字以下(含20万字)，收申报费300元；20万字以上至30万字，收申报费400元；30万字以上，收申报费500元。

资助著作的出版：获得资助著作出版时必须在上衬上注明“本书出版由上海市哲学社会科学学术著作出版基金资助”字样。同时，为增强推荐者的责任感和荣誉感，资助著作在出版时，推荐者须为该书撰写序言。此序言可由两位推荐者合写或分别撰写。具体出版单位由市评审委员会办公室统一安排。

资助经费的使用：获得资助著作的出版，市评审委员会办公室将向出版社全额支付该著作出版成本(包括编审费、作者稿酬、印制费、出版社管理费等)，并在该著作出样书后即予核算拨款；销售收回的金额，扣除出版社的管理费用后，仍须返回上海市哲学社会科学学术著作出版基金，以利于对更多的学术著作提供出版资助。返回金额的结算，以该著作出版后3个月至半年为限，原则上一次结清。

关于课题指南：为了更有效地使用好本资助基金，保证书稿质量及来源，资助著作除通过自发申请的办法来征集外，市评审委员会还将通过颁布课题指南等措施引导和组织理论工作者编写有关著作。

“八五”期间，专门对申请书稿的范围，申请书稿的专家推荐、专家审读、评委评审，以及出版要求，出版经费结算等做了详细的规定。其中不少做法还被吸收到社科规划管理条例之中。由于规章制度比较明确，不仅使三级管理的上下配合比较默契和协调，同时也有效保证了科研质量。每次马克思主义学术著作出版资助评审，基本上保持50%左右通过率。1990年首次评审，共有《双重运行机制论》《马克思主义新闻理论和实践》《马克思主义法学导论》《资本论专题研究及其应用》《西方学者对马克思主义经济理论的研究》等20部著作获得出版资助。1991年，市马克思主义学术著作出版资助评审委员会又分别在年初和年终组织两次评审。在申请资助的110多本著作中，《法国重农学派学说的中国渊源》《历史唯物主义的主体范畴》等52部著作获得出版资助，其中，《近代上海城市研究》《当代中国村落家族文化》等20部著作在当年出版。

“九五”期间，1996年和1997年先后举行了马克思主义学术著作出版资助第八、第九次评审工作。在103部申请书稿中，《马克思主义在中国100年》《邓小平方法论研究》《上海近代工业史》《中国工业劳动史》《上海产业结构合理化研究》和《中国特色社会主义教育研究》等34部书稿获得资助资格。获得出版资助的著作对上海的社会主义改革开放和现代化建设服务发挥了积极作用。

1999年，先后组织开展了两次市马克思主义学术著作出版资助申报、评审工作，即在7月进行了第11次评审和在11月进行了第12次评审。在这两次评审中，55部申请书稿中共有24部书稿获得出版资助资格。这些书稿都是研究中国和上海在改革和发展中的重大理论实践问题的学术专著。

“十五”期间，2002年2月，第15次马克思主义学术著作出版资助评审工作会议召开，经有关专家认真审读，评委充分评议和无记名投票表决，在81部申请书稿中，有26部书稿获得资助。2004年在41部申请书稿中，共有19部获得出版资助。2005年，第18次马克思主义学术著作出版资助评审工作会议共收到申请书稿109部，经过200多位专家审读，并通过评审委员会充分评议和无记名投票表决，共有30部书稿获得出版资助。这是首次将马克思主义学术著作出版资助与哲学社会科学学术著作出版资助分开申报、分开评审。

“十一五”期间，出版资助涉及哲学、经济、政治学、法学、国际关系、历史、文学、语言、人口等众多学科。如2007年第20次上海市马克思主义学术著作、哲学社会科学学术著作出版资助，在99部申请书稿中，有30部书稿获得资助。2008年有19部书稿获得资助。2010年开展第23次马克思主义学术著作、哲学社会科学学术著作出版资助，共资助哲学社会科学著作16部。

第三篇

学术研究

1978年，中共十一届三中全会召开，中国全面进入以改革开放为主旋律的新的历史发展阶段，上海的人文社会科学研究开始新的发展和繁荣。上海学界对马克思主义哲学基础理论的研究，最早集中在实践是检验真理的唯一标准和阶级斗争是哲学发展的根本动力这些基本问题的讨论，同时在社会主义政治经济学领域开创了对马克思主义政治经济学实事求是研究的新路径。

20世纪80年代，文学、哲学、历史学等传统学科在深厚基础之上拨乱反正，开始新的更大发展。教育学在反思历史的基础上进行重建和拓展，广泛开展了对许多重大问题的讨论。1981年，中共十一届六中全会通过《关于建国以来党的若干历史问题的决议》，党史党建研究迎来新的发展时期。政治学、法学、社会学等学科在全国率先成立专门研究机构和学会，宗教学领域则明确提出反对“宗教鸦片论”的观点。得益于上海的开放优势，艺术学、外国文学、语言学等研究率先在引介国外、接轨世界的基础上不断进行本土化探索，对港澳台地区的研究也逐步展开。

20世纪90年代，上海学界把对社会主义市场经济理论的研究深入推向社会主义经济体制的根本性变革。围绕社会主义市场经济理论展开热烈的讨论，形成了许多关于计划与计划经济、市场化与私有化、计划与市场的合理结合和私有经济等问题的具有标志性意义的成果。随着中国特色社会主义市场经济地位的确立及以建立现代企业制度为重点的改革攻坚全面展开，管理学领域逐渐形成多层次的研究方向。20世纪90年代中期，上海学者开始研究社区建设与城市基层社会治理问题，特别是面对社区建设过程中基层党组织所面临的一些新情况和新问题，开辟了“社区党建”研究新领域。同时，基于对现实的探究、对国外相关研究思路和成果的借鉴，教育学研究迅速丰富和深化，语言文字研究在数字化转化、计算机语料库建设等方面走在全国前列；情报学研究在信息化浪潮下不断出现新的变化。

进入21世纪，上海学者走向更加自觉的理论创新与话语构建，各学科领域交叉研究越来越得到推崇。人口学研究涉及的领域和范围不断扩大，新闻学被确立为国家重点发展的九大哲学社会科学之一，逐渐成为显性学科。国际问题研究从介绍西方理论与实践转向创建中国特色的国际关系理论，进一步聚焦中国和平崛起的理论和实践。图书馆学研究则对百年来的发展进行回顾和反思，探讨图书馆基础理论创新。

1978—2010年，上海学界始终注重发挥决策咨询的作用，根据不同发展阶段的要求，在城市发展战略、城市总体规划、改革开放、区域经济合作、产业发展、社会发展和科技文化发展等几大方面先后开展过多次战略研究和战略大讨论，对上海的城市发展产生重大而深远的影响。

第一章 马克思主义研究

1978年，中共十一届三中全会召开后，上海的马克思列宁主义研究开始得到恢复和发展。之后，上海学界对马克思主义的研究主要围绕马克思主义经典作家的文本阐释和思想研究、国外马克思主义经典著作和思想研究、马克思主义中国化的理论成果研究、思想政治教育等四个方面展开，在全国占据重要地位。

第一节 马克思列宁主义基本原理

一、马克思主义哲学基础理论

20世纪70年代末80年代初，上海学界对马克思主义哲学基础理论的研究，集中在实践是检验真理的唯一标准和阶级斗争是哲学发展的根本动力这些基本问题的讨论。

1978年5月11日，《光明日报》发表《实践是检验真理的唯一标准》，5月12日《解放日报》全文转载，《文汇报》编辑部意识到该议题的重要性后撰写有关理论文章提交中共上海市委，市委定下对真理标准问题的不讨论、不发表、不登文章"三不"方针。6月8—11日，复旦大学、市委党校、上海社联、上海师范学院、市哲学学会等先后召开真理标准座谈会；6月30日，上海社联召开座谈会，围绕《实践是检验真理的唯一标准》和《马克思主义的一个最基本原则》(《解放日报》6月24日)两篇文章进行讨论；7月8日，市哲学学会召开真理阶级性问题学术讨论会；8月，周抗传达北京关于真理标准问题讨论会的情况；其后，周抗的《主观唯心主义真理观的一个黑标本——评〈哲学小词典〉〈真理的阶级性〉》(《哲学研究》1978年第8期)，揭露江青集团炮制的《真理的阶级性》，批判唯心主义真理观，支持实践是检验真理的唯一标准；9月8日，复旦大学哲学系举办理论与实践关系的报告会；9月16日，《文汇报》刊登复旦大学党委书记夏征农在校党员干部读书班上的讲话，要求学校教师和学生、科学工作者和文艺工作者参与讨论，辨明在思想上是坚持辩证唯物论与历史唯物论，还是搞主观唯心主义形而上学或者实用主义；同日，《文汇报》发表蒋文杰以笔名"虞丹"撰写的《读马克思的一封信：谈实践是检验真理的唯一标准》和复旦大学讨论真理标准的报道。上海关于真理标准问题的讨论被推进一大步，从而冲破了上海当时的"三不"限制。此后，上海其他报刊也开始登载有关文章，上海社联等单位也先后展开有关讨论。《解放日报》刊载邱少全的《实践高于理论——兼谈实践是检验真理的唯一标准》(1978年9月21日)和范栩的《坚持实践第一观点——批判林彪"四人帮"的"倒过来"公式》(1978年9月22日)。10月1日，《复旦学报》刊载胡曲园的《解放思想从实际出发》、漆琪生的《这一场讨论意义重大》和周谷城的《逻辑推不出真理》。此后，《解放日报》《文汇报》等又大量连载有关这方面内容的文章。上海社联于9月22日、28日、10月11日连续3次邀集上海市理论界举行座谈会，讨论"真理标准"问题，充分肯定坚持实践是检验真理的唯一标准的重大而深远意义。

此时，对阶级斗争问题的研讨也如火如荼地进行。1979年，余源培和吕会霖合著的《阶级斗争是哲学发展的根本动力吗?》(《复旦学报》第4期)，指出在林彪、江青集团横行时，哲学被"为阶级斗争服务”利用,阻碍和破坏了科学事业的发展。周抗等著的《人民内部没有阶级斗争吗?》(《红旗》第10期),认为人民内部存在阶级斗争。吕会霖的《人民内部有阶级斗争吗?》(《哲学研究》第10期),主张人民内部没有阶级斗争。同年8月,市委党校组织该校首期理论班学员结合学习《共产党宣言》等马列原著,对中国社会主义时期阶级斗争问题进行研讨,探索国内的阶级状况和现阶段阶级斗争的形式等,中宣部《宣传动态》对此做了介绍,《人民日报》《文汇报》《解放日报》做详细报道。同年9月,上海社联组织成立上海市马克思主义研究会。

20世纪70年代末80年代初,上海学界集中讨论马克思主义哲学的基本问题。1979年,姚伯茂的《重评关于“一分为二”与“合二为一”的讨论》(《文汇报》6月29日),主张对“合二而一”的政治批判是一桩冤案。孙月才的《思维和存在同一性就是唯心主义的先验论吗?》(《学术月刊》第11期),认为思维与存在的同一性就是马克思主义的能动的反映论;张天飞的《理论宣传要防止片面性》(《学术月刊》第9期),指出在理论宣传上存在强调人的主观能动性多、夸大意识的能动作用、否认客观规律性和唯物主义等相当严重的片面性,把矛盾的同一性当作形而上学的矛盾融合论来批判。1980年,张天飞发表《关于世界观的一种提法》(《文汇报》1月11日)和《驳“实践是认识的唯一源泉”》(《社会科学》第2期),前文提出世界观只有“两家”的说法,并不符合我国现实生活的实际,阻断了走向真理的道路、阻碍了马克思主义相关学科和自然科学的发展;后文引起全国哲学界关于认识源泉的讨论。王之璋发表《认识源泉问题》(《文汇报》6月13日),张华金、马积华发表《关于认识源泉的一点看法——与王之璋同志商榷》(《文汇报》7月25日),前文认为物质是认识的本原,后文认为实践是认识的唯一源泉。同年,《马克思主义哲学基本原理》(上海人民出版社)出版,运用现代自然科学的新成果和自然科学史的新材料来说明马克思主义原理。1981年5月20—21日,沈铭贤、刘吉、徐京华、吴敬华、孙克强、王之璋、张天飞等组织召开“马克思主义认识论与现代自然科学”学术座谈会,提出结合现代科学新成就研究认识论的主要观点。同时,市哲学学会和《哲学研究》编辑部也联合组织召开马克思主义认识论与现代自然科学学术座谈会,讨论如何以马克思主义认识论概括自然科学的新成就。1982年6月4—11日,同济大学联合中国科技大学、华中工学院举办马克思主义认识论讨论会,主要讨论实践在认识中的作用问题;10月4日,市哲学学会举行建设社会主义精神文明讨论会,讨论物质文明和精神文明的关系;10月11—17日,复旦大学哲学系召开“唯物主义和经验批判主义”讨论会,讨论认识论、物质定义、哲学党性原则等问题。1983年10月22日,市哲学学会召开建设有中国特色社会主义的哲学基础讨论会。此外,上海学者亦讨论了马克思的历史唯物主义,主要成果有:1982年,宋林飞的《论马克思主义的利益范畴》(《学术月刊》第8期),较早提出“利益”范畴是历史唯物主义的重要范畴之一的观点;魏道履、赵伙来合著的《历史唯物主义常识》(辽宁人民出版社)出版。1985年,辛敬良的《历史唯物主义教程》(浙江人民出版社),结合历史和现实系统阐述历史唯物主义的基本原理;孙承叔的《对〈资本论〉中生产力理论的再思考》(《求索》第1期),根据《资本论》的有关论述,把生产力发展的内在机制概括为5项。1986年,徐永祥的《论导致普列汉诺夫地理环境决定论倾向的理论根源》(《中国社会科学》第1期)发表。1987年,辛敬良的《预成论与历史唯物论》(《学术月刊》第8期),明确指出现行的历史唯物主义论著忽视历史主体——人的能动作用,扭曲了历史唯物主义,给它涂上了预成论的色彩,应当予以清洗;高惠珠的《历史必然性与主体能动性之我见》(《哲学研究》第7期),提出“历史选择论”;陈章亮、石国强、蒋士违主编的《新编历史唯物主义》(上海人民出版社),对历史唯物主义基本原理作了提纲挈领的阐述;陈烽发表《社会形态的两重划分与我国当代社会变革的实质》(《社会学研究》第7期)。1988年,冯契主编的《马克思主义原理教程》(上海人民出版社),强调马克思主义哲学和辩证法相统一并使之贯彻到底的全新的唯物主义，实践是贯彻于哲学认识论和历史观的全部内容，又称实践唯物主义；孙承叔、王东的《对〈资本论〉历史观的沉思》（学林出版社），立足《资本论》的历史观，对原有的历史观教科书理论体系进行了评价，勾勒了一幅现代唯物史观理论体系的草图；张天飞等主编的《马克思主义原理教程》（上海人民出版社）出版。1990 年，余源培等编写的《马克思主义哲学的理论与历史》（复旦大学出版社）和严家栋等编写的《马克思主义哲学十讲》（上海人民出版社）出版。

20 世纪 80 年代后，上海学界把马克思主义哲学基本问题的研究，推向马克思主义哲学整体的研究。1982 年，余源培的《论马克思主义哲学发展史上的列宁阶段——兼评西方马克思主义对列宁哲学思想的诘难》（《复旦学报》第 5 期），从马克思主义哲学史的角度分析列宁哲学思想。1983 年，上海社会科学院哲学研究所举办改革的哲学学术讨论会，讨论改革中的哲学和哲学的改革问题。1984 年，《苏联哲学百科全书（第一卷）》（上海译文出版社）出版，收录词目 4 072 条；吴铎编著的《〈家庭、私有制和国家起源〉读书札记》（华东师范大学出版社）出版。1985 年，谢遐龄、陈奎德、周义澄、安延明、吴晓明、俞吾金联合撰写的《略论哲学改革中的若干问题》（《复旦学报》第 2 期）全面、系统地论述了马克思主义哲学体系的改革问题，主张结合新的时代特征对马克思主义哲学的理论基础、基本概念、功能范围、体系结构等作出新的阐释。1987 年，苏联伊利切夫主编的《作为一般发展理论的唯物辩证法：发展理论的哲学基础》（上海人民出版社）出版。1989 年，张华金、胡振平、方水金合著的《对立统一学说的发展》（福建人民出版社）和孙纪成的《个别和一般范畴简论》（上海社会科学院出版社）出版；余源培的《重评斯大林的列宁主义定义》（《学术月刊》第 6 期），主张要正确评价列宁的哲学思想，斯大林的定义存在两大缺陷，即从形而上学的思维方法出发、忽视以新经济政策为主体的社会主义建设思想。

20 世纪 80 年代，上海学界亦关注“人道主义”问题。1980 年，黄万盛、尹继佐的《试论革命人道主义在马克思主义哲学中的地位》（《复旦学报》第 1 期）反对“强调了人、人的价值、人的权利、人的解放”就是历史唯心主义的观点；曹伯言、周文彬的《人类认识的新阶段》（《哲学研究》第 9 期）提出“人工认识主体”的概念；杜汝楫的《马克思论事实的认识和价值的认识及其联系》（《学术月刊》第 10 期），提出对社会事实的认识，有事实与价值之分的观点；王若水的《文艺与人的异化问题》（《文汇报》9 月 25 日）认为社会主义社会还有异化。1981 年，周原冰的《人性和人道》（《解放日报》1 月 14 日），批评了把“人”作为马克思主义的出发点和归宿点的观点。1983 年，王若水的《为人道主义辩护》（《文汇报》1 月 7 日），提出马克思主义包含了人道主义、“社会主义需要人道主义”的观点；李成蹊的《马克思的人道观和对人道主义的批判》（《社会科学》第 7 期），认为马克思主义与人道主义是根本对立的，两者不存在批判继承的关系；孙月才的《人的理论三题》和倪培民、商戈令的《也谈马克思主义与人道主义之关系》（《社会科学》第 9 期），两文提出马克思主义与人道主义并不对立，两者具有既相联系（继承）、又相对立（否定）的关系的观点，前文还肯定社会主义社会存在异化；辛敬良的《人道主义、人本主义和历史唯物主义》（《哲学研究》第 10 期），认为只有把人当作在历史中行动的人去研究，才能从抽象的人转到现实的人，达到历史唯物主义；尹继佐、黄万盛的《论马克思早期思想的特质和分期》（《学术月刊》第 3 期），论述了马克思早期著作的 3 种基本情况和马克思早期哲学思想的 4 个阶段。此外，张华金著《可能与现实》（上海人民出版社）出版。3 月 18 日，上海社联召开纪念马克思逝世 100 周年座谈会；9 月 20—21 日，市哲学学会举行人道主义问题讨论会，探讨马克思主义是否包含人道主义，怎样理解人道主义等问题。1984 年，上海社会科学院哲学研究所编《人道主义和异化三十题》（上海人民出版社），对胡乔木的《关于人道主义和异化问题》中的有关问题进行了通俗阐释，提出人道主义可以为社会主义人道主义批判继承和异化概念在成熟的马克思主义中不起主导作用的观点,并对社会主义异化论作了批判。1988年,孙月才的《论人道主义的继承性问题》(《社会科学》第8期),把人道主义理解为世界观、历史观。

20世纪90年代前后,因世界社会主义运动遇到挫折,上海学界的研究重点,落实到把马克思主义哲学用于中国现实的研究,回归问题意识,对社会发展过程中的热点问题进行马克思主义哲学的解读。1989年9月19—22日,市哲学学会等单位联合举行"马克思主义哲学在中国40年"理论研讨会,讨论马克思主义哲学中国化问题。此后,学界关注的主要论题,包括:

研究人的自由问题。1983年,曹伯言、周文彬、张春生的《认识和自由》(上海人民出版社)提出了自由和认识紧密相连的问题。1990年,王沪宁的《马克思"人的自由"概念发展概论》(《上海社会科学院学术季刊》第2期),分析马克思在其理论发展不同阶段上对"人的自由"概念的规定;张华金的《自由论——一个热门话题的反思》(上海人民出版社),较为全面阐述马克思主义自由观;罗长海的《马克思主义哲学的几种理解的评析》(《学术月刊》第11期),提出物质是否有主观性、用客观实在描述物质是否完备、在人和人的活动之外的物质是否无意义等新问题;6月23日,市哲学学会召开"马克思主义关于主体理论"学术讨论,讨论主体理论问题;在此背景下,吴晓明撰写了《历史唯物主义的主体概念》(上海人民出版社1993年),对主体概念在历史唯物主义视域中作辩证阐释。

研究东方社会理论。1987年,周抗的《社会主义民主论》(上海社会科学院出版社),对社会主义民主的本质、经济落后国家民主建设的特殊性、中国国家制度等问题进行较为全面的探讨。1991年4月24—27日,市哲学学会、复旦大学哲学系联合举办"马克思主义哲学与中国社会发展"学术讨论会,讨论马克思的东方社会理论。1993年,朱坚劲发表《马克思东方社会理论形成的文化背景》(《学术月刊》第1期),吴泽出版《东方社会经济形态史论》(上海人民出版社)。1999年,张凌云的《马克思的社会形态理论与当代社会主义》(武汉出版社)出版。2001年,孙承叔的《打开东方社会秘密的钥匙:亚细亚生产方式与当代社会主义》(东方出版中心)出版。

研究生产力理论。1991年9月12日,市哲学学会和上海交通大学联合举办"科学技术是第一生产力"理论讨论会。其后,吴晓江的《生态哲学视野中的"第一生产力"》(《哲学研究》1991年第12期),提出生产力的新定义和新的构成公式,认为应把生态平衡列入其中。1993年,陈经璋和倪大奇分别发表《生产力观点:邓小平理论体系的核心》(《毛泽东邓小平理论研究》第3期)和《邓小平的经济理论观》(《学术月刊》第9期)。1995年,余源培发表《对科学技术是第一生产力的深层次思考》(《学术月刊》第6期)。

研究马克思主义哲学的历史渊源。1993年,俞吾金的《马克思主义的第四个来源和第四个组成部分》(《学术月刊》第8期),认为马克思揭示了东方社会演化的特殊性,人类学在马克思学说中是一个相对独立的、有机的组成部分,西方的人类学应是马克思主义的第4个来源;俞吾金的《意识形态论》(上海人民出版社),系统考察了意识形态概念产生、演变和发展的历史,指出马恩的《德意志意识形态》建立了自己的意识形态学说,占据着理论的制高点;金顺尧主编的《马克思主义原理教程》(复旦大学出版社),系统阐述马克思列宁主义科学体系;蒋申华的《马克思学说的历史演变》(学林出版社),从整体上考察马克思主义学说的演变。1994年,方松华的《20世纪中国哲学论纲》(《哲学动态》第9期),认为随着社会主义市场经济的最终确立,中国哲学文化将走入新境界,当代中国哲学的紧迫课题是重塑当代中国文化精神与价值取向;赵修义、童世骏合著的《马克思恩格斯同时代的西方哲学》(华东师范大学出版社),从哲学观、认识论、科学方法论、社会历史观、价值论五个方面将马克思、恩格斯的哲学与同处19世纪中后期的现代西方哲学进行比较,论证了两者的"同时代性"。1995年,俞金吾发表《马克思哲学与黑格尔哲学的关系》(《哲学研究》第3期)和《论两种不同的历史唯物主义概念》(《中国社会科学》第6期);刘学灵的《东方社会政治形态史论》(上海远东出版社)出版。1996年,俞金吾发表《马克思时空观新论》(《哲学研究》第3期)。2000年后,他又在该领域推出多篇论著,主要有《从"道德评价"优先到"历史评价"优先——马克思异化理论发展中的视角转换》(《中国社会科学》2003年第2期)、《实践诠释学:重新解读马克思哲学和一般哲学理论》(云南人民出版社2001年)、《重新理解马克思:对马克思哲学的基础理论和当代意义的反思》(北京师范大学出版社2005年)和《问题域的转换:对马克思和黑格尔关系的当代解读》(人民出版社2007年)。2006年,吴晓明的《形而上学的没落——马克思和费尔巴哈关系的当代解读》(人民出版社)出版。2007年,卜祥记的《青年黑格尔派和马克思的哲学革命》(商务印书馆)出版。这些论著,深刻体现了当代中国马克思主义学术话语体系的自主建构。

总结和综述马克思主义哲学基本问题。1990年,冯契主编的《社会科学争鸣大系·哲学卷(1949—1989)》(上海人民出版社),详细介绍中华人民共和国成立以来各个时期学术争论中提出的各种哲学观点,马克思主义哲学的篇章占多数;胡曲园主编的《哲学大辞典·马克思主义哲学卷》(上海辞书出版社),选收词目1 822条;刘吉、范仁珊的《干部哲学读本》(上海人民出版社)出版。1993年,杨正江的《哲学体系重要问题研究》(上海远东出版社),认为实践观点是马克思主义哲学科学体系的首要的基本观点。1997年,俞金吾发表《关于哲学基本问题的再认识》(《北京大学学报》第2期)。

对社会评价的研究。1993年,夏军的《非理性及其研究的可能性》(《中国社会科学》第4期),提出非理性是人类精神的基本构成,以及人类文明发展的不可或缺的因素,是应进行系统、综合研究重要的基本课题。刘豪兴的《人的社会化》(上海人民出版社),第一次对人的社会化提出比较完整的理论构架体系;陈新汉的《马克思主义认识论与真、善、美》(华东师范大学出版社),全面研究人在认识活动中的认知活动、评价活动、审美活动以及认识活动中的真善美;鲍宗豪、金潮翔、李进的《权利论》(上海三联书店),对马克思主义权利理论做了较为全面、系统的探索。1995年,陈新汉的《评价论导论》(上海社会科学院出版社),研究了评价活动中选择评价标准和整合价值信息的两个环节、三个因素。1999年,何云峰发表《认识的真理度及其评判问题》(第一作者,《哲学研究》第9期)。

进入21世纪,上海学界高度重视马克思主义与西方哲学关系的研究,成果包括:刘放桐的《马克思主义与西方哲学的现当代走向:当代哲学向何处去》(人民出版社2002年)、余源培、吴晓明主编的《马克思主义哲学经典文本导读》(高等教育出版社2005年)、吴晓明、王德峰合著的《马克思的哲学革命及其当代意义——存在论新境域的开启》(人民出版社2005年)、吴晓明的《形而上学的没落——马克思与费尔巴哈关系的当代解读》(人民出版社2006年)、俞吾金的《问题域的转换——对马克思与黑格尔关系的当代解读》(人民出版社2007年)等。这些研究成果讨论的要点有马克思在哲学上实现的革命性变革,把破除对马克思主义哲学的德国古典哲学水平的退化解读视为当代中国一项非常重要的理论任务,澄清马克思在存在论中所实现的根本变革及其当代性质和当代意义,在重新清理西方形而上学传统过程中发掘了费尔巴哈的哲学贡献,对西方马克思主义的存在论整体定向进行了深入的研究,把马克思主义哲学当代性的阐发与把握当代中国"社会现实"密切联系起来等。此外,世界金融危机的爆发标志着西方新自由主义式微,上海学界强调马克思主义的意识形态地位。方松华发表《30年来上海关于重大理论问题的讨论述要》(《毛泽东邓小平理论研究》2008年第10期),余源培的《论意识形态研究中的四个基本问题》(《河北学刊》2010年第1期),呼吁坚持马克思主义在意识形态的指导地位。

二、马克思主义政治经济学基础理论

20世纪70年代末，上海学界高度关注社会主义再生产问题。其中，从分析马克思主义政治经济学中的无产阶级贫困化问题入手，提出无产阶级绝对贫困化不是经济规律、社会主义经济也可能发生经济危机等，在社会主义政治经济学领域开创了对马克思主义政治经济学实事求是研究的新路径。

关于社会主义的贫困问题。蒋学模的《谈谈无产阶级绝对贫困化问题》(《复旦学报》1978年第1期)，指出无产阶级绝对贫困化不是经济规律，而是经济危机和经济停滞时期间断出现的经济现象。文章刊发后，引起学界的热烈讨论。蒋学模又发表《再谈无产阶级绝对贫困化问题》(《复旦学报》1979年第2期)进一步阐述该问题，获第一届孙冶方经济科学论文奖。

关于社会主义经济危机的问题。1978年初，市经济学会举办"坚持实践标准，按经济规律办事"理论讨论会。之后，洪远朋的《关于社会主义积累的几个问题》(《经济研究》1978年第2期)，主张积累不是扩大再生产的唯一源泉；蒋学模的《怎样看待社会主义社会可能发生经济危机?》(《文汇报》1978年11月11日)，结合苏联和我国发生过的经济危机，提出社会主义社会可能发生经济危机的观点。1979年，蒋学模的《再谈社会主义社会可能发生经济危机问题》(《文汇报》2月23日)，指出大可不必回避经济危机的提法。

关于国有企业"自负盈亏"的问题。1978年12月，市经济学会召开大会，参会的上海经济学界理论工作者和经济部门实际工作者共2 000多人，传达北京第四次按劳分配理论讨论会的精神和主要内容。1979年，蒋学模的《国营企业岂能"自负盈亏"》(《财贸战线》1979年7月17日)，认为"自负盈亏"是独立的商品生产者的所有制关系的表现，随着企业改革的深入，理论界普遍接受了全民所有制企业也应自负盈亏的论点。

关于价值规律的问题。卓炯的《价值规律与四个现代化》(《学术月刊》1978年第2期)，对价值规律在现代社会中的作用和地位有了新的认识。1979年，李鸿江的《价值·价格·市场——谈谈价值规律》和张问敏的《建国以来社会主义商品生产和价值规律论文选》(上、下册)(上海人民出版社)，论述了社会主义制度下计划调节和市场调节的关系，揭示了价值规律在生产领域、流通领域中的调节作用和重要性。

关于社会主义生产目的的研究。1979年11月—1980年7月，上海社联及所属经济、哲学、财政、世界经济、会计等学会围绕社会主义生产目的问题组织上海学界和实际经济工作者，先后联合或单独召开7次大型学术研讨会，在理论方面和实践方面都取得了深入进展。1979年计瑗澄的《关于作为政治经济学对象的生产关系的几点意见》和洪远朋的《应该恢复马克思的定义——也谈作为政治经济学对象的生产关系》(《学术月刊》第12期)，均探讨社会主义政治经济学研究对象的问题。

20世纪80年代，上海学界对政治经济学理论体系、社会主义经济理论和实践问题进行研究，取得了丰硕的成果，奠定了理论研究和政策实践的基本范式。

上海学界对政治经济学理论体系的研究，主要集中讨论社会主义政治经济学体系理论。1980年，蒋学模的《政治经济学教材》(上海人民出版社)，对重新建构马克思主义政治经济学体系产生积极影响，提出社会主义生产是公有制基础上的商品生产，必然同时受计划调节和市场调节，并由此展开对生产、交换、分配各环节的分析。该书在第1版之后，根据当代资本主义的诸多变化和中国特色社会主义的新进展，不断修订，截至2010年修订再版13次，印数超过1 800万册。1981年，巢峰的《消费是政治经济学的对象》(《财经研究》第 1 期)，主张政治经济学社会主义部分应该更加重视对消费关系研究。1982 年，蒋学模的《关于社会主义政治经济学体系结构的几个问题》(《东岳论丛》第 4 期)，提出公有制是社会主义政治经济学的始点范畴的观点。1983 年，王志平的《劳动的社会形式和社会主义政治经济学的范畴分析》(《南京大学学报》第 3 期)，认为政治经济学社会主义部分应该从全民所有制经济中的劳动的社会形式开始，符合马克思主义政治经济学的方法论，体现了历史唯物主义的基本观点。1984 年，熊映梧的《创立"建设新世界的政治经济学"》(《世界经济导报》第 10 期)，认为政治经济学的体系结构应以社会主义经济形态为研究对象，以发展生产力为主线，从彻底的社会主义商品经济观出发，比较研究多种社会主义模式，以揭示社会主义经济发展的一般规律。1985 年，雍文远、李鸿江、袁恩桢的《社会必要产品论——社会主义政治经济学探索》(上海人民出版社)，提出社会主义基本经济范畴或社会主义经济运转的核心是社会必要产品的新见解，获 1996 年度孙冶方经济科学著作奖。

上海学界对社会主义所有制制度、分配制度、经济体制等现实问题进行了深入思考和研究，奠定了后来社会主义政治经济理论研究和政策实践的范式。陈钟的《试论社会主义的基本特征》(《学术月刊》1981 年第 1 期)，提出社会主义经济的基本特征是生产资料公有制和按劳分配。罗宗的《辩证地认识社会主义经济的本质特征》(《学术月刊》1982 年第 11 期)，认为社会主义经济的基本特征是生产资料公有制＋按劳分配＋商品货币关系的计划经济。

上海学界对社会主义经济制度的研究，围绕全民所有制和集体所有制进行探索。在前期国有企业可以"自负盈亏"的问题解决后，国有企业的性质问题就成为关注的重点。1980 年，曹思源发表《试论国家所有制的改革和企业的民主管理》(《学术月刊》第 4 期)，贺力平发表《社会主义全民所有制必然要采取国家所有制的形式吗?》(《学术月刊》第 6 期)，前文认为国家所有制可改革为以企业所有制为基础的"国家所有、部门所有"分级所有制；后文认为社会主义国家所有制不能说是劳动者与生产资料直接结合的成熟形式，国家所有制不利于劳动者与生产资料实行更为紧密的直接结合。随着乡镇企业的异军突起，理论界对集体所有制问题的研究，主要围绕集体所有制的两权分离理论展开。侯雨夫的《论城市集体经济长期存在的必然性及目前城市集体企业的性质》(《学术月刊》1980 年第 5 期)，认为城镇集体所有制长期存在的根本原因是社会主义阶段的生产力条件下仍然保留着商品生产。

上海学界对社会主义社会是否存在地租的问题进行研究。1981 年，张薰华的《〈资本论〉中的再生产理论》(复旦大学出版社)，指出社会主义社会仍然存在土地所有权，仍然存在商品经济，因而土地产品仍然存在一个超额利润问题，存在这个超额利润转化为地租问题。这为以后的土地批租、土地使用权的市场化改革奠定了理论基础。1984 年，张薰华在港澳经济研究会成立大会上，又提交《论社会主义经济中地租的必然性》(《中国房地产》第 8 期)，阐释"地租"在改革开放中城市建设领域的理论基础和现实可行性，并迅速引起学术界和有关领导部门的高度重视。1985 年初，市委政策研究室专门派员访问张薰华，并请他再写一篇《再论社会主义商品经济中地租的必然性——兼论上海土地使用问题》(该室《内部资料》第 6 期)，指出土地的有偿使用关系到土地的合理使用和土地的公有权问题。级差地租应该为国家的财源之一，港澳地区的租地办法可以采用。该文亦受到中共中央书记处研究室注意，嘱再补充，并更名为《论社会主义商品经济中地租的必然性》(该室内刊《调查与研究》第 5 期)，4 月 10 日发至全国各省市领导机关，为中国土地批租制度的建立提供了理论依据。

上海学界对产权划分问题的研究，从 20 世纪 50 年代、60 年代对所有权、占有权、支配权、使用权"四权"分离的探讨,到20世纪80年代逐渐转向对"两权"分离的探讨。1981年,蒋学模的《关于生产资料的所有权、占有权、支配权和使用权的探讨》(《社会科学研究》第4期)论述了"四权"的含义及其在社会主义经济中的特殊性,分析社会主义经济中生产资料的所有、占有、支配和使用等关系。此后,又有学者提出所有制权属中的占有权、支配权、使用权可合并为经营权,因此"四权"统一或分离的理论演变为"两权统一"或"两权分离"。1987年,沈建新的《生产资料全民所有制与社会主义商品经济》(《探索与争鸣》第3期),对生产资料全民所有制关系的基本结构及其与有计划商品经济的内在联系等问题进行论述。

上海学界对社会主义分配问题进行研究。沈智发表《对改革工资制度几个问题的一些看法》(《上海经济研究》1982年第2期),分析工资制度为什么要改革、工资结构问题、工资分配体制等问题的不同观点。詹继生的《试论我国国营经济中按劳分配的三层次性》(《学术月刊》1983年第12期),提出按劳分配的3个不同层次,同时探讨按劳分配以外的分配原则。钱世明、童源轼的《论两层次按劳分配》(《上海社会科学院学术季刊》1985年第2期)和《论完善消费基金的宏观控制》(《上海经济研究》1985年第12期),前文认为在社会主义商品经济条件下,按劳分配必须分成由社会对企业劳动者集体提供的社会劳动量进行分配和在企业劳动者集体内部把分配到手的工资总额称之为商品经济型的按劳分配两个分配层次。两层次的按劳分配理论成为当时上海经济学界的较权威的观点,为国内按劳分配理论的深入化发展作出了贡献;后文主张完善消费基金的宏观控制的关键在于运用经济政策和经济手段加强企业工资总额的管理,妥善处理工资与物价的关系。

同一时期,上海学界对社会主义经济体制的研究、计划与市场关系问题的讨论与研究重新得到恢复和展开。20世纪80年代初,《世界经济导报》认为社会主义广泛地存在着商品生产、商品交换,但社会主义经济最重要的特征不是商品经济,而是建立于生产资料公有制基础上的计划经济。之后,上海学界对计划经济和市场调节的看法逐渐转变。尤其是20世纪80年代间,围绕着指令性计划和指导性计划、计划经济和市场调节、直接控制机制和间接调节机制以及计划或市场的管理模式等问题展开广泛的讨论。1981年,王惟中、洪大璘的《社会主义的经济是有计划的商品经济》(《社会科学》第3期),较早地对有计划商品经济理论进行论述。1984年,袁恩桢的《指令性计划是社会主义经济计划的一种重要形式》(《经济学术资料》第2期),提出要从现实经济出发正确运用指令性计划形式;《经济细胞和经济改革》(《财经研究》第4期),认为社会主义经济细胞严格说来应该是"商品—产品"。

20世纪80年代中后期,上海学界开始研究按劳分配以外的其他分配原则。1986年,徐节文发表《按劳分配与按价值分配》(《上海经济研究》第1期);林广瑞、王宪锋的《试论社会主义社会按生产条件分配的规律》(《学术月刊》第10期),提出社会主义社会按生产条件分配的规律问题。1987年,钱世明的《关于企业工资改革目标的两点思考》(《中国劳动科学》第7期),认为工资改革的目标模式是由全民所有制企业改革的目标模式所决定;何伟的《论商品经济下按劳分配和劳动力商品的一致性》(《学术月刊》第10期),认为社会主义制度下的劳动力是商品,要求按劳分配。

20世纪80年代中期前后,上海学界研究的重点是劳动价值理论。1985年,洪远朋的《试析马克思劳动价值论——读〈资本论〉的体会》(《马克思主义研究》第4期),提出马克思的劳动价值论的10个内容。1986年,卢和泰的《"按质论价"与劳动价值论》(《上海师范大学学报》第1期)认为两者是不矛盾的;张荣喜的《机器人的使用和劳动价值论——对机器人能创造价值见解的异议》(《世界经济研究》第12期),认为机器人不能创造价值,更不能创造剩余价值,使用机器人所带来的高额利润的源泉只能是劳动者的劳动。

1984年底至1987年中共十三大召开前后，上海学界对有计划的商品经济问题的讨论，主要围绕为什么社会主义经济仍然是一种商品经济和社会主义商品经济具有怎样的特殊性质和历史地位两个具体问题展开；讨论的关键是要与传统的、非商品经济的社会主义计划经济观念和要与传统的、主要是直接等同于资本主义经济的商品经济观念划清界限。1984年，《上海经济研究》刊发李鸿江的《孙冶方价值理论析》（第1期）和雍文远的《试论社会主义经济运转的核心问题》（第7期），前文对孙冶方的价值理论进行详细的分析；后文指出唯一能够起社会主义经济运转核心作用的，是从社会产品中扣除C以后与V＋M相对应的那部分产品。同年，王志平的《公商品经济简论》（《社会科学》第12期），认为社会主义商品经济是公商品经济，公有制基础和有计划发展是公商品经济的两大特点。1985年，《学术月刊》刊发宋养琰的《论社会主义制度下的市场调节》（第1期）、蒋学模的《论公有制基础上有计划的商品经济》（第1期）、袁恩桢的《社会主义商品经济的内涵和历史地位》（第2期），提出计划调节和市场调节相结合不存在像有些人所说的"以'谁'为主、以'谁'为辅"的问题，公有制基础上有计划的商品经济的科学论断统一于社会主义经济之中，构成社会主义经济的本质特征和社会主义商品经济是带有直接社会产品某些属性的商品经济的观点。1986年，蒋学模的《社会主义商品经济的运行规律和运行机制》（《复旦学报》第5期），认为市场机制有自发起作用的和被人们自觉利用的两种作用形式，受国家计划控制的市场机制仍然是市场机制；《上海经济研究》刊发马家驹的《社会主义经济的调节机制和计划与市场》（第2期）和袁恩桢、顾光青合著的《关于社会主义商品理论的几点思考》（第6期），前文指出社会主义经济调节机制的最一般的特征是两种不完全形态的机制同时存在和相互结合；后文阐述了社会主义商品经济的存在条件、内涵、地位、运行机制和价值规律在社会主义社会的作用。1987年，上海人民出版社出版袁恩桢、朱耀人的《社会主义商品经济简论》和苏星的《社会主义再生产的理论与实践》，对商品经济与价值规律、分配机制等理论问题进行详细阐述；陈伯庚的《论有计划的市场调节》（《社会科学家》第2期），论述市场、市场经济和市场调节、计划和市场的结合点、按有计划市场调节的模式改革计划体制等问题。1988年，周振华的《中国市场发育的特点、阶段和步骤》（《经济理论与经济管理》第2期），认为中国的市场发育问题是最根本的利益结构变动问题。

20世纪80年代，上海学界对社会主义政治经济理论和实践的研究取得许多成果。1981年，张薰华的《〈资本论〉中的再生产理论》（复旦大学出版社）系统分析了《资本论》第二卷。1983年，王惟中、洪大璘的《〈资本论〉专题研究》（上海人民出版社）分别对马克思的商品理论、价值理论、货币理论、劳动力理论和无产阶级贫困化理论等14个专题论述。1984年，张薰华的《用怎样的观点发展〈资本论〉》（《学术月刊》第1期），指出要用发展的观点研究《资本论》的创作史，不要把马克思的早期思想与《资本论》混为一谈。漆琪生的《〈资本论〉大纲》（第一、二、三卷）（人民出版社1985年、1986年、1988年），较为深入地阐述《资本论》的重要原理和历史背景。洪远朋的《〈资本论〉难题探索》（山东人民出版社1985年），广泛搜集《资本论》中疑难问题，较全面地分析有关这些问题的不同争论意见。1986年，《社会科学》第3期刊载陈思的《也谈对待〈资本论〉的根本态度——与熊映梧同志商榷》和杨永华的《关于坚持和发展〈资本论〉基本原理的争鸣》，前文指出马克思主义的"劳动价值论""剩余价值分配规律""资本主义积累规律"是科学的；后文对前一段时期学界的争论观点作全面评述。1987年，程恩富的《论〈资本论〉研究的发展态势》（《世界经济文汇》第7期），从《资本论》研究的发展观、多维性、辐射面、纵深度、新方法、新全体六个方面阐述中国《资本论》研究的状况；张薰华的《〈资本论〉脉络》（复旦大学出版社）系统阐述《资本论》逻辑方法。市经济学会编的《〈资本论〉与社会主义经济》（上海社会科学院出版社），收集上海28名学者撰写的23篇论文，从不同角度阐述《资本论》的商品经济、货币流通规律、再生产等理论。之后,洪远朋、程恩富的《新编〈资本论〉教程(3卷本)》(复旦大学出版社1988年、1989年),吸收国内外最新学术研究成果,对《资本论》的主要内容作全面系统的介绍。1988年,孙承叔、王东的《对〈资本论〉历史观的沉思》(学林出版社),系统研究了《资本论》的历史观。

20世纪90年代,上海学界对《资本论》的研究仍有持续。1990年,王惟中、洪大璘的《〈资本论〉专题研究及其运用》(上海社会科学院出版社),是《〈资本论〉专题研究》的续篇,系统阐述马克思的劳动价值理论、货币理论、生产劳动与非生产劳动理论以及资本主义社会中阶级矛盾和斗争的理论。宋承先的《评当代西方学者对马克思〈资本论〉的研究》(中国经济出版社),系统介绍和评价了西方经济学界《资本论》研究的现状。1993年,张薰华的《〈资本论〉中的数量分析》(山东人民出版社),认为马克思的经济学说是在科学地定性分析的基础上进行定量的分析,《资本论》是定性分析与定量研究相结合的典范,对马克思经济学方法论的研究具有开创性和前沿性,是国内第一部系统探讨《资本论》数量分析方法的力作。余志英的《资本论的整体方法探讨》(复旦大学出版社1993年),专门探讨《资本论》的整体性方法。

20世纪90年代,上海学界把对社会主义市场经济理论的研究深入推向社会主义经济体制的根本性变革。围绕社会主义市场经济理论展开热烈的讨论,提出关于计划与计划经济、关于市场化与私有化、计划与市场的合理结合和私有经济等问题的具有标志性意义的成果,极大地促进上海经济理论学科的发展。1989年,谢遐龄的《认清社会发展阶段研究商品经济前提》(《探索与争鸣》第2期),对邓小平关于计划与市场关系的思想进行研究。1990年,张继光、张道根发表《市场取向改革的回顾与反思》(《财经研究》第2期);《上海经济研究》刊发袁恩桢、顾光青的《中国经济调节机制十年改革的回顾与思考》(第1期)和王国刚《价格改革与企业机理的选择》(第5期),前文从理论的争论与实践的曲折、关于计划与计划经济、关于市场化与私有化、计划与市场的合理结合等方面对改革进行了回顾;后文提出了企业机理的调整与价格改革的推进措施。雍文远、李鸿江、袁恩桢的《双重运行机制论——社会主义政治经济学再探索》(上海人民出版社),研究了社会主义经济双重运行机制的特点与规律性,分析社会主义社会经济运行的主体、调节体系、运行史等;王克忠的《中国现阶段私营经济探索》(复旦大学出版社)研究进行了30年社会主义建设的中国为什么又产生了私营经济及其相关问题,成为上海经济学界研究非公有制经济理论中的代表性著作;陈宝荣的《中国个体经济》(上海社会科学院出版社)详细论述个体经济的性质、地位、作用、经营方式、收益分配、发展趋势及管理等内容;樊纲、张曙光的《公有制宏观经济理论大纲》(上海三联书店),运用理论实证和矛盾分析方法,从理论上再现公有制经济的矛盾运动过程。1991年,皇甫平的《改革开放要有新思路》(《解放日报》3月2日),提出计划与市场只是资源配置的两种手段和形式而不是划分社会制度的标志的观点。《经济研究》刊发胡汝银的《再论短缺的供给方面的原因》(第7期)和张军的《寻求短缺的制度原因》(第12期),前文提出短缺的供给决定论;后文认为供给决定论和需求决定论各有不足,在传统体制下,投资的需求永远大于供给,这完全是供给问题与消费需求无关。张薰华主编的《社会科学争鸣大系:社会主义经济理论卷》(上海人民出版社),总结了自20世纪60年代以来国民经济先后发生的3次较大波动严峻局面,就社会主义社会有没有经济危机及其表现形式等问题进行争论。雍文远、袁恩桢的《商品经济与社会主义》(上海社会科学院出版社),强调要对社会主义市场和市场体系进行专门研究。1992年,邓小平南方谈话后,上海学者在讨论市场经济与商品经济关系时,就社会主义市场经济与有计划商品经济的关系,存在分歧。1993年,杨宇的《实践的发展,认识的深化——从有计划商品经济到社会主义市场经济》(《探索与争鸣》第2期)、李运福和鲍秀春的《公有制与市场经济的关系》(《学术月刊》第 7 期),认为有计划商品经济和社会主义市场经济的基本精神是一致的,前者更符合国际通用的表达习惯,后者的提法更确切。伍柏麟的《市场经济与社会主义的历史性选择》(《世界经济文汇》第 1 期)、陈伯庚的《市场经济与经济体制改革——关于社会主义市场经济的几个问题》(《探索与争鸣》第 1 期),更强调二者在基本性质上的根本差异。同年,上海社联组织出版《市场经济与上海体制改革》(上海人民出版社)。

同时期,上海部分学者已开始直接运用西方学者或者西方经济学关于市场经济的基本理论来讨论什么是市场经济以及如何实现市场化的问题。朱钟棣的《西方学者对马克思主义经济理论的研究》(上海人民出版社 1991 年),围绕价值向生产价格转型、马克思的剥削理论、利润率与工资、再生产、经济危机和资本积累等问题,较详细地整理和阐述了西方学者的观点。李运福和鲍秀春的《公有制与市场经济的关系》(《学术月刊》1993 年第 7 期),认为社会主义公有制与市场经济的相容性是值得认真对待的问题。此外,裘毅的《认真学习社会主义市场经济理论——经济研究中心和本刊联合召开研讨会》(《复旦学报》1992 年第 6 期)、李克清的《社会主义与市场经济的兼容性》(《财经研究》1992 年第 9 期)、石磊的《市场经济的基本规则是什么?》(《上海经济研究》1993 年第 8 期)和《市场经济本体论》(《学术月刊》1993 年第 12 期)发表。

20 世纪 90 年代前期,上海学界主张建立社会主义市场经济体制的关键,在于认定国有产权制度的股份制改革。1993 年 3 月,上海财经大学研究生部与市经济学会联合召开"社会主义市场经济规律体系"研讨会。同年,《学术月刊》刊发赵晓雷的《社会主义市场经济与产权制度创新》(第 10 期)和石磊的《市场经济本体论》(第 12 期)。1994 年,蒋学模发表《实现全民所有制经济同市场经济的融合》(《学术月刊》第 3 期)。

20 世纪 90 年代中期前后,上海学界针对市场经济发展中存在的伦理道德问题,率先把社会主义市场经济建设与精神文明建设相结合,反思社会主义市场经济建设中的经济腐败、道德滑坡等问题,并在全国发起人文精神大讨论。1994 年 6 月至 1996 年底,以《探索与争鸣》为主要学术平台,展开市场经济与精神文明建设相关主题的学术探讨。程恩富的《论文化与市场经济的共生互动效应》(《复旦学报》1994 年第 3 期),认为市场经济与文化建设之间是共生互动的关系。赵修义的《试论市场之德》(《毛泽东邓小平理论研究》1994 年第 5 期)和《社会主义市场经济的伦理辩护问题》(《华东师范大学学报》1995 年第 4 期),提出"市场十德"的观点。谢遐龄的《精神滑坡是市场经济带来的吗》(《探索与争鸣》1995 年第 10 期),认为以经济建设为中心已经包含精神文明建设工作,且已开展了精神文明建设。上海市经济学会编的《社会主义市场经济论》(文汇出版社 1995 年),分析社会主义市场经济的特殊性、市场经济与社会主义的内在融合度、市场经济的资源配置机制以及市场经济体制与宏观调控等较新的理论问题。此外,一批有关社会主义市场经济理论的教科书相继出版,伍柏麟的《社会主义市场经济学教程》(复旦大学出版社 1993 年),成为全国高校政治经济学专业的必读书之一。张雄的《市场经济中的非理性世界》(立信会计出版社 1995 年),从哲学视域对市场经济中的非理性行为作评析。由此,上海经济学界对中国特色社会主义市场经济理论形成共识,并从市场体系(尤其是要素市场)、现代企业制度、收入分配、社会保障、改革发展稳定等方面深化、细化市场经济理论研究。

这一时期,上海学界对劳动价值论的研究亦有深入。1994 年,程恩富的《21 世纪:重建中国经济学》(《社会科学报》4 月 7 日)发表。1995 年,程恩富创立海派经济学论坛,并提出以新的活劳动创造价值假设、利己和利他经济人假设、资源和需要双约束假设、公平与效率互促同向变动假设,建构现代马克思主义政治经济学的理论。同年,《学术月刊》第 7 期专刊讨论劳动价值论,如袁恩桢的

《劳动价值论与社会主义市场经济》,指出价值决定是制约收入公平分配的中轴线,是调节产业结构均衡发展的基础线,是防止泡沫经济的一条警戒线。1996年,蒋学模的《现代市场经济条件下如何坚持和发展劳动价值论》(《经济学动态》第4期),认为劳动价值论是马克思经济理论体系的基石。方华的《劳动价值论新探》(《社会科学》第4期),认为劳动价值论为国民收入的科学概念及现代劳动统计、现代收入统计提供新的理论依据。胡雄飞的《应当重视西方学者研究劳动价值论的理论成果》(《学术月刊》第2期),认为研讨价值理论,应特别重视西方学者的相关成果。汪青松的《列宁社会主义市场经济理论的萌发》(《马克思主义研究》第5期),认为列宁的新经济政策的首要任务就是要恢复生产者的经营权利,使他们成为自主经营、自负盈亏的市场主体,是社会主义市场经济的萌芽。1999年,沈建新的《知识价值论——劳动价值论在知识经济时代的发展与突破》(《学术月刊》第2期)是劳动价值论和效用价值论走向有机结合的探索。同年9月,《上海劳动工资信息》汇编出版,以20世纪90年代中期后为时间段,收录上海学界有关建立投资者、经营者、劳动者利益均衡机制,建立具有内在激励机制和约束机制的利润分享制度,在企业内部深化企业工资的科学管理,实行高、中、低收入相协调的宏观调控制度等方面的研究成果。

进入21世纪,社会主义市场经济体制初步建立,上海学者的研究重点包括价值创造、价值分配的问题和评价"劳动价值论"。2000年,李运福、金晓钟的《浅谈理解劳动价值论的方法论问题》(《学术月刊》第7期),提出应该高度重视马克思关于科学技术的发展对生产劳动带来的影响的原理,为科学技术的发展和应用提供经济层面的理论支持的观点。《财经研究》第11期刊发程恩富的《科学地认识和发展劳动价值论——兼论"新的活劳动价值一元论"》和漆光瑛的《坚持用劳动价值论研究生产要素分配问题》,前文主张确立一种"新的活劳动价值一元论";后文认为应以马克思的劳动价值论分析我国的收入分配问题。汪青松的《解放和发展生产力是社会主义的本质要求》(《思想理论教育导刊》第3期)发表。2001年,江泽民在纪念中国共产党成立80周年大会上的讲话发表后,全国出现研究劳动价值论的热潮,有力地推动劳动价值论基础理论的发展。程恩富、施锡铨、朱富强的《经营者收入的博弈分析—劳动价值论的一种拓展》(《经济学动态》第4期),认为否认资本主义私人企业中的生产经营管理活动也创造价值的逻辑难以自圆其说。同年,上海社联、市经济学会和《学术月刊》杂志社联合举办"劳动和劳动价值论"理论研讨会,对社会主义社会劳动的科学内涵、精神产品劳动、劳动价值论与效用价值论等问题展开探讨。2002年,李洁明、王岩的《科技学术与劳动价值论:一个探索》(《世界经济文汇》第1期),提出准确把握马克思劳动价值中的劳动和价值的内涵,价值和使用价值的形成因素的差别是关键的观点。史正富的《劳动、价值和企业所有权——马克思劳动价值论的现代拓展》(《经济研究》第2期),认为现代管理革命和资本革命改变了马克思价值理论得以孕育的客观条件。程恩富的《劳动价值论的认识创新》(《毛泽东邓小平理论研究》第2期),提出劳动生产力变化,可能引起劳动复杂程度和社会必要劳动量的变化,从而引起商品价值量的变化的观点。顾钰民的《深化对价值创造与价值分配的认识》(《教学与研究》第12期),认为社会主义社会劳动和劳动价值理论,应该包括深化对价值源泉的认识、深化对创造价值的劳动的认识、深化对价值分配的认识三个方面。而在现实经济生活中,价值分配应该遵循市场原则和社会原则。2003年,杨卫的《生产力运行中的生态价值问题探析》(《马克思主义与现实》第6期),沿着马克思关于价值与生产力以及有关生态环境的思路,对生态价值与使用价值进行质与量的探讨。

此外,上海学者对马克思主义政治经济学的相关研究,还包括:顾钰民的《马克思主义制度经济学》(复旦大学出版社2005年),提出马克思主义制度经济学的理论范畴和体系。2006年,《伍柏麟文集》(复旦大学出版社)出版,提出认识当代资本主义要从资本社会化入手的观点。鲁品越的

《资本逻辑与当代现实》(上海财经大学出版社)出版。2007年,陈学明的《驶向冰山的泰坦尼克号——西方左翼思想家眼中的当代资本主义》(人民出版社)出版。2010年,汪青松的《两个转变的互动与经济社会发展转型的实现》(《当代世界与社会主义》第2期),提出实施经济增长方式转变的政策措施。

三、马克思主义科学社会主义基础理论

20世纪80年代初,上海学界对科学社会主义基础理论研究,从反思什么不是科学社会主义入手。首先,对列宁、斯大林及苏联早期政策的反思;其次,对社会主义政治建设的研究,从文化、制度、程序和政策等探讨社会主义民主政治的结构等。1980年,叶书宗的《关于国际共运史上反对个人迷信的问题》(《世界历史》第2期),指出产生个人迷信的关键在于无产阶级的民主制度不健全;完善社会主义民主制度,通过无产阶级主观努力是可以办到的。姜琦、周尚文的《党的领导和小资产阶级的自发性》(《华东师范大学学报》第10期),认为小资产阶级思想的泛滥是党在“文化大革命”期间犯严重错误的重要原因之一。此外,还有周亿良的《对社会主义的根本改变》(《上海师范学院学报》第4期)和周尚文的《对列宁关于接班人思想的探讨》(《文汇报》8月25日)。1981年,姜义华的《列宁主义和“战时共产主义”》(《复旦学报》第1期)和张月明的《从“波兹南事件”到“十月事件”》(《国际展望》第20期)发表。1982年,姜琦、周尚文的《对〈联共(布)党史简明教程〉的几点看法》(《编创之友》第1期),重新评价《联共(布)党史简明教程》,分析其不足和缺陷。姜琦的《论南斯拉夫在国际斗争中的独特作用》(《国际共运史研究资料》第2期),认为实践证明南斯拉夫虽然国家弱小,但是经得起考验,是国际公认的颇具影响力的国家。叶书宗、王斯德的《也论列宁主义和“战时共产主义”》(《世界历史》第3期)发表。1983年,叶书宗的《正确地开展党内反倾向斗争——学习马克思主义发展史札记》(《上海师范大学学报》第1期),指出马克思主义发展的130多年的历史是正确地开展党内反倾向斗争的历史。1984年,姜琦的《苏南冲突与情报局事件》(《国际问题资料》第4期)、《匈牙利改革中的对苏关系》(《当代国外社会主义问题》第7期)和《南斯拉夫与不结盟运动》《试论阿尔巴尼亚的孤立政策》(《今日苏联东欧》第10期)等文,研究匈牙利改革、南斯拉夫与不结盟运动、阿尔巴尼亚等国的社会主义模式,逐步深入反思苏东的传统社会主义模式。同时,亦有学者对斯大林模式进行探讨,如王斯德、金仁芳的《对20年代末苏联反布哈林“右倾机会主义”斗争的再认识》(《世界经济政治内参》1982年第1期)、周尚文的《对斯大林时期苏联政治经济体制的几点看法》(《社联通讯》1984年第11期)和《关于“斯大林模式”的形成的历史考察》(《马克思主义研究参考资料》1986年第8期)。他们普遍同意高度集中和高度集权是斯大林模式的基本特征,但评价不尽相同,多数学者不赞成全面否定,斯大林模式在一定程度上仍反映了社会主义的本质,不失为一条依靠自己力量进行社会主义建设的道路。1986年,姜琦、张月明合著的《东欧三十五年》(华东师范大学出版社),是国内第一本研究东欧社会主义道路的专著,重点分析东欧国家试图改革斯大林模式的得失成败。1987年,王斯德发表《苏联党内斗争和斯大林社会主义模式的形成及僵化》(《苏联社会科学研究》第2期)。姜琦、张月明、周尚文主编的《国际共产主义运动历史长编》(吉林人民出版社),是国内第一部研究从马克思主义诞生前后直至20世纪80年代国际共运的图书,对苏联和东欧社会主义国家、对斯大林模式的各方面改革进行评述。1989年,周尚文的《列宁晚年思想研究两题》和《科学社会主义新探》由百家出版社出版,研究列宁晚年的思想。

20世纪80年代中期后,上海学界开始对科学社会主义基本原理展开综合性研究。1985年,夏

征农主编的《社会主义辞典》(吉林人民出版社),系国内第一本关于社会主义问题的辞书。朱宁远主编的《科学社会主义》(上海人民出版社)出版。汪青松的《第一国际从潜在向实在的共产主义政党的发展》(《安徽师范大学学报》第2期),认为第一国际初期的纲领和组织成分等呈现着很大的复杂性,是潜在的共产主义政党,尔后才逐步发展为实在的共产主义政党。戴清亮和李思温的《科学社会主义新编》(上海社会科学院出版社1988年)、张震廷的《科学社会主义概论》(复旦大学出版社1989年)等著作贯彻马克思主义基本原理与社会主义实践相结合的原则,反映科学社会主义基本原理的科学性、系统性以及该理论在实践中的应用和发展。

同一时期,社会主义政治学说和政治体制成为研究重点。上海社会科学院出版社先后出版蓝瑛、谢宗范的《社会主义政治学说文集》(1987年)和《社会主义流派政治思想述评》(1988年),对无政府主义、"真正的"社会主义、俄国社会主义、国家社会主义、民粹派社会主义、费边社会主义、社会民主主义等13个流派的政治学说作了历史的考察。杨章明的《社会主义国家政治体制比较》(华东师范大学出版社1989年),对各国社会主义政治体制的现状和发展趋势,对社会主义政治体制中若干带有规律性的问题,从宏观上进行比较分析。周尚文连续发表论著再次展开对《联共(布)党史简明教程》的重新评价,成果包括:《一部经不起历史检验的教科书》(《书林》1988年第2期)和1989年上海社会科学院出版社出版的《从传统的理论教条中解放出来》《十年社科新论》等。他认为《联共(布)党史简明教程》从理论上肯定斯大林模式,并把它当作经典和样板广泛推行,造成严重后果。

同一时期,上海学者讨论社会主义初级阶段民主政治的问题。桑玉成发表《试论社会主义初级阶段的民主政治建设》(《社会科学》1988年第1期)、《社会主义民主政治的结构》(《政治学研究》1988年第4期)、《社会主义初级阶段的政治:一般特征的动态分析》(《社会主义研究》1989年第3期)等文,将初级阶段政治的一般特征归纳为重建的、新型的、不平衡的和发展中的政治动态过程。

20世纪90年代,上海学界着重从历史的角度,对社会主义运动、社会主义政治、社会主义演进、社会主义思想等议题进行研究。

关于苏联社会主义运动史的研究,主要成果有:周尚文的《国际共产主义运动史讲座》(华东师范大学出版社1990年),叶书宗的《斯大林经济模式与社会主义改革》(《苏联历史问题》1991年第1期),周尚文、叶书宗、王斯德著的《苏联兴亡史》(上海人民出版社1993年);王邦佐、柳振铎的《列宁晚期政治思想研究》(学林出版社1994年),从经济体制视角揭示苏联模式的弊端,总结苏联从社会主义制度建立到解体的经验教训。

关于社会主义政治发展史和学说的研究,主要成果有:桑玉成的《民主政治与规范政治——对去年政治风波的反思兼评用非民主手段提出民主要求的悖谬》(《党政论坛》1990年第6期)和《通过党政"合一"的途径实现党政分开》(《探索与争鸣》1993年第5期),前文指出民主是人民的统治,民主政治必定要有一套政治运作过程的规范体系,民主政治就是规范政治,遵循规范是基本要求。王沪宁的《社会主义社会的政治发展:马克思的构想》(《上海社会科学院学术季刊》1992年第2期),指出政治发展是党政治体制改革中一项重要的任务,应当与经济发展同步并成为其推动力量,担当起组织新社会的职能。蓝瑛和吴耀辉合编的《非洲社会主义小辞典》(华东师范大学出版社1992年)以及蓝瑛主编的《社会主义政治学说史》(上海人民出版社1992年)出版,前者是研究社会主义思潮和流派必要的基础资料;后者是国内当时最为齐全的一部社会主义政治学说史专著,记述从16世纪初到20世纪80年代各种社会主义流派以及马克思主义者和非马克思主义代表人物120余人。

关于社会主义基本方法论的研究,主要成果有:余源培、夏耕合著的《社会主义历史辩证法》

（辽宁教育出版社 1991 年）。俞吾金的《唯物史观的四个里程碑——从马克思到邓小平》（《复旦学报》1993 年第 1 期），从唯物史观的角度，将邓小平的发展社会主义生产力确立为唯物史观的第 4 个里程碑。

关于社会主义发展史的研究，主要成果有：徐永祥的《发展与现代化：社会主义道路研究》（华东化工学院出版社 1990 年），刘国华和袁秉达合著的《当代大趋势与新发展——科学社会主义纲要》（上海人民出版社 1990 年），周正藏的《大趋势、大时代、大战略，社会主义若干问题的学习与思考》（上海社会科学院出版社 1991 年）。吕会霖的《社会主义发展史上的第二次飞跃》（《光明日报》1993 年 4 月 28 日），提出邓小平建设有中国特色社会主义理论是“社会主义发展史上的第二次飞跃”的观点。周尚文的《社会主义发展上的第三次飞跃》（《华东师范大学学报》1994 年第 1 期），提出邓小平创立的建设有中国特色社会主义理论和实践是“社会主义发展史上的第三次飞跃”的观点。孙承叔的《东方社会主义理论的第四次大飞跃——邓小平理论的历史地位》（《复旦学报》1995 年第 4 期），从东方社会主义理论的角度提出邓小平理论是“社会主义发展史上的第四次飞跃”的观点。周尚文、陈鸿寿的《社会主义 150 年》（上海人民出版社 1997 年）出版。徐觉哉的《社会主义流派史》（上海人民出版社 1999 年），考察了世界社会主义思想发展的历史，梳理出 25 个“社会主义”流派的演变及影响。

2000 年以后，“三个代表”重要思想以及执政党自身建设成为上海学界的研究重点。2001 年，姜琦的《关于 20 世纪社会主义的几点思考》（《南京政治学院学报》第 1 期），指出现实社会主义建设面临生产力的解放和发展问题。2002 年，周尚文的《百年老党一朝倾覆——从苏共败亡看坚持“三个代表”的重大意义》（《社会科学研究》第 4 期），指出苏共丧失政权与其缺乏正确的执政党理论有密切的关系。孙力的《“三个代表”思想与马克思主义政治观的历史重心》（《社会科学》第 9 期），认为“三个代表”重要思想是新政治观，是社会主义运动一个半世纪以来经验教训的必然总结。胡伟的《关于党内民主的意义和范畴思考》（《毛泽东邓小平理论研究》第 4 期），认为社会主义执政党执政的合法性在于政绩和党内民主制度化、国家政治生活民主化。林尚立的《全球化与中国共产党的建设》（《党政论坛》第 9 期）提出保持党的先进性是执政合法性和有效性的基础。2004 年，丁晓强、唐妍、赵刚印的《国际共产主义运动中关于党内民主的经验总结》（《当代世界与社会主义》第 2 期），指出总结国际共产主义运动中关于党内民主的经验，首先需要澄清党内民主的有关历史和理论问题。袁秉达的《和平发展道路与中国特色社会主义》（《党政论坛》第 9 期），指出中国特色社会主义建设离不开中国共产党领导，这就更要求加强党的执政能力建设。2005 年，曹泳鑫发表《社会主义民主制度建设理论认识的发展》（《政治学研究》第 1 期）。同年，他发表的《先锋队性质和群众路线：党内民主和人民民主的有机统一》（《毛泽东邓小平理论研究》第 11 期）提出党内民主和人民民主的有机统一是中国特色社会主义民主政治的基本特征的观点。胡伟的《实现中国共产党执政方式的深刻转变——论科学执政、民主执政、依法执政》（《毛泽东邓小平理论研究》第 2 期），强调以科学执政、民主执政、依法执政实现党的执政方式的转变。2006 年，丁晓强发表《党的执政能力与先进性建设——马克思主义政党学的重构及其内涵》（《黑龙江社会科学》第 4 期）和《发展党内民主要重视制度建设》（《党建研究》第 3 期），前者指出在新世纪新时期，党的执政能力建设、先进性建设和民主建设，构成了马克思主义政党学理论内涵的重要的特征；后者指出发展党内民主，要从具体的制度建设做起，并重视操作的程序性，提出要规范常委会、全委会、党代会的关系。奚洁人的《党的先进性建设的本质特点、基本特征和时代要求》（《求是》第 15 期），主张把党的先进性建设作为执政党建设的当务之急以及要深入研究如何加强党的先进性建设。2008 年，郝宇青的《再论苏共执政合法性意识缺失的政治后果》(《探索与争鸣》第8期),强调增强党的合法性资源问题,从经济绩效合法性模式转向构建法理型合法性模式。周尚文的《走自己的路:马克思主义中国化的基本标识》(《毛泽东邓小平理论研》第5期),认为中国新民主主义革命和中国特色社会主义的理论和实践,就是科学性与实践性、普遍性与特殊性的完美结合。2009年,丁晓强的《以民主建设提高党建科学化水平》(《文汇报》11月24日),认为党的民主建设是贯通党的先进性建设和执政能力建设的关键。胡伟的《以改革创新精神推进党的建设科学化、制度化、规范化》(《毛泽东邓小平理论研究》第11期),主张以科学发展观构建科学党建观、以学习型党组织引领党建的改革创新、以党内民主带动人民民主。此外,亦有学者提出建设马克思主义学习型政党,是我们党站在时代发展的历史新高度,对加强党的先进性建设和执政能力建设提出的一项重大而紧迫的战略任务,也体现了我们党在学习理论创新上的世界眼光和宽阔胸怀。主要成果有:袁秉达的《理论创新视阈中的学习型政党价值取向——兼论建设马克思主义学习型政党的首要任务》(《上海党史与党建》2010年第1期)、郝宇青的《苏共缘何不能成为学习型政党?》(《马克思主义与现实》2010年第5期)、奚洁人的《拓宽学习型政党的视野》(《党政干部参考》2010年第8期)、周尚文的《切实提高执政党建设的科学化水平》(《解放日报》2009年10月19日)。

上海学者亦深入研究中国共产党和其他民主党派的关系,如浦兴祖的《试论努力开发中国政党制度中党际“互相监督”的政治资源》(《云南行政学院学报》2003年第5期)和《有关“协商民主”的三个关系》(《联合时报》2006年9月29日)等。

第二节 国外马克思主义

1978—2010年,上海学界对西方马克思主义的研究虽然起步较晚,但作为全国开放高地的上海,以包容的态度对待西方马克思主义,对当代中国哲学界的思想解放起到了重要影响作用。20世纪70年代末,以“西方马克思主义”名义为题的研究出现后,上海学者较早开始对其中的主要代表人物和思想进行翻译、介绍、研究和传播,形成以复旦大学、华东师范大学、上海社会科学院等为代表的研究团队和基地。

20世纪80年代,上海学界主要是翻译西方马克思主义者的研究著作,介绍相关重要理论,重点进行西方马克思主义唯物史观和辩证法的研究。这一时期,西方马克思主义的理论观点被定性为当代西方资产阶级意识形态。1981年,彭漪涟、赵修义和王天厚等翻译苏联“认识论学派”的哲学家柯普宁的相关著作,如《辩证法、逻辑、科学》(华东师范大学出版社)等。《社会科学》刊发朱庆祚、欧力同的《实践的观点和唯物主义——从“西方马克思主义”的实践观谈起》(第3期)和楼培敏、魏敦庸的《西方对“马克思主义人道主义”的研究》(第6期)。1982年,上海社会科学院情报所国际政治室编译出版《当代亚非拉社会主义思潮资料选译》(上海社会科学院出版社),并在此书基础上编写《社会主义在第三世界》,开创国内研究亚非拉民族社会主义的先河。吴晓明的《存在主义历史观简评》(《复旦学报》1982年第4期)和《实践观即马克思的统一观——论马克思对哲学基本问题的科学解决方法》(《学术月刊》1983年第5期),从马克思主义领域逐步拓展到对西方哲学尤其是西方马克思主义的研究领域,并介绍了西方马克思主义的基本观点。1984年,王克千的《在“马克思主义是不可超越的”背后——兼评萨特哲学的认识论》(《江西社会科学》第4期)、楼培敏的《国外研究马克思主义提出的重大理论问题》(《编辑之友》第4期)、欧力同的《马克思的自然概念——评‘西方马克思主义’的解释》(《天津社会科学》第2期)发表,赵修义、王天厚翻译柯普宁著的《作为认识论和逻辑的辩证法》(华东师范大学出版社)出版。1988 年,俞吾金的《弗洛姆的〈寻找自我〉》(工人出版社)和《问题域外的问题——现代西方哲学方法论探要》(上海人民出版社)出版。这些著作对当时国内马克思主义哲学界讨论"主体性""实践"等问题发挥了积极作用。1989 年,陈学明发表《马尔库塞的"艺术革命"论》(《外国文学评论》第 3 期)和《卢卡奇的社会存在本体论》(《湖北社会科学》第 7 期),出版《弗洛伊德的马克思主义》(辽宁人民出版社)和《二十世纪的思想库·马尔库塞的六本书》(云南人民出版社)。此外相关成果还有欧力同的《法兰克福学派的"主体—客体"学说》(《学术月刊》第 3 期)、张伟的《法兰克福学派的马克思和弗洛伊德"综合说"评析》(《上海社会科学院学术季刊》第 2 期)和《弗洛姆的人本主义伦理观探析》(《现代哲学》第 3 期)等。

20 世纪 90 年代,上海的西方马克思主义研究的组织机构、学者队伍进一步壮大。学界针对西方马克思主义的主要思想流派,对代表人物及其辩证法、认识论、实践论、自然观、社会观乃至文化观进行专题介绍、研究和批判,在源和流上全面系统展示西方马克思主义发展史的同时,也集中论述西方马克思主义和国外左翼理论对当代世界资本主义社会的批判理论,展现了西方马克思主义的现实性和当代性。

关于西方马克思主义流派和代表人物思想的研究,成果包括:1990 年,陈学明的《哪些思想家是"西方马克思主义"的主要代表人物》(《现代哲学》第 1 期),以及其与俞吾金合著的《国外马克思主义哲学流派》(复旦大学出版社),在直接阅读原著的基础上,对西方马克思主义的每个流派进行清晰的介绍。吴晓明的《马克思的生产劳动概念——兼评施密特的〈马克思的自然概念〉》(《复旦学报》第 6 期)、朱庆祚的《试论路易·阿尔都塞》(《上海社会科学院学术季刊》第 2 期)、欧力同的《评法兰克福学派的"现代认识论"》(《求索》第 2 期)和《评法兰克福学派对辩证法的新解》(《人文杂志》第 5 期)发表。欧力同与张伟合著的《法兰克福学派研究》(重庆出版社)和其与吴仲坊合译的施密特著的《马克思的自然概念》(商务印书馆)出版。1991 年,陈学明的《西方马克思主义论》(辽宁教育出版社)出版。这一时期,上海学界对西方马克思主义的主要代表人物哈贝马斯的思想研究较为集中,成果主要有:1993 年,童世骏的《非理性主义时代的理性主义者——波普和哈贝马斯合理性观之比较》(《华东师范大学学报》第 2 期)和《哈贝马斯怎样看待理性的"危机"与"乌托邦"的终结》(《哲学动态》第 2 期)、欧力同的《论哈贝马斯的'批判的解释学'》(《探索与争鸣》第 2 期)和《交往的理论:马克思与哈贝马斯》(《上海社会科学院学术季刊》第 4 期)发表;陈学明的《哈贝马斯的"晚期资本主义"论述评》(云南人民出版社)出版。1994 年,童世骏的《"填补空区":从"人学"到"法学"——读哈贝马斯的〈在事实与价值之间〉》(《中国书评》第 2 期),研究了哲学与政治、民主与法治、形式正义与实质正义等重要问题;陈学明的《哈贝马斯的〈合法性危机〉》(台北扬智出版公司)和王淼洋的《东西方哲学比较研究》(上海教育出版社)出版。1998 年,陈学明出版《通向理解之路·哈贝马斯论交往》(云南人民出版社)。此外,陈学明等人也研究其他西方马克思主义者的思想,包括 1998 年云南人民出版社出版的《社会水泥——阿多诺、马尔库塞、本杰明论大众文化》《爱是一门艺术——弗洛姆、马尔库塞论爱情》《让日常生活成为艺术品——列菲伏尔、赫勒论日常生活》等。

关于社会主义形态的研究,1990 年,朱棣的《联合生产与基本的马克思主义定理——评西方经济学界在剩余价值学说上的一场争论》(《上海经济研究》第 1 期)、张伟的《法兰克福学派文化观剖视》(《社会科学》第 9 期)、徐觉哉的《民主社会主义是怎样一种思潮》(《探索与争鸣》第 3 期)和《瑞典基金社会主义模式》(《科学社会主义》第 5 期)等。1995 年,《马克思主义与现实》第 1 期刊载陈学明的《评国外马克思主义对苏东剧变原因的探讨和对社会主义历史命运的分析》和俞吾金的《古尔德〈马克思的社会本体论评〉评析》;《欧洲》刊发童世骏的《第三种政治——难分"左—右"的认同政治》(第1期)、《第三条道路?——欧洲大陆的"资""社"之争》(第2期)等文;徐觉哉的《作为世界历史进程的社会主义——纪念科学社会主义巨匠恩格斯逝世一百周年》(《上海社会科学院学术季刊》第4期)等。

关于西方马克思主义唯物辩证法的研究,主要成果有:《山东大学学报》刊发王凤才的《阿多尔诺否定的辩证法研究》(1991年第12期)和《法兰克福学派:否定的辩证法的形成与发展》(1994年第1期);欧力同的《主体—客体辩证法分析》(《毛泽东邓小平理论研究》1994年第6期)等,这些文章深入研究否定的辩证法的理论来源、形成、发展及其在法兰克福学派社会批判理论中的地位。

关于意识形态的研究,主要成果有:1992年,俞吾金的《曼海姆与霍克海默关于新意识形态概念的论战》(《学术月刊》第6期)、《阿尔都塞的意识形态学说》(《江苏社会科学》第6期)和《马尔库塞和哈贝马斯的意识形态学说剖析》(《社会科学》第9期)发表。1993年,俞吾金的《意识形态论》(重庆出版社、上海人民出版社)出版。1994年,欧力同的《科学技术与意识形态——论法兰克福学派的"意识形态批判"》(《人文杂志》第5期)发表。1995年,吴晓明的《马克思意识形态理论的当代意义》(《中国社会科学》第5期)发表。1999年,王凤才的《论法兰克福学派"科学技术即意识形态"理论》(《山东大学学报》第3期),梳理了法兰克福学派"科学技术即意识形态"理论的发展。

关于人道主义的研究,成果包括:张伟发表《马克思主义人道主义刍议》(《上海社会科学院学术季刊》1994年第3期)、《拯世救人的乌托邦——评弗洛姆的人道主义社会主义》(《社会科学》1994年第6期)和出版《"人道主义马克思主义"辨析》(上海社会科学院出版社1995年)。

进入21世纪,上海学界的西方马克思主义研究形成规模,并成为马克思主义和现代西方哲学研究中的显学,形成了以西方马克思主义研究为轴心,统摄新马克思主义、后马克思主义、新社会主义与其他左翼哲学和社会思潮的理论格局。这一时期,上海学界开始高度重视用西方马克思主义来解答中国发展中的现实问题,把西方马克思主义从文本和理论的介绍推向对现实问题的研究,拉开了西方马克思主义研究复兴的大幕。

为了更好地解答中国现实问题,上海学界更重视对西方马克思主义理论进行系统、整体的介绍。2001年,陈学明的《西方马克思主义教程》(高等教育出版社)出版。2002年,徐觉哉的《西方学者对当代马克思主义理论的解读》(《毛泽东邓小平理论研究》第5期)和王凤才的《关于西方马克思主义观的几个问题》(《济南市委党校学报》第2期),分析了西方马克思主义的概念、发展历程和共同特征,认为西方马克思主义其历史演变过程中,没有形成观点一致的思想体系。2004年,俞吾金的《重新理解马克思》(北京师范大学出版社)出版;王凤才在《学习时报》发表的系列文章研究了西方马克思主义的内涵、代表人物和未来走向等问题。2006年,陈学明出版《永远的马克思》(人民出版社)。

关于西方马克思主义哲学的研究,上海学者的研究成果,在马克思主义哲学研究与近代现代西方哲学深入对话方面作出了重要的贡献,并从实践诠释学的角度重构马克思主义哲学,成果包括:2000年,吴晓明的《当代学者视野中的马克思主义哲学》(北京师范大学出版社)出版。2001年,俞吾金发表《存在、自然存在和社会存在——海德格尔、卢卡奇和马克思本体论思想的比较研究》(《中国社会科学》第2期)和《从外在的对峙到内在的对话——对西方马克思主义与西方现代哲学关系的新思考》(《学术月刊》第8期);童世骏发表《批判与实践——新法兰克福学派对美国实用主义的兴趣》(《华东师范大学学报》第5期)和《哈贝马斯与中国的现代性讨论》(*Dao: A Journal of Comparative Philosophy* 第1期);郑忆石的《阿尔都塞哲学研究》(延边大学出版社)出版。2004年,陈学明发表《评西方马克思主义所开辟的马克思哲学的解释路向——重读柯尔施的〈马克思主义和哲学〉》(《学术月刊》第5期);吴晓明的《马克思的哲学革命及其当代意义——存在论新境域的开启》(人民出版社)出版;俞吾金的《从康德到马克思:千年之交的哲学沉思》(广西师范大学出版社)出版。2008年,吴晓明发表《论西方马克思主义存在论视域的初始定向》(《河北学刊》第5期)等。

借助于西方马克思主义来反思现代性问题,促发学界对现代化的反思和实践改革,成果包括:吴晓明的《卢卡奇与现代性批判——〈历史与阶级意识〉的分析定向及存在论基础》(《天津社会科学》2002年第5期),《阿多诺对"概念帝国主义"的抨击及其存在论视域》(《中国社会科学》2004年第9期);俞吾金的《理性在现代性:现象中的四个向度——从马尔库塞的〈单向度的人〉说起》(《求是学刊》2004年第6期),《海德格尔的现代性批判及其启示》(《江海学刊》2008年第5期)等。

从西方马克思主义理论的视角审视当代资本主义,主要有陈学明在《红旗文稿》发表的《哈贝马斯怎样看当代资本主义?》(2005年第8期)和《在高倍数显微镜下看当代资本主义——库尔茨对资本主义最新发展阶段的论述》(2007年18期),以及《西方左翼思想家眼中的资本主义市场经济体制》(《复旦学报》2008年第4期)等。

对西方马克思主义发展前沿的追踪研究,成果包括:复旦大学当代国外马克思主义研究中心编的《当代国外马克思主义评论》(复旦大学出版社2000年);陈学明编著的《苏联东欧剧变后国外马克思主义趋向》(中国人民大学出版社2000年)。2008年,王凤才发表《拓展和深化国外马克思主义研究》(《人民日报》6月18日)。2009年,王凤才发表《德国马克思主义研究的关注点》(《学术月刊》第11期)。2007—2010年,复旦大学当代国外马克思主义研究中心每年出版一册《国外马克思主义研究报告》(人民出版社),已成为学界了解国外马克思主义研究最新动向的重要窗口。

对西方马克思主义者思想的研究包括:对哈贝马斯思想的研究,主要有童世骏的《哈贝马斯现代性理论的几个方法论问题》(《社会理论学报》2000年第3卷第2期)、《没有主体间性就没有规则——论哈贝马斯的规则观》(《复旦学报》2002年第5期)、《后世俗社会的批判理论——哈贝马斯与宗教》(《社会科学》2008年第1期)等。对霍耐特思想的研究,主要有王凤才的《论霍耐特的承认关系结构说》(《哲学研究》2008年第3期)、《"社会病理学":霍耐特视阈中的社会哲学》(《中国社会科学》2010年第9期)等。

对其他西方马克思主义者思想的研究,主要有:俞吾金的《解读罗默的"一般剥削理论"》(《上海交通大学学报》2002年第3期)、《康德两种因果性概念探析》(*Social Sciences in China* 2008年第3期)、《康德是通向马克思的桥梁》(《复旦学报》2009年第4期)、《从康德的"理性恨"到黑格尔"理性的狡计"》(《哲学研究》2010年第8期)、《塞尔:一个批评性的考察》(《学术月刊》2010年第12期)等。俞吾金通过海德格尔的思想与马克思哲学的深度对话,重新反思康德哲学、黑格尔哲学与马克思哲学的关系,重新理解马克思哲学的基本概念。2010年,陈学明发表《布什政府强烈阻挠〈京都议定书〉的实施说明了什么——评福斯特对生态危机根源的揭示》(《马克思主义研究》第2期)、《当今人类究竟应当如何对待家庭?——对赖希的"性革命"思想之研究》(《社会科学》第8期)等,通过对西方马克思主义者具体思想的研究,回答环境污染、生态危机、"性革命"、社会价值观重塑等现实问题。

探讨西方马克思主义对中国实际的当代价值,成果包括:陈学明的《论马克思关于人的全面发展理论的当代功能——兼评亚当·沙夫对马克思主义现实意义的论证论》(《马克思主义研究》2000年第1期)、《马克思主义与晚期资本主义社会——詹姆逊对马克思主义当代意义的论证》(《教学与研究》2001年第8期)、《论研究"西方马克思主义"在当代中国的意义》(《南京大学学报》2005年第2

期);童世骏的《研究国外马克思主义,发展中国社会主义》(《上海交通大学学报》2000年第1期)、《社会主义今天意味着什么——当代西方左翼人士的社会主义观》(《社会主义发展的历史进程研究》,上海人民出版社2001年)。2006年,吴晓明出版《形而上学的没落:费尔巴哈与马克思关系的当代解读》(人民出版社)和《思入时代的深处:马克思哲学与当代世界》(北京师范大学出版社)。

第三节 马克思主义中国化

一、毛泽东思想

抗日战争时期,毛泽东思想开始在上海传播,毛泽东的《论持久战》《抗日民族战争与抗日民族统一战线发展的新阶段》《新民主主义论》等广为流传,他的哲学小册子《辩证唯物论》也引起上海学界的兴趣。中华人民共和国成立初期上海学界开始深入研究毛泽东思想。20世纪50年代末期起,毛泽东思想研究出现庸俗化趋向,至"文化大革命"在"立竿见影"的口号下,这一研究遭到极大破坏。中共十一届三中全会以后,理论界在拨乱反正的基础上,完整地、准确地理解毛泽东思想原则,系统地对毛泽东思想进行研究。

1978年后,复旦大学、华东师范大学等院校的马列主义毛泽东思想的教学和研究工作开始恢复,上海社会科学院成立马列主义毛泽东思想研究所(筹)。这一时期关于如何全面评价毛泽东和毛泽东思想的历史地位,尤其是如何评价毛泽东的晚年错误这一问题成为学界关注的热点。有学者从实事求是的角度研究毛泽东思想,如1979年,胡曲园的《学习毛泽东思想,坚持实事求是》(《红旗》第1期)和周抗的《毛泽东思想的根本点是实事求是》(《光明日报》11月22日)等文。也有学者对毛泽东提出过的一些观点展开讨论,如1980年,张天飞的《关于世界观的一种提法》(《文汇报》1月11日)。1981年,中共十一届六中全会通过《关于建国以来党的若干历史问题的决议》,充分肯定了毛泽东和毛泽东思想的历史地位,划清了毛泽东思想和毛泽东晚年错误的界限,统一了全党的认识。毛泽东思想研究进入了一个新的发展时期,上海也出现了毛泽东思想研究热潮。1983年,周抗、傅季重主编的论文集《学习和运用毛泽东哲学思想》(上海人民出版社),从认识论、辩证法、唯物史观等方面论述毛泽东哲学思想的主要贡献。1985年,周抗的论文集《求是论集》(福建人民出版社),收集了作者30年来有关阐述马克思主义哲学、毛泽东哲学思想的35篇文章。1986年,陈爱蓉发表《毛泽东的系统科学思想初探》(《毛泽东思想研究动态》第2期),认为毛泽东著作中包含着丰富的系统思想。李君如的《中国的社会变革和毛泽东的方法论思想》(《社会科学》1986年第9期),认为毛泽东哲学思想的主要功能在方法论。1990年,蒋照义、李君如合著的《〈矛盾论〉与中国革命》(福建人民出版社),从中国革命和建设的实践角度对《矛盾论》的形成及其基本思想和基本内容作了系统和深入的阐述。李君如的《毛泽东对改革的探索及其哲学思路》(《毛泽东哲学思想研究》第6期),论述研究毛泽东改革思想的三种方法和毛泽东探索社会主义改革的四点哲学思路。这一时期,有些学者在广泛收集资料的基础上,对毛泽东的生平、功过,毛泽东思想及毛泽东晚年错误等问题展开系统研究。1991年,李君如的《毛泽东与当代中国》(福建人民出版社),对社会主义建设时期的毛泽东及其理论与实践进行系统阐述,充分肯定毛泽东和毛泽东思想的历史地位,同时也分析了毛泽东在理论观点上和决策上的错误。1993年前后,围绕纪念毛泽东诞辰100周年,上海毛泽东思想研究再次掀起热潮。仅1993年上海学者出版20多本专著,发表数百篇论文,召开多次全市性的学术研讨会。较为深入、系统地研究了毛泽东思想体系、毛泽东思想和邓小平理论的关系等,并开拓新的研究领域，如毛泽东的理论、实践与上海，毛泽东晚年的思想与实践，国外毛泽东及其思想的研究等，这些成果对毛泽东思想研究的综合性和体系化方面有进一步发展。1993年，巢峰主编出版《毛泽东思想大辞典》（上海辞书出版社）。1993年推出的《毛泽东思想研究大系》（上海人民出版社）系列丛书，多角度、多层次地阐述毛泽东思想的形成、发展及其历史地位和指导意义，并着重阐述毛泽东思想和邓小平理论的内在逻辑关系。其中，巢峰、李君如主编的《毛泽东思想研究大系·总论卷》，从总体上阐述了毛泽东思想的形成、发展以及历史地位和指导意义，论述了毛泽东思想最基本的理论内容。此后，李君如发表多篇论著，讨论毛泽东思想和邓小平理论的关系，主要有：《邓小平是怎样处理"坚持"和"发展"辩证关系的？》（《毛泽东邓小平理论研究》1995年第1期）将邓小平理论与毛泽东思想的关系概括为坚持和发展，"实事求是"是他们思想的逻辑纽带；《毛泽东与毛泽东后的当代中国》（福建人民出版社1997年）抓住毛泽东和邓小平在倡导和发扬实事求是这一结合点的关键性线索，提出邓小平理论是毛泽东思想在新的历史条件下的发展，是当代中国的马克思主义。

这一时期，上海学界在毛泽东思想研究中还开拓了一些新的领域。比如对国外毛泽东研究状况的述评。1993年，上海学界在充分积累国外毛泽东及其思想研究成果的基础上，取得突破，钱宏鸣的《评"心理历史"分析——国外毛泽东研究的一种偏向》（《上海社会科学院学术季刊》第2期），认为心理历史分析是国外学者企图从心理机制对毛泽东及其思想的发生、发展进行研究的一种手段；李君如、钱宏鸣、张彩云合著的《毛泽东在海外》（河南人民出版社）和陈葆华、陆云彬、刘利华合著的《国外毛泽东思想研究述评》（陕西人民出版社）基本理顺了国外学术界对毛泽东思想研究的大致发展脉络，指出了国外毛泽东思想研究的发展阶段、研究特点以及研究的主要内容和热点。

同时，上海学界根据地方特点，开拓了毛泽东的理论实践与上海这一研究领域。1993年，市委党史研究室编写的《毛泽东在上海》（中共党史出版社）出版；《上海党史研究》刊载沪生的《关于建国前后毛泽东来上海一些线索及补充情况》（第3期）、王致冰的《毛泽东与上海战役》（第4期）、任武雄的《毛泽东早期在上海的革命活动大事年表》（第5期）等。

此外，上海学界对毛泽东的具体思想也进行了深入的研究，如1993年，卢良梅等著的《毛泽东对一般与个别辩证关系理论问题的发展》（《上海师范大学学报》第4期）。1995年，钟家栋的《毛泽东关于经济管理体制问题三次思考的现实意义》（《毛泽东邓小平理论研究》第2期），认为毛泽东在中国革命和建设过程中，对经济管理体制中如何处理集权和分权的关系问题，进行较集中的思考，在1942年12月、1956年4月、1966年3月20日三次思考是要改变过于集中、统得过死的弊病。1997年，余源培的《学习毛泽东的科学预见性思想——兼论超前认识的主、客体依据》（《毛泽东邓小平理论研究》第2期），认为中国革命的胜利，就是毛泽东一系列科学预见指导实践、变成现实的过程，认真学习和深入研究毛泽东的关于科学预见的丰富思想，对于领导好中国跨世纪的社会主义现代化建设事业，具有重要意义。1999年，蒋学模的《评〈读苏联《政治经济学教科书》谈话记录〉——毛泽东经济思想探微》（《社会科学战线》第6期），认为研究毛泽东的社会主义经济思想，不能忽略这份谈话记录；并对毛泽东的经济思想，包括他在新民主主义时期和社会主义时期正确的理论和他晚年的错误观点作了整体剖析。2000年，齐卫平的《论毛泽东思想与创新精神》（《毛泽东思想研究》第5期），论述了创新精神是毛泽东思想研究的重要课题。

2008年以后，毛泽东思想研究的热点问题主要集中在毛泽东思想与中国特色社会主义理论体系之间关系、毛泽东与马克思主义中国化、毛泽东关于社会主义建设理论与实践、毛泽东时代中国现代化理论与实践问题、"前30年"和"后30年"的关系和毛泽东历史功绩等方面。2008年，都培炎发表《论井冈山时期毛泽东对马克思主义中国化的奠基意义》(《毛泽东思想研究》第4期),樊建政的《晚年毛泽东政治行为动因分析》(《毛泽东思想研究》第4期),认为毛泽东晚年的政治行为,基本源于"中国现代化"的特殊语境。周建明的《从毛泽东思想到中国特色社会主义理论体系——兼论第一代中央领导集体的伟大探索》(《毛泽东邓小平理论研究》第5期),认为学习和坚持毛泽东思想,是坚持和发展中国特色社会主义理论体系的重要基础。

二、邓小平理论

1982年9月1日,邓小平在中国共产党第十二次全国代表大会的开幕词中正式提出建设有中国特色社会主义,中国进入建设有中国特色社会主义的新阶段。1983年,《邓小平文选(1975—1982年)》出版,1984年、1987年邓小平的《建设有中国特色的社会主义》及其增订本出版。上海同全国一样,也开始对中国特色社会主义理论进行探讨研究。这时期的研究主要是宣传讨论阐发邓小平提出的一些具体观点,主要有科学技术是第一生产力、社会主义市场经济理论、社会主义精神文明建设、"一国两制"的构想等。相关著述主要有:上海人民出版社出版的林子力的《论联产承包制——兼论具有中国特色社会主义农业发展道路》(1983年)、肖前和卢之超编著的《毛泽东哲学思想在新时期的继续——学习〈邓小平文选〉的哲学思想》(1984年)、马洪的《探索经济建设之路》(1984年)和市委宣传部编的《改革时代的理论探索》(1986年)等。

1987年,中国共产党第十三次全国代表大会对社会主义初级阶段理论进行了系统阐述后,上海学界对初级阶段理论的研究形成一个热潮。上海社会科学院部署了关于社会主义初级阶段理论研究工作,并成立初级阶段研究机构,还创办《社会主义初级阶段研究(内刊)》(该刊后改为《上海理论》)。丁祯彦等主编的《中国特色社会主义概论》(广西教育出版社1988年),较完整地论述了中国特色社会主义理论。

20世纪90年代邓小平理论的研究成为马克思主义理论研究的主体内容,认为邓小平的中国特色的社会主义理论就是当代中国的马克思主义。1991年,《解放日报》刊登了皇甫平的多篇文章,主要包括:《做改革开放的带头羊》(2月15日)、《改革开放要有新思路》(3月2日)、《扩大开放的意识要更强些》(3月22日),这些文章强调要进一步解放思想。此后,上海学者继续阐述和宣传邓小平理论,如李君如《邓小平的"中国特色的社会主义"》(《解放日报》6月5日),认为邓小平的"中国特色的社会主义"是融民族性与时代性为一体的科学社会主义新构想。该文获中宣部1991年度"五个一工程奖"。

1992年春,邓小平在武昌、深圳、珠海、上海等地的谈话要点发表,有力推动了中国改革开放的步伐。上海的新闻界理论界积极报道、认真学习、热烈讨论。《解放日报》《文汇报》接连刊登学习南方谈话的理论文章。7月起,上海社科理论界学习讨论进一步深入,社会主义市场经济成为大家关注的热点,《文汇报》发表《建立社会主义市场经济》(7月15日)。同年,中共十四大郑重提出邓小平建设有中国特色社会主义的理论,并确认这个理论为党的基本理论后,上海学界形成宣传学习和研究邓小平理论热潮。10月19日,《解放日报》发表社论《用邓小平同志的理论武装全党——热烈祝贺党的十四大胜利闭幕》;《文汇报》于10月31日、11月1日、5日、9日、13日,连续以《建设有中国特色社会主义理论是我们前进的旗帜》为题发了"首都理论界学习十四大报告座谈会发言摘要"。

1993年2月13日,上海社会科学院在毛泽东思想研究中心的基础上,率先建立起邓小平理论研究中心。不久,该中心被中央确定为全国邓小平理论研究的五大基地之一。6月15—19日,中宣传部在上海召开第一次全国性的邓小平理论研讨会——建设有中国特色社会主义理论研讨会。中共中央政治局委员、市委书记吴邦国在开幕式上作题为《以建设有中国特色社会主义理论指导上海工作》的讲话。11 月 2 日,《邓小平文选》(第三卷)出版发行,学习宣传研究邓小平理论进入一个新的阶段。《解放日报》11 月 3 日刊登社论《掌握强大的理论武器》和马洪的《系统地学习小平同志关于改革的理论》。同日,吴邦国在上海市部署学习《邓小平文选》(第三卷)会上号召通过认真学习《邓小平文选》(第三卷),进一步统一认识,坚定信念,坚持党的基本理论和基本路线不动摇,推动上海的两个文明建设,不辜负党中央国务院和邓小平同志殷切期望,为把上海早日建成社会主义现代化国际城市而努力奋斗。11 月 4 日,《解放日报》发表社论《抓好根本性的大事》。11 月 12 日,施芝鸿在《解放日报》发表《贯穿新一卷〈邓小平文选〉的四个搞清楚》。自 11 月 14 日起,《解放日报》开辟《认真学习〈邓选〉第三卷》专栏,《文汇报》也开设《认真学习〈邓小平文选〉第三卷》专栏,《社会科学》刊发励永庆的《论邓小平的机遇思想》(第 11 期)。

1994 年 1 月 6 日,市委宣传部和上海社会科学院邓小平理论研究中心联合召开全市理论界《邓小平文选》第三卷学习交流会。4 月 30 日,《毛泽东邓小平理论研究》(双月刊)创刊(前身为《毛泽东哲学思想研究》),是国内第一份以邓小平名字命名的,以宣传和研究毛泽东思想和邓小平建设有中国特色社会主义理论为宗旨的专业性理论刊物。市委常委、市委宣传部部长金炳华在创刊号上发表学习《邓小平文选》第三卷体会文章《两个文明建设都搞好才是有中国特色的社会主义》。6 月 3 日,复旦大学马克思主义研究中心结合学习《邓小平文选》第三卷,就“如何认识和处理新时期人民内部矛盾问题”举行专题研讨会。6 月底,上海市邓小平理论研究会正式成立,全市形成邓小平理论研究基地的网络。10 月,上海人民出版社出版“邓小平理论与实践研究丛书”(丛书编委会主任陈至立),包括俞新天的《走自己的路——对中国现代化的总体设计》;周尚文、陈锡喜的《中国的发展离不开世界——时代特征与国际战略》;龚金国、张道根、顾光青的《社会主义也可以搞市场经济——一种新理论的创造》;王森洋、周林东的《科学技术是第一生产力——新科技革命与唯物史观的新发展》;莫建备的《农业改革发展要有两个飞跃——从联产承包责任制到适度规模经营》;夏禹龙的《加速发展,达到共同富裕的捷径——中国地区发展战略与布局》;桑玉成、周罗庚的《改革向前推进的一个标志——建立与市场经济发展适应的政治体制》;程伟礼额《两手都要硬——交好物质文明、精神文明两份答卷》;沈荣华、吴国耀等的《尊重知识,尊重人才——振兴中华的百年大计》和黎明、朱尔沛、莫臻的《企业改革主要是搞活国有大中型企业——宝山钢铁(集团)公司的探索》,丛书后获 1994 年度全国“五个一工程奖”。11 月 24—25 日,市委宣传部、上海社会科学院邓小平理论研究中心、市邓小平理论研究会、解放日报社和文汇报社联合召开“邓小平建设有中国特色社会主义理论与上海改革开放理论研讨会”。王沪宁、夏禹龙、赵修义、沈建新、张道根、黄仁伟、周锦尉 7 位代表在大会上发言。其中,赵修义的《社会主义市场经济的伦理辩护问题》从伦理观、价值观上辨明社会主义市场经济的合理性、可行性和正当性,入选中宣部召开的第二次全国邓小平理论研讨会,并获 1994 年度全国“五个一”工程奖。此外,关于邓小平理论的著作还有:上海人民出版社出版的市委宣传部编的《建设有中国特色社会主义理论普及读本》和《社会主义市场经济常识读本》、市委党史研究室编的《邓小平与上海改革开放》、王珏等的《邓小平经济思想的渊源与发展》、俞吾金的《邓小平:在历史的天平上》、周毅之的《邓小平的思维艺术》;上海社会科学院出版社出版的上海教育杂志社编的《邓小平教育思想的学习与实践》和刘凤瑞主编的《邓小平统一战线理论概述》;学林出版社出版的孙殿林、周纪良、顾荣福主编的《中国特色社会主义研究——从毛泽东到邓小平》和《社会主义市场经济的实践与思考》等。同年,有不少学者研究了邓小平的价值观,如沈铭贤的《论社会的价值导向》(《解放日报》2 月 23 日),区分了价值导向和价值取向,提出社会舆论和奖励系统是价值导向的两大环节。其后不久,《解放日报》开设“社会主义市场经济与共产党员的价值观”栏目,连续发表尹继佐的 4 篇文章,提出社会主义市场经济下的价值体系的内容。赵修义发表《社会主义市场经济的价值目标》(《文汇报》5 月 28 日)等。

1995 年起,上海高校将邓小平理论课确定为大学生必修课。市教委从 1993 年底开始组织编写有关教材,1995 年 3 月,《邓小平理论教程(教学大纲)》在几所高校试用;7 月,上海财经大学出版社出版《邓小平理论教程》,是全国最早出版的关于邓小平理论的高校系统教材。11 月,同济大学研究生邓小平理论研究会成立。研究论文则有吴军的《邓小平对中国现代化规律的研究和把握》(《学术月刊》第 3 期)等。1996 年 3 月,上海社会科学院邓小平理论研究中心和市委党校联合举办“邓小平理论硕士研究生课程进修班”,系全国首次尝试。4 月,上海交通大学学生邓小平理论研究会成立。

这一时期,精神文明建设问题成为上海学者关注的重点。《毛泽东邓小平理论研究》1995 年第 6 期发表了赵修义的《社会主义市场经济条件下的精神生产方式初探》,从精神生产角度对社会主义市场经济条件下精神文明建设的运行机制,及其所提出的理论与对策问题作了探索。丁水木的《论建立适应社会主义市场经济的价值观》和陈根法的《论市场经济条件下的道德生长点》,讨论了市场经济下的价值观和道德生长点问题。1996 年 1 月 18 日,市委宣传部、市邓小平理论研究会联合举行第三次全市性的邓小平理论研讨会,主题是社会主义市场经济条件下精神文明建设。1 月 31 日,《解放日报》刊登沈铭贤的《科学意识:精神文明建设的一个重要方面》,提出用科学意识反对迷信,大力弘扬科学精神是精神文明建设的重要方面。此后,上海学界围绕这一问题召开一系列讨论会,从各个学科领域的不同角度对精神文明建设的理论和实践展开全方位的研究。关于精神文明建设的战略地位问题,《解放日报》刊登了李君如的《深刻理解和认真实践邓小平关于精神文明建设的思考》(10 月 23 日)和尹继佐、李君如的《新时期精神文明建设的战略地位》(11 月 12 日),认为邓小平把精神文明作为社会主义和现代化的目标,把精神文明和市场经济结合起来,是一个富有远见卓识的战略构想,是人类历史上的一个伟大创举。此外,上海学者发表了其他论著,包括:朱寄萍的《科学技术:精神文明建设的重要基石》(《文汇报》7 月 20 日)论述科学技术的发展在精神文明建设中的基础作用。邱明正的《邓小平文艺理论对毛泽东文艺思想的新发展》(《毛泽东邓小平理论研究》第 3 期),把邓小平将社会主义文艺的性质定性为社会主义精神文明建设的范畴,体现了文艺自身的本性、特征和规律。俞新天的《文化的命运》(《解放日报》10 月 16 日),认为中华文化不能仅仅理解为儒家文化,它包括少数民族的灿烂文化和民间民俗文化,马列主义、毛泽东思想、邓小平理论是中华文化传统新的思想文化因素。

此外,上海学界对社会主义本质论问题也有讨论。孙殿林的《正确理解邓小平社会主义本质论》(《党政论坛》1996 年第 1 期)发表。余源培、邵腾的《对社会主义本质认识是一个历史过程》(《学术月刊》1996 年第 9 期),探讨了社会主义本质论的认识史,并认为邓小平的有关论述,是继马克思、列宁之后的第三次飞跃。周尚文、周锦尉、陈锡喜的《什么是社会主义,怎样建设社会主义》(上海人民出版社 1997 年),认为新时期探索建设有中国特色社会主义道路的最大理论成果之一,就是邓小平理论的基础部分、核心部分。

1997 年,党的十五大召开,邓小平理论确定为全党指导思想。理论界围绕这一主题展开了研究。孙关宏等的《邓小平政治思想研究》由上海人民出版社出版;上海辞书出版社出版《邓小平思想理论大辞典》,其中由龚育之、石仲泉撰写的“邓小平建设有中国特色社会主义理论”,又以《邓小平建设有中国特色社会主义理论新论大纲》为名发行单行本。此外，金炳华的《邓小平理论——马克思主义在中国发展的新阶段》(《解放日报》10 月 22 日)与王邦佐、桑玉成的《中华民族振兴史上的光辉里程碑》(《文汇报》9 月 27 日)，阐述了中共十五大的历史意义。卢良梅、马德邻的《高举邓小平理论旗帜是十五大的最大贡献》(《上海师范大学学报》第 4 期)，认为高举邓小平理论旗帜是中共十五大的最大贡献。此外，有学者还分析了中共十五大关于社会主义公有制的阐述，如浦在明的《社会主义所有制理论的重大突破》(《文汇报》11 月 25 日)和《公有制理论：突破与发展》(《党政论坛》第 12 期)，指出中共十五大关于公有制问题在内涵、主体地位及结构变动三个方面有重大突破。

这一时期，上海学界探讨了社会主义初级阶段理论。1997 年，李君如的《坚持党在社会主义初级阶段的基本路线和基本纲领》(《解放日报》10 月 8 日)，阐明了邓小平创立社会主义初级阶段理论的历史背景及理论与现实依据和初级阶段理论是邓小平全部理论的立论依据及整个理论体系的重要基础。尹继佐的《强调社会主义初级阶段的现实意义》(《文汇报》10 月 27 日)，认为初级阶段理论实现了社会主义认识由不清晰到清晰的巨大飞跃，并强调这也是制定和坚持党的基本路线的依据。江丹林的《论社会主义初级阶段理论的历史意义》(《学术月刊》第 10 期)，从三个方面论述了初级阶段理论的创立是社会主义实践的必然要求。1997 年 6 月起，市委宣传部组织编写的《邓小平理论与实践研究》丛书第二辑 12 本陆续出版，包括卢良梅、杨元华的《解放思想、实事求是》；吴修艺、李炼忠的《坚持和改善党的领导》；王邦佐、王关兴的《发展最广泛的爱国统一战线》；杨德广、杨慧如等的《面向现代化、面向世界、面向未来》；龚浩成、戴国强等的《金融是现代经济的核心》；夏禹龙、周良毅、谭大骏的《发展高科技、实现现代化》和林尚立、刘建军、陈玉刚的《一个国家两种制度》等。

1997 年 4 月 16 日，市委宣传部部长金炳华在市第四次邓小平建设有中国特色社会主义理论研讨会闭幕式上发表《坚持"以科学的理论武装人"——把本市邓小平理论的学习、研究、宣传进一步引向深入》的讲话。此后，关于邓小平理论的研究不断深入，成果有余源培的《邓小平理论的内在逻辑探究》(《学术月刊》1997 年 11 期)，认为唯物辩证法对于邓小平创立建设有中国特色社会主义理论起着重要作用。姜琦的《苏联东欧剧变与邓小平理论的历史地位》(《社会科学战线》1998 年第 2 期)，指出怎么搞社会主义必须根据各国的国情，重新探索。宋进的《论邓小平理论的创新机制》(《毛泽东邓小平理论研究》2000 年第 5 期)，认为党的十五大对邓小平理论成为马克思主义在中国发展的新阶段，是从新境界、新的科学水平、新的科学判断和新的科学体系作了科学的论证。

上海学界对邓小平理论的研究不断体系化和深化，主要有：2000 年，李君如的《图说邓小平理论》(上海人民出版社)、宋进的《邓小平理论的品格研究》(上海交通大学出版社)和《邓小平理论研究论文集》(上海社会科学院出版社)出版。2004 年，余源培的《邓小平理论辞典》(上海辞书出版社)出版，齐卫平发表《邓小平理论与中国社会转型的逻辑关联》(《安徽师范大学学报》第 4 期)，《毛泽东邓小平理论研究》第 5 期刊发郭定平的《论邓小平民主理论中的辩证思维》和胡振平的《时代的跨越——试论邓小平理论形成和发展的伟大意义》，余玉花发表《论邓小平关于科学社会主义理论实践本质的思想》(《马克思主义研究》第 6 期)等。

2004 年 8 月，上海社联举办纪念邓小平诞辰 100 周年座谈会，推出论文集《上海市社联纪念邓小平诞辰 100 周年座谈会会议资料汇编》，主要有：丁荣生的《在新的历史条件下不断巩固马克思主义的指导地位——学习邓小平同志关于坚持和发展马克思主义的重要思想》，贺世友的《邓小平理论科学概念的提出及其理论价值》，周一平的《论邓小平在中国共产党发展史上的地位》，姜德福、孙道同的《人民领袖与人民儿子的完美统一》，周瑞金的《邓小平中国发展思想与科学发展观》等。此外，宋佩玉、唐洲雁的《纪念邓小平诞辰 100 周年邓小平理论研究综述》(《毛泽东邓小平理论研究》2005 年第 11 期),围绕纪念邓小平诞辰 100 周年发表的一系列理论成果进行总结和回顾。

另外,上海学者对邓小平的具体思想的研究也有一定的成果,主要有刘泽雨的《试论邓小平的创新精神及其现实意义》(《毛泽东邓小平理论研究》1998 年第 5 期)、陈新汉的《邓小平认识论思想论纲》(《毛泽东邓小平理论研究》1999 年第 5 期)、陈昌玖的《邓小平经济理论方法初探——兼论传统社会主义经济理论方法的局限性》(《学术月刊》1999 年第 4 期)、夏禹龙的《邓小平的发展观》(《毛泽东邓小平理论研究》1999 年第 6 期)、马艳的《邓小平的风险观与知识经济》(《毛泽东邓小平理论研究》2000 年第 3 期)、黄仁伟的《邓小平对中国崛起的战备思考》(《邓小平百年纪念——全国邓小平生平和思想理论研讨会论文集》2005 年 7 月)、倪世雄的《邓小平与中美关系》(《毛泽东邓小平理论研究》2009 年第 5 期)等。

三、“三个代表”重要思想

21 世纪初,“三个代表”重要思想成为马克思主义理论研究的主体内容。2000 年初,江泽民在广东指导高州市“三讲”教育时发表《在新的历史条件下,更好地做到“三个代表”》的讲话,首次明确提出“三个代表”重要思想。2002 年,中共十六大把“三个代表”重要思想作为党的指导思想正式写入党章。上海学界对“三个代表”重要思想也进行了广泛深入的学习和研究。据不完全统计,仅 2000—2003 年,上海学者撰写出版相关专著 30 多部。其中,上海社会科学院组织沪上专家集体攻关完成的“江泽民‘三个代表’重要思想研究丛书”(上海社会科学院出版社),从 10 个方面探讨了党在建设中国特色社会主义道路上所面临的重大理论问题和实际问题,成为当时一大学术亮点。

此外,上海学者集中研讨“三个代表”重要思想的时代背景、历史地位、科学内涵、理论体系、理论品质、哲学意蕴、实践基础和指导意义等内容。2000 年,奚洁人的《“三个代表”重要思想与当代中国马克思主义的新境界》(《毛泽东邓小平理论研究》第 5 期),认为“三个代表”重要思想是中国特色社会主义事业发展进入新阶段的重大历史关头的马克思主义的新境界。尹继佐的《与时俱进的理论品质——学习江泽民同志关于“三个代表”的重要论述》(《文汇报》8 月 28 日),认为“三个代表”形成了完整的理论体系,涵盖党的思想建设、政治建设、组织建设、作风建设和制度建设。胡伟的《“三个代表”:党的建设面向新世纪的坐标》(《探索与争鸣》第 10 期)和《按照“三个代表”的要求努力建设社会主义民主政治》(《文汇报》12 月 18 日),认为“三个代表”重要思想提出回答了党在新的发展阶段完善其“合法性”的关键问题。2001 年,朱敏彦的《“三个代表”思想:邓小平理论发展的新阶段》(《毛泽东邓小平理论研究》第 4 期),认为“三个代表”重要思想是把马克思主义基本原理与中国实际又一次成功的结合,实现了又一次历史性的飞跃。施岳群的《治党与兴邦的有机统一——“三个代表”与三大执政考验》(《学术月刊》第 6 期),认为“三个代表”重要思想的鲜明特色是经受三大考验,实现治党与兴邦的有机结合和高度统一。2003 年,曹泳鑫、陈祥勤的《“三个代表”重要思想确保了党的建设与社会主义现代化目标的内在统一》(《毛泽东邓小平理论研究》第 4 期),认为“三个代表”重要思想被确立为党的指导思想,使党在自身建设、政治角色、执政任务的定位上与社会主义的现代化目标内在统一起来。余源培的《把握“三个代表”重要思想的精髓和主题》(《文汇报》7 月 16 日),认为“三个代表”重要思想的基本主题是发展,把党的先进性和社会主义制度的优越性,落实到发展先进生产力、发展先进文化和实现好广大人民的根本利益上来。2003 年 10 月,上海社联举办“三个代表”重要思想与上海现代化理论研讨会,并选定 34 篇论文汇编成《“三个代表”重要思想与上海现代化理论研讨会会议资料汇编》论文集。此外,相关研究成果还有:齐卫平的《“三个代表”重要思想的理论定位和品性思考》(《华东师范大学学报》2004 年第 2 期),陈锡喜的《论“三个代表”要求与“三个代表”重要思想的关系》(《思想理论教育导刊》2004 年第 4 期),黄凯峰、胡振平的《“三个代表”重要思想和马克思的社会发展理论》(《社会科学》2004 年第 5 期)和《“三个代表”重要思想与马克思主义价值论》(《毛泽东思想研究》2004 年第 6 期)以及潘宁的《“三个代表”重要思想是党的实事求是思想路线的继承和创新》(《毛泽东思想研究》2005 年第 1 期)等。

四、科学发展观

2002 年,党的十六大召开,提出要在 21 世纪的头二十年,集中力量,全面建设惠及十几亿人口的更高水平的小康社会。上海学界探讨了这一主题,林漳杰主编的“全面建设小康社会专题研究丛书”(学林出版社 2005 年),涉及全面建设小康社会的政治伦理、党的建设、经济建设,以及所有制建设等方面,包括高惠珠的《新时期的政治伦理》、鲍炳中的《以改革的精神建设党》、高尚荣的《小康社会的工农业建设》、张健的《创新文化与文化创新》和苏令银的《拨开所有制问题上的迷雾》。此后,党的十六届五中、六中全会提出以科学发展观统领经济社会发展全局后,上海学界围绕“科学发展观”的理论意义、理论体系、具体内涵和如何贯彻落实等展开一系列研究,主要成果有:周振华的《科学发展观与经济结构调整》(《文汇报》2004 年 4 月 12 日)、张幼文的《和平发展道路与科学发展观》(《解放日报》2004 年 6 月 14 日)和《对外开放效益评估的主题与思路——以科学发展观对“新开放观”的探索》(《世界经济研究》2005 年第 8 期)、权衡的《落实科学发展观 树立科学分配观》(《文汇报》2006 年 9 月 11 日)等。

2004 年,《上海经济研究》特约评论员撰写的《以科学的制度促进科学的发展》(第 7 期)提出实施科学发展观的重点是政府行为的合理性的观点。邓伟志的《科学发展观刍议》(《社会科学》第 10 期),提出科学发展观的基本内容是人本、全面、协调和持续。2005 年,邢邦志的《科学发展观的思想内涵与实践要求》(《上海经济研究》第 1 期),认为科学发展观以马克思主义的社会发展观为理论基石,批判地继承了传统经济发展观的合理内核,构建了含义充盈的立体发展观。程伟礼的《科学发展观——世界观和方法论的集成创新》(《文汇报》11 月 15 日),认为科学发展观标志着我们党对共产党执政规律、社会主义建设规律和人类社会发展规律的认识达到了新的高度。童世骏的《多维角度思考科学发展观》(《社会科学报》12 月 22 日),认为中共十六大以来中国的改革发展进入关键时期,“关键”之为关键的重要表现是“什么样的发展”代替了“要不要发展”成为全党、全国甚至国际舆论的中心话题。科学发展观就是用来解决“什么样的发展”这个大问题的大智慧。2006 年,《毛泽东邓小平理论研究》第 1 期刊发朱贻庭的《“以人为本”与科学发展观》和赵修义的《“发展”:从“要务”到“观”——科学发展观与社会主义价值目标》,前文认为“以人为本”是科学发展观的本质,它从马克思主义历史观和价值论的高度回答了“发展为谁”“发展靠谁”以及“发展成果由谁分享”这样一个核心问题;后文认为科学发展观的提出意味着对“发展”问题的把握已经从一个具体的目标和方法提升到一种价值观、世界观的高度。程伟礼发表《科学发展观若干问题研究》(《毛泽东邓小平理论研究》第 6 期)和《科学发展观的世界观意义》(《解放日报》6 月 19 日),前者把科学发展观定位为唯物史观在当代中国的理论诠释;后者认为科学发展观标志着我们党对执政规律、社会主义建设规律和人类社会发展规律的认识达到新的高度。余源培、郭友聪、陈宝的《落实科学发展观需要强化四种意识》(《毛泽东邓小平理论研究》第 10 期),提出落实科学发展观需要强化四种意识,即总结的意识、改革的意识、忧患的意识和系统的意识。2007 年,童世骏主编的“科学发展的社会工程丛书”(上海人民出版社),认为实现以人为本、全面协调可持续发展的根本方法在于统筹兼顾这个主题。方松华、张志宏的《论科学发展观的学理内涵与人文意蕴》(《毛泽东邓小平理论研究》第1期),认为科学发展观之所以成为当代中国引领经济社会发展的指导思想,是因为其不但有着非同寻常的政治与文化意义,还具有深刻的学理内涵和人文意蕴。党的十七大召开后,关于科学发展观的讨论进一步深化。2008年,俞吾金的《科学发展观的内在张力》(《文汇报》2月18日),着重探讨了“科学发展观”中“科学”“发展”概念以及“整个发展过程”中的“内在张力”问题。鲁品越的《科学思想变迁对科学发展观的贡献》(《上海财经大学学报》第1期),讨论了“科学思想”的变迁与“发展观”的内在关联。2010年,高惠珠等出版《历史唯物主义当代形态——科学发展观深度研究》(上海人民出版社)。

五、马克思主义中国化、时代化、大众化

1938年10月,在中共六届六中全会上,毛泽东在《论新阶段》的报告中第一次提出了“把马克思主义中国化”的任务。此后,学界关于“马克思主义中国化”形成共识。所谓“马克思主义中国化”,就是将马克思主义的基本原理和中国革命与建设的实际情况相结合,从而得出适合中国国情的社会主义革命和建设道路。毛泽东思想和中国特色社会主义理论体系是马克思主义中国化的两大理论成果,它们之间是一脉相承又与时俱进的关系。

20世纪80年代,上海学界开始从多角度研究马克思主义中国化。从哲学角度研究的成果有:陈卫平的《论马克思主义哲学中国化与传统哲学》(《哲学研究》1987年第5期),李毅的《马克思主义哲学中国化的问题》(《毛泽东邓小平理论》1989年第2期)。从史学角度研究的有:杨奎松的《马克思主义中国化的历史进程》(《近代史研究》1991年第4期)。从人物角度研究的有:张翼星的《毛泽东与马克思主义的中国化(一)、(二)》(《毛泽东邓小平理论研究》1994年第1、3期)。从文本角度进行研究的有:雍涛的《马克思主义中国化的典范——〈实践论〉〈矛盾论〉的深远意义》(《毛泽东邓小平理论研究》2000年第1期)。从方法论角度进行研究的有:郭建宁的《马克思主义中国化研究的历史、现状与方法论》(《毛泽东邓小平理论研究》2005年第5期)等。

2006年,马克思主义中国化研究成为马克思主义理论的二级学科,对马克思主义中国化的研究也进一步成为理论界关注的热点。2007年,罗本琦、汪青松、余精华的《马克思主义中国化机制论》(中国社会科学出版社),立足发展着的中国国情,解释马克思主义中国化的时代内涵。2008年,汪青松、焦少林出版《马克思主义中国化的理论丰碑:中国化马克思主义十二观》(合肥工业大学出版社)。2010年前后,学界对马克思主义中国化、时代化、大众化的讨论成为时代热点。宋进的《坚持时代精神,回答时代课题——论中国化马克思主义的问题意识》(《华东师范大学学报》2007年第4期),认为坚持时代精神,科学地回答时代提出的课题,是中国化马克思主义问题意识的集中体现。齐卫平的《马克思主义“中国化”与“大众化”之关系论析》(《马克思主义研究》2009年第6期),认为“中国化”是“大众化”的前提,“中国化”是为了“大众化”,“中国化”只有在“大众化”上结果才具有其实际的意义。冯俊的《试论马克思主义中国化与时代化的关系》(《中国浦东干部学院学报》2010年第1期),认为马克思主义中国化与时代化是相互联系辩证统一的。顾钰民的《马克思主义时代化研究的若干思考》(《马克思主义研究》2010年第10期),认为马克思主义时代化是在中国化基础上提出的对马克思主义研究的新要求,同时也进一步推动着马克思主义中国化的研究。

第四节　思想政治教育

1981 年，中共十一届六中全会通过的《关于建国以来党的若干历史问题的决议》，向全党提出了加强和改善思想政治工作的迫切任务。此后，上海思想政治教育理论界重点对改变思想政治工作涣散软弱现象的必要性和迫切性，加强和改善思想政治工作进行研究。1981 年，王林的《试论加强和改善高校思想政治工作的若干问题》（《上海师范大学学报》第 4 期），认为思想政治工作在学校教育中的地位有重新认识的必要，改变思想政治工作涣散软弱现象具有必要性和迫切性。1982 年，《上海高教研究》第 2 期刊登《高等学校学生思想政治教育概论》系统讨论了这一问题。1984 年，市高教局主编出版《高等学校学生思想政治教育》（教育科学出版社）。

20 世纪 80 年代中后期，思想政治教育研究主要针对如何改革高等学校的思想政治教育展开。董天华、悉立龙、肖云、施云华对上海及杭州等地的十几所高校进行高校思想政治教育状况及改革的调查，撰成《对高校思想政治教育改革的一些设想》（《上海高教研究》1986 年第 1 期）。1986 年，吕会霖发表《培养和提高政治感是思想政治教育的一个基本方面》（《上海党校学报》第 2 期）。1987 年，张闻飞的《专业知识教学是思想政治教育的重要途径》（《上海高教研究》第 1 期），提出在大学生的思想政治教育工作中应加强马列主义理论教育和开好德育课。1989 年，谈松华主编的《大学思想政治教育简史》（上海交通大学出版社），对各个时期大学思想政治教育的主要经验教训作了总结。

20 世纪 90 年代，上海学者开始对思想政治教育进行更加深入的研究，涉及高校应该坚持什么样的思想政治教育目标、思想政治教育怎样适应市场经济的发展等。黄文林的《必须重新明确高校思想政治教育的目标》（《上海高教研究》1990 年第 1 期），认为高校思想政治教育目标是高校一切思想政治教育活动的出发点和归宿，离开了正确的教育目标去谈教育的内容、方法只能是本末倒置。秦绍德、姜良斌、董雅华的《关于当前高校学生思想政治工作的几点思考》（《复旦教育》1993 年第 3 期），探讨了在向社会主义市场经济转轨的变革时期，针对高校学生思想政治工作的前景如何、怎样适应、怎样改进、怎样加强等一系列的问题。刘新庚的《论社会主义市场经济中思想政治教育方法的新特点》（《华东师范大学学报》1995 年第 1 期），认为社会主义市场经济的建立必将给思想政治教育的方法论带来一个新的飞跃，教育实施的手段、教育运行的方式和途径都将呈现出许多新特点。

21 世纪以来，上海学者对思想政治教育的研究主要围绕思想政治教育的有效性问题展开。关于思想政治研究领域谁是主体的问题讨论，成果有：沈壮海的《思想政治教育的有效主体论》（《上海交通大学学报》2000 年第 4 期），石书臣的《论思想政治教育中意识形态性与非意识形态性的统一》（《探索》2003 年第 3 期）、《论思想政治教育个体价值的新发展》（《教学与研究》2007 年第 6 期），邱柏生的《论意识形态功能及其与思想政治教育价值的关系》（《学校党建与思想教育》2007 年第 10 期），项久雨的《利益逻辑与思想政治教育价值的生成》（《思想理论教育》2008 年第 1 期）等。

关于思想政治教育的载体、模式、环境、制度、创新等的研究，成果有：贺才乐的《思想政治教育载体及其研究价值》（《上海交通大学学报》2002 年第 2 期）、李梁的《浅析思想政治教育信息传播及其模式》（《上海大学学报》2003 年第 2 期）、余亚平主编的《思想政治教育学新探》（上海人民出版社 2004 年）。邱柏生的《从政治沟通角度看思想政治教育的有效性》（《思想教育研究》2006 年第 4 期）、石书臣的《中国共产党坚持思想政治教育主导性的优良传统及其特点》（《上海师范大学学报》2007 年第 4 期）、彭纪春的《改善大学生思想政治教育环境的思考》（《思想理论教育》2007 年第 5

期)、丁力的《思想政治教育的制度创新及其途径》(《思想理论教育》2007 年第 9 期)、胡凯的《论思想政治教育理论研究中的生活话语》(《思想理论教育》2007 年第 11 期)、石书臣的《思想政治教育的本质规定及其把握》(《马克思主义与现实》2009 年第 1 期)和《思想政治教育现象论析》(《思想理论教育导刊》2009 年第 6 期),王贤卿的《论传播学受众理论与思想政治教育创新》(《思想理论教育导刊》2009 年第 11 期)、邱伟光的《思想政治教育人文关怀的育人机理探析》(《思想理论教育》2009 年第 19 期)等。

关于高校的思想政治教育教学研究一直是思想政治教育研究的重要内容。主要成果有:邱柏生的《高校思想政治教育中值得关注的几个问题》(《复旦教育论坛》2003 年第 1 期)。2007 年,顾钰民的《论高校思想政治理论课教学方法的研究》(《教学与研究》第 5 期)。2008 年,石书臣的《思想政治教育概念的学科梳理和探讨》(《思想教育研究》第 8 期)、邱柏生的《改革开放以来高校思想政治教育创新的特征》(《思想理论教育导刊》第 10 期)、顾钰民的《论思想政治理论课教师队伍的"三大建设"》(《思想理论教育》第 17 期)。2009 年,胡涵锦的《实现思想政治理论课教学状况明显改善的目标关键在教师》(《思想理论教育》第 1 期)、邱柏生的《高校思想政治教育的生态分析》(上海人民出版社)。2010 年,李梁的《高校思想政治理论课教学媒体形态的演变进程和基本经验》(《思想理论教育》第 1 期)等。

第二章　党史党建研究

1978年，上海党史党建学界开展对“实践是检验真理标准问题”的大讨论，学科建设从复苏开始走上新生。1981年，中共十一届六中全会通过《关于建国以来党的若干历史问题的决议》，上海党史党建研究也进入一个新的发展时期，学术团体纷纷涌现，学术活动形式多样，学术论著大量出版。20世纪90年代以后，上海党史党建研究工作者在大发展的基础上，注重研究的深度和广度，进一步加强理论分析，提高为现实服务的自觉性，在学术方面上了一个新的台阶。进入21世纪，上海党史党建研究工作在宏观的层面上，开始有计划、有部署的综合性研究，以20世纪末出版的《上海市哲学社会科学研究发展报告(1978—1998)》为标志，对上海中共党史党建研究工作进行总结和提升，使之更加规范更加有序发展。

第一节　党 史 研 究

一、综合研究

【马克思主义中国化】

20世纪末，上海学者对马克思主义中国化这一理论体系产生和发展的历史进程进行梳理和研究，取得了丰厚的研究成果。1998年，钟家栋、王世根主编的《20世纪：马克思主义在中国》(上海人民出版社)，是国内最早系统研究马克思主义中国化的历史著作之一。2001年，钟家栋主编的《重铸中国魂：20世纪马克思主义中国化历程》(复旦大学出版社)，论述百年来中国共产党选择马克思主义、中国人民选择马克思主义这两个历史性选择，突出中国共产党人和中国知识分子对马克思主义中国化的理论贡献。2009年，夏斯云、张云主编的《马克思主义中国化新论》(上海人民出版社)，从马克思主义中国化的历史进程、中国共产党人对马克思主义中国化的杰出贡献等多方面进行阐述。此外，相关研究还有李占才的《主义与问题论析——马克思主义中国化若干问题研究》(同济大学出版社2009年)、《马克思主义中国化时代化大众化研究文集》(人民出版社2010年)和金邦秋的《论马克思主义中国化的历程》(《上海党史与党建》2004年第3期)等。对马克思主义中国化的历史经验及主要特征进行分析研究的则有孙果达的《论马克思主义中国化的历史经验》(《中共党史研究》2002年第1期)、齐卫平的《马克思主义中国化历程中的六个“三”》(《江海论坛》2010年第1期)等。

【党史通史】

1982年，市党史学会组织郑灿辉、王世根等编写的《中国共产党历史讲义》(上海人民出版社)，遵循党的两个历史决议的精神，对“文化大革命”期间被江青集团歪曲和篡改的党史进行批判，是1978年后第一部由教育部发文推荐的全国高校公共政治理论课教材，突破了上海学界编纂全国性中共党史教材的禁区。1988年，丁凤麟、王世根等编纂的《中国革命史纲》(上海交通大学出版社)及孙道同、许广顺、冯显诚等编写的《中国革命史学习指导》(上海医科大学出版社)，以中国共产党领导中国革命的发展历程为基本线索,总结历史的经验教训,拓宽了中共党史研究新视野。1990年,朱华、陈丽凤撰写的《从兴业路到天安门》(华东师范大学出版社),在史论结合方面作出有益的探索。1991年建党70周年之际,市委宣传部组织编纂"纪念中国共产党诞辰70周年丛书"(6卷本),由上海人民出版社出版,系统阐述中国共产党70年的奋斗历程,反映了上海党史学界集体研究成果和研究水平。2001年建党80周年之际,上海人民出版社组织编纂出版《中国共产党80年书系》。此外,上海科学技术出版社出版的王世根、贺世友编纂的《中国共产党80年》(中学生版),张云、孙道同编纂的《中国共产党80年》(小学生版)两种科普性党史读物的出版发行,是上海中共党史知识进入中小学课堂的开端。

另外,一批工具书相继出版,为中共党史研究的进一步深化提供了基本条件。1983年,市党史学会组织编纂的《中共党史事件人物录》(上海人民出版社),是全国党史学界出版的第一本党史事件人物录。1989年,唐培吉、孙道同、王世根等主编,共311名专家学者参加撰写的大型词典《中国革命与建设史辞典》(经济日报出版社)出版。1991年,任建树的《中国共产党七十年大事本末》(上海人民出版社),对中国共产党七十年间的大事要事进行梳理。1992年,市党史学会组织20余位专家学者编纂的《苏联东欧局势变化大事记》(上海社联内部出版),以编年体的形式全面反映1980—1991年苏联东欧国家局势变化的重大事件。1997年,唐培吉主编的《中国历史(现代)大事年表》(上海辞书出版社)是与古代、近代配套的大型工具书,也是迄今为止容量最大的现代史工具书。

【党史研究热点难点问题】

1978年,中共十一届三中全会后,党史研究领域许多学术问题被提出,引起学术争辩。上海学界十分重视对这些热点、难点的收集整理,并首先予以归纳、梳理和解读。1982年,市党史学会王世根、邹荣庚等编纂的《近年来党史研究若干问题综述》(上海社联内部出版),涉及中共十一届三中全会之后学界关心的党史研究和教学中的220多个问题。20世纪80年代初,如何正确评价党在民主革命时期28年的成就和挫折、经验和教训问题,是学界面对的重大课题,也是中共党史研究领域聚焦的重要难点。1982年,唐培吉的《建国以前二十八年历史的回顾》(《学习历史决议专辑》人民出版社),从10个方面对中华人民共和国成立前党的28年重要节点梳理,回答了历史研究的难点和疑点。1986年及1989年,翟作君、邬正洪主编的《中国革命史研究荟萃》和《中国社会主义革命和建设史研究荟萃》(华东师范大学出版社),对这一阶段800多个学术问题研究的新成果、新信息和新动态进行归纳、梳理和总结。1988年,孙道同主编的《中共党史论丛》(上海交通大学出版社),对新民主主义革命时期若干问题及社会主义初级阶段理论与实践进行探讨。1990年,王世根主编的《中共党史新论》(上海交通大学出版社),吸收最新的学术成果对中共党史若干历史事件和理论观点进行阐述。同年,翟作君主编的《共产国际与中国革命关系史研究荟萃》(复旦大学出版社)出版。

二、专门史及专题研究

【中共创建史】

改革开放初,上海学者就致力于党的创建史研究,并处于全国领先地位。1979年,刘昌玉即发表《关于中国共产党上海发起组的活动》(《上海师范学院学报》第1期)。1980年,任武雄、刘昌玉的《上海共产主义小组的有关几个问题》(《党史资料丛刊》第1期),认为上海共产党早期组织负有筹备正式建立中共的历史使命,在中共创建过程中起到"发起组"的作用,因而将上海党的早期组织称作“中国共产党上海发起组”，这一提法得到全国学术界的广泛认同。1981 年，任武雄、庄有为的《武汉、长沙、广州、济南等共产主义小组的建立及其活动》(《上海师范大学学报》第 2 期)，是中国共产党创建史研究方面的又一个突破。1988 年，上海人民出版社出版《开天辟地》，讨论党的创建问题。1991 年，周尚文主编的《中国共产党创建史》(上海人民出版社)，是中国共产党创建史研究领域第一部通史类著作。中共一大会址纪念馆遴选相关研究论文结集而成《中国共产党创建史研究论文集》(百家出版社 1991 年)、《中国共产党创建史研究文集(1990—2002)》(上海人民出版社 2003 年)。2005 年，陆米强的《现代革命史料研究文集》(上海社会科学院出版社)，较为全面地反映 1978 年至 21 世纪初国内对党的创建史研究的主要成果。

2000 年以后，中共一大研究成果最为突出。2006 年，徐云根的《中共创建史上八大疑案》(《上海党史与党建》第 2 期)，对中国共产党成立时间，陈独秀、李大钊为什么缺席中共一大，中共一大召开日期及党的诞生纪念日等问题作了考证和辨析。中共二大、中共四大研究也取得较大的进展。2002 年，为纪念中共二大召开 80 周年，市委党史研究室、中共二大会址纪念馆联合举办学术研讨会，围绕党的最高纲领与最低纲领的关系及其启示展开讨论，会议论文刊登于同年出版的《上海革命史资料与研究》第 2 辑(上海三联书店)。2006 年，中共二大会址纪念馆编纂的《中国共产党第二次全国代表大会》(中共党史出版社)是该领域第一部系统的资料性著作。2007 年，为纪念中共二大召开 85 周年，市委党史研究室、中共二大会址纪念馆联合举办理论研讨会，会议论文集结于《上海革命史资料与研究》第 7 辑(上海古籍出版社)。关于中共四大研究，主要有中共四大史料编纂委员会编纂的《中国共产党第四次全国代表大会》(中共党史出版社 2004 年)。2005 年，市委党史研究室和虹口区委联合举办纪念中共四大召开 80 周年理论研讨会，围绕中共四大的意义、无产阶级领导权问题、党的组织建设问题、中共四大人物研究等进行讨论。上海学者还关注中共四大对党的建设问题的评价，张楚明的《“群众性政党”的提出与中共四大的作用》(《上海行政学院学报》2005 年第 2 期)认为中共四大提出建设“群众性政党”的问题，并决定从各个方面加强党的建设，使党的力量得到迅速发展。

此外，一批中共创建史研究的工具书出版，包括河南人民出版社出版的周一平的《中共党史史学辞典》(1993 年)，以及上海人民出版社出版的倪兴祥的《中国共产党创建史大事记》(2004 年)、《中国共产党创建史辞典》(2004 年)、《中国共产党创建史论著目录(1949—2004)》(2006 年)等。2008 年，王来棣的《中共创始人访谈录》(香港明镜出版社)，收入包括对李达、冯白驹、曾希圣、林伯渠、徐特立、吴玉章、陈望道等 30 余人的采访记录。

【第一次国内革命战争史】

上海学界对第一次国内革命战争史的研究，除与上海地方党史有关的内容，如五卅运动、上海工人三次武装起义，以及上海大学、国民党上海执行部等机构进行研究外，还包括第一次国共合作研究，如沈建中的《解读第一次国共合作》(《上海党史与党建》2008 年第 10 期)认为，第一次国共合作服从于共产国际的东方战略，实质是国苏合作。关于中共五大研究，2007 年，市党史学会召开“老专家学术论坛”，就中共五大相关问题及 1927 年中国大革命失败的原因进行讨论。张小红发表《中共五大与共产国际》(《上海党史与党建》2007 年第 10 期)。关于大革命时期党的自身建设研究，朱华的《试论大革命时期中国共产党对基层组织建设的探索》(《中共党史研究》2006 年第 4 期)，以上海为考察对象，勾勒出有关基层组织建设思想和实践发展的基本脉络。张明楚、何科君、曾瑜华的《大革命时期中共在军队中的基层组织建设》(《中国井冈山干部学院学报》2008 年第 3 期)，论述了第一次国共合作后，中共开始在军队中建立秘密党组织，积极开展党的工作情况。

【第二次国内革命战争史】

20世纪80年代初，上海学界开始对中共党史研究领域这段较为复杂的历史，从政治、军事、根据地和党建等方面进行探讨。1980年，冯显诚的《对农村包围城市道路的形成和发展的初步探讨》(《上海师范大学学报》第2期)，梳理了这条道路形成和发展的历史脉络，认为这是马克思主义与中国革命实践相结合的必然产物。姜义华、石源华、张云的《论查田运动》(《复旦学报》1980年第6期)，不同意过去对查田运动肯定的评价，认为这一运动是在全盘推翻以毛泽东为代表的正确的土地革命路线，在中央苏区全面贯彻“左”倾机会主义路线的一项重要决策。1984年，颜广林的《井冈山时期湘赣边界的党群关系》(《复旦学报》第6期)，对井冈山革命斗争时期党的建设和群众路线等方面进行阐述，认为搞好党群关系是取得革命斗争胜利的一大关键。1990年，颜广林编著的《土地革命战争初期若干问题》(复旦大学出版社)，对第二次国内革命战争初期党史中较为重要的理论和实践问题，作了条分缕析。1999年，黄士良、周智伟、张云等主编的《一场奇特的战争——红军反“围剿”战争史实》(黄河出版社)，梳理第二次国内革命战争时期中国工农红军反“围剿”的全过程，总结其成败得失的经验教训。2008年，唐莲英的《关于东固革命根据地几个问题的研究》(《中共党史研究》)，对第二次国内革命战争时期中共创建的最早革命根据地之一——东固革命根据地的历史发展轨迹及其功过进行评价。相关研究还有陈德军的《乡村社会中的革命——以赣东北根据地为研究中心(1924—1934)》(上海大学出版社2004年)，张明楚的《中央苏区党的基层组织建设》(《上海党史与党建》2006年第5期)，吴珍美、桂治强的《论中国共产党主流意识形态在中央苏区的确立》(《上海党史与党建》2010年第6期)等，分别论述根据地农民革命的发动、基层建设、宣传教育等历史过程和经验教训。

【抗日战争史】

20世纪80年代以后，上海学界从不同角度对抗日战争的方方面面做了阐述和研究。1983年，上海《社联通讯》编辑部整理《整党整风研究资料选编》(《社联通讯》增刊)。1985年，郭加复、洪荣华、武克全主编的《抗日战争大事集》(上海社联)收录抗战时期，中国、日本及国际上发生的政治、军事、经济、思想文化等163项事件。唐培吉的《中国抗日战争在第二次世界大战中的地位和作用》(《北京社会科学》1987年第3期)，首次批判了史学界长期以来欧洲中心论的观点。1989年，唐培吉、王关兴、邹荣庚的《两次国共合作史稿》(浙江人民出版社)，总结了国共两党从酝酿、合作、发展到破裂的历史全过程。1991年余子道的《中国局部抗战综论》(《近代史研究》第2期)，对中国局部抗战产生的原因、经过及特点作了分析，肯定其历史地位和重要意义。1999年，唐培吉、龚古今主编的《中国抗日战争史稿》(湖北人民出版社)，是国内第一部全面系统论述中国抗日战争史的著作。2005年，张劲主编的《中流砥柱——抗战时期的中国共产党》(同济大学出版社)，对中国共产党在民族战争中的历史地位进行评价。

其他成果还有：唐培吉的《国共合作与抗日战争》(《社会科学》1987年第7期)，孙其明的《试论中国抗日战争对世界反法西斯战争的巨大贡献》(《上海党史研究》1995年第1期)，忻平的《抗日战争与中国现代化进程》(《学术月刊》1995年增刊)，张云的《抗日战争的胜利与中国社会的进步》(《学术月刊》1995年增刊)、《论抗战时期中国共产党对日攻势防御战略》(《中国军事科学》2005第4期)，吴珍美的《论抗日战争时期中国共产党意识形态建设》(《上海师范大学学报》2009年第4期)，侯桂芳的《抗日战争时期中国共产党的知识分子政策及作用》(《上海党史与党建》2010年第4期),孙果达的《民族工业大迁徙——抗日战争时期民营工厂的内迁》(中国文史出版社1992年)及唐培吉主编的《抗日战争时期的对外关系》(北京燕山出版社1997年)等。

【解放战争史】

上海学界对解放战争史的研究,主要集中在几个方面:一是对解放战争时期中共中央上海局的研究。1989年,市委党史资料征集委员会编纂的《解放战争时期的中共中央上海局》(学林出版社),从一个侧面反映了中共中央在国统区领导斗争的政治路线和策略方针以及指导能力。二是对解放战争时期军事斗争的研究。1987年,王世根的《刘邓大军挺进大别山》(上海人民出版社),对刘邓大军千里跃进的壮举进行探讨并从政治军事上总结经验教训。三是对解放战争时期第二条战线的研究。上海学者认为,解放战争时期,国统区不断兴起的"反内战、反饥饿、反迫害"运动,形成了一条配合解放军正面作战的第二条战线。许玉芳的《试论第二条战线》(《青运史研究》1982年第5期)认为,第二条战线起点是1947年"五二〇"抗暴运动。金立人的《伟大的预见和1947年国统区人民革命高潮》(《上海党史研究》1997年第3期),围绕发展民主爱国运动的基本任务、斗争口号、策略指导和工作方针的调整等,论述中共对国统区人民革命运动的正确领导。1999年,市委党史研究室编纂的《解放战争时期第二条战线工人运动和市民斗争卷》(中共党史出版社),系统梳理了国统区各省市工人运动和市民斗争的史迹。此外,其他视角研究也值得关注。郭绪印的《解放战争期间对国民党军的策反》(上海市中共党史学会2007年"纪念中国人民解放军80周年学术研讨会"论文),对解放战争中中国共产党对敌军的策反及促敌起义或投诚工作进行探讨。王友明的《解放区土地改革研究:1941—1948——以山东莒南县为个案》(上海社会科学院出版社2006年),展示中国共产党20世纪40年代土地政策逐步走向成熟的历史过程和经验教训。

【社会主义革命和建设史】

从20世纪80年代末起,上海学者开始关注社会主义革命和社会主义建设史的研究。1989年,王世根、孙道同、邹荣庚主编的《新中国专题史》(上海交通大学出版社),翟作君、邬正洪、齐卫平主编的《中国社会主义革命和建设史研究荟萃》(华东师范大学出版社),朱敏彦等主编的《中华人民共和国史研究》(档案出版社),以及1992年钟家栋主编的《在理想与现实之间——中国社会主义之路》(上海人民出版社)等对中华人民共和国成立后的若干重大事件和许多学术问题进行系统的介绍和论述。在中华人民共和国成立50周年之际,上海召开"颂扬辉煌成就,总结历史经验学术讨论会",对社会主义革命和建设进行全方位探讨。期间发表的诸多论文,对社会主义建设的基本经验进行总结。王世根的《试论我国探索社会主义道路的历史经验》(《上海党史研究》2000年第5期),解超的《新民主主义论的思路——马列主义与中国社会主义建设实践的承启》(《上海党史研究》2000年第5期),提出马克思的东方社会理论、列宁的新经济政策和邓小平社会主义初级阶段理论有着逻辑的一致性,为进一步探索落后国家社会主义建设道路提供了宝贵的思想财富。梅丽红的《中国共产党对新民主主义社会主要矛盾的判断与人民民主专政性质的认定》(《中共党史研究》2001年第2期),以及傅世杰、梅丽红的《再论过渡时期总路线提出的原因》(《同济大学学报(社会科学版)》2002年第3期)等,着重对新民主主义向社会主义过渡时期中国共产党对社会主要矛盾的判断,与其对人民民主专政性质认定等复杂联系进行分析研究。此外,相关研究还有虞宝棠的《1958年大跃进沉思》(《华东师范大学学报》1989年第4期)、唐培吉的《社会主义改造的再认识》(《党史研究与教学》1999 年第 6 期)、张云的《共和国前 30 年“运动的回顾与思考”》(《党史研究与教学》2000 年第 4 期)、齐卫平的《中共八大关于社会主义主要矛盾结论的认识分歧及其后果》(《河南师范大学学报》2001 年第 4 期)、张明楚的《中共八大与我国国营工业企业领导体制的变革与发展》(《当代上海研究论丛》2006 年第 2 辑)等。

【改革开放与中国特色社会主义】

20 世纪 90 年代以后,上海学者加强了对改革开放和中国特色社会主义研究。王世根、孙道同、陈麟辉主编的《强国之路——改革开放与社会发展》(交通大学出版社 1992 年),上海人民出版社出版的《伟大的转折,光辉的历程——上海市纪念党的十一届三中全会 20 周年理论研讨会文集》(1999 年)和《关键抉择:上海市纪念党的十一届三中全会 30 周年理论研讨会文集》(2008 年),较集中地反映了 20 世纪 80 年代起上海学界在这方面的研究成果。进入世纪之交,上海学界的研究继续深化,成果也较为显著。钟家栋在《自觉与自发的耦合——中国社会主义改革的动力机制初探》(《党史研究与教学》1999 年第 1 期)指出中国的改革具有自身的内在动力机制。吴其良的《中国特色社会主义的历史逻辑》(《探索与争鸣》2007 年 12 期)指出中国特色社会主义是中国共产党人的正确选择和伟大创造,是当代中国发展进步的旗帜,是全党全国各族人民团结奋斗的旗帜。

【中国共产党与中国政治】

2000 年以后,上海学者对中国共产党与中国政治的研究,内容丰富,涉及面较广。梅丽红的《当代中国民主政治建设——中国共产党探索之路》(上海交通大学出版社 2003 年),展示中国共产党探索、实践有中国特色社会主义民主政治建设的奋斗历程。曾峻、梅丽红的《中国共产党与当代中国民主:历史与经验(1949—2002)》(上海人民出版社 2004 年)对当代和未来的民主政治建设进行理论思考。林尚立的《中国共产党与国家建设》(天津人民出版社 2009 年),阐述了中国共产党在国家建设中的价值与意义、基本战略和中国共产党自我建设和发展的基本方略。上海学界对党的民主政治建设的研讨具有广泛性特点。2008 年,市党史学会举办“改革开放以来中国政治体制改革”学术研讨会,围绕改革开放 30 年来中国政治体制改革所取得的成就、经验与得失进行交流与讨论。

【中国共产党与中国文化】

中国共产党与中国文化研究的主要成果有:曹泳鑫、赵平之编著的《面向现代化的中国先进文化与中国共产党》(上海人民出版社 2004 年),曹泳鑫、赵平之的《先进文化与现代化——中国共产党的文化历程》(上海人民出版社 2005 年)。2007 年,都炎培的《“思接千载”和“与时俱进”——中共对中国传统文化的历史考察》(华东师范大学出版社),全面考察了中国共产党对中国传统文化认识的历史演变。李冉的《中国共产党政党文化研究》(复旦大学出版社 2009 年)从政党研究的角度对中国共产党革命文化的发展及内涵进行文化探讨和理论提升。还有学者从思想意识等角度对文化因素进行分析,如朱华的《中国共产党历次“左”倾思潮根源》(《探索与争鸣》2005 年第 6 期),认为浸透了小生产者意识的中国传统文化是党内“左”倾思潮产生的重要思想根源。

【中国共产党与中国现代化】

上海学者在这一领域的研究成果主要有:2005 年,张云主编“中国共产党与中国现代化研究丛书”（宁夏人民出版社），包括陈挥等的《中国共产党与工业现代化》，毛黎娟、陈丽凤等的《中国共产党与农业现代化》，唐莲英等的《中国共产党与科技现代化》，张云等的《中国共产党与国防现代化》，齐卫平等的《中国共产党与文化现代化》，方开淇、孙道同的《中国共产党与自身现代化建设》等 6 本专著。唐培吉的《人间正道是沧桑——中国走向现代化的历史轨迹》（《史苑拓耕：唐培吉学术论文集》上海辞书出版社 2009 年），分析中国走向现代化一波三折的历史进程。张明军主持的“十六大与中国特色社会主义现代化”（2003 年）、“十一届三中全会在中国特色社会主义现代化建设中的历史地位研究”（2008 年）、“中国共产党现代化理论创新研究”（2010 年）等课题从社会学、政治学的角度，对中国共产党领导的现代化建设进行阐述和分析。

【中国共产党与统一战线】

上海是中国共产党开展革命统一战线的前沿阵地，也是统一战线理论研究的重要基地。1981 年，林炯如发表《两次国共合作的历史回顾》（《历史教学问题》第 4 期），梳理和阐述了国共合作的历史与经验。1987 年，林远主编《统一战线概论》（华东师范大学出版社），1989 年，市统一战线理论研究会编写《统一战线工作应用手册》（上海人民出版社）。1991 年，王邦佐主编的《中国共产党统一战线史》（上海人民出版社），获市第二届哲学社会科学优秀成果（1986—1993 年）著作类二等奖。冯正钦、杨成生的《中国共产党统一战线理论发展史稿》（上海社会科学院出版社 1993 年），张忆军主编的《风雨同舟七十年——中国共产党与民主党派关系史》（学林出版社 2001 年），梳理了中国共产党与民主党派在民主革命、社会主义革命和建设、改革开放新时期风雨同舟的历程。顾行超的《中国共产党统一战线思想史》（上海人民出版社 2005 年），对中国共产党统一战线思想理论的形成、完善、发展的历史进行整体性的研究。2008 年，林尚立主编的《统一战线与国家建设》（上海人民出版社），从党领导国家建设的高度，论述新时期统一战线与国家建设的关系。2010 年，林尚立、肖存良主编的《统一战线理论与实践前沿》（复旦大学出版社），概述了统一战线理论研究的最新成果和典型的创新实践。

【中共党史史学史】

20 世纪 80 年代，上海学界开始对中共党史学史的研究予以关注。1984 年，唐培吉的《延安学刍议》（上海市延安精神研究会编《继承和发扬延安精神》上海师范大学出版社 1989 年），首次提出中共党史研究领域建立二级学科“延安学”的概念。1985 年，市党史学会编纂出版《中共党史论著目录索引（1977—1984）》（内部发行），收录这一时期国内出版的专著、回忆录及报刊上发表的论文达万篇之多，比较全面地反映了国内的研究概况，这是上海学界对中共党史学史研究的肇始。

20 世纪 90 年代开始，上海学界加强中共党史学史研究的力度，取得了较多成果。1991 年，周一平主持的课题“中国中共党史研究的产生发展及经验教训研究”和著作《中共党史研究七十年》（湖南人民出版社），对中共党史研究的产生、发展的历史过程进行梳理。1993 年，翟作君、邬正洪、周一平主编出版《中共党史史学史辞典》（河南人民出版社）。1994 年，周一平出版《中共党史研究的开创者：蔡和森》（上海社会科学院出版社）。2001 年，周一平撰写的《中共党史史学史》（甘肃人民出版社），为中共党史学史研究提供了一部完整而系统的教材。此外，还有唐培吉等的《党的十一届三中全会中共党史研究的新进展》（《十一届三中全会以来中共党史研究新进展》中共党史出版社 2004 年），齐卫平的《中共党史学科建设的现状、问题及建议》（《上海党史与党建》2005 年第 11 期），唐莲英的《关于目前党史研究中若干倾向的思考》（《中共党史学研究文集》中共党史出版社 2010

年),张云的《中共党史教学研究的史料学基础》(《中共党史学研究文集》中共党史出版社 2010 年)等。

三、上海地方党史

上海是中国共产党的诞生地,上海党史研究工作者利用区域性特点和优势,围绕上海地方党史进行研究,取得丰厚的学术成果。1988 年,市委党史资料征集委员会主编的《中共上海党史大事记》(知识出版社),以编年史的方法梳理重大历史事件。市委党史研究室推出一大批成果:《中国共产党在上海(1921—1991)》(上海人民出版社 1991 年),是第一部比较完整简史性质的上海地方党史;《中国共产党上海史(1920—1949)》(上海人民出版社 1999 年)则从地方党史的角度,论述中国共产党在上海各个历史时期若干重要活动;《中共上海党志》(上海社会科学院出版社 2001 年),系统梳理从 1921 年至 1995 年间中共中央在上海的重大活动,体现了中共上海地方组织的特色;《中共上海党史大典》(上海教育出版社 2001 年)系市哲学社会科学"九五"规划重点课题成果,以条目形式记录重要活动、会议、文献、人物等;《中国共产党在上海 80 年》(上海人民出版社 2001 年)突出改革开放新时期党对上海领导的历史过程和基本经验。1994 年,市委组织部、市委党史资料征集委员会、市委党史研究室、市档案局编纂出版《上海市政权系统　地方军事系统　统一战线系统　群众团体系统　组织史资料(1949.5—1987.10)》(上海人民出版社)。2001 年,梅丽红等著的《丰碑——中国共产党八十年奋斗与辉煌(上海卷)》(中央文献出版社、人民日报出版社)出版。

从 20 世纪 70 年代开始,上海学界对上海工人运动研究取得诸多成果。1979 年李华兴的《上海工人阶级"六三"政治大罢工》(《学术月刊》第 5 期)对"六三"罢工运动的酝酿、展开、特征和意义进行阐述。1987 年,姜沛南的《关于六三大罢工的几个问题》(《史林》第 4 期)指出这次罢工的性质是工人阶级的自发运动。周尚文、贺世友的《上海工人三次武装起义史》(上海人民出版社 1987 年)、郑庆声的《"五卅"时期上海工人运动的若干历史经验》(《上海工会管理干部学院学报》1988 年第 1 期),唐培吉的《二十世纪中国民主运动的光辉一页——上海工人武装起义新议》(《上海大学学报》1989 年第 1 期)等都对上海工人运动展开研究。1991 年,市委党史研究室编纂"职工运动史丛书"(34 册)及"上海工厂企业党史工运史丛书"(31 册)(上海人民出版社),从企业和行业史的角度全面反映上海工人运动的众多史实。沈以行、姜沛南、郑庆声主编的《上海工人运动史(上、下)》(辽宁人民出版社 1991 年、1996 年),全面深入叙述了上海工人运动发展的历史。1992 年,市总工会编纂的《抗日战争时期上海工人运动史》《解放战争时期上海工人运动史》(上海远东出版社),着重记叙上海工人阶级为夺取抗日战争和解放战争胜利所作出的历史性贡献。

上海学界还着手上海地方党史资料的征集、整理、考订和编纂工作。

上海学者对 1949 年前上海地区的革命文化有着较为系统的研究。市委党史资料征集委员会、市委党史研究室等组织编纂的《上海革命文化大事记(1919—1937)》(上海书店出版社 1991 年)、《上海革命文化大事记(1937—1949)》(上海书店出版社 1995 年),记述了从 1919 年到 1949 年 5 月上海解放,文化战线上的大事要事;《上海革命文化史略(1919—1949)》(上海人民出版社 1999 年),则对上海革命文化进行全面系统的考察,梳理归纳上海革命文化史 30 年的发展历程。张小红的《左联与中国共产党》(上海人民出版社 2006 年),从"左联"的诞生、发展和解散的历史过程中,凸显其文化作用及经验教训。

20 世纪 80 年代开始,上海学界致力于上海与党的创建研究。1988 年,陈绍康编著的《上海共产主义小组》(知识出版社),对发起组在上海成立的历史背景、成立过程、所处的社会环境、主要活动及成员进行研究。上海学界还集中探讨了中国共产党为什么要在上海创建,以及为什么说上海是中国共产党的诞生地等问题。1991年,唐培吉的《建党时期值得讨论的几个问题》(中共一大会址纪念馆召开的"纪念建党70周年学术研讨会"发言),指出上海优越的地理位置、发达的经济文化、产业工人集中以及政治环境的相对宽松等条件,使得中共在上海的创建有其历史的必然性。1999年,于龙生等在《上海成为中国共产党摇篮的必然性和偶然性》(《上海党史研究》第4期),指出中国共产党在上海的诞生是必然性和偶然性的辩证统一。与此同时,围绕中国共产党能够在上海诞生的各种外部条件,学界从不同的视角探求其原因,包括都培炎的《马克思主义从日本传入上海的逻辑轨迹》(《上海革命史料与研究》2004年第4期),王关兴的《上海工人运动的发展和中国共产党的诞生》(《党史党建论文集》上海人民出版社1992年),苏智良、江文君的《中共建党与近代中国社会》(《历史研究》2011年第3期),熊月之的《中共"一大"为什么选在上海法租界——一个城市社会史的考察》(《学术月刊》2011年第3期)等。

上海是中国共产党领导地下斗争的策源地和大本营。20世纪80年代后,上海学界对这一领域展开持续研究。1986年市党史学会编纂出版的《城市工作学术研讨会文集》(内部发行),着重讨论民主革命时期党的白区工作的地位和作用以及与革命根据地建设的关系。同时,不少学者从民主革命时期不同阶段、不同视角对上海地下党的活动进行阐述。第一次国内革命战争时期的中央特科研究,主要围绕老一辈无产阶级革命家与中央特科的关系展开,如苏智良、白华山的《周恩来与中央特科》(《上海师范大学学报》1998年第2期),李三星的《刘晓与上海地下党组织的重建》(《上海革命史资料与研究》上海古籍出版社2005年),张义渔的《抗日战争中共地下党组织领导上海人民抗日斗争几个特点》(《上海革命史资料与研究》上海古籍出版社2005年),陈丽凤的《抗战时期中共上海地下党组织领导能力的重大提升》(《上海革命史资料与研究》上海古籍出版社2005年)等。朱华等的《获得权威:上海地下党群众工作的历史经验与启示》(上海人民出版社2009年),从群众路线的角度总结地下党宣传群众、组织和发动群众的历史经验教训。

20世纪80年代末起,新四军成为上海党史学界研究的一个重点。1987年,邬正洪主编的《上海地下党支援华中抗日根据地》(华东师范大学出版社),率先研究上海地下党与新四军及华中抗日根据地。1989年,市委党史资料征集委员会主编的《上海人民与新四军》(知识出版社),探讨上海人民在中共上海地下党组织的领导下对新四军各方面的支持、援助。2001年,邬正洪、傅绍昌撰写的《上海人民支援新四军》(上海人民出版社),多方面总结上海对新四军与华中抗日根据地的重大贡献。2005年,上海科技文献出版社出版童志强的《关于新四军》,对新四军历史进行学术层面的探讨。2008年起,上海新四军历史研究会开始推出《新四军研究》辑刊。

从1921年7月中国共产党正式成立,到1933年1月中共临时中央政治局被迫迁往瑞金中央苏区,除了有几次为时很短暂的迁离外,中共中央领导机关都设在上海。陈卫民、姜沛南的《中国劳动组合书记部始末考》和叶累、邱作健的《中国劳动组合书记部》(均见《党史资料丛刊》1980年第3辑),记录中共中央在上海组织、领导中国劳动组合书记部的历史活动及其主要作用。沈以琴、薛森荣、宋祖彰的《关于1933年建立的上海中央局的一些情况》(《党史资料丛刊》1981年第1辑),首次比较系统地论述上海中央局的建立、任务、组织机构及遭破坏的情况。黄美真、石源华、张云的《上海大学史料》(复旦大学出版社1984年)和《上海大学史略》(《中国共产党教育研究资料丛书》1989年第2辑),邱作健、俞乐斌的《外国语学社》,任武雄、邱作健的《平民女校》(以上均见《中国共产党教育研究资料丛书》1989年第2辑),以及黄美真、张云的《"上海执行部"始末》(《中国国民党"一大"

六十周年纪念论文集》中国社会科学出版社1985年)等论著,对中共中央在上海直接领导的若干机构进行系统阐述。与此同时,上海学界对中共在上海出版的《新青年》《向导》《红旗》《布尔什维克》《共产党》《先驱》《劳动界》等杂志,均有专论研究,反映了中共中央在上海领导中国革命的若干重点、特殊贡献及经验教训。2006年,市委党史研究室编著的《1921—1933:中共中央在上海》(中共党史出版社)获中共中央党史研究室"党的十六大以来全国党史部门党史优秀成果奖"著作类一等奖。

上海与抗日战争研究方面。1985年,孙道同、邹荣庚主编的《上海抗日救亡运动资料选编》(上海市党史学会编印),收录一・二八和八一三两次淞沪抗战期间,上海人民在中国共产党领导下,开展抗日救亡运动的有关档案资料、报刊文摘及回忆录等。1995年,唐培吉的《抗日战争与上海》(《上海党史研究》第5期),对上海在抗日战争中的历史地位作了系统分析和充分肯定。上海人民出版社出版了唐培吉、朱敏彦主编的《抗日战争与上海》(2001年),唐培吉的《上海抗日战争史通论》(2001年),余子道、张林龙的《一・二八淞沪抗战》(2000年),余子道、张云的《八一三淞沪抗战》(2000年),吴景平等的《抗战时期的上海经济》(2001年),陈丽凤、毛黎娟等《上海抗日救亡运动》(2000年),张铨、庄志玲、陈正卿的《日军在上海的罪行与统治》(2000年),齐卫平、朱敏彦、何继良的《抗战时期的上海文化》(2001年),卞杏英、杨元华的《上海抗战与国防援助》(2001年),薛振东的《上海郊县抗日武装斗争》(2001年)等,全面系统阐述上海军民抗战历史,在上海抗战史研究领域具有代表性意义。两次"淞沪抗战"研究论文有:苏智良的《八一三淞沪抗战的经过及其意义》(《档案与历史》1985年第1期),郑灿辉、吴景平的《试析上海八一三抗日救亡运动的历史特点》(《上海师范大学学报》1986年第1期),余子道的《论抗战初期正面战场作战重心之转移——与台湾学者讨论发动淞沪会战的战略意图问题》(《抗日战争研究》1992年第3期),金立人的《两次淞沪抗战在全国抗战中的地位作用》(《上海党史研究》1995年第4期)等。

上海学界还对解放战争时期上海学生运动进行较深入的研究。1991年,上海人民出版社出版市委党史研究室编纂的《解放战争时期上海学生运动史》以及施惠群的《1945—1949上海学生运动史》,论述以学生运动为先导的第二条战线所出现的特定历史条件和自身发展规律。相关研究还有张文清的《瓷器店里打老鼠——敌我双方智慧与实力较量的上海战役》(《上海党史研究》1999年第3期)、李三星的《解放战争时期中共在上海开辟舆论宣传阵地的斗争》(《当代研究论丛》2005年第1期)等。

20世纪70年代末开始,上海学界对解放、接管上海的研究作了较大努力。1979年,方晓升、张云编著的《解放上海》(上海人民出版社),是研究上海解放的开首之篇。1980年,市委党史研究室编纂的《接管上海》(上海人民出版社),分文献资料、专题与回忆两卷,详细记录接管上海的全过程。上海人民出版社先后出版市档案馆编纂的《上海解放》(1989年)和《上海解放(续编)》(1999年),前者对国民党政府从顽抗直至崩溃作了反映,后者反映中共中央、人民解放军、中共地下组织及广大工人、学生等团体为迎接上海解放所作的政治、军事、经济等各方面的准备。此外,1989年,上海警备区、市委党史资料征集委员会编写的《上海战役》(学林出版社),系统叙述了这场战役的全过程。1994年,市委党史研究室与上海警备区共同编纂的《警备大上海》(上海远东出版社),突出反映了上海解放初期军民保卫和巩固新生人民政权的史实。1997年,张文清的《接管上海的特点与历史经验》(《上海党史研究》第1期),对接管上海进行系统梳理和历史总结。

上海社会主义革命和建设也是学界的研究重点。1989年,张文清发表《六十年代上海国民经济调整凝聚的历史经验》(《上海党史资料通讯》第10期)。1990年,孙怀仁主编出版《上海社会主义经济建设发展简史(1949—1985)》(上海人民出版社)。1993年,市委统战部、市委党史研究室、市档案馆共同编写《中国资本主义工商业的社会主义改造·上海卷》(中共党史出版社)。1999年,市委党史研究室编写的《上海社会主义建设50年》(上海人民出版社)和《上海初期的社会主义改造》(中共党史出版社),邹荣庚主编的《历史巨变(1949—1956)》以及徐建刚主编的《艰难探索(1956—1965)》等,引用大量档案文献资料特别是口述史资料,全方位阐述上海解放后的历次政治运动、经济、文化、社会、城市建设等的历史进程。其他还有:徐理祥的《解放初期上海政权建设中多党合作》(《纪念上海解放55周年学术研讨会论文集》上海人民出版社2004年)、郭绪印的《上海解放初期整治社会秩序的成就》(同上)、黄坚的《"充分利用、合理发展"上海工业建设方针的由来与启示》(《上海党史与党建》2005年第5期)等。

20世纪90年代以后,上海学界对上海改革开放的研究形成巨大的规模效应,成果丰厚。1994年,市委党史研究室组织编纂的《上海改革开放风云录》(上海人民出版社),全面反映上海改革开放15年的成果。1998年,推出系统记录上海各行各业改革开放20年历史的大型资料史书"上海改革开放20年系列丛书"(上海人民出版社、上海远东出版社、上海科学普及出版社)。2004年,市委党史研究室编纂的《中共上海历史实录》(上海教育出版社)以编年体记述上海解放后党领导上海人民进行社会主义革命建设、改革开放和现代化建设的历史进程。2004年,冯小敏主编"上海现代化研究丛书"(上海人民出版社),其中《上海工业结构调整》(第1卷)、《上海城乡一体化建设》(第2卷)叙述上海工业结构与城乡一体化在社会主义建设,特别是改革开放后所取得的巨大成就。2008年,上海人民出版社推出的"上海改革开放30年研究丛书",被国家新闻出版总署列为全国纪念改革开放30周年100种重点图书之一。另外,上海学界发表了数以千计的论文,特别是市委宣传部、市委党史研究室在纪念改革开放20、30周年时分别召开学术研讨会,编纂出版的论文集《伟大的转折　光辉的历程——上海市纪念党的十一届三中全会20周年理论研讨会文集》(上海人民出版社1998年)及《关键抉择:上海市纪念党的十一届三中全会30周年理论研讨会文集》(上海人民出版社2008年),总结改革开放以来的深刻变化和历史经验,阐述中国特色社会主义道路及其理论体系、深化改革开放等重大问题。

四、中共党史人物

【党史人物生平和思想】

1989年,翟作君、孙道同主编的《党史人物研究》(华东师范大学出版社),为中共党史人物研究提供必要的工具书。在个案研究中,上海学界对党的领袖人物的研究硕果累累。从20世纪80年代初开始,特别是中央《关于建国以来党的若干历史问题的决议》公布后,上海学界对毛泽东的历史性贡献和毛泽东思想基本内容的研究,取得了不少重要成果,研究的高峰出现于毛泽东诞辰100周年之际。1993年,陈至立主编的"毛泽东思想研究大系丛书"(上海人民出版社),包括总论、哲学、政治、经济、文化、军事、党建7卷,由上海市各学科学者集体撰写而成,对毛泽东思想作了全方位深入的研究论述。1994年,邵有民、尹继佐主编的《继承·丰富·发展——上海市毛泽东生平与思想研讨会文集》(上海人民出版社),从哲学、政治、经济、文化、外交、党的建设和统一战线等探讨毛泽东的生平和毛泽东思想的指导作用。1996年,周一平的《毛泽东思想研究史稿》(华东师范大学出版社),从学术史研究视角出发,对毛泽东思想的研究进行梳理。1999年丁荫奎主编的《毛泽东思想概论》(高等教育出版社),是教育部规定的普通高校马克思主义理论课示范教材。还有杨元华主编的《毛泽东思想概论》(上海教育出版社1999年)、陈挥主编的《新编毛泽东思想概论》(东方出版中心2002年)等。其他相关成果有:都炎培的《毛泽东哲学思想理论渊源》(《毛泽东哲学思想研究》1989年第3期),姜义华的《毛泽东与中国传统文化》(《复旦学报》1989年第3期),倪大奇的《毛泽东经济思想研究》(复旦大学出版社1991年),邬正洪的《党的八大前后毛泽东率先探索中国社会主义道路的贡献》(《华东师范大学学报》1993年第6期),傅绍昌的《论青年毛泽东在上海》(《华东师范大学学报》1994年第1期),齐卫平的《论毛泽东思想与创新精神》(《毛泽东思想研究》2000年第5期),张云的《论毛泽东国防思想科学体系的中国特色》(《中国军事科学》2003年第4期),孙道同的《试论毛泽东对执政党建设的理论贡献》(《继承・丰富・发展——上海市毛泽东生平和思想研讨会文集》上海社会科学院出版社1994年),张文清、严爱云的《毛泽东"利用和发展沿海工业"思想和上海经济建设》(同上)等。

上海学界十分重视对邓小平提出的建设中国特色社会主义理论以及社会主义初级阶段理论的研究。1988年,周鸿根和包汉中分别发表《试论邓小平对社会主义初级阶段基本路线形成的贡献》《试论党的社会主义初级阶段理论的形成》(《上海市党史学会论文集(内部刊印)》)。1995年,李君如的《邓小平——当代中国马克思主义的创立者》(上海人民出版社),对邓小平之所以成为当代马克思主义创立者的历史渊源和思想基础进行归纳和梳理。同年,吴云立主编的《建设中国特色社会主义理论导读》(西南交通大学出版社),将邓小平理论放在国际和历史大背景下进行审视。2001年,严爱云发表《从不平衡到平衡——邓小平区域经济发展关系战略思想》(《经济特区与建设有中国特色社会主义》中央编译出版社)。2004年,齐卫平发表《邓小平理论与中国社会转型的逻辑关联》(《安徽师范大学学报》第4期),张云发表《邓小平国防思想的理论意义》(《国防》第8期)等。

上海学界对周恩来的研究高潮在纪念周恩来诞辰100周年之际。1998年,上海各界纷纷举办"纪念周恩来诞辰100周年学术研讨会",市委宣传部和市委党史研究室合编《思想・精神・人格——上海市周恩来生平和思想研讨会文集》(上海社会科学院出版社)。其他相关研究有:张文清的《周恩来的经济思想及其对上海建设与发展的指导》(《全国周恩来生平和思想研究会论文集》中央文献出版社1998年),张云的《论周恩来军队政治工作的理论与实践》(《空军政治学院学报》1998年第2期),陈挥的《试论周恩来马克思主义世界观的形成》(《社会科学》1998年第3期),方宁的《周恩来统战思想与实践中的和谐理念》(《上海党史与党建》2008年第4期)等。

20世纪80年代初,上海学界就开始对刘少奇进行研究。相关研究有:陆志仁、沈恒春的《党内斗争的正确方针——学习刘少奇同志关于党内斗争的理论》(《社会科学》1980年第2期),张义鱼、李飞的《刘少奇同志对抗日民族统一战线理论的贡献》(同上),吴信忠的《刘少奇同志与新四军的发展壮大》(《党史资料丛刊》1980年第2期),华明、景英、三新的《实事求是的模范——刘少奇同志同王明'左'倾路线的斗争》(《社会科学》1980年第4期)。1988年,王爱玲、邬正洪、丑立本主编的《刘少奇的思想概述》(湖南人民出版社),对刘少奇哲学思想和方法论进行多层次、多角度的分析论述。1993年,商孝才编著的《刘少奇哲学思想研究》(宁夏人民出版社),对其哲学思想的内涵,包括理论思维和方法论进行剖析。1997年邬正洪主编的《刘少奇在抗日战争时期》(同济大学出版社),着重阐述刘少奇在全面抗战时期的斗争历程及其理论贡献。1999年,市委党史研究室编纂的《理想・精神・风范——上海市刘少奇生平与思想研讨会论文集》(上海社会科学院出版社)及唐莲英主编的《刘少奇与新四军》(香港语丝出版社)等专门研究刘少奇在上海的活动及其贡献。朱敏彦的《刘少奇对中国社会主义建设道路的探索》(《中共党史论丛》上海交通大学出版社1988年),邬正洪的《刘少奇对中国社会主义革命和建设道路的探索》(华东师范大学出版社1994年)等,对刘少奇关于中国社会主义革命和建设的探索进行研究。其他论著还有傅世杰、梅丽红的《刘少奇与革命根据地工业企业领导制度建设述略》(《江西社会科学》1998 年第 11 期),邵有民的《执政党必须密切联系群众——对刘少奇同志关于执政党建设理论的思考》(《毛泽东邓小平理论研究》1998 年第 6 期),石蕾、夏咸军的《刘少奇经济建设思想的特色》(《苏州大学学报》2004 年第 2 期)等。

陈云研究是上海在中共党史人物研究领域的一个重要特色。20 世纪 80 年代初,上海学界对陈云的研究起初较注重史实的梳理和描述。如魏先铭的《必须正确认识个体经营——学习陈云同志〈社会主义改造基本完成以后的新问题〉》(《学习与研究》1981 年第 1 期)。1995 年、2005 年及 2010 年,在纪念陈云诞辰 90、100 和 105 周年之际,多种成果大量涌现。2005 年市委宣传部编纂的《陈云思想与生平研究——上海市纪念陈云诞辰 100 周年研讨会文集》(上海人民出版社),李琪、王建国编纂的《闪烁真理光辉的思想宝藏——上海市党校系统纪念陈云诞辰 100 周年理论研讨会论文集》(上海人民出版社),2008 年陈云故居暨青浦革命历史纪念馆馆长沈善良主编的《走近陈云:口述历史馆藏资料辑录》(中央文献出版社),2010 年马玉编纂的《上海陈云研究》,以及陈云故居暨青浦革命历史纪念馆编纂的年刊《上海陈云研究》等较全面探讨了陈云在革命、建设与改革中的历史贡献,展现了陈云研究的阶段性成果,刘启芳的《毛泽东与陈云》(《文史精华》2010 年第 10 期),马继奋的《一张不同版本的照片——对陈云早年在商务印书馆职工会职位及相关问题的考证》(《中国纪念馆集萃·学术文萃》北京出版社 2010 年)等对陈云生平的重要史实作了考证和阐述。

从 20 世纪 70 年代末开始,上海多次召开陈独秀学术研讨会,研究成果较为丰厚。一是重新评价陈独秀的历史,以恢复其本来面目。如郭绪印的《重评陈独秀对农民运动的态度》(《上海师范学院学报》1980 年第 4 期)、《重评五卅运动中的陈独秀》(《历史教学》1981 年第 6 期)、《重评陈独秀的"二次革命论"》(《学术月刊》1991 年第 1 期)、《重评抗日时期陈独秀的政见》(《学术月刊》1995 年 8 期),徐光寿的《1927 年以前的陈独秀与共产国际》(《安徽史学》1995 年第 2 期)、《论 1927 年以后的陈独秀与共产国际》(《学术界》1995 年第 2 期),任武雄的《走进真实的陈独秀》(《北京日报》2000 年 8 月 14 日),王世根的《陈独秀的总书记职务不是被撤销的》《陈独秀对"武装保卫苏联"口号的批评没有错》(均见《中共党史新论》上海人民出版社 1990 年),金立人的《创建中国共产党:维经斯基的误导与陈独秀的正确》(《上海党史与党建》2010 年第 9 期)等。二是对陈独秀民主革命时期的革命活动和理论贡献,给予充分的肯定。如姜沛南等的《五四时期陈独秀在上海的活动》(《社会科学》1979 年第 1 期),沙似鹏的《五四新文化运动》(《复旦学报》1979 年第 3 期),张云的《论五四时期陈独秀思想的转变》(《中共党史文集》1984 年 6 月),任建树的《论抗战初期的陈独秀》(《史林》1986 年第 1 期),庄有为的《论陈独秀的建党思想》(《上海师范大学学报》2001 年第 2 期),刘长林等的《陈独秀早期国防观探析》(《军事历史研究》2008 年第 1 期)等。三是出版陈独秀著作选编和撰写陈独秀传。如任建树、张统模、吴信忠编纂的《陈独秀著作选》(1—3 卷)(上海人民出版社 1984 年、1993 年);任建树、靳树鹏、李岳山编注的《陈独秀诗集》(时代文艺出版社 1995 年)。任建树、唐宝林的《陈独秀传(上、下)》(上海人民出版社 1989 年)以及任建树的《陈独秀大传》(上海人民出版社 1999 年),紧密结合中国近现代历史发展的进程,是陈独秀研究的集大成者。

此外,上海学界对其他早期中共党史人物也进行了相关研究。如任武雄等的《恽代英传记》(湖北人民出版社 1984 年),陈修良的《潘汉年非凡的一生》(上海社会科学院出版社 1989 年),蒋洪斌的《陈毅传》(上海人民出版社 1992 年),周一平的《中共党史研究的开创者:蔡和森》(上海社会科学院出版社 1994 年),张云的《潘汉年传奇》《潘汉年传》《潘汉年的一生》(上海人民出版社 1996 年、2006、2008 年),刘国友、季鸿生、傅绍昌的《国之瑰宝:宋庆龄的思想与实践》(福建人民出版社

1997 年),邓明以的《陈望道传》(复旦大学出版社 2005 年),张云、唐莲英、于颖慧的《王仲一传》(中共中央文献出版社 2007 年),石源华的《"乱世能人"陈公博》(团结出版社 2008 年),陈挥的《韬奋评传》(上海交通大学出版社 2009 年),张云的《张承宗传》(香港国际文化交流机构 2010 年)。2010 年,中国社会主义青年团中央机关旧址纪念馆等合编《秀柏苍松——俞秀松研究文集》(中共党史出版社)。上海学界还对柯庆施、陈丕显、曹荻秋等进行研究,如何泉达的《柯庆施的家世和青少年时代》(《史林》2007 年第 1 期),金大陆的《陈丕显、曹荻秋等反对红卫兵大串联的态度和举措》(《青年研究》2010 年第 3 期)等。另外,对刘晓、刘长胜、王尧山、吴亮平等中共上海地下党组织、市委及市政府有关领导人也有大量研究成果,并出版相关纪念画册或纪念文集。1999 年,市孙中山宋庆龄文物管理委员会及上海宋庆龄研究会联合撰写《宋庆龄与二十世纪》(上海社会科学院出版社),回顾了宋庆龄在 20 世纪丰富多彩的人生道路。

【党史人物比较】

20 世纪 90 年代,上海学界较早开始关注党史人物及其思想的比较研究,并侧重于中国共产党领导人思想理论方面的宏观考察。1995 年冯显诚、孙道同、许光顺编著的《马克思主义在中国的发展——从毛泽东到邓小平》(南京出版社)对毛泽东思想和邓小平理论的形成、发展和完善的历史过程进行系统梳理,指出其内涵的一致性和各有发展的时代特点。2006 年,于淑清、陈志强主编的《中国社会主义发展概论——从毛泽东思想、邓小平理论到三个代表重要思想》(复旦大学出版社),以中国化的马克思主义为整体考察的视角,阐述了马克思主义中国化的历史过程及其产生的三大成果。丁晓强的《邓小平对毛泽东实事求是思想的丰富和发展》(《中共党史研究》1995 年第 2 期),强调坚持实事求是思想路线,是中国革命、建设和改革的强大思想武器。邬正洪的《社会主义根本任务理论的新发展——从刘少奇到邓小平、江泽民》(《光辉的历程　科学的理论——纪念十一届三中全会召开 20 周年》华东师范大学出版社 1998 年),则以刘少奇、邓小平、江泽民等对社会主义根本任务的异同性进行阐述,凸显中国共产党人探索社会主义革命和建设的思想脉络。此外相关成果还有:张云的《以现代化为中心是邓小平军队建设思想的核心——兼论邓小平对毛泽东建军思想的继承和发展》(《党旗飘飘》黄河出版社 1992 年),贺世友、邹荣庚的《毛泽东邓小平培养接班人思想比较研究》(《上海党史研究》1993 年第 6 期),郭绪印的《中国农业现代化的曲折进程:从毛泽东到邓小平的农村发展设想》(《探索与争鸣》1993 年第 7 期),李琪的《论毛泽东与邓小平的国家管理理论》(《社会科学》1993 年第 12 期),朱华的《公平与效率:对毛泽东与邓小平的社会主义观比较》(《探索与争鸣》1995 年第 3 期),桂玉麟的《两位历史伟人与两大理论成果——毛泽东思想、邓小平理论比较研究》(《上海党史研究》1998 年第 5 期),唐莲英的《毛泽东、邓小平、江泽民发展上海战略的比较研究》(《中共党史研究》2001 年第 4 期)等。

在中共党史人物及其思想比较研究中,厘清思想理论贡献是其一大亮点,如商孝才的《论中国社会主义发展的客观规律——刘少奇与邓小平社会主义建设思想的比较研究》(《社会主义研究》2000 年第 5 期),张远新、华建宝的《论抗日战争时期刘少奇对马克思主义中国化的探索与贡献》(《华东理工大学学报》2008 年第 1 期),陈兰芝等的《邓小平对刘少奇利用资本主义思想的继承和超越》(《山西高等学校学报》2008 年第 1 期),杨雪芳的《重睹理论风采——试论张闻天对毛泽东思想形成与发展的贡献》(《毛泽东邓小平理论研究》1989 年第 6 期),张远新的《论延安时期张闻天对马克思主义中国化的探索与贡献》(《马克思主义研究》2006 年第 7 期),冯宪书的《试析朱德对毛泽东军队政治工作思想的重大贡献》(《党史文苑》1994 年第 3 期)等。

对中共党史人物与其他人物的比较研究，也多有重要成果。1994年张云的《中国历史命运的大抉择——从蒋介石到毛泽东》（上海人民出版社），较早地把毛泽东与蒋介石进行比较研究。傅绍昌、季鸿生等主编的《宋庆龄与中国名人》（复旦大学出版社2006年），全面阐述了宋庆龄的高风亮节和人格魅力。将陈独秀与其他历史人物作比较研究，成为陈独秀研究领域的一个亮点，如任建树的《孙中山与陈独秀》（《近代中国》1993年第3辑），任武雄的《前后辉映两巨星——陈独秀与瞿秋白》（《党史纵览》1999年第6期），刘长林的《中国人生哲学的重建——陈独秀、胡适、梁漱溟人生哲学研究》（华东师范大学出版社2001年），杜艳华、万义兵的《毛泽东与陈独秀关于民主主义走向社会主义思想之比较》（《华东师范大学学报》2008年第9期），徐云根的《终身的遗憾：李汉俊与陈独秀的关系》（《炎黄春秋》2009年第10期）等。

【党史人物在上海】

研究中共党史人物在上海的革命实践活动，是上海地方党史研究的一个重要方面。市委党史研究室编纂的《中国共产党三代领导集体与上海》（上海人民出版社2001年），展示了党的三代领导集体在上海社会主义革命、建设和改革开放中的正确决策和坚强领导的史实。1989年起，市委党史研究室开始编纂出版中共领导人在上海的系列丛书，以《宋庆龄在上海》（学林出版社）为起点，市委党史研究室在党史人物，包括领袖人物及上海市委、市政府主要领导人的逢五、逢十诞辰，均组织纪念座谈会、出版专著及文集，包括《陈毅在上海》（1992年）、《毛泽东在上海》（1993年）、《潘汉年在上海》（1995年）、《周恩来在上海》（1998年）、《刘少奇在上海》（1998年）、《邓小平在上海》（2004年）、《陈云在上海》（2005年）等。同时，上海学界对民主革命时期在上海战斗过的革命烈士也作过专门研究。1987—1997年，市委党史研究室、市民政局合编的《上海英烈传》（9卷）（百家出版社、上海翻译出版公司、上海远东出版社），邵有民等主编的《上海革命烈士风范》（上海人民出版社1997年），市委党史研究室、市教育党委合编的《上海英烈故事》（上、中、下）（上海教育出版社1999年），市烈士陵园史料陈列馆编的《热血丰碑——解放上海烈士英名谱》（人民出版社1999年）以及市委党史研究室与龙华烈士陵园合著的《浦江丰碑——上海英烈故事》（上海教育出版社2009年）等著作，收录了曾在上海活动的各个时期310名英烈的英勇事迹。

第二节　党建研究

一、党建史及专题史

20世纪90年代后，上海学界对党的建设史进行了综合性研究，并对中国共产党自身现代化建设史、执政史和反腐倡廉史进行专题研究。关于中国共产党建设史研究，1991年陈至立主编的《中国共产党建设史》（上海人民出版社），开辟了党建理论学科的一个重要研究领域，系统梳理了中国共产党建党70年政治建设、思想建设、组织建设、作风建设等方面的发展轨迹。2001年，纪念中国共产党成立80周年之际，上海人民出版社推出“中国共产党80年书系”。关于中国共产党自身现代化建设史研究，主要有方开淇、孙道同的《中国共产党自身现代化建设》（宁夏人民出版社2005年），张明楚主编的《中国共产党基层组织建设史》（福建人民出版社2008年），周鹤龄主编的《辉煌60年——党的建设与党的理论》（上海人民出版社2009年）等。

2000年以后，中国共产党的执政历史、执政经验和执政规律成为建设史研究领域的又一个重点,也是党的十六大以来党史研究的一个热点。2003 年,杨元华、沈济时、陈挥主编的《中国共产党执政的历史经验和启示》(上海教育出版社),通过对中国共产党执政重大历史事件的考察,总结其中的成功经验和失误教训,揭示党执政的规律。2004 年,刘宗洪的《中国共产党执政规律研究》(上海三联书店),认为研究共产党的执政规律,就要把握党的领导和执政与党的自身建设的关系。反腐倡廉作为党自身建设的一项战略性任务,也是上海学界着力研究的一个重大课题,王关兴、陈挥撰写的《中国共产党反腐倡廉史》(上海人民出版社 2001 年),对中国共产党反腐倡廉的历史过程进行梳理,对毛泽东、邓小平、江泽民、胡锦涛的廉政建设思想进行分析和阐述。

二、党的主要领导人党建思想理论

20 世纪 90 年代以后,上海学界对以毛泽东、邓小平、江泽民和胡锦涛为代表的中国共产党领导集体创立和发展的中国化的马克思主义党建理论给予极大关注。

上海学者认为以毛泽东为代表的中国共产党人,在坚持马克思主义政党理论的基础上,开创了党的建设的伟大工程。1993 年,严家栋主编的《毛泽东思想大系·党建卷》(上海人民出版社)对毛泽东党建思想进行系统研究,界定了毛泽东党建思想的基本含义,梳理了毛泽东党建思想的形成和发展过程。1994 年,孙道同的《试论毛泽东对执政党建设的理论贡献》(《继承·丰富·发展——上海市毛泽东生平和思想研讨会文集》),论述了毛泽东对执政党建设的七个方面的理论贡献。2003 年,唐培吉的《学习党建学说,加强党的建设——纪念毛泽东诞辰 110 周年》(《军事历史研究》2003 年增刊)认为毛泽东党建学说,不仅在党和军队的建设和发展史上起到了伟大的历史性作用,而且对今天的党建仍然有着重要的借鉴意义。

上海学界认为邓小平党建理论是对毛泽东党建思想的继承和发展,回答了改革开放条件下党的建设目标、党的建设原则等一系列基本问题,是新时期党建工作和有关理论研究的指导思想。1994 年,李炼忠的《试论邓小平党的建设理论的产生、形成和特点》(《上海市社会主义市场经济与党的建设获奖论文集》上海人民出版社),把邓小平党建理论体系的形成与发展划分为直接准备、初步形成和深入发展三个时期。1998 年,佟明忠主编的《建设新的伟大工程——邓小平党建理论研究》(蓝天出版社),全面阐述了邓小平党建理论的主要内容、历史地位和时代价值。

江泽民党建思想研究方面,杨一之的《略论第三代领导人对毛泽东、邓小平党建思想的坚持和发展》(《上海党史研究》1999 年第 1 期),齐卫平的《"三个代表"重要思想与新世纪党的建设》(《西南交通大学学报》2002 年第 4 期),唐莲英的《当代中国时代精神的精华——试论三个代表重要思想的哲学创新》(《三个代表重要思想与上海现代化建设理论研讨会论文集》上海人民出版社 2003 年),何建萍的《"三个代表"推动了马克思主义党建理论的重大发展》(同上),姜德福的《深入学习、认真贯彻"三个代表"重要思想要解决的几个认识问题》(同上)等,对江泽民三个代表重要思想所揭示的党建规律作了研究和探讨。另外,纪萱华、齐卫平的《江泽民党建思想科学体系的特征探析》(《桂海论丛》2003 年第 2 期),对江泽民党建思想体系的整体性和层次性特征进行了初步探讨。

胡锦涛党建思想研究方面,主要有方开淇、孙道同的《中国共产党与自身现代化建设》(宁夏人民出版社 2005 年),齐卫平的《保持和发展先进性的动力在于不断赢得先进性》(《上海党史与党建》2006 年第 1 期),朱树彬等的《胡锦涛的新经济组织党建思想探析》(《学习论坛》2008 年第 9 期)等。

三、党建基本理论

上海学者认为，提高党的执政能力建设，是巩固党的执政地位的重中之重。2004年，齐卫平的《执政能力建设赋予中国共产党时代使命的新内涵和新任务》(《上海党史与党建》第11期)，提出中共十六届四中全会以执政能力建设为主题，将党的建设新的伟大工程推进到一个新阶段。孙道同、邹荣庚的《新中国成立后党的制度建设历史研究》(《上海党史与党建》2004年第9、10期)认为执政党的制度建设，是党的自身建设中带有根本性、全面性、稳定性和长期性的重大问题。桑玉成等的《关于党的执政能力及其评价指标体系的研究》(《党建研究内部文稿》上海交通大学出版社2004年)，从多学科研究的视角对执政党执政能力的若干要素作了考量，对研究党的执政能力需要解决的基本问题进行分析和阐述。梅丽红的《新中国成立以来党的制度建设研究的历程与经验》(《社会主义与中国现代化、政治、法律与社会：上海市社会科学界第七届学术年会文集》2009年)认为中国共产党经过不断的探索和实践，逐步走上不搞政治运动，而靠改革和制度建设加强党的建设的新路子。

上海学者非常重视民主集中制的研究，认为民主集中制是中国共产党的根本制度和领导制度，有利于党的路线、方针、政策的正确制定和执行。1999年，张西同、胡霞裳的《建国以来民主集中制建设的回顾与思考》(《上海党史研究》增刊)，回顾了中国共产党执政以来民主集中制经历的曲折发展过程，总结其历史的经验教训。2000年，顾建键等的《民主集中制建设论析》(上海交通大学出版社)对中国共产党第三代领导集体在民主集中制建设与发展方面所作的理论贡献进行阐述。梅丽红的《党员权利"虚置"：党内民主建设必须解决的难题》(《探索》2005年第5期)提出实现和保障党员民主权利必须正视组织本位、领导本位、党员主体的冲突，必须建立民主的协商、授权机制和合理的权力关系。2008年，陈丽凤出版《中国共产党的领导体制的历史考察(1921—2006年)》(上海人民出版社)，对党的领导体制作了全方位考察研究，凸显了民主集中制的历史特点。

1982年，上海人民出版社编写并出版《保持党员的共产主义纯洁性》。2000年以后，上海学者对党的先进性和纯洁性进行了多角度、全方位的研究。2004年，奚洁人的《坚持党的先进性的时代要求》(《上海党史与党建》第4期)，强调要用发展的眼光把握党的先进性的本质内涵。2007年，奚洁人主编的《党的先进性建设研究》(人民出版社)，较全面地论述党的先进性建设重大战略思想。市先进性教育领导小组办公室和市党的建设研究会主编的《上海市"保持共产党员先进性教育活动与党的先进性建设"理论研讨论文集》(2006年)展示了上海学界关于党的先进性和纯洁性建设研究的阶段性成果。2007年林尚立的《制度整合发展：中国共产党建设的使命与战略》(《毛泽东邓小平理论研究》第4期)，认为创造性党建应在价值、组织和制度三个方面同时进行。

此外，上海广大党建实际工作者和理论工作者对如何加强党在新时期的思想作风建设进行探索。2000年，方开淇、孙道同发表《改革开放以来上海党的思想作风建设的新探索》(《上海党史与党建》第1期)。冯小敏的《继承和创新党的群众工作方法》(《上海党史与党建》2001年第2期)，归纳了老一辈革命家群众工作方法的历史经验。2002年，市委党史研究室、市党史学会编纂的《作风建设与新世纪的中国共产党》(《上海党史与党建》增刊)，反映了上海学界对党的思想作风建设的阶段性研究成果。

四、党建实践

党建理论指导下的党建实践研究，是上海党建理论工作者和党建实际工作者关注的热点，特别是结合上海党建实践所展开的研究，取得了丰硕的成果。

关于基层党建综合研究。1997年，李炼忠编著的《基层党组织建设新论》(上海交通大学出版社)，详细论述了基层党的组织建设历程、地位、指导方针，以及如何理顺基层党的组织体系、建设高素质的党员队伍和干部队伍等问题。2001年，冯小敏的《增强基层党组织的政治功能》(《党建研究内部文稿》上海交通大学出版社)，认为党的基层组织是党的全部工作和战斗力的基础，是党在社会基层组织中的战斗堡垒，也是党执政的重要基础。2003年，冯小敏的《中国共产党基层建设新论》(上海教育出版社)，全面阐述基层党组织的基本职能、运作方式，组织架构以及其活力所在。2007年，梅丽红的《基层党建"一肩挑"：问题和出路》(《探索》第5期)，认为"一肩挑"只解决基层党政正职个人间的冲突，并没有解决基层党政组织间的冲突。2008年，市党建研究会主编的《上海基层党建的探索与创新》(东方出版中心)是基层党建综合研究的最新成果。

20世纪末，随着城市管理体制改革特别是社区建设过程中基层党组织所面临的一些新情况和新问题，上海学者开始关注"社区党建"的问题，在城市基层党建工作研究中开辟了一个新领域。1998年，何明锐、廖金碧、瞿琴娟的《社区党建工作的特点和发展趋势》(《党建研究》第6期)明确提出"社区党建"的概念。此后，上海学者继续就这一课题进行深入研究。2000年，徐中振的《巩固扩大党的社会基础与加强社区党建》《社区党建的政治功能、组织架构的分析思考》(《永不疲倦的跋涉——上海市党建研究十年文萃》上海人民出版社)等指出随着市场经济体制改革的深化，"小政府大社会"必然成为新的社会体制的目标模式，"社区"也必然成为分析和把握基层社会的基本概念。林尚立的《关于新时期社区党建的若干理论思考》(《党建通讯》第3期)提出必须从国家建设和党的建设这两个高度来把握社区党建的战略意义。同年，由市委党校和卢湾区委党校合作完成的《中国城市社区党建》(上海人民出版社)，探讨了社区党建的目标、社区党组织的角色定位、社区党组织的组织方式等理论和实践问题。

20世纪90年代以后，上海学界对国企党组织地位作用、职责任务、机构设置，以及工作方法、活动方式、工作制度所发生的重大变化率先展开研究。1994年，方开淇的《市场经济运行给企业党组织的活动方式和工作方法带来变化》(《党政论坛》专辑)指出，企业党组织的活动方式和工作方法在社会主义市场经济条件下，必须实现相应转变。1999年，梅丽红的《新时期国有企业：党组织地位和作用的探索》(《上海党史研究》第3期)，认为对公司制企业党组织地位和作用的探索还需深化。同年，邵正平等的《国企经营管理的新方法——上海市深化国有企业干部制度改革调查》(《上海党史研究》第1期)，总结了上海市各级党组织在社会主义市场经济条件下积极探索与之相适应的企业干部管理制度和管理方法。1999年，张明楚在《现代化与农村党支部设置的新变化》研究报告中，认为农村基层党建出现了新的发展趋势。金山区委组织部的《村级班子建设的三个共性问题及其对策分析》(上海市党的建设研究会《2009年获奖课题成果摘编》)，分析了部分村干部素质不高、能力不强，村级班子主要领导呈年龄老化趋势等亟待解决的共性问题。

随着经济结构的调整，跨地区、跨行业、跨所有制、跨国经营的企业集团、联营企业、私营企业、股份合作企业、经济中介机构等有别于传统公有制的新经济组织，在市场经济中起着越来越重要的作用；但新经济组织的党建工作，还是一个全新的领域。2000年前后，由姚海同和顾建键分别主持的调研报告《浦东新区新经济组织与新社会组织党建工作课题报告》(《浦东党建研究》1999年增刊)和《上海新经济组织党建工作调查与研究》(《上海哲学社会科学学科前沿和发展趋势》上海社会科学院出版社2001年),分别对浦东新区及上海新经济组织中的党建工作进行考察。2010年,唐晓腾的《新经济组织党建工作新格局:问题、机制与理念——以东部H市为例的调查与思考》(上海市党的建设研究会《2009年获奖课题成果摘编》)对新经济组织中党组织作用的发挥情况及其存在问题进行了分析。

1999年上海首创"支部建在楼上",突破了市场经济条件下传统"单位制"党建的局限性,使单位规模小、变化大、党员人数少且流动分散的"两新"组织全部纳入党的组织网络,也为上海学界的研究提供了新素材、新经验。2003年,乐基伟的《基层党建创新:"支部建在楼上"》(《党建研究内部文稿》上海交通大学出版社2004年)认为"楼宇经济"保持着不断上升的势头,成为大城市中心城区经济发展的新亮点。2008年,市党建研究会编著的《上海基层党建的探索与创新》(东方出版中心),对"支部建在楼上"作专题论述。这一时期,社团党建问题也随着社团的发展而提了出来。2001年,由市委党校完成的《上海社团党建新探索》调研报告介绍了上海社团组织党建工作在指导思想、工作机制、工作方法与手段等方面的新探索。

上海学界十分重视网络党建的研究,认为网络党建是信息化时代基层党建工作的一个新的发展趋势。2010年,浦东新区组织部的《基层党建发展走势研究》对此提出相应的思考。薛小荣的《"网络群体性事件"的治理与网络组织功能重建》(《上海市党的建设研究会2009年获奖课题成果摘编》)聚焦治理"网络群体性事件"中网络党组织成为治理新力量的必要性及可能性。

1993年5月、6月间,长宁区华阳街道党工委的干部开展"串百家门、知百家情、解百家难、暖百家心"的"凝聚力工程",受到基层党员和群众的拥护,也得到了市委的关注。1994年1月,市委组织部正式提出开展"凝聚力工程"试点工作的意见。上海学术界、理论界以及实际党建工作者,在调查研究的基础上,对此进行学术提升和理论概括。奚洁人的《"凝聚力工程"的价值学思考》(《社会科学》1995年第9期),认为建设"凝聚力工程"是在发展社会主义市场经济条件下,增强党组织的吸引力和战斗力,加强党的基层组织建设的一条新路子。倪炳生的《"凝聚力工程"的实践与思考》(《上海党史与党建》1998年第1期)认为"凝聚力工程"可以增强基层党组织的凝聚力、吸引力和战斗力。周锦尉的《常抓常新的"凝聚力工程"》(《党政论坛》2003年第6期)分析了"凝聚力工程"之所以有生命力的原因。2003年,长宁区委党校课题组发表《深化与拓展"凝聚力工程"建设的若干哲学思考》(《上海党史与党建》第6期),从理论层面分析回答"凝聚力工程"建设的若干实际问题。2004年,吴照生等发表《创新社区"凝聚力工程"建设的"三个结合"》(《上海党史与党建》2004年第7期)。刘宗洪的《激活社区党组织的活力是推进党建新的伟大工程的基础工程》(《上海党史与党建》2008年第11期)总结了上海市长宁区社区推进"凝聚力工程"的经验。

总结上海市党的建设历史成就和基本经验,2008年,严爱云、张励、汪丹等主编的《上海党的建设三十年》(上海人民出版社),将改革开放30年以来上海市党的思想建设、组织建设、作风建设、制度建设和反腐倡廉建设加以总结和提炼。同年,市委党史研究室课题组撰写《建国以来上海党的建设历史成就和基本经验》(《上海市党的建设研究会2009年获奖课题成果摘编》)。2009年,刘宗洪等主编的《上海基层党建年度报告2008—2009》(上海三联书店)等,从不同角度总结上海市各区县及大口党委基层党建实践经验。

第三章 哲　　学

1978 年之后，上海哲学界通过拨乱反正，各个学科的研究工作逐渐得到恢复。中国哲学史研究以“哲学史是认识史”来突破“两军对阵”的教条，逐渐摆脱极“左”思潮对学术研究的负面影响，重新定位传统哲学中的思想家与其学说。冯契著的《中国古代哲学的逻辑发展》、全增嘏主编的《西方哲学史》和刘放桐等编著的《西方现代哲学史》等有影响力的教材出版面世。从 20 世纪 80 年代中期开始，中外哲学史的研究进入繁荣时期，逐渐呈现出由通史类研究转向个案研究的趋向。中国古代哲学史、中国近代哲学史、西方哲学史、现代西方哲学史的研究都取得重大进展。进入 21 世纪，哲学内部不同二级学科之间的对话日益加强，哲学原创的意识普遍觉醒。随着中国哲学合法性、现代西方哲学与西方马克思主义之关系、中国哲学与西方哲学之关系、哲学与当代科技、哲学与生活等问题的讨论，上海学者走向更加自觉的哲学理论创新。

第一节 中国哲学史

一、中国古代哲学史

20 世纪 70 年代末及 80 年代，上海学界逐渐摆脱极“左”思潮对于学术研究的负面干扰，重新定位传统哲学中的思想家与其学说。主要成果有：蔡尚思《对几种关于孔子思想评价的方法》（《历史教学》1979 年第 2 期）、《孔子思想体系》（上海人民出版社 1982 年），严北溟《要正确评价孔子》（《齐鲁学刊》1980 年第 6 期）、《孔子要平反，“孔家店”要打倒》（《社会科学辑刊》1981 年第 2 期）等论著对“文化大革命”期间全盘否定孔子及儒家学说的思潮进行了批判。此外，对儒家之外的先秦哲学研究也取得进展。1981 年，祝瑞开著的《先秦社会和诸子思想新探》（福建人民出版社）出版。严北溟的《从道家思想演变看庄子哲学》（《社会科学战线》1981 年第 1 期）呼吁恢复庄子思想的本来面目，主张《庄子》是庄子及其后学的著作总集，道家思想由老子创始，由庄子集大成。1982 年，朱贻庭、赵修义发表《评韩非的非道德主义思想》（《中国社会科学》第 4 期），对韩非子的思想特点作了新的评价。1984 年，严北溟出版《儒佛道思想散论》（湖南人民出版社）。周山、胡曲园、陈进坤的《公孙龙子论疏》（复旦大学出版社 1987 年）认为“白马非马”的命题具有辩证法因素，对其“离坚白”等其他命题也有肯定评价。20 世纪 80 年代后期兴起“易学热”，上海社会科学院成立周易研究中心。1985 年，苏渊雷重新出版 50 年前的旧著《易学会通》（中州古籍出版社），以论《易》为本，沟通老庄，融会释氏，旁涉西方哲学。

这一时期，上海学界逐渐以“哲学史是认识史”来突破“文化大革命”时期“两军对阵”的教条（唯物主义与唯心主义、辩证法与形而上学的斗争）。1979 年，华东师范大学政教系中国哲学史教研室编著《中国哲学史纲要》（上海人民出版社），正面简述了中国哲学历史发展的基本线索。1983—1985 年，冯契的《中国古代哲学的逻辑发展》（上海人民出版社）分册出版，将哲学史定义为根源于人类社会实践主要围绕着思维和存在关系问题而展开的认识的辩证运动，在勾勒哲学范畴历史发展之逻辑脉络的同时，注重揭示中国传统哲学的独特品格。1985 年，潘富恩、施昌东合著的《中国古代认识论史略》(复旦大学出版社)出版。同年，严北溟主编的《哲学大辞典·中国哲学史卷》(上海辞书出版社)出版，这是第一部较完整翔实的专业辞书。

20 世纪 80 年代，上海学者对先秦以后各个时期的哲学都有研究。

关于两汉哲学，严北溟《谈"天不变道亦不变"》(《复旦学报》1980 年第 3 期)初步探讨了董仲舒的思想。刘修明研究了贾谊、陆贾思想与汉初社会的关系，发表《汉代统治思想选择的重要环节——浅论陆贾思想的时代条件和历史作用》(《湖南师范大学学报》1984 年第 2 期)、《贾谊的民本思想和汉初社会》(《学术月刊》1986 年第 9 期)。朱义禄探讨陆贾的伦理思想，发表《陆贾伦理思想简论》(《道德与文明》1985 年第 3 期)。祝瑞开剖析《淮南子》及严遵的思想，并出版《两汉思想史》(上海古籍出版社 1989 年)。

关于魏晋玄学，刘康德研究嵇康、裴頠哲学及"贵无"论，发表《试论嵇康的哲学思想》(《复旦学报》1981 年第 3 期)、《裴頠哲学思想补正》(《学术月刊》1985 年第 3 期)、《魏晋玄学"贵无"论》(《上海社会科学院学术季刊》1987 年第 3 期)。

宋明理学研究成果颇丰。1985 年，蔡尚思著《王船山思想体系》(湖南人民出版社)，简要评述了王夫之在哲学、宗教、美学等 11 个方面的核心思想及其学术地位。朱义禄论述黄宗羲的方法论，并从宇宙论、人生论等角度与刘宗周相比较，发表《黄宗羲哲学史方法论发微——兼论〈明儒学案〉》(《哲学研究》1985 年第 5 期)、《黄宗羲 刘宗周思想比较初探》(《浙江学刊》1987 年第 3 期)。1988 年，潘富恩、徐余庆的《程颢程颐理学思想研究》(复旦大学出版社)，是中华人民共和国成立后第一部系统研究"二程"思想的专著。同年，蔡尚思发表《朱熹思想的来源、核心和评价》(《哲学研究》第 4 期)。其他成果还包括：曾乐山的《张载的自然观剖析》(《陕西师范大学学报》1983 年第 6 期)，潘富恩、徐余庆的《论朱熹》(《浙江学刊》1981 年第 3 期)、《论吕祖谦》(《浙江学刊》1982 年第 2 期)、《论二程对佛、道的批判和汲取》(《浙江学刊》1986 年第 4 期)、《论石介》(《文史哲》1989 年第 1 期)，夏乃儒的《黄宗羲与中国近代思维方式的萌芽》(《上海师范大学学报》1987 年第 2 期)，冯契的《论王夫之的辩证逻辑思想》(《中国社会科学》1982 年第 7 期)、《论王夫之的"成性"说》(《船山学报》1984 年第 7 期)，丁祯彦的《王夫之"象数相倚"的方法论意义》(《学术月刊》1984 年第 10 期)、《简析宋明时期"成性"与"复性"之争》(《天府新论》1988 年第 2 期)，陈卫平的《论明清之际"由数达理"的思维方法——从一个侧面看明清之际思想的性质》(《哲学研究》1989 年第 7 期)等。

20 世纪 80 年代中期之后，上海学者关注中国传统文化与现代化之间的关系。1987 年，朱维铮主编的《断裂与继承：青年学者论传统文化与现代化》(上海人民出版社)较为集中地反映了上海青年学者的观点。如张汝伦在收录其中的《文化研究三题议》中主张，今人对传统文化的继承是既成性与生成性、史与思的辩证统一。1988 年，谢遐龄在《论中西文化差异之根与当代中国文化之趋向》(《复旦学报》第 3 期)中认为，中国传统反对坚执于物或坚执于灵的抽象态度，应当重新体认中国传统文化不同于西方文化的特点，进而审时度势，确定中国人的本性应向何处发展。1989 年，陈旭麓在《传统·启蒙·中国化》(《时代与思潮》第 1 辑)中主张，中国的传统是根植于小农社会土壤之上的文化的政统、道统、核心或基本精神，从而必然与现代化的价值导向发生根本性的冲突。

20 世纪 90 年代，中国哲学史研究的学术性更加突出，逐渐回归哲学自身的具体问题，并由通史类研究转向个案研究与问题研究。研究的重心不再是 80 年代作为认识(知识)成果的中国哲学，而是作为民族智慧的中国哲学。

关于先秦哲学研究，1995 年，杨泽波出版《孟子性善论研究》(中国社会科学出版社)，主张将人与道德相关的因素划分为欲性、仁性、智性三个部分，提出"伦理心境"，认为理解伦理心境如何具有后天而先在的特性，是破解性善论之谜的关键所在。杨泽波关于孟子的研究著作还包括《孟子评传》(南京大学出版社1998年)和《孟子与中国文化》(贵州人民出版社2000年)。1996年，崔宜明的《生存与智慧：庄子哲学的现代阐释》(上海人民出版社)，从言说、真知、坐忘、逍遥等层面阐述庄子如何深刻地展示生存悖论。其他成果还包括：陈卫平的《"和而不同"：孔子的群己之辩》(《华东师范大学学报》1994年第4期)、翟廷瑨的《孟子思想评析与探源》(上海社会科学院出版社1992年)、杨国荣的《孟子新论》(台北开文文化出版社1993年)、顾文炳的《庄子思维模式新论》(上海社会科学院出版社1993年)、东方朔(林宏星)的《韩非之功利观：在历史与逻辑之间》(《复旦学报》1993年第3期)等。

关于魏晋南北朝思想研究，曹伯言发表《论何晏的玄学思想》(《华东师范大学学报》1990年第4期)。刘康德出版《魏晋风度与东方人格》(辽宁教育出版社1991年)，并发表多篇研究玄学的论文，包括《玄学生成与圣人体无》(《复旦学报》1990年第3期)、《论东汉魏晋名士的清议和清谈》(《探索与争鸣》1990年第12期)、《论魏晋"天地之教"》(《复旦学报》1996年第6期)等。丁祯彦讨论郭象的方法论，发表《试论郭象方法论的特点》(《贵州大学学报》1992年第2期)。杨国荣从不同的角度对魏晋思想进行了探讨，发表《群己之辩：玄学的内在主题》(《哲学研究》1992年第12期)、《论魏晋价值观的重建》(《学术月刊》1993年第1期)、《自由及其限制——魏晋玄学与人的自由》(《学习与探索》1993年第6期)。1996年，潘富恩、马涛著的《范缜评传》(南京大学出版社)出版。

宋明理学研究，主要成果有：杨国荣著《王学通论——从王阳明到熊十力》(上海三联书店1990年)，围绕王学内部普遍之理与个体意识、本体(良知)与工夫(致良知)之间的统一与张力，考察其内在结构及其在后学中的历史展开过程。他的《心学之思——王阳明哲学的阐释》(三联书店1997年)，从理论层面分析心学内在的哲学意蕴，阐释心学中心体与性体、本体与工夫、言说与存在、德性与规范、存在与境界以及心物之辩与天人之际等理论问题。1992年，潘富恩著《吕祖谦评传》(南京大学出版社)出版。1996年，徐洪兴的《思想的转型》(上海人民出版社)，研究了唐宋之际理学的发生过程。1997年、1998年，东方朔(林宏星)先后出版《刘蕺山哲学研究》(上海人民出版社)、《刘宗周评传》(南京大学出版社)，系统阐述刘宗周的学行、理气论、心性论、诚义论、化念论、慎独论以及刘宗周哲学之定位。

关于清代哲学的研究，1992年，徐洪兴发表《论方东树的〈汉学商兑〉》(《孔子研究》第12期)，对清人方东树《汉学商兑》的内容、特点、背景与历史地位作了分析。1994年，陈居渊发表《清代的王学》(《学术月刊》第5期)。

这一时期也出现了多部中国古代哲学专题研究著作。1990年，李志林著的《气论与传统思维方式》(学林出版社)，分析了"气"概念的演化，及其对中国思维方式的影响。1994年，杨国荣著《善的历程》(上海人民出版社)，从天人之辩、义利之辩、理欲之辩、群己之辩、经权之辩等层面考察儒家价值体系的历史衍化及其现代转换。1998年，吾淳(吾敬东)著《中国思维形态》(上海人民出版社)，通过对中国传统文化中思维形态各方面的阐释，探索其与古代希腊思维的差异。

进入21世纪，中国哲学史的研究在广度和深度上不断得到推进。在通史方面，2006年，复旦大学哲学系中国哲学教研室编著《中国古代哲学史》(上海古籍出版社)，力图从中国哲学自身的思想资料出发，以西学为参照系，在世界文化的背景中建构具有民族特色的中国哲学史体系。在文献整理方面，2001—2012年，《上海博物馆藏战国楚竹书》(1—9册)(上海古籍出版社)出版。2002年，华东师范大学古籍所校勘整理的《朱子全书》(上海古籍出版社、安徽教育出版社)出版。

在先秦哲学研究方面，周山的《〈周易〉诠释若干问题思考》(《安徽师范大学学报》2003年第4

期)、《〈周易〉：人类最早的类比推理系统》(《社会科学》2009 年第 7 期)，从符号学、类比思维等角度研究《周易》。晋荣东引入语言哲学的向度诠释孔子、《吕氏春秋》，发表《孔子哲学的语言之维》(《华东师范大学学报》2000 年第 2 期)、《〈吕氏春秋〉言“辩”的语言哲学审视》(《华东师范大学学报》2003 年第 2 期)。2007 年，陈赟著《中庸的思想》(三联书店)，将中庸理解为上下(古今、天地)通达的智慧，对《中庸》作了独特解读。2006 年，杨国荣著《庄子的思想世界》(北京大学出版社)，分析庄子哲学的内在主题及理论张力，揭示其思想脉络。其他成果还包括：贡华南的《羞何以必要？——以孟子为中心的考察》(《孔子研究》2009 年第 1 期)、朱承的《儒家的“如何是好”——以孟子为中心的考察》(《中国哲学史》2010 年第 6 期)、东方朔(林宏星)的《“天人相分”与人的尊严——荀子“天论”的一个侧面》(《中共浙江省委党校学报》2008 年第 5 期)等。

在汉代哲学研究方面，余治平著《唯天为大：建基于信念本体的董仲舒哲学研究》(商务印书馆 2003 年)，探讨董仲舒如何在继承公羊外王传统的同时开出信念本体之天。在宋明理学方面，徐洪兴著《旷世大儒——二程》(河北人民出版社 2000 年)和潘富恩、徐洪兴主编四卷本《中国理学》(东方出版中心 2002 年)出版。2002 年，陈赟著《回归真实的存在——王船山哲学的阐释》(复旦大学出版社)，将船山视为宋明形而上学的解构者、后形而上学的建构者，以及中国本土现代意识的开拓者。2003 年，吴震著《阳明后学研究》(上海人民出版社)，对阳明后学的主要代表人物钱德洪、聂豹、罗洪先、欧阳德、王畿、耿定向等人的学术活动和主要思想、著作分别进行了阐述和考辨。吴震的阳明后学研究著作还有：《聂豹・罗洪先评传》(南京大学出版社 2001 年)、《罗汝芳评传》(南京大学出版社 2005 年)、《泰州学派研究》(中国人民大学出版社 2009 年)等。2002 年，潘德荣发表论文《经典与诠释——论朱熹的诠释思想》(《中国社会科学》第 1 期)，认为在中国经学史上，朱熹是第一个相对集中地谈论过阅读和诠释的方法论的学者，其所代表的这种诠释传统，对于我们构建中国现代的诠释理论有着重要的启迪意义。2005 年，方旭东出版《尊德性与道问学：吴澄哲学思想研究》(人民出版社)、《吴澄评传》(南京大学出版社)，系统考察了元代理学家吴澄的哲学理论体系、生平、师承及历史背景等方面的内容。2006 年，郭晓东著《识仁与定性：工夫论视域下的程明道哲学研究》(复旦大学出版社)，主张程颢哲学最大的特色在于本体与工夫合一的识仁工夫论。2007 年，曾亦著《本体与工夫——湖湘学派研究》(上海人民出版社)，探讨胡宏《知言》与两宋道学之开展，及朱熹《知言疑义》与湖湘学术之分流。同年，刘梁剑的《天・人・际：对王船山形上学的阐明》(上海人民出版社)，认为“际”是王船山哲学的一个核心范畴，由此出发阐述船山的幽明之论、气化说、性命之学，以及船山关于时间、情、诗、语言的思考。

在清代哲学方面，陈居渊发表多篇关于焦循、乾嘉学术的论文，包括《论焦循〈孟子正义〉的易学诠释》(《孔子研究》2000 年第 1 期)、《焦循易学方法论的哲学意义》(《周易研究》2003 年第 10 期)、《清代“乾嘉新义理学”探究》(《求索》2003 年第 10 期)、《论焦循的〈论语学〉研究》(《云南大学学报》2007 年第 2 期)、《清代乾嘉之际的“新格物论”》(《哲学研究》2009 年第 9 期)。

进入 21 世纪，基于传统经典文本细读基础上的现代诠释成为一种新的研究风尚。主要有：方旭东的《诠释过度与诠释不足：重审中国经典解释学中的汉宋之争——以〈论语〉“颜渊问仁”章为例》(《哲学研究》2005 年第 2 期)、《超越“忠恕”之道——〈中庸〉“道不远人”章义疏》(《中国哲学史》2008 年第 1 期)、《好恶的对与错：〈论语〉第四篇第三章蕴含的一个哲学问题》(《哲学研究》2010 年第 8 期)，郭美华的《出离与返回：作为过程的逍遥——〈庄子・逍遥游〉疏解》(《中国哲学史》2009 年第 6 期)，陈赟的《以人道显天道：论〈中庸〉诚的思想》(《齐鲁学刊》2008 年第 3 期)、《“里仁”与人的居住方式——〈论语・里仁〉的思想及精神》(《人文杂志》2009 年第 3 期)等。

这一时期,从政治哲学的视域研究中国传统哲学成为一个热点。2008 年,朱承的《治世与治心——王阳明哲学的政治向度》(上海人民出版社),以政治哲学为视域考察王阳明的心学,论及万物一体与三代之治、化治世为治心、王阳明哲学政治向度的历史回应、良知学说的理想政治效用等内容。2009 年,白彤东的《旧邦新命——古今中西参照下的古典儒家政治哲学》(北京大学出版社),在比较的视域下阐发了一种儒家式的自由、民主、人权理念,批评西方现有观念的不足之处。2009—2010 年,陈赟发表多篇阐发庄子藏天下于天下的政治哲学论文,包括《逍遥境界的政治向度—〈庄子・逍遥游〉"知效一官"章的文本学解读》(《学海》2009 年第 3 期)、《"尧让天下于许由":政治根本原理的寓言表述——〈庄子・逍遥游〉的内在主题》(《社会科学》2009 年第 4 期)、《"浑沌之死"与"轴心时代"中国思想的基本问题》(《中山大学学报》2010 年第 6 期)。其他成果还有:杨国荣的《儒家政治哲学的多重面向——以孟子为中心的考察》(《浙江学刊》2002 年第 5 期),郝云的《论〈管子〉的公正观》(《上海财经大学学报》2003 年第 1 期),余治平的《新民与亲民——作为中国古代政治哲学的一个问题》(《人文杂志》2005 年第 4 期),柯小刚的《藏刀与藏天下:〈庄子〉"大宗师"与"养生主"之政治现象学关联》(《江海学刊》2007 年第 4 期),张汝伦的《王霸之间——贾谊政治哲学初探》(《哲学研究》2009 年第 4 期),朱承的《在规矩中自在——由"从心所欲,不逾矩"看儒家自由观念》(《现代哲学》2008 年第 6 期)和《〈礼记・乐记〉与儒家政治美学》(《人文杂志》2009 年第 7 期)等。

二、中国近现代哲学史

20 世纪 80 年代之后,上海学者持续关注中国近现代哲学史,在通论、专题、人物、思潮、观念史等方面不断取得新的研究成果。诸多近现代代表人物得到专门研究。

在通论方面,1983 年,曾乐山发表《试论中国近代哲学史的分期和发展阶段》(《齐鲁学刊》第 10 期)。1989 年,冯契的《中国近代哲学的革命进程》(上海人民出版社),围绕"古今中西"之争的主线,系统论述中国近代(1840—1949 年)哲学的发展历程。

对郑观应的研究,主要成果有:1981 年,夏东元著《郑观应传》(华东师范大学出版社),认为郑观应是中国近代揭示"民主"与"科学"的思想家。2002 年,姜义华发表《郑观应与近代中国启蒙运动发端》(《岭南文史》第 9 期)。

对魏源的研究,主要成果有:汤志钧发表《魏源的"变易"思想和〈诗〉〈书〉古微》(《求索》1984 年第 5 期)。丁祯彦、张家成发表《魏源的中西文化观浅析》(《船山学报》1988 年第 7 期),分别论述魏源变易思想和文化观。

对康有为的研究,主要成果有:曾乐山的《略论康有为的"三世"说》(《学术月刊》1984 年第 6 期)一文,讨论了康有为的历史哲学。朱义禄的《康有为评传:时代的弄潮儿》(广西教育出版社 1996 年)肯定了康有为在中国近代史上的地位。

对谭嗣同的研究,主要成果有:胡啸的《谭嗣同的佛教信仰略议》(《复旦学报》1982 年第 1 期),丁祯彦的《谭嗣同历史哲学浅析》(《学术月刊》1992 年第 11 期)和《〈仁学〉之通与塞》(《复旦学报》2001 年第 6 期)等。

对严复的研究,上海学者较早地讨论了严复的科学观及其在中国近代哲学上的贡献,成果包括:季甄馥的《论严复的哲学思想及其历史地位》(《南昌大学学报》1980 年第 5 期),陈卫平的《自然科学是推动哲学发展的革命力量——论严复的哲学思想与西方的自然科学》(《光明日报》1978 年 6

月6日)和《确立近代科学的思维方式——论严复对于发展近代科学的哲学思考》(《华东师范大学学报》1985年第6期)。张汝伦发表《理解严复——纪念〈天演论〉发表100周年》(《华东师范大学学报》1998年第5期),认为严复思想中的不可知论因素使他对进化论远没有像后来的人们那样独断和绝对。

对梁启超的研究,冯契的《青年梁启超的自由学说》(《学术月刊》1987年第1期)讨论了梁启超自由学说。陈泽环发表多篇论文,探讨梁启超的伦理学思想、儒学观,主要有《〈新民说〉的当代意义——基于伦理学视角的文本考察》(《华中科技大学学报》2009年第3期)、《梁启超论儒家哲学——基于伦理学视角的文本考察》(《中山大学学报》2009年第3期)和《孔子教义"实际裨益于今日国民者"——梁启超的儒学作用论初探》(《哲学动态》2010年第2期)。

对章太炎的研究,姜义华先后出版《章太炎思想研究》(上海人民出版社1985年)和《章炳麟评传》(南京大学出版社2002年)。其中,《章炳麟评传》分作三编,甲编述生平,乙编析思想,丙编考交游。此外,还有高振农的《论章太炎佛学思想在辛亥革命中的作用》(《社会科学》1981年第5期)、章念驰的《章太炎与佛教的关系及其佛学特色》(《上海社会科学院学术季刊》1994年第8期)、高瑞泉的《章太炎"依自不依他"说评析——兼论章太炎哲学的唯意志论倾向》(《学术月刊》1990年第12期)、蔡志栋的《一场夭折了的革命——章太炎"真如哲学"的确立、偏向及历史走向》(《学术月刊》2010年第7期)等。

王国维研究的主要成果有：赵庆麟的《王国维学术研究方法探索》(《浙江学刊》1982年第5期)和《王国维人生哲学试析》(《学术月刊》1988年第12期),考察了王国维的学术研究方法与人生哲学。其专著《融通中西哲学的王国维》(上海社会科学院出版社1992年)从中西哲学比较角度较全面地分析王国维的哲学思想及其在中国近代哲学史上的地位。

孙中山研究的主要成果有：朱一智、隋启仁的《孙中山的思想和道路》(江苏人民出版社1987年),姜义华的《大道之行：孙中山思想发微》(广东人民出版社1996年)等。

对李大钊的研究,主要成果有：曾乐山的《李大钊的时间观与今古关系论》(《哲学研究》1984年第10期)。晋荣东的《李大钊哲学研究》(华东师范大学出版社2000年)对李大钊如何移植、取舍和批判西方哲学,尤其是对西方历史哲学进行比较详细的考察和研究,并着力发掘了李大钊哲学研究中曾被忽略的许多有价值的思想。

对胡适的研究,上海学者较早肯定其在哲学史上的地位,并从方法论、伦理学、文化哲学等侧面分析胡适思想,成果有：丁祯彦的《从"文学改良刍议"到"问题与主义"的论战——评"五四"前后胡适的哲学思想》(《学术月刊》1979年第5期),杨国荣的《论胡适方法论思想的内在矛盾及其根源》(《浙江学刊》1985年第10期)、《方法论上的中西会通——胡适方法论思想再探》(《学术论坛》1993年第5期),王鉴平的《从中西文化的冲突和交融看胡适的科学方法》(《福建论坛》1989年第6期),季甄馥的《"五四"时期胡适的伦理思想述评》(《学术月刊》1990年第7期),施炎平的《胡适与五四道德革命》(《华东师范大学学报》1996年第6期)等。1990年,杨国荣、王鉴平合著的《胡适与中西文化》(四川人民出版社),肯定胡适在中西文化交流中的地位。2000年,顾红亮的《实用主义的误读》(华东师范大学出版社),以胡适和陶行知为中心来考察杜威哲学对现代中国哲学界的影响。

对梁漱溟的研究,主要成果有：方松华的《梁漱溟文化哲学述评》(《学术月刊》1987年第5期)、高瑞泉的《世界文化的预言家——读梁漱溟〈人心与人生〉》(《读书》1989年第1期)、朱义禄的《论泰州学派对梁漱溟的影响》(《学术论坛》1991年第3期)。许纪霖的《梁漱溟与儒家的内圣外王理念》

(《华东理工大学学报》1994年第5期)认为梁漱溟是20世纪中国知识分子中唯一身践力行儒家内圣外王理想之人。丁耘的《大陆新儒家与儒家社会主义——以梁漱溟为例》(《文化纵横》2010年第2期)讨论了梁漱溟的社会主义思想。

对熊十力的研究,主要成果有:高瑞泉的《熊十力意志理论评述》(《探索与争鸣》1990年第8期)、《熊十力伦理思想三题》(《学术月刊》1992年第3期)、《熊十力与近代传统》(《华东师范大学学报》1995年第6期)、《默识与体认——熊十力的直觉理论述评》(《华东师范大学学报》2001年第9期)等,考察了熊十力的意志理论与直觉思想等内容。2004年,郭美华的《熊十力本体论哲学研究》(巴蜀书社)出版。

对金岳霖的研究,先后有冯契、杨国荣、郁振华、贡华南等对其认识论、本体论、关系理论、概念方式、思想背景等方面进行研究。包括:冯契的《金岳霖先生在认识论上的贡献》(《哲学研究》1985年第3期)、《忆金岳霖先生以及他对超名言之域问题的探讨》(《学术月刊》1994年第2期),杨国荣的《走出实证主义——金岳霖认识论思想论析》(《江苏社会科学》1992年第2期)、《玄学本体论的逻辑构造——论金岳霖早期的哲学思想》(《社会科学辑刊》1994年第1期)、《归纳问题:金岳霖的思考》(《学术月刊》1994年第12期),郁振华的《金岳霖关系理论研究》(《哲学研究》1993年第9期)、《金岳霖和中国传统哲学》(《学术月刊》1996年第6期),俞宣孟的《移花接木难成活——评金岳霖的〈论道〉》(《学术月刊》2005年第9期),贡华南的《徘徊于意义与意味之间——金岳霖哲学的张力与境界》(《学术月刊》2007年8期)等。

对冯友兰的研究,成果包括:王鉴平的《冯友兰哲学思想研究》(四川人民出版社1988年)、冯契的《"新理学"的理性精神》(《学术月刊》1991年第3期)、杨国荣的《从中西哲学的会通看新理学》(《中国社会科学》1991年第4期)、丁祯彦的《冯友兰新理学历史观中的合理因素》(《贵州大学学报》1998年第1期)、陈卫平的《中国哲学史研究的学科自觉——从胡适到冯友兰》(《中国哲学史》2003年第2期)等。2009年,顾红亮的《〈新世训〉的生活方法论与实用主义》(《哲学研究》第5期)分析杜威的实用主义哲学对冯友兰哲学创作的影响。

对近现代其他思想家的研究主要有:高瑞泉的《论鲁迅的"意力主义"及其超越——中国现代文学的哲学透视之一》(《天津社会科学》1990年第12期),指出鲁迅是一位具有深刻的思想穿透力的精神界战士,而他的思想又是同中国近代哲学革命的总进程合拍的。胡啸的《张东荪的架构论宇宙观和多元认识论》(《复旦学报》1984年第4期)讨论张东荪的认识论。刘静芳的《论张申府与张岱年理论旨趣的差异》(《中国哲学史》2009年第12期)讨论了张申府与张岱年两位"解析法的新唯物论"的代表人物在哲学上的差异。2010年,蔡志栋的《在民族主义和自由主义之间——蔡元培政治思想简论》(《学术界》第3期),讨论了蔡元培的民族主义思想。

自20世纪80年代末开始,上海学者在当代新儒学领域发表不少成果。主要有:罗义俊编著的《评新儒家》(上海人民出版社1989年)和《生命存在与文化意识:当代新儒家史论》(学林出版社2009年)。施忠连的《新儒学与中华文化活精神》(《哲学研究》1989年第9期)等论文探讨新儒学与传统文化及现代化的关系,《现代新儒学在美国》(辽宁大学出版社1994年)则肯定了陈荣捷、余英时、杜维明、成中英等人在研究与推广儒学方面的成就。2005年,陈迎年的《感应与心物——牟宗三哲学批判》(三联书店),将"感应与心物"作为剖析牟宗三哲学的核心问题,由此来评论其得失。2006年,杨泽波的《牟宗三三系论论衡》(复旦大学出版社),认为"三系论"是依据形著论和自律论这两个标准来划定的,这两个标准意义深远,但又有各自的缺陷,根本原因是未能摆脱西方感性和理性二分的束缚。2007年,殷小勇的《道德思想之根:牟宗三对康德智性直观的中国化阐释研究》

(复旦大学出版社),借助海德格尔对康德的研究,认为牟宗三用儒释道三家智慧对康德哲学中的"智性直观"所作的中国化阐释偏离了儒家传统。

1995 年,冯契去世之后,其学说很快成为研究热点。上海学界关于冯契的研究,在文献整理和思想研究两个方面都取得了丰硕成果。1996—1998 年,冯契的著作、论文、讲演录和哲学通信等汇集成十卷本的《冯契文集》,由华东师范大学出版社出版。自 1995 年起,《华东师范大学学报》开设冯契哲学研究专栏,每年不定期刊发相关论文。上海学者对冯契思想的研究涉及多个方面。主要有:张天飞的《冯契先生的智慧学说》(《学术月刊》1995 年第 5 期),童世骏的《感觉经验能否给予客观实在——从洛克到金岳霖和冯契》(《江海学刊》2000 年第 4 期),杨国荣的《论冯契的广义认识论》(《中国哲学史》2006 年第 1 期),丁祯彦的《冯契对〈周易〉辩证逻辑思想的研究》(《周易研究》1997 年第 1 期),彭漪涟的《冯契辩证逻辑思想研究》(华东师范大学出版社 1999 年)。此外,还出版了 3 部论文集,分别是华东师范大学哲学系编的《理论·方法·德性》(学林出版社 1996 年),杨国荣主编的《知识与智慧:冯契哲学研究论文集(1996—2005)》(华东师范大学出版社 2005 年)和《追寻智慧》(上海古籍出版社 2007 年)。彭漪涟出版 3 部专著:《冯契的辩证逻辑思想研究》(华东师范大学出版社 1999 年)、《化理论为方法,化理论为德性:对冯契一个哲学命题的思考与探索》(上海人民出版社 2008 年)和《心灵的自由思考》(上海人民出版社 2010 年)。

上海学者围绕不同的专题对近现代哲学展开研究,包括杨国荣的《从中西古今之争看中国近代方法论思想的演变》(《福建论坛》1988 年第 3 期),丁祯彦、陈卫平的《"中体西用"的破产与中国哲学的近代化》(《浙江学刊》1986 年第 5 期)。陈卫平的《中国哲学近代化的一个侧面——析严复、胡适、金岳霖改造传统哲学概念的理论》(《哲学研究》1986 年第 9 期)指出,要在中西哲学合流中实现中国哲学的现代化,就必须建立一套既不丢弃传统哲学概念,又吸收西方哲学概念的哲学语言。陈卫平还对马克思主义哲学中国化进行了系统研究,先后发表《论马克思主义哲学中国化与传统哲学》(《哲学研究》1987 年第 5 期)、《论马克思主义哲学中国化》(《毛泽东邓小平理论研究》1991 年第 6 期)、《变革·融合·制约——马克思主义哲学中国化与传统文化》(《上海社会科学院学术季刊》2001 年第 3 期)、《两个接着讲和三个环节——马克思主义与中国传统文化相结合的思考》(《理论视野》2008 年第 12 期)。忻剑飞、方松华发表《东西方文化大交汇的产儿——论"科学与人生观论战"在现代中国哲学中的地位》(《复旦学报》1986 年第 2 期)。高瑞泉发表《动力的追寻——五四与现代文化精神》(《华东师范大学学报》1999 年第 3 期)、《作为时代的自我理解的哲学史研究——中国近现代哲学史研究的一个向度》(《哲学研究》2007 年第 5 期)。2000 年,郁振华的《形上的智慧如何可能?》(华东师范大学出版社),围绕"在科学时代,形上学是否可能以及如何可能"的核心问题,从科学和哲学、存在和天道、直觉和理智、名言之域和非名言之域、自由和境界五个方面,对中国现代哲学作了一番整体考察。2004 年,贡华南的《知识与存在——对中国近现代知识论的存在论考察》(学林出版社),围绕科学知识、常识、形上知识、人的境界与人的存在关系等哲学问题系统考察了张东荪、冯友兰、金岳霖、冯契、唐君毅等思想家的知识学说。2005 年,陈赟的《困境中的中国现代性意识》(华东师范大学出版社),致力于挖掘中国作为后发现代性国家在现代化过程中对现代性的质疑、诘难与反抗,以此作为现代性自我反思的思想资源。

除了通论、人物、专题研究之外,思潮研究也是上海学界近现代哲学研究的一个重要内容。上海学者对近代的人道主义、实证主义、自由主义、唯意志论、科学主义、进化论等思潮进行了不同程度的考察。成果包括:丁祯彦的《试论中国近代人道主义思想》(《学术月刊》1990 年第 4 期);王鉴平、胡伟希的《传播与超越:中国近现代实证主义进程研究》(学林出版社 1989 年),胡伟希、高瑞泉、张利民的《十字街头与塔：中国近代自由主义思潮研究》(上海人民出版社 1991 年)；高瑞泉的《天命的没落——中国近代唯意志论思潮的研究》(上海人民出版社 1991 年)；陈卫平的《"五四"新文化运动中的进化论》(《哲学研究》1996 年第 4 期)、《中国近代进化论思潮形成的内在逻辑》(《文史哲》1996 年第 5 期)；杨国荣的《从严复到金岳霖：实证论与中国哲学》(高等教育出版社 1996 年)、《科学的形上之维：中国近代科学主义的形成与衍化》(上海人民出版社 1999 年)。高瑞泉考察思潮研究的方法论，发表《论近代社会思潮研究的若干方法问题》(《学术月刊》1996 年第 1 期)。1996 年，高瑞泉主编的《中国近代社会思潮》(华东师范大学出版社)，收入多位学者对人道主义、进化论、实证主义、科学主义、唯意志论、自由主义、文化激进主义、文化保守主义、无政府主义、民族主义等思潮及佛教的复兴与基督教传播的专题研究。2000 年，许纪霖主编的《二十世纪中国思想史论》(东方出版中心)，汇集 20 世纪 80 年代以来关于 20 世纪中国思想研究的 20 余篇论文，分为"五四""观念""论战""思潮"四部分。2001 年，张汝伦的《现代中国思想研究》(上海人民出版社)对现代中国的三种基本意识形态，即进化史观、民族主义、社会主义进化批判性考察，同时也对蔡元培、张君劢、张东荪、梁漱溟、胡适、熊十力、严复等思想家进行个案研究。2008 年，高瑞泉、杨扬等著的《转折时期的精神转折——"新时期"以来中国社会思潮及其走向》(上海古籍出版社)，从哲学、政治、伦理、文学等角度梳理 20 世纪 80 年代与 90 年代中国社会思潮主流的转折。

近现代哲学研究的另一项重要内容为观念史研究。高瑞泉发表《中国近代精神传统论纲》(《哲学研究》1991 年第 11 期)，1999 年出版《中国现代精神传统》(东方出版中心)，详尽阐释了中国现代精神传统中超越政派和思潮对立的现代价值观念。

三、中西哲学会通与当代中国哲学建构

改革开放之后，上海学界与西方学界的交流对话明显加强，西方世界的中国哲学研究的相关成果也越来越多地受到关注，中西哲学比较研究取得较大发展。1987 年，上海中西哲学与文化交流中心成立，王元化担任名誉主席，冯契担任主席，1996 年更名为上海中西哲学与文化比较研究会，会刊《时代与思潮》，1989—2000 年由学林出版社出版 7 辑。

翁绍军的《先秦和古希腊自然哲学的比较研究》(《上海社会科学院学术季刊》1986 年第 3 期)，从古代自然观的角度揭示中西哲学的差异，并探索其内在原因。曾乐山的《中西文化和哲学争论史》(华东师范大学出版社 1987 年)总结了近代以来中西哲学的交融。1992 年，陈卫平的《第一页与胚胎：明清之际的中西哲学比较》(上海人民出版社)，专论明清之际中西哲学比较。1994 年，王淼洋、范明生主编的《东西方哲学比较研究》(上海教育出版社)，从纵向和横向对哲学各分支进行比较，贯通西方、印度、中国，揭示其共性、特殊性和规律性。俞宣孟的《两种不同形态的形而上学》(《中国社会科学》1995 年第 9 期)、《中西传统哲学的不同超越与哲学观念的更新》(《学术月刊》2006 年第 10 期)、《关于哲学原理的观念——中西哲学的一种比较研究》(《社会科学》2006 年第 10 期)、《"本质"观念及其生存状态分析——中西哲学比较的考察》(《学术月刊》2010 年第 7 期)等，从形而上学形态、超越观念、原理与源头之辨、有无本质观念等角度阐发中西哲学之别。2005 年，俞宣孟、何锡蓉主编《探根寻源——新一轮中西哲学比较研究论集》(上海译文出版社)。

在中西哲学比较研究中，作为比较对象的西方哲学学派纷呈，包括德国古典哲学、存在主义、现

象学、诠释学、分析哲学等。余治平的《超越与内在——比较康德的实践理性与王阳明致良知学说》(《浙江学刊》2000 年第 5 期)、谢遐龄的《直感判断力：理解儒学的心之能力》(《复旦学报》2007 年第 5 期)以康德为比较对象；俞宣孟的《海德格尔与东方“无”的境界》(《时代与思潮》1991 年)、杨国荣的《面向存在之思——〈老子〉哲学的内蕴》(《哲学研究》1998 年第 5 期)以海德格尔为比较对象；张庆熊的《熊十力的新唯识论与胡塞尔的现象学》(上海人民出版社 1995 年)以现象学为比较对象；潘德荣的《文字与解释——训诂学与诠释学比较》(《学术月刊》1996 年第 2 期)、《从〈易经〉看中国诠释思想的辩证性》(《安徽师范大学学报》2000 年第 6 期)、《经典与诠释——论朱熹的诠释思想》(《中国社会科学》2002 年第 1 期)以诠释学为思想资源；方旭东的《他人的痛——对万物一体之仁说的沉思》(《学术月刊》2005 年第 2 期)、《同情的限度——王阳明万物一体说的哲学诠释》(《浙江社会科学》2007 年第 3 期)、《为善何以“可而不能”：荀子论说中的意志自由问题》(《学术月刊》2007 年第 12 期)以分析哲学为思想资源等。

20 世纪 90 年代，上海学者在哲学理论建构方面的努力取得成绩。1996 年，华东师范大学出版社出版冯契具有开创意义与典型价值的“智慧说三篇”《认识世界和认识自己》《逻辑思维的辩证法》《人的自由和真善美》。这一学说在古今中西之争的时代背景之下，会通中国哲学、西方哲学、马克思主义哲学，发掘“智慧”这一“最富于民族传统特色的、最根深蒂固的东西”的当代意义，探讨从知识到智慧(性与天道之学)的飞跃如何可能。进入 21 世纪，中国哲学合法性、中国哲学与西方哲学之关系、当代中国哲学创建等问题成为学界热点，上海学界的主要成果有：高瑞泉在《“哲学的终结”和中国哲学的回应》(《浙江社会科学》2003 年第 1 期)中认为，中国哲学界的学者对于“中国无哲学”“哲学的终结”问题做出了建设性的回应，体现了中国哲学对于自身“特殊性”的认同，以及对于参与到世界哲学之中的高度自信。俞吾金在《一个虚假而有意义的问题——对“中国哲学学科合法性问题”的解读》(《复旦学报》2004 年第 3 期)中讨论了“中国哲学学科的合法性问题”的合理性与意义。《学术月刊》2004 年第 2 期发表俞宣孟、马迅、方松华关于“走出对西方哲学的依傍——关于中西方哲学形态的新一轮比较研究”的笔谈。何锡蓉的《中西哲学比较研究的新进展——兼析所谓中国哲学的“合法性”问题》(《社会科学》2004 年第 5 期)，提出新一轮的中西哲学比较研究已经跳出了“中国有否哲学”即所谓“合法性”的框架，而重在摒弃对西方哲学的依傍，实事求是地展现中国历史上的哲学的本来面貌，并有望更新哲学的观念，从而为中国哲学乃至世界哲学今后的发展开辟道路。张汝伦在《中国哲学的自主与自觉——论重写中国哲学史》(《中国社会科学》2004 年 5 期)、《他者的镜像：西方哲学对现代中国哲学研究的影响》(《哲学研究》2005 年第 2 期)、《邯郸学步，失其故步——也谈中国哲学研究中的“反向格义”问题》(《南京大学学报》2007 年第 4 期)、《概念是普遍的吗？——比较哲学的一个基本问题》(《哲学研究》2008 年第 8 期)等文中提出，从哲学的一般意义和中国哲学的特殊性出发，合理借鉴西方哲学，积极开发中国哲学特有的问题域，建构中国哲学自己的概念体系，而以西方哲学的门类划分来重构或重新叙述中国哲学，是一种比一般观念层面的反向格义后果更为严重的一种反向格义。陈卫平在《西方哲学的中国化与当代中国哲学的建构》(《学术月刊》2004 年第 7 期)、《“金岳霖问题”与中国哲学史学科独立性的探求》(《学术月刊》2005 年第 11 期)等文中提出，一方面，中国哲学内含现代性与民族性的矛盾；另一方面，揭示中国近代以来西方哲学中国化中的一些普遍问题，对于我们如何在中国哲学、西方哲学和马克思主义哲学的互动对话中发展当代中国哲学是有启示的。杨国荣在《中国哲学研究的四大问题》(《哲学动态》2003 年第 3 期)、《哲学的建构与现代性的反思——现代性反思的哲学意义》(《上海师范大学学报》2003 年第 3 期)等文中指出，中国哲学与西方哲学的联系是一个事实问题，我们应当以此为基础通向“学无中西”的世界哲学,在现代性的图景之上进行中国哲学的当代建构。陈嘉映在《从移植词看当代中国哲学》(《同济大学学报》2005年第4期)中指出,在理论的场合,大部分现代汉语语汇都是移植词,这一现象对当代中国哲学具有重要影响。张汝伦在《中国哲学研究中的“范畴错误”》(《哲学研究》2010年第7期)中指出,分析传统哲学概念的范畴工具几乎都是西方的,这就使得分析的结构不但肢解了一个有机的意义整体(意义场),而且还消解了传统中国哲学基本概念的特有意蕴。

部分上海学者从中国“哲学”研究转向中国“思想”研究或经学研究。尹继佐、周山主编的《中国学术思潮史》(上海社会科学院出版社2006年)出版,分列子学、经学、玄学、佛学、道学(宋)、心学、朴学、现代新学八册,系统梳理和总结评价中国学术思潮的传承发展。曾亦、陈雯雯合著的《刘逢禄论〈左氏〉之得失与晚清今古学之争》(《复旦学报》2009年第1期)认为,晚清思潮实可上溯至刘逢禄的今文经学,而学界低估了今文经学对晚清学术与思想乃至后来新思想、新文化的巨大作用。曾亦《共和与君主:康有为晚期政治思想研究》(上海人民出版社2010年)探讨康氏如何围绕现代中国的构建展开理论思考与现实政治活动。

相形之下,一些学者更加自觉地进行哲学理论创建工作,以此挺立当代中国哲学的理论价值与实践意义。杨国荣出版《伦理与存在》(上海人民出版社2002年)、《存在之维——后形而上学时代的形上学》(人民出版社2005年)和《成己与成物——意义世界的生成》(人民出版社2010年)等理论著作。贡华南《味与味道》(上海人民出版社2008年)寻求以味觉阐释世界的可能性与必要性。此著挖掘“味”活动的存在论意义、结构、在感觉谱系中的地位,以及形下、形上层面所生长出来的丰富意义,在哲学史的考察之中蕴含了一种基于味觉的哲学理论。

第二节 外国哲学史

一、西方哲学史

1978年在芜湖召开的全国西方哲学讨论会是我国西方哲学研究开始复苏的一个标志。在这样的氛围中,上海学界积极恢复和整顿西方哲学的教学与科研。从1978年始,上海人民出版社不定期地出版《外国哲学史研究集刊》。全增嘏主编《西方哲学史》(上、下册)(上海人民出版社1983年、1985年)是国内比较全面的一部西方哲学通史。同时,针对西方哲学各个时段的研究不断深入,古希腊哲学、德国古典哲学方面的成果尤为显著。

古希腊罗马哲学方面,上海学者对柏拉图、亚里士多德的哲学,进行了较为集中的讨论。

关于柏拉图,范明生《柏拉图哲学述评》(上海人民出版社1984年),是国内第一部系统地研究柏拉图哲学思想体系的专著。范明生还与汪子嵩、陈村富、姚介厚、包利民、章雪富等合撰四卷本《希腊哲学史》(人民出版社1988年、1993年、2003年、2010年)。讨论柏拉图的论文还包括:叶立煊的《如何理解柏拉图的“辩证法”》(《华东师范大学学报》1982年第3期)认为柏拉图的辩证法只是一种理念的辩证法,其运用范围并不涉及客观世界。俞吾金的《试论柏拉图哲学的基本特征》(《复旦学报》1982年第2期)认为,柏拉图从相对主义、感觉主义和不可知主义三个主要方面对智者哲学所作的批判,构成了其哲学体系内部变与不变、个别与一般、神学与理性三条基本的矛盾线索。

关于亚里士多德,翁绍军的《亚里士多德范畴学的形式与内容》(《社会科学》1984年第6期),阐明亚氏范畴学说与外部世界的联系。童世骏的《“美诺悖论”的认识论分析》(《哲学研究》1985年第

5 期)分析了柏拉图和亚里士多德对“美诺悖论”的解答。黄颂杰的《实体、本质与神》(《哲学研究》2008 年第 8 期)从现当代哲学的视界考察和论述亚里士多德的实体、本质理论，以及由此导向的神论，进而评述现当代西方哲学的相关理论。

此外，谢遐龄的《巴门尼德：辩证法的开创者》(《哲学研究》1987 年第 1 期)认为，巴门尼德是辩证法的真正开创者，因为他明确区分了“真理的道路”和“意见的道路”，把纯粹思维剥离了出来。黄勇的《存在的意义——兼论赫拉克利特与巴门尼德的一致性》(《学术月刊》1989 年第 7 期)认为，将巴门尼德与赫拉克利特二人的存在学说对立起来的通行看法是错误的。俞宣孟的《巴门尼德的“是”的意义说》(《探索与争鸣》1990 年第 3 期)讨论巴门尼德的“是”论，认为巴门尼德是西方哲学史上第一个真正思考思想本身的思想家。刘云卿的《论普罗提诺的“宇宙”观念》(《哲学研究》2007 年第 12 期)探讨了普罗提诺“宇宙”观念的三层含义(实在的宇宙、普罗提诺构想的宇宙、自我解构中的宇宙)及其关系。

中世纪与基督教哲学方面，1988 年，徐怀启和尹大贻分别出版了《古代基督教史》(华东师范大学出版社)和《基督教哲学》(四川人民出版社)。1993 年，范明生著《晚期希腊哲学和基督教神学》(上海人民出版社)，探讨产生于东方的基督教及其神学，为何成为当今世界性的宗教和神学，并对西方一切文化领域发生影响的问题。

近代西欧哲学方面，阎吉达发表多篇关于培根、贝克莱、休谟的论文，出版《贝克莱思想新探》(复旦大学出版社 1987 年)和《休谟思想研究》(上海远东出版社 1994 年)。汪堂家发表《论笛卡尔的自我概念》(《中国社会科学》1988 年第 9 期)、《“我思故我在”新探》(《学术月刊》1989 年第 6 期)、《哲学的逻辑表达与逻辑的哲学分析——从概念、定义与命题理论看莱布尼兹的逻辑哲学观》(《复旦学报》2005 年第 3 期)。童世骏发表多篇论文关于洛克及一般认识论问题的论文，包括：《普遍必然的科学知识何以可能——从洛克到金岳霖》(《哲学研究》1992 年第 3 期)、《认识论中的社会学主义及其与心理主义和逻辑主义的关系》(《社会科学战线》1993 年第 10 期)、《论真理的认可问题》(《学术月刊》2000 年第 2 期)等。1994 年，赵修义等编撰出版《马克思恩格斯同时代的西方哲学》(华东师范大学出版社)。此外，还有汪堂家、孙向晨、丁耘合撰的《十七世纪形而上学》(人民出版社 2005 年)，周春生的《马基雅维里思想研究》(上海三联书店 2008 年)。

上海学者对德国古典哲学的研究比较多地集中于康德、黑格尔。

关于康德，佘碧平的《康德“未来形而上学”论纲》(《学术月刊》1988 年第 3 期)认为，康德重建的“未来形而上学”为后来哲学开启了两个方向，一是黑格尔的“绝对唯心主义”，二是叔本华的非理性主义。佘碧平的《康德哲学与现代性论争》(《复旦学报》2000 年第 7 期)认为康德批判哲学主张知性立法和理性规范的平衡，二者制衡机制遭到破坏乃是现代性危机的根本所在。张汝伦的《自我的困境——近代主体性形而上学之反思与批判》(《复旦学报》1998 年第 1 期)暗用海德格尔的思想资源，对学界高扬的“主体”“主体性”进行了哲学史反思。徐英瑾的《康德的亲和性概念探微》(《学术月刊》2001 年第 8 期)认为，康德对“亲和性”概念的阐发中一度偏离了人类的先天思维方式对于感性经验的优先性原则。俞吾金的《康德批判哲学的研究起点和形成过程》(《东南学术》2002 年第 2 期)认为，应当从康德提出的“四个问题”出发重新认识其批判哲学的发展过程和全幅内容。俞吾金的《一个被遮蔽了的“康德问题”》(《学术月刊》2003 年第 1 期)认为，康德区分了“两种实践”，即“技术地实践的”活动和“道德地实践的”活动。俞吾金的《康德两种因果性概念探析》(《中国社会科学》2007 年第 11 期)认为，康德区分了自然因果性和自由因果性，二者以分裂的方式共存于人的身上。邓安庆的《康德道德神学的启蒙意义》(《哲学研究》2007 年第 7 期)认为，道德神学或伦理神学是康德孜孜以求的“科学的形而上学”的完成。此外，崔伟闳发表《直观和本体论：从康德到胡塞尔》(《学术月刊》1992 年第 5 期)、《时间与康德的先验自我学》(《学术月刊》1994 年第 9 期)，陈家琪发表《伦理共同体与政治共同体——重读康德的〈单纯理性限度内的宗教〉》(《同济大学学报》2008 年第 2 期)。钟锦的《词学抉微》(华东师范大学出版社 2008 年)，尝试会通词体美感与康德美学。

关于黑格尔，姜丕之出版《黑格尔〈逻辑学〉一书摘要解说》(上海人民出版社 1982 年)和《马克思与黑格尔》(中国青年出版社 1983 年)。翁绍军的《哲学和经济学：青年黑格尔的经济思想》(《学术月刊》1984 年第 2 期)分析了英国古典经济学思想在黑格尔形成辩证法过程中的重要作用。俞宣孟的《黑格尔逻辑学中的“反思”》(《复旦学报》1985 年第 3 期)讨论了被黑格尔当作逻辑范畴的“反思”与传统的即当作认识论范畴的“反思”的区别。李继宗、谢遐龄的《从康德和黑格尔看认识论和辩证法的区别》(《学术月刊》1985 年第 9 期)认为，黑格尔辩证法是本体论而不是认识论。章忠民的《黑格尔哲学的当代意义》(上海财经大学出版社 2003 年)阐释了黑格尔哲学与现当代哲学的联系及意义。

俞吾金对黑格尔作了持续的研究，相关论文有：《黑格尔哲学史思想——系统方法探要》(《学术月刊》1981 年第 11 期)、《略论黑格尔哲学体系的范围》(《复旦学报》1984 年第 2 期)、《黑格尔：一个再思考》(《复旦学报》1985 年第 2 期)、《也谈黑格尔哲学的“秘密”》(《复旦学报》1987 年第 3 期)、《精神现象学：哲学对常识的扬弃》(《复旦学报》1992 年第 3 期)、《作为哲学史纲要和最终归宿的〈小逻辑〉——黑格尔哲学史观新探》(《哲学研究》2001 年第 11 期)、《从康德的“理性恨”到黑格尔的“理性的狡计”》(《哲学研究》，2010 年第 8 期)等。张汝伦也对黑格尔作了深入考察，发表论文《主体的颠覆：从黑格尔到马克思》(《学术月刊》2001 年第 4 期)、《黑格尔在中国——一个批判性的检讨》(《复旦学报》2007 年第 3 期)、《黑格尔与启蒙》(《哲学研究》2007 年第 8 期)等。2010 年，潘德荣翻译的费希特的《国家学说——或关于原初国家与理性王国的关系》(中国法制出版社)出版。

二、现代西方哲学

20 世纪 70 年代末到 80 年代中期，上海学者从编写教材入手，对现代西方哲学作整体的勾陈和初步的概述，现代西方哲学的研究开始起步。1981 年，刘放桐主编的《现代西方哲学》(人民出版社)是中华人民共和国成立后第一部讲授现代西方哲学的高等学校教材。1983 年，王克千、欧力同的《现代西方哲学流派》(中国青年出版社)出版。1986 年，赵修义、戚文藻、邓遇芳编著的《现代西方哲学纲要》(华东师范大学出版社)出版。刘放桐发表的《当代哲学走向：马克思主义与现代西方哲学的比较研究》(《天津社会科学》1999 年第 6 期)、《马克思主义与西方哲学的现当代走向》(人民出版社 2002 年)，都对现代西方哲学作了比较系统的介绍与分析。

20 世纪 70 年代末到 80 年代，上海学者积极参与当时正在兴起的萨特及存在主义、弗洛伊德、尼采、现象学等研究。1981 年，王克千、樊莘森合著的《存在主义述评》(上海人民出版社)，是国内最早介绍存在主义的著作之一。1982 年，刘放桐、王克千与徐崇温等合著《萨特及其存在主义》(人民出版社)。1986 年，黄颂杰、吴晓明、安延明合著的《萨特及其“人学”》(复旦大学出版社)出版。1989 年，陈学明著的《弗洛伊德的马克思主义》(辽宁人民出版社)出版。1989 年，翁绍军出版国内第一本全面评介克尔凯戈尔生平及其哲学思想的著作《人的存在——“存在主义”之父克尔凯戈尔述评》(文化艺术出版社)。欧力同发表《存在主义认识论剖析》(《社会科学辑刊》1980 年第 3 期)、《存在主义的人学剖析》(《社会科学》1981 年第 4 期)等。刘放桐发表《存在主义的伦理和社会学说述评》(《山东师院学报》1980 年第 3 期)、《我们应当怎样正确评价存在主义哲学》(《复旦学报》1984 年第 2 期)等。王克千的《简评萨特存在主义哲学性质及其历史地位》(《现代外国哲学论集》第 2 辑,三联书店 1982 年)认为萨特哲学关于“存在”的本体论思想集中表现在萨特哲学发展的第一阶段,即《厌恶》和《存在与虚无》。王克千的《萨特存在主义剖析》(《哲学研究》1984 年第 2 期)分析了萨特存在主义同马克思主义的根本分歧。吴晓明、安延明的《存在主义历史观简评》(《复旦学报》1982 年第 4 期)认为萨特肯定了实践的辩证法,但过分夸大了主观因素的作用,因此其形态并不合理。黄颂杰的《萨特存在主义哲学的逻辑的考察》(《中国社会科学》1984 年第 6 期)认为现象学本体论和历史辩证法或历史人学是萨特存在主义哲学体系的两项主要内容,人的自由问题是贯穿其整个体系的中心论题。刘放桐、赵修义、张汝伦、翁绍军等人撰文讨论尼采的思想。刘放桐的《尼采权力意志论批判》(《学习与探索》1979 年第 5 期)对尼采“权力意志哲学”持严厉的批判态度。赵修义的《尼采的“超人”和超人哲学》(《华东师范大学学报》1983 年第 2 期)认为超人学说只是尼采哲学的一部分,不能等同于卡莱尔的英雄崇拜。翁绍军的《尼采的非理性主义文化观》(《社会科学》1986 年第 5 期)认为尼采揭示了西方文化的弊病,并把西方文化的更新寄托于人类的改进上。此外还有范明生的《现象学简介》(《教学与研究》1980 年第 6 期、1981 年第 1 期),张庆熊的《关于胡塞尔现象学基本思想的问答》(《复旦学报》1986 年第 3 期)等。

20 世纪 80 年代,上海学界在现代西方哲学译介方面做了很多工作。如吴永泉、陈京璇、尹大贻翻译约瑟夫・祁雅理的《二十世纪法国思潮:从柏格森到莱维纳斯》(商务印书馆 1987 年)。上海译文出版社“二十世纪西方哲学译丛”推出甘阳译的卡西尔《人论》(1985 年),林尘译的《弗洛伊德后期著作选》(1986 年),倪梁康译的胡塞尔《现象学的观念》(1986 年),舒炜光等译的波普尔《客观知识》(1987 年),江天骥等译的蒯因《从逻辑的观点看》(1987 年),周煦良、汤永宽译的萨特《存在主义是一种人道主义》(1988 年),张庆熊译的胡塞尔《欧洲科学危机和超验现象学》(1988 年)等著作。

20 世纪 80 年代之后,上海学者针对现代西方哲学的各主要流派、代表人物等进行了深入的专题性研究,由一般性的介绍转向具体的个案研究与专题讨论,在现代英美哲学、现代欧陆哲学各领域取得丰硕成果。20 世纪 80 年代起,国外马克思主义研究起步,90 年代先低迷后恢复,21 世纪的前十年则迅猛发展。以欧力同、俞吾金、陈学明、吴晓明、童世骏、郑忆石等学者为代表,对西方卢卡奇、葛兰西、柯尔施、阿多诺、哈贝马斯等人进行了深入的个案研究,并形成了沟通现代西方哲学与西方马克思主义的研究特色。

【现代英美哲学】

20 世纪 80 年代初,上海学者较早开始语言哲学研究,成果包括:张庆熊的《牛津学派的日常语言哲学述评》(《教学与研究》1981 年第 6 期)、尹大贻的《评乔姆斯基的转换生成语法的结构主义方法论》(《现代外国哲学论文集》商务印书馆 1982 年)、周昌忠的《现代西方语言哲学的源流》(《现代外国哲学》人民出版社 1983 年)、汪堂家的《弗雷格思想述论》(《哲学研究》1986 年第 6 期)等。1992 年,周昌忠的《西方现代语言哲学》(上海人民出版社),指出现代西方哲学的主色调是语言问题。2003 年,陈嘉映著《语言哲学》(北京大学出版社),在阐述 20 世纪一些最重要的语言哲学家的同时阐论专名、隐喻、语言与现实等问题,在介绍哲学家思想的过程中贯穿对语言问题的思考。2008 年,陈嘉映发表《哲学之为穷理》(《中山大学学报》第 6 期),认为哲学的工作是穷理,而概念考察则是穷理的核心。

上海学界对维特根斯坦语言哲学进行了深入研究。尚志英的《寻找家园——多维视野中的维特根斯坦语言哲学》(人民出版社 1992 年),较全面地评述了维特根斯坦的前后期语言哲学,并分析了维特根斯坦与维也纳学派及日常语言学派之间的关系。2006年起,张庆熊发表了多篇研究维特根斯坦的论文,包括《维特根斯坦对先验问题的重新思考——兼谈维特根斯坦的"现象学"与胡塞尔的现象学的关系》(《哲学研究》2006年第10期)、《维特根斯坦对意向性问题的重新思考》(《哲学研究》2007年第8期)、《维特根斯坦对"说明"和"理解"的重新思考》(《陕西师范大学学报》2009年第2期)、《交往行为与语言游戏:论哈贝马斯对维特根斯坦语言哲学的接纳与批评》(《马克思主义与现实》2008年第4期)、《维特根斯坦的后期哲学和20世纪西方社会科学方法论的发展》(《云南大学学报》2009年第6期)等。2002年,俞吾金等著的《现代性现象学:与西方马克思主义的对话》(上海社会科学院出版社)出版。2005年,徐英瑾的《维特根斯坦哲学转型期中的"现象学"之谜》(复旦大学出版社),依据新材料讨论维氏哲学转型期中短暂而意义深远的"现象学阶段"。徐英瑾还发表了《维特根斯坦关于分析判断与综合判断之间"第三种可能性"的思考》(《复旦学报》2006年第9期)、《〈逻辑哲学论〉论概率和归纳》(《逻辑学研究》2009年第3期)等论文。2006年,陈嘉映发表《维特根斯坦的哲学观》(《现代哲学》2006年第5期),阐述后期维特根斯坦对哲学的看法。

20世纪90年代中期后,黄颂杰、郁振华等学者对知识论问题进行深入研究。黄颂杰、宋宽锋发表《对知识的追求和辩护——西方认识论和知识论的历史反思》(《复旦学报》1997年第4期)、《再论知识论的精神实质及其出路》(《哲学研究》1999年第2期)等论文。郁振华发表《波兰尼的默会知识论》(《自然辩证法研究》2001年第8期)、《走向后批判哲学——论波兰尼对"批判哲学"的超越》(《学术月刊》2001年第11期)、《默会知识论视野中的科学主义和人文主义之争》(《复旦学报》2002年第4期)、《认识论视野中的判断力——康德判断力理论新探》(《哲学研究》2005年第6期)、《默会知识论视野中的"在世"观念》(《学术月刊》2006年第7期)、《身体的认识论地位——论波兰尼默会认识论的身体性维度》(《复旦学报》2007年第6期)、《论能力之知:为赖尔一辩》(《哲学研究》2010年第10期)等论文,从波兰尼开始,对默会认识论、能力之知等问题进行了深入探讨。

实用主义研究亦是上海学界的重要研究方向。刘放桐的《实用主义述评》(天津人民出版社1983年),集中研究了皮尔士、詹姆斯、杜威等人的实用主义哲学,评析了实用主义的经验论、实践观、方法论、真理论和社会历史观,批判了实用主义对马克思主义的歪曲和攻击。刘放桐发表《重新评价实用主义》(《现代外国哲学》第10辑,人民出版社1987年),对长期流行的全盘否定实用主义的评价模式提出了质疑。刘放桐发表《杜威哲学的现代意义》(《复旦学报》2005年第5期),认为杜威哲学的根本意义是对现实生活和实践的强调;杜威哲学与马克思的哲学有着原则区别,但在超越近代哲学的局限性、体现现代哲学的发展趋势上二者殊途同归。刘放桐发表《皮尔士与美国哲学的现代转型》(《北京大学学报》2007年第4期),认为在美国哲学由近代到现代的转化中,皮尔士起了重要作用。他对以笛卡尔和康德为代表的传统形而上学的批判,对实践哲学的论证,关于信念和方法、意义和真理的理论都体现了这种转化的特色。此外,关于实用主义研究的成果还有:杨国荣的《实用主义:一个新思考》(《学术月刊》1990年第4期),黄颂杰的《西方哲学出路何在——评R·罗蒂的"后哲学文化"》(《复旦学报》1994年第1期),俞吾金的《从美国新实用主义看后现代主义思潮的约定论特征》(《天津社会科学》1996年第5期),戴志祥的《逻辑实证主义向新实用主义的一个转向——经验论的三个教条与新实用主义》(《学术月刊》1997年第6期),童世骏的《科学与民主的和谐相处何以可能?》(《华东师范大学学报》1999年第4期),张庆熊的《蒯因驳斥的只是狭义分析性的概念吗?——对蒯因批判分析与综合两分法的辨析》(《复旦学报》2005年第6期),汪堂家的《道德自我、道德情境与道德判断——试析杜威道德哲学的一个侧面》(《江苏社会科学》2005年第11期)、《杜威教育哲学的当代意义——纪念杜威诞生150周年及来华90周年》(《江苏行政学院学报》2009

年第10期)、《科学·科学精神·人文精神——杜威眼中的科学对精神生活之意义》(《学术月刊》2009年第11期)等。2004年1月,复旦大学成立杜威研究中心,38卷本《杜威全集》中文版的翻译组织工作也同时启动。截至2010年,《杜威全集》第1—5卷已由华东师范大学出版社出版。2004年7月,罗蒂出席华东师范大学"罗蒂、实用主义和中国哲学"研讨会。罗蒂对与会学者的回应《新实用主义与中国哲学——罗蒂的回应》由吴冠军译出,刊于《思想与文化》(华东师范大学出版社2007年)。与会上海学者提交的部分会议论文之后也公开发表,包括杨国荣的《罗蒂新实用主义的若干思考》(《哲学动态》2004年第11期)、潘德荣的《偶然性与罗蒂新实用主义》(《华东师范大学学报》2005年第1期)、郁振华的《罗蒂知识观批判——兼论认识论的语用学转向》(《学术月刊》2005年第1期)等。此外,学界也对实证主义作了研究,如欧力同的《孔德及其实证主义》(上海社会科学院出版社1987年)全面介绍与评析了孔德的实证主义。

20世纪90年代末起,王寅丽、张汝伦等对阿伦特作了研究。王寅丽的《浮上水面的潜流——汉娜·阿伦特论公共领域的衰落》(《华东师范大学学报》1998年第6期)、《"沉思生活"与"积极生活"——阿伦特对传统政治哲学的批判》(《华东师范大学学报》2006年第4期)、《未写出的政治哲学——阿伦特对康德判断力概念的政治阐释》(《社会科学》2006年第9期)、《当代女权主义视野中的阿伦特政治哲学思想》(《复旦学报》2008年第5期)、《阿伦特对亚里士多德政治概念的重释》(《哲学分析》2010年第5期)等论文发表;2009年,王寅丽翻译的阿伦特《人的境况》(上海人民出版社)出版。张汝伦的《极权主义和政治现代性——读〈极权主义的起源〉》(《现代哲学》2005年第5期)指出,阿伦特的《极权主义的起源》探讨极权主义这个现代特有的现象的深层历史原因及其结构因素。

【现代欧陆哲学】

20世纪80年代起,上海学界开始诠释学(解释学,释义学)的研究。主要成果有:张汝伦系列论著《理解:历史性和语言性——哲学释义学简述》(《复旦学报》1984年第3期)、《意义的探究——当代西方释义学》(辽宁教育出版社1986年)、《释义学的"实践哲学"》(《哲学研究》1993年第5期)、《解释学在二十世纪》(《国外社会科学》1996年第9期)等。2003年,潘德荣的《文字·诠释·传统:中国诠释传统的现代转化》(上海译文出版社),立足于中国的诠释传统进行中西方诠释学比较研究。2004年,潘德荣发表《方法论的危机与哲学诠释学》(《天津社会科学》第4期),阐述诠释学从方法论的变革所导致的本体论变革,以及这一变革深刻的社会意义。2005年,潘德荣发表《认知与诠释》(《中国社会科学》第4期),沟通以伽达默尔为代表的哲学诠释学和以利科为代表的方法论诠释学。2008年,潘德荣发表《理解方法论视野中的读者与文本——加达默尔与方法论诠释学》(《中国社会科学》第3期),认为在诠释学经历了本体论的反思后有必要重新注入一种方法论的意识,从而回到以文本为中心的方法论立场。上海学者的诠释学研究成果还有:黄勇的《论伽达默尔解释学的实存主义倾向》(《学术月刊》1988年第8期),王才勇的《赫施对现代解释学的贡献》(《学术月刊》1989年第6期),安延明的《通向施莱尔马赫"普遍解释学"的道路——论近代解释学的史前史》(《哲学研究》1990年第4期),季桂保的《游戏与对话:解释学哲学的原型》(《学术月刊》1993年第3期),张庆熊的《狄尔泰的问题意识和新哲学途径的开拓——论精神科学的自主性及作为其方法的诠释学》(《复旦学报》2007年第3期),汪堂家的《隐喻诠释学:修辞学与哲学的联姻——从利科的隐喻理论谈起》(《哲学研究》2005年第9期)、《世俗化与科学的诠释学因素——伽达默尔与爱尔兰根学派》(《世界哲学》2008年第1期),莫伟民的《利科尔的反思解释学及其与马克思的差异》(《杭州师范大学学报》2008年第3期),高宣扬的《利科的反思诠释学》(同济大学出版社2004年)等。

20世纪80年代中期之后,海德格尔是现代欧陆哲学中的一大热点,研究成果主要有:俞宣孟的《现代西方的超越思考——海德格尔的哲学》(上海人民出版社1989年),系统介绍与评析海德格尔的生平、哲学思想的源起、哲学问题的形成和发展,前期思想到后期思想的转变。张汝伦发表《既往可咎——谈海德格尔公案》(《读书》1989年第3期),介绍了当时德法哲学界对海德格尔与纳粹关系的争论。20世纪90年代,黄颂杰发表《人生、世界和真理的同一——评存在主义本体论的基本观点》(《学术月刊》1991年第10期)、《存在主义的时间论评析》(《探索与争鸣》1992年第6期),在存在主义的框架内讨论海德格尔。1995年,张汝伦的《海德格尔与现代哲学》(复旦大学出版社),从近代西方哲学传统和现代西方哲学一般精神的双重背景出发,研究海德格尔哲学的独创性内容,阐论海德格尔哲学的意义。1998年,张汝伦的《海德格尔:在哲学和政治之间》(《开放时代》第6期),认为海德格尔完全无视政治的独立性,企图把政治问题最终都还原为哲学问题,把时代的危机最终归结为存在的天命。同时期,很多学者讨论了海德格尔晚期对科学、技术的哲学反思,研究成果有:莫伟民的《试析海德格尔的技术哲学》(《探索与争鸣》1992年第3期),张汝伦的《近代科学与近代形而上学——海德格尔的观察与批判》(《复旦学报》1994年第1期)、《海德格尔对科学本质的思考》(《求是学刊》1994年第1期),俞宣孟的《在技术的本质中看天道》(《学术月刊》1995年第5期),肖巍的《"技术"批判:海德格尔和庄子》(《复旦学报》1999年第1期)等。进入21世纪,张汝伦、孙周兴等学者对海德格尔的研究更加深入。张汝伦的成果包括:《论海德格尔哲学的起点》(《复旦学报》2005年第2期)认为海德格尔在1919年"战时研究班"上的讲演《哲学的观念和世界观问题》奠定了海德格尔一生哲学思想的基础;《海德格尔与实践哲学》(《哲学动态》2005年第2期)认为后期海德格尔展示了作为第一哲学的实践哲学的可能性;《海德格尔:德国和欧洲及其超越》(《学习与探索》2006年第3期)认为海德格尔通过他的存在史的思想,不但超越了德国,也超越了欧洲;《〈存在与时间〉为什么重要?》(《中国人民大学学报》2010年第2期)认为《存在与时间》的一个划时代的贡献是恢复了实践哲学的基础地位;《论〈哲学贡献〉在海德格尔哲学中的地位》(《复旦学报》2006年第5期)认为海德格尔晚期著作《哲学贡献》的重要性和基础性应该在《存在与时间》之上。孙周兴对海德格尔的翻译与研究成果包括:《形式显示的现象学——海德格尔早期弗莱堡讲座研究》(《现代哲学》2002年第6期)从题域和方法两个角度探讨海德格尔早期弗莱堡讲座的形式显示现象学,《我们如何得体地描述生活世界——早期海德格尔与意向性问题》(《学术月刊》2006年第6期)认为早期海德格尔在意向性问题上作了诸多推进,《本质与实存——西方形而上学中的实存哲学路线》(《中国社会科学》2004年第6期)从海德格尔的存在历史观出发清理作为形而上学的实存哲学的路线,《为什么我们需要一种低沉的情绪?——海德格尔对哲学基本情绪的存在历史分析》(《江苏社会科学》2004年第6期)认为后期海德格尔从"存在历史"意义上将我们时代的"基调"刻画为"既惊恐又畏惧的压抑",《后哲学的哲学问题》(《中国社会科学》2006年第9期)、《作为实存哲学的伦理学——海德格尔思想的伦理学之维》(《哲学研究》2008年第10期)认为后期海德格尔酝酿了一种后主体主义的"原始伦理学",《非推论的思想还能叫哲学吗?——海德格尔与后哲学的思想前景》(《社会科学战线》2010年第5期)认为海德格尔一生主要探索了"后哲学"的"思想"以及与之一体的"表达"的三种可能性路径,《后神学的神思——海德格尔〈哲学论稿〉中的上帝问题》(《世界哲学》2010年第5期)认为后期海德格尔形成了与"本有"(Ereignis)相关的、不同于传统神学的神性之思。此外,柯小刚的《海德格尔与黑格尔时间思想比较研究》(同济大学出版社2004年),分析海德格尔对黑格尔的解读。韩潮的《海德格尔与伦理学问题》(同济大学出版社2007年),分析良知与罪责现象中所蕴含的责任概念。

20 世纪 90 年代及其后，上海学者对尼采研究有所推进。赵修义发表《试论尼采的认识论》（《学术月刊》1990 年第 8 期），认为尼采诗化语言背后其实形成了自具特色的认识论思想。莫伟民发表《从尼采的“上帝之死”到福柯的“人之死”》（《哲学研究》1994 年第 3 期），考察了尼采“上帝之死”的断语给西方哲学带来的巨大影响。黄颂杰发表《尼采与西方形而上学》（《学术界》1996 年第 4 期），认为尼采确实反对西方传统的形而上学，但另一方面他又在制造一种新的形而上学。孙周兴发表《开启一种本源性的诗思关系——论早期尼采的悲剧文化观》（《同济大学学报》2005 年第 4 期），认为早期尼采关注的是希腊“悲剧艺术”和“悲剧哲学”的特性，意在探索一种本源性的艺术—哲学、诗—思关系，从而为“知识冲动”失去控制的现代文化寻找一个救治方案。孙周兴发表《有关尼采查拉图斯特拉形象的若干问题》（《同济大学学报》2009 年第 5 期），分析了尼采查拉图斯特拉形象的起源和意义，揭示了促使尼采启用这个形象的风格上的动因。张庆熊发表《尼采哲学思想的主轴：以权力意志为准则重估一切价值》（《学术月刊》2009 年第 1 期），认为尼采一生哲学活动的主线索，是从生命的角度出发、以权力意志为准则重估一切价值。张庆熊发表《“虚无主义”和“永恒轮回”——从尼采的问题意识出发的一种考察》（《复旦学报》2010 年第 5 期），认为尼采的“永恒轮回”可被视为虚无主义产生的根由，但另一方面它又可被理解为克服虚无主义的动因。2010 年，孙周兴主编 14 卷本《尼采著作全集》由商务印书馆出版了其中的第 4 卷《查拉图斯特拉如是说》、第 12 卷《1885—1887 年遗稿：〈权力意志〉上卷》、第 13 卷《1887—1889 年遗稿：〈权力意志〉下卷》。此外，关于萨特的研究成果有：姜宇辉的《萨特的“欲望”本体论——兼论萨特与德勒兹的差异》（《华东师范大学学报》2005 年第 6 期），莫伟民的《“我思”：从笛卡尔到萨特》（《学术月刊》2006 年第 3 期），高宣扬的《当代法国哲学关于人性的四次论战》（《学术月刊》2006 年第 11 期）、《萨特的密码》（同济大学出版社 2007 年）等。

20 世纪 90 年代起，上海学者开始广泛讨论胡塞尔开创的现象学。张庆熊的《熊十力的新唯识论与胡塞尔的现象学》（上海人民出版社 1995 年），从东西方哲学观、意识结构分析、本体论学说、哲学方法论等角度对熊十力新唯识论和胡塞尔现象学进行了比较研究。张庆熊关于现象学的研究成果还有：《胡塞尔的意向性学说》（《复旦学报》1995 年第 5 期）、《生活世界是科学和哲学的出发点和归宿——对人类主体间交流问题的探索》（《学术月刊》1996 年第 7 期）、《胡塞尔论自我与主体际性》（《哲学研究》1998 年第 8 期）、《“朝向事物本身”与“实事求是”——对现象学和唯物论的基本原则的反思》（《哲学研究》2008 年第 10 期）等。此外，关于现象学研究的成果还有：莫伟民的《论胡塞尔的意义理论》（《复旦学报》1992 年第 1 期），汪堂家的《现象学的悬置与还原》（《学术月刊》1993 年第 7 期），崔伟闳的《胡塞尔现象学中主体性主题的含义》（《华东师范大学学报》1995 年第 1 期），黄颂杰的《胡塞尔的现象学与西方哲学传统》（《复旦学报》1995 年第 3 期），陈家琪的《现象学与纯粹哲学》（《学术月刊》2007 年第 1 期），孙小玲的《从绝对自我到绝对他者：胡塞尔与列维纳斯哲学中的主体际性问题》（上海人民出版社 2009 年）。

20 世纪 90 年代初起，上海学界对梅洛-庞蒂、福柯、德里达、莱维纳斯、德勒兹等法国哲学家及后现代思潮展开研究。

关于福柯，黄颂杰发表《福柯的话语理论述略》（《南京社会科学》1990 年第 6 期），阐述了福柯话语分析的理论和方法。莫伟民在福柯译介与研究方面用力甚勤，他的《主体的命运：福柯哲学思想研究》（上海三联书店 1996 年）认为，福柯思想经历了主体哲学、反主体哲学、返回“主体”哲学等不同的阶段；他翻译的《词与物：人文科学考古学》（上海三联书店 2001 年）和著的《莫伟民讲福柯》（北京大学出版社 2005 年）出版。莫伟民还发表多篇研究论文：《福柯与结构主义》（《复旦学报》

1994年第6期)、《福柯与理性批判哲学》(《中国社会科学》1994年第4期)、《福柯的反人类学本体主义和哲学的出路》(《哲学研究》2002年第1期)、《福柯的话语历史观及其与萨特的歧异》(《复旦学报》2004年第4期)、《福柯思想渊源梳理》(《云南大学学报》2005年第5期)、《福柯与政治想象力》(《哲学动态》2009年第5期)、《主体的真相:福柯与主体哲学》(《中国社会科学》2010年第3期)。此外,姜宇辉发表《〈古典时代疯狂史〉中的历史诗学及其哲学内涵》(《天津社会科学》2007年第6期),在历史诗学的层次上分析福柯的《古典时代疯狂史》。

关于德里达,佘碧平的《解构之道:雅克·德里达思想研究》(《复旦学报》1990年第1期),从语言、存在和隐喻出发剖析德里达的基本思想;《文本与诠释:当代解构哲学与解释学论争述略》(《复旦学报》1992年第2期),分析当代解构哲学与解释学之间在语言观、海德格尔观与尼采观等方面的深刻分歧。1992年,包亚明的《德里达解构理论的启示》(《学术月刊》第9期)认为,通过德里达的激进的发难,许多为人漠视的问题纷纷从尘封的传统中浮现出来。汪堂家的《德里达与"后现代主义"》(《天津社会科学》1996年第5期)指出,"后现代性"并不是一个单纯的时间概念,而是相对于"现代性"和"前现代性"而言的思维方式和价值取向;其后,他的《同名异释:德里达与列维纳斯的互动》(《同济大学学报》2007年第5期),揭示列维纳斯与德里达是如何相互批评、相互影响和相互激励的。2006年,姜宇辉发表《"替补"与"间隔"——从德里达"文字学"视域看汉字的哲学内涵》(《学术月刊》第12期),运用德里达思想阐论汉字的哲学内涵。2007年,莫伟民发表《德里达的解构策略》(《云南大学学报》第2期),认为德里达的解构旨在批判整个西方思想传统的在场形而上学本质特征及其真理观和意义理论。

关于后现代思潮,1996年,刘放桐的《后现代主义与西方哲学的现当代走向》(《国外社会科学》第3、4期)认为,后现代主义哲学思潮的出现在一定程度上适应了对现代西方哲学的发展进行新的反思和变更的需要。同年,俞吾金、吴晓明、张汝伦、莫伟民、汪堂家等发表《后现代主义与当代哲学的走向》笔谈(《天津社会科学》第5期)。2004年,张志平发表《从价值意识的转变看当今世界的脆弱性》(《江海学刊》第5期)。2009年,张庆熊发表《后现代主义与思想解放》(《复旦学报》第5期)。

2000年以后,佘碧平、莫伟民、姜宇辉等对梅洛-庞蒂作了研究,孙向晨、姜宇辉分别对莱维纳斯、德勒兹作了较为集中的研究。相关成果包括:佘碧平的《论梅罗-庞蒂对黑格尔和马克思的辩证法的现象学解释》(《复旦学报》2003年第3期)、《论梅罗-庞蒂的肉体概念》(《复旦学报》2005年第3期)、《论梅罗-庞蒂的"结构辩证法"》(《复旦学报》2007年第2期),莫伟民的《意识是"我能"——梅洛-庞蒂的"我能"现象学探究》(《复旦学报》2008年第6期);姜宇辉的《从"私人语言"到"间接语言"——深入理解〈世界的散文〉中的"表达"难题》(《华东师范大学学报》2007年第6期)、《思·言·身——梅洛-庞蒂晚期思域中的语言问题》(《复旦学报》2008年第6期);孙向晨的《莱维纳斯的"他者"思想及其对本体论的批判》(《复旦学报》2000年第5期)、《现象学,抑或犹太哲学?——对莱维纳斯哲学犹太性的探讨》(《哲学研究》2001年第1期)、《不可或缺的上帝与上帝的缺席——论莱维纳斯哲学中被悬置的上帝》(《学术月刊》2002年第6期)、《面对他者:莱维纳斯哲学思想研究》(上海三联书店2008年);姜宇辉的《感觉的双重意义——德勒兹美学的一种诠释》(《求是学刊》2004年第2期)、《德勒兹身体美学研究》(华东师范大学出版社2007年)、《"思想-意象":从德勒兹到巴什拉》(《云南大学学报》2009年第4期)、《"具身化":知识、行动与时间性——从安迪·克拉克到吉尔·德勒兹》(《华东师范大学学报》2010年第4期)、《身体、符号与意象:德勒兹视阈中的"情—调"》(《学术月刊》2010年第10期),以及孙向晨的《面对他者:莱维纳斯哲学思想研究》(上海三联书店2008年),佘碧平的《"结构"谜思:从列维-斯特劳斯、梅洛-庞蒂到布尔迪厄》

(《同济大学学报》2009 年第 1 期)等。

20 世纪 90 年代起，上海学者还对其他现代欧陆哲学家作了研究，相关研究成果包括：黄颂杰的《论柏格森哲学》(《学术界》1995 年第 6 期)，莫伟民的《卡瓦耶斯的概念哲学及其传承》(《哲学研究》2004 年第 1 期)、《图形与话语：利奥塔的弗洛伊德主义》(《哲学研究》2010 年第 9 期)，汪堂家的《利奥达与“后现代”概念的哲学诠释》(《复旦学报》2001 年第 3 期)，张汝伦的《走向世界哲学——从雅斯贝斯的观点看》(《文史哲》2008 年第 5 期)。1999 年，希尔贝克、童世骏编著的《跨越边界的哲学：挪威哲学文集》(浙江人民出版社)，介绍挪威哲学家致力于沟通不同哲学传统、拆除哲学与社会生活之藩篱的智性努力。2004 年，童世骏、郁振华、刘进翻译了希尔贝克、伊耶合著的《西方哲学史：从古希腊到二十世纪》(上海人民出版社)出版。郑召利的《哈贝马斯的交往行为理论——兼论与马克思学说的相互关联》(复旦大学出版社 2002 年)出版，张汝伦翻译了欧克肖特的《政治中的理性主义》(上海译文出版社 2003 年)等著作。2004 年，高宣扬主编“同济 · 法兰西文化丛书”，创办《法兰西评论》集刊，出版二卷本《当代法国哲学导论》(同济大学出版社 2004 年)，从多学科综合取向和角度，试图对当代法国哲学思想的整个发展历程进行系统总结。

20 世纪 90 年代中期之后，上海学者对西方哲学研究方法论做了反思。刘放桐发表《西方哲学的近现代转型与马克思主义哲学和当代中国哲学的发展道路(论纲)》(《天津社会科学》1996 年第 3 期)，倡导在中西马会通的基础上创造开放的中国哲学。其后，他又发表《西方哲学的革命变更与现代转型之比较》(《学术月刊》2003 年第 10 期)，倡议对马克思主义哲学和现代西方哲学这两种哲学的实际所是以及两者之间的真实关系重新加以考察。俞吾金在论文集《从康德到马克思》(广西师范大学出版社 2004 年)中对康德、黑格尔和马克思思想进行了深刻的反思。其后，他又发表了《形而上学发展史上的三次翻转——海德格尔形而上学之思的启迪》(《中国社会科学》2009 年第 6 期)。童世骏发表了《关于“重叠共识”的“重叠共识”》(《中国社会科学》2008 年第 6 期)。

世纪之交，本体论问题成为学术研究和讨论的热点之一。1999 年，俞宣孟的《本体论研究》(上海人民出版社)，从本体论的定义出发，从语言方面和中西哲学比较方面讨论本体论的特征，阐述本体论的发展历史。2001 年，俞吾金发表《存在、自然存在、社会存在——海德格尔、卢卡奇和马克思本体论比较研究》(《中国社会科学》第 3 期)。2002 年，黄颂杰发表《本体论在现当代：解构与重建》(《学术月刊》第 4 期)，认为现当代西方哲学家以语言转向否定和超越传统本体论，但他们仍回避不了本体论，却又未能建立起新的本体论。同年，黄颂杰的《西方哲学的多维透视》(上海人民出版社 2002 年)，从“形而上学、本体论、认识论、哲学与科学、哲学与宗教、哲学与伦理学”六个方面研究了西方哲学的进路。2008 年，张庆熊的《本体论研究的语言转向——以分析哲学为进路》(《复旦学报》第 4 期)，认为笼罩在有关存在之为存在的传统学说上的层层迷雾被罗素、维特根斯坦、斯特劳森、蒯因等分析哲学家逐渐驱散。

三、其他

1992 年，冯契主编的《哲学大辞典》(上海辞海出版社)出版，全增嘏、徐孝通担任《外国哲学史卷》分卷主编。2003 年，张汝伦的《现代西方哲学十五讲》(北京大学出版社)，从现代西方哲学问题本身揭示一个世纪以来西方哲学发展的内在理路和规律。自 2005 年始，刘放桐、俞吾金主编的《西方哲学通史》由人民出版社陆续出版。2008 年，冯契、徐孝通主编的《外国哲学大辞典》(上海辞书出版社)，内容包括西方哲学、东方哲学、阿拉伯哲学、东欧哲学等。

第三节 逻辑学

一、普遍逻辑

1978 年之后,上海市逻辑学研究得到恢复并迅速起步。复旦大学、华东师范大学、上海师范大学等高校陆续建立逻辑学教研室,上海社会科学院哲学研究所建立逻辑学研究室。原属市哲学学会的逻辑研究组也独立,于 1979 年 11 月成立上海市逻辑学会,冯契担任首任会长。

从 20 世纪 80 年代初开始,上海学界在普通逻辑的教材建设方面取得较大成绩。1981 年,华东师范大学哲学系逻辑学教研室编写《形式逻辑》(华东师范大学出版社)。1983 年,朱志凯编写《形式逻辑基础》(复旦大学出版社),以传统逻辑为主体、兼带符号逻辑简介。1988 年,何应灿、彭漪涟主编的《逻辑学引论》(华东师范大学出版社)提供了一个包括传统逻辑基本内容在内的,并符合现代逻辑发展趋势的新的逻辑教学体系。1999 年,彭漪涟主编的《逻辑学基础教程》(华东师范大学出版社),密切联系当代社会生活和人们思维实际,着眼于提高学习者实际思维能力与素质。

二、辩证逻辑

20 世纪 80 年代,傅季重在辩证逻辑领域作了开创性的研究。1980 年,傅季重当选为中国逻辑学会辩证逻辑研究会会长。他还先后承担《中国大百科全书哲学卷》(中国大百科全书出版社 1987 年)辩证逻辑分支主编、《哲学大辞典・逻辑学卷》主编等工作。

20 世纪 80 年代,上海学者注重结合马克思主义与中国哲学探讨辩证逻辑思想。1981 年,冯契发表《研究辩证逻辑的途径与方法》(收入中国逻辑学会辩证逻辑研究会编《辩证逻辑研究》,上海人民出版社),主张辩证逻辑的研究需要借鉴荀子的“辨合”与“符验”,学习马克思主义辩证逻辑,掌握人类认识史资料,掌握现代科学资料。1982 年,冯契发表《论王夫之的辩证逻辑思想》(《中国社会科学》第 4 期),阐发王夫之对辩证逻辑的重大贡献。1982 年,何应灿发表《中国逻辑史要加强古代辩证逻辑的研究》(《中国逻辑史研究》中国社会科学出版社)。1987 年,何应灿发表《陈亮、叶适逻辑思想刍议》(《华东师范大学学报》第 6 期),认为陈亮和叶适继承了古代的正名逻辑思想,提出了“举一以见二,指二以明一”“类族辨物”“尽观”“尽考”等富有辩证内容的逻辑思维方法。

20 世纪 80 年代开始,辩证逻辑的性质、辩证逻辑与形式逻辑的关系等问题也得到探讨。1986 年,彭漪涟著《辩证逻辑述要》(华东师范大学出版社),认为辩证逻辑是研究辩证思维的形式、方法及其规律的科学;2000 年,《辩证逻辑述要》更名为《辩证逻辑基本原理》再次出版。1988 年,彭漪涟发表《辩证逻辑:一种广义的现代逻辑》(《现代哲学》第 1 期),主张辩证逻辑是一种真正意义上的现代逻辑,一种相对于在数理逻辑基础上发展起来的各种现代逻辑(即狭义的现代逻辑)而言的广义的现代逻辑。1989 年,李福安发表《先验逻辑与辩证逻辑》(《学术月刊》第 11 期),认为康德的先验逻辑通过对思维内在形式的积极探索和对理性本质的深入分析,为辩证逻辑的形成和发展奠定了基础。1991 年,胡曲园的《略论形式逻辑与辩证逻辑的一致》(《胡曲园哲学论集》学林出版社)对曲解形式逻辑的种种观点进行了批判。

20 世纪 90 年代之后,上海辩证逻辑研究成果颇丰,逐渐形成了自身的特色。1991 年,彭漪涟与马钦荣、李福安、贺善侃等人集体编著的《概念论——辩证逻辑概念理论》(学林出版社)出版。

1992 年，周昌忠的《马克思主义辩证逻辑基本原理》（上海社会科学院出版社），对辩证逻辑中的基本问题展开了详尽的讨论。1994 年，彭漪涟的《逻辑规律论》（上海三联书店）探讨马克思主义哲学关于逻辑思维规律的理论。1996 年，彭漪涟的《事实论》（上海社会科学院出版社），系统论述事实范畴，辨析事实概念，区分不同类型的事实，探讨事实与理论、与命题的关系。1996 年，冯契的《逻辑思维的辩证法》（《冯契文集》华东师范大学出版社），以范畴理论作为主要与核心进路，勾画以“类”“故”“理”的次序作安排的辩证思维范畴体系。1999 年，彭漪涟的《冯契辩证逻辑思想研究》（华东师范大学出版社），总结了冯契对辩证逻辑建设发展所作的贡献。2000 年，彭漪涟的《逻辑范畴论——马克思主义哲学关于逻辑范畴的理论》（华东师范大学出版社），将客观辩证法、认识论和逻辑三者统一起来，结合哲学史上相关著名理论进行逻辑范畴的研究。此外，贺善侃发表《现代系统科学对辩证思维方法的丰富和发展》（《华东师范大学学报》1995 年第 1 期），探讨辩证逻辑与当代科学方法论研究之间的结合与互动。晋荣东发表《论辩证思维方法的主体间性向度》（《华东师范大学学报》2002 年第 1 期），将主体间性这一重要现代性议题引入辩证逻辑研究。

三、现代逻辑

现代逻辑是传统逻辑在现代的发展，以形式语言和逻辑演算为其重要特征。这方面的研究我国于 20 世纪 80 年代起步。上海学者积极引介国外新知，为这一领域的基础建设作出贡献，同时也深入展开研究推进该领域的发展。1982 年，傅季重、周昌忠发表《现代形式逻辑的科学方法论》（《哲学研究》第 8 期），认为用以分析科学理论的形式结构，也是检验科学理论的真理性和分析科学理论变化的有力手段。1987 年，朱新民出版《现代西方哲学逻辑》（复旦大学出版社）。同年，朱水林的《论现代逻辑》（《上海社会科学院学术季刊》第 2 期）阐明 20 世纪 30 年代现代逻辑的三大成果：哥德尔不完全性定理、塔斯基的形式语言真理论、图林机和判定理论，并指出了现代逻辑的四项主要趋势。朱水林的《形式化：现代逻辑的发展》（上海人民出版社 1987 年）和《现代逻辑引论》（上海人民出版社 1989 年）出版。1991 年，昂扬的《数理逻辑的思想和方法》（复旦大学出版社），提出数理逻辑用公理化方法和形式化的方法整理逻辑规律，同时数理逻辑的方法也为人们研究各门实证科学提供了极为重要的工具。1992 年，王耀堃、朱水林、周昌忠、周山等上海社会科学院逻辑研究室成员编写《现代逻辑概论》（上海社会科学院出版社），阐明命题逻辑、谓词逻辑、模态逻辑、时态逻辑、语言逻辑、数理逻辑的主旨内容，分析现代逻辑若干重要成果所涉及的哲学问题。1994 年，朱水林在《从外延逻辑到内涵逻辑——现代逻辑发展的一个重要转向》（《哲学动态・逻辑学研究专辑》）中指出，无论是逻辑学本身，还是哲学、语言学、人工智能，都对涉及语境、使用者的内涵逻辑的发展提出了热切要求。1995 年，朱志凯主编的《逻辑与方法》（人民出版社），详尽地讨论了传统逻辑的问题，对现代逻辑中的基本问题进行了分析。

在逻辑语义学研究方面，1984 年，朱水林在第三次西方逻辑史讨论会上发表《逻辑语义学的发展》，阐述了塔斯基、维特根斯坦、卡尔纳普等人的现代语义学理论。1987 年，朱水林在第五次西方逻辑史讨论会上发表《形式语言中的真理概念》，阐释了塔斯基的重要观点。1992 年，朱水林主编的《逻辑语义学研究》（上海教育出版社）论述了逻辑语义学的基本理论和最新进展。

20 世纪 80 年代末期以来，在现代逻辑前沿研究方面，冯棉出版了一系列成果：《经典逻辑与直觉主义逻辑》（上海人民出版社 1989 年）是国内第一部研究直觉主义逻辑的专著，后又发表论文《论数学哲学中的直觉主义思想》（《华东师范大学学报》2002 年第 4 期）；《广义模态逻辑》（华东师范大学出版社 1990 年)融汇一阶逻辑、道义逻辑、模态逻辑、时态逻辑的理论内容,《“可能世界”概念的基本含义》(《华东师范大学学报》1995 年第 6 期)、《论模态逻辑中的“必然性”》(《华东师范大学学报》2000 年第 6 期)对模态逻辑中的“可能世界”“必然性”等概念的基本含义作了深入细致的分析;《相干与衍推逻辑》(上海人民出版社 1993 年)阐明相关命题逻辑系统 R 以及与之相近的其他系统,考察各系统基本特征和相互关系,《条件句与相干逻辑》(《华东师范大学学报》1999 年第 1 期)深入分析条件句并考察相干逻辑的得失,《子结构逻辑的研究方法与应用前景》(《哲学动态》2007 年第 6 期)阐明子结构逻辑的基本特点与意义;《可能世界与逻辑研究》(华东师范大学出版社 1996 年)提出关于专名的可能世界簇摹状词理论。

上海学界在现代逻辑研究方面的成果还包括:李福安发表《逻辑、语言和思维:不同理论态度的剖析》(《现代哲学》1990 年第 5 期),通过对心理主义、逻辑主义和句法理论三种不同理论态度的剖析,论述逻辑与思维、语言之间的关系等问题。1991 年,冯棉与李福安、马钦荣编著《哲学逻辑与逻辑哲学》(华东师范大学出版社)出版。1994 年,朱志凯、邵强进发表《略论语言哲学中的专名和通名》(《复旦学报》第 6 期),对以罗素为代表的“摹状词理论”及由克里普克所倡导的“历史的因果的命名理论”做了评析。2000 年,陈伟发表《论可能世界语义学的影响》(《重庆社会科学》第 8 期)。郝兆宽发表《建立无穷值逻辑》(《自然辩证法研究》1998 年增刊)、《连续统问题与 Ω 猜想》(《逻辑学研究》2010 年第 4 期,第一作者)等论文。张留华研究皮尔士的逻辑思想,发表《逻辑学:从“是”到“蕴涵”》(《华东师范大学学报》2005 年第 3 期)、《论科学术语的道德维度》(《学术月刊》2006 年第 7 期)、《皮尔士论术语伦理学》(《自然辩证法研究》2006 年第 12 期)等。2010 年,郝旭东的《弗协调认知逻辑研究》(华东师范大学出版社),讨论了由弗协调逻辑所带来的哲学问题。

四、归纳逻辑

上海学界的归纳逻辑研究方面,陈克艰的《一个能赋予某些无限全称命题的非零概率值的归纳逻辑系统》(《华东师范大学学报》1986 年第 6 期),认为波普尔论断“无限域上的全称规律的概率必定等于零”不能成立。陈克艰的《上帝怎样掷骰子:因果性、概率与归纳》(四川人民出版社 1987 年)出版,系“走向未来丛书”之一。邵春林的《归纳在认识上的有效性》(《社会科学》1986 年第 12 期),指出归纳是获得真理的必要认识环节,其有效性在于认识总体的有效性。吴炳荣的《熵与概率逻辑》(《自然辩证法研究》逻辑学研究专辑 1995 年)根据卡尔纳普的概率逻辑系统,运用基索和奥伯斯切尔“简单性”原则来讨论熵与概率逻辑的关系并阐明了一种信息逻辑方法。张明德、陈文江的《休谟归纳问题:一个新模态逻辑语义解》(《华东理工大学学报》2002 年第 4 期)提出,休谟对因果关系质疑涉及经验命题的必然真应如何表达的问题,进而主张应用可能世界的模态逻辑具体处理因果关系所表现出来的必然性。

五、非形式逻辑

20 世纪 70 年代,非形式逻辑在北美兴起,并于 20 世纪 80 年代影响到国内,20 世纪 90 年代上海学者开始关注并研究。1991 年,阮松发表《非形式逻辑的兴起及其哲学意蕴》(《哲学动态》第 7 期),认为非形式逻辑在丰富多彩的社会生活领域将会开拓出极其广阔的用武之地。1996 年,阮松发表《西方的非形式逻辑运动与我国逻辑学的走向》(《南开学报》第 6 期),介绍非形式逻辑在北美兴起与发展的历史、非形式逻辑涉及的论证理论、谬误论与批判性思维的关系、论证及逻辑批评的伦理学等11个论题，预测中国学者可以在非形式逻辑领域作出世界性贡献。2000年前后，晋荣东对论辩与论证进行研究，发表《辩论的逻辑分析》(《华东师范大学学报》2000年第6期)、《论现代逻辑的规范性及其问题》(《华东师范大学学报》2004年第6期)、《从情境理性看现代逻辑的论证理论及其转型》(《自然辩证法通讯》2008年第4期)、《现代逻辑的理性观及其知识论根源》(《南京社会科学》2008年第4期)等论文。此外，他的《逻辑何为——当代中国逻辑的现代性反思》(上海古籍出版社2005年)，对改革开放以来逻辑学所取得的成绩、面临的困境和存在的问题等进行回顾与反思。

六、中国逻辑史

在1979年召开的全国哲学学科科研规划会议上，逻辑学同仁普遍认为中国逻辑史是薄弱环节，上海学人也将之视为重点工作方向，开展相关研究。

个案研究方面，《公孙龙子》是中国逻辑史研究的一个热点。1981年，周山发表《重新认识公孙龙》(《学术月刊》第11期)，主张公孙龙是一位"离形而言名"的形式逻辑学家。1983年，胡曲园、陈进坤发表《先秦的逻辑大师——公孙龙》(《社会科学战线》第2期)，力辩公孙龙非"诡辩家"，批评对于白马论、指物论、坚白论的通行解读。1987年，胡曲园、陈进坤合著《公孙龙子论疏》(复旦大学出版社)，探讨公孙龙的哲学和逻辑思想，并对《公孙龙子》作了详细的注释和今译。同年，朱志凯发表《评公孙龙"白马非马"的诡辩命题》(《复旦学报》第3期)。此外，上海学者也对孔子、《墨经》与《周易》的逻辑思想展开研究，朱志凯的《论孔子逻辑思想在先秦逻辑史上的地位》(《复旦学报》1985年第3期)、《墨经中的逻辑学说》(四川人民出版社1988年)，提出《墨经》构建了一个严密的逻辑体系的观点；周山的《易经新论》(辽宁教育出版社1991年)，详细分析了易经的推理规则及其对中国文化的影响。

中国古代逻辑通论方面，1988年，周山出版论文集《中国逻辑史论》(辽宁教育出版社)，其后出版《智慧的欢歌——先秦名辩思潮》(三联书店1994年)。1992年，曾祥云的《我看中国逻辑史研究的对象和方法》(《哲学研究》第4期)主张用现代逻辑的眼界和见识来看待和认识中国古代逻辑。2004年，邵强进的《论先秦正名思想对中国传统思维方式的影响》(《江海学刊》第6期)阐述先秦正名思想对中国传统思维方式的负面影响，由此提倡传统思维方式的现代化变革，强调东西方思维方式融合的必要性。2008年，熊月之发表《〈清史·西学志〉纂修的一点心得——晚清逻辑学译介的问题》(《清史研究》第1期)，介绍讨论了耶方斯《辨学启蒙》(艾约瑟译)、《耶方斯氏论理学》(张君劢译)、《名学》(杨荫杭译)、《论理学》(汪荣宝译)、《论理学达旨》(林祖同译)等晚清逻辑学译著的情况。

中国近代逻辑史研究方面，彭漪涟的《中国近代逻辑思想史论》(上海人民出版社1991年)，指出逻辑在中国学术构成和文化构成中的作用，并分章介绍严复、梁启超、王国维、章太炎、胡适、章士钊的相关思想。曾祥云的《中国近代比较逻辑思想研究》(黑龙江教育出版社1992年)，考察三大逻辑比较研究方法论。

七、因明

20世纪70年代末至80年代，上海学者对因明学开展了初步研究。1979年，沈剑英发表论文

《略论因明的宗》(《哲学研究》第12期)。1981年,石村著的《因明述要》(中华书局)出版,全面介绍了印度因明学的原理与体系,是中华人民共和国成立后第一本研究“因明学”的专著。1983年,沈剑英在全国首届因明学术讨论会上提交论文《关于〈“因”的三相可以缺一吗?〉》《能立三论》,对因三相、能立问题提出了见解。1985年,沈剑英的《因明学研究》(东方出版中心),详细介绍了陈那所开创的新因明,兼及印度正理论等哲学派别的逻辑体系。

20世纪90年代之后,上海学者的因明研究在广度与深度上都有所拓展。1992年,沈剑英著的《佛家逻辑》(开明出版社)出版,上卷为佛家逻辑论,下卷译解《因明正理门论》。1996年,郑伟宏的《佛家逻辑通论》(复旦大学出版社)出版,上篇概述因明的产生发展、在中国的传播,探讨悟他门方面的理论问题;下篇详细讲解商羯罗主《因明入正理论》。1999年,郑伟宏的《因明正理门论直解》(复旦大学出版社),上篇研究《因明正理门论》的逻辑体系等问题,下篇讲解《因明正理门论》。2000年,姚南强的《因明学说史纲要》(上海三联书店),内容涵盖印度因明、藏传因明和汉传因明。2001年,沈剑英主编的《中国佛教逻辑史》(华东师范大学出版社)出版,编者包括姚南强、徐东来、沈海波。2008年,沈剑英的《敦煌因明文献研究》(上海古籍出版社)对藏于法国、英国的敦煌遗书中的唐代文轨《庄严疏》残本和净眼的《略抄》《后疏》进行了完整的录文、校订和研究。2007年,郑伟宏的《汉传佛教因明研究》(中华书局),从佛学、因明、逻辑三方面阐明唯识比量的功用,从窥基《大疏》中找到喻支除宗有法的论据。2008年,郑伟宏的《论法称因明的逻辑体系》(《逻辑学研究》第2期),基于汉传因明的研究成果,主张法称因明为演绎逻辑体系,而陈那新因明为非演绎逻辑体系,二者具有根本性的差别。同年,姚南强主编《因明辞典》(上海辞书出版社)出版。2009年,汤铭钧的《论佛教逻辑中推论前提的真实性问题》(《逻辑学研究》第1期),将陈那、法称因明与西方传统的三段论相比较,指出佛教逻辑从推论前提是否为真的角度来建立推论的基本规则即因三相,法称通过剖析推论前提为真的知识论基础从而改造了陈那因明。2010年,郑伟宏的《因明大疏校释、今译、研究》(复旦大学出版社),对窥基所著《因明入正理论疏》进行详尽注释和精深研究。

八、其他

在法律逻辑方面,研究成果有:邵春林、陈全林合著的《法逻辑概论》(上海三联书店1990年),介绍命题逻辑、词项逻辑、模态命题逻辑、基本逻辑规律及它们在法律实践中的运用。黄伟力的《法律逻辑学新论》(上海交通大学出版社2000年),研究普通逻辑学的基本原理在法律领域的具体运用以及由此衍生的诸多特殊意义等。缪四平的《关于法律逻辑的对象和性质的思考》(《华东政法学院学报》2001年第2期),认为法律逻辑是应用逻辑的新分支,以法律推理为研究对象,而法律推理则是形式推理、规范推理与法律适用的综合体。

在辞书编纂方面,20世纪80年代以来,上海学界出版了两部大型的逻辑学辞书。1988年,傅季重主编的《哲学大辞典·逻辑学卷》(上海辞书出版社)出版,共收词目2 200余条,释义兼顾传统和现代的不同理解,内容除古典逻辑外还包括众多国内甚少引介的非古典逻辑分支和当代逻辑学家。2004年,彭漪涟、马钦荣主编的《逻辑学大辞典》(上海辞书出版社)出版,收录术语、学说、学派、人物、著作、刊物、组织、事件、会议等6 000余条词目,并附有逻辑史大事年表和1949年以来中国学者逻辑学著作概览表。

在逻辑通俗读物方面,成果包括:彭漪涟、余式原合著的《趣味逻辑学》(中国青年出版社1981年),郑伟宏、倪正茂合著的《逻辑与智慧》(湖南人民出版社1983年),彭漪涟著的《古诗词逻辑趣谈》(上海人民出版社 2001 年),郑伟宏著的《逻辑与智慧新编》(北京大学出版社 2005 年)、《智者的思辨花园——逻辑辨谬与求真趣谈》(复旦大学出版社 2010 年)等。

第四节 科学技术哲学

一、自然辩证法

20 世纪 70 年代末至 90 年代初,上海学者在自然辩证法领域的教材编写、重要问题讨论(包括自然观与科学观、自然科学哲学问题、系统科学哲学问题)等方面取得显著成绩。1979 年,受教育部委托,上海师范大学(现华东师范大学)和上海师范学院(现上海师范大学)的专业教师编写完成了高校教材《自然辩证法讲义(初稿)》(人民教育出版社)。1987 年,上海 18 所高校自然辩证法专业的教师合著《自然辩证法教学疑难问题探讨》(华东师范大学出版社)出版。20 世纪 90 年代之后,上海学者继续编写自然辩证法教材,张瑞琨等主编《自然辩证法通论》第一卷《自然论》(高等教育出版社 1992 年)、范锡洪主编《自然辩证法教程》(同济大学出版社 1992 年)、陈其荣的《自然辩证法导论:自然论、科学论方法论的新综合》(复旦大学出版社 1995 年)出版。

【自然观与科学观】

1981 年,华东师范大学自然辩证法自然科学史研究室编著的《自然发展史》(华东师范大学出版社),从人与自然的关系考察自然观问题,关注到人在改造和利用自然时应如何避免自然对人的报复问题。此后,一些学者就恩格斯劳动创造人的理论展开讨论。赵寿元发表《"劳动"选择了人》(《复旦学报》1981 年第 1 期),认为不是劳动创造了人而是劳动选择了人。朱长超发表《是劳动创造了人,还是劳动选择了人?》(《自然辩证法通讯》1981 年第 10 期),认为恩格斯劳动创造人的理论是很不完善的理论,存在许多逻辑矛盾,自然科学的发展也否定了这个理论的自然科学根据。许志远发表《劳动创造"智人"》(《自然辩证法通讯》1981 年第 10 期),认为问题的关键在于对劳动所创造之"人"的内涵与外延的理解之上。1983 年,吴晓江发表《马克思科学一体化思想在今天的意义》(《文汇报》3 月 3 日),探讨马克思关于自然科学和人文科学将成为一门科学的观点在现实科学研究中的意义问题。1988 年,沈铭贤著《新科学观》(江苏科学技术出版社),从"科学的社会观""科学的知识—文化观""科学的系统观"三个方面论述新的科学发展阶段科学观的变化。2010 年,徐志宏出版《生存论境域中的科学——马克思科学观研究》(复旦大学出版社)。

【自然科学哲学问题】

随着许良英等编译的《爱因斯坦文集》(3 卷本,商务印书馆 1979 年)出版,爱因斯坦研究在 20 世纪 80 年代成为热点,上海学者也积极参与讨论。1981 年,沈铭贤的《爱因斯坦式的唯物论》(《哲学研究》第 10 期),认为爱因斯坦哲学思想可以概括为尚未达到辩证唯物主义高度的"爱因斯坦式的唯物论"。1984 年,周昌忠的《爱因斯坦和现代西方科学哲学》(《哲学研究》第 8 期),从多个角度分析了现代西方科学哲学家的哲学思想与爱因斯坦的关系。1985 年,沈铭贤发表《爱因斯坦与当代科学哲学》(《中国社会科学》第 9 期)、《科学与哲学的汇合——论爱因斯坦科学创造的特色》(《上海社会科学院学术季刊》第 4 期)等论文,剖析了当代科学哲学各学派对爱因斯坦科学成就和哲学思想理解的合理之处与失误之处。上海学者对爱因斯坦哲学思想的关注持续到 21 世纪。2010 年,杜严勇的《爱因斯坦科学哲学思想研究述评》(《自然辩证法研究》第 2 期),认为必须把爱因斯坦的科学哲学思想与科学研究、宗教情怀、同时代的哲学背景等多方面的因素综合起来进行考察。

20 世纪 80 年代始,上海学者对科学方法论作了研究。1983 年,周昌忠的《科学发现的概念逻辑——兼评爱因斯坦的"思维自由创造"》(《哲学研究》第 10 期),认为科学经历了从推理的发现逻辑到概念的发现逻辑的发展,而概念发展是现代科学认识进步的杠杆。周昌忠关于科学方法论的研究成果还包括:《科学研究的方法》(福建人民出版社 1983 年)、《西方科学方法论史》(上海人民出版社 1986 年)等。1986 年,周义澄的《科学创造与直觉》(人民出版社),探讨科学直觉的认识论分析和方法论意义。盛根玉考察化学中的方法论问题,发表多篇研究成果,其中包括:《门捷列夫方法论初探》(《华东师范大学学报》1981 年第 2 期,第一作者)、《道尔顿科学方法的历史考察》(《华东师范大学学报》1983 年第 3 期)、《近代化学家的思维方式和研究方法的历史考察》(《自然辩证法研究》1987 年第 4 期)、《论化学方法的职能》(《化学通报》1988 年第 7 期,第一作者)等。郝凤霞、张春美的《原创性思维的源泉——百年诺贝尔获奖者知识交叉背景研究》(《自然辩证法研究》2001 年第 9 期)对诺贝尔获奖者的知识背景和思维方式特征等作了分析。

从 20 世纪 80 年代中后期开始,上海学界对系统论、信息论、控制论等作了引介与研究。

系统论方面,1983 年,中国自然辩证法研究筹备委员会编《科学方法论研究》(科学普及出版社)收录陈奎德探讨简单性原理、朴昌根阐述系统方法的论文。1987 年,李继宗参编的《系统科学》(上海人民出版社)出版;1988 年,朴昌根编的《系统科学论》(陕西科学技术出版社)出版。这两部著作都对系统科学作了引介。

信息论方面,1984 年,陈忠的《信息究竟是什么》(《哲学研究》第 11 期),认为信息是一类特殊事物,即信息系统的特殊运动和联系方式,而信息的基本功能在于消除信宿关于信源的不确定性。1986 年,柳延延的《论信息的科学含义》(《中国社会科学》第 9 期),认为经典信息论所研究的是信息的"量"的问题,而现代信息理论研究的是信息的"质"的问题,即信息在语义(含义)、语用(价值)层次上的内容。1987 年,柳延延的《"信息"的新颖之处何在》(《甘肃社会科学》1987 年第 1 期)也是这一转型的产物。1990 年,柳延延和王东合著的《主体性和客观性的统一新探——信息加工和知识库理论的反思》(《中国社会科学》1990 年第 3 期)发表。20 世纪 80 年代末 90 年代初,袁运开主编的《自然科学方法研究》(华东师范大学出版社 1988 年、1990 年、1992 年)出版,其中第 2 册专门论述了系统论、控制论、信息论方法。

【从自然辩证法到科学技术哲学】

20 世纪 80 年代开始,上海学界在推进自然辩证法研究的同时,积极引进、研究逻辑实证主义、批判理性主义、历史主义等西方现当代科学哲学的理论成果。1979 年,纪树立发表《科学史:真理与谬误》(《复旦学报》第 3 期),对西方科学哲学中至关重要的波普尔批判理性主义、库恩历史主义、拉卡托斯的"科学研究纲领方法论"等流派作出介绍和评论。纪树立等翻译了库恩《科学革命的结构》(上海科学技术出版社 1980 年)、《必要的张力——科学的传统和变革论文选》(福建人民出版社 1982 年)。上海译文出版社出版了由傅季重、纪树立、周昌忠、蒋弋为等译的波普尔著的《猜想与反驳——科学知识的增长》(1986 年)和舒炜光等译的波普尔著的《客观知识:一个进化论的研究》(1987 年)。纪树立发表《现代科学哲学的兴起》(《自然辩证法通讯》1980 年第 12 期)、《科学探索的逻辑——波普尔科学哲学述评》(《自然辩证法通讯》1981 年第 5 期)、《论库恩的"范式"概念》(《自然辩证法通讯》1982 年第 6 期)、《科学态度与证伪主义——波普尔的一篇〈前言〉以及对它的评论》

(《读书》1986 年第 1 期)等论文,对波普尔的证伪主义和库恩的范式概念作了述评。沈铭贤发表多篇论文介绍库恩思想:《一种大异其趣的科学观——评介库恩〈科学革命的结构〉》(《自然杂志》1981 年第 2 期)、《库恩的创新和非理性主义》(《学术月刊》1983 年第 8 期)、《库恩与中国科学哲学范式的变革》(《上海社会科学院学术季刊》1989 年第 4 期)。研究库恩、波普尔的论文还包括:张尧官的《论鲍波尔的"三个世界"理论》(《社会科学》1981 年第 3 期),李继宗、官鸣的《论科学规范的结构和功能》(《复旦学报》1982 年第 3 期),陈克艰、王顺义、陈忠的《波普尔的概率理论》(《自然辩证法通讯》1984 年第 6 期)等。王顺义的《数学是拟经验的——拉卡托斯数学哲学思想述评》(《自然辩证法通讯》1983 年第 12 期)和周昌忠的《费耶阿本德多元主义方法论述评》(《自然辩证法通讯》1985 年第 12 期),分别对拉卡托斯、费耶阿本德的思想作了介绍。张春美发表《略论德弗里斯重新发现分离定律的方法论特点》(《自然辩证法研究》1993 年第 5 期)和《略论德弗里斯的突变论在进化思想中的地位》(《自然辩证法研究》1997 年第 8 期),对德弗里斯的思想和方法作了介绍和分析。

从 20 世纪 90 年代开始,上海学者着手编写科学技术哲学教材。1991 年,沈铭贤、王淼洋主编的《科学哲学导论》(上海教育出版社)出版。2006 年,陈其荣著的《当代科学技术哲学导论》(复旦大学出版社),从本体论、认识论、方法论和价值论等方面诠释科学技术学的哲学基础,阐发自然观、科学技术观与人文社会观相统一的观点。

1990 年,作为哲学二级学科的"自然辩证法"更名为"科学技术哲学(自然辩证法)",1997 年正式确定为"科学技术哲学"。一些学者对自然辩证法与科学技术哲学的关系作了探讨。陈其荣的《当代自然辩证法的新范式:科学技术哲学》(《华南理工大学学报》2000 年第 6 期),认为科学技术哲学是当代自然辩证法的新范式。吴晓江的《从经典自然辩证法到现代科技哲学——恩格斯理论遗产的当今意义》(《自然辩证法研究》2006 年第 11 期),强调自然辩证法的当代价值。

二、科学哲学

【科学的哲学反思】

20 世纪 90 年代,张怡探讨科学元理论问题,发表《论科学理论的三元建构》(《哲学研究》1990 年第 3 期)、《科学问的动力学研究》(《哲学研究》1993 年第 3 期)、《论科学发展的混沌模式》(《自然辩证法通讯》1997 年第 2 期)。2003 年,柳延延的《科学在当代的处境》(《哲学研究》第 1 期)发表。2004 年,李侠的《简评哈耶克对科学主义的批判》(《自然辩证法研究》第 2 期),认为哈耶克在 20 世纪 40 年代对科学主义的批判,是人类思想史中第一次正面地对科学主义思潮进行的批判。2006 年,陈嘉映的《预测与假说》(《云南大学学报》第 6 期),认为预测得到证实是科学理论是否正确的主要标志,但哲学理论却不能产生预测。2007 年,陈嘉映的《哲学 科学 常识》(东方出版社),探讨从哲学方式的整体解释到科学方式的转变,实证科学与经验的关系等问题。2009 年,成素梅的《逻辑经验主义的科学理论观及其影响》(《社会科学》第 1 期),通过对科学哲学的维也纳学派的论述批评了传统科学观蕴含的二值逻辑的思维模式。

2000 年之后,上海学者对量子力学进行了哲学反思。2002 年,姜琬、杨庆峰合著的《生活世界:科学的意义之源——量子革命的哲学启迪》(《自然辩证法研究》第 8 期),指出现代科学理论发生了数学意义、物理意义以及感性直观意义的分裂,其结果是我们失去了对科学的世界图景的直观理解,这也正显露出实证科学对关于人生意义、目的等根本问题的漠视。2003 年,吴新忠的《互补原理对于理解量子力学是必需的吗?》(《科学技术与辩证法》第 12 期),认为量子力学的哥本哈根解释以尼尔斯・玻尔提出的互补原理作为解释体系的基本方法论原理,而互补原理本质上以经典世界观和量子世界观的深层分裂为前提。2006年,成素梅的《在宏观与微观之间:量子测量的解释语境与实在论》(中山大学出版社)出版,该书阐述与量子力学相容的语境实在论的观点,提出了语境实在论的6个基本原理,论述了科学进步的语境生成论模式。2007年,王天恩的《从描述的观点看“膜的新奇世界”》(《上海大学学报》第6期),认为膜理论扬弃了粒子而采用具有有限大小的膜,从而能使我们对世界的描述保持自洽。2010年,成素梅的《量子力学的哲学基础》(《学习与探索》第11期),认为量子力学的哲学前提包括实体—关系—属性相统一的实在论观念、统计因果性观念和整体论观念。同年,鲁品越发表《论世界的“单元结构”与“层次结构”》(《江西社会科学》第7期)。

【科学实在论与反实在论】

1999年,郦全民的《对科学实在论的新辩护》(《自然辩证法研究》第3期),通过阐明科学理论的构成、功能和似真性含义以及三者之间的关系,为科学实在论作出新的、更有力的辩护。2001年,周昌忠的《后现代科学实在论》(《哲学研究》第7期),认为后现代科学实在论以现象学存有论为深层内核,反思科学尤其是现代科学革命的最新发展,从科学哲学层面为科学的实在性画出图像,形成了异彩纷呈的局面:反还原主义和仪器实在论、反本质主义和建构经验论、反普遍主义和存有论相对主义等。2006年,郦全民的《计算与实在——当代计算主义思潮剖析》(《哲学研究》第3期),认为当代计算主义催生了计算实在论,它允诺“有”物存在,进而主张这种“有”或实在的本质就是计算。2010年,郦全民的《分析突现的两个维度》(《哲学研究》第9期),从本体论和认识论两个维度对当代科学哲学中“突现”概念进行了探讨。同年,成素梅的《论量子实在观》(《江西社会科学》第7期),认为量子实在观是一种最低限度的非定域实在观,主张作为自在实在的微观粒子、作为对象性实在的量子现象和理论实在的统一。

【科学知识、科学认知与科学解释】

关于科学知识,张怡的《论理论性名词问题》(《哲学研究》1996年第4期),指出理论性名词的解决无疑涉及科学哲学的一系列根本问题,如为长期来困扰于观察和理论关系之间的认识论问题提供一个解决思路。肖魏的《“引力”:从目的论到机械论》(《大自然探索》1999年第2期),考察近代早期提出“引力”假说的转变,以此说明科学术语如何对日常概念作出新的解释。周昌忠的《后现代科学知识论》(《哲学研究》2002年第7期),认为现代性的知识论囿于人类理智的“内部”,而后现代科学知识论在很大程度上从“外部”即人的行动、社会—实践乃至权力方面丰富了知识论。张留华的《论科学术语的道德维度》(《学术月刊》2006年第7期),阐发皮尔士的术语伦理学原则,强调科学本身对于术语在科学家共同体中的使用有一种伦理要求。安维复的《科学知识观的社会建构》(《华东师范大学学报》2010年第3期),阐发社会建构主义的科学知识观等建构主义观点的积极意义。安维复、郭荣茂的《科学知识的合理重建:在地方知识和普遍知识之间》(《社会科学》2010年第9期),认为传统科学哲学与后现代科学哲学的区别只是经验证据的多寡、解题能力的大小、认可程度的高低。

关于科学认知,2007年,王幼军的《拉普拉斯概率理论的历史研究》(上海交通大学出版社)出版。此后,他又发表了《拉普拉斯概率论的衰落》(《自然辩证法研究》2007年第3期)和《从“理性人”到“平均人”:概率论主题的转换》(《自然辩证法研究》2010年第12期)。2008年,郦全民的《计算主义框架下的若干认知原理》(《心智与计算》第3期),认为从关于计算的已有普遍原理出发,加上适当的条件，就可以获得认知等价原理、认知模拟原理和认知不可归约原理。2009 年，郦全民的《用计算的观点看世界》（中山大学出版社），指出计算主义主张认识就是认识者表征和理解认识对象的一种心智过程，这个过程在本质上也是计算的，而所获得的结果（知识）反映了独立于我们思维的对象的计算性质和过程，所以在一定的意义（如近似）上是真的。同年，李侠的《盲人如何“看”路？——从知觉缺失情况看认知问题》（《科学技术哲学研究》第 5 期），探究身体部位与认知功能的对应关系，以及知觉缺失状态下的心理表征问题。2010 年，成素梅的《论理论与实在的关系》（《社会科学》第 3 期），主张科学认知过程中存在的辩护等修辞因素也是对科学真理的探索、辩明与阐释。2010 年，姜宇辉的《“具身化”：知识、行动与时间性——从安迪・克拉克到吉尔・德勒兹》（《华东师范大学学报》第 7 期），通过克拉克和德勒兹探讨具身认知问题。

关于科学解释，曹志平的《科学解释研究的走向》（《哲学动态》2003 年第 2 期），揭示了从抽象理性主义到非理性主义的发展进程及其存在的局限，进而提出批判的历史的理性主义科学解释观的构建。2004 年，俞吾金的《从科学技术的双重功能——看历史唯物主义叙述方式的改变》（《中国社会科学》第 4 期），对科学技术的意识形态功能作了积极回应。

三、技术哲学

从 20 世纪 90 年代后期开始，上海学者对技术进行哲学反思。1996 年，周昌忠的《现代西方哲学对科学技术的社会批判》（《上海社会科学院学术季刊》第 1 期），认为现代西方哲学从社会层面对科学技术的批判过程可以大致划分成哲学、社会和文化这样三个方面或者说环节。2000 年之后，安维复从社会建构主义出发对技术持乐观的态度，发表的论文有：《从国家创新体系看现代科学技术革命》（《中国社会科学》2000 年第 5 期）、《走向社会建构主义：海德格尔、哈贝马斯和芬伯格的技术理念》（《科学技术与辩证法》2002 年第 6 期）、《STS 对人的终极关怀——从社会建构主义的角度看》（《科学学研究》2004 年第 6 期，第一作者）及专著《技术创新的社会建构：建立健全国家创新体系的理论分析与政策建议》（文汇出版社 2003 年）等成果，主张现代科技革命是技术创新的体制化。

从 20 世纪 90 年代后期开始，上海学界努力追踪技术前沿，深入考察人工智能、虚拟技术、人工生命等领域的哲学问题。

关于人工智能，1999 年，张春美发表《略论人工自然的控制》（《自然辩证法研究》第 5 期）。此外，还有郦全民的《人工智能中的达尔文主义》（《自然辩证法研究》1998 年第 7 期）、《探寻科学哲学研究的新方向》（《自然辩证法通讯》2000 年第 1 期）、《软智能体的认识论蕴涵》（《哲学研究》2002 年第 8 期），以及费多益的《人工意识是否可能》（《自然辩证法研究》2005 年第 7 期）。

关于虚拟技术、网络社会、数字化生存等问题，成果包括：郦全民的《虚拟技术正在改变哲学》（《哲学动态》2001 年第 12 期），主张当代哲学家有责任对由虚拟技术所引起的人类进化历程的改变作出及时的反思。张怡的《虚拟实在论》（《哲学研究》2001 年第 6 期），认为具有物质性的技术在现代社会中渗透到人的心灵中的价值，它可以改变人的精神状态的方方面面，成为人的精神状态的一部分。张怡、郦全民、陈敬铨合著的《虚拟认识论》（学林出版社 2003 年），系统讨论了虚拟技术为哲学带来的变化。赵晓红、安维复发表《网络社会：一种共享的交往模式》（《自然辩证法研究》2003 年第 10 期）。鲍宗豪、李振的《数字化时代的精神现象学》（《社会科学》2004 年第 7 期），提出了数字化精神现象学的研究重点。梁晓斌、郦全民的《网络游戏中主体生存方式的变革》（《东华大学学报》2008 年第 5 期），论证了网络游戏改变人们尤其是青少年生存方式的机理及其产生的影响。张桂芳的《技术与生活世界》(《哲学研究》2010 年第 3 期,第一作者),从技术与人、技术与社会的相互建构关系入手,讨论"生活世界"的概念与技术的关系问题。

此外,郦全民的《探索生命本质的新途径——对人工生命引起的哲学问题的一些思考》(《社会科学》2002 年第 4 期),分析人工生命的基本特征和创建人工生命体的主要途径;《生命概念的哲学辨析》(《思想与文化》2008 年第 8 辑),在计算主义的框架之下提出对于生命本质的看法。朱宝荣的《心理哲学》(复旦大学出版社 2004 年),系统阐释了具有哲学意义的精神现象。

四、科学思想史

20 世纪 90 年代开始,上海学者对中国古代科学思想史进行了多方面的研究。1989 年,周瀚光出版《传统思想与科学技术》(学林出版社)。1991 年,肖巍的《中国占星术初探》(《上海社会科学院学术季刊》第 4 期),认为中国的占星术尽管涉及大量宝贵的天文学知识,但它是天命观和天人感应思想的技(艺)术(数)体现,具有鲜明的政治色彩。1992 年,周瀚光的《中国古代科学方法研究》(华东师范大学出版社)出版。2000 年,袁运开、周瀚光主编的《中国科学思想史》三册(安徽科学技术出版社)出版。同年,陈雅琴的《早期中国宇宙观特征》(《陕西师范大学学报》第 3 期)发表。2002 年,吾淳的《古代中国科学范型——从文化、思维和哲学角度的考察》(中华书局)出版。同年,孔令宏发表《朱熹的科学思想与道家、道教》(《自然辩证法通讯》第 4 期)。2009 年,朱晶发表《中国金丹术的认知特征与理论基础》(《山西大学学报》第 5 期),分析了金丹术的认知特征与理论基础。

20 世纪 90 年代后期开始,一些学者对"李约瑟难题"进行了考察与反思。1995 年,江晓原的《如何看李约瑟的中国科技史研究》(《书城》1995 年第 1 期)发表。1996 年,沈铭贤的《李约瑟与爱因斯坦——"李约瑟难题"的两种不同的回答》(《学术月刊》第 4 期),指出李约瑟于 1961 年以《中国科学传统的贫困与成就》为题的演讲,激烈批评爱因斯坦的以下观点:西方科学的发展以两个伟大的成就为基础的,即希腊哲学家发明形式逻辑体系(在欧几里得几何学中)和(在文艺复兴时期)发现通过系统的实验可以找出因果关系,因此中国的贤哲没有走上这两步是用不着惊奇的。2001 年,江晓原的《被中国人误读的李约瑟》(《自然辩证法通讯》第 2 期),指出李约瑟主编的《中国科学技术史》的一个重要意义在于彰显东西方科学与文化的交流。2002 年,刘祖慰的《李约瑟问题和席文的批评》(《上海交通大学学报》第 2 期),认为对李约瑟明知故问的启发式问题牵扯过多容易引起误解。2004 年,邢兆良的《从爱因斯坦论断到李约瑟难题——从科学形态的角度进行的理论思考》(《上海交通大学学报》第 2 期),分析了近代科学形成的内在原因及中国古代科学形态和近代科学形态的本质区别。

20 世纪 90 年代之后,上海学者对中西科学思想作了比较研究。1992 年,王森洋的《科学思想比较研究》(辽宁教育出版社)出版,对东西方科学思想作了同异比较和历史比较。2000 年,王劲松的《试论现代物理学和先秦道家思想之间的趋同性》(《复旦学报》第 3 期),在世界观层面上考察了道家思想与现代物理学的共通之处。

五、科学思想社会文化向度

20 世纪 80 年代后期开始,上海学界也对科学思想的社会文化向度进行了探讨。1986 年,上海社会科学院与上海市科协联合举办"科学技术与精神文明"学术讨论会,刘吉的《科学在精神文明中的作用》、纪树立的《科学能提高精神文明吗?》、沈铭贤的《略论科学的精神本性》、谢遐玲的《遏制现代科学技术危害精神文明的倾向》等讨论了科学观在伦理、价值领域的作用。1995 年，周昌忠的《西方科学的文化精神》(上海人民出版社)，详论西方科学的文化精神主要表现;张春美的《科学技术的现代化与社会科学的多维化》(《社会科学》第 5 期)阐述了现代科技与社会科学的关系。2002 年，柳延延发表《科学的“真”与生活智慧》(《中国社会科学》第 1 期)，分析了科学与生活。2003 年，周昌忠的《科学与人——从文化的观点看》(《哲学研究》第 6 期)，从多侧面探讨科学与人在文化层面的深刻关联。同年，陈克艰的《科学理性与自由主义》(《华东师范大学学报》第 6 期)，认为哈耶克和波普尔两位自由主义者对科学理性及其与自由的关系有截然不同的看法，而量子物理的互补诠释则能表明科学内在精神与自由主义的一致性。2004 年，贺善侃的《论科技的人文价值》(《自然辩证法研究》第 7 期)，认为现代高科技的发展重新呼唤科技的人文价值，科技发展的现实越来越明显地显示出科技自身所隐含的人文价值。2008 年，贺善侃的《现代科技的社会化本性和功能》(《科学技术与辩证法》第 4 期)，认为社会化是 20 世纪以来科学技术发展的一个重要特点。

2000 年之后，上海学者对科技政策作了探讨。李侠的《对科技政策制定中的理性基础的考察》(《科学学研究》2003 年第 12 期)和《关于科学的社会控制的结构化分析》(《科学管理研究》2004 年第 2 期)，分别提出人类的理性存在诸多局限性，因而以理性为基础的政策制定也不可避免地存在缺失与局限，以及科技管理必须建立在科学的控制论的基础上的观点。费多益的《风险技术的社会控制》(《清华大学学报》2005 年第 3 期)，认为技术评价是技术完善的基础和降低实施风险的前提，建立符合风险社会要求的技术评价机制应该充分考虑人们的主观认知因素以及社会文化的价值理念。

第五节　伦 理 学

一、伦理学原理

20 世纪 80 年代，上海学界在人生价值讨论、共产主义道德宣传和教育等方面作出自己的贡献。1982 年，《文汇报》在“张华”讨论中发挥了重要作用，10 月 18 日，报道张华为救一位淘粪落池的老农献出生命的事迹，并发表评论员文章《当代大学生的好榜样》，号召向张华学习;11 月 9 日刊发《大学生冒死救老农值得吗?》;11 月 19 日刊发《任洒青春血，抛头为他人——张华日记摘抄》等。同年，市伦理学研究会编的《道德科学知识讲话》(上海人民出版社)和吴振标、颜迪明、尹继佐等编的《各行各业都要讲道德》(福建人民出版社)出版。1983 年，周原冰著的《道德问题丛论》(华东师范大学出版社)出版。1985 年，沈松勤等编青工轮训教材《共产主义道德》(上海人民出版社)出版。1986 年，周原冰著的《共产主义道德通论》(上海人民出版社)，系统阐述了马克思主义道德科学，特别是共产主义道德原理的各个方面。

20 世纪 80 年代及 90 年代，上海学者对如何看待功利主义、如何理解经济与道德的关系等问题进行了探讨。

关于功利主义，1988 年 11 月 15—17 日，华东师范大学哲学系、哲学研究所暨上海市中西哲学与文化比较中心联合举办“功利主义反思”全国学术研讨会，围绕传统功利主义的历史反思、功利与价值的关系、当代中国功利主义思潮的现实思考等问题展开讨论。1989 年，学界发表系列论著，讨论功利主义及相关问题，成果有：黄伟合的《规则功利主义与社会公平原则——当代中国道德价值操作标准论纲》(《文史哲》第1期),主张当代中国道德体系中的操作标准应是规则功利主义与社会公平原则,二者如发生冲突,则应功利优先;冯契的《功利与精神价值》(《华东师范大学学报》第2期),认为要求自由劳动是人的本质,它在价值领域得到展现,而价值主要是由功利与真善美构成的;朱贻庭的《中国传统功利主义反思》(《华东师范大学学报》第2期),主张中国传统功利主义更接近于规则功利主义而非行为功利主义;林宏星的《论边沁、密尔功利主义的理论特征》(《华东师范大学学报》第2期),认为功利主义不仅是一个道德论、价值论,同时又是一种社会建构论;赵修义的《近现代西方功利主义启示》(《华东师范大学学报》第2期),认为西方功利主义把社会看作个体的集合,把个人的行为及其目的作为考察问题的出发点。

关于经济与道德的关系,周原冰的《当前道德理论上的困惑与探索》(华东师范大学出版社1991年),依据马克思主义伦理学基本原理,探讨在发展商品经济条件下如何看待道德和道德的作用。朱贻庭、余玉花等合著的《当代中国道德价值导向》(华东师范大学出版社1994年),论述集体主义与社会主义市场经济、集体主义与公正原则和集体主义价值导向的运行机制。朱贻庭发表《对市场经济作伦理论证为市场经济作道德立法——试论伦理学与社会主义市场经济》(《中州学刊》1994年第5期),主张社会主义市场经济本身就有一个道德问题在其中,呼吁改变伦理学界与经济学界、法学界在对市场经济的研究中那种互不联系、互不相干的现状。1995年,上海社会科学普及研究会组织编纂,武克全、张国强、王禾庭主编的《市场经济与道德建设》(《探索与争鸣》出版社)出版,共收论文50余篇,包括朱贻庭的《市场经济与非市场关系》,认为在社会主义市场经济条件下,不能仅仅以市场关系作为道德价值定位的根据;赵修义的《市场需德　市场有德》,主张不能把道德与市场经济中的利益要求对立起来;王正平的《略论市场经济公共道德》,强调市场经济需要有与之相适应的人际和社会秩序;陈根法的《市场经济中的法治与德治》,提出在市场经济条件下,关键是能否通过法治找到新道德的生长点等。1997年,陈泽环、方放著的《社会主义市场经济与道德建设》(上海人民出版社),用事实描述的方法探研中国当代社会本质性的伦理精神、道德生活的基本格局等问题,并对加强社会主义市场经济秩序和道德建设提出了建议。1998年,赵修义发表《试论休谟的经济伦理思想》(《华东师范大学学报》第6期)。1999年,崔宜明的《社会主义市场经济与伦理学理论范式》(《学术月刊》第3期),认为市场经济社会的道德基石乃是在利己心和利他心之间实现某种平衡的"公正心"。2003年,朱贻庭发表《中国传统经济伦理及其现代变革论纲》(《伦理学研究》第1期)。

20世纪90年代之后,德性伦理逐渐成为上海伦理学界研究的重点。上海学者考察了麦金太尔、亚里士多德、休谟等西方哲学家的德性伦理思想及德性伦理在当代西方发展的历史。高国希的《走出伦理困境——麦金太尔道德哲学与马克思主义伦理学研究》(上海社会科学院出版社1996年),对麦金太尔德性伦理学进行了较为系统的论述。2003年,他发表《当代西方道德:挑战与出路》(《学术月刊》第9期),次年发表《当代西方的德性伦理学运动》(《哲学动态》第5期),指出当代道德哲学以激烈抨击康德伦理学的观点为开端,展开了重新追寻新道德的努力。黄颂杰的《从幸福论与德性论走向神论——亚里士多德伦理学说评析》(《陕西师范大学学报》2008年第3期),认为亚里士多德的伦理德性是人的一种称为"中道"的品格状况,而"中道"由一种被称为"实践智慧"的实践理性所确定。陈泽环的《多元视角中的德性伦理学》(《道德与文明》2008年第3期),主张借鉴麦金泰尔"现代性批判中的德性伦理学"发展当代中国"转型社会中的德性伦理学"。孙小玲的《德性论与精英主义——从麦金泰尔的"实践"概念谈起》(《复旦学报》2009年第1期),考察帕特曼与米勒对麦金泰尔的实践概念的精英主义指控。

此外,上海学者对德性、道德情感、德性论与规范论的关系等德性伦理的基本问题进行了探讨。

杨国荣的《道德系统中的德性》(《中国社会科学》2000 年第 5 期),认为德性为道德实践提供了内在的根据,在意向、情感等方面展现为善的定势,同时又蕴涵了理性辨析的能力及道德认识的内容。崔宜明的《德性论与规范论的理论形态差异》(《华东师范大学学报》2002 年第 3 期),认为社会的道德评价体系从德性论转型为规范论的积极意义在于肯定了个人的自由和自主,而将普遍性的规范限制在共同的社会生活领域,也就是人的外在行为的领域。陈根法的《德性与善》(《伦理学研究》2003 年第 2 期),认为德性不仅是完成人的内在利益所必需的品格,同时也是有益于人们整体生活的善的品格,它在成就人的至善行为中能稳定并且促进人的向善能力。孙小玲的《道德情感是自然的抑或是非自然的? ——从休谟的"人为的德性"谈起》(《哲学研究》2010 年第 6 期),认为道德情感因为包含了对自然情感的有限性与偏私性的否定,因而是非自然的,但这并不是说它是超自然、因而与我们的自然存在无涉。

从 20 世纪 90 年代后期开始,上海学者在伦理学理论建构方面取得成绩。1996 年,冯契著的《人的自由与真善美》(华东师范大学出版社),提出了系统的伦理学说。2002 年,杨国荣的《伦理与存在: 道德哲学研究》(上海人民出版社),从人的存在的具体性出发,从善的多重意义以及道德与价值、伦理和义务等诸多面向对道德之域展开形上沉思,建构了一种道德形上学理论。2004 年,由周中之主编的普通高等教育"十五"国家级规划教材《伦理学》(人民出版社)出版。2006 年,崔宜明的《道德哲学引论》(上海古籍出版社),主张倾听传统的伟大智慧,通过理性的对话和超越,完成现代伦理学的理论建构。此外,崔宜明在《自由、贫困与政府的责任》(《上海师范大学学报》2008 年第 2 期)、《自由的生活内涵和理论内涵》(《上海师范大学学报》2009 年第 4 期)等文中阐发了作为伦理学概念的自由。2009 年,毛勒堂发表《马克思生存论哲学视域中的社会主义核心价值体系建设》(《马克思主义与现实》第 2 期)。2010 年,杨国荣的《人性能力与普遍规范》(《陕西师范大学学报》第 2 期),从意义世界的生成、成己与成物的过程等新的角度阐发内在的人性能力与外在的普遍规范的互动。

此外,颜青山结合心智哲学的研究成果,用分析的方法研究伦理学。主要成果有:《康德-图林佯谬及其消除——兼论"图林测试"的道德哲学意义》(《伦理学研究》2010 年第 5 期)、《道德图林机及其构建原则》(《华东师范大学学报》2010 年第 5 期)等文,提出带有自由意志的图林机的构想。2002 年,朱贻庭主编的《伦理学大辞典》(上海辞书出版社),是国内迄今容量最大、收词最多、内容最新的单卷本伦理学专科辞典。

二、应用伦理学

20 世纪 80 年代,上海学界开始关注应用伦理学。1988 年,周义澄的《人与自然: 从冲突走向和谐》(《学术月刊》第 3 期),从现代科技革命的生态效应、生态危机出发,认为人与自然的和谐发展最终要成为人的一种行为。1988 年 7 月,第一次全国性的安乐死社会、伦理和法律问题学术讨论会在上海召开,会议提出《关于我国脑死亡标准和承认死亡权利的倡议》。

20 世纪 90 年代之后,经济伦理成为上海应用伦理学研究的重要内容。陆晓禾发表数篇论著,研究经济伦理的相关问题,主要有:《乔治・恩德勒经济伦理学述评》(《毛泽东邓小平理论研究》1994 年第 5 期),将"business ethics"翻译为"经济伦理学";《论经济伦理学的研究框架和学科特征》(《上海社会科学院学术季刊》1998 年第 4 期),阐述经济伦理学的研究框架、研究对象、学科特征以及同相关学科的关系;《社会本性的伸张——论当代经济伦理学在美国的兴起和发展》(《哲学研究》

1999年第6期),论述经济伦理学在美国的兴起、发展与影响;《中国能为"全球经济伦理"做什么》(《河北学刊》2001年第3期)和《论中国特点的经济伦理研究》(《哲学研究》2001年第8期),探讨全球经济伦理的根据和可能条件,分析全球经济伦理与西方经济伦理的关系。此外,1998年,叶敦平、周中之、高惠珠、姚俭建合著的《经济伦理的嬗变与适应》(上海教育出版社)出版。2001年,《华东师范大学学报》第2期推出"当代中国经济伦理问题"笔谈,成果包括:朱贻庭的《社会转型期的中国经济伦理问题》,赵修义的《经济全球化背景下的中国经济伦理》,刘进的《"经济人"辨析》,崔宜明、高学栋的《公正:自愿、公开及其不公平》,陆晓禾的《关于比较研究中国经济伦理问题的一些看法》,樊纯诗、钱蕾的《宝钢企业的伦理精神》等。2002年,周中之、高惠珠合著的上海普通高校"九五"重点教材《经济伦理学》(华东师范大学出版社)出版。2004年,崔宜明的《经济伦理研究的十个理论问题》(《华东师范大学学报》第4期),提出经济伦理研究需要面对和解决的10个理论问题。2008年,毛勒堂发表《公平地对待未来人的经济权益——论代际经济正义》(《马克思主义与现实》第5期)。

此外,上海学者还围绕诚信、企业伦理、消费伦理等经济伦理学问题展开探讨,成果包括:朱贻庭、徐定明的《企业伦理论纲》(《华东师范大学学报》1996年第1期),朱贻庭的《略论企业伦理与社会文化背景》(《江苏社会科学》2000年第3期)、《走出"家族主义"》(《道德与文明》2001年第1期);陈根法的《儒家诚信之德及其现代意义》(《南京政治学院学报》2002年第1期),余源培的《打造"诚信社会"——关于经济伦理视野的思考》(《探索与争鸣》2002年第4期),周中之、刘方的《诚信的道德价值》(《伦理学研究》2003年第1期);周中之的《经济全球化背景下当代中国消费伦理观念的变革及其研究》(《上海师范大学学报》2007年第3期)、《当代中国消费伦理研究的重大前沿性问题》(《光明日报》2007年9月11日)等。

20世纪90年代之后,上海学者在环境伦理、基因伦理、科技伦理、计算机伦理、职业伦理、教育伦理、制度伦理等方面进行了大量研究,同时也对应用伦理学的学科性质等问题进行了反思。

关于环境伦理,王正平发表了系列论文,包括:《发展中国家环境权利和义务的伦理辩护》(《哲学研究》1995年第6期),批判了以"救生艇伦理观"为代表的西方环境利己主义观念,分析了发展中国家的环境权利和义务;《深生态学:一种新的环境价值理念》(《上海师范大学学报》2000年第2期),对深生态学这一西方环境伦理学的新范型作了评介;《环境哲学——环境伦理的跨学科研究》(上海人民出版社2004年),全面、系统阐释环境哲学的学科基础;《社会生态学的环境哲学理念及其启示》(《上海师范大学学报》2004年第6期),提出人类当今所面临的所有生态问题都根源于深层的社会问题,而社会生态学的根本价值目标是寻求经济制度、政治制度和精神文化的生态化的观点;《环境哲学:人与自然和谐发展的智慧之思》(《上海师范大学学报》2006年第2期),认为环境哲学以全新的眼光解释世界,把"自然—人—社会"看作是一个辩证发展的整体。

上海学者对环境伦理的相关成果还有:陈泽环翻译阿尔贝特·施韦泽的《对生命的敬畏——五十年来的基本论述》(上海人民出版社1992年)。钱箭星的《环境道德:基础·机制·效益》(《宁夏社会科学》2000年第3期),主张环境道德调节是种低成本的调节方式,它在一定程度上弥补了市场失灵和制度失灵,保障了环境法规实施的有效性。任春晓的《关于生态伦理的若干哲学论证》(《复旦学报》2000年第2期),认为人类把恻隐之心推及一切有生命的物质是生态伦理学产生的原因。高国希的《彼得·辛格生命伦理学的哥白尼革命》(《哲学动态》2003年第8期),介绍了辛格批判以康德为代表的现代道德,区分关于作为生物类的人(human being)与作为人格的人(human person)等基本思想。肖巍的《"天人合一"并没有改善中国古代环境状况》(《哲学研究》2004年第4

期)，认为用“天人合一”的观念来拯救工业化造成的环境危机是不可靠的。罗亚玲的《环境伦理作为责任伦理》(《道德与文明》2005 年第 1 期)，借鉴德国哲学家阿佩尔的理论，认为环境伦理作为责任伦理，强调未来责任和共同责任，是一种宏观的普遍伦理。罗亚玲的《环境伦理学与非人类中心主义》(《学术月刊》2010 年第 11 期)，认为环境伦理学本身并非必须是非人类中心主义的，即必须肯定非人类存在物作为道德受动者的道德地位。王韬洋的《西方环境正义研究述评》(《道德与文明》2010 年第 1 期)，认为自 20 世纪 80 年代以来“环境正义”的概念及其相关理论，有助于我们探究环境问题的根源以及寻求环境危机解决途径。

关于基因伦理，上海学者发表的研究成果有：陈蓉霞的《警惕啊！基因决定论》(《医学与哲学》1998 年第 3 期)，沈铭贤的《人类基因组伦理：问题与前景》(《医学与哲学》2001 年第 5 期)，沈铭贤、陈仁彪、丘祥兴的《关于胚胎干细胞研究的一场伦理之争》(《医学与哲学》2002 年第 10 期)，沈铭贤、林志新的《胚胎干细胞研究能否得到伦理辩护》(《上海交通大学学报》2005 年第 6 期)，沈铭贤主编的《生命伦理学》(高等教育出版社 2003 年)，张春美的《DNA 的伦理地位》(上海书店出版社 2006 年)等。胡庆澧、陈仁彪、张春美合著《基因伦理学》(上海科学技术出版社 2009 年)，分析基因组研究、基因测试、基因诊断等具体研究领域中的伦理问题。张春美的《基因决定论的伦理审视》(《上海行政学院学报》2006 年第 6 期)、《人类克隆的伦理立场与公共政策选择》(《自然辩证法通讯》2010 年第 6 期)、《文化视域中的基因伦理》(《学术月刊》2010 年第 7 期)等对基因技术对人类文明带来的挑战和公共政策的制定等进行了阐释。蔡蓁发表《基因提升、实践和美德》(《道德与文明》2010 年第 6 期)。

关于科技伦理，1999 年，周昌忠的《普罗米修斯还是浮士德：科技社会的伦理学》(河北教育出版社)，讨论科学技术的伦理本质和科学技术社会的伦理问题。2001 年，沈铭贤的《科技伦理：必要的张力》(《上海师范大学学报》第 1 期)强调科技与伦理的辩证关系。2003 年，林宏星的《科技时代的替代经验与道德的个人亲证问题》(《伦理学研究》第 5 期)，认为在科技社会中确立实践智慧、个人亲证在道德领域里的独立性，对于避免当代人的“道德孤儿”的命运，是当代伦理学具有的头等重要的意义。

关于计算机伦理，2000 年之后，王正平发表多篇研究成果，包括：《西方计算机伦理学研究概述》(《自然辩证法研究》2000 年第 10 期)、《计算机伦理：信息与网络时代的基本道德》(《道德与文明》2001 年第 1 期)、《信息网络技术与计算机伦理》(《上海交通大学学报》2007 年第 5 期)等。

上海学者对职业伦理、教育伦理、制度伦理等也有所论述。包括上海第二医学院编的《医德学概论》(人民卫生出版社 1983 年)，包连宗、郑建严编的《教师职业道德修养》(华东师范大学出版社 1984 年)，王联斌主编的《军人伦理学》(上海人民出版社 1987 年)，王正平的《教育伦理学》(上海人民出版社 1988 年)等。汪行福的《分配正义与社会保障》(上海财经大学出版社 2003 年)，从现代社会的基础性制度的角度去研究社会保障问题。论文主要包括：朱贻庭的《“儒商”与儒商精神》(《探索与争鸣》1996 年第 10 期)、郝长江的《领导伦理学研究的意义略论》(《山西师大学报》1999 年第 3 期)、王正平的《当代美国行政伦理的理论与实践》(《伦理学研究》2003 年第 4 期)等。此外，李世众的《“公”与“私”的悖论》(《学海》2003 年第 3 期)，认为中国社会中存在一个“公”与“私”悖论现象。崔宜明的《论公正》(《伦理学研究》2004 年第 4 期)，认为公正作为一种美德就是尊重他人的权利和尊重公共的规则。

2000 年之后，上海学者探讨了应用伦理学的基本特征等问题。陈泽环发表《基本价值观还是程序方法论——论应用伦理学的基本特性》(《中国人民大学学报》2003 年第 5 期)和《应用伦理学和当代社会道德结构——再论应用伦理学的基本特性》(《哲学动态》2005 年第 7 期),分别提出应用伦理学应实现基本价值观和程序方法论的良性互动,以及当代社会"底线伦理""共同信念"和"终极关怀"的三维道德结构的主要观点。此外,还出版《敬畏生命——阿尔贝特·施韦泽的哲学和伦理思想研究》(人民出版社 2006 年)。邓安庆的《无本质的应用伦理学——对当前应用伦理学本质特征争论的质疑》(《哲学动态》2005 年第 7 期)等论文,主张在后现代的全球民主化社会中,应用伦理学要保持其"应用性",只能面对"道德悖论"无本质地保留对所有差异性的尊重和开放。罗亚玲的《"实践的"抑或"专门的"伦理学?——有关应用伦理学学科性质的反思》(《哲学分析》2010 年第 6 期),认为应用伦理学是对专门领域的伦理问题的思考,因而并不是超出伦理学范围的交叉学科。

三、中国伦理学

从 20 世纪 80 年代开始,上海学界在中国古代、近现代及当代伦理学研究领域亦有相应成果。

关于中国古代伦理学,1983 年冯契著的《中国古代哲学的逻辑发展(上册)》(上海人民出版社),认为中国哲学较多地考察了伦理学上的自觉原则和"为学之方",而西方哲学则较多地考察了自愿原则和作为道德责任前提的意志自由问题。1985 年,黄伟合的《墨子的义利观》(《中国社会科学》第 3 期),通过对墨子的尚利与贵义两个命题的考察,主张墨子义利观的特点是一种规则功利主义。1987 年,朱义禄的《王充伦理思想初探》(《史林》第 5 期),探讨王充对神学道德的批判、注重效果的道德论、王充走向命定论的原因及其社会本质。1989 年,朱贻庭主编的《中国传统伦理思想史》(华东师范大学出版社),考察了从殷周至鸦片战争前的中国古代伦理思想的历史过程。1991 年,朱义禄著的《儒家理想人格与中国文化》(辽宁教育出版社),论述儒家人生哲学,并指明其积极和消极作用。1992 年,朱义禄著的《从圣贤人格到全面发展》(陕西人民出版社),进一步从宏观上探讨中国的理想人格。1997 年,朱贻庭的《道家伦理文化及其现代价值》(《学术月刊》第 4 期),认为道家伦理以"无为"原则为核心,体现为三个特点:"道常无为"和人性"素朴"的道德观、人性论,"轻物重生"、崇尚"精神自由"的人生哲理,"与时俱化"又"不与物迁"的人格范式和"柔弱谦下""功成身退"的为人之德和处世艺术。1999 年,郝云的《论〈管子〉的经济伦理观》(《管子学刊》第 3 期),认为《管子》从"自利"、"趋利避害"的人性论出发确立了功利主义原则的导向,但并未因此而走向极端功利主义。2000 年,崔宜明的《政治伦理与伦理政治——析传统民本思想的理论困境》(《华东师范大学学报》第 3 期),提出民本学说的政治哲学天命说及其道德理想主义从根本上弃绝了任何政治制度建设的必要性和可能性的观点。2003 年,东方朔(林宏星)发表《"视天下无一物非我":论张横渠的生态伦理观》(《现代哲学》第 6 期)。2005 年,其著《从横渠、明道到阳明:儒家生态伦理的一个侧面》(香港中文大学出版社)将横渠、明道和阳明思想中蕴涵的生态伦理观念,置于当代视野作具体诠释。2005 年,吾淳的《儒家伦理何以可能》(《南通大学学报》第 2 期),认为儒家伦理的精英定位使得儒家伦理本身具有非强制性特征和非大众性倾向,其立基的宗法家族制度和教育系统又因自身的脆弱性而难以支撑儒家伦理的实现。2008 年,付长珍著的《宋儒境界论》(上海三联书店)剖析宋儒境界的基本内涵、总体特征和精神实质,检讨评判宋儒重建境界理论的得失成败。2009 年,杨国荣的《理学的伦理向度》(《伦理学研究》第 1 期),认为理学系统中的气、理、心不仅是本体论概念,它们同时或在更实质的意义上涉及"当然"。

关于中国近现代伦理学,1989 年,冯契著的《中国近代哲学的革命进程》(上海人民出版社),认为中国近代对伦理学上的自由问题从理论上探讨的还很不够。2004 年,崔宜明的《未完成的中国现代伦理学》(《江苏社会科学》第 3 期),认为中国的现代伦理学至今仍然没有完成。2005 年及其后,顾红亮发表了多篇论著,阐述中国近现代伦理学的相关问题,主要有:《龚自珍自我观与主体性哲学的开端》(《学术月刊》2005 年第 8 期),分疏龚自珍自我观的三个层面,指出其在近现代哲学史上具有反对理学和张扬主体性哲学的历史功效;《现代中国平民化人格话语》(华东师范大学出版社 2005 年),通过知情意之维、价值、制度、认识、实践、终极关怀、自由人格等维度探讨现代中国哲学对建构平民化人格的思考;《儒家生活世界》(上海人民出版社 2008 年),探讨近现代以来儒家礼俗生活世界、政治生活世界与心性生活世界。

关于中国当代伦理学,2008 年,高瑞泉、杨扬等著的《转折时期的精神转折——"新时期"以来中国社会思潮及其走向》(上海古籍出版社)出版,崔宜明在该书的第四章"从价值迷失到多元重建:新时期以来的伦理思潮"部分梳理了 20 世纪 80 年代与 90 年代当代中国的伦理思潮。

四、西方伦理学

2000 年以后,何锡蓉对女性伦理学作了介绍与研究,作品包括《另一片天地——女性伦理新探索》(湖北教育出版社 2001 年)、《女性伦理学的哲学意义》(《社会科学》2006 年第 11 期)等。

此外,上海学者对亚里士多德、莱布尼茨、康德、列维纳斯、哈贝马斯、阿佩尔、罗尔斯、德沃金等西方伦理学家都有所论述。

关于亚里士多德,邓安庆的《西方伦理学概念溯源——亚里士多德伦理学概念的实存论阐释》(《中国社会科学》2005 年第 7 期),认为在亚里士多德的"实践"作为个体内在合目的性的自我完善和自我实现的"行为",是 Dasein 意义上的超越性本真实存活动。关于莱布尼茨,邓安庆的《第一哲学与伦理学——对莱布尼茨〈单子论〉的实践哲学解读》(《江苏行政学院学报》2009 年第 3 期),主张《单子论》是一种以内在行动为原则赋予实体本身以内在的生命运动、从而在实体的生命运动过程中从"自然世界"开辟出一个"道德世界"的实践的形而上学。关于康德,邓安庆的《康德道德神学的启蒙意义》(《哲学研究》2007 年第 7 期),认为道德神学或伦理神学是康德孜孜以求的"科学的形而上学"的完成。关于列维纳斯,顾红亮的《责任与他者——列维纳斯的责任观》(《社会科学研究》2006 年第 1 期),指出列维纳斯的责任观显示出与自我责任和社会责任不同的另一个伦理维度,即为他的责任。关于哈贝马斯,王凤才的《后现代语境中话语伦理学的困境及其意义》(《哲学动态》2005 年第 1 期),认为哈贝马斯话语伦理学是当代西方规范伦理学复兴过程中继罗尔斯《正义论》之后道德普遍主义的又一次张扬。关于阿佩尔,罗亚玲发表《阿佩尔的对话伦理学初探》(《哲学动态》2005 年第 6 期),认为阿佩尔通过对康德先验论伦理学的语用学转型和康德意向伦理的责任伦理转化,建构了一种先验语用学路向的对话伦理学。关于罗尔斯,孙小玲的《罗尔斯〈正义论〉中的主体际性维度》(《哲学研究》2008 年第 5 期),认为罗尔斯的差异原则发展了隐含于康德的"目的王国"中的主体际性维度。关于德沃金,葛四友的《资源、选择和运气——评德沃金的资源平等理论》(《政治思想史》2010 年第 3 期),认为德沃金的资源平等理论是一种试图阐明我们应当如何被平等对待的理论。

第四章　经　济　学

1978 年后，中国全面进入以改革开放为主旋律的新的历史发展阶段。由“实践是检验真理的唯一标准”大讨论带来的思想解放，以及以经济建设为中心的指导思想的确立，经济学及相关学科人才培养的巨大需求，极大地促进了经济学学科的发展。上海是中国经济规模最大、能级最高的城市，进而决定了上海是中国经济学研究的主要阵地之一。在 1978—2010 年，上海的经济学人发表了大量的研究成果，为中国经济学学科的建设和发展作出了重要贡献。

第一节　政 治 经 济 学

一、政治经济学理论体系

20 世纪 80 年代，上海学者对新时期的社会主义经济关系，以及政治经济学体系等领域开展深入探讨和研究。洪远朋在《〈资本论〉与社会主义政治经济学的体系》(《经济研究》1983 年第 8 期)中指出，社会主义政治经济学应将社会主义基本经济规律贯穿始终。1985 年，雍文远在《试论社会主义政治经济学的理论体系问题》(《经济研究》第 1 期)中提出，社会主义政治经济学新体系应该以商品分析为起点，由生产、分配、流通、消费的总过程构成。同年，雍文远主编的《社会必要产品论——社会主义政治经济学探索》(上海人民出版社)，获得第二届孙冶方经济科学奖著作奖。1987 年，许耀钧发表《论生产关系的内容》(《经济研究》第 5 期)指出，政治经济学应全面研究生产、分配、交换、消费，排除任一方面都将是错误的。

此外，学者们还深入研究了社会主义经济的性质。1982 年，陈其人发表《政治经济学帝国主义部分理论体系探索》(《经济研究》第 5 期)，认为帝国主义部分的理论体系分为垄断资本主义的经济关系、垄断资本主义与殖民地的经济关系以及帝国主义世界体系的基本矛盾和其逐步崩溃。1985 年，蒋学模的《政治经济学教材》(上海人民出版社)指出，社会主义生产是公有制基础上的商品生产，必然同时受计划和市场的调节。1987 年，蒋学模、伍柏麟在《社会主义政治经济学》(复旦大学出版社)中探索了社会主义经济关系的本质、形式及其不断自我完善的规律。

20 世纪 90 年代，上海学者开展一系列跨学科、多视角的研究。1997 年，洪远朋、金伯富发表《经济学的发展与创新》(《中国社会科学》第 3 期)，主张进行理论创新，建立新的政治经济学体系。1998 年，伍柏麟的《中国经济改革 20 年系列研究(10 卷本)》(山西经济出版社)，对 1978—1997 年中国经济改革的实践历程进行尝试性的理论探索和阶段性总结。1999 年，张军的《道德：经济活动与经济学研究的一个重要变量》(《中国社会科学》第 2 期)，强调了“道德”在经济活动和经济研究中的重要作用。同年，程恩富《充分认识哲学对经济行为分析的积极效应》(《中国社会科学》第 2 期)指出，经济哲学应全面、系统地运用哲学方法。

2000 年以来，上海学者对政治经济学有了新的总结和发展。2001 年，蒋学模与张晖明合著的《高级政治经济学：社会主义总论》(复旦大学出版社)，主要阐述社会主义政治经济学的研究对象、任务和方法等内容。2009 年，洪远朋编写了《通俗〈资本论〉》(上海科学技术文献出版社)。同年，他又主编“新时期利益关系丛书”(复旦大学出版社),对社会主义市场经济条件下的利益问题作了系统完整的论述。2006年,张建新的《权利与经济增长——美国贸易政策的国际政治经济学》(上海人民出版社),则从国际政治经济学的角度,对美国的贸易政策,特别是对克林顿执政期间的美国贸易政策作了深入研究。

二、经典理论讨论

1978年之后,上海学者对政治经济学的诸多经典理论展开研究。1979年,蒋学模的《再谈无产阶级绝对贫穷化问题》(《复旦学报》第2期)就指出,苏联政治经济学教科书把无产阶级绝对贫穷化说成是一个经济规律不符合实际,也不符合马克思列宁主义,应予抛弃。1980年,陈敏之的《住房还是商品》(《社会科学》第3期)认为,中国目前的社会发展阶段住房还是商品,不能因为对住房的需求大于供给将之排除出商品领域。1981年,丁学良的《抽象劳动的实质——与彭迪先同志商榷》(《经济研究》第7期)指出,将具体劳动还原为无差别的劳动和劳动时间,是抽象劳动的实质,也是马克思的抽象劳动范畴的价值所在。1982年,于瑞熹的《抽象劳动是商品经济特有的历史范畴——与丁学良等同志商榷》(《经济研究》第2期)也指出,抽象劳动是商品经济特有的历史范畴,是价值实体,形成价值。1983年,丁平准、杨继良的《对列宁经济核算思想的探讨》(《经济研究》第11期)认为,列宁的经济核算思想至少包括利润原则、商业原则、物质利益原则、独立经营原则、货币监督原则,以及经济责任原则等内容。同年,陈其人发表《马克思的“自行扬弃”论与国家垄断资本主义》(《经济研究》第11期),李慧中发表《也谈绝对地租和垄断价格—与卫兴华同志商榷》(《经济研究》第9期)。

1984年,洪远朋的《工业品价格形成中的成本问题》(《中国社会科学》第5期)认为,价格形成中的成本必须是正常成本、社会成本、计划成本。1988年,陈其人的《马克思的发达国家货币相对价值较低理论探源》(《经济研究》第8期)指出,马克思认为对外贸易的有利和不利条件使不同国家在世界市场上换取货币数量相同而实际花费劳动不同,使货币的相对价值发生变化。同年,胡寄窗的《对马克思货币流通规律的错误公式表述亟应改正》(《经济研究》第9期)指出,马克思货币流通规律在不专门联系流通手段职能考虑的场合,正确的表达式是“流通中货币需要量”等于“商品价格总额”除以“货币流通速度”。1989年,雍同的《边际分析、供求关系与劳动价值理论》(《经济研究》第2期)指出,马克思主义的价值理论完全能够容纳西方经济学的一些研究方法,可通过一条需求曲线表示需求和由它决定的社会必要劳动时间。

关于“危机理论”的研究则重点关注其成因和特点。周建平在《战后资本主义经济发展新的不平衡与矛盾的日益尖锐化》(《经济研究》1983年第10期)中指出,战后资本主义经济危机新特点主要表现为危机发生次数参差不等,经济危机和通货膨胀相互交织,周期呈现缓慢而不显著的缩短倾向。陈其人的《国家垄断资本主义条件下经济危机变形的原因》(《经济研究》1984年第7期)认为,战后资本主义经济危机发生变形原因在于国家垄断资本主义的发展深化了爆发普遍危机的矛盾,抑制了普遍危机暂时调节生产与消费矛盾的作用,降低了固定资本更新作为周期性危机的物质基础的作用。

20世纪90年代,上海学者对经典理论的研究和讨论更加活跃。一方面,资本、价值、商品等范畴仍是关注的重点。陈敏之的《向冶方同志学习;发展商品经济理论》(《经济研究》1993年第2期)指出,孙冶方对“商品”的论述有矛盾之处,认为商品应当和社会分工相联系。李家镐的《张闻天同志的生产关系两重性理论》(《经济研究》1993年第11期)论述了张闻天的"生产关系两重性"相关观点。蒋学模的《社会主义经济中的资本范畴和剩余价值范畴》(《经济研究》1994年第10期)研究了社会主义经济中的资本范畴和剩余价值范畴。

另一方面,出现了一些讨论国家政策的文献。鞠立新的《论列宁晚期关于社会主义经济运行机制思想的重大转变》(《经济研究》1992年第5期)探讨了列宁的晚期思想。1993年,赵晓雷发表《对毛泽东工业化思想的经济学分析》(《上海社会科学院学术季刊》第3期)。夏禹龙的《邓小平同志中国地区发展战略思想探讨》(《经济研究》1994年第12期)认为,国家在实行"一部分人先富起来"地区发展战略的同时,应从各方面,特别是物质上,对贫困地区给予有力的支持。

1990年,谈敏的《重农学派经济学说的中国渊源》(《经济研究》第6期)指出,几乎所有重要的重农主义理论,都在不同程度上留下了中国思想的印记。胡寄窗在《经济学说史研究中的重大突破——评〈法国重农学派学说的中国渊源〉》(《经济研究》1992年第9期)也认为,中国古代经济思想对重农学派有重要影响,是现代经济学说的先行思想因素之一,应与古希腊、古罗马分享荣誉。进入21世纪,部分研究回归到马克思经济学、资本论等理论。谈敏的《回溯历史:马克思主义经济学在中国的传播前史》(上海财经大学出版社2008年)从4个阶段系统论述了马克思经济学说在中国的传播过程。

三、经济社会体制与经济增长

改革开放后,中国经济快速增长,经济社会体制也进入变革期,增长与改革成为政治经济学研究的热门,呈现出理论与实践研究并重的特点。

20世纪80年代,上海学者关于体制的研究与讨论多集中在社会主义经济规律、集体经济、国家职能等方面。吴贤忠、陈伯庚在《生产资料生产优先增长的原理对社会主义经济不起作用吗?—与朱家祯同志商榷》(《经济研究》1980年第7期)反驳了生产资料生产优先增长的原理对社会主义经济不起作用的观点。1981年,章恒忠的《试论社会主义基本经济规律在集体经济中的作用和形式》(《经济研究》第5期),指出要保证集体经济对生产资料和产品的所有权、生产经营的自主权,以及商品等价交换权,逐步缩小剪刀差。王爱珠的《关于社会主义国家经济职能的几个问题》(《经济研究》1985年第7期)指出,政企职责分开可以集中力量从全局上,通过经济、行政和法律的手段,正确发挥国家机关管理经济的职能。1988年,蒋学模发表《评"所有者缺位"论——兼评全民企业股份化》(《经济研究》第3期),指出"所有者缺位"的出路在于深化经济体制改革和实行政治体制改革,增加各层次的受委托者与授权者之间的关系透明度。同年,杨宜树的《劳动力商品成因的重新发现》(《经济研究》第12期)认为,社会主义商品经济条件下,按劳动力价值分配正是按劳分配必然的表现形式,两者具有同一性。张军的《产权结构、所有制和社会主义企业制度——关于制度创新的一个假说》(《经济研究》1989年第8期),重新界定了公有制的含义,并提出了一种更好体现以公有制为基础的新型企业制度假说。

20世纪90年代,随着改革开放的推进,上海学者在理论分析的基础上不断深化关于实践的研究和探索。经济改革方面,1991年,袁恩桢、顾光青在《关于经济改革理论的几个问题》(《经济研究》第2期)指出,中国经济改革的理论要健康发展,需走出片面市场化倾向、片面的经济刺激导向、片面的生产力导向,以及社会主义商品经济的一般与特殊等误区。1993年,张军的《中央计划经济下的产权和制度变迁理论》(《经济研究》第5期)指出,经济改革只有不断消除计划体制的经济扭曲才算走向了成功。1994 年，蒋学模的《中国经济体制改革的方向、方针和问题》(《经济研究》第 10 期)认为，在宏观管理上，中国经济改革计划要与市场调节相结合，在微观管理上则要深化企业经营机制的改革。朱东平的《论混合所有制的经济合理性》(《经济研究》1994 年第 5 期)指出，混合所有制且私有企业两权未分离形态所能带来的社会剩余，无条件地大于完全的私有制。1997 年，华民、杨桓兴发表《经济增长方式——关于中国的模型》(《经济研究》第 2 期)，认为一国经济增长的动力结构最终决定经济增长能否持续，无法以 TFP 比例的绝对值为标准将经济增长方式区分为粗放型和集约型。1998 年，周振华发表《中国制度创新的改革程序设定》(《经济研究》第 12 期)，指出中国制度创新的"改革程序"包括改革目标动态化、改革选择弹性化和制度交易不完全合同化。同年，袁恩桢组织市经济学会编著出版《世纪之交的十二大关系》(上海财经大学出版社)，针对改革发展中的十二方面重大关系及亟待解决的问题展开论述。2010 年，冯金华发表《试论社会主义初级阶段的基本经济制度及其科学依据》(《毛泽东邓小平理论研究》第 1 期)，指出应在法律和法规允许的范围内，贯彻"三个有利于"的标准，让各种所有制经济平等竞争。

21 世纪以来，政治经济学研究逐渐应用现代经济学方法、模型，焕发了新的活力。增长与改革的研究继续深化，城乡二元结构、财政分权等问题成为热点。相关成果有张军的《集体所有制乡镇企业改制的一个分析框架》(《经济研究》2000 年第 8 期)、杨俊一的《企业制度变迁与社会结构转型》(《新华文摘》2001 年第 5 期)、张晖明的《对当前"产能过剩"的剖析及治理对策》(《新华文摘》2010 年第 1 期)等。

城乡差距不断增大，二元结构明显，实现城乡统筹发展是中国经济发展亟须解决的问题，也成为这个时期上海学者关注点之一。2005 年，高帆在《论二元经济结构的转化趋向》(《经济研究》第 9 期)中指出，二元经济结构的转变表现为一个工业化进程，以及在此基础上服务业的兴起和城市化水平提高的过程，促进分工演进的关键是交易效率的提高。2006 年，程名望等的《中国农村劳动力转移动因与障碍的一种解释》(《经济研究》第 4 期)认为，解决中国"三农"问题的根本途径是就地解决。陈钊、陆铭的《从分割到融合：城乡经济增长与社会和谐的政治经济学》(《经济研究》2008 年第 1 期)指出，城市单方面拥有城乡政策的决定权，是城乡分割政策的制度背景。袁志刚、解栋栋的《统筹城乡发展：人力资本与土地资本的协调再配置》(《经济学家》2010 年第 8 期)认为，协调再配置人力资本和土地资本是统筹城乡发展、开拓中国经济增长的空间动力机。汪立鑫等的《中国城市政府户籍限制政策的一个解释模型：增长与民生的权衡》(《经济研究》2010 年第 11 期)，表明政府设定的户籍门槛高低与城市人力资本回报率，对本地市民征税所能达到的税率、人力资本对本地 GDP 增长的贡献率分别负相关。

研究中央与地方政府间财政分权成为新的方向。2008 年，丁菊红、邓可斌的《政府偏好、公共品供给与转型中的财政分权》(《经济研究》第 7 期)认为，地方政府与中央政府的博弈使改革朝有利的方向前进。2010 年，李猛、沈坤荣在《地方政府行为对中国经济波动的影响》(《经济研究》第 12 期)指出，可通过加大对官员腐败的打击力度，规范地方官员行使公共权力，从根本上减轻地方政府行为对宏观经济稳定构成的冲击。

针对中国发展中的现实问题，上海学者从学术研究的视角提出对策与建议。左学金、胡苏云的《城镇医疗保险制度改革：政府与市场的作用》(《中国社会科学》2001 年第 5 期)，建议进一步引进市场机制，提高医疗服务资源的利用效率，强化政府保护消费者利益和向弱势人群提供最后的保险功能。洪远朋等的《社会利益关系演进论——我国社会利益关系变化的轨迹》(复旦大学出版社 2006 年)，从理论、因素、轨迹、对策等四个维度分析中国社会的利益关系。

第二节 微观经济学

一、企业改革

20世纪80年代计划经济遗留仍在，企业改革尚在摸索之中，企业问题自然成为微观经济研究的重点与热点。20世纪80年代初期，上海关于企业改革的研究与当时的实践有着直接的联系。例如，随着当时扩大企业自主权改革的试行，统收统支变为利润留成，调动了企业的积极性，但1980年企业的增长率却低于1979年。1986年，朱岩和曹毅峰的《对资产经营责任制的反思》(《经济研究》第11期)指出原因在于利润留成办法在操作上存在缺陷，导致试点企业间的利润留成额不均衡。蔡江南、符钢战、沈晗耀、林绥的《企业劳动力面临的问题及其出路——对上海企业的调查研究报告》(《上海经济研究》1987年第6期)通过对上海企业的调查，分析企业劳动力面临的问题并提供相应的对策思路。史正富的《产业组织的转换与产权制度的改革》(《经济研究》1987年第10期)分析了产业组织由独立的企业向现代公司演化的过程，涉及一系列对产权制度改革有意义的现实问题。

与此同时，上海学者开始广泛关注国有企业之外的其他所有制企业，如周为尧的《试论城镇个体经济的新特点》(《经济研究》1981年第12期)、孙海鸣的《乡村生产要素的产业选择与我国乡镇工业的形成》(《经济研究》1986年第9期)。20世纪80年代中后期，国有企业的目标与性质是微观经济学的研究重点之一。罗首初和潘振民的《企业目标论》(《经济研究》1987年第3期)提出国有企业在改革前的集中管理体制以追求既定产出下要素投入极大化为目标，放松管制后则以既定劳动投入下实现劳动者收入增长为目标。潘振民、罗首初和华民《社会主义企业行为：控制—收益分配系统》(《经济研究》1987年第7期)通过针对上述两种企业行为的理论模型分析，认为放松管制能够使国有企业在要素利用率、生产要素配置、创新、宏观效应等方面表现较优。陶友之、顾存伟和王捷的《上海全民企业经营者责、权、利调查》(《经济研究》1988年第4期)通过对上海322个全民所有制企业的调查，发现普遍存在责、权、利相脱节的现象。

20世纪80年代的中国，农村改革已经取得巨大成就，企业改革仍处于探索阶段，对企业改革的研究成为重点热点问题。1988年，陆德明在《改造产业组织建立垄断竞争市场》(《经济研究》第10期)指出，市场作为一种高效配置资源的方式，是解决当时经济困境的唯一出路。1989年，张军的《产权结构、所有制和社会主义企业制度—关于制度创新的一个假说》(《经济研究》第8期)从产权角度分析企业与企业改革，分析企业的产权结构和所有制基础对企业效率和长远发展目标的影响，重新界定了公有制的含义。

这一时期的微观经济学研究，体现出承前启后的特点。传统政治经济学的术语仍被大量使用，但东欧学者的经济学理论也在学界产生一定影响。以新古典为代表的现代经济学方法，在微观经济学研究中开始成为一种分析工具，不再只是批判的对象。潘振民和罗首初的《社会主义微观经济均衡论》，以及胡汝银的《竞争与垄断：社会主义微观经济分析》(均为上海三联书店1988年)中都强调运用现代微观经济学的分析方法。

20世纪90年代，由于城市的企业改革依然处于不断探索推进的阶段，特别是国有企业的历史性负担是效率低下的原因之一，因此冗员问题及国有企业可能的改革方向，始终是这一时期微观经济学研究的重中之重。黄文灼的《怎样估计国有企业中潜藏的剩余劳动》(《经济研究》1991年第3

期）对国有企业的剩余劳动力进行了估计，提出应将劳动的目标边际生产率作为判断剩余劳动的标准。符钢战在《论劳动供给行为市场化趋势》（《经济研究》1991 年第 4 期）指出劳动力供给的市场化趋势是必然的，由此也将带来劳动组织的变革。胡汝银的《国有企业的激励机制与劳动供给行为》（《经济研究》1992 年第 1 期）则认为国有企业低效率的根源是缺乏有效的激励机制，导致劳动者积极性不足。陆铭和陈钊的《就业体制中的渐进改革措施—国有企业二层次内部劳动力市场的效率改进》（《经济研究》1998 年第 11 期）认为国有企业必须为下岗职工支付工资，且受到政府对下岗职工规模和工资差距的限制，因而降低了效率。

产业组织理论、委托代理理论也开始用于分析国有企业的效率特征及其改革方向。1992 年，周振华的《国营企业改革与非国营经济发展》（《经济研究》第 8 期）指出国有企业改革要以非国有企业的发展为依托。朱东平的《论混合所有制的经济合理性》（《经济研究》1994 年第 5 期）则通过双寡头古诺模型，比较了混合所有制与完全私有制下的社会剩余。姜纬的《国有企业改革与委托人—代理人问题》（《经济研究》1994 年第 11 期）研究了在利改税、承包责任制、股份制下国有企业的委托—代理人问题。华民的《西方混合经济体制研究》（复旦大学出版社 1995 年）从资源配置、收入分配角度分析了混合经济体制下，微观产业组织的政府管制和宏观经济活动、国家调节。费方域的《控制内部人控制——国企改革中的治理机制研究》（《经济研究》1996 年第 6 期）则更有针对性地研究了国有企业内部人控制问题。1994 年，张军的《社会主义的政府与企业：从“退出”角度的分析》（《经济研究》第 9 期）提出国有企业的低效率源于政府不能退出与企业的隐性合约关系。张军的《需求、规模效应与中国国有工业的亏损：一个产业组织的方法》（《经济研究》1998 年第 6 期）还提出企业规模效应的扩大所导致的产业组织演变过程，是 1989 年以后中国国有工业大规模亏损及其亏损增长的重要原因。

20 世纪 90 年代中后期，开始深入到工业企业，实证研究方法得到运用。如殷醒民的《论中国制造业的产业集中和资源配置效益》（《经济研究》1996 年第 1 期）和《中国工业资金的“逆向”流动和企业融资政策导向》（《经济研究》1997 年第 5 期）。2000 年以后，现代经济学方法成为中国经济学研究的主流工具，研究对象延续着现实问题的导向，企业仍是研究的重点之一，相关的内容主要涉及企业绩效与效率，以及企业改革的方向，如张军的《中国国有部门的利润变动模式：1978—1997》（《经济研究》2001 年第 3 期），袁堂军的《中国企业全要素生产率水平研究》（《经济研究》2009 年第 6 期）等。

在企业改革的方向上，夏纪军和张晏的《控制权与激励的冲突——兼对股权激励有效性的实证分析》（《经济研究》2008 年第 3 期）讨论了股权激励的有效性。方军雄的《所有制、制度环境与信贷资金配置》（《经济研究》2007 年第 12 期）从所有制与制度环境的角度讨论了信贷资金的配置。李科和徐龙炳的《资本结构、行业竞争与外部治理环境》（《经济研究》第 2009 年第 6 期）以中国制造业上市公司 1997—2007 年度数据为样本，实证检验资本结构和外部治理环境对公司行业竞争力的影响。此外，在企业研究中一些更为具体的、新的问题开始进入学者的视野，如陈冬华、陈信元和万华林的《国有企业中的薪酬管制与在职消费》（《经济研究》2005 年第 2 期），贺小刚和李新春的《企业家能力与企业成长：基于中国经验的实证研究》（《经济研究》2005 年第 10 期），以及贺小刚和连燕玲的《家族权威与企业价值：基于家族上市公司的实证研究》（《经济研究》2009 年第 4 期）。

二、改革道路与市场化进程

短缺是计划经济年代的一个普遍特征。受东欧学者，特别是科尔奈经济理论的影响，早期对计划经济遗留的短缺现象的研究是一个热点领域,这也成为后来对改革道路与向市场化转型研究的一个起点。1987年,胡汝银的《短缺归因论》(《经济研究》第7期)从理论渊源和方法论角度剖析了科尔奈的短缺理论。张军的《寻求短缺的制度原因——兼评短缺的需求决定论和供给决定论》(《经济研究》1991年第12期)从投资需求膨胀的制度根源角度研究,探讨了短缺产生的原因。

20世纪90年代,随着前苏联与东欧国家向市场经济的转型,从微观视角出发分析转型国家为什么会有不同的转型路径,成为经济学研究的一个重要议题。1996年,威廉·哈勒根和张军的《改革起点与改革路径:一个可行的模拟》(《经济研究》第1期)比较了激进式改革和渐进式改革的优劣。此后,哈勒根和张军的《转型国家的初始条件、改革速度与经济增长》(《经济研究》1999年第10期)通过博弈模型,说明改革速度由初始条件内生决定。

在转型过程中,中国也产生了诸如失业、通货膨胀等一系列经济问题,经济学者也对这些问题展开了讨论。袁志刚的《失业理论与中国失业问题》(《经济研究》1994年第9期)在对西方失业理论回顾的基础上,系统分析了中国失业产生的主要原因。宋承先的《我国的价格改革与通货膨胀》(《学术月刊》1993年第8期)指出中国的通货膨胀是由于国家有计划地调高某些商品的价格而造成的成本推动型通货膨胀。在市场化进程推进的研究中,陆铭、陈钊和严冀的《收益递增、发展战略与区域经济的分割》(《经济研究》2004年第1期)认为市场化过程中,受地方政府目标的影响,也可能出现源于地方保护主义的区域经济分割的现象。方军雄的《市场化进程与资本配置效率的改善》(《经济研究》2006年第5期)认为中国的市场化进程改善了资本配置的效率。夏立军和陈信元的《市场化进程、国企改革策略与公司治理结构的内生决定》(《经济研究》2007年第7期)则从公司治理结构变迁的角度,讨论了市场化进程的影响。

2000年以后,行业垄断、市场化进程的推进以及对改革的总结性讨论成为研究重点。郑杰、易卫平和郁义鸿的《我国电信行业的主垄断效应研究》(《经济研究》2001年第6期)指出在中国垄断现象的存在往往与政府的行政力量有关,由行业垄断而导致的不平等更是广受争议。对改革道路的总结性讨论,主要有王永钦、张晏、章元、陈钊、陆铭的《中国的大国发展道路——论分权式改革的得失》(《经济研究》2007年第1期)以及陈宪的《市场自由、政府干预和"中国模式"》(《上海大学学报》2009年第6期)。陈钊、陆铭和佐藤宏的《谁进入了高收入行业?——关系、户籍与生产率的作用》(《经济研究》2009年第10期)进一步考察了决定个人进入高收入行业的因素。陈钊、万广华和陆铭的《行业间不平等:日益重要的城镇收入差距成因——基于回归方程的分解》(《中国社会科学》2010年第3期)则发现城镇居民的收入差距日益扩大主要由一些收入迅速提高的垄断行业造成。

三、改革政策评价

21世纪头十年,对改革政策评价的研究与讨论,重点是对户籍制度改革及其影响,讨论涉及了社会学、经济学、经济地理、公共管理等学科领域。夏纪军的《人口流动性、公共收入与支出——户籍制度变迁动因分析》(《经济研究》2004年第10期)指出税收竞争导致地方政府降低对人口流入的限制。汪立鑫、王彬彬和黄文佳的《中国城市政府户籍限制政策的一个模型解释:增长与民生的权衡》(《经济研究》2010年第11期)从增长与民生的权衡的角度,对户籍制度提供了一种解释。陈钊和陆铭的《从分割到融合:城乡经济增长与社会和谐的政治经济学》(《经济研究》2008年第1期)则指出如果不只是考虑城市的利益,从全社会的角度而言,户籍制度的存在既不利于城乡整体的经济增长,也不利于社会和谐。还有刘晓峰、陈钊和陆铭的《社会融合与经济增长——城市化和城市发展的内生政策变迁理论》(《世界经济》2010 年第 6 期),汪汇、陈钊和陆铭的《户籍、社会分割与信任:来自上海的经验研究》(《世界经济》2009 年第 10 期)、陈斌开、陆铭和钟宁桦的《户籍制约下的居民消费》(《经济研究》2010 年第 S1 期)等。

随着实证方法被学者广泛使用,逐渐出现对各项改革及其效果的实证分析。主要有许庆和章元的《土地调整、地权稳定性与农民长期投资激励》(《经济研究》2005 年第 10 期),封进和李珍珍的《中国农村医疗保障制度的补偿模式研究》(《经济研究》2009 年第 4 期),丁维莉和章元的《局部改革与公共政策效果的交互性和复杂性》(《经济研究》2009 年第 6 期)等。

四、微观理论创新

进入 21 世纪后,上海高校开始大量引进海外留学人才,他们的学术成果迅速刷新了中国学者在国际顶级期刊的发表记录,包括孙宁和杨再福的"Equilibria and indivisibilities: Gross substitutes and complements"(*Econometrica* 2006 年第 5 期)、"A Double-Track Adjustment Process for Discrete Markets with Substitutes and Complements"(*Econometrica* 2009 年第 3 期)。微观经济学应用理论研究方面,陈庆池与孙永泉的"A spatial theory of news consumption and electoral competition"(*Review of Economic Studies* 2008 年第 3 期)研究了当媒体既能影响选民投票又能影响政党政策时,媒体将如何选择其立场;J Greenwood、JM Sanchez 和王城的"Financing Development: The Role of Information Costs"(*American Economic Review* 2010 年第 4 期)从信息成本这一视角出发,借助企业融资的一般均衡模型对竞争性的金融中介在经济发展中的作用进行研究。

第三节　宏观经济学

一、短缺经济、价格改革和通货膨胀

20 世纪 80 年代中期前后至 90 年代初期,上海学者在宏观经济学研究中,重点关注消费品短缺和通货膨胀现象。1985—1987 年,成果集中在分析 20 世纪 80 年代早中期的投资膨胀和通货膨胀的事实及其形成机理。1985 年,史正富的《社会主义经济中的投资膨胀与治理》(《经济研究》第 4 期)从企业和政府对计划投资需求的决定、计划实施过程中投资规模的放大以及货币在投资需求中的作用三个方面,分析了社会主义经济中投资膨胀的内在原因。还有宋承先的《关于宏观控制论的若干问题》(《经济研究》1987 年第 9 期)、胡寄窗的《对投资规模问题的理论剖析》(《经济研究》1987 年第 12 期)。金重仁的《试论社会主义经济中的投资膨胀问题》(《经济研究》1987 年第 6 期)分析了需求拉起和成本推进两类通货膨胀在社会主义经济中的成因和形成机制。1991 年,张军的《寻求短缺的制度原因——兼评短缺的需求决定论和供给决定论》(《经济研究》第 12 期)进一步探讨消费品短缺原因,指出制度性的投资需求膨胀是中央计划经济体制消费品短缺的主要原因。

二、经济增长

上海学者对中国长期经济增长的研究始于 20 世纪 90 年代中期,研究的视角既包括经典增长

理论在国内的应用,也包括中国经济的阶段性特征和中国特有的经济结构对长期增长的影响。1995 年,周振华的《增长轴心转移:中国进入城市化推动型经济增长阶段》(《经济研究》第 1 期)认为中国经济增长的动力已经从消费品需求拉动转化为城市化推动。次年,他的《我国现阶段经济增长方式转变的战略定位》(《经济研究》第 10 期)梳理了决定和影响经济增长方式的主要因素,根据中国当时的发展状况判断中国将进入投资推动经济增长的"准集约型增长"。张军与威廉·哈勒根的《改革起点与改革路径:一个可行的模拟》(《经济研究》1996 年第 1 期)、《转轨国家的初始条件、改革速度与经济增长》(《经济研究》1999 年第 10 期)连续讨论了经济转轨对长期增长的作用。1997 年,张军的《双轨制经济学:中国的经济改革(1978—1992)》全面描述和分析了中国经济改革的方式与过渡模式(上海三联书店、上海人民出版社 1997 年)。华民和杨恒兴的《经济增长方式——关于中国的模型》(《经济研究》1997 年第 2 期)以新古典增长模型为框架,讨论了中国经济增长动力结构的变化对经济增长路径的影响。

从 2000 年开始,上海学者对中国经济增长作了进一步深入研究。2003 年,袁志刚和何樟勇的《20 世纪 90 年代以来中国经济的动态效率》(《经济研究》第 7 期)讨论了最优消费和储蓄的确定机制,并得出判断宏观经济运行动态效率的黄金定律以及修正黄金定律的标准。陈体标的《技术增长率的部门差异和经济增长率的"驼峰形"变化》(《经济研究》2008 年第 11 期)刻画了经济增长的驼峰形特征,以及经济结构的变化。2009 年,周亚虹、朱保华和刘俐含的《中国经济收敛速度的估计》(《经济研究》第 6 期)估算了经济增长的收敛速度,发现中国经济仍处于加速增长的发散状态。同年,沈凌和田国强的《贫富差别、城市化与经济增长——一个基于需求因素的经济学分析》(《经济研究》第 1 期)从创新的角度考虑收入差距和城市化对增长的影响,认为高收入者对优质商品有更强的支付意愿。张军、陈诗一和 Jefferson 的《结构改革与中国工业增长》(《经济研究》2009 年第 7 期)估算工业分行业随机前沿生产函数,发现 1992 年后全要素生产率(Total Factor Productivity,简称 TFP)增长超过了要素投入增长,但 TFP 对工业增长的贡献在 2001 年后出现了下降。

除了考虑要素积累、效率提高对总量经济增长的作用之外,上海学者在 2000 年之后也研究了经济结构及其变迁对经济增长的作用。2002 年,张军发表《资本形成、工业化与经济增长:中国的转轨特征》(《经济研究》第 2 期)。陈钊的《转型经济中的放松管制和企业重构的最优路径》(《经济学(季刊)》第 3 卷第 2 期)则在一个动态模型框架下分析了经济转型过程中所有制结构和经济增长的相互关系。

城乡和区域经济结构的调整对于中国经济增长也特别重要。在城乡结构方面,陆铭、陈钊和万广华的《因患寡,而患不均——中国的收入差距、投资、教育和增长的相互影响》(《经济研究》2005 年第 12 期)研究了城乡收入差距对经济增长的影响,发现城乡收入差距对短期和长期的经济增长都有负向的作用。在区域结构方面,2009 年,陆铭、陈钊的《分割市场的经济增长——为什么经济开放可能加剧地方保护?》(《经济研究》第 3 期)研究了省际商品市场分割对经济增长的影响。次年,许政、陈钊、陆铭的《中国城市体系的"中心—外围模式"》(《世界经济》2010 年第 7 期)研究了中国城市的地理区位对经济增长的作用。

三、经济波动和经济周期

中国经济在 20 世纪 80 年代末到 90 年代初期的剧烈波动,引发了上海学者的关注。1993 年,陈家骝的《市场经济与稳定政策》(《经济研究》第 4 期)引入西方经济学关于经济波动的自动稳定说、市场失灵说和内在波动说3种主要观点。石磊的《市场经济与稳定政策——我国经济波动的性质辩析》(《经济研究》1993年第11期)和《中国经济增长的转型期》(《经济研究》1994年第4期)讨论当时的经济波动和调控政策,梳理了经济周期性波动的条件。1995年,陈学彬发表《对我国宏观经济波动的AD—AS模拟分析》(《经济研究》第5期)。

进入21世纪,上海学者对经济波动的研究进入新的层次。2004年,袁志刚和何樟勇发表《以新的视角审视当前中国宏观经济增长》(《经济研究》第7期),分析了当时经济增长中通胀并不明显的内在原因。次年,孙立坚和孙立行的《对外开放和经济波动的关联性检验——中国和东亚新兴市场国家的案例》(《经济研究》第6期)考察和比较了在经济开放过程中,东亚四国内外金融资源的相对价格——实际利差的变化及由此引起的宏观经济的波动特征。张耿、胡海鸥的《消费波动小于产出波动吗?》(《经济研究》2006年第11期)指出东亚主要经济体普遍存在消费波动大于产出波动的现象,原因在于各经济体的经济转型。胡永刚、刘方的《劳动调整成本、流动性约束与中国经济波动》(《经济研究》2007年第10期)模拟了中国就业人数变动与产量增减无关的情况,以及消费的波动剧烈的特征。艾春荣与王成勇的《中国经济周期阶段的非线性平滑转换》(《经济研究》2010年第3期)探讨了中国经济周期阶段的划分、经济周期波动的非对称性和持续性,以及经济在各个波动阶段之间转换的内在演化机理。

四、失业理论和消费理论

在经历了20世纪80年代早中期的投资膨胀和通货膨胀之后,20世纪80年代后期到90年代初期,中国经济又出现了消费需求不足和失业的现象,因而从20世纪90年代中期开始,上海学者对宏观经济学的研究拓展到了失业理论和消费理论领域。在这一时期的主要成果有袁志刚的《失业理论与中国失业问题》(《经济研究》1994年第9期),以及袁志刚、宋铮的《城镇居民消费行为变异与我国经济增长》(《经济研究》1999年第11期),从生命周期假说、永久收入假说、预防性储蓄假说和流动性约束假说等消费理论出发,分析由计划经济向市场经济转轨的过程中城镇居民消费倾向大幅下降的原因。1997年,袁志刚的《失业经济学》(上海三联书店、上海人民出版社1997年)系统分析了宏观经济中的各种失业问题。

从2002年开始,上海学者对消费理论的研究有了更多的成果。袁志刚、朱国林的《消费理论中的收入分配与总消费——及对中国消费不振的分析》(《中国社会科学》2002年第6期)总结了凯恩斯消费理论、生命周期消费理论框架下,以及存在预防性储蓄和流动性约束时收入分配对总消费的影响。朱国林、范建勇和颜燕的《中国的消费不振与收入分配:理论和数据》(《经济研究》2002年第5期)分析了收入水平变化对消费的影响,并以之分析中国的总消费水平变动。2007年,樊潇彦、袁志刚与万广华的《收入风险对居民耐用品消费的影响》(《经济研究》2007年第4期),发现居民"收入风险"上升明显抑制了城乡家庭的耐用品消费。李丹等的"Consumption Fluctuations and Welfare: Evidence from China"(*World Development* 2010,38(9))检验了1979年改革前后中国跨省消费风险分担和各省跨期消费平滑行为。

五、宏观调控政策

随着凯恩斯主义宏观经济学的思想对中国宏观调控政策的影响越来越大,上海学者开始反观宏观调控政策的有效性及其内在机理。2001年,陈湛匀的《由“流动性陷阱”看我国利率杠杆的运用》(《经济研究》第2期)通过研究凯恩斯和克鲁格曼提出的“流动性陷阱”,解析了中国利率杠杆运用的有效性。黄赜琳的《中国经济周期特征与财政政策效应——一个基于三部门RBC模型的实证分析》(《经济研究》2005年第6期)考察中国宏观经济波动的周期特征及财政政策的效应。蔡明超、费方域和朱保华的《中国宏观财政调控政策提升了社会总体效用吗?》(《经济研究》2009年第3期)研究了转移支付、政府采购和资本税率提升等宏观调控政策对劳动、投资、消费和资本累积等经济总体行为的影响。王城的“Equilibrium Lending Mechanism and Aggregate Activity”(*International Economic Review* 2010,51(3))构建了一个金融合约受到有成本的状态验证和道德风险约束的信贷市场模型。除了直接考察宏观调控政策的影响外,这一时期上海学者还考察了其他经济社会政策对宏观经济的作用,如汪伟的《计划生育政策的储蓄与增长效应:理论与中国的经验分析》(《经济研究》2010年第10期)等。

六、中国宏观经济理论体系

20世纪80年代中期后,上海学者努力探索和研究中国宏观经济理论体系,不断寻找新的理论工具。胡汝银的《供给分析与社会主义宏观经济学的发展》(《经济研究》1987年第11期)、《重建宏观经济理论体系》(《经济研究》1988年第6期)分析了凯恩斯主义宏观经济学和科尔奈的短缺理论在分析当时中国现实上的不足。宋承先编写的教材《现代西方经济学(宏观经济学)》(复旦大学出版社1994年)系统地引入现代宏观经济学的理论框架,内容涵盖国民收入决定的静态均衡模型、货币理论与政策、后凯恩斯主义宏观经济学、动态宏观经济学以及国际经济学等。符钢战、史正富和金重仁的《社会主义宏观经济分析》(学林出版社1986年)结合马克思主义政治经济学和西方宏观经济理论,分析中国宏观经济的运行。1994年,袁志刚出版《非瓦尔拉均衡理论及其在中国经济中的应用》(上海三联书店)。2010年,袁志刚的《均衡与非均衡:中国宏观经济与转轨经济问题探索》(北京师范大学出版社)对非均衡经济理论领域,以及中国经济转轨中各种宏观经济问题的研究成果进行了总结和梳理。

第四节　经 济 史 学

一、经济思想史

1978—1989年是中国经济思想史学科的重要发展时期,一系列奠定中国经济思想史研究内容和方法体系的古代、近代通史性著作相继完成。学界公认的代表三派学术观点与方法体系的系列专著,有两派出自上海。胡寄窗的《中国经济思想史》(上海人民出版社1981年)以及《中国近代经济思想史大纲》(中国社会科学出版社1984年)运用现代经济理论解读古人思想,探索出一整套中国经济思想史研究的科学方法和研究体系,首次完整梳理了上起先秦,下迄新中国建立前夕的中国经济思想通史。叶世昌等的《中国经济思想简史》(上、中、下册,上海人民出版社1979年、1980年、1983年)则在方法上更强调在时代特征和具体社会背景下解读中国传统的经济思想,反对运用西方经济理论框架将“古人思想现代化”。方法论的差异引发了两派学者的争鸣,陈绍闻、叶世昌等的《关于中国经济思想史研究的若干问题》(《上海社会科学院学术季刊》1985年第3期)主张应建立中国经济思想的特有体系，避免以现代化及西方经济学的视角解读古人思想。胡寄窗的《中国经济思想研究的方法论歧见》(《学术月刊》1986 年第 3 期)则认为运用现代经济范畴编写中国古代经济思想，有助于理解传统思想，还能加强传统思想中的经济学分析成分。弘扬传统经济思想方面，胡寄窗通过《中国古代经济思想的光辉成就》(中国社会科学出版社 1981 年)、"Chinese Economic Thought before the Seventeenth Century"(*Foreign Languages Press* 1984 年)和"A Concise History of Chinese Economic Thought"(*Foreign Languages Press* 1988 年)向世界输出中国传统经济思想的研究成果，力图改变"言必称希腊"的学术认知。

中外经济思想研究及比较研究方面，胡寄窗的《政治经济学前史》(辽宁人民出版社 1988 年)开创性地将中国古代经济思想列入世界古代的经济思想史整体范畴进行考察。他的专著《1870 年以来的西方经济学说》(经济科学出版社 1988 年)归纳了 1870 年至第二次世界大战的西方经济学术演进成果。宋承先等的《当代外国经济学说》(市世界经济学会 1985 年)、《当代西方经济思潮》(湖南人民出版社 1986 年)则全面介绍从第二次世界大战以后到 20 世纪 70 年代末的西方经济学说。方崇桂、尹伯成主编的《经济学说史教程》(复旦大学出版社 1989 年)梳理从古希腊到新制度学派和激进经济学派的全时段的西方经济学说发展史，还包括小资产阶级和空想社会主义、马克思主义及东欧地区的经济学说。胡寄窗主编的《西方经济学说史》(立信会计图书用品社 1991 年)系统介绍从古希腊到 20 世纪 70 年代中期以后西方国家较有代表性的经济学派、经济学说、经济思想的演变过程及其相互关系。谈敏的《法国重农学派学说的中国渊源》(上海人民出版社 1992 年)论证中国古代经济思想对法国重农学派有重要影响，是经济思想史领域的重大突破。李超民的《常平仓：美国制度中的中国思想——亨利·A·华莱士新政农业政策的经济思想史考察 1933—1938》(上海远东出版社 2002 年)首次揭示作为中国古代传统思想与经济制度的常平仓思想，对其他国家的思想发展和制度建立同样具有积极意义和卓越贡献。

该时期也出现了一些专题及人物研究，如孔繁坚的《孙冶方三十年代在农村经济理论上的贡献》(《经济研究》1985 年第 3 期)和《三十年代关于我国农村经济性质的一场论战》(《中国社会科学》1987 年第 3 期)，胡寄窗、谈敏的《中国财政思想史》(中国财政经济出版社 1989 年)，叶世昌主编的《中国古代经济管理思想》(复旦大学出版社 1990 年)，李家镐的《张闻天同志的生产关系两重性理论》(《经济研究》1993 年第 11 期)，夏禹龙的《邓小平同志中国地区发展战略思想探讨》(《经济研究》1994 年第 12 期)，赵晓雷的《对毛泽东工业化思想的经济学分析》(《上海社会科学院学术季刊》1993 年第 3 期)，以及叶世昌的《孙中山的经济发展战略思想》(《学术月刊》1995 年第 12 期)等。

20 世纪 90 年代以来，中国经济思想史研究在通史及断代史著作方面继续深化，如叶世昌的《近代中国经济思想史》(上海人民出版社 1998 年)。马伯煌主编的《中国近代经济思想史(上、中、下)》(上海社会科学院出版社 1988 年、1992 年、1992 年)论述了近代世界资本主义思想对中国传统经济思想的冲击，以及中国人民爱国主义思想在经济上的反映。胡寄窗、谈敏主编的《新中国经济思想史纲要(1949—1989)》(上海财经大学出版社 1997 年)将中国经济思想通史性研究延伸至当代，展示了中国经济科学的发展成果。

专题研究在该时期取得了突出进展。叶世昌编著的《中国货币理论史(上、下)》(中国金融出版社 1986 年、1993 年)首次系统考察中国传统货币理论的内容和发展流变。叶世昌、施正康合著的《中国近代市场经济思想》(复旦大学出版社 1988 年)综述了鸦片战争至 1949 年间包括对外通商、金融建设、企业制度、农业发展、建设资金等问题的市场经济思想。马伯煌主编的《上海近代经济开放思想史》(云南人民出版社 1991 年)解释了上海地区如何应对客观挑战，以及集中智力、推动开发过程的历史规律。另外,马伯煌等的《中国经济政策思想史》(云南人民出版社 1993 年)把握了中国传统经济思想多有“治国策”印记的关键特征,详细梳理了中国古代经济政策思想的源流与演变。赵晓雷的《中国工业化思想及发展战略研究》(上海社会科学院出版社 1995 年)将工业化视为中国近现代经济思想发展的主流,详尽考察了 19 世纪 60 年代至 20 世纪 90 年代的中国工业化思想。程霖的《中国近代银行制度建设思想研究:1859—1949》(上海财经大学出版社 1999 年)首次系统总结中国近代银行制度建设的思想,提出了当前中国银行体制改革可供借鉴的历史经验。豆建民的《中国公司制思想研究 1842—1996》(上海社会科学院出版社 1999 年)对 1842—1996 年期间有关公司制、公司产权和公司治理结构的思想在中国的产生和发展演变进行梳理。

钟祥财在 20 世纪 90 年代出版一系列专题性专著。《中国近代民族企业家经济思想史》(上海社会科学院出版社 1992 年)结合近代中国历史和民族企业实际情况,对民族企业家的经济思想进行了多层次的分析。《法币政策前后中国的货币理论》(上海社会科学院出版社 1995 年)系统考察法币政策前后的中国货币流通情况、货币基本理论、学者的探讨及政策主张等。《中国土地思想史稿》(上海社会科学院出版社 1995 年)将土地思想作为中国经济思想史研究的核心理论,梳理了从先秦到 1949 年与土地经济相关的思想,弥补了该领域的空白。《中国农业思想史》(上海社会科学院出版社 1997 年)全面探讨了先秦至五四运动期间与农业有关的经济思想。《对上海地区经济思想发展的历史考察》(上海社会科学院出版社 1997 年)指出在近代中国经济思想史中,1919—1949 年上海地区的中国共产党早期创始人及马克思主义经济学家、资产阶级革命家和经济学家、民族企业家具有重要地位。

世纪之交,上海学者密切关注中国经济学的发展。赵晓雷的《西方经济学的引进、研究及其对现代中国理论发展的影响》(《财经研究》1997 年第 9 期)认为西方经济学说不仅在研究方法,更在学科定位、学科范畴及发展趋势上影响国内经济科学的发展。谈敏的《中国经济学的过去与未来——从王亚南先生的“中国经济学”主张所想》(《经济研究》2000 年第 4 期)指出中国经济学与舶来经济学有所区别,应根植于中国现实土壤与中国传统思想。夏业良、王欣的《中国理论经济学 50 年发展轨迹的缩影——对〈经济研究〉刊载文章的统计分析与简略评论》(《学术月刊》2000 年第 5 期)则梳理了中国不同时段优秀经济研究成果的关注主题、研究范式、技术规范与代表人物等。

21 世纪以来,中国经济思想史学科呈现出多元化的发展趋势,专题史领域出现了更为丰富的研究成果。叶世昌、李宝金、钟祥财修订 1986 年出版的《中国货币理论史》(厦门大学出版社 2003 年),将研究时限延伸至解放战争阶段。2005 年,钟祥财的《中国收入分配思想史》(上海社会科学院出版社)系统归纳中国从古代连续到当代的收入分配思想体系。同年,王昉的《中国古代农村土地所有权与使用权关系:制度思想演进的历史考察》(复旦大学出版社)以产权为核心的思想特征及制度演变,对中国古代土地制度进行梳理和提炼。程霖、王昉、张薇的《中国近代开发西部的思想与政策研究:1840—1949》(上海人民出版社 2007 年)是第一部梳理中国西部开发经济思想及政策的研究专著。谈敏的《回溯历史——马克思主义经济学在中国的传播前史(上、下)》(上海财经大学出版社 2008 年)研究了 1896—1916 年间马克思经济学传入中国的源流、路径、形式、内涵与特征。郭旸针的《公共性与市场性的悖离与融合:中国古代水运制度思想的经济考察》(上海人民出版社 2009 年)对中国传统水运系统,围绕其服务于中央政权的公共性特征及其在使用和运营中的市场性特征进行研究。

断代史方面,赵晓雷的《中国现代经济理论(1949—2000)》(上海人民出版社 2001 年)、《中华人民共和国经济思想史纲(1949—2009)》(首都经济贸易大学出版社 2009 年)全面整理分析了新中国

50 年和 60 年经济理论和经济思想发展的整体面貌。钟祥财的《20 世纪中国经济思想述论》（东方中心出版社 2006 年）按照目标导向、学理范式、体制构想、产业发展、企业治理和收入分配的体例划分，完成对 20 世纪中国经济思想史的百年回顾。经济思想史教材方面主要有：马涛的《经济思想史教程》（复旦大学出版社 2002 年），叶世昌的《古代中国经济思想史》（复旦大学出版社 2003 年）和赵晓雷主编的《中国经济思想史》（东北财经大学出版社 2007 年）。此外，尹伯成主编的《西方经济学说史：从市场经济视角的考察》（复旦大学出版社 2005 年）以市场经济的视角，重点叙述以马歇尔为代表的新古典经济学以后的内容。在此基础上，尹伯成的《西方经济学说史简明教程》（复旦大学出版社 2007 年）更为简要地阐述西方经济学产生、发展和演变历史。

这时期经济思想史的研究主要集中在四个领域。一是关于中国古代经济思想的深入探讨。钟祥财的《论中国历史上反对“与民争利”的思想》（《社会科学》2005 年第 3 期）、《对中国古代“自利人”描述和西方“经济人”假设的比较分析》（《社会科学》2006 年第 7 期）、《“大同”思想的历史维度》（《探索与争鸣》2009 年第 4 期）、《中国古代贫富差别思想述评》（《社会科学》2010 年第 1 期）等突破以往研究大多侧重于人物、专题的思想内容整理式研究，以长时间跨度的视角，对思想流变、哲学理路、内在逻辑、方法论等经济层面的分析进行了强化。马涛、宋丹的《论中国古代货币范畴的特点》（《财经研究》2009 年第 11 期）专注于中国特有的货币范畴，分析它们形成的原因。

二是关于中国经济思想史学科体系的探索。赵晓雷的《经济思想史学科界定及研究方法的技术性要求》（《经济学家》2005 年第 3 期）指出经济思想史的研究对象、研究内容及学科界定应有范式框架的识别和限制，在研究方法上应遵循科学的认识论和方法论。程霖、毕艳峰的《20 世纪的中国经济思想史研究——以学术著作为主的考察》（《中国经济史研究》2004 年第 4 期）、《奠基时期中国经济思想史研究的成就与地位》（《财经研究》2008 年第 10 期）则细致梳理近现代中国经济思想史学科的发展演变、代表人物与成果、主要成就、特点及不足等。

三是关于经济学方法论层面的经济思想。钟祥财的《试析 20 世纪 30 年代有关中国古代经济方法论的歧见》（《社会科学》2009 年第 1 期）和王昉的《经济学方法论与经济学在近代中国的发展——20 世纪 20—40 年代对经济学方法论的引进和讨论》（《复旦学报》2009 年第 2 期），分别从近代国内学术界对中国古代经济方法论的争鸣，以及国外经济学方法论的引进和运用角度出发，考察近代经济学术在方法论层面的发展和突破。

四是对外国经济思想的深入研究。韦森的《哈耶克式自发制度生成论的博弈论诠释——评肖特的〈社会制度的经济理论〉》（《中国社会科学》2003 年第 6 期）阐述制度的含义、产生原因及其在市场中的作用，以及《货币、货币哲学与货币数量论》（《中国社会科学》2004 年第 4 期）从货币总量和实体经济总量的相互关系的角度，进一步反思货币的本质。

二、经济史

1978 年至 20 世纪 80 年代末，经济史研究的热点主要是资本主义萌芽和中国传统社会经济的性质、特点等。徐新吾的《关于资本主义萌芽一则史料的辨误》（《经济研究》1978 年第 7 期）考辨 1833 年广东佛山织造业的史料，探讨资本主义萌芽的发展问题。他的《鸦片战争前中国棉纺织手工业的商品生产与资本主义萌芽问题》（江苏人民出版社 1981 年）对鸦片战争前中国棉纺织手工业的商品生产、社会分工、商人资本等问题进行分析，研究了中国资本主义萌芽和封建社会长期停滞的基本原因。徐新吾还发表《中国和日本棉纺织业资本主义萌芽的比较研究》（《历史研究》1981 年第6期)。在此基础上,徐新吾、韦特孚发表《中日两国缫丝手工业资本主义萌芽比较研究》(《历史研究》1983年第6期)。

通过与西欧的比较,胡寄窗的《论中国封建经济成熟甚久瓦解特慢的原因》(《经济研究》1981年第6期)探讨中国封建经济的特点及其瓦解过程。丁日初、沈祖炜的《论晚清的国家资本主义》(《历史研究》1983年第6期)提出早期中国资本主义,包括晚清洋务企业和辛亥革命以后北洋政府经办的企业,都是民族资本主义。1985年,姜铎的《略论洋务企业的性质》(《历史研究》第6期)认为洋务企业的性质应属于早期官僚资本主义。徐雪筠等人通过5期《海关十年报告》反映1882—1931年间同海关业务有关的贸易、关税、工业、农业、政治、财政金融等社会经济的发展状况(《上海近代社会经济发展概况1882—1931〈海关十年报告译编〉》上海社会科学院出版社)。1986年,徐新吾发表《中国封建社会长期延续的基本原因——关于小农经济生产结构凝固性探讨》(《中国经济史研究》第4期)。1988年,他又发表《近代中国自然经济加深分解与解体过程》(《中国经济史研究》第1期)。同年,黄逸峰、姜铎的《中国近代经济史论丛》(上海社会科学院出版社)对洋务运动、旧中国资本主义和资产阶级等问题进行系统研究。

90年代,上海经济史学科的研究领域更为广泛。商品经济与市场发育是研究的热点问题之一。徐新吾的《中国近代缫丝工业史》(上海人民出版社1990年)、《近代江南丝织工业史》(上海人民出版社1991年)、《江南土布史》(上海社会科学院出版社1992年)系统研究了明清至近代的缫丝、丝绸与丝织业,以及江南土布业的兴衰过程。徐鼎新、钱小明的《上海总商会史(1902—1929)》(上海社会科学院出版社1991年)则阐述了上海总商会在各个历史时期的经济活动。1996年,张忠民的《"小生产—大流通"——前近代中国社会再生产的基本模式》(《中国经济史研究》第2期),引起学术界的广泛讨论。郭庠林、张立英的《近代中国市场经济研究》(上海财经大学出版社1999年)从诸多侧面考察近代中国市场的发育。

同时,对外贸易与经济关系方面,郑友揆的《中国近代对外经济关系研究》(上海社会科学院出版社1991年)系统研究了1840—1936年间的对外经济关系。1991年,杜恂诚发表《北洋时期中国新式银行在对外贸易中的作用》(《历史研究》第3期)。曹均伟等的《近代中国与利用外资》(上海社会科学院出版社1991年)以及《中国近代利用外资活动》(上海财经大学出版社1997年),则考察近代中国利用外资的历史事实和演变过程。

上海学术界历来对民族工业的发展、工业政策、工业资本积累等问题比较关注。1990年以来,关于近代企业与企业制度的研究也取得重大进展。杜恂诚的《民族资本主义与旧中国政府》(上海社会科学院出版社1991年)以民族工业为核心,全面论述1840—1937年间中国民族资本主义的产生与发展过程。徐鼎新的《中国近代企业的科技力量与科技效应》(上海社会科学院出版社1995年)则研究了科技在近代企业发展中的作用。李一翔的《近代中国银行与企业的关系1897—1945》(台湾东大图书公司1997年)全面探讨了近代中国银行与企业、工业化等方面的关系。沈祖炜的《近代中国企业制度和发展》(上海社会科学院出版社1999年)则概述了近代中国企业发展的历史轨迹,并着重分析了各项法律、规章对企业制度和企业发展的影响。

金融、财政与国民收入方面,主要成果有洪葭管的《上海金融史话》(上海人民出版社1978年)、《在金融史园地里漫步》(中国金融出版社1990年)、吴景平的《近代中国金融中心的区域变迁》(《中国社会科学》1994年第6期)、杜恂诚的《民国时期的中央与地方财政划分》(《中国社会科学》1998年第3期)、周育民的《晚清财政与社会变迁》(上海人民出版社2000年)。张仲礼的《中国绅士——关于其在19世纪中国社会中作用的研究》(上海社会科学出版社1991年)对中国绅士收入进行开创性的研究，成为学术界估算和研究近代国民收入和 GDP 的基础。

侧重金融领域的研究是上海经济史学 21 世纪以来的突出特征。李一翔的《近代中国银行与钱庄关系研究》(学林出版社 2005 年)研究了近代钱庄与新式银行合作与替代的关系及其发展过程。陈曾年的《近代上海金融中心的形成和发展》(上海社会科学院出版社 2006 年)通过对上海钱庄、新式银行和外资银行等金融势力的考察，展现近代上海金融中心的形成和发展过程。张徐乐的《上海私营金融业研究(1949—1952)》(复旦大学出版社 2006 年)则探究中华人民共和国成立初期上海私营金融业的公私合营道路及转型原因。李一翔的《近代中国金融业的转型与成长》(中国社会科学出版社 2008 年)探讨近代中国金融业的发展与转型。洪葭管还著有《20 世纪的上海金融》(上海人民出版社 2004 年)并主编《中央银行史料》(中国金融出版社 2005 年)。此外，中国金融出版社推出的《中国金融通史》中，上海学者也作出了重要贡献，叶世昌、杜恂诚、洪葭管分别撰写了第一卷(2002 年)、第三卷(2002 年)和第四卷(2008 年)。

金融制度方面，杜恂诚发表了一系列成果，包括《二十世纪二三十年代中国信用制度的演进》(《中国社会科学》2002 年第 4 期)、《金融制度变迁史的中外比较》(上海社会科学院出版社 2004 年)、《近代中国钱业习惯法：以上海为视角》(上海财经大学出版社 2006 年)等。围绕近代中国金融市场以及金融风潮等均有丰硕成果，包括朱荫贵的《试论中国近代证券市场的特点》(《经济研究》2008 年第 3 期)，宋佩玉的《抗战前期上海外汇市场研究(1937. 7—1941. 12)》(上海人民出版社 2007 年)，万立明的《上海票据交换所研究》(上海人民出版社 2009 年)等。此外，吴景平的《上海金融业与国民政府的关系研究 1927—1937》(上海财经大学出版社 2002 年)全面考察近代上海金融业的发展状况及其与政府的关系。贺水金的《1927—1952 年中国金融与财政问题研究》(上海社会科学院出版社 2009 年)出版。

工业发展与企业史研究也向更深层次迈进。主要成果有张忠民的《艰难的变迁——近代中国公司制度研究》(上海社会科学院出版社 2002 年)，张忠民、朱婷的《南京国民政府时期的国有企业 1927—1949》(上海财经大学出版社 2007 年)，朱荫贵的《中国近代轮船航运业研究》(中国社会科学出版社 2008 年)，张忠民、陆兴龙、李一翔的《近代中国社会环境与企业发展》(上海社会科学院出版社 2008 年)等。市场发育方面，则有樊卫国的《激活与生长：上海现代经济兴起之若干分析(1870—1941)》(上海人民出版社 2002 年)和樊树志的《江南市镇：传统的变革》(复旦大学出版社 2005 年)。政府财政与国民收入方面有张仲礼的《中国绅士的收入——中国绅士续篇》(上海社会科学院出版社 2001 年)，程念祺的《国家力量与中国经济的历史变迁》(新星出版社 2006 年)，刘逖的《1600—1840 年中国国内生产总值的估算》(《经济研究》2009 年第 10 期)等。此外，2005 年朱伯康、施正康出版通史性著作《中国经济史》(复旦大学出版社)，考察从新、旧石器时代到民国时期的中国经济史发展全景。

第五节　产 业 经 济 学

一、产业体系与结构

现代意义下的产业体系与结构研究在 20 世纪 80 代尚未展开，当时还遵循前苏联学科的分类状况，关注国民经济部门结构、工业生产与技术体系、农业生产与技术体系、商业经济与体系，最初的成果主要体现在新编的教材方面，如史景星主编的《工业经济管理》(上海人民出版社 1983 年)。

1987 年,教育部首次启动全国重点学科评审选拔,复旦大学工业经济博士点被选拔为本专业领域全国三家重点学科之一,是上海唯一的工业经济(后为产业经济)学科国家重点学科。同期,姚锡棠、金行仁的《能源与我国经济发展的关系》(《财经研究》1982 年第 6 期)分析和探讨能源政策如何适应经济发展需要的相关问题。

【产业结构】

进入 20 世纪 90 年代,现代意义下的产业体系与结构研究全面展开。1991 年,周振华的《论产业结构平衡的几组关系》(《经济研究》第 5 期)在理论上论述了产业结构平衡的若干组重要关系(短期与长期、短线与长线、绝对与相对)。1996 年,石磊的《中国产业结构成因与转换》(复旦大学出版社 1996 年)研究 1949—1996 年产业结构变动的历史过程,并对影响国内产业结构主要变量进行分析。杨公朴、王玉、陈忠发等的《"九五"期间上海产业结构优化和产业转移研究》(《财经研究》1998 年第 11 期)一方面研究产业经济理论为地方产业结构调整服务,另一方面研究"九五"期间上海产业结构现状与目标定位。2003 年,周振华的《产业融合:产业发展及经济增长的新动力》(《中国工业经济》第 4 期)从信息化进程中,电信、广播电视和出版等行业产业融合的现状分析中得出产业融合是产业和经济发展中的新增长动力,开拓了产业经济研究的新领域。次年,陈宪、黄建锋发表《分工、互动与融合:服务业与制造业关系演进的实证研究》(《中国软科学》第 10 期)。2006 年,权衡的《"世界加工厂"与"世界办公室"——中印经济增长模式之比较》(《科学决策》第 12 期)以中国和印度为样本,在经济体制改革的大背景下展开详细的比较研究。刘明宇、芮明杰的《全球化背景下中国现代产业体系的构建模式研究》(《中国工业经济》2009 年第 5 期)指出为了提升中国在全球分工格局中的地位,由垂直分工转变为水平分工,中国必须建立现代产业体系。张军、陈诗一、加里等的《结构改革与中国工业增长》(《经济研究》2009 年第 7 期)研究了 1978 年以来中国工业结构改革与中国经济增长的影响关系。2010 年,张晖明发表《对当前"产能过剩"的剖析及治理对策》(《江苏行政学院学报》第 3 期)。

【技术、创新与产业结构演化】

2000 年以后,上海学者围绕技术、创新与产业结构演化展开诸多研究。殷醒民的《中国工业与技术发展》(上海三联书店 2003 年)围绕中国工业发展和技术创新中所面临的重大问题,运用产业组织理论进行实证分析。范剑勇的《产业集聚与中国地区差距研究》(格致出版社 2008 年)从需求角度研究经济增长中的极化效应。2009 年,芮明杰、张琰出版《产业创新战略》(上海财经大学出版社),提出模块化分工条件下的网络状产业链的形成与基本构造,基于知识的关联是网络状产业链的实质等创新理论。

二、产业分类与发展

20 世纪八九十年代,国民经济中主要产业发展演化的规律,发展中实际问题的解决,是重要的研究领域。进入 21 世纪后,现代意义上的产业分析研究成果相对增多,对现实中中国产业发展起到了积极的作用。农业产业研究方面,谢自奋、洪民荣的《技术进步与二十一世纪中国农业的发展》(《上海社会科学院学术季刊》1997 年第 2 期)指出进入 21 世纪中国农业技术进步方式需要进行重大变革,同时向市场化方向转变。

汽车产业研究领域，主要有顾新建、陈子辰、熊励的《我国汽车制造业大规模定制生产模式研究》(《中国工业经济》2000 年第 6 期)；干春晖、李素荣的《国际汽车整车与零部件厂商协作关系及我国汽车业发展战略》(《中国工业经济》2004 年第 12 期)；白让让的《中国轿车产业中的产品线扩展——模型分析与经验考察》(《中国工业经济》2008 年第 7 期)、《纵向所有权安排与跨国公司的纵向市场圈定——基于轿车产业的模型分析和案例考察》(《财经研究》2009 年第 12 期)等。

围绕文化创意产业研究，厉无畏、王慧敏发表《创意产业促进经济增长方式转变——机理・模式・路径》(《中国工业经济》2006 年第 11 期)。厉无畏的《文化创意的产业化与产业创新》(《同济大学学报》2009 年第 1 期)分析文化创意产业的价值创造、价值挖掘、产业化模式等。芮明杰、巫景飞、何大军等开创音乐产业的研究，发表《MP3 技术与美国音乐产业演化》(《中国工业经济》2005 年第 2 期)。巫景飞、芮明杰的《版权集体管理组织：美国音乐产业的考察——交易费用经济学的视角》(《中国工业经济》2007 年第 2 期)从交易费用经济学的视角，对版权集体管理组织现象进行分析与解释。

房地产业是上海的支柱产业，上海学者对此研究成果丰富。张泓铭的《完善城镇住房保障制度的探讨》(《城市开发》2000 年第 11 期)提出应准确认识城镇住房保障制度的根本目的、对象和深度。张永岳的《在探索中走向成熟——中国房地产经济理论发展初探》(《学术月刊》2002 年第 2 期)指出中国房地产经纪理论的产生源于实践的需要，中国特色社会主义理论是其根本的思想。袁志刚、樊潇彦的《房地产市场理性泡沫分析》(《经济研究》2003 年第 3 期)认为发展房地产行业对经济整体增长具有重要意义，同时也应该防止房价过热。芮明杰、詹文静、陈杰的《跨区域发展战略对房地产企业绩效的影响——基于房地产上市公司的实证研究》(《中国工业经济》2008 年第 8 期)发现房地产上市公司跨区域发展程度越高，绩效越好。张永岳、周建成的《农村剩余劳动力流动与中国房地产业发展》(《学术月刊》2009 年第 7 期)提出中国由二元经济结构过渡到劳动市场一体化时期后，农村剩余劳动力才有能力在城镇安家落户，这是中国房地产业持续发展的一个崭新空间。邵挺、范剑勇的《房价水平与制造业的区位分布——基于长三角的实证研究》(《中国工业经济》2010 年第 10 期)指出长三角大型城市的房价过快上涨是制造业分散化布局的主要原因。

三、产业组织理论与实证

市场结构与竞争是现代产业组织理论与实证的主要研究方向，上海学者成果也较为丰硕。周振华的《产业融合中的市场结构及其行为方式分析》(《中国工业经济》2004 年第 2 期)指出在产业融合中，随着融合产品的替代性和互补性大大增强，市场边界发生重大游移。史东辉的《大型民用飞机产业的全球市场结构与竞争》(湖北教育出版社 2008 年)则全面回顾 20 世纪 50 年代以来全球大型民用飞机产业从诞生、成长到成熟的历史，对该产业的市场结构变迁、寡头竞争与垄断、政府扶持及其广泛影响等方面进行历史透视和实证分析。2009 年，陈剑、夏大慰发表《价格歧视、不对称竞争与不对称规制——以电信市场“单向携号转网”规制政策为视角》(《中国工业经济》第 6 期)。

产业模块化分工与集成是国际产业组织学的新研究领域。胡晓鹏的《模块化整合标准化：产业模块化研究》(《中国工业经济》2005 年第 9 期)指出产业模块化不仅是产业标准化的升级，也是产业标准化的整合。余东华、芮明杰的《模块化、企业价值网络与企业边界变动》(《中国工业经济》2005 年第 10 期)认为模块化价值链中，不同企业的价值模块在共同的界面标准内交叉连接、融会贯通，形成企业价值网络；《基于模块化网络组织的价值流动与创新》(《中国工业经济》2008 年第 12

期)指出模块化网络组织是在价值模块化的基础上形成的新型价值创造的组织形式，其内部价值流动过程包括价值的创造、转移、实现和分配四个阶段。

21世纪头十年，针对产业链及其治理发生的重大变化，该领域的理论与实证研究成为产业经济学科最新研究方向。芮明杰、刘明宇的《网络状产业链的知识整合研究》(《中国工业经济》2006年第1期)提出网络状产业链的概念。芮明杰、刘明宇、任红波的《论产业链整合》(复旦大学出版社2006年)，将产业链理解为一个知识体，从知识角度研究产业链分化整合的机理。姚凯、刘明宇、芮明杰的《网络状产业链的价值创新协同与平台领导》(《中国工业经济》2009年第12期)进一步深入研究网络状产业链中的协同创新行为。

四、产业规制与政策

20世纪80年代以来，信息产业与网络产业的发展使得现有的产业体系与产业发展产生了许多新的问题，产业规制的理论研究、政策导向与机制设计日益成为中国产业发展、市场竞争维护、反垄断的关键。上海在这个领域的研究，基本是在21世纪开始的。

产业政策对一个国家或地区产业发展结构调整究竟是否有效用，一直是产业经济学界争论的问题。早在20世纪90年代初，周振华的《我国产业政策效应偏差分析》(《经济研究》1990年第11期)就从自然偏差和人为偏差两个方面研究中国产业政策效应偏差，即产业政策实施实际效果与预期效果的偏离。夏大慰、罗云辉的《中国经济过度竞争的原因及治理》(《中国工业经济》2001年第11期)认为当前中国产业市场过度竞争的主要原因是国有企业的产权特性、产品的非差异化、行政垄断、不完善的市场体系、企业行为的短期化和高交易费用。

产业规制是对市场竞争的保护，因此对其进行研究十分重要，上海学者在该领域研究成果较多。罗云辉、夏大慰的《自然垄断产业进一步放松规制的理论依据——基于对成本曲线的重新理解》(《中国工业经济》2003年第8期)，对20世纪80年代以来的新自然垄断理论进行了新的诠释和部分修正。2006年，白让让的《制度偏好差异与电力产业规制放松的困境——“厂网分开”引发的深层思考》(《中国工业经济》第3期)对中国电力产业内部人势力的形成、强化及其行为对市场交易的扭曲进行了详尽的分析;《行政权力、纵向约束与管制困境》(《财经问题研究》年第9期)分析了行政垄断对中国产业市场化进程和管制效率的影响机制。石涛的《自然垄断产业规制重构：基于要素演化的视角》(《中国工业经济》2007年第10期)指出在社会经济发展进程中，有形要素的相对比重不断下降，无形要素的相对比重不断提高，二者所起的作用日渐此消彼长。仰炬、王新奎、耿洪洲的《我国粮食市场政府管制有效性：基于小麦的实证研究》(《经济研究》2008年第8期)针对世界经济一体化背景下中国粮食市场政府管制有效性问题，提出了国内外市场不存在长期均衡关系是政府市场管制有效性的前提的命题。

第六节 财 政 学

一、财政理论体系

20世纪80年代初，为顺应中国改革开放需要，从海外学成归国的一批前辈学者，引进市场经济国家较为成熟的财税理论和学术思想。席克正先后发表《试论资本主义财政的实质和作用》(《财经研究》1981年第1期)、《从威廉·配第到大卫·李嘉图的古典学派财政学说》(《财经研究》1986年第9期)、《比较财政学》(《财经研究》1989年第3期)等论文,是国内最早的研究比较财政学的文献。曹立瀛、席克正、王传曾等出版了《资本主义国家财政》(中国财政经济出版社1985年)对资本主义国家的财政问题进行了研究;曹立瀛的《关于财政科学体系的一个设想》(《财经研究》1986年第4期)、《西方财政理论与政策》(中国财政经济出版社1995年)、《发展中国家财政》(上海财经大学出版社2000年)对中国财政学科的设置提出了看法。徐日清的《综合财政初探》(《经济研究》1981年第2期),指出综合财政是社会主义条件下特有的客观经济范畴,他的《社会主义城市财政学》(上海社会科学院出版社1986年)、《社会主义财政学》(立信会计图书用品社1990年)推动了社会主义财税理论体系建设。徐日清、邓子基的《再论财政收支矛盾与财政收支平衡》(《经济研究》1982年第1期)认为社会主义财政是以国家为主体,有计划地利用价值形式对社会产品或国民收入进行分配和再分配。苏挺的《财政赤字的几个问题》(《财政研究》1981年第1期)提出了综合财政平衡理论,《财政政策与经济发展》(复旦大学出版社1990年)研究了财政政策与经济发展之间的关系。葛惟熹的《国际税收概论》(中国财政经济出版社1982年)、《国际税收教程》(中国财政经济出版社1987年),开创了国际税收学科和教材体系。

20世纪80年代中后期,上海一批80年代毕业的中青年学者崭露头角,从各个方面对财税学科进行更为广泛和深入的研究,编写一系列通用性和专著性教材,系统地介绍、分析和研究财政与税收学的基本理论、政策、制度和管理问题。杨君昌的《财政金融学》(重庆出版社1988年)介绍了财政金融方面的基本理论和基本知识;丛树海、蒋洪的《财政学原理》(复旦大学出版社1992年)与丛树海的《中国财政探索》(上海人民出版社1994年)、《公共支出分析》(上海财经大学出版社1999年)探索中国财政理论和政策实践,对财政基本理论和主要问题作了系统的研究;胡怡建的《税收经济学》(经济科学出版社2009年)对税收与经济的关系进行详细的阐述,涵盖税收理论和政策的主要问题和主要方面;马国贤的《中国公共支出与预算政策》(上海财经大学出版社2001年)、《政府预算理论与绩效政策研究》(中国财政经济出版社2008年)对政府与公共财政、社会主义市场经济、效率原则与公平原则、公共产品和公共选择理论等进行系统的阐述;董勤发的《国际财政研究》(上海财经大学出版社1997年)、《国际经济中的税收理论与政策》(云南人民出版社2005年)对经济全球化下的财政政策和税收政策的特殊性进行了研究;毛程连的《财政学整合论》(复旦大学出版社1999年)理清目前各种财政理论思想的脉络,《西方财政思想史》(经济科学出版社2003年)以专题方式介绍西方财政思想;朱为群的《税法学》(立信会计出版社2004年)采用通俗与归纳的写作方式介绍和解释当时中国税法的具体条款;陶勇的《地方财政学》(上海财经大学出版社2006年)立足于中国地方政府,介绍和分析地方财政的基本理论以及中国地方财政运行的特征和问题;刘小川的《中国政府采购政策研究》(人民出版社2009年)提出中国政府采购政策的思路及框架;曾军平的《公共定价分析》(上海财经大学出版社2009年)围绕如何为公共产品定价进行理论阐述。

20世纪80年代末至90年代,上海学者对财政史和财政思想史的研究,独树一帜。胡寄窗和谈敏的《中国财政思想史》(中国财政经济出版社1989年)对中国的财政思想发展的相关脉络进行梳理;谈敏的《中国财政思想史教程》(上海财经大学出版社1999年)介绍了中国财政思想的相关理论与发展;黄天华的《中国财政史纲》(上海财经大学出版社1999年)和《中国税收制度史》(中国财政经济出版社2009年)分别介绍了中国财政与税收的发展历史。杜恂诚的《民国时期的中央与地方财政划分》(《中国社会科学》1998年第3期)考察了民国时期中央与地方财政划分体制的形成、演变过程及这一体制运作的实际情况。

20 世纪 90 年代中期以后,为顺应中国社会主义市场经济改革发展需求,上海学者从财政收入、支出、预算、体制和管理等方面,研究财政、税收理论和实践问题。杨君昌的《企业税制优化论》(人民大学出版社 1994 年)从企业角度出发研究税制优化的问题;《财税体制改革研究文集》(经济科学出版社 2000 年)介绍了财政政策、财政制度、国有资产、社会保障、预算管理和财政收入等相关内容;《公共预算:政府改革的钥匙》(中国财政经济出版社 2008 年)介绍公共预算体系建设、公共预算的复式方法和整合、公共预算的赤字问题等内容。丛树海的《中国宏观财政研究》(上海财经大学出版社 1998 年)介绍了“九五”后三年和“十五”时期中国基本财政政策研究等内容;《中国预算体制重构:理论分析与制度设计》(上海财经大学出版社 2000 年)从研究预算制度的角度切入,探讨中国财政改革的深层次问题,《财政扩张风险与控制》(商务印书馆 2005 年)对中国扩张性财政政策的风险进行实证研究。朱为群的《消费课税的经济分析》(上海财经大学出版社 2001 年)论述消费税的内涵和外延、消费税思想的演变和发展等问题。胡怡建的《转轨经济中的间接税》(中国财政经济出版社 1995 年)主要介绍转轨经济中间接税的理论分析和制度设计、间接税效率分析和间接税公平分析;《上海财政经济运行实证研究》(上海财经大学出版社 2006 年)从财源结构上理清上海政府运行资金的来源。胡怡建、许文的《税收逃逸的形成与治理》(上海人民出版社 2007 年)重点介绍税收逃逸经验研究的相关结论。刘小川的《经济全球化的政府采购》(经济管理出版社 2001 年)展望经济全球化中中国的政府采购制度,介绍发达市场经济国家的政府采购制度,分析中国政府采购制度存在的问题。于洪的《中国税负归宿研究》(上海财经大学出版社 2004 年)从理论与实践展开,对税负理论进行概述。徐曙娜的《公共支出过程中的信息不对称与制度约束》(中国财政经济出版社 2005 年)认为克服公共支出过程中代理人的机会主义,实现委托人的利益最大化,无非就是通过激励和监督。蒋洪的《公共财政决策与监督制度研究》(中国财政经济出版社 2008 年)介绍了财政透明度、立法部门与财政信息披露、公众与财政信息披露、民主与财政决策、财政支出决策等内容。刘小川的《中国分级财政管理体制改革研究》(中国财经出版社 2008 年)主要阐述有关税收管理体制改革、政府非税收入管理体制改革、税式支出管理体制改革等有关方面的知识。刘小兵出版《中国财政政策分析:1998—2007》(中国财经出版社 2008 年)。刘守刚的《中国公共生产探源与政策选择》(上海财经大学出版社 2003 年)从经济理论、社会哲学及财政发展史等多个层面探寻中国当代公共生产的起源问题;《国家成长的财政逻辑:近现代中国财政转型与政治发展》(天津人民出版社 2009 年)从财政转型的视角透视现代国家在中国的成长。徐曙娜的《走向绩效导向型人大预算监督研究》(上海财经大学出版社 2008 年)认为中国地方人大预算监督改革所采用的模式大致可以分为流于形式型、投入导向型和绩效导向型三类。曾军平的《公共选择与政治立宪》(上海财经大学 2008 年)认为公共选择是以公共决策机制是如何运行的为研究课题的一门科学。2003—2010 年,上海财经大学连续 7 年推出《中国财政发展报告》(上海财经大学出版社),从不同视角跟踪中国财政运行和改革发展。

二、财政经济效应

财税经济作用、经济效应、经济效率和财政政策等研究是财政经济效应研究的核心内容。

20 世纪 80 年代中期后,上海学者关注财政经济的作用问题。徐日清的《正确分配财力,促进经济振兴》(《经济研究》1985 年第 7 期),探究了财力分配对调节经济的作用。葛惟熹的《加强社会主义税收杠杆对宏观经济的调节》(《财贸经济》1985 年第 11 期)讨论了如何加强社会主义税收杠杆对整个国民经济的调节作用。储敏伟的《生产资料价格改革的财政效应与财政对策》(《财贸经济》1987年第1期)分析了财税政策与物价改革的相互影响。丛树海、胡怡建分别探讨税收对调节产业结构的意义,发表《进一步发挥产品税在产业调整中的作用》(《财贸经济》1990年第2期)、《税收分配和产业结构调整》(《财贸经济》1990年第7期)。杨君昌的《论流转税在价格调整中的作用》(《财经研究》1992年第1期),讨论流转税与商品价格的关系。董勤发的《市场经济下分配差距的形成与税收调节》(《财贸经济》1993年第8期)研究了国际资本流动的相关财政问题。詹亮宇、吴云飞的《收入分配与税收政策》(《税务研究》1994年第6期)、《社会收入分配与税收调控》(《税务研究》1999年第10期)探讨税收政策与中国收入分配关系。陈飞翔等的《论适度保护关税税率》(《财贸经济》2003年第6期)研究中国的关税问题。丁晓锋的《我国出口退税政策:分析和选择》(《税务研究》2004年第10期)提出不应频繁变动出口退税政策,要寻找长期有效的解决途径。

2000年之后,上海学者较为深入地研究了财政经济的效应问题。蒋洪、于洪的《居民消费结构与商品课税归宿问题分析》(《财贸经济》2004年第6期)对各大类商品的税负归宿状况进行了实证分析。张阳、刘慧的《税收因素对外国直接投资的影响分析》(《税务研究》2006年第4期)发现税收因素对FDI作用不明显。还有钟炜、胡怡建的《税收优惠对我国外商投资企业的重要性程度研究——一项问卷调查》(《财贸经济》2007年第1期),袁志刚、汤玉刚的《升值、减税、抑通胀:总量调控与结构调整》(《财贸经济》2008年第12期),丛树海、郑春荣的《国际金融危机下的财税政策选择》(《税务研究》2009年第7期),陈烨、张欣、寇恩惠、刘明的《增值税转型对就业负面影响的CGE模拟分析》(《经济研究》2010年第9期)等。

财政经济效率方面,胡怡建的《市场经济与税收效率》(《税务研究》1994年第2期)从社会主义市场经济环境出发,分析税收对经济效率的影响。葛惟熹的《税收中性理论与实践》(《财政研究》1995年第9期)从税收中性的角度讨论税收与效率的关系。钟晓敏、庄序莹的《论税收与效率》(《财贸经济》1995年第6期)研究提高经济效率的税收手段,以及如何使税收带来的效率损失最小化。刘小兵的《个人合作提供公共品的实验研究》(《管理世界》2004年第2期)发现通过制度的合理设计有促进公共品成功提供的可能。谷永芬等《财政收入与经济增长的计量经济学分析》(《财政研究》2005年第11期)讨论了财政收入与经济增长的关系。赵迎春、肖刚的《公共财政运行绩效的理论思考》(《财政研究》2006年第12期)梳理了财政运行绩效的理论问题。王莹、刘社建、李振明、王克强等的《基础教育服务均等化:基于财政公平视角的分析》(《财政研究》2006年第12期)、《促进积极就业政策完善的财政政策探讨》(《财政研究》2007年第10期)、《论我国水利财政支出绩效评价体系的构建》(《财政研究》2008年第10期)从效率角度出发,讨论如何更好地发挥财政在某项公共事业的作用。丁维莉、陆铭的《教育的公平与效率是鱼和熊掌吗——基础教育财政的一般均衡分析》(《中国社会科学》2005年第6期)认为基础教育财政的分权体制是激励地方政府提高教育供给质量和效率的有效机制。2008年,陈诗一、张军发表《中国地方政府财政支出效率研究:1978—2005》(《中国社会科学》2008年第4期)。

财政政策方面,主要成果有储敏伟的《宏观失控与经济监督机制的反思》(《管理世界》1990年第3期),席克正、丛树海的《宏观经济中财政政策与货币政策的选择》(《财经研究》1993年第5期),蒋洪的《市场经济的哲学与财政政策》(《财政研究》1994年第2期),丛树海的《试论我国经济启动时期积极的财政政策》(《财贸经济》1999年第11期),朱萍的《论财政宏观调控的单一措施与复合措施》(《财政研究》2003年第4期),丛树海、李生祥的《我国财政风险指数预警方法的研究》(《财贸研究》2004年第6期),金洪飞的《财政赤字、公共债务与货币危机》(《财政研究》2004年第2期),马国贤的《基本公共服务均等化的公共财政政策研究》(《财政研究》2007年第10期),余显才的《税收超常增长的再认识》(《财贸经济》2005年第8期),胡怡建、潘雷驰的《1978—2006年我国税收增长率变动成因探索》(《税务研究》2007年第3期),刘新利的《论我国宏观税负的发展趋势》(《税务研究》2007年第12期)、《税收与GDP周期关系分析》(《税务研究》2009年第10期),蔡明超、费方域、朱保华的《中国宏观财政调控政策提升了社会总体效用吗?》(《经济研究》2009年第3期),田素华、虞亚的《巨额财政刺激计划引发的物价上涨压力与银行信贷违约风险控制》(《财贸研究》2010年第10期)等。

三、财政体制改革

1978—2010年,上海学者在财政体制改革研究中围绕20世纪80年代"利改税"、90年代"分税制"和21世纪初"新税制"改革,分别从理顺国家与企业、中央与地方、政府与市场关系着手,引领着整个城市经济体制改革产生了一系列的成果。

国家与企业财税体制改革方面,主要有周士的《国家财政与国营企业的分配》(《财贸经济》1985年第4期)、葛惟熹的《我国税制改革的出路何在》(《财经研究》1987年第12期)、胡怡建的《进一步改革国家与企业之间的分配制度》(《财经研究》1987年第8期)、梁无瑕的《坚持和发展"国家分配论"——对社会主义财政本质的阐释》(《财政研究》1992年第2期)、杨君昌的《论我国企业的税收制度改革》(《财经研究》1992年第7期)等。

围绕中央与地方财税体制改革,朱炎发表《关于改革地方财政体制的探讨》(《财政研究》1985年第3期),徐日清发表《关于地方财政包干的若干思索》(《财贸经济》1988年第11期)。其他还有,储敏伟的《分税制若干理论与实践问题探讨》(《财经经济》1993年第12期),钟晓敏、樊小钢的《财政职能的结构分析——中央和地方政府的财政职能》(《财政研究》1995年第4期),丛树海的《分税制策略》(《财政研究》1988年第10期),丁菊红、邓可斌的《政府偏好、公共品供给与转型中的财政分权》(《经济研究》2008年第7期),方红生、张军的《中国地方政府竞争、预算软约束与扩张偏向的财政行为》(《经济研究》2009年第12期),范子英、张军的《财政分权、转移支付与国内市场整合》(《经济研究》2010年第3期),傅勇的《财政分权、政府治理与非经济性公共物品供给》(《经济研究》2010年第8期)等。

2000年之后,基于国家市场化改革方向,上海学界分别从现行税制存在问题、功能定位、改革方向、政策优惠等方面,对深化增值税、企业所得税、个人所得税、资源环境税改革进行深入研究。主要有朱为群和徐后能的《关于将增值税起征点改为免征额的探讨》(《税务研究》2004年第9期),严才明的《增值税收入与经济政策依存分析》(《税务研究》2004年第7期),张欣、陈烨的《增值税理论探讨:为什么说生产型增值税才是中性的》(《财政研究》2009年第4期)等。

在企业所得税方面,主要有毛程连的《金融企业所得税征管中的问题与对策》(《税务研究》2003年第6期),朱为群的《企业所得税制的若干政策规范问题探讨》(《财政研究》2005年第3期),王延明、李韬的《不同地区上市公司所得税优惠的实证分析》(《税务研究》2003年第4期),胡怡建、许文的《企业所得税改革中的地区横向财政关系研究——总分机构纳税模式选择和制度设计》(《财政研究》2006年第11期),郭宏震的《改革和统一企业所得税的思考》(《财政研究》2006年第6期),张阳、胡怡建的《中国企业所得税税负转嫁与归宿的动态分析》(《财政研究》2006年第2期),罗秦的《中国企业所得税法与WTO规则从冲突走向协调》(《税务研究》2008年第2期)等。

个人所得税改革方面，葛惟熹的《改革个人所得税制问题的争议》（《财经研究》2001年第10期）认为应该适当提高而不是降低个人所得税的扣除额；于洪的《我国个人所得税税负归宿与劳动力供给的研究》（《财经研究》2004年第4期）从不同的社会学变量角度对中国劳动力供给弹性现状进行了实证分析；刘小川、汪冲的《个人所得税公平功能的实证分析》（《税务研究》2008年第1期）认为应在保持工薪所得个人所得税税制公平功能基础上，加大财产性与经营性所得的个人所得税税制的改革力度。

资源环境税改革方面，2005年，饶立新、李建新发表《建议确立资源环境税为我国税制的第三主体税种》（《税务研究》第9期）；刘红梅等的《环境税"双重红利"研究综述》（《税务研究》2007年第7期）考察中国"双重红利"的存在性以及该理论的适用性；魏陆的《我国应对全球气候变暖的税制绿化分析》（《税务研究》2008年第3期）认为应着手研究在中期开征二氧化碳税的可行性方案；孔晏的《汽车消费领域促进节能减排的税收对策》（《税务研究》2008年第3期）认为税收政策可以在一定程度上消除汽车消费的负外部性。此外，汤玉刚、关凤利的《税权的跨区跨期交易与税收制度规范化》（《经济研究》2010年第9期）论证税权交易形成的原因，税权交易的税收负担效应和生产率效应等问题。

第七节　金　融　学

一、货币理论与货币政策

20世纪70年代，西方资本主义世界陷入"膨胀"困境，物价急剧上升，汇率波动不已，货币体系出现混乱。社会主义国家也产生了自己的货币问题。对此，1982年，陈伟恕发表《黄金非货币化是历史的必然》（《经济研究》第7期）。

20世纪80年代起，上海学者开始引进和介绍国外的货币金融理论，并开始编写相关教材。刘絜敖的《国外货币金融学说》（中国展望出版社1983年）全面介绍了自重商主义以来西方主要的货币金融学说，是国内第一部系统论述国外货币金融学说的专著。王学青主编的《货币银行学原理》（复旦大学出版社1989年），第一次将货币需求理论与货币供给理论完整地纳入货币银行学的教学。盛松成、施兵超、陈建安的《现代货币经济学》（中国金融出版社1992年）是改革开放后第一部系统研究西方货币经济理论的著作。陈观烈的《货币·金融·世界经济》（复旦大学出版社2000年）首次提出"金融霸权"的概念。

20世纪90年代，以数量型货币政策调控为主的货币政策引发学者们对货币理论及政策的进一步研究。包括薛万祥的《预期、博弈与货币政策》（《经济研究》1995年12期）；姚以明的《货币银行学》（上海财经大学出版社1995年）；戴国强的《中国货币需求分析：货币需求函数中的规模变量问题研究》（复旦大学出版社1995年），填补了该研究领域的空白；陈学彬发表《我国货币政策效应的完全信息博弈分析》（《经济研究》1996年第7期）、《非对称信息与政策信息披露对我国货币政策效应的影响分析》（《经济研究》1997年第12期）；吴培新的《由"流动性陷阱"看我国利率杠杆的运用》（《经济研究》2001年第2期）、《中国货币政策的二元传导机制——"两中介目标，两调控对象"模式研究》（《经济研究》2008年第10期）发现中国货币政策存在信贷规模和货币供应量两个中介目标。

二、金融市场与金融机构

20世纪70年代末80年代初,电子化是国际银行业务技术的最新发展趋势。1984年,陈琦伟发表《银行业务技术正在进入电子化时代》(《金融研究》1984年第2期)。随着经济与金融改革的起步,1985年,盛慕杰的《论股票、债券的发行》(《经济研究》1985年第1期)提出社会主义国家也可以通过股票、债券筹集资金,呼吁政府建立正规的股票制度,设立中国自己的证券交易所。

20世纪90年代,上海证券交易所和深圳证券交易所相继开业,中国证券市场正式开启大幕,同时各类金融机构也如雨后春笋般涌现,引起学界的关注。1990年,龚浩成的《上海金融市场的发展思路与前景》(《金融研究》第10期)建议发展贴现和拆借市场、规范化地发展证券市场,建立外汇调剂市场,最终使人民币走向国际化。1992年,顾铭德的《论经济证券化与商品经济高层次阶段的关系》(《经济研究》第8期)认为经济证券化是商品经济发展到高层次阶段的标志。次年,王华庆发表《上海股票市场的运作与发展》(《经济研究》第6期)。1997年,殷醒民的《中国工业资金的"逆向"流动和企业融资政策导向》(《经济研究》第5期)发现中国制造业的资金流向有助于发展劳动密集型部门和小规模的企业,上海证券交易所上市公司的规模较小,上市公司通过资本市场发行股票来募集资金,加剧了制造业资金的分散化。同年,陈学彬发表《银行不良资产与金融风险和通货膨胀关系的博弈分析》(《经济研究》第7期),次年又出版《宏观金融博弈分析》(上海财经大学出版社1998年)。姜波克的《开放经济下的宏观金融管理》(复旦大学出版社1999年)分析了宏观调控工具创新对增强政策搭配有效性的作用。连平的《2000年沪港金融关系展望》(《国际金融研究》1997年第12期)认为沪港能够在直接投资领域、股票市场、债券市场、投资基金市场以及离岸金融市场展开全方面、多层次的合作。

进入21世纪,中国金融市场开始多样化发展。2001年,随着中国加入WTO和金融市场的进一步开放,上海学者较深入地探讨利率市场、货币市场、资本市场等问题,主要有王国松的《中国的利率管制与利率市场化》(《经济研究》2001年第6期),戴国强的《论我国货币市场发展的目标及路径》(《经济研究》2001年第5期)。2001年2月19日,证监会宣布B股向境内居民开放。吴文锋、朱云、吴冲锋、芮萌发表《B股向境内居民开放对A、B股市场分割的影响》(《经济研究》2002年第12期)。2003年,潘英丽发表《中国国际金融中心的崛起:沪港的目标定位与分工》(《世界经济》2003年第8期)。范龙振发表"Beyond segmentation: The case of China's repo markets"(*Journal of Banking & Finance* 2007年第31期),探讨中国由于市场分割造成的债券回购市场利率差异现象。

金融机构和金融机构与经济发展的关系方面,主要有刘莉亚的《银行危机与货币危机共生性关系的实证研究》(《经济研究》2003年第10期),胡奕明、林文雄、李思琦、谢诗蕾的《大贷款人角色:我国银行具有监督作用吗?》(《经济研究》2008年第10期)。王城的"Equilibrium Lending Mechanism and Aggregate Activity"(*International Economic Review* 2010年8月)分析了经济项目收益率和贷款供给等外生变量如何影响经济总产出,他的"Financing Development: The Role of Information Costs"(*American Economic Review* 2010年9月)创新地将CSV模型(costly-state verification framework)嵌入标准新古典增长理论框架,产生关于公司均衡规模分布的金融基础理论。这一时期,金融制度史方面也取得较大进展,杜恂诚发表《中国近代两种金融制度的比较》(《中国社会科学》2000年第2期),出版《上海金融的制度、功能与变迁(1897—1997)》(上海人民出版社2002年)。金融机构的发展理论也取得一定成果,田晓军出版《银行再造》(上海财经大学出版社

2002 年)。

三、证券投资与资产定价

20 世纪 90 年代中期以后,上海学者开始用现代投资理论,对证券投资定价进行实证分析。1996 年,施东晖发表《上海股票市场风险性实证研究》(《经济研究》第 10 期)。次年,张人骥、朱平方和王怀芳发表《上海证券市场过度反应的实证检验》(《经济研究》第 5 期)。魏刚的《我国上市公司股利分配的实证研究》(《经济研究》1998 年第 6 期)认为中国的股票市场并非有效的市场,股票市场还很不成熟。戴国强和陆蓉的《中国股票市场的周末效应检验》(《金融研究》1999 年第 4 期)发现深圳股市股票报酬存在周末效应,而上海股市则不存在。陈信元和张田余的《资产重组的市场反应——1997 年沪市资产重组实证分析》(《经济研究》1999 年第 9 期)指出市场对资产重组有一定反应。赵宇龙和王志台发表《我国证券市场"功能锁定"现象的实证研究》(《经济研究》1999 年第 9 期)。宋剑峰的《净资产倍率、市盈率与公司的成长性——来自中国股市的经验证据》(《经济研究》2000 年第 8 期)发现中国股市已经具有一定的使用会计数据和进行理性预期的能力。

2001 年 9 月,中国首只开放式基金发行,引起学界的关注。2002 年,汪光成发表《基金的市场时机把握能力研究》(《经济研究》第 1 期)。2007 年,陆蓉、徐龙炳、谢新厚发表《基金业绩与投资者的选择——中国开放式基金赎回异常现象的研究》(《经济研究》第 6 期)。行为金融方面,宋军、吴冲锋发表《基于分散度的金融市场的羊群行为研究》(《经济研究》2001 年第 11 期)。李心丹、王冀宁、傅浩的《中国个体证券投资者交易行为的实证研究》(《经济研究》2002 年第 11 期)实证检验中国个体投资者的"政策依赖性心理""过度自信心理"及"过度交易"是否损害个人财富等方面内容。王风华合作的"Stock Returns, Order Imbalances, and Commonality: Evidence on Individual, Institutional, and Proprietary Investors in China" (*Journal of Economic Dynamics & Control* 2006 年第 33 期)研究个人投资者、机构投资者和自营投资者的交易指令失衡对股票投资收益的影响。

股票市场价格大幅度的波动为股市泡沫的研究提供了素材。2005 年,刘煜松发表《股票内在投资价值理论与中国股市泡沫问题》(《经济研究》第 2 期)。蒋志强、周炜星的"*Bubble diagnosis and prediction of the 2005—2007 and 2008—2009 Chinese stock market bubbles*" (*Journal of Economic Behavior & Organization* 2010 年 6 月)运用对数周期性幂律模型(LPPL model),研究中国股市在 2005 年 5 月—2009 年 7 月发生的两次泡沫,以及其随后的市场崩溃事件。对于这两次事件,该模型均成功进行了事前预测。此外,陈保华发表了《交易机制对股价行为的影响——对中国股票市场的实证检验》(《经济研究》2001 年 5 期)。郑立辉发表"Equity premium and consumption sensitivity when the consumer-investor allows for unfavorable circumstances" (*Journal of Economic Dynamics & Control* 2002 年第 26 期)。朱书尚的"Portfolio selection with uncertain exit time: A robust CVaR approach"(*Journal of Economic Dynamics & Control* 2008 年)研究了涉及最终退出时间不确定的投资组合选择问题。范龙振的"China's Official Rates and Bond Yields"(*Journal of Banking & Finance* 2010 年)以一年期存款利率作为状态变量,一年期市场利率与一年期存款利率之间的利差作为解释因子,进行实证分析。孙谦的"Risk and the January Effect"(*Journal of Banking & Finance* 2010 年)运用 GARCH 模型检验了中国股票市场的"一月效应",发现样本数据中一月份股市的波动性并未显著高于其他月份。何众志的"Dynamic Factors and Asset Pricing"(*Journal of Financial and Quantitative Analysis* 2010 年 6 月)利用卡

尔曼滤波(Kalman filter)提取动态因子,构造出动态因子定价模型(DFPM)。朱宁的"Individual Investors and Local Bias"(*Journal of Finance* 2010年10月)研究个人投资者与本地偏差,以验证个人投资者是否拥有本地公司股票价值的相关信息。

四、公司金融

20世纪90年代末以后,上海学者对上市公司的财务监管及所得税税率进行研究。主要有唐萍的《财务总监委派制的可行性研究——兼论国有企业监督机制的设计》(《经济研究》1999年第1期)、王昉的《中国上市公司所得税税收负担问题研究》(《经济研究》1999年第5期)。2001年中国加入WTO后,企业所得税面临改革。王延明的《上市公司所得税率变化的敏感性分析》(《经济研究》2002年第9期)分析了中国上市公司1994—2000年执行的法定所得税税率的现状。

围绕企业并购、重组与破产,1997年,梁国勇发表《企业购并动机和购并行为研究》(《经济研究》第8期)。陈信元、叶鹏飞、陈冬华的《机会主义资产重组与刚性管制》(《经济研究》2003年第5期)研究了1997年、1998年、1999年的企业重组井喷现象。李增泉的《掏空、支持与并购重组——来自我国上市公司的经验证据》(《经济研究》2005年第1期)分析了地方政府和控股股东支持或掏空上市公司的两种不同手段和目的。

进入21世纪后,上海学者通过对中国上市公司的实证研究,分析中国上市公司的资本结构、行业特征和与发达国家的差异。郭鹏飞、孙培源的《资本结构的行业特征:基于中国上市公司的实证研究》(《经济研究》2003年第5期)指出中国的上市公司存在最优资本结构,行业是其重要影响因素之一。赵蒲的《产业竞争、非理性行为、公司治理与最优资本结构——现代资本结构理论发展趋势及理论前沿综述》(《经济研究》2003年第6期)从学科交叉研究的角度,全面回顾制造业资本结构和外部治理环境对公司行业竞争的影响。汪辉的《上市公司债务融资、公司治理与市场价值》(《经济研究》2003年第8期)认为债务融资具有加强公司治理、增加公司市场价值的作用,但对少数资产负债率非常高的公司,作用并不显著。孙铮、刘凤委、李增泉的《市场化程度、政府干预与企业债务期限结构——来自我国上市公司的经验证据》(《经济研究》2005年第5期)以产权经济学为基础,实证分析制度如何影响公司的债务期限结构。李科、徐龙炳的《资本结构、行业竞争与外部治理环境》(《经济研究》2009年第6期)检验制造业资本结构和外部治理环境对公司行业竞争的影响,探究了负债水平、融资约束等条件对公司行业竞争的影响。张春、于晓筠的"Informational Efficiency and Liquidity Premium as the Determinants of Capital Structure"(*Journal of Financial and Quantitative Analysis* 2010年6月)在公司资本结构决定因素中,引入流动性溢价和营运效率的提升,研究公司的资本结构如何影响二级市场上股价的信息效率。

围绕公司治理,上海学者亦做出诸多探索。费方域的《论我国国有控股公司的组建与发展》(《经济研究》1996年第6期)认为中国的公司治理结构仍在摸索过程中,唯一明确的是要控制内部人控制以有效地降低代理成本。魏刚的《高级管理层激励与上市公司经营绩效》(《经济研究》2000年第3期)发现公司经营绩效与高级管理人员不存在显著的正相关关系。周建波等的《经营者股权激励的治理效应研究——来自中国上市公司的经验证据》(《经济研究》2003年第5期)考察了公司治理特征、经营者股权激励与公司经营业绩提升的关系。刘乃全的《终极产权论、股权结构及公司绩效》(《经济研究》2003年第4期)应用终极产权论,对中国上市公司的控股主体重新分类,明确界定中国上市公司终极产权者。田国强的《不良资产处理、股份制改造与外资战略——中日韩银行业经验比较》(《经济研究》2004 年第 11 期)以政府和银行之间的互动关系为切入点,具体说明了强政府制度安排下的政银关系、银行不良贷款产生的原因和处理办法。2005 年,夏立军、方轶强发表《政府控制、治理环境与公司价值——来自中国证券市场的经验证据》(《经济研究》2005 年第 5 期)。贺小刚的《企业家能力与企业成长：基于中国经验的实证研究》(《经济研究》2005 年第 10 期)确定了测量中国企业家能力的四个维度,即战略能力、管理能力、政府关系能力和社会关系能力,并分析企业家能力差异性的根源。薛爽的《亏损上市公司实证研究》(复旦大学出版社 2005 年)从投资者理性的角度,研究亏损公司股票价格节节攀升的原因。

夏纪军、张晏的《控制权与激励的冲突——兼对股权激励有效性的实证分析》(《经济研究》2008 年第 3 期)从组织中委托人私人收益的角度,分析委托人控制权与代理人激励之间可能的冲突。吴文锋、吴冲锋、刘晓薇的《中国民营上市公司高管的政府背景与公司价值》(《经济研究》2008 年第 7 期)分析企业高管政府背景、中央和地方政府背景对公司价值的影响。陈工孟的“Does the type of ownership? Evidence from china’s listed companies”(*Journal of Banking and Finance* 2009 年 1 月)研究了中国上市公司大股东类型、所有制结构及公司绩效的关系。周亚虹的《职工激励、工资刚性与企业绩效——基于国有非上市公司的经验证据》(《经济研究》2010 年 7 期)讨论了工资刚性是否对职工努力程度产生影响,并通过工资刚性理论进行解释。王能的“Entrepreneurial Finance and Nondiversifiable Risk”(*Review of Financial Studies* 2010 年 11 月)运用动态模型描述不完全市场情况下,不可分散风险对创业企业的投资、融资、业务退出等决策的影响。

股利与股利政策研究,主要有唐宗明、蒋位的《中国上市公司大股东侵害度实证分析》(《经济研究》2002 年第 4 期),李康、杨兴君、杨雄的《配股和增发的相关者利益分析和政策研究》(《经济研究》2003 年第 3 期),赵俊强、廖士光、李湛的《中国上市公司股权分置改革中的利益分配研究》(《经济研究》2006 年第 11 期),俞红海、徐龙炳的《终极控股股东控制权与自由现金流过度投资》(《经济研究》2010 年第 8 期)等。

行为金融方面,针对中国上市公司造假,以及盲目通过股东资本增长支撑利润的问题,丛树海的《创值论及其对企业绩效的评估》(《经济研究》2002 年第 7 期)提出采用创值而非创利的方式评估企业绩效,并从企业绩效评估的角度出发分析股市过度投机的原因。于晓筠的“Corporate Fraud and Business Conditions：Evidence from IPOs”(*Journal of Finance* 2010 年 11 月)检验上市公司商业欺诈与公众对行业前景预期的关系,发现投资者监督和高管薪酬结构对两者的关系起关键性作用。

五、保险

20 世纪 80 年代初,中国恢复保险业务。1980 年唐雄俊的《进一步开展国外保险业务为实现四个现代化服务》(《保险研究》第 2 期)指出可以通过保险业务来开辟取得外汇的新途径。1991 年 6 月,国务院发布《关于企业职工养老保险制度改革的决定》,提出要逐步建立基本养老保险、企业补充养老保险和个人储蓄养老保险相结合的多层次养老保险制度。许瑾良的《美国的企业补充养老保险及其可供借鉴的经验》(《保险研究》1994 年第 1 期)认为中国社会保险管理机构应与保险公司携手合作,共同研讨逐步建立我国多层次养老保险制度的策略。应世昌的《各国寿险业摆脱通货膨胀影响的对策》(《保险研究》1996 年第 5 期)分析了通货膨胀对人寿保险的不利影响。陈麟辉、蒋苗红的《在开放中发展我国民族保险业》(《金融研究》1998 年第 9 期)较早提出了中国保险业开放中出现的问题,指出不能给外资保险公司超国民待遇,应着力在开放中发展壮大民族保险业。徐文虎的《保险理论创新的价值在于解决保险业发展中的问题》(《保险研究》2005 年第 12 期)提出保险业实现转型需要保险理论的创新。

1997 年年初,中共中央、国务院发布的《关于卫生改革与发展的决定》指出:"九五"期间要基本建立城镇职工医疗保险制度,积极发展多种形式的补充医疗保险。许瑾良发表《对开拓我国商业健康保险市场的几点看法》(《保险研究》1999 年第 3 期),从空间因素和技术因素两个方面分析制约中国商业健康保险市场发展的障碍。邓敏的《中国保险业的历史与未来:一个制度变迁视角》(《金融研究》2000 年第 6 期)从制度变迁的视角分析中国保险业的发展历程。袁志刚的《中国养老保险体系改革的福利经济学分析》(《经济研究》2001 年第 5 期)比较了现收现付制和个人积累制养老保险体系的运行机制、现收现付制和部分个人积累制相结合的混合制以及由现收现付制向部分个人积累制过渡的成本问题。2004 年,封进发表《中国养老保险体系改革的福利经济学分析》(《经济研究》第 4 期)。许瑾良的《我国实行强制医疗责任保险的基本问题研究》(《保险研究》2008 年第 6 期)指出在医疗责任风险日益严重的背景下,实行强制性医疗职业责任保险很有必要。

第八节　农 业 经 济 学

一、农业经营制度与农业改革

20 世 80 年代中期后,中国农业经济学主要研究方向是关注农村经济改革和发展的实践,上海学者主要研究了农业经营制度和农业现代化等问题。1986 年,周环的《试论合作经济分配方式的性质》(《中国农村经济》第 10 期)论述了合作制经济按入股土地、预付资金和所出劳力的比例分配收入的分配方式。王志华的《我国近十年居民收入增长与结构变动》(《经济研究》1989 年第 5 期)指出体制的每次变动总是先涉及社会群体和个人的利益关系,牵动各阶层收入水平和收入结构的变更和重新调整,进而改变由收入分配利益引导的行为法则和各种传导机制。

20 世纪 90 年代中期后,随着农业人口向城镇地区集中,上海学者比较关注国家与农民、城市与农村、工业与农业的关系,重视农民的利益问题。主要成果有顾吾浩的《农村城市化与保障农民利益问题》(《中国农村观察》1996 年第 6 期);顾海英的《21 世纪上海农业投资项目的政策分析》(《农业经济问题》1997 年第 8 期);周兆生的《农业产业化中投资因素的理论和案例分析》(《中国农村经济》1998 年第 9 期)等。

进入 21 世纪后,上海学者比较关注市场经济条件下,农业因资源配置而面临的挑战等问题。史清华、张改清的《试行"费改税"后农民负担问题研究——以山西省农村 203 个农户的调查为例》(《农业经济问题》2003 年第 8 期)指出对于推进农村共同富裕和降低农村经济发展不平衡性,费改税的政策效果不甚明显。陆铭、陈钊和严冀的《收益递增、发展战略与区域经济的分割》(《经济研究》2004 年第 1 期)认为中央政府的财政转移可以促使落后地区加入分工体系,改善收入分配和提高资源配置效率。高帆等的《中国各省份劳动生产率的收敛性》(《管理世界》2009 年第 1 期)通过研究 1978—2006 年间中国各省份劳动生产率增长的收敛性,发现劳动生产率增长率表现出东部领先下的有限收敛,劳动生产率绝对值则是东部占优条件下的相对发散。

随着新农村发展的进程不断推进,上海学者围绕乡镇企业发展、农业现代化、信息化建设、都市农业和农业示范园区等进行研究。主要有：张军、冯曲的《集体所有制乡镇企业改制的一个分析框架》(《经济研究》2000 年第 8 期)，田国强的《和谐社会构建与现代市场体系完善》(《经济研究》2007 年第 3 期)，于冷、吕新业的《上海科技服务新农村建设的现状、问题和方向》(《农业经济问题》2009 年第 3 期)等。为解决中国农村小规模家庭经营模式的弊端，上海学者从农村集体土地流转、农村城市化与工业化、土地需求等领域进行探讨。顾海英、赵德余的《农村集体建设用地流转的法律与产权问题》(《农业经济问题》2003 年第 10 期)认为有效解决农村建设用地流转过程中的问题，关键要从法律制度及管理上强化农民和集体经济组织对农村土地产权的行为能力。史清华等的《农民外出就业及遭遇的实证分析》(《中国农村经济》2004 年第 10 期)发现农地经营仍是中国农民就业的主要形式，但离土离乡外出就业越发成为农民就业和增收的主要途径。史清华的《谈判权、程序公平与征地制度改革》(《中国农村经济》2010 年第 12 期)基于征地谈判讨价还价博弈模型，提出现行征地程序安排的不公导致失地农民的天然不利地位。

围绕中国农业在加入 WTO 后面临的严峻挑战，上海学者进行了一系列研究，主要有：吴方卫的《国际贸易中战略性贸易保护的博弈分析——兼谈反倾销、特别保障措施和绿色壁垒》(《农业经济问题》2003 年第 10 期)，顾海英的《中日蔬菜贸易的格局、特征及融合》(《农业经济问题》2004 年第 1 期)等。随着中国粮食市场化改革不断推进，伍山林发表《中国粮食生产区域特征与成因研究——市场化改革以来的实证分析》(《经济研究》2000 年第 10 期)，仰炬等发表《我国粮食市场政府管制有效性：基于小麦的实证研究》(《经济研究》2008 年第 8 期)。在食用农产品的安全事件、禽流感疫情等层出不穷的背景下，上海学者结合中国农业标准化的现实，探讨农产品质量分等分级的理论依据和现实价值。主要有：于冷的《农业标准化与农产品质量分等分级》(《中国农村经济》2004 年第 7 期)、《对政府推进实施农业标准化的分析》(《农业经济问题》2007 年第 9 期)。

这一时期，还探讨了农业保险为农业提供风险保障问题，包括顾海英的《粮食订单的缔约难题及其合约改进》(《中国农村观察》2005 年第 4 期)，顾海英、史清华等的《1935 年以来中国农业保险制度研究的回顾与反思》(《农业经济问题》2006 年第 6 期)。

二、城乡发展与劳动力转移

中国在统筹城乡发展的过程中伴随着城镇化进程推进和城乡要素流动，不可避免地带来农村劳动力转移与就业等重要问题。农业经济学的学者不但研究城乡结构变化及经济增长与城乡劳动力转移的关系，还分析了城乡二元结构带来的农村劳动力收入变化问题。20 世纪 80 年代，围绕乡镇工业，上海学者也有一些研究成果。主要有冯剑松、杨宜树和朱卫平的《无锡乡镇工业超高速增长的思考》(《中国农村经济》1986 年第 4 期)，孙海鸣的《乡村生产要素的产业选择与我国乡镇工业的形成》(《经济研究》1986 年第 9 期)等。这一时期，针对城市对劳动力需求增加，城乡分割体制逐步松动，上海学者讨论人口流动和劳动力转移的理论障碍，以及应该解决的实际问题。张兆安等的《外省劳动力流入上海市郊区浅析》(《中国农村经济》1985 年第 10 期)指出在实行联产承包责任制以前，就已经存在外省劳动力流入上海市近郊的现象。罗首初的《劳动力流动和劳动制度改革刍议》(《中国社会科学》1986 年第 5 期)认为传统体制对微观当事者行为的扭曲是劳动力不流动与配置不经济的重要原因。

20 世纪 90 年代，上海学者主要讨论了城乡二元劳动供给主体的劳动供给特征、劳动力供求与收入的关系。奚正秋等的《九十年代上海农村劳动力合理配置研究》(《中国农村经济》1996 年第 8

期)认为农村劳动力的转移是一个世界性的普遍现象。王振的《发达地区乡镇企业的劳动力供求与工资决定》(《中国农村观察》1999年第4期)探讨了发达地区乡镇企业的工资决定机制以及各影响因素的作用。

2000年后,上海学者深入研究如何解决"三农"问题、消除二元社会经济结构,选择转化的路径等。主要有顾海英的《改革二元户籍制度、实现城乡一体化》(《农业经济问题》2002年第9期),陆铭、陈钊的《城市化、城市倾向的经济政策与城乡收入差距》(《经济研究》2004年第6期)。此外,农村劳动力转移、收入不平等、户籍制度等领域也备受关注。程名望、史清华和徐剑侠的《中国农村劳动力转移动因与障碍的一种解释》(《经济研究》2006年第4期)指出加强农村基础文化教育对中国农村劳动力转移具有深远的意义,性别、家庭收入水平和区位等因素的差异也对农村劳动力转移有较明显的影响。陈钊、陆铭的《从分割到融合:城乡经济增长与社会和谐的政治经济学》(《经济研究》2008年第1期)认为城乡分割的经济政策演变是倾向城市居民利益的决策结果;《谁进入了高收入行业?——关系、户籍与生产率的作用》(《经济研究》2009年第10期)指出要控制中国日益扩大的城镇居民收入差距,需打破劳动力市场的行业进入障碍。罗长远、张军的《经济发展中的劳动收入占比:基于中国产业数据的实证研究》(《中国社会科学》2009年第4期)发现产业结构变化和不同产业劳动收入占比同向变动,均加剧了劳动收入占比的波动。

三、农户行为、福利与农村贫困

农户行为是农业经济学的一项重要研究内容。2000年以后,上海学者在微观层面以实证研究等方法探讨了农户消费、储蓄、借贷、生育等行为。袁志刚、宋铮的《人口年龄结构、养老保险制度与最优储蓄率》(《经济研究》2000年第11期)解释了中国城镇居民消费倾向大幅下降的原因。朱国林、范建勇和严燕的《中国的消费不振与收入分配:理论和数据》(《经济研究》2002年第5期)建立了一个用于解释中国消费不振的理论框架。史清华发表《欠发达地区农民借贷行为的实证分析——山西745户农民家庭的借贷行为的调查》(《农业经济问题》2002年第10期)、《沿海与内地农户家庭储蓄借贷行为比较研究——以晋浙两省1986—2000年固定跟踪观察的农户为例》(《中国农村观察》2004年第2期)、《农户经济可持续发展研究:浙江十村千户变迁》(中国农业出版社2005年)、《农村家庭生育行为的博弈分析》(《农业经济问题》2006年第3期)、《中国农家行为研究》(中国农业出版社2009年)等。

朱喜的《农户金融抑制及其福利损失的计量分析》(《经济研究》2007年第2期)发现,土地面积、教育和医疗费用支出对农户资金需求具有显著的正向影响,金融资产余额对农户资金需求具有显著的负向影响。李丹等的"Consumption Fluctuations and Welfare: Evidence from China"(*World Development* 2010年第38期)分析改革开放前后中国各省消费风险分担机制,显示中国省际风险分担程度低于美国和其他OECD国家。陆铭等的《户籍制约下的居民消费》(《经济研究》2010年第1期)考察城镇移民和城镇居民在消费行为上的差异。

农村医疗、社会保障与教育等反映农村居民的生活质量水平,这些领域也成为上海学者2000年以后关注的重点。在农村医疗的研究方面,左学金、胡苏云的《城镇医疗保险制度改革:政府与市场的作用》(《中国社会科学》2001年第5期)认为进一步引入市场机制,提高医疗服务资源的利用效率,是中国城镇医疗保险制度改革的关键。封进等的《中国农村医疗保障制度的补偿模式研究》(《经济研究》2009年第4期)发现治疗费用、疾病特征和治疗的机会成本等因素对治疗方式的选择有显著的影响;《新型农村合作医疗对县村两级医疗价格的影响》(《经济研究》2010 年第 11 期)指出新农合对村诊所的价格没有明显影响,但会导致县医院价格上涨。

在农村社会养老保险的研究方面,袁志刚的《中国养老保险体系选择的经济学分析》(《经济研究》2001 年第 5 期)比较了现收现付制和个人积累制的运行机制,并就中国养老保险体系转轨及其均衡运行提出了几点思考。封进的《中国养老保险体系改革的福利经济学分析》(《经济研究》2004 年第 2 期)指出中国养老保险体系可以选择现收现付制为主的体系。何立新等的《养老保险改革对家庭储蓄率的影响：中国的经验证据》(《经济研究》2008 年第 10 期)表明养老金财富对家庭储蓄存在显著的替代效应,该效应在不同家庭有明显差异。杨发祥《新型农村社会养老保险制度的实践模式及其优化策略》(《学术界》2010 年第 7 期)认为,新型农村社会养老保险制度的实践模式存在诸多约束性条件,需要在制度整合策略、农保基金征管与养老待遇提升等方面实施优化创新。在农村教育研究方面,陆铭发表《教育的公平与效率是鱼和熊掌吗——基础教育财政的一般均衡分析》(《中国社会科学》2005 年第 6 期)。周亚虹等的《从农村职业教育看人力资本对农村家庭的贡献——基于苏北农村家庭微观数据的实证分析》(《经济研究》2010 年第 8 期)发现农村职业教育对农村家庭收入有显著的作用,平均回报率基本与国际一致。

经济转型带来的收入差距和贫困问题成为农业经济学领域所关注的问题之一,上海学者结合经济学、社会学、人口学、政治学等交叉学科进行了探讨。陆铭等的《全球化与地区间收入差距：来自中国的证据》(《中国社会科学》2005 年第 3 期)指出全球化对于地区间收入差距的贡献显著为正并随时间加强,资本是地区间收入差距的最为主要且日益重要的因素。田国强等发表《对"幸福—收入之谜"的一个解答》(《经济研究》2006 年第 11 期)、《贫富差别、城市化与经济增长——一个基于需求因素的经济学分析》(《经济研究》2009 年第 1 期)。还有封进、余央央的《中国农村的收入差距与健康》(《经济研究》2007 年第 1 期),范剑勇、张雁则的《经济地理与地区间工资差异》(《经济研究》2009 年第 8 期),汪立鑫、王彬彬和黄文佳的《中国城市政府户籍限制政策的一个解释模型：增长与民生的权衡》(《经济研究》2010 年第 11 期)等。

第九节　资源环境经济学

一、资源经济学

土地作为重要的经济资源,20 世纪 80 年代开始就是研究重点。此外,农业资源、矿产资源等也是关注对象,资源配置、人力资本与其他资源结合等综合研究也逐渐成为重点。

土地资源研究方面,1985 年,李慧中的《社会主义土地收费来源》(《经济研究》第 10 期)从土地资源的收费着手研究,认为应将企业上缴税收总额中划出一部分刺激提高利用土地的效益。20 世纪 90 年代,张薰华的《土地与环境》(《中国土地科学》1995 年第 4 期)从广义土地的概念出发,分别阐述土地与环境各层次间的相互关系,提出土地利用与保护方面应注意的问题。2005 年,杨朝军、廖士光的《"批租制"下中国地产投资价值研究》(《经济研究》第 9 期)认为地产是一种金融资产,具有投资增值特性。同年,许庆、章元的《土地调整、地权稳定性与农民长期投资激励》(《经济研究》第 10 期)发现"减人减地"使减地农户的第一类长期投资大幅度下降,但对农户的农家肥使用量没有影响,"增人增地"对于增地农户的任何长期投资都没有影响。

关于农业资源的合理使用也有不少成果,一些研究关注海外矿产资源战略。针对"小农业""小粮食”的农业生产面临的问题，何桂庭、许辛与凌岩等的《关于我国农业现代化的几个战略决策》(《经济研究》1982年第3期)提出中国农业现代化要从我国农业资源情况和农业特点出发，探索具有中国特色的合适的发展方向。潘明的《积极开拓国外资源基地——沿海工业城市一项重要资源战略》(《经济研究》1986年第1期)认为面对资源短缺的矛盾，要开拓长期稳定的国外资源基地，解决本国和本地区资源短缺。伍山林的《中国粮食生产区域特征与成因研究——市场化改革以来的实证分析》(《经济研究》2000年第10期)认为中国粮食生产具有稳定的区域变化特征，农村人均耕地资源与非农产业就业劳力是粮食生产区域特征的重要影响因素。

20世纪90年代中期后，上海学者开始重视资源配置方式的研究。俞忠英的《资源配置费用与中国经济体制的选择》(《经济研究》1995年第3期)从资源配置费用和其构成、资源配置费用与传统计划经济体制、资源配置费用与传统经济体制的改革，以及资源配置费用与中国经济体制走向四个角度，分析了资源配置费用与中国经济体制的选择。殷醒民的《论中国制造业的产业集中和资源配置效益》(《经济研究》1996年第1期)考察了20世纪80年代以来经济效益和工业集中度的关系，指出中国经济仍未摆脱高速低效的粗放型发展方式。陈诗一的《中国的绿色工业革命：基于环境全要素生产率视角的解释(1980—2008)》(《经济研究》2010年第11期)重新估算了改革以来中国工业全要素生产率。袁志刚、解栋栋的《统筹城乡发展：人力资本与土地资本的协调再配置》(《经济学家》2010年第8期)指出生产要素间的互补性要求人力资本、土地资本在重新配置过程中相互协调，经济发展战略、土地制度、社会保障等制度要素应起到这种协调的作用。

二、环境经济学

改革开放后到21世纪前，环境经济学主要围绕环境经济的规律、环境污染与治理等角度进行研究。进入21世纪后，随着环境问题的日益突出，资源的日益紧缺，上海学者在环境经济学领域围绕循环经济和生态文明建设等方面，开展了大量的研究。

循环经济与生态文明建设是21世纪以来资源环境经济学研究重点方向之一。2005年，诸大建、臧漫丹、朱远的《C模式：中国发展循环经济的战略选择》(《中国人口、资源与环境》2005年第6期)运用生态效率的概念，揭示了循环经济减物质化的本质，指出适合中国的循环经济发展模式——C模式。曾刚的《基于生态文明的区域发展新模式与新路径》(《云南师范大学学报》2009年第5期)以上海崇明生态岛的建设为例，指出基于生态文明的区域发展将解决上海落后地区对外依存度过高的问题，也为其他落后地区提供可资借鉴的新模式。陈学明的《在马克思主义指导下进行生态文明建设》(《江苏社会科学》2010年第5期)从西方生态马克思主义研究出发，认为面对当今世界的生态危机，必须坚持马克思主义的生态世界观进行生态文明建设。

其他研究方面，陈敏之的《环境经济的若干问题》(《经济研究》1980年第10期)讨论了先污染后治理是否符合客观规律、自然资源的合理利用、技术合理性与经济合理性的统一、立法与管理等内容。张薰华的《试论环境经济规律》(《经济研究》1987年第2期)从生态规律和生态经济规律两个角度进行解释。戴星翼的《以健康的城市化缓解环境发展矛盾》(《解放日报》理论版2009年9月13日)认为健康的城市化不能以剥夺农村为手段发展城市。张征宇、朱平芳的《地方环境支出的实证研究》(《经济研究》2010年第5期)基于2002—2006年中国276个地级市构成的面板数据，检验了地方政府在环境政策上的竞争和博弈行为。

三、能源经济学

能源经济学是 21 世纪后资源经济学重要研究方向，上海学者推出不少研究成果。2000 年以后，一些研究以能源本身的生产、转移、消费，或以某种能源为重点。吴力波等的"Dynamics of energy-related CO_2 emissions in China during1980 to 2002: The relative importance of energy supply-side and demand-side effects"(*Energy Policy* 2006 年 9 月)比较了传统能源需求侧的影响因素和新定义的能源供给侧影响因素之间的相关性。陈诗一的《能源消耗、二氧化碳排放与中国工业的可持续发展》(《经济研究》2009 年第 4 期)讨论了以高能耗和高排放为特征的中国工业的可持续发展问题。唐伟奇、吴力波、张中祥的"Oil price shocks and their short- and long-term effects on the Chinese economy"(*Energy Economics* 2010 年 1 月)认为石油价格对出口和投资呈负向关系，对通货膨胀和利率呈正向关系。

围绕节能减排与可持续发展，张中祥的"Is it fair to treat China as a Christmas tree to hang everybody's complaints? Putting its own energy saving into perspective"(*Energy Economics* 2009 年 3 月)讨论了对中国在能源消耗问题上的指责是否公平。陈诗一的《节能减排与中国工业的双赢发展：2009—2049》(《经济研究》2010 年第 3 期)模拟分析了 2009—2049 年节能减排与中国工业的损失和收益，找到了通向中国未来双赢发展的最优节能减排路径。陈诗一的《节能减排、结构调整与工业发展方式转变研究》(北京大学出版社 2010 年)多角度探讨了节能减排和转变经济发展方式的主题。

第十节　区域经济学

一、区域经济原理与发展模式

夏禹龙、冯浚的《梯度理论与区域发展》(《研究与建议》1982 年第 8 期)，是中国学者第一次引入区域经济学理论研究国内的现实问题，之后相继有学者发表文章与之商榷，区域经济学理论逐渐为国内学者所关注。黄大明、胡润松、金志的《开展经济技术协作发挥沿海城市作用》(《经济研究》1983 年第 3 期)指出跨区域的经济技术协作可以实现把先进技术水平转化为社会平均技术水平，把先进劳动生产率转化为社会平均劳动生产率，是城市辐射作用的早期表达。杨万钟的《关于生产(力)布局一般规律问题的探讨》(《经济地理》1982 年第 2 期)从生产发展与生产力布局，集中与分散，地区专门化与综合发展，选址对原料、燃料和市场的考虑，生态系统的平衡等方面探讨了生产(力)布局的客观规律。

袁恩桢的《温州模式与富裕之路》(上海社会科学院出版社 1987 年)深入分析了区域经济发展的要素，认为温州逐步发展起来的"横向经济联系"率先冲垮了"条块"分割藩篱，逐步形成了辐射四方的专业市场。此外，《袁恩桢文集》(上海人民出版社 2003 年)在国有企业改革与发展以及社会主义市场经济理论等研究领域提出了开创性的理论。周振华的《崛起中的全球城市——理论框架及中国模式研究》(上海人民出版社 2008 年)，指出全球城市作为世界经济体系的重要节点并不是一成不变的，而是一个"演化过程"。

二、区域经济发展规划

从事区域经济学(含城市经济学)研究的上海学者,积极投身到区域经济发展的谋划之中。他们的行动和成果直接指导和影响了上海市的区域发展,也为区域经济学学科的理论发展积淀了实践资料。1993 年,上海市委、市政府敏锐地认识到将上海建成全球经济中心城市的机遇,成立了专门的课题组,成员包括蔡来兴、王战、王新奎、王沪宁、杨雄、胡延照、张广生等,以及来自国内外的600 余位专家、学者和政府官员,集合了上海各界智慧,最终形成《迈向 21 世纪的上海:1996 年—2010 年上海经济、社会发展战略》(上海人民出版社 1995 年)。该书运用区域经济学的极化与扩散、梯度推进、开放创新等理论,提出自由贸易区产业转型升级和优化空间布局等战略举措,是区域经济学指导实践的重要成果。姚锡棠主编的《迈向 21 世纪的浦东新区——发展战略研究》(上海人民出版社 1994 年)、专著《浦东崛起与长江流域经济发展》(上海科学技术出版社 1995 年)也是区域经济学指导城市和区域发展战略研究的重要成果。

三、区域经济结构

2000 年之前,要素空间分布和区域经济的空间结构是研究重点。汤建中、严重敏的《上海市经济发展的空间分析》(《地理研究》1985 年第 9 期)指出上海城镇化过程发展很快,已经形成了由中心城市、近郊工业区、远郊卫星城镇、县城或县属镇、乡所在地或农场集镇 5 个等级的城镇空间结构。王桂新的《中国人口分布与区域经济发展》(华东师范大学出版社 1997 年)以 1949 年以来的人口分布与区域经济发展问题为研究对象,揭示了人口分布与区域发展的相互作用、耦合联动的内在机理和空间演进规律。

2000 年之后,产业集聚和区域专业化逐渐成为区域经济学研究的热点。林理升、王晔倩的《运输成本、劳动力流动与制造业区域分布》(《经济研究》2006 年第 3 期)分析了中国特有条件下运输成本和劳动力流动对制造业区域发展不平衡的影响。金煜、陈钊和陆铭的《中国的地区工业集聚:经济地理、新经济地理与经济政策》(《经济研究》2006 年第 4 期)讨论了共同导致工业集聚的经济地理和经济政策因素,为新经济地理学理论提供了证据。范剑勇的《产业集聚与地区间劳动生产率差异》(《经济研究》2006 年第 11 期)指出非农产业规模报酬递增地方化是产业集聚的源泉,提高了区域劳动生产率,进而对地区差距产生持久的影响。樊福卓的《地区专业化的度量》(《经济研究》2007 年第 9 期)构造了地区专业化的度量指标。

区域经济发展的差异及其变化是国内区域经济学关注的另一热点。罗守贵、高汝熹的《改革开放以来中国经济发展及居民收入区域差异变动研究——三种区域基尼系数的实证及对比》(《管理世界》2005 年第 11 期)显示中国的区域差异度处于很高水平,基于区域人均 GDP 的区域基尼系数相当于发达国家的 3 倍以上,并有持续上升之势。高帆、石磊的《中国各省份劳动生产率增长的收敛性:1978—2006 年》(《管理世界》2009 年第 1 期)发现劳动生产率增长率表现为东部领先背景下的有限收敛,劳动生产率绝对值则表现为东部占优条件下的相对发散,在 1993 年之后这种格局有相对增强态势。范剑勇、张雁的《经济地理与地区间工资差异》(《经济研究》2009 年第 8 期)通过引力模型计算了衡量各地级城市空间需求大小的市场准入,解释了地级城市间的职工工资差异。张学良的《长三角地区经济收敛及其作用机制:1993—2006》(《世界经济》2010 年第 3 期)将长三角地区的经济增长分解为物质资本积累、效率改善、技术进步和人力资本投入四部分。干春晖、郑若谷的《中国地区经济差距演变及其产业分解》(《中国工业经济》2010 年第 6 期)分析了中国改革开放以来的地区经济差距问题。

四、区域经济发展

关于影响区域经济增长与发展原因的研究,陆铭、陈钊的《分割市场的经济增长——为什么经济开放可能加剧地方保护?》(《经济研究》2009 年第 3 期)发现,分割市场对于当地即期和未来的经济增长具有倒 U 形的影响。范剑勇、谢强强的《地区间产业分布的本地市场效应及其对区域协调发展的启示》(《经济研究》2010 年第 4 期)在新经济地理的"中心—外围"模型之外,给出了产业集聚的"本地市场效应"。这一时期还研究了与区域经济发展相关的各种指标评价和评估体系。罗守贵、高汝熹等的《上海知识经济发展及科技进步指标体系研究》(第六届上海市决策咨询研究成果奖项目,2008 年)立足上海,结合世界知识经济发展与科技进步的趋势,研究制定了一套科学的评价指标体系。朱平芳、徐大丰的《中国城市人力资本的估算》(《经济研究》2007 年第 9 期)明确了单位人力资本的概念,提出关于人力资本估算的可实现框架。

五、城市经济学

1995 年,周华的《增长轴心转移:中国进入城市化推动型经济增长阶段》(《经济研究》1995 年第 5 期)分析了中国 20 世纪 90 年代经济增长的新变化,认为中国经济增长轴心出现了转移,由消费品需求拉动转向了城市化推动的经济增长阶段。

2000 年前后,人口流动、城市化和城乡二元等广受学者关注。宁越敏的《新城市化进程——90 年代中国城市化动力机制和特点探讨》(《地理学报》1998 年第 9 期)从政府、企业、个人三个城市化主体的角度分析 20 世纪 90 年代中国城市化的动力机制和特点。夏纪军,程名望、史清华、徐剑侠和汪立鑫、王彬彬、黄文佳从不同视角分析劳动力城乡转移动因和户籍制度的相互作用,分析国家和区域户籍限制政策的原因和利弊,相关成果有《人口流动性、公共收入与支出——户籍制度变迁动因分析》(《经济研究》2004 年第 10 期)、《中国农村劳动力转移动因与障碍的一种解释》(《经济研究》2006 年第 4 期)、《中国城市政府户籍限制政策的一个解释模型:增长与民生的权衡》(《经济研究》2010 年第 11 期)。陆铭、陈钊,沈凌、田国强运用区域经济学方法和数理分析的手段,探讨城市化相关问题,分别发表《城市化、城市倾向的经济政策与城乡收入差距》(《经济研究》2004 年第 6 期)、《贫富差别、城市化与经济增长——一个基于需求因素的经济学分析》(《经济研究》2009 年第 1 期)。高帆的《论二元经济结构的转化趋向》(《经济研究》2005 年第 9 期)阐述了二元经济结构转变体现为工业化,以及在此基础上的服务业兴起和城市化水平提高的过程。

第十一节　国际经济学(世界经济)

一、经济全球化与一体化

早期上海学者在研究全球经济一体化方面,主要集中在针对一体化的概念在内涵和外延上的创新，以及对一体化原因的探讨。张幼文等的《世界经济一体化进程》(学林出版社 1999 年)指出，世界经济一体化主要包括市场一体化、资本一体化、生产一体化等核心内容，是不可抗拒的潮流。华民的《新经济的周期变动与 IT 产业国际分工的重组》(《国际经济评论》2002 年第 Z2 期)认为科技革命是世界经济一体化的内在动力。华民、于换军、孙伊然、陆志明的《从欧元看货币一体化的发展前景》(《世界经济》2005 年第 5 期)针对欧元区货币一体化效应进行深入分析，指出欧元区货币一体化对该地区经济发展所起的作用弊大于利。张幼文、金芳等的《世界经济学》(立信会计出版社 2004 年)指出，贸易自由化、金融国际化和生产一体化是世界经济一体化的主要内容。

在全球经济一体化的背景下，各国和地区之间都有一定的经济联系，随着国际经济往来、生产力发展和技术进步，国际分工越来越细化和专业化，上海学者针对国际分工理论进行深入研究，重点关注中国经济发展过程中国际分工的重要作用和地位。其中，陈琦伟的《国际竞争论》(学林出版社 1986 年)对传统国际分工理论的探讨与分析，提出一种新理论——国际竞争型分工论。孙维炎的《中国企业跨国经营的发展战略》(《管理世界》1992 年第 1 期)指出跨国公司内部的专业化国际分工是生产与流通过程的统一，是以生产资本为中心的产业资本的跨国运动。夏申发表《论规模经济条件下的国际贸易》(《世界经济》1994 年第 7 期)。张幼文的《知识经济的生产要素及其国际分布》(《中国工业经济》2002 年第 8 期)指出生产要素对一国国际分工地位有重要作用，拥有体现先进生产力的生产要素的国家可以获得在国际分工体系中的主导地位。金芳的《全球化经营与当代国际分工》(上海人民出版社 2006 年)认为跨国公司内部分工体系与国际市场外部分工体系之间互为作用、互为替代的关系。

全球经济一体化加剧资本国际化和跨国公司的发展，均促使世界市场进一步拓展到经济全球化时代，经济全球化的发展使世界市场由狭义的世界市场发展为广义的世界市场，上海学者在此背景下针对生产国际化、资本国际化等世界市场相关理论展开深入研究。包括陈建樑的《从世界黄金市场话说我国开放黄金市场》(《世界经济》1994 年第 4 期)、张幼文的《生产国际化与开放经济》(《学术月刊》1997 年第 3 期)、华民的《经济全球化与中国的对外开放》(《学术月刊》2007 年第 7 期)等。

二、国际贸易问题

20 世纪 80 年代，上海理论界关于国际贸易理论探讨就已展开，随着经济全球化步伐加快，研究范围逐渐展开，主要针对国际贸易的产生、国际贸易的发展、国际贸易理论如服务贸易和加工贸易以及国际贸易政策与措施等。1984 年，褚葆一、张幼文发表《科技革命与生产的国际关系》(《世界经济》第 8 期)，樊勇明发表《新技术革命中的日美经济贸易摩擦》(《世界经济》第 8 期)。1986 年，周八骏的《国际金融学的方法论基础》(《世界经济》第 2 期)指出国际金融学与国际贸易学说关系的演变，取决于世界经济的客观进程及其研究对象。徐子旺的《市场一体化、贸易流的结构变化与西欧工业结构的老化》(《经济研究》第 4 期)指出共同体的建立是当时西欧地区相对落后于美国、日本的重要原因。同年，卢金豪发表《国际贸易中的国营贸易理论和实践》(《世界经济》第 10 期)。张幼文的《社会主义初级阶段的国际经济环境》(《世界经济》1989 年第 3 期)指出社会主义经济的改革与开放是国际经济环境压力的产物。林进成的《论世界经济增长中心的转移》(《世界经济》1994 年第 3 期)认为中国与世界经济中心国(美国)的贸易和自身经济有持续发展的巨大潜能，可能会成为下一个世界经济中心。此外，还有胡永刚的《价值规律在国际市场的应用及其变异》(《世界经济》1998 年第 4 期)，陈宪的《国际贸易理论与实务》(高等教育出版社、上海社会科学院出版社 2000 年)，沈国兵的《贸易统计差异与中美贸易平衡问题》(《经济研究》2005 年第 6 期),沈玉良的《中国国际加工贸易模式研究》(上海人民出版社 2007 年)、《上海国际贸易中心建设研究》(上海人民出版社 2009 年),常中阳等的《技术领先会持续吗——非择时无溢出 R&D 竞争研究综述》(《经济研究》2010 年第 12 期)等。

随着对经济的不断发展与理论研究的深入,贸易和投资之间同一行为主体不同选择的特征逐渐显现,上海理论界开始对国际投资理论进行深入研究,主要在针对国际投资市场的风险和策略、上海建立国际金融中心的可能与问题、资本过度流动的弊端以及国际资本市场开放等方面展开。相关成果主要有田素华的《中国证券市场国际比较的实证研究与开放策略》(《经济研究》2001 年第 9 期),罗长远等的《外国直接投资、国内资本与投资者甄别机制》(《经济研究》2003 年第 9 期),潘英丽的《中国国际金融中心的崛起：沪港的目标定位与分工》(《世界经济》2003 年第 8 期),牛晓健的《资本管制、外商投资与最优税差——对中国转型时期过渡性资本外逃的研究》(《经济研究》2005 年第 4 期),李小平、朱钟棣的《国际贸易、R&D 溢出和生产率增长》(《经济研究》2006 年第 2 期),薛求知、罗来军的《技术引入和技术学习——外资企业与内资企业技术空间博弈》(《经济研究》2006 年第 9 期),蒋舒等的《国际市场、投机者心理和跨市套利：中国期货市场的考察》(《世界经济》2007 年第 4 期),李巍的《资本账户开放、金融发展和经济金融不稳定的国际经验分析》(《世界经济》2008 年第 3 期)等。

传统国际贸易理论建立在货物贸易基础上。服务经济与服务贸易快速发展,要求重新分解国际贸易研究对象,进一步拓展研究的边界。陈宪、程大中的《国际服务贸易中的政府行为》(《国际贸易问题》1999 年第 12 期)分析了国际服务贸易中的政府行为。两人还合作有《服务贸易理论研究：现实基础、总体状况及初步设想》(《上海经济研究》2000 年第 12 期)、《服务贸易的发展与中国“入世”后的对策》(《上海经济研究》2002 年第 4 期)、《服务贸易的发展：上海的经验》(《上海经济研究》2003 年第 10 期)。陈宪的《国际服务贸易：原理、政策、产业》(立信会计出版社 2003 年)从服务经济的基本范畴出发,着重介绍了国际服务贸易的概念与分类,国际服务贸易的基本理论、保护政策和规则协定,以及服务业外商直接投资与国际服务外包的基本概况。

程大中的《中国服务贸易显性比较优势与“入世”承诺减让的实证研究》(《管理世界》2003 年第 7 期)发现中国与其他经济体相比,其服务贸易在总体上均处于很弱的竞争地位。俞灵燕的《服务贸易壁垒及其影响的量度：国外研究的一个综述》(《世界经济》2005 年第 4 期)回顾了包括服务贸易壁垒的确认以及削减服务贸易壁垒的影响。在国际服务贸易最新发展趋势的基础上,陈宪、殷凤的《服务贸易：国际特征与中国竞争力》(《财贸经济》2008 年第 1 期)分析了中国服务贸易的发展现状与国际竞争力。殷凤、陈宪的《国际服务贸易影响因素与我国服务贸易国际竞争力研究》(《国际贸易问题》2009 年第 2 期)实证研究了服务贸易的影响因素。程大中还发表了《中国生产性服务业的水平、结构及影响——基于投入—产出法的国际比较研究》(《经济研究》2008 年第 1 期)。

国际贸易政策协调是最近几十年间发展起来的国际经济学的一个重要分支,日益受到上海理论界的广泛关注。主要集中在贸易改革、贸易体制、贸易摩擦和贸易壁垒等方面研究,并据此对中国在入世后如何调整国际贸易政策等问题给出政策建议。主要有尹翔硕的《中国对外贸易改革的进程和效果》(山西经济出版社 1998 年),姜波克等的《开放经济下的政策搭配》(复旦大学出版社 1999 年),沈玉良的《多边贸易体制与我国经济制度变迁》(上海社会科学院出版社 2003 年)。国际贸易政策的研究主要集中探讨在对贸易规则、贸易摩擦、反倾销等问题,包括朱钟棣、鲍晓华的《反倾销措施对产业的关联影响——反倾销税价格效应的投入产出分析》(《经济研究》2004 年第 1 期)、

《技术性贸易壁垒的测量及其对中国进口贸易的影响》(《世界经济》2006年第7期)、《贸易政治经济学在中国的适用性检验：以技术性贸易壁垒为例》(《管理世界》2006年第1期),张建新的《权力与经济增长》(上海人民出版社2006年),彭立志等的《不完全信息、反倾销威胁与最优出口贸易政策》(《经济研究》2006年第6期),鲍晓华的《倾销措施的贸易救济效果评估》(《经济研究》2007年第2期)、《技术性贸易壁垒的经济效应和政策选择》(上海财经大学出版社2007年),车维汉、贾利军的《国际贸易冲击效应与中国宏观经济波动：1978—2005》(《世界经济》2008年第4期),尹翔硕等的《国际贸易摩擦的成因及化解途径》(复旦大学出版社2009年)等。

三、国际金融

20世纪80年代初起,上海学者一直关注国际金融问题的研究。主要集中在国际货币理论、国际汇兑和结算、国际收支等方面。

关于国际货币相关理论的研究,大都集中在国际货币体系的发展、国际储备问题、人民币自由兑换问题及中国加入WTO后给沪港金融中心的作用等,包括余壮的《试论美元在八十年代的国际作用》(《世界经济》1981年第2期),叶世昌的《对"论货币形式发展的新阶段"的一点不同意见》(《中国社会科学》1982年第5期),陈彪如的《国际货币体系的最新发展》(《世界经济》1982年第4期)、《国际金融概论》(华东师范大学出版社1988年)。陈其人的《论纸币流通规律是金币流通规律的颠倒——兼评几种有关的货币理论》(《经济研究》1993年第5期)剖析纸币流通与金币流通规律的不同之处。姜波克的《关于人民币自由兑换的几个问题》(《中国社会科学》1994年第3期)则结合中国实际经济状况指出人民币自由兑换的时机尚不成熟。姜波克、李心丹的《货币替代的理论分析》(《中国社会科学》1998年第3期)认为货币替代会严重影响甚至中止人民币走向自由兑换的进程。孙立坚等的《关于中国"通缩出口"论的真伪性检验》(《经济研究》2003年第11期)指出中国"通缩出口"论忽略进出口企业的定价能力等微观要素不符合现实情况。

【汇率理论与制度】

上海学者关于汇率理论的相关研究较丰富,最早可追溯至20世纪80年代,研究主要集中在人民币汇率机制的选择问题、汇率政策的设定以及如何做到外汇市场均衡等。陈建梁的《汇率理论与人民币汇率制度》(《中国社会科学》1986年第4期)认为中国应以全部出口商品和劳务的国内外价格对比为基准确定人民币的平价汇率。1989年,潘英丽发表《论发展中国家的汇率制度选择》(《世界经济》第7期)。

进入20世纪90年代,中国两重汇率制度的研究逐步成熟,萧高励的《两重汇率制度中的外汇市场均衡》(《经济研究》1992年第6期)运用模型探讨外汇市场的均衡及其变动趋势,并比较研究单一汇制与双重汇制中的外汇交易量。1993年和1994年中国实行了以反通货膨胀为主要目标的宏观货币调控,在此背景下,姜波克的《论中国外汇管制的长期性》(《经济研究》1994年第3期)指出外汇管制应当不断地进行改进,不可直接取消。次年,姜波克的《开放经济下的货币调控和政策搭配》(《中国社会科学》1995年第6期)又论证了在开放经济的条件下,稳定汇率和控制货币供应这两个目标不能仅通过使用货币政策实现,中央银行须针对不同的经济形势采用适当政策组合。其论著《国际金融学》(高等教育出版社1999年)介绍了开放经济在运行中为什么会面临内外均衡问题以及如何通过政策搭配内外均衡等问题。此外,姜波克还发表《均衡汇率理论和政策的新框架》(《中国社会科学》2006 年第 1 期)以及《均衡汇率理论和政策新框架的再探索》(《复旦学报》2007 年第 2 期)。

陈学彬的《近期人民币实际汇率变动态势分析——兼谈分析实际汇率应注意的问题》(《经济研究》1999 年第 1 期)认为当时人民币对美元实际汇率被低估,人民币对其他一些货币汇率被高估。其《中国出口汇率传递率和盯市能力的实证研究》(《经济研究》2007 年第 12 期)发现具有传统比较优势的劳动密集型行业具备超强的盯市能力,以加工贸易为特征的一些高科技制造业存在不完全汇率传递现象。戴国强的《论我国货币市场发展的目标及路径》(《经济研究》2001 年第 5 期)认为应在加快人民币汇率决定机制改革的同时,逐步建立外汇平准基金。孙立坚的《对外开放和经济波动的关联性检验——中国和东亚新兴市场国家的案例》(《经济研究》2005 年第 6 期)指出,汇率制度、金融市场的开放程度以及资本市场的发展状况对经济波动都有很大的影响。卢向前等的《人民币实际汇率波动对我国进出口的影响:1994—2003》(《经济研究》2005 年第 5 期)指出在长期人民币汇率升值的趋势下,中国货币当局应当选择经济处于上行阶段时调整汇率,以降低其负面影响。

孙茂辉的《人民币自然均衡实际汇率:1978—2004》(《经济研究》2006 年第 11 期)认为人民币存在一定程度的低估,但汇率失调程度趋向收敛。毕玉江的《人民币汇率变动对中国商品出口价格的传递效应》(《世界经济》2007 年第 5 期)指出中国商品出口价格的汇率传递程度是不完全的,不同分类之间差异较大。冉生欣的《论不对称总需求冲击下的货币政策博弈与汇率稳定》(《经济研究》2007 年第 10 期)研究了国家集团之间货币政策博弈的均衡问题,探讨中国应对当时经济冲击的宏观经济政策取向。姚斌的《人民币汇率制度选择的研究—基于福利的数量分析》(《经济研究》2007 年第 11 期)则认为人民币汇率制度应该向着更具灵活性的战略方向发展。周宇的《人民币汇率机制》(上海社会科学院出版社 2007 年)从不同侧面考察时代和环境变化给人民币汇率机制带来的深远影响。刘尧成等的《人民币汇率变动对我国贸易差额的动态影响》(《经济研究》2010 年第 5 期)发现人民币汇率升值对于抑制中国的贸易顺差作用明显,应注重发挥汇率调节作用。

【国际收支调节理论】

国际收支调节理论是国际金融理论的重要组成部分,上海学者通过研究中国国际收支调节中出现的各种问题,分析国际收支不平衡的原因、如何适时调节政策以保持国际收支平衡等,不仅推动国际收支理论的发展,而且还为国际收支问题提供解决方案。

奚君羊的《国际收支平衡的政策选择》(《世界经济》1989 年第 10 期)指出采取调节政策或融资政策均是利弊同存,需根据不同时期和条件寻找最优的组合。华民的《中国开放经济下的宏观非均衡分析》(《经济研究》1997 年第 11 期)认为现行中国的经济结构下,不可能实现各市场的同时均衡,应当对劳动力市场、厂商、国际收支和市场需求等方面进行结构调整。陈学彬的《国际收支平衡与货币贬值效应博弈分析》(《经济研究》1998 年第 5 期)指出中国出口的长期增长不能寄希望于人民币的贬值,应依靠科技进步和体制改革,加速产业调整和产品的升级换代。丁剑平等的《中国与全球国际收支:近期现状和展望》(《世界经济》2005 年第 3 期)则认为中国贸易收支和资本金融项目的“双顺差”必然引起美国等国的关注,并以各种反倾销的方式阻止中国出口。周宇的《中国资本项目开放政策调整的动因及内容》(《世界经济研究》2008 年第 10 期)指出 2001 年以后随着人民币升值压力的出现,资本项目开放政策开始进入调整阶段。

四、国际要素流动理论

上海学者关于生产要素国际流动的研究存在两条路径，一是在经典国际贸易理论的分析框架下分析资本和劳动力等生产要素的跨国流动；二是在脱离传统贸易理论分析框架下，针对跨国企业投资动因与规律的探索。

【资本和劳动力的国际流动】

潘明的《积极开拓国外资源基地——沿海工业城市一项重要的资源战略》(《经济研究》1986年第1期)认为中国资源短缺突出的沿海城市应面向世界，通过国际市场的大平衡解决自身发展所需资源的困境。肖高励的《国际租赁的现况及发展趋势》(《世界经济》1986年第6期)指出租赁已经大规模地穿越国界而国际化。针对政府怎样设计财政政策，以及促进国际资本的有效流动等，董勤发的《关于国际资本有效流动的财政理论与政策》(《世界经济》1998年第1期)从理论与政策上进行探讨。唐海燕的《产品内国际分工与发展中国家的价值链提升》(《经济研究》2009年第9期)发现在满足人力资本、服务质量，以及制度环境等支持性条件下，产品内国际分工对于价值链提升具有显著的推动作用。王云飞的《贸易发展、劳动力市场扭曲与要素收入分配效应：基于特定要素的短期分析》(《世界经济》2009年第1期)则在国际贸易的特定要素模型引入劳动力市场均衡条件，指出如果不考虑其他条件的变化，中国城市制造业产品的贸易发展会提高劳动力和资本的报酬。

【跨国公司理论】

张祖谦的《发展中国家和地区跨国公司的崛起》(《世界经济》1984年第11期)探讨了发展中国家和地区跨国公司崛起的新现象。胡勇杰的《公司内国际贸易及研究的重要性》(《世界经济》1988年第5期)指出公司内贸易已成为各国发展对外贸易的重要渠道，发展中国家需要通过公司内跨国贸易增加贸易利得。朱钟棣的《跨国公司最新发展动态评析》(《世界经济》1994年第8期)认为跨国公司在纠正经营管理和企业文化的误区，形成对传统经营模式和观念的全面冲击。叶刚的《大型跨国公司的全球战略及其启示》(《世界经济》1994年第8期)主要研究跨国公司空前发展的新现象。此外还有薛求知的《国际市场营销管理》(复旦大学出版社1994年)、《东道国腐败对跨国公司进入模式的影响研究》(《经济研究》2008年第4期)，储玉坤的《跨国公司与国际贸易关系进入新阶段》(《世界经济》1997年第11期)，陈荣辉的《跨国经营企业的内部贸易研究》(《中国社会科学》1999年第1期)，金芳的《双赢游戏：外国直接投资激励政策》(高等教育出版社、上海社会科学院出版社1999年)等。

五、国际经济危机

20世纪80年代初起，上海学者对经济危机进行了研究，包括经济危机基础理论、经济危机反思、经济危机成因、经济危机预测等多个方面。周建平的《战后资本主义经济危机新特点及其形成原因》(《经济研究》1982年第10期)认为战后经济危机的发展使资本主义世界的一切矛盾更加尖锐。他的《战后资本主义经济发展新的不平衡与矛盾的日益尖锐化》(《经济研究》1983年第10期)指出战后帝国主义国家间的矛盾更直接和深刻，战后生产和资本国际化的发展又使它们的经济相互依赖程度加深。陈其人的《国家垄断资本主义条件下经济危机变形的原因》(《经济研究》1984 年第 7 期)认为国家垄断资本主义的发展深化了爆发危机的矛盾。王军的《货币危机的微观理论及政策建议》(《经济研究》1998 年第 3 期)从技术角度分析,为防范货币危机提供政策建议。李剑的《国际金融市场不稳定性及其道德风险——东亚金融危机的信息经济学分析》(《经济研究》1999 年第 4 期)指出贷款者集体行为造成国际金融市场内在不稳定性,这种不稳定性又导致危机的发生。周宇的《亚洲金融危机与金融开放问题》(《世界经济研究》2002 年第 2 期)指出金融开放理论和金融开放政策的制定不应该立足于某种理念之上,而应该立足于发展中国家的现实之中。华民、胡岩、姜崴的《"9.11"事件后的世界经济:体制与增长》(《世界经济》2002 年第 9 期)讨论了"9.11"事件后的世界经济的机遇与挑战,认为如能正确把握事件后世界经济的变动趋势,中国能作为大国而崛起。刘莉亚、任若恩的《银行危机与货币危机共生性关系的实证研究》(《经济研究》2003 年第 10 期)发现新兴市场国家的银行危机与货币危机相互影响,银行危机更趋向于作为货币危机即将发生的同步或预警指标。张雄的《财富幻象:金融危机的精神现象学解读》(《中国社会科学》2010 年第 5 期)指出在全球化的进程中,应当朝着财富的可持续性发展的方向,转变新财富指标的意义。唐毅南等的《群体动力学和金融危机的预测》(《经济研究》2010 年第 6 期)构造金融市场群体行为的随机过程,利用数学方法找出金融危机出现的预警依据。

第五章 政治学

1979 年 3 月，邓小平在党的理论工作务虚会上提出政治学、法学、社会学等研究需要赶快补课后，上海政治学研究伴随着中国政治学恢复与发展而同步前进。整体来看，上海学界围绕政治学理论、行政学、政治制度、政治思想等多个领域，在坚持马克思主义基本原理的基础上，注意借鉴国外优秀成果，产生了一批重要的研究成果，推动了政治学的理论建设与发展，使上海成为中国政治学研究的重镇之一。

第一节 政治学理论

一、政治学理论体系

1980 年，复旦大学政治学教研室建立，次年经教育部批准在全国高校中首批招收政治学专业本科生。1981 年 10 月，市政治学会成立，随即开展一系列关于“宪法修改草案”的研讨，并向中央有关部门提供意见稿。市政治学会首任会长潘念之和第二任会长石啸冲先后发表有关民主政治的一系列文章，如潘念之的《社会主义民主与社会主义法制的伟大发展》（《政治与法律丛刊》1982 年第 1 期）、《宪法的概念和这次修改宪法的重要意义》（《社会科学》1982 年第 7 期）和《民主和法制是密切相关联的》（《复旦学报》1989 年第 2 期），石啸冲的《言论自由与学术民主》（《政治与法律丛刊》1982 年第 1 期）和《政治学纵横谈——政治学是社会科学的一门基础学科》（《政治与法律丛刊》1982 年第 2 期）等。1982 年，石啸冲主持出版《政治学信息报》，为政治学研究提供了平台，还编印内部刊物《政治科学通讯》。同年，复旦大学举办全国第一期政治学讲习班，来自全国 22 个省市的 60 多位学员参加。此外，王邦佐、孙关宏的《提倡学一点马克思主义政治学》（《政治与法律》1982 年第 3 期），指出加强政治学研究的必要性和紧迫性。

1982—1992 年，上海政治学研究呈现出一批教材诞生，一批著作问世，一批论文发表，一批国外著作翻译出版的“四个一批”局面，初步奠定政治学发展的格局。这一时期，上海学界的研究主要涉及政治学的研究对象、研究体系、研究方法、西方政治学和中国政治学的发展沿革。1983 年，在全国政治学讲习班讲课的基础上，皮纯协、王邦佐、孙关宏主编的《政治学教程》（河南人民出版社）出版。1985 年，王松主编的《政治学基础理论》（华东师范大学出版社）出版。在此期间，王沪宁发表多篇介绍国外政治学的论文，内容涉及政治学理论、研究方法、分析框架等，如《生物政治学简介》（《国外社会科学》1983 年第 12 期）、《美国政治学的系统分析学派》（《国外社会科学》1985 年第 1 期）等。1986 年，王邦佐、孙关宏、王沪宁主编的大学教科书《政治学概要》（复旦大学出版社），提出政治学是研究社会公共权力的学科。1987 年，王沪宁发表《中国政治学研究的新趋向：1980—1986》（《政治学研究》第 2 期）；同年出版《比较政治分析》（上海人民出版社），是国内第一部比较政治学的专著，提出历史—社会—文化的分析框架。与此同时，国外政治学著作也不断翻译出版，主要有曹沛霖等翻译的加布里埃尔·阿尔蒙德、小鲍威尔的《比较政治学：体系、过程和政策》（上海译文出版社 1987 年），王沪宁和陈峰翻译的罗伯特·达尔的《现代政治分析》（上海译文出版社 1987

年)，张华青、孙嘉明翻译的安东尼·奥罗姆的《政治社会学——主体政治的社会剖析》(上海人民出版社 1989 年)，张岱云等翻译的塞缪尔·亨廷顿的《变动社会的政治秩序》(上海译文出版社 1989 年)。1988 年，东方编译所成立，与上海人民出版社合作出版多种国外经典政治学著作。

20 世纪 80 年代中期开始，上海学者投入到关于政治体制改革与民主法制关系的讨论。针对政治体制改革和经济发展问题，全国范围内开展了一场"新权威主义"的讨论，以萧功秦为代表的上海学者参与其中。1989 年，萧功秦在《新权威主义：痛苦的两难选择》(《科学社会主义》第 2 期)中指出现代化过程中的一个两难困境，一方面需要推进民主，另一方面为发展经济需要新权威。1990 年，浦兴祖主编的《当代中国政治制度》(上海人民出版社)是国内最早出版的系统研究中国政治制度的著作。1991 年，王松、王邦佐主编的《政治学》(高教出版社)论述了政治学的基本理论框架。同年，王沪宁出版《美国反对美国》(上海文艺出版社)和《当代中国村落家族文化：对中国社会现代化的一项探索》(上海人民出版社)，前书是国内第一部政治社会学著作，探讨美国社会的政治和社会管理过程；后者从家族文化的角度探索中国的现代化。1992 年，曹沛霖等主编的《外国政治制度》(高等教育出版社)问世。

随着改革开放不断深入，上海学者在研究基本理论的同时，亦开始关注现实问题。他们坚持运用马克思主义政治学的理论，将政治视作经济的集中表现，同时强调大局意识和权威性分配。1991 年，韩述之主编的《社会科学争鸣大系·政治学·法学卷》(上海人民出版社)，对政治的含义、政治学研究对象、研究方法和基本理论进行梳理。1992 年，《中国大百科全书·政治学卷》(中国大百科全书出版社)出版，由石啸冲、王邦佐、王沪宁撰写的总论对上海学界十几年来的政治学科研成果进行了总结，是进入新阶段的标志。同年，郭定平发表《美国政党体制的衰落与改革》(《复旦学报》第 2 期)。

社会主义市场经济的发展和建设具有中国特色社会主义的时代特色，为上海政治学研究提供了更为广阔的研究空间。这一时期，上海学者主要围绕政治制度、政府职能、社会主义民主政治、政治体制改革等主题展开研究。1993 年，王邦佐、桑玉成的《市场经济条件下政府角色的转换》(《上海师范大学学报》第 4 期)和《论建设有中国特色的社会主义民主政治》(《文汇报》2 月 26 日)，涉及"政府职能"和"有中国特色的社会主义民主政治"两大主题。王沪宁的《社会主义市场经济的政治要求：新权力结构》(《社会科学》第 2 期)，指出政治体制改革的必要性。曹沛霖的《议会政治》(香港三联书店)和《比较政府体制》(复旦大学出版社)，是议会研究和比较政治研究的重要成果。王沪宁主编的"现代政治透视丛书"(生活·读书·新知三联书店，1993—1994 年)陆续出版，从政府、选举等角度阐述现代政治的含义和基本理论，包括：林尚立的《选举政治》(1993 年)、郭定平的《多元政治》(1994 年)、施雪华的《政党政治》(1993 年)、臧志军的《政府政治》(1994 年)、胡伟的《司法政治》(1994 年)、竺乾威的《官僚政治》(1994 年)、桑玉成的《自治政治》(1994 年)。1994 年，王沪宁主编的《政治的逻辑：马克思主义政治学原理》(上海人民出版社)出版。1995 年，萧功秦在《改革中期的社会矛盾与政治稳定》(《战略与管理》第 1 期)提出"软政权化"和"分利集团化"，指出在张力中求得平衡与发展。

1997—1999 年间，多部国外政治学著作翻译出版，如东方编译所和上海人民出版社合作出版的张绍宗翻译的西摩·马丁·李普塞特的《政治人：政治的社会基础》(1997 年)；竺乾威翻译的詹姆斯·西瑟的《自由民主与政治学》(1998 年)、英诺尔曼·巴利的《古典自由主义与自由至上主义》(1998 年)、汉娜·阿伦特的《人的条件》(1999 年)。陶东明与陈明明撰写的《当代中国政治参与》(浙江人民出版社 1998 年)，是国内较早的研究政治参与的著作之一。浦兴祖主编的《当代中国政治制度》(上海人民出版社1995年)、《中华人民共和国政治制度》(香港三联书店1995年),浦兴祖和洪涛主编的《西方政治学说史》(复旦大学出版社1999年),孙关宏的《邓小平政治思想研究》(上海人民出版社1997年),林尚立的《国内政府间关系》(浙江人民出版社1998年)、《政党政治与现代化》(上海人民出版社1998年)等出版。这一时期,上海学者发表了众多关于21世纪中国政治学历史使命的文章,主要有:《政治学研究》1998年第3期和第4期刊载的桑玉成、袁峰的《世纪之交的中国政治发展》和程竹汝的《论21世纪中国政治学的历史使命》等。

进入21世纪后,上海政治学研究者数量不断增多,队伍不断壮大,专业研究机构越来越多。学术成果数量显著增加,研究对象愈加丰富,研究方法更加多样。

21世纪初,上海学界的研究视野拓宽,展望新世纪的历史性课题,研究对象不仅涉及政府、政党及其内部运转,而且涉及工人阶级、社区管理,等等,研究方法上也开始使用数据处理的方法。成果有:2000年,林尚立的《当代中国政治形态研究》(天津人民出版社)、《中国政治发展的动力资源》(《探索与争鸣》第2期)和《中国政治学需要新发展》(《政治学研究》第4期),指出政治学研究应当理论研究和现实研究齐头并进;并且强调"制度功能"的重要作用。胡伟的《21世纪的中国政治学:建构新的民主发展理论》(《中国社会科学季刊》2000年冬季号)。在具体研究领域方面,刘建军的《微型社会:计划经济下单位的构成》(《南京社会科学》第1期)是国内较早微观与宏观相结合的政治学文论。胡伟、陈周旺、任军锋、陈云、何俊志等人也从精英政治、工人政治等角度发表相关论著。2001年,臧志军的《解放思想、开拓前进——新世纪初期中国政治学的紧迫课题和使命》(《天津社会科学》第2期),提出政治学发展方向问题。

这一时期,王邦佐、曹沛霖、孙关宏等对其著作进行整理和提升,出版更为系统的政治学教程。2003年,孙关宏、胡雨春、任军锋等人编写的《政治学概论》(复旦大学出版社),以简明的方式介绍政治的含义、研究方法及基本理论。任军锋翻译的罗伯特·米歇尔斯的《寡头统治铁律》(天津人民出版社),从政治社会学的角度阐明现代社会政治中的政党统治。2005年,王邦佐的《政治学与当代中国政治研究》(上海人民出版社)探讨了政治学及其学科体系,阐发马克思主义政治思想和中国特色政治研究。曹沛霖著的《制度纵横谈》(人民出版社),对中西政治制度进行比较,指出现代民主制度的形态演变。任军锋等翻译的加埃塔诺·莫斯卡的《政治科学要义》(上海人民出版社),从精英主义的角度阐释了政治和统治的含义。2007年,陈周旺翻译的汉娜·阿伦特的《论革命》(译林出版社)、何俊志翻译的西达·斯考切波的《国家与社会革命:对法国、俄国和中国的比较分析》(上海人民出版社)出版。2008年,孙关宏著的《中国政治学:科学与人文的探索》(上海人民出版社),主要介绍政治的内涵与变迁、比较政治学与政治学研究方法、中国政治学研究的对象与走向、国家与社会的关系、民族与人民的关系、阶级集团政党的关系、政府企业工会的关系、意识形态与现代政治等内容。2009年,王邦佐主编的《政治学辞典》(上海辞书出版社)和王邦佐、孙关宏、王沪宁、李惠康等人合编的《新政治学概要》(复旦大学出版社)等出版。林尚立的《新中国政党制度研究》(上海人民出版社),对中国政党制度进行研究,讨论了"协商民主"的理念。此外,胡伟、陈明明、桑玉成、臧志军、郭定平、刘建军等从革命后的社会、当代中国政治思潮、国外政治等视角进行了广泛的研究。

二、比较政治学

20世纪80年代中期,上海的比较政治学研究,最先是从译介西方政治学著作开始。1987年上海人民出版社出版了曹沛霖等翻译的《比较政治学：体系、过程和政策》，王沪宁、陈峰翻译的《现代政治分析》，王沪宁著的《比较政治分析》。1988 年四川人民出版社出版王沪宁著的《当代西方政治学分析》等。比较政治学最初的研究重点在国别研究，上海辞书出版社出版的“各国手册丛书”，包括：王纬等著的《日本》(1980 年)、复旦大学国际政治系资本主义国家政治教研室编的《美国》(1981 年)、上海国际问题研究所编著的《英国》(1982 年)等。此外，还有陈其人、王邦佐、谭君久著的《美国两党制剖析》(商务印书馆 1984 年)，孙克武等翻译的库特・宗特海默尔的《联邦德国政府与政治》(复旦大学出版社 1985 年)等。

20 世纪 90 年代后，比较政治学开始关注比较政治制度与国别(区域)的比较研究，并开始探索比较政治学学科建设。1993 年，曹沛霖、徐宗士主编的《比较政府体制》选取英国、美国、法国等 9 个国家，对其基本国情、宪法与政府体制、国家元首体制、立法体制、行政体制等进行全面系统的分析。1997 年，王邦佐、李惠康主编的《西方政党制度社会生态分析》(学林出版社)，从社会生态的角度分析西方国家政党制度，丰富了比较政治制度研究的范畴。在国别(区域)研究方面，任晓的《韩国经济发展的政治分析》(上海人民出版社 1995 年)和林尚立的《政党政治与现代化——日本的历史与现实》(上海人民出版社 1998 年)出版。1995 年，复旦大学率先开设比较政治研究方向，探索从学科体系建设上完善比较政治的研究。

进入 21 世纪后，上海学界对比较政治学的研究，在原有译介西方政治学相关领域的重要著作文章和对国别与制度研究的基础上，从高校学科体系建设入手，力图建立比较政治学学科的理论分析框架，探索上海比较政治学研究的新路径，呈现出制度、国别(区域)、译介、学科体系建设等多元发展的新格局。

在比较政治制度研究方面，主要有：曹沛霖主编的《西方政治制度》(高等教育出版社 2000 年)和所著的《制度纵横谈》(人民出版社 2005 年)，曹沛霖与陈明明、唐亚林主编的《比较政治制度》(高等教育出版社 2005 年)，袁峰著的《比较政府与政治：现代社会中的政治秩序》(上海人民出版社 2008 年)。

在国别研究方面，上海学界在继续关注欧美国别的基础上，立足中国的现实，将后发国家尤其是具有同样背景的东亚、拉美地区纳入研究范围，先后出版郭定平的《韩国政治转型研究》(中国社会科学出版社 2000 年)，陈明明的《所有的子弹都有归宿——发展中国家军人政治研究》(天津人民出版社 2003 年)，任军锋的《地域本位与国族认同：美国政治发展中的区域结构分析》(天津人民出版社 2004 年)，包霞琴、臧志军主编的《变革中的日本政治与外交》(时事出版社 2004 年)，戴晓芙、郭定平主编的《东亚发展模式与区域合作》(复旦大学出版社 2005 年)，郭定平主编的《东亚共同体建设的理论与实践》(复旦大学出版社 2008 年)和《日本政治与外交转型研究》(复旦大学出版社 2010 年)等著作。

在译介方面，尤以上海人民出版社东方编译所新版或再版上海学者翻译的一系列国外比较政治学者的经典著作为代表。上海人民出版社出版谢岳翻译的查尔斯・蒂利的《集体暴力的政治》(2006 年)和阿伦・李帕特的《选举制度与政党制度：1945—1990 年 27 个国家的实证研究》(2008 年)，何俊志等人翻译的西达・斯考切波的《国家与社会革命：对法国、俄国和中国的比较分析》(2007 年)，陈尧翻译的贾恩弗朗哥・波齐的《国家：本质、发展与前景》(2007 年)，陈周旺翻译的查尔斯・蒂利的《欧洲的抗争与民主》(2008 年)等著作。此外，何俊志、任军锋和朱德米编译的《新制度主义政治学译文精选》(天津人民出版社 2007 年)出版，丰富了比较政治学研究的路径。

2002 年，复旦大学国际关系与公共事务学院开始编辑出版《复旦政治学评论》集刊。2003 年，上海交通大学国际与公共事务学院成立比较政治系，是国内第一个以比较政治命名的大学科系。2008 年，华东政法大学政治学研究院成立。2009 年，《政治学研究》刊发李路曲的《比较政治分析的逻辑》(第 4 期)和《从对单一国家研究到多国比较研究》(第 6 期)，前文对比较政治研究的方法和逻辑进行了系统的总结和分析；后文认为对国家政治制度的研究，可以在比较的框架中进行。2010 年，高奇琦的《构建中国马克思主义比较政治学的几点思考》(《政治学研究》第 4 期)，提出要对中国比较政治学的价值、特色和情境等问题进行探索性相关研究。李路曲主编的《比较政治学研究》第 1 辑(中央编译出版社)，是国内第一份以比较政治学为关键词的系列辑刊。

三、政党理论

上海学界开始对政党理论展开研究，主要涉及国外政党、政党制度和中国共产党。

对国外政党理论的研究成果有：1982 年，孙关宏与王邦佐合著的《英美两党制的产生及其阶级实质》(《政治与法律》第 2 期)，指出资本主义国家的政党实际上正是资产阶级通过政党对国家进行着统治并控制全国的政治生活。1984 年，陈其人、王邦佐和谭君久合著的《美国两党制剖析》(商务印书馆)，介绍了美国两党制的形成历史以及美国两党制与资产阶级之间的关系。1992 年，郭定平的《美国政党体制的衰落与改革》(《复旦学报》第 5 期)，认为美国政党体制的衰落影响到美国经济、政治、外交及社会生活各个层面。1996 年，郭定平的《论新加坡政党与政治发展》(《政治学研究》第 1 期)，分析了新加坡政党政治的若干显著特色，透视其政治发展与经济发展的关系以及未来政治发展的走向。1997 年，王邦佐与李惠康主编的《西方政党制度社会生态分析》(学林出版社)，详细比较了英国、美国、法国、联邦德国和日本五国的政党发展历史。1998 年，林尚立的《政党政治与现代化：日本的历史与现实》(上海人民出版社)，认为日本的政党政治是推动其现代化进程的重要因素。

对国内政党理论和参政党的研究成果有：1991 年，王邦佐主编的《中国共产党统一战线史》(上海人民出版社)和发表的《论我国统一战线的性质、地位和特点》(《上海师范大学学报》第 2 期)，对中国共产党领导的统一战线的形成、发展、本质属性等进行回顾和分析。1999 年程竹汝发表的《中国共产党与社会整合》(《学习与探索》第 5 期)，讨论了中国独特的历史逻辑与中国共产党的领导地位及其制度关系的应有规范。尤俊意发表《坚持四项基本原则和民主党派政治自由的关系》(《中央社会主义学院学报》1992 年第 2 期)和《试论参政党的监督功能》(《社会科学》1997 年第 10 期)等。

进入 21 世纪以来，上海学者对政党理论的研究领域更广泛，研究问题更具体。这一时期，对新时期条件下中国共产党的执政方略以及党建方面的研究，成果有：2000 年，陈明明的《现代化进程中政党的集权结构和领导体制的变迁》(《战略与管理》第 6 期)，提出中国共产党的集权结构既是特定历史和现实环境下的必然结果，又和现代化进程本身存在着紧张关系的观点。王邦佐等编著的《中国政党制度的社会生态分析》(上海人民出版社)，将中国的政党制度作为一个生态单位纳入社会、经济、政治和文化的环境系统中，分析和研究其发展与变化的规律。2001 年，王邦佐与谢岳的《政党推动：中国政治体制演进的逻辑》(《政治与法律》第 3 期)，认为中国的政治体制改革一直以来都是由政党主导和推进的，这一逻辑的产生源于中国特定的历史和现实发展情况。2002 年，林尚立著的《中国共产党执政方略》(上海社会科学院出版社)，回顾了中国共产党执政的历史与现实以及合法性基础，研究分析了中国共产党执政的政治目标和新时期下的执政方略。2003 年，林尚立的《政党与现代：中国共产党的历史实践与现实发展》(《政治学研究》第3期)，认为中国共产党面临最核心的问题是如何重新确立政党与国家、社会的关系问题。2004年，高民政与姜崇辉发表了多篇论文，讨论中国共产党政党再造的问题，成果有高民政的《从传统到现代：大党治理方略的传承与创新》(《探索与争鸣》第6期)，高民政与姜崇辉的《政党治理与政党现代化——中国共产党目标性治理方略的探索与前瞻》(《中国特色社会主义研究》第2期)、《大国治理与大党治理——一个需要不断探索解决的重大课题》(《探索与争鸣》第1期)。2005年，刘建军与陈超群主编的《执政的逻辑：政党、国家与社会》(上海辞书出版社)出版。胡伟的《中国共产党执政方式的转变：逻辑与选择》(《浙江社会科学》第2期)，提出以民主建党来促进执政党建设的路径。2006年，齐卫平的《创新：中国共产党理论和实践历史的特质——建设创新型政党的逻辑思考》(《华东师范大学学报》第5期)，认为中国共产党一直以来都具备理论和实践的创新特质，在历史的逻辑和现实的要求下，中国共产党需要保持这种创新的特质。2007年，市委宣传部理论处编纂的《党的创新理论研究论丛(第1辑)》(上海人民出版社)出版。2009年，林尚立著的《中国共产党与国家建设》(天津人民出版社)，认为党的自我建设不仅需要从自身的逻辑展开，更需要从功能逻辑来开展。郭定平的《当代中国政党与国家关系模式的重构：比较的视野》(《社会科学研究》第1期)，从比较政党体制的视野回顾了中国政党与国家关系的演进。

这一时期，对国外政党理论的研究，成果有：郭定平著的《论战后日本政党在外交决策过程中的地位和作用》(《日本学刊》2003年第2期)和郭定平译的日本猪口孝的《作为政权党的自民党》(《复旦政治学评论》2005年)，前文认为因官僚主导和美国主导等影响，日本的外交决策过程中政党的作用曾在相当长时期内存在明显的局限性；后文对日本自民党和日本政治体系之间的紧密关系进行论述。

四、政府理论

20世纪80年代末与90年代，改革开放进程中的政府以及变化中的“府际关系”，是上海学界政府理论研究的重要方面。1989年，王沪宁就政府在现代化过程中的作用提出了控制、协调、引导、推动、服务、平衡六种功能，要求增强政府权威(仇开明著《深化改革进程中的政府作为——访王沪宁教授》，《社会主义研究》第6期)。同时，学界主张政府机构必须精简，政府规模过大、不合理，必须走“小政府”“大社会”的改革之路。如林尚立的《论职能转变基础上的政府再造》(《社会科学》1993年第1期)和《谈政府机构的现代化——建设高素质政府》(《探索与争鸣》1998年第7期)，认为政府要在职能转变的基础上进行政府再造，使之符合现代化取向。1997—1998年，《探索与争鸣》发表胡伟的《当前中国需要党和政府的权威》(1997年第3期)、《政府应当做什么和不应当做什么》(1998年第12期)，指出当前的中国仍然需要党和政府的权威，发展市场经济必须强化政府功能。在发展社会主义市场经济成为共识的背景下，王邦佐发表《摆正角色　转变职能》(《上海师范大学学报》1992年第4期)和《有所为与有所不为——谈用发展的眼光审视“转变政府职能”》(《文汇报》2000年2月26日)，王邦佐、桑玉成合著《试论市场经济下的政府角色》(《解放日报》1993年9月8日)和《市场经济条件下政府角色的转换》(《上海师范大学学报》1993年第4期)，王邦佐、胡伟合著《经济发展与公共政策：中国地方政府的取向》(《文汇报》1994年7月23日)等，均讨论了市场经济条件下政府的角色问题。2000年，桑玉成等著的《政府角色——关于市场经济条件下政府作为与不作为的探讨》(上海社会科学院出版社)出版。关于“府际关系”的研究，王沪宁的《中国变化中的中央和地方政府的关系：政治的含义》(《复旦学报》1988年第5期)和《集分平衡：中央和地方的协同关系》(《复旦学报》1991年第2期)探讨了经济体制改革和经济发展中寻求权力下放的动因及可能产生的政治结果。林尚立的《中国分税制条件下的中央与地方关系》(《编制管理研究》1994年第2期)，认为实行分税制是实现中央与地方相互依赖关系的基础。1998年，浙江人民出版社出版"当代中国政府理论研究丛书"，包括：林尚立的《国内政府间关系》、曹沛霖的《政府与市场》、郭定平的《政党与政府》、陶东明与陈明明合著的《当代中国政治参与》、胡伟的《政府过程》、施雪华的《政府权能理论》、任晓的《中国行政改革》，系统地论述了府际关系、政府与政党、政府与市场、政府职能、政府过程、中国行政改革、政治参与等一系列问题。

进入21世纪，随着中国加入世界贸易组织，服务政府、责任政府、法治政府等政府职能转变成为政府理论研究的焦点。关于政府新理念的研究，主要成果有：孙关宏、胡雨春、陈周旺的《政府与企业：政治学视野中的中国政企关系改革》(江西人民出版社2002年)，讨论了计划经济与市场经济视阈下中国政企关系的改革与变迁。王邦佐、桑玉成合著的《论责任政府》(《解放日报》2003年5月13日)，认为责任政府意味着一套对政府的控制机制，要求政府承担道德的、政治的、行政的、法律上的责任。其后，桑玉成发表系列文章，阐释当代服务型政府的取向，包括：《想做事，敢做事，能做事，做成事：论按照服务政府、责任政府、法治政府的目标加强干部队伍建设》(《文汇报》2003年)、《当代政府服务取向的特征》(《探索与争鸣》2003年第6期)、《服务型政府的职能》(《党政干部学刊》2008年第4期)等。市政治学会编辑的《政府新理念：关于服务政府、责任政府、法治政府的研究》(上海人民出版社2004年)出版。周敏凯发表《解读责任政府的两项主要目标：民主责任意识与全面责任制度》(《中国行政管理》2004年第4期)，袁峰发表《公平正义的理念与政府公共职能的配置》(《上海行政学院学报》2006年第6期)、《信息公平与政府责任》(《政治学研究》2009年第5期)，陈毅发表《底线伦理·公共理性·责任政府：基于平等公民的责任政府思考》(《湖北社会科学》2009年第9期)等，分别从责任政府的目标、政府公平正义的理念、以底线伦理的权利建构责任政府等不同的角度对责任政府进行研究。

关于廉价政府与政府成本的研究，桑玉成提出廉价政府应该成为政府的取向，政府机构改革也应该以廉价政府作为重要原则的观点，相关论著包括《从廉洁政府看政府成本》(《云南行政学院学报》2000年第2期)、《政府应有成本意识》(《湖北社会科学》2003年第10期)、《政府成本论》(《上海行政学院学报》2000年第2期)等。关于府际关系的研究，汪伟全讨论如何营造良好的府际合作机制，成果有：《论我国地方政府间合作存在问题及解决途径》(《公共管理学报》2005年第3期)和《地方政府竞争中的机会主义行为之研究——基于博弈分析的视角》(《经济体制改革》2007年第3期)等。关于政府基础理论的研究，商红日研究关于政府基础对政府制约性的个案和当代中国政府的基础性问题，如《关于政府与社会关系的行政学思考》(《东方》2000年第6期)、《政府基础论》(经济日报出版社2002年)和《马克思主义政治学的当代中国主题——社会转型及和谐社会的基本问题》(《探索》2004年第6期)。关于政府过程的研究，陈尧的《当代中国政府体制》(上海交通大学出版社2005年)，对政府现实运行过程和发展趋势进行了阐释。姚尚建的《责任政党政府研究》(中央编译出版社2009年)，提出责任政党政府的概念。关于地方政府与区域政府的研究，姚尚建的《流动的公共性：我国区域政府研究的困境与超越》(《江苏行政学院学报》2009年第4期)和《区域政府的民主控制》(《探索与争鸣》2010年第7期)，提出区域政府的民主控制，要实现政府的自我功能性控制与人民对于区域政府的结构性控制相统一的观点。

五、政治文化与政治文明

20 世纪 80 年代中后期，上海学者开始研究政治文化与政治文明。王沪宁从国家视角出发，把文化视为软实力，主要成果有：《转变中的中国政治文化结构》(《复旦学报》1988 年第 3 期)、《创造性再生：中国传统文化的未来地位》(《复旦学报》1991 年第 3 期)、《作为国家实力的文化：软权力》(《复旦学报》1993 年第 3 期)和《文化扩张与文化主权：对主权观念的挑战》(《复旦学报》1994 年第 3 期)。此外，张华青和孙嘉明合著的《论民族素质与政治文化》(《探索与争鸣》1988 年第 2 期)、胡守钧的《土地问题的政治文化效应》(《探索与争鸣》1989 年第 1 期)和孙嘉明的《大学生政治社会化：现状、问题及对策——大学生政治文化观调查》(《社会科学》1989 年第 12 期)陆续发表。

20 世纪 90 年代特别是中后期，上海学界对于政治文化的研究，呈现出多元发展态势。对中国本土的政治文化研究，主要成果有：李福长的《传统政治文化的内省与反观——评〈中国古代政治与行政制度〉》(《复旦学报》1995 年第 6 期)、刘剑君的《西学东渐与中国近代政治文化的变迁》(《天津社会科学》1996 年第 4 期)、萧功秦的《近代中国人对立宪政治的文化误读及其历史后果》(《战略与管理》1997 年第 4 期)、刘剑君和徐勇的《市场经济与政治文化论纲》(《新东方》1997 年第 5 期)、江美塘的《论发展社会主义民主政治的文化准则》(《理论学习与探索》1998 年第 1 期)、张承斌的《论当代政治文化发展中的七大关系》(《浙江学刊》1998 年第 6 期)等。

对西方国家与发展中国家政治文化的研究，主要成果有：郝宇青的《发展中国家政治文化探析》(《探索》1996 年第 3 期)、彭勃的《现代化进程中的政治文化发展与政治参与》(《理论学习月刊》1997 年第 2 期)、刘建军的《自由与民主的极限：克林顿性绯闻的政治文化反思》(《新东方》1999 年第 2 期)、唐贤兴的《重建政治文化的价值：俄罗斯大国复兴的文化底蕴》(《世界经济与政治论坛》1999 年第 2 期)、陈尧的《论发展中国家政治文化世俗化的实质》(《国际观察》1999 年第 2 期)、潘志兴和王恩铭的《政治文化、社会精英与美国外交政策》(《国际观察》1999 年第 4 期)等。

2000 年后，上海学者开始对国内外政治文化展开更深入的研究。关于国内政治文化的研究，主要成果有：秦德君的《政治设计：对一种历史政治现象之解读》(上海社会科学院出版社 2000 年)，从政治设计的视角解读了西方历史上的各种政治思想和文化资源，并进行了理论上的建构和解释。《探索与争鸣》刊发了秦德君的《中国宪政构造：对西方政治文化改造性移植——孙中山政治设计研究》(2001 年第 3 期)、《政治文化的整合：中国社会主导价值观念的重构》(2004 年第 12 期)和朱义禄的《清官情结与当代中国政治文化心理》(2001 年第 10 期)。张华青的《民族素质与政治文化关系析》(《社会主义研究》2002 年第 2 期)、罗峰的《转型期中国政治发展与政治文化的构建》(《上海行政学院学报》2003 年第 2 期)、陈明明的《中国政治制度的价值结构：冲突与调适》(《社会科学研究》2008 年第 2 期)、叶敏和唐亚林的《论我国网络政治文化的理性化建构》(《新视野》2009 年第 4 期)等发表。关于国外政治文化的研究，主要成果有：萧功秦的《试析中美政治文化张力——从科索沃危机谈起》(《战略与管理》2001 年第 2 期)、任军锋的《后工业·后物质·政党——以北欧五国政治文化变迁为中心》(《欧洲研究》2003 年第 6 期)、高奇琦的《欧洲运动型政党产生的政治文化分析：后现代价值与多元主义的双重路径》(《国际论坛》2009 年第 5 期)等。

同一时期，上海学界关于政治文明理论和中国特色社会主义政治文明的研究，成果有：刘世军的《近代中国政治文明转型研究》(复旦大学出版社 2000 年)，探讨了近代中国的政治文明转型及其变迁问题。林尚立编著的《上海政治文明发展战略研究》(上海人民出版社 2004 年)、沈国明和史建三编著的《上海法治建设与政治文明：实践与经验》(上海社会科学院出版社 2008 年)，结合上海地域发展，研究了上海地方的政治文明和实践。林尚立的《建设社会主义政治文明》(《毛泽东邓小平理论研究》2002 年第 3 期)、《社会主义政治文明建设：理论与战略探讨》(《政治学研究》2004 年第 2 期)，高民政的《人类政治文明的重大成果——中国式政制的特点与价值》(《探索与争鸣》2002 年第 2 期)，桑玉成和董幼鸿的《论社会主义政治文明建设中的制度设计与制度创新》(《东岳论丛》2003 年第 4 期)和《关于推进我国政治文明建设的战略思考》(《上海师范大学学报》2004 年第 4 期)，胡伟的《关于政治文明建设若干问题的思考》(《上海交通大学学报》2003 年第 2 期)，浦兴祖的《有关"政治文明"若干理论问题》(《浙江学刊》2003 年第 4 期)，程竹汝的《试论政治文明建设对构建社会主义和谐社会的意义》(《政治学研究》2006 年第 2 期)，曹沛霖等合著的《社会主义政治文明的制度之维——纪念邓小平"8・18 讲话"发表 30 周年》(《探索与争鸣》2010 年第 9 期)等发表。

此外，上海学界亦对中国政治制度与政治文明关系展开研究，主要成果有：刘世军的《制度移植在政治文明发展中的意义》(《探索与争鸣》2001 年第 10 期)、王邦佐的《中国政治文明与中国政党制度》(《上海行政学院学报》2003 年第 1 期)、林尚立的《政治学在中国政治文明建设中的使命》(《学术月刊》2003 年第 12 期)、齐卫平的《完善我国多党合作制度与政治文明建设的逻辑关联》(《上海市社会主义学院学报》2003 年第 4 期)、浦兴祖的《现代政治文明视角下的法治》(《云南行政学院学报》2004 年第 5 期)以及刘杰的《执政党与政治文明》(时事出版社 2006 年)等。对政治文明的历史变迁和发展的研究，主要成果有：刘世军的《近代中国的政治理念嬗变与政治文明转型》(《探索与争鸣》2001 年第 6 期)、林尚立的《建设政治文明：中国百年现代化的探索与实践》(《复旦政治学评论》2003 年)、孙力的《政治文明的内在规定性与现代化进程中的稳定》(《天津社会科学》2004 年第 1 期)、程竹汝的《政治文明：历史维度与发展逻辑》(上海人民出版社 2004 年)和《关于政治文明概念、结构与政策选择的探讨》(《学习与探索》2005 年第 1 期)等。

六、政治发展

政治发展是现代政治学的重要领域之一，主要从宏观上动态地研究国家，尤其关注现代化过程中发展中国家的政治变迁过程。上海学界对政治发展的研究，始于 20 世纪 90 年代中期，首先对其含义进行界定。1994 年，王沪宁的《发展中的中国政治学》(《瞭望》第 20 期)，论述了中国政治发展的模式问题。1995 年，曾峻的《现代化与当代中国的政治选择》(《理论探讨》第 3 期)，阐述了中国政治发展必须坚持社会主义性质和社会主义方向。王邦佐的《政治体制改革与政治发展》(《学术月刊》1997 年第 12 期)和《新政治学概要》(复旦大学出版社 1998 年)，指出政治发展无疑面向的是现代化过程中积极的政治变迁。1998 年，桑玉成和袁峰的《世纪之交的中国政治发展》(《政治与法律》第 3 期)，提出中国政治发展的内容是健全体制、调整权力、拓展参与、建设文化、开放政治的观点。1999 年，袁峰的《制度变迁与稳定——中国经济转型中稳定问题的制度对策研究》(复旦大学出版社)探讨了政治发展与政治稳定的关系。2001 年，秦德君的《中国政治发展与扩大公民政治参与》(《社会科学》第 9 期)发表。这一时期，亦有学者反思政治发展理论的研究，主张不能仅仅局限在阐明理论，还要结合中国实际，并逐渐形成中国特色。如郭定平的《论当代政治转型理论的背景与逻辑》(《上海社会科学院学术季刊》1997 年第 3 期)，认为传统的政治发展理论局限性体现在西方中心主义、意识形态趋向、单线发展理论、狭隘的经验主义几个方面。

21 世纪后，政治发展的研究又有新的突破，研究方向各具特色。在政治发展的模式研究方面，孙力的《政治的透视——转变社会中发展战略选择》(上海人民出版社 2000 年)对包括中国在内的发展中国家的发展问题作了多角度的研究。胡位钧著的《均衡发展的政治逻辑》(重庆出版社 2005 年),肯定让一部分人和一部分地区"先富起来"为标志的经济非均衡性发展的观点。胡伟的《现代化的模式选择：中国道路与经验》(上海人民出版社 2008 年),探讨改革开放 30 年经济发展、政治发展、社会发展、文化发展的模式与道路选择。此外,学界对政治发展的研究从不同的角度进行分析和探索,如王松的《利益·权力·政治发展——王松教授政治学研究 50 年文集》(上海人民出版社 2009 年)。上海学界对政治发展中出现的问题亦有探索,包括邓伟志的《变革社会中的政治稳定》(上海人民出版社 1997 年)、桑玉成的《利益分化的政治时代》(学林出版社 2002 年)等。

从特定视角对中国政治发展过程中的某一阶段或某一特定领域展开研究,主要成果有：王邦佐等编著的《中国政党制度的社会生态分析》(上海人民出版社 2000 年)和《执政党与社会整合——中国共产党与新中国社会整合实例分析》(上海人民出版社 2007 年),林尚立的《当代中国政治形态研究》(天津人民出版社 2000 年)和《制度创新与国家成长——中国的探索》(天津人民出版社 2005 年),刘建军的《单位中国——社会调控体系重构中的个人、组织与国家》(天津人民出版社 2000 年),程竹汝的《司法改革与政治发展》(中国社会科学出版社 2001 年),陈明明主编的《复旦政治学评论：革命后社会的政治与现代化》第 1 辑(上海辞书出版社 2002 年),孙关宏的《政府与企业：政治学视野中的中国政企关系改革》(江西人民出版社 2002 年),朱德米的《经济特区与中国政治发展》(重庆出版社 2005 年),陈尧的《新权威主义政权的民主转型》(上海人民出版社 2006 年),张明军等著的《当代中国政治社会分析》(中央编译出版社 2008 年),农工党中央组织编写、姚俭建等撰写的《中国特色和谐政党关系论》(中国言实出版社 2009 年),燕爽和桑玉成主编的《道路与经验》(复旦大学出版社 2009 年),熊易寒的《城市化的孩子：农民工子女的身份生产与政治社会化》(上海人民出版社 2010 年)等。

七、国家治理

20 世纪 90 年代后,治理理论被引入国内。1989 年,浦增元主编的《中国基层群众性自治组织》(上海社会科学院出版社),是中国第一部系统研究基层群众性自治组织的著作。20 世纪 90 年代末,上海学界的研究重点是"国家治理",其特点是将中国改革开放以来的政治和社会变迁融入国家治理的研究范畴中。成果包括：林尚立的《基层群众自治：中国民主政治建设的实践》(《政治学研究》1999 年第 4 期),指出基层群众自治是中国民主政治下世纪发展的重要逻辑起点和现实基点。尤俊意发表《法治与德治相结合：治国方略的新探索》(《政治与法律》2001 年第 3 期)。陈明明、苏长和与林尚立合著的《治理：一种新的政治模式》(《社会科学报》2002 年 9 月 19 日),提出作为"治理"的政治模式是一种由官方机构与民间共同组织参与,并且向全社会开放的、多向交叉、相互约束的运行系统。谢岳、程竹汝合著的《法治与德治：现代国际的治理逻辑》(江西人民出版社 2003 年),阐述了法治与德治问题,分析了中国传统德治思想和法治与德治的逻辑,并论证了中国国家治理方式的变迁趋势。陈其人的《城市形成和治理问题的经济分析》(《复旦公共政策评论》2005 年),提出一个国家城市的规模要受种植业劳动生产率的制约和城市规模过大会破坏人和自然的均衡的观点。唐亚林的《从阶级统治到阶层共治——新中国国家治理模式的历史考察》(《学术界》2006 年第 4 期),认为新中国国家治理模式的变迁过程包括阶级统治、过渡和阶层共治模式三个不同阶段。林尚立、王华合著的《创造治理：民间组织与公共服务型政府》(《学术月刊》2006 年第 5 期),回顾了政府职能轴心经历的三次转移以及职能形态经历的两次转移。上海社联编撰的《中国的使命：文明建设与大国治理》(上海人民出版社 2007 年)出版。林尚立著的《民间组织的政治意义：社会建构方式转型与执政逻辑调整》被《非政府部门的发展与地方治理》(浙江大学出版社 2008 年)收录。浦兴祖的《以人大民主为重点继续推进中国民主政治的发展》和胡伟的《党内民主与政治发展：开发中国民主化的体制内资源》均被《中国学者论民主与法治》(重庆出版社 2009 年)收录。

此外,上海学界对国家治理研究,还表现为将上海市在城市治理和基层治理方面的实践经验与治理理论相结合,对社区治理和城市治理问题进行学理上的研究与分析,突出“上海特色”。林尚立主编的《社区民主与治理：案例研究》(社会科学文献出版社 2003 年),以上海市部分街道和居委会为例,对上海市社区民主与治理进行了科学的总结和阐释。刘晔主编的《城市治理与公共权力：边界、责任与合法性》(上海辞书出版社 2005 年)研究了城市治理与公共权力的关系。郭定平的《上海治理与民主》(重庆出版社 2005 年),探讨了改革开放以来上海在政治发展与城市治理方面的问题与前景。

八、民主政治理论

1978 年以后,中国民主政治理论研究冲破了原来的束缚,进入新的阶段。继夏征农的《没有民主就没有社会主义》(上海人民出版社 1979 年)出版后,上海学界开始对民主政治理论进行初步探索。周抗主编的《社会主义民主论》(上海社会科学院出版社 1987 年),以中国的社会主义民主建设的实践为重点,对中国政治体制改革的民主问题进行理论探索。荣剑、杨逢春的《民主论》(上海人民出版社 1989 年),论述了社会主义初级阶段的民主建设问题。

20 世纪 90 年代,上海学界对民主理论的研究,集中在社会主义民主政治建设的问题。1991 年,为庆祝市政治学会成立 10 周年,学会编印了《国情与民主》(上海社会科学院出版社),从中国国情出发论述社会主义民主政治建设。在此阶段,上海学界亦对民主政治建设展开“民主建设无东西之分、无国界之别,存在着很多共性”和“社会主义民主建设要符合中国初级阶段的实际,是一个渐进的积累过程,与西方国家的民主存在着本质上的不同”的辩论。1993 年,王邦佐、桑玉成合著的《论建设有中国特色的社会主义民主政治》(《文汇报》2 月 26 日),提出建设中国特色社会主义民主政治要遵循民主政治的一般原则、精神与程序,又要考虑本国的种种环境因素的观点。1999 年,夏禹龙、顾肖荣主编的《20 年来中国政治体制改革和民主法制建设》(重庆出版社)出版。2000 年,漆畹生的《永恒的活火：关于马克思主义民主科学的提纲》(学林出版社)出版。

进入 21 世纪后,民主政治理论研究更加注重从中国的国情出发,积极探索社会主义民主政治建设的具体方面。关于人民代表大会制度的研究,成果有：何俊志、赵可金、孙哲的《全国人大制度研究：1979—2000》(法律出版社 2004 年),何俊志的《中国地方人大制度的研究现状与展望》(《法制与社会发展》2004 年第 5 期)和《制度等待利益：中国县级人大制度模式研究》(重庆出版社 2005 年),谢岳的《完善人大制度：中国政治体制改革的当务之急》(《学术月刊》2005 年第 6 期),程竹汝的《授权与监督：完善人民代表大会制度的几个问题》(《学术月刊》2005 年第 6 期)和《中国特色民主政治实现形式的历史发展——人民代表大会制度建设成就的三个方面》(上海市社科界学术年会 2009 年),刘建军、何俊志、杨建党等著的《新中国根本政治制度研究》(上海人民出版社 2009 年)等。

关于基层民主研究,上海学界以个案、城市基层民主制度和农村基层自治研究为主,成果有：林尚立、马伊里等编著的《社区组织与居委会建设——上海浦东新区研究报告》(上海大学出版社

2000年),林尚立编写的《社区民主与治理——案例研究》(社会科学文献出版社2003年),王邦佐等著的《居委会与社区治理——城市社区居民委员会组织研究》(上海人民出版社2003年),朱方著的《村民选举与乡村社会的变化》(《复旦政治学评论》2006年)等。

关于党内民主的讨论,成果有:胡伟的《党内民主与政治发展:开发中国民主化的体制内资源》(《复旦学报》1999年第1期)、《民主政治的历史趋势与党内民主的选择》(《探索与争鸣》2002年第8期)、《民主执政:中国共产党执政方式的新取向》(《学术月刊》2005年第2期)等,论述了中共党内民主与民主政治的相互关系与道路选择。林尚立的《党内民主:中国共产党的理论与实践》(上海社会科学院出版社2002年)、《党内民主:改革开放以来的探索与实践》(《探索与争鸣》2002年第6期)。曾峻、梅丽红的《中国共产党与当代中国民主:历史与经验》(上海人民出版社2004年)等。

关于协商民主研究,主要有:王邦佐等编著的《中国政党制度的社会生态分析》(上海人民出版社2000年),程竹汝、任军锋的《当代中国政党政治的功能性价值》(《政治学研究》2000年第4期),朱勤军的《中国政治文明建设中的协商民主探析》(《政治学研究》2004年第3期),王邦佐与朱勤军的《中国协商民主的特征及其发展空间》(上海市社科界学术年会2006年),朱德米的《公共协商与公民参与》(上海市社科界学术年会2007年),齐卫平与陈朋的《协商民主:当代中国城市基层治理的有效模式——基于上海H社区的个案分析》(《理论与改革》2008年第5期),林尚立的《新中国政党制度研究》(上海人民出版社2009年),《中国政协理论研究》2010年第2期刊发的程竹汝、郭燕来的《论共产党领导的多党合作和政治协商制度的功能特色》和齐卫平《关于人民政协功能问题的思考》等。

关于民主转型的研究,成果有:陈尧的《新权威主义政权的民主转型》(上海人民出版社2006年)、谢岳的《社会抗争与民主转型》(上海人民出版社2008年)、唐贤兴的《民主与现代国家的成长》(复旦大学出版社2008年)和郭定平的《文化与民主》(上海人民出版社2010年)等。

同一时期,上海学界亦对统一战线进行理论研究,主要体现在从历史的梳理和理论论述发展转向探讨统一战线的作用以及人权领域,成果有:齐卫平的《论统一战线在民主执政中的政治资源整合研究》(《上海市社会主义学院学报》2006年第4期)、林尚立的《统一战线与国家建设》(上海人民出版社2008年)和尤俊意的《国际人权公约与统一战线工作》(《上海社会科学院学术季刊》2001年第2期)等。

此外,上海学界还积极翻译国外关于民主理论的著作,形成了中西民主理论的交流。成果有:任军锋翻译谢茨施耐德的《半主权的人民:一个现实主义者眼中的美国民主》(天津人民出版社2000年)、曾纪茂翻译迈克尔·桑德尔著的《民主的不满:美国在寻求一种公共哲学》(江苏人民出版社2008年)

九、廉洁政治

在廉洁政治理论方面,上海学界和市纪委的研究内容,主要涉及腐败产生的原因、特点和反腐机制等问题。

关于腐败的产生原因及反腐败的研究,1989年,王沪宁的《论中国产生政治腐败现象的特殊条件》(《上海社会科学院学术季刊》第3期),阐述了中国腐败的特殊条件。1990年,王沪宁的《反腐败:中国的实验》(三环出版社),从历史、经济、心理以及手法与技巧等方面研究廉政。同年,由王沪宁主编、竺乾威等人编译的《腐败与反腐败:当代国外腐败问题研究》(上海人民出版社),介绍了国外反腐败的理论。1993年,王沪宁的《清除腐败是实现现代化的必要保证:学习邓小平关于惩治腐败的论述》(《文汇报》7月2日),将反腐败同现代化联系起来。

关于反腐机制的研究,1994年,桑玉成发表《权力正位——反腐败的关键机制》(《探索与争鸣》第2期)。1995年,王沪宁的《中国抑制腐败的体制选择》(《政治学研究》第1期)和胡伟的《反腐败要治标又治本》(《探索与争鸣》第4期),提倡建立标本兼治的廉政方法。1996年,林尚立的《反腐败:治国兴邦之本》(《人民论坛》第5期),将反腐败同国家兴衰联系到一起。此外,尤俊意发表了系列成果,包括《轨迹·现状·对策——浅论反腐建廉的宏观思路》(《社会科学》1995年第12期)、《弘扬和完善党内监督制约机制》(《社会科学》1996年第7期)、《弘扬、防范与矫治——试论构建对党员干部的教育、管理与监督机制》(《社会科学》1998年第7期)、《党风廉政建设与监督体系架构》(中国纪检监察出版社2000年)等。

进入21世纪后,上海学界继续深化反腐败等问题研究。2001年,王关兴等著的《中国共产党反腐倡廉史》(上海人民出版社)出版。2003年,桑玉成的《用"财产申报"取代"收入申报"》(《审计观察》第10期)指出廉政需要践行财产申报。2006年,胡伟的《腐败的文化透视——理论假说及对中国问题的探析》(《浙江社会科学》第3期)从文化的角度阐释了腐败问题。同年,由市纪委、市监察委、市监察学会编著的《惩治腐败　预防腐败　构建社会主义和谐社会》(上海教育出版社)从预防和惩治的角度对腐败问题进行阐释。袁峰的《以互联网为工具的反腐败模式研究》(《中共天津市委党校学报》第6期)从互联网的角度阐述了反腐败模式。刘杰的《论廉政文化建设对执政党党风廉政建设的基础性作用》(《社会科学》第10期)阐述了廉政文化的重要作用。此后,李辉撰写了一系列关于反腐败的文章,主要有:《道德论、功能论与嵌入论——西方腐败研究的范式转换(1960—2000)》(《经济社会体制比较》2008年第5期)、《贿赂中的自我道德化与嵌入性腐败——基于H市纪检监察机关档案的一项文本研究》(《社会》2009年第6期)等,以个案分析的方式讨论中国的反腐败机制选择。

第二节　行　政　学

一、行政学基本理论

行政学是从政治学分化而来,政治学的恢复在很大程度上,也带动了行政学的发展。1981年,周世逑发文呼吁恢复行政学。1982年,中国政治学会委托复旦大学举办全国政治学讲习班,行政学是重要课程之一。此后,上海的行政学研究蓬勃发展。1984年,周世逑的《行政管理》(人民出版社)是改革开放以来全国第一部行政学著作。同年,上海铁道管理科学研究所编印了《行政管理》(上海交通大学出版社)。此后,行政学教材纷纷问世,主要是介绍行政学的基本研究内容,包括国家政体、行政法概论、行政组织、行政工作人员、行政行为、国家行政管理的法律监督、行政改革、人事管理、行政秘书、文书及档案管理和行政事业财务管理等。1985年,王建明的《行政管理学基础》(世界科学出版社)出版。1986年,王鼎元编的《行政管理学》(贵州人民出版社)出版。同年,市人事局和市行政管理学会创办《行政与人事》杂志。1988年,孙荣编的《行政管理学概论》(同济大学出版社)出版。同年,王沪宁、竺乾威主编的《行政学导论》(上海三联书店),在传统内容的基础上增加了行政工艺、行政文化、行政发展等研究领域。1989年,孙荣主编的《行政学概要》(复旦大学出版社)出版。

20 世纪 80 年代，领导科学与领导艺术是行政学的热门话题，包括领导者的素质和群体结构、领导方法和艺术、领导者的权力和影响力、领导的目标等方面。主要成果有：1985 年，胡承淼的《学一点马克思主义领导学》(《上海市委党校学报》试刊)，夏禹龙等著的《领导科学基础》(广西人民出版社)、《领导与战略》(山东人民出版社)，王健刚编著的《领导科学与领导艺术》(上海交通大学出版社)。1986 年，严家栋的《论中国特色的社会主义行政领导学》(《行政与人事》1986 年第 7 期)，呼吁要研究马克思主义领导学，建立社会主义行政领导学。吴诚著的《怎样当一个现代领导者》(上海交通大学出版社)出版。1988 年，马国柱出版《管理原理与领导科学》(上海社会科学院出版社)，王沪宁发表《现代化进程中的政治领导方式分析》(《复旦学报》第 2 期)。1995 年，市公共行政与人力资源研究所创办《公共行政与人力资源》杂志，探讨中国行政现代化、人事人才和社会保障事业的理论与实践等。

20 世纪 80 年代末起，行政学逐步走出教科书阶段，开始运用西方的研究方法来研究重大理论和现实问题。成果有：王沪宁的《行政生态分析》(复旦大学出版社 1989 年)、孙关宏主编的《企业行政管理》(山西人民出版社 1992 年)等。浦兴祖与竺乾威主编的《当代中国行政》(复旦大学出版社 1993 年)，侧重行政过程视角，从法律、结构等方面系统研究当代中国行政管理过程。王沪宁发表多篇论文，包括《论 90 年代中国的行政发展：动力与方向》(《天津社会科学》1991 年第 5 期)、《集分平衡：中央与地方的协同关系》(《复旦学报》1991 年第 2 期)。

20 世纪 90 年代前后，上海学界研究组织理论，包括政府组织理论、结构及其发展过程。竺乾威的《组织理论及其发展》(《国外社会科学》1987 年第 2 期)和《分层系统理论：一种新的组织理论》(《国外社会科学》1993 年第 5 期)，讨论了组织理论的三个阶段和分层系统理论的四个方面。

同一时期，国外的文官制度和行政改革也受到关注。21 世纪初，行政组织理论的研究开始结合中国的行政体制改革和组织结构创新展开。刘霞的《公共组织创新战略》(中国社会科学出版社 2005 年)，提出关于公共组织学习概念框架和创新障碍的分析框架。敬乂嘉的《政府扁平化：通向后科层制的改革与挑战》(《中国行政管理》2010 年第 10 期)探讨了组织结构改革。

随着公共行政范式变迁为新公共管理，以及行政改革的实践，上海行政学研究的领域不断扩大，在行政伦理、新公共管理、政府绩效、行政监督与行政问责等方面研究成果显著。对行政伦理的研究，竺乾威的《美国的公共行政伦理研究》(《公共行政与人力资源》2001 年第 3 期)首次介绍了美国的公共行政伦理研究。李春成在《美国行政伦理学的兴起》(《广东社会科学》2001 年第 5 期)，认为 20 世纪 70 年代以前的美国行政伦理学研究处于奠基时期，历时大约 30 年，此后属于它的发展时期。对公共行政文献的研究开始跟随公共行政范式的研究，经历了传统公共行政、新公共行政、新公共管理、新公共服务，以及正在经历参与式治理、整体性治理和数字时代治理的变迁步伐，成果有：竺乾威的《从行政到管理：西方公共行政范式的变化》(《公共行政与人力资源》2001 年第 1 期)，顾建光的《从公共行政走向公共管理》(《中国行政管理》2002 年第 1 期)，刘霞、向良云的《从管理学到公共管理学》(《管理科学》2006 年第 3 期)，顾丽梅的《美国新公共服务理论之反思》(《中共浙江省委党校学报》2009 年第 5 期)和《挑战、批判与反思：解读当代西方的新公共参与理论》(《浙江学刊》2009 年第 6 期)，陈水生的《新公共管理的终结与数字时代治理的兴起》(《理论导刊》2009 年第 4 期)等。

这一时期，公共行政学或公共管理学方面的教材出版，主要分为四类：第一类是基本教材，如刘霞主编的《新世纪的中国行政管理》(湖北人民出版社 2000 年)、竺乾威主编的《公共行政学》(复旦大学出版社 2003 年)、何精华主编的《现代行政管理：原理与方法》(上海社会科学院出版社 2005

年)等。第二类是介绍西方公共行政的理论演进历程,如顾建光编著的《现代公共管理学》(上海人民出版社 2004 年)和竺乾威主编的《公共行政理论》(复旦大学出版社 2008 年)。第三类是公共行政案例和行政管理实务,如竺乾威、马国泉主编的《西方公共行政案例》(复旦大学出版社 2002 年),孙荣主编的《现代行政管理:工艺与实务》(上海社会科学院出版社 2005 年),陈奇星、陈尤文主编的《公共管理案例分析》(上海人民出版社 2009 年)等。第四类是英文文选,如竺乾威、马国泉选编了《公共行政学经典文选(英文版)》(复旦大学出版社 2000 年)。此外,上海学者也翻译了公共行政的教材和专著,主要有:竺乾威翻译的罗伯特・沃森的《公共行政:管理中的角色模拟与案例分析》(上海财经大学出版社 2003 年),扶松茂、丁力翻译的罗伯特・登哈特的《公共组织理论》(中国人民大学出版社 2003 年),竺乾威、扶松茂合译的理查德・斯蒂尔曼二世的《公共行政学:概念与案例》(中国人民大学出版社 2004 年),敬乂嘉翻译的汤普森的《行动中的组织:行政理论的社会科学基础》(上海人民出版社 2007 年),彭勃翻译了伊丽莎白・奥萨利文等著的《公共行政研究方法》(上海财经大学出版社 2008 年)。此外,由竺乾威组织翻译的"复旦译丛・公共管理系列",由复旦大学出版社出版,该系列包括沈莹翻译的小威廉・格姆雷和斯蒂芬・马拉的《官僚机构与民主——责任与绩效》等 8 部经典著作。上海学界对政府绩效、绩效评估的研究,主要成果有:市委宣传部编的《赛出"千里马"——上海人才高地建设研究》(上海人民出版社 2003 年),提出强化竞争的用人机制。中国财政经济出版社出版了朱春奎的《公共部门绩效评估方法与应用》(2007 年)和《政府绩效预算——美国经验与中国方略》(2008 年)。郭俊华的《英国政府综合绩效评估的经验及其启示》(《当代财经》2007 年第 9 期)和彭勃的《当代中国地方政府绩效评估分析》(《学习与探索》2009 年第 4 期)发表。

上海学界对行政监督和行政问责研究,主要介绍行政监督基本理论、中国共产党三代领导核心行政监督思想研究、当代中国行政监督体制的形成与发展、中国行政监督机制现状分析与对策研究等。成果有:陈奇星的《试论加强和完善行政监督机制》(《社会科学》1999 年第 11 期),陈奇星和罗峰的《略论西方国家的行政监督机制》(《政治与法律》2000 年第 3 期),陈奇星等著的《行政监督论》(上海人民出版社 2001 年)、《行政监督新论》(国家行政学院出版社 2008 年),扶松茂的《创建中国的行政监察专员制度》(《党政研究》2003 年第 6 期),唐亚林、陈水生的《中国式无缝隙行政问责制度体系的构建》(《学术界》2010 年第 6 期)等。

二、中国行政管理

1978 年以来,上海行政管理学研究开始起步,在不同的历史阶段有不同的研究主题和导向。改革开放初期与社会主义市场经济的建立,推动学界重点研究政府职能转变和行政体制改革。

围绕中国的政府职能转变的研究,主要成果有:林尚立的《论职能转变基础上的政府再造》(《社会科学》1993 年第 1 期),朱厚玉的《简论邓小平转变政府职能的思想》(《上海工会管理职业学院学报》1994 年第 1 期),胡伟的《转变政府职能不是减少政府的公共职能》(《探索与争鸣》1997 年第 6 期),孙力的《政府职能转变中的产权分析》(《行政与法》2000 年第 2 期),市委党校、上海行政学院主编的《上海政府职能转变与政府管理体制创新研究》(上海三联书店 2009 年)等。

中国行政体制改革的动力与模式研究的主要成果有:李琪的《论中国行政管理学学科体系的逻辑结构》(《中国行政管理》1987 年第 12 期),胡伟、王世雄的《构建面向现代化的政府权力——中国行政体制改革理论研究》(《政治学研究》1999 年第 3 期),王世雄的《现阶段中国行政体制改革的三个层面》(《党政干部论坛》1999 年第 11 期)，王世雄、陈周旺的《论中国行政体制改革的目标模式——对 90 年代行政体制改革目标理论的回顾与思考》(《南京社会科学》2000 年第 7 期)，徐爱华的《对我国现阶段行政体制改革的几点思考》(《理论与现代化》2000 年第 7 期)，扶松茂的《我国行政体制改革的动力机制研究》(《上海行政学院学报》2004 年第 4 期)，吴志华的《行政体制改革与内动力》(《华东师范大学学报》2006 年第 3 期)，容志的《中国行政体制改革的模式、特征与目标》(《求索》2008 年第 1 期)，王茂美的《行政管理体制改革的均衡性分析——政治学的分析视角》(《理论与改革》2009 年第 3 期)等。

中国公务员制度与公共部门人力资源管理的研究成果主要有：赵海的《国家公务员制度推进中的难点分析》(《理论与改革》1995 年第 11 期)，吴新叶的《韩国公务员考试制度及其对中国的几点启示》(《东北亚论坛》1998 年第 2 期)，商红日的《论完善国家的人力资源能力评价制度》(《中国行政管理》2006 年第 6 期)，周敏凯的《西方现代公务员制度改革与中国公务员制度建设的理论思考》(《政治学研究》2006 年第 2 期)，沈荣华编的《人才引进与保持》(党建读物出版社 2008 年)、《人才立法与规范管理》(党建读物出版社 2008 年)，孙荣的《公共部门人力资源管理的思考：制度与价值》(《中国人才》2008 年第 17 期)等。

对中国公务员制度与公共部门人力资源管理的改革及其作用的研究，主要成果有：沈荣华的《尊重知识、尊重人才：振兴中华的百年大计》(上海人民出版社 1994 年)，顾丽梅的《信息社会下国家公务员制度的调整与变革》(《中国信息界》2003 年第 16 期)，翟桂萍、苏杨珍的《我国公共部门人力资源管理变迁的趋向分析》(《江南社会主义学院学报》2006 年第 4 期)，吴志华、刘晓苏主编的《公共部门人力资源管理》(复旦大学出版社 2007 年)，彭正龙主编的《公共部门人力资源管理》(同济大学出版社 2007 年)，郭庆松的《公共部门人力资源管理研究》(上海人民出版社 2007 年)，王文章、孙荣的《应急管理中的公共部门人力资源管理》(《中国人才》2010 年第 21 期)等。吴志华的《我国公共部门人力资源管理改革》(上海交通大学出版社 2009 年)，阐述了中国公共部门人力资源管理的主要问题及其改革方向。

这一时期，由于中央政府实行财政分权，学界对公共财政的目标和价值展开研究，主要成果有：蒋洪的《市场经济的哲学与财政政策》(《财政研究》1994 年第 2 期)、马国贤的《效率——公共财政建设的核心问题》(《财贸经济》2000 年第 10 期)、戴敏敏的《迎接挑战：中国的公共财政改革》(《南京社会科学》2000 年第 1 期)等。

围绕中国公共财政体制的研究，主要成果有：菅和平的《公共服务职能与公共财政体制》(上海财经大学出版社 2003 年)，刘守刚的《晚清财政转型与我国公共生产制度的兴起》(《上海财经大学学报》2003 年第 2 期)，马国贤的《论公共财政框架建设的三位一体模式——兼论深化部门预算改革的途径》(《财经研究》2004 年第 3 期)、《基本公共服务均等化的公共财政政策研究》(《财经研究》2007 年第 10 期)，蒋洪的《公共财政决策与监督制度研究》(中国财政经济出版社 2008 年)，郭俊华和程琼的《我国重大自然灾害的公共财政应急措施研究——以 5 · 12 汶川大地震为例》(《上海交通大学学报》2009 年第 3 期)等。此外，朱春奎主编了《公共财政与政府改革》(上海人民出版社 2008 年)，集中解释并比较研究了中美两国公共财政与政府改革的相关问题。

21 世纪以来，上海学界对社区治理展开研究，主要从社区治理模式、制度创新以及社区治理的实践和作用等方面展开。

对社区治理模式和制度创新的研究，主要成果有：林尚立的《社区民主与治理：案例研究》(社会科学文献出版社 2003 年)，依托上海地域发展，在多年实地调研的基础上探索了上海社区治理的相关问题,并就社区民主与治理的关系进行了解释。王邦佐等著的《居委会与社区治理：城市社区居民委员会组织研究》(上海人民出版社 2003 年),马西恒、何海峰和罗峰合著的《中加社区治理模式比较研究——以上海和温哥华为例》(上海人民出版社 2006 年),顾丽梅的《上海社区治理的制度创新——以潍坊和谐社区的建构为例》(《复旦公共行政评论》2007 年),杨蓓蕾和孙荣的《新农村建设中社区治理模式困境探究——以 H 村可持续发展项目为例》(《马克思主义与现实》2007 年第 1 期),孙荣和范志雯的《社区共治：合作主义视野下业主委员会的治理》(《中国行政管理》2007 年第 12 期),齐卫平和陈朋的《协商民主：城市基层治理的有效模式——基于上海 H 社区的个案分析》(《理论与改革》2008 年第 5 期),刘春荣的《赋权下的自主性——对上海社区治理革新的政治分析》(《复旦公共行政评论》2009 年),刘中起的《走向多元主体互动治理——和谐社会构建语境中的社区建设模式新探索》(《探索》2009 年第 5 期)等发表。

对社区治理的实践及其作用的研究,主要成果有：金家厚、吴新叶的《社区治理：对"社区失灵"的理论与实践思考》(《广东社会科学》2002 年第 5 期),徐中振、徐珂的《走向社区治理》(《上海行政学院学报》2004 年第 1 期),马西恒的《社区治理框架中的居民参与问题：一项反思性考察》(《上海行政学院学报》2004 年第 2 期),彭勃的《路径依赖与治理选择——当代中国城市社区变革》(中国社会出版社 2007 年),罗峰的《社区公共治理与和谐社区的组织化建构》(《中国行政管理》2008 年第 8 期),郑长忠的《多元共存条件下社区治理的政党逻辑——以上海临汾社区物业管理党建联建工作为例》(《理论与改革》2009 年第 2 期)等。

这一时期,城市治理亦进入上海学界的学术视野,基于上海大都市的发展,这一领域的研究主要包括城市治理的模式、制度创新以及理论和实践作用等方面。

对城市治理的模式和制度创新的研究,主要成果有：高民政、郭圣莉的《居民自治与城市治理——建国初期城市居民委员会的创建》(《政治学研究》2003 年第 1 期),刘晔的《城市治理与公共权力：边界、责任与合法性》(上海辞书出版社 2005 年),陶希东的《公私合作伙伴：城市治理的新模式》(《城市发展研究》2005 年第 5 期),刘淑妍、朱德米的《参与城市治理：中国城市管理变革的新路径》(《中国行政管理》2005 年第 6 期),顾丽梅的《解读西方的公民参与理论：兼论我国城市政府治理中公民参与新范式的建构》(《南京社会科学》2006 年第 3 期),钱海梅、齐卫平的《我国城市社区治理探索——基于作为新解释范式的社会资本视角》(《理论导刊》2008 年第 11 期),陈朋的《从任务型自治到民主合作型治理：构建合理的城市街居治理体制——上海市 35 个街居调研的案例启示》(《理论与改革》2009 年第 6 期),刘淑妍的《公众参与导向的城市治理：利益相关者分析视角》(同济大学出版社 2010 年)等。

对城市治理的理论与实践作用的研究,主要成果有：陶希东的《中国城市治理：理论、问题与战略》(《华东理工大学学报》2005 年第 3 期),彭勃的《国家权力与城市空间：当代中国城市基层社会治理变革》(《社会科学》2006 年第 9 期),申剑、白庆华的《城市治理理论在我国的适用》(《现代城市研究》2006 年第 9 期),顾丽梅的《治理与自治：城市政府比较研究》(上海三联书店 2006 年),敬乂嘉、刘春荣的《居委会直选与城市基层治理——对 2006 年上海市居委会直接选举的分析》(《复旦学报》2007 年第 1 期),孙荣、徐红和邹珊珊的《城市治理：中国的理论与实践》(复旦大学出版社 2007 年),容志的《城管困境、执法危机与治理结构变迁——关于条块分割与城市综合执法机制的实证研究》(《复旦公共行政评论》2007 年),复旦大学发展与政策研究中心编著的《城市治理与中国发展》(上海人民出版社 2009 年),吴新叶的《城市草根政治的治理逻辑与展开：执政党与非政府公共组织研究》(上海人民出版社 2010 年)等。

此外，上海学界对社区治理与城市治理中的重要课题，中国的公共物品供给、服务型政府与公共危机管理展开研究。对公共物品的供给研究，主要成果有：汪伟全的《多抉择供给：公共物品竞争性供给之改革出路》(《现代财经》2005 年第 9 期)、孙辉的《公共物品供给中的第三部门参与——一种公共物品供给的新范式》(《财政研究》2006 年第 9 期)等。对政府公共服务的研究，主要成果有：菅和平主编的《公共服务职能与公共财政体制——上海加快政府职能转变》(上海财经大学出版社 2003 年)、甘峰的《公共物品供给的 PFI 路径与服务型政府制度创新——以上海公路建设为例》(《上海师范大学学报》2006 年第 3 期)、敬乂嘉的《合作治理：再造公共服务的逻辑》(天津人民出版社 2009 年)、孙辉的《城市公共物品供给中的政府与第三部门合作关系——以上海市社区矫正为例》(同济大学出版社 2010 年)等。对公共危机管理的研究，主要成果有：李瑞昌的《危机，安全与公共治理》(上海人民出版社 2007 年)，从危机应对与安全建设、上海治理实证研究、政策创新、域外新观等部分对危机、安全与公共治理进行了研究。竺乾威的《危机管理理论简述》(《复旦公共行政评论》2007 年)，刘晓亮、孔凡河的《中国公共危机常态管理的多理论视角解析》(《东南学术》2010 年第 1 期)等发表。

2000 年以来，上海学界对公共政策分析予以关注，主要从宏观理论、政策过程、文本与价值及其实践与经验分析等方面展开。在宏观理论的研究方面，顾丽梅的《公共政策与政府治理》(上海人民出版社 2006 年)，将政府治理与公共政策联系起来研究。在政策过程的研究方面，成果有：周向红的《公共政策过程中信息不对称成因的分析》(《理论探讨》2004 年第 2 期)，杨正联的《公共政策过程中的决策博弈行为分析》(《软科学》2005 年第 5 期)，王礼鑫的《政策过程的研究途径与当代中国政策过程研究——从政治科学本体论、认识论和方法论出发》(《人文杂志》2007 年第 6 期)、《当代中国政策过程中的政策否决现象探析》(《浙江社会科学》2010 年第 8 期)等。对公共政策文本和价值的研究，成果有：邓念国的《公共政策执行系统价值取向的分析》(《武汉大学学报》2005 年第 5 期)、杨正联的《公共政策文本分析：一个理论框架》(《理论与改革》2006 年第 1 期)、李春成的《价值观与公共政策：政策分析的新领域》(《复旦公共行政评论》2007 年)等。对公共政策实践及其经验分析的研究，成果有：顾建光的《公共政策分析学》(上海人民出版社 2004 年)、《公共政策分析引论》(武汉出版社 2002 年)以及其与王树文合著的《公共政策分析概论》(上海人民出版社 2007 年)，刘伯龙、竺乾威主编的《当代中国公共政策》(复旦大学出版社 2004 年)，彭勃译的斯・R. 戴伊的《理解公共政策》(华夏出版社 2004 年)，顾建光译的彼得斯的《公共政策工具：对公共管理工具的评价》(中国人民大学出版社 2007 年)，朱德米的《公共政策扩散、政策转移与政策网络：整合性分析框架的构建》(《国外社会科学》2007 年第 5 期)，徐家良主编的《公共政策分析引论》(北京师范大学出版社 2009 年)，程名望、周向红的《计划生育家庭对优先优惠公共政策的需求分析——以上海 321 个样本为例》(《人口与经济》2009 年第 2 期)等。

在社会发展进程中，伴随着非政府组织的出现，上海学界亦开始关注这一现象，主要围绕党政与非政府组织的关系和社会与非政府组织的关系等方面展开。对党政与非政府组织关系的研究，成果有：吴新叶的《农村基层非政府公共组织研究》(北京大学出版社 2006 年)、林尚立的《两种社会建构：中国共产党与非政府组织》(《中国非营利评论》2007 年第 1 期)等。对社会与非政府组织关系的研究，成果有：范丽珠的《全球化下的社会变迁与非政府组织》(上海人民出版社 2003 年)，金家厚的《转型期的社会管理：我国非政府组织的发展定位与模式构建》(《云南社会科学》2003 年第 5 期)、《我国非政府组织的社会管理视域》(《广东行政学院学报》2003 年第 5 期)，顾建光的《非政府组织的兴起及其作用》(《上海交通大学学报》2003 年第 6 期)，何云峰、马凯的《当前我国非政府组织发展面临的主要问题》(《上海师范大学学报》2004 年第 2 期),陈洪连的《论和谐社会与非政府组织的治理》(《湖北社会科学》2006 年第 6 期)、《论非政府组织对和谐社会的建构功能及其发展策略》(《北京航空航天大学学报》2007 年第 3 期)等。

随着互联网的兴起,电子政务亦随之出现,上海学界围绕电子政务与政府管理关系与电子政务的作用与效果等方面展开研究。对电子政务与政府管理关系的研究,成果有:顾安平、王浣尘的《电子政务对政府管理创新的影响》(《理论探讨》2003 年第 6 期),顾平安的《电子政务对公务员行政能力的影响》(《中国行政管理》2003 年第 10 期),吴明华的《发展电子政务:政府能力提升的有效手段》(《探索与争鸣》2004 年第 12 期),赵豪迈、白庆华的《电子政务悖论与政府管理变革》(《公共管理学报》2006 年第 1 期),樊博的《电子政务》(上海交通大学出版社 2006 年),郭俊华、程琼和樊博的《电子政务环境下政府行政成本管理策略研究》(《情报杂志》2009 年第 1 期)及郭俊华的《电子政务环境下的服务型政府建设》(《毛泽东邓小平理论研究》2010 年第 12 期)等。对电子政务的作用和效果的研究,成果有:樊博等编的《电子政务理论与实践》(清华大学出版社 2006 年),樊博、孟庆国的《基于知识管理的电子政务流程优化研究》(《情报杂志》2006 年第 4 期),樊博的《绩效驱动的电子政务信息共享及协同应用》(《图书与情报》2008 年第 4 期),丁雅敏、孙荣的《电子政务绩效评估:经验与途径》(《行政论坛》2008 年第 6 期),上海社会科学院信息研究所电子政务研究中心编著的《突破电子政务壁垒》(上海辞书出版社 2009 年)等。

第三节　政 治 制 度

一、中国政治制度

20 世纪 80 年代前期,中国政治制度的研究,相对薄弱。为了适应从根本上推进经济体制改革的需要,上海学界开始探讨政治体制改革的含义及相关问题,并带动和强化了政治制度研究、反腐败研究和行政体制改革研究等。1981 年,周世逑等学者呼吁恢复行政管理学。1982 年,周世逑发表《浅论行政机构的改革》(《政治与法律》第 3 期)。上海学界关于中国政府与政治的制度分析,从改革开放的现代化进程的时代背景中来检视,主要成果有:曹沛霖的《西方国家的选举制度剖析》(《党政论坛》1987 年第 3 期),系统介绍西方的选举制度。浦兴祖主编的《当代中国政治制度》(上海人民出版社 1990 年),对政治制度作了全面的分析,是国内较早系统研究当代中国政治制度的著作。高民政主编的《中国政府与政治》(黄河出版社 1993 年),论述了当代中国政治制度的基本方面,展现了当代中国政治制度的概貌和特征。上海学者研究了中国政治制度的本质和特点,特别是有关社会主义民主政治建设以及政府管理与政策过程中的各种问题,主要成果有:王沪宁的《发展中国家的政治体制:历程和现状》(《上海社会科学院学术季刊》1993 年第 3 期),从比较政治视角出发,提出在社会的发展过程中,政治制度或者政治体制的发展是重要的一环的观点。浦兴祖的《中华人民共和国政治制度》(香港三联书店 1995 年),分析了中华人民共和国政治制度的基本框架,系统介绍了国家行政制度改革的相关内容,提出完善公务员制度的基本思路。每到重要历史节点,上海学者都会结合中国政治发展实际给予评析。桑玉成和袁峰著的《世纪之交的中国政治发展》(《政治学研究》1998 年第 3 期),提出了中国政治发展的主要内容。关于民主政治制度建设相关话题的主要成果有:胡伟的《党内民主与政治发展:开发中国民主化的体制内资源》(《复旦学报》1999 年第 1 期),提出通过党内民主带动国家政治生活的民主化,并由精英民主导向大众民主。林尚立的

《基层群众自治：中国民主政治建设的实践》(《政治学研究》1999 年第 4 期)，认为基层群众自治是中国民主政治下世纪发展的重要的逻辑起点和现实基点。袁峰的《制度变迁与稳定——中国经济转型中稳定问题的制度对策研究》(复旦大学出版社 1999 年)，探讨了政治发展与政治稳定的关系。

"一国两制"政治构想专题研究的主要成果有：王邦佐、王沪宁的《从"一国两制"看主权与治权的关系》(《政治学研究》1985 年第 2 期)，较早提出"一国"和"两制"是主权与治权的高度有机结合的观点。王邦佐的《关于"一国两制"理论问题的探讨》(《复旦学报》1986 年第 4 期)和《简论"一国两制"构想的理论内涵》(《文汇报》1997 年 7 月 3 日)发表。20 世纪 90 年代末，在香港和澳门回归之际，林尚立等著的《一个国家两种制度——实现祖国和平统一的构想与实践》(上海人民出版社 1998 年)，对"一国两制"的政治构想作了系统归纳。

2000 年以来，上海学界对新制度主义的研究开始增多，进一步深入和系统研究人民代表大会制度。如桑玉成的《利益分化的政治时代》(学林出版社 2002 年)，系统分析现代化进程中的利益分化、利益分化下的社会特征、利益分化与政府职能的调整等。孙哲的《全国人大制度研究(1979—2000)》(法律出版社 2004 年)，刘建军、何俊志、杨建党编著的《新中国根本政治制度研究》(上海人民出版社 2009 年)出版。

上海学界对人大制度的某一具体问题进行深入研究，在党对立法工作领导方面，尤俊意发表了《关于改善党对立法工作领导的几点看法》(《毛泽东邓小平理论研究》2004 年第 12 期)。在基层人大制度的研究方面，主要有：何俊志的《中国地方人大制度的研究现状与展望》(《法制与社会发展》2004 年第 5 期)、《制度等待利益：中国县级人大制度模式研究》(重庆出版社 2005 年)。在阐释人大制度的意义和发展方面，成果有：谢岳的《完善人大制度：中国政治体制改革的当务之急》(《学术月刊》2005 年第 6 期)、孙力的《利益代表机制的政治分析》(学林出版社 2008 年)、程竹汝的《监督权：人大权力总量的百分之五十》(《上海人大月刊》2010 年第 11 期)等。在人大制度建设方面，刘建军认为人大制度为国家治理提供了有效的价值资源、合法性资源、制度资源和法治资源。相关论著包括：《人大制度与有序民主：对中国民主化进程的一种思考》(《毛泽东邓小平理论研究》2009 年第 9 期)、《人民代表大会制度的成长与国家形态的更新》(《中国延安干部学院学报》2010 年第 2 期)。

上海学界将政治生态纳入政治制度设计和政治制度文明建设的研究领域，成果包括：程竹汝的《论现代司法的政治制度化功能》(《政治学研究》2002 年第 2 期)，讨论了政治制度化与司法功能的逻辑和政治何以必须依赖司法的政治功能。桑玉成的《论社会主义政治文明建设中的制度设计与制度创新》(《东岳论丛》2003 年第 4 期)、《政治体制改革问题与战略》(重庆出版社 2009 年)，提出要按照推进政治文明建设的目标，进行科学的制度设计和制度创新，这是推进政治文明建设的关键。上海学界通过一系列研究，不断地将制度文明推向政治学研究的新高度，相关成果有：胡伟的《政治文明：意义、范畴和本质——兼论我国社会主义政治文明建设》(《上海市社会主义学院学报》2004 年第 2 期)，提出社会主义政治文明的核心是高度的社会主义民主，本质是制度文明。吴志华的《行政体制改革与内动力》(《华东师范大学学报》2006 年第 3 期)，认为行政体制改革需要通过外动力转化为内动力的制度保障。商红日的《论完善国家的人力资源能力评价制度》(《中国行政管理》2006 年第 6 期)，提出完善国家人力资源能力的评价制度的观点。张明军等编著的《当代中国政治社会分析》(中央编译出版社 2008 年)，通过对当代中国政治社会各要素的分析，力图解答政治社会发展中所遇到的制度问题。林尚立的《中国政党制度与国家建设》(《毛泽东邓小平理论研究》2009 年第 9 期)，认为中国政党制度有深厚的社会基础，也适宜中国国家建设和发展。

上海学界关注并研究了中国政治协商制度，提出借助统一战线提供的政治资源、社会资源和制度资源在中国发展协商政治，应该成为中国新世纪民主政治建设的重要任务与目标的观点。相关论著包括：林尚立的《协商政治：对中国民主政治发展的一种思考》(《学术月刊》2003年第4期)、《政党制度与中国民主：基于政治学的考察》(《武汉大学学报》2010年第3期)，刘杰的《构建和谐社会与发展社会主义民主政治》(《黑龙江社会科学》2008年第2期)、《论人民政协的整合执政资源功能》(《中国政协理论研究》2009年第4期)，郝宇青的《苏联政治生活中的非制度化现象研究》(华东师范大学出版社2008年)、《政治制度设计理念与政治信任缺失》(《中国浦东干部学院学报》2009年第4期)。

这一时期，上海学界亦探讨了政治信任与政治发展的关系和新媒体技术对政治制度的影响。2009年6月20日，为庆祝中华人民共和国成立60周年，上海市政治学会、华东师范大学党委宣传部和政治学系联合主办“社会转型中的政治信任”理论研讨会，研讨中国社会转型中的政治信任问题及其对社会主义和谐社会建设的影响。2010年，齐卫平发表《网络公共论坛：虚拟空间中的协商民主实践》(《理论探讨》第5期)，提出网络政治制度建设需要关注的重点问题。

二、比较政治制度

1978年以来，上海学界在比较政治制度研究领域，主要着力于建立分析框架、译介西方政治学论著、研究各国政治个案和公共行政制度等。

上海学界在比较政治制度的研究过程中，注重通过纵向和横向比较，将多种政治现象置于历史—社会—文化条件中进行透视，提供了有价值的理论观点和分析框架，从政治时代、政治国家、政治形式、政治过程、政治决策、政治文化、政治思维、政治发展、政治世界、政治科学等多个既相互联系、又相互独立的领域进行比较分析。主要成果有：王邦佐、孙关宏的《英美两党制的产生及其阶级实质》(《政治与法律》1983年第2期)和《西方政治学研究的演变》(《政治与法律》1983年第4期)。姜琦参编的《当代国际共产主义运动1945—1985》(甘肃人民出版社1987年)、《战后世界历史长编》(上海人民出版社1992年)以及《托洛茨基的政治生涯》(《科学社会主义参考资料》1981年第17期)等文。此外还有王沪宁的《比较政治分析》(上海人民出版社1987年)、《当代西方政治学分析》(四川人民出版社1988年)，曹沛霖等翻译的加布里埃尔・阿尔蒙德、小鲍威尔的《比较政治学：体系、过程和政策》(上海译文出版社1987年)，桑玉成等著的《国际经济政治学述评》(《世界经济与政治》1987年第4期)，曹沛霖、徐宗士主编的《比较政治体制》(复旦大学出版社1993年)，陈明明的《西方政治发展的逻辑：从中世纪到近代》(《欧洲研究》1997年第5期)等。

随着社会的发展，各国进一步寻求适合本国国情的政体演变方式。上海学界在全面系统梳理国际政治制度，他们注重点、线和面的结合，从不同角度比较各国政治制度。主要成果有：孙力的《冲突着的民主——析美国制宪者思想底蕴》(《政治学研究》1997年第1期)、《国外发展理论的学科透视及其综合取向分析》(《上海社会科学院学术季刊》1997年第4期)，对国外发展理论的科学结构和演进趋势作了整体透视。周敏凯的《当代资本主义国家的文官制度》(福建人民出版社1996年)，介绍了当代资本主义国家的文官制度。胡伟的《多党议会内阁制的危机及演变》(《政治学研究》1997年第3期)，分析了各国多党议会制的演变的类型，指出他们的共同特点是多党议会制逐步向行政集权制转变。张月明编著的《民主社会主义在东欧》(上海人民出版社1999年)，认为民主社会主义在东欧的再现具有时代的特征。韦定广等的《全球化与世界政治发展》(中央编译出版社2004

年)，全面分析全球化与世界政治发展的关系。郝宇青的《论苏共的意识形态合法性》(《社会科学研究》2005 年第 4 期)，提出苏共意识形态的合法性具有刚性特征，不利于苏共执政合法性的建设的观点。冯绍雷编写的《转型中的俄罗斯对外战略》(上海人民出版社 2005 年)，系“转型时代丛书”之一，对苏联解体以来俄罗斯政治、经济、社会、文化与外交等方面全面、深刻而复杂的变化作了研究。

在译介西方政治学中相关领域方面，20 世纪 80 年代初期，王沪宁发表《马基雅维利及其〈君主论〉》(《读书》1983 年第 3 期)、《美国政治学的系统分析学派》(《国外社会科学》1985 年第 1 期)和《当代西方政治多元主义思潮评析》(《社会科学》1986 年第 4 期)等文。20 世纪 80 年代中后期，上海学者致力于翻译西方政治学经典著作，主要有：张华青、孙嘉明翻译的安东尼·奥罗姆的《政治社会学——主体政治的社会剖析》(上海人民出版社 1989 年)，从社会的角度去解析政治现象，分析政治系统和政治行为。东方编译所与上海人民出版社合作出版系列译丛，在很大程度上丰富了比较政治研究中相关经典政治学的文献资源。与此同时，学者们较为集中地编译出了一批国外政治学精品力作，从世界范围到某区域政治学的研究均有关注。如刘靖北等编著的《独联体各国概览》(华东师范大学出版社 1993 年)和编译的《最后的帝国——民族问题与苏联的前途》(华东师范大学出版社 1993 年)出版。

对各国政治状况进行个案研究方面，主要成果有：郭定平的《美国政党体制的衰落与改革》(《复旦学报》1992 年第 2 期)、《论战后日本政治多元化》(《日本学刊》1994 年第 4 期)、《论新加坡政党与政治发展》(《政治学研究》1996 年第 1 期)、《韩国政治转型的成就与问题》(《韩国研究论丛》1998 年)等，林尚立的《九十年代日本政治发展的走向》(《复旦学报》1993 年第 1 期)，桑玉成的《韩国政坛内幕》(《国际展望》1996 年第 2 期)，陈明明的《墨西哥革命制度党兴衰探源》(《领导文萃》2000 年第 12 期)等。李路曲以新加坡为个案，对其政治发展模式进行了较为系统的分析和定位，发表了《新加坡人民行动党政府的社会控制方式》(《东南亚研究》2006 年第 4 期)、《新加坡人民行动党执政方式的转变与宪政建设》(《马克思主义与现实》2007 年第 5 期)等一系列文章。此外，李路曲还发表了《当代东亚政党体制的转型：范式、原因和历史任务》(《清华大学学报》2005 年第 1 期)、《新加坡与我国政治发展模式比较》(《理论探索》2008 年第 4 期)。臧志军发表《日本政治资金及其管理法制改革》(《外国问题研究》2009 年第 2 期)。

在公共行政制度研究方面，20 世纪 80 年代末到 90 年代初，上海学者对西方行政管理体制开展广泛的比较研究，成果有：竺乾威《北欧三国中央—地方政府关系比较》(《西欧研究》1989 年第 4 期)、《英美文官制度改革比较》(《世界经济与政治》1989 年第 10 期)。2000 年后，上海学界从国际比较制度视野出发，研究各国公共政策的性质、政策演进与价值理念、理论模型、政策议程建立与政策规划、政策执行、政策评估等，成果有：蒋云根的《中国经济行政管理学》(东华大学出版社 2000 年)、商红日的《国家与政府：概念的再界定——兼论国家与政府的区别》(《北方论丛》2001 年第 3 期)、宋光周的《新编行政学》(东华大学出版社 2003 年)、宋锦洲的《公共政策：概念、模型与应用》(东华大学出版社 2005 年)、周敏凯的《比较公务员制度》(复旦大学出版社 2006 年)。在此基础上，上海学界对中外公务员制度进行比较研究，如胡伟的《西方国家公共服务转向的最新进展与趋势——基于美国地方政府民营化发展的纵向考察》(《政治学研究》2009 年第 3 期)，提出根据成本与公民满意度等综合因素，在公私部门之间选择多元化的服务提供方式，是西方国家公共服务发展的一种新范式的观点。唐亚林的《西方国家议会监察专员制度及其对当代中国的启示》(《上海人大月刊》2010 年第 8 期)，介绍了西方议监察专员制度。

第四节　政治思想史

一、中国政治思想史

20世纪80年代，在整个中国政治思想史的研究进程中，中国政治思想史研究的学术化、规范化得到加强，逐渐确立起自身的相对独立性和主体性。首先，上海学界编写了通史体例的中国现代政治思想史，如上海人民出版社出版了王松等编写的《中国近代管理思想史》(1986年)、《马克思主义管理思想史》(1986年)，陈旭麓主编的《五四以来政派及其思想》(1987年)、《五四后三十年》(1989年)等。

20世纪80年代末，上海学界对封建专制主义制度展开研究，提出由于不同阶级、阶层和人群所处经济地位和社会关系不同，利益也不同，因而在社会上就形成不同的思潮，有主流、有支流、有潜流和逆流，综合构成一幅极为复杂而丰富的历史图画的观点。主要成果有：金冲及、胡绳武合著的《辛亥革命史稿(1—4卷)》(上海人民出版社1980年、1985年、1991年、1991年)和《从辛亥革命到五四运动》(湖南人民出版社1983年)出版。

20世纪90年代中期以来，上海学界主要关注当代政治制度的发展和性质，对当代中国政治思想史中有关政治制度的方面进行整体研究。如浦兴祖主编的《当代中国政治制度》(上海人民出版社1990年)，系统探讨了我国当代政治制度。潘世伟的《二十世纪社会主义理论与实践的重大突破》(《华东师范大学学报》1997年第3期)，指出社会主义的理论与实践必然会酝酿一次历史性的突破。

这个时期，上海学界注重研究社会思潮史，成果有：朱义禄、张劲的《中国近代政治思潮研究》(上海社会科学院出版社1998年)，高瑞泉的《天命的没落——中国近代唯意志论思潮研究》(上海人民出版社1991年)、《中国现代精神传统——中国现代性观念的谱系》(上海古籍出版社1999年)和《从历史中发现价值》(中国大百科全书出版社2006年)出版。高瑞泉与他人合著有《中国近代社会思潮》(上海人民出版社2007年)、《转折时代的精神转折——"新时期"以来中国社会思潮及其走向》(上海古籍出版社2008年)等。此外，高瑞泉还主编"中国的现代性与人文学术丛书"(上海古籍出版社2006—2008年)与"中国思潮评论丛书"(上海古籍出版社2009—2014年)。

2000年以来，从思想史的角度来考察中国国政治的发展也成为学者关注的重要领域，主要成果有：王邦佐的《政治学的繁荣和发展需要理论创新》(《政治学研究》2001年第1期)、《政党推动：中国政治体制改革的演展逻辑》(《政治与法律》2001年第3期)，曹沛霖的《新世纪中国政治学的"三个走向"》(《天津社会科学》2001年第2期)，张汝伦的《现代中国思想研究》(上海人民出版社2001年)，熊月之的《中国近代民主思想史》(上海社会科学院出版社2002年)，中共一大会址纪念馆编的《中国共产党创建史研究文集1990—2002年》(上海人民出版社2003年)，张树平的《政治知识：中国政治研究的可能视角》(《学习与探索》2008年第6期)，胡建编著的《现代性价值的近代追索——中国近代的现代化思想史》(上海人民出版社2008年)，轩传树发表《当代世界社会主义思潮研究述评》(《马克思主义研究》2010年第10期)，郭定平的《论当代中国马克思主义的特殊性与普遍性：比较思想史的理论视角》(《学习论坛》2010年第10期)等。

这一时期，上海学界也围绕政治思想史、政治文明的科学含义、结构、特点，社会主义政治文明的本质特征和建设路径展开研究，如高民政等的《1958—1966：居民委员会功能的变异与恢复——

以上海市为例的历史考察与分析》(《上海社会科学院学术季刊》2002 年第 3 期),程竹汝、罗峰、余祖军、李淑华合著的《政治文明——历史维度与发展逻辑》(上海人民出版社 2004 年),萧延中的《中国政治思想的"语言"与"言语"》(中国文史出版社 2005 年),张树平的《中国传统政治文化的本土运动与近代行程:1840—1901》(《学术探索》2006 年第 5 期)等。

此外,上海学界围绕当代中国政治思潮的产生与演进展开研究,他们认为政治学的恢复、社会变革、知识群体的兴起以及知识生产、传播体系的变化,是刺激当代中国政治思潮产生的直接根源。主要成果有:刘建军的《当代中国政治思潮的兴起与变迁》(《华东师范大学学报》2003 年第 3 期)、《当代中国政治思潮:根源与演进》(《江苏行政学院学报》2009 年第 4 期)等。此外,他的《当代中国政治思潮》(复旦大学出版社 2010 年),提出了当代中国政治思潮具有不同政治属性的观点。

二、外国政治思想史

20 世纪 80 年代,中国政治学会正式成为国际政治科学协会(IPSA)集体会员,上海学界对外国政治思想史展开研究,主要成果有:曹沛霖发表了《论当代资产阶级国家政府的职能》(《政治学研究》1986 年第 4 期)和《西方民主制的发源及启示》(《天津社会科学》1988 年第 2 期)等,王沪宁发表了《〈西方政治思想简史〉读后》(《读书》1984 年第 2 期)和《世界政治学面临二十一世纪》(《政治学研究》1988 年第 2 期),翻译了罗伯特·达尔的《现代政治分析》(上海译文出版社 1987 年)。

20 世纪 80 年代中期,国际交流得以展开,不少国外学者来上海讲演和学习,上海学者也出国进修和考察,并向国外介绍中国政治和政治学的发展。1985 年,上海学者参加了在苏州召开的"中外政治思想史研讨会",研讨学科发展与建设问题。1986 年 10 月上旬,复旦大学国际政治系和中国社会科学院《政治学研究》编辑部共同发起并召开了"当代世界政治思潮研讨会",探讨了当代世界政治学说、政治思潮的有关理论。此外,亦有学者讨论了西方国家政治制度思想的流变,如郭定平的《关于柏克的政治哲学》(《社会科学》1988 年第 11 期)和《启蒙运动之比较研究》(《社会科学》1989 年第 6 期)等。

20 世纪 90 年代初,上海学者从不同方面、不同层次扩展并深化了西方政治思想史的教学和研究。主要成果有:浦兴祖的《从〈理想国〉到〈代议制政府〉:西方政治学名著释评》(四川人民出版社 1990 年),郭定平的《美国政党体制的衰落与改革》(《复旦学报》1992 年第 2 期)。叶立煊编写的《当代西方政治思想评介》(华东师范大学出版社 1991 年)、主编的《西方政治思想史》(福建人民出版社 1992 年)等。此外,还有姜琦等主编的《国际共产主义运动史》(高等教育出版社 1993 年),顾肃的《西方政治法律思想史》(南京大学出版社 1994 年),浦兴祖、洪涛的《西方政治学说史》(复旦大学出版社 1999 年)等。

此外,上海学界亦对中西政治思想展开比较研究,包括宏观比较、断代比较、具体思想比较、不同国家政党比较等,主要成果有:孙关宏、王邦佐的《英美两党制的产生及其阶级实质》(《政治与法律丛刊》1983 年第 2 期),认为英美的两党制就是区别于一党制和多党制国家的另一种资产阶级专政的形式。王邦佐、孙关宏的《西方政治学研究的演变》(《政治与法律》1983 年第 4 期),运用历史学研究方法系统分析了西方政治学研究的演变历程。徐觉哉编著的《社会主义流派史》(上海人民出版社 1999 年),比较完整地展示了社会主义理论多元演进的历史进程和思想轨迹。

2000 年以来,上海学界以西方特定国家和政治学家为主要研究对象展开论述。主要成果有:桑玉成的《人的政治观研究——西方政治思想史的一条主线》(《上海师范大学学报》2001 年第 4

期),胡伟的《民主与全球治理的新思维——戴维・赫尔德〈民主与全球秩序〉评述》(《上海交通大学学报》2005 年第 6 期),刘杰的《从世界政治的发展变化中把握中华民族的复兴之路》(《毛泽东邓小平理论研究》2002 年第 4 期),郝宇青的《论合法性理论之流变》(《华东师范大学学报》2007 年第 5 期),轩传树的《境外舆论关注中国 60 年的几种倾向》(《探索与争鸣》2009 年第 12 期)等。上海学界对国外政治思想史的研究,还表现在对特色专题的研究,如朱学勤的《道德理想国的覆灭——从卢梭到罗伯斯皮尔》(上海三联书店 2003 年),梳理了启蒙运动的两种渊源。

第六章　法　　学

1978 年起，上海法学界在反思历史的基础上逐渐回归正常发展轨道，法学院校、系所相继恢复和设立。1981 年，《法学》杂志复刊，1982 年，《政治与法律》创刊。20 世纪 80 年代，学者们围绕立法实践的重大问题和重要法学理论问题展开讨论。20 世纪 90 年代，随着社会主义市场经济体制的建立与发展，地处改革开放最前沿的上海，法学研究活跃。进入 21 世纪以后，面对中国法治建设的新形势和新任务，上海学者积极参与研讨，既有对中国法治建设全局问题的思考，也有反映上海特色的学术成果。同时，交叉研究、学科研究越来越得到重视。

第一节　法 理 学

一、概念论和范畴论

20 世纪 80 年代，为了确立法理学的独立性，上海法学界对法学学科体系，尤其是对传统研究框架，即“国家与法的理论”进行探讨，提出国家与法律是不同的社会现象，各自研究范畴和对象不同。这一时期，法理学亦被称为“法学基础理论”“法的基本理论”“法学基本理论”等。相关成果有华东政法学院编写的教材《法学基础理论》(法律出版社 1981 年)。之后，司法部和教育部编写的第一部全国统一的法学教材沿用了该名称。1982 年，华东政法学院《法学》编辑部发出“关于加强法学基本理论研究的倡议”，提出法学基本理论研究薄弱，跟不上客观形势的迅速变化，呼吁学界针对中国社会主义法律体系及其学科分类、社会主义法律的客观规律性、社会主义法学的基本范畴、法学研究的方法论以及社会主义的法律解释等重大问题展开探讨。同年，《法学》相继刊发傅季重的《法律哲学研究的对象及其任务》(第 3 期)、潘念之的《开展法学基础理论的研究》(第 11 期)等文。1983 年，陈学明的《法理学初议》(《法学》第 4 期)，在上海地区首次提出改法学基础理论为法理学的主张。1988 年，上海社会科学院情报研究所主编的《1949—1985 上海社会科学・法学篇》(上海社会科学院出版社)出版。

20 世纪 90 年代，“法理学”的名称被法学界和国家教委接受并确立。1994 年，倪正茂的《法哲学、法理学：合流与分流》(《上海社会科学院学术季刊》第 3 期)，对法学界有关法哲学和法理学的合流与分流的不同观点作出评价。1995 年，《政治与法律》编辑部组织相关专家学者讨论了“中国当前法学理论学科建设问题”。1996 年，倪正茂的《法哲学经纬》(上海社会科学院出版社)，其中“经篇”概述了人类法哲学思想动态发展，“纬篇”构建了法哲学体系的框架。1998 年，尤俊意发表《恢复、发展和开拓：中国法学理论研究二十年》(《政治与法律》第 6 期)。1999 年，中国法理学研究会、上海社会科学院和市法学会联合举办题为“跨世纪法理学的回顾与展望”研讨会，探讨 20 世纪中国法理学的进程及其基本成就，以及当代中国法理学所面临的困境和对策。

2000 年以后，上海法学界就法理学与法哲学的关系问题展开探讨，如尤俊意的《论法理学与法哲学的关系——广狭义法理学论》(《政治与法律》2008 年第 7 期)，集中于探讨学科发展、基本概念和范畴。

二、法的本体论

自20世纪80年代初起，上海法学界围绕社会主义法律、法律的阶级性、法律的强制性、权利与义务、人治与法治、权利冲突等重大的法律本体论命题展开讨论。1980年，周凤举的《法单纯是阶级斗争工具吗?》(《法学研究》第1期)，引起学界对法的本质属性问题的大讨论。随后，高呈祥发表了《法的概念应重新认识》(《社联通讯》1981年1月)和《法是阶级性与社会性的统一》《探索与争鸣》(1986年第4期)等讨论这一论题。1981年，徐盼秋在《法学》复刊号上发表了《关于社会主义法律与客观规律性》(第1期)，提出社会主义法律必须客观反映客观规律，但是它并不等于客观规律的观点。1982年，《法学》杂志刊登了王召棠、陈鹏生的《社会主义中国法系初探》(第2期)和余先予的《论法律自身发展的客观规律》(第5期)。1983年4月，华东政法学院和中国社会科学院法学研究所在上海联合召开以"中国社会主义法律体系和马克思主义法学体系"为题的全国首次理论研讨会。同年，王召棠、张传桢和陈鹏生合著的《对中国式社会主义法律体系的探讨》(《法学》第5期)，将社会主义法律与客观规律、政治与法律的关系等问题的探讨引向深入。1983—1986年，上海以《社会科学》《法学》和《政治与法律》等学术期刊为平台，围绕法律是否具有"共同性"或超阶级性展开讨论。其间，上海社会科学院法学所还举办了华东七省市关于法的本质属性理论研讨会。1987年，于浩成和崔敏编的《法的阶级性与社会性问题讨论集》(群众出版社)出版。1988年，张宗厚的《法学理论更新的进一步思考》(《法学》第8期)，认为权利是法学的细胞，意志是法与法律之间的中介，遂引起上海法学界对"权利和义务关系"之讨论。1989年，张恒山的《法的重心何在——评"权利本位"说》(第1期)、林喆的《权利之辩》(第3期)、郑成良的《权利本位说》(第4期)等先后在《政治与法律》发表。1990年，郝铁川发表《权利与义务：法的阶级性之独特反映》(《法学》第4期)，封曰贤发表《权利本位论异议》(《现代法学》第5期)和《"权利本位说"质疑——兼评"社会主义是新型的权利本位法"》(《中国法学》第6期)。1991年，林喆发表《权利与义务关系之争(上、下篇)》(《法学》第4、5期)和《法律权利概念的解说》(《法学》第6期)等，讨论权利的渊源、类别、内在矛盾、权利和义务及其与其他社会现象的关系。1992年陈友清的《价值与权利：九十年代中国法学理论的重心》(《法学》第4期)、1993年周小明的《权力与权利的结构分化》(《法学》第3期)、1994年北岳的《关于义务与权利的随想(上、下篇)》(《法学》第8、9期)等文发表。

20世纪90年代，上海法学界围绕法的阶级性和强制性、"人治与法治"和"依法治国"展开新一轮争论。关于法的阶级性，郝铁川发表《法的相对独立性及其实践意义》(《法学》1991年第4期)和《论法的民族性及其现实意义》(《中南政法学院学报》1993年第4期)，前文认为法律作为一门科学，有其独特的本质属性和运动发展规律；后文认为法律不仅是阶级意志的体现，还是民族意志和民族精神的体现。关于法的强制性，《法学》杂志刊发倪正茂的《法的强制性新探》(1995年第12期)和尤俊意的《国家强制性、强制性规范与制裁——也谈法的强制性问题》(1996年第3期)。关于"人治与法治"和"依法治国"的讨论，沈国明的《论健全我国法制的道路》(《上海社会科学院学术季刊》1991年第2期)，主张法制建设应走引进、融合和创新的道路。

20世纪90年代中期及其后，上海学者探讨了转型时期的"依法治国"方略。成果有：王申的《我国法制现代化特色的理论探析》(《法学》1996年第11期)，探讨依法治国的法治模式、社会主义法律体系的建设等问题。尤俊意的《精神文明建设与依法治国方略》(《政治与法律》1997年第1期)，探讨精神文明建设与建设法治国家的关系。郝铁川较为系统地论述依法治国问题，成果包括

《依法治国的十大建议》(《法学》1996 年第 5 期)、《论中国社会转型时期的依法治国》(《中国法学》2000 年第 2 期)、《论依法治国与以德治国》(《求是》2001 年第 6 期)、《中国依法治国的渐进性》(《法学研究》2003 年第 6 期)等。

2000 年以后，上海法学界更加关注“权利冲突”问题和法理学的本体论问题。郝铁川对“权利冲突”展开研究，发表《权利冲突：一个不成为问题的问题》(《法学》2004 年第 9 期)，对“权利冲突”的研究作了概括性总结，提出“权利冲突”实际上是一个伪问题的观点。对法理学学科本体论的研究，如丁以升的《关于法律本体的三种理论形态》(《现代法学》2003 年第 4 期)，梳理了西方的神法论、自然法论和实践法论等理论形态。李寿初的《超越“恶法非法”与“恶法亦法”——法律与道德关系的本体分析》(《北京师范大学学报》2010 年第 1 期)，认为现代法治国家，应在法律制度内解决法律与道德的关系问题。

三、法的运行论

20 世纪 70 年代末 80 年代初，上海学界对“法律面前人人平等”展开讨论。成果有：李西彦的《人民在自己的法律面前人人平等》(《西北大学学报》1979 年第 2 期)提出“法律面前人人平等”是一条保障人民的权利和利益的神圣不可侵犯的原则，引起广泛讨论。同年，《学术月刊》刊发陈处昌的《关于“法律面前人人平等”的几个问题》(第 9 期)和张光博的《也谈法律面前人人平等》(第 9 期)等文。1980 年，潘念之、齐乃宽的《关于“法律面前人人平等”的几个问题》(《社会科学》第 1 期)，主张“法律面前人人平等”不仅包括司法平等，也包括立法平等。同年，《社会科学》又刊发了系列文章，如唐琮瑶的《关于法律的阶级性和公民在法律面前人人平等的统一》(第 3 期)，质疑“立法上平等”的观点，认为法律面前人人平等，仅体现在司法上。对此，潘念之、齐乃宽的《再论“法律面前人人平等”的问题》(第 4 期)进行回应，对“立法平等问题”展开进一步论述。此后，程辑雍的《社会主义法律的平等原则不能割裂》(第 5 期)发表。

2000 年后，上海学界讨论了法治公信力和公民权实现等论题。丁以升的《公民为什么遵守法律？——评析西方学者关于公民守法理由的理论(上、下篇)》(《法学评论》2003 年第 6 期和 2004 年第 1 期)，评述西方的“公民不服从”理论。郑成良发表《法治公信力与司法公信力》(《法学研究》2007 年第 4 期)和《以人为本与法治发展——兼论程序公正的权利表达》(《学习与探索》2007 年第 4 期)，前文提出法治能否赢得社会公众足够的信任和信赖是判断一个国家是不是成熟法治国家的标准的观点；后文提出当下中国法治需要处理三个基本关系。李清伟的《论服务型政府的法治理念与制度构建》(《中国法学》2008 年第 2 期)和《论社会政策与公民权利的实现》(《政治与法律》2008 年第 3 期)，提出服务型政府应当有相应的法治理念，呼唤开放的、公开的治理模式和公众参与制度。蒋晓伟的《人民共和、和谐社会与“一国两制”》(《政治与法律》2008 年第 1 期)，认为“一国两制”是人民共和、和谐社会理论和实践的丰富和发展。

四、跨学科研究和法的方法论

20 世纪 90 年代，在跨学科研究方面，上海法学界引入了西方法学的研究方法，研究法律社会学、法律经济学等问题。1992 年，张乃根的《论法—经济学研究》(《法学》第 9 期)，初步介绍西方法—经济学研究的若干理论问题。1993 年，张乃根的《法社会学分析：框架与范例》(《社会学研究》

第6期),提出一种新的法社会学分析的理论框架,并通过范例实证予以检验。2003年,张乃根的《法经济学:经济学视野里的法律现象》(中国政法大学出版社)出版。丁以升、张玉堂的《法律经济学中的个人主义和主观主义——方法论视角的解读与反思》(《法学研究》第6期),对法律经济学分析模式的固有缺陷予以分析。2004年,丁以升的《法律经济学的意义、困境和出路》(《政治与法律》第2期),提出法律经济学在假定前提、理论支点和研究范围等面临困境,要引入公共选择理论等解决出路问题。

2006年,蒋传光的《论构建和谐社会与当代中国社会控制模式的选择——法社会学的研究》(《上海师范大学学报》第2期)和《论社会控制与和谐社会的构建——法社会学的研究》(《江海学刊》第4期),分析了社会控制在构建和谐社会中的功能和意义。

在法的方法论方面,李桂林发表《法律推理的实践理性原则》(《法学评论》2005年第4期)和《论普通法的类比推理》(《法律方法》2009年第2期),前文提出法律推理应当遵循三条实践理性原则;后文认为普通法的类比推理方法有利于约束法官的自由裁量权,也有利于使普通法成为具有道德政策连贯性的整体。

第二节　法律史学

一、中国法制史

【研究方法】

1978年之后,上海法学界更加关注怎样对待旧法和中国法律史的研究方法,如李昌道的《对旧法不能批判地继承,只能借鉴》(《法学研究》1979年第3期),徐轶民的《略论法律的继承性》(《求是学刊》1980年第3期),王国良的《应该肯定法律的继承性》(《法学论丛》1981年第1辑)等文对此深入讨论。

20世纪80年代,上海学者就中国法律史的基本理论和研究方法开始讨论。《法学》自1982年第3期起,连续刊载了中国法制史的辅导讲座,王召棠、陈鹏生、蔡瑞毓、钱元凯、夏永孚、章荣湘等学者分专题对中国奴隶制度、封建制度和近代法律制度进行了全面讲解。此外,杨廷福的《研究中国法制史的几个问题》(《学术月刊》1983年第1期)、李光灿的《关于法律史研究的几点看法》(《法学》1984年第4期)、陈鹏生的《马克思主义与法制史研究》(《现代法学》1984年第3期)发表。

20世纪90年代及其后,何勤华的《法律史研究需要方法论的变革》(《政治与法律》1995年第5期),从法律史研究方法与研究对象角度继续关注此问题。王立民的《要重视地方法制史的研究》(《政治与法律》1998年第4期),提出要重视地方法制史的研究。《法学研究》2009年第2期刊发了王志强的《法史学研究的两个视角》和何勤华的《应当更加关注法学史研究》,两文在总结30年来法律史研究成果基础上,对法学史深入讨论。

【古代法制史】

上海法律史学者对中国古代法制史的研究,主题分为三类,即以历史朝代划分进行的研究,集中在对秦汉、唐宋与明清法制史的研究;对中国古代法律经典著作的解读;针对中国古代法中的特定制度或某类特性进行的考证与研究。20世纪80年代,上海学者对中国古代法律史的研究,以介绍隋唐法律为主,主要成果有:杨廷福的《唐律初探》(天津人民出版社1982年),倪正茂《隋律研究》(法律出版社1987年),王立民的《略论〈唐律疏议〉中“疏议”的作用》(《西北政法学院学报》1987年第3期)、《论唐律令格式都是刑法》(《法学研究》1989年第4期)等。这一时期,关于其他朝代的法制史研究,成果有:费成康《清末的刑律改革》(《政治法律丛刊》1983年第4期)、倪正茂《法繁网密一脉相承——秦汉立法概况》(《法学杂志》1984年第3期)、叶孝信《实事求是古为今用——读〈评寄簃文存〉》(《法学》1985年第9期)等。20世纪90年代,上海学界的研究领域涉及较广。对中国古代法中特定制度或某类特性进行的考证与研究,主要有:丁凌华的《中国古代守丧之制述论》(《史林》1990年第1期)、《宗祧继承浅说》《史学集刊》(1992年第4期),王立民的《论上请》(《法学》1991年第6期)、《我国古代官吏知法论》(《政治与法律》1993年第4期)、《有关中国古代刑讯制度的几点思考》(《华东政法学院学报》1999年第3期),何勤华的《汉语“法学”一词的起源及其流变》(《中国社会科学》1996年第6期)、《法学形态考——“中国古代无法学论”质疑》(《法学研究》1997年第2期)等。对中国古代法律经典著作的解读和考证,何勤华发表了一系列论著,主要有:《〈法经〉新考》(《法学》1998年第2期)、《秦汉时期的判例法研究及其特点》(《法商研究》1998年第5期)、《秦汉律学考》(《法学研究》1999年第5期)、《中国第一部监狱学著作——赵舒翘撰〈提牢备考〉评述》(《法学》1999年第7期)和《清代律学的权威之作——沈之奇撰〈大清律辑注〉评析》(《中国法学》1999年第6期)。对隋唐法律的研究,仍以综述为主,成果有:王立民的《唐律实施问题探究》(《法学》1990年第10期)、《论唐律与专制统治》(《比较法研究》1991年第1期)和《唐律新探》(上海社会科学院出版社1993年),陈鹏生主编的《中国法制通史·隋唐卷》(法律出版社1999年)等。对南宋及明清时期具体法律制度的分析,如郭建的《明律的轻重及其原因探析》(《史林》1991年第2期)、王志强的《南宋司法裁判中的价值取向——南宋书判初探》(《中国社会科学》1998年第6期)等。此外,张伯元的《法律文献学》(浙江人民出版社1999年),是一部具有开创性的法律文献学著作。

21世纪以来,上海学界集中对古代法制史和法律经典著作进行研究。对先秦法制史的研究,有王沛的《黄老“法”理论源流考》(上海人民出版社2010年)。对宋代法制史研究,成果有:何勤华的《宋代的判例法研究及其法学价值》(《华东政法学院学报》2000年第1期)和《论宋代中国古代法学的成熟及其贡献》(《法律科学》2000年第1期),戴建国的《宋代法制初探》(黑龙江人民出版社2000年)、《宋代刑法史研究》(上海人民出版社2008年)和《唐宋变革时期的法律与社会》(上海古籍出版社2010年),戴建国、郭东旭合著的《南宋法制史》(人民出版社2001年)等。对隋唐法制史的研究,成果有:高珣的《隋朝法制与统一秩序研究》(法律出版社2008年)、陈灵海的《唐代刑部研究》(法律出版社2010年)。对明清法制史的研究呈现出多元化的特征,成果有:王志强的《论清代条例中的地区性特别法》(《复旦学报》2000年第2期)、《法律多元视角下的清代国家法》(北京大学出版社2003年),何勤华的《清代法律渊源考》(《中国社会科学》2001年第2期),俞江的《清代的立继规则与州县审理——以宝坻县刑房档为线索》(《政法论坛》2007年第5期)和《论清代的继子孙责任——以顺天府宝坻县刑房档为线索》(《现代法学》2007年第6期)等。对中国古代法律经典著作进行解读,何勤华发表了多篇论文,如《〈读律佩觿〉评析》(《法商研究》2000年第1期)、《明代律学的珍稀作品——佚名著〈律学集议渊海〉简介》(《法学》2000年第2期)和《明代律学的开山之作——何广撰〈律解辩疑〉简介》(《法学评论》2000年第5期)等。对中国古代法中特定制度或某类特性进行的考证与研究,成果有:郭建、姚少杰的《“坑”考》(《华东政法学院学报》2001年第2期),王志强的《中国传统法的地域性论略》(《复旦学报》2002年第3期)、《制定法在中国古代司法判决中的适用》(《法学研究》2006年第5期)和《中国法律史叙事中的“判例”》(《中国社会科学》2010年第5期),王立民的《中国古代刑法与佛道教——以唐宋明清律典为例》(《法学研究》2002年第3期)和《中国古代的死刑复核制度及其思想基础》(《政治与法律》2002年第6期),蒋晓伟的《是礼法结合还是经义与法律的结合》(《政治与法律》2005年第2期)等。

【近现代法制史】

20世纪八九十年代,上海学界对近现代法制史的研究,集中在革命根据地和解放区的法律制度,如张希坡的《陕甘宁边区精兵简政与行政法》(《政治与法律》1983年第5期)和《革命根据地森林法概述》(《法学》1984年第3期),王立民《试论抗日根据地的人权法》(《政治与法律》1994年第3期)等。20世纪90年代末期,上海学者主要关注法学近代化问题,如何勤华的《〈华洋诉讼判决录〉与中国近代社会》(《中国法学》1998年第1期)、《中国古代法学的死亡与再生——关于中国法学近代化的一点思考》(《法学研究》1998年第2期)和《法学近代化论考》(《政治与法律》1999年第2期)。此外,从20世纪90年代末及其后,上海地方法制史的研究也相应展开逐渐形成了上海法制史研究的特色,讨论的主题以上海租界与上海法制现代化为主。成果有:王立民的《上海法制史》(上海人民出版社1998年)、洪佳期的《上海会审公廨中外审判官裁判冲突研究》(《法制史研究》2006年第9期)等。

进入21世纪,上海学者持续关注"西法东渐"问题,并涉足多领域的研究。主要成果有:何勤华的《〈万国公法〉与清末国际法》(《法学研究》2001年第5期)、《中国近代法律教育与中国近代法学》(《法学》2003年第12期)、《中国近代刑事诉讼法学的诞生与成长》(《政法论坛》2004年第1期)、《中国近代民事诉讼法学的诞生与成长》(《法律科学》2004年第2期)、《西方法学观在近代中国的传播》(《法学》2004年第12期)、《外国人与中国近代法学》(《中外法学》2004年第4期)、《中国近代国际法学的诞生与成长》(《法学家》2004年第4期)和《中国近代法理学的诞生与成长》(《中国法学》2005年第3期)等。

同时,上海学界对清末民初法律变革展开研究,成果有:王志强的《民国时期的司法与民间习惯——不同司法管辖权下民事诉讼的比较研究》(《比较法研究》2000年第4期),李秀清的《近代中国联邦制的理论和实践——北洋军阀时期省宪运动述评》(《环球法律评论》2001年第4期)和《20世纪前期民法新潮流与〈中华民国民法〉》(《政法论坛》2002年第1期),季立刚的《民国商事立法研究》(复旦大学出版社2006年),孟祥沛的《中日民法近代化比较研究——以近代民法典编纂为视野》(法律出版社2006年)和《〈大清民律草案〉法源辨析》(《清史研究》2010年第4期),沈大明的《〈大清律例〉与清代的社会控制》(上海人民出版社2007年),俞江的《近代中国的法律与学术》(北京大学出版社2008年)和陈婉玲的《民国合作社法的孕育与影响》(法律出版社2010年)等。

这一时期,新中国法学的发展开始备受关注,成果有:李秀清的《中国移植苏联民法模式考》(《中国社会科学》2002年第5期),何勤华的《改革开放30年与中国的法治建设》(《法学》2008年第11期)和《论新中国法和法学的起步——以"废除国民党六法全书"与"司法改革运动"为线索》(《中国法学》2009年第4期),蒋传光的《新中国60年法制建设经验的总结与展望》(《上海师范大学学报》2009年第6期)等。

【通史与专题史】

20世纪80年代以后,上海法律史学界在通史和专题史研究中出版了一系列教材和专著。成果有:华东政法学院法制史教研室编印的《中国法制史纲(试用本)》(1982年),王召棠、徐永康编著的《中国法制史纲》(浙江人民出版社1986年),张友渔主编的《中国法学四十年》(上海人民出版社

1989年),丁凌华主编的《中国法律制度史》(法律出版社1999年)等。21世纪以来,学界注重教材的编写,出版的著作有:叶孝信的《中国法制史》(复旦大学出版社2002年,2008年再版),被列为普通高等教育“十一五”国家级规划教材;王立民主编的《中国法制史》(上海人民出版社2003年)和丁凌华著的《艰难与希望:中国法律制度史讲课实录》(人民出版社2008年)。专题史的论著,主要有:叶孝信主编的《中国民法史》(上海人民出版社1993年),王申的《中国近代律师制度与律师》(上海社会科学院出版社1994年),郭建的《绍兴师爷》(上海古籍出版社1995年),殷啸虎的《近代中国宪政史》(上海人民出版社1997年),费成康主编的《中国的家法族规》(上海社会科学院出版社1998年),程维荣的《道家与中国法文化》(上海交通大学出版社2000年)和《中国审判制度史》(上海教育出版社2001年),何勤华的《中国法学史(三卷本)》(法律出版社2006年)。

二、中国法律思想史

20世纪80年代开始,上海学界的中国法律思想史研究,主要是评述与讨论中国古代、近现代的一些政治家、法学家的思想。主要成果有:刘新的《试论孙中山的法律思想》(《政治与法律》1986年第4期),曹均伟的《张謇的经济立法思想和行动》(《政治与法律》1985年第1期),陈汉生的《孙中山法律思想述略》(《上海大学学报》1992年第3期),汤志钧、华友根、承载和钱杭合著的《西汉经学与政治》(上海古籍出版社1994年)和徐永康的《黄兴政治法律观略论》(《跨世纪法学问题探研》上海社会科学院出版社1999年)。此外,华友根发表和出版系列论著,包括《薛允升法律思想管窥》(《清史研究通讯》1986年第3期)、《李鸿章在海外活动中的法律思想》(《政治与法律》1996年第6期)、《西汉孔学新论》(上海社会科学院出版社1998年)等。

20世纪90年代,何勤华对中国古代法观念展开论述,主要有:《中国古代伦理法观念的渊源及其流变——兼与西方宗教伦理法观念的比较》(《法学》1992年第3期)、《先秦法哲学论考》(《法学》1997年第6期)等。20世纪90年代及其后,上海学界对中国法律思想史研究进一步拓展,相关成果有:华友根和倪正茂的《中国近代法律思想史(上、下册)》(上海社会科学院出版社1992年、1993年),该书是国内第一本研究中国近代法律思想史的专著。此外还有陈鹏生主编的《中国近代法律思想史》(山西人民出版社1996年)、徐永康的《邹容、陈天华民主与法律思想》(《2000法学新问题探论》上海社会科学院出版社2000年)、赵元信主编的《中国法律思想史》(上海教育出版社2005年)、郭建主编的《中国律思想史》(复旦大学出版社2006年)、王沛的《“明者为法,微道是行”解诂——兼论黄老法律观》(《法商研究》2007年第6期)等。

三、外国法制史

20世纪70年代末期,上海学界对外国法制史的研究从编撰词典开始。1978年,《辞海》编辑委员会编的《辞海·政治法律分册(征求意见稿)》(上海辞书出版社)出版,收录上百条外国法制史的词目。《法学词典》(上海辞书出版社1980年),收录外国法制史条目450余条。在此基础上,徐轶民主编的《简明法制史词典》(河南人民出版社1988年)出版。

20世纪80年代,上海学界翻译国外的法典及著作,并研究外国法制史。对国外法典及著作的翻译,主要有:张寿民翻译的《罗斯真理(简明版)》《俄国〈一五五〇年律书〉》《俄国〈一四九七年会典〉》三部俄文法典,同时刊载在《外国法制史汇刊》(1984年第1集)。此外,还有上海社会科学院法学研究所译的《德国民法典》(法律出版社 1984 年)和漆竹生翻译的勒内·达维德的《当代主要法律体系》(上海译文出版社 1984 年)。对外国法制史的研究成果有:徐轶民的《略论法律的继承性》(《求是学刊》1980 年第 3 期),李昌道的《美国总统弹劾制研究》(《社会科学战线》1980 年第 4 期)、《英美宪法简介》(《政治与法律丛刊》1983 年第 2 期)、《美国联邦中央和州的关系》(《政治与法律》1984 年第 2 期)和《美国宪法史稿》(法律出版社 1986 年),陈忠诚的《日本的司法界》(《求是学刊》1980 年第 3 期),徐轶民的《罗马法学家在罗马法发展中的作用》(《外国法制史汇刊》1984 年第 1 集)和何勤华的《日本法律文化研究的历史与现状》(《中外法学》1989 年第 6 期)等。

20 世纪 90 年代,外国法制史研究发展迅速,系统化趋势明显。日本法研究主要有何勤华的《当代日本刑法学的发展与特点》(《法学研究》1990 年第 4 期)、《当代日本法哲学研究的新发展》(《法学》1996 年第 6 期)等。欧美法的研究主要有徐轶民的《美国反托拉斯法的产生和发展》(1990 年《外国法制史汇刊》第 2、3 合集),张乃根的《西方法哲学史纲》(中国政法大学出版社 1993 年),陈忠诚的《美国律师改革收费办法》(《中国律师》1994 年第 3 期),何勤华的《西方法学史》(中国政法大学出版社 1996 年),李昌道的《当代西方经济法律制度》(上海人民出版社 1991 年)和《美国宪法纵横论》(复旦大学出版社 1994 年),李秀清的《两德统一与德国宪法制度的发展》(《法商研究》1999 年第 4 期)等。外国古代法的研究主要有何勤华的《西语"法学"一词的起源及其流变》(《法学》1996 年第 3 期)、王立民的《古代东方法研究》(学林出版社 1996 年)等。在教材编写方面,主要有张寿民主编的《外国经济法律制度史》(华东理工大学出版社 1996 年)、徐轶民编的《外国法制史》(红旗出版社 1996 年)、何勤华主编的《外国法制史》(法律出版社 1997 年)等。

21 世纪以来,上海学界对外国法制史的研究论题更加广泛。以外国典型制度为主的研究有:李昌道的《美国言论自由的法律尺度》(《政治与法律》2001 年第 2 期)、《美国平权措施的宪法争议——析联邦最高法院的两项判决》(《复旦学报》2004 年第 1 期),李秀清的《日耳曼法研究》(商务印书馆 2005 年),于明的《法律传统、国家形态与法理学谱系——重读柯克法官与詹姆斯国王的故事》(《法制与社会发展》2007 年第 2 期),魏琼的《民法的起源——古代西亚民事规范解读》(商务印书馆 2008 年),赵立行的《中世纪的"灰脚法庭"》(《复旦学报》2008 年第 1 期)、《限制还是促进:特许状与欧洲中世纪商业》(《历史研究》2009 年第 6 期),陈融的《解读约因:英美合同之效力基石》(法律出版社 2010 年)等。此外,上海学界亦开始关注并研究近代史上中西法律冲突的个案,如李秀清的《中美早期法律冲突的历史考察:以 1821 年"特拉诺瓦案"为中心》(《中外法学》2010 年第 3 期)。

这一时期,古代西方法律史也是上海学界的研究重点。自 2001 年起,何勤华主编的《全国外国法制史研究会年会论文集》,每年一辑。1998—2008 年,何勤华主持的 12 卷"世界各国法律发达史系列"由上海人民出版社、法律出版社相继出版,以国别为基础对外国法制史进行系统研究。2006—2007 年,何勤华分别与张海斌主编的《西方宪法史》、与夏菲共同主编的《西方刑法史》、与魏琼主编的《西方民法史》《西方商法史》由北京大学出版社出版,对外国法制史以学科分类进行研究。相关成果还有陈颐的《立法主权与近代国家的建构:以近代早期法国法律为中心》(法律出版社 2008 年)、冷霞的《英国早期衡平法概论——以大法官为中心》(商务印书馆 2010 年)等。

四、西方法律思想史

20 世纪 90 年代初,上海学者对西方法律思想史开始研究,如徐轶民、陈立彤的《爱德华一世的法律观及其实践》(《法学》1991 年第 12 期),何勤华的《十九世纪法国注释法学派评述》(《南京大学法律评论》1995 年第 2 期)、《埃利希和现代法社会学的诞生》(《现代法学》1996 年第 3 期)等。2000 年以后,上海学界主要围绕近代著名西方学者的法律思想展开研究,主要有:何勤华主编的《西方法律思想史》(复旦大学出版社 2005 年),陈颐的《梅因历史法学方法论简述——以〈古代法〉为中心》(《华东政法大学学报》2007 年第 5 期)和《博丹立法主权理论的论证及其意义》(《比较法研究》2010 年第 1 期),朱晓喆的《近代欧陆民法思想史:十六至十九世纪》(清华大学出版社 2010 年)、占茂华的《自然法观念的变迁》(法律出版社 2010 年)等。

第三节　宪 法 学

一、宪法基础理论

1978 年,社会主义法制建设重新开启,中国的宪法学研究进入新时期。20 世纪 80 年代初,上海多位宪法学者应邀去北京参加宪法修改的专家学者座谈会。1980 年 11 月初,上海社会科学院法学所宪法研究室即向中央报送《关于修改宪法的几点建议》。1981 年,潘念之赴北京参加 1982 年宪法修改草案起草的专家学者座谈会。同年,上海《民主与法制》杂志刊载关于修改宪法的专家建议,如许崇德的《修改宪法十议》、潘念之的《有关修改宪法的几点意见》等。同一时期,上海社会科学院的《社会科学》杂志和华东政法学院的《法学》杂志也先后设立"修改宪法意见"和"宪法草案讨论"专栏。1982 年 6 月,上海社会科学院法学研究所主办的《政治与法律》创刊,其第一辑即为《宪法修改草案讨论专辑》。1982 年 12 月,浦增元参加在北京举行的宪法第二次修正案起草法学专家座谈会,反映上海宪法学界的有关意见和建议。

这一时期发表的论文主题,涉及宪法的概念、特点和结构,宪法的指导思想和基本原则,宪法的地位、效力和作用,宪法的监督和保障,公民的基本权利和义务等方面,如浦增元的《关于修改宪法的问题》(《民主与法制》1980 年第 11 期),宋日昌的《关于修改宪法的我见》(《社会科学》1981 年第 1 期),潘念之的《宪法的概念与这次修改宪法的重要意义》(《社会科学》1981 年第 7 期),张友渔的《四项基本原则是新宪法总的指导思想》(《法学》1982 年第 12 期),许崇德的《新宪法是建设社会主义民主与法制的根据》(《法学》1983 年第 2 期),俞子清、段祺华编著的《宪法概论》(浙江人民出版社 1986 年),俞子清主编的《中国宪法教学大纲》(法律出版社 1989 年)等。

20 世纪 80 年代初,上海法学界重视比较宪法研究,编译了国外宪法及宪法学论著。1982 年,浦增元主编的《宪法》(知识出版社)出版。1983 年,董成美出版《宪法基本知识》(上海人民出版社),并出版日译本。1984 年,陈云生的《比较宪法的几个问题》(《政治与法律》第 2 期),阐述比较宪法的作用、产生和发展、现状和发展前景等问题。

20 世纪 80 年代中后期,学界逐渐注重宪法学体系的建设,关注宪法监督、国家机构等问题,并根据改革发展中出现的新情况新问题展开研究。1985 年,张薰华的《论社会主义商品经济中地租的必然性——兼论上海土地使用问题》(《调查与研究》第 5 期),由中央下发到各级领导机关。1986 年,曹建明、钱富兴、顾长浩、李朝兴合著的《外商租用土地与经营房地产业的理论与实践》(《法学》第 7 期),引起广泛关注。这些研究为 1988 年宪法修正案规定"土地的使用权可以依照法律的规定转让"提供了理论参考。此外,1985 年 3 月,浦增元主持的"中国基层群众性自治组织研究"课题组召开专题研讨会,这是 1982 年宪法规定基层群众性自治组织制度后的首次全国性专题研讨会。1989 年,浦增元主编的《中国基层群众性自治组织》(上海社会科学院出版社)出版,这是国内第一部根据 1982 年宪法全面系统地研究基层群众性自治组织的专著。

20 世纪 90 年代,随着改革开放的扩大和深入、市场经济体制和市民社会结构的逐步建立和完善,上海宪法学界逐渐加强公民基本权利保障研究。孙潮、戚渊的《论确立市场经济的宪法地位》(《法学》1992 年第 12 期),指出确立社会主义市场经济的宪法地位是一项现实而又紧迫的任务。郝铁川发表《中国宪政发展的症结与出路》(《法学》1993 年第 12 期)和《论良性违宪》(《法学研究》1996 年第 4 期),前文指出中国宪政发展的出路在于发展市场经济;后文认为改革开放的具体举措虽然违背当时宪法的个别条文,却有利于发展生产力,有利于维护国家和民族的根本利益,属于"良性违宪",应当予以肯定。童之伟的《"良性违宪"不宜肯定——对郝铁川同志有关主张的不同看法》(《法学研究》1996 年第 6 期),批评"良性违宪论"在宪法实施过程中体现的自由度超过法治所能容忍的最大限度,是对法治的严重破坏。对此,郝铁川以《社会变革与成文法的局限性——再谈良性违宪兼答童之伟同志》(《法学研究》第 6 期)予以回应。1997 年,《法学》月刊第 5 期刊发了郝铁川、韩大元和阮露鲁等的专题论文,对这一问题进行探讨与评析。

2000 年之后,围绕中国加入世界贸易组织等重大事件,上海宪法学界对宪法基础理论中的宪政秩序、宪法基本理念、宪法功能等具体问题展开讨论。2000 年,殷啸虎的《新中国宪政之路(1949—1999)》(上海交通大学出版社),专章讨论中华人民共和国政治体制改革的发展历程。中国加入世界贸易组织对宪政发展的影响的主要研究成果有:王月明的《加入世贸组织后我国宪政发展展望》(《华东政法学院学报》2001 年第 1 期)和潘伟杰的《全球化、主权国家与宪政秩序》(《华东政法学院学报》2004 年第 1 期)。2001 年,童之伟的《法权与宪政》(山东人民出版社)和《法权中心的猜想与证明——兼答刘旺洪教授》(《中国法学》第 6 期),提出"法权"的概念。2002 年,郭道晖的《民主的限度及其与共和、宪政的矛盾统一》(《法学》第 2 期),研讨民主、共和与宪政关系这一重大宪法理论问题。2003 年,《法学》第 1 期组织宪法学者以中共十六大和宪法为主题进行专题讨论。《政治与法律》2003 年第 3 期刊载修宪专题,包括童之伟的《修改宪法总纲中经济条款的设想》、浦兴祖的《修宪与完善政治制度》、顾肖荣的《关于修宪的两点建议》和程竹汝的《修宪与司法体制改革》等。2004 年,宪法修订后,《法学》第 4 期刊载专题对修宪进行介绍和评析。2005 年,蒋德海的《论现行中国宪法的权力约束机制》(《政治与法律》第 4 期),提出以宪法适用为依据,完善宪法的控权性和规范性,推进形成中国宪法的权力约束机制。

此外,20 世纪 90 年代,随着香港回归的临近,香港法的研究引起学界关注,成果有:李昌道的《香港双语立法探析》(《中国法学》1992 年第 6 期)、《香港回归后的法律及其发展趋势》(《复旦学报》1994 年第 6 期)、《香港"人权法"评析》(《政治与法律》1995 年第 4 期),徐静琳的《香港回归后我国区际法律冲突问题如何解决》(《中国国际私法与比较法年刊》法律出版社 1998 年)和《香港法制与基本法的衔接》(《政治与法律》1998 年第 5 期),董茂云等合著的《香港特别行政区法院研究》(商务印书馆 2010 年)等。

二、基本权利

2000 年前后,上海学界展开对宪法基本权利的研究与探讨。成果有:林来梵的《论私人财产权的宪法保障》(《法学》1999 年第 3 期)和韩大元的《私有财产权入宪的宪法学思考》(《法学》2004 年第 4 期),分别研究财产权宪法保障和私有财产权宪法保障的机制与程序。2003 年 3 月,在"孙志刚案"发生之后,宪法学界对收容遣送制度侵害公民人身自由进行反思。2003 年 6 月 30 日,上海交通大学、华东政法学院、《法学》杂志社联合主办的“孙志刚案与违宪审查学术研讨会”在上海交通大学举行。《法学》2003 年第 7 期刊发专题论文，包括童之伟的《孙志刚案提出的几个学理性问题》、周永坤的《严格规范的进口与出口制度》、周伟的《公民人身自由的宪法保护》等。

这一时期，上海学界较为关注公民基本权利的研究。朱应平的《论平等权的宪法保护》(北京大学出版社 2004 年)，对平等权的立宪方法和司宪经验进行比较研究。刘志刚的《人格尊严的宪法意义》(《中国法学》2007 年第 1 期)，提出人格尊严是基本权利的价值核心。徐继强的《宪法权利规范的结构及其推理方式》(《法学研究》2010 年第 4 期)，认为宪法权利具有一种复杂的、既内含排他性层次又内含权衡层次的结构。对政治权利的研究成果有：刘松山的《宪法文本中的公民“政治权利”——兼论刑法中的“剥夺政治权利”》(《华东政法学院学报》2006 年第 2 期)，认为宪法文本中的公民政治权利应当仅限于公民的选举权和被选举权。林彦的《乞讨是言论自由吗？——美国乞讨权诉讼中的核心问题》(《清华法学》2008 年第 5 期)，从比较法上研讨乞讨行为的基本权利定位问题。王月明的《公民监督权体系及其价值实现》(《华东政法大学学报》2010 年第 3 期)，提出应合理建构公民监督权体系的观点。

此外，上海学界亦关注二代人权的研究。如在受教育权方面，朱应平发表《农民工子女平等受教育权从行政保护开始》(《华东政法学院学报》2006 年第 2 期)。《法学》2009 年第 11 期对公民受教育权进行专题讨论，刊发了张千帆、杨世建的《高校招生与受教育机会平等》和苗连营的《“高考移民”现象的宪法学思考》等文。在社会权方面，有王书成的《论社会经济活动规制之合宪性推定——美国法的考察及启示》(《法学》2009 年第 2 期)和凌维慈的《历史视角下的社会权——以日本生存权理论发展变革为视角》(《当代法学》2010 年第 5 期)等。

三、国家机构

20 世纪 70 年代，上海学界就国家机构展开研究。1972—1978 年，上海人民出版社出版复旦大学资本主义国家经济研究所编写的“国外政府机构研究丛书”，包括《美国政府机构》《德意志联邦共和国政府机构》《日本政府机构》等。

20 世纪 80 年代及其后，上海学界对国家机构的研究集中于选举和人大制度。1982 年，刘传琛、潘伯文、尤俊意先后发表《加强县级国家权力建设》(《政治与法律》丛刊第 1 辑)、《县级人大常委会工作探讨》(《社会科学》第 9 期)。1988 年，吴家麟的《对“预选”制的再探讨》(《法学》第 7 期)，分析“预选”制名亡实存原因及实行“预选”的利弊得失。2004 年，《法律科学》第 5 期刊发郝铁川的《论我国人大代表的两个问题》和童之伟的《人大制度要进一步增强实用性》。2009 年，林彦的《从自我创设，到政治惯例，到法定权力——全国人大常委会执法检查权的确立过程》(《清华法学》第 3 期)，认为执法检查已成为全国人大常委会最常规、最稳定、最有影响的监督手段。

20 世纪 90 年代以来，上海学者对国家机构的研究主要着力点在立法问题。成果有：徐向华的《我国地方立法及其研究十年评述》(《中国法学》1989 年第 5 期)、孙潮的《当代立法行为的基本走向》(《法学》1991 年第 11 期)、刘松山的《国家立法三十年的回顾与展望》(《中国法学》2009 年第 1 期)等，对国家和地方立法进行总结评述。徐向华的《中国立法关系论》(浙江人民出版社 1999 年)，研究中央和地方立法权力关系的协调，法和道德界限关系的重构，立法的效率和公正价值关系的权衡等问题。

上海学者对立法具体问题的研究，主要集中在立法观念上。如孙潮的《论立法观念的变革》(《中国法学》1992 年第 6 期)，认为必须变革立法观念，采取灵活的立法策略，加快立法，使立法成为社会管理和控制的主要手段。徐向华的《论立法的效率和公正的价值取向》(《华东政法学院学报》1999年第1期),认为公正和效率是诸多立法价值中的一对基本范畴,其各自地位随法律调整的对象而变化。汤啸天的《提高立法质量与依法治国初论》(《政法论坛》1998年第2期)和《立法民主与立法质量》(《探索与争鸣》1999年第4期),分别探讨提高立法质量与依法治国、立法民主的关系,提出应提高立法质量,扩大民主立法的原则和途径。

这一时期,上海学界对不同立法主体及其立法权限的研究,成果有:黎小伍、朱应平的《试论扩大全国人大常委会的立法权》(《法学》1996年第6期),认为应当扩大全国人大常委会的立法权,赋予它制定和修改其他的基本法律的权限。徐向华的《论中央与地方的立法权力关系》(《中国法学》1997年第4期),阐述地方立法的功能,提出了中央与地方相结合的立法权限体制的完善之策。在地方立法权方面,孙波的《论地方专属立法权》(《当代法学》2008年第2期)和《论地方性事务——我国中央与地方关系法治化的新进展》(《法制与社会发展》2008年第5期),主张确定地方的专属立法权,明确"地方性事务"的范围。在立法程序方面,孙潮、徐向华的《论我国立法程序的完善》(《中国法学》2003年第5期),认为强化表达机制、提高交涉机能、回归过滤功能、确立"一事一议"原则和增强规则的刚性,是完善我国立法程序的主要节点和便捷路径。

四、宪法监督与实施

20世纪80年代,上海学者开始探讨完善宪法监督制度、建立适合中国国情的宪法监督机构等问题。如浦增元的《论保证宪法实施的关键问题》(《上海社会科学院学术季刊》1985年第3期),主张党的领导是保证宪法实施的关键。

20世纪90年代以后,宪法监督和实施的研究,讨论的焦点集中于违宪审查制度。如包万超的《设立宪法委员会和最高法院违宪审查庭并行的复合审查制——完善我国违宪审查制度的另一种思路》(《法学》1998年第4期),提出在全国人民代表大会之下设立宪法委员会、在最高法院之下设立违宪审查庭,分别行使非诉讼的、事先的审查和违宪侵权诉讼、附带性审查权。2000年后,刘松山以违宪审查、宪法实施为主题展开系列研究,如《违宪审查热的冷思考》(《法学》2004年第1期)、《地方人大及其常委会保证宪法实施的地位和作用》(《法学论坛》2009年第3期)等。

2000年后,上海学者对宪法适用的问题也较为关注。如殷啸虎的《宪法司法化问题的几点质疑和思考》(《华东政法学院学报》2001年第6期),讨论了最高人民法院针对齐玉苓案所作批复的性质和宪法司法化的实质。童之伟的《宪法适用应依循宪法本身规定的路径》(《中国法学》2008年第6期),认为宪法适用"司法化"的路径背离现行宪法,主张中国宪法适用应该走最高国家权力机关立法适用和监督适用的路径。刘松山的《人民法院的审判依据为什么不能是宪法——兼论我国宪法适用的特点和前景》(《法学》2009年第2期),认为宪法明确地排除了人民法院适用宪法的可能,而人民法院的审判依据仅仅界定在"法律"的层面。

第四节　行政法与行政诉讼法

一、行政法基础理论

20世纪80年代中期,上海学界发表行政管理和行政立法的论文增多,有关行政法基础理论及专题研究的著作相继出版。1985 年,《政治与法律》连续刊载《行政管理学讲座》(11 讲),刊发应松年的《行政管理基本原则》、朱维究的《行政管理的方法及其现代化》、袁曙宏的《行政立法》、胡建淼的《行政管理的法制监督》等,介绍行政管理学基本概念和基本原则。同年,上海社会科学院法学研究所等合编的《行政管理与改革》出版。1989 年,李宗兴、张世信、阎仁斌主编的《行政法学概论》(上海社会科学院出版社)出版。1990 年,陈天池、张世信主编的《中国行政法辞典》(上海人民出版社)出版。

这一时期,依法行政被作为国家行政管理的一项原则,上海学界对此加强研究。姜明安的《论行政管理法制化》(《政治与法律》1986 年第 5 期),阐述了在中国改革开放形势下政府机关依法行政的作用、意义及其重要性。20 世纪 90 年代后,相关研究更为深入系统,成果有应松年的《依法治国的关键是依法行政》(《法学》1996 年第 11 期)、蔡定剑的《依法治国评述》(《法学》1997 年第 8 期)、郝铁川的《中国依法治国的渐进性》(《法学研究》2003 年第 6 期)。此外,唐晓波的《依法行政》(上海人民出版社 2002 年)和王茂华的《依法行政理论与实务》(学林出版社 2002 年)出版。

20 世纪 80 年代后期至 20 世纪 90 年代中期,随着《中华人民共和国行政诉讼法》和《中华人民共和国行政复议法》的颁布实施以及具体行政领域的单行立法不断扩展,学者们逐渐加强类型化具体行政行为的研究。20 世纪 90 年代后,学者们深入探讨行政法的基本理念、研究方法、行政法在社会革新中的演变等问题。成果有:郝铁川的《中西行政法观念及制度的比较研究》(《比较法研究》1994 年第 2 期),分析中西行政法的差异和中国行政法的未来走向。陈云生的《政府职能的转变与政府行为的调整》(《政治与法律》1997 年第 4 期),提出市场经济体制中的政府行为包括激励行为、规范行为、长期行为、廉洁行为。罗豪才的《行政法的核心与理论模式》(《法学》2002 年第 8 期),分析了行政法上平衡理论的制度价值。杨寅的《公私法的汇合与行政法演进》(《中国法学》2004 年第 2 期),提出在尊重私权的前提下,积极探寻公私合作,梳理公私法关系。关保英的《行政法学分析逻辑的认识》(《中国法学》2007 年第 3 期),梳理并重塑了行政法学分析逻辑的范畴概念。张淑芳的《社会行政法的范畴及规制模式研究》(《中国法学》2009 年第 6 期),讨论了社会行政法的基本问题。

这一时期,数位学者分别就行政法的价值、精神和研究方法等展开研究,主要成果有:关保英的《行政法的价值定位:效率、程序及其和谐》(中国政法大学出版社 1997 年)、叶必丰的《行政法的人文精神》(北京大学出版社 2005 年)和朱芒的《功能视角中的行政法》(北京大学出版社 2005 年)等。

2000 年之后,中国加入 WTO 引发上海学界的思考。2001 年 7 月,国家行政学院行政法研究中心和美国亚洲基金会在上海共同主办了“WTO 与中国行政法的改革”国际研讨会。这一时期,上海学者也对行政法基本原则展开研究,成果有关保英的《论行政合理性原则的合理条件》(《中国法学》2000 年第 6 期),针对行政合理性原则难以有效规范行政行为的现状进行系统的探讨。吴偕林的《论行政合理性原则的适用》(《法学》2004 年第 12 期),指出应当在中国确立行政合理性原则,以推动行政裁量及相关司法裁量不断走向合理。沈福俊、林茗的《行政法基本原则的司法适用问题探究——以行政判例制度的建立为视角》(《华东政法学院学报》2006 年第 3 期),从行政法基本原则如何在司法中被适用的问题入手进行了制度化的构想。蒋红珍的《论适当性原则——引入立法事实的类型化审查强度理论》(《中国法学》210 年第 3 期),探讨了规范适当性原则类型化审查强度的构想。

二、行政组织法

2000年以后,上海学者展开对行政组织法的研究,如董茂云、李晓新的《从国外行政机构改革的立法经验看我国中央行政机构改革的法制化》(《政治与法律》2002年第7期),借鉴域外经验探讨行政机关改革中的法制问题。沈福俊、周春莉的《企业作为被授权组织的有关问题探讨》(《华东政法学院学报》2003年第3期),对被授权组织进行专门研究。关保英的《论上下级行政机关的法律关系》(《吉林大学社会科学学报》2008年第1期),探讨了行政组织的法律关系。

三、行政行为法

20世纪80年代,上海学界已开始行政行为法的研究,如李宗兴的《加强行政程序立法刍议》(《中国法学》1985年第4期)和《也论政府规章的法律地位》(《政治与法律》1989年第1期)。

20世纪90年代以后,上海行政法学界注重结合上海具体行政领域的实际问题进行研究,如顾长浩、刘建平的《医疗事故处理法律制度改革刍议——兼评〈医疗事故处理办法〉》(《政治与法律》1990年第6期)。1988年宪法修正后,上海学者还较早地研究土地批租、土地转让、土地有偿使用中的新问题。1990年,沈国明首先在《深圳日报》发表文章,肯定了土地批租的意义,阐述了土地批租与改革开放的关系。之后,沈国明的《土地使用权研究》(上海远东出版社1994年)论述土地法律责任和行政诉讼等内容,探讨中国土地制度改革的原则。邹荣的《"暗乘"取证的合法性研究——以上海"钓鱼执法"为例》(《东方法学》2009年第6期),主张应根据法律原理和法律规定,厘清"暗乘"取证的合法边界,归纳对"暗乘"行为所获证据的认定规则。

关于行政立法的研究,成果有李宗兴的《也论政府规章的法律地位》(《政治与法律》1989年第1期)、金凤的《论地方行政立法的科学化规范化》(《政治与法律》1993年第2期)。刘松山的《违法行政规范性文件之责任追究》(《法学研究》2002年第4期),主张建立人民法院对行政规范性文件的司法审查制度和违法文件制定者的个人责任追究制度。叶必丰的《行政规范法律地位的制度论证》(《中国法学》2003年第5期),从制度上区分法源和"依据",论证了判断行为规范是否属于法源的标准。

这一时期,随着行政法单行立法不断颁布实施,学界对类型化具体行政行为,特别是行政处罚、行政许可加强了研究。1997年9月,全国首次行政处罚听证制度研讨会在上海举办,由上海市行政法制研究所主办。研讨会深入讨论听证的概念、性质、社会功能、主要原则、适用范围等问题。上海的行政处罚听证制度及其研究成果,对国家的制度建设产生了积极影响。相关研究成果有:杨惠基、姜志东的《〈行政处罚法〉对政府的影响与挑战》(《行政法学研究》1997年第1期),朱芒的《行政处罚听证制度的功能——以上海听证制度的实施现状为例》(《法学研究》2003年第5期),徐向华的《行政处罚中罚款数额的设定方式——以上海市地方性法规为例》(《法学研究》2006年第6期)等。

关于行政许可的研究,成果有:郭道晖的《对行政许可是"赋权"行为的质疑——关于享有与行使权利的一点法理思考》(《法学》1997年第11期),指出行政许可只是对权利人行使权利的资格和条件加以验证,而非权利的赋予。朱芒的《日本的行政许可——基本理论和制度》(《中外法学》1999年第4期),阐述了外国法上的行政许可理论与制度。2003年《法学》第10期刊发"行政许可法"专题,组织学者评析2003年8月通过的《中华人民共和国行政许可法》。如姜明安的《追求法治政府:

〈行政许可法〉的贡献》、刘莘的《利益平衡:〈行政许可法〉的关注重点》和杨解君的《〈行政许可法〉的创举与局限》等。此外,邹荣发表《行政许可法对政府的影响》(《人民法院报》2006年7月27日)。

2000年以后,上海学界对行政行为法的研究,更加注重理论性和实践性。朱芒对行政立法问题进行持续研究,发表《行政立法程序基本问题试析》(《中国法学》2000年第1期)、《论行政规定的性质——从行政规范体系角度的定位》(《中国法学》2003年第1期)、《行政立法程序调整对象重考——关于外部效果规范与程序性装置关系的考察》(《中国法学》2008年第6期)等。在行政行为效力的研究方面,叶必丰的《受欺诈行政行为的违法性和法律责任——以行政机关为视角》(《中国法学》2006年第5期),提出受欺诈行政行为引发的法律责任必须以主观过错和客观违法为要件加以确定。

2004年,上海颁布实施全国第一部省级政府信息公开规定,上海行政法学界在这一领域作出了重要研究,为2007年国务院《政府信息公开条例》的制定提供了地方制度经验积累和理论准备。相关成果有:朱芒的《开放型政府的法律理念和实践——日本信息公开制度》(《环球法律评论》2002年第3、4期连载),为国内立法和理论研究提供了外国法资料和视角。叶必丰的《具体行政行为框架下的政府信息公开——基于已有争议的观察》(《中国法学》2009年第5期),结合政府信息公开诉讼,提出针对依申请公开政府信息的行为,可以设定与请求不一致的公开范围、政府信息内容和公开形式。《政治与法律》2009年第3期策划专题,邀请国内外学者就信息公开中的具体问题展开论述,包括王锡锌的《政府信息公开语境中的"国家秘密"探讨》,江必新、李广宇的《政府信息公开行政诉讼若干问题探讨》和贺诗礼的《关于政府信息免予公开典型条款的几点思考》等。

此外,上海学者高度重视研究城市与区域发展中的法律问题,倡导在城市规划建设中的公众与专家参与,区域协同发展中的合作。朱芒的《论我国目前公众参与的制度空间——以城市规划听证会为对象的粗略分析》(《中国法学》2004年第3期),在国内较早地讨论了城市规划中的公众与专家参与问题。叶必丰的《我国区域经济一体化背景下的行政协议》(《法学研究》2006年第2期),主张行政协议不仅可适用于区域政府间的合作,也可适用于所有行政机关之间纠纷的解决与合作。2009年,陈振宇的《城市规划中的公众参与程序研究》(法律出版社)出版。凌维慈的《城乡规划争议中的原告资格——日本法上的启示》(《行政法学研究》2010年第3期),提出作为规划许可的第三方,受到利益侵害的周边居民应具有通过行政诉讼撤销规划许可的原告资格。此外,叶必丰、何渊合著的《行政协议——区域政府间的合作机制研究》(法律出版社2010年)出版。

四、行政救济法

20世纪80年代及其后,上海学界对行政赔偿和行政补偿进行研究。成果有魏海波翻译的《日本的行政损害与行政赔偿》(《政治与法律丛刊》1983年第7辑);杨惠基的《论行政赔偿诉讼的特殊性》(《政治与法律》1992年第1期),就行政赔偿的性质、起诉条件、举证责任分配、审理方式、裁判形式等问题展开讨论;张梓太、吴卫星的《行政补偿理论分析》(《法学》2003年第8期),评析不同国家有关行政补偿理论基础的主要学说,提出了人权保障原则和公共负担平等原则综合的理论基础。2005年7月15—17日,中美国家赔偿法学术研讨会在上海召开,围绕"中国国家赔偿法的修改"这一主题展开深入讨论。

20世纪90年代前期,上海学界围绕行政复议条例展开探讨。如杨海坤的《论建立我国统一的行政复议制度》(《政治与法律》1990年第3期),赵祥生、薛为民的《行政复议非程序化的思考》(《政治与法律》1994年第4期)和杨惠基的《完善我国行政复议监督制度的思路与对策》(《法学》1996年第1期)等。1999年《中华人民共和国行政复议法》通过后,上海法学界展开具体研究,朱芒的《对“规定”审查制度试析——〈行政复议法〉第7条和第26条的性质、意义及课题》(《华东政法学院学报》2000年第1期),指出对“规定”的审查制度是一种全新的间接审查制度,它强化了行政复议制度的监督功能。张淑芳的《规范性文件行政复议制度》(《法学研究》2002年第4期),提出有必要给规范性文件行政复议制度一个初步的理论定位。沈福俊的《对行政复议的司法监督:现实问题与解决构想》(《法学》2003年第12期),提出以行政诉讼对行政复议进行司法监督的构想。杨寅的《信访与行政复议衔接疑难问题解析》(《法学》2007年第6期),提出了信访与行政复议衔接的对策。

行政诉讼一直是行政法学界的重点研究领域,20世纪80年代初,上海学界开始介绍外国行政诉讼制度。如上海社会科学院法学研究所编译的《国外法学知识译丛》(知识出版社1981年),收入译丛的诉讼法,主要介绍法国、德国、苏联等国的行政诉讼法。此外,还有齐乃宽的《外国行政法与行政诉讼制度简介》(《西南政法学院学报》1981年第1期)和万昆的《日本的行政争讼制度》(《政治与法律》1984年第2期)。20世纪80年代后期,在全国人大常委会组织行政立法起草小组准备起草行政诉讼法的阶段,上海学者积极参与讨论。《政治与法律》在这一时期刊发杨小君的《法院主持行政诉讼中的几个问题》(1987年第1期),就行政诉讼的形成和发展、适用程序和原则等问题发表见解;应松年的《论行政诉讼的几个理论问题》(1987年第3期),就行政诉讼与行政司法、行政案件、体制改革等关系做出阐述。20世纪80年代末,有关行政诉讼法学的著作开始出版,如李宗兴主编的《行政诉讼基本知识》(上海社会科学院出版社1989年)和李宗兴、顾肖荣、朱思东、黄道等编写的《行政诉讼法》(同济大学出版社1989年)。

20世纪90年代前半期,上海学界研究了行政诉讼法中的当事人和实施等问题。如周国朝的《论行政诉讼中的当事人》(《政治与法律》1990年第2期),黄双全的《民事诉讼和行政诉讼当事人举证责任的区别》(《政治与法律》1990年第6期)和李宗兴的《亟须强化保障行政诉讼实施的措施》(《政治与法律》1993年第6期)等。此外,钱国耀、王双全等主编的《诉讼法大辞典》(复旦大学出版社1993年),其中行政诉讼法是其三大部分之一。20世纪90年代后半期,行政法学界开始转向行政诉讼中具体制度的建设。如《政治与法律》1997年第2期刊发了钱翠华的《行政诉讼法对有关抽象行政行为的立法缺陷及弊端》和胡立新的《对抽象行政行为实行司法监督与司法审查的必要性》,对诉讼中抽象行政行为的审查进行探讨。朱永梅、唐小波的《行政诉讼法比较研究》(澳门基金会1998年),从行政审判机关、行政诉讼范围、行政案件的审理程序及行政赔偿诉讼等12个方面,对海峡两岸暨香港、澳门的行政诉讼法进行比较研究。

2000年以来,上海学界对行政诉讼的研究更为具体。对受案范围的研究,徐永珍、孙丽娟的《论行政诉讼受案范围的界定》(《华东政法学院学报》2001年第1期),主张适度拓宽行政诉讼受案范围。对原告资格的研究,沈福俊的《论对我国行政诉讼原告资格制度的认识及其发展》(《华东政法学院学报》2000年第5期),提出以“法律上利害关系人原告资格论”替代“相对人原告资格论”。杨寅的《行政诉讼原告资格新说》(《法学》2002年第5期),批评《行政诉讼法》关于原告资格规定的瑕疵,主张构建公益诉讼制度。

这一时期,有学者尝试对行政诉讼体系进行反思和重构。如杨寅的《行政诉讼概念重解》(《中国法学》2002年第4期),对行政诉讼语义进行比较分析,归纳现有行政诉讼概念的缺陷,尝试重新界定我国行政诉讼的基本概念。吴偕林的《行政诉讼合法性审查三题》(《法学》2002年第6期),分析了司法实践中合法性审查的特殊性、前沿性问题。

同时，上海学者关注时代发展与社会变革对行政诉讼的影响。在中国加入 WTO 之后，朱淑娣的《法律交融中的国际贸易行政诉讼》(《现代法学》2008 年第 2 期)，分析作为行政诉讼特殊类型的国际贸易行政诉讼。在《中华人民共和国政府信息公开条例》公布之后，侯丹华的《政府信息公开行政诉讼有关问题研究》(《行政法学研究》2010 年第 4 期)，探讨政府信息公开行政诉讼的疑难问题。

2000 年后，上海行政法学界在行政法学教学与研究过程中，较早重视行政法的解释与适用。如叶必丰的《行政法与行政诉讼法》(高等教育出版社 2007 年)和《法院在行政诉讼个案中对法律的解释——以行政诉讼的受案范围为视角》(《华东政法学院学报》2007 年第 2 期)。2008 年 12 月 27 日，上海交通大学法学院承办第二期"判例研读沙龙"，国内 100 余位专家学者和实务工作者参与研讨。朱芒发表《行政诉讼中判例的客观作用——以两个案件的判决为例的分析》(《华东政法大学学报》2009 年第 1 期)和《"行政行为违法性继承"的表现及其范围——从个案判决与成文法规范关系角度的探讨》(《中国法学》2010 年第 3 期)，前文指出大陆法系国家也有判例，在法的解释适用中发挥着重要作用；后文推动国内法学期刊首开"案例研究"栏目。

第五节　民　法　学

一、民法总论

20 世纪 80 年代初，上海学者开始民法基础理论的研究。吕润程的《论经济法同民法的联系与区别》(《社会科学》1982 年第 10 期)和陈汉章的《论民法在法的体系中的地位和作用——兼谈经济法问题》(《法学》1983 年第 7 期)，对民法与经济法做出区分。徐开墅、成涛、吴弘编著的《民法通则概论》(群众出版社 1988 年)出版。同时，上海学者开始译介国外民法典。1981—1986 年，上海社会科学院法学研究所先后组织编译《民法》(国外法学知识丛书，本册主编周枏，知识出版社 1981 年)、《德意志联邦共和国民法典》(法律出版社 1984 年)、《各国宪政制度和民商法要览(欧洲分册)》(法律出版社 1986 年)、《各国宪政制度和民商法要览(美洲、大洋洲分册)》(法律出版社 1986 年)、《各国宪政制度和民商法要览(亚洲分册)》(法律出版社 1986 年)。对外国民法及民法典的研究，如姜厚仁主编的《外国民商法概论》(复旦大学出版社 1989 年)。

20 世纪 90 年代，上海学者对民法通论展开研究。成果有：徐开墅主编的《民商法辞典》(上海人民出版社 1997 年)、《徐开墅民商法论文集》(法律出版社 1997 年)，王全弟主编的《民法总论》(复旦大学出版社 1999 年)，彭万林著的《民法学》(中国政法大学出版社 1994 年)等。进入 21 世纪，民法性质与价值等民法基本理论引起上海学者的关注。成果有：李锡鹤的《民法哲学论稿》(复旦大学出版社 2000 年)、《民法基本理论若干问题》(人民出版社 2007 年)和《民法原理论稿》(法律出版社 2009 年)，伍治良的《我国民法制度现代化之标准》(《华东政法学院学报》2005 年第 3 期)，张驰的《民法性质论》(《华东政法大学学报》2008 年第 1 期)，高富平主编的《民法学》(法律出版社 2009 年)等。此外，段匡的《日本的民法解释学》(复旦大学出版社 2005 年)论述了日本民法解释学。

上海学界对民法基本理论的研究还包括民事主体、民事责任、民法时效、代理制度、民法总则体系等方面。主要成果有：蔡东辉的《论我国民法时效利益之抛弃——兼评最高法院法复(1997)4 号和法释(1999)7 号两则司法解释》(《华东政法学院学报》2003 年第 6 期)、朱晓喆的《从"资本主义精神"透视近代民法中的人》(《法律科学》2007 年第 2 期)、韩强的《法律因果关系理论研究：以学说史为素材》(北京大学出版社 2008 年)、傅鼎生的《赔偿责任竞合研究》(《政治与法律》2008 年第 11

期)、倪万英的《论隐名代理制度》(《政治与法律》2005年第3期)、杨代雄的《私权一般理论与民法典总则的体系构造——德国民法典总则的学理基础及其对我国立法启示》(《法学研究》2007年第1期)等。此外,上海学界对人格权研究的重点集中在对人格权本质的认识。如朱晓喆的《民法上生育权的表象与本质——对我国司法实务案例的解构研究》(《法学研究》2010年第5期),认为民法上的一般人格权或其他人格利益已经包含了生育自主权的具体内涵,无须动用宪法上的生育权。

二、物权法

20世纪90年代开始,上海学者对物权法展开研究,领域较为分散。对相邻权的研究,如郑重和余红举的《相邻权问题初探》(《中国法学》1990年第1期)。对物权担保的研究,如王美娟、杨幼敏的《留置权初探》(《中国法学》1992年第3期),王建民的《信用卡保证合同若干问题研究》(《法学家》1996年第6期)和黄海林的《抵押权的侵害与救济》(《政治与法律》1999年第4期)。对物权登记的研究,如季立刚的《从"物权行为"理论看过户登记在房屋买卖中的意义》(《求实》1997年第4期)。2000年以后,对典权制度的研究,成果有:王全弟、陈建宏、高贤升的《典权制度比较研究》(《复旦学报》2003年第3期),高贤升和刘向涛《中韩典权制度比较研究》(《政治与法律》2003年第3期)。对俄罗斯物权法修改的经验的介绍,如傅荣的《俄罗斯物权法起草过程中的焦点问题及思考》(《政治与法律》2005年第5期)。

这一时期,上海学界对《物权法(草案)》展开讨论。成果有徐澜波、庞士奋的《论〈物权法〉草案中的若干争议问题》(《政治与法律》2005年第6期)和郝铁川的《〈物权法(草案)〉"违宪"问题之我见》(《法学》2006年第8期),分析了法律草案的争议焦点,重点阐明了物权法与宪法之关系的问题。金可可的《论债权物权区分说的构成要素》(《法学研究》2005年第1期)、《私法体系中的债权物权区分说——萨维尼的理论贡献》(《中国社会科学》2006年第2期)和《论支配权概念——以德国民法学为背景》(《中国法学》2006年第2期),论述了物权债权区分说,并认为支配权与绝对权、形成权、抗辩权之间存在本质区别。张驰的《物上请求权与诉讼时效关系论》(《法学》2006年第9期)阐述了物上请求权与诉讼时效的关系。2007年3月,《中华人民共和国物权法》通过后,上海学界对物权法展开了全面阐释。成果有:高富平和吴一鸣的《英美不动产法:兼与大陆法比较》(清华大学出版社2007年),高富平的《物权法专论》(北京大学出版社2007年)和《物权法》(清华大学出版社2007年),王全弟主编的《物权法》(浙江大学出版社2007年),李凤章的《从事实到规范:物权法民意基础的实证研究——以土地问题为中心》(《政法论坛》2007年第3期),傅鼎生的《物上请求权的时效性》(《法学》2007年第6期),张驰的《我国物权法中的物权法定原则之探究》(《法学》2007年第10期),李锡鹤的《物的概念和占有的概念》(《华东政法大学学报》2008年第4期),金可可的《持有、向物权(ius ad rem)与不动产负担——论中世纪日耳曼法对债权物权区分论的贡献》(《比较法研究》2008年第6期),李凤章的《法律移植,移植什么?——以土地所有权的中国命运为中心》(《法律科学》2009年第6期)等。

上海学界还关注物权登记和物权担保。对物权登记的研究,成果有:陈历幸的《论不动产登记制度和不动产物权变动模式的关联与协调》(《华东政法学院学报》2003年第2期),王全弟和佘铁峰的《非依法律行为的不动产物权变动研究——以实质主义登记立法为背景》(《复旦学报》2005年第5期),李锡鹤的《履约行为,还是订约行为——物权登记行为比较》(《法学》2006年第6期),李凤章的《不动产登记审查的简化和分化》(《比较法研究》2007年第3期),李小年、李攀的《〈物权法〉第24

条规定对船舶所有权变动的影响》(《法学》2009 年第 11 期)。对物权担保的研究，成果有：汪磊、王玉的《留置权探析——写在〈物权法〉酝酿之际》(《当代法学》2003 年第 2 期)，王全弟、刘冰沙的《论所有权保留在我国的法律适用》(《政治与法律》2003 年第 4 期)等。

三、债法

【债法总论】

20 世纪 80 年代，上海学界对债法总论的研究，如韩来璧的《民法通则中债权独立成章之管见》(《法学》1986 年第 7 期)，提出债法在我国民法通则中独立成章的合理性。20 世纪 90 年代，上海学界开始研究债的保全，如徐开墅、张国炎的《论债权的保全制度》(《中国法学》1991 年第 4 期)。随后，有学者阐释代位权的重要性，如韩德荣的《建立债权人代位权制度——解决"执行难"的有效办法》(《法学》1993 年第 12 期)和朱国华的《试论确立代位权的法律意义及其他》(《华东政法学院学报》1999 年第 4 期)。2000 年以后，债法的基础理论研究成为重点，相关成果有：王全弟主编的《债法概论》(复旦大学出版社 2001 年)，许多奇的《债法现代化的法理基础与债权地位的法律证成》(《法律科学》2004 年第 5 期)，金可可的《论温德夏特的请求权概念》(《比较法研究》2005 年第 3 期)、《德国民法上的请求权概念》(《求索》2007 年第 3 期)和《基于债务关系之支配权》(《法学研究》2009 年第 2 期)，崔吉子的《债法通论》(北京大学出版社 2006 年)，朱晓喆的《诉讼时效完成后债权效力的体系重构》(《中国法学》2010 年第 6 期)和王全弟主编的《债法》(复旦大学出版社 2010 年)等。

【合同法】

20 世纪 80 年代开始，上海学者开始研究合同法的相关内容。如彭万林的《合同中的承诺》(《法学》1984 年第 7 期)，分析了合同中承诺的法律地位。20 世纪 90 年代前期，在《中华人民共和国合同法》颁布之前，《法学》刊载了对合同法的精神、基本原则以及基础理论的研究成果，主要有：曹梅华的《经济合同管理之我见——我厂开展"重合同、守信用"活动的一些做法》(1993 年第 1 期)，海文的《合同权利转让理论与我国现行制度的检讨》(1993 年第 5 期)，崔剑平的《无效合同原理新探》(1993 年第 12 期)，郭俭、胡文歧的《完善经济合同有效要件的立法思考》(1994 年第 1 期)，卢文道的《论契约自由之流弊》(1996 年第 12 期)，任荣明的《国际商事合同通则对我国合同法的启示》(1998 年第 7 期)，阎晓辉、阎秋平的《根本违约制度研究》(1998 年第 9 期)等。

20 世纪 90 年代后期及其后，即在《中华人民共和国合同法》颁布后，上海学界对合同法的具体条款或具体制度展开研究。如丁文联的《无权处分与合同效力——合同法第 51 条的理解与适用》(《南京大学法律评论》1999 年第 2 期)，认为根据合同法第 51 条理解无权处分与合同效力的关系是一种误解。道文的《试析合同法上的附随义务》(《法学》1999 年第 10 期)，分析了合同法上的随附义务。胡鸿高主编的《合同法原理与应用》(复旦大学出版社 1999 年)出版。武红卫的《论合同法对债权人利益的保护》(《上海交通大学学报》2001 年第 1 期)，阐述了我国合同法在对债权人利益保护方面更具先进性和可操作性。赵惠琳的《正确理解和适用合同目的及根本违约规则》(《政治与法律》2003 年第 5 期)，阐述何为法律意义上的合同目的以及根本性违约。马忠法的《"合同目的"的案例解析》(《法商研究》2006 年第 3 期)，认为应对合同目的进行界定并将其作为一般条款列入合同法中。王跃龙的《解约可得利益赔偿之辩》(《政治与法律》2006 年第 5 期)，认为我国合同法第 97 条规定的可得利益赔偿的范围应包括可得利益。傅鼎生的《不安抗辩适用之限制》(《法学》2008年第8期),对不安抗辩权进行了学理上的分析。徐澜波的《因重大误解而撤销或变更合同的法律问题——由旅客错误购买特价航空机票不能"签转退"引发的思考》(《法学》2009年第4期),对因重大误解而撤销或变更合同的法律问题进行阐释。韩强的《情势变更原则的类型化研究》(《法学研究》2010年第4期),为国内司法实践正确处理情势变更问题提供学理上的指引。叶榅平的《合同中的保护义务研究》(法律出版社2010年),解析合同中的保护义务。

2000年以后,上海学界对合同法分则中有名合同展开研究。成果有:季立刚主编的《合同法教程新编》(上海教育出版社2001年),其木提的《论行纪合同委托人的取回权》(《环球法律评论》2005年第1期),王秋良、蔡东辉的《合法转租之次承租人利益保护的若干问题》(《政治与法律》2003年第6期),徐澜波、饶茜的《部分房屋承租人是否能对整幢房屋行使优先购买权的探讨》(《政治与法律》2006年第2期),郑云瑞的《合同法学》(北京大学出版社2007年),徐澜波的《"买卖不破租赁"规则的立法技术分析》(《法学》2008年第3期)等。

【侵权法】

20世纪80年代及其后,上海学者就侵权赔偿问题展开研究。如张柏萍的《论法人侵权赔偿的特殊性》(《社会科学》1986年第9期),提出完善法人侵权赔偿制度。郑幸福、傅鼎生、张驰的《侵权赔偿》(中国大百科全书出版社1992年)出版。徐冬根的《对我国侵权行为法律适用规范立法的思考》(《政治与法律》1994年第6期),认为设计侵权行为法律适用规范时应把握出现的新理论、新制度。1998年,刘士国出版《现代侵权损害赔偿研究》(法律出版社)。李锡鹤的《民事共同行为和多数人责任刍议》(《华东政法学院学报》2007年第6期),提出多数人责任的一般理论。孙维飞的《"三鹿奶粉问题事件"与侵权法中的因果关系》(《法学》2008年第11期),从特殊事例出发探讨侵权法中的因果关系理论。胡雪梅的《我国未成年人侵权责任承担制度之合理构建》(《法学》2010年第11期),主张应对未成年人侵权责任的承担进行合理的限制。

四、婚姻家庭法与继承法

【婚姻家庭法】

20世纪80年代,新的《中华人民共和国婚姻法》与《中华人民共和国继承法》相继颁布,推动了婚姻法与继承法教学与科研的发展。1980年,新婚姻法开始实施。上海学界随即展开研究,如黄双全的《新婚姻法的五项基本原则》(《社会科学》1980年第5期)和《认真学习、贯彻执行婚姻法第二十五条》(《人民司法》1982年第3期)。随后,薛素珍等的《离婚问题今析》(《社会科学》1982年第5期),专门探讨离婚及财产分割法律问题。

20世纪90年代,上海学界对婚姻法的修改提出相关建议。如应懋的《中国婚姻法的完善与发展》(《政治与法律》1997年第5期),提出婚姻法的修改建议。徐安琪的《婚姻法修改的误区:限制离婚》(《社会科学》1998年第4期),认为限制离婚不应是婚姻法的立法旨意。林荫茂的《香港、澳门、台湾地区分居制度比较——兼谈我国应设分居制度》(《现代法学》1997年第6期)及《家庭婚姻法比较研究》(法律出版社1997年)对海峡两岸暨香港、澳门的婚姻法进行了比较研究。

2000年以后,上海学界对婚姻法理论与实践展开全面阐释。如许莉主编《婚姻家庭继承法学》(北京大学出版社2006年),并发表《夫妻财产归属之法律适用》(《法学》2007年第12期),后文认为法律应就现实生活中常见的夫妻财产归属问题做出规定。2007 年，瞿琨主编的《婚姻家庭继承诉讼》由上海社会科学院出版社出版。王跃龙的《无偿保证所生之债务不应认定为夫妻共同债务》(《法学》2008 年第 10 期)，认为基于社会评价等非给付性追求设定的无偿保证债务，不能认定为夫妻共同债务。

【继承法】

20 世纪 80 年代及其后，上海学界就继承法积极提出立法建议，并展开相关研究。如《徐开墅民商法论文集》(法律出版社 1997 年)，对继承法提出了全面的立法建议。韩来璧、吴跃章的《对继承从何时开始的认识》(《法学》1983 年第 1 期)，针对继承开始的时间提出立法建议。《中华人民共和国继承法》颁布之后，王贞韶、单正平编著的《怎样继承遗产》(知识出版社 1985 年)，论述了关于遗产继承的基本知识和有关原则。韩来璧、徐毅林、戴永盛的《被代位继承人的继子女无权代位继承》(《法学》1989 年第 9 期)，研究了继承法继子女的继承问题。侯放的《继承法比较研究》(澳门基金会 1997 年)，是对海峡两岸暨香港、澳门地区的继承法进行比较研究的著作。沈幼伦、孙霞的《论遗嘱自由与尊重社会公德——兼谈某"第三者"遗赠纠纷案》(《法学论坛》2002 年第 3 期)，从不断出现的"第三者"遗产纠纷案出发提出实现遗嘱自由的同时要尊重社会公德。张萱、陶海荣的《打印遗嘱的法律性质和效力》(《法学》2007 年第 9 期)，对打印遗嘱在何种情况下具有法律效力进行了分析。

五、知识产权法

【知识产权法通论】

自 20 年代 80 年代末开始，上海高校重视知识产权的教学与研究，并陆续成立了相关研究机构。20 世纪 90 年代末及其后，上海学者编写并出版了一系列有关知识产权法通论的著作和教材。主要有：寿步的《中国知识产权法》(香港三联书店 1998 年)，张乃根的《国际贸易的知识产权法》(复旦大学出版社 1999 年)，陶鑫良参编的《知识产权概论》(中国文教出版社 1999 年)，寿步主编的《信息时代知识产权教程》(高等教育出版社 2003 年)，陶鑫良、单晓光的《知识产权法纵论》(知识产权出版社 2004 年)。王立民、黄武双主编的《知识产权法研究》每年出版 2 卷，自 2004 年至 2009 年共出版 7 卷。此外还有张燕强的《知识产权法原理与实务教程》(上海财经大学出版社 2007 年)，吕淑琴主编的《知识产权法学》(北京大学出版社 2007 年)，何敏主编的《企业知识产权管理战略》(法律出版社 2007 年)，王迁的《知识产权法教程》(中国人民大学出版社 2007 年)，王迁和王凌红合著的《知识产权间接侵权研究》(中国人民大学出版社 2008 年)，黄武双主编的《知识产权法：案例与图表》(法律出版社 2010 年)等。

【商标法】

20 世纪 80 年代初，《中华人民共和国商标法》颁布，上海学者对商标法展开研究。如彭万林的《商标国际注册马德里协定》(《法学》1982 年第 9 期)，解析了《马德里协定》中商标国际注册的规则。韩来璧的《克服实施商标法的种种障碍》(《法学》1983 年第 5 期)，说明在我国应如何有效地推动商标法的实施。20 世纪 90 年代，上海学者就商标法存在的问题进行研究。如王美娟的《我国商标法的修改和完善》(《政治与法律》1994 年第 1 期)，就我国如何修改商标法提出建议。须建楚的《商标淡化的法律问题初探》(《法学》1997 年第 7 期)，对商标淡化中存在的法律问题进行了解析。

进入21世纪,商标法的研究领域多元化。成果有:宋锡祥的《日本〈商标法〉的最新修正》(《政治与法律》2000年第2期),介绍域外商标法的修订。王佳的《商标法对平行进口的限制》(《华东政法学院学报》2001年第5期),主张平行进口应以允许为原则。陈红的《商标权与知名商品的特有名称冲突问题研究》(《政治与法律》2004年第6期),分析了商标权与知名商品的特有名称冲突的四点成因,并提出解决冲突的最佳路径。吕国强、吴登楼的《我国地理标志法律制度的完善》(《法学》2006年第1期),提出应确立解决地理标志与商标权权利冲突纠纷的基本原则。王莲峰的《我国商标权限制制度的构建——兼谈〈商标法〉的第三次修订》(《法学》2006年第11期)和《论商业标识立法体系化》(《法学》2007年第3期),从如何建构我国商标权权限制度和实现商业标识立法的体系化,为商标法修改提出建议。王莲峰的《商标法学》(北京大学出版社2007年)出版,该书对商标法进行了全面论述。张驰、孙维飞的《论特许经营体系中商标和商号的地位》(《政治与法律》2008年第2期),认为商号的许可使用有待进一步理顺关系。袁秀挺的《企业名称"傍名牌"引发的侵权思考》(《法学》2008年第6期),认为将授权许可使用的注册商标拆分为与他人注册商标近似的标志使用,侵犯了他人的注册商标专用权。郝一丁的《论与域名相关的商标权利纠纷及其解决》(《政治与法律》2010年第1期),提出建立"域名共享纠纷解决机制"是解决纠纷的最佳途径。

【著作权法】

1990年,《中华人民共和国著作权法》正式颁布后,上海学者对著作权的研究也逐步展开。如陈奇恩的《怎样审理著作权纠纷案?》(《政治与法律》1991年第6期),总结了上海自1986—1990年处理的著作权纠纷案件审判经验。此外还有周碧云的《著作权权限的完善》(《法学》1994年第4期),吕国强的《"毛泽东肖像"画案若干法律问题探讨》(《中国法学》1996年第6期),黄武双、朱应平的《内部刊物名誉侵权法律责任探析》(《法学》1998年第3期)等。这一时期,上海学界对计算机软件的著作权保护问题展开研究,如寿步的《中国软件版权诉讼实务》(香港中文大学出版社1997年)和《计算机软件著作权保护》(清华大学出版社1997年)。

随着网络时代的到来,上海学者对网络著作权亦展开研究。成果有:徐宏的《因特网上侵犯著作权案件的管辖权》(《政治与法律》2000年第4期),宋锡祥的《论台湾新"著作权法"对合理使用的规范》(《政治与法律》2001年第6期),宋锡祥、夏玮的《论德国著作权法的最新修正》(《政治与法律》2004年第5期),潘淑红的《卡拉OK著作权纠纷案法理评析》(《法学》2004年第7期),黄武双的《卡拉OK带侵权纠纷之我见》(《华东政法学院学报》2005年第1期),徐冬根、陶立峰的《网络时代著作权合理使用制度之思考》(《华东政法学院学报》2003年第4期),王征的《论网络音乐作品著作权的保护》(《政治与法律》2006年第2期),张敏的《美国版权担保权益完善中的联邦法优先原则探析》(《环球法律评论》2007年第5期),王迁的《论"基因歧视"及其法律对策》(中国人民大学出版社2005年)、《著作权法》(北京大学出版社2007年)、《视频分享网站著作权侵权问题研究》(《法商研究》2008年第4期)、《"电影作品"的重新定义及其著作权归属与行使规则的完善》(《法学》2008年第4期)、《论对"信息网络传播权"的正确适用——兼评"成功多媒体诉时越公司案"》(《法律适用》2008年第12期)和《网络版权法》(中国人民大学出版社2008年),寿步的《中国计算机软件著作权保护的回顾与展望》(《暨南学报》2010年第6期)等。此外,杨鹏飞的《新加坡网络著作权立法简介》(《政治与法律》2001年第2期)和王迁的《中欧网络版权保护比较研究》(法律出版社2008年),是对网络著作权的域外借鉴研究。

【专利法】

20世纪80年代，在《中华人民共和国专利法》正式颁布之前，上海学者对专利法的研究已经开始。如吕润程的《略论专利制度的利与弊》(《法学研究》1981年第4期)和《试论我国专利法中的取舍问题》(《社会科学》1983年第5期)，指出了中国建立专利权保护制度面临的问题。1984年，《中华人民共和国专利法》颁布。吕润程、沈学恒、孟炯的《我国专利法实施中亟待解决的几个问题》(《法学》1987年第4期)，提出推动专利法有效实施的途径。

20世纪90年代，上海学界对专利权的保护展开研究。如徐澜波、郭伟的《侵犯专有技术的类型及法律对策》(《法学》1990年第8期)，对侵犯专有技术提出法律对策。朱妙春的《浅谈专利权的立体保护》(《法学》1992年第5期)，提出从立法、司法、行政、新闻和市场五大方面采取有力措施实现专利权保护。

2000年以后，上海学界对专利法的研究范围日益宽泛。成果有：季辉的《许诺销售侵害专利权的法律思考》(《政治与法律》2003年第2期)，认为应当加强对专利权人许诺销售权利的保护力度。马忠法的《试论我国向外转让专利权制度的完善——兼论制定我国统一的〈技术转让法〉》(《复旦学报》2007年第5期)，认为中国应构建统一的技术转让法。何敏的《职员发明财产权利归属正义》(《法学研究》2007年第5期)，提出中国应建立以财产权利共享、开发风险共担为核心的职务发明专利权归属制度。袁真富的《基于侵权抗辩之专利默示许可探究》(《法学》2010年第12期)，认为专利默示可作为一种侵权抗辩理由不能绝对地排除其给付使用费的合同义务。

第六节　商 法 学

一、商法总论

上海商法总论研究2000年以后才开始。成果有：顾功耘主编的《商法教程》(上海人民出版社2001年)。王福新、胡鸿高的《商事法概论》(东方出版中心2001年)，全面阐释了商事法理论。胡鸿高的《商法价值论》(《复旦学报》2002年第5期)，意图引导学界展开商法价值的讨论。何勤华、李秀清主编的《外国民商法导论》(复旦大学出版社2006年)，阐述了英美法系与大陆法系民商法的发展历史、特点及两大法系对近代以来中国民商立法的影响。韩长印主编的《商法概论》(高等教育出版社2007年)出版，该书被列为“中国法学教科书·原理与应用系列”。2004—2010年，顾功耘主编的《中国商法评论》(1—6卷)陆续出版。

二、公司法

20世纪80年代末，面对公司制度尚未完全建立的境况，上海学界开始关注公司法，并以企业为对象进行研究。成果有：吕润程、石青凯、孟炯的《企业法人代表如何代表企业法人》(《法学》1987年第6期)，讨论了厂长在企业中的法律地位。顾功耘发表《香港公司条例调整的对象》(《上海大学学报》1988年第1期)和《公司章程存在的问题与对策》(《法学》1989年第9期)，前文阐明了《香港公司条例》是调整各种法人公司的设立、组织管理、资金的筹措和运用、清算的法律规范；后文从六个方面对我国各类公司制定的章程存在的问题进行分析。

20世纪90年代中期及其后，上海学界对股东持股与股东权益的法律保障展开研究。顾功耘等著的《公司的设立与运作——公司法与企业改制实务》(复旦大学出版社 1996 年)和《公司并购法论》(高等教育出版社 1999 年),对公司法的实践提供了理论上的全面指引。此外,相关成果还有:徐冬根的《中小股东的法律保护》(《法苑》1996 年第 10 期)、《法人股的规范与出路》(1997 年第 4 期)、《大股东与小股东的权益制衡》(1997 年第 8 期)和《股份持有法人化与有限双向持股制度》(《法学杂志》1996 年第 6 期),胡鸿高的《应当理直气壮地保护股东权益》(《法学》1997 年第 12 期)等。

2000 年以后,在新修订的公司法颁布之前,上海学界从多个方面对公司法的修改提出建议。成果有:顾功耘《全面修订公司法的若干建议》(《法学》2000 年第 4 期)和《市场秩序与公司法之完善》(人民法院出版社 2000 年),顾功耘、罗培新的《论我国建立独立董事制度的几个法律问题》(《中国法学》2001 年第 6 期)和《〈公司法〉的实施与完善刍议》(《法学》2004 年第 7 期),黄敏的《薪酬制度中股票期权的法律问题思考——兼议对公司法的些许修改》(《上海财经大学学报》2001 年第 5 期),陈历幸、肖熊的《在修订〈公司法〉时确立公司重整制度的若干设想》(《政治与法律》2004 年第 3 期),顾肖荣、胡钧的《修改我国〈公司法〉的若干建议》(《政治与法律》2004 年第 3 期),刘迎霜的《我国一人公司的立法设计》(《政治与法律》2004 年第 3 期),宋锡祥的《借鉴与互动:公司法现代化的探讨综述》(《华东政法学院学报》2004 年第 6 期)等。此外,罗培新的《公司法的合同解释》(北京大学出版社 2004 年),对公司法和公司法学研究进行反思,提出通过契约理念理解公司法的规范基础及结构。徐澜波、胡钧的《日本董事、监事制度的修改及启示》(《法学》2003 年第 2 期),为完善我国董事和监事制度提供域外借鉴。2004 年 8 月,新修订的《中华人民共和国公司法》颁布之后,上海学界就相关问题展开研究。如顾功耘的《公司法最新解读》(北京大学出版社 2006 年),对修订后的公司法进行了全面解读。伍坚的《论公司法上的缺省性规则》(《法学》2007 年第 5 期),认为公司法应将累积投票制确定为缺省性规则。罗培新的《我国公司社会责任的司法裁判困境及若干解决思路》(《法学》2007 年第 12 期),认为公司法修订后公司应当承担社会责任已获得强行法上的依据。高旭军的《股东代表诉讼的应用探究——论〈公司法〉第 150 条和第 152 条》(《东方法学》2008 年第 6 期),针对具体法律条文分析了股东代表诉讼的问题。葛伟军的《债权出资的公司法实践与发展》(《中外法学》2010 年第 3 期),认为新公司法没有明确债权是否符合该法允许作为出资的非货币财产。

这一时期,上海学界还对公司并购与兼并和公司法基本理论展开研究。对公司并购与兼并的研究,成果有:顾功耘的《论公司并购的法定形式》(《华东政法学院学报》2000 年第 3 期),将公司并购分为四种形式。胡鸿高、赵丽梅的《论目标公司反收购行为的决定权及其规制》(《中国法学》2001 年第 2 期),对上市公司收购中目标公司反收购行为的决定权及其规制问题作了探讨。对公司法基本理论的研究,成果有:罗培新的《公司法学研究的法律经济学含义——以公司表决权规则为中心》(《法学研究》2006 年第 5 期)和《公司法的经济学研究》(北京大学出版社 2008 年),从法律经济学角度对公司法进行研究。罗培新的《填补公司合同"缝隙":司法介入公司运作的一个分析框架》(《北京大学学报》2007 年第 1 期)和《公司法强制性与任意性边界之厘定——一个法理分析框架》(《中国法学》2007 年第 4 期)发表,前文认为司法必须超越法条的字意而从法条的根本属性来解读公司法规则;后文主张在公司法任意性与强制性两类规则的均衡中保持公司法的实质正当性。杨勤法的《公司治理的司法介入——以司法介入的限度和程序设计为中心》(北京大学出版社 2008 年),全面论述了司法介入对公司治理的影响。刘迎霜的《公司契约理论对公司法的解读》(《当代法学》2009 年第 1 期),认为公司契约理论对公司法及公司制度提供了新的视角。韩长印的《共同法律行为理论的初步构建——以公司设立为分析对象》(《中国法学》2009 年第 3 期),认为共同行为理论在对公司法的解释力上要明显优越于公司契约理论。

此外，上海学界翻译了国外公司治理机制的相关论著，并对外国公司法律制度亦展开研究。相关翻译成果有：罗培新、张建伟合译的弗兰克·伊斯特布鲁克的《公司法的经济结构》(北京大学出版社 2005 年)，罗培新翻译的罗维奇的《转型政治和经济环境下的公司治理：制度变革的路径》(北京大学出版社 2007 年)，席尔瓦的《股利政策与公司治理》(北京大学出版社 2008 年)，柯提斯·J.米尔霍普的《法律与资本主义：公司危机揭示的全球法律制度与经济发展的关系》(北京大学 2010 年)，葛伟军翻译的《英国 2006 年公司法》(法律出版社 2008 年)。对外国公司法律制度的研究，成果有：李霖的《英国公司法的新近改革——英国"2006 年公司法"评介》(《政治与法律》2007 年第 3 期)，葛伟军的《析英国新公司法中关于公司社会责任的规定》(《政治与法律》2008 年第 4 期)，罗培新的《科学化与非政治化：美国公司治理规则研究述评——以对〈萨班尼斯-奥克斯莱法案〉的反思为视角》(《中国社会科学》2008 年第 6 期)和《美国公司治理评级的法律与政策之反思——兼及对我国公司治理法律制度的影响》(《法学》2009 年第 11 期)，高旭军、白江的《论德国〈有限责任公司法改革法〉》(《环球法律评论》2009 年第 1 期)，唐杰英的《日本中小公司灵活而规范的公司法制度对我国的启示》(《政治与法律》2009 年第 5 期)，高旭军的《德国法中公布虚假临时报告时的董事责任——评联邦最高法院判例》(《比较法研究》2010 年第 1 期)和《德国"揭开公司面纱制度"新动向——以"特里旅馆"案为主线》(《东方法学》2010 年第 6 期)等。此外，2001—2010 年，顾功耘主编的《公司法律评论》(10 卷)，由上海人民出版社出版。

三、金融法

【金融法一般理论】

20 世纪 90 年代中后期，上海学者开始关注上海国际金融中心建设的法律问题。徐冬根的《构筑上海国际金融中心的法律框架》(《法苑》1997 年第 6 期)，顾功耘的《论金融危机的防范以及法制对策(上、下)》(《法学》1998 年第 12 期、1999 年第 1 期)及其主编的《金融市场运行与法律监管》(世界图书出版公司 1999 年)，都从金融法制对金融市场进行规范的角度出发进行理论探索。

进入 21 世纪后，上海金融法学研究发展迅速，特别是在金融安全与金融监管方面。相关研究成果有：徐冬根的《上海国际金融中心建设中的法律主导作用》(《法学》2004 第 11 期)和《上海国际金融中心法制环境研究》(法律出版社 2007 年)，季立刚的《加强金融深化中的法律回应》(《解放日报》2006 年 5 月 28 日)和《金融监管与金融安全》(《文汇报》2006 年 6 月 19 日)，顾功耘的《金融衍生工具与法律规制的创新》(《法学》2006 年第 3 期)，罗培新的《构建我国的金融衍生工具上市机制的若干思路》(《法学》2006 年第 3 期)，顾功耘主编的《金融衍生工具的法律规制》(北京大学出版社 2007 年)，吴弘的《上海国际金融中心建设的法制环境》(北京大学出版社 2010 年)，许多奇的《金融创新与金融监管的现实冲突与法律制衡——以信贷资产证券化的泛滥为例》(《月旦财经法杂志》2009 年第 17 期)，吴弘主编的《金融法律评论》(中国法制出版社 2010 年)等。

这一时期，上海学界对金融法基本价值观进行研究，如周仲飞的《"以人为本"：金融立法的基本价值观》(《政治与法律》2004 年第 6 期)。此外，上海学者亦建议吸取外国金融监管的经验和教训加快我国金融法制建设，成果有：许多奇的《英美金融监管制度改革及我国之借鉴》(《法学》2004 年第 5 期)，罗培新的《政治、法律与现实之逻辑断裂——美国金融风暴之反思》(《华东政法大学学报》2009 年第 2 期)、《美国金融监管的法律与政策困局之反思——兼及对我国金融监管之启示》(《中国法学》2009 年第 3 期)和陈岱松的《美国次贷危机对我国金融法律的警示》(《法学》2008 年第 4 期)等。

【银行法】

20 世纪 90 年代中期,上海银行法的研究起步。如宋锡祥《论台湾〈银行法〉的最新修正》(《政治与法律》1994 年第 6 期),介绍了我国台湾地区《银行法》的修改。李克渊的《现行信用卡法律体系的评价》(《法学》1996 年第 9 期),对信用卡法律制度进行初步探索。

进入 21 世纪,上海学者对银行法的研究逐渐系统化。周仲飞发表多篇论著,主要有:*Chinese Banking Law and Foreign Financial Institutions* (Kluwer Law International 2001 年)、《巴塞尔国际银行监管合作模式的缺陷及完善》(《法学评论》2003 年第 1 期)、《银行法原理》(中信出版社 2004 年)、《最后贷款人制度的比较法研究》(《法学家》2005 年第 3 期)、《国际银行存款保险制度的国际协调》(《武汉大学学报》2007 年第 1 期)、《银行监管机构问责性的法律保障机制》(《法学》2007 年第 7 期)、*Banking Laws in China* (Kluwer Law International 2007 年)、《银行监管机构独立性的法律保障机制》(《法学研究》2008 年第 1 期)、《资本充足率:一个被神化了的银行法制度》(《法商研究》2009 年第 3 期)、《银行法研究》(上海财经大学出版社 2010 年)等。此外,许多奇的《银行保密义务与信息披露的现实冲突和法律整合》(《法学》2006 年第 6 期),建议在打通间接融资与直接融资的信贷资产证券化过程中实现全方位的信息监管。2007 年,《华东政法学院学报》第 2 期刊发了周仲飞的《新外资银行法:完善中的不足》、宋晓燕的《市场准入:承诺的兑现》、郑晖的《外资银行的审慎监管》和陈芳的《外资银行的强制终止与清算》,讨论了国务院和中国银监会出台的《外资银行管理条例》和《外资银行管理条例实施细则》。

【基金法与信托法】

2000 年后,上海学界对基金的立法展开研究。成果有:吴弘、徐振的《投资基金的法理基础辨析》(《政治与法律》2009 年第 7 期),倪受彬的《论基金管理人与证券公司利益冲突交易的法律问题》(《政治与法律》2005 年第 6 期),宋晓燕的《私募股权投资基金组织模式分析——一个治理结构的视角》(《上海财经大学学报》2008 年第 5 期)等。

2001 年,《中华人民共和国信托法》颁布,上海学界随即展开对信托法的研究。如吴弘等著的《信托违法犯罪的防范与处罚》(中国检察出版社 2001 年),全面、系统地探讨了市场经济条件下信托违法犯罪的表现形式、种类、特点及防范机制。黄来纪的《试论我国〈信托法〉的特点》(《政治与法律》2002 年第 3 期),吴弘等著的《信托法论:中国信托市场发育发展的法律调整》(立信会计出版社 2003 年)和潘耀明、康锐的《信托之困境抑或信托业之困境——论我国〈信托法〉下的资产管理市场》(《上海财经大学学报》2007 年第 2 期)对我国信托业与信托法的关系展开评述。吴弘等著的《不动产信托与证券化法律研究》(上海交通大学出版社 2005 年),在法理上厘清了信托与资产证券化的关系。伍治良的《论特定目的信托的性质及设立原则——兼评"建元 2005 - 1 个人住房抵押贷款证券化方案"之缺陷》(《法商研究》2006 年第 5 期)和倪受彬、江翔宇的《从安信信托案看银信合作理财中信托合同效力问题》(《法学》2010 年第 4 期),通过典型性案例研究信托目的及信托合同效力。张敏的《从次贷危机看受托人的谨慎义务》(《东方法学》2009 年第 3 期)和徐卫的《信托受托人职务解任制度研究》(《法商研究》2009 年第 3 期),着重强调了信托中受托人的义务。孙义刚、郑阈的《信托制度异化论——对我国现行信托产品法律结构之评判》(《法律科学》2009 年第 4 期),分析论证了受益权信托异化问题。随着信托法研究的不断发展，2010 年，上海市法学会金融法学研究会下设的上海市信托法委员会正式成立。

【证券法】

20 世纪 90 年代中期，上海学者开始研究证券法的相关问题。如卢绳祖的《证券交易市场应在试验中求发展》(《政治与法律》1994 年第 1 期)，认为在主客观条件具备之前，在我国生搬硬套外国证券制度并不适合。周仲飞的《析信息披露的准确性原则》(《法学》1995 年第 6 期)，认为信息披露的准确性原则是信息披露最根本的原则。徐冬根的《上市公司股份收购与反收购》(《法学》1995 年第 7 期)，分析了我国证券市场上上市公司股份收购与反收购中存在问题。徐冬根的《美国九十年代的证券立法》(《中外法学》1996 年第 6 期)和《美国证券法律与实务研究》(上海社会科学院出版社 1997 年)，介绍了美国证券法经验。

进入 21 世纪后，上海学界更为关注用法制推动证券市场的健康发展议题。徐澜波的《我国证券市场法制化的当务之急》(《政治与法律》2001 年第 4 期)，认为法制化乃是实现证券市场健康发展的重要保证。吴弘主编的《中国证券市场发展的法律调控》(法律出版社 2001 年)，从多个方面就法律调控机制对证券市场的发展影响进行了论证。罗培新的《证券市场和谐生态环境之法律构建》(《中国法学》2005 年第 4 期)，认为亟需梳理证券立法、执法、司法等多层面弊病。

这一时期，上海学者就投资者保护展开研究。成果有顾功耘、倪受彬的《证券公司市场退出和投资者利益保护》(《探索与争鸣》2005 年第 1 期)，认为证券公司经营失败的退出应以市场化的方式进行。顾功耘的《适时解决历史遗留问题是股市健康发展的基础》(《华东政法大学学报》2007 年第 3 期)，强调对社会公众股股东权益的法律保护。吴弘的《证券投资者保护组织的立法思考》(《东方法学》2008 年第 2 期)，提出加强投资者保护立法。郑少华、齐萌的《融券卖空监管的法律思考——兼析金融危机前后的美国卖空监管》(《中国法学》2010 年第 4 期)认为中国应建议树立正确的卖空理念，设立断路器规则，以保护投资者的利益。

同时，金融资产证券化研究也是上海学者研究的热点之一，如陈肇强的《试论我国资产证券化运作的法律问题》(《上海交通大学学报》2003 年第 2 期)，认为中国资产证券化运作需要立法加以明确和修改。许凌艳的《论金融资产证券化风险防范法律机制》(《法学》2004 年第 9 期)认为资产证券化有效运行需要一套系统严密的风险防范法律机制加以保障。许多奇的《资产证券化中的债权让与法律问题》(《武汉大学学报》2004 年第 1 期)，阐明了资产证券化中债权让与涉及的重要法律问题。此外，卢文道的《证券交易所自律管理论》(北京大学出版社 2008 年)勾画出证券交易所自律管理的法律图景。吴弘、裴斐的《我国股指期货风险的法律控制——从宏观控制角度》(《政治与法律》2008 年第 5 期)，提出建立并完善股指期货三级监管制度及风险控制体系。

【保险法】

1995 年，《中华人民共和国保险法》正式颁布之后，上海学界即展开相应研究。如徐冬根的《〈保险法〉保国泰民安》(《法苑》1996 年第 2 期)，庄咏文的《关于保险代理人的几个法律关系问题(上、中、下)》(《上海保险》1997 年第 12 期、1998 年第 1 期、1998 年第 2 期)，对保险代理人制度进行了全面阐释。

2000 年后，上海学界对保险学的研究领域拓宽，相关成果包括：韩长印的《不足额保险比例赔付的逻辑误区及其校正》(《法学》2008 年第 11 期)和《交强险中恶意肇事的保险垫付责任》(《法学》

2010 年第 10 期),胡鸿高、李磊的《保险代位求偿权在人身保险中的适用问题研究》(《当代法学》2009 年第 1 期),吴弘的《保险法制建设三十年》(《上海保险》2009 年第 4 期),方乐华的《保险与保险法》(北京大学出版社 2009 年),韩长印、韩永强合著的《保险法新论》(中国政法大学出版社 2010 年)等。随着上海保险法研究的进一步推进,2009 年 10 月,华东政法大学成立保险法研究所。

【票据法】

20 世纪 80 年代初,上海学者建议制定票据法。徐承藩发表《有必要提前研订〈票据法〉》(《金融研究》1982 年第 11 期)、《汇票与期票小议》(《浙江金融研究》1984 年第 3 期)、《我国票据承兑、贴现的特点和作用》(《浙江学刊》1985 年第 1 期)和《票据承兑、贴现的特点和作用》(《财贸经济》1985 年第 2 期)等。1996 年,《中华人民共和国票据法》颁布后,上海学者就如何理解和适用票据法,上海学者予以说明,《法学》1996 年第 2 期和第 6 期分别刊载了郑幸福的《正确理解和应用票据抗辩理由》和阎秋平的《论票据的抗辩》,阐述了票据抗辩。

2000 年以后,上海学界对票据法研究全面展开,成果有:王建平的《论储蓄合同存款兑付效力和违约责任确定》(《政治与法律》2004 年第 5 期),对存款兑付效力及存款被冒领后储户和储蓄机构的违约责任作了比较深入的分析。张燕强的《票据伪造法律处置方案之探讨》(《法学》2004 年第 11 期)、《票据伪造的风险责任与损失分担研究》(《法商研究》2006 年第 3 期)和《票据金额变造法律处置规则之探讨——兼论我国〈票据法〉相关条款的修改》(《法律科学》2007 年第 3 期),对伪造票据的认定及如何合理处置票据伪造产生的法律后果提出了学理上建议。张燕强的《背书连续认定规则之探讨》(《法律科学》2006 年第 1 期)和《我国票据背书连续认定规则的完善》(《法学》2006 年第 10 期),就背书连续认定规则进行阐释。李伟群的《我国票据法上票据无因性问题研究》(《政治与法律》2005 年第 2 期)、张燕强的《论票据关系无因性之否认》(《法商研究》2007 年第 4 期)、陈芳的《票据无因性之新论》(《武汉大学学报》2010 年第 4 期),都分析了票据无因性。叶永禄的《论票据丧失司法救济制度之完善》(《法学家》2007 年第 3 期)和《票据诉讼抗辩》(《政法论坛》2008 年第 3 期),前文提出完善票据丧失司法救济制度的建议;后文对票据抗辩的界定、票据抗辩的构成以及票据抗辩的法定事由等重要问题进行了分析论证。李伟群的《我国票据法中无对价抗辩制度的完善》(《法学》2008 年第 7 期)和《我国票据无权代理制度的不足与完善》(《法学》2010 年第 2 期),前文认为受让人无对价获取票据的可视为恶意取得,应在票据法中予以规定;后文认为票据法有关越权代理的相关规定与票据不可分割的基本原则相违背。陈芳的《票据行为意思表示探究》(《法学评论》2009 年第 5 期),认为应制定票据意思表示瑕疵的特别规则填补我国票据法的缺陷。此外,李伟群还发表了《票据信用交易制度比较研究——以中国大陆、台湾地区及日本的票据法为考察对象》(《比较法研究》2005 年第 3 期)、《中日票据恶意抗辩的比较研究》(《法学》2005 年第 6 期)和《除权判决的效力与据善意取得之间的关系——从中、日票据法比较的角度》(《法学》2006 年第 6 期)等文。

四、破产法

20 世纪 80 年代,上海学者就对破产法有所关注,如储有德的《企业破产法浅谈》(《党政论坛》1987 年第 6 期),林祖彭、李浩的《建议在司法执行中建立强制性破产制度》(《政治与法律》1998 年第 5 期),何勤华等翻译的石川明的《日本破产法》(上海社会科学出版社 1995 年)。

2006 年,《中华人民共和国破产法》正式出台,在此前后破产法研究有了较快发展。成果有:韩长印的《关于企业破产立法目标的争论及其评价》(《中国法学》2004 年第 5 期)和《债权受偿顺位省思——基于破产法的考量》(《中国社会科学》2010 年第 4 期)等。此外，还有叶朱的《试论新破产法(草案)的两个问题及缺陷》(《上海财经大学学报》2005 年第 2 期)、季立刚的《银行破产法律制度比较研究》(学林出版社 2006 年)、杨忠孝的《破产法上的利益平衡问题研究》(北京大学出版社 2008 年)等。

上海学界对破产程序亦有所研究，成果有：韩长印、郑金玉的《破产实体要件的审理程序研究》(《现代法学》2006 年第 1 期)和《民事诉讼程序之于破产案件适用》(《法学研究》2007 年第 2 期)，前文认为破产法有必要为破产实体要件设立较为正式的审理程序；后文认为破产案件应采用职权主义模式进行审理，才能在保证破产程序运行正当性的同时满足迅捷性和公益性的需求。

这一时期，上海学者翻译国外的破产法理论，并进行介绍与比较研究。成果有：季立刚翻译的胡普凯斯的《比较视野中的银行破产法律制度》(法律出版社 2006 年)，殷慧芬的《美国破产法 2005 年修正案述评》(《比较法研究》2007 年第 2 期)，宋锡祥《论欧盟跨国破产法》(《法学评论》2007 年第 4 期)，季立刚、解正山的《美国跨国破产立法的最新发展及对我国的借鉴意义》(《暨南学报》2010 年第 5 期)，胡冰、胡鸿高的《美国破产清算托管人职责制度及其启示》(《法学》2010 年第 7 期)等。

五、海商法

20 世纪 80 年代初期，上海学者开始研究海商法。魏文达的《共同海损制度的由来、条件和特点》(《上海海运学院学报》1981 年第 1 期)，在梳理了共同海损制度发展历史的基础上对该制度进行了深入研究和批判。张既义、於世成的《论海商法的对象和适用范围》(《上海海运学院学报》1981 年第 3 期)，对海商法的对象和适用范围进行了界定。张既义等编著的《海商法概论》(人民交通出版社 1983 年)和魏文达编著的《海商法》(法律出版社 1984 年)是全面介绍海商法的教材。

1992 年，《中华人民共和国海商法》颁布后，上海学界就海商法展开研究。成果有：尹东年的《海运法规教程》(人民交通出版社 1990 年)，司玉琢、朱曾杰的《〈中华人民共和国海商法〉的特点评述》(《中国海商法年刊》1992 年)，姚洪秀的《关于美国海商法司法和立法的统一问题》(《上海海运学院学报》1993 年第 3 期)，王勇亮的《我国海商法与国际公约中承运人责任的比较研究》(《政治与法律》1994 年第 3 期)，於世成的《关于荷兰 1993 年海事国际私法法案的探讨》(《上海海运学院学报》1996 年第 1 期)，尹东年主编的《当代海商法的理论与实践》(人民交通出版社 1997 年)，於世成等编著的《海商法》(法律出版社 1997 年)，司玉琢等编著的《新编海商法学》(大连海事大学出版社 1999 年)等。

2000 年以后，随着海商法的研究领域逐渐扩大，上海航运中心建设成为关注的热点。余先予的《上海国际航运中心的地位与海商法的建设》(《上海财经大学学报》2000 年第 5 期)和郑肇芳的《上海国际航运中心发展与海事法律环境建设》(《2008 年国际航运高级论坛论文集》)，着重探讨上海作为国家航运中心应当如何进行法制建设的问题。

这一时期，海事赔偿也是上海学界研究的重点。成果有：王国华的《"泰坦尼克"案与海事赔偿责任限制的法律适用》(《现代法学》2005 年第 4 期)，徐国平的《船舶油污中长期损失赔偿》(《上海海事大学学报》2007 年第 3 期)和《船舶油污损害赔偿法律制度研究》(北京大学出版社 2006 年)，袁发强、马之遥的《平衡抑或完善——评〈鹿特丹规则〉对海运双方当事人权利与义务的规制》(2009 年《中国海商法年刊》)，蒋正雄的《〈鹿特丹规则〉：海商法发展史上的重要里程碑》(《华东政法大学学报》2010 年第 6 期),袁发强的《海上货物运输实体法律统一化的冷静思考》(《华东政法大学学报》2010 年第 6 期)等。

此外,上海学者对海商法的其他研究成果,还有张明远的《论定期租船合同中的使用与赔偿条款》(《上海财经大学学报》2000 年第 6 期)、谢震辉的《我国海商法中承运人的适航义务》(《法学》2003 年第 6 期)、姚洪秀的《对我国〈海商法〉中有关航次租船合同的某些问题探讨》(《中国海商法年刊》2003 年)、唐兵的《船舶抵押权的登记与实现》(《上海海事大学学报》2006 年第 2 期)、袁发强的《中国涉海事仲裁中法律适用状况评析》(《华东政法大学学报》2009 年第 4 期)等。

第七节　刑 法 学

一、刑法基础论

【刑法解释】

1979 年,《中华人民共和国刑法》颁布实施,因其规定原则过于简略,且在司法实践中存在诸多适用难题,一系列司法解释应运而生,但也凸显出诸多问题,上海学界对这一现状展开研究。如苏惠渔、游伟的《完善刑法司法解释若干原则的探讨》(《中国法学》1992 年第 2 期),针对当时中国刑法司法解释所存在的问题,提出完善中国刑法司法解释应遵循恪守解释权限、解释内容公开、符合立法宗旨、力求具体明辨、内部和谐一致,以及程序合理规范等原则。刘宪权的《正确理解有关偷税、抗税罪司法解释的内容》(《法学》1992 年第 9 期),就如何准确理解与适用 1992 年 5 月 1 日颁行的有关偷税、抗税罪司法解释,进行分析。此外,相关成果还有:肖中华的《刑法目的解释和体系解释的具体运用》(《法学评论》2006 年第 5 期)、卢勤忠的《关于"两高"知识产权犯罪解释的评析》(《知识产权法研究》2006 年第 3 期)、杜宇的《刑法解释的另一种路径:以"合类型性"为中心》(《中国法学》2010 年第 5 期)等。

【刑法基本原则】

20 世纪 80 年代及其后,上海学界对刑法的基本原则展开研究,如:1982 年,朱华荣、苏惠渔的《我国刑法的指导思想与制定原则》(《法学》第 8 期),阐释 1979 年刑法的指导思想和制定原则。1997 年,刑法明文确立了刑法的三大基本原则,上海法学界对刑法基本原则尤其是罪刑法定原则进行探究。同年,游伟的《论"罪刑法定"与修订后的我国刑法典》(《法学》第 5 期),在肯定罪刑法定原则"里程碑"意义的同时,指出其存在的不足及可能引发的问题等。2002 年,《华东政法学院学报》第 6 期针对上述问题,刊发了赵秉志的《罪刑法定原则立法化的价值》、杨兴培的《罪刑法定原则的价值与犯罪构成的运用》等文,探讨罪刑法定基本原则的价值等问题。2006 年,刘宪权的《论罪刑法定原则的内容及其基本精神》(《法学》第 12 期),提出罪刑法定的侧重面表明这一原则所要体现的基本精神应是有利于被告人。

【刑法效力】

1997 年,刑法确立了刑法从旧兼从轻的溯及力原则,但并未明确刑法司法解释的时间效力问题,由此,在刑法理论与实务界领域,产生较大争议。在此之前,游伟、鲁义珍的《刑法司法解释效力探讨》(《法学研究》1994 年第 6 期),率先对司法解释的效力问题进行研究。在此之后,刘宪权的《我国刑事司法解释时间效力的再思考》(《法学》2002 年第 2 期),主张理论上和实践中应完全依据刑法确立的从旧兼从轻的原则考虑刑事司法解释能否具有溯及既往的效力。

【刑事政策】

20 世纪 90 年代后,上海学界对刑事政策问题的研究,包括对刑事政策的整体研究、对“严打”和“宽严相济”等某个具体刑事政策的评析和对刑事政策在某类犯罪中运用方面的分析。对刑事政策的整体研究,成果有：苏惠渔、孙万怀的《我国若干刑事政策的回顾与展望》(《中国刑事法杂志》1999 年第 6 期),严励的《试论我国刑事政策的特点》(《法律科学》1993 年第 1 期)等。此外,孙万怀的《在制度和秩序的边际：刑事政策的一般理论》(北京大学出版社 2008 年)和严励主编的《刑事政策论坛》(中国法制出版社 2010 年)出版。严励的《中国刑事政策的建构理性》(中国政法大学出版社 2010 年),通过刑事政策的发展的历时性考察,对刑事政策结构体系间的向度关系进行探讨。

对某个具体刑事政策的研究,成果有苏惠渔、孙万怀的《“严打”方针的刑法学思考》(《法学》2002 年第 1 期),游伟、谢锡美的《犯罪化原则与我国的“严打”政策》(《法律科学》2003 年第 1 期)、《法治视野下的“严打”刑事政策》(2004 年中国犯罪学研究会第十三届学术研讨会论文集),严励的《“严打”刑事政策的理性审读》(《上海大学学报》2004 年第 4 期),刘宪权、吴允锋的《和谐社会语境下宽严相济刑事政策的司法贯彻》(《上海市社会科学界第五届学术年会文集》2007 年)等。此外,上海学界开始关注刑事政策在某类犯罪中运用的研究,如刘华的《论经济犯罪的刑事政策》(《法学》2003 年第 11 期),率先对刑事政策的具体运用展开研究。

二、犯罪论

【犯罪构成】

20 世纪 80 年代后半期,上海刑法学者开始对犯罪构成进行研究,成果有：朱华荣、林建华的《论对法人犯罪的两罚原则》(《法学研究》1987 年第 6 期),对犯罪构成中的单位犯罪(当时只有“法人犯罪”的概念)主体问题进行研究。朱华荣、张春的《论法人犯罪的立法》(《中国法学》1990 年第 2 期),以肯定法人犯罪为前提,探讨法人犯罪的立法问题。刘宪权的《我国刑法中犯罪的特殊主体问题研究》(《法学》1993 年第 9 期)指出分清刑法理论上哪些犯罪是由特殊主体构成的,应该从犯罪主体在法律上规定的“特定性”以及非此类特定的人实施类似行为是否具有“可能性”这两个方面综合加以考虑。

20 世纪 90 年代末及其后,杨兴培对犯罪构成做了全面深入的研究,成果有《犯罪主体的重新评价》(《法学研究》1997 年第 4 期)、《论我国传统犯罪客体理论的缺陷》(《华东政法学院学报》1999 年第 1 期)、《犯罪构成的反思与重构(上、下)》(《政法论坛》1999 年第 1、2 期)、《论犯罪构成的结构要件及其基本要素》(《华东政法学院学报》2002 年第 2 期)、《犯罪构成的立法依据》(《法学》2002 年第 5 期)、《犯罪构成的实践运用》(《中国法学》2003 年第 5 期)、《犯罪构成原论》(中国检察出版社 2004 年)等。此外,上海学界针对犯罪构成具体构成要件要素的研究,包括：陈正云的《论英美刑法中的无过失责任》(《中南政法学院学报》1993 年第 3 期),张绍谦的《刑法因果关系论》(中国检察出版社 1998 年,2004 年修订再版),肖中华的《犯罪构成及其关系论》(中国人民大学出版社 2000 年)等。此外,上海学界对故意犯罪的停止形态的研究,如刘宪权的《故意犯罪停止形态相关理论辨正》(《中国法学》2010 年第 1 期),提出故意犯罪停止形态应该坚持“静态”的标准的观点。

【共同犯罪】

上海学界关于共同犯罪的论著主要有：张本勇的《纯正身份犯的共犯问题研究》(《政治与法律》2006年第6期)，提出在纯正身份犯和非身份犯的共同犯罪中，有身份者的实行行为决定共同犯罪的性质的观点。杜文俊、陈洪兵的《不作为共犯与犯罪阻止义务》(《刑法论丛》2009年第3期)，提出不作为共犯的实质是犯罪阻止义务的观点。

【罪数形态】

20世纪80年代中期及其后，上海学者对罪数形态展开研究。成果有顾肖荣的《试论牵连犯》(《社会科学》1985年第8期)和《刑法中的一罪与数罪问题》(学林出版社1986年)，后者是中国第一部专门探究罪数问题的著作。2000年以后的成果有：刘宪权、桂亚胜的《论我国新刑法中的结合犯》(《法学》2000年第8期)，刘宪权的《我国刑法理论上的牵连犯问题研究》(《政法论坛》2001年第1期)，薛进展的《转化犯基本问题新论》(《法学》2004年第4期)等。其中，刘宪权的《罪数形态理论正本清源》(《法学研究》2009年第4期)提出罪数形态和数罪并罚是两个既有联系又有区别的刑法理论问题的观点。

三、刑罚论

【刑罚基础理论】

刑罚基础理论主要包含刑罚的概念、刑罚权及其根据，以及刑罚的功能与目的等。20世纪80年代末及其后，上海刑法学者开始研究刑法基础理论。如苏惠渔、张国全、史建三的《对刑罚目的的系统思考》(《法治论丛》1989年第3期)和《电脑与量刑——量刑公正合理应用论》(百家出版社1989年)。此外，朱深远的《试论刑罚目的的合理取向》(《法学》1992年第8期)、游伟的《论刑罚有效性的具体实现》(《政治与法律》1993年第6期)、薛进展的《单位犯罪刑罚的适用与思考》(《法学》2002年第9期)等发表。

【刑罚体系和种类】

死刑是学界争议较大的刑罚，上海学界对该问题展开深入讨论。2009年，《华东政法大学学报》第2期开设专栏，对死刑问题进行探讨，其中张绍谦的《死刑司法适用标准研究》，指出死刑适用的四个基本条件综合构成死刑适用标准“罪行极其严重”的全部内容；孙国祥的《死刑废除与民意关系之审视》，指出废除死刑不仅依赖于司法大幅度减少死刑适用和立法者、政治家的及时抉择，而且也应该获得民众对废除死刑的广泛认同；周少华的《作为“中国问题”的死刑》，认为中国选择保留死刑在目前看来有着无可指摘的理由；孙万怀的《死刑存在的悖论与废止的根本动力》，提出死刑的存在是权力的惯性以及权力本身的特征使然的观点。2010年，尤其是《中华人民共和国刑法修正案(八)草案》发布之后，上海刑法学界对我国死刑问题的探讨更加深入和热烈，相关论著主要有：孙万怀的《死刑案件可以并需要和解吗?》(《中国法学》第1期)和《法学》第9期刊发的《从此踏上废止死刑的征途——〈刑法修正案(八)草案〉死刑问题三人谈》(专家访谈稿)。此外，刘宪权的《废除死刑与提高生刑期限关系比较探析》(《法学》第10期)，反驳了应通过提高生刑来废除死刑的观点。

【刑罚裁量及其制度】

关于数罪并罚，上海学界主要对同种数罪是否应当数罪并罚的问题展开讨论，如郑培兵的《同种数罪应该数罪并罚》(《法学》1982 年第 1 期)，论证同种的数罪应适用数罪并罚的原则。此外，钱韵歆的《如何预防和减少累犯——对 47 名累犯的情况调查》(《法学》1985 年第 2 期)，提出防治和减少累犯的建议。刘宪权的《略论我国刑法中缓刑制度的完善》(《宁夏社会科学》1996 年第 2 期)，辨析了 1979 年刑法典中规定的缓刑制度存在的争议问题。

四、罪刑各论

【破坏社会主义市场经济秩序罪】

上海处于改革开放的前沿，各种新型、复杂的经济犯罪在 20 世纪 80 年代就已经出现，因此，上海刑法学界对经济犯罪的研究，成果丰硕。

破坏金融管理秩序罪　上海学界对经济刑法的研究独具特色，在全国经济刑法研究领域占有一定的地位。20 世纪 90 年代，主要研究成果有：苏惠渔、张国全、刘宪权等合著的《经济犯罪论》(浙江人民出版社 1990 年)，顾肖荣的《证券违法犯罪》(上海人民出版社 1994 年)和刘宪权《金融风险防范与犯罪惩治》(立信会计出版社 1998 年)等。2000 年以后，上海学者对证券、期货犯罪展开研究，成果有：刘宪权的《证券期货犯罪比较研究》(荷兰伊拉斯谟大学出版社 2003 年)、《证券、期货犯罪的刑事立法及其完善》(《法学》2004 年第 5 期)、《操纵证券、期货交易价格罪行为方式之解读》(《法商研究》2005 年第 1 期)、《证券期货犯罪理论与实务》(商务印书馆 2005 年)和《金融犯罪刑法理论与实践》(北京大学出版社 2008 年)等。此外，上海学界对经济犯罪的研究，成果还有：刘华的《票据犯罪研究》(中国检察出版社 2001 年)，顾肖荣、张国炎的《证券期货犯罪比较研究》(法律出版社 2003 年)，卢勤忠的《中国金融刑法国际法研究》(中国人民公安大学出版社 2005 年)，何萍的《中国洗钱犯罪的立法与司法——兼与欧盟反洗钱制度比较研究》(上海人民出版社 2005 年)和 *Money Laundering: A Comparative Perspective*(北京大学出版社 2006 年)，毛玲玲的《证券市场刑事责任的法律经济分析》(《华东政法学院学报》2005 年第 4 期)和《证券市场刑事责任研究》(法律出版社 2009 年)等。

金融诈骗罪　2000 年后，上海学界对金融诈骗罪展开重点研究，包括对金融诈骗罪的整体研究和对其中各罪的专门研究。如刘宪权、吴允锋的《论金融诈骗罪的非法占有目的》(《法学》2001 年第 7 期)，认为非法占有目的是所有金融诈骗罪的必要要件，根据客观行为推定行为人具有非法占有目的易导致客观归罪。刘宪权的《信用卡诈骗罪的司法认定》(《政法论坛》2003 年第 3 期)和《信用卡诈骗罪若干疑难问题研究》(《政治与法律》2008 年第 10 期)，对当时信用卡诈骗罪的诸多司法疑难问题进行了解析。卢勤忠的《刑法应设立单位贷款诈骗罪》(《政治与法律》2009 年第 1 期)提出我国立法机关应该通过刑法修正案方式设立单位贷款诈骗罪的观点。毛玲玲的《集资行为的刑事管制——金融危机背景下的考察》(《政治与法律》2009 年第 9 期)指出，对集资进行刑事管制的主旨在于促进直接借贷融资行为的信息披露，完善集资行为的风险测度，培育市场信用机制，防范金融风险。

侵犯知识产权罪　2000 年前后，上海学者开始关注侵犯知识产权犯罪。成果有：刘宪权的《论知识产权的刑法保护》(《华东政法学院学报》2004 年第 1 期)和《侵犯知识产权犯罪数额认定分析》(《法学》2005 年第 5 期)，前文分析了侵犯知识产权犯罪的概念和特征；后文提出数额在认定和处罚侵犯知识产权犯罪中具有重要作用的观点。吴允锋的《假冒注册商标罪若干问题研究》(《知识产权法研究》2006年第1期),指出假冒注册商标罪所侵害的对象是注册商标,且只能是商品商标,其犯罪对象的扩大以及驰名商标的特殊刑法保护均有待于今后刑事立法的修改和完善。黄祥青的《侵犯知识产权犯罪司法认定的几个问题》(《法学》2006年第7期),认为侵犯知识产权犯罪与生产、销售假冒产品犯罪的竞合及罪数问题,应以罪质为依据,区分典型构成与近似构成分别定罪。刘宪权、吴允锋合著的《侵犯知识产权犯罪理论与实务》(北京大学出版社2007年),提出运用刑法手段保护知识产权的可行性和必要性,但刑法介入应遵循一定的适度性原则的观点。

【侵犯公民人身权利、民主权利罪】

2000年以后,上海学界主要深入研究了强奸罪和绑架罪。2000年,《法学》在第3期专门组稿探讨婚内是否存在强奸罪的问题,其中张贤钰的《婚内有无强奸——评"婚内无奸"》和沈亮的《丈夫可以对妻子构成强奸罪》主张婚内强奸构成犯罪;而刘宪权的《婚内定"强奸"不妥》一文则认为婚内强奸不构成犯罪。2001年,刘宪权的《关于绑架、拘禁索债型犯罪定性若干问题研究》(《法学》第9期),对通过绑架债务人并进行非法扣押、拘禁的方式进行索债行为的定性及举证责任进行解析。

【侵犯财产罪】

20世纪80年代后期及其后,上海学界对侵犯财产罪进行研究,如杨兴培的《抢劫与盗窃等行为互相交杂转化的行为性质探讨》(《法治论丛》1989年第6期),对司法实践中经常发生一些抢劫行为与盗窃、诈骗、抢夺等行为互相交杂、互相转化的案件的定性问题进行了解析。刘华、陈乃蔚的《关于完善财产犯罪立法的构想与论证》(《社会科学》1997年第1期),提出为了强化我国刑法对财产利用关系的保护,建议修正与增设侵害财产使用权、收益权和债权的犯罪的观点。薛进展的《论财产犯罪未遂的定罪处罚》(《法学》2003年第9期),提出根据刑法总则的未遂规定和分则的数额规定,对以数额较大财物为对象的未遂不以犯罪论,对以数额巨大的财物为对象的未遂应当以犯罪论的观点。此外,力心的《刑法应增设侵占罪和挪用罪——兼谈贪污罪和挪用公款罪的取消》(《法学》1994年第8期)和顾肖荣的《职务侵占罪若干问题研究》(《政治与法律》2001年第3期)发表。

这一时期,上海学界对抢劫罪的司法适用过程中容易产生争议的相关问题展开讨论,如萧开权的《也论抢劫中故意杀人的定罪问题》(《法学研究》1988年第3期),对赵秉志的《抢劫中故意杀人的定罪问题》(《法学研究》1987年第4期)中的观点进行商榷,指出抢劫致人死亡不能包括抢劫杀人。刘长秋的《论持假枪抢劫也属于法定的"持枪抢劫"——与陈洪兵、王朋同志商榷》(《法律适用》2005年第11期),对陈洪兵、王朋的《涉枪犯罪疑难问题研究》(《北京人民警察学院学报》2004年第2期)中的观点进行商榷,指出假枪抢劫也应当属于法定的"持枪抢劫",这种情节应当与持真枪抢劫一样,被视为抢劫罪的法定加重情节。

【贪污贿赂罪】

20世纪80年代末,上海学者开始关注贪污贿赂罪的研究。1989年10月27日,市法学会召开全国刑法专家、本市政法干部和法律工作者参加的专题座谈会,会上有单位介绍当时打击贪污受贿等经济犯罪的情况,提出在适用法律方面所遇到的诸如干部私分公款的行为如何定性,"非法所得罪"的认定等问题。2000年,《法学》第9期专栏以"贪污受贿赃款去向及证明责任 对赃款实行'扣除法'的主要弊端"为题,讨论了贪污受贿赃款去向及证明责任问题。其中肖中华的《赃款的去向不影响定性》、顾正明的《贪污受贿赃款的去向不影响罪名的成立》、李建国的《贪污受贿赃款去向定性及证明责任之探讨》和董明亮的《贪污受贿赃款去向在刑法上的意义》等文，均认为在贪污罪、受贿罪成立的前提下，赃款的去向对于犯罪的成立是不产生影响。此外，苏惠渔、游伟的《完善罪名体系 重构犯罪要件——对我国贿赂犯罪立法的若干思考》(《政治与法律》1996年第3期)和刘宪权的《“性贿赂”行为犯罪化不足取》(《法治论丛》2003年第2期)等发表。

同时，上海学者对商业贿赂展开重点研究。2006年，《法学》第7期专题讨论这一问题。如龚培华的《商业贿赂与商业贿赂犯罪的区别》，结合立法规定，对商业贿赂与商业贿赂犯罪的概念进行了界定；张绍谦的《商业贿赂罪与非罪的界限》，指出应从正确把握商业贿赂违法与非违法行为的界限、正确厘定商业贿赂违法与贿赂犯罪的界限等角度来把握商业贿赂罪与非罪的界限。此外，卢勤忠的《商业贿赂犯罪研究》(上海人民出版社2009年)对我国当时社会中商业贿赂犯罪的存在现状、产生原因、定罪和量刑方面存在的问题以及防治对策进行了论述。

五、青少年犯罪

上海是全国青少年犯罪研究的发源地。20世纪80年代初，上海学者就开始研究青少年犯罪问题，包括青少年犯罪研究的重要性以及理论基础问题，并逐渐在理论上形成青少年犯罪研究的方向，在实践中也开始逐步设立相关的青少年保护机构或部门。1980年，徐建的《一个事关未来的社会问题》(《上海社会科学》)，是第一篇研究中国青少年犯罪的文章。1981年，华东政法学院青少年犯罪研究所与法律保护中心成立，徐建为主任。1982年，华东政法学院创办《青少年犯罪问题》，系国内第一份专门研究青少年犯罪与少年法的刊物。1984年，徐建与上海长宁区人民法院合作试点中国第一个少年法庭，并经最高人民法院肯定，向全国基层法院推广。1985年，徐建组织编写的《青少年犯罪学》(上海社会科学院出版社)出版，是国内第一部专门研究青少年犯罪的专著。同年，徐建参与草拟的《上海市青少年保护条例》，是中国第一部地方性青少年保护法规，为未成年人保护法提供具体经验和版本。1987年，曹漫之主编的《中国青少年犯罪学》(群众出版社)出版。20世纪90年代，上海学界还重点研究青少年法律保护的走向问题。如《当代青年研究》刊发的肖建国的《青少年保护工作要上新台阶》(1995年第2期)、徐建、肖建国合著的《21世纪中国青少年法律保护的走向》(1996年第6期)。

2000年以后，上海学界重点研究了青少年犯罪的预防、少年司法以及评介国外先进少年司法制度和论证在国内适用的可行性和必要性等。在青少年犯罪的预防方面，成果有：徐建的《论青少年犯罪预防中的自我保护与防范》(《青少年犯罪问题》2000年第5期)，苗伟明的《系统分析方法在青少年犯罪预防决策中的运用》(2002年第6期)，肖建国的《上海未成年人犯罪形势和对策的理性思考》(2004年第3期)，姚建龙的《少年刑法与刑法变革》(中国人民公安大学出版社2005年)和《预防青少年违法犯罪工作核心指标体系研究——以上海市为例》(《中国青年研究》2010年第5期)等。

在少年司法方面，成果有：徐建的《论我国建立少年法院的条件和必要性》(《青少年犯罪问题》2001年第4期)和《扩大取保候审适用率是我国少年司法新一轮改革的关键》(《青少年犯罪问题》2004年第1期)，肖建国的《试论少年法院建设过程中的疑难问题》(2001年第4期)。评介国外先进少年司法制度和论证在国内适用的可行性和必要性方面，主要有：姚建龙的《英国适当成年人介入制度及其在中国的引入》(《中国刑事法杂志》2004年第4期)、《超越刑事司法：美国少年司法史纲》(法律出版社2009年)等。

第八节　诉 讼 法 学

一、民事诉讼法学

20世纪70年代末,上海学者积极参与民事诉讼法的立法活动。1979年9月,沈宗汉、陈源汉、李涛国等学者参加了全国人大常委会法制委员会主持成立的全国性的民事诉讼法起草小组。同时,由沈宗汉、于占济、黄双全、陈剑以等8人组成的专家组,就民事诉讼法(草案)进行专门讨论,并向全国人大常委会提交立法建议。黄双全还参与民事诉讼法(草案)第一至第六稿修订的讨论,提出书面修改意见。

20世纪80年代初,有学者开始对民事诉讼制度进行调查研究。1980年12月至1981年2月底,段春生与黄双全、吴章法组成调查小组,重点针对上海市区、县人民调解委员会的具体情况展开调查。1982年,中华人民共和国第一部民事诉讼法(即《中华人民共和国民事诉讼法(试行)》)通过并颁布后,上海学界开始注释与宣讲民事诉讼法。同年3月,《法学》编辑部就民事诉讼法(试行)组织专家讨论会,专家发言刊登在《法学》1982年第4期,包括徐盼秋的《民事诉讼法对建设"两个高度文明"的作用》、杨时的《学好民事诉讼法,正确处理民事纠纷》、韩学章的《律师要积极开展民事代理工作》、黄道的《实体法离不开程序法》、陈天池的《民事调解书是我国法制的一个特色》、蒋福元的《民事诉讼法体现诉讼、审理"两方便"》、冯尔泰的《坚持群众路线与法制原则的统一》、潘念之的《民事诉讼法对促进民事经济发展的作用》和曹漫之的《排除干扰,严格实施民事诉讼法》等。

20世纪80年代末,上海学界重点关注特别程序的研究。1989年和1990年,杨浦区人民法院成为民事诉讼法修订工作的试点法院,杨浦法院提出了诉前介入,对债权债务关系加以明确,债务人若不如期偿还债务,债权人有权向法院申请,由法院向债务人发出"支付令"令债务人还债的建议。这一建议得到了立法机关的采纳,并写入1991年颁布的《中华人民共和国民事诉讼法》。随后,上海学界针对该法展开全面研究,成果有:黄双全编著的《中国民事诉讼法学》(复旦大学出版社1992年)和主编的《诉讼法大辞典》(复旦大学出版社1993年),吴建利的《民事诉讼法对法律文书的新规定》(《法学》1992年第9期)和段春生主编的《侵权民事责任与民事诉讼》(上海科学技术文献出版社1993年)等。

2000年以后,上海学者更加注重民事诉讼法学总论的研究。成果有:章武生等著的《司法现代化与民事诉讼制度的建构》(法律出版社2000年),章武生的《督促程序的改革与完善》(《法学研究》2002年第2期),王福华的《民事送达制度正当化原理》(《法商研究》2003年第4期)、《直接言词原则与民事案件审理样式》(《中国法学》2004年第1期)和《代表人诉讼中的利益诉求》(《法学》2006年第6期),王福华等合著的《民事诉讼管辖基本问题研究》(《上海交通大学学报》2005年第5期),段厚省的《民事诉讼标的论》(中国人民公安大学出版社2004年)、《证明评价影响因素分析》(法律出版社2008年)等。

这一时期,上海学者从各个角度对民事诉讼法进行深入研究。关于通常诉讼程序的研究,有王福华、融天明的《民事诉讼发回重审制度之检讨》(《法学研究》2007年第1期)和陈刚的《我国民事上诉法院审级职能再认识》(《中国法学》2009年第1期)。关于简易程序的研究,章武生出版《民事简易程序研究》(中国人民大学出版社2002年),发表《民事简易程序改革的若干认识误区之剖析——兼论我国多元化民事简易程序体系的建构》(《中国法学》2004年第6期)。关于执行程序的研究,有章武生的《民事执行：树立和维护司法权威的一个重大理论和实践问题》(《政治与法律》2004 年第 4 期)。关于调解制度的研究，有章武生、吴泽勇的《论我国法院调解制度的改革》(《诉讼法论丛》2000 年第 2 期)，洪冬英的《论调解的功能》(《华东政法大学学报》2007 年第 6 期)和《法院调解制度基本理念的变迁及启示》(《政治与法律》2009 年第 2 期)，王福华的《现代调解制度若干问题研究》(《当代法学》2009 年第 6 期)和《中国调解体制转型的若干维度》(《法学论坛》2010 年第 6 期)等。关于国内民事诉讼法学的发展变迁的研究，2004—2009 年，陈刚担任总主编的"中国民事诉讼法制百年进程丛书"由中国法制出版社陆续出版。关于民事诉讼法学理论与实务结合的研究，邹碧华发表《"要件审判九步法"解析》(《中国审判》2010 年第 2 期)，出版《要件审判九步法》(法律出版社 2010 年)。

二、刑事诉讼法学

1979 年 7 月，《中华人民共和国刑事诉讼法》通过，1996 年 3 月第一次修正，上海学界对刑事诉讼基本原则、制度的探讨更加深入，重点讨论侦查制度、检察制度、审判制度、证据法等。20 世纪 90 年代中期后，上海开始司法鉴定事业的教学及学术研究。2001 年 6 月，上海诉讼法学会成立。

【基本原则及制度】

刑事诉讼基本原则　20 世纪 80 年代末至 90 年代，上海学界对无罪推定原则展开探讨。许务民的《再论无罪推定的可取性》(《法学》1988 年第 8 期)，指出无罪推定的必要性。马贵翔、郑家奎的《从刑事诉讼结构看无罪推定》(《法学》1995 年第 7 期)，指出无罪推定的合理性。卢勤忠的《试探无罪推定在中国的确立和贯彻问题》(《法学》1998 年第 10 期)，提出确定和贯彻无罪推定原则的对应之策。

20 世纪 90 年代后，上海学界讨论了迅速原则、经济原则、相应性原则。左卫民、周光权的《论刑事诉讼的迅速原则》(《政治与法律》1992 年第 3 期)，从侦查活动、强制措施、死刑复核权等方面对刑事诉讼迅速原则进行阐述。周立平的《略论刑事诉讼经济原则》(《法学》1993 年第 3 期)，指出刑事诉讼应当以尽量少的人力、财力和物力耗费来实现刑事诉讼的客观公正的价值目标。谢佑平、万毅的《刑事诉讼相应性原则的法理探析》(《政治与法律》2001 年第 5 期)，对相应性原则进行阐述。

20 世纪 90 年代末，沉默权制度研究成为学界的讨论热点。游伟、孙万怀的《论刑事诉讼中反对被迫自证有罪的权利》(《法律科学》1998 年第 3 期)，指出新刑诉法存在的与反对被迫自证有罪权利相冲突因素的主要表现。何燕萍的《中国目前应该确立沉默权制度——〈中国尚不具备确立沉默权的社会条件〉质疑》(《法学》2001 年第 7 期)，提出沉默权的价值取向持双重标准。

刑事诉讼基本制度　20 世纪 80 年代中期及其后，刑事诉讼基本制度研究得到推进，主要集中在控辩平等、公检法三机关制约制度、沉默权等方面。成果有：黄道等编著的《刑事诉讼知识》(法律出版社 1985 年)，胡锡庆、叶青的《强化公、检、法三机关互相制约的法律对策》(《法学》1997 年第 4 期)，曾友祥的《刑事诉讼价值平衡论》(《政治与法律》2005 年第 6 期)，谢佑平的《刑事诉讼视野中的司法审查原则》(《中外法学》2003 年第 1 期)发表。此外，上海学者对公检法三机关相互制约制度的研究，如郝银钟的《完善公诉程序结构制约机制刍议》(《法学》1994 年第 7 期)，指出刑事诉讼必须建立系统的公诉权制约机制，防止公诉权在诉讼实务中被错用、滥用，保障检察机关公正、合法地履行法律职能。

【侦查制度】

20 世纪 80 年代初，上海学者就对侦查制度开始研究，主要集中体现在对强制侦查措施，如监视居住、侦查羁押期限、羁押措施的公开听证等方面。郝赤勇的《正确运用“监视居住”这一强制措施》(《法学》1982 年第 11 期)，探讨了监视居住的对象、情形、程序、撤销和变更。郑列、马海舰的《侦查羁押期限重计制度的现实评价及重构》(《法学》2002 年第 12 期)，对侦查羁押期限重计制度进行解读。徐美君出版《侦查讯问程序的正当性研究》(中国人民公安大学出版社 2003 年)，发表《我国刑事诉讼运行状况实证分析》(《法学研究》2010 年第 2 期)提出未来的刑事诉讼改革应当以解决侦查终结时侦查权的有效监督问题为重点的观点。谢佑平、张海祥的《论刑事诉讼中的强制措施》(《北京大学学报》2010 年第 2 期)，阐述了刑事强制措施的性质、功能和适用原则。

此外，上海学界对侦查制度中的侦查程序处分权、侦查权性质、秘密侦查、检察机关侦查权等进行研究。成果有：陈卫东、郝银钟的《突然与应然：关于侦检权是否属于司法权的随想——兼答王天国先生》(《法学》1999 年第 6 期)，柯葛壮、杜文俊的《论认罪案件处理程序之简易化》(《政治与法律》2003 年第 2 期)，叶林华的《检察机关侦查权的构建和控制》(《政治与法律》2005 年第 2 期)和万毅的《论侦查程序处分权与侦查监督体制转型》(《法学》2008 年第 4 期)等。

【检察制度】

20 世纪 80 年代起，上海法学界开始研究检察制度，内容包括起诉制度、检查监督活动、检查监督的性质与发展方向等方面。对起诉制度的研究，龙宗智的《免予起诉制度应当进一步完善》(《法学》1987 年第 5 期)，从辩护人、被告人权利等角度提出了完善对策。1997 年，《中华人民共和国刑事诉讼法》实施，上海学界对起诉制度的研究进一步深入，如叶青、周登谅的《未成年人案件不起诉交易制度的构想》(《法学》2003 年第 7 期)，提出可以在一定前提下，在提起公诉阶段以一种交易的形式来处理未成年人案件。在检察监督活动的研究方面，刘根菊的《刑事立案监督的完善》(《法学》1992 年第 8 期)对应立案而未立案监督的完善等提出意见。在检察监督的性质、发展方向等方面，成果有：谢佑平、江涌的《论公诉权的监督性》(《人民检察》2007 年第 21 期)，谢佑平的《检察监督与政治生态的关系及其发展方向》(《东方法学》2008 年第 2 期)，张兆松的《关于完善审查批捕制度的立法意见》(《法学》1991 年第 3 期)，叶青、王强的《我国刑事诉讼中退查制度的完善》(《法学》1993 年第 4 期)和万毅的《逮捕并非“打击刑事犯罪”的手段——检察机关不宜向人大汇报批捕人数》(《法学》2009 年第 2 期)等。

【刑事审判制度】

20 世纪 80 年代起，上海学界开始关注刑事审判制度的研究，内容包括审判程序、管辖、审判方式改革、案例指导制度。这一时期，上海学界主要围绕审判程序的具体实践操作问题进行研究。如梁书文的《“超出起诉范围的审判”是不合法的》(《法学》1983 年第 2 期)，认为法院审判必须在起诉范围内进行审判。王俊民的《刑事自诉案件中反诉的适用》(《法学》1989 年第 3 期)，对二审阶段反诉、二审法院如何审理反诉、被告人提起反诉等问题进行解读。

20 世纪 90 年代，上海学者对审判制度的研究仍集中讨论并完善审判程序。成果有：杨兴培、王寨华的《论刑事诉讼中公诉机关的量刑请求》(《法学》1990 年第 1 期)，钱丽萍、王俊民的《自诉案件中的调解》(《法学》1991 年第 7 期)和沈福俊的《刑事判决书的改革与刑事审判科学化》(《法学》1991 年第 10 期)等。

2000年以后，上海学界更多关注新形势下审判方式适应司法实践改革的研究。王立民、叶青的《加入WTO与中国审判方式再改革研究》(《政法论坛》2003年第3期)，指出应对中国审判方式进行再改革，使其与WTO的诸多规则相一致。在简化审判程序方面，柯葛壮、杜文俊的《论认罪案件处理程序之简易化》(《政治与法律》2003年第2期)，提出将简易化从审判程序前移到审前程序。卢勤忠的《单位立功的若干疑难问题研究》(《法学评论》2007年第2期)，指出刑法应增设单位立功的规定。对案例指导、自诉、辩诉交易等制度的研究，成果有：谢佑平、万毅的《中国引入辩诉交易制度的三重障碍》(《政治与法律》2003年第4期)和毛国芳的《论创设自诉前置调解程序》(《政治与法律》2004年第1期)。此外，上海学界亦探索了新的诉讼程序制度，成果有：马贵翔、胡铭的《处刑命令程序的价值与实现评析》(《政治与法律》2006年第4期)和徐美君的《刑事诉讼普通程序简化审实证研究》(《现代法学》2007年第2期)等。

【证据制度】

20世纪80年代初，上海学界开始重视证据制度的研究。在具体证据形式的研究方面，成果有：朱明的《被告人口供的证据价值》(《法学》1982年第7期)，熊继前、郑大群的《单位能否充当证人提供证言》(《政治与法律》1985年第5期)和黎培镠、张辉的《共同被告人供述的证据作用》(《政治与法律》1985年第6期)。此外，针对当时出现的新证据形式也有探索，如肖胜喜的《刑事诉讼中的新证据——视听资料》(《政治与法律》1985年第3期)。

20世纪90年代，上海学界对证据基础理论展开研究，成果有：黄道、柯葛壮的《谈刑事诉讼中的直接证据和间接证据》(《法学》1990年第4期)，何家弘的《刑事诉讼中举证责任分配之我见》(《政治与法律》2002年第1期)，黄罕爽的《论新闻侵权中媒体的举证责任》(《政治与法律》2005年第1期)，汪建成、何诗扬的《刑事推定若干基本理论之研讨》(《法学》2008年第6期)，樊崇义、史立梅的《推定与刑事证明关系之分析》(《法学》2008年第7期)和项谷、张震的《刑事证据资格的合法性研究——兼论我国刑事证据规则的完善》(《政治与法律》2010年第3期)等。

2000年以后，上海学者对证据规则进行研究，主要有：徐美君的《口供补强法则的基础与构成》(《中国法学》2003年第6期)，陈浩然的《证据与证据规则：司法公正的基础》(《中国法学》2003年第1期)，谢佑平、江涌的《关于建构我国传闻证据规则的理论思考》(《国家检察官学院学报》2007年第2期)，马贵翔的《刑事证据相关性规则探析》(《东方法学》2009年第1期)等。

这一时期，上海学界对新的证据形式的研究，成果有：孔卫新、刘江春的《论测谎结果作为刑事证据应该缓行》(《政治与法律》2003年第2期)，徐燕平等的《电子证据在刑事诉讼中的法律地位》(《法学》2007年第12期)和万毅的《私人违法取证的相关法律问题——以记者"暗访"事件为例》(《法学》2010年第11期)等。

【辩护制度】

20世纪80年代前期，上海辩护制度研究开始起步。这一时期，上海学界对辩护权、代理权等问题展开讨论，主要成果有：虞克琏的《在公诉案件中律师作被害人代理人问题的探讨》(《法学》1982年第10期)，李淳的《也谈律师辩护的成功标准》(《法学》1984年第9期)，王君臣、张自生的《建议扩大律师辩护权》(《政治与法律》1985年第5期)和叶松亭、薛进展的《应当准许律师当庭提供证据材料》(《法学》1992年第5期)等。1997年，《中华人民共和国刑事诉讼法》实施后，上海学界对辩护制度的探讨更加深入。如王俊民的《律师庭审言论豁免权问题探究》(《政治与法律》2001年第2期)，谢佑平、江涌的《论审前程序的律师辩护》(《政治与法律》2005 年第 2 期)和张栋的《论美国死刑程序中的有效律师帮助问题》(《政治与法律》2008 年第 4 期)等。

【执行制度】

20 世纪 80 年代中期以后,上海对执行制度有所研究。如宋英辉的《抗拒判决、裁定案不宜由法院直接受理》(《法学》1987 年第 12 期),指出对于抗拒法院判决、裁定的案件不应当由法院直接受理并阐明理由。张正新的《判决死缓后的变更执行问题探讨》(《法学》1999 年第 10 期),对死缓减为无期徒刑或有期徒刑,死缓减刑的刑期计算,对死缓判决决定执行死刑等方面进行阐述。马贵翔、胡铭的《处刑命令程序的价值与实现评析》(《政治与法律》2006 年第 4 期),认为我国有必要确立处刑令程序。

【国际刑事司法准则】

20 世纪 90 年代后,国际刑事司法准则研究有所发展。柯葛壮的《我国刑诉法中国际刑事司法准则之体现》(《政治与法律》1997 年第 1 期),提出在刑事诉讼的强制措施中应取消收容审查。谢佑平编著的《刑事诉讼国际准则研究》(法律出版社 2002 年),提出刑事诉讼国际准则是刑事诉讼内在规律的反映。此外,孙维萍等合著的《论传闻证据规则在我国移植的环境与制度障碍——兼评直接言辞原则的立法贯彻》(《政治与法律》2008 年第 7 期)发表。

【比较刑事诉讼法】

20 世纪 90 年代开始,上海开始注重比较刑事诉讼法学的研究。如李浩《美国刑诉中的辩诉交易》(《政治与法律》1991 年第 2 期),黎培镠、叶青的《中国与大陆法系国家的上诉制度之比较》(《政治与法律》1991 年第 4 期),李建勇的《中美无罪推定论之比较研究》(《政治与法律》2000 年第 5 期)。2000 年以后,上海学界对域外具体制度或问题的比较研究较多,如谢佑平、邓立军的《意大利刑事侦查制度的改革与启示》(《政治与法律》2004 年第 4 期)和徐美君的《德国辩诉交易的实践与启示》(《法学家》2009 年第 2 期)等。

三、司法鉴定法律制度

司法鉴定早前列入侦查学的附属学科,后来发展成法学的分支学科,2005 年全国人大常委会《关于司法鉴定管理问题的决定》的颁布标志着司法鉴定作为一门独立的法学学科正式形成。

【司法鉴定立法】

2000 年,司法部司法鉴定科学技术研究所作为主要起草单位起草了《司法鉴定机构登记管理办法》和《司法鉴定人管理办法》。自此开始,上海法学界开始关注司法鉴定技术运用规则方面的内容。2002 年 4 月,上海市法学会向市司法局报送了《关于编撰出版〈司法鉴定实用手册〉的建议》。同年 7 月,市法学会与市司法局司法鉴定管理处召开《司法鉴定实用手册》编撰座谈会。2007 年,司法部开始起草《司法鉴定程序通则》,主要由司法部司法鉴定科学技术研究所负责。

【司法鉴定研究】

2000 年 6 月,司法部司法鉴定科学技术研究所司法鉴定制度与法规研究室成立。2001 年,《中国司法鉴定》在上海创刊。此后，上海学界对司法鉴定展开研究，主要涉及司法鉴定机构管理、司法鉴定人管理、司法鉴定程序。在司法鉴定机构管理方面，杜志淳、沈敏的《试论我国司法鉴定机构制度》(《中国司法鉴定》2001 年第 3 期)，提出对中国司法鉴定管理体制应采取“一元为主，多元结合，专门相辅”的模式。在司法鉴定人管理方面，杜志淳的《建立统一的司法鉴定人职业准入制度》(《中国司法鉴定》2003 年第 4 期)，对建立司法鉴定人职业准入的原则进行分析。在司法鉴定程序方面，沈敏的《构建我国司法鉴定程序制度初探》(《中国司法鉴定》2002 年第 2 期)提出构建中国司法鉴定程序制度的基本原则。此外，杜志淳主编的《司法鉴定机构质量体系文件》(法律出版社 2006 年)出版。2010 年 6 月，上海司法鉴定协会成立。

第九节　经 济 法 学

一、经济法基础理论

20 世纪 70 年代末 80 年代初，上海学者开始对经济法基础理论展开研究。1979 年 6 月 26 日，彭真在第五届全国人民代表大会第二次会议上作了《关于七个法律草案的说明》，正式使用了“经济法”这一概念。1980 年，《法学词典》(上海辞书出版社)出版，明确将“经济法”定义为调整经济关系的法规的总称。在这一背景下，经济法与民法、行政法学者在全国范围内展开了激烈的争论。有学者提出了“大经济法”的观点，与“大民法”的观点产生对立，但受到很多学者的批评和摒弃。上海的学者对经济法与民法关系、经济法的调整对象及范围等问题均有阐述。

上海学界有部分学者主张把民法归并于经济法之中，成为经济法的核心部分或基本法，即“归并论”。如关怀著的《经济立法与经济司法》(上海人民出版社 1981 年)，《社会科学》1981 年第 1 期刊发了储有德的《经济立法纵横谈》和王河的《经济立法体系与经济立法》，吕润程的《论经济法与民法的联系与区别》(《社会科学》1982 年第 10 期)，和周之源、赵新华的《论经济法、民法和商品经济的关系》(《政治与法律》1986 年第 3 期)等。同时，亦有学者主张“取消论”。如邹瑞安的《试论我国民法调整对象——兼谈民事立法的改革》(《政治与法律丛刊》1982 年第 2 辑)和张志斌的《民法、经济法不能互相代替——“有计划的商品经济”需要由民法、经济法共同调整》(《法学》1986 年第 3 期)等。

20 世纪 80 年代中期，特别是中共十二届三中全会通过《中共中央关于经济体制改革的决定》后，中国经济法研究进一步得到发展，重点是深入探讨中国经济法的调整对象及其范围，经济法的基本范畴、总论与分论的关系，以及如何建立具有中国特色的经济法规体系和经济法学体系。1983 年 7 月，华东地区财经院校经济法教材编写会议在上海召开，讨论有关经济法独立法律地位及调整对象的问题。潘念之提出经济法所规定的是中国各种企业经营管理中的法律问题，虽然其中也有有关商品交换的问题，但不是调整交换中的所有权转移问题，而是研究如何组织生产交换才有利于社会和生产者的需求。讲话内容收录于潘念之编著的《中国经济法理论探索》(上海社会科学院出版社 1987 年)。1986 年，《中华人民共和国民法通则》颁布，经济法学的发展开始进入调整修正阶段，逐步将不属于经济法体系的内容剔除出去，“大经济法”的观点逐步被修正，经济法体系日益科学化。这一时期形成了经济法五大学说，包括“管理—协作论”“密切联系论”“经济行政法论”“经济管理关系论”以及“企业经营管理法论”。其中，潘念之是“企业经营管理法论”主要提倡者，他在《中国经济法理论探索》(上海社会科学院出版社 1987 年)中提出经济法是调整企业的经营管理关系，提供经济工作准则法,因而也可称为经济管理法或经营经济法的观点。此外还有张柏萍的《从〈决定〉看经济法的调整对象》(《政治与法律》1986 年第 1 期)、顾明的《有计划商品经济与社会主义经济立法》(《上海社会科学院学术季刊》1986 年第 2 期)和张志斌的《民法、经济法不能相互代替》(《法学》1986 年第 8 期)发表。

20 世纪 80 年代中期以后,中国经济法的理论体系逐步建立。上海学界除了对经济法的基本理论开始研究外,还对经济法律、法规的理论与实践问题,微观经济法律问题等展开广泛研究,经济法教材也相继出版。如彭年等编写的《经济法基础理论》(法律出版社 1986 年)、蔡福元等编写的《经济法概论》(浙江人民出版社 1987 年)、张宏森主编的《中国经济法原理》(上海社会科学院出版社 1989 年)、成涛主编的《经济法通论》(同济大学出版社 1991 年)、华东政法学院经济法系集体编著的《中国经济法学》(中国政法大学出版社 1992 年)等。1988 年 7 月 26 日,中国法学会民法、经济法研究会在上海召开开年会,全国民法、经济法专家学者 120 余人参加会议。

20 世纪 90 年代,上海学者对地方经济立法的相关问题进行研究,主要成果有:徐澜波的《加快上海经济立法的思路探讨》(《政治与法律》1994 年第 2 期)、沈国明的《上海地方经济法规规章体系基本框架》(《政治与法律》1995 年第 1 期)等。此外,上海学界继续研究经济法的基本理论,主要有李飞的《我国建立社会主义市场经济法律体系的情况》(《政治与法律》1997 年第 5 期)、吴弘主编的《新编经济法学》(上海立信会计出版社 1997 年)、李海波等主编的《新编经济法》(上海立信会计出版社 1998 年)、程信和的《发展、公平、安全三位一体——经济法学的基本范畴问题探析》(《华东政法学院学报》1999 年第 1 期)等。

2000 年以后,经济法学科独立,上海学界对经济法与民法、行政法的关系问题进一步展开讨论,成果有:顾功耘、刘哲昕的《论经济法的调整对象》(《法学》2001 年第 2 期),李昌麒等合著的《论民法、行政法、经济法的互动机制》(《法学》2001 年第 5 期),漆多俊的《WTO 与新的经济调解机制——国际调节》(《华东政法学院学报》2004 年第 2 期),刘水林的《经济法观念史——为什么是摩莱》(《华东政法大学学报》2008 年第 5 期)和陈婉玲的《经济法责任的归责原则》(《政法论坛》2010 年第 6 期)等。

二、竞争法学

中国反垄断法研究的历史较短。1978 年以后,反垄断法的研究主要是介绍和传播国外反垄断法律制度以及相关理论。20 世纪 80 年代起,中国开始酝酿竞争立法。

20 世纪 90 年代,学术界结合实践,提出中国竞争立法(反不正当竞争立法、反垄断法)采取先进行反不正当竞争立法的思路;1993 年,反不正当竞争法除规制不正当竞争行为外,还具有许多反垄断法性质的规定。1995 年 12 月 1 日,上海市人大常委会颁布《上海市反不正当竞争条例》,总结了上海实施反不正当竞争法两年的实践经验,针对出现的新情况、新问题制定的新规范。针对这一新规,倪振峰发表《〈反不正当竞争法〉与〈上海市反不正当竞争条例〉比较研究》(《中央政法管理干部学院学报》1996 年第 2 期)。

20 世纪 90 年代,上海学者研究外国的竞争法制度,介绍日本、韩国、美国、欧盟的竞争制度,形成了一系列研究成果,主要有:徐士英的《美国反垄断法纵横谈》(《政治与法律》1994 年第 1 期)、《日本经济宏观调控的法制保障》(《外国法译评》1994 年第 3 期)、《反垄断法在日本实现"本土化"的启示》(《法商研究》1999 年第 4 期)和《欧盟竞争法的新发展及对我国的启示》(《法学》2004 年第 8

期)。此外,上海学者对反不正当竞争法的相关规定进行研究。成果有倪振峰的《竞争法基本原则探讨》(《政治与法律》1998 年第 2 期),徐士英的《论我国制度变迁过程中市场竞争秩序法制建设的特点(上、下)》(《法学》1998 年第 10 期和第 11 期)、《竞争法论》(世界图书出版公司 2003 年)和《竞争法新论》(北京大学出版社 2006 年)等。

2000 年以后,上海法学界对反垄断法机构的研究越来越多,为国内反垄断执法机构的设置提供了多种方案,如李剑的《试论我国反垄断法执行机构建立的可行性》(《现代法学》2004 年第 1 期),提出在反垄断机构的建立中,不能仅仅强调反垄断机构的独立性,还必须注重对反垄断机构权力的制衡。2007 年,《中华人民共和国反垄断法》颁布,标志着国内的竞争立法已实现从"综合调整模式"向"分立式立法模式"的转变。此后,上海学者关注《反垄断法》的解释和适用问题。主要成果有徐士英的《行业协会限制竞争行为的法律调整——解读〈反垄断法〉对行业协会的规制》(《法学》2007 年第 12 期),刘宁元的《反垄断法政策目标的多元化》(《法学》2009 年第 10 期),刘水林的《反垄断法的挑战——对反垄断法的整体主义解释》(《法学家》2010 年第 1 期)和《反垄断诉讼的价值定位与制度建构》(《法学研究》2010 年第 4 期)。这一时期,此前承担规制部分垄断行为重任的反不正当竞争法修订工作已经展开,郑友德、伍春艳的《我国〈反不正当竞争法〉修订十问》(《法学》2009 年第 1 期),提出对该法修订中应予以关注的 10 个问题。

这一时期,上海学界对知识产权保护与反垄断之间关系的协调方面进行研究。在介绍和评述国外的相关制度方面,有王先林的《反垄断执法与知识产权保护之间的平衡——〈美国反托拉斯执法与知识产权:促进创新和竞争〉报告述评》(《知识产权》2007 年第 6 期)。在深入研究国内反垄断法在知识产权领域实施的基本问题方面,主要成果有徐士英的《论知识产权保护与竞争法实施的协调》(《时代法学》2006 年第 1 期),王先林的《竞争法视野的知识产权问题论纲》(《中国法学》2009 年第 4 期)、《知识产权行使行为的反垄断法规制——〈反垄断法〉第 55 条的理解与适用》(《法学家》2008 年第 1 期)和《论我国反垄断法在知识产权领域的实施》(《上海交通大学学报》2009 年第 6 期)等。

同时,上海学界对行政性垄断也展开研究,如徐士英的《反垄断法规制行政垄断是我国的必然选择——解读反垄断法草案》(《中国市场监管研究》2007 年第 6 期)和《政府干预与市场运行之间的防火墙——〈反垄断法〉对滥用行政权力限制竞争的规制》(《法治研究》2008 年第 5 期),提出对待政府的行政性垄断需要分别处理。

三、财税法学

20 世纪 80 年代中期开始,上海学界开始研究财税法学,研究的要点是国际税法与国内税法、涉外税法之间的关系。发表有邓建煦、刘文珠的《涉外税法与国内税法、国际税法的比较》(《政治与法律》1988 年第 5 期)。20 世纪 90 年代起,《法学》刊载有关税收制度的系列文章,主要有鲁篱的《环境税——规制公害的新举措》(1994 年第 3 期)和刘剑文、熊伟的《中国税法学研究的现状与反思》(2001 年第 5 期)。2000 年以后,上海学者积极参与国家税收立法工作。2004 年,税收基本法起草工作启动,全国人大财政经济委员会委托包括华东政法大学在内的有关高校共同起草《中华人民共和国税收基本法(税法通则)》(专家稿)工作,陈少英参加起草工作,负责其中的强制执行部分。

2000 年以后,财税法的研究从税法学拓展到财政法学,研究视野逐渐开阔。在税法学内部,原先并不被关注的税种法,也开始成为上海学界的研究对象,如陈少英的《公司涉税法论》(北京大学出版社 2005 年)。尤其是随着企业所得税法的制定,所得税法一时成为研究热点,成果有:陈少英的《论企业所得税法的统一与和谐社会的构建》(《政治与法律》2007 年第 3 期),许多奇的《论新〈企业所得税法〉的再分配功能》(《经济法论丛(上卷)》2008 年)和任超的《我国合伙企业所得税制的完善》(《法学》2008 年第 9 期)等。此外,陈少英参加了《企业所得税法实施细则》的论证工作及国务院法制办组织的税收行政法规的清理工作。在财政法学方面,伴随着预算法修订,引起关注和讨论,成果有:蒋洪、温娇秀的《预算法修订:权力与职责的划分》(《上海财经大学学报》2010 年第 1 期)和马岭的《我国预算大幅"超收"的法律原因评析》(《法学》2010 年第 9 期)。

同时,陈少英对税法生态化进行研究,发表了一系列成果:陈少英的《试论税法对环境污染行为的调控》(《法学论坛》2005 年第 1 期)、《生态税法论》(北京大学出版社 2008 年)、《权利的成本——环境权依赖于环境税的解读》(《税务研究》2009 年第 8 期)、《建立与完善我国生态补偿的税法律机制》(《安徽大法律评论》2010 年第 1 期)和《论我国税法体系的生态化》(《东方法学》2010 年第 4 期)等。

第十节　环境与资源法学

一、环境保护法

1978 年 4 月,国务院环保办召开环境保护法起草小组第二次会议,上海市环境保护办公室靳怀刚参加会议。1979 年 9 月 13 日,全国人大常委会通过中国第一部环境保护法,即《中华人民共和国环境保护法(试行)》,推动了环境法学的研究。

20 世纪 80 年代,上海环境法学研究主要涉及环境保护法基本理论和环境立法。成果有陈仁、汪学文的《我国环境保护法体系的几个问题》(《上海环境科学》1983 年第 6 期),陈仁、张信芳的《如何处理由环境污染引起的厂群矛盾》(《上海环境科学》1984 年第 6 期)和陈仁的《环境保护执法导论》(上海三联书店 1988 年)等。

20 世纪 90 年代及其后,上海环境保护法研究开始全面发展。根据可持续发展战略,建立社会主义市场经济体制和依法治国的要求,学界普遍认为,环境资源法律法规必须在理念上和制度设置上进行根本改变,把重点放在规范政府行为,维护公民的合法权益上。在环境法学基本理论研究方面,主要成果有:陈仁编著的《环境法概论纲要》(同济大学出版社 1991 年),韦联春的《环境权的立法保护》(《法学》1994 年第 6 期),陈仁主编的《环境法概论》(法律出版社 1996 年),冯忠秋、尤俊生的《环境权探析及环境侵权的民事救济》(《上海环境科学》1997 年第 4 期)和张梓太的《国家环境权》(《政治与法律》1998 年第 1 期)。同时,上海学界对环境执法、司法方面展开重点研究,上海市环保局与华东政法学院共同编著的《环境污染厂群矛盾与处理对策》(同济大学出版社 1994 年)出版。随着联合国环发大会的召开和国际环境合作的加强,我国国际环境法研究也进一步加强,王曦编著的《国际环境法》(法律出版社 1998 年)出版,该书被列为教育部"十一五"规划重点教材。1999 年,徐士英担任组长的《上海市实施可持续发展战略法制保障体系研究》课题组,提出上海市市场经济法规规章的结构与内容的调整方案。此外,2005 年 2 月,王曦参加由全国人大常委会环境与资源保护委员会主持召开的关于《中华人民共和国环境保护法》修订的国际研讨会,并提出"政府有法不依"的问题,应当是环保法修订工作的"突破口"的观点。

2000 年以后,上海学者对环境保护法展开多方面的研究。在环境资源法治基本问题研究中,生态法及环境权等问题的研究成果显著。主要有：马晶的《论环境权的确立与拓展》(《法学》2001年第4期)，郑少华的《生态主义法哲学》(法律出版社2002年)、《从对峙走向和谐：循环型社会法的形成》(科学出版社2005年)和《试论环境法上的社会连带责任》(《中国法学》2005年第2期)，张梓太的《论法典化与环境法的发展》(《华东政法大学学报》2007年第3期)等。

对国内环境法治相关问题的研究，《华东政法学院学报》2005年第4期刊发"'环保风暴'与中国环境法治"的专题文章，包括周珂和谭柏平的《环保缘何为风暴》、汪劲的《通过程序实现环评审批决策的正当化》、曹明德的《从"环保风暴"看环境法治存在的问题》和王灿发的《"环保风暴"的影响及显现的环境执法问题》等。此外，相关成果还有：吴卫星的《环境保护：当代国家的宪法任务》(《华东政法学院学报》2005年第4期)，王文革的《生态环境建设立法问题研究》(《环境保护》2005年第8期)和《论生态环境建设的基本法律制度》(《环境污染与防治》2006年第2期)，汪劲、严厚福的《构建我国环境立法中的按日连续处罚制——以〈水污染防治法〉的修改为例》(《法学》2007年第12期)，王曦的《当前我国环境法制建设亟需解决的三大问题》(《法学评论》2008年第4期)和《论新时期完善我国环境法制的战略突破口》(《上海交通大学学报》2009第2期)和赵俊的《环境公共权力论》(法律出版社2009年)等。

对环境权的研究，《华东政法大学学报》2009年第4期刊发了"环境权与环境法制再思考"的专题文章，包括游伟、肖晚祥的《环境刑法的伦理属性及其立法选择》，张璐的《论我国环境立法涉农观念的缺失》，常纪文的《如何依法救助即将流向餐桌的宠物猫、狗？——兼论欧美之立法经验对我国的启示》，金慧华的《世界银行环境政策及其对中国环境法制的启示》和巩固的《环境权热的冷思考——对环境权重要性的疑问》。

对外国环境法、比较环境法和国际环境法的研究，自2002年开始，王曦主编的《国际环境法与比较环境评论》年刊由上海交通大学出版社出版。曲阳发表《中日环境执法对策的研究与探讨》(《华东政法大学学报》2010年第2期)。

二、自然资源法

改革开放以后，国内的自然资源的开发保护及其制度与环境法的体系化过程同步，也开始了体系化进程。随着1978年宪法对保护环境和自然资源作出的明确规定，国家先后制定了颁布《中华人民共和国森林法》《中华人民共和国草原法》《中华人民共和国矿产资源法》等一系列自然资源法律、法规，上海对自然资源立法的研究进入了发展时期。如陈仁的《要加强土地立法的研究》(《法学》1983年第1期)，主张加强土地立法与管理以及土地法学的学习和研究。

20世纪90年代以后，在可持续发展原则的指导下，自然资源法律规范与环境法律规范开始整合。1997年，国务院学位委员会把作为法学二级学科的环境法学改为环境与资源保护法学，至此，环境法学、自然资源法学、国土法学正式整合为环境与资源保护法学。2000年以后，随着自然资源法领域单行立法的逐步颁布，关于自然资源立法问题的研究进一步发展。如姚慧娥、徐科雷的《新〈水法〉的进步与不足》(《华东政法学院学报》2003年第3期)，对2002年实施的《中华人民共和国水法》进行分析和评价。朱建国、王曦合著的《中国湿地保护立法研究》(法律出版社2004年)，主要对国内湿地保护的相关法律问题进行研究。同时，上海学界对环境资源管理制度进行重点研究，如肖国兴的《论中国资源环境产权制度的架构》(《环境保护》2000年第11期)、张梓太的《中国环境行政诉讼之困境与对策分析》(《法学评论》2003年第5期)和《环境法律责任研究》(商务印书馆2004

年)等。

这一时期,随着自然资源法学的研究范围拓展,国土资源法律制度的研究进一步深入,如王文革的《城市土地节约利用的法律制度问题》(《国土资源》2007 年第 6 期)和《城市土地节约利用法律制度:现状、问题与对策》(《法商研究》2008 年第 1 期)等。此外,还有一些专门问题的讨论:郭洁的《东北矿产资源利用问题的经济法思考》(《法学》2005 年第 1 期),王曦、周卫的《论我国水资源费的若干法律问题》(《法学》2005 年第 7 期),肖国兴的《我国〈能源法〉起草应考虑的几个问题》(《法学》2007 年第 2 期)和赵绘宇的《林权改革的生态风险及应对策略》(《法学》2009 年第 12 期)等。

第十一节　社会法学

改革开放后,劳动法学的研究进入恢复阶段。1979 年,劳动法的起草工作再次启动,随着新宪法的通过和生效及以经济建设为中心的基本方针的确立,相关的单行劳动法律法规迅速得到制定,内容涉及劳动就业、劳动合同、工资、劳动安全卫生、社会保险、职业培训、民主管理、企业劳动管理、劳动争议处理等方面。

20 世纪 80 年代初,在劳动法学的研究中,庄咏文的《经济特区劳动合同制的探讨》(《法学》1982 年第 1 期),从微观视角对劳动合同制度进行研究。1984 年 9 月 25 日,上海市劳动和社会保障学会正式成立,主办《上海劳动保障信息》《劳动保障政策选编》等刊物。

20 世纪 90 年代,上海学界积极引入国外社会法理论,并认识到劳动法应当摆脱苏联的影响,从经济法的大一统框架下分离出来。如方乐华的《日本社会保险立法的演变及最新动向》(《华东政法学院学报》1999 年第 5 期)。上海学者对劳动法的理论问题提出自己的观点,如董保华、程惠英的《中国劳动法学》(中国政法大学出版社 1992 年),提出劳动法学涉及的有劳动关系、劳动行政关系和工会关系。董保华的《劳动制度改革的法学探索》(《中国法学》1992 年第 5 期),主张以合同法与基准化相结合的思路来保护市场经济条件下劳动者的利益,该观点在劳动法中有所体现。此外,《法学》刊发关怀的《健全劳动法制为建立市场经济的劳动工资机制护航》(1993 年第 5 期)和陆振球的《关于〈上海市城镇职工养老保险制度改革方案〉的探讨》(1993 年第 12 期)等。

这一时期,上海学者还积极参与劳动法的起草工作。1993 年,劳动法起草进入关键时期,董保华在参加长春召开的会议时,提出劳动法应当遵循"倾斜立法原则",建议将劳动法的立法宗旨表述为:为了保护劳动者的合法权益,建立、维护和发展和谐的劳动关系,促进经济发展和社会进步,根据宪法,制定本法。1994 年 7 月 5 日,《中华人民共和国劳动法》公布,以法律形式确定了"社会法"的独立地位,自此以后,社会法学进入发展并日益完备的阶段。上海学界的研究成果有董保华主编的《劳动法教程》(上海交通大学出版社 1994 年),该书是第一部系统阐述劳动法的教材。董保华的《劳动法——"劳工神圣"的卫士》(上海人民出版社 1997 年)、《劳动关系变形引起的法学思考》(《法学》1997 年第 10 期)。董保华、郑少华合著的《社会法——对第三法域的探索》(《华东政法学院学报》1999 年第 1 期),从历史与逻辑的角度论证社会法是有别于公法、私法的第三法域。

2000 年以后,上海的社会法研究有了较快发展,不少学者提出泛义、广义、中义和狭义的社会法概念。董保华的《社会法原论》(中国政法大学出版社 2001 年),提出广义社会法的概念,重申社会法是公法、私法之外的第三法域的观点。2004 年,《法学》第 5 期刊载了"寻求经济法与社会法的对话"的专题文章,包括王全兴的《以"三农"问题为例看经济法与社会法的关系》、董保华的《略论经济法学的视角转换——兼谈经济法与社会法的关系》、郑少华的《社会法:团体社会之规则》、竺效的《社会法中的"社会"》、单飞跃的《社会整合：经济法与社会法的功能配合》、郑尚元的《社会法的特有属性与范畴》。同年，《华东政法学院学报》第4期"热点笔谈"栏目以"科学发展观与社会经济法制的创新"为题，对社会法与经济法的创新问题也进行了讨论。此外，董保华的《论经济法的国家观》(《法律科学》2003年第2期)，探讨了经济法国家观应当如何定位的问题。

这一时期，上海学界还对社会保障法律制度的相关内容展开研究，成果有：祁群的《论"社会养老保险金"的保障》(《华东政法学院学报》2000年第5期)、董保华的《社会保障法与劳动法的界定》(《华东政法学院学报》2001年第3期)、周开畅的《社会法视角中的"工伤保险和民事赔偿"适用关系》(《华东政法学院学报》2003年第6期)、郑尚元的《公开、规范与定型——养老保险制度从政策到法律——中国社会保险立法的进路分析》(《法学》2005年第9期)和郭曰君的《社会保障权研究》(上海人民出版社2010年)等。

2006年初，全国人大常委会发布了劳动合同法(草案)公开征求意见。董保华的《"锦上添花"抑或"雪中送炭"——析〈中华人民共和国劳动合同法(草案)〉的基本定位》(《法商研究》2006年第3期)，激发了学者对该草案相关制度的关注和探讨。此外，相关成果还有：《法学》刊发了侯玲玲的《劳动合同的特殊性研究》(2006年第1期)和许建宇的《"有利原则"的提出及其在劳动合同法中的适用》(2006年第5期)。2006年4月，上海市法学会劳动法研究会和上海师范大学法政学院、华东政法学院社会法研究所联合召开劳动合同立法学术研讨，对《中华人民共和国劳动合同法(草案)》提供修改意见。会议由劳动合同法的总则问题，劳动合同订立中的若干问题，劳动合同的履行、变更、终止、解除问题及劳动监察和法律责任问题等专题组成，就草案的规定逐条进行分析和论证。2007年，《中华人民共和国劳动合同法》通过后，上海学界对劳动合同法相关规定的适用进行研究。王全兴的《〈劳动合同法〉实施后的劳动关系走向》(《深圳大学学报》2008年第3期)，认为劳动合同法的实施，有助于完善劳动力资源配置市场化的用人机制。其他成果还有：侯玲玲的《我国劳动派遣连带责任规定之法理分析——评〈劳动合同法〉第92条规定》(《法学》2008年第5期)和王全兴、黄昆《无固定期限劳动合同的是与非》(《法学家》2008年2期)等。

第十二节　国 际 法 学

一、国际公法

20世纪80年代，国际国内环境出现的重大变化促进了国际法的迅速恢复与快速发展，国际法研究领域从总论扩展到海洋法、外层空间法、国际组织法、国际人权保护等方面。对国际法总论的阐述，周子亚等合译的《国际公法》(知识出版社1981年)出版。在外层空间法、海洋法等新领域，主要有卢绳祖的《关于海洋法的几个问题》(《法学研究》1981年第2期)，郑衍杓的《略论国际外层空间法》(《社会科学》1982年第10期)，周子亚的《海洋法在国际法中的地位》(《吉林大学社会科学学报》1982年第1期)和《海洋法的形成与发展》(《吉林大学社会科学学报》1982年第3期)，周子亚等合著的《国际海洋法》(海洋出版社1985年)。此外，还有一些专题研究，如王玉洁的《我国第一部国籍法的特点》(《社会科学》1980年第5期)，探讨国籍法问题；余先予、何勤华合著的《东京审判始末：历史性审判回忆录》(浙江人民出版社1986年)，讲述东京国际大审判的概况。

20世纪90年代，国际公法的理论体系和学科建设得以发展，华东政法学院推出一系列教材。专题研究方面，主要有郑衍杓等合译的曼弗莱特·拉克斯的《外层空间法——当代立法的经验》(上海社会科学院出版社1990年),赖彭城等合著的《国际人权论》(上海人民出版社1993年)和《现代国籍法纲要》(1993年),邓炯的《"一国两制"下〈纽约公约〉在香港的实践》(《政治与法律》1999年第4期),周洪钧的《我国应尽快批准海洋法公约》(《法学》1995年第3期)和《建立和完善有中国特色的海洋法规体系》(《法学》1999年第2期)等。

20世纪90年代及其后,随着中国复关和加入世界贸易组织,上海学界对该领域所涉及的问题展开研究,成果有汪尧田、周汉民主编的《关税与贸易总协定总论》(中国对外经济贸易出版社1992年),曹建明、贺小勇合著的《世界贸易组织》(法律出版社1999年),徐冬根的《WTO法律规则解析》(西南财经大学出版社2002年),王虎华的《"人道主义干涉"的国际法学批判》(《法制与社会发展》2002年第3期)、《国际人道法的定义》(《政法论坛》2005年第2期),龚柏华的《从WTO和人权国际保护角度评在中国推展SA8000标准》(《比较法研究》2005年第1期)、《"中国影响汽车零部件进口措施"WTO争端解决案评析》(《法学》2006年第11期),周洪钧的《联合国的进程及其新视角》(《华东政法学院学报》2005年第6期),朱榄叶的《从中国在TRIPS定下的义务看美国对中国的申诉》(《法学》2007年第8期)以及胡加祥的《WTO公力救济权之重构》(《法学》2009年第7期)等。

二、国际私法

20世纪80年代初,上海学者开始对国际私法展开研究,主要探讨法律冲突和冲突范围、国际私法主体、涉外仲裁等问题。国际商事法律问题以及中国在国际私法方面的理论与实践问题是关注重点。

基础研究方面,成果有:董立坤的《国际私法发展的新阶段》(《政治与法律丛刊》1982年第2期)和《论国际私法的范围》(《法学研究》1982年第2期)。丁伟、陈治东主编的《冲突法论》(法律出版社1996年),是全国法学统编教材,率先对冲突法基本理论做了系统阐述。此后,上海学界的研究更加深入,成果包括:徐冬根的《论国际私法规范的柔性化与刚性化》(《法制与社会发展》2003年第3期)、《国际私法趋势论》(北京大学出版社2005年)、《论国际私法的形式正义与实质正义》(《华东政法学院学报》2006年第1期)、《论国际私法的哲理性》(《华东政法大学学报》2010年第1期),杜涛的《德国国际私法:理论、方法和立法的变化》(法律出版社2006年),丁伟的《中国国际私法法典化的再思考——纪念〈中华人民共和国国际私法示范法〉制定十周年》(《武汉大学学报》2009年第6期)和《当代中国国际私法理论研究的倾向性问题》(《华东政法大学学报》2010年第3期)等。

20世纪90年代末,迫于现实所需,上海学界对国际商事仲裁和涉外仲裁进行重点研究,成果有:陈治东的《国际商事仲裁裁决承认与执行的国际化趋势》(《中国法学》1998年第2期)和《国际商事仲裁法》(法律出版社1998年),丁伟主编的《冲突法论》(法律出版社1998年),刘晓红的《论海峡两岸商事仲裁裁决的相互承认与执行》(《政法论坛》1998年第4期)和《国际商事仲裁协议的法理与实证》(商务印书馆2005年)。此外,丁伟发表了《日本侵华战争的民间受害者对日索偿问题研究》(《法学》1999年第10期)和《我国涉外民商事诉讼管辖权度的完善》(《政法论坛》2006年第6期),林燕萍发表了《冲突规范在竞争法域外适用中的作用及特点》(《法学》2010年第10期)。

三、国际经济法

上海学界对新兴的国际经济法研究,包括国际贸易、国际商法、国际投资、中外合资、外资保护、国际许可协议、国际知识产权、国际货币、国际商业合同、优惠制等方面。20 世纪 80 年代，上海学者对该领域的研究议题较为分散，成果有：张汇文、卢莹辉的《论知识产权的法律意义与国际保护》（《社会科学》1980 年第 6 期），郑衍杓的《论中外合作经营企业中外国合作者回收资金的法律性质》（《中国法学》1987 年第 4 期）和余先予的《论国际经济法的对象和定义》（《西北政法学院学报》1987 年第 4 期）等。20 世纪 90 年代以后，国际经济法研究走向专业化和系统化。华东政法学院先后出版 20 余部著作、教材，主要包括：《国际经济法新论》（同济大学出版社 1990 年、1991 年）、《国际经济法原理》（世界图书出版公司 1992 年）、《国际经济法概论》（法律出版社 1994 年）、《国际经济法》（法律出版社 1999 年）、《国际经济法学》（中国政法大学出版社 1999 年）和《国际经济法专论》（法律出版社 2000 年）等。

2000 年以后，上海学界在该领域的研究呈现出多样化的特征，成果有：徐冬根的《国际金融法学》（复旦大学出版社 2004 年），贺小勇的《国际贸易争端解决与中国对策研究：以 WTO 为视角》（法律出版社 2006 年）、《WTO 新议题研究：中国外贸战略转型的法律思考》（北京大学出版社 2008 年）和《全球金融危机爆发的法律思考——以国际货币体系缺陷为视角》（《华东政法大学学报》2009 年第 5 期），陈治东的《论〈联合国国际货物销售合同公约〉在中国的适用》（《法学》2004 年第 10 期）和《国际贸易法》（高等教育出版社 2009 年），何力的《我国国际经济法学定位的重新审视——告别发展中国家国际经济法学》（《复旦学报》2007 年第 2 期）和孙南申的《跨国证券投资中的法律适用问题》（《政法论坛》2010 年第 2 期）等。

第十三节　比 较 法 学

一、比较法基础理论

20 世纪 80 年代末，上海学界开始对比较法展开研究。20 世纪 90 年代及其后，上海学者对比较法的研究，主要集中在基础理论与宏观比较领域。如倪正茂的《试论比较法学研究的对象与范围》（《政治与法律》1992 年第 8 期），就比较法学研究的逻辑起点进行探讨。何勤华的《比较法在近代中国》（《法学研究》2006 年第 5 期），总结了近代中国比较法学发展的七个特征。此外，相关成果还有：陈灵海的《威格摩尔及其〈世界法系概览〉》（《比较法研究》2003 年第 5 期）、何勤华等合译的约翰 · H. 威格摩尔的《世界法系概览》（上海人民出版社 2004 年）、李秀清等合著的《20 世纪比较法学》（商务印书馆 2006 年）和倪正茂的《比较法学探析》（中国法制出版社 2006 年）等。

二、法律移植

国外 20 世纪 70 年代兴起的“法律移植”问题研究，在国内则从 20 世纪 80 年代末开始。1989 年，《比较法研究》编辑部率先提出开展法律移植讨论的倡议。此后，学术界陆续发表系列译文和论文。2000 年 4 月，全国外国法制史研究会年会暨“法的移植与法的本土化”专题研讨会举办，会议论文由何勤华主编成《法的移植与法的本土化》（法律出版社 2001 年）。2002 年，何勤华的《法的移植与法的本土化》（《中国法学》第 3 期），分析和展望法律移植与中国法的国际化进程。同年，李秀清围绕近现代中国移植外国法的具体领域进行研究，发表一系列论文，包括《民国时期移植外国商事立法论略》（《法学论坛》第 2 期）、《中国移植苏联民法模式考》（《中国社会科学》第 5 期）和《法律移植与中国刑法的近代化——以〈大清新刑律〉为中心》(《法制与社会发展》第3期)。2003年,何勤华、李秀清合著的《外国法与中国法——20世纪中国移植外国法反思》(中国政法大学出版社)出版。

三、具体比较

20世纪80年代末以来,上海学界在具体比较方面的研究,题材涉及法系和法律体系、法律文化和法律制度之间的比较研究。在法系和法律体系比较研究方面,董茂云的《大陆法系与英美法系的根本区别——两大法系法律观念比较》(《法学研究》1987年第1期)和《法典法、判例法与中国的法典化道路》(《比较法研究》1997年第4期),前文对大陆法系和英美法系各自法律观念的不同作了探讨;后文考察了法典法和判例法以及我国的法典化道路。20世纪90年代中期以后,上海学界对法律文化和法律制度的比较研究,成果有张乃根的《论西方法的精神:一个比较法的初步研究》(《比较法研究》1996年第1期),丁以升的《道家的"法自然"观及其影响——兼与西方自然法思想比较》(《华东政法学院学报》1999年第5期),杨师群的《论罗马法"人格"与秦汉律"名籍"问题》(《华东政法学院学报》2000年第4期),郝铁川的《权利实现的差序格局》(《中国社会科学》2002年第5期),孟祥沛的《中日法制近代化背景之比较》(《政治与法律》2003年第4期)和《东亚近代法制史上的两次大论争——清末"礼法之争"与日本"法典论争"的比较》(《比较法研究》2003年第6期),郭曰君、吕铁贞的《社会保障权宪法确认之比较研究》(《比较法研究》2007年第1期)等。

2000年以后,上海学者对法律全球化问题展开讨论。如李桂林的《论全球共同法》(《法学》2005年第1期),分析比较法语境共同法的发展历程。张海斌的《商谈民主、现代性与法律全球化》(《华东政法学院学报》2005年第6期),探讨法律全球化的可能性和不可能性。

第七章　社　会　学

1978 年后，上海社会学研究在全国率先恢复。1979 年 9 月，全国第一个地方性社会学团体上海市社会学学会成立，曹漫之当选为会长。1980 年 1 月，全国第一个地方性社会学科研机构——上海社会科学院社会学研究所成立，李剑华担任负责人。1980 年 3 月，复旦大学分校建立全国第一个高校社会学系，袁缉辉任系主任。同年 9 月，该校开出全国第一门社会学基础课《社会学概论》。1981 年 10 月，全国第一本社会学专业学术期刊《社会》杂志在上海创刊发行。这些教学与研究机构的迅速重建，有力地推动了上海社会学界在理论与方法、家庭社会学、城市社会学、经济社会学、组织社会学、社会工作与社会政策等领域不断发展，学科研究与决策咨询工作取得丰硕成果。

第一节　社会学理论与方法

一、社会学学科性质

1979 年之后的一段时间里，上海社会学者对社会学的学科性质，特别是社会学的研究对象、社会学与历史唯物主义的关系等作了深入探讨。1979 年 9 月至 11 月，袁缉辉和刘炳福在《解放日报》(9 月 12 日)、《文汇报》(10 月 16 日)和《复旦学报》(第 6 期)发表《认真开展社会学研究》《是恢复社会学研究的时候了》和《谈谈无产阶级社会学的内容和方法》，认为社会学是在唯物史观指导下研究社会现象的一门科学，是以研究社会问题为中心的一个"科学群"，要研究其他学科不研究的社会现象。1979 年 9 月 19 日，于光远在上海市社会学学会成立大会的讲话中主张社会学要研究政治学、经济学、法学等学科包含不了的或还没有研究的领域，要重点研究社会问题、社会生活与社会关系。

上述观点，引发上海社会学界对社会学学科性质的热烈讨论，有研究者提出不同的理论主张。1981 年，顾晓鸣发表《我们的社会学是马克思主义社会调查研究的学科化》(《社会》第 1 期)，认为社会学是马克思主义社会调查研究的学科化。1982 年，庞树奇发表《社会学与学科化》(《社会》第 3 期)，指出历史唯物主义与社会学的关系犹如进化论与生物学的关系，前者使后者成为科学，后者则是前者的学科化。1983 年，吴铎发表《马克思与社会学》(《社会学通讯》第 1 期)指出把社会研究纳入科学轨道、为科学的社会学奠定理论基础的是马克思。

1984 年，卢汉龙发表《也论社会学是研究社会整体的》(《社会科学》第 9 期)，认为社会整体是社会学研究的基本对象。1985 年，陈烽发表《社会学的研究对象及其学科地位再认识》(《中国社会科学》第 5 期)，认为社会学区别于其他社会科学的本质特征是对社会作整体性研究。1986 年，陈烽发表《社会学——对社会作整体性研究的科学——再论社会学研究对象及其学科地位》(《社会学研究》第 1 期)进一步指出社会学是综合了各门社会科学的研究成果对社会作整体研究的，社会学应当起到各专门社会科学的"牵头人"和"协调者"的作用。同年，陈树德发表《评〈社会学的研究对象及其学科地位再认识〉的若干观点——兼论社会学研究的对象》(《社会科学评论》第 11 期)，提出不同的观点：社会学只是众多社会科学学科中的普通一员，而非社会科学总论。1986 年，吴铎的《简明社会学》(华东师范大学出版社)提出社会学主要是对社会关系进行综合研究。1992 年，刘豪兴主编的全国高等教育自学考试教材《社会学概论》(高等教育出版社)提出社会学是从整体出发,综合研究社会关系及其变化发展规律的一门社会科学。1998年,庞树奇、范明林主编的《普通社会学理论新编》(上海大学出版社)系统提出社会学是研究行为、关系与制度的固定化过程的学说。

20世纪80年代中期以后,上海社会学学科建设取得新进展,社会影响力扩大。1985年,上海社会科学院社会学研究所编撰了社会学教学和研究恢复以后的第一本《简明社会学词典》(李剑华等主编,甘肃人民出版社)。1986年,邓伟志在上海人民广播电台开办国内第一个用人名命名的节目"邓伟志信箱",从社会学视角为广大听众解答社会热点问题,引起广泛社会反响。上海还出版了一批普通社会学概论性质的著作,主要有:章人英主编的《普通社会学》(上海教育出版社1990年)、吴铎主编的《社会学》(高等教育出版社1992年)、张敦福主编的《现代社会学教程》(高等教育出版社2007年)、邓伟志主编的《社会学辞典》(上海辞书出版社2009年)等。据不完全统计,1980—1990年,上海出版外国社会学译著18种、普通社会学专著8种。2005年,上海社联组织出版的《20世纪中国社会科学·社会学卷》(卢汉龙、彭希哲主编,上海人民出版社),对中国社会学在20世纪的百年曲折兴衰作了记录分析。2009年,吴铎主编的《社会发展与社会学》(上海人民出版社),回顾反思了上海社会学恢复重建30年的历程。

二、社会学理论

上海社会学界对社会学理论的研究从对西方社会学理论的译介开始。20世纪80年代初起,上海社会科学院主办的《国外社会科学文摘》杂志每期翻译介绍国外社会学的理论成果和研究动向,包括马克思主义社会学、欧美主要社会学学派和分支理论的研究发现。1981年,复旦大学分校社会学系编的《社会学文选》(浙江人民出版社),部分满足了当时对社会学理论的急迫需要。1982年,复旦大学分校社会学系翻译出版苏联科恩主编的《十九世纪至二十世纪初资产阶级社会学史》(上海译文出版社)。1983年,上海译文出版社组织翻译出版横山宁夫的《社会学概论》(毛良鸿等译)。1984年,李友梅发表《帕森斯的生平及其理论构架》(《社会》第2期),对结构功能主义范式进行评述。1987年,瞿铁鹏翻译出版《结构主义与符号学》(上海译文出版社),为其时的国内学者研究结构主义提供了最前沿的西方研究成果。次年,上海译文出版社翻译出版雷蒙·阿隆的《社会学主要思潮》(葛智强等译)。

20世纪80年代中期,上海学者较早开始对马克思主义社会思想进行系统探究。1985年,卢汉龙等翻译了博特英尔的《马克思主义社会学》(甘肃人民出版社)。1995年,瞿铁鹏的《马克思主义社会理论》(上海社会科学院出版社),详细阐述了马克思主义关于社会发展的理论。1988年之后,上海学者先后组织翻译、介绍现代西方社会学的主要理论与思潮,主要成果包括:范伟达等翻译的美国社会学家乔纳森·特纳的著作《现代西方社会学理论》(天津人民出版社1988年)、袁华音的《西方社会思想史》(南开大学出版社1988年)、于海的《西方社会思想史》(复旦大学出版社1991年)、王养冲的《西方近代社会思想的演进》(华东师范大学出版社1992年)、徐永祥等的《现代西方社会思潮》(中国纺织大学出版社1994年)。此后,文军先后主编《全球社会学》(社会科学文献出版社2001年)、《西方社会学理论:经典传统与当代转向》(上海人民出版社2006年)、《人类情感——社会学的理论》(东方出版社2009年)等,评析西方社会学理论的发展脉络与主要流派。

2000年前后,在研究经典社会学理论的基础上,上海社会学界开始对兴起于西方的后现代社会学理论展开译介、研究。文军在2003年先后发表《论布迪厄"反思社会学"及其对社会学研究的启示》(《上海行政学院学报》第 1 期)、《后现代：一个概念的社会学考评》(《求索》第 2 期)、《走出“现代”之门：后现代社会学的兴起及其影响》(《华东师范大学学报》第 3 期)等文，指出后现代可以看作是建构在全球化背景下的一种对现代性思想既否定承传又批判创新的社会文化思潮。2005 年，文军在上海人民出版社出版《西方社会学理论：经典传统与当代转向》，系统介绍西方社会学的经典理论传统及其后现代转向。同时，高宣扬开始对后现代社会理论进行系统研究，先后出版、发表《布迪厄的社会理论》(同济大学出版社 2004 年)、《后现代主义：思想与艺术(一)至(七)》(分别见《美苑》2007 年第 3 期，《艺术工作》2007 年第 4 期，《美苑》2008 年第 1、2、3、6 期，《艺术工作》2009 年第 3 期)等专著和论文，对后现代主义、消费主义文化的产生发展以及后现代的主要思想和艺术进行了系统阐释。

20 世纪 80 年代后期，上海社会学学者开始对社会学本土化理论进行探索。1988 年，庞树奇在《上海社会科学院学术季刊》第 2 期发表《社会学“中国化”的前提与使命》，在上海社会学界率先提出社会学“中国化”议题，认为把社会学划分成为马克思主义社会学和非马克思主义社会学，并不能完全概括东西方社会学之间的差别和冲突。实现社会学“中国化”的途径是要批判地继承西方社会学，然后化出马克思主义社会学。1989 年，吴铎在《中国社会学年鉴(1979—1989)》(中国大百科出版社)发表《创建有中国特色的社会学——重建社会学十年》，对于社会学重建十年间的社会学的发展进行总结，并指出要创建有中国特色的社会学。1991 年，卢汉龙在《社会科学》第 5 期发表《论中国社会学理论建设知识环境》，提出了社会学本土理论发展的路径。1992 年，丁水木和张绪山的《社会角色论》(上海社会科学院出版社)出版，系统阐述了其关于社会角色的理论研究成果。1996 年，谢遐龄在《社会学研究》第 6 期发表《中国社会是伦理社会》，指出和西方的理性社会不同，现代化之后的中国社会依然会是伦理社会。2003 年李友梅在《学术月刊》第 12 期发表《社会学在推进中国社会发展中的责任》，提出了社会学发展对中国社会发展的实践和现实意义及其责任。

2000 年以后，有关本土化社会学理论著作开始面世。胡守钧在 2002 年和 2006 年先后出版《走向共生》(上海文化出版社)与《社会共生论》(复旦大学出版社)，指出社会共生是人的基本存在方式，任何人都生活在人与人、人与自然的共生系统之中，共生关系遍布人类社会的经济、政治、文化、社区、社群、家庭等所有领域。2004 年，文军的《承传与创新：现代性、全球化与社会学理论的变革》(华东师范大学出版社)，以元理论研究视野对社会学理论的发展进行全面梳理和综合分析。

三、社会学研究方法

20 世纪 80 年代后，上海社会学界高度关注社会学研究的规范性与社会研究方法的发展与应用。1982、1983 年，沈关宝和仇立平以问答方式连续发表《社会调查方法问答(一)、(二)、(三)、(四)》(分别见《社会》1982 年第 3 期、第 4 期，1983 年第 1 期、第 4 期)，讨论了什么是社会调查以及如何进行社会调查研究。1984 年，吴铎发表《深入社会实际　坚持调查研究》(《社会》第 1 期)，强调社会学研究要传承和拓展毛泽东开创的社会调查研究方法。1986 年，卢汉龙发表《注意社会调查中的科学程序问题》(《社会》第 6 期)，强调了严守科学的调查程序在社会研究中的意义。1987 年，卢汉龙又发表《调查问卷的意义界定》(《社会学研究》第 3 期)，讨论调查程序与问卷设计中的意义界定问题。仇立平先后发表《论社会调查研究方法的现代化》(《社会调查与研究》1985 年第 3 期)、《略谈社会学调查的“价值倾向”》(《社会》1986 年第 4 期)，论述了社会调查的科学性和研究者的价值立场问题、讨论了社会调查研究方法的现代化议题。1990 年，沈关宝、仇立平的专著《社会调查研究方法》在天津人民出版社出版，这是1979年我国社会学恢复重建后最早的关于社会调查研究方法的专著之一。1992年，孙廷华、王小真出版专著《社会调查研究方法》(上海科技文献出版社)。2001年，范伟达编著出版《现代社会研究方法》(复旦大学出版社2001年，2010年再版)。2004年，张文宏出版《调查中的行政资源》(牛津大学出版社)。2005年，唐盛明出版《社会科学研究方法新解》(上海社会科学院出版社)。2008年，仇立平出版《社会研究方法》(重庆大学出版社)。这一系列论著系统讨论了定量社会调查方法中的操作化与问卷设计、抽样、社会统计方法等基本议题。

20世纪90年代后，上海社会学者对社会研究中的本体论、知识论与方法论等问题也展开了深入讨论。1991年，瞿铁鹏出版专著《马克思主义社会研究方法论》(上海人民出版社)，讨论了马克思主义思想库中关于社会研究方法的论述。1999年，曹锦清相继发表《我这样看中国：谈中原之行及社会调查》(《书城》1999年第7期)以及《中原农村调查日记》(《书城》1999年第7期)，阐释如何通过对中原农村的调查了解社会事实，并把当时调查的主观感受和实际情况记入调查日记供参考和比照。2001年，范明林在《上海大学学报》第3期发表《社会研究方法论比较谈》，对实证主义方法论与人文主义方法论进行比较。2004年，文军在《南京社会科学》第5期发表《论社会学研究的三大传统及其张力》，讨论了社会学研究中存在着实证主义、人文主义与批评主义三种不同的研究取向。2009年，文军等主编的《质性研究概论》(北京大学出版社)出版，李向平和曹锦清于2010年分别出版《口述史研究方法》(上海人民出版社)和《如何研究中国》(上海人民出版社)，这三本著作讨论了如何用质性研究的方法开展社会研究等。2010年，仇立平发表《社会研究和问题意识》，讨论了批判性思考、问题意识在社会研究中的意义。2010年7月，中国社会学会社会调查方法研究专业委员会、复旦大学社会学系、上海市社会学学会等主办的“中国调查学术研讨会”在复旦大学召开，围绕社会学调查与方法进行探讨。

第二节　家庭社会学

一、家庭、婚姻与妇女

【家庭】

以邓伟志、刘达临1982年7月起在《社会》连载《家庭社会学讲座》为标志，家庭社会学研究首开上海分支社会学研究的先河，随后家庭研究成为上海社会学的一门显学。1980年9月28日，邓伟志在《文汇报》发表《家庭的淡化问题》，提出要淡化封建家庭观念，引起有关家庭功能变迁的广泛学术讨论。1982年，邓伟志与刘达临以“家庭社会学讲座”形式在《社会》发表关于家庭问题的系列论文。1983年，邓伟志出版《家庭问题种种》(天津人民出版社)并在全国高校率先开设“家庭社会学”课程。该书是中国社会学重建后第一部家庭社会学理论著作。1984年，吴铎专著《〈家庭、私有制和国家的起源〉读书札记》(华东师范大学出版社)，阐释了对恩格斯关于一夫一妻制、单偶婚、婚姻制度等问题的看法。1986年，邓伟志的《家庭的明天》(贵州人民出版社)，以社会学的视角展望了未来家庭结构与功能可能发生的变化。在理论探索的同时，上海社会学界积极开展家庭方面的社会调查。从1984年开始，黄彩英、薛素珍等响应费孝通、雷洁琼等老一辈社会学者倡导，参加了由中国社会科学院主持的全国五城市家庭婚姻问题的大型抽样调查研究。1991年，邓伟志、胡申生、陆绯云等撰写《中国大百科全书》(中国大百科全书出版社)社会学卷“家庭　婚姻及青年、老年、妇女等研究”。

20 世纪 90 年代之后，上海家庭社会学研究进一步朝实证化方向发展。在家庭关系方面，1995 年，徐安琪在《社会学研究》第 1 期发表《家庭暴力的发端——上海夫妻攻击行为的现状及特征》，指出女性依然是家庭暴力的主要受害者，其中农村妻子以及自身资源处于劣势的妻子更多地被丈夫所殴。徐安琪、叶文振在《人口研究》2002 年第 4 期发表《中国离婚率的地区差异分析》指出，家庭结构尤其是子女对父母婚姻关系的稳定作用最大，由城市化水平、人口流动系数等指标组成的反映社会聚合力的复合变量也与离婚率呈显著相关。徐安琪、包蕾萍在《江苏社会科学》2007 年第 5 期发表《家庭压力和应对：女性的认知、资源和社会支持》，指出经济焦虑已经成为家庭的普遍压力、不少中老年女性和外来务工女性更容易从女性自己的牺牲和奉献角度来认知和应对风险。徐安琪、张亮在《社会科学研究》2008 年第 2 期发表《转型期家庭压力特征和社会网络资源的运用》，指出社会支持不足是造成家庭易损性的最主要因素，制度资源的匮乏和缺失，使得目前的社会公共服务只能满足部分家庭的初级物质需求，对解决或减轻压力的作用有限。2009 年，徐安琪发表其关于和谐家庭指标体系及其影响机制的研究《和谐家庭指标体系及其影响机制探讨——上海的经验研究》(《江苏社会科学》第 2 期)，发现家庭价值观对和谐家庭起最重要的作用。

在家庭结构与家庭功能方面，2000 年，邓伟志和徐新在《社会科学》第 10 期发表《当代中国家庭的变动轨迹》，指出当代中国家庭的结构正经历由单一到多元、由紧到松的转变，家庭的观念在淡化。此外，徐安琪和她的团队发表一系列研究论文。1985 年，徐安琪发表《夫妻调适也是家庭的重要职能》(《社会科学》第 3 期)，指出夫妻在现代家庭中已处于轴心地位，夫妻调适成功与否成了婚姻关系能否延续、夫妻乃至家庭生活是否美满的关键。1995 年，徐安琪在《浙江学刊》第 1 期发表《对家庭结构的社会学与人口学考察》，指出 1982—1990 年间，上海家庭户均人口数在持续下降，核心家庭始终是上海家庭的主要类型。2001 年，徐安琪与叶文振在《中国社会科学》第 6 期发表《父母离婚对子女的影响及其制约因素——来自上海的调查》，指出婚姻破裂虽对学龄子女的生活福利、学业、品行、心理发展和社会适应有消极影响，但影响有限；离婚后父母对孩子的尽心养育、对离婚家庭孩子的无歧视性的学校社会环境等可显著减少父母离婚对孩子的负面影响。2003 年，张结海、徐安琪的《家庭结构与未成年子女的福利——中国式的综合分析框架探讨》(《中国人口科学》第 6 期)证实亲属支持可一定程度抵消家庭解体对子女福利带来的负面影响。2004 年，徐安琪的《单亲家庭子女福利及其法律、政策援助》(《青年研究》第 4 期)从物质生活以及非物质的、与个人心理感受和社会适应相关的主观取向等方面对比分析单亲家庭孩子与双亲家庭孩子之间的差异及其影响因素。包蕾萍在《中国青年研究》2007 年第 4 期发表《独生子女比例及其育儿模式的年龄模型》。

关于家庭权力与家庭地位，陈敏华发表《当代中国城市婚姻家庭的若干特点》(《上海大学学报》1997 年第 5 期)，指出在当时的中国社会的婚姻价值中，社会对婚前、婚外性行为的宽容度在提升。1998 年，徐安琪在《中国人口科学》第 4 期发表《夫妻伙伴关系：中国城乡的异同及其原因》，指出中国城市女性的家庭地位比农村高，且中国城市夫妻的伙伴关系居世界前列。夏国美在《社会科学》1999 第 11 期发表《女性、妻性、母性的角色错位和冲突——婚姻家庭中妇女地位变化与面临的挑战》，论述妇女在女性、性、母性三性上面临的错位与冲突。徐安琪的《家庭性别角色态度：刻板化倾向的经验分析》(《妇女研究论丛》2010 年第 2 期)，指出传统的性别角色意识并未衰退。

【婚姻】

20 世纪 80 年代，婚姻研究受到上海学者的高度关注。1983 年，吴铎在《社会》第 5 期发表《对性爱的几点认识——也谈婚姻基础》，分析对爱情的认识以及爱情作为婚姻基础的条件。1984 年，吴铎发表《马克思主义关于婚姻家庭的几个理论问题》(《婚姻家庭问题文汇》),分析马克思主义关于婚姻家庭的基本观点。1987年,刘达临的《婚姻社会学》(天津人民出版社),在国内较早从社会学的角度探讨婚姻问题。1988年,邓伟志的《唐前婚姻》(上海文艺出版社),揭示唐代及之前的婚俗与婚姻制度。1997年,徐安琪主编《世纪之交中国人的爱情和婚姻》(上海社会科学院出版社)。

20世纪90年代中期后,上海学者对婚姻质量、婚姻稳定、择偶标准与婚姻观念、婚姻暴力、离婚等问题进行较为系统的研究。1998年,徐安琪、叶文振在《中国社会科学》第1期发表《婚姻质量:度量指标及其影响因素》,指出对婚姻质量影响较大的因素分别为居住地、年龄、婚前感情基础、夫妻双方的同质性及配偶替代意识等。1999年,叶文振、徐安琪在《中国人口科学》第6期发表《中国婚姻的稳定性及其影响因素》,指出婚姻质量是婚姻稳定性的决定性因素。2000年,徐安琪在《妇女研究论丛》第1期发表《两性婚姻感受差异的实证研究》,通过对两性婚姻满意度差异的研究发现,女性的婚姻满意度更低。

关于择偶标准与婚姻观念,1997年,徐安琪发表在《妇女研究论丛》第4期的《上海女性择偶行为的现状和变迁》中指出其时上海婚配模式的基本认同依然是门当户对。2000年,徐安琪在《社会学研究》第6期发表《择偶标准:五十年变迁及其原因分析》。2004年,李煜和徐安琪发表《择偶模式和性别偏好研究——西方理论和本土经验资料的解释》(《青年研究》第10期),指出择偶双方的相似相容以塑就幸福稳定的婚姻是择偶标准的主旋律。2008年,李煜在《中国人口科学》第3期发表《婚姻的教育匹配:50年来的变迁》,发现20世纪80年代以后教育匹配的同质性上升迅速,择偶模式发生了同质性回潮。2010年,徐安琪在《青年研究》第4期发表《白头偕老:新世纪的神话?——终身婚姻态度的代际比较研究》,指出人们仍然普遍认同幸福婚姻对人生的重要意义,主流社会仍推崇白头偕老的核心价值。

离婚问题是婚姻研究的另一主题。1982年,薛素珍等发表《离婚问题今析》(《社会科学》第5期),较早在上海社会学界探讨离婚议题。1995年,徐安琪发表《家庭暴力的发端——上海夫妻攻击行为的现状及特征》(《社会学研究》第1期)。2001年,徐安琪、茆永福发表《新疆维吾尔族聚居区高离婚率的特征及其原因分析》(《中国人口科学》第2期),认为该地区的高离婚率是伊斯兰教文化、民族风俗及其婚姻制度的演绎和延伸。2002年,徐安琪、叶文振在《人口研究》第4期发表《中国离婚率的地区差异分析》,发现家庭结构尤其是子女对父母婚姻关系的稳定作用最大。2003年,邓伟志和徐新的《爱的困惑:挑战离婚观念》(上海人民出版社),对传统的离婚观念进行社会学剖析。

【妇女】

20世纪80年代后,上海社会学界围绕妇女学、妇女问题,以及社会性别视角、两性平等等方面展开研究。1982年11月26日,邓伟志在《解放日报》发表《妇女问题杂议》,指出重男轻女思想的回潮,要求我们加倍重视妇女学研究。此文两次使用"妇女学"的概念。这是在中国的理论报刊上第一次出现"妇女学"这一学科名称。1984年,邓伟志在《妇女工作》第9期发表《完善和发展妇女学问题》,阐述妇女学产生和发展的必然性,这是国内最早从学理上提出建立中国妇女学的奠基性研究文献。1986年1月27日,邓伟志在《中国妇女报》发表《迎接妇女学发展的黄金时代》,进一步推介妇女学发展的意义与契机。1989年,吴铎发表《略论马克思主义妇女观》(《上海妇女》1989年12期),概述马克思主义关于妇女和妇女解放的基本观点。1994年,邓伟志的《妇女学呐喊》在澳门出版社出版。1996年,金蓓发表《当代国外女性学概述》(《社会科学》第5期),论述国外女性学流派的形成与发展。2010年,邓伟志在《中国妇运》第3期发表《妇女研究学科化的百年历程》,对近百年来中国妇女学研究的学科化进行回顾与总结。

妇女问题与妇女地位研究是上海社会学界开展妇女研究的重要议题。1989 年，费涓洪在《上海社会科学院学术季刊》第 4 期发表《商品经济与妇女的历史地位》，从商品经济与妇女的社会存在、自然存在和精神存在等三个方面探讨在商品经济社会里妇女的地位和作用的历史变迁。1994 年，章黎明主编的《上海妇女社会地位调查》（中国妇女出版社），运用翔实数据对上海妇女发展、特别是女性的社会地位进行分析。1995 年，邓伟志出版《妇女问题杂议》（云南科技出版社）。2004 年，王禄宁主编“新世纪与妇女发展丛书”（上海古籍出版社），包括吴铎的《马克思主义妇女观与妇女发展》，王菊芬的《妇女权益保障与妇女发展》，胡近、蒋超英的《妇女人力资源开发与妇女发展》，陈映芳、赵晔琴、魏莉莉的《妇女社会参与与社会发展》，费涓红的《国际妇女运动与妇女发展》，全面反映了上海妇女研究的进展和重要成果。2010 年，复旦大学出版社将陈望道关于妇女问题的系列文章集结为《恋爱婚姻女权：陈望道妇女问题论集》。2010 年，市妇女联合会与上海社会科学院联合编写的《上海妇女 60 年发展报告》（上海社会科学院出版社）对 1949 年以来上海女性的成长历程进行回顾，并对后世博时代上海女性的发展方向进行展望。

在开展女性研究、发展妇女学的研究过程中，社会性别视角开始出现在社会学研究之中。1994 年，吴铎发表《女性家庭角色与社会角色的冲突》（《社会》第 6 期），阐明妇女权益保护的目标是在新的基础上实现女性家庭角色与社会角色的统一。1995 年，夏国美发表《论女性主义和中国女性的自我意识》（《上海社会科学院学术季刊》第 4 期），比较研究了西方女性主义思潮和中国妇女运动的历史和现状。2003 年 12 月，市妇联与市妇女学学会联合举办了“社会性别与社会公共政策研讨会”，探讨社会性别主流化的策略和途径。2006 年，何佩群发表《性别视角下的发展理论》（《复旦学报》第 4 期），指出妇女发展模式的运作可以削弱性别意识形态再生产不平等和等级制的能力。2007 年，孙中欣在《清华大学教育研究》发表《妇女学的发展、女性主义教学论的应用与中国大陆高校课程改革》，认为妇女学的发展与女性主义教学论的应用，挑战并改变着所谓的“主流”课程体系，对相关高校学生和教师以及当代中国女性主义运动的推进产生着重大影响。

1990 年，市妇联妇运史编纂委员会主编的《上海妇女运动史（1919—1949）》（上海人民出版社），对上海解放前的妇女运动历史作了系统研究。1995 年、2006 年，市妇联、市妇女学学会等主编的《妇女研究在上海——世纪之交的上海妇女研究》和《妇女研究在上海 2001—2005》（上海科学普及出版社），介绍其时上海妇女研究的主要成果。

二、青少年

自 1979 年社会学恢复以来，青少年研究是上海社会学研究的重要分支之一。1981 年，上海社会科学院青少年研究所成立。1983 年，《当代青年研究》创刊发行。1985 年，陈小亚、曹锦清在《当代青年研究》第 5 期发表《青年研究的历史任务》，认为当代青年已经成为社会普遍关注的对象，是一个重要的历史现象。同年，薛素珍、柳林出版《儿童社会学》（山东人民出版社）。自此，学界对青少年的研究渐次深化与拓展。

【青少年生存与发展状况】

20 世纪 80 年代后，青少年的生存与发展状况一直是研究者关注的重点。其中，80 年代初开始对青少年犯罪及预防展开了相关研究。王凌青在 1982 年《社会科学》第 2 期发表《青少年犯罪的状况及综合治理的意见》,指出当我们充分肯定青少年的主流时,同时要重视少数青少年犯罪对社会治安带来的严重影响。1987年,曹漫之著《中国青少年犯罪学》(群众出版社),从社会学的角度讨论了青少年犯罪问题。20世纪90年代以后,对青少年发展的社会环境问题研究较多。徐安琪于2001年在《青年研究》第9期发表文章《父母离婚与子女犯罪关系的学术拨正——20世纪90年代相关研究的回顾及评估》中,通过分析近十年在《青少年犯罪研究》杂志上发表的定量研究文献,对以往夸大父母离婚对未成年子女犯罪影响的偏颇结论进行学术拨正。1994年,薛素珍在《社会科学》第6期发表的《社会变迁与中国儿童社会化》,发现其时上海家庭对孩子的教育依然重视忠孝教育、但亦尊重孩子主体性、且对男孩女孩的教育实践的差异在消减。2000年,杨雄在《上海社会科学院学术季刊》第2期发表《因特网对中国青年的影响及其对策》,主张以开放的心态迎接因特网的文化挑战,加速国家互联网络体系建设,加强对青少年的人文关怀。2003年,夏国美发表《社会学视野下的禁毒研究——青少年吸毒问题调查》(《社会科学》第10期),认为控制吸毒必须从分析制度入手,采取有利于预防青少年涉足毒品的政策。2006年,罗国芬在《青年研究》第3期发表《农村留守儿童的规模问题评述》,对各界之于农村留守儿童规模的估算的结果、依据的差异进行了反思。2007年,朱眉华与蔡屹在《华东理工大学学报》第1期发表《孤残儿童的机构照顾与社会融合》,主张通过家庭寄养、收养、中途宿舍、社会融合项目等模式推进孤残儿童的社会融合。2008年,程福财的《流浪儿:基于对上海火车站地区流浪儿童的民族志调查》(上海社会科学院出版社),调查上海流浪儿童遭遇的社会排斥及其应对策略,揭示了流浪儿童的脆弱性与能动性。2010年,邓伟志、孙抱弘和张建在《南京社会科学》第2期发表《关注青少年的日常生活与教育——上海市青少年危险行为现状分析与对策研究》,对上海青年少年的吸毒、艾滋病、意外伤害、自杀等危险行为的现状及其影响因素进行研究,提出从生活技能教育与课外休闲教育两方面进行干预的思路。

【青少年生活方式与价值观念】

改革开放之后,青年一代的生活方式与价值观快速变化,引起广泛关注。1982年11月,市委宣传部组织青年理论研究人员与实际工作者召开研讨会,就衡量当代青年标准、对当代青年评价和当代青年的特点进行研讨。1983年,陈小亚与曹锦清的《变化中的青年价值观》(《青年研究》第9期),分析了"文化大革命"结束之后青年一代的生活方式与价值观念向个体主义转型的变化趋势。此后,青年价值观问题一直备受关注。1984年,曹锦清在《青年研究》第10期发表《社会主义与青年》,详细回顾了改革开放之后人们对新一代青年的主流是好是坏的评价与激烈争论,提出了正确理解和平年代社会主义青年思想与价值观念的理论框架。1986年,金志堃发表《文化变迁与中国青年》(《当代青年研究》第12期),指出中国的青年问题、青年矛盾和社会对青年的认识是中国社会的文化变迁的表现。1989年,孙嘉明的《大学生政治社会化:现状、问题及对策——大学生政治文化观调查》(《社会科学》第12期),对青年大学生政治社会化的现状、其过程中出现的"认同模糊"问题及其影响进行研究。

20世纪90年代起,青年文化引起学者关注。1992年,杨雄在河南人民出版社出版《当代青年文化:回溯与思考》《激情与理性:中国青年知识分子激进主义思潮研究》,前者阐述青年文化理论、分析青年的社会主体性及其在构建青年亚文化与社会主流文化中的意义,后者重点分析青年知识分子的激进思潮。1996年,他又出版《摇滚乐与中国新生代》(山西人民出版社)。同年,孙嘉明发表《全球化进程与上海青年》(《当代青年研究》第6期),认为上海青年的生活方式、认知结构、价值取向与全球现代性都渐趋一致、融合。

2000 年，吴铎在《上海教育》第 8 期发表《资讯科技发展对青少年工作的挑战与展望》，分析资讯科技发展对青少年及青少年工作引发的理论和实践问题。2001 年，陈启芳、吴铎主编的《上海与香港青少年心理健康比较研究》（香港集贤社），比较了上海与香港青少年心理健康状况、心理健康教育的社会因素及成效。2002 年，陈映芳的《在角色与非角色之间——中国的青年文化》（江苏人民出版社），系统介绍了关于青年文化的相关基础理论，分析了角色型青年文化、非角色型的青年文化。2008 年，陈映芳的《"青年"与中国的社会变迁》（社会科学文献出版社），分析了中国近现代社会变迁过程中"青年"概念的变化。2008 年，杨雄的《中国青年发展演变研究》（上海文化出版社），探究了青年价值与青年一代成长、中国"第三代"与"第四代"比较、"第五代"青年价值观变化及其趋势等一系列中国青年的发展演变。

【青少年社会理论】

与 20 世纪 80 年代开始的青少年研究热潮相伴，关于青少年社会学研究的学科化发展也引起关注。1988 年，金国华在《当代青年研究》第 2 期发表《青年学的发展态势》，认为 1980 年以来青年社会学研究已形成热潮，但是作为学科的青年学还没有成熟，其理论基础、研究方法与研究范畴都有待成型。1989 年、1999 年，金国华的《现代青年学》和《青年学》（中国青年出版社），介绍了青年社会学研究基本理论、方法与议题，激发了学界对青年社会学理论研究的进一步兴趣。1997 年，苏颂兴发表《要重视青年社会学史的研究》（《当代青年研究》第 1 期），主张编写青年社会学史的长编或大事记、开展关于青年社会学史的国别研究。2007 年，沉寂多年的关于青年社会学基础理论与学科发展的讨论重新开启，上海社会科学院青少年研究所主办的《当代青年研究》开辟"理论反思"专栏，尝试对 20 世纪 80 年代以来的青少年研究进行反思，并就青年社会学研究的前景与基础理论展开讨论。同年 4 月，中国青年社会学研究会和《当代青年研究》杂志社在上海联合主办"青年研究基础理论建设研讨会"。陶希东在《当代青年研究》2009 年第 6 期发表的《跨界区域治理理论视野下的青少年研究创新策略》，在介绍跨界区域治理理论的基础上，提出了青少年问题研究的思路方法、研究内容的创新举措。

在青年社会学的具体理论方面，曹锦清的《变化中的青年价值观》（《青年研究》1984 年第 9 期），指出要把对青年个体价值观念的变化与中国政治社会的大变革结合起来理解。金志堃的《文化变迁与中国青年》（《当代青年研究》1986 年第 12 期），认为中国的青年问题、青年矛盾和社会对青年的认识都能在传统文化对西方文化的吸收、冲突、交融所引起的矛盾中得到适当的说明。苏萍的《转型社会·过渡事件·制度安排——关于青年向成年过渡研究的社会学思考》（《当代青年研究》2008 年第 12 期），认为青年研究应该更加关注青年由结尾时期走向成年的过渡时期，青年过渡研究应该着重考察社会变化与社会政策如何影响青年的过渡。

三、老年

【人口老龄化】

1984 年，袁缉辉在《社会》第 1 期发表《从战略高度研究老年人问题》，提出要从战略高度研究关注老龄问题，开启上海老年社会学研究的先河。此后，上海老年社会学研究一直较为活跃。1986 年，袁缉辉主编的《老龄问题》（复旦大学出版社），汇集了多位学者分析国内外老龄问题的研究论文。1996 年，桂世勋主编的《独生子女父母年老后的照顾问题——上海与东京老龄化对比研究》

(华东师范大学出版社),认为子女数的多少与老年人从他们那里得到的净经济供给总量没有显著相关。1997年,冯贵山主编的《迈向21世纪老龄问题探讨》(中国文联出版公司)提出了养老服务包括经济供养、日常生活照料和感情慰藉等方面的论述。2005年,桂世勋在《市场与人口分析》第5期发表《上海市少子老龄化与可持续发展》,分析了21世纪上半叶上海将面临的严峻的少子老龄化形势,从替代性的人口流迁徙政策、生育政策调整、退休年龄调整、居家养老体系建设等方面提出了应对老龄化形势、促进可持续发展的对策。2008年,童琳琳的《上海市老年人口状况发展轨迹与启示》(《西北人口》第4期),研究上海市老年人口的变化特点与发展趋势。2009年,王桂新等发表《上海老龄化高峰期预测及对策研究》(《科学发展》第10期),预计2030年为上海老龄化高峰期,65岁以上人口将达到约630万,约占总人口23%。

【老年生活状况与生活质量】

上海社会学者对老年生活状况与生活质量作了系统研究。1986年,潘穆在《社会学研究》第6期发表《闲暇时间与城市老年人生活方式》。1994年,袁缉辉与张钟汝的《金色的晚晴——老年生活质量研究》(学林出版社),从老年经济生活与再就业、婚姻与家庭、闲暇与社会参与、权益与保护等方面入手,论述如何提高老年生活质量。2000年,孙常敏在《上海社会科学院学术季刊》第3期发表《城市老年人余暇生活研究——以上海城市老人为例》,指出老年教育是老年余暇生活的核心内容。2001年,桂世勋在《南方人口》第4期发表《中国高龄老年人口生活质量研究》,指出中国高龄老年人口生理健康的平均等级分最低,心理健康与日常生活功能的平均等级分居中。2009年,周海旺等在《人口与发展》发表《上海老年人口生活质量的变化趋势与对策研究》,对影响上海老年人口生活质量的经济、健康和居住三个方面作了纵向对比分析。同年,吴铎的《略论老年自主教育》(《上海老年教育》2009年第4期),强调老年自主教育在于提高老年人的生命质量和生活质量,增强老年人再社会化过程中的幸福感。

【老年生活保障】

20世纪80年代后期起,养老保障成为上海社会学者长期关注的问题。1990年,桂世勋在《中国人口科学》第2期发表《上海市农村养老保险新体制的探索》,介绍了他们1987年初开始在上海农村探索如何将当时实行的基本上由集体负担农村老人退休金或养老补贴的制度,改为由国家、集体和劳动者个人三者合理负担的制度,剖析了建立养老保险新体制的经济社会背景和这种新体制的主要特点。1992年,彭希哲、戴星翼在《中国人口科学》第5期发表《试论老年生活保障与农村人口控制》,指出其时农村老年生活保障主要依靠多生育来规避老年生活风险。同年,桂世勋发表《银色浪潮中的一个重大社会问题——关于独生子女父母年老后生活照顾问题的对策与建议》(《社会科学》第2期),指出独生子女父母年老后的生活照顾问题形势严峻;应以家庭养老为主、社会养老为辅,以各种支持老人在家养老的基层社区服务为主、老人入院服务为辅的思路予以应对。1995年,袁缉辉在《上海大学学报》第6期发表《强化家庭作用　支持居家养老》,明确提出要充分发挥家庭在老年生活保障问题中的作用,在全国最早明确提出"居家养老"的概念并予以理论阐释。1998年,吴铎发表《街道社区建设与老年人权利保障》(《银色的盾牌》学林出版社1998年),提出增强城市社区老年人权利保障功能。1998年,桂世勋等主编的《上海市老年保障体系及其运行机制研究》(华东师范大学出版社),提出上海的老年保障体系建设要重点搞好老年人的经济保障、医疗保障和服务保障,这既要从建成国际大都市的要求出发,又要充分估计未来上海人口老龄化的严峻形势。

2003年，桂世勋主编的《中国长江三角洲地区农村养老模式研究》（华龄出版社），进一步讨论经济发达的长三角地区的农村养老问题。2004年，桂世勋的《上海城市社区为老服务资源整合研究》（《华东师范大学学报》第1期），认为上海市应进一步搞好社区为老服务的信息资源、硬件资源、人力资源、财力资源等方面的整合，并切实推进有利于社区为老服务资源整合的观念创新、体制创新和机制创新。2008年，桂世勋在《人口与发展》第3期发表《构建广义的老年人照料体系——以上海为例》，提出从参与、健康、保障三个方面搞好预防性服务。周海旺、寿莉莉的《支持老年照顾者 应对高龄化社会的老年照护挑战》（《重庆工学院学报》第7期），提出以构建社会援助网络来应对高龄化社会挑战。

20世纪90年代后，养老产业的发展也备受上海学者关注。1996年，王爱珠的《老龄经济学》（复旦大学出版社），填补了国内从经济社会学角度研究老年问题的空白。2000年，张西飞在《西北人口》第1期发表《我国老年人口负担：一种经济学的分析》，认为中国人口老龄化所引起的老年人口负担是客观存在的，建立和完善我国养老保障体系是解决中国老年人口负担问题的最根本途径。2003年，吴瑞君在《人口与经济》第5期发表《拉动老年有效需求，促进上海老龄产业的发展》，探讨了人口变动对老龄产业发展的影响作用，并从如何拉动和激发老年人口群体的有效需求为立足点，分析和提出了促进上海老龄产业发展的具体举措。

四、性社会学

20世纪80年代中期至90年代初，上海的性社会学研究处于全国领先地位。1986年，刘达临在《求索》第5期发表《性科学与四化建设》，提出应该正确看待性科学。1988年，他出版全国第一本《性社会学》（山东人民出版社）专著。1989年2月至1990年5月，上海性社会学研究中心在全国15个省市24个地区开展“性文明”调查，首次从整体上勾勒出中国人的性观念和性行为现状。

1990年，徐安琪在《社会学研究》第3期发表《被动性、抉择权和低满意度——妇女的性角色特征初探》，在问卷调查的基础上揭示了上海妇女在性生活中表现出被动性、抉择权低和满意度不高等特征。1993年，夏国美在《社会学研究》第6期发表《性病防治对策探略》，指出当今中国性病防治遇到的最大麻烦，来自性文化理论上的困惑、犹豫。徐安琪、叶文振在《社会学研究》1999年第3期发表《性生活满意度：中国人的自我评价及其影响因素》，指出中国人对性生活的满意度介于“比较满意”和“一般”之间；感情生活满意度和性快感体验对性满意度具有最显著的正相关作用。

1999年，杨雄等撰写的《青春与性：1989—1999中国城市青少年的性意识和性行为》（上海人民出版社），指出与1989年相比，1999年城市两性青少年的性生理成熟都提前近半年。2006年，杨雄在《社会科学》第5期发表《青少年性行为“滞后释放”现象的实证解释》，指出性教育可以帮助青少年安稳度过青春期，人们对中学生性行为存在“高估”偏向，却对大学生性行为存在“低估”倾向。2005年，程毅发表《性观念：当代中国大学生的实际走向与现状——基于上海若干高校实证调查的研究和分析》（《华东理工大学学报》第4期），认为上海大学生性观念多元化趋向日趋显著。2010年，刘汶蓉在《青年研究》第2期发表《婚前性行为和同居观念的现状及影响因素：现代性解释框架的经验验证》，指出成长于改革开放前后的人群对婚前性和同居的态度具有显著差异，但与西方国家人群相比仍相当保守。

此外，刘达临对中国性文化作了长期深入的研究，并发表一系列相关研究成果：《中国当代性文化》（上海三联书店1992年）、《中国古代性文化》（宁夏人民出版社1993年）、《一个性学家的日记》(宁夏人民出版社1995年)、《世界当代性文化》(上海三联书店1999年)、《20世纪中国性文化》(上海三联书店2000年)、《中国性文化史》(东方出版中心2007年)等,推动了中国性文化的研究,在海内外引起广泛关注。

第三节　城市社会学

一、浦东城市发展

浦东开发开放是中国对外开放战略的重要一环,上海社会学界凭借学科优势积极参与其中。20世纪90年代初期,受浦东新区人民政府委托,上海高校与上海社会科学院的社会学者40余人参加了"上海市浦东新区90年代社会事业发展战略及规划研究"和"上海市浦东新区90年代社会保障发展规划研究",并与其他学科专家一起于1994年在上海社会科学院出版社出版《上海市浦东新区90年代社会事业发展战略及规划研究》(张学兵、王战主编)和《上海市浦东新区90年代社会保障发展战略规划研究》(马伊里、吴铎、桂世勋主编)。这两项研究,主张以人为本的发展理念。

1995年,吴铎的《论浦东新区社会功能开发》(《上海社联年鉴》),对浦东社会开发思路、规划社会事业发展、强化城乡社区建设等方面作了分析。同年起,李友梅以浦东为调查基地开展"浦东开发开放中的农民问题研究",并发表《浦东新区城市化过程中的农民问题研究》(《上海大学学报》1999年第3期)、《退路与行动空间——90年代浦东大开发前沿的征地农民问题》(上海市社会科学界联合会2004年学术年会会议论文)、《自由行动者缺席与集体行动的困境——以上海浦东新区"列车工程"为例》(《上海大学学报》2005年第4期)等系列成果。从1995年起,华东师范大学社会学研究中心与浦东新区社会发展局联合开展"上海市浦东新区城区—社区发展规划研究"等应用研究课题;浦东新区与复旦大学合作建立"浦东—复旦社会发展研究中心",联合开展浦东新区社会发展研究。1995—1998年,合作研究的成果《浦东新区社会发展报告》在上海人民出版社连续出版4辑,系统展示了浦东开发开放之后浦东社会发展的变化情况。同一时期,华夏社会发展研究院、华东社会发展研究所组织编写"华夏社会发展丛书·浦东系列",包括范伟达主编的《全球化与浦东社会变迁》(社会科学文献出版社2004年),分别从转型社会理论、政府与社会的关系、人口战略、社区建设、可持续发展等角度探讨推进浦东新区开发开放的战略选择。2007年,李友梅等著的《速城市化过程中的乡土文化转型》(上海人民出版社),在系统阐述反思乡土文化转型理论的基础上,对浦东开发开放中的农民问题、外来媳妇的社会融合问题等城市化议题进行经验研究和分析。

二、社区建设与城市基层社会治理

20世纪90年代中期,上海学者开始研究社区建设与城市基层社会治理问题。上海的社会学者与政府有关部门共同组织了上海市社区发展研究会,并组织开展系列专题研究,出版系列专著和研究报告。涉及的内容包括社区建设与现代文明、社区志愿者活动、居委会组织体制、社区经济、物业管理与社区建设体制等。1991年,吴铎主编的《中国大百科全书》社会学卷之"社区研究"篇,全面阐述社区理论、实务、历史等。1994年,吴铎在《学术交流》第5期发表《论社区规划》,阐述社区发展规划的内涵和意义、指导思想和原则、基本内容、主要方法。1996年,林流主编的《新时期社区建设与管理》(上海人民出版社),论述了城市管理重心下移、小政府大社会等一系列城市治理路径。同年，徐中振、卢汉龙、马伊里主编的《社会发展与现代文明》（上海远东出版社），从中国社会主义市场经济发展及社会转型的大趋势出发，第一次从学术层面对上海城市社区建设的体制背景和理论视野，社区发展的核心目标、组织管理体制，社区服务与社会保障福利制度及社区参与和培育社会公益观念等问题进行综合研究。1997 年，吴铎发表《论社区建设主体——上海市浦东新区社区发展报告》（《社会学研究》第 5 期），分析在经济结构转变和社会结构变迁过程中，城市社区建设的功能主体。1998 年，徐中振主编的《志愿服务与社区发展》（上海三联书店），提出志愿服务是社会全面发展的结构因素和价值追求，论述了上海志愿服务与社区发展的现状及其相互关系。同年，施凯等主编的《两级政府 三级管理：上海社区管理体制改革试点成果汇编》（上海人民出版社），集中报告了上海基层管理体制改革的做法与成效。

20 世纪 90 年代后期开始，社会学者对社区建设与管理中面临的问题与出路进行了研究。1999 年，卢汉龙组织开展“中国社会基层社会的组织重建”项目研究，发表《单位与社区：中国城市社会生活的组织重建》（《社会科学》第 2 期），提出制度化、理性化、自主性是市场化改革带来的新趋向。2001 年，鲍宗豪发表《社区文化产业：繁荣国际大都市文化的新观点》（《中国青年政治学院学报》第 4 期），提出社区文化产业可作为发展国际都市文化的新生长点，是繁荣国际大都市文化产业的新视点。同年，章友德在《华东理工大学学报》第 2 期发表《从行政性依赖到双向互动——政府与社区组织关系初探》，提出在社区建设中，政府与社会组织的关系要迈向双向互动的伙伴关系；马西恒发表《社区建设：理论的分立与实践的贯通》（《浙江社会科学》第 6 期），认为尽管理论上存在“行政化”与“社区化”的分野，社区建设的实践却出现了两者的贯通，并创造了整合行政权力与社会权力的新方式。

进入 21 世纪之后，上海社会学者的研究重点逐步从社区建设转向社区治理、城市基层社会治理。2000 年，曹锦清与李宗克的《社区管理与物业运作——上海徐汇区康健街道研究报告》（上海大学出版社），认为业委会的运作情况与物业结构紧密相关，私房比例越大的小区，业委会的运作情况越好。徐中振主编的《上海社区发展报告 1996—2000》（上海大学出版社 2000 年），较为集中体现上海城市社区社会生活的秩序与管理的转型变化。2002 年，吴铎发表《上海街道社区社会功能现状与趋势》（《廿一世纪社区工作新趋势》内地与台港澳交流研讨会论文集，澳门街坊会联合总会），概述上海社区建设在新世纪的新趋势。徐中振、李友梅等的《生活家园与社会共同体——“康乐工程”与上海社区实践模式个案探索》（上海大学出版社 2003 年），认为传统体制下行政“命令式”的单向服从的关系模式正在向“协商式”的双向服从的关系方式转变。2003 年，李友梅在《江苏社会科学》第 6 期发表《城市基层社会的深层权力秩序》，对于基层社区组织而言，权力来源的转变要求其必须增强有效整合和动员各种资源的治理能力。2003 年，何海兵在《管理世界》第 6 期发表《我国城市基层社会管理体制的变迁：从单位制、街居制到社区制》，提出单位制正在解体、街居制身陷困境、社区制浮出水面迎来发展契机。2004 年，马西恒在《上海行政学院学报》第 2 期发表《社区治理框架中的居民参与问题：一项反思性的考察》，提出居民参与意愿和参与程度制约着社区选择何种治理模式、选择何种社区治理模式对于促进或制约居民参与程度具有重要影响。2005 年，石发勇在《社会》第 2 期发表《城市社区民主建设与制度性约束》，认为基层政府机构和居委会之间控制关系的“固定化”，使得城市微型社区治理陷入“闭锁”的困境。徐永祥的《政社分工与合作：社区建设体制改革与创新研究》（《东南学术》2006 年第 6 期）指出现行的社区建设体制是政府内部行政权力与职能的重新分配，并未改变“政社不分”这一传统社会体制的结构性缺陷。2007 年，李友梅在《社会》第 2 期发表《社区治理：公民社会的微观基础》，提出要把关于社区治理的研究视角聚焦到具体行动空间的权力关系和机制。2007 年，沈关宝主编出版《历史 现实 模式：以上海社区文化为例的实证研究》(上海人民出版社)。2008 年，卢汉龙在《中国社会科学》(英文版)第 1 期发表《中国城市居民委员会的工作比较研究：上海和沈阳》，提出城市基层社会治理结构的转变是社区建设的关键，国家要给基层社会的自我运作让渡空间。同年，桂勇的《邻里空间——城市基层的行动、组织与互动》(上海书店出版社)，从行动者在充斥着各种政治、社会因素的特定邻里空间中的行动出发，对城市邻里进行分析。2010 年，石发勇在《社会学研究》第 3 期发表《业主委员会、准派系政治和基层治理》，检视了作为新兴市民组织的业主委员会的运作机制及其对城市基层治理的影响。李友梅主编的《上海调查：2009》(上海大学出版社 2010 年)，进一步探索上海基层治理的改革实践经验。

上海社会学界还编写出版了关于社区建设的培训和教学教材。1998 年，在市委组织部的组织推动下，吴铎组织编写培养社区工作者的教学用书《城市社区工作读本》(上海交通大学出版社)。此外，还有徐永祥的《社区发展论》(上海教育出版社 1998 年)、孟临等的《中国城市区建设与管理概论》(上海教育出版社 1998 年)等高校社会学科的教学用书，胡申生主编的《社区词典》(上海古籍出版社 2006 年)，这些对推动社区建设与管理实务发挥了积极作用。

三、城市化与城市问题

20 世纪 80 年代起，城市化议题受到上海社会学者的关注。1984 年，吴铎发表《试论我国城市社会学的结构和内容》(《华东师范大学学报》第 1 期)，在全国首倡城市社会学研究。1985 年，吴铎发表《深圳经济特区的社会考察》(《华东师范大学学报》第 1 期)，对城市社会学进行个案研究。1993 年，沈关宝的《一场悄悄的革命：苏南乡村的工业与社会》(云南人民出版社)，指出把工业文化与传统农业文化有机地区别与融合才是中国乡村工业化的出路。1994 年，吴铎的《城市社会学与城市社会发展研究》(《中国社会学年鉴》中国大百科全书出版社)，概述中国城市社会阶层、社会流动、社会保障、社区建设、城市化道路、外国城市社会学等方面的研究。1996 年，吴铎的《上海城市社会结构与功能现代化——城市社会学面向 21 世纪的思考》(《社会》第 4 期)，探讨在上海迈向国际经济、金融、贸易中心的历史过程中，城市社会学的使命和新的重大课题。1999 年 7 月，上海社会科学院社会学研究所在上海举办国际社会协会都市与区域研究专业委员会(R21 - ISA)年会，主题为："面向 21 世纪的发展议题：中国城市化"。这次会议集聚了来自全球 20 多个国家和地区 120 余名各类城市研究的专家，开启了把中国的城市研究成为国际学术界跨学科、跨机构、跨世代共同研究的新领域。

2000 年，鲍宗豪等人发表《区域社会发展与城市化进程的融合——深圳、珠海、浦东城市化进程的启示》(《社会科学》第 6 期)，将城市化置于其实际运行依存的区域发展视野中观照，提出要将区域社会发展所思考的重点放在城市化方面。2001 年，张钟汝等的《城市社会学》(上海大学出版社)，系统介绍了城市社会学的一般理论与研究领域。2002 年，刘豪兴出版《中国乡村考察报告：乡镇社区的当代变迁(苏南七都)》(上海人民出版社)。2003 年，陈映芳等撰写的《征地与郊区农村的城市化——上海市的调查》(文汇出版社)，从结构到意识等角度全面审视征地拆迁及其导致的农民的生活方式、家庭形态、权利意识、社会性格等方面的复杂深刻变化。

城市问题研究起步较早。1979 年 7 月，华东师范大学开展城市社会问题调查，并编辑《上海市城市社会问题调查报告选》。1981 年，吴铎发表《当前上海市区乞讨现象试析》(《社会》第 1 期)，在国内引发热烈讨论，并被美国、日本报刊译载。1996 年，吴铎发表《需要建立社会公共安全指标体系》(《探索与争鸣》第 5 期)。2001 年，吴铎撰写《谈谈城市社会问题研究》(吴铎《社会学文集》，华东师范大学出版社)。2003 年，邓伟志的《当代“城市病”》(中国青年出版社)，剖析了当代城市面临的贫困、失业、乞讨、人文精神缺失等问题。同年，陈映芳在《华东师范大学学报》第 3 期发表《征地农民的市民化——上海市的调查》，提出要从探讨“农民”与“市民”的属性差异、市民化所涉及的人们生活意识和生活式样的变化等问题入手，解释农民在市民化过程中遇到的问题。2004 年，陈映芳在《江苏社会科学》第 3 期发表《中国城市下层研究的经纬和课题》，主张城市下层调查研究应包括城市生态学研究，应导入生活结构理论，并注意国际比较方法的运用。2006 年，陈映芳的《棚户区：记忆中的生活史》(上海古籍出版社)，通过大量人、事调查研究，阐述了上海市城市贫民区人们的生活状况。周新宏在 2007 年撰写的《城中村问题：形成、存续与改造的经济学分析》(复旦大学博士学位论文)对“城中村”问题进行了全面探究。2004 年，文军的《农民市民化：从农民到市民的角色转型》(《华东师范大学学报》第 3 期)指出农民的市民化是一系列角色意识、思想观念、社会权利、行为模式和生产生活方式的变迁。2008 年，马西恒等在《社会科学研究》第 1 期发表《“敦睦他者”与“化整为零”——城市新移民的社区融合》，认为外来新移民同城市社会的融合将依次经历“二元社区”“敦睦他者”“同质认同”三个阶段，政府应将各种机会、待遇、保障同城市本地户籍相剥离，以“化整为零”的方式逐步消除城乡二元结构。2009 年，文军的《农民的“终结”与新市民群体的角“再造”——以上海郊区农民市民化为例》(《社会科学研究》第 2 期)，指出新市民的角色再造除了依赖于农民自身的因素外，更需要政府相关制度的创新和政策的重构。

第四节　经 济 社 会 学

一、经济社会学理论

上海学界对经济社会学的研究，起始于对经济社会学理论视角的讨论。1995 年，学界开始对市场经济的社会影响进行研究，邓伟志的《市场经济的若干社会功能》(黑龙江人民出版社)，明确提出市场经济具有加速社会流动、转换社会角色、重组社会分层、提高都市化水准等正向社会功能。同年，张钟汝等主编的《市场经济与机制转换》(学林出版社)分析了市场经济的发展与经济社会管理机制转型的关系。1998 年，朱国宏主编的《经济学视野里的社会现象》和《社会学视野里的经济现象》(四川人民出版社)，推动了经济学与社会学的融合发展和经济社会学在中国的发展。1999 年，卢汉龙在对国有企业办三产的“墙头经济”研究资料分析的基础上，发表《“墙头经济与集体社会主义”》(《上海社会科学院学术季刊》第 4 期)。2000 年，彭文兵与桂勇在《财经研究》第 9 期发表《经济社会学视角下的企业研究》，指出经济社会学对理性的研究更加突出经济变量之外的社会性变量的影响。2003 年，桂勇、陆德梅、朱国宏在《复旦学报》第 3 期发表《社会网络、文化制度与求职行为：嵌入问题》，提出经济行为嵌入于行动者所处的社会网络之中，社会网络本身又是嵌入于更为广阔的文化制度背景之中。刘少杰与甄志宏在《社会科学战线》2004 年第 3 期发表《突破边缘化的理论选择——经济学扩张与新经济社会学的回应》，指出经济社会学的发展应该是社会学积极迎接经济学帝国主义的挑战并将研究领域拓展到经济领域的结果，是社会学摆脱自身边缘化的积极努力。2005 年，朱国宏、桂勇主编的《经济社会学导论》(复旦大学出版社)，系统展示了经济社会学的学科体系。甄志宏在《江苏社会科学》2006 年第 3 期发表《从网络嵌入性到制度嵌入性——新经济社会学制度研究前沿》,认为新经济社会学逐渐将关注的焦点由社会网络转向了经济组织的制度化过程。

2008年之后,经济学的制度学派、文化学派等基本理论范式得到系统讨论。高柏在《社会学研究》2008年第4期发表《中国经济发展模式转型与经济社会学制度学派》,指出经济社会学制度学派否认经济学和理性选择理论采用的先验的理性假设,并摈弃它们建构超越具体时空条件限制的大理论的追求。2009年,甄志宏在《江海学刊》第4期发表《网络、制度和文化:经济社会学研究的三个基本视角》,分析经济社会学中的网络分析学派、制度学派和文化学派三个基本理论视角的差异。刘玉照在《社会学研究》2009年第4期发表《新制度是如何落实的?作为制度变迁新机制的"通变"》,在实证调研的基础上探讨制度变迁的具体机制和过程。梁波、王海英于2010年在《社会》第6期发表《市场、制度与网络:产业发展的三种解释范式》。2010年,刘豪兴等出版《旷世的忧思:费孝通的经济社会学思想》(上海人民出版社),全面勾勒费孝通的经济社会学思想地图。

二、社会资本

2000年以后,上海学界对社会资本的概念、分类、测量及其影响进行诸多研究。《社会》2007年第2期刊载的张文宏、栾博的《社会结构取向下的社会资本研究概念、测量与功能》指出,中国的社会网络与社会资本的研究正在走向专业化、制度化和规范化,但也还存在将社会资本的概念界定和操作化测量宽泛化和随意化的倾向。同年,张文宏在《江苏社会科学》第3期发表《中国社会资本研究:概念、操作化和经验研究》,对中国社会资本研究情况进行评述分析。2007年,梁德阔在《安徽大学学报》第6期发表《社会资本理论对社会学方法论二元对立的消解》。2008年第3期《社会学研究》刊载桂勇、黄荣贵的《社区资本测量:一项基于经验数据的研究》,建构一个七维度的社区社会资本测量量表,验证了其信度、效度。

进入21世纪以后,上海社会学界对社会资本作了更多实证研究。2002年,桂勇、顾东辉、朱国宏在《世界经济文汇》第3期发表《社会关系网络对搜寻工作的影响——以上海市下岗职工为例的实证研究》,证实社会关系网络在下岗职工再就业过程中的重要作用。2005年,张文宏在《社会学研究》第4期发表《城市居民社会网络资本的阶层差异》,指出占据高阶层位置的专业行政管理人员比工人拥有更丰富的社会网络资本,这种差异可能与中国阶层结构的不充分分化有关。2007年第5期《复旦学报》刊载李洁瑾、黄荣贵、冯艾的《城市社区异质性与邻里社会资本研究》,指出社区内部异质性的增大会抑制整合性的社会资本,但有可能促进链合性的社会资本。2008年,石发勇在《学海》第3期发表《社会资本的属性及其在集体行动中的运作逻辑——以一个维权运动个案为例》,提出社会资本可能起源于社区成员面临共同压力所产生的集体合作需求、市民组织、正义感以及人力资本等。魏永峰发表《社会网络与职业获得:问题与研究方向》(《浙江社会科学》2009年第5期),指出社会网络对职业获得的因果性效应需要关注社会资源的拥有、社会资源的动用和求职结果三者之间的相互关系。2009年,陈捷、卢春龙在《社会学研究》第6期发表《共通性社会资本与特定性社会资本——社会资本与中国的城市基层治理》,指出包容性的社会信任与开放型的社会网络对社区居民委员会的治理有显著的积极作用。2010年,沈关宝、李耀锋在《复旦学报》第2期发表《网络中的蜕变:失地农民的社会网络与市民化关系探析》。

三、消费

2000 年以后，消费行为与消费文化成为上海社会学者研究的重点领域之一。2001 年，卢汉龙与戴维斯在《社会学研究》第 1 期发表《消费文化与消费革命》，指出消费是研究社会结构与社会关系的探测仪。2003 年，他们联合主编《中国城市的消费革命》（上海社会科学院出版社），从消费文化的视角分析中国的发展。2006 年，张敦福在《社会》第 2 期发表《迈向"虚无之物"的日常生活消费实践一个消费者的视野》指出，中国社会正在走向消费社会，消费实践正在走向"虚无之物"充溢的世界。此后几年，张敦福先后发表《瑞泽尔消费社会学研究的核心主题：一个批评性评述》（《社会科学》2007 年第 3 期）、《多形态的全球化与消费者自主性——评瑞泽尔消费社会学研究新著〈虚无之物的全球化〉》（《社会学研究》2007 年第 5 期）等系列论文，对生活意义、晚期资本主义的消费、瑞泽尔的消费社会研究思想等议题进行了研究、讨论。

此外，上海社会学者对劳动力市场、劳资关系、工会、集体经济、企业产权等经济社会学议题进行研究。1997 年，卢汉龙发表《劳动力市场的形成和就业渠道的转变——从就职过程看中国市场化变化的特征》（《劳动经济与人力资源管理》第 8 期），认为在中国市场化转变的过程中，社会网机制和人力资本的作用已经成为人们谋取职业的两大重要机制。2006 年，胡守钧和李梅以访谈的形式在《探索与争鸣》第 12 期发表《工会重建：当下劳资关系和谐的基石》，认为组建工会是实现和谐劳资关系的需要。翁定军在《上海大学学报》2006 年第 4 期发表《失业背后的权力因素》，认为"经济高速增长下的高失业率"与"一些失业者不愿从事低薪工作"现象的背后是劳资之间权力的失衡，政府要通过干预经营者的行为从源头上干预失业。2006 年，周怡的《中国第一村：华西村转型经济中的后集体主义》（牛津大学出版社），实证描绘了一个公认的社会主义集体村庄在经历转型经济的磨砺之后是如何转变为一个"后集体主义"的社区形态。同年，桂勇的《私有产权社会基础——城市企业产权的政治重构（1949—1956）》（立信会计出版社 2006 年），分析在"资本主义的社会主义改造"与国家、与所有权、与社会动员、与产权和社会行动者之间的关系。

第五节　政治、法律、宗教与组织社会学

一、政治社会学

上海学者对政治社会学的系统研究起步于 20 世纪 90 年代后期，而后聚焦于政治参与、集体抗争和社会运动研究等议题。1997 年，邓伟志等主编的《变革社会中的政治稳定》（上海人民出版社），研究了变革社会中政治稳定的社会条件与目的，指出政治秩序稳定是经济社会发展的前提。2005 年，谢岳等在《上海交通大学学报》第 3 期发表《集体行动理论化系谱：从社会运动理论到抗争政治理论》指出集体行动的理论发展主要经历了社会运动、革命和抗争政治三阶段，并相继形成了庞大的社会运动理论、革命理论和抗争政治理论。2009 年，刘欣在《社会学研究》第 1 期发表《新政治社会学：范式转型还是理论补充》，讨论了政治社会学理论范式的变化，指出新政治社会学更注重充斥于整个社会生活中的权力现象，在高于民族——国家的宏观领域里或者在低于民族——国家的微观层次上来考虑权力问题，它只是经典政治社会学补充而非替代。

维权与集体抗争研究是上海学者关注的重要政治社会学议题。2004 年，刘玉照在《社会》第 11

期发表《集体行动中的结构分化与组织化——以白洋淀某村修路与基层选举为例》,认为集体行动中的结构分化与组织化过程影响集团的集体行动能力。2005年,石发勇在《学海》第3期发表《关系网络、以法抗争和当代中国城市集体行动》,探讨行动者是如何利用关系网络与法律进行集体抗争,认为关系网络是影响城市基层社会维权运动爆发及其结果的重要因素。2006年,陈映芳在《社会学研究》第4期发表《行动力与制度限制:都市运动中的中产阶层》,认为城市中产阶层在房产物业纠纷的维权运动中表现出了相应的权利意识和行动力,而对市民自主组织的政治/法律限制已构成市民组织化表达行动和社会发育的制度瓶颈。同年,刘玉照在《社会》第5期发表《遭遇修路事件的村庄选举双重选择的集体行动》,对农村基层选举中出现的经济精英入主村委会的现象进行阐释。章友德等在《社会》2007年第3期发表《资源动员与网络中的民间救助》,分析了网络动员的结构和模式以及与传统救助模式优劣。黄荣贵等在《社会学研究》2009年第5期发表《互联网与业主集体抗争:一项基于定性比较分析方法的研究》,揭示互联网在业主集体抗争中的作用。

此外,多位研究者对政治参与作了研究。2009年,李骏在《社会学研究》第5期发表《住房产权与政治参与:中国城市的基层社区民主》,指出在中国城市基层社会,住房产权对政治积极性的促进作用目前仅局限于新型商品房住宅小区。2010年,孙秀林在《社会》第1期发表《城市移民的政治参与:一个社会网络的分析视角》,城市居民参与"同乡、校友、战友聚会""居委/物业组织的会议/活动"等社会活动的频率越高,其政治参与的概率就越高。陈映芳在《社会学研究》2010年第4期发表《行动者的道德资源动员与中国社会兴起的逻辑》,分析行动者在维权过程中是如何力于发掘价值资源和政治伦理的正当性。朱海龙在《湖南师范大学学报》2010年第3期发表《网络社会信息嬗变对政治参与动员的影响》,揭示网络社会正在成为公民政治参与的开放式交往与活动的平台。

二、社会分层与社会流动

社会分层与社会流动是社会学研究的重要领域之一。20世纪80年代末,上海社会学者开始涉足这一领域。1989年,庞树奇与仇立平在《社会学研究》第3期发表《我国社会现阶段阶级阶层结构研究初探》,开启上海学者现阶段对社会阶层结构研究的先河。2000年之后,该领域迅速成为上海社会学关注的热点。2001—2006年,刘欣发表《转型期中国大陆城市居民的阶层意识》(《社会学研究》2001年第5期)、《相对剥夺地位与阶层认知》(《社会学研究》2002年第1期)、《市场转型与社会分层:理论争辩的焦点和有待探讨的问题》(《中国社会科学》2003年第5期)、《当前中国社会阶层分化的多元动力基础——一种权力衍生论的解释》(《中国社会科学》2005年第4期)、《当前中国社会阶层分化的制度基础》(《社会学研究》2005年第5期)等相关论文,提出再分配权力、寻租能力和市场能力共同构成阶层分化的动力基础等系列论断。仇立平先后发表《职业地位:社会分层的指示器——上海社会结构与社会分层研究》(《社会学研究》2001年第3期)、《回到马克思:对中国社会分层研究的反思》(《社会》2006年第4期),提出上海存在以领导干部为主的职业群体、以办事人员或职员(一般管理人员)为主的职业群体、以各类专业技术人员为主的职业群体、以商业从业人员为主的职业群体和以工人、农民、居民生活服务业人员为主的职业群体五大社会阶层等论述。2009年,李煜在《社会》第6期发表《代际流动的模式:理论理想型与中国现实》,在梳理西方代际流动理论的基础上提出了解中国社会流动的理想类型。

20世纪90年代中期后,教育对社会分层与社会流动的影响开始引起关注。马和民在《社会学研究》1997年第4期发表《当前中国城乡人口社会流动与教育之关系》,研究了教育对两性社会流动的影响。李煜在《中国社会科学》2006年第4期发表《制度变迁与教育不平等的产生机制——中国城市子女的教育获得(1966—2003)》，认为管理阶层的资源优势正逐步转化为下一代的教育机会，这一进程将很可能导致社会分层结构日益固化。2007年，李煜在《江苏社会科学》第5期发表《家庭背景在初职地位获得中的作用及变迁》，发现不同家庭背景的子女在相同的教育资质下，职业地位的获得仍然存在显著差异。张文宏在《社会学研究》2005年第4期发表《城市居民社会网络资本的阶层差异》，认为中国社会网络结构特征的差异主要体现在专业行政管理阶层和工人阶层之间，与中国阶层结构的不充分分化有关。刘欣在《社会学研究》2007年第5期发表《中国城市的阶层结构与中产阶层的定位》，认为公权力与市场能力构成了当前中国社会分化的主要动力基础。卢汉龙发表的《中国社会转型的结构理论问题》(《当代中国：发展·安全·价值——第二届(2004年度)上海市社会科学界学术年会文集(上)》)，指出研究社会结构的核心不是研究表面的"分层化"，而是研究社会的不平等结构以及消除不平等、提供机会平等的途径。

上海学者对社会结构与社会分层理论亦开展了反思性研究。2008年，李友梅在《社会》第6期发表《从财富分配到风险分配：中国社会结构重组的一种新路径》，认为风险作为对中国社会结构产生关键性影响的另一项力量开始崛起。2009年，周怡在《社会学研究》第6期发表《布劳—邓肯模型之后：改造抑或挑战》，梳理了对布劳—邓肯地位获得模型的补充研究并反思了其对基础模型原初意义的影响。

三、法律社会学

1988年，上海市法律社会学研究会成立后，上海社会学者对法律问题的研究持续进行。1993年，张乃根在《社会学研究》第6期发表《法社会学分析：框架与范例》，强调法社会学要重视对实证法的分析，主张摆脱"司法中心论"的束缚，构设法社会学分析的新框架。1996年，何勤华在《现代法学》第3期发表《埃利希和现代法社会学的诞生》，介绍了埃利希的著作和现代法社会学诞生历程。2005年，李峰在《重庆社会科学》第3期发表《个人、社会与法律——涂尔干的法社会学思想》，回顾了涂尔干关于法律秩序与道德秩序等法律问题的解释。2007年，王永杰在《政治与法律》第3期和第4期相继发表《程序异化的法社会学考察论纲——以刑事冤案和刑事司法程序为视角(上)(下)》，运用"案件的社会结构"来研究冤案的法制样本，验证了相关法律社会学的相关理论。2008年，张善根在《山东大学学报》第3期发表《转型中国的法律社会学研究——以人与作品为对象的实证分析》，指出法律社会学虽为一门交叉学科，但缺乏学科间的沟通、共同努力与尝试。2010年，张善根发表《法律社会学问题意识的隐喻》(《华东理工大学学报》第3期)，认为在法律社会学关注的核心问题经历了从法制现代化、到国家与社会的框架下的问题研究、到多元化理论的转变。

四、宗教社会学

进入21世纪，上海学者在宗教社会学方面取得诸多成果。2005年，李峰在《求索》第9期发表《20世纪60年代后西方宗教社会学理论研究取向》，梳理20世纪60年代后西方宗教社会学研究中出现的功能学视角、现象学视角与理性选择视角。李向平的《儒教宗教论的再讨论——中国宗教社会学的视角》(《齐鲁学刊》2006年第5期)、《社会化；还是世俗化？——中国当代佛教发展的社会学审视》(《学术月刊》2007年第7期)、《信仰、革命与权力秩序：中国宗教社会学研究》(上海人民出版社 2006 年)、《信仰但不认同：当代中国信仰的社会学诠释》(社会科学文献出版社 2010 年)等论著提出了信仰关系、信仰权力关系、公共信仰与私人信仰、公民信仰、信仰与宗教的双重社会化等解释中国信仰关系与宗教问题的一套理论概念。2008 年，姚南强的《西方宗教社会学"结构—功能"范式的演进》(《华东师范大学学报》第 1 期)，认为"结构—功能"范式仍是当今各派宗教社会学理论研究依循的范式。2009 年，他在《华东师范大学学报》第 4 期发表《西方宗教社会学研究的新取向》，指出西方宗教社会学研究经历了对宗教功能的全盘肯定到启蒙时代后的全盘否定、再到现代的重新定位。2010 年，李向平等在《世界宗教文化》第 1 期发表《宗教问题与社会变迁的双重探索——宗教社会学在当代中国的发展轨迹》，提出中国宗教问题研究要建构符合中国宗教经验与社会变迁实际情况的新理论。

五、组织社会学

20 世纪 90 年代中期，上海社会学者开启了组织社会学研究。1995 年，李友梅在《社会》先后发表《行动者的选择余地及决策理性》(第 10 期)、《行动者在组织中的权力》(第 11 期)等文，将组织决策分析理论初步引入国内。2001 年，李友梅的《组织社会学及其决策分析》(上海大学出版社)，提出了决策、不确定性领域、中继者与实际行动体系等重要理论概念。2004 年，翁定军在《社会》第 2 期发表《超越正式与非正式的界限——当代组织社会学对组织的理解》，认为在正式组织中存在着无形的、自发形成的"非正式"。2006 年，李友梅和刘玉照的《组织社会学》(郑杭生主编《新世纪中国社会学："十五"回顾与"十一五"瞻望》，中国人民大学出版社)，对 2004 年之前国内组织社会学学科的发展状况进行了系统评述。2007 年，刘玉照等发表《社会学中的组织研究：在研习和交流中走向规范》(《社会》第 2 期)，提出要有效引进西方社会理论，提高对当代复杂组织的认知水平。2009 年，刘玉照的《乡村工业化中的组织变迁》(格致出版社)，从经济社会学"嵌入性"的视角出发，详细描述了乡村工业化中，生产经营组织从家庭经营、家庭协作到雇工经营和一体化经营的转变过程。

此外，上海社会学者对单位制、政府与非政府组织进行了较多研究。1996 年，卢汉龙等在《社会学研究》第 1 期发表《"单位制"与住房商品化》，探讨单位在住房商品化、社会化改革中所处的地位和作用。1999 年，卢汉龙在《社会科学》第 2 期发表《单位与社区：中国城市社会生活的组织重建》，认为多元化的资源配置这种新趋向将改变原有单位制社会和地区社会，重建现代化社会共同体。

在非政府组织、社会组织的研究方面，1988 年，于海编选的《第三域的兴起：西方志愿工作及志愿组织理论文选》(复旦大学出版社)系统介绍西方第三部门兴起的理论范式。2004 年，文军与王世军的《非营利组织与中国社会发展》(贵州人民出版社)，把非营利组织的理论作为一种视角用来讨论、检验、改革中国的各种非市场取向的、非政府取向的民间组织及社会团体。范明林在《社会学研究》2010 年第 3 期发表《非政府组织与政府的互动关系——基于法团主义和市民社会视角的比较个案研究》，以法团主义和市民社会为理论视角对四个不同类型的非政府组织与政府的互动关系进行比较研究。2005 年，李友梅在《探索与争鸣》第 12 期发表《当前社团组织的作用及其管理体系》，指出人们组织、发动和协调社会的方式日趋多样化，社会管理体系与社会现实生活之间的相互疏离和相互嵌入现象变得愈加凸显。2010 年，黄晓春在《社会》第 4 期发表《技术治理的运作机制研究——以上海市 L 街道一门式电子政务中心为案例》，分析对中国政府改革进程中信息技术促进基层公共部门革新的方式和路径。

第六节　社会工作与社会政策

一、社会工作理论

1989年,上海召开社区服务和社会工作理论研讨会,在全国率先探讨社会工作理论。1990年,袁华音等主编的《社会工作概论》(黄河出版社),开启上海社会工作学科化建设先河。1994年,陈良瑾主编的《中国社会工作百科全书》由中国社会出版社出版。2003年,吴铎编著的《社会工作发展简史》(上海高教电子音像出版社),全面阐述社会工作思想、制度、方法、组织、法规以及各项专业社会工作发展的历史进程。2003年,张乐天和徐玲编著的《社会工作基础知识》由上海社会科学院出版社出版。2004年,徐永祥在高等教育出版社出版《社区工作》。2005年,范明林的《小组工作》(中国人民大学出版社),首次系统研究作为社会工作三大工作方法的社区工作与小组工作等工作范式。此后张乐天主编的《社会工作概论》(华东理工大学出版社2007年)和文军主编的《社会工作》(中国劳动和社会保障出版社2008年),集中介绍社会工作的基础性知识与方法。2009年,文军主编的《社会工作模式：理论与应用》(高等教育出版社),将社会工作模式的理论研究和案例分析紧密结合,系统梳理社会工作常用的一些服务模式。

2000年以后,上海社会学者对社会工作理论及其本土化作了较多研究。2004年,何雪松在《华东理工大学学报》第1期发表《证据为本的实践的兴起及其对中国社会工作发展的启示》,阐述西方社会工作领域中新近兴起的"以证据为本"的社会工作实践之基本理念和操作架构的系统。2005年第2期《华东理工大学学报》刊载仝利民的《个案管理：基于社区照顾的专业社会工作方法》,认为个案管理含有成本控制的特征,而且更强调目标和成本分析。2008年,朱孔芳在《华东理工大学学报》第4期发表《灾区重建中的社区能力建设——基于社会工作的"增权"视角》,将西方社会工作的增权理论引入中国的灾后社会重建领域中。

这一时期,上海学者更为关注社会工作理论的本土化发展建设。2007年,范明林和徐迎春发表《中国社会政策和社会工作研究专业化和本土化》(《社会》第2期),指出社会工作的实务研究仍然缺乏学术性而流于经验总结的弊端。2007年,范明林与何雪松分别出版《社会工作理论与实务》(上海大学出版社)和《社会工作理论》(上海人民出版社),系统研究既有的主流社会工作理论。同年,刘华丽等人在《南昌大学学报》第1期上撰文《儒家人格思想：中国社会工作本土化的理论渊源》,指出儒家人格思想应成为中国社会工作本土化的理论渊源。2009年,文军在《社会科学》第7期发表《当代中国社会工作发展面临的十大挑战》,指出理论研究滞后于实务活动的运行是中国社会发展工作面临的最大挑战之一。同年,何雪松在《社会科学》第7期发表《重构社会工作的知识架构：本土思想资源的可能贡献》,指出实践智慧、科学研究、本土思想和制度传统等要素是建构中国社会工作本土化理论的重要源头。

二、社会工作实务

2000年以后,在社会工作实务研究中,关于社会工作实务模式与方法的成果相继出版。2000年,吴铎发表《社会工作与成人教育》(《中国青年政治学院学报》第5期),主要论述社会工作人才培养的目标、任务、层次结构和措施。2005年范明林的《社会工作方法与实践》(上海大学出版社)以及2006年文军与朱眉华主编的《社会工作实务手册》(社会科学文献出版社),较为系统地阐述了社会工作实务要遵循的一般价值、方法与流程。

在儿童与青少年社会工作实务研究方面,顾东辉在《社会福利》2004年第8期发表《社会工作视角中的青少年吸烟问题》,认为整合微观和宏观的工作技术是对青少年进行多角度充权、预防和治疗青少年吸烟的有效手段。2005年,范明林的《学校社会工作》(上海大学出版社),介绍了学校社会工作的价值和原则、基本理论,以及学校个案工作、小组工作,社区式学校社会工作的基本原理。2006年,朱孔芳在《华东理工大学学报》第4期发表《专业社会工作介入孤残儿童家庭寄养探析——以上海市儿童福利院为例》,对孤残儿童家庭寄养的理念、过程、方法、技巧等进行了研究。2006年,王瑞鸿在《上海青年管理干部学院学报》第2期发表《双轨建制下的青少年社会工作发展困局——以阳光社团Z区社工站为例》。2006年朱晨海和顾东辉在《上海市社会科学界第四届学术年会青年文集》上发表《社区青少年社会工作之评估模式研究》,提出社区青少年社会工作应注重社区青少年中高危群体的辅导以及弱势群体的服务与帮助,社工要更多使用心理量表等专业工具有效干预。2007年,彭善民等在《华东理工大学学报》第1期发表《都市社会工作资源整合模式探索——以上海A区社区青少年社会工作的实践为例》,提出上海都市社会工作的发展出现一种政府主导推动和非营利组织积极跟进的模式。2007年,费梅萍在《华东理工大学学报》第4期发表《上海青少年社会工作者专业能力建设的行动研究》,认为社会工作者专业能力的建设必须与社会工作知识观、社会工作服务内容与形式的创新,以及社会工作专业管理机制的不断改善直接相关。彭善民在《青年学报》2009年第1期发表《灾后安置点青少年社会工作初探——以上海S社工服务队的实践为例》,提出震灾后青少年的社会关系出现断裂,青少年社会关系的重建时是置点社区和家庭重建的关键。2010年,文军主编的《学校社会工作案例分析》(华东理工大学出版社),以青春期教育、自杀干预、亲子沟通技巧等为案例阐明学校社会工作的理论、方法与技巧。

这一时期,老年社会工作研究的成果开始浮现。2005年,范明林与张钟汝的《老年社会工作》(上海大学出版社),阐释了老年社会工作的心理学与社会学基础知识、基本理论、价值原则与实务方法。2008年,林典发表《老年社会工作在养老机构中的应用探讨》(《社会工作》第12期),研究老年社会工作在养老机构服务中的角色、相处原则与介入的模式。2010年,范明林的《老年社会工作案例评析》(华东理工大学出版社),以案例的形式展示老年社会工作的价值、理念与方法。

2000年后,戒毒与司法社会工作研究取得积极进展。王瑞鸿在2006年第4期《华东理工大学学报》发表《戒毒社会工作:理念、原则及其方法》,提出戒毒社会工作要依循平等、尊严、可行性治疗等理念原则。《法学杂志》2007年第6期刊载姚建龙的《少年司法与社会工作的整合——以少年法庭法官的“非审判事务”为论证中心》。张昱的《构建吸毒人员的社区康复社会工作体系——对上海市禁毒工作经验的思考》(《青少年犯罪问题》2008年第1期),提出中国少年司法与社会工作整合的方向应当是建立以专业性的社会工作为主体的少年观护体系,由专业性的社会工作者和完善的志愿者队伍为少年司法实现“教育、感化、挽救”的价值诉求提供专业性的社会支持。2008年,范志海的《禁毒社会工作的理论、政策与实践——以上海为例》(《华东理工大学学报》第1期),认为上海的禁毒社会工作制度是禁毒工作社会化和政府社会治理模式转变的重要标志。2010年,彭善民的《篆刻艺术小组:戒毒社会工作的本土创新》(《福建论坛》第1期),指出艺术治疗与生计发展结合型个案可谓未来社区戒毒工作发展的重要取向。

此外,上海社会工作研究在社区社会工作、医务社会工作等方面亦有一定探索。2000年,徐永祥的《试论我国社区社会工作的职业化与专业化》(《华东理工大学学报》第4期),指出社区社会工作的专业化与职业化发展是实现可持续发展的条件,但这种发展面临政府不当干预等障碍。2008

年，孙建丽的《论医务社会工作中的价值观冲突和伦理困境》(《医学和哲学》第9期)，提出对医务社会工作实践中的价值冲突和伦理困境的解决，要把西方的相关伦理原则与中国社会的特性相结合。

2009年，陈良瑾和吴铎主编的《中国社会工作发展报告(1988—2008)》(社会科学文献出版社)，记载中国社会工作研究与实务20年的发展历程，彰显上海推进社会工作研究、社会工作实务方面的突出成果。2010年，吴铎、彭希哲主编的《上海浦东新区社会工作发展之路》(社会科学文献出版社)，对浦东新区自1996年起即开始的社会工作专业化、职业化的探索过程进行梳理和总结。

三、社会政策

20世纪90年代以后，社会政策成为研究者关注的议题。其中，有关社会政策的价值理念问题受到高度关注。1988年，吴铎主编的《上海社会现状和趋势》(华东师范大学出版社)，全面研究上海的人口、劳动、消费、住宅、社会保障、文化生活、教育、政治参与、社会治安、环境保护和社区的现状、相关政策和发展趋势。1994年，孙慧民的《社会福利政策的本质：社会控制与“去商品化”》(《社会科学》第10期)，比较了新马克思主义和社会民主派的社会福利政策观点，并应用这两种观点来简要分析中国社会保障制度的发展与本质。1998年，吴书松与丁水木的《建立社会保障体系》(上海社会科学院出版社)，提出社会保障是实现社会稳定和社会公平的重要机制，有助于推进社会主义市场经济的建立。2003年，桂世勋和黄黎若莲主编的《上海与香港社会政策比较研究》(华东师范大学出版社)，就上海的教育政策、就业政策、医疗政策、住房政策、交通政策等与香港的相应政策作了比较分析。2003年，彭希哲的《社会政策与性别平等——以对中国养老金制度的分析为例》(《妇女研究论丛》第2期)，认为性别不平等的社会根源还没有铲除，社会政策的形成和实施应当充分考虑社会性别因素。2004年，彭希哲的《试论建立和完善超大规模社会的社会政策体系》(《上海市社会科学界学术年会文集》)，指出要建立中国本土化的社会政策理论和方法体系，更好地为解决中国社会发展重大战略问题服务。2010年，卢汉龙的《社会政策转型：从消除不平等到生产性的要素》(《中国浦东干部学院学报》第6期)，指出在加快经济发展方式改变的过程中要注意发挥社会政策的生产性要素功能。2010年，杜玉华和文军的《从福利为本到资产为本：社会政策发展的新趋向》(《河北学刊》第4期)，指出以资产为本的社会政策理念比较符合中国传统文化导向与基本国情，具有较大的应用空间。

2000年之后，各类具体社会保障的改革与发展受到关注。2000年，张钟汝与范明林的《城市社会保障》(上海大学出版社)，系统研究了城市社会保障制度的发展。2004年，丁水木出版《转型中的稳定器：社会保障面面观》(上海社会科学院出版社)，讨论社会转型过程中社会保障制度建议的意义与路径。任远和陈琰发表《社区发育与社区就业：影响社区就业的因素及社会政策研究》(《复旦学报》2005年第2期)，提出通过促进社区发育推动社区就业的有关社会政策。徐永祥的《和谐社会建构中的民间社会组织及其社会政策》(《学海》2006年第6期)，结合中国改革的进程和国际发展的经验，论述中国民间社会组织发展所需的若干政策。2010年，张钟汝与范明林的《政府与非政府组织合作机制建设：对两个非政府组织的个案研究》(上海大学出版社)，在实证研究的基础上讨论政府与非政府组织的合作机制。2010年，沈奕斐的《社会政策中的“家庭概念”——以上海市世博大礼包政策为例》(《社会科学》第12期)，指出社会政策的制定和执行过程中存在家庭概念的不稳定与冲突问题，分析了家庭政策中以“家庭”为单位的可能操作方案。

第七节　文化人类学与民俗学

一、文化人类学

【文化人类学理论】

2009年，纳日碧力戈在《思想战线》第6期发表《中国的人类学与人类学的中国》，指出中国人类学只有摆脱各式僵化的二元对立，才能让"中国经验"走向世界。2010年，刘琪和黄剑波的《卡里斯玛理论的发展与反思》(《世界宗教文化》第4期)，梳理了自韦伯以降，从希尔斯、经格尔兹到林德荷姆的学术脉络，讨论了王斯福和王铭铭关于中国乡村社会中的民间权威的研究。张江华的《卡里斯玛、公共性与中国社会有关"差序格局"的再思考》(《社会》2010年第5期)，提出"差序格局"的实际含义是强调由"差序"所构成的社会组织在中国社会中占据主导与支配地位。

【民族志】

民族志方面的研究成果，主要有赵周贤、张江华的《一个"不落夫家"壮族社区的生育分析》(《中国人口科学》2002年第6期)，张江华的《汉文献中的壮傣民族亲属称谓》(《广西民族研究》2002年第4期)、《陇人的家屋及其意义》(《中国人类学评论》2007年第3辑)。纳日碧力戈的《中国各民族的政治认同：一个超级共同体的建设》(《广西民族大学学报》2010年第4期)，从多学科角度力图证明中国各民族的政治认同需要有多族协商的实践理性支持，即多元和一体并不矛盾。张佩国的《整体生存伦理与民族志实践》(《广西民族大学学报》2010年第5期)，讨论具有"整体生存伦理"意义的"在地范畴"，并注重凸显民族志实践中道德表述的意义。

【村落】

20世纪90年代以后，上海学者对中国乡村作了一系列人类学研究。1998年，张乐天的《告别理想——人民公社制度研究》(东方出版中心)，以历史资料与口述资料互证的历史人类学方法，刻画了人民公社制度下浙江北部某个乡村中农民的生产生活。2001年，曹锦清、张乐天与陈中亚合著的《当代浙北乡村的社会文化变迁》(上海远东出版社)，描绘了社会主义制度下某乡村近半个世纪以来的社会文化变迁过程。2002年，张佩国的《近代江南乡村地权的历史人类学研究》(上海人民出版社)，全面再现了中国近代江南乡村地权演变的历史过程。2004年，曹锦清的《黄河边的中国：一个学者对乡村社会的观察与思考》(上海文艺出版社)，描绘了20世纪末中原农民的真实生存状态，在国内外引起较大反响。2007年，张江华的《工分制下的劳动激励与集体行动的效率》(《社会学研究》第5期)，以某生产队为个案研究了集体时期农村工分制的激励效应。2010年，张江华先后发表《通过征用帝国象征体系获取地方权力——明代广西土司的宗教实践》(《民族学刊》第2期)、《明清广西左右江地区土司的婚姻与策略》(《西南民族大学学报》第5期)。

【城市社会人类学】

20世纪90年代以后，社会学者用人类学的方法开展了现代城市生活的研究。1996年，李友梅发表《浦东开发开放过程中的失地农民研究》。2003年，耿敬的《民间仪式与国家悬置》(《社会》第7期)，从仪式入手探讨社会与文化及变迁、国家与社会关系。2007年，潘天舒、张乐天的《流行病瘟疫与集体生存意识：关于海宁地区应对禽流感威胁的文化人类学考察》(《社会》第 4 期)，关注抗击流行性瘟疫的现代实践。

二、民俗学

【民俗文化】

20 世纪 90 年代末，民俗文化成为上海民俗学研究的重要方面。1989 年，郑土有的《稻作渔捞的生产方式与吴越文化的个性特征》(《浙江学刊》第 3 期)，认为在吴越地区稻作文化与渔捞文化已经融为一体。1990 年，鲍宗豪的《婚俗文化：中国婚俗的轨迹》(上海人民出版社)，把婚俗现象上升到文化学的理论层面上加以全方位的考察。2007—2009 年，尹继佐担任总编的 19 册"民俗上海丛书"(上海文化出版社)相继出版，全面介绍了上海的物质民俗、人生礼仪、信仰民俗、体育游戏、民间工艺、民间艺术、民间文学等内容等民俗文化内容。2007 年，郑土有的《中日民间目连故事及目连文化比较》(《江西社会科学》第 2 期)，对中日两国目连故事和目连文化进行比较研究，认为两国的目连文化存在着内容涵盖、艺术品类、历史走向等的差异。2007 年 8 月，邓伟志、胡申生出版《上海婚俗》(文汇出版社)，介绍上海婚俗的演变及其海派文化特色。2008 年，菅丰和陈志勤发表《城市化・现代化所带来的都市民俗文化的扩大与发展——以中国蟋蟀文化为素材》(《文化遗产》第 4 期)，以斗蟋蟀这种传统的中国文化为素材，对城市化、现代化所引起的民俗文化的发展进行探讨。2009 年 8 月，仲富兰的《上海民俗——民俗文化视野下的上海日常生活》(文汇出版社)，通过对上海市民日常生活的考察来介绍上海民俗的源起和流变。菅丰和陈志勤的《从地方文化到中国、世界文化的梁祝传说——兼及民俗文化的历史的、社会的建构》(《山东社会科学》2010 年第 1 期)，阐述了梁祝传说从地方文化到中国文化，乃至世界文化的建构过程。

【文化遗产】

2000 年以后，上海学者对文化遗产的研究主要集中在非物质文化遗产的保护上面。郑土有的《"自鄙"、"自珍"与"自毁"——关于古村落文化遗产保护的思考》(《云南社会科学》2007 年第 2 期)，论述新农村建设时期古村落文化遗产保护的契机与挑战。王晓葵的《日本非物质文化遗产保护法规的演变及相关问题》(《文化遗产》2008 年第 2 期)，介绍日本非物质文化遗产保护法规的历史变迁。郑土有的《非物质文化遗产保护中的"儿童意识"——从日本民俗活动中得到的启示》(《江西社会科学》2008 年第 9 期)，提出在非物质文化遗产保护的过程中应强化"儿童意识"。田兆元的《关注非物质文化遗产保护背景下的民俗文化与民俗学学科的命运》(《河南社会科学》2009 年第 3 期)，指出要高度重视民俗的文化意义。陈志勤在《文化遗产》2009 年第 2 期、2010 年第 2 期先后发表《论非物质文化遗产在现代社会中的应用——以"绍剧"为例》《非物质文化遗产的创造与民族国家认同——以"大禹祭典"为例》。田兆元的《地域形象展演与非物质文化遗产保护——以上海世博会为例》(《河南社会科学》2010 年第 5 期)，通过对上海世博会的研究论述如何利用地域形象展演实现非物质文化遗产保护。

【神话传说与鬼神】

20 世纪 90 年代起，上海学者开始关注神话传说与鬼神研究。1994 年，田兆元在《文艺理论研究》第 2 期发表《论神话的矛盾法则》，论述了矛盾对立是神话的本质特征及其功能，认为矛盾对立是神话的本质特征,也是其功能性所在。田兆元的《黄帝的神话与历史真实》(《河北学刊》1994年第3期),剖析了神话中的社会形态。郑土有的《中国螺女型故事与仙妻情结研究》(《民俗研究》2004年第4期),探究了螺女型故事与中国古代的天人合一哲学思想、仙人信仰、农耕生产方式、宗法家族制度、婚姻形式等的联系。田兆元的《神话意象的系统联想与论证——评闻一多先生的神话学研究》(《文艺理论研究》2005年第4期),论述了闻一多在民族的根本神话和神话诗学两个领域的贡献。范长风的《〈山经〉神异动物研究——中国古代乡村社会的生态压力与禳解仪式》(《文艺理论研究》2010年第4期),发现初民眼中的山川河流、神异动植物和山神祠礼不是无关紧要的附带现象,而是古代乡村社会应对生态压力、身体疾病和社会战乱的隐喻以及超越隐喻的人本思想和生态行为。

同时,鬼神研究也取得良好成果。1990年,郑土有在《民俗研究》第3期发表《论民俗活动中的神仙信仰》,对不同时节、不同民俗中的神仙信仰进行了总结。次年,他的《仙化现象:中国民间神灵的独特演变规律》(《思想战线》第2期),揭示了各类神灵的演变规律,指出自从春秋战国时期出现神仙思想和神仙信仰以后,由于中国人对神仙的偏爱,其他四类神灵在漫长的信仰过程中也逐渐向神仙靠拢。1993年,田兆元在《社会科学》第10期发表《中国鬼神崇拜的演进大势及其特征》,描述了中国鬼神崇拜不同阶段的演进和特征,指出中国的鬼神崇拜是中国文化的独特产物,它又培育着独有的中国文化。郑土有的《共生互荣:城隍信仰与中国古代城市经济关系研究》(《上海大学学报》2006年第4期),通过对城隍信仰与中国古代城市经济发展关系的个案研究,揭示信仰社区的经济状况在一定程度上决定信仰对象(庙宇、信仰活动等)的规模。2006年,耿敬在《民间文化论坛》第6期发表《现代社会生活中的五猖神信仰》,提出五猖神的功能及其有效性的呈现,是一个在人神互惠原则下形成的社会过程。2007年,耿敬在《民族艺术》第4期发表《"五猖神"的复苏与现代生活的"悖论"》,从人的生活逻辑入手探索民间信仰复苏的生成逻辑,认为五猖神信仰的复苏有可能会消解和协调现代社会中的"悖论",从而可以让人们去面对个体生存的"偶在性"。

【丧葬】

2000年以后,上海学者对丧葬民俗、公祭礼仪等进行了相关研究。2008年,王晓葵在《民俗研究》第2期发表《国家权力、丧葬习俗与公共记忆空间——以唐山大地震殉难者的埋葬与祭祀为例》,探讨了当代中国社会祭祀文化的特征,并揭示围绕作为公共事件的死亡,国家权力、地域共同体、个人、文化传统之间的复杂关系。2009年,田兆元在《河南社会科学》第2期发表《论当代公祭的主体与仪式等问题》,提出地方要以建设文化圣地的态度,引导公祭活动走向健康发展之路。2010年,张佩国在《民俗研究》第2期发表《汉人的丧葬仪式:基于民族志文本的评述》,论述了功能论、阐释人类学、实践论和"标准化论"等几种对丧葬仪式的研究模式。

【民间信仰、地方民俗与风俗】

20世纪90年代开始,上海民俗学者对民间信仰、地方民俗与风俗等议题做了系统研究。1992年4月,胡申生主编的《社会风俗三百题》(上海古籍出版社),从社会生活、经济贸易、岁时节令、婚姻丧葬、家族人生、游艺体育、信仰禁忌等方面介绍了中国社会风俗的源流及相关的学者和著述。关于民间信仰,范荧的《宋代民间信仰中的佛教因素》(《上海师范大学学报》1995年第1期),研究了宋代的民间信仰中是如何渗入糅合了许多外来的佛教因素的;《试论宋代社会中的礼俗矛盾》(《民俗研究》1996年第2期),论述了宋代礼俗矛盾的发生机制、具体表现及后果;《沪上民间信仰刍议》

(《上海师范大学学报》2002 年第 2 期)，提出上海在现代化进程中应重视民间信仰对社会的影响。田兆元和游红霞的《清末民初浙江学者蒋观云的风俗观》(《杭州师范学院学报》2007 年第 6 期)，指出鼓荡民性、培养刚性、强国新民是蒋观云风俗学说的重要内容。

在地方民俗方面，1991 年，郑土有在《民俗研究》第 4 期发表《知名人士与民俗的形成》，剖析了名人对民俗的形成与发展的作用。2004 年，他在《杭州师范学院学报》第 6 期发表《口传文学的编创律则——以"调山歌"为例》，以吴语叙事山歌歌手广泛采用的"调山歌"为例，深入口传文学的本体世界，探讨其编创规律，并提炼出表演中的动态编创、套式化编创、节点编创等口传文学的三项基本编创律则。范长风的《青藏高原东北部的青苗会与文化多样性》(《中国农业大学学报》2008 年第 2 期)，论述了高原青苗会所创造的文化多样性以及它是如何解决多元复杂社会的组织、协调与平衡问题；《乡村领袖与湫神娘娘的亲密关系——关于地方信仰对联村组织建构作用的研究》(《中国农业大学学报》2010 年第 2 期)，提出地方信仰仪式是传统乡土组织的孵化器；《与女神共居的乡村领袖——甘肃洮岷地区青苗会会首与组织行为研究》(《开放时代》2010 年第 8 期)，认为乡土领袖在组织化社会生活中拥有不同于部落和宗族社会的创造性和能动性。

第八章　人　口　学

1978 年后，上海的人口学研究得到恢复和发展，人口科学体系逐渐形成。20 世纪 80 年代中后期以后，上海人口学在分支学科研究方面取得突破，开拓了包括人口生态学、人口社会学、人口系统工程以及人口思想史等新的研究领域；20 世纪 90 年代，上海人口学的应用性研究水平不断提高，在流动人口、生育政策及老龄化等方面都取得了突出的成就。2000 年之后，人口学研究涉及的领域和范围不断扩大，人口学开始由一个隐形学科转变为显性学科，取得丰硕的成果，在中国人口发展中起着重要的作用。

第一节　人口学理论与方法论

一、人口学理论

中共十一届三中全会以后，特别是 1979 年中共中央决定为马寅初恢复名誉，及为他的《新人口论》平反后，上海的人口学研究得到了恢复并进入一个新的发展时期。人口学恢复之初，首先澄清了过去许多错误的观点。1979 年，上海学者发表多篇关于人口理论研究的文章。主要有王建民的《必须重视人口理论的研究》(《社会科学》第 1 期)、张开敏的《记取历史教训，开展人口研究——回忆五十年代人口学的一场论战》(《学术月刊》9 月号)、张薰华的《试论人口发展规律——兼论我国人口必须进一步控制》(《复旦学报》第 5 期)等。这些文章提出社会主义的人口发展应与社会经济发展相适应；在人口稠密、劳动力资源丰富和生产力不发达的城市或其他地区，控制人口过快增长有利于该城市或地区的社会经济建设的论点。

20 世纪 80 年代，上海的人口学研究在基础理论和学科建设方面有较大发展，达到一个新的水平。在人口地理学研究方面，1982 年，张善余主编的《世界人口地理》(华东师范大学出版社)，是全国大学人口学专业的主要教材之一。胡焕庸和张善余编著的《中国人口地理》(上、下册)(华东师范大学出版社 1985 年、1986 年)出版。在人口学分支学科研究方面，上海学者开拓了一些新的研究领域，如王浣尘的《人口系统工程》(上海交通大学出版社 1985 年)、桂世勋的《人口社会学》(山东人民出版社 1986 年)及潘纪一主编的《人口生态学》(复旦大学出版社 1989 年)，在国内相关领域都是首创性的专著。此外，1986 年吴申元的《中国人口思想史稿》(中国社会科学院出版社)，第一次比较清晰地描述了中国人口思想发展的轨迹。1989 年，张开敏主编的《上海老年人口》(上海科技文献出版社)，是上海第一部反映老年人口状况的专著。

20 世纪 90 年代初期，上海人口学的研究领域不断扩展，其应用性不断加强。1990 年，朱宝树、戴星翼、冯九章的《人口生态学》(江苏科学技术出版社)，研究了人口环境资源的关系。1991 年，彭希哲的 *Demographic Transition in China: fertility Trends since the 1950s*(牛津大学出版社)，首次系统地研究中国 20 世纪 50 年代以来的生育率发展趋势，分析生育率下降的影响因素和中国人口转变的特征。1993 年，高尔生主编的《医学人口学》(上海医科大学出版社)，是国内第一部医学人口学研究专著。1996 年，上海社会科学院人口与发展研究所主编的《上海人口与经济可持续发展》(上海人民出版社),探讨了上海人口高密度城市,人口与经济、社会发展及生态环境的关系。1991 年,上海人口负增长初露端倪,1992 年初,市计生委邀请人口学界和人口管理部门的实务者,就人口负增长问题进行多次座谈和研讨,揭开专题研究人口负增长的序幕。1995 年,市计生委完成的《上海人口负增长与人口管理对策研究》,被列入 1995 年市科委 9 个突出的软科学研究成果。1999 年,课题成果《上海人口负增长与计划生育》(上海市科学技术出版社)出版。

20 世纪 90 年代中期,上海学者对流动人口的研究不断增多。1996 年,王建民、胡琪的《中国流动人口》(上海财经大学出版社),是国内第一部从全国层面研究流动人口的专著。1997 年王桂新主编的《中国人口分布与区域经济发展》(华东师范大学出版社),对改革开放以后全国人口分布与经济发展的关系,尤其是上海流动人口出现的原因、现状特征、变动的趋势以及相关管理的制度和体制进行论述。1998 年,张声华主编的《上海流动人口的现状与展望》(华东师范大学出版社),分析上海市流动人口的现状、发展趋势及其管理。从 20 世纪末到 21 世纪初,上海学者对流动人口的研究进一步加强,同时对于人口转变理论和城市化的研究也不断增多,进一步关注人口问题研究对政府政策的影响。1999 年,孙常敏主编的《世纪转变中的全球人口与发展》(上海社会科学院出版社),从全球宏观角度介绍人口发展中的生育率问题、国际人口迁移与发展、人口老龄化与发展、妇女与发展研究、就业与发展、人口、资源与发展等问题。2000 年,彭希哲主编的 *The Changing Population of China*(Wiley-Blackwell 出版社),向世界介绍了中国人口的政策,并评估了其效果以及未来的后果;2002 年,朱宝树主编的《城市化再推进和农村劳动力再转移》(华东师范大学出版社),重点分析了上海农村人口城市化和非农化转移的发展新态势和发展中面临的新问题;2005 年,王桂新主编的《迁移与发展——中国改革开放以来的实证》(科学出版社),多层面探讨中国改革开放以来省际人口迁移特征、省际人口迁移与区域经济的互动发展关系及未来趋势;2006 年,左学金主编的《长江三角洲城市群发展研究》(学林出版社),对长江三角洲地区的经济、交通、人口、功能等问题进行了综合研究。

二、人口学方法论

从 20 世纪 80 年代初起,上海学界关于人口学方法论的研究不断深入,早期主要集中在人口统计、人口预测及人口地图绘制等方面。1980 年,王浣尘在《人口研究》第 2 期发表《关于人口统计中死亡率和平均寿命等的探讨》,推导人口年龄—时间论域图,讨论不同用途及两种算法平均期望寿命不同含义。1981 年,他又在《西北人口》第 2 期发表《人口数学模型及其变换》,从人口发展过程的物理含义推导时间离散的人口模型。之后又陆续发表《一种分配协调法在人口大系统中的应用》(《信息与控制》1984 年第 4 期)、《关于时变人口系统稳定性》(《自动化学报》1984 年第 3 期)、《人口预测仿真模型》(《人口科学》1984 年第 5 期)等文深入该领域研究。1985 年,胡焕庸、伍理根据 1984 年全国各省、直辖市、自治区人口年报数,编制中国人口分布图和等值线密度图,填补了长期以来中国人口地图研制的空白。1986 年,叶展和顾杏元在《中国卫生统计》第 4 期发表《人口预测随机模型及其参数估计》,推导出适用于分析人口普查资料的人口预测随机模型。1987 年,伍理在《人口研究》第 4 期发表《介绍新编'1/600 万'中国人口分布图和等值线密度图》。1988 年,伍理在《南方人口》第 3 期发表《图表地图(Gartogram)和人口研究》,阐述图表地图在人口学研究中的作用以及编制的方法。1989 年,周祖根在《中国人口科学》第 5 期发表《关于育龄妇女生育模式的探讨》,以合适的描述生育模式的数学表达式来探讨生育模式的特征及其变化规律。

20世纪90年代，上海学者在模拟仿真、人口容量、计算机绘图技术等人口学研究方法上作出了贡献。1990年，朱刚、胡启迪、杨庆中在《系统工程学报》第2期发表《含迁移因素的人口系统的最优控制》，阐述了如何把迁移量连同总和生育率作为控制量，对含有迁移因素的人口系统进行最优控制，并通过仿真给出上海市区百年人口最优控制。1991年，周祖根，梁小筠在《中国人口科学》第1期发表《人口变动情况抽样调查方案探讨》，为更加科学地进行年度人口变动情况抽样调查提供方法建议。同年，丁金宏在《经济地理》第4期发表《人口容量与人口压力的理论模式》，提出人口容量的“水桶”模式，设计“人口压力指数”，并将其初步用于国内分省区人口压力差异分析。1992年，伍理、丁金宏、徐建刚、周祖根等在《南方人口》第3期发表《机助人口密度立体图的研制和应用》，绘制更形象直观、更准确反映人口密度空间差异的立体人口密度图；周祖根，王静龙在《中国人口科学》第5期发表《人口密度的等值线图应用研究》，说明绘制1990年上海市区人口密度等值线图的方法并与1982年上海市区人口密度等值线图，及用同样方法绘制的职工密度分布等进行比较分析。同年，中国统计出版社出版的《九十年代上海人口——上海市第四次人口普查论文选集》汇集了一些学者在人口学方法研究的论文。1998年，丁金宏，黄晨熹、孙中锋在《中国人口·资源与环境》第4期发表《利用土地人口容力开放模型对沪苏锡常城市群的分析》，提出土地人口容力即单位面积土地的人口容量的概念，建立了描述和测算开放区域人口容力的模型。1999年，王桂新的《区域人口预测方法及应用》(华东师范大学出版社)，对区域人口的预测方法和应用进行研究。

进入21世纪，上海学者关于人口学方法论的研究拓展到人口与经济社会、资源环境关系的视野。2001年，彭希哲等在《中国人口科学》第5期发表《试论消费压力人口与可持续发展——人口学研究新概念与方法的尝试》，认为应树立综合考虑人口的社会属性和自然属性的广义人口观，并尝试构建对环境的消费压力人口模型。2003年，吴瑞君、朱宝树、王大犇在《人口与研究》第5期发表《开放型区域经济适度人口的研究方法及其应用》，通过分析影响开放型区域经济适度人口的因素及其相互关系，就如何开展区域经济适度人口的研究及其具体的研究方法展开探讨。2004年，刘宇辉、彭希哲在《生态学报》第10期发表《中国历年生态足迹计算与发展可持续性评估》，论证了中国人均生态足迹自20世纪80年代初开始超过人均生态承载力，生态赤字持续扩大的趋势。2005年，丁金宏等在《地理学报》第1期发表《中国人口迁移的区域差异与流场特征》，通过2000年人口普查省际迁移数据的分析，提出以秦岭——淮河线东段和黑河—腾冲线南段为界，人口迁移分裂为东南和西北两大“流域”。2006年，王丰等在《中国人口科学》第6期发表《中国经济转型过程中的人口因素》，试图通过使用两个“人口红利”的概念与方法对25年来中国经济与人口变化过程尤其是人口因素在经济转变中的作用加以评估。2010年，彭希哲、朱勤在《人口研究》第1期发表《我国人口态势与消费模式对碳排放的影响分析》，考察近30年来中国人口规模、人口结构、居民消费及技术进步因素对碳排放的影响。

第二节　人口数量与调控

改革开放之初，上海人口学研究首先关注于控制人口过快增长。1979年5月16日，王建民在《解放日报》发表《控制人口增长与促进四化》。7月12日，王建民又在《文汇报》发表《切实控制人口增长》，从经济、社会和思想观念等角度分析中国人口问题产生的原因。

20世纪80年代，控制城市人口增长是上海学界的基本共识。1980年，吴斐丹在《复旦学报》第4期发表《试论我国当前的人口问题及解决途径》，从经济学角度对中国人口问题严重性作初步探讨;王浣尘在《西安交通大学学报》第1期发表《人口状态和人口的动态过程》和《人口控制的大系统结构及控制决策的综合》,率先提出适合中国国情的“U型战略控制方案”。1981年1月,桂世勋在第三次全国人口科学讨论会上作“毛泽东同志的人口思想初探”发言(《人口研究》第4期),是国内第一篇公开发表的阐述毛泽东人口思想的文章。同年,王浣尘等在国际上发表第一篇有关中国人口系统工程的论文“Population Control System. The paper of 2nd IFAC Symposium on large Scale Systems,Theory and Applications,1980”(Pergamon Press)。王浣尘与胡保生等发表的《关于我国总人口目标的确定》(《人口与经济》1981年第5期),探讨中国总人口的目标。1983年,吴斐丹在《复旦学报》第2期发表《用计划生育来反对马尔萨斯人口论》,认为正确区别有计划地控制人口增长和马尔萨斯的人口论是人口理论的一个重要方面。1984年,王建民的《严格控制大城市人口规模》(《人口科学丛刊》第6期)强调对人口数量的控制。

20世纪90年代,上海的人口学研究主要延续了控制人口的思想,并开始涉及人口容量的研究。1991年,王浣尘发表《社会经济/科技和人口发展的内在速度极限》(《科技导报》第1期)。1994年,王浣尘,余峰等发表《上海人口规模目标的探讨》(《人口信息》第11期)。1998年,王浣尘领衔的《上海市合理人口规模的研究》课题组预测到2050年上海市常住人口对象的合理人口规模目标是1 570万左右。

进入21世纪,上海的人口增长迅速加快,学界对上海这一特大城市的人口战略是否继续遵循控制规模的思路,以及上海未来的人口规模等问题展开激烈争论。2000年,王桂新在《华东师范大学学报》第1期发表《上海将来合理人口规模的探讨》,认为上海2030年相对合理的人口规模为常住人口2 000万、实有人口2 300万。王浣尘认为仍然要对上海的人口规模做比较严格的控制,在经济增长的大潮中要防止人口的失控。2003年,王浣尘在《管理科学学报》第2期发表《上海市合理人口规模研究》,提出上海要保持人均GDP的快速增长、解决好上海本地劳动力就业问题、不断改善投资环境和社会治安等方面,就必须对人口规模做严格的控制。同年,左学金在《上海改革》发表《上海人口规模应由市场来决定》,认为上海城市人口的增长主要来源于大量非户籍人口的流入,这有益于城市综合竞争力和经济增长。2005年诸大建在《地理教学》发表《从科学发展观看上海人口发展》,认为上海城市人口的规模问题研究需要转到在未来20年中国人口城市化加速的背景下,在处理好外部需求和内部容量关系的前提下,确定好上海城市人口规模的思路上来。2006年王大犇在《复印报刊资料(人口学与计划生育)》第3期发表《如何控制大城市人口》,认为一个城市的经济社会发展与人口问题紧密相连,用行政手段去限制外来人口不但使社会的公平与正义无法得到保障,而且具体操作也将面临无从入手的困境。2007年,张鹤年在《社会科学》第5期发表《上海‘十一五’期间人口发展趋势与人口管理制度创新》,指出上海应当在2010年将人口总量控制在1 900万左右,并且实现人口密度的合理分布。

人口调控的一个重要实践就是计划生育政策的制定与实施。20世纪80年代,上海学者关于计划生育政策与实践研究的一个重要关注点是计划生育评价的指标体系和效果。1984年,陈迪化、宣伟忠等在《人口研究》第4期发表《评价计划生育工作的合适指标——兼与〈从人口普查看妇女平均生育率指数的重要性〉一文商榷》,论证总和生育率未必是评价计划生育工作的确切指标,应该突出孩次生育率指标和计划生育符合率指标。1987年,董恒进、顾杏元在《人口研究》第1期发表《上海县计划生育效果分析》,首次对上海县1979—1984年的计划生育效果进行了研究与探讨。同年,二人又在《人口与经济》第3期发表《计划生育成本效益分析》,研究上海市上海县与浙江省定海县1979—1984年计划生育成本与效益。

20 世纪 90 年代,上海学者对计划生育政策和实践的研究更加关注于政策实践的优化建议。具体包括:制定和推行有利于降低生育率的社会经济发展政策、政府进行合理的干预调控、分析家庭生育和社会福利的关系、上海出现的人口自然增长率负增长、计划生育药具收费政策以及上海特殊人群的计划生育服务工作等方面。1990 年,吴瑞君在《人口研究》第 1 期发表《计划生育工作期终评估的新方法——模糊综合评判法》,尝试将计划生育工作期终评估的各个方面定量地联系起来进行综合评估。1992 年,左学金在《社会科学》第 11 期发表《影响生育率的社会经济因素及广义的计划生育政策》,重点论述了广义的计划生育政策的内涵。1994 年,他在《中国人口科学》第 1 期发表《社会主义市场经济和计划生育政策:几点理论思考》。1995 年,彭希哲、任远在《南方人口》第 4 期发表《政府的计划生育政策和人口生产的社会最优化》,论述政府计划生育的人口政策是社会福利实现的必要条件,也是社会经济得以实现持续性发展的必要保证。1996 年,刘永良在《人口与计划生育》第 3 期发表《人口负增长——上海计划生育工作新起点》,就上海出现的人口自然增长率负增长及与计划生育工作的关系进行了系统的论述。1997 年,高尔生等在《人口研究》第 1 期发表《计划生育药具收费政策的探讨》,认为制定以国家财政支出为主体,多种形式、多种渠道共同分担计划生育费用的财政政策势在必行。1998 年,李冬梅、查波在《社会科学》第 11 期发表《上海育龄智残人群婚育及计划生育服务状况》。1999 年,上海科学技术出版社出版刘永良、王建民等编写的《上海人口负增长与计划生育》,从 20 世纪 90 年代上海出现的人口自然变动负增长现象出发,系统论述人口负增长的背景和成因。

2000 年以后,关于计划生育政策的研究在理论和实践都取得了新的突破。2000 年,彭希哲、任远在《人口研究》第 5 期发表《我国农村计划生育管理社区运行模式的探索》,论证了"三为主""三结合"和"社区模式"是在不同发展阶段和具体环境下计划生育管理模式的有益实践。2003 年,《毛泽东思想研究》第 2 期刊载张水辉的《江泽民同志论人口与计划生育》,首次介绍江泽民关于人口与计划生育工作的重要论述。2004 年,谢玲丽在《人口与经济》第 5 期发表《以综合改革为动力,积极探索更名后上海人口与计划生育工作新的战略转移》,首次介绍更名后的上海市人口和计划生育委员会在综合改革、职能拓展和探索特大型城市人口综合管理等方面的实践。2007 年,李琪、高向东等《西北人口》第 4 期发表《现行中国计划生育政策对中国人口安全的影响》,重点分析中国计划生育政策对人口安全的影响,指出要抓住机遇期,调整现行的人口政策。2009 年,《社会》第 1 期刊载彭玉生的《当正式制度与非正式规范发生冲突:计划生育与宗族网络》,揭示了非正式规范如何通过社会网络软化刚性的正式制度。2010 年,汪伟在《经济研究》第 10 期发表《计划生育政策的储蓄与增长效应:理论与中国的经验分析》,指出出生率下降会提高国民储蓄率与人均 GDP 的增长,人口老龄化对储蓄率影响不确定。2010 年,孙常敏在《社会学》第 1 期发表《完善和创新我国家庭政策,统筹解决人口问题》,强调应适时地制定符合中国国情的、能够及时调节家庭成员生育意愿的家庭政策。

第三节 人口转变

一、人口生育率

改革开放之后,上海学界就展开对生育率及人口转变方面的研究。20 世纪 70 年代末,顾杏元从医学人口学的视角开展生育问题研究,在国内首先提出了国家与政府要注意计划生育条件下将要出现的中国人口老龄化趋势，应尽早研究人口老龄化带来的一些社会与医疗保健方面问题，提出要在适当时期修改国家计划生育政策的建议。

20世纪80年代，上海学者在人口生育率的测量以及影响因素等方面有着重要研究。1982年，顾杏元、高尔生等在《人口与经济》第4期发表《人口年龄构成对生育指标的影响》，在国内较早地讨论生育指标与人口年龄构成的关系。1984年，高尔生、顾杏元在《人口研究》第1期发表《上海市区三十年来生育率的变化及其影响因素》，首次对上海市区1951—1981年生育率的变化通过抽样调查的方式进行统计分析，并论述影响生育率变化的主要因素。1986年，张宇钟在《人口学刊》第5期发表《农村家庭功能对人口生育率增长的作用》，主要研究农村实行"双包"责任制后家庭功能的变化对人口生育率增长的作用，从家庭功能的变化研究人口生育率的变化。1987年，高尔生在《人口研究》第5期发表《计划生育项目对生育率作用的量测》，介绍当时被联合国出版物推荐和各国专家公认的量测计划生育项目对生育的影响技术方法；叶展、顾杏元在《人口与经济》第1期发表《我国生育水平的多因素分析》，根据1982年第三次全国人口普查数据，首次使用多因素分析方法对中国妇女的生育水平进行分析。1989年，高尔生、顾杏元的《上海、河北、陕西生育率中间变量分析》(《中国人口科学》第1期)，第一次应用邦加茨模型对所调查的上海、河北、陕西生育率中间变量进行分析。同年，《人口与经济》第5期发表梁鸿、高尔生等的《上海市长宁区居民寿命表动态分析(1953—1985年)》；彭希哲在 *The China Quarterly* 发表《中国生育率转变的决定因素》，系统分析影响中国生育率和人口转变的因素；王建民主持的"上海人口前景展望"研究课题成果由百家出版社出版，内容涉及未来上海人口的出生、死亡、迁移、素质、结构、分布多个方面。

20世纪90年代以后，上海学者在研究生育率、死亡率及人口转变等方面做出诸多努力。1990年，彭希哲在《人口研究》第2期发表《广义线性模型在差别生育率分析中的应用》，首次将广义线性模型用于对差别生育率的研究；在《复旦学报》第3期发表《区域文化与生育行为的地区差别》，分区域对差别生育率及其生成原因进行分析。1991年，冯学山、顾杏元在《中国卫生统计》第1期发表《中国婴儿死亡率分析》，对中华人民共和国成立后婴儿死亡率的变动及其主要死因作了对比分析与评价；彭希哲等在《中国人口科学》第3期发表《创造有利的社会环境　促进农民生育行为的转变》，提出社区(农村)环境是影响农村夫妇做出生育决策的最直接的社会环境。同年，彭希哲出版《人口转变：中国五十年代以来的生育趋势》(牛津大学出版社)。1992年，王建民组织市人口学会开展市哲学社会科学"八五"规划重点项目《九十年代上海人口问题综合研究》。同年，顾杏元在《中国卫生统计》第3期发表《中国八省市婴幼儿死亡率》，首次统计分析上海、北京、辽宁、山东、河北、陕西、甘肃及贵州30年来婴幼儿死亡率。1993年，彭希哲与顾宝昌在《人口学刊》第1期发表《伴随生育率下降的人口态势》，考察中国生育下降的历程以及产生的影响。1997年，孙常敏在《上海社会科学院学术季刊》第3期发表《上海人口转变中的劳动与经济》，反映上海的人口转变进程及其未来发展趋向。同年，邓伟、顾杏元、查波在《中国卫生统计》第4期发表《我国人口死亡率的变化及趋势》。

2000年之后，上海学者继续关注人口转变的研究，更加重视人口转变理论未来的发展趋势，以及理论对社会实践的影响。2000年，孙常敏在《毛泽东邓小平理论研究》第2期发表《试论人口状况转变对上海可持续发展的影响和作用》，论述上海人口状况变化的主要特征及对可持续发展的影响和作用；梁鸿在《人口与经济》第2期发表《公共生活与社区生育意愿关系研究》，表明公共生活与社区生育意愿存在显著关系。2002年，桂世勋在第八次全国人口科学讨论会作《关注大城市低生育水平下的出生人口波动》发言(《人口研究》2002年第5期)。2004年10月在上海召开的"人口与可持续发展战略国际研讨会”上,桂世勋提出应把上海普遍放开二胎政策的时间定在2016年。2004年,任远在《市场与人口分析》第1期发表《从降低生育率到稳定低生育率——自然负增长背景下的生育率影响因素及生育管理研究》。2007年,彭希哲在《市场与人口分析》第4期发表《人口红利的中国特色》,提出应将已经收获的人口红利更多地投资于教育、健康和就业机会。2008年,王桂新、沈甜在《华东师范大学学报》第1期发表《上海人口少子高龄化与和谐社会建设》,指出上海人口少子高龄化的发展速度不仅领先全国,甚至超越日本等发达国家,可考虑采取适时调整人口及计划生育政策等措施。2009年,李春琦、张杰平在《中国人口科学》第4期发表《中国人口结构变动对农村居民消费的影响研究》,证明农村居民消费习惯非常稳定,少儿抚养系数和老年抚养系数对居民消费均有显著的负影响。2010年,汪伟在《经济学(季刊)》第1期发表《经济增长、人口结构变化与中国高储蓄》,运用中国1989—2006年的省际面板数据考察经济增长、人口年龄结构变化以及它们的交互作用对中国储蓄率的影响。

二、人口老龄化

老龄化问题一直是上海人口学研究的重要热点。1986年,张开敏、陈先淮在《人口与经济》第6期发表《经济发展与人口老年化》,研究经济增长与人口老年化之间的关系。1987年,桂世勋在《中国人口科学》第2期发表《上海郊县农村老龄人口赡养状况及建议》,根据1986年7月首次对上海市郊县千分之三农村老龄人口赡养状况和意愿的抽样调查,从经济、医疗、居住、劳务和娱乐五个方面分析上海郊县老龄人口的赡养情况。同年初,桂世勋主持的课题组在上海农村开始探索如何将当时实行的基本上由集体负担农村老人退休金或养老补贴的制度,改为由国家、集体和劳动者个人三者合理负担的制度,并在上海郊县南翔镇和马陆乡试点。1989年,桂世勋主编出版《上海农村养老保险制度改革》(华东师范大学出版社);沈安安在《中国人口科学》第1期发表《试析上海老人在家庭中的地位》。1990年,桂世勋在《中国人口科学》第2期发表《上海市农村养老保险新体制的探索》,介绍建立养老保险新体制的经济社会背景和主要特点。

20世纪90年代,上海学者对于人口老龄化的研究进一步关注老龄化与劳动就业的关系、老龄化背景下对家庭和社会养老保障的需求等方面。1990年,沈安安、张鹤年在《社会科学》第7期发表《试析上海人口老龄化与就业之关系》,从宏观角度着重探讨上海人口老龄化与就业关系;张开敏在《上海社会科学院学术季刊》第3期发表《人口老龄化的经济影响》,从多个方面探讨老龄化对发达国家和中国未来经济的影响。1992年,彭希哲、戴星翼在《中国人口科学》第5期发表《试论老年生活保障与农村人口控制》,首次提出通过解决养老进而控制农村人口过速增长。1994年,桂世勋在《人口研究》第2期发表《尽快解决城乡养老保险的衔接问题》,探讨构建城乡养老保险衔接的思路和方案。1995年,孙常敏在《人口与经济》第2期发表《德国统一后的老年人问题》,将德国H·—J·霍夫曼主持的关于德国统一后的老年人问题调查项目的相关材料和数据编译整理出来。1997年,由冯贵山为组长,桂世勋、张开敏、左学金等参与的“上海市老年保障体系及其运行机制研究”课题完成,全面勾画了具有时代特征、中国特色、上海特点的现代化国际大都市相适宜的跨世纪的老年保障体系及运行机制的总体框架。1997年,彭希哲、梁鸿的《浦东老年社会事业发展研究》(《人口与经济》第6期),从需求供给关系和资源配置等角度,探讨浦东新区老年社会事业发展的主要矛盾和问题。1998年,梁鸿、彭希哲在《探索与争鸣》第1期发表《城市养老社会事业发展的矛盾与对策》,论述了老年社会福利事业的主要矛盾。1999年,桂世勋的《中国残疾老人发展趋势及残疾状况研究》(《中国人口科学》第1期),对中国残疾老人发展趋势及所面临的康复需求和对策进行了分析与探讨;陈月新等在《南方人口》第3期发表《人口老龄化过程中家庭代际关系的变化》,论述了在人口老龄过程中,随着家庭中老年人口比重的增加,代际结构和代际关系发生的变化。

2000年以后,上海学者关于老龄化的研究继续深化,涉及老龄化国内外的区域性研究、养老机构、产业和养老保险制度的进一步深化改革,以及长期照护等方面。2000年,于蜀、陈扬乐在《华东师范大学学报》第3期发表《中国区域人口老龄化趋势、特征及其对策》,指出中国要通过养老保障制度的创新,实行以提高经济可持续发展能力为核心的人口老龄化对策。同年,周海旺在《中国社会保障》第6期发表《上海老年人享受医疗保障的现状与问题》,针对上海在医保改革中对药费和医疗费用、医疗保健及医疗体制、医院管理等方面所存在的问题提出积极建议。2001年,左学金在《中国人口科学》第3期发表《面临人口老龄化的中国养老保障:挑战与政策选择》;桂世勋在《华东师范大学学报》第4期发表《合理调整养老机构的功能结构》,提出21世纪上半叶中国应重点发展收养需重度护理老人的机构及其床位。2003年,王桂新在《人口与经济》第2期发表《中日两国人口老龄化之比较》,考察比较儒教文化圈背景下中日两国人口转变所带来的人口年龄结构变动及高龄化是否表现出某种比较相似的"东亚模式";吴瑞君在《人口与经济》第5期发表《拉动老年有效需求,促进上海老龄产业的发展》,探讨老年群体的人口变动对老龄产业发展的影响作用。2004年,桂世勋在《中国人口科学》(增刊)发表《中国高龄老人长期护理问题的思考》,在预测21世纪中国高龄老人数量及分性别年龄结构变动趋势的基础上,推算出2050年中国高龄老人中最基本生活需长期护理的人数将比2000年增长7.5倍以上。2005年,桂世勋在《市场与人口分析》第5期发表《上海市少子老龄化与可持续发展》,建议充分发挥少子老龄化的正面效应,尽可能把负面效应转化为正面效应的政策措施。2006年,李梅在《市场与人口分析》第2期发表《关于上海市迎接人口老龄化挑战的新思考》,提出可以考虑在上海市若干郊区、县适当建造一些大型老年社区,将市中心的部分老年人吸引到郊区养老。2007年,彭希哲在《社会观察》第4期发表《中国老龄化的人口学诠释》,认为人口老龄化的进程和速度是可以调节的,人们没有必要谈"老"色变。2009年,彭希哲在《人口与经济》第2期发表《养老保险体系可持续性与劳动生产率增长》,指出人口老龄化下养老保险体系可持续性的根本出路在于不断提高劳动生产率;周海旺在《人口与发展》第1期发表《上海老年人口生活质量的变化趋势与质量研究》,运用1998年、2003年和2005年连续三次上海市老年人口状况和意愿调查和跟踪调查数据,纵向对比分析影响上海老年人口生活质量的经济、健康和居住三个方面。同年,桂世勋在"中国人口六十年的中国人口学会年会"上作"关于改革我国事业单位养老保险制度的思考"的发言(《华东师范大学学报》2010年第3期),指出需要统筹解决好事业单位职工养老保险制度、公务员养老保险制度、城镇企业职工基本养老保险制度改革的相互关系。

第四节　人 口 素 质

关于人口素质研究,上海学者重点关注女性生殖健康、避孕流产、母乳喂养和婴幼儿健康等方面,20世纪90年代开始进一步扩展到流动妇女的生育率、未婚妇女的性经历,妇女的社会地位,生育保障制度等方面。

1984年,沈安安等在《人口研究》第2期发表《从上海千分之一人口生育率抽样调查中看到的几个问题》,分析上海地区妇女的婚姻和生育的发展变化趋势。1985年,时安卿在《上海社会科学院学术季刊》发表《影响妇女初婚年龄诸因素的多元分析》。1990年,桂世勋在《华东师范大学学报》

第3期发表《世纪转换之际的中国人口与教育》，展望世纪转换之际的中国人口变化趋势；吴擢春、顾杏元、高尔生在《中国人口科学》第5期发表《上海未婚妇女人工流产率及其变化趋势分析》，为进一步研究未婚妇女妊娠的社会与卫生问题；桂世勋、孙加琪在《中国人口科学》第6期发表《上海市流入育龄妇女状况调查分析》调查报告，为搞好中国城乡流动人口的计划生育管理提供有益的启示。1992年，高尔生、吴擢春、顾杏元在《中国人口科学》第3期发表《上海市未婚妇女性经历调查及对策研究》，对上海市未婚妇女的性经历情况进行了统计描述。1995年，涂平、高尔生、赵鹏飞在《中国人口科学》第2期发表《中国生育健康社会科学研究的回顾与展望——生殖健康社会科学研究国际研讨会综述》。1997年，王菊芬、张运藩等的《家庭对其子女性健康和生育行为决策的影响》(《人口研究》第2期)，论证家庭对其子女性生理发育和生育行为决策存在间接影响；高尔生、涂晓雯的《上海市未婚女青年避孕方法应用状况及其影响因素的分析》(《中国人口科学》第4期)揭示了上海未婚青年性行为发生率高、未婚人工流产率高，而首次性行为避孕率低等特征。1998年，李冬梅、查波、张戎舟在《人口研究》第3期发表《上海市1 010例未婚女性人工流产情况的调查分析》。1999年，武俊青、陶建国、高尔生等的《上海市健康教育对哺乳喂养的促进作用》(《中国公共卫生》第8期)，提出健康教育有助于提高计划哺乳率，提高婴儿的首次吸吮母亲奶头的比例。

还有学者开始关注少数民族和边缘地区妇女地位、生殖健康和生育率。1993年，周祖根在《人口学刊》第5期发表《人口迁移流动与生育》，首次以妇女平均存活子女数作为妇女生育高低的指标，研究迁移流动人口中的生育状况；孙常敏在《社会科学》第12期发表《市场经济发展对民族边缘地区妇女地位和生育率的影响》，探讨市场经济对妇女地位和劳动就业的影响以及民族边缘地区妇女就业率上升对生育率下降的作用。1994年，郑桂珍、陈月新在《南方人口》第2期发表《上海妇女地位和生育率关系》，启迪人们进一步提高妇女地位，探寻控制人口的最佳途径，提高计划生育工作的可行性和有效性。1995年，高尔生、杨娟的《中国少数民族妇女生殖健康状况分析》(《人口研究》第4期)，首次综合分析中国主要少数民族的生殖状况并与汉族加以对比；程远在《南方人口》第2期发表《社会转型与新型妇女生育保障制度的建立》；郑桂珍等在《南方人口》第3期发表《流动人口中的妇女问题》。1999年，王菊芬在《人口研究》第1期发表《上海市流动人口未婚先孕妇女的性行为，避孕方法使用以及怀孕结果选择》。

进入21世纪，上海学者对于妇女的研究进一步细化到未婚先孕、迁移妇女社会支持以及医疗保险设计等问题。2001年，陈月新、郑桂珍在《南方人口》第3期发表《不同生活工作条件下女性流动人口生殖健康状况的调查和思考——上海浦东新区四街道调查》；楼超华、赵双玲、高尔生在《人口研究》第3期发表《城市外来青年女工的生殖健康状况与需求》，指出迫切需要加强对未婚人群的教育和服务，以减少风险行为的发生，提高她们的健康水平。2002年，王菊芬的《未婚先孕及其结果选择》(中国人口出版社)聚焦城市中未婚先孕妇女的性行为、避孕行为以及怀孕结果选择。2003年，陈月新在《南方人口》第2期发表《对流动人口就业中男女平等的思考》，探寻有益于流动妇女发展和流入城市发展双赢的途径。2007年，何雪松在《南方人口》第1期发表《社会支持的动态变化：关于香港新移民妇女的研究》，采用纵贯质性研究探索新移民妇女移居香港后第一年的社会支持的变动状况；王菊芬在《妇女研究论丛》第5期发表《社会性别视角下的城镇医疗保险改革——以上海的模式为例》，剖析现行城镇基本医疗保险计划设计过程中社会性别意识的缺失及所带来的影响和结果。

此外，上海学者同时关注到外来流动人口的生殖健康以及男性生殖健康等问题。武俊青、高尔生、杨秋英等分别在2003年《中国卫生统计》第4期、2004年《中国计划生育学杂志》第6期发表《中国男性精液质量主要成分分析》和《生活工作方式对中国年轻男性精液质量影响的调查研究》，对精液质量和潜在危险因素的关系进行研究，研究结果被WHO所采纳。2003年，彭希哲、陈月新等在《人口与经济》第1期发表《推进流动人口生殖健康优质服务的实践和思考》，分析以属地化管理为基础的流动人口计划生育管理机制、优质服务机制、宣传教育机制和生殖健康服务的保障机制。2004年，周海旺在《社会科学》第9期发表《强制婚检取消后产生的问题和对策探讨》，分析2003年10月1日强制婚检取消后，出现的婚检人数急剧减少、婚检比例大幅度下降等问题。2007年王瑞平、武俊青在《中国公共卫生》第12期发表《核心家庭男性生殖健康参与及影响因素分析》。

第五节 人口分布

在上海，人口地理一直是人口学研究的重点和热点。改革开放以后，胡焕庸分别在1982年《人口研究》第4期发表《我国人口地理分布概述》，1985年《地理研究》第4期发表《中国八大区的人口增长、经济发展和经济圈规划》，1986年《人口学刊》第1期发表《我国人口的地区分布与今后发展》，1990年《地理学报》第2期发表《中国人口的分布、区划和展望》，进一步阐述他于1935年发现的“瑷珲—腾冲”人口分布界线（后被称为“胡焕庸线”）学术思想。1993年，周祖根等在《中国人口科学》发表《人口分布与第三产业布局》，就上海市中心区人口分布现状与现有第三产业状况之间的矛盾，讨论未来人口分布新格局对上海今后第三产业布局的影响。

2000年之后，上海学者关于人口分布的研究不断向纵深推进。2001年，张善余在《华东师范大学学报》第4期发表《产业调整与上海城市人口再分布》，认为上海经济持续高速增长，产业结构和产业布局发生重大变化，对城市人口再分布产生巨大的推动力；伍理在《人口与经济》第5期发表《重视城市化过程中的人口分布变化——以上海市为例》。2002年，王桂新在《华东师范大学学报》第2期发表《中日两国人口分布、迁移与城市化之比较》，总结日本的相关经验，对中国具有很大的启示作用。2005年，张善余、曾明星在《民族研究》第1期发表《少数民族人口分布变动与人口迁移形势——2000年第五次人口普查数据分析》，分析近年中国少数民族的人口分布、迁移流动和城镇化特点及变动趋势；高向东、吴文钰在《地理学报》第4期发表《20世纪90年代上海市人口分布变动及模拟》，指出上海人口密度分布的最优模型是Cubic函数。2006年，俞路、张善余在《华东师范大学学报》第5期发表《近年来上海市人口分布变动的空间特征分析》。2008年，王桂新等在《人口研究》第1期发表《上海市人口迁移与人口再分布研究》，发现上海中心部高密度人口仍按“摊大饼”方式外迁扩散、郊区有些区县因人口净迁出而形成相对“过疏化”趋势等问题。

第六节 人口流动与城市化

针对改革开放后上海产生的大量流动人口这一新的情况，上海学者在调查研究的基础上完成许多相关课题。20世纪80年代，复旦大学人口研究所接受市政府办公厅的委托，先后三次进行上海市流动人口的调查，是国内最早对流动人口进行的规范性调查。复旦大学人口研究所的郑桂珍、郭申阳、张运藩、王菊芬分别在1985年第3期的《人口研究》和1985年第3期《城市规划》发表《上海市区流动人口初探》和《上海市流动人口调查初析》等研究成果。1989年，张开敏主编的《上海流动人口课题研究》（中国统计出版社）、《上海人口迁移研究》（上海社会科学院出版社），探讨上海流动人口的发展历史及现状。

1991 年,石颂九、胡琪的《流动人口管理》(上海科学普及出版社),对上海市公安局户政处对流动人口的管理工作进行初步总结,是国内第一部关于流动人口管理的著作。石颂九、沈安安等著《浦东新区人口》(上海交通大学出版社),根据浦东新区 1%人口抽样调查资料,全面分析浦东新区人口的现状特征。1992 年,桂世勋主编的《中国流动人口计划生育管理研究》(华东师范大学出版社),提出为切实有效地搞好流动人口的计划生育管理,确立流出地的管理是"基础",尽快建立有利于各部门齐抓共管流动人口计划生育的体制、机制和组织形式等建议。20 世纪 90 年代,上海社会科学院人口与发展研究所和市公安局合作,进行了上海市第五次、第六次流动人口调查。依据第五次流动人口调查结果,1996 年编辑出版《90 年代上海流动人口》(华东师范大学出版社 1996 年),为了解上海流动人口现状,面临的主要问题掌握了第一手资料。1996 年,朱宝树主编的《从离乡到离土——上海农村劳动力转移研究》(华东师范大学出版社)分析了上海农村劳动力流动的情况。1998 年,张声华主编的《上海流动人口的现状与展望》(华东师范大学出版社),对上海市流动人口的现状、发展趋势及其管理作了大量分析和探讨。1999 年,上海科学技术出版社出版刘永良、王建民等编写的《上海人口负增长与计划生育》,从 20 世纪 90 年代上海出现的人口自然变动负增长现象出发,系统论述人口负增长的背景和成因。

上海学者对流动人口和城市化的研究还有大量的论文成果。1987 年,张善余在《人口与经济》第 2 期发表《逆城市化——最发达国家人口地理中的新趋向》,首次对逆城市化的概念、发展过程及特点,影响因素等进行系统的介绍。1988 年,张开敏、张鹤年、沈安安在《社会科学》第 8 期发表《上海流动人口结构剖析》。1988 年,王建民、胡琪在《中国人口科学》第 6 期发表《重视调节外来流动人口结构的对策研究》,对产生流动人口问题的不合理因素进行分析。1989 年,毛宗维、周祖根在《中国人口科学》第 6 期发表《上海市流动人口现状》。

20 世纪 90 年代,上海学者关于省级区域间的人口迁移的变化、流动人口的涵义、上海市人口迁移变动的特征规律、人口迁移与城市化之间的关系,以及人口流动存在的各种问题,包括妇女、计生和社区服务管理和户籍等问题的研究不断取得新进展。1990 年,张善余在《人口研究》第 1 期发表《我国省际人口迁移模式的重大变化》,首次对改革开放后十多年的省级人口迁移变化进行总结和分析。1990 年,胡苏云在《人口学刊》第 1 期发表《逆城市化、过度城市化和城市化》,认为中国城市化远景规划应向全方位推进。1990 年,吴瑞君在《人口与经济》第 3 期发表《关于流动人口涵义的探索》。同年,她在《中国人口科学》第 4 期上发表《农村已婚女性农转非就业状况及其模式探讨——浙江省余姚市云楼乡调查分析》,以浙江省余姚市云楼乡调查为基础,分析农村已婚女性农转非就业状况。1990 年,张开敏、沈安安、张鹤年在《人口与经济》第 6 期发表《解放后的上海人口迁移》,着重分析上海市区常住人口永久性迁移的变动趋势及其各种构成、迁移的特征和规律。1991 年,朱宝树、顾国权在《人口研究》第 6 期发表《人口迁移分析中的地域口径问题》,指出在利用第四次人口普查资料分析人口迁移特别是城乡人口迁移状况时,必须充分注意地域口径问题。同年,朱宝树等发表《农村人口向小城镇转移的新态势和新问题》(《中国人口科学》第 1 期)。1992 年,何兴刚在《人口学刊》第 6 期发表《中国大城市城市化潜力等级划分》,首创城市化潜力等级划分因素因子体系,并证明据其对城市化潜力划分等级是可行的。

1993 年,周祖根在《人口学刊》第 3 期发表《大城市迁移人口研究》,重点研究以上海为代表的大城市的户籍迁移人口和非户籍迁移人口的新特点。1995 年,俞伟平在《人口学刊》第 2 期发表《上海市流动人口问题及对策研究》,进一步论述城市流动人口对促进市场经济发展的作用;杨辉也在《人口学刊》第 2 期发表《上海市流动人口发展趋势与预测》,利用双曲模型对流动人口的主要发展趋势作些分析和预测。同年，王建民在《探索与争鸣》第7期发表《管好外来流动人口要有新思路》，对上海市外来人口的管理提出新的管理思想和对策。1996年，吴瑞君在《中国人口科学》第3期发表《新中国职业女性人口就业环境和就业特点分析》，对中国女性人口就业环境和就业特点进行展望，针对目前中国女性人口就业环境存在的问题提出改善对策。同年，朱宝树在《华东师范大学学报》第3期发表《上海产业结构高度化演进中的劳动力转移新态势和新问题》，主要分析20世纪90年代以后上海产业结构升级过程中劳动力产业转移的发展特点。1997年，胡苏云、赵敏在《中国人口科学》第4期发表《流动人口社区服务型管理模式研究》，指出街道居委会是中国的社区单位，应对流动人口进行服务、参与性管理和社会化管理。在《人口研究》1997年第5期和《中国人口科学》1999年第3期，朱宝树分别发表《城市外来流动人口是滞留与更替》和《上海市流入人口滞留态势分析》，提出基于上海历次流动人口抽样调查数据建立“城市流动人口滞留生命表”的研究思路。1999年，孙常敏、周海旺在《人口与计划生育》第4期发表《上海流动人口的婚姻、生育与计生管理》，吴瑞君在《人口研究》第6期发表《大城市内部“人户分离”现象及其对策研究——以上海市为例》。同年，孙常敏在《社会科学》第8期发表《上海人口聚集于城市空间的重构》，认为人口的高度集聚会给城市发展带来负面效应。

进入2000年之后，上海学者关于人口迁移的研究视野进一步扩展到上海市郊区农村的城市化研究、流动人口的动因、就业、管理、结构、居住、同经济增长的关系、人口迁移的特征和态势、户籍政策等方面，甚至对于国际人口迁移和上海市外来少数民族流动人口也有涉及。2000年，王桂新在《人口与经济》第3期发表《中国经济体制改革以来省际人口迁移区域模式及其变化》，发现经济体制改革以来，中国省际人口迁移的“单向梯度东移”模式，已开始出现东强西弱非对称“双向”迁移的变化。同年，张善余在《人口与经济》第4期发表《东部发达地区应加速农村人口城市化——上海市郊区农村加速城市化问题研究》。2001年，彭希哲在《南方人口》第1期发表《有关我国流动人口问题的理论再思考》，指出应当按照社会经济发展的宏观计划和发展规律，将人口流动作为一种有效地推动社会转变的工具而加以利用；周海旺在《中国人口科学》第3期发表《上海市外来媳妇及其子女的户口政策研究》。2002年，陈晅在《人口学刊》第2期发表《设市的战略布局与我国城市化的地区差异》，认为政府通过干预经济产生地区差异，间接影响城市化发展。周海旺在《中国人口科学》第2期发表《中国城市人口人户分离状况研究》，提出解决人户分离问题的政策建议。张善余在《人口学刊》第5期发表《我国区域城市化发展水平的差异分析》，发现中国人口数量的变动特点与生产力发展水平，特别是人均GDP和投资有着密切的关系。朱宝树等发表《经济体制转轨时期中国城镇就业问题研究》(教育部社科基金项目)。

2003年，丁金宏等在《人口研究》第1期发表《小区域人口迁移年龄模式的定义与解读——1995—2000年浦东新区人口迁移分析》。王桂新等在《市场与人口分析》第4期发表《1990年代后期我国省际人口迁移区域模式研究》，发现中国中、西部地带人口主要选择迁向东部地带的基本区域模式虽然十分稳定，但也发生了一些比较明显的变化。朱宝树在《华东师范大学学报》第4期发表《中国城市化进程中的人口社会重构——以上海为例的研究》。王德等在《人口与经济》第6期发表《1985—2000年我国人口迁移对区域经济差异的均衡作用研究》，测算相应时段区域经济均衡发展情况下的各区域理论人口规模和人口迁移潜力。

2004年，吴瑞君在《人口学刊》第3期发表《城市化过程中征地农民社会保障安置的难点及对策思考》，指出对这些问题要进行前瞻性研究，群策群力，切实保护好征地农民的利益。王红霞、王桂新在《人口与经济》第3期发表《上海经济增长中的适度流动人口问题探讨》。张善余在《市场与人口分析》第3期发表《基于出生地的中国人口迁移态势分析》。刘建波、王桂新、魏星在《人口研究》第4期发表《基于嵌套Logit模型的中国省际人口二次迁移影响因素分析》。王桂新在《人口与经济》第4期发表《改革开放以来中国人口迁移发展的几个特征》。乔观民、刘振宇在《华东师范大学学报》第5期发表《长江三角洲都市连绵区内部人口空间流动态势研究》,认为都市连绵区各城市应接轨大上海,谋求错位发展;实施统筹发展的加速城市化战略。魏星、王桂新在《市场与人口分析》第5期发表《中国东、中、西三大地带人口迁移特征分析》,认为中国东部、中部、西部三个地带在自然环境条件、历史开发程度、经济发展水平等方面存在地带间显著差异和地带内相对同质的鲜明特点。朱宝树在《华东师范大学学报》第5期发表《小城镇户籍制度改革和农村人口城镇化新问题研究》,提出新形势下很有必要以科学发展观重思小城镇大问题,充分发挥小城镇在统筹城乡发展中的重要作用。

2005年,沈关宝在《江苏社会科学》第5期发表《我国人口城镇化的特点及其成因探析》,指出中国人口城镇化呈现出与欧美不同的滞后性与可逆性的特点。王红霞、王桂新在《市场与人口分析》第5期发表《市场开放进程中的工业企业集聚与人口城市化——长三角地区人口城市化的动因(1984—2002)》,考察和分析不同阶段长三角人口城市化发展的不同特征和区域差异。康雯琴、丁金宏在《城市发展研究》第6期发表《大城市开发区流动人口居住特征研究——以上海浦东新区为例》,指出流动人口在大城市具有明显的非居民化的居住特征,居住质量差和居民身份认同感缺乏。徐玮、宁越敏在《人口研究》第6期发表《20世纪90年代上海市流动人口动力机制新探》,提出上海市流动人口的真正动力由中国独特二元经济结构"推拉"力和全球化影响下的特殊区位力共同作用下形成的。

2006年,郭永昌、丁金宏、孟庆艳在《南方人口》第3期发表《大城市流动人口居住形态与居住空间变动机理——以上海闵行区为例》。任远、张放在《人口学刊》第4期发表《城市化阶段和大城市地区不同区域人口空间变动——以上海静安区、浦东新区和南汇区为例》。朱宝树在《华东师范大学学报》第4期发表《人口城镇化与城乡统筹发展》,指出统筹城乡发展必须充分关注城镇化的城乡差别效应。吴瑞君、姚引妹在《人口学刊》第6期发表《上海大都市圈人口发展对经济增长贡献的定量分析》。

2007年,任远、姚慧在《人口研究》第3期发表《流动人口居留模式的变化和城市管理——基于对上海的研究》,分析从改革开放以来流动人口在城乡间的动态行为特点,以及中国的人口城市化格局是否发生的变化;何亚平、骆克任在《上海交通大学学报》第2期发表《上海跨国迁移与流动人口的实证研究——以在沪日本人和赴日返沪人员为例》,对在沪日本人和赴日返沪人员的历史沿革、人口结构、入出境事由等问题进行实证研究;孙文慧、高向东、郑敏在《市场与人口分析》第4期发表《上海市外来少数民族流动人口新情况、新问题的探讨》。

第七节　人口、环境资源与生态

上海学者在人口、资源环境和生态研究方面取得了一系列的成果。1992年,朱宝树应邀参加国务院组织的三峡工程考察后发表《三峡工程的环境人口容量效应》(《人口与经济》第4期)。1993年,他又在《中国人口科学》第6期发表《人口与经济—资源承载力区域匹配模式探讨》,提出人口与经济—资源承载力(P—E—R)区域匹配模式的研究思路。2004年,彭希哲等在《市场与人口分析》第4期发表《生态足迹与区域生态适度人口——以西部12省市为例》,认为随着西部开发的进程,西部省区正在并将持续面临严重的生态压力。2005年，任远在《市场与人口分析》第1期发表《城市生态学视野下的动态适度人口规模——兼论上海人口发展的基本态势》，提出城市适度人口规模是一个动态的过程。2010年，张可、陈颖琼在《学习与实践》第7期发表《人口红利、生态足迹与经济增长》指出中国的人口红利、生态足迹与中国的高速经济增长高度正相关，未来中国将面临人口、资源环境、经济协调发展的严重挑战。

第九章 历 史 学

上海学界在历史学研究方面具有悠久的历史和深厚的基础。1978 年以后，上海的历史学研究在史学理论、史料整理以及中国史、世界史等各方面均有所建树。特别是在历史地理学、上海史等领域，形成自己的特色。此外，上海的考古学在深厚的研究基础上，取得众多新的突破与成果。

第一节 中 国 史

一、中国古代史

中国古代史是构成中国史的主干学科，各高校及研究所往往都将此作为推进中国史学科建设的重点。先秦秦汉史、魏晋隋唐史、宋元史、明清史等主要断代史，以及政治、经济、社会、思想、文化等领域的专门史，则成为主要的学科方向。20 世纪五六十年代，上海史学界在中国古代史领域汇聚吕思勉、李亚农、谭其骧、周予同、蔡尚思、陈守实、章巽、杨宽、吴泽、程应镠、张家驹等一大批知名教授，在古籍整理、通史、断代史及专史研究等环节取得令人瞩目的学术成就。1978 年以来，中国古代史研究在继承传统的基础上，呈现出新的气象。

【通史及专史】

20 世纪八九十年代，是中国古代史研究的繁荣时代，在很多重大问题上，学者们不乏争论，如关于中国古代史分期、中国封建社会长期延续的原因，以及资本主义萌芽等问题。沈耀庚、王国荣主编的《走向 21 世纪的争鸣：新时期社会科学学术论争》（云南人民出版社 1991 年），对 20 世纪 80 年代前后中国古代史的研究与争论进行介绍。而如何更好开展中国古代史的研究，也是学界持续关注的问题。2003 年，谢维扬的《二十一世纪中国古史研究面对的主要问题》（《历史研究》第 1 期）提出：中国古代史迄今未能在一系列主要和重要问题上建立起公认的解释的基础，新世纪的古史研究需要有突破性的进展。

20 世纪 90 年代以来，中国古代史通论性的专书并不多见，1998 年樊树志的《国史概要》（复旦大学出版社），起自史前时期迄至清代，以中华文明的发生、发展与演变为国史主线，分设专题，推陈出新，是内地和香港多所大学的指定教材。2000 年，王家范所著《中国历史通论》（华东师范大学出版社），涉及迄今为止的全部中国历史，分为绪言、前编、后编三部分，前编梳理上古至近世的中国历史，后编回顾对历史进行评判的百年过程。在中国史研究重大问题的阐述上，葛兆光的《宅兹中国——重建有关中国的历史论述》（中华书局 2011 年）致力于从中国的文化认同和历史渊源去追溯“中国”，将问题置于思想史脉络、学术史语境中展开。值得一提的是，1999 年，上海人民出版社全部出齐由白寿彝总主编 12 卷 1 400 万余字的《中国通史》，上起远古时代，下迄中华人民共和国成立，是迄今参与编纂人数最多、规模最大的中国通史，来自上海史学界的陈旭麓、汤志钧、姚大力等也担纲主要作者的工作。

20 世纪 80 年代以来，从断代史把握中国古代史的论著也陆续出版。1980 年，杨宽修订出版

1955年初版的《战国史》(上海人民出版社)。1983年、1987年,上海古籍出版社先后出版《宋史研究论文集》《辽金史论集》。1989年,刘修明的《从崩溃到中兴——两汉的历史转折》(上海古籍出版社),以东汉开国皇帝刘秀为中心揭示西汉王朝崩溃到东汉王朝勃兴的几十年风云际会。1990年,王守稼的《封建末世的积淀和萌芽》(上海人民出版社)论述中国封建社会、封建体制以及晚明江南知识分子的社会思潮、明清人口的变化、明清对外关系等一系列问题。1994年,简修炜、庄辉明和章义和合著的《六朝史稿》(华东师范大学出版社),着重论述六朝时经济发展、阶级关系、对外交往、文化科技、社会生活等方面问题。1999年,杨宽的《西周史》(上海人民出版社),上溯先周文化之流变,下及周平王迁都洛邑。

进入21世纪以后,多种断代史的著作出版。2003年,樊树志的《晚明史(1573—1644年)》(复旦大学出版社)考察晚明与世界的联系,指出16世纪下半叶至17世纪中叶的晚明时期,正处在新航路发现之后的"全球化"起步阶段。2006年,牟法松主编的《社会与国家关系视野下的汉唐历史变迁》(华东师范大学出版社)出版。2009年、2010年,严耀中先后出版《中国历史:两晋南北朝史》(人民出版社)、《魏晋南北朝史考论》(上海人民出版社),前者重新阐述这一时期门阀兴衰及背景、专役户与社会阶层的变动、田制的本质等问题;后者从宗法社会、家族伦理以及官吏制度、社会意识形态的价值取向等角度研究魏晋南北朝与隋唐时期的社会变迁大势。

【政治、社会史】

政治制度史　上海史学界对国家起源问题的看法值得重视。1987年,谢维扬在《华东师范大学学报》第5期发表《中国国家形成过程中的酋邦》,利用国外人类学研究的最新成果,对国内流行的国家起源的"摩尔根模式"提出质疑。1995年,其研究成果汇成的《中国早期国家》(浙江人民出版社),围绕"中国早期国家"这一概念,对中国古代的"酋邦"以及中国早期国家的历史发展进程进行系统探讨。2010年,他还发表《推进中国国家起源研究理论问题探讨的几个问题》(《历史研究》第6期)进一步阐明在中国国家起源理论问题研究中,应准确了解有关学术史的真实情况和有关概念及理论的真实内容。

在制度史研究的其他方面,1985年,吕思勉的《中国制度史》(上海教育出版社),主要论述中国历史上重要的社会经济制度和政治制度。1991年,徐连达主编的《中国历代官制词典》(安徽教育出版社)是涉及官制和政治制度的辞典,2002年,改名为《中国历代官制大词典》重版(广东教育出版社)。1992年,朱子彦的《中国朋党政治研究》(华东师范大学出版社),首次对中国古代朋党及党争进行贯通性的考察和研究。1996年,徐连达、朱子彦的《中国皇帝制度》(广东教育出版社),填补这一研究的空白。

断代制度史　1978年以后,中国断代制度史的专题研究成为研究者关注的重点。杨廷福从唐代法律研究入手,接连发表《〈唐律〉对亚洲古代各国封建法典的影响》(《社会科学战线》1978年创刊号)、《〈唐律〉历史渊源略论稿》(《中华文史论丛》第八辑)、《〈唐律〉制作年代考》(《文史》1978年复刊号)、《〈唐律〉的社会经济基础及其阶级本质》(《中国史研究》1978年创刊号)等,并于1982年出版专著《唐律初探》(天津人民出版社)。1985年,杨宽的《中国古代陵寝制度史研究》(上海古籍出版社),论述古代陵寝制度、古代陵寝和陵园布局几方面课题。1990年,严耀中的《北魏前期政治制度》(吉林教育出版社)全面总结北魏前期的社会结构和政治制度及其特点。1991年,钱杭的《周代宗法制度史研究》(学林出版社),将宗法制度的研究与社会经济形态的研究联系起来,挖掘宗法制度所内含的政治、经济、文化的内容。

进入21世纪以后,学者们致力于从新角度、新史料进行研究。2000年,戴建国的《宋代法制初探》(黑龙江人民出版社)论述一系列宋代法制研究的重大问题。2002年,章义和的《地域集团与南朝政治》(华东师范大学出版社),指明南朝的政治形态是东晋世族政治向隋唐皇权政治复归的过渡形态。2002年,曾维华的《论胡床及其对中原地区的影响》(《学术月刊》第7期)对胡床传入中原的时间、胡床的名称和形制的演变进行详实的考证。2003年,杨师群的《东周秦汉社会转型研究》(上海古籍出版社),对东周秦汉社会转型的性质、过程与影响提出与传统史学理论不同的新观点。2004年,俞钢的《唐代文言小说与科举制度》(上海古籍出版社),从跨文学和史学的维度揭示科举制度的影响。2005年,余蔚的《完整制与分离制:宋代地方行政权力的转移》(《历史研究》第4期),指明宋代地方行政制度的最大特色是在同一高层政区存在多个平行的行政组织与长官,即在高层政区实行"分离制"。2006年,余蔚的《两宋政治地理格局比较研究》(《中国社会科学》第6期),强调两宋疆域可分为数个"综合政治区",但其划分方式与区际关系在两宋大有区别,从而形成两种不同的政治地理格局。

2007年,吕静的《春秋时期盟誓研究——神灵崇拜下的社会秩序再构建》(上海古籍出版社),全面梳理有关春秋时期盟誓的各种文献和考古材料。同年,戴建国的《唐代流刑的演变》(《法史学刊》第1期)、《宋代籍帐制度探析——以户口统计为中心》(《历史研究》第3期)等文章,以及2008年的《宋代刑法史研究》(上海人民出版社),重点关注刑事立法、刑法适用原则、刑律体系、主要罪名、刑罚体系、量刑制度、刑罚执行制度。2009年,周保明的《清代地方吏役制度研究》(上海书店出版社),旨在揭示"官僚君主制"的政治制度设计与"地方吏役制度"实践之间的互动及其运作机制和制度内部的合理因素。同年,虞云国的《宋代台谏制度研究》(上海书店出版社)梳理唐与宋台谏制度的演变;余蔚的《分部巡历:宋代监司履职的时空特征研究》(《历史研究》第5期)、《宋代地方官员对下级的任命权》(《文史》第4辑),检讨宋代政治制度史方面的重大问题。

2010年,戴建国的《唐宋变革时期的法律与社会》(上海古籍出版社)探讨唐宋变革背景下的法律与社会诸问题,认为唐宋变革的下限在北宋后期;余蔚的《金代地方监察制度研究》(《中国历史地理论丛》第3期)、徐冲的《"禅让"与"起元":魏晋南北朝的王朝更替与国史书写》(《历史研究》第3期)等论文亦检讨政治制度史方面的问题。此外,杨师群出版《反思与比较——中西方古代社会的历史差距》(花城出版社2010年)。

【思想文化史】

20世纪80年代以后,中国古代思想文化史研究进入"黄金时期"。1982年,蔡尚思的《孔子思想体系》(上海人民出版社),从多个角度研究孔子思想及其重要影响。同年,李国豪等主编的《中国科技史探索》(上海古籍出版社),收录不少上海学者有关科技史研究的论文。该年丁季华的《中国文化起源"单一中心"说质疑》,指出中华民族的远古祖先分别在八大区域创造原始文化。1983年,朱维铮编辑的《周予同经学史论著选集》(上海人民出版社),收集周予同经学史研究的代表作。1985年,邵勤的《析"民本"——对先秦至西汉"民本"思想的考察》(《历史研究》第6期),试图扬弃民本思想的外在形式,着重探讨其本质环节和基本结构。1986年,陈正炎、林其锬的《中国古代大同思想研究》(上海人民出版社),论述从先秦到鸦片战争期间中国思想家阐述大同思想的具体内容。1991年,吴德铎的《科技史文集》(上海三联书店)收录作者关于造糖、造酒以及徐光启科学思想等一系列研究论文。同年,章巽主编的《中国航海科技史》(海洋出版社),阐述中国古代的造船技术、航海路线、天文和地文航海技术、航海图和海港等,是第一部全面系统地探讨古代航海科技史的论著。

20 世纪 80 年代，中国文化史研究成为上海学界关注的热点。1984 年，复旦大学历史系中国思想文化史研究室推出《中国文化研究集刊》第 1 辑（复旦大学出版社），关注中国文化史研究各方面的问题，至 1987 年共计出版 5 辑。1985 年，周谷城主编的“中国文化史丛书”开始由上海人民出版社出版，至 1996 年共计出版 26 种。1998 年，上海人民出版社出版大型丛书“中华文化通志”，系对中华文化由古到今、分门别类进行全面系统概括的大型著作，共 101 卷、4 000 余万字。

20 世纪 90 年代后，思想史研究发展较快。1995 年，葛兆光的《中国禅思想史》（北京大学出版社）和《增订本中国禅思想史——从 6 世纪到 10 世纪》（上海古籍出版社 2008 年），以及《中国思想史（两卷本）》（复旦大学出版社 1998、2000 年），重点关注中国的知识、思想与信仰世界，区别于以往思想史主要关注精英思想的历史。2000 年前后，上海学界对佛教的研究取得了突出成绩。2000 年，严耀中的《江南佛教史》（上海人民出版社），全面展示了江南的佛教形态、演变过程及其与江南社会政治、经济、文化、风俗等因素的关系，是以往中国佛教史研究未曾深入的领域。2006 年，严耀中又出版《汉传密教》（学林出版社），对密教在汉地的发展进行全景式的、完整的呈现。同年，余欣的《神道人心——唐宋之际敦煌民生宗教社会史研究》（中华书局），提出“民生宗教”的概念。该年余欣还发表《神祇的“碎化”：唐宋敦煌社祭变迁研究》（《历史研究》第 3 期）。2007 年，严耀中出版《佛教戒律与中国社会》（上海古籍出版社）以及《佛教与三至十三世纪中国史》（宗教文化出版社）。

在其他思想史、学术史领域，1994 年汤志钧等的《西汉经学与政治》（上海古籍出版社），指出中国封建社会历代封建政府和封建统治阶级，曾在不同程度上利用经学作为维护或夺取政权的依据。2004 年，俞钢的《唐代文言小说与科举制度》（上海古籍出版社），从科举制度角度阐释唐代文言小说的兴衰。同年，邓志峰的《王学与晚明的师道复兴运动》（社会科学文献出版社），论证王学的萌生、遭禁、复苏、隆盛、分化、自残，以及走向衰落的历程。2006 年，虞云国的《略论宋代文化的时代特点与历史地位》（《浙江社会科学》第 3 期）、《胡三省宋史观探微》（《史林》第 5 期）讨论宋代文化与史学。2007 年，姚大力的《北方民族史十论》（广西师范大学出版社），涉及拓跋鲜卑的先世史、回族认同的历史变迁、早期蒙古部族的构成、历史上的民族关系与国家认同等问题。同年，燕永成的《南宋史学研究》（甘肃人民出版社），致力于揭示南宋史学的独特地位与影响。2008 年，李磊的《六朝士风研究》（武汉出版社），指出从玄学最后的走向来看，南北双方虽是一退一进，但最后的趋同点却是将魏晋士风传统的影响限定在个人思想和生活领域。2009 年，俞钢还发表多篇揭示科举制度的论文，如《从唐人小说看科举士子漫游聚会的风习》（《文史哲》第 6 期）、《唐代科举士子的文学“沙龙”与文言小说的繁荣》（《中华文史论丛》第 2 期）等。2010 年，余欣从新史料出发检讨以往学界较少关注的问题，包括《敦煌佛寺所藏珍宝与密教宝物供养观念》（《敦煌学辑刊》第 4 辑）、《屈支灌与游仙枕：汉唐龟兹异物及其文化想象》（《复旦学报》第 6 期）等。

【经济史】

20 世纪 80 年代以后，上海史学界围绕中国古代经济史的研究主要包括通论性的研究和断代的研究。1980—1982 年，陈绍闻主编的《中国古代经济论文选》第 1—3 分册（上海人民出版社）问世。1982 年，陈守实遗著《中国古代土地关系史稿》（上海人民出版社），运用马克思唯物史观分析中国古代土地关系史的一些重要问题。1983 年，复旦大学与上海财经大学合编高校专业教材《中国古代经济简史》（上海人民出版社）。1989 年，陈绍闻等编著《中国经济史学要籍介绍》（云南人民出版社）。同年，谢天佑出版《秦汉经济政策与经济思想史稿》（华东师范大学出版社）。1993 年，吴泽的

《东方社会经济形态史论》(上海人民出版社),旨在回应马克思提出的古代东方社会形态和亚细亚生产方式的问题。1995年,朱伯康、施正康的《中国经济通史》(中国社会科学出版社),在史料的选取、体例的安排上都独具匠心,是在空间和时间上都涵盖甚广的一部经济史。在断代经济史的研究成果方面。1981年,伍丹戈的《明代土地制度和赋役制度的发展》(福建人民出版社)论述明代田制、赋税改革、均田均粮运动等重大问题。1988年,樊树志的《中国封建土地关系发展史》(人民出版社),叙述中国封建土地关系的发生、演变和发展及崩溃的历史。2009年,黄纯艳出版《唐宋政治经济史论稿》(甘肃人民出版社),翌年,又出版《中国古代社会经济史十八讲》(甘肃人民出版社)。

20世纪90年代后,上海学界围绕明清江南区域史展开一系列研究。1990年,樊树志《明清江南市镇探微》(复旦大学出版社)论述明清江南市镇的分布及其结构并探讨其经济功能。进入21世纪后,这方面取得的成果尤其突出。2002年,王振忠的《徽州社会文化史探微——新发现的16至20世纪民间档案文书研究》(上海社会科学院出版社),对16—20世纪徽州的社会文化史进行新的研究。同年,张海英的《明清江南商品流通与市场体系》(华东师范大学出版社),从商路与商品流通的角度,探讨明清江南地区主要农业、手工业产品进入市场后的流动趋向。2004年,熊月之、熊秉真主编的《明清以来江南社会与文化论集》(上海社会科学院出版社),内容涉及明清以来江南地区的经济变迁、区域互动、商业网络、绅商阶层、文化生产、情欲与性别、消费与文化等方面。2005年,樊树志的《江南市镇:传统与变革》(复旦大学出版社),对明清至民国时期经济最活跃的江南地区进行探讨。2006年,陈江的《明代中后期的江南社会与社会生活》(上海社会科学院出版社),从区域社会文化研究的视角,探讨明代中后期江南地区社会和社会生活中出现的一系列变化。2007年,唐力行的《苏州与徽州——16—20世纪两地互动与社会变迁的比较研究》(商务印书馆),对苏州和徽州区域间的互动及社会变迁进行长时段、历时性的对比研究。

2008年,冯贤亮的《太湖平原的环境刻画与城乡变迁(1368—1912)》(上海人民出版社),主要探讨明清江南地区的环境问题与城乡社会文化变迁、江南的州县行政与社会控制等方面的问题。2009年,黄敬斌的《民生与家计:清初至民国时期江南居民的消费》(复旦大学出版社),借助于现代经济学理论与统计学方法,重现清初至民国年间江南地区居民的日常消费状况。2010年,冯贤亮《近世浙西环境、水利与社会》(中国社会科学出版社),着眼于环境社会史的角度,研究浙西地方的环境、水利、城乡地方民生。是年,王家范主编《明清江南史研究三十年(1978—2008)》(上海古籍出版社)。

【中外关系史】

1986年,《章巽文集》出版(海洋出版社),是章巽数十年来从事中外交通和中外关系史研究的论文集。1989年,艾周昌的《中非关系史文选(1500—1918)》(华东师范大学出版社),为研究中国与非洲大陆的交往史辑集大量的资料。1996年,艾周昌、沐涛合著的《中非关系史》(华东师范大学出版社),是国内第一本系统论述中非关系史的专著。

此外,上海学界在个案研究方面也取得不少成果。自1977年秋起,杨廷福即赴京参与季羡林主持的《大唐西域记校注》工作,前后达两年多,1986年和1988年,其遗著《玄奘论集》(齐鲁出版社)和《玄奘年谱》(中华书局)相继出版,其中对玄奘西行取经路线作精深考辨。1990年,章巽、芮传明出版《〈大唐西域记〉导读》(巴蜀书社)。韩昇发表《司马氏与中国佛教传播日本》(《历史研究》第6期),指出日本古代统一国家的成立同大陆的移民与佛教的输入关系至为紧密。1995年,芮传明的《〈大唐西域记〉全译》(贵州人民出版社),详解《大唐西域记》这一名著。芮传明、余太山的《中西纹饰比较》(上海古籍出版社)，对汉代以前的各种中外纹饰进行比较研究。韩昇发表《“魏伐百济”与南北朝时期东亚国际关系》(《历史研究》第3期)、《唐平百济前后的东亚国际形势》(《唐研究》第1卷，北京大学出版社)等研究中古时期东亚国际关系的论文。1998年，有多部研究古代中外关系的专著问世，包括王颋的《圣王肇业——韩日中交涉史考》(学林出版社)，芮传明的《古突厥碑铭研究》(上海古籍出版社)，龚方震、晏可佳合著的《祆教史》(上海社会科学院出版社)等。前述1998年上海人民出版社出版的《中华文化通志》“中外文化交流典”，还包括芮传明的《中国与中亚交流志》以及朱学勤、王丽娜的《中国与欧洲文化交流志》等。1999年，芮传明发表《摩尼教“佛性”探讨》(《中华文史论丛》第59辑)、《摩尼教文献所见“船”与“船主”考释》(《欧亚学刊》第1辑)。

进入21世纪，中外关系史的研究有所突破。芮传明继续关注摩尼教，发表《摩尼教“树”符号在东方的演变》(《史林》2002年第3期)、《摩尼教“五妙身”考》(《史林》2004年第6期)等论文。2005年，徐文堪出版《外来语古今谈》(语文出版社)，韩昇发表《白江之战前唐朝与新罗、日本关系的演变》(《中国史研究》第1期)，余欣发表《“附子”考——从一类药物看东西物质文化交流》(《文史》第3辑)。2006年，黄纯艳、王小宁发表《熙宁战争与宋越关系》(《厦门大学学报》第6期)。2007年，徐文堪的《吐火罗人起源研究》(新疆美术摄影出版社)，以吐火罗语和吐火罗人以至印欧人的起源及迁徙为中心展开论述。2009年，韩昇出版《东亚世界形成史论》(复旦大学出版社)，主要关注中国古代对外关系理论的形成与发展、外交实践及其基本原则。同年，他还出版《海东集——古代东亚史实考论》(上海人民出版社)。葛兆光发表《国家与历史——有关中国道教、日本神道教与天皇制度的争论》(《中国社会科学》第5期)。2010年，韩昇出版的《遣唐使和学问僧》(中华书局)，全面展示唐代中日文化交流方面所取得的辉煌成就。同年，余欣发表《〈大唐西域记〉古写本述略稿》(《文献》第4辑)。

【古代人物】

自20世纪80年代以来，上海学界出版不少古代人物研究的著作，以政治、文化领域著名人物的评传居多。1982年，朱金城编纂的《白居易年谱》(上海古籍出版社)对白居易的生平作详细考证。1984年，刘修明的《雄才大略的汉武帝》(上海人民出版社)，全面介绍汉武帝及其所处时代的政治、经济、文化的兴盛。袁英光、王界云合著《唐太宗传》(天津人民出版社)，系统论述唐太宗一生的重要活动、历史功绩；赵克尧、许道勋合著《唐太宗传》(人民出版社)，着重评论唐太宗全力造就的贞观之治。1985年，章巽的《法显传校注》(上海古籍出版社)对东晋高僧法显西游天竺的自述作精细的考订和注释；王守稼的《明代大科学家徐光启》(上海人民出版社)，系统评述科学家徐光启的一生。1986年，方诗铭、周殿杰的《钱大昕》(上海人民出版社)叙述乾嘉学派重要人物钱大昕的生平和学术生涯。1987年，刘修明的《汉光武帝刘秀》(上海人民出版社)，分析光武帝刘秀在汉代历史转折期的作用，同时全面介绍这一时期的社会经济文化背景；袁英光和王界云合著的《唐明皇传》(天津人民出版社)对唐玄宗李隆基在唐史上的地位进行考察；程应镠的《范仲淹新传》(上海人民出版社)，全面论述范仲淹的一生。1988年，罗义俊的《汉武帝评传》(上海人民出版社)，指明西汉国力最强盛的时期在武帝时期。1889年，方诗铭的《曹操·袁绍·黄巾》(上海社会科学院出版社)，通过对曹操等政治风云人物的事迹及行为、思想等的考订剖析，深入研究三国时期的历史。

进入20世纪90年代以后，中国古代人物仍成为史学界关注的重点。1990年，许道勋、赵克尧合著《唐明皇与杨贵妃》(人民出版社)，分析唐玄宗与杨玉环的功过是非。1992年，杨善群的《孙子评传》(南京大学出版社)，阐述孙武、孙膑和司马穰苴的生平业绩。1994年，樊树志的《万历传》(人民出版社),介绍万历一生经历。1995年,郑祖安、蒋明宏主编的《徐霞客与山水文化》(上海文化出版社),介绍徐霞客的家世、生平、交友和游踪。1997年,樊树志的《崇祯传》(人民出版社),叙述崇祯的帝王生涯。虞云国的《宋光宗宋宁宗——宋帝列传》(吉林文史出版社),致力于以帝王传记的形式来表现南宋中晚期的光宁时代。1998年,韩昇的《隋文帝传》(人民出版社),叙述隋文帝建立隋王朝、统一全国的历程。

进入21世纪以后,对古代人物的研究主要是结合重大历史事件展开,或就历史人物的某一方面展开深入探索。2007年,温海清的《北魏、北周、唐时期"追祖李陵"现象述论——以"拓跋鲜卑系李陵之后"为中心》(《民族研究》第3期),探讨李陵在北方游牧人与汉地农耕民接触中所扮演的角色。2008年,仇鹿鸣的《"攀附先世"与"伪冒士籍"——以渤海高氏为中心的研究》(《历史研究》第2期),指出世系绵长构成中古士族门第的重要因素,但在士族谱系绵延不绝的表象背后存在着明显层累造成的痕迹。2009年,徐冲发表《从〈外戚传〉到〈皇后传〉——历史书写所见"汉魏革命"的一个侧面》(《早期中国史研究》第1卷第1期),从历史书写的角度分析史书中"外戚传"到"皇后传"这一名称的变化背后汉魏两代政治结构的不同。2010年,仇鹿鸣发表《伐蜀之役与司马氏集团内部的矛盾》(《传统中国研究集刊》第7辑,上海人民出版社),指出司马昭发动伐蜀之役的目的是为了通过建立功业,摆脱因弑杀高贵乡公带来的道德危机,完成魏晋嬗代。仇鹿鸣与唐雯合撰《高适家世及其早年经历释证》(《社会科学》第4期),指出新出土的高适之父《高崇文玄堂》、其侄《高逸墓志》对于研究唐代诗人高适的家世及其早年经历提供了新资料。同年,燕永成发表《试论刘太后与宋真宗朝史的编修》(《史林》第3期),指出宋真宗朝史的编修明显存在维护乃至偏袒真宗及其所为,并且附有执政者、权臣以及编修者的爱憎。

二、中国近代史

改革开放后中国近代史研究进入繁荣发展时期。在此过程中,近代中国史料的整理是首先值得重视的环节,显示对于重大历史事件及相关人物的研究,立足于史料的整理展开。同时,中国近代史一些重大的历史问题也引起学界广泛关注。

【史料整理】

自20世纪80年代以来,近代中国重要历史人物全集、文集的整理与出版,构成一道独特的风景。主要包括:《章太炎全集》(1—5集,上海人民出版社1980—1985年)、《宋教仁集》(两卷本,陈旭麓主编,中华书局1981年)、《康有为政论集》(上、下册,汤志钧编,中华书局1981年)、《郑观应集》(上、下卷,夏东元编,上海人民出版社1982年)、《盛宣怀档案资料选辑》(陈旭麓等分别任各辑主编,上海人民出版社1982年)、《梁启超选集》(李华兴、吴嘉勋编,上海人民出版社1984年)、《李鸿章全集》(一、二、三集,顾廷龙、叶亚廉主编,上海人民出版社1985年)、《陶成章集》(汤志钧编,中华书局1986年)、《汪康年师友书札》(1—4册,上海图书馆编,上海古籍出版社1986年)、《康有为全集》(第一、二卷,姜义华、吴根樑编,上海古籍出版社1987年、1990年)、《孙中山集外集》(陈旭麓、郝盛潮主编,上海人民出版社1990年)、《胡适学术文集》(姜义华主编,中华书局1993年起陆续出版)、《孙中山集外集补编》(郝盛潮、王耿雄等编,上海人民出版社1994年)、《马相伯集》(朱维铮主编,复旦大学出版社1996年)等。这些人物的全集、文集或选集,或是首次编辑整理出版,或是对早先的版本进行重大增补,对推进近代中国历史的研究起到积极作用。此外,这一时期上海书店出版社出版规模浩大的《申报》影印本(1982 年)以及卷帙浩繁的《东方杂志》(从 20 世纪 60 年代中期开始陆续影印出版,至 1985 年共印出 32 卷)。

2000 年以后,中国近代史进入"史料丛出"的时代,相关研究领域整理出版诸多大型史料。这其中,上海学界也做出不少努力。2000 年,谢俊美编的《翁同龢集》(中华书局)出版。2001 年,朱维铮主编的《利玛窦中文著译集》(复旦大学出版社)出版。2007 年,姜义华、张荣华主编的《康有为全集》(全 12 册)(中国人民大学出版社),汇集已经发现的康有为已刊和未刊作品近千万字,成为目前最为齐备的康有为著述全集。2008 年,顾廷龙、戴逸主编的新编《李鸿章全集》(安徽教育出版社)出版。同年,上海图书馆编辑的《上海图书馆藏盛宣怀档案萃编》(套装共 2 册)(上海古籍出版社)出版。该年上海图书馆与国家清史编纂委员会正式签约,承担国家清史项目《盛宣怀档案选编》编纂工作。2010 年,朱维铮、李天纲主编的《徐光启全集》(共 10 册)(上海古籍出版社)出版。同年,吴景平整理出版《宋子文生平与资料文献研究》《战时岁月:宋子文与外国人士往来函电稿新编(1940—1943)》《风云际会:宋子文与外国人士会谈记录(1940—1949)》(均由复旦大学出版社出版)。这一年,姜义华还承担国家社科基金重大项目"20 世纪中国人物传记资源整理与数据库建设研究",通过数据库的形式整理近代人物传记资料。

【近代史研究体系构建】

20 世纪 70 年代末起,陈旭麓开始酝酿和探索构建中国近代史的新研究体系。经过《中国近代史词典》(上海辞书出版社 1982 年)和《近代中国八十年》(上海人民出版社 1983 年)的编撰,以及一系列论文,逐步呈现"新陈代谢"这一新的研究体系。1988 年,陈旭麓发表《关于中国近代史线索的思考》(《历史研究》第 3 期),集中论述这一观点。1992 年,其所著《近代中国社会的新陈代谢》(上海人民出版社),最终完成其近代史体系构想。该书从新陈代谢的角度,论述中国从中世纪走向近代化的历程,将近代中国政治、经济、文化与社会史融会贯通,是迄今为止最具思辨的一部力作。

同时,上海其他学者对此也有许多有益探索,尤其是围绕近代中国资产阶级研究,学术交流和争鸣空前活跃。1985 年,沈渭滨、杨立强的《再说近代中国的时代中心》(《复旦学报》第 1 期),坚持"民族资产阶级是近代中国的时代中心"的观点。1986 年,刘学照发表《论洋务思潮》(《历史研究》第 3 期),试图说明早期维新派与洋务派的关系,以回应学界对此所持的较为对立的两种看法。1989 年,夏东元发表《110 年中国近代史应以戊戌变法为分段线》(《历史研究》第 4 期),提出"洋务运动发展论"的观点,认为近代史应以资本主义的酝酿、发生和发展与"两个过程"相结合为基本线索。1990 年,黄逸峰等合著《旧中国民族资产阶级》(江西古籍出版社),对民族资产阶级进行综合考察。同年,刘学照发表《略论李鸿章的对日观》(《历史研究》第 3 期),指出李鸿章是晚清大员中开眼看日本的第一人,又是洋务运动时期一位最大的"防日"论者。1993 年,沈渭滨的《孙中山与辛亥革命》(上海人民出版社),指出中国资产阶级产生一开始就是分裂的,到辛亥革命时期只有民族资产阶级才称得上是一种阶级力量。1997 年,陈旭麓遗稿经其学生、家属整理成《陈旭麓文集》(共 4 卷)(华东师范大学出版社)出版。

进入 21 世纪以后,有关中国近代史研究体系的构建,转换为对与中国近代史有关的理论和方法的探索,并聚焦各专门史或具体问题的研究,上海史学界出版不少论著,在全国产生积极影响。2002 年,姜义华的《理性缺位的启蒙》(上海三联书店),展示作者 20 余年来研究中国启蒙运动的主要成果。张仲民的《解构中国民族历史叙述的反思》(《历史研究》第 5 期),结合西方自 20 世纪 60 年代以来所形成的理论,分析近代中国历史研究中一些新的趋向。2008 年,姜义华的《现代性:中国重撰》(北京师范大学出版社),从民族认同、近代国家意识、伦理与竞存、人的全面发展和社会主义的不断追求、不断探索五个方面,展示中国现代性的缘起及演进历程。2010 年,章清发表《"历史研究的单位":"专门史"与中国近代史研究》《过去的经验与未来的可能走向》(社会科学文献出版社),分析过去 30 年中国近代史研究中"专门史"的流行及其成因。

【通史、综合性研究】

20 世纪 80 年代以来,上海学界围绕近代中国历史通论性、综合性的研究取得突出成绩,陆续出版多种系统研究近代史的专题论著。1984 年,龚古今、唐培吉主编的《中国抗日战争史稿》(湖北人民出版社),对"九一八"至抗战胜利的历史作比较全面的探讨。1987 年,陈旭麓主编的《五四后三十年》(上海人民出版社),是一部简明的新民主主义革命时期通史。同年,陈旭麓主编的《五四以来政派及其思想》(上海人民出版社),是有关政治派别及其主要思想的专史。1996 年,郭绪印主编《新编中国现代史》(上海人民出版社)。1997 年,胡礼忠、戴鞍钢合著的《二十五史新编:晚清史》(上海古籍出版社),以"纪事""传记""志"和"表"四个部分概述晚清史。

20 世纪八九十年代,中国现代化研究是史学界关注的热点,上海学者较早涉猎此领域。1983 年,丁日初、杜恂诚的《19 世纪中国资本主义现代化成败原因浅析》(《历史研究》第 1 期),分析从洋务运动到辛亥革命 50 年中国未能实现资本主义现代化的原因。1986 年,熊月之的《中国近代民主思想史》(上海人民出版社),以近代人物和思潮为脉络,对中国人的思想近代化作全面论述。1989 年,马洪林的《戊戌维新与中国近代化》(《上海师范大学学报》第 1 期),提出中国近代化分为三个阶段的新观点。1992 年,周武的《新民之道与人的现代化》(《探索与争鸣》第 1 期)、黄逸峰的《辛亥革命后的经济政策与中国近代化》(《学术月刊》第 6 期)等,从不同角度和侧面对中国近代化问题进行探讨。1995 年,许纪霖、陈达凯主编的《中国现代化史:1800—1949 年》(上海三联书店)以历史发展为线索,分别从社会经济、文化思潮、政权变革等方面进行探讨。

进入 21 世纪,这方面的著作也陆续出版。2000 年,谢俊美的《政治制度与近代中国》(上海人民出版社),较为系统地反映中国近代一系列重要政治制度的演变过程。2009 年,戴鞍钢出版《晚清史》(百家出版社)。2010 年,朱维铮《重读近代史》(中西书局),对中国近代史进行全新的解读。

【民国政治、外交史】

民国政治、外交史是民国史研究首先得到重视的领域。20 世纪 80 年代以来,上海学界在民国史研究中重点对民国时期的政治制度、外交制度进行探索。

民国政治 20 世纪 80 年代中期前后,上海学界对汪伪政权的研究,填补这一领域的空白。复旦大学研究中国现代史的学者整理出版《汪精卫集团投敌》《汪精卫国民政府成立》《汪精卫国民政府的"清乡"运动》(上海人民出版社 1984 年、1985 年)。1986 年,上海档案馆编辑出版《日伪上海市政府资料汇编》(档案出版社)。1987 年,黄美真、余子道等出版《汪精卫汉奸政权的兴亡——汪伪政权研究论集》(复旦大学出版社),1996 年,张济顺、石源华分别发表《沦陷时期上海的保甲制度》(《历史研究》第 1 期)、《论日本对华新政策下的日汪关系》(《历史研究》第 2 期)。

20 世纪 80 年代中后期,上海学界围绕国民党统治时期的政治制度进行专题研究。1987 年,邹明德的《略论国民党政府中央政治体制的演变》(《贵州大学学报》第 1 期),分阶段论述国民党中央政治制度的演变。徐矛的《中华民国政治制度史》(上海人民出版社 1992 年),林炯如、傅绍昌和虞宝棠的《中华民国政治制度史》(华东师范大学出版社 1995 年),全面论述民国政治制度的变迁等问题。同年，郭绪印主编的《国民党派系斗争史》(上海人民出版社)，论述国民党派系斗争的演变。1987 年，乐嘉庆、姜天鹰的《评抗战前夕国民党南京政府的抗日准备》(《复旦学报》第 5 期)，孙果达的《抗战初期国民党政府对西南民族工业的筹建》(《华东师范大学学报》第 1 期)，分析国民党政府对日政策的转变。余子道对于国民政府组织的抗战及正面战场问题阐述新的看法，尤其是从军事的层面分析正面战场的得失，先后发表《中国正面战场战略反攻问题述评》(《军事历史研究》第 3 期)、《中国局部战争综论》(《抗日战争研究》第 1 期)等文章。其他学者也从多个侧面论述正面战场的问题。1997 年，杨立强发表《抗战初期国民党中央统帅机关决策内幕》(《军事历史研究》第 1 期)，廖大伟发表《变被动为主动：八一三抗战的爆发》(《史林》第 3 期)。

20 世纪 90 年代以后，揭露日军侵华暴行的研究成果陆续出版。1997 年，市档案馆编写的《日本帝国主义侵略上海罪行史料汇编》(上海人民出版社)问世。慰安妇问题被揭露出来后，上海史学界对此进行专题研究。1998 年，苏智良发表《侵华日军慰安妇制度略论》(《历史研究》第 2 期)。同年，苏智良的《慰安妇研究》(上海书店出版社)出版，是中国学者第一部慰安妇问题研究专著。1999 年，苏智良组织成立中国大陆首个日军"慰安妇"问题研究机构——中国"慰安妇"问题研究中心，2007 年创办中国"慰安妇"资料馆。

中外关系史 1983 年，王邦宪《太平洋战争时期美国对华政策的演变》(《复旦学报》第 4 期)，分析中美之间错综复杂的关系以及在抗战前期和后期的变化。1987 年，钟家栋发表《1941 年的中国与苏日中立条约》(《档案与历史》第 3 期)，何碧辉发表《关于王造时等人的"致斯大林的公开信"》(《复旦学报》第 6 期)，则涉及中苏关系的历史。

20 世纪 90 年代以来，整体的与专题的外交史均受到重视。1991 年，王立诚出版《近代中国外交制度史》(甘肃人民出版社)，论述中国外交制度的嬗变及与之相关的选拔、培养、任用外交官的人事制度上的变化。1994 年，石源华的《中华民国外交史》(上海人民出版社)，系统梳理民国政府的外交线索。同时，国别方面外交史也有富于影响的成果。1993 年，福建人民出版社陆续出版一套丛书，包括吴景平的《从胶澳被占到科尔访华：中德关系 1861—1992》，胡礼忠、金光耀、沈济时的《从尼布楚条约到叶利钦访华——中俄、中苏关系 300 年》，以及胡礼忠、金光耀、顾关林的《从望厦条约到克林顿访华——中美关系 1944—1996》。此外，个案问题也得到重视，1994 年，石源华、徐有威在《抗日战争研究》第 2 期分别发表《论抗日战争时期国民政府的援朝政策》《1931—1937 年间国民政府与朝鲜独立运动》。1995 年，石源华出版《韩国独立运动与中国》(上海人民出版社)，徐矛发表《中国国民党与韩国独立运动几问题》(《复旦学报》第 4 期)，这些论著从不同角度评述这段历史。

进入 21 世纪以后，围绕民国时期外交史的研究展现出新的气象。2001 年，王立诚的《近代美国对华文化渗透研究——以上海为中心》，探索教会大学在美国文化渗透与近代中国教育中的实际效应。他还撰写《英国与近代中外贸易"法治"的建立》(《历史研究》第 2 期)。同年，金光耀编著《顾维钧与中国外交》(上海古籍出版社)，系复旦大学主办"顾维钧与中国外交国际学术讨论会"的论文结集。2002 年，陈雁的《抗日战争时期中国政府外交制度研究》(复旦大学出版社)，对 1937—1945 年间中国政府的外交制度进行较全面的考察。2003 年，金光耀的《国民政府与联合国的创建》(《中国社会科学》第 6 期)，揭示太平洋战争爆发后国民政府如何积极参与联合国的筹建活动。2005 年，陈雁的《外交、外债和派系——从"梁颜政争"看 20 世纪 20 年代初期北京政府的外交运作》(《近代史研究》第 1 期)。2006 年，金光耀、王建朗等编著《北洋时期的中国外交》(复旦大学出版社)。同年，石源华的《近代中国周边外交史论》(上海辞书出版社)，重点关注远东国际关系的变迁与中国的周边外交。

同时,上海学界还从新的角度对与周边国家关系进行探索。2010年,葛兆光发表《自家宝藏的失而复得——晚清久佚唯识典籍由日本反传中国之影响》(《史学集刊》第1期)、《从“西域”到“东海”——一个新历史世界的形成、方法及问题》(《文史哲》第1期)等多篇论文。同年,吴景平发表《蒋介石与抗战初期国民党的对日和战态度》(《抗日战争研究》第2期)等文章,依据最新公布的蒋介石日记等资料,审视抗战期间国民党的对日关系。

【近代思想文化史】

近代思想文化史研究是上海学界研究的特色。20世纪70年代后期,蔡尚思、陈旭麓、唐振常、朱维铮、姜义华、李华兴等倡导开展思想文化史研究和近代中西文化的比较研究,复旦大学和华东师范大学相继设立中国思想文化史研究室、近代中西文化研究中心等机构,此后发表一系列重要成果。1979年,汤志钧编《章太炎年谱长编》(上、下册)(中华书局),全面记述章太炎的政治、学术活动。1982—1983年,蔡尚思主编的《中国现代思想史资料简编》第1—5卷(浙江人民出版社),汇集五四运动以来具有代表性的思想人物发表的论著。1985年,姜义华出版《章太炎思想研究》(上海人民出版社),对章太炎从维新运动到辛亥革命等各个时期的思想发展变化进行全面的考察。同年,朱维铮校注《梁启超论清学史二种》(复旦大学出版社)出版。1987年,朱维铮的《走出中世纪》(上海人民出版社),论述从明末清初到近代思想文化的剧变。1988年,李华兴《中国近代思想史》(浙江人民出版社)出版。同年,许纪霖的《无穷的困惑:近代中国两个知识者的历史旅程》(上海三联书店)出版。1989年,汤志钧的《近代经学与政治》(中华书局),对近代经学思想进行较为全面的阐述。这一时期,过去较少涉及的外国传教士在华活动的问题得到深入研究。1981年,顾长声的《传教士与近代中国》(上海人民出版社)突破这一禁区,较为系统地论述传教士在中国的活动。1985年,他的《从马礼逊到司徒雷登》(上海人民出版社),为其中最为著名或在某一方面最具代表性的30多位传教士分别立传。

1991年,许纪霖的《智者的尊严:知识分子与近代文化》(学林出版社)出版。1992年,姜义华出版《百年蹒跚——小农中国的现代觉醒》(上海三联书店)。1994年,熊月之的《西学东渐与晚清社会》(上海人民出版社),对西学东渐史上许多重大的理论问题、重要人物和事件的研究,提出许多独到的见解。1996年,姜义华的《大道之行——孙中山思想探微》(广东人民出版社)出版。1997年,李华兴主编《民国教育史》(上海教育出版社),摆脱就教育论教育的模式,围绕“教育”的成长,探讨其与近代社会思想文化的互动关系。1998年,钱锺书主编“中国近代学术名著丛书”,朱维铮为每种著作撰写的长篇导论结集《求索真文明:晚清学术史论》(上海古籍出版社)出版。

进入21世纪以后,个案研究构成近代思想文化史领域关注的重点。2000年,胡逢祥的《社会变革与文化传统——中国近代文化保守主义思潮研究》(上海人民出版社),对晚清至民国期间整个文化保守主义思潮的演变过程及其代表性流派和人物思想进行考察。2001年,廖梅的《汪康年:从民权论到文化保守主义》(上海古籍出版社),勾勒出汪康年一生不同阶段的事迹和活动特点。2003年,许纪霖的《中国知识分子十论》(复旦大学出版社),揭示知识分子群体对中国近代文化发展的深刻影响。同年,章清发表《省界、业界与阶级:近代中国集团的力量的兴起及其难局》(《中国社会科学》第2期)。2004年,章清出版《“胡适派学人群”与现代中国自由主义》(上海古籍出版社)。2005年,茅海建的《戊戌变法史事考》(生活·读书·新知三联书店)出版,将重大史实的精心考证与重要场景的细密描述结合在一起。孙青发表《“西政”与“中学”:西方政治学“影像”在中国的形成》(《中国社会科学》第2期)。2006年,李向平的《信仰、革命与权力秩序——中国宗教社会学研究》(上海人民出版社)，结合当代西方社会学的理论和方法，重新分析中国传统儒释道宗教对中国社会结构的影响。2008 年，杨国强的《晚清的士人与世相》(生活·读书·新知三联书店)，以“士人”为对象，考察嬗变中的“世相”，以揭示晚清的社会与思想变迁。同年，杨国强的《义理与事功之间的徊徨》(生活·读书·新知三联书店)，结合曾国藩、李鸿章等留下的奏议、书信、日记、诗文，把握 19 世纪中国士大夫的真实世界和精神世界。2009 年，茅海建的《从甲午到戊戌：康有为〈我史〉鉴注》(生活·读书·新知三联书店)，以康有为对其手稿本的最后修订为定本，参照档案和文献进行比勘核对，厘定正误、鉴别真伪。

2000 年以来，上海学界对外国传教士在华活动的影响进行研究。2000 年，邹振环的《晚清西方地理学在中国》(上海古籍出版社)，系统考察 19 世纪作为主译者的新教传教士所介绍的西方地理学的知识。2003 年，顾卫民出版《中国天主教编年史》(上海书店出版社)。2004 年，陶飞亚的《中国的基督教乌托邦：耶稣家庭 1921—1952》(香港中文大学出版社)，主要关注山东泰安马庄为中心的耶稣家庭的信徒如何将宗教与世俗生活结合起来。2005 年，陶飞亚的《边缘的历史：基督教与近代中国》(上海古籍出版社)，分专题对近代中国基督教进行研究。同年，顾卫民的《基督宗教艺术在华发展史》(上海书店出版社)，是中国作者写作的第一部基督宗教艺术在华发展史。李天纲的《文本实践与身份辨识：中国基督徒知识分子的中文著述：1583—1949》(上海古籍出版社)，关注到那些精通儒家经典的中国基督徒知识分子在皈信基督教、接触《圣经》后，如何重新阅读和解释中国典籍与基督教《圣经》。2007 年，邹振环的《西方传教士与晚清西史东渐》(上海古籍出版社)，对以往研究相对薄弱的“西史东渐”进行历史的寻绎和价值的重估。2009 年，陶飞亚、杨卫华的《基督教与中国社会研究入门》(复旦大学出版社)，系统阐述基督教史研究的各个方面。杨雄威发表《南昌教案与上海中西报战》(《历史研究》第 4 期)。

这一时期，出版史、阅读史与社会文化等问题也成为研究热点。2007 年，洪煜的《近代上海小报与市民文化研究(1897—1937)》(上海书店出版社)，系统梳理上海小报的历史由来、生存环境、小报特殊的产权经营发行销售状态、从事该报业的文人群体特征、小报的各类品位及其所反映的社会文化内涵等。2009 年，张仲民的《出版与文化政治：晚清的“卫生”书籍研究》(上海书店出版社)，借用当前流行的文化史研究方法，研究晚清卫生书籍的出版与传播，进而探讨人们生理卫生观念、生殖观念乃至性观念的变化。同年，瞿骏的《辛亥前后上海城市公共空间研究》(上海辞书出版社)，主要围绕清末民国上海的开放私园、街头、店铺、茶馆、戏园、车站、码头、会馆等城市公共空间展开。2010 年，孙青的《晚清之“西政”东渐及本土回应》(上海书店出版社)，分析政治学作为学科的成长。同年还有多篇论文关注出版史、阅读史的问题，包括张仲民的《清季启蒙人士改造民众阅读习惯的论述》(《中研院近代史研究所集刊》第 68 辑)、章清的《五四思想界：中心与边缘》(《近代史研究》第 3 期)、邹振环的《土山湾印书馆与上海印刷出版文化的发展》(《安徽大学学报》第 3 期)等。

【近代经济史】

1978 年以来，中国近代经济史的研究取得显著成绩。甚至可以说，有关中国近代史研究的突破，经济史的研究走在前列。1979 年，汪熙的《论晚清的官督商办》(《历史研究》第 1 期)，指出官督商办企业作为中国早期资本主义企业的一种形式，包含着许多尖锐对立的矛盾，呈现出错综复杂的关系，对其历史作用有较为正面的评价。黄逸峰、姜铎的《重评洋务运动》(《历史研究》第 2 期)，主张对洋务运动作出恰如其分的全面评价，开创重新认识洋务运动的先声。紧接着，围绕洋务运动和资产阶级与辛亥革命等问题，上海学界也发表卓有影响的成果。1980 年，沈渭滨、杨立强的《上海商团与辛亥革命》(《历史研究》第3期),指出辛亥革命准备期间,上海商团是全国仅有的几个参加革命阵营的商团之一,发挥积极作用。1983年8月,《历史研究》编辑部和复旦大学历史系联合举办"近代中国资产阶级研究"讨论会,就近代中国资产阶级的产生发展及其在近代中国的历史地位和作用等问题展开讨论。这次会议的成果汇集于次年由复旦大学历史系所编《近代中国资产阶级研究》(复旦大学出版社)。同年,丁日初的《加强中国近代经济史研究的建议》(《学术月刊》第1期),指出为适应全面开创社会主义现代化建设新局面的需要,中国近代经济史的研究也必须进一步加强和开展。徐鼎新发表《旧中国商会溯源》(《中国社会经济史研究》第1期),指出旧中国之有商会是民族资产阶级试图"扩商权"的产物。汪熙发表《试论洋务派官督商办企业的性质与作用》(《历史研究》第6期),指出对近代一批有关国计民生的大型民用企业,有必要聚焦于经济因素进行评价。1985年,夏东元的《晚清洋务运动研究》(四川人民出版社)。1987年,杜恂诚的《从1883年上海金融风潮看中国资产阶级的产生》(《历史研究》第6期),指明对中国资产阶级发生的理解不能脱离半殖民地中国社会的基本特点。1988年,徐鼎新的《近代上海新旧两代民族资本家深层结构的透视——从二十年代初上海商会改组谈起》(《上海社会科学院学术季刊》第3期),指出上海总商会1920年的一次历史性改组,标志着上海工商界一代新人开始登上社会活动舞台。

进入20世纪90年代以后,近代经济史的研究更加活跃,涉及面也更为广泛。1991年,杜恂诚的《民族资本主义与旧中国政府(1840—1937)》(上海社会科学院出版社),着重探讨中国资本主义的发展线索及其与旧中国政府之间的关系。1993年,杜恂诚的《中国传统伦理与近代资本主义》(上海社会科学院出版社),依据近代中国的历史经验,检验马克斯·韦伯的理论。1994年,张仲礼、沈祖炜发表《近代上海市场发育的若干特点》(《上海社会科学院学术季刊》第2期)。该年吴景平发表的《近代中国金融中心的区域变迁》(《中国社会科学》第6期),指出20世纪上半叶中国金融中心经历过数度区域性变迁是极为罕见的现象。1996年,戴鞍钢的《近代上海与长江流域商路变迁》(《近代史研究》第4期),指出上海1843年开埠后有力推动长江三角洲的社会近代化进程。

进入21世纪以后,近代经济史的研究也取得突出的成绩。2000年,周育民的《晚清财政与社会变迁》(上海人民出版社),深入剖析晚清财政制度与现实财政收入构成之间的矛盾以及清王朝中央财政与地方财政之间的矛盾。2001年,吴景平的《近代中国内债史研究对象刍议》(《中国社会科学》第5期),指出进一步拓宽内债史的研究领域,有助于构建较为完整和科学的内债史研究体系。

2002年,张忠民的《艰难的变迁——近代中国公司制度研究》(上海社会科学院出版社),以现代企业理论为依据,对近代中国公司制度的演进作历史大跨度的宏观描述。2003年,吴景平的《上海银行公会改组风波》(《历史研究》第2期),分析1929—1931年间上海银行公会所经历的改组风波。同年,赵兰亮出版《近代上海保险市场研究》(复旦大学出版社)。2004年,市工商联与复旦大学历史系合编《上海总商会组织史资料汇编》(上、下册)(上海古籍出版社)出版。同年,冯筱才的《在商言商:政治变局中的江浙商人》(上海社会科学院出版社),重新探讨近代中国商人与政治的种种问题。同年,冯筱才还出版《北伐前后的商民运动(1924—1930)》(台湾商务印书馆),揭示出作为北伐前后国共两党所发动的民众运动一个重要组成部分,"商民运动"贯穿整个革命时期。

2006年,戴鞍钢的《发展与落差:近代中国东西部经济发展进程比较研究(1840—1949)》(复旦大学出版社),剖析东部沿海工业城市与西部农业乡村之间的经济辐射和集聚的互动关系。2008年,朱荫贵的《中国近代股份制企业研究》(上海财经大学出版社),系统探究中国近代股份制企业的发展。同年,朱荫贵还出版《中国近代轮船航运业研究》(中国社会科学出版社)。2010年,吴景平、李克实主编的《六十年来的中国金融变迁》(上海人民出版社)出版。戴鞍钢的《晚清至民国云贵鸦片的产销途径》(《史林》第 5 期)，揭示近代云贵地区受交通阻隔，与其他省份来往不便，鸦片以其量轻价高成为当地外销的主要货物。

【近代社会史】

20 世纪 70 年代末以后，近代中国社会史重新引起学者的重视，特别是上海史学界一些原本从事经济史研究的学者转而关注社会史，试图在经济史研究领域有所突破，从更大的视野揭示社会的变迁。1985 年，魏建猷主编的《中国会党史论著汇要》(南开大学出版社)，是第一本中国会党史研究的工具书。1987 年，中国会党史研究会组织编写的《会党史研究》(学林出版社)，是全国第一次会党史学术讨论会的会议论文集。1989 年，陈旭麓的《略论中国近代社会史研究》(《华东师范大学学报》第 5 期)，指出近代史因切近政治而曾经独步一时，又因切近政治而远离百年中国万象杂陈的社会史，政治史脱离社会史，近代史研究也由此渐趋偏枯。王家范的《中国社会史学科建设刍议》(《历史研究》第 4 期)，指出社会史与文化史先后在传统史学领地上突兀而起，是近十年中国史学变革的两大标志。

20 世纪八九十年代，上海学界主要探讨帮会存在的社会历史根源以及帮会对现代社会的影响，尤其是国民党统治时期的帮会问题。1988 年，苏智良的《上海流氓势力与四・一二政变》(《近代史研究》第 2 期)，指出上海流氓势力通过“四一二”反革命政变，变为“党国新贵”“地方政要”，完成中国会党史上的一大转折。1989 年，郭绪印的《上海帮会与帝国主义、国民党政权的关系》(《上海师范大学学报》第 1 期)、《国民党统治时期的上海帮会势力》(《民国档案》第 3 期)等论文，指出帮会从秘密结社变成“合法”反映民国期间上海社会史的一大特点。1991 年，胡训珉、贺建的《上海帮会简史》(上海人民出版社)，对上海帮会的起源、发展、结局作历史的叙述。1993 年，周育民、邵雍的《中国帮会史》(上海人民出版社)，是第一部完整、系统的帮会史专著。1996 年，郭绪印的《洪帮秘史》(上海人民出版社)，从多角度反映出洪门具有值得研究的文化特点。1997 年，邵雍的《中国会道门》(上海人民出版社)，对青莲教、同善社、一贯道等 20 余种会道门进行分类研究。进入 21 世纪以后，这方面的研究仍在继续。2007 年，周育民整理的魏建猷所著《秘密结社与晚清社会》(上海书店出版社)出版。邵雍陆续推出《近代秘密社会与民主革命的关系》(《上海师范大学学报》2008 年第 5 期)；《中国近代会党史》(合肥工业大学出版社 2009 年)，探讨天地会的起源、天地会在清嘉道年间的发展概况与特点等问题；《秘密社会与中国革命》(商务印书馆 2010 年)，较为完整地介绍共产国际和中国共产党对秘密社会的观点以及策略的变化。邵雍所著《中国近代会道门史》(合肥工业大学出版社 2010 年)，则介绍有关会道门的源流与思想政治倾向。

20 世纪 90 年代后，广义的“社会史”引起研究者的重视。1992 年由上海人民出版社出版的“近代中国社会史丛书”，汇集上海学界相关研究成果。包括陈旭麓的《近代中国社会的新陈代谢》、黄逸平的《近代中国经济变迁》，陆续出版的还包括邓伟志的《近代中国家庭的变革》(1994 年)、罗苏文的《女性与近代中国社会》(1996 年)、顾卫民的《基督教与近代中国社会》(1996 年)等。

2000 年以后，近代社会史的研究重点明显集中于上海，是上海史研究的重要组成部分。2004 年，邵雍出版《中国近代贩毒史》(福建人民出版社)。2009 年，苏智良的《一九零九年上海万国禁烟会研究》(《历史研究》第 1 期)，分析中、美、英等 13 个国家在上海召开的国际反鸦片、吗啡会议。同年，苏智良还出版《全球禁毒的开端：1909 年万国禁烟会》(上海三联书店)，阐明上海万国禁烟会是人类历史上第一次多边性的国际反毒禁毒会议，产生重要影响。同年，苏智良的《上海禁毒史》(上海三联书店)，将上海百余年的禁毒史作阶段性划分，归纳各阶段的禁毒特点。2010 年，姚霏的《空间、角色与权力——女性与上海城市空间研究(1843—1911)》(上海人民出版社),主要关注晚清上海"女性空间"拓展的机制。同年,陈雁、王政主编"社会性别研究译丛"(上海三联书店)陆续出版,通过对一些具体问题的讨论勾勒出女权主义学术发展过程中经历的论辩、思考和自省。

【近代人物】

20 世纪 70 年代末以来,针对近代人物的研究成为近代史研究不断往前推进的重要内容。上海史学界对众多近代富于影响人物进行广泛而深入的研究,对某些具有一定敏感性的政治人物的评价也逐渐打破禁区。其中,尤以对孙中山、章太炎、蔡元培、康有为、郑观应等人的研究,成绩更为显著。

围绕章太炎的研究,汇集多项研究成果。1981 年,唐振常的《章太炎吴虞论集》(四川人民出版社),汇集其关于章太炎、吴虞的研究成果。1982 年,熊月之的《章太炎》(上海人民出版社)出版。1985 年,姜义华的《章太炎思想研究》(上海人民出版社 1985 年)是 20 世纪中国第一部全面系统研究章太炎生平、思想与学术的专著。

有关孙中山的研究,主要有陈旭麓的《孙中山》(上海人民出版社 1980 年),姜义华的《孙中山与民粹主义研究述评》(《江海学刊》1986 年第 2 期)、《论孙中山的自由平等观——近代中国政治民主化思潮透视》(《复旦学报》1986 年第 5 期),王耿雄的《孙中山史事详录:1911—1913》(天津人民出版社 1986 年)。1987 年,上海中山学社成立。

在康有为的研究方面,专著有汤志钧的《康有为与戊戌变法》(中华书局 1981 年),主要讲述康有为与戊戌变法有关的历史内容。马洪林的《康有为》(上海人民出版社 1986 年)、《康有为大传》(辽宁人民出版社 1988 年)、《两论康有为的历史评价问题》(《上海师范大学学报》1988 年第 1 期)等。梁启超的研究也取得积极进展。周武的《论梁启超三次脱离政治宣言》(《华东师范大学学报》1989 年第 2 期),揭示民国初年梁启超彷徨于学术与政治之间的内心世界。

在蔡元培研究方面,1980 年,李华兴发表《民主主义与无政府主义的复合体——蔡元培政治思想初探》(《复旦学报》第 4 期);1983 年,唐振常发表《蔡元培北上迎袁考略》(《近代史研究》第 4 期);1985 年,唐振常的《蔡元培传》(上海人民出版社),对蔡元培的一生和思想作由表及里的评述,对若干疑案和重要环节作考订和剖析,是一部形神兼备的人物传记。

此外,对一些以往重视不够,或较为敏感的人物研究,也有所突破。1983 年,钱小柏、雷群明的《韬奋与出版》(学林出版社 1983 年),系统介绍邹韬奋与生活书店的编辑出版思想和经营理念。夏东元的《郑观应传》(华东师范大学出版社 1985 年)、《盛宣怀传》(四川人民出版社 1988 年)对以往被视作买办的历史人物进行较为正面的评价。对中共党史人物的研究也引起重视。1984 年,王铁仙的《瞿秋白论稿》(华东师范大学出版社),系统论述瞿秋白的思想发展和文艺风格。稍后,谢俊美接连出版《翁同龢》(上海人民出版社 1987 年)、《翁同龢传》(中华书局 1994 年)和《常熟翁氏》(中国人民大学出版社 1999 年)等,把翁同龢及其家族的研究推进到一个新阶段。1989 年,任建树、唐宝林的《陈独秀传》上、下册(上海人民出版社),对陈独秀一生作系统评述,是大陆学者撰写的第一部陈独秀传记。而一些一向作为反面的人物,这一时期也有所重视,逐渐改变贴标签式的评价方式,如丁日初等的《虞洽卿简论》(《历史研究》1981 年第 3 期),杨国强的《曾国藩简论》(《历史研究》1987 年第 1 期),黄美真、王少普的《海上闻人杜月笙》(河南人民出版 1987 年)等。

进入 20 世纪 90 年代以后,上海学界围绕近代人物的研究更是有所推进。在孙中山的研究方面,陈旭麓、郝盛潮、王耿雄等编《孙中山集外集》(上海人民出版社 1990 年);陈旭麓去世后,郝潮盛与王耿雄再编的《孙中山集外集补编》(上海人民出版社 1994 年)出版。相关专著还包括王耿雄的《孙中山与上海》(上海人民出版社 1991 年)、《孙中山与辛亥革命》(上海人民出版社 1993 年),以及姜义华的《大道之行——孙中山思想发微》(广东人民出版社 1996 年)等。在其他人物研究方面,李华兴的《梁启超与中国近代化》(《历史研究》1991 年第 3 期),充分肯定梁启超是在近代中国种种忧患中求索的先驱者的杰出代表之一。蔡建国的《蔡元培与近代中国》(上海社会科学院出版社 1997 年),论述蔡元培与西方文化、近代中国教育、近代中国科技事业的关系。忻平的《王韬评传》(华东师范大学出版社 1990 年),以王韬的一生为经,论述其改良主义思想。1994 年,易惠莉出版《郑观应评传》(南京大学出版社),介绍郑观应从第二次鸦片战争到辛亥革命间中国近代一系列重大历史事件中的经历和活动,勾画郑观应从传统商人到近代商人、从传统知识分子到近代思想家的丰富复杂的人生历程。陈麟辉的《论辛亥革命前黄炎培的教育救国思想和实践》(《江汉论坛》1994 年第 1 期)等较早研究黄炎培的生平和思想,并对教育救国在中国近代社会的作用作了重新评价。1996 年,丁日初发表《五卅运动中的虞洽卿》(《档案与史学》第 10 期),对虞洽卿作进一步论述。宋子文是民国时期在财政、金融和对外关系等领域发生过重要影响的人物,以往对此的研究还很不足。1991 年,吴景平的《宋子文论纲》(《历史研究》第 6 期)指出该项研究的重要性。其《宋子文评传》(福建人民出版社 1992 年),对宋子文的一生作评价,填补这方面的空白。1992 年,江西百花洲文艺出版社出版的"国学大师丛书",包括姜义华的《章太炎评传》、张荣华的《张元济评传》、章清的《胡适评传》。1998 年,丁凤麟出版《薛福成评传》(南京大学出版社)。1999 年,河北人民出版社出版的"民国外交官传记丛书",收录研究顾维钧、伍廷芳、颜惠庆、王正廷、宋子文、陈友仁、陆征祥等民国时期外交界的风云人物的传记,该丛书的多位作者来自上海。

进入 21 世纪以后,近代人物研究也有新的气象。2002 年,姜义华主编《史魂:上海十大史学家》(上海辞书出版社),介绍吕思勉、李平心、李亚农、周谷城、周予同、陈守实、陈旭麓、程应镠、谭其骧、魏建猷十大上海史学家的生平事迹。同年,陈勇的《钱穆传》(人民出版社),对钱穆一生的治学历程和生活经历作细致的观照。2003 年,周武的《张元济:书卷人生》(上海教育出版社),结合张元济揭示一项文化事业及其与整个 20 世纪中国文化之间多层面的关系。2004 年,马自毅发表《"总教习"还是"洋文正教习"——严复任职北洋水师学堂期间若干史实考证》(《历史研究》第 2 期),对严复在北洋水师学堂任职情况作细致的考证。同年,邬国义发表《王韬卒年月日考实》(《近代史研究》第 2 期)。2009 年,张仲民发表《严复与复旦公学》(《历史研究》第 2 期),从新发现的严复四篇佚文以及报章文献等资料考察,重新梳理严复与复旦公学的关系。

三、中国现代史

中国现代史是指中华人民共和国史。20 世纪 80 年代初上海学界在中国现代史的研究方面与全国一样,大致在中共党史的架构下展开,也围绕中华人民共和国成立后一些重大的历史问题展开相应研究。1981 年,强远淦、林邦光的《试论 1955 年党内关于农业合作化问题的争论》(《党史研究》1981 年第 1 期),分析合作化运动进程中的冒进失误,认为对邓子恢的批判是错误的,给合作化运动带来严重后果。1983 年,孙道同的《社会主义时期党内长期存在"左"倾错误的原因试析》(《社会科学》第 5 期),认为宁"左"勿"右"的传统观念,以阶级斗争为纲的错误理论,未能坚持民主集中制以及国际国内环境的影响等,都是"左"倾错误长期得不到清算的原因。1989 年,虞宝棠的《1958 年大跃进的沉思》(《华东师范大学学报》第 4 期)指出大跃进是中共探索社会主义建设道路上的一次严重失误。同年,翟作君等主编的《共和国40年大事述评1989年》(档案出版社),以《关于建国以来党的若干历史问题的决议》为指导,对共和国40年的重大历史事件作出评述。虞宝棠、李学昌主编的《当代中国40年纪事(1949—1989)》(上海人民出版社1990年),记述中华人民共和国成立40年来在政治、经济、文化、科技、外交等领域发生的重大事件。

进入20世纪90年代以后,与上海城市发展密切相关的问题得到重点关注。1993年,市委党史研究室与市档案馆、市统战部等合作编纂出版《接管上海》(中国广播电视出版社),系统阐述中共中央完整接管上海的战略思想以及具体的接管过程。同年,市委统战部、市委党史研究室和市档案馆合编的《中国资本主义工商业的社会主义改造(上海卷)》(中共党史出版社),阐述上海对资本主义工商业进行改造的历史过程。1999年,市委党史研究室的《上海社会主义建设五十年》(上海人民出版社)以中华人民共和国成立后上海历史发展的基本轨迹和经济建设为主线,揭示上海50年来的整体面貌。同时,上海的改革开放也成为研究的主题。1994年,市委党史研究室编纂的《上海改革开放风云录》(上海人民出版社),是一部全面反映上海改革开放15年成果的大型资料书籍。1998年,又一部大型资料史书"上海改革开放20年系列丛书"(上海人民、科普、远东等出版社)问世。这套丛书共31卷,记录上海各系统、各区县20年来改革开放的历史过程。2002—2004年由市委党史研究室牵头组织相关部委办完成"上海现代化研究丛书"8卷本(上海人民出版社),包括《上海城乡一体化建设》《上海工业结构调整》《上海城市建设发展》《上海科技体制改革与创新》《上海教育改革与创新》《上海对外开放》《上海经济体制改革》《上海文化改革与发展》。此外,2006—2010年上海教育出版社还陆续出版市委党史研究室编纂的"口述上海系列丛书"。

20世纪90年代以后,对中国现代史中的人物研究重点关注一些重要人物在上海的活动。最为突出的是市委党史研究室编纂的重要人物在上海系列丛书,主要有《宋庆龄在上海》(学林出版社1990年)、《陈毅在上海》(中共党史出版社1992年)、《毛泽东在上海》(中共党史出版社1993年)、《邓小平与上海改革开放》(上海人民出版社1994年)、《潘汉年在上海》(上海人民出版社1995年)、《周恩来在上海》(上海人民出版社1998年)、《刘少奇在上海》(中共党史出版社1998年)等。这套丛书集中反映中共领导人在上海的生活历程、个人风采及对上海建设的指导和关心。此外,张云的《潘汉年传奇》(上海人民出版社1996年)还原潘汉年充满神秘色彩的一生。蒋洪斌的《陈毅传》(上海人民出版社1992年),以丰富的史料展现出陈毅作为一个将军、诗人和外交家的生动形象。

进入21世纪以后,中国现代史的研究展现出新的气象。2007年12月,华东师范大学成立中国当代史研究中心,是中国大陆高校设立的第一家专门研究中国当代历史的学术机构。该中心成立后出版的相关中共党史研究资料集和学术著作主要包括《中国当代史研究》系列(共三辑)和《中国当代民间史料集刊》系列(共九卷)。这其中,20世纪50年代前后的历史最为研究者所重视,研究领域更为广泛。2001年,杨奎松发表《新中国从抗法援越到争取印度支那和平的政策转变》(《中国社会科学》第1期),探讨中华人民共和国外交政策之所以发生重大而急遽改变的过程及原因。2003年,沈志华出版《苏联专家在中国(1948—1960)》(中国国际广播出版社),在充分使用档案文献和口述史料的基础上,对苏联专家来华的基本状况、中苏双方在专家问题上的政策方针、苏联专家在华工作的条件和环境、苏联专家的作用和影响等进行考察。同年,沈志华还出版《毛泽东、斯大林与朝鲜战争》(广东人民出版社),揭示出中苏同盟及中国入朝参战这两大历史事件之间的内在逻辑。2004年,张济顺发表《上海里弄:基层政治动员与国家社会一体化走向》(《中国社会科学》第2期),指出20世纪50年代前半期,上海居民委员会在一系列政治动员中扮演国家和社会的双重角色,这种独特的作用源自阶级错杂、行动取向多元的近代上海社会特质。2008年,杨奎松出版《毛泽东与莫斯科的恩恩怨怨》(江西人民出版社)，根据大量有关中苏档案和亲历者的回忆，对涉及毛泽东与莫斯科关系的历次重大事件以及毛泽东性格和处事特点进行描述。同年，曹树基的《国家形象的塑造——以1950年代的国家话语为中心》(《上海交通大学学报》第3期)，指出20世纪50年代国家对于农民利益的关注和承诺，导致农民观念中的国家意识的根本变革。2009年，杨奎松的《中华人民共和国建国史研究》(江西人民出版社)，选取中华人民共和国成立前后对中华人民共和国的政治建构具有重大影响的政治事件进行个案式研究。

20世纪六七十年代所发生的重大事件，也为研究者所关注。知青研究方面，2004年，金光耀、朱政惠合著《知青部落——黄山脚下的10 000个上海人》(上海古籍出版社)，形象地展现一万名上海知青在农场生活的方方面面。“文化大革命”时期的研究，则以金大陆的《非常与正常——上海“文革”时期的社会生活》(上海辞书出版社2011年)为代表。

四、史学理论及中国史学史

20世纪70年代末80年代初，上海史学界在史学理论研究中积极参与重大历史问题的讨论。1980年，刘昶的《试论中国封建社会长期延续的原因》(《上海师范学院学报》第4期)，指出在封建时代，西欧和日本所走过的道路是典型的、正常的；而中国、拜占庭、印度等国封建主义的历史出现畸形和变态，两者在历史的道路上就显出发展的快慢和时间的长短来。针对刘昶的观点，上海史学界展开积极探讨，发表的论文包括王守稼《评〈试论中国封建社会长期延续的原因〉的若干观点》(《中国史研究》1981年第3期)、朱孝远的《发展的充分化是社会形态长期延续的原因——兼谈中国封建社会为什么这样长》(《复旦学报》1981年第4期)、程洪的《关于中国封建社会长期延续的原因》(同上)、刘修明的《中国封建社会的典型性与长期延续原因》(《历史研究》1984年第6期)等。1982年，为纪念马克思逝世100周年，上海史学界围绕马克思所阐述的史学理论与方法以及对中国产生的广泛影响，发表一系列的论文汇集于上海市哲学社会科学学会联合会编的《沿着马克思的理论道路前进——纪念马克思逝世100周年论文集》(上海人民出版社1983年)。

同时，介绍西方史学理论也成为上海学界的热点，还探讨引进国外历史研究方法的有关问题。1983年，刘修明的《史学方法论的引进要慎重》(《山西师范大学学报》第1期)，强调史学方法论是一定世界观指导下关于用什么样的方针、方法和手段研究历史的理论。1985年，姜义华的《用现代思维科学武装历史研究工作》(《复旦学报》第1期)，提出史学理论研究不应局限于历史哲学、史学史层面，应将全部史学活动视为一个有机的整体。王家范的《历史个性研究与系统方法引进》(《华东师范大学学报》第3期)，认为不应过分强调认识历史的共同性，对历史个性的认识实有其特殊的相对独立的意义。1986年，魏承思发表《历史社会学方法研究的尝试》(《社会科学》第2期)，俞新天发表《克罗齐历史观评介》(《社会科学》第9期)。1987年，王晴佳发表《思想之树常青：评柯林武德的历史观念》(《读书》第2期)，倪培华发表《爱德华·霍列特·卡尔历史观评述》(《社会科学》第2期)等。

对中国史学遗产的清理，是这一时期上海史学界较为关注的问题。1980年，吴泽主编、袁英光编选的《中国史学史论集》第一、二集(上海人民出版社)出版，收录1949—1979年有关中国古代史学史研究论文48篇。后复编集《中国近代史学史论集(上)》(华东师范大学出版社1984年)，收录相关论文20篇。1982年，吕思勉的《史学四种》(上海人民出版社)出版。同年《吕思勉读史札记》(上海古籍出版社)出版。1983年，吴泽和杨翼骧主编的《中国历史大辞典》(史学史部分)(上海辞书出版社)出版。1985年,吴泽出版《史学概论》(安徽教育出版社)。这一时期,袁英光的《夏燮与明通鉴》(《历史研究》1980年第1期),盛邦和的《关于近代东方与中国史学发展的"东方式"特殊道路》(《史学史研究》1985年第2期),胡逢祥的《鸦片战争时期中国的世界史地研究》(《华东师范大学学报》1984年第4期)、《论辛亥革命时期的国粹主义史学》(《历史研究》1985年第5期)、《梁启超史学理论体系初探》(《学术月刊》1986年第12期)和《晚清经世思潮与当代史研究》(《华东师范大学学报》1990年第1期)等,使原先比较落寞的中国近代史学史研究渐趋活跃。1987年,盛邦和的《黄遵宪史学研究》(江苏古籍出版社),着重剖析黄遵宪史学思想的发展演变。王东的《正统论与中国古代史学》(《学术界》1987年第5期),就正统观念的缘起、形成和正统理论的发展,探讨其在演进过程中对史学发展的影响。1989年,吴泽主编的《中国近代史学史》(上、下册)(江苏古籍出版社),是第一部系统研究中国近代史学发展史的专著。同年,姜义华等所著《史学导论》(陕西人民教育出版社),将历史认识论、史学方法论、历史本体论、史学形态学及历史认识主体自身的素质作为统一的论述体系,以揭示历史认识的基本特征。该书修订本作为国家规划教材,2010年由复旦大学出版社出版。

与史学这一学科相关的一些基本问题也引起史家的重视。1983年,谭其骧的《对今后历史研究工作的四点意见》(《社会科学》第5期),提出历史研究当坚持具体问题具体分析,坚持历史的观点,重视对经济基础的研究,坚持大量占有史料,切勿空谈。苏渊雷的《文史研究方法论》(《学术月刊》第5期),结合梁启超在《中国历史研究法》中阐述的看法,强调中华民族丰富的文化遗产值得加以清理并继承。1984年,梁友尧、谢宝耿的《中国史问题讨论及其观点》(山西人民出版社),反映当时史学界解放思想、学术争鸣实况。1988年,姜义华的《历史哲学的科学价值与现代意义》(《人文杂志》第5期),阐明历史哲学是对客观历史过程知性与理性的认识,其产生与发展是历史认识自身深化与升华的必然结果。周朝民等编著的《中国史学四十年》(广西人民出版社1989年)、《历史学新论点》(黄山书社1990年),对20世纪80年代史学理论研究成果进行总结和评述。

进入20世纪90年代后,对中国和外国史学理论的介绍与研究更为广泛深入,包括胡逢祥、张文建的《中国近代史学思潮与流派》(华东师范大学出版社1991年)、桂遵义的《马克思主义史学在中国》(山东人民出版社1992年)、朱政惠的《吕振羽和他的历史学研究》(湖南教育出版社1992年)、吴泽的《东方社会经济形态史论》(上海人民出版社1993年)、盛邦和的《东亚:走向近代的精神历程——近三百年中日史学与儒学》(浙江人民出版社1995年)、朱政惠的《史之心旅——关于时代和史学的思考》(华东师范大学出版社1996年)。此外,一些专题论文也相继发表,如胡逢祥的《中西史学源起比较论》(《史学理论研究》1992年4期)、《试论中西古代史学发展的不同途径和特点》(《学术月刊》1997年第9期),王东的《史官文化的演进》,路新生的《崔述与顾颉刚》(均见《历史研究》1993年第4期)等。

进入21世纪以后,史学理论与史学史研究在深度上有较大突破。2000年,朱政惠的《吕振羽学术思想评传》(北京图书馆出版社),系统介绍吕振羽的生平、主要史学著述与学术成就、人际交往与学术交往。2001年,路新生的《中国近三百年疑古思潮研究》(上海人民出版社),对三百年间疑古思潮进行全面梳理。2002年,盛邦和的《解体与重构:中国现代史学与儒学思想变迁》(华东师范大学出版社),诠释史学与儒学在文化建设中相互连带与激励的机制。同年,路新生发表《顾颉刚疑古学浅论》(《华东师范大学学报》第1期)。2003年,胡逢祥发表《科学与人文之间——关于现代史学建设路向的一点思索》(《史学理论研究》第3期)。2004年,则有张耕华的《历史哲学引论》(复旦大学出版社)、朱政惠的《美国中国学史研究——海外中国学探索的理论与实践》(上海古籍出版社)、胡逢祥的《历史学的自省：从经验到理性的转折——略评20世纪上半叶我国的史学史研究》(《华东师范大学学报》第1期)。

2005年，盛邦和的《20世纪上半叶中国史学的流程与流派》(《学术月刊》第5期)，指出20世纪上半叶中国史学经历过五个“流程”，即国粹史学、实证史学、“五四”史学、抗战史学与马克思主义史学。同年，盛邦和主编的《现代化进程中的中国人文学科：史学卷》(上海人民出版社)出版。此外，该年还有多篇论文涉及史学史的问题。章清的《中西历史之“会通”与中国史学的转向》(《历史研究》第2期)，揭示出中西历史之“会通”，深刻影响着中国史学的转向。路新生的《刘师培〈左传〉学研究及其现代史学意义》(《华东师范大学学报》第4期)，则从个案分析现代史学的成长。2006年，路新生的《经学的蜕变与史学的转轨》(上海古籍出版社)，指出在探讨史学的“现代化转型”时，绕不过经学这道“坎”。同年，朱政惠出版《史华慈学谱》(上海辞书出版社)。2007年，邹振环出版《西方传教士与晚清西史东渐——以1815至1900年西方历史译著的传播与影响为中心》(上海古籍出版社)，对以往研究相对薄弱的“西史东渐”进行历史的寻绎和价值的重估。同年李孝迁出版的《西方史学在中国的传播》(华东师范大学出版社)则对清季以来西方史在中国的具体传播路径及其代表性理论的内容和实际影响作论述。2010年，韩昇的《杜佑及其名著〈通典〉新论》(《中国学术》第26辑，商务印书馆)，论证北宋版《通典》是现存《通典》最早的本子，对比北宋版和明以后各种版本的《通典》可以获得许多新的知识。

五、历史地理学

历史地理学是历史学的一个分支，也是一门新兴的学科，20世纪70年代末开始得到迅猛发展。1982年，复旦大学历史系历史地理研究室扩建为历史地理研究所，谭其骧任所长，并开始培养本专业的博士生，使上海成为全国历史地理研究的中心，并取得多项标志性成果。

【综合性研究】

1978年，修订后的《辞海·历史地理》(上海辞书出版社)，成为国内发行最广、最实用的历史地理工具书。此书的编纂始于20世纪50年代，由谭其骧主编，约100万字。1982—1988年间陆续出版的由谭其骧主编的8册《中国历史地图集》(中国地图出版社)，是世界同类地图中最详细的一种，集中体现中国历史地理研究的空前成就。1992年7月，《中国历史地图集》港台(繁体字)版由香港生活·读书·新知三联书店发行。

《中华人民共和国国家历史地图集》是继此之后的另一巨著。1982年组成编委会，谭其骧任编委会副主任兼总编纂，具体主持图集编绘工作。该图集包括中国历史自然和人文地理的各主要分支，有近千幅地图，是中国也是世界地图集中内容最广、篇幅最多的一种。

1986年，在国家地震局主持下，由国家地震局地球物理研究所和复旦大学历史地理研究所主编的《中国历史地震图集·明时期》完成编稿，由地图出版社出版，反映中国发生过的破坏性地震的概貌。图集之另外两册《远古至元时期》和《清时期》于1990年出版。这套图集的内容、时间跨度、记录地震次数和具体指标、地名的精确性等均是空前的，达到世界先进水平。此外还出版一些通论性论著，1987年，谭其骧的《长水集》(人民出版社)，汇编他在1982年前发表的60多篇论文。王育民的《中国历史地理概论》上、下册分别于1987年、1990年由人民教育出版社出版。1993年，邹逸麟出版《中国历史地理概述》(福建人民出版社)。2001年，由复旦大学中国历史地理研究所与美国哈佛大学东亚系、澳大利亚格林菲斯大学亚洲空间信息中心等单位合作研制的“中国历史地理信息系统”(China's Historical Geography Information System,缩写为 CHGIS)正式启动。2009 年,该系统参加“辉煌 60 年——中华人民共和国成立 60 周年成就展”。

【历史人文地理】

综合性研究 1982 年,谭其骧的《中国历史上的七大首都》(《历史教学问题》第 1、3 期),论述七大古都建都和发展过程。1986 年,魏嵩山主编的《历史地名词典》(江西教育出版社),收录正史与正史地理志、其他各种史籍地志及历代诗文中涉及的较重要地名 21 000 条。1991 年,谭其骧在国际中国历史地理讲座会上作“积极开展人文地理研究”的主题报告,论述中国开展历史人文地理研究的可能性和必要性,预言历史人文地理研究将成为历史地理学最有希望、最繁荣的分支。紧接着,谭其骧撰写《历史人文地理研究发凡与举例》(《历史地理》1992 年第 10 辑),呼吁积极开展历史人文地理研究。

政区地理沿革 1987 年,周振鹤的《西汉政区地理》(人民出版社),是中国第一部断代历史行政区划专著,全面论述西汉一代都、国一级的政区沿革。1988 年,谭其骧发表《历史上的中国和中国疆域》(《中国边疆史地研究导报》第 3 期)。1990 年,周振鹤的《体国经野之道——新角度下的中国行政区划沿革史》(香港中华书局),论述中国行政区划变迁史,总结政区变迁的规律。在同年召开的全国行政区划学术讨论会上,谭其骧提出《我国行政区划改革设想》。此后,断代政区地理引起研究者的重视。1999 年,李晓杰的《东汉政区地理》(山东教育出版社),完整揭示整个东汉时期郡国一级的政区变迁。2009 年起,周振鹤主编的《中国行政区划通史》由复旦大学出版社陆续推出,全书除总论外分为 13 卷,是国内第一部学术意义上的行政区划变迁通史。

20 世纪 80 年代初以后,政区地理的研究也涉及对上海沿革的把握。王文楚的《上海市大陆地区城镇的形成与发展》(《历史地理》1983 年第 3 辑)、周振鹤的《两宋时期上海市舶机构辨正》(《上海研究论丛》第 1 辑,上海社会科学院出版社 1988 年)、满志敏的《两宋时期上海的海塘与岸线》(《上海研究论丛》1989 年第 4 辑)、吴仁安的《明清时期上海邑城的社会经济结构探索》(《上海研究论丛》1990 年第 5 辑),都从不同的角度对历史上的上海进行考察。1989 年,祝鹏的《上海沿革地理》(学林出版社),对上海沿革地理作较为详尽的研究。1991 年 7 月 3 日,周振鹤在《文汇报》著文《明年是上海建城 700 周年》,认为上海设县的年代实际上就是上海建城的标志,应以元至元二十八年七月己未(1291 年 8 月 19 日)中央政府批准的日期为准。市地方志办公室为此举行专题讨论会。之后对于上海城市发展的历史沿革,上海学界还从不同角度进行分析。1997 年,张修桂先后发表《上海地区成陆过程概述》(《复旦学报》第 1 期)、《上海地区成陆过程研究中的几个关键问题》(《历史地理》第 14 辑)等论文。同年,满志敏发表《黄浦江水系形成原因述要》(《复旦学报》第 6 期)。1999 年,周振鹤的《上海历史地图集》(上海人民出版社),复原上海地区在不同历史时期的面貌。此外,张晓虹也先后发表文章,审视上海城市的成长,如《城市化与上海地区市镇空间结构的演变:以 1870—1937 年真如、罗店为例》(《历史地理》2007 年第 22 辑)、《城市化与乡村聚落的空间过程——以上海东北部地区为例》(《复旦学报》2008 年第 6 期)。

人口地理 1980 年,邹依仁的《旧上海人口变迁研究》(上海人民出版社),对 1949 年前上海人口的分布、迁移及来源都有所论述。1986 年,葛剑雄的《西汉人口地理》(人民出版社),对西汉期间的人口数量、分布、迁移及其原因、规律等均有论述。此外,葛剑雄还翻译了美国学者何炳棣的《1368—1953 年中国人口研究》(上海古籍出版社 1989 年)。

20 世纪 90 年代以后，在人口史、移民史方面更是取得突出成绩。1991 年，葛剑雄的《中国人口发展史》（福建人民出版社），研究中国各历史时期的人口构成、再生产、分布和迁移。1992 年，葛剑雄的《秦汉时期的人口迁移与文化传播》（《历史研究》第 4 期），分析秦汉时期学术文化较为发达的三辅、蜀和吴会地区，论述文化与人口迁移的关系。1993 年，葛剑雄、曹树基和吴松第合著的《简明中国移民史》（福建人民出版社），是当时国内外最完整的中国移民史专著。1997 年，葛剑雄、曹树基和吴松第合著 6 卷本《中国移民史》（福建人民出版社），是迄今为止国内外最完备最系统的中国移民史。2002 年，葛剑雄主编的《中国人口史》由复旦大学出版社全部出齐，全书分 6 卷 300 余万字，重点关注人口调查制度、人口的数量变化、人口的分布、人口与社会和历史的关系等方面。此外，从区域的角度研究移民史，以及从新的角度反思中国不同时期的人口，成为学者关注的重点。1999 年，安介生的《山西移民史》（山西人民出版），为国内第一部以省为研究单位的区域性移民通史，后又出版《中国历史民族地理》（山东教育出版社 2007 年）。侯杨方对于如何更好认识历史上的人口统计发表多篇论文，包括《民国时期全国人口统计数字的来源》（《历史研究》2000 年第 4 期）、《民国时期中国人口的死亡》（《中国人口科学》2002 年第 5 期）、《乾隆时期民数汇报及评估》（《历史研究》2008 年第 3 期）等。

经济地理　20 世纪 80 年代初上海学界从关注运河的研究开始，取得不少研究成果。邹逸麟的《从地理环境考察我国运河的历史作用》（《中国史研究》1982 年 3 期）、《山东运河历史地理问题初探》（《历史地理》1982 年创刊号）、《淮河下游南北运口的变迁和城镇兴衰》（《历史地理》1988 年第 6 辑），以及杨正泰的《明清时期长江以北运河沿线城镇的特点和变迁——兼论地理环境对城镇的影响》（复旦大学出版社 1982 年），都关注到运河对于经济发展的影响。20 世纪 90 年代以后，注重区域开发的研究是历史地理学发展趋势之一。1992 年，王振忠的《明清扬州盐商社区文化及其影响》（《中国史研究》第 2 期），具体分析盐商社区文化对明清社会的习俗风尚之演替产生的深刻影响。魏嵩山的研究以太湖流域为主，1993 年出版的专著《太湖流域开发探源》（江西教育出版社），较全面论述远古以来太湖流域的开发过程。赵永复的《历史时期河西走廊的农牧业变迁》（《历史地理》1986 年第 4 辑），对河西走廊农牧业的变迁进行全面考察。吴松弟的研究以宋代东南沿海、特别是福建的开发为主，出版专著《北方移民与南宋社会变迁》（台北文津出版社 1993 年），并发表《南宋移民与临安文化》（《历史研究》2006 年第 5 期）等论文。

20 世纪 80 年代以来，历史农业地理方面的研究也有所推进。其中曹树基对清代玉米、番茄的分布提出不少与何炳棣、陈树平不同的看法，陆续发表的论文包括《玉米番薯传入中国路线新探》（《中国社会经济史研究》1988 年第 4 期）、《清代玉米、番薯分布的地理特征》（《历史地理研究》1990 年第 2 辑）、《清至民国山东东部玉米、番薯的分布——兼论新进作物与原作物的竞争》（《中国历史地理论丛》2009 年第 4 期，与王保宁合撰）。满志敏的《历史时期柑橘种植北界与气候变化的关系》（《复旦学报》1999 年第 5 期）、《气候变化对历史上农牧过渡带影响的个例研究》（《地理研究》2000 年第 2 期），以及王建革出版的《农牧生态与传统蒙古社会》（山东人民出版社 2006 年）、《传统社会末期华北的生态与社会》（生活·读书·新知三联书店 2009 年）等著作也关注到这方面的问题。

文化地理　1986 年，谭其骧的《中国文化的时代差异和地区差异》（《复旦学报》第 2 期），所论述的基本观点对历史文化地理研究有指导意义。1988 年，周振鹤的《从北到南与自东往西——中国文化地域差异的考察》（《复旦学报》第 6 期），指出中国的传统文化历来以南北的地域差异为主流，近代以来由于先进的工业文化由沿海向内地的传播和辐射，已逐渐形成东西地域的文化差异。1986 年，周振鹤与游汝杰的《方言与中国文化》（上海人民出版社），考察方言的历史演化和历史地理分布,为文化地理研究的深入提供新的启示。1991年,卢云的《汉晋文化地理》(陕西人民教育出版社),将宗教文化、婚姻文化、音乐文化引入历史地理学的研究范围,论述汉晋时期学术文化区域的特征,是国内第一部断代历史文化地理专著。1992年,王振忠的《从客家文化教育背景看〈天朝田亩制度〉之由来》(《复旦学报》第3期),从聚落地理学角度重新透视这一太平天国的纲领性文件。以后,不同区域文化地理的研究成为关注的重点。张伟然陆续出版《湖南历史文化地理研究》(复旦大学出版社1995年)、《中国历史文化区域研究》(合著)(复旦大学出版社1997年)、《湖北历史文化地理研究》(湖北教育出版社2000年)等专著。张晓虹主要关注陕西地区,出版《文化区域的分异与整合——陕西历史文化地理研究》(上海书店出版社2004年)、《陕西文化区划及其机制分析》(《人文地理》2000年第3期)、《清代汉中地区土地利用驱动力研究》(《中国历史地理论丛》2002年第4辑)等论著。朱海滨探讨浙江的文化地理,出版《祭祀政策与民间信仰变迁:近世浙江民间信仰研究》(复旦大学出版社2008年)。

【历史自然地理】

水文、地貌 传统的沿革地理一向重视对河道变迁的研究,留下丰富的文献资料。谭其骧、陈吉余、邹逸麟、张修桂等人以此为基础,对黄河、运河、长江中下游、华北平原水系进行全方位的探索,这些成果主要体现在1982年出版的第一部历史自然地理专著《中国自然地理・历史自然地理》(科学出版社)中。谭其骧1978年发表《〈山经〉河水下游及其支流考》(《中华文史论丛》第7辑),1981年,《西汉以前的黄河下游河道》(《历史地理》创刊号),从文献资料中钩稽出确凿的证据,又与考古发掘相印证,对以往较少引人注意的黄河早期的变迁作出论断。邹逸麟针对隋唐以后黄河河道的变迁及其对自然和社会的影响问题发表一系列论文,如《黄河下游河道变迁及其影响概述》(《复旦学报》"历史地理专辑"1980年)、《北宋黄河下游横陇北流诸道考》(《文史》1982年第12辑)。这些成果大多数编入谭其骧主编《黄河史论丛》(复旦大学出版社1982年)和邹逸麟所著《千古黄河》(香港中华书局1990年)。此外,谭其骧的《云梦与云梦泽》(《复旦学报》"历史地理专辑"1980年)、张修桂的《洞庭湖演变的历史过程》(《历史地理》1981年创刊号),以及谭其骧、张修桂的《鄱阳湖演变的历史过程》(《复旦学报》1982年第2期),分别对云梦泽、洞庭湖、鄱阳湖等长江中游河道的演变过程进行研究,得出与传统说法迥异的结论。

对地貌方面的考察,集中在对毛乌素沙地的研究上。赵永复在《历史上毛乌素沙地的变迁问题》(《历史地理》1981年创刊号)中指出毛乌素沙地主要形成于第四纪。1990年,针对朱士光的批评,赵又发表《再论历史上毛乌素沙地的变迁问题》(《历史地理》第7辑),重申这一观点。之后,韩昭庆先后发表《明代毛乌素沙地变迁及其与周边地区垦殖的关系》(《中国社会科学》2003年第5期)、《清末西垦对毛乌素沙地的影响》(《地理科学》2006年第6期)等论文。

海陆变迁及上海成陆 1980年,王文楚的《唐代两京驿路考》(《历史研究》第6期)等论文,对古代交通路线的研究,涉及西安与洛阳、南阳盆地与中原间、汉至北魏的阴山阳道等方面。杨正泰的《明代驿站考》(上海古籍出版社1994年),所绘制的驿路图,准确复原驿站的配置和驿路的分布情况。1989年,顾吉辰发表《北宋时期中西交通考述——兼述吐鲁番在中西交通史上的地位和作用》(《西藏研究》第2期)。此外,刘苍字等的《上海西部冈身的年代测定及其成因的探讨》(《上海国土资源》1982年第2期),张修桂的《金山卫及其附近一带海岸线的变迁》(《历史地理》1983年第3辑),满志敏的《上海地区宋代海塘与岸线的几点考证》(《上海研究论丛》1988年第1辑),以及王文楚的《上海市东部里护塘海岸成陆年代》(《历史地理研究》1990年第2期),都涉及上海成陆的研究。

其他地区的地理变迁，同样引起上海学者的关注，包括陈家麟的《长江口南岸岸线的变迁》(《复旦学报》1980 年第 1 期)、周源和的《珠江三角洲的成陆过程》(《历史地理》1987 年第 5 辑)、吴松第的《浙江温州地区沿海平原的成陆过程》(《地理科学》1988 年第 2 期)、郑宝恒与王天良的《连云港市的水陆变迁》(《历史地理研究》1990 年第 2 期)。

气候、灾害　中国丰富的历史文献资料记载的气候现象和自然灾害是研究历史气候和灾害的重要来源，孢子花粉、碳 14 的分析鉴定等现代科学手段也能复原历史时期的气候状况，两者的结合可望得出更精确可信的结论。20 世纪 80 年代以来，上海学者从多方面作出努力。1980 年，王仁康的《我国古代地震科学的伟大成就》(《复旦学报》第 1 期)，总结中国古代对地震科学的认识成果。1982 年，张天麟的《长江三角洲历史时期气候变迁的历史研究》(《华东师范大学学报》第 4 期)。张修桂等承担的《中国历史地震图集》和《国家历史地图集》中的地震图幅，汇集中国历史地震研究的成果。王开发等根据孢粉分析，论证上海地区过去 1 万年间的气候变迁、部分地区的植被变迁。1992 年，满志敏的《黄淮海平原仰韶温暖期的气候特征探讨》(《历史地理》第 10 辑)，指出在仰韶温暖期整个黄淮海平原降水量要比现在为多，但黄淮海平原在淮河以北地区仍然维持着春旱夏雨的年降水分配格局。2000 年，满志敏发表《历史旱涝灾害资料分布问题的研究》(《历史地理》第 16 辑)、《光绪三年北方大旱的气候背景》(《复旦学报》第 5 期)等论文。到 2009 年，满志敏在个案研究的基础上，出版《中国历史时期气候变化研究》(山东教育出版社)，主要研究自文字记载以来的气候冷暖变化，建立近 3 000 年以来气候冷暖的情景变化序列。此外，韩昭庆也发表多篇涉及气候研究的论文，如《明清时期太湖流域冬季气候研究》(《复旦学报》1995 年第 1 期)、《明清时期(1440—1899 年)长江中下游地区冬季冷暖气候研究》(《中国历史地理论丛》2003 年第 2 期)，还出版专著《黄淮关系及其演变过程研究》(复旦大学出版社 1999 年)、《荒漠、水系、三角洲——中国环境史的区域研究》(上海科学技术文献出版社 2010 年)。

20 世纪 90 年代以后在其他灾害的研究方面，曹树基发表《鼠疫流行与华北社会的变迁(1580—1644 年)》(《历史研究》1997 年第 1 期)、《国家与地方的公共卫生——以 1918 年山西肺鼠疫流行为中心》(《中国社会科学》2006 年第 1 期)，还主编《田祖有神：明清以来的自然灾害及其社会应对机制》(上海交通大学出版社 2007 年)。2000 年以后，李玉尚发表多篇论文关注各种传染病所造成的影响，如《近代中国社会对鼠疫的应对机制——以云南、广东和福建为例》(《历史研究》2002 年第 1 期)、《传染病对太平天国战局的影响》(《中研院近代史研究所集刊》2004 年第 45 期)等。曹树基与李玉尚合作的《鼠疫：战争与和平——中国的环境与社会变迁(1230—1960 年)》(山东画报出版社 2006 年)，分别从鼠疫史的方法论、鼠疫流行模式、环境变迁与国家医学等角度，深入探讨中国的鼠疫流行历史。其他灾害方面的研究，则有左鹏的《宋元时期的瘴疾与文化变迁》(《中国社会科学》2004 年第 1 期)，以宋元时期的瘴疾为讨论对象，揭示出历史上流行于南方的瘴疾与华夏文化扩散之间的关系。章义和的《中国蝗灾史》(安徽人民出版社 2008 年)，系统分析中国历史上发生的蝗灾。2008 年，邹逸麟主编出版“500 年来环境变迁与社会应对丛书”(上海人民出版社)。

历史地理古籍　1982 年，谭其骧的《在历史地理研究中如何正确对待历史文献资料》(《学术月刊》第 11 期)指出在重视实地调查的同时，不能忽视历史文献资料的作用。同年，上海古籍出版社出版由褚绍唐、吴应寿整理，并由褚绍唐、刘思源绘附图的《徐霞客游记》，尽力恢复该书的原貌。此外，王文楚、魏嵩山点校《元丰九域记》(中华书局 1984 年)，顾承甫、何泉达点校日本园仁《入诏求法巡礼行记》(上海古籍出版社 1986 年)，杨正泰校注明代三种行程《天下水陆路程》《天下路程图引》《客商一览醒迷》(合订一册，山西人民出版社 1992 年)，周振鹤编校《王士性地理书三种》(上海古籍出版社1993年)。1986—1990年间浙江人民出版社分七册陆续出版谭其骧主编的《清人文集地理类汇编》,是迄今为止收录清人地理类论文最为全面的资料集。2006年,周振鹤出版《汉书地理志汇释》(安徽教育出版社),并整理王士性撰《五岳游草·广志绎》(中华书局)。

20世纪90年代以后,古地图的研究也取得重要成果。1992年,张修桂在《当前考古所见最早的地图——天水放马滩地图研究》(《历史地理》第10辑)指出,该图绘制于公元前300年以前,是当今考古所见最早的实物地图,也是现今世界上最早的具有严格意义的地图,证明我国先秦时期地图绘制水平居于世界领先地位。2006年,张修桂出版《中国历史地貌与古地图研究》(社会科学文献出版社)。

六、历史文献学

历史文献学所涉及的范围颇广,其学科研究往往立足于具体的领域展开,主要包括古籍整理及工具书的编纂。在大型史料的整理出版方面,上海学界做出不少努力。首先值得一提的是参与点校的"二十四史"及《清史稿》的工作。这在中华人民共和国古籍整理项目中规模最大、最受关注。20世纪中叶该项目即已启动,遵照毛泽东的指示,周恩来亲自部署,中华书局组织全国百余位文史专家通力合作。复旦大学、华东师范大学、上海师范学院等高校的古籍研究所(室)90多名教师参加,分工进行《旧唐书》《新唐书》《五代史》《新五代史》《宋史》整理校点。1977年11月,点校本《宋史》面世,标志着全部"二十四史"整理出版工作最终完成。张家驹、程应镠领衔完成《宋史》标点整理工作后,又整理出版《续资治通鉴长编》(中华书局1979年起分册出版)。另外,上海学者还承担大型集体项目"二十五史专书辞典丛书"的部分编纂工作,其中简修炜主编的《北朝五史辞典》(两册,427万字)和袁英光主编的《南朝五史辞典》(270万字)分别在2000年和2005年由山东教育出版社出版。

20世纪八九十年代,上海学界开展一系列大型史料的整理工作。1984年开始,上海古籍出版社在数年之内出版"历代会要丛书",如顾吉辰等校点的《南朝宋会要》《南朝齐会要》《南朝梁会要》《南朝陈会要》,刘修明等校点的《三国会要》,以及方诗铭等校点的《唐会要》等。这些史料博采众说,分类详细,极大方便古代史学者的研究工作。此外,苏渊雷点校的《五灯会元》排印本(共三册),1984年由中华书局出版(1992年出版修订本)。张觉校注翻译的《吴越春秋全译》1995年由贵州人民出版社出版。1997年上海古籍出版社还出版邬国义的《国语译注》以及点校的《资治通鉴》。工具书编纂方面,1995年,戴家祥的《金文大字典》(学林出版社)出版,是中国当代金文研究的集大成之作,全书三卷,约300万字,共收录可释金文单字2 661个,规模之巨,内容之全,体例之新都为国内外同类书籍之首。

进入21世纪以后,上海学界在历史文献的整理、研究方面也有所突破。2003年《全宋笔记》第一编(大象出版社),汇集俞钢、郑村声、虞云国、吴爱芬等整理的多部文献。2010年,戴建国主持国家社科基金重大项目"《全宋笔记》编纂整理与研究"。同年,由华东师范大学史学研究所主持,经过30多年的资料收集,历时14年精心整理,迄今最完整的20卷本800多万字的《王国维全集》由浙江教育出版社和广东教育出版社联合出版。

在海外史料的发掘方面,上海学界也取得不少成绩。巴兆祥重点研究中国地方志在日本收藏情况及中日地方史志的比较研究,2007年出版《中国地方志流播日本研究》(上海人民出版社)。复旦大学文史研究院2010年整理出版的《越南汉文燕行文献集成》(复旦大学出版社)系统地展示公元1314—1884年这500多年间中越两国交往的历史。同年，郝春文主持承担国家社科基金重大招标项目(第二批)“英藏敦煌社会历史文献整理与研究”。此外，利用新的技术手段以更好利用历史文献，也成为学界关注的问题，如汤勤福主编的《“e书库”文献检索服务系统》(上海浦东电子出版社2005年)以及《历史文献整理研究与史学方法论》(黄山书社2008年)。

这一时期历史文献学所开展的史料整理及新史料的发掘工作，也有重大推进。2004年，谢维扬、朱渊清主编的《新出土文献与古代文明》(上海大学出版社)，展现出中国的新出土文献对于把握古代文明的推进。2006年，宁镇疆的《英藏敦煌写本〈孔子家语〉的初步研究》(《故宫博物院院刊》第3期)以及《〈老子〉早期传本结构及其流变研究》(学林出版社)，对《老子》“早期传本”之分章、章次、分篇、篇次等结构方面的表现形态及演变进行研究。2007年，谢维扬的《古书成书和流传情况研究的进展与古史史料学概念》(《文史哲》第3期)，指出在大量新出土文献资料研究的基础上，将有可能获得某些较之以往更合理的古史史料学概念。2008年，湖南省博物馆、复旦大学和中华书局合作启动马王堆汉墓简牍帛书的整理工作。到2014年，裘锡圭主编《长沙马王堆汉墓简帛集成》(七册)(中华书局)出版。上海史学界一些学者运用新材料和新理论以及文献、考古、艺术相结合的方法，在中古史的研究领域取得丰硕的成果，如2010年，余欣的《〈唐六典〉修纂考》(《张广达先生八十华诞祝寿论文集》新文丰出版公司)、《东京大学附属图书馆藏吐鲁番出土文献考略》(《敦煌研究》第4期)、《〈大唐西域记〉古写本述略稿》(《文献》第4辑)。

七、上海史

上海史研究在上海的史学研究中占据着重要地位。1978年，上海社会科学院历史研究所设上海史编辑室(1980年改为上海史研究室)。1981年5月，上海市史志研究会成立。1990年8月，市地方志办公室与复旦大学联合成立上海研究中心。1998年9月，上海师范大学成立都市文化研究中心(2004年被批准为教育部人文社会科学重点研究基地)，这些机构构成推进上海史研究的主要力量，在史料整理、专题研究等方面都取得令人瞩目的成果。

【上海史资料整理】

1980年起，各种与上海史相关的史料即陆续出版。主要包括市文史馆、市政府参事室文史资料工作委员会编辑出版的“上海史资料丛刊”(上海人民出版社)、《上海地方史资料》(上海社会科学院出版社)，市政治协商会议文史资料工作委员会编辑出版的《上海文史资料选辑》(上海人民出版社)，市委党史资料征集委员会编辑出版的“中共上海党史资料丛刊”(上海人民出版社)，以及市档案馆编辑创办的“上海档案史料丛编”(上海书店出版社等)等系列史料。其中“上海滩与上海人丛书”第一辑10册，收录记叙旧时上海情状、人物的笔记，由郑祖安、陈正书编选，上海古籍出版社1989年出版。第二辑10种，收录19世纪末至20世纪前期产生的小说作品，由熊月之、钱诚一编选，上海古籍出版社1991年出版。此外，熊月之还主编有“稀见上海史志资料丛书”(全10册)，2012年由上海书店出版社出版，该书为20世纪30年代著名学术社团“上海同社”相关研究成果汇编，包含大量的文献档案资料和第一手的调查报告。

1981年，上海市郊10县开始新编县志。1987年，《奉贤县志》(姚金祥主编)由上海人民出版社出版，是中华人民共和国成立后上海第一部正式出版的县志。同年，市地方志编纂委员会及办公室成立，先后出版期刊《上海滩》《上海修志向导》(内刊)，并开始编纂上海市区志系列和上海专业志系列。1990 年,市地方志办公室开始陆续出版《上海研究论丛》。1993 年 7 月王孝俭主编的《上海县志》出版,至此全市 10 县新编地方志编纂、出版告竣。1994 年又陆续出版上海第一部区志《普陀区志》(张一雷主编)、上海第一部专业志《上海电力工业志》(胡永钫主编)。到 1995 年,出版区志 2 种、专业志 7 种。2005 年 12 月,集上海新方志大成的《上海通志》正式面世,宣告上海第一轮修志任务完成。在第一次修志的 30 年间,先后有 10 部县志、12 部区志、100 多部部门志、行业志和名镇、名街志相继出版,还有许多旧志重新整理出版。

专题资料主要有:上海社会科学院历史研究所编的《五卅运动史料》第一、二卷(上海人民出版社 1981 年、1986 年),上海社会科学院历史研究所编译的《太平军在上海——"北华捷报"选译》(上海人民出版社 1983 年),徐雪筠等译编的《上海近代社会经济发展概况——海关十年报告译编(1882—1931)》(上海社会科学院出版社 1985 年),上海社会科学院历史所编的《九一八至一二八上海军民抗日运动史料》(上海社会科学院出版社 1986 年)、《八一三抗战史料选编》(上海人民出版社 1986 年),市政协文史资料工作委员会编的《旧上海的帮会》(上海人民出版社 1986 年),中共上海党史资料征集委员会编《上海郊县抗日武装斗争史料选编》(上海社会科学院出版社 1986 年),上海档案馆编的《日伪上海市政府(1937.12—1945.8)》(档案出版社 1986 年)、《上海对外贸易(1840—1949)》(2 册,上海社会科学院出版社 1989 年)等。

1989 年和 1996 年,分别由汤志钧和任建树主编的《近代上海大事记》(上海辞书出版社)、《现代上海大事记》(上海辞书出版社)出版。2007 年,王荣华主编、熊月之主持的《上海大辞典》(上海辞书出版社),是目前为止中国最大型、最权威的有关上海的工具书,总字数超过 600 万字,另有诸如上海地区建制沿革表、老上海著名建筑物中外文对照表等 20 余种附录。同年,熊月之、周武主编的《上海——一座现代化都市的编年史》(上海书店出版社)出版。

【通史和综合性研究】

20 世纪 80 年代以来,在史料整理的基础上,与上海史有关的通史和各种综合性的研究成果陆续出版。1985 年、1987 年,刘惠吾主编的《上海近代史》上、下册由华东师范大学出版社相继出版。该书是按时间顺序撰写的第一部上海近代史。1989 年,唐振常主编的《上海史》(上海人民出版社),为第一部完整的上海通史,对上海历史的考察由考古发现一直延续到 1949 年。

20 世纪 90 年代,有两部综合性的著作具有重要影响。1990 年,张仲礼主编、上海社会科学院历史研究所和经济研究所合作撰写的《近代上海城市研究》(上海人民出版社),突破传统史学框架,对近代上海城市发展的特点、规律,上海与内地、与外国的关系,上海城市现代化、经济发展的内在原因等问题进行多学科综合研究。1999 年,熊月之主编的《上海通史》15 卷本(上海人民出版社)面世。这是系统研究上海历史的第一部巨著,上起史前时期的崧泽文化,下迄 1997 年。与一般通史相比,增添经济、社会、文化等成分,从而更为全面地探讨上海地区六千年来的历史。

《上海通史》完成后,上海社会科学院历史研究所又陆续实施《上海史研究译丛》《上海城市社会生活史》等重大项目。《上海史研究译丛》2003—2004 年由上海古籍出版社出版,内容涉及上海道台、警察、妓女、工业家、侨民、同乡会、救火会、苏北人等众生相。由熊月之担任总负责人的"上海城市社会生活史丛书"项目 2002 年正式启动,至 2010 年由上海辞书出版社出版 25 卷。这套丛书多方面、多角度地展示、剖析上海城市社会生活的变化与特质,提供有关上海的一幅全景式的生活画卷。2008 年,上海社会科学院组织研究上海改革开放 30 年来的发展变化和历史经验,出版"纪念改革开放 30 年丛书"5 种(中国大百科全书出版社),深入系统地分析和总结上海 30 年来在政治、经济、社会、文化发展等领域取得的历史经验。2014 年，市哲学社会科学重大课题、市重大文化建设项目的《上海通史》修订工作开始启动。

【城市史】

上海城市史的研究，大致可分为古代部分、近代城市部分以及租界研究。20 世纪 80 年代以后，研究古代上海的专题范围逐渐扩大。1984 年、1989 年出版的《上海史研究》两集，刊登《上海地区疆域沿革考》（谯枢铭）、《青龙镇的盛衰与上海的兴起》（谯枢铭）、《古娄县考略》（杨其民）、《松江府在明代的历史地位》（王鹏程）、《明代上海地区人口研究》（王守稼、缪振鹏）等论文。祝鹏的《上海沿革地理》（学林出版社 1989 年）和褚绍唐的《上海历史地理》（华东师范大学出版社 1996 年），考察古代上海历史沿革和黄浦江、苏州河等历史变迁。此外，基于专题的维度揭示上海的特色也受到重视。张忠民的《上海：从开发走向开放（1368—1842）》（云南人民出版社 1990 年），从经济发展的角度考察古代上海的兴起和发展。吴仁安的《明清时期上海地区的著姓望族》（上海人民出版社 1997 年），是一部揭示上海明清社会家族史的著作。

20 世纪 80 年代后近代城市部分研究发展较快。1980 年，邹依仁的《旧上海人口变迁的研究》（上海人民出版社），对旧上海人口的增长、地区分布、人口密度、职业、籍贯、性别、年龄以及外侨人口等进行广泛考察。1984 年，学林出版社出版的《上海史研究》（一），刊载郑祖安的《上海旧县城》《近代上海都市的形成》《国民党政府大上海计划始末》3 篇论文，对上海城市成长史作系列研究。1989 年，出版的《上海史研究》（二），又发表他的《浦东历史发展概况》《近代闸北的兴衰》和《虹口考略》。同时，上海城市的市政与城市发展关系、房地产业等问题也引起重视。袁燮铭的《工部局与上海路政（1845—1911）》（《上海研究论丛》1989 年第 2 辑）、沈祖炜的《近代上海市政建设的资金来源》（《档案与历史》1994 年第 6 期），就华界和租界当局在城市建设中的作用作较为详细的阐述。此外，郑祖安的《上海地名小志》（上海社会科学院出版社 1988 年）、市交通运输局公路交通史编写委员会编写的《上海公路运输史》（上海社会科学院出版社 1988 年），以及列入“中国公路交通史丛书”的《上海公路史》（第一册，杨文渊主编，人民交通出版社 1989 年）、列入“中国水运史丛书”的《上海港史》（茅伯科主编，人民交通出版社 1990 年）、《上海百年建筑史》（伍江著，同济大学出版社 1997 年）等也从不同的角度揭示上海城市发展的一些面向。

20 世纪八九十年代，租界史研究成为城市史研究的热点。1987 年，熊月之的《论上海租界的双重影响》（《史林》第 3 期）明确指出租界除消极的一面外还有积极的一面，租界的存在提供一个近代资本主义生产方式和西方文化的展览馆，并以其巨大的力量影响、改变着中国的落后生产方式和不合时宜的文化。1988 年，郑祖安发表的《上海租界兴亡论》（《上海社会科学院学术季刊》第 4 期），对上海租界兴盛繁荣的原因、危机的产生以及最后如何结束的错综复杂的历史演变作系统的考察。此后，学者们对上海租界的研究涉及面越来越广，较为全面地论述租界的各种问题，以此审视上海城市发展的特点。忻平的《从上海发现历史——现代化进程中上海人及其社会生活（1927—1937）》（上海人民出版社 1996 年），强调现代化造就上海城市与都市文明，也塑造具有现代城市人格的一代上海人。

这一时期，上海城市与其他城市的比较研究成为关注重点。罗澍伟的《近代天津、上海两城市发展之比较》（《档案与历史》1987 年第 1 期）、《上海香港比较研究》（姚锡棠主编，上海人民出版社 1990 年）、《上海和横滨——近代亚洲两个开放城市》（华东师范大学出版社 1997 年），都揭示近代上海和其他城市在成长中的异同点，以及近代上海的特殊地位和重要影响。

进入21世纪以后,上海学界开始从新的角度研究上海城市史。苏智良主编的《上海:近代新文明的形态》(上海辞书出版社2004年),研究近代上海的民间公共领域。方平的《晚清上海的公共领域(1895—1811)》(上海人民出版社2007年),以清末上海的公共领域为历史个案,展示上海城市在社会维度上的自主化发展水平。熊月之的《异质文化交织下的上海都市生活》(上海辞书出版2008年),立足异质文化交织的维度,从市政格局、人口结构、物质生活、精神生活、社会交往、婚姻状况、娱乐休闲、语言变迁诸方面综合考察近代上海社会生活。

【经济史】

20世纪80年代后期开始,上海社会科学院出版社陆续出版一系列行业史著作的系列著作:《上海近代百货商业史》(1988年)、《上海近代西药行业史》(1988年)、《上海近代民族卷烟工业》(1989年)、《近代上海金融市场》(1989年)、《近代上海五金商业史》(1990年)等。20世纪90年代出版一批综合性研究专著。孙怀仁主编的《上海社会主义经济建设发展简史(1949—1985)》(上海人民出版社1990年),马伯煌主编的《上海近代经济开发思想史》(云南人民出版社1991年),是阐明近代以降上海经济开发轨迹的专著。由丁日初主编、众多经济史学者合作撰写的《上海近代经济史》两卷(1843—1894年、1895—1927年),分别于1994年、1997年由上海人民出版社出版,是第一部上海经济发展通史的上半部。

一些论著还涉及此前探讨较少的主题,如开埠前西方商人与上海的贸易、近代上海商业的发展过程、外资工业在上海的起源、上海的房地产业和道契等。而有关上海资产阶级的研究也有明显突破。1988年,《上海研究论丛》第三辑刊载徐雪筠的《近代上海民族资本家的企业家精神》和徐鼎新的《近代上海新旧两代民族资本家深层结构的透视》两篇论文。前者认为,上海民族资产阶级具有民族精神、竞争精神和开拓精神;后者则从知识结构、价值观念、企业精神三个方面对上海两代民族资本家进行比较,认为后一代民族资本家的素质在总体上优于前辈绅商。《上海研究论丛》第7辑发表的丁日初撰写的《关于近代上海资本家评价的札记》则指明,上海资本家在经济现代化事业中起一定程度的作用,研究近代社会必须研究上海的资本家。1991年,徐鼎新、钱小明出版的《上海总商会史(1902—1929)》(上海社会科学院出版社),揭示上海商会成立、改建、发展直至整顿改组的近30年的历史。同年,杜恂诚的《民族资本主义与旧中国政府(1840—1937)》(上海社会科学院出版社),探讨中国资本主义发展线索及其同旧中国政府之间的关系。1998年,戴鞍钢的《港口、城市、腹地——上海与长江流域经济关系的考察》(复旦大学出版社),将港口与所在城市及经济腹地作为一个整体进行考察。

进入21世纪以后,这方面也出版不少专著。2001年,吴景平的《抗日战争时期的上海经济》(上海人民出版社),主要介绍抗战时期上海社会经济的状况。2006年,杜恂诚的《近代中国钱业习惯法:以上海钱业为视角》(上海财经大学出版社),以1917年成立的上海钱业公会为主对象,关注在一个缺乏宪法保障的国度,习惯法如何在一个局部构筑有利于降低交易成本的制度环境。

【文化史】

20世纪80年代开始,针对上海城市文化的发展不断拓展领域,在宗教、教育、海派文化等方面都有较为深入的探讨。宗教研究方面,1981年,王正书的《伊斯兰教传入上海地区的时间及路线探讨》(《学术月刊》第10期),指出上海地区最早的一代穆斯林是随着蒙古入侵宋而进入上海地区的。1985年,顾裕禄的《徐家汇天主堂的过去和现在》(《上海社会科学院学术季刊》第2期),通过对徐家汇天主堂变迁的探讨，考察天主教在上海的传播和曲折发展。1988 年，游有维的《上海近代佛教简史》，从三国时佛教传入上海叙述至上海解放。1992 年，阮仁泽、高振农主编的《上海宗教史》（上海人民出版社）问世，系统梳理各宗教在上海的历史。

教育研究方面，汤才伯的《近代上海教育的兴起和发展》（《上海师范大学学报》1983 年第 3 期）指出近代上海教育的诸多特点。施扣柱的《清末上海教育改革之研究》（《上海研究论丛》1991 年第 7 辑），从清末教育行政体系的变革和嬗变出发，评价其对上海和全国教育变革的影响和作用。2001 年，王立诚的《美国文化渗透与中国近代教育——沪江大学的历史》（复旦大学出版社），以沪江大学从开办到解体的整个历史过程，探索教会大学在美国文化渗透与近代中国教育中的实际效应。2007 年，熊月之、周武的《"东方的哈佛"——圣约翰大学简论》（《社会科学》第 5 期），简要论述圣约翰 73 年曲折的办学历程，归纳和分析圣约翰大学的特色和传统。同年，熊月之、周武合著的《圣约翰大学史》（上海人民出版社），将圣约翰大学的历史置于中西文化交流和上海城市社会变迁的双重背景下加以考察。

与之对应的，上海作为西学传播的重镇，相关的问题也引起研究者的关注。1987 年，熊月之发表《1843—1898：上海与西学传播》（《档案与历史》1989 年第 1 期）。之后又发表多篇相关论文，如《格致书院与西学传播》（《史林》1993 年第 1 期）、《1842 年至 1860 年西学在中国的传播》（《历史研究》1994 年第 2 期）等，尤其是 1994 年出版的《西学东渐与晚清社会》（上海人民出版社），其中相当的篇幅关注的即是上海对西学的接纳。该领域相关研究还有邹振环的《西书中译史的名著时代在上海形成的原因及其文化意义》（《复旦学报》1992 年第 3 期）、《20 世纪上海翻译出版与文化变迁》（广西教育出版社 2000 年），以及周武的《论晚清上海的洋商与传教士》（《史林》1999 年第 1 期）、《论民国初年文化市场与上海出版业的互动》（《史林》2004 年第 3 期）等。

由 1985 年上海文化发展战略的讨论所带动，20 世纪 80 年代末 90 年代初以后，对于海派文化的研究逐渐增多。1990 年，张仲礼主编的《近代上海城市研究》（上海人民出版社）"文化篇"，从政与商的消长、南与北的争衡、东与西的交汇、雅与俗的嬗变四个方面考察"海派"的内涵。同年 7 月 25 日，沈渭滨在《文汇报》发表《海派文化散论》，指出海派文化是一种近代都市文化，是中国城市近代化的精神表征。1991 年 10 月举行的"城市研究与上海研究国际学术讨论会"，与会者围绕"海派文化"阐述新的看法。朱维铮的《晚清上海文化：一组短论》（《复旦学报》1992 年第 5 期），指出近代的上海文化属于近代中国文化的一个特殊的侧面，以"上海文化"命名，在概念上可能更加符合历史。沈渭滨的《海派文化生成的社会环境论纲》（《城市史研究》第 7 辑，天津教育出版社 1992 年）则认为"上海文化"只是"海派文化"中很重要的一部分。"海派文化"是以上海为中心向相邻地区辐射，形成一个扇形的地域文化圈。2010 年前后，上海文化研究得到学界持续的关注，出版不少论著。2010 年，熊月之主编的《上海的外国文化地图》（上海锦绣文章出版社），汇集 9 种外国地图，记录世界各国文化在上海发生、发展以及与中国本土文化的相互交融，展现上海作为国际文化交流中心的独特魅力。同年，姜进的《娱悦大众：民国上海女性文化解读》（上海辞书出版社），对 20 世纪上海都市文化和现代城市公众空间的性别和阶层问题作深入的探讨。

【社会史】

20 世纪 80 年代下半叶以后，对于上海社会史的研究渐趋成熟，所涉及的主要领域有帮会（黑社会）、会馆、公所、同业公会、同乡会、外侨等。

帮会（黑社会）研究　1986 年，市政协文史资料工作委员会编辑出版《旧上海的帮会》（上海人民出版社),收录文章24篇。1988年,苏智良的《上海流氓势力与四一二政变》(《近代史研究》第2期),对上海流氓势力参与政变的原因、准备、经过及其作用进行辨析和阐述。同年,朱华、苏智良的《杜月笙其人》(《历史研究》第2期),通过对杜月笙这位“大亨”一生沉浮和政治轨迹的剖析,揭示帮会这一奇特的社会现象发生的原因及其实质。1989年,《上海研究论丛》第3、4辑分别刊登苏智良、陈蒙的《近代上海帮会繁盛原因初探》和苏智良的《试论上海帮会的发展及其特点》。前者揭示出上海帮会如何发展为空前绝后的社会势力,后者则分析上海帮会的社会特点。1991年,胡训珉、贺建的《上海帮会简史》(上海人民出版社),叙述上海帮会的起源、兴起、兴盛和最终走向衰落的过程。同年,苏智良、陈丽菲的《近代上海黑社会研究》(浙江人民出版社),探讨上海黑社会的成因,剖析其内部结构、帮规会律、入伙仪式、人生信仰等。2000年,邵雍的《杜月笙与上海抗日救亡运动》(《抗日战争研究》第2期),指出在上海抗日救亡运动中杜月笙的表现总体上是积极的。2005年,邵雍的《五四运动与青红帮会》(《史林》第3期),认为五四运动中工人罢工受到帮会政治的影响。

会馆、公所、同业公会、同乡会研究　1990年,徐鼎新在《旧上海工商会馆、公所、同业公会的历史考察》(《上海研究论丛》第5辑)中指出,旅沪商帮组建的同乡同业团体会馆公所,在20世纪初新的社会经济因素和文化思想因素的影响下,出现向资本主义方向演变的态势。同期还刊登高洪兴的《近代上海的同乡组织》,考察上海同乡组织的发展状况、组织制度与经济制度、慈善公益组织、行业性组织及其社会功能。此后,一些论著从个案研究出发,对上述专题进行深入考察。1996年,宋钻友的《一个传统组织在城市近代化中作用——上海广肇公所初探》(《史林》第4期),认为会馆、公所作为一种传统组织,到民国时期同乡组织的社会职能大大超过晚清时期。2002年,谢俊美的《清代上海会馆公所述略》(《上海师范大学学报》第2期),指出鸦片战争前,上海的会馆公所基本上属于封建商业社团性质;鸦片战争后,已初步具有向近代产业社团组织转化的诸多因素。2003年,郭绪印的《城市转型中近代上海会馆的特点》(《学术月刊》第3期),揭示出上海的会馆(公所)在清代上海开埠后才大量出现,其存在与发展与上海城市经济发展状况相一致。

【上海人、上海人物】

20世纪80年代以后,对“上海人”的研究,主要体现在三个方面,一是考察来到上海的外地人所形成的群体,如上海的“宁波帮”(主要从经济方面探讨)、苏北人、广东人,以及上海本地的“浦东人”等;二是考察在上海这个城市生活的“上海人”如何形成及所展现的各种特征;三是对在上海的外国侨民研究。2000年前后第一轮修志中出版的新编各卷志书中均有《人物志》专卷。

对上海人的研究,注重与城市发展结合起来。1993年,唐振常的《市民意识与上海社会》(《上海社会科学院学术季刊》第1期),指出近代上海对中国社会的意义,不仅仅是建立一套与中国古代城市完全不同的市政建设和管理制度,更重要的是它在构筑近代城市物质形态的同时,也造就和培养近代的市民意识。2007年,马学强的《江南席家:中国一个经商大族的变迁》,审视洞庭席家何以能在通商都会上海占据如此众多的外资银行的买办位置。同年,宋钻友的《广东人在上海(1843—1949年)》(上海人民出版社),全面梳理100多年间广东人移居上海的历程、规模,在上海的空间分布、同乡组织,展示其丰富多彩的政治、经济、社会、文化活动。2008年,高红霞的《上海福建人研究(1843—1953)》(上海人民出版社)对上海福建人的群体结构与生活概貌以及同乡团体数量、组织制度作细致的描述和考察。同年,高红霞还主编有《上海福建人(1843—2008)》(上海人民出版社),具体展现1843—2008年间福建人移居上海的历史。2008年起陆续出版的熊月之主编的“上海城市社会生活史丛书”(上海辞书出版社),也不乏专著从群体与社会组织入手,讨论不同职业群体和社会群体的生活。主要包括《上海社会与文人生活（1843—1945）》（叶中强）、《上海报人社会生活（1872—1949）》（王敏）、《近代社会变迁中的上海律师》（陈同）、《近代上海职员生活史》（江文君）等。

20世纪80年代后期起，对在上海的外侨研究也成为热点。研究内容主要是上海犹太人、日侨、俄侨。1987年，王庆余的《旧上海的犹太人》（《上海社会科学院学术季刊》第2期），考察旧上海犹太人的组织机构、经济、政治、宗教、生活等。潘光的《第二次世界大战期间的上海犹太难民》（《上海社会科学院学术季刊》1991年第2期），以及潘光、虞卫东的《关于旧上海犹太人复国活动的历史考察》（《上海社会科学院学术季刊》1992年第1期），也对上海的犹太人进行探讨。1992年，唐培元等的《上海犹太人》（上海三联书店），论述犹太人在上海组织的团体和举办的各种事业。王健的《上海犹太人社会生活史》（上海辞书出版社2008年），从衣食住行、社会组织到宗教风俗等方面展示上海犹太人的社会生活，较之以往的研究，在广度、深度上都有新的推进。在日侨的研究方面，谯枢铭发表《早期进入上海租界的日本人》（《史林》1989年第1期）和《开埠前到过上海的日本人》（《上海研究论丛》1995年第10辑），使开埠前后日侨在上海的基本情况得以廓清。曹霖华、马长林的《上海居留民团述略》（《档案与历史》1990年第3期），考察上海居留民团的建立和组织状况，及其在“一·二八”“八一三”事件中的活动。陈祖恩与高纲博文合著的《日本侨民在上海》（上海辞书出版社1990年），揭示出上海的日本侨民与其他国家侨民相比，具有人数最众、居住集中、就业面广、团体组织多等特点。陈祖恩的《上海日侨社会生活史（1868—1945）》（上海辞书出版社2009年），以丰富的资料解读上海日侨社会的形成、发展及日侨最后被遣返的历史过程。俄侨研究方面的代表作是汪之成的《上海俄侨史》（上海三联书店1993年），勾画上海俄侨的简史，重点剖析俄侨与租界当局、日伪当局，及其他外侨之间的关系。2002年，褚晓琦的《论近代上海的俄侨社区》（《学术月刊》第2期），从近代上海俄侨社区的建立说明近代上海文化直接受惠于世界各种文化在这里的交流，同时上海都市也为外侨居留民提供广阔的舞台。2007年，汪之成又出版《俄侨音乐家在上海（1920s—1940s）》（上海音乐学院出版社），对1920—1940年的20年间俄侨音乐家在上海的活动进行系统的梳理。

第二节　世界史

一、世界通史

20世纪八九十年代以后，上海学界在世界史领域的研究发展很快。除传统研究方向外，还开辟西方史学史、战后世界史、世界当代史等新领域。同时，围绕中国世界史体系的建设，以及立足于世界文化史规划世界史学科的发展方向，上海学界也发挥重要作用。

1984年，郭圣铭的《建立马克思主义的世界史体系》（《世界历史》第1期），明确提出建立马克思主义的世界史体系，撰写一部具有中国特色的《世界通史》。1985年，上海辞书出版社推出靳文翰、郭圣铭、孙道天主编的《世界历史辞典》，收词目7 663条，共200多万字。2000年，余伟民发表《世界体系：20世纪研究的一个中心概念》（《华东师范大学学报》第1期），提出反映“世界历史”结构特征的“世界体系”概念可作为20世纪研究的一个中心概念。2001年，市哲学社会科学规划办所编写《上海哲学社会科学学科前沿和发展趋势》（上海社会科学院出版社），其中由陈崇武撰写的“世界史”部分，对于上海市世界史学科的前沿和发展趋势进行评估。

周谷城的《世界通史》是中国人撰著的第一部世界通史著作，1949年商务印书馆出版后又在1983年、2005年多次修订再版。2000年以后，上海史学界在世界通史的体系建设上取得新的突破。2001年,王斯德主编的《世界通史》(第1—3编)(华东师范大学出版社)出版。2009年,修订后的《世界通史》(第二版),入选普通高等教育"十一五"国家级规划教材。

自20世纪80年代末起,世界文化史成为关注的焦点。1989年,上海译文出版社出版郭圣铭的《世界文明史纲要》古代部分,叙述人类社会发展与进步的过程,为国内学者独立撰成的第一部世界文化史专著。20世纪80年代末90年代初,周谷城、田汝康主持编写"世界文化史丛书"(浙江人民出版社),其中上海学者撰写的有《多维视野中的文化理论》(庄锡昌等编)、《墨西哥:文化碰撞的悲喜剧》(刘文龙)、《犹太——充满悖论的文化》(顾晓明)、《史学——文化中的文化》(张广智、张广勇)、《苏维埃文化与苏维埃人》(叶书宗、张盛发)等。

同时,在世界文化史综合性研究中也形成一系列成果。庄锡昌的《世界文化史通论》(浙江人民出版社1989年)、《西方文化史》(文汇出版社1900年),介绍西方各种文化的起源及特点。1999年,浙江人民出版社推出《世界文化史・古代卷》(张广智主编)、《世界文化史・近代卷》(刘文龙、袁传伟主编)、《世界文化史・现代卷》(顾云深主编)。2006年,周春生出版的《文明史概论》(上海教育出版社),对不同的文明特征及其内涵作比较和剖析。2010年,裔昭印主编的《世界文化史》(华东师范大学出版社),从全球观点出发,系统论述世界文化自远古至今的发展历程。

二、世界上古史中古史

【世界上古史】

20世纪80年代以后,上海学界对于世界上古史的研究主要集中在古代希腊、罗马方面。1982年,孙道天的《评苏格拉底——兼及雅典的民主政治》(《华东师范大学学报》第4期),指出苏格拉底之死说明雅典人对其民主政治已失去信心。1988年,路永明的《罗马的分而治之统治方式新探》(《历史教学问题》第1期),对古罗马的统治方式进行论述。20世纪90年代以后,这方面的研究仍然成为热点。1990年,张广智发表的《论希腊奇迹》(《江海学刊》第2期),认为城邦制激发希腊公民的主体意识和创造精神。1994年,黄洋的《雅典民主政治新论》(《世界历史》第1期),指出以中国古代的公卿执政制与雅典民主政治相等同并不妥当。同年,黄洋的《古代地中海世界的综合研究——对所谓"黑暗时代"的挑战》(《世界历史》第4期),指出综合的、多学科的研究正在冲击传统世界古代史研究所得出的许多看法。1995年,黄洋的《古代希腊土地制度研究》(复旦大学出版社),重点分析古代希腊土地私有制概念的内涵以及土地私有制确立的条件。1996年,黄洋的《希腊城邦社会的农业特征》(《历史研究》第4期)提出希腊城邦社会同古代中国社会一样,是一个以农业而不是工商业为特征的社会。1997年,陈恒的《关于希腊化时代的若干问题》(《华东师范大学学报》第2期),着重从希腊化之内容、空间、时间三角度进行描述。1999年,吴晓群的《古代希腊献祭仪式研究》(《世界历史》第6期),以古代希腊的杀牲献祭仪式为例,提示这种仪式所反映出来的希腊人的宗教观。

进入21世纪以后,专题研究也引起重视。2000年,吴晓群的《古代希腊仪式文化研究》(上海社会科学院出版社),主要关注古希腊的仪式文化在城邦社会生活中的表现。同年,郭长刚、倪华强的《古代罗马的智慧:传统与务实的典范》(台湾林郁文化事业有限公司),从宗教、法律、政治制度等环节对罗马民族精神进行深入分析。2001年,裔昭印的《古希腊的妇女——文化视域中的研究》(商务印书馆),是国内第一部有关古希腊妇女问题的专著。同年,郭长刚出版《失落的文明・古罗马》(华东师范大学出版社),黄洋发表《希腊城邦的公共空间与政治文化》(《历史研究》第5期)。

2002 年，黄洋的《民主政治诞生 2 500 周年？——当代西方雅典民主政治研究》（《历史研究》第 6 期），综合评述当代西方围绕雅典民主政治研究。同年，郭长刚的《罗马帝国基督教政策探析》（《齐鲁学刊》第 2 期），指出基督徒之遭受迫害，关键在于早期基督教信仰本身所具有的狭隘的排他性特征。2003 年，郭长刚发表《古希腊人文精神对科学精神的孕育》（《探索与争鸣》第 12 期），针对中国近代科技为什么落后这一问题，揭示出古希腊人文精神如何孕育出科学精神。2004 年，裔昭印的《从宗教看古罗马社会的性别关系》（《世界历史》第 2 期），指出古罗马社会中女性的祭祀活动也是古罗马宗教不可或缺的组成部分。2006 年，陈恒出版《希腊化研究》（商务印书馆），涉及希腊化时代的经济与社会、文学与历史、宗教与哲学、艺术与城市建设、科学与技术等。同年，黄洋发表《古代希腊罗马文明的"东方"想像》（《历史研究》第 1 期），介绍古希腊罗马眼中的东方世界。2007 年，裔昭印的《古希腊人的爱》（中国青年出版社），指出古希腊人的爱情观建构与古希腊特有的社会文化环境有着密切的关系。2008 年，张巍的《诗歌与哲学的古老纷争——柏拉图"哲学"的思想史研究》（《历史研究》第 1 期），借助语境还原的研究方法，试图把"古老纷争"置放到柏拉图创建哲学的思想史事件之中。同年，张巍还发表《特奥格尼斯的印章——古风希腊诗歌与智慧的传达》（《外国文学评论》第 1 期），对特奥格尼斯的"印章"如何蕴含古风诗人传达"智慧"的特殊方式作思想史的考察。吴晓群的《公民宗教与城邦政权——雅典城邦的宗教管理》（《世界历史》第 3 期），指出城邦政权与宗教之间是一种相互影响、彼此支撑的关系。2009 年，吴晓群的《希腊思想与文化》（上海社会科学院出版社），从思想史与文化史的角度对古代希腊文明作全方位的考察。同年，黄洋与晏绍祥合著的《希腊史研究入门》（北京大学出版社），从古希腊史的概况、研究史、经典著作、基本史料、研究方法等各个方面，系统地介绍这一专门领域的基础知识；黄洋发表的《古典希腊理想化——作为一种文化现象的 Hellenism》（《中国社会科学》第 2 期），指出 18 世纪中后期和 19 世纪前期西欧知识界对于希腊文化的阐述显示：理想化的希腊是欧洲现代性自我型塑和自我表述的方式，而以现代性为归宿的希腊想象又对现代希腊民族国家的塑造和古代希腊历史的认识产生深刻影响。该年张巍发表专题论文"The Poet as Educator in the Works and Days"（*Classical Journal* 105. 1，2009）。2010 年，张巍的《赫西奥德〈农作与时日〉里的社会史问题两则》（《历史研究》第 1 期），着重考察针对《农作与时日》西方学者近年来关注较多的两则社会史问题。2000 年后，上海学界除希腊文明之外，还围绕其他古代文明开展研究，如潘光等撰写的《犹太文明》（福建教育出版社 2008 年），刘震的《禅定和苦修——关于佛陀传原初梵本的发现与研究》（上海古籍出版社 2010 年）等。

【世界中世纪史】

在中世纪的研究方面，20 世纪八九十年代发表的论文并不多。1989 年，沈坚的《维金时代：冲突与融合》（《历史研究》第 5 期），介绍中世纪欧洲史中 8—11 世纪亦称"维金时代"或"北欧海盗时代"，认为这个历史时期映现出民族迁徙与冲突、文化碰撞与融汇所迸发的绚丽光彩。1990 年，金志霖的《试论西欧中世纪城市与封建主的关系》（《历史研究》第 4 期），认为已有相关研究用"对立""敌对""斗争"等词来界定这对关系是十分片面的。1992 年，金志霖发表《资本主义萌芽的最初形态与雇佣工人》（《历史研究》第 3 期），这是作者继《中世纪英国行会与雇佣工人——兼论雇佣工人与生产资料的关系》（《历史研究》1990 年第 6 期）之后对相关的问题提出进一步的看法。1999 年，沈坚的《古凯尔特人初探》（《历史研究》第 6 期），对凯尔特人这一古代民族集团进行介绍。

进入 21 世纪以后，这方面的研究得到重视。2001 年，沈坚的《古代巴尔干伊利里亚人述论》（《世界历史》第 3 期），对古代巴尔干伊利里亚人的历史进行梳理。2002 年，赵立行的《宗教与世俗的平衡及其相互制约——意大利人文主义者的宗教观》(《历史研究》第2期),指出意大利人文主义者与宗教的关系不是简单的对抗关系。沈坚的《古色雷斯人透视》(《历史研究》第2期),认为色雷斯人的社会、经济生活支撑早期国家组织一类的政治治理体制,而宗教等精神文化生活则展示其创造的丰富文化成就。

2004年,夏洞奇的《现代西方史家对奥古斯丁政治思想的解读》(《史学史研究》第1期),围绕"政治是否符合人的自然本性"这一命题,回溯一个世纪以来西方学者对奥古斯丁政治观的阐释。2005年,赵立行的《西方学者视野中的黑死病》(《历史研究》第6期),指出近年来国内学界开始注重对历史上发生的瘟疫进行探讨,为历史研究寻找到一个新的切入点。2007年,夏洞奇的《"地上之国总是无常":奥古斯丁论"罗马帝国"》(《历史研究》第6期),指明作为一位生活在罗马晚期的著名基督教思想家,奥古斯丁对"罗马帝国"的态度在西方政治思想史上具有典范性的意义。此外,在《奥古斯丁论奴隶制》(《复旦学报》第3期)中,夏洞奇还指出奥古斯丁的奴隶制观在西方古代思想史上占有相当重要的地位。2008年,赵立行的《论中世纪"灰脚法庭"》(《复旦学报》第1期),清晰勾勒出代表中世纪欧洲独特的法律体系"灰脚法庭"的轮廓。同年,夏洞奇发表《何谓"共和国"——两种罗马的回答》(《华东师范大学学报》第1期),指出古典思想家西塞罗和基督教神学家奥古斯丁分别认同于两个不同的文化传统,但他们同样强调"正义"对于一个国家的根本意义。

除上述专题论文之外,围绕世界中世纪的历史,上海史学界也出版多部专著。1998年,周春生的《悲剧精神与欧洲思想文化史论》(上海人民出版社),对欧洲思想文化本质特征及其历史演变过程作概略性的描绘,并将这种本质特征概括为"悲剧精神"。2002年,周春生的《文艺复兴时期人神对话》(华东师范大学出版社),勾画出文艺复兴的历史脉络。2004年,赵立行的《商人阶层的形成与西欧社会转型》(中国社会科学出版社),指出商人阶层的形成是社会机制、社会意识和社会经济变动的结果,是西欧从中世纪走向近代的物质基础和思想基础。2005年,黄洋、赵立行、金寿福合著《世界古代中世纪史》(复旦大学出版社),叙述世界古代诸文明及欧洲中世纪文明的兴衰历程。2007年,夏洞奇出版《尘世的权威:奥古斯丁的社会政治思想》(上海三联书店)。2008年,周春生的《马基雅维里思想研究》(上海三联书店),就马基雅维里社会历史观中的一些核心命题和观点进行微观分析。2009年,周春生的《文艺复兴史研究入门》(北京大学出版社),主要介绍文艺复兴史研究的缘起与学术发展脉络等内容。

三、世界近现代史

上海学界在世界近现代史研究方面有着较好基础。20世纪70年代中期以后,在世界近现代史资料长编及大事记的编写方面取得一系列重要成果。1975—2000年上海人民出版社陆续出版的多卷本《战后世界历史长编》,总计11分册,主要汇集战后世界历史的基本资料。1984年,吴成平编有《世界现代史大事记》(知识出版社),记录1917—1959年世界现代史上重要历史事件。1989年,吴成平还编写出版《世界近代史大事记(1640—1918)》(知识出版社)。

自20世纪80年代后,一系列相关教材及通论性的著作出版。1982年,上海人民出版社出版林举岱、陈崇武主编的《世界近代史》。1989年,高等教育出版社出版王斯德、钱洪主编的《世界当代史》《世界现代史》。1996年,金重远的《战后世界史》(复旦大学出版社),阐述自第二次世界大战结束以来直至苏联解体时的世界历史。2000年,金重远的《20世纪的世界:百年历史回溯(上、下卷)》(复旦大学出版社),全面阐述20世纪人类历史的发展进程,内容涵盖世界政治、经济、国际关系、军事、科技、文化和社会生活等领域。2001 年，余伟民主编的《世界当代史》(高等教育出版社)，全面分析 20 世纪下半叶世界政治格局和经济形势的变化与发展。2004 年，金重远、冯玮、李海东合著《世界现当代史》(复旦大学出版社)，全书纵贯近百年间战争、和平与发展的世界历史进程，横及政治、经济、国际关系和社会文化等领域。2004 年、2006 年金重远分获“圣・彼得堡 300 周年荣誉勋章”，以及法国政府所授予的“法国教育骑士勋章”，表彰其在俄国史、法国史研究上取得的成绩。

这一时期，除资料汇编以及通论性的研究，上海史学界在专题研究中主要集中在英法资产阶级革命、第二次世界大战等领域。1981 年，王养冲主持国家社会科学重点课题“法国大革命研究”。同年，金重远的《论英法资产阶级革命的“保守”与“彻底”》(《复旦学报》第 1 期)，指出英法资产阶级革命以不同方式解决各自的土地问题，英国以资本主义的大农场占优势，小农经济则严重阻碍法国资本主义经济的发展。1982 年，顾晓明的《略论十七世纪英国革命中的新贵族》(《复旦学报》第 1 期)，指出以多种成分组成的英国新贵族是英国革命的主导力量，使英国革命在本质上有别于走小农土地所有制的法国革命。同年，王养冲的《法国大革命史编纂学中的进步传统》(《历史研究》第 6 期)，指出所谓“进步传统”即是以严格的批判方法对待有关史料。1983 年，余志森的《华盛顿与美国宪法》(《世界历史》第 4 期)，肯定华盛顿在美国立宪建国中的历史作用。1984 年，王养冲的《十八世纪法国的启蒙运动》(《历史研究》第 2 期)，系统介绍法国启蒙运动的特点及产生的影响。同年，尤天然在《历史研究》第 4 期上发表《试论法国历史上的圈地运动》，指出法国历史上也曾在各个阶段出现过不同情况的圈地活动。1985 年，《历史研究》第 2 期刊登陈崇武的《罗伯斯庇尔早期生活研究》和王养冲的《评介〈拿破仑评传〉》。1989 年，王养冲发表《〈人权宣言〉与 1789 年原则》(《华东师范大学学报》第 3 期)，指出法国的《人权宣言》为近代世界奠定新的社会、政治铺设理论基石。1997 年，尤天然在《英法两国现代化模式的世俗化过程及其特征》(《历史研究》第 2 期)中，以英法为例从民族国家政权与宗教组织之间的相互关系，探讨西方现代化模式中世俗化过程及其特征。1998 年，陈崇武在《历史研究》第 3 期发表《中国的法国史研究》。2000 年，陈崇武主编《法国史论文集》(学林出版社)，收有《关于启蒙运动的若干问题》《法国启蒙运动中的印刷媒介研究》《法国大革命反思》《19 世纪法国人口的缓慢增长及原因探析》等论文。2007 年，王养冲、王令愉所著《法国大革命史(1789—1794)》由东方出版中心出版，从大革命前旧制度末期的法国一直写到拿破仑帝国失败结束。2008 年，张智发表《略论法国旧制度末期的反启蒙运动》(《世界历史》第 6 期)，指出旧制度末期，启蒙运动得到迅速的发展；同时“反启蒙运动”也一直存在。

自 20 世纪 80 年代以来，在第二次世界大战历史的研究方面也取得不少成绩。1981 年，李巨廉主持国家社会科学重点课题“第二次世界大战的起源”。1982 年，王斯德、李巨廉的《论太平洋战前美国远东战略及其演变》(《历史研究》第 6 期)，指出太平洋战争是日本和美国争夺远东太平洋地区霸权的产物。1983 年，陈兼的《1937 年至 1941 年美国的对德政策》(《历史研究》第 4 期)，认为从第二次世界大战的全局看，美国实行的先欧后亚的政策的战略原则有其合理性。

在资料整理方面，1985 年，李巨廉、王斯德主编《第二次世界大战起源历史文件资料集》(华东师范大学出版社)出版，是国内第一部收集整理翻译多国(美、苏、德、日、英、法等)外交档案的文献资料集。1990 年，李巨廉、潘人杰编著的《第二次世界大战——专题评述》(华东师范大学出版社)出版。1994 年，李巨廉主编的《第二次世界大战百科词典》(上海辞书出版社)，是国内第一部关于第二次世界大战的综合性历史词典。

20 世纪 90 年代以后，在专题研究方面也取得突出成绩。1991 年，金重远《炮火中的文化：文化和第二次世界大战》(浙江人民出版社)将“二战”中的文化分成法西斯文化、无产阶级文化、资产阶级的颓废文化等，并对各种文化在宗教哲学、报纸电台等具体领域的表现与斗争进行描述。1999年，李巨廉出版《战争与和平——时代主旋律的变动》(学林出版社)，主要从人类历史发展的总体上，对战争与和平的历史运动作出宏观考察。同年，陈祥超、郑寅达、孙仁宗出版《法西斯运动和法西斯专政》(中国青年出版社)。2005年，李巨廉发表《战争与和平历史运动的转折——一个中国学者对第二次世界大战的思考》(《史学理论研究》第3期)。

四、世界地区国别史

20世纪80年代以后，上海史学界在地区(国别)史的研究上，主要是在非洲史方面建立起各种研究基地，汇聚研究团队，有长期的积累，并形成自己的特色。此外，欧洲史、中东地区史也是关注的热点。

【非洲史】

20世纪80年代以后，上海史学界在非洲史的研究上承担多项国家级课题，陆续出版相关论著。1985年，华东师范大学设立非洲史研究室。1989年，艾周昌的《中非关系史文选(1500—1918)》(华东师范大学出版社)出版。1990年，艾周昌、陆庭恩的《非洲史教程》(华东师范大学出版社)出版。1992年，潘光主编的《阿拉伯非洲历史文选》(华东师范大学出版社)，选编埃及、苏丹、利比亚、突尼斯、摩洛哥、阿尔及利亚等10个国家地区18世纪末至20世纪的历史资料。1995年，艾周昌、郑家馨主编的《非洲通史(古代、近代、现代卷)》(华东师范大学出版社)，汇集全国非洲研究的力量。1996年，艾周昌、沐涛的《中非关系史》(华东师范大学出版社)，是国内第一本系统论述中非关系史的专著。同年，舒运国的《非洲人口增长与经济发展研究》(华东师范大学出版社)出版。1999年，上海师范大学成立非洲研究中心。2000年，艾周昌、舒运国等著《南非现代化研究》(华东师范大学出版社)，全面论述南非从英国殖民地到国家独立，从落后经济到工业化快速推进的坎坷历程。2003年，沐涛的《南非对外关系研究》(华东师范大学出版社)，论述100年的南非外交的形成、发展和演变的过程。2004年，舒运国的《失败的改革——20世纪末撒哈拉以南非洲国家结构调整评述》(吉林人民出版社)，对非洲进行的“结构调整”进行较深入的剖析。2010年，华东师范大学成立非洲研究中心。

【欧洲史】

1997年，金重远出版《战后西欧社会党》(上海人民出版社)，揭示第二次世界大战结束后，社会党如何在西欧国家中的地位日趋重要，成为与中右政党分庭抗礼、轮流执政的主要政党。2004年，潘光、余建华主编的《从丝绸之路到亚欧会议：亚欧关系两千年》(中共中央党校出版社)，检讨欧亚关系史，并对欧洲一体化进程、世纪之交亚欧关系的全面发展等进行讨论。2007年，徐善伟的《15至18世纪初欧洲女性被迫害的现实及其理论根源》(《世界历史》第4期)，指出女性成为中世纪晚期和近代早期欧洲猎巫运动的主要受害者，《男权重构与欧洲猎巫运动期间女性所遭受的迫害》(《史学理论研究》第10期)，进一步揭示出男权重构与女性成为中世纪晚期和近代早期欧洲猎巫运动的主要受害者有密切的联系。2009年，陆启宏的《近代早期西欧的巫术与巫术迫害》(复旦大学出版社)，从欧洲社会宏观的时代背景中，发掘出巫术及巫术迫害现象背后所折射出的西欧近代早期在宗教文化、政治版图、社会心理等方面发生的剧烈变革。2010年，金重远的《百年巴尔干风云》

(复旦大学出版社),对20世纪巴尔干所经历的风风雨雨进行详尽的阐述。

【中东地区史】

20世纪90年代以后,上海有关中东地区史的研究发展较快。1991年,上海社会科学院世界史研究中心成立,着力中东国际问题及犹太人研究。1991年,潘光、金应忠主编的《1990以色列、犹太学研究》(上海社会科学院出版社),收录的论文涉及古代犹太史、早期犹太教育、古代犹太哲学等领域。1992年,朱威烈、金应忠主编的《'90中国犹太学研究总汇》(上海三联书店),涵盖犹太历史与文化、犹太人与世界、古代中国的犹太人等三大部分。1998年,潘光、余建华、王健主编《犹太民族复兴之路》(上海社会科学院出版社),系统梳理古代犹太宗教复国思潮的出现,到锡安主义运动的初兴,到犹太复国主义运动的高潮,再到以色列国的建立直到今日的发展。此外,顾晓鸣主编的"犹太文化丛书",自1991年起由上海三联书店陆续出版,系国内第一套系统介绍犹太文化的丛书,涵盖犹太人和犹太文化概况、犹太历史和文化史、犹太人和中国、犹太典籍和百科全书四大主题。

【国别史】

英国史研究成果有:周敏凯的《十九世纪英国功利主义思想比较研究》(华东师范大学出版社1991年)、柴惠庭的《英国清教》(上海社会科学院出版社1994年)、金志霖的《英国行会史》(上海社会科学院出版社1996年)等。法国史研究成果有:陈崇武的《罗伯斯比尔评传》(华东师范大学出版社1989年)、金重远等参与编写的《法国通史》(主编张芝联、副主编金重远,北京大学出版社1989年)。德国史研究成果有:孙炳辉、郑寅达的《德国史纲》(华东师范大学出版社1995年)、李巨廉的《希特勒的战争谋略》(上海人民出版社1995年)。美国史研究成果有:余志森编著的《华盛顿评传》(中国社会科学出版社1990年)、《美国史纲:从殖民地到超级大国》(华东师范大学出版社1992年)。苏联史研究成果有:叶书宗的《苏联的革命与建设——历史的回顾与总结》(上海社会科学院出版社1986年),叶书宗、周尚文、王斯德合著的《新编苏联史(1917—1985)》(上海人民出版社1990年)。其他国别史研究成果还有:赵建民、刘予苇主编的《日本通史》(复旦大学出版社1989年),郑寅达、费佩君的《澳大利亚史》(华东师范大学出版社1991年)。此外,在一些以往研究较为薄弱的环节,也取得明显的突破。在韩国史研究方面,沐涛、孙科志出版《大韩民国临时政府在中国》(上海人民出版社1992年),还原1919年韩国抗日领袖金九等在上海创建大韩民国临时政府的历程。孙科志还在韩国出版《上海韩人社会史:1910—1945》(韩国韩蔚出版社2001年)。2000年,王春来出版的《基督教在近代韩国》(中国社会科学出版社),将基督教传韩置于韩国近代化历程之中予以考察,勾勒基督教传韩的缘起与发展及其动因。

进入21世纪以后,国别史的研究成果更是多有涌现。2002年,周尚文、叶宗书、王斯德的《苏联兴亡史》(上海人民出版社),涉及革命前的俄国沙皇制度的覆灭、十月革命的胜利、国内战争的胜利、新经济政策的实施等内容。2004年,金重远的《20世纪的法兰西》(复旦大学出版社),内容覆盖法国政治、经济、军事、外交、社会和文化等领域。同年,余伟民的《论俄罗斯社会转型的特殊性》(《史学理论研究》2004年第2期),认为18世纪以来俄罗斯社会转型的特殊性与俄罗斯国家结构的特殊性密切相关。2006年,张勇安的《美国大麻政策史研究:文献的整理与评判》(《历史研究》第2期),指出美国的大麻问题引起社会学、政治学、法学、医学、历史学等多学科研究者的广泛兴趣,基于拓宽美国史研究的目的,有必要对于相关文献予以清理。2007年,冯绍雷的《20世纪的俄罗斯》(生活·读书·新知三联书店),勾画革命前俄国历史的起落进程,突出东西方影响犬牙交错状态下俄国文明的基本特点。郭长刚的《美国宗教多元主义：历史与现实》(《兰州大学学报》第7期)，指出宗教多元化是美国宗教的一个显著特征，实际上仍以基督教为主导。2007—2008年由上海社会科学院出版社陆续出版的“大国通史系列”，包括《德国通史》(丁建弘著)、《英国通史》(钱乘旦、许洁明著)、《法国通史》(吕一民著)、《日本通史》(冯玮著)、《印度通史》(林太著)、《墨西哥通史》(刘文龙著)六种，主要作者均来自上海。2008年，孟钟捷的《德国1920年〈企业代表会法〉发生史》(社会科学文献出版社)，通过对1920年《企业代表会法》的出台背景，形成法律文本过程，实践中的社会影响和消亡等个案研究，揭示德国社会经济民主化和政治民主化的辩证互动和相互制约关系。2009年，张勇安的《业界利益与公共福利双赢：美国医学会与药品管理的联邦化(1891—1912)》(《历史研究》第2期)，指出美国医学会与联邦政府的互动、合作优化了转型年代国家与社会的关系。张勇安的《变动社会中的政策选择：美国大麻政策研究》(上海东方出版中心2009年)，把美国大麻政策置于国家与社会，联邦、州与地方，国际与国内，整个毒品政策与大麻政策的互动视野中给予多面相的考察。夏正伟、许安朝的《试析尼克松政府的环境外交》(《世界历史》第2期)，指出尼克松政府通过北约、经济合作与发展织和联合国国际组织，围绕环境监管、环境保护和污染治理等主题进行外交活动。2010年，孟钟捷的《寻找黄金分割点：联邦德国社会伙伴关系研究》(上海辞书出版社)，从历史基础、组织基础、制度基础、统一后发展四个维度分析联邦德国社会伙伴关系这种劳资关系模式的演变历程。

五、外国史学史

自20世纪80年代初开始，国外史学理论的介绍和研究重新得到重视，首先体现在对当代西方史学理论的介绍和研究上。1981年，郭圣铭在《历史研究》第2期发表《文艺复兴时期西欧的史学》，对西方史学理论介绍和研究。张广智发表《希罗多德：西方史学的创立者》(《复旦学报》1981年第1期)、《利奥波尔德·冯·兰克》(《世界历史》1981年第6期)、《略论伏尔泰的史学家地位》(《历史研究》1982年第5期)等论文。1983年，郭圣铭编著的《西方史学史概要》(上海人民出版社)，把西方史学的发展放到特定的各个历史阶段中评判，是国内第一本该领域的学术专著。同时，对西方史学流派及理论的介绍和研究，也成为这一时期学者关注的重点，如张广智的《美国“新史学派”述评》(《世界历史》1984年第12期)、王晴佳的《年鉴学派对我们研究历史的启迪》(《社会科学》1986年第6期)、郭方的《马克斯·韦伯的社会学、历史学理论与方法》(《社会科学》1986年第6期)等。此后，张广智又连续发表多篇史学史方面的论文，如《略论古希腊史学中的人本观念》(《复旦学报》1987年第1期)、《“天才的闪光”——维柯史学思想述论》(《史学史研究》1987年第4期)等。在此基础上，张广智出版多部专著，系统全面梳理西方史学的演进，包括《克丽奥之路：历史长河中的西方史学》(复旦大学出版社1989年)、《史学，文化中的文化：文化视野中的西方史学》(与张广勇合著，浙江人民出版社1990年)等。

20世纪80年代后期上海学者翻译出版一批国外史学理论的著作，如董进泉等翻译的“当代国外社会科学丛书”之一《历史学》(四川人民出版社1989年)、张家哲等翻译的耶日·托波尔斯基的《历史学方法论》(华夏出版社1990年)、王建华等翻译的《现代史学的挑战》(上海人民出版社1990年)等。

进入21世纪以后，围绕西方史学史又有值得重视的成果出版。2000年，张广智等撰写的《西方史学史》(复旦大学出版社)，系统阐述起自古希腊迄至现当代的西方史学。2003年，陈新发表《“人文主义”的兴起：一个有关史学认识的个案分析》(《世界历史》第 1 期)，考察 18 世纪以来“人文主义”概念的演变。2004 年，张广智的《西方文化形态史观的中国回应》(《复旦学报》第 1 期)，指出源自 20 世纪上半叶的西方文化形态史观，在中国各个历史时期发生不同的回响。同年，李宏图的《当代西方新社会文化史述论》(《世界历史》第 1 期)，考察“新社会文化史”产生的背景及其对历史学带来的冲击和影响。2005 年，李宏图主编“剑桥学派思想史译丛”(华东师范大学出版社)，引起国内学术界对“剑桥学派”的关注。陈新的《西方历史叙述学》(社会科学文献出版社)，从历史和哲学两方面深入探讨历史学或历史知识的本性。余伟民的《“中心观”与“中心论”》(《史学理论研究》第 3 期)，指出世界史体系的建构无法回避“中心”概念。张广智主编的《二十世纪中外史学交流》(北京师范大学出版社 2007 年)、《超越时空的对话——一位东方学者关于西方史学的思考》(北京师范大学出版社 2008 年)，内容涵盖对西方史学总体性的思考、对西方史学某个专题的阐释、对西方史学与马克思主义史学关系的求索等内容。2009 年，吴晓群的《希罗多德的“历史书写”》(《华东师范大学学报》第 6 期)，指出对希罗多德及其《历史》的理解应基于古代典籍产生的历史语境。2010 年，李宏图主编“剑桥学派概念史译丛”(华东师范大学出版社)，这是以斯金纳为代表的“剑桥学派”的研究理论和方法更加系统和全面地引介。同年 6 月，吴晓群还发表了《公众记忆与口述传统——再论〈历史〉真实性问题》(《新史学》第 21 卷第 2 期)。

六、专门史

2000 年前后，上海学界对冷战史的研究开始起步，并快速发展起来。2001 年，华东师范大学成立的国际冷战史研究中心(后更名为冷战国际史研究中心)，是至 2010 年国内唯一以冷战史为研究主题的学术机构，中心编辑出版有《冷战国际史研究》杂志。2001 年，杨奎松发表《毛泽东的冷战观》(《二十一世纪》10 月号)。2003 年，戴超武的《敌对与危机的年代：1954—1958 年的中美关系》(社会科学文献出版社)，系国内外第一部以多国档案文献为基础全面研究两次台湾海峡危机与中美关系的论著。同年，陈兼、余伟民的《“冷战史新研究”：源起、学术特征及其批判》(《历史研究》第 3 期)，指出在“冷战史新研究”的形成过程中，中国学者已成长为一支不可忽视的研究力量。2005 年，沈志华的《1956 年 10 月危机：中国的角色和影响——波匈事件与中国研究之一》(《历史研究》第 2 期)，指出波匈事件标志着中共在国际共产主义运动中的地位和声望已经迈上一个新台阶。在《中苏同盟、朝鲜战争与对日和约问题——东亚冷战格局形成的三部曲及其互动关系》(《中国社会科学》第 5 期)，沈又阐明中苏同盟、朝鲜战争与对日和约问题有着紧密的联系。2007 年，沈志华主编的《中苏关系史纲：1917—1991 年中苏关系若干问题再探讨》(新华出版社)，详尽展示 1917—1991 年中苏关系的曲折历史。王玮、戴超武的《美国外交思想史》(人民出版社)，从思想的角度分析和探讨美国外交的起源、形成、发展演变和未来走向的历史过程。沈志华的《毛泽东、赫鲁晓夫与 1957 年莫斯科会议》(《历史研究》第 6 期)，揭示出为更好地巩固中苏联盟，在 1957 年的莫斯科会议上，经毛泽东的提议中苏发表共同宣言，推动中苏同盟关系达到顶峰。2009 年，沈志华主编的《一个大国的崛起与崩溃——苏联历史专题研究》(社会科学文献出版社)，重构苏联 74 年历史兴衰的主要过程。沈志华、杨奎松主编八卷本《美国对华情报解密档案(1948—1976)》(东方出版中心)，较为全面系统地展示冷战时期美国情报机构对中国政治、经济、军事、外交状况的认知、分析、评判预测。2010 年，崔丕的《冷战转型期的美日关系——对东芝事件的历史考察》(《世界历史》第 6 期)，依据美国政府的最新解密档案，考辨“东芝事件”的由来与真相，阐明美国政府处理“东芝事件”的外交策略及其影响。

第三节 考古学

一、考古学史和考古学理论

上海位于长江的入海口,绝大部分地区成陆较晚,造成上海文物资源相对匮乏的局面。20世纪60年代上海博物馆考古部发掘上海马桥《上海马桥遗址第一、二次发掘》(《考古学报》1978年第1期)和青浦崧泽《崧泽—新石器时代遗址发掘报告》(文物出版社1987年)等遗址,为建立环太湖地区的考古年代学框架、研究文化谱系提供珍贵的资料。20世纪70年代后期,学术界基本确立"崧泽文化"和"马桥文化"的命名,对其在环太湖地区考古学文化发展中的重要地位达成共识。

1982—1987年,市文物管理委员会又对位于青浦区的福泉山遗址进行三次发掘,发现从马家浜文化、崧泽文化、良渚文化、两周文化等完整的地层堆积及一处良渚文化高等权贵墓地,揭示"东方的土筑金字塔"。2000年,黄宣佩主编的《福泉山——新石器时代遗址发掘报告》(文物出版社),系统介绍该遗址的发掘收获。经过多年的田野工作,上海地区古代文化的时空分布有比较清晰的轮廓,初步建立自马家浜文化,经崧泽文化、良渚文化,至马桥文化和商周时期文化的基本的年代学框架,为制定考古规划、开展课题研究奠定坚实的基础。

在学术史综述方面,黄宣佩等撰写的《上海地区古文化遗址综述》(《上海博物馆集刊》1982年第2期)、《上海市文物考古五十年》(《新中国考古五十年》文物出版社1999年)、《上海考古五十年成就》(《上海博物馆集刊》2000年第8期)等文章,对上海地区的考古发掘与研究进行回顾与总结。2002年,宋建的《上海考古的世纪回顾与展望》(《考古》第10期),全面总结上海近70年来的考古发掘与研究。

在考古学理论研究与介绍国外考古学理论方面,陈淳发表系列成果:《考古学的理论与研究》(学林出版社2003年)介绍国际上的学科进展和特点,对20世纪60年代以来的新考古学变革着墨尤多;《考古学理论》(复旦大学出版社2004年)是全面介绍考古学理论发展和现状的教科书;《当代考古学》(上海社会科学院出版社2004年),立足于当代考古科学的发展,全面介绍这门学科的起源、发展、基本概念、基础方法、研究现状和最新的探索领域;《考古学研究入门》(北京大学出版社2009年)系统介绍考古学的概况、研究史、经典著作、基本史料、研究方法等方面的基础知识。在考古学理论研究中,陈淳结合考古发掘以重新认识中国历史,集中探究中国文明起源问题,发表《文明与国家起源研究的理论问题》(《东南文化》2002年第3期)、《中国文明与国家探源的思考》(《复旦学报》2002年第1期)、《酋邦与中国早期国家探源》(《中国学术》2003年总第14辑)、《疑古、考古与古史重建》(《文史哲》2006年第6期)、《社会进化模式与中国早期国家的社会性质》(《复旦学报》2006年第6期)等论文。2007年,陈淳出版专著《文明与早期国家探源》(上海书店出版社),系统介绍国际考古学、历史学界在文明与早期国家起源问题这一领域研究的方法沿革、理论进展。同时,他还对中国考古学取得的成就进行总结,撰写《中国考古学的历程与成就》(《二十世纪中国社会科学·历史学卷》上海人民出版社2005年)。相关的文章还包括:《考古学与未来:工业文明的忧虑》(《复旦学报》2007年第6期)、《考古研究的经验主义与理性主义》(《南方文物》2010年第1期)。

二、专题考古

【新石器时代考古】

从马家浜到崧泽文化　距今6 000年左右，随着陆地的东扩，第一批先民在上海定居。从浙北、苏南地区孕育出的马家浜文化是上海年代最早的新石器时代文化，1961年发掘青浦崧泽遗址时就不乏重要突破，例如被称为“第一稻”的当时年代最早的炭化稻谷、马家浜时期“第一井”等，这些都被发掘主持者黄宣佩写入《上海市青浦县崧泽遗址的试掘》(《考古学报》1962年第2期)、《1987年上海青浦县崧泽遗址的发掘》(《考古》1992年第3期)等简报中，孙维昌的《上海市金山县查山和亭林遗址试掘》(《南方文物》1997年第3期)，也对以上两处遗址的马家浜文化遗存做过详细描述，这些发现均属马家浜文化偏晚阶段。

崧泽文化作为上海第一个命名的中国考古学文化，得益于崧泽遗址四次发掘的墓地规模大、延续时间长、遗存丰富。周丽娟发表的《1994—1995年上海青浦崧泽遗址的发掘》(《上海博物馆集刊》2000年第8期)，阐释墓地年代跨度虽大但墓葬存在叠压或打破关系的现象，将遗址墓葬分为三期，为崧泽文化年代学研究提供标尺。随后张明华、孙维昌发表的《上海松江县汤庙村遗址》(《考古》2000年第11期)，宋建、陈杰、何民华发表的《上海市松江县姚家圈遗址发掘简报》(《考古》2001年第9期)等，又区分出一类介于崧泽、良渚之间的文化遗存。宋建《关于崧泽文化至良渚文化过渡阶段的几个问题》(《考古》2000年第11期)指出，应将这类晚于崧泽文化第三期的遗存单独作为一个阶段，自“崧泽—良渚文化过渡段”开始，松江地区开始有人类聚居。

良渚文化与早期文明进程　良渚文化作为延续一千多年之久的长江下游最重要的新石器文化，广泛分布于上海16处古文化遗址中。以黄宣佩等发表的《上海福泉山良渚文化墓葬》(《文物》1984年第2期)、《上海福泉山良渚文化墓地》(《文物》1986年第10期)、《上海福泉山遗址》(《东南文化》1987年第1期)等数篇报告为契机，青浦福泉山遗址人工高台贵族墓地的发现，掀起全国学者研究良渚文化的高潮。1990年7月，上海举办“良渚文化学术讨论会”和以福泉山新发现为主的“上海地区良渚文化展览”，由此提出“良渚文明进程研究”的课题。上海博物馆考古研究部2008年重新开始福泉山遗址的发掘，确认另一处良渚晚期权贵墓地——吴家场墓地，并以《福泉山遗址发现良渚晚期墓地》等报道形式刊载于《中国文物报》。

在文化分期问题上，上海许多学者做过不同尝试。黄宣佩的《论良渚文化的分期》(《上海博物馆集刊》1992年第6期)将良渚分成五期；宋建的《论良渚文明的兴衰过程》(收入《良渚文化研究——纪念良渚文化发现六十周年国际学术讨论会文集》科学出版社1999年)，以福泉山良渚墓地的地层叠压关系为依据，将福泉山的良渚文化遗存分为五期，良渚综合编年分为四期六段；周丽娟的《广富林遗址良渚文化遗存》(《南方文物》2006年第4期)，则提出增加两段分期作为“良渚文化末期阶段”的观点。

从器物研究角度，张明华发表的《良渚玉戚研究》(《考古》1989年第7期)、《良渚玉符试探》(《文物》1990年第12期)、《良渚古玉综论》(《东南文化》1992年第2期)、《良渚玉璧研究》(《故宫博物院刊》1995年第2期)等论文，对良渚玉质礼器系统做详细梳理。马承源的《从刚卯到玉琮的探索——兼论红山文化玉器对良渚文化玉器的影响》(《辽海文物学刊》1989年第1期)、江松的《良渚文化的冠形器》(《考古》1994年第4期)、王正书的《良渚文化玉锥形器研究》(《南方文物》1999年第4期)等文，也对不同器物的功能、内涵等进行充分讨论。

良渚文化衰亡原因的研究,之前比较主流的观点是张明华的《良渚文化突然消亡的原因是洪水泛滥》(《江汉考古》1998 年第 1 期)阐述的“洪灾说”。宋建、洪雪晴的《上海马桥遗址古环境探析》(《考古》1999 年第 8 期),则推测持续性的水患是良渚文化衰亡过程中的重要因素。陈杰的《良渚文明兴衰的生态史观》(《东南文化》2005 年第 5 期),通过对长江三角洲良渚时期遗址的分布及环境考古研究分析,指出过度消耗社会资源造成的内部系统紊乱及严峻的环境压力,是导致良渚文化消失的致命原因。

广富林文化 广富林遗址发现于 20 世纪 60 年代初,1999 年后,上海博物馆考古部开始进行比较全面的勘探和新的发掘,在《考古》杂志先后发表《上海松江区广富林遗址 1999—2000 年发掘简报》(2002 年第 10 期)及《上海松江区广富林遗址 2001—2005 年发掘简报》(2008 年第 8 期),提出遗址新发现的一种非当地文化传统的新石器时代文化遗存,来源于龙山文化的王油坊类型。2006 年 6 月,“环太湖地区新石器时代末期文化暨广富林遗存学术研讨会”在上海松江举行,张忠培在会上提出对广富林遗址的二段遗存可命名为“广富林文化”的建议得到广泛认同(《解惑与求真——在“环太湖地区新石器时代末期文化暨广富林遗存学术研讨会”的讲话》,《南方文物》2006 年第 4 期)。这也标志着良渚文化与马桥文化间几百年的空白期最终得以填补,广富林文化成为上海第三个中国考古学命名。

广富林文化的确立是长江下游新石器文化研究的一大突破,宋建的《王油坊类型与广富林遗存》(《华夏文明的形成与发展》大象出版社 2003 年)最早指出广富林文化与豫东、鲁西南和皖西北地区的王油坊类型有着密切的关系。陈杰的《广富林文化初论》(《南方文物》2006 年第 4 期)认为该文化形成与发展与龙山文化时期各地区文化间分化融合的大背景密切相关。翟杨的《广富林遗址广富林文化的分期和年代》(《南方文物》2006 年第 4 期)通过类型学研究,得出广富林文化与南荡遗存、龙山文化、王油坊类型、王湾三期的相对年代,认为遗址中广富林文化绝对年代应在公元前 2200—前 2000 年之间或稍后。

【夏商周考古】

马桥文化 马桥文化距今 3 200—3 900 年,宋建的《马桥文化探源》(《东南文化》1988 年第 1 期)认为其文化内涵主要来源于肩头弄文化,受到良渚文化、黄河流域夏商文化和岳石文化影响。1987 年,在庐山召开的“江南地区印纹陶问题学术讨论会”上,考古学界基本认可“马桥第四层”遗存是一种新的文化类型,填补太湖区域夏商考古时期的空白,“马桥文化”的考古学命名得以确立。但闵行马桥镇遗址最早的两次发掘,并未发现马桥文化的地层关系(《上海马桥遗址第一、二次发掘》,《考古学报》1978 年第 1 期)。直到 1993—1995 年再次发掘中理清出马桥文化层叠压关系及不同遗迹,才正式将马桥遗址的马桥文化遗存定为早期和中期,共两期 4 段,将金山亭林第四层和查山第三层的部分遗存,归入马桥文化晚期(《上海市闵行区马桥遗址 1993—1995 年发掘报告》,《考古学报》1997 年第 2 期)。2002 年。宋建主编的《马桥——1993—1997 年发掘报告》(上海书画出版社),对马桥文化进行系统科学的研究。曹峻的《马桥文化再认识》(《考古》2010 年第 11 期)通过石器及陶器的分析,解释定性马桥文化是夏商时期太湖地区土著文化的原因。

综合研究方面,马桥遗址是上海首个考古多学科合作的经典案例,考古报告中利用环境考古、动物考古等手段复原古代环境,思考人地关系。陈中原等撰写的《太湖地区环境考古》(《地理学报》1993 年第 52 卷第 2 期)指出引起马桥期遗址大量减少的主要原因是太湖湖泊体系的扩展。

印文陶遗存 20 世纪 60 年代马桥遗址曾发现一批以凹弧形足鼎、鸭形壶等器类为代表的晚于良渚且早于春秋战国文化遗存，黄宣佩、孙维昌等发表的《上海市松江县广富林新石器时代遗址试探》(《考古》1962 年第 9 期)、《上海青浦县发现千步村遗址》(《考古》1963 年第 3 期)、《上海青浦寺前村和果园村遗址试掘》(《南方文物》1998 年第 1 期)等都刊有几何印纹陶遗存研究，但限于当时的认识，大都定为春秋战国时期。

随着太湖各地印纹陶遗址的发掘和清理，学界逐渐认识到东南地区存在的印纹陶遗存有着不同小区的文化差别，并开始比较其与中原夏商文化的不同特征。1972 年，金山亭林遗址发现的马桥文化层之上直接叠压着与其相接的后续文化，这是迄今本地区发现的唯一一处有直接地层叠压关系的早期青铜文化遗址(孙维昌《上海市金山县查山和亭林遗址试掘》,《南方文物》1997 年第 3 期)。1981 年，黄宣佩、孙维昌发表的《上海地区几何印纹陶遗存的分期》(《文物集刊》第 3 辑，文物出版社)及《试论太湖地区几何印纹陶遗存的分期》(《上海博物馆馆刊》第 1 期)，根据上海亭林、寺前村等遗址地层关系及类型学分析，将太湖地区类似的“马桥 4 层”归为第一期商代；第二期以亭林上层为代表定为西周时期遗存；第三期将戚家墩类型定在春秋战国时期。宋建的《马桥文化的去向》(《中国考古学会第九次年会论文集》文物出版社 1993 年)将马桥文化分为早中晚三期，时代分别为二里头文化中晚期、商代前期和殷墟早期，从考古学文化角度将第二期年代上推至商代后期晚段，将延续至西周早期段称为“马桥文化的后继”。

在印纹陶生产、陶器刻画符号研究等领域，市文管会的《上海奉贤县江海遗址 1996 年发掘简报》首次发现一座马桥文化时期陶窑，其中出土的夹砂红陶片测年为距今 3 310±10%，填补中国陶瓷史空白。宋建的《马桥文化原始瓷和印纹陶研究》(《文物》2000 年第 3 期)对印纹陶特征及其和原始瓷的关系作分析；陈尧成、宋建等的《上海马桥夏商原始瓷制作工艺研究》(《陶瓷学报》1996 年第 17 卷第 3 期)、《上海马桥夏商陶器研究》(《陶瓷学报》1999 年第 3 期)对印纹陶制作工艺、烧成原理等进行理化试验；宋建、周丽娟的《论马桥文化的陶文》(《上海博物馆集刊》2000 年第 8 期)统计马桥遗物上的陶文并分析其含义。

春秋战国文化层　春秋战国时期的文化层虽然广泛分布在上海各个地下埋藏区，但是重要发现为数不多。市文管会发表的《上海市金山县戚家墩遗址发掘简报》(《考古》1973 年第 1 期)，指出 5 座战国时期墓葬属于吴越文化传统，被称为“原住民墓葬”。市文物保管委员会《上海青浦县重固战国墓》报告的 4 座战国晚期墓葬也属于此(《考古》1988 年第 8 期)。2008 年广富林遗址大规模考古展开后，曾于遗址地层中发现春秋战国时期青铜农具、卜甲、大型建筑构件等，虽未见完整的大型建筑遗存，但本阶段人类活动能力和范围都有所扩展。

【汉唐宋元明时期考古】

汉唐宋元明以来，是上海城市发展的重要时期，这一时期也发现大量的墓葬与其他遗迹。福泉山汉墓是上海规模最大、保存最完好的西汉墓葬群，共有西汉早、中期墓葬 96 座，随葬品组合为釉陶和灰陶的鼎、盒、壶、瓶、罐以及石砚等。黄宣佩、吴贵芳的《从严桥遗址推断上海唐代海岸的位置》(《考古》1976 年第 5 期)指出浦东严桥唐代村落遗址出土大量唐代瓷器，有越窑青釉、黑褐釉瓷执壶，长沙窑青黄釉瓷壶等，对判定上海唐代海岸具有重要意义。王正书的《上海福泉山西汉墓群发掘》(《考古》1988 年第 5 期)，指出石砚上残留墨迹，经红外图谱分析，初步定为炭制墨，是研究制墨历史的珍贵资料。

2001 年发现、2006 年被评为“中国十大考古新发现”的普陀区志丹苑元代水闸遗址，由闸门、闸墙、底石、夯土等组成，这是已发现的同类遗址中规模最大、做工最好、保存最完整的一处，在中国水利工程发展史上有重要地位。

上海在唐天宝十年置华亭县后，城市发展逐渐加速，历代世家大族遗留下大量的墓葬。王正书的《上海嘉定宋赵铸夫妇墓》(《文物》1982年第6期)指出，嘉定北宋赵铸夫妇墓中夫人的墓室是用一种外包皮纸、内为糯米浆掺石灰制成的砖块砌成，皮纸原料为桑皮，纤维匀度好，拉力强，是研究宋代造纸技术的实物资料。

沈令听、许勇翔的《上海市青浦县元代任氏墓葬记述》(《文物》1982年第7期)指出青浦元代水利专家与画家任仁发及其子侄墓群出土的八瓣莲花形漆仓、陶渊明赏菊图雕漆盒、官窑青瓷开片垂胆瓶均为珍品。何民华的《上海市李惠利中学明代墓葬发掘简报》(《东南文化》1999年第6期)指出明代墓葬多为家族墓地，卢湾区李惠利中学墓群按昭穆排列的墓葬分布，也具有研究价值。

20世纪70年代以来，为配合维修工程，发掘清理一批宋元明时期的古塔地宫和天宫。包括嘉定元法华塔塔心室下两个地宫，松江明西林塔地宫、天宫。相关研究见市文物管理委员会的《上海嘉定法华塔元明地宫清理简报》(《文物》1999年第2期)。2009年，何继英主编的《上海明墓》(文物出版社)，从20世纪50年代以来考古发掘的120多处明代家族墓葬，揭示上海明墓的葬俗。2010年，陈杰撰写的《实证上海史——考古学视野下的古代上海》(上海古籍出版社)，详细阐述上海六千多年的灿烂文明史，填补上海史研究领域的空白。

【赴外省市考古】

2000年以后，上海学界还对国内其他的考古发掘和考古遗址进行一系列研究，最为突出的是配合三峡工程开展的考古发掘工作。主要成果有潘碧华的《三峡地区次生堆积剖析的考古学实践》(《华夏考古》2001年第2期)、《麻柳沱：一个聚落演变的微观分析》(《2003三峡文物保护与考古学研究学术研讨会论文集》科学出版社2003年)、《重庆云阳地区古代聚落演变初论》(《文化遗产研究集刊》2003年第3辑)、《三峡考古中引入的两项科技考古手段》(《重庆·2001三峡文物保护学术研讨会论文集》2003年)，以及陈淳、潘艳的《三峡古文化的生态学研究》(《岭南考古研究》2004年第4辑)。2003年，高蒙河、潘碧华合著的《三峡考古记胜》(香港中华书局)，记述上海学者在三峡地区进行田野考古时的所见所闻。2005年，高蒙河的《长江下游考古地理》(复旦大学出版社)，是结合这方面的考古工作的力作。

三、科技考古与文物保护

【科技考古】

上海学界在科技考古领域的研究活动可上溯至20世纪30年代国立中央研究院工程研究所(中国科学院上海硅酸盐研究所的前身)对古陶瓷的科学技术研究。上海博物馆于1960年设立文物保护科学技术实验室。不仅如此，上海还拥有其他研究机构和高校的力量，如中国科学院上海生物化学研究所、上海材料研究所、中国科学院上海原子核研究所、上海自然博物馆、上海医科大学、复旦大学、华东理工大学、同济大学、上海大学以及2008年成立的中国科学院上海光学精密机械研究所科技考古中心等。1989年，上海博物馆创办《文物保护与考古科学》。

测年技术　上海学界在考古年代学方面的主要研究力量，集中体现在上海博物馆热释光实验室的古陶瓷测年技术研究。1975年，上海博物馆创建国内第一个古陶瓷热释光测定年代实验室，开展《热释光测定陶瓷器文物年代》研究，研发专用于中国古陶瓷的热释光仪器装置，建立针对中国古代陶器和砖瓦样品的“细粒测定年代”技术，获1977年上海市科学大会重大科技成果奖。1980年，王维达的《热释光测定古陶瓷的年代》(《自然杂志》第11期)，介绍热释光技术的原理以及上海博物馆热释光实验室如何应用这一技术于古陶器的断代研究。1975—1984年，上海博物馆与市工业卫生研究所共同承担文化部文物事业管理局项目《用TLD测量α、β剂量的细粒热释光测定年代技术》。1983—1985年，上海博物馆与上海医科大学放射科医学研究所合作的《不测计量的热释光断代技术》，研发出高灵敏度超薄型热释光元件，为热释光断代的普及和推广创造条件。1985—1986年，上海博物馆与中国科学院上海原子核研究所共同承担《微机在热释光测定年代中的应用》课题，实现热释光测定年代全过程计算机化。

随着研究的推进，研究对象从陶器、砖瓦扩大到瓷器。1990—1997年，上海博物馆承担国家文物局项目《瓷器热释光断代及其真伪鉴别研究》，对瓷器的热释光特性进行大量分析。1997—2003年，上海博物馆开展《前剂量饱和指数测定瓷器热释光年代》研究，首次将热释光前剂量饱和指数测定古剂量的方法成功地应用于中国古代瓷器的真伪鉴别和烧制年代测定。

为对瓷器热释光前剂量技术中的复杂问题和技术应用进行更深入的探讨，上海博物馆热释光实验室团队还开展系列工作，2004年，夏君定发表《原始瓷的三种年代测定方法结果比较》(《文物保护与考古科学》第4期)。2005年，王维达发表《前剂量中的热激活和辐照熄灭研究》(《核技术》第5期)、《瓷器热释光断代中β平均剂量计算方法研究》(《文物保护与考古科学》第1期)，2008年又发表“Evaluation for the paleodose in thermoluminescence dating of porcelain”(*Science in China Series E: Technological Sciences*, Vol. 51, No. 3)。2007—2010年，夏君定、熊樱菲、吴婧玮等承担国家文物局项目“越窑瓷器的热释光特性及其元素成分分析研究”，将瓷器热释光测年技术与X射线荧光分析等技术结合应用于越窑样品的系统研究，2009年，发表《上林湖越窑瓷器前剂量测定年代中的热激活特性(TAC)研究》(《文物保护与考古科学》第21卷第4期)。2010年，夏君定、吴婧玮等对不同年代瓷器采用不同测试方法，得到激活法和熄灭法分别试用的年代范围，提高测试可靠性，发表《热释光前剂量激活法与熄灭法测定瓷器年代结果比较》(《文物保护与考古科学》第22卷第4期)。

此外，热释光测年在矿石、青铜器陶范上也有所应用。1980年，刘京发、王维达发表《月岩(70017—291)的热释光测定》(《地球化学》第4期)。1981年，刘京发、王维达、刘顺生发表《热释光法测定吉林陨石的温度梯度》(《科学通报》第17期)。2002年，夏君定、王维达发表《热释光测定青铜器陶范年代》(《文物保护与考古科学》第S1期)。除上述论文成果外，王维达的《中国热释光与电子自旋共振测定年代研究》(中国计量出版社1997年)、《古陶瓷热释光测定年代研究》(上海科学技术出版社2010年)，是该领域技术的系统阐述。

文物科技　上海学界一直重视文物科技工作，特别是改革开放后，现代科技在文物考古学研究中发挥重要的作用，主要包括五方面内容。

一是陶瓷文物。1985年，李家治、陈显求、张福康等编著的《中国古代陶瓷科学技术成就》(上海科学技术出版社)，1998年卢嘉锡总主编、李家治分卷主编的《中国科学技术史：陶瓷卷》(科学出版社)，通过对中国各地和各时期的陶瓷样本的科学研究，提出中国古代陶瓷科技发展史的“五个里程碑”和“三大技术突破”。罗宏杰的《中国古陶瓷与多元统计分析》(中国轻工业出版社1997年)、张福康《中国古陶瓷的科学》(上海人民美术出版社2000年)、李家治主编《简论官哥二窑》(科学出版社2007年)，分别从化学组成、科学解读、重要窑口分析对中国古陶瓷进行研究。自1982年起，上海硅酸盐研究所定期主办古陶瓷科学技术国际讨论会(ISAC)。

其他成果还包括李家治的《我国古代陶器和瓷器工艺发展过程的研究》(《考古》1978年第3期),陈尧成等的《历代青花瓷器和青花色料的研究》(《硅酸盐学报》1978年第4期),李家治、陈显求等的《河姆渡遗址陶器的研究》(《硅酸盐学报》1979年第2期),陈显求、陈士萍等的《宋代建盏的科学研究》(《中国陶瓷》1983年第1期),陈显求、黄瑞福等的《宋、元钧瓷的中间层、乳光和呈色问题》(《硅酸盐学报》1983年第2期),李家治、邓泽群等的《老虎洞窑和汝官窑瓷微量元素的研究》(《建筑材料学报》2003年第2期),吴隽、李家治等的《中国景德镇历代官窑青花瓷的断代研究》(《中国科学E辑:工程科学　材料科学》2004年第5期)等。

上海博物馆除热释光测年研究外,还重点开展古陶瓷文物完整器无损分析方法的建立和应用研究工作。何文权、熊樱菲于2000—2002年完成课题《古陶瓷完整器的元素成分无损分析方法研究》,研制适用于大体积古陶瓷及其他完整器文物的无损定量分析装置,2002年,发表论文《古陶瓷完整器元素成分无损分析的实现(一)——方法确认和总体设计》《陶瓷完整器元素成分无损分析的实现(二)——设备改建和定量分析方法》(均见《文物保护与考古科学》第S1期)。其后,上海博物馆科研团队将文物完整器检测方法应用于清代官窑、龙泉窑、越窑等数据库的建立,2004—2006年,熊樱菲、何文权承担课题《清代官窑青花及相关高温颜色釉的元素成分分析研究》;2007—2010年,夏君定、熊樱菲、吴婧玮、龚玉武承担国家文物局项目《越窑瓷器的热释光特性及其元素成分分析研究》,其后发表的论文包括何文权、熊樱菲的《古陶瓷元素成分分析技术定量方法的探讨》(《文物保护与考古科学》2003年第3期),熊樱菲、何文权等的《历代龙泉青瓷釉的初步研究》(《文物保护与考古科学》2004年第2期),熊樱菲、何文权、金延龄的《清代官窑瓷器的透明釉成分分析研究》(《文物保护与考古科学》2006年第4期),熊樱菲、龚玉武的《化学组成分析辅助判别古陶瓷产地、制作年代及工艺的研究》(《文物保护与考古科学》2008年第20卷第S1期),熊樱菲、龚玉武等的《上林湖越窑青瓷胎釉化学组成的EDXRF分析》(《文物保护与考古科学》2010年第4期),填补古陶瓷文物完整器定量分析研究方法建立及应用的空白。

各高校在陶瓷类文物科技考古的研究上,也取得不少成果。2004年,王焜陆、文聪等发表《宋代汝窑古瓷的微量元素——支持向量机算法研究》(《计算机与应用化学》第2期)。2005年,李国正、杨杰等发表《杭州老虎洞窑古陶瓷成分的化学计量学研究》(《分析化学》第10期)。同年,董和泉、邓文华等发表《人工神经网络在古陶瓷研究中的应用》(《陶瓷学报》第4期)。

二是青铜文物。对青铜器研究主要包括器形、纹饰、铭文、制作工艺四方面,青铜器制作工艺最值得注意的成果是上海博物馆及其合作单位对铜镜表面、青铜兵器等文物类型的工艺技术研究,发现镜背花纹收缩速度不同造成的应力以及镜面研磨带来的应力是使铜镜透光的原因,并成功对此进行复制,相关成果见《解开西汉古镜"透光"之谜》(《复旦学报》1975年第3期)、《西汉"透光"古铜镜研究》(《金属学报》1976年第1期)、《西汉"透光镜"复制成功》(《机械工程材料》1979年第3期)等。

1976—1984年,上海博物馆承担《用全息照相时间平均法研究明代〈游鱼喷水洗〉喷水原理》,通过全息图像直观显示出喷水洗的振动状态。1981年,祝鸿范、周庚余发表《用全息照相时间平均法显示明代〈游鱼喷水洗〉的振型》(《激光》第3期)。

1984—1986年,上海博物馆与上海材料研究所共同承担课题《东汉"水银沁"铜镜表面处理技术研究》,通过多种测试分析手段解开"水银沁"铜镜的奥秘,并成功复制相似样品。1987年,谭德睿、舒文芬、吴则嘉发表《东汉"水银沁"铜镜表面处理技术研究——阶段报告》(《上海博物馆集刊》第4期)。上海博物馆对铜镜表面处理技术的研究此后得以继续,1997年,谭德睿、吴来明、唐静娟、苏立民发表《古铜镜“水银沁”表面形成机理的研究》(《文物保护与考古科学》第 1 期)。2000 年,吴来明发表《铜镜表面处理实验及相关问题研究》(《上海博物馆集刊》第 8 期)。

1992—1997 年上海博物馆、上海材料研究所、宝钢冶金研究所共同承担市科委项目《东周铜兵器菱形纹饰技术研究》,运用现代手段系统分析菱形纹饰和非纹饰区的组织结构,并利用金属膏剂模拟仿制。2000 年,谭德睿、廉海萍等发表的《东周铜兵器菱形纹饰技术研究》(《考古学报》第 1 期),详细介绍使用的分析检测手段、复制工艺及对复制件的腐蚀试验等信息。1991—2000 年,上海博物馆和南京博物院共同承担课题《吴越青铜技术研究》,运用现代仪器分析技术对湖北江陵楚墓出土青铜剑进行技术检测和模拟复制。2002 年,廉海萍、谭德睿发表《东周青铜复合剑制作技术研究》(《文物保护与考古科学》第 S1 期),介绍高锡青铜铸造锋刃包裹剑脊的复合剑工艺。2003 年,廉海萍、谭德睿、徐惠康发表《东周时期青铜剑首同心圆的制作技术研究》(《文物保护与考古科学》第 3 期),介绍使用轮制法和古法配制的特殊范料的工艺复制。2004 年,廉海萍发表《东周铜兵器菱形纹饰技术研究》(《中国文化遗产》第 3 期),介绍利用锡合金粉末涂覆和合金热扩散形成兵器菱形纹饰的工艺原理。

2004—2007 年,上海博物馆开展《两汉、南北朝时期钱范与相关铸钱工艺研究》,以上海博物馆藏钱范、河南和陕西等地的铸钱遗址等为资料,采用科技手段对陶范和金属范进行成分和相结构测试。2008 年,廉海萍、丁忠明、周祥发表《汉代铸钱铜范的分析与研究》(《文物保护与考古科学》第 4 期)。廉海萍、丁忠明等发表《汉代叠铸法铸钱工艺研究》(《文物保护与考古科学》2008 年第 S1 期)、《汉代平板陶范竖式浇铸法铸钱工艺的研究》(《文物保护与考古科学》2009 年第 3 期)。此外,谭德睿编著《灿烂的中国古代失蜡铸造》(上海科学技术文献出版社 1989 年)、《艺术铸造》(上海交通大学出版社 1996 年)、《金属工艺》(大象出版社 2007 年)等青铜器工艺相关专著。2008 年,上海博物馆吴来明、周亚等参与国家文物局主办“奇迹天工——中国古代发明创造文物展”,出版《雄奇宝器——古代青铜铸造术》(文物出版社),对整个古代青铜铸造术进行宣传和展示。

三是漆器文物。漆器文物的科技考古研究主要针对漆器文物的胎体结构分析。1979—1980 年,上海博物馆和上海新跃仪表厂开展《软 X 射线对书画、漆木器等文物的无损检测》研究。1982 年,祝鸿范、周庚余、杨新荣发表《软 X 射线检验在文物鉴定上的应用》(《无损检测》第 6 期)。1981—1983 年,上海博物馆和常州市博物馆开展《宋代漆器圈叠胎制作工艺》研究,对该项失传已久的技术进行模拟复制。1987 年,吴福宝、张岚、陈晶发表《宋代漆器圈叠胎骨制作的探索——发言提纲》(《文物保护技术》第 4 辑)。

四是纺织品文物。纺织品文物的纤维及染料的鉴别是此类文物科技考古研究的重要内容,上海纺织科学院起步较早。1979 年,高汉玉、王任曹、陈云昌发表《台西村商代遗址出土的纺织品》(《文物》第 6 期),采用扫描电镜观察纺织品的显微形貌。1980 年,上海纺织科学院编著的《长沙马王堆一号汉墓纺织品研究》(文物出版社),对随葬纺织品作详尽的理化分析。2000 年,上海博物馆陈元生、解玉林、熊樱菲等发表的《山普拉墓群出土毛织品上蓝色染料的分析研究》(《文物保护与考古科学》第 1 期),运用薄层分析法、红外光谱、高效液相色谱及质谱等方法,发现新疆山普拉两汉时期墓群出土纺织品上的蓝色染料主要成分是靛蓝素。2001 年,解玉林、熊樱菲、陈元生和中国科学院上海药物研究所胡立宏、殷梦龙、陈仲良,运用质谱、紫外可见吸收光谱等分析手段,鉴别出周—汉代毛织物样品上的红色染料主要成分为紫茜素,发表论文《周—汉毛织品上红色染料主要成分的鉴定》(《文物保护与考古科学》第 1 期)。2008 年,贾应逸、陈元生等发表《新疆扎滚鲁克、山普拉墓群出土(西周至东汉)毛织品的鉴定》(《文物保护与考古科学》第 1 期)。

五是玉器文物。上海学界的玉器文物科技考古主要包括对玉器进行无损成分鉴定和产地鉴别,复旦大学、上海博物馆、中国科学院上海光学精密机械研究所是开展此类研究的主要单位。1999 年,承焕生、陈刚、朱海信、杨福家发表《用质子激发 X 荧光分析技术鉴别玉器种类》(《核技术》第 4 期),使用该技术判断外观相似的玉石的主量、次量及微量元素的成分和含量,从而进行种类和产地的区分。2000 年,熊樱菲发表《三件古玉器的无损分析》(《文物保护与考古科学》第 2 期),以天平法和 X 射线衍射测定福泉山出土的三件新石器时代古玉器的密度和晶体结构。2001 年,朱海信等发表《福泉山良渚文化玉器的 PIXE 分析》(《核技术》第 2 期)。2008 年,干福熹等发表《河南安阳市新出土殷墟玉器的无损分析检测的研究》(《文物保护与考古科学》第 4 期)。2009 年,赵虹霞、干福熹发表《不同产地软玉的拉曼光谱分析及在古玉器无损研究中的应用》(《光散射学报》第 4 期)。同年,赵虹霞、张朱武、干福熹发表《用于中国古代玉器质地鉴测和溯源中的无损分析方法》(《广西民族大学学报》第 4 期)。2010 年,顾冬红、干福熹等发表《江阴高城墩遗址出土良渚文化玉器的无损分析研究》(《文物保护与考古科学》第 4 期)。

【环境考古】

对古代气候与地理环境的认识,通常通过生物遗存、地层沉积物等来进行推断,这些推断又与古代人类的生活和生产活动密切相关。上海学界在此方面的研究集中在本地的马桥、广富林等考古遗址。1996 年,宋建的《上海马桥遗址文化断层成因研究》(《科学通报》第 2 期),认为陆地洪灾是引起文化断层的原因。王开发、张玉兰等的《上海地区全新世植被、环境演替与古人类活动关系探讨》(《海洋地质与第四纪地质》第 1 期),推断上海地区在马家浜、崧泽、良渚文化时期已有相当规模的农耕活动,是全国最早有稻作的地区之一。1997 年,黄宣佩、周丽娟的《上海考古发现与古地理环境》(《同济大学学报》第 2 期),根据上海境内古海岸线的包含物质类别及碳 14 年代测定数据,推测新石器时代上海地理特征为水乡泽国,气候环境较现在更为湿热。同济大学在孢粉、植硅体、藻类应用于环境考古分析方面多有著述。1998 年,姜立征的《孢粉分析与环境考古》(《生物学通报》第 7 期),介绍易于保存的孢粉在古人类活动和环境考古中的作用。2007 年,张玉兰的《从孢粉、藻类研究看马桥先人的生活环境》(《上海地质》第 2 期),进行马桥地区孢粉组合带的划分,对马桥先民在良渚文化期、马桥文化期和崧泽文化期的生活环境与生产活动做分析。同年,张玉兰还的《从微体古生物研究探讨良渚文化突然消亡原因》(《地理科学》第 3 期),通过对广富林遗址、马桥遗址的孢粉、藻类研究,推测水域扩大泛滥导致太湖地区良渚文化突然消亡。

在广富林遗址研究方面,2003 年,张玉兰、张敏斌、宋建的《从广富林遗址中的植硅体组合特征看先民农耕发展》(《科学通报》第 1 期),推测广富林先民在崧泽—良渚文化过渡期开始水稻种植,以及广富林遗址在 5 000 年前一次高海面以后逐渐形成。2006 年,上海博物馆陈杰与中国科学院南京地理与湖泊研究所李春海、王伟铭的《上海松江广富林遗址的孢粉记录》(《微体古生物学报》第 2 期),通过孢粉记录和碳 14 数据推断广富林地区的环境变化及人类活动变化状况。2007 年,陈杰、陈中原、李春海的《上海松江区广富林遗址的环境分析》(《考古》第 7 期),通过粒度、孢粉、有机碳含量、土壤磁性特征、地球化学和微体古生物分析,印证此前对广富林地区气候变化阶段的划分。

【生物考古】

上海学界在生物考古学方面的成就,集中体现在人类古尸的研究上。1976 年,中国科学院上海生物化学研究所与湖南医学院共同发表《从马王堆一号汉墓轪侯妻的肌肉等组织的细微结构看这具汉尸的保存程度》(*Acta Biochimica et Biophysica Sinica*，No. 1)、《马王堆一号汉墓古尸肌肉等组织保存程度的研究》(《中国科学》第 2 期)，中国科学院实验生物研究所发表《马王堆一号汉墓古尸细胞及核酸保存程度的研究》(*Acta Biochimica et Biophysica Sinica*，No. 4)，这些研究为古尸的后续保存提供坚实基础。1979 年，黄世楷、叶容等发表《长沙马王堆一号汉墓古尸几种组织亚显微水平保存情况》(*Acta Biochimica et Biophysica Sinica*，No. 2)。1982 年，上海第一医学院和上海自然博物馆研究人员发表《八具古尸形态学的初步研究》(《解剖学通报》第 Z1 期)，探讨影响古尸保存的因素和古尸类型的划分。1999 年，上海医科大学和南京苏艺生物保存实验工厂发表《出土古尸的塑化保存》(《解剖学杂志》第 3 期)，阐述生物塑化技术在一具明代古尸上的成功应用。2001 年，上海宝山发掘明代顾从礼墓，在上海地区首次发现湿尸。2002 年，王连根发表《上海明代古尸顾从礼的解剖与病理研究》(《上海第二医科大学学报》第 1 期)，上海师范大学生命与环境科学学院发表《明代古尸脏器中铅、汞含量的测定》(《光谱实验室》第 5 期)，复旦大学上海医学院和上海师范大学实验中心合作发表《上海明代古尸肌肉脂类成分分析》(《复旦学报》第 6 期)。这些研究探讨古尸生前生活条件、健康状况、药物食物摄入、上海的土质成分、尸体保存状况等信息。

【文物保护】

上海学界对相关文物保护的研究起步较早，对部分材质的文物的病害机理研究较为深入，一些保护手段处于领先地位。研究力量主要集中于上海博物馆及华东理工大学、复旦大学、东华大学、中国科学院上海硅酸盐研究所等单位。

金属文物保护　上海博物馆文物保护技术科学实验室对金属文物缓蚀的研究开展较早。1975 年，祝鸿范的《保护古青铜器的一种新方法——关于用苯骈三氮唑保护青铜器的试验及应用》(《考古》第 3 期)，针对“粉状锈”这一俗称“青铜病”的主要病害提出解决办法。1984—1987 年，上海博物馆开展国家文物局重点科研项目“浸渗处理青铜器有害锈的研究”。1993 年，祝鸿范、周浩、蔡兰坤的《PMTA 对青铜表面保护作用》(《文物保护与考古科学》第 2 期)，以电子能谱等手段证实该方法在抗氯离子腐蚀和保持文物原貌方面性能更为卓越。1998 年，祝鸿范的《青铜病的发生与小孔腐蚀的关系》(《文物保护与考古科学》第 1 期)，成功处理一件出土的西周青铜簋。上海博物馆和华东理工大学的学者对于青铜有害锈的生成机理、外观形貌也多有研究，2002 年，祝鸿范、周浩发表《青铜病的闭塞孔穴腐蚀特征的研究》(《文物保护与考古科学》第 S1 期)。2004 年，祝鸿范、周浩发表《青铜文物锈体的形貌观察和分析研究》(《第八届全国考古与文物保护(化学)学术会议论文集》岭南美术出版社)。这些研究对青铜文物保护方法的建立起到指导作用。

铁器文物的锈蚀问题研究成果相对更为显著。1992—1994 年，上海博物馆和华东理工大学联合承担国家文物局项目《出土铁器文物脱盐缓蚀保护处理研究》，为出土铁器从脱盐清洗、磷化、钝化、封护、消光、处理效果检测等各环节提供技术解决方案。1995 年，祝鸿范、周浩的《出土铁器文物的脱盐清洗研究》(《文物保护与考古科学》第 1 期)，介绍课题成果在长兴出土的汉代铁犁、铁锸、铁铲上的应用。同年，祝鸿范、周浩、蔡兰坤等发表《铁器文物保护中锈层化学稳定转化的研究》(《文物保护与考古科学》第 2 期)，介绍课题成果的效用测试及整套技术在铁器文物上的使用效果。

1999—2002 年，上海博物馆和华东理工大学承担国家文物局课题《银器抗变色处理》，采用三类杂环类缓蚀剂对银器进行复合缓蚀保护。课题的主要技术人员祝鸿范、周浩、蔡兰坤、张东曙发表《银器文物的变色原因及防变色缓蚀剂的筛选》(《文物保护与考古科学》2001 年第 1 期)、《防止银器文物变色的唑系复合缓蚀剂——I. 缓蚀剂成膜处理工艺与防变色性能的评定》(《华东理工大学学报》2002 年第 3 期)等成果。

竹木漆器保护 1990 年,吴福宝、张岚发表《川杨河大型古木船室外冷冻脱水处理》(《文物保护与考古科学》第 2 期),该古木船于 1979 年底在浦东川杨河发掘出土,腐朽程度严重,采用工艺简单的自然气候冷冻干燥,为大型饱水木质文物处理提供经验。1994—1997 年,上海博物馆承担国家文物局课题《严重朽蚀饱水竹简的真空冷冻干燥研究》,利用真空冷冻干燥技术对竹简进行有效处理,陈元生、解玉林、罗曦芸发表《严重朽蚀饱水竹简的真空冷冻干燥研究》(《文物保护与考古科学》1999 年第 1 期)。2002 年,罗曦芸、陈大勇发表《饱水文物的真空冷冻干燥研究》(《实验室研究与探索》第 5 期),进行真空冷冻干燥装置设计和方法改进。同年,罗曦芸还发表《饱水文物传统脱水方法与超临界流体干燥技术的应用》(《文物保护与考古科学》第 S1 期),介绍国际上饱水文物处理的新技术。

纺织品保护 复旦大学与山东省考古所合作开展丝织品文物,尤其是出土丝织品保护的基础研究。1993 年,张雪莲、唐静娟、郭时清发表《丝绸的老化及保护剂的筛选》(《文物保护与考古科学》第 1 期),研究丝绸样品在光、热作用下的老化机制。此后又进一步开展对老化的表征手段的研究,1994 年,唐静娟、郭时清发表《利用比色法研究丝绸的老化》(《文物保护与考古科学》第 2 期,第二、三作者)。1998 年,陈士明、唐静娟发表《应用电子顺磁共振法研究丝织品的老化及其保护》(《文物保护与考古科学》第 1 期,第二、三作者)。1999 年,唐静娟发表《古代丝织品的加固保护》(《文物保护与考古科学》第 1 期,第二作者)。东华大学纺织学院在丝织品文物保护上也有所参与。2004 年,孔旭、屠恒贤发表《超声波清洗技术在丝织品文物上的应用》(《上海丝绸》第 1 期),对现代丝织样品和元代出土丝织品残片进行超声波清洗试验。2006 年,王永礼、赵丰等发表《丝绸表面光老化实验研究》(《文物保护与考古科学》第 1 期),对六组未染色的丝绸样品进行可见光区分波段光老化实验。同年,王永礼、赵丰发表《丝织品人工老化水解实验研究》(《丝绸》第 11 期),为潮湿环境中出土的丝织品的保存提供解决办法。

其他文物保护 2002 年,陈元生、解玉林发表《明墓出土古书的消毒杀菌与除臭研究》(《文物保护与考古科学》第 S1 期),对 2001 年宝山区明墓出土的古书进行技术分析。2004 年,蒋道银、杨蕴发表《河姆渡文化的骨耜修复与保护》(《文物保护与修复纪实——第八届全国考古与文物保护(化学)学术会议论文集》岭南美术出版社),对 1978 年河姆渡遗址出土的骨耜进行研究。

四、文化遗产与博物馆

【青铜器】

广义上的青铜器研究涵盖古代金石学范畴,按照具体门类可以分为青铜器、古文字、钱币、玺印、金铜石刻造像等。改革开放以来,上海学界围绕青铜器的研究进入全面发展的时期,综合性图录和专题性研究相继出现。

1984 年,马承源主持编撰的《商周青铜器纹饰》(文物出版社),是第一本青铜器纹饰研究性图录,对青铜器纹饰的起源、纹饰与神话的关系,纹饰与人们审美观念作详尽分析,初步建立运用考古类型学研究纹饰的方法论。1987 年,陈佩芬的《上海博物馆藏青铜镜》(上海书画出版社)对上海博物馆藏战国到唐代的青铜镜作全面的断代分期研究。马承源主持编著的 16 卷本《中国青铜器全集》(文物出版社 1996 年),共收录器物 3 000 余件,全面反映中国古代青铜器的历史、艺术和学术价值。2004 年,陈佩芬的《夏商周青铜器研究》(上海古籍出版社)收录上海博物馆馆藏青铜器 700 件,对其形制、纹饰、铭文和铸造工艺进行综合研究。同年，马今洪的《明清铜器》(上海书店出版社)，填补晚期青铜器鉴定和研究的空白。

通过掌握辨伪技术发现和征集海内外流散的青铜器是上海博物馆工作的一项重要内容。陈佩芬的《青铜器辨伪》(《上海博物馆集刊》1986 年第 3 期)，通过研究馆藏的伪器和伪铭，总结归纳出不同时期的作伪工艺和特点。李朝远的《师兑簋复议》(《黄盛璋先生八秩华诞纪念文集》中国教育文化出版社 2005 年)，通过考古学和科技检测相结合的方式，使得青铜器研究鉴定更具科学性。20 世纪 90 年代开始，上海博物馆从海内外征集不少具有较高艺术价值和历史价值的青铜器。马承源的《新获西周青铜器研究两则》(《上海博物馆集刊》1996 年第 7 期)、陈佩芬的《新获两周青铜器》(《上海博物馆集刊》2000 年第 8 期)等文章对此进行研究。李朝远的《上海博物馆新获秦公器研究》(《上海博物馆集刊》1996 年第 7 期)、《上海博物馆新藏秦器研究》(《上海博物馆集刊》2002 年第 9 期)等文章，则对从海外抢救回的被盗青铜器进行研究。周亚的《伯游父器刍议》(《上海博物馆集刊》2005 年第 10 期)，马今洪的《馆藏青铜案形器研究》(《上海博物馆集刊》2002 年第 9 期)、《上海博物馆新获青铜角》(《上海博物馆集刊》2008 年第 11 期)等，主要对新征集的有鲜明地域和文化特色的青铜器进行研究。

青铜器类型、纹饰和国族铭文研究，主要有潘建明的《曾侯乙编钟音律研究》(《上海博物馆集刊》1982 年第 2 期)、李朝远的《楚公逆钟的成编方式及其他》(《青铜器学步集》文物出版社 2007 年)、《鼓座、建鼓及其他》(《上海文博论丛》2008 年第 3 期)、《首阳斋藏逨钟及其相关问题》(《中国古代青铜器国际研讨会论文集》香港中文大学文物馆 2010 年)等。兵器研究有沈融的《商与西周青铜矛研究》(《考古学报》1998 年第 4 期)、《吴越系青铜矛研究》(《华夏考古》2007 年第 1 期)等。

早期青铜器研究也是学界关注的重点，主要成果包括陈佩芬的《商代殷墟早期以前青铜器的研究》(《上海博物馆集刊》1992 年第 6 期)，以及李朝远的《关于二里头文化的青铜斝》《试论殷墟一期的青铜器》(《青铜器学步集》文物出版社 2007 年)。马今洪的《试论青铜甗》(《上海博物馆集刊》2000 年第 8 期)是第一篇对出土的 60 余件青铜甗进行系统研究的文章，对青铜甗的定名、分期断代多有创见。

青铜器纹饰研究方面，主要有李朝远《兽面纹与查克雨神像》(《文物天地》1995 年第 4 期)、周亚《商代中期青铜器上的鸟纹》(《文物》1997 年第 2 期)、马今洪《鸟尊、猪尊、兔尊二题》(《晋侯墓地出土青铜器国际学术研讨会论文集》上海书画出版社 2002 年)等。有关国族铭文的研究，主要有陈佩芬的《吴王夫差盉》(《上海博物馆集刊》1996 年第 7 期)、胡嘉麟的《论西周时期◆‿族铜器群》(《中国古代青铜器国际研讨会论文集》香港中文大学文物馆 2010 年)等文章。

这一时期，上海学界对吴越青铜器和长江以南青铜文化的研究逐渐形成体系。马承源的《长江下游土墩墓出土青铜器的研究》(《上海博物馆集刊》1987 年第 4 期)，分析宁镇地区土墩墓所出青铜器的类型、纹饰、组合以及埋藏方式，初步建立起南方青铜器断代的理论。李朝远的《烟墩山墓青铜器的时代及其他》(《吴越地区青铜器研究论文集》1997 年)、周亚的《吴越地区土墩墓青铜器研究中的几个问题》(《吴越地区青铜器研究论文集》1997 年)、马今洪《流甗的研究》(《文博》1996 年第 5 期)等，使用新材料、新方法研究某一类型的青铜器，不仅论证商文化已经辐射到长江以南地区，还提出南方青铜器的断代应当注重区域性特点。

天文历法和制度是青铜器研究的重要内容，对于探讨两周的政治制度和社会文化具有重要意义。马承源的《西周金文和周历研究》(《上海博物馆集刊》1982 年第 2 期)，对西周金文进行合历，推演出西周诸王的在位年数，并对无法合历的青铜器进行分析。潘建明的《金文所见西周宗族国家形态刍议》(《上海博物馆集刊》1987年第4期),利用大量的金文资料,阐述西周国家组织是一个三级整体结构,通过血缘纽带形成多层次的统治体系。李朝远的《西周金文所见土地交换关系的再探讨》(《上海博物馆集刊》1992年第6期),分析土地交换的类型,探讨土地交换的原因和社会经济结构的适应性。唐友波的《𩰫卣与周献功之礼》(《上海博物馆集刊》1996年第7期)、周亚的《晋韦父盘与盘盉组合的相关问题》(《文物》2004年第2期)分别通过铭文和器物组合来讨论西周的礼制。

【古文字】

古文字研究主要包括三个方面内容。一是甲骨文研究。沈之瑜的《甲骨文讲疏》(上海书店出版社2002年),是一部比较全面反映甲骨学内涵的概说性著作。郭若愚的《殷契拾掇》三编(上海古籍出版社2005年),其中"初编""二编"曾分别于1951年和1953年由上海出版公司刊印。濮茅左编著的《上海博物馆藏甲骨文字》(上海辞书出版社2009年),第一次系统整理上海博物馆藏甲骨文,共收录甲骨5 002片,详细阐明其来源,附有高清照片、拓本和摹本。

二是金文研究。马承源编著的《商周青铜器铭文选》(文物出版社1986年),收集1985年以前出土和传世的重要青铜器铭文925件,按照时代和国别进行排列,对铭文考释博采众长。孙慰祖与徐谷甫合编的《秦汉金文汇编》(上海书店出版社1997年),上编收录秦汉器铭文585件,下编收录秦汉金文单字782个。

三是楚简文研究。1994年上海博物馆征集和接受捐赠共获得三批1 200余支战国楚简,在马承源主持下,进行竹简编排和文字考释工作。2001年,《上海博物馆藏战国楚竹书》(上海古籍出版社)第一册出版,截至2010年出版7册,内容涵盖历史、文学、哲学等40余篇早已亡佚的古代文献。其中,马承源考释的《孔子诗论》为研究和认识诗的编次、诗的本义提供直接真实的史料。陈佩芬考释的《缁衣》有别于郭店楚简《缁衣》和传世本《礼记・缁衣》,反映儒家学说的不同流派。濮茅左的《楚竹书〈周易〉研究》(上海古籍出版社2006年),是根据目前发现最早的《周易》本研究先秦时期道家学说的专著。

关于甲骨、金文、楚简文字的研究文章,主要收录于《沈之瑜文博论集》(上海古籍出版社2003年)、郭若愚的《智龛金石书画论集》(上海古籍出版社2007年)、马承源的《中国青铜器研究》(上海古籍出版社2002年)、《马承源文博论集》(上海古籍出版社2007年)等。

【钱币】

汪庆正主编的《中国历代货币大系・先秦货币》(上海人民出版社1984年),收录存世的先秦货币精品4 343件,是系统总结先秦货币最详实的资料,填补钱币学研究的空白。周祥和施新彪编著的《上海博物馆藏钱币》(上海书画出版社1994年),收录中国历代钱币11 994件、外国钱币2 368件、钱范366件。围绕古代钱币研究有汪庆正的《"半两"考议》(《上海博物馆集刊》1992年第6期)讨论"半两"的内涵、断代和兑换关系;周祥的《圆足布研究》(同上)考证圆足布受到三孔布的影响,并且采用铢量衡制,是赵国占领中山国之后铸造的一种货币样式;吴旦敏的《出土贝现象分析研究》(《上海博物馆集刊》2002年第9期)考察从新石器时代晚期到战国晚期墓葬中随葬贝和仿制贝的现象。围绕考古新发现的研究有孙仲汇的《雷台汉墓出土五铢钱浅析》(《上海博物馆集刊》1990年第5期)、胡薇的《陕西出土的北宋铁钱》(同上)。对新征集钱币的研究有周祥的《上海博物馆新获银锭考—兼论宋元时期银锭的断代》(《上海博物馆集刊》2002年第9期)。周祥的《中国古代纸钞》(上海人民出版社2004年)是系统研究清以前纸币的专著,填补中国古代纸币研究领域的空白。

围绕近代钱币研究有钱屿的《民初开国纪念币银元始铸记》（《上海博物馆集刊》2002 年第 9 期），考证 1912 年南京财政部造币总厂始铸开国纪念币银元的背景和经过；吴旦敏的《中南银行发行的纸币》（《上海博物馆集刊》2008 年第 11 期），具体分析中南银行纸币的特征。西域钱币研究有周祥的《试论突骑施汗国钱币》（《上海博物馆集刊》2000 年第 8 期），考证突骑施汗国钱币的铸行分为中央和地方两级，并且受到粟特文化影响；王樾的《萨珊银币上的王冠》（《上海博物馆集刊》2002 年第 9 期），对萨珊银币上的王冠标志进行详细的分析和研究。

【玺印】

玺印研究主要包括两方面内容：古玺印和封泥研究。孙慰祖主编的《古封泥集成》（上海书店出版社 1994 年），收录战国到唐代封泥 2 670 件。他的《中国古代封泥》（上海人民出版社 2002 年），是首次系统整理上海博物馆馆藏封泥的专著，对封泥的断代、辨伪，以及秦汉制度研究方面多有贡献。他主编的还有《两汉官印汇考》（上海书画出版社 1993 年）、《唐宋元私印押记》（上海书店出版社 2001 年）等书，为古玺印研究提供详实的资料。此外，他的《汉唐玺印的流播与东亚印系》（《东亚金石篆刻艺术国际学术会议论文集》2010 年），对东亚诸国官印进行整理和研究。赵春暖的《汉晋木印述略》（《上海博物馆集刊》2008 年第 11 期），对考古发现汉晋木印的特点进行分析。

近代流派印研究方面，俞丰的《赵之谦篆刻辨伪》（《上海博物馆集刊》2002 年第 9 期）系统研究赵之谦篆刻作品，对伪造、伪误和代刀的特点进行分析和总结；孙慰祖关于古玺印和近代流派印的著述甚多，大多收录于《孙慰祖论印文稿》（上海书店出版社 1990 年）、《可斋论印新稿》（上海辞书出版社 2003 年）等书。

【金铜石刻造像】

2004 年，李柏华的《明清金铜佛像》（上海书店出版社），是研究明清时期汉、藏两地金铜佛像风格特征的专著。汉传佛教研究方面，关于考古新发现的成果有王仁波的《试论云冈、龙门石窟北魏主要造像题材与佛教史诸问题》（《上海博物馆集刊》1996 年第 7 期）、杭侃的《云冈头像辨伪》（《上海博物馆集刊》2000 年第 8 期）等。有关上海博物馆收藏的研究文章有季崇建的《上海博物馆藏纪年佛教造像考证》（同上）、徐汝聪的《菩萨装释迦太子像》（《收藏家》1995 年第 4 期）、李柏华的《试论南朝梁代佛像的几个特征》（《中原文物》2004 年第 3 期）等。藏传佛教研究主要成果有徐汝聪的《一件珍贵的藏传佛教祖师像》（《东南文化》1999 年第 2 期），通过松江西林塔出土的萨迦派祖师像，考证元代和明代早期藏传佛教传入江南地区。东亚佛教研究方面，则有王仁波的《日本法隆寺佛教造像艺术源流的探索》（《上海博物馆集刊》2000 年第 8 期）。

【书画】

书画研究涵盖绘画、书法、碑帖等三个方面以及其他相关的综合性问题，上海学界主要以古代书画、碑帖作品以及书画名家为中心，展开鉴定、研究工作，同时关注整个中国古代美术史的全局发展，将具体的作品与书画家置于相应的历史语境中进行探讨与分析。

绘画　研究中国古代书画艺术，“鉴定”是一个关键性的问题，只有正确判断作品的创作者，才能够真正认识作品以及相应的艺术家，进而对其展开更为深入的研究。1979 年，谢稚柳撰写的《徐熙落墨兼论〈雪竹图〉》（《鉴余杂稿》上海人民美术出版社），将无款《雪竹图》确认为徐熙存世唯一画作。此后，谢稚柳发表《再论徐熙落墨——答徐邦达先生〈徐熙落墨花画法试探〉》（《鉴余杂稿》上海人民美术出版社),认定此图为双拼绢。1989年出版的《上海博物馆藏宝录》(三联书店(香港)有限公司),收录承名世的《孙位和他的〈高逸图〉》与郑为的《结撰精严,骨苍力厚——论〈闸口盘车图卷〉》,分别对上海博物馆两件重要的馆藏绘画作品进行鉴赏与解读。钟银兰的《董其昌〈烟江叠嶂图卷〉两本辨伪》(《上海博物馆集刊》1992年第6期)研究两件董其昌《烟江叠嶂图》,得出上博本为真迹,而台北故宫本为后世临摹本的结论。其后,钟银兰又在《对王诜水墨〈烟江叠嶂图〉及苏、王唱和诗的再认识》(《上海博物馆集刊》1996年第7期)指出该作品中的画和书法均为真迹无疑。上海博物馆藏《丹山纪行图》长期以来被置于明代画家顾琳名下,凌利中的《〈丹山纪行图〉卷作者考》(《故宫博物院院刊》2009年第4期),通过对画家的行藏交谊进行探赜与爬梳,认为该作品实出于元代画家顾园之手,且为其传世孤本。2002年,了庐、凌利中合著《文人画史新论》(上海画报出版社),把各个时期主要文人画家的理论贡献与杰出作品作重点的介绍与分析。2005年,郑为的《中国绘画史》(北京古籍出版社),以历代名画为基础,审视历代画家的画风画品以及人格风貌。

书法 在书法研究方面,上海学界多位学者从鉴定的角度撰写论文。谢稚柳的《晋王羲之〈上虞帖〉》(《鉴余杂稿》上海人民美术出版社1979年),认为该帖自南唐以来流传有绪,应为唐摹本无误。郑为的《徐渭〈青天歌卷〉的真伪问题》(《文物》1980年第12期),将该作品确定为徐渭早年真迹。2002年,刘一闻的《邓石如〈朱文公四斋铭篆书屏〉真伪之辨》(《上海博物馆集刊》第9期),对两件《朱文公四斋铭篆书屏》进行辨析,得出上博本为邓氏真迹而东莞容氏本为伪本的结论。2003年,钟银兰的《八大山人及其行书〈临河序〉》(《上海文博论丛》第3期),有助于重新认识和理解八大山人的书法艺术。2005年,单国霖的《米芾〈多景楼诗册〉考辨》(《上海博物馆集刊》第10期),围绕两件传世米芾《多景楼诗册》展开研究,得出吴湖帆旧藏本为真迹,而叶公超旧藏本为晚清钩摹本的结论。同年,凌利中发表《董其昌〈各体古诗十九首卷〉辨伪及作者考》(《上海博物馆集刊》第10期),将两件《各体古诗十九首卷/册》进行对比,鉴定日本《各体古诗十九首册》为董其昌真迹,并结合相关材料考证出上博本的真实作者为明代书家宋珏。

碑帖 1985年,汪庆正的《南朝石刻文字概述》(《文物》第3期),揭示南朝石刻文字的历史与艺术价值,并为存世的南朝石刻文字实物及拓本进行编目。2003年,上海博物馆从海外购得《淳化阁帖》第四、六、七、八卷(传世最善本),上海学界展开研究。汪庆正的《〈淳化阁帖〉存世最善本考》(《上海文博论丛》第3期),从多方面论证"存世最善本《淳化阁帖》"的可靠性,并将《阁帖》其他主要传本分为四大系统,分别与"最善本"进行比对。2005年,陶喻之的《〈阁帖〉最善本〈皇象帖〉"忘"字未损本考》(《上海博物馆集刊》第10期),对作者所见王羲之"皇象帖"历代拓本之中的"勿三"(实为"勿忘"之误)二字进行对比与考证,并以此展开对"最善本"《阁帖》的相关研究。2007年,仲威的《〈化度寺塔铭〉传世藏本考》(《收藏家》第2期),梳理《化度寺塔铭》七种传世的宋拓本,并对翁方纲以来诸家对于《化度寺塔铭》版本问题的考订进行评述,分析其中的得失。顾音海的《法帖鉴要》(浙江摄影出版社2007年),讨论与法帖研究、鉴定相关的问题,并对历史上诸多法帖进行论述。2010年,徐森玉的《汉石经斋文存》(海豚出版社),收录考证《郁孤台帖》《宝晋斋帖》等蜀汉至宋明时期石帖的论文。

除针对绘画、书法、碑帖展开的个案研究,上海学界还从宏观角度对中国古代书画艺术、艺术家以及其他综合性问题进行整理与研究。1979年,谢稚柳的《鉴余杂稿》(上海人民美术出版社),汇集多年以来在古代书画研究方面的成果。1982年,承名世的《恽南田研究》(《上海博物馆集刊》第2期),探讨恽南田的生平及艺术成就。同年,夏玉琛的《高其佩生年考》(《文物》第1期)提出高其佩应生于顺治十七年的新观点。1984年,徐邦达的《古书画伪讹考辨》(江苏古籍出版社),对晋唐至明清书画名家的伪作进行的著录与考辨。1985年，宗典的《柯九思史料》(上海人民美术出版社)，全面系统地汇集柯九思相关史料。1989年，郑威的《董其昌年谱》(上海书画出版社)，以年谱的形式再现董其昌一生的历程。此外，1966年初版、1991年第5次印刷的《怎样鉴定书画》(文物出版社)，是据张珩生前数次讲演记录整理而成，简明扼要地分析书画鉴定的一些经验和方法。

上海学界对敦煌石窟的探索，主要成果有1996年谢稚柳的《敦煌艺术叙录》(上海古籍出版社)，用石窟壁画与卷轴互相参证以说明绘画源流及其时代性。2003年，《沈之瑜文博论集》(上海古籍出版社)出版，收录相关论著70余篇，其中的"艺术"部分，讨论诸多绘画史上的名家大师以及重要作品。上海学界对吴湖帆亦展开较多研究，2004年出版的《吴湖帆文稿》(中国美术学院出版社)，由上海图书馆所收藏的湖帆先生遗稿以及书跋整理而成。同年，顾音海与佘研焱合著的《吴湖帆的艺术世界》(文汇出版社)，叙述其生活、生长环境、师友交往以及艺术创作、鉴藏活动等诸多方面。

印章、款识是鉴定、研究古书画的一个重要内容，相关成果有上海博物馆所编的《中国书画家印鉴款识》(文物出版社1987年)、王运天的《任伯年常用印考》(《上海博物馆集刊》1996年第7期)、钟银兰的《中国鉴藏家印鉴大全》(江西美术出版社2008年)。

上海博物馆在中国古书画方面有着宏富的藏品，配合各项展览出版的图录，也成为书画研究人员的重要学术成果。2002年，上海博物馆联合故宫博物院和辽宁省博物馆共同举办"晋唐宋元书画国宝展"；2010年，上海博物馆联合中日两国十家单位举办"千年丹青——日本中国藏唐宋元绘画珍品展"。两次展览分别出版图录《晋唐宋元书画国宝特集》(上海书画出版社2002年)和《千年丹青——日本中国藏唐宋元绘画珍品》(东方出版社2010年)。

【玉、石器】

自20世纪70年代至今，上海学界玉、石器研究的最大特征就是综合使用考古学、器物学、地质学和模拟实验等多种方法，在学科交叉研究的思路及深度方面位于前沿。

玉器　鉴定断代是所有文物研究的首要议题。1991年，王正书的《汉代刚卯真伪考述》(《文物》第11期)，搜集传世或见于著录的31枚刚卯实物，综合分析其形制、刻工、书体、铭文及纹饰，探讨鉴定方法和依据。2001年，上海博物馆举办"中国隋唐至清代玉器学术讨论会"，次年出版《中国隋唐至清代玉器学术研讨会论文集》(上海古籍出版社)，是上海学者关于玉器研究的一次集中呈现，主要内容也与鉴定断代有关：包括张尉的《上海博物馆藏宋—明玉兽断代述例》、朱淑仪的《上海博物馆藏玉童研究》等。2008年，张尉的《略论出土玉器的鉴定》(《上海文博论丛》第1期)，探讨出土玉器的鉴定思路。

就个别专题或个别类型器物进行研究也是玉器学者的关注点之一，主要针对器物定名、功能和性质的研究有：王正书的《上博玉雕精品鲜卑头铭文补释》(《文物》1999年第4期)，对上海博物馆馆藏白玉衮带鲜卑头的铭文进行详细考证；《"炉顶""帽顶"辨识》(《中国隋唐至清代玉器学术研讨会论文集》上海古籍出版社2002年)，论证帽顶原为实用炉顶，至明代才逐渐被改为纯艺术品；《"司南佩"考实》(《文物》2003年第10期)，探讨司南佩的定名、形制、功能和流传问题。张明华的《司南珮考》(《故宫博物院院刊》2000年第1期)，认为司南珮是玉琮的衍变形状，司南与琮的组合表述上天下地、通天通地的巫术内容；《玉胜考略》(《上海文博论丛》2003年第4期)，结合文献记载及画像石、画像砖等资料，论证玉胜的定名问题；《玉雕小动物与人像是玉神器》(《上海文博论丛》2005年第3期)，指出良渚文化出土的小型玉制动物和人像不应被归入饰件或玩具类认识，改称"玉神器"

更贴切。吕建昌的《先秦玉兵器的考古学观察》(《军事历史研究》2006 年第 3 期),分析史前至周代的玉质兵器的功能,认为其在先秦时代是权力的象征,而非真正的实战用兵器。

主要通过器物研究揭示其背后历史文化信息的成果有:吕建昌等的《关于殷墟妇好墓玉凤的归属问题——兼谈楚文化的渊源》(《东南文化》1996 年第 4 期)、《汉代玉凤纹的文化内涵》(《四川文物》2008 年第 1 期),张尉的《汉代琢玉机构一证》(《收藏家》2000 年第 1 期),张明华的《礼玉礼用——出土玉器在礼制玉使用习俗间的互证及意义》(《上海文博论丛》2009 年第 1 期),陈淳等的《性别考古与玉璜的社会学观察》(《考古与文物》2006 年第 4 期)等。

此外,上海学者还针对良渚玉器及玉文化进行大量研究。1980 年,董荣鑫在《崧泽——新石器时代遗址发掘报告》(文物出版社)提出良渚玉器的用料来源是就地取材。又在《上海市青浦县崧泽古文化遗址出土石器的岩石类型及其来源》(《同济大学学报》1987 年第 3 期),结合岩石学分析进一步阐述这一观点。1989 年起,张明华先后撰文多篇,如《良渚玉戚研究》(《考古》1989 年第 7 期)、《良渚玉符试探》(《文物》1990 年第 12 期)、《良渚古玉综论》(《东南文化》1992 年第 2 期),内容涉及良渚文化出土玉器的鉴定、源流、刻符、用玉礼制以及特定器形的定名、功用等多方面。1999 年,王正书的《良渚文化玉锥形器研究》(《南方文物》第 4 期),分析玉锥形器的使用及含义。2005 年,黄宣佩的《良渚文化玉器变白之研究》(《上海博物馆集刊》第 10 期),认为福泉山遗址出土玉器曾经受热,和太湖地区良渚文化习俗盛行燎祭有关。

综述与展览方面,1987 年,黄宣佩的《略论我国新石器时代玉器》(《上海博物馆集刊》第 4 期),对河姆渡文化、良渚文化、大汶口文化、仰韶文化、红山文化等史前文化的玉器出土情况作简略介绍。2000 年,黄宣佩的《良渚文化研究 50 年》(《史前研究》第 9 期),综述近 50 年里良渚文化田野考古和研究工作的进展。此外还有孙维昌的《崧泽文化玉器综论》(《长江文化论丛》2005 年第 10 期)、谷娴子的《上海博物馆馆藏翡翠器简介》(《中国宝石》2009 年第 4 期)等。玉器相关专著多以综述性为主,如黄宣佩等著《上海出土唐宋元明清玉器》(上海人民出版社 2001 年)、张明华著《中国古玉:发现与研究 100 年》(上海书店出版社 2004 年)、《古代玉器》(文物出版社 2006 年)、张尉著《新见古玉真赏》(上海古籍出版社 2004 年)、《中国古代玉器》(上海人民出版社 2009 年)等。

地质学与考古学交叉辅助古玉器研究已成趋势,已有科技考古工作主要集中在玉器材质、玉料来源、加工工艺、沁色几个方面,上海学者对全国众多重要遗址出土的玉器做较多研究。发表论文包括:干福熹等的《中国古代玉器和玉石科技考古研究的几点看法》(《文物保护与考古科学》2008 年增刊),顾冬红等的《良渚文化时期玉器的特征与文明发展的关系》(《广西民族大学学报》2009 年第 4 期)、《江阴高城墩遗址出土良渚文化玉器的无损分析研究》(《文物保护与考古科学》2010 年第 4 期),谷娴子等的《徐州狮子山楚王陵出土金缕玉衣和镶玉漆棺的玉料组分特征及产地来源研究》(同上)。

石器　石器除年代分期外,按制作工艺可分为打制石器和磨制石器两大类。陈淳的研究比较侧重旧石器时代及打制石器,例如他的《中国细石核类型和工艺初探——兼谈与东北亚、西北美的文化联系》(《人类学学报》1983 年第 4 期),通过分析中国 10 个重要细石器遗址,对中国细石核类型和工艺技术作初步的区分和综合比较;《旧石器时代考古学的昨天与今天》(《第四纪研究》1999 年第 2 期)简述旧石器时代考古学一百年来的发展,认为其已从地质古生物和器物类型分析,转向全方位的古生态环境和人类行为信息提炼。

新石器时代磨制石器也有相关研究发布。1993 年,程之牧的《上海青浦福泉山遗址出土石器的岩石类型与特征》(《上海地质》第 1 期),对福泉山遗址的崧泽文化与良渚文化墓葬群中出土的一批石制生产工具和礼器作地质学分析，认为其主要由变质岩类与岩浆岩类岩石磨制而成。季曙行先后在《"石犁"辨析》(《农业考古》1987 年第 2 期)及《石质三角形器、三角形石刀用途考——以使用痕迹与力学分析为中心》(《农业考古》1993 第 1 期)中，从微痕及力学角度分析石质三角形器和三角形石刀的定名和用途。

【陶、瓷器】

中国古代陶瓷器研究是一个新兴的研究领域，20 世纪 70 年代末 80 年代初，主要针对某一件或某一类器物进行类比与探讨，上海地区的陶瓷器研究也是由此发展起来的。上海博物馆、原市文物管理委员会、复旦大学、中国科学院上海硅酸盐研究所等的研究力量，使上海成为全国古陶瓷研究的中心，并取得多项标志性成果。

窑址调查与发掘　自 20 世纪 70 年代以来，上海博物馆开展关于各窑口的系统调查与标本采集，并与当地的古陶瓷研究学者进行学术交流，共考察 70 余处重要窑址，对各省陶瓷生产的大致面貌有初步认识；所获得的标本可与出土和传世器物相印证，成为后来上海博物馆开展陶瓷研究的重要资料。1979 年，上海博物馆会同浙江省博物馆、中国社会科学院考古所、中国历史博物馆、故宫博物院等单位，共同对龙泉窑青瓷窑址进行大规模发掘。上海博物馆负责龙泉县东部安仁口一带的发掘工作，清理宋代窑床 1 座、元代窑床 5 座，出土和采集大量的瓷器标本和烧窑工具。1986 年，孙维昌、郑金星、张明华的《浙江龙泉安仁口古瓷窑址发掘报告》(《上海博物馆集刊》第 3 期)，围绕窑址年代、烧制工艺技术、窑炉结构及外销方面问题进行讨论。1987 年，汪庆正、范冬青、周丽丽的《汝窑的发现》(上海人民美术出版社)，解决汝窑的烧造地点这一长期困扰中国陶瓷史学界的重大问题。

陶瓷鉴定断代　瓷器年代的鉴定与窑口的划分是研究瓷器发展史的基础。这方面较早的研究成果有：周丽丽的《一件德化白瓷的青花纪年铭》(《上海博物馆集刊》1981 年第 1 期)、陆明华的《试析一种青白釉注碗的产地》(《上海博物馆集刊》1986 年第 3 期)、陈文平《卵白釉瓷年代考》(《景德镇陶瓷》1999 年第 1 期)。陈克伦长期关注瓷器的编年以及年代问题，发表论文《宋代越窑编年的考古学考察——兼论寺龙口窑址的分期问题》(《上海博物馆集刊》2002 年第 9 期)、《钧台窑"北宋钧窑"产品时代的再探讨》(《上海博物馆集刊》2005 年第 10 期)、《17 世纪景德镇瓷器编年研究》(《上海博物馆集刊》2008 年第 11 期)。对于藏品的细致研究和梳理也是学界研究的重点工作，主要论文有：尚业煌的《从上海博物馆的几件藏品看宋代釉上彩》(《上海博物馆集刊》1981 年第 1 期)、周觉民的《从几件馆藏瓷器谈釉下彩》(《上海博物馆集刊》1987 年第 4 期)、汪庆正的《记上海博物馆所藏带铭定瓷》(《上海博物馆集刊》1990 年第 5 期)、李仲谋的《上海博物馆藏绞胎陶瓷及相关诸问题》(《上海博物馆集刊》2000 年第 8 期)等，均是结合藏品作出的相关研究。

陶瓷制作工艺、技术方面的研究，需要对器物的仔细观察和工艺细节的把握。文章主要有：范冬青的《试论元代制瓷工艺在我国陶瓷发展史上的地位》(《上海博物馆集刊》1981 年第 1 期)、汪庆正的《青花料考》(《文物》1982 年第 8 期)、程方英的《正德斗彩和仿宋影青釉瓷器》(《上海博物馆集刊》1987 年第 4 期)、张东的《唐代金银器对陶瓷造型影响问题的再思考》(《上海博物馆集刊》2000 年第 8 期)、周丽丽的《有关珐琅彩几个问题的探讨——兼述珐琅彩与洋彩的区别》(同上)等。

将文献与器物相结合并且能透物见人的研究，主要有汪庆正的多篇论文，包括《"粉彩"即"洋彩"考》(《上海博物馆集刊》1981 年第 1 期)、《明景德镇洪武瓷述略》(《上海博物馆集刊》1987 年第 4 期)、《明末清初景德镇制瓷业的重大转折》(《上海博物馆集刊》1996 年第 7 期)等。陆明华的《邢窑

"盈"字及定窑"易定"考》(《上海博物馆集刊》1987年第4期)、《清初景德镇御窑厂成因考——兼述顺治至康熙前期官瓷的烧造》(《上海博物馆集刊》1992年第6期)、《郎窑及其作品研究——新资料的发现与启示》(《上海博物馆集刊》1996年第7期)等。陈克伦的《略论元代青花瓷器中的伊斯兰文化因素》(《上海博物馆集刊》1992年第6期)、《明洪武朝景德镇瓷业初步研究》(《上海博物馆集刊》1996年第7期)。

进入21世纪以来,上海地区的陶瓷研究将视角更多投射到出土材料的运用和文献的解读。2000年,《上海博物馆集刊》第8期发表陆明华的《两宋官窑有关问题研究》,陈克伦的《关于早期龙泉窑瓷器几个问题的研究》,汪庆正的《老虎洞南宋修内司官窑遗址的重要发现及其相关诸问题》等。2002年,《上海博物馆集刊》第9期发表汪庆正的《中国唐代陶瓷器对伊斯兰地区9至10世纪制陶业影响的若干问题》、陆明华的《试述高温铜红釉彩的起源和发展——从长沙窑出土相关瓷器谈起》、李仲谋的《"奉华"铭瓷器研究》等。2005年,陆明华发表《元代景德镇官窑瓷烧造及相关问题研究》(《上海博物馆集刊》第10期)。2007年,陆明华发表《明代龙泉馆用青瓷问题探索——上海博物馆相关藏品的辨识与研究》(《文物》第5期)。2008年,周丽丽发表《浙江大窑枫洞岩明初龙泉窑场性质的探讨》(《上海博物馆集刊》第11期)。

上海博物馆有着丰富和系统的馆藏陶瓷,开展大量陶瓷的专题研究,大致分为两个方面。其一,针对馆藏文物开展的系列研究。1979年,汪庆正主编的《上海博物馆藏瓷选》(文物出版社)出版。1987年,他主编的《青花釉里红》(上海博物馆、香港两木出版社),专研上海博物馆藏青花釉里红珍品。1996年,陆明华的《清代青花瓷器鉴赏》(上海人民美术出版社),从烧造历史、器物基本特征、鉴定、外国仿制青花瓷、款识等方面对清代青花瓷器进行全面梳理。2007年,陆明华的《明代官窑瓷器》(上海人民出版社)对明代官窑瓷器作系统的研究。其二,引领全国古陶瓷学界的专题研究。20世纪90年代开始,上海博物馆举办各类专题陶瓷展览和国际学术研讨会,旨在解决中国陶瓷史上一些悬而未决的重大学术问题。1992年,举办"哥窑国际学术座谈会",这是国际上第一次以哥窑瓷器为专题开展的学术会议。同年,举办"耀州窑学术座谈会"。1995年,举办"越窑、秘色瓷国际学术研讨会",论文发表于《文博》(1995年第6期),并于1996年出版图录《越窑、秘色瓷》(上海古籍出版社)。2002年,举办"中国古代白瓷国际学术研讨会",出版《中国古代白瓷国际学术研讨会论文集》(上海书画出版社2005年)。2005年,举办"十七世纪景德镇瓷器国际学术研讨会"。

陶瓷展览 上海博物馆是国内最早开设中国古代陶瓷专题陈列的博物馆,1972年,上海博物馆"中国陶瓷展览"正式对外开放,以中国陶瓷发展史为线索,重点突出研究和观赏、教育功能。"中国古代陶瓷馆"经过数年的筹备于1996年正式对外开放,是国内第一个完全按照古代陶瓷的发展史陈列中国古代陶瓷艺术的常设展览。

与陶瓷馆陈列并驾齐驱的是上海博物馆的陶瓷特展,每个展览的策划都和上博陶瓷研究的成果密切相关。1984年,在日本多地巡回举办"上海博物馆藏中国历代陶瓷展"。1985年举办"明清青花瓷器展"。1988年,在日本举办"上海博物馆珍藏明、清青花名品展"。1989年,举办"胡惠春先生、王华云女士捐赠瓷器展"。1992年,举办"耀州窑瓷器展"。1996年,举办"天民楼珍藏青花瓷器展",出版图录《天民楼珍藏青花瓷器》(上海科学技术出版社)。1998年,出版图录《上海博物馆藏康熙瓷图录》(上海博物馆、香港两木出版社联合出版)。1998年,举办"紫泥清韵——陈鸣远陶艺研究"展览,出版图录《紫泥清韵——陈鸣远陶艺研究》(香港大学文物馆)。2005年,举办"暂得楼清代官窑单色釉瓷器",出版图录《暂得楼清代官窑单色釉瓷器》(香港中文大学文物馆)。同年,举办"上海博物馆和英国巴特勒家族所藏十七世纪景德镇瓷器特展",出版图录《上海博物馆和英国巴特勒家族所藏十七世纪景德镇瓷器》(上海博物馆)。2009 年,举办“海帆留踪展”,出版图录《海帆留踪——荷兰倪汉克先生捐赠明清贸易瓷展》(上海书画出版社)。

对古陶瓷研究方法的探索与不断反思,在一定程度上引领着古陶瓷研究的方向。1982 年,汪庆正的《中国陶瓷史研究中若干问题的探索》(《上海博物馆集刊》第 2 期),对陶瓷史研究的对象、手段及方法进行探讨。1994 年,陈尧成的《为促进陶瓷考古学与科学技术紧密结合而努力》(收入《中国古陶瓷研究现状及展望》中国陶瓷工业杂志社),提出应积极开展现代科学测试手段应用于古陶瓷研究。2003 年,刘朝晖的《文物研究的借鉴与思考》(《文化遗产研究集刊》第 3 辑),对陶瓷研究的方法论进行新的思考。

中国陶瓷史　围绕陶瓷史相关研究主要有汪庆正主编的《陶瓷史话》(上海科学技术出版社 1982 年),陈文平的《中国古陶瓷鉴赏》(上海科学普及出版社 1990 年),陆明华的《中国陶瓷》(上海外语教育出版社 2002 年),钱振中的《清代瓷器鉴赏》(上海科学技术出版社 2005 年),刘朝晖的《瓷画、版画和文人趣味——转变期青花瓷器装饰与社会风尚研究》(《中国古陶瓷研究》1999 年第 5 辑)、《17 世纪景德镇瓷器对日本初期伊万里瓷器的影响》(《中国古陶瓷研究》2008 年第 14 辑)等。2010 年,刘朝晖出版《明清以来景德镇瓷业与社会》(上海世纪出版集团),首次从社会史的角度对景德镇瓷业展开研究。

陶瓷科技　中国科学院上海硅酸盐研究所是国内最早开展无机材料研究的科研机构,所属古陶瓷与工业陶瓷工程研究中心是国家文物局重点科研基地、古陶瓷多元信息提取技术及应用文化部重点实验室。上海硅酸盐研究所主办的“古陶瓷科学技术国际讨论会(ISAC)”,是国际古陶瓷科学技术研究最高水平的交流平台,1989 年、1992 年、1995 年、1999 年、2002 年先后举办五届,出版会议论文集《古陶瓷科学技术国际讨论会论文集(1—5)》(上海科学技术文献出版社)。1985 年,李家治、陈显求等编著的《中国古代陶瓷科学技术成就》(上海科学技术出版社),应用现代实验技术,对历代南、北方陶器及各名窑瓷器胎、釉及彩的化学组成等方面进行广泛论述。1998 年,李家治主编的《中国科学技术史・陶瓷卷》(科学出版社),根据中国陶瓷考古发现和科技研究结果,揭示出对世界陶瓷发展的影响。2000 年,张福康的《中国古陶瓷的科学》(上海人民美术出版社),系统介绍制陶术的起源、中国传统制瓷原料、科学测试方法。2007 年,李家治的《简论官哥二窑》(科学出版社),是将历史文献、考古发掘和科技研究综合起来的专著。

上海博物馆在古陶瓷热释光测年、古陶瓷无损分析技术方面长期钻研。1975 年,上海博物馆创建国内第一个古陶瓷热释光测定年代实验室。1986 年,王维达发表《热释光测定年代的误差分析及可靠性问题》(《考古》第 11 期)。1990—1997 年,上海博物馆承担国家文物局项目《瓷器热释光断代及其真伪鉴别研究》,对瓷器的热释光特性进行分析,发现前剂量技术测定年代的可能性。王维达、周智新等发表《前剂量热释光测定年代方法》(《文物保护与考古科学》1995 年第 2 期)、《古代瓷器热释光测定年代研究》(《核技术》1997 年第 8 期)。2001 年,夏君定、王维达、梁宝鎏发表《表面 TLD 法测定瓷器的年剂量》(《核技术》第 12 期)。2008 年,王维达的《上海博物馆古陶瓷热释光测定年代三十年》(《文物保护与考古科学》第 S1 期),对上海博物馆热释光测年进行全面回顾。2010 年,王维达编著《古陶瓷热释光测定年代研究》(上海科学技术出版社),是该领域技术的系统阐述。

复旦大学现代物理研究所主要通过 PIXE 技术研究古陶瓷胎釉的化学组成和微量元素。主要成果有郭景康、承焕生等的《用 PIXE 技术测定古代建窑“供御”和“进盏”瓷片的主量、痕量化学组成》(《中国陶瓷》1999 年第 3 期),承焕生、何文权等的《宋代汝瓷研究》(《文物保护与考古科学》1999 年第 2 期),承焕生、张正权、要华的《应用 PIXE 和多元统计分析方法鉴别成化青花瓷》(《复旦学报》2001 年第 1 期)等。

在个案研究与专题研究的基础上,上海地区还承担国家指定的中国陶瓷史教材及工具书的编写工作,最主要的是中国硅酸盐学会编的《中国陶瓷史》(文物出版社 1982 年)。此外,还有汪庆正主编的《简明陶瓷词典》(上海辞书出版社 1989 年)、《中国陶瓷辞典(英文版)》(新加坡太阳树出版公司 2002 年)。2000 年,《中国陶瓷全集》(上海人民美术出版社)15 卷本出版,是全面系统汇集中国 21 世纪之前出土陶瓷精品及明清传世陶瓷的著作。

【纺织服饰】

周锡保编著的《中国古代服饰》(中国戏剧出版社 1984 年),系统阐述中国服饰历代的款式和相关服饰制度及演变发展。周汛、高春明为服饰研究积累一批基础研究成果,出版《中国历代服饰》(学林出版社 1984 年)、《中国历代妇女妆饰》(学林出版社、香港三联书店 1988 年)、《中国服饰风俗》(陕西人民出版社 1990 年)等。刘永华著《中国古代军戎服饰》(上海古籍出版社 1995 年),是第一部关于中国古代军戎服饰的著述。黄辉的《中国古代人物服式与画法》(上海人民美术出版社 1987 年),对中国历代绘画作品中的人物服饰加以考证,并以传统工笔画手绘重现人物着装形象。张琼主编的《清代宫廷服饰》(上海科学技术出版社 2006 年),对清史服饰实物展开研究。王维堤的《衣冠古国——中国服饰文化》(上海古籍出版社 1991 年),黄世龙编著的《中国服饰史略》(上海文化出版社 1994 年),张竞琼、蔡毅主编的《中外服装史对览》(中国纺织大学出版社 2007 年)等,从普及角度介绍中国古代、近代服饰。

中国纺织大学(现东华大学)在服装史研究方面主要集中在清至近现代服饰时尚领域、敦煌壁画服饰研究、丝绸之路出土服饰纺织品研究三大领域,另有一些专题服饰和染织绣史研究成果。2004 年,包铭新、巢晃、叶菁发表《敦煌壁画和雕塑用于中国古代丝绸研究的可行性和方法论》(《敦煌研究》第 1 期)。2005 年,与敦煌研究院举办"中国服饰史与敦煌学"论坛,并在《敦煌研究》(特刊)上发表一系列研究成果,包括包铭新的《敦煌壁画中的回鹘女供养人服饰研究》、沈雁的《敦煌壁画中的回鹘贵族供养人服饰研究》等。2006 年,多家单位组织召开"黄道婆文化研讨会",后出版《被更乌泾名天下:黄道婆文化国际研讨会论文集》(上海古籍出版社 2007 年)。

在出土和传世服饰和纺织品研究方面,主要成果有市纺织科学研究院纺织史组发表的《西夏陵区一〇八号墓出土的丝织品》(《文物》1978 年第 8 期),高汉玉、王任曹、陈云昌的《台西村商代遗址出土的纺织品》(《文物》1979 年第 6 期),包铭新的《中国古代暗花丝织物》(《华东纺织工学院学报》1985 年第 1 期),通过实物分析,揭示出暗花丝织物分类为平纹类、斜纹类、缎纹类、绞经类和起绒类。其他还有包铭新的《关于缎的早期历史的探讨》(《中国纺织大学学报》1986 年第 1 期),包铭新、崔圭顺的《唐代礼官服色考——兼论〈步辇图〉的服色问题》(《故宫博物院院刊》2006 年第 5 期),于颖的《新疆出土毛织物种类和技术研究》(《技术:历史与遗产》中国农业科学技术出版社 2010 年)等。2007 年,上海博物馆举办"海上锦绣:上海顾绣珍品展"的顾绣文物展示和顾绣国际学术研讨会,并出版《顾绣国际学术研讨会论文集》(上海书画出版社 2010 年)。2009 年,包燕丽、于颖著《顾绣》(苏州大学出版社),对顾绣进行系统研究。

【杂类】

竹刻 1987 年,《上海博物馆馆刊》第 4 期收录多篇相关论文:张尉的《略论嘉定竹刻三朱》介绍嘉定竹刻史上具有开创意义的"三朱"朱鹤、朱缨、朱稚征;庄永贵的《周颢的竹刻艺术》以上海博物馆馆藏周颢绘画、笔筒等为切入点，分析周颢将绘画六法融会于竹刻之上的独特风格；徐汝聪的《几件馆藏张希黄留青作品》结合馆藏文物介绍张希黄独具特色的留青刻法作品。同年，张尉的《沈大生竹刻庭院读书图笔筒》(《文物》第1期)则聚焦上海博物馆馆藏的明末清初竹刻家沈大生所刻庭院读书图笔筒，在构图与雕刻技法上对沈氏做研究。1990年，庄永贵的《略论邓孚嘉一门的竹刻艺术》(《文物》第11期)分析清中期竹刻艺人邓孚嘉、邓渭、邓士杰的创作风格。1992年，朱淑仪的《吴之璠及其竹刻艺术》(《上海博物馆刊》第6期)对比馆藏与流散海外的吴之璠款竹刻笔筒、臂搁等作品，介绍吴之璠的独特雕刻技艺与创作成就。进入21世纪以后，上海学界更多投射到竹刻艺术的分期以及古代名匠风格的研究。2002年，《上海博物馆集刊》第9期发表施远的《周颢竹(木)刻创作的分期研究及其他》、华慈祥的《中国古代笔筒略述》。2005年，施远撰写《"清溪"款竹刻解疑兼析清中期嘉定竹刻山水的新样式》(《上海博物馆集刊》第10期)、《明清嘉定竹刻世家》(《上海文博论丛》第3期)等论文。2008年，施远发表《明清嘉定竹刻艺术历史分期初探》(《上海博物馆集刊》第11期)、《巧镌筠筒主管城—明清竹刻笔筒艺术概说(上)(下)》(《收藏家》第1、2期)。2010年，陶继明主编《海上绝技—嘉定竹刻艺术》(上海文化出版社)，介绍嘉定竹刻的形成、选材制作、题材样式、风格流派、历代竹人、传承与现状等等。

家具 1996年，上海博物馆中国明清家具馆正式对外开放。同年，王正书发表《上海潘允徵墓出土的明代家具模型刍议》(《上海博物馆集刊》第7期)，分析明代家具的造型、结构、装饰以及组合情况。2007年，王正书发表《明清家具的年代鉴定》(《收藏家》第6期)、《谈明代家具的鉴定》(《收藏家》第9期)，并于同年出版《明清家具鉴定》(上海书店出版社)，以后又陆续发表《明清家具结构附件的时代性》(《收藏家》2008年第7期)、《关于明代家具的年代鉴定》(《家具》2009年第5期)，就家具鉴定中的代表性纹饰、特色附件等进行分析。此外，刘刚针对宋元家具展开研究，发表《宋、辽、金、西夏桌案研究》(《上海博物馆集刊》2002年第9期)、《宋、辽、金、西夏椅式研究》(《上海博物馆集刊》2005年第10期)、《元代椅式研究》(《上海博物馆集刊》2008年第11期)等，还原各个时期家具的地域特色、样式特征。

文房四宝 上海博物馆对于文房四宝的研究与推广起步较早，1978年，推出"中国古代文具展"，展出笔墨纸砚、笔筒、笔舔、镇纸等文物合计543件。1987—1991年，又与上海科学教育电影制片厂合作拍摄文房四宝纪录片——《宣纸、湖笔、徽墨与砚中情》。2001年，举办"文房四宝展"，遴选馆藏精品80余件。

关于中国古代文房四宝的研究，上海地区的专家学者论述较丰，张尉出版《文房四宝》(上海美术出版社1997年)；蒋树成发表《明代程君房墨真伪考》(《上海博物馆集刊》2000年第8期)；华慈祥发表《抄手砚初探》(《典藏》2001年第2期)、《中国古代笔筒述略》(《上海博物馆集刊》2002年第9期)等文章，出版《文房用具》(上海书店出版社2004年)。

漆器 关于漆器艺术的研究，主要包括庄永贵的《扬州漆器名匠卢葵生》(《上海博物馆集刊》1990年第5期)，包燕丽的《彝族皮甲探源》(《南方文物》2001年第1期)、《"元代红"素面漆器考释》(《故宫文物月刊》2005年第9期，第二作者)、《东篱采菊　悠然剔红》(《大观》2010年第2期)等。

外国玻璃器 1990年，上海博物馆举办"上海博物馆珍藏欧洲玻璃器皿及陶瓷器展"。1997年，举办"上海博物馆藏欧洲玻璃器皿展"。2002年，举办"欧洲玻璃陶瓷展"。关于玻璃的研究主要有张青筠的《十八、十九世纪中国和法国套料玻璃工艺的比较》(《上海博物馆集刊》1992年第6期)，刘刚的《海西流光——上海博物馆藏欧洲玻璃陶瓷展先睹》(《上海文博论丛》2002年第1期)、《法门寺出土玻璃器——伊斯兰早期玻璃的发现与探索》(《上海文博论丛》2005年第1期)等。

中国少数民族工艺 上海地区学者对于少数民族文化的展示、研究极为重视，1985年，上海博物馆推出“中国少数民族文物展览”，展品包括染织、服饰、陶器、漆器、乐器、雕刻、藤竹编、金属等合计738件。1996年，将展示少数民族多样文化的“中国少数民族工艺馆”作为常设展厅正式对外开放。关于少数民族文化的研究，主要包括包燕丽的《苗族服饰的文化内涵》(《上海博物馆集刊》2000年第8期)、《彝族皮甲探源》(《南方文物》2001年第1期)、《七彩霓裳——少数民族服饰解析》(《云间文博》2009年第2期)，以及张经纬的《国际博物馆协会人类学专业委员会会议侧记——兼论中国民族博物馆的趋势与启示》(《云间文博》2010年第3期)等。

金银器、牙角器、剪纸、皮影 上海学者对金银器、牙角器、剪纸、皮影等传统古代工艺美术的研究也十分活跃。关于古代金银器研究的成果，主要包括包燕丽的《金玉缀盛世——唐代首饰述略》(《周秦汉唐的辉煌——文物述说的故事》文汇出版社2004年)和《五千年的风采—中国首饰史述略》(《卡地亚艺术珍宝展》上海书画出版社2004年)，施远的《锤金镂银材美工巧—唐代金银器的制作工艺》(《周秦汉唐的辉煌——文物述说的故事》文汇出版社2004年)，张圻幸的《上海出土的金银器》(《都会遗踪》2010年12月刊)等。关于古代骨角牙器的研究，主要包括庄永贵的《上海博物馆藏犀角雕刻》(《上海博物馆集刊》1992年第6期)，包燕丽的《犀角器鉴赏》(《典藏》2001年第6期)、《牙角器概述》(《明清古玩真赏》上海古籍出版社2003年)等。剪纸皮影等民间美术的研究，则有华慈祥的《中国影戏三题》(《东南文化》2001年第9期)、张青筠的《剪纸琐谈》(《上海文博》2004年第3期)等。

【博物馆学】

2000年以后，对文化遗产的研究成为热点。2003年，陈淳、顾伊的《文化遗产保护的国际视野》(《复旦学报》第4期)，探讨文化遗产保护中普遍存在的发展和保护的矛盾、保护和研究的关系以及立法、操作和公众教育等问题。2006年，陈淳、孔德贞的《性别考古与玉璜的社会学研究》(《考古与文物》第4期)，介绍新兴的性别考古学。2007年，潘艳的《上海地方口头传统遗产保护的思考》(《上海文博》第3期)，指出无形文化遗产越来越受到人们的关注。

这一时期在博物馆学方面，主要探讨博物馆建设特别是博物馆数字化建设问题。2001年，陆建松的《关于建设行业博物馆的若干问题》(《中国博物馆》第3期)，提出对发展行业博物馆的意义、重要性和基本构想。2002年，陈红京的《数字化博物馆的原理与方法》(复旦大学出版社)，着重探讨博物馆业务与计算机科技之间的关系问题。同年，陆建松出版《文物灾难备忘录：当代中国文物犯罪及其防治》(四川人民出版社)，揭示文物的意义和价值，以及20世纪中国文物遭遇的灾难。2003年，高蒙河的《铜器与中国文化》(汉语大词典出版社)，全景式地对中国古今铜器进行扫描。同年，陆建松的《上海市行业博物馆建设：意义、现状及其存在问题的思考》(《复旦学报》第4期)，总结和反思上海市行业博物馆建设的经验教训，并提出初步的对策建议。2005年，吕建昌出版《博物馆与当代社会若干问题的研究》(上海辞书出版社)，审视博物馆与市场经济、无形文化遗产、旅游、社区建设、信息时代等问题。同年，陆建松还发表《中国大遗址保护的现状、问题及政策思考》(《复旦学报》第6期)。2006年，陈红京、吴勤的《人文数字博物馆建设规范与方法》(上海科技出版社)出版。2007年，徐士进、陈红京的《中国大学博物馆志》(上海科技出版社)，详细介绍中国百余所大学博物馆。同年，徐士进、陈红京、董少春的《数字博物馆概论》(上海科技出版社)，介绍建设数字博物馆的背景、内容、体系结构和关键技术。2008年，吕建昌发表《略论近代工业遗址博物馆》(《中国博物馆》第1期)。

第十章　宗 教 学

20 世纪 80 年代，上海的宗教学研究逐步走向正轨。1980 年，上海社会科学院宗教研究所成立；1982 年，上海市宗教学会成立。以上海社会科学院宗教研究所和复旦大学等高校的学者为主，旋即投入了一场重大的学术讨论，通过大量研究，充分论证社会主义初级阶段，宗教能够并且应当发挥其积极作用，打破学术界对宗教的教条主义认识，开创上海宗教学研究的理论联系实际，注重现实问题研究的学术导向。自 21 世纪以来，上海宗教学研究获得更大的发展，在教别研究、宗教与国际关系研究、民间信仰研究、宗教社会学、宗教学理论、新兴宗教和邪教问题研究、少数民族宗教研究等领域，做出独特贡献。

第一节　宗 教 学 理 论

1978 年，中共十一届三中全会后，党和国家在对待和处理宗教问题的指导思想上恢复了实事求是的基本原则。1979 年 2 月，首次全国宗教学研究规划会议在昆明召开，上海的罗竹风、郑建业、萧志恬等出席。会上成立中国宗教学学会（1988 年更名为中国宗教学会），罗竹风被推选为副会长，并作《关于宗教研究的若干问题》的学术报告，阐述宪法赋予的宗教信仰自由，建议对社会主义时期的宗教问题要做实事求是的科学研究。会上罗竹风提出在上海社会科学院筹建宗教研究所的设想。在他的推动下，1980 年 6 月，上海社会科学院和上海社联向市委提出"关于筹建上海社会科学院宗教研究所和上海社联宗教学会的请示报告"。1980 年 10 月，市编委同意该请示，12 月，上海社会科学院宗教研究所正式成立。1982 年 3 月，市宗教学会正式成立，罗竹风任首任会长。

20 世纪 70 年代末，以马克思主义为指导的宗教学研究逐步展开，探讨涉及"宗教"的重大社会理论问题。1979 年起，围绕着如何理解马克思有关"宗教是人民的鸦片"的论断，在南方与北方学者之间发生争论。1980 年，郑建业在《宗教》第 1 期发表《从宗教与鸦片谈起》，试图对这一论断做出合乎经典原意的解释。以中国社会科学院世界宗教研究所为主的北方学者坚持认为"宗教是人民的鸦片"这一论断"揭示了宗教的最根本的属性，科学地阐明了宗教的本质和社会作用"。罗竹风相继在 1982 年、1983 年的市宗教学会年会上发表讲话，明确反对用"宗教是人民的鸦片"作为指导思想研究宗教，针对"宗教鸦片论"发表了不同意见。"马克思从来不抽象地谈论宗教问题，这是他同唯心主义者以至青年黑格尔派的明显区分。如果把马克思说的某一句话从他的前言后语孤立起来，断章取义，那必然会'差之毫厘，谬以千里'的。"（市宗教学会，上海社会科学院宗教研究所：《宗教问题探索文集》1983 年内部发行）。他在《建立具有中国特色的宗教学理论体系》（《宗教》1984 年第 3 期）指出学习马克思有关宗教的理论，应当从中国的实际出发，建立具有中国特色的宗教学理论体系。

1980 年 2 月 25 日，中央统战部发出《关于总结宗教工作的通知》，要求各地统战部门从九个方面总结中华人民共和国成立 30 年来的宗教工作，尤其要就"宗教是麻醉人民的鸦片"、宗教界人士的阶级属性等问题进行研究，发表见解。1982 年 3 月，中共中央下发《关于我国社会主义时期宗教问题的基本观点和基本政策》，重申尊重和保护宗教信仰自由是党对宗教问题的基本政策。12 月，第五届全国人大第五次会议修改通过的《中华人民共和国宪法》，对宗教信仰自由作了明确具体的规定。这为宗教学的发展提供了必要的政策和法律依据。

这一时期，对马克思主义宗教观，马克思主义关于宗教的本质及其社会作用等问题成为上海学界研究的热点。罗竹风，肖志恬、刘建、陈耀庭、业露华、王雷泉等学者通过各学术会议，以及《宗教》《宗教问题探索》等学术刊物发表研究成果。1983 年，尹大贻在《青年马克思的宗教批判观点与费尔巴哈的宗教批判观点的区别》(《宗教问题探索》)指出，马克思与费尔巴哈对宗教的批判观点不同之处在于，马克思认为必须要更多地联系对政治状况的批判来批判宗教，而不是联系对宗教的批判来批判政治状况。1985 年，罗伟虹的《试论马克思宗教理论的时代背景和发展过程》(《宗教问题探索》)，对马克思宗教理论的产生和发展作了历史的分析。1987 年，罗竹风主编的《中国社会主义时期的宗教问题》(上海社会科学院出版社)就如何正确理解“宗教是人民的鸦片”，以及宗教的本质等问题予以讨论。

与此同时，另一个研究热点是正确理解马克思主义宗教观密切相关的社会现实问题。1982 年 10 月，在全国社会科学“六五”规划座谈会上，胡乔木希望大家开展研究有关“宗教与社会主义社会相协调”的命题。1983 年，由罗竹风、萧志恬负责的“中国社会主义时期的宗教问题”被列为“六五”期间国家哲学社会科学的重点课题。上海社会科学院宗教研究所、复旦大学的学者深入全国各地约 12 个省市展开社会调研。1984 年市宗教学会年会上，阮仁泽介绍了上海社会科学院宗教研究所三年来有关“社会主义时期宗教问题”的研究情况，提出要从中国宗教的实际情况出发来研究，力戒围绕着所谓权威性的言论，力求在理论严谨的前提下敢于提出独到的见解。以此为指导思想，实地调查了江苏、浙江、河南等十余省，以及吉林省延边，云南小石桥等边远地区和青海省塔尔寺。研究成果收录在《宗教问题探索(1984 年文集)》，1985 年由市宗教学会、上海社会科学院宗教研究所内部发行。该书集中反映了上海宗教学研究工作者关于宗教与社会主义相适应探索的研究成果。肖志恬的《试论我国宗教同社会主义社会相协调问题》，系统论证了宗教和社会主义社会相协调，在全国范围内拉开讨论的序幕，并且，随着讨论的开展，这一命题逐渐定名为“宗教与社会主义社会相适应”。刘建的《关于社会主义时期宗教问题的若干探索》，指出宗教自身也会随着历史社会的变革而变革。尹大贻的《关于社会主义时期宗教的几个问题》，指出应该以马克思辩证唯物主义和历史唯物主义为理论基础来探讨宗教与社会主义社会相适应的问题，强调任何一种宗教的历史就是它适应于社会发展的历史。胡景钟、王雷泉的《浅析社会主义时期宗教的存在》，指出宗教在社会主义中的存在是不可避免的，在相当长的时期内，宗教对社会主义社会的发展不会产生严重的阻碍。求是(沈以藩)的《我国社会主义时期宗教长期存在的社会原因》，从六个方面分析社会主义社会不可避免地仍有宗教得以存在的一定的土壤。此外，张绥的《社会主义时期宗教存在的认识原因》，陈耀庭的《宗教的身影将长留在你的眼前——从人的宗教心理探讨社会主义时期宗教长期存在的札记》，罗伟虹的《宗教道德在社会主义时期的变化及其社会作用》则分别从人的认识论，心理学层面以及道德论层面论述社会主义社会宗教存在原因。

1987 年，罗竹风主编的《中国社会主义时期的宗教问题》(上海社会科学院出版社)，论证宗教可以同社会主义社会相协调，是国内第一部论述社会主义中国宗教的专著，开辟了当代中国宗教研究的新的道路，1991 年美国 M. E. Sharpe 出版社以 *Religion under Socialism in China* 为名翻译出版。1990 年，《中共中央关于加强统一战线工作的通知》，提出要引导爱国宗教团体和人士把爱国与爱教结合起来，把宗教活动纳入宪法和法律的范围，同社会主义制度相适应。1991 年，《中共中央、国务院关于进一步做好宗教工作的若干问题的通知》，指出要动员全党、各级政府和社会各方面进一步重视、关心和做好宗教工作，使宗教同社会主义社会相适应。1993 年 11 月 7 日，中共中央总书记江泽民在全国统战工作会议上正面阐述“相适应”命题。这标志着“相适应”理论经过十多年讨论和酝酿，成为宗教工作的基本方针。

这一时期，上海宗教学研究在宏观理论层面形成的突破，也为研究者从其他学科的研究视角和方法来研究宗教奠定基础。1982 年，郑建业发表《从比较宗教学看汉族与宗教》(《学术月刊》第 5 期)，认为汉族的宗教倾向特别淡薄，宗教在汉族中基本没有形成严重的社会问题。同年，《社会科学》第 8 期刊载高振农的《确认公民信教自由和宗教自由》。1983 年，龚方震发表《唐大秦景教碑古叙利亚文字考释》(《中华文史论丛》第 1 辑)，从语言学入手，将碑文中的古叙利亚文全文译出，并作若干考证。1985 年，宗尧的《从基督教现状看宗教与社会主义社会相协调问题》(《宗教问题探索》)分析具体宗教在社会主义社会的发展与变化。同年，严北溟的《中国佛教哲学简史》(上海人民出版社)出版。1986 年，龚方震的《西域宗教杂考》(《中华文史论丛》第 3 辑)从古代历史和语言学为研究线索，关注亚洲内陆特别是中亚地区的宗教。1988 年 1 月，由罗竹风任编辑委员会主任的《中国大百科全书・宗教》卷(中国大百科全书出版社)出版，全书共收条目 1 200 余条，彩图插页 206 幅，约计 166 万字，是国内第一部宗教的大型百科全书。同年，高振农的《上海近十年来宗教学术讨论概述》(《探索与争鸣》第 6 期)，对上海自中共十一届三中全会后至 20 世纪 80 年代后期的宗教学研究情况进行了回顾。1989 年，上海社会科学院宗教研究所主办的季刊《当代宗教研究》(内刊)创刊，萧志恬任主编。

20 世纪 90 年代，上海宗教学对于当代宗教问题的研究继续有所突破。1995 年，罗竹风主编的《人・社会・宗教》(上海社会科学院出版社)，是国家哲学社会科学“七五”规划的重点项目，全书共分两编，从宗教内部、人和宗教关系、社会和宗教关系等角度探索宗教发生和发展的规律并从宗教人类学、宗教心理学、宗教现象学、宗教社会学、宗教史学和比较宗教学等学科的发展，介绍宗教学的历史发展及各分支学科的形成和研究成果。1996 年，由罗伟虹负责的市哲学社会科学“八五”规划课题“上海宗教问题研究”完成，对中华人民共和国成立以后尤其是改革开放以来上海五大宗教的基本状况、存在问题以及相关对策思路做了全面阐述。1998 年，钟国发的《试论“积极引导宗教与社会主义社会相适应”的创新意义》，从剖析社会主义社会传统宗教问题理论的失误及宗教政策变化的曲折过程，论证了“相适应”论的重要意义和丰富内涵。

上海学界在关注国内外宗教发展新动态的同时，开始重视新兴宗教和邪教问题的研究。1995 年，陈耀庭的《关于新宗教问题》(《热点透视》第 9 期)，对什么是“新兴宗教”以及新兴宗教的特征作了分析，并指出社会各界应共同关注“新兴宗教热”现象，改变目前对新兴宗教研究理论上相对滞后的状况。1997 年，张龙华的《新兴宗教团体存在的心理因素分析》(《上海大学学报》第 6 期)，从个人心理及情感角度，对当前世界范围内存在的新兴宗教团体之发展作了分析，认为新兴宗教的大量涌现，反映出当代社会现实与传统价值观之间存在着巨大分裂。罗伟虹的《巫医神汉活动会不会发展成为新宗教》(《当代宗教研究》第 2 期)，概述新宗教的发展趋势和特点并指出某些巫医神汉及其形成的组织已经呈现新宗教甚至邪教的特征，必须加以警惕。钟国发的《民国时期新兴宗教扫描》(《当代宗教研究》第 4 期)，把会道门纳入新兴宗教的研究范围，从而把“新兴宗教”理解为古代就有的反传统宗教。傅聚文的《巴哈伊教近年发展的概况和特点》(《当代宗教研究》第 2 期)对发展迅速的新兴宗教巴哈伊教的活动作了概述。葛壮的《浅析邪教》(《当代宗教研究》第 3 期)论述邪教的特征及发展趋势，提出邪教是一切不正派的宗教派别或有害社会和民众的秘密组织的统称，但不能认为所有新兴宗教都是邪教。

20世纪90年代,借由史学展开的宗教研究取得丰富的成果。1990年,上海三联书店出版张绥的《犹太教与中国开封犹太人》。同年,罗竹风主编《宗教通史简编》(华东师范大学出版社),全书分为"史前宗教与古代宗教""佛教""道教""犹太教""基督教""伊斯兰教"和"其他宗教"7编,从现实角度看待宗教的历史发展。1991年,龚方震的《古代阿拉伯人记中国》(《中外关系史论丛》第3辑),从阿拉伯史料中辑录25位古代阿拉伯人著作中有关中国的记载,以及伊斯兰教传入中国之前及在中国传教初期,中国西域的宗教状况。1992年,阮仁泽、高振农主编的《上海宗教史》(上海人民出版社),是国内第一部地方宗教史,撰述上海地区的佛教、道教、伊斯兰教、天主教和基督新教的历史。同年,在中西交通史与宗教领域,龚方震的《融合四方文化的智慧》(浙江人民出版社),阐述汉文化与波斯文化、粟特文化、东罗马文化等的交流与融合。1994年,龚方震的《拜占庭的智慧：抵挡忧患的经世之略》(浙江人民出版社),论述希腊正教的历史和文化。1998年,龚方震与晏可佳合著《祆教史》(上海社会科学院出版社),是国内首部全面研究祆教及其东传的专著。张化发表《试论上海地方政府和教会关系》(《世界宗教研究》第2期)。1999年,葛壮的《宗教与近代上海社会变迁》(上海书店出版社),重点描述近代上海宗教在适应都市社会生活中形成的一些特点。

2000年以后,上海宗教学的研究视野逐步拓宽,多领域、跨学科的研究方式打开了思考路径,进一步推动宗教研究在学理上深入探索。这一时期,民间信仰进入研究视野,成为宗教研究的一个新领域。2002年,王宏刚的《萨满教舞蹈及其象征》(辽宁人民出版社)探索东北各少数民族萨满舞蹈及其历史文化内涵。2006年,范荧的《上海民间信仰研究》(上海人民出版社),从区域性社会文化史的角度切入,揭示上海民间信仰习俗的发展和演变。2009年,复旦大学文史研究院编辑的《"民间"何在　谁之"信仰"》(中华书局),在研究方法、研究资料、研究理论等方面都有所创新。2010年10月1—2日,上海师范大学历史系与德国莱比锡大学合作召开"中国民间宗教、民间信仰研究之中欧视角"学术研讨会,从主题性及方法论两方面展现了中国和欧洲学术界针对明清时代至近代、现代中国大陆及台湾两地民间信仰和民间宗教的研究。

同时,宗教史学发表了一批重要成果。2001年出版的《上海宗教志》(上海社会科学院出版社),是上海第一部宗教专业志,梳理了各教在沪传播的历史。2004年,张化的《上海宗教通览》(上海古籍出版社),分析梳理上海地区的众多宗教的历史。2003年,陶飞亚发表《共产国际代表与中国非基督教运动》(《近代史研究》第5期),指出中国非基督教运动是在俄共(布)与共产国际远东局、青年国际直接指导下,由中国共产党发起并领导,也包括国民党等组织成员参与的政治斗争。2007年,李天纲的《跨文化的诠释：经学与神学的相遇》(新星出版社),以明末清初来华的天主教耶稣会为线索,围绕天主教和儒学的关系,研究16世纪以来的中西文化交流。

这一时期,西方宗教学理论的影响愈加显著,从"世俗化"理论到"宗教市场论"不断推动上海宗教学的发展。2003年,张化的《21世纪宗教世俗化发展趋势及引导思路》(《中国宗教学》第1辑),指出一定程度的世俗化使教会更能适应社会的变化;但过度世俗化,宗教会失去存在的社会意义和价值。

在宗教哲学方面,2002年,胡景钟、张庆熊、尹大贻、王雷泉编译的《西方宗教哲学文选》(上海人民出版社),所选文章涉及上帝存在的证明,上帝的属性,奇迹和死后的生命,恶和神正论的问题,信仰意志和宗教经验,信仰与理性,宗教和伦理等九个方面。同年,张庆熊与徐以骅共同主编的"基督教学术丛书"由上海古籍出版社出版,至2009年该丛书出版至第8辑。

在宗教社会学方面,上海的研究者在经历社会学理论、社会学专业方法的多年积累后,将研究的重心逐渐聚拢到中国社会中的宗教。2003年,华东师范大学承担了教育部重大攻关课题"当代中国人精神生活”调查。在其间举办的研讨会上，有关中国具有宗教信仰的人口数字约 3 亿引发了学术团体以外的国内外社会的广泛关注。2005 年，李向平发表《和谐社会与宗教资源的制度整合——宗教事务与构建和谐社会诸关系》(《科学发展·和谐社会》上海人民出版社)，从社会学的角度提出宗教作为一个社会子系统，在与其他社会领域发生关联时，必然要越出固有的界限而对非信教公民发生影响，从而凸显了宗教的公共性和社会性。2006 年，李向平先后出版《信仰、革命与权力秩序：中国宗教社会学研究》和《中国当代宗教的社会学诠释》(上海人民出版社)。前者着眼于中国传统宗教制度，其关键在于宗教与权力秩序的纠合，后者主要围绕两个概念“社会性”和“合法性”来展开论述。2007 年，范丽珠组织翻译杨庆堃的《中国社会中的宗教：宗教的现代社会功能与其历史因素之研究》(上海人民出版社)。同年，李向平发表《“场所”为中心的“宗教很多空间”——变迁中的中国“宗教制度”》(《基督教文化评论》2007 年第 26 期)，指出中国宗教社会学的研究，将主要围绕“宗教”与国家、市场和社会的边界，以定义和分析宗教团体及其活动场所的社会特征。2008 年，张化的《三十年来宗教工作领域执政理念与施政方式的演进》(《宗教与民族》2009 年)，指出改革开放以后观察宗教问题的着眼点和处理宗教问题的侧重点逐渐从意识形态转向社会功能。

2003 年，徐以骅、黄凯、吴志浩翻译美国艾伦·D. 赫茨克的《在华盛顿代表上帝：宗教游说在美国政体中的作用》(上海人民出版社)。2004 年，徐以骅主编的“宗教与美国社会丛书”由时事出版社出版，探讨宗教在美国内政、外交和社会文化中的作用，至 2010 年已出版至第 6 辑。2005 年，徐以骅承担国家社科基金重大项目“宗教对当代国际关系的影响”。随后，他相继发表《宗教在当前美国政治与外交中的影响》(《国际问题研究》2009 年第 2 期)，论述了自 20 世纪 90 年代尤其是“9.11”事件以来，宗教在美国对外关系上呈现的立法化、机构化、国际化等趋势。其与章远合著的《试论宗教影响中国国家安全的路径和范式》(《复旦学报》2009 年第 4 期)，指出和平与安全是现代社会中人类的共同目标，主权国家和政府均采取多重政策手段以谋求自身安全及和平的内外部环境。他的《国际关系研究的“宗教转向”》(《中国社会科学院学报》2010 年 7 月 8 日)，认为在当今国际政治和国际关系中，宗教的作用越来越从隐性转为显性，并日益成为跨地区和跨国界现象，被称为“全球宗教复兴”。其他学者也取得了一些研究成果，包括 2003 年，张化的《世界宗教发展趋势对上海的影响及对策思考》(《上海市社会主义学院学报》第 3 期)；2007 年，刘义、陶飞亚合作撰写的《从基要主义到恐怖主义——全球化时代的宗教政治》(《社会》第 5 期)等。

新兴宗教与反邪教研究领域，2002 年，罗伟虹的《世界邪教与反邪教研究》(宗教文化出版社)，以全球视野探讨邪教的特点、成因，以及各国各界反邪教经验。2004 年 12 月 4—5 日，上海社会科学院宗教研究所、市反邪教协会联合召开“转型社会中的新兴宗教、邪教学术研讨会”，旨在厘清社会转型时期新兴宗教的发展脉络，辨析新兴宗教与邪教之间的差异，为打击各类邪教的违法犯罪活动、维护社会稳定提供智识支持。

这一时期还发表有若干重要的综论性(译)著作，旨在推介、综合和反思国内外宗教学研究的成果。2003 年，陶飞亚发表《“文化侵略”源流考》(《文史哲》第 5 期)，考订“文化侵略”提法的起源和流变，指出这一提法颠覆了新文化运动以来对西方文化的单纯肯定，唤起国人对外来文化渗透的警惕和反抗，也迫使这些宗教事业实行一定程度的改革。2004 年，晏可佳、吴晓群和姚蓓琴合译米尔恰·伊利亚德的《宗教思想史》(上海社会科学院出版社)出版。2006 年，范丽珠等人编著的《当代世界宗教学》(时事出版社)，论述了西方宗教和宗教性学术传统，并论证这些精神的皈依同样存在于中国民间信仰与实践文化传统的核心部分。2010 年，晏可佳主编的《中国宗教与中国宗教学》(上海人民出版社)，回顾了 60 年来中国宗教和宗教学的变迁，特别是近 30 年来上海宗教界、宗教工作部门以及宗教研究机构之间的良性互动。

第二节 佛　　教

上海的佛教研究与全国一样，在20世纪80年代初开始重新起步，重点对佛教思想、佛教历史、当代佛教等方面展开研究。

在佛教思想研究方面，严北溟的《论佛教哲学在思想史上的挑战》(《哲学研究》1982年第2期)分析了佛教哲学以不挑战为挑战的实质和奥妙之处，而《儒道佛思想散论》(湖南人民出版社1984年)，在比较研究中讨论佛教思想。陈士强的《佛教"格义"法的起因》(《复旦学报》1982年第3期)，探究中国早期佛教的一种奇特现象——"格义"。在佛教宗派思想研究，王雷泉的《天台宗止观学说述评》(《中国社会科学》1987第1期)，探讨中国佛教天台宗止观学说的宗教和哲学意义，指出天台宗空假中的思维方式反映了思维从抽象到具体逐步深化的发展过程，在认识论上具有合理的因素。在佛教历史研究方面，高振农的《论章太炎佛学思想在辛亥革命中的作用》(《社会科学》1981年第5期)探究了章太炎佛学思想在辛亥革命中的作用。在近代佛教思想研究方面，高振农的《中国佛学与近代哲学》(《上海社会科学院学术季刊》1986年第1期)指出近代佛学研究丰富了中国近代哲学的思想内容。此外，他还撰写了佛教历史概括性的论著《中国佛教》(上海社会科学院出版社1986年)。1988年，游有维出版《上海近代佛教简史》(华东师范大学出版社)，初步梳理上海近代佛教发展历程。陈允吉的《唐音佛教辨思录》(上海古籍出版社)，研究唐代佛教与文学的关系。

在当代佛教问题研究，1984年，高振农的《关于佛教在社会主义时期作用问题的探讨》(《宗教问题探索》)分析了佛教能够发挥积极作用的表现、原因及应努力的方向；游有维发表《建国以来我国佛教状况的根本变化》(《宗教问题探索》)；方兴的《佛教公益事业古今谈》(《宗教问题探索》)考察了佛教公益事业的发展情况。1985年，方兴发表《佛教道德的社会作用》(《宗教问题探索》)。1988年，高振农发表《试论社会主义初级阶段佛教的特点及其发展趋势》(《宗教问题探索》)。

20世纪90年代，有关佛教历史研究逐渐聚焦上海佛教历史，特别是近代上海佛教历史。如高振农的《上海佛教发展的特点》(《上海社会科学院学术季刊》1990年第1期)、《佛教文化与近代中国》(上海社会科学院出版社1992年)。1997年，葛壮在《略论近代上海佛教文化》(《复旦学报》第3期)指出，开埠后上海特有的人文地理环境及诸种有利因素，令该地的佛教文化获得千年难遇的历史良机。李向平在《近代中日知识分子的佛教因缘》(《浙江学刊》第6期)指出，面对西洋文化理念及其价值体系的猛烈冲击，近代中日两国思想界都曾借重佛教文化以建设能超越西洋文化坐标的、凸显主体性与独立性并体现真实生命关怀的东方新文化。在近代著名佛教人物研究方面，1990年，沈去疾出版《应慈法师年谱》(华东师范大学出版社)；1998年，又出版《印光法师年谱》(天地出版社)。1996年，明旸主编了《圆瑛法师年谱》(宗教文化出版社)。

同期，上海学界逐步拓展当代佛教问题的研究。1993年6月25日，上海大学中国文化研究所举行"佛教文化与现代化专题研讨会"，就如何真实理解佛教文化、佛教文化与现代化、佛教文化与当代中国文化重建及佛教与当代社会等问题展开讨论。1995年，王雷泉发表《佛教在市场经济转轨中的机遇与挑战——兼论当代中国宗教的若干理论问题》(《佛学研究》)，指出佛教必须回应世俗化的挑战，调整在信仰、社会、文化三大层圈中的关系，使信仰素质、组织规模和文化品位三者保持均衡发展。1997年，业露华的《佛教伦理与中国社会》(《宗教问题探索》)指出在研究佛教伦理思想时必须注意它们的发展与社会环境的关系。1998年，高振农的《试论佛教如何与当今社会相适应》

(《宗教问题探索》)指出佛教需适应对外开放的需要、适应社会主义建设事业的需要。

这一时期上海学者对佛教思想的研究更趋细化。在近代佛教思想研究方面，1991 年，高振农发表《梁漱溟的佛教思想》(《宗教问题探索》)。1992 年，业露华的《略论智旭大师的净土著述》(《宗教问题探索》)、夏金华的《希迁〈参同契〉与魏伯阳〈参同契〉》(《宗教问题探索》)、姚南强的《法称因明探析》(《宗教问题探索》)等发表。在佛教因明学研究方面，郑伟宏于 1996 年出版《佛家逻辑通论》(复旦大学出版社)，1999 年出版《因明正理门论直解》(复旦大学出版社)。在佛教唯识学研究方面，1998 年，吴学国在《唯识学：缘起论与业力说的矛盾消解》(《学术月刊》第 10 期)中指出，在佛教思想的两大基石，即缘起理论与业力学说之间，一直存在着一种内在的不一致性，由此必然导致僧伽内部的思想分裂。在“人间佛教”研究方面，李向平的《人间佛教的现代转换及其意义》(《世界宗教研究》1997 年第 1 期)和《二十世纪中国佛教的“革命走向”——兼论“人间佛教”思潮的现代性问题》(《世界宗教研究》2002 年第 3 期)指出，20 世纪中国佛教的变迁历程多彩多姿，在其现代性问题层面上，与革命话语关联密切，衍生出相当丰富的现代性问题。

21 世纪以来，上海地区的佛教研究进入繁荣期。各主要高校及研究机构的佛教研究队伍已经形成，众多研究课题得到深入拓展。有关当代佛教问题的研究则逐渐增多，也反映了佛教在现实社会中的影响逐渐显现。

在佛教思想研究方面逐渐深入扩展对各主要佛教宗派的具体研究。2000 年，李向平的《中国佛教思想史的一个新阐释——法相唯识宗千年兴衰史新探》(《学术月刊》第 4 期)，分析法相唯识宗作为中国佛教哲学的一大宗派，在千年之后的中国近现代历史中得到再度的复兴。2003 年，吴学国在其所著的《境界与言诠：唯识的存有论向语言层面的转化》(上海人民出版社)，对西方哲学中的语言存在论和佛教中的唯识宗理论进行系统的比较研究。2007 年，郑伟宏的《汉传佛教因明研究》(中华书局)，研究汉传佛教因明各个历史时期的兴衰变化。

在禅宗研究方面，刘元春发表一系列论文，后结集出版为《中国佛教禅法精神与实践》(宗教文化出版社 2010 年)；葛兆光撰写了《增订本中国禅思想史：从六世纪到十世纪》(上海古籍出版社 2008 年)；韩凤鸣在《佛教及佛教禅宗的时间哲学解读》(《哲学研究》2009 年第 8 期)指出对于禅宗来说，世俗时间一维性的事实是基于意识流动的一维性的主观印象，生命及其绵延始于意识的执取。

在律宗研究方面，严耀中发表了一系列论著，《佛教戒律与儒家礼制》(《学术月刊》2002 年第 9 期)指出佛教戒律和儒家礼制作为长期存在于中国的两种社会约束，互为补充相辅相成。《佛教戒律与中国社会》(上海古籍出版社 2007 年)论述了佛教伦理道德规范与儒家伦理和礼制的交流、互动。严耀中有关佛教戒律的论文还有：《佛教戒律与唐代妇女家庭生活》(《学术月刊》2004 年第 8 期)、《试论中国佛教戒律的特点》(《世界宗教研究》2005 年第 3 期)、《述论佛教戒律的玄化与道化》(《敦煌学辑刊》2007 年第 4 期)等。

这一时期有关佛教经典及教义、仪轨、伦理思想研究得以拓展。在佛教经典研究方面，方广锠专门对中国写本大藏经进行研究，著有《中国写本大藏经研究》(上海古籍出版社 2006 年)，对佛教初传时期到会昌灭佛后这一时段内的佛教写本大藏经的酝酿、发展、成熟乃至系统化都做了深入探讨。他还撰文《写本藏经的分期与特点》(《文史哲》2007 年第 3 期)，讨论写本藏经的分期与特点。方广锠还对敦煌遗书中的佛教文献进行研究，撰写《敦煌已入藏佛教文献简目》(《敦煌研究》2006 年第 3 期)、《方广锠敦煌遗书散论》(上海古籍出版社 2010 年)等。2007 年，陈士强的《大藏经总目提要经藏》(上海古籍出版社)，共收录汉译小乘经 352 部 811 卷。2010 年，郑伟宏的《因明大疏校释、今译、研究》(复旦大学出版社),校释部分以《赵城金藏》广胜寺本为底本,金陵刻经处本为配补,对原文作了精心的校点和详细的解释。

在佛教实践论研究方面,夏金华的《中国佛教的特色:平民化、禅观实践与圆融精神》(《华东师范大学学报》2000年第5期),指出中国佛教的三大特色是平民化、禅观实践与圆融精神;《佛学理论中有"本体论"学说吗?》(《上海社会科学院学术季刊》2002年第3期)指出佛学中并不存在与"本体论"相同或相似的学说,其根本宗旨是服务于佛教的修行实践,并且格外强调经验的理论;出版《中国佛教的制度与仪轨》(上海社会科学院出版社2010年),包括出家制度及其差别、受戒与沙弥十戒、沙弥的出家仪式、僧人的僧衣、丛林制度,以及各种法会等。

在佛教的伦理观念方面,2000年,业露华的《中国佛教伦理思想概述》(《佛学研究》),讨论了中国佛教的伦理思想。2002年,夏金华等著书论述了佛教的善恶观(《黑黑白白:佛教善恶观》宗教文化出版社)。刘元春的《共生共荣:佛教生态观》(宗教文化出版社)论证了佛教的生态观。2007年,韩凤鸣的《自由人生:佛教解脱观》(宗教文化出版社),从不同的视角对佛教解脱理论进行专门探讨。2009年,夏金华在《论佛教平等观的独特性及其表现与影响》(《华东师范大学学报》第3期)指出,佛教的平等观相对于其他宗教、中外哲学或思想家的观点来说,有着非常鲜明的独特性。唐忠毛在《佛教平等观的向度及其现实意义》(《华东师范大学学报》第3期)中指出,佛教的平等思想对现实社会的平等意识与平等诉求产生着复杂的影响,同时,佛教平等思想的现代诠释也具有一定的现实意义。在佛教因明学研究方面,郑伟宏先后撰写了《佛家逻辑通论》(复旦大学出版社1996年)、《汉传佛教因明研究》(中华书局2007年),他在《论印度佛教逻辑的两个高峰》(《复旦学报》2007年第6期)中指出,印度逻辑史上首次创建演绎论证式应当归功于佛教逻辑,陈那因明和法称因明是印度佛教逻辑的两个高峰。

2000年以后,上海学者对佛教历史的研究领域更为广泛和深入。在佛教史学理论研究方面,严耀中在《佛教形态的演变与中国社会》(《上海师范大学学报》2001年第2期)指出,中国佛教和印度佛教及其他国家的佛教都有着明显的区别,中国佛教的外在形态更具有地域特征;《试论佛教史学》(《史学理论研究》2002年第3期)认为佛教史学是全面认识中国佛教的一个非常重要的窗口。高振农的《中国佛教源流》(九州出版社2006年),简要介绍中国佛教的主要内容和特色,包括:佛教的产生和发展、佛教在中国、近代以来的中国佛教、中国少数民族的佛教等。马德邻的《佛教史视野中的"圣"和"隐僧"》(《世界宗教研究》2008年第2期)讨论在中国和日本的佛教史上存在过被称为"隐僧"和"圣"的团体,指出它们在各自国家的佛教发展史上起着不同的作用。

在分期佛教史方面,2002年,严耀中的《论占卜与隋唐佛教的结合》(《世界宗教研究》第4期)讨论了占卜与隋唐佛教的结合情况。2003年,夏金华的《缘起　佛性　成佛:隋唐佛学三大核心理论的争议之研究》(宗教文化出版社)论述了隋唐佛学的三大核心理论,即缘起、佛性与成佛。2006年,曹刚华的《宋代佛教史籍研究》(华东师范大学出版社),阐述宋代佛教史籍兴盛的原因、宋代佛教史籍的刊行与流传、宋代佛教史籍的体裁与体例、宋代佛教史籍中的思想文化内涵等内容;在《文化融合视野下的宋代佛教史学》(《史学史研究》第2期)指出中国佛教史学是一个复杂的融合体。它既有佛教因子的影响,也有中国传统文化的痕迹。2008年,夏广兴著的《密教传持与唐代社会》(上海人民出版社)论证密宗在唐五代流播过程中对社会及文学艺术的影响。2009年,葛兆光撰写了《〈魏书·释老志〉与初期中国佛教史的研究方法》(《世界宗教研究》第1期)。2010年,夏广兴在《唐宋时期佛教流播与祈雨活动的盛行》(《上海师范大学学报》第6期)中指出,祈雨活动从理论及实践上更加完善,直接影响着佛教文化向民间的渗透,对当时的政治、经济及社会生活等均产生了深远的影响。

在地方佛教史研究方面，严耀中的《江南佛教史》(上海人民出版社 2000 年，2005 年收入“专题史系列丛书”时改名为《中国东南佛教史》)，研究和论说中国佛教在江南、东南地区传播、发展及演变历史，以及在自身发展过程中与这一地区各个历史时期经济、政治社会之间的关系。2007 年，刘元春的《玄奘与西域佛教》(《西南民族大学学报》第 1 期)指出，玄奘是继鸠摩罗什之后，对西域佛教影响深远的历史人物。在近代佛教史研究方面，2001 年，忻平的《日本佛教的战争责任研究》(《华东师范大学学报》第 5 期)指出日本佛教所应负的重大战争责任。2005 年，他的《近代日本佛教在华传教的主要基地——净土真宗东本愿寺上海别院》(《近代中国与世界》(第二卷)社科文献出版社)首次对在沪日本佛教的主要场所进行专题研究。2006 年，唐忠毛著书《佛教本觉思想论争的现代性考察》(上海古籍出版社)，通过现代性视域和思想史视野来审视 20 世纪的两场围绕佛教本觉思想的批判与论争。2008 年，他的《作为民间慈善组织的近代居士佛教——以民国上海佛教居士林为例》(《上海师范大学学报》第 6 期)认为近代居士佛教组织不仅是居士信仰生活的公共平台，而且还在慈善理念以及社会慈善实践中都扮演了一个非常重要的民间慈善组织的角色。

关于当代佛教问题的研究已成新的热点。2000 年，王雷泉发表《面向 21 世纪的中国佛教》(《世界宗教研究》第 2 期)，强调佛教在进入中国二千年来的时空条件中，不断地随着社会和文化的变迁而与时俱进。2004 年，刘元春的《化导与反思：佛教入世之道》(中国社会科学出版社)讨论佛教的入世之道。2007 年，李向平在《社会化，还是世俗化？——中国当代佛教发展的社会学审视》(《学术月刊》第 7 期)中指出，中国当代佛教与当代中国社会变迁之间的互动关系日呈复杂。中国佛教的当代发展并不是所谓的世俗化倾向，而是具有深刻的社会学意义的“社会化”内在要求。2009 年，他在《缘分·功德·共同体——佛教信仰的私人性与社会性》(《湖南师范大学学报》第 4 期)指出当前佛教信仰即具有私人性也具有社会性。

也有学者对当代佛教慈善活动进行探讨。2006 年，刘元春的《佛教民间慈善活动的特点与影响——上海“耀华路念佛小组”慈善活动纪实》(《世界宗教研究》第 4 期)，立足个案分析指出回馈社会、服务社会和积极主动解决社会问题，是佛教界融入社会，积极参与社会变革，从而展现“人间佛教”社会价值的最有效途径。2010 年，唐忠毛的《都市佛教文化功能的现代转型与当代价值》(《深圳大学学报》第 1 期)表示发挥当代都市佛教文化的积极诊疗功能，将有助于现代都市人的生活引导、伦理建构、心灵净化与精神提升，从而促进社会与人自身的和谐发展。

这一时期对佛教与文学艺术关系进行了较为深入的研究。2003 年，黄建君发表《佛教与人的美学》(《宁夏社会科学》第 5 期)，指出佛教的行为美更多地表现在佛教徒特有的行为方式中具有悲剧性的崇高美特点。2006 年，王振复的《唐王昌龄“意境”说的佛学解》(《复旦学报》第 2 期)指出，王昌龄“意境”说，是其“诗有三境”说之最重要的思想成果。而其“诗有三境”说，主要由熔裁佛学“三识性”而来。2008 年，归青的《佛教与宫体诗关系新探》(《学术月刊》7 期)认为佛教对宫体诗的形成有一定的影响，但对这个影响不宜估计太高，宫体诗的形成主要取决于内因。

第三节　道　　教

改革开放以来，随着思想解放的深入，学术界对道教研究及民间信仰研究开始复苏。20 世纪 80 年代为上海道教研究的拓荒期，1983 年筹备上海道教协会，学界围绕着道教礼仪、道教音乐的研究相继展开。研究成果主要有：1985 年，陈耀庭的《上海道教斋醮和“进表”科仪概述》(《宗教问题探索》)介绍了上海道教的主要仪式;同年,刘仲宇对《周易参同契》进行了考究(《宗教问题探索》);潘雨廷辨析了五斗米道、天师道、正一道之间的异同(《宗教问题探索》),陈大灿考察了道教音乐在各地的流传情况(《宗教问题探索》)。此外,1988 年,刘仲宇对道教的形神观进行了探析(《宗教问题探索》)。1989 年,陈耀庭则在《民间传说和宗教——以道教为例》(《上海社会科学院学术季刊》第 4 期)中指出,民间传说和宗教都是由民众创造和传播的,民间传说中的宗教故事和宗教神话的某些一致现象,说明它们都反映民众的认识、感情和需求。

进入 20 世纪 90 年代,上海的道教研究领域不断拓宽,其中一些研究领域在全国产生较大影响。在中国道教概况研究方面,1991 年,陈耀庭探究了"道教哲学的演化和主要特点"(《宗教问题探索》),刘仲宇的《道教史三题——读道书随记》(《宗教问题探索》)讨论对道教历史研究的基本看法。1992 年,陈耀庭、刘仲宇合著的《道·仙·人:中国道教纵横》(上海社会科学院出版社),对中国道教基本情况做了介绍。此外,刘仲宇著有《中国道教文化透视》(学林出版社 1990 年)以及《道家与道教》(上海古籍出版社 1996 年);伍伟民的《中国道教史话》(黄山书社 1997 年)出版。在道教与养生方面,陈耀庭著有《道家养生术》(复旦大学出版社 1992 年)。钟国发的《道教及其经籍:概观与商兑》(《宗教问题探索》1998 年)概括了道教的主要经籍。

在道教起源研究方面,伍伟民对张三丰生年进行了考辨(《张三丰生年辨疑》,《宗教问题探索》1991 年),对《太平经》进行了探源(《宗教问题探索》1992 年)。1993 年,方诗铭发表《黄巾起义先驱与巫及原始道教的关系——兼论"黄巾"与"黄神越章"》(《历史研究》第 3 期),指出道教的起源是一个复杂问题,《太平青领书》《太平经》等对原始道教的形成具有一定影响,但这类典籍所反映的属于统治者的思想,与源自民间的原始道教有着根本上的区别。方诗铭还进一步在《释"张角李弘毒流汉季"——"李家道"与汉晋南北朝的"李弘"起义》(《历史研究》1995 年第 2 期)中论述上述观点。田兆元的《中国鬼神崇拜的演进大势及其特征》(《社会科学》1993 年第 10 期)梳理了中国鬼神崇拜的演进线索;在《道教主神的演化》(《华夏文化》1995 年第 2 期)分析指出,从老子、元始天尊到玉皇大帝,道教主神的次第转化过程十分耐人寻味。一个最根本的原因是道家主神演变的动因,中国古代社会王权高于神权,皇家可根据需要调整主神人选。

在道教思想及道教历史研究方面,1990 年,严耀中、曾维华发表《〈五岳真形图〉与道教五行思想》(《学术界》第 3 期)。1994 年,李军在《论葛洪的道教教育思想》(《世界宗教研究》第 1 期),结合著名道教学者葛洪的生活时代和人生经历,较为系统地揭示了其教育理论。1997 年,陈勤建在《仙道思想——稻作鸟化宇宙观的展示》(《华东师范大学学报》第 1 期)指出,中国传统的文化艺术,与中国本土固有的道教和仙道思想有着密切的关系。在道教历史研究中,吴亚魁梳理了民国上海道教的教育与社会公益事业(《宗教问题探索》1997 年),介绍了旧时上海的城隍庙会(《宗教问题探索》1998 年),考察了上海道教庙观神祀(《宗教问题探索》1999 年)。在当代道教研究方面,有陈耀庭的《从道士的培养看 21 世纪的道教》(《宗教问题探索》1999 年)。

在道教与文学艺术研究方面,伍伟民撰写《论〈道藏〉的文学价值》(《河北学刊》1992 年第 1 期),蒋见元发表《神魔小说与道教》(《古籍整理研究学刊》1995 年第 1 期)。伍伟民、蒋见元二人还合著《道教文学三十谈》(上海社会科学院出版社 1993 年)。在道教与其他宗教比较研究方面,1998 年,吾敬东出版《中国哲学思想:儒道释》(华东师范大学出版社)。

2000 年以后,上海学者的道教研究逐渐形成自己的特色。在道教神学、仪轨研究方面走在全国前列。在道教神学研究方面,2004 年,陈耀庭在《论道教神学》(《杭州师范学院学报》第 3 期)指出道教与世界其他宗教一样,具有自己的神学思想结构体系,道教的神学思想包含了丰富内容。在道教仪轨研究方面，刘仲宇的《道教法术》(上海文化出版社 2002 年)，以大量的资料为基础，概括出道教法术理论框架。陈耀庭的《道教礼仪》(宗教文化出版社 2003 年)，论述在中国礼仪巨网下的中国道教礼仪的万象、内容、形式及其历史和特点。在道教与养生方面，葛壮的《养怡之福：道教与老龄社会》(上海辞书出版社 2008 年)，内容包括尊崇敬重老年人的传统渊源、道教贵生医师和增寿实践、调节人们心理的特殊方法、营造一个和谐安康的社会等。这一时期，上海学界进一步加大对当代道教的研究力度。姚南强对上海道教宫观布局进行了详细调研，发表《上海道教宫观合理布局及民间信仰的调研报告》(《宗教问题探索》2005 年)，龙飞俊考察了"上海道观冬至普度活动"(《宗教问题探索》2005 年)，提出应加强当代道教科仪建设，并发表了《略论加强当代道教信仰建设之科仪方面》(《宗教问题探索》2007 年)。

道教文化、地域道教研究深入发展。在道教文化研究方面出版了一批论著：伍伟民著的《易山道海得涓埃：道教文化探索》(上海古籍出版社 2007 年)，钟国发、龙飞俊的《恍兮惚兮：中国道教文化象征》(四川人民出版社 2007 年)等。在地域道教研究方面，陈耀庭撰写《道教在海外》(福建人民出版社 2000 年)，概括总结了海外学界对道教的研究。2007 年，葛壮发表《道教文化所含蕴的地域特色》(《世界宗教研究》第 3 期)，介绍了吴亚魁的《江南全真道教》(中华书局 2006 年)。

这一时期在道教与其他宗教比较研究方面颇有建树。在宋明理学与道家道教关系方面，2008 年，吾敬东在《道教、儒教与佛教异同之辨析》(《探索与争鸣》第 3 期)中指出，中国的高端宗教与低端宗教之间并没有明确清晰的界线，并且高端宗教总是自觉不自觉地、自愿不自愿地向低端宗教做出种种让步。在道教经济研究方面，2008 年，罗争鸣的《道观经济研究的回顾与思考》(《宗教学研究》第 3 期)，指出道观经济是道教形成、组织和发展的物质基础，也是道教研究的重要领域，值得深入探讨。此外相关研究还有刘仲宇的《正逢时运：接财神与市场经济》(上海辞书出版社 2005 年)以及《道教经济伦理刍议——以财神信仰为中心的考察》(《中国道教》2008 年第 6 期)。

道教人物及思想的研究成果包括：钟国发的《陶弘景评传》(南京大学出版社 2005 年)、刘仲宇的《弘道八十年：陈莲笙道长事略》(上海辞书出版社 2008 年)等。在近代道教研究方面，2007 年，张秀莉发表《论郑观应的道教信仰与经世实务之关系》(《史林》第 6 期)。

道教文学、道教与中国民间信仰研究稳步发展。在道教文学研究方面，2003 年，黄景春发表《地下神仙张坚固、李定度考述》(《世界宗教研究》第 1 期)。2004 年，吕建昌在《论历史上的食玉之风》(《学术月刊》第 2 期)中指出，中国古代食玉思想源于史前时代的原始巫术观念，道教食玉成仙思想的广泛传播则对食玉之风的流行起了催化剂的作用。2005 年，黄景春、李纪的《道心人情：中国小说中的神仙道士》(上海辞书出版社)，研究仙道小说的浪漫主义艺术特征。黄景春的《"承负说"源流考——兼谈汉魏时期解除"重复"法术》(《华东师范大学学报》2009 年第 6 期)指出，"承负说"是东汉《太平经》提出的善恶报应思想，其渊源可上溯到商周时期，其内涵主要是上天对个体及其家族所积累善恶进行核算和奖惩。

第四节　伊 斯 兰 教

20 世纪 80 年代，上海学者的伊斯兰教研究刚起步，主要研究伊斯兰教的一些基本个案。1981 年，王正书发表《伊斯兰教传入上海地区的时间及线路探讨》(《学术月刊》第 9 期)，详细考证了伊斯兰教传入上海的时间及路线。1985 年葛壮的《伊斯兰教与中国传统文化》(《宗教问题探索》)指出，伊斯兰教在唐初传入中华大地后与中国传统文化的交融，伊斯兰教文化在中国传统文化组成部分中所具有的分量和影响,在继承和整理祖国的宝贵文化遗产时必须予以重视。马智雄介绍了伊斯兰朝觐功课新貌(《宗教问题探索》)。朱克同介绍了历代上海地区的伊斯兰教人物(《宗教问题探索》)。1989 年,葛壮的《东南沿海地区回族和伊斯兰教发展的历史特征》(《宁夏社会科学》第 4 期),认为东南沿海发达地区在振兴伊斯兰文化方面,得风气之先,明清时汉译伊斯兰学术著述的活动,以及近现代问世的新式回民学校,加速了伊斯兰教中国化的过程。20 世纪 80 年代后期,对伊斯兰组织及思想进行研究。1989 年,蔡伟良撰写的《至诚兄弟会及其哲学思想》(《阿拉伯世界研究》第 3 期),讨论中世纪阿拉伯帝国时期穆斯林秘密宗教学术团体"至诚兄弟会"的建会宗旨、基本教义、组织形式、文献和主要的哲学思想等。

进入 20 世纪 90 年代,上海学者的伊斯兰教研究有了初步发展,突出表现在有关伊斯兰教历史,特别是近代伊斯兰教史方面的研究成果集中出现。1992 年,张志诚的《20 世纪初上海伊斯兰教学术文化团体——中国回教学会》(《回族研究》第 3 期)指出中国回教学会是由中国伊斯兰教著名学者哈德成为首的一批穆斯林知识分子和知名人士发起成立的,在短短十余年间,为中国伊斯兰文化事业做了大量工作,成为近现代中国伊斯兰教历史上一个有影响的宗教学术文化团体。1993 年,葛壮《近代上海社会中的伊斯兰教》(《复旦学报》第 4 期),指出近代上海的崛起,为伊斯兰教的振兴,提供了有利的外部条件,移民社会所独具的政治、经济、文化、地理优势,均使伊斯兰教的发展沾受其惠。1996 年,葛壮的《上海伊斯兰教的历史与现状考察》从纵向介绍伊斯兰教在沪上的发展脉络。

2000 年以后,上海学者的伊斯兰教研究进入全面发展阶段。开始出现伊斯兰教经典研究。王新生出版《古兰经与伊斯兰文化》(宁夏人民出版社 2009 年),在《〈古兰经〉文本探究》(《阿拉伯世界研究》2010 年第 1 期)中指出,《古兰经》文本像《圣经》一样经历过自身正典化过程,作为这个过程结晶的"奥斯曼本"呈现出一些显著的文本特征和线索。伊斯兰教思想研究渐趋深入。2004 年,王建平发表《试论马德新著作中的"天"及伊斯兰教和儒教关系》(《上海师范大学学报》第 6 期),着重讨论了清朝后期伊斯兰教著名学者马德新如何综合了伊斯兰教和儒教思想"天"的观念,以及他将儒教哲学思想范畴中程朱理学的"天"等同为伊斯兰教认主学中的"真宰"或"主宰"观念的宗教学比较方法。2009 年,葛壮在《简析伊斯兰教的平等观》(《华东师范大学学报》第 3 期)中指出,伊斯兰教的平等思想,不仅体现在伊斯兰教义与穆罕默德圣人的个人榜样中,还直接从其传统的经济制度实践上得到显现。

伊斯兰教历史研究逐渐拓展。王建平探究了清朝一代云南回族学者对"伊斯兰教和佛教、道教的比较研究"(《北方民族大学》2003 年第 3 期)。葛壮考察了"蒙元帝国时期的伊斯兰教与穆斯林"(《宗教问题探索》2001 年),朱克同介绍了清朝前期的三次伊斯兰教案(《宗教问题探索》2001 年)。2002 年,葛壮在《明代社会中的伊斯兰教和穆斯林》(《世界宗教研究》第 1 期)中指出,伊斯兰教为明代社会的回族穆斯林提供了无形而又坚实的文化屏障,并遏止了汉文化继续对回族穆斯林进一步产生影响。2002 年,葛壮著的《伊斯兰教与中国社会》(东大图书公司 2002 年),勾勒了伊斯兰教自唐初传入中国以来到民国时期的发展概况。2003 年,丁明仁所著的《伊斯兰文化在中国》(宗教文化出版社),介绍了伊斯兰教如何传入中国以及伊斯兰文化如何在中国传播。

2006 年,王建平发表《新疆喀什宗室成员碑文及考证——对马在田墓碑及碑文的分析》(《上海师范大学学报》第 2 期),认为马在田的墓及碑文反映了中国穆斯林社会的跨地域、跨民族、跨语言甚至跨文化的宗教网状组织系统特征;在《清末上海穆斯林社团成立董事会事件初探》(《华东师范大学学报》第 6 期)指出清末上海穆斯林社团成立董事会反映了上海穆斯林社团为适应上海社会的飞速发展而作出的改革努力。2007 年，在《清末上海清真寺董事会的内外关系、样板作用及借鉴意义》（《世界宗教研究》第 1 期）中，分析上海清真寺董事会代表的穆斯林社团与国家和地方政府的关系，该社团与教职人员和教民的关系以及上海清真寺董事会在中国伊斯兰教中的样板作用。2008 年，王建平还撰写《近代上海伊斯兰文化存照：美国哈佛大学所藏相关资料及研究》（上海古籍出版社），重点检讨如何理解照片集所反映的上海伊斯兰文化和穆斯林社团的历史图像和真实记录，辨别社会背景和历史事件。2008 年，葛壮发表《近代上海回商群体的特征与文化贡献》（《回族研究》第 4 期），指出近代上海回商群体所作出的文化贡献，集中地体现在积极增强穆斯林群众的凝聚力、重视穆斯林子弟的文化教育事业、支持和弘扬上海伊斯兰教的发展。

在近代中国伊斯兰教研究方面，2007 年，王建平著《露露集：略谈伊斯兰教与中国的关系》（宁夏人民出版社），力求从跨文化和跨社会的角度来研究伊斯兰教与中国的关系、研究中国伊斯兰教和中国穆斯林民族的历史、文化和社会特点。同年，王建平还编撰《中国伊斯兰教典籍选》（上海古籍出版社），收录晚清至民国期间中国伊斯兰教的汉文典籍 52 种。2010 年，王建平出版《中国陕甘宁青伊斯兰文化老照片：20 世纪 30 年代美国传教士考察纪实》（上海人民出版社），展示 20 世纪 30 年代美国基督教新教的塞缪尔·字威默和克劳德·毕敬士两位传教士到中国的西北地区进行有关中国伊斯兰教和穆斯林的考察活动。

这一时期，国际视野下的伊斯兰教研究已成为上海学者关注的热点。2003 年，朱威烈发表《处在十字路口的伊斯兰世界》（《南京大学学报》第 4 期）。2005 年，马丽蓉在《西方霸权语境中的阿拉伯——伊斯兰研究》（《回族研究》第 2 期）中，力求完成从表达强势文化霸权的国际传媒热点问题研究转向国际传媒热点问题中有关贬损弱势文化的表达研究，从而使社会学的基础研究真正参与并思考国际事务，达到破立并举的双重学术目的；《西方传媒语境中伊斯兰妇女问题文化辨析》（《回族研究》第 4 期）从“本源与变异”的全新视角来重新审视伊斯兰妇女问题。2007 年，朱威烈在《伊斯兰文明与世界》（《世界经济与政治》第 7 期）中指出在全球化进程深入发展和国际体系处于转型的形势下，伊斯兰世界的作用更加凸显。2010 年，朱威烈在《试论中国与中东伊斯兰国家的战略性关系》（《世界经济与政治》第 9 期）中指出，中国与中东伊斯兰国家的关系始终具有战略意蕴，相互理解与尊重的政治关系始终是双边关系的主流。2009 年，刘中民在《阿富汗尼伊斯兰改革主义的双重历史遗产——民族主义与伊斯兰复兴主义》（《宁夏社会科学》第 5 期）指出，由于伊斯兰改革主义所具有的传统主义与现代主义兼有的二元色彩，其思想中现代主义和传统主义分别构成了阿拉伯民族主义和伊斯兰复兴主义的思想源泉。2010 年，刘中民还出版《民族与宗教的互动：阿拉伯民族主义与伊斯兰教关系研究宗教》（时事出版社）。

此外，在“清真寺”研究方面马丽蓉发表系列论文，主要有《清真寺的慈善功能与伊斯兰教的“关爱弱势”思想》（《回族研究》2008 年第 1 期）、《“中国经”与全球清真寺发展路径选择》（《回族研究》2008 年第 2 期）、《全球化进程中清真寺功能影响研究》（《回族研究》2009 年第 2 期）、《清真寺与伊斯兰文明的构建、传播和发展》（《西亚非洲》2009 年第 4 期）、《清真寺与伊斯兰经济文化的生成及其发展》（《世界宗教研究》2010 年第 2 期）等。

第五节　天 主 教

20 世纪 80 年代中期，上海学者的天主教研究开始起步，对天主教在华历史及发展现状进行了初步探讨。1987 年，江文汉出版《明清间在华的天主教耶稣会士》（知识出版社），详尽地介绍了明清300年间来华天主教耶稣会士活动的始末。王庆余发表《在华圣母圣心会士对近代中西文化交流的贡献》(《东南文化》第2期),讨论了圣母圣心会在文化交流中的作用。1989—1991年的《宗教问题探索文集》,介绍了天主教在中国发展的历程,包括:顾裕禄的《对西方天主教传教士三度来华的概述》、刘建的《上海天主教教务领导机构的沿革(1608—1949)》、陈三弟的《中国天主教与当代中国的结合及其发展》、马蹄的《试析"中国礼仪之争"的实质》等。1989年,顾裕禄出版《中国天主教的过去和现在》(上海社会科学院出版社),对中国天主教的历史发展及变化作了较完整的叙述。

20世纪90年代后,上海学者的天主教研究取得较快发展,特别是在天主教历史研究方面处于全国领先地位。在明清天主教研究方面,李天纲发表《"补儒易佛":徐光启的比较宗教观》(《上海社会科学院学术季刊》1990年第9期)、《马相伯晚年宗教生活与思想》(《史林》1995年第3期)。他在《天儒同异:明末清初中西文化学说述评》(《复旦学报》1997年第3期)中指出,明末清初天主教耶稣会士为中国和西方搭建了一座文化桥梁,同时也开始了最初的文化冲突。此外,他还撰有《简论明清"西学"中的神学和哲学》(《复旦学报》1999年第3期)、《早期天主教与明清多元社会文化》(《史林》1999年第4期)等文章。在礼仪之争研究方面,李天纲撰写了《中国礼仪之争:历史·文献和意义》(上海古籍出版社1998年)。

在近代天主教研究中,顾卫民发表了一系列论著。1996年出版的《基督教与近代中国社会》(上海人民出版社),就有对中国天主教历史的介绍。发表的文章有:《19—20世纪中国的汤若望介绍与研究——纪念汤若望诞辰四百周年》(《社会科学》1992年第4期)、《本世纪中国学者对马尔蒂尼(卫匡国)介绍和研究》(《社会科学》1994年第9期)、《国难与中国基督徒》(《史林》1995年第5期)、《二十世纪初期在华天主教会的中国化》(《档案与史学》1995年第10期)、《刚恒毅与近代中西文化交流》(《世界宗教研究》1996年第12期)、《晚清政府与罗马教廷关系史略》(《近代中国》1997年第8期)、《早期中国与朝鲜天主教的若干联系》(《韩国研究论丛》1998年2月)等。同期,上海其他学者有关天主教研究的成果还有:张化的《近代上海天主教及其特点》(《中华文史论丛》1992年第49辑),重点阐述近代上海天主教的特点;朱静的《罗马天主教会与中国礼仪之争》(《复旦学报》1997年第3期)。在耶儒及跨文化比较研究方面,1999年,吴强华的《晚明排斥天主教思潮论析》(《学术月刊》第4期)分析了晚明的反教思潮。

2000年以后,上海地区的天主教研究进入全面发展阶段,研究领域拓宽,研究成果众多。对中国天主教进行综合性研究,2001年,晏可佳撰写《中国天主教简史》(宗教文化出版社),介绍了中国天主教的发展历程。此外,顾卫民出版《中国与罗马教廷关系史略》(东方出版社2000年)、《中国天主教编年史》(上海书店出版社2003年)。在区域天主教研究方面,2002年,张晓虹发表《同治回民起义与陕西天主教的传播》(《复旦学报》第6期),通过分析天主教在陕西境内迅速扩展,从而揭示出清代末年外来宗教在中国的传播特点。2005年,王卫东、郭红发表《移民、土地与绥远地区天主教的传播》(《上海大学学报》第3期),考察了天主教的具体传播情况。2007年,周萍萍撰写了《十七、十八世纪天主教在江南的传播》(社会科学文献出版社),她还发表有《乾隆朝江南地区两次教案述论》(《世界宗教研究》2010年第6期)、《明末清初的天主教贞女群体》(《江苏社会科学》2010年第6期)。

这一时期,近代上海地区的天主教研究成为热点。2005年,顾卫民发表《刚恒毅与1924年第一届中国教务会议》(《上海大学学报》第3期),介绍了此次会议的重点是培植本地籍神职人员,并将传教事业与西方列强殖民主义脱钩,建立一个本地化的教会。一些学者对天主教在上海的教育文化事业进行了研究,2007年,顾卫民发表《1934年〈磐石杂志〉"公教与爱国"专号的民族立场》(《社会科学》第2期)，分析“九一八”事变后，天主教会人士对“国难”的思考和认识。2008年，施扣柱发表《张弛有道：从圣芳济学院看近代在华天主教中学的一种管理模式》(《史林》第6期)。2010年，马学强发表《“素为沪地教会中学之冠”——近代上海徐汇公学研究》(《史林》第6期)，反映这所百年名校的办学特点及其所具有的社会影响。周萍萍在《1879—1949年间的天主教中文报刊》(《开放时代》第12期)中指出这些天主教报刊努力将当代政治、社会和经济问题纳入宗教视野之内，在教会中和社会上起到了一定作用。在当代天主教研究方面，2009年，刘建平发表《〈中共中央关于天主教、基督教问题的指示〉时间考》(《当代中国史研究》第6期)，考证当代中国天主教政策的起始点。

明清时期的天主教研究持续发展。2002年，凌长臣发表《明清之际佛耶两教交涉考》(《上海大学学报》第3期)，指出天主教在明清时期传入中国之后，由于传教策略及宗教排他性等方面的原因，开始由利用佛教转而在世界本原、天堂地狱、杀生、轮回等领域与佛教展开激烈的辩论，给后人留下了珍贵的历史文献。2003年，吴强华在《从利玛窦的天主教儒学化理论看中西文化交流》(《学术月刊》第5期)中，对利玛窦天主教儒学化理论及其在此次中西文化交流过程中的影响展开探讨。李向平的《“礼仪之争”的历史痕迹——闽东地区顶头村的宗教生活》(《东岳论丛》第5期)通过对闽东地区顶头村村民的宗教生活的调查，指出几百年前曾经为之发生冲突的中国礼仪，大部分矛盾已经在天主教的中国化过程中逐步地得到缓解。2008年，邹振环发表《明末南京教案在中国教案史研究中的“范式”意义——以南京教案的反教与“破邪”模式为中心》(《学术月刊》第5期)，从研究范式意义的角度探讨南京教案。2009年，张晓林发表《四大耶？五行耶？四行耶？——杨廷筠辨儒释耶元素论》(《兰州大学学报》第5期)，认为明清之际天主教在华传教士利玛窦在基督教神学框架内，用西方哲学元素论改造中国传统儒佛元素论，以“四行”代“五行”“四大”。同年，朱晓红的《理性的信仰和宗教对话——从教宗讲话“引文事件”看天主教和伊斯兰教对话》(《基督教思想评论》第6辑)对这一对话的历史、模式、所存在的问题和前景进行回顾和展望，并对教宗发言涉及的理性和对话的关系进行批判性分析。

同时期对明清两代的天主教人物也有相关研究，主要有刘耘华的《诠释的圆环：明末清初传教士对儒家经典的解释及其本土回应》(北京大学出版社2005年)、《徐光启姻亲脉络中的上海天主教文人：以孙元化、许乐善二家族为中心》(《世界宗教研究》2009年第1期)，董少新的《明末奉教太监庞天寿考》(《复旦学报》2010年第1期)等。

这一时期，从中西文化交流史的视角对天主教进行的研究成果突出。2005年，顾卫民的《基督宗教艺术在华发展史》(上海书店出版社)，考述了基督教在中国各地的石刻、壁画和寺院建筑。2007年，李天纲撰写了《跨文化的诠释：经学与神学的相遇》(新星出版社)，以明末清初来华的天主教耶稣会为媒介，研究16世纪以来的中西文化交流。此外，邹振环在《土山湾印书馆与上海印刷出版文化的发展》(《安徽大学学报》2010年第3期)中指出该馆是一个奇特的中西合璧、土洋结合的多元文化组合。邹振环还撰写了《17—18世纪汉文天主教典籍在朝鲜的传播及其影响》(《韩国研究论丛》1998年S1期)、《利玛窦〈交友论〉的译刊与传播》(《复旦学报》2001年第3期)、《马相伯与〈拉丁文通〉》(《复旦学报》2005年第6期)。董少新的《形神之间：早期西洋医学入华史稿》(上海古籍出版社2008年)则论述了由教会到世俗、澳门西医事业的发展。

第六节 基督教

20世纪80年代初，上海学者的基督教研究有了较快发展，并走在全国前列，研究涉及基督教在华历史及当代基督教发展情况。在基督教历史研究方面,顾长声相继出版两本涉及近代来华传教士的专著:《传教士与近代中国》(上海人民出版社1981年)、《从马礼逊到司徒雷登:来华新教传教士评传》(上海人民出版社1985年),并发表《传教士与近代中西文化交流——兼评〈剑桥中国晚清史〉关于基督教在华活动的论述》(《历史研究》1989年第3期)。1985年,于醒民的《近代来华基督教传教士译著中的代笔问题》(《社会科学研究》第4期)指出近代来华基督教传教士译著中的代笔问题,极其复杂,有待进一步研究的现象。1987年,张绥的《中世纪"上帝"的文化》(浙江人民出版社),梳理欧洲中世纪基督教会史。1988年,徐怀启的《古代基督教史》(华东师范大学出版社),对古代基督教的诞生和演变、经典与基本教义、教会组织与宗教生活等进行阐述。尹大贻的《基督教哲学》(四川人民出版社),梳理了西方基督教哲学的发展历程。

在中国基督教教会研究方面,1982年,沈以藩、曹圣洁发表《中国基督教的自立运动》(《社会科学》第3期)。在基督教教育文化事业研究方面,1985年,徐以骅发表《基督教在华高等教育初探》(《复旦学报》第3期),认为教会大学促进了中西文化交流,客观上促进了中国现代化进程。在当代基督教研究方面,1984年,余金发表《试论五十年代基督教界人士政治思想的变化》(《宗教问题探索》);1985年,发表《基督教徒的社会表现与其宗教信仰的内在联系》(《宗教问题探索》),鼓励宗教界爱国人士发扬教义中能起积极作用的部分,引导教徒与建设社会主义物质文明、精神文明的要求相协调。1988年,发表《从问卷调查分析当今青年基督教徒的伦理思想倾向》(《宗教问题探索》)。

20世纪90年代,上海地区的基督教研究快速发展并拓展新的研究领域。基督教史研究持续深入,取得一系列重要成果。李乐曾的《近代德国基督教(新教)传教团在中国活动概论》(《同济大学学报》1994年第4期)考察了近代德国传教团体的情况。陶飞亚发表《晚清传教士对中国文化的研究》(《文史哲》1997年第2期),指出晚清传教士更新了关于中国的知识,在正反两个方面促进西方对中国的了解,也为中国人认识自身社会提供某种参照。徐以骅在《吴虹玉与中国圣公会》(《复旦学报》1997年第2期)中指出,吴虹玉是中国基督教会史上一位极具传奇性的人物,为圣公会在中国的建立和中国教会的本色化作出卓越贡献。张广智的《近代中国对基督教入华的回应——一项现代新史学的理论诠释》(《复旦学报》1998年第3期),集中讨论19世纪60年代至1900年为何成为近代中国反基督教的"暴烈期",以揭示基督教在华的近代命运。此外,还有张化的《中国基督教早期"三自"的历史考察》(《基督教与近代文化》上海人民出版社1994年)、《中国耶稣教自立会述评》(《史林》1998年第1期),徐以骅的《颜永京与圣公会》(《近代中国》2000年第10辑)等。

在基督教与近代中国历史研究方面,1991年,刘承功的《简论洪秀全对基督教教义的利用和改造——兼评太平天国推行"西方中世纪神权政治"说》(《探索与争鸣》第3期)认为洪秀全对基督教教义的利用只是用宗教的形式点燃农民的反抗情绪,进行推翻清朝封建统治的斗争。1997年,邵雍发表《中西基督教徒与五卅运动》(《史林》第3期),旨在探讨中西基督教徒在这场运动中的不同表现以及由此带来的社会反响。葛壮发表《传教士与中国学者构成的近代上海知识群落》(《宗教问题探索》)。1998年,沈渭滨的《洪秀全与基督教论纲》(《学术月刊》第1期)中指出洪秀全的反清既有世俗的又有宗教的双重目的。金燕在《五四时期的非基督教运动》(《复旦学报》第6期)中认为,基督教没有在真正意义上影响到中国现代思想史的发展。

在基督教哲学、神学及比较宗教研究中,1999年,俞吾金的《关于人性问题的新探索——儒家人性理论与基督教人性理论的比较研究》(《复旦学报》第1期)分别对儒学和基督教的人性理论进行批评性考察,认为人性不可以言善恶。2000年,俞吾金等在《善恶与教化——兼论基督教和儒学的人的理论》(《复旦学报》第3期)中提出人的理论的核心应当从关于人性善恶的虚假问题的讨论转移到对人的本质、人的行为和教化的思考上去。

在基督教教育文化事业研究方面，主要有：徐以骅的《教会大学与神学教育》(福建教育出版社1999年)、《海上梵王渡：圣约翰大学》(河北教育出版社2003年)、《上海圣约翰大学：1879—1952》(上海人民出版社2009年)、《中国基督教教育史论》(广西师范大学出版社2010年)；陶飞亚、吴梓明的《基督教大学与国学研究》(福建教育出版社1998年)；王伦信的《中国教育近代化的启动与基督教教育策略的调整》(《华东师范大学学报》1999年第4期)；杨剑龙的《旷野的呼声：中国现代作家与基督教文化》(上海教育出版社1998年)等。

中韩基督教比较研究深入开展。2000年前后，复旦大学朝鲜韩国研究中心开展一批有关韩国基督教及中韩基督教比较的研究，发表在《韩国研究论丛》上。主要有：王立诚的《教育与社会：论近代美国对中韩两国的基督教高等教育》、张广智的《论基督教在中韩两国传播的现代命运》、胡晓娣的《中韩基督教本土化问题的比较研究》、朴英姬的《战后上海韩人基督教会地位问题的考察》、汪伟民的《基督教与东北亚区域文化认同——以中日韩为讨论中心》、戴鞍钢的《基督教与近代中韩妇女习俗变革》、徐志啸的《基督教在中韩传播的比较与思考》、张广智的《宗教的力量：通向心灵重塑之路——以基督教在近代中韩两国的传播为讨论中心》等。

2000年以后，上海学者的基督教研究在许多领域进入快速发展阶段，呈现繁荣之势。在基督教神学研究方面，2001年，张庆熊的《当代基督教人学观念的重构》(《复旦学报》第3期)指出大多数当代基督教的神学家不否认人的主体的自主性，但批判近代哲学家的主体性观念过于狭隘。2003年，张庆熊出版《基督教神学范畴：历史的和文化比较的考察》(上海人民出版社)。2005年，孙向晨的《论〈利维坦〉中神学与政治的张力》(《复旦学报》第3期)，重新解读基督教之于霍布斯不啻是其政治哲学必然的一环，更是其整个政治哲学的框架。2007年，谢志斌发表《基督教神学与生活领域：从凯珀到斯塔克豪思》(《世界宗教研究》第5期)；2009年他在《圣约与全球经济生活：一种基督教神学的公共进路》(《宗教学研究》第4期)中，尝试阐析圣约对于全球经济生活的意义，来理解基督教神学与当今公共生活的关联性。此外，他还出版《公共神学与全球化：斯塔克豪思的基督教伦理研究》(宗教文化出版社2008年)。

在基督教思想研究方面，黄颂杰等发表《基督教哲学本体论与中国传统思想》(《学术月刊》2000年第4期)。张庆熊在《试析基督教和儒家的罪恶观》(《复旦学报》2002年第5期)中以保罗和孔子的观点为代表，比较基督教和儒家有关罪与恶的看法。孙向晨在《基督教的政治化理解——近代西方政治哲学解读基督教的一种基本思路》(《学术月刊》2007年第7期)中揭示了近现代西方社会中基督教的政治作用。李俐发表《上帝与空间——基督教世俗化语境中的牛顿空间学说的形成》(《复旦学报》第6期)。

基督教在华历史研究是这一时期研究的重点。如罗伟虹的《中国基督教》(五洲出版社2004年)，罗伟虹与姚民权的《中国基督教简史》(宗教文化出版社2000年)。裔昭印在《基督教和近代中国妇女运动》(《上海师范大学学报》2000年第4期)中指出西方传教士有关妇女的社会改良活动，主要是为他们的传教开辟道路，客观上促进了中国妇女运动的发展和人们妇女观的改变。陶飞亚在《中国的基督教乌托邦为什么会解体——与〈牛津基督教史〉中一个观点的商榷》(《东岳论丛》2003年第5期)中认为正如世界基督教运动中其他国家的乌托邦社团一样，内因是导致耶稣家庭解体最主要的原因；发表《教会防范教案：甲午战后新教传教士集体上疏清廷》(《上海大学学报》2008年第6期)，填补传教士希望减少民教冲突的研究空白。此外，陶飞亚还出版《中国的基督教乌托邦：耶稣家庭(1921—1952)》(香港中文大学出版社2004版)、《边缘的历史：基督教与近代中国》(上海古籍出版社 2005 版)等。刘义的《基督徒与民初宪法上的信教自由——以定孔教为国教之争为中心(1912—1917)》(《东岳论丛》2005 年第 1 期),认为信教自由的原则得以在宪法上确立,这是近代中国宗教和政治史上的大事件。顾长声出版《马礼逊评传》(上海书店出版社 2006 年)。邹振环在《西方传教士与晚清西史东渐:以 1815 至 1900 年西方历史译著的传播与影响为中心》(上海古籍出版社 2007 年)中,讨论了 19 世纪初以来给中国学人关于世界的知识提供资源的到底是哪些西洋历史译著。杨卫华在《革命与改良的相遇:来华新教传教士话语中的中国共产党(1928—1936)——以〈*The Chinese Recorder*〉为中心》(《史林》2007 年第 3 期)分析指出,传教士并没有片面地否定中国共产党,其对中国共产党的态度相当复杂,声音相当多元,其中对话与反思是主流。张晓林发表《基督教平等观念与中国近现代启蒙》(《华东师范大学学报》2009 年第 3 期),指出基督教宗教平等观念对中国近现代启蒙影响深刻。杨国强发表《中西交冲:19 世纪后期的传教和教案》(《华东师范大学学报》2009 年第 4 期),指出由西方的传教士引发的社会冲突,使 19 世纪后期西教入华的历史成了绵延不绝的教案史。陶飞亚、杨卫华的《基督教与中国社会研究入门》(复旦大学出版社 2009 年),内容包括中国基督教研究的源流、当代中国基督教研究的成果与不足、中国基督教研究的理论与反思、研究举例等。张化的《从司徒雷登看传教士和传教运动》(《世界宗教研究》2010 年第 3 期)认为司徒雷登是一个宗教理想主义者,客观上促进了中西文化交流。张永广发表《二十世纪上半叶中国基督教会合一运动述评》(《宗教学研究》2010 年第 4 期)。张化的《中国耶稣教自立会发起原因研究》(《"传教运动与中国教会"学术研讨会论文集》宗教文化出版社 2007 年)、《俞国桢与"贡经"风波》(《当代宗教研究》2006 年第 2 期),持续对中国耶稣教自立会进行深入研究。

在区域基督教史研究方面,2004 年,李向平在《"本色化"与社会化——近代上海"海派基督教"的社会化历程》(《上海大学学报》第 3 期)中指出欧美基督教在近现代上海的社会化问题,既具基督教的中国化意义,亦可与当今基督教学界关心的处境化问题应对。2006 年,张晓虹的《晚清至民国时期陕西基督教宣教区研究》(《中国历史地理论丛》第 4 期)指出以功能文化区形式出现的宣教区的空间结构特征,一方面受制于中国传统的文化地域格局,另一方面则与各教会在陕西发展的历史过程与权力有着密切的关系。

基督教教育文化出版研究也是这一时期的热点,2001 年,王立诚的《美国文化渗透与近代中国教育:沪江大学的历史》(复旦大学出版社)出版。2006 年,陈建华的《从"中华教育会"透视晚清基督教的教会教育》(《华东师范大学学报》第 2 期)认为中华教育会加速了近代中国基督教教会教育制度化的进程。一些学者探讨了传教士小说的问题。包括宋莉华的《十九世纪传教士小说的文化解读》(《文学评论》2005 年第 1 期)、《传教士汉文小说研究》(上海古籍出版社 2010 年)。李亚娟发表《晚清〈中西教会报〉报载小说初探》(《华东师范大学学报》2009 年第 2 期)等。

上海学者还对基督教出版事业进行研究。邹振环在《近百年间上海基督教文字出版及其影响》(《复旦学报》2002 年第 3 期)中指出近代基督教在华传播,文字出版是重要的手段,而上海正是基督教文字出版的中心。他还发表《麦都思及其早期中文史地著述》(《复旦学报》2003 年第 5 期)、《慕维廉与中文版西文地理学百科全书〈地理全志〉》(《复旦学报》2000 年第 3 期)等。李天纲的《简论林乐知与〈万国公报〉》(《史林》1996 年第 3 期),介绍了两者关系及该报始末。陈建云在《来华基督教传教士办报动机辨析》(《西南民族大学学报》2007 年第 4 期)中指出中国近代报刊业的兴起与基督教来华传教士的办报活动密不可分。郭红发表《从幼童启蒙课本到宣教工具——1823 至 1880 年间基督教〈三字经〉的出版》(《史学集刊》2009 年第 6 期),分析近代基督教《三字经》的出版情况。司佳发表《麦都思〈三字经〉与新教早期在华及南洋地区的活动》(《学术研究》2010 年第 12 期)指出麦都思的《三字经》不单在形式上有效缓和中文口授与识字水平之间的对立，在内容主旨上也充分体现出新教传教士对异文化的一种观察视角。

在当代基督教问题研究方面，2008 年，华桦发表《大学生信仰基督教状况调查——以上海部分高校大学生为例》(《青年研究》第 1 期)，指出大学生信仰基督教现象已成为近年来社会关注的焦点。2009 年，李向平、吴小永发表《当代中国基督教的“堂—点模式”——宗教的社会性与公共性视角》(《上海大学学报》第 5 期)指出基督教的公共价值观是一个应当是如何的问题，而基督教的社会性则是一个本来是如何的问题。在基督教与国际关系研究领域，主要有徐以骅的《试论宗教影响中国国家安全的路径和范式》(《复旦学报》2009 年第 4 期)、《当代国际传教运动研究的“四个跨越”》(《世界宗教文化》2010 年第 1 期)和《宗教与当代国际关系》(《国际问题研究》2010 年第 2 期)等。此外，他还组织出版年度学术辑刊《宗教与美国社会》。李峰在《国际宗教非政府组织与跨国倡议网络——以世界基督教协进会为个案》(《学术论坛》2009 年第 4 期)中，以世界基督教协进会为个案，结合社会网络分析，对国际宗教非政府组织在当前国际社会网络中的运作模式进行探讨。涂怡超发表《全球化处境下督教福音派跨国公民参与》(《世界宗教研究》2009 年第 2 期)，指出福音派的跨国社会参与在全球治理中发挥了重要作用，但它又对美国霸权强烈依赖。涂怡超推出《美国基督教福音派及其对国际关系的影响：以葛培理为中心的考察》(上海人民出版社 2010 年)。

第十一章　文　学

近代上海一直是文学引译、创作与研究的重镇。1978年以来，上海的文学研究在原有深厚的基础上，既重视发扬优良传统，又强调探索理论创新，在中国古代文学、现当代文学、外国文学及文艺理论等方面，都取得丰硕的成果，形成自己的特色，在海内外有着深远而广泛的影响。

第一节　古代文学

一、综合研究

上海是古代文学研究的重镇，1978年以后，古代文学研究界走出"文化大革命"，拨乱反正，恢复和发扬古代文学研究的优良传统和优秀学风，重视文献考证，重视理论思考和思想探索，强调观念更新和方法多样化。1977年，章培恒的《对文艺发展历史的卑鄙篡改——评〈研究文艺史上儒法斗争的几个问题〉及其他》(《文艺论丛》第1辑，上海人民出版社)对"江天"之流的错误论断进行批驳。1979年上海书店出版社出版胡适的《中国章回小说考证》，同年魏同贤在《红楼梦学刊》第2辑发表长文《胡适的〈红楼梦考证〉在红学史上的地位》指出胡适的《红楼梦考证》这类学术著作既应该给以一定的历史地位，又需进行批判地继承。胡适著作的出版，发出古代文学研究扭转方向、走向正轨的讯息。1981年，韩黎范在《红楼梦学刊》第4辑上著文《略论〈红楼梦〉艺术结构的总纲》，否定过去所谓《红楼梦》第四回是总纲的论断，提出前面整整五回文字是《红楼梦》艺术构思的总纲。这些都是对"文化大革命"期间的一些古代文学问题的重新审理。1985年，上海市红楼梦学会成立，魏同贤为首任会长。

这一时期，一批当代大家、名家撰成于"文化大革命"之前与之中的重要著作出版。1978年，上海古籍出版社出版陈寅恪的《元白诗笺证稿》，1980年又出版陈寅恪的《金明馆丛稿初编》《柳如是别传》等。1979年王元化撰著于"文化大革命"之前的《文心雕龙创作论》由上海古籍出版社出版。同年，章培恒定稿于1962年的《洪昇年谱》由上海古籍出版社出版，引起国内外学术界的关注。1981年，马茂元将20世纪50年代中期到60年代中期所作的关于古典文学的部分论文结集为《晚照楼论文集》，由上海古籍出版社推出。同年，朱东润完成于"文化大革命"期间的《杜甫叙论》由人民文学出版社出版；陈子展的《诗经直解》撰著于"文化大革命"之前，1983年由复旦大学出版社出版。上海古籍出版社还整理出版《朱自清古典文学论文集》(1981年)、《郑振铎古典文学论文集》(1984年)、《罗根泽古典文学论文集》(1985年)、《郭沫若古典文学论文集》(1985年)、《李嘉言古典文学论文集》(1985年)、《茅盾古典文学论文集》(1986年)。

20世纪80年代前期，文学研究呼吁方法论的更新和学术观念的变革，提出"宏观文学观念"和依据人性发展建构中国文学史的学术思想，并付诸实践。在1982年全国唐诗讨论会上，陈伯海发表《宏观世界话玉溪》。1984年，章培恒在《复旦学报》第5期发表《对中国古典文学研究的展望》，主张文学的进步是与人性的发展同步的，文学的发展包括文学形式的变化与人性发展的关系。1986年《安徽师大学报》第3期发表王元化在中国《文心雕龙》学会第二次年会上的讲话，谈"马克思主义和新方法论问题”“从文化史的角度来研究文学”等问题。1986 年，上海古典文学学会成立，王运熙为首任会长。

20 世纪 80 年代中期后，上海学者积极提倡宏观文学史的研究。陈伯海于 1985 年发表《宏观的世界与宏观的研究》(《文学遗产》第 3 期)，1986 年发表《论中国文学的民族性格》(《文学遗产》第 3 期)、《中国文学史之鸟瞰》(《文学遗产》第 5 期)，1987 年又发表《文学史上的“圆圈”——文学史方法论之二》(《中国社会科学》第 3 期)等论文，提倡文学史的宏观研究。1988 年起，陈伯海和董乃斌把中国宏观文学史的观念落入实处，由中国社会科学出版社推出“宏观文学史丛书”。1997 年，陈伯海主编的《近四百年中国文学思想史》由东方出版中心出版，宏观综述近四百年中国文学思潮的发展脉络，为中国文学史的研究提供新的视角，获得首届鲁迅文学奖全国优秀理论评论奖。1996 年，章培恒和骆玉明主编的 3 卷本《中国文学史》(复旦大学出版社)，张扬个性解放，有着鲜明的思想性。

20 世纪 80 年代中后期，上海学者开始探讨古代文学与现代文学的关系问题。中华人民共和国成立以后文学研究的基本格局是古代文学与现代文学分为两橛，划为泾渭分明的不同学科。1987 年，贾植芳在《学术研究》第 6 期发表的《中国新文学与传统文学》，勾勒新文学同传统文学的关系略图，提出一个新的研究课题。20 世纪 90 年代中期章培恒明确地提出中国文学古今演变的问题。1996 年，他与谈蓓芳合作发表《论五四新文学与古代文学的关系》(《复旦学报》第 4 期)。1998 年 12 月，章培恒在韩国首尔举行的“中国文学史的宏观与微观研究”国际学术讨论会上发表主题讲演，提出打破“古代文学”与“现当代文学”的分界，进行古今演变的研究。该演讲《关于中国文学史的宏观与微观研究》后发表于《复旦学报》1999 年第 1 期。1999 年底，教育部人文社会科学重点研究基地复旦大中国古代文学研究中心正式成立。

2001 年，章培恒、陈思和在《复旦学报》主持“中国文学古今演变研究”专栏，旨在对中国文学作贯通式的研究，其中包括对文学观念、文学史观念以及文艺理论的革新探索。自 2001 年 11 月起，复旦大学中国古代文学研究中心和浙江师范大学共同定期举办了多届“中国文学古今演变研究”国际学术研讨会，“中国文学古今演变”这一学术论题得到学界的热烈反响，上海学者发表了一批论文，如骆玉明的《文学史的核心价值与古今演变》(《复旦学报》2002 年第 5 期)，赵山林的《试论旧体词曲与新文学诗歌创作的关系》(《华东师范大学学报》2003 年第 2 期)，朱文华的《晚清各体文学的走向和中国文学的古今演变》(《复旦学报》2003 年第 5 期)，李桂奎、黄霖的《中国“写人论”的古今演变》(《文史哲》2005 年第 1 期)，章培恒的《从〈红楼梦〉看中国文学的古今演变》(《杭州师范学院学报》2005 年第 3 期)，徐艳的《中国散文语言音乐美的古今演变》(《学术月刊》2008 年第 4 期)，陈广宏的《中国文学古今演变：本土与西方维度》(《河北学刊》2009 年第 2 期)等。2006 年，章培恒在《河北学刊》第 5 期发表《中国文学古今演变研究的意义和效应》，指出对中国文学古今演变的探讨是对推进中国文学的研究，无论是中国文学的总体研究抑或现代文学、古代文学的研究具有重大意义的工作。

20 世纪 90 年代中期后，在文学史研究中还开拓一些专题性研究领域。1995 年，孙琴安的《中国性文学史》(上、下册)在台湾桂冠出版公司出版。2005 年 10 月，上海财经大学人文学院与中国社会科学院文学研究所《文学评论》编辑部联合举办经济生活与中国传统文学研讨会，首次明确地将“经济生活”和“中国传统文学”联系起来。2006 年，徐培均主编的《中华爱国文学史》(上海社会科学院出版社)出版，体现了一定的创新性。

二、古代文学史研究

【诗文研究】

先唐诗文 先秦文学研究的前辈如陈子展、蒋天枢、马茂元等在改革开放后依然发表学术成果,培养人才。《诗经》研究,除陈子展的《诗经直解》(复旦大学出版社 1983 年)外,程俊英先后出版《〈诗经〉漫话》(上海文艺出版社 1983 年)、《诗经译注》(上海古籍出版社 1985 年)、《诗经注析》(中华书局 1991 年)等。较之《诗经》,上海学者的《楚辞》研究则显得繁盛。1979 年,李庆甲整理的《楚辞集注》由上海古籍出版社出版;1982 年,蒋天枢的《楚辞论文集》由陕西人民出版社出版;1985 年,马茂元主编的《楚辞研究集成》由湖北人民出版社出版;1989 年,蒋天枢校释的《楚辞校释》由上海古籍出版社出版。1990 年,姚汉荣、姚益心著的《楚文化寻绎》(学林出版社),以十个专题研究楚国的审美文化与屈原的思想创作。1993 年,朱碧莲出版《楚辞论稿》(三联书店出版社),后与她的《楚辞讲演》《宋玉辞赋译解》《中国辞赋史话》汇编为《还芝斋读楚辞》(上海古籍出版社 2008 年)。1994 年,徐志啸的《楚辞综论》(台北东大图书公司),多侧面、深层次地探讨楚辞及屈原相关问题。2004 年,徐志啸的《日本楚辞研究论纲》(学苑出版社)评述日本学者研究楚辞的是非得失。

在屈原与《楚辞》研究方面,有章培恒的《关于屈原生平的几个问题》(《学术月刊》1981 年第 10 期)明确指出屈原之死至早在郢破九年之后;姚汉荣的《评〈楚辞新考〉》(《四川师院学报》1984 年第 3 期)对何天行的《楚辞新考》的"屈原否定论"从观点到方法给予细致的批驳等。

先秦其他文学的研究,有马茂元整理马其昶撰的《定本庄子故》(黄山书社 1989 年)、王小盾的《诗六义原始》(《扬州大学中国文化研究所集刊》第 1 辑,江苏古籍出版社 1998 年)。徐志啸的《先秦诗——真与奇的耦合》(广西师范大学出版社 1999 年)考察先秦社会风俗文化,论述以《诗经》《楚辞》为代表的先秦诗歌的形式和风格特征。姚汉荣、孙小力、林建福撰《庄子直解》(复旦大学出版社 2000 年),对《庄子》33 篇进行解题、今译、注释和评析。邵炳军、梅均撰《〈左氏春秋〉文系年注析》(广西师范大学出版社 2008 年),采用编年体例,全面辑录《左氏春秋》中所存各类作者的各类文体。

上海地区的汉魏六朝文学研究,特别是魏晋南北朝文学研究,在这一时期取得一些重要成果。著述如马茂元的《古诗十九首初探》(陕西人民出版社 1981 年),辨别众说,自成一家。王运熙的《汉魏六朝唐代文学论丛》(上海古籍出版社 1981 年)是他单篇研究论文的结集,把研究对象放在具体的历史环境和条件下,尽可能准确、全面、真实地揭示文学批评的历史面貌。何满子的《中古文人风采》(上海古籍出版社 1993 年),结合时代背景分析汉魏晋名士的风采个性和时代特征。李祥年的《汉魏六朝传记文学史稿》(复旦大学出版社 1995 年),是秉承朱东润的传记文学研究传统的重要著作。汪耀明的《挥笔传神》(学林出版社 2005 年)是对"前四史"的文学性研究。朱碧莲、沈海波著《秦汉文学史五十论》(甘肃人民出版社 2009 年),以秦汉文学史中的个案为线索,审视秦汉文学的重要问题。重要的古籍整理本有曹融南校注集说《谢宣城集校注》(上海古籍出版社 1991 年)、龚斌校笺《陶渊明集校笺》(上海古籍出版社 1996 年)等。

上海学者还发表一些论文。其中,赵昌平的《谢灵运与山水诗起源》(《中国社会科学》1990 年第 4 期),就中国山水诗的渊源问题作新的阐释,提出魏晋以来的宴游诗和行旅诗是山水诗发生的主要源头。归青的《从赋到诗: 山水诗成因初探》(《中州学刊》1994 年第 2 期)则指出在诗歌由玄言向山水的转变中,赋作出不可忽视的贡献。2005 年,查屏球在《中国社会科学》第 5 期发表的《纸简替代与汉魏晋初文学新变》考察由简到纸的文本载体形式替换给予文学的广泛影响。

上海学者在《世说新语》研究上用力甚勤，获功颇丰。1984年，徐震堮的《世说新语校笺》（中华书局）集校、笺、疏于一体。1987年，张㧑之、刘德重的《世说新语选注》（上海古籍出版社），每则下有详细说明和精要分析。蒋凡的《世说新语研究》（学林出版社1998年）、《世说新语的读法》和《世说新语英雄谱》（中国人民大学出版社2008年），将文学与社会文化联系起来，文史结合并融入现代思考。刘强的《世说新语会评》（凤凰出版社2007年）汇集名家批语，为读者提供珍贵的资料。

关于宫体诗和《玉台新咏》的研究尤为活跃。20世纪前80年，学界一般是将宫体诗斥为形式主义文学，给予贬抑。但是1978年以来，情况有所改变。1988年，杨明在《复旦学报》第5期发表《宫体诗评价问题》较早质疑过去的成见，指出宫体诗中虽有糟粕，但许多作品虽描绘女性之美却并不涉及狎亵，在艺术方面具有多方面的成就。早在1987年，章培恒在《复旦学报》第1期发表《关于魏晋南北朝文学的评价》，认为在魏晋南北朝文学中，人的自我意识的加强最引人瞩目。据此，他于20世纪90年代在《中国文学史》中既肯定宫体诗扩大中国诗歌的审美表现范围，又批评宫体诗的真正缺陷主要在于它大抵是以男性的品赏眼光来描绘女性。归青在宫体诗研究方面用力甚专，发表一系列论文，结集为《南朝宫体诗研究》（上海古籍出版社2006年）。2004年，章培恒在《文学评论》第2期发表《〈玉台新咏〉为张丽华所“撰录”考》，推翻旧说，标新立异，引起学术界的极大反响。但学界未能取得一致认同，展开激烈争鸣。其间，邬国平的《〈玉台新咏〉张丽华撰录说献疑》（《学术月刊》2004年第9期）对《玉台新咏序》等文献进行不同角度的解读并对章说提出质疑。

唐宋诗文　上海地区的唐宋文学研究，学者多，力量强，既重视文献辑佚和整理、个案专题研究，也强调宏观的理论考察，成果卓著。20世纪70年代后期起，首先是重视名家别集的点校笺注。上海学者以上海古籍出版社为主要依托，先后整理出版了一系列名家别集，主要有：陈允吉点校的《樊川文集》（1978年）、《东坡乐府》（1979年），徐鹏校点的《于湖居士文集》（1980年），徐培均校注的《淮海居士长短句》（1985年），马茂元整理、马其昶校注的《韩昌黎文集校注》（1986年），徐鹏校注的《孟浩然诗集校注》（人民文学出版社1989年），赵昌平、严寿澂、黄明合撰的《郑谷诗集笺注》（1991年），徐培均笺注的《淮海集笺注》（1994年），马茂元、钱仲联校点的《韩愈全集》（1997年），彭国忠点校《张孝祥诗文集》（黄山书社2001年），黄任轲、朱怀春校点、冯应榴辑注的《苏轼诗集合注》（2001年），聂安福笺注的《韦庄集笺注》（2002年），徐培均笺注的《李清照集笺注》（2002年），马兴荣、祝振玉校注黄庭坚《山谷词》（2001年），黄宝华点校的《山谷诗集注》（2003年），徐培均的《淮海居士长短句笺注》（2008年），郭广伟点校的《权德舆诗文集》（2008年）等。洪本健的《欧阳修诗文集校笺》（2009年），以《四部丛刊》本为底本，以日本天理图书馆收藏的南宋欧集为主要参校本。

大型文献整理方面，1992年陈尚君编撰的《全唐诗补编》（中华书局），是对清编《全唐诗》以外的唐人遗诗的总汇性著作，丰富唐诗这一中国文化瑰宝。陈尚君从20世纪90年代中期前后开始着手于唐文的补辑，于2005年完成《全唐文补编（160卷）》（中华书局）。1989年，王水照的《宋人所撰三苏年谱汇刊》（上海古籍出版社），不仅影印传世仅存的5种宋人编撰“三苏”年谱，且辑佚整理2种年谱，对于研究“三苏”的文学事迹乃至整个宋代文学都有重要意义。1998年，李时人编校的《全唐五代小说》（5册），由陕西人民出版社出版；此外，徐培均的《秦少游年谱长编》（中华书局2002年），均是文献性研究的代表之作。

20世纪80年代初起，上海学者即开始对李白、白居易、苏轼等作家进行全方位、多角度的研究。如朱金城与瞿蜕园完成《李白集校注》（上海古籍出版社1980年）后，编撰《白居易年谱》（上海古籍出版社1982年），对白居易交游和行迹的考证尤为精审。之后，朱金城着手撰著《白居易集笺校》（上海古籍出版社1988年），搜集专书、诗话、笔记等资料，对白居易作品进行编年、校勘、笺释；在文献整理研究基础上,他撰著朱金城《白居易研究》(陕西人民出版社1987年),考证白居易的生平与交游。20世纪70年代末起,王水照对苏轼作了全方位的探究。1978年,他在《文学评论》第3期发表《评苏轼的政治态度和政治诗》,是"拨乱反正"后最早为苏轼正名的论文,获上海市高校社会科学优秀论文奖。1984年,他选注的《苏轼选集》由上海古籍出版社出版,获全国首届古籍整理图书奖;《苏轼豪放词派的涵义和评价问题》(《中华文史论丛》1984年第2辑)获首届夏承焘词学奖论文一等奖;《从苏轼秦观看词与诗的分合趋向》(《复旦学报》1988年第1期),获中国秦观学会优秀论文奖;《苏轼的人生思考和文化性格》(《文学遗产》1989年第5期),获上海市哲学社会科学优秀成果奖。1994年,王水照的《苏轼论稿》由台湾万卷楼图书有限公司出版,后改名为《苏轼研究》,由河北教育出版社1999年再版,较为全面深入地论述苏轼一生的生活道路和创作道路,标志着苏轼研究的新水平。2004年,王水照、朱刚合撰《苏轼诗词文选评》(上海古籍出版社),王水照、朱刚合著《苏轼评传》(南京大学出版社)。

20世纪80年代后半期起,以陈伯海为代表的学者从唐诗学的文献著录整理和理论建构两方面同时入手,产出一批学术成果。1987年,孙琴安的《唐诗选本六百种提要》由陕西人民教育出版社出版,后修订增补为《唐诗选本提要》(上海书店出版社2005年)。陈伯海的《唐诗学引论》(东方出版中心1988年)提出整个系列研究的总纲,分述唐诗的特质、渊源、流变、体式和学科发展史;陈伯海还主编《唐诗书录》(与朱易安合作,齐鲁书社1988年)、《唐诗汇评》(浙江教育出版社1995年)、《历代唐诗论评选》(河北大学出版社2003年)等。2000年以后,在唐代文学的理论建构上出版一批专著,主要有:朱易安的《唐诗学史论稿》(广西师范大学出版社2000年),陈伯海的《唐诗学史稿》(河北人民出版社2004),查清华的《明代唐诗接受史》(上海古籍出版社2006年),蒋哲伦、杨万里的《唐宋词书录》(岳麓书社2007年)等。

1997年,王水照主编的《宋代文学通论》由河南大学出版社出版,对"宋型文化"的特质作深入的阐释,并从"宋型文化"的角度研究宋代文学特点的形成和历史地位。此外,朱刚的《唐宋四大家的道论与文学》(东方出版社1997年)、罗立刚的《宋元之际的哲学与文学》(复旦大学出版社1999年),也是侧重于以宏观视野进行哲学与文学关系研究的专书。2006年,李定广出版《唐末五代乱世文学研究》(中国社会科学出版社),从文化视野研究唐末五代文学。2010年,朱刚在《中国社会科学》第1期发表《北宋"险怪"文风:古文运动的另一翼》,梳理唐宋古文运动中的"怪文"系谱,阐释其社会基础和历史意义。

20世纪80年代初起,佛学与文学关系有较多的研究成果。陈允吉着力探究佛教与中国文学的关系,把时代与社会因素和诗人的人生观、哲学观以及心理特征、美学思想等加以综合观察。1981年,发表《"李贺"与"楞伽经"》(载蒋孔阳主编《中国古代美学艺术论文集》)。1983年,发表《论唐代寺庙壁画对韩愈诗歌的影响》(《复旦学报》第1期)。相关论文后结集为陈允吉《唐音佛教辨思录》(上海古籍出版社1988年)。此后,陈允吉与陈引驰主编《佛教文学精编》(上海文艺出版社1997年),陈引驰撰著《大千世界:佛教文学》(云南人民出版社2001年)、《隋唐佛学与中国文学》(百花洲文艺出版社2002年)、《佛教文学》(上海人民美术出版社2003年)出版。其中,《隋唐佛学与中国文学》展示出较为完整的隋唐佛教文学图景,构画隋唐文士在儒、佛、道三者间的浸润与抉择、禅风变迁中诗人的姿态以及烙印于文学中的痕迹,民间宗教诗歌和敦煌变文等世俗文学与佛教文化的深刻关联。夏广兴的《佛教与隋唐五代小说》(陕西人民出版社2004年)研究隋唐五代佛教的流布与汉译佛典对小说创作的影响。此外还有金丹元的《禅意与化境》(上海文艺出版社1993年)、彭国忠的《宋代词学批评中的佛禅话语》(《文艺理论研究》2008年第6期)等专著和论文。

20 世纪 90 年代中期后，在专题研究方面的重要论著有王小盾的《隋唐五代燕乐杂言歌辞研究》（中华书局 1996 年）、《汉唐音乐文化论集》（台北学艺出版社 1991 年），邓乔彬的《有声画与无声诗》（上海社会科学院出版社 1993 年），蒋凡的《韩愈柳宗元研究》（上海教育出版社 2001 年），汪习波的《隋唐文选学研究》（上海古籍出版社 2005 年），孙琴安的《唐诗与政治》（上海人民出版社 2003 年），方笑一的《北宋新学与文学》（上海古籍出版社 2008 年），杨明的《汉唐文学研赏集》（上海古籍出版社 2009 年）等都是专题研究方面颇为深入的著作。

金元明清诗文　2004 年，刘明今的《辽金元文学史案》由上海古籍出版社出版。2005 年，黄仁生的《杨维祯与元末明初文学思潮》由东方出版中心出版，论著在元明文学思潮变革的大背景中研究杨维祯这位重要的元代文学家。元代诗人萨都剌的研究过去几乎为空白，2005 年，杨光辉的《萨都剌生平及著作实证研究》由高等教育出版社出版，对萨都剌的生平作细致的梳理。

明代诗文和作家研究，从 20 世纪 80 年代中期起有较大发展。朱东润的《陈子龙及其时代》（上海古籍出版社 1984 年）在明清易代的错综复杂背景中，刻画陈子龙作为风流名士和爱国志士的一生。章培恒对明代文学有着独特的认识，在《李梦阳与晚明文学新思潮》（《古田敬一教授退官纪念中国语学文学论集》）中，他把李梦阳作为晚明文学新思潮的先驱。八九十年代，章培恒指导博士生从具体的个案年谱做起，为明代诗文研究奠定扎实的基础。他主编的《新编明人年谱丛刊》由复旦大学出版社出版，包括陈正宏的《沈周年谱》、郑利华的《王世贞年谱》、陈广宏的《锺惺年谱》、胡令远的《杨士奇年谱》、韩结根的《康海年谱》（均 1993 年）、钱振民的《李东阳年谱》（1995 年）、陈麦青的《祝允明年谱》（1996 年）、孙小力的《杨维桢年谱》（1997 年）。在年谱编撰的基础上，又推出个案和流派研究，如陈建华的《中国江浙地区十四至十七世纪社会意识与文学》（学林出版社 1992 年）、郑利华的《明代中期文学演进与城市形态》（复旦大学出版社 1995 年）、陈正宏的《明代诗文研究史：1368—1911》（上海文化出版社 2000 年）、韩结根的《明代徽州文学研究》（复旦大学出版社 2006 年）、陈广宏的《竟陵派研究》（复旦大学出版社 2006 年）等。

20 世纪 80 年代中期，上海学者先后启动国家教委全国高校古籍整理委员会大型项目，编纂明代诗、文总集。1990 年、1993 年，章培恒主编的《全明诗》先后由上海古籍出版社出版两册。钱伯城、魏同贤、马樟根主编的《全明文》于 1992 年出版第一册。20 世纪 90 年代后，整理与研究明代诗文文献的成果，主要有夏咸淳校点的《张岱诗文集》（上海古籍出版社 1991 年），钱振民整理的《李东阳续集》（岳麓书社 1997 年）、《李东阳集》（岳麓书社 2008 年），黄仁生撰著的《日本现藏稀见元明文集考证与提要》（岳麓书社 2004 年）、《江盈科集辑校》（岳麓书社 2008 年）等。

这一时期较注重联系明代的社会风俗文化研究明代文学。2001 年，夏咸淳出版《情与理的碰撞——明代士林心史》（河北大学出版社），在明代社会思想文化背景中展示明代文人的心灵世界和情感经历。2003 年 11 月，复旦大学中国古代文学研究中心与安徽大学徽学研究中心、南京大学中国古代文学研究中心等在安徽大学联合举办明代文学与地域文化学术讨论会，成立明代文学研究会（筹），章培恒担任会长，后来黄霖继任会长。2004 年 4 月，市古典文学学会与嘉定区委宣传部联合举办“归有光暨嘉定四先生学术讨论会”。

20 世纪 80 年代前期起，上海古籍出版社出版多种由上海学者点校注释的清人别集：1983 年，出版王蘧常的《顾亭林诗集汇注》，第一次对明清之际爱国诗人顾亭林的诗歌进行详细全面的汇注，由吴丕绩标校。后有刘季高校点的《方苞集》（1983 年）、《惜抱轩诗文集》（1992 年），李学颖集评标校的《吴梅村全集》（1990 年），曹光甫校点的《瓶水斋诗集》（1991 年），李学颖、曹光甫校点的《瓯北集》（1997 年），陈振鹏标点的《陈维崧集》（2010 年）等。胡晓明、彭国忠主编的《江南女性别集》，于

2008年、2010年由黄山书社出版两编,聚焦明清女性文学的研究。2010年,上海古籍出版社影印出版《清代诗文集汇编》,收录自清入关至民国建立260年间重要人物的诗文集约4 000种。

20世纪90年代中期后,上海学者推出一批清代诗文的论著。其中,陈居渊用力甚为专精,撰著《清代诗歌与王学》(文津出版社1994年)、《清代朴学与中国文学》(百花洲文艺出版社2000年),联系清代的学术思想文化背景来研究清代文学。朱丽霞的《清代松江府望族与文学研究》(上海古籍出版社2006年),考察文化生态,对松江宋氏、王氏等望族的家族史和文学活动展开研究。

近代诗文 上海是近代文学的中心,近代文学研究在上海也颇为活跃。20世纪80年代中期起,上海学者对于近代文学的宏观研究有较大发展,1985年,叶易的《中国近代文艺思想论稿》由复旦大学出版社出版。这一时期,对于"近代文学"这一概念存在不少质疑,有人主张用"19世纪文学"取代之。1986年10月,上海社会科学院文学研究所和东西方文化比较中心联合发起召开"中国19世纪文学讨论会",就"19世纪文学作为中国文学的观念能否成立""19世纪文学的性质和特点""19世纪文学的价值和未能出现高潮的原因""19世纪文学与文化的关系"等问题展开研讨。1990年,叶易的《中国近代文艺思潮史》(高等教育出版社),在近代政治变革的背景中探讨近代文艺思潮的复杂演变。

20世纪90年代前期,上海有规模地展开近代文学文献的整理,市新闻出版局部署的重点图书工程之一《中国近代文学大系》(1840—1919)由范泉任总编纂,于1991—1996年由上海书店出版社陆续出版。1993年,陈伯海、袁进主编的《上海近代文学史》(上海人民出版社)特别注意到西方传教士、西方文化对上海近代文学发展的重要影响。20世纪90年代中期,上海学者在近代文学研究中表现出强烈的理论反思和批判意识。1994年初,柯灵为参加"两岸三边华文小说研究会"撰写《为十里洋场绣像》,对晚清梁启超等维新派文学思想提出新的看法。

过去对"鸳鸯蝴蝶"派文学一直评价不高。1994年,袁进撰著出版《鸳鸯蝴蝶派》(上海书店出版社),梳理晚清民初鸳鸯蝴蝶派的历史,重新思考该派的文学史地位。1997年,袁进主编的《鸳鸯蝴蝶派散文大系》8种由东方出版中心出版。1998年9月22日,上海近代文学研究界学者聚会在上海社会科学院研讨"戊戌变法"与近代文学的关系。2010年,黄霖在《文学评论》第5期发表《民国初年"旧派"小说家的声音》,指出重新辨析鸳鸯蝴蝶派小说家,对于科学地认识中国小说近现代的演变及有关这段小说史的研究不无意义。

2000年之后,对近代文学的演变影响等进行较深入的探讨。2001年,袁进在《近代文学的突围》(上海人民出版社)提出,近代文学尽管缺乏伟大的作家作品,却非常重要。同年,章培恒在《复旦学报》第2期发表文章《关于中国现代文学的开端》,对于把1840年至"五四"运动前夕的文学作为"近代文学"的文学史分期法提出商榷。2004年,朱文华的《中国近代文学潮流:从戊戌前后到五四文学革命》(贵州教育出版社)阐述"五四"前20年中国文学潮流的性质特征及其对于五四文学革命的催发、刺激和影响。2006年,袁进的《中国文学的近代变革》(广西师范大学出版社)从不同角度,以及近代民族国家之建立的背景中探讨近代文学的变革。

这一时期,上海学者较早关注传教士对近代文学的影响问题。2000年,袁进在《江淮论坛》第2期著文,提出西方传教士对中国近代文学的影响,是中国近代文学研究不应忽视的一个区域;后又发表《重新审视欧化白话文的起源——试论近代西方传教士对中国文学的影响》(《文学评论》2007年第1期)、《论西方传教士对中文小说发展所作的贡献》(《社会科学》2008年第2期)等论文,进一步申论西方传教士对于中国语言文学的近代转型的意义。2005年,宋莉华在《文学评论》第1期发表《十九世纪传教士小说的文化解读》。2009年,宋莉华在《文学遗产》第6期发表《从晚清到

“五四”：传教士与中国现代儿童文学的萌蘖》，指出中国现代儿童文学发端于西方儿童文学的译介，西方来华传教士对此有筚路蓝缕之功。传教士的近代文学意义逐渐得到学界的关注。这一时期还对近代文学史上出现的一些上海作家及海派文学等问题展开研究。2000年10月，华东师范大学与青浦区朱家角镇人民政府联合举办“上海近代小说暨陆士愕国际研讨会”。2003年，胡晓明主编的“近代上海文学系年丛书”由上海教育出版社出版，包括杨柏岭编著的《近代上海词学系年初编》，胡晓明、李瑞明的《近代上海诗学系年初编》，程华平编著的《近代上海散文系年初编》等。松江人姚鹓雏是中国近代著名的文学家之一，2008年、2009年上海古籍出版社出版《姚鹓雏文集》小说卷、诗词卷。2009年6月11日，上海市古典文学年会在松江召开，就松江的历史文化名人、文学创作等问题展开交流。袁进在《海派文学的传统与特征》(《郑州大学学报》2009年第1期)中指出，叛逆性是近代上海文学的特点。

1988—1996年间，章培恒、王继权主编的《中国近代小说大系》6辑80卷由百花洲文艺出版社、江西人民出版社出版，对于推动中国近代小说的研究产生重大影响。2000年后，上海古籍出版社推出“中国近代文学丛书”，多位上海学者参与校点，为近代文学研究的全面开展奠定坚实的文献基础。

【其他文体研究】

词　20世纪70年代末以后，上海的词学研究以华东师范大学中文系力量相对集中。1979年，《学术月刊》第4期发表万云骏的《试论宋词的豪放派与婉约派的评价问题——兼评胡云翼的〈宋词选〉》，指出过去把豪放派和婉约派说成是完全对立的主流与逆流的关系是欠妥当的，对豪放派和婉约派都应该作两点论。施蛰存在《施蛰存致周楞伽》(《西北大学学报》1980年第3期)提出婉约与豪放仅仅是讲风格，而不是讲流派，引起学界对于宋词无婉约、豪放两派等问题的广泛探讨。1981年，华东师范大学中文系创办《词学》专刊，促进词的研究与交流，在海内外具有重要影响。在该刊第1期上，万云骏发表《清真词的艺术特征》，阐释周邦彦词“模写物态，曲尽其妙”“擅长辨证地运用多种艺术手法”等特征。1983年，万云骏的《古典诗词选析》由广西人民出版社出版。1985年，蒋哲伦在《文学评论》第5期发表《石林词和南渡前后词风的转变》，阐述较少受到关注的叶梦得《石林词》在北宋词向南宋词过渡中的重要意义。1986年，万云骏出版《诗词曲欣赏论稿》(中国社会科学出版社)。1986年12月18—22日，全国第二次词学讨论会在金山举行。万云骏的《王国维〈人间词话〉“境界说”献疑》(《文学遗产》1987年第4期)认为王国维提出“境界”的“隔”与“不隔”，强调词境界的鲜明形象性，忽略词的朦胧美。1988年，方智范在《词学》第6辑发表《论宋人咏物词的审美层次》，把宋代咏物词分为“以物观物，境余于意”“以我观物，意余于境”“物我同一，意境两浑”三个审美层次。1989年，马兴荣著的《词学综论》由齐鲁书社出版。1990年，钱鸿瑛采取个案研究，撰著《周邦彦研究》(广东人民出版社)。1992年，钱鸿瑛撰著《词的艺术世界》(上海文艺出版社)，从创作主体论到作品本体论再到鉴赏主体论构成一个体系，以一种全新的眼光来探索词的美学价值。1996年，刘永翔在《华东师范大学学报》第3期发表《周邦彦家世发覆》，发掘出吕陶《周居士墓志铭》，从而对周邦彦家世作出明晰的考辨。

2000年后，更多的是专题研究，如彭国忠的《元祐词坛研究》(华东师范大学出版社2002年)、《唐宋词学阐微：文本还原与文化观照》(安徽大学出版社2008年)，蒋哲伦的《词别是一家》(上海社会科学出版社2005年)，钱鸿瑛的《梦窗词研究》(上海古籍出版社2005年)等。2010年邓乔彬著《唐宋词艺术发展史》(河北人民出版社)，宏观鸟瞰和微观剖析相结合，研究唐宋词艺术的发展。

小说 20世纪80年代以来,上海学者在中国古代小说研究中,主要是对古代小说的作者、版本、真伪等问题,从文献考辨上展开研究。同时对《红楼梦》《金瓶梅》等展开多方位的综合研究。

关于《三国演义》,过去人们一般认为产生于明代。1980年,章培恒、马美信在《三国志通俗演义》(上海古籍出版社)撰写的《前言》中根据旧称"弘治本"所注的"今地名",推断此书当写于元代而非明初,在学界引起反响。1982年,章培恒在《文学遗产》第3期发表《关于罗贯中的生卒年——答周楞伽同志》进一步申述此说。关于《三国演义》的批本,除毛氏父子外,传世还有署名李卓吾、锺惺、李渔的批本,黄霖著文《有关毛本〈三国演义〉的若干问题》(《三国演义研究集》四川社会科学院出版社1983年)、《关于〈三国〉锺惺与李渔批本问题》(日本《中国古典小说研究》1995年第1号)考证指出,李卓吾评点出于叶昼之手,锺惺和李渔批点乃书商牟利伪托,引起小说和文论研究界的关注。

关于《水浒传》的作者,旧署"施耐庵的本,罗贯中编次",然关于施、罗的传世资料不多,20世纪80年代初出现《处士施公廷佐墓志铭》《施氏长门谱》等所谓文物史料,学界就其真伪展开争辩。上海学者也参与讨论,提出自己的观点。黄霖在《宋末元初人施耐庵及"施耐庵的本"》(《复旦学报》1982年第5期)指出这些文献恰恰证明兴化、大丰在元末明初压根没有一个施耐庵;章培恒的《施彦端是否施耐庵》(《复旦学报》1982年第6期)则对施彦端即施耐庵说作有限度的肯定,但他们都主张《水浒传》为"施、罗合作"。1980年,黄霖的《一种值得注目的〈水浒〉古本》(《复旦学报》1980年第4期)提出一种明代万历年间存在的"吴读本"《水浒传》与现存各本《水浒》的内容很不相同,引起学界的注意,并展开研究与讨论。

关于《西游记》是否为吴承恩所作,1983年章培恒在《社会科学战线》第4期发表《百回本〈西游记〉是否吴承恩所作》,认为吴承恩所作《西游记》为游记性质的作品而非通俗小说,否定吴承恩为《西游记》小说的作者,产生极大的反响。

关于《金瓶梅》研究,《金瓶梅》所署"兰陵笑笑生"为谁?过去有王世贞、李渔等各种说法。1983年,黄霖在《复旦学报》第3期发表《〈金瓶梅〉作者屠隆考》,提出金瓶梅作者为屠隆的说法。次年在同刊第4期发表《〈金瓶梅〉作者屠隆考续》,进一步申述此说。1991年,李时人撰著《金瓶梅新论》(学林出版社),从晚明文化的全景着眼,探讨《金瓶梅》的作者、创作过程和传播情况、历史内涵、艺术方法的各个层面。孙逊、詹丹的《金瓶梅概说》(上海古籍出版社1994年)从人物创作、艺术视野、渊源流变等方面介绍该小说。黄霖的《黄霖说金瓶梅》(中华书局2005年)和《金瓶梅讲演录》(广西师范大学2008年),联系明代的社会政治、思想文化,多角度地细腻分析小说的故事情节和人物形象,揭示小说的暴露主题和人性关注。

《红楼梦》一直是小说研究的热点,上海也不例外。20世纪80年代初,郭豫适出版《红楼梦研究小史稿:清乾隆至民初》(上海文艺出版社1980年)、《红楼研究小史续稿:五四时期以后》(上海文艺出版社1981年);《红楼梦问题评论集》(上海古籍出版社1981年),开辟红学史研究的新天地,对于自《红楼梦》问世后人们对它的阐释、评论、研究的是非得失给予系统的梳理和评述。1981年,应必诚在《中国社会科学》第2期发表《关于〈石头记〉己卯本和己卯本的影印》;1983年,撰著出版《论〈石头记〉庚辰本》(上海古籍出版社);1986年,在《中国社会科学》第2期发表《论〈红楼梦〉的思想和艺术》从文献版本、思想艺术到红学史,比较全面深入的研究《红楼梦》的各方面问题。1981年,孙逊撰著《红楼梦脂评初探》(上海古籍出版社),概述脂评,评论其价值、得失和历史地位。1986年,顾鸣塘在《上海师范大学学报》第1期发表《论新发现的〈红楼梦〉》介绍在上海图书馆发现从"程丙本"从而肯定存在第三次程印本。1991年,孙逊的《红楼梦探究》(大安出版社),分哲学和文学两大层面，论及《红楼梦》思想、艺术、作品、版本、脂评等方面。詹丹的《〈红楼梦〉与中国古代小说研究》(东华大学出版社 2003 年)集中在《红楼梦》的文本和古代小说专题的研究。2006 年，周锡山的《〈红楼梦〉的人生智慧》(海潮出版社)和《〈红楼梦〉中的奴婢世界》(北岳文艺出版社)，是对《红楼梦》的社会文化解读。此外还有学者侧重从文化的角度研究《红楼梦》，如邓云乡的《红楼识小录》(山西人民出版社 1984 年)、《红楼风俗谭》(中华书局 1987 年)、《红楼梦忆》(河北教育出版社 2004 年)等是系列地从民俗文化的角度解剖《红楼梦》。陈维昭的《红学通史》(上海人民出版社 2005 年)全面考察从 1754—2003 年中国大陆及海外《红楼梦》研究的古今流变，把握其内在实质。

关于《儒林外史》，1982 年，章培恒分别在《复旦学报》第 4 期、《学术月刊》第 7 期发表《〈儒林外史〉原本应为五十回》和《〈儒林外史〉原貌初探》，认为原书是五十回，而不是五十五或五十六回。1999 年 6 月，周兴陆在上海图书馆发现吴敬梓的《诗说》，后撰著《吴敬梓〈诗说〉研究》(上海古籍出版社 2003 年)拓宽对吴敬梓思想研究的视角，将《儒林外史》的研究推向深入。

1996 年，陈大康在《通俗小说的历史轨迹》(湖南出版社 1993 年)之后撰著了《明代商贾与世风》(上海文艺出版社)，围绕"商贾与世风"的专题系统深入的研究明代小说创作，运用文学、史学相互印证。2000 年，他又出版了断代小说史专著《明代小说史》(上海文艺出版社)，篇幅长达六十多万言。

20 世纪 90 年代中期后，上海学者特别研究宗教对古代小说的影响。1996 年，郭豫适在《华东师范大学学报》第 3 期发表《论儒教是否为宗教及中国古代小说与宗教的关系》，分析说儒家学说不是宗教，中国许多古代小说都或多或少地反映儒家的思想。宗教对古代小说的发展有明显的影响。1997 年，孙逊在《文学遗产》4 期发表《释道"转世""谪世"观念与中国古代小说结构》，认为佛道"转世""谪世"观念的引进小说结构，既对形成中国古代小说现有的叙事模式起促进的作用，同时又为转变和打破这一模式起阻碍的作用。2000 年，孙逊的《中国古代小说与宗教》(复旦大学出版社)具体阐释巫术、神仙、鬼怪、佛道对于古代小说的多层面影响。

1993 年，陆树仑的《冯梦龙散论》(上海古籍出版社)；2004 年，潘建国在《文学遗产》第 2 期发表的《清末上海地区书局与晚清小说》；俞钢的《唐代文言小说与科举制度》(上海古籍出版社 2004 年)；杨绪容的《百家公案研究》(上海古籍出版社 2005 年)等都是专题研究颇有突破的论著。2007 年，颜湘君的《中国古代小说服饰描写研究》由上海书店出版。同年，罗书华撰著《中国小说学主流》(上海世纪出版社)，对各个时期小说学面貌及代表论著进行简明的分析。

20 世纪 80 年代以后，上海学者在古代小说文献的整理方面做出突出的成绩。1980 年，魏绍昌编《李伯元研究资料》《吴趼人研究资料》(上海古籍出版社)、《鸳鸯蝴蝶派研究资料》(三联书店)；1982 年，他又编了《孽海花资料》(上海古籍出版社)；1980 年，谭正璧编了《三言两拍资料》(上海古籍出版社)；1984 年又编著《古本稀见小说汇考》(浙江文艺出版社)；1985 年，刘德隆等编了《刘鹗及老残游记资料》(四川人民出版社)；1987 年，黄霖编了《金瓶梅资料汇编》(中华书局)；1996 年，丁锡根编著《中国历代小说序跋集》(人民文学出版社)等。特别是上海古籍出版社于 1990—1994 年推出的《古本小说集成》，影印 550 余种古小说，为古代小说研究的深入提供丰富的资料。

戏曲　在戏曲文献研究方面，蒋星煜考索现存各种明清善本《西厢记》，清理各版本之间的关系和影响，考证评点者、校刻者、整理、改编者的生平事迹，研究《西厢记》的文本、改编和延伸作品，先后出版《明刊本西厢记研究》(中国戏剧出版社 1982 年)、《西厢记考证》(上海古籍出版社 1988 年)、《西厢记的文献学研究》(上海古籍出版社 1997 年)等。周锡山的《蒋星煜先生的〈西厢记〉研究》(《戏剧研究》第 66 辑)概括其特点是宏观与微观相结合，考证与论证相结合，理论与审美相结合，

“厢”内研究与“厢”外研究相结合。

2000年之后，戏曲研究更为系统，涉及领域更为广泛。2003年，程华平的《中国小说戏曲理论的近代转型》(华东师范大学出版社)，论述西学东渐、传媒发展、队伍变化对小说戏曲理论批评近代化的影响。2004年，朱崇志的《中国古代戏曲选本研究》(上海古籍出版社)，从源流、文本、思想、文献四个角度研究戏曲选本。同年，叶长海和张福海合撰《插图本中国戏剧史》(上海古籍出版社)。2006年，余秋雨著的《中国戏剧史》由上海教育出版社出版，李舜华著的《礼乐与明前中期演剧》由上海古籍出版社出版。2008年，程华平著的《明清传奇编年史稿》由齐鲁书社出版。同年，赵山林撰著的《中国戏曲传播接受史》(上海人民出版社)，梳理自宋代至清末近千年来中国戏曲传播接受的历史轨迹。这一时期，陈多侧重于研究戏曲，先后撰著出版《戏曲美学》(四川人民出版社2001年)、《陈多戏曲美学论：由媒介论看戏曲美的构成》《中国戏曲美学》(上海百家出版社2010年)。

三、古代文学批评史研究

中国文学批评史是上海人文学科中的优势学科，复旦大学、华东师范大学等单位研究文学批评史具有深厚的传统和整齐的阵容。1979年成立的中国古代文学理论学会和2000年起定期召开的复旦大学中国文论研究国际学术研讨会，团结联系海内外的研究者，引导着该学科的发展。这一时期，该学科取得令人瞩目的成绩。然而，1997年教育部学科调整，取消中国文学批评史的二级学科地位，削弱了该学科研究发展的势头。

【综合研究】

20世纪70年代末80年代初，上海出版一批重要的古代文学批评史论著。郭绍虞在《中国历代文论选》(1962年)的基础上，修订出版《中国历代文论选》四卷本(上海古籍出版社1979年)和一卷本(上海古籍出版社1980年)；王运熙和顾易生在刘大杰主编的《中国文学批评史》(1963年)基础上，主编完成《中国文学批评史》三卷本，1978—1985年由上海古籍出版社出版，均被教育部列为高校文科教材。

这一时期，中国古代文学批评史进行一系列的理论探讨。上海学者主张研究古代文论应该为现实服务。1979年，郭绍虞在《学术月刊》第4期发表《关于古代文学理论研究中的几个问题》，强调研究古代文论是建立民族化的马克思主义文艺理论的重要前提。1983年，徐中玉在《社会科学战线》第2期笔谈古代文论研究中的问题，指出当时存在古为今用的目的性不够明确的问题。1984年，王元化在《文心雕龙创作论》(上海古籍出版社)的跋中提出古代文论研究要“古今结合”“中外结合”“文史哲结合”。古代文论的民族特征是当时研究者思考的一个重点。陈伯海发表《民族文化与古代文论》(《文学评论》1984年第3期)，联系中国民族文化的传统，从中西文化异源的总的背景上来考察古代文论的特点。徐中玉在《略谈古代文论在当代文艺研究中的地位与作用》(《文艺理论研究》1989年第6期)中把中国古代文论的特色归纳为尚用、求真、重情、重简要、形式多样、艺术辩证法异常丰富。1989年11月7—11日，上海举行中国古代文学理论学会第六次学术年会，议题就是“中国古代文学理论的价值及其在当代的作用和意义”。

20世纪80年代中期起，王运熙与顾易生共同主编国家“七五”重点科研项目七卷本《中国文学批评通史》(1996年上海古籍出版社)，共计380万字。20世纪90年代初起，上海学者还探讨古代文论的体系问题。1990年，蒋凡在《社会科学战线》第4期发表《中国古文论体系探索》，强调建立符合国情的新的中华文论体系。1993 年，祁志祥的《中国古代文学原理——一个表现主义民族文论体系的建构》(学林出版社)，对中国古代文论进行整体与综合研究。20 世纪 90 年代中期，古文论研究界探讨“现代转换”等问题，如谭帆的《传统文艺思想的现代阐释》(上海社会科学院出版社 1995 年)、袁进的《中国文学观念的近代变革》(上海社会科学院出版社 1996 年)等。1998 年，《文学遗产》第 3 期发表陈伯海、黄霖、曹旭的三人谈，探讨古代文论研究的民族性与现代转换问题，思考古文论如何实现现代转换，建立起既面向世界又具有中国特色的现代文学理论。

2000 年之后，上海出版一批重要论文著作。2000 年，王运熙、黄霖主编的《中国古代文学理论体系》由复旦大学出版社出版，为国家社科“八五”重点项目，包括《原人论》(黄霖、吴建民、吴兆路等著)、《范畴论》(汪涌豪著)、《方法论》(刘明今著)等。《原人论》以“人”为中国古代文学和文论的本源，从“心化”“生命化”“实用化”三个层面阐发人的本源意义及其在中国古代文学理论体系中的展现，把文学批评史上众多的命题贯串起来，构建一套具有民族精神的文学理论体系。《范畴论》全面清理古代文学批评范畴的发生发展历史、范畴的构成方式、主要特征和系统联系。《方法论》是全面阐述古代文学批评方法的第一部著作，探讨各种批评方法形成的契机、各自的特征。该体系丛书被誉为古文论研究从“史”向“论”转型的标志。为适应高等教育的新发展，2001 年，王运熙、顾易生主编的《中国文学批评史新编》(复旦大学出版社)，代替过去的三卷本作为高等学校文科的新型教材。与此配套，黄霖、蒋凡主编的《中国历代文论选新编》四卷本和精选一卷本也于 2007 年由上海教育出版社出版，全面实现中国文学批评史课程教材的系统更新。2009 年，黄霖成功申报教育部“马克思主义理论研究和建设工程”，主持《中国文学理论批评史》教材的编写。

这一时期，上海学界还进一步探讨古代文论发展的理论意义。2002 年，黄霖在《社会科学战线》第 1 期发表《从消解走向重构——世纪之初古文论研究的回顾与展望》，提出在 21 世纪全球化的热潮中，必须在承续和运用中研究和发展中国古代文论。2003 年，汪涌豪的《当代视界中的文论传统》(沈阳出版社)、蒋凡的《古代文论的美学思考》(沈阳出版社)出版。2004 年，汪涌豪在《复旦学报》第 3 期发文《论中国文学批评史研究中当代意识的植入》，提出当代意识的植入问题。2006 年，陈伯海在《文学遗产》第 1 期发文《从古代文论到中国文论——21 世纪古文论研究的断想》，主张通过阐释、应用、建构，实现古文论向中国文论的转变。2008 年，陈伯海在《文史哲》第 5 期发表《当代中国文论话语构建之我思》，提出应致力于外来资源与本民族生活实践及思想文化传统的结合，实现双向超越和综合创新。

在文学批评史的文献整理方面，1992—1997 年徐中玉主编的《中国古代文艺理论专题资料丛刊》(中国社会科学出版社)，对古代文艺理论资料进行归类整理，开启文论专题和范畴的研究方向。

【诗学】

20 世纪 90 年代初起，上海学者在诗学研究方面有一定发展。1990 年，胡晓明撰著的《中国诗学之精神》(江西人民出版社)既纵论自先秦至宋代的诗学精神，又从人与社会、人与自然、人与自我关系的专题探究中国诗学精神原型。在传统诗话整理与研究方面，1990 年，刘德重、张寅彭著的《诗话概说》由中华书局出版，探讨诗话的范围、种类、渊源及其价值等问题。1996 年，萧华荣的《中国诗学思想史》(华东师范大学出版社)把先秦至唐定为“情礼冲突”，宋至清定为“情理冲突”。

20 世纪 90 年代中期，就《二十四诗品》作者问题的考辨展开一场讨论。在 1994 年唐代文学学会和 1995 年中国古代文学理论学会年会上，陈尚君、汪涌豪提交《司空图〈二十四诗品〉辨伪》，认为《二十四诗品》非司空图所作，乃后人伪作，引起唐代文学和古代文论研究界的热烈关注，学术界就此问题展开讨论。这场影响广泛的学术争鸣，不只是一则文献的考辨，它对于古代文论乃至整个古代文学研究突出文学考据的基础性地位具有重要的意义。

2002年，陈伯海、蒋哲伦主编的《中国诗学史》(鹭江出版社)，以诗歌理论的演进为经，以诗歌的种类活动为纬，建立起一种以诗歌的接受史为视角的理论体系。2002年，张寅彭主编的《民国诗话丛编》由上海书店出版社出版，民国诗话开始得到人们的关注。陈伯海的《中国诗学之现代观》(上海古籍出版社2006年)探讨中国诗学的人学本原观、审美体性观和文学形体观，则是在通史之后的理论阐释之作。

【小说理论】

20世纪80年代初起，上海学者开始关注小说理论研究。1982年、1985年，黄霖、韩同文编著的《中国历代小说论著选(上、下册)》(江西人民出版社)选录从汉至近代有关小说理论批评的序跋、评点、笔记、专论200余篇，是第一部系统整理中国古代小说理论的专著。在此基础上，黄霖撰著《古小说论概观》(上海文艺出版社1986年)，纵横阐述古代小说理论问题。方正耀的《中国小说批评史略》(中国社会科学出版社1990年)和《中国古典小说理论史》(华东师范大学出版社2005年)，纵向细致梳理古代小说理论的历史发展。1991年，孙逊、孙菊园编的《中国古典小说美学资料汇粹》(上海古籍出版社)推动小说美学的研究。谭帆的《中国小说评点研究》(华东师范大学出版社2001年)论述中国小说评点的源流，形态、类型和价值，是对小说评点的"综合融通式"研究。2008年，罗书华撰著《中国叙事之学：结构、历史与比较的维度》(中国社会科学出版社)、李桂奎撰著《中国小说写人学》(新华出版社)，既借鉴西方文论，更注意构建"中国化"的小说理论，提出小说研究的新课题。

【戏曲学】

20世纪80年代初，上海的戏曲理论研究发展较快。1980年，陈多注释的《李笠翁曲话》(湖南人民出版社)出版。此外，叶长海与陈多一同注释王骥德的《曲律》(湖南人民出版社1983年)，撰著的《王骥德〈曲律〉研究》(中国戏剧出版社1983年)出版。1986年，上海古籍出版社影印出版《古本戏曲丛刊》五集凡120册，极大减轻研究者的翻检之劳。1986年，叶长海的《中国戏剧学史稿》(上海文艺出版社)，引起海内外戏曲理论界的极大关注。1993年他又出版《中国戏剧学史》(台湾骆驼出版社)，从总体上把握中国古代戏剧研究的全貌，纵向把古代戏剧学的发展历史分五个时期，横向则专论戏剧核心如演员、剧本、观众、剧场等问题，勾勒出戏剧学发展的清晰的轮廓。

文学史家、戏曲学家赵景深的一系列戏曲著作得到重新出版，先后有《戏曲笔谈》(上海古籍出版社1980年)、《曲论初探》(上海文艺出版社1980年)、《曲艺丛谈》(中国曲艺出版社1982年)、《中国戏曲初考》(中州书画社1983年)、《中国古典小说戏曲论集》(上海古籍出版社1985年)等。1982—1985年，赵景深主编出版"中国古代戏曲理论丛书"(中州书画社)，包括严敦易的《元明清戏曲论集》、蒋星煜的《中国戏曲史钩沉》、赵景深的《中国戏曲初考》、邵曾祺的《元明北杂剧总目考略》。这些对于戏曲研究的复兴具有重要意义。赵景深研究古代戏曲，既重视文献整理和考辨，又主张戏曲史的宏观建构，这两个特点也贯穿在以后的上海学者戏曲研究中。

1985年，齐森华撰著出版《曲论探胜》(华东师范大学出版社)，对重要的曲论著作进行专题式的阐发。1987年，陈多、叶长海选注《中国历代剧论选注》(湖南文艺出版社)。夏写时侧重于探讨中国戏剧的起源、戏剧批评的历史发展，先后撰著出版《中国戏剧批评的产生和发展》(中国戏剧出版社 1982 年)、《论中国戏剧批评》(齐鲁书社 1988 年)。1990 年,赵山林撰著《中国戏曲观众学》(华东师范大学出版社),是中国第一部戏曲观众学专著,以"观众与作者""演员与作者""观众与演员""演员与演员""观众与观众"五条主要线索,探讨戏曲传播接受的诸方面问题。1993 年,谭帆和陆炜合著《中国古典戏剧理论史》(中国社会科学出版社),以曲学、叙事理论和搬演理论为中心,建构古典戏剧理论的思想体系。1996 年,邓乔彬出版了《吴梅研究》(台北学海出版社)。

【文章学】

上海学界的文章学的研究在 20 世纪 90 年代初以后有所突破。1991 年,徐志啸编选《历代赋论辑要》(复旦大学出版社),是上海地区较早的研究成果。进入 21 世纪后,成果较多。2006 年,奚彤云的《中国古代骈文批评史稿》(华东师范大学出版社),系统论述从魏晋直至近现代的骈文理论批评著作。2007 年,王水照编撰《历代文话》(10 册)(复旦大学出版社),在文章学基础文献整理方面取得重要进展。2010 年,王水照、朱刚在《文学评论》第 4 期撰文《三个遮蔽:中国古代文章学遭遇"五四"》分析"五四"新文学观念、语言形式、学术模式对传统文章学的遮蔽。

【文论专题】

改革开放以来,上海学者对古文论的经典著作、重要理论家和其他专题的研究取得不少成果。1986 年,王运熙的《文心雕龙探索》(上海古籍出版社),侧重于在魏晋南北朝的文化和文学背景中考索刘勰《文心雕龙》原本内涵和真实意义。吴光兴在《文学评论》2000 年第 5 期撰文称王运熙的文学研究是"历史学风格"。李庆甲撰著一系列关于刘勰生平著述的文章,后结集为《文心识隅集》(上海古籍出版社 1989 年)。1992 年,王元化以中西比较的视野,从文艺理论的高度阐发《文心雕龙》的理论意义,出版《文心雕龙讲疏》(上海古籍出版社),是《文心雕龙创作论》的修订增补本。2001 年,杨明撰著《刘勰评传,附钟嵘评传》(南京大学出版社),阐述齐梁时期两位重要文论家的生平事迹、文学思想及其在中国文学理论批评史上的地位。2005 年,黄霖编著的《文心雕龙汇评》(上海古籍出版社),将明清学者的批点汇辑一处,便于读者利用。

对于锺嵘《诗品》的研究,曹旭用力专,挖掘深。他采取注撰编译的"立体式"研究,先后撰著出版《诗品集注》《诗品研究》《中日韩诗品论文选评》(上海古籍出版社 1994 年、1998 年、2003 年)。在搜罗众多版本的基础上,分"校异""集注""参考"三个方面对《诗品》加以校勘、诠释;考证锺嵘身世,《诗品》版本,阐释锺嵘诗学理论,梳理其流传与影响。

对于王国维文艺思想的研究,1987 年,周锡山编校《王国维文学美学论著集》(北岳文艺出版社),在此基础上撰著《王国维美学思想研究》(中国社会科学出版社 1999 年)展示王国维美学思想体系的原貌与全貌。1993 年,夏中义在《文艺理论研究》第 6 期发表《王国维为何接受叔本华及其过程》。2006 年,他的《王国维:世纪苦魂》(北京大学出版社),揭示王国维为何师承叔本华,又如何在师承西方大师的基础上,再创出有中国特色的现代人本—艺术美学。

文学研究史是 20 世纪、21 世纪之交的一个热点话题。2003 年董乃斌、陈伯海等主编的《中国文学史学史》(河北人民出版社),阐述文学史学的基本理论问题,梳理文学史编纂的历史进程。2006 年,黄霖主编的七卷本《20 世纪中国古代文学研究史》(东方出版中心)出版。

文学评点研究是上海学者抓住的一个学术生长点,做出开创性的工作。1986 年,李庆甲汇评校点《瀛奎律髓汇评》(上海古籍出版社)。孙琴安编选《唐七律诗精评》和《唐五律诗精评》由上海社会科学出版社 1989 年、1991 年出版;又撰著《中国评点文学史》(上海社会科学院出版社 1999 年),

第一次对中国古代的评点文学进行系统而全面的梳理和阐述。自2002年后，复旦大学中国古代文学研究中心先后举办三届中国文学评点研究国际学术研讨会。2007年，周兴陆的《渔洋精华录汇评》由齐鲁书社出版。

文论专题研究的成果还有：陆晓光的《中国政教文学之起源：先秦诗说考论》(华东师范大学1994年)，陈引驰的《庄学文艺观研究》(文史哲出版社1994年)，汪耀明的《西汉文学思想》(复旦大学出版社1994年)，吴兆路的《中国性灵文学思想研究》(台北文津出版社1995年)，邬国平的《竟陵派与明代文学批评》(上海古籍出版社2004年)、《中国古代接受文学与理论》(黑龙江人民出版社2005年)，杨焄的《明人编选汉魏六朝诗总集研究》(陕西人民教育出版社2009年)等。还有一些学术论文，如顾易生的《试论老子的文艺思想》(《学术季刊》1986年第1期)、祝振玉的《宋代疑古主义与文学批评》(《文学评论》1992年第5期)、邓乔彬的《论气韵生动》(《文艺理论研究》1996年第5期)。

四、比较研究与海外汉学

比较文学是20世纪的新兴学科，但是在中华人民共和国成立后30年曾一度中断。20世纪80年代初，上海学者就提出要加强中西比较研究，王元化在编《大百科全书中国文学卷》时提出应该从比较中探索中国文学的特点。同时期开始重视引入国外汉学研究成果。1980年，上海古籍出版社出版加拿大哥伦比亚大学叶嘉莹的《迦陵论词丛稿》。20世纪80年代初至90年代，上海翻译和介绍较多的日本汉学家的成果。王元化编选《日本研究〈文心雕龙〉论文集》(齐鲁书社1983年)，黄霖、王国安编选《日本研究〈金瓶梅〉论文集》(齐鲁书社1989年)，王水照编选《日本学者中国词学论文集》《日本学者中国文章学论著选》(上海古籍出版社1991年、1994年)，骆玉明等译日本前野直彬主编的《中国文学史》(上海古籍出版社1995年)，章培恒等译日本吉川幸次郎《中国诗史》(复旦大学出版社2001年)。

20世纪90年代中期起，上海学者重视古代文学的中西比较研究和介绍海外汉学研究成就。徐志啸发表《论屈原在世界文学史上的地位》(《云梦学刊》1991年第2期)等论文，撰著《比较文学与中国古典文学》(学林出版社1995年)、《中国比较文学简史》(湖北教育出版社1996年)追溯中国比较文学的历史。翁敏华的《中日韩戏剧文化因缘研究》(学林出版社2004年)，从民俗文化的角度研究三国戏剧。余秋雨的《古代东西方对戏剧特征的研究》比较研究欧洲、印度、日本和中国古代对戏剧特征的认识及异同。

20世纪90年代末起，上海学者比较重视中国古代文学特别是小说在亚洲的传播与影响。李时人发表《中国古代小说在韩国的传播和影响》(《复旦学报》1998年第6期)、《中国古代小说在日本的传播与影响》(与杨彬合作，《复旦学报》2006年第3期)、《中国古代小说与越南古代小说的渊源发展》(《复旦学报》2009年第2期)等。孙逊等主编出版《越南汉文小说集成》(上海古籍出版社2010年)。

进入21世纪后，上海译介的重心开始转向欧美汉学家成果。如美国汉学家宇文所安的成果被频频翻译进来，主要有王柏华等译的《中国文论：英译与评论》(上海社会科学院出版社2003年)、陈引驰等译的《中国"中世纪的终结"：中唐文学文化论集》(三联书店2006年)等。在中西比较研究中，中国文学往往处于被阐释的地位。2010年，周锡山在《古代文学理论研究》第30辑发表《中国之石和西方之玉——中国文论评论和研究西方文艺名著方法论纲》，创议使用中国古代文论来评论和研究西方文艺名著，提出比较文学研究的一个值得关注的议题。

五、古代文学普及

20世纪80年代中期开始，上海学者重视古代文学的普及，撰写出版一批文学普及本。1986年，上海文艺出版社推出《中国十大古典喜剧集》《中国十大古典悲剧集》，1995年出版《十大古典英雄传奇小说》《十大古典白话长篇小说》《十大古典白话短篇小说》《十大古典社会人情小说》《十大古典公案侠义小说》等。1989—1992年，上海古籍出版社推出由马茂元、何满子、章培恒、顾易生等分别主编的《十大诗人》《十大小说家》《十大戏曲家》《十大散文家》等“十大”系列丛刊。1996年、1999年，顾易生主编的《宋明清小品文集辑注》，第一、二、三辑由上海远东出版社出版。2000年，钱振民编著的《古代短篇小说金库》由黄山书社出版。2000年、2001年，上海古籍出版社推出“明清小品丛刊”。2002年该社推出“新世纪古典文学经典读本”。2001—2004年，徐中玉主编《中国古典文学精品选注汇评文库》14种（广东人民出版社）。自2001年始，上海辞书出版社推出《唐诗鉴赏辞典》等“鉴赏系列”。2007年，上海古籍版社推出“百一丛书”“四美堂丛书”。单行本如施蛰存的《唐诗百话》（上海古籍出版社1987年）、蒋凡主编的《故事本中国文学史》（上海古籍出版社2002年）、邬国平选注的《汉魏六朝诗选》（上海古籍出版社2005年）、赵昌平的《唐诗三百首全解》（复旦大学出版社2006年）等，有着广泛的受众。

第二节 现当代文学

一、资料收集与整理

1978年以来，上海的现当代文学史资料收集与整理工作成绩突出。最初一项重大举措是20世纪80年代上海书店有计划地影印“中国现代文学史参考资料”。截至1988年共出齐1—10辑100种，为20世纪80年代至今海内外中国现代文学研究提供重要基石。上海书店还出版以流派社团分类的大型文学作品专辑“中国现代文学参考资料”75种。此外还影印现代文学一些重要期刊：包括《创造周报》《创造季刊》《创造月刊》等十余种。

与此同时，上海文艺出版社编纂出版中国现当代文学大型资料丛书。继重印“中国新文学大系（1917—1927）”之后，又先后推出由丁景唐主编的“中国新文学大系（1927—1937）第2辑”（上海文艺出版社1985年）、“中国新文学大系（1937—1949）第3辑”（上海文艺出版社1991年）、“中国新文学大系（1949—1976）第4辑”（上海文艺出版社1997年）以及王蒙、王元化主编的“中国新文学大系（1976—2000）第5辑”（上海文艺出版社2009年）。

上海社会科学院文学研究所编《上海“孤岛”文学资料丛书·上海“孤岛”文学回忆录》（中国社会科学出版社，上册1984年，下册1985年），收罗“孤岛”时期上海各派文学活动材料甚勤。华东师范大学出版社从1985年陆续推出钱谷融主编的“中国新文学社团、流派丛书”，与这套丛书有关的还有方仁念编《闻一多在美国》（华东师范大学出版社1985年），王训昭、方仁念编的《中国当代文学研究资料·郭沫若专集》（四川人民出版社1984年），以及王训昭、卢正言、邵华、肖斌如、林明华编《郭沫若研究资料》（中国现代文学史资料汇编乙种）（中国社会科学出版社1986年）。

1996年，陈思和、李辉策划“火凤凰文库”，收有张中晓《无梦楼随笔》、贾植芳《狱里狱外》、巴金《再思录》（上海远东出版社）等。1998年，陈思和主编“20世纪文学备忘录丛书”（东方出版中心），收有陈厚诚编《李金发回忆录》、沈永宝编《钱玄同文选》、张新颖编《储安平文录》等。

1997年,李子云、赵长天、陈思和在上海文化基金会赞助下主编“世纪的回响·作品卷”(珠海出版社)。“世纪的回响·批评卷”有杨扬编《周作人批评文集》、商金林编《朱光潜批评文集》、沈永宝编《林语堂批评文集》,刘洪涛编《沈从文批评文集》,徐静波编《梁实秋批评文集》,李振声编《梁宗岱批评文集》,陈子善编《叶公超批评文集》,郭宏安编《李健吾批评文集》,郜元宝、李书编《李长之批评文集》,鲁贞银、张业松编《路翎批评文集》(珠海出版社1998年)等。

1987年,陈子善、王锡荣主编《〈申报·自由谈〉杂文选(1932—1935)》(上海文艺出版社)。1996年,王运熙主编《中国文论选》,其中现代卷上下册分别由沙似鹏、张新编著(江苏文艺出版社),将现代文学批评纳入中国文论通史的框架。2001年,张新颖编选《中国新诗(1916—2000)》(复旦大学出版社)。2004年,程德培、郜元宝、杨扬主编《良友(1926—1945)文选》(上海社会科学出版社),都有“拾遗补缺”的性质。2010年,市作家协会和市文学发展基金会主持、编纂《海上文学百家文库(131卷)》(上海文艺出版社),收罗19世纪初期至20世纪中叶267位在上海地区出现的作家作品。

此外,上海学者亦独自开展中国现代文学史料整理和研究工作。丁景唐除主持《中国新文学大系》,还以个人之力推动多项现代文学史料整理研究工作。1980年,发表《略论瞿秋白在中国现代文学史上的贡献》(《文史哲》第1期)。浙江文艺出版社先后推出丁景唐、陈长歌合著的《诗人殷夫的生平及其作品》以及丁景唐、陈长歌合编的《殷夫集》。1995年,丁景唐编选《陶晶孙选集》(人民文学出版社)。2000年,丁景唐的《犹恋风流纸墨香——海沫文谈六十春》(上海文艺出版社)记录他在中国现代文学史料整理和研究领域的开拓性贡献。

贾植芳从20世纪70年代末就开始率领复旦中文系资料室李玉珍、周成东、苏兴良、唐金海等编纂《中国当代文学研究资料·巴金专集》和《巴金作品评论集》。他还指导和编辑文学研究会、赵树理、闻捷、茅盾、郭沫若等跨现当代作家研究资料及年谱、著译目录,开风气之先。其中《巴金专集》三卷本之一、二卷由江苏人民出版社分别于1981年、1982年出版。《巴金作品评论集》由中国文联出版公司于1985年推出。在他指导下完成的《巴金研究资料》(陈思和等编)则由海峡文艺出版社于1985年9月出版。20世纪80年代中期以后,贾植芳继续在现代文学研究资料的收集整理、现代文学史研究的理论和实践、现代文学视野下比较文学学科的开拓等领域。他与俞元桂合编的《中国现代文学总书目》由福建教育出版社于1993年12月出版。贾植芳在陈思和等协助下,从20世纪90年代初开始主持的大型资料丛书“外来思潮流派理论在中国现代文学史上的影响”,部分内容选辑为《中外文学关系史资料汇编(1898—1937)》(上、下册)(广西师范大学出版社2004年)。1997年,贾植芳、钱谷融主编“海派文化长廊”,收录《穆时英小说全编》《刘呐鸥小说全编》等(学林出版社)。

1984年,魏绍昌与吴承惠合作推出扩编的《鸳鸯蝴蝶派研究资料》(上海文艺出版社)。1997年,袁进主编《鸳鸯蝴蝶派散文大系》(东方出版中心)对魏绍昌的主体工程有所扩充。陈子善的史料工作起步于20世纪70年代末参与1981年版《鲁迅全集》的注释工作以及郁达夫、徐志摩文集的编辑整理。他先后编辑《知堂集外文·亦报随笔》和《知堂集外文·四九年以后》(岳麓书店1988年),与张铁荣合编《周作人集外文编》(海南国际新闻出版中心1995年),发掘张爱玲的大量轶文(如《小艾》等)以及李君维的部分作品(人民文学出版社2005年),与王自立合编《郁达夫研究资料》(知识产权出版社2010年)。他还参与“创造社”“新月社”“文学研究会”以及20世纪三四十年代重要社团流派与作家作品(如台静农文集)的编辑整理工作。现代作家作品的编纂工作还有陈福康编的《郑振铎日记全编》(山西古籍出版社 2006 年)，罗岗、陈春艳编的《梅光迪文录》(辽宁教育出版社 2001 年)等。

上海的文学老人文集、回忆录也是珍贵的文学史资料。其中有施蛰存的《沙上的脚迹》(辽宁教育出版社 1995 年)、《世纪老人的话》(沈建中采访，辽宁教育出版社 2003 年)、《贾植芳文集》(上海社会科学院出版社 2004 年)。

进入 21 世纪，除了参与上海文艺出版社主持的“新文学大系”第一个十年之后各卷的编辑工作，上海学者还完成了一些当代作家的研究资料的编纂，如郜元宝、张冉冉编的《贾平凹研究资料》，杨扬编的《莫言研究资料》，葛红兵编的《王朔研究资料》(天津人民出版社 2005 年)，宋炳辉、张毅编的《王蒙研究资料》(天津人民出版社 200 年)，王光东主编的《中国现当代乡土文学研究》(东方出版中心)，郜元宝、王军君选编的《蝴蝶为什么美丽——王蒙五十年创作精读》(复旦大学出版社 2007 年)。此外上海学者还参与“新人文对话丛书”，包括《苏童王宏图对话录》《冯骥才周立民对话录》《张炜王光东对话录》《王蒙郜元宝对话录》(苏州大学出版社 2003 年)等。

二、丛书编写

1978 年之后，上海文艺出版社恢复 20 世纪 50 年代末“中国现代作家研究丛书”，前后推出中国新文学史专题论著 29 种。其中收录 1978 年以后上海学者的专著有倪墨炎的《中国的叛徒与隐士：周作人》、刘绪源的《解读周作人》、王晓明的《沙汀艾芜的小说世界》、朱文华的《鲁迅・胡适・郭沫若连环比较研究》等。1985—1989 年，浙江文艺出版社推出“新人文论”19 种，其中上海地区现当代文学研究方面有吴亮的《文学的选择》、程德培的《小说家的世界》、许子东的《郁达夫新论》、王晓明的《所罗门的瓶子》、殷国明的《艺术形式不仅仅是形式》、蔡翔的《一个理想主义者的精神漫游》、李劼的《个性・自我・创造》。

与此同时，上海学者的文学批评也很活跃，择其要者有徐俊西的《再现与审美》(学林出版社 1991 年)，李子云的《净化人的心灵》(三联书店 1984 年)、《涓流集》(四川文艺出版社 1985 年)、《隔海观潮》(安徽文艺出版社 1993 年)，张德林的《现代小说美学》(湖南文艺出版社 1987 年)，周介人的《文学：观念的变革》(人民文学出版社 1987 年)、《新尺度》(浙江文艺出版社 1989 年)、《周介人文存》(广西师范大学出版社 2004 年)，潘旭澜的《艺术断想》(百花文艺出版社 1982 年)、《中国作家艺术散论》(江苏人民出版社 1983 年)、《潘旭澜文学评论选》(湖南人民出版社 1984 年)、《诗情与哲理》(人民文学出版社 1987 年)等。

20 世纪 80 年代中期，上海文艺出版社陆续推出面向青年学者的“牛犊丛书”(10 种)，现当代文学研究与批评方面有吴亮的《艺术家与友人的对话》(1987 年)、李洁非的《告别古典主义》(1989 年)、邹平的《戏剧的自我诘难》(1993 年)等。20 世纪 90 年代以后，上海的中国现当代文学批评研究进一步发展，1994 年，陈思和、王晓明主编“火凤凰新批评丛书”(学林出版社)，包括张新颖的《栖居与游牧之地》、李振声的《季节轮换》、王彬彬的《在功利与唯美之间》等。1997 年，陈思和又主编《逼近世纪末批评文丛》(山东友谊出版社)。2004 年，他主编“学灯新丛”(广东教育出版社)，包括陈思和的《草心集》、张业松的《手迹与心迹》、严峰的《雕虫缀网录》等。从 1993 年开始，上海文艺出版社陆续推出 15 册的“世纪回眸・人物系列”现当代文化名人传记。1999—2000 年，上海世纪出版集团和上海教育出版社联合推出 24 册“二十世纪文化名人与上海丛书”，包括多部现代作家传记。1999 年，徐俊西主编的“上海五十年文学批评丛书”(华东师范大学出版社)，时间跨度更大，更加立体而全面地展示上海现当代文学研究和批评从1949年到1999年所走过的道路。2002年,叶觉林策划"上海新批评文丛"(花山文艺出版社)。

此外,上海学界还涌现"现当代文学作品选"、辞典和文学史教材等研究成果,比如复旦中文系中国现代文学教研室编的《中国现代文学作品选》(复旦大学出版社1987年),钱谷融主编的《中国现当代文学作品选》(华东师范大学出版社2008年),以及复旦中文系中国现代文学教研室编的《中国现代文学词典》(上海辞书出版社1990年),潘旭澜主编的《新中国文学词典》(江苏文艺出版社2003年)等。教材方面,1999年,陈思和主编的《中国当代文学教程》(复旦大学出版社)体现了"重写文学史"背景下对中国当代文学的系统理解。此外相关教学参考书还有:陈伯海、袁进主编的《上海近代文学史》(上海人民出版社1993年),陈鸣树主编的《20世纪中国文学大典》(上海教育出版社1996年),王晓明主编的《二十世纪中国文学史论》(东方出版中心1997年),王文英主编的《上海现代文学史》(上海人民出版社1999年),张新颖的《二十世纪上半期中国文学的现代意识》(三联书店2001年)、《沈从文精读》(复旦大学出版社2005年),陈思和的《中国当代文学关键词十讲》(复旦大学出版社2002年)、《中国现当代文学名著十五讲》(北京大学出版社2003年),唐金海、周斌的《20世纪中国文学通史》(东方出版中心2003年),许道明的遗作《插图本中国新文学史》(上海古籍出版社2005年),邱明正主编的《上海文学通史》(复旦大学出版社2005年),陈青生主编的《画说上海文学》(上海文艺出版社2009年),郜元宝的《遗珠偶拾——中国现代文学史札记》(北京大学出版社2010年)。这些文学史教材和教学参考书,不同程度上都体现了从整体上把握中国现当代文学"流变"的努力。

上海学者从宏观角度研究中国现当代文学主潮、社团流派和文艺运动的一个鲜明特点,即一开始就既富有自觉的本土意识,又具有开阔的世界文学与海外汉学眼光。前者强调现代文学发生和发展的内因,后者则突出现代文学发生和发展的外缘。

20世纪80年代初,贾植芳就指出有必要引进和借鉴国外中国现代文学研究的经验。他主编的《中国现代文学的主潮》1985年编讫,1990年由复旦大学出版社出版,专门收录国外学者现代文学研究成果,分别论及日本和西方文学思潮、浪漫主义、被压迫民族文学对中国现代文学的影响,20世纪前二十年传统的都市通俗文学的发展,新文学史上传统与西方的冲突,鲁迅与马克思主义,早期马克思主义文学批评家瞿秋白对"五四"的批评等。1985年曾小逸编辑出版的《走向世界文学:中国现代文学与外国文学》(湖南人民出版社),1988年宋耀良的《十年文学主潮》(上海文艺出版社),1989年潘旭澜、王锦园主编的《十年文学潮流(1976—1986)》(复旦大学出版社),都一定程度上接续并呼应贾植芳主编的《中国现代文学的主潮》。

1985年,吴中杰发表的《现代文学史研究要破关而出》(《中国现代文学研究丛刊》第3期)探讨近代文学和现代文学的联系,提出必须加强对文艺思潮的研究,要着重从流变上考察问题的主张。1996年,他的《中国现代文艺思潮史》(复旦大学出版社)实践这一主张。1985年,陈思和在《复旦学报》3期发表的《新文学研究中的整体观》,明确提出了打破当代文学与现代文学1949年人为界限的"整体观"。2002年,他与章培恒主编的《结局与开端——现代文学史分期论集》(复旦大学出版社),则从中国文学古今演变视角出发,致力于研究中国现当代文学开端、终结与内部分期。许道明的《中国现代文学批评史新编》(复旦大学出版社2002年)也体现对中国现代文艺思潮"流变"的把握。专门研究近代文学与现当代文学关系的还有谈蓓芳的《中国文学古今演变论考》(上海古籍出版社2006年)。

从宏观和整体上把握中国现当代文学,对一些重要文学现象作出重新阐释,由此催生新的文学史叙述范式，上海学者对此作出诸多贡献。从1988年开始持续一年半时间，陈思和、王晓明在《上海文化》开设“重写文学史”专栏，刊登系列的“重写”文章，对中国现当代文学史上已有定评的作家大胆提出质疑，对《青春之歌》等文学作品以及左翼文艺运动中的宗派问题，现代派文学，胡风文艺思想等文学现象也都进行重读重评，在国内外和海内外引发持久的反思，直接影响20世纪90年代以后中国现当代文学史诸多“重写”工程。20世纪90年代初主要由上海学者发动而波及全国的“人文精神讨论”对现当代文学研究也产生深远影响，有关资料收集在王晓明编选的《人文精神寻思录》(文汇出版社1996年)。

社团流派研究方面，贾植芳、范伯群、曾华鹏主编《中国现代文学社团流派》(江苏教育出版社1989年)，较早系统总结1978年以来国内外学者现代文学社团流派研究。2006年，陈思和丁帆主编“中国现代文学社团史研究书系”(东方出版中心)，其中栾梅健的《民间的文人雅集——南社研究》、许俊雅的《黑暗中的追寻——栎社研究》、陈离的《在“我”与“世界”之间——语丝社研究》、咸立强的《寻找归宿的流浪者——创造社研究》、庄森的《飞扬跋扈为谁雄——作为文学社团的新青年社研究》、石曙萍的《知识分子的岗位与追求——文学研究会研究》、金理的《从兰社到〈现代〉——以施蛰存、戴望舒、杜衡及刘呐鸥为核心的社团研究》，皆有意识地对20世纪80年代以来相关的社团研究加以提升，对许多局部问题的研究多有推进。

同属社团、流派和文艺运动宏观研究的论著，还有倪墨炎的《现代文坛偶拾》(学林出版社1985年)、《现代文坛散记》(上海三联书店1992年)、《现代文坛灾祸录》(上海书店出版社1996年)，许道明的《京派文学的世界》(复旦大学出版社1994年)、《海派文学论》(复旦大学出版社1999年)，袁进的《鸳鸯蝴蝶派》(上海书店出版社1994年)，陈青生和陈永志合著的《创造社记程》(上海社会科学出版社1989年)，杨幼生和陈青生合著的《上海“孤岛”文学》(上海书店1994年)，宋炳辉的《方法与实践：中外文学关系研究》(复旦大学出版社2004年)、《弱势民族文学中国》(南京大学出版社2007年)，苏兴良的《中日现代文学关系概论》(中国文联出版社2009年)，黄昌勇的《砖瓦的碎影》(吉林人民出版社2003年)，张永胜的《鸡尾酒时代的记录者——〈现代〉杂志》(世纪出版集团2003年1月1版)，杨新宇的《复旦剧社与中国现代话剧运动》(广西师范大学2006年4月第1版)等。

三、作家研究

文学研究的一个重要部分是作家研究，尤其是文学史上有定论或存在争议的重要作家的研究，上海学者在这方面的成绩突出。

【鲁迅】

鲁迅研究在上海学者的现代文学研究中始终占据突出位置。许多学者参与1981年版《鲁迅全集》的注释工作。上海师范学院(后与华东师范大学等5校合并为上海师范大学)与复旦大学中文系部分教师在20世纪70年代编写“鲁迅传”并印行部分鲁迅著作(书简和杂文集)。这些都有助于20世纪80年代之后鲁迅研究的复兴。1981年，复旦中国语言文学研究所鲁迅研究室编集的《纪念鲁迅先生诞生一百周年论文集》(复旦大学出版社)。

20世纪80年代以来，上海鲁迅纪念馆先后编印大量资料集和学术论文集，形成“朝华文库丛书”“奔流艺苑丛书”和“鲁迅在上海资料丛书”多个系列，包括《鲁迅著译系年目录》(上海文艺出版社1981年)、《纪念鲁迅定居上海80周年学术研讨会论文集》(上海社会科学出版社2009年)等。

1979年,该馆推出《纪念与研究》,1988年9月改为《上海鲁迅研究》,是国内少数几家专门发表鲁迅研究论文的刊物之一。

从各自学术背景出发研究鲁迅,必然形成多学科交叉的特点,这是上海鲁迅研究的特色之一。陈鸣树围绕鲁迅研究,相继出版《鲁迅小说论稿》(上海文艺出版社1981年)、《鲁迅杂文札记》(江苏人民出版社1982年)、《鲁迅的思想和艺术》(陕西人民出版社1984年)。1984年,倪墨炎出版《鲁迅后期思想研究》(人民文学出版社)和《鲁迅革命活动考述》(上海文艺出版社)。1995年,哈九增出版《鲁迅与严复》(山西高校联合出版社)。2001年,陈九英和倪墨炎合著《鲁迅与许广平》(上海书店出版社)。在传记研究方面有王晓明的《无法直面的人生——鲁迅传》(上海文艺出版社1993年)、王锡荣的《鲁迅生平疑案》(上海辞书出版社2002年)、吴中杰的《鲁迅传》(复旦大学出版社2008年)、乔丽华的《我也是鲁迅的遗物——朱安传》(上海社会科学出版社2009年)等。回忆录方面,有赵家璧的《编辑生涯忆鲁迅》(河北教育出版社出版2000年)、周晔的《伯父的最后岁月》(福建教育出版社2001年)。周国伟、柳尚彭的《寻访鲁迅在上海的足迹》(上海书店出版社2003年),包子衍的《鲁迅日记札记》从特殊角度考证鲁迅生平与创作。陈梦熊的《鲁迅全集中的人和事:鲁迅佚文佚事考释》(上海社会科学院出版社2004年)、陈福康的《民国文坛探微》(上海书店出版社1999年)在鲁迅著作和生平史实的考辨方面着力。吴俊的《鲁迅个性心理研究》(华东师范大学出版社1992年)、薛毅的《无词的言语》(学林出版社1996年)、郜元宝的《鲁迅六讲》(上海三联书店2000年)、《郜元宝讲鲁迅》(安徽教育出版社2009年),分别探讨鲁迅个性心理、鲁迅文学的独特内涵等多个方面。

【郭沫若】

上海学者关于郭沫若的研究也是先从史料收集整理做起。1980年8月上海文艺出版社推出萧斌如、邵华合编的《郭沫若著译书目》[中国现代文学史资料丛书(甲种)]。此后王训昭、方仁念编选《中国当代文学研究资料·郭沫若专集》(四川人民出版社1984年);1986年,王训昭、卢正言、邵华、肖斌如、林明华合编《郭沫若研究资料》(社会科学出版社)。研究专著则有朱文华的《鲁迅胡适郭沫若连环比较评传》(上海文艺出版社1991年),李振声的《郭沫若早期艺术观的文化构成》(贵州人民出版社1992年),王文英、刘轶合著的《郭沫若:浦江潮起听凤鸣》(上海教育出版社1999年)等。

【周作人】

上海学者的周作人研究起步较早,成绩也较突出。高玉蓉在20世纪80年代初率先提出重新研究周作人的问题。倪墨炎的《中国的叛徒与隐士:周作人》(上海文艺出版社1990年)、刘绪源的《解读周作人》(上海文艺出版社1994年)和雷启立的《苦境故事——周作人传》(上海文艺出版社1996年),是20世纪90年代上海学者研究周作人的三项重要收获。陈思和的《关于周作人的传记》(《中国现代文学丛刊》1991年3期)评钱理群、倪墨炎的周作人传,吴中杰的《周作人晚年心态》(《上海鲁迅研究》1999年秋季号)都是采用书评的形式表达自己对周作人的理解。王仲三的《周作人诗全编笺注》(学林出版社1995年)和陈子善、张铁荣合编的《周作人集外文》(海南国际新闻出版中心1995年)则是资料整理与阐释方面的成果。

【茅盾】

在茅盾研究资料整理方面,最早的成果是唐金海的《茅盾研究专集》(福建人民出版社1983

年)。1996年,唐金海在此基础上主编《茅盾年谱》(陕西高校联合出版社)。研究著作有杨扬的《转折时期的文学思想——茅盾早期文学思想研究》(华东师范大学出版社1996年)以及宋炳辉的《都市子夜的呼号——茅盾与上海文化》(上海教育出版社2000年)。陈思和的《浪漫·海派·左翼·〈子夜〉》(北京大学出版社2003年)则从海派文学与左翼文学的融合角度重新解读《子夜》的浪漫与颓废。

【巴金】

贾植芳在20世纪70年代末组织编纂"中国当代文学研究资料"《巴金专集》第一、二辑(江苏人民出版社1981年、1982年)。以此为基础,唐金海主编《巴金年谱》(四川文艺出版社1989年)。1986年,陈思和、李辉合著《巴金论稿》(人民文学出版社)。1992年,陈思和出版《人格的发展·巴金传》(上海人民出版社)。上海巴金研究会主持策划、陈思和周立民主编的"巴金研究丛书",由复旦大学出版社陆续出版,截至2010年,收有艾晓明的《青年巴金及其文学视界》(2009年),汪应果的《巴金论》(2009年),陈思和、李辉合著《巴金研究论稿》(2009年),胡景敏的《巴金〈随想录〉研究》(2010年)。

【老舍】

1988年,宋永毅出版《老舍与中国文化观念》(学林出版社)。2000年,史承钧主编《简明老舍词典》(甘肃教育出版社)。2003年,孙洁出版《世纪彷徨:老舍论》(百花洲文艺出版社)。

【曹禺】

钱谷融的《〈雷雨〉人物谈》最初主笔于1959年,直到20世纪80年代初才完成八篇,后收入《钱谷融文集》(上海人民出版社2013年),钱氏论曹禺,文本细读开风气之先。陈思和的《细读〈雷雨〉》(《南方文坛》2003年第5期)继承这个传统。

【其他作家】

除现代文学史通常所谓"鲁郭茅巴老曹"以及周作人的研究,上海学人对现代文学史上其他重要作家也展开全面研究。关于瞿秋白,有王铁仙的《瞿秋白论稿》(华东师范大学出版社1984年),丁言模与刘小中合著的《瞿秋白年谱详编》(中信出版社2008年)。关于郁达夫,许子东的《郁达夫新论》(浙江文艺出版社1984年)是导夫先路的学术著作,李振声所译日本学者铃木正夫的《苏门答腊的郁达夫》(远东出版社2004年)基本解决郁达夫之死的谜团。

此外,王晓明的《沙汀艾芜的小说世界》(上海文艺出版社1987年)很早就为现代文学史上曾受鲁迅指点后来各有所成的两位川籍作家撰写专论。陈福康在现代文学考证之外的另一个重点就是郑振铎研究,著有《郑振铎论》(商务印书馆1991年)、《郑振铎传》(十月出版社1994年)。张文江出版《建造巴比塔的智者——钱钟书传》(上海文艺出版社1993年)以及《渔人之路和问津者之路》(复旦大学出版社2006年)。胡河清的《真精神与旧途径——钱钟书的人文思想》(河北教育出版社1995年)注重对文本和作家传记材料的阐释。吴立昌的《"人性的治疗者"——沈从文传记》(上海文艺出版社1993年)及其《沈从文——建筑人性神庙》(复旦大学出版社1991年)是上海学者研究沈从文的先驱之作。朱文华著有《胡适评传》(重庆出版社1988年)、《郑振铎评传》(百花文艺出版社1992年)。苏兴良的《刘延陵与〈诗〉月刊》《从文学走向革命的张闻天》《任钧与左翼文艺运动》发掘现代文学史上不太为人所知的重要作家文学活动的史实。2005—2007年,夏中义主编"百年学案典藏书系"(北京大学出版社),注重从学术思想的背景梳理现代作家的新路历程。其他如周斌的《夏衍传略》(上海文艺出版社1994年),宋炳辉的《新月与夜莺——徐志摩传》(上海文艺出版社1994年),吴长华的《冯雪峰评传》(上海书店出版社1995年),杨扬的《现代背景下的文化熔铸——闻一多与中外文学关系》(福建教育出版社2001年),钱文亮、范际燕合著的《胡风论——对胡风的文化与文学阐释》(湖北人民出版社1999年),张新的《戴望舒:一个边缘文化型诗人》(中国文联出版公司1999年),王周生的《丁玲年谱》(上海社会科学院出版社1997年),黄昌勇的《王实味传》(河南人民出版社2000年)、《左联五烈士评传》(重庆出版社1995年)、《延安四怪》(中国青年出版社1998年),万燕的《女性的精神——有关或无关乎张爱玲》(同济大学出版社2008年),或侧重史实考索,或传论结合,均各有特色。2008年,陈思和主编"薪传丛稿之复旦师生论现代作家"系列(安徽教育出版社)。

四、专题研究

在思潮、流派、社团、重要作家的传统研究模式之外,还有一些不易归类的新的研究空间与研究范式的拓展探索。

首先是诗歌与散文研究。上海学者研究现当代文学的重心在小说、戏剧与杂文,但诗歌散文方面也未曾放松。吴欢章在现代诗歌散文研究方面用力甚专,著有《现代散文艺术论》(黑龙江朝鲜民族出版社1986年)、《中国现代十大流派诗选》(上海文艺出版社1989年)、《二十世纪中国散文英华》(复旦大学出版社1990年)等。散文研究领域还有喻大翔的《现代中文散文十五讲》(同济大学出版社2008年)。张新着力于现代诗歌园地,出版《中国现代主义寻踪》(学林出版社1995年)、《新诗与文化散论》(吉林文史出版社2004年)、《20世纪中国新诗史》(复旦大学出版社2009年)。潘松德的《中国现代诗论40家》(重庆出版社1997年),是系统研究现代中国诗歌理论的专著。诗歌研究还有李振声的《季节轮换——"第三代诗"叙论》(学林出版社1996年)、朱文华的《风骚余韵论:中国现代文学背景下的旧体诗》(复旦大学出版社1998年)。

现代文学与报纸杂志的关系,是20世纪90年代以来中国现代文学研究的一大热点。沈永宝的《陈独秀与黄远生:〈文学革命论〉来源考》(《复旦学报》1992年第3期)、《关于"鲁迅风"杂文论争的几个问题》(《复旦学报》1994年第1期)、《此"报"非彼"报"——对〈关于〈新青年〉问题的几封信〉注四的考辨有关》(《复旦学报》1995年第2期)等关于《新青年》《京报副刊》《晨报副刊》的系列论文在该领域具有开拓性贡献。王晓明的《一份杂志和一个"社团"——重评"五·四"文学传统》(《上海文学》1993年第4期)开拓中国现代文学"社团"和报刊研究新空间。此外,还有柳珊的《在历史缝隙间挣扎——1910—1920年间〈小说月报〉研究》(百花洲文艺出版社2004年)、李楠的《晚清、民国时期上海小报研究——一种综合的文化、文学考察》(人民文学出版社2005年)、董丽敏的《想象现代性:革新时期的〈小说月报〉研究》(广西师范大学出版社2006年)。与报纸杂志研究紧密联系的则是现代文学与出版的研究,如杨扬的《商务印书馆:民间出版社业的兴衰》(上海教育出版社2000年)、孙晶的《文化生活出版社与现代文学》(广西教育出版社1999年)。现当代文学与各种文学制度(政策)的研究也方兴未艾,如倪伟的《"民族"想象与国家统制——1928—1948南京政府的文学政策及文学运动》(上海教育出版社2003年),罗岗的《危机时代的想象》(江西教育出版社2005年),蔡翔的《革命/叙述:中国社会主义文学—文化想象(1949—1966)》(北京大学出版社2010

年),陈思和的《六十年文学话土改》(《中国现代文学研究丛刊》2010 年第 11 期)。现代文学新空间的拓展还包括毛尖译、李欧梵著的《上海摩登——一种新都市文化在中国(1930—1945)》(北京大学出版社 2001 年),以及刘晓丽的《异态时空中的精神世界——伪满洲国文学研究》(华东师范大学出版社 2008 年)。在新文学与现代汉语关联研究方面,主要有郜元宝的《汉语别史——中国新文学的语言问题》(山东教育出版社 2010 年),文贵良的《话语与生存——解读战争年代文学(1937—1948)》(上海书店出版社 2007 年)和《文学话语与现代汉语》(华东师范大学出版社 2009 年)。在现当代文学与宗教文化研究方面,杨剑龙的《狂野的呼声——中国现代作家与基督教文化》(上海教育出版社 1998 年)具有开创之功,此外还有许正林的《中国现代文学与基督教文化》(上海大学出版社 2003 年)以及郜元宝的《人心必有所依凭——关于现代文学遗产》(《文艺争鸣》2010 年第 11 期)。

第三节　外 国 文 学

一、美国文学

1978 年 1 月,上海有多位学者参加在山东召开的全国美国文学研究座谈会。1981 年,在上海召开由复旦大学和上海译文出版社联合主办的该学会的专题研讨会,上海的美国文学研究开始走上正常发展的轨道。

20 世纪 80 年代,上海学者美国文学的研究既包括早期也包括现当代。1980 年万培德发表《海明威小说的艺术特点》(《文史哲》第 2 期)研究叙述者问题。1981 年,汤永宽的《黑色幽默与〈第二十二条军规〉》(《外国文学研究》第 3 期)研究小说的夸张手法。1982 年黄铁池的《库特·冯纳古特及荒诞派小说》(《上海师范大学学报》第 2 期)是较早研究美国当代荒诞派作家的文章。1983 年,丰华瞻的《庞德与中国诗》(《外国语》第 5 期)则介绍庞德倡导的意象派诗歌要旨。同年,傅鸿础在《奥尼尔与尼采》(《复旦大学学报》第 3 期)一文中认为奥尼尔受尼采影响,反人性压抑。虞建华在《从〈嘉莉妹妹〉看德莱塞机械论哲学及道德观》(《上海师范大学学报》1986 年第 3 期)中,分析这部小说中反映的机械论的几个主要特征;他在《重演的一幕:悬崖上的人生抉择——谈塞林格小说〈麦田里的守望者〉与战后美国青年的精神危机》(《上海师范大学学报》1988 年第 1 期)中分析战后美国社会与青少年的关系。黄铁池的《灵魂罪恶的忧思——论霍桑创作的主要思想倾向》(《上海师范大学学报》1988 年第 4 期)一文对这位早期美国文学史上的重要作家进行剖析。同时,上海学者编写一批有关美国文学的教材,主要有:秦小孟主编的《美国短篇小说选读》(上海译文出版社 1981 年),万培德主编的《美国二十世纪小说选读》(上、下册,华东师范大学出版社 1982 年),杨岂深和龙文佩主编的《美国文学选读》二册(上海译文出版社 1985 年、1987 年),秦小孟主编的《当代美国文学:概述及作品选读》(上海译文出版社 1986 年)等。这些教材以作品选读为重,将作品阅读与文学发展史介绍相结合。上海学者还出版一些专著和编著,1983 年,汪义群的《奥尼尔创作论》(中国戏剧出版社)是国内第一部研究奥尼尔戏剧创作的专著,分析奥尼尔的世界观、作品风格的表现、历史背景等。1989 年,虞建华的《20 部美国小说名著评析》(上海外语教育出版社)精选美国文学史上著名作家的 20 部小说进行评述。同年,龙文佩、庄海骅、周敦仁编纂《德莱塞评论集》(上海译文出版社)。从 20 世纪 80 年代中期开始,上海外语教学出版社陆续出版《美国文学史译丛》。

20 世纪 90 年代,上海的美国文学研究进入发展与繁荣时期,研究视角更为开阔。在戏剧研究方面,有汪义群的《当代美国戏剧》(上海外语教育出版社 1992 年),这是国内第一部比较系统地评述当代美国戏剧的著作。在作家作品研究方面,有 1999 年金衡山的《回忆与愈合——当代美国作家贝瑞及其小说〈回忆〉》(《北京大学学报》1999 年第 S1 期)和《〈布拉斯岱罗曼司〉中的叙述者和隐含作者》(《国外文学》第 4 期)等。在小说史、流派史研究方面,有王长荣的《现代美国小说史》(上海外语教育出版社 1996 年),涵盖从 19 世纪末 20 世纪初到第二次世界大战结束前的美国小说,讨论现实主义小说的兴起、自然主义小说的流行、迷惘的一代、无产阶级小说的产生与发展、浪漫主义小说的继续以及南方小说家的崛起等。李维屏的《英美现代主义文学概观》(上海外语教育出版社 1998 年),从哲学思潮影响、文艺观念变化、历史背景介绍入手,分析现代主义与现实主义的区别。20 世纪 90 年代中后期,上海学者还编写一批美国文学教材,主要有:杨岂深、龙文佩编著的《美国文学选读》(第三册,上海译文出版社 1996 年),吴定柏编著的《美国文学大纲》(上海外语教育出版社 1998 年),史志康主编的《美国文学背景概观》(上海外语教育出版社 1998 年)等。

21 世纪前十年,上海的美国文学研究的成就更加显著。一是现当代文学研究。2000 年,黄铁池的《当代美国小说研究》(学林出版社)提供了解当代美国小说的全景。2002 年,虞建华等撰写的《美国文学的第二次繁荣——二三十年代的美国文化思潮和文学表达》(上海外语教育出版社)对 20 世纪二三十年代美国社会文化思潮和人文环境等进行诠释。同年,胡全生的《英美后现代主义小说叙述结构研究》(复旦大学出版社)则对美国文学中的后现代作家做介绍和阐释。二是美国文学重要作家的专题研究,出现多部研究著作。朱振武的《在心理美学的平面上:威廉・福克纳小说创作论》(学林出版社 2004 年)从心理美学的角度探讨福克纳的创作,涉及作家生平、主要著作以及福克纳研究在美国和中国的发展情况。尚晓进的《走向艺术:冯内古特小说研究》(上海大学出版社 2006 年)聚焦美国后现代作家冯内古特几部主要作品的艺术特征,揭示其后现代风格。庞好农的《文化移入碰撞下的三重意识:理查德・赖特的四部长篇小说研究》(上海大学出版社 2007 年)介绍并研究著名黑人作家理查德・赖特的四部小说,核心论点是美国黑人的"双重意识"对其生活的影响。金衡山的《厄普代克与当代美国社会:厄普代克十部小说研究》(北京大学出版社 2008 年)从美国社会文化矛盾的角度探讨厄普代克主要小说的意义和与美国当代社会生活的关系,是国内比较全面研究厄普代克的著作。汪小玲主编的《纳博科夫小说艺术研究》(上海外语教育出版社 2008 年)从理论和实践两个角度探究纳博科夫作品的内在意义和表现形式。王青松的《纳博科夫小说:追逐人生的主题》(东方出版中心 2010 年)对作家的生平、艺术理念、写作特点、作品意义等方面均有介绍和分析。此外,上海外语教学出版社出版的"外国现代作家研究丛书"收录汪义群著《奥尼尔研究》(2006 年)、乔国强著《辛格研究》(2008 年)、虞建华著《杰克・伦敦研究》(2009 年),这是上海学界对中国美国文学研究的重要贡献。三是美国华裔文学研究,比较全面的研究有张琼的两部专著《矛盾情结与艺术模糊性:超越政治和族裔的美国华裔文学》(复旦大学出版社 2006 年)和《从族裔声音到经典文学:美国华裔文学的文学性研究及主体反思》(复旦大学出版社 2009 年),前者主要讨论华裔美国文学创作的艺术特征,后者进一步探讨华裔美国文学的文学性问题。此外,还出现一批多角度研究美国文学的专著,如汪小玲的《美国黑色幽默小说研究》(上海外语教育出版社 2006 年),从时代背景、历史发展过程以及艺术特征等方面讨论黑色幽默文学发生与发展的原因。朱振武等集体撰写的《美国小说本土化的多元因素》(上海外语教育出版社 2006 年)从多个方面探索构成美国文学特征的各种渊源以及发展内涵。乔国强的《美国犹太文学》(商务印书馆 2008 年)从犹太历史和犹太文化以及犹太性的形成入手探索美国犹太文学的历史背景,深入阐释美国犹太文学主要作家和作品。魏啸飞的《美国犹太文学与犹太特性》(广西师范大学出版社 2009

年）集中讨论亚伯拉罕·卡恩、艾萨克·辛格、伯纳德·马拉默德、索尔·贝娄四位犹太作家的创作。这些研究成果视野开阔，涉及美国文学中的后现代转向和族裔特征，而这也是上海学界国际美国文学研究的核心内容之一。

二、英国文学

1978年后，上海的英国文学研究走上“拨乱反正”的道路。人民文学出版社1978年开始推出的《莎士比亚全集》中文版（11卷本）中收录方重翻译的《理查三世》。1979年，方重翻译的《乔叟文集》（收有《坎特伯雷故事》等作品）（上海译文出版社）再版。1980年，方平发表《金羊毛的追逐者：〈威尼斯商人〉的人物小议》（《外国文学研究》第1期），集中评点《威尼斯商人》中的巴珊尼这一角色，上海英国文学的翻译与研究的帷幕由此拉开。

20世纪八九十年代，莎士比亚一直是上海英国文学研究的重点。1984年，中国莎士比亚研究会在上海成立。1986年，上海和北京两地联合举办中国首届莎士比亚戏剧节。这一时期，上海形成一支以方平为核心的研究团队，上海的莎士比亚研究始终秉持翻译、评论和演出并重的思路，从戏剧文学、舞台艺术和跨文化交流等多个维度来审视莎士比亚的戏剧艺术。翻译方面取得的成绩最为突出：方平主持翻译国内第一部诗体莎剧译本《新莎士比亚全集：十二卷本》（河北教育出版社、台北猫头鹰出版社2000年），方译较之朱生豪和梁实秋的散文体译本是一个创新。莎士比亚研究取得的成果也非常丰硕。曹树钧和孙福良的《莎士比亚在中国舞台上》（哈尔滨出版社1989年）分别探讨莎士比亚与中国的戏剧创作、戏曲改编、话剧教育、舞台演出和戏剧节等方面的内容。朱雯和张君川主编的《莎士比亚辞典》（安徽文艺出版社1992年）系国家“八五”出版规划图书，其内容包括莎士比亚其人其事、莎士比亚诗歌戏剧、莎士比亚研究评论、莎士比亚与中国四个部分。此外，还有陆谷孙的《莎士比亚专辑》（复旦大学出版社1984年）、索天章的《莎士比亚——他的作品及其时代》（复旦大学出版社1986年）、汪义群的《莎士比亚宗教观初探》（《外国文学评论》1991年第3期）、方平的《“驯悍文学”和舞台上的〈驯悍记〉》（《外国文学评论》1996年第1期）等研究成果。

除莎士比亚研究，上海在英国现当代小说研究领域也取得不错的进展。侯维瑞的《现代英国小说史》（上海外语教育出版社1985年）对现代英国小说各流派产生的社会历史根源及代表性作家作品进行较为全面的分析与论述。还有瞿世镜的《当代英国小说》（外语教学与研究出版社1998年）和李维屏的《乔伊斯的美学思想与小说艺术》（上海外语教育出版社2000年）。意识流小说是这一时期上海学界讨论的热点，瞿世镜用力甚专，20世纪80年代相继出版《伍尔夫研究》（上海文艺出版社1988年）和《意识流小说理论》（四川文艺出版社1989年），90年代又出版《詹姆斯心理小说》（上海文艺出版社1994年），其中《意识流小说理论》选编亨利·詹姆斯、马塞尔·普鲁斯、詹姆斯·乔伊斯和弗吉尼亚·伍尔夫四位意识流代表作家的文论。在文学史及其他领域出现的一些较有影响的成果主要有：李维屏的《英美现代主义文学概观》（上海外语教育出版社1998年）、侯维瑞主编的《英国文学通史》（上海外语教育出版社1999年）等。《英国文学通史》集英国文学重要作家作品研讨之大成，阐述从公元6世纪的口头文学至20世纪80年代前后的当代小说、诗歌、戏剧等书面文学的发展演变。刘乃银的《巴赫金的理论和〈坎特伯雷故事集〉》（华东师范大学出版社1999年）涉足前人甚少关注的古代文学。

进入21世纪后，上海的英国文学研究既有继承又有创新，整体上呈现出多点开花的局面，其中尤以乔伊斯研究和文学史撰写成就最为突出。在《英美意识流小说》的研究基础上，李维屏在《外国文学评论》《外国文学研究》等期刊发表多篇乔伊斯研究论文，其中《论乔伊斯的小说艺术》(《外国文学评论》2001 年第 1 期)剖析乔伊斯小说文本诗歌化和朦胧化的特征与原因，揭示作家所遵循的时间、意识与技巧三位一体的艺术原则。戴从容的《自由之书：〈芬尼根的守灵〉解读》(华东师范大学出版社 2007 年)提出的自由美学及对此的论证丰富国际学界对《芬尼根的守灵》乃至乔伊斯整个创作的理解。此外，乔伊斯研究著述还有冯建明的《乔伊斯长篇小说人物塑造》(人民文学出版社 2010 年)和戴从容的《乔伊斯小说的形式实验》(中国戏剧出版社 2005 年)。

20 世纪上海及外地学者撰写的系列英国文学通史完成必要的基础工程和学术体系建构。进入 21 世纪后，上海的英国文学史研究有新的发展，更关注文类史、专题史和断代史的研究，并不断有优秀成果出现。除侯维瑞、李维屏的《英国小说史》(译林出版社 2005 年)外，还涌现李维屏的《英国小说艺术史》(上海外语教育出版社 2003 年)、《英国小说人物史》(上海外语教育出版社 2008 年)等针对英国小说某一方面的历史进行开掘的专题史著作。对文类做历史研究不仅有助于对文学分支的系统梳理，而且有助于对其艺术和价值体系的整体把握，是对中国英美文学史宏观研究的一种补充。断代史研究同样有望打破通史研究面面俱到却无法深入的局限，张和龙的《战后英国小说》(上海外语教育出版社 2004 年)重点介绍“二战”后各个时期英国小说的代表作家和作品，梳理战后英国小说的发展脉络。类似的断代史著作还有刘文荣的《19 世纪英国小说史》(中国社会科学出版社 2002 年)，瞿世镜和任一鸣的《当代英国小说史》(文汇出版社 2010 年)等。

在传统的莎士比亚研究阵地，复旦大学推出多部专著。2005 年，复旦大学出版社同时出版陆谷孙的《莎士比亚研究十讲》、张冲的《同时代的莎士比亚：语境、互文、多种视域》和谈瀛洲的《莎评简史》。张冲、张琼的《视觉时代的莎士比亚：莎士比亚电影研究》(北京大学出版社 2009 年)对在视觉时代的语境下，作为人类文化和文学经典的莎士比亚与作为大众艺术传媒的电影之间的互动关系进行思考。进入 21 世纪，上海学者还推出一些综合研究和作家个案探讨的成果，如孙建的《英国文学辞典・作家与作品》(复旦大学出版社 2005 年)、陈晓兰《城市意象：英国文学中的城市》(广西师范大学出版社 2005 年)、王建开的《五四以来我国英美文学作品译介史(1919—1949)》(上海外语教育出版社 2003 年)、张和龙的《后现代语境中的自我——约翰・福尔斯小说研究》(上海外语教育出版社 2007 年)、张介明的《唯美叙事：王尔德新论》(上海社会科学院出版社 2005 年)等。

三、法国文学

1978 年至 80 年代末，上海的法国文学翻译与研究人才辈出，取得突破性发展，迎来空前的繁荣。1979 年，上海译文出版社出版罗玉君译司汤达的《红与黑》。而后，毕修勺、郝运、张秋红、王道乾等翻译雨果、莫泊桑、左拉、波德莱尔、兰波、杜拉斯等一批法国经典作家和现当代作家的作品，走在国内相关译介的前沿。1981 年，成钰亭译的《巨人传》(上海译文出版社)是拉伯雷巨作的首部中文全译本。王道乾和钱春绮亦是 1978 年后译介法国象征主义代表诗人兰波、魏尔伦和波德莱尔的先行者。钱春绮翻译的波德莱尔诗集《恶之花》(人民文学出版社 1986 年)和选译的《法国名诗人抒情诗选》(江苏人民出版社出版 1987 年)，王道乾翻译的兰波的《彩画集》(《外国文艺》1988 年第 3 期)及同刊的托多罗夫的文论《关于〈彩画集〉》，在法国现当代诗歌翻译和研究领域具有划时代的意义。此外，上海学者对于近当代的法国作家作品和研究方法也给予十分的关注。瞿世镜选编的《意识流小说理论》(四川文艺出版社 1989 年)收录一章普鲁斯特专题，是国内较早的普鲁斯特研究成果。张寅德编选的《叙述学研究》(中国社会科学出版社 1989 年)是 20 世纪 80 年代著名的研究论从“法国现代当代文学资料丛刊”之一，也是国内最早介绍叙述学理论的著作之一。林秀清在“新小说”和存在主义戏剧等领域的译介成果引人瞩目。在翻译作品的同时，她发表的《关于法国新小说派》(《当代外国文学》1983年第1期)，对该流派进行系统的论述。其中，她对“新小说四大家”之一、诺贝尔文学奖获得者克洛德·西蒙的研究尤其深入，不仅翻译其代表作，还接连发表《克洛德·西蒙在小说创作上的探索》(《外国文学报道》1986年第3期)、《克洛德·西蒙创作艺术管窥》(《文学知识》1986年第9期)等论文，奠定中国西蒙研究的基础。总体来说，这一时期上海的法国文学研究主要以译介为主。值得一提的是，上海译文出版社的《外国文艺》杂志在其中发挥重要作用，许多法国作家和作品正是通过该刊开始为学界和公众所知。1985年，上海译文出版社“外国文艺丛书”出版《当代法国短篇小说集》，集结包括加缪、尤瑟纳尔、萨冈、图尼埃在内的30余位作家的短篇小说作品。

1990年后，上海的法国文学的译介与研究得到进一步的发展。1992年中国加入国际版权公约后，上海译文出版社率先引进版权，推出“法国当代文学丛书”，收录路易-费迪南·塞利纳、米歇尔·布托尔、米歇尔·图尼埃、勒·克莱齐奥、罗贝尔·萨巴蒂埃、柯莱特等20世纪文学大家的作品。1997年，复旦大学举办中法翻译讨论会，是国内法国文学翻译界的盛事。这一时期，上海的法国文学研究出现更多的成果。许光华的《司汤达比较研究》(华东师范大学出版社1991年)从时代和跨国平行研究的角度考察司汤达及其作品。朱雯选编的《文学中的自然主义》(上海文艺出版社1992年)是“外国文学研究资料丛书”之一，全面介绍以法国为首的自然主义流派的美学理论、起源、文学主张、代表作家及作品。郑克鲁主编的《法国古今短篇小说精选(一、二、三)》(上海译文出版社1991年、1992年)对法国短篇小说的发展进行系统的梳理。他还著有《情与理的王国——法国文学评论集》(译林出版社1994年)，包含对法国小说和法国诗歌的研究。之后，郑克鲁在文学史领域一再发力，编写或主持编写《法国诗歌史》(上海外语教育出版社1996年)、《现代法国小说史》(上海外语教育出版社1998年)、《外国文学史》(高等教育出版社1999年)等著作。

21世纪以来，上海的法国文学研究呈现出多方位、多元化的特点。在2005年“中法文化年”创造的良好氛围下，国际学术交流活动不断展开。2005年6月和9月在同济大学和复旦大学分别举办纪念萨特诞辰100周年的国际研讨会；9月在上海大学举办“中法作家文学对话国际研讨会”，会议主旨为“体验迁徙与文学写作”。这一时期，老一辈学者笔耕不止，年轻学者崭露头角。马振骋翻译三卷本《蒙田随笔全集》(上海书店出版社2009年)获2009年首届傅雷翻译出版奖文学类奖项。袁筱一在翻译和研究领域皆有建树，是昆德拉、勒克莱齐奥、卢梭和伊莱娜·内米罗夫斯基等作家的翻译和研究专家，出版《文字·传奇：法国现代经典作家与作品》(复旦大学出版社2008年)和《最难的事》(上海书店出版社2009年)、《我目光下的你》(黄山书社2009年)等多部文学批评集。宫宝荣所著《法国戏剧百年：1880—1980》(生活·读书·新知三联书店2001年)详述法国现当代戏剧一个世纪的发展历程，填补国内法国戏剧研究领域的空白。其后续著作《梨园香飘塞纳河——20世纪法国戏剧流派研究》(上海书店出版社2008年)以流派为经，戏剧家为纬，进一步对法国近现代戏剧作系统的论述。郑克鲁主编出版的《法国文学史》两卷(上海外语教育出版社2003年)论述法国从中世纪到20世纪的文学史历程，吸收法国当代文学批评的多种研究方法，着力于对作家的艺术成就的评述。其后，郑克鲁还出版《法国文学纵横谈》(上海文艺出版社2006年)和《法国文学史教程》(北京大学出版社2008年)等著作。此外，文学史方面的著作还有张彤的《法国文学简史》(上海外语教育出版社2000年)，钱培鑫和陈伟译注、法国普洛坎等编著的《法国文学大手笔》(上海译文出版社2002年)等。这一时期，上海的出版界在引介法国文学方面继续发挥重要的推手作用。

上海译文出版社在2003年和2005年先后推出"米兰・昆德拉作品系列"和"法国小说大师玛格丽特・杜拉斯作品系列",并在引新生代作家和作品方面不遗余力。上海人民出版社从2000年开始推出"罗兰・巴特系列",又在2009年推出"法国诗歌译丛",包括欧仁・吉尔维克、弗朗西斯・蓬热、菲利普・雅各泰、米歇尔・德吉、亨利・米肖等国内译介甚少的法国现当代诗歌名家。华东师范大学出版社的"巴黎丛书"收录法国文学、电影、音乐、思想和评论领域的32册图书。

四、俄苏文学

1978年起,上海的俄苏文学研究逐步复苏。1978年,倪蕊琴发表《驳"托尔斯泰是富农的代言人"》(《文汇报》1978年4月7日)和《也谈"托尔斯泰主义"》(《陕西师范大学学报》1978年第3期)两篇文章,与国内学界有关观点展开争鸣;辛未艾发表《谈谈俄国三大批评家》(《上海文艺》1978年第7期),客观评价别林斯基等俄国批评家。1980年,在上海召开国内第一次俄国作家研讨会"全国托尔斯泰学术讨论会",并出版《托尔斯泰研究论文集》(上海译文出版社1983年),掀起中国托尔斯泰研究的高潮。1986年,上海召开"全国陀思妥耶夫斯基学术讨论会"。

20世纪80年代,上海学界的俄苏文学的研究取得可喜收获。夏仲翼的《窥探心灵奥秘的艺术——陀思妥耶夫斯基艺术创作散论》(《苏联文学》1981年第1期)、译文《陀思妥耶夫斯基的复调小说和评论界对它的阐述》(《世界文学》1982年第4期)和论文《陀思妥耶夫斯基的〈地下室手记〉和小说复调结构问题》,是巴赫金进入中国的标志。这一时期出版的王智量的《论普希金、屠格涅夫、托尔斯泰》(光明日报社1985年)对三位俄国文学名家的思想与艺术有独到的剖析。倪蕊琴的《列夫・托尔斯泰比较研究》(华东师范大学出版社1989年)运用比较研究的方法来考察托尔斯泰及其创作。此外,周敏显的《俄国文学杰作欣赏》(上海外语教育出版社1987年)、上海译文出版社推出的分别由包文棣、草婴和余振等翻译的《别林斯基选集》和《当代英雄》等俄苏文学作品译本,都显示出20世纪80年代上海俄苏文学研究的活力。

20世纪90年代,得益于学术环境的改善和专业研究人才的涌现,上海学者在俄罗斯文学史和文学关系史方面有突出表现。文学史研究成果颇丰,包括周敏显的《俄国文学史》(上海外语教育出版社1996年)、江文琦的《苏联二十年代文学概论》(上海外语教育出版社1990年)、倪蕊琴等的《当代苏俄文学史纲》(辽宁教育出版社1997年)、许贤绪的《当代苏联小说史》(上海外语教育出版社1991年)和《20世纪俄罗斯诗歌史》(上海外语教育出版社1997年)、朱宪生的《俄罗斯抒情诗史》(陕西人民出版社1993年)等。这一时期的文学史写作的类型开始多样,研究更具个性。

这一时期,上海学界在中俄文学关系史方面取得的成果主要有:倪蕊琴主编的《论中苏文学发展进程》(华东师范大学出版社1991年),从社会发展的角度探讨两种文学各自发展和变化的异同及其规律性;智量等著的《俄国文学与中国》(华东师范大学出版社1991年),阐释俄国文学若干名家与中国的关系;郑体武的《危机与复兴——白银时代俄国文学论稿》(四川文艺出版社1996年)将论述的重点放在俄国现代主义诗歌上;陈建华出版《托尔斯泰传》和《陀思妥耶夫斯基传》(台湾业强出版社1994年、1996年),他的《二十世纪中俄文学关系》(学林出版社1998年),是第一部全面系统地梳理20世纪以来中俄文学关系演革的著作。这些成果体现20世纪90年代初期上海学者在中俄作家比较研究这一领域里的所达到的新的水准。

此外,上海的俄苏文学翻译成就卓越,草婴从20世纪70年代末至1995年,完成400多万字12册的《托尔斯泰小说全集》(上海文艺出版社2004年)翻译工作。冯春翻译出版10卷本《普希金文集》(上海译文出版社 1999 年)。

进入 21 世纪,上海召开不少关于俄苏文学问题的专题学术会议,如 2001 年的“苏联解体后的俄罗斯文学研讨会”、2003 年的“全球化语境下的俄罗斯语言、文学和翻译国际研讨会”、2010 年的“纪念托尔斯泰逝世一百周年学术研讨会”等。1999 年,华东师范大学成立“俄罗斯研究中心”,2000 年 9 月该中心成为教育部人文社会科学首批重点研究基地。2005 年,陈建华在该中心主持完成教育部基地重大项目“俄罗斯人文思想与中国”。

一些前辈学者纷纷推出新著,包括草婴的《我与俄罗斯文学:翻译生涯六十年》(文汇出版社 2003 年)、朱逸森的《契诃夫:1860—1904》(华东师范大学出版社 2006 年)、王智量的《论 19 世纪俄罗斯文学》(复旦大学出版社 2009 年)等。这一时期,中青年学者也比较活跃,推出不少新著。耿海英的专著《别尔嘉耶夫与俄罗斯文学》(上海书店出版社 2009 年)从别尔嘉耶夫与俄罗斯文学的关系切入,在国内学者尚少涉及的领域进行深入探讨。陈建华等的《走过风雨:转型中的俄罗斯文化》(重庆出版社 2007 年)关注苏联解体后的俄罗斯文学和文化。朱宪生的《走近紫罗兰:俄罗斯文学文体研究》(上海文艺出版社 2006 年)关注俄罗斯文学中的文体问题。陈建华的《阅读俄罗斯》(上海文艺出版社 2007 年)从多个侧面探讨俄罗斯文学。陈建华主编的四卷本《中国俄苏文学研究史论》(重庆出版社 2007 年)全面梳理中国学界对俄苏文学研究。此外,还有田全金的《启蒙·革命·战争:中俄文学交往的三个镜像》(齐鲁书社 2009 年)、《言与思的越界:陀思妥耶夫斯基比较研究》(复旦大学出版社 2010 年)。

五、德语文学

1978 年以后,上海地区在全国德语文学研究的重建以及范式转变中承担着重要角色,呈现出继往开来的面貌。自 1979 年起,钱春绮先后翻译出版有海涅诗集《阿塔·特罗尔》《歌德诗集》、歌德诗剧《浮士德》《席勒诗选》《歌德戏剧集》等数十种德语文学作品。20 世纪 80 年代,董问樵先后出版《席勒》(复旦大学出版社 1984 年)与《〈浮士德〉研究》(复旦大学出版社 1987 年)。董问樵还有数百万字翻译,尤以《浮士德》著称,1988 年获得德国总统颁发的一级十字勋章。

20 世纪 90 年代,上海有关德国文学史的研究成果丰硕。余匡复著有《德国文学史》(上海外语教育出版社 1991 年)、《战后瑞士德语文学史》(上海外语教育出版社 1992 年)、《德国当代文学史纲》(辽宁教育出版社 1994 年)、《浮士德——歌德的精神自传》(上海外语教育出版社 1999 年)等。在中德文学关系研究方面,卫茂平著有《中国对德语文学影响史述》(上海外语教育出版社 1996 年)。袁志英编著有《叔本华传》(世界图书出版公司上海分公司 1994 年),并翻译歌德作品和多种德语文学作品。

2000 年以后,上海德语文学界成果迭出,主要研究集中在以下几个方面:一是经典作家作品研究,如余匡复的《布莱希特论》(上海外语教育出版社 2002 年)、《布莱希特》(四川人民出版社 2002 年)等。在方法论和研究导向上,上海学者体现一贯的锐意进取精神。谢建文专攻德语后现代主义文学,出版《现代与后现代之间的文明批判——博托·施特劳斯作品研究》(上海外语教育出版社 2009 年),较全面地呈现德语当代文学中后现代的发生、发展和构成,填补国内学界在这方面的空白。吴建广发表的《被解放者的人本悲剧——德意志精神框架中的〈浮士德〉》(《外国文学评论》2008 年第 3 期)、《人类的界限——歌德〈浮士德〉之“天上序曲”阐释》(《德国研究》2009 年第 1 期)等论文,将解释学和西方人文社会科学的最新成果相结合,在《浮士德》文本解读上对传统的人本主义阐释模式提出挑战。二是中德文学和文化关系研究，卫茂平出版《异域的召唤——德国作家与中国文化》(宁夏人民出版社2002年)、《德语文学汉译史考辨——晚清和民国时期》(上海外语教育出版社2004年)。2006年，上海外语教育出版社还出版卫茂平与威廉·屈尔曼合编的《中德文学关系研究文集》。范劲也有《德语文学符码和现代中国作家的自我问题》(华东师范大学出版社2008年)问世。三是翻译成就突出，如魏育青与人合作翻译的卡尔·巴特的《罗马书释义》(华东师范大学出版社2005年)。卫茂平还翻译《青年维特之烦恼》(北岳文艺出版社1996年)、《尼采思想传记》(华东师范大学出版社2007年)、《席勒传》(人民文学出版社2010年)等大量德语文学作品。

六、日本文学

20世纪70年代末到90年代，上海的日本文学翻译者和研究者极为有限，成果比较零散，主要集中于日本近现代文学。20世纪80年代，吴树文较早翻译日本近代文学名家作品，如夏目漱石的《三四郎》《后来的事》(均为上海译文出版社1984年)等，他的论文《志贺直哉的文学道路》(《东北师范大学学报》1986年第4期)全面介绍志贺直哉的作家人生。朱实和郭炤烈在电影文学剧本翻译上引人注目，译有《吟公主》《远山的呼唤》等。仰文渊以芥川龙之介研究和翻译见长，有论文《关于芥川龙之介之死》(《日本问题》1987年第4期)，并译有《松江印象记》(《当代外国文学》1984年第2期)等。柯森耀致力于水上勉研究，《忧愁·悲伤·怨恨——水上勉和推理小说〈耳朵〉》及《水上勉的创作道路》(《外国文学研究》1980年第2期、1982年第4期)试图把握作家的整体创作及其特质。陈生保除译有《日本战后小说选》(合译，上海外语教育出版社1989年)外，另著有《森欧外的汉诗》上、下两卷(明治书院1991年)。莫邦富关注日本文坛动向，有《日本文坛的新动向》《山崎丰子谈〈华丽的家族〉及其他——访日本著名作家山崎丰子》(《外语文学研究》1981年第2、4期)等。谭晶华的《川端康成传》(上海外语教育出版社1996年)，开国内同类研究之先河。高宁《从〈心〉看夏目漱石留给世界文坛的遗憾》(《北京大学学报》1998年第6期)提出夏目漱石代表作存在明显缺陷。

20世纪90年代后期，尤其是进入21世纪之后，留日归国进入上海高校的青年研究者渐多，日本文学研究阵容明显增强，研究领域扩展，研究成果量质齐升。此期研究依然以近现代文学为主。1989年，施小炜发表《汉语文学在日本文学史上的地位》(《复旦学报》10月号)论及汉文文学之于日本文学的历史意义；韩小龙以芥川龙之介为重，发表《被压抑的灵魂的诉说——试析芥川龙之介的〈戏作三昧〉》(《外国问题研究》1997年第4期)。李征的《作为表象的上海——日中新感觉派文学运动的比较文学研究》(东洋书林2001年)关注都市空间及现代性问题。潘世圣的《关于日本近代文学中的"私小说"》(《外国文学研究》2001年第2期)以中国视角探讨日本小说样式，《火野苇平及其〈麦与士兵〉的历史考察》(《浙江学刊》2007年第1期)正面考察战争文学。胡兴荣的《漱石文学里的罪恶意识问题》(《久留米大学比较文化研究论集》2003年第2期)探讨夏目漱石文学的经典课题。吴葆华的《志贺文学中的命运超克》(マルモ出版2005年)专注作为心境小说的志贺文学的心象和超脱。刘晓芳的《岛崎藤村的文学轨迹》《岛崎藤村的近代自我》(《国外文学》1995年第1期、2004年第1期)解析近代文学中的自我形成。朱卫红的《佐藤春夫的文明批判方法——论小说〈魔鸟〉》(《日本语与日本文学》2003年第2期)研究日本近代小说中的文明批评。黄育红《宫泽贤治的〈村童速写〉》(《千叶大学日本文化论丛》2002年)探求自然的描写方式与童话幻象氛围的交融。2010年，施小炜翻译出版《1Q84》(南海出版公司)。此外，高洁的《"疾首蹙额"的旅行者》(《中国比较文学》2007年第3期)试图个性读解芥川龙之介的中国叙事。邹波的《"存在"与"异化"——安部公房作品之存在文学特征》(《解放军外国语学院学报》2003 年第 6 期)发掘安部公房文学的存在主义特征。康东元的《日本近现代文学汉译总览》(勉诚出版社 2006 年)搜罗大量翻译介绍信息。王升远的《周作人与北京大学日本文学学科之建立》(《鲁迅研究月刊》2010 年第 7 期)着眼现代中国日本文学研究的制度化过程。以往极其薄弱的日本古代文学领域也开始引起关注。李宇玲的《平安朝唐代省试诗的接受》(《国语与国文学》2004 年 8 号)比较平安文学与唐代诗文关联;黄建香的《〈源氏物语〉的六条妃子之"物怪"原型论——以〈霍小玉传〉和〈离魂记〉为中心》(《日语学习与研究》2000 年第 1 期)旨在发现《源氏物语》的中国文学因素;金文峰《〈徒草〉受中日古典文学的影响》(上海交通大学出版社 2009 年)则搜求名著《徒然草》的中日古典要素。在中日文学关系研究方面,潘世圣《鲁迅与日本自然主义文学》(《中国现代文学研究丛刊》2006 年第 1 期)对两者关系提出新见解;钱晓波《速度的力量:美学意识的勃兴》(《言语与交流》2009 年第 6 期)比较 20 世纪 30 年代中日现代派小说的美学倾向。

七、其他国家和地区文学

除上述国家外,其他国家和地区的文学研究在上海也有一定的研究,但发展并不均衡,其中大洋洲文学和阿拉伯国家文学批评取得的成绩相对较为突出。1981 年,黄源深发表《写在〈婚礼〉之后》(《外国文学报道》第 5 期),标志着上海开始突破英美文学占据英语文学研究主导地位的局限,而涉足其他国家和地区的英语文学现象。此后,黄源深又先后发表《简论怀特及其创作》(《华东师范大学学报》1983 年第 4 期)、《当代澳大利亚小说流派》(《外国文学研究》1985 年第 7 期)、《评澳大利亚殖民时期文学》(《外国文学研究》1987 年第 3 期)等多篇论文。此外,黄源深还选编《澳大利亚文学作品选读》(湖南教育出版社 1986 年),翻译《我的光辉生涯》(江西人民出版社 1989 年),后者获得澳大利亚政府授予的杰出文学翻译奖。1985 年,黄源深牵头成立华东师范大学澳大利亚研究中心,这是全国最早成立的澳大利亚研究机构之一。1986 年,上海外国语大学成立新西兰研究中心,该中心的聂振雄翻译约翰·马尔根的《孤独的人》(上海外语教育出版社 1989 年),虞建华发表《从"英国绅士"到"新西兰人"——谈新西兰民族文学的成因》(《上海师范大学学报》1985 年第 2 期)。

进入 20 世纪 90 年代后,上海的大洋洲文学研究在全国的优势地位得到进一步巩固。黄源深继续致力于澳大利亚文学研究框架的建构,先后出版《澳大利亚文学论》(重庆出版社 1995 年)、《澳大利亚文学史》(上海外语教育出版社 1997 年)和《澳大利亚文学选读》(上海外语教育出版社 1997 年)。1998 年,上海理工大学成立澳大利亚和西方文化研究中心,该中心的叶胜年先后发表或出版《多彩的拼贴画:近年澳大利亚小说述评》(《外国文学评论》1992 年第 4 期)、《帕·怀特评传》(河北教育出版社 1994 年)、《澳大利亚当代小说研究》(东南大学出版社 1994 年)等。上海外国语大学新西兰研究中心相继推出《未发现的国土:凯瑟琳·曼斯菲尔德新西兰短篇小说集》(上海外国语学院新西兰研究中心译,上海外语教育出版社 1991 年)和虞建华的《新西兰文学史》(上海外语教育出版社 1994 年)。

此时,印度、非洲、加勒比海岛国等国家地区的文学研究也开始起步,它们主要是在后殖民文学这一泛称之下受到关注。主要成果有瞿世镜的《后殖民小说"教父"拉什迪》(《中国比较文学》1999 年第 1 期)和《尼日利亚的"后殖民小说"》(《社会科学》1997 年第 8 期)、任一鸣的《特立尼达英语小说家穆尔·塞尔文》(《外国文学》2000 年第 5 期)等。除英语文学,北欧文学研究主要集中在易卜生身上。刘明厚发表《读易卜生的〈约翰·盖勃吕尔·博克曼〉》(《外国文学评论》1994 年第 2 期),出版《真实与虚幻的选择：易卜生后期象征主义戏剧》(同济大学出版社1994年)，认为易卜生后期戏剧坚持一贯的自由意志主题并加以深化，使之容纳现代悲剧冲突的主题。张绪华出版《20世纪西班牙文学》(上海外语教育出版社1997年)廓清自“98年一代”至佛朗哥政权结束后西班牙文学的发展脉络。

进入21世纪后，上海有更多的高校设立澳大利亚研究中心，大洋洲文学在保持总体研究的同时也朝着个案探讨的方向朝前推进。黄源深陆续推出《澳大利文学简史》(上海外语教育出版社2006年)、《澳大利亚文学名著便览》(上海外语教育出版社2006年)、《澳大利亚文学评论》(上海外语教育出版社2006年)和《对话西风》(上海外语教育出版社2010年)。此外，还有彭青龙的《写回帝国中心——彼得・凯里小说的历史性和文本性研究》(中国社会科学出版社2006年)、徐凯的《孤寂大陆上的陌生人：帕特里克・怀特小说中的怪异性研究》(上海社会科学出版社2007年)、周小进的《从滞定到流动：托马斯・基尼利小说中的身份主题》(中国海洋大学出版社2009年)等。

对非洲、加拿大、加勒比海岛国等国家地区的英语后殖民文学研究此时有进一步的进展。瞿世镜和任一鸣的《英语后殖民文学研究》(上海译文出版社2003年)对活跃在世界文坛的近30位后殖民作家的文化背景、创作思想、作品特色等进行分析。在此基础上，任一鸣推出的《后殖民：批评理论与文学》(外语教学与研究出版社2008年)对后殖民文学的特性进行探索，对后殖民文学在创作主题、宗教关怀、美学形式等方面所具有的特征予以论述。北欧戏剧、西班牙文学和拉丁美洲文学的研究态势也在延续，成果有刘明厚的《不朽的易卜生：百年易卜生中国国际研讨会论文集》(中国戏剧出版社2008年)、陆经生的《西班牙文学名著便览》(上海外语教育出版社2008年)和《拉丁美洲文学名著便览》(上海外语教育出版社2009年)等。阿拉伯国家和地区的文学研究也有一定进展，主要成果有陆培勇的《阿拉伯现代文学作品选读》(上海外语教育出版社2005年)和陆培勇、陆怡玮的《阿拉伯古代文学作品研究》(上海外语教育出版社2006年)。

上海学者在外国文学综合研究方面也做出一些成绩。其一是综合性的《外国文学史》教材的编写。郑克鲁主编的“面向21世纪课程教材”《外国文学史》(高等教育出版社1999年)最有代表性。此外，陈建华主持完成的多媒体软件《外国文学》(高等教育出版社、高等教育电音像出版社2003年)配有纸质教材《插图本外国文学史》(高等教育出版社2002年)。其二是外国文学辞书的编撰，上海学者参加《辞海》外国文学部分的编撰工作，《大辞海・外国文学卷》(上海辞书出版社2006年)主编草婴、夏仲翼、谭晶华、翟象俊、陈建华均为上海学者。此外，陈建华主持编写的15卷“外国文学鉴赏辞典大系”，有近2 000万字。

八、比较文学

从1978年开始，上海就是中国大陆比较文学研究的重镇，取得出色的成就。1978年，施蛰存在华东师范大学为本科生开设“比较文学”讲座，领国内风气之先。20世纪80年代中期，复旦大学设立国内首批比较文学硕士点。1984年10月，《中国比较文学》在上海创刊。1985年3月，上海市比较文学研究会创立，贾植芳任会长，是中国大陆地区最早成立的省市级比较文学专业学会。

20世纪80年代，上海地区的比较文学研究取得了在国内外具有影响力的成果。主要著译有：干永昌等编译的《比较文学研究译文集》(上海译文出版社1985年)、陈挺的《比较文学简编》(华东师范大学出版社1986年)、方平的《三个从家庭出走的妇女》(《比较文学论文集》外国文学出版社1987年)、廖鸿钧主编的《中西比较文学手册》(四川人民出版社1987年)、林秀清的《现代意识与民族文化：比较文学研究文集》（复旦大学出版社 1987 年）、孙景尧的《简明比较文学原理》（中国青年出版社 1988 年）、远浩一的《比较文学的两个支柱——平行研究与影响研究》（《中国社会科学》1985 年第 4 期）和谢天振的《中国比较文学：危机与转机》（《探索与争鸣》1987 年第 6 期）等。1987 年，贾植芳获得国家社科项目“外来文学思潮流派理论在中国现代文学史上的影响”。

20 世纪 90 年代，上海学人在比较文学的许多领域形成自己的特色与优势。学科理论方面，陈惇、谢天振、孙景尧等主编《比较文学》（高等教育出版社 1997 年）。中外文学关系研究方面成果丰硕，如王智量主编的《俄国文学与中国》（华东师范大学出版社 1991 年）、倪蕊琴主编的《论中苏文学的发展进程》（华东师范大学出版社 1991 年）、张弘的《中国文学在英国》（花城出版社 1992 年）、陈建华的《20 世纪中俄文学关系》（学林出版社 1998 年）、卫茂平的《中国对德语文学影响史述》（上海外语教育出版社 1998 年）等。在文学翻译研究方面，谢天振发表《翻译文学——争取承认的文学》（《探索与争鸣》1990 年第 6 期），引起中外文学研究界对汉语翻译文学的重视。施蛰存、贾植芳分别主编《中国近代文学大系・翻译文学集 1840—1919》（上海书店出版社 1990 年）和《中国现代文学总书目》（含翻译文学卷，福建教育出版社 1993 年）。在中外文论与比较诗学领域，有陈伯海的中西文论比较《近四百年中国文学思潮史》（东方出版中心 1997 年）、殷国明的外来文论在中国的影响研究《20 世纪中西文艺理论交流史论》（华东师范大学出版社 1999 年）等成果。

21 世纪以来，上海的比较文学进一步走向深入。2001 年，陈思和在《中国现代文学》第 20 期上发表《中外文学关系研究中的“世界性因素”的几点思考》。在 1993 年提出以中国文学的“世界性因素”替代中外文学关系研究中的“外来影响”的概念与方法的主张，之后，在《我对 20 世纪中国文学中的世界性因素的思考与探索》（《中国比较文学》2006 年第 2 期）等文章中调整和完善理论表述。同时，又在一系列文学评论中，引入世界文学中的相关主题，这在很大程度上纠正传统中外文学关系研究中的“影响接受”模式，使中国与其他国家的文学在对等的地位上共同构建世界文学的复杂模式。

谢天振先后出版《译介学》（上海外语教育出版社 1999 年）、《译介学导论》（北京大学出版社 2007 年）以及《翻译研究新视野》（青岛出版社 2003 年）等一系列著作，系统论述翻译文化研究的新观念、译介学理论的历史背景与现实意义、文学翻译的创造性叛逆、翻译文学的文化归属、翻译文学史如何建构等理论问题，完成中国译介学理论的建构。陈建华领衔的学术团队在 2009 年获得上海地区本专业第一个国家社科基金重大项目“新中国外国文学研究 60 年”，后有成果 12 卷出版。此外，还有张新颖的《20 世纪上半期中国文学的现代意识》（北京三联书店 2001 年），杨乃乔的《比较文学概论》（北京大学出版社 2002 年），谢天振、查明建主编的《中国现代翻译文学史》（上海外语教育出版社 2004 年），宋炳辉的《方法与实践：中外文学关系研究》（复旦大学出版社 2004 年），陈伯海的《中国诗学之现代观》（上海古籍出版社 2006 年）等著作。海外汉学研究有许华的《法国汉学史》（学苑出版社 2009 年）、西方传教士研究有刘耘华的《诠释的圆环：明末清初传教士对儒家经典的解释及其本土回应》（北京大学出版社 2005 年）、宋莉华的《传教士汉文小说研究》（上海古籍出版社 2010 年）等。文学形象学研究有邵毅平的《东洋的幻象，中日法文学中的中国与日本》（上海锦绣文章出版社 2010 年）等。

第四节　文 艺 理 论

一、文学理论与美学原理

1978 年前后，上海的文学理论研究得到恢复并从形象思维讨论拉开帷幕。1977 年 12 月 31 日

《人民日报》登载毛泽东1965年7月21日给陈毅的信,信中言及“诗要用形象思维”。1978年1月1日,《解放日报》发表姜斌的《诗要用形象思维——喜读〈毛主席给陈毅同志谈诗的一封信〉》,1月18日又发表蒋孔阳的《诗歌创作与形象思维》。2月,《上海文学》发表伍蠡甫的《诗与画——形象思维漫谈》、白桦的《形象思维管见》。讨论从漫谈转入理论研究轨道。1978年2月,复旦大学中文系文艺理论教研组完成《形象思维问题参考资料》(上海文艺出版社)第一辑的编辑工作。同年蒋孔阳发表《形象思维与艺术》(《文学评论》第2期)等多篇文章,呼吁文学家艺术家自觉运用形象思维方法,并系统阐述形象思维学说的演变过程。20世纪80年代,上海《文艺理论研究》等杂志刊载一系列关于形象思维问题讨论的文章,讨论持续十余年逐渐沉寂下去,毛泽东以形象思维比较中国传统文论中的“比”“兴”,也给日后勃兴的“意象”热提供思路。但形象与思维的关系中,直观究竟占据多大地位,也还是多有不同意见。

1979年,《上海文学》4月号刊发署名为本刊评论员的文章《为文艺正名》,认为把文艺理解为“阶级斗争工具”不全面,也不科学。由此展开的讨论从上海波及全国,讨论的内容也从“工具论”扩展到更为广泛的文艺与政治的关系。20世纪70年代末80年代初,上海学者还就文艺理论的一些基本问题展开广泛深入的讨论。1979年,钱谷融发表《生活之树常青——从“四人帮”的破坏谈文艺与生活的关系》(《语文教学通讯》第1期),呼吁重视文学与生活的密切关系。上海文学理论界当即围绕“文学与生活”的主题展开讨论,相继发表多篇文章,如朱立元、沙似鹏的《文艺应当反应社会生活的本质》(《青海师范大学学报》1980年第3期),徐俊西的《文艺创作与社会生活的关系》(《复旦学报》1982年第4期),杨文虎的《论生活真实》(《文学评论》1982年第5期),黄世瑜的《谈作家在反映生活中的主观能动性》(《文艺理论研究》1984年第2期)等。

1979年10月3日,蒋孔阳在《光明日报》上发表《谈谈文艺批评中的艺术标准》,提出生动性和典型性、真实性和真挚性、完美性和独创性、感染性和愉悦性,为文艺批评的四个标准,由此引发围绕文学批评定位的讨论。从标准一直延伸到对批评本身的深入定位,相关文章计有30余篇面世。许杰的《文艺批评首先应该是文艺》(《上海文学》1979年第6期)提出文艺批评本身应是艺术之一种。其他文章主要还有钱谷融的《谈文艺批评问题》(《文艺理论研究》1981年第4期)、徐中玉的《当前文艺理论批评中的几个问题》(《文艺理论研究》1982年第2期)、宋耀良的《谈批评的有机思想》(《上海文学》1983年第6期)、吴亮的《对文学确定性的寻求——文学批评中的几个认识论问题》(《社会科学》1984年第10期)、殷国明的《文学评论要破除旧模式》(《文学评论》1985年第3期)、陈思和的《文学批评的位置》(《当代作家评论》1985年第3期)、夏中义的《应该及时留下新时期评论的史迹》(《文艺理论研究》1989年第4期)、郜元宝的《从文学批评诸概念内容的冲突看批评的价值取向》(《文艺理论研究》1991年第4期)等。

1980年,钱谷融在《文艺研究》第3期刊文《〈论“文学是人学”〉一文的自我批判提纲》,强调人是社会现实的焦点;1981年,《论“文学是人学”》由人民文学出版社出版单行本。1983年,钱谷融又在《书林》第3期上发表《论“文学是人学”发表的前前后后》,就该文写作、发表和受批判提供背景材料。上海学界对此议题高度重视。

1981年,徐俊西在《上海文学》第1期上刊出文章《一个值得重新探讨的定义:关于典型环境和典型人物的关系的疑义》,对恩格斯相关论述表示质疑。《上海文学》第4期发表程代熙的《不能如此轻率地批评恩格斯》,就徐文进行商榷。该刊物同年又陆续发表后续文章,就此问题展开讨论。1983年,王元化将1979—1982年所写的大部分文字集结成《文学沉思录》由上海文艺出版社出版,从哲学角度对若干重大理论问题进行系统探究。20世纪90年代开始,王元化更多关注文艺学背后的思想基础和文化传统，写出《传统与反传统》（上海文艺出版社1990年）、《清园夜读》（海天出版社1993年）、《清园近思录》（中国社会科学出版社1998年）等一系列论著，提倡“新启蒙”。1996年，王元化与巴金一起获颁市文学艺术杰出贡献奖。1998年，王元化的论文集《思辨随笔》（上海文艺出版社1994年）获国家图书奖。

从20世纪70年代末“共同美”问题的讨论起步，1978年第1期《复旦学报》刊发了邱明正的《试论“共同美”》，作者不仅承认了“共同美”存在，还为其定义。上海的美学研究形成一系列相关重要成果。1979年，上海社会科学院哲学所美学研究室、中华全国青年美学研究会上海秘书处等相继建立，呼应全国范围的“美学热”。蒋孔阳发表的《建国以来我国关于美学问题的讨论》（《复旦学报》1979年第5期）就中国当代美学主观派、客观派、主客观派和实践派作出四分。1979年，施昌东的《先秦美学思想述评》由中华书局出版，开中国断代美学史研究先声；次年的《美的探索》（上海文艺出版社）亦广为传布。1982年，冯契在《学术月刊》第2期发表论文《论真、善、美的理想》，主张具有本体论意义的自由个性是知、意、情。1981年，上海市美学学会成立，蒋孔阳任会长。从20世纪80年代中期开始，上海的美学研究向全方位铺开，影响被及全国。1988年，吴中杰出版《文艺学导论》（复旦大学出版社），1998年又出修订本。蒋冰海的《美育学导论》1990年由上海人民出版社出版。1993年，蒋孔阳撰写多年的《美学新论》在人民文学出版社出版，开创一个以创造论为核心的美学思想体系。同年王纪人、徐缉熙、杨文虎、凌珑等编的《文艺学教程》由上海文艺出版社出版。1989年，《上海文学》杂志社举办中国40年文学道路研讨会，与会者发言涉及毛泽东话语体系、社会主义制度与中国当代文学的关系等一系列专题。

2000年以来，上海文艺学呈多元化发展。“失语症”和“中国古代文论的现代转换”的广泛讨论，上海学者多有参加。1998年，钱谷融在《文艺理论研究》第2期发表《文艺问题随想》，就“文学是人学”的思想做进一步的阐释和发挥。同年徐中玉刊于《文艺理论研究》第5期的《文谈两则：“正本清源”、“殊途同归”》对20年来的文艺理论研究进行回顾，提出文艺界的“拨乱反正”问题，强调仍然需要不断启蒙。2000年，吴中杰在《复旦学报》第3期上发表《市场经济与市场文艺》，认为中国当前人文精神失落，不是市场经济的必然结果，而是市场经济孕育的不充分之故。2003年，《学术月刊》第12期推出“蒋孔阳的美学思想”专辑。张德兴的《以人为本探寻美的规律》认为蒋孔阳是从《巴黎手稿》出发，突出美的规律的新视角。朱立元主编《当代中国美学第五派》，主张蒋孔阳美学思想可以与现有四派并驾齐驱，成为当代中国美学的第五派。蒋国忠在2002年出版《新编大学美育》（复旦大学出版社），2005年又出版《审美艺术教程》（复旦大学出版社），在本人美育教学经验基础上，提出“审美艺术”的理念。

二、马克思主义经典文论

1978年开始，高校普遍恢复“马列文论”的必修课程。20世纪80年代初形成对马克思《1844年经济学哲学手稿》的研究热潮。1983年，蒋国忠在《复旦学报》第6期上发表《本质真实是细节真实与关系真实的统一》，论证马克思重视作品的细节真实。朱立元不同意陆梅林视“美的规律”为对象内容和形式的有机统一，认为它必带上历史印记，强调异化劳动具有积极和消极意义上的两重性。朱立元参与论争的文章后来汇成《历史与美学之谜的求解：论马克思〈1844年经济学哲学手稿〉与美学问题》（学林出版社1992年）。1992年，复旦大学、华东师范大学和上海师范大学以“马克思主义与当代文艺学的发展”为题，在上海师范大学召开三校年度文艺学聚会。徐中玉、吴中杰、应必诚、王纪人、徐缉熙、黄世瑜、楼昔勇、宋耀良、朱立元、杨文虎、方克强等与会。会议的讨论记录刊发于《文艺理论研究》1992年第4期,认可马克思主义经典文论的"当代性"是一个客观存在的问题。1995年,复旦大学中文系文艺理论教研室编著《马克思主义文艺理论发展史》(中国文联出版社)。1998年,应必诚在《中国社会科学》第3期上发表《〈巴黎手稿〉与美学问题》,认为功利的善和愉悦的美都是以人的实践为基础,是人的本质力量的对象化。2004年,应必诚又在《学术月刊》第4期上发表《审美:尺度、属性、规律、价值、关系》,进一步开拓《巴黎手稿》的美学意义。

进入21世纪后,马克思主义经典文论的研究向纵深发展。2000年5月,"面向新世纪的马列文论研究"研讨会暨全国马列文论研究会第十七届年会在上海社会科学院举行,就马克思主义文艺学的回顾与前瞻及当代形态等问题展开讨论。会议强调"回到"和"重读"马克思,不单是简单重复马克思原话,而是要背负当代一切优秀的思想成果,使之与马克思主义的逻辑视界历史地融合,同时呼吁关注"西方马克思主义理论"。相关研究中,陆晓光发表《资本主义生产与某些精神生产部门相敌对》(《华东师范大学学报》2003年第5期)。

21世纪以来,朱立元在蒋孔阳创造论实践美学的基础上,以马克思《巴黎手稿》中的实践和现代存在论思想为基础,批判地借鉴海德格尔的存在论思想,形成独树一帜的实践存在论美学。1992年朱立元在《历史与美学之谜的求解》(学林出版社)中最早提出"实践存在论"的概念。2000年以后,朱立元相继发表《寻找存在论的根基》(《学术月刊》2003年第12期)、《我为何走向实践存在论美学》(《文艺争鸣》2008年第11期)、《试析李泽厚实践美学的"两个本体论"》(《哲学研究》2010年第2期)等近20篇文章,并出版专著《走向实践存在论美学》(苏州大学出版社2008年),初步建构起沿承蒋孔阳美学的一个新的马克思主义美学体系。刘旭光是最早呼应实践存在论美学的上海学者,撰写《实践存在论美学新探》(《学术月刊》2002年第11期)论证实践存在论美学立足马克思主义实践观所具有的存在论意义。2008年,刘旭光出版《实践存在论的艺术哲学》(苏州大学出版社),开始将实践存在论诉诸艺术实践分析。朱志荣发表《论朱立元的实践存在论美学观》(《上海师范大学学报》2008年第3期)、《论实践存在论美学的价值》(《社会科学》2010年第2期)等系列文章,并与王怀义合著《从实践美学到实践存在论美学》(苏州大学出版社2008年),认为从实践美学到实践存在论美学,是对先者的超越和互补,也是理论发展的一个必然。

21世纪第一个十年后半段,上海学者对马克思主义文论中国化进行较深入的研究,2008年朱立元发表《新时期文论大发展与马克思主义文论中国化》(《文艺争鸣》第7期)认为"审美意识形态"可比较完整地概括文艺本质特征,能够适应新时期以来文艺多远发展的基本态势。2009年,朱立元主编的《马克思主义文艺理论中国化》(经济科学出版社),系教育部哲学会科学研究重大课题攻关项目成果,全面考察过去100年马克思主义文艺理论中国化进程中的理论和实践问题。2008年,许明和马驰主编《马克思主义与当代文化发展》(上海科学出版社)。2009年,王杰主编的《马克思主义美学研究》移师上海,进入CSSCI目录。2010年,许明的《马克思主义与20世纪中国文艺活动》获国家社科基金后期资助项目立项。

三、西方文论与美学

1978年以来,上海一直是引进、介绍和阐释西方文论的主要窗口。1979年起,伍蠡甫早在1964年主编的《西方文论选》(上海译文出版社)不断再版,厚达1 100页,成为全国高校西方文论的通行教科书以及之后各类西方文论选本的原型。1980年,蒋孔阳出版《德国古典美学》(商务印书馆)。

该书写成于20世纪60年代作者青年时期，是继朱光潜《西方美学史》和汝信、杨宇《西方美学史论丛》之后，中国又一部研究西方美学的开拓性专著。不同于前者写美学史，后者为若干重要美学家的专题研究，《德国古典美学》则介于二者之间。中国西方美学研究领域，这一类型的著作还是首次出现。台湾谷风出版社将其列入"谷风文库"。1980年，上海文艺出版社出版袁可嘉等编选的《外国现代派作品选》，分别介绍后期象征主义、表现主义、未来主义、意识流、超现实主义、存在主义、荒诞派文学、新小说、垮掉的一代、黑色幽默等广义上的西方现代派作家作品。同年，蒋孔阳翻译出版李斯托威尔的《近代美学史述评》（上海译文出版社）。该书被认为在国外是延续鲍桑葵的《美学史》，在国内是延续朱光潜《西方美学史》的脉络。三部著作的相关比较时有出现，如夏中义2010年发表的《〈西方美学史〉的洋为中用：兼及朱光潜与鲍桑葵和李斯托威尔之比较》（《文艺研究》第5期）。

1986年，市委宣传部召开"加强对西方现代文化思潮的研究"座谈会，3月17日，《文汇报》刊登伍蠡甫、钱谷融、蒋孔阳等在座谈会上的发言摘要。20世纪80年代中期后，上海学界对西方文论的引进、介绍有很大发展。1988年，夏中义出版《艺术链》（上海文艺出版社），对契科夫、海明威、托尔斯泰等作家做点评。瞿世镜的《伍尔夫研究》（上海文艺出版社1988年）汇编从20世纪20年代到80年代的大量伍尔夫研究文献，给国内伍尔夫研究提供丰实资料。其选编的《意识流小说理论》（四川文艺出版社1989年），则从伍尔夫研究有选择地扩大到包括亨利·詹姆斯在内的英美意识流小说理论。1988年，陆扬在《学术月刊》第2期上发表《解构主义批评简介》，在国内较早介绍解构主义文学理论。1989年，朱立元的《接受美学导论》（上海人民出版社）出版。同年，夏乾丰翻译美国吉尔伯特和德国库恩合著的《美学史》（上海译文出版社）。此书与英国鲍桑葵的《美学史》同为20世纪八九十年代中国最为流行的两种西方美学史译著。2000年，陆扬出版《欧洲中世纪诗学》（上海社会科学院出版社），避开构建体系，致力于在这一时期传世最多的神学著作来梳理考察文学，特别是与诗相关的理论和思想。

在法兰克福学派和美国美学的介绍研究方面，王才勇先后翻译出版了沃林格的《抽象与移情》（辽宁人民出版社1987年），赫施的《解释的有效性》（北京三联书店1991年），本雅明的《发达资本主义时代的抒情诗人》（江苏人民出版社2005年）、《摄影小史·机械复制时代的艺术作品》（江苏人民出版社2006年）、《单行道》（江苏人民出版社2008年）等。朱立元与美国学者J. Block合编英文版《当代中国美学》（*Contemporary Chinese Aesthetics*），1995年由Peter Lang Publishing公司在美国出版，是第一部向国外介绍中国当代美学的著作。1997年，朱立元主编出版《法兰克福学派美学思想论稿》（复旦大学出版社）。2004年，刘旭光出版《海德格尔与美学》（上海三联书店）。

20世纪90年代中期以后，上海的西方文论的研究与全国相似，呈现跨学科趋向，开始显示中国意识。1997年，朱立元主编的《当代西方文艺理论》（华东师范大学出版社）相当一段时间内高居国内外国文学学科著作引证率的榜首。朱立元在该书导论中重申西方当代文化可以分为两大主潮的立场：一是人本主义文论，二是科学主义文论，由此凸显西方当代文论的两个转向：非理性转向和语言论转向。1998年，山东教育出版社出版王岳川主编的"20世纪西方文论研究丛书"，其中上海作者近半，计有马驰的《"新马克思主义"文论》、陆扬的《精神分析文论》、李钧的《存在主义文论》、张岩冰的《女权主义文论》。

1999年，作为中华人民共和国成立50周年献礼，蒋孔阳和朱立元主编的7卷本《西方美学通史》由上海文艺出版社出版。该丛书从毕达哥拉斯学派一直叙述到1996年的索卡尔事件，为国家社科基金"八五"和"九五"重点科研项目，是国内第一部通史性西方美学史著作。2008年，朱立元主编的三卷本《西方美学范畴史》在山西教育出版社出版。

同一时期,西方文论研究的"空间转向"在上海开始启动。1997年,包亚明主编《当代思想家访谈录》(上海人民出版社)。之后以空间为主题,包亚明先后编撰《后现代性与地理学的政治》(2001年)、《现代性与空间的生产》(2003年)、《后大都市与文化研究》(2005年),均由上海教育出版社出版。并从2004年开始,主编上海教育出版社的"都市与文化译丛",其中陆扬、刘佳林等翻译的美国人文地理学家爱德华·索亚的《第三空间》(2005年)广有影响。丛书秉承亨利·列斐伏尔《空间的生产》下沿的社会空间传统,有意在全球化的经济、政治和文化语境中,深化都市与文化的密切关系。

2004年,朱国华的《权力的文化逻辑:图绘布迪厄》(上海三联书店),介绍布尔迪厄社会学思想。2004年,曾军的《接受的复调——中国巴赫金接受史研究》(广西师大出版社),立足中国的接受史展开巴赫金研究。2007年,王峰出版阐释学研究专著两种:《西方阐释学美学局限研究》(黑龙江人民出版社)和《意义阐释与未来时间维度》(上海人民出版社)。王峰谈西方文论更多带有一种问题意识,如《比较文学的中国学派?》(《天津社会科学》2006年第1期)、《学术一定要"中国"吗?》(《云南大学学报》2009第5期)等一系列文章。张生则译出朱迪思·巴特勒的《权力的精神生活》(江苏人民出版社2009年)。

四、中国美学

上海学者对中国美学较为系统的研究始于20世纪80年代。1984年,林同华出版的《中国美学史论集》(江苏人民出版社)是一本先驱性的探索著作。该书1987年台湾出繁体字版。作为宗白华的学生,林同华1987年出版的《宗白华美学思想研究》(辽宁人民出版社)也是这个领域的开拓性著作。1985年伍蠡甫主编的《山水与美学》(上海文艺出版社),探讨中国山水画和田园诗的美学意蕴。1986年又出版《伍蠡甫艺术美学文集》(复旦大学出版社),收录作者近半个世纪来撰写的37篇关于中国绘画艺术和绘画美学的文章。1986年,蒋孔阳的《先秦音乐美学思想论稿》(人民文学出版社),从先秦哲学背景来条分缕析中国古代音乐的美学思想,开中国古代门类美学风气之先。1987年,冯契在《文艺理论研究》第1期上发表《中国近代美学关于意境理论的探讨》,推举儒家"言志"和庄子寓言中的自由之道,可谓中国美学史上意境理论的滥觞。

上海学者在美学与其他学科的交叉研究也颇有建树。王振复的《建筑美学》和《建筑美学笔记》(百花文艺出版社1987年、2005年)是这一领域的开拓性著作。后者着重论述孔子时代之前的宗庙建筑文化现象,有意识为建筑文化寻找一个历史的"根"。王振复以《周易的美学智慧》(北京大学出版社1991年)、《周易精读》(复旦大学出版社2008年)等著作,确立在全国周易美学研究中的领先地位。祁志祥在佛教美学研究中著有《佛教美学》(上海人民出版社1997年)、《似花非花——佛教美学观》(宗教文化出版社2003年)和《中国佛教美学史》(北京大学出版社2010年)。

2000年以后,在中国美学的综合性研究中,上海学者也发表有一系列论著。1993年,陈伟出版《中国现代美学史纲》(上海人民出版社)。2002年,王振复的《中国美学的文脉历程》和《中国美学重要文本提要》上、下两卷(四川人民出版社),将中国美学的文脉分为七个时期,提供中国美学研究的大量资料。2003年,吴中杰的《审美文化论》(上海古籍出版社),试图建立相对清晰的中国美学范畴体系。王振复的《中国美学范畴史》(山西教育出版社2006年)为此一领域的典范之作。2008年,祁志祥的《中国美学通史》(人民出版社),定义美学为感学,有意融儒、道、墨、佛、玄美学思想与诗、文、书、画、音乐、园林美学理论于一体，自成一说。2007 年，朱志荣的《中国美学简史》（北京大学出版社）认为中国美学的独特性对世界美学的发展具有重要的推动作用。2009 年，朱志荣的《夏商周美学思想研究》（人民出版社），系统追讨夏商周时期的审美意识和美学思想的形称，充实中国上古美学研究的薄弱环节。

五、新学科与文化

20 世纪 80 年代中期出现声势浩大的“方法论热”，在文艺理论界产生重大影响，上海学者多有参与。但上海文艺学界对于是时以系统论、控制论和信息论为代表的自然科学方法论的移植热情显得相对理性。1987 年，林骧华、朱立元、顾晓鸣、居延安主编《文艺新学科方法手册》（上海文艺出版社），对文艺心理学、文学符号等 20 多门文艺新学科探流溯源，分别介绍其基本原理和代表作。花建于 1989 年在上海文艺出版社出版《文艺社会学》，提出现代科学可作为把握已知世界的一种认识工具；1990 年发表《文艺新科学方法更新论》（《社会科学》第 11 期），视科学方法论为文艺新学科研究方法的深刻革命和不断更新；1992 年又出版《文艺新学科导论》（人民文学出版社），尝试从宏观角度概括文艺新学科的起因、特征、方法、布局和发展规律。1991 年，陈鸣树出版《文艺学方法概论》（上海文艺出版社），探讨了文艺学方法论的本体内涵，对古今中外的文艺学方法进行了全面的介绍分析。

这一时期，上海学者在文学和艺术人类学研究中崭露头角。1986 年，方克强在《上海文论》第 10 期上发表评论《人类学与文学》，同年又在《上海文学》第 10 期上发表《神话和新时期小说的神话形态》，引证神话原型批评，呼吁从历史感与现实性的结合中，探讨当代文学对于中国传统文化的认同与超越。1992 年，方克强出版《文学人类学批评》（上海社会科学院出版社）。1997 年，蒋孔阳和郑元者在《文艺理论研究》上发表《关于马克思主义人类学美学的思考》，有意识将人类学方法引入美学中，并置于马克思主义视界加以思考。1999 年 11 月，中国艺术人类学研究会成立，郑元者担任首任会长。

20 世纪 90 年代，文化研究成为上海学者关注的重点。这里说的“文化研究”是就其广泛意义而言，大体相当于传统文论中的“外部研究”。1993 年，《上海文学》第 6 期上刊出《旷野上的废墟——文学和人文精神的危机》，记录王晓明与华东师范大学中文系学生围绕物质主义盛行、人文精神失落展开的讨论，揭开人文精神大讨论。以王晓明和陈思和为核心的后续讨论记录，次年相继刊于《读书》《十月》《光明日报》《文汇报》等报刊，由此引发全国性的讨论。1994 年，张汝伦发表在《复旦学报》第 3 期《论大众文化》，借用法兰克福“文化工业”立场展开大众文化批判，认为大众文化其实是一种文化工业，商业原则取代艺术原则，市场要求代替精神要求，使得大众文化注定平庸和雷同。同年杨扬发表《大众时代的大众文化》（《文艺理论研究》第 5 期），有意梳理精英文化和社会普通大众文化尖锐冲突的来龙去脉。上述文章可视为中国文化研究的一个先导，旗帜鲜明表现出对大众文化的批判态度。2004 年，王晓明从现当代文学转型，在上海大学创建隶属文学院的文化研究系，这是国内第一个文化研究系。

2000 年，陆扬和王毅合撰的小册子《大众文化与传媒》（上海三联书店），是国内第一本择要介绍西方文化研究理论的著述。2001 年，陆扬和王毅选编的《大众文化研究》出版，是国内较早的一部解决版权问题的翻译文集。《大众文化与传媒》后被收入陆扬和王毅合撰的《文化研究导论》（复旦大学出版社 2006 年），这是国内第一部本土学者撰写的文化研究教科书。2008 年，陆扬主编出版高等教育“十一五”国家级规划教材《文化研究概论》(复旦大学出版社),是为《文化研究导论》的姐妹篇。

从2002年开始,国内文艺学界发生持续将近十年的“日常生活审美化”争论,应是文化研究中国本土化的一个尝试。2002年,陆扬和张岩冰合译沃尔夫冈・韦尔施的《重构美学》(译文出版社)。2003年,首都师范大学文艺学学科联手《文艺争鸣》在第6期上刊出总题为“新世纪文艺理论的生活论话题”的一组笔谈文章。以陶东风、金元浦、王德胜为首,通力为日常生活审美化张目。这一组文章中上海学者朱国华的《中国人也在诗意地栖居吗?》发出不同声音,认为日常生活审美化是西方后工业社会的生活现实,但是它未必是当代中国的生活现实,以谨慎对待为好。

2008年,曾军主编《文化批评教程》(上海大学出版社),发表《文化批评的当代转型与文艺学的学科重建》(《文艺理论研究》第6期),认为当代中国的文化批评同时面对着文学的文化批评、文学研究的文化批评和中国式文化批评传统三因素的影响。2002年,市教委在上海师范大学设立上海市高校都市文化E—研究院。刘士林的《苦难美学》(湖北人民出版社2004年)、《中国诗性文化》(海南出版社2006年)、《风泉清听:江南文化理论》(上海人民出版社2010年)和一系列都市研究年度报告,可以大体反映上海城市研究文化学派的酝酿踪迹。2010年,王晓明在《上海大学学报》第1期上发表《文化研究的三道难题》,以上海大学文化研究系为例,回顾文化研究在大学体制中走过的风风雨雨历程,呼吁直面中国本土日常经验。由上可见,文化研究作为一种兼收并蓄的开放性交叉学科在20世纪90年代进入中国学术语境,首先是从文学研究中发挥影响的。

第十二章 语 言 学

上海的语言学教学与研究分布在传统中文系、外语学院或外语系，以及后来兴起的对外汉语学院或对外汉语系这三大阵地中。中文系重在传统的汉语和汉字研究，外语系重在外语及中外语言对比研究，对外汉语偏重面对留学生的汉语研究。三个阵地的研究在汉语理论研究、汉语本体研究、汉语应用研究等方面的研究既各有重点，又有机联系，交叉相关，呈现出跨学科研究的特色。20世纪90年代开始，上海的语言文字研究还在数字化转化、计算机语料库建设等方面走在全国前列。此外，上海市的外语及其教学研究经历了长足的发展，学术机构越来越多，学术活动越来越活跃，涌现了大量成果。

第一节 语 言 学 综 合

一、普通语言学

1978年以后，上海学者重视对国外理论的批判性吸收，并结合汉语的特点、中国语言环境的具体情况以及中国语言学的研究传统，努力创建具有中国特色的语言学理论体系。

1979年1月13日，《光明日报》发表周建人的《思维科学初探》，引发语言与思维关系的讨论。与之呼应，1979—1980年，上海市语文学会理论语言学组主办“语言与思维”专题系列学术研讨会，发表一系列的论著：濮之珍的《语言、思维和形象思维》(《安徽师大学报》1979年第3期)、《谈谈语言和思维——兼答读者问》(《语文学习》1980年第5期)，陈秀珠、吴勇毅的《思维能脱离语言存在吗？》(《语文论丛》1983年第2辑)，认为语言和思维是辩证的统一，但又不完全对等，有着本质的区别。余志鸿的《线性语序和立体语法》(《汉语学习》1988年第4期)，认为反应思维过程的内部语法应该是以语义或语义关系为核心的内动符号的立体构架。

20世纪80年代初，计算语言学作为新兴学科在上海发展起来。1980年10月4日，上海语文学会成立计算语言学研究会，为上海语言学界和信息学界共同开展该领域的学术交流、促进学科发展提供了一个重要的平台。1981年，复旦大学中国语言文学研究所成立。钱锋、陈光磊的《语言学既是基础科学，又是带头科学》(《语文现代化丛刊》1981年第5辑)、《现代科学技术之语言观》(《语文现代化丛刊》1983年第6辑)，从理论层面论证了计算语言学对语言学新发展的引领作用。1990年，钱锋出版的《计算语言学引论》(学林出版社)，是国内最早研究计算语言学的专著之一，阐释了计算机理解自然语言的基本方法。

1985年，戚雨村的《语言学引论》(上海外语教育出版社)以索绪尔的结构主义理论为框架，被很多高校外语专业采用为教材。1986年，申小龙出版《中国语言的结构与人文精神》(光明日报出版社)，集中讨论了中国现代语言文化的断裂、中国语言的文化哲学、汉字改革的科学性与民族性等问题。1987年，王德春编著的《语言学教程》(山东教育出版社)对语言本质、语义学等问题进行新的探讨。

20世纪80年代，上海学者有关普通语言理论问题的论著，主要还有周斌武《语言的表现性功能——兼论语言学和美学统一的理论》(《复旦学报》1987 年第 6 期)、余志鸿《语言的继起性和共起性原理》(光明日报出版社 1987 年)、沈钟伟《词汇扩散理论和语言变化》(光明日报出版社 1987 年)等。褚孝泉的《语言哲学——从语言到思想》(上海三联书店 1991 年)、程雨民的《语言系统及其运作》(上海外语教育出版社 1997 年)等提出语言系统是导向性的,语言的使用和理解受语言形式的制约。1995 年,申小龙发表《当代中国理论语言学的世纪变革》(《华东师范大学学报》第 4 期),认为文化语言学在中国现代语言学史上首次提出建立民族语言理论的目标,成为近一个世纪的发展中首次建立的本民族独立的语言理论学科,引起了学界的广泛讨论。

20 世纪 90 年代中期以来,系统功能语言学逐渐成为研究热点之一。1999 年 8 月,复旦大学外文系和香港城市大学主办的"第六届全国功能语言学研讨会"在复旦大学召开,会后出版论文集《世纪之交论功能》(朱永生主编,上海外语教育出版社 2002 年)。2001 年,朱永生、严世清的《系统功能语言学多维思考》(上海外语教育出版社),在语言学经典理论和当代语言学主要流派的总体框架中全面审视了系统功能语言学的主要方面。同时,认知语言学逐渐形成研究热潮,上海学者在研究中作出了重要贡献。1996 年,束定芳发表《试论现代隐喻学的研究目标、方法和任务》(《外国语》1996 年第 1 期),对隐喻的本质和工作机制做了探讨,并于 2000 年出版专著《隐喻学研究》(上海外语教育出版社)和《现代语义学》(上海外语教育出版社),此后又出版《语言的认知研究》(上海外语教育出版社 2004 年)、《认知语义学》(上海外语教育出版社 2008 年)等。在 2006 年举行的第四届全国认知语言学研讨会上,束定芳出任中国认知语言学研究会首任会长。

2000 年,许威汉主编"现代语言学系列丛书"(河南人民出版社),为 21 世纪的现代语言学发展起到承先启后的作用,其中上海学者的著作有齐沪扬的《传播语言学》、徐烈炯的《当代国外语言学:学科综述》。这一时期普通语言学方面的主要论著还有:余志鸿的《语言接触与语言结构的变异》(《民族语文》2000 年第 4 期)、潘文国的《语言的定义》(《华东师范大学学报》2001 年第 1 期)、褚孝泉的《语言科学探源》(上海外语教育出版社 2006 年)、谢之君的《隐喻认知,功能探索》(复旦大学出版社 2007 年)等。

21 世纪以来,语料库语言学研究在上海得到较大发展。2002 年,杨惠中出版《语料库语言学导论》(上海外语教育出版社)。2005 年,杨惠中、卫乃兴出版《中国学习者英语口语语料库建设与研究》(上海外语教育出版社)。同年,卫乃兴、李文中、濮建中出版《语料库应用研究》(上海外语教育出版社)。这一时期,从创办刊物,到加深与国外的沟通交流各个方面,普通语言学领域都做出了有价值的尝试。2006 年,上海高校比较语言学 E—研究院的《东方语言学》辑刊创刊,潘悟云任主编。2007 年,金立鑫的《语言研究方法导论》(上海外语教育出版社)通过比较探讨各流派及其语言学理论,试图抽象出语言研究行之有效的方法。2007 年,冯奇出版《核心句的词语搭配研究》(复旦大学出版社),全面总结了搭配研究的成果。余志鸿的《语言观和方法论》(《汉语学习》2008 年第 1 期)、游汝杰的《语言学的学科地位问题》(《语言科学》2010 年第 1 期)、刘国辉的《研读西方语言学嬗变之启示:观察、描写和阐释》(《中国外语》2010 年第 3 期)等也从宏观层面讨论了普通语言学的相关问题。

二、中国语言学史

20 世纪 80 年代以来,濮之珍发表一系列论著,从语言学史的角度对一些基本问题进行梳理和评价。《荀子的语言学思想》(《学术月刊》1980 年第 11 期)认为荀子在讨论哲学思想问题时述及语言的本质、语言与思维、语言的发展等基本语言学理论方面的看法，至今仍很精辟。1983 年，濮之珍、高天如在《中国语言学史研究中的几个问题》(《复旦学报》第 1 期)中指出，中国古代只有语文学而没有语言学的说法不符合实际。《略论清儒对古代语言学的继承和发展》(《学术月刊》1987 年第 9 期)认为，以顾炎武为开端的一大批清代学者使清代语言学研究在深度和广度上都有很大发展。1987 年，濮之珍《中国语言学史》(上海古籍出版社)出版，将中国语言学史作为一门学科来建设，专门论述了中国语言学史研究的对象和任务。

上海学者还对历代较为重要的语言学论文做了选注。主要有：吴文祺、张世禄主编《中国历代语言学论文选注》(上海教育出版社 1986 年)，周斌武选注《中国古代语言学文选》(上海古籍出版社 1988 年)等。1987 年，胡奇光的《中国小学史》(上海人民出版社)，阐述了自周秦至清末小学的发展历史。1987 年，由复旦大学汉语言文字学科任编委会的《语言研究集刊》创刊。20 世纪 90 年代以来，濮之珍在中国语言学史方面仍有不少著述。1992 年主编《中国历代语言学家评传》(复旦大学出版社)，1993 年发表《中国语言学的兴起和建立》(《中国文化与世界》第 1 辑，上海外语教育出版社)、《简论中国古代言学的治学方法》(《语文论丛》1997 年第 5 期)等。此外，1991 年，邵敬敏、方经民的《中国理论语言学史》(华东师范大学出版社)揭示了中国理论语言学发展的历史线索。1992 年，申小龙出版《语文的阐释》(辽宁教育出版社)，对中国语言文字的研究传统作了比较全面深入的述评。2002 年，袁宾、徐时仪、史佩信、陈年高编著《二十世纪的近代汉语研究》(书海出版社)。

三、外国语言学译介

1978 年至 20 世纪 90 年代中期，上海的语言学界翻译和介绍了大量国外的语言学研究成果，为国内语言学界全面了解国外语言学的发展状况发挥重要作用。在翻译方面，出版一批国外较为经典的语言学著作。1983 年，上海外国语学院外国语言文学研究所翻译科德著《应用语言学导论》(上海外语教育出版社)。1986 年，李振麟、胡伟民翻译罗宾斯著《普通语言学概论》(上海译文出版社)。1986 年，金兆骧、陈秀珠翻译莱曼著《描写语言学引论》(上海外语教育出版社)。重要的译著还有：游汝杰、潘悟云等译、王士元主编《语言与人类交际》(广西教育出版社 1987 年)，上海外国语学院语言文学研究所译、罗宾斯著《语言学简史》(安徽教育出版社 1987 年)，余志鸿译、日本桥本万太郎著《语言类型地理学》(北京大学出版社 1988 年)，李振麟、谢家叶、胡伟民译、捷克克拉姆斯基著《音位学概论》(上海译文出版社 1993 年)等。

除了翻译原著以外，20 世纪 80 年代中期开始，相继出现了一批介绍国外一般语言学发展的通论性著作，呈现了迅速发展的世界语言学的最新成果。1983 年，王德春的《现代语言学研究》(福建人民出版社)，论述了结构主义语言学、转换生成语言学、工程语言学等理论问题。1989 年，戚雨村发表《现代语言学的特点和发展趋势》(《外国语》第 5 期)，全面介绍了现代语言学各领域各流派的基本理论，后于 1997 年主编《现代语言学的特点和发展趋势》(上海外语教育出版社)。1983 年，李振麟发表《关于历史比较语言学的方法论问题》(《语言研究》第 1 期)，较早引介国外历史比较语言学研究。徐烈炯是国内较早介绍乔姆斯基生成语法理论的学者之一，1986 年发表《生成语法纵横谈》(《外国语》1986 年第 3 期)，初步介绍生成语法学的面貌。1988 年，出版《生成语法理论》(上海外语教育出版社)。20 世纪 90 年代以后，对国外语言学的介绍仍有一些重要成果，包括徐志民的《欧美语言学简史》(学林出版社 1990 年)，戚雨村、董达武、许以理、陈光磊等编著的《语言学百科词典》(上海辞书出版社 1993 年)等。此外还有王德春、吴本虎、王德林的《神经语言学》(上海外语教育出版社 1997 年),马秋武的《优选论》(上海教育出版社 2008 年)。

四、社会语言学、文化语言学、语言规划

20 世纪 70 年代末西方社会语言学引进中国以后,我国的社会语言学研究经历了从译介、借鉴、与本土研究相结合,到思索具有中国特色的理论体系构建的历程,上海学者对此也作出了重要贡献。

1982 年,王德春发表《从社会语言学的观点论社会变异和语言变体的关系》(《扬州师院学报》第 2 期),主张从社会语言学的视角来研究语言。此后,王德春等人继续展开对社会心理语言学的思考。1985 年,王德春在上海召开的“二市一省”(北京、上海、广东)理论语言学讨论会上发表演讲《谈点社会心理语言学》(《外语界》第 3 期),倡导建立社会心理语言学学科,开展语言使用的社会心理研究,开拓了语言研究的新领域。此后发表的相关论著主要有《社会心理语言学的理论和方法论基础》(王德春、孙汝建,《外国语》1992 年第 4 期)、《社会心理语言学》(王德春、孙汝建、姚远,上海外语教育出版社 1995 年)。束定芳发表的《〈语言与社会心理学〉评介——兼论社会心理语言学的研究对象、目标及方法》(《外国语》1992 年第 3 期),亦进行了相关探讨。20 世纪 90 年代后,上海社会语言学研究成果还有:申小龙《社区文化与语言变异——社会语言学纵横谈》(吉林教育出版社 1991 年)。游汝杰、邹嘉彦合著的《社会语言学教程》(复旦大学出版社 2004 年)。2006 年,胡范铸在第五届中国社会语言学国际研讨会上发表《试论社会语言学学科的逻辑构架》,首次提出社会语言学如何建构的问题。此外,上海学者探讨了社会语言学与汉语方言学的关系。游汝杰发表《汉语方言学与社会语言学》(《中国社会语言学》2004 年第 1 期)、《方言兴衰存废的社会语言学观》(《语言文字周报》2005 年),认为社会语言学应该成为方言学发展的新阶段。

20 世纪 80 年代中期,文化语言学作为语言学的一个分支开始在上海兴起。1986 年,周振鹤、游汝杰的《方言与中国文化》(上海人民出版社),突破了从描写语言学来研究方言的局限,开拓了从语言学角度来理解文化史变迁的崭新途径。此后,沈锡伦的《表现民族文化的语言形式——文化语言学初探》(《语文建设》1987 年第 2 期)、游汝杰的《文化语言学答疑》(《汉语学习》1989 年第 3 期)、沈锡伦的《方法论的演进与变革——兼谈汉语文化语言学研究法》(《汉语学习》1988 年第 4 期)等对文化语言学的意义和方法等问题作了进一步的探讨。20 世纪 90 年代,申小龙的《中国文化语言学》(吉林教育出版社 1990 年)、《文化语言学》(江西教育出版社 1993 年),游汝杰的《中国文化语言学引论》(高等教育出版社 1993 年),沈锡伦的《中国传统文化和语言》(上海教育出版社 1995 年)等论著进一步推动了文化语言学的研究走向深入。

20 世纪 70 年代后期,方言区掀起学习普通话的热潮,上海学者也展开普通话及其应用研究。许宝华、颜逸明等署名“复旦大学中文系汉语专业、上海师范大学中文系汉语教研组”合编《上海市业余广播讲座·汉语拼音》(上海人民出版社 1977 年)、《上海人学习普通话手册》(上海教育出版社 1978 年),在当时上海中小学语文教学和推广普通话中发挥了重要作用。1979 年,《语文学习》创刊,致力于提高中学语文教育质量及中学语文教师的教研能力。1978 年,严修发表《谈目前流行的一种病句》(《中国语文》第 1 期),认为新闻媒体中经常出现的“贵宾们所到之处,受到群众的热烈欢迎”是一个主谓搭配不当的病句,该观点迅速引起一场全国性的大讨论。1981 年,严修发表《汉语规范化问题的再认识》(《复旦学报》第 1 期),指出要反对对语言放任自流的自然主义态度,不要为不规范的语言现象辩护。

进入20世纪80年代，推广语言文字政策、语言文字改革的讨论成为学界的热点。倪海曙主编《语文现代化》丛刊(总共10辑，知识出版社1980—1990年)，从理论和实践两方面探索语文建设的计划。其他论著主要有：许宝华等的《略说汉语拼音化必须具备哪些条件》(《语文论丛》第1辑，上海教育出版社1981年)，罗竹风的《我为什么赞成文字改革》(《文字改革》1984年第3期)，钱锋、陈光磊的《信息时代与文字改革》(《文字改革》1985年第3期)，倪海曙的《拉丁化新文字运动的始末和编年记事》(知识出版社1987年)，史存直的《汉字简化所造成的脱节和矛盾》(《辞书研究》1988年第4期)等。

1986年，应宣传推广国家语言文字计划和政策之需，上海语言文字工作者协会成立，首任会长罗竹风。1993年，高天如出版《中国现代语言计划的理论和实践》(复旦大学出版社)，对中国近代、现代文体革新、语言规范和文字改革诸方面的理论主张、推行实践和学术成就进行综合性研究。李振麟在《传扬我国现代语言计划——介绍〈中国现代语言计划的理论和实践〉》(《学术月刊》1994年第7期)中认为“语言计划”(Language Planning)这一名称的采用，有利于中国以研究汉语文改革和建设为己任的这一学科更明确地独立起来。

1995年，《咬文嚼字》创刊，在纠正媒体艺人、名家作品的错别字等方面颇具特色，充当了汉语文化品质“捍卫者”，成为上海语文建设的重要期刊阵地。1996年，陈光磊发表《语文规范化的当务之急》(《文汇报》1996年7月4日)。2001年，《中华人民共和国国家通用语言文字法》发布实施，上海学者积极响应，展开语言文字的规范化研究，主要成果有费锦昌、徐莉莉的《规范汉字印刷宋体字形标准化研究报告》(《语言文字应用》2003年第3期)，徐莉莉的《关于汉字规范工作如何与时俱进的探究》(《修辞学习》2006年第5期)，沈锡伦的《常用汉字正形手册》(上海教育出版社2007年)等。2009年，薛才德发表《上海市民语言生活状况调查》(《语言文字应用》第2期)，指出普通话正在大中学生的口语中逐步取代上海话，并且有加速发展的趋势。

五、历史比较语言学

20世纪80年代初，李振麟发表的《关于历史比较语言学的几个问题——评R·安蒂拉著〈历史比较语言学概论〉》(《国外语言学》1982年第4期)、《用马克思主义方法论来指导历史比较语言学的研究》(上海市哲学社会科学学会联合会编《沿着马克思的理论道路前进——纪念马克思逝世一百周年论文集》，上海人民出版社1983年)等，论述了历史比较语言学的理论基础、基本方法、主要成就、历史局限等。

同时，上海学者对上古南方民族语言进行研究。1980年，游汝杰发表《从语言地理学和历史语言学试论亚洲栽培稻的起源和传布》(《中央民族学院学报》第3期)，论证了壮侗语族原始居民的家园(homeland)是亚洲栽培稻的起源地之一。同年，周振鹤、游汝杰发表《古越语地名初探——兼与周生春同志商榷》(《复旦学报》第4期)，探讨苏浙一带的古越语地名。1982年，游汝杰发表《论台语量词在汉语南方方言中的底层遗存》(《民族语文》第2期)，认为汉语南方方言中残留着台语的底层遗存。1989年，余志鸿发表《〈语言地理类型学〉导读——纪念桥本万太郎教授》(《汉语学习》第3期)，充分肯定桥本的语言地理类型学理论对历史比较语言学的发展所作出的重要贡献。

21世纪以来，历史比较语言学的研究进一步发展。2004年，潘悟云发表《汉语南方方言的特征及其人文背景》(《语言研究》第4期)，认为早期人类的分布与语言的传播几乎同步进行。2007年，潘悟云发表《建立语言考古学的设想》(《上海市社会科学界第五届学术年会文集(2007年度)(政治·法律·社会学科卷)》),提出了在历史语言学与考古学之间建立"语言考古学"新学科的设想。

六、对比语言学

20世纪90年代,上海的对比语言学研究起步后取得较为丰硕的成果,尤其是在理论建树方面,处于全国领先地位。在对比语言学一般理论研究中,1992年,许余龙《对比语言学概论》(上海外语教育出版社),介绍了对比语言学的一般理论与方法。2002年,许余龙出版《对比语言学》(上海外语教育出版社),全面阐述了对比语言学在理论和应用两大方面的一般理论和方法。2006年,潘文国、谭慧敏出版《对比语言学：历史与哲学思考》(上海教育出版社),首次从思想发展史角度对中西方对比语言学史进行了全面定位。

20世纪90年代后期以来,汉英对比语言学领域产生了较多成果,其研究涵盖宏观和微观两个层面。1997年,潘文国的《汉英语对比纲要》(北京语言文化大学出版社)把汉英对比的异同放在思维方式和哲学背景中来考察,对汉英的差异作了更为深刻、更具本质的发掘。同年,邵志洪的《英汉语研究与对比》(华东理工大学出版社),涉及语言对比研究中主要的12个层面。2001年,朱永生等出版《英汉语篇衔接手段对比研究》(上海外语教育出版社),通过对照应、替代、省略、连接、重复、同义词、反义词等的阐述对英汉语篇衔接手段进行对比研究。2005年,邵志洪的《汉英对比翻译导论》(华东理工大学出版社),建立了翻译理论——翻译实践的双向研究模式。2008年,邵志洪主编论文集《结构·语义·关系——英汉微观对比研究》(上海外语教育出版社),反映出中国的英汉对比研究由单纯为教学、翻译等实践服务逐渐转向为普通语言学与汉语语言学理论建设的同时也为各类实践服务的历史过程。2010年,邵志洪出版《英汉对比翻译导论》(华东理工大学出版社)。

2000年前后起,在特定领域的汉英对比方面取得了较多的成果。1999年,陆国强出版《英汉和汉英语义结构对比》(复旦大学出版社),运用语义能力和语义表现这一新的语义学理论并利用电脑提供的语义结构数据库,对英汉两种语言的语义结构进行对比研究。2003年,蔡基刚出版《英汉写作与抽象名词表达》(复旦大学出版社)、《英汉写作修辞对比》(复旦大学出版社),2008年出版《英汉词汇对比研究》(复旦大学出版社)。2007年,胡曙中出版《英汉传媒话语修辞对比研究》(郑州大学出版社)。

2000年以后,针对汉语与其他语种的对比语言学研究取得重要突破,主要集中在汉俄对比语言学方面。2006年,陈洁主编的《俄汉语言对比与翻译》(上海外语教育出版社),以俄汉语言的差异为重点研究对象。2007年,陈洁出版《汉超句统一体对比与翻译》(上海外语教育出版社),采用俄汉对比的方法对超句体予以详尽的对比研究,在国内尚属首例。2009年,杨明天的《观念的对比分析：以俄汉具有文化意义的部分抽象名词为例》(上海译文出版社)把俄汉对比分析的对象推进到了"观念"层次。2007年,高陆洋出版《韩中称谓对比研究——以社会语言学方法论为中心》(韩国博而精出版社)。

第二节　语音学和音韵学

一、上古音

20世纪八九十年代,上海学界立足于经典文献语料,对上古音的韵母、声母、声调等展开研究,同时扬弃清代学者的成就。

韵母方面：1981 年，史存直的《汉语语音史纲要》（商务印书馆）认为周秦古音的舒声部只有 14 个独立韵部和 2 个非独立韵部。1983 年，杨剑桥的《〈说文解字〉的“读若”研究》（《辞书研究》第 3 期）指出读若可分 30 个韵部，东汉许慎基本上属于上古音系统，但又表现出向中古音过渡的端倪。声母方面的研究主要有：张世禄、杨剑桥的《汉语轻重唇音的分化问题》（《扬州师范学院学报》1986 年第 2 期），指出汉语轻重唇音的分化具有严整的规律，不是方言混杂的结果。张世禄、杨剑桥的《论上古带 r 复辅音声母》（《复旦学报》1986 年第 5 期），认为上古汉语具有大量的复辅音声母，其中由流音 r 跟其他辅音的组合占据了很大的比重。殷寄明的《上古喻纽字浅议》（《杭州大学学报》1995 年第 3 期），通过对汉语同源词的分析，对同声符形声字读音初步分化规律进行考察。声调方面，1984 年，杨剑桥发表《上古汉语的声调》（《语文论丛》第 2 期），从分布特征、谐声体系、先秦两汉的押韵、汉藏语言比较等几个方面讨论了上古声调。

综合性研究方面，1986 年，吴文祺的《上古音中的几个问题》（《语言文字研究专辑（下）》，上海古籍出版社 1986 年）全面讨论上古声韵。1997 年，虞万里的《三礼汉读、异文及其古音系统》（《语言研究》第 2 期）对“三礼”汉读、异文术语做了释例和统计，梳理其古音系统。

扬弃清代学者的成就，相关研究有：史存直的《古韵“之”“幽”两部之间的交涉》（《音韵学研究》中华书局 1984 年），指出过去古音学家对于方音的分歧了解欠缺。周斌武的《钱大昕与清代音韵学》（《复旦学报》1985 年第 4 期），赞誉钱大昕在上古音研究方面正音、转音、声转等说法。1986 年，汪寿明的《段玉裁古音学中的几个问题》（《温州师专学报》第 3 期），认为段玉裁关于古音韵至谐、古无去声、侯部独立、支脂之三分的观点均可商榷。同年，杨剑桥发表《论端、知、照直系声母的上古来源》（《语言研究》第 1 期）。1988 年，杨剑桥的《段玉裁古音学的评价问题》（《温州师院学报》第 2 期），认为段氏支脂之三分说是顾炎武、江永科学思想和正确方法的必然产物。

20 世纪末至 21 世纪前十年的上古音研究，视角更为开阔，语料更加丰富，方法更加多样。关于上古汉语与小舌塞音、音节等问题：1997 年，潘悟云的《喉音考》（《民族语文》第 5 期），首次提出上古汉语存在小舌塞音，它们到中古变成影、晓、匣、云。1999 年，潘悟云的《汉藏语中的次要音节》（《中国语言学的新拓展——庆祝王士元教授六十五岁华诞》香港城市大学出版社），首次在上古音构拟中引进音节的概念。

对域外资料的研究，2001 年，杨剑桥的《评高本汉的〈汉文典〉》（《辞书研究》第 3 期）高度评价了瑞典汉学家高本汉《汉文典》的价值。2005 年，赵美贞《韩国汉字音中的汉语上古音》（《民族语文》第 5 期），认为朝鲜半岛曾受到中国大陆的长期影响，保留在韩语汉字音中的古老形式是汉语古音研究的重要依据。2007 年，潘悟云《上古汉语的韵尾》（《民族语文》第 1 期），利用朝鲜语等的上古汉语借词，论证上古汉语的传统韵部歌、脂、微带有韵尾 *-l。2010 年，刘泽民《朝鲜对音文献入声资料的重新解读》（《民族语文》第 3 期），认为朝鲜对音文献中的入声归派不以声母清浊为依据系调查者的调查方法有误所致。

穷尽式研究传世文献语料，2005 年，杨剑桥的《〈诗经〉异文之古音分部》（《语言研究集刊》第 1 期）对《诗经》有三家诗的异文现象进行了穷尽性的考察。充分利用出土古文字资料研究上音，并着手总结阶段性进展，预测未来研究走向，2004 年，王文耀的《殷周文字声类研究》（上海辞书出版社）把《说文》等书中的谐声字或异体字拿出来，将其 135 个声符所率的重文列表，作该声纽在两周声系中存在的可能性研究。2008 年，刘钊、叶玉英的《利用古文字资料的上古音分期分域研究述评》（《古汉语研究》第 2 期），指出利用古文字资料研究上古音应该成为今后古音学研究的主要方向。

二、中古音及近代音

在20世纪八九十年代的中古音研究中,《切韵》性质问题始终是学者们争论的焦点。一种观点认为《切韵》是古今南北的综合体系,另一种认为《切韵》反映了6世纪文学语言的语音系统。

1981年,史存直著《汉语语音史纲要》(商务印书馆),认为不但《切韵》是综合体系,即使韵图中的"等"也可以说是"洪、细"的古今南北综合物。1982年,汪寿明的《读〈切韵指掌图〉札记》(《华东师范大学学报》第5期)对《切韵指掌图》的语音特征和作者进行了考证。1986年,潘文国《论部和体系》(《华东师范大学学报》第4期)指出206韵只能是一个音类的系统,无法为之一一构拟读音。1987年,濮之珍《中国语言学史》(上海古籍出版社)指出《切韵》是一部有系统、审音从严的韵书,其音系是严整的。1995年,杨剑桥发表《陆德明音切中的重纽》(《中西学术》第1辑,学林出版社),指出《经典释文》标之于首的反切是陆德明认定的标准音,但同样存在着重纽现象。

这一时期还讨论了包括中古声调、中古音的呼与等、轻重唇音、中古韵图等问题。1984年,杨剑桥《轻重唇音的标注》(《辞书研究》第1期),认为语音演变是有规律的,中古时期从重唇音中分化出轻唇音的,只限于《广韵》的"东三、锺、微、虞、废、文、元、阳、尤、凡"(举平以赅上去入)十韵。1990年,潘文国《韵图分等的关键》(《语文论丛》第4辑)认为四等的产生由齿音决定。1997年,潘文国的《韵图考》(华东师范大学出版社)考察了宋代韵图《韵镜》《七音略》,指出韵图产生于唐代。1998年,杨剑桥《汉语现代音韵学》(复旦大学出版社)出版,叙述了汉语音韵学的现代研究史。

21世纪前十年的中古音研究,《切韵》性质问题依然是持续的热点,针锋相对的讨论反映出学者们更加深入的思考。2002年,潘文国的《汉语音韵研究中难以回避的论争——再论高本汉体系及〈切韵〉性质诸问题》(《古汉语研究》第4期)指出《切韵》是综合体系。杨剑桥的《〈切韵〉的性质和古音研究——答潘文国先生》(《古汉语研究》2004年第2期)则认为历史上关于《切韵》音系性质问题的讨论有一个比较一致的结论,但是在没有找到新的材料或方法以前,不可能彻底解决这一问题。

上海学者还从《希麟音义》《一切经音义》《续一切经音义》《刊谬补缺切韵》《慧苑音义》等文献关注《切韵》问题。主要包括徐时仪的《〈希麟音义〉引〈广韵〉考》(《文献》2002年第1期)和《〈一切经音义〉引〈切韵〉考》(《中国语言学报》2003年第11期)、汪寿明的《〈续一切经音义〉引〈切韵〉考》(《语言科学》2003年第1期)、曹洁的《从宋跋本〈刊谬补缺切韵〉"又音"看初唐声母》(《语言科学》2009年第8期)等。

三、语音史和音韵学史

20世纪70年代末至80年代,上海学者的语音史研究和音韵学史研究点面结合。在对汉语语音史的宏观纵向梳理方面,1979年,张世禄在《汉语语音发展的规律》(《语文论丛》第1期)中提出从上古音到中古音,再到近代音、现代音,汉语语音是不断简化的过程。1981年,许宝华、汤珍珠的《语音》(上海教育出版社)系统阐述了现代汉语语音知识。在微观横向的讨论分析中,许宝华、潘悟云的《不规则音变的潜语音条件》(《语言研究》1985年第1期)认为不规则音变往往受语音条件的制约。

20世纪80年代中后期的研究主要是重新系统性梳理汉语音韵学史。1984年,上海书店重印了张世禄的《中国音韵学史》(商务印书馆1938年)。1985年,史存直的《汉语音韵学纲要》(安徽教育出版社)主要讨论了古音、切韵、等韵学以及周秦古音等内容。1987年,周斌武的《汉语音韵学史略》(安徽教育出版社)阐述了音韵学的形成和发展。同年,张世禄、杨剑桥的《音韵学入门》(复旦大学出版社)论述了汉语音韵学的性质、功用,语音学与音韵学的关系等内容。

同时,对汉语音韵学中的声韵调等具体问题、各个时期代表人物、典型著述、术语概念等微观横向的分析形成一批研究成果。1984年,许宝华的《论入声》(《音韵学研究》第1辑,中华书局)描写了谐声时代至现代方言的汉语入声的古今演变轨迹。同年11月,上海语文学会和嘉定县文化局召开"纪念钱大昕逝世180周年学术讨论会",对汉语唇音声母等问题展开讨论。1985年,靳华的《论章太炎的古音学》(《研究生论文选集·语言文字分册》江苏古籍出版社)指出章太炎首先发明脂微分部。同年,周斌武的《钱大昕与清代音韵学》(《复旦学报》第4期)全面梳理了钱大昕的学术研究。1986年,汪寿明选注《历代汉语音韵学文选》(上海古籍出版社),内容兼顾今音、古音及等韵等。

20世纪90年代的语音史研究,将汉语音韵学史做进一步的理论建构和分块、分期研究是一大特色。1992年,汪寿明、潘文国的《汉语音韵学引论》(华东师范大学出版社)是一部通论性的语音学著述,较好地体现和发挥了史存直音韵学思想,被誉为"华东师大学派的宣言书"。1994年,刘民钢的《清代今音学述略》(《古汉语研究》第1期)认为清人今音学之成就虽不及古音学鸿大,却为近代之发展奠定了坚实的基础。2000年,潘悟云的《汉语历史音韵学》(上海教育出版社),讨论了《切韵》的性质、中古汉语的三等介音、中古汉语的声母系统、上古汉语的音节类型、谐声原则等问题。

21世纪的前十年,用语音学的方法研究汉语音韵学问题成为特色。学者继续语音史诸问题的梳理,并从实验语音学、方言学、音系学等角度做出探索和尝试。2001年,孙锐欣、盛金标的《用函数研究声调》(《语言研究》第3期)用函数对声调进行研究,用数学方法辨认单字调的调形。2006年,平悦铃的《汉语方言爆发音声学特征研究》(《语言科学》第3期)对赵元任提及的汉语方言中的十类爆发音处于单音节起始位置时的VOT、强度等声学参数进行了实验分析。同年,潘悟云的《竞争性音变与历史层次》(《东方语言学》)着重讨论内源性历史层次与音变问题。2007年,叶军的《普通话音节结构再分析——从韵律研究的角度》(《华东师范大学学报》第4期)在非线性音系学的框架内提出关于普通话音节分析的最简方案。2009年,朱晓农、刘泽民、徐馥琼的《自发新生的内爆音——来自赣语、闽语、哈尼语、吴语的第一手材料》(《方言》第1期)通过考察发现在北部赣语和潮汕闽语中很多浊爆音声母有内爆音的变体。2009年,郑伟的《从侗台语看汉语的复声母》(《民族语文》第2期)发现古汉语一些 * Cl-/ * Cr-型声母演变为中古语的 * C-,而侗台语的部分对应词则表现为流音 r-/l-。其他还有马秋武、贾媛的《语调音系学综览》(《南开语言学刊》2009年第1期),马秋武的《音系研究的历史沿革:回顾与反思》(《外国语言文学》2010年第1期),刘泽民的《〈正字通〉作者问题补证》(《中国语文》2010年第6期)、《汉藏语中的小舌音问题》(《中国语言学集刊》2010年第4卷第1期)等。

第三节　语 法 学

一、语法体系、语法理论、语法学史、语法史

1978年以后,上海的汉语语法研究进入繁荣发展时期,介绍、学习、借鉴国外语法理论与创建汉语语法理论同时进行,语言体系研究、语法理论研究、语法学史研究等成果丰富,并在语用学、转

换语法、类型学、配价语法、空间系统研究等方向展开。

1978 年上海学者首先开始对中国语法学发展史上影响最大的语法体系——暂拟汉语教学语法体系(发布于 1956 年)进行修订,上海师范学院中文系汉语教研室编写的大学教材《语法》(上海教育出版社 1982 年)标注了其与《暂拟汉语教学语法系统》有分歧的地方。1978 年,陈望道半个多世纪研究汉语语法问题的总结性论著《文法简论》(上海教育出版社)出版。同年,张世禄的《古代汉语》(复旦大学出版社)对古汉语的词类、句法结构和句型提出新的理论和新的体系。1979 年,郭绍虞的《汉语语法修辞新探》(商务印书馆)提出重新认识汉语语法特点,并萌芽出词组中心论。1980 年,《复旦学报》语言文字增刊发表张世禄的《关于汉语的语法体系问题》,全面批判了汉语语法学全盘抄袭西洋语法学的理论方法,提出打破洋框框,建立自己的语法体系。史存直的《语法三论》(上海教育出版社 1980 年)、《语法新编》(复旦大学出版社 1982 年)、《句本位语法论集》(上海教育出版社 1986 年)等,提出建立汉语语法体系的三个根本原则:句本位原则、形式与内容对勘而以形式为纲的原则、句法与词法对勘而以句法为纲的原则。1984 年,申小龙发表《论中国语法学方法论》(《学术月刊》第 4 期)、《汉语语言类型的新探索》(《复旦学报》第 1 期),认为汉语语法方法的根本矛盾是汉语的人文精神与汉语语法学模仿西方的科学主义这二者间的冲突。

20 世纪 80 年代初直至 21 世纪前十年,胡裕树、张斌、范晓在理论和实践上对新时期语法研究产生了深远影响,他们所倡行的"三个平面"理论成为全国现代汉语语法讨论的热点。1981 年,胡裕树主编的《现代汉语》(上海教育出版社)教材,首次提出三个平面的汉语语法思想。1985 年,胡裕树、范晓发表《试论语法研究的三个平面》(《新疆师范大学学报》第 2 期),进一步主张在汉语语法分析中全面地、系统地贯彻这种研究。同年,署名田申瑛(即范晓、陈光磊、杜高印、李嘉耀)的《语法述要》(安徽教育出版社),在词法和句法方面提出了创造性和建设性的意见。相关讨论的代表性论著还有:范开泰的《语用分析说略》(《中国语文》1985 年第 6 期),张斌、胡裕树的《汉语语法研究》(商务印书馆 1989 年),文炼的《与语言符号有关的问题——兼论语法分析的三个平面》(《中国语文》1991 年第 2 期),何伟渔的《关于语法研究的三个平面学说》(《上海师范大学学报》1991 年第 4 期),范晓、胡裕树的《有关语法研究三个平面的几个问题》(《中国语文》1992 年第 4 期),邵敬敏的《关于语法研究中三个平面的理论思考——兼评有关的几种理解模式》(《南京师大学报》1992 年第 4 期),胡裕树的《汉语语法研究的回顾与展望》(《复旦学报》1994 年第 5 期),高顺全的《三个平面理论的历史发展与深化》(《云梦学刊》1997 年第 3 期)等。三个平面影响下的论著主要有:范晓的《三个平面的语法观》(北京语言大学出版社 1996 年),邵敬敏的《现代汉语疑问句研究》(华东师范大学出版社 1996 年),范晓等的《语法理论纲要》(上海译文出版社 2003 年),高顺全的《三个平面的语法研究》(学林出版社 2004 年),陈昌来的《现代汉语三维语法论》(学林出版社 2005 年)等。

20 世纪 90 年代,语法研究呈现多向度趋势,主要在语用学、转换语法、类型学、配价语法、空间系统研究等方向展开。1992 年,黄锦章的《前提、含义和话语的信息结构》(《当代修辞学》第 1 期),从语用学角度探讨了语法问题。1993 年,陆丙甫的《核心推导语法》(上海教育出版社)论证了传统语法、结构主义语法和转换语法的根本目标是相通的。1994 年,徐烈炯的《与空语类有关的一些汉语语法现象》(《中国语文》第 5 期),重新补充 20 世纪 80 年代以来在生成语法领域的讨论。1996 年,黄锦章的《论两种不同性质的主题和汉语的类型学特点》(《汉语学习》第 6 期)指出"语境依赖性强"是汉语区别于其他语言的基本特征,"主题明显"和"语段取向"是由此而来的派生特征。1998 年,齐沪扬的《现代汉语空间问题研究》(学林出版社)建立了现代汉语空间系统,取得一定突破。

20 世纪 90 年代,配价语法方面的讨论成为热点之一。范晓的《动词的"价"分类》(《语法研究和探索》，语文出版社 1991 年）、《动词的配价与句子的生成》（《汉语学习》1996 年第 1 期）、《动介组合体的配价问题》（《现代汉语配价语法研究》，北京大学出版社 1998 年）等，把“格”语法和配价语法结合起来，成一家之言。配价语法方面的代表性论文还有：张谊生的《交互动词的配价研究》（《语言研究》1997 年第 1 期），范晓、朱晓亚的《三价动作动词形成的基干句模》（《汉语学习》1998 年第 6 期），戴耀晶的《现代汉语动作类二价动词探索》（《中国语文》1998 年第 1 期），陈昌来的《现代汉语不及物动词的配价考察》（《语言研究》1998 年第 2 期），徐烈炯、沈阳的《题元理论与汉语配价问题》（《当代语言学》1998 年第 3 期），胡裕树的《动词的配价与汉语的把字句》（《中国语文》2001 年第 4 期）等。

20 世纪 90 年代至 20 世纪前十年，上海学者们对语法学史做总结和整理研究，并探索汉语特色的语法理论建设。1990 年，邵敬敏的《汉语语法学史稿》（上海教育出版社）把汉语语法学史分为草创、探索、描写、创新四个时期。2002 年，陈昌来的《二十世纪的汉语语法学》（书海出版社），将汉语语法学分为“自觉建立时期”“革新探索时期”“语法知识大普及时期”“繁荣发展时期”等部分，是汉语语法学一个世纪历程的全面梳理和总结。

在汉语语法史方面，史存直的《汉语语法史纲要》（华东师范大学出版社 1986 年），以商周以来的所谓“通语”的发展历史为研究对象，考察汉语语法的历史发展过程。余志鸿发表的《〈蒙古秘史〉的特殊语法——OV 型和 POS 结构》（《语言研究》1992 年第 2 期）、《元代汉语假设句的后置标记》（《语文研究》1999 年第 1 期）等，以《蒙古秘史》和元代汉语为主题作了系列性研究。1999 年，俞光中、植田均的《近代汉语语法研究》（学林出版社）对汉语词类、句式等作了综合性整理研究。2008 年，黄锦章的《移动动词与上古汉语的类型学特征》（《华东师范大学学报》第 1 期），用事件整合类型学理论研究上古汉语，对 72 个移动动词进行了统计分析。

这一时期，上海学者还研究了话题问题、焦点问题、语法化问题等。关于话题和焦点问题研究，1998 年，徐烈炯、刘丹青的《话题的结构与功能》（上海教育出版社），在普遍语法和语言类型学的背景上研究汉语话题，体现了汉语研究的共性意识以及对语法理论普遍性的追求。同年，刘丹青、徐烈炯发表《焦点与背景、话题及汉语“连”字句》（《中国语文》1998 年第 4 期），把“焦点”分为自然焦点、对比焦点和话题焦点，并重新分析汉语“连”字句。该议题也引发了一些讨论和思考：高顺全的《与汉语话题有关的几个问题——与徐烈炯、刘丹青二位先生商榷》（《语言教学与研究》1999 年第 4 期）、张豫峰的《汉语的焦点和“得”字句》（《汉语学习》2002 年第 3 期）等。

语法化研究的主要成果有：徐时仪的《论词组结构功能的虚化》（《复旦学报》1998 年第 5 期），张谊生的《“就是”的篇章衔接功能及其语法化历程》（《世界汉语教学》2002 年第 3 期）、《说“X 式”——兼论汉语词汇的语法化过程》（《上海师范大学学报》2002 年第 3 期），高顺全的《从语法化的角度看语言点的安排——以“了”为例》（《语言教学与研究》2006 年第 5 期）等。2000 年，邵敬敏的《汉语语法的立体研究》（商务印书馆）讨论了句法语义的双向研究、三个平面的交叉研究、配价与功能研究、句式变换研究、语义指向研究、动态变化研究等。2003 年，金立鑫、白水振的《现代汉语语法特点和汉语法研究的本位观》（《汉语学习》第 5 期）介绍和讨论流行于当代汉语语法学界的一些主要的研究本位观。2005 年，卢英顺的《形态和汉语语法研究》（学林出版社）对汉语语法理论体系的构建、语言事实的挖掘和研究方法的创新等方面做了重新思考。2010 年，张斌、齐沪扬、张谊生、陈昌来等的《现代汉语描写语法》（商务印书馆）出版，全书 200 余万字，是中国第一部全面系统的现代汉语描写语法专著。

二、句法、句型、句式

上海学者是20世纪80年代句子分析方法、句子的构成、句型研究等讨论的主力军。胡裕树、史存直、陆丙甫、文炼、申小龙、左思民等一边批判性思考西方理论，一边努力进行汉语的句法分析研究、句类研究和句式研究。

史存直的《评几种新的句分析法》(《华东师范大学学报》1980年第5期)、《句子结构和结构主义句子分析》(《中国语文》1981年第2期)等文，反思美国的结构主义语法和转换语法对于中国语法学界的影响，呼吁要有自己的思考。陆丙甫的《主干成分分析法》(《语文研究》1981年第1期)、《无限递归的条件和有限切分》(《汉语学习》1983年第3期)等文，新创主干成分板块分析法。

20世纪80年代，胡裕树发表系列论文《有关句子分析的几个问题》(《日本语》1981年)、《句子分析漫谈》(《中国语文》1982年第3期)、《试论句首的名词性成分》(《语言教学与研究》1982年第4期)等，阐释其句法研究思想。1984年，他的《现代汉语增订本》(上海教育出版社)，认为主语和谓语是句子的直接成分，句子成分还包括特殊成分。1986年，文炼发表《句子种种——谈谈句子和语境的关系》(《中文自修》第1期)。1988年，左思民的《汉语句子的构成和定义》(《上海师范大学学报》)认为句子模式是句子本质和句子构成的联系枢纽，也是句子内涵的丰富性的集中体现。同年，申小龙的《中国句型文化》(东北师范大学出版社)提出“句读本体、逻辑铺排、意尽为界”的句法观。

20世纪90年代，上海学者将三个平面理论进行实践和完善，在句类研究、句法研究、句型研究等方面形成热点。1995年，胡裕树发表《试论句子类型的研究》(《汉语学习》第5期)。范晓在这方面推出系列成果：《关于句子合语法或不合语法问题》(《中国语文》1993年第5期)、《汉语的句子类型》(书海出版社1998年)、《汉语句法结构中的主语》(上海教育出版社1998年)等。

进入21世纪，句法分析方面的理论总结和具体研究均有不少成果。理论总结方面，2003年，陈昌来的《现代汉语：语义平面问题研究》(学林出版社)，是第一部全面探讨现代汉语句子语义平面问题的专著，全面系统研究句子的语义结构和语义成分的构成情况。2004年，范晓的《三维语法阐释》(《语文学习》第6期)阐述了三维语法的要点。在具体研究方面主要有：刘焱的《“V掉”的语义类型与“掉”的虚化》(《中国语文》2007年第2期)、张豫峰的《现代汉语致使语态句分析》(《中州学刊》2008年第2期)、陆丙甫的《直系成分分析法——论结构分析中确保成分完整性的问题》(《中国语文》2008年第2期)等。

另外也有一些学者对特殊句式作了研究，主要成果有：胡裕树的《试论汉语句首的名词性成分》(《语言教学与研究》1982年第4期)，金立鑫的《“把”字句的句法、语义、语境特征》(《中国语文》1997年第6期)，戴耀晶的《试说汉语重动句的语法价值》(《汉语学习》1998年第2期)、《汉语疑问句的预设及其语义分析》(《广播电视大学学报》2001年第2期)、《汉语否定句的语义确定性》(《世界汉语教学》2004年第1期)，黄锦章的《轻动词假设和汉语句法研究》(《汉语学习》2004年第6期)，袁宾的《“蒙”字句》(《语言科学》2005年第6期)等。

三、短语、词类和其他

短语是由词构成而又未成句的语言单位。上海学者较早提出关于短语研究重要性的观点，之后进行了短语定义的探讨和短语类型的划分。

20 世纪 70 年代末到 80 年代初，上海学者就短语重要性及其分类问题进行研讨。1978 年，张世禄发表《汉语词组对汉语语法研究的重要性》（《复旦学报》第 1 期），认为由于词、词组和句子这三级在结构上取同一形式，所以显示了词组在汉语语法上的重要性，同时也说明了汉语语法的特殊性。1979 年，郭绍虞的《汉语语法修辞新探》（商务印书馆）进一步强调词组的重要性。陆丙甫的《也谈结构》（《中国语文》1979 年第 6 期）主张语法结构可以分为句法结构、下句法结构、词法结构三级。范晓的《关于结构和短语问题》（《中国语文》1980 年第 3 期）在名称上提倡用“短语”，根据功能将其分类为体词性短语、述词性短语、副词性短语。20 世纪 80 年代中期以后的研究集中在短语的定义、动态短语与静态短语的划分等方面，包括：范晓的《试论静态短语和动态短语》（《济宁师专学报》1985 年第 4 期）、《汉语的短语》（商务印书馆 1991 年），张斌的《汉语语法学》（上海教育出版社 2003 年）等。

词类研究包括词类理论探讨、词类划分标准，及词类体系的建构、具体某类词的研究等。20 世纪 70 年代末至 80 年代，对此研究的理论探索是热点。关于词类分类标准，陈望道的《文法简论》（上海教育出版社 1978 年）认为区分词类的基本原则是依据词在组织中显示的功能。1979 年，胡裕树的《现代汉语》（上海教育出版社）认为语法上区分词类的目的是指明词的外部结构关系，说明语言的组织规律。上述著作对词类划分研究中分类和归类之间关系问题亦做了深入探讨，以其为代表的语法功能标准的词类观成为学界主流。

20 世纪 90 年代以后，总结词类研究成果、深入具体词类研究，成果丰硕。1990 年，范晓发表《词的功能分类》（《烟台大学学报》第 2 期），对词的功能分类问题进行综述。1993 年，文炼的《与分类有关的几个问题》（《汉语学习》第 3 期）讨论语言学中的实体类别和关系类别。1994 年，陈光磊的《汉语词法论》（学林出版社）对汉语的构词法、构形法和词的功能分类作了比较全面而系统的阐释。1996 年，陈光磊的《汉语功能词类说》（《上海大学学报》第 1 期）阐明功能分类的理论依据、标准及其路径。2000 年，文炼、胡附发表《词类划分中的几个问题》（《中国语文》第 4 期）。2005 年，范晓发表《关于汉语词类的研究——纪念汉语词类问题大讨论 50 周年》（《汉语学习》第 6 期）。2009 年，马晓红发表《以功能学说建构的词类体系》（《语文学刊》第 22 期）。

除上述理论问题外，在具体词类的研究和词类的综合研究等方面也形成了一系列成果。虚词研究方面，齐沪扬的《语气与语气系统》（安徽教育出版社 2002 年）、张谊生的《助词及相关格式》（安徽教育出版社 2002 年）、陈昌来的《介词与介引功能》（安徽教育出版社 2002 年）等代表了现代汉语虚词研究的最佳水平。动词因其是句子句法语义结构研究的核心而受到重视，1987 年，范晓、杜高印、陈光磊的《汉语动词概述》（上海教育出版社）对汉语动词的立类根据、语法功能、运用特点等作了全面系统的分析论述。1994 年，胡裕树、范晓的《动词形容词的“名物化”和“名词化”》（《中国语文》第 2 期）将 20 世纪 50 年代曾经讨论过的动词形容词的名物化问题重新提出讨论，认为该问题涉及语法的句法平面和语义平面。1995 年，胡裕树、范晓出版《动词研究》（河南大学出版社）。1996 年，胡裕树、范晓的《动词研究综述》（山西高校联合出版社）较详细地分析了动词的语法特点。2002 年，陈昌来的《现代汉语动词的句法语义属性研究》（学林出版社）则从句法语义属性角度对现代汉语进行了探索。

1978 年以后，语法范畴的其他研究也颇有进展和成果，主要有：戴耀晶的《现代汉语表示持续体的“着”的语义分析》（《语言教学与研究》1991 年第 2 期）、《现代汉语短时体的语义分析》（《语文研究》1993 年第 2 期）、《论现代汉语现实体的三项语义特征》（《复旦学报》1994 年第 2 期）、《现代汉语时体系统研究》（浙江教育出版社 1997 年）等；左思民的《现代汉语的“体”概念》（《上海师范大学学报》1997 年第 2 期)、《现代汉语中“体”的研究——兼及体研究的类型学意义》(《语文研究》1999 年第 1 期)等;高顺全的《体标记“下来”“下去”补议》(《汉语学习》2001 年第 3 期)、《进行体、持续体的否定及相关问题》(《世界汉语教学》2003 年第 4 期)等。

第四节　修辞学、语体学和语用学

一、修辞学

上海是中国现代修辞学的发源地。唐钺的《修辞格》(商务印书馆 1923 年),是中国第一部系统的修辞格专著;1932 年,陈望道的《修辞学发凡》(大江书铺)出版,标志着中国现代修辞学学科的建立。1978 年以后,上海重新成为中国修辞学研究的重镇。1980 年,中国华东修辞学会(20 世纪 90 年代更名为中国修辞学会华东分会)成立,王德春任首任会长,该会成为全国修辞学界成果最多、思想最为活跃的社团。1982 年,华东修辞学会主办的全国第一本修辞学杂志《修辞学习》(2010 年改为《当代修辞学》)创刊,主编为王德春。从修辞学理论范式的创新、修辞学研究命题的拓展、修辞学与语法学的结合、修辞学和语用学的汇通、到中西方修辞学史的研究,上海学界起着引领中国修辞学发展的作用。

20 世纪 70 年代末至 80 年代,上海学者的理论研究主要集中在修辞与语法的关系、修辞学与语用学的关系等方面。郭绍虞的《汉语语法修辞新探》(商务印书馆 1979 年)提出了汉语各级语法单位“一以贯之”的组合原则以及修辞大于语法的“汉语特质论”。1996 年,林文金、周景元主编的《语法修辞结合问题》(北京语言学院出版社)延续了这一问题的讨论,后来的“文化语言学研究”“汉语意合语法理论”“汉语韵律语法研究”与此影响也不无关联。1980 年《陈望道语文论集》(上海教育出版社)、1985 年《陈望道修辞论集》(安徽教育出版社)相继出版,对 20 世纪 80 年代汉语修辞学研究的重启产生了深刻影响。1982 年 6 月,复旦大学和中国修辞学会在复旦大学召开“纪念陈望道先生《修辞学发凡》出版五十周年座谈会”,会议论文集《修辞学发凡与中国修辞学——纪念陈望道〈修辞学发凡〉五十周年》于 1983 年 7 月由复旦大学出版社出版。1991 年,马来西亚华裔实业家姚美良向复旦大学捐赠人民币 20 万元设立面向全国的“陈望道修辞学基金”,首届评奖活动于 1993 年举行。2001 年,复旦大学中文系设立以陈望道之名命名的“望道讲座”。

1983 年,中国华东修辞学会主编的《修辞学研究》集刊开始出版。1984 年,谢天蔚的《语用学分析实例》(《国外社会科学文摘》第 9 期)率先介绍了列文森的语用学理论。1986 年,王德春的《外国现代修辞学概况》(福建人民出版社)系统介绍了各国现代修辞学的研究,是改革开放以来修辞学领域第一部系统引进国外理论的专著,推动了中国修辞学者新一波的“向外看”。1985 年,范开泰的《语用分析说略》(《中国语文》第 6 期)显示了“语用”概念对于中国语言学的实际意义。1985 年,何兆熊的《语用学概要》(上海外语教育出版社)比较系统地揭示了西方语用学理论的基本框架。

1992 年,黄锦章发表《前提、含义和话语的信息结构》(《修辞学习》第 1 期)。1998 年,彭增安的《语用 修辞 文化》(学林出版社)把语用与修辞结合起来研究语言交际,论述了语用与修辞的联系和区别,并对跨文化交际中的语用与修辞问题加以探究。之后,曲卫国、陈流芳的《汉语招呼分析》(《华东师范大学学报》2001 年第 3 期)、戴耀晶的《试说“冗余否定”》(《修辞学习》2004 年第 2 期)、金立鑫的《预设的两大领域及其形式表达系统》(《修辞学习》2006 年第 5 期)等先后进行呼应。

此外,一批学者从言语,辞格,修辞学的对象、性质、研究纲领、研究方法,语境学等方面展开研究。1983年，王德春的《修辞学探索》(北京出版社)从言语环境、言语规律的新角度，论述现代修辞学的主要问题。1983年，濮侃的《辞格比较》(安徽教育出版社)对通行的几个修辞格系统和易于混淆的常用辞格做了细致比较。1987年，王德春主编的《修辞学词典》(浙江教育出版社)是国内最早的修辞学词典，共收条目1 320条。1988年，张涤华、胡裕树、张斌、林祥楣等主编的《汉语语法修辞词典》(安徽教育出版社)是一部更大规模的专科辞典，共收词目2 529条，有效推动了汉语语法修辞学的研究和教学。1988年，宗廷虎、邓明以、李熙宗、李金苓的《修辞新论》(上海教育出版社)明确提出修辞学既属于语言学，又是一门多边性学科。1989年，王德春、陈晨合作的《现代修辞学》(江西教育出版社)出版，开拓了修辞学研究的新视野。

20世纪90年代，对中国修辞学学科的反思成为重点内容。其中独具影响的是上海发起的"修辞学的科学性"讨论。1990年，胡范铸的《科学主义与人文主义的分野——中国修辞学研究方法的研究》(《云梦学刊》第2期)，在检讨七十年来中国修辞学研究方法历史基础上，讨论当前修辞学方法之大势及其价值。1990年，刘大为的《从修辞学的两种学科性质看它与语法学的关系》(《修辞学习》第3期)提出修辞学必须与语法学一样有着强烈的理论意识和独立的科学地位，1992年刘大为又发表《言语行为与修辞学的体系构想》(《修辞学习》第1期)。1998年，胡范铸发表《20世纪中国修辞学研究的几个问题》(《复旦学报》第6期)。

2000年开始，中国修辞学最具代表性的几种新的研究范式逐渐成形，并分别体现出向语法学靠拢、向其他学科靠拢、同时既回应"语言本体"问题又回应社会语言生活问题三种取向。胡范铸连续发表《"修辞"是什么？"修辞学"是什么？》(《修辞学习》2002年第2期)、《从"修辞技巧"到"言语行为"——试论中国修辞学研究的语用学转向》(《修辞学习》2003年第1期)等，重新定义"言语行为"，推导修辞学分析新模型，并由此先后发表《基于"言语行为分析"的法律语言研究》(《华东师范大学学报》2005年第1期)、《言语行为的合意性、合意原则与合意化》(《外语学刊》2009年第4期)等文，形成了既关注社会生活各场域又试图回应"语言本体"研究，既追求独创又追求系统性逻辑性的"新言语行为分析"研究范式。陈佳璇的《试论"得体原则"不是修辞的最高原则》(《华东师范大学学报》2007年第1期)对此进一步作了回应。

2002年，吴礼权的《修辞心理学》(云南人民出版社)对阐释修辞文本建构的心理机制作出探究。2003年，刘大为出版《比喻、近喻和自喻——辞格的认知性分析》(上海教育出版社)，尝试从认知语言学的视角研究因认知关系改变而形成的不同辞格特质。2004年，宗守云出版《功能修辞学导论》(广西师范大学出版社)，试图借助功能语言学的理论建构语法学与修辞学的链接。刘大为的《从语法构式到修辞构式》(上、下)(《当代修辞学》2010年第3、4期)提出了在语法分析与修辞分析的链接中以"修辞构式"为核心建构修辞学新框架的可能性。

胡范铸的《翻译：语言墙壁的凿通与人类文化的互文》(《暨南学报》1991年第3期)，黄敏的《互文性》(《现代中文学刊》2006年第2期)，盛若菁的《比喻语义学研究》(西南交通大学出版社2006年)，甘莅豪的《中西互文概念的理论渊源与整合》(《修辞学习》2006年第5期)，祝克懿、蒋勇的《20世纪社会政治关键词"革命"的互文语义考论》(《福建师范大学学报》2010年第2期)，陈佳璇、胡范铸的《一九七二——一九七五时的社会批判：〈管锥编〉与撰述语境的互文性分析》(《东吴学术》2010第3期)等用另一种旨趣探索当代修辞理，在方法上以西方互文性等新的理论为依托，在对象上则关注更为广阔的社会生活。

2006—2009年，宗廷虎、陈光磊、冯广艺主编的"新世纪修辞学书系"(11种)由山东文艺出版社陆续出版。2008年1月，复旦大学、《修辞学习》编辑部、市语文学会发起首届望道修辞学论坛，翌年召开第二届，围绕修辞学研究范式的重构和工具性范畴的建设持续展开讨论，成为全国修辞学研究最重要的学术论坛。

二、语体学与领域语言

改革开放以来，“语体”研究是上海修辞学研究的持续性课题。1985年6月，复旦大学语言文学研究所与华东修辞学会召开首届“语体学学术讨论会”，会后编辑出版《语体论》(安徽教育出版社1987年)，这是全国第一本语体学研究论文集。1987年王德春的《语体论略》(福建教育出版社)，对语体的基本知识作了集中的论述。1991年，胡裕树主编的“语体学丛书”(云南人民出版社)是中国第一套语体研究丛书。2000年以后，李熙宗的《关于语体的定义问题》(《复旦学报》2005年第3期)、《语文体式与语体的关系及其实践功用》(《当代修辞学》2009年第6期)，霍四通的《面向自然语言处理的语体学理论》(海风出版社2005年)，袁晖、李熙宗主编的《汉语语体概论》(商务印书馆2005年)等先后对于语体的定义、语体学的核心、语体学理论等问题展开了持续的讨论。这一系列研究也为后来的“语体语法”讨论开辟了种种可能。

对具体语体的研究，代表成果有刘大为的《诗歌语言的语体学分析》(《华东师范大学学报》1987年第2期)，潘庆云的《法律语体探索》(云南人民出版社1991年)，宗廷虎主编的《辩论艺术》(云南人民出版社1991年)，祝克懿的《语言学视野中的“样板戏”》(河南大学出版社2004年)、《新闻语体探索——兼论语言结构问题》(海风出版社2007年)等。

20世纪80年代中后期，对于言语行为的美学特质和风格类型的深入考察是上海修辞学的一大特征。1985年，刘衍文、刘永翔合著的《文学的艺术》(花城出版社)，对中国传统诗歌语言艺术进行了细致入微的讨论。1987年，胡范铸的《幽默语言学》(上海社会科学出版社)第一次将幽默置于美学和修辞学两大范畴的联系下，对幽默语言的理论与现象、语言幽默的性质、幽默话语的结构等问题进行了系统分析，产生了广泛的影响。1990年，胡范铸发表《真实陈述、虚假陈述与事实所指》(《江苏师范大学学报》第1期)。其后，《修辞学习》杂志开辟“谎言研究”专栏，不仅成为语言行为性状研究的一种探索，也是中国学者批评性话语理论研究的一种实践。

这一时期，运用多种理论方法开展介入当代社会语言生活亦为上海修辞研究的突出特点。1988年，胡范铸在《修辞学习》主持“文学语言研究专号”，集中编发了申小龙的《汉语文学语言的流块建构》、胡范铸的《文学语言阐释学刍议》、邵敬敏的《毛茸茸的感性与下意识的力量——〈红高粱〉心理描写语言分析》、齐沪扬的《突破日常逻辑之后——小说语言句式新变》等十多篇论文，成为期刊史上第一个文学语言研究的专号。1989年，孙莲芬、李熙宗的《公关语言艺术》(知识出版社)出版，成为全国最早的公关语言研究著作之一，也标志了汉语修辞学从个人语言交际研究向机构语言交际研究的转向。1991年，华东师范大学等校学者发起“第一届广告语言研讨会”。此外，金立鑫的《“文革”语言的社会文化心理分析》(《书屋》2001年第3期)，祝克懿的《“文革”元旦社论话语的逻辑语义分析》(《贵州大学学报》2001年第4期)、《新闻语体的交融功能》(《复旦学报》2005年第3期)、《互文：语篇研究的新论域》(《当代修辞学》2010年第5期)，胡范铸等的《中国户外标语口号研究的问题、目标与方法》(《修辞学习》2004年第6期)，陈佳璇等的《指称、事实、观念——看守所在押者身份称谓的社会认知语言学分析》(《华东政法大学学报》2010年第1期)等都进一步在社会学等多种意义上拓展了修辞学研究对象。

2002年和2003年，胡范铸在《华东师范大学学报》接连发表《突发危机管理的一个语用学分析——兼论语言学的研究视界》(2002 年第 6 期)等文章,不但在国内学术界第一次提出危机管理的语用原则及其推导依据,并且还显示了"政治传播语言学"和"案例库修辞学研究"的某种发端。2010 年,胡范铸的《作为修辞问题的国家形象传播》(《华东师范大学报》第 6 期)明确提出"国家与机构形象修辞研究"的问题。同年,上海市语文学会、《当代修辞学》编委会和华东师范大学联合召开第一届国家形象修辞学研讨会。2007 年,徐时仪的《汉语白话发展史》(北京大学出版社)是首部研究汉语白话史的专著,探讨了汉语古今演变和文白的转型。2009 年,胡奇光出版《中国古代语言艺术史》(上海人民出版社),考察了中国语言艺术演进的历程,提炼出语言艺术的原理和方法。

三、修辞史和修辞学史

得益于复旦大学修辞学与文艺批评学传统,上海学者的修辞史与修辞学史研究成为改革开放以来中国修辞学研究的代表。1989 年,易蒲(宗廷虎)、李金苓的《汉语修辞学史纲》(吉林教育出版社)自先秦、两汉论至 1966 年,被誉为一部多角度的历史的创新的汉语修辞学史。1990 年,宗廷虎出版《中国现代修辞学史》(浙江教育出版社),时限为 1905—1988 年,是中国第一本断代修辞学史。1998 年,郑子瑜、宗廷虎主编的《中国修辞学通史》(5 卷本)(吉林人民出版社)标志着修辞学史研究进入新的阶段。此外,吴礼权的《中国修辞哲学史》(台湾商务印书馆 1995 年)、傅杰的《章太炎与汉语修辞学》(《天津师范大学学报》2003 年第 4 期)、汪如东的《汉语方言修辞学》(学林出版社 2004 年)等对相应的修辞观做了梳理。2007 年,宗延虎、陈光磊主编的《中国修辞史》(吉林教育出版社),第一次系统地梳理了千年汉民族语言实践中的修辞现象。2008 年,宗廷虎主编的《20 世纪中国修辞学》(上、下卷)(中国人民大学出版社)比较完整地论述了 20 世纪的汉语修辞学。2009 年,胡曙中出版《西方新修辞学概论》(湘潭大学出版社),这是作者继《英汉修辞比较研究》(上海外语教育出版社 1993 年)、《美国新修辞学研究》(上海外语教育出版社 1999 年)后,对西方修辞学发展更为系统的研究。

第五节　文 字 学

一、汉字性质与汉字学理论

上海学界对普通文字学的研究较少,王元鹿于 1996 年出版的《普通文字学概论》(贵州人民出版社),是中国第一部普通文字学理论专著,在构建普通文字学的基本理论构架方面做了开创性探索。

【汉字性质】

上海语言学界对汉字性质的讨论集中在汉字是表意文字还是表形文字方面,可分为两个时期。20 世纪 70 年代末至 2004 年为第一个时期。1979 年,许宝华主编的《辞海·语言文字分册》(上海辞书出版社)把文字体系分为表形文字(象形文字)、表意文字、表音文字三类,而汉字属于表意文字,引发全国规模的汉字性质问题大讨论。针对学界"古代汉字是形象文字"这一普遍提法,1981 年,张世禄发表《汉字的特性及其对社会、文化的作用》(《语文学习》第 9 期),重述汉字是与图画文字、标音文字不同的表意文字。1987 年,申小龙的《汉字的特点及其归宿》(《汉语学习》第 1 期)认为汉字意化也是适应汉语音节特点。

2004年,以詹鄞鑫的《20世纪汉字性质问题研究评述》(《华东师范大学学报》第3期)为标志,汉字性质问题的讨论进入本土化研究的第二个阶段。2007年,潘玉坤的《汉字的性质》(大象出版社)从汉字的源头原始绘画和岩画考证汉字的表意性质。同年,殷寄明的《现代汉语文字学》(复旦大学出版社)认为汉字是具有表意性、示源性的语素—音节文字。2008年,李圃的《节律性、自足性与相似性——谈谈汉语的特点和汉字的特点》(《中国文字研究》第2辑)从语言与文字关系角度讨论汉字性质。

【汉字学理论】

20世纪80年代初,学界恢复传统汉字学的研究,开始整理和归纳汉字起源及其演变、传统六书理论等。代表性论著有:许威汉的《通假质疑》(《上海师范大学学报》1980年第3期)、罗君惕的《汉文字学要籍概述》(中华书局1984年)。

20世纪80年代末到21世纪初,上海学者在汉字学理论的建构研究方面成果突出。1989年,李玲璞(笔名李圃)的《甲骨文造字八法论》(纪念殷墟甲骨文出土90周年国际讨论会),首次将甲骨文造字法分为八类,开启了古文字视角造字法的理论探讨。2000年,李圃的《字素理论及其在汉字分析中的应用》(《学术研究》第4期),创立了三维系统理论和字素分析法,为宏观文字学理论系统的创建奠定了坚实的基础。2002年,许威汉出版《汉语文字学概要》(上海大学出版社)。2004年,李圃的《汉字学元点理论及其相关问题——兼谈汉字认知的若干误区》(《中国文字研究》第5辑,广西教育出版社)首次提出汉字学元点理论。

20世纪90年代以后,关于六书的研究主要从语源学、汉字结构等方面考察。1991年,詹鄞鑫的《汉字说略》(辽宁教育出版社)把六书中的转注和假借排除在结构类型之外,增加了象事、变体,形成"新六书说"。1993年,张斌、许威汉主编《中国古代语言学资料汇纂(文字学分册)》(福建人民出版社)。2000年,殷寄明发表《"六书"的语源学透视》(《复旦学报》第2期)。2003年,臧克和发表《字符与分类》(《天津师范大学学报》第3期),从汉字构形学角度讨论"字符"及分类问题。2006年,臧克和发表《结构的整体性——汉字与视知觉》(《语言文字应用》第3期),强调汉字结构分析与汉字整体性感知规律的对应,之后又发表《楷字的时代性——贮存楷字的时间层次问题》(《中国文字研究》2007第1期),以楷书为专题讨论汉字学理论问题。2009年,张玉梅出版《王筠汉字学思想述论》(上海交通大学出版社),以《说文释例》等为主要研究对象,阐释并肯定了王筠的语言文字观。此外,她的《王筠"取象解字"对〈说文〉"因形说义"的纠正》(《中国文字研究》2009年第1期)、《王筠形声兼会意述论》(《古汉语研究》2010年第1期)等对六书研究史上的"相兼"问题做了考辨。

二、甲金文字、《说文》及古文字

【甲金文字】

20世纪70年代末到80年代末,上海的甲骨文、金文研究发展迅速,学者们从单字、篇章入手,展开基础性研究。1979年,戴家祥发表《墙盘铭文通释》(《上海师范大学学报》第2期)。1981年,李圃出版《甲骨文选读》(华东师范大学出版社)。詹鄞鑫的《释》(《语言研究》1985年第1期)、《释甲骨文"彝"字》(《北京大学学报》1986年第2期)等是单字考释方面的代表成果。1986—1990年,马承源的《商周青铜器铭文选》(全4册,文物出版社)陆续出版,选注金文533件,规模为全国最大;

1988年，戴家祥校点的《古籀余论》（华东师范大学出版社）为清代吴式芬《攈古录金文》的考释补阙千余字；1989年，李圃的《甲骨文选注》（上海古籍出版社）详细注释了60多条经典卜辞。

20世纪90年代，甲骨文、金文研究成果以字典和专著的方式呈现。1995年，戴家祥主编的《金文大字典》（学林出版社）出版。1998年，王文耀出版《简明金文字典》（上海辞书出版社）。李圃的《甲骨文文字学》（学林出版社1995年），是第一部殷商甲骨文断代文字学理论专书，从甲骨文字实际出发描写了殷商甲骨文字的本体系统。

21世纪，甲骨文、金文的研究除了对个别字的考释、器物定名等外，也走向文字学、语法学等体系性研究。前者有：臧克和的《〈殷周金文集成〉读书杂志（一）》（《古籍整理研究学刊》2001年第1期），张再兴的《释"俯"》（《古汉语研究》2006年第4期），刘钊、江小角的《安徽桐城出土秦十九年上郡守逭戈考》（《考古与文物》2009年第3期）等。后者有：张再兴的《西周金文文字系统论》（华东师范大学出版社2004年），潘玉坤的《西周金文语序研究》（华东师范大学出版社2005年），陈剑的《甲骨金文考释论集》（线装书局2007年），刘志基的《甲骨文字形规整化再研究》（《华东师范大学学报》2009年第5期）及《西周金文字频特点成因初探》（《语言科学》2010年第1期）等。

【其他古文字和《说文》】

1979年，上海博物馆推出《上海博物馆藏印选》（上海书画出版社），领全国著录和研究之先。20世纪90年代后，玺印、买地券、墓志、石刻等方面的文字类研究较多，主要有：孙慰祖的《古封泥集成》（上海书店出版社1994年）、吕志峰的《东汉买地券著录与研究概述》（《南都学坛》2003年第2期）、王平的《魏晋南北朝石刻篆字与〈说文〉小篆构形比较》（《中国文字研究》2008年第1期）、姚美玲的《唐代墓志词汇研究》（华东师范大学出版社）、吕志峰的《东汉石刻砖陶等民俗性文字资料词汇研究》（上海人民出版社2009年）等。

这一时期，上海在竹书、简帛类文字方面的整理与研究成果颇丰。主要论著有：郭若愚的《战国楚简文字编》（上海书画出版社1994年）、徐莉莉的《马王堆帛书称数法研究》（《汉语文字学刊》第1辑，汉语大词典出版社1997年）、虞万里的《尹湾汉简神乌赋笺释》（台湾《第一届国际暨第三届全国训诂学学术研讨会论文集》1997年）、徐莉莉的《论〈马王堆汉墓帛书〉（肆）的声符替代现象及其与古今字的关系》（《华东师范大学学报》1997年第4期）、刘志基的《说楚简帛文字中的"宀"及其相关字》（《中国文字研究》2004年第5辑）、虞万里的《竹简〈缁衣〉与先秦君臣、君民关系索隐》（《社会科学》2005年第10期）、刘钊的《读〈上博六〉词语札记三则》（《中国文字研究》2008年第1辑）、臧克和的《简帛与学术》（大象出版社2010年）等。

2001年，马承源主编的《上海博物馆藏战国楚竹书》（上海古籍出版社）开始出版，至2012年9册全部出齐，收入近百年来所发现的秦始皇焚书坑儒之前原始的战国古籍，竹简总计有80余种。此后在全国范围内形成的针对本书文字、所收录材料的研究，主要有：臧克和、王平的《上海博物馆藏〈战国楚竹书〉中的"诗论"（三）》（《学术研究》2002年第8期），臧克和的《上博楚竹书中的"诗论"文献及范型》（《学术研究》2003年第9期），王平的《上海博物馆藏〈战国楚竹书・缁衣〉引〈诗〉异文考》（《华东师范大学学报》2003年第4期）等。

进入21世纪，上海学者持续对《说文》及相关文字学研究。主要论著有：王平的《唐写本〈说文・木部〉残卷与大徐本小篆比较研究》（《古籍整理研究学刊》2001年第4期），臧克和、王平校订的《说文解字新订》（中华书局2002年），王平的《〈说文〉重文研究综述》（《古籍研究》2004年第2期），董莲池的《说文部首形义新证》（作家出版社2007年），王平的《〈说文〉重文研究》（华东师范大学出版社 2008 年),臧克和的《〈篆隶万象名义〉价值及体例特点》(《中国文字研究》2008 年第 1 期)等。2008 年,臧克和的《中古汉字流变》(华东师范大学出版社)荟萃了《说文解字》《原本玉篇残卷》《篆隶万象名义》《宋本玉篇》等重要字汇的全部形音义信息。

【古文字】

20 世纪末,上海古文字的综合研究有了突破性进展。1999 年,李圃主编的《古文字诂林(第 1 卷)》(上海教育出版社)出版,至 2004 年出全 12 卷,是中国古文字研究以来规模最大、搜罗最齐备的汇释类工具书,首次将历代学者的八大类古文字(甲骨文、金文、古陶文、货币文、简牍文、帛书、玺印文和石刻文)研究成果汇为一编,首次运用计算机技术解决了古文字的排版印刷;根据秦汉篆书厘定了近万个篆书古隶定字样,为研究篆书演变至后世楷书架起了一座桥梁,在中国字样史上也是第一次。

1999 年,华东师范大学中国文字研究与应用中心主编的《中国文字研究》(The Study of Chinese Characters)第 1 辑出版,这是大陆地区最早创办的专门刊载中国文字本体和应用研究成果的权威刊物。2000 年,李玲璞、沈康年、郑明合作开发的"古文字字形库及电脑排版系统"通过鉴定。2003 年,该中心出版"商周金文数字化处理系统"(广西金海湾电子音像出版社/广西教育出版社)、"战国楚文字数字化处理系统"(上海教育出版社),实现了全球首次出土古文字原始材料的数字化转化。其他主要成果还有《金文引得》(中华书局 2001 年)、《古文字考释提要总览》(上海人民出版社 2010 年)、《中国石刻丛书》(南方日报出版社 2010 年)等多种著述。

2005 年以来,复旦大学出土文献与古文字研究中心主要研究成果有:张涌泉的《汉语俗字续考(二)》(《中国文字研究》2005 年第 1 期),张涌泉、李玲玲的《敦煌本〈金光明最胜王经音〉研究》(《敦煌研究》2006 年第 6 期),周波的《〈九店楚简〉释文注释校补》(《江汉考古》2006 年第 3 期),裘锡圭、曹峰的《"古史辨"派、"二重证据法"及其相关问题——裘锡圭先生访谈录》(《文史哲》2007 年第 4 期),陈剑的《上博竹书"葛"字小考》(《中国文字研究》2007 年第 1 期),汪少华的《利用异文训释词义的利弊举隅》(《江西社会科学》2007 年第 11 期),刘钊、叶玉英的《利用古文字资料的上古音分期分域研究述评》(《古汉语研究》2008 年第 2 期),郭永秉的《战国竹书剩义(三则)》(《语言研究集刊》2008 年第 1 期),裘锡圭的《说"建之以常无有"》(《复旦学报》2009 年第 1 期),刘钊的《释甲骨文中的"秉棘"》(《故宫博物院院刊》2009 年第 2 期),张小艳的《敦煌籍帐文书字词笺释》(《百年敦煌文献整理研究国际学术讨论会论文集(上册)》2010 年),郭永秉的《楚竹书字词考释三篇》(《中国文字研究》2010 年第 1 期)等。

这一时期上海学者还对古文字研究进行了阶段性总结。2001 年,华学诚的《汉字进入 21 世纪》(《国际学术动态》第 2 期),总结了 20 世纪汉字学多领域成果。2006 年,詹鄞鑫发表《20 世纪的中国古文字研究综述》(《中国文字研究》2006 年第 7 辑)。此外,2006 年,刘钊的《古文字构形学》(福建人民出版社),研究了汉代以前的古文字产生、构成及其发展演变的规律。2009 年,刘志基发表《字频视角的古文字"四书"分布发展研究》(《古汉语研究》第 4 期)。2010 年,李圃、郑明主编的《古文字释要》(上海教育出版社),浓缩了 12 卷本的《古文字诂林》。

三、现代汉字、俗文字、异体字

20 世纪 80 年代,上海学者率先开始关注现代汉字的专门教学与研究。1985 年,高家莺、范可育发表《建立现代汉字学刍议》(《上海师范大学学报》第4期),讨论建立现代汉字学的必要性等问题。1993年,高家莺、范可育、费锦昌编撰的《现代汉字学》(高等教育出版社),成为现代汉字学学科的第一部专著。此后这一领域的主要论文还有:晓东的《现代汉字部件分析的规范化》(《语言文字应用》1995年第3期),邵昌林、邵枫的《汉字发展趋势探索》(《中文信息》1997年第3期),顾颖、杨文惠的《笔位变体与笔画教学——由"文字"与"字"的区分谈起》(《云南师范大学学报》2006年第4期),楼兰的《现代3 500常用字中的记号字及半记号字调查——兼论现代汉字记号化的成因及影响》(《渤海大学学报》2007年第4期)等。进入21世纪,学者进一步作理论体系的建构,2007年,殷寄明、汪如东出版了《现代汉语文字学》(复旦大学出版社)。

20世纪80年代末90年代初,上海学者开始关注俗文字研究。1990年,陈五云发表《俗文字学刍议》(《上海师范大学学报》第2期)。2000年,陈五云的《从新视角看汉字:俗文字学》(河南人民出版社),总结和讨论俗文字学的内容、研究方法等。进入21世纪,学者从传世文献、佛教文本及词语等多角度对俗文字展开研究。从文献角度研究俗字的主要成果有:王春艳的《浅论仁和寺本〈太素〉的俗字研究方法》(《中医药文化》2002年第3期),何继军、詹言的《唐代"三书"俗字的诸种类型》(《上海师范大学学报》2006年第3期)等。从佛教文本和词语角度研究俗字,主要成果有徐时仪的《慧琳〈一切经音义〉所释俗字考》(《中国文字研究》2005年第6辑)、《敦煌写卷佛经音义俗字考探》(《中国文字研究》2009年第12辑)、《〈一切经音义〉俗字考》(《中国文字研究》2009年第12辑)等。

俗文字阶段性总结研究:詹鄞鑫的《俗文字学研究综述及相关问题》(《中国文字研究》2008年第10辑)、周阿根的《五代墓志俗字考辨》(《学术界》2010年第9期)等。

20世纪末以后,上海学者对异体字的研究成果颇丰。1997年,李圃主编的《异体字字典》(学林出版社),汇集5万个左右的历代汉字异体,比台湾《异体字字典》(2000年)早出版3年。1999年,王继洪发表《异体字与汉字学研究》(《上海大学学报》第4期)。进入到21世纪,异体字研究的理论性、总结性论文和辞书类著作也相继涌现,主要有:李圃的《正统文字与方域文字及相关问题》(中国文字研究与应用中心2002年)、《正本清源说异体》(《语言研究》2003年第1期)、《中正统文字的发端——殷商甲骨文字在中国文字发展史上的地位》(安阳殷商文明国际学术研讨会2004年),徐时仪的《略论汉语异体字的认知理据》(《中国文字研究》2007年第1期),刘志基、张再兴的《中国异体字大系——篆书编》(上海书画出版社2007年),刘志基的《简说古文字异体字的发展演变》(《中国文字研究》2009年第12辑),臧克和主编的《中国异体字大系(隶书编)》(上海书画出版社2010年)。

四、比较文字学与汉字文化

20世纪80年代后期,上海率先开始了比较文字学研究。1988年,王元鹿的《汉古文字与纳西东巴文字比较研究》(华东师范大学出版社),是全国第一部关于两个民族古文字的比较研究专书。2001年,王元鹿的《比较文字学》(广西教育出版社),把比较方法引入了世界文字研究领域。之后,上海比较文字学研究、少数民族文字研究等的发展较快,主要成果有:朱建军的《从文字渊源物的角度对语段——记意文字类型学的探讨》(《大理大学学报》2003年第4期)、王元鹿的《十九世纪末以来的汉字发生研究的历史回顾》(《内江师范学院学报》2006年第5期)、朱建军的《从文字接触视角看汉字对水文的影响》(《贵州民族研究》2006年第3期)、翟宜疆的《以自源字为依据的水文的初期性质拟测》(《中国文字研究》2007年第8辑)等。2007年,王元鹿的《中国文字家族》(大象出版社),主要介绍与汉字有着极亲近血缘关系的纳西、彝、瑶、壮、水等20余种方块文字。2010年,朱建军的《符号学角度的文字分类研究》(《中国海洋大学学报》第5期)提出用皮尔士的"三位一体"的符号学理论重新审视文字学问题。

20世纪90年代,上海学者进行了宏观的汉字文化的理论建构。1994年,刘志基的《汉字文化学简论》(贵州教育出版社)提出了汉字文化学的完整理论。1996年,刘志基出版《汉字文化综论》(广西教育出版社),从"文化蕴涵""文化塑造""理论方法"等方面进一步阐释汉字文化学的性质、任务、地位等,标志着汉字文化研究进入系统探索阶段。1997年,李玲璞、臧克和、刘志基合作出版《古汉字与中国文化源》(贵州人民出版社),从古汉字的视角出发,研究汉字文化问题。1999年,刘志基的《汉字体态论》(广西教育出版社)深入阐释汉字独特视觉形态底层的塑造、维系系统。

20世纪90年代末至2010年,上海汉字文化研究呈现更为丰富的研究态势,进一步深入挖掘汉字文化在心理思维、社会功能、中西文字比较等方面的内容。1999年,臧克和发表《古汉字结构的取象类型原始移情考略》(《学术研究》第5期),探讨古汉字结体取象的移情原则与巫术思维的关联。2002年,余志鸿的《汉字文化及其社会传播功能》(《上海大学学报》第4期)阐发汉字已成为研究中华民族文化的"语言石"的观点。2003年,申小龙的《论汉字的文化定义》(《汉字文化》第2期)呼吁普通语言学重建文字理论,摆脱狭隘的"语音中心论"。此外,还有李晓菲的《论民族古籍中汉字的文化价值功能》(《西南民族大学学报》2004年第12期)、董莲池的《非王卜辞中的"天"字研究——兼论商代民间尊"天"为至上神》(《中国文字研究》2007年第8辑)、张再兴的《汉字的功能》(大象出版社2007年)等。

第六节　方　言　学

一、吴语及上海方言

【综合研究】

吴语及上海方言研究是上海方言学研究的重心。1982年,复旦大学中文系和中国语言文学研究所联合举办全国第一次区域性方言——吴语研究学术会议。1988年,复旦大学吴语研究室编纂的论文集《吴语论丛》由上海教育出版社出版。其中,许宝华、游汝杰的《方志所见上海方言初探》提出充分重视和使用地方志中的方言资料,对汉语方言学理论建设起到了重要的促进作用。1988年,香港中文大学召开的"吴语研究国际学术会议"自第二届起由上海语文学会和香港语言学会联合举办,到2010年共出版会议论文集《吴语研究》(上海教育出版社)5辑。1988年,许宝华、汤珍珠主编的《上海市区方言志》(上海教育出版社1988年),搜集了上海市区方言词语和熟语8 000余条,分类编排,注音释义,是当时对上海市区方言词语搜集得最全面的一部著作。

20世纪90年代以来,上海学者既有吴语历时发展研究,也有吴语共时情况研究。历时研究方面,1991年,钱乃荣发表《上海语言的变迁》(1986年在美国奥克兰召开"中国语言和方言学术讨论会"大会报告),用词汇扩散论原理详细分析了自1853年来上海市区语音的历时变化和在郊区范围内语音共时音变的一致性。1992年,钱乃荣的《当代吴语研究》(上海教育出版社)是汉语研究史上第一部系统调查60年来分布于一个大方言区内的30多个方言点变化的著作。1998年,许宝华在《方言》创刊20周年学术研讨会提交论文《吴语研究六十年》。2008年,第五届国际吴方言学术研讨会上,游汝杰发表《三十年来上海方言的发展变化》,许宝华发表《一部为现代汉语方言学奠基的经典著作——纪念赵元任〈现代吴语的研究〉发表80周年》。2010年,游汝杰发表《上海郊区语音近

30年来的变化》(《方言》第3期)。

共时研究方面,1994年,颜逸明的《吴语概说》(华东师范大学出版社)讨论了吴语特点、边界和分片、南北吴语的差异、吴语语法。其他成果还包括:许宝华、游汝杰的《苏南和上海吴语的内部差异》(《方言》1984年第1期),许宝华、汤珍珠、游汝杰的《上海市和江苏省、浙江省交界地区的方音内部差异》(《语言研究集刊》1987年),汤珍珠、陈忠敏的《嘉定方言研究》(社会科学文献出版社1993年),钱乃荣的《北部吴语研究》(上海大学出版社2003年)。

【语音】

方言声调的研究方面,涉及变调问题、声调系统问题、实验研究、曲线研究等。1981—1983年,许宝华、汤珍珠、钱乃荣在《方言》上连续发表《新派上海方言的连读变调》(1981年第2期)、《新派上海方言的连读变调(二)》(1982年第2期)、《新派上海方言的连读变调(三)》(1983年第3期)3篇论文,讨论上海方言的两音节、三音节、四音节词的连读变调。此后其他相关论著还有:钱乃荣、石汝杰的《苏州方言连读变调讨论之二:关于苏州方言连读变调的意见》(《方言》1983年第4期),钱乃荣的《吴语声调系统的类型及其变迁》(《语言研究》1988年第2期),陈忠敏的《上海南汇方言全浊上声的变异》(《中国语文》1990年第3期),游汝杰、杨剑桥主编的《吴语声调的实验研究》(复旦大学出版社2001年),平悦铃的《上海、温州两地声调曲线函数对比研究》(《第二届国际吴方言学术研讨会论文集》2003年),平悦铃的《吴语太湖片单音节声调的曲线拟合分析》(国际吴方言学术研讨会论文2003年),刘民钢的《赵元任〈现代吴语的研究〉所记声调的转写》(国际吴方言学术研讨会2008年)等。

在方言声母韵母的研究方面,1984年,毛世桢的《上海话鼻韵母鼻音性质的实验研究》,率先用实验语音学手段研究上海方言语音。此后主要有:游汝杰的《老派金山方言中的缩气塞音》(《中国语文》1984年第6期),钱乃荣的《上海方言音变的微观》(《语言研究》1987年第2期),陈忠敏的《论南汇方言的三个缩气音》(《语言研究》1988年第1期),许宝华、汤珍珠、汤志祥的《上海人祖孙三代语音情况的抽样调查》(《吴语论丛》1988年),游汝杰的《西方传教士著作所见上海话的塞音韵尾》(《中国语文》1998年第2期),钱乃荣的《上海方言音变的双向扩散》(国际吴方言学术研讨会2003年),汤珍珠的《宁波话一、二等群母字》(国际吴方言学术研讨会2003年),刘民钢的《上海方言全浊声母的再研究》(国际吴方言学术研讨会2009年),陈忠敏的《吴语清音浊流的声学特征及鉴定标志:以上海话为例》(《语言研究》2010年第3期),刘泽民的《吴语全浊声母今读的统计分析》(《吴语研究》辑刊2010年)等。

声韵调综合研究也是语音研究的一个方向。主要成果有:许宝华、汤珍珠、汤志祥的《上海方音的共时差异》(《中国语文》1982年第2期),余光中的《嘉兴方言同音字汇》(《方言》1988年第3期),汤志祥的《嘉定音系记略》(上海教育出版社1988年)、《上海方言语音的历史变化》(1988年),沈钟伟的《青浦商榻话语音结构》(1988年),汤珍珠、游汝杰、陈忠敏的《宁波方言(老派)的单字调和两字组变调》(《语文研究》1990年第1期),钱乃荣的《宁波方言新派音系分析》(《语言研究》1990年第1期)、《上海市郊一县的语音考察——奉贤语言的内部差异》(日本《开篇》1994年第12卷),游汝杰的《吴语内部各片的音韵对应》(《声韵论丛》2002年第12辑),薛才德的《上海话与苏州话、宁波话的音系比较——兼论方言接触对上海话的影响》(汉语方言学会第二届学术年会2005年),郑伟的《闽语、侗台语给予义"与"字的音韵层次及年代问题》(《语言研究》2008年第3期)。

【词类与词汇】

吴语及上海方言词汇研究既有综合性研究,也有具体到词类的研究、小说或戏曲文本的词汇研究。1981 年,许宝华、汤珍珠发表《上海方言词汇略说》(《复旦学报》增刊),考察了上海方言词汇的特点以及它同普通话词汇异同的大致情况。俞光中发表《上海话副词的年龄层次差异》(吴语研究学术会议论文 1982 年)。1983 年,许宝华、汤珍珠、钱乃荣的《上海话单音动词举例》(《语文论丛》第 2 期)考证大量的本字。1985 年,许宝华、汤珍珠、钱乃荣发表《上海方言的熟语》(《方言》第 3—5 期)3 篇论文。此外还有杨剑桥的《吴语"指示代词+量词"的省略式》(《中国语文》1988 年第 4 期),钱乃荣的《上海方言俚语》(上海社会科学院出版社 1989 年)、《北部吴语的代词系统》("中国东南方言比较研究丛书"1999 年第 4 辑),许宝华、汤珍珠主编的《上海方言词汇》(上海教育出版社 1991 年),游汝杰的《吴语里的人称代词》(《中国东南方言比较研究丛刊》1993 年第 1 辑)、《明成化本南戏〈白兔记〉中的吴语成分》(《杭州师范学院学报》1998 年第 3 期),钱乃荣、游汝杰的《吴语与粤语人称代词的比较研究》(第三届国际吴方言学术研讨会 2003 年),郑伟的《常州方言的指示代词》(第三届国际吴方言学术研讨会 2003 年)等。

【语法】

吴语及上海方言的语法研究既有专题研究,也有总结性综合研究,内容主要集中在虚词研究、句子研究、范畴研究等方面。虚词研究方面主要论文有:巢宗祺的《苏州方言中"勒笃"等的构成》(《方言》1986 年第 4 期),钱乃荣的《上海话的虚词"辣"和"勒"》(《吴语论丛》1988 年),平悦铃的《上海话中"辣～"格式的语法功能》(《语文研究》1997 年第 3 期),范晓的《上海话象声词的复杂形式》(第三届国际吴方言学术研讨会 2003 年),钱乃荣的《苏州方言中动词"勒浪"的语法化》(《中国语言学报》2003 年第 11 期),袁丹的《常熟话"勒 x"结构及其功能分析》(《吴语研究》上海教育出版社 2008 年)。句子研究和范畴研究方面,主要论文有:钱乃荣的《现代吴语中的是非问和反复问》("文字与文化丛书(二)"1987 年),游汝杰的《吴语里的反复问句》(《中国语文》1993 年第 2 期)、《杭州方言动词体的表达法》(《中国东南方言比较研究丛刊》1996 年第 2 期),钱乃荣的《吴语中的"来"和"来"字结构》(《上海大学学报》1997 年第 3 期),刘丹青的《吴语的句法类型特点》(《方言》2001 年第 4 期),钱乃荣的《上海方言的虚拟句》(《方言》2004 年第 4 期)、《上海方言的时态及其流变》(《东方语言学》2009 年第 5 辑)等,左思民的《论吴方言的持续体标记》(《东方语言学》2009 年第 5 辑)等。1997 年,钱乃荣出版《上海话语法》(上海人民出版社),对上海话近 150 年的语法变化进行了比较说明,是第一部完整的上海方言语法著作。

【分区】

20 世纪 80 年代,中国和澳大利亚合作编撰《中国语言地图集》,上海学者许宝华、汤珍珠、颜逸明、游汝杰等人参加了方言分区工作,补充调查了吴语太湖片及其边界的方言,就吴语的分区问题发表了多篇论文,主要有:颜逸明的《平阳县和泰顺县的方言情况》(《方言》1981 年第 1 期)、《江苏省境内吴语的北部边界》(《方言》1984 年第 1 期),颜逸明、敖小平的《南通金沙话的归类》(《方言》1984 年第 2 期),许宝华、汤珍珠、游汝杰的《北片吴语内部的异同》(《方言》1984 年第 4 期),许宝华、汤珍珠、游汝杰的《吴语在溧水县境内的分布》(《方言》1985 年第 1 期)等。之后,颜逸明还出版了总结性著述《吴语概说》(华东师范大学出版社 1994 年)、《浙南瓯语》(华东师范大学出版社 2000 年)等。

20世纪90年代，学界对上海行政区内部方言的分片展开研究，主要成果有：陈忠敏的《上海地区方言的分区及其历史人文背景》(《复旦学报》1992年第4期)，许宝华、汤珍珠、陈忠敏的《上海地区方言的分片》(《方言》1993年第1期)，钱乃荣的《上海城市方言中心的形成》(《上海大学学报》1998年第3期)等。

进入21世纪，上海学者对吴语进行新一轮的分区研究。2006年，游汝杰发表《上海话在吴语分区上的地位——兼论上海话的混合方言性质》(《方言》第1期)，钱乃荣列举历史事实否定上海市区方言是混合语，发表《上海话在北部吴语分区中的地位问题》(《方言》2006年第3期)。2008年，潘悟云发表《吴语韵母系统主层次的一致性》(《东方语言学》第1期)，2009年，发表《吴语形成的历史背景——兼论汉语南部方言的形成模式》(《方言》第3期)。对于其他地区方言的分区及其他研究有周振鹤、游汝杰的《湖南省方言区划及其历史背景》(《复旦学报》1985年第2期)，游汝杰、徐波的《浙江慈溪的一个闽语方言岛——燕话》(《语言研究》1998年第2期)，陶寰的《廿八都方言研究》(《东方语言学》2007年第1期)等。

二、汉语方言史及汉语方言学

20世纪八九十年代，上海学者对汉语方言学史进行了一些综合性的研究。1982年，许宝华、汤珍珠的《略说汉语方言研究的历史发展》(《语文研究》第2期)梳理从杨雄《方言》到章太炎《新方言》的1900年左右的传统方言学史。1989年，许宝华的《方言研究40年》(《语文建设》第4期)总结了中华人民共和国成立40年来汉语方言研究的概况和主要成就。20世纪90年代以后，讨论古代方言及其演变、开创历史层次比较法、对上海方言做发展史的梳理成为特色。主要成果有：董达武的《周秦两汉魏晋南北朝方言共同语初探》(天津古籍出版社1992年)、潘悟云的《鱼韵在吴闽两语的历史层次》(《文苑》1994年)、潘悟云的《“囡”所反映的吴语历史层次》(《语言研究》1995年第1期)等。

2000年以后，方言史研究涌现大量成果。2003年，钱乃荣出版《上海语言发展史》(上海人民出版社)，对上海方言自19世纪中叶至今的上海方言的语音、词汇、重点在语法进行变化历史的梳理和研究。2004年，钱乃荣的《一个语法层次演变的实例——上海方言160年中现在完成时态的消失过程》(《中国语文》第3期)，用近代西方传教士记载的上海话作充分实据证明语法上也能使用历史层次比较分析。2004年，刘民钢出版《上海话语音简史》(学林出版社)。2005年，游汝杰的《吴语语法的历史层次叠置》(《语言研究集刊》)，讨论了吴语语法的历史层次叠置现象。其他还有薛才德的《汉语方言梗摄开口二等字和宕摄开口一等字的元音及类型》(《云南民族大学学报》2005年第1期)，郑伟的《古代楚方言“(羽能)”字的来源》(《中国语文》2007年第4期)，潘悟云的《吴语鱼韵的历史层次》(《东方语言学》2009年第2期)、《吴语形成的历史背景：兼论汉语南部方言的形成模式》(《方言》2009年第3期)。对语音、语法进行历史比较研究的还有郑伟的系列论文：《〈切韵〉侯尤韵在太湖片吴语中的演变》(《汉语史学报》2008年)、《吴语太湖片果摄的演化模式与历史层次》(《语言科学》2009年第4期)等。

2000年以后，汉语方言断代史研究也颇有成效：2004年，华学诚发表《周秦汉晋方言研究史》(《语言科学》第1期)。2006年，钱乃荣的《英国传教士J. Edkins在吴语语言学上的重要贡献——〈上海方言口语语法〉评述》(《语言研究集刊》)介绍了J. Edkins对19世纪中叶的上海方言语音、语法作出的最早的如实记录和全方位研究。2005年，刘泽民的《客赣方言历史层次研究》(甘肃民族出版社)在国内率先利用数据库技术进行大规模语音数据比较分析,也是首部对客赣方言的历史层次进行全面论述的专著。2006 年,华学诚的《扬雄方言校释汇证》(中华书局)出版。2008 年,游汝杰的《早期西儒的汉语方言分类和分区研究》(《语言研究集刊》)介绍了两种西儒研究汉语方言分类的著作。

20 世纪 80 年代开始,上海学者对方言地理进行了相关研究。游汝杰、周振鹤的《方言地理和历史行政地理的密切关系——以浙江方言分区为例》(《复旦学报》1984 年第 2 期)认为现代汉语方言区的形成是多种历史因素综合作用的结果,移民和政区沿革是这些因素中两个重要的方面。周振鹤还发表了《湖南省方言区划及其历史地理背景》(《复旦学报》1985 年第 2 期)和《中国历代移民大势及其对汉语方言地理的影响》(《人文地理》1988 年第 1 期)等。1986 年,周振鹤、游汝杰著《方言与中国文化》(上海人民出版社)以大量方言实例论述了多层方言历史地理文化关系。

20 世纪 90 年代以后,方言学的学科建构以及方言学史研究成为上海学者关注重点。1992 年,游汝杰的《汉语方言学导论》(上海教育出版社)对汉语方言学作了宏观的学科建构。1999 年,许宝华的《加强汉语方言的词汇研究》(《方言》第 1 期),呼吁加强汉语方言的词汇研究。2001 年,华学诚的《汉语方言学史研究》(台湾艺文印书馆),对汉语方言学史各个历史时期代表性成果进行了个案研究。2002 年,华学诚的《汉语方言学史及其研究略论》(《扬州大学学报》第 1 期)提出原始汉语最迟形成于夏禹时代,方言概念成于先秦,表达方言概念的词语产生于西汉,"方言"一词出现于东汉等观点。2005 年,游汝杰发表《汉语方言学的现状和愿景》(《暨南学报》第 5 期)。潘悟云的《汉语方言学与音韵学研究方向的前瞻》(《暨南学报》2005 年第 5 期)指出没有共时平面的详尽研究,就不可能知道演变的历时过程。2007 年,游汝杰还发表了《汉语方言学的传统、现代化和发展趋势》(《现代中文学刊》第 1 期)。

三、方言工具书编纂

20 世纪 80 年代中期以后,上海学界在吴方言类工具书编纂方面出版了一系列重要成果。1986 年,闵家骥、范晓、朱川、张嵩岳编纂的《简明吴方言词典》(上海辞书出版社),是中华人民共和国成立后出版的第一本吴方言词典。20 世纪 90 年代编纂出版了一些有关上海话、吴方言的工具书。1991 年,陆谷孙主编的《汉英吴方言词典》(上海外语教育出版社)出版。1994 年,阮恒辉、吴继平的《上海话流行语辞典》(汉语大词典出版社)出版。同年,游汝杰的《上海话音档》(上海教育出版社)出版。1997 年,许宝华、陶寰的《上海方言词典》(江苏教育出版社)出版。同时还出版了一些苏浙地区方言类工具书。主要有钱乃荣的《杭州方言志》(东京好文出版公司 1992 年),汤珍珠、陈忠敏、吴新贤的《宁波方言词典》(江苏教育出版社 1997 年),游汝杰、杨乾明的《温州方言词典》(江苏教育出版社 1998 年)。此外,1999 年,许宝华、宫田一郎主编,复旦大学和日本京都外国语大学合作编纂的《汉语方言大词典》(江苏教育出版社)出版,共收录古今南北汉语方言词汇 20 余万条,字数 1 500 余万,是第一部通贯古今南北的大型方言词语工具书。2002 年,游汝杰的《西洋传教士汉语方言学著作书目考述》(黑龙江教育出版社),系统整理了 19 世纪下半期至 20 世纪上半期来华的西洋传教士编写的方言《圣经》和对汉语方言记录和研究文献的清单,并加以扼要评析。

2000 年以后,重点是有关上海方言类工具书的编纂。主要有钱乃荣的《新世纪上海话新流行语 2 500》(汉语大词典出版社 2006 年),褚半农的《上海西南方言词典》(上海人民出版社 2006 年),钱乃荣、许宝华、汤珍珠的《上海话大词典》(上海人民出版社 2007 年)等。

第七节　训 诂 学

一、传统训诂

上海的当代训诂学研究居于全国前列。早在1936年(民国25年),上海学者胡朴安发表《中国训诂学史》,是首次全面整理中国古代训诂学研究成果的开创之作,奠定了训诂学研究的基础。1978年以后,训诂学重新开始了基础理论的建设。上海语文学会古代汉语学科组从1984年起举办了10期"古代汉语讲座",成为上海古代汉语诸学科建设的良好开端之一。其中,周斌武作的第五讲《训诂的方式和方法》专门以训诂为主题。

20世纪70年代后期至80年代末,上海的训诂学研究以传统典籍训诂为主,主要集中在《左传》《诗经》等研究领域,并开启了与甲骨文等出土文献结合的训诂研究。1977年,吴文祺的《春秋左传集解》(上海人民出版社),属于随文释义类型的训诂书,开启了上海新时期典籍训诂的新篇章。1980年,严修发表《释〈诗经·静女〉中的"彤管"》(《学术月刊》第6期),考辨聚讼纷纭的"彤管"词义。1981年,潘祖炎发表《略谈〈诗经〉复音词的构词形式》(《绍兴文理学院学报》第1期),讨论了古汉语词汇中复音词的构成形式等问题。1984年,詹鄞鑫、徐莉莉的《训诂拾零》(《天津师范大学学报》第6期),以训诂方法纠正《诗经》旧注中的误释问题。1986年,程俊英的《关于注释和翻译"诗经"的几个问题》(《古籍整理研究学刊》第1期),总结了其《诗经译注》以来新的体会和缺憾。1984年,詹鄞鑫的《卜辞训诂四则》(《语言研究》第1期)开启了传世文献与出土文献结合的训诂工作。

20世纪80年代中期至90年代,研究主流之一为总结前人得失,推进断代训诂学研究。主要成果有:虞万里的《〈尔雅义疏〉及其作者郝懿行》(《辞书研究》1984年第1期)、《段玉裁〈诗经小学〉研究》(《辞书研究》1985年第6期),周斌武的《戴震对清代训诂学的贡献》(《复旦学报》1990年第1期)等。同时"世说学"成为关注重点:1984年,徐震堮的《〈世说新语〉校笺》(中华书局)所取底本、参照本均为当时所知存的善本和精校本,材料精良扎实。1990—1995年,吴金华在《南京师大学报》上连续发表关于《世说新语》方面的文章。1994年,他出版《世说新语考释》(安徽教育出版社),对《世说》疑义进行探讨。此外也有学者将训诂学学科与其他相关专业作关联性研究。1991年,殷寄明的《形声字声符新论》(《古汉语研究》第2期)提倡从训诂学、语源学的角度对形声字进行综合探索。1992年,杨蓉蓉的《高诱注所存古方音疏证》(《古汉语研究》第1期)则从古方言方面从事训诂。

佛典研究亦较为集中,发展较快。袁宾以敦煌文献研究为主,推出系列成果,包括《〈敦煌变文集〉词语拾零》(《语文研究》1985年第3期)、《敦煌变文校补》(《兰州大学学报》1986年第2期)、《〈五灯会元〉词语释义》(《中国语文》1986年第5期)、《〈五灯会元〉词语续释》(《语言研究》1987年第2期)、《禅宗著作词语汇释》(江苏古籍出版社1989年)等。1997年,徐时仪出版《慧琳音义研究》(上海社会科学出版社)。进入21世纪,佛典训诂研究持续发展,包括:袁宾的《〈大唐三藏取经诗话〉的成书时代与方言基础》(《中国语文》2000年第6期)、《唐宋"煞"字考》(《中国语文》2003年第2期)、《禅录词语"专甲"与"某专甲"源流考释》(袁宾与张秀清合作,《中国语文》2005年第6期),徐时仪的《佛经中有关乳制品的词语考探》(《南阳师范学院学报》2002年第3期)、《玄应众经音义研究》(中华书局2005年)、《玄应和慧琳〈一切经音义〉研究》(上海人民出版社2009年)等。

20世纪90年代前期,上海的训诂学研究还涉及个别字、词、注疏等的单篇考究论证。主要有:

虞万里的《“官奴”考辨》(《温州师范学院学报》1991 年第 1 期)、《〈三国志〉裴注引书新考》(《温州师范学院学报》1994 年第 4 期),周斌武的《论“楚辞”注解的难与易——兼评陈子展先生的〈楚辞直解〉》(《复旦学报》1991 年第 5 期),孙锡信的《语气词“呢”“哩”考源补述》(《湖北大学学报》1992 年第 6 期)等考释文章。同时,对专书译著和笺注工作也有所关注。1993 年,严修撰写《春秋公羊传今注今译》(天津古籍出版社)。1994 年,殷寄明发表《〈同源字典〉笺识》(《古汉语研究》第 1 期)等。

20 世纪 90 年代中后期开始,上海的训诂学出现总结性研究,主要成果有:吴礼权的《〈尔雅〉古今研究述评》(《古籍整理研究学刊》1993 年第 5 期)、《王引之〈经传释词〉的学术价值》(《古籍整理研究学刊》1995 年第 4 期)等。1995 年,吴金华出版《古文献研究丛稿》(江苏教育出版社),涉及训诂学、汉语语法史、文化史及古籍整理等多个研究领域。1999 年,傅杰的《清代校勘学述略》(《浙江学刊》第 3 期)对校勘理论和校勘条例作了更深入的探讨。

进入 21 世纪,总结性的训诂学研究成果呈现更丰富的面相。2000 年以来,上海学界对传统训诂学的材料做了有益的积累性的清理工作,字词注疏、考辨类研究、古籍整理方面成果数量增多,主要有:潘玉坤的《古汉语中“以”的宾语前置问题》(《殷都学刊》2000 年第 4 期),傅杰的《所谓〈日知录〉“引钱氏语”辨正》(《文学遗产》2000 年第 2 期)、《姜亮夫先生传略》(《汉语史学报》2003 年第 3 辑),王文晖的《〈史记〉“所至上食”解》(《古汉语研究》2001 年第 3 期),虞万里的《上博简、郭店简〈缁衣〉与传本合校补证》(《史林》2002 年第 2 期),孙锡信的《“即”“便”“就”虚化过程中的错项移植》(《语言研究集刊》2005 年),吴金华的《古文献整理与古汉语研究续集》(凤凰出版社 2007 年),魏兆惠、华学诚的《量词“通”的历史发展》(《汉语学报》2008 年第 1 期),汪少华的《从“人闲桂花落”训释谈起》(《古典文学知识》2010 年第 4 期)等。

方言训诂研究较为集中,华学诚的《扬雄〈方言〉“奇字”考(上)——兼析〈方言〉“奇字”的表词特点》(《中国文字研究》辑刊 2001 年)、《论〈尔雅〉方言词的地域分布——〈尔雅〉方言研究之一》(《华东师范大学学报》2000 年第 1 期)、《从郭璞注看晋代方言词汇》(《语言研究》2002 年第 3 期)、《〈方言〉校释零札八则》(《古汉语研究》2006 年第 1 期)等丰富了训诂学的地域性语言研究。

总结性论集、创新性成果、综合性研究继续涌现,2001 年,胡奇光、方环海《〈尔雅〉成书时代新论》(《辞书研究》2001 年第 6 期),对《尔雅》的成书时代问题做了考释。同年,虞万里的《榆枋斋学术论集》(江苏古籍出版社)涉及古音学、古文字学、文献学、避讳学、敦煌学以及清代学术与道教等。2006 年,詹鄞鑫著《华夏考——詹鄞鑫文字训诂论集》(中华书局)出版,获上海市第八届哲学社会科学优秀成果奖。2007 年,杨逢彬出版《沧海一粟:汉语史窥管集》(复旦大学出版社)。同年,张小艳出版《敦煌书仪语言研究》(商务印书馆)。2008 年,汪少华出版《古诗文词义训释十四讲》(上海书店出版社)。2009 年,虞万里出版《上博馆藏楚竹书〈缁衣〉综合研究》,体现了楚地出土战国简册文本复原和内涵探究的最新思考和认识。

二、训诂基础理论与训诂学史

20 世纪 80 年代初期,上海学者探讨了训诂学基本概念、基础理论类问题。许宝华的《反切说略》(《语文学习》1980 年第 9 期),许威汉的《通假质疑》(《上海师范大学学报》1980 年第 4 期)、《从论古籍·章句·训诂——兼论古书的阅读与研究》(《青海师范大学学报》1984 年第 4 期),严修的《避讳义例是钱大昕的训诂之钥》(《复旦学报》1986 年第 5 期)等,着重讨论了反切、通假、避讳等训诂学的基本概念问题。张世禄的《“同义为训”与“同义并行复合词”的产生》(《扬州大学学报》1981

年第3期)，阐释训诂之"同义为训"体例与"同义词"之间的相互作用，总结了训诂学与构词法的关系。同年，张世禄的《从训诂学上看古汉语的基本词》(《江苏社联通讯》1981年第11期)，从训诂学的角度考察古汉语基本词的全民性、稳固性、极强的构词能力。1983年，胡竹安发表《中古白话及其训诂的研究》(《天津师范大学学报》1983年第5期)，作中古白话的训诂特点、方法的探索和实践。1984年，《张世禄语言学论文集》(学林出版社)出版，收录了张世禄1923—1982年间语言学方面的重要论文56篇。

20世纪80年代后期，上海学者在训诂学理论与实践结合、训诂学理论、训诂学史的建构等领域均有所建树。1984年，许威汉的《训诂学的教学与研究》(《上海师范大学学报》第4期)是训诂学理论与实践结合方面的代表作。1987年，许威汉的《训诂学导论》(上海教育出版社)，首次提出训诂学要遵循历史的、唯物的、辩证的、现实的思想原则。1989年，程俊英、梁永昌的《应用训诂学》(华东师范大学出版社)是该方向的先驱之作。

20世纪90年代至21世纪前十年，训诂学研究也进入全面总结阶段，得与失均给予客观、宏观的评价。主要成果有：殷寄明的《〈说文〉的特点及释义之得失》(《浙江师范大学学报》1992年第2期)、吴礼权的《清代语言学繁荣发展原因之探讨》(《云梦学刊》1997年第1期)、徐时仪的《训诂学研究与当代意识》(《古籍研究》2000年第3期)、徐莉莉的《论"假借"与"通假"》(《天津师范大学学报》2002年第5期)、徐时仪的《20世纪训诂学研究的回顾与反思》(《南阳师范学院学报》2002年第1期)、孙锡信的《"因声探源"的途径》(《语言研究集刊》2006年)等。训诂理论总结性研究成果主要有殷寄明的《汉语语源义初探》(学林出版社1998年)以及国内首部训诂学综合读本——许威汉的《训诂学读本》(上海交通大学出版社2010年)。

三、医古文训诂和辞书类训诂

【医古文训诂】

20世纪80年代，以训诂学为工具深入解读中医古代文献，是上海学界的一大特色。代表学者主要是周斌武和段逸山。周斌武在《中医药文化》上连续发表《词义的求解医古文释义丛脞(二)》(1984年第2期)、《说义训医古文释义丛脞之三》(1985年第2期)、《古语词的音读医古文释义丛脞之四》(1985年第4期)等论文。段逸山发表《略谈古医书中的反训》(《中医杂志》1986年第3期)、《医古文词语三题》(《中医杂志》1987年第10期)、《"王冰注"引证依主旨立名解》(《上海中医药杂志》1993年第4期)等。1984年，《医古文知识》在上海创刊，成为医古文研究的主要阵地。2006年更名为《中医药文化》。

2000年以后，段逸山在训诂与医学结合领域发表一系列论著，涉及训诂术语、训释语意、古书版本、古籍校勘，主要有《词隐其外意寓其内——语意隐寓举要》(《中医药文化》2000年第2期)、《〈素问〉版本流传考证》(《上海中医药大学学报》2000年第4期)、《求真文 明真义——中医古籍校读法论要》(《中医药优秀论文选》2009年)等。2010年，其医古文教学与研究的成果总结《段逸山举要医古文》(天津科学技术出版社)出版。

【辞书类训诂】

20世纪80年代以后，辞书类训诂研究成为学界较为突出的一个特点。1983年，吴文祺发表《关于〈辞通〉和〈辞通补编〉》(《辞书研究》第4期)，指出《辞通》是一部整理古籍、阅读古书的重要参考书。20世纪末至21世纪前十年,学者们集中讨论《汉语大词典》《三国志词典》等辞书中的问题,促进了辞书内容的更新、订误。成果主要有吴金华的《〈汉语大词典〉中有关文献考察的若干问题》(《文献》1998年第3期),吴金华、王宝刚的《〈汉语大词典〉商订五题》(《辞书研究》1999年第3期),吴金华、崔泳准的《略论汪维懋〈汉语重言词词〉》(《南京师范大学文院学报》2001年第3期),《〈三国志辞典〉商正》(《徐州师范大学学报》2002年第2期),王文晖的《〈汉语大词典〉割裂成语现象举例》(《辞书研究》2004年第4期),华学诚的《〈汉语方言大词典〉古文献引用问题例说》(《语言研究》2004年第4期),傅杰的《〈说文解字诂林〉述论》(《中国文化》2006年第2期),詹鄞鑫的《谈通假字字典编纂的几个问题》(《辞书研究》2009年第2期)等。

第八节　词汇学和辞书学

一、词汇、词汇学、词汇史

【词汇】

1979年,胡裕树主编的《现代汉语》(上海教育出版社)第三节"词汇"就专门讨论词的构成。1980年,张世禄发表《汉语同源词的孳乳》(《扬州师院学报》第3期),认为汉语基本词汇的丰富性,词汇成分的复杂性,构词方式的多样性都是促进汉语日益丰富发达的因素。1990年,许威汉在北京大学纪念王力90诞辰语言学研讨会开幕式上作主题发言时提出,汉语除了学界一般提出的三个特性还有第四个:词汇复音化并进而遏制语素汉字字量。2003年,贺国伟出版《汉语词语的产生与定型》(上海辞书出版社)。

20世纪80年代吕叔湘倡议关注新词语产生和发展,上海学者积极响应。这方面的主要成果有:王均熙、董福光、钟嘉陵的《现代汉语新词词典》(齐鲁出版社1987年),王钧熙的《汉语新词词典》(汉语大词典出版社1993年)、《简明汉语新词词典》(世界图书出版公司1997年)等都对汉语新词的汇集和描写甚有成绩。姚汉铭的《新词语·社会·文化》(上海辞书出版社1998年)则阐述了新词定义及其所反映的社会和文化现象。

外来词汇研究方面的主要成果有:吴礼权的《谐译:汉语外来词音译的一种独特型态》(《长春大学学报》1996年第1期),徐时仪、梁晓虹、陈五云的《佛经音义中有关织物的词语——佛经音义外来词研究之一》(《汉语史学报》2002年),傅传凤的《从日源外来词看汉民族的文化心理》(《语文学刊》2007年第17期),胡开宝、王彬的《外来词翻译与汉语词义的扩大》(《西安外国语大学学报》2008年第1期)等。

【词汇学、词汇学史】

1983年,王德春的《词汇学研究》(山东教育出版社),运用现代语言学的理论,论述了词和熟语的界限、语义分析、义素和语义场、词典类型等内容,其中《语义学理论》一文较早地系统介绍了国外现代语义学。1989年,史存直的《汉语词汇史纲要》(华东师范大学出版社)以汉语史不分期的理论思想,分基本词汇的形式和发展、社会发展和词汇的新陈代谢、词义的演变、构词法的发展、汉语中的词和译词五部分讨论问题。1992年,许威汉的《汉语词汇学引论》(商务印书馆)论述了汉语各时期词汇的主要特点。

21世纪的词汇学及词汇史,既有宏观的汉语词汇学整理研究,也有专题研究,还有新词语的持续研究。宏观的整理研究，以许威汉的两部书为主要成果，《二十世纪的汉语词汇学》（书海出版社2000年）史论结合，对20世纪汉语词汇学进行了全面总结，收录相关论著350余种、论文篇目11 000余条。《汉语词汇学导论》（北京大学出版社2008年），提出了汉语词汇研究的几大迫切任务。专题研究方面主要有：徐时仪的《古白话词汇研究论稿》（上海教育出版社2000年）、《略论〈一切经音义〉词汇学研究》（《陕西师范大学学报》2009年第3期），王文晖的《〈三国志〉成语研究》（湖北人民出版社2004年）等。

对新词语的持续研究方面，贺国伟的《酷语流行风》（天津科学技术出版社2000年）和《前卫词话》（南京大学出版社2001年）多角度阐释新词新语新义的产生和流行。2008年，陈光磊主编《改革开放中汉语词汇的发展》（上海人民出版社）阐述改革开放30年以来汉语词汇变动和发展的态势、特点、走向以及规范问题。

二、辞书学理论、辞书史

《辞海》《汉语大词典》等一批辞书的编纂，为辞书理论的研究提出了许多课题，推动了辞书学的建立和发展。1979年，上海创办了中国唯一探讨辞书编纂理论和实践的学术性刊物《辞书研究》。1982年7月，上海辞书学会成立，是中国第一个辞书学研究的学术组织。上海的辞书学研究在辞书学性质、辞书学理论、辞书编纂原理和方法等方面均有讨论和进展。

20世纪70年代末至90年代初的辞书学理论研究涉及辞书编纂思想、辞书学基本概念和理论、辞书编纂原理、双语词典编纂理论等方面。1980年5月21日，上海语文学会与《辞书研究》编辑部联合召开座谈会，讨论"语文词典有没有阶级性"问题。得出统一认识：认为词典编纂虽然受到阶级的一定影响，但不能说具有阶级性。1985年开始，《辞书研究》编辑部推出"辞书研究丛书"（上海辞书出版社），包括《辞书和信息》（陈原，1985年）、《词典和词典编纂的学问》（1985年）、《疑难字词辨析集》（1987年）、《词典论》（黄建华，1987年）、《中国辞书学论文索引》（1990年）、《辞书编纂经验荟萃》（1992年）等。1985年，陈炳迢的《辞书概要》（福建人民出版社）对中国2000多年辞书的发展作了较为全面的概述。

在辞书编纂研究方面，1979—1989年的十年间，罗竹风发表了一系列论文，总结辞书编纂和修订方面的规律、条例和意义。主要有：《实践是检验辞书编纂工作的唯一标准——〈辞海〉修订工作二十年》（《辞书研究》1979年第1期）、《修订〈辞海〉的前前后后》（《辞书研究》1983年第5期）、《〈汉语大词典〉——汉语语词的"通史"》（《瞭望周刊》1986年第49期）、《〈辞海〉1989年版的编纂方针和出版意义》（《辞书研究》1989年第5期）等。

20世纪80年代，辞书编纂人员素养问题引发讨论。主要成果有：罗竹风的《我们迫切需要一支辞书编纂队伍》（《辞书研究》1982年第5期）。杨祖希的《辞书编辑的辞书学修养》（《编辑学刊》1987年第3期），指出辞书编辑第一位的基本功是提高自己的辞书学修养。1988年，"首届全国辞书学研讨会"在上海举行，围绕辞书学一般理论问题进行了较为深入的讨论。

20世纪80年代辞书史研究受到关注。1981年，罗竹风的《试论语文词典编纂工作》（《辞书研究》第2期），回顾了《新华字典》《现代汉语词典》《汉语成语词典》等语文词典的编纂情况。1986年，钱剑夫的《中国古代字典词典概论》（商务印书馆）列举了自汉至清的许多著名字典词典、阐明体制，探究源流，是字典辞书学的先导著作之一。相关成果还有：徐时仪的《我国最早以"字典"命名的辞书考辨》（《上海师范大学学报》1988年第3期）、《儒家经学与中国古代辞书编纂》（《辞书研究》1991

年第2期)等。

20世纪90年代,上海学界对辞书、词典的编纂理论进行了相关研究。1991年,陈炳迢的《辞书编纂学概论》(复旦大学出版社)论述了语文词典、双语词典、专科词典和百科全书编纂法。1991年,杨祖希、徐庆凯著的《专科词典学》(四川辞书出版社)是研究专科词典编纂的原则、方法和历史的第一部专著。1998年,许威汉、徐时仪的《语言文化差异的比较——双语词典编纂的灵魂》(《外语与外语教学》第8期)指出双语词典的编写本质是两种语言的对比。

21世纪前10年辞书学研究有两部代表性著述,分别在汉字学与辞书学、语言学与汉外词典学交叉学科领域。2003年,龚群虎的《汉字的声符系联问题》(《辞书研究》第5期)认为:大型字书宜按声符排列汉字并主要以声符为部首检字。提出并讨论了"有声用声,无声取形;两可齐备,繁简俱通"的以声符为主的汉字部首确立原则。2010年,尹洪波的《语言学理论与汉外词典编纂》(《复旦外国语言文学论丛》第1期)认为:语言学理论诸如生成语法的词库理论、配价理论、二语学习理论、语块理论等对汉外词典编纂均具有重要的指导意义,辞书学界应积极吸取国外二语学习词典方面的先进经验,从而编写出更高水平的汉外词典。

三、辞书编纂

20世纪70年代以后,《辞海》《汉语大词典》《辞通续编》等的编纂出版是上海辞书编纂的标志性事件。1978年,成立于1958年8月的中华书局辞海编辑所改名为上海辞书出版社,系全国首家专业工具书出版社。

1979年,夏征农主编的三卷本《辞海》(上海辞书出版社)正式出版,收选词目10万多条。之后每隔10年修订再版一次,即1989年版、1999年版、2009年版。其中由夏征农、陈至立主编的2009年第六版《辞海》总字数约2 200万字,总条目近12.7万余条,全面反映了改革开放30年来的成果。1979—1980年,复旦大学、华东师范大学、上海教育学院相继成立《汉语大词典》编纂组,专职从事汉语大词典编纂工作。1980年,上海成立汉语大词典编纂处(1985年成立汉语大词典出版社)专门承担编纂出版任务。张世禄、徐震堮任学术顾问,罗竹风任主编。1986年,《汉语大词典》第1卷由上海辞书出版社出版,第2卷开始由上海汉语大词典出版社出版,至1993年12卷出齐,历时18年,先后有1 000余位语言文字方面的专家学者参与编纂工作。这是当时规模最大的语文工具书,共收单字2.27万,复词37.5万,约5 000万字,配有插图2 000余幅。1982年6月,《中国大百科全书·语言文字卷》开始筹备撰写,上海学者倪海曙、胡裕树、许宝华、张斌、许威汉等分别担任文字改革、语法修辞、方言、语言学及世界语言、音韵学章节的学科主编。上述各分册分别在20世纪八九十年代由中国大百科全书出版社出齐,共收条目924个,插图515幅,计150万字。朱起凤主编的《辞通》(开明书店1934年)是一部解释古书中异体同义词语的辞典,与《辞源》《辞海》并称中国三大辞书。1986年,吴文祺、吴君恒着手编纂《辞通续编》,在朱起风遗留下的卡片的基础上,整理出70万字的《辞通续编》,于1991年由上海古籍出版社出版。

这一时期,除四大工具书之外,各专科词典及辞书学词典编纂成果显著。1979年,上海古籍出版社再版陆澹安编著的《小说词语汇释》(中华书局1964年)。1983年,梅家驹、竺一鸣、高蕴、殷鸿翔编纂的《同义词词林》(上海辞书出版社)是我国第一部类义词典,建立起了一个比较系统、完整的现代汉语语义体系。1986年,陈光磊、胡奇光、李行杰所编的《中国古代名句辞典》由上海出版社出版发行,共搜集先秦至清末典籍、作品的名句10 000余条,2002年出版修订本。1986年,李熙宗、孙莲芬编写的《略语手册》(知识出版社),是我国首次编写的汉语略语词典,共收略语 15 000 余条。1989 年,胡竹安编纂的《水浒词典》出版,属于古代白话类专书言语词典,计收条目 4 895 条,一般词语 4 673 条,俗语 222 条。1986 年,陈炳迢的《国外现代辞书选介》(福建人民出版社)介绍了国外有代表性的辞书 26 种。熟语成语辞典编纂方面,1987 年,中国成语大辞典编委会编纂的《中国成语大辞典》(上海辞书出版社),收成语 18 000 余条,是当时成语词典中收词最多的一部。1991 年,陈光磊编著的《中国惯用语》由上海文艺出版社出版,收惯用语 8 000 余条。1996 年,王涛出版《精编成语词典》(上海辞书出版社)。上海在新词语搜集整理、辞书编纂方面亦形成特色,如姚汉铭的《新词语社会文化》(上海辞书出版社 1998 年);王均熙的《当代汉语新词词典》(汉语大词典出版社 2003 年)。

20 世纪 90 年代以后,编纂了一批辞书学辞典,主要有:杨祖希、徐庆凯的《专科辞典学》(四川辞书出版社 1991 年)、《辞书学辞典》(学林出版社 1992 年),袁宾、段晓华、徐时仪、曹澂明编的《宋语言词典》(上海教育出版社 1997 年),许威汉、陈秋祥主编的《汉字古今义合解字典》(上海教育出版社 2002 年),广东外语外贸大学词典学研究中心、上海辞书学会、《辞书研究》编辑部共同编写的《二十世纪中国辞书学论文索引》(上海辞书出版社 2003 年)。2000 年,阮智富、郭忠新主编的《现代汉语大词典》(汉语大词典出版社),为目前现代汉语词典中规模最大、收条最多、信息量最丰富的一种,列入国家"九五"重点图书出版规划。

第九节　汉语国际教育教学

一、汉语国际教育学科建设

上海的汉语国际教育教学与研究走在全国前列,主要表现在由无到有到成体系化、平台化的学科建设,重视语言结构教学与功能交际法教学,对比归纳语言之间的共性和特点,相关专题性质的教学学术讨论。

20 世纪八九十年代,上海学者一方面在汉语国际教育和教学方面作积极深入的理论探索,一方面从实践上完善本科体系和成立教学基地。1985 年,钱积学发表《适应形势需要,大力开展对外汉语教学》(《外国语》第 1 期),提出了"汉语国际推广"的理念。1986 年 10 月,中国高等教育学会对外汉语教学研究会受国家教育委员会的委托,成立了全国对外汉语教材研究小组,由华东师范大学、复旦大学、上海外国语学院等 9 所院校的专家组成。1987 年,该研究小组推出三项成果:中华人民共和国成立以来教材研究报告、推荐出第一批实用教材、提出教材五年规划。对外汉语教材研究小组向国内外推荐第一批实用教材,影响深远。1987 年,复旦大学在全国率先成立留学生教学、管理、服务三位一体国际文化交流学院。1990 年,王国安主编的《世界汉语教学百科辞典》(汉语大词典出版社),为汉语国际教育的建设提供相关百科知识。1992 年 1 月,华东师范大学举行中国对外汉语教学学会第四届学术讨论会,60 多个教学单位提交的 88 篇论文结集《中国对外汉语教学学会第四届学术讨论会论文选》(北京语言学院出版社 1993 年)。1995 年,复旦大学创刊《汉语论丛》,为汉语国际教育教学中语言与文化问题研究专刊。1999 年 4 月,上海师范大学召开高等教育学会对外汉语教学研究会第六届理事会第一次理事会议,胡裕树、张斌等上海学者被聘为学会顾问。

进入 21 世纪,上海汉语国际教育教学实践与理论研究发展迅速。复旦大学、华东师范大学成为国家汉语国际推广领导小组办公室批准成立的首批教学基地(首批全国总计 10 家)。2002 年 8

月,第七届国际汉语教学讨论会在复旦大学召开,共有来自世界38个国家和地区的475名代表宣读了280余篇论文,会后出版《第七届国际汉语教学讨论会论文选》(北京大学出版社2004年)。2003年8月,第一届对外汉语与修辞研讨会在上海交通大学举行,同时成立对外汉语修辞研究会。2003年11月,上海师范大学举办第一届现代汉语虚词研究与对外汉语教学学术研讨会。2004年,潘文国发表《论"对外汉语"的科学性》(《世界汉语教学》第1期),指出对外汉语研究应该是以外国人为对象的汉语本体研究。2005年,《对外汉语研究》集刊在上海师范大学对外汉语学院创刊。2006年8月,第五届国际汉语教学学研讨会在复旦大学举行,学者们围绕"对外汉语课堂教学"进行探讨。2007年,复旦大学、华东师范大学、上海外国语大学作为首批试点单位开设汉语国际教育硕士专业。2008年12月,国际汉语教师研修基地在华东师范大学成立,系上海首家。此外,上海还涌现大量优秀教材,包括赵贤州编著的《简明汉语读本》(上海外语教育出版社1986年);1986—1990年,胡裕树主编的《今日汉语》系列教材(复旦大学出版社);陈绥宁主编的《基础汉语40课》(华东师范大学出版社2004年);吴中伟主编的《当代中文》(华语教学出版社2010年)等。

二、汉语国际教育教学理论

【语言学习理论】

20世纪八九十年代,探讨汉语国际教育语言学习理论、揭示语言学习的客观规律,成为上海汉语国际教育研究的主流之一1983年,吴碧莲的《背诵在留学生基础汉语学习中的作用》(《华东师范大学学报》第2期),证明留学生的基础汉语学习阶段中背诵的有效性。1999年,徐子亮的《对外汉语教学的模式构建》(《华东师范大学学报》第4期),提出帮助学生构建汉语模式。

21世纪初期,汉语国际教育学习理论研究主要涉及学习的影响因素、理论研究、学习策略、要素学习机制、语言测试等。2000年,徐子亮的《汉语作为外语教学的认知理论研究》(华语教学出版社)分析和阐释了汉语听力教学设计和会话教学设计中涉及的问题。2001年,朱正才、范开泰的《语言听力理解能力的认知结构与测试》(《语言教学与研究》第3期),运用"认知心理学"理论来解释听力理解的内部机制。2004年,徐子亮的《对外汉语学习理论研究二十年》(《世界汉语教学》第4期),总结了从1984—2004年期间的汉语国际教育学习理论。之后,以徐子亮为代表的学者在实用汉语教学法、语言学功用、汉语虚词习得、教学心理学等方面研究成果较多。2005年,徐子亮、吴仁甫出版《实用对外汉语教学法》(北京大学出版社)。2007年,胡清国发表《对外汉语教学中的语言学功用》(《东华大学学报》第2期)。2008年,方绪军发表《影响汉语虚词习得难度的若干因素》(《对外汉语研究》辑刊)。2008年,徐子亮出版《对外汉语教学心理学》(华东师范大学出版社)。2010年,徐子亮出版《汉语作为外语的学习研究:认知模式与策略》(北京大学出版社)。

【教学法】

20世纪80年代初,汉语国际教育教学界在前期留学生教学基础上,开始对教学理论和教学方法思考。当时,受到结构主义语言学理论影响的"听说法"占据主流。1984年,钱倚云发表《谈谈对外汉语教学的三个环节》(《上海师范大学学报》第3期),凸显实践原则。1987年,吴勇毅、徐子亮发表《近年来我国对外汉语教学法研究述评》(《世界汉语教学》第1期),对实践性在教学中的地位做了客观评断。

20世纪80年代后期开始,受西方重视语言结构形式到语言功能转向的影响,"功能法"走上前台。1987 年，吴勇毅、徐子亮的《近年来我国对外汉语教学法研究述评》(《世界汉语教学》第 1 期)是这方面较早开拓者，提出进行 4 种技能的训练不宜将课型分得过细的教学原则。陈光磊先后发表《语言教学与文化背景知识的相关性》(《语言教学与研究》1987 年第 2 期)、《语言教学中的文化导入》(《语言教学与研究》1992 年第 3 期)、《从“文化测试”说到“文化大纲”》(《世界汉语教学》1994 年第 1 期)、《关于对外汉语课中的文化教学问题》(《语言文字应用》1997 年第 1 期)和《对外汉语的语用修辞教学》(《修辞学习》2006 年第 2 期)等论文，集中讨论了语言教学中的文化教学问题。1989 年，赵贤州发表《文化差异与文化导入概略》(《语言教学与研究》第 1 期)；1994 年，又发表《对外汉语文化课教学刍议——关于教学导向与教学原则》(《汉语学习》第 1 期)等，对其文化课教学提出了总体原则。1997 年，熊文的《论第二语言教学中的简化原则》(《世界汉语教学》第 3 期)探讨了教学法的简化问题。

2000 年以后，上海学者开始注重教学法的学科构建。复旦大学倡行二年八级次基础汉语教学模式得到推行。2002 年，陈阿宝主编的《对外汉语教学研究》(山西教育出版社)反映了“细化级次，逐层递进，纵横配套”教学模式的建构与实践的成果。2006 年，陶健敏的《“后方法时代”语言教学观与对外汉语教学法体构建》(《暨南大学华文学院学报》第 3 期)倡导对教师自主性和创造性的回归。2005 年齐沪扬的《对外汉语教学语法》，2006 年彭增安、陈光磊主编的《对外汉语课堂教学概论》，2007 年陈昌来的《应用语言学导论》、齐沪扬的《现代汉语》，2009 年吴为善、严慧仙的《跨文化交际概论》，均为商务印书馆专业本科系列教材。2009 年，吴中伟、郭鹏的《对外汉语任务型教学》(北京大学出版社)对任务型教学进行了系统探讨，是这一领域的代表性著作。

三、汉语要素教学

汉语要素教学研究体现了汉语国际教育教学研究的逐步深入，也是语言本体研究成果向应用迁移的一个体现。上海学者们从汉字、语法、语音、词汇等角度推动汉语国际教育教学与研究的发展。

20 世纪 80 年代起，上海学者在汉字教学中对汉字表意性质和教学中对意义的运用有深入探讨，这与研究和教学本位讨论有内在联系。1985 年，陈阿宝发表《汉字现状与汉字教学》(《第一届国际汉语教学讨论会论文选》，北京语言学院出版社 1986 年)。1998 年，陈仁凤、陈阿宝的《一千高频度汉字的解析及教学构想》(《语言文字应用》第 1 期)对 1 000 个使用频率最高的汉字进行了全面分析，并从中探索适合对外汉字教学的教学方法。2007 年，王淑华、资中勇发表《重视意义在对外汉语汉字教学中的作用》(《云南师范大学学报》第 2 期)。

20 世纪 80 年代中期以后，上海的汉语国际教育教学研究进一步确定了教学语法的内涵和外延，并有针对性地针对不同母语者设计教学语法系统。在三个平面理论研究中，胡裕树等学者注意到了该理论在汉语国际教育教学中的应用问题，并从教材建设和理论阐述两方面作出了探索。1989 年，胡裕树、郑国雄发表《对外汉语教学中的两个问题——为纪念〈语言教学与研究〉创刊 10 周年而作》(《语言教学与研究》第 2 期)，对教学中的内容框架、语言教学和文化传承的关系进行了论述。1999 年，叶盼云、吴中伟主编出版《外国人学汉语难点释疑》(北京语言学院出版社)。

进入 21 世纪，学者从汉语国际教育角度梳理汉语语法渐成体系，更加实用和有针对性。宏观角度研究方面，2002 年，陈光磊的《语法研究与对外汉语语法教学》主要探讨如何运用“三个平面”语法理论。2005 年，齐沪扬的《对外汉语教学语法》(复旦大学出版社)，全面地描述了汉语国际教育教学语法系统。2009 年,王珏、刘承峰、樊友新、李挺、高慧宜等编著的《英美汉语教学难点研究》(学林出版社)考察了英语背景下的汉语词汇语法、汉语交际功能、汉字难点及其教学对策研究等。在微观研究方面,2007 年,范开泰、沈敏发表《"眼看"与"马上"的语义表达功能辨析——兼谈对外汉语近义虚词教学》(《云南师范大学学报》第 5 期)。2008 年,黄锦章发表《从"把"的用法看对外汉语教学中的语法问题》(《第二届全国教育教材语言专题学术研讨会论文集》第 1 期,人民教育出版社)。

语音教学研究主要针对留学生因母语、中介语不同而产生的问题研究,或汉语应用语音学、音系学问题研究上。1997 年,朱川的《外国学生汉语语音学习对策》(语文出版社),探讨并提供了英语、日语等 4 种常见语种来华留学生的汉语语音学习策略。2003 年,毛世桢、叶军合著的《对外汉语教学语音大纲》,认为教学语音大纲的制定应该以中介语音分析为基础。2008 年,毛世桢的《对外汉语语音教学》(华东师范大学出版社),在应用语音学方面系统展示了语音能力、语音能力的获得、汉语普通话音系、外国学习者的偏误及教学原则和设计。

词汇教学一直受制于课文教学,其地位一直没有独立。2000 年以后,教学者和研究者逐渐意识到词汇对于教学效果的正面促进作用,除了词汇教学理论的探索,还组织力量编纂了针对性词典。2005 年,齐沪扬的《现代汉语虚词研究与对外汉语教学》(复旦大学出版社),收入论文 40 余篇,内容涉及副词、介词、连词、助词、语气词各个方面。2007 年郭曙纶发表《〈雨中登泰山〉的超纲词统计与分析》(《语言文字应用》第 1 期)。2008 年,干红梅发表《浅析中级汉语阅读课堂中的词汇习得——以一次真实的课堂教学为例》(《云南师范大学学报》第 5 期)。2008 年,高燕的《对外汉语词汇教学》(华东师范大学出版社)出版,是第一部专门研究相关词汇教学的专著,系统阐释了现代汉语词汇本体研究和教学策略。2008 年,杨金华主编《留学生汉语习惯用语词典》(上海译文出版社)。

四、分技能教学

汉语国际教育教学的传统模式是不分课型的,用一本教材在一种课上解决几种技能的培养问题。从 20 世纪 70 年代开始,在强调实践性的基础上,个别学校增设了少量的口语和听力课,到 20 世纪 80 年代分课型教学成为普遍模式。2000 年以后,由所分课型而有的教学研究较为活跃,主要有口语教学研究、听力教学研究、阅读教学研究,以及写作教学研究。这其中口语教学研究成果较多。

口语教学研究中,教学方法、学习策略的探讨成为关注点,发现了一些普遍性规律。2002 年,徐子亮的《汉语作为外语的口语教学新议》(《世界汉语教学》第 2 期),强调教学要注重两种言语的转换、合作和协调、重现和复现、情景操练等原则。同年,杨金华发表《汉语口头交际能力的快速培养——谈外企人士对汉语教学的要求及我们的措施》(《暨南大学华文学院学报》第 3 期)。2003 年,胡建军发表《中高级口语课程的文化教学研究》(《云南师范大学学报》第 4 期),探索留学生中高级口语课程中文化教学的理论和方法。2004 年,徐子亮发表《会话技能训练的原理与途径》(《暨南大学华文学院学报》第 2 期),分析了会话的心理过程。2006 年,仇鑫奕发表《对外汉语教学初级阶段口语先行的思考》(《海外华文教育》第 2 期),提出汉语国际教育教学初级阶段应以口语教学先行的思路。2008 年,吴勇毅发表《意大利学生汉语口语学习策略使用的个案研究》(《世界汉语教学》第 4 期),发现好的学习者大都会采用一种"寻找和建立固定的语言伙伴"的学习策略。2009 年,许希阳发表《以问题为导向的任务型教学研究——以对外汉语口语教学为例》(《暨南大学华文学院学报》第 3 期),探讨了任务型教学在有关口语教学中的应用。

这一时期,上海学界对如何编写口语教材也进行了一定探索。2005 年,王小曼发表《论汉语本科专业高级口语教材的编写原则——从口语教学实际谈起》(《云南师范大学学报》第 5 期)。2005 年,许希阳发表《汉语口语测试研究》(《云南师范大学学报》第 5 期),提出了"以学生为中心"的汉语口语测试理念。2008 年,金檀、王琰、宋春阳、郭曙纶发表《口语测试模糊评分方法设计及实验研究》(《现代外语》第 2 期),对口语测试模糊评分方法进行设计及实验研究。同年,许希阳发表《对外汉语口语成绩测试新模式之探索》(《语言教学与研究》第 4 期),提出口语成绩测试应强调真实性、互动性原则。2009 年,石慧敏发表《面向日本来华中学生的汉语口语教材的研发》(《海外华文教育》第 3 期)。

上海学者对于听力教学的研究涉及学习策略和教材编写,研究成果主要出现在 21 世纪初,主要有:吴勇毅、陈钰的《善听者与不善听者听力学习策略对比研究》(《汉语学习》2006 年第 2 期),金志军的《中国大陆对外汉语初级听力教材的演变与发展》(《云南师范大学学报》2008 年第 1 期)、《东南亚学生初级听力教材使用情况的调查研究》(《云南师范大学学报》2010 年第 2 期)等。

阅读课在教学中分量大,但研究阅读的成果较少,主要集中在教材编写和测试上,包括王一平、许国萍的《初级写作教学的思考和实践》(《海外华文教育》2002 年第 1 期),徐子亮的《汉语作为外语写作的借鉴与自我控制》(《海外华文教育》2005 年第 3 期),周红的《第二语言写作教学理论研究动态》(《云南师范大学学报》2007 年第 6 期),祁峰的《报刊阅读课教材编写与教学策略初探》(《海外华文教育》2007 年第 3 期)等。

第十节　外语及其教学

一、外语本体

1978 年以来,上海地区在分语种外语本体研究方面,英语和俄语等领域成果颇丰,阿拉伯语、日语、法语、德语、西班牙语、朝鲜(韩国)语的研究也有一定的成果。意大利语、葡萄牙语、希腊语、瑞典语、波斯语、泰语、希伯来语、越南语等非通用语种的研究起步较晚。1978 年,《上海外国语大学学报》编辑部编辑、上海外语教育出版社出版的语言学和外国语言文学专业刊物《外国语》(双月刊)正式创刊。2007 年 12 月,上海外国语大学语言研究院正式成立,这是上海高校中唯一具有独立建制的语言学专门研究机构。

【英语语言学】

在英汉双语词典编纂方面,上海在全国处于领先地位。1942 年,郑易里、曹成修在上海开始编纂《英华大辞典》(现名《英华大词典》),1950 年由(上海)商务印书馆出版,这是第一部由中国人自己编纂的英汉词典。此后历经修订,发行量达到 100 多万册。20 世纪 70 年代以来,葛传槼、戴炜栋、陆谷孙、陆国强等延续了这一传统。1975 年,《新英汉词典》编写组(葛传槼主编)编纂的《新英汉词典》由上海译文出版社出版。此后历经 1978 年(新 1 版)、1985 年(新 2 版增补本)、2000 年(世纪版,吴莹主编)的 3 次修订增补,2009 年全面修订为《新英汉词典(第 4 版)》(高永伟主编),收词量达到 12 万条。2008 年 10 月,在《中国图书商报》公布的"改革开放 30 年最具影响力的 300 种书"

中，该词典以累计1 200万册的销量与《新华字典》和《现代汉语词典》并列为仅有的3种工具书之一，也是唯一的外语词典。1985年2月，上海外国语大学双语词典研究中心正式成立。陆谷孙主持编纂的大型英语词典《英汉大词典》上、下卷分别于1989年和1991年由上海译文出版社出版，收词20万条(1999年出版《英汉大词典补编》;2001年修订为《英汉大词典(第二版)》)。1990年，该词典仅凭已出版的上卷即荣获第四届"中国图书奖"一等奖，创下了"半本书获奖"的先例。1991年，该词典获上海市优秀图书特等奖，此后又连续获中国首届国家图书奖(1994年)、上海市哲学社会科学优秀成果特等奖(1994年)、国家哲学社会科学优秀成果一等奖(1999年)。此外，上海海学者编纂出版了多种多功能的汉英、英汉词典，主要有戴鸣钟、戴炜栋编纂的《汉英综合辞典》(上海外语教育出版社1991年)，陆国强、陆继东编纂的《最新英语新词语词典》(商务印书馆1996年)，戴炜栋、龚龙生、束定芳编纂的《英语常用衔接词例解词典》(上海外语教育出版社1997年)。2000年，陈忠诚编纂的《英汉汉英法律用语辨正词典》(法律出版社)首创了书评式的双语词典编纂法，使词典兼具辞书学专著的性质。2003年，戴炜栋编纂出版《新世纪英汉多功能词典》(上海外语教育出版社)。同年，陆国强编纂的《新世纪英语新词语双解词典》(上海外语教育出版社)获中国辞书一等奖。20世纪80年代后期以来，专科词典编纂方面取得了较大的成绩。1987年，邱懋如、戴炜栋编纂了《汉英文教词典》(上海译文出版社)，专收文化和教育领域的词语。2007年，戴炜栋主编《新编英汉语言学词典》(上海外语教育出版社)，共收录词目约7 500条，内容既包括理论语言学及其各分支、各交叉学科的术语，又有应用语言学及语言教学方面的术语和专有名词。

在英语本体研究方面，上海在英语词汇学、修辞学、语体学等领域成果颇丰。20世纪80年代，上海外国语大学设立了英语国家研究中心。英语词汇学方面，1981年，陆国强编著的《现代英语构词》(上海译文出版社)，对构词法作了独创性的深入探讨。此后，陆国强陆续出版《现代英语词汇学》(上海外语教育出版社1983年;1999年修订为《现代英语词汇学(新版)》，上海外语教育出版社)、《现代英语表达与理解》(上海译文出版社1984年)、《现代英语联想与搭配》(上海译文出版社1985年)等英语词汇学著作。英语语音学方面，1985年，许天福、虞小梅、孙万彪编著出版《现代英语语音学》(陕西人民出版社)，对英语语音做了全面系统的描写。

英语一般语言学方面，1986年，戴炜栋、何兆熊、华钧编的《简明英语语言学教程》(上海外语教育出版社)，2002年修订为戴炜栋、何兆熊编著的《新编简明英语语言学教程》。此外，1998年，戴炜栋、束定芳、周雪林、陈夏芳编著了《现代英语语言学概论》(上海外语教育出版社)。英语修辞学方面，1986年，王德春出版《外国现代修辞学概况》(商务印书馆)。此后，胡曙中在英语修辞学领域取得了系列成果:《英汉修辞比较研究》(上海外语教育出版社1993年)、《美国新修辞学研究》(上海外语教育出版社1999年)。2011年，他编著的《现代英语修辞学》(上海外语教育出版社)，将西方传统修辞学与现代修辞学紧密融为一体，增加了学科内的新课题，反映了当时英语修辞学发展的新趋势，指明了学科发展方向。

英语语法学方面，20世纪80年代以来，章振邦探索、创建了英语语法教学新体系，促进了英语语言研究及英语教学的改革创新。1981年，章振邦编著《新编英语语法》(上海译文出版社)，主编"新编英语语法"系列丛书(上海外语教育出版社)。1988年，张月祥编著《英语动词的时体态式》(上海外语教育出版社)，对英语语法作了专题研究。英语语体学方面，程雨民1988年主编《英语语体学和文体学论文选》(上海外语教育出版社)，1989年出版的《英语语体学》(上海外语教育出版社)2004年修订为《英语语体学(修订版)》，从语言和语篇两个层次介绍了英语语体学。

2000年以来，英语语言学的研究进一步向纵深发展。2003年，肖福寿出版《语域特征与英文写作》(中国文史出版社)。2003 年,周振鹤的《中国洋泾浜英语最早的语词集》(《广东社会科学》第 1 期)对 1834 年英国人马儒翰的《中国洋泾浜英语语词集》进行全面的介绍。2005 年,胡开宝的《英汉词典历史文本与汉语现代化进程》(上海译文出版社),讨论了英汉词典的历史文本对汉语现代化进程的影响。

【俄语语言学】

上海是俄语语言学研究的重镇之一,1978 年以来,上海市的俄语语言学仰承 20 世纪五六十年代的研究基础,保持着较强的发展势头,处于国内领先地位。1980 年,上海外国语学院(今上海外国语大学)俄语系成立了苏联研究所。1983 年,上海外国语学院俄语语言文学学科在全国第一个获得俄语语言文学博士学位授予权。

上海在俄汉双语词典编纂方面成果极为丰硕。1977 年,夏仲毅、顾柏林编纂的《汉俄词典》(商务印书馆;1989 年修订为《汉俄词典(修订本)》),是国内第一本粗具规模的汉俄词典。2009 年,顾柏林在此基础上主编的《汉俄大词典》(上海外语教育出版社),收词 12 万条,成为当时世界上规模最大的汉俄词典。

在俄语语法学、词汇学、语义学等领域,上海的研究也居于国内领先地位。1980 年,胡孟浩出版论文集《现代俄语句法研究》(上海译文出版社),其学术观点和研究成果得到了俄罗斯语法学界的承认,被俄罗斯语法专家乌哈诺夫和伊尔契珂娃合著的《苏维埃时代俄语句法学的发展》引用。1981 年 5 月,中国俄语教学研究会在上海外国语学院成立,上海外国语学院胡孟浩当选首任会长。20 世纪 80 年代中期以来,俄语词汇学的研究蓬勃开展。马岚先后发表论文《俄语成语语源的民族特色》(《中国俄语教学》1985 年第 3 期)和《含古语的俄语成语初探》(《山东外语教学》1990 年第 4 期)等。1991 年,马岚的《俄语词汇学》(华东师范大学出版社),对该学科作了比较全面的阐述。此后,2009 年,苏祖梅的《俄语反义词研究》(上海外语教育出版社 2009 年),对俄语反义词进行了系统的研究。

20 世纪 90 年代初以来,俄语语义学的研究成果颇丰,主要包括倪波、顾柏林的《俄语语句同义转换:方法和手段》(上海译文出版社 1991 年)、《俄语语义学》(上海外语教育出版社 1995 年),倪波、周承、李磊、杨明天的《言语行为理论与俄语语句聚合体》(上海外语教育出版社 1998 年),杨明天的《俄语主观情态的语用研究》(上海外语教育出版社 2002 年)、《俄语的认知研究》(上海外语教育出版社 2004 年)等。

20 世纪 90 年代中后期,俄语语法学研究继续取得丰硕成果。1996 年,李勤发表论文《论俄语不确定/确定范畴》(《中国俄语教学》1996 年第 4 期)。2002 年,李勤、杨明天、李磊完成教育部人文社会科学研究"九五"规划项目,出版《现代俄语复合句学》(上海外语教育出版社)。2003 年,李勤的《俄语不确定/确定范畴:语言手段及其言语功能》(上海外语教育出版社)出版。2006 年,李勤、孟庆和的《俄语语法学》(上海外语教育出版社),结合中国俄语语法学教学实践,对现代俄语语法的整体结构、基础理论作了深入剖析。2004 年,季元龙的《俄语语言国情学——教与学探索》(上海外语教育出版社),系统地论述了俄语语言国情学的理论基础和研究对象。

【其他语种语言学】

西班牙语语言学。20 世纪 80 年代初以来,上海的西班牙语语言学研究成果主要体现在双语词典编纂方面。1981 年,上海外国语学院简明西汉词典组(孙义桢等)编纂《简明西汉词典》(上海译文出版社)。20世纪90年代以后,孙义桢又主持或主编一系列词典。主要有:《西索简明汉西词典》(上海外语教育出版社1992年;2008年增加西汉部分后修订为《外教社简明西汉—汉西词典》)、《新汉西词典》(上海外语教育出版社1999年)、《精选西汉汉西词典》(商务印书馆2005年)。2008年,孙义桢主持完成全国辞书编写出版规划重点项目《新时代西汉大词典》(商务印书馆),收词15余万条,为国内外同类工具书之最。2010年,完成《新西汉词典》(上海译文出版社)。2009年,王忠勇编纂出版《西汉小词典》(商务印书馆),收词约3万条。21世纪以来,西班牙语语音和语法研究方面也有了一些成果:陆经生、缪建华的《西班牙语语音》(上海外语音像出版社2001年),陆经生、徐鹤林的《实用西班牙语介词》。

德语语言学的研究起步于20世纪80年代中期的德语词典编纂。1987年,德汉词典编写组(潘再平等)编纂的《德汉词典》由上海译文出版社出版,收词10万余条,是国内使用最广泛的德语词典。1992年,词典编写组(杭国生、杜淑英、王志强等)编纂《德汉同义反义词双用词典》(同济大学出版社)。20世纪90年代末以后,德语修辞学、德语史等领域取得较大进展。1998年,陈晓春编著德语专业教材《德语修辞学》(上海外语教育出版社)。2005年,他又编著《德语史概述》(上海外语教育出版社),系统论述德语的演进过程。进入21世纪以来,德语词典编纂方面又取得了一些新的成果,如2008年张鸿刚、石凯民主编的《德语词组词典》(同济大学出版社),2010年卫茂平、马佳欣、郑霞编纂的《德汉小词典》(商务印书馆)等。

上海的法语语言学研究起步相对较晚。20世纪90年代以来,上海学者在法语词汇学、法语语法学、法语词典编纂以及法语一般语言学等领域取得了一些重要成果。1994年,曹德明的《现代法语词汇学》(上海外语教育出版社),主要反映了传统词法的研究成果。2003年,江国滨的《法语实用语法》(上海交通大学出版社),以问答形式就法语学习中的语法难点予以讲解。2007年,江国滨编纂的《新法汉常用词词典》(上海交通大学出版社)是一部综合性基础法语词典。2010年,褚孝泉的《法语语言学导论》(上海外语教育出版社)出版。2010年9月,复旦大学法语国家研究中心成立,为上海市法语语言学研究的进一步发展提供了一个跨学科、跨领域的专业性平台。

阿拉伯语语言学。1980年9月,上海外国语学院中东研究所成立,下设阿拉伯语言文化研究室和《阿拉伯世界研究》编辑部。2000年12月该所成为教育部人文社会科学重点研究基地。1997年10月,中国阿拉伯语教学研究会主办的首届中国阿拉伯语教学界优秀科研成果奖颁奖大会上,上海外国语学院主办的国内唯一的阿拉伯研究学术期刊《阿拉伯世界研究》获科研成果一等奖。2000年以来,阿拉伯语词典编纂、阿拉伯语语法学、阿拉伯语一般语言学以及阿拉伯语词汇学等领域先后取得了诸多成果。1999年,朱威烈编纂《简明汉阿词典》(上海外语教育出版社)。2000年,陈中耀的《新编阿拉伯语语法》(上海外语教育出版社),详细剖析了阿语语法结构。2001年,陈中耀、虞晓贞、周文巨完成国家教委人文社会科学研究"八五"规划项目,出版《阿拉伯语语言与修辞》(上海外语教育出版社),全面介绍了阿拉伯语语音、词汇、语法和修辞知识。2002年,陈中耀的《阿拉伯语词汇学》(上海外语教育出版社)对阿拉伯语各种词汇现象进行了全面的探索。

日语语言学。上海的日语语言学研究主要涉及日语一般语言学、日语词汇学、日语语法学、日语词典编纂等领域。1987年,皮细庚出版《新编日语语法教程》(上海外语教育出版社)。1997年又出版《日语概说》(上海外语教育出版社),系统介绍现代日语音韵、文字、词汇、语法,全面反映日语的现状和特点。1999年,吴侃出版《日语词汇研究》(上海外语教育出版社)。2000年,吴大纲出版《现代日语动词意义的研究》(上海外语教育出版社)。此外,吴侃先后主编出版《新编日汉词典(修订版)》(吉林大学出版社1999年)和《实用日汉词典》(大连理工大学出版社2000年)。徐曙出版

《日语古典文法》(上海交通大学出版社 2007 年)、《日语语法讲座与测试》(上海交通大学出版社 2010 年)。

朝鲜(韩国)语语言学。1994 年 12 月,上海外国语大学韩国学研究中心正式成立,戴炜栋任中心主任。学术成果方面,朝鲜(韩国)语语法学、朝鲜(国)语语音学、朝鲜(韩国)语词典编纂取得了不少成果。2000 年,姜宝有出版《十五世纪韩国语定中偏正结构研究》(韩国太学社)。2005 年,蔡玉子出版《延边地区朝鲜语的音位研究》(韩国太学社)。2010 年,姜银国主编出版《新编韩中词典》(世界图书出版公司北京公司)。

希腊语语言学。2002 年,朱圣鹏、王小英编纂出版全国第一本汉希词典《简明汉希词典》(上海外语教育出版社),收词条 25 000 左右,结束了中国没有汉希词典的历史。

二、外语教学

【综合性研究】

1979 年,上海外国语学院主办的《外语电化教学》创刊,作为中国教育技术协会外语专业委员会的会刊,是国内唯一的教育技术与外语教学相结合刊物。1980 年,上海外国语学院主办的《外国语言教学资料报导》(后改名为《外语界》)创刊。1981 年,华东师范大学主办的《国外外语教学》创刊(2008 年更名为《外语教学理论与实践》)。20 世纪 90 年代后期以来,有关外语教育和教学的宏观思考成果颇丰。1996 年,束定芳、庄智象出版《现代外语教学——理论、实践与方法》(上海外语教育出版社),对影响外语教与学的各种重要因素进行了较为详细的分析和讨论。2004 年,束定芳出版《外语教学改革: 问题与对策》(上海外语教育出版社)。2004 年,陈坚林出版《现代外语教学研究: 理论与方法》(上海外语教育出版社)。2006 年,戴炜栋、任庆梅出版《外语教学与教师专业发展: 理论与实践》(上海外语教育出版社)。2009 年,黄崇岭出版《双语教学的理论与实践》(上海译文出版社),介绍了国外双语教学的相关理论和实践经验。2001 年,教育部和上海外国语大学共同成立了上海外国语大学中国外语教材与教法研究中心,是国内外语教材和教法研究的重要基地。2007 年 12 月,上海外国语大学中国外语战略研究中心(RCFLS)成立。

【英语教学】

20 世纪 90 年代后期以来,主要对英语测试理论进行了探讨。1997 年,上海外国语大学 TEM 考试中心(邹申、李基安)出版《TEM 考试效度研究》(上海外语教育出版社)。1998 年,邹申出版《英语语言测试——理论与操作》(上海外语教育出版社)。2000 年以后,针对特定领域的英语教学研究成果颇丰,相关学术活动日趋活跃。2000 年,陈坚林出版《现代英语教学: 组织与管理》(上海外语教育出版社),将国外语言教学最新研究成果与国内英语教学实际相结合,对英语教学的组织与管理作了全面深入的探讨。2010 年,陈坚林出版《计算机网络与外语课程的整合——一项基于大学英语教学改革的研究》(上海外语教育出版社)。其他成果还有: 杨惠中、卫乃兴的《中国学习者英语口语语料库建设与研究》(上海外语教育出版社 2005 年)、肖福寿的《英语写作教学的原则与策略》(上海大学出版社 2007 年)等。

【其他语种教学】

20 世纪 80 年代以来,上海市其他语种的教学研究学术活动也得到积极开展。1982 年 11 月,上海外国语学院承办了中国西班牙语葡萄牙语教学研究会成立大会，浦允南当选为首任会长。1993年4月，陈中耀当选为中国阿拉伯语教学研究会会长。1992年，陆经生发表《中国的西班牙语教学和研究》(《外语界》1992年第3期)，着重回顾了20世纪50年代以来中国西班牙语教学与研究的发展历程。

进入21世纪以后，上海的日语教学、韩国语教学、俄语教学、法语教学等领域学术活动日趋频繁，先后举行了一系列国际教学学术会议，发表和出版了一些研究成果。2001年7月，"新世纪首届全国大学日语教学研究国际研讨会"在华东师范大学召开，会后出版论文集《中国日语教育的世纪回顾与展望》(上海三联书店2002年)。2006年，华东师范大学日语系日语教学研究中心成立国内第一个日语教学研究机构。2008年10月，由上海外国语大学俄语系、国际俄语教师联合会和中国俄语教学研究会共同主办的"中国俄语教育300年"国际学术研讨会在上海外国语大学召开，郑体武因其推广俄语教学的贡献获颁国际俄语教师联合会"普希金奖章"。希伯来语的教学研究有阮项的《希伯来语教育在中国的教学瓶颈问题探析》(《全球教育展望》2008年第12期)、《中国圣经希伯来语教育状况与互动发展前景》(《上海师范大学学报》2010年第1期)。

第十三章　新闻学与传播学

1978年后，伴随着新闻学研究和教育机构的发展、扩张以及研究队伍的壮大，上海地区的新闻学科建设快速发展。20世纪90年代末，随着报业集团化的开展，媒介产业学的研究正式展开。1997年，教育部认定“新闻传播学”为一级学科。2004年，随着新闻学被确立为国家重点发展的九大哲学社会科学之一，该学科逐渐成为一门“显学”。与之相比，广告学和公关学进入上海学者视野的时间略晚，成为学术研究主题的进程相对较慢，但经过21世纪前十年的发展，二者已成为相对独立且极有发展前景的学科。

第一节　新　闻　学

一、新闻理论

1978年，复旦大学陆续招收恢复高考后的第一批（1978年春）和第二批（1978年9月）四年制新闻学专业的本科生，以及第一批新闻学专业的硕士研究生（1978年9月）。1981年，复旦大学新闻学系建立新闻学专业硕士研究生点，开办记者编辑进修班，并开始招收海外留学生。1983年，上海外国语大学英语系设立国际新闻专业。1984年，复旦大学新闻学院建立新闻学专业博士点，王中成为第一批博士生导师。1985年，上海社会科学院新闻研究所成立，专业从事新闻传播学研究并为党和政府提供决策咨询服务。同年，上海体育学院开办体育新闻专业，开创中国体育新闻教育。

改革开放后上海新闻学理论研究重新发展的一个关键节点，是对王中学术思想的重新评价。1979年5月，复旦大学新闻系系内刊物《新闻学研究》在其创刊号上重新发表王中的《新闻学原理大纲》，同年7月，《重新评价王中的新闻理论》一文刊发于《复旦学报》第4期，对王中的新闻思想重新做了评价。

20世纪80年代的新闻理论研究主要着眼于“拨乱反正”，探索新闻、新闻业的性质及其自身特征，主要着眼于以下几个方面：

第一，新闻事业如何确立“信息观念”“服务观念”以及“效益观念”，提出新闻业的主要工作是传递信息，为受众服务。1981—1982年，王中在《新闻大学》连续发表《论新闻》（1981年第1期）、《论传播工具》（1982年第2期）、《论宣传》（1982年第3期）等，为重新理解新闻和新闻业打开新的视野。1985年，余家宏的《新闻学不等于政治学》（《新闻界》第1期）指出新闻学研究和实践不能被禁锢在阶级斗争的窠臼里，而需要从具体的新闻实践出发。李良荣在《时间性·时效性·事宜性》（《新闻战线》1980年第11期）和《维护真实性的讨论》（《新闻大学》1981年第1期）等文中，讨论新闻时效与社会效果、新闻的真实性等问题。

1984—1987年，宁树藩撰写多篇有关新闻的定义和新闻学研究中存在问题的文章。如《论新闻的特性》（《新闻大学》1984年12月）从信息的角度对新闻的特性进行了阐释。1986年，宁树藩的《新闻学研究中亟待澄清的几个问题》（《学术界》1986年第1期）从“新闻”和新闻作品的区分、新闻的阶级性、新闻定义的梳理等方面，对当时新闻学研究中存在的问题进行了分析。1987年，《新闻定义新探》（《复旦学报》1987年第5期）从概念上理清过去新闻学研究中存在的各种问题，对陆定一关于新闻的定义做了修正,认为新闻是经报道(或传播)的新近事实的信息。首次将“信息”的概念引入到新闻的定义当中。

业界的新闻改革实践也是学者们关注的热点。1984—1985年,李良荣在《新闻大学》上陆续发表《“信息热”和新闻改革》(1984年第1期)、《新时期党委机关报怎么办好?》(1985年第9期)、《实践呼唤理论 理论需要更新——对新闻理论探索的一些思考》(1985年第11期)、《从民主政治建设谈新闻改革》(1988年第4期),指出随着社会的变迁,人们对于新闻、信息观念的改变,新闻机构应该做出相应的调整,推动新闻业界的改革。

第二,全面理解和解读马列新闻思想。20世纪80年代,《新闻大学》陆续刊登一系列阐释和解读马列新闻著作的文章,如:陈大维的《试论马克思恩格斯后期的党报思想》(1983年第1期)、余家宏的《恩格斯晚年对马克思主义新闻学的贡献——纪念恩格斯逝世九十周年》(1985年第11期)、夏鼎铭的《怎样看待新闻出版自由?——学习列宁十月革命胜利前后的有关论述》(1989年第4期)等,从不同维度对马列著作中的新闻学观点进行细致深入的探讨,以指导新时期新闻学研究的展开。

第三,尝试从经济学、社会学、心理学等角度,探讨交叉性的新闻课题。如《新闻大学》刊发的居延安的《心理选择与宣传报道》(《新闻大学》1982年第3期),张骏德、刘海贵的《试论新闻心理学的产生于内涵》(1985年第11期),张骏德的《逆反心理的特质与成因》(1986年第13期),徐培汀的《新闻社会学初探》(1988年第1期),裘正义的《美国报纸价格行为剖析》(1989年第1期)等在跨学科的视角下,就新闻与社会关系、受众的心理、报刊的经营管理等问题展开讨论。1985年,刘海贵的《创立新闻边缘学科》(《新闻学刊》1985年第2期),提出新闻学的发展应当重视与其他学科的融合。

1979年7月4日,复旦大学新闻学系主办“新闻理论教学座谈会”,是中华人民共和国成立后第一个专门探讨新闻理论研究以及教学的会议。上海两份重要的新闻传播学研究刊物均创刊于20世纪80年代。1981年5月,复旦大学主办的国内最早的新闻传播学学术刊物《新闻大学》正式创刊,王中担任主编。1983年,市新闻学会主办的《新闻记者》(1987年由上海社会科学院新闻研究所接办)创刊,以“为新闻记者导向、助新闻记者进步、替新闻记者服务、帮新闻记者说话”为办刊方针。

1984年,余家宏、宁树藩编写的《简明新闻学辞典》(浙江人民出版社),是全国第一部新闻学的专业辞典,全书近40万字,收录2 000多个词条。1987年,余家宏等出版《新闻文存》(中国新闻出版社),编注历史上颇为著名但已经不太见到的新闻学著作,包括松本君平的《新闻学》、休曼的《实用新闻学》、徐宝璜的《新闻学》和邵飘萍的《实际应用新闻学》等。《简明新闻学辞典》和《新闻文存》,均属于新闻学教学和研究重要的基础文献。

进入20世纪90年代,上海的新闻院校又有新发展。1993年,上海外国语大学新闻传播学院正式成立。1994年,全国第一个体育新闻系——上海体育学院体育新闻系成立。1995年,上海大学成立影视艺术技术学院,下设新闻传播系。1996年,复旦大学新闻学院新闻与传播学被列为国家“211工程”重点学科建设项目。1999年,全国第一个新闻传播学博士后流动站在复旦大学新闻传播学院成立。

20世纪90年代新闻理论的研讨,大致可以归纳为这样几个重点:

关于新闻业的性质和经营管理的讨论。在市场经济环境下,新闻业的企业性质成为学界关注的焦点。通过讨论,扩展和丰富了对于国内新闻事业的认识。1993年,王中撰文《谈谈新闻学的科学研究》(《新闻大学》第3期)指出,新闻学研究必须紧密联系社会现实并从中探索新闻事业的发展规律。1995年,李良荣、沈莉在《试论当前我国新闻事业的双重性》中认为,新闻事业同时具有上层建筑和信息产业的属性。谢金文在这一时期撰写《试论中国新闻传媒市场及其拓展》(《新闻记者》1998 年第 11 期)、《新闻传媒市场与社会效益》(《新闻出版交流》1998 年第 3 期)探讨在市场经济环境下报业发展现状及未来趋势。另外业界人员也尝试从媒介经营的角度探讨报纸的经营规律和发展趋势，如方毓强的《论报业经济的动作规律》(《新闻记者》1996 年第 12 期)，马达的《刮目相看新民晚报——读扩版后〈新民晚报〉有感》(《新闻记者》1996 年第 2 期)等。

关于新闻的法律纠纷。1992 年，上海社会科学院新闻所编撰《新闻纠纷与法律责任》，这本关于新闻纠纷的法律责任归属问题的著作当时在该单位内部出版。魏永征的《新闻侵害名誉权的主观条件》(《新闻大学》1993 年第 3 期)、《新闻出版法制建设的重要进展——〈出版管理条例〉研读》(《新闻记者》1997 年第 3 期)、《中国大陆新闻侵权法与台港诽谤法之比较》(《新闻大学》1999 年第 4 期)等论文深入探讨新闻法律纠纷、司法实践以及与舆论监督的关系。他还编著了《新闻传播法教程(第一版)》(中国人民大学出版社 2002 年)和《新闻法新论》(中国海关出版社 2002 年)等教材。

在新的背景下，上海学界面对传播学引进所带来的变化，进一步反思新闻学及其研究，比如李良荣、李晓林的《新闻学需要转向大众传播学》(《新闻大学》1998 年第 3 期)、姚福申的《关于新闻本体的探索》(《新闻大学》1998 年夏季号)。这种讨论赓续不断，到 2000 年之后仍然是思考的一个重点，如宁树藩的《从新闻学在中国演化的历史审视其与传播学的关系》(《中国传播学：反思与前瞻》论文集 2002 年)。

除此之外，这一时期还发表和出版了不少重要成果。在新闻著作方面，有夏鼎铭编撰的《马克思恩格斯列宁报刊理论与实践》(复旦大学出版社 1991 年)，秦绍德的《宣传心理学》(福建人民出版社 1993 年)，李良荣的《新闻学导论》(高等教育出版社 1999 年)。徐培汀、裘正义的《中国新闻传播学说史》(重庆出版社 1994 年)，是国内第一本系统研究中国新闻传播思想史的著作，后获得教育部第一届普通高等学校人文社会科学优秀成果二等奖。魏永征所著的《被告席上的记者——新闻侵权论》(上海人民出版社 1994 年)和《中国新闻传播法纲要》(上海社会科学院出版社 1999 年)，属于国内最早的传播法著作之一。

1994 年，市新闻工作者协会、复旦大学新闻学院联合主办“新闻职业道德教育与人才培养”研讨会。2000 年后，新闻职业的特点以及对于西方新闻专业主义的批判性反思是研究的一个重点。如黄旦的《新闻专业主义的建构与消解——对西方大众传播者研究历史的解读》(《新闻与传播研究》2002 年第 2 期)，对美国的新闻专业历史及其演变做了梳理和评价。陆晔、潘忠党的《成名的想象：中国社会转型过程中新闻从业者的专业主义话语建构》，从中国的新闻实践来考察职业意识和规则，尝试展示与西方之不同。谢静的《协商规范——美国媒介批评与新闻专业规范之建构和解构》(《新闻大学》2003 年第 3 期)，着力于揭示美国媒介批评中的新闻专业主义框架。黄芝晓的《社会责任感与新闻专业主义》(《新闻与传播研究》2009 年第 6 期)和张志安的《深度报道的轨迹回望与问题反思——以新闻专业主义为视角》(《新闻与传播评论(辑刊)》2009 年)，涉及记者的社会责任和新闻报道的深化。

关于中国新闻业改革的讨论仍然是 2000 年之后学者关心的热点，尤其是都市报的崛起与报纸的市场化，开启了对新闻业理解的新思考。2003—2009 年，李良荣撰写一系列关于中国新闻传媒业改革的文章，探讨中国传媒业的发展历程及未来发展方向。如《论中国新闻媒体的双轨制——再论中国新闻媒体的双重性》(《现代传播》2003 年第 4 期)，《论中国新闻改革的优先目标——写在新闻改革 30 周年前夕》(《现代传播》2007 年 4 期)，《公共利益是中国传媒业立足之本》(《新闻记者》2007 年第 8 期)，李良荣、戴苏苏的《新闻改革 30 年：三次学术讨论引发三次思想解放》(《新闻大学》2008 年第 4 期)，《艰难的转身：从宣传本位到新闻本位——共和国 60 年新闻媒体》(《国际新闻界》2009年第9期)。他提出的"双重性",在全国产生较大影响。黄芝晓的《媒体改革与经济体制改革》(《复旦学报》2005年第4期),提出媒介改革与经济体制改革相适应的问题。

新闻学译著方面,2004年,李良荣主持编译的"西方新闻传播学经典文库"系列丛书由新华出版社出版,内中有:巴雷特、纽博尔德的《媒介研究的进路》(汪凯、刘晓红译);约翰·埃尔德里奇主编的《获取信息:新闻、真相和权力》(张威、邓天颖译);艾英戈、金德所著的《至关重要的新闻:电视与美国民意》(刘海龙译);史蒂文·拉克斯编的《尴尬的接近权:网络社会的敏感话题》(禹建强、王海译);迈克·法蒂耶、费恩著的《全球电视和电影:产业经济学导论》(刘丰海、张慧宇译),以及保罗·梅萨里著的《视觉说服:形象在广告中的作用》(王波译)。

2000年后,上海的新闻学教材和专著又增加不少新成果,包括李良荣的《新闻学概论》(复旦大学出版社2001年)、《当代世界新闻事业》(中国人民大学出版社2002年),童兵的《比较新闻传播学》(中国人民大学出版社2002年)和《马克思主义新闻经典教程》(复旦大学出版社2002年)。2005年出版的有丁淦林等主编的《20世纪中国学术大典:新闻学传播学出版学》(福建教育出版社)、《聚焦与扫描:20世纪中国新闻学与传播学研究》(新华出版社);黄旦的《传者图像:新闻专业主义的建构与消解》(复旦大学出版社)以及谢静的《美国新闻媒介批评解读》(复旦大学出版社)。2006年,魏永征著的《新闻传播法教程(第二版)》(中国人民大学出版社)出版。

2000年,复旦大学新闻学院成为国内首批具有一学科授予权的博士点。2001年,复旦大学信息与传播研究中心被批准为教育部人文社会科学重点研究基地,是全国高校中唯一的传播学重点研究基地。2001年1月,国务院学位办公室批准上海社会科学院新闻研究所拥有新闻学硕士学位授予权。2001年12月,中共上海市委宣传部与复旦大学签署共建新闻学院的合作协议。2005年,教育部主办,复旦大学新闻学院,复旦大学研究生院联合承办了国内新闻传播教育领域第一个研究生暑期学校——"中外新闻传播理论研究与方法暑期讲习班"。

二、新闻业务

20世纪80年代,"报纸是阶级斗争的工具"的观念逐渐被摒弃,"新闻"重新得到重视,由此,对新闻采、写、编、评等业务操作有直接指导作用的研究或技巧概括,在这一时期也大量出现。就特点看,这些业务研究题材广泛,涉及方方面面,而且具有很强的针对性。1981—1982年,俞璟璐撰写了一系列介绍国外新闻写作的技巧和方法的文章:《西方新闻写作中的背景材料》(《新闻大学》1981年第1期)、《美国报纸新闻用语的特点》(《新闻大学》1982年第2期)等;叶春华发表《怎样修改稿件》(《新闻大学》1981年第1期);丁法章关于新闻评论写作的系列研究有:《谈谈新闻评论的特点》(《新闻大学》1981年第1期)、《报纸评论的分类》(《新闻大学》1982年第2期)、《新闻评论的品格》(《新闻大学》1982年第3期)、《漫谈评论选题》(《新闻大学》1984年第1期)等;张骏德发表《采访谈话是一种特殊艺术》(《新闻大学》1984年第1期);潘玉鹏发表《报纸版面与人物心理》(《新闻大学》1985年第9期);还有关于新闻摄影的技巧探讨,如马棣麟的《摄影曝光技术问答》(《新闻大学》1981—1983年)、曹宠的《谈谈战地新闻摄影》(《新闻大学》1981年第2期)、颜志刚的《新闻照片的评价及其标准问题》(《新闻大学》1984年第1期)等。

1982—1985年,夏鼎铭对各种专业报道作了深入探讨并发表了系列文章:《论经济报道(上)(下)》(《新闻大学》1982年第5期,1983年第1期)、《谈谈法制报道》(《新闻大学》1982年第4期)和《科技成果的报道》(《新闻大学》1986年第12期)等。此外,李良荣的《中国报纸文体发展概要》(福建人民出版社 1985 年),在国内最早对报纸文体演变作了系统概括和分析。

这一时期新闻业务研究最引人注目的是教材。以复旦大学新闻系为主的新闻业务教材编写,获得全国新闻教育界的高度关注与肯定。1978 年,复旦大学新闻采访写作教研组编印了《采写经验选(教学用书)》《消息选》,新闻摄影教研室编印了《新闻摄影:摄影技术讲义(教学用书)》。1979 年,采访写作教研室编印的《通讯选(1—3)》出版。1980 年,复旦大学新闻学系编写的内部教学材料《报纸编辑工作文选》和《新闻写作研究》出版。1983 年,复旦大学新闻系教授周胜林撰写的《通讯写作浅探》(新疆日报社出版社)出版。

1984 年,复旦大学新闻系主编的"新闻学基础教材丛书",陆续由复旦大学出版社和福建人民出版社出版,这套教材吸收了国内外较为先进的新闻学教研成果,涵盖了大学本科新闻学专业的基本专业内容,被全国其他高校多有采用。其中 4 本就属于新闻业务方面:《新闻采访与写作》(复旦大学出版社 1984 年,被列入国家教委文科教材计划,多次再版)、《新闻评论学》《报纸编辑工作》(福建人民出版社 1985 年)以及《摄影基础教程》(复旦大学出版社 1985 年)。1987 年,《消息选评》(复旦大学出版社 1987 年)出版并加入该丛书。此外,还有周胜林、严硕勤编撰的《新闻采访写作参考资料》(中央广播电视大学出版社 1985 年)、《中国新闻通讯选》(中央广播电视大学出版社 1985 年),张骏德、刘炳文编撰的《新闻采访原理与技法》(上海社会科学院出版社 1989 年),陈继超、张骏德著的《摄影基础知识与技能》(安徽人民出版社 1989 年)。总之,上海的新闻业务教材品多类广,涉及业务各门课程,适应了当时新闻学教学之急需,对于全国新闻业务人才的培养发挥了重要作用。

20 世纪 90 年代,随着新闻业界市场化运作的不断深入,新闻业务研究与业界实践的变化紧密结合,视野上也有所扩大。主要有如下几个特点:第一,在教材编写上更加关注现实实践的变化,及时吸纳新的做法和变化,并从理论上加以解释。这最明显的是,各种教材都冠之以"当代"或"现代",如朱辉、周胜林的《当代办报策略与新闻采写艺术》(复旦大学出版社 1996 年),刘海贵的《现代新闻采访学》(四川人民出版社 1996 年)和《当代新闻采访》(复旦大学出版社 1997 年)。第二,新闻职业心理与道德研究开始成为关注的一个焦点。1997 年,陈桂兰主编《新闻职业道德教程》(复旦大学出版社),刘海贵出版《新闻心理学》(复旦大学出版社)。1998 年,黄瑚出版《新闻法规与新闻职业道德》(四川人民出版社)。

1999 年,解放日报社设计、安装的国内第一个电子采编实验室,在复旦大学新闻学院挂牌成立,复旦大学的新闻业务课程也正式进入采、编、排"三合一"时代。2000 年之后,一方面原有的一些论题,比如"报纸言论"(周胜林的《报纸言论漫谈》,《新闻大学》2002 年第 3 期)、"新闻摄影"(颜志刚的《浅谈新闻摄影的四大要点》,《新闻大学》2002 年第 3 期;《数码摄影的特点与前景》,《新闻大学》2003 年第 1 期;周伟明的《新闻摄影要注重表现现场气氛》,《新闻爱好者》2001 年第 8 期)等继续得以延续,更突出的是在教材和著作出版上有新的进展,采、写、编等的边界不断扩展。如黄瑚主编的《新闻法规与职业道德教程》(复旦大学出版社 2003 年),颜志刚的《数码摄影教材》(复旦大学出版社 2005 年),姚福申、管志华编著的《中国报刊副刊学》(上海人民出版社 2007 年),严三九的《经济新闻写作教程》(北京大学出版社 2007 年)和林晖著的《新闻报道新教程:视角、范式与案例解析》(复旦大学出版社 2007 年),被列为普通高等教育"十一五"国家级教材规划。此外,顾铮出版了一系列摄影著作:《国外后现代摄影》(江苏美术出版社 2000 年)、《自我的迷宫》(山东画报出版社 2003 年)、《城市表情》(江苏人民出版社 2003 年)、《世界摄影史》(浙江人民美术出版社 2005 年),凸显了上海在这方面的实力。

另一方面,在互联网不断发展、中国加入"WTO"以及媒介集团化的背景下,关于新的报道观念、方式和技巧成为新闻业务讨论中的一个新亮点。2004年潘玉鹏根据网络时代的新特点,发表《把报纸编辑部改造成多媒体新闻信息平台》(《报刊业务探索》2004年第1期);李良荣撰写《面对新媒体挑战,党报要改变报道模式》(《新闻大学》2000年第3期);李良荣、童希发表《互联网时代新闻报道新思维》(《现代传播》2010年第10期);张子让建议对新闻的编排要更加突出段落化,以吸引读者(《新闻个体的分解式编排》,《新闻记者》2001年第7期);这恰好与呼唤"新闻摄影的视觉冲击力"形成呼应(颜志刚的《新闻摄影应把视觉冲击力放在首位》,《新闻记者》2004年第12期)。还有关于"网络上的新闻评论"之写作(丁法章的《浅谈网络新闻评论》,《新闻大学》2008年第4期)、主张"报道方式的革新"(张骏德、王博一宝的《试论我国改革开放以来报道方式的革新》,《新闻大学》2008年第3期),也有建议从"叙事学"来思考新闻报道的策略(陈虹的《试论新闻报道的叙事策略》,《新闻记者》2005年第5期)。

三、新闻史

上海是中国新闻史研究的重镇,有着悠久的传统和雄厚的基础。1978年后,新闻史研究重新开始,一些重大的史料建设工作由此展开,为后来的中国新闻史乃至于历史研究打下了良好基础。1982年,市委宣传部批准上海书店出版社影印发行《申报》。此后,该社还陆续出版《申报索引》(1988年)、《新华日报》影印版(1988年)、《良友画报》(1989年)、《申报画刊》(1989年)。1988年,文汇报报史研究室编写并出版《文汇报史略》。

其次,有关报人和报刊的研究朝着多点多向展开,其中有陈独秀的报刊活动,如宁树藩的《陈独秀与〈新青年〉》(《复旦学报》1979年第3期)、马光仁的《陈独秀与〈安徽俗话报〉》(《新闻大学》1986年第12期);有对于抗战时期报刊的关注,如丁淦林的《从"九一八"到"七七"期间抗日救亡运动中的报刊》(《新闻大学》1985年第10期),黄瑚的《上海"孤岛"时期抗日报刊述评》(《新闻与传播研究》1987年第3期)、《日本在我国沦陷区的新闻统制政策》(《新闻大学》1989年第3期),马光仁的《汪伪在上海的新闻宣传活动》(《新闻大学》1989年第3期)分别从不同侧面展示了抗战运动中报刊斗争的复杂面貌;有侧重于辛亥革命前后的报刊宣传,如王中的《从〈民立报〉等报刊资产阶级革命派的报刊思想》(《新闻大学》1983年第1期),李龙牧的《辛亥革命前后的报刊》(《新闻大学》1982年第2期)。对于晚清早期传教士报刊的研究,宁树藩的《〈察世俗每月统计传〉评述》(《新闻大学》1982年第4期)和《〈东西洋考每月统记传〉评述》(《新闻大学》1982年第5期)两文纠正了以往的一些陈说。中国共产党的报刊及其历史实践,在这时期也得到高度重视,丁淦林的《一九四七年的反对"客里空"运动》(《新闻大学》1982年第4期)和《一九五六我国新闻工作改革概述》(《新闻大学》1982年第3期),对于这两个在中共党报史上的重大事件作了具体的分析和评述。新闻业务的历史变化也得到了初步展现。宁树藩的《中国的报纸副刊是怎样诞生的》(《新闻学研究》1980年12月)、《中国近代报刊的业务演变概述》(《新闻大学》1981年第1期)梳理了中国报纸业务的演变过程。

邹韬奋研究是该时期的一个重点。1980年,丁淦林的《珍贵的遗产——韬奋的办报思想》(《社会科学》1980年第4期)详细梳理了邹韬奋的办报思想。谭启泰的《邹韬奋与〈生活日报〉》(《新闻大学》1982年第3期)探究了邹韬奋创办《生活日报》的历程;丁淦林、宁树藩、章玉梅、谭启泰合写的《从改良走向革命的道路——探讨邹韬奋主编〈生活〉的经验之一》(《新闻大学》1984年第1期)、《"生活"的特色——探讨邹韬奋主编〈生活〉的经验之二》(《新闻大学》1984年第2期),以及丁淦林的《韬奋小传》(《新闻记者》1984年第7期)比较全面地描述了邹韬奋的办刊精神和人生。1980年,复旦大学新闻学系编写的《人民的喉舌：韬奋论报刊》（福建人民出版社）出版，全面记录了邹韬奋新闻思想的形成与发展。1982 年，复旦大学新闻系编的《邹韬奋年谱》出版。

这时期另外一个特色，是姚福申对于古代新闻史的研究，比如《有关邸报几个问题的探索》（《新闻与传播研究》1981 年第 4 期）、《唐代新闻传播活动考》（《新闻大学》1982 年第 5 期）、《中国古代官报名实考》（共三篇）（《新闻与传播研究》1985 年第 3 期、1985 年第 5 期、1986 年第 1 期）、《关于元代“邸报”的考证》（《新闻大学》1986 年第 12 期）、《古代报纸产生前的新闻传播活动》（《新闻与传播研究》1988 年第 1 期）、《唐代孙处玄使用“新闻”一语的考辨》（《新闻大学》1989 年第 1 期）等，对这以往很少有人涉足的领域有所开拓。此外，他还从报刊史向编辑史扩展，如《有关中国编辑史若干问题初探》（《编辑学刊》1986 年第 1 期）、《中国编辑工作溯源》（《编辑之友》1986 年第 4 期）、《上古文献的形成与编辑工作的起源》（《编辑学刊》1987 年第 3 期）等文章，就编辑史研究的主要问题、中国编辑史的流变等问题展开了探讨。也有学者提出要重视关于中国摄影史的研究，如舒宗侨的《开展〈中国摄影史〉的编写工作 我国摄影事业的一项基本建设》（《新闻大学》1983 年第 1 期）、《图象事业面临信息革命的挑战》（《新闻大学》1985 年第 9 期）；要展开世界新闻学说史研究，如高冠钢、武伟的《展开世界新闻学说史研究》（《新闻大学》1985 年第 11 期）；要重视中国新闻学术发展史的研究，如徐培汀的《重视中国新闻学术发展史的研究》（《新闻大学》1989 年第 3 期）。

与此同时，编著出版教材以应教学之需，是这时期的又一个特色。1978 年，复旦大学新闻史教研组将 1959 年编写的《中国新民主主义时期新闻事业史》重新印刷（内部铅印）。1985 年，李牧龙著的《中国新闻事业史稿》（上海人民出版社）出版。1986 年，复旦大学新闻学系新闻史教研室编写出版《简明中国新闻史》（福建人民出版社）。1987 年，辅助教学之用的复旦大学新闻史教研室编的《中国新闻史文集》（上海人民出版社）出版。

1988 年 3 月，上海社会科学院新闻所设立新闻史研究室。进入 20 世纪 90 年代，中国新闻史关注的报刊、机构等对象更为多样化，成果也更加丰富。传教士及其早期的刊物仍然继续受到重视，如宁树藩的《关于〈澳门新闻纸〉和〈澳门月报〉》（《新闻研究资料》1990 年 7 月）、陈镐汶的《从〈遐迩贯珍〉到〈六合丛谈〉》（《新闻研究资料》1993 年第 2 期）。

这一时期，研究者的眼光开始注意报刊以外的新闻机构。如马光仁的《旧上海通讯社的发展》（《新闻与传播研究》1992 年第 4 期）、《旧上海广播电台改造始末》（《新闻大学》1993 年第 2 期）考察了旧上海的通讯社的发端发展脉络以及广播电台的改造的始末。同时也有学者注意旧中国报纸经营及企业化问题，如姚福申的《“四社”——旧中国报业集团化经营》（《新闻大学》1997 年第 4 期）、《解放前〈新闻报〉的经营策略》等；丁淦林的《邹韬奋的报刊广告观》（《新闻大学》1996 年第 1 期）把邹韬奋的研究延展到其广告观念；姚福申的《中国晚报史考略》还对中国晚报历史做了初步整理（《新闻大学》1999 年第 1 期）。这一时期的扩展，还表现在报人和报纸研究的多样化，如姚福申的《五四时期〈时报〉的副刊研究》（《新闻与传播研究》1992 年第 4 期）、《胡道静先生的报人生涯》（《新闻与传播研究》1991 年第 3 期）等，以及黄瑚的《见〈檀山隆记新报〉原件后的考辨》（《新闻大学》1993 年第 4 期）、马光仁的《储安平与〈观察〉周刊》（《新闻大学》1994 年第 4 期）等。

这时期一关于范约翰《中文报刊目录》的使用与价值问题的讨论值得引起注意。先是周振鹤发表《新闻史上未被发现与利用的一份重要资料——评介范约翰的〈中文报刊目录〉》（《复旦学报》1992 年第 1 期），指出这份报刊对研究中国早期新闻史具有重要价值但却长期不为人所知，致使许多研究走了弯路。随之，宁树藩发表《怎样评价范约翰的〈中文报刊目录〉》（《复旦学报》1992 年第 5 期）予以回应，认为中国报刊史研究者并不是不知道这个目录，而是在研究中有所运用，同时指出范约翰的目录就当前看有着许多不足。周振鹤又对宁树藩的文章做出反批评《再谈范约翰的〈中文报刊目录〉——对宁先生的反批评》(《复旦学报》1992年第6期),认为宁文并没有证据证明新闻史研究者直接运用这个目录,而且目录是否有错谬,都不影响其应有的价值。这场讨论对于如何利用史料,更好推动中国报刊史研究有着重要的启示。

这时期,马光仁主编的《上海新闻史》(复旦大学出版社1996年)首次对1850—1949年的上海新闻业做了系统梳理和分析,是上海新闻史研究的一个重大收获。除此以外,这时期出版的主要论著还有:马光仁等合编的《瞿秋白年谱长编》(江苏人民出版社1993年)、秦绍德的《上海近代报刊史论》(复旦大学出版社1993年)、黄瑚的《中国近代新闻法制史论》(复旦大学出版社1999年)。教材方面有丁淦林主持编撰的《中国新闻事业史教学大纲》(高等教育出版社1996年)和《中国新闻事业史新编》(四川人民出版社1998年)。在新闻史料的整理方面,1991年,史和、姚福申、叶翠娣合编的《中国近代报刊名录》由福建人民出版社出版,收录了1815年中国近代报刊创刊以来至1911年辛亥革命期间,海内外出版的中文报刊1 753种和国内出版的外文报刊136种。1993年,文汇报报史研究室编写的《从风雨中走来:文汇报回忆录》(文汇出版社)面世。

进入21世纪,上海新闻史研究的一个突出特点是对已有中国新闻史研究和教学的反思。1998年,宁树藩、曾建雄在《强化本体意识,探求自身规律——新闻史研究的反思与前瞻》(《新闻记者》1998年第9期)中提出要强化新闻史研究的"本体意识"。2004年,丁淦林撰文提出新闻史教学的"革新"问题(《中国新闻史教学需要适时革新》,《新闻大学》2004年第3期)。2007年,《新闻大学》发起"中国新闻史研究现状笔谈",该年第1期刊登了5篇文章,上海有三位学者撰文参与,分别是丁淦林的《中国新闻史研究需要创新——从1956年的教学大纲草稿说起》、黄瑚的《论中国近代新闻事业发展的三个历史阶段》和黄旦的《报刊的历史与历史的报刊》,分别就中国新闻史研究的拓展、分期以及特性发表了自己的见解。讨论引发全国关注,随之在《新闻大学》2007年第3期和第4期,又发表了6篇文章,其中第4期有宁树藩的《关于中国新闻史研究中强化"本体意识"的历史回顾》和就这问题对宁树藩的专访(郭丽华、宁树藩《树立"本体意识",探索新闻特性,加强新闻史学科建设》)。改革开放以来,如此大规模且多方面检讨中国新闻史的研究尚属首次。

2002年,国家"十五"重点图书出版项目,丁淦林主编的《中国新闻图史》(南方日报出版社)出版。这是1978年以来第一本中国新闻史图史,而且在体例上多有创新。徐培汀、裘正义著的《中国新闻传播学说史》(重庆出版社2006年),第一次从古到今,对中国新闻传播思想做了系统梳理。此外,《宁树藩文集》(汕头大学出版社2004年)、《丁淦林文集》(复旦大学出版社2005年)和姚福申的自选论文集《学海泛舟二十年》(香港语丝出版社2001年)先后出版,这既是他们个人多年成果的集中展示,也在一定程度上展现了上海学者中国新闻史研究的水平。

这一时期在研究上还有一些新的成果,择其要者有丁淦林、陈巧云的《中国共产党党报史略》(《新闻记者》2001年第7期),黄瑚、范书杰的《新发现的欧洲第一份华人报刊〈飞龙报篇〉考》(《新闻记者》2004年第1期);武志勇对报刊发行历史的研究有《清末新闻出版法关涉报刊发行之律条浅析》(《新闻大学》2010年第2期)、与宋阳合作发表《论抗日战争时期〈晋察冀日报〉的发行工作》(《新闻大学》2006年第2期);黄旦的新闻思想史研究,如《中国新闻传播的历史建构——对三个新闻定义的解读》(《新闻与传播研究》2003年第1期)、《党组织办报与"手工业"工作方式——"全党办报"的历史学诠释》(《新闻大学》2004年第3期),以及与瞿轶羿合写的《从"编年史"思维定势中走出来——对共和国新闻史的一点想法》(《国际新闻界》2010年第3期)。陈建云所著的《大变局中的民间报人与报刊》(福建教育出版社)于2008年出版。

教材方面，丁淦林主持的普通高等教育“九五”国家级重点教材《中国新闻事业史》（高等教育出版社）在2002年出版。黄瑚著的《中国新闻事业发展史》（复旦大学出版社2009年）被教育部评为“十一五”国家级规划教材。

四、广播电视新闻

1978年至20世纪80年代初期，广播电视新闻研究、教学均属于起步阶段。学界和业界的讨论除了一些知识性介绍，如潘玉鹏的《二十四小时电视新闻》（《新闻大学》1984年第1期）、《日本的有线电视》（《新闻大学》1988年第1期），基本围绕广播电视新闻节目的内容、特性和技巧等层面展开；王一敏的《试论电视新闻的声话统一》（《新闻大学》1984年第2期）、《谈电视屏幕上的记者形象》（《新闻大学》1985年第10期）、《漫谈电视节目主持人》（《新闻大学》1985年第11期）、《电视新闻节目编排探讨》（《新闻大学》1986年第12期）等；方颂先的《对电视传播特性的再思考》、《电视新闻的节目构成》（《新闻大学》1986年第12期、第13期）；施天权的《电视新闻，走自己的路吧！》（《新闻大学》1985年第11期）、《电视批评性报道断想》（《新闻大学》1986年第12期）、《试析电视观众的参与性》（《新闻大学》1986年第13期）、《我国电视节目的发展趋势》（《新闻大学》1988年第1期）；陈培发的《电视新闻现场报道刍议》（《新闻大学》1985年第9期）等。

1984年9月，复旦大学新闻系开设广播电视新闻学专业。20世纪90年代后，随着广播电视的进家入户，其影响和重要性日益明显，相关研究也大大铺开，选题和视野也愈显多样化。首先，出现专注于广播电视新闻节目的研究，如张骏德的《试论广播电视节目主持人》（《新闻大学》1993年第2期）、《试论电视新闻评论》（《新闻大学》1997年第2期），以及张骏德与陈培发合作的《论电视新闻现场报道》（《新闻大学》1994年第1期），陆晔的《对电视新闻价值的再认识》（《新闻与传播研究》1996年第1期）等均着眼于揭示广播电视新闻实践的独特性。其次，从对外比较中来探讨中国广播电视的发展路径。如陆晔、赵月枝的《美国数字电视：在权力结构与商业利益之间的曲折发展》（《新闻与传播研究》1999年第3期），尹德刚的《澳门大众传媒现状与前瞻》（《新闻记者》1998年第7期），陆晔的《适度竞争、协调发展：上海广播电视改革模式探讨》（《新闻与传播研究》1998年第2期），李良荣的《中国电视业改革的结构调整构想》（《电视研究》1999年第12期）。第三，拓展除新闻节目之外的广播电视研究之新面向，如张骏德的《试论电视纪录片纪实风格的再发展》（《新闻大学》1996年第4期），陆晔、陈思劼、杨靖合作的《中国电视传播中的女性形象研究》（《新闻大学》1997年第1期），陈桂兰、张骏德、赵民合著的《试论我国电视业的法制化管理》（《新闻大学》1998年第4期）等。最后，互联网对于广播电视业发展的影响开始得到关注。如赵民、陈思劼的《试论网上广播的现状与前景——兼评因特网对传统广播电视媒体的影响》（《新闻大学》1999年第1期），张海鹰的《网络时代传播环境的变化给大众传媒带来的机遇和挑战》（《新闻大学》1999年第4期）等。1992年，华东师范大学创办了广播电视编导专业。1997年，张骏德主编的《现代广播电视新闻学》（四川人民出版社1996年）被评为上海市高校优秀教材。

进入21世纪，上海的广播电视新闻学在建制上有了新的变化。2001年，复旦大学新闻学院建立广播电视学系，并设立广播电视艺术学硕士点。2003年，又设立广播电视新闻学博士点。2007年，由市委宣传部、上海文广新闻传媒集团、上海精文投资公司出资建造的“复旦大学新闻学院—SMG演播中心”建成并正式投入使用，为广播电视学专业的学生提供专业化水准的实践基地。

在这一阶段，广播电视行业的变化及其发展吸引了不少研究者的眼光：如张骏德的《试论中国人民广播事业六十年的历史经验》(《新闻大学》2001 年第 2 期)、《论我国教育电视的历史使命》(《新闻大学》2006 年第 4 期),唐俊的《都市广播发展趋势前瞻》(《新闻大学》2001 年第 3 期),章平的《中国广播:业态与变革》(《新闻大学》2006 年第 2 期),孟建的《中国广电产业改革的奋进与迷思——对“广电集团化现象”的理论思考》(《中国文化产业评论》2003 年),林晖的《类型化——中国广播电视发展的必由之路》(《新闻记者》2001 年第 9 期),周葆华、刘芊芊的《多业并举:中国广电集团发展的策略和空间——以上海文广集团为分析个案》(《中国广播电视学刊》2003 年第 7 期)。陆晔、陈思劼、杨靖发表以上海广电行业从业者的状况为对象,分析行业的现状和未来的《上海广播电视媒体从业人员调查分析报告——跨世纪上海广电媒体发展战略研究》(《新闻大学》2000 年第 1 期)。也有的从广电行业内部入手探讨行业变化,如巢立明的《解读频道专业化》(《新闻大学》2002 年第 3 期),王学成的《对频道专业化与制播分离的思考》(《新闻大学》2002 年第 3 期),李良荣、林晖的《中国电视频道专业化的困惑和改革的思路》(《新闻大学》2003 年第 1 期),朱春阳、闫丽的《广播电视节目制作社会化:规制偏好与市场选择》(《中国广播》2007 年第 2 期)。此外,有学者从国外广电行业的变化来关照中国,如陆晔的《力量游戏:全球化过程中世界电视业的市场重构》(《当代电影》2001 年第 3 期)、张海鹰的《英国广播公司的网络及商业运作》(《新闻大学》2003 年第 3 期)。这一时期研究另一个突出特点,是结合新传播技术的变化来思考广播电视行业的未来,如王虎、严三九的《中国手机电视产业发展若干问题探析》(《新闻记者》2006 年第 7 期),严三九、王虎的《中国手机电视运营模式分析》(《新闻记者》2007 年第 6 期),童清艳、王卓铭的《中国广电与电信在 IPTV 中的博弈》(《新闻记者》2007 年第 6 期),姜讯、宋炯明和颜杰合写的《手机短信新闻管理产业发展初探》(《新闻记者》2007 年第 6 期),吴信训、王建磊的《中外视频网站上电视新闻传播现状与创新策略探析》(《新闻记者》2009 年第 2 期)。

这时期出版的教材不少,2001 年,有张骏德主编的《当代广播电视新闻学》(复旦大学出版社);2002 年,有赵凯、赵腓罗主编的《市场经济与广播电视管理》(复旦大学出版社)以及陆晔和赵民合编的《当代广播电视概论》(复旦大学出版社)。2008 年,又出版了张骏德等人编撰的《广播电视新闻实务教程》(文汇出版社)。

第二节　传 播 学

一、传播理论

传播学是一门从西方引入的学科。20 世纪 80 年代,上海成为引入传播学的桥头堡,上海学界在全国范围内较早对西方经典著作进行译介研究。首先,介绍作为学术概念的“传播”。1978 年,郑北渭在《外国新闻事业资料》第 1 期上,发表编译文章《公共传播学的研究》和《美国资产阶级新闻学:公共传播学》。进入 20 世纪 80 年代后,学者对“传播”概念进行了细致的辨析。1981 年 6 月,居延安写了首篇以传播学为题的硕士毕业论文《美国传播理论研究》,阐述“传播的社会功能”“传播的效果”和“美国传播理论产生的土壤”等内容。

此后,传播学的译介范围有所扩展,主要针对美国传播学,郑北渭、俞璟璐、居延安等发表了一系列论著。郑北渭介绍了美国传播学的产生环境和特征,在《新闻战线》上发表《传播学简介(一)》(1983 年第 2 期)、《传播学简介(二)美国传播学的产生与奠基人》(1983 年第 4 期),以及《对西方传播理论的一些认识》(1984 年第 5 期)。俞璟璐注意到了传播学的理论渊源,其《传播是一个开放性的动态系统——传播系统理论初探》(《新闻大学》1985 年第 10 期)考察了美国传播学与控制论、信息论、系统论的关联；《欧美大众传播研究的传统、特点与发展趋势》（《新闻大学》1985年第9期）比较了欧洲和美国大众传播研究在理论基础、研究方向和研究方法上的异同。居延安的《象征互动论对传播学研究的影响》（《社会》1985年第1期）介绍了传播学科史上一个常被忽略的理论渊源，即基于微观人际交往的象征互动论；《关于文化传播学的几个问题》（《复旦学报》1986年第3期）还引入了跨文化传播的基本概念。

20世纪90年代后，传播学研究开始进行常规化的学科建设。一方面，出现了传播学教材，如张国良的《现代日本大众传播史》（学林出版社1992年）、《传播学原理》（复旦大学出版社1995年）以及《现代大众传播学》（四川人民出版社1998年）。还有学者对宣传重新认识。1992年，戴元光出版《现代宣传学概论》（兰州大学出版社），探讨宣传的历史、理论与实践。

另一方面，学者开始意识到经典的传播学科书写模式——5W模式和学科四大奠基人——的局限，尝试探索其他的理论资源和研究方向，在《新闻大学》上发表一系列的论文。1994年，潘玉鹏发表《建立中国特色的组织传播学》（第2期），介绍组织传播学，以解释国家、国际机构、企业和社会团体的内部传播机制。1996年，林之达在《新的传统学理论框架研究》（第3期）中指出5W模式在研究者的头脑中浇铸一个僵化的思维定式，一些不能回避而又超出这5个领域的问题只能被勉强塞进这个框架。1997年，张咏华发表《一种独辟蹊径的大众传播效果理论——媒介系统依赖论评述》（第1期）。20世纪的最后几年，出现了一批回顾20年来传播学科研究发展阶段分期、成就与不足的研究，如黄旦、韩国飚的《1981—1996：我国传播学研究的历史和现状——对几种新闻学术刊物的简略考察》（1997年第1期）和廖圣清的《我国20年来传播学研究的回顾》（1998年第4期）。

1997年，复旦大学设立传播学博士点；1998年，复旦大学建立中国大陆第一个新闻传播学博士后流动站；2000年，复旦大学被批准为具有一级授予权的新闻传播学博士点。同年，复旦大学信息与传播研究中心被教育部确定为传播学的国家级文科研究基地。

进入21世纪后，传播学研究成为一门显学。研究取向日趋多样化，除了继续深化大众传播理论研究，还对其他领域进行了考察。这一时期出版众多的传播学教材，如戴元光（及合作者）的《大众传播学的定量研究方法》（上海交通大学出版社2000年）、《传播学通论》（上海交通大学出版社2000年）、《传播：人的本能》（上海交通大学出版社2003年）、《传播学研究理论与方法》（复旦大学出版社2003），谢金文的《新闻·传媒·传媒素养》（上海社会科学院出版社2004年）、《新闻与传播通论》（复旦大学出版社2006年），张国良的《传播学原理》（第二版）（复旦大学出版社2009年），许正林的《传播理念的核心与边界》（上海三联书店2009年）等。

随着传播理论研究的深入，学者开始尝试将传播学与中国现实结合起来，并进行了本土化的重新定位。2005年，金冠军、戴元光的《中国传播思想史》（上海交通大学出版社），分三卷本探讨中国人五千多年来关于传播的认知、理解和思想。戴元光的《社会转型与传播理论创新》（上海三联书店2008年）认为传媒制度转型和理论创新问题是中国传媒发展的基本变量。姚君喜的《社会转型传播学》（上海交通大学出版社2008年），提出"社会转型传播学"的理论框架和分析方法。还有学者考察新环境下的传媒制度变迁。郑涵与合作者先后出版《当代传媒制度变迁》（上海三联书店2008年）和《亚洲传媒发展的结构转型》（上海三联书店2009年），探讨全球化语境下的中国传媒产业的体制创新与发展问题。

学者开始超越经典大众传播理论对短期效果的关注，把媒介的长期社会效果纳入考察范围，特别是大众媒介对乡村发展的影响。在2002年的"农村经济社会发展与媒介传播学术研讨会"上，李良荣指出当前中国农村受众处于信息匮乏的状态之中，根源在于大众传媒没有真正考虑农村居民的信息需求。在具体媒介消费行为上,王玲宁、张国良的《我国农村受众媒介接触行为调查分析》(《新闻记者》2003年第11期)发现,农民观念的现代化程度有所提升,了解国内外大事取代了消遣娱乐,成为农村受众接触媒介的首要动机;龙耘、张国良在《电视剧中电视暴力的扫描与分析》(《电视研究》2003年第8期)中发现电视剧消费呈现较为显著的地区差异。郭建斌在《传媒与乡村社会:中国大陆20年研究的回顾、评价与思考》(《现代传播》2003年第3期)中回顾了大众媒介与乡村社会研究的20年历史。

中国早期的传播学研究,以功能主义主导的美国主流传播学为范本,但上海学者逐渐重新发现了被遮蔽的其他范式和流派。2005年,许正林出版《欧洲传播思想史》(上海三联书店)。2006年,黄旦、李洁发表《消失的登陆点——社会心理学视野下的符号互动论与传播研究》(《新闻与传播研究》第3期)。2008年,曹晋、赵月枝发表《传播政治经济学的学术脉络与人文关怀》(《南开学报》第5期)。更广泛的研究领域里,有学者考察了传播学的话语实践维度。2007年,胡春阳出版《话语分析:传播研究的新路径》(上海人民出版社),尝试将"话语分析"和"传播研究"结合起来。2008年,曹晋的《媒介与社会性别研究:理论与实例》(上海三联书店)勾勒了西方女性主义批判传播研究的理论、主要议题与质化方法。

在个性化的网络媒体环境下,人际传播问题得以凸显,学者对其理论渊源和发展历史进行了总结。2007年,薛可、余明阳出版《人际传播学》(同济大学出版社)。胡春阳发表《西方人际传播研究的问题系及其由来》(《新闻大学》2007年第2期)、《人际传播:学科与概念》(《国际新闻界》2009年第7期)。殷晓蓉、忻剑飞发表《当代美国人际传播学的发展与趋势》(《杭州师范大学学报》2008年第2期)。还有学者探讨了在新的媒介环境下人际传播的变化,如赵高辉的《匿名、互动与身份认同——2003—2007年网络人际传播研究综述》(《新闻传播》2009年第4期)和周俊的《探析新型人际传播方式下的人际关系——以网络、手机人际传播为例》(《今传媒》2010年第5期)。

随着中国加入WTO并在国际舞台上扮演重要角色,国际传播也成为重要的议题。2003年,郭可发表《网络媒体在对外传播中的应用》(《新闻大学》第2期),2003年和2004年,复旦大学出版社出版他的《当代对外传播》和《国际传播学导论》两部著作。上海世博会使城市传播成为热点问题。2010年,郭可在《全球媒体中的上海世博会及城市形象》(《公共外交季刊》第2期)中,分析了全球媒体对上海世博会报道的特点。2011年,金定海出版《后世博研究》(学林出版社),聚焦世博会的整体空间设计、立体传播效应、商业运营模式以及商业广告传播相关的领域。

二、受众

受众研究是开展较早、成果颇为丰硕的研究领域。20世纪80年代新闻改革,媒体有了解受众群体的需要,理论界为此组织开展了大规模的受众调查。1985年,复旦大学新闻系组织了《上海市区新闻传播受众调查》,采用"一周日记法",在受众研究中最早采用了现代意义上的科学方法。

20世纪90年代,由于传媒市场的竞争日益激化,媒体对受众的争夺为研究提供了丰富的经济和社会资源。学界的研究层次更加深入,从对受众接触新闻媒介的外显行为的调查,转入对新闻传播与受众内在思想观念关联性的研究。《新闻大学》刊发一系列相关论文:谢静的《社会转型期的受众分析》(1996年第3期)、廖圣清的《中国受众与新闻媒介——从15年来受众调查看获取新闻主渠道和对传媒总体评价的变迁》(1997年第2期)。除了量化方法,质化传播研究方法也开始受到注意,廖圣清、丁国生的《请看传媒如何改变"上帝"——从培养理论的视角看美国电视剧对受众的影响》(1996年第3期),从培养理论的视角分析美国电视剧《干杯》。

21世纪后,受众研究在方法的科学性和规范性上有了很大进步。2002年,童清艳出版《超越传媒——揭开媒介影响受众的面纱》(中国广播电视出版社)。2009年,廖圣清的《西方受众研究新进展的实证研究》(《新闻大学》第4期),系统概括西方受众研究的发展历程。

在实证研究方面,本阶段也取得丰硕成果。张国良等考察上海市民与媒介生态的关系,在《新闻记者》(2000年第7、8、9期)连续发表3篇《"上海市民与媒介生态"抽样调查报告》;2009年,在对全国的传播事业状况、受众的媒介接触行为以及大众传播与社会发展的互动关系等诸多问题调查和研究的基础上,推出九卷本《中国发展传播学》(浙江大学出版社)。童兵等探讨中国受众媒介接触和认知的宏观情况,在《新闻界》2007年第6期发表3篇"科学发展观与媒介化社会构建"系列报告。

2009—2010年,复旦大学信息与传播研究中心进行"新传播形态下的中国受众"课题调查,考察社会转型期和新传播技术环境下中国公众的媒介使用形态和传播效果。调研成果包括《新闻大学》2010年第2期的6篇论文:潘忠党、於红梅的《互联网使用对传统媒体的冲击:从使用与评价切入》,陆晔的《媒介使用、社会凝聚力和国家认同——理论关系的经验检视》,张志安的《上海市民使用网络媒体的特征、动机及评价》,周葆华的《新媒体使用与主观阶层认同:理论阐释与实证检验》,廖圣清的《上海市民的意见表达及其影响因素研究》和楚亚杰的《社会交往与手机使用:上海受众手机使用的实证研究》。

三、效果

在主流的学科史叙述中,传播研究史往往被建构为经验—功能主义主导的效果研究史。上海学界在20世纪80年代接触传播学时就是从效果研究开始的,但直到21世纪以后才对其性质、状况及与其他流派的关系,有了较为系统深入的把握。2008年,周葆华出版《效果研究:人类传受观念与行为的变迁》(复旦大学出版社)。

【议程设置】

议程设置于20世纪90年代后期进入学者的视野。1998年,凡军、叶昌前发表《"议程设置"在电视报道中的作用》(《新闻大学》第3期),引入议程设置概念。此后,学者系统地介绍了议程设置的理论渊源和历史演变,包括殷晓蓉的《议程设置理论的产生、发展和内在矛盾——美国传播学效果研究的一个重要视野》(《厦门大学学报》1999年第2期),黄瑚、李俊的《"议题融合论":传播理论的一个新假设》(《新闻大学》2001年第2期),李本乾的《中国大众传媒议程设置功能研究》(甘肃人民出版社2002年)、《议程设置思想渊源及早期发展》(《当代传播》2003年第3期)以及《议程设置理论研究的趋势》(《当代传播》2004年第2期),唐丽燕的《九十年代以来"议程设置"理论研究动态》(《新闻知识》2009年第2期)。随着研究的深入,有学者注意到与议程设置高度相关的另一理论——框架理论,邓惟佳的《试论架构理论在新闻传播学的运用》(《国际新闻界》2008年第3期)初步介绍了框架理论的理论渊源与现实运用。同时,学者尝试将议程设置运用到中国本土环境,如李本乾、张国良的《受众议程、媒介议程与真正现实关系的实证研究》(《现代传播》2002年第4期)和《中国受众与大众传媒议程设置功能研究》(《复旦学报》2003年第1期)。

议程设置的一个重要研究方向,是考察政府信息公开机制在设置媒介议程上的有效性。2010年,黄旦、钱进发表《控制与管理:从"抗灾动员""议程设置"到"危机传播"——对我国传媒突发性事件报道历史的简略考察》(《当代传播》第6期)。

【培养分析(涵化理论)】

相比其他效果研究理论,培养分析考察的是受众在较长时段上的态度和认知变化。上海学者的培养分析相关研究,大多是对理论进行介绍,少数实证研究的结论也有较大分歧。2002年,龙耘在博士学位论文《中国大众传媒涵化功能研究——以"电视暴力"为视角》中,较为系统地检验了观念现实、媒介现实及客观现实三者之间的关系。与此相对,2005年,王玲宁、张国良在《网络暴力游戏对青少年的"涵化"影响——对上海市中学生的调查》(《当代青年研究》第5期)中发现偏好网络暴力游戏与青少年的暴力赞成程度显著相关。

【知识沟】

2000年以后,随着数字技术的飞速发展,"知识沟"和社会不平等问题引起关注。2001年,丁未的《大众传播的社会结构与知识差异——明尼苏达小组早期知沟假设研究》(《新闻大学》第3期),是上海学者中较早明确介绍知识沟的。知识沟研究主要体现为实证研究,包括两个方向:一是信息化环境下知识沟的存续问题,主要成果有丁未、张国良的《网络传播中的"知沟"现象研究》(《现代传播》2001年第6期),王凤仙的《网络时代下受众知识沟的扩大与缩小与否之辨析》(《新闻传播》2011年第11期)以及黄炎宁的《新媒体知识沟与数字鸿沟的融合》(《当代传播》2012年第6期);另一个更侧重不同社会群体间的信息沟,较为典型的有张国良、丁未的《中国大众传播媒介与"知沟"现象初探——以上海和兰州为例》(《新闻记者》2002年第11期)和王迪的《儿童对电视广告中健康信息认知的"知沟"研究》(《新闻大学》2010年第1期)。

【第三人效果】

2001年,谢静初步介绍第三人效果,发表了《媒介对谁更有效?——"第三人效果"理论综述》(《新闻大学》第2期)。禹卫华集中探讨了该理论的发展及在中国的运用,写作(或与人合作)了多篇论文,如《"第三人效果"研究的新动向——"间接影响模式"的提出及其应用》(《新闻记者》2008年第4期),《戴维森与第三人效果:一种舆论学的视角》(《国际新闻界》2009年第10期)等。

四、大众文化

大众文化研究在20世纪80年代就有初步探讨,90年代以后,由于电视的迅猛发展,学者开始关注大众文化和大众社会,并引入德国法兰克福学派关于文化工业和英国文化研究的论述,来解读这种新的社会文化现象。

【大众文化概念】

20世纪80年代,学者初步引介大众文化概念,尝试摆脱"高雅—低俗文化"的区分,对作为一种现代现象的大众文化进行分析。1985年,傅铿在《大众文化和中学生社会化问题》(《社会》第6期)对大众文化持负面评价。1988年,高冠钢发表《大众文化:当代文化的主角》(《复旦学报》第3期)倡导加强对大众文化的研究。20世纪90年代以后,中国社会经历了一场急剧而深刻的文化变迁,其标志就是大众文化的兴起。2000年以后,上海学者进行了深入的研究。2003年,陈立旭在《大众文化的兴起与当代文化转向》(《浙江学刊》第6期)中指出，大众文化借助于现代传播媒介和商业化运作机制，改变了当代社会文化的走向。2005年，贾明在《文化转向：大众文化时代的来临》(《上海师范大学学报》第1期)中提出大众文化颠覆了经典文化的观念，改变了以往的生活和文化结构。有学者关注到大众文化与媒介的关系，包括孙玮的《以大众的名义——当前大众传媒的文化民粹主义倾向分析》(《新闻大学》2006年第3期)以及《编辑学刊》2009年第6期发表的雷启立的《新媒体的传播偏向与大众文化》和刘影的《流行语变迁与大众文化传播》。

【文化研究】

2000年以后，上海学者全面地引入了文化研究。杨击对英国文化研究进行了系统深入的研究，相继发表《雷蒙·威廉斯和英国文化研究》(《现代传播》2003年第2期)、《抵制与救赎：两种批判策略的比较研究》(《新闻大学》2004年第4期)。2006年，杨击出版了《传播·文化·社会——英国大众传播理论透视》(复旦大学出版社)，剖析了当代英国传播研究特有的理论面貌和书写风格的前因后果。

受英国文化研究后期发展的启发，一些学者将关注点转移到了消费文化研究。2004年，姚登权在《后现代文化与消费主义》(《求索》第1期)中指出消费文化的兴起与后现代主义相关。2008年，江山发表《当代消费文化理论模式的构建：一个分析框架》(《重庆社会科学》第4期)，通过文化经济、生活风格与生活美学三个概念，构建起消费文化在宏观与微观两个层面的分析框架。雷启立在《传媒的幻象：当代生活与媒体文化分析》(上海书店出版社2008年)中指出消费意识形态已经取代传统的意识形态在人们的日常生活中构成主导力量。

【文化工业理论】

20世纪80年代中期就有少许于批判学派的研究，但没有形成风气。2000年后，研究逐渐形成规模，在引介西方理论的同时，还注重考察其在中国语境下的有效性，如黄旦、黄燕虹的《文化工业理论及其批判性思考》(《新闻记者》2004年第5期)等。在与其他学派的关系上，有刘晓红的《共处·对抗·借鉴——传播政治经济学与文化研究关系的演变》(《新闻与传播研究》2005年第1期)。

五、网络传播

2005年是中国报业的拐点，也是新闻传播研究的分水岭，此后网络迅猛发展，网络传播及新媒体传播成为最为活跃的研究领域。研究者首先考察传播环境的变化，以及经典理论的适用性；随着网络对社会生活的渗透，研究焦点开始转向新技术条件下的新现象和新问题，如网络语言、网络群体性事件等。

【网络环境】

2000年前后，数字技术萌发之初，上海学者就关注到了这一新兴的社会文化现象。2002年，赵士林、彭红出版《网络传播论》(上海交通大学出版社)。同年，孟建、祁林出版《网络文化论纲》(新华出版社)。有学者注意到传媒业自身的变化，如张海鹰的《网络时代传播环境的变化给大众传媒带来的挑战和机遇》(《新闻大学》1999年第4期)和张咏华的《网络挑战电视——解读国外两份最新因特网调查报告》(《新闻记者》2004 年第 11 期)。围绕网络环境下“受众”的新特征,2006 年,周朝霞发表《大学生网络传播行为嬗变的实证研究》(《复旦学报》第 4 期);2007 年,薛可、方慧发表《从播客现象解读网络的亚文化传播对社会个体现实行为的影响》(《新闻界》第 5 期);2008 年,黄时进发表《论科学传播受众的网络时代特征——基于布尔迪厄场域理论的视角》(《学术界》第 2 期)。杨鹏的《网络文化与青年》(清华大学出版社 2006 年)则专门考察了青年受众群体。

【经典理论反思】

20 世纪 90 年代末,上海学者开始思考网络传播对经典理论与问题的影响。其中,新闻业的“把关人”理论受到了重新审视,相关研究包括:钱季平的《信息特权的崩溃与权威的重建——析网络时代的“把关人”》(《现代传播》1998 年第 1 期),胡正娥、李芃的《网络时代“把关人”角色的嬗变》(《新闻大学》1999 年第 4 期)。网络引发了关于自由和个性解放的讨论,一些学者认识到网络自由的双面性,如丁未的《网络空间的民主与自由》(《现代传播》2000 年第 6 期),胡春阳的《网络:自由及其想象——以巴赫金狂欢理论为视角》(《复旦学报》2006 年第 1 期)。

【新现象探索】

网络传播生态产生了新的现象和问题,包括网络语言、以论坛为代表的新平台,以及网络舆论和群体性事件等。2008 年,薛可、梁海、余明阳发表《基于信息平衡的网络论坛传播模式研究》(《上海交通大学学报》第 4 期),研究论坛的形成原因与传播机制,考察了网络语言的特点、功能、形成原因及对社会文化的影响。2009 年,顾源发表《社会学视野下的网络流行语分析》(《理论界》第 7 期)。

六、新媒体和媒介融合

新媒体研究在 2006 年以后才受到学界的普遍关注,焦点集中在传媒业转型、新媒体在具体事件中的运用等具体问题,更深入的理论探讨是在 2010 年后展开的。2006 年,蒋宏、徐剑出版《新媒体导论》(上海交通大学出版社),从理论阐述和实务讲解两方面对新媒体进行了系统分析。2010 年,相德宝发表《中国新媒体研究的三个阶段》(《今传媒》第 4 期)。

学者首先考察的是新媒体对传媒业的冲击和调整,如周笑的《新媒体:重塑媒介产业结构的力量》(《中国传播学论坛会议论文集》2006 年)、蒋宏的《技术驱动下的媒体变革》(《新闻界》2007 年第 4 期)、朱春阳的《新媒体背景下的传媒创新特征》(《当代传播》2008 年第 6 期)等。

技术推动了“媒介融合”,学者从媒介融合现状、所引发的媒介的裂变与重组、以及媒介生产方式的革命等层面切入,进而分析由此而来的媒介化社会浪潮和未来发展之路。2006 年,孟建、赵元珂在《媒介融合:粘聚并造就新型的媒介化社会》(《国际新闻界》第 7 期)中认为“媒介融合”浪潮不仅将引起媒介生产方式的革命,并将成为推动“媒介化社会”形成的核心动力。2010 年,姚君喜、刘春娟在《“全媒体”概念辨析》(《当代传播》第 6 期)中,对全媒体概念及内涵进行辨析。同年,邓建国在《媒介融合:受众注意力分化的解决之道——兼与“反媒介融合论”商榷》(《新闻记者》第 9 期)中阐明实质为“跨平台发布”的媒介融合是媒体集团发展的必然趋势。有学者关注到了“受众”在新媒体环境下的媒介接触和认知情况,以及与社会认同的关系。周葆华发表了《新媒体使用与主观阶层认同：理论阐释与实证检验》(《新闻大学》2010 年第 2 期)。2010 年，申琦出版《手机信息传播法律与管理问题研究》(厦门大学出版社)，审视了手机传播的特性，以及不同制度下的法律与监管问题。以微博为代表的新媒介在 2010 年前后崛起，对此罗璀发表《分享和发现的力量——微博引发的“微革命”》(《新闻世界》2010 年第 8 期)。

第三节　广告公关学

一、广告理论

中国广告业在 19 世纪下半叶就已出现，但由于环境变动，直到 1979 年才再次登上大陆历史舞台。广告研究在经济学视野下最早展开，经历了 20 世纪 70 年代末的初步引介、20 世纪 90 年代侧重市场营销，以及 21 世纪以来考察广告传播过程三个发展阶段。

1979 年 1 月 14 日，《文汇报》发表文章《为广告正名》，引起国内外的广泛关注。1 月 28 日，上海电视台率先发布电视广告，带动广告业在全国各地的恢复。20 世纪 80 年代，中国社会改革，对信息和广告业具有强烈的需求。广告研究处在起步阶段，美国广告理论虽被引入，但由于当时社会仍处在卖方市场，并没有得到重视和实践。20 世纪 90 年代，随着市场经济的确立，广告业获得极其迅猛的发展。广告研究有了一些进展，早期主要是介绍学术历史与渊源，如王放的《中国报纸与广告的历史姻缘》(《新闻与传播研究》1994 年第 3 期)。到 20 世纪末具备一定的学理性，表现在两个方面，一是对广告创意和策划进行经验总结和理论概括；另一方面，出现介绍广告历史发展脉络的著作，如陈培爱的《中外广告史：站在当代视角的全面回顾》(中国物价出版社 1997 年)。

公益广告从 20 世纪 90 年代起，一直是学者关注的重点。1997 年，赵民、李东发表《公益广告的现状及其发展的几点建议》(《新闻大学》第 2 期)。2007 年，陈辉兴发表《中国公益广告研究述评：1991—2006》(《广告大观(理论版)》第 6 期)。21 世纪后，广告业的增速有所放缓，发展过程中呈现了更多的波动。广告研究蓬勃发展，进入理性和成熟阶段，成为一门独立学科。一方面，出现了众多构建完整学科体系的著作，不仅包括对基本概念和理论的介绍，还涵盖了广告调查、广告历史、广告教育等具体领域。相关著作包括：程士安的《广告调查与效果评估》(复旦大学出版社 2003 年)；黄美琴的《现代广告学》(中国科学文化出版社 2003 年)和《广告学概论》(中国建筑工业出版社 2008 年)；张殿元的《广告视觉文化批判》(复旦大学出版社 2007 年)；杨海军及合作者的《中国古代商业广告史》(河南大学出版社 2005 年)、《世界商业广告史》(河南大学出版社 2006 年)、《现代广告学》(河南大学出版社 2007 年)以及《中外广告史新编》(复旦大学出版社 2009 年)；许正林的《西方广告学经典著作导读》(郑州大学出版社 2009 年)；查灿长的《国外高校广告教育研究》(上海三联书店 2010 年)。此外，还出现了回顾学科研究发展历程的著作。2009 年，许正林、张惠辛出版了《中国广告学研究 30 年文选：1978—2008》(上海交通大学出版社)，汇集了 1979—2008 年间的 59 篇论文，反映了中国广告业发展 30 年以来的新理念和新问题。

另一方面，研究展现了更多理论关怀，并形成了四个焦点，即广告行业研究、网络/新媒体广告研究、广告伦理与法规、民国上海广告研究。

【广告行业】

20世纪90年代末,上海学者围绕广告行业兴起的背景、特征以及面临的问题等展开研究。1999年,周胜林发表《论都市报的生存空间与周边关系》(《新闻大学》第3期),分析了在媒体经营市场化的背景下广告引起的传媒业结构变化。有学者试图就如何提升广告效果提出建议。2001年,陈宁发表《广告的无意识传播及其对广告效果测评的启示》(《商业研究》第3期)。2004年,王国才、朱道立发表《基于收益管理的广告业时段最优分配模型》(《预测》第3期)。还有学者探讨中国广告业如何应对全球化的挑战,包括张骏德、赵路平的《论广告的"全球化"与"本土化"》(《新闻大学》2004年第2期)和程士安的《国际视野下的中国广告业发展之路》(《广告大观(综合版)》2007年第6期)。

【网络/新媒体广告】

2000年后,随着数字技术的发展,网络/新媒体广告成为广告业的重要构成部分。有学者考察网络/新媒体广告的特性,提出考察其传播效果的新标准,如邓文峰、周朝民的《浅析网络广告效果评价方法》(《上海管理科学》2005年第4期)和陈跃刚、吴艳的《基于网络交互性的广告理论》(《江苏商论》2006年第8期)。

【广告伦理与法规】

2000年以后,上海学者就如何解决广告中存在的夸张、不实信息等问题进行探讨。2006年,周中之、吴欢喜发表《广告的社会伦理责任》(《吉首大学学报》第1期)。2008年,陈正辉出版《广告伦理学》(复旦大学出版社),分析广告伦理学的学科价值与现实意义。上海学者还讨论名人虚假广告的产生原因及解决办法,2006年,蒋嘉柠、王嵛发表《名人虚假广告的寻租经济学分析》(《特区经济》第2期)。2008年,首勇、王梦静发表《明星代言虚假广告行为的法律规制探讨》(《商业时代》第3期)。

网络/新媒体的虚假广告是学界的重点考察领域。2007年,林珊珊、文燕平发表《中美网络广告营销比较》(《上海市经济管理干部学院学报》第4期)。2010年,戴榆发表《我国网络广告法律问题研究现状》(《中国广告》第1期)。同年,申琦发表《试论我国手机广告法律监管》(《现代传播(中国传媒大学学报)》第2期),审视中国手机广告业存在的问题。

【民国上海广告】

2000年以后,上海学者对民国时期上海媒体广告进行了深入的研究,试图探讨广告与上海都市现代性文化之间的关联性。主要有张晨阳的《〈申报〉女性广告:女性形象、现代性想像以及消费本质》(《妇女研究论丛》2005年第3期)、周志洁的《近代报刊广告中的视觉传达——以〈申报〉为中心》(《学术月刊》2009年第11期)等。

二、广告创意与策划

上海学界的广告创意和策划研究,在20世纪80年代相对较少,20世纪90年代更多为广告呈现样态的探讨,21世纪后一种新的广告形式——植入式广告,吸引了很多的注意力。

【广告创意】

20 世纪 90 年代中期以后，随着广告业的发展，学者对创意的内涵进行思考。1996 年，贾明在《广告创意的审美性与科学性》(《出版与印刷》第 3 期)指出广告创意必须符合广告活动的规律性，与整个广告活动以及营销策略互相配合和协调。2004 年，童慧刚发表《试论现代广告创意与传统伦理文化》(《上海大学学报》第 6 期)。2009 年，李琦发表《劝服理论在广告创意中的运用》(《现代视听》第 4 期)。

2000 年后，对创意的认识有所拓展。2007 年，李华强发表《数字化时代的创意新概念》(《新闻大学》第 4 期)认为网络时代能否引起受众主动传播是广告创意新的衡量标准。2008 年，金定海、郑欢出版的《广告创意学》(高等教育出版社 2008 年)对广告创意做出概念梳理和理论阐释，是对该学科进行学理建构的一种创新性尝试，使其走出了长期以来“有术无学”的局面。2010 年，郑欢出版《形象经济与创意产业》(学林出版社)。同年，张磊发表《“镜众”视角下的广告创意趋势》(《上海师范大学学报》第 4 期)，探讨了新时期广告的传播环境和发生条件。

【广告呈现形式】

20 世纪 90 年代，随着广告业的勃兴，出现一些文章探讨广告呈现形式对效果的影响。广告的语言与修辞受到了很大关注。1997 年，童慧刚发表《试论广告语的创意及其双关修辞方式》(《上海大学学报》第 6 期)。还有学者探讨广告设计的原则，如 1998 年，穆益林的《广告视觉传达设计的特征与原则》(《上海大学学报》第 5 期)，分析广告视觉传达设计的信息特征、商业特征和艺术特征。

2000 年后，上海学者对广告的呈现方式有不少关注。在广告语言方面，有韦汉的《会话合作原则与广告隐涵》(《外语与外语教学》2001 年第 6 期)和郑璐瑶的《双关语·会话含义理论·广告效果》(《山东外语教学》2005 年第 2 期)。在视觉呈现形式方面，主要有陈一的《论广告中的视觉符号：意义与修辞》(《广告大观(理论版)》2007 年第 3 期)、钱朝阳的《广告色彩漫谈》(《上海大学学报》2007 年第 4 期)等。此外，还有学者探讨了中外广告创意的差异，如谭卫国的《中西文化与广告语言》(《上海师范大学学报》2003 年第 2 期)论证中西广告语言对中西文化的具体反映。

【植入式广告】

21 世纪初，借鉴美国的植入告实践，中国影视中的植入式广告有了很大发展，引起学界的关注和讨论。薛敏芝的《植入式广告的国际运营及国内发展趋势》(《中国广告》2007 年第 9 期)对国内植入式广告的发展态势进行分析。具体的案例分析方面，有刘佳琼、李本乾的《植入式广告的运用和处理研究——以 2007 年央视春晚为例》(《广告大观(理论版)》2007 年第 4 期)，聂艳梅、严兴飞的《中外电视剧中的植入式广告创作研究——中、美、日、韩 8 部电视剧中植入式广告对比分析》(《广告大观(理论版)》2010 年第 2 期)。

三、广告营销

广告营销研究在中国大陆普及的时间较晚。20 世纪 90 年代中期后，上海学者开始引介市场营销理论。1996 年，李春的《“企业形象广告”偏差论》(《新闻大学》第 2 期)尝试从企业形象广告的由来、特性、效果三个方面寻找偏差的原因。2001 年，竺培芬发表《解读整合营销传播学》(《上海交通大学学报》第 4 期)。2006 年，伍青生等发表《精准营销的思想和方法》(《市场营导刊》第 5 期)，探讨了精准营销的核心思想、主要特征和理论基础。2007年，胡维平、曾晓洋发表《西方广告理论的发展与“占位”思想的演变》(《外国经济与管理》第12期)，借助“广告受众的三阶信息传播空间”概念模型对“占位”的内涵进行阐释。具体的案例分析则有杨海军、田欣欣的《广告营销案例评析》(武汉大学出版社2009年)。作为一种口碑传播方式，病毒营销也吸引研究者的关注。2006年，薛敏芝发表《数字世界的病毒营销》(《中国广告》第2期)，分析病毒营销的运作以及效果转换模式。

四、公共关系理论和实践

1984年是公关研究的元年，集中出现一系列标志性公关事件，形成一股“公关热”。上海学者在公关观念传播和行业组织建设上作出了贡献。1986年，居延安在上海广播电台主讲《公共关系学》。同年11月，市委常委、统战部部长毛经权创建国内第一家公关行业组织——上海市公共关系协会，汪道涵任名誉主席。20世纪90年代中后期，随着公关行业规模壮大，公关教育开始起步，高校纷纷开设公关专业。20世纪90年代中后期，高校公关教育进入相对理性、平稳的发展阶段，公关职业培训与职业资格认证体系也逐步完善；出现了公关学教材，如吴友富、张梅芳的《现代管理与公共关系》(上海外语教育出版社1992年)，黄美琴的《公共关系学》(同济大学出版社1999年)。进入21世纪，公关市场前所未有的繁荣起来，公共关系学也相应进入大发展的时代。学者就公共关系的内涵和范畴进行系统阐述，特别是政府公关研究尤为重视。

【公关理念】

随着研究深入，公共关系的基本理念与范畴得到梳理和厘定。2002年，黄美琴、金琳出版《公关传播设计》(上海人民美术出版社)，以学术视野指导公关实践操作。2006年，吴友富、于朝晖出版《现代公共关系基础教程》(上海外语教育出版社)，对公共关系的基本理论进行系统阐述，并有机融入媒体关系、政府公共关系等前瞻性理论。2008年，于朝晖、邵喜武出版《公共关系学》(中国林业出版社)，阐述了公共关系理论基础、新型公共关系、公共关系职业等新的研究成果。2010年，查灿长的《公共关系学》(上海大学出版社)，考察了公共关系实施、公共关系调查、公共关系评估等内容。同年，薛可、余明阳的《公共关系学：战略、管理与传播》(科学出版社)，以组织形象作为公共关系的核心概念，界定公共关系的科学概念。

学者还深入考察与公共关系相关的概念与研究领域。2005年，叶茂康发表《公共关系：组织形象概念辨析》(《国际关系学院学报》第6期)。2007年，薛可、余明阳发表《论公共关系形象评估指标体系》(《国际新闻界》第12期)。薛可还出版有关品牌传播的著作，包括《品牌扩张：延伸与创新》(北京大学出版社2004年)、《解剖日本强势汽车品牌：丰田、日产、本田品牌成功之道》(上海交通大学出版社2006年)以及《品牌扩张：路径与传播》(复旦大学出版社2008年)。

在网络勃兴的背景下，有学者考察了网络环境对公共关系的影响。2004年，姚凯发表《网络公关及其传播方式研究》(《科学管理研究》第1期)，概括了网络公关所具有的内涵、发展历程、规则及特点等。2010年，盛晓晨发表《新媒体在现代公共关系中的应用及其影响》(《科技信息》第10期)。企业公关也凝聚了学界相当多的关注。2008年，于朝晖、史学嘉发表《提升企业“软实力”——战略公关模型构建与解析》(《上海管理科学》第6期)，对提升企业“软实力”的途径进行全面分析和解读。2010年，于朝晖、敖冬蕾发表《从丰田事件看日本企业中公共关系的缺失》(《现代管理科学》第10期)。

【政府公关】

2003 年“非典”后，政府公关研究引起了学界的强烈关注，主要包括下述三个方面。第一，新闻发布制度研究。2007 年，孟建、李晓虎发表《中国政府新闻发布制度的理论探析》(《现代传播(中国传媒大学学报)》第 3 期)，从理念、规则和实践层面梳理中国政府新闻发布制度的理论脉络。

第二，国家形象传播研究。孟建、吴友富等学者建议加强国家形象塑造，提升“软实力”。2005 年，孟建发表《以“软实力”为核心构筑“大公关”理论》(《国际公关》第 6 期)。2006 年，他与马新宇在《以“软实力”为核心构筑“强力公关理论”——对一种新型公共关系理论的思考》(《中国广告》第 3 期)中认为由“软实力”理论为核心来构筑的公共关系理论，可称为“强力公关”。2009 年，吴友富出版《中国国家形象的塑造和传播》(复旦大学出版社)，提出“国家形象塑造”的理论框架。同年，他发表《政府国际公关在塑造中国国家形象中的作用》(《探索与争鸣》第 2 期)，认为中国在塑造与传播和平和谐的国家形象时，需要充分利用国际公共关系这一手段。

第三，其他国家政府的公关及宣传研究。沈国麟、于朝晖等对美国政府的形象策略进行了考察。2005 年，沈国麟出版《镜头中的国会山：美国国会与大众传媒》(复旦大学出版社)，从政治传播的视角切入，分析了美国国会与媒体的互动关系。2007 年，他的《控制沟通：美国政府的媒体宣传》(上海人民出版社)分析了美国政府的媒体宣传行为如何利用媒体影响和控制社会，追求和维护政府的权威性和合法性。2008 年，于朝晖出版《战略传播管理：冷战后美国国际形象构建研究》(时事出版社)，对冷战后美国在中东的战略传播政策行为作案例剖析。

【危机公关】

进入 21 世纪，中国政府开始转变治理方式，在面对频发的突发公共事件时，尝试运用危机公关的思路来解决问题。相应地，政府危机公关也成为学界的研究热点，相关研究成果有梁莹的《危机公关和政府形象》(《社会》2004 年第 8 期)，王晓成的《公共关系原则与政府危机管理互动性探析》(《学术月刊》2004 年第 5 期)，孟建、钱海红的《危机公关：融入中国社会发展的新战略——中国危机公关实践的学术考察》(《国际新闻界》2008 年第 6 期)，严立新的《危机主体在媒体公关中消解信息不对称的策略选择》(《新闻大学》2008 年第 2 期)等。

第四节　媒 介 产 业

改革开放以来，国内新闻业实行“事业性质，企业管理”方针，因此早期媒介产业研究主要集中于新闻业的经营管理。20 世纪 90 年代末，媒介产业研究从报业集团化开始正式展开。

20 世纪 80 年代，媒介经营管理主要介绍国外媒介业的一些做法。如翁其银的《日本报业集团的综合经营》(《新闻大学》1984 年第 5 期)；梁公元对报业大亨默多克的访谈：《国际“报业大王”经验谈》(《新闻记者》1985 年第 5 期)；练性乾做驻美记者的亲眼见闻：《在夹缝中发展的美国广播事业》(《新闻记者》1985 年第 3 期)；还有高冠钢的《美国报业的集中垄断与市场机制》(《新闻大学》1988 年第 4 期)、陆卫华的《北美报业垄断对报纸内容的影响》(《新闻大学》1989 年第 1 期)；施天权的《美国著名的广播电视经营管理家——戴维·萨尔诺夫》(《新闻大学》1988 年第 4 期)；裘正义的《美国报纸价格行为的剖析》(《新闻大学》1989 年第 1 期)。也有对国内报纸经营状况的调研，如黄瑚的《关于报业经营管理的探索与思考》(《新闻大学》1989 年第 2 期)，提出在报业管理上，吸取世界先进科技成果和有益管理经验，建立和完善适应市场经济要求的报业经济运行机制。专门研究的有祝建华和左贞的《广告与上海新闻媒介》(《新闻大学》1986年第13期),细致梳理了上海新闻媒介的广告情况,主张要在政策和思想上重新认识广告的地位。徐培汀从学科角度对"广告心理学"(《广告心理学初探》,《新闻大学》1985年第10期)、"新闻经济学"(《什么是新闻经济学》,《新闻记者》1986年第4期)以及"新闻管理学"(《新闻管理学简论》,《新闻大学》1985年第11期)作了初步探讨,这在国内属于先行者。

20世纪90年代是新闻媒介开始进入集团化的时期。李良荣将这时期称为是对新闻事业属性的重新界定并促使媒介迅猛发展的时期(《十五年来新闻改革的回顾与展望》,《新闻大学》1995年第1期)。总体来看,这时期关于媒介产业研究的重心是关于媒介走向市场,特别是报业集团化的改革。研究者首先不约而同把目光投在集团化的现象、进程及其趋势,并由此对现有报业体制的改革做了多方面的思考。马达的《面向21世纪的选择——对我国发展新闻事业的若干思考》(《新闻大学》1995年第3期)认为面向21世纪,建立和完善适合市场经济要求的现代报业运行机制是必然选择之一。魏永征的《组建报业集团要深化新闻改革》(《新闻大学》1995年第4期)提出要真正成为集团还需在体制上做进一步改革。也有人以为,集团化已经初露端倪,未来发展的关键是体制、机制和制度的变革(黄京尧的《报业改革任重道远》,《新闻大学》1999年第4期;姚福申的《关于组建报业集团的思考》,《新闻大学》1996年第1期),是国有资产管理方式的变革(陈剑锋的《关于组建报业集团的思考》,《新闻记者》1994年第2期)。李良荣、孙玮则建议党报的转制改型应该坚持以硬新闻为主,而不是以软新闻和服务为主的通俗化道路(《企业转制改型的新闻学意义》,《新闻大学》1999年第1期);李良荣、林晖的《垄断·自由竞争·垄断竞争——当代中国新闻媒介集团化趋向透析》(《新闻大学》1999年第2期)指出中国报业已经进入垄断竞争阶段,如何规范竞争,使之更好为党和政府的宣传以及人民群众的信息需求服务,已经成为一个核心问题。

与报业集团化相关的各个问题,如新背景下报纸的发行(方毓强的《发行在报业经济中的作用》,《新闻大学》1996年第4期);报业作为无形资产在市场运营中的价值(魏永征的《报业无形资产初探——兼论报业经济中的一个规律性现象》,《新闻与传播研究》1996年第2期);以及新闻传媒市场的行为、观念和社会效益(裘正义的《新闻业市场行为的发展与基本观念的确立》,《新闻大学》1993年第3期;谢金文的《试论中国新闻传媒市场及其拓展》,《新闻记者》1998年第11期;《新闻传媒市场与社会效益》,《新闻大学》1998年第1期)均有所涉及。据此,王善德的《报业经济:报纸走向市场的新兴科学》(《新闻记者》1994年第7期)提出由于报业经济管理的思想、管理手段和管理方式,势必要逐渐适应市场经济的发展,因此报业经济就是一门新兴科学。

借他山之石,来推动报业的集团化,也是这一时期的一个重点,如黄瑚的《市场经济中法国报业的发展趋向》(《新闻大学》1994年第1期)、刘海贵的《日本报业兴旺奥秘寻探》(《新闻大学》1998年第4期)、张子让的《台湾联合报系考察报告》(《新闻大学》1999年第1期)等,从内容生产、体制结构、经营方式以及人员培训等方面介绍中国大陆以外地区报业集团成功的经验。此外,由于广东最早开始报业集团化的步伐,故而其做法也引起重视,复旦大学新闻学院和新闻研究所专门组织调查并发表《广州日报报业集团对中国报业发展的启示》(《新闻大学》1994年第1期),王放也发表过《广东报纸广告发展启示录》(《新闻大学》1994年第3期)。

上海整个媒介业——报业和广播电视业的改革和进展,在这一时期也得到了初步呈现。如丁法章的《为市场经济服务的必然趋势——由〈新民晚报〉扩版想到的》(《新闻大学》1993年第2期)、龚学平的《引进竞争机制,开创广播电视发展新局面》(《新闻大学》1993年第1期)、顾行伟的《强强联合,再创辉煌》(《新闻记者》1999年第2期)以及刘冰的《迈出跨世纪工程的第一步——试论上海有线电视事业的发展》(《新闻大学》1994 年第 4 期)。

进入 2000 年,媒介产业的变革全面铺开,业界学界均有比较大的举动。2001 年广电行业的第一家集团,中国广播影视集团成立;2002 年,复旦大学新闻学院设立媒介经营管理研究生方向;上海大学成立传媒经济研究中心。2004 年,上海大学又建立中外传媒政策研究中心,这是中国首个设立在高校的国际传媒政策实践与理论研究中心。2008 年,上海市高校人文社科重点研究基地"上海大学影视与传媒产业研究基地"正式成立,随后出版《世界传媒产业评论》辑刊;2009 年,上海市社会科学创新研究基地(文化繁荣与新媒体发展研究方向)复旦大学基地、上海大学基地以及上海市人民政府发展研究中心(文化繁荣与新媒体发展研究方向)、赵凯工作室、吴信训工作室分别授牌成立。

就研究而言,从宏观上总结报业集团化历程,推动其进一步发展是这一时期的一个重点。潘玉鹏从世界报业发展状况的调查中总结其趋势,为中国报业改革提供启示(《从 2000 年世界报业发展状况调查结果看报业发展趋势》,《新闻大学》2000 年第 4 期)。黄京尧的《关于报业集团实现跨越式发展的思考》(《新闻大学》2001 年第 2 期)认为,要实现报业集团跨越式发展,必须要思想和观念的解放、体制的推进以及环境、氛围的保障。张志安的《浅析报业经营改革中的四次边缘突破》(《新闻大学》2003 年第 1 期)认为报业经营改革从改革开放以来,经历了广告经营、发行经营、经营机制和资本经营四次突破。黄旦等以"集团化"作为一种话语生产,分析透视中国报业集团化的变化及其所面临的处境(黄旦、邬晶晶、陈静静的《中国报业"集团化"的话语分析:加入 WTO 前后》,《新闻大学》2003 年第 3 期)。《新闻记者》在 2003 年第 3 期上专就报业集团的问题发了一组文章:阳美燕的《我国报业集团发展的两个现实问题》、谢金文的《什么是新闻传媒集团》、张耀伟的《报业集团的低成本策略》、吴培恭的《经济信息类报纸面临的挑战和机遇》,意在为报业集团的迅速发展提供理论的支持。李良荣提出,十余年的报业集团化,取得很大成绩,但存在集而不团,主报失势、子报失调,以及收入单一、市场失控的问题(《从单元走向多元——中国传媒业的结构调整和结构转型》,《新闻大学》2006 年第 2 期)。

2000 年后,关于报业集团化的研究话题更加广泛和多样,如有提出组建区域性的报业集团(张卫华、张志安的《关于组建区域性报业集团的构想》,《新闻大学》2004 年第 2 期);关于电视业的大整合(孟建的《透视大整合中的中国电视业》,《新闻大学》2001 年第 5 期);也有人提议跨媒体联合(王学成、来丰的《论跨媒体联合》,《新闻大学》2005 年第 5 期);有学者探讨媒体的职业经理人(张志安、唐大勇的《传媒职业经理人初探》,《新闻记者》2002 年第 12 期);资本运行的规范问题也受到一些学者的关注(魏永征的《传媒资本呼唤法治》,《新闻记者》2001 年第 6 期;林晖的《编营分离:媒介资本运营的前提》,《新闻大学》2002 年第 1 期;谢耘耕的《业外资本进入传媒业的风险》,《新闻记者》2004 年第 3 期);还有学者思考传媒集团化可能的风险(陈桂兰、罗亚的《传媒集团化的风险分析》,《新闻记者》2003 年第 2 期);也有着眼于国际竞争力,提议扩展报业集团的性质,向新闻文化集团发展(张咏华、唐海漫的《迈向新闻文化集团——上海报业媒体提高国际竞争力的策略探析》,《新闻大学》2007 年第 2 期);更有学者强调,要关注中国媒介发展的东西部差距(吴信训的《中国东西部传媒经济的失衡及其对策》,《新闻记者》2004 年第 1 期)。这时期还从大众媒介文化的角度,对自 20 世纪 90 年代蓬勃兴起的都市报成因、特征以及与主报的关系,有了一个集中的讨论,如孙玮的一组文章《论都市报的公共性——以上海的都市报为例》(《新闻大学》2001 年第 4 期)、《都市报与市民自我意识的构建》(《新闻大学》2003 年第 1 期)、《中国现代化进程中的都市报——都市报的产生及其实质》(《新闻大学》2003 年第 4 期)、《论都市报的分化》(《新闻记者》2004 年第 12 期)。

这一时期的讨论还有一个比较明显的变化，即逐渐脱离行业的类别，诸如报业或广播电视，开始将媒介作为整体的传媒集团或者产业来看待。如朱咏雷的《从上海文广集团的改革看中国媒介集团的公司化治理之路》(《新闻大学》2007年第4期)，陈蕾、李本乾的《中国传媒产业市场结构、行为与绩效分析》(《新闻大学》2005年第3期)，朱春阳的《传媒集团：如何实现创新成长的效率优化》(《新闻大学》2008年第4期)，朱春阳、曾培伦的《角色重塑与路径转换：中国传媒业的创新聚集》(《新闻大学》2010年第3期)、殷晓蓉的《"全球媒体新秩序"和中国传媒产业的发展——一种历史的比较和理论的分析》(《新闻大学》2003年第1期)、童清艳的《传媒集团市场博弈行为剖析》(《新闻记者》2003年第10期)、周笑的《中国传媒上市公司资本优势转化典型个案研究》(《新闻记者》2006年第8期)等。

从新媒介乃至于媒介融合的角度来探讨媒介产业，在这个时期开始露出头角。如吴信训、陈未合作的《同质化竞争下新闻网站信息资源经营策略的探析》(《新闻大学》2005年第2期)；李良荣、沈小根的《手机3G技术背景下的中国传媒业发展前瞻》(《新闻记者》2009年第9期)；高国营、陈旭东的《产业链重构——新闻网站与传统媒体整合的思考》(《新闻记者》2006年第12期)；刘鹏、高国营的《向左走，向右走？——2003年报纸与网络媒体关系的争论及前景》(《新闻记者》2006年第1期)；瞿旭晟、张志安的《平面媒体与网络媒体的良性互动》(《新闻记者》2006年第4期)；朱春阳的《媒介融合规制研究的反思：中国面向与核心议题》(《国际新闻界》2009年第6期)。吴信训、高洪波对1979—2007年中国各类媒体的广告营业额和GDP数据的分析认为，传媒业已成为国民经济的重要组成部分，在微观上看，传统媒体正逐渐让位于新兴媒体(《从广告数据看中国传媒产业30年》，《新闻与传播研究》2008年第6期)；因此朱春阳的《新媒体经济：效率竞争、创新榜样与国际化示范——从产业经济制度变迁的视角看新、旧媒体之争》(《新闻记者》2007年第11期)认为，新媒体带来的是具有效率结构的产业经济发展新模式，新、旧媒体之争更重要的意义在于两种不同产业制度的竞争和冲突。

这一时期与媒介产业相关的专著和教材出版不少，有重点在经营管理的，如赵凯、赵腓罗主编的《市场经济与广播电视管理》(复旦大学出版社2002年)，严三九、黄飞珏编著的《媒介管理学概论》(西南师范大学出版社2007年)，朱春阳著的《传媒营销管理》(南方日报出版社2004年)；有对媒介制度的研究，如郑涵的《当代西方传媒制度》(上海交通大学出版社2008年)，金冠军、郑涵的《当代传媒制度变迁》(上海三联书店2008年)，张殿元的《中国报业传媒体制创新》(南方日报出版社2007年)，朱春阳的《现代传媒集团成长理论与策略》(山东人民出版社2008年)；也有侧重于传媒经济学的，如吴信训主编的《中国传媒经济研究1949—2004》(复旦大学出版社2004年)，赵曙光、张志安合编的《媒介资本市场案例分析》(华夏出版社2004年)，吴信训编著的《现代传媒经济学》(复旦大学出版社2005年)、《现代传媒经济学》(复旦大学出版社2008年)，朱春阳的《现代传媒产品创新理论与策略》(山东人民出版社2008年)；也有从战略传播或者文化创意角度的研究，如章平的《战略传播：分析框架与经典案例》(复旦大学出版社2004年)，严三九、王虎合写的《文化产业创意与策划》(复旦大学出版社2008年)；关于新媒介产业的著作也开始出现，如吴信训的《新媒体与传媒经济》(上海三联书店2008年)，吴小坤、吴信训合著的《美国新媒介产业》(中国国际广播出版社2009年)等。

第十四章　图书馆学、情报学与档案学

20世纪70年代以来，上海的图书馆学研究经过10年停滞后重新恢复发展。先后成立了上海市图书馆学会、华东师范大学图书馆学系、上海大学文学院图书馆学系等，开展学术研究活动，推动上海的图书馆学研究走上新的发展阶段。进入21世纪后，信息技术革命促进了图书馆学研究的转型与发展。

20世纪70年代，情报学研究也得到恢复和发展，上海社会科学院情报研究所、市科技情报学会等研究机构相继成立。华东师范大学图书馆学系、上海大学文学院图书馆学系等高校院系分别开设情报学课程。随着计算机和网络技术的发展，情报学的研究对象转向计算机和网络上的信息资源。情报学与其他学科进行融合的趋势日益明晰，逐渐产生并发展了信息资源管理、网络信息资源管理、知识管理等新兴的、交叉的研究领域。

1978年以后，上海大学、上海师范大学等高校创办档案学专业，市档案局档案科技研究中心、市档案学会、上海大学档案事业发展研究中心等研究机构先后成立。上海档案学术研究有了较大发展，形成了比较活跃的学术研讨局面，完成了一批学术创新、技术领先、应用性强的档案科研项目。1985—2010年，上海共有186项档案科研成果分获上海市科学技术进步奖、上海社联优秀学术成果奖、国家档案局优秀科技成果奖。

第一节　图　书　馆　学

一、图书馆学基础理论

1978年后，上海图书馆学研究开始恢复和发展。1979年7月，上海图书馆界派代表参加了在山西太原召开的中国图书馆学会成立大会和第一次科学讨论会。同年9月，上海市图书馆学会成立。在这前后，华东师范大学等高校相继建立图书馆学系。此后，上海图书馆学界针对图书馆学领域的基础理论、读者服务、信息资源、建设管理、技术应用等一系列问题展开了不断探索和研究，并取得了相当的成就。20世纪80年代，“知识交流论”的提出标志着上海图书馆学理论研究的深度拓展。20世纪90年代，相关领域学科研究不断深入，研究的国际化视野进一步扩展。进入21世纪以后，信息技术革命带来的信息观念变革促进了上海的图书馆学学科体系研究的转型与发展。此外，上海的图书馆学研究与国际间交流日渐扩大。1993年12月，首届海峡两岸图书资讯学术研讨会在华东师范大学召开；2002年，上海图书馆举办上海国际图书馆论坛（SILF），以后每两年举办一届，至2010年已举办五届，为创新和发展图书馆学研究提供了有益借鉴。

20世纪70年代末以前，图书馆学基础理论的研究仍在萌芽阶段，参与研究者较少，成果较少。1979年，华东师范大学图书馆学系成立后不久，宓浩即担任《图书馆学概论》的教学工作，率先将《图书馆学概论》和《情报学概论》合并在一起，对图书馆学基础理论问题展开探索，提出了“知识交流论”的设想。在1984年召开的全国图书馆学基础理论研讨会上，宓浩的《知识交流和交流的科学——关于图书馆学基础理论的建设》，系统阐述了“知识交流论”的基本原理。“知识交流论”的提出被当成20世纪80年代中国图书馆学理论变革的重要突破。1988年，宓浩、黄纯元等主编的《图书馆学原理》(华东师范大学出版社)，进一步阐述了“知识交流论”作为图书馆学基础理论的基本原理，提出知识交流规定并制约着图书馆活动和图书馆事业发展，是图书馆学理论体系的核心。

1984年，陈誉的《论图书馆学基础理论研究的几个问题》(《图书馆学研究》第2期)，对图书馆学基础理论的研究内容以及如何加强图书馆学基础理论研究进行了深入探讨。1986年，范并思在《在理论体系建设中检验图书馆学理论基础——四年来“世界3”讨论小评》(《高校图书馆工作》第2期)中，提倡建设多元化的图书馆学理论体系，要在理论体系的构建和发展的实践中检验理论基础的正确性。1987年，范并思在《新时期三种图书馆学》(《图书馆杂志》第4期)中论述了当时在中国图书馆学理论领域存在的三种不同形态的图书馆学，即“实用图书馆学”“理念图书馆学”和“研究解决图书馆管理和图书馆事业发展中的各种问题的第三种图书馆学”，这三种图书馆学构成了图书馆学理论体系的基本框架。黄纯元的《论芝加哥学派》(《图书馆》1997年第6期、1998年第1、2期)在系统评述芝加哥学派的形成以及主要代表人物和研究成果的基础上，分析和评价芝加哥学派的共同的理论前提和科学规范。

20世纪与21世纪之交，上海图书馆学的研究者们对百年来图书馆学的发展进行回顾和反思，提出并开始探讨图书馆基础理论创新。邱五芳的《扩张与虚化——图书馆学理论研究50年反思》(《中国图书馆学报》2000年第2期)，认为中国图书馆学理论研究经历从被动诠释型向能动创新型的转变，这是理论研究扩张与虚化的过程。范并思的《变革时期图书馆学基础理论的任务》(《图书馆杂志》2000年第9期)则认为新的发展机遇下图书馆学基础理论的任务是发现与倡导新的观念，构造新的框架，为新理论的发展提供新的空间。朱少强在《可获得性论：图书馆学第N个理论视角》(《图书馆杂志》2003年第1期)和《“可获得性论”再质疑》(《图书馆杂志》2004年第6期)中，针对1998年提出的图书馆学研究对象是“文献群中知识单元的可获得性”一说提出异议。

2003年，范并思的《新世纪图书馆学基础研究什么?》(《图书馆》第1期)强调新世纪中国图书馆学第一要研究观念而非概念;第二要研究制度而非机构。范并思著的《20世纪西方与中国的图书馆学——基于德尔斐法测评的理论史纲》(北京图书馆出版社2004年)采用信息分析方法，考察20世纪图书馆学的主要理论创新之处。2007年，他的《图书馆学理论变革：观念与思潮》(北京图书馆出版社)提出图书馆学基础研究应关注从宏观或抽象角度制约图书馆事业发展的东西，其核心是观念。

这一阶段，上海学者研究公共图书馆精神、图书馆读者权利、图书馆人文精神、信息公平与自由获取、图书馆职业理念、信息技术中的人文精神等，构建一个以图书馆职业理念为核心的图书馆学基础理论系统，并探索了该体系的若干问题。2004年，范并思在《建设一个信息公平与信息保障的制度——纪念中国近代图书馆百年》(《图书馆》第2期)中讨论公共图书馆精神。同年，王宗义的《“公共图书馆精神”的科学解读》(《中国图书馆学报》第5期)从另一个角度客观理性地认识公共图书馆精神。2007年，邱五芳的《内容重于传递：图书馆不应回避的社会责任》(《中国图书馆学报》第4期)认为，图书馆的社会责任是为满足社会需求而采取的基于自身特质的主动作为，图书馆重视内容的特质赋予图书馆知识信息传递的教育性。2010年，范并思负责的国家社会科学基金重点项目“我国图书馆核心价值体系构建研究”(10ATQ002)获得立项。

二、图书馆服务

1978—1988年的十年间，大部分图书馆都加入从传统图书馆向现代化图书馆转型的行列。20

世纪80年代中期至90年代中期，陈誉撰写多篇关于图书馆服务的论文，对图书馆服务进行深入研究和探讨。1987年，在《用图书馆新思想推动图书馆改革使读者服务工作更上一层楼》(《中国图书馆学报》第1期)中指出，一些图书馆新思想、新理论、新观念的形成、传播和应用，推动了图书馆变革，其核心是读者服务。1989年，在《谈谈图书馆的深化改革》(《图书馆杂志》第1期)中探讨1978—1988年间的图书馆改革发展情况。1992年，在《基层公共图书馆的功能》(《图书馆杂志》第3期)中指出基层公共图书馆的主要任务是为全地区的居民和地区所在的政府服务，是公共图书馆不同于其他类型图书馆的一大特点。1994年，在《继续更新观念，提高读者工作服务水平》(《图书馆杂志》第2期)中提到，图书馆现代化、情报化和社会化的主要目的都是为了提供优质的读者服务，其价值判断的标准就是读者服务的效益。1998年，吴建中的《21世纪图书馆新论》(上海科学技术文献出版社)，全面探索并规划进入21世纪之后图书馆的发展前景。1999年，王世伟发表《从"读者第一"到"图书馆员第一"——知识经济带给图书馆管理的思考之一》(《图书馆杂志》第2期)，引起业界的广泛讨论。

进入21世纪，上海的研究者对信息化、数字化等新兴技术应用于图书馆服务进行了较为深入的研究。2004年，胡振华、蔡新的《移动图书信息服务系统》(《现代图书情报技术》第4期)提出了移动图书信息服务的概念，并讨论了其功能、技术构架及实施的可行性。同年，郭晶、黄敏的《数字参考服务质量评估问题的理论与实践探讨》(《图书馆杂志》第6期)对数字参考服务质量的评价体系进行探讨，从服务系统、服务过程、回答质量、用户满意程度、服务统计、成本测度和服务开放程度七个方面，提出了三级服务质量评估指标体系。2006年，曲建峰等的《基于网格的数字图书馆服务模式探讨》(《现代图书情报技术》第2期)，提出基于网格的数字图书馆服务的特征和目标、服务的模式、服务的实现等。

2006年开始，针对web2.0在图书馆服务过程中的应用实践研究进展迅速。主要有：范并思、胡小菁的《图书馆2.0：构建新的图书馆服务》(《大学图书馆学报》2006年第1期)等。2006年，胡小菁的《论新一代opac的理念与实践》(《中国图书馆学报》第5期)，对opac服务在web2.0环境下的发展方向进行论述。2006年，刘炜等人撰写《从web2.0到图书馆2.0：服务因用户而改变》(《现代图书情报技术》第9期)，系统论述图书馆2.0的应用现状、问题和未来趋势、图书馆2.0与web2.0的不同之处。2009年，郑巧英等的《图书馆2.0的规划与实施》(《大学图书馆学报》第1期)，从管理理念、服务模式、技术支撑、资源建设四个方面提出了图书馆2.0的整体规划。2008—2009年间，关于服务模式理念的研究引入新思想，呈现出新的整合特点，即传统观念与现代观念整合，技术与人文研究整合。许多学者都把一些先进人文的理念引入到模式建设中，体现模式建设的时代性和技术性，如郭晶和陈进的《IC^2：一种全新的大学图书馆服务模式》(《图书情报工作》2008年第8期)将"信息共享空间(Information Commons)"和"创新社区(Innovation Community)"两种IC服务模式进行互补融合，提出一种全新的大学图书馆服务模式IC^2。

2008年，中国图书馆学会《图书馆服务宣言》正式发布。上海学者是该宣言的主要起草者，并围绕图书馆服务理念与创新展开一系列研究。吴建中在《树立新的职业形象 开拓新的事业领域》(《中国图书馆学报》第6期)中深入分析《图书馆服务宣言》的社会意义。范并思撰文《现代图书馆理念的艰难重建》(《中国图书馆学报》第6期)，从对社会普遍开放、维护读者权利、平等服务、对弱势群体的人文关怀和消弥数字鸿沟或信息鸿沟角度，系统阐述国际图书馆界的主要立场。潘卫、兰小媛的《近年来图书馆用户服务发展的十大层面》(《图书馆建设》第10期)，提出国内外图书馆用户服务得到突出发展的十个层面。王世伟的《关于加强图书馆公共文化服务体系结构与布局的若干思考》(《图书馆杂志》第2期),研究了图书馆公共文化服务体系均等化发展、反鸿沟战略、实现城市图书馆纵向统筹的总分馆制等理念和实践问题。2009年,王世伟的《新中国图书馆服务理念与实践60年》(《图书馆杂志》第10期),通过资源共享、有偿服务、平等开放、总分馆制、宣传推广等主题词,介绍中华人民共和国成立60年来中国图书馆服务发展的历史轨迹。

三、图书馆资源

【文献学】

20世纪80年代,上海的文献学研究发展较快。1980年,陈誉主持编纂第1版《中国大百科全书——图书馆学　情报学　档案学》的文献学分支,1993年由中国大百科全书出版社出版。1986年,王欣夫的《文献学讲义》(上海古籍出版社),从目录、版本、校勘三个方面论述了文献学的流变概况、主要代表人物和重要著作。同年,张君炎的《中国文学文献学》(江西人民出版社),系统分析了中国文学文献的种类、体裁和类型,介绍古典文学文献的版本与目录的演变。

20世纪80年代中期至90年代初,关于文献学的新概念不断提出。1986年,程磊的《"文献结构"之设计——一种新的二次文献》(《江苏图书馆学报》第3期)提出"文献结构"设计,指出"文献结构"具有情报功能。1990年,林申清在《现代文献学定义综述》(《大学图书馆学报》第1期)中提出文献学是以文献和文献工作为研究对象,以文献的生产、发展、搜集、整理、传递、利用及其规律为主要研究内容的应用科学。同年,程磊的《一门新兴的学科"文献类型学"》(《黑龙江图书馆》第5期)提出要建立"文献类型学",认为文献定义应改为:便于存贮并已经存贮信息的载体。

对于古典文献学性质的研究,还涉及文献学的应用问题。1999年,张伯元著的《法律文献学》(浙江人民出版社),通过实例阐述法律文献的整理和研究技术。王世伟的《图书馆学文献学论丛》(上海书店出版社2000年)以及《历史文献研究》(国家图书馆出版社2008年),集中收录作者有关图书馆学、历史文献研究的论文。2006年,北京大学中国古文献研究中心、复旦大学古籍研究所、华东师范大学古籍研究所联合主办的"中国古典文献学及中国学术的总体发展国际学术研讨会——暨纪念顾廷龙先生诞辰101周年"在华东师范大学举行,研讨内容包括中国古文献学及中国学术的宏观与个案研究、20世纪中国古文献学发展历程、海外中国古文献收藏,以及顾廷龙的古文献学成就和贡献等议题。

【信息资源建设】

20世纪70年代末开始,上海学界着力介绍工具书使用和文献资源检索。1979年,华东师范大学图书馆学系编《中文社会科学工具书举要》,介绍了主要文史工具书的特点和使用方法。20世纪80年代,主要对藏书建设与资源布局等方面展开研究。1984年,陈修学的《藏书结构研究若干理论问题的探讨》(《大学图书馆学报》第5期),将国外"结构""系统""五线藏书"等概念引入国内。叶英的《关于藏书建设的灰色系统理论、计算及分析》(《大学图书馆学报》1984年第5期)和《灰色藏书量的数值解法及实验分析》(《大学图书馆通讯》1985年第2期)等文章,分别提出藏书建设的"灰色系统"理论和灰色藏书量的数值解法。林申清的《试谈宏观资源布局》(《图书馆学通讯》1986年第4期)、《宏观资源布局论》(《图书馆界》1987年第4期)、《论文献资源布局》(《图书馆》1988年第2期)、《中国文献资源布局模式研究》(《图书馆学通讯》1990年第4期)等一系列文章,论述宏观资源布局,提出建立文献资源保障体系,将图书资料作为一种国家资源,变馆藏为国藏,实行三三制布局结构设想。

20世纪80年代中后期还对资源采购等方面进行了探讨。1986年，陆建志的《中型公共图书馆采购规则浅谈》(《图书馆杂志》第2期)，用存储控制论探讨图书采购各类图书比例问题。1989年，王兰成和王子来的《用模糊综合评判实现对图书订购的部分决策》(《图书情报工作》第3期)，用模糊综合评判法建立读者对图书欢迎程度和各类图书订购优选次序的数学模型。20世纪80年代后期和90年代出现一批有关工具书使用和文献检索等方面的论著。1988年，林申清、胡卓澄编著的《中外工具书使用指南》(江苏科学技术出版社)，将中外文工具书按参考情报源类型集中于一本书中加以介绍。1993年，王世伟编著的《中文工具书使用指南》(华东师范大学出版社)，列入教育部统编教材，内容分为综合论述、历史源流检索方法等。1996年，黄秀莲、朱月兰编著的《科技文献检索与利用指南》(华东理工大学出版社)，运用情报检索原理，用提问的形式全面、系统阐述国内外专业检索工具的检索原理和检索方法。

2000年前后，图书馆界着手传统图书馆资源和数字资源及其服务整合的系统化研究，在国内较早开始数字信息资源研究与实践。这一时期，还对文献资源共享展开进一步讨论。1999年，华东师范大学信息学系和上海图书馆合作进行《上海地区文献信息资源共享问题研究》，首次引入"存取VS拥有"理论，提出以文献信息的可获知能力和可获得能力来研究文献资源共享的理论框架。其他相关成果还有范并思的《文献信息资源共享理论的新视野——兼评〈上海地区文献信息资源共享问题研究〉》(《情报资料工作》1999年第4期)。2005年，王宗义的《"文献资源共享"理念的科学解读》(《中国图书馆学报》第6期)，提出文献资源共享理念是图书馆活动中的一个特定概念。2009年，章红的《国内外信息资源共建共享模式探析及启示》(《图书馆理论与实践》第6期)，对国内外信息资源共建共享模式进行了归纳等。

【信息组织与目录学】

分类目录学是图书馆学中的传统研究领域。上海图书馆等单位于1975年、1980年、1990年、1999年、2010年连续5次参与《中国图书馆图书分类法》共5版的编制与修订工作。《中国图书馆图书分类法》编委会副主编陈树年参与的国家"七五"社会科学重点资助项目《中国分类主题词表》，获国家优秀科技信息成果二等奖和国家社会科学研究成果二等奖；其主要著述有《中国图书馆图书分类法的理论与实践》(陕西科技出版社1990年)、《新学科文献分类手册》(中国科技出版社1992年)、《中国图书馆分类法使用手册》(北京图书馆出版社1999年)、《文献分类学》(武汉大学出版社2001年)等。上海社会科学院图书馆编目组1958年编《汉字拼音著者号码表》，于1979年5月增订，可供大、中型图书馆编制著者号码之用。20世纪80年代，图书编目研究主要围绕西文图书著录标准化而进行。其中，1985年，刁维汉等的《英美编目条例(第二版)与国际标准》(《图书馆杂志》第3期)，提出引进英美编目条例(AACR)，积极推行国际通用的著录方法。1996年，王松林著的《现代文献编目》(书目文献出版社)，重点研究读者检索要求、馆藏文献特征和目录编制方法三者之间的关系。

20世纪90年代，开始重视目录学思想的比较研究。1991年，彭卫国等发表《未来十年中国古典目录学的任务》(《图书馆杂志》第6期)。1994年，沈焱的《郑樵、章学诚目录学思想评估》(《四川图书馆学报》第4、5期)，对郑、章两氏的目录学思想进行比较研究及全面的评估。2000年以后，文献编目的研究主要涉及元数据在图书馆资源编目中的应用。上海图书馆率先开展都柏林核心元数据(DC元数据)的标准应用研究。2000年，吴建中主编的《DC元数据》(上海科学技术文献出版社),对元数据的定义、发展和体系作了详细阐释。2004年,上海图书馆组织召开"都柏林核心及元数据应用国际研讨会"。2005年,缪其浩主编的《元数据与图书馆》(上海科学技术文献出版社),以元数据在图书馆的应用为核心内容,汇集图书馆元数据应用领域中前沿研究的重要著述。2007年,赵亮主编的《中文元数据概论与实例》(北京图书馆出版社),论述元数据及其规范的结构框架、设计方法、应用规则及其开放和互操作机制。同年,纪陆恩、庄蕾波的《境外合作编目理论与实践》(海洋出版社),对境外合作编目数据的操作过程和质量管理等关键点做了详细介绍。2010年,胡小菁等人开始关注、研究并引入"资源描述与检索(RDA)"国际编目规则。

进入21世纪,针对信息组织的研究逐步深入。2004年,戴维民著《信息组织》(高等教育出版社),以传统文献组织与现代信息组织有机融合为特色,对信息组织的方法进行系统介绍。2008年,戴维民的《语义网信息组织术与方法》(学林出版社),对语义网信息组织原理与机制进行剖析。2010年,刘炜的《数字图书馆的语义描述与服务升级》(国家图书馆出版社),提出图书馆在网络时代的核心技能是知识组织和网络资源的规范控制。同年,王松林的《从文献编目到信息资源组织》(北京图书馆出版社),着重讨论联机编目网络化所必备的编目环境与条件,以及信息资源组织的概念、类型和工具,信息组织与知识组织、主题编目等的关系。

四、图书馆管理

20世纪80年代,图书情报一体化开始成为研究热点。陈桂馨的《论研究所图书情报工作体制一体化的模式》(《图书馆学研究》1980年第4期)、《试论研究所图书情报工作体制一体化》(《图书情报工作》1981年第1期),赵申生的《我国图书馆工作和情报工作一体化模式初探》(《河南图书馆学刊》1982年第3期)等论文,分别论述图书情报一体化的重要性,提出一体化模式。同期,对图书馆管理学及各类图书馆管理也有所研究。1982年,潘皓平的《重视对图书馆管理学的研究》(《图书馆杂志》第1期),指出图书馆管理学研究的内容包括图书馆工作手段的特点和相互关系;图书馆队伍的结构、人才培养和劳动组织;图书馆规章制度和计划等。1986年,林申清的《高校图书馆管理浅论》(《图书馆理论与实践》第4期),从目标管理、组织管理、人员管理、财政与物资管理四个方面探讨高校图书馆管理。1989年,林平忠编的《军队图书馆管理学》(上海科学技术文献出版社),结合军队图书馆管理实践,阐明军队图书馆管理的理论、技术和方法。

1990年前后,在人员管理、时间管理等方面提出许多新思路。1987年,王韫的《重视图书馆管理中人的因素——管理心理学在图书馆管理中的应用初探》(《图书馆杂志》第3期),提出"图书馆管理心理学"概念,认为图书馆管理应重视人的因素。1992年,陈曙的《时间管理和图书馆馆长》(《中国图书馆学报》第2期),指出时间管理是探讨如何有效达到图书馆办馆目标的学科。罗玉英1993年发表的《树立"软管理"的观念强化图书馆职工队伍的管理》(《高校图书馆工作》第4期)和1994年发表的《谈图书馆的"软管理"》(《上海高校图书情报学刊》第1期)等文,提出图书馆"软管理"是运用多种社会科学知识对图书馆人员在图书馆内的各种活动进行科学研究的新学科。

这一时期还探讨现代管理理论在图书馆管理中的应用等。葛民的《企业文化与图书馆管理改革》(《图书馆学刊》1991年第4期),提出把企业文化理论引入图书馆管理之中。王世伟的《图书馆管理导入旅游企业管理模式的若干思考》(《图书情报知识》1996年第3期),从观念、方式、项目、手段等方面对图书馆管理如何导入旅游企业管理模式进行分析。缪其浩的《"业务流程重组(BPR)"与图书馆改革》(《中国图书馆学报》1998年第2期),探讨为何以及如何将"业务流程重组"管理方法应用于图书馆改革，并介绍国内外图书馆的相关实践。

20 世纪 90 年代中期后，上海学界进一步对图情一体化进行总结和思考。1996 年，王世伟的《图情机构一体化后所面临的问题及其思考》（《图书馆杂志》第 4 期），论述了图情机构一体化后所面临的行政归口、一个机构两块牌子、物理空间、虚拟组合与化学组合、公益服务与有偿服务五大问题。2002 年，缪国琴、吴建中主编的《探索与反思：图情一体化管理之路》（上海科学技术文献出版社），汇集了上海图书馆数年来探讨图书情报事业的功能定位、管理模式、未来发展趋势等的论文。同年，季丞荣的《关于图书、资料、档案、情报一体化问题的思考》（《上海高校图书情报学刊》第 2 期），对一体化管理提出适应科研体制改革的新模式。

20 世纪 90 年代末起，上海学界展开对有关 21 世纪图书馆发展及未来趋势走向的研究。吴建中的《21 世纪图书馆新论》（上海科学技术文献出版社 1998 年）和《战略思考——图书馆发展十大热门话题》（上海科学技术文献出版社 2002 年）对 21 世纪图书馆的发展前景、生存价值、图书馆的范式演变、WTO 与图书馆、无偿与有偿等众多理论与实践问题进行研究。同期，还出现一些关于现代图书馆管理体系建设及其特点的研究。1999 年，王世伟的《建立可持续发展的图书馆管理体系——知识经济带给图书馆管理的思考之三》（《图书馆杂志》第 4、5 期），提出可以通过创建人才第一机制、全员创新机制、知识主管机制、产业化经营机制四种机制，以及双翼齐飞体系、数字网络体系、共建共享体系、公共关系体系四种体系，来建立可持续发展的图书馆管理体系。王伟琦的《论图书馆的目标管理》（《江西图书馆学刊》2000 年第 4 期）将目标管理理念运用到图书馆工作中。周德明的《危机管理与图书馆的核心竞争力》（《图书馆杂志》2002 年第 4 期），指出图书馆应加强核心竞争力的管理，以抵抗各种可能出现的危机。缪其浩的《论图书馆管理中的规划》（《图书馆杂志》2002 年第 5 期），论述规划在图书馆管理中的地位和作用，并从国际经验归纳图书馆规划的基本结构和要素。2003 年，肖沪卫、潘洁毅、袁蕾等的《论图书馆管理的时代特征》（《图书馆学刊》第 1 期），认为现代图书馆的新管理特征包括高科技管理特征、知识经济管理特征和可持续发展管理特征。2004 年，黄仁浩的《论基于读者满意理念的图书馆管理范式变革》（《上海高校图书情报工作研究》第 4 期），基于图书馆读者满意的理念，阐明图书馆管理范式转变和实现读者满意的关系。2002 年，王丽丽负责的“现代图书馆架构研究”课题研究成果《现代图书馆架构》获全国党校系统科研成果一等奖。

进入 21 世纪，人力资源管理、质量管理等企业管理模式被广泛应用到相关研究中。2002 年，孙继林的《图书馆改革要重视人力资源管理》（《图书馆论坛》第 5 期），论述在图书馆管理机制改革中，必须重视人力资源管理制度、人才激励机制和培养机制。2005 年，常永平、李晓赤合著的《关于高校图书馆实施 ISO9000 质量管理体系的若干思考》（《法律文献信息与研究》第 3 期），结合运用 ISO9000 标准及国际通行的先进质量管理模式，分析高校图书馆实施标准质量管理体系的可行性。吴建中著的《战略思考——图书馆管理的 10 个热门话题》（上海科学技术文献出版社 2005 年），探讨在新的环境下如何借鉴现代社会新的管理思潮和方法，推进图书馆管理与服务的改革。

同时，关于图书馆知识管理的研究也较丰富。陈超的《浅议知识管理在图书馆的意义》（《图书馆杂志》2001 年第 4 期），认为图书馆应实施知识管理战略，从而实现“学习型组织”和“知识导航”目标。王宗义的《图书馆管理变革的研究导向——“新世纪图书馆管理变革的散思”之一》（《图书馆建设》2003 年第 1 期），指出“知识管理”是管理科学发展的新阶段，图书馆管理研究需要借鉴知识管理研究成果。2003—2005 年，邱坚等的《医学图书馆的知识管理》（《中华医学图书情报杂志》2003 年第 5 期）、《知识管理——医学图书馆管理的新模式》（《现代情报》2004 年第 4 期）、《知识管理与医学图书馆的可持续发展》(《医学信息》2005年第7期),阐述了医学专业图书馆如何通过知识管理来提高管理水平。2009年,程敏的《隐性知识管理在高校图书馆的应用浅析》(《科技情报开发与经济》第7期),探讨隐性知识管理的核心及隐性知识共享的障碍。2010年,田德清的《知识管理在图书馆管理中的应用》(《时代报告》第12期),从知识管理理念、组织结构、人力资源及知识管理系统等角度论述了知识管理在图书馆管理中的具体应用。

这一时期,涉及国外图书馆建设、运营及管理模式的借鉴及研究也十分丰富。主要成果有:1999年,吴建中主编的《国际图书馆建筑大观》(上海科学技术文献出版社);2004年,郭红的《剑桥大学图书馆管理与服务模式的探讨》(《上海理工大学学报》第4期)、王世伟的《英国、香港图书馆管理与服务拾贝》(《图书馆学研究》第10期);2006年,吴建中编著的《世界经典图书馆建筑》(上海科学技术文献出版社);2007年,鲍延明的《日本公共图书馆管理变革与运营研究》(《图书馆杂志》第6期);2008年,郑宇、陆觉民的《剖析美国高校图书馆的管理与服务模式》(《情报资料工作》第3期);2010年,葛益民的《省市级公共图书馆的运作和管理——澳大利亚昆士兰州立图书馆的启示》(《图书馆建设》第4期)等文,探讨国外图书馆的馆舍建设、机构设置、制度管理和服务模式。此外,还对国际大都市图书馆展开专题研究。2005年,王世伟获得国家社会科学基金重点项目"世界级城市图书馆指标体系研究"(05ATQ001);2006年,课题阶段性成果《世界著名城市图书馆述略》由上海科学技术文献出版社出版;2009年,课题最终成果《国际大都市图书馆指标体系研究》由上海科学技术文献出版社出版,提出包括资源条件、服务效能、服务成果和影响贡献四个板块的45项指标的评估体系架构。

2000年后,针对数字图书馆管理的研究逐渐兴起。2000年,吴志荣所著《数字图书馆——从理念走向现实》(学林出版社),论述数字图书馆理念的形成、数字图书馆得以构成的基础条件、数字图书馆的组织模式以及运作方式、数字信息资源的建设、数字信息资源的整序等。2007年,戴建国的《数字图书馆的和谐管理》(《安徽教育学院学报》第2期),提出数字图书馆管理既是对人力资源的"和"的管理,又是对信息资源的"谐"的管理;宋海艳等的《数字图书馆管理模式探析》(《情报理论与实践》2007年第3期),构建了一种开放的个体图书馆集成管理层面上的对整体数字图书馆实行分布式管理的模式。2008年,林雅萍出版《图书馆数字化管理》(上海辞书出版社)。2010年,郭晶、宋海艳、陈进等的《从数字图书馆管理体系建设看未来发展》(《数字图书馆论坛》第3期),构建了以用户需求为导向的多体系复合式数字图书馆管理体系模型。

五、图书馆信息技术

【图书馆设施】

20世纪80年代后期开始,上海学界对图书馆应用缩微设备和缩微技术以及机房建设相关设备有所研究。相关论文有:刘汉夫的《高校图书馆中缩微技术建设》(《图书馆杂志》1988年第3期),胡吉兵等的《论图书馆机房建设》(《上海高校图书情报学刊》1998年第4期),茅文华的《高校图书馆缩微工作的发展与创新》(《上海高校图书情报工作研究》2003年第4期),成俊颖、张育超的《门禁系统及其在图书馆管理中的应用》(《上海高校图书情报工作研究》2003年第1期)等。

【图书馆管理】

20世纪90年代开始,主要对图书馆自动化集成管理系统方面展开研究。主要成果有:雷西川的《用ORACLE开发图书馆集成管理信息系统的方法探讨》(《现代图书情报技术》1993年第3期),杨宗英、郑巧英的《建立图书馆自动化系统之条件》(《上海高校图书情报学刊》1997年第3期),郑巧英的《Horizon双MARC图书馆管理系统的结构和使用》(《图书馆杂志》2000年第4期),王玉富、李嘉的《论图书馆自动化管理系统软件的升级策略》(《图书情报工作》2001年第7期),马海兵的《基于CORBA的分布式结构模型在图书馆管理系统中的应用》(《图书情报工作》2001年第12期),郑巧英、杨宗英的《Horizon图书馆管理系统的应用和二次开发》(《图书馆杂志》2002年第7期),刘炜的《建设2.0版的图书馆集成管理系统》(《数字图书馆论坛》2007年第4期)等。

21世纪初,开始出现有关图书馆应用无线射频识别(RFID)技术的研究,包括姜耀锋的《RFID条形码的更新换代技术》(《图书馆杂志》2004年第5期)、张媛媛等的《基于RFID的数字化图书馆智能管理系统设计》(《电脑知识与技术》2006年第8期)、叶龙的《RFID技术在图书馆管理系统中的应用》(《上海商学院学报》2010年第1期)、汤肖锋的《RFID在世界图书馆中的应用现状》(《集成电路应用》2010年第4期)等。

【图书馆服务】

20世纪90年代后半期,开始研究有关图书馆在读者和用户服务过程中应用的信息技术。相关论文有:莫梅琦、陈桂章的《图书馆信息咨询服务新式探索》(《图书馆杂志》1997年第5期),周伟宏、仇晓春的《利用互联网络开展医学文献全文传递服务》(《图书馆杂志》1998年第6期),肖金升等的《带有不完整信息的XML树在提高查询效率中的应用》(《计算机工程》2003年第20期)等。2005年开始,出现了关于图书馆信息共享空间(Information Commons)的服务概念,包括吴建中的《开放存取环境下的信息共享空间》(《国家图书馆学刊》2005年第3期)、王旭艳的《信息共享空间拓展公共图书馆服务的新机遇》(《情报杂志》2005年第11期)等。2007年,任树怀主持承担国家社科基金项目"信息共享空间实现机制与策略研究"(07BTQ014)。

【数字图书馆】

20世纪90年代中期开始,上海学者开始研究探讨数字图书馆及其信息技术的相关概念,产生一批高质量研究成果。1996年,缪其浩、刘炜等主要参加的上海图书馆新馆计算机系统建设项目获得上海市科学技术进步一等奖。同年,缪其浩、刘炜参与国家级数字图书馆项目《中国试验型数字图书馆计划》研制开发,获国家文化部首届创新奖。此外,相关研究成果还有:杨宗英、郑巧英、王榕榕的《上海交通大学数字图书馆原型的设计考虑和实践》(《图书馆杂志》1997年第4期),刘炜、周德明、王世伟等著的《数字图书馆引论》(上海科学技术文献出版社2001年),朱海峰的《数字化图书馆的发展——无线图书馆》(《图书馆理论与实践》2002年第6期),金毅、杨宗英的《UML在数字图书馆中的应用》(《现代图书情报技术》2002年第6期)等。

2000年后,随着数字图书馆等信息技术在图书馆的应用逐渐深入,针对信息安全等相关问题的研究也不断深化,相关成果如胡运发等的《网络图书馆中系统集成与安全认证技术研究》(《小型微型计算机系统》2002年第8期),周胜利、李书吾的《数字图书馆内部的网络安全分析与研究》(《晋图学刊》2003年第4期),王昱的《数字图书馆中的权限控制研究》(《中国科技信息》2005年第4期),朱强的《构建基于UTM和SOC的数字图书馆信息安全管理体系》(《数字图书馆论坛》2006年第7期),张健的《基于多层防御的数字图书馆用户安全登录认证设计》(《现代情报》2008年第7期)等。

六、文献整理

【文献整理与影印】

20世纪70年代末开始,顾廷龙主编《中国古籍善本书目》(上海古籍出版社),收录全国782家图书馆、博物馆和有关单位存藏的古籍善本6万余种、13万部,分经、史、子、集、丛五大部类,成为文献整理研究领域的标志性成果。同时,为配合《中国古籍善本书目》的编纂,1978年,上海图书馆编印、上海古籍书店出版《善本书影》。上海图书馆在顾廷龙的主持下,提出"孤本不孤"的编纂影印方针。1979年,上海图书馆利用石印技术影印馆藏孤本元刻本《农桑辑要》。

1988年,华东师范大学图书馆编《上海地区高校图书馆藏词目录》(华东师范大学出版社)。1992年,上海图书馆先后整理影印出版清顾祖禹的《读史方舆纪要》家藏原稿本和《清代朱卷集成》,整理影印馆藏孤本《宋拓郁孤台法帖》。1993年开始,上海图书馆参加由国家古籍整理规划小组组织编纂的古籍联合书目《中国古籍总目》。1995年,顾廷龙、徐小蛮发表《中国古代的抄校稿本》(《传统文化与现代化》第3期)。现代信息技术在古籍工作上的应用方面,1997年10月,上海图书馆的善本古籍光盘工程正式立项。

2000年,陈先行等编纂的《中国古籍稿抄校本图录》(上海书店出版社)获第十三届中国图书奖。2001年,上海图书馆编《上海图书馆馆藏旧版日文文献总目》(上海科学技术文献出版社),著录文献41 766条,收录馆藏文献8万余册。2002年,上海图书馆编的《上海图书馆藏明代尺牍》(全8册)(上海科学技术文献出版社),列入国家社会科学基金项目、全国古籍整理出版规划领导小组资助出版项目、"十五"国家重点图书、上海哲学社会科学"九五"重点项目。2005年,吴格率领编辑团队,重新辨识、整理、句读并排印出版澳门中央图书馆馆藏《翁方纲纂四库提要稿》稿本。此外,2006年,陈先行等主编的《上海图书馆藏明清名家手稿简编本》(上海古籍出版社),收录馆藏明、清名家手稿。2010年,上海图书馆编的《上海图书馆藏宋本图录》(上海古籍出版社),收录上海图书馆珍藏的60件宋本善本藏书。

【古籍整理】

20世纪80年代初至90年代初,华东师范大学图书馆、古籍整理研究所、中国史学研究所、历史文献学研究所,以及华东师范大学中文系、历史系、教育系;复旦大学古籍整理研究所,以及复旦大学中文系、法律系、哲学系、经济系;上海师范大学古籍整理研究所;上海教育学院古籍整理研究室;华东政法学院法律古籍研究所;上海中医学院中医文献研究所等多家研究机构和单位,独立或参与出版了219个古籍整理研究成果。

21世纪初,有关文献整理研究,尤其是涉及珍贵文献如古籍、善本、近代珍稀文献的整理和研究类著作较突出。2000年,王世伟的《古籍整理工作的历史回顾与发展趋势》(《图书馆杂志》第7、8期),对20世纪70年代末以来图书馆在馆藏文献的整理编目、古籍文献的编纂影印、古籍的缩微复制以及现代信息技术的运用等方面所取得的成绩作了回顾。同年,王世伟主编的《图书馆古籍整理工作》(北京图书馆出版社),对图书馆古籍的载体与形制、古籍的收藏保护与流通阅览工作、古籍整理工作的现代化、古籍的开发与利用等进行论述。2001年,徐时仪的《古典文献整理研究与当代意识》(《上海师范大学学报》第5期),探讨历代学者研治古典文献的内在精神实质。

这一时期，针对某一类专题或专业的文献整理研究成果逐渐增多。其中，最为突出的是医学类文献研究。如盛康毅的《中医养生学文献整理研究》(《中医文献杂志》2002 年第 3 期)；段逸山发表《涵义丰富　题材广泛——中医药文献整理研究内容举要》(《医古文知识》2003 年第 1 期)、《要求谨严　途径多种——中医药文献整理研究方法举要》(《医古文知识》2003 年第 2 期)；张如青的《论出土医学文献的整理研究》(《上海中医药大学学报》2008 年第 3 期)等。

【文献修复】

珍贵文献修复与装裱技艺的研究是文献整理研究的一个重要组成部分。20 世纪 90 年代以后主要成果有：潘美娣的《古籍修复与装帧》(上海人民出版社 1995 年)、童芷珍的《古文献的形制和装修技法》(上海科学技术文献出版社 2002 年)等。2000 年后，有关文献保护研究的成果和论著逐渐增多。如郑春汛的《民国文献的价值与保护对策研究》(《图书馆理论与实践》2008 年第 4 期)，赵伯兴、郑春汛、谢萍等的《民国文献合作保护和开发利用的研究》(《图书馆研究与工作》2008 年第 4 期)，郑春汛、赵伯兴的《合作储存——关于珍贵文献保护的思考》(《图书馆学研究》2009 年第 6 期)等。此外，还出现了针对古籍保护中防虫防蛀技术的研究，如谢宇斌的《仿生杀虫剂保护古籍的应用研究》(《图书馆杂志》2009 年第 6 期)。

【家谱文献】

上海图书馆在丰富的馆藏家谱类文献基础上，开展一系列学术研究。2000 年，王鹤鸣等主编《上海图书馆馆藏家谱提要》(上海古籍出版社)，涉及 328 个姓氏，家族居地涉及全国 10 多个省和直辖市，该书为上海市哲学社会科学“九五”规划重点研究课题项目成果。2008 年，王鹤鸣等主编的《中国家谱总目》(上海古籍出版社)，对现存中国家谱的修纂、年代、版本、各姓氏先祖、收藏者等情况作了较详尽的著录。2010 年，王鹤鸣著的《中国家谱通论》(上海古籍出版社)，研究中国家谱的起源、诞生、兴盛、转型和普及等。同年，上海图书馆编的《中国家谱论丛》(上海古籍出版社)，从谱牒的角度揭示中国地方的特色文化。

第二节　情 报 学

一、情报学基础理论

20 世纪 70 年代末至 80 年代中期，上海学界加强情报学的学科建设，对情报学基础理论作了深入探讨。自 1978 年以来，以上海图书馆(上海科学技术情报研究所)、华东师范大学、上海交通大学、上海大学、中国人民解放军空军政治学院、第二军医大学、华东理工大学、同济大学、上海社会科学院、中国科学院上海生命科学信息中心等高校科研机构为主力，上海的情报学研究不断与时俱进，又突出特色和强项，在全国情报学界产生了重要影响。20 世纪 80 年代以后，在中国市场经济改革大潮下，上海各行各业的情报工作蓬勃开展，科技情报、情报检索、竞争情报等成为研究的重点方向，对社会科学情报的研究也掀起一股热潮。90 年代以后，随着计算机和网络技术的发展，传统情报学的理论和方法经历一轮革新，情报学的研究对象转向计算机和网络上的信息资源，情报工作的方法也融入计算机和网络技术，情报学科的发展出现变化。“情报”改“信息”的浪潮，引发对情报学学科概念、学科位置、专业设置等系列问题的讨论。高校科研机构也纷纷改名，1992 年 12 月，上海社会科学院情报研究所更名为信息研究所。1993 年,华东师范大学图书馆学情报学系改名为情报学系,而后又改名为信息学系。进入 21 世纪后,情报学与其他学科进行融合的趋势越来越明显,逐渐产生并发展信息资源管理、网络信息资源管理、知识管理等新兴的、交叉的研究领域。

1978 年以后,上海情报学界首先开展基础资料建设工作。1981 年,上海社会科学院情报研究所编印《有关情报学的书目》,搜集全市 7 个单位(上海图书馆、上海社会科学院图书馆、上海科学技术情报所、中科院图书馆、华东师范大学图书馆、复旦大学图书馆、上海外国语学院图书馆)馆藏的英文、德文、法文、日文、俄文有关情报学的书目约 1 500 条。

20 世纪 80 年代,上海情报学界深入探讨情报的概念和属性。1981 年,夏宗辉的《论情报的概念》(《情报学刊》第 2 期)认为情报是为一定目的,具有一定时效,经过发送由载体传递,能为感觉器官或感觉系统接收的情况的报道。1983 年,夏宗辉的《论情报的属性》(《情报学报》第 3 期)认为情和报是情报的两个本质属性,目的性、时效性、效益性、储存性、累积性、衰变性是情报的六个非本质属性。1982 年,上海科学技术情报研究所自动化研究室编著小册子《现代情报技术》,认为情报是对信息理解后的产物,信息不等于情报,情报来源于信息,同一组信息所产生的价值,即"情报",会因人因事而不同。

在对情报学基础理论的研究过程中,学界逐渐确立情报学的学科结构和研究范畴。1982 年,陈誉的《社会科学情报源结构系统》(《情报科学》第 2 期)认为社会科学情报源可以分为综合性情报源和专科性情报源。1983 年,许立达的《情报学的对象和范畴与局部空间理论》(《情报学报》第 2 期)把情报学的基本研究范畴分成五个方面:情报的表现形式、情报源的信息形式、情报的发生学、情报处理过程、情报的逻辑空间。1988 年,张新华的《论情报学的宏观学科结构》(《上海社会科学院学术季刊》第 3 期)区分出情报的形态、作用场和属性三个大的概念要素,将与情报学有关的活动分解为现象、过程和系统三个大的多维坐标系。1992 年,张新华在著作《情报学理论流派研究纲要》(上海社会科学院出版社)中,对当时西方情报学界的研究概貌进行剖析。1990 年,同济大学图书馆翻译出版《国外图书情报学新说》(同济大学出版社),收录 28 篇当时国外新发表的图书情报学期刊论文,主要涉及图书馆与情报机构管理、图书馆与情报工作自动化、实验情报检索技术等。

进入 20 世纪 90 年代,经济管理领域的情报工作成为情报学研究重点,研究范围有经济情报、金融情报、市场情报、旅游情报、广告情报等。1990 年,樊松林等编著的《管理者与情报信息》(中国城市经济社会出版社),论述管理和情报的密切关系,以及怎样使管理工作更加科学化。1991 年,樊松林撰写《管理情报学引论》(上海科学技术文献出版社),对管理情报学的主要内容及主要管理范畴的情报工作进行深入的研究和探索。1992 年,吴光伟编著的《金融情报》(同济大学出版社),运用情报学原理,着眼于金融情报的搜集和分析,研究国际原材料商品市场、外汇市场、资金市场、证券市场和信用市场。1995 年,樊松林、樊雷、康焕龙编著《国际商务信息学》(上海科学技术文献出版社)。

进入 21 世纪,情报学研究的规模和发展速度不断增长,情报学的理论研究和技术研究不断深入。2008 年,缪其浩的《探索者言:缪其浩情报著作自选集》(上海科学技术文献出版社)、上海科学技术情报研究所编的《情报的记忆:纪念上海科学技术情报研究所创立五十周年》(上海科学技术文献出版社)等先后出版。2003 年,周军的《论 20 世纪发达国家情报研究学理论的进展》(《图书情报工作》第 1 期),将 20 世纪中外情报研究学的发展粗略划分为孕育阶段、确立与初级发展阶段和逐渐走向成熟阶段,并概述了各个发展阶段发达国家情报研究学理论的成果。2003 年,陈幼华、杨宗英的《情报学研究生课程设置研究》(《图书情报工作》第 2 期),认为世界情报学科发展具有信息技术倾向性、知识管理倾向性、社会应用性、综合性等趋势。

计算机和互联网在全社会普及后，情报学的研究对象和领域又发生重大变化，信息资源管理的出现让学者们重新思考情报学的发展方向。2010年，丁波涛的《信息资源管理框架下的情报学回顾及思考》(《图书馆杂志》第5期)，认为采用信息资源管理的框架来重构情报学虽然暂缓了学科发展危机，但也带来不良后果。

二、科技情报

改革开放以后，上海地区开始加强科技情报学科建设。1979年，沈家模、许培基的《科技情报文献工作常识》(上海科学技术文献出版社)介绍了科技情报资料工作的任务、资料收集方法和工具、管理方法、检索方法等。1982年，谢秉衡编写的小册子《谈我国如何健全国家科技情报系统和加强科技情报人员的培养——兼谈苏联国家科技情报系统和科技情报人员的培养》(上海机械学院科技情报研究室印)，对苏联的情况进行分析和研究，吸取一些对中国建立健全国家科技情报系统和培养科技情报人员方面有一定借鉴意义的经验。1984年，樊松林的《中国科技情报发展通论》(《中国社会科学》第1期)，系统整理总结中国科技情报的历史发展过程。

1986年，上海科学技术情报研究所编写《科技情报检索手册》(上海科学技术文献出版社)，详细梳理16种国外检索工具书及其使用方法，介绍电子计算机情报检索和联机情报检索的方法。1987年，朱雪平发表《科技情报工作人员业务能力的定量评价》(《情报科学》第2期)，运用系统评价的方法，提出评价科技情报工作人员业务能力的指标体系。1988年，王孟官、沈永林、罗茂生翻译苏联科柳科娃、捷拉的《科技情报基础》(上海科学技术文献出版社)，介绍苏联的科技情报工作的理论、方法和各个环节的工作原则。1988年，缪其浩、徐刚发表《论科技情报分析研究工作的方法体系》(《情报理论与实践》第2期)，提出建立科技情报研究方法体系的思路和原则。1991年，樊松林发表《论我国的科技情报立法》(《情报科学》第2期)，指出科技情报事业的发展同样需要有健全的法律机制。1993年，缪其浩发表《科技情报研究：挑战与对策》(《情报学报》第1期)指出，能把Information和Intelligence两种情报结合起来是中国科技情报系统的一大特色。1994年，胡斌、王秀山发表《技术创新中的科技信息源研究》(《情报理论与实践》第3期)，用理论分析和调查研究的方法，剖析各类型科技信息源及其在技术创新中的作用与特点。1997年，郑敏发表《传统的科技情报研究与竞争情报研究之比较分析》(《中国软科学》第3期)，指出竞争情报的引入和实践，为传统科技情报研究通向市场、走出低谷提供契机。2006年，陈建宏发表《日本科技信息政策及其事业的发展综述》(《情报科学》第3期)。

三、情报检索

【情报检索语言】

从20世纪80年代初开始，情报检索语言从经验型和实用性的圈子中走出来，开始其学科理论的构造，搭建其学科框架，使情报语言学作为一个分支学科逐步走向完善和成熟。1980年，全国文献标准化技术委员会第五分会成立，促进了情报检索语言的标准化。此后，上海学者开始情报检索的研究，并开拓中国情报检索语言的研究领域。1983年，张琪玉编著的《情报检索语言》(武汉大学出版社)出版，1987年修订再版时更名为《情报语言学基础》(武汉大学出版社)，对每一种情报检索语言类型进行综合分析，构建了中国情报语言学学科的基本框架与研究方法体系，拓展了情报语言学的研究领域。

20世纪90年代后期,因特网的迅速发展使分类法的编制和应用进入网络时代,上海学者不断进行学科的创新和新型情报检索语言的创制,使上海情报检索语言体系逐渐完善。《张琪玉情报语言学文集》(北京图书馆出版社1999年)、《张琪玉索引学文集》(北京图书馆出版社2009年)等著作中主张对分类检索语言、主题检索语言和其他情报检索语言,以及自然语言在情报检索中的应用问题进行统一研究。1999年,《图书馆杂志》第9期和第10期分别刊载张琪玉的《积极为自然语言与情报检索语言的结合创造条件——建议大量编制自然语言词表(上、下)》,主要阐述自然语言词表的类型和自然语言词表编制中的方法和技术。

进入21世纪,上海学者对网络信息检索用语深入挖掘,同时对情报检索语言未来发展趋势进行畅想。2001年第3期《图书馆杂志》刊载张琪玉的《网络信息检索用语言的发展趋势》,认为情报检索用语言发展的大趋势是情报检索语言与自然语言从两者的初级结合到完全融合的过程。2001年第6期《图书馆杂志》刊载包冬梅的《检索语言应用于INTERNET信息资源组织之前景分析》,列举当时据于分类法的搜索工具并对其运行和发展状况进行分析,指出检索语言应用于网络信息资源的组织有待改进和解决的问题。2002年第11期《图书馆杂志》刊载张琪玉的《因特网大众分类法的本质属性》,着重阐述因特网大众分类法的商业性这一本质属性及其体现,指出这种分类法尚不完善,但对其改进时不应影响这一本质属性的充分发挥。2005年第2期《图书馆杂志》刊载张琪玉的《寻找更佳结合模式是情报检索语言创新的主流》,提出情报检索语言的检索效率、检索功能主要取决于其结构模式,情报检索语言的进步主要是结构模式的进步。

【情报检索技术】

计算机情报检索是20世纪50年代出现的新技术。随着计算机技术和通信技术的不断进步,计算机情报检索在理论和实践两方面都得到迅速的发展。20世纪80年代初,国内学者开始文献分类的自动化研究,此后上海情报界掀起一场关于分类法计算机化的研究热潮,研究内容涉及自动分类理论、自动分类标引、分类法数据MARC格式、计算机分类检索等方面。1986年,上海科学技术情报研究所出版《科技情报检索手册》(上海科学技术文献出版社)。1987年,王和珍编著《情报检索》(上海交通大学出版社),介绍利用电脑系统地、科学地管理浩瀚的情报资料的情报管理自动化理论和技术,以及借助于电脑从存储的众多信息中检出所需情报的情报检索自动化理论和技术。1989年,顾耀芳编著的《图书情报计算机应用技术》(上海科学技术文献出版社),阐述图书情报领域计算机应用的基本原理和技术,分析计算机情报检索系统软件的设计思想及实施技巧。

20世纪90年代后期因特网的迅速发展,使情报检索技术应用进入了网络时代,上海学者对情报检索技术的研究重点向联机检索和网络化集中,对搜索引擎及文献数据库的研究与日俱增。1993年,张慧慧的《情报联机检索》(上海交通大学出版社),介绍了情报检索的基本原理、数据库结构、检索策略及检索效果评价,并对部分常用联机系统的检索方法与常用文档作了论述。1995年,沈关龙的《情报检索技术》(同济大学出版社)阐述了国外科技情报检索的理论与技术。1996年,黄秀莲等的《科技文献检索和利用指南》(华东理工大学出版社)作为文献检索课的教科书,罗列12种文献检索工具,并辅以例证阐述其检索原理及方法。1998年,慎金花、何惠芬、陈欣编著教材《计算机情报检索》(同济大学出版社),介绍了计算机情报检索的概况、原理和基本方法,计算机情报检索数据库的组织和结构,以及国内外一些著名联机检索系统的检索方法等知识。1999年,蒋永新等的《现代科技信息检索与利用》(上海大学出版社)介绍了信息检索的基本理论、技术和方法。

20世纪末,上海学者对情报检索的研究重心逐渐转向互联网检索。1996年第2期《情报理论与实践》刊载金红亚的《浅谈 Dialog 与 Internet 网的关系》，分析互联网冲击下传统联机检索需要作出的应对措施。1998 年第 1 期《情报理论与实践》刊载郑燕华的《网络信息资源及信息检索能力的培养》，提出搜索引擎当时的主要研究内容。1999 年第 3 期《情报学报》刊载何骥等的《万维网信息检索客户端处理技术》，探讨如何提高万维网信息检索的质量，在检索客户端的处理技术，提出综合运用这些技术的一个万维网信息智能检索系统的原型。1999 年第 9 期《图书馆杂志》刊载陆建平的《论搜索引擎的原理和检索特性》，就搜索引擎与传统联机检索系统之间的关系提出见解。

进入 21 世纪，上海学者开始对未来网络信息检索的发展方向进行探索。2000 年第 1 期《情报理论与实践》刊载曹东等的《运用情报检索语言理论与方法完善搜索引擎的功能》，分析信息检索语言和搜索引擎之间的关系。2000 年第 4 期《图书情报工作》刊载陈树年的《搜索引擎及网络信息资源的分类组织》，通过对搜索引擎和传统分类法的比较，提出建立网上分类体系的原则和技术。2001 年第 1 期《图书馆杂志》刊载张琪玉的《网络信息检索工具增强关键词检索功能的措施》，对国外网络信息检索工具增强关键词检索功能的各种措施进行综述。2002 年第 1 期《情报学报》刊载张开舟、张惠惠等的《万维网信息检索系统开发技术》，分析了当时搜索引擎的若干缺陷，探讨在检索服务器端的若干处理技术，提出了综合运用这些技术的一个万维网信息智能检索系统的原型。

与此同时，学界对自然语言检索和自动化检索的研究与日俱增，上海学者开拓了许多对情报检索新技术的研究方向。2002 年第 3 期《情报杂志》刊载邱君瑞的《自然语言处理与信息检索系统》，把自然语言处理的理解层面从低级到高级划分为语音层次→词形层次→词汇层次→句法层次→语义层次→语用层次→语境层次。2004 年第 6 期《图书馆论坛》刊载张琪玉的《关于自然语言检索问题》，指出自然语言检索的发展方向是与情报检索语言结合和融合。

2004 年第 3 期《情报理论与实践》刊载陶蕾的《一种智能型的信息检索方法：隐含语义索引法》，介绍了隐含语义索引法通过挖掘文本与词汇之间的隐含关系来达到提高检索效率的原理。2004 年第 4 期《情报科学》刊载朱连花的《基于概念空间的信息检索方法》，提出概念空间方法就是自动构造概念语义网络，并以此为基础进行概念检索的一种方法，并探讨此法的可能性。2006 年第 1 期《图书馆杂志》刊载张琪玉的《中国索引事业：当前格局与问题》，指出我国索引事业初步形成了以网上文献数据库为主的传统索引、网上文献数据库和网络信息检索工具三分天下的新格局。2005 年第 8 期《情报科学》刊载施晓华、黄骥的《信息检索新技术应用》，对信息检索领域的一些新技术进行了介绍，对各种技术的运用现状和优缺点作了描述和分析。2006 年第 5 期《情报理论与实践》刊载陈艳的《信息检索可视化技术》，讨论了可视化基本技术、面向不同信息类型的可视化技术以及面向网络及大规模信息资源的可视化技术，并在此基础上分析了两个具有代表性的可视化信息检索工具。2008 年，肖沪卫编著的《科技查新研究与实践》（上海科学技术文献出版社）结合具体案例进行内容解析和报告示范，总结了科技查新的业务管理经验，从实用角度对科技查新信息资源进行归纳和导航。2009 年第 5 期《图书情报工作》刊载王兰成、曾琼的《基于本体的知识检索模型及呈现技术研究》，介绍知识检索的研究和发展，研究知识检索结果的呈现技术，并提出基于本体的知识检索呈现方法。

四、竞争情报

【竞争情报理论】

1989 年，缪其浩、张左之在《情报学报》第 4 期上发表《对 JETRO 海外技术情报活动的剖析》，在国内较早研究竞争情报。20世纪90年代中期,竞争情报的研究和应用得到普及。1994年1月,中国科技情报学会情报研究暨竞争情报专业委员会成立,上海科技情报学会理事长缪其浩任副主任委员。上海科学技术情报研究所是全国较早从事竞争情报理论研究和实践活动的机构之一。1995年,缪其浩的《竞争情报——国外的发展动向及其对我国的影响》(《情报理论与实践》第1期),介绍了全球竞争情报活动现状以及竞争情报概念进入中国的过程,分析了中国开展竞争情报研究和应用的意义。张左之的《Benchmarking:竞争情报的一种重要手段》(《情报理论与实践》1995年第1期),论述了Benchmarking的由来、基本概念、种类等。曹鸿清的《论竞争情报内容》(《情报理论与实践》1996年第4期)认为,竞争情报是以竞争对手、竞争环境、竞争策略为对象,了解对手的能力、弱点和意图的活动。1996年,缪其浩主编的《市场竞争和竞争情报》(军事医学科学出版社),是国内第一本系统介绍竞争情报理论和实践的专著,从现代竞争理论和市场竞争的大视野出发,论述了竞争情报的基本内容、主要方法和发展动向。1998年,樊松林等编著的《竞争情报应用论》(地震出版社)阐述了竞争情报的应用要素、应用条件和应用技能。

进入21世纪,上海的竞争情报研究掀起了一个高潮。2000年,樊松林的《竞争情报研究方法体系的架构与选用》(《情报科学》第10期)初步构建了竞争情报研究方法体系的框架,并探索了竞争情报主要研究范畴可使用的分析方法。樊松林的《论我国的竞争情报教育》(《图书情报工作》2000年第12期)提出竞争情报教育应当围绕竞争情报研究方法及应用技能来展开。肖沪卫的《Internet专利竞争情报开发研究》(《情报杂志》2003年第10期)介绍点、线、面、立体相结合的专利竞争情报分析方法和数据挖掘、联机分析处理、专用专利分析软件三种竞争情报开发工具。郭乐音的《反竞争情报动态监控模型的分析研究》(《情报理论与实践》2004年第5期)从反竞争情报动态监控模型的组织结构、处理对象、运作模式、业务流程等方面对反竞争情报动态监控模型作了分析研究。庄玮的《竞争情报的效用评估之我见》(《情报杂志》2004年第6期)提出竞争情报的效用评估步骤包括:确定企业竞争情报用户;分析不同用户对竞争情报的利用率,计算出竞争情报的效用率;折算竞争情报的经济效益,计算出各情报部门创造的利润值。黄骥、王绍平的《竞争情报效益评估的研究》(《情报杂志》2004年第12期)研究了竞争情报效益评价的指标、方法、实施程序。吕冬煜、党齐民的《基于文本挖掘的可视化竞争情报提取》(《计算机应用与软件》2005年第2期)提出了基于文本挖掘的可视化竞争情报提取系统,并对文档收集、文档预处理、文本挖掘和信息可视化等关键技术进行了详细讨论。吴晓伟、徐克奇、吴伟昶的《从研究主题和研究方法看我国竞争情报发展思路》(《情报杂志》2005年第3期)把竞争情报研究主题分为竞争情报管理、竞争情报技术、竞争情报系统开发、竞争情报应用等。李国秋、吕斌的《我国竞争情报发展模式的路径选择——政府推动下的政府、企业与中介三位一体互动与融合模式》(《图书情报知识》2006年第3期)提出中国竞争情报的发展模式只能选择政府推动下的政府、企业与中介三位一体互动与融合模式,认为这一发展模式建设的当务之急是建立国家对外贸易竞争情报体系。吴晓伟、宋文官、徐福缘的《竞争情报软件发展现状和趋势研究》(《情报杂志》2006年第6期)对国内具有代表性的竞争情报软件进行了分析,从情报规划、搜集、分析、发布等环节对竞争情报软件的发展趋势进行了展望。宋文官、吴晓伟、徐福缘的《电子商务对竞争情报价值链影响的框架模型研究》(《情报杂志》2006年第10期)探讨电子商务环境对竞争情报规划、搜集、分析以及发布各环节的影响。黄加虎的《政府竞争情报对区域经济发展的促进作用》(《情报资料工作》2007年第7期)分析了政府竞争情报对发展区域经济、提升区域竞争力的作用,提出了政府竞争情报和企业竞争情报的耦合模型,并结合实践分析了政府利用竞争情报发展产业集群的过程。吴晓伟的《人际竞争情报一般理论研究》(《图书情报工作》2008年第5期)对社会资本理论和组织行为学理论在人际竞争情报中的拓展应用进行了研究。李丹、吴晓伟、徐福缘发表了《人际竞争情报搜集机制研究》(《图书情报工作》2008 年第 11 期)。吴晓伟、胡纬华、吕继红的《人际竞争情报传播模式与机制研究》(《情报杂志》2009 年第 1 期)认为信源、传播渠道、信宿、网络环境与群体行为因素是人际竞争情报传播模式的基本组成要素。

【企业竞争情报】

企业竞争情报理论　2001 年,廖剑岚的《论企业的情报搜集》(《情报杂志》第 6 期)提出企业应重视通过公开途径获取竞争情报。2005 年,李国秋的《非关税壁垒竞争情报研究》(《情报理论与实践》第 1 期)认为建立与完善针对非关税壁垒的企业危机预警机制与快速应对机制十分重要。2006 年,吴晓伟、宋文官、徐福缘的《企业竞争情报分析方法来源及发展》(《情报杂志》第 4 期)综述了当前主要竞争情报分析方法产生的路径以及竞争情报分析方法的发展和演进趋势。2006 年,李国秋、吕斌的《企业竞争情报概论》(华中师范大学出版社)吸收了国内外竞争情报的前沿研究,对企业竞争情报涉及的环境监视、市场预警、技术跟踪、对手分析、策略制定、竞争情报系统建设和商业秘密保护等问题进行了介绍。同年,陶翔、张左之的《竞争环境监视》(华夏出版社)将竞争环境分为宏观环境、行业环境和微观环境三个部分,并根据环境监测和战略制定一体化发展的趋势,论述了环境监视的基本理论和方法。2007 年,吴晓伟、徐福缘的《企业竞争情报人员体系结构研究》(《情报理论与实践》第 3 期)提出了现代企业竞争情报管理人员的 11 类角色。2008 年,李国秋、胡进的《企业竞争情报推送服务研究综述》(《情报杂志》第 1 期)认为企业竞争情报推送服务的研究方向应为面向情报推送的个性化竞争情报用户需求研究和组织加工研究。2009 年,王娜、夏佩福、王华华的《面向企业危机管理的竞争情报工作研究》(《图书情报工作》第 3 期)将竞争情报引入到企业的危机管理中。2010 年,吴晓伟、李丹、吕继红的《基于 TAM 和知觉风险的网络竞争情报用户使用行为研究》(《情报科学》第 6 期)发现网络竞争情报的使用态度和实际使用,受网络竞争情报系统的有用性、易用性、风险性以及主观规范影响。2010 年,曹如中、刘长奎、曹桂红发表《企业竞争情报工作风险识别及控制研究》(《图书与情报》第 7 期)。

企业竞争情报系统　1995 年,完平的《试论企业竞争情报系统的建立》(《情报理论与实践》第 1 期)提出企业竞争情报系统建立的四个阶段。2004 年,吴晓伟等的《我国企业竞争情报系统的现状及其发展思路》(《商业研究》2004 年第 9 期)提出建立一个能及时获取、分析、传递、反馈企业内外信息,辅助企业经营战略决策的竞争情报系统将是 21 世纪企业获得持续竞争力的利器。2005 年,吴晓伟、陈丹亚、李丹的《国内企业竞争情报系统现状的实证研究》(《情报杂志》第 10 期)从实证角度研究了竞争情报系统与决策者决策影响、竞争情报系统与企业竞争优势、竞争战略影响之间的相互关系。2009 年,曹如中、刘长奎、薛绯的《企业竞争情报系统的形成机理及构建研究》(《图书情报工作》第 12 期)提出企业 CIS 的构建必须根据最终用户需求确定有效信息来源,对企业竞争情报信息资源组织体系进行规划与设计,进行深度情报分析和为企业决策提供情报服务。

企业(行业)竞争情报实践　2000 年以后,一些学者对企业竞争情报的工作机制进行研究。2001 年,张法明的《竞争情报与企业反情报工作的组织保障》(《情报理论与实践》第 1 期)建议在信息部门专设分支机构从事反工业间谍活动。2003 年,张存禄、黄培清的《企业的信息需求与定制化信息服务》(《图书情报工作》第 8 期)指出企业信息服务外包是大势所趋。2005 年,于爱霞、夏佩福的《企业竞争情报工作的业绩评价》(《情报科学》第 10 期)将平衡计分卡的业绩评价方法引入竞争情报工作,从财务、客户、技术、业务流程、职员五个层面探讨了竞争情报工作的业绩评价指标。

2010年,梁莹、徐福缘的《企业竞争情报中的专利策略研究》(《情报理论与实践》第3期)研究了建立专利预警机制的方法,制定了利用专利信息增强企业竞争力的具体措施。

一些学者进行了案例研究。2007年,张译中的《一个世界500强企业的竞争情报工作》(《图书情报工作》第11期)介绍了宝钢竞争情报工作体系与企业决策系统的关系等内容。2010年,徐宏宇、张左之的《中国企业竞争情报实施现状调查分析》(《图书情报工作》第1期)研究发现中国企业竞争情报意识有所增强,但与全球竞争情报发展水平还有一定的差距。刘成的博士论文《体育竞争情报及其对我国竞技体育核心竞争力的影响研究》,构建了体育竞争情报活动范式和提升中国竞技体育部分项目核心竞争力的绩效模型。

人际竞争情报 2006年,任红娟的《企业人际情报网络的构建与管理》(《情报科学》第6期)探讨了构建企业人际情报网络的客观要件、主要方法,以及企业人际情报网络管理的基本策略。2007年,吴晓伟、李丹的《企业人际竞争情报网络复杂性研究》(《图书情报工作》第9期)指出人际竞争情报网络具有复杂自适应性和主体多源性两大特征。2010年,吴晓伟、楼文高的《基于社会网络分析的企业合作竞争研究及其实证分析》(《情报理论与实践》第5期)提出基于社会网络分析的合作竞争情报研究基本思路主要包括合作竞争情报研究主题确定、基于战略联盟形成关系的人际竞争情报网络建模、人际网络结构分析。

【国家竞争情报】

2000年以后,国家竞争情报也一度成为竞争情报领域的研究热点。上海科学技术情报研究所2004年12月创办连续性内部资料《竞争情报》。陶翔、缪其浩在《国家竞争情报的概念及其演变过程》(《图书情报工作》2005年第9期)中指出,国家竞争情报经历了军事情报→科技情报→经济情报→传统竞争情报→现代竞争情报的演变过程。张林龙的《国家竞争情报研究论纲》(《图书情报工作》2006年第9期)指出要从国家竞争环境信息、全球竞争结构信息、国家实力信息、国家发展机遇信息、国家竞争力信息等方面开展国家竞争情报研究。卢青、樊松林出版《国家竞争情报研究》(江西人民出版社2007年),探讨了国家竞争情报的立论基础、基本研究方法,论述了国家竞争态势、国家经济发展、国家科技创新、国际综合国力比较、国际竞争力战略、国家战略管理等方面的研究要求和内容。曾原的《国家竞争优势背后的政府行为——国外"国家竞争情报"案例分析》(《情报探索》2008年第4期),围绕英国、日本、加拿大、美国等国家竞争情报案例,从政府决策、政府职能转变新公共管理运动的业务外包、公共治理等公共管理角度进行分析。陶翔主编的《国家竞争情报:是什么 为什么 如何做》(上海科学技术文献出版社2008年)以国家竞争情报为研究对象,通过对国内外相关理论的研究及相关事件的总结,构筑一套国家竞争情报理论框架体系。张左之的《进入21世纪中国竞争情报发展的回顾与未来展望》(《图书情报工作》2009年第6期)评述21世纪后竞争情报在开展主体、软件系统、出版物、教育培训和会议等诸方面的进展。

五、社会科学情报

20世纪80年代,上海情报学界开始关注社会科学情报。1983年,徐亚斌的《社会科学与自然科学情报工作的异同》(《江苏图书馆工作》第4期)从情报源、原始文献的生命力、文献的政治观点和思想性等方面分析社会科学情报的特点。1984年,任月娟发表《关于社科情报资料利用情况的调查》(《图书馆杂志》第2期),认为当时为社会科学研究服务的社会科学情报资料的检索和服务远远不能适应社会科学的发展及用户对情报资料的需求。宓浩、黄纯元先后合著《试论我国社会科学情报工作的发展道路》(《资料工作通讯》1985 年第 2 期)、《发展战略和突破口——再论我国社会科学情报工作的发展道路》(《资料工作通讯》1986 年第 2 期)等论文,将社科情报理论研究带入宏观的事业研究层面。1989 年,陈誉、范并思发表《中国社会科学情报事业的历史方位》(《情报资料工作》第 2 期),将社科情报理论带入研究与社科情报活动有关的社会科学内在规律及社会科学交流机制的层次。1989 年,范并思的《中国社会科学情报理论研究评述》(《图书馆》第 5 期)认为中国社科情报理论在 80 年代有令人瞩目的发展主要因为社科情报事业迅速发展迫切需要理论指导,以及传统情报学对社科情报的忽视。

1990 年,范并思的《论重建国家情报系统》(《情报学刊》第 4 期)认为情报价值观是国家情报系统演进的动力,建议国家情报系统功能由传递科技情报流改为传递科技情报与社会科学情报流。1991 年,陈誉主编的《社会科学情报工作导论》(华东师范大学出版社),论述社科情报与情报交流、社科情报源、社科情报工作流程、社科情报分析与研究、社科情报服务等内容。1991 年 6 月,周铭德和张志祥主编的《中国社会科学情学导论》(江西教育出版社),从宏观的理论上阐述社科情报与现代化建设、社科情报系统构筑和管理、社科情报政策、社科情报理论发展等。1993 年,陈曙的《试论我国社会科学情报理论体系与社会科学情报学》(《大学图书馆学报》第 1 期),认为中国社会科学情报理论体系正趋于形成,但创建社会科学情报学还为时过早。1993 年,印永清、万杰的《社科情报研究的两种基本方法体系》(《情报学刊》第 6 期)提出社科情报的两种基本体系:整体法体系和结构法体系。

六、信息学

【信息与情报比较研究】

信息与情报在内涵上的异同一直都是学者们探讨的问题,而信息(科)学则是随着计算机、互联网的发展兴起的一个研究领域。20 世纪 80 年代中后期,上海情报学界就开始对信息工作和信息理论进行探讨。1985 年,上海科技情报学会、上海科学技术情报研究所、上海社会科学院情报研究所等 8 个单位联合发起组织了关于建设上海信息中心的大型学术研讨会,就信息中心的结构、模式和功能、上海的信息优势和特点、建立信息中心与振兴上海的关系、上海信息事业的发展及其趋势等 13 个方面的问题进行了理论探讨,向市领导提交研讨会报告,供决策参考。

1986 年,徐刚的《全国各地的信息流浅析》(《情报科学》第 5 期),选择部分信息流通的媒介作为指标,分析了国内 29 个省、直辖市、自治区信息流的分布状况。信息流的其他研究有分析文献信息交流的语言障碍及疏通办法、技术市场信息流通、信息网络的构成等。樊松林在 1986—1992 年间发表许多信息学论著,对各类型信息工作的特点和服务方式,如企业信息工作、行政组织信息工作、秘书信息工作、经济信息工作、教育信息工作的原理和机制等方面进行研究。1989 年,郑开琪发表《信息探微》(《情报资料工作》第 2 期)从广义上对信息的定义作了探讨。

2000 年,孙云川和高柳宾的《信息学与信息管理学比较研究》(《图书馆学研究》第 2 期)指出信息管理学是在信息学具体应用过程中,与管理学相互渗透、相互作用而形成的一门新兴混合型交叉学科,信息管理学是信息学的下位类。2000 年以后,互联网的发展使情报学的学科发展方向面临可能调整的挑战和契机。情报学界就学科的名称问题,即到底是情报学还是信息(科)学,以及如何与国外的相关学科对应起来进行了探讨。2008 年 9 月,上海社会科学院信息研究所主办"2008 网络环境下的情报学发展研讨会”,分别从情报学的学科名称,网络环境下情报学的研究内容、研究范围、服务对象,网络环境下情报学的战略定位,信息学范式的构建,以及情报学的发展与研究趋势等问题展开研讨和交流。

【信息经济学】

信息经济学是情报学与经济学交叉形成的情报学的分支学科。1992 年,朱幼文、程志斌的《信息经济学发展概述》(《情报科学》第 6 期)介绍信息经济学产生的时代背景,回顾信息经济学的发展历程,并对国内外信息经济学的研究现状进行了归纳和分析。1993 年,程志斌、朱幼文在《我国信息经济学研究现状》(《情报科学》第 6 期)中,从信息商品、信息市场、信息产业三个方面论述了当前中国信息经济学界热点问题的主要观点及其影响。2004 年,李国秋、吕斌的《从学科交叉路径看经济信息学与信息经济学的区别》(《情报杂志》第 12 期)认为经济信息学与信息经济学在研究对象和研究方法上是根本不同的,而导致这种差异的根本原因是两门分支学科的形成机制不同。

七、信息资源管理

【网络信息资源管理】

20 世纪 90 年代末至 21 世纪初,随着互联网的迅猛发展,网络信息资源管理成为情报学的研究热点方向之一。2000 年,张林龙发表《网络信息资源的组织与管理》(《图书与情报》第 4 期),论述网络信息资源的含义及其分类,探讨以图书馆学情报学方法将经过筛选和标准化著录的网络信息资源组织起来形成虚拟馆藏的方法。2001 年,杨锐发表《信息资源的网络管理风险》(《情报杂志》第 1 期),以网络环境下的知识产权保护为例,讨论网上信息资源的版权及知识产权问题。2003 年,高春玲发表《关于网络信息资源管理的思考》(《现代情报》第 12 期),概括网络信息资源的定义及特点,分析了中国网络信息管理的现状,并提出了相应的对策建议。刑冰发表的《知识管理在网络教育资源建设中的应用与思考》(《天津电大学报》2003 年第 4 期),将知识管理的思想和技术引入到网络教育资源管理中,从而实现对网络教育资源的重组和提升。2004 年,胡克瑾主编教材《信息资源管理》(同济大学出版社),从概念、技术、过程与展望四个方面,分析信息资源管理的原理,并为信息资源管理的实施提供指南。

【企业信息资源管理】

2002 年,武芳、严丽芳发表《通过战略合作管理企业信息技术资源——企业信息系统外包及其 ASP 模式研究》(《管理工程学报》第 2 期),在综述企业信息系统外包发展的基础上,探讨企业如何建立和管理企业与“承包商”之间的战略联盟问题。郝晓玲、胡克瑾、邓少灵发表《COBIT 在企业信息资源管理中的应用》(《情报科学》2002 年第 8 期),介绍 COBIT 模型在企业信息资源管理及控制方面的应用。

【政府信息资源管理】

2000 年以后,随着电子政务的发展,政府信息资源管理成为学者们研究的热点。罗昊的《两种政府信息资源元数据的分析与比较及其对我国的启示》(《新世纪图书馆》2003 年第 2 期),为建立中国电子政务信息资源的标准化描述机制提出了建议。傅俊的《论公共危机中的信息资源管理》(《新世纪图书馆》2006年第6期）阐述信息资源管理系统在公共危机管理中的必要性，以及建立公共危机信息资源管理系统在政府危机管理中的重要作用。杨寅等的《我国政府信息资源管理的现状及完善——以美国联邦政府制度经验为参照》（《行政法学研究》2006年第4期），提出中国建立及完善信息资源管理的相应制度的建议。段宇锋等的《上海市电子政务信息资源建设和利用状况研究》（《图书与情报》2006年第5期）分析上海市电子政务信息资源建设的情况和利用中的问题并提出对策。熊励等的《基于文献计量分析法的我国政府信息资源管理研究进展》（《情报杂志》2010年第9期）以文献计量分析法对中国学者2000年以来的政府信息资源领域的研究论文进行统计分析，发现中国政府信息资源的研究在基础理论、开发利用和共享整合方向的论文比较多，但在成本分析、技术标准、政策与产权方面的研究相对较少。

八、知识管理

进入21世纪，知识经济的发展使情报学有了更广阔的研究空间，对知识的管理成为情报学新的研究领域。2000年，彭伟、吴才唤的《论知识管理的背景、观念和实践》（《图书情报工作》第8期），从管理学的角度阐述显性知识和隐性知识的概念，认为知识管理的最终目标是提高组织的核心竞争力和增强竞争优势。2001年，韩客松、王永成的《文本挖掘、数据挖掘和知识管理——二十一世纪的智能信息处理》（《情报学报》第1期），从技术角度将知识管理划分为知识库、知识共享和知识发现三个阶段，指出在文本中进行知识发现是新世纪智能信息处理的重要方向。2002年，李勇、屠梅曾的《企业内部知识管理中的知识共享问题分析》（《科学学与科学技术管理》第6期），探讨促进员工隐性知识共享的四种方法。2004年，孟倩在《企业信息化与知识管理》（《科学管理研究》第6期）中认为应用企业信息化建设促进知识管理要有重点、有层次地逐步实施企业信息化，注重信息资源的开发利用，加强人才的培养，并用信息化建设促进流程重组。2005年，邸强、唐元虎、张超在《企业知识库的构建和管理研究》（《情报科学》第7期）中认为，企业知识库的构建需要围绕外化、内化、中介和认知过程四个方面进行。2006年，张建华的《KM中隐性知识管理策略研究》（《情报科学》第5期）提出基于知识地图之专家定位器和隐性知识社会化理论的解决方案与策略。2007年，丛海涛、唐元虎在《隐性知识转移、共享的激励机制研究》（《科研管理》第1期）研究激励机制设计的两个影响因素，绩效衡量困难程度和不确定性，对激励方案选择的影响。2010年，熊励、孙友霞的《协同知识管理研究进展》（《科技进步与对策》第4期）指出协同知识管理的研究，需要在隐显性知识协同管理模式、协同知识创新资源体系、知识管理的协同效应、知识融合与协同决策等方面作深入研究。

第三节　档案学

一、档案学基础理论

1978年以后，上海档案学研究有了较大发展，形成比较活跃的学术研讨局面，完成一批学术创新、技术领先、应用性强的档案科研项目。1981年9月，上海大学创办档案学专业。同年，市档案学会成立。1982年、1985年《档案学研究》（1988年改名为《档案学探索》）和《上海档案》杂志的先后创办，推动了档案学术活动的开展。1994年，上海师范大学创办档案学专业。1995

年,解放军南京政治学院上海分院获得档案学硕士学位授予权。2001年11月,上海大学成立档案事业发展研究中心。2003年9月,市档案局成立上海市档案科技研究中心。2005年1月,上海师范大学成立电子政务信息资源研究中心。2005年,解放军南京政治学院上海分院获得档案学博士学位授予权。

1993年起,上海市档案局每年组织上海市档案科研成果奖评选活动,至2010年共评选出获奖成果185项。1985—2010年,上海共有186项档案科研成果分获市科学技术进步奖、上海社联优秀学术成果奖、国家档案局科学技术进步奖(优秀科技成果奖)。1980—2010年,上海档案学术成果共获得中国档案学会优秀成果奖70项。1981—2005年,上海档案学会共评选出学术成果奖127项。1984—2010年,上海档案界共出版著作51部,其中教材23部、专著18部、文集10部。

20世纪80年代后,上海档案学研究逐渐进入高潮,理论界对档案的定义和起源、档案的术语和价值、档案工作的基本矛盾、档案学的学科性质等理论问题进行了较为深入的探讨。1982年第3期《档案工作》刊载金琦的《对档案定义的探讨》,较早提出把"历史记录"作为档案定义的属概念。1985年第5期《上海档案》刊载周东涛的《"档案是阶级斗争的产物"吗?》,认为档案在原始社会就已产生,与一定物质形式上的"记录"有着必然的联系。1989年第2期《档案学通讯》刊载赵嘉庆的《论专门档案》,从理论上论述专门档案的特性和形成条件。1991年第2期《档案学探索》刊载严永官的《试析档案工作的矛盾》,运用哲学的原理,剖析档案工作矛盾的表现方式,阐述档案工作的基本矛盾及矛盾的主要方面。1991年,《上海大学学报》第6期刊载张国樑、潘天虹的《档案学的范型》,运用美国科学史家、科学哲学家托马斯·库恩的范式(转换)理论,对档案学的学科性质进行重新分析,论述档案学所具有的"信息管理科学的秉性"。但在十多年间,该文的观点并未引起档案学界的注意与呼应。进入21世纪,丁华东发表系列论文,重新认识范式理论对档案管理、档案学研究的理论意义和学术价值。

20世纪80年代末和90年代,随着《中华人民共和国档案法》以及《上海市档案条例》的颁布、实施,上海档案界加强对档案法规理论的研究,先后发表周东涛的《简论我国档案法的理论意义》(《上海档案》1988年第2期),严永官的《试论社会主义市场经济体制下档案法规体系的构建》(《上海档案》1995年第2期)、《〈上海市档案条例〉的理论意义探析》(《上海档案》1995年第5期)等论文,从法理的角度论述档案法规的有关问题。董永昌的《一部成功的地方性档案法规》(《上海档案》1995年第6期),对全国第一部地方性档案法规《上海市档案条例》的特色和重要作用进行论述。1995年,市档案局完成《上海档案管理法规体系研究》课题。课题成果的重要体现是在全国率先草拟了地方性档案法规的建议稿,建议稿中设计和提出的总体框架、指导思想、基本原则、管理方法等主要内容基本上为地方立法机关所采纳。进入21世纪后,上海档案界对档案法制理论进行了较为深入、系统的研究。2002年潘玉民编著的《档案法学基础》(辽宁大学出版社)和2006年上海大学档案学系完成的课题《依法治档研究》,对档案立法、档案行政执法和档案普法进行了系统研究。2008年,上海大学档案学系完成《档案法集成研究》,对《中华人民共和国档案法》以外的其他法律中相关档案事务条款从理论上进行评析,梳理其内容和特点。

21世纪初,上海档案界对档案部门开展"城市记忆工程"、参与社会记忆建构活动进行理论思考和回应,取得重要成果。2006年,郭红解的《"城市记忆"档案文献资源整合研究》获国家社科基金项目立项。2007年11月,《中国档案》杂志社和市档案局联合举办"档案与城市记忆"论坛,交流各地开展"城市记忆工程"的实践经验,对档案与城市记忆的关系等理论问题进行研讨。2007年12月,上海大学档案学系在"东方讲坛"举办"档案文化与社会记忆"系列学术讲座,从社会记忆理论出发，阐释了档案在社会记忆建构过程中所具有的功能和地位。2009年第1期《档案管理》刊载丁华东的《档案记忆观的兴起及其理论影响》，对档案记忆兴起的社会原因、档案与社会记忆的关系、档案记忆观对档案价值与档案管理理论等的影响进行探析。

二、档案管理

【档案事业管理】

1985年，上海档案工作者就科技档案工作管理体制问题进行研讨。市档案局的《上海市档案事业现状及其发展对策》(《档案学探索》1989年第4期)研究报告，分析了上海档案事业的现状、存在的问题及其形成的原因，提出今后发展的设想。1993年，市档案局成立《上海市档案馆设置原则与布局方案》课题组，针对当时上海各级各类档案馆在设置和布局上统筹规划不够、宏观调控不力、理论研究滞后、建馆缺乏论证等现象提出建议和对策。

20世纪90年代，上海档案界在加强档案法制理论研究的同时，重视对档案行政执法实践的研究。1990年第1期《上海档案》刊出市档案局的《对依法治档的研究与设想》，对档案行政执法中的不利因素和实现依法治档的途径进行探讨。1993年第3期的《上海档案》刊载仓大放的《对档案执法实践中有关问题的法律思考》，从法理的角度论述执法实践中如何查处遗失档案案件的问题。邹伟农的《建立依法治档新机制的探讨》(《上海档案工作》1994年第6期)，论述在社会主义市场经济条件下依法治档新机制的基本框架、主要功能和运作方式。张桂福的《论市场经济条件下国有企业依法治档》(《上海档案》1995年第2期)，提出要将企业档案作为国有资产组成部分加强依法管理。

2000年后，随着中国加入世界贸易组织，各项体制改革的不断深入，档案事业发展的内外环境发生了深刻变化，上海档案界积极探索和研究在此背景下档案管理体制的改革。2002年12月，上海大学档案学系和市档案学会联合召开“WTO与档案工作研讨会”，就中国入世后对档案工作的影响，以及档案行政管理法制、体制、机制如何适应等问题开展了研讨。2005年，市档案学会、上海大学档案事业发展研究中心共同完成《加入世贸组织后我国档案工作面临的挑战、机遇及其对策》课题研究，分析了入世后国内档案工作面临的挑战和机遇，揭示了入世后档案工作的基本走向。

【档案馆性质与功能】

1982年，市档案学会主办的《档案学研究》先后发表川沙县档案馆和普陀、卢湾、徐汇区档案馆探讨区、县档案馆的性质、体制、任务和发展方向的文章，着重提出并论述区、县档案馆应是区、县党委、政府直属的科学文化事业机构的观点。1987年6月，针对档案开放带来的新情况，市档案学会档案馆工作学术研究小组与市郊县档案馆工作协作组联合召开“档案馆如何由封闭、半封闭型向开放型转变研讨会”，着重对档案开放的意义、范围及开放档案的整理编目等问题展开研讨。

20世纪80年代后期90年代初，随着企业、事业单位档案馆的出现，对其性质、特点、功能等进行的探讨也随之兴起。孙兆伟等的《“企业档案馆”质疑》(《上海档案》1988年第2期)，认为档案馆是文化事业机构，是永久保存档案的基地，以其丰富的馆藏服务于社会，而企业档案馆从性质上看，不具备档案馆的这些基本属性。楼锦洪的《企业档案馆建设的理论与实践》(《档案学研究》1991年第4期)，在对上海地区企业档案馆调查分析的基础上，对企业档案馆的性质、特点进行探讨，认为企业档案馆的出现是顺应企业档案工作发展的必然结果。

20世纪90年代，对档案馆的各项业务问题进行探讨。1990年，韩伟之、郑玉豪、金琦等编著

《档案馆理论与实践》(档案出版社出版),论述档案馆的属性、职能、作用及馆网建设等档案馆建设基本理论。韩伟之的《略论档案馆的科研工作》(《档案学研究》1991年第3期),论述档案馆科研工作的地位、对象和应掌握的原则。张乾的《面向21世纪,建设一流档案馆》(《上海档案》1995年第2期),总结档案馆建设的基本经验,提出创建一流档案馆的工作思路和内容。1995年7月,《上海档案》编辑部以"拓宽档案馆的社会功能"为题,组织上海部分区、县档案馆负责人进行研讨,提出档案馆除了继续发挥保护文化遗产、提供档案利用的社会功能外,还要努力开发档案馆的社会教育和文化传播功能。同年,《上海档案》第5期刊载这一专题研讨的文章。

进入21世纪后,特别是结合上海市档案馆外滩馆的建设,开展公共档案馆理论与实践的研究。2002年,薛匡勇著《档案馆论》(第二军医大学出版社),系统论证档案馆的类型、网络、性质、职能、管理体制等问题。2003年,市档案馆、上海大学档案学系共同完成市档案局科研项目《现代大都市档案馆形象设计》,把现代大都市档案馆的形象定位在现代化、人本化、大文化的基点上,对大都市档案馆的外观形象、馆内设施、管理系统、馆藏成分、人员素质、服务项目等方面进行了探讨。同年12月,市档案局(馆)举办主题为"新时期公共档案馆建设"的档案论坛,与会者从不同角度、不同层面对新时期公共档案馆的建设进行了论证。2007年,市档案局(馆)组织完成国家档案局科研项目《公共档案馆理论与实践研究》,对全国公共档案馆的建馆理念、管理模式、运作机制、服务方式、效果评价等进行了研究,同时对公共档案馆建设的发展前景进行了展望。罗军的《还档案馆"文化事业机构"本来面目——对"局馆合一"档案管理体制的反思》(《档案学通讯》2007年第1期),提出改革档案管理体制,塑造档案馆公共文化形象的途径。吕元智的《基于价值创新的公共档案馆信息服务模式研究》(《图书情报知识》2010年第3期),分析中国公共档案馆信息服务工作的现状,提出构建基于价值创新的服务模式来破解其工作困局的问题。这一时期,上海档案界对档案馆工作规范、档案鉴定等问题也进行了研究。2002年,市档案馆组织完成市科委科研项目《上海市综合档案馆档案进馆工作业务技术规范研究》,对上海各级综合档案馆档案的接收范围、期限、门类和载体,进馆档案的鉴定、整理、移交和进馆档案的保护技术检测等问题进行研究,较全面地提出档案进馆工作的具体要求。2004年,周玲、马长林主编的《档案鉴定新论》(上海社会科学院出版社),提出档案鉴定理论的框架,对文件归档鉴定、档案进馆鉴定、档案开放鉴定、档案存毁鉴定、档案真伪鉴定、档案质量鉴定、档案数字化鉴定等进行论述。同年,戴志强、成兴法等编著《综合档案馆鉴定工作理论与实务》(中国文联出版社出版)。2005年,市档案学会、黄浦区档案局共同完成《区县档案馆管理模式研究》课题研究,对区县档案馆目录中心建设、馆藏管理、档案馆管理、档案编研、档案人才建设等作了研究。张会超的《试论档案馆学研究的深化问题》(《档案学通讯》2010年第3期),就拓宽档案馆学研究领域、丰富研究内容以及培养和造就研究档案的专家等予以思考。

三、档案信息资源开发利用

20世纪80年代,上海档案界加强对科技档案管理与利用进行探讨和研究。娄承浩的《科学技术档案与生产力》(《档案学研究》1982年第1期),提出科技档案通过利用可以转化为生产力的观点。史幗英的《谈如何发挥科技档案的经济效益》(《档案学研究》1983年第3期)等7篇文章,对如何发挥科技档案效益,使科技档案转化为直接生产力进行了探讨。1984年,市科委和市档案局共同完成《加强科研成果档案宏观管理,提高社会效益》课题研究,探索科研成果档案宏观管理规律,提出科研成果档案管理的科学方法和有效途径,该课题成果获1985年度上海市科学技术进步奖三等奖，1986 年第 4 期《上海档案》刊文介绍了成果内容。1989 年，市档案局和市科委共同完成《科学技术研究档案指标体系及规范化研究》课题研究，对科研档案管理体系进行系统研究，总结科研档案信息收集、贮存、管理和开发利用等经验，设计科研档案工作的各项规范。

20 世纪 90 年代，上海档案界加强对基本建设档案管理的研究。1990 年，市第二商业局完成《基本建设项目建档工作模式研究》课题研究，在总结基建项目建档工作经验的基础上，研究制定出一套基建项目建档工作模式，获 1992 年度上海市科学技术进步奖二等奖，1990 年第 4 期《上海档案》刊文介绍成果内容。根据课题成果内容编辑的《基本建设项目档案建档工作实用手册》1990 年 11 月由中国商业出版社出版。

20 世纪 90 年代后期，随着以档案整理、寄存、信息化处理等为服务内容的档案中介机构的出现，上海档案界围绕档案中介机构的性质、类型、职能、现状、发展趋势以及如何依法对其管理等问题进行了探讨。1998 年，上海档案咨询服务中心、闸北区档案局、浦东新区档案馆共同完成《档案中介机构理论与实践》课题研究，制定了《档案中介机构章程》《档案中介机构人员职业道德守则》《档案中介机构服务收费管理暂行办法》。1998 年 3 月，《上海档案》编辑部与上海档案咨询服务中心联合召开"档案中介机构理论与实践研讨会"，对档案中介机构与行政机关的职能区分、拓宽档案中介机构服务领域等问题进行探讨。到 20 世纪初，档案中介机构的研究进一步深入。2005 年，上海大学档案学系和深圳市档案局共同完成国家档案局科研项目《档案中介机构理论与实践》，较深入地研究了档案中介机构的立法管理、规范化运作，设计《档案中介机构章程》《档案中介机构管理办法》等规范性文件。

20 世纪 90 年代至 21 世纪初，上海档案界对现代企业制度下企业档案工作进行研究。孙兆伟、刘丰、毛国平等的《新形势下国有企业档案工作面临的新课题及其对策思考》(《上海档案》1995 年第 3 期)，对建立现代企业制度过程中，国有企业档案的内容变化和归属流向等问题进行了探讨。1996 年，静安区档案局完成《现代企业制度下的档案工作——(商业)集团公司档案管理模式和管理方法初探》，对现代企业制度下商业集团型企业公司的档案管理体制、档案的权属和流向、档案业务建设等问题进行探索。

2000 年，上海纺织控股(集团)公司完成《实施现代企业制度与纺织企业档案管理改革》，全面分析实施现代企业制度对企业档案工作的影响。2003 年，宗培岭主持完成国家社科基金项目《现代企业制度下企业档案工作运行机制研究》，课题成果由档案出版社 2006 年出版，对现代企业档案工作运行机制的涵义、构成、特征，现代企业制度建设与档案工作，现代企业档案工作运行机制等方面进行研究。

21 世纪初，上海档案界对档案资源整合和开发等问题进行了探索。戴志强的《国家档案资源整合的涵义及其运作机制探讨》(《档案学通讯》2003 年第 2 期)，论证国家档案资源整合要坚持见证历史和传承文化的导向，实现结构合理和配置优化的目标，贯彻系统性、有效性和共享性的原则。潘玉民、何宏甲的《论电子时代档案信息资源利用的新特点——利用者的视角》(《上海大学学报》2009 年第 3 期)，提出随着信息时代的发展，档案信息资源利用的特点也将更加多元化，认识和运用档案利用出现的新特点及其规律，对于做好档案服务具有十分重要的现实意义。曹航、谢敏的《条块分割、体制约束与机制创新——对档案信息资源整合的再思考》(《档案管理》2010 年第 1 期)，曹航、杨智勇的《档案资源整合：现状、困难与推进策略》(《档案学研究》2010 年第 4 期)等，分析了档案信息资源整合的现实状况和研究现状，探讨档案信息资源整合实施的动因。这一时期，以档案资源整合为研究对象的相关科研课题相继完成：2004 年，市档案局完成《基于政务网的档案与现行文件共享与管理系统》课题研究;2005年,市档案馆完成《国家档案资源整合对策研究》;2006年,浦东新区档案局、国家档案局档案科学技术研究所共同完成《档案文献信息资源集成化管理和社会化服务系统研制》,闵行区档案局完成《关于区级国家档案资源建设的研究》,上海师范大学人文与传播学院完成《科技创新与档案利用理论研究》;2009年,解放军南京政治学院上海分院完成《基于XML的异构档案数据库信息整合与检索技术研究》、市档案馆完成《国家档案馆馆藏重要档案等级管理研究》、上海大学图书情报档案系完成《档案信息资源整合体制和社会化服务创新机制研究》、杨浦区档案局完成《数字档案资源整合与利用研究》。这些课题探讨了档案、档案信息资源整合的概念、范畴与特点,对档案及档案信息资源整合体制、档案社会化服务创新机制、用信息化手段对档案及文件信息资源进行整合管理与开发利用等进行了系统研究,并对加强国家档案资源整合、开展档案馆重要档案等级管理等问题,提出了相应的对策。其中,《档案文献信息资源集成化管理和社会化服务系统研制》获国家档案局优秀科技成果一等奖。

2005年以后,上海档案界结合政府信息公开给档案部门带来的新课题,对政府信息公开集中查阅利用、档案开放与政府信息公开的衔接、政府信息公开环境下档案的管理和利用等问题进行了研究。张林华的《政府信息公开与发挥档案机构信息服务功能》(《档案学通讯》2005年第4期),提出应充分发挥档案机构信息服务的功能。丁光勋的《档案部门参与政府信息资源再利用服务所面临的问题及解决的办法》(《档案学研究》2006年第2期),分析研究档案部门参与政府信息资源再利用服务所面临的问题及解决政府信息资源再利用服务的办法。2006年,市档案馆完成课题《档案依申请提供利用问题研究》,探讨政府信息公开背景下,档案依申请提供利用的主体、客体、范围、方式、法律依据等。2007年,市档案馆完成《政府公开信息实用分类体系研究》。同年,马长林、戴志强、杨红等编著《档案信息公开理论与方法》(上海社会科学院出版社),阐述档案信息公开的理论与方法。2009年,市档案馆完成《政府信息公开环境下档案管理、利用工作问题研究》,论述政府信息公开环境下档案管理、利用工作所面临的问题及其对策。

四、档案保护技术

【档案保护技术方法】

1986年,市档案馆完成《相对湿度自动控制记录仪》研究,成功解决国内各类库房自动控制湿度的难题。该研究成果在1986年10月第二届全国发明展览会上获国家发明协会颁发的铜牌奖,这是档案系统首次获得国家级发明奖,国家档案局专门为此向市档案局(馆)发来贺电。1990年,市档案局、复旦大学共同完成《上海地区档案霉菌菌相调查研究》。在该项目研究成果的基础上,1992年,市档案局完成《档案防霉剂的筛选与应用研究》。1994年,市档案馆完成《档案修裱全过程防霉研究》。1996年,市档案馆完成《真空充氮杀虫灭菌装置及方法研究》,进一步解决综合性治理档案虫霉问题。1997年,市档案局、市工业微生物研究所共同完成的《挥发性档案防霉剂防霉效果测试方法与标准化研究》,2001年获国家档案局优秀科技成果奖二等奖。1998年,市档案馆、上海大学共同完成《档案材料模糊褪变字迹图像恢复处理系统》。同年,市档案局完成《上海市档案保护技术规范化研究》。1999年,市档案馆完成《档案库房气压喷雾增湿法研究》。2000年,市档案馆、中国人民大学档案学院共同完成《各种色带、喷墨、激光打印字迹耐久性测试与评价》。姜守信、郭莉珠、李明贤等的《计算机打印字迹材料耐久性研究》(《档案学通讯》2001年第3期)介绍了该课题研究成果。

2001年,市档案馆完成《档案库房安全保护智能化管理系统》。2002年,市档案馆完成《纸质档案去酸技术与设备可行性方案》,确立了筛选和应用国外去酸技术设备的原则。2003年,南京政治学院上海分院、市档案局共同完成《蓝黑墨水褪变字迹的气相恢复及保护处理方法研究》。2007年,浦东新区档案局完成的《性能化设计与新型灭火技术在档案馆中的应用与研究》,从大空间新型档案馆性能化设计方法和高压细水雾灭火技术在档案馆中的应用两方面展开研究,2008年获国家档案局优秀科技成果奖二等奖。2009年,闵行区档案局完成《地源热泵技术在库房环境控制中的研究和示范》。

【档案缩微技术】

上海档案界对档案缩微技术的研究,主要集中在20世纪80年代中期至90年代初。1985年,林肇富的《缩微技术的应用和档案工作的改革》(《上海档案》第1期),是上海档案界较早对档案缩微技术应用进行探讨的文章。夏祖宏、张仲华的《用16毫米缩微照相机拍摄档案的初步尝试》(《上海档案》1985年第3期),介绍了市档案馆应用缩微技术拍摄档案的探索和实践。1986年,沪东造船厂完成《缩微开窗孔卡片的应用》课题研究。《上海档案》刊载夏祖洪的《对如何加快发展我国档案缩微事业的探讨》(1986年第3期)、《对档案缩微复制品法律效力的探讨》(1988年第5期),分别对档案缩微工作管理体制、人才培养和档案缩微品的立法理由、立法范围、立法内容等提出建设性意见。诸其良的《对档案部门选择缩微技术,还是光盘技术的探讨》(《上海档案工作》1993年第3期),通过对缩微技术与光盘技术进行比较后提出档案部门更适合采用缩微技术。陈炳亮、芮国强的《缩微技术的发展及前景预测》(《上海档案工作》1994年第2期),认为缩微技术的发展趋势形成以计算机为中心,缩微、光盘、磁盘、磁带、纸张等多种媒介兼容的复合信息管理系统。孙少敏的《数字信息时代的档案缩微之去从》(《上海档案》2006年第5期),认为在相当长时间内,档案缩微技术仍将具有强大的生命力。

五、档案信息化

【信息技术应用】

上海档案界对信息技术应用于档案管理理论的研究,起步于计算机辅助档案管理的探讨。1985年,徐元宙的《档案管理计算机化的几个问题》(《上海档案》第1期)较早提出档案计算机管理需注意的问题。同年,同济大学完成《电脑文书档案管理系统》课题研究,获1986年度上海市科学技术进步奖三等奖。杨振山的《电脑文书档案管理系统》(《上海档案》1986年第1期),介绍该系统设计的指导思想、系统主要功能以及存在的问题与设想。1987年,同济大学、市档案馆共同完成《主题词智能标引与检索集成化系统》课题研究。何孝园等的《计算机的应用与取消文书立卷》(《上海档案》1987年第2期),认为传统的文书立卷不适应甚至阻碍档案现代化管理的发展,提出取消文书立卷的建议和对策。

1993年,《档案学探索》第1期刊载一组计算机辅助档案管理的专题文章,其中包括市档案局科研室的《上海地区计算机辅助档案管理的现状和发展前景初探》。同年,市档案局完成《上海市计算机辅助档案管理总体方案》的研制。吴云兰的《〈上海市计算机辅助档案管理总体方案〉的研制》(《上海档案工作》1994年第2期),介绍该方案的研制过程和主要成果。1994年,复旦大学档案馆等完成《FDA多媒体档案信息管理系统》,该系统是首个符合《上海市计算机辅助档案管理总体方案》要求，又按照国家教委颁布的《高等学校档案实体分类法》对各个门类、多种媒体档案信息实现综合的、集成化管理的网络系统。

1995年，史梅定、吴云兰的《信息技术的应用和档案管理的现代化》(《上海档案》第6期)，探讨上海应用信息技术管理档案的发展思路。张正强的《建设档案计算机网络应注意的几个问题》(《上海档案》1996年第2期)，提出要重视档案信息和档案数据库信息著录项目、著录格式的标准化等问题。张大伟的《谈谈如何优化计算机档案检索系统》(《上海档案》1996年第3期)，认为计算机档案检索系统的优化，是档案学理论和计算机技术结合发展的系统工程。1998年，浦东新区城建档案信息管理中心完成《档案密集架计算机网络数据库管理和控制系统》。1999年，《上海档案》第2期刊载许磊、刘伟星的《对提高计算机技术介入档案管理水平的几点思考》，对阻碍电子计算机技术介入档案管理等问题进行分析。

2002年，浦东新区城建档案信息管理中心完成《城市建设档案GIS多媒体信息管理系统》。2003年，市档案馆完成《上海市公共档案信息系统及其数据规范》，对档案信息网站在档案信息化建设中的地位与功能、档案信息网站的信息资源建设、上海档案信息网站建设及其数据库系统的建立和运行等进行研究。2005年，市档案局完成《专题档案目录数据标准及其管理系统研究》，接收并整合了18个区、县档案馆470万条专题目录数据，通过政务内网和互联网，实现专题目录数据直接为市民服务。2008年，解放军南京政治学院上海分院、市档案局完成《档案信息化标准体系研究》，建立了档案信息化标准体系明细表，构建了档案信息化标准体系概念模型。此外，21世纪初有多部信息技术应用于档案管理的著作出版，其中有马长林、宗培岭等主编的《档案馆信息化建设探论》(上海社会科学院出版社2006年)、朱小怡等编著的《数字档案馆建设理论与实践》(华东师范大学出版社2007年)。

【电子文件管理】

20世纪90年代后期至21世纪初，随着电子文件的大量产生、档案信息化管理工作的逐步推进，上海档案界对电子文件、电子档案的管理进行了研究。娄承浩的《电子档案管理散论》(《上海档案》1998年第3期)，对电子档案产生的背景和管理的对策等作了初步的探讨。陈宝顺的《电子档案的安全保密及法律认可》(《上海档案》1999年第2期)，较早对电子档案的安全保密和法律效力等问题作了分析。

2002年，《上海档案》第5期刊载石磊的《试论电子档案的分散管理模式》，对档案管理工作如何保证电子档案的完整性和电子文件与电子档案之间的可逆性，以及数字档案馆的构建进行了探讨。2004年第7期《新上海档案》刊载谈胜祥、王玮的《"电子文件集"在电子文件归档管理中的作用》，针对电子文件归档管理的难点，提出并论证"电子文件集"的概念及其作用和设置、管理方法。2005年，《新上海档案》第2期刊载彭远明的《电子档案数字信息的安全保护》，介绍了国内外电子档案信息安全保护工作的研究成果，论述电子档案信息安全保护的发展趋势。同年，《新上海档案》第12期刊载陶碧云的《对设置电子文件归档范围及保管期限若干问题的研究》，阐述设置电子文件归档范围及保管期限应遵循的原则和要求。2007年，《上海档案》第5期刊载张正强的《电子文件管理元数据的国际标准化》，分别对电子文件管理元数据概念、元数据需求、元数据建立原则、元数据体系框架的国际标准化等进行了探讨。

2007年，金波、丁华东编著《电子文件管理学》(上海大学出版社)，阐述了电子文件管理的基本理论和方法。张大伟的《电子文件归档管理制度体系建设刍议》(《上海档案》2008年第4期)，对电子文件归档管理制度体系建设的基本原则等进行了探讨。于英香的《我国电子文件管理研究的三次转折》(《档案学通讯》2010年第1期),认为从学术史的角度看,中国电子文件管理研究经历了三次转折:第一次是第十三届国际档案大会召开带来的发展契机,第二次是电子政务建设带来的发展时机,第三次是国家战略提出带来的发展转机。连志英的《我国档案馆电子文件信息资源公共获取发展现状及策略研究》(《档案学研究》2010年第6期),认为要加强在线电子文件信息资源全文数据库及检索系统的建设。除了发表论文、出版著作外,上海档案界通过课题研究,在理论和实践的结合上,探讨并解决电子文件、电子档案的科学管理和利用问题。1999年,静安区档案局、市档案局科研处共同完成《电子文件归档及管理方法研究》。2002年,市档案局、静安区档案局共同完成《电子文件归档及管理系统》研究。2004年,浦东新区档案局、国家档案局科学技术研究所共同完成《电子影像及缩微影像整合应用系统开发与安全保障技术研究》,将计算机技术、光盘技术、缩微技术结合起来,实现各种载体之间信息转换。2005年,长宁区档案局、市档案局共同完成《电子政务环境下电子文件归档和电子档案管理系统研究》,市档案局、静安区档案局共同完成《通用电子文件的鉴定与保管期限表的研究》。2006年,复旦大学完成《高校电子校务环境中的档案管理系统》研究,解放军南京政治学院上海分院完成《电子档案数字信息的安全保障研究》。2007年,市档案局完成《电子档案的移交与接收进馆研究》,研究制定了《上海市电子档案移交接收管理办法》《上海市电子公文归档管理实施指南》《档案目录通用数据元规范》《电子公文归档技术规范》。2010年,上海大学档案事业发展研究中心完成《档案馆电子文件管理模式——理论框架与上海地区实证研究》。

第十五章　管 理 学

20 世纪 70 年代中期上海已有学者开始研究中国古代管理思想。1978 年改革开放后，中国社会、经济与科技发展对科学管理产生了巨大的需求，管理问题愈加得到重视。1978 年 9 月 27 日，钱学森、许国志、王寿云在《文汇报》上发表中国第一篇全面阐释系统工程的文章《组织管理的技术——系统工程》，管理科学与工程研究由此起步。20 世纪 80 年代初，行政管理学(公共管理学)的教学与研究工作开始恢复与重建。1998 年颁布的《普通高等院校专业目录》首次将管理科学与工程设置为管理学科门类的一级学科，标志着该学科的正式确立，随之迎来跨越式发展。20 世纪 90 年代后期至 21 世纪初，随着中国特色社会主义市场经济地位的确立及以建立现代企业制度为重点的改革攻坚全面展开，上海工商管理领域逐渐形成了多层次学科体系和研究方向。此外，农林经济领域研究立足上海农业发展的特色，展现出鲜明的时代特点。

第一节　管理科学与工程

一、基本理论

管理科学与工程是综合运用系统科学、管理科学、数学、经济和行为科学及工程方法，结合信息技术研究解决社会、经济、工程等方面的管理问题的一门学科。1978 年以后，王浣尘致力于系统工程多学科交叉领域的研究，开拓了社会经济系统工程和管理系统工程。20 世纪 80 年代，系统动力学在世界范围内蓬勃兴起。王其藩作为中国系统动力学的先驱者与带头人，1984 年发表《系统动力学的方法论及其发展展望》(《未来与发展》第 8 期)，1988 年出版《系统动力学》(清华大学出版社)，为中国系统动力学的研究与发展打下了良好的基础。在他的推动下，1990 年国际系统动力学学会中国分会成立，1993 年中国系统工程学会系统动力学专业委员会成立。1984 年，吴健中、王浣尘、苏懋康的《系统动力学及其方法论》(《系统工程》第 4 期)指出系统动力学是一种以反馈控制理论为基础、以数字计算机仿真技术为手段的研究复杂社会系统的定量方法。

1984 年，郑祖康率先把生存分析统计方法引入国内，奠定国内该领域的研究基础。此后，上海学者开展了一系列相关研究，主要成果有：郑祖康的《生存分析的两个问题》(《应用概率统计》1988 年第 2 期)，郑绍濂、吴立鹏、郑祖康合著的《现代工业管理统计方法》(机械工业出版社 1994 年)，郑祖康的《非参数方法在金融风险管理模型中的应用》(《系统工程》1999 年第 5 期)，孙绍荣的《行为概率的数学模型》(《系统工程理论与实践》2007 年第 11 期)和樊重俊的《贝叶斯向量自回归分析方法及其应用》(《数理统计与管理》2010 年第 6 期)。

20 世纪 90 年代，中国进行经济体制改革，如何针对每个企业的内部机制和外部环境，采用和创造最适合具体情况的管理方法、手段，切实提高生产率与效益是一项具有很大经济价值的工作，上海学界围绕该问题展开研究，成果有：王其藩、郑绍濂、傅新华合著的《企业系统的诊断、评估与管理方法应用的系统化研究》(中国系统工程学会第七届年会论文集 1992 年)，朴昌根的《系统学基础》(四川教育出版社 1994 年)和乔非、沈荣芳、吴启迪的《系统理论、系统方法、系统工程——发展与展望》(《系统工程》1996 年第 5 期)等。

20 世纪 90 年代及其后,上海学界对决策论展开研究。吴健中的《群决策支持系统的理论与应用评述》(《系统工程学报》1994 年第 2 期),从决策群体、技术支持、任务特征和对决策的影响四个方面综合评述群决策支持系统的有关研究成果。翟立林、张庆洪合著的《应用决策分析》(同济大学出版社 1994 年),介绍了应用决策的基本原理和方法过程。刘仲英的《企业知识系统柔性战略的决策模型》(《管理科学学报》2002 年第 6 期),通过形式化的模型,利用马尔可夫链过程描述企业知识状态的转移,得出知识战略的优劣。程岩的《基于不精确信息的科研项目评估的群决策模型研究》(《科学学与科学技术管理》2003 年第 2 期),提出根据不精确信息进行项目评估的群决策模型。戴伟辉的《基于特征矩阵的决策表约简研究》(《系统工程理论与实践》2003 年第 3 期),提出分析决策表的属性约简算法。汪泓的《基金良性运营的控制系统研发——社保基金运营动态仿真的对策研究》(北京大学出版社 2008 年),综合运用系统思想、控制理论、统计方法和计算机仿真技术来解决社会保险基金运营中的复杂问题。这一时期,上海学界还致力于算法与模型的研究。张显东的《旅行推销员问题的算法综述》(《数学的实践与认识》2000 年第 2 期),对西方灾害经济学研究应用的模型技术进行概略综述。吴冲锋的《证券投资基金业绩评价研究述评》(《系统工程理论与实践》2002 年第 10 期),主要对西方证券投资基金业绩评价所包括的内容、所采用的基本模型及其理论发展进行述评。郑建国的《群决策理论、方法及其应用研究的综述与展望》(《管理学报》2009 年第 8 期),对群决策的定义与理论基础进行评述。

21 世纪以来,上海学者对管理科学与工程的研究更加深入,如严广乐、王浣尘的《边界沉思》(《管理科学学报》2000 年第 1 期),提出一种关于一类感知反应系统演化的边界研究思路和方法。沈惠璋的《基于演化模型的宏观经济系统分析方法》(《系统工程学报》2001 年第 5 期),基于演化的复杂巨系统建模方法,建立中国宏观经济系统演化模型。车宏安的《无标度网络及其系统科学意义》(《系统工程理论与实践》2004 年第 4 期),提出要以无标度网络研究为切入点,深入开展系统结构的研究的观点。王其藩、李旭的《从系统动力学观点看社会经济系统的政策作用机制与优化》(《科技导报》2004 年第 5 期),提出了控制策略函数的概念。汪泓的《社会保险基金的良性运营：系统动力学模型、方法、应用》(北京大学出版社 2008 年),认为对社会保险基金的运营过程进行计算机仿真,对社会保险基金运营过程中可能出现的不正常情况、未来的状态进行测度,有助于保证社会保险基金运营的健康、平稳与安全。

这一时期,上海学界对博弈论展开研究,成果包括：施锡铨的《博弈论》(上海财经大学出版社 2000 年),对完全信息静态博弈、完全信息动态博弈以及不确定结局的博弈问题分别进行了阐述。汪传旭的《逆向物流动态博弈分析模型》(《中国航海》2003 年第 4 期),提出逆向物流的动态博弈分析模型,并据此推出校正的动态分析等式模型。张显东的《跨国公司对外直接投资的博弈模型分析》(《复旦学报》2003 年第 5 期),构建了跨国对外直接投资的二维信号博弈模型。孙庆文、陆柳、严广乐、车宏安合著的《不完全信息条件下演化博弈均衡的稳定性分析》(《系统工程理论与实践》2003 年第 7 期),基于不完全信息假设,借鉴生物进化过程中"复制动态"的思想,对非对称 2×2 演化博弈均衡进行渐近稳定性分析。孙绍荣的《行为控制制度的数学描述与有效性分析》(《系统工程学报》2008 年第 2 期),提出制度有效条件的数学模型,以及制度的观测力度、控制回报差异、自然回报期望值差异,行为成本差异等重要概念。

此外,随着数据库应用的不断深化,数据库的规模急剧膨胀,上海学界对此展开研究,成果包括：王刚、张成洪的《数据挖掘分类算法研究综述》(《科技导报》2006 年第 12 期),郑建国的《量子计算进展与展望》(《计算机应用研究》2008 年第 3 期)。

二、工业工程管理

1978 年以来,上海学界借鉴引进国外的先进管理理论和模式,包括传统 IE 的时间研究与动作研究、工厂布置、物料搬运、生产计划和日程安排,现代 IE 以运筹学和系统工程作为理论基础,努力将国外先进技术与中国实际生产相结合,以提高劳动生产率。刘源张聚焦质量管理解决生产问题,如《粘涤纶细纱断头率质量方程的建立》(《毛纺科技》1979 年第 6 期),建立细纱断头率和影响断头各主要因素之间的定量关系,即"质量方程"。《梳棉机棉结杂质的统计质量管理》(《纺织学报》1980 年第 1 期),为生产厂的全面质量管理提供了指导。他参考国外的经验,结合国内的情况,提出了中国的全面质量管理。此后,他的《推行全面质量管理三十周年回顾》(《上海质量》2008 年第 9 期),对全面质量管理的成就及发展作了梳理,并就什么是质量管理和中国全面质量管理的特色作了解答。

20 世纪 80 年代及其后,上海学界翻译国外相关著作,并对工业工程展开多方面研究,如董靖翻译的蒙代尔的《动作与时间研究——提高生产率》(机械工业出版社 1983 年)出版。翟立林的《对建筑工业化的几点看法——在常州建筑工业化会议上的发言摘要》(《建筑经济研究》1982 年第 1 期),认为建筑工业化有助于提高工程质量,缩短施工周期的效果。曾赛星、王浣尘的《香港公共房屋的演进及工业化生产》(《住宅科技》2001 年第 6 期),提出工业化生产有利于提高构件质量及减少对技术工人的需求量的观点。尤建新的《论全面质量管理与管理活动创新—以上海大众汽车有限公司为例》(《同济大学学报》2000 年第 1 期),以上海大众汽车有限公司为例,提出以质量为纽带,强化各部门之间的专业合作的观点。此外,尤建新还著有《质量管理学》(科学出版社 2003 年)。

2000 年以来,随着全球经济从产品经济向服务经济过渡,上海学者对服务经济展开研究,如江志斌的《21 世纪的先进制造模式——服务型制造》(《中国机械工程》2007 年第 19 期),提出服务型制造的观点。此外,他的《服务型制造理论研究综述》(《工业工程与管理》2009 年第 6 期),论述了服务型制造的理论基础是传统制造理论、行为科学、组织理论、社会网络理论和复杂系统理论,构思了服务型制造理论体系。

三、管理信息系统

20 世纪 90 年代,随着计算机的逐渐普及,信息管理的便捷性与高效性使各行各业对管理信息系统产生了极大的需求。上海学界对管理信息系统及相关问题展开研究,成果有:薛华成的《管理信息系统》(清华大学出版社 1993 年),全面介绍管理信息系统的概念、结构、技术、应用以及对组织和社会影响。万国华的《实用决策支持系统的探索》(《情报学报》1994 年第 4 期),对管理信息系统经济效益的评价指标进行分析探讨。沈荣芳、刘杰的《企业信息管理系统:概念、发展、问题及研究方向》(《系统工程》1994 年第 6 期),对企业信息管理系统进行研究。此外,刘杰、薛华成还发表有《管理信息系统:交叉与发展》(《科学》1997 年第 3 期)和《开发管理信息系统用户软件成本估算》(《电子科技大学学报》1997 年第 4 期)。

这一时期,上海学者对信息化的发展及运用也展开相应研究。如薛华成的《中国大陆的信息高速公路建设——成就与思考》(《管理信息系统》1997 年第 9 期),对国家信息化实施方针和成就进行研究。刘可新、王浣尘、金铭、黄洁刚的《对并购战略进行技术分析与评价的决策支持系统》(《系统工程学报》1998 年第 3 期)，主张研制企业并购战略进行技术分析和评价的计算机辅助决策支持系统。葛伟民的《上海信息产业发展与国民经济信息化》(《上海社会科学院学术季刊》1998 年第 4 期)，提出上海必须建立坚实的信息产业基础的观点。吴启迪的《关于信息化带动工业化策略的若干思考》(《微型电脑应用》2002 年第 1 期)，提出信息化带动工业化的观点。林建平、郭重庆的《信息技术对传统产业改造的关键——产品信息化》(《中国机械工程》2002 年第 9 期)，提出信息技术对传统产业改造的关键是产品信息化的观点。

2000 年以后，企业信息化深入，电子商务普及，市场竞争的压力使得企业越来越强烈地意识到客户资源将是市场竞争至关重要的宝贵资源，拥有客户就意味着拥有市场。上海学界随即对这一问题展开研究，成果有：宋福根的《销售优化决策与控制系统的应用研究》(《技术交流》2004 年第 6 期)，结合计算机应用技术，提出了销售优化决策与控制系统开发的设计思路和原理。凌鸿的《中国企业 CRM 现状调查研究》(《科学学与科学技术管理》2006 年第 3 期)，对客户关系管理(CRM)在中国的实施状况进行了现状调查。郭重庆的《要重视"软件过程及管理"研究》(《中国科学基金》2007 年第 4 期)，认为中国软件业应该有一个发展战略、技术路径和优先发展重点方面的选择。白庆华的《上海优化城市网格化管理机制研究》(市决策咨询研究成果 2010 年)，介绍了上海城市网格化管理面临的问题。

关于信息系统的应用，上海学界的研究成果有：胡克瑾、吴忠的《数字世博系统总体设计的构想》(《上海管理科学》2004 年第 3 期)，尤建新的《汽车制造企业制造过程质量管理信息系统的研究与开发》(《工业工程与管理》2005 年第 2 期)，江志斌的《工业工程在医院信息系统中的应用》(《中国医院管理》2005 年第 7 期)和张鹏翥的《电子政务需求研究综述》(《计算机应用研究》2008 年第 7 期)等。

上海学界对电子商务的研究成果有：陈云、王浣尘、沈惠璋的《电子商务零售商与传统零售商的价格竞争研究》(《系统工程理论与实践》2006 年第 1 期)和《互联网环境下双渠道零售商的定价策略研究》(《管理工程学报》2008 年第 1 期)，前文对电子商务零售商与传统零售商的价格竞争行为进行研究；后文采用两阶段博弈模型分两种情形对双渠道零售商的定价行为进行研究。卢向华的《网络口碑的价值——基于在线餐馆点评的实证研究》(《管理世界》2009 年第 7 期)，提出可以从网络口碑的数量、评分以及负面点评率三方面来量化网络口碑为产品销售收入带来的价值的观点。随着国内互联网经济的不断成熟，电子商务开始出现产业集群化迹象。卢向华、黄丽华的《电子商务生态系统及其演化路径》(《经济管理》2009 年第 6 期)，尝试采用"商业生态系统"这一强调多元动态融合的理论，分析电子商务产业的发展。王有为的《社会资本、网络口碑和网商绩效——基于面板数据的实证研究》(《研究与发展管理》2010 年第 5 期)，收集淘宝网的 4 000 多个网商的面板数据，证实在线口碑对社会资本和网商绩效的中介作用。

这一时期，上海学界对国内外数据库管理系统理论、技术、系统实现和产品化等方面展开研究，成果有：林杰、薛华成的《数据挖掘管理系统》(《微型电脑应用》2000 年第 11 期)，分析数据挖掘的常用技术和分析方法。张成洪的《Web 内容抽取及其数据管理方法》(《复旦学报》2001 年第 2 期)和《高校信息化评价指标体系研究思路探讨》(全国高校信息化研究会学术年会优秀论文 2003 年)，前文提供一种网页内容自动抽取及使网页数据结构化的方法；后文从高校的战略目标出发，建立了高校信息化指标体系的基本框架。刘仲英的《企业信息系统体系结构的柔性管理》(《同济大学学报》2002 年第 2 期)，从整体的高度对企业 ISA 进行柔性管进行研究。卢向华的《我国 ASP 新型运营模式探讨及案例分析》(《商业经济与管理》2008 年第 6 期)，探讨新型的 ASP 运营模式。此外，随着数据采集和处理技术进步,人们对数据的不确定性的认识也逐步深入,研究者已经提出了多种针对不确定数据的数据模型,如周傲英的《不确定性数据管理技术研究综述》(《计算机学报》2009 年第 1 期),介绍不确定性数据管理技术的概念、特点与挑战等。王有为的《基于用户访问序列聚类的网站导航系统》(《系统工程理论与实践》2010 年第 7 期),设计一种通用的、基于访问序列的网页推荐系统通过在线与离线系统相分离的系统架构。

四、物流与供应链

20 世纪 60 年代,上海就有学者对中国邮递员问题展开研究。1960 年,管梅谷首先提出中国邮递员问题,并给出了解法——“奇偶点图上作业法”,被国际上统称为“中国邮递员问题”。此后,管梅谷的《中国投递员问题综述》(《数学研究与评论》1984 年第 1 期),对中国投递员问题的发展情况作出综合评述。

20 世纪 90 年代,上海学界对物流与供应链展开研究,成果有:宋京生的“Inventory Control in a Fluctuating Demand Environment”(*Operations Research* 1993 年第 2 期)和“Inventory Control with Information about Supply Condition”(*Management Science* 1996 年第 10 期),分别提出需求速率随潜在的世界范围状态变量而变化的库存模型和供应系统的马尔可夫模型库存控制模型。此外,2002 年,宋京生的 *Supply Chain Structures: Coordination, Information and Optimization* (Springer 出版社)出版。《工业工程与管理》刊发黄培清的《供应链管理的本质》(1997 年第 6 期)和《供应链库存管理的几项措施》(1998 年第 5 期),前文介绍了供应链管理的概念、供应链的本质及其基本结构,以及供应链的建模方法;后文为改善供应链管理提供了多项措施。

21 世纪初,随着信息技术与全球经济一体化的发展,供应链管理成为全球管理科学的研究热点。邵晓峰、黄培清、季建华的《供应链中供需双方合作批量模型的研究》(《管理工程学报》2001 年第 2 期),提出供需研究是供应链管理的最重要、最基本的内容。《同济大学学报》刊发霍佳震、隋明刚、刘仲英的《企业绩效及供应链绩效评价研究现状》(2001 年第 8 期)和《集成化供应链整体绩效评价体系构建》(2002 年第 4 期),前文对企业绩效评价和供应链绩效评价的研究现状进行全面的回顾和评述,后文提出了集成化供应链绩效的系统定义。郑绍濂的《供应链中的“牛鞭效应”——成因及对策分析》(《管理工程学报》2002 年第 1 期),指出供应链中的“牛鞭效应”和其他效率损失问题其根源在于供应链的结构。霍佳震的《基于供应链的供应商绩效评价体系研究》(《上海大学学报》2002 年第 2 期),针对不同类型的供应链类型构建了不同类型供应链下供应商绩效评价体系的框架。范体军的《大型供应链设计的基本数学模型与算法研究》(《中国管理科学》2004 年第 6 期),提出具有普遍性意义且简单易行的 MIP 供应链设计的数学模型以及求解供应链问题的有界变量广义上界算法。叶春明的《BP 神经网络在供应链管理绩效指标评价中的应用研究》(《工业工程与管理》2005 年第 5 期),依据 BP 神经网络原理,建立用于企业供应链管理绩效指标评价的 BP 神经网络评价模型。凌鸿的《企业供应链协同影响因素研究》(《物流科技》2006 年第 3 期),全面探究影响供应链协同的因素,为企业供应链协同的深入研究作出了贡献。董明等著的《多产品供应链网络的建模与绩效分析》(《上海交通大学学报》2007 年第 7 期),研究了多产品供应链库存控制问题。葛泽慧、胡奇英的《上下游企业间的研发协作与产销竞争共存研究》(《管理科学学报》2010 年第 4 期),指出只有在整体协调能力较强时联盟才能具有较高的技术共享水平。

这一时期,上海学界对库存理论、物流理论、物流应用、交通系统优化等方面展开研究。

在库存理论研究方面，陈方若、宋京生的“Optimal Policies for Multiechelon Inventory Problems with Markov-Modulated Demand”（*Operations Research* 2001 年第 2 期），共同研究了一个具有马尔可夫调制需求的多级连续库存系统。戴悦的“Capacity Allocation with Traditional and Internet Channels”（*Naval Research Logistics* 2006 年第 6 期），研究了两个公司的容量分配问题。宋京生的“The Effect of Lead Time and Demand Uncertainties in (r, q) Inventory Systems”（*Operations Research* 2010 年第 1 期），研究一个单品 RQ 库存系统。

在物流理论研究方面，叶耀华的《一种市内邮件转运问题的模型与算法》（《运筹学学报》1998 年第 4 期），提出了市内邮件转运问题的数学模型，并构造这个问题的一种列生成算法。刘仲英的《基于解决资源冲突的配送中心流程优化》（《工业工程与管理》2001 年第 6 期），提出利用信息技术实现优化配送流程的方案。骆建文的《易腐物品的库存管理研究》（《系统工程》2004 年第 3 期），用前向迭代逼近的方法，得到求解最优订购策略的方法。陈祥锋的《现代物流金融服务创新——金融物流》（《物流技术》2005 年第 3 期）和《资金约束与供应链中的融资和运营综合决策研究》（《管理科学学报》2008 年第 3 期），为金融机构、供应链企业，以及第三方物流企业之间的紧密合作作出了贡献。霍佳震的《基于轴辐式网络模型的长三角地区城市群物流配送体系规划研究》（《管理学报》2005 年增刊Ⅱ），对长三角地区城市群物流配送体系运用 Uncapacitated Multi P-Hub 轴辐式网络模型进行了优化设计与规划。常香云的《基于“生产者责任延伸”的逆向物流管理模式》（《现代管理科学》2006 年第 5 期）和《基于环境友好的逆向物流处理决策》（《经济管理》2006 年第 23 期），前文基于“生产者责任延伸”制，提出建立多样化的逆向物流管理渠道；后文提出了环境友好逆向物流处理决策过程。张诚的“Sharing Shipment Quantity Information in the Supply Chain”（*Omega: The International Journal of Management Science* 2006 年第 34 卷），评估了一种运输信息共享策略即提前装运通知的好处。董明的《集成制造物流网络的建模与绩效分析》（《上海交通大学学报》2006 年第 4 期），提出一种能够用来建模不同网络拓扑的制造物流链的解析集成框架。汪传旭的《基于轴-辐运输系统的区域港口群二级物流运输网络优化》（《系统工程理论与实践》2008 年第 9 期），建立区域港口群二级物流运输系统的非线性优化模型。

在物流应用研究方面，叶耀华的《我国邮政网络的优化设计方法》（《管理工程学报》2004 年第 2 期），提出通过对省际转运网、市内转运网和特快邮件投递网进行优化设计，以求邮政网络在整体上实现优质服务和成本的优化的观点。姚卫新的《再制造条件下逆向物流回收模式的研究》（《管理科学》2004 年第 1 期），对第三方负责回收、零售商负责回收、生产商负责回收这三种不同的逆向物流的回收模式进行了比较研究。俞菊生的《新农村建设与大都市圈现代农产品物流市场体系构建》（市决策咨询研究成果 2010 年），提出符合国情的大都市圈农产品物流市场体系。

在交通系统优化研究方面，《同济大学学报》刊发了周溪召的《高峰时段城市道路网时空资源和交通空间容量》（1996 年第 4 期）、张小宁的《双层优化交通模型及其算法》（2005 年第 2 期）和《交通拥挤收费的社会公平性分析》（2010 年第 11 期），前文提出时空资源和交通空间容量的概念；后两文分别提出用于交通工程实践的考虑用户路径选择行为的两层数学规划模型和实施拥挤收费后大多数出行者的行程时间和总体出行费用都呈现下降趋势的观点。汪传旭的《交通运输与经济协调发展分析模型及其应用》（《上海海运学院学报》1998 年第 4 期）和《长江三角洲港口群与上海港互动及其配套物流系统协调发展研究》（市决策咨询研究成果 2007 年），前文分析交通运输与经济之间的协调关系；后文针对长江三角洲港口群与上海港的状况与问题进行理论分析和实证分析，最后给出对策与建议。魏航的《一种求解时变网络下多式联运最短路的算法》（《中国管理科学》2006 年第 4

期),设计求解时变条件下多式联运的最短路的算法,利用此算法可以获得从起点到终点之间的最短路。干宏程的《人因工程在先进交通管理系统设计中的应用》(《同济大学学报》2005年第10期)和《VMS诱导信息影响下的路径选择行为分析》(《系统工程》2008年第3期),前文提出人的因素与先进交通管理系统(ATMS)融合设计的思想;后文建立描述路径选择概率的二元probit模型。王浣尘、刘樵良的《市区立体化综合交通网络配套建设方案研究》(市决策咨询研究成果1995年),明确强调现代化城市的时空观,以时间距离原则为基础进行论证研究上海城市交通发展的战略目标和综合治理。《系统工程》刊发李英的《聚类分析算法在交通控制中的应用》(2004年第2期)和《上海公共交通网络复杂性分析》(2007年第1期),前文将PAM算法应用于交通控制的时段划分中;后文为城市公共交通网络的优化和完善提供决策依据。薛美根的《交通综合信息平台管理应用和决策支持研究》(市决策咨询研究成果2010年),将交通数据应用于交通年报、道路交通模型的改进和优化、重大事件和重大项目的交通影响分析。

五、建设工程管理

1980年,邓小平发表关于建筑业和住宅问题的谈话,房地产行业开始发展。上海学界随即对这一领域的相关问题展开研究,翟立林、林知炎的《工期—资源优化方法》(《建筑技术》1980年第6期),认为工期资源优化的目的是在资源有限的条件下,寻求完成计划的最短工期。江景波、林知炎的《网络计划工期—资源优化方法——资源有限、工期最短》(《基建优化》1982年第1期),认为资源有限、工期最短的优化问题,可以分为资源强度固定和资源强度可变两种类型,其优化方法各不相同。江景波的《网络计划管理系统经济效果及其计算方法》(《基建优化》1983年第1期),根据不同类型建筑企业的特点,分别建立起相应的网络计划管理系统,评价其经济效果并给出了计算方法。丁士昭的《建筑业输出的风险和为工程项目管理咨询的意义》(《建筑经济研究》1983年第3期),对建筑业的意义、建筑施工管理的问题、建筑工程项目管理的理论及方法、为建设单位进行工程项目管理咨询的意义及实例作了介绍。何秀杰发表《工程施工质量控制系统的研究》(《施工企业管理》1991年第1期)和《国际工程施工承包险的模糊辨识》(《第二届全国青年管理科学和系统科学学术研讨会论文集》1993年)。陈建国的《强化施工企业现场的质量管理——对实行建设监理制后的一点思考》(《建筑管理现代化》1994年第2期),就正确理解与开展作为承建主体施工企业的现场质量管理工作做出回答。陈宏毅、江景波的《城市住房系统动态分析模型》(《同济大学学报》1995年第1期),建立以系统动力学方法为主体的城市住房系统动态分析模型。杨思远的《经济因素对项目投资效益的影响》(《管理工程学报》1995年第3期),以房产投资项目为例分析各种经济因素对ROI的影响。杨思远的《企业筹资的资本结构分析》(《上海交通大学学报》1995年第5期),从传统的资本预算模型出发,导出企业筹资的资本结构模型。

2000年以后,面对加入WTO的挑战,上海学界对建筑企业面临的新问题,展开讨论,成果包括:陈建国发表《加入WTO增强建筑业技术创新能力》(《建筑经济》2001年第5期)、《基于BP人工神经网络的绿色施工评价方法研究》(《基建优化》2007年第5期)、《建设工程进度预警及其模型构建的研究与应用》(《工程管理学报》2010年第3期)和《民航机场企业科技进步贡献率评价研究》(《经济论坛》2010年第10期)。屠梅曾的《制约因素在项目进度管理的应用》(《管理工程学报》2002年第4期)和《大型项目融资风险动态管理方法》(《系统工程理论方法应用》2004年第1期)发表。林知炎的《建筑企业供应链管理中的不确定性研究》(《建筑现代管理化》2003年第1期),对建筑企业供应链管理中的不确定性因素进行详细的剖析。陈以增的《基于模糊规划的 QFD 系统参数确定方法》(《管理科学学报》2003 年第 4 期)，提出了确定 QFD 系统参数的方法。丁士昭、陈建国的《机场工程建设进度信息集成模型》(《上海空港》第 9 辑)，论述大型机场工程进度总控模式下的进度计划系统的编制及跟踪管理。刘人怀的《谈谈创建现代管理科学中国学派的若干问题》(《管理学报》2008 年第 3 期)、《大型工程项目管理的中国特色及与美苏的比较》(《科技进步与对策》2009 年第 21 期)和《工程管理信息化的内涵与外延探讨》(《科技进步与对策》2010 年第 19 期)发表。此外，乐云等发表了一系列论著，包括《项目管理信息系统(PMIS)与项目信息门户(PIP)》(《建设监理》2003 年第 5 期)、《一种项目采购模式的博弈分析》(《上海管理科学》2004 年第 1 期)、《2010 年上海世博会建设项目界面管理研究》(《项目管理技术》2009 年第 6 期)和《基于社会网络分析方法的建设项目组织研究》(《建筑经济》2010 年第 8 期)等。

六、创新与技术管理

20 世纪 90 年代及其后，中国企业改革面临着流动资金和原材料短缺以及激烈的市场竞争的问题。王其藩的《加强 R&D 是中国企业的出路》(《管理工程学报》1992 年第 19 期)，提出加强 R&D 是中国企业的一条最好的出路。郑绍濂的《科技经济学》(复旦大学出版社 1995 年)，介绍了大量的实证研究成果和科技经济学常用的定量分析方法和模型。范炳全、周溪召的《城市土地利用与交通综合规划研究》(《城市规划》1999 年第 11 期)，系统阐述城市土地利用与交通综合规划研究的理论、模型及应用的进展。于英川、蔡伟的《二次创新及其知识产权保护》(《科技管理研究》2000 年第 4 期)，探讨并分析国内企业以技术引进为基础的二次创新的过程。

21 世纪是以全球化、信息化、网络化和知识驱动为基本特征的知识经济时代，上海学者对此展开深入研究。谢富纪、沈荣芳的《新世纪我国高新区发展的应对之策》(《发展战略》2001 年第 1 期)，对高新区在发展过程中存在的问题展开研究，提出高新区发展的应对之策。蔡伟、于英川的《加入 WTO 对我国技术引进的影响与对策》(《湖南经济管理干部学院学报》2001 年第 1 期)，认为加入 WTO 对国内技术引进既有正面影响又有负面影响。于英川的《上海市技术出口态势分析及对策研究》(市决策咨询研究成果 1995 年)，对上海市技术出口结构、市场、发展趋势、与技术进口的关系等方面进行定量定性分析。

这一时期，上海学者对技术革新、产业升级以及城市管理展开研究。先后有：谢富纪、沈荣芳的《影响 FDI 推进中国企业技术进步的因素分析》(《科技与管理》2002 年第 1 期)，尤建新、陈强的《以公众满意为导向的城市管理模式研究》(《公共管理学报》2004 年第 2 期)。谢家平的《基于循环经济的工业园区生态化研究》(《中国工业经济》2005 年第 4 期)，详细剖析了产业生态化的循环层面，提出了工业园区生态化的升级目标、推进措施和相关政策建议。陈宏民的《国内外技术创新能力指数化评价比较分析》(《系统管理学报》2006 年第 5 期)，从创新绩效能力与创新过程能力两个角度，探讨中国技术创新能力评价研究的新思路。陈强的《城市发展质量评价：视角与指标体系》(《同济大学学报》2006 年第 6 期)，对城市发展质量评价各种视角和指标体系进行探索、归纳和评述，形成这一领域研究的补充。楼高翔、曾赛星的《区域技术创新协同能力的测度及其评价体系构建》(《企业经济》2006 年第 11 期)，提出区域技术创新协同的评价体系。刘芹的《中日韩高科技园区发展的比较研究——以中国上海张江、日本筑波和韩国大德为例》(《科技管理研究》2008 年第 8 期)，提出创建一个有活力的高科技园区是构建一种有效的组织方式，使各种创新资源在高技术创业活动中得到有效的发挥才是问题的关键。解学梅、曾赛星的《创新集群跨区域协同创新网络研究述评》(《研究与发展管理》2009 年第 1 期),从协同理论视角梳理和分析创新集群跨区域协同研究在影响因素、网络机制、网络构建等方面的新进展。骆建文的《政府采购促进高技术产业自主创新策略研究》(《科技管理研究》2009 年第 7 期),针对目前中国在政府采购高技术产业中自主创新产品存在的主要问题,提出了政府采购促进高技术产业自主创新的一些有效策略。尤建新的《城市治理与科学发展》(上海交通大学出版社 2009 年),内容涉及服务型政府、和谐城市、社会工作人才开发、防灾减灾、规划执行力、城市发展质量等城市治理方面的热点问题。张诚的《技术创新扩散中的动态竞争:基于百度和谷歌(中国)的实证研究》(《中国软科学》2009 年第 12 期),提出技术拥有企业间的竞争互动能够显著影响着技术创新扩散的最终成败的观点。

此外,上海学者对上海市的发展亦建言献策,如罗守贵的《上海知识密集产业的结构优化战略及总体思路研究》(市决策咨询研究成果 2010 年),介绍了上海知识密集产业的发展现状、对知识密集产业的结构进行诊断,并对其潜力实现度和障碍进行分析,给出理论优势、结构优化战略。史健勇的《推进上海战略性新兴产业发展的对策研究》(第八届上海市决策咨询研究成果),提出上海在新兴产业发展领域的重点、方向以及政策建议。

七、风险评估与控制

2000 年以后,上海学界十分重视风险的评估与控制对于决策的重要意义,成果有:沈荣芳的《中国风险企业成长性评价指标体系研究》(《科研管理》2001 年第 1 期),探讨了构建中国风险企业成长性分层递阶评价指标体系。骆建文的《基于案例推理的供应链风险估计方法》(《预测》2005 年第 1 期),把人工智能中的案例推理技术引入供应链风险估计,较好地解决了案例的描述与存储组织、匹配案例的检索以及检索结果的调整等关键问题。李旭的《供应链风险下的采购策略研究》(《物流技术》2008 年第 1 期),探讨在不同风险水平下,采购商与不同类型的供应商如何签订期权合同和长期定量合同以达到期望成本最低的目标。张庆洪的《巨灾风险转移机制的经济学分析——保险、资本市场创新和私人市场失灵》(《同济大学学报》2008 年第 2 期)和《厚尾稳定分布巨灾风险的集合分散效应》(《统计与决策》2008 年第 3 期),前文基于风险决策和保险经济理论讨论巨灾风险的转移机制和可保性;后文运用稳定分布和控制不等式理论,在厚尾分布假设和安全第一的决策框架下重新研究了巨灾风险的集合分散问题。吴忠的《社会保险基金预警预报系统开发研究》(北京大学出版社 2008 年),认为加强对社会保险基金的运营研究,开发社会保险基金预警预报系统,对社会保险基金运营风险进行有效控制,将风险的影响降低到最小或者可接受的水平。

此外,上海学者亦对政府技术采购可以降低自主创新的风险等展开研究,如骆建文的《政府技术采购中的风险管理》(《中国科技论坛》2008 年第 4 期),从政府的角度,分析了政府技术采购中面临的各种风险,并提出了管理和控制这些风险的不同策略。

八、医疗健康管理

随着经济日益发展,人们对健康和养老问题日益关注。上海学界在医疗健康管理领域的研究主要有:顾孟迪的《养老基金风险性投资的保险》(《系统工程理论方法应用》1998 年第 2 期),研究改善中国养老基金运营效果的途径。戴伟辉的《社会医疗保险的医疗费用函数建模分析》(《中国卫生经济》2005 年第 5 期),建立医疗费用函数多元回归对数线性模型,对社会医疗保险的管理与决策具有重要的价值。严广乐的《系统科学视角下中医药干预慢性疾病的研究思路》(《世界科学技术:中医药现代化》2007 年第 1 期),提出将系统科学的理论和分析方法有机地融入中医药学将有助于慢性疾病防治的临床研究的观点。

九、绿色环保理论

从 1996 年开始,中国就把具有环境和经济双重现实意义的排污权交易机制提上了议事日程,上海学者积极参与讨论,如李寿德的《排污权交易的条件、功能与存在的问题探析》(《科研管理》2003 年第 6 期)和《初始排污权分配的一个多目标决策模型》(《中国管理科学》2003 年第 6 期),前文分析排污权交易的条件、功能与存在的问题;后文提出实施初始排污权交易制度的观点。

21 世纪以来,越来越多的学者意识到中国需要追求可持续发展,上海学界对资源和环保问题进行了相关探讨。谢家平的《基于环境价值链的绿色产品设计成本分析模型》(《中南财经政法大学学报》2003 年第 3 期)和《产品回收处理策略优化的 0—1 型目标规划模型》(《系统工程理论与实践》2004 年第 3 期),前文阐述环境价值链的内涵及其分析流程;后文提出绿色制造的理念,详细论述产品拆卸树的绘制规则,提出拆卸成本的计算法。范体军的《大型废旧产品回收网络的数学模型与算法研究》(《管理科学学报》2009 年第 4 期),深入研究了废旧产品回收网络系统的优化设计,提出了大型非线性整数目标规划数学模型和有界变量 Benders 分解算法。马铁驹的"Coping with uncertainties in technological learning"(*Management Science* 2010 年第 1 期),用受能源和气候变化政策模型启发的、高度形式化的模型来探索和比较三种处理技术学习不确定性的随机优化方法等。

这一时期,上海学界对跨区域水污染的治理纠纷问题展开研究,如赵来军的《我国流域跨界水污染纠纷协调机制研究——以淮河流域为例》(复旦大学出版社 2007 年),以淮河流域为具体分析对象,探讨应用行政、税收和排污权交易等方式协调各地区利益冲突的管理机制,分别构建上下游地区"双向付款"的理论框架、行政协调模型、转移税调控模型、排污权交易调控模型。

十、其他

上海学界广泛致力于模型和算法的研究,以期更准确地完成决策和更高效地进行优化,相关成果有:骆建文的《随机规划的逼近方法》(《杭州电子工业学院学报》1994 年第 2 期),将随机函数引入随机规划的一般模型,对于构造逼近算法,特别是如何估计逼近误差和改进逼近值提供理论依据。王哲民、叶耀华的《二次广义网络规划的分解算法》(《复杂巨系统理论·方法·应用——中国系统工程学会第八届学术年会论文集》1994 年),运用 Dantzig-wolfe 的分解原理,将问题的求解转化为解一个由二次规划构成的主规划和由线性广义网络规划构成的子规划。叶耀华的《投资组合有效集问题和它的一种算法》(《系统工程》2000 年第 1 期),构造二次参数规划转轴方法,并在此基础上提出 Markowitz 投资组合有效集的一个解法。魏轶华、胡奇英的《顾客有最大、最小保留价的连续时间收益管理》(《管理科学学报》2002 年第 6 期),研究连续时间收益管理问题。

自然灾害灾情引起的问题研究方面,《灾害学》刊发沈荣芳的《灾害经济损失评估理论与方法探讨》(1996 年第 2 期)、《自然灾害综合灾情分级模型及应用》(1997 年第 3 期)和《上海社区灾害和灾害管理中存在的问题》(2002年第4期),对自然经济损失进行界定和分类,在此基础上着重对自然灾害直接经济损失和间接经济损失的评估理论和方法进行探讨。张显东、官世燊、沈荣芳的《经济系统灾害易损性的初步研究》(《同济大学学报》1997年第3期),提出一种计算灾害损失对国民经济增长率影响的实用方法,并分析灾害对经济系统稳定性的影响。

人工神经网络的理论和应用的研究,成果有:孙绍荣的《知识学习的信息加工模型及其应用》(《华东师范大学学报》1993年第1期),探讨人脑的学习过程的内部机理。范宏的《动态突触型Hopfield神经网络的动态特性研究》(《控制与决策》2006年第7期),提出一种基于动态突触的离散型Hopfield神经网络(DSDNN)模型,证明DSDNN的平衡点与常规离散型Hopfield神经网络的平衡点具有一一对应的关系。选址决策模型的研究,主要成果有:张显东的《市场竞争条件下的供应商选址模型研究》(《运筹与管理》1998年第2期)、尤建新的《重大突发事件应急救援设施选址的多目标决策模型》(《管理科学》2006年第4期)等。

围绕如何进行企业过程再设计,黄丽华的《基于规则和方法的企业过程优化》(《系统工程学报》2000年第3期),从管理思想的转变、过程信息流的分析和基于信息技术的过程结构优化三个方面提出了企业过程优化的六条规则。范体军等合著的《磷化工企业计划模型及其算法研究》(《系统工程学报》2007年第2期),构建了磷化工企业的计划决策大型线性目标规划模型。王薇、徐以汎的《用变换函数解带线性约束的全局最优问题》(《同济大学学报》2007年第9期),结合变换函数方法和下降算法对目标函数有多个极值点且带有线性约束的非线性规划全局问题提出算法。

2000年以后,中国石油石化工业面临新的发展和竞争环境,上海学界随即对此展开研究。楼高翔等合著的《加入世贸组织对我国石化行业的影响及对策探讨》(《化工技术经济》2002年第1期),对中国石化行业和相关政府部门提出相应对策建议。朱道立分别于2003年和2006年主持并成功研制"油品配送决策系统"和"油品调运决策系统"。此外,朱道立的《上海市危险化学品安全管理方案》(《上海化工》2008年第3期),对上海市的危险化学品状况进行分析并指出存在的主要问题,给出具体措施包括建立安全管理体系以及加强信息化建设。

此外,上海学界对管理科学与工程方面的研究成果,还有陈炳权的《企业思想政治工作效果定量化评估的探索》(《管理世界》1986年第4期),谢自奋等合著的《90年代上海农业技术选择及其对策研究》(《上海经济》1992年第3期),钱省三等合著的《中国微电子技术应用市场的系统分析及发展预测研究》(《企业发展与系统工程——中国系统工程学会第七届年会论文集》1992年),祝均一的《我国恢复关贸总协定缔约国地位对上海工业的影响和对策研究》(市决策咨询研究成果1995年),陈家海的《外地企业的竞争策略和上海应采取的对策》(《上海经济研究》1996年第7期),林珏的《论美国两大政党之争对外贸政策的影响及我国的对策》(《世界经济与政治》1997年第2期),姜国祥的《农业市场化:问题与对策》(《华东师范大学学报》1997年第6期),汪泓的《用神经网络模型对上海最低工资标准的分析和研究》(《东华大学学报》2001年第6期),吴冲锋的《交易量和交易量驱动的股价动力学分析方法》(《管理科学学报》2002年第1期),姚卫新的《电子商务环境下闭环供应链的原子模型研究》(《管理科学》2003年第1期),徐以汎的《子图识别的层分解方法》(《应用数学学报》2003年第3期),戴伟辉的《网络游戏生态链研究》(《软科学》2005年第1期),胡奇英的《一类网上英式拍卖:顾客投标行为研究》(《管理科学学报》2006年第3期),徐福缘的《多功能开放型企业供需网与大批量定制的整合研究》(《科技进步与对策》2006年第10期),程岩的《零售业中商品选择问题的遗传算法研究》(《科技导报》2007年第7期),刘杰的《上海煤炭供需趋势预测研究》(市决策咨询研究成果2007年),王有为的《基于禁忌表的捕食搜索算法及其在旅行商问题中的实验研究》

(《系统工程理论与实践》2008 年第 2 期),万国华的《带固定工件的单机排序问题 $1 \mid FB, r_j, pmtn \mid \sum_j U_j$》(《运筹学报》2009 年第 2 期),赵来军的《上海市危险化学品安全管理方案》(市决策咨询研究成果 2007 年)和《我国危险化学品事故统计分析及对策研究》(《中国安全科学学报》2009 年第 7 期),刘益的"Governing buyer-supplier Relationships Through Transactional and Relational Mechanisms: Evidence from China"(*Journal of Operations Management* 2009 年第 27 卷),胡克瑾的《基于约束满足和遗传算法的排课算法》(《计算机工程》2010 年第 14 期)和《基于模糊综合方法的高校信息化评价研究》(《教育理论与实践》2010 年第 21 期)等。

第二节　公 共 管 理 学

一、公共管理学基本理论

20 世纪七八十年代,公共管理学兴起。20 世纪 80 年代中期及其后,上海学界开始探索和研究公共管理学的基本研究范围和框架体系。王鼎元的《行政管理学》(贵州人民出版社 1986 年),探索了马克思主义行政学的理论与方法。孙荣的《行政管理学概论》(同济大学出版社 1988 年),将行政管理的基本范畴进行了初步理论探讨。倪家泰的《国外社会主义行政管理的理论与实践》(广西科学技术出版社 1989 年),对国外社会主义国家行政管理的理论和改革实践进行了系统研究。王鼎元的《司法行政管理学》(复旦大学出版社 1992 年)和《乡镇行政管理学概论》(中国劳动出版社 1993 年),前书阐述司法行政管理的原理、法则和系统等知识;后书是对乡镇管理学的研究对象、内容、组织、方法展开分析。周世逑的《中国行政管理学》(中共中央党校出版社 1994 年),认为应该着重研究行政管理科学在行政管理学学科建设中体现怎样的中国特色和怎样构建具有中国特色的理论体系两个问题。

2000 年以后,上海学者对公共管理学的发展历程、现状及趋势进行回顾、评价与总结。李春成的《当代中国行政学研究之研究》(《社会科学动态》2000 年第 11 期),对中共十一届三中全会以来国内行政学的研究历程做了系统梳理。敬乂嘉的《评估中国大陆公共行政的研究现状》(《复旦公共行政评论》2009 年第 6 期),认为中国大陆公共行政的研究亟待普及科学规范的研究方法,尤其要大力开展基于数据的经验研究。竺乾威的《国家的进步与学科的成长》(《中国行政管理》2010 年第 8 期),认为以张金鉴为代表的一批学者,在 20 世纪 30 年代已将公共行政学引入中国,中国公共管理学的起步并不晚。

这一时期,上海学界更为系统地对公共行政管理的基本理论展开研究,如孙荣著的《行政学原理》(复旦大学出版社 2001 年),阐述了行政原理、行政环境、行政心理、行政方法和行政效率等行政管理最一般的概念和原则。竺乾威著的《公共行政学》(复旦大学出版社 2003 年),系统阐述了行政学基本理论,阐明了行政现代化的发展趋势。李琪、陈奇星的《中国公共行政管理学》(上海人民出版社 2003 年),系统地阐述中国公共行政管理的基本概念、基本理论以及实际运作方法。顾建光主编的《公共管理专业英语》(上海人民出版社 2003 年),突出了专业知识和语言能力这两个重点,了解国外在公共管理方面研究的新进展。顾建光的《现代公共管理学》(上海人民出版社 2004 年),论述了公共管理的主体及公共部门的内部管理、介绍了当前政府公共管理的几个新理念等。《公共管理学报》于 2006 年刊发了林尚立的《公共管理学:定位与使命》(第 2 期)和胡伟的《公共管理学科建设的若干战略思考》(第 3 期),前文指出公共管理既是一门理论科学,同时也是一门应用科学;后文认为公共管理的学科建设应当处理好五大关系。刘霞、向良云的《从管理学到公共管理学——历史角度的考量》(《管理科学》2006年第3期),讨论了公共管理学与管理学两者间的历史渊源关系,重新考量其研究对象、研究方法与价值取向。竺乾威著的《公共行政理论》(复旦大学出版社2010年),系统阐释了19世纪末公共行政学开创和形成时期至现当代西方公共管理学界的几十位最具代表性的思想家的理论观点。竺乾威的《国家的进步与学科的成长》(《中国行政管理》2010年第8期),肯定了公共管理学学科的成长与国家进步之间的重要关联。

二、政府改革

20世纪80年代,上海学界开始关注政府改革的问题,对党政关系、政企关系及人事制度等进行了探讨,成果有王沪宁的《中国:社会质量与新政治秩序》(《社会科学》1989年第6期),提出中国政治秩序的宏观变革,需要建立高度民主和富有效率的民主政治体制。吴志华的《大一统的干部概念需要合理分解》(《探索与争鸣》1989年第1期),认为经济体制与政治体制改革的深入发展的关键是建立科学的分类管理体制。

20世纪90年代,上海学界重点研究共同富裕中的政府作用、公务员制度、政府能力建设等。孙关宏、李经中的《共同富裕与政府的作用》(《社会科学》1994年第7期),分析改革中实现共同富裕与政府的作用。唐贤兴的《论政府能力与社会进步》(《晋阳学刊》1994年第6期),论述了中国由政府推动改革的必然性,并对政府能力作出积极探讨。任远分的《社会变革、机会结构变动和职业流动》(《社会科学》1997年第1期),认为改革开放改变了中国计划经济体制下"严格低弹性"的社会机会结构。林尚立的《建设高素质政府》(《探索与争鸣》1998年第7期),分析1988年和1993年政府管理体制改革的不成功的原因。

2000年以后,中国行政体系内部的改革任务、社会治理等问题以及各个层次的体制再造,构建新型政府治理体系成为研究热点。

关于行政体系改革的探讨,王世雄、陈周旺的《论中国行政体制改革的目标模式》(《南京社会科学》2000年第7期),探讨行政体制改革的目标设定问题,从理论和实践中分别分析了行政体系内部和外部的改革任务。顾建光的《论席卷全球的公共管理变革》(《公共管理学报》2004年第1期),指出公共管理变革始终关注包括政府在内的公共部门运作机制之间的关联性,这种关联性同样也体现在公民社会内部。扶松茂的《我国行政体制改革的动力机制研究》(《上海行政学院学报》2004年第4期),从系统论的角度对中国行政体制改革的内外部动力机制进行了理论分析。林尚立的《政府改革:责任、能力与绩效》(《上海大学学报》2007年第3期),认为中国政府职能的转变,是基于职能调整所进行的全面政府改革。

关于这一时期行政改革的总结,主要有李春成的《公共管理改革与和谐社会构建》(《探索与争鸣》2007年第2期)和《中国政府管理改革的影响因素和路径选择》(《复旦政治学评论》2009年第11期),陈水生的《三十年中国行政改革动力变迁分析:复合演进的视角》(《复旦公共行政评论》2010年第10期)。

三、公共管理变革

20世纪90年代以后,针对大范围的政府改革,上海学界以变革与重塑为主基调,对中国公共管理理论的发展与建设进行多维度探讨，主要从管理思想、管理体制、管理职能、管理运作、管理技术等方面展开广泛研究。

【公共管理思想变革】

公共管理变革基础理论　20世纪90年代，上海学者在公共管理思想变革理论探索方面引进、研究借鉴西方的一些新的理论。如曹沛霖的《比较政府体制》(复旦大学出版社1993年)，分析代议民主制、行政集权民主制、共同参与民主制，进而对英国、法国、德国、意大利、瑞典现行的政府体制进行比较研究。陈周旺的《论西方国家公共行政理论的变迁》(《中共福建省委党校学报》2001年第6期)，就西方国家公共行政理论的发展与变迁作了较全面的论述。

2000年以后，上海学界对公共管理思想变革的理论进行较为深入的探讨。顾建光的《从公共行政走向公共管理》(《中国行政管理》2002年第1期)，阐述新的公共管理替代传统的公共行政的主要理由。顾丽梅的《信息社会的政府治理——政府治理理念与治理范式研究》(天津人民出版社2003年)，以制度分析为切入点研究行政发展。刘建军的《"新政府主义"与中国现代化》(《探索与争鸣》2003年第6期)，认为建立服务政府、责任政府与法治政府的呼声，标志着现代化的政府观念开始诞生。李春成的《公共利益的概念建构评析——行政伦理学的视角》(《复旦学报》2003年第1期)，主张将"公共利益"取向视为行政人必备的一种精神。顾丽梅的《新公共服务理论及其对我国公共服务改革之启示》(《南京社会科学》2005年第1期)和《启示与迷失：新公共服务理论之思考》(《复旦公共行政评论》2010年第10期)，前文认为新公共服务理论是建立在公民权利与责任的民主化、社会民主化的基础上；后文论述新公共服务理论的主要观点、基本原则及其启示。诸大建、刘冬华的《从城市经营到城市服务——基于公共管理理论变革的视角》(《城市规划学刊》2005年第6期)，认为从"韦伯主义"到"管理主义"再到"新公共服务"的演变过程，是公共管理工具日益完善的过程，也是公共管理价值逐步回归的过程。邵春霞、彭勃的《论公共领域概念的包容性》(《南通大学学报》2006年第5期)和《谁的"公共领域"？——概念运用的困惑与修正》(《新闻大学》2007年第2期)，分别论述学界对于经典公共领域概念含义和概念运用的批评和使用公共领域概念的几种变通途径。胡伟的《西方国家公共服务转向的最新进展与趋势——基于美国地方政府民营化发展的纵向考察》(《政治学研究》2009年第3期)，分析西方国家公共服务转向的最新进展与趋势。

此外，上海学者对公共管理思想变革在一些具体领域的理论进行探讨。王珍愚、王颖敏的《关于依法行政的若干问题》(《同济大学学报》2001年第1期)和《论行政程序法的效率功能》(《学术界》2001年第2期)，分别提出依法行政是依法治国的关键和行政程序法的效率功能对提高行政实效对实现中国行政法治有重大的意义的观点。陶小马、黄治国的《公用事业定价理论模式比较研究》(《价格理论与实践》2002年第8期)，分析了当前较为流行的四种公用事业定价理论模式的特点及适用领域。李春成著的《行政人的德性与实践》(复旦大学出版社2003年)，提出了"德性行政人"这一概念。《兰州学刊》刊发了郑谦的《公共物品的公共性探讨》(2009年第9期)和《公共物品"多中心"供给的内在逻辑解析》(2010年第7期)，前文提出公共物品的公共性应该具有外部性及伦理特征双重维度的观点；后文解析了公共物品"多中心"供给的内在逻辑。

政府与市场及关系　20世纪90年代后期，随着市场经济的发展，上海学界对现代市场经济条件下各主体关系的结构及动态平衡及优化政府责任的建构与履行进行了相关研究，主要涉及政府与市场的关系以及市场经济条件下政府间的关系等问题。浙江人民出版社1998年出版曹沛霖的《政府与市场》和林尚立的《国内政府间关系》，前书研究中国转型期处理政府与市场关系的经验和面临的问题;后书分析现代化过程中政府体系优化的重要性及基本推进领域。唐亚林的《市场经济理论的发展与政府理念的变迁》(《江淮论坛》2000年第2期),认为市场与政府关系的发展逻辑不仅体现在二者的内在互动发展共同推动人类文明的进步,还在于市场与政府最佳结合点的追寻。商红日著的《政府基础论》(经济日报出版社2002年),提出政府基础存在于国家与社会的关系之中的核心命题。姚尚建的《当代中国的政治联盟与政府过程——责任政党政府的理论视角》(《福州大学学报》2008年第1期),从责任政党政府的理论视角,深入讨论了当代中国的政治联盟与政府过程的关系。

政府治理与公共治理 2000年以后,政府治理与公共治理等问题成为研究热点。李瑞昌的《论公共治理的技术与价值的矛盾》(《社会科学》2003年第3期),讨论公共治理的技术与价值矛盾。顾丽梅的《治理与自治:城市政府比较研究》(上海三联书店2006年),围绕"治理、城市政府治理与政府信息化",重点探讨信息社会中国市政职能的嬗变与创新,提出了城市政府治理的新趋势。顾建光的《从公共服务到公共治理》(《上海交通大学学报》2007年第3期),将公共治理定义为相关各方为影响公共政策的结果而开展互动的方式。竺乾威的《从新公共管理到整体性治理》(《中国行政管理》2008年第10期),对整体性治理理论作介绍和评价。李瑞昌的《公共治理转型:整体主义复兴》(《江苏行政学院学报》2009年第4期),主张将国内问题与国际问题合并思考和追求统一的解决方案。易承志著的《社会转型与治理成长:新时期上海大都市政府治理研究》(法律出版社2009年),从治理主体的变迁、府际关系的协调与治理方式的变革三个层面分析和探讨上海大都市政府治理的成长历程、绩效水平和发展趋势。

同时,上海学界对数字时代网络信息在公共治理中的作用等问题也进行了探讨,如陈水生发表《新公共管理的终结与数字时代治理的兴起》(《理论导刊》2009年第4期),分析了"数字时代治理"诞生的理论与时代背景,及其对提升政府治理能力的重要指导意义。黄颖、陈水生的《网络治理视野下的公共服务型政府建设——以上海浦东市民中心为例》(《新视野》2009年第6期),分析网络治理模式的形态。此外,上海学者从经济学和新公共管理学出发对城市循环经济治理理论进行系统研究,如臧漫丹的《面向循环经济的治理研究》(同济大学出版社2010年),运用经济学与公共管理学理论深入分析治理理论应用于城市循环经济发展的内在机理。

政府管理责任与绩效 2000年以来,在西方新公共管理运动的推动下,绩效评估逐渐成为公共管理领域的热门话题,如朱国玮、胡伟的《ACSI用于评价政府部门顾客满意度——美国的实践及对我国的启示》(《中国行政管理学会年会暨"政府社会管理与公共服务"论文集》2004年),李瑞昌的《公共部门绩效评估方法与应用》(中国财政经济出版社2007年)和《政府绩效预算:美国经验与中国方略》(中国财政经济出版社2008年)等。围绕政府责任及政府绩效问题进行的相关研究,有扶松茂的《责任政府与政府改革》(《学术论坛》2002年第1期),通过对政府责任、责任政府的概念进行分析,说明责任政府是与民主制度、法治和公民自由相联系的政治理念;陈毅的《底线伦理・公共理性・责任政府——基于平等公民的责任政府思考》(《湖北社会科学》2009年第9期),从底线伦理、公共理性要求出发,提出构建基于平等公民的责任政府逻辑等。

【公共管理体制变革】

行政体制转型 20世纪90年代后期,上海学者主要讨论机构改革的必要性等问题。李琪的《行政三联制研究》(上海人民出版社1995年),认为三联制是民国时期的一项颇具影响的行政改革,其经验教训值得后人加以总结。唐贤兴的《机构改革对中国发展的影响——98中国政治学年会暨学术讨论会综述》(《政治与法律》1998年第4期),分析机构改革的必要性和迫切性,以及政府系统膨胀的原因。2000年以后，学界围绕行政体制转型的具体问题展开重点研究，吴志华的《试论政府适度仿企业化》（《华东师范大学学报》2000年第2期）和《完善市场秩序综合监管的对策思考》（《中国行政管理》2003年第9期），前文认为政府行政体制改革需要从既定体制外部来寻找改革的新思路、新途径，来更新行政理念；后文提出进一步完善市场秩序综合监管的目标模式和对策措施。陈周旺的《从放权到分权：国家与社会关系的转型》（《求索》2000年第5期），试图从中国政企关系的改革历程来透视国家与社会关系的转型。尤建新、朱德米、陈强合著的《公共管理研究》（同济大学出版社2006年），就如何建立与市场经济相适应的、追求受众满意度的公共管理体制，如何学习和借鉴国外先进经验等方面进行研究。刘厚金的《我国政府转型的逻辑路径与动力分析》（《上海行政学院学报》第4期），研究政府转型的时代背景及理论内涵，分析政府转型的逻辑路径与动力机制。

上海学界对特大城市行政体制改革进行探讨。李琪著《新世纪中国特大城市公共行政管理——以上海为个案的发展战略研究》（文汇出版社2003年），以上海为研究对象，对中国地区性公共行政改革进行战略、实证和个案研究。陈奇星著《上海政府职能转变与政府管理体制创新研究》（上海三联书店2009年），研究和探索当前以及今后上海特大城市政府管理体制改革的原则与取向、战略与路径。李琪著《中国特大城市政府管理体制创新与职能转变》（上海人民出版社2010年），以公共服务为主线和导向，系统研究推进特大城市政府管理体制创新与职能转变的课题。

这一时期，上海学界对加强行政监督，完善中国行政的监督机制也进行了相关研究。扶松茂的《从瑞典、英国议会行政监察看中国的行政监察专员制度的创制》（《云南行政学院学报》2002年第6期），提出创建中国的人大行政监察专员制度的建构设想。陈奇星的《行政监督新论》（国家行政学院出版社2008年），对中国共产党领导人的行政监督思想、中国古代监察制度及进行研究。易承志的《转型期我国中央与地方关系的协调：特征、趋势与路径分析》（《湘潭大学学报》2009年第9期），总结转型期中国中央与地方关系协调的特征及趋势，并对协调路径进行分析。

中国在分权的尝试和探索中，广东顺德在大部制改革中建立的"党政合一"管理体制在当时独树一帜，引起上海学者的关注。竺乾威的《"大部制"刍议》（《中国行政管理》2008年第3期），指出要使大部制发挥预想的作用，在构建大部时要考虑"利益补偿问题、领导人的选择和配备问题、部门整合问题、文化再造问题"。李瑞昌的《大部制改革中地方政府面临的挑战与应对策略》（《岭南学刊》2008年第3期），指出在中国推行大部制改革，地方政府将面临作为中央政府代言人与地方民众代理人的双重角色冲突加剧的困境。傅金鹏、陈晓原的《"大部制"的形态与前景：一项比较研究》（《南京社会科学》2010年第7期），梳理了中国地方党政机构实行的"大部制"的典型形态。此外，扶松茂的《"简政"与"放权"——"扩权强县"改革的思考》（《复旦公共行政评论》2010年第10期），分析"扩权强县"改革试点的实质。

地方政府管理　2000年以后，上海学界对地方政府展开研究，包括对地方政府间的关系、地方政府债务和地方政府绩效评估、行政成本状况和社会冲突困局等方面。对地方政府间关系的研究，张明军、汪伟全的《论和谐地方政府间关系的构建：基于府际治理的新视角》（《中国行政管理》2007年第11期），认为竞争与合作关系是府际关系的两个关键维度。汪伟全的《地方政府竞争模式选择：制度竞争胜于资源竞争》（《现代经济探讨》2010年第4期），将地方政府竞争模式概括为资源模式和制度模式。

对地方政府债务的研究，顾建光的《地方政府债务与风险防范对策研究》（《经济体制改革》2006年第1期），就中国地方政府债务的现状、构成特征以及形成的渠道进行了分析。对地方政府绩效评估研究,陈强的《改革开放30年来我国地方政府绩效评估的回顾与思考》(《经济社会体制比较》2008年第6期),系统分析地方政府绩效评估理论研究及存在的主要问题。彭勃的《当代中国地方政府绩效评估分析》(《学习与探索》2009年第4期),认为地方政府绩效考核体系主要表现为政治评估行政化、行政评估形式化、内部评估社会化三个特征。对行政成本状况的研究,郭俊华的《我国政府行政成本省际比较的经济学分析》(《上海经济研究》2008年第1期),首次对全国31个省(自治区、直辖市)2001—2006年的行政成本状况进行定量分析。对社会冲突困局的研究,一些学者分析当前中国的社会冲突困局与改革以来形成的地方经济和社会发展模式之间存在着内在的关联,如彭勃的《社会冲突困局与地方发展主义》(《经济社会体制比较》2009年第2期)和姚尚建的《流动的公共性——我国区域政府研究的困境与超越》(《江苏行政学院学报》2009年第4期)。

基层社区治理 20世纪90年代及其后,基层社区治理成为上海学界研究的一个重要热点,研究内容涉及社区治理、基层管理体制、居委会、业委会和乡村治理等方面。对社区治理的研究,主要成果有:桑玉成、顾铮铮的《从五里桥经验看城市社区管理的体制建设》(《政治学研究》1992年第2期),从"五里桥经验"分析中国城市社区管理的体制建设的路径。任远的《论社区是我国社会经济协调发展的有效载体和良好机制》(《南京社会科学》1997年第9期),认为社区是解决"社会经济协调发展与其所要求的社会公共资源积累、公共物品提供脱节"这一矛盾的较好选择。唐亚林的《城市社区建设的新取向》(《探索与争鸣》2000年第8期)主张培育平等、参与、友爱、协作的社区文化价值理念。林尚立的《社区自治中的政党:对党、国家与社会关系的微观考察——以上海社区发展为考察对象》(《组织与体制:上海社区发展理论研讨会会议资料汇编》2002年),分析市场经济经过十年的发展,中国社会权力结构及社会的组织方式发生的变化。陈丰的《城市社区中政府职能重构的现实路径》(《上海市社会科学界第四届学术年会文集》2006年),分析了在城市社区中政府职能重构的现实路径。顾丽梅的《上海社区治理的制度创新——以潍坊和谐社区的建构为例》(《复旦公共行政评论》2007年第11期),从制度创新的角度剖析了和谐社区的建构在于社区治理的制度创新。吴志华著的《大都市社区治理研究:以上海为例》(复旦大学出版社2008年),以上海的社区治理为主要研究对象,分析现阶段处于转型中的上海社区治理的现状。罗建平的《"社区"探源》(《华东理工大学学报》2009年第2期),通过"社"和"区"的语源追溯,结合相应的心理原型,分析社区的本质属性,由此揭示社区原型。刘春荣的《赋权下的自主性——对上海社区治理革新的政治分析》(《复旦公共行政评论》2009年第6期),认为国家主导的民主治理可以激发居民的自主性社区参与,并能深化横向的社会关系网络、在社区内部催生互惠关系和新的社会规范。

对基层治理的研究,如林尚立的《基层群众自治:中国民主政治建设的实践》(《政治学研究》1999年第4期),梳理全国基层群众治理的发展阶段及其在发展过程中需要协调的主体关系。彭勃的《国家权力与城市空间:当代中国城市基层社会治理变革》(《社会科学》2006年第9期),以上海社区体制变革为个案,从国家权力与城市空间的关系角度,分析国家在城市基层管理体制变革中面临的问题和挑战。

对居委会、业主委员会的体制的研究,成果有:王邦佐著的《居委会与社区治理 城市社区居民委员会组织研究》(上海人民出版社2003年),重点围绕社会转型与城市基层群众自治发展,对城市居民委员会组织与体制进行分析探讨。敬乂嘉、刘春荣的《居委会直选与城市基层治理——对2006年上海市居委会直接选举的分析》(《复旦学报》2007年第1期),通过对2006年上海市居委会换届选举的观察和访谈,肯定当前的居委会直选的实践意义。孙荣、范志雯的《社区共治:合作主义视野下业主委员会的治理》(《中国行政管理》2007年第12期),提出合作主义视野下的中国城市社区业主委员会治理模式的选择及其实施路径。

对乡村治理的研究，成果有：何精华等著的《农村公共服务满意度及其差距的实证分析——以长江三角洲为案例》（《中国行政管理》2006 年第 5 期），以长江三角洲部分地区为例对农村公共需求的满足状况进行了研究，对影响农村公共服务满意度的因素进行了分析。彭勃著的《乡村治理：国家介入与体质选择》（中国社会出版社 2002 年），聚焦于中国乡村政治问题的提出与治理，对中国国家的资源集中、新国家的资源需求、治理结构中的乡、村级体制，国家介入与体制选择等方面内容做了阐释。林尚立的《国家的责任：现代化过程中的乡村建设》（《中共浙江省委党校学报》2009 年第 6 期），指出乡村再造的关键在于国家要再度放活乡村，在放活乡村的基础上实现国家对乡村的整合。吴新叶的《农村社会管理的动力机制与实现路径》（《河南师范大学学报》2010 年第 2 期），讨论了农村社会管理的动力机制与实现路径。

【政府职能变革】

2000 年以后，随着改革开放后国家、社会和市场这一格局逐步形成，政府开始从全能政府走向有限政府，上海学界针对政府职能逐步转变为经济调节，市场监管、社会管理和公共服务等进行了相应讨论。研究成果有：孙荣著的《政府经济学》（复旦大学出版社 2001 年），考察市场经济中政府的经济职能。陈奇星、道良德的《三化：政府职能转变的核心》（《当代行政》2004 年第 3 期），认为通过“三化”的实现，使政府权力与市场关系相得益彰。陈强、尤建新的《政府在城市发展中的“有为”、“无为”与“不为”》（《中国行政管理》2005 年第 5 期），认为政府应充分发挥市场主体、非政府组织以及公众的力量，共同推动城市发展。林尚立、王华的《创造治理：民间组织与公共服务型政府》（《学术月刊》2006 年第 5 期），认为中国政府转型正在由市场发育期的经济建设型政府向市场成熟期的公共服务型政府转变。何精华的《区分供给与生产：基于政府公共服务职能实现方式的分析框架》（《中国行政管理》2007 年第 2 期），从政府公共服务职能实现方式的理论逻辑、学理基础与路径选择等方面展开讨论。陈毅的《政府服务理念的根源探究》（《广东行政学院学报》2009 年第 4 期）、《对政府职能转变的思考——从“划桨”到“掌舵”再到“服务”》（《云南行政管理学报》2010 年第 1 期）和《建国六十年来中国政府责任的变化与展望》（《中南大学学报》2010 年第 3 期），研究政府服务理念的根源。

这一时期，上海学界对公共服务体系的相关问题进行研究，刘厚金的《我国政府转型中的公共服务》（中央编译出版社 2008 年），提出适合中国国情的关于公共服务体制建设的路径与对策和完善公共服务市场化的对策，以促进公共服务型政府的构建的观点。陈奇星、胡德平的《提升上海政府公共服务制度供给能力的若干思考》（《上海市社会科学界第六届学术年会文集》2008 年），分析了上海特大城市政府公共服务制度供给的必要性及提升上海政府公共服务制度供给能力的路径选择。此外，敬乂嘉出版《合作治理：再造公共服务的逻辑》（天津人民出版社 2009 年）。

此外，学界还从公共财政的视角，阐述了社会公平与政府责任的关系。如孙荣的《社会公平与政府责任——公共财政投入义务教育的视角》（《马克思主义与现实》2006 年第 6 期），提出了公共财政是政府履行责任、保障公平的重要手段，探讨了实现义务教育公平的途径，即改革义务教育财政投入体制。刘德吉的《基本民生类公共服务省际差异的实证研究——以基础教育、卫生医疗和社会保障为例》（《经济体制改革》2010 年第 2 期），从财政投入及产出、效果角度，依据相关理论对中国教育医疗等基本民生类公共服务省际差异影响因素进行的理论研究和实证分析。

【公共管理运作变革】

公共行政组织变革 20世纪90年代及其后,上海学界对公共行政组织变革研究的成果有:唐贤兴的《市场化过程中政府规模的两难困境》(《改革与战略》1995年第4期)和《政府扁平化:通向后科层制的改革与挑战》(《中国行政管理》2010年第10期),前文首次使用"行政边界"这一新概念来分析改革过程中政府规模的扩大趋势;后者从理念更新、组织变革、机制创新等层面探讨政府工作流程创新的基本依据、本质属性与路径选择。竺乾威的《官僚化、去官僚化及其平衡:对西方公共行政改革的一种解读》(《中国行政管理》2010年第4期),认为官僚制的内在张力决定了在官僚化和去官僚化两者之间取得平衡的难度。

公务员制度 2000年以后,上海学界对公务员制度研究,主要涉及公务员激励机制、人事制度改革等问题。在公务员激励机制的研究方面,李春成的《制度、裁量权与德性——关于行政伦理建设的一点思考》(《江苏行政学院学报》2001年第2期),提出关于行政伦理建设的思考。李春成的《动机与激励:行政人员的行为心理分析》(《行政论坛》2001年第1期),提出从行政个体的行政行为动机、有效激励的措施、行政个体的角色定位三个方面对行政人员的行政行为的心理分析。李瑞昌的《关于我国公务员身份保障的几点思考》(《广东行政学院学报》2002年第6期),认为中国应借鉴西方国家的经验,建立起适应我国整体制度的公务员身份保障制度。陈水生的《论公务员的多源流激励模型——心理契约角度的分析》(《兰州学刊》2009年第2期),提出基于心理契约理论的公务员"多源流激励"模型。

在人事体制改革研究方面,李春成的《当代中国行政人事制度创新》(《江西行政学院学报》2001年第2期),分析当代中国行政人事制度创新的内容。吴志华著的《公共部门人力资源管理》(复旦大学出版社2007年)和《我国公共部门人力资源管理改革》(上海交通大学出版社2009年)出版。同时,行政问责制的推行成为构建责任政府、加强对领导干部的监督和管理的重要举措,如唐亚林、陈水生的《中国式无缝隙行政问责制度体系的构建》(《学术界》2010年第6期),从问责理念转型和运作机制整合两个层面,探求构建"中国式无缝隙行政问责制度体系"的有效途径。

社会多元管理主体 2000年以后,上海学界对社会多元管理主体开展研究。民间组织的研究,主要成果有:曹沛霖的《政府与民间组织的关系:"管"与"不管"》(《探索与争鸣》2006年第4期),探讨政府与民间组织的关系,界定"管"与"不管"的界限。对非政府公共组织研究,成果有:吴新叶的《农村基层非政府公共组织研究》(北京大学出版社2006年),分析"草根政治"的大众化特征。陈媛、商红日的《非政府组织的非均衡发展与国家自主性的巩固》(《中州学刊》2008年第6期),揭示非政府组织的非均衡发展所产生的逻辑和机制。

对城市社区民间组织存在的非法人化现象的研究,成果有:吴新叶的《城市社区民间组织中的非法人化现象:问题与应对》(《城市问题》2008年第4期),分析非法人化现象的表现与后果及问题解决路径。彭勃的《中国民间组织管理模式转型——法团主义的视角》(《武汉大学学报》2009年第3期),分析当前中国的国家与民间组织的关系,探讨和理解民间组织发展与国家转型的理论和现实意义。张良的《政社之间应为"竞合"关系》(《上海人大》2010年第8期),指出公私部门泾渭分明的传统观念已经不能很好地解释和处理社会发展所遇到的新问题,强调政府与社会组织之间进行有效合作的治理理论得到的广泛的认可。吴新叶著的《社区民间组织成长中的精英捕获:问题与对策——以社会管理为视角的分析》(《中共青岛市委党校青岛行政学院学报》2010年第6期),以社会管理为视角分析了中国社区民间组织成长中的精英捕获问题与对策。此外,吴新叶著的《城市草根政治的治理逻辑与展开》(上海人民出版社2010年)出版。

对民间非营利组织及其与政府间的关系展开多学科的探讨，成果有：扶松茂翻译了罗伯特·B.登哈特的《公共组织理论》（中国人民大学出版社2003年）和《开放与和谐——美国民间非营利组织与政府关系研究》（上海财经大学出版社2010年）出版。敬乂嘉的《社会服务中的公共非营利合作关系研究——一个基于地方改革实践的分析》（《中国政府与治理：全球华人视角》2010年第5期），指出社会服务提供中的公共非营利合作关系正处在一个体制内的自我调整阶段。陈晓原的《坚持政社分开的理念，积极扶植和规范社会中介组织》（《复旦公共行政评论》2010年第10期），提出在建设社会主义市场经济体制的历史条件下，在中国坚持政社分开、积极扶植和规范社会中介组织的必要性和路径。

【公共管理技术变革】

2000年以后，随着信息技术在公共行政领域的广泛应用，上海学界随即对电子政务和网络行政管理等展开研究，成果有：顾丽梅的《政府治理的社会化与信息社会公共行政理念的重塑》（《中国信息界》第6期），分析了行政信息技术的发展为行政管理带来的巨大变革。朱琳、叶海平的《公共行政管理的网络化探索》（《上海行政学院学报》2005年第4期）和《理解公共政策："政策网络"的途径》（《上海交通大学学报》2006年第4期），前者认为公共行政管理网络化已经有一定的发展，但是还需要在实用性、完整性、实质性上有所提高；后者认为"政策网络"突破传统政策分析范式，形成新的理论和方法，逐渐成为政治学和政策分析领域的主流话语和研究途径。此外，朱琳、叶海平合著的《政策网络理论：政策过程的新范式》（《国外社会科学》2006年第3期），分析政策网络理论、多元主义与法团主义，以试图进一步勾勒出政策网络理论的轮廓。此外，针对网络技术的发展，网络参与对政府治理尤其是地方政府治理提出了新的挑战，如顾丽梅的《网络参与与政府治理创新之思考》（《中国行政管理》2010年第7期），认为应正确认识网络参与的正负效应，推进网络参与的规范化与制度化建设。

这一时期，上海学界对电子政务绩效评价进行研究，成果有：陈强的《NPS在电政务绩效评价中的应用研究》（《上海管理科学》2007年第6期），认为电子政务绩效评价应以公众满意为导向。樊博的《绩效驱动的电子政务信息共享及协同应用》（《图书与情报》2008年第4期），从机制层面、方法层面、工具层面提出以绩效管理作为推进政府信息协同的驱动力。蒋红珍、樊博的《电子政务顶层设计视角下的政府信息共享立法研究》（《电子政务》2009年第7期），认为电子政务是一场深远的政府改革，政府信息资源共享是推进电子政务的关键。朱琳的《基于中国实践的新公共价值评估模型研究》（《电子政务》2010年第10期），分析公共价值评估模型（ROI）以及在中国实践。

四、公共政策

2000年以后，上海学者总结回顾了中国公共政策历史演变，深度分析现代市场经济与公共政策理性的关系，对公共政策的特点做了系统化概括，并总结中国公共政策转型的基本前提和动力。如竺乾威著的《当代中国公共政策》（复旦大学出版社2004年），对1949年以来中国政府主要公共政策的产生、演变及发展作了系统性的梳理和描述，内容涵盖工业政策、农业政策、财政政策、环保政策、教育政策、住房政策、社会保障政策等。

这一时期还围绕公共政策基本理论进行重点研究，成果有：顾建光著的《公共政策分析学》（上海人民出版社2004年），论述了现代公共政策概论、现代市场经济与公共政策理论。唐贤兴、王竞晗的《转型期公共政策的价值定位：政府公共管理中功能转换的方向与悖论》(《管理世界》2004年第10期)，分析了中国公共政策转型的三个基本的前提和动力。诸大建的《循环经济的对象—主体—政策模型研究》(《南开学报》2005年第4期)和《探讨循环经济的经济学理及其政策意义——基于生态经济学的视角》(《上海市社会科学界第五届学术年会文集》2007年)，前文探讨循环经济框架下的问题；后文提出循环经济的原理框架。诸大建、王明兰的《系统性原则下的公共政策过程》(《同济大学学报》2006年第1期)，认为公共政策是一个动态的系统过程，只有遵循系统性原则，才能实现公共政策的目标并达到目标的最大化。顾建光的《公共政策工具研究的意义、基础与层面》(《公共管理学报》2006年第4期)和《公共政策工具：对公共管理工具的评价》(中国人民大学出版社2007年)，前者认为对政策工具的选择，对取得公共政策的成效来说，有重要意义；后者通过翻译*evaluating the tools of public administration*，分析有关政策工具探讨的背景，并勾勒出其在公共管理领域的发展。臧漫丹、高显义的《循环经济及政策体系研究》(《同济大学学报》2006年第1期)，构建基于伙伴关系的政府、企业、社会三方联动的3P治理模式，并整合建立了发展循环经济的3P+3R+3I政策体系模型。陈强的《公共政策受益者满意度评价》(《上海管理科学》2006年第5期)，探讨了公共政策评价工作的特点。李瑞昌的《公共管制：利益分析与风险分析》(《复旦公共行政评论》2006年第9期)，认为风险分析和利益分析作为对立统一的两个分析法，应在管制决策中广泛应用。李月、陈兆旺的《公共政策供求问题分析及对策》(《辽宁科技大学学报》2009年第4期)，探讨公共政策供给与需求的均衡分析理论。顾丽梅的《政策创新与政府治理》(复旦大学出版社2009年)，集中探讨转型时期中国政府治理中存在的主要问题及其政策创新等。王礼鑫的《当代中国政策过程中的政策否决现象探析》(《浙江社会科学》2010年第8期)，从历史和现实的归纳出发，对中国政策否决现象进行初步研判。此外竺乾威翻译了菲利普·库珀的《合同制治理——公共管理者面临的挑战与机遇》(复旦大学出版社2007年)。

此外，对公共政策的特点及与市场经济的关系的研究，也是这一时期的热点话题。何精华的《“科学有为”：创新型国家建设中政府作用的一个行政学解释》(《上海师范大学学报》2006年第3期)，分析了创新型国家建设中政府作用的理论逻辑，梳理政府“科学有为”的范畴。陈晓原的《我国地方公共政策供给重点转变与地方政府治理效益目标的重塑》(《复旦公共行政评论》2006年第9期)，认为中国地方政府公共政策供给的重点正在从经济管理的公共政策供给向地方性基础设施管理的公共政策供给转变。陈水生的《论民主与公共政策的关系——从多元主义民主的视角》(《四川行政学院学报》2007年第2期)，认为民主与公共政策息息相关，多元主义民主在公共政策中的作用，主要体现在为公共政策树立价值导向、提供制度保障、确立程序规范。李春成的《价值观与公共政策：政策分析的新领域》(《复旦公共行政评论》2007年第2期)，提出以价值为中心的政策分析模式。诸大建著的《政策分析的新模式》(同济大学出版社2007年)，在政策决定的主体、政策价值的判断、政策过程的分析方面提出了研究范式上的三个重要转变。彭勃、邵春霞的《服务型公共政策中的合作机制：以城市安全政策为例》(《上海交通大学学报》2007年第1期)，指出国家、社会和市场多方合作机制，是提高公共服务质量的重要途径。

五、公共危机管理

自SARS和“9·11”之后，上海学者对政府公共危机管理从理论和实践进行研究，包括公共危机管理存在的缺憾、公共危机治理的概念框架和地方政府公共危机管理体制等。在公共危机管理存在的缺憾方面，陈永国、石凯、胡伟的《公共信息沟通障碍及对策——非典危机引发的思考》（《图书情报工作》2005年第4期），从公共管理角度阐述公共信息沟通障碍机理。刘霞、向良云的《公共危机治理：一种不同的概念框架》（《新视野》2007年5月），提出必须构建公共危机治理的概念框架，理论上引导公共危机问题的研究取向，实践中指导塑造一个具有广泛包容性的柔性的公共危机治理系统。在公共危机管理架构研究方面，刘霞、向良云的《我国公共危机网络治理结构——双重整合机制的构建》（《东南学术》2006年第3期），探讨中国公共危机管理的网络治理结构。姚尚建、娄德铭的《地方政府公共危机管理》（古吴轩出版社2007年）和《区域公共危机治理：逻辑与机制》（《广西社会科学》2009年第7期），前者立足地方政府公共危机管理的具体实践展开调研与思考，对地方政府公共危机管理进行跟踪性研究；后者分析了区域公共危机治理的逻辑起点，提出区域公共危机治理的联动机制。郭俊华、程琼的《我国重大自然灾害的公共财政应急措施研究——以5·12汶川大地震为例》（《上海交通大学学报》2009年第3期），以5·12汶川大地震为例，对国内重大自然灾害的公共财政应急措施进行研究。刘霞、严晓的《公共危机治理网络视阈下的政府间关系》（《云南社会科学》2009年第6期），指出在由多元主体共同构成的公共危机治理网络中，政府仍然是其中对资源和权力进行权威配置的核心主体。

第三节　工商管理学

一、战略管理

20世纪80年代，战略管理学科开始引入中国。1986年，苏东水的《现代管理学中的古为今用》（《文汇报》7月1日），引起社会极大反响。同年，在日本召开的现代化国际研讨会上，苏东水专门介绍了中国现代化管理中古为今用的事例。这一时期，战略管理学引入中国，上海学者也开始就战略管理的理论与方法进行了探索与研究。1987年，苏东水主持上海社科重点科研项目"现代企业家研究"，发出对敢于在市场充分开拓创新的现代新型企业家的呼唤。1989年，他主编的《现代企业家手册》（江西人民出版社），首次就现代企业家的含义、特征、素质、性格、作风、行为、环境、经营管理及领导艺术作了全面论述。同年，苏东水主编《中国企业管理现代化研究》（上海人民出版社），率先系统论述中国企业管理现代化。

20世纪90年代以后，上海学者在战略管理学科体系建设方面，成果丰富。苏东水主编的《中国管理通鉴》（浙江人民出版社1996年），是第一部对中国传统管理的理论、实践效应等全方位探索和研究的著作；提出"以人为本，以德为先，人为为人"的"东学"核心理念，自此苏东水形成以东方管理精华为核心的东方管理学术体系。王方华的《现代企业管理》于1996年由复旦大学出版社出版。此外，苏东水主编的《中国国民经济管理学》（山东人民出版社1998年），系统论述宏观经济管理。王方华等主编的《企业战略管理》（复旦大学出版社1997年）和《战略管理》（机械工业出版社2004年）出版。芮明杰主编的《管理学——现代的观点》（上海人民出版社1999年）、《管理创新》（上海译文出版社1997年）、《产业致胜》《管理重塑》《再造流程》《人本管理》（浙江人民出版社1999年），从经济学的角度重新思考管理学理论及体系。尤建新、陈守明编著的《管理学概论》（同济大学出版社2007年），尤建新、雷星晖主编的《高级管理学》（同济大学出版社2008年）和《企业管理概论》（高等教育出版社2010年）出版。此外，苏宗伟的《东方管理学的创建与发展：渊源、精髓与框架》（《管理学报》2006年第1期）在继承东方管理理论框架的基础上，将东方管理理论付诸实践，不断完善理论体系。任浩主编的《战略管理——现代的观点》(清华大学出版社 2008 年),则是注重把握中国教学特点的战略管理教科书。

20 世纪 90 年代,新制度经济学在中国兴起。2000 年以后,上海学者开始从经济学与管理学融合视角研究企业的问题。如芮明杰在深入研究国有企业改革与企业持续发展问题后,逐渐转向以企业成长理论和资源基础学说为指导下的中国企业发展中所面临的现实问题;相关成果包括:《中国企业发展的战略选择》(复旦大学出版社 2001 年),《国有企业战略性改组》(上海财经大学出版社 2002 年),《现代企业持续发展的理论与策略》(清华大学出版社 2004 年),《突破增长的极限——企业再创业的理论与策略》(经济管理出版社 2004 年)和《公司核心竞争力培育》(格致出版社,上海人民出版社 2008 年)等。

2000 年以后,中国经济发展跨入崭新阶段,市场环境表现空前的变化。上海学界围绕企业如何制定正确的发展战略展开研究,范徵的《资源基础观点及其在企业理论中的应用》(《经济理论与经济管理》2002 年第 4 期),提出融合资源基础观和其他成熟企业管理理论的理论体系、指导思想和研究方法。项保华的《基于 BSC 的企业整合型战略风险管理系统研究》(《科研管理》2005 年第 5 期),认为企业执行战略的能力比战略本身的质量更重要,战略尤其是战略的执行相较之于科学技术对经济社会发展的影响作用日益突出。徐飞的《二象对偶空间与管理学二象论》阐述了管理的“二象”特征。周祖城编著的《企业伦理学概论》(南开大学出版社 2002 年)和《企业伦理学》(清华大学出版社 2009 年)出版。苏勇的《管理伦理》(上海译文出版社 1997 年)、《中国企业文化的系统研究》(复旦大学出版社 1996 年)、《管理运筹学研究与实践中的伦理问题研究》(《学术研究》2007 年第 2 期),主张把伦理观念和社会影响纳入传统的“理性”技术和管理决策。在跨国企业管理和战略方面,薛求知的《当代跨国公司新理论》(复旦大学出版社 2007 年)对跨国公司理论进行了探索。

这一时期,学界还围绕构筑以合作共赢为目标的企业战略联盟进行相关研究。雷星晖的《从网络战略联盟到战略联盟网络》(《管理评论》2006 年第 7 期),研究企业网络战略联盟问题。此外,雷星晖将战略成本管理引入供应链成本管理的研究,成果有:《供应链战略成本管理研究》(《复旦学报》2007 年第 4 期),《基于企业关系分析的供应链交易成本研究》(《经济经纬》2008 年第 5 期),《基于交通网络均衡方法的供应链竞争模型研究》(《经济经纬》2009 年第 3 期)和《基于扩展沙堆模型的供应链竞争力研究》(《商业经济与管理》2009 年第 5 期)等。

二、创新创业管理

2000 年以后,围绕建设创新型国家的战略,针对创新创业展开的研究,主要有司春林编著的《创业投资》(上海财经大学出版社 2003 年)、《企业创新空间与技术管理》(清华大学出版社 2005 年)、《创业企业的价值评估与证券设计研究》(《研究与发展管理》2006 年第 1 期)、《中国自主创新模式选择和企业层面实施分析》(《河北学刊》2008 年第 3 期)和《孵化器的商业模式与自身发展:典型案例分析》(《经济管理》2010 年第 10 期)等。

关于企业团队创新问题,石金涛的《中国模仿创新与自主创新历程——追溯儒家伦理动因》(《科学学研究》2007 年第 6 期)、《创新气氛的概念界定与量表验证》(《科学学研究》2009 年第 2 期)和《组织创新气氛与激励偏好对员工创新行为的交互效应研究》(《管理世界》2009 年第 10 期),系统研究企业团队创新气氛专题。

关于个人创新行为与团队创新绩效的主要影响因素的研究,石金涛的《员工创新行为触发系统分析及管理启示》(《中国软科学杂志》2007 年第 3 期),针对团队中员工创新行为和团队创新成果,从人力资源管理角度出发,认为员工创造力及创新行为是创新的源泉和起点。石金涛、顾琴轩的《团队中的目标取向对个人与团队创新的影响:多层次研究框架》(《科研管理》2008 年第 6 期),首次从个人与团队两个层次分析目标取向对创新行为与创新绩效的影响。石金涛的《变革型领导对R&D 团队创新绩效的影响机制研究》(《南开管理评论》2009 年第 6 期),通过实证研究发现,R&D团队领导者的变革型领导风格对团队创新绩效有积极影响。关于构建创新型人才评价指标体系的研究,罗瑾琏的《创新型人才特质与评价维度研究》(《科技管理研究》2009 年第 11 期),从创新型人才本身的性质和成长的角度开展研究,首次对创新型人才的概念与内涵进行系统界定。

三、组织与人力资源管理

20 世纪 80 年代,杨锡山提出"以人为本"的行为科学学科理念,围绕个体行为、群体行为、领导行为、组织开发等方面展开研究。杨锡山、钱冰鸿合著的《行为科学,一个现代管理学派》(企业管理出版社 1980 年),是全国第一本行为科学著述。杨锡山等编著的《西方组织行为学》(中国发展出版社 1986 年),为改革开放后管理学科的重建、繁荣和发展作出了贡献。此外,石金涛发表《建筑行业若干工种劳动负荷的综合测评研究》(《管理工程学报》1988 年第 Z1 期)和《AHP 法在建立劳动负荷综合测评模型中的应用》(《管理工程学报》1989 年第 3 期)。

随着人力资源管理日益受到重视,上海学者围绕人力资源实践与组织绩效关系展开了相关研究,成果有:石金涛编写的《现代人力资源开发与管理》(上海交通大学出版社 1999 年),顾琴轩、石金涛的《国企经营者人力资本价值计量与收益分配激励研究报告》(全国人事科研成果 2004 年),任浩主编的《公共组织行为学》(同济大学出版社 2006 年)和《现代企业组织设计》(清华大学出版社 2005 年)等。此外,顾琴轩从中国企业人力资源管理现状出发,结合相关理论,采用问卷设计和调查,对人力资源管理与组织绩效展开实证研究,成果有:《人力资源管理与组织绩效实证研究》(《中国管理科学》2004 年第 S1 期),《人力资本与社会资本对创新行为的影响——基于科研人员个体的实证研究》(《科学学研究》2009 年第 10 期)和《人力资本、社会资本与心理资本对工作绩效的影响:总效应、效应差异及调节因素》(《管理工程学报》2010 年第 4 期),姚凯的《企业薪酬系统设计与制定》(四川人民出版社 2008 年),胡君辰、宋源的《绩效管理》(四川人民出版社 2008 年),张文贤的《人力资本》(四川人民出版社 2008 年)等。

21 世纪以来,各国科技人才的竞争已成为知识经济竞争的实质,围绕科技人才评价和选拔展开研究的有李思宏、罗瑾琏、张波的《科技人才评价维度与方法进展》(《科学管理研究》2007 年第 2 期)和罗瑾琏、李思宏的《科技人才价值观认同及结构研究》(《科学学研究》2008 年第 1 期)。这一时期,知识型员工和团队作为现代组织执行复杂创新任务的重要组织形式,越来越受到重视。石金涛的《我国企业知识型员工知识转移的影响因素实证研究》(《管理工程学报》2007 年第 2 期)和《知识型团队动态能力构建、团队体系模型与创新运作模式研究》(《南开管理评论》2007 年第 4 期),前文认为中国企业知识型员工的知识转移动机包括兴趣动机、个人成就感、个人利益和组织情感四个维度;后文剖析围绕知识链网络的知识团队结构体系模型及创新运作机理。石金涛、顾琴轩的《企业R&D 团队之社会资本与团队效能关系的实证研究》(《管理世界》2007 年第 3 期),探讨知识驱动的人力资源管理实践对知识共享和组织绩效的影响作用。

随着中国市场化经济的发展,企业社会责任的议题也引起关注。在企业伦理领域,周祖城发表一系列著作,主要有:《企业履行社会责任的动因及对策建议》(《中国人力资源开发》2008 年第 7 期)、《中国企业社会责任信息披露的现状分析与对策思考》(《软科学》2007 年第 4 期)、《企业社会责任相对水平与消费者购买意向关系的实证研究》(《中国工业经济》2007 第 9 期)、《欧美企业社会责任评价标准比较》(《统计与决策》2008 年第 23 期)和《中国背景下 CSR 与消费者购买意向关系的实证研究》(《南开管理评论》2009 年第 1 期)等。

这一时期,上海学者亦探讨了现代企业中企业家的工作性质与一般的体力劳动、技术劳动和行政工作的区别。如姚凯的《自我效能感研究综述——组织行为学发展的新趋势》(《管理学报》2008 年第 3 期)和《基于企业家工作性质的延期支付式年薪制研究》(《管理世界》2008 年第 11 期),姚凯还出版了《企业经营者工作性质及其行为管理的研究》(复旦大学出版社 2005 年),系统提出企业家工作的性质体系,并以此为依据对企业家行为有效管理的机制和模式进行了系统、深入的研究。同时,组织间关系研究成为组织理论研究的热点,如任浩的《组织间关系:演变与发展框架》(《科学学研究》2009 年第 12 期),从发展特征、价值实现、资源运用、创新能力建设及治理机制等方面探析了组织间关系的演变规律。关于中国对国际型人才培养的研究,范徵的《试论国际型人才的培养构架及其评价体系》(《科技管理研究》2009 年第 6 期),构筑了"基于冰山知识体系的国际型人才素质结构"和"基于大学核心职能的国际型人才培养创新平台"构架。

四、营销管理

20 世纪 70 年代末 80 年代初,上海学者开始关注并积极推动营销管理研究的发展。当时主要是引进和借鉴国外的有关理论,来自西方的"市场学"颇受争议。梅汝和在国内最早提出通过市场学促进国家建设。改革开放之初,1982 年,梅汝和以"外国商业"教授有关市场学的内容。此后,他开始探索市场营销学实践应用,并发表《市场调研学的发展和应用》(《外国经济参考资料》1982 年第 3 期),将市场调研学的发展过程总结为建立期、市场分析预测的形成期,以及市场信息系统的开拓。封福海的《日、美市场学的比较》(《外贸教学与研究》1985 年第 1 期),提出市场学都强调以顾客为中心,生产和经营适销对路的产品,最大限度地满足顾客需求的观点。梅汝和首次引进并组织翻译菲利普·科特勒第五版的《营销管理》,该著作将"marketing"一词翻译成"市场营销",并沿用至今。陈信康的《市场营销学发展的一个新阶段——社会营销》(《外国经济与管理》1987 年第 3 期),提出目前市场营销学正发展到一个新阶段——社会营销。

20 世纪 90 年代初,上海学者继续对市场营销展开研究,如梅汝和、陈信康和孙苏宁的《谈谈市场营销的新发展》(《商业经济与管理》1991 年第 4 期),认为服务作为第五个因素的导入为市场营销提供了一个新的杠杆支点,为市场细分及市场定位等开辟了一条新路。封福海的《刍议营销学原理在我国证券业中的应用》(《国际商务研究》1994 年第 5 期),探讨了营销管理在证券行业的作用。陆雄文的《商店会消失吗?——信息时代的市场营销》(《经济管理》1996 年第 9 期),预测在信息时代电子商务的发展前景。陈启杰的《绿色营销与可持续发展》(《上海财经大学学报》1999 年第 1 期),提出绿色发展理念以顺应全球社会经济可持续发展形势的观点。

进入 21 世纪,国内学者对市场营销的认识逐渐深入,研究视角也更加开阔。各学科的飞速发展和经济社会成长需求促进了不同学科的交叉融合。陈方若的《销售团队激励机制与库存管理》(2000 年)和"Sales-force incentives and inventory management"(*Manufacturing & Service Operations Management* 2000 年第 2 期),前文针对工业界时常见到的"冰球棒现象"提出了新思路；后文结合市场营销学和库存管理理论两门学科的知识，从理论的高度说明“这一现象会导致库存非常难以管理”，并提出了一些激励机制的改革方案。王方华的《营销学面临的新机遇与新挑战》（《中国流通经济》2004 年第 1 期），提出营销学是一门研究交换的科学，也是一门不断创新的科学，其核心概念是交换，研究重点是交换的有效性，强调的是个性与差异化。陈启杰的《市场调研与预测》（上海财经大学出版社 2004 年），为经营管理决策提供依据的实际状况，按照现代市场调研与预测的实际运作程式和规范。周祖城编著的《营销伦理》（上海交通大学出版社 2005 年），阐述营销伦理的含义、营销伦理问题产生的根源等。黄沛的《渠道冲突管理的“生命周期观”——机会主义及其治理机制》（《南开管理评论》2006 年第 3 期），对渠道冲突管理的前因进行分析，尝试引导企业管理者建立道冲突管理的全阶段意识。

余明阳对公共关系和形象说的解释被收入《中国公共关系大辞典》（中国广播电视出版 1993 年）。其后，余明阳发表《品牌策划之要义》（《企业研究》2000 年第 5 期），提出品牌策划是整个企业策划的核心。此外，2008 年武汉大学出版社出版余明阳等编著的《品牌危机管理》《品牌营销管理》《品牌文化》和《品牌竞争力》等。

五、会计学

“文化大革命”中，龚清浩主持编写《会计简明辞典》的原稿和编写资料全部失散。此时，国内对于会计的定义停留在“会计就是记账、算账、报账”的阶段。1974—1978 年，龚清浩及徐政旦在编写《工业会计》时，首次提出“用账理论”。1978 年，上海财经大学复校，会计学系重新单独设置，上海的会计学研究也开始恢复和发展。同年，龚清浩、徐政旦又重新组织编写《会计辞典》，于 1982 年由上海人民出版社出版，这是全国第一部会计辞书。

在会计理论领域，龚清浩主张学习和借鉴国外会计理论和实务时要适合中国国情，要建立具有中国特色的会计理论体系。徐政旦除了提出“六账”理论和“品种法”，还积极提倡引进“管理会计”的理论，并倡导设计和建立我国企业内会计工作的指导准则。徐政旦的《关于确立我国企业会计准则的探讨》（《上海会计》1981 年第 2 期），认为资本主义企业的会计准则，不少是来自会计工作实践，在一定程度上反映了会计的客观规律，具有丰富的借鉴意义。

20 世纪八九十年代，学界在内部审计与社会审计理论研究方面，也取得重要理论成果。1980 年，龚清浩提出中国应开展内部审计制度，并提出应以提高经济效益为内部审计的核心，而不应局限于审查财务收支事项。1983 年，徐政旦的《内部审计》（《上海会计》第 10 期），深入研究现代审计的基本特征，前瞻性地提出财务审计与经济效益审计并举、事后审计与事前审计并举、监督与建设并举、微观审计与宏观审计并举等观点。同年，徐政旦翻译并发表国外企业内部控制领域的两篇论文《内部控制制度的设计》（《新会计》第 8 期）、《内部控制制度的检查》（《上海会计》第 9 期）。之后，又撰写《论内部会计控制在社会主义条件下的具体运用》（《财经研究》1984 年第 1 期）、《现代审计中内部控制测试的探讨》（《财经研究》1985 年第 3 期），提出适合中国企业特点的内部控制流程图符号及编制方法。在审计理论方面，1987 年，娄尔行与美国学者合作的《中华人民共和国会计与审计》（英文），是中华人民共和国成立以来第一部系统阐述中国会计和审计历史、现状及制度的英文版学术著作，成为国际会计界了解中国会计的一个窗口，开创了中国会计走向世界的先例。娄尔行的会计学术思想体系，集中体现在《会计审计理论探索》（立信会计出版社 1993 年）中。针对企业内部成本计算标准混乱不清的状况，娄尔行的《试论成本计算原则》（《会计研究》1980 年第 1 期），提出成本计算中成本构成和计量的客观标准,并系统阐述了“成本计算一定要确定计算对象”“原始记录是成本计算的基础”和“费用的分配要以受益原则为基础”等一系列成本计算准则。此后,娄尔行组团与美国学者开展中美会计比较研究,详细阐明财务会计和管理会计的关系,并记录电子计算机在美国会计行业的应用,与石成岳、裴静之、冯正权合作《美国会计见闻和联想》(《财经研究》1983 年第 3 期),与石成岳、裴静之合作《社会经济制度对会计的影响——中、美比较会计研究报告之一》(《会计研究》1982 年第 5 期)和《会计的任务、假设、概念和原则》(《会计研究》1983 年第 2 期)等。1984 年,娄尔行主编的《资本主义企业财务会计》(中国财政经济出版社),第一次系统全面地向国内会计界介绍西方会计学中具有代表性的基本理论和实务。同年,他主编的《基础会计》(上海人民出版社),对中国以往受苏联影响的传统会计原理和教材体系做出了重大改革;与此配套的由娄尔行主编的《财务与会计》等教材先后出版,至此,全国会计教学有了一套系统完整的教材。1985 年,娄尔行撰写的《三式记账法的探索》(《会计研究》第 2 期),提出了借贷复式记账法所据的二分法,然后阐明关于两种三式记账法的设想。1987 年,娄尔行的《三式簿记》(《上海会计》第 8 期),对三式记账法进行深入研究,进一步阐述三式簿记的结构。汤云为的研究主要集中于会计计量核心问题,1989 年,与吴云飞共同发表《关于常规审计问题的思考》(《上海会计》第 2 期),提出“两把尺子”的建议,即在审计被审计单位时要以会计准则为准绳,保证审计工作的质量必须以审计准则为依据。

在控制成本研究方面,孙铮的《建立企业成本控制系统的若干问题》(《财经研究》1988 年第 12 期),主张将成本控制的视野拓宽,扩展到成本形成之前的决策与规划阶段。他的《建立和完善企业成本控制系统的基本原则》(《财经研究》1989 年第 6 期),阐明成本控制系统的整体性原则、开放性原则、成本—效益原则等原则。汤云为著的《重置成本会计论——物价变动的会计对策》(上海人民出版社 1994 年),详细论证实行重置成本会计的必要性和可能性。

20 世纪 90 年代,徐政旦在国内率先揭示内部审计的特征,并把内部审计与内部控制结合应用,主编高等财经院校试用教材《内部审计》(中国时代经济出版社 1995 年)。受国家审计署委托,徐政旦、朱荣恩合作编写《现代内部审计学》(中国时代经济出版社 1997 年),创建以内部控制为主轴的内部审计学科体系。1999 年,孙铮的《塑造跨世纪的企业财务总监——兼评我国企业财务总监委派制》(《会计研究》第 11 期),评述中国企业中财务总监委派制的模式。此外,1992 年财政部颁布《股份制试点企业会计制度》和《企业会计准则》,1995 年发布《合并会计报表暂行规定》,上市公司的会计制度成为工商管理学术界研究的热点。陈信元和朱红军的《我国上市公司合并会计报表编制现状分析》(《会计研究》1999 年第 8 期),选择上海 92 家上市公司作为研究样本,进行描述性研究,完善中国企业合并会计报表编制实务。

进入 21 世纪,上海学界对会计学展开多维度研究,成果有:朱红军的《试析上市公司盈余管理的动机与类型》(《上海会计》2000 年第 12 期),提出盈余管理是公司管理层为实现自身效用或公司市场价值最大化等目的进行会计政策的选择。夏立军的《注册会计师对上市公司盈余管理的反应》(《审计研究》2002 年第 4 期),以上市公司 2000 年度财务报告为研究对象,对上市公司审计意见和监管政策诱导性盈余管理的关系进行实证研究。孙铮的《经济增加值:声誉下的思索》(《会计研究》2003 年第 3 期)和《反倾销会计研究中的若干问题辨析》(《会计研究》2005 年第 1 期),前者阐明经济增加值和企业价值的内在联系及其在价值计量和评价上的作用;后者通过对 WTO 和美国欧盟等反倾销法律的分析,结合国内近年来应对反倾销的实践,得到关于应对反倾销策略的诸多见解。

这一时期,上海学界研究上市公司高管人事变动问题,朱红军的《我国上市公司高管人员更换的现状分析》(《管理世界》2002 年第 5 期)和《“股权制衡”可以改善公司治理吗？——宏智科技股份有限公司控制权之争的案例研究》(《管理世界》2004 年第 10 期)发表。在上市公司间的并购研究方面，朱红军和杨静等人合著的《共同控制下的企业合并：协同效应还是财富转移——第一百货吸收合并华联商厦的案例研究》(《管理世界》2005 年第 4 期)，提出在大股东完全控制下的企业合并并没有实现合并的协同效应，而是将流通股股东的财富转移到了大股东手中的观点。朱红军、陈继云、喻立勇合著的《中央政府、地方政府和国有企业利益分歧下的多重博弈与管制失效——宇通客车管理层收购案例研究》(《管理世界》2006 年第 4 期)，指出合作研究中央政府、地方政府和国有企业利益分歧下的并购问题。此外还有朱红军、喻立勇等人发表的《“泛家族化”，还是“家长制”？——基于雅戈尔和茉织华案例的中国民营企业管理模式选择与经济后果分析》(《管理世界》2007 年第 2 期)。

六、技术经济与管理

从 20 世纪 70 年代末开始，中国的技术经济工作者把国外工程经济学等相关学科的理论与方法引入技术经济学，至 1987 年，影子价格、时间价值、可行性研究、价值工程、费用效益分析、技术进步、技术创新、技术选择、技术转移、全要素生产率等理论与方法在很多技术经济学的教科书中成为主体内容。20 世纪 80 年代末，技术经济学的发展速度放缓，主要特点是加强对引进理论方法的消化和吸收的同时，更加注重对技术经济学理论应用的研究，对技术经济学理论本身的研究重视不够，新产生的技术经济学研究专题较少。相关成果有：史景星、苏东水的《关于企业管理现代化的几个问题的探讨》(《中国经济问题》1980 年第 6 期)，提出企业管理现代化就是把现代自然科学和社会科学包括经济学、数学、技术学、心理学等的一系列成果综合运用于企业管理的观点。史景星的《我国企业管理现代化途径的探讨》(《上海企业》1985 年第 6 期)，对国内企业实现现代化管理的途径提出指导意见。黄渝祥的《关于内部收益率指标的若干问题》(《技术经济》1985 年第 6 期)，介绍了内部收益率指标的含义，纠正了以往将内部收益率视为项目初始投资的利息率的观点。颜光华的《论设备更新的经济效益》(《设备管理》1988 年第 6 期)，对国有资产管理中设备改造、更新、利用问题进行研究。黄渝祥的《从实际出发研究资源的合理配置》(《技术经济》1988 年第 6 期)，回顾改革开放十年技术经济的研究和工作，总结出技术经济领域的重大突破。

20 世纪 80 年代，经济结构问题成为国内经济学界研究的热点。郑绍濂建立全国第一个宏观经济计量模型，以全要素生产率分析中国技术进步作用。1985 年，郑绍濂在美国经济分析家丹尼森的影响下发表《投入要素部门结构变化对总产出影响的定量分析》(《数量经济技术经济研究》第 8 期)，尝试用定量方法来分析投入要素部门结构变化对总产量的影响。20 世纪 90 年代以后，技术经济与管理的研究领域有所拓展。郑绍濂的《中国消费品市场的均衡与非均衡分析》(《系统工程学报》1991 年第 1 期)和《新产品开发的最优战略均衡模型》(《管理科学学报》1998 年第 3 期)，前者从均衡与非均衡(短缺)两个方面对国内消费品市场的供给和需求进行分析；后者运用最优控制理论，建立关于成本、质量、时间的最优战略均衡模型。颜光华的《企业再造的理论与方法及在我国的实施》(《财经研究》1997 年第 11 期)，总结企业再造的背景和理论准备。在技术创新组织与管理研究方面，李垣的《企业技术创新不同决策机制运行模式分析》(《技术经济》1994 年第 9 期)，建立了技术创新机制分析体系，对技术创新的机制特征和运行规律进行系统的研究。针对中国经济从部门管理向行业管理的转变，史景星发表《我国发展高科技产业化的若干问题的探讨》(《财经研究》1995

年第5期)和《对行业协会若干问题的探讨》(《华东经济管理》1995年第6期),前者总结世界高科技产业化的发展态势,提出中国发展高科技产业化的重大意义;后者追溯行业协会的产生与发展历史,并阐述了行业协会的性质与功能。

20世纪末,房地产行业逐渐兴起,上海学者开始研究房地产开发项目的财务评价方法。黄渝祥的《房地产开发项目经济评价的特点研究》(《技术经济》1994年第11期),总结出房地产开发投资品开发周期长、金融机构和政府参与的特征,进而构建出房地产开发项目盈利性分析的框架。随着中国正式加入世界贸易组织,黄渝祥的《WTO与我国制造技术面临的挑战》(《科技和产业》2002年第8期),推断入世后中国制造技术可能面对的挑战,并提出系统化的应对建议。2000年以后,上海学者探讨了电子商务行业发展的相关问题,王方华的《消费者网上购买行为感知风险动态模型研究》(《工业工程与管理》2005年第6期),提出了网上购买行为感知风险的动态模型。陆雄文的《论B2B电子市场的模式、价值诉求与战略途径》(《研究与发展管理》2008年第6期),发现B2B电子市场的价值利益主要有两个来源。

第四节　农林经济管理

一、农村土地管理制度

农村土地管理制度长期以来是农业经济管理研究的热点领域之一。由于上海农业土地资源的稀缺性与有限性相对突出,20世纪80年代后,上海学者针对农村土地管理问题开展深入研究。

20世纪80年代前期,为了更好地协调好国家、集体和农户之间的利益关系,上海学者探讨运用马克思主义地租理论来克服土地集体所有制与家庭承包责任制本身的局限性。如孙仲彝的《农村土地使用情况和社会主义地租》(《上海经济研究》1983年第12期)和林炳华的《学习马克思的地租理论 改进我国的土地管理办法》(《上海农村经济》1984年第2期),都提出应当利用马克思主义地租理论来管理农村土地的观点。

20世纪90年代,上海学者主要关注土地承包制度下的土地权益问题。桑润生的《健全法制 保护耕地》(《上海农村经济》1997年第5期),提出人地矛盾日益复杂的情况下,要健全法制来保护耕地。孙仲彝的《关于经济发达地区培育和发展农村土地流转市场的思考》(《上海农村经济》1999年第4期),建议在经济发达地区采取多种形式的土地流转方式。

2000年以来,上海学者围绕家庭式经营的土地资源配置能力进行大量研究。对农村土地流转问题的研究,王克强、刘红梅的《农村集体土地使用权流转机制建设的意义——以上海市的探索和实践为例》(《社会》2001年第10期),提出农村集体土地使用权流转机制建设的重要意义。史清华、贾生华的《农户家庭农地要素流动趋势及其根源比较》(《管理世界》2002年第1期),采用微观农户数据,研究农户家庭农地要素流动趋势及其根源。赵德余、顾海英的《农村集体建设用地流转的法律与产权问题》(《农业经济问题》2003年第10期),探析农村集体建设用地流转的法律与产权问题。

对农村土地征用补偿等问题的研究,刘红梅、王克强的《农村土地使用权流转过程中的利益分配——兼论"提高农业税取消其他一切农民负担"提法的非科学性》(《江西农业经济》2001年第4期),指出提高农业税而将其他村提留和乡统筹一律取消的提法是不科学的。孙仲彝的《关于改革征用耕地补偿制度的思考与建议》(中国大地出版社2003年),指出农民集体土地所有权和农民土地承包经营权的权益没有得到充分体现,造成农民得不到合理的补偿,农民的生计没有得到妥善解决。常进雄的《土地能否换回失地农民的保障》(《中国农村经济》2004年第5期)，指出城市化过程中的征地应该是一个互利双赢的行为，对失地农民的补偿应该根据城市的经济发展水平合理确定。王克强的《上海市农民从土地保障向社会保险过渡条件的理论与实证研究——降低土地对农民基本生活保障效用的条件分析》(《农村经济问题》2005年第2期)，指出为实现从土地保障到社会保险的顺利过渡，要为农民提供好的保障等。

对农民宅基地的研究，马佳等合著的《农村居民点用地集约利用评价——基于行政村层面》(《上海农业学报》2009年第2期)，构建评价农村居民点用地集约利用水平的指标体系。

对农村土地制度的研究，刘红梅、王克强的《论郊区实施〈土地承包法〉中的几个原则》(《国土经济》2003年11期)，指出在实施《土地承包法》过程中，要坚持正确的原则。许庆、章元的《土地调整、地权稳定性与农民长期投资激励》(《经济研究》2005年第10期)，通过实证研究发现"减人减地"和"增人增地"对农户的农家肥使用量都没有影响。王克强的《土地对我国农民究竟意味着什么》(《中国土地》2005年第11期)，指出在集体所有权和承包关系上所形成的土地关系条件下，土地对农民主要有六大效用。孙仲彝的《坚持和完善农民集体所有土地制度》(《上海市经济管理干部学院学报》2007年第5期)认为坚持和完善农民集体所有土地制度可以从根本上保障农民的主体地位和农民的经济、政治发展权益。史清华、卓建伟的《农村土地权属：农民的认同与法律的规定》(《管理世界》2009年第1期)，强调农民认同的重要性，探析了农村土地权属问题。晋洪涛、史清华、俞宁的《谈判权、程序公平与土地制度改革》(《中国农村经济》2010年第12期)，从谈判权和程序公平视角探讨土地制度改革问题。

对农村土地开发与开发区土地使用的研究，叶春辉、许庆、徐志刚的《农地细碎化的缘由与效应——历史视角下的经济学解释》(《农业经济问题》2008年第9期)，指出农地细碎化的存在还受农业生产经营方式的直接影响。蒋晓建的《开发区土地资源集约利用与评价分析》(《基建管理优化》2009年第4期)，从开发区土地开发进度、投入产出效果、工业用地效益三个方面构建开发区土地集约利用评价指标体系。马佳、马莹的《上海郊区农地规模经营模式优化的探讨》(《地域研究与开发》2010年第3期)，探讨上海郊区农地规模经营模式的优化。

此外，对农村土地研究成果还包括：吴方卫、杨壬飞的《东西部农村经济发展的比较研究》(《现代经济探讨》2001年第2期)，阳松的《面向对象的模糊分类法在土地利用调查中的应用》(《科技情报开发与经济》2007年第15期)等。

二、农业生产要素经济管理

20世纪80年代及其后，上海学者对农业生产从要素经济管理的角度展开研究。《农业现代化研究》刊发刘明的《加强农业技术投入的现实意义与对策研究》(1989年第2期)和《关于优化农业投入问题的系统思考》(1989年第5期)，前文指出加强农业技术投入对发展农业生产、增强农业后劲意义重大；后文在增加农业投入、强化农业基础问题上进行系统分析与深刻思考。程智强的《上海农业可持续发展指标体系及其评价》(《农业技术经济》1991年第1期)，以多目标角度提出上海市农业可持续发展的指标体系，并就上海的农业发展状况作出评价。

此外，在农业科学技术管理方面的研究，主要探讨农业技术进步在要素经济管理中的作用及基本概念等问题。如孙仲彝的《加速培养农业科技人才和经营管理人才是实现农业现代化的一项战略任务》(《人才研究》1986年第10期)，凌耀初、姜黎华的《90年代上海农业技术政策探讨》(《农业现代化研究》1992 年第 3 期),汪敬吉的《认识农业技术市场的特点搞好科研推广开发三结合》(《农业科技管理》1994 年第 11 期),王青的《降低引进温室生产成本的对策》(《上海农村经济》1998 年第 3 期)等。

20 世纪 90 年代及其后,在农业生产的自然资源管理方面的研究成果有:张大弟的《前苏联农业环境保护的几个侧面》(《世界农业》1993 年第 2 期),总结苏联农业环境保护的经验。刘明的《被占良田表土应予充分利用》(《上海农村经济》1997 年第 6 期),指出被占良田表土应予充分利用。任仲杰、顾孟迪的《我国农作物秸秆综合利用与循环经济》(《安徽农业科学》2005 年第 11 期),提出农作物秸秆产业在"减量化、再利用、资源化"原则的指导下能够实现可持续发展的良性循环。

此外,上海学界对农业技术进步的内涵及对农业生产发展的影响展开研究,如顾海英的《农业技术进步的内涵与作用探讨》(《农业技术经济》1994 年第 4 期)和《农业技术创新的界定》(《科学管理研究》1997 年第 5 期),探讨农业技术进步的内涵与作用。程智强、张占耕等的《农业科技进步贡献率测算中投入产出增长率的合理估计》(《预测》1997 年第 3 期),提出用最小平方回归法来估计农业投入产出增长率。吴方卫的《农业技术进步的概念、度量及其存在问题》(《农业技术经济》1996 年第 2 期)和《增长的关键与关键的增长——也谈农业增长方式的转变》(《农业经济问题》1998 年第 1 期),前者认为从当前农业技术进步的度量模型运用和因素取值会低估我国农业技术进步对农业增长的贡献;后者认为我们需要从要素效率提高中获得有效的增长。此外,吴方卫的《中国农业的增长源泉分析》(《中国软科学》2000 年第 1 期)和吴方卫、黄建红、张锦华的《技术进步对农村经济增长的影响分析——以江苏省南京市为例》(《农村经济》2003 年第 2 期)发表。

2000 年以后,农业技术综合要素与具体要素等方面引起关注。陈德昌、黄丹枫的《引进温室项目管理问题》(《上海交通大学学报》2002 年 S1 期),提出了若干引进温室项目管理对策和建议。孙米强、杨忠直的《"燃油税"与中国农机化发展》(《中国农机化》2006 年第 2 期),认为采取基数比例的方式返还税款,将不会影响农机化生产,如果固定返还比例还将促进农机化的普及。

这一时期,农业生产要素管理研究中的农业劳动力与人才建设管理成为研究重点,包括农村剩余劳动力问题研究、农民就业问题、农民素质和农民人才培训问题及其村干部问题等。

对农村剩余劳动力问题的研究,主要成果有:李文政的《农村剩余劳动力转移的制约因素与对策分析》(《山西高等学校社会科学学报》2003 年第 7 期),胡晓敏、余庆瑜的《农民增收的空间在于农村剩余劳动力向非农产业转移》(《贵州农业科学》2005 年第 3 期),程名望的《我国农村劳动力转移动因与障碍的一种解释》(《经济研究》2006 年第 11 期)等。

对农民就业问题的研究,常进雄的《农民市民化过程中的非正规就业》(《财经研究》2003 年第 12 期),考察农民市民化过程中的非正规就业,提出着眼于城市整体就业的扩大和经济发展。伍山林的《WTO 环境下农民、农村与农业发展模式论略》(《财经研究》2004 年第 1 期),提出改革现有户籍制度,还农村居民以真正的选择权,才能协调城乡人口发展,调整经济中心布局的观点。史清华、卓建伟、郑龙真的《农民外出就业及遭遇的实证分析》(《中国农村经济》2004 年第 10 期),基于一手微观调查数据,研究了农民外出就业的处境及其不公平遭遇。

对农民素质及农民人才培训问题的研究有:吴方卫、张锦华的《教育平等的地区分化与地区分化下的教育平等——对我国农村劳动力受教育状况的一个考察》(《财经研究》2005 年第 6 期),提出中国农村的教育平等呈现明显的地区分化特征的观点。张锦华、吴方卫的《梯度二元融资结构下中国农村家庭的教育选择——基于嵌套 LOGIT 模型的实证分析》(《农业技术经济》2007 年第 2 期),认为只有发挥影响家庭教育选择的积极因素的作用,降低消极因素的作用,才能激励农村家庭提高教育的意愿。张锦华的《教育不平等、收入非平衡与贫困陷阱——对农村教育和农民收入的考察》(《经济经纬》2007年第6期),认为农村居民受教育水平和职业培训的差异是造成收入差距的一个重要因素,推进农村教育的均衡协调发展是关键的解决方式。

三、农业产业化、组织化与市场化

【农业产业化】

20世纪80年代以后,上海学者开始对农业产业化展开研究。苏文品的《按整体性原则调整农业生产结构》(《农业经济问题》1984年第6期),提出要按整体性原则调整农业生产结构。顾卫平的《农业投资形势分析与对策》(《农村金融研究》1987年第11期),针对农业经济新增长阶段的投资问题提出思考。于冷、马成林的《农业产业化的理论依据探讨》(《农业系统科学与综合研究》2001年第1期),研究了农业产业链的形成机制、成长途径及其在市场上与产业内同类企业间的关系。张占耕的《示范和带动功能是农业园区的本质要求》(《中国农村经济》2003年第4期),指出中国农业园区的建设必须结合国情,十分重视示范和带动两大功能和作用。

20世纪90年代后,上海学者对蔬菜业、种植业、养殖业等进行研究。陈龙庭的《试论浦东新区蔬菜生产发展的思路与对策》(《上海农村经济》1994年第1期),提出浦东新区蔬菜生产发展的思路与对策。孙仲彝的《关于稳定上海常年菜田的设想》(《上海农村经济》1995年第1期)和《关于上海蔬菜生产适度规模经营若干问题的思考与建议》(《上海蔬菜》1997年第2期),提出关于稳定上海常年菜田的设想。郁建强的《食用菌产业及其在实现我国农业清洁生产中的作用》(《农业现代化研究》1999年第6期),分析了食用菌产业在实现我国农业清洁生产中的作用和食用菌产业自身的清洁生产问题。曹越平、蔡润《关于上海发展源头农业的几点设想》(《上海农业学报》2003年第1期),总结出上海农业发展所取得的成绩及发展源头农业所存在的问题并提出相应措施。方志权、顾海英、史朝兴的《日本蔬菜产业发展新动向》(《中国农村经济》2003年第7期),借鉴日本经验,提出上海发展有机蔬菜的系列政策建议。

这一时期,学界对特色产业也进行了研究。李向东的《应重视优质果品生产——就本市果树发展谈几点看法》(《上海农业科技》1994年第1期),提出上海市应重视优质果品生产。对海洋渔业管理及水产品加工问题,主要成果有:张莉侠、俞美莲的《我国乳制品业的集中度、布局与绩效分析》(《软科学》2008年第4期),提出乳制品业的布局已经由资源导向型向市场导向型转变,提高乳制品业集中度及合理的布局将会改善其绩效水平的观点。

对农业金融的研究,择其要者有:张锦华、吴方卫的《农业上市公司的持续经营能力分析——基于自由现金流量的理论与实证研究》(《农业技术经济》2003年第3期),提出农业上市公司持续经营能力发现农业上市公司的整体持续经营能力不容乐观的观点。张洁慧的《我国农业上市公司会计稳健性的实证研究》(《安徽农业科学》2008年第4期),研究发现农业类公司的稳健性远高于全国平均水平,证明契约理论和政策法规是影响中国农业会计稳健性的重要因素。

【农业组织化】

2000年以后,对农业组织化的研究,围绕家庭农场、农民专业合作组织等生产经营主体展开。对家庭工业和家庭农场的研究,有郭彦军的《论家庭工业在农村经济发展中的地位和作用》(《农村·农业·农民》2003年第12期)等。

对农村合作组织的研究,主要有徐智环的《我国农村合作组织的变迁及其路径选择》(《广播电视大学学报》2004 年第 4 期),赖培林的《农业产业化与利益平衡机制》(《经济体制改革》2005 年第 4 期),黄珺、顾海英的《上海率先实现农业现代化中的农业组织化研究》(《上海农业学报》2006 年第 3 期),张春波的《城市化进程中的农村社区股份合作制改革研究》(《上海交通大学学报》2010 年第 10 期)等。

【农业市场化】

20 世纪 80 年代后期起,上海学者围绕农业创汇问题进行研究,主要有梅松龄的《论创汇农业的现状和发展趋势》(《上海农学院学报》1988 年第 2 期),刘明的《台湾农业的现状与历史》(《世界农业》1990 年第 1 期),陈龙庭、沈巧生的《上海浦东新区创汇农业发展构想》(《农业科技管理》1994 年第 3 期)等。

对农业市场化问题的研究,主要有孙仲彝的《略论发展农村工业对中国农业现代化的作用》(《中国农学通报》1992 年第 2 期)和《以市场为导向发展上海农业的探索》(《上海农村经济》1994 年第 1 期),刘明的《面向 21 世纪的持续农业和农村发展的新思潮》(《上海农村经济》1995 年第 5 期)等。

20 世纪 90 年代中后期,农产品的流通问题成为上海学者关注的重点。相关成果主要有顾海英的《中日农产品流通体系的比较研究》(《世界农业》1997 年第 6 期),俞菊生的《加快实现上海农产品批发市场信息化》(《上海农村经济》2001 年第 9 期),刘文敏、俞菊生的《入世后的上海农产品批发市场发展研究》(《上海农业学报》2001 年第 4 期)等。

2000 年以后,上海学者围绕农产品市场流通中的主要环节,对不同产业进行研究。如郭昱、顾海英的《我国乳制品产业链竞争研究》(《中国畜牧杂志》2008 年第 10 期)等。

这一时期,上海学者对农业国际化问题进行一系列研究,主要有戴卫良的《农业国际化进程中农业利用外资问题的思考》(《安徽农业科学》2005 年第 3 期)、崔利竹的《我国大豆产业存在的问题及对策分析》(《陕西农业科学》2008 年第 2 期)等。

四、都市农业

都市农业在上海经济中具有重要的作用。20 世纪 80 年代起,学界对城郊型农业发展进行了大量研究,包括都市农业的结构、功能、模式以及路径等方面。

关于都市农业的结构的研究。主要有韩康的《上海市郊畜牧业实行生产责任制的调查》(《社会科学》1982 年第 4 期),徐正泰的《论上海农业现代化》(《农业现代化研究》1988 年第 1 期),刘明、杨祥玉的《开发绿色食品 繁荣城郊经济》(《上海农村经济》1994 年第 7 期)等。

20 世纪八九十年代,围绕都市农业的模式的研究,主要有梅松龄、陈正发的《初论上海的立体农业》(《农业现代化研究》1984 年第 4 期),刘明的《设施农业是城郊农业发展的重要方向》(《农业现代化研究》1988 年第 3 期),黄丹枫的《面向 21 世纪的工厂化农业》(《世界科学》1996 年第 6 期)等。

20 世纪 90 年代后,上海学者对都市农业的功能进行相关研究,包括汪敬吉、姚振贤的《上海市郊生态农业建设的现状、问题及建议》(《上海农学院学报》1990 年第 3 期),徐正泰的《上海城郊型农业的特点及发展趋势》(《上海农学院学报》1992 年第 4 期),曹林奎、高峰的《对上海发展城市农业的思考》(《上海农业科技》1995 年第 5 期),刘明的《试论上海都市型现代农业的内涵、功能与模式》

(《上海农村经济》1996 年第 3 期),张德永的《21 世纪现代农业的发展——关于农业开创新纪元的时代特征、中国特色、都市型特点的若干思考》(《上海农学院学报》1997 年第 1 期),方志权、顾海英的《试论提高上海农业综合竞争力》(《上海农村经济》2003 年第 8 期),王威、吴方卫的《上海率先实现农业现代化的再思考》(《农业经济问题》2005 年第 5 期)等。

这一时期,都市农业的发展路径问题成为关注的重点。主要成果有陈龙庭、庄菊明的《上海浦东新区城郊型现代化农业发展探析》(《农业现代化研究》1993 年第 4 期),陈龙庭、曹林奎的《上海都市农业建设发展的现状、问题与对策探讨》(《农业经济问题》1998 年第 9 期),孙仲彝的《奉贤县洪庙镇建设的成功经验》(《上海农村经济》1998 年第 10 期),干经天的《都市型农业与城郊型农业的特征比较与本质差异》(《上海交通大学学报》2001 年第 1 期),吴方卫、张锦华、王怀明的《农业科技示范园建设的政府定位与产权设置》(《南京农业大学学报》2002 年第 3 期),吴方卫的《论上海农业产业化的组织与发展》(《上海农村经济》2003 年第 6 期),赖涪林、吴方卫的《论新一轮经济发展中的上海都市农业》(《农村经济问题》2004 年第 6 期),张锦华、吴方卫的《试论"十一五"上海都市农业发展的新思路》(《上海农村经济》2004 年第 10 期),孙仲彝的《在城市化和工业化进程中解决"三农"问题》(《上海市经济管理干部学院学报》2005 年第 3 期),王信泰、谷淑萍等的《培育一代新型农民 建设现代都市农业——关于实施"专业农民"培训若干问题的思考》(《上海农村经济》2006 年第 9 期),曹林奎、孙仲彝等的《上海都市型现代农业人才需求与培养对策的思考》(《高等农业教育》2006 年第 6 期),方志权、吴方卫的《多功能农业是都市农业的方向》(《北京农业》2007 年第 19 期),杨静、刘培刚的《新农村建设中农业电子商务模式创新研究》(《中国科技论坛》2008 年第 8 期)等。

五、农产品供给保障与农产品质量安全

20 世纪 80 年代及其后,上海学者围绕主要农产品的保障性生产制度和农业标准化和品牌化展开研究。

在农产品供给保障方面,粮食生产与保障的研究较为深入。主要有吴绍裘的《上海市嘉定县粮食作物耕作制度改革经济效果的调查报告》(《上海农学院学报》1988 年第 2 期),伍山林的《中国粮食生产区域特征与成因研究——市场化改革以来的实证分析》(《经济研究》2001 年第 2 期)和《中西部粮食生产区域变化与成因的实证分析》(《财经研究》2001 年第 2 期),前者认为市场化改革以来,中国粮食生产具有稳定的区域变化特征;后者指出人均耕地资源与非农产业就业拉力是中西部地区粮食生产区域变化的主要影响因素。赵德余、顾海英的《我国粮食直接补贴的地区差异及其存在的合理性》(《中国农村经济》2004 年第 8 期)等。

在生猪生产研究方面,则有陈龙庭、戴荣根的《对上海郊区肉猪生产基地建设和发展的若干经济政策的思考》(《上海农村经济》1995 年第 10 期)等。

对蔬菜、生鲜食品等具体农产品的质量安全的研究,包括张莉侠、王晓华等的《蔬菜质量安全控制行为及影响因素分析——基于上海市农户的调查》(《上海农业学报》2009 年第 4 期),张莉侠、刘刚的《消费者对生鲜食品质量安全信息搜寻行为的实证分析——基于上海市生鲜食品消费的调查》(《农业技术经济》2010 年第 2 期),顾晓君、刘刚等的《安全型农业初探——基于马斯洛需求理论视角》(《中国农学通报》2010 年第 14 期)等。

随着新技术的发展,生物燃料的发展以及对农业生产的影响也吸引越来越多的关注。吴方卫、曹曙明的《农业生物科学的发展与农业机械研究》(《农业机械学报》1992 年第 1 期),认为生物工程

技术在农业中应用取得的革命性进展,必然影响到农业机械设备、农业机械科研和农业机械化的发展,影响到农业机化的未来。张锦华的《生物质能源发展会带来中国粮食安全问题吗?——以玉米燃料乙醇为例的模型及分析框架》(《中国农村经济》2008年第4期),认为燃料乙醇发展长期来看不排除存在粮食安全的风险。此外还有吴方卫等的《生物燃料乙醇发展对中国粮食安全的影响分析——基于"与粮争地"的视角》(《农业技术经济》2009年第1期),赵霞、吴方卫的《随机产出与需求下农产品供应链协调的收益共享合同研究》(《中国管理科学》2009年第5期)等。

2000年以后,上海学界对农产品质量安全的研究,主要涉及农业标准化和品牌化等方面。于冷的《农业标准化发展》(《世界农业》2000年第3期),对农业标准化发展进行研究。

对农业品牌化的研究,主要有干经天、李莉莎的《论区域品牌农业》(《农业现代化研究》2003年第5期),刘文敏、张占耕的《长江三角洲区域农业发展模式》(《上海农村经济》2005年第6期)等。

六、农民收入与消费

2000年以后,对农民收入的研究,主要围绕影响农民收入的因素、农民增收的途径等。

对影响农民收入因素的研究,主要有伍山林的《农村经济制度变迁与农业绩效》(《财经研究》2002年第1期),史清华著的《农户经济可持续发展研究:浙江十村千户变迁:1986—2002》(中国农业出版社2005年),史清华、徐翠萍的《农户家庭成员职业选择及影响因素分析》(《管理世界》2007年7期),许庆等合著的《农地制度、土地细碎化与农民收入不平等》(《经济研究》2008年第2期),常进雄的《农村劳动力工资性收入的民族差异——以宁夏回族自治区固原市为例》(《管理世界》2008年第3期),徐翠萍、史清华、Holly Wang的《税费改革对农户收入增长的影响:实证与解释——以长三角15村跟踪观察农户为例》(《中国农村经济》2009年第2期),程名望、王莉的《我国农民工进城务工收入的实证分析:2000—2008》(《当代经济管理》2009年第2期),史清华、程名望的《我国农村劳动力外出结构与收入水平关系研究》(《当代经济研究》2009年第4期),常进雄的《我国城镇正规就业与非正规就业的工资差异》(《数量经济技术经济研究》2010年第9期)等。

对农民增收途径的研究,包括吴方卫、蒋小兴的《论农民收入的增长过程及提高途径》(《农业现代化研究》2003年第5期),孙仲彝的《促就业 保增长 促增收 保民生——关于多渠道拓展就业、增收的对策思考》(《上海农村经济》2009年第5期)等。

对农民消费的研究,主要成果有万广华、史清华、汤树梅的《转型经济中农户储蓄行为:中国农村的实证研究》(《经济研究》2003年第5期),史清华、顾海英、张跃华的《农民家庭风险保障:从传统模式到商业保险》(《管理界》2004年第1期),史清华、武志刚、程名望著的《长三角农家行为变迁:1986—2005》(上海三联书店2007年),史清华著的《中国农家行为研究》(中国农业出版社2009年)等。

七、农村发展与社会保障

20世纪80年代及其后,上海有学者开始探讨农村养老保险问题,如孙仲彝、浦承铨的《上海市农村老人经济保障问题探讨》(《上海农学院学报》1988年第2期)等。

20世纪90年代之后,上海学者针对城镇化快速发展,农村与社会结构深刻变化带来的农村集体资产产权归属不清晰、权责不明确、保护不严格等问题，从农村产权制度改革与农村发展方面进行探讨。孙仲彝的《明晰产权关系 切实保障农民利益》(《上海农村经济》1994 年第 1 期)，指出在社会主义市场经济体制下发展农村经济，必须重视明晰产权关系，保障农民利益。杨壬飞、吴方卫的《沿海农村公共福利变迁与建设研究——以宁海县黄坛杨村为个案》(《财经研究》2004 年第 9 期)，发现沿海农村公共福利建设是卓有成效的，即使公共福利概念在农村和农民心中并不清晰。2000 年以后，上海学界对农村公共产品展开研究，相关成果有陈亚鹏的《我国农村社会保障问题初探》(《法制与社会》2009 年第 1 期)等。

这一时期，农村基础设施的研究中，专门考察了农业水资源问题，包括：王克强的《农业水价格补贴方式选择的经济学分析》(《山西财经大学学报》2006 年第 5 期)、《中国农业水权流转的制约因素分析》(《农业经济问题》2009 年第 10 期)、《对我国财政支农资金投入政策从促进三农发展的思考》(《上海金融学院学报》2010 年第 6 期)，章元、万广华、刘修岩、许庆的《参与市场与农村贫困：一个微观分析的视角》(《世界经济》2009 年第 9 期)等。

八、林业经济与渔业经济

2000 年前后起，随着农业新技术的发展，上海学者开始关注并研究生物能源、林业经济管理等。林业经济管理的研究方面主要有：谢金生、徐秋生、曹建华的《区域可持续林业评价指标体系及评价标准的研究》(《江西农业大学学报》1999 年第 3 期)，曹建华、杨秋林、王红英的《两种评价森林资源生态环境效益计量方法的比较》(《农村生态环境》2002 年第 2 期)，曹建华、王红英的《商品林经营政策现状评价——江西省商品林经营政策现状与问题研究》(《林业资源管理》2002 年第 6 期)和《商品林经营与木材供给曲线特征分析》(《林业经济》2003 年第 4 期)，徐珍源、曹建华、庄道元的《有条件地取消采伐限额制度探析》(《农村经济》2004 年第 6 期)，曹建华等的《CVM 方法确定环境价值有效性的分析研究》(《中国人口·资源与环境》2005 年第 2 期)等。

这一时期，有学者试图建立评估林业发展的相关技术模型模式。主要成果有：顾晓君、曹黎明等的《林下经济模式研究及其产业发展对策》(《上海农业学报》2008 年第 3 期)，张道、王宏伟、曹建华的《从一起美国森林资产评估官司看我国森林资产评估技术规范》(《林业经济》2008 年第 4 期)，曹建华、王红英、严成的《森林资源经济利用的政策模拟模型应用研究》(《中国人口·资源与环境》2008 年第 6 期)，廖文梅、钟清平、曹建华的《集体林业产权制度改革的产权配置模式分析——以江西省为例》(《林业经济问题》2009 年第 1 期)，廖文梅、彭泰中、曹建华的《农户林地流转决策行为影响因素分析——以江西为例》(《林业经济》2010 年第 5 期)等。

对渔业经济管理及渔业发展、贸易、补贴及渔业管理等的研究主要有：郭宗香、李晟、戴亚娟、张海清、杨正勇的《上海市淡水养殖水产品的价值链研究》(《农业经济问题》2009 年第 6 期)，高健、毛永鑫的《拓展罗非鱼市场的营销策略探析》(《湖南农业科学》2009 年第 8 期)等。

渔业贸易研究，主要有：孙琛、张黄花的《金融危机对中国水产品出口日本市场的影响》(《山西农业科学》2009 年第 11 期)和《中国冻鱼片出口欧盟市场影响因素的实证分析》(《农业技术经济》2010 年第 8 期)，杨倩的《金融危机背景下中国水产品出口现状及对策研究》(《湖南农业科学》2010 年第 Z2 期)。对渔业补贴的研究，包括孙琛、周应祺的《远洋渔业企业经济效益分析——以中水集团为例》(《山西农业科学》2010 年第 1 期)，王严的《渔业补贴对海洋渔业资源可持续利用的影响》(《农业经济与管理》2010 年第 3 期)。对渔业管理的研究方面有：唐议、李富荣、黄硕琳、陈慧丽、庄会柏的《我国政府渔业管理职能转变的探讨》(《中国渔业经济》2009 年第 3 期),邹伟红、胡振明的《基于统计数据的中国海洋渔业资源利用状况及管理分析》(《资源科学》2009 年第 6 期),陈新军、朱国平的《补充型过度捕捞的确认及其对渔业管理的启示》(《资源开发与市场》2010 年第 1 期),石桂华的《南极磷虾渔业管理及其对中国的影响》(《资源科学》2010 年第 1 期)等。

第十六章　教　育　学

1978年以来，随着教育实践、教育政策和整个学术界的变化发展，上海的教育学研究开始走上新的发展轨道。20世纪70年代末至80年代中期，上海教育学研究在反思过去相关领域历史的基础上进行重建，涌现大量的讨论；80年代中期至90年代末，基于对现实的探究、对国外相关研究思路和成果的借鉴，迅速地丰富和深化教育学的研究；进入21世纪之后，基于教育实践和教育政策的大革新，教育学研究走向革新，这个大革新历程为2010年之后教育理论与实践全面而深入的革新奠定了重要的基础。这一时期研究领域包括教育原理、基础教育、高等教育、职业教育、教师教育、终身教育、教育史、国际与比较教育等方面。

第一节　教　育　原　理

一、教育基本理论

20世纪80年代及其后，上海学者高度重视对教育基本理论的研究，主要探讨教育的起源、教育的逻辑起点、教育本质、教育规律、教育目的、教育功能、影响人发展的因素等。金忠明的《论德育、智育和美育的一体化》(《上海师范大学学报》1980年第12期)，认为德育、智育、美育的一体化是公有制社会教育的基本特征。余立的《新的历史时期教育方针的研究》(《上海高教研究》1985年第3期)，提出制定教育方针有四大科学依据。叶澜的《论影响人发展的诸因素及其与发展主体的动态关系》(《中国社会科学》1986年第5期)，认为影响人的发展的因素可分为可能性因素和现实性因素。金一鸣、袁振国的《我国社会主义初级阶段的教育特征问题》(《上海教育科研》1988年第2期)，提出为生产力发展服务作为教育的出发点是社会主义初级阶段教育的最大特征的观点。陈桂生的《略论中国的"教育方针现象"》(《上海高教研究》1989年第2期)，认为教育方针是中国特有的教育政策概念。叶澜的《教育概论》(人民教育出版社1991年)，探讨了教育系统的基本结构、教育与社会发展、教育与人的发展，通过教育、社会、人三者的关系，把握教育现象和基本特征。杨德广的《关于建立教育市场的思考》(《上海大学学报》1994年第3期)，指出在市场经济发展下，学校教育开始具有事业性质，教育为社会服务。郑金洲的《教育功能研究十七年》(《高等教育研究》1995年第6期)，认为教育具有育人功能与社会功能，学界对教育育人功能与社会功能的关系，存在本体论、工具论、结合论、动态论等争论。燕国材的《中国教育的"正三化"与"负三化"》(《探索与争鸣》1995年第6期)，研究国内教育领域出现的正负"三化"现象。郑金洲的《教育本质研究十七年》(《上海高教研究》1996年第3期)，认为学界对教育本质的探讨，存在本质与归属、属性、规律的错位。熊川武的《论教育实践合理性》(《华东师范大学学报》1997年第4期)，讨论了教育实践合理性的四个基本特点、合理性的机制和合理性弱化的问题。陆有铨的《躁动的百年：20世纪的教育历程》(山东教育出版社1997年)，将20世纪教育发展分为三个重要阶段。瞿葆奎、郑金洲的《教育学逻辑起点：昨天的观点与今天的认识》(《上海教育科研》1998年第4期)，提出教育学的逻辑起点问题是教育理论工作者的基本问题的观点。陈建华的《教育知识价值取向研究》(黑龙江人民出版社2001年)，阐述了教育中知识的价值取向相关概念、影响因素和选择标准，分析教育知识价值取向的历史发展、现状和问题。张继玺的《真实性评价：理论与实践》(《教育发展研究》2007年第2期)，阐释了真实性评价的概念、理论、构成要素、操作程序。李政涛的《面向人类幸福的教育学——兼论教育学的基本价值》(《教育理论与实践》2008年第1期)，认为最有价值的教育学是与人类幸福息息相关的教育学。燕国材的《素质教育的回溯、成就与思考》(《上海师范大学学报》2009年第2期)，回溯素质教育的发展历史，总结素质教育的主要成就，思考素质教育的未来发展。张华的《学习哲学论》(《全球教育展望》2010年第6期)认为中国基础教育中的"学习异化"源自心理主义的学习本质观和功利主义的学习价值观。此外，1988年开始，由瞿葆奎主编的《教育学文集》(人民教育出版社)相继出版共26卷，《教育研究》刊发了陆有铨、迟艳杰的《中国教育哲学的世纪回顾与展望》(2003年第7期)，范国睿的《教育公平与和谐社会》(2005年第5期)，熊川武的《教育理解论》(2005年第8期)和《教育感情论》(2009年第12期)，叶澜的《当代中国教育变革的主体及其相互关系》(2006年第8期)等。

二、德育

上海学界在德育领域的研究系统且有独特性，主要涉及德育的性质、德育的人性基础、德育目标、德育内容、德育方法、德育与情感、德育中的自爱、公德教育、品格教育、幸福教育、师德等。陈桂生的《品德教育之"德"小议》(《上海教育科研》1992年第6期)，认为中国有所谓"大德""小德"之说。1999年，刘次林出版《幸福教育论》(南京师范大学出版社)。黄向阳的《德育原理》(华东师范大学出版社2000年)，阐述了德育的多方面内容。沈嘉祺的《基础性道德情感的教育价值及其培育》(《中国教育学刊》2002年第4期)、《人性假设与道德教育研究方法论探析》(《教育探索》2005年第4期)等，论述基础性道德情感的基本特征，并指出人性假设与道德教育研究之间存在的关系。段鸿、张广财的《美国中小学品格教育探析及启示》(《外国中小学教育》2007年第11期)，回顾了美国品格教育的发展历程。2008年，刘次林出版《以学定教——道德教育的另一种思路》(教育科学出版社)。

三、教育研究方法

20世纪90年代初，上海学者开始关注教育研究方法，发展较为迅速。相关成果有：《上海教育科研》发表的郭元祥的《论教育科学研究方法的移植》(1990年第3期)，林应喜、郑良、郑小庆的《教育评价量化方法的弊病及改正》(1992年第3期)，陈智勇的《两类经验总结及其价值判断》(1992年第5期)，张声远的《经验总结的几个理论问题》(1993年第2期)，冯晨昱、和学新的《教育叙事研究述评》(2004年第7期)，汤林春的《试论调查失真的原因与对策》(2007年第9期)等。此外，袁玲玲的《行动研究的三种方法》(《外国中小学教育》1998年第1期)，指出行动研究有单个教师的行动研究、协作性行动研究、学校范围内的行动研究三种类型。叶澜的《教育研究方法论初探》(上海教育出版社1999年)以方法论为切入点，对教育研究方法问题展开深入的哲学思考。周彬的《教育研究中的常人方法学取向》(《教育理论与实践》2001年第10期)，揭示了研究的"常人"取向与"现象"取向。丁钢的《教育经验的理论方式》(《教育研究》2003年第2期)和《教育叙事的理论探究》(《高等教育研究》2008年第1期)，前文指出教育经验的叙事探究不仅为经验的呈现方法，也成为教育意义的承载体，更构成了一种开放性意义诠释的理论方式；后文认为关于教育叙事的理论阐述一直处于模糊不清的状态。李健宁的《教育科学研究中的定量化分析》(《复旦教育论坛》2003年第3期)，提出了定量化在教育科学研究中的重要价值与存在的困难。丁念金的《研究方法的新进展》(教育科学出版社2004年)，对中国教育研究方法的研究进展做了较全面的整理并进行分析。郑金洲的《教育反思》(《人民教育》2005年第1期)，指出教育的反思包括专题反思与整体反思、及时反思与延迟反思、课前反思、课中反思与课后反思。鲍同梅的《教育学方法论的内涵及其研究视角》(《华东师范大学学报》2008年第1期)，提出了教育学研究方法论的三种研究视角。丁钢的《声音与经验：教育叙事探究》(教育科学出版社2008年)，全面探讨了教育研究的叙事转向、教育叙事的理论资源、教育叙事与日常实践、教育叙事的方法论和意义等重要论题。

四、教育发展战略

20世纪80年代，上海学者就已对教育战略展开研究，成果有：洪丕熙的《教育规划之概念与技术》(《外国教育资料》1980年第6期)，认为规划是为执行某一方案的条文总和。凌云、邬玲莉的《我国教育战略研究探讨》(《上海大学学报》1989年第2期)，认为中国的教育战略研究应当明确教育是潜在生产力，教育的社会状况决定劳动力素质，优先发展教育等战略。杨晓江的《世纪之交的上海人才战略与高教改革》(《高等教育研究》1998年第2期)，介绍了上海面向21世纪制定的“构筑人才高地”战略。此外，《上海教育科研》刊发多篇讨论这一问题的文章，如季国强的《上海基础教育发展战略研究述评》(1987年第1期)，认为上海基础教育发展战略力争在教育思想观念上有所突破和创新。张运藩、陈家华的《上海教育发展战略的变量问题》(1987年第4期)，认为上海教育发展战略问题应该注意适度教育。张光圻的《试论上海教育对外开放》(1987年第5期)，认为上海应抓紧有利时机，采取有力对策，加快上海教育对外开放的步伐，努力迎接世界上教育国际化的新挑战。王生洪领衔的上海教育发展战略课题组著的《上海教育发展战略研究》(复旦大学出版社)，以“先一步、高一层、大教育”为理念，对上海的基础教育、高等教育、成人与职业教育、干部教育、社区教育、比较教育等作了战略研究。

五、教育学分支和交叉学科

20世纪80年代初，随着教育学学科建设的深化和整个学术界对交叉学科的认识和研究，上海学界也开始重视对教育学分支学科和交叉学科的研究，并不断更新和深化。相关成果有：陈焕章的《教育社会学的研究对象和体系》(《上海师范大学学报》1993年第1期)，认为教育社会学研究的主要问题应该是社会关系。谭晓玉的《我国教育法学研究的回顾与反思》(《教育研究》1995年第8期)，认为中国教育法学研究经历了发端阶段(1981—1985)、形成阶段(1986—1990)、总结与反思阶段(1990起)三个阶段的演进。闫引堂的《教育政策社会学：一种新范式?》(《比较教育研究》2006年第1期)，从范式转型的角度，指出教育政策社会学尽管在一定程度上弥补了“社会政策研究”模式的局限。程亮的《教育伦理学的元问题：反思与建构》(《教育理论与实践》2009年第10期)，认为教育伦理学源于教育与道德关系的思考，形成于杜威的开创性工作。王加强、范国睿的《教育生态分析：教育生态研究方式初探》(《教育理论与实践》2008年第7期)，认为结合教育实践和教育研究的实际，形成了新的教育生态研究方式——教育生态分析。此外，《上海高教研究》刊发了邱渊的《教育经济学概述》(1982年第4期)，卫道治、沈煜峰的《略论教育社会学的规范性研究与证验性研究》(1986 年第 4 期)和袁振国的《教育政策学：一门正在发展的教育新学科》(1996 年第 1 期)；《外国教育资料》刊发钟言的《教育人类学》(1987 年第 12 期)和《教育政治学》(1987 年第 12 期)，金含芬的《教育管理理论的发展》(1992 年第 3 期)，张定璋的《教育预测学的方法论和理论基础》(1993 年第 4 期)。值得一提的是瞿葆奎主编的《教育科学分支学科丛书》(人民教育出版社)自 1995 年开始启动，陆续出版，共 15 册，是全国第一套以系统结构编写的教育科学分支学科研究丛书。

六、元教育学

上海学界对元教育学的研究，主要发生在 20 世纪 90 年代到 21 世纪初，但在 20 世纪 80 年代末已有论著出现。《华东师范大学学报》陆续发表陈桂生的《教育学的迷惘与迷惘的教育学》(1989 年第 9 期)、郭元祥的《元教育学概论——元教育学的性质、对象、方法及意义》(1994 年第 2 期)，认为元教育学是一种对教育学进行元研究的学科。周浩波的《元教育理论研究纲略——"教育"意义的探索》(1995 年第 1 期)，以元教育理论为研究对象，梳理了西方教育理论的逻辑演进包含了五种意义阶段。唐莹、瞿葆奎的《元理论与元教育学引论》(1995 年第 1 期)，认为元理论是一种对原来理论本身进行反思、超越的思维方式。郑金洲的《"元教育学"考辨》(1995 年第 3 期)，认为元教育学是一个研究领域，其产生于教育学研究的发展，其研究依赖于教育学研究。唐莹的《元教育学——西方教育学认识论剪影》(《教育研究》2001 年第 3 期)，从元教育学的描述性、批判性、规范性等方面阐述元教育学研究的章法。唐莹、瞿葆奎著的《元教育学》(人民教育出版社 2002 年)，认为"元教育学"是一种以教育学本身为研究对象的学科思维。

第二节　基 础 教 育

一、课程

20 世纪 70 年代末到 80 年代，上海学者对国外课程理论与实践展开研究。如《外国中小学教育》刊发的 H・马文・布拉特、蒋明的《科学课程和数学课程的心理基础》(1982 年第 2 期)，提出孩子们的学习活动应围绕着提供给他们可触摸感受的自然现象。李守福的《东欧各国中学理科教育课程的改革》(1983 年第 3 期)，指出从 20 世纪 70 年代开始，保加利亚、捷克斯洛伐克、南斯拉夫、匈牙利、东德、波兰等国也都陆续开始了对中学教育课程的改革。《外国教育资料》刊载钟启泉的《科技革命与课程现代化改革》(1987 年第 12 期)和《课程类型》(1988 年第 10 期)，前文指出课程包含了教育目标、教育内容、教学活动乃至评价方法在内的广泛的概念；后文探讨统一学科课程和课外课程以及如何按照各门学科的关系逻辑地构筑学科内容的组织体系。顾志跃的《关于义务教育课程改革的构想》(《上海教育科研》1988 年第 5 期)，认为课程改革必须走多样化弹性制的道路。此外，还有钟启泉的《现代课程论》(上海教育出版社 1989 年)和《课程编制的逻辑与原则》(《外国教育资料》1989 年第 5 期)等。

20 世纪 90 年代末及其后，课程研究较快地成为全国教育研究的一个重心，上海的课程研究亦呈现繁荣发展的态势。施良方的《简论课程目标的三种取向》(《课程・教材・教法》1995 年第 6 期)，指出当时国外比较有影响的课程目标取向有行为目标、展开性目标、表现性目标；《课程理论：课程的基础、原理与问题》(教育科学出版社 1996 年)，将课程理论体系分为课程的基础、课程编制的原理、课程探究的形式、课程理论与研究四编。钟启泉、李雁冰主编的《课程设计基础》(山东教育出版社 1998 年),指出课程研究的历史发展和以“素质教育”概念为主导的课程设计等。朱爱忠、卢明兴主编的《校本课程开发:行动与思考》(上海大学出版社 2000 年),从校本课程概述、校本课程设计、校本课程开发在浦东、校本课程与学校发展、问题与思考等方面,论述了小学的课程改革是教育改革的重要内容之一。钟启泉的《“学校知识”与课程标准》(《教育研究》2000 年第 11 期),认为课程社会学把学校中所传递的知识,视为课程如何加以组织、分配的知识结构与过程的问题。代建军、谢利民的《多维化视角:综合课程研制中综合主体研究透视》(《教育理论与实践》2001 年第 10 期),认为综合课程开发中综合主体的定位应走向多维。钟启泉等主编的《普通高中新课程方案导读》(华东师范大学出版社 2003 年),就新一轮普通高中课程改革的背景与目标及其实施层面将会遇到的问题进行探索。朱家雄的《从教学活动的结构化程度谈幼儿园课程的设计和实施》(《学前教育研究》2003 年第 10 期),认为课程和教育活动的价值取向直接反映在课程和教育活动的结构化程度上。朱家雄的《幼儿园课程》(华东师范大学出版社 2003 年),系统阐述了幼儿园课程的特点、基础、编制、活动设计与实施等内容。顾书明的《多维视角下的课程改革与发展》(《教育发展研究》2004 年第 12 期),认为课程改革发展、学校改革发展及社会发展是“交互”且“动态”生成的过程。钟启泉的《概念重建与我国课程创新——与〈认真对待“轻视知识”的教育思潮〉作者商榷》(《北京大学教育评论》2005 年第 1 期),围绕“知识”“学习”“课堂文化”等概念作一辨析,借以澄清制约国内课程创新的若干模糊认识。仲玉英的《20 世纪二三十年代我国中学综合课程的实施及其现实思考》(《华东师范大学学报》2005 年第 4 期),指出民国中学综合课程依照综合的形式和程度不同可分为组合性课程、“混合”课程、综合性问题课程三种,是中国当代综合课程的雏形。骆玲芳、崔允漷主编的《学校课程规划与实施》(华东师范大学出版社 2006 年),对学校课程规划纲要展开相关研究。丁念金的《课程论》(福建教育出版社 2007 年),探讨了课程论研究的范围和边界,构建了一个新的、较为完整的课程论体系结。钟启泉、汪霞、王文静编著的《课程与教学论》(华东师范大学出版社 2008 年)出版。李召存的《课程知识论》(华东师范大学出版社 2009 年),研究关涉个体生存意义的论题、课程知识的教育学属性追问、课程知识意义性的历史命运、课程知识意义性缺失的实践考察。尹后庆的《加强课程领导:现实的挑战与应对的策略》(《上海教育科研》2010 年第 3 期),认为上海基础教育改革有必要加强课程领导,积极应对教学改革过程中产生的问题及挑战。占小红、张新宇、范轶的《教材“连贯性”评价工具设计及应用》(《全球教育展望》2010 年第 9 期),认为教材内容结构是学科知识系统结构和学生认知结构的统一,“连贯性”是反映两种结构融合程度的重要属性。

二、教学

1978 年后,上海学者在教学领域的研究占有重要的位置。20 世纪 80 年代,苏联和美国的教学思想,对中国产生过很大的影响,上海学者随即展开相关研究,如蒲心文、黄国光的《“学导式”教学的尝试》(《上海高教研究》1986 年第 1 期),认为以传授知识为中心的“传授式”教学法是不能适应培养这种新型人才素质结构需要的。《上海教育科研》刊发钟鹏明的《“启发式综合教学”——改革初中物理教学的一项实验》(1988 年第 5 期)。

20 世纪 90 年代,上海学界对教学领域的研究成果迅速增加。如施良方的《学生认知与优化教学》(中国科学技术出版社 1991 年),基于认知心理学等研究成果,对优化教学进行阐述。钟启泉的《选修制度与个性发展——兼评上海市中学选修课程标准》(《比较教育研究》1994 年第 3 期),指出选修制度是现代中等教育的重要支柱。熊川武的《反思性教学》(华东师范大学出版社1999年),对反思性教学进行多个层面的探讨。此外,相关成果还有迪希姆库、夏惠贤的《对创造性教学目标的分类》(《外国中小学教育》1992年第3期),钟启泉的《课堂教学与动机作用》(《教育理论与实践》1992年第3期),张民选的《模块课程:现代课程中的新概念、新形态》(《比较教育研究》1993年第6期),葛锦文的《班内分组教学的三种基本模式》(《上海教育科研》1993年第6期)和陈儒俊的《把素质教育推向课堂——闵行区"教学能手"评选活动的实践与认识》(《上海教育科研》1999年第6期)等。

2000年以来,上海学界注重教学理论革新与教学方法变革的研究,其中重点探讨了教学的一般理论、课堂教学、研究性学习、教学设计、外国教学理论的评析等。如黄瑾的《在音乐教育活动中实现儿童的主体性发展》(《学前教育研究》2002年第4期),探索适合儿童主体性发展的教学形式。占丰菊的《比格斯教学理论述评》(《外国教育研究》2002年第9期),认为受现代科技发展的影响,教学开始有追求效率化、精确化和客观化的趋势,并把它们作为科学化的标准。朱家雄、王峥的《提倡以幼儿园为本位的教学研究》(《学前教育研究》2005年第3期),认为基于行动的幼儿园园本教研则是幼儿园教师专业成长的有效途径。李政涛的《当代教学设计中的整体意识和结构意识》(《教育发展研究》2006年第14期),以"整体意识"统领教学设计,实现教师思维方式的整体转型。熊川武的《教学通论》(高等教育出版社2010年),以一种新的思路系统地阐述了教学的基本理论。此外,相关研究成果还有:郅庭瑾的《从发现教学到研究性学习》(《教育理论与实践》2002年第1期),肖龙海、许一凡的《表现性课堂教学:特征、结构与策略》(《全球教育展望》2004年第5期),徐纯赤、孙红莲的《"课堂五自教学法"模式的构建》(《上海教育科研》2005年第2期),李丽霞的《研究性教学的核心问题》(《教育理论与实践》2005年第10期),吴遵民的《当代国际课堂教学改革的发展动向及启示》(《外国中小学教育》2006年第8期),张永的《从问题解决心理学的视角看课堂教学》(《上海教育科研》2006第1期),周兴国的《"启发式"教学的"中外"与"古今"》(《华东师范大学学报》2008年第2期),夏正江的《试论隐性化的因材施教》(《课程·教材·教法》2008年第11期),刘华的《教学实践智慧的养成:实践哲学与现象学的考察》(《教育发展研究》2010年第4期),佐藤学、钟启泉的《"分层教学"有效吗》(《全球教育展望》2010年第5期),仲建维的《孔子和苏格拉底的知识形象及其教学图景》(《全球教育展望》2010年第6期),韦斯林、贾远娥的《学习进程:促进课程、教学与评价的一致性》(《全球教育展望》2010年第9期)和徐其锐的《优化问题设计:捕捉教学的契机》(《上海教育科研》2010年第12期)等。

三、高校招生评价

20世纪80年代初,上海学者开始对高校招生评价展开研究。首先是对国外高校招生制度的研究和介绍,成果包括:《外国教育资料》刊载唐去病的《法国高等院校的招生制度及其它》(1982年第8期)、胡晓路的《美国大学本科招生制度的初步研究》(1983年第10期)和劳朱的《莫斯科列宁师范学院进行定向招生实验》(1984年第8期);商继宗、密平琪的《从日本高考的弊病 论我国考试制度改革的原则》(《上海师范大学学报》1983年第2期);瞿增敏的《各国高考制度的类型及发展趋向》(《上海教育科研》1987年第4期)等。

20世纪80年代末至20世纪90年代,上海学界重点研究了中国高校招生制度和改革,主要包括深化高考制度改革、完善证书制度、完善会考制度、完善保送生制度、处理好考试与素质教育之间的关系等，相关成果有：《上海高教研究》发表的邱洪昌的《高校招生制度的一项有效改革——浅议保送生的招生工作》(1988年第4期)，何顺华的《完善会考证书制度 深化高考制度改革》(1989年第4期)，何顺华、胡荣根的《高考会考成绩落差的形成与宏观调控》(1991年第3期)，萧庆璋、朱云、谢仁业、郑挺的《上海高校招生考试制度改革的设想和建议》(1993年第4期)，金彪、彭荣根的《统一考试 自主招生——对上海普通高校招生考试制度改革的思考》(1993年第4期)，陆勤的《上海市民的"高考改革"观》(1996年第6期)，刘海峰的《为什么要坚持统一高考》(1997年第5期)，胡荣根、吴逸敏的《上海高考招生改革为素质教育服务的探讨》(1997年第6期)和张亚萍、谢家功的《建立高考标准分制度的思考》(1998年第3期)；孙崇文的《由"选拔"走向"选择"——上海高校招生考试制度改革目标模式的建构》(《上海教育科研》1997年第3期)；任兴祥的《高中教育实施素质教育与高校招生考试制度改革的关系》(《上海大学学报》1998年第2期)；曾德琪的《美国高校招生制度变革暨升学考试述评》(《外国中小学教育》1999年第4期)；傅禄建的《上海市一九九八年中考改革情况调查报告》(《上海教育科研》1999年第5期)；李杏保、赵兴泰的《走出职业教育与文化教育对立的误区——由"三校生"参加高考引发的思考与建议》(《教育发展研究》1999年第7期)；张金兰的《新高考模式的试运行：3＋X》(《探索与争鸣》1999年第7期)等。

2000年以后，上海学者开始研究综合素质评价，成果有：李慧莲的《中学生语文综合素质发展性评价初探》(《课程·教材·教法》2002年第12期)，叶海豹的《学校管理者如何提高沟通能力》(《上海教育科研》2010年第1期)。《全球教育展望》刊载柯政的《考试评价制度改革的复杂性分析：以综合素质评价政策为例》(2010年第2期)和崔允漷、柯政的《关于普通高中学生综合素质评价研究》(2010年第9期)，前文认为考试评价制度改革是一项复杂的事务，它需要具备较高的理性水平；后文指出普通高中学生的综合素质评价是今后高中教育和考试评价改革的一个重要热点内容。

四、学科教育

20世纪80年代至90年代，上海学界对学科教育的研究，包括研究教材教法、研究学科课程与教学和从多个层次研究学科教育。如俞越龙的《高师中文系应设置"中学语文教材研究"课程》(《上海师范大学学报》1984年第3期)。张平的《初级中学美术课"构成设计"教学探索》(《上海教育科研》1987年第2期)，认为构成艺术以抽象的几何形体的运动变化为主要表现形式，以点、线、面、体、肌理、色彩等形态要素，按照一定的原则，组合成的形态和形体。诸惠芳的《化学课程的学习与学生科学世界观的培养》(《外国中小学教育》1988年第1期)，认为现代化学科学的特点是探索制约物质化学行为的内在微观过程的规律性。张志筠的《试论小学开设社会课程的意义及存在的问题》(《课程·教材·教法》1995年第11期)，阐述了关于社会课程的系列看法。钟启泉的《国外"科学素养"说与理科课程改革》(《比较教育研究》1997年第1期)，认为科学素养就是借助普通教育的重要组成部分培育公民素质。

2000年以后，上海学界深入研究历史学科教育、小学英语学科教育、地理学科教育、小学语文学科教育、中学语文学科教育等。聂幼犁、查正和的《从美、英历史学科国家课程标准看中国历史教学新大纲》(《历史教学》2001年第3期)，对中、美、英三国历史学科课程标准进行比较，以期获得对中国新大纲的实施和修订。施嘉平的《"主题式教学"的实践研究——任务型学习模式在小学英语教学中的运用》(《课程·教材·教法》2002年第2期)，认为以任务为中心的语言教学是语言应用的基本理念转化成具有实践意义的课堂教学方式。夏志芳、闫龙的《地理新课程：从地域文化中汲取营养》(《全球教育展望》2006年第4期),认为地域文化能使学生了解不同地区人民创造的文化类型,鉴赏各具地域特色的文化形态,从而提高学生的地理素养和人文品质。薛伟强的《〈普通高中历史课程标准(实验)〉与"上海课标"比较》(《历史教学》2006年第7期),认为在相同背景下产生的上海课标与国家课标的基本精神一致,结构大致相同,但在内容、体系、要求等方面也有巨大差别。王宗海、肖晓燕的《"小学语文课程与教学论"教材改革新思路》(《上海教育科研》2007年第12期),试图从小学语文科的课程与教学这个本体切入,探讨理解小学语文课程与有效教学的本质。孙可平的《培养学生一种创新的心智习惯——探讨小学〈技术〉教材的教与学》(《全球教育展望》2010第1期),分析了小学《技术》教材中的一些培养创新能力的一些基本特征和要素,强调小学《技术》教学中有别于传统手工和劳动技术课程的教学特征。金忠明的《论中小学母语教育的变革——以语文教材变革为例》(《探索与争鸣》2010年第5期),聚焦时代变革中的问题症结,探求语文教材的建设之路。

这一时期,上海学界还比较关注整体性学科教育研究的取向,即研究整体层次的学科教育学,研究各个学科教育学的共同规律,阐述学科教育的一般性理论。陶本一主编的《学科教育学》(人民教育出版社2002年),把学科教育学的发展历程划分为分科教材教法、分科教学论、分科教育学、完整的学科教育学体系四个阶段,初步构建整体性学科教育学体系。

第三节　高等教育

一、基本理论

20世纪80年代初及其后,上海学界开始较多地对高等教育基本理论展开研究,重点有高等教育办学理念、高等教育办学思想、高等教育的地位和作用、高等教育改革等。在研究发展进程中,随着时间的推移,自主性和创新性在逐渐增强。《上海高教研究》相继刊发一系列相关论文,包括:刘佛年的《关于高等教育科学研究问题》(1981年第4期)、余立的《略论大学生的能力培养问题》(1981年第4期)、舒文的《略论上海高等教育的改革》(1983年第4期)、钱伟长的《对高等教育改革的一些意见》(1985年第2期)、杨德广的《高等教育战略研究的特点和相关因素》(1988年第1期)、叶齐炼的《论高等教育发展的周期性》(1990年第1期)、谢仁业的《上海高等教育的定位与地位:国际高等教育中心》(1994年第4期)、侯定凯的《"高等教育市场"观辨析》(1995年第2期)等。此外,杨德广的《对高等教育改革中几个问题的讨论意见》(《高等教育研究》1985年第12期),认为对于部门办学问题应当具体问题具体分析,不能一概而论。秦钠的《略论高校人文教育》(《上海大学学报》2001年6期),认为高等学校必须加强人文教育,不断提高广大学生的人文素质,全面系统地改革传统的教育观。王增藩的《苏步青高等教育思想略论》(《复旦教育论坛》2003年第3期),介绍了苏步青的主要教育观点。杨德广的《中国高等教育办学理念的八大转变》(《北京大学教育评论》2008年第4期),评析改革开放30年来,中国高等教育办学理念发生的重大变革。此外还有徐琴的《钱伟长高等教育思想刍议》(《复旦教育论坛》2010年第3期)、王长乐的《大学"去行政化"争论的辨析》(《教育发展研究》2010年第9期)等。

二、课程与教学

20世纪90年代开始,上海学界对高等教育课程与教学的研究,比较重视大学教学规律、大学教学观念、大学教学管理等。于美方的《对大学教学过程“回归律”的质疑——与宓洽群同志商榷》（《上海高教研究》1990年第3期），认为宓洽群所著《大学教学原理》中提出了大学教学过程中的“回归律”有待商榷。宓洽群的《略谈大学教学观的变革》（《高等教育研究》1990年第4期），认为高等教育教学过程中一些对立统一的关系，有其不同于普通教育的特点。朱国仁的《略论高校教学与科研的协调》（《上海高教研究》1998年第6期），指出高校教学与科研是相互联系、相互促进，又相互独立、制约的关系。

三、评价

20世纪90年代及其后，上海学界对高等教育评价领域的研究，成果有：王冀生的《我国高等教育评估发展的新趋势》（《上海高教研究》1993年第4期），分析了中国高等学校评估的主要趋势。薛天翔、房剑森的《我国高教质量评价研究的历史、现状与趋势》（《高等教育研究》1994年第3期），认为中国高等教育质量评价研究可分为准备阶段（1978—1985）、全面开展阶段（1985—1990）、深入研究阶段（1990—　），进而分析了中国高等教育质量评价的现状和趋势。张远增的《绿色大学评价》（《教育发展研究》2000年第5期），认为绿色大学评价模式为应答评价模式。王丽琴的《高等教育评估与认证过程中的多重冲突》（《教育发展研究》2006年第11期），指出中国高等教育评估与认证过程中还存在深刻的文化冲突，需要人们关注评估文化建设与高校文人精神的保护。吴启迪的《中国高等教育评估体系的构建与完善》（《教育发展研究》2009年第3期），认为世界上高等教育评估有政府主导型、政府—高校—社会协调型、民间主导型。

四、高等学校管理

20世纪90年代，上海学者开始关注高等学校管理的研究，包括高校教学管理理念、现代高等教育管理研究方法、高校管理体制等。邬志辉的《现代高等教育管理研究方法的发展趋势及有关法论问题》（《上海高教研究》1990年第4期），认为现代高等教育管理研究方法的发展趋势是高等教育管理凸显三个方面的转变。谢安邦、阎光才的《高校的权力结构与权力结构的调整——对我国高校管理体制改革方向的探索》（《高等教育研究》1998年第2期），认为高校权力结构主要由行政权力、学术权力、其他利益群体的权力构成。2000年以后，上海学者开始关注高等学校管理的研究更加多元化。薛天祥的《试析研究生教育管理学的理论体系》（《高等教育研究》2001年第4期），对开展研究生教育管理学理论体系的研究具有重要的理论和现实意义。杨元业的《论高等教育管理的民主化》（《复旦教育论坛》2003年第3期），从三个方面论述高等教育管理的民主化运作。

五、大学创业教育

20世纪90年代及其后，上海学者展开对大学创业教育的研究，但规模相对有限。马维娜的《创业教育课程内容介绍》（《上海教育科研》1993年第1期），认为创业教育要培养受教者在创业中的比较系统全面的能力与素质。刘德恩的《创业教育：教育改革与发展的新课题》（《外国教育资料》2000年第4期），认为中国就业困境要求教育进行转型。孙纬业的《创业型人才培养模式研究》(《教育发展研究》2010 年第 1 期),认为创业型人才培养模式是创业教育模式体系的基础。

六、研究生教育

20 世纪 80 年代,上海学者开始对研究生教育展开研究。任景慧、桂水德的《硕士研究生教育管见》(《上海高教研究》1983 年第 10 期),认为当前培养硕士生的重点是加强思想政治教育,加强硕士研究生的独立实践能力,尽早确定科研方向和选题。韩如全的《上海研究生教育改革的回顾与思考》(《上海高教研究》1989 年第 4 期),对研究生教育的地位、招生比例、结构、培养对象等问题进行思考。孙欣的《经费分担:研究生教育改革的新思路》(《江苏高教》1997 年第 2 期),提出研究生经费分摊制度应当具有实行的合理性。

2000 年以后,研究生教育研究领域得到拓展和深化,涉及研究生教育的各个方面。英配昌、安桂清的《硕士研究生培养方式的弊端及改革的几点建议》(《黑龙江高教研究》2001 年第 2 期),认为目前中国硕士研究生教育只有注重研究生综合素质的培养,加强课程和课堂教学改革,严格导师资格评审和履职考核制度,才能确保硕士研究生教育质量的提高。吕淼华、罗树明、颜丙峰的《我国研究生教育人才培养的五个理想》(《教育发展研究》2005 年第 5 期),认为研究生教育应该重点培养适应经济全球化发展的国际型人才、研究型人才、风险创业型人才、复合型人才和精英领袖型人才。张正江的《中国研究生最缺乏什么?——兼与杨允菲教授商榷》(《复旦教育论坛》2006 年第 4 期),认为研究生最重要的是具有逻辑思维能力和创造思维能力。王蔚虹的《当前我国博士生教育导师指导问题分析——基于五所研究型大学的调查》(《复旦教育论坛》2008 年第 4 期),指出当前中国博士培养过程中导师指导存在指导的方式较为单一、部分导师的指导缺乏针对性和实效性等问题。谢安邦、朱宇波的《我国学位与研究生教育特色分析》(《高等教育研究》2009 年第 3 期),认为中国学位与研究生教育在培养制度和管理制度方面都具有不同于其他国家的特色。

第四节　职 业 教 育

一、职业教育发展

上海学界对职业教育的研究,在全国占有重要地位。20 世纪 80 年代初,上海学者开始重视职业教育发展的研究,主要是对职业教育进行宏观性的研究,如唐龙圭、沙裕忠的《从实用教育到职业教育——评黄炎培职业教育思想》(《上海师范大学学报》1980 年第 4 期),分析了黄炎培职业教育思想的形成、影响和重要价值。石其伟的《农村职业教育的几个问题》(《上海教育科研》1986 年第 2 期),指出发展农村职业教育是农村教育体制改革的一个重点。

在 20 世纪 90 年代,上海学界对职业教育的研究走向深化和多元化。1991 年,黄逸发表《湖州职业教育发展中得到的启示》(《上海教育科研》第 1 期),认为随着生产力的发展,推动着职业教育在内的整个教育事业的发展。李军的《浦东新区职业教育系统工程模式总体构想》(《上海教育科研》1991 年第 2 期),提出浦东新区职业教育模式的可行性方案。刘桂林的《杨贤江的职业教育思想》(《教育研究》1995 年第 5 期),指出杨贤江职业教育思想的理论前提,是他关于教育与生产劳动关系的看法。刘桂林的《论中国近代职业教育思想》(《华东师范大学学报》1996 年第 4 期),认为职业教育是推进现阶段国内经济发展，实现现代化的有力工具。张民辉、金兴德的《上海市发展高等职业教育的思考》(《辽宁高等教育研究》1997 年第 1 期)，认为职业教育是现代教育的一个重要组成部分，是工业化和生产社会化、现代化的重要支柱，是培养应用型、复合型人才的一条有效途径。熊杰的《当前研究我国高等职业教育管理体制的必要性与迫切性》(《辽宁高等教育研究》1998 年第 6 期)，指出教育行政管理体制是指一个国家的教育行政组织系统或国家对教育的领导管理的组织结构形式和工作制度的总称。杨金土、孟广平、严雪怡、吕鑫祥、郭扬、黄克孝、成永林的《论高等职业教育的基本特征》(《教育研究》1999 年第 4 期)，从培养目标特征、入学标准特征、教与学过程特征、用人部门参与特征、培养条件特征等方面论述高等职业教育的基本特征。

21 世纪以来，上海学界注重从多个维度、多个层面对职业教育进行研究。《教育发展研究》发表一系列相关文章，如杨金土的《以人为本的职业教育价值观》(2006 年第 1 期)，认为以人为本的思想强调人的尊严、人的权利和人的发展，强调人力资源的“全面开发”的意义是面向所有的人和人力资源的所有方面；杜世禄、黄宏伟的《高职校企合作中地方政府的角色与功能》(2006 年第 11 期)，认为探索具有中国特色的高职教育校企合作之路，对提高高职院校人才培养水平、强化为经济社会服务的能力具有十分重要的意义；费斯威、韩玉芬的《学生“创业园”对高职教育的辅助价值》(2007 年第 8 期)，就学生“创业园”的创建理念，运用准社会化运作管理调适高职生的思维方式、心理状态和日常行为，实现其在高职教育中的辅助价值进行了阐述；谢敏的《高职学生就业问题分析：客户间均衡与价值链的视角》(2009 年第 8 期)，指出纾解高职学生就业困境是当前社会焦点问题之一。方美君、成军的《高职院校校外基地功能实现的障碍、原则与策略》(2009 年第 8 期)，通过分析高职院校校外基地功能实现面临的障碍，提出有效实现校外基地功能的原则与策略选择；永华、张旭翔的《论职业教育的“跨界”属性》(2010 年第 9 期)，认为职业教育具有跨界属性，主要表现为院校和企业之间存在着物理边界、社会边界和心理边界。此外，相关成果还包括：吴锡标的《从人文视野观照科技史的教育功能——兼论高职院校科技教育中的人文渗透》(《探索与争鸣》2007 年第 12 期)，《教育与职业》刊发的唐高华的《试论黄炎培“大职业教育主义”的当代价值》(2007 年第 12 期)和唐林伟的《试论职业教育的价值体系》(2008 年第 11 期)等。

二、办学体制

20 世纪 90 年代及其后，上海学者在职业教育办学体制研究方面，主要涉及职业教育的大众化、职业教育办学模式、产学研办学模式、中外合作办学模式、集团化办学、面向市场办学等。钱德元的《大众化高等教育的现实意义——兼述沙洲职业工学院的办学实践》(《上海高教研究》1998 年第 5 期)，认为大众化高等教育思想之所以逐步为人们所接受，是因为多年的探索和实践，有着深厚的社会基础。姚玉麟的《农科类高职教育办学模式的探索》(《教育与职业》2001 年第 9 期)，认为大力发展高等职业技术教育，已逐步成为全社会的共识。

徐平利的《高职院校办学模式之我见》(《教育发展研究》2004 年第 5 期)，指出中国高职院校在自身建设方面存在着偏向普通高校学历教育模式的危机。王琴的《关于职业教育中外合作办学的思考》(《教育与职业》2006 年第 5 期)，认为在中外合作办学中，应注意外方合作者的资质以及引进项目的市场需求，加强师资培训和教师之间的交流与合作，促进课程的国际化与本土化的有机融合，注重学生的价值观教育，争取企业、政府和社会的支持。方华的《职业教育集团化办学模式的实践与思考》(《教育发展研究》2006 年第 6 期)，分析职业教育集团化办学模式特征及其在推进高职教育改革与发展中的作用。顾旭明的《民办高职办学优势浅析》(《教育发展研究》2006年第7期),认为民办高职的兴起是经济社会发展的必然。张家寰的《高职院校综合办学能力探析》(《教育发展研究》2006年第10期),认为中国目前亟须准确掌握各高职院校现有的办学资源条件,促使其在充分认识自身办学能力的前提下努力提高办学水平和质量。徐俊的《从就业角度谈高职院校的办学》(《教育与职业》2006年第10期),从就业的角度探讨了高职院校的办学思想、办学模式和办学机制。杨林生、牟惠康的《高职院校办学定位的理性思考与现实探索》(《复旦教育论坛》2007年第3期),认为高职教育是高等教育的一种重要的特殊类型。匡瑛、石伟平的《职业教育集团化办学的比较研究》(《教育发展研究》2008年第3期),通过对职业教育集团化办学模式的比较研究,归纳出四类主要的办学模式及基本特点。米靖的《职业教育集团化办学的若干关系问题》(《教育发展研究》2008年第3期),认为职业教育集团化办学是构建具有中国特色现代职业教育体系的重大阶段性成果。卢崇高的《职教集团化办学机制研究》(《教育发展研究》2008年第8期),认为职教集团化办学作为职业教育发展方式在办学功能与要素、投入与产出、质量与效益等方面已发生了根本性转变。朱建新、王影的《高职院校面向市场办学误区评析》(《教育发展研究》2009年第11期),认为高职院校根据市场信号反映的供求关系调整学校资源分配,既可提高资源的利用率,又可激发办学活力。

三、课程

20世纪90年代中期及其后,上海学者对职业教育课程展开研究,且在全国领先。相关成果有:李晓玲的《论高等职业技术教育的课程与课程设置》(《上海高教研究》1996年第2期),认为高等职业技术教育的关键是课程及课程设置。《外国教育资料》刊发了马庆发的《以培养职业素质为核心构建职业教育课程新模式》(1997年第4期),提出在走向21世纪的历史转折时期,我国的职业教育正面临着改革和发展的新任务;石伟平的《当前职教课程开发中的设计》(1998年第1期),认为在职教课程开发过程中,必须考虑与课程相关的众多因素;李振波的《职教课程开发中数据收集与评估技术(上)》(1998年第2期),论述与学校、社区有关的数据收集与评估等;周加仙的《职教课程规划中的决策》(1998年第4期),认为职教课程规划中的决策与课程编制是交织在一起的;石伟平、何骏的《职教课程目标的开发研究》(1998年第4期),认为在职教课程的开发中,目标的确定是其中最为关键的一步;刘德恩的《知识论视野的职教课程改革》(2000年第2期),指出供求脱节是当前职教面临的一个突出矛盾,具体表现为课程与实际需要的不适应。谭移民、钱景舫的《论能力本位的职业教育课程改革》(《教育研究》2001年第2期),认为从知识本位到能力本位是职业教育课程发展的趋势,是职业教育适应市场经济的需要,它具有以市场为导向的课程内容,多元化的课程结构模式。李晓军、黄克孝的《开展以市场为导向的高职院校课程建设》(《教育与职业》2006年第3期),认为以市场为导向是高职院校适应市场经济发展要求的一种办学方略,可以更有效地按教育规律办学。徐国庆的《高职项目课程的理论基础与设计》(《江苏高教》2006年第6期),认为高职办学特色的重要体现是课程特色。朱瑞庭、张大成、郭薇的《民办高职院校精品课程建设的实践和启示》(《教育发展研究》2006年第10期),讨论了民办高职院校精品课程的定位和建设重点,认为精品课程建设要紧密围绕职业教育的培养目标,定位应体现出职业性、应用性和示范性。徐国庆的《职业教育课程的学科话语与实践话语》(《教育研究》2007年第1期),认为中国职业教育课程正处于从传统的以学科课程为主体的课程模式,转向以项目课程或任务引领型课程为主体的课程模式阶段。兰先芳的

《建基于“生活能力培养”的高等职业教育课程设置》(《教育发展研究》2007年第2期),认为高等职业教育课程设置目前存在着较为突出的“脱离学生现实生活与未来生活”的现象。何玉龙的《高职院校职业技能课程设置优化的探索》(《教育发展研究》2007年第4期),认为高等职业技术院校以培养高等职业技术应用型人才为目标,一定要突出学生劳动技能的培养和职业素质的提高。徐国庆的《上海中等职业教育课程改革的理论框架》(《教育发展研究》2007年第7期),指出上海中等职业教育新一轮课程改革是对“10181工程”的深化,是上海职业教育发展史上的重大事件。兰小云的《高职教育职业本课程模式研究》(《教育与职业》2008年第2期),创造性地提出职业本位课程模式(VBCM)。徐国庆的《当前高职课程改革中的困境与对策》(《江苏高教》2008年第4期),提出课程改革是目前高职发展的重要主题。王成方的《精品课程建设与高职教育教学改革》(《教育发展研究》2008年第8期),认为高职院校应以国家精品课程建设为契机加强教育教学改革。徐国庆的《当前高职课程改革关键概念辨析》(《江苏高教》2009年第6期),认为高职课程改革正面临“实践快速发展”与“理论激烈争论”并存的格局;《工作知识:职业教育课程内容开发的新视角》(《教育发展研究》2009年第11期),认为课程内容没有实质性突破是当前中国职业教育课程改革需要解决的问题。

四、教学

20世纪80年代早期,上海学者开始关注职业教育教学,此后相关研究领域继续发展和深化,并有较多的自主创新。主要成果有:曹平揆的《试谈职工高等学校科技英语教学的改革》(《上海高教研究》1983年第12期),认为普通工科高校与职工工科高校开设英语的教学目标都是培养学生阅读专业的英语书刊能力,以适应四化建设与技术引进对外语的需要。雷正光的《漫谈职业技术教育的教学方法》(《教育与职业》1992年第9期),认为职业技术教育培养的是应用型、操作型并在生产第一线直接从事产品生产的职业技术人才,其教学方法必须具有生动直观、富有启发、加强演示、注重实用、职业性强、“会”“知”统一等特点。马庆发的《引导探究教学法:通往自主学习的最佳途径——职业教育教学论研究之一》(《外国教育资料》1997年第1期),认为职业教育的改革旨在谋求职业教育与经济建设及社会发展的协调适应。肖化移的《职业技术教育教学模式比较研究》(《外国教育资料》1999年第1期),认为现代职教教学论中至少出现过五大族类的教学模式。汪凌的《从教学的实践看教师职业性的培养》(《外国教育资料》1999年第6期),认为教师职业的职业素质包括知识和能力。杜亚琛的《现代职业教育英语教学探微》(《教育发展研究》2003年第8期),认为现代职业教育中的英语教学问题是一个值得研究的课题。

陆卫倩、李美芳的《高职专业实践性教学探讨》(《教育发展研究》2004年第11期),认为中国的教育重理论、轻实践,社会急需的生产、建设、管理和服务等一线的技术应用型人才匮乏,培养学生的动手能力和创新能力是一亟待研究的课题。龚箭的《谈中职数学教学的现实期望及实施策略》(《教育与职业》2006年第8期),从教育改革、学科教学变革视野探索实现中职数学教学期望的策略。陈利荣的《完善教学督导机制,推进高职教育内涵发展》(《教育发展研究》2006年第11期),指出中国高等职业教育已进入内涵发展阶段。陈洪的《浅谈高职高专实践教学中校企合作的重要性》(《教育与职业》2006年第12期),探讨高职高专实践教学中校企合作的重要性及主要内容。徐平利的《工学互动组合:重构高职教育双师型教学团队的新思路》(《教育发展研究》2007年第3期),提出建立“工学互动组合教学团队”,是从根本上解决目前“双师型”教师队伍建设困境的一种新思路。

陈文标的《构建中职学校专业课“一体化”教学模式的基本策略》(《全球教育展望》2007年第12期),针对中职学校专业课的改进问题,从课程、教学、教师评价维度提出了理论与实践一体化“教学模式”。贾慧的《学校新文化论纲——兼论对高职院校教学质量的若干认识》(《教育理论与实践》2008年第6期),认为学校新文化是社会转型对学校发展提出的时代要求,这是在工业社会走向知识社会的过程中,学校教育价值观念与价值体系的整体转型。

五、教师

2000年以后,上海学者还关注职业教育教师研究,主要内容包括职业教育教师资格、职业教育教师专业发展、职业教育教师的学习路径、职业教育教师评价、职业教育“双师型”教师、职业教育教师管理等。《教育发展研究》刊载多篇文章,探讨了这一领域的相关问题:余群英的《高职“双师型”教师资格认定探析》(2002年第9期),张社字的《我国职业教育“双师型”教师队伍建设的障碍与实现路径分析》(2004年第8期),王珠珠、张伟远的《通过网上学习平台开展在职教师教育的效果调查》(2005年第12期),周国平的《民办高校专职教师培训:陕西的现状、问题与建议》(2005年第12期),朱雄才、刘鲁平的《高职教育社会评价的思考》(2006年第8期),由建勋的《高职教师“双通道流动”机制的构建》(2007年第7期)与勇健、李义安的《高职学校教师职业压力分析》(2007年第10期)等。此外,马庆发的《职业教育教师效能研究》(《教育与职业》2004年第12期),认为教师效能的发挥与体现都离不开教师的教学活动和教环境的变量因素。王珠珠、张伟远的《在职教师网上学习困难之调查报告》(《开放教育研究》2006年第1期),认为教师网上学习的困难包括基础设施条件、操作技能、资源以及个人等方面。陈锡宝、朱剑萍的《关于区域内职教师资“无校籍管理”的探索》(《教育与职业》2007年第9期),认为随着职业教育的快速发展,职教师资队伍建设存在的问题日益突出,已成为影响我国职教师资队伍建设整体跨越的瓶颈。唐智彬、石伟平的《职业教育教师专业发展的校企联合支持模式初探》(《教育与职业》2009年第2期),认为构建校企联合支持模式,是推进职业教育教师专业发展的有效方式。

第五节　教 师 教 育

一、总体研究

20世纪80年代中期,上海学者开始重视对教师教育的总体性研究,包括教师角色、教师素质、教师教育一体化、教师道德规范、教师的课程决策意识与能力、教师开展研究、教师学习、师范教育等。《上海教育科研》刊发刘锦章的《论师资培训中的学以致用教学原则》(1989年第1期),提出师资培训要结合实际,讲究实用,注重实效;杨光的《引导教师走上研究的道路》(1989年第5期),提出教师从事研究工作需要一定的引导的观点;顾锐萍的《试论师德建设中的自律与他律》(1997年第7期),认为教师道德人格的形成经历了他律、自律和道德价值目标形成三个阶段;安桂清的《论教师的整体性》(2006年第1期),认为好的教学只能通过展现真正的自我来实现;郑金洲的《教师教育科研三十年的变迁进程》(2008年第10期),总结三十年间中小学教师教育科研活动发生的一系列变化。此外,陈延泽的《教师的道德规范》(《外国中小学教育》1986年第2期),认为教师在教学工作中存在一些固定的义务,教师不应该随意否定学生的不同观点,不应该限制学生的单独活动,排除学生在学习过程中的有害环境。《上海高教研究》刊发刘昌明的《论教师的角色作用》(1990年第2期)和桑镛炳的《关于师范教育一体化问题的思考》(1998年第4期)，前文认为教师的专业角色具有专业释疑、目标激励、才能诱发、人生导向、政治引导、思想解惑、纪律约束、心理咨询等作用；后文认为教师教育存在“职前教育—试用期—在职进修”三个阶段，紧密沟通三个阶段使其成为一个连续的体系是教师教育的发展趋势。邓志伟的《再论教师的教育素质》(《外国教育资料》1998年第5期)，认为传统的教学观存在巨大的危机，新的教学要求师生之间相互尊重、相互理解、师生互动。鞠玉翠的《中小学教师参与教育科研的必要性和可能性》(《中国成人教育》1999年第8期)，认为教育科研同其他的科学研究一样，是人类了解自身的途径之一，也是研究者自我完善的途径之一。母小勇、谢安邦的《论教师教育课程的价值取向》(《教育研究》2000年第8期)，认为教师教育课程的价值目标、价值取向是活动的起点和终点。鞠玉翠的《教师的信念及其培养》(《中国成人教育》2001年第11期)，认为教师的信念是通过文化适应和个体建构而形成的，但通过正规和非正规的教育也能够形成和改革教师的教育信念。柳夕浪的《教师参与教育研究：理念、方式与局限》(《华东师范大学学报》2002年第2期)，认为教师对自身教育教学活动的研究主要建立在“反思理性”的基础上。孙稼麟的《教师素质是素质教育的核心》(《探索与争鸣》2002年第9期)，认为教师素质包括塑造性的师德、优化知识结构、提升专业水平、铸造性的诗魂、凸显本我特色。鞠玉翠的《教师教育与教师个人实践理论的更新》(《教育探索》2003年第3期)，认为研究教师实践理论形成与改善、更新的机制和促进教师个人实践理论的更新问题具有现实意义。卜玉华的《教师职业“叙事研究”素描》(《教育理论与实践》2003年第6期)，认为叙事研究是社会科学研究中重要的研究方式之一。邓友超、李小红的《论教师实践智慧》(《教育研究》2003年第9期)，提出教师实践智慧的三个要义及各自的实现途径。陈桂生的《师道实话》(华东师范大学出版社2004年)，以随笔的形式探讨教育中教师的日常行为、师生关系、教师职业发展等方面的师道问题。

姜勇的《教师个人理论新转向：从个人取向到社群取向》(《外国中小学教育》2006年第8期)，认为个人理论是教师发展研究的重要前沿课题。张继平的《师范生免费政策回归有益于教育和谐发展》(《复旦教育论坛》2007年第4期)，认为师范教育是教育和谐发展的基石。陆道坤的《教师教育和谐发展论纲》(《江西教育科研》2007年第8期)，认为履行和谐社会赋予教师教育的和谐使命，实现教师教育的和谐发展，是和谐社会教师教育的应有之义。江玲、熊川武的《论教师全面敬业》(《华东师范大学学报》2008年第1期)，认为教师全面敬业是量性敬业与质性敬业的统一。李政涛的《论教师的有效学习》(《教育发展研究》2008年第6期)，认为提高教师学习有效性的关键在于将学习内容从教师的“他者”变成“我者”。毛齐明的《教师学习——从日常话语到研究领域》(《华东师范大学学报》2010年第1期)，认为国内教师学习研究应当在方法上走向复杂化，研究群体上实现“跨学科化”，研究主题上更加重视“变革”与“合”。卜玉华的《平等与差等：师爱的抉择及其伦理依据》(《基础教育》2010年第6期)，认为教育时常需要处理“平等之爱”与“差等之爱”之间的冲突。徐竞、高振宇的《教师即哲学家：理据、内涵与路径》(《全球教育展望》2010年第7期)，认为哲学的变革及教育哲学的“语言学转向”，奠定了教师即哲学家的理论基础。朱益明的《论教师职业的时代困境》(《教育发展研究》2010年第8期)，认为在当前社会发生急剧变化的背景下要加强教师队伍建设，必须关注教师职业面临的时代挑战。丁钢主编的《中国中小学教师专业发展状况调查与政策分析报告》(华东师范大学出版社2010年)，反映了全国除西藏、新疆和港澳台外各省(直辖市、自治区)约1 016万名中小学专任教师专业发展实况。

二、教师专业化

进入21世纪,上海学者开始重视对教师专业化的研究。白益民的《教师的自我更新:背景、机制与建议》(《华东师范大学学报》2002年第4期),认为自我更新取向的教师专业发展,是未来教师专业发展的新趋向。唐玉光的《试论教师教育的专业性》(《教育研究》2002年第7期),认为要提高教师教育的专业性,重新整合和建构教育学科理论、沟通教育理论向教育实践转化的桥梁不失为一条可行之路。刘彦文的《教师职业从准专业到专业:标准探讨》(《上海教育科研》2002年第8期),认为教师职业是否成长为专业可从四个维度考虑。操太圣、卢乃桂的《教师专业发展新范式及其在中国的萌生》(《教育发展研究》2002年第11期),分析了中国实行的教师在职培训的有关政策与措施,反省现行的专业发展模式,然后回到学校层面,寻找教师专业发展的新路向。夏雪梅的《教师评价:专业人员的视角》(《教育发展研究》2004年第10期),分析了教师作为专业人员进行教师评价的设计向度和教师评价的内在机制。丁念金的《论教师的课程决策意识》(《课程・教材・教法》2006年第3期),提出教师的课程决策意识就是教师自觉地、积极地进行课程决策的心理倾向,具有多方面的意义。姜勇的《人类学视野中的教师专业发展研究新转向》(《外国教育研究》2009年第10期),认为人类学为教师专业发展研究提供了多角度的视野。范国睿的《教师专业发展的内在机制与外部促进》(《基础教育》2010年第1期),认为教师专业发展的内在机制源自构成教师素养的各要素在教师的日常生活中的互动与生成。沈玉顺的《"教育家"评价标准建构及其内涵解析》(《上海教育科研》2010年第9期),认为"教育家"是包含职业身份、知识修养、教育资历、专业水平、教育思想、专业成就、专业声望和道德操守等八个维度在内的教育家评价标准框架。

三、职前教师教育

上海学界对职前教师教育的研究,开始阶段主要以"师范教育"为视野;其后以"教师教育"的视野(即教师教育中的职前培养阶段)展开研究,包括职前教师教育的功能、体制、课程、历史发展等。刘希贤、宋涛的《师范教育体制的改革》(《外国中小学教育》1986年第2期),认为师范教育在长期发展中形成了定向的封闭性师范教育体制(如苏联)和非定向的开放性师范教育体制(如美国、日本)两种体制。此外,《上海高教研究》刊发一系列文章,如谢安邦的《高等师范教育结构改革刍议》(1986年第3期)、《中国高师教育的历史沿革及特点分析》(1993年第2期),杨卓的《高师教育实习改革刍议》(1990年的1期)等。叶澜的《师范院校应积极投入招生并轨改革》(《中国高等教育》1996年第4期),提出师范生招生并轨,免收学费,提高师范生的专业奖学金等政策建议。

四、在职教师教育

上海学者对在职教师教育的研究,既注重从一般的教师教育的视野进行,也注重从在职教师培训的视野进行,包括在职教师教育的历史发展、功能、培训机制、培训模式,以及教师学习、教师任用等。张思义的《速师、简师毕业的在职教师情况》(《上海教育科研》1985年第3期),调查了20世纪50年代速师、简师毕业的小学在职教师的基本情况,探讨其实际业务水平和在小学教育中所发挥的作用。张家祥的《培训在职教师是一项战略措施》(《上海高教研究》1985年第4期),认为中央把在职教师的培训作为发展教育事业的一项战略措施规定下来，可以满足现有中学师资队伍培养的需要。蒲绿的《中小学教师职务聘任制的理论与实践》(《上海教育科研》1987 年第 3 期)，认为中小学试行教师职务聘任制，既是学校管理科学中的一个重要课题，也是教育体制改革中的一个重要环节。张镇平、曾昭昭的《完善教师职务聘任制的几个问题》(《上海高教研究》1987 年第 3 期)，认为教师职务聘任制的试点，改革职称评定的工作取得积极的进展，高校教师队伍出现一些可喜的变化。皮安荣的《对高校教师职务聘任制的思考》(《上海高教研究》1989 年第 2 期)，指出高校实行教师职务聘任制度是高等教育改革和人事制度改革的一个重要组成部分，也是高等学校师资队伍的一项长远的基本建设。徐汇区教育学院在职教师继续教育研究组的《试谈本市在职教师继续教育兴起的原因》(《上海教育科研》1989 年第 3 期)，认为在职教师继续教育是对具有国家规定的合格学历的在职教师所进行的系统的有目的教育活动。刘培鸿的《对构建上海中小学教师职务培训工作网络的思考》(《上海教育科研》1989 年第 5 期)，指出上海在职中小学教师培训是一项意义重大而又艰巨复杂的工程。秦德林的《试论师范生到教师的角色变换》(《上海教育科研》1989 年第 5 期)，提倡让师范生适应从学生到教师的角色变换，应当让其全面了解教师的角色期望。唐晓杰的《农村教师的工作效率调查》(《教育研究与实验》1994 年第 8 期)，认为教育经费使用效率与教师工作效率有密切的关系。任学印、李广的《教师入职教育及其目标研究》(《外国中小学教育》2004 年第 10 期)，认为为初任教师提供有计划、有系统、适时而适当的支持和帮助，可以促使其尽快适应教师角色，早日成为有能力的专业教师。唐晓杰的《中小学骨干教师国家级培训追踪评估研究报告》(《教育发展研究》2005 年第 7 期)，阐述了市教科院为及时评估三期培训的效果和社会效应。姜勇、阎水金的《教师发展阶段研究：从“教师关注”到“教师自主”》(《上海教育科研》2006 年第 7 期)，认为教师发展阶段研究是教师教育的重要基础，国外研究通常以“教师关注”为划分阶段的重要依据。胡惠闵的《教师专业发展中的学校习俗因素》(《全球教育展望》2007 年第 5 期)，指出学校习俗是影响专业发展的重要因素。

第六节　终身教育

一、成人教育

上海是成人教育的研究重镇。从 20 世纪 80 年代中期开始，上海学者就很重视对成人教育的研究，包括成人教育的发展历程、成人教育的功能、成人教育发展的总体情况和总体设想、成人教育的革新、成人教育规划、成人教育资源等。

《上海高教研究》发表了一系列的文章。蒋鸣和、黄小勇、朱云、楼一峰的《上海成人高等教育发展和改革的设想》(1985 年第 1 期)，认为发展成人高等教育，提高干部和职工队伍科学文化素质，是实现 20 世纪 90 年代经济振兴的一项战略性的措施。胡瑞文的《我国成人高等教育的发展趋势》(1987 年第 2 期)，认为成人高等教育的发展规模和速度取决于普通高等教育对社会人才需求的满足程度、科学技术进步的速度和在业人口中的文化素质状况三个因素。诸君汉的《对当前改革和发展成人高等教育的认识》(1988 年第 1 期)，认为成人高等教育是为提高在职劳动者素质服务的。李格平、肖翠祥的《成人高等教育若干问题探讨》(1989 年第 2 期)，重新探讨成人高等教育的发展战略。陈佩珍的《试论成人高等教育的思想政治教育》(《上海大学学报》1991 年第 5 期)，认为成人高等教育作为整个教育事业的有机组成部分，也必须把思想政治教育放在首位。黄清云的《发展上海成人高等视听教育的实践和探索》(《中国电大教育》1994年第4期),认为成人高等视听教育的基本功能是运用现代教育技术,多渠道组织传送教育信息,促进已走上社会的人们与社会协调发展。王惠珏、方宇的《市场经济条件下成人教育刍议》(《上海大学学报》1995年第1期),提出成人教育已是中国教育事业中不可缺少的基础工程。杜作润的《高等教育向成人开放:情况述评》(《高等工程教育研究》1996年第3期),认为成人教育是对已经成熟的人(包括心理和生理的成熟)或已经立身社会、自食其力的人施行的教育。葛建华、陈佩珍的《略论邓小平的科教兴国战略与成人教育》(《上海大学学报》1998年第1期),指出成人教育是邓小平科教兴国战略的重要组成部分,它具有普通教育所无可取代的作用。

胡秀锦的《可能、现实与未来:基于网络时代的成人教育发展因素分析》(《黑龙江高教研究》2001年第1期),认为网络时代的到来给成人教育带来了无限的发展契机。张民选的《OECD重塑成人教育》(《比较教育研究》2003年第5期),指出成人教育再次成为经济合作与发展组织及其成员国教育领域中的关注重点,探讨了经合组织重新重视成人教育的原因及其成员国成人教育发展的现状和面对的问题。王海东的《高等/成人教育的新视点:公司大学》(《开放教育研究》2004年第2期),对全球范围内高等教育和成人教育领域中的公司大学现象进行了介绍和分析。肖利宏的《从成人教育的对象看我国成人教育发展存在的主要问题》(《教育发展研究》2004年第11期),认为成人教育服务的对象决定着成人教育的性质、特征、规模、方法及相应的教育政策等。高志敏、纪军的《在"成人"与"教育"之间——成人教育学科发展的回顾与展望》(《教育研究》2005年第2期),认为反思成人教育学科发展的思想历程,可以发现其关注焦点从"成人"走向了"教育"。张志松的《沿海发达地区城乡成人教育资源统筹开发与配置的个案研究》(《教育发展研究》2005年第5期),认为城乡成人教育资源的统筹开发与配置是指对分布在城乡的各类成人教育办学实体,应进行通盘考虑,以使成人教育更快更好地为城乡统筹发展服务。何光全的《从教到指导:成人教育的变革》(《开放教育研究》2006年第2期),认为"从教到指导"的成人教育,提倡一种简单的教育理念。高志敏的《成人教育研究的反思与前瞻》(《教育研究》2006年第9期),分析成人教育存在的缺陷及其原因。李中国的《内涵式发展:成人教育的现代转向》(《教育发展研究》2006年第9期),认为国内成人教育的总体规模主要是通过成人教育机构数量的扩大来实现的,是一种较为明显的外延式发展。魏志耕的《成人教育的悖论及其化解策略》(《教育发展研究》2006年第12期),分析了日益进入后工业社会中的现代教育与目前的教学改革存在的种种矛盾。应永祥的《试论基于混合学习原理的成人教育教学模式》(《全球教育展望》2009年第1期),分析了传统成人高等教育教学模式和网络教学模式的优势与不足,提出用混合学习原理进行成人高等教育的教学模式创新。于珍、金林祥的《近代上海同乡组织的移民成人教育及启示》(《华东师范大学学报》2009年第3期),认为当前城市化进程中解决移民教育问题要重视移民自组织的力量。顾根华的《在构建终身教育体系中规划成人教育发展》(《教育发展研究》2009年第9期),提出建设具有中国特色的社会主义终身教育体系,必须注重教育与经济社会的协调发展,注重各类教育的协调发展,注重最广大人民群众的实际需求,注重按各类教育的自身规律办事。

二、社区教育

20世纪80年代后期开始,上海学者开始研究社区教育,主要有社区教育的本质、社区教育的功能、社区教育资源、社区教育中的政府职能、社区教育的发展思路、农村社区教育、社区教育的中外比较等。刘慧娟、蒋文立、陈人雄、肖云峰、马联芳的《论城市社区教育》(《上海教育科研》1988年第

5期），认为社区教育是世界教育改革的一大趋势。黄云龙的《社区教育的中外比较》（《上海师范大学学报》1992年第1期），认为现代教育学分析的社区教育是教育学成为独立学科之后逐渐划定的概念。顾树栋的《社区教育的内涵及其发展思路》（《上海教育科研》1993年第2期），认为教育的社会化促进了社会的教育化，全面推进了社区建设。孙灿成的《社区教育社会功能初探》（《上海师范大学学报》1994年第2期），认为社区教育的强大生命力体现于社区教育的多功能性。金辉的《上海城市社区参与基础教育办学体制改革若干问题的探讨》（《上海教育科研》1996年第1期），认为城市社区参与办学，既是上海城市基础教育办学体制改革的新发展，也是近年来上海城市社区教育发展的一个新趋向。范传伟、黄云龙的《政府介入社区教育论》（《上海教育科研》1996年第9期），认为政府介入社区教育是中国社区教育发展的一大特色，但政府介入的方式才是真正值得深思的问题。程勉中的《社区网络体系：高等教育大众化发展模式新构想》（《上海高教研究》1997年第9期），从高等教育与社区教育一体化发展的思路展开分析，对实现高等教育大众化的发展模式提出了新见解。翁春敏的《对我国社区教育发展若干问题的思考》（《上海师范大学学报》1998年第3期），就国内社区教育的现状、特点和进一步发展等问题作了探讨。魏志强、唐安国的《促进教育与房地产开发联动为社区建设服务》（《上海教育科研》1998年第12期），认为当前国内教育发展过程中面临着如何拓展教育资源并提高教育质量的问题。叶忠海的《学校和社区的沟通——上海城市社区教育研究》（《教育发展研究》1999年第3期），从依据和意义、国外举措、现状评析和对策建议等角度对上海城市社区教育加以综合性研究。黄云龙的《社区教育管理若干基本问题的理性思考》（《上海师范大学学报》1999年第5期），着重研究社区教育管理组织的中介属性和运作机制等组织问题，《关于社区教育本质的思考》（《教育研究》1999年第7期），认为正确地揭示社区教育的本质，是促进社区教育健康发展的需要，也是促进社区发展的需要。黄云龙、范传伟的《社区教育发展中政府行为的调查与研究报告》（《上海师范大学学报》1999年第10期），是国内第一份围绕政府介入社区教育的必要性与合理性，政府介入社区教育的组织载体的性质、行为方式，以及社区教育中政府行为的优化等基本问题展开的调查报告。孙亚民的《社区教育——学习化社会的必由之路》（《教育发展研究》2000年第12期），认为社区教育是社会发展和时代变革的产物。俞恭庆的《刍议农村城市化进程中的社区教育及其政府职能》（《教育发展研究》2004年第2期），认为农村城市化和社区教育是建设中国特色社会主义的重要方面，而将两者联系起来研究，寻求其内在的关系具有重要的现实意义。史卫东的《21世纪经济发达地区农村社区教育思考》（《教育理论与实践》2005年第7期），认为社区教育在农村发展中具有极为重要的战略地位。薛平的《自学考试与社区教育资源整合运行机制的建构》（《教育发展研究》2007年第4期），认为自学考试作为一种高度开放的社会化教育形式，面向全社会、服务全社会是其与生俱来的特性。方程、熊惠平的《农村社区教育创新和高职教育的作为》（《教育发展研究》2008年第1期），以农村社区教育为切入点，阐述农村社区教育的现状及创新要求，并指出高等职业教育在农村社区教育发展中的作用。蔡瑾的《远程教育与社区教育的融合：理念、策略与展望》（《开放教育研究》2008年第5期），认为远程教育与社区教育融合渗透、联动发展的新趋势，具有积极的现实意义。杨平、杨东的《上海社区教育管理的演变与完善》（《教育发展研究》2008年第9期），认为上海社区教育管理要完善社区教育管理，需要各级党委、政府、办学机构、中介组织共同努力。金德琅的《社区教育的现状与趋势分析——上海市普陀"社区居民学习形态研究"报告》（《教育发展研究》2009年第3期），指出社区教育中终身学习理念应该强化，社区学院的声誉亟待提升等问题。楼一峰的《台湾社区教育的特点及启示》（《教育发展研究》2009年第11期），分析了台湾地区在终身学习理念的推动下社区教育的特点。

三、学习型社会

从20世纪90年代后期开始,上海学者对学习型社会的研究,主要包括学习型社会的特点、学习型社会的发展、终身学习视野中的学习型社会建设、上海学习型社会建设等。朱宁波的《终生学习社会中的学校教育》(《外国教育资料》1998年第3期),提倡引导学生主动地自觉地学习,以适应未来终生学习社会的需要。熊雷的《学习型社会的特点及发展》(《上海高教研究》1998年第12期),认为要解决当今中国社会经济转型期的人口增加、人口老龄化和休闲时间增加等问题,关键在于认真贯彻"科教兴国"战略和可持续发展战略。黄健的《车轮模型:一种构建学习型社会的概念框架》(《全球教育展望》2006年第12期),探讨了学习型社会缘起的社会背景及对人的发展的挑战。任为民的《学习型社会、数字化学习港与公共服务体系》(《开放教育研究》2007年第1期),探讨建设社会化公共服务体系的重要意义、改革要求和进一步推进公共服务体系建设与发展的几个问题。陈乃林、许益军的《关于公民"终身教育和学习型社会"认知与践行状况的实证研究——基于江苏省南京市的调查》(《教育发展研究》2007年第10期),认为公民是推进终身教育和建设学习型社会的主体,对主体的关注是构建终身教育体系、建设学习型社会的基础性工作。俞恭庆的《在推进学习型社会建设中充分发挥生力军作用——来自上海市成人教育协会的认识与体会》(《教育发展研究》2007年第10期),认为大力发展教育事业,特别是完善终身教育体系,是推进学习型社会建设的重要基础和保障。马定计、黄复生的《学习型社会背景下上海社区教育发展的若干思考》(《开放教育研究》2008年第1期),分析了上海社区教育在教育对象、教育功能、教育教学形式等方面的新需求。李骏修的《学习型社会背景下推进社区教育的实践与探索》(《教育发展研究》2008年第9期),提出加强研究社区教育的本质特征和理论,加快探索社区教育信息化发展的方法。

第七节　教育史

一、中国教育史

上海是全国教育史研究的重镇。20世纪80年代,上海宏观性、史料性的教育史研究较多,主要涉及学制史研究、古代书院研究、教育家研究、中国传统教育与文化研究等,成果有:陈学恂主编的《中国近代教育大事记》(上海教育出版社1981年),陈元晖等编著的《中国古代书院制度》(上海教育出版社1981年),朱有瓛主编的《中国近代学制史料》(华东师范大学出版社1986年),丁钢的《中国佛教教育:儒佛道教育比较研究》(四川教育出版社1988年)和沈灌群、毛礼锐主编的《中国教育家评传》(上海教育出版社1989年)等。

20世纪90年代以后,上海学者对中国教育史的研究得到拓展和加深,表现在研究成果增加、重视教育断代史的研究和重视对重点教育家的专门研究。主要有陈元晖主编的《中国近代教育史资料汇编》(上海教育出版社1990—1997年);1994年,吕型伟主编出版《上海普通教育史(1949—1989)》;孙培青、李国钧主编出版《中国教育思想史》(华东师范大学出版社1995年)。杜成宪的《关于中国第一部〈中国教育史〉的几个问题》(《华东师范大学学报》1996年第1期),认为中国教育史的产生是20世纪最初几年的事,标志性著作是黄绍箕著的《中国教育史》。黄书光的《试论陈鹤琴在中国现代教育史上的地位》(《华东师范大学学报》1997年第4期),认为陈鹤琴的"活教育"理论中中国化新教育探索的独特创造愈加受到重视。李华兴的《论民国教育史的分期》(《上海师范大学学报》1997 年第 1 期)以及《民国教育史》(上海教育出版社 1997 年),系统地研究了民国教育史。

进入 21 世纪以后,上海学者关于中国教育史的研究进一步丰富和深化,对多个具体教育领域的历史进行较深入的研究。主要有张瑞璠主编的《中国教育哲学史》(1—4 卷)(山东教育出版社 2000 年),李国钧、王炳照总主编的《中国教育制度通史》(山东教育出版社 2000 年),王伦信著的《清末民国时期中学教育研究》(华东师范大学出版社 2002 年),李国钧主编的《区域教育的历史研究丛书》(湖北教育出版社 2003 年)和霍益萍、金忠明主编的"中国近代科普和科学教育研究丛书"(科学普及出版社 2007 年)。王伦信的《先秦"师"概念的发展及其教育意涵的获得》(《教师教育研究》2007 年第 7 期),对先秦时期"师"概念的发展脉络进行梳理;《创造教育理论研究回溯——以民国时期为例》(《南京师范大学学报》2007 年第 7 期),阐述民国时期创造教育理论的引入发展、基本主题和观点、兴趣的多重致因。周玉衡、范喜庆主编的《学前教育史》(复旦大学出版社 2009 年),记叙远古至当代中国学前教育发展的基本脉络。陈建华的《"为教育招兵,为民主募马"——论抗战胜利前后陶行知的民主教育思想》(《大学教育科学》2010 年第 10 期),认为陶行知把教育作为民主政治建设的重要基础,主张从小学生和小学教师做起,开展民主教育的普及运动,以提高社会民众的民主素养。2010 年,李进主编出版《上海教育发展 60 年重大事件纪实》(上海教育出版社),介绍了中华人民共和国成立 60 年来上海教育事业的历史脉络。

二、外国教育史

20 世纪 80 年代以后,上海学者对外国教育史的研究,先是以研究苏联教育为主,后来逐步转向以研究欧洲和北美等地区的教育为主。赵荣昌的《苏联学者对于高师教育史课程改革的若干意见》(《外国教育资料》1984 年第 4 期),全面介绍了 A. H. 比斯库诺夫的《作为高师一门学科的教育史》的内容。赵荣昌和单中惠主编的《外国教育史教学参考资料》(华东师范大学出版社 1991 年),力图在一个比较广阔的世界政治、经济、科学技术和文化发展的背景下考察 20 世纪教育的历史进程,揭示出 20 世纪外国教育不断变化发展的特点。单中惠主编的《西方教育思想史》(山西人民出版社 1996 年),循着历史的轨迹对各种西方教育思想进行考察,论述西方教育思想的产生背景、内容、特点、主要代表人物及其影响。华东师范大学教育系和浙江大学教育系共同完成的《西方古代教育论著选》(人民教育出版社 2001 年),将西方古代(含中世纪)哲学家、教育家的具有代表性和影响较大的教育论著选编成册,为了解和研究西方古代的教育思想提供重要资料。许建美和单中惠的《2001 年外国教育史研究的若干特点》(《教育评论》2002 年第 6 期),分析了 2001 年外国教育史在教育人物研究、教育思想流派研究和教育史学研究等方面呈现出的特点。周谷平、吴静的《二战后英国教育史学科的发展及其启示》(《全球教育展望》2002 年第 9 期),认为教育史必须坚持学科的自主性和特色,坚持古为今用,以史为鉴。黄福涛主编的《外国高等教育史》(上海教育出版社 2003 年),全面描述从古代埃及、印度、希腊、罗马到 20 世纪 80 年代以来外国高等教育历史演变的基本脉络。单中惠主编的《外国大学教育问题史》(山东教育出版社 2006 年),对外国大学教育功能、大学结构、大学课程、大学教学方式、大学管理、大学教育政策、女子大学教育、大学理念等问题的发展、演变及其主要特征进行全面考察。周采编的《外国教育史》(华东师范大学出版社 2008 年),将外国教育史分古代教育史、近代教育史和现代教育史三编,主要介绍了史前时代的教育、古代希腊教育、文艺复兴与宗教改革时期的教育、现代各国教育等内容。周玉衡和范喜庆主编的《学前教育史》(复旦大学出版社 2009 年),分为上下两编,下编以古代东方国家的学前教育简介为起点,重点介绍了国外学前教育发展的基本进程。《孟宪承文集》(华东师范大学出版社 2010 年)中的《西洋古代教育》,系统地阐述了西方古代教育。

三、教育史学

20 世纪 90 年代,上海学者对教育史学的发展历史和自身建设进行了多方位的研讨。杜成宪的《中国教育史学科体系试构》(《华东师范大学学报》1997 年第 1 期),认为学科体系对于任何一门学科来说至关重要,它所涉及的学科对象、范围、内容及其结构形式等一些问题,足以影响到学科的存在与发展。杜成宪的《20 世纪二三十年代中国的几种教育史观试探》(《华东师范大学学报》1998 年第 2 期),认为教育史观的形成是民国时期中国教育史学科发展与成熟的标志之一。杜成宪、崔运武和王伦信编著的《中国教育史学九十年》(华东师范大学出版社 1998 年),是第一部中国教育史学科的史学史著作,为该学科建设做了重要基础性工作。张传燧的《〈教育史学〉的反思与重构》(《华东师范大学学报》2001 年第 1 期),在反思《教育史学》现状的基础上,提出重构《教育史学》的设想。周洪宇、申国昌的《新世纪中国教育史学的发展趋势》(《华东师范大学学报》2007 年第 3 期),认为自 20 世纪初教育史学科建立以来,中国的教育史学已走过曲折反复的百年历程。

2000 年后,上海学者在教育史学研究中渗透了更多的相关观念。在关注重大事件、重要人物研究与考察的同时,把眼光更多地移向过去很少涉及的基层,移向边缘,移向一般民众的日常教育生活,力求使逝去的教育历史变得生动、丰满、鲜活而更接近真实。黄书光主编的《中国社会教化的传统与变革》(山东教育出版社 2005 年)是一部较为系统的中国社会教化研究著作。蒋纯焦著的《一个阶层的消失》(上海书店出版社 2007 年),将塾师这个阶层随中国社会发生转型而经历的历史过程,区分为晚清时期、民国时代以及中华人民共和国建立三个有特征的阶段展开论述。

这一时期,上海学者更重视对教育史研究方法论的研究,对传统的文献研究法进行了充分的扩展和细化,既重视传统的档案文献、朝章邸报、公私撰述、史籍传记、报纸杂志、日记书信等重要的文献资料,又不断挖掘宗谱族谱、方志家乘、日常读物、诗歌民谣、小说戏剧、野史笔记等新型教育史料。邓明言的《西方教育史方法论五题》(《华东师范大学学报》2003 年第 3 期),认为西方教育史研究有越来越重视方法论的趋势,中国的教育史研究也应大胆借鉴社会科学方法,提倡多元文化,加强比较历史研究,以提升教育史学科整体学术水平。丁钢的《教育经验的理论方式》(《教育研究》2003 年第 2 期),在教育史等领域的研究中提倡叙事研究。周勇的《教育空间中的话语冲突与悲剧——中国十一世纪的经验》(教育科学出版社 2004 年)、张素玲的《文化、性别与教育:1900—1930 年代的中国女大学生》(教育科学出版社 2007 年)和许美德的《思想肖像:中国知名教育家的故事》(教育科学出版社 2008 年),都是借用叙事研究的专门性著作。丁钢的《声音与经验:教育叙事探究》(教育科学出版社 2008 年),全面探讨教育研究的叙事转向、教育叙事的理论资源、教育叙事与日常实践、教育叙事的方法论和意义等重要论题;《叙事范式与历史感知:教育史研究的一种方法维度》(《教育研究》2009 年 5 期),认为需要考虑教育历史研究的文化依据,以及教育知识的文化特征及其背后的思维方式特征,并由此建构、展开自身的教育历史研究。

第八节　国际与比较教育

一、综合研究

上海是全国范围内国际与比较教育研究的重镇之一。20世纪90年代及其后，上海学者前期主要介绍和研究国外比较教育研究的情况，之后对比较教育的模式、发展趋势等展开研究。1991年，徐晓云在《外国教育资料》上翻译和介绍了比较教育专家哈尔斯(W. D. Halls)主编的《比较教育：当代问题和趋势》，从类型学角度阐述比较教育存在的问题和未来发展的趋势。冯增俊的《论比较教育的学科更新与教育的现代模式》(《外国教育资料》第6期)，认为比较教育随现代教育的产生而兴起，对现代教育的发展起了重要作用，并成为教育研究不可或缺的重要学科。1992年，《比较教育研究》发表了张晓鹏的《英美的比较教育和国际教育研究简况》(第1期)和《法国比较教育学会与比较教育研究》(第6期)，就英美法等国家的比较教育的发展状况进行了简要介绍。沈晓敏的《比较教育学的全球观》(《外国教育资料》第2期)，展示了全球主义观念产生的社会历史背景以及比较教育学依据这种全球观来研究各国各民族教育的必要性。钟启泉在《外国教育资料》上翻译了日本石附实的《教育比较的三个视点》(1993年第6期)，介绍了石附实倡导的“教育风俗”研究，认为这种研究属于从广义的文化角度去考察和比较世界各国教育的新思潮。徐小洲的《比较教育研究的现状与趋势》(《外国教育资料》1995年第2期)，对比较教育学界的研究现状作了总结，并对国际比较教育学界研究的内容、方法和发展趋势进行了归纳。吴钢的《迈向21世纪的比较教育研究》(《外国教育资料》1996年第1期)，指出比较教育研究应确立全球意识，将本国教育的理论与实践置于世界教育体系中进行观照。夏烈卿的《对比较教育的几点肤浅看法》(《比较教育研究》1996年第3期)，对中国比较教育研究存在的问题进行简述。彭正梅的《教育借鉴的困惑——关于比较教育使命的反思》(《外国教育资料》1999年第8期)，对当时一味地“借鉴”策略进行批判，认为比较教育的同时还要考虑“可借鉴”的问题。姜勇的《比较教育学学科建设的困境与方向》(《外国教育研究》2008年第3期)，认为中国比较教育学科建设面临着一些困境，为摆脱这些困境，比较教育学必须立足现象学、人类学与民族学的立场，重新思考与定位学科建设的新方向。生兆欣的《垦拓之路：改革开放后的中国比较教育发展分析》(《比较教育研究》2008年第12期)，认为改革开放后中国比较教育学在研究专题上以高等教育、课程教学为最，在研究方法上注重解释和比较，并开始注重学科自身的反思性研究；《权力场：比较教育话语生产的空间逻辑》(《外国教育研究》2009年第1期)，对比较教育的话语生产来说，权力场与比较教育话语场的位置关系是所有社会空间关系中最为重要的。金家新、兰英的《论比较教育文化研究的理论自觉与学科基点》(《全球教育展望》2009年第8期)，认为“教育”与“文化”是比较教育区别于其他学科从而确定自身学科同一性所不可或缺的两个最基本的因素。

从20纪90年代前期开始，上海学者也注重对国际教育的研究。20世纪90年代前期，江西教育出版社推出“战后国际教育研究丛书”，包括上海学者马骥雄的《战后美国教育研究》(1991年)，赵中建的《战后印度教育研究》(1992年)，李其龙、孙祖复的《战后德国教育研究》(1995年)等。冯增俊主编的《当代国际教育发展》(华东师范大学出版社2002年)，应用比较教育研究方法，重点分国别教育研究和专题教育研究，梳理国际教育发展的经纬走向。侯定凯主编的《象牙塔是平的：国际高等教育研究新进展》(华东师范大学出版社2010年)，分专题对其中的文献进行了评述。

二、比较教育方法论

20世纪90年代以后，上海学界开始重视比较教育研究方法论的研究，主要是对国外教育现象的解释和分析，并开始从研究国家教育之外的社会制度、文化传统等层面来解释其教育现象，关注那些比校内更为重要的“校外的事情”。沈晓敏的《关于比较教育方法论的考察——探求共性抑或差异性》(《外国教育资料》1992年第1期)，探索比较教育学的发展方向，尝试根据比较教育研究方法论的特征来对比较教育学进行分类。邓志伟的《比较教育的理论模型和规范体系》(《外国教育资料》1995年第5期)，试图以罗伯特・F. 阿诺夫的世界体系分析模型为个案，来说明比较教育中理论模型建立的必要性和所起的作用。周加仙的《比较教育中绘图理论概述》(《外国教育资料》1999年第1期)，介绍了美国学者罗兰德・G. 保尔斯顿于1992年提出的绘图理论。钟启泉、黄志成、赵中建的《开拓比较教育科学研究的新视域——兼论比较课程与教学论研究的方法论特征》(《比较教育研究》2005年第3期)，从比较教育科学研究的方法论困境出发，试图构建一个与国际接轨的课程学术共同体。蔡宝来、王旭升的《比较教育研究中的人种志：关系定位及特征诠释》(《外国教育研究》2008年第1期)则指出人种志与比较教育研究有着原始且稳固的方法论关系。

三、具体比较研究

20世纪90年代初，上海学界开始重视对高等教育领域的比较研究。贺晓星、张秋萍的《教育改革的比较社会学——高等教育改革的比较研究》(《上海高教研究》1990年第4期)，比较和分析了高等教育改革的主体和方法的各种类型及20世纪60年代到70年代一些国家的改革动向。潘懋元的《比较高等教育的产生、发展与问题》(《上海高教研究》1991年第3期)，对比较高等教育的产生、发展与存在的问题进行宏观层面的论述。王留栓的《巴西公私立高等教育比较研究》(《比较教育研究》1995年第1期)，从巴西高等教育发展过程中探究公私立大学的异同点及其办学经验。谢仁业的《国际大都市高等教育共同特征比较》(《教育研究》1995年第1期)，在国际大都市高等教育比较这一新领域进行初步的理论探索。薛天祥、侯定凯的《高等教育发展的两种模式——东盟各国的比较研究》(《辽宁高等教育研究》1995年第4期)，分析东盟五国独立后高等教育发展过程中形成的两种模式。李韧竹的《1870—1985年间高等教育扩展周期的国际比较》(《外国教育资料》1996年第3期)，分析了1870—1985年间德国、意大利、法国、美国、日本5个国家的高等教育扩展情况。韩素贞的《高等教育效益的国际比较》(《上海高教研究》1998年第6期)，对中国这样一个穷国办“大教育”的效益和效率等问题进行思考。张振助的《国际教育指标及统计的比较与借鉴》(《复旦教育论坛》2009年第5期)，指出提升中国教育指标与统计国际化水平需要改进的多个方面。

这一时期，上海学者更加注重对课程与教学论领域的比较研究。黄志成在《外国教育资料》发表《拉美国家的比较教育课程(上、下)》(1991年第2、4期)，详细介绍拉美国家大学中开设比较教育学课程的目的要求、方法与内容，以及比较教育的几种典型的方法。有宝华的《课程、教学与哲学——美国几种教育哲学的课程与教学理论比较分析》(《外国教育资料》1999年第5期)，针对当时中国课程、教学研究与实践哲学意识淡漠的情形，通过对哲学与课程、教学关系的分析以及对20世纪以来影响美国课程与教学的几种教育哲学思潮的梳理，引发对此问题的广泛关注。曹培英的《中日小学数学教材的比较研究》(《课程・教材・教法》2000年第6期)，对比分析日本教育出版有限公司1995年出版的算术课本与上海市义务教育小学数学课本。黄忠敬的《课程研究的基本范式及比较》(《教育理论与实践》2004年第5期),对现代课程范式与后现代课程范式在知识观、课程观与师生观等方面作了比较研究。钟启泉、张华主编的《课程改革国别研究》(北京师范大学出版社2001年)对美国、英国、德国课程改革的现状与趋势进行研究。胡东芳的《谁来决定我们的课程?——主要国家课程权力分配比较研究》(《外国教育研究》2005年第3期),对主要国家的课程权力分配进行比较分析。丁炜的《中美小学语文教材内容建构的比较——以课文〈手捧空花盆的孩子〉为例》(《比较教育研究》2008年第11期),从叙事学和教学论的角度对中美两国教材共同编选的课文《手捧空花盆的孩子》进行对比研究,指出教材内容建构的价值取向应由教材走向学材,教学内容建构应围绕意义核心展开。顾绍琴的《中英两国地理课程标准比较》(《教育理论与实践》2009年第11期),从课程目标和内容等维度比较分析中英两国的地理课程。赵传兵、夏志芳的《师生对课堂提问认同差异的比较研究》(《教育理论与实践》2009年第5期),基于比较师生对课堂提问认同的差异,为改进课堂行为提供建议。

从20世纪90年代中期开始,上海学者对教育改革的比较研究也很重视。周琼的《比较、分析和创新——关于教育整体改革实验的思考》(《外国教育资料》1990年第12期),指出比较教育研究中虽然引进了国外的一些教育理论和教育思想,但是一定要体现"以我为主"的宗旨。诸惠芳的《对斯堪的纳维亚三国教育改革的比较研究》(《外国教育资料》1992年第6期),对瑞典、挪威、丹麦三国自20世纪50年代以来的教育改革进行介绍。陈明华的《八十年代中日高中数学教育改革的比较》(《外国中小学教育》1995年第5期),从教改基础、教改方针、教育目标比较两国的高中数学教育。崔允漷、王建军的《教育学系改革的比较研究与未来建议》(《华东师范大学学报》1999年第2期),从历史的、比较的角度,对国内师范院校教育学系的改革提出建议。丁钢的《早期教育现代化的选择与失落:一个比较视角》(《高等教育研究》2004年第3期),比较研究中日两国在早期教育现代化的选择和发展。钟启泉的《对话教育:国际视野与本土行动》(华东师范大学出版社2006年),收集了作者多年来与众多日本学者和中小学教师之间的对话录38篇,涵盖学校教育制度、课程与教学的改革、素养论与学力论争、教育评价与教师教育研究4个方面。秦钠的《中日都市社区教育比较研究:以上海和大阪为例》(上海大学出版社2010年),探讨了中日不同文化背景和社会制度下的社区教育功能等。

四、留学教育

20世纪90年代,上海学界对留学教育的研究,主要涉及中国派遣出国留学生的教育、来华留学生的教育、外国的留学教育等。陈学恂和田正平主编的《中国近代教育史资料汇编·留学教育》(上海教育出版社1991年),收辑自1872年至1922年左右中国历次重要的留学教育运动史料。田正平的《嬗变中的留学潮流与民国初年的教育改革》(《华东师范大学学报》1995年第2期),讨论了留学生在民国初年教育改革中所发挥的作用。陈麟辉的《留日运动与中国现代化》(《学术月刊》1995年第6期),是参加上海社联与日本中国社会科学研究会在日本东京联合举办的研讨会上的演讲稿,全面分析了留日运动对中国现代化的推动作用。此外,还有贺芳玲的《容闳与中国早期留学教育》(《上海高教研究》1995年第5期)、谢俊美的《陈兰彬与近代中国留学教育》(《华东师范大学学报》2010年第3期)和张东海的《改革开放前新中国的留学教育》(《比较教育研究》2010年第10期)等。

2000年以后,上海学界开始重视对中国出国留学教育的现状及发展的研究。姜海山、张沧海、吕志清、谢仁业和张秋萍的《自费出国留学及低龄化发展趋势研究》(《教育发展研究》2000 年第 2 期),认为从 1996 年开始,全国形成改革开放以来的第四次出国留学高潮,并对这次出国留学潮的特点、发展趋势及对策进行初步研究。杨晓、田正平的《〈劝学篇〉与 20 世纪初年的留学日本热》(《华东师范大学学报》2000 年第 4 期),对张之洞《劝学篇》中的"游学"思想进行辩证分析,指出《劝学篇》在思想认识层面和实践层面对中国留学教育的影响。陈学飞的《改革开放以来大陆公派留学教育政策的演变及成效》(《复旦教育论坛》2004 年第 3 期),分析了关于人才外流与回归的不同理论和观点,从成本与收益的角度探讨中国公派留学教育成效。周勤健的《对上海留学生工作的思考》(《教育发展研究》2006 年第 15 期),对"十五"期间上海留学生教育的工作进行了总结。

此后,上海学者尝试从微观角度探讨留学教育的具体问题。张民选、黄复生、闫温乐的《大学的收益:留学生教育中的经济学意义》(《教育研究》2008 年第 4 期),探讨了留学生教育的经济收益问题。刘扬、孔繁盛的《海外留学高等教育专业选择问题研究》(《复旦教育论坛》2010 年第 1 期),认为留学专业选择受到留学预期收益率等经济因素的显著影响,并对上述研究结果给予了理论回应及政策建议。占盛丽、孔繁盛的《中国高中生对留学海外高校质量信息的重视程度及其影响因素研究》(《复旦教育论坛》2010 年第 5 期),分析了中国高中生对海外高校质量信息的重视程度,以及可能影响这种重视程度的因素。

2000 年后,上海学者对来华留学教育展开研究,具体涉及来华留学生的有关政策、发展状况和发展趋势等。陈强、郑惠强的《留学生教育发展的思考》(《教育发展研究》2008 年第 1 期),对如何发展医学专业留学生教育进行了思考。褚雷、聂大成的《来华留学生政策执行阻滞问题研究》(《黑龙江高教研究》2008 年第 6 期),探讨了执行来华留学生政策的阻滞现象。李立国、胡莉芳和周平的《来华留学教育发展趋势与战略选择》(《复旦教育论坛》2010 年第 1 期),对未来来华留学生的数量、学历以及国别结构等问题进行了分析和预测。丁笑炯的《来华留学生需要什么样的教育——基于上海市四所高校的数据》(《高等教育研究》2010 年第 6 期),认为目前政府和高校的有关规章制度,多从管理者的视角出发,一定程度上脱离了留学生的需要,造成留学生对来华留学教育的满意度相对较低,从而影响了来华留学的规模。

20 世纪 90 年代中期以后,上海学者开始关注和研究外国留学教育的现状、政策、未来发展趋势及对中国的启示等问题。夏亚峰的《美国的留学生教育现状及其比较研究》(《外国教育资料》1996 年第 3 期),介绍了美国留学生教育现状,分析影响外国留学生未来进一步流入美国的因素,以及美国联邦政府和高等院校所采取的吸引留学生的政策。王留栓的《欧盟国家的高等教育国际化——从大力发展留学生教育谈起》(《外国教育研究》2002 年第 2 期),分别介绍了英国、德国和法国等欧盟国家的留学生教育。杨军红的《若干留学大国的留学生辅助项目研究》(《外国教育研究》2005 年第 5 期),介绍了美国、加拿大和澳大利亚等留学大国的留学生辅助项目。张德强、詹德斌的《韩国外国留学生教育发展的现状与前景——兼议中韩高等交流》(《复旦教育论坛》2007 年第 2 期),指出韩国政府和大学齐心协力致力于发展留学生教育,取得了惊人的成就,但同时也面临很多难以克服的困难,特别是如何改善同中国高等教育交流。徐国兴的《日本大学生海外留学资助制度与政策研究》(《比较教育研究》2010 年第 10 期),分析 21 世纪日本政府采取的多样化的海外留学资助政策。陈曦的《日本高等教育国际化策略——以"留学生 30 万人计划"为例》(《比较教育研究》2010 年第 10 期),通过分析日本的"留学生 30 万人计划",探讨日本政府高等教育国际化策略的特点。丁笑炯的《国际留学生教育的现状与问题——基于莱维特产品分类框架的分析》(《教育发展研究》2010 年第 7 期),认为未来的留学生教育应建立一个系统模型,将各个相关部分有机地结合起来。

第十七章　艺 术 学

1978 年之后，随着国外现代主义艺术信息的大量涌入，上海美术研究打开了国际视野，美术理论研究取得新的发展。在绘画、艺术设计与工艺美术、雕塑与建筑、当代艺术等领域都取得新的突破。由于上海地区得天独厚的地理、商业和文化优势，上海美术研究在城市雕塑、新兴的公共艺术理论、艺术市场理论等领域取得重大的成果，走在全国前列。这些美术理论研究重新探讨艺术与城市的关系，从理论层面剖析这些新课题。

这一时期，音乐表演艺术进一步振兴，开始面向世界。戏剧理论研究方面首先提出中国戏剧的“写意观”，随后开始东西方的比较和探索。20 世纪 80 年代末以后，上海戏剧理论研究掀起中西戏剧比较的热潮。音乐理论探讨与学科研究开始起步发展，主要以音乐美学、音乐社会学和音乐心理学为研究课题。

上海的电影、电视剧以及动画产业在全国萌芽最早，发展最快，相关研究一直走在前沿。从 20 世纪 80 年代开始，整个影视行业的研究和讨论逐渐繁荣和深入。

第一节　美　　术

一、绘画

从 1979 年起，文艺界在对“极左”思潮的批判中，首先强调对现实主义的回归——艺术界迅速出现“伤痕美术”思潮，其次强调对艺术本体与形式美的关注。徐书城的《也谈抽象美》(《美术》1980 年第 10 期)和伍蠡甫的《试论艺术抽象和艺术形式美》(《文艺研究》1983 年第 3 期)等文，阐述形式与艺术之间的关系，认为我国的造型艺术在发展过程中逐渐减弱对物象的反映而增强意境的表达，是中国传统文化的特征之一，不能将其和国外现代抽象艺术混为一谈。

20 世纪 80 年代，随着域外现代主义艺术信息的大量涌入，对各种风格流派的探索和尝试也越来越多，长期以来中国油画提倡的“民族化、民族风格和中国气派”成为上海文艺理论界讨论的重点。1981 年 4 月，中国美协上海分会召开两次油画民族化的学术研讨会。肖峰就“要不要民族化，如何民族化”的问题，在会上作《对于民族化的几点拙见》(《新美术》1982 年第 1 期)的发言，他提出油画民族化不光是形式问题，而且和内容密切相关，以及油画家应当对生活和群众心理有更深入的了解等六个建议。在 1984 年于沈阳举办的第六届全国美展上，上海参展画家、理论家们纷纷献言，邱瑞敏在《自省更新扩张》(《美术》1985 年第 7 期)中提出现代观念像一股巨流，这对艺术家是一种挑战，每个油画家都需要自省、更新、扩张自己的艺术。戴恒扬的《油画的超越之路——兼谈人类性、现代性和民族性》(《美术》1986 年第 7 期)认为中国绘画在新的时间和空间范围内获得焕发出新的创造力的机会。20 世纪 80 年代的上海文艺界，都在自觉反思中国油画艺术的发展历程，寻求新的出路。同时，中国画在当代也处在一个危机与新生、破坏和创造的转折点，中国画家所经历的苦恼、惶惑、反省和深思折射出历史演变的特点，关于中国画创作应当走向何方成为争论热点。1985 年，李小山的《当代中国画之我见》(《江苏画刊》第 7 期)，提出“中国画穷途末路”论，在到底是破旧立新还是改良传统的问题上引起强烈反响,成为引发八五美术新潮的原因之一。丁羲元的《"传统"笔谈》(《美术》1986 年第 3 期)、姜德溥的《塔希主义与中国当代水墨画家》(《美术》1989 年第 1 期)等,认为唯有创新才能突破限制,取得更大自由的视觉形式。

这一时期,上海艺术理论研究集中在文艺内容与形式的关系问题,美的规律问题,文艺中的主体性问题。1986 年,复旦大学出版社出版的《伍蠡甫艺术美学文集》,吴亮的《一个沉湎于思考的艺术家和他友人的对话》系列文章(《文艺评论》1985 年第 3 期、5 期、6 期、8 期、10 期、12 期)都认为,艺术形式应当为艺术内容服务,艺术形式不单纯是客体,而是艺术创造精神的物化,研究形式也是研究社会。钱谷融的《关于艺术性问题——兼评"有意味的形式"》(《文艺理论研究》1986 年第 3 期)进一步将形式与艺术同等看待,认为艺术作品的形式是直接追求。蒋孔阳的《美学与文艺评论集》(上海文艺出版社 1986 年)同样认为,文艺创作既是客观现实的反映,又是主观的自我创造。1983 年人民美术出版社出版的《江丰美术论集》,收集江丰 1939—1982 年间的美术评论、讲话稿等 68 篇,及三本专著《意大利文艺复兴时期的美术》《西洋名画欣赏》《论印象画派》,作者一再呼唤美术家深入生活,到人民群众的沸腾生活中去,重视对生活的发掘和体现。

潘耀昌的《比较·选择·思索——谈我国当代美术文化的特点》(《美术》1986 年第 6 期),徐建融《文人画的审美境界》(《新美术》1986 年第 10 期),都试图从宏观的角度探索每位艺术家不同风格的内在联系。李小山的《"文人画"与南北宗》(《南京艺术学院学报》1987 年第 6 期)梳理文人画出现的历史契机以及南北宗论背后的理论支撑体系。1987 年"清初四僧"的精品展与研讨会,1988 年"林风眠画展"与学术研讨会,1989 年董其昌学术研讨会等,不仅与美术界彼时关注本体相呼应,而且与美术界拨开历史迷雾,重新揭示董其昌艺术被 20 世纪文化变革掩蔽的意义相联系,甚至与国际美术史界的前沿课题相衔接。

20 世纪 90 年代"新文人画"和"现代水墨"的影响也波及上海。上海学者发表一系列文章,徐建融的《山水·音乐·宇宙感——中国山水画美意识抉微》(《文艺研究》1991 年第 3 期)、陈三弟的《水墨画的发展与风格流向》(《美术》1992 年第 6 期)、尚辉的《笔墨与造型的世纪审断——20 世纪水墨人物画的更生与历炼》(《美术》1999 年第 12 期)等,对西方现代艺术的冲击作出思考。

20 世纪 90 年代之后绘画创作进入向艺术自主状态的回归,逐步转向现实生活,更多地关注在开放的文化心态中作品的当代性和精神品格。朱国荣的《平静的海平线》(《美术》1990 年第 9 期)、李天祥的《"二为"和"双百"的美学意义》(《美术》1991 年第 9 期)、徐虹的《方增先和他的水墨世界》(《美术》1990 年第 5 期)等文认为,这一时期的绘画作品反映出上海美术家创作上的成熟。同时对中国的传统艺术的相关研究也仍在继续,陈三弟的《关于士大夫画、僧人画、隐士画以及文人画》(《美术研究》1990 年第 3 期)、丁羲元的《林风眠论稿》(《美术》1990 年第 2 期)、滕亚林的《从魂系黄土到笔墨随时代》(《美术》1998 年第 2 期)、尚辉的《董其昌研究的美学新视角——评明清中国画大师研究丛书之一(董其昌)》(《艺苑(美术版)》1999 年第 5 期)等,无论在史料的整理还是研究方法的出新上,都进入深层发掘的阶段。

这一时期,上海的美术理论研究在中国书画领域取得较大成就,出版数套大型书画理论研究著作。如上海书画出版社 1992 年出版的《中国绘画研究论文集》,汇集多种研究专著;1993 年出版的《中国历代书法论文选续编》和《中国书画全书》,编集和校点自南北朝至晚清的书画理论著作;1999 年出版的《黄宾虹文集》5 卷,是 20 世纪篇幅最大、收集最齐的一部大画家的个人全集。此外,上海书画出版社还出版了《文人画与南北宗画论文汇编》(1989 年)、《中国绘画研究论文集》(1992 年)、《清初四王画派研究:"四王"绘画艺术国际研讨会论文集》(1993 年)和《董其昌研究文集》(1998 年)

等多种大型论文集，汇编大型国际学术研讨会的论文。

2000 年前后，“海上画派”是上海绘画理论的研究重点之一，徐建融的《海上画派的由来》（《南京艺术学院学报》2000 年第 7 期）、邱瑞敏的《感受上海油画》（《上海艺术家》2004 年第 1 期）、尚辉的《论黄宾虹艺术的海派文化特征——20 世纪初海上文化对于确立黄宾虹艺术思想的影响》（《文艺研究》2004 年第 11 期）等一系列文章，回顾上海及周边地区在油画、国画及其他艺术门类的成就。尚辉的《新中国版画的三次审美转换》（《美术观察》2009 年第 12 期）、潘耀昌的《轻快的旋律——新中国水彩画 60 年》（《文艺研究》2010 年第 6 期）等，对新时期的艺术创新进程作一系列研究与探讨。此外，对古代美术史的研究，张蕾的《论明清时期傅山书风的嬗变》（《装饰》2005 年第 11 期）、乃泉的《寄情山水——五代两宋山水画与文化》（《上海艺术家》2006 年第 1 期、2 期、3 期）、傅慧敏的《清代绘画史学的地域特征及其成因探析》（《美术》2010 年第 6 期）等文从新的角度对传统美术进行研究，重新探讨古代文人山水画和人物画与当时社会背景之间的关系。

21 世纪，抽象油画发展出现新的热潮，重点转移到自我的滋养、语言的建构，思考能力的提升以及文化态度、价值归属的重建。从 20 世纪 80 年代的破冰到 90 年代的崛起，再到 21 世纪形式、内容的多样化，艺术家人数、举办活动的频率以及抽象艺术的社会影响力逐步提升，上海的抽象艺术展览也持续出现热潮。2001 年以来，对李旭连续策划“形而上”抽象艺术展这一现象，上海学者进行相关探讨。李旭在《“形而上”的需要》（《艺术当代》2004 年第 2 期）中认为，“中国抽象”应当渗透着本土文明的内在思辨，应当表达出华夏民族的审美情怀。李旭的《都市化时代的中国新艺术》（《时代建筑》2003 年第 1 期）、唐天衣的《色、线、形交错的世界——关于决澜社艺术抽象性语言的启示》（《上海艺术家》2003 年第 3 期）、徐虹的《抽象艺术与中国视角》（《中国文化报》2005 年第 6 期）等文认为，中国抽象艺术的发展是从争取抽象艺术话语权扩展到对华人抽象审美的探索，对抽象艺术的发展起到正面的示范和激励作用。

此外，上海举办众多学术研讨会。如 2004 年 11 月举办“白石·油纪——纪念齐白石诞生 140 周年油画邀请展”和研讨会，以油画的形式来纪念齐白石，并对中国油画如何在新世纪立足当代文化、开拓视野，创造具有时代特征、民族精神和个性特色的艺术进行讨论。2005 年，在“中国意象油画——江（苏）浙沪油画邀请展暨学术研讨会”上，潘公凯提出“油画意象性”概念，认为这是中国民族审美心理对于作为异质油画的整合后在美学层面的体现。2006 年，主题为“现代美学教学在当下发展的状况”的研讨会在刘海粟美术馆召开，对美术教育进行深入的探讨。2007 年，在上海举办的“精神与品味——中国当代写实油画研究展”，全面呈现当代写实油画的创作状态，并围绕“精神与品格”这一关键词，对中国当代写实油画的现实主义精神与艺术品格、如何提高写实油画艺术形式的表现力等问题展开讨论。

二、艺术设计与工艺美术

20 世纪 70 年代末是上海设计现代性的转折期，上海有关艺术设计与工艺美术的研究开始起步。上海工艺美术大致分为雕刻、绣品、织毯、首饰和综合工艺等六个行业。1979 年，上海人民美术出版社创办《实用美术》杂志，为上海续写“中国设计的现代性”奠定基础。20 世纪 80 年代，第一届上海首饰博览会在上海美术馆举办，玉雕、石雕、刺绣等行业的知名手工艺人汇聚一堂。1985 年上海市工业美术设计协会成立，于 1989 年、1991 年举办第一届、第二届学术年会。1990 年首届“上海工艺美术节”引起轰动。

20世纪80年代中期前后，广告业与广告设计飞速发展。1981年上海《中国广告》创刊，1987年《中国广告》第一期发表《广告专业公司面临观念上的变革与更新》，强调要改变传统广告经营思想和经营方式，就要树立现代广告概念。20世纪90年代上海地区的设计艺术研究进一步与国际接轨，1995年上海工业美术协会举办“95海峡两岸工业美术设计学术研讨会展示会”，与台湾地区就现代设计理念展开交流；1998年上海成立平面设计师协会，并于1999年举办上海国际海报设计展，出版刊物《海平面》；1999年上海展览中心举办“中国国际艺术设计博览会”。1996年上海大学美术学院联合上海广告公司、上海广告协会、日本Sign Design环境设计协会举办“96上海新都市空间设计会议”；1998年上海大学美术学院举行“奔向未来”的设计展示活动，包含设计展览、国际学术研讨会、艺术设计社会咨询等方面。

进入21世纪，上海在城市环境与空间设计、轨道交通设计及导识设计系统等方面得到全面提升，重视地方人文精神的植入，相关研究更为注重与城市文化相结合。邵屏的《设计的文化与中国情结》(《上海艺术家》2001年第6期)从文化历史和多民族优势角度解读设计应当如何与民族传统相结合，李婷、薛长命的《徐家汇商圈的商业空间形态》(《上海艺术家》2003年第3期)以徐家汇商圈为例分析商业建筑如何共同发挥其独特的商业空间价值。黄展、毕悦平的《店面设计中文化、传统与品位——解读上海商街店面的“个性”设计》(《上海艺术家》2003年第3期)和郭力《商街视觉设计与规划》(《上海艺术家》2003年第3期)，为上海的商街视觉设计提出建议。陆慧、彭才年的《20世纪30年代老上海月份牌广告画特征研究》(《美术研究》2006年第4期)，孟祥勇的《论设计与民生之美》(《艺术工作》2010年第4期)，张榉文的《城市景观设计的视觉感知质量探究》(《美苑》2010年第5期)等文认为上海文化的特色就是“兼收并蓄”，以自身历史和现实变化为主导的文化，融入当下世界性的设计文化语境体系。

这一时期上海学界对符号学及其在工业设计、服装图案、线条设计和平面设计方面的运用和创新进行探索。张宪荣、耿新颜的《工业设计的符号学审视》(《包装工程》2002年第3期)以符号理论解决工业设计的认识论与方法论问题，并以建立工业设计部门符号学为最终目的。谢未的《服装设计中格子图案的应用解析》(《艺术工作》2006年第6期)从格子图案的起源、格子图案的设计感与心理因素、格子图案与服装设计的关系等多个层面分析格子图案的应用。丁瑛的《“线”的韵律和流动——浅议礼服的线型设计表现》(《装饰》2008年第1期)认为在礼服设计中的表现主要体现在造型线和装饰线两方面的应用上，由此引申出对服装设计的关注和拓展。许承兴的《后现代主义平面设计刍议》(《装饰》2008年第11期)分析后现代主义平面设计的先进性。汤义勇的《论图形设计中的逆向思维与创意表现》(《装饰》2008年第12期)运用方向逆向、属性逆向、原理逆向、悖论等思维方法展开深入的分析与研究，进一步拓展图形创意与表现的空间。杜士英的《视觉符号的性质与特征》(《艺术工作》2010年第6期)从语言符号和视觉符号的区别以及现代社会的文化背景中分析视觉符号的性质和特征。吴增义的《联想设计思维探讨》(《装饰》2007年第7期)提出联想思维是设计构思中灵感来源的重要思维，是设计的研究对象，是决定设计师成功的重要前提。赵前、赵鹏的《小议新艺术运动创新的扩散》(《装饰》2010年第9期)分析新艺术运动创新的属性与动力，及其扩散中的信息反馈和扩散中止的主要原因。

随着改革开放的深入，上海工艺美术一直以地方特色产品为主导，2000年前后工艺美术理论研究也开始起步，并结合非物质文化遗产的保护方式，积极开展传统工艺美术的保护和发展工作。丁斌的《青花瓷装饰艺术之美》(《上海艺术家》2005年第2期)、肖吟新的《中国古陶瓷的美学意蕴》(《上海艺术家》2005年第3期、李书琴的《中国瓷器与18世纪中西经济美术文化的交流和互动》

(《美术研究》2005 年第 4 期)分析“中国风”的起因,影响 18 世纪中西经济和美术文化交流与互动的因素和中国外销瓷器艺术的西化特征。陶雄的《民间蓝印花布之传统元素解读》(《上海艺术家》2007 年第 5 期)、朱玉成的《工艺美术产业发展空间思考》(《美术观察》2007 年第 7 期)指出工艺美术应该在发展传统产品的同时开发工艺美术新领域,搞大工艺美术。

三、雕塑与建筑

20 世纪 80 年代之后,雕塑艺术明显摆脱“文化大革命”的影响,出现新的发展。1981 年举办的“上海市城市雕塑设计展”,展出为上海 10 个城市雕塑规划布点创作的 100 多件雕塑设计稿和设计图,为上海城市雕塑的大发展揭开序幕。

随着城市雕塑的数量不断增长,有关城市雕塑的讨论成为学术界争论的焦点。郭小苓的《雕塑与建筑空间》(《美术》1983 年第 8 期)、章明的《园林中的雕塑》(《美术》1983 年第 8 期)、章永浩的《规划・环境・底座——谈城市雕塑创作中的几个问题》(《美术》1986 年第 4 期)、蒋铁骊的《困惑与尴尬中的承诺(续)——对现代雕塑若干问题的断想》(《艺术工作》1996 年第 2 期)等研究雕塑艺术与城市和所在环境之间的关系,认为雕塑不是孤立的而是与环境共生的。

20 世纪 90 年代,上海关于雕塑艺术的研究愈加关注雕塑作为公共空间中的艺术如何与人和环境相融合。1992 年,知识出版社出版的《上海城市雕塑》图集,是上海有史以来第一本专题反映城市雕塑的摄影图集,从不同角度阐述上海城市雕塑的发展历史和现状,探讨上海城市雕塑在选址与空间环境等方面的成败。1998 年,上海城市雕塑国际研讨会举行,国内外 14 位雕塑艺术家和艺术评论家就“雕塑和环境”这一主题展开交流。会上提出的“城市雕塑不是雕塑家个性的展现,它的审美趣味应是面向普通公众”的观点影响至今。1998 年,上海画报出版社收集自 1991 年至 1997 年间建立在上海的城市雕塑中较为优秀的 72 件作品,出版《上海城市雕塑(第二辑)》(知识出版社),形象地展现上海在“一年一个样,三年大变样”的高速发展时期城市雕塑的新风采。1999 年,《雕塑与环境》(上海书画出版社)汇集了 20 世纪 80 年代以来上海的雕塑家、评论家、美术家撰写的有关城市雕塑的评论、介绍和创作体会,以及中外艺术家在上海作学术考察、访问时所写的文章。进入 21 世纪之后,浦东地区的城市雕塑取得长足进步,雕塑公园也逐渐兴起,上海城市雕塑对外交流频繁,2005 年举办上海国际城市雕塑双年展,同时还举办双年展文论活动,收录在《2005 上海国际城市雕塑双年展》(东华大学出版社 2005 年)一书中。

在有关建筑的研究中,1984 年,陈从周的《说园》(同济大学出版社),围绕园林如何构成艺术与技术的和谐统一主题展开论述。1988 年,陈从周、章明主编的《上海近代建筑史稿》(上海三联书店)是第一本有关上海建筑的专著。1991 年,上海文化出版社出版的《东方巴黎——近代上海建筑史话》,收集 17 篇有关上海近代建筑的论文,从各个角度阐述上海建筑的故事。1997 年,伍江的《上海百年建筑史》(同济大学出版社),首次将上海建筑史置于世界建筑史之中进行分析研究。进入 21 世纪之后,关于加强上海建筑与城市精神之间的关系的探讨层出不穷。2003 年,市建委举办“当代上海城市建设与城市精神学术座谈会”,探讨城市精神的内涵、特点,城市建设与城市精神,城市精神培育塑造的途径和渠道。相关成果还有曹伟明的《上海城市精神的载体——历史名镇朱家角》(《探索与争鸣》第 5 期),夏明、武云霞的《地域特征与上海城市更新——上海近代建筑选评》(中国建筑工业出版社 2010 年)等。

四、当代艺术

20 世纪 90 年代，上海学界对当代艺术的研究开始起步，“新潮美术”成为讨论焦点。相关讨论包括：张祖英的《中国新写实主义油画的崛起》(《美术研究》1990 年第 1 期)、蔡若虹的《分歧在于不同立场》(《文艺报》1991 年 4 月)；徐芒耀的《对二十世纪现代油画艺术的思考》(《新美术》1993 年第 4 期)等，认为艺术家在致力探寻自我风格创新的同时，还要密切关注外部世界 21 世纪发展新动向。关于艺术批评和美术史的研究也取得进展，江俊绪的《艺术批评的着眼点是艺术美》(《上海艺术家》1995 年第 5 期)认为艺术批评的基点和着眼点是艺术美。汉斯·伯尔丁、张长虹的《艺术史终结了吗?》(《新美术》1997 年第 1 期)认为艺术史要解决的是一个全新的问题：是什么构成一个“图像”，又是什么使得它在特定时刻成为使人信服的视觉“真实”。此外，祝君波的《中国艺术品拍卖市场的局限》(《上海艺术家》1997 年第 3 期)从经济水平的局限、收藏家的经济能力和文化水准的局限、艺术存量的局限等方面分析中国艺术品拍卖市场之所以有局限的原因。

1996 年，上海开始举办双年展，学界也展开关于当代艺术的批评和对评价体系反思，王洪义的《当代美术评价标准对话》(《美苑》1998 年第 5 期)，以对话的形式探讨当代艺术应当具有的新的评价体系。汪涤的《交往与认同——当代艺术批评的意义》(《上海艺术家》2003 年第 2 期)，认为当代美术作品已经延伸到广阔的文化领域。尚辉的《中国当代美术批评体系的历史积累与现实整合》(《美术观察》2010 年第 5 期)，认为中国的评价方法经历由西方美学思潮影响的三种审美准则和评价方法。这些研究对当代艺术进行重新审视，意在建立新的艺术批评体系。

2000 年以后，上海学界对当代艺术表达方式的讨论也在继续，同时，也包括对当代艺术的走向、形式、理论等其他方面的探索。汪洋的《当代年轻艺术家使命的思考》(《美苑》2000 年第 2 期)，鲁虹、孙振华的《实验水墨向何处去》(《画刊》2005 年第 8 期)，李晓的《行进在从边缘渐入主流的征途中——从上海双年展看当代前卫艺术的发展》(《上海艺术家》2007 年第 6 期)等文，通过回顾当代艺术的发展轨迹，讨论当代艺术的发展道路。当代艺术有别于传统艺术在于其形式的多样性，王洪义的《形式浅说》(《美苑》1999 年第 1—6 期)，江梅的《深度呼吸——探寻中国当代艺术中的女性力量》(《画刊》2008 年第 4 期)、《他人的世界——当代艺术的上海视野》(《画刊》2008 年第 9 期)，刘柒否的《技术与中国当代艺术(节选)》(《雕塑》2010 年第 5 期)等从不同的视角对当代艺术在思想形式和技术层面进行探索。

当代艺术的理论研究，上海学界主要从市场、形式、艺术主体及未来走向等方面展开。倪卫华的《当代艺术中的有效交往》(《美苑》1995 年第 4 期)、尚辉的《新中国美术所蕴含的中国美术价值观》(《美术观察》2010 年第 2 期)、潘耀昌的《从一元论到多元主义——关于美术史研究的中心论》(《美术观察》2006 年第 12 期)等文，从打破“西方中心论”的角度，主张文化的各自独立性，提出建立更多元的美术史观。2000 年以后，针对多种当代艺术展览，各类名目的拍卖会，群起的画廊为代表的艺术市场，上海学界展开一系列研究。徐虹的《艺术家·批评家·收藏家·画商》(《美术观察》2000 年第 9 期)、徐龙森的《画廊的文化身份与生存空间》(《上海艺术家》2003 年 Z1 期)、许志浩《中国书画拍卖市场回顾与未来》(《上海艺术家》2003 年 Z1 期)等文分析艺术品与拍卖行、画廊、艺术家之间的关系，研究艺术品与市场之间的关系。徐芒耀的《有待完善的中国艺术品市场》(《上海艺术家》2006 年第 1 期)参照西方艺术品市场体系，提出评论家应成为艺术品市场的一分子，增强画廊在艺术品市场中的作用，为艺术作品建档案等方式来完善中国艺术品市场。

这一时期,新兴的公共艺术因其宽泛的形式和表达形态引起理论界的广泛讨论。1998 年,上海大学美术学院召开“人、环境、科技——公共艺术设计国际研讨会”,探讨公共艺术的特征和发展趋势。潘耀昌的《公共艺术和民主意识》(《美术观察》2005 年 11 期)、李晓峰的《中国公共艺术的公共性与艺术性》(《公共艺术》2009 年第 1 期)等从理论层面剖析公共艺术这个新兴的艺术门类,并为公共艺术未来的发展走向提出合理化建议。

第二节　表　　演

一、戏剧理论

上海地区在戏曲理论研究方面底蕴深厚。20 世纪 70 年代以后,上海学界开始新的探索,讨论怎样从封闭走向开放,从单一化走向多元化。1981 年,黄佐临在《斯坦尼、布莱希特、梅兰芳戏剧观比较》(《人民日报》1981 年 8 月 12 日)中提出的“斯坦尼、布莱希特、梅兰芳三大戏剧体系”的观点风行一时,改变斯坦尼斯拉夫斯基体系一统天下的局面,反映戏剧理论走向多元化的趋势。1987 年,他导演的《中国梦》则是他提倡的写意戏剧观的一个实践。1990 年,《我与写意戏剧观》(中国戏剧出版社),详细阐述黄佐临的中国戏剧的“写意观”,强调中国戏剧的审美独特性。

20 世纪 80 年代末以后,上海戏剧理论研究掀起中西戏剧比较的热潮。1992 年,蓝凡的《中西戏剧比较论稿》(学林出版社),1993 年,周宁的《比较戏剧学：中西戏剧话语模式研究》(上海社会科学院出版社),均以 20 世纪 80 年代初的“美学热”和“戏剧观念解放”使中国戏曲美学回到戏剧美学的中心地位为背景,试图将“中西戏剧比较”系统化、学科化。2000 年,卢昂的《东西方戏剧的比较与融合——从舞台假定性的创造看民族戏剧的构建》(上海社会科学院出版社),重新探索东西方在戏剧方面的审美思想和异同。

二、声乐理论

1978 年是中国声乐发展的重要转折期,上海音乐与歌剧的创作从严格保守的审查制度中解放出来,同时第八届“上海之春国际音乐节”恢复举办,上海音乐又重新开始新的路途。但声乐的创作与演出没有太大突破,仍停留在浪漫主义的创作风格之中,声乐理论研究还处在萌芽阶段。

20 世纪 80 年代初,上海音乐院校开始招生,西方的音乐创作技术传入中国,上海音乐的创作有新的突破,开始出现无调性、多调性等不同调性作曲法以及序列作曲法,理论探讨与学科研究也开始起步,以音乐美学、音乐社会学和音乐心理学研究为主要研究课题。1981 年,罗传开的《音乐社会学》(《音乐研究》第 4 期)回顾西方的音乐社会学,认为运用与社会学有关的理论和方法,对音乐形态进行调查研究,从而阐明音乐文化的规律,是音乐社会学的重要课题。这一时期大量“通俗音乐”和“新潮音乐”出现,“轻音乐热”“交响乐热”兴起。1980 年 5 月,在“上海之春”音乐民族性和时代性学术座谈会上,钱仁康的《关于音乐的地方性、民族性和国际性》,李曦微的《继承、借鉴、创新——兼谈音乐的民族性与时代性》、瞿维的《从聂耳、冼星海的创作看民族性与时代性的结合》等文,讨论音乐创作中的民族性、时代性、国际性等方面的问题,探讨未来中国音乐的方向;蒋一民的《关于我国音乐文化落后原因的探讨》、李佺民的《对音乐民族性与时代性问题的看法》、周大风的《走自己的路》等文章,则从现在中国音乐的缺失入手,指出当前民族音乐、流行音乐以及音乐创作存在的问题。

在1982年举行的第十届“上海之春国际音乐节”上,朱践耳使用多调性创作的《黔岭素描》引起轰动,这是全国第一部采用多调性创作手法的作品。1986年,朱践耳再次使用多调性创作《纳西一奇》。这一时期,市文化局、中国音乐家协会上海分会和中国舞蹈家协会上海分会就歌剧、舞剧音乐、民族音乐、声乐、交响音乐、轻音乐以及音乐的革命化、民族化、群众化问题进行专题座谈。1986年,朱践耳在第十二届“上海之春国际音乐节”上演奏首次以序列作曲法创作的《第一交响曲》再次引起轰动。

20世纪80年代之后,迎来音乐理论成果的丰收期,大量理论专业书籍出版。音乐史方面有沈知白的《中国音乐史纲要》(上海文艺出版社1982年)、夏野的《中国古代音乐史简编》(上海音乐出版社1989年)、庄永平的《戏曲音乐史概述》(上海音乐出版社1990年)等,这些著作整理东西方以及各种门类的音乐历史,为音乐理论的完善打下基础。民族音乐方面,上海音乐理论界也作出新的探索。连波的《弹词音乐初探》(上海文艺出版社1979年)、江明惇的《汉族民歌概论》(上海音乐出版社1982年),从民歌的体裁、民歌的旋律等方面对汉族民歌作出初步探索。胡登跳的《民族管弦乐法》(上海文艺出版社1982年),是通过乐器法与配器法两部分来指导学习和了解民族乐器(包括配器)的学术著作。叶栋著的《民族乐器的体裁与形式》(上海文艺出版社1983年),介绍中华人民共和国成立以来各乐种有关传统乐曲加工改编的情况,并比较1949年前后两个三十年中民族器乐曲改编、创作的乐曲数量、创作倾向、结构形式。叶栋的《唐代音乐与古谱译读》(山西社会科学院出版社1985年)收录作者唐乐古谱译读方面的主要论著和译谱。此外,上海音乐出版社出版的薄海森的《淮剧音乐及其唱腔流派》(1987年),朱介生、徐音萍的《沪剧音乐简述》(1988年),李民雄的《民族器乐概论》(1997年)等作品,都总结各个地区和门类的民族音乐形式、流派、唱腔和发展历史,推动民族音乐的理论体系进一步完善和深化。

在歌剧理论研究方面,1982年,中国音乐家协会上海分会成立歌剧舞剧小组,探究歌剧创作与理论问题。是年,中国音乐家协会上海分会、上海歌剧院、上海音乐学院音乐研究所联合主办《歌剧艺术研究》期刊(后更名为《歌剧》),张易为首任主编。该刊是中国歌剧界迄今唯一的理论刊物,创办以来,涌现出诸如《奔月》《金舞银饰》等优秀歌剧作品,同时也为中国歌剧界提供理论园地。焦杰的《歌剧美的探索》(上海音乐学院音乐研究所1982年)、贺绿汀的《关于演外国歌剧的问题》(《音乐艺术》1984年第4期)认为,创作者不但要透彻研究自己民族的音乐与歌剧,还要从感性、理性上透彻研究外国著名歌剧。

为振兴民族音乐,上海江南丝竹学会于1987年1月成立,同年5月举行首届海内外“江南丝竹”创作与演奏比赛。同年,上海音乐学院音乐研究所开展音乐心身学、音乐治疗学以及综合音乐治疗学等专题学术项目的探索与研究。成果主要包括朱少坤的《关于“音乐心身学”的探讨——气功的功效与音乐艺术的创作和表演》、王万涛的《关于音乐心身学及其分支学科——综合音乐治疗学的探索与构想》等。1988年2月16日晚,上海电视二台《医药顾问》节目首次播出由王万涛与上海电视二台协作拍摄的《音乐与健康》,就中华综合音乐疗法进行介绍。

20世纪90年代之后,上海音坛创作质与量都有显著提高。朱践耳创作的《第四交响曲》把浓郁的民族气息与当代作曲技法糅合在一起。同时,上海音乐界与海外同行的交流颇为活跃,对重要音乐家的文论作品进行整理和研究,并对音乐中发展的许多情况进行讨论。1990年,上海音乐出版社出版陈聆群、齐毓怡、戴鹏海编订的《萧友梅音乐文集》。

20世纪90年代初,为研究进一步开展民族音乐的创作问题,上海音乐家协会举行各种座谈会,邀请作曲、指挥等有关人员就创作、演出、指挥、训练等问题进行探讨。同时，在开展民间器乐集成工作方面，搜集和挖掘出不少民间乐曲。1991 年 4 月 8 日，由上海音乐家协会、中国电影音乐学会、上海电影家协会、上海电影乐团联合举行“王云阶音乐艺术生涯 60 年”学术研讨会，讨论总结评价王云阶为中国电影音乐、交响乐的发展所作出的贡献。5 月，上海音乐家协会理论创作委员会、第十四届“上海之春国际音乐节”艺术委员会理论组举办题为“作曲家与当代音乐生活”的大型理论研讨会。同时，谭冰若、罗传开等人再次为建造上海的现代化音乐厅、歌剧院发出呼吁。是年，在“丁善德音乐生涯 60 周年”作品研讨会上，从不同角度对丁善德音乐作品的美学原则、艺术风格、作曲技法和历史地位等进行总结和论述。11—12 月，为纪念莫扎特逝世 200 周年，上海音乐界多次举行学术报告会，向群众介绍莫扎特的音乐创作和艺术风格。

这一时期，通俗音乐理论成为研究热点。1991 年 11 月 1 日，上海亚洲音乐节“促进亚洲大众歌曲创作研讨会”举行，谭冰若、杨立青分别以《中国流行歌曲近十年的发展及其趋向》和《有关通俗音乐的几点思考》为题发言。各国和部分地区代表就各自的通俗歌曲创作、表演状况进行交流。

随着运用电脑进行音乐创作的发展，1992 年 1 月，在上海交通大学举行“华东首届电脑音乐演示研讨会”，介绍国内外电脑音乐的发展情况和对未来前景的展望。2000 年，“网络时代亚洲音乐的发展”学术研讨会召开，认为在音乐文化方面，网络对音乐创作、音像的制作、生产、销售、流通等各个环节的传统方法和模式也产生不可忽视的影响，是亚洲首次举办的以音乐文化与网络发展为主题的研讨会。2000 年以后，上海音乐理论的研究取得许多重要成果。2007 年，上海音乐学院出版社出版一系列音乐研究专著，包括孙继南的《黎锦晖与黎派音乐》、汤亚汀的《上海犹太社区的音乐生活》、齐琨的《历史地阐释：上海南汇丝竹乐清音的传承与变迁研究》等。此外，还出版有韦兹朋的《江南丝竹音乐在上海》(2008 年)、施祥生的《沪剧：传统戏曲在现代上海》(2009 年)、洛秦编撰的《海上回音叙事》(2010 年)等。2007 年，上海音乐家协会编著的《海上新梦》(上海音乐出版社)作品集，推出本土的原创音乐作品，至 2010 年出版 4 刊，为“上海之春国际音乐节”推出大量优秀音乐家与音乐作品，并发掘出方琼、段皑皑、廖昌永、熊亦菲、于丽江等原创音乐家。

三、舞蹈理论

1979 年，上海市舞蹈学校以芭蕾舞科毕业生(原《白毛女》剧组)组成上海芭蕾舞团，是年，又以民族舞科毕业生组成上海歌舞团，与上海歌剧院舞剧团鼎足而立。20 世纪 80 年代以来，上海在舞蹈理论研究方面主要是通过舞蹈创作，探讨舞蹈的发展模式，取得许多重要成就。这一时期，上海舞蹈艺术家开始对既有中国特色和上海风格，又和当代审美情趣相结合的舞蹈模式进行探索。在舞剧方面出现两种探索倾向：一是充分继承《小刀会》的传统，同时在技法上广采博纳，发展民族舞剧，其代表是李仲林和他的合作者，先后创作《凤鸣岐山》《木兰飘香》《山窟奇缘》《大秦王朝》等舞剧；二是强调用现代意识发展中国舞剧新模式，舒巧和她的合作者在《奔月》以后，创作出舞剧《画皮》《岳飞》《胭脂扣》《三毛》等。1979 年，舒巧、仲林等人编导的舞剧《奔月》，将中国的古典舞与芭蕾舞、现代舞的舞蹈语言融为一体。《凤鸣岐山》将民间戏曲、武术杂技、体操击剑、芭蕾和现代舞融会贯通。《金舞银饰》是一部边缘性作品，将历史上 24 个朝代，近 400 套服饰展现出来，是舞蹈艺术与服饰文化的交融。

芭蕾舞剧也呈现多姿多彩的倾向，一方面，胡蓉蓉在《白毛女》的基础上，进一步大胆创新，创作出芭蕾舞剧《雷雨》；另一方面是从结构和表演语言上，对古典芭蕾作更大的突破，淡化情节，崇尚抽象风格,代表性作品有蔡国英等人创作《阿Q》《土风的启示》等。李晓筠采用新的技巧,创作中国古典舞。胡嘉禄强调前卫意识,追求哲理性,1988年推出《胡嘉禄现代舞作品晚会》。1985—1990年间,上海舞剧院创作的大型舞剧《大禹的传说》和《吴越春秋》,对交响编舞法进行探索。大型舞蹈服饰表演《金舞银饰》首创边缘艺术的舞台表演形式。《苏武》的创作演出,使舞剧的编舞和发挥演员在舞剧的作用上达到一个新的高度。改革开放以来的舞蹈演员有更多展露才华的机会。上海的舞蹈演出遍及亚、非、拉、欧、美、澳各大洲。

第三节　影　　视

一、电影

1977年始,上海电影逐渐从荒芜中走出,恢复上海电影制片厂、上海美术电影制片厂、上海科学教育电影制片厂、上海电影译制厂等,创作生产初步走上正轨。同时也恢复在全国有影响的电影报刊:《大众电影》《上影画报》《电影故事》《电影新作》《国际银幕》和《中国电影时报》(后改为《文汇电影时报》)。电影艺术家开始关注电影的本体特征,并对电影美学的追求和电影语言的创新进行探索,取得很大的成绩。

1980年之后,上海首先开展"电影的文学性和文学价值"的讨论。张骏祥提出"电影就是文学——用电影表现手段完成的文学"的观点,发表《用电影表现手段完成的文学》(《电影文化》1980年第2期),认为许多影片的艺术质量不高,根本问题还不在于表现手法的陈旧,而在于作品的文学价值不高,在中国电影界引起强烈反响。1983年,张骏祥又发表《再谈电影文学与电影的文学价值》(《电影新作》第4期),明确指出文学价值对影片的成功起着决定性的作用。

在外国新兴电影艺术潮流的冲击下,1984—1986年,全国出现探索电影,中国电影形成引人注目的"新浪潮"。探索电影的研究者对传统电影创作理论也提出质疑,1986年,爆发"谢晋模式"的讨论。1986年7月18日,《文汇报》副刊《影视与戏剧》发表江俊绪的《谢晋电影属于时代和观众》和朱大可的《谢晋电影模式的缺陷》,从而引发关于谢晋电影的讨论。前者认为谢晋电影充满强烈的历史使命感、忧患意识和时代感,揭示时代和社会的重大矛盾。后者认为"谢晋模式"体现"以煽动性为最高目标的陈旧美学意识""烙着俗电影的印记"。同年8月15日,《解放日报》刊登题为《谢晋笑谈"谢晋电影模式"》的报道,谢晋主张艺术上不同流派、风格、样式的作品共存,直言不存在什么"谢晋电影模式"。这场争论对以谢晋为代表的中国现实主义电影创作道路产生重要影响。

20世纪80年代以后,上海电影研究成为学界广受注目的课题。1981年,陈青生的《"孤岛"时期的上海电影》(《电影艺术》第8期)追溯上海"孤岛"时期电影市场和文化发展的历史。1992年,张振华的《"上海电影"的诞生及其美学特征》(《电影艺术》第3期)总结制约上海电影发展的因素及其三大美学特征,认为上海电影应当突破自身负面因素。

20世纪90年代以后,上海电影界对影响上海电影产业的各种因素进行研究。1992年的"期待电影经济的繁荣——上海电影经济研讨会",对电影经济、电影市场的问题作出思考与回答,从经济和市场的角度提出一系列措施和建议。1999年,马宁的《新主流电影:对国产电影的一个建议》(《当代电影》1999年第4期),指出面临好莱坞电影的直接竞争,更应该考虑制作低成本的有新意的国产电影,发挥国产电影的主场作用。2004年6月2—3日,上海大学、上海电影集团公司、中国电影评论学会和上海国际电影节办公室举办"全球化语境中电影美学与理论新趋势"国际学术研讨会。

2000年以后，与这一时期文化研究热相关的上海电影文化身份的认同研究成为热点，陈犀禾的《怀旧电影与上海文化身份的重构》（《上海大学学报》2006年第3期），深入探讨电影对上海人意识活动所形成的影响，以及对上海这座城市的物质文化生活所发生的作用。冯果的《"上海小资"与"小资电影"》（《当代电影》2007年第5期）通过电影《苏州河》分析娄烨建构的上海"小资空间"。关于强调视听模式和感官反应的研究，曲春景的《中国电影史研究中的"感官文化学派"——以美国学者为主的上海早期电影研究》（《文艺研究》2006年10期）对这一学派进行总体评述。

1978年以后，上海动画电影出现第二个创作高峰。1979年，上海美术电影制片厂制作的《哪吒闹海》问世，是国内第一部大型彩色宽银幕动画长片，在表现形式上吸收民间年画的艺术手法，揭开动画电影新的一页。20世纪80年代起，中国民族风格的动画电影继续得到发展，拍摄方式也日趋丰富多样。上海美术电影制片厂与国际动画电影接轨，开始制作多集系列动画片，如《黑猫警长》《邋遢大王奇遇记》《葫芦兄弟》等，标志着上海动画电影的创作发展进入一个新的阶段。1980年，上海电影制片厂的动画片《金猴降妖》获得多个国际国内奖项。同年，根据中国传统民间谚语"一个和尚挑水喝，两个和尚抬水吃，三个和尚没水喝"的寓言，上海电影制片厂摄制动画片《三个和尚》，影片把西方动画片的现代漫画手法巧妙地融合在民族风格中。1989年12月，首届上海国际动画节举办，37个国家和地区的354部影片报名参赛，上海美术电影制片厂摄制的水墨动画片《山水情》荣获本届国际动画电影节大奖。20世纪90年代，上海美术电影制片厂与国际动画界联手合作，先后与国外合拍《白雪公主与青蛙王子》《夜莺》《环游地球80天》等影片。1995年，上海电影制片厂开始全面走向市场，自筹资金，自找市场，与上海教育电视台、上海华侨交流公司联合摄制百集系列动画片《自古英雄出少年》。1999年，制作长达四年之久的动画片《宝莲灯》面世。徐强的《〈宝莲灯〉：开创中国动画电影的新路》（《吉林艺术学院学报》2001年第6期）讨论《宝莲灯》在中国动画史上的开创性意义，以及未来中国动画的走向。

二、电视剧

20世纪80年代前期，随着电视机的普及和电视剧创作的繁荣，上海电视剧工作者意识到理论的重要性，展开对电视剧理论的研究。1983年，奚里德的《电视・电视剧》（《电视文艺》第6期）总结电视与影院在观赏方式、特点等方面的差异。1988年，上海市广播电视学会成立，为提高电视剧制作的艺术质量，召开电视剧艺术座谈会。余秋雨、吴淞、花建分别作《怎样增强电视剧的吸引力》《屏幕的空间探索》《电视剧社会学》的专题发言，讨论电视剧创作观念和创作手法等问题。同年2月13日，中国视协上海分会和上海电视评论学会在上海电视台联合举办电视评论"金羽奖"授奖晚会，鼓励和推动电视评论。1989年，上海广播电视局研究会召开"城市电视剧理论研讨会"，旨在总结上海电视台电视剧的创作特色，进一步提高上海电视剧的创作水平。

20世纪90年代前后，电视剧理论呈多向探索之态。"符号学""传播学""语言学""系统论""接受学""信息论"等，成为理论界探索电视剧发展的方式和方法。在"1991年家庭伦理剧观摩研讨会"上，与会代表在观摩《渴望》等10余部中外电视录像片之后，围绕家庭伦理剧创作的一系列问题进行讨论。此后，上海举办多次学术研讨会，成为电视理论研究的重要平台。1996年，第六届上海电视节举办以"电视——迎接21世纪的挑战"为主题的学术研讨会，讨论围绕"21世纪电视发展展望""在观念技术更迭加快的今天，如何对待传统""影视合流如何为上海电视事业走向21世纪增强实力”等专题展开,还举办“制片人和市场”“广告艺术与技术”为内容的日本电视广告艺术专题讲座和电视专题展映活动。1998 年 5 月 24—25 日,中央电视台、上海电视台联合举办的“跨世纪的都市电视理论研讨会”召开,对 21 世纪都市电视的运作机制、区域定位、发展趋势等问题进行深层次的探讨。2005 年,第十一届上海电视节“白玉兰”国际电视论坛举办,由白玉兰论坛、白玉兰报告、白玉兰调查三部分组成。2008 年,上海电视节“白玉兰”国际电视论坛由特别论坛“我们在现场・媒体的责任”和专业研讨“抓住未来:电视如何吸引年轻观众”“未来电视——新媒体环境下内容产业的整合与开发”“投资未来——传媒运作的现状和愿景”等组成。

第十八章　军 事 学

1978 年改革开放以后，上海的军事学研究重新焕发生机，取得长足进步。在军事学的各个领域中，都有诸多新拓展新成果；军事思想、军事历史、军队政治工作学、国防建设学等学科的研究，在全国全军都走了在前列；若干新兴交叉学科如军事伦理学、军事政治学、国防经济学、军事心理学、军队管理学、军事人才学、军事卫勤学、军事信息管理学等，若干特色研究领域如马克思主义军事理论中国化研究、军事认识论研究、孙子兵学研究、农民战争史研究、冷战军事史研究等，都涌现出一批高水平专家和高质量成果，在全国以至全世界具有一定影响。

第一节　军 事 思 想

一、军事哲学

20 世纪 80 年代，上海学术界从研究毛泽东军事哲学（军事辩证法）起步，推动了军事哲学的勃兴。1983 年，余子道、李成蹊分别在《复旦学报》第 6 期发表《论毛泽东军事哲学》《学习毛泽东的分析和综合的辩证方法——再读〈论持久战〉》两篇论文，拉开了上海学术界研究毛泽东军事哲学的序幕。先后发表的几十篇专题论文中，关于毛泽东军事哲学的占了大多数，主要有李成蹊的《学习毛泽东军事著作中的认识论思想》（《毛泽东思想研究》1984 年第 1 期）、余子道的《中国革命战争与毛泽东军事哲学》（《军事历史研究》1986 年第 1 期）、佟明忠的《毛泽东与克劳塞维茨研究战争方法的比较》（《毛泽东邓小平理论研究》1987 年第 6 期）、刘芳的《试论毛泽东军事哲学的方法论特色》（《空军政治学院学报》1987 年第 6 期）等。1987 年，佟明忠的《试论军事辩证法的地位、对象和理论体系》（《空军政治学院学报》第 4 期），对军事辩证法的基础理论问题进行系统阐述。学者还运用军事哲学思想研究战争基本问题，提出了一些富于创见的思想，如奚纪荣、胡光楣、徐渭滨的《论集中兵力中的数量、质量关系及其效益尺度》（《毛泽东军事思想研究》1989 年第 1 期）等。

20 世纪 90 年代是军事哲学发展的鼎盛期，关于毛泽东军事哲学、军事认识论、军事哲学基本问题等研究都有长足进步。军事认识论研究是这一时期最突出的成就，也是上海学者的独特学术贡献。1992 年开始，《军事历史研究》开设“军事认识论”专栏，先后发表一系列学术论文，主要有张家驹的《关于军事认识论研究的构想》（1992 年第 1 期）、张雄的《论军事行为的起源及其观念形态》（1992 年第 1 期）、楼焕甲的《略论军事认识的基本矛盾》（1992 年第 2 期）、张文忠的《试论军事认识主客体的规定性》（1992 年第 2 期）、杨远富的《略论军事认识的检验和发展》（1992 年第 4 期）、刘源沥的《军事认识的精确性和模糊性》（1993 年第 1 期）等。同一时期，研究者还在其他刊物发表多篇论文，如张家驹、刘立新的《试论军事辩证法与军事认识论的学科关系》（《毛泽东军事思想研究》1992 年第 2 期），张雄的《邓小平对毛泽东军事认识论思想的继承和发展》（《江淮论坛》1993 年第 6 期）等。1994 年，张家驹、楼焕甲主编的《军事认识论》（解放军出版社），是第一部关于军事认识论的专著。关于毛泽东军事哲学的研究，还有杨南忠的《论毛泽东军事战略思想中的矛盾分析方法》（《毛泽东邓小平理论研究》1991 年第 1 期）、颜剑辉的《毛泽东攻防理论的哲学特色》（《空军政治学院学报》1992 年第 4 期)等。军事哲学基本问题特别是战争理论的研究,主要有佟明忠的《论战争与和平的利益决定规律》(《社会科学》1990 年第 2 期)、张家驹的《论战争指导规律及其与指导战争活动的内在同一》(《毛泽东军事思想研究》1997 年第 1 期)等成果。

进入 21 世纪,军事哲学研究在各个领域继续发展。马克思主义军事哲学研究,由主要研究毛泽东军事哲学思想转向研究马克思主义经典作家及马克思主义军事哲学思想中国化成果,反映了军事哲学的时代精神与现实价值。如唐志龙的《论邓小平军事辩证法思想的核心》(《军事历史研究》2001 年第 1 期)、吴东莞的《论江泽民的军事哲学思想》(《军队政工理论研究》2001 年第 3 期)等。军事哲学基本理论研究,在战争与和平理论方面成果最为突出,并呈现出一些新的研究特色。如苏宗文的《选择正义:关于战争性质的评价》(《贵州师范大学学报》2002 年第 2 期)、倪乐雄的《也说人与武器的关系》(《空军指挥学院学报》2006 年第 3 期)、罗建平的《战争观念的语源原型》(《军事历史研究》2006 年第 3 期)、倪乐雄的《农耕社会军事思维的超越——儒家战争观与现代军事技术之间的艰难对话》(《学术界》2008 年第 2 期)等。

二、马克思主义军事理论

20 世纪 80 年代前期,上海学者在《毛泽东邓小平理论研究》《空军政治学院学报》等刊物发表多篇研究毛泽东军事思想的论文。1987 年,吴瑕的《邓小平同志新时期的建军思想》(《军事历史研究》第 3 期),对邓小平新时期军队建设思想的基本内涵和重大意义进行全面分析。同年,空军政治学院训练部编印了《军事思想》,其中以较大篇幅对毛泽东军事思想进行解读。20 世纪 80 年代末,《军事历史研究》发表了孔祥敏、李卓明的《毛泽东对我军历史上几次战略性转变指导艺术初探》(1988 年第 1 期),王世根的《试论刘伯承军事思想的特点——学习刘伯承军事著作的札记》(1989 年第 3 期)等;《毛泽东邓小平理论研究》发表了施燮民的《抗日游击战争战略的回顾》(1989 年第 3 期)、周鸿根的《军队建设指导思想的战略性转变》(1989 年第 3 期)等。

20 世纪 90 年代初,上海学界围绕马克思主义经典作家及无产阶级革命家的军事思想展开一系列研究,主要有严惠民的《张闻天的军事思想概述》(《军事历史研究》1991 年第 3 期)、孟彭兴的《抗日战争时期毛泽东军事思想散论》(《史林》1991 年第 3 期)、璞玉霍的《周恩来在十年内战时期的人民战争思想》(《毛泽东思想研究》1993 年第 1 期)等。1991 年,陈斐琴、杨远富的《刘伯承军事理论探索》由四川人民出版社出版。1993 年,纪念毛泽东 100 周年诞辰前后,关于毛泽东军事思想的研究成为学术热点。1993 年 11 月,郑文翰主编的《毛泽东思想研究大系・军事卷》由上海人民出版社出版。该书是上海市哲学社会科学“八五”规划重点课题,对毛泽东军事思想的理论体系和主要内容进行全面阐述。这一时期发表的研究论文主要有奚纪荣、杨秀深、胡光楣的《毛泽东军事思想与人民空军抗美援朝作战》(《毛泽东军事思想研究》1993 年第 1 期),张雄、吴其良的《邓小平在新时期对毛泽东军事思想的继承和发展》(《江淮论坛》1993 年第 6 期),杨善群的《毛泽东军事思想的理论体系与实践精神》(《史林》1993 年第 4 期),孙果达的《毛泽东军事思想研究史简评》(《军事历史研究》1994 年第 2 期)等。20 世纪 90 年代中后期,学术界重点围绕邓小平新时期军队建设思想进行深入研究,如奚纪荣主编的《邓小平新时期军队建设思想》(军事谊文出版社 1995 年),周正舒、王证、李学智的《锻造雄师劲旅的方略:邓小平新时期军队建设思想》(蓝天出版社 1998 年),李战生的《试论毛泽东、邓小平的战争与和平观》(《南京社会科学》1996 年第 7 期),张云的《邓小平新时期军队建设思想的时代特征》(《上海党史研究》1997 年第 2 期)等。20 世纪 90 年代末,关于江泽民国防和军队建设思想的研究开始受到关注，如姜德福、何纪庆的《质量建军 科技强军 依法治军——学习江泽民新形势下建军治军的重要论述》(《军事历史研究》1997 年第 2 期)等。

21 世纪以来，马克思主义军事理论研究呈现出更加突出的现代性特征。关于马克思主义经典作家和老一辈无产阶级革命家军事思想与实践的研究仍然受到关注，其中毛泽东军事思想的研究仍是这一时期的重点内容。2003 年，毛泽东 110 周年诞辰之际，上海召开学术研讨会，许多学者的研究论文入选相关会议并作主题发言，如奚纪荣的《毛泽东军事思想与中国特色的军事变革》、孙果达的《毛泽东军事思想在红军中指导地位的确立》等。在此前后发表的专题论文主要有：高平平、晏剑强的《毛泽东建军思想本质内涵新探》(《军事历史研究》2002 年第 1 期)，张玉瑜的《论战后毛泽东在战争与和平问题上的战略思想》(《上海交通大学学报》2005 年第 5 期)，奚纪荣的《推进中国特色军事变革必须坚持毛泽东军事思想的指导》(《国防大学学报》2006 年第 1 期)等。关于其他老一辈无产阶级革命家军事思想与实践的研究也有多篇论文涉及，如魏延秋的《左权战略战术思想探析》(《军事历史研究》2002 年第 3 期)、邵青的《粟裕军事谋略的方法论意义》(《军事历史研究》2008 年第 2 期)等。

马克思主义军事理论中国化最新成果的研究成为重点，其中对邓小平新时期军队建设思想的研究，这一时期主要侧重于其哲学基础、历史脉络及现实价值等方面，尤其以 2004 年邓小平 100 周年诞辰前后成果最为集中。2001 年，奚纪荣、顾伟主编的《邓小平新时期军队建设思想教学与研究》由军事科学出版社出版。其他成果有王汝梅的《论邓小平新时期军队建设思想的价值取向》(《军事历史研究》2001 年第 4 期)、张云的《论邓小平对党的军事指导理论的创新和发展》(《中国井冈山干部学院学报》2009 年第 1 期)等。关于江泽民国防和军队建设思想的研究，主要有奚纪荣主编的《江泽民国防和军队建设思想概论》(军事科学出版社 2005 年)、茅献鹏的《江泽民中国特色军事变革战略思想探析》(《南京政治学院学报》2006 年第 1 期)、杨明伟的《论江泽民同志新军事革命思想》(《毛泽东思想研究》2008 年第 1 期)等。关于胡锦涛国防和军队建设思想的研究也开始起步，如张克难的《试论胡锦涛关于国际和军队建设的三大战略思想及其发展脉络》(《军事历史研究》2009 年第 1 期)等。

关于马克思主义军事理论及其中国化整体性研究。2004 年 3 月，奚纪荣、施芝华主编的《军事思想》(上海社会科学院出版社)，分别对毛泽东军事思想、邓小平新时期军队建设思想、江泽民国防和军队建设思想进行了全面梳理。2006 年 6 月，张国清、奚纪荣主编的《军事理论教程》(同济大学出版社)，详细介绍了马克思主义军事理论中国化的主要成果。2007 年，中国人民解放军建军 80 周年前后，关于党的建军理论与实践的研究掀起热潮，发表了许多学术成果，如王毅的《论人民军队建设理论的创新》(《军事历史研究》2007 年第 4 期)、张云的《论建军初期党的军事理论的创新》(《上海党史与党建》2007 年第 8 期)、刘芳的《中国化与当代化：马克思主义军事创新理论的时代特征》(《毛泽东邓小平理论研究》2008 年第 10 期)等。

三、中国历代军事思想

在中国古代，军事思想亦称兵学，有着悠久的学术传统。近代上海一直是中国兵学研究的重镇。改革开放以来，特别是 20 世纪 80 年代中期开始，对传统兵学直至中华民国时期军事思想的研究进入新的高潮期。1986 年创刊的《军事历史研究》辟有专栏。20 世纪 80 年代，中国历代军事思想研究中，先秦(尤其以《孙子兵法》为代表)和近代(晚清和民国时期)军事思想的研究成为主体。

关于先秦兵学的研究,先后发表了周大海的《〈百战奇略〉辨伪》(《浙江学刊》1985年第5期),杨一民、程刚的《〈墨子〉城守诸篇的军事防御思想》(《军事历史研究》1986年第1期),杨泽波的《〈孙子兵法〉的系统方法》(《军事历史研究》1987年第1期)等专题论文。关于近代军事思想的研究,孙健的《中国近代军事思想之发展逻辑》(《军事历史研究》1988年第4期)和沈渭滨、奚纪荣的《中国近代军事思想概论》(《史林》1988年第3期),对中国近代军事思想的发展过程和历史逻辑作了详细梳理。这一时期,也有涉及其他历史时期军事思想的研究,如徐渭滨的《略论诸葛亮的军事思想》(《军事历史研究》1988年第4期)等。

20世纪90年代,古代军事思想研究有了较大发展,其中仍然以《孙子兵法》研究成绩最为突出,如杨善群的《孙子评传》(南京大学出版社1992年),古棣主编的《孙子兵法大辞典》(上海科学普及出版社1994年),戚文、周铁强、颜剑华等的《孙子兵法十日谈》(安徽文艺出版社1997年)。此外,还有施芝华的《〈孙子〉谋攻思想在现代战争夺取制空权中的运用》(《军事史林》1992年第4期),颜剑辉的《老子、孔子、孙子战争观之异同》(《军事历史研究》1997年第3期)等。

这一时期,关于先秦经典文献的研究较受重视,对诸子百家的军事思想都有所涉及,对中古时期军事思想的研究也有所关注,主要有杨一民的《兵阴阳家初探》(《孙子学刊》1992年第1期),陈亚如的《〈六韬〉论》(《上海师范大学学报》1992年第2期),李笑野、蒋凡的《〈周易〉的军事思想》(《学术月刊》1995年第9期)等。

近代军事思想的研究中,在继续关注军事人物和军事著作思想研究的同时,在总体性研究方面有了较大突破。1990年,吴信忠、张云主编的《中国近代军事思想和军队建设》(军事科学出版社),是在上海召开的中国近代军事史第二届学术讨论会的论文集,收录中国近代军事思想论文30余篇。此后,学者继续对晚清和民国时期的军事著作、军事人物思想进行广泛研究,如余子道的《蔡锷〈军事计划〉和蒋百里〈军事常识〉两书的军事思想》(《复旦学报》1990年第5期)、奚纪荣的《蔡锷军事思想研究》(《军事历史研究》1996年第4期、1997年第1期)等。1997年,张云的《简论中国近代军事思想的发展演变》(《中国军事科学》第1期),全面总结了中国近代军事思想的曲折演进历程、独特发展逻辑和显著历史特点。

21世纪以来,《孙子兵法》研究的影响力进一步扩大,成为这一时期中国历代军事思想研究中的显学。2000年,施芝华的《孙子兵法新解》由学林出版社出版。2002年11月,王斌的《与孙武对话》由上海古籍出版社出版。2008年,司马琪主编的《十家论孙》由上海人民出版社出版。研究者还从其他不同角度出发,对《孙子兵法》的军事内涵、现代意蕴、历史价值等作出阐释,体现了研究中的多元化倾向。

关于古代军事思想的研究中,先秦时期的兵书与兵家是研究的主要对象。代表性成果有徐希燕的《孙子与墨子军事思想比较研究》(《北京社会科学》2001年第1期)、池万兴的《〈管子〉中的〈兵法〉〈幼官〉等篇关系考》(《甘肃社会科学》2005年第5期)、顾钦的《从〈左传〉灾异、占卜、战争记载看兵家阴阳思想》(《上海大学学报》2006年第3期)、池万兴的《〈管子〉的治军思想初探》(《宁夏师范学院学报》2008年第4期)等。秦汉以降的军思想研究中,上海学者从军事思想家的时代背景和政治环境出发,视野较之前有所拓展,如管志宇的《论曹操的兵儒合一》(《上海大学学报》2002年第4期)、汤勤福的《南宋名臣崔与之的军事思想》(《史学集刊》2009年第3期)等。

这一时期,在近代军事思想的研究中,对洋务派军事思想、民国军事思潮等方面有所加强,如杨勇刚的《师夷制夷的思想主张及其历史局限性》(《东华大学学报》2002年第1期)、欧德良的《试论胡林翼军事思想的理学特色》(《兰州学刊》2008年第6期)等。2010年,邵青聚焦民国时期孙子学,发表《民国孙子学发展探源》(《南京政治学院学报》第3期)等多篇论文。

四、外国军事思想

上海学界对外国军事思想的研究从20世纪80年代中期起步,主要成果有陈崇武的《罗伯斯比尔及其战争理论的研究》(《上海社会科学院学术季刊》1986年第3期),朱明权的《西方学者对战争与和平问题的研究》(《现代外国哲学社会科学文摘》1986年第8期),赵宗九、高银坤的《战后美国战略演变述论》(《军事历史研究》1989年第3期)等。

进入20世纪90年代,外国军事思想研究渐趋活跃,如孙哲的《"超越遏制"战略与美苏关系发展探析》(《复旦学报》1990年第5期)、朱明权的《关于美国军事战略的几个问题》(《复旦学报》1991年第1期)等。20世纪90年代中期以后,关于其他国家军事思想及军事战略的研究也受到关注,主要成果有赵宗九的《冷战后印度军事战略的调整》(《亚太论坛》1998年第4期)、续建宜的《戴高乐及其军事改革思想》(《外国军事学术》1998年第5期)等。

2000年前后,外国军事思想研究的视阈进一步拓宽。2001年,《军事历史研究》先后发表了程群的《阿拉伯帝国军事思想》(第3期),续建宜、袁静的《北约军事战略的演变与奥地利防务政策之争》(第3期),何奇松的《奥斯曼土耳其帝国军事思想》(第4期)等3篇论文。2002年,李巨廉的《战争具有"以暴易暴"的无限化暴烈性——重读克劳塞维茨的〈战争论〉》(《历史教学问题》第1期)和倪乐雄的《对克劳塞维茨军事学说的几点看法——兼对吴琼先生的答复》(《学术界》第2期),对"西方兵圣"克劳塞维茨及其《战争论》有关理论问题进行了解读。此后,随着国际军事形势的急剧变化,学术界对美国军事战略及在局部战争中的战略战术给予更多关注,如吴莼思的《试析美国核威慑战略演变的特点》(《美国问题研究》2002年第2辑)、夏立平的《导弹防御与美国亚太安全战略》(《太平洋学报》2003年第4期)、郭学堂的《美国对华军事战略调整及其对中美关系的意义》(《美国问题研究》2004年第3辑)等。

21世纪第一个十年,外国军事思想研究更加关注当下,体现出更为显著的现实指向性,并在两个维度同步展开。一是关于世界各国的军事思想和军事战略演变,如杨国炎的《论战后日本军事战略的依附性》(《军事历史研究》2005年第3期)、胡志勇的《冷战后印度军事战略嬗变与影响》(《国际观察》2005年第2期)等;其中夏立平等关于当代拥核国家核政策与核战略思想展开研究,主要成果有《论印度核政策与核战略》(《南亚研究》2007年第2期)、《论以色列核政策与核战略的特点和影响》(《西亚非洲》2009年第4期)等。二是关于美国军事战略演变尤其是对华军事战略的研究,如郭学堂的《析布什政府对华军事战略调整的原因、措施及影响》(《同济大学学报》2006年第5期)、顾伟的《冷战后美国军事战略的演变》(《军事历史研究》2007年第1期)、程群的《美国的伊拉克平叛战略总结》(《军事历史研究》2010年第1期)、何奇松的《冷战后的美国太空控制战略》(《江南社会学院学报》2010年第2期)等。

第二节 军事历史

一、中国古代军事史

1979年,方诗铭在《社会科学辑刊》第5期发表《与张角齐名的李弘是谁?》,谢天佑在《学术月刊》第9期发表《评建国以来中国农民战争史的研究》，标志着改革开放后中国古代军事史研究正式起步，并在其后数年里聚焦中国历代农民战争史这一热点，形成了争鸣局面。1979—1985年，上海人民出版社陆续出版了《中国农民战争史研究》第1—4辑，并于1981年出版了谢天佑、简修炜著《中国农民战争简史》。1980年，陈高华在《学术月刊》第4期发表《论朱元璋与元朝的关系》。同年，任崇岳在《学术月刊》第9期发表《朱元璋评价的几个问题——与陈高华同志商榷》。随后几年，学者以《学术月刊》为主要阵地，探讨了农民战争史研究的诸多热点问题。这一时期，中国古代军事史诸多问题的研究都开始受到关注，先后有朱绍侯的《军功爵制试探》(上海人民出版社1980年)和方诗铭、方小芬的《杰出的军事家韩信》(上海人民出版社1985年)等著作问世，此外还有赵昌洪的《也谈曹操平定三郡乌桓战争的目的和性质》(《上海师范大学学报》1982年第2期)、郭太风的《八旗绿营俸饷制度初探》(《复旦学报》1982年第4期)、陈新权的《试析明末农民战争的"流寇主义"》(《上海师范大学学报》1984年第4期)等论文。

20世纪80年代中期以后，中国古代军事史研究的领域进一步拓展，以三国军事史为代表的断代史研究成果尤为丰富。1986年，方诗铭在《史林》第2期发表《从〈汉末英雄记〉看公孙瓒》，其后十几年间，上海学者先后发表了上百篇关于三国军事史的论文，如方诗铭的《论赤壁乌林之战中曹操军事上的失误》(《史林》1987年第2期)，赵克尧的《关于赤壁之战的几个问题》(《浙江学刊》1987年第6期)，朱子彦的《论三国时期的荆襄之战》(《上海大学学报》1993年第1期)，方诗铭的《黄巾起义先驱与巫及原始道教的关系——兼论"黄巾"与"黄神越章"》(《历史研究》1993年第3期)、《释"张角李弘毒流汉季"——"李家道"与汉晋南北朝的"李弘"起义》(《历史研究》1995年第2期)等。上海学界还对各个历史时期的重要军事活动、军事技术、军事制度、军事人物进行深入研究。1989年，上海古籍出版社出版了由空军政治学院编著的《中国古代军事三百题》。

进入21世纪，中国古代军事史研究涉及的领域进一步拓展，军事制度、军事文化等方面的研究有了新的突破。主要有陆敬严、沈斌、虞红根的《有关中国古代战争与兵器的几个问题》(《机械技术史》2000年卷，总第2辑)，吕建昌的《金文所见有关西周军事的若干问题》(《军事历史研究》2001年第1期)，何平立的《略论明代马政衰败及对国防影响》(《军事历史研究》2005年第1期)等。人物研究方面，许多学者围绕关羽、魏延、岳飞等人物的研究提出了新见、展开了争鸣。比如，叶文宪的《忠奸之辩——以岳飞和秦桧为例论忠君与爱国》(《探索与争鸣》2004年第6期)、孙果达的《岳飞是铁定的民族英雄——与叶文宪教授商榷》(《探索与争鸣》2004年第9期)、盛巽昌的《性格造就了岳飞的悲剧——兼与叶文宪、孙果达教授商榷》等，围绕对岳飞的评价及爱国主义、民族英雄等问题进行讨论。朱子彦的《二谈诸葛亮借刀杀关羽》(《探索与争鸣》2005年第4期)、盛巽昌的《质疑诸葛亮"借刀"杀关羽》(《探索与争鸣》2005年第6期)、朱子彦的《三论蜀假吴人之手杀关羽——兼与盛巽昌研究员商榷》(《探索与争鸣》2005年第8期)等，围绕襄樊之役前后关羽与诸葛亮的关系及对战争的影响展开辩论。还有学者从制度和文化入手研究军事问题，如董煜宇的《星占对北宋军事活动的影响》(《上海交通大学学报》2005年第6期)、汪奎的《刘宋元嘉时期的中外军体制》(《浙江师范大学学报》2007年第2期)、李渡的《明代监军制度述论》(《文史哲》2010年第2期)等。2010年，张晓东的《汉唐漕运与军事》由上海书店出版，对汉唐时期的漕运、漕仓及其与统一战争、边疆卫戍、军事地理等的关系进行了全面探讨。

二、中国近代军事史

改革开放以来，中国近代军事史研究首先从史料编纂出版起步，并主要集中在太平军与捻军、甲午战争、辛亥革命、抗日战争等领域。1978 年，上海人民出版社出版了中国史学会编纂的《第二次鸦片战争》6 册。1983 年，该社出版上海社会科学院历史研究所编选的《太平军在上海：〈北华捷报〉选译》。学术研究方面，1979 年上海人民出版社出版了郭豫明著《捻军起义》，同年《学术月刊》第 6 期发表了盛巽昌的《太平军八次攻打上海》。此后，又陆续有一批成果出现，如季平子的《丰岛海战》(《历史研究》1980 年第 4 期)、王少普的《沙俄与中日甲午战争》(《社会科学》1981 年第 3 期)、余子道的《日伪在沦陷区的"清乡"活动》(《近代史研究》1982 年第 2 期)、沈渭滨的《太平军二破江南大营战役研究》(《历史研究》1982 年第 3 期)、姜鸣的《北洋购舰考》(《复旦学报》1984 年第 3 期)等。

1985 年，围绕纪念中国人民抗日战争胜利 40 周年，形成了一系列研究成果，如王建朗的《抗战初期国民党军事战略方针述评》(《复旦学报》第 4 期)、刘其奎的《抗战时期的"清乡"和反"清乡"斗争》(《复旦学报》第 5 期)、王斯德的《从世界反法西斯战争的全局探讨中国抗战的地位和作用》(《社会科学》第 9 期)等。随后十几年里，抗日战争研究成为学术界持续关注的热点，上海一批学者围绕抗战史的诸多重点问题进行了深入研究，如余子道的《中国正面战场战略反攻问题述评》(《军事历史研究》1987 年第 3 期)、《中国正面战场对日战略的演变》(《历史研究》1988 年第 5 期)，金光耀的《试论陈纳德的空中战略》(《近代史研究》1988 年第 5 期)，孙果达的《国民党政府中的德国军事顾问述论》(《近代史研究》1988 年第 6 期)，余子道的《论抗战初期正面战场作战重心之转移——与台湾学者讨论发动淞沪会战的战略意图问题》(《抗日战争研究》1992 年第 3 期)、《长城风云录：从榆关事变到七七抗战》(上海书店出版社 1993 年)、《淞沪战役的战略企图和作战方针论析——兼答马振犊先生》(《抗日战争研究》1995 年第 2 期)等。1995 年，为纪念抗日战争胜利 50 周年，上海学术界举办了学术研讨会，《探索与争鸣》《上海党史研究》等刊物编印了专刊，围绕日本侵华战争责任、历史真相、现实反思等问题展开广泛讨论。1999 年 3 月 21 日，上海市中国现代史学会(中共党史学会)召开日军在华细菌战问题学术讨论会。

20 世纪 80 年代中后期至 90 年代，也是中国近代军事史研究备受重视、发展较快的时期。1986 年，沈渭滨等编纂的《中国近代军事史论文索引》由军事科学出版社出版。同年，《军事历史研究》创刊，陆续发表了一批探讨近代军事史学科建设问题的专题论文，如汤志钧的《开展近代军事史资料的搜集和整理》(1987 年第 1 期)、余子道的《略论中国现代军事史的研究对象和方法》(1987 年第 2 期)等。1988 年 10 月 14—18 日，中国近代军事史第二届学术讨论会在空军政治学院召开，会议成果编为《中国近代军事思想和军队建设》(军事科学出版社 1990 年)。这一时期，一批学者围绕中国近代军事史研究的基本问题和重点专题进行广泛研究，如姜鸣的《北洋舰队训练述论》(《东岳论丛》1986 年第 6 期)，沈渭滨的《论中国近代军事史的研究对象与分期》(《学术月刊》1986 年第 10 期)，沈渭滨、夏林根、朱学成的《中国近代军事史研究述评》(《历史研究》1987 年第 2 期)，张云的《中国军队近代化的历史考察》(《军事历史研究》1988 年第 4 期)，苏贻鸣的《洋枪队与中国军队的近代化》(《复旦学报》1990 年第 2 期)，郭豫明的《上海小刀会的军事组织与军事斗争》(《上海师范大学学报》1990 年第 2 期)，华强的《太平军军婚研究》(《军事历史研究》1991 年第 3 期)等。此外，上海学者编著出版的近代军事史著作数量众多，主要有华强的《太平天国地理志》(广西人民出版社 1991 年)、姜鸣的《龙旗飘扬的舰队：中国近代海军兴衰史》(上海交通大学出版社 1991 年)等。

21 世纪以来，中国近代军事史研究的广度和深度都有了新的突破。2000 年，潘旭澜发表《关于太平军的两个问题》(《复旦学报》第 2 期)，出版《太平杂说》(百花文艺出版社)，在学术界引发热烈讨论。围绕这一问题，先后发表的文章有沈渭滨的《太平天国研究需坚持实事求是的科学态度》(《复旦学报》2000 年第 5 期)、华强的《也谈太平天国的两个纲领及洪秀全的评价——与潘旭澜先生商榷》(《探索与争鸣》2005 年第 8 期)等。

关于太平天国运动、捻军、小刀会起义及湘淮勇营武装的研究,一直是这一时期较受关注的内容。2001 年,郭豫明的《捻军史》(上海人民出版社),填补了国内捻军史研究的空白。2003 年 11 月 7—9 日,"东南民众运动与上海小刀会起义"学术研讨会在嘉定区南翔镇举行。2007 年,李志茗的《湘军:成就书生勋业的"民兵"》由上海古籍出版社出版。2008 年,张云、韩洪泉的《曾国藩与湘军》由辽宁人民出版社出版。此外相关论文还有沈渭滨的《太平天国史研究的十大问题》(《史林》2001 年第 4 期)、郭豫明的《太平天国与捻军关系述略》(《学术月刊》2002 年第 10 期)、李志茗的《勇营制度:清代军制的中间形态》(《史林》2006 年第 4 期)等。

关于上海抗战史的研究。2000 年,余子道、张林龙的《一·二八淞沪抗战》以及余子道、张云的《八一三淞沪抗战》由上海人民出版社出版。同年,宝山区史志办公室编著的《泣血吴淞口:侵华日军在上海宝山地区的暴行》由上海社会科学院出版社出版。2001 年,唐培吉、朱敏彦主编的市哲学社会科学"九五"规划重点课题"上海抗日战争史丛书"(上海人民出版社)出版。其他研究成果主要有:廖大伟、陈金龙主编的《侵华日军的自白:来自"一·二八"、"八一三"淞沪战争》(上海社会科学院出版社 2002 年),上海淞沪抗战纪念馆编《口述淞沪抗战》(上海人民出版社 2007 年)、《川军与淞沪抗战》(上海人民出版社 2009 年版)、《湘军与淞沪抗战》(上海人民出版社 2010 年)等。以 2005 年纪念抗日战争胜利 60 周年为契机,上海学术界召开了多次专题学术研讨会,围绕抗日战争尤其是上海抗战相关问题展开深入研究。还有许多学者从军事角度研究抗战,如徐家俊的《侵华日军秘密役使囚犯修筑浙江嵊泗军事设施》(《抗日战争研究》2000 年第 2 期),程兆奇的《南京大屠杀中的日军屠杀令研究》(《历史研究》2002 年第 6 期)、《侵华日军军风纪研究——以第十军为中心》(《近代史研究》2004 年第 3 期),余子道的《杭州湾战役及其对抗日战局的影响》(《军事历史研究》2009 年第 1 期)等。

此外,关于中国近代军事史的许多具体问题,如军事行动、军队建设、军事人物、军事制度、军事文化等,都有学者进行专题探讨,研究领域得到不断拓展。2003 年,张云的《中国军队近代化论纲》(《学术月刊》第 4 期),全面梳理近代以来中国军队建设的历史脉络、基本经验和深刻启示。奚纪荣、武吉云的《抗战前中国航空队史略》(上、下)(《军事历史研究》第 3、4 期),对抗战前中国航空队发展的历史进行研究。此外,许多研究注重从把握人物与时代的互动关系中还原历史真相,得出不同于前人的新判断新见解,如马自毅的《"总教习"还是"洋文正教习"——严复任职北洋水师学堂期间若干史实考证》(《历史研究》2004 年第 2 期),杨奎松的《蒋介石、张学良与中东路事件之交涉》(《近代史研究》2005 年第 1 期)、沈渭滨的《慈禧在中法战争中的作为》(《探索与争鸣》2007 年第 11 期)等。还有学者的研究兼具宏观视野和细节分析的特点,如费志杰的《中国近代尚武思潮辩证——以"中国近代期刊篇目汇录"为中心》(《历史档案》2009 年第 1 期)、戴海斌的《"东南互保"之另面——1900 年英军登陆上海事件考释》(《史林》2010 年第 4 期)、武吉云的《崇明近代军事战略地位探析》(《军事历史研究》2010 年第 4 期)等。

三、中国人民解放军史

中国人民解放军史研究(含中华人民共和国军事史研究,以下简称军史研究)在革命战争年代已经起步。20 世纪三四十年代,许多早期军史著作都是在上海撰著、编辑、翻译、出版的,如《西行漫记》《随军西行见闻录》《二万五千里长征记》《中国新军队》《红军十年》《朱德与红军》《抗日的第八路军》《八路军的战略和战术》等。中华人民共和国成立以后30年间，上海的军史研究也有一些新成果问世。改革开放以来，军史研究进入全新的发展时期。

军史研究是党史研究的重要内容。20世纪70年代末开始，在中共上海市委领导下，先后成立了党史调查组、党史资料征集委员会、党史研究室等，从征集史料、口述采访、专题调查入手，很快掀起了党史军史研究的热潮。20世纪80年代，市中共党史学会、市新四军暨华中抗日根据地历史研究会相继成立。这一时期，围绕历史资料的搜集整理和专题问题的总结梳理，形成了数量可观的研究成果。当事人撰写回忆文章或接受调查采访保存史料，是研究中的一大亮点。《文史资料选辑》《党史资料丛刊》《上海党史资料通讯》先后发表了近百篇相关回忆文章，如王尧山的《抗日战争时期上海地区开展武装斗争情况的回忆》、刘少文的《八路军驻上海办事处的情况》、朱亚民的《新四军淞沪支队的由来与发展》等。先后编纂出版的史料汇编和选编主要有：中共上海市委党史资料征集委员会编的《上海郊县抗日武装斗争史料选编》(上海社会科学院出版社1986年)、中共上海市委党史资料征集委员会主编的《上海人民与新四军》(新知识出版社1989年)等。专题研究方面，相对集中于抗日战争、解放战争时期，也有部分涉及土地革命战争时期、抗美援朝战争时期及新中国军事史，如余子道的《毛泽东同志指导解放战争战略进攻的杰出贡献》(《复旦学报》1982年第5期)、翁三新的《抗战时期党领导上海近郊武装斗争的组织状况概述》(《党史资料丛刊》1985年第2辑)、杨荪的《推动朝鲜停战的重要一步——抗美援朝战争中反登陆作战的准备》(《复旦学报》1988年第5期)等。

进入20世纪90年代，军史研究的视野和下限都有所拓展，一方面关于各个历史时期军史都有所涉及，另一方面关于新中国军事史、军队现代化建设、中外研究的比较等都有新的突破。1991年，赵宗九、励永庆主编的《现代国防与军队现代化》由蓝天出版社出版。孟彭兴的《论中国共产党在八一三上海抗战中的作用》(《史林》1991年第1期)、余子道的《金门炮战述论》(《军事历史研究》1993年第1期)、朱敏彦的《宋庆龄与八路军》(《上海师范大学学报》1994年第1期)等论文，从不同视角对军史上的具体时期、领域、人物进行了专题研究。1995年抗战胜利50周年之际，研究者围绕中国共产党领导上海抗日救亡运动、上海地下党对开辟敌后抗日游击战争的贡献、上海郊区抗日武装斗争的历史经验、中共对日军的情报工作等问题进行了广泛研究。1996年，佟明忠的《军政谋略称巨匠——罗荣桓兵法》(中原农民出版社)，卜松林、李向平主编的《历史的惊叹：中国工农红军长征纪实》(上海人民出版社)，朱亚民的《我与浦东抗日游击战——忆淞沪支队逐鹿浦江两岸》(上海人民出版社)等多部专著出版，一定程度上反映了这一时期军史研究繁荣的状况。20世纪90年代后期，上海学者持续关注军史重大事件和热点问题，主要有王世根的《试论鲁西南战役》(《军事历史研究》1996年第3期)、孙道同的《论邓小平对新时期军队建设的卓越贡献》(《军事历史研究》1998年第1期)、童志强的《皖南事变新四军损失考》(《党的文献》1998年第4期)等。1999年，《军事历史研究》第3、4期分别发表杨春雨的《先例既开，来日方长——评〈剑桥中华人民共和国史〉朝鲜战争部分》、邵青的《中印边境战争史实辨析——评〈剑桥中华人民共和国史〉军战史部分》，从军事史角度对《剑桥中华人民共和国史》有关章节进行评析，提出商榷意见。同年，黄士良、周智伟、张云主编的《一场奇特的战争——红军反“围剿”战争史实》(黄河出版社)，反映了第二次国内革命战争时期“围剿”与“反围剿”战争的历史。

21世纪以来，以重大纪念活动为牵引，军史研究呈现出更为显著的阶段性特征。2000年是抗美援朝战争爆发50周年。10月19日，上海学术界在南京政治学院上海分院召开纪念抗美援朝战争50周年学术研讨会。同年，秦愉庆、余非在《上海师范大学学报》第4期发表《抗美援朝战争的真相不容歪曲——与袁晞同志商榷》,为抗美援朝战争的正义性和必要性做了有力辩护。2005年是抗日战争胜利60周年,上海学术界召开专题学术研讨会,并发表了几十篇论文,如张云的《论抗战时期中国共产党对日攻势防御战略》(《中国军事科学》第4期)、邵雍的《八路军对会门的统战工作》(《上海市社会主义学院学报》2005年第5期)等。同年,童志强出版《关于新四军》(上海科学技术文献出版社)。2006年,华强、奚纪荣、孟庆龙的《中国空军百年史》(上海人民出版社)出版,全面回顾了20世纪中国空军的历史,特别对人民空军建立、发展、战斗的历史进行了系统研究。

21世纪的第一个十年,上海学者发表了大量军史研究论文,如顾学周的《上海郊区的抗日武装斗争及其历史经验》(《探索与争鸣》2002年第8期),华强的《建国初期我军停止武力攻台的真相》(《百年潮》2003年第12期),杨奎松的《一九四六年国共四平之战及其幕后》(《历史研究》2004年第4期),汪朝光的《全面内战初期国民党军事失利原因之辨析》(《民国档案》2005年第1期),孙果达的《红军长征中新"三人团"究竟成立于何时?》(《近代史研究》2005年第3期)、《四渡赤水研究中几个问题的探讨》(《近代史研究》2007年第2期),周一平的《抗战时期中国共产党人的抗战史研究及历史启示》(《中共党史研究》2007年第1期),张云的《论井冈山根据地创建的军事意义》(《南京政治学院学报》2007年第6期),洪小夏、刘俊平的《淮海战役总前委辨析》(《史林》2009年第3期),沈志华的《中共进攻台湾战役的决策变化及其制约因素(1949—1950)》(《社会科学研究》2009年第3期)等。2010年10月10日,在南京政治学院上海分院召开了全军军事档案与军事历史研讨会,围绕军事档案与军事历史的融合发展这一主题进行讨论,相关论文编为《军事历史研究》2010年第4期专刊。

四、世界军事史

20世纪70年代末,上海学界开始恢复对世界军事史的研究。1978年,李巨廉在《郑州大学学报》第4期发表《略论二次大战初期的性质与西欧国家"保卫祖国"的口号》。同年,上海人民出版社出版了杨生茂主编的《美国南北战争资料选辑》、谷陵等编的《侵略与绥靖:第二次世界大战是怎样打起来的》、申钟编著的《战后中东四次战争》等著作,上海译文出版社出版了德波林的《第二次世界大战史:1939—1945年》(1—2卷)等译著。由此发端,此后几年间,世界军事史研究掀起了一个热潮,仅公开出版的著作、译著、史料选编等就有四五十种,如上海人民出版社出版的《第一次世界大战》(1979年)、《美西战争资料选辑》(1981年)、《拿破仑战争》(1981年)、《苏德战争:1941—1945》(1983年)等,上海译文出版社出版的《中东战争》(1979年)、《战争初期:第二次世界大战中战局和战役经验》(1979年)、《第一次世界大战的重大战役》(1980年)、《第一次世界大战史:1914—1918年》(上、下)(1982年)等。这一时期,两次世界大战尤其是第二次世界大战史成为最主要的研究对象,华东师范大学历史系第二次世界大战史研究室发表一系列重要论文,如李巨廉、潘人杰的《关于二次大战前史的若干问题》(《世界历史》1979年第5期),王斯德、李巨廉的《论太平洋战前美国远东战略及其演变》(《历史研究》1982年第6期)等。华东师范大学出版社出版李巨廉、王斯德主编的《第二次世界大战起源历史文件资料集:1937.7—1939.8》(1985年),华东师范大学历史系第二次世界大战史研究室的《第二次世界大战起源研究论集》(1986年)等。

20世纪80年代后期至90年代前期,世界军事史研究的视域有了拓展。李巨廉的《两次世界大战起源的比较研究》(《历史教学问题》1986年第2期)、《一九三九年希特勒开战决策初探》(《世界历史》1987年第1期),潘人杰、李巨廉的《时代、格局和人——关于世界大战起源问题的若干思考》

(《世界历史》1989 年第 1 期)等深化了此前关于二战起源问题的研究。两次世界大战之外的军事史开始受到关注,如颜声毅的《军备竞赛和八十年代美苏战略态势》(《社会科学》1987 年第 6 期)、余伟民的《苏联 30 年代军事改革的曲折及其教训》(《军事历史》1989 年第 2 期)等。1989 年,陈兼的《走向全球战争之路：二次大战起源研究》由学林出版社出版。1990 年,李巨廉、潘人杰的《第二次世界大战：专题述评》由华东师范大学出版社出版。1991 年 12 月,泰勒著、潘人杰等译的《第二次世界大战的起源》和王斯德主编的《第二次世界大战：事件人物》由华东师范大学出版社出版。20 世纪 90 年代,在二战史领域,金重远的国别史研究系列论文相继发表,其他各个时期军事史研究和当代军事史研究也涌现出一批新成果。1994 年,李巨廉、金重远主编的《第二次世界大战百科词典》由上海辞书出版社出版。

20 世纪 90 年代后期,世界军事史研究中,古代军事史、当代军事史研究成果数量显著增多,同时在二战史研究中关于反对日本法西斯战争及战争遗留问题的研究受到重视。1995 年纪念抗日战争胜利 50 周年之际,李巨廉、王斯德主编的《亚太地区反对日本法西斯侵略的斗争》由上海远东出版社出版,并有李巨廉的《战争历史运动坐标上的第二次世界大战》(《世界历史》1995 年第 4 期)、余子道的《朝鲜义勇队和韩国光复军的组建和统一》(《复旦学报》1995 年第 5 期)等多篇论文发表。同年,倪乐雄著《帷幄与决胜：第二次世界大战中决定性会战述评》由上海人民出版社出版。这一时期,关于二战史研究的主要成果有马军的《日本“南方军”史略——兼论“二战”期间日本陆军力量的滞后》(《史林》1996 年第 1 期)、金重远的《第二次世界大战中的土耳其问题》(《复旦学报》1997 年第 4 期)、续建宜的《侵略战争的代价——二次大战期间德及其仆从国家军队兵源损失新探》(《史林》1996 年第 2 期)等。关于战后局部战争研究的主要成果有沈志华的《三八线的由来及其政治作用》(《上海师范大学学报》1997 年第 4 期)、梅义征的《朝鲜战争与联邦德国的崛起》(《德国研究》1998 年第 3 期)等。关于古近代军事史研究的主要成果有何奇松的《试论美国建国初期建立民兵制的原因》(《山东师大学报》1998 年第 5 期)、詹兆平的《古希腊时期战争与社会的关系》(《史林》1998 年第 6 期)等。关于当代军事研究的主要成果有苏长和的《从国家安全到世界安全》(《欧洲》1997 年第 1 期)、朱明权的《科索沃战争对世界稳定的危害》(《探索与争鸣》1999 年第 9 期)等。1999 年,李巨廉著《战争与和平：时代主旋律的变动》由学林出版社出版。

21 世纪以来,世界军事史领域更加注重历史实证研究和现实问题研究,一方面,第二次世界大战史研究、当代军事史研究仍然最受重视;另一方面,关于战争与和平问题、战争与文化问题等的研究都取得了长足的发展。

关于第二次世界大战史研究。2000 年,李巨廉著《血碑：震撼全球的两次世界大战》由西苑出版社出版。同年,倪乐雄的《利德尔·哈特关于波兰会战的几个错误》(《史学月刊》第 2 期),金重远的《第二次世界大战中的日本问题》(《复旦学报》第 4 期),何跃、牛文光的《第二次世界大战中的伊朗问题》(《复旦学报》第 4 期)等论文相继发表。这一时期,关于“二战”的研究呈现出更多新特征,代表性成果有李巨廉的《战争与和平历史运动的转折——一个中国学者对第二次世界大战的思考》(《史学理论研究》2005 年第 3 期)、张云的《二战期间巴尔干国家的抵抗运动——兼论小国在世界大战中的地位和作用》(《探索与争鸣》2005 年第 5 期)、金重远的《苏联外交和第二次世界大战》(《俄罗斯研究》2005 年第 2 期)、马军的《论“二战”时期日军坦克兵种的滞后》(《社会科学》2009 年第 7 期)等。2010 年,金重远著《百年风云巴尔干》由复旦大学出版社出版。

战后军事史的研究是 21 世纪以来的一个热点,其中关于朝鲜战争、冷战军事史、军事同盟、局部战争等问题的研究成果最多。关于朝鲜战争的研究,代表性成果有曹振威的《朝鲜战争与日本重建军备》(《军事历史研究》2000 年第 4 期),汪诗明的《论澳大利亚参与朝鲜战争的原因》(《史学集刊》2005 年第 1 期),沈志华的《中苏同盟、朝鲜战争与对日和约——东亚冷战格局形成的三部曲及其互动关系》(《中国社会科学》2005 年第 5 期)、《对日和约与朝鲜停战谈判》(《史学集刊》2006 年第 1 期)等。关于冷战军事史研究,有朱明权的《从强调核武器的实战价值到强调核武器的威慑价值——对冷战初期美国核政策的一种研究》(《美国问题研究》2002 年第 2 辑),刘子奎、王作成的《美国政府对中国发展核武器的反应与对策(1961—1964)》(《中共党史研究》2007 年第 3 期)等。关于军事同盟问题的究,主要有任晓、星汉的《论二十世纪九十年代的美日同盟》(《美国研究》2000 年第 4 期),李华的《冷战后驻韩美军调整评述》(《国际观察》2004 年第 1 期),孔晨旭的《战后美国对日长期驻军政策的确定》(《美国研究》2007 年第 4 期)等。

2000 年以后,关于"二战"以前军事史的研究有所发展。2003 年,金重远的《半岛战争:大拿破仑伊比利亚覆师记》由上海辞书出版社出版。专题论文主要有金重远的《独立战争:西班牙 19 世纪的第一次革命》(《史林》2003 年第 5 期)、解光云的《希腊古典时期的战争对雅典城市的影响》(《安徽师范大学学报》2004 年第 5 期)、沈瑞英的《略论希波萨拉米海战中宗教、政治因素》(《军事历史研究》2005 年第 1 期)、程群的《简论南非战争(1899—1902)》(《军事历史研究》2006 年第 1 期)等。

第三节　军队政治工作学

一、军队政治工作史

上海的军队政治工作学研究起步较早,走在了全国全军前列。以空军政治学院(1999 年后为南京政治学院上海分院、南京政治学院上海校区)和武警上海政治学院(原武警上海指挥学院,2006 年改建)这两所军队院校为主要基地,以《空军政治学院学报》(1993 年一度更名为《政工理论与实践》,2000 年更名为《军队政工理论研究》)、《军事历史研究》和《武警政治学院学报》三种学术期刊为主要阵地,产生了较为丰富的研究成果。

20 世纪 80 年代中期,军队政治工作史研究与军队政治工作学研究同时起步发展,是军队政治工作学研究的历史基点和重要内容。1986 年,吴明、黄士良发表《抗日战争初期我军的政治工作》(《军事历史研究》第 1 期);同年 5 月,空军政治学院训练部政工教研室编印《政治工作文献选编——新民主主义革命时期老一辈无产阶级革命家论政治工作》,新时期军队政治工作史研究开始起步。20 世纪 80 年代后期,以空军政治学院创办的两种期刊为主阵地,发表了多篇研究论文,其中发表于《空军政治学院学报》的有罗检有的《中国工农红军第四军〈连队党代表工作条例〉辨析》(1988 年第 2 期)等;发表于《军事历史研究》的有卜松林的《〈孙子兵法〉、〈孙膑兵法〉中的政治工作思想初探》(1988 年第 2 期)、苏国霞的《国民革命军政治工作制度初探》(1989 年第 4 期)等。这些成果初步奠定了新时期军队政治工作史研究的基础。

20 世纪 90 年代初期,军队政治工作史研究有了全面发展。1990 年 4 月,汪安恕、秦记铎、杨远富、徐金发选编的《马克思、恩格斯、列宁、斯大林论政治工作》由同济大学出版社出版。1993 年,叶金生、汪安恕、佟明忠编著的《马克思主义政治工作文献思想研究》由蓝天出版社出版。1994 年,裘克人、蒋乾麟、续建宜主编的《无产阶级军队政治工作思想的形成与发展》由上海人民出版社出版。这一时期《空军政治学院学报》发表了华林的《"三大纪律八项注意"的由来与发展》(1991 年第 5 期),叶金生、汪安恕的《马克思恩格斯是无产阶级军队政治工作理论的奠基者》(1993 年第 1 期)、

《列宁首创无产阶级军队政治工作》(1993 年第 2 期),续建宜的《斯大林政治工作思想探析》(1993 年第 3 期),蒋乾麟的《毛泽东的群众观点与思想政治工作实践》(1993 年第 4 期)等论文。

20 世纪 90 年代中后期,《军事历史研究》成为军队政治工作史研究的主要阵地,研究视野大为扩展,涉及古今中外各个相关领域。人民军队政治工作史研究方面,主要有蒋乾麟的《论我军战时政治工作优良传统的继承与发展》(1996 年第 1 期)、叶金生的《周恩来的政治建军思想》(1996 年第 2 期)等。古代军队政治工作史研究方面,主要有华林的《夏商周和春秋战国时代的军队政治教育思想》(1997 年第 1 期)、沈生杜的《秦汉时期的军队政治教育思想》(1997 年第 1 期)、陆春炎的《隋唐宋元时期的军队政治教育思想》(1997 年第 2 期)等。外国军队政治工作史研究方面,主要有续建宜的《伏龙芝政治工作思想初探》(1995 年第 3 期)、许悦联的《克伦威尔暨英国资产阶级革命时期军队政治教育探要》(1996 年第 4 期)等。1997 年,佟明忠主编的《中外军队政治教育思想通史》由军事科学出版社出版,第一次对古今中外军队的政治教育思想进行了全面系统研究。1999 年,裘克人、陆春炎主编的《"生命线"上的足迹——人民空军政治工作五十年史话》由蓝天出版社出版。

进入 21 世纪,军队政治工作史在通史研究和专题研究方面都有新的进展。如谈志兴、卢冰、黄继荣编著的《"生命线"的咏叹——20 世纪中国共产党军队政治工作的光辉历程》(黄河出版社 2001 年),佟明忠主编的《中外军队政治工作思想通史》(军事科学出版社 2002 年),裘克人、陆春炎、朱少华编著的《老一辈无产阶级革命家创造的我军政治工作优良传统》(蓝天出版社 2003 年),卜松林、吴东莞主编的《中国人民解放军政治工作发展史》(蓝天出版社 2004 年)等。军队政治工作史相关专题论文,主要有陆春炎的《古代军队处理军民关系思想探析》(《军事历史研究》2001 年第 3 期),帅启朗的《我军宣传工作的历史考察》(《军事历史研究》2003 年第 3 期),宋锦华的《我军党委制的历史考察》(《军事历史研究》2004 年第 4 期),吴东莞的《面向新世纪我军政治工作创新与发展之回顾》(《军事历史研究》2005 年第 2 期),陈岸然、李书吾的《抗战中我军瓦解日军的历史经验》(《军事历史研究》2005 年第 4 期)等。

2007 年是建军 80 周年,裘克人的《我军政治工作八十年的启示》(《军队政工理论研究》第 4 期)、张云的《建军 80 年基本经验的总结及优良传统的时代价值》(《上海师范大学学报》第 4 期),对军队政治工作的基本经验和优良传统进行总结。2009 年是中华人民共和国成立 60 周年,帅启朗的《新中国 60 年军队宣传工作的理论与实践》(《中国军队政治工作》第 9 期),孙柳、陈兴凤的《新中国 60 年人民军队思想政治教育制度化的历史与启示》(《军事历史》第 6 期),从不同角度探讨了中华人民共和国成立以来军队政治工作的理论与实践经验。这一时期,军队学者的研究还涉及诸多专题,如张明楚、何科君、曾瑜华的《大革命时期中共在军队中的基层组织建设》(《中国井冈山干部学院学报》2008 年第 3 期),谈志兴、陆慧新、李永玲的《论人民军队政治工作创新发展的主要经验》(《军事历史研究》2009 年第 4 期),张煜、马怀军的《人民军队防空作战政治工作历史经验研究》(《军事历史研究》2009 年第 4 期),冯宪书的《中国特色军队政治工作制度的形成过程及启示》(《军队政工理论研究》2009 年第 2 期)等。

二、军队政治工作理论

新时期军队政治工作基础理论研究开始于 20 世纪 80 年代中期。1986 年,空军政治学院举办了"改革、开放、搞活形势下的思想政治工作"研讨会,会议成果选编为《改革开放形势下思想政治工作探索》。同年,《空军政治学院学报》创刊号以"本刊编辑室"的署名发表《军队政治工作学的回顾与展望》。1987年开始,《空军政治学院学报》开辟"社会主义初级阶段与我军政治工作"等栏目,围绕新时期军队政治工作的基本理论和实践问题展开讨论,对军队政治工作的研究对象和领域、意义作用、基本范畴、本质特征、主要任务、方法原则等问题进行探索。1988年,冷浩然主编的《思想政治工作辩证法》(吉林人民出版社),从哲学与思想政治工作学相结合的角度开辟了新的研究领域。1989年,徐德清主编的《逻辑与政治工作》由上海社会科学院出版社出版。

20世纪90年代,军队政治工作基础理论研究紧贴形势任务,突出学科融合,在基本理论问题、坚持党对军队绝对领导、市场经济条件和高技术战争条件下军队政治工作发展、空军政治工作理论、跨学科政治工作研究等方面都取得了丰富成果。主要有孙健主编的《邓小平思想政治工作理论研究》(国防大学出版社1990年),楼焕甲、刘芳、张家驹合著的《美学与思想政治工作》(解放军出版社1992年),裘克人主编的《军队政治工作学理论新探》(军事科学出版社1993年),刘芳主编的《空军政治工作简明词典》(蓝天出版社1994年),裘克人等的《军队政治工作方法论》(解放军出版社1995年)、《航空兵部队基层政治工作》(蓝天出版社1995年),蒋乾麟、严芳田、宋锦华主编的《高技术局部战争与空军政治工作》(蓝天出版社1996年),冷浩然、唐志龙主编的《思想政治工作中的哲学问题》(上海人民出版社1997年),励永庆、茅献鹏主编的《飞行政治工作论》(解放军出版社1999年)等。这一时期,《空军政治学院学报》开设"市场经济与政治工作"等栏目。

进入21世纪,军队政治工作学研究积极适应中国特色军事变革的历史性课题,在贯彻"三个代表"重要思想和科学发展观要求、聚焦信息化条件下政治工作创新发展等时代主题中,不断取得新进展新突破。2001年,南京政治学院上海分院与上海市思想政治工作研究会联合召开了"面向新世纪的思想政治工作创新"理论研讨会。同年,刘定昌等主编的《江泽民军队思想政治建设论述研究》(上海人民出版社)和佟明忠的《新时期军队政工理论研究——于相反中求相成的政工哲理》(军事科学出版社)出版。2002年,裘克人、刘振忠主编的《新世纪军队政治工作的创新与发展》(国防大学出版社),是全军军事科研"十五"计划重点课题"21世纪军队政治工作理论创新研究"的最终成果。2003年,卜松林、刘志生主编的《军队政治工作学基本原理》(解放军出版社),对军队政治工作的本质和特点、主体和客体、目的和手段、环境和原则等问题进行系统研究。同年,沈国权主编的《新时期军队政治工作热点难点问题研究》(国防大学出版社)出版。此外还有,裘克人、赵言舟、章德峰等合著的《"三个代表"重要思想与军队政治工作创新》(蓝天出版社2004年),朱少华主编的《军队历史使命与政治工作创新》(解放军出版社2006年),谈志兴等著的《科学发展观与军队政治工作创新发展》(军事科学出版社2009年)等。2009年6月,南京政治学院上海分院组织编写的《军队政治工作学进展(第一卷・2008)》年刊由解放军出版社出版,聚焦军队政治工作学学科发展的理论问题和军队思想政治建设的实践课题展开探讨。《军队政治工作学进展(第二卷・2009)》于2010年出版,其后又陆续出版多卷,成为军队政治工作学研究的重要交流平台。

三、军队政治工作业务

军队政治工作内涵丰富、领域宽广,相关研究历来受到重视。1985年6月,空军政治学院组织召开"新时期基层政治工作改革与创新研讨会"。1986年,丁一平编著的《连队政治工作杂议》由上海人民出版社出版,新创刊的《空军政治学院学报》第1期发表了裘克人的《飞行学员到部队后的政治教育问题研究》等专题论文。至20世纪80年代末,《空军政治学院学报》围绕新时期军队政治工作现实问题发表了200余篇文章,其中以一事一议、解惑答疑的短论为主,也有一些理论研究的成果，如阎振远的《谈谈思想政治工作中的堵塞方法》（1987年第5期），宋振林等的《当前部队抓典型中出现的新情况及其对策》（1988年第4期），张福寿、陆春炎、吴乃山的《谈新时期军民关系的特点及其基本准则》（1989年第3期）等。

20世纪90年代，军队政治工作业务研究受到更多重视，研究涉及政治机关工作、部队政治工作、基层政治工作等不同层级，以及组织、干部、宣传、教育、文化、保卫、群众、政法等不同专业，产生了一批具有理论前沿性和现实指导性的研究成果。1990年，隋玉梁、叶金生、陈学来等编著的"政治机关干部专业训练丛书"4种由蓝天出版社出版。其后，蓝天出版社先后出版了张福寿、陆春炎主编的《连队政治工作概论》和《基层政治干部能力训练纲要》（1992年），胡金海编著的《军队基层文化工作》（1994年），帅启朗、刘源沥主编的《基层政治工作方法探析》（1996年）等。1996年，励永庆等著的《军校学员政治素质培养工程研究》（上海人民出版社），获全国第二届教育科学优秀成果二等奖、全军院校政治理论优秀成果二等奖。1999年，茅献鹏、刘建华合著的《军人犯罪及其预防》由军事科学出版社出版。这一时期，《空军政治学院学报》仍然是专题研究论文的主要刊发载体，如张福寿等的《关于党员评议的理性思考》（1991年第3期）、沈国权的《实现政治工作对军事训练服务保证的整体效益》（1992年第6期）、陈岸然的《深化部队艰苦奋斗教育应注意的几个问题》（1997年第1期）等。

进入21世纪，在军队政治工作业务研究中，关于政治机关工作、连队政治工作、宣传文化工作等的研究取得丰富成果，关于师旅团政治工作、武警部队政治工作等的研究等有了新的突破。如谈志兴、徐国庆主编的《尊干爱兵导论》（蓝天出版社2001年），刘志生的《思想政治工作中的非理性因素研究》（时代出版社2003年）等。2003年起，南京政治学院上海分院军队"2110工程"重点建设学科军队政治工作学系列教材陆续出版，其中包括茅献鹏等主编的《师旅团政治工作概论》（解放军出版社2003年）、帅启朗主编的《军队宣传工作理论与实践》（解放军出版社2003年）、陈学来主编的《军队政治机关工作》（解放军出版社2003年）、徐国庆等编著的《连队政治工作概论》（蓝天出版社2005年）、宋锦华的《新时期军队组织工作的理论与实践》（蓝天出版社2005年）等。2005年，程伟主编的《武警部队政治机关基层业务工作指南》（解放军出版社），拓展了武警政工研究的新领域。同年，南京政治学院上海分院组织编写的《履行使命与能力建设丛书》由解放军出版社出版。相关专题研究论文主要有裘克人的《论"党委统一的集体领导下的首长分工负责制"的创新点与优越性》（《南京政治学院学报》2003年第4期）、陈岸然的《论坚持党管人才原则》（《中国军事教育》2004年第5期）、沈国权的《试析信息化条件下的军事指挥人才的战斗精神》（《中国军事科学》2005年第4期）、罗剑明的《强化部队战斗精神的辩证思考》（《中国军事科学》2005年第4期）等。

2006年以来，军队政治工作各专业研究不断深化，尤其是军队党的建设、军队思想政治建设、思想政治教育学科、武警部队政治工作等方面的研究有了长足发展。2006年，黄士良的《"三个代表"重要思想与军队党的建设创新》由蓝天出版社出版。同年，朱少华、朱东来、周华、陈岸然主编的《军队党支部建设新论》由解放军出版社出版。2007年，南京政治学院上海分院组织编写的《文字材料写作范本》由蓝天出版社出版（该丛书共8种）。2008年，陈学来主编的《部队机关会议实务与实例》、徐国庆主编的《军队基层政治干部"四会五能"实务》由蓝天出版社出版。同年，吴东莞、沈国权等著的《思想政治工作机制论》由军事科学出版社出版。同年，武警政治学院组织编写的4种著作由人民武警出版社出版，包括《党支部书记读本》（李吟主编）、《武警部队大队（营）党委工作研究》（王辉主编）、《武警基层政治工作专题研究》（李箕龙主编）、《和谐社会视野下思想政治教育价值论》（向以馥、黄及全、何燚主编）等。2010年，贺培窑、张鑫主编出版《武警基层预防犯罪工作》（蓝天出版社),李书吾出版的《军队思想政治教育文化选择与创新》(军事科学出版社)提出“军队思想政治教育文化”的概念。这一时期发表论文的数量较之前有所增加,并提出了许多创新性理论观点,如刘志生的《隐性教育：增强军校思想政治教育有效性的探索》(《中国军事教育》2006 年第 4 期),王忠、李书吾的《新时期军队思想政治教育创新发展的经验启示》(《中国军事科学》2008 年第 6 期),任龙的《军队隐形教育载体初探》(《思想教育研究》2008 年第 9 期),任伟民的《军队党内民主文化刍议》(《军队政工理论研究》2010 年第 6 期)等。

四、军事任务政治工作

军事任务政治工作有着较长历史和优良传统。20 世纪八九十年代,上海学者从空军战时政治工作和军事训练中政治工作等领域开始对本课题的初步探索。1990 年,马驰发表《空军反突袭作战政治工作探讨》(《空军政治学院学报》第 2 期),对空军反突袭作战中政治工作相关问题进行研究。20 世纪 90 年代中期以后,研究领域进一步拓展,在战时政治工作、军事训练政治工作、非战争军事行动政治工作等领域都出现一批成果,主要有蒋乾麟的《我军战时政治工作的优良传统》(《基层政工读物》1996 年第 1 期),帅启朗、陈岸然、龚平的《亚军事行动政治工作特点规律研究》(《空军政治学院学报》1999 年第 3 期),陆春炎、宋锦华的《要地防空联合战役政治工作的新特点》(《军队政工理论研究》2001 年第 1 期)等。

2003 年,新修订的《中国人民解放军政治工作条例》明确提出“发挥政治工作的作战功能”,由此在理论和实践上推动了军事任务政治工作尤其是战时政治工作的发展。同年,宋锦华、徐国庆、夏欣欣等编著的《战时政治工作概论》由解放军出版社出版。2004 年,茅献鹏、邱国等编著出版《战时政治工作技能训练》(蓝天出版社),茅献鹏出版《中国特色军事变革中的政治工作》(蓝天出版社)。2005 年,陈岸然的《联合作战政治工作》由国防大学出版社出版。2007 年,贺培窑主编的《武警后方防卫作战政治工作》由上海武警政治学院印行。论文主要有张西勇、朱慧的《信息化条件下武警部队反恐斗争中政治攻势适用的思考》(《广州指挥学院学报》2005 年第 1 期),茅献鹏的《政治工作三战一体论》(《西安陆军学院学报》2005 年第 2 期),谈志兴的《把握复杂电磁环境下军事训练中政治工作的关键点》(《军队政工理论研究》2007 年第 6 期)等。

2008 年以来,军事任务政治工作研究与军队政治工作实践发展同步,在非战争军事行动政治工作研究方面取得诸多进展,在战时政治工作研究方面也有一些突破。2008 年,人民武警出版社先后出版蒋春余、王辉主编的《武警部队任务中政治工作》,孔祥振、王强主编的《武警部队遂行任务中的三战研究》,冯宪书、任龙主编的《武警部队执勤政治工作》;2009 年,出版赵曙光、刘明涛主编的《武警部队处置突发事件政治工作》,王杰斌、田更新主编的《武警部队反恐怖作战政治工作》。这几部著作,基本涵盖了武警部队主要军事任务政治工作。研究论文方面,主要有刘志生的《非战争军事行动中的宣传动员机制》(《中国社会科学内刊》2008 年第 4 期)、孙柳的《大力提高非战争军事行动政治工作的效益》(《军队政工理论研究》2008 年第 5 期)、张煜的《从抗震抗灾看我军政治工作面临的新问题》(《长缨》2008 年第 8 期)、蒋春余的《遂行多样化任务的主要特点及对政治工作的要求》(《武警学术》2009 年第 2 期)等。2010 年,《军队政工理论研究》第 6 期集中刊发一组关于世博安保任务政治工作的论文,对世博安保任务中政治工作的实践经验进行系统总结。关于战时政治工作研究,围绕联合作战中政治工作、演习演练中政治工作、基层战时政治工作等问题进行探讨,主要有刘威的《信息化战争条件下瓦解敌军原则实现问题探析》(《西安政治学院学报》2008 年第 3

期）、陈岸然的《联合作战政治工作协调功能发挥管见》（《指挥学报》2008 年第 11 期）、张煜的《做好基层战时政治工作需要把握的问题》（《长缨》2009 年第 5 期）等。

五、军队政治工作信息化

20 世纪七八十年代，军队政治工作信息化建设随着军队指挥自动化建设的启动而发端。1996 年 12 月，由空军政治部组织、空军政治学院参与研制的“四个教育软件”，标志着多媒体技术开始运用于部队思想政治教育实践。1998 年，李涛发表《对信息战中政治工作的前瞻性思考》（《空军政治学院学报》第 6 期）。2001 年，沈国权、吴东莞发表《思想政治工作占领网络阵地的思考》（《南京政治学院学报》第 2 期），呼吁要创造性地开展网络思想政治工作。同年，刘定昌、卢根鑫、陈学来等承担的全军军事科研“十五”计划课题“军队政治工作实证研究与数据分析平台的构建与开发”获准立项。

2003 年开始，军队政治工作信息化研究取得突破。是年，南京政治学院上海分院开始面向全军招收军队政治工作信息化方向硕士研究生和博士研究生，并于次年首次招收军队政治工作信息化项目博士后。同年，谈志兴、雷德胜主编的《思想政治工作网上之路》由黄河出版社出版；南京政治学院上海分院课题组（组长沈国权）承担的国家社会科学基金军事学课题“军队政治工作信息化建设研究”获准立项，课题最终成果《军队政治工作信息化建设研究》（解放军出版社 2006 年），初步构建具有解放军特色的政治工作信息化建设理论体系，后获“中国人民解放军军事科学优秀成果奖”一等奖。2004 年 12 月 28 日，首届“军队政治工作信息化建设理论与实践”研讨会在南京政治学院上海分院召开，拉开全面开展军队政治工作信息化理论研究的序幕，会议论文结集为《军队政治工作信息化理论与实践研究》（海潮出版社 2006 年）。2006 年，南京政治学院上海分院以军队政治工作信息化为主体的“军队政治工作信息管理”进入重点学科建设领域。在此期间，课题组成员先后撰写和发表了 20 多篇研究论文和调研报告，主要有沈国权的《军队政治工作信息化建设宏观指导的两个问题》（《军队政工理论研究》2005 年第 3 期），谈志兴的《着力推进军队政治工作信息化人才培养》（《军队政工理论研究》2005 年第 5 期），沈国权的《刍议以科学发展观指导政治工作信息化建设》（《中国军队政治工作》2006 年第 1 期），沈国权、张煜、孙建祥的《着力解决政治工作信息化建设的重点难点问题》（《军队政工理论研究》2007 年第 4 期）等。2007 年，汤德品承担的全军军事科研项目“武警政工信息化建设应用方法研究”获准立项，开辟了军队政治工作信息化研究的新领域。同年，黄海鹰主编的《军队政治工作信息化应用技术（基础篇）》、周爱武主编的《军队政治工作信息化应用技术（应用篇）》由解放军出版社出版。

2008 年 10 月，全军“军队政治工作信息化研发中心”在南京政治学院上海分院挂牌成立。同年，该院专家主持的《军队政治工作信息化基本术语》研制完成并向全军颁发执行，填补了国家军用标准体系中军队信息化术语的空白。2009 年，沈国权主编的《军队信息化文化研究》由军事科学出版社出版。这一时期，上海军队学者围绕本学科建设发展进行研究，发表了一批成果，主要有沈国权的《推进政治工作信息化建设又好又快发展》（《中国军事科学》2008 年第 1 期）、《政治工作信息化建设宏观筹划的若干问题》（《南京政治学院学报》2008 年第 4 期），谈志兴的《军队信息化文化建设是政治工作的重要任务》（《军队政工理论研究》2008 年第 5 期）等。2010 年 10 月 19 日，全军政治工作信息化建设理论研讨会在南京政治学院上海分院召开。同年，南京政治学院上海分院课题组承担的军队重大课题获国家科技进步特等奖（含单位奖和个人奖）。

六、外军政治性工作

20世纪80年代中期以后,上海学界对外军政治性工作的相关研究日益重视。当时,学界对苏军政治性工作关注较多,同时也兼顾到美军等的政治性工作,并以《空军政治学院学报》为主要阵地,编译和撰写了一系列研究成果。关于苏军政治性工作的论文主要有续建宜的《从苏共二十七大看当前苏军政治工作动向》(1987年第1期),李静、袁亚楠的《中苏军人荣誉感的比较和分析》(1989年第2期),陶七一的《论苏军政治工作稳定结构的内容亚结构》(1990年第4期)等。此外,沈根林的《联邦德国国防军的"精神领导"》(1989年第2期)、吴照生的《西方军队精神教育的特点》(1989年第3期)等,对外国军官队伍建设、精神教育等问题进行了专题研究。

进入20世纪90年代,对美军政治性工作的研究开始受到关注,并在1993年以后逐渐成为重点。这一时期,张天的《除了批判,还能借鉴点什么?——对美军政治性工作的新认识》(《空军政治学院学报》1993年第1期)、《美军的基础性思想教育》(《政工学刊》1995年第3期),吴东莞的《美军人事管理特点分析》(《空军政治学院学报》1999年第5期),续建宜、杨恕的《美军干部政策机制探索》(《军事历史研究》2002年第3期),谈志兴的《美军宣传手段剖析》(《政工学刊》2002年第3期),张煜、李书吾的《美国陆军随军牧师制度发展简史》(《军事历史研究》2005年第1、2、3期)等,拓展和深化了美军政治性工作研究。也有一些学者对美军之外的外军政治性工作相关问题进行研究。2005年,刘志生主编出版《外军军官能力建设概况》(解放军出版社),全面考察了外国军官能力建设的基本经验、主要特点及对全军的有益启示。

2006年12月,南京政治学院上海分院承办的全军第一届"美军政治性工作学术研讨会"在上海召开,优秀论文编入《美军政治性工作研究论丛》(第一辑)。此后,"美军政治性工作学术研讨会"每年举办一届,均由南京政治学院上海分院承办,截至2010年底连续举办五届,出版《美军政治性工作研究论丛》五辑,成为中国外军政治性工作研究的重要平台。上海学者主要成果有罗剑明的《美军战斗精神激励历史沿革》,陈岸然的《美军军事文化的发展特点及规律》,张煜的《随军牧师制度对美军建设的影响》,赵曙光、唐芳的《美军文职人员制度改革及其对我军的启示》,吴东莞的《美军组织体制改革的原则与举措》,付畅一的《美军核心价值观培育途径探析》,李丛禾的《当代美军军事文化论要》等。

2006年以来,学术界围绕外军尤其是美军政治性工作相关问题广泛展开研究,形成了比较丰富的成果,如张煜、李书吾的《美军随军牧师制度研究》(解放军出版社2007年);李庄前翻译的《美国陆军军官领导力》(2009年),作为"美军政情研究译丛"之三由解放军出版社出版;刘向东的《美军军官职业教育研究》(复旦大学出版社2009年)等。在发表的研究论文中,关于美军政治性工作的占了绝大多数,主要有刘志生的《美军高级将领核心能力要素培养透析》(《军事历史研究》2006年第2期),项飞的《美国退伍军人安置制度之考察》(《军事历史研究》2007年第2期),付畅一、黄拥军的《美军联合作战指挥军官培养及其启示》(《南京政治学院学报》2009年第3期)等。也有少数成果涉及外军政治性工作总体研究及其他国家军队政治性工作研究,如周军的《对研究外军政治性工作的期刊论文统计分析》(《解放军理工大学学报》2009年第6期)、朱纯辉的《俄军军官能力培养的主要做法》(《外国军事学术》2009年第10期)等。2009年10月,南京政治学院上海分院主办的外军政治性工作研究专业刊物《外军政情译丛》创刊。

第四节　国防建设学

一、国防理论

20世纪80年代中期开始，国防理论研究（包括国防基础理论、国防历史、国防思想、国防动员等方面的研究）日益受到学术界重视。《军事历史研究》发表了几十篇关于国防历史、国防思想的论文，如高铁军的《毛泽东国防现代化思想初探》（1987年第3期）、余子道的《民国时期国防思想的奠基石——〈国防论〉》（1988年第3期）等。1988年，上海社会科学院出版社出版了吴春秋的《战略研究与现代国防》。1989年，任永贵发表《后备兵员训练改革设想》（《国防》第10期）。

进入20世纪90年代，国防理论研究开始取得重要突破。1990年3月，上海国防战略研究所成立，方敏担任所长。在80年代研究的基础上，上海学者较早提出并系统阐述了"大国防"理论。1990年4月13日，方敏在《解放军报》发表《需要确立"大国防"观念》。同年5月，上海国防战略研究所主持召开首届"全国大国防主题学术研讨会"。1991年，方敏主编的《大国防纵横谈》由兵器工业出版社出版。1993年，方敏著《大战争》由国际展望出版社出版。1994年，方敏、樊恭嵩的《大国防》由上海人民出版社出版，提出国防利益整体性、国防职能多元性、国防威力综合性、国防建设系统协调性、国防事业社会性、国防战略总体性等观点和理念。上海国防战略研究所先后组织召开了几十次专题学术研讨会，并编辑出版"大国防论丛""中国当代国防文库"及《国防战略研究》（内刊）、《中国国防教育》等，其中"中国当代国防文库"至2010年已出版12卷，收录论文一万余篇。专题研究方面，在邓小平国防思想研究、大城市国防动员理论与实践研究领域成果最为突出。关于邓小平国防思想研究的主要成果有张家驹的《邓小平国防思维方法论概论》（《军事历史研究》1998年第4期）、方敏的《论邓小平国防思想形成的历史背景及其特征》（《军事历史研究》1999年第2期）等。方敏主持的"邓小平的现代国防思想研究"获准立项国家"九五"规划课题。关于国防动员理论研究，针对上海作为特大城市的特点，发表了多篇具有较强针对性和指导价值的理论成果，主要有侯永发的《谈濒海城市战争潜力的转化》（《国防》1990年第9期）、徐匡迪的《适应新时期军事战略加强国防动员建设》（《国防》1997年第2期）等。

进入21世纪，国防理论研究成果更为丰富，并出现一些新的特征和取向，主要表现为关于国防史的研究更加受到重视，关于中国共产党国防建设理论与实践的研究形成了一个热潮，关于国防动员理论与实践的研究持续深化。

关于国防史尤其是国防思想史的研究。学者重点围绕近代以来国防史、历代国防思想等领域展开，主要成果有徐希燕的《墨子的国防战略与国际关系思想研究》（《管子学刊》2000年第2期）、奚纪荣的《试论中国国防的历史经验》（《军事历史研究》2008年第4期）、张芳的《论晚清海防建设观念的三大误区》（《军事历史研究》2010年第2期）、奚纪荣编著的《国防历史概要》（国防大学出版社2010年）等。

关于中国共产党国防建设理论与实践的研究。2005年，张云、薛小荣、苏世伟的《中国共产党与国防现代化》（宁夏人民出版社）出版，该书是上海市哲学社会科学"十五"规划重点课题"中国共产党与中国现代化"的最终成果之一，全面研究了中国共产党领导国防现代化建设的历史进程和主要经验。2008年改革开放30周年之际，学术界重点对中国特色国防理论与实践的历史经验进行总结研究，如王忠的《论中国特色国防理论的创新》（《军事历史研究》2008年第3期）和张云的《关于中国特色国防研究的若干问题》(2009年中国军事史第三届全国学术研讨会)、《中国特色国防研究30年》(军事科学出版社2009年)等。

关于国防建设、国防动员理论与实践的研究。何其松在《东南国防交通》发表《谈交通保障力量的平时准备与训练》(2001年第11期)、《企业改制后国防交通专业保障队伍建设面临的挑战及对策》(2002年第1期)等论文,周建明在《毛泽东邓小平理论研究》发表《中国外交与国防战略初探》(2003年第4期)。其他相关理论成果主要有江勤宏的《坚持"平战结合"以科学发展观推进国防动员实质性准备》(《国防》2006年第3期)、周荣华的《坚持和平发展,树立新型国防观——试论新世纪新阶段我国新国防观之科学构建》(《军事历史研究》2008年第2期)、吴齐的《构建平战一体军民融合的新型国防动员体系》(《国防》2008年第7期)、柴林崇的《大城市后备力量遂行大型活动安保任务执勤准备问题初探》(《国防》2010年第7期)等。

二、国防经济

20世纪80年代中后期开始,上海学者陆续发表一批国防经济研究成果。1987年,游潜之、单礼丰发表《从"星球大战"计划的实施引起对我国国防经济的思考》(《世界经济研究》第3期)。1988年,郑琦、胡运龙发表《西方国家军事——工业综合体介绍》(《西欧研究》第1期)。1989年,游潜之、刘晓峰和倪忠达的《关于国防工业管理体制改革的探索》(《军事经济研究》第4期),提出中国国防工业管理体制改革应建立起平战结合、军民兼容、合理配置、灵活转换的理想模式。同年,游潜之发表《近年来美国军事经济管理的重大改革》(《军事经济研究》第4期)。

20世纪90年代,上海国防经济研究不断深入,主要成果有:徐有轲、霍难的《国防费缺口归因论》(《军事经济研究》1991年第10期),徐安德的《关于国防经费对国民经济增长的"增殖作用"的研究》(《飞航导弹》1991年第7期),周炎明的《公共物品——国防》(《军事经济研究》1992年第9期)、《浅谈我国军人离退休费用的经济性质》(《军事经济研究》1993年第6期)等。

21世纪以来,上海国防经济研究发展迅速,在多个领域取得了一系列研究成果,如祝尔坚的《信息化与国防产业跨越式发展》(《上海经济研究》2002年第2期)、《国民经济动员中的国际贸易策略》(《上海经济研究》2002年第12期)等。2004年,"科学发展观与国防经济建设"研讨会在上海财经大学召开,会议论文汇编为《科学发展观与国防经济建设》(上海财经大学出版社2006年)。2005年,上海财经大学国防经济研究中心成立,并组织召开"军民结合,寓军于民"国防经济建设高级研讨会。2006年,该中心又召开"经济全球化与经济转型时期的国防经济建设"学术研讨会。同年,严剑峰发表《两种兵员征募制度的军事人力预算成本之比较》(《军事经济研究》第2期),陈晓和、陆嘉发表《我国国防工业面临的全球化挑战及其对策》(《军事经济研究》第10期)。之后相关研究成果还有严剑锋的《兵员征募制度的经济学分析》(上海财经大学出版社2007年)、《我国现行征兵制度运行的社会成本》(《军事经济研究》2007年第3期),陈晓和、王建的《我国军工企业资本运营的模式选择》(《上海财经大学学报》2007年第4期),陈晓和、刘宝的《国防工业进入规制问题研究》(《军事经济研究》2008年第2期),陈晓和、靳子畅的《对非公有制经济参与国防科技工业建设的思考》(《上海财经大学学报》2008年第6期),赵晓雷、严剑峰、张祥建的《中国航天产业后向关联效应及前向关联效应研究——以上海数据为例》(《财经研究》2009年第1期),刘宝、陈晓和的《武器装备采办竞争与单一来源选择研究》(《国防技术基础》2009年第4期),韩景倜、罗春香的《国防开支与经济增长关系分析——基于面板数据的费德尔—拉姆模型》(《经济管理》2010年第3期)等。2010年,李超民的《新中国国防经济思想史》(上海三联书店),对中华人民共和国成立 60 年来国防经济思想进行了系统回顾和考察,在国内首开新中国国防经济思想研究之先河。

三、国防教育

20 世纪 80 年代中期以后,上海学界对国防教育的研究日益重视,发表一批研究成果,如葛泉的《对高等学校学生军训的几点看法》(《上海高教研究》1987 年第 4 期),刘定富、刘代文的《适应战略转变　开辟军队国防教育的新领域》(《空军政治学院学报》1987 年第 4 期),曾庆红的《国防教育要从孩子抓起》(《中国民兵》1988 年第 9 期)等,涉及国防教育的各个理论与实践环节。

20 世纪 90 年代,上海国防教育研究有了较快发展。1991 年,上海学者发表相关论文就有十几篇,如洪流的《搞好海上民兵的国防教育》(《国防》1991 年第 1 期)、曹斌的《必须尽快完善国防教育制度》(《中国民兵》1991 年第 2 期)、张国清的《新时期大学生军训的重大意义》(《同济大学学报》1991 年第 1 期)等。1992 年 9 月,《上海市国防教育条例》正式颁布施行。1993 年 1 月,上海市国防教育委员会成立,进一步推动了上海国防教育研究的发展。研究者围绕大城市国防教育理论、国防教育的历史经验与传统等问题发表了一系列研究成果,如陈至立的《大城市国防教育要实现"五个形成"》(《国防》1993 年第 1 期)、章周铭的《企业武装部在国防教育中的作用》(《国防》1994 年第 9 期)、王联斌的《爱国主义与国防教育》(《空军政治学院学报》1995 年第 5 期)等。上海国防战略研究所编辑出版《中国国防教育》刊物及多种国防教育读本。奚纪荣主持的"中国大中学校国防教育研究"被列为全国教育科学"九五"规划军队重点课题。

21 世纪以来,关于国防教育理论与实践的研究有了许多新进展。2000 年 8 月 1 日,上海国防战略研究所主办的"全民国防教育网"正式上线,成为全国首家以国防教育为主题的大型网站。相关研究成果主要有:葛芝金主编的《国防教育概论》(华东师范大学出版社 2001 年),奚纪荣的《中国国防教育史概论》(《军事历史研究》2002 年第 3 期)及其主编的《中国国防教育》(军事科学出版社 2002 年),熊忠辉、张帆的《我国青少年学生国防教育基本情况调查》(《青年研究》2003 年第 7 期),市国防教育办公室组织编写的"国防教育丛书"(上海人民出版社 2008 年),张龙的《贯彻落实科学发展观　不断推进大城市全民国防教育工作深入发展》(《国防》2009 年第 7 期),翟海涛、何英的《民国上海的童子军教育及其影响》(《历史档案》2009 年第 4 期),奚纪荣、毛美力的《新中国 60 年普通高校国防教育的历史回顾》(《军事历史研究》2009 年增刊),张国清编著的《军事训练与民防教育》(同济大学出版社 2010 年)等,涉及国防教育的历史与现实、理论与实践等各个领域,反映了这一时期国防教育研究内容的全面性和深入性。

第五节　特色交叉学科

一、军事伦理学

20 世纪 80 年代,军事伦理学研究开始起步。1986 年,王联斌发表《加强军人伦理学的研究》(《道德与文明》第 3 期),就军人伦理学学科建设的基本问题进行初步探讨。1987 年,王联斌主编的《军人伦理学》由上海人民出版社出版,标志着军事伦理学新学科的诞生。1988 年,袁亚楠、李静、张日明翻译出版苏联沃尔科戈诺夫著的《军人伦理学》(解放军出版社)。1989 年,武警上海总队政治部编著出版《武警战士思想品德修养》(百家出版社)。

20世纪90年代是军事伦理学发展较快的时期,这一时期学术研究的成果主要反映在四个方面。

一是关于学科基础理论研究,主要有王联斌的《在市场经济条件下大力加强军人伦理学学科建设》(《道德与文明》1995年第2期)、朱少华的《中国军人价值观对社会文化的影响》(《军事历史研究》1994年第1期)、陈岸然的《科学技术发展对军人伦理价值的影响》(《空军政治学院学报》1999年第6期)等。二是军事伦理思想史研究,主要有王联斌的《孙子军事伦理思想研究》(《中国社会科学》1993年第5期),被评为全军院校政治理论优秀成果一等奖。三是关于军队道德建设和军人品德修养研究,先后发表了邬贵光的《论社会主义商品经济与军人道德关系》(《道德与文明》1991年第4期),朱少华、徐德清、王宏君的《当前部队道德建设刍议》(《空军政治学院学报》1993年第5期),徐金发的《对军队道德建设的现实思考》(《南京政治学院学报》1996年第5期)等论文,对社会主义商品经济、市场经济条件下部队道德建设面临的形势进行了分析和探讨。1994年,南京地区军队院校协作中心在上海召开军人伦理学年会,围绕"加强市场经济条件下的部队道德建设"主题进行研讨交流。1996年,空军政治学院举行"发展社会主义市场经济与加强部队思想道德建设"专题研讨会。1999年,王联斌主编出版全军政治理论重点教材《革命军人思想品德修养》(国防大学出版社),获第四届全军院校政治理论研究优秀成果奖特别奖。四是关于中华武德传统研究,主要有王联斌的《中华武德文化研究》(《学术月刊》1998年第10期);王联斌、李志芳主编的《中华兵林传统武德观览》(黄河出版社1994年);空军政治学院组织撰写的"中华武德宝典"三种:王联斌著《中华武德通史》(解放军出版社1998年),刘芳、徐德清主编的《中华武德镜鉴》(解放军出版社1999年),朱少华主编的《中华武德名论》(解放军出版社1999年)等。

2000年以后,军事伦理学研究在理论和实践层面有了新的拓展和深化。2003年和2009年,王联斌主编的《军人思想道德修养》和《军人思想道德修养与法律基础》由国防大学出版社出版,并分别获全军第一届、第二届政治理论研究优秀成果特别奖。2008年,赵曙光主编《忠诚卫士道德修养与法律基础》由人民武警出版社出版。此外,在军事伦理功能、军人品德培育、部队道德建设、中华武德文化等方面的研究,主要有陈岸然的《军事人才品德培育论》(国防大学出版社2001年),王联斌的《谈毛泽东的军人价值观及其现代价值》(《中国军事科学》2007年第6期),陶明报的《武德的起源及其影响武德内涵理解的基本要素》(《军事历史研究》2000年第3期),卫琦的《构建与和谐文化相适应的先进武德文化》(《军事历史研究》2007年第4期),刘芳的《科学认识和合理继承中华武德文化》(《人民日报》2010年4月2日)等。国防伦理研究、外国军事伦理研究、军事医学伦理研究、军人消费伦理研究等方面主要成果有张长岭的《美国军事伦理研究对我国军事伦理研究的几点启示》(《道德与文明》2002年第1期),张煜的《略论西方战争伦理观的嬗变》(《中国军事科学》2004年第1期),王联斌的《21世纪军人伦理学的研究与展望》(《中国军事科学》2004年第3期),杨放的《军事医学伦理学探析》(《中国医学伦理学》2005年第5期),张雪梅的《中外军人价值观功能比较》(《国防大学学报》2010年第2期)等。2009年3月,受总政治部委托,由南京政治学院上海分院承办"培育当代革命军人核心价值观研讨会"。2009年,唐志龙主编的《军人价值观教育系统丛书》由军事科学出版社出版。李吟、黄及全、向以馥主编的《当代革命军人核心价值观教育读本》(2009年)和向以馥主编的《培育当代革命军人核心价值观学习手册》(2010年)相继由人民武警出版社出版,成为武警部队进行学习教育的重要教材。在此前后,许多学者围绕践行军人道德规范尤其是培育当代革命军人核心价值观的相关问题进行广泛研究,主要有段文灵的《论合理功利意识下的奉献精神——新世纪革命军人奉献观探究》(《伦理学研究》2006 年第 2 期)、沈国权的《把握培育当代革命军人核心价值观的几个关节点》(《中国军事科学》2009 年第 2 期)、邹安乐的《新时期青年官兵价值观教育的理性考察》(《中国军队政治工作》2009 年第 2 期)、刘芳的《当代革命军人价值选择的根本依据与目标导向》(《南京政治学院学报》2009 年第 4 期)、王联斌的《中华传统武德文化：培育当代革命军人核心价值观有价值的参考借鉴》(《解放军报》2010 年 7 月 8 日)等。

二、军事法学

1978 年以后，在恢复法制和整顿军队的背景下，军事立法逐渐受到重视，军事法学研究也随之起步。1989 年，薛伦卓、陈友清发表《当前军事法制建设的几个问题》(《空军政治学院学报》第 1 期)，上海人民出版社出版了李新立主编的《军人实用法律手册》。1991 年，阎振远主编的《军人常见法律应用》由蓝天出版社出版。此后上海学者在军事法学的各个领域都发表了一批专题成果：宋振荣的《太平天国农民军军法综述》(《军事历史研究》1992 年第 3 期)，章宝坤、陈兴祥的《我国现行兵役法规亟待完善》(《国防》1994 年第 1 期)，阎振远的《〈空战规则草案〉与空战法初探》(《军事历史研究》1997 年第 4 期)等。

进入 21 世纪，军事法学研究在国际军事法学和军事法制建设研究方面成果最为丰富。国际军事法学的研究主要涉及国际法的军事运用和战争法的实例研讨等问题，如管建强的《从国际法看日本国侵华战争的民间赔偿问题》(《法学》2000 年第 3 期)、刘阿明的《先发制人与国际法——从美国国家安全战略角度的考察》(《社会科学》2004 年第 6 期)等。军事法制建设与依法治军研究，主要有阎振远的《军事法院审理民事案件面临的问题及对策》(《西安政治学院学报》2001 年第 6 期)、蔺春来的《对完善基层预防犯罪工作机制的思考》(《军队政工理论研究》2004 年第 2 期)等。

2005 年以来，军事法学研究出现了一些新的特点和热点。法律战研究方面，主要有倪正茂主编的《法律战导论》(上海社会科学院出版社 2006 年)以及《论法律战的特点》(《上海政法学院学报》2005 年第 5 期)，王霞的《法律战概念的形成、内涵和作用》(《上海政法学院学报》2005 年第 5 期)，钱蘅的《武警部队法律战研究成果综述》(《武警上海政治学院学报》2008 年第 3 期)等。关于国际军事法研究，更加注重理论研究与现实问题紧密接合，如金永明的《专属经济区内军事活动问题与国家实践》(《法学》2008 年第 3 期)，管建强的《论中日东海划界、领土争端解决的法律方法》(《学术界》2010 年第 5 期)、《公平·正义·尊严——中国民间战争受害者对日索偿的法律基础》(上海人民出版社 2006 年)。军事立法研究的相关成果主要有蔺春来、郭玉梅的《制定独立的军事刑法是军事刑法发展的最佳选择》(《西安政治学院学报》2006 年第 2 期)，陈政平的《对军人权益保护立法的思考》(《南京政治学院学报》2010 年第 3 期)等。军事司法研究的相关成果主要有张桂英的《建立军事行政诉讼制度之法理思考》(《求索》2007 年第 4 期)、蔺春来的《文职人员职责履行中的刑事责任》(《西安政治学院学报》2007 年第 5 期)等。

三、军事政治学

上海的军事政治学研究始于 20 世纪 80 年代，进入 20 世纪 90 年代，上海学者继续从历史与现实、理论与实践、中国与世界等不同维度展开军事政治学的研究，如陈明明的《论古代社会军人介入政治过程的条件》(《政治学研究》1995 年第 1 期)、《发展中国家军人政权经济政策的若干特征》(《军事历史研究》1997 年第 4 期),曹泳鑫的《从战争主体到合作主体——民族国家主体行为的历史与价值》(《世界民族》1998 年第 4 期),久玉林的《中国近代军阀政治探源》(《学习与探索》1999 年第 1 期),高民政、鲍国政、张云新的《优化军人政治心理的理性思考》(《空军政治学院学报》1999 年第 4 期)等。

进入 21 世纪,军事政治学研究在深度和广度上有了重要突破。2003 年,陈明明出版《所有的子弹都有归宿——发展中国家军人政治研究》(天津人民出版社)。在此前后,许多学者把视野投向海外,对欧美国家的军事政治问题进行考察和研究,如周保巍的《军事创新与近代欧洲的政治发展——一项军事社会学的考察》(《浙江社会科学》2001 年第 3 期),高民政、郭圣莉的《〈孙子兵法〉与政治片论》(《军事历史研究》2003 年第 3 期),王永强的《对美国执政党与军队关系的历史审视》(《军事历史研究》2004 年第 4 期)等。

2006 年,南京政治学院上海分院"军事政治学研究中心"被确定为军队院校"2110 工程"重点学科建设项目;《军事历史研究》专门开设"军事政治学研究"栏目。2006 年,高民政、赵景刚发表《政治学与军队政治工作——兼论构建中国军事政治学之可能》(《军事历史研究》第 2 期),第一次正式提出创建军事政治学的议题。2009 年,高民政又先后在《军事历史研究》发表《军政现象与军政关系探微——兼论军事政治学的研究对象与核心问题》(第 1 期)、《关于重视和加强军事政治学研究的思考》(第 4 期),围绕军事政治学的若干基本问题进行系统研究。专题研究方面主要有吴永年的《巴基斯坦军人政权与民主政治》(《世界经济与政治》2007 年第 11 期)、王萍的《1945—1987:台湾威权时代的军政关系考察》(《军事历史研究》2009 年第 1 期)、赵景刚的《台湾军政关系的制度架构分析》(《军事历史研究》2009 年第 2 期)等。2010 年,高民政等出版的《军事政治学导论》(时事出版社),是中国第一部军事政治学专著,对军事政治学研究的对象与方法、意义与价值、可能与途径等问题进行了系统阐述。此外,2010 年发表的相关论文主要有高民政的《军事政治学初探》(《武警上海政治学院学报》第 3 期),王杰的《军事政治学的逻辑起点、学科定位及价值分析》(《军事历史研究》第 3 期),高民政、孙艳红的《加强军事政治学研究的意义和途径》(《中国军队政治工作》第 10 期),孙力的《中国特色社会主义的军事政治分析》(《探索与争鸣》增刊)等。2010 年 12 月 26 日,首届军事政治学专家论坛在南京政治学院上海分院举办,围绕"武装力量与政治研究:学术进展与实践发展"主题展开研讨。此后,又连续举办了多届军事政治学专家论坛,并创办《军事政治学研究》辑刊。

四、军事文化学

20 世纪 80 年代,伴随着文化学蔚然兴起,军事文化学的研究也引起学术界重视。1985 年,《复旦学报》第 6 期发表了美国斯坦福大学傅葆石的《战争和文化结构的关系》和张汝伦的评介文章。1987 年,林建松、陆惠林发表《中国军事文化的初步探讨》(《军事历史研究》第 6 期),最早发出建立军事文化学的倡议,并就军事文化的基本内涵和研究中国军事文化的现实意义进行探讨。

20 世纪 90 年代,军事文化学研究有了进一步发展。1991 年,金重远出版《炮火中的文化——文化和第二次世界大战》(浙江人民出版社)。1992 年,倪乐雄发表《战争的文化透视》(《读书》第 3 期)。1996 年 1 月,华东理工大学成立战争与文化研究中心(后更名为战争文化与国际政治研究所),是国内第一家军事文化研究机构。对中外军事文学的研究是这一时期的热点,主要成果有周细刚的《马克思主义与军事文学观念问题》(《山东师范大学学报》1992 年第 4 期)、《略论战争文学与历史研究的关系》(《军事历史研究》1994 年第 1 期),倪乐雄的《〈诗经〉与〈伊里亚特〉战争审美背景和特征之比较》(《华东理工大学学报》1998 年第 2 期),陈思和、李平的《关于五六十年代战争题材小说的创作》(《唯实》1999 年第 10 期)等。

进入 21 世纪,军事文化学研究的阵地和影响进一步扩大。2001 年 6 月,南京政治学院上海分院承办的"中国先进军事文化理论研讨会"在上海召开,这是第一次全军性军事文化学术会议。《军事历史研究》专门开设"军事文化研究"栏目,10 年间发表了 50 多篇论文,其中上海学者的研究成果约占一半,主要有沈瑞英的《略论明清军事文化发展与西学东渐》(2000 年第 3 期)、何平立的《以礼治军:先秦奴隶制军事文化钩沉》(2000 年第 4 期)、倪乐雄的《中国古代军事文化观念对世界和平的意义》(2001 年第 2 期)、罗建平的《汉字中的军事文化:从武力征伐到政治组合》(2003 年第 3 期)等。战争文化研究方面,倪乐雄先后出版《战争与文化传统:对历史的另一种观察》(上海书店出版社 2000 年)、《寻找敌人:战争文化与国际军事问题透视》(经济管理出版社 2003 年)。军事文艺研究方面,陈思和的《中国当代文学关键词十讲》(复旦大学出版社 2002 年),第一讲即提出"当代文学观念中的战争文化心理"的概念。

2004 年以来,军事文化研究向纵深发展,出版了 10 余种著作,发表了 100 多篇论文,形成了若干研究的新热点,有力推动了军事文化学科体系的建立。主要体现在以下几个方面:

关于军事文化基本问题研究。徐长安的《军事文化发展规律初探》(《军队政工理论研究》2006 年第 5 期)、毕文波的《文化学和军事文化学若干问题札记》(《军事历史研究》2007 年第 1 期)等,深化了学科基本问题研究,推动了本学科的正式建立。何奇松的《德国发动世界大战的文化诠释》(《华东理工大学学报》2004 年第 1 期)、罗建平的《战争的语言理据及其政治意味》(《徐州工程学院学报》2005 年第 2 期)等,是战争文化专题研究的新成果。

关于国防文化和战略文化研究。王忠的《国防文化导论》(解放军出版社 2010 年)是第一部对国防文化进行系统研究的学术著作。战略文化研究方面,主要有苏世伟的《邓小平对中国战略文化的贡献》(《军事历史研究》2004 年第 3 期),杭宇、庄振华、李保军的《当代中国战略文化追求的价值重心》(《军事历史研究》2005 年第 4 期),闵长虹、周月英的《中国传统战略文化的发展方向》(《渤海大学学报》2010 年第 1 期)等。

关于解放军军事文化历史与军事文化建设研究。张云、张广宇、韩洪泉的《中国人民解放军军事文化遗产》(上海大学出版社 2007 年),魏延秋的《抗日根据地军事文化建设研究》(军事科学出版社 2009 年)等,从不同角度对解放军军事文化进行了历史考察和理论阐释。研究论文主要有何奇松、王沛然的《井冈山斗争时期军事文化的影响与启示》(《赣南师范学院学报》2007 年第 2 期),李海平的《创新发展中国特色先进军事文化的战略价值和路径选择》(《军队政工理论研究》2008 年第 6 期),魏延秋的《试论我军军事文化建设的价值向度》(《军队政工理论研究》2010 年第 2 期)等。

关于外国军事文化研究。外国军事文化尤其是美国军事文化研究,是这一时期研究的一个热点。主要成果有程群的《当代美国军事文化热点问题研究》(《徐州工程学院学报》2006 年第 1 期),李德才、何玉诚、董鑫旭的《美军军事文化转型的主要特征》(《军队政工理论研究》2010 年第 2 期)等。此外,陈岸然对美军军事文化的发展特点及规律,李丛禾对当代美军军事文化若干基本问题,唐良树对美军军事文化核心构成要素及本质特征等,都进行了专题研究。

关于军事文学艺术研究。这方面的研究以地方学者的成果最为丰富,军队学者也有一些重要成果。军事文学研究方面,主要有胡亚敏的《美国越南战争:从想象到幻灭——论美国越战叙事文学对越战的解构》(复旦大学出版社 2009 年)、张国浩的《当代军旅文学英雄主题的嬗变》(《军事历史研究》2010年第2期)等。军事艺术研究成果主要集中在影视方面,如林凌的《反思新世纪军旅电视剧》(《社会科学》2008年第5期),曲春景、张田的《中国二战电影与反思"二战"的距离有多远》(《社会科学》2010年第4期)等。

五、军队管理学

1984年,空军政治学院专门立项并组织力量开始构建军队管理学的理论体系。1986年11月,中国人民解放军军事统筹学会上海研究会成立(以下简称研究会)。同年,严芳田主编的《军队管理学》由学林出版社出版,这是第一部关于军队管理学的专著。1988年,严芳田等编著出版《军队基层管理教育学》(上海社会科学院出版社)。1992年7月,研究会正式更名为军事统筹学会军队管理研究会。1992年,研究会出版《军队指挥与管理》(学林出版社)。1993年,严芳田等编著的《军队基层管理学》由复旦大学出版社出版,围绕基层部队管理教育特点规律,对诸多基本问题进行了研究。这一时期,上海学者在《空军政治学院学报》发表了十几篇论文,围绕军队管理学的基本理论问题及基层管理中的新情况新问题进行了研究,如李庆升、王毅的《谈谈管理教育中的同一性问题》(1988年第4期),严芳田的《略论军队管理中的环境因素》(1990年第1期)等。

20世纪90年代中期开始,军队管理学研究发展较快。1994年11月,中央军委颁布《关于加强军队管理教育工作的决定》。围绕贯彻《决定》精神和研究新形势下正规化管理要求,研究会先后组织召开10次学术研讨会,出版《新时期军队管理研究》(学林出版社1995年)、《军队正规化管理》(学林出版社1997年)、《江泽民关于军队管理论述研究》(海潮出版社1997年)等3部论文集。1996年,研究会编印的《军队管理学术研究人物名录》,共收录军队管理学专家学者140余人,其中上海军地学者占有较高比例。专题研究成果主要有严芳田的《论邓小平转换军队行政管理机制思想》(《中国行政管理》1995年第3期)、陈明明的《"军事化社会":军事管理方式的内在矛盾》(《战略与管理》1997年第1期)、刘志生的《从历史维度看从严治军》(《军事历史研究》1999年第2期)等。

2000年以后,军队管理学学科研究的内容和方法以及研究成果的数量和质量,都有很大的创新与发展。研究会先后组织召开了29次学术研讨会,出版了《管为战》(海潮出版社2000年)、《军队安全管理特点规律研究》(海潮出版社2001年)、《部队应急管理能力建设研究》(黄河出版社2009年)等20部论文集。2003年编印的《军队管理研究世纪文库》,以146万字篇幅集中呈现了研究会前15年的研究成果。严芳田、胡全民、宇进波编著的《新编军队基层管理学》(复旦大学出版社2004年),严芳田编著的《军队管理学》(解放军出版社2005年),张长东主编的《武警部队基层管理教育概论》(解放军出版社2005年),严芳田等编著《军队基层管理学》(解放军出版社2010年),在内容上均有新的拓展。专题研究在三个方面的成果比较突出。一是关注部队建设现实问题,如聂筱谕的《略论军队管理工作的科学决策》(《军事历史研究》2007年第1期),王锦莉、张建东的《提高基层管理效益浅论》(《武警学术》2001年第8期)等。二是关注军队院校教学管理,如南京政治学院上海分院李承、张克难等发表的一组《着眼军事斗争准备需要　切实改进院校教学管理》主题论文(《国防大学学报》2006年第4期)。三是关注军事管理创新发展,如李铁民、杜超的《军事管理革命的源流和历史经验》(《军事历史研究》2008年第3期),胡全民的《以科学发展观为指导推进军事管理科学创新》(《国防大学学报》2008年第7期)等。

六、军事人才学

1984年，空军政治学院在军队院校中最早开设《军事人才学》课程。1985年7月2日，裘克人在《解放军报》发表《军队应该创立自己的军事人才学》，成为军事人才学诞生的先声。同年12月，裘克人、李延海、沈国权等在空军政治学院两期教学实践基础上，编写出全国第一部《军事人才学》（试用教材），成为军事人才学创立的主要标志之一。该书于1986年被总政治部定为推荐教材，1988年修订后以《军事人才学引论》为书名由能源出版社正式出版。

20世纪90年代，军事人才学有了较快发展。1991年，裘克人、刘翠兰主编出版《政工人才学》（复旦大学出版社），标志着政工人才学科的创立。许多学者围绕政工人才学相关问题进行了深入研究，主要有张天的《政工人才立场论》（《社会科学战线》1992年第2期）、郝唯学的《政工人才应具备的心理素质》（《山西大学学报》1992年第4期）、沈国权的《政工人才的成长环境》（《人事》1992年第10期）等。这一时期军事人才学的基础理论研究和现实问题研究也都取得一些新进展，主要有吴东莞的《“潜军事人才”现象研究》（《空军政治学院学报》1999年第5期），李涛、张煜的《“军事人才”概念辨析》（《空军军事学术》1999年第6期），陈岸然的《迈向人才为本科技强军的新世纪》（《南京政治学院学报》1999年第6期）等。

2000年以后，军事人才学在理论研究上有新的拓展和深化。2001年11月，陆春炎、朱少华、续建宜等撰著的《基层政治干部成功素质研究》由解放军出版社出版，深化了政工人才学的研究。2002年3月，沈国权等主编的《军事人才学新论》由解放军出版社出版，使军事人才学的学科体系更趋完善。2003年，南京政治学院上海分院建立全军第一个军队政治工作学博士后流动站。

21世纪最初十年间的军事人才学研究，两个方面的成果比较突出。一是基础理论研究。主要有陈岸然的《军事人才品德培育的层次性和系统性》（《军队政工理论研究》2002年第6期）、裘克人的《对未来政治干部素质结构的几点看法》（《军队政工理论研究》2003年第5期）、吴东莞的《论军事人才成长动力的本质与功能属性》（《南京政治学院》2003年第3期）、沈国权的《论新型军事人才的价值实现》（《中国军事科学》2005年第1期）、刘志生的《营造信息化军队人才快速成长的良好环境》（《军队政工理论研究》2007年第5期）等。二是军事人才专题研究，如陆春炎、张煜主编的《军事人才思想通论》（蓝天出版社2004年），沈国权、朱方琴的《邓小平军事人才素质教育思想初探》（《军事历史研究》2004年第3期），周碧晴、王健、杨书初的《邓小平的知识分子理念与人才强军战略》（《南京政治学院学报》2004年第5期），陈岸然的《联合作战亟需人才的素质培养》（蓝天出版社2005年）等。

2009年是中国人才学诞生30周年，在此前后，上海及全国人才学界对包括军事人才学在内的学科建设发展进行总结性研讨，取得了一批研究成果。5月11—12日，中国人才研究会人才学专业委员会和解放军南京政治学院上海分院联合举办以“中国人才学30年：成就、机遇和展望”为主题的全国第四届人才学论坛。

七、军事情报学

上海的军事情报学研究起步较晚。1990年，张德源在《情报理论与实践》第3期发表《国防科技情报与信息工作的耦合》。进入21世纪，军事情报理论研究有较大突破，主要有周军的《试论军事教育情报研究》（《情报资料工作》2001年第5期）、《试论军事情报的概念》（《情报杂志》2004年第1

期),林平忠的《军事信息资源的战争效能论》(《南京政治学院学报》2005年第2期),周军、韩建新的《试论军事情报研究方法》(《图书情报工作》2005年第5期)等。军事情报史研究方面,主要涉及军事情报活动史和军事情报思想史等领域,如李耐国的《简析军事情报活动发展的阶段》(《军事历史研究》2002年第4期)、孙果达的《毛泽东运动战的情报信息思想研究》(《军事历史研究》2005年第1期)、周军的《中国古代军事情报保密思想述略》(《军事历史研究》2006年第2期)、严雪林的《革命战争年代中国共产党保密思想述略》(《档案与建设》2009年第9期)、于群的《新冷战史研究:美国的心理宣传战和情报战》(上海三联书店2009年)。关于军事情报理论研究,对军事保密、军事行动情报保障、军事情报与信息化战争、外国军事情报等领域都有所涉及,如严雪林的《军事保密工作述论》(《军事百科》2006年第1期)、周军的《论军事情报保密》(《信息管理》2006年第3期)、周胜利的《军事信息获取技术对信息作战的影响》(《解放军工大学学报》2009年第2期)、周军的《外国军事情报保密工作述略》(《军事历史研究》2009年增刊)等。2010年,上海学者发表的成果还有王兰成的《国防专利情报系统中数据集成语义控制研究》(《中国图书馆学报》第1期),周胜利、郑文文的《浅析联合作战情报支援体系建设》(《信息管理》第4期),韩建新的《二战期间美国情报分析中人文社科学者的作用》(《解放军理工大学学报》第6期),夏婷婷的《浅析美军网络情报侦察的主要做法与启示》(《空军航空大学学报》第6期)等。11月,南京政治学院上海分院承办的中国社会科学情报学会2010年学术年会在上海召开。

八、军事信息管理学

上海的军事信息管理学研究始于20世纪80年代,在全国起步最早,影响也最大。1986年,空军政治学院设立了全军唯一的图书档案系,同年开始培养全军第一届图书情报专业本科、档案专业本科与专科三类学员,两年后开始招收图书馆专业硕士研究生。1986年,张孟赳、张正强的《谈军队院校图书资料情报的集中与分散管理》(《图书馆杂志》第4期),较早涉及军事信息管理研究。随后,学者在《空军政治学院学报》发表多篇相关论文,如张琪玉的《图书馆是高等学校的重要支柱》(1987年第2期),孙培贤、宋振林的《军队院校图书馆建设现状的调查与思考》(1987年第2期),徐定权、严雪林的《浅谈我军综合档案馆馆藏建设》(1987年第5期)等。1988年,空军政治学院图书档案系创办《文献工作研究》(1999年更名为《信息管理导刊》,2004年更名为《信息管理》)。1989年,林平忠编著的《军队图书馆管理学》由上海科学技术文献出版社出版。

20世纪90年代,军事信息管理学在理论、应用和技术研究三大领域都有新进展,并在指导实践的过程中逐步扩大了影响力。1991年,梅宪华等著的《军事文献学》由军事科学出版社出版。1992年,总参谋部办公厅组织空军政治学院图书档案系编写的档案学系列教材由蓝天出版社出版。这一时期的学术论文,主要集中于军队图书馆现代化建设、军队档案理论与实践等课题,并对信息战和信息化条件下的军事信息管理问题进行了初步探索,如张正强的《论军用公文主题标引的一致性》(《解放军档案》1993年第1期)、王松林的《军校图书馆现代化问题探讨——兼论军校图书馆的情报职能》(《高校图书馆工作》1994年第2期)、葛敏的《军校图书馆情报事业发展战略》(《文献工作研究》1996年第3期)、陈廷祥的《关于军事文书档案鉴定标准研究》(《解放军档案》1999年第1期)等。同时,应用研究有了很大发展,突出表现为一批实践应用性课题的立项和完成,如陈廷祥、赵屹等负责的"军事文书档案鉴定标准研究""军队档案事业管理信息网络系统""军用公文主题词表""军队院校图书馆信息数据库"等总参谋部立项课题,张正强等负责的"军队公文档案信息网络系统”“军队文书档案目录数据库结构与著录格式”“军队档案主题标引集成系统”等课题。1999 年 3 月，总参谋部组织空军政治学院专家编写的《军用公文主题词表》由中国检察出版社出版，并在全军推广应用。

进入 21 世纪，军事信息管理学研究不断深化，在图书、档案、情报等领域都有新的进展，在军事信息管理基础理论和信息安全等领域有了新的突破。图书领域的研究仍然以军校图书馆建设为重点，主要成果有葛敏的《关于军队院校数字图书馆宏观规划的几点思考》(《解放军理工大学学报》2001 年第 3 期)、周军的《论军校图书馆情报研究工作》(《解放军理工大学学报》2002 年第 3 期)、章春野的《军队院校图书馆数字化、虚拟化建设研究》(《信息管理导刊》2002 年第 4 期)等。

档案及保密工作的研究在理论和实践层面都取得了丰富的成果。2004 年，解放军出版社出版了南京政治学院上海分院学者编著的《军队档案管理学导论》等十几种军事档案学系列著作。此外学者还发表一系列研究论文，如薛匡勇的《论军队档案管理学的建立及其发展》(《档案学通讯》2002 年第 6 期)、杨安莲的《关于军队档案工作标准化的若干概念的思考》(《信息管理》2005 年第 6 期)、梅宪华的《论军事信息安全的特殊性》(《南京政治学院学报》2006 年第 1 期)等。值得关注的是，段荣婷的《美军电子文件管理标准研究》(《解放军档案》2002 年第 1 期)、张正强的《美军基于国际标准置标语言 SGML/XML 电子文件管理标准化研究》(《档案工作现代化》2002 年第 3 期)等论文，对外军电子文件管理及对中国军队的启示进行研究。2006 年 3 月，沈国权主编的《军事百科全书 · 保密档案分卷》由中国大百科全书出版社出版。

军事信息管理的基础理论研究方面，2003 年，南京政治学院上海分院课题组承担的国家社科基金军事学项目“军事科学网络信息资源调查分析与有效利用研究”结项，2004 年出版课题最终成果《军事科学网络信息资源指南》(解放军出版社)。相关研究主要有周军的《坚持三贴近原则，建设特色鲜明的军事信息管理学科》(《中国军事教育》2004 年第 3 期)、林平忠的《论军事信息管理学的学科理论体系》(《南京政治学院学报》2006 年第 6 期)等。2006 年 12 月，在南京政治学院上海分院召开了全军第一届“军事信息管理学术研讨会”，会议论文汇编为《军事信息管理理论与实践研究》(解放军出版社 2008 年)。

此外，军事信息资源管理学科研究持续受到关注，信息化战争与军事信息管理以及信息安全、网络舆情等问题成为研究中关注的新热点，相关成果主要有张正强的《知识组织与标准化研究》(解放军出版社 2007 年)，林平忠的《军队信息化法规标准建设研究》(解放军出版社 2007 年)，薛匡勇、杨安莲、苌青的《军队档案学理论研究的现状与发展趋向》(《档案学研究》2008 年第 4 期)，章春野的《军队院校图书馆建设和发展论略》(《军事历史研究》2009 年第 3 期)，林平忠的《论军事信息管理实时化的科学要义》(《西安政治学院学报》2010 年第 2 期)，周军、夏婷婷的《试论军事信息管理方法》(《中国信息界》2010 年第 7 期)等。南京政治学院上海分院课题组完成的“军事训练媒体资源管理系统”及“军事信息资源战争效能研究”等课题，进一步扩大了上海学者的影响。

第十九章　民 族 学

上海是少数民族散居地，1978 年以来，虽然还没有高校开设民族学专业和建立独立的研究机构，但作为中国改革开放的前沿城市之一，与国际学术界的交流日益密切，研究成果主要涉及民族史、民族学理论和都市及城市化进程中的民族问题等方面，体量不大但特色鲜明，在国内外学界形成一定影响。

第一节　民 族 史

一、中国民族史

【中华民族形成史】

中华民族是一个由 56 个民族组成的大家庭，各民族移民在其形成过程中起着非常重要的作用。上海学者对中华民族形成史研究主要集中在中国人口史和移民史。1986 年，葛剑雄的《西汉人口地理》（人民出版社），对西汉人口迁移以及匈奴人的内迁和羌人、氐人的迁徙研究就涉及对中华民族形成史的研究。1997 年，葛剑雄主编的《中国移民史》（福建人民出版社），论述了自先秦时代至 20 世纪 40 年代发生在中国境内的移民历史。1999 年，安介生的《山西移民史》（山西人民出版社），描绘大量内迁的少数民族和外来民族以山西为归宿，最终融合于中华民族的重要特点。2007 年，安介生的《历史民族地理》（山东教育出版社），对中国历史民族地理学的基本概念、学科性质、研究现状、研究方法等诸多问题进行较为全面的研究。2008 年，吴松弟的《南宋人口史》（上海古籍出版社），从人口、区域开发和世界文明的多个角度肯定南宋在中国历史以及中华民族形成史的重要地位。

【元史及北方民族史】

20 世纪 80 年代开始，上海的元史及北方民族史研究在学界有较大影响。1981 年，萧功秦发表《论大蒙古国的汗位继承危机》（《元史及北方民族史研究集刊（第 5 辑）》中华书局）。1983 年，萧功秦的《论元代皇位继承问题》（《元史及北方民族史研究集刊（第 7 辑）》中华书局）、《忽必烈时期儒臣的反功利思潮及其政治影响》（《上海历史学会论文集（第 1 集）》上海社会科学出版社），分析了元史有关问题和文化思潮对人们的政治选择和政治活动的影响。此外，姚大力的《漠北来去：中国历代王朝兴衰启示录》（长春出版社 1997 年），论述了蒙元史上若干重要问题；《追溯匈奴的前史——兼论司马迁对“史道”的突破》（《复旦学报》2004 年第 4 期），在揭示《史记》所反映的历史学观念是如何从根本上不同于以《春秋》《左传》为代表的先秦史书时，还论及匈奴前史。上海古籍出版社从 2004 年开始，每年出版一期《元史及民族与边疆研究集刊》。2007 年，姚大力的《北方民族史十论》（广西师范大学出版社），汇集作者的多篇论文和书评，论题涉及内容广泛，如拓跋鲜卑的先世史、回族认同的历史变迁、早期蒙古部族的形成、中国历史上的民族关系与国家认同等问题。

【族别史及客家民系】

20 世纪 80 年代，上海开始关注族别史及客家民系研究，如胡庆钧的《明清彝族社会史论丛》（上海人民出版社 1981 年）、段连勤的《丁零、高车与铁勒》（上海人民出版社 1988 年）、杨慧云主编的《中国回族大辞典》（上海辞书出版社 1993 年）、黄庆印的《壮、布依、傣、仡佬、京族文化志》（上海人民出版社 1998 年）等。总体看，上海的族别史研究成果除张江华的《门巴族》（民族出版社 1997 年）、安俭的《论藏族部落的形成与发展》（《历史教学问题》2008 年第 4 期）等少数民族族别史研究外，主要还是聚焦回族史和客家民系研究。

回族史研究主要包括在上海生活回族的源流历史、经济社会、文化教育、宗教习俗、民族关系等方面。朱克同的《松江回族考》（《宁夏社会科学》1983 年第 2 期）和张志诚、朱克同的《黄浦江畔的上海回族》（《宁夏社会科学》1988 年第 4 期），从上海城区回族形成的历史、上海回族的经济活动、上海回族的文化教育活动、中华人民共和国成立后的上海回族等方面展开研究。1989 年，葛壮的《东南沿海地区回族和伊斯兰教发展的历史特点》（《宁夏社会科学》第 4 期）以东南沿海地区回族和伊斯兰教在发展过程中的特点，探讨伊斯兰文化和中国传统文化的碰撞及交融。1995 年哈宝信的《上海回族抗日救亡运动述略》（《回族研究》第 4 期），回顾了上海回族在抗日救亡运动中所作贡献。2004 年，姚大力的《“回回祖国”与回族认同的历史变迁》（《中国学术》第 1 期），认为回族的祖先最早使用“回回”作为自称的证据是晚至万历四十一年（1613 年）的牛街礼拜寺“敕赐礼拜寺记”碑，但该词见于汉文文献的时间可追溯到 11 世纪。该观点不同于回族形成于元、明之交的主流观点。2008 年，葛壮的《近代回商群体的特征与文化贡献》（《回族研究》第 4 期），分析上海穆斯林群体经商的行业范围、经营特点、著名商人、文化信仰等方面。

1978 年以后，上海学者从中国通史研究的大视野出发，展开对华侨和客家学的探讨。20 世纪 80 年代初，华东师大在吴泽的倡导和主持下，成立了华侨史研究室，推出《华侨史研究论集》（华东师范大学出版社 1984 年）。1988 年，华东师范大学学成立中国大陆首个客家学研究室。1989 年，吴泽主编的《客家史与客家人研究》（华东师范大学出版社）出版。1990 年，华东师范大学在研究室基础上成立客家学研究中心，并创办理论性刊物《客家学研究》。1990 年，吴泽发表《建立客家学刍议》（《客家学研究》2 期），对什么是客家学、客家学研究对象、客家学学科构成等进行了阐述。1991 年，首届国际客家学研讨会在上海召开。相关成果还包括王东的《客家学导论》（上海人民出版社 1996 年）、《客家学：研究中国历史与文化的新视角》（《华东师范大学学报》1997 年第 3 期）；李逢蕊的《李逢蕊集（卷）客家学研究文集》（内蒙古教育出版社 2000 年）；谢重光的《客家文化与妇女生活》（上海古籍出版社 2005 年）。2007 年，王东的《那方山水那方人：客家源流新说》（华东师范大学出版社），将中国客家界定为“方言群”，对赣闽粤边地区形成源流、迁徙及语言风俗和客土关系等展开论述。

二、世界民族史

【欧洲民族史】

20 世纪 80 年代以来，沈坚在欧洲民族史研究着力颇多。1989 年，沈坚的《维金时代：冲突与交融》（《历史研究》第 5 期）提出，在中世纪欧洲历史中，8—11 世纪映现出的是民族迁徙与冲突、文化碰撞与融汇所迸发的绚丽光彩，而绝不只是黑暗重幕下的一团疑雾。1999 年，沈坚的《关于分布在中东欧和小亚的凯尔特人》（《华东师范大学学报》第 4 期）提出，作为欧洲古代重要族群之一的凯尔特人,终究以融汇于周邻族群和文化的途径,参与到日后欧洲的民族进程之中。2000 年,沈坚的《伊利里亚人与外部世界的关系》(《华东师范大学学报》第 5 期),对伊利里亚人与希腊人、马其顿、色雷斯人、凯尔特人和罗马人的交往进行研究。2001—2003 年,沈坚发表了一系列有关欧洲古代族群关系研究的文章,如 2001 年的《古代巴尔干伊利里亚人述论》(《世界历史》第 3 期),2002 年的《古色雷斯人透视》(《历史研究》第 2 期),2003 年的《关于同伊利里亚人相关的几个民族支系》(《安徽史学》第 1 期)、《色雷斯人与罗马帝国》(《华东师大学报》第 2 期)。2005 年的《地名语源的民族史解读——以欧洲和中国为例》(《华东师范大学学报》第 5 期)和 2006 年的《欧洲地名中的民族、部落名遗痕》(《世界民族》第 6 期),对地名与特定人群的关系进行了研究,提出了"地名的民族语源问题,蕴含了重要的历史文化线索,是探究民族史时需要认真关注的一个方面"的民族史研究方法,在学界产生一定的影响。2010 年,沈坚在上海召开的第九届中国世界民族学会会员代表大会暨学术讨论会上提交论文《上古地中海沿岸的利古里亚人》,认为如同绝大多数古代或现代民族群体,上古的利古里亚人也是由来自多方面的人群因素长期融汇而成的。

【犹太民族史】

1933—1941 年间,上海因先后接纳了 3 万多名欧洲犹太难民,成为中国犹太人研究的重要城市之一,在构建中国犹太人研究理论框架中发挥了重要作用。1985 年,张仲礼、陈曾年的《沙逊集团在旧中国》(上海人民出版社)研究了上海犹太人的经济活动。1987 年,王庆余的《旧上海的犹太人》(《上海社会科学院学术季刊》第 2 期),详细介绍了旧上海犹太人的历史、组织机构、经济、政治、宗教活动等;顾晓鸣的《论犹太文化对文化研究的意义》(《复旦学报》第 3 期)认为犹太文化发端于四千年前的上古时期,在世界范围与各种文化长期冲突和交融过程中得到了最充分的表现和发展。潘光、邓新裕的《浅论犹太复国思想和犹太人民的生存权利》(《史林》第 4 期),以历史的视角,分析了犹太民族强烈的民族意识和共同宗教信仰与犹太复国思想的关系。1988 年,上海犹太历史研究中心成立。1989 年,许步曾发表《纳粹屠刀下的偷生者——记二次大战中避难来沪的犹太人》(《上海档案》第 1 期),披露"二战"期间来沪避难犹太人的曲折经历。1990 年,唐培吉的《犹太学刍议》(《同济大学学报》第 1 期)提出犹太学研究理论框架,张绥出版《犹太教与中国开封犹太人》(上海三联书店)。1991 年,潘光的《浅析第二次世界大战期间上海的犹太难民》(《上海社会科学院学术季刊》第 2 期),虞卫东、潘光译的《四千名犹太人是怎样从上海到达以色列的》(《以色列动态》第 1 期),戴维-克兰兹勒著、许步曾译的《上海犹太难民社区》(上海三联书店),潘光、金应忠主编的《以色列·犹太学研究》(上海社会科学院出版社)等对二战期间上海犹太难民以及旧上海犹太人锡安主义活动等进行多方面研究。

1992 年中以建交后,上海关于"犹太人在中国"研究掀起高潮,并开始突破地区限制来研究来华犹太人的整体发展。1992 年,唐培吉的《上海犹太人》(上海三联书店)是中国第一部系统研究上海犹太人的专著;同年,张文建、王复翻译了塔伊迈著的《犹太通史》(商务印书馆)。1994 年 4 月 19—22 日,市政府、上海犹太研究中心举办"犹太人在上海"学术讨论会,200 余位学者和原居住在上海的犹太人参加。1995 年,潘光主编的《犹太人在上海》(上海画报出版社)、顾骏的《犹太的智慧:创造神迹的人间哲理》(浙江人民出版社)、冯韦翻译查姆·伯曼特著的《犹太人》(上海三联出版社)和 1996 年顾晓鸣的《犹太:充满"悖论"的文化》(浙江人民出版社)从多个视角研究犹太人和犹太文化。潘光、余建华、王健等的《犹太民族复兴之路》(上海社会科学院出版社 1998 年),第一次以中国人的视角比较深入地研究犹太民族的历史。1999 年,潘光、陈超男、余建华的《犹太文明》

(中国社会科学出版社)全面叙述了五千年犹太文明和犹太族历史。2001 年,潘光主编的《犹太人在中国》(五洲传播出版社)出版,介绍犹太民族和中华民族友好交往历史。2002 年,潘光、王健的《一个半世纪以来的上海犹太人:犹太民族史上的东方一页》(社会科学文献出版社),对 150 年以来上海犹太人的历史及其与上海城市发展的关系做了全方位的探讨和评价。2008 年,潘光主编出版《犹太研究在中国三十年回顾:1978—2008》(上海社会科学院出版社)。

第二节　民族学理论

一、民族概念

民族概念问题是民族学的基础理论之一。上海学者关于民族概念及相关问题研究主要集中在 2000 年以后。叶江的《对 50 余年前汉民族形成问题讨论的新思索》(《民族研究》2009 年第 2 期),认为中华民族人们共同体是一个由多民族(ethnic groups)共同构成的民族(nation);《民族概念三题》(《民族研究》2010 年第 1 期),对汉语"民族"概念的模糊性,斯大林所论述的"民族"概念的外延与内涵,以及"民族"概念的政治属性等三个问题展开讨论。2010 年,纳日碧力戈的《以言行事与符号"仿真"——民族与族群理论的实践话语》(《民族学刊》第 1 期),指出民族译名的讨论是中国民族研究的特色。

二、族群理论

结合中国国情实际和田野调查来研究族群理论是上海学界族群理论研究的主要特点。2005 年,叶江的《当代西方"族群"理论探析》(《华东师范大学学报》第 5 期),认为目前汉语的"少数民族"和"56 个民族"的"民族"英译成为"ethnic groups"较正确。2007 年徐大慰的《巴特的族群理论述评》(《贵州民族研究》第 6 期),认为族群研究的重点是族群边界问题,族群边界的作用在于组织、沟通、结构和规范人们之间的互动。2009 年,秦向荣等的《青少年民族认同的发展特点及影响因素》(《社会心理科学》第 2 期),探求青少年民族认同(包括对本民族认同和中华民族认同)在不同年龄阶段的特点。2010 年,巫达的《论大都市人的族群意识——以上海人个案为例》(《思想战线》第 3 期)认为大都市人的族群性或族群意识是通过想象的共同体来实现的,从本质上看是一种建构模式的产物;《族群文化资本促"社会关系"形成——以新疆建设兵团返沪人员个案为例》(《中国社会科学报》7 月 22 日),对都市人的族群意识和族群文化的形成进行研究;《族群性与族群认同建构——四川尔苏人的民族志研究》(民族出版社),研究了尔苏人的族群性与他们对藏族的认同建构。同年,纳日碧力戈在《民族生态与国家建设》(《社会科学研究》第 2 期)中提出不能用"族群"去代替"民族",更不能抽去后者的政治要素。

三、民族主义

20 世纪 90 年代以来,上海学界的民族主义研究主要侧重于民族主义与现代化、民族主义的复杂性以及民族主义的历史作用与现实功能方面。姜义华的《论二十世纪中国的民族主义》(《复旦学报》1993 年第 3 期),提出 20 世纪中国民族主义高涨的三次浪潮主要源于外来的强烈刺激,而非中华民族自身在近代化方面的发展。萧功秦的《民族主义与中国转型时期的意识形态》(《战略与管理》1994年第4期)提出中国近百年来的历史遭遇,使中国人有一种"强国梦"的情节,这种心态是民族主义得以激活的基础之一;《中国民族主义的历史与前景》(《战略与管理》1996年第2期)提出民族主义概念作为直接的表述话语,可以进入学术研究领域,不能进入国家意识形态成为构成部分。许纪霖的《另一种启蒙》(花城出版社2000年)认为一个国家民族主义的形成与现代化的变迁,几乎是同时发生的过程。余建华的《民族主义·国家结构与国际化:南斯拉夫民族问题研究》(民族出版社2004年),对南斯拉夫民族问题进行比较全面和系统的跨学科研究;安俭发表《跨国民族问题与边疆稳定战略研究》(《广西民族学院学报》2004年第1期)。许纪霖的《共和爱国主义与文化民族主义——现代中国两种民族国家认同观》(《华东师范大学学报》2006年第4期)考察了中国现代思想史上关于现代的民族国家是政治共同体还是历史文化共同体这一问题的两条脉络。叶江的《解读安东尼·D·史密斯相关著述中的几个关键性术语》(《世界民族》2006年第5期)认为,史密斯提出民族主义是一种"政治的宗教",而民族主义的"神圣事物"就是"民族"(nation)本身。叶江、沈惠平的《民族主义:过去、现在和未来——安东尼·史密斯〈民族主义:理论,意识形态,历史〉一书的启迪》(《上海师范大学学报》2008年第1期)认为史密斯的论说被称为"族群—象征主义",有助于认识民族主义的持久影响。胡逢祥的《民族主义与中国现代民族国家意识的形成》(《华东师范大学学报》2010年第2期)指出"民族"的观念在中国原本就有着极其深厚的历史积淀。

四、专题研究

20世纪80年代特别是90年代后,随着上海对外开放力度的加大,上海民族学研究的国际化视野日益凸显。包括体质人类学、民族志和民族学学科理论和研究方法对上海民族学研究的影响:一是促进了体质人类学的调查、测量和研究的恢复。20世纪80年代初期以后,复旦大学生命科学院人类学教研室与博物馆组成中国各民族体质调查组,先后赴云南、黑龙江、内蒙古、新疆等地,对十多个民族上万人进行了活体测量与观察。二是催生了一批国际人类学译著,包括上海译文出版社出版的法国克洛德·列维-斯特劳斯著,谢维扬、俞宣孟译的《结构人类学(第一卷)》(1995年);德国兰德曼著、张乐天译的《哲学人类学》(1998年);法国克洛德·列维-斯特劳斯著、俞宣孟、谢维扬、百信才译的《结构人类学(第二卷)》(1999年);法国毛斯著、佘碧平译的《社会学与人类学》(2003年)。此外还有,克洛德·列维-斯特劳斯著、渠敬东译的《图腾制度》(上海人民出版社2005年);上海社会科学院出版社美国哈维兰著、瞿铁鹏、张钰译的《文化人类学》(2006年)。这些人类学译著的出版促进了上海民族学多维视角研究的发展,形成了一些较有影响的民族学专题研究成果。

宗族研究方面,主要有钱杭和谢维扬的《宗族问题:当代中国农村研究的一个视角》(《社会科学》1990年第5期)、《亲族聚居现象与我国当前农村的宗族活动》(《学术季刊》1991年第3期)。钱杭的《关于当代中国农村宗族研究的几个问题》(《学术月刊》1993年第4期)、《异姓联宗活动的根据、过程与类型》(《中华文史论丛》2001年第一辑)、《宗族建构过程中的血缘与世系》(《历史研究》2009年第4期)等。

民俗文化方面,仲富兰的《现代民俗流变》(上海三联出版社1990年)对现代都市中各民族民俗的演变进行了全景考察。1994年,哈宝信等的《多元文化与上海的都市化》(《学术月刊》第2期)认为上海因多元文化的撞击形成了独特的海派文化,但其发展是畸形的。1998年田兆元的《神话与中国社会》(上海人民出版社)提出神话对于民族凝聚、国家认同和民族精神的需求均具有特殊的重要作用。田兆元的《盟誓史》(广西民族出版社 2000 年),剖析中国盟誓的发展过程及其对中国文化与社会发展所带来的影响。张江华的《汉文献中的壮傣民族亲属称谓》(《广西民族研究》2002 年第 4 期),对壮傣民族亲属称谓进行比较研究。2006 年,田兆元的《关于大都市的文化遗产保护问题》(《民间文化论坛》第 4 期),提出中国传统文化的许多精华都是在大都市里创造出来的,非物质文化遗产在中国的大都市里有着丰富的堆积。同年,张江华点校的清代周蔼联撰的《西藏纪游:西藏历史汉文文献丛刊》(中国藏学出版社)出版;范荧的《上海民间信仰研究》(上海人民出版社),运用多理论和方法,揭示中国多民族文化的发展和演变。张江华等的《雅鲁藏布江大峡谷生态环境与民族文化考察记》(中国藏学出版社 2007 年),将生态环境与民族文化、自然科学和人文科学结合起来,突出了生态环境与当地民族文化的相互影响和制约关系。聂家昕的《由单族群的"神祇"到跨族群的"村落神"——关于一个朝鲜族、汉族混居村落"山神祭祀圈"的民俗叙事》(《华南农业大学学报》2009 年第 4 期)分析了村落社会山神信仰在社会变迁背景下的民俗文化的实践过程。2010 年,陈勤建的《文艺民俗批评的理论基础与实践应用》(《广西民族学院学报》第 6 期)认为人和异类根本的区别,在于人是以民俗为核心的文化存在。同年,仲富兰的《上海民俗文化的传承与创新》(《文汇报》4 月 23 日)提出民俗文化应在现代生活中找到它的位置,使之更好地适应当前改革开放的潮流。

历史民族志方面,1997 年,《上海民族志》编纂委员会出版《上海民族志》(上海社会科学出版社),提供了大量上海少数民族资料。2000 年后,上海学界尝试将历史学与民族学结合起来进行历史人类学研究的实践,如张佩国的《近代江南乡村地权的历史人类学研究》(上海人民出版社 2002 年),多维度再现农民的日常生活场景,展现农民的历史主体性。

第三节　都市民族问题

一、都市少数民族状况

20 世纪 90 年代以来,进入上海从事各种经济文化活动的非城市户籍少数民族人口日益增多。2010 年第六次人口普查资料显示:全市少数民族人口总数 27.56 万(不包括其他未识别的人群和外国人入籍中国的人口),少数民族人口中来沪少数民族人口所占比重为 64.4%,高于全市 39%的总体水平。伴随着这一变化而出现的诸多社会及文化等问题,不仅涉及进入城市的少数民族变迁,也涉及少数民族地区的社会形态、经济结构和生活方式变迁。对此,上海学界在这方面以应用性和对策性研究为主。

1983 年,奥斯曼的《埋骨何必桑梓地,中华穆民情谊深——印尼穆斯林归真船员在沪安葬》(《中国穆斯林》第 3 期),对一名印尼穆斯林归真船员在沪安葬经过进行了报道。1989 年,若璞的《又是一年春好时——访七届人大代表哈宝信》(《中国民族》第 5 期),通过对上海少数民族代表人士、人大代表哈宝信的专访,展示了改革开放后国内各民族平等参与国家政治生活的状况。王志云的《上海回族概况和民族工作》(《宁夏大学学报》1990 年第 2 期),从民族教育、权益保障、群众组织、经济建设和宗教生活等方面,对上海回族的发展概况进行了综述。1994 年,张志诚发表《上海地区的回族及其经济活动概述》(《回族研究》第 4 期),对穆斯林群众向来有经商传统以及上海地区回族的经济活动进行研究。1999 年,增林的《再为"东方明珠"添彩——访人大代表、上海市民委主任杨奇庆》(《民族团结》第 4 期),对上海少数民族代表人士及其状况进行报道。2001 年,在"城市中的少数民族研讨会”上，市民宗委提交《架起党和政府联系少数民族群众的桥梁——上海市少数民族联合会情况的报告》，同年，市民宗委的《区分情况，拓宽管理之道》(《中国民族报》10 月 30 日)，对如何发挥上海少数民族联合会这一社会组织的作用进行探讨。2004 年，高向东的《上海高校在校少数民族学生状况调查报告》(《社会》第 8 期)，对上海高校少数族学生状况作了专题研究。2009 年，马丽蓉的《寺市并存的伊斯兰教经济文化生成模式》(《中国宗教》第 1 期)，研究阿拉伯世界清真寺与集市并存的历史文化传统。同年，王建平的《当代都市社会中的穆斯林群体——上海与纽约的比较研究》(《甘肃社会科学》第 5 期)，对上海和纽约这两大都市社会中的穆斯林群体进行比较研究。

二、多民族社区建设

城市化进程中进入上海的少数民族主要落脚在社区，对城市多民族社区建设的研究主要有：李伟民的《民族工作在社区》(《联合时报》2004 年 2 月 27 日)，马定华的《在构建社会主义和谐社会中做好民族工作的思考》(《上海市社会主义学院学报》2005 年第 2 期)，陈三弟的《从疏离到融合——关于城市社区民族工作的意义》(《上海市社会主义学院学报》2006 年第 6 期)，蒋连华的《城市少数民族流动人口聚居区的形成及应对原则》(《社会科学》2006 年第 9 期)以及《关于我国少数民族散居城市多民族社区建设的思考》(《中央社会主义学报》2010 年第 1 期)等。

三、城市民族关系

城市民族关系是都市民族学和人类学研究的重要内容，也是城市治理的重要内容。上海的城市民族关系研究丰富了都市民族学理论。杨群的《都市民族学与我国的现代化建设》(《上海大学学报》1995 年第 6 期)，提出都市民族关系研究对于促进民族团结、改革开放和现代化建设重要的现实意义。彭高成的《民族团结 共同进步——改革开放中的上海民族工作》(《上海党史》1998 年第 4 期)，评述上海改革开放 20 年的民族工作。蒋连华的《关于当前上海民族关系的调查研究》(《2002 年上海统战优秀调研文选》上海人民出版社 2003 年)，对上海民族关系特点和影响因素进行探讨。彭高成的《构建和谐社会与发展民族关系——学习党的十六届四中全会〈决定〉的体会》(《上海市社会主义学院学报》2005 年第 2 期)认为民族关系问题不是孤立的社会问题，是构建社会主义和谐社会总问题的重要部分。2006 年，葛壮的《民国时期的侮教案与穆斯林的斗争》(《世纪》第 3 期)，通过民国期相关案例的研究，对违反民族宗教政策、伤害少数民族和信教群众感情等影响民族关系和谐的现象进行了批判；同年，高向东等的《上海市民族关系现状分析》(《中南民族大学学报》第 3 期)，从民族交往、社区居住以及民族通婚等方面对上海市民族关系进行了调查研究；彭高成的《民族和谐与民族工作》(《上海市社会主义学院学报》第 6 期)，提出要牢牢把握各民族共同团结奋斗、共同繁荣发展的主题，紧紧围绕加快少数民族和民族地区经济社会发展的核心。2008 年，王建平的《全球化形势下回族社会面临的机遇和挑战》(《甘肃民族研究》第 1 期)，指出回族知识分子和群众要处理好与汉族群众的关系，抵御国外的宗教极端主义思潮。蒋连华的《如何看待我国少数民族优惠政策》(《联合时报》2009 年 2 月 20 日)，指出随着社会发展和民族融合的历史进程，政策的调整也是必然的。

四、城市民族教育

上海民族教育研究主要包括中华民族精神的培育研究和少数民族学生的教育研究。少数民族学生的教育问题涉及上海民族中小学的教育、内地新疆班、西藏班的教育研究以及高校少数民族大学生的教育研究等。1985 年苏莱曼、杨振华的《上海市回民中学》(《中国穆斯林》第 1 期),开始关注城市中回族青少年的教育问题。1996 年,王智强的《努力把回民中学办成少数民族人才的摇篮》(《上海教育》第 10 期),对办好民族教育,促进少数民族人才培养提出意见建议。2000 年,胡章萍的《关于少数民族大学生思想政治教育的思考》(《贵州民族研究》第 4 期),针对少数民族大学生的思想政治教育进行研究;上海市教育委员会基础教育处的《情系雪域、爱心育人,上海举办内地西藏班 20 年情况综述》(《上海教育》第 24 期),介绍上海做好内地新疆班、西藏班以及高校少数民族学生教育培养工作的情况。2009 年,杨敏毅等的《内地新疆高中班学生心理问题分析与疏导》(《上海教育科研》第 6 期),对内地新疆高中班学生进行心理问题分析与疏导研究;徐剑宏的《以丰富多彩的活动,促进内地西藏班学生身心和谐发展》(《上海教育科研》第 6 期),也对少数民族学生教育的心理健康问题进行了研究。2010 年,乐霆的《正确处理民族中学办学的各种关系——基于上海市回民中学办学实践的思考》(《民族教育研究》第 1 期),对民族中学的办学规律进行研究;龙敏的《内地新疆班历史课与爱国主义精神的培养》(《中国民族教育》第 1 期),提出通过历史课培养内地新疆班学生的爱国主义精神的实践路径。

2000 年后,上海学界开始关注培育中华民族精神的研究,重点是如何更好地把民族精神的培育融入国民教育体系中,相关成果有邱伟光的《培育民族精神:学校德育的新任务》(《思想理论教育》2003 年第 1 期),刘燚、董晓峰、高湘萍、王红罡、赵光圣的《上海市中小学开展民族精神教育状况研究》(《思想理论教育》2004 年第 9 期),周中之的《全球化背景下民族精神教育初探》(《思想理论教育》2005 年第 3 期),蔡旭群、夏志芳的《上海市民族精神教育现状调查研究》(《上海教育科研》2006 年第 11 期),周卫的《试析现代中华民族精神教育的基本内容》(《思想理教育》2010 年第 19 期)等。

第二十章 国际问题研究

从 1978 年起，上海的国际问题研究重回正轨，迎来欣欣向荣的发展时期。20 世纪 80 年代中后期以后，特别是冷战的结束和中国快速发展推动上海国际问题研究开始转型进行新的探索，一批新的国际问题研究机构相继成立，形成了自身的特色。上海的国际问题研究期刊也为理论创新和学术探讨提供了重要的支撑。2000 年以后，随着中国和平发展进入新阶段，上海国际问题研究不仅从介绍西方理论与实践转向创建中国特色的国际关系理论，还越来越注重借鉴和吸收西方和其他国家的发展经验和教训，进一步聚焦中国和平崛起的理论和实践，着力为中国外交决策提供及时的参考。总体来看，上海的国际问题研究始终把研究国际问题、服务中国外交政策以及地方外事结合在一起，在开展美国、俄罗斯、日本、德国、欧盟和中东等国别和地区研究在内的国际问题研究、推进学科体系、学术观点、科研方法创新方面走在了全国的前列。

第一节 国际关系理论

一、欧美国际关系理论

20 世纪 80 年代中期起，上海学界开始大量介绍欧美国际关系理论。1987 年倪世雄与金应忠主编的《当代美国国际关系理论流派文选》（学林出版社），系统介绍美国国际关系理论流派，展现国际关系研究发展的逻辑过程。1988 年，倪世雄主编的《冲突与合作——现代西方国际关系理论评介》（四川人民出版社）系统介绍国际关系学的基本学说和有代表性的理论观点与主要研究方法，反映国际关系学自现实主义、传统主义到科学行为主义再到新现实主义各流派的演变过程。

20 世纪 90 年代初，上海学界对欧美国际关系理论的研究不断走向全面与系统。1991 年，倪世雄等翻译美国国际关系理论学者肯尼思·华尔兹的《人、国家与战争——一种理论分析》（上海译文出版社），为国内国际关系理论研究的方法论提供参照。同年，倪世雄在《国际展望》发表 8 篇系列文章，系统地介绍理想主义、现实主义、美国外交决策等西方国际关系理论的流派、方法并做出反思。1998 年，倪世雄与潘忠岐发表《冷战后西方国际关系理论的新发展》（《国际政治研究》第 4 期）；1999 年，倪世雄的《西方国际关系理论的新发展——学派、论战、理论》（《复旦学报》第 1 期），从学派、论战和理论三个方面概括西方国际关系理论的最新发展。2001 年，倪世雄等出版的《当代西方国际关系理论》（复旦大学出版社），以西方国际关系理论史上三次大论战为主线，全面系统地论述西方国际关系理论的历史渊源及其发展历程。

20 世纪 90 年代初中期后，上海学界还对当代国际关系和国际政治展开相关研究。1994 年，冯绍雷、范军、卢宁和潘世伟合著的《国际关系新论》（上海社会科学院出版社）出版。1998 年，周敏凯的《国际政治学》（华东师范大学出版社）出版，2004 年该书修订更名为《国际政治学新论》（复旦大学出版社），较为系统地阐述国际政治学的最基本范畴和最基本原理，并论述战争与和平、全球化与现代化等国际政治学的基本理论问题。2007 年，上海人民出版社出版明斯特（Karen A. Mingst）的《国际关系精要》（潘忠岐译），介绍国际关系的主要理论范式。

现实主义、自由主义、建构主义等流派研究是上海学界关注的热点。围绕新现实主义的发展，倪世雄先后发表《国际关系学中的新现实主义》(《国外社会科学》1988 年第 4 期)、《论冷战后新现实主义面临的挑战》(《欧洲》1997 年第 4 期)等文章。王传兴的《从米尔斯海默看进攻性现实主义与单边主义的关系》(《世界经济与政治》2004 年第 1 期)，将进攻性现实主义与美国小布什政府的单边主义实践相联系加以分析。

自由主义国际关系理论方面，1998 年，苏长和发表《经济相互依赖及其政治后果》(《欧洲》第 4 期)、《安全困境、安全机制与国际安全的未来》(《世界经济与政治》第 5 期)等文章。2000 年，其专著《全球公共问题与国际合作：一种制度的分析》(上海人民出版社)从国际制度设计、安排、创新和变迁的角度，回答国际合作的必要性和可能性问题。此后，他还发表《中国与国际制度——一项研究议程》(《世界经济与政治》2002 年第 10 期)、《自由主义与世界政治——自由主义国际关系理论的启示》(《世界经济与政治》2004 年第 7 期)等论文，从不同侧面探讨自由主义理论的内涵及其对中国国际关系研究的启示。门洪华的《和平的纬度：联合国集体安全机制研究》(上海人民出版社 2002 年)论述了联合国集体安全机制的创立及其演变，联合国集体安全的决策机制以及裁军与军控机制等内容。

1998 年，刘永涛发表《西方新现实主义理论与建构主义批评》(《世界经济与政治》第 11 期)，阐述了建构主义对新现实主义的批评和对世界政治研究的价值。陈志敏和陈玉刚的《建构主义：新现实主义和新自由制度主义之后》(《世界经济与政治》1999 年第 8 期)对建构主义与新现实主义和新自由制度主义进行比较。王公龙的《温特建构主义理论的贡献与缺失》(《世界经济与政治》2002 年第 5 期)讨论了温特建构主义理论的贡献和缺失。2005 年，袁正清出版《国际政治理论的社会学转向：建构主义研究》(上海人民出版社)。

2000 年以来，上海人民出版社出版一批西方国际关系理论流派译著。在现实主义理论方面，有小约瑟夫・奈(Joseph Nye, Jr.)的《理解国际冲突：理论与历史》(2002 年)、肯尼思・沃尔兹(Kenneth Waltz)的《国际政治理论》(2003 年)、约翰・米尔斯海默(John Mearsheimer)的《大国政治的悲剧》(2003 年)等。在自由主义理论方面，有罗伯特・基欧汉(Robert Keohane)的《霸权之后：世界政治经济中的合作与纷争》(2001 年)、莉萨・马丁(L. L. Martin)等主编的《国际制度》(2006 年)和海伦・米尔纳(Helen V. Milner)的《利益、制度与信息：国内政治与国际关系》(2010 年)等。在建构主义方面，则有亚历山大・温特(Alexander Wendt)的《国际政治的社会理论》(2001 年)、本尼迪克特・安德森(Benedict Anderson)的《想象的共同体——民族主义的起源与散布》(2003 年)、阿米塔・阿查亚(Amitav Acharya)的《建构安全共同体：东盟与地区秩序》(2004 年)等。

二、中国国际关系理论

20 世纪 80 年代初，上海学者较早提出中国国际关系理论建设命题。1980 年，在中国国际关系史研究会成立大会上，金应忠提出国际问题研究的“中国化”问题。1987 年 8 月，复旦大学、上海国际问题研究所和上海外国语大学等召开“上海国际关系理论研讨会”，就国际关系的研究对象、研究方法、研究范围、基本概念及内在联系进行探讨，提出“极”和“格局”的概念，首次明确提出创建中国国际关系理论的任务，受到国内外密切关注。

此后，上海的中国国际关系理论研究进入一个高潮。1989 年，金应忠、倪世雄和冯绍雷合著的《世纪风云的产儿——当代中国国际关系理论》(浙江人民出版社)出版。1991 年，市国际关系学会主编的《国际关系理论初探》(上海教育出版社)提出国际关系理论研究对象应分为两个层次:一是以宏观国际社会、国际集团和得到国际社会承认的大国为对象;二是微观研究,以研究国家、国家间双边、多边关系以及影响国际关系的各个环境为对象。1992年,金应忠与倪世雄合著的《国际关系理论比较研究》(中国社会科学出版社)出版。1996年,俞正樑的《当代国际关系学导论》(复旦大学出版社)以宏观视角研究当代国际关系体系的结构、功能、运动、动力、环境以及发展变化的规律。

1998年10月,复旦大学国际政治系和中国国际关系史研究会在上海共同举办"全国国际关系理论研讨会",标志着上海对中国国际关系理论的研究进入新的阶段。这一时期,上海学者试图总结中国国际关系理论研究的阶段性成果。1997年,倪世雄和许嘉的《中国国际关系理论研究:历史回顾与反思》(《欧洲》第6期)对中国国际关系研究的主要主题进行评述。1999年,俞正梁的《中国国际关系的战略转型与理论研究二十年》(《复旦学报》第1期)总结中国在此前二十年中实现对外战略转型及国际关系理论的发展特点,并预测今后一段时期中国国际关系理论研究的若干趋势。2000年,苏长和的《中国国际关系学:问题与研究方向》(《世界经济与政治》第1期)对当时中国国际关系学研究中存在的一些基本学术"失范"问题进行反思。同年,俞正樑等出版的《全球化时代的国际关系》(复旦大学出版社)通过审视当代国际关系在新的历史条件下的发展变化,勾勒出全球化时代国际关系行为主体的多元化,从而揭示当代国际关系的新走向。

2000年以后,上海国际关系理论研究的重点是塑造国际关系理论的"中国特色"。2007年,赵可金和倪世雄合著的《中国国际关系理论研究》(复旦大学出版社),对涉及的国家理论、安全理论、发展理论和外交理论等进行系统阐述。2008年,陈志敏、肖佳灵和赵可金合著的《当代外交学》(北京大学出版社)对中国外交的发展轨迹和中国外交学的建设提出看法。同年,肖佳灵的《当代中国外交研究的"中国化":问题与思考》(《国际观察》第1期),对中国外交理论研究存在的问题进行深入的学理思考。2009年,苏长和的《当代中国国际关系理论:现状与发展》(《国际展望》第2期),全面讨论中国国际关系理论来源。同年,任晓的《走自主发展之路——争论中的"中国学派"》(《国际政治研究》第2期)则指出,中国的思想、哲学、文化为"中国学派"的产生提供了必要的知识资源。

上海学者在聚焦"中国特色"的同时,也在不断深化对中国国际关系理论的研究。2001年,陈志敏的《次国家政府与对外事务》(中国长征出版社)对次国家行为体参与外交事务进行探讨。2004年,潘忠岐的《世界秩序:结构、机制与模式》(上海人民出版社),通过对各种学派世界秩序范式的梳理,重点考察世界秩序的运行机制与发展规律等问题。2005年,俞正樑、陈玉刚和苏长和合著的《21世纪全球政治范式》(复旦大学出版社)进一步探讨全球问题和全球治理以及全球化时代国际关系的发展趋势。2007年,俞正樑的《国际关系与全球政治——21世纪国际关系学导论》(复旦大学出版社),指出国家不再是解决全球困境集体行动的唯一角色,建构新的观念和合作性行为已经成为国际关系中的主导性趋势。

三、国际关系领域理论

【国家主权】

20世纪80年代中期以后,上海学者对国家主权的总体研究主要是其核心内涵、与国家利益的关系等方面。1987年,王沪宁的《国家主权》(人民出版社)开启了中国国际关系学界对主权问题的研究探索。1998年,俞正梁在《发展中国家在主权问题上的当代选择》(《复旦学报》第1期)指出发展中国家在主权问题上面临双重选择:一方面必须坚持以主权为本;另一方面应该在国家主权问题上进行自主适应以获得更大的国家利益。2000 年前后，研究重点转向对全球化、地区一体化等与国家主权的关系。戴炳然的《欧洲一体化中的国家主权问题》(《复旦学报》1998 年第 1 期)、刘杰的《经济全球化时代的国家主权》(长征出版社 2001 年)，全面分析了全球化或一体化对国家主权的挑战。

同时，上海学者也关注对西方"国家主权过时论"的批判与反思。1998 年，肖佳灵的《西方对主权理论三次挑战的实质》(《复旦学报》第 1 期)从历史的视角透视西方对主权理论的三次大挑战，其后出版《国家主权论》(时事出版社 2003 年)。2004 年，刘杰对主权与人权关系进行深入探讨，出版《人权与国家主权》(上海人民出版社)，与黄仁伟合著出版《国家主权新论》(时事出版社)。2005 年，潘亚玲的《国家主权的伦理反思》(《欧洲研究》第 5 期)认为西方国际关系理论的三大传统在国家主权的伦理问题上妨碍了对国际关系的正确理解，也阻碍了人类社会的发展进步，必须对国家主权的伦理进行重建。

【文化与软实力】

20 世纪 90 年代冷战结束后，文明交往、国家软实力等问题迅速引起上海学界的关注。1995 年，上海外国语大学召开"国际关系中的文化因素研讨会"，探讨美国文化和伊斯兰文明等议题。1996 年，潘忠岐和谭晓梅的《论文化与国际关系基本理论模式述评》(《欧洲》第 6 期)对西方学术界有关文化在国际关系中的作用的代表性观点进行评述。1998 年，吴前进的《研究国际关系中文化战略的意义》(《国际观察》第 2 期)探讨国际关系中的"文化战略"。

这时期，俞新天围绕该议题展开多方面研究，《国际文化研究初论》(《上海社会科学院学术季刊》1999 年第 1 期)重点探讨文化对世界政治和世界经济的反作用问题；《国际关系中文化作用的理论探讨》(《东方学术文库第一卷》2003 年)和《民族、宗教和文化——东亚发展与合作中的重要因素》(《世界经济与政治》2003 年第 2 期)，强调文化影响国际关系的路径和方式；《强大的无形力量——文化对当代国际关系的作用》(上海人民出版社 2007 年)尝试从国际体系和国家外交两个层面构建国际文化理论；《掌握国际关系密钥：文化、软实力与中国对外策略》(上海人民出版社 2010 年)，则深入探讨文化理解、误解和有意曲解对国际关系的影响，发展中国家如何看待外来文化与本土文化的矛盾等理论问题。

此外，朱马杰的《当代国际关系中的文化博弈》(《国际问题研究》2001 年第 2 期)指出在综合国力的激烈竞争中，文化因素的影响和文化力量的运用已成为不可或缺的手段。王义桅的《超越国际关系：国际关系理论的文化解读》(世界知识出版社 2008 年)对传统的国际关系理论进行哲学解读、政治解读和文化解读，从而超越国际关系本身。房桦的《十年来中国软实力发展研究综述》(《现代国际关系》2009 年第 1 期)梳理了中国发展软实力的必要性与重要性、软实力发展面临的问题与挑战、软实力发展的路径等，提出需要深化研究的相关着眼点。

【国际政治经济学】

2000 年以后，随着国际政治经济学日渐兴起，上海学界较早地引介了国外的相关著作并开展研究。2001 年，樊勇明出版《西方国际政治经济学》(上海人民出版社)。黄河的《从国际政治经济学的视角看俄罗斯的能源外交》(《俄罗斯研究》2007 年第 5 期)和《从天然气欧佩克看俄罗斯的能源政治走向——一种国际政治经济学的视角》(《深圳大学学报》2008 年第 4 期)运用国际政治经济学的相关理论，对俄罗斯的能源政治机制和能源外交模式进行分析。刘光溪的《共赢性博弈论：多边贸易体制的国际政治经济学分析》(上海财经大学出版社 2007 年)对世界贸易组织(WTO)机制内的多方博弈进行探讨,认为多边贸易体制下的博弈本质上是合作共赢性博弈。

同时,上海学者还展开国际和地区公共产品的研究,成为解读全球化背景下区域合作的一个新的理论亮点。相关成果有王健的《上海合作组织的未来发展路径选择——从地区公共产品的视角》(《社会科学》2007 年第 8 期)、樊勇明的《区域性国际公共产品》(《世界经济与政治》2008 年第 1 期)、倪建平的《美国与东亚一体化:地区公共产品的视角》(《复旦国际关系评论》2009 年第 1 期)和陈霞的《大国良性竞争与地区公共产品的供给——对欧洲一体化进程中法德关系的考察》(《复旦国际关系评论》2009 年第 1 期)等。

这一时期,上海人民出版社还出版一批国际政治经济学译著,包括罗伯特·吉尔平的《全球政治经济学:解读国际经济秩序》(杨宇光等译,2003 年)、罗伯特·吉尔平的《国际关系政治经济学》(杨宇光等译,2006 年)、苏珊·斯特兰奇(Susan Strange)的《国家与市场》(杨宇光等译,2006 年)、本杰明·J. 科恩(Benjamin J. Cohen)的《国际政治经济学——学科思想史》(杨毅、钟飞腾译,2010 年)等。

【全球治理】

全球治理是国际关系研究中的一个新兴领域,2000 年以后,上海国际问题研究者从多个角度进行探索和研究。一是国际秩序需求研究,潘忠岐的《多边治理与国际秩序》(上海人民出版社 2006 年)指出冷战结束以来,国际秩序变革的重要指向之一就是实现对全球性问题的全球治理。二是超越国家间政治角度的研究,王义桅在《超越均势:全球治理与大国合作》(上海三联书店 2008 年)中用结构性分析法与系统性分析法对均势作了全方位剖析,提出从解剖概念出发认识国际政治及时代变迁的独特视角。陈玉刚的《超国家治理:国际关系转型研究》(上海人民出版社 2009 年)从欧洲一体化的实践出发,总结这一国际关系的新生事物在区域性的国际关系上发生的本质性的变化将可能发展成为全球性的。三是国际组织视角研究,武心波的《大国国际组织行为研究》(上海人民出版社 2010 年)分析了中国、美国、俄罗斯等九国的国际组织行为的历史发展特征,考察其各自遵循的原则和传统。韦宗友的《非正式集团、大国协调与全球治理》(《外交评论》2010 年第 6 期)则将大国的全球治理行为按合作关系分为三类平行的非正式集团。四是中国视角研究,叶江的《全球治理与中国的大国战略转型》(时事出版社 2010 年),提出中国应当肯定全球治理的理念,主动参与,积极提供公共产品,充分发挥大国作用。

【其他议题】

20 世纪 90 年代中期以后,上海学界开始关注国际安全的研究,以现实主义理论为主。苏长和的《从国家安全到世界安全——现实主义及其后》(《欧洲》1997 年第 1 期)考察了经典现实主义和新现实主义的国家安全观。任晓在《从集体安全到合作安全》(《世界经济与政治》1998 年第 4 期)中介绍了西方的"合作安全"概念,认为合作安全承认双边关系可能是国家确保在国际社会中地位的主要手段。郭学堂在《集体安全与权力均势——兼析国际政治体系的演变》(《中国社会科学》2001 年第 2 期)中认为集体安全体系是对权力均势体系的补充和发展;在稳定的国际体系中依然是权力均势体系占据主导。

20 世纪 90 年代中后期,随着女性主义国际关系学在中国兴起,胡传荣对这一领域进行相关研究;1997 年,发表《关于女性在国际关系中位置的思考》(《国际观察》第 2 期),还通过《社会性别视角的显现——女性主义对国际政治学的介入和改造》(《世界经济与政治》1999 年第 5 期)、《开放的空间——女性主义国际政治理论中的“共情合作”》(《世界经济与政治》2000 年第 6 期)、《权力、安全与女性主义》(《国际观察》2005 年第 2 期)等文，对西方女性主义及其主要派别进行评介。2006 年，她和李英桃合编的《女性主义国际关系学》(浙江人民出版社)，系统展示了社会性别分析在国际关系研究中的重要意义。2003 年 10 月，复旦大学和香港大学联合举办“妇女与国际关系”国际学术研讨会，是国内第一个“女性主义国际关系”研讨会。2000 年以后，上海学界还对安全泛化或“安全化”现象展开研究。潘亚玲发表《安全化、国际合作与国际规范的动态发展》(《外交评论》2008 年第 3 期)、《美国与核恐怖主义的安全化》(《现代国际关系》2008 年第 6 期)等。杨洁勉在《当前国际战略态势和国际形势特点》(《国际展望》2009 年第 3 期)和《论“四势群体”和国际力量重组的时代特点》(《世界经济与政治》2010 年第 3 期)中认为，国际主要力量正在重新排列组合之际，安全问题泛化和非传统化成为国际战略竞争态势的重点。马建英与蒋云磊发表的《试析全球气候变化问题的安全化》(《国际论坛》2010 年第 2 期)，认为全球气候变化问题的安全化是一把双刃剑，它在有利于推动全球合作的同时，也容易成为强势国家干涉弱势国家的借口。

第二节　国际关系史与中国外交思想史

一、国际关系史

20 世纪 70 年代开始，上海人民出版社陆续出版的《战后世界历史长编》(11 卷)，是国内最早、最全面地利用《美国对外关系文件集》的研究成果，1975 年第 1 分册问世，到 1980 年连续出版至第 5 分册；编写人员主要来自复旦大学、上海师范大学(由华东师范大学和上海师范学院等五校合并组成)、上海《国际问题资料》编辑组(即上海国际问题研究所)和上海市五七干校六连(上海市外办)。

1985 年，刘同舜和高文凡主编的《战后世界历史长编(1950—1951)》第 6 分册出版；1989—1997 年，刘同舜和姚椿龄主编的《战后世界历史长编(1952—1955)》第 7—10 分册出版。朱明权的《20 世纪 60 年代国际关系》(上海人民出版社 2001 年)，部分源于其参与《战后世界历史长编》编写工作的成果。2007 年，朱明权领衔团队重启《战后世界历史长编》编纂工作，对书名等作了重大调整后推出《约翰逊时期的美国对华政策(1964—1968)》(上海人民出版社 2009 年)。

20 世纪 80 年代中期，上海学者开始注重国际关系史的整体研究。1984 年，颜声毅、李幼芬、俞正樑、朱明权合著的《现代国际关系史》(知识出版社)出版；1996 年，颜声毅主编的《当代国际关系》(复旦大学出版社)出版。国际共运史研究的成果主要有张月明与姜琦主编的《国际共产主义运动历史长编》(第四卷)(吉林人民出版社 1987 年)和《国际共产主义运动中的党际关系史：1848—1988》(华东师范大学出版社 1991 年)等。

2000 年后，沈志华利用苏联档案，出版一系列冷战国际史研究著作，如《毛泽东、斯大林与朝鲜战争》(广东人民出版社 2003 年)和《苏联专家在中国》(新华出版社 2009 年)等。华东师范大学冷战国际史研究中心自 2001 年起每年出版一辑《冷战国际史研究》。此外，张曙光的《美国遏制战略与冷战起源再探》(上海外语教育出版社 2007 年)，研究凯南与遏制战略雏形，杜鲁门与遏制战略实施，重新界定美国安全利益与苏联威胁等。

二、中国外交思想史

【马克思主义国际关系思想】

2004年,中央启动马克思主义理论研究和建设工程,上海也出现马克思主义国际关系理论研究的新热潮。郭树勇在《试论马克思主义国际关系思想及其研究方向》(《世界经济与政治》2004年第4期)中提出,马克思主义国际关系思想至少包括经典马克思主义国际关系思想、苏联特色马克思主义国际关系思想、西方马克思主义国际关系思想以及中国特色马克思主义国际关系思想等四个子系统。他还在《从国际主义到新国际主义——马克思主义国际关系思想发展研究》(时事出版社2005年)中对马克思"国际政治的秘密"概念的确切含义、毛泽东思想中的国际主义基调,以及邓小平理论的新国际主义萌芽等问题进行系统的阐述。曹泳鑫在《马克思主义国际关系理论研究》(上海人民出版社2009年)中对马克思主义关于国际关系的五大基本理论进行了梳理。

【邓小平国际关系思想】

20世纪90年代以后,上海学界对邓小平国际关系思想进行了充分的探讨,内容涉及邓小平国际战略思想、外交思想、国际新秩序思想、和平与发展时代观、国家利益和国家实力等。如黄仁伟的《试论邓小平国际战略思想的若干基本原则》(《毛泽东邓小平理论研究》1993年第10期)、《邓小平的国际经济战略思想和上海的全方位开放》(《毛泽东邓小平理论研究》1994年第10期)、《邓小平关于保持国际环境稳定的战略与策略》(《毛泽东邓小平理论研究》1997年第2期),颜声毅的《邓小平国际战略思想概论》(长征出版社2002年)等。

《毛泽东邓小平理论研究》成为这个时期讨论邓小平国际关系思想的重要平台。程伟礼的《邓小平关于国际战略问题的新思路》(《毛泽东邓小平理论研究》1994年第1期)和刘杰的《邓小平跨世纪战略观与21世纪中国的国际定位》(《毛泽东邓小平理论研究》1996年第5期)等文,集中探讨了邓小平的跨世纪战略观。陈其德的《试论邓小平的国际战略思想体系》(《学习与探索》1996年第1期)从战略背景、理论基石、战略目标、战略原则和策略思想等五个方面,对邓小平的国际战略思想体系进行探讨。潘光的《邓小平解决国际争端的战略思维和中国和平外交的发展》(《上海市社会科学界第七届学术文集》上海人民出版社2009年)认为,邓小平提出的以"搁置争议,共同开发"为核心的解决国际争端的战略思维为和平解决各类国际争端开辟了新途径。

【中国外交、外交思想史】

2000年以后,上海学界在中国外交史和外交思想史的研究,主要围绕三个方面展开。一是对中国外交史和外交思想史的总体研究。郭树勇的《国际制度的融入与国家利益——中国外交的一种历史分析》(《世界经济与政治》1999年第4期)通过对中国外交史中的代表性案例的分析,肯定了国际制度的积极融入对于中国国家利益的重要性。颜声毅的《当代中国外交》(复旦大学出版社2004年)阐明当代中国外交的指导方针、基石、基本目标和基本原则等,对中国外交的发展历程进行分析与评述,并对当代中国的外交战略作了探索与展望。倪建平的《关于中国国家形象与外交政策的理论思考》(《毛泽东邓小平理论研究》2004年第10期)从理论诠释和案例分析两方面说明中国国家形象建设与其外交政策的相关性问题。苏长和的《发现中国新外交:多边国际制度与中国外交新思维》(《世界经济与政治》2005年第4期)探讨中国对多边国际制度的参与及重视的新思维。

赵可金在《中国的外交新思维与外交理论的发展》(《复旦国际关系评论》2008 年)中指出，应当积极推进外交理论的创新和研究，逐步建设中国特色的外交学理论体系。杨洁勉在《新中国外交 60 年实践特点和理念演变》(《国际展望》2009 年第 1 期)中指出，60 年的新中国外交实践在捍卫和扩展国家利益、转变外交模式等方面形成鲜明的中国特色，新中国的外交理念也形成了与时俱进的世界观、时代观、利益观、和平观、统筹观等。

二是对中国周边外交史和思想史的研究。上海学者尝试对中国周边外交的演变作分期研究。石源华在《论新中国周边外交政策的历史演变》(《当代中国史研究》2000 年第 5 期)和《论中国共产党三代领导人的周边外交思想》(与陈莉菲合作，《毛泽东邓小平理论研究》2001 年第 3 期)中，回顾了 50 年来中国周边外交政策的阶段变化。马孆在《中国参与地区合作的理念演进特点及前瞻》(《毛泽东邓小平理论研究》2008 年第 7 期)和《中国周边政策的指导原则与战略变化》(《国际展望》2009 年第 2 期)中认为，中国参与地区合作的理念经历谨慎观望、适应熟悉、主动参与以至积极创建的演进过程，地区合作成为中国对外战略的一个新亮点。陈东晓在《新中国多边外交的继承与创新：时代景观和战略思考》(《上海市社会科学界第七届学术文集》上海人民出版社 2009 年)和《试论全球政治的新发展和中国多边外交的再思考》(《国际展望》2009 年第 2 期)中提出，中国要在战略规划和布局上加强统筹地域和领域的多边机制，并在多边外交实践中丰富和发展和谐世界理念。吴琳的《冷战后中国周边政策的历史演进》(《国际论坛》2010 年第 3 期)中认为冷战后中国周边政策的演进可分为过渡期(1989—1995)、调整期(1996—2001)、成熟期(2002—　)三个阶段。

三是对中国与发展中国家关系史的研究。20 世纪八九十年代，上海已有学者开始关注中非关系史研究。艾周昌的《中非关系史文选》(华东师范大学出版社 1986 年)和《中非关系史》(华东师范大学出版社 1996 年)对中非关系作了系统论述。刘中民的《中国对发展中国家外交战略六十年》(《国际展望》2009 年第 2 期)总结了中华人民共和国成立 60 年来中国对发展中国家外交战略的演变。

第三节　区域/国别研究

一、美国

上海国际问题研究起步之初的重点便在欧美国家，而美国研究则是重中之重。上海美国研究的主要机构包括复旦大学美国研究中心、上海国际问题研究所美国研究室和上海市美国问题研究所等。

【美国学】

上海学界一直尝试发展“美国学”。2005 年，汪熙编著的《150 年中美关系史论著目录(1823—1900)》(复旦大学出版社)为这一努力奠定扎实的资料基础。2008 年，孙哲所的《美国学：中国对美国政治外交研究》(上海人民出版社)重点对自改革开放以来中国的美国研究加以系统梳理和总结；2010 年，赵可金的《美国学：政治维度与中国意义》(上海人民出版社)考察“美国学”的学科成长、美国政治研究的核心问题、主要内容和美国学界研究美国政治的主要方法论等。

【美国政治】

1984 年，陈其人、王邦佐、谭君久等著的《美国两党制剖析》(商务印书馆)系统介绍了美国的政治制度,揭示三权分立、相互制衡的实质。1990年,汪熙主编的《美国国会与美国外交决策》(复旦大学出版社)是国内第一部系统论述国会与外交政策关系的著作。1991年,王沪宁的《美国反对美国》出版(上海文艺出版社)出版。2001年,刘杰的《当代美国政治》(社会科学文献出版社)则反映20世纪90年代以来美国政治的新变化。同年,孙哲的《左右未来:美国国会的制度创新和决策行为》(上海人民出版社)探讨美国国会制度及其运行机制,国会与民意、政党、利益集团等的关系。此后,孙哲还著有《崛起与扩张:美国政治与中美关系》(法律出版社2004年)、《美国国会与中美关系:案例与分析》(时事出版社2004年),主编"美国国会研究"系列丛书(复旦大学出版社2002年)和《美国国会与台湾问题》(与信强合编,复旦大学出版社2005年)等。此外,上海学者还翻译出版多部有关美国国会的著作。

这一时期,上海学者还撰写、出版一批关于美国国会研究的专著,主要有:沈国麟的《镜头中的国会山:美国国会与大众传媒》(复旦大学出版社2005年),赵可金的《营造未来:美国国会游说的制度解读》(复旦大学出版社2005年),信强的《"半自主国会"与台湾问题:美国国会外交行为模式》(复旦大学出版社2005年)和《解读美国涉台决策:国会的视角》(上海人民出版社2010年),孙哲、李巍的《国会政治与美国对华经贸决策》(2008年),刘永涛的《美国国会和总统关系》(2010年)等。此外,蒋晓燕的《美国国会与美国对华安全决策》(时事出版社2005年)、官进胜的《美国对华政策中的国会因素》(上海人民出版社2007年)、张光的《美国国会研究手册》(复旦大学出版社2008年)等丰富了上海的美国国会研究。

【美国外交】

20世纪90年代中期以后,上海的美国外交史和外交思想研究发展较快。刘杰的《美国与国际人权法》(上海社会科学院出版社1996年)探讨了美国外交中的人权与主权的关系。任晓和沈丁立主编的《保守主义与美国外交政策》(上海三联书店2003年)、《现实主义与美国外交政策》(上海三联书店2004年)和《自由主义与美国外交政策》(上海三联书店2005年)系统探讨了美国外交政策的思想根源。潘锐的《冷战后的美国外交政策:从老布什到小布什》(时事出版社2004年)对老布什、克林顿和小布什三届四任美国总统16年里的外交政策作了全面回顾。张春的《美国思想库和一个中国政策》(上海人民出版社2007年)介绍了美国一个中国政策演变的三个阶段,深入分析其对美国对华政策产生的不同影响。

在对美国大战略和安全战略研究方面,朱明权的《美国国家安全政策》(天津人民出版社1996年)分析美国国家安全政策的演变;《领导世界还是支配世界?——冷战后美国国家安全战略》(天津人民出版社2005年)尝试从是领导世界还是支配世界的角度探究美国国家安全战略之争。周建明的《美国国家安全战略的基本逻辑:遏制战略解析》(社会科学文献出版社2009年)则更多从历史研究的视野分析美国的国家大战略。

在领域性战略与政策研究方面,林钰的《战后美国对外贸易政策研究》(云南大学出版社1995年)研究了美国对外贸易政策的演变;汪伟民的《联盟理论与美国的联盟战略:以美日、美韩联盟研究为例》(世界知识出版社2007年),从理论和实践两方面对美国的联盟战略加以分析;蔡翠红的《美国国家信息安全战略》(学林出版社2009年)对美国的国家信息安全战略进行全面分析。

【中美关系】

20世纪80年代中期以来,中美关系研究开始成为上海学者的关注重点。1985年,汪熙主编出版《中美关系史论丛》(复旦大学出版社)。1992年2月,中美上海公报发表20周年时,上海国际问题研究所、中华美国学会和美国福特基金会在公报诞生地上海锦江小礼堂举行"中美关系学术讨论会"。从1996年开始,以汪道涵为高级顾问的国际战略基金会同哈佛—斯坦福"预防性防御"项目展开"中美战略对话",该"二轨"机制开创了中美就战略敏感问题的沟通模式,也为中美关系现状研究奠定了重要基础,在中美两国产生了积极的反响。

丁幸豪与美国学者托马斯·罗宾逊主编的《中美关系的新思想和新概念》(上海教育出版社1995年)是1992年11月由上海国际问题研究所和美国企业研究所联合举办的学术讨论会的论文汇编,从社会、文化、政治、经济等多方面探讨双边关系的历史和现实。胡礼忠、金光耀、顾关林著《从望厦条约到克林顿访华——中美关系1844—1996》(福建人民出版社1996年),谢希德、倪世雄主编的《曲折的历程——中美建交20年》(复旦大学出版社1999年),张济顺的《中国知识分子的美国观(1943—1953)》(复旦大学出版社1999年)和杨洁勉的《后冷战时期的中美关系:外交政策比较研究》(上海人民出版社2000年)都系统地比较分析了中美相互外交政策。倪世雄与王义桅主编的《中美国家利益比较研究》(时事出版社2004年)重点对中美两国国家利益的表现形式、实现途径与演变趋势进行比较分析。倪世雄的《结交一言重 相期千里至——一个中国学者眼中的中美建交30年》(复旦大学出版社2009年)将其有关中美关系的研究过程和成果进行整理,提供一个上海学者对中美关系演变的完整视野。

同时,倪世雄的《冷战后中美关系初探》(《复旦学报》1993年第4期)、《毛泽东与中美关系》(《毛东邓小平理论研究》2009年第4期)、《邓小平与中美关系》(《毛泽东邓小平理论研究》2009年第5期)、《江泽民与中美关系》(《毛泽东邓小平理论研究》2009年第6期)等构成对中美关系演变的系列研究。他在《新时期中美合作的动力和阻力——新兴大国和守成大国的对弈》(《国际问题研究》2010年第5期)中强调,新时期中美合作的动力和阻力大多围绕如何平稳调整新兴大国和守成大国关系而产生和发展。此外,夏立平的《美国国际能源战略与中美能源合作》(《当代亚太》2005年第1期)、陈东晓的《"复杂性"与中美关系结构的新变化》(《美国研究》2006年第2期)、吴心伯的《试论布什政府对华安全政策的核心概念》(《美国研究》2007年第4期)、沈丁立的《未来中美关系:双边调适之道》(《国际问题研究》2009年第1期)和潘锐的《中美战略经济对话与中美关系》(《国际观察》2007年第5期)等,都对中美关系现状中的重要问题进行探讨。

二、苏联/俄罗斯

20世纪80年代初,上海就开始苏联东欧/俄罗斯研究。1981年,华东师范大学成立上海苏联东欧研究所,20世纪90年代初改名为国际问题研究所。1986年,姜琦与张月明合著《东欧三十五年》(华东师范大学出版社)。2001年,姜琦与张月明又出版《悲剧悄悄来临:东欧政治大地震的征兆》(华东师范大学出版社)。

20世纪80年代至90年代后期,上海学者在苏联/俄罗斯外交和安全、中俄关系研究领域发表诸多成果。1987年,赵华胜的《当代苏联国际关系理论简介》(《国际展望》第9、10期)认为苏联的国际关系理论经过数十年的发展形成了自成一体的完整体系。1990年,冯绍雷的《70年代以来苏联国际关系理论的社会学研究》(《世界经济与政治》第5期)认为,当时活跃于国际关系理论研究领域的社会学家提出了国际关系社会学研究的发展方向、研究重点等一系列重要原则问题。

上海的俄罗斯研究以基础研究为主,同时积极开展宏观性、战略性和前瞻性的应用与对策研究,发挥高校和科研机构的思想库作用。1999年,华东师范大学俄罗斯研究中心成立,自成立起便承担由汪道涵倡导的全国俄罗斯问题内部研讨会,形成广泛的国内影响,为国家相关部门提供重要的咨询服务。2000年,该中心成为教育部人文社会科学重点研究基地,办有《俄罗斯研究》期刊,在苏联史、俄罗斯转型、俄罗斯外交等方面形成独有的研究特色,兼及东欧及中亚地区研究。相关成果有冯绍雷的《制度变迁与对外关系——1992年以来的俄罗斯》(上海人民出版社1997年);冯绍雷、相蓝欣的《俄罗斯与大国及周边关系》(上海人民出版社2005年)分别从大国、周边及较远国家这三个角度考察俄罗斯独立以来对外战略的转变及外交实践的变化。另外,其他研究成果还包括冯绍雷、相蓝欣主编的《转型时代》(五卷本)(上海人民出版社2005年)、陈建华主编的《中国俄苏文学研究史论》(四卷本)(重庆出版社2007年)、冯绍雷的《俄罗斯体制转型的路径依赖——从制度变迁与对外关系相关性视角的一项考察》(《俄罗斯研究》2010年第6期)等。

2005年,复旦大学国际问题研究院俄罗斯中亚研究中心成立,其前身为俄罗斯东欧研究中心,主要研究方向包括俄罗斯和欧亚国家的政治、外交、经济、安全、社会,中国与俄罗斯及欧亚国家关系,上海合作组织的安全、经济和人文合作等。主要成果有唐贤兴的《重建政治文化的价值:俄罗斯大国复兴的文化底蕴》(《世界经济与政治论坛》1999年第2期)和《权威主义与民主俄罗斯大国复兴的政治发展战略》(《国际论坛》1999年第4期),赵华胜的《中俄睦邻友好合作条约与中俄关系》(《俄罗斯研究》2001年第3期)、《中俄关系:地位、模式、趋势》(《世界经济与政治》2004年第5期)和《中国的中亚外交》(时事出版社2008年)等。

三、欧洲/欧盟

20世纪80年代中期以来,上海的欧洲研究取得长足的进步。1985年,同济大学德国研究所成立;1999年,欧盟研究所依托德国研究所成立。1990年,上海社会科学院在1978年成立的世界经济研究所西欧研究室基础上成立欧洲研究中心;1997年9月,在中欧高教合作项目推动下,重组并成立欧洲问题研究中心。1993年,复旦大学欧洲问题研究中心在世界经济研究所欧共体研究室的基础上正式建立;1996年10月,中心改组并挂靠经济学院,编辑出版内刊《欧洲一体化研究》。1992年,上海欧洲学会成立,是对欧盟、欧洲国家包括独联体国家的政治、经济、社会、外交及大国关系进行综合研究的民间学术团体。

【欧洲一体化/欧盟】

20世纪80年代前期,上海学者开始关注欧洲一体化进程的问题。1983年,伍贻康与周建平、戴炳然、蒋三铭等合著《欧洲经济共同体》(人民出版社)。之后,伍贻康的译著《欧洲共同体经济学》(上海译文出版社1985年)、编著《理想、现实与前景:欧洲经济共同体三十年》(复旦大学出版社1988年)、著作《欧洲共同体:体制、政策、趋势》(复旦大学出版社1989年)和《多元一体:欧洲区域共治模式探析》(上海社会科学院出版社2009年)等奠定了欧洲一体化研究的基础。

2000年以后,上海学者在欧盟对外政策研究方面取得明显的进步。朱明权的《欧盟共同外交和安全政策与欧美协调》(文汇出版社2002年)重点探讨美欧协调与欧盟共同外交与安全政策的形成与发展历程。陈志敏与比利时学者古斯塔夫・盖拉茨合著的《欧盟对外政策一体化——不可能的使命》(时事出版社2003年)提出欧盟对外政策一体化的概念,分析欧盟成员国在对外政策核心领域发展共同政策的历史、机制和理论。汪波的《欧盟中东政策研究》(时事出版社2010年)认为,欧盟中东外交政策既重视发展与中东地区的合作伙伴关系，同时也致力于促进巴以和平进程，参与处理伊朗核问题等具体事务。

这个时期，上海学者也发表了不少欧洲一体化的论文。张永安和杨逢珉在《欧洲治理："融合与趋同"的实践及其困难》（《欧洲研究》2007年第3期）中认为融合与趋同是欧洲一体化中一个渐进和曲折的过程。杨逢珉在《和平与安全：欧盟对外政策的基本价值理念》（《欧洲研究》2008年第3期）中指出，欧盟以"和平与安全"的对外政策提高其在世界上的政治与经济影响力。戴启秀的《和解外交：超越历史的欧洲一体化》（《国际观察》2007年第4期）指出，德法和解和德波和解构成欧洲和解的核心层面，也反映在欧洲国家外交指导思想及其外交行为上。此外，何奇松的《冷战后的法国军事转型》（《军事历史研究》2008年第1期）考察冷战后法国国家安全与国防政策的调整和法国军队的全面转型及其对欧盟防务建设和北约军事力量等的影响。

【欧洲与中国关系】

1983年，上海国际问题研究所欧洲研究室编写的《两大军事集团的对峙：北约与华约》（上海人民出版社）反映了20世纪80年代初中苏两国关系十分紧张的事实。戴启秀的《欧盟实施对华反倾销的三种类型及三种处理原则和方法》（《德国研究》2008年第4期）指出，欧盟处理涉及中国相关产品的反倾销案例主要采取市场经济国家、非市场经济国家和特殊市场经济国家待遇原则并由此形成了相应的三种处理方式和结果。张永安和杨逢珉在《中国对欧贸易顺差探析》（《欧洲研究》2009年第3期）中指出，欧盟应该在中国市场经济地位、反倾销、知识产权保护和技术壁垒等方面进行广泛的政策调整。薄燕和陈志敏合著的《全球气候变化治理中的中国与欧盟》（《现代国际关系》2009年第2期）、薄燕的《全球气候变化问题上的中美欧三边关系》（《现代国际关系》2010年第4期）则论述全球气候治理中的中欧合作。

【德国】

1985年11月，同济大学德意志联邦共和国问题研究所成立，是国内第一个专门研究联邦德国的机构；1986年，该所创办《德国研究》（季刊），是目前国内唯一综合性、全方位研究德国的学术期刊。2000年以后，同济大学、复旦大学以及上海外国语大学等高校的专家学者不断深化对德国政治、经济、外交以及社会问题的研究。李乐曾的《德国对华政策中的同济大学（1907—1941）》（同济大学出版社2007年）涉及德国对华政策、中德关系史、中德科技文化交流史、中国教育史和同济大学史等内容；戴启秀的《德国模式解读：建构对社会和生态负责任的经济秩序》（同济大学出版社2008年）揭示了德国经济模式走向经济生态化和生态经济化，实现由经济、社会、生态三位一体的"生态社会市场经济"模式的形成过程。戴启秀和王志强主编的《文化视角下的欧盟成员国研究：德国》（上海外语教育出版社2010年）关注德国社会分配、社会发展模式、德国社会美国化、移民的社会一体化以及德国国民性及其行为方式五个方面。

这个时期，上海学界还注重及时追踪德国政府内政外交的新动向。郑春荣的《大选后德国政党格局浅析》（《国际观察》1995年第2期）和《规范分析视角下的社会自治——以德国技术标准化为例》（《当代世界社会主义问题》2009年第4期），戴启秀的《德国社会市场经济模式的理论概念及发展历程》（《国际观察》1997年第2期），李乐曾的《德波关系纵论——兼评历史问题对国际关系的影响》（《德国研究》2001年第2期），丁纯的《90年代以来德国的失业状况及对策初探》（《德国研究》2004年第1期）以及《金融危机对德国经济与社会的影响以及德国的对策》（《德国研究》2009年第6

月),伍慧萍的《德国政党体制的变迁》(《德国研究》2008 年第 3 期)等,通过对德国政党、社会、经济和对外关系的研究,探讨了德国 20 世纪 90 年代以来的外交政策和社会经济政策的发展和演变,赋予研究一定的时代内涵。

四、中东

20 世纪 70 年代,上海学界就开始关注中东问题研究。1980 年 9 月,上海外国语大学在中东文化研究所基础上成立中东研究所,下设阿拉伯语言文化研究室和《阿拉伯世界》编辑部。2000 年 12 月,该所被批准为教育部人文社会科学重点研究基地,推动了具有中国特色的阿拉伯学、伊斯兰学的整体构建。

20 世纪 80 年代后期以来,上海有关中东国家的历史、政治、军事和文化研究的成果不断推出。季国兴和陈和丰的《第二次世界大战后中东战争史》(上海人民出版社 1987 年),是《战后中东四次战争》(上海人民出版社 1978 年)的拓展和延伸,进一步全面分析"二战"后中东地区安全、战争、外交等。陈和丰引介中东社会、文化等研究成果,翻译出版《当代中东的政治和社会思想》(中国社会科学出版社 1992 年)。李伟建的《以色列与美国关系研究》(时事出版社 2006 年)以历史与现实观察及理论与实证分析相结合的方法,全面论述美以战略关系的形成与发展。他的《伊斯兰文化与阿拉伯国家对外关系》(时事出版社 2007 年)从文化视角考察贯穿当代阿拉伯社会发展进程的若干重要政治事件,分析社会思潮演变中的伊斯兰文化因素及其对阿拉伯国家对外关系以及重大国际问题立场的影响。汪波的《美国中东战略下的伊拉克战争与重建》(时事出版社 2007 年)对美国发动伊拉克战争的过程及合法性以及伊拉克战后重建中出现的社会动荡和政治危机展开全面分析。

1988 年,与方光明共同主编《亚非国家的对外开放》(上海外语教育出版社)后,朱威烈不断有涉及中东历史、文化、内政、外交等问题的研究成果问世,诸如《世界热点:中东》(三联书店 1993 年)、《站在远东看中东》(上海外语教育出版社 2000 年)、《中东反恐怖主义研究》(时事出版社 2010 年)等。他还主编"当代中东国家社会与文化丛书"(10 种)、《当代阿拉伯文学词典》《简明汉阿词典》等,并翻译大量阿拉伯文献作品。

20 世纪 80 年代,上海开始关注犹太研究,并成为上海国际问题研究的一大亮点。1988 年,上海社会科学院成立上海犹太研究中心,推出大量研究成果,包括大型画册两本(《犹太人在上海》《犹太人在中国》),咨询研究报告数十篇,论文百余篇,其中潘光主编的《犹太研究在中国三十年回顾:1978—2008》(上海社会科学院出版社 2008 年)对三十年来中国犹太研究的发展做了全面系统的回顾和梳理,展现了改革开放以来中国犹太研究的整体发展。

五、日本

1972 年,中日实现邦交正常化之后,日本研究迅速成为上海国际问题研究的重点方向,主要聚焦日本政治、外交、经济及中日关系等方面。上海日本研究的主要机构包括复旦大学日本研究中心、上海日本研究交流中心、上海国际问题研究所等。

【日本政治】

1994 年,郭定平的《论战后日本多元化》(《日本学刊》第 4 期)推动了"多元主义政治分析法"进入中国的日本政治研究。1998年，林尚立的《政党政治与现代化——日本的历史与现实》(上海人民出版社)对日本政党政治的形成、发展及其与日本现代化发展的互动关系，进行了历史和现实的考察。2003年，吴寄南主编的《新世纪日本的行政改革》(时事出版社)介绍日本在进入21世纪后的新一轮行政改革的背景、指导思想及在各个具体领域的实施进程。2006年，臧志军的《论日本的新保守集权改革》(《国际观察》第4期)指出，20世纪90年代以来日本的政治与行政改革的主旨是将国家权力进一步集中于保守阵营手中，进而集中于以党首——首相为首的政治统治集团手中。2008年，武心波的《一元与二元的历史变奏：对日本国家主义的再认识》(上海三联书店)对日本的"国家主义"进行历史与现实的考察和分析。

【日本外交】

张祖谦的《日本加紧谋求政治大国地位的动向及其原因和前景》(《世界经济与政治》1996年第8期)对日本谋求政治大国的动向及其根源作了深入分析。王少普与吴寄南合著的《战后日本防卫研究》(上海人民出版社2003年)对日本防务政策，特别是与美国的安全合作关系作了全面的讨论。包霞琴和臧志军主编的《变革中的日本政治与外交》(时事出版社2004年)深入分析20世纪90年代以来被称作日本第三次"开国"的政治、经济、社会体制和结构大改造，考察其对日本内政与外交的影响。廉德瑰的《日本的大国志向与小国外交》(《现代国际关系》2008年第6期)分析了日本大国志向的历史缘起和现实表现，解剖日本与这种大国志向相矛盾的小国外交实践。吴寄南的《新世纪日本对外战略研究》(时事出版社2010年)讨论了日本的对外战略；李秀石的《日本新保守主义战略研究》(时事出版社2010年)则阐述了21世纪初日本新保守主义群体的政治理想、国家战略及其执政实践等问题。郭定平主编的《日本政治与外交转型研究》(复旦大学出版社2010年)也对日本制度改革与发展模式转型、日本外交战略的调整与变化、日本对外关系最新发展等问题进行多角度的分析。樊勇明的《对日本大国战略成败的思考》(《国际问题研究》2010年第4期)分析了日本20世纪80年代以来的大国战略在实践中陷于破产的根源。

【日本经济】

20世纪90年代初以来，上海学者尝试从理论和实践两方面研究第二次世界大战后日本产业的发展及其结构调整中政府经济政策所起的作用，如樊勇明的《日本的投资与亚洲的崛起》(上海三联书店1991年)、童适平的《日本金融监管的演化》(上海财经大学出版社1998年)以及陈建安等的《产业结构调整与政府的经济政策——战后日本产业结构调整的政策研究》(上海财经大学出版社2002年)。同时，上海学者还探索日本经济发展的深层次问题，包括支持日本经济增长的基础条件是否已经完全破坏，面向21世纪的日本的经济走势如何等。陈建安主编的《面向21世纪的日本经济》(上海科学技术文献出版社1994年)，胡令远、袁堂军和马欣欣的《战后日本社会保障制度研究》(复旦大学出版社1996年)和童适平主编的《战后日本财政和财政政策研究》(上海财经大学出版社2002年)等对上述议题展开研究。

【中日关系】

蔡建国的《亚太地区与中日关系》(上海社会科学院出版社2002年)和《构筑面向未来的中日关系》(上海社会科学院出版社2003年)，探讨了中日关系未来发展的路径设计。任晓和胡永诰等著的《中美日三边关系》(浙江人民出版社2002年)剖析冷战后中美日三角关系。胡令远的《文明的共振与发展：中日文化关系研究》(时事出版社2003年)勾勒近代以来中日两国文化关系的若干侧面。廉德瑰的《"大国"日本与中日关系》(上海人民出版社2010年)剖析"小国"日本的"大国心态"对中日关系的影响。此外，苏智良自20世纪90年代起开始关注日本侵华战争中的"慰安妇"问题，先后出版《慰安妇研究》(上海书店出版社1999年)、《日军性奴隶：中国"慰安妇"真相》(人民出版社2000年)、《二战时期的日军"慰安妇"制度》(学林出版社2000年)及《上海日军慰安所实录》(上海三联书店2005年)等著作。

六、其他区域/国别

【亚太地区】

20世纪90年代中期以后，上海学者开始关注亚太秩序与安全研究。1996年，王德华出版《列国争雄与亚太安全》(上海社会科学院出版社)。苏长和的《亚太地区的大国关系》(《国际观察》1998年第2期)认为格局转换时期亚太地区大国关系具有力量结构的多极化、演展的非暴力化、构筑的合作化与机制化等特点。潘忠岐的《霸权干涉、大国对抗与东亚地区安全的构建》(《世界经济与政治》2006年第6期)认为，东亚地区主义的发展进程主要是从边缘到中心，难以协调解决霸权干涉和大国对抗两大挑战。祁怀高的《国际制度变迁与东亚体系和平转型：一种制度主义视角分析》(《世界经济与政治》2010年第4期)认为东亚多边合作体系将与美国双边同盟体系互相交叠、兼容共存。

这一时期，也有学者对亚太地区经济一体化进行研究。1996年，夏禹龙等主编的《亚太地区经济合作与中国亚太经济战略》(上海人民出版社)从经济角度分析亚太合作的现状与中国的亚太经济战略。2000年以后，蔡建国围绕亚太地区合作发表一系列论著，包括《21世纪的东亚：机遇、挑战与创新》(上海社会科学院出版社2004年)、《东亚区域合作：能源、环境与安全》(同济大学出版社2007年)、《东亚合作与交流》(同济大学出版社2008年)和《东亚和平与发展》(同济大学出版社2008年)等。

2000年以后，上海在亚太地区国别研究中除日本外主要涉及印度和韩国。2004年，吴永年、赵干城、马嫚合著《21世纪印度外交新论》(上海译文出版社)对印度外交的基础、印度的地区外交战略、印度的大国外交战略等进行探讨。2007年，马嫚的《当代印度外交》(上海人民出版社)对印度独立以来的对外政策和对外关系进行研究。2009年，赵干城的《印度：大国地位与大国外交》(上海人民出版社)剖析印度追求世界大国地位的行为与外交政策。2004年，方秀玉出版《中国外交政策与中韩关系》(韩国人间之爱出版社)。

【新兴大国】

2000年以后，新兴大国研究成为上海学界关注的热点。杨洁勉的《新兴大国群体在国际体系转型中的战略选择》(《世界经济与政治》2008年第6期)认为新兴大国一般提倡和平共处、公平合理、尊重国际法和多边主义等原则，推动国际体系朝着多元多体的方向发展。牛海彬的《新兴大国与八国集团的未来》(《上海市社会科学界第六届学术年会文集》上海人民出版社2008年)认为，新兴大国在积极参与对话的同时，开始构建自身的合作发展机制，对八国集团提出新的挑战。王耀东的《"金砖四国"：中国参与多边合作的新提升》(《上海市社会科学界第七届学术文集》上海人民出版社2009年)认为"金砖四国"的合作凸显了发展中国家多边合作的新模式。张忠祥的《新兴大国南非外交战略评析》(《西亚非洲》2009年第6期)和牛海彬的《巴西的大国地位评估》(《拉丁美洲研究》2009 年增刊 2)分别对南非和巴西的外交战略、大国地位等进行评析。

【发展中国家】

20 世纪 90 年代以后，上海学者开始关注发展中国家以及中国与发展中国家关系的研究。在对发展中国家的理论研究方面，1993 年，俞新天的《世界南方潮：发展中国家对国际关系的影响》(上海社会科学院出版社)在讨论发展中国家面临的重大挑战的基础上，对南方国家的国际呼吁、南南合作的正面作用等展开分析；她的《机会与限制：发展中国家现代化的条件比较》(上海社会科学院出版社 1998 年)以现代化理论研究为基础，全面比较发展中国家实现现代化的条件。马嬰的《区域主义与发展中国家》(中国社会科学出版社 2002 年)对发展中国家区域组织进行个案分析。艾周昌的《亚非发展中国家和地区现代化研究》(上海辞书出版社 2009 年)对亚非发展中国家和地区“二战”后现代化的实践、矿产资源驱动型的现代化、出口导向驱动型的现代化等作了分析。

在发展中国家和地区的经济研究中，马之骏的《发展中国家国际储备需求研究》(华东师范大学出版社 1994 年)对影响发展中国家国际储备需求的影响因素、定性分析、管理等做了探索。王新奎的《世界贸易组织与发展中国家》(上海远东出版社 1998 年)探讨了世界贸易组织与发展中国家的相互关系。唐珏岚的《发展中国家的资本外逃研究》(上海人民出版社 2007 年)为发展中国家管理资本外逃提出建议。楚天骄的《跨国公司在发展中国家 R&D 投资的区位模式研究》(上海社会科学院出版社 2007 年)在对发展中国家区域组织作个案分析的基础上，提出跨国公司在发展中国家 R&D 投资的区位模式。

2000 年以后，对发展中国家的对外关系特别是与中国关系研究是上海学者关注的重点。刘渝梅的《软实力与中非关系发展》(《国际问题研究》2007 年第 3 期)，张忠祥的《试析中国对非洲外交中的不干涉内政原则》(《西亚非洲》2010 年第 1 期)和张春的《医疗外交与软实力培育——以中国援非医疗队为例》(《现代国际关系》2010 年第 3 期)等对中非关系进行深入分析。赵干城的《改革开放与中国对发展中国家关系的调整》(《国际问题研究》2008 年第 6 期)和《塑造身份认同与巩固战略基础中国与发展中国家关系的演进》(《国际问题研究》2010 年第 1 期)强调，推动与巩固同发展中国家的关系将继续成为中国的战略选择，包括与新兴大国、周边国家及非洲拉美等重要资源国的关系。倪建平的《国家形象与中国同拉美的经济合作：文化传播的视角》(《拉丁美洲研究》2010 年第 3 期)分析中国在拉美的文化传播以及中国与区域内国家合作所面临的诸多挑战。

第四节　领 域 问 题

一、国际战略问题

【国际战略格局】

20 世纪 90 年代中期以后，上海学界非常关注国际战略格局问题的研究。1996 年，陈启懋等的《跨世纪的世界格局大转换》(上海教育出版社)提出格局转换有一个新旧交替的过渡时期，中国在各大力量中心中是最弱的一极，中美关系不会上升为主要矛盾。在国际体系转型与国际战略格局研究方面，2000 年后，杨洁勉推出一系列由天津人民出版社出版的论著，包括《大合作——变化中的世界和中国国际战略》(2005 年)、《大整合：亚洲区域经济合作的趋势》(2007 年)、《大磨合：中美相互战略和政策》(2007 年)、《大体系：多极多体的新组合》(2008 年)等。刘鸣、黄仁伟、顾永兴的

《转型中的国际体系：中国与各主要力量的关系》(《国际问题研究》2008年第4期)认为国际体系正在加速转型,但仍是西方盟国掌握主导权;中国与西方大国既有广泛的合作,又有各种分歧和战略性的竞争。陈东晓的《国际安全格局的演变及中国与大国关系的机遇和挑战》(《国际问题研究》2010年第6期)指出中国应加强与其他新兴大国的合作,不断提升相互之间的战略协调及磋商的机制化水平,为构建国际新秩序发挥重要作用。

【大国关系互动】

2000年前后,上海学者对冷战后大国关系的新环境与新动向的研究成果丰硕。刘杰的《秩序重构：经济全球化时代的国际机制》(高等教育出版社1999年)运用国际政治经济学理论和方法,对经济全球化时代的国际机制加以研究。此后,刘鸣的《大国互动关系中的合作条件与问题》(《上海社会科学院学术季刊》2000年第1期)、郭学堂的《后冷战时代大国关系的变迁与集体安全的未来》(《国际观察》2000年第3期)、夏立平的《论构建新世纪大国战略稳定框架》(《当代亚太》2003年第2期)、陈泽明的《区域合作通论：理论·战略·行动》(复旦大学出版社2005年)和韦宗友的《霸权阴影下的对外战略》(上海人民出版社2010年)等都结合多种方法,探讨国际体系、国际秩序的稳定可能。

冷战后大国关系的互动及其发展趋势也成为上海学界讨论的热点。陈启懋的《冷战后大国政治角逐的新动向》(《求是》1995年第6期)和郭隆隆的《世纪之交的大国关系》(上海教育出版社1998年)指出,冷战后大国势力范围并没有重新划定,争夺、划分势力的斗争正在展开并成为国际局势的一个新特点。俞正樑的《大国战略与大国关系：两种趋势的大冲撞》(《太平洋学报》1999年第3期)和冯绍雷的《“9·11”后大国关系变化的动因、特点与前景》(《俄罗斯研究》2002年第1期)强调大国关系的重要意义,特别是伙伴战略与霸权战略、伙伴关系与同盟关系并行发展的态势。赵华胜的《现阶段大国关系调整的特点、动力及趋势》(《现代国际关系》2003年第2期)和刘鸣的《大国的利益要素与权力互动的思考》(《世界经济研究》2003年第10期)则认为冷战后的大国关系显示出等差式的力量结构与复合式多边均衡结构并存的局面,大国利益的排他性、兼容性、复杂性和特殊性严重地影响其互动关系。

【国际战略与中国崛起】

进入21世纪后,随着诸多地区大国力量快速上升,新兴大国群体性崛起及其推动的国际体系的艰难转型业已成为国际关系中受瞩目的重大事件,这也成为上海学者关注的重点议题。2004年3月,上海社会科学院世界经济与政治研究院、中国社会科学院世界历史研究所和上海世界史学会联合主办“大国崛起道路的历史比较”研讨会,讨论“大国崛起的不同道路”“大国崛起的历史规律”“大国崛起经验对中国的启示”等问题。

这个时期,上海的中国崛起研究主要聚焦两方面的问题。一是在中国和平崛起的时间和空间方面。黄仁伟在《中国崛起的时间和空间》(上海社会科学院出版社2002年)中指出,中国崛起是一个不可回避的战略课题,与社会主义初级阶段的长期性相伴随;他的《大国崛起道路的历史比较》(《上海市社会科学界第二届学术年会文集》上海人民出版社2004年)认为中国走的是不同于历史上大国崛起的道路,但仍需借鉴以往后起大国的经验教训;他的《中国和平发展道路的历史选择》(上海人民出版社2008年)系统分析了中国选择和平发展道路的历史必然性,冷战格局终结与中国和平发展的再次战略选择,经济全球化与中国和平发展的历史等。俞新天的《认识与避免当今世界的冲突与战争——中国和平发展的战略选择》(《国际问题研究》2004 年第 6 期)指出,走和平发展之路将中国人民的利益与全人类的共同利益有机融合起来。二是在大国(中国)崛起的关联性问题方面。2004 年,夏立平和江西元的《中国和平崛起》(中国社会科学出版社)对中国走和平发展道路对大国关系的影响进行研究。同年,刘杰的《机制化生存:中国和平崛起的战略抉择》(时事出版社)则关注中国崛起过程中如何融入国际经济机制,中国和平崛起的战略基点和模式选择等重大问题。

此外,叶江的《试析大国崛起与“安全困境”的关系》(《世界经济与政治》2005 年第 2 期)强调,在中国崛起的过程中,更应重视国际制度对超越“安全困境”的作用。郭树勇的《论大国成长中的国际形象》(《国际论坛》2005 年第 6 期)认为,“大国形象”是大国崛起的重要基础,包括现代身份、世界贡献、战略意志、特殊责任、有效治理五个方面。熊文驰主编的《大国发展与国际道义》(上海人民出版社 2009 年),研讨国际关系领域中是非价值问题,诸如国际正义、发展伦理、战争与道义、环境保护责任等。刘中民的《关于海权与大国崛起问题的若干思考》(《世界经济与政治》2007 年第 12 期)和《海权发展的历史动力及其对大国兴衰的影响》(《太平洋学报》2008 年第 5 期)则对“海权是大国崛起的必要条件”这一假设提出质疑。

【中国国际战略】

20 世纪 90 年代末,主要聚焦中国对外开放战略研究。1999 年,伍贻康和张幼文主编的《面向世界:中国对外开放的战略选择》(上海社会科学院出版社)对中国对外开放的战略选择作了全面探讨。刘杰的《对外开放与中国国际战略的调整和创新》(《上海党史研究》1999 年第 1 期)也认为改革开放后二十年中,中国国际战略作出重大调整和创新,确保了对外开放的顺利进行。

2000 年以后,上海学界较为关注中国战略机遇期的研究。倪世雄在《主权、安全、稳定、地位:国际关系视野中的战略机遇期》(《毛泽东邓小平理论研究》2003 年第 2 期)中认为,应从维护国家主权、创造一个长期的战略安全环境、促进大国关系的良性互动等方面来深入理解和紧紧抓住战略机遇期。潘忠岐的《国际安全秩序的变革与中国的战略机遇期》(《国际问题研究》2003 年第 6 期)认为,国际安全秩序的和平转换为中国赢得战略机遇期奠定了有利环境,国际安全秩序的未来发展为中国延续战略机遇期提供了有利前景。潘光在《认清国际环境、抓住战略机遇——评国际环境与中国的战略机遇期》(《国际问题研究》2004 年第 6 期)中认为,中国要想成为真正意义上的世界强国,能否紧紧抓住今后 15—20 年充满希望的战略机遇期是一个关键。

陈佩尧主编的《新世纪机遇期与中国国际战略》(时事出版社 2004 年)也对中国和平发展战略选择作了有益探索。杨洁勉在《中国国际战略研究的成就和不足》(《国际政治研究》2007 年第 4 期)中对中国国际战略研究进行自身的反思,指出中国国际战略研究近期的一项重要工作是确立阶段性目标和任务,并把研究成果应用于或转化为中国的对外关系实践;他的《中美应对国际体系转型的战略和举措》(《国际问题研究》2007 年第 3 期),对中国国际战略特别是中美竞争与合作的战略抉择作了全方位考察。叶江的《全球治理与中国的大国战略转型》(时事出版社 2010 年)聚焦中国在全球治理中的战略选择。

二、军事—安全

【军事—安全理论】

20 世纪 80 年代后期,上海学界开始关注军事—安全理论研究。1989 年,陈佩尧出版《北约:

战略与态势》(中国社会科学出版社)。倪乐雄的《战争与文化传统：对历史的另一种观察》(上海书店出版社2000年)运用儒家战争观分析科索沃危机及台湾回归等问题的实质;《寻找敌人：战争文化与国际军事问题透视》(经济管理出版社2003年)则提供一个多学科积累、边缘突破的原创性研究范例。潘亚玲和张春在《战争的演变：从寻求生存必需到维护生存质量》(《国际论坛》2004年第2期)中指出由于技术、经济及社会变革,维护生存质量正逐渐成为战争的唯一或主要目的。

2000年以后,危机管理研究是上海学界对军事—安全理论研究的深化。杨洁勉围绕这一主题先后出版《后冷战时期的中美关系：危机管理的理论和实践》(上海人民出版社2004年)和《国际危机泛化与中美共同应对》(时事出版社2010年),深入分析国际危机的理论、中美危机管理合作、中国特色的危机管理理论与实践。孙德刚的《危机管理中的国家安全战略》(上海人民出版社2010年)以西亚、非洲国家为例,考察先发制人战略的理论与实践,试图找出其中的规律。

【军备控制与核威慑】

20世纪90年代中期,上海学者开始关注军控与核威慑问题。1995年,朱明权的《核扩散：危险与预防》(上海科技文献出版社)对核扩散的危险及预防措施展开探讨。2002年,夏立平的《亚太地区军备控制与安全》(上海人民出版社)论述了促进与制约亚太地区军控进程的主要因素,并将这一进程同中国安全利益结合起来进行研究。2005年,朱明权与吴莼思、苏长和的《威慑与稳定——中美核关系研究》(时事出版社)指出,中美两国应该通过构建共同安全机制和共同安全文化来为稳定提供新的动力。沈丁立的《2007：防扩散与中美关系》(《国际问题研究》2007年第2期)和《核扩散与国际安全》(《世界经济与政治》2008年第2期)论述核扩散与国际安全、中美关系的相互影响。2007年,张春的《弃核的可能性：理论探讨与案例比较》(《世界经济与政治》第12期)等也关注弃核的理论与实践。

【恐怖主义】

2001年“9·11”恐怖袭击发生后,恐怖主义研究受到高度重视。2003年,杨洁勉等著的《国际合作反恐：超越地缘政治的思考》(时事出版社)认为,中国国际反恐合作不应囿于传统的地缘政治思维,应从全人类利益的角度推动全球性合作。2007年,张家栋的《恐怖主义论》(时事出版社)和《全球化时代的恐怖主义及其治理》(上海三联书店)不仅尝试从真正科学的态度和方法研究恐怖主义,还围绕恐怖主义的全球特征并从全球治理的角度考察恐怖主义的治理方法。此外,倪建平的《国际恐怖活动与美国的国家安全政策》(《国际观察》1999年第3期)和张家栋、毛春伟的《也门恐怖活动近况与美国的反恐政策》(《阿拉伯世界研究》2010年第2期)也探讨了国际反美恐怖活动的增加与美国安全政策以及反恐政策的关系。

三、全球治理、能源环境、气候变化

【多边组织与全球治理】

2007年,杨洁勉编著的《国际体系转型和多边组织发展：中国的应对和抉择》(时事出版社)从不同层面探讨国际体系演变、发展的动力和方向问题,对中国的角色和定位进行了探讨。2009年,朱威烈的《中国热点外交的机制与经验——以多边主义外交机制为视角》(《国际观察》第1期)以朝核问题和中东热点问题为案例,总结中国热点外交的机制和经验。2010年,刘杰主编的《多边合作与中国外交》（时事出版社）出版。

【环境治理、气候变化】

国际环境合作的困境及机制研究方面，陈志敏的《国际关系中的环境问题及其解决机制》（《复旦学报》1998年第5期）探讨国际关系中存在的环境问题以及市场解决机制、一国解决机制和国际解决机制。2007年，于宏源的《国际环境合作中的集体行动逻辑》（《世界经济与政治》第5期）对全球环境治理中的集体行动困境、激励机制安排等进行探讨。同年，薄燕的《环境问题与国际关系》探讨回应全球化和全球问题挑战的基本思路与对策。胡键的《国际能源政治时代与国家间关系结构范式的转型》（《毛泽东邓小平理论研究》2007年第4期）提出国际政治经历传统地缘政治时代、核政治时代和以争夺能源霸权为主的能源政治时代。2008年，王曦主编的《国际环境法与比较环境法评论》（上海交通大学出版社）反映了当时国际环境和比较环境法研究的前沿动态。钱皓的《正义权利和责任关于气候变化问题的伦理思考》（《世界经济与政治》2010年第10期）则讨论气候变化和环境保护中的价值层面问题以及基本困境。

气候变化治理研究方面，杨洁勉的《世界气候外交和中国的应对》（时事出版社2009年），研究全球气候谈判和中国低碳发展的相关问题。于宏源对此议题发表系列文章，包括《气候变化问题的二元博弈视角及启示》（《国际观察》2008年第5期）、《国际气候变化制度议价和中国》（《教学与研究》2008年第9期）、《整合气候和经济危机的全球治理：气候谈判新发展研究》（《世界经济研究》2009第7期）、《全球气候治理和发展中国家气候策略研究》（《毛泽东邓小平理论研究》2009年第7期）、《气候变化与全球安全治理：基于问卷的思考》（《世界经济与政治》2010年第6期）等。

中国参与国际环境、能源、气候治理的研究方面，钱学文的《中东、里海油气与中国能源安全战略》（时事出版社2007年）和伍福佐的《亚洲能源消费国间的能源竞争与合作：一种博弈的分析》（上海人民出版社2010年）分别聚焦中东和亚洲，对国际能源问题特别是竞合关系进行分析并就中国应对方略展开讨论。潘光的《改革开放30年来的中国能源外交》（《国际问题研究》2008年第6期）指出中国能源外交的作用逐步上升，不仅为中国的和平发展创造了良好的外部能源安全环境，也为维护利益相关地区乃至全球的能源安全、能源合作、能源的可持续发展作出重要贡献。王震的《金融危机后的国际能源格局及其对中国的影响》（《世界经济研究》2010年第11期）认为金融危机后的国际能源新格局在带来挑战的同时，也为中国能源企业“走出去”创造良好机遇。

第二十一章　港澳台问题研究

20 世纪 80 年代初，上海对香港的研究开始起步。20 世纪 80 年代末，随着海峡两岸交流的开启，上海开展对包括台湾岛内政治、经济和社会等各方面的研究。1991 年，汪道涵开始主持海峡两岸关系协会工作，1993 年，"汪辜会谈"成功举行，进一步促进了上海对两岸关系的研究。1978 年以来，上海的港澳台研究取得长足的进步，研究重点和特色逐渐鲜明，形成了多层次、多方位、跨学科和跨领域的研究队伍；同时，民办研究机构也发挥了积极作用，取得丰富的成果。

第一节　香 港 研 究

一、香港政治

1982 年，上海社会科学院世界经济研究所设立港澳经济研究室。1984 年，上海社会科学院在港澳经济研究室的基础上成立港澳研究中心，加大对港澳经济问题研究的力度。1987 年，李昌道前往新华社香港分社担任高级研究员，参与《香港基本法》的制定工作。他后来发表的《今日香港政局》（《复旦学报》1993 年第 4 期）抨击了港督彭定康发表的施政报告；《港英"政改方案"出笼缘由研析》（《政治与法律》1994 年第 3 期）深入分析方案出笼的险恶用心。特别是他在港工作的研究成果《香港政治体制研究》（上海人民出版社 1999 年），对回归过渡期和回归后初期的香港政制发展过程进行了思考和研究。

1997 年香港回归后，上海的香港研究进入一个全新的时期。1998 年，上海大学成立台港澳法研究中心；上海市法学会还专门成立台港澳法研究会；同年，上海东亚研究所也成立港澳研究室。1997 年，周建明在《香港回归的几个问题》（《国际观察》第 2 期）和《从香港回归论及"一国两制"的前景》（《社会科学》第 6 期）中，对香港回归后如何在确保繁荣和稳定的前提下扩大香港民主化的进程，在维护国家主权的大前提下，如何尊重香港自身的资本主义价值观、文化、制度等问题进行阐述。这时期，上海学者开始关注美国对香港的政策。夏立平与许嘉的《美国对香港回归中国的政策及其对中美关系的影响》（《世界经济与政治》1997 年第 4 期）在香港刚刚回归之时剖析美国对香港的政策；潘锐的《论美国的香港政策——〈美国—香港政策法〉研究》（《国际商务研究》2001 第 1 期）继续对这一问题开展研究。而针对香港回归以后出现的"泛政治化"和"泛意识形态化"的趋势，倪世雄和沈本秋在 2008 年和 2009 年发表多篇论文，详细分析美国势力介入香港事务的现况和未来趋势；他们建议，中国政府应该重视和强调"爱国者治港"的原则，避免香港发生"颜色革命"。

2003 年后，上海学者以香港行政体系的运作为研究对象，进一步加强对香港政治问题的研究。主要有李昌道的《"一国两制"是基本法的法理核心》（《复旦学报》2004 年第 6 期）、殷啸虎的《论特别行政区制度与我国国家结构形式的关系》（《毛泽东邓小平理论研究》2010 年第 6 期）等。他们指出特别行政区制度，本质上是中国特色（单一制）国家结构形式的具体实践，并没有改变特别行政区权力来源于中央政府基于宪法的授权这一事实。

二、香港经济

20 世纪 80 年代初，上海学界开始对香港经济展开研究。1982 年，上海社会科学院港澳经济研究室派员赴港收集资料并编辑出版《港澳经济专辑》，受到有关部门的重视与引用。1983 年，国务院港澳办在京召开港澳经济讨论会，该室应邀派员参加，是仅有的两家外地参会单位之一。

20 世纪 80 年代中期以后，上海学者对香港经济研究不断走向深入。1988 年，杨小佛发表《港澳经济研究在上海》(《外国经济与管理》第 1 期)介绍了早期上海的香港经济研究状况。1991 年，姚锡棠领衔上海社会科学院"上海香港经济比较研究"课题组完成的《上海香港经济比较研究》(《上海社会科学院学术季刊》第 4 期)，认为在借鉴香港成功经验同时，还要恢复上海作为中国和亚太地区重要贸易中心和金融中心的途径，主动寻求上海与香港两大经济中心在"一国两制"下进一步进行跨体制、多层次经济合作的有效途径。1996 年，刘会来的《香港经济发展的成功经验及对上海的启示》(《上海经济研究》第 4 期)指出，香港为中国大陆经济的发展，特别是为上海崛起为国际中心城市提供了绝佳机遇；上海必须充分利用自身的区位优势，加快集散功能、管理功能和服务功能的开发。

2007 年，杨小佛在《沪港经济》第 7 期发表《回归 10 年：香港经济峰回路转》，认为香港特区的经济实践表明，在内地房地产投资已近饱和的条件下，深入发展现代服务业是香港经济和企业家无限发展的新天地。同年，尤安山的《从低谷走向良性发展的轨道》(《沪港经济》第 4 期)论述香港回归 10 年中的持续发展势头；他还在《香港瞄准世界级国际大都市》(《沪港经济》2007 年第 7 期)中进一步归纳了新时期香港经济发展仍具有地缘优势、制度优势、多元文化和信息流通优势以及"一国两制"优势。

三、香港法律

20 世纪 80 年代中期，上海学者开始关注香港法律问题的研究。董立坤的《论我国内地与香港地区的法律冲突》(《上海社会科学院学术季刊》1985 年第 3 期)比较了两地法律的异同与冲突；《上海香港立法制度比较》(《上海社会科学院学术季刊》1989 年第 4 期)将上海、香港的法律结构和立法机制立法程序作了比较，提出香港法制建设方面可供上海借鉴的经验。李昌道的《香港回归后的法律及发展趋势》(《复旦学报》1994 年第 6 期)和《"一国两制"下的香港法治》(《政治与法律》1998 年第 2 期)围绕回归后香港的原有法律发生部分变化和香港终审法院的设立问题进行阐释。徐静琳的《香港法制与基本法的衔接》(《政治与法律》1998 年第 5 期)探析香港特别行政区成立后的原有法律如何继续适用的问题。姚魏在《从菲律宾人质事件看香港对外事务权》(《政治与法律》2010 年第 12 期)中指出香港对外事务权的设定和行使必须遵循维护中国国家主权的原则、保证香港高度自治的原则、尊重他国交往意愿的原则。

四、香港社会和文化

20 世纪 80 年代中期，上海学者开始关注香港的社会和文化问题。1985 年，詹述仕的《上海和香港文化事业现状初析》(《社会科学》第 12 期)比较两地的文化现状并对香港的文化事业予以充分肯定。钱虹的《"海派文化"和"港式文化"的异同》(《上海艺术家》1997年第2期)提出对于回归后的沪港文化交流,首先要对历史和社会制度造成的意识形态方面的差异予以充分认识和理解。香港社会研究方面,潘光的《香港犹太社团与近代中国》(《当代港澳研究》1998年第1期)填补了这一领域的空白。2003年,桂世勋、黄黎若莲主编的《上海与香港社会政策比较研究》(华东师范大学出版社2003年)出版。

五、沪港关系

20世纪90年代,上海学者对香港回归后沪港经济合作关系给予关注。1998年,宋锡祥的《沪港经济合作中的法律问题》(《财经研究》第1期)指出加强对香港经贸法律的研究并借鉴其合理成分,对上海建设国际经济、贸易、金融中心具有十分重要的现实意义。杨小佛的《沪港经济发展和交往的历史与前景》(《世界经济研究》1998年第4期)建议两地需要合作发展高科技制造业;两地联手开发长江流域;房地产金融方面,两地合作设立按揭证券公司和实行按揭证券化的研究。

21世纪初,上海学者不断深化对沪港经济和金融合作的研究。尤安山的《沪港金融比较与合作前景——迈向21世纪的沪港金融合作》(《世界经济研究》2002年第2期)以及《"一国两制"与沪港经济》(香港文汇报出版社2005年)认为未来沪港两个金融中心的发展是一种优势互补、竞争合作、互惠互利、共同发展的关系。2008年起,上海社会科学院港澳研究中心推出《2008沪港经济发展报告》(上海社会科学院出版社2008年)以及《沪港经济发展报告(2009—2010)》(上海社会科学院出版社2010年),对沪港两地最新的经济发展状况、沪港国际金融中心、贸易中心、航运中心互动发展,以及沪港在人民币跨境贸易结算中的角色、世界经济发展对沪港两地经济影响等问题进行了分析。

围绕上海与香港的文化关系,许纪霖的《沪港文化交往的新阶段》(《上海艺术家》1997年第2期)指出香港文化对上海的影响特别大,随着香港的回归,今后的交流和合作将开创一个新时期。陈保平的《沪港两地文化的差异及互补》(《编辑学刊》1996年第1期)和程乃珊的《沪港跑马文化趣谈》(《建筑与文化》2006年第10期)也指出沪港两地沟通合作产生新的合力,会积极推动中国经济文化的发展。

第二节　澳　门　研　究

一、澳门历史

1988年,中葡两国政府发表关于澳门问题的联合声明之际,费成康的《澳门四百年》由上海人民出版社出版,记述了澳门从偏僻渔村成为国际商埠,进而转化成为东方蒙特卡洛式赌城的过程。2004年,他的《澳门:葡萄牙逐步占领的历史回顾》(上海社会科学院出版社)认为在鸦片战争前近300年的历史并非葡萄牙侵略澳门的历史,而是以中葡双方友好和合作为主旋律的历史。此外,还发表有《重评澳门在东西方文化交流中的地位》(《学术月刊》1993年第8期)、《早期中葡葡关系与澳门开埠》(《史学集刊》1997年第4期)、《中国收回澳门的几次尝试》(《世纪》1999年第6期)、《葡萄牙人如何进入澳门问题辨正》(《社会科学》1999年第9期)等文,高度评价澳门在东西方文化交流中的作用,并指出正是中葡双方长期的友好、合作才使澳门发挥此种作用。

二、澳门经济

1979 年中国和葡萄牙建立外交关系后，澳门开始调整和健全金融机构，利用外资改善基础设施，加强与中国内地邻近地区的联系。对此，上海学者便开始追踪研究。杨小佛的《澳门经济透视》(《世界经济研究》1983 年第 1 期)就澳门金融、工业和外贸、基础设施、旅游和娱乐、财政和税收等方面分析澳门经济演变和活动情况。尤安山的《略论新时期澳门经济的定位及其政策选择》(《毛泽东邓小平理论研究》1999 年第 6 期)在分析澳门经济发展的基本特征、面临的问题及深层原因的基础上，论述新时期澳门经济定位以及澳门经济发展的政策选择。杜娟的《澳门旅游业对当地经济增长的影响因素分析》(《上海管理科学》2009 年第 3 期)以 1991—2006 年的数据为样本，验证旅游业对澳门经济的作用，并展望未来澳门旅游业的发展。

三、澳门行政体制

2000 年以后，上海学者关注澳门行政体制的问题。2009 年，姚魏的《论澳门特别行政区的行政主导体制》(《政治与法律》第 12 期)，指出澳门特别行政区在回归后实行与香港类似的行政主导体制，既是对澳葡统治时期总督制的扬弃，又顺应世界宪制发展的趋势。于宏源和汤伟发表的《澳门经济发展中的良治政府因素》(《东南亚纵横》2009 年第 2 期)着重探讨良治政府理论在澳门的实践和 CEPA 框架下澳门的经济角色以及可能的风险。2009 年，徐静琳完成全国人大常委会澳门基本法委员会课题《澳门特区行政主导体制研究》。

四、澳门法律

20 世纪 90 年代初，上海学者开始关注澳门基本法和澳门商法研究，其中不少论及澳门司法制度改革以及澳门基本法。1990 年，蒋恩慈、黄来纪的《澳门用法律手段促进外贸发展的经验》(《国际商务研究》第 3 期)指出澳门对外贸易法主要有三个特点：对进出口管理的规定较为翔实、对产品来源地证明的规定较为坚硬、对出口配额的规定较为宽松。1993 年，蒋恩慈的《澳门司法制度变革的回顾与前瞻》(《社会科学》第 11 期)探讨了法制和司法改革在澳门过渡期前后的重要作用。1994 年，蒋恩慈出版《澳门商法导论》(中国大百科全书出版社)。1999 年，宋锡祥的《澳门居民构成及其国籍问题》(《上海大学学报》第 5 期)认为全国人大澳门特区筹委会关于中国《国籍法》在澳门实施做出的解释建议，有利于澳门平稳过渡和日后安定。同年，徐静琳的《〈澳门基本法〉是实施“一国两制”方针的法律保障》(《政治与法律》第 4 期的)指出澳门特别行政区基本法的最根本特点在于以“一国两制”方针为指导，充分体现中国政府对澳门的基本方针政策，从法律上保证“一国两制”构想在澳门的实现。2000 年，侯放的《澳门商法典概论》由澳门基金出版社出版。

2000 年以后，上海学者开始关注内地与澳门的法律协调和合作问题。2006 年，李昌道的《论澳门法域的基本框架及其特色》(《上海大学学报》2006 年第 2 期)指出在“一国两制”下的多法域格局中，应当加强内地与澳门法域的相互认识和沟通，努力实现法域之间的协调和合作。2007 年 12 月，上海社会科学院法学研究所港澳基本法研究中心举办“澳门基本法实施与澳门博彩业法治”研讨会。2010 年，关于澳门的支柱产业博彩业的改革问题，李昌道在《评议澳门依法改革博彩业》(《东方法学》第1期)中指出博彩业实质上就是赌博,它是一种“财富转移”。同年,彭峰的《文化遗产的法律保护:国际经验与澳门实践》(《北京理工大学学报》第3期)在对澳门文化保护立法进行历史梳理的基础上,对2009年特区政府制定的《文化遗产保护法(草案)》进行评价。截至2010年,费成康与顾肖荣、吴志良主编的“祖国大陆与香港澳门台湾地区法律比较研究丛书”(法律出版社)出版13册,包括对刑法、婚姻法、金融法、旅游法、税法和继承法等多种法律的比较研究。

五、澳门社会文化

1990年12月,上海社会科学院亚太研究所和上海港澳台经济研究会联合主办“澳门在中国改革开放中的地位及作用”讨论会。20世纪90年代末以来,上海与澳门的社会组织之间的交流日益频繁,成为双方沟通交流的一种重要途径。对此,上海学者开始加以关注和研究,相关研究有蒋凌慧、范佩瑾的《发挥沪港澳地区的馆际合作与交流》(《上海高校图书情报学刊》1999年第4期),陈及治等的《上海与澳门两地老年人体质调查结果比较》(《上海体育学院学报》2000年第4期),沈太斌的《上海阳光中心和澳门街坊总会的比较》(《上海青年管理干部学院学报》2006年第10期)等。2004年10月,上海社会科学院与澳门基金会联合主办“沪澳学术论坛”,来自沪澳两地30多位学者专家围绕“城市文化形象”主题进行研讨。

第三节　台湾研究

一、台湾政治

20世纪90年代初,上海的台湾研究起步伊始,主要关注时任台湾地区领导人李登辉、陈水扁等“台独”谬论对两岸关系发展所造成的巨大危害,为稳定两岸关系发展提供政策咨询。赵炳霖在《评台湾当局终止“动员戡乱时期”》(《政治与法律》1991年第2期)中,剖析台湾当局被迫宣布终止“动员戡乱时期”的重大变动,指出此举对改善海峡两岸关系有相当影响。周建明在《探寻两岸政策互动的基础》(《台声》1994年第12期)和《台湾:向上提升还是向下沉沦》(《国际展望》2001年5月)中指出,在国家认同和基本价值观上的分裂,导致台湾的大陆政策所具有的不确定性和两岸关系的不确定性。

20世纪90年代中后期以后,上海学者对台湾岛内四年一度的地区领导人选举予以高度关注。严安林、黄中平和朱爱莉合著的《台湾选举纵横谈》(台海出版社1998年)认为,每一轮选举都为台湾催生出一批新的政治人物,形形色色的竞选主张反映出各派政治势力对台湾各类问题的思考。

1999年4月,汪道涵倡议并经市政府批准的上海台湾研究所成立,自成立以来完成国务院台湾事务办公室、海峡两岸关系研究中心、全国台湾研究会以及上海市等相关单位委托的研究课题数十余项,编印《上海台湾研究》(上海台湾研究所)、出版《台湾选举纵横谈》(台海出版社1998年)和《民进党对外关系研究》(九州出版社2004年)等多部学术专著。

2000年3月,陈水扁在台湾地区领导人选举中获胜后,严安林和倪永杰在《执政后的民进党与台湾当局》(《现代台湾研究》2001年第4期)中分析了执政后的民进党与台湾局势。杨剑在《台湾政党政治与“中间选民”》(《世界经济与政治论坛》2004年第2期)中指出,随着泛蓝阵营的自我修正和民进党对“台独”的坚持和宣导，“台独”在台湾已不再被选民视为极端政策。严泉在《台湾选民投票行为的影响因素分析》(《台湾研究》2005 年第 4 期）中从政治社会学视角分析影响选民投票行为的外在因素（包括选举制度、政党动员能力、候选人实力等）和有关选民自身特点的内在因素。

2008 年，马英九当选台湾地区领导人后，两岸关系显著改善，两岸间各界学术交流达到高峰。林冈聚焦“民进党执政失败的根源”和“台湾政党再次轮替的深层原因”等问题连续发表论文。上海其他学者也随即加强对涉及马英九的包括“台湾地方派系与马英九的党务革新”等问题的相关研究。2010 年，周忠菲的《“台独”的国际背景》(九州出版社）指出美国对台政策取向仍然是影响未来两岸关系以及“统独”议题的主要因素。

二、台湾经济

20 世纪 80 年代中期以后，上海对台湾经济研究主要是两岸经贸合作以及区域经济合作等内容。这方面的论文有：林冈《大陆对台贸易今昔》(《亚太经济》1986 年第 3 期）、张仲礼、潘君祥、周建明《上海与台湾贸易的回顾、比较和展望》(《社会科学》1988 年第 9 期）、郭炤烈《加快浦东开发，促进两岸经贸关系的发展》(《世界经济研究》1991 年第 3 期）等。郭炤烈和张仲礼等学者都指出，加快开发浦东，振兴上海，无疑将促进海峡两岸，尤其是上海、台湾、香港和澳门之间的经贸往来和合作。开拓国际市场，扩大出口规模，促进工业的升级，这都是共同努力的方向。

20 世纪 90 年代以来，上海学者重点关注台湾经济对两岸政治关系的影响。1990 年，周汉民的《台湾 90 年代对外投资趋势及对大陆的影响》(《国际商务研究》第 5 期）在分析台湾扩大对外（大陆）投资的动因和优势的基础上，提出要在立法和政策制定上倾注心力以形成利用台资的优良环境。2002 年，周建明在《台商对中国大陆的投资及对两岸关系的影响》(《世界经济研究》第 1 期）中通过对 20 世纪 80 年代以来台商在中国大陆投资状况的概述，着重论析这种投资对两岸经济的影响。2003 年，盛九元和张承强的《大陆台商投资形态之变》(《港澳经济》第 3 期）、盛九元的《两岸经济合作与两岸国际竞争力》(《港澳经济》2003 年第 3 期）和周忠菲的《WTO 后两岸经贸关系的特点：短期前景与长期趋势》(《世界经济研究》2003 年第 11 期）等文探讨这一时期两岸经贸关系的特点。2010 年，盛九元在《金融危机后台湾经济形势分析》(《台湾研究》第 6 期）中指出，国际金融危机对台湾经济形成较大的冲击和影响，但台湾经济会因恢复性增长而基本摆脱金融危机后的颓势。

2009 年，上海的台湾问题学者集中推出从都市化、基金会和农渔组织等角度分析台湾经济发展得失的专著：严安林、肖扬的《台湾的基金会》(九州出版社 2009 年），严泉、陆红梅合著《台湾的中产阶级》(九州出版社 2009 年），盛九元、胡云华的《台湾的都市化与经济发展》(九州出版社 2009 年）以及田晓燕、严安林的《台湾农渔会组织》(九州出版社 2009 年）等。

三、台湾法律

20 世纪 80 年代末至 90 年代初，上海学者即围绕台湾的经济法和商法等议题展开研究。他们认为台湾民商法中都贯穿了诚实信用这一原则的运用，对此加以研究不仅有助于看清楚台湾民商法在调整经济关系方面的促进作用，而且对大陆发展市场经济也有启发作用。赵炳霖的《台湾民商法中诚实信用原则研究》(《政治与法律》1989 年第 5 期）和《台湾证券市场的法律调整》(《政治与法律》1992 年第 5 期），宋锡祥的《台湾新〈保险法〉初探》(《福建论坛》1991 年第 8 期）、《论台湾〈证券交易法〉对证券市场的法律调整(上、下)》(《外国经济与管理》1995 年第 1、2 期)等对此做了论述。1990 年,赵炳霖在《台湾法律四十年发展趋势剖析》(《政治与法律》第 5 期)中对以往的台湾法律做了梳理。

所有台湾问题和两岸问题最后都会表现为法律问题;两岸关系要往前走一步,还要有法学家一起来研究台湾问题。正是出于这一考虑,汪道涵提议上海台湾研究所首任所长由时任华东政法学院院长曹建明担任,台湾研究所下面也专门设立法律研究室。90 年代初,上海学者围绕两岸相关法律冲突问题及其解决进行深入探讨。宋锡祥在《完善〈鼓励台湾同胞投资规定〉的法律思考》(《法学杂志》1992 年第 4 期)、《目前引进台资中的几个问题》(《经济与法》1992 年第 7 期)中都强调适时地修改和补充《规定》对于大陆进一步吸收台资至关重要。他的《海峡两岸法律冲突及其解决途径》(《上海大学学报》1991 年第 5 期)和沈晓明的《海峡两岸"三通"后产生的海事法律冲突及其解决途径》(《上海海洋学院学报》1994 年第 4 期)指出无论采取哪种方法,都要使大陆与台湾之间的法律冲突的解决符合海峡两岸人民的顺利交往,有利于为解决海峡两岸法律冲突创造一个良好的环境。2007 年,李秘《台湾的司法改革》(《现代台湾研究》第 3 期)通过台湾司法独立改革过程来深入分析台湾社会明显出现的"政治司法化"的现象。

20 世纪 90 年代后期起,上海学者还对两岸的贸易法和公司法等相关法律问题进行比较研究。宋锡祥的《海峡两岸证券法律之比较》(《现代台湾研究》2000 年第 2 期)、《祖国大陆与台湾地区竞争法律制度之比较》(《上海大学学报》2006 年第 2 期),海峰的《海峡两岸外贸法之比较》(《政治与法律》1998 年第 4 期),徐澜波的《海峡两岸保护消费者法律制度比较研究》(《政治与法律》2001 年第 2 期)以及熊晶晶的《祖国大陆与台湾地区公司法比较研究》(《上海大学学报》2006 年第 2 期)等认为,比较海峡两岸的相关法律在资本制度、治理结构以及公司重整制度等方面的差异,借鉴台湾公司法近 80 年的立法经验,可以对大陆公司法的修改与完善提供有益的启示。1992 年起,上海市法学会和台湾两岸经贸交流权益促进会联合主办年度"沪台经贸法律理论与实务研讨会"。

四、台湾社会与文化

2000 年以后,上海学者在台湾社会研究中对台湾中产阶级在岛内发挥的作用非常关注。杨剑在《领袖心理、公众情绪和敌意的社会习惯——李登辉现象的挫折攻击理论分析》(《台湾研究集刊》2001 年第 4 期)中指出,处于挫折感中的台湾民众对政治人物的支持将更加情绪化,其对大陆的敌意和排斥也更加强烈。严安林、严泉在《80 年代以来台湾中产阶级的发展及其影响》(《理论文萃》2001 年第 5 期)中指出,台湾中产阶级具有阶级特征、政治特征、经济特征和社会特征。严泉、张茜红在《略论台湾中产阶级政治参与特点》(《台湾研究》2008 年第 4 期)中进一步聚焦台湾中产阶级如何表达其政治诉求。

关于台湾文化,钱虹的《当代台湾女性文学的发轫及其主题》(《华东师范大学学报》1997 年第 4 期)、《海峡两岸的台湾文学研究》(《学术研究》2004 年第 8 期)和《从"台港文学"到"世界华文文学"》(《学术研究》2007 年第 1 期)等文,围绕台湾文学及其研究的主题,论述了当代台湾女性文学产生的文化背景及其时代机遇。俞新天在《两岸关系中的文化认识问题》(《台湾研究》2010 年第 1 期)中指出,台湾地域文化的特点主要表现为移民文化、海岛文化和亚热带到热带的乡村文化。此外,截至 2010 年,上海社会科学院台湾研究中心与台湾中流文教基金会合作举办以"百年中国之路"为主题的系列研讨会三次;与台湾妈祖文化研究会等联合主办三届"海峡两岸妈祖文化学术研讨会"。

五、台湾对外关系

2000年以后，上海学者关于台湾对外关系的研究，重点关注冷战结束以来，台湾当局领导人图谋通过“过境外交”“度假外交”等名目借机提升台湾与其他国家的实质关系以及借此拓展国际空间的企图并对此进行了剖析和揭露。信强在《台湾当局‘过境外交’模式浅析——以陈水扁2003年过境美国为例》(《现代台湾研究》2004年第5期)和《试析台湾“拓展国际空间”的图谋》(《现代台湾研究》2005年第1期)中指出，台湾当局领导人所谓的“外交”突破是其拓展“国际生存空间”的主要手段。严安林的《马英九的“外交”理念与主张、特点及影响》(《台湾研究集刊》2009年第2期)指出马英九在“平等”原则下寻求“国际活动空间”与“国际人格”的做法对两岸关系“和平发展”也会造成一定程度的影响。林冈、刘婧在《台湾当局“活路外交”评析》(《上海交通大学学报》2009年第4期)中指出台湾的对外交往问题只能在“九二共识”的基础上通过两岸协商逐步解决。

同时，上海学者还就台湾对外关系的总体情况、台湾对外关系发展的特色等问题展开分析和研究。杨剑在《台湾亚太区域战略评析》(《现代台湾研究》2007年第3期)中指出，台湾和大陆的关系本质上属于两岸人民迈向东亚共同体的一环。童立群在《台湾研究集刊》(2009年第1期)和《现代台湾研究》(2009年第1、6期)连续发表2008—2010年台湾对外关系综述的文章，对这一时期台湾对外关系做了梳理。张哲馨的《两岸关系和平发展阶段港台关系的定位与发展路径》(《台湾研究》2010年第4期)探讨了港台关系的发展趋势。2009年8月，吴寄南的《冷战后的日台关系》(上海人民出版社)涉及日本和中国台湾关系的各个主要方面和问题，该书获全国台湾研究会第二届台湾研究优秀成果一等奖。

六、两岸关系

上海在推动两岸关系的发展方面，尤其是1998年在上海举行的“汪辜会晤”以及第一届“两岸民间菁英论坛”等两岸重要交流活动中发挥了独特而关键的作用。1993年1月，上海市台湾研究会与“台湾亚洲与世界社”联合举办“21世纪世界经济对海峡两岸之挑战”学术研讨会；1998年8月，与台湾中华文化研究所及台湾省各姓渊源研究学会联合举办“迈向21世纪的中国文化人类学”研讨会。2000年8月，上海环太国际战略研究中心成立，以两岸关系、台湾岛内政局为主要研究方向。2008年5月和2009年12月，上海东亚研究所与台湾铭传大学两次联合举办两岸关系研讨会；2010年9月，又与台湾民主基金会联合举办两岸关系和平发展研讨会。

两岸关系是上海学者的重点研究领域。20世纪90年代末以来，上海学者围绕两岸关系发表了一系列研究成果，主要成果有：郭炤烈的《台海两岸的共识和互信》(台海出版社1999年)、林冈等编的《台海两岸的发展前景》(亚洲科学出版社2000年)、章念驰的《两岸关系与中国前途》(中国评论学术出版社2002年)以及黄仁伟的《促进和平统一，预防“台独”分裂的国家大法》(《上海市社会主义学院学报》2005年第2期)等。

2008年，台湾选举后两岸关系出现和平发展的良好态势。同年10月，上海交通大学台湾研究中心成立，这是国务院台湾办公室在全国高校设立的第一个两岸关系研究基地；同期，上海大学和华东师范大学等高校也相继成立台湾研究机构。林冈、万东青在《两岸关系和平发展的机遇和路径》(《台湾研究》2010年第3期)中指出，唯有良性的政治沟通，才有可能化解两岸政治认同方面的差异，最终实现中国的重新统一。2010 年 6 月，两岸两会领导人签订海峡两岸经济合作框架协议(ECFA)，上海学者对相关问题展开大量研究。严安林的《ECFA 时代的两岸关系走向》(《现代台湾研究》2010 年第 5 期)、盛九元的《ECFA 对两岸经济合作的影响：进展与前景》(《世界经济与政治论坛》2010 年第 4 期)、严泉的《ECFA 签署后台湾中产阶级的两岸观》(《现代台湾研究》2010 年第 5 期)以及陆军芳的《ECFA 协议签署后的沪台金融合作展望》(《世界经济情况》2010 年第 11 期)等进一步深化对两岸经济合作规律性的认知，提出要把上海建成两岸经济合作政策的先行区、互利共赢的示范区和两岸金融业务合作的创新试验区。

此外，上海国际问题研究院台港澳研究所每年承办多个两岸和国际学术会议，其中与淡江大学的"世界新格局与两岸关系"机制性会议至 2010 年已举办十四届。复旦大学台湾研究中心还组织和主办"复旦大学—文化大学两岸研讨会""复旦大学两岸青年学者论坛""两岸传媒合作论坛""复旦大学两岸关系高端研讨会"等交流活动。

七、国际因素

20 世纪 90 年代起，上海学者即开始高度关注台湾问题的国际因素，这也是上海台湾研究的一大特色，其中美国与中国台湾的关系是研究重点。1994 年，周忠菲出版《中美建交中的台湾问题》(上海社会科学院出版社)。王伟男的《中美关系中的台湾问题(1948—1982)》(山东人民出版社 2007 年)以尼克松时期美方外交档案为主要研究对象，探讨中美关系解冻与建交过程中，双方围绕台湾问题进行的博弈。

在研究美台关系中，上海学者在很大程度上聚焦对美国国会的研究。信强的《"半自主"国会与台湾问题：美国国会外交行为模式》(复旦大学出版社 2005 年)和孙哲主编的《美国国会与台湾问题》(复旦大学出版社 2005 年)都是复旦大学美国研究中心"美国国会研究"课题研究成果。此外，夏立平的《美国国会与中美安全关系——以台湾问题为例的分析》(《现代国际关系》2002 年第 3 期)、信强的《美国国会"台湾联线"个案研究》(《台湾研究集刊》2003 年第 4 期)、邵育群的《美国国会与台湾拓展国际空间的图谋——以支持台湾参加世界卫生组织为个案》(《国际观察》2003 年第 3 期)等均探讨美国国会在台湾问题上的影响。

俞新天在《中国统一的国际因素》(《毛泽东邓小平理论研究》2004 年第 1 期)中指出，中国统一具有国际与两岸两个方面的影响，两个方面又是互相关联的。王伟男、周建明发表《地缘政治中的中美关系与台湾问题》(《台湾研究集刊》2005 年第 4 期)。2008 年，上海学者集中剖析台海问题的美国因素，认为美国政策是台海问题的一个关键因素。林冈《美国对解决台湾问题的政策取向》(《美国研究》2008 年第 3 期)、杨剑的《对美国国会议员选择倾向台湾立场的动机分析》(《台湾研究集刊》2008 年第 1 期)、王公龙的《美国保守派的对台政策主张及其影响》(《台湾研究》2008 年第 5 期)以及夏立平的《美国对台政策的战略性矛盾及演变》(《党政论坛》2008 年第 8 期)等指出美国对统"独"结果和台湾问题的解决思路主要受中美关系和两岸关系状况的影响。

除了美国以外，日本与中国台湾的关系、欧洲、东南亚等与中国台湾的关系也是上海学者关注的重要方面。周忠菲的《日台"特殊关系"论析》(《世界经济研究》2002 年第 1 期)，李秀石的《马英九上台后的日本对台政策》(《日本学刊》2010 第 5 期)，吴寄南的《日台军事互动的现状、背景及未来走势》(《现代国际关系》2006 年第 9 期)、《新世纪初日台经贸关系现状及未来展望》(《世界经济研究》2009 年第 12 期)，严安林的《马英九上任以来台湾与日本关系新进展及其走向》(《台湾研究集刊》

2010 年第 5 期)，童立群的《试论欧台关系的渐进式发展》(《现代台湾研究》2008 年第 4 期)以及马嫈的《两岸关系中的东南亚因素》(《东南亚研究》2002 年第 3 期)等，都从不同视角剖析了日本、欧洲以及东南亚对两岸关系的影响。

上海国际问题研究院自 2002 年起每年举办“中欧关系中的台湾问题”“中日关系中的台湾问题”和“中国与太平洋—印度洋国家关系中的台湾问题”三个涉台外交“二轨会议”。上海环太国际战略研究中心成立以来，与台湾方面先后合作举办包括有美国和两岸学者参加的“中美关系和台湾问题”“海峡两岸关系和亚洲安全”等研讨会。2008 年 10 月，上海交通大学台湾研究中心举办“构建两岸关系和平发展框架中的美国因素”国际学术研讨会。

第二十二章　上海重大发展战略研究

上海是全国最早开始组织研究发展战略的城市，是国内组织研究发展战略的先行者和排头兵，也是全国组织研究发展战略最多的城市。1978—2010 年，上海根据不同发展阶段的要求，在城市发展战略、城市总体规划、改革开放、区域经济合作、产业发展、社会发展和科技文化发展等几大方面先后开展过多次战略研究和战略大讨论，对上海的城市发展产生重大而深远的影响。

第一节　城市发展战略

一、《上海经济发展战略汇报提纲》

1978 年，上海开展的工业调研揭开了经济发展战略讨论的序幕，主要组织者是市经济委员会，讨论的核心是上海工业的改造与振兴，时间持续三年多。

1981 年，上海社会科学院部门经济研究所向国家申请《上海经济发展战略研究》课题，由陈敏之主持。1983 年 4 月，这一课题被正式列入全国哲学社会科学"六五"规划重点项目，首次明确将上海经济发展战略列为一个科学研究对象。该课题受到市政府的高度重视，要求以社会科学院为主力，集全市之力，把这个战略课题研究透彻，为上海的未来寻求新的道路。为配合该课题研究的展开，由上海社会科学院发起，市计委、市经委和市委研究室等单位联合组织"上海经济双周座谈会"。在这一阶段的研究内容已从单纯的工业技术改造讨论转向经济结构问题的研究，把经济结构调整提到了上海经济发展战略的方向性高度。

1984 年，开始制定上海经济发展战略。上海先后召开两场有关上海经济发展战略问题的大型研讨会。1984 年 4 月 25—27 日，市计委、市经济研究中心和上海社会科学院联合召开第一次研讨会，会后出版《上海经济发展战略论文集》。同年，在北戴河召开的中央财经领导小组会议专门讨论了上海的发展方向问题。8 月，国务院委托国务委员宋平、国务院经济研究中心马洪、季崇威组织调研组到上海，帮助研究拟订上海经济发展战略。9 月 1 日，由马洪带队的国务院改造振兴上海调研组第一批 32 人到达上海，当月即开展调研活动。9 月 22—26 日，市委、市政府召开"上海经济发展战略战役研讨会"，这次讨论会后来被称作"衡山会议"，500 余人参加此次研讨会。上海市市长汪道涵主持，姚锡棠作主题发言。在分组讨论中，来自中央、外省市的专家们，发表了各自对上海发展战略的建议，为上海经济发展献计献策。会后，会议报告汇编成《上海经济发展战略研究》(上海人民出版社 1985 年)。

为做好上海经济发展战略的研究工作，市经济研究中心抽调主要力量参加市委组织的大规模调查研究。调查研究围绕传统工业的调整改造和新产业、新产品的开发、"第三产业"的发展、城市改造和基础设施建设、智力资源的开发和利用、上海在执行对外开放政策中的地位和作用、为实现战略转变需要进行哪些重大改革及采取什么特殊政策这六个方面的专题展开。在历时五个月的研究之后，《上海经济发展战略汇报提纲》成型，市经济研究中心完成调研报告的撰写工作，并负责草拟有关文件和宣讲提纲。

1985年2月8日，国务院正式通知批转《关于上海经济发展战略的汇报提纲》。这个发展战略向中央、国务院争取了对上海的政策支持，是上海改造和振兴的纲领性文件。1985—1988年国务院又连续批复同意《上海进一步开放初步方案的请示》《关于上海市扩大利用外资规模的报告》和《关于深化改革，扩大开放，加快上海经济向外向型转变的报告》，从国家层面对上海在财政政策、外贸政策、外资外汇政策、税收政策、土地政策等方面给予支持和倾斜，由此全面启动上海的转型与振兴。

二、20世纪90年代上海发展思路

进入20世纪90年代，国际、国内形势都发生巨大变化。党中央、国务院根据世界正朝着多极化发展的新形势和中国90年代改革开放的总体战略部署，对上海的发展作出以上海浦东开发开放为龙头，进一步开放长江沿岸城市，尽快把上海建成国际经济、金融、贸易中心之一，带动长江三角洲和整个长江流域地区经济新飞跃的重大战略决策。

根据党中央的战略决策，上海经济与城市重新定位的研究进入新阶段。1990年3月，为配合编制“八五”计划和2000年规划，市计委经济研究所会同市政府有关部门和社会科学院、高等院校的研究力量，组成“90年代上海经济发展研究”课题组。9个月后，完成总报告《90年代上海经济发展大思路》和12个分报告。该研究成果明确提出了在20世纪90年代上海经济发展的三大战略思路：第一，贸易兴市，发展现代化大贸易，重建经济中心功能，是90年代开发浦东、振兴上海新战略的轴线；第二，调整中心城市功能，增设二级市，充实城镇体系，强化城市网络，加速建设世界级大上海都市圈，为上海未来城市发展勾画新的蓝图；第三，东西联动，内外循环，逐步形成与国内外市场相衔接的新运行机制，是上海建设国际性城市的关键。研究成果重构了上海经济中心的战略目标：第一步，到20世纪末，初步形成6 340平方公里的大上海都市圈，成为全国最大的经济中心；第二步，到2020年初步形成以上海为核心、长江三角洲大中城市为基础的世界级巨型城市带，从而成为太平洋西岸最大的经济、贸易中心之一。

本次研究将上述三大思路概括为大贸易、大都市、大联动，作为上海90年代迈向外向型、多功能、现代化的国际城市的三大通道。该次战略大讨论的研究思路和部分成果为之后“开发浦东、振兴上海”系列研究、“迈向21世纪的上海”等战略研究或讨论奠定了重要的基础。

三、迈向21世纪的上海

1993年，在上海市决策咨询研究工作会议上，市长黄菊提出“我们要集中力量，进行21世纪的研究”。市政府开展“迈向21世纪的上海”经济、社会发展战略研究，副市长徐匡迪任课题组组长，市政府副秘书长蔡来兴任副组长，由市政府发展研究中心和市政府研究室直接组织，邀集上海市数百名专家、学者和实际工作部门的业务骨干参与研究工作，并聘请20多位国内著名的专家学者担任顾问，共分为10个分课题，重点研究上海城市与经济发展中的战略性问题。课题还完成17个专题研究，内容涉及外资引进、法制建设、区县城建、人才引进、港口建设等各个方面。

1995年2月，“迈向21世纪的上海”发展战略研究报告以及详细的分报告、专题报告40篇，共计100多万字。“迈向21世纪的上海”研究完成“三个规划”的制定，包括上海20年基本建成国际经济、金融、贸易中心之一的经济和社会发展长远规划，浦东20年基本建成具有世界一流水平的外向型、多功能、现代化新区的长远发展规划以及上海20年基本建成社会主义现代化国际化大城市的城市发展总体规划。1995年,《迈向21世纪的上海:1996—2010年上海经济、社会发展战略》获首届上海市决策咨询研究成果奖特等奖。

1996年通过的《上海市国民经济和社会发展"九五"计划与2010年远景目标纲要》全面吸收了"迈向21世纪的上海"研究成果,提出新的城市奋斗目标是:到2010年,为把上海建成国际经济、金融、贸易中心之一奠定基础,初步确立上海国际经济中心城市的地位。作为对上海城市定位的第6次修订,此次在"三个中心"之外,把"现代化国际城市"正式修订提升为"国际经济中心城市"。"迈向21世纪的上海"战略研究,提出的战略目标、功能定位、战略思维,以及经济实施的基本重大对策,不仅用于指导"九五"计划的工作,还着眼于上海20年、30年的长远发展。在以后的"九五""十五""十一五""十二五"的计划/规划中都被吸纳和体现。

四、上海世博会

【世博会申办及主题研究】

2001年开始,上海围绕世博会的申办展开大量决策咨询研究,而世博会的主题作为能够阐述上海申办世博会意义所在的关键内容,引起各方面的关注。2002年,市政府发展研究中心承担2010年上海世博会主题研究,在回顾和总结世界博览会150多历史的基础上,对历届世博会主题选择的时代背景、特点和发展趋势等进行了较为全面的分析,概括性的归纳出2010年上海世博会主题遴选的九大原则。在此基础上,进行四轮筛选和两轮精炼,最终提出"城市,让生活更美好(Better City,Better Life)"这一主题。

【"世博会与上海新一轮发展"大讨论】

2003年3月,根据当时市委主要领导关于组织世博问题研究的批示,上海开展了为期近5个月的"世博会与上海新一轮发展"大讨论。大讨论既是正式启动世博会筹办工作,也是把"办博"过程变成为加快发展的强大助推器。本轮大讨论部署了公开讨论和内部研究,上海政府各部门都布置了课题,人大、政协、民主党派、工商界、高校科研院所、学术团体、各区县、宣传新闻单位等也都参与了讨论。召开各层次的研讨会2 380多场次、参与人数6.5万人,邀请专家3 000多人,形成调研成果2 320多份。大讨论一系列专题研究对上海如何实施自主创新和集成创新、空间布局兼顾中心城繁荣与郊区集中式发展及新城建设等也形成了广泛共识。

第二节　城市总体规划布局

一、《上海市城市总体规划方案》

改革开放以来,上海城市规划研究是历次战略大讨论和研究的重要内容,对上海城市发展产生重大而深远的影响。改革开放之初,市经济研究中心开展《城市布局问题》研究(1981年)、《上海经济建设与城市建设的关系问题》(1982年)、《进一步发挥上海中心城市在经济社会发展中的作用研究》和《上海工业布局合理调整研究》(1983年),开启了上海城市产业布局和形态的研究。

1984年,在市委、市政府组织专家开展"上海经济发展战略大讨论"中,在更深入和广泛的领域推进了规划研究，提出上海到2000年的发展目标："上海要充分发挥对外开放和多功能的中心城市的作用。到20世纪末，上海应努力建设成为开放型、多功能、产业结构合理、经济繁荣、文化昌盛、科技发达的社会主义现代化中心城市。"这些规划思路被列入上海市政府、国务院改造振兴上海调研组向国务院提交的《关于上海经济发展战略的汇报提纲》(1984年12月提交，1985年2月国务院批转)和《上海市城市总体规划方案(修改稿)》(1986年7月提交，国务院10月批复)，成为《上海市城市总体规划方案》的依据。在"汇报提纲"提交和批复后，1991年市政府发展研究中心开展《上海城市总体规划修订方案》的研究。1995年市政府发展研究中心《上海城市总体规划修订的经济社会条件研究》，推动了总体规划的修订。

1993年9月至1995年，"迈向21世纪的上海"中形成的上海总体发展目标和战略，提出建设现代化国际大都市，和以上海为核心的特大城市带，按照21世纪国际先进标准进行城市基础建设，形成与国际中心城市相匹配的现代化、高标准的城市基础设施体系等规划思想被《上海城市总体规划方案》所吸收。2001年，市政府发展研究中心研究形成的"一主四副"多核心中心城区布局，以及在"十二五"规划中提出：未来上海将重点发展中心城区的"十字轴"和沿江沿海产业带，将郊区新城作为建设重点研究观点也被《上海城市总体规划方案》采纳。

在2003年3月开始的"世博会与上海新一轮发展"大讨论中，有关城市总体规划研究方面的重点开始从基础设施向城市功能转变，提出了以塑造世界城市为目标，以创新城市为路径的战略构想。2003年4月3日，市人大召开"世博会与上海城市规划"专题讨论会。上海城市规划设计院黄吉铭提出加快形成世界城市的经济功能，提升城市能级，规划建设好临港综合经济开发区，成为新的经济增长点；加强城市文化建设。上海城市规划设计院何善权提出，上海要改善人民的生活环境和居住环境，发展周边城镇，形成"城市集团"，形成上海大都市圈。大讨论中也有专家提出上海城市规划中存在的问题，如上海财经大学赵晓雷等在《上海城市空间布局及城市化规划若干问题反证思考》中提出，上海城市总体规划和布局基本上没有遵循城市空间区位市场选择规律；城市空间区位布局和土地配置是不合理和低效率的；"两级政府、两级管理"与统一规划的矛盾；城市化水平有待提高；土地资源管理体制与提高城市化水平的矛盾；居住郊区化和城、郊发展一体化不曾协调等问题。

二、浦东开发开放

20世纪80年代以来浦东开发开放的研究，是上海城市规划的重要组成部分。1979年，美籍华裔建筑规划师林同炎向上海市政府建议开发浦东，后来形成《开发浦东：建设现代化大上海》研究报告，引起市委、市政府的高度重视。1980年，陈坤龙发表《向浦东广阔地区发展》(《社会科学》第5期)，提出建设浦东新城作为"上海政治文化的中心"，在外滩和陆家嘴之间建设越江交通的设想。这些是改革开放以后开发开放浦东规划研究的开端。

在1984年第一轮经济发展战略讨论后，面对上海中心城区"城市膨胀病"突出的现实问题，上海在编制城市总体规划过程中，对上海城市发展方向展开了讨论。1986年，上海两次召开城市发展战略研讨会，专家提出上海城市发展方向可有3种选择，"北上"(经江湾地区向吴淞发展)、"南下"(经闵行向金山卫发展)和"东进"(在浦东辟建新市区)。这成为20世纪80年代中期上海城市发展方向讨论的热点之一。浦东的开发开放最终摆在了城市空间布局和城市发展的首位。从而提出了"积极开发浦东地区""重点开发浦东地区，发展金融、贸易、科技、文化、信息和商业服务设施；

陆家嘴附近形成新的金融、贸易中心，成为上海市中心的延续部分”“尽快建设黄浦江大桥及隧道等工程、规划外高桥港区及第二国际航空港”等规划思路。这些规划思路纳入了《关于上海经济发展战略的汇报提纲》(1984年)和《上海市城市总体规划方案》(1986年)。

1985年2月，国务院在批复中明确指出：要创造条件开发浦东，筹划新市区的建设。在1986年《上海市城市总体规划方案》中，对于浦东开发规划定位的高度有了显著提升，正式将浦东开发纳入总体规划，提出有计划地积极建设和改造浦东地区。同年，国务院在批复该规划时又一次强调：当前特别要注意有计划地建设和改造浦东地区，使浦东成为现代化的新区。

以国务院批复上海城市总体规划文件为契机，上海各研究部门开始从多个角度切入，有针对性地专题研究开发浦东问题。1987年7月上海成立“开发浦东新区中外联合咨询小组”，专题研究浦东开发问题，中方组长为副市长倪天增，外方组长为海外专家林同炎，汪道涵任总顾问。研究咨询小组中方组从战略研究、政策研究、法律条例研究、资金筹措研究四个方面，分成15个课题进行重点研究，形成《开发浦东预可行性研究报告》(大纲)、《关于开发浦东几个主要问题的汇报》等文件。外方组以林同炎、陈乃东为代表完成《开发浦东——建设现代化的大上海》计划，提出以川杨河、黄浦江和长江为界350平方公里的三角形地区，形成特区性质的“自由城市”规划设想。上海市科委开展“浦东地区发展形态研究”，提出“一心三片”规划思路，以花木地区为“一心”、川沙、黄浦江和长江为“三片”，形成外“R”字内“A”字的发展区域。与此同时，九三学社上海市委、同济大学、上海城市规划设计院等受市政府的委托，相继提交《浦东新区建设方略》《研究现代化浦东地区发展形态的研究综合报告》《浦东新区经济、科技、社会、文化发展纲要》3份大型研究报告。上海经济转型和部分经济发展战略方面的研究和决策开始将浦东开发开放纳入其中。1987年12月28日，上海市政府提交《关于深化改革扩大开放加快上海经济向外向型转变的报告》，1988年2月国务院批准同意了该报告。

1988年5月2—4日，由140多位中外专家参加的“上海市浦东新区开发国际研讨会”在上海西郊宾馆召开，提出要在整个上海统一规划下，分步骤地推进浦东开发，处理好浦东开发与老市区改造的规划思路；上海市政府开发浦东联合咨询小组综合五种规划方案，提出《上海浦东新区总体规划构想》，内容包括“三角形”新区规划范围、“带形组团式”城市化用地结构和“三点一线”重点开发区的三个层次新区规划结构，同时提出了花木地区适合未来举办“国际博览会”、外高桥建设港区、保税仓库区、出口加工区和对外贸易区地点等规划设想。1989年10月，市委书记、市长朱镕基在会见上海市市长国际企业家咨询会议的代表时再次表示，要加速开发浦东并欢迎外商前来浦东投资。最终，研究成果形成决策报告得到中央领导的肯定支持，浦东开发开放上升为国家战略。1990年2月26日，上海适时向党中央和国务院提交了《关于开发浦东、开放浦东的请示》。1990年3月3日，邓小平同江泽民、杨尚昆、李鹏等中央负责人谈话时提出关于上海战略地位的一个重要判断：“上海是我们的王牌”。1990年3月28日至4月8日，国务院副总理姚依林受江泽民、李鹏委托，率国务院特区办、国家计委、财政部、中国人民银行、经贸部、商业部、中国银行等部门负责同志来上海，对浦东开发开放问题作专题调研和论证，并向党中央、国务院呈送了《关于上海浦东开发的几个问题的汇报提纲》。1990年4月18日，国务院总理李鹏在上海大众汽车有限公司成立五周年庆祝大会上宣布，党中央、国务院同意上海加快浦东地区的开发，在浦东实行经济技术开发区和某些经济特区的政策。4月30日，上海市政府召开新闻发布会，朱镕基宣布了开发浦东的10条政策和总体实施规划。同年6月国务院在《关于开发和开放浦东问题的批复》中指出，开发和开放浦东是一件关系全局的大事，是中国深化改革、进一步实行对外开放的重大部署。上海有良好的政治经济基础，充分利用这些优势，有计划、有步骤、积极稳妥地开发和开放浦东，必将对上海和全国的政治稳定与经济发展产生极其重要的影响。

1990年8月，上海经济研究中心、市计划委员会、上海社会科学院等五单位联合开展“振兴上海开发浦东系列讨论”，进一步细化浦东开发规划研究，提出浦东新区以“点线结合、多心组团、多轴放射”为核心的“三轴六分区”城市空间布局构架。这个规划思路被1992年11月市人民代表大会常务委员会通过的《上海市浦东新区总体规划方案》采纳。

1994年由市计划经济研究所牵头，市计划委员会、市浦东开发办公室、复旦大学、市政府发展研究中心、市人事局、市科学学研究所、上海财经大学、华东师范大学等部门和机构参与，开展了“浦新区开发开放战略综合研究”，形成《浦东新区开发开放和经济社会发展战略研究》总报告和11个分报告。在1990—1999年的10年间，对浦东开发、开放的各项问题都进行了专项课题研究。其中包括《浦东开发、开放与长江流域经济发展的对策研究》《以浦东开发为龙头带动长江经济带建设研究》《上海浦东新区外贸体制改革思路》《浦东功能性开发问题研究》《浦东开发、开放的政策环境比较研究》《上海东外滩城市形态发展规划研究》《上海及浦东新区率先全方位推进服务贸易和金融服务研究》《关于吸引国内大企业(集团)总部进驻陆家嘴金融贸易区的政策建议》等。

2004年，中共中央总书记胡锦涛视察上海时指出，“要继续搞好浦东开发开放，加快体制创新，不断提高外向型经济层次，努力在更高的起点上实现快速发展”。2005年6月21日，浦东获批国家综合配套改革试点区，继续坚持改革开放的旗帜，根据国务院常务会议的部署，及时研究制定了《浦东综合配套改革试点总体方案》和《2005—2007年浦东综合配套改革试点三年行动计划框架》，得到国家发展改革委的正式批复。

三、城市空间布局与结构调整

1983年，市经济研究中心开展了《有层次的布置、建设好郊区卫星城市研究》，这是较早的上海城镇规划思路研究。1984年的“上海经济发展战略大讨论”，按照“有计划地建设郊区小城镇，使上海形成以中心城、卫星城、小城镇和农村集镇四个层次组成的城镇体系”总体规划思路，提出了建设有特色和吸引力的社会主义现代化新城，重点发展金山卫和吴淞两个卫星城，有利于城乡一体化协调发展推进城镇布局，按照农林牧副渔全面发展、农工商综合经营的原则，使郊县小城镇发展成为当地政治经济文化的中心等城镇规划思路。这些规划思路被上海市政府、国务院改造振兴上海调研组向国务院提交的《关于上海经济发展战略的汇报提纲》所吸纳，1985年2月，国务院批转了“汇报提纲”，成为《上海市城市总体规划方案》的依据。以后20多年城镇研究思路得到进一步发展。

根据1993年6月市长黄菊在上海市第三次规划工作会议上提出的建设“环绕整个上海市区的大型绿化带”，作为上海迈向21世纪造福世世代代人民的重大举措指示，1994年市政府发展研究中心开展了“21世纪环城绿带建设研究”，对环城绿带规划建设提出了具体的目标、原则和设想。

1994年前后的“迈向21世纪的上海：1996—2010年”大讨论中，提出建成现代化国际大都市，要根据上海经济发展战略目标，科学、合理的规划上海城镇体系的规划思路。

在2000年的上海市政府六大重点课题之一的“郊区城镇化战略”研究中提出，“十五”期间上海要重点建设“一城九镇”，即松江新城和安亭、罗店、朱家角、枫泾、浦江、高桥、周浦、奉城、堡镇9个中心镇。到2005年，郊区的城镇化水平从45%提高到60%，切实改变中心城区蔓延扩张、郊区分散布点的格局，构筑中心城—新城—中心镇—一般集镇梯度辐射、层次分明、各具特色、功效互补的城镇体系。2001年,《关于上海市促进城镇发展试点意见》发布了这个城镇规划思路,“一城九镇”成为“十五”期间城镇规划的重点。

2002—2003年,上海市有关部门和研究机构开展了一系列有关地区商务成本及其对策的研究。根据这些研究,2003年5月,上海市财税局等六部门正式与嘉定、青浦、松江三区签订《关于推进落实试点园区降低商务成本政策备忘录》。

2004—2005年,“十一五”规划讨论中提出了注重城乡协调发展,促进城市发展要素间相衔接,实现良性互动,分发挥中心城和郊区的各自优势和积极性,取长补短,不断完善市域城镇体系,缓解上海城市中心城的诸多困难的理念;并提出要根据上海城市发展的特点和现代化大都市的发展要求,形成“体系呈梯度、布局成组团、城镇成规模、发展有重点”的总体格局。按照这个意见,《上海市“十一五”经济社会发展规划》形成了建设“1966”四级城镇体系的规划思路。

2009年6—12月,根据市委要求,上海市委研究室和市政府发展研究中心组成课题组,开展了“促进服务经济加快发展的若干重大问题研究”,这个研究对上海世博后的城镇规划提出了在“中心城区深化核心功能,多中心组团式发展”的思路之下,加快完善上海区域功能布局,克服区域产业结构和城市形态同质化趋势,利用土地级差收益等经济杠杆作用,完善全市城镇体系建设,形成外滩、陆家嘴、张江、虹桥、临港等商务服务集聚区,形成“核心服务功能区”(提供总部服务)和“镶嵌式服务功能区”(为其他现代产业提供配套服务)相结合的城市功能和形态布局的思路(《服务经济发展及其对制度环境的要求子课题成果汇编卷一》)。

第三节　改革开放战略

一、外向型经济发展战略

上海外向型经济发展战略的研究主要分三个时期,一是20世纪80年代下半期,在这一时期上海对外向型经济发展的决策咨询研究,推进了上海执行党中央、国务院批准的经济发展战略和城市发展规划;二是20世纪90年代上半期,上海的决策咨询研究推动了浦东开发开放战略酝酿、论证和实施;三是20世纪90年代下半期以后上海的决策咨询研究,推动了外向型经济融入更加宏伟的四个中心战略。

20世纪80年代后期,王志平的《抓住全球机会,提高国际竞争力》(《学术月刊》1988年第4期),王国平、蒋为群的《试论上海发展外向型经济的战略选择》(《党政论坛》1988年第2期),龚浩成的《发展外向型经济与上海金融体制改革》(《上海经济研究》1988年第4期),徐允人的《关于发展上海外向型经济的财政政策体系的思考》(《上海经济研究》1989年第5期)等研究,提出以实施发展外向型经济战略,增强对外资吸引力、商品和劳务对国际市场适应力,提高上海在国际竞争力的战略内容,特别提出发展出口导向(技术密集)、出口支柱和出口推动(劳动密集)三类产业和金融财政体制配套改革的政策和建议,以及扩大利用外资的“九四”专项具体政策内容。这些研究成果都融入了市委和市政府的决议、《上海市国民经济和社会发展第七个五年计划》《上海市国民经济和社会发展十年规划和第八个五年计划纲要》等重要文件。

进入20世纪90年代,以浦东开发开放为契机,上海决策咨询研究专家聚焦“90年代振兴上海,开发浦东”,提出了“建立大上海开放圈”“大贸易、大流通、大市场”等许多新观点、新思路,其中相关研究有:蔡来兴的《90年代上海改革、开放与发展新路探索》(《社会科学》1991年第5期),申研、张道根和曹之虎等的《重新认识上海城市的性质、地位和作用》(《上海经济研究》1992 年第 2 期)等。同时,黄奇帆的《面向世界的宏伟工程：开发上海浦东新区》(《国际商务研究》1991 年第 12 期)、上海市体制改革研究所“九十年代上海改革”课题组的《九十年代上海改革的战略构想》(《上海经济研究》1991 年第 4 期)具体提出“振兴上海、开发浦东、服务全国、面向世界”的十六字战略思想;陆德明、王战的《上海浦东开发与长江三角洲地区外向型经济发展研究》(《经济研究参考》1992 年第 1 期)提出,要利用浦东开发机遇,构建长江三角洲外向型经济共同体的战略设想。这些研究为中央作出浦东开发开放的战略决策提供了理论依据,也为以后浦东开发开放的实质性启动作了初步的理论准备,其战略设想和思路融入了党央国务院关于浦东开发开放决议,转化成了以后一系列相关政策措施。

随着浦东开发开放,上海作为中国最大城市在世界经济社会地位提升,在 20 世纪 90 年代初逐渐形成了建设“一个龙头,三个中心”(一个龙头：浦东开发开放为龙头,三个中心：经济中心、金融中心和贸易中心)的战略构想。蒋以任的《为把上海建设成为“一个龙头、三个中心”的现代化国际大都市作出新贡献》(《上海企业》1994 年第 11 期)、上海市课题领导小组的《迈向 21 世纪的上海：1996—2010 年上海经济、社会发展战略研究》(上海人民出版社 1995 年)等对这个战略提出完整的阐述,这些研究成为中共十四大提出的“把上海建成国际经济、金融、贸易中心战略”的基础,并融入了《中共上海市委关于制定上海市国民经济和社会发展第十个五年计划的建议》(2000 年 10 月 14 日上海市第七届委员会第七次全体会议通过)等文件和战略规划。在上海和国家有关部门专家的进一步研究后,《国务院关于同意上海组合港组建方案的批复》,同意上海组合港的组建方案,上海外向型发展战略最终演变成了“四个中心”发展战略。

二、要素市场建设和市场体系建设

20 世纪 80 年代起,上海的专家学者对市场体系建设开展了一系列重要的决策咨询研究,推动上海形成比较完整的市场体系,走在了全国的前列,并在上海改革开放过程中,与浦东开发开放和四个中心建设相结合,成为这些战略实施的具体内容,为全国市场经济发展提供了示范。上海的市场体系建设研究以资本、土地、劳动力和技术、生产资料和航运等要素市场为重点。

【资本市场】

20 世纪 80 年代,上海的专家学者开始探索资本市场的研究,形成一系列重要成果。主要有陈彪如的《建立上海金融市场,振兴上海经济》(《上海金融研究》1984 年第 12 期),尹伯成、张宁、奚卫建的《我国现阶段建立证券交易所问题初探》(《复旦学报》1985 年第 2 期),周八骏的《谈谈上海开创金融市场问题》(《上海金融》1986 年第 4 期),崔来福的《论开拓上海金融市场》(《金融研究》1986 年第 11 期),来祖荫的《建立上海证券市场的探索》(《探索与争鸣》1988 年第 4 期),龚浩成的《上海金融市场的发展思路与前景》(《金融研究》1990 年第 10 期)等。这些研究较早提出了在上海建立股票和债券市场建议和最初的市场结构设想,推动了国家在上海公开发行股票、建立上海证券交易所等改革措施的出台。

在对资本市场研究的同时,许多专家学者开展相关的短期资金和外汇等金融市场研究。资金市场研究主要成果有徐建中的《上海市的短期资金市场》(《金融研究》1986 年第 12 期),崔来福的《论开拓上海金融市场》(《金融研究》1986 年第 11 期),中国人民银行上海市分行的《坚持金融改革方向,努力建立和发展票据贴现市场》(《中国金融》1987 年第 3 期)、《上海金融市场的发展思路、做法和特点》(《中国金融》1991 年第 5 期),姜波克的《我国货币市场的建设构想》(《上海金融》1995 年第 8 期)等。外汇市场研究主要成果有周八骏、潘德洪的《改进外汇调剂业务的建议》(《改革》1986 年第 6 期),中国银行上海分行的《积极拓展上海外汇市场》(《上海金融》1987 年第 7 期),徐振良等的《开放适合外向型经济发展的外汇市场》(《上海金融》1988 年第 4 期),周祥生的《上海外汇调剂市场的革新与问题》(《国际金融研究》1989 年第 10 期),上海外汇调剂中心的《不断探索逐步完善外汇调剂市场》(《中国金融》1991 年第 4 期)等。这些研究,推动了 1989 年 5 月上海金融业同业拆借市场的重新开放和在上海建立全国银行间同业拆借市场;推动了 1986 年上海外汇调剂中心建立、交易制度的完善以及建立全国统一的银行间外汇市场(1993 年)和中国外汇交易中心(1994 年)。离岸金融市场方面主要成果有甘当善的《亚太地区国际金融中心的崛起——建议上海发展国际金融市场》(《亚太经济》1985 年第 1 期)、霍文文的《重建上海金融中心发展长江流域金融市场》(《上海金融》1993 年第 1 期)、韩宏才和王燕的《重塑国际金融中心形象》(《国际商务研究》1995 年第 8 期)、干杏娣的《论离岸金融市场的性质、地位与上海离岸金融中心的创设》(《世界经济文汇》2001 年第 6 期)等,提出上海建立离岸金融市场的建议。

20 世纪 90 年代开始,产权市场的研究成为关注重点。主要有张晖明的《建立产权市场的若干思考》(1993 年 11 月 5 日,复旦大学全国高校社会主义经济理论与实践研讨会第 7 次会议论文),阮青的《上海产权市场发育的现状剖析》(《上海综合经济》1994 年第 6 期),潘旋昌、姚锦清、王学仁和赵义怀的《上海产权市场及其培育》(《上海综合经济》1995 年第 6 期)。1995 年,市经济学会完成《关于发展上海企业产权交易有形市场的研究》报告。此外,华志毅的《在新的起点上发展产权市场》(《上海国资》2002 年第 12 期),浦再明、耿鸿福和陈霆的《加快上海产权市场发展的战略构想》(《财经研究》2003 年第 5 期),蔡敏勇的《加快建设要素市场,发展上海现代服务业》(《上海人大月刊》2008 年 10 期)等多层次资本市场的研究,推动了 2003 年上海联合产权交易所建立,并进一步推动产权交易的发展战略和体制机制的形成和完善。

【土地市场】

上海对城市土地市场研究起步最早,形成全国城市土地市场的主要模式,成为 30 年改革开放的一个主要动力。1984 年,张薰华在港澳经济研究会成立大会上提交《论社会主义经济中地租的必然性》(《中国房地产》1984 年第 8 期),阐释“地租”在改革开放中城市建设领域的理论基础和现实可行性。1985 年初,张薰华接受上海市委研究室专访问并撰文《再论社会主义商品经济中地租的必然性:兼论上海土地使用问题》(上海市委研究室《内部资料》1985 年第 6 期)、《论社会主义商品经济中地租的必然性》(中共中央书记处研究室《调查与研究》1985 年第 5 期),这些研究为城市土地批租制度提供了理论依据,推动了上海在 1988 年第一轮土地批租出让。此外,谭企坤的《土地批租与浦东土地政策的构思》(《中国土地问题研究》会议论文集 1990 年),王战的《90 年代浦东开放、开发大思路》(《开发研究》1991 年第 5 期)、《再造上海的全国经济中心功能》(《科学》1991 年第 10 期)等文章,进一步提出浦东开发中土地预征、有偿使用等利用土地市场推进浦东开发和上海经济中心建设的思路。

20 世纪 90 年代中期后,许多研究者又深入研究城市和农村土地转让制度。关于城市土地转让,袁绪亚的《当前我国城市土地产权市场中的问题及解决办法》(《中国经济问题》1995 年第 5 期)等研究,提出土地交易和转让制度和模式,被纳入土地管理和交易制度的文件。关于农村土地转让，季学明、吴志冲的《重视沪郊农村土地非农化流转立法》（《上海综合经济》1996 年第 3 期），刘红梅、王克强的《上海市农村集体土地使用权流转发展和特点》（《农业现代化研究》2001 年第 9 期）和吴志冲、吴瑜、吴瑾的《上海郊区农户承包地使用权非农化流转制度建设的研究》（《上海农村经济》2003 年第 9 期）等，深入研究了农村土地流转制度，提出了郊区农村承包地和集体用地使用权非农使用流转的原则和建立完善流转交易市场体系的建议。

【劳动力和技术市场】

20 世纪 80 年代中期，上海学者开始探索和研究劳动力市场，当时主要涉及一些具体的对策性的决策咨询研究。1986 年，王国平、曹均伟的《也谈建立社会主义有计划的劳动力市场》（《上海党校学报》第 6 期），是上海最早关于建立劳动力市场的研究，为建立劳动力市场提供了理论基础；施瑾的《建设上海人力资源市场的总体思路》（《上海综合经济》1994 年第 1 期）对人力市场建设的思路进行深入阐述。

对技术市场的研究，上海也起步较早。1982—1983 年市科学技术委员会开展对技术交易和市场的研究，顾文兴、仇金泉、方开炳等发表《社会主义技术市场初探》（《科学学与科学技术管理》1983 年第 6 期）；杨一纯、徐美华和顾文兴发表《发展中的上海技术市场》（《社会科学》1986 年第 5 期），较早提出了上海建立和完善技术交易中心的政策建议，直接推动 1985 年 5 月市科学技术委员会在上海设立全国第一家常设性技术市场和 1993 年底全国首家国家级技术交易所上海市科学技术开发中心的正式挂牌运行。同时，阮青的《上海产权市场发育的现状剖析》（《上海综合经济》1994 年第 6 期）提议建立知识产权市场，推动 1999 年 12 月市科委和市国资办共同组建上海技术产权交易所，主要关注技术等无形资产作为企业股权产权的配置。

【生产资料市场】

20 世纪 80 年代中期，上海有关生产资料市场的决策咨询研究主要是为解决上海经济发展中生产资料短缺的瓶颈问题。1987 年，周伟民、陈跃、赵宽的《关于完善上海生产资料市场的探讨》（《财经研究》第 1 期），提出建立完善的生产资料市场的建议。

90 年代之后，上海的生产资料市场研究与金融市场研究结合起来，向具体和衍生物资市场拓展。黄金市场方面，金志和张嵩坡的《对建立上海黄金市场的思考》（《上海金融》1993 年第 10 期）、陈观烈的《开辟我国黄金市场的机遇与策略》（1993 年 11 月 5 日，复旦大学全国高校社会主义经济理论与实践研讨会第 7 次会议论文）、唐庆新的《建立上海黄金市场的设想》（《探索与争鸣》1994 年第 10 期）等文，都提出上海建立符合国际规范的黄金市场或黄金交易所的设想。1996 年，市经济学会向市委、市政府上报《中国黄金市场试点开放的方案研究》。这些研究推动了 2001 年上海黄金交易所的成立。

期权期货市场研究主要有崔来福的《论开拓上海金融市场》（《金融研究》1986 年第 11 期）、葛伟民的《中国期货市场研究：原因、机制、问题和对策》（《学术季刊》1993 第 12 期）等，对上海建立期货市场和改善期货市场进行了探索，推动了 20 世纪 90 年代初中央部委与上海市政府在上海成立期货易所等早期期货市场的发展。刘会来的《上海期货市场的繁荣与发展应有宽松规范的环境》（《上海综合经济》1995 年第 12 期），何晓斌、陈益民的《规范上海期货市场》（《上海综合经济》1995 年第 6 期）等研究推动了 20 世纪 90 年代末期货市场的整合。

碳市场研究则有陈露、张贻军的《发展碳金融市场，推动上海国际金融中心建设》（《科学发展》

2009年第10期),提出利用金融中心建设碳金融市场,推进新能源新技术的产业化和低碳经济的政策建议。

【航运要素市场】

20世纪90年代中期,上海和国家有关部门的专家学者对航运要素市场进行相关研究,直接推动了国际航运中心的建设。1994年,黄为民的《建立我国航运交易市场势在必行》(《航海技术》第3期)、蔡桂英的《关于建立"上海航运交易所"可行性初探》(《世界海运》第2期),较早提出在上海建立航运交易所和航运市场的建议;1995年,市交通办成立"建立航运市场管理的相关体制、机制问题课题小组",进一步对建立上海航运交易所进行深入研究,推动交通部和上海市政府成立上海航运交易所(1996年11月)。

三、加入WTO问题研究

20世纪80年代中期,上海的学者开始关注和研究关贸总协定(GATT)及其后来的世界贸易组织(WTO)问题,并对中国重入GATT和加入WTO进行长达20多年的研究,对中国最后加入WTO作出了重要贡献。

【加入WTO之前的研究】

20世纪80年代中期,中国政府申请"复关"。1986年1月,上海对外贸易学院、上海海关专科学校、复旦大学、上海财经大学、上海社会科学院5个单位,30多位专家组建成立"关贸总协定上海课题研究组"。同年,汪尧田在上海外贸学院建立关贸总协定上海研究中心(以后更名为"世界贸易组织上海研究中心")和创办《世界贸易组织动态与研究》,成为全国最早的GATT研究机构之一和唯一的多边贸易体系专业刊物。1995年5月2日,世界贸易组织上海研究中心举办会议,成立世界贸易组织上海研究中心专家委员会,汪尧田任主任委员。

1987年4月14—17日和1989年4月27—28日,关贸总协定上海课题研究组和关贸总协定上海研究中心在上海对外贸易学院召开两次"'中国与关贸总协定'上海研讨会",论证中国"复关"的权利、义务等问题,深入探讨"乌拉圭回合"谈判中关键性议题并提出相应的政策建议。1992年,汪尧田、周汉民主编的《关税与贸易总协定总论》(中国对外经济贸易出版社),推动了GATT和WTO在中国和上海普及和研究。1994年,汪尧田提出力争年内"复关"使中国加入WTO的设想(顾卫平《对关贸总协定上海研究中心主任汪尧田教授谈"复关"热点问题》,《国际市场》1994年第6期)。潘名山发表《我国"恢复关贸总协定缔约国地位"对上海经济的影响与对策研究》(《上海管理科学》1994年第1期),获上海市决策咨询研究成果奖一等奖。1995年,复旦大学出版社翻译出版《汉英对照乌拉圭回合多边贸易谈判最后成果》,是世界唯一可供参考的中文译本,成为中国研究GATT和WTO理论实务知识的奠基之作。

【加入WTO之后的研究】

2000年5月25—27日,国家经贸培训司与上海市经委联合在上海举办以"把握机遇、开创未来、搏击经济全球化浪潮"为主题的"加入WTO与企业战略"高层研讨会。10月,上海市政府主办建立上海WTO事务咨询中心和上海WTO领导小组,为国家和地方政府处理与WTO有关的事务，参与多边、双边、区域性谈判，提供支撑和中长期决策咨询服务。

上海学者在中国正式加入WTO的同时，开展有关WTO对上海产业影响的研究，包括王战等的《中国加入WTO对上海经济的影响及对策研究》（上海市决策咨询研究成果1999年）、市政府发展研究中心开展的《中国加入WTO的影响与对策跟踪研究》（上海市政府决策咨询研究重点课题）、蒋以任的《中国加入WTO与上海经济发展》（《工业工程与管理》2002年第1期）、市政府发展研究中心开展的《WTO过渡期后两年对上海经济的影响与对策研究》等，这些研究的许多成果融入了国家和上海有关加入WTO后经济社会平稳过渡的政策文件，成为加入WTO后发展战略的重要基础。

四、上海国际综合竞争力

20世纪90年代起，上海学者开始研究城市竞争力。复旦大学经济研究中心课题组《上海浦东开发与长江三角洲地区外向型经济发展研究》（《经济研究参考》1992年第24期）和申研（张道根、曹之虎）的《重新认识上海城市的性质、地位和作用》（《上海经济研究》1992年第4期）等，提出上海城市和国有企业综合竞争力的问题。市政府发展研究中心在《上海"十五"规划研究》（1998—1999年）提出了提升城市综合竞争力作为发展主线的思路。中共上海市第七届委员会第七次全体会议通过《中共上海市委关于制定上海市国民经济和社会发展第十个五年计划的建议》（2000年10月14日）和《上海市国民经济和社会发展第十个五年计划（2001年）》吸纳了这些研究成果。20世纪90年代后期，对国际竞争力的决策咨询研究，集中讨论产业结构和具体的产业行业，如朱晓明的《上海发展国际服务贸易的战略思考》（《国际市场》1998年第6期）。此后，尹继佐的《以国际标准提升上海城市综合竞争力》（《上海经济研究》2001年第1期）、厉无畏的《以文化推进城市综合竞争力的提高》（《上海管理科学》2001年5期）分别提出城市综合竞争力的基本标准和文化在综合竞争力中的关系，并提出相应的政策建议。2006年，蒋应时发表《全面实施上海"十一五"规划，全力增强城市国际竞争力》（《宏观经济研究》第3期），进一步提出了提升城市国际竞争力的政策建议。

五、国资国企改革

20世纪80年代以来，上海在全国率先推进国有企业改革和国有资产管理体系改革。在这个过程中，上海有关部门和学者开展深入的决策咨询研究，有力地支持了市委、市政府的决策，也为全国国资国企改革发挥指引作用。

【国有企业改革】

1980—1994年是上海国有企业改革的第一个阶段，经历企业经营方式转变、所有权和经营权分离改革。这一时期，上海经济研究中心和市财政科学研究所等部门开展有关国企经营承包制和责任制的研究。余日东的《承包制：推进改革的战略抉择》（《上海经济研究》1987年第5期）和蔡明麟的《上海工业企业推行承包经营责任制的情况和建议》（《上海企业》1987年第10期）等，指出承包制和责任制是国企改革的主要形式，并提出相应的改革原则、思路和建议。余惕君和阮青的《企业经营方式改革的若干思考》（《上海经济研究》1987年第5期）提出以租赁经营为形式的改革建议。徐家树、金志、陈愉、张永岳的《九十年代上海改革的战略构想》（《上海经济研究》1991年第4期）提出发展多种形式的所有制结构，建立现代企业制度，组建大型企业集团和综合商社、公开上市等国企改革目标思路。

在这个目标确立后，上海国企改革进入建立现代企业制度改革的第二阶段，相关研究继续深入。卓福民的《上海1995—1997年改革设想》(《上海经济研究》1994年第12期)；市政协现代企业制度调研组的《上海率先建立现代企业制度的调研报告》(《上海综合经济》1994年第10期)，对各个阶段的改革和措施提出建议和全面建成现代企业制度的实施步骤，相关内容分别纳入市委市政府的"上海市现代企业制度试点工作"的相关决策(1994年11月23日)、《上海率先建立现代企业制度改革方案》和《上海现代企业制度试点工作启动方案》(1995年2月)。2004年，市政府发展研究中心的《上海国企改革突破口与控股公司模式研究》，提出国企改革在推动国有经济发展、提升上海经济能级中的引领作用、收缩投资级次和分布跨度、国资向优势产业集中、发展混合所有制经济等思路和建议。这项研究形成内部专报，许多建议被纳入《上海市国民经济和社会发展第十个五年计划》《上海市国民经济和社会发展第十一个五年规划》和《关于进一步推进上海国资国企改革发展的若干意见》(上海市政府常务会议审议通过，2008年9月3日公布)等文件。

【国有资产管理体系改革】

20世纪90年代，随着国有企业改革的起步和深入，许多研究者开始关注国有资产经营管理体系改革，周国平的《上海建立现代企业制度的主要难点和亟待解决的问题》(《上海经济》1995年第3期)，厉无畏、韩华林、周冯琦的《上海市国有资产管理体制改革的现状和对策》(《学术季刊》1996年第5期)等提出国有企业资产分类、国有资产运营、资产经营主体多元化、国有资产优化配置、建立和完善产权交易市场、组建集团公司、推进政府改革和职能转变的改革思路。

2000年以后，市政府发展研究中心的《上海国企改革突破口与控股公司模式研究》(2004年)、市国有资产监督管理委员会的《国资委的定位、管控模式与持股方式研究》(2005年)和市政府发展研究中心《进一步深化国资委职能定位研究》(2007年)等专题研究，提出明确国有资产管理委员会的定位和职能、形成国资委统一出资、统一监管的国资监管体制等改革思路和建议。2006年资本市场股权分置改革后，上海证券交易所研究中心开展的《股权分置改革后加强国有控股上市公司国资监管制度研究》(2007年)提出建立国资管理部门与资本市场监管部门协调监管机制、加快国有控股公司整体上市等思路和建议。这些研究被《关于进一步推进上海国资国企改革发展的若干意见》(2008年9月3日)等文件吸纳，为后来的全国国有资产和国有企业改革积累了经验。

第四节　城市区域经济发展战略

一、长三角区域规划与统筹发展

【区域规划】

长三角合作起源于1992年建立的长三角15个城市经济协作办主任联席会议制度，1997年升格为长三角城市经济协调会。此后，长三角城市经济协调会多次扩容，目前会员城市达30个。进入21世纪之后，长三角合作逐渐升级。2001年，沪苏浙三省市发起成立由常务副省(市)长参加的"沪苏浙经济合作与发展座谈会"制度，长三角区域合作进入一个着眼于建立长期性、战略性、整体性区域合作框架的新阶段。

2000年以后，上海学者开始关注长三角规划研究。2003年，市城市规划设计研究院承接的市政府决策咨询研究重点课题《长江三角洲交通网络构架研究》(2003-A-45)中指出，长三角区域大致是以上海为核心，沿长江口，最直接受上海辐射影响的苏、浙两省的部分城镇构成，也就是长三角地区15个中等以上的城市，连同其所辖的行政区构成，最早较准确提出长三角区域范围。2004年，市政府发展研究中心在决策咨询研究重点课题《长三角区域规划与上海的地位作用研究》(2004-A-09-A)中提出，长江三角洲将是继纽约、伦敦等大都市圈之后，最具成长性的世界第六大都市圈，也将是国内最具经济一体化条件和整体规划条件的大都市圈。浦东改革与发展研究院在市政府决策咨询研究重点课题《长江三角洲地区规划与上海地位作用问题研究》(2004-A-09-B)中，认为长三角地区有可能成为全国率先全面实现小康，率先基本实现现代化的先行地区，也是正在崛起为有全球影响的金融贸易中心和新兴工业化地区。上海社会科学院部门经济研究所在2006年开展的《长三角区域旅游发展规划战略研究》中提出，长三角区域旅游业将展现出新兴旅游消费阶层的崛起、旅游市场的细分化和旅游消费需求的多样化等。

【统筹发展】

1999年，市政府决策咨询研究重点课题《市场竞争条件下长江三角洲产业布局问题研究》提出，长三角区域应该成为在中国经济全局中撑起振兴大业的最佳支点，把长江三角洲建设成为世界上最发达的城市经济带之一。2001年，赵民等人在《长江三角洲地区协调发展问题研究(一)》中提出，“十五”期间长三角地区协调发展的总体目标为共同建立一个金融贸易国际化，工业农业现代化，交通通信网络化，与国内经济衔接、国际经济接轨，“多心组团、分层辐射”的经济区。2004年，沈玉芳在《统筹区域发展，促进长江三角洲地区联动发展新思路》(《上海市社会科学界学术年会文集》2004年)研究报告中，探讨和提出长三角联动发展的方向、出路及长三角联动发展的新思路。2007年，市政府发展研究中心《长三角区域合作政策建议》课题组在研究中提出，长三角区域合作率先发展，需进一步确立上海的国际经济中心城市地位，同时进一步加强长三角地区产业协作。郁鸿胜的《统筹长三角区域协调发展增强城市群整体竞争力》(《长三角》第5期)提出长三角城市群制度创新是长三角区域经济、社会发展到一定历史阶段的产物，制度创新将为长三角城市群经济与社会一体化联动奠定基础。

二、长三角区域一体化发展

关于长三角一体化研究，上海相关研究机构和人员从多个角度进行探索。经济一体化方面，2003年，市统计科学应用研究所承接的市政府决策咨询研究重点课题《长三角经济联动：当务之急与上海的选择》(2003-A-42)认为，推动长三角区域经济联动的最为薄弱环节是市场开放、科技和人口素质以及基础设施建设等三个要素，其次是经济发展和地区行政能力等两个要素。

旅游一体化被认为是长三角一体化合作中最成功的领域之一。2007年，市政府发展研究中心“打造‘世博之旅’，加速推进长三角区域协调发展”课题组研究提出，打造“世博主题体验之旅”这一中国2010年上海世界博览会园区之外的主题体验之旅的概念。2007年5月，市政府发展研究中心在《贯彻落实温家宝总理讲话精神，积极发挥上海在促进长三角协调发展中的推动作用》中提出以世博会为抓手，促进长三角区域合作和协调发展。2008年，吴泓在市政府决策咨询研究重点课题“长三角旅游一体化研究”中，对旅游一体化概念进行界定，同时指出长三角区域旅游合作已成为长三角一体化合作中最成功的领域之一。

金融一体化研究方面,郑振东的《加强区域金融合作 推进"长三角"金融一体化》(《金融管理与研究》2007年第7期)提出要建立高层沟通机制,加快区域金融合作建立区域政府部门的沟通协调机制和建立统一的区域政策制订机制。2007年,叶耀明在市政府决策咨询研究课题"长三角金融合作研究"中,对长三角金融合作的概念内涵进行界定,并对长三角区域在银行业、证券业、保险业、金融监管以及外资银行在长三角金融合作中的角色等方面合作的现状和问题进行分析。2008年,张红在《长三角产业转型中的金融一体化》(《上海市社会科学界第六届学术年会文集》)提出长三角都市圈要成为国际大都市圈,避免南美国家的低产业陷阱,必须在金融一体化的基础上发挥第三产业对第二产业的服务功能,完成产业转型,促进地区经济增长。

围绕基础设施一体化,上海学者也进行了探索。2008年,陈晓云在市政府决策咨询研究热点课题"长三角'一卡通'资金融通瓶颈及机制创新研究"中,对长江三角洲城市经济协调会连续三年设立的城市合作专题工作——推进区域交通卡"一卡通"工作进行梳理和总结。

长三角区域教育一体化亦是学界关注的重点之一。上海工程技术大学负责的2010年市政府决策咨询研究重点课题"建立长三角教育综合改革试验区研究"提出,教育部与苏浙沪共建"长三角教育综合改革试验区",对于长三角地区在全国范围内率先实现教育现代化,促进长三角区域经济社会一体化也具有深远的战略意义。上海市教育科学研究院在2010年上海市人民政府决策咨询研究重点课题"共建'长三角教育综合改革试验区'研究"中提出了共建"长三角教育综合改革试验区"的指导思想、基本原则和功能定位。

2008年,汪洋的《跨世纪崛起:上海改革开放30年回顾、总结和展望》(上海财经大学出版社),对长三角区域一体化进程进行总结和归纳。

三、长江经济带区域发展

1991年11月,由上海、四川、湖北、湖南、江西、安徽、浙江、江苏七省一市社联发起,上海社联主办的"首届浦东开发与长江流域协调发展研讨会"在上海举行。次年,会议论文和报告汇编成《浦东开发与长江流域协调发展研究》(中国广播电视出版社)出版。1996年,华东师范大学长江流域发展研究院在上海市重大经济社会科技决策咨询课题"长江经济带建设中上海的'龙头'作用研究"中建议发挥上海在资金融通中心,商业贸易的辐射扩散中心,国际航运中心,高新技术产业化基地与创业中心,信息中心的龙头作用,实施辐射中转战略、因地制宜战略、由近及远战略。2004年,市政府发展研究中心开展"充分发挥长江'黄金水道'的作用,推动长江流域经济联动发展研究"课题研究,指出充分发挥长江"黄金水道"的作用要加强航运设施标准化和航运服务标准化的建设。

第五节 文化发展战略

1985年3月,市委宣传部发布《上海城市文化发展战略》研讨课题,共190个研讨题目,围绕着"改革时代上海应发展一种什么样的文化"这一中心,展开调研与讨论。全市高校、社会科学研究机构和政府工作部门的专家学者经过近一年时间的调查研究,提交100多篇、约120万字的研究论文和调查报告。1986年,市委、市政府在此基础上,制定《上海文化发展战略》,初步明确上海文化发展的战略意义、指导思想、目标、任务和政策。指出上海文化发展的远期战略目标是在建设社会主义现代化中心城市过程中，使上海成为一个具有国际影响的文化中心。

围绕这一大调研大讨论，上海学界形成诸多成果。1986年，吴云溥、黄安国、吴修艺等的《关于制定"上海城市文化发展战略"的思考》(《社会科学》第5期)总结了研讨活动提交的论文报告对上海城市文化发展的指导思想、方针政策、目标、结构、途径等作出的有益探索。王松青、张忆萍的《上海城市文化投资双制约因素初探》(《社会科学》第7期)指出上海文化发展举步维艰的一个重要原因就是投资太少。杨博、汪天云的《企业家集团与城市文化的发展》(《社会》第3期)认为研究企业文化结构需研究企业家集团与城市文化的关系和影响。2001年5月，国务院正式批复并原则上同意《上海市城市总体规划》(1999—2020年)，指出重视历史文化名城保护和城市景观规划工作。2001年，陈燮君《文化—科技—经济—社会互动的文化解读——上海近百年史综合考察》(《学术月刊》第8期)认为20世纪后半期，特别是改革开放以来，上海文化—科技—经济—社会进入协调发展的新里程。

2003年，徐孟东、林华的《世博会与上海音乐文化事业发展》(《上海音乐学院学报》第2期)提出要以世博会主题，探讨上海新一轮的音乐文化发展战略。闫冬梅、马进军的《上海都市文化旅游开发探析》(《经济师》第6期)通过讨论上海都市旅游与文化牵手的必要性、上海都市文化旅游资源的类型和特点，提出上海都市文化旅游资源开发对策思路。2006年，宋红艳、楼文高的《上海文化产业发展的SWOT分析与战略选择》(《出版与印刷》第4期)对上海文化产业的内部条件和外部环境作了详细分析。王朝晖、沈玉良的《略论上海文化产业国有资产发展战略》(《商业现代化》第26期)在分析上海文化产业存量和增量的基础上，对其国有资产的运作进行评估。2007年，王如忠的《上海文化创意产业发展的战略思路与对策研究》(《上海经济研究》第10期)从上海文化创意产业发展的国际和国内背景分析出发，对未来几年上海文化创意产业发展的战略、思路进行深入思考。2008年6月24—26日，市政府发展研究中心、上海师范大学都市文化研究中心主办"都市文化与都市生活：上海、纽约都市文化国际学术研讨会"，就上海、纽约的文化比较、上海文化、纽约文化、教育、文学等方面展开深入探讨。杨剑龙的《白玉兰与大苹果：上海、纽约都市文化之比较》(《上海师范大学学报》2008年第5期)从纽约中央公园与上海人民公园的比较中，体现都市文化空间建设的不同。2009年，刘士林的《上海加强文化建设及增强城市文化软实力研究》(《甘肃社会科学》第6期)对上海文化建设的现状及问题进行分析。

第六节　社区建设与管理研究

一、社区建设研究

20世纪80年代，特别是90年代以来，上海不断探索中国特色的城市社区建设之路。上海先以发展社会福利和救助为开端，发展社区服务，为社区建设积累了经验，起到了先行示范和突破口的作用。在"两级政府、三级管理"的城市管理体制改革思路指导下，稳步推开社区建设，优化了行政组织的社会管理和服务功能，加强了对民间服务组织和专业社会工作队伍的培育和管理。21世纪，以社区党建为核心，进一步深化社区建设。管理有序、服务完善、文明祥和的现代化社区初具雏形。

【社区服务功能和服务组织研究】

80年代初期，上海开始开展市、区、街道、居委会"四个层次一条龙服务"，提出社区服务设施网络化目标。1985年,国家民政部总结推广了上海市民政部门创造的“四个层次一条龙”的福利服务网络化经验,使城市社会福利事业开始走向社会,深入基层。

1989年10月,上海市民政局主办上海市首届社区服务与社区工作研讨会,对社区服务的发展方向、管理模式、评估指标等问题进行了探讨,并在社区服务中心方面进行了尝试。陶志良的《上海市召开社区服务于社会工作理论研讨会》(《社会》1989年第12期)中提到,会上朱传一、孙金富、吴铎、张力之等30多位同志就社区服务与社会发展、上海城市社区服务发展问题展开了热烈讨论。为更好地发挥不同组织在社区建设中的作用,上海在1989年开始的创新文明小区、文明社区活动中进行了探索性的实践。

1994年,发展社区服务事业被列入为市民办实事项目,按照“政府搭台、民政主管、各方参与、居民互助”的工作思路,内容拓展,覆盖面扩大。同年12月,朱海滨在《全国社区服务经验交流会述要》(《社会工作》1995年第2期)中提出,国家民政部在上海市召开全球社区服务经验交流会,在此向全国推广了上海的社区服务网络化、社会化和产业化的新经验。

1995年,上海市委组织了关于社区建设的大调研。社区建设成为关注的重大课题。在这种情况下,有研究提出,筹建一个跨学科、跨部门的有利于推进社区建设研究学会的设想。1997年1月14日,上海市社区发展研究会正式成立,这是全国第一个地方上成立关于社区建设的研究会。

2000年11月9—11日,上海社联、市民政局、市社区发展研究会、上海大学上海社会发展研究中心联合召开“社区建设”研讨会。钱伟长、费孝通、李宝库、孟建柱、冯国勤等和来自全国各地的专家学者250人出席会议。会议回顾总结20世纪90年代以来社区建设的实践,对新世纪社区发展作了前瞻性展望。

2002年4月,上海社联、上海大学上海社会发展研究中心、上海市社区发展研究会联合召开了“组织与体制:上海社区发展理论研讨会”。100多位专家、学者和实际工作部门的代表参加了会议。2004年,中共上海市委发布《中共上海市委关于加强社区党建和社区建设工作的意见》,其中提到要实现社区建设实体化。

2003年,王元化发表《生命、人文和政治文明》(《财经》2003年第6期),其中提到社区应该成为民间社会组织,而“社会组织的根本精神是市民或村民按照自愿的意志自发组织起来的团体”,社区应该“由原来作为区政府派出机关的基层向民间社会自治组织逐步过渡”。

在十多年的社区建设中,上海的学者与实际工作部门的同志,从各个不同的视角和侧面,通力合作,出了一批丰硕学术成果,如《上海社区发展报告(1996—2000)》、“上海社区建设研究报告丛书”、《社区发展的理论与实践——上海市社区研究优秀成果汇编》《社区建设:热土上的宏伟工程》和《城市社区工作读本》等。

【社区治理新结构研究】

改革开放以来,上海市为适应经济改革和城市管理的需要,将原先的“两级政府,一级管理”转变为“两级政府,两级管理”,开始社区建设和管理体系向下伸展的过程,推动社区初步形成了“党委领导、政府负责、社会协同、公众参与”的治理新结构。

1996年1月,上海市委召开部分社区工作试点街道负责人座谈会,会议确定10个街道作为上海城市管理综合改革试点街道。3月,市委、市政府在论证调研的基础上,召开全市第一次城区工作会议,制定了上海加强社区建设和管理的奋斗目标。同年,上海行政学界召开“大城市‘两级政府,三级管理’体制”研讨会。会上,专家、学者们普遍强调,实施“两级政府,三级管理”后,街道工作的重点应放在社区管理上。浦兴祖的《上海行政学界研讨大城市“两级政府，三级管理”体制》(《中国行政管理》1996年第6期)提出，扩大街道管理职能的主旨是要街道把工作的重点放在抓好社区管理上，同时实施“两级政府，三级管理”，尚需要调整组织形式，以理顺条块关系。到世纪之交，上海市率先在全国提出并建立了“两级政府，三级管理，四级网络”的管理新机制，实现了管理重心下移，即通过社区自治，使市民公众参与和管理城市的现代化建设。

【社区党建研究】

20世纪90年代以后，在探索形成新的社区治理解结构过程中，上海一直都非常重视党的基层组织建设，并把加强党的基层组织建设和探索新城市管理模式紧密结合在一起。

1995年，市委书记黄菊召开小范围座谈会，谈论有关社区管理、基层政权建设问题。不久，市委决定1996年第一季度分五片全面开展调研，包括党建、精神文明建设、社会综合治理等方面。经过一年多的调研和思考梳理，1997年6月14日，市委组织部正式下发《中共上海市委关于加强和改进社区党的建设工作的若干意见》文件，首次提出“社区党建”的概念，正式标志着上海城市基层党建中的街居党建开始向社区党建全面转变。

1999年8月，上海市社区党建工作会议召开，提出要消除基层组织“空白点”，加强对各类经济、社会组织的政治领导，强调“加强社区建设和管理，基础和关键在于社区党建工作”。2002年，上海开展“党的领导方式的改进与创新”课题研究，上海市委研究室课题组承接了关于改进党对社区组织的领导，夯实基层基础的研究，对社区党建工作提出政策建议。

二、社区网格化管理探索与研究

2003年，市委主要领导和有关部门多次提出“网络管理”的理念。唐颖的《关于加强社区建设和社区党建网格化管理的思考》(《上海党史与党建》2004年第6期)指出，通过网格化管理加强社区建设和社区党建，十分具有前瞻性和战略性的决策。社区管理网格化，是为了进一步整合资源，提高公共服务的效益，转变政府职能，更好地执政为民。

2004年9月，上海市在此基础上开展社区调研，并选择了在浦东、长宁、徐汇、静安、黄浦等5个区的6个街道作为试点单位开展社区党建和社区建设的试点工作。12月，中共上海市委八届六次会议通过了《中共上海市委关于加强社区党建和社区建设工作的意见》，正式提出“社区党建全覆盖、社区建设实体化、社区管理网格化”的总体目标和主要思路。

2005年5月，在加强社区党的建设扩大试点工作座谈会上，上海又选择了25个街道作为试点单位，开展了社区党建和社区建设扩大试点的工作，并颁布了《中共上海市委组织部关于加强社区党的建设扩大试点工作的意见》《关于加强社区建设扩大试点工作意见》和《加强社区建设扩大试点工作指导要求》。2007年6月，《上海市人民政府关于完善社区服务促进社区建设的实施意见》出台，其中明确提出从两个方面推进社区城管网格化。

第四篇

学术活动

改革开放后，上海的学术活动发展紧跟时代潮流，不管是在国内还是在国际上都开展了大量的学术活动。20世纪70年代末和80年代初，上海的学术活动得到了恢复和发展，一方面积极打开国门，邀请国内外学者、代表团来沪交流；另一方面，上海学者也积极走出去，参加国内外会议，进行访学交流等。与此同时，在国内人文社会科学逐渐恢复的同时承办国内外学术会议。20世纪80年代中后期，国内外的学术交流逐渐日常化和制度化，国内外学者展开了更为广泛和深入的合作。进入20世纪90年代，国内外学术交流活动继续稳健发展，各类学术交流平台纷纷建立，上海的各大高校和科研院所与国内外各高校和科研机构建立良好合作关系。21世纪以来，国内外学术交流活动逐步向全方位、多层次、宽领域、重实效的方向发展，并形成了具有上海特色的学术活动。在整个学术活动的开展过程中，上海社会科学界的各个学科都得到了新的发展，同时开创了上海社会科学界学术活动的新局面。

第一章　国际学术交流活动

第一节　上海学者出国学术交流

20 世纪 80 年代初，上海的学者积极走出国门，开始参与国际学术活动。1980 年，娄尔行担任中美比较会计研究项目的中方研究组组长，赴美国参与国际间的学术活动。1980 年 6 月，陈誉作为中国大学图书馆代表团成员赴美考察。1981 年 6 月，王金夫作为中国图书馆代表团成员访美，出席美国图书馆协会第 100 届年会。1983 年 8 月，吴炎煌作为中国图书馆代表成员参加在慕尼黑举行的国际图书馆协会联合会第四十九届年会。1983—1984 年，娄尔行两次受命出任中国政府代表出席联合国国际会计和报告准则政府间专家工作组会议，作学术交流。1984 年 10 月、11 月，郑衍杓访问意大利、奥地利、爱尔兰，在意大利波罗尼亚大学法律研究所讲解中国的司法制度。1985—1986 年，李昌道赴美国明尼苏达大学法学院访问，作中美宪法比较研究的学术交流，其间去哈佛大学法学院和耶鲁大学法学院作宪法专题的学术讲座。

20 世纪 80 年代中后期，上海学者以代表团的形式出国考察交流的机会越来越多。1986 年 8 月，车久直等作为中国图书馆代表团成员出席在日本东京召开的国际图联第五十二届会议。1986 年 11 月至 1987 年 2 月，郭思永应荷兰海牙社会研究院国际法研究部邀请，赴该部讲学。1986 年 12 月至 1987 年 3 月，苏惠渔赴联邦德国讲学，在联邦德国玻鸿鲁尔大学的系列讲座上主讲中国刑法。1987—1988 年，陈崇武应法国人文科学院邀请，作为兼职研究员赴法从事法国史研究。1987 年 3 月，陈鹏生、朱华荣赴美国圣·路易斯大学和伊利诺伊大学演讲了中国法律制度发展史和中国刑法的有关专题。1987 年 8 月，王顺义、周义澄、柳延延随中国哲学代表团赴莫斯科大学出席第八届国际逻辑方法论和科学哲学大会。1987 年 9 月，浦增元应美国学会理事会邀请，赴美国参加全球性美国宪法颁布 200 周年国际学术讨论会。1988 年 8 月，吴龙涛、孙云筹作为中国图书馆代表团成员出席在澳大利亚悉尼市召开的国际图联第五十四届年会。1988 年 8 月 28 日至 9 月 1 日，石啸冲、王沪宁作为中国政治学会代表团成员，参加华盛顿国际政治学会第十四届世界大会，会上王沪宁当选为理事会候补理事。1989 年，国际中国哲学学会第六次学术会议、第九届国际周易讨论会先后在美国夏威夷召开。胡啸、翟延瑨分别参加大会，并提交学术论文。1989 年 9 月，娄尔行应邀以国际咨询专家的身份出席联合国在苏联召开的“计划经济国家特区经济问题国际研讨会”，并在会上作了“中华人民共和国经济特区的会计和报告”的发言。1989 年 9 月始，郑衍杓被南京大学和美国约翰霍普金斯大学合办的中美文化研究中心聘为客座教授，为美国留学生讲授《中国经济特区》。1989 年、1993 年、1998 年，孙潮三度赴美国，先后在乔治敦大学法学院、威斯康辛大学法学院和圣路易斯华盛顿大学法学院研究比较宪法或讲授中国宪法和立法。

进入 20 世纪 90 年代，上海学者积极参加国际学术会议的同时进行海外访学。1990 年，上海社会科学院组团访美进行学术交流，徐顺教在美国夏威夷大学、加州大学洛杉矶分校、史丹诺大学等作中国哲学史演讲。1990 年 10 月，马伯煌前往日本访问讲学，在北海道大学、东京大学等高校与中井英基、滨下武志、鹤见尚弘等人进行会谈交流。1991 年，浦增元赴澳大利亚参加悉尼大学法学院举办的比较宪法研讨会，并提交论文《二十世纪中国的宪政运动和宪法》。会后他为法学院学生讲授中国宪法课程。1991年1月,朱贻庭参加全国伦理学会组织的伦理学访日团第三次访问日本,参加中日道德学术交流活动。1992年,上海社会科学院应俄罗斯科学院远东研究所邀请,组团参加"中国与世界"学术讨论会,赵庆麟提交《周易:世界古老的文化智慧》论文,并访问哲学研究所等单位进行学术和工作交流。1993年8月至1994年2月,谈敏作为访问学者赴美国哥伦比亚大学进修。1994年4月至1996年6月,徐培华作为访问学者赴美国哈佛大学费正清东亚研究中心进修。1994年和1995年,倪正茂两度去美国哥伦比亚大学法学院参加中国宪政研究论坛。1995年7月,钟祥财赴美国康乃尔大学参加学术会议。1996年1月,郑衍杓应日本京都立命信大学邀请,赴日参加"环太平洋研究会",作《中国经济特区法律环境》报告。1997年4月,赵晓雷赴新加坡大学参加学术会议。1997年7月19—24日,刘放桐、黄颂杰与王淼洋等出席在泰国曼谷举行的"变革时代价值的基础国际学术研讨会",与来自中国、美国、泰国、印度等国的40名学者作学术交流。1999年,浦增元出席在荷兰鹿特丹举行的国际宪法学协会第五届代表大会,担任中国代表团团长,当选为国际宪法学协会执行委员会委员,并向大会提交论文《迈向二十一世纪的中华人民共和国宪法》。进入21世纪,上海学者出国交流、参与学术会议的机会越来越多,呈现出新局面。

第二节　国外学者来沪学术交流

20世纪70年代末,国外学者主要以代表团的形式来沪交流并作学术报告,也有学者以个人身份来沪讲学。1978年10月,日本东京大学新闻研究所以芳美作应邀至复旦大学新闻系作学术报告。1978年11月,南斯拉夫经济考察团访沪。1979年,访沪的外国代表团迅速增加。3月日本国际贸易促进会经济研究者代表团,5月美国斯坦福大学管理科学代表团,6月英国农村发展考察团、美国明清史研究者代表团(其中斯特鲁维作《关于明清思想史》的报告,王业键作《关于明清经济史》的报告),8月早稻田大学青木茂男和创价大学校长高松和男来沪讲学介绍日本会计界和日本企业成本管理的现状,9月日本经济学者代表团,11月美国经济代表团、中日学术交流恳谈会代表团等先后访沪。

20世纪80年代,上海学界与海外高校、科研院所等单位和组织取得联系,开展交流,为上海社会科学的发展获致了更广袤的视野。1980年1月,美国哈佛大学法学德肖维茨来上海社会科学院作学术报告,介绍美国新刑法和司法实践情况。1980年4月,加州大学洛杉矶分校历史学系黄宗智来沪介绍近30年来美国对清史等研究的状况。1981年,法国史学家索布尔应邀至华东师范大学历史系讲授法国大革命,其讲稿被译成中文出版。1981年7—8月,美国哈佛大学费正清、东亚研究中心许华茨应邀与上海社会科学院哲学研究所的学者就文化与文化史的关系问题进行探讨。1982年,日本大阪大学斯波义信等3位学者参加在上海召开的中国历史地理学术讨论会,并在复旦大学中国历史地理研究所作了学术交流。1983年6月16日,市政治学会邀请来华讲学、到沪访问的美国政治学协会主席、芝加哥大学伊斯顿作"政治学的发展及其当前形势"的报告。1983年9月,日本国立国会图书馆代表团、澳大利亚图书馆代表团相继访沪。1984年6月,以千石保为团长的日本青少年研究所代表团一行7人访问上海社会科学院青少年研究所。1984年6月9日,市政治学会与上海社会科学院联合邀请美国斯坦福大学李普塞特作"为什么美国没有强烈的社会主义运动?"的专题报告。1985年1月5日,美国哈佛大学法学院温瑞白应邀来上海访问讲学,在同上海部分法学家和司法实际工作者座谈中,从比较的角度介绍了美国的刑事立法和司法制度。1985年6月17日,美国乔治城大学杨福绵应邀在复旦大学作题为"美国和台湾汉语研究概况"的学术报告,介绍了大量有关文字训诂的出版物。1986 年 6 月 6—21 日，国际哲学团体联合会主席、加拿大蒙特利尔大学柯希在复旦大学、上海社会科学院作“古希腊怀疑主义”“人的哲学思考”等演讲。1986 年 12 月，由党中央社会科学院马列主义哲学研究所所长艾里希·哈恩为团长的民主德国统一社会党社会科学院代表团一行 3 人，访问上海社会科学院，并就社会主义辩证法、马克思主义与思想意识等问题作报告。1987 年 3 月 10 日，民主德国科学院院士、中央哲学研究所副所长赫尔伯特·霍尔茨访问上海社会科学院哲学所，作“科技革命对人道主义的挑战”的学术报告。1987 年 6 月 8—20 日，国际中国哲学学会名誉会长、夏威夷大学成中英应邀在华东师范大学作题为“当代中西哲学及其会通”的系列演讲，对当代西方哲学的发展趋势与中国哲学的世界化问题发表看法。6 月 22 日，成中英教授访问上海社会科学院哲学所，作关于科学理论和科学方法论的学术报告。1988 年 9 月，全美理论社会学协会主席、美国马里兰大学社会学系乔治·理查应邀来华，在上海大学文学院讲授当代社会学理论两周。1988 年 11 月 5 日，美国伊利诺伊大学社会学系主任安东尼·奥罗姆应邀来沪进行为期一个多月的学术访问。1989 年 9 月 5 日，苏联科学院哲学所高级研究员布洛夫和彼索诺夫组成的苏联哲学家代表团访问上海社会科学院哲学所，并与该所研究人员就马克思主义哲学与当代社会主义精神文明及“社会主义现代化”的理论进行了学术交流。1989 年 11 月 8 日，民主德国科学院哲学研究所生态学哲学问题研究室主任路德、哲学博士魏尼希和多林一行 3 人访问上海社会科学院哲学所，就哲学与生态学结合的理论进行座谈。

20 世纪 90 年代，随着开发上海浦东战略的实施，国内大门进一步为世界各国学者展开。1990 年 5 月，英国贝尔法斯特女皇大学哲学和人类学学院院长伊文斯夫妇访问上海社会科学院哲学所，向自然辩证法等专业人员作古希腊哲学与文化的学术报告。1992 年 5 月 22—29 日，荷兰阿姆斯特丹大学人口学家斯顿应邀到上海社会科学院人口所进行学术交流，作了“荷兰的城市化和非城市化”“人口转变：理论和欧洲的实践”“人口老化的原因和后果”和“人口规划和 21 世纪人口展望”的学术报告。1992 年 9 月，韩国青年研究院代表团李英馥等 3 人访问上海社会科学院青少年研究所。这是中韩建交后，韩方派出的第一个访问中国的青年研究代表团。1994 年 6 月，市社会学学会与上海社会科学院社会学研究所联合举办题为“美国社会学与马克思”的学术报告会，由纽约市立大学文化研究中心主任、纽约市立大学研究生院与大学中心社会学系斯坦利·阿罗诺维茨主讲。1995 年 9 月，日本日立家庭教育研究所代表团依田明一行 15 人来沪与上海社会科学院、华东师范大学的学者进行中日独生子女教育的学术交流，讲题有“亲子关系和幼儿性格发展”“儿童发展和父亲角色”“亲子关系及教育”等。1996 年 11 月 21 日，第二次来华访问的美国国务卿克里斯托弗在上海市副市长赵启正的陪同下抵达复旦大学美国研究中心，发表题为“美国和中国：二十一世纪的合作”的演讲。1997 年 7 月，美国天主教大学 J. 洛亚科诺教授与香港学者刘小枫等为复旦大学哲学系“西方哲学与基督教暑期讲习班”授课。1998 年 6 月 23 日，市法学会与市政治学会共同邀请普林斯顿大学政治系裴敏欣作题为“中国行政诉讼实践在国际上的反响”的报告。1998 年 12 月，美国康纳狄克大学祝建华来复旦大学新闻学院作“传播学研究方法”报告。

进入 21 世纪，来沪交流的国外学者越来越多且更加频繁，参与的师生也越来越多，这一时期的国际学术交流活动主要以国际会议的形式展开。2000 年 11 月 2 日，市行政法研究会邀请德国国家行政学院毕佳士作“WTO 对德国行政法发展的影响”的专题报告，60 余人参加。2001 年 4 月 26 日，德国哲学家哈贝马斯到复旦大学作学术访问，作“全球化压力下的民族国家”的学术报告。2009 年 3 月 16 日，2001 年诺贝尔经济学奖获得者、美国经济学家约瑟夫·E·斯蒂格利茨在复旦大学作题为“金融危机与全球经济——对经济理论与政策意味着什么”的演讲。2009 年 7 月 13 日,“全球金融体系的重建”论坛在上海交通大学召开,2007 年诺贝尔经济学奖得主、世界计量经济学会主席罗杰・梅尔森作演讲,同时作演讲的还有世界计量经济学会副主席约翰・摩尔、世界计量经济学会执行主席拉法尔・瑞普罗。

第三节 在沪国际学术会议

20 世纪 80 年代,上海召开的国际学术会议开始起步。1983 年 3 月 30 日至 4 月 2 日,上海国际问题研究所和西德艾伯特基金会,在上海联合举办“南北关系讨论会”,探讨北方国家对南北关系的政策及南北关系的发展趋向。1984 年,围绕社会、经济、文化领域中有关问题,上海学者与国外学者多次举行双边或多边学术讨论会。2 月,上海学者和美国学者召开国际技术转让法律制度和政策及实践双边讨论会,5 月和美国太平洋论坛在美国夏威夷举行亚太地区国家经济、安全和外交政策双边学术讨论会,8 月与美国、加拿大、澳大利亚、新加坡、日本等国学者举行传播学国际学术讨论会,9 月与日本综合研究开发所在东京举行亚太地区的发展与地区间交流双边讨论会,10 月与澳大利亚学者联合举行中澳经济贸易法讨论会,11 月和日本学者座谈交流《文心雕龙》研究、和美国学者举行国际投资法双边讨论会。1985 年,上海学者与美国、加拿大、澳大利亚、新加坡、日本等国学者就国际贸易、新闻传播等学科的具体问题展开讨论。1985 年 6 月,上海外国语大学主办的“传播学国际学术研讨会”在上海召开。这是中国大陆第一次举办有国外学者参加的传播学学术研讨会。1986 年 1 月 6—10 日,80 余名海内外专家参加在上海举行的首届国际中国文化学术讨论会。主要讨论古代中国文化的特征和结构,中国文化与世界文化的关系,中国文化的前景出路等问题。1987 年 5 月 18—23 日,“上海金融中心国际研讨会”在上海举行,会上就改革金融体制和改善金融服务、发展货币市场、发展资本市场、发展外汇市场,在国际市场上筹措资金的金融工具和风险以及上海怎样才能成为国际金融中心等问题进行探讨。1988 年 2 月 1—4 日,“举办国际学术会议经验研讨会”在复旦大学召开,来自国内外 58 所大学和研究机构的 88 人参加。1988 年 9 月 7—14 日,由上海社会科学院与美国美中学术交流委员会、美国社会科学研究理事会在上海共同举办的“近代上海城市研究国际学术讨论会”在上海召开,来自海内外近 80 名学者与会,就近代上海城市发展问题展开广泛的讨论。1989 年,上海市市长国际企业家咨询会成立,聘请十多个国家的知名学者和企业家为上海市市长的国际智囊团成员,每年定期召开一次咨询会议,为上海的经济改革和城市发展出谋划策。1989 年 3 月 10—12 日,太平洋区域城市研讨会召开,19 个国家、地区的 210 位市长、专家、学者、企业家出席。

20 世纪 90 年代,全球化进程加快,世界格局不断发生改变,上海在时代背景下发展变革,经济快速发展,城市化建设提上日程。原先的学术交流形式得以延续,各个学科的交流也在初期交流的基础上取得积极成效。这一阶段的国际学术会议主题更为集中,人口、城市以及区域发展等议题得到了国内外学术界的共同关注,国内外的专家就这些议题展开深入的交流。1990 年 10 月 15—17 日,上海社会科学院和上海国际问题研究所联合主办“90 年代亚太经济合作讨论会”,中外学者 40 余人讨论 20 世纪 90 年代亚太政治格局等问题。1991 年,复旦大学中文系组织发起中国近代文学的国际讨论会。来自美国、日本、韩国、德国及全国各地参加会议的专家近百人,围绕中国近代文学的特征、近代文学的价值、桐城派的历史评价、近代小说的审美意识、王国维美学观的历史作用等方面进行讨论。1991 年 10 月 21—25 日,为纪念上海建城 700 周年,上海研究中心主办“城市研究与上海研究国际学术讨论会”，来自中国、美国、日本、澳大利亚和中国香港地区的120名专家与会，会议就城市史研究的理论与实践、上海研究的学术史、近代上海城市的形成与发展、上海社会研究、近代上海的政治与经济、上海文化研究等问题进行讨论。1992年1月14—16日，上海社会科学院世界经济研究所召开“浦东开发开放的国际环境国际研讨会”，来自国内外专家学者共40余人出席了会议。1993年3月26—28日，上海社会科学院青少年研究所、上海市青年联合会和上海青年报社联合主办的“首届亚洲地区青年问题国际研讨会”在上海社会科学院召开，其主题为“现代化与青年”，60多名中外学者与会，探讨了青少年的社会性格、价值观走向等问题。1993年8月17—20日，由上海社会科学院、美国加州大学伯克利分校、美国康奈尔大学联合举办的“城市进步、企业发展和中国现代化国际学术讨论会”在上海召开。来自海内外的学者近100名与会，主要就近代中国东南沿海第一批对外开放的5个通商口岸城市的发展与中国近代化、经济发展与城市进步等问题展开讨论。1994年11月9—12日，由美国亚洲经济研究委员会、浦东新区管委会、上海社会科学院和中国社会科学院联合举办的“浦东开发与中国经济发展国际研讨会”在上海举行，来自美国、日本、韩国、澳大利亚、印度尼西亚等国家以及国内和上海的学术界、政界和实业界人士共50余人出席研讨会。1995年6月9—10日，上海师范大学语言研究所、香港城市大学等联合举办汉语语言学现代化问题国际学术研讨会，共60名专家学者参加。1996年1月24—26日，由世界贸易组织上海研究中心主办的世界贸易组织与中国经济国际会议在沪举行，150多名中外代表出席，会议就世界经济的全球化与一体化趋势、世界贸易组织（WTO）规划与体制对中国乃至世界经济的影响问题、后乌拉圭回合多边贸易体制面临的新问题及其未来趋势等进行交流和讨论。1996年5月20—21日，由复旦发展研究院与美国麻省理工学院斯隆管理学院共同举办的“区域合作：长江流域基础设施建设国际研讨会”在复旦大学召开，来自海内外350余名专家学者与会，就迈向21世纪的中国尤其是长江流域大型基础设施建设的区域合作与国际合作等问题展开研讨。1997年7月15—18日，由世界管理学会联盟、复旦大学经济管理研究所、上海外国语大学联合举办的97世界管理大会在沪举行，来自33个国家和地区的350余位管理专家学者就东方传统文化与现代管理、东西方管理文化比较、21世纪管理学发展趋势等议题进行研讨。1997年3月24日，首次在我国举行的国际大学校长会议在复旦大学美国研究中心开幕，来自中国、美国、日本、澳大利亚、韩国、菲律宾、新西兰等国高校的150多位校长、副校长出席会议，就“太平洋地区高等教育和人力资源的发展”这一议题进行为期两天的研讨。1998年4月27—30日，由教育部华东高师师资培训中心、香港大学教育学院、教育部高师师资培训交流北京中心、北京市教委高校师资培训中心四家培训机构联合举办的国际教师教育会议在华东师范大学召开，来自20多个国家和地区的190余名代表参加研讨会。1999年7月28—31日，由国际社会学协会城市与区域发展研究会、美国社会学协会和上海社会科学院联合举办的“中国城市的未来：面向21世纪研究议程国际研讨会”在沪举办，来自近20个国家和地区的百余名专家参加会议。1999年9月23—26日，由上海社联、上海社会科学院、上海大学、德国波恩大学和国际儒学联合会主办的“儒学面向当代和平共处21世纪国际学术研讨会”在沪举行，会议围绕文化传统与社会转型、亚洲金融风暴后的儒家伦理命运、新世纪儒家文化面临多元文化的冲击等议题进行了研讨。

进入21世纪，上海举办的国际学术活动逐渐增加且层次越来越高，上海学者与世界各国的学者交流越来越密切。各类会议、论坛持续开展和举办，在给上海社会科学注入活力的同时，涌现出诸多颇具特色的国际学术交流项目。2000年3月30日至4月1日，中国慰安妇问题国际学术研讨会在上海师范大学召开，这是在国内举办的第一个有关“慰安妇”问题的国际研讨会，来自中国大陆、香港、台湾,以及朝鲜、韩国、美国、日本、菲律宾、新加坡、新西兰等国家和地区的150余位专家学者出席会议。2001年6月25日,华东师范大学中国现代思想文化研究所主办,北美中国哲学家协会、上海中西哲学与文化比较研究会及华东师范大学哲学系协办的"全球对话中的中国文化国际学术研讨会"在上海召开。国内外50多位专家学者出席会议,与会者就全球化视野中的中国传统文化、中西文化的比较与沟通、传统文化的现代诠释、全球化过程中的问题及中国文化的未来走向等议题展开讨论。2002年4月5日,华东师范大学亚欧研究中心与俄罗斯研究中心、国务院发展中心国际技术经济研究所、瑞士日内瓦高级国际研究院联合举办的"9·11之后的大国关系国际学术研讨会"在上海召开。2002年7月25—27日,由市海外联谊会、市欧美同学会主办,市政协经济委员会和市海外交流协会协办的第三届"中华学人与21世纪上海发展——上海及长江三角洲地区合作与发展"国际研讨会召开。来自国内外的200多位专家、政府官员和企业界人士参加会议,研讨会以"上海及长江三角洲地区合作与发展"为主题,围绕城市规划与发展、能源、环境、人力资源及金融、风险投资与技术产业化等议题进行探讨,提出许多新理念、新观点和新思路、新建议。2003年12月14—16日,100多位中外学者参加由上海社会科学院与上海高校都市文化研究院联合主办的"上海开埠160周年"纪念活动,并就100多年来上海的社会变迁、市民生活、城市建设、经济发展、文化演进等问题展开探讨。2004年10月23日,中国人口学会、上海市人口和计划生育委员会、上海市人口学会联合举办人口与可持续发展战略国际研讨会,共有六大洲23个国家51位学者以及2位国际组织的学者参与。就大城市人口与可持续发展战略、人口素质与城市综合竞争力、大城市人口"少子高龄"问题、生态环境与人口安全、人口迁移流动与城乡协调发展、人口社会政策与法制建设等专题,进行探讨与交流。2004年8月19—22日,上海市人民政府主办、上海社会科学院承办的首届世界中国学论坛召开,本次论坛主题为多元视野下的中国,之后每两年举办一届。从2005年起,"上海论坛"由复旦大学主办、韩国高等教育财团资助,论坛最具影响力的活动是每年5月在复旦大学举办的论坛年会。论坛以"关注亚洲、聚焦热点、荟萃精英、推进互动、增强合作"为宗旨,通过形式多样的分论坛研讨会、圆桌会议等发表意见,开展对话与交锋,就亚洲经济和国际局势所面临的重大问题进行研讨。2006年4月3日,由国际区域科学学会(RSAI)、环太平洋区域科学会议组织(PRSCO)、华东师范大学和中国科学院政策和管理研究所主办,国家自然科学基金委员会管理科学部、上海市科学技术协会、上海师范大学和嘉兴学院协办,华东师范大学地理信息科学教育部重点实验室承办的"国际区域科学学会2006学术专题研讨会"在华东师范大学召开,国内外80余名代表参加。本次会议的主题是"全球化、可持续发展和区域科学"。这是自20世纪90年代以来,国际区域科学学会、环太平洋区域科学会议组织第一次和中国学术机构联合举办的高层次的国际学术研讨会。2006年9月21—22日,市人民政府主办、上海社会科学院承办的第二届世界中国学论坛在上海展览中心召开。论坛主题为"中国与世界:和谐、和平",有海外学者120余人、外省市学者100余人、上海学者200余人及26个驻上海总领馆的外交官(其中16名总领事)参加。论坛共设18个分论坛,覆盖中国学研究各个领域。论坛特别安排3个圆桌会议,集中讨论"中国学的研究现状与趋势""中国发展的世界意义""上海世博会与中外文化融合"等议题。2007年6月4—6日,由上海财经大学和加拿大多伦多大学共同主办的第一届管理创新国际会议在上海召开,110多名国内外专家学者围绕管理创新领域中的热点问题,分别以管理理论和方法、信息管理与知识发现、金融风险管理与数据挖掘、供应链管理与先进制造技术等四大议题展开探讨和交流。2007年6月22—23日,由华东师范大学中国现代城市研究中心、上海社会科学院城市和区域研究中心联合举办的"全球化和大都市区发展论坛"国际会议在上海举行,近50位学者就如何提高竞争力,参与全球竞争；城市社会分化加剧，如何谋求社会的和谐发展；如何协调城市间的关系，谋求城市—区域的可持续发展等议题展开讨论。2008 年 7 月 27—28 日，由世界管理协会联盟主办、复旦大学管理学院承办的第九届世界管理大会在复旦大学召开。这是世界管理大会首次在中国举行，也是第一次在发展中国家举行。本届大会的主题是“东西方管理文化融合发展”。2008 年 11 月 4—6 日，由华东师范大学主办、华东师范大学教育科学学院高等教育研究所承办，中国高等教育学会高等教育学专业委员会、加拿大高等教育研究学会、加拿大英属哥伦比亚大学高等教育政策研究中心和日本高等教育学会协办的第五届高等教育改革国际研讨会在上海召开，主题为“高等教育国际化和高等教育改革”，12 个国家的近 120 名高等教育专家出席会议。2009 年 3 月 26—29 日，复旦大学与美国哈佛大学合作举办的“都市繁华：一千五百年来的东亚城市生活史国际学术研讨会”在上海举行。中国、日本、新加坡等国家及中国香港、台湾地区专家学者 30 余人与会，集中探讨“清明上河：宋元的都市生活”“明清北京：环境、社会和生活”“制度、城市与生活”等议题。2009 年 5 月 23 日，上海财经大学主办的“应对老龄社会的挑战：国际经验与上海选择国际学术研讨会”在上海举行。中国、美国、日本和新加坡等国家专家学者 40 人参加，围绕当代老年人问题的心理学与哲学解读、发达国家应对人口老龄化的主要对策、老龄化社会养老保障制度创新、老年人生命质量和生理心理干预等议题展开讨论。2010 年 11 月 6—7 日，国务院新闻办、上海市政府联合主办，上海社会科学院、上海市政府新闻办承办的第四届世界中国学论坛在上海举行，论坛主题为“和合共生：中国与世界融合之道”，20 多个国家和地区的专家学者 280 人参加。与会代表围绕关于中国模式的探讨、中国经济发展方式的转型、中国社会结构的多元化、中国文化的传统与当代意义、中国生态环境的可持续发展、中国融入国际体系的影响、全球传播与中国形象、中国学研究的新视野等议题展开讨论。

第二章　国内学术交流活动

第一节　在沪全国学术会议

20世纪70年代末到80年代初，全国性的学术会议开始恢复。1978年以来，党史部门组织数百次学术讨论和学术报告，在上海召开“共产国际与中国革命的关系”“党的白区工作”等全国性或区域性的学术讨论交流。1980年1月，在钱俊瑞等学者的推动下，中国世界经济学会成立大会在上海召开，标志着中国世界经济学开始创建。1980年10月6—12日，上海师范学院召开宋史讨论会，全国各地约60人参加会议，提交43篇论文，涉及宋代社会经济结构、宋辽金关系、朱熹等人的评价等问题。1981年8月22—25日，复旦大学历史系主办“清末民初中国社会学术讨论会”，全国11个省、直辖市的16所高等院校、科研机构和新闻出版单位的60余名专家出席。1982年3—6月，中国政治学会和中国社会科学院政治学研究所委托复旦大学国际政治系举办第一期政治学讲习班，全国22个省市60人参加学习，上海市政治学会多名专家学者参加讲学。1982年10月，全国第二次洋务运动学术讨论会在华东师范大学举行，来自上海和各地共100余人参会。全国洋务运动专题学术讨论会从1980年开始至1994年，先后在长春、上海、兰州、汕头、东营、宜昌、福州各地举行过7次会议，每次会议都有上海学者参加。1983年1月8—12日，第二届全国人类学学术讨论会在上海召开，23个省、直辖市的136名代表围绕着人类学与建设两个文明的关系以及如何开创人类学研究新局面展开讨论。1983年4月21—29日，《法学》杂志社联合中国社会科学院法学研究所共同在上海召开中华人民共和国成立后首次全国性的法学理论讨论会，主题是探讨具有中国特色的“社会主义法律体系和法学体系的问题”，全国人大法制委员会以及其他一些省、直辖市的法学专家、学者约40余人参加讨论会。1983年8月18—24日，“近代中国资产阶级研究学术讨论会”在复旦大学举行，参加会议的有上海和全国各地学者60余人，会议就近代中国资产阶级的产生、早期洋务企业的性质、中国资产阶级的构成、中国资产阶级的评价，以及关于买办等问题展开讨论。1983年11月，华东师范大学中文系主办的词学讨论会在上海举行，到会的59名代表分别来自全国各地的20个省、直辖市。1984年，上海师范大学主办第一次全国会党史学术讨论会，成立中国会党史研究会。1984年10月17—20日，上海社会科学院法学研究所举行关于“法的本质属性问题学术研讨会”，华东六省一市各法学院系、科研单位从事法理学教学与科研的人员共30余人出席。1984年12月21—26日，上海社会科学院主办全国东西方文化比较研究讨论会，全国近百名人出席，主要讨论如何理解东西方文化的概念、东西方文化比较研究重新提出的时代特点、中国文化的特点及中西文化的差异等问题，会上成立东西方文化比较研究中心。

20世纪80年代中后期，全国性的会议逐渐增多。1986年5月5—10日，复旦大学中文系、留学生部、中国语言文学研究所和党委宣传部联合主办“新时期文学讨论会”，来自全国各地高校的教授、评论家、作家、记者、编辑、报刊负责人近100人出席会议，与会者回顾1976—1986年十年间文学发展的历程，展望了新时期文学的发展趋势。1986年10月27日至11月1日，《中国社会科学》和《社会科学》杂志社在上海松江联合召开全国首次社会科学方法论讨论会，讨论马克思主义方法论问题。1987年3月，上海市青年管教所等联合召开“青少年犯罪预防、矫治的理论与实践研讨会”，来自全国16个省、直辖市70余名理论、实际工作者参加为期5天的会议。会上讨论现阶段青少年违法犯罪发展的趋向与特点，上海社会变迁与青少年违法犯罪的关系，国际上预防、矫治青少年犯罪的模式，青少年犯罪后的分类教育等问题。1987年8月9—13日，国务院国际问题研究中心倡导，上海市国际关系学会等8个单位共同发起举办中华人民共和国成立以来国内首次国际关系理论研讨会，各地100多位专家学者参加探讨建立具有中国特色的国际关系学问题、国外国际关系理论、马克思主义国际关系理论和中国特色的国际关系理论等问题。1988年，上海辞书出版社《辞书研究》编辑部发起并组织的首届“全国辞书学研讨会”在上海举行，国内多所高校和中国大百科全书出版社、上海辞书出版社等单位的19名辞书学专家学者和辞书工作者参会。1988年10月20日，由华东师范大学教育评价课题组发起的全国教育评价研讨会在华东师范大学教育管理学院举行，参加会议的70多位代表来自全国24个省、直辖市。1989年12月，市人口学会和上海社会科学院人口与发展研究所合作举办“全国流动人口问题研讨会”，与会学者就当前流动人口的问题及其利弊、趋势与对策进行论述。

20世纪90年代，上海学者围绕上海城市发展面临的问题以及各研究领域的问题举办各类全国性学术会议。1990年12月4—6日，华东地区中国现代史学术与教学研讨会在上海举行。1991年6月，全国第六届毛泽东哲学思想讨论会在上海举行。1991年7月，华东师范大学和同济大学联合召开全国地学哲学学术讨论会，讨论地学发现研究的意义、内容、方法和特点、类型以及地学发现与其他发现的区别等问题。1991年11月26—30日，“浦东开发与长江流域协调发展系列研讨会第一次会议”在上海举行，来自四川、湖北、湖南、江西、安徽、江苏、浙江和上海7省一市的专家、学者和政府官员约200人参加会议。1992年4月5—8日，上海大学文学院、上海现代语言学研究会、山西省社会科学院《语文研究》编辑部联合主办的“第三届全国现代语言学研讨会”在上海大学文学院召开，来自全国16个省市自治区的80余名专家学者与会，这是首个全国性的专门研讨语言理论建设的学术会议。1992年11月25—29日，全国伦理学会在上海举办“第六次全国伦理学会”，大会讨论怎样使伦理建设步上新台阶等问题。1993年4月，上海社会科学院新闻研究所、中国新闻法制研究会、国家新闻出版署政策法规司联合召开“中国第二次新闻纠纷与法律责任学术研讨会”，就新闻侵权中的法律问题，新闻界自律及新闻法制建设等问题开展讨论。1993年6月，华东政法学院筹办的中国国际公法科研和教学研讨会在上海召开。1994年5月6—9日，中国社会学会、上海市社会学学会和上海浦东新区社会发展局联合主办的“中国社会学会1994年学术年会”在浦东新区召开。围绕“社会保障与社会发展”的主题，来自全国各地的150余位专家、学者和社会工作者展开研讨。1994年9月13—16日，华东地区社联协作会议在上海召开。1994年11月16日，国家教委在华东师范大学召开“妇女与教育”研讨会，讨论妇女教育的发展、改革开放中的妇女教育、女性儿童教育、妇女与高等教育和科技进步、少数民族的妇女教育等问题。1996年10月14—21日，中国作协、中国鲁迅研究会、上海作协、上海文联和鲁迅纪念馆联合召开纪念鲁迅逝世60周年全国鲁迅研究学术研讨会，来自全国各地的鲁迅研究专家学者代表80余人参加研讨会。1997年7月，“第三届上海国际新闻纪录片研讨会”在上海召开，来自全国各地60多名专家和40多名国际新闻纪录片编导参加研讨会，就国际新闻纪录片的选题、制作、资料和市场，以及国际合作与交流等问题进行讨论。1997年12月18日，迈向21世纪的长江流域经济文化发展研讨会在上海举行。会议由上海市炎黄文化研究会、长江经济联合发展（集团）公司、复旦大学、武汉大学、重庆大学共同主办，来自北京、长江流域各省、直辖市的领导和专家学者80余人出席。研讨会的主题是，贯彻中共中央、国务院关于开发开放长江流域经济带的战略决策，探讨新世纪长江流域经济文化持续发展的道路，研究长江文明的历史、现状与发展前景和开发利用长江传统文化资源为经济建设服务等问题。1998 年 4 月 13 日，中共中央编译局和华东师范大学联合举行“马克思主义与当代——纪念《共产党宣言》发表 150 周年理论研讨会”，来自全国各地 60 余名专家学者在华东师范大学出席会议。1998 年 10 月 19—22 日，“迈向新世纪的社会科学管理——华东地区暨京津沪渝社科规划管理工作研讨会”在上海举行，多省、自治区、直辖市社科规划办公室主任和有关管理人员出席会议，与会代表就世纪之交社会科学的地位和作用、社会科学管理如何促进社会科学的繁荣和发展、社会科学管理的信息化等议题展开研讨。1998 年 11 月 16—20 日，全国党史系统纪念中共十一届三中全会 20 周年学术讨论会暨全国党史研究室主任会议在上海召开。1999 年 8 月 20—23 日，中国法理学研究会、上海社会科学院和上海市法学会联合在上海奥林匹克俱乐部举办主题为“跨世纪法理学的回顾与展望”研讨会，来自全国高校、科研和新闻出版单位的专家学者 70 余人参加会议，会议研讨 20 世纪中国法理学的进程及其基本成就，以及当代中国法理学所面临的困境和对策。1999 年 10 月下旬，中共上海市委党校、中共中央党校哲学教研部、中国辩证唯物主义研究会、上海市哲学学会等 6 个单位在上海联合召开“马克思主义哲学与社会主义历史命运理论研讨会暨中国辩证唯物主义研究会代表大会”。

进入 21 世纪，在不断变化的全球化大背景下，中国开始逐步与世界接轨，中国加入 WTO 就是标志之一。2000 年 11 月 7—11 日，华东师范大学俄罗斯中心举办“转型中的俄罗斯与冷战后国际社会的变迁”高级研讨班，来自中国人民大学、复旦大学、山东大学和上海社会科学院等十几所科研院校的专家 50 余人参加。2001 年 1 月 6—7 日，浦东华夏社会发展研究院、上海三联书店、上海社会科学院哲学研究所和《社会科学报》等 7 家单位联合召开“网络与当代社会文化学术研讨会”，来自全国各地及上海的 50 余名专家学者就网络文明、网络政治、网络价值、网络经济、网络教育和加强社会主义网络文化建设等问题展开研讨。2001 年 5 月 24—26 日，由上海市伦理学会、上海财经大学研究生部、华东师范大学哲学系和上海宝钢(集团)公司教委共同举办第二次全国经济伦理学术研讨会，会议主题为“当代中国的经济伦理问题”，全国 80 余名专家学者及企业界代表与会。2002 年 5 月 8 日—12 日，复旦大学哲学系、当代国外马克思主义研究中心和《中国社会科学》杂志社联合举办的第二届全国马克思主义哲学论坛——“马克思的本体论思想及其当代意义”，研讨会上与会专家学者们围绕着马克思思想的本体论问题展开讨论，包括“本体论”概念的界定、马克思哲学有没有本体论、马克思的哲学中本体论思想对当代哲学研究的意义与价值等一系列问题。2003 年 10 月 17—18 日，由复旦大学主办的“中国外交：理论与体制”全国学术研讨会在沪召开，来自外交部、中共中央政策研究室、外交学院、中共中央党校、南京大学、复旦大学及全国其他各相关高校和学术研究机构、上海外事办公室、有关新闻出版机构和媒体等 20 多家单位 50 余人参加会议。2005 年 4 月 23 日，“21 世纪中国城市的转型与发展学术研讨会”开幕式暨教育部人文社会科学重点研究基地中国现代城市研究中心揭牌仪式在华东师范大学举行。2006 年 2 月 25 日，复旦大学中文系、文艺学美学研究中心共同主办的“马克思主义文艺理论中国化学术研讨会”在复旦大学举行，来自全国十多所高校和科研单位的 50 余名专家学者出席会议。2007 年 12 月 23 日，由上海大学影视学院和《社会科学报》联合主办的“当代中国影视批评现状的批评学术研讨会”在上海召开，中国社会科学院、北京电影学院、复旦大学、上海戏剧学院、同济大学、华东师范大学、上海市文广局、上海电影制片厂、《解放日报》《社会科学报》社和上海大学的 20 余名专家学者参加会议。2008 年 7 月 25—26 日，由上海社会科学院、江苏省社会科学院、浙江省社会科学院主办的“首届泛长三角合作与发展论坛”在上海召开，来自国内的 80 余名专家围绕“从长三角到泛长三角：区域合作与发展之路的战略”“泛长三角与泛珠三角的对话：区域合作的比较与借鉴”和“泛长三角的合作与发展：推动与深化”等主题进行研讨。2008年5月16—18日，“第三届国外马克思主义论坛”在复旦大学召开，论坛由国外马克思主义与国外思潮研究国家哲学社会科学创新基地、哲学学院、当代国外马克思主义研究中心共同举办，来自全国高校、研究机构的近百名国外马克思主义研究领域的专家、学者围绕“国外马克思主义与当代中国”的主题展开讨论。2009年4月24—25日，华东政法大学和《当代中国法学名家》编委会共同主办的首届中国法学名家论坛在上海举行，50余人参加会议。2009年9月22日，中国行政管理学会、上海市行政管理学会和上海行政学院共同举办的“中国行政管理60年：变迁与发展学术研讨会”在上海举行，全国高校和学术研究机构的专家学者70多人出席，从政府职能转变、政府治理与公众参与、中国特色行政管理和公共管理基础理论等不同视角讨论了中国行政发展的历程。2010年8月7日，由中国科学社会主义学会当代世界社会主义专业委员会主办，华东师范大学和上海社会科学院联合承办的“后金融危机时代的世界社会主义学术研讨会”在上海举行，全国100余名专家学者参加会议。

第二节　上海学者为主学术会议

1978年初，市经济学会举行“坚持实践标准，按经济规律办事”的理论讨论会，全市经济理论工作者和实际工作者40余人参加讨论会。1978年下半年，在全国“实践是检验真理的唯一标准”讨论中，上海理论界积极参加，上海社联、科研院所、高等院校率先冲破限制，举办多次研讨活动。年底，市经济学会召开上海经济学界理论工作者和经济部门实际工作者共2 000多人的大会，传达北京第四次按劳分配理论讨论会的精神和主要内容。1979年初，中央召开理论务虚会。同时，上海召开全市理论务虚会，以澄清林彪、江青集团造成的理论混乱。6月29日，上海社联召开座谈会，与会者认为，上海对真理标准问题的讨论“要补课”，才能切实贯彻党的十一届三中全会精神。1979年10月，中国科学院上海分院召开第一次图书情报学科讨论会，1980年、1989年、1991年分别召开第二、三、四次科学讨论会。1979年11月，上海社会科学院、《学术月刊》编辑部、上海社联联合召开“社会主义生产目的”研讨会，这一专题讨论延续了一年多，召开大小讨论会30多次，这次讨论是在全党开始实现工作重点转移时对经济理论的拨乱反正。

20世纪80年代后，上海的学术活动活跃频繁，讨论范围大为扩展。1980年2月1日，上海社会科学院文学研究所召开孤岛文学调查会，提出整理孤岛文学史料。3月3—5日，上海社联召开第二届各学会理事会联席会议，恢复李平心、周谷城、李佐长等一批在20世纪60年代受到错误批判的学者的学术名誉。1983年3月18日，上海社联召开纪念马克思逝世100周年座谈会，500多人出席。8月30日，上海市哲学社会科学“六五”规划会议召开，会议形成中华人民共和国成立以来第一个市哲学社会科学的五年规划。11月28日，上海社联举行学习中共十二届二中全会文件大型座谈会，400余人出席，并就理论界如何贯彻不搞“精神污染”问题进行讨论。12月13—16日，上海社联为纪念毛泽东诞辰90周年举行毛泽东思想讨论会，全市高等学校、社会科学研究机构和实际工作部门的理论工作者80多人出席。1984年4月，上海社会科学院、市计划委员会、市经济研究中心联合召开上海经济发展战略讨论会，300余人出席。中心议题是在新的经济形势下，上海经济发展面临的新任务，会后编成上海经济发展战略论文集。9月22—26日，上海再次召开研讨会，国家有关部门和部分省市领导专家与市内经济界500多人出席，为上海改革、繁荣出谋划策。1985年5月20日，上海社联60多个学会近万名会员在上海体育馆举行纪念中国社会科学家联盟成立55周年大会。会后，与会的18名老盟员联名向中共中央建议尽快建立全国社联。6月，上海社会科学院为主召开振兴第三产业研讨会，主要讨论社会主义与第三产业的关系、第三产业的劳动性质评价、第三产业劳动与价值创造、上海第三产业的发展战略等，这是上海第一次对第三产业展开的大型理论研讨活动。1986年5月10—15日，上海文化发展战略研讨会召开。年内，上海城市建设总体规划研讨会、上海经济区发展战略研讨会、上海教育发展战略研讨会、上海法制发展战略研讨会、上海社会发展战略研讨会等一系列发展战略的研讨会陆续召开。1987年4月，市委宣传部、上海社会科学院、上海社联、复旦大学经济系等联合召开社会主义商品经济研讨会，讨论社会主义商品经济的基本理论、社会主义商品经济与经济体制改革、社会主义商品经济与加强思想政治工作、社会主义商品经济和社会主义民主与法制建设等问题。6月，市委宣传部等联合召开社会主义初级阶段理论讨论会，专题讨论社会主义初级阶段的特征、社会主义初级阶段生产力的标准、社会主义初级阶段与改革开放等。10月底，上海社会科学院法学所、市法制办公室联合召开横向经济联合中的法律问题讨论会。1988年，纪念中共十一届三中全会召开10周年，上海举行一系列大型理论讨论会：7月，市委宣传部、市经济体制改革办公室和上海社会科学院联合召开经济体制改革理论讨论会。8月起，市委宣传部建立理论工作者双月座谈会制度，市委主要领导人定期邀请理论工作者，围绕一个时期的中心工作和群众关心的热点问题进行座谈，每次讨论一个问题。10月，市委宣传部召开上海市纪念中共十一届三中全会召开十周年理论讨论会。9—12月，部分理论工作者分别出席国家经济体制改革委员会召开的全国经济体制改革理论讨论会，国家教育委员会召开的纪念中共十一届三中全会十周年理论讨论会，中央宣传部、中央党校、中国社科院联合召开的纪念中共十一届三中全会十周年讨论会。1989年1月初，上海社联也就这一主题举办学术讨论会，200余人出席。1989年，为纪念五四运动70周年，市党史学会召开“五四新文化运动与马克思主义在中国的传播学术讨论会”；上海社会科学院与上海社联联合召开“五四——中国文化的转机学术讨论会”，市委宣传部召开五四精神学术讨论会。9月，市哲学学会、复旦大学、华东师范大学、上海社会科学院、上海交通大学、市委党校联合召开马克思主义哲学在中国40年理论研讨会。11月，上海社联也就这一主题召开大型理论讨论会。9—12月，上海社会科学院经济研究所四次召开有关经济体制改革理论回顾讨论会。其间，还举行多方面的学术活动：在中国文化研究方面，8月底，上海社会科学院主办《易经》文化讨论会。12月，复旦大学筹办儒家思想与未来社会国际学术讨论会。在国际问题研究方面，2月，上海社联举行缓和形势下两种制度国家间关系新特点讨论会。4月，上海社会科学院举办苏联东欧改革问题研讨会。7—11月，市国际关系学会、市苏联东欧学会、上海社会科学院等就中国对外关系发展形势、波兰、匈牙利的现状与发展趋势、20世纪90年代世界经济格局、苏联东欧现状等问题展开研讨。

20世纪90年代，上海学界在马克思主义和党的建设方面的学术活动较为丰富，同时对上海的城市建设展开讨论。1990年4月，上海社联召开社会主义初级阶段与改革实践等讨论会。5月，上海市第一次马克思主义学术著作出版资助申请评审活动举行。8月21—22日，市经济研究中心、市计划委员会、市体改办、市政府研究室、上海社联举办“90年代振兴上海，开发浦东研讨会”。1991年4月1—2日，上海市纪念中国共产党成立70周年学术讨论会召开，主要讨论中国共产党成立的必然性、知识分子在建党中的地位和作用、关于上海成为中国共产党诞生地等问题。1991年9月，上海社会科学院世界史研究中心和市世界史学会联合召开后发国家现代化研讨会，讨论后发国家现代化进程中存在的问题，后发国家政治体制比较、传统文化与现代化关系等问题。1991年11月下旬，由《探索与争鸣》杂志社主办的上海首届史学理论讨论会举行。这次会议以“时代与史学”为中心议题，对时代与史学家的历史使命，中国近代以来的史学与时代发展、国外近代以来的史学与社会变革、时代发展与中外史学交融以及上海史学发展的现状及趋向等问题进行研讨。1992年10—11月，上海社联举行邓小平理论思想系列研讨会。1992年11—12月，上海经济研究中心、上海社会科学院、市政府政策研究室和市计委经济研究所共同组织召开“社会主义市场经济系列讨论会”，中心议题中包括上海如何率先进行流通领域的全面改革、如何率先建立现代化大市场和如何率先实现与国际市场的全面接轨等问题。1993年3月，市委宣传部、上海社会科学院、上海文化发展基金会发起举办“加快上海文化市场建设系列研讨会”，讨论了上海加快文化市场建设、加快文化事业产业化的思路和对策等问题。4月7日，《探索与争鸣》杂志社、东方广播电台、《解放日报》社联合召开东方广播电台新闻改革的冲击波研讨会，探讨东方广播电台对新闻事业改革的经验。5月4—8日，上海交通大学文学艺术系、上海社会科学院文学研究所联合举办中国新时期文学学术研讨会。6月，上海社会科学院社会学研究所与市福利研究会联合举行社区服务与社区发展理论研讨会，探讨社区服务的发展走向及其模式等问题。1994年10月，浦东新区经贸局、市市场学会、市商业经济学会和香港市务学会联合主办“面向21世纪亚太地区市场营销：市场机遇与国际经济合作国际学术研讨会”，有关政府部门、上海财经大学、上海大学等单位的专家、学者近200人参加研讨会。1995年1月16日，市委党校与黄浦区、市邮电管理局、中国工商银行上海分行、市第一百货股份有限公司、市工业党校联合举办社会主义市场经济条件下精神文明建设研讨会，上海理论工作者和实际部门共90多人参加，会议就社会主义市场经济条件下上海的精神文明建设进行研讨。1996年2月7日，上海社联与市综合开发研究院、市经济学会、市经济体制改革研究会、市计划学会、市浦东开发开放研究会共同发起的“两个根本性转变”系列研讨会举行首次会议。1997年5月29日，上海大学法学院港澳台法研究中心、复旦大学法律系香港法研究中心、上海财经大学港澳台经济与法律研究所、上海社会科学院法学所港澳台法律研究中心联合召开“一国两制”与香港法制研讨会，来自上海各高校及研究机构的专家学者50余人出席，与会代表就“基本法的理论贡献”“一国两制下香港法制的主要特征”等专题进行研讨。1998年3月，市委宣传部与市委党史研究室等单位联合召开“上海市周恩来生平和思想研讨会”，纪念周恩来百年诞辰。

进入21世纪，上海学界内部的学术交流活动越来越密切和频繁。2000年10月19日，上海社联、市中共党史学会、解放军南京政治学院上海分院联合举办纪念抗美援朝战争50周年学术研讨会。会议围绕总结“抗美援朝历史经验，弘扬爱国主义精神”的主题进行研讨。2001年3月23日，复旦大学、上海社会科学院、上海交通大学、市委党校、同济大学、上海大学等联合召开“经济哲学与新世纪现代化面临矛盾思辨研讨会”，40多名专家学者与会。2001年10月7日，市统战理论研究会、民革上海市委、上海师范大学、上海中山学社联合举办纪念辛亥革命90周年学术研讨会。2002年11月21日，市委宣传部、上海社联召开社会科学界学习党的十六大精神座谈会，各主要学科专家、各主要学会代表80余人参加会议，与会专家围绕党的十六大的历史地位和重大现实意义，中共十三届四中全会以来中国特色社会主义事业的建设成就和基本经验，“三个代表”重要思想的理论内涵和指导意义，以及全面建设小康社会的各项重大战略任务展开讨论。2003年3月12日，上海社联、市科学社会主义学会、《解放日报》理论部和中共闵行区委党校联合召开“开拓马克思主义新境界——纪念马克思逝世120周年理论研讨会”，60余名专家出席会议。会议围绕马克思主义的科学体系，新世纪新阶段如何坚持和发展马克思主义，如何推进理论创新、学习和实践马克思主义以及如何做马克思主义的坚定信仰者、实践者和发展者等问题进行探讨。2005年6月15日，由市科学社会主义学会、华东师范大学党委宣传部、中共闵行区委党校联合举办的“纪念抗日战争胜利60周年暨世界反法西斯战争胜利60周年理论研讨会”在华东师范大学召开。2008年4月19日，由华东政法大学刑法学研究中心和市法学会刑法学研究会共同主办、杨浦区人民检察院承办的“经济犯罪司法适用疑难问题研讨会”在杨浦区人民检察院召开,130多名与会专家围绕虚拟财产的刑法保护、破坏社会主义市场经济秩序犯罪的司法适用以及财产犯罪新型问题司法适用三个议题展开讨论。

第三节　上海特色学术活动

一、学术年会和学会活动

改革开放后,全市各人文社会科学学术团体和学会的活动逐渐恢复。1978年3月,市自然辩证法研究会举行年会。1979年3月,市科技情报学会第一届学术年会召开,会议围绕科技情报工作、情报研究、声像技术应用等方面进行研讨。1982年4月24—27日,市伦理学研究会举行首届年会。1982年12月18日,市政治学会举行首届年会,200多人出席会议。1984年3月,市人口学会主办“全国人口预测方法专题研讨会”,与会者针对人口模型、死亡率、生育率、迁移、预测参数、取样等各个方面展开研讨。1988年3月1日,市行政管理学会第一届年会第二次会议举行,共有300多人参加会议。1989年9月,市哲学学会举办主题为“马克思主义哲学在中国40年”的学会活动,专家学者就马克思主义中国化的理论化和在中国情境下的实践等诸多问题进行讨论。1989年12月20日,市新学科学会成立大会暨首届年会举行,主题是探讨当代世界新学科的现状和发展趋势。1990年12月14日,市哲学学会举办了主题为“马克思主义哲学与建设有中国特色的社会主义文化”的讨论会,40余名专家、学者就建设有中国特色的社会主义文化问题展开讨论。1991年9月,市世界史学会和上海社科院世界史研究中心联合举办主题为“后发国家现代化”的学术讨论会。1992年4月1日,市世界史学会召开“苏联解体的历史思考学术讨论会”,专家学者从历史的视角对苏联解体的经验教训进行研讨。1993年8月下旬,市历史学会、上海师范大学、市地方志办公室等单位联合举办主题为“帮会与近代上海”的学术讨论会,对近代上海发展的历史背景、成因和意义进行探讨。1994年12月10日,市中共党史学会召开“《毛泽东年谱》评论会”。1995年2月24日,市经济学会、上海社会科学院经济研究所、《学术月刊》杂志社联合举办主题为“股份合作制问题”的学术研讨会,各专家学者就股份合作制的理论依据和现实发展等问题进行探讨。1995年5月26日,市中共党史学会召开纪念“五卅运动”70周年座谈会,来自上海社会科学院历史研究所、市档案馆、中共一大纪念馆、上海师范大学、市委党校等单位的专家学者20余人出席。1996年5月13日,市科学社会主义学会、市马克思主义研究会、市委党校精神文明建设研究中心联合召开“社会主义市场经济与思想道德建设专题研讨会”。1997年5月28日,市科学社会主义学会召开“经济发展与社会全面进步研讨会”。40多位专家和实际工作者就十多年来的经济发展成就之下,精神文明状况不尽如人意等问题及其解决方案进行讨论。1997年6月27—28日,市历史学会、市房产经济学会和市地方史志学会联合举行“近代上海社会结构和社会生活学术研讨会”。1998年6月25日,市经济学会举办主题为“所有制结构”的学术研讨会,30多名专家学者就“公有制的性质和内涵”等问题进行讨论。1999年5月31日,市科学社会主义学会举办主题为“中国社会主义的理论和战略决策”的学术研讨会。2000年3月2日,市世界经济学会举办主题为“跨国经营形势与任务”的学术研讨会。2000年7月25—26日,市社会科学界联合会、市思想政治工作研究会、市哲学学会、市伦理学研究会联合举办主题为“社会转型与价值观”的理论研讨会,会议围绕社会转型期价值观的失衡和调控、构建社会主义市场经济的价值体系、社会转型期价值观的培育等问题展开讨论。2000 年 12 月 25 日，市哲学学会等单位举办主题为“走向 21 世纪的马克思主义”的学术研讨会。2001 年 4 月 6 日，市美国学会举办首届学术年会。2003 年 4 月，市哲学学会、市社会学学会等单位联合召开主题为“城市精神与社会发展”的学术研讨会，50 余名专家学者探讨城市精神的发展进程及其主要内涵与体现。2004 年 6 月 24 日，市经济学会举办主题为“繁荣发展我国哲学社会科学”的学术报告会，专家学者着重讨论坚持和巩固马克思主义的指导地位对进一步繁荣和发展哲学社会科学的紧迫性及其重大现实意义。2005 年 6 月 23 日，市法学会举办主题为“金融衍生工具法律问题”的学术研讨会，近 60 位专家学者就中国加入 WTO 后，如何改革和完善金融体系以承受来自国际市场风险的严峻考验等诸多问题进行探讨。2005 年 12 月 10 日，市历史学会举办主题为“走向现代——江南城乡变迁”的学术研讨会，75 名专家学者就“江南城乡变迁过程中国家与社会关系”“城乡近代化”“城市空间”“民众生活”等诸多领域展开探讨。2006 年 8 月 27—28 日，市经济史学学会与上海社科院经济研究所联合举办主题为“近代中国经济发展：组织・结构・制度”的学术研讨会，数十名专家学者围绕“近代企业发展与企业制度沿革”“近代城市经济结构的转型与发展”“近代金融业和金融制度的演进”“近代工商业团体的社会作用”四个主题开展交流。2006 年 11 月 21 日，市国际关系学会和上海国际问题研究所联合举办主题为“和谐世界与中国对外战略”的学术研讨会。2007 年 5 月 19 日，市国际关系学会举办主题为“中东问题研究”的学术研讨会，分别就“伊朗核问题”“巴以和平进程”“伊拉克重建”“文明对话与和谐世界构建”等内容进行分析和讨论。2008 年 10 月 15 日，市金融学会等单位联合举办主题为“改革开放 30 年——金融创新与发展”的学术研讨会，分析次贷危机爆发以来国内国际经济金融形势的变化，并就在危机形势下如何加强监管措施、如何进行金融创新，继而形成监管和创新相互促进的良性循环等问题进行深入探讨。2009 年 12 月 12 日，市伦理学会和市中西哲学比较研究会联合举办主题为“儒学与现代人的精神生活”的学术研讨会，专家学者就儒学对现代人精神生活的积极作用、儒学如何影响现代生活以及儒学的现代诠释等问题进行讨论。2009 年 12 月 13 日，市中西哲学比较研究会举办主题为“60 年来哲学在中国”的学术研讨会，对中国近当代哲学的发展脉络和既有成就进行全面探讨。2010 年 6 月 14 日，市政治学会与上海财经大学公共与管理学院联合举办“城市化进程中的二元社会结构问题”专题研讨会，就中国现代化进程中城乡二元结构现象及其问题进行研讨。2010 年 10 月 21 日，市宗教学会、市统一战线理论研究会、市法治研究会联合举行“依法发挥宗教在和谐社会建设中的作用”专题研讨会。2010 年 10 月 27 日，市世界经济学会、上海社会科学院世界经济研究所联合举办主题为“金融危机后的世界经济：重大变化与发展趋势”的学术研讨会，从多个角度对金融危机的影响和对策进行深入的探讨。

二、上海市社会科学界学术年会

上海市社会科学界学术年会由上海社联于 2003 年发起创办，每年举办一届，由大会、学科专场、主题专场、高端论坛、青年论坛、论文征集等系列活动构成。学术年会旨在聚焦经典学术、构筑交流平台、展示文化魅力，努力发挥大型学术论坛参与广泛、学术规范、形式多样的特点与优势，活跃学术氛围，交流思想文化，推动理论创新，繁荣社会科学。作为全市社会科学各路大军联手打造的学术交流平台，多年以来，学术年会在全市高等院校、社会科学院、党校、党政部门研究机构和学会的通力协作下，凝聚力和参与度、影响力和认同度、多样性和权威性逐年提升，彰显出大型综合性学术论坛的独特魅力，成为展示和交流社科专家学者学术成果、治学方法和精神风采的年度盛会，至2010年共举办八届。

2003年12月16—22日,上海市社会科学界联合会举办首届上海市社会科学界学术年会,主题为"人文社会科学与当代中国",由学术年会全体大会和哲学・历史・人文学科专场,政治・法律・社会学科专场,经济・管理学科专场,世界经济・国际政治・国际关系学科专场、青年学者专场等系列活动组成,1 300余人次专家和青年学生参加会议,主要围绕现代性与文化建设、社会发展与政治文明、小康社会与科学发展观、中国和平崛起道路等重大问题开展交流研讨。12月22日,年会大会在上海科学会堂召开,大会主题报告由林尚立作题为《政治文明与政治发展:中国的战略》的报告、芮明杰作题为《21世纪的选择:新经济、新企业与新管理》的报告、余伟民作题为《国家定位与社会转型——论俄罗斯社会转型的特殊性》的报告、黄仁伟作题为《关于中国和平崛起道路的再思考》的报告。

2004年12月11日,上海市社会科学界第二届学术年会全体大会在上海展览中心友谊会堂召开。全市社会科学界代表及兄弟省市社联代表450人出席会议。大会主题为"当代中国:发展・安全・价值",主要围绕大国和平崛起、国家发展安全、中国社会结构转型、共同富裕与社会公正等重大问题进行交流和探讨。年会采取"学术活动月"的形式,由大会、学科专场和学会学术活动三大系列构成,在11—12月间先后组织65场学会学术活动和五大学科专场的专题学术交流。年会学科专场、全体大会于12月6—11日依次召开,会上共有88名专家作主旨报告,52名专家作专题评论,400余人参与提问与讨论。参加年会各项活动的专家学者和青年学生累计将近一万人次,参与的高校、科研院所、学会有100多家,共收到应征论文443篇,全文发表或摘要发表学术成果110项,汇编出版年会文集3册。

2005年12月11日,上海市社会科学界第三届学术年会全体大会在上海展览中心友谊会堂召开,本市社会代表、兄弟省市社联代表400余人出席会议。年会大会主题为:"当代中国:转型・发展・和谐",主要围绕社会主义和谐社会建设的宏观逻辑与微观机制、区域经济调控的目标选择、中国反贫困战略的调整、国际体系转型与中国的战略空间等重大课题进行交流和讨论。年会首次邀请10名国内专家学者作学术讲演,并由上海社联分别与中国浦东干部学院、上海大学、复旦大学、上海社会科学院、华东师范大学联合举办主题为"城市化与现代城市文明""公平正义与和谐社会""经济增长:制度・结构・福祉""转型中的国际体系:历史・现实・挑战""中国的空间:全球化与国家成长"等学科专场组成。年会得到社会科学界的热烈响应,共收到应征论文430篇。年会大会、学科专场共有80余位专家作主旨报告、近40位专家作专题评论,参与的高校、科研院所和学会有100多家单位。

2006年12月10日,上海市社会科学界第四届学术年会全体大会召开,上海社会科学界代表、兄弟省市社联代表近500人出席会议。年会大会主题为"当代中国:人文・和谐・进步",主要围绕和谐社会的法治建设、资本的"文明化趋势"、能源消费与中国经济增长、当前中国社会的阶层分化机制、"和谐世界"与中国的和平发展道路等重大问题进行了探讨和交流。年会在组织机制、运作方式上都有较大创新。其中,学科专场扩大到6个,为各个学科大类以及一些新兴学科提供了更为专业、更为深入的学术交流平台。马克思主义研究学科专场的主题为"当代视野下的马克思主义",旨在加强和推动上海的马克思主义理论研究;哲学・历史・人文学科专场的主题为"社会进步与人文素养";政治・法律・社会学科专场的主题为"和谐社会:价值・政策・制度";经济・管理学科专场的主题为"全球化与中国经济:创新・发展・安全";世界经济・国际政治・国际关系学科专场的主题为"和谐世界:和平发展与文明多样性";青年学者专场的主题为"中国的前沿:文化复兴与秩序重构”。

2007 年 12 月 9 日，上海市社会科学界第五届学术年会大会在上海展览中心召开，全市社会科学界代表 500 余人出席会议。年会围绕“当代中国：科学发展・和谐社会・核心价值”的主题开展深入研讨。主要由三个板块构成：一是 11 月 10 日—12 月 20 日，由市社联所属各学会以“学术活动月”的形式，结合各自学科背景举办 72 场学术研讨活动；二是 12 月 1—8 日，举办马克思主义研究学科专场、哲学・历史・人文学科专场、政治・法律・社会学科专场、经济・管理学科专场、世界经济・国际政治・国际关系学科专场、青年学者专场等 6 个专场；三是 12 月 9 日，召开年会全体大会，包括主题学术报告、名家学术讲演、优秀论文颁奖等活动。

2008 年 11—12 月，上海社联召开上海市社会科学界第六届学术年会，主题为“当代中国：道路・经验・前瞻”。年会采取“学术活动月”的形式，由大会、学科专场及学会学术活动三大系列构成。年会大会设立“改革开放三十周年”专题报告、名家学术讲演等活动。学科专场继续探索社会化的运作模式，由市社联分别与本市有关社科单位联合举办。其中，与市委党校、市邓小平理论和“三个代表”重要思想研究中心联合举办马克思主义研究学科专场，主题为“中国特色社会主义：理论与实践”；与上海交通大学联合举办政治・法律・社会学科专场，主题为“改革开放与学术发展：重建・创新・贡献”；与上海师范大学联合举办哲学・历史・文学学科专场，主题为“现代人文：中国思想・中国学术”；与上海财经大学联合举办经济・管理学科专场，主题为“改革开放：制度・发展・管理”；与上海国际问题研究院联合举办世界经济・国际政治・国际关系学科专场，主题为：“变化中的国际环境：机制・形象・竞争力”；与复旦大学联合举办青年专场，主题为“中国的未来：问题与挑战”。本届年会共收到应征论文 1 274 篇，共汇编出版文集七卷，约 280 万字。年会大会、学科专场共有 160 余位专家作主旨报告，60 余位专家作专题评论，参与的高校、科研院所和学会有 100 多家。

2009 年 12 月 12 日，上海市社会科学界第七届学术年会大会在上海展览中心友谊会堂举行。来自全市哲学社会科学研究“五路大军”的 500 余位代表与会。年会主题为“新中国 60 年：现代化道路与中国特色”，与会专家围绕中国法治化的 60 年历程与前景、国有企业的历史地位、功能和改革、当代中国的价值追寻与智慧之境、全球治理体系与中国发展、新中国外交理念发展和战略变化、全球气候变化与长三角城市两型社会建设、企业社会责任与和谐社会、中国资本市场变革与趋势等重大问题进行探讨和交流。年会学科专场共设 6 个，分别为：以“马克思主义：中国探索与当代价值”为主题的马克思主义研究学科专场；以“生命、知识与文明”为主题的哲学・历史・文学学科专场；以“改革开放与学术发展：重建・创新・贡献”为主题的政治・法律・社会学科专场；以“中国经济 60 年：道路、模式与发展”为主题的经济・管理学科专场；以“新中国对外关系 60 年：理论与实践”为主题的世界经济・国际政治・国际关系学科专场；以“中国的立场：现代化与社会主义”为主题的青年学者专场，由上海社联与复旦大学、华东师范大学、华东政法大学、上海社会科学院、中共上海市委党校、中国浦东干部学院联合举办。年会收到应征论文近 1 331 篇，在年会大会、各学科专场先后有 120 余位专家作主题报告，30 余位专家作专题评论。

2010 年 12 月 19 日，上海市社会科学界第八届学术年会大会在上海展览中心友谊会堂举行，来自全市各高校、党校、社科院、部队院校、党政研究部门、学术社团的 500 余位代表与会。学术年会由年会大会、学科专场、主题专场、学会学术活动组成。年会主题是“上海・中国・世界：新挑战与新发展”。围绕这一主题，年会设立 6 个学科专场、10 个主题专场，在为期一个多月的学术活动中，专家学者分别就马克思主义视野下的公平与正义、城市发展中的科学精神与人文精神、社会转型与制度建设、世界舞台的中国角色等专题展开了广泛深入的研讨。年会共收到应征论文近1 440篇，评出优秀论文137篇，出版优秀论文集6辑，百余位专家做主题发言。

三、社会科学普及活动周

2002年起，市社联科普工作处每年组织上海市社会科学普及活动周，至2010年已成功举办九届。历届科普活动周由开幕式暨社会科学大型义务咨询活动，东方讲坛特别版，社会科学学会特色科普活动，科普周电视版、广播版、网络版，“走向长三角”等板块组成，是科普工作的一种创新载体和多维媒体的传播形式。根据对市民实际需求的深入分析，组织相关的学术社团和社科工作者深入机关学校、社区里弄、工矿企业、农村乡镇、文化场馆、街头公园等，开展形式多样的为民、便民、利民活动，推进社会科学普及，搭建起了广大社科工作者联系实际、服务社会的宽广平台，为城市文明的提升和市民科学素质的提高作出了应有的贡献。

2002年10月28日至11月3日，上海社联举办以“迎接十六大，建设新上海”为主题的上海市社会科学普及活动周。这是上海社联认真贯彻江泽民总书记关于加强哲学社会科学建设三次重要讲话的重大举措，也是全市社科界迎接党的十六大的实际行动。在活动周期间，上海社联充分利用学科齐全、人才荟萃、联系面广的综合优势，精心组织策划内容丰富、形式多样的社科普及活动，向市民推出5场主题报告会、3场电视报告会、55场免费科普活动、4场广播专题谈话节目，以及在报纸上发表一组专家学者笔谈社科普及文章。活动周的主题报告会通过著名学者走出高等学府和科研院所，深入到社区街道、企业、部队和机关，向广大干部和群众介绍全国和上海改革的辉煌成就和发展前景，党的建设取得的新进展和新成绩，国际形势的变化和我国的外交政策，以及上海文化建设等热点问题。

2003年11月3—9日，上海社联举办以“上海新一轮发展与率先实现现代化”为主题的第二届上海市社会科学普及活动周。活动周贯彻党的十六大和十六届三中全会精神，结合上海新一轮的发展实际，围绕市委牵头组织的“世博会与上海新一轮发展大讨论”这一重点工作，邀请部分曾经直接参与大讨论的专家、学者，针对广大干部和群众关心的“学习领会三中全会精神推进上海新一轮发展”“上海新一轮发展的总体目标与发展战略”“上海新一轮发展与科教兴市”“上海新一轮发展与市民综合素质”“上海新一轮发展与服务全国”等热点问题，先后举办5场主题报告会。整个活动周中，64个学会向市民免费推出113场科普讲座。

2004年10月24—31日，上海社联举办以“发展先进文化，推进科教兴市”为主题的第三届上海市社会科学普及活动周。活动周期间，推出八大活动板块，一是开幕式暨主题报告会；二是社会科学大型咨询活动；三是“东方讲坛特别版”百场免费讲座；四是主题报告会暨电视大讲坛；五是“共话上海、宁波、无锡三市文化发展”广播专题节目；六是爱国主义教育基地和科普教育基地参观活动；七是专项义务咨询活动；八是昆曲名剧欣赏。活动周期间，针对广大干部和群众关心的上海文化发展战略、建设先进文化与加强党的执政能力、发展社会主义先进文化、从移民史看上海文化的形成与发展等热点问题，邀请了市委宣传部主要领导和知名专家学者，先后举办5场主题报告会。

2005年10月15—21日，上海社联举办以“落实科学发展观、建设和谐新上海”为主题的第四届上海市社会科学普及活动周，推出六大活动板块，一是开幕式暨大型义务咨询活动；二是主题讲坛活动；三是社会科学普及讲座活动；四是学会专项科普活动；五是“走向长三角”活动；六是“相约上海科普场馆”活动。活动周的主题讲坛邀请周锦尉、诸大建、顾骏三位学者分别作“和谐社会：我们共同构建”“建设适宜人生活和工作的和谐城市”“开发社会活力，构建和谐社会”的专题演讲。活动周中，上海社联与浙江省社联、南京市委宣传部、南京市社联、宁波市社联等单位合作，推出“走向长三角”活动板块，邀请上海的专家学者在杭州、南京、宁波等地举办一系列讲座，如杨德广的《人文教育与人才成长》、葛剑雄的《中国人口的过去与未来》、耿文秀的《适应社会、应对压力》、郭隆隆的《正确认识当前国际形势》、贺善侃的《城市文化发展的驱动力》、崔丽娟的《心理健康与成功人生》等。

2006 年 10 月 19—25 日，上海社联举办主题为“落实科学发展观，建设和谐新农村”的第五届上海市社会科学普及活动周。活动周由开幕式暨主题报告会、社会科学大型义务咨询活动、东方讲坛、百场科普讲座在郊区(特别版)系列活动、科普周电视版广播版等活动板块组成。科普周期间，上海社联充分发挥东方讲坛的品牌优势，和全市 10 个郊区、县的党委宣传部门合作推出“东方讲坛・百场科普讲座在农村”(特别版)系列专题讲座。东方讲坛的特聘讲师深入 10 个郊区、县的 109 个街道(镇)的讲坛举办点，把科普讲座送到农民家门口。百场讲座内容丰富，不仅包括以社会主义和谐社会建设和新农村建设为主题的形势政策类讲座，有“抗战中的中国海军与空军”“上海城市精神与提高农民素质”“上海古镇文化的保护与开发”等人文社会类讲座，还有大量与农民日常生活密切相关的实用知识类讲座，如“体育锻炼与生活质量”“学习民事法律，提高公民维权能力”“面对健康问题，如何正确选择就医”等。

2007 年 10 月 15—21 日，上海社联举办以“科学发展共建和谐”为主题的第六届上海市社会科学普及活动周。活动周由开幕式、大型义务咨询、东方讲坛讲座特别版、学会特色活动、科普周电视版广播版、“走向长三角”6 个板块 245 项活动组成。特色科普活动从不同角度为不同人群提供专向服务：上海市中学生学习咨询、民众防护知识咨询、母婴健康知识网络咨询等；东方讲坛讲座特别版将继续发挥东方讲坛的品牌优势，组织众多专家、学者深入街道、社区、乡镇、机关、企业、学校和部队，面向广大市民作 134 场公益性科普讲座，百场讲座包括“走近大师”“现代社会与人文精神”“哲学与科学的对话”“社会科学让城市更和谐”等系列。此外，科普周期间还将通过电视台、电台推出专题讲座。

2008 年 6 月 2—8 日，上海社联主办以“迎奥运、援灾区，共建美好精神家园”为主题的第七届上海市社会科学普及活动周。宣传普及“抗震救灾”相关知识是活动周的重要内容。上海社会科学院党委副书记童世骏、副院长熊月之分别以“同胞情义的哲学反思”“海纳百川与心系天下”为题举行演讲会，中国工程院院士、同济大学卢耀如以“地震灾害防治与城市安全”为题举行报告会，还有以“抗震救灾与人文精神发扬”“抗震救灾与志愿者行动”“突发事件的应急管理”“灾后重建、金融献策”“灾害事件中的媒体与社会民间组织作用”“灾后心理抚慰与心理健康”等为题的多场讲座和宣传咨询活动。同时，迎接奥运会也是为本次活动周的重要内容，上海社联推出“走近北京奥运会”“迎奥运、迎世博与新上海人精神”“全民健身与奥运同行”“奥运会前的国内国际形势”“当前国际恐怖主义发展新趋势及奥运、世博安全”等奥运题材的讲座。活动期间，上海社联联合上海社会科学院，组织社会科学研究人员以“让社会科学走向大众”为主题，在浦东新区举办 52 场“庆祝上海社会科学院建院 50 周年”专题系列讲座，内容包括“当前经济热点问题”“上海社会保障制度的改革与完善”“本轮通货膨胀的特点与趋势分析”“公民意识与社会和谐”“上海与世界博览会”“独生子女与家庭教育”等。

2009 年 5 月 23—29 日，上海社联主办以“聚焦世博，服务世博，参与世博”为主题的第八届上海市社会科学普及活动周。科普周由开幕式及社会科学大型义务咨询活动、东方讲坛・迎世博论坛、学会特色科普活动、科普周电视版广播版网络版、东方讲坛特别版、"走进上海科普博物馆""走向长三角"7个板块构成,包括24项特色科普活动、90场讲座等活动。科普周期间,市法治研究会、市社区发展研究会举办"公民世博行,社区更文明"系列论坛,市哲学学会、市对外贸易学院举办"世博会与海派文化的张力"论坛,市法治研究会、新民晚报评论部举办"公民话世博——手机短信征集、评选活动",市中共党史学会、复旦大学历史系举办"科学发展与世博精神"知识竞赛,市家庭教育研究会、市妇联、市文明办举办"万人迎世博心愿祝福活动",等等。

2010年11月10—16日,上海社联主办以"共享世博成果,提升城市文化软实力"为主题的第九届上海市社会科学普及活动周。活动周由开幕式、网上主题论坛、学会特色科普活动、区域科普活动、"科学与艺术互动""走进上海科普博物馆"、东方讲坛讲座特别版、科普周电视版广播版网络版八大板块189项活动组成。在学会特色科普板块中,上海社联所属学会准备论坛、展览、咨询和有奖竞赛等41场活动,包括"世博金融与上海国际金融中心建设"专题论坛、"后危机时代的世界经济与金融形势"专题论坛、"后世博效应:提升城市文化软实力在于创新"专题论坛、"世博后上海社区建设"专题论坛等。科普周还推出一批学术讲座,展示上海社会科学学界的风采。如孟建主讲的《中国文化发展和中国软实力构建》、徐中玉主讲的《〈论语〉和中国文化》、权衡主讲的《上海城市居民收入分配与扩大内需》、诸大建主讲的《从上海世博会看低碳经济发展》等。

四、东方讲坛

东方讲坛是由市委宣传部和上海社联共同主办,为顺应上海公共服务体系建设和广大市民精神文化需求、创新基层宣传思想工作机制,建设的讲座文化新阵地。2004年6月2日,市委宣传部与上海社联在上海师范大学举行东方讲坛开讲仪式,市委常委、宣传部部长王仲伟代表市委副书记殷一璀对讲坛的成立表示祝贺。500多名上海师范大学师生和举办点负责人参加开讲仪式。开讲仪式后,复旦大学俞吾金作题为"遏止虚无主义、弘扬人文精神"的讲座。

东方讲坛推出丰富的讲座选题供基层举办点选择,包括世博国情市情、形势政策和社会热点、人生发展和道德成长、教育和管理、历史文化、经济金融、法律知识、艺术鉴赏、国防科技、健康养身等十大类600多个主题。充分发挥全市的人才资源优势,从高校、党校、社会科学院、军队院校和社会各界选聘讲师,组建一支2 000多人的素质高、业务强、热心公益活动的师资队伍,构建了全市最大的公共文化服务讲座大平台,成为广受欢迎的社会化、公益性教育品牌,得到中央领导的肯定。2009年6月18日,中共中央政治局常委李长春前往东方讲坛长桥社区文化中心举办点视察。《人民日报》《光明日报》《经济日报》、新华社、中央人民广播电台、中央电视台等中央主要媒体都对东方讲坛作了报道。

截至2010年,讲坛共设立335个举办点,举办各类讲座14 500多场,直接听众超过450万人次,二次传播受众超过2亿人次。

第四节　港澳台学术交流活动

除了内地的学术交流以外,上海和港澳台地区也有着频繁的学术交流活动。改革开放之后,上海通过与港澳台地区的学术交流,吸取其优秀的社会发展经验,避免其在社会发展过程中走过的弯路。这些学术交流主要以政治、经济、文化、宗教等领域为主,旨在促进上海与港澳台地区学术界的交流互通。

20世纪80年代和90年代早期，上海与港澳台地区的学术交流活动多以学术会议和学者访问为主，旨在建立各方的学术联系和初步合作。1982年，台湾学者薛天栋应邀来沪进行学术交流活动，在讲学期间将其所撰介绍当今西方财政学某些理论和实践、近20万字的《现代西方财政学》经上海财经学院曹立瀛阅后增加了内容，次年在上海出版发行。1985年1月23—26日，上海社会科学院世界经济研究所受香港经济研究学会委托，在上海组织了第一届年会。年会就保持香港过渡时期的繁荣和稳定、一国两制、发展内地与香港之间经济技术合作关系等问题展开讨论。1986年6月，上海社会科学院、复旦大学等高校自然辩证法学者应邀至广州参加由香港中文大学哲学部与广东省自然辩证法研究会主办的"世界科学哲学研讨会"。自此，上海社会科学院哲学所与香港中文大学哲学部建立学术联系。1987年5月29日，香港中文大学哲学部主任、博士何秀煌访问上海社会科学院哲学所，作学术报告"科学理论的结构和功能"，并与该所自然辩证法学者座谈"科学与文化"问题。1988年7月8日，美国印第安纳州立博尔大学学者张德光，在上海同部分政治学研究者和研究生进行学术交流座谈。张德光从民主化、中国政治发展和中国的整合等角度发表了对中国统一的看法。1988年10月24—29日，香港中文大学哲学系举办"分析哲学与科学哲学研讨会"，中国大陆和香港、澳门、台湾地区的学者与会，上海社会科学院哲学所王淼洋、纪树立、沈铭贤出席会议。1990年，上海大学文学院祝瑞开应香港大学哲学系邀请，主持该系举办的两个关于中国传统思想讲座。1990年4月，上海市宗教学会举行"海峡两岸佛教血水文化交流座谈会"，邀请台湾中国哲学会前任总干事张尚德介绍台湾禅学研究的情况。1990年8月12—14日，上海中山学社举办"孙中山与中国现代化"学术讨论会，上海社会科学院、各大学和新闻出版机构，以及来自台湾的大学和科研机构共60余位学者参加了会议，沪台两地学者就"中国现代化的历程和孙中山关于实现中国现代化的思想"两项主题展开了讨论，并就海峡两岸对孙中山及其思想的研究状况作了介绍和交流。1996年倪正茂去香港参加香港大学主办的当代宪法发展趋势国际学术会议，并提交了《中西法律文化传统比较与宪政发展之大趋势》论文。1996年1月17—19日，由市政府发展研究中心、香港工商专业联合会主办的沪港经济发展与合作会议在沪举行，来自香港和上海工商界、企业界、学术界的130名代表和市政府有关委、办、局领导参加，就如何进一步加强沪港两地的发展与合作开展深入研讨。

20世纪90年代后期，也就是1997年香港回归和1999年澳门回归后，基于"一国两制"政策之下的诸多社会发展议题成为上海与香港和澳门地区的学术交流热点。上海的高校、学会、机构等与港澳的学术机构进行密切联动，举办了多次具有影响力的学术交流活动。1997年10月28日，香港回归后，沪港两地首次联合举办的大型学术交流会——沪港教育合作与发展研讨会在逸夫楼报告厅举行，会议由华东师范大学教育科学与技术学院、上海市教育学会、香港中文大学教育学院和香港教育研究所联合主办。1998年12月，上海交通大学人文社会科学学院、台湾朝阳科技大学人文社会学院等联合举办"两岸传播媒体迈向21世纪学术研讨会"。1999年11月20—21日，上海社会科学院、复旦大学法学院、澳门基金会共同举办"澳门法律论坛学术研讨会"。

进入21世纪后，上海与港澳台地区学术交流日趋集中、稳定和规律化，一些学术年会、学术论坛定期开展，为学术交流活动提供良好稳定的平台。2001年复旦大学信息与传播研究中心、新闻学院联合主办的首届"中国传播学论坛"在上海召开，邀请大陆和香港的传播学专家参加。2002年上海社联、香港亚太二十一学会、市港澳经济研究会联合举办首届"沪港关系论坛"。2004年1月10日，上海社联等联合举办第九届中华经济协作系统研讨会暨第四届沪港澳关系论坛。2006年3

月18日,“海峡两岸中小学教育评价学术研讨会”在华东师范大学召开,来自海峡两岸的专家学者参加研讨。2007年6月1日,由上海社会科学院港澳研究中心、上海市政协港澳台侨委员会、香港明天更好基金共同主办的“庆香港回归10周年,推进沪港两地合作”高峰论坛在上海举行。2008年6月7日,庆贺钱谷融先生九十华诞暨从教七十周年学术研讨会在华东师范大学举行,海峡两岸200余名文学界专家学者参加研讨会。

第五篇

获奖成果

本篇按照教育部《全国普通高等学校科技（人文、社科类）统计报表制度》中关于国家及省部级奖的界定以及在人文社会科学领域具有学术共识的重要成果认定为收录标准。

限于篇幅，部分评奖选录一等奖及以上的奖项。

第一章 综合性奖项

第一节 国家社会科学基金项目优秀成果奖

全国哲学社会科学规划领导小组于1999年组织开展了国家社会科学基金项目优秀成果评奖，对“六五”至“八五”时期国家社会科学基金项目的优秀成果进行奖励。首届国家社会科学基金项目优秀成果奖共授予14项成果为一等奖，其中上海成果1项；授予38项成果为二等奖，其中上海成果2项；授予99项成果为三等奖，其中上海成果7项。

表5-1-1 1999年首届国家社会科学基金项目优秀成果奖获奖一览表

成果名称	类别	奖项等级	作者	作者单位
英汉大词典	工具书、译著和学术资料	一等奖	陆谷孙主编	复旦大学
当代中国村落家族文化——对中国社会现代化的一项探索	专著	二等奖	王沪宁	复旦大学
稻作文化与江南民俗	专著	二等奖	姜彬主编	上海社会科学院
科学哲学导论	专著	三等奖	沈铭贤、王淼洋主编	上海社会科学院
马克思恩格斯同时代的西方哲学	专著	三等奖	赵修义、童世骏	华东师范大学
近代上海城市研究	专著	三等奖	张仲礼主编	上海社会科学院
非洲通史	专著	三等奖	艾周昌等主编	华东师范大学
苏轼论稿	专著	三等奖	王水照	复旦大学
中国文学批评通史(7卷)	专著	三等奖	王运熙、顾易生主编	复旦大学
上海市区方言志	专著	三等奖	许宝华、汤珍珠主编	复旦大学

第二节 “五个一工程”奖

由中共中央宣传部组织的精神文明建设“五个一工程”评选活动，自1992年开始第一届评选至2010年，共举办11届，其中上海市共有10篇理论文章获奖。

表5-1-2 1992—2010年“五个一工程”奖理论文章类获奖一览表

成果名称	成果类别	作者	发表单位	发表时间	届次
邓小平的“中国特色社会主义论”	理论文章	李君如	解放日报	1991年6月	第一届
邓小平的管理思想与领导艺术	理论文章	夏禹龙、李君如	解放日报	1992年10月	第二届
贯穿新一卷《邓小平文选》的四个“搞清楚”	理论文章	施芝鸿	解放日报	1993年11月	第三届

(续表)

成果名称	成果类别	作者	发表单位	发表时间	届次
社会主义市场经济的伦理辩护问题	理论文章	赵修义	毛泽东邓小平理论研究	1994年10月	第四届
喜看今日路,胜读百年书——《邓小平文选》1—3卷,看邓小平同志的创造精神和革命风格	理论文章	姜德福	解放军报	1995年2月	第五届
试论当代中国的民族精神——兼论邓小平对建设当代民族精神的理论贡献	理论文章	奚洁人	毛泽东邓小平理论研究	1995年12月	第五届
从政治上把握现代化建设的全局性重大问题	理论文章	胡伟	毛泽东邓小平理论研究	1996年12月	第六届
党绝对领导下的人民军队是不可战胜的——我军参加'98抗洪抢险斗争的理论思考	理论文章	姜德福、周善才	解放军报	1998年9月	第七届
高举邓小平理论伟大旗帜走出浦东开发创新之路	理论文章	邵煜栋、施芝鸿、张雄、王吉林	毛泽东邓小平理论研究	1999年4月	第七届
春风化雨润沃土——上海市黄浦区文明城区思想道德建设的实践与思考	理论文章	中共上海市黄浦区委员会、上海社会科学院邓小平理论研究中心	毛泽东邓小平理论研究	2001年2月	第八届

第三节 高等学校科学研究优秀成果奖(人文社会科学)

1995年,国家教育委员会(现教育部)设立中国高校人文社会科学研究优秀成果奖。2008年,教育部将高等学校科学技术奖和中国高校人文社会科学研究优秀成果奖合并设立高等学校科学研究优秀成果奖。高等学校科学研究优秀成果奖(人文社会科学)所有奖项分设特等奖、一等奖、二等奖、三等奖、普及奖,每三年评选一次,从1995—2010年共评选五届,上海高校共获奖264项,其中一等奖7项、二等奖105项、三等奖120项、普及奖2项。

表5-1-3 1989—1995年第一届中国高校人文社会科学研究优秀成果奖一等奖一览表

学科	名称	类别	作者	作者单位	出版(发表)单位	时间
历史学	中国历史地图集	著作	谭其骧	复旦大学	地图出版社	1989年
	黄淮海平原历史地理		邹逸麟		安徽教育出版社	1993年
教育学	全义务教育学生质量抽样调查研究	研究报告	袁运开	华东师范大学	国家教委有关部门	1994年
经济学	中国货币理论史	著作	叶世昌	复旦大学	中国金融出版社	1986年
	人民币汇率研究		陈彪如等	华东师范大学	华东师范大学出版社	1992年
中国文学	献疑集	著作	章培恒	复旦大学	岳麓书社	1993年
	中国新文学社团流派丛书		钱谷融	华东师范大学	华东师范大学出版社	1993年

（续表）

学　科	名　　称	类别	作　者	作者单位	出版(发表)单位	时　间
政治学	江苏省苏锡常地区行政区划研究	研究报告	刘君德	华东师范大学	民政部与江苏省民政厅	1992年
哲学	哲学大辞典	著作	冯契主编	华东师范大学	上海辞书出版社	1992年
	美学新论		蒋孔阳	复旦大学	人民文学出版社	1993年
	意识形态论		俞吾金		上海人民出版社	1993年
法学	中国民法史	著作	叶孝信	复旦大学	上海人民出版社	1993年
语言学	英汉大词典	著作	陆谷孙主编	复旦大学	上海译文出版社	1991年

表5-1-4　1993—1997年第二届中国高校人文社会科学研究优秀成果奖一等奖一览表

学　科	名　　称	类型	作　　者	作者单位	出版单位	时　间
中国文学	中国文学批评通史	著作	王运熙、顾易生	复旦大学	上海古籍出版社	1996年
历史学	非洲通史	著作	华东师范大学、北京大学联合课题组何芳川、宁骚、艾周昌、郑家馨、陆庭恩、彭坤元	华东师范大学	华东师范大学出版社	1995年
经济学	会计审计理论探索	著作	娄尔行	上海财经大学	立信会计出版社	1993年

表5-1-5　1997—2000年第三届中国高校人文社会科学研究优秀成果奖一等奖一览表

学　科	名　　称	类型	作　　者	作者单位	出版单位	时　间
经济学	开放经济下的政策搭配	著作	姜波克等	复旦大学	复旦大学出版社	1999年
管理学	中国企业发展的战略选择	著作	芮明杰等	复旦大学	复旦大学出版社	2000年
教育学	“国家基础教育课程改革纲要”研究	研究报告	钟启泉、崔允漷、张华、吴刚平等	华东师范大学	教育部基础教育司采用	2000年
	教育研究方法论初探	著作	叶澜		上海教育出版社	1999年
国际政治	制度变迁与外关系——192年以来的俄罗斯	著作	冯绍雷	华东师范大学	上海人民出版社	1997年
中国文学	西方美学通史	著作	蒋孔阳、朱立元主编	复旦大学	上海文艺出版社	1999年
政治学	当代中国政治形态研究	著作	林尚立	复旦大学	天津人民出版社	2000年
语言学	汉语方言大词典	著作	许宝华等 主编	复旦大学	中华书局	1999年

表 5-1-6　1999—2004 年第四届中国高校人文社会科学研究优秀成奖一等奖一览表

学　科	成　果	类型	作　者	作者单位	出版单位	时　间
教育学	中国教育学发展世纪问题的审视	论文	叶澜	华东师范大学	教育研究	2004 年
历史学	中国人口史(1—6 卷)	著作	葛剑雄主编	复旦大学	复旦大学出版社	1999—2002 年
语言学	中国出土古文献十讲	著作	裘锡圭	复旦大学	复旦大学出版社	2004 年
艺术学	舞台灯光	著作	金长烈、柳得安、姚涵春、沙晓岚等	上海戏剧学院	机械工业出版社	2004 年

表 5-1-7　2005—2007 年第五届高等学校科学研究优秀成果奖(人文社会科学)一等奖一览表

学　科	成 果 名 称	类型	作　者	作者单位	出版(发表)单位	时　间
历史学	戊戌变法史事考	著作	茅海建	华东师范大学	生活·读书·新知三联书店	2005 年
	中苏关系史纲	著作	沈志华	华东师范大学	新华出版社	2007 年
	中国近代股份制企业的特点——以资金运行为中心的考察	论文	朱荫贵	复旦大学	中国社会科学	2006 年
教育学	“新基础教育”论——关于当代中国学校变革的探究与认识	著作	叶　澜	华东师范大学	教育科学出版社	2006 年
语言学	关于《老子》的“绝仁弃义”和“绝圣”	论文	裘锡圭	复旦大学	出土文献与古文字研究	2006 年
	中国修辞史(三卷本)	著作	宗廷虎 陈光磊	复旦大学	吉林教育出版社	2007 年
中国文学	试论“五四”新文学运动的先锋性	论文	陈思和	复旦大学	复旦学报	2005 年
	历代文话	著作	王水照	复旦大学	复旦大学出版社	2007 年

第四节　国 家 图 书 奖

由国家新闻出版署设立的“国家图书奖”自 1993 年首次评选,每两年举办一次,到 2010 年共举办八届,涵盖了 1980—2007 年出版的图书。2005 年,新闻出版总署设立“中国出版政府奖”,原国家图书奖纳入其中,每三年评选一次。

表 5-1-8　1993 年第一届国家图书奖国家奖、荣誉奖获奖名单一览表

图 书 名 称	奖项名称	作　者	出 版 社
汉语大词典	国家奖	罗竹风主编	汉语大词典出版社
华阳国志校补图注	国家奖	（晋）常璩撰；任乃强校注	上海古籍出版社
英汉大词典	国家奖	陆谷孙主编	上海译文出版社
辞海（1989 年版）	荣誉奖	夏征农主编	上海辞书出版社

表 5-1-9　1995 年第二届国家图书奖国家奖、荣誉奖获奖名单一览表

图 书 名 称	奖项名称	作　者	出 版 社
中国文物精华大全（4 卷）	国家奖	彭卿云等	上海辞书出版社

表 5-1-10　1997 年第三届国家图书奖国家奖、荣誉奖获奖名单一览表

图 书 名 称	奖项名称	作　者	出 版 社
中国文学批评通史	国家奖	王运熙等	上海古籍出版社
中国戏曲剧种大辞典	国家奖	中国戏曲剧种大辞典编委会	上海辞书出版社
中国近代文学大系	荣誉奖	徐中玉等主编	上海书店出版社

表 5-1-11　1999 年第四届国家图书奖国家奖、荣誉奖获奖名单一览表

图 书 名 称	奖项名称	作　者	出 版 社
敦煌学大辞典	国家奖	季羡林主编	上海辞书出版社
中华文化通志（101 卷）	荣誉奖	本书编委会	上海人民出版社

表 5-1-12　2001 年第五届国家图书奖国家奖、荣誉奖获奖名单一览表

图 书 名 称	奖项名称	作　者	出 版 社
上海通史（15 卷）	国家奖	熊月之主编	上海人民出版社
中国历史大辞典	国家奖	郑天挺等主编	上海辞书出版社
科学与艺术	荣誉奖	李政道等主编	上海科学技术出版社
中华本草	荣誉奖	《中华本草》编委会	上海科学技术出版社

表 5-1-13　2003 年第六届国家图书奖国家奖、荣誉奖获奖名单一览表

图 书 名 称	奖项名称	作　者	出 版 社
中国文物定级图典（一、二、三级品）	荣誉奖	马自树主编	上海辞书出版社
续修四库全书（1 800 册）	荣誉奖	顾廷龙、傅璇琮等主编	上海古籍出版社

表 5-1-14　2005 年第七届国家图书奖国家奖、荣誉奖获奖名单一览表

图书名称	奖项名称	作者	出版社
教育大辞典	国家奖	顾明远主编	上海教育出版社
近代中国社会的新陈代谢	国家奖	陈旭麓	上海人民出版社
西索简明汉外系列词典	国家奖	邱懋如主编	上海外语教育出版社
新编文史笔记丛书	国家奖	萧乾主编	上海书店出版社

表 5-1-15　2007 年第八届国家图书奖国家奖、荣誉奖获奖名单一览表

图书名称	奖项名称	作者	出版社
汉英大词典	国家奖	吴光华	上海交通大学出版社

表 5-1-16　2007 年首届中国出版政府奖图书奖获奖名单一览表

图书名称	作者	出版社
古文字诂林(12 册)	《古文字诂林》编纂委员会编	上海教育出版社
全宋文(360 册)	曾枣庄、刘琳主编	上海辞书出版社、安徽教育出版社
肇域志(4 册)	[清]顾炎武撰,谭其骧、王文楚等点校	上海古籍出版社

第五节　上海市哲学社会科学优秀成果奖

上海市哲学社会科学优秀成果奖在 1986 年颁布第一届获奖名单,涵盖 1979—1985 年间的 345 项著作、论文类优秀成果,1994 年,第二届获奖范围涵盖 1986—1993 年间的 443 项著作、论文类优秀成果。自 1996 年开始,每两年评奖一次。截至 2010 年,共举办 10 届评奖,共计 2 800 余项著作、论文、音像制品等优秀成果获奖。

表 5-1-17　1986 年上海市第一届哲学社会科学优秀成果奖特等奖、优秀著作奖和优秀论文奖获奖名单一览表

成果名称	成果类型	奖项	申报者	申报者单位
中国历史地图集	图集	特等奖	谭其骧主编	复旦大学
辞海	工具书	特等奖	夏征农主编;马飞海、石美鑫、冯德培、朱物华、刘佛年、苏步青、李国豪、李俊民、李培南、束纫秋、吴文祺、杭苇、罗竹风、周予同、赵超构、郭绍虞副主编	《辞海》编委会
文学沉思录	专著	优秀著作奖	王元化	上海社联
洪昇年谱	专著	优秀著作奖	章培恒	复旦大学

（续表）

成果名称	成果类型	奖　项	申报者	申报者单位
德国古典美学	专著	优秀著作奖	蒋孔阳	复旦大学
《雷雨》人物谈	专著	优秀著作奖	钱谷融	华东师范大学
郁达夫新论	专著	优秀著作奖	许子东	华东师范大学
现代英国小说史	专著	优秀著作奖	侯维瑞	上海外国语学院
现代汉语	专著	优秀著作奖	胡裕树主编	复旦大学
新英汉词典	工具书	优秀著作奖	《新英汉词典》编写组	复旦大学
章太炎思想研究	专著	优秀著作奖	姜义华	复旦大学
中国古代服饰史	专著	优秀著作奖	周锡保	上海戏剧学院
戊戌变法史	专著	优秀著作奖	汤志钧	上海社会科学院
西方史学史概要	专著	优秀著作奖	郭圣铭	华东师范大学
中国历史大辞典·宋史卷	工具书	优秀著作奖	邓广铭、程应镠主编	上海师范大学
蔡元培传	专著	优秀著作奖	唐振常	上海社会科学院
中国古代哲学的逻辑发展（上、中、下册）	专著	优秀著作奖	冯契	华东师范大学
现代西方哲学	编著	优秀著作奖	刘放桐等	复旦大学
柏拉图哲学述评	专著	优秀著作奖	范明生	上海社会科学院
社会必要产品论	专著	优秀著作奖	雍文远、李鸿江、袁恩桢等	上海社会科学院
政治经济学	教材	优秀著作奖	蒋学模主编	复旦大学
中国经济思想史（下）	专著	优秀著作奖	胡寄窗	上海财经大学
上海经济发展战略研究及文集	文集	优秀著作奖	陈敏之主编	上海社会科学院
国民经济管理学	专著	优秀著作奖	《国民经济管理学》编写组	复旦大学
会计辞典	工具书	优秀著作奖	龚清浩、徐政旦主编	上海财经大学
国外法学知识译丛（12册）	译著	优秀著作奖	潘念之、丘日庆、浦增元、周枏、曾庆敏、黄道、周子亚、戚维新、蔡晋、武彪、徐步衡、余振龙	上海社会科学院
洗冤集录校译	古籍整理	优秀著作奖	杨奉琨	复旦大学
教育心理学——学与教的原理	著作	优秀著作奖	邵瑞珍、皮连生、吴庆麟	华东师范大学

（续表）

成果名称	成果类型	奖项	申报者	申报者单位
欧洲经济共同体	专著	优秀著作奖	伍贻康、周建平、戴炳然、蒋三铭	复旦大学
现代国际关系史	编著	优秀著作奖	颜声毅、李幼芬、俞正梁、朱明权	复旦大学
中国人口地理(上册)	编著	优秀著作奖	胡焕庸、张善余	华东师范大学
简明社会科学词典	工具书	优秀著作奖	宋原放主编;郭加复、巢峰副主编	上海市出版局
民族文化与古代文论	论文	优秀论文奖	陈伯海	上海社会科学院
浅论怪诞	论文	优秀论文奖	王纪人	上海师范大学
论证中国古代的纯律理论	论文	优秀论文奖	陈应时	上海音乐学院
西汉诸侯王国封域变迁考	论文	优秀论文奖	周振鹤	复旦大学
拿破仑研究的演进	论文	优秀论文奖	王养冲	华东师范大学
金山卫及其附近一带海岸线的变迁	论文	优秀论文奖	张修桂	复旦大学
论晚清的官督商办	论文	优秀论文奖	汪熙	复旦大学
爱因斯坦与当代科学哲学	论文	优秀论文奖	沈铭贤	上海社会科学院
揭林彪一类偷换原则和另立标准的骗局	论文	优秀论文奖	周抗	上海社会科学院
顺着经济责任制的路子改革企业工资制度	论文	优秀论文奖	钱世明、童源轼	上海社会科学院
目前我国消费基金膨胀的原因及对策	论文	优秀论文奖	集体(符钢战执笔)	复旦大学
汇率决定论	论文	优秀论文奖	张志超	华东师范大学
上海工业技术改造若干问题	专题报告	优秀论文奖	黄大明等	上海市经济研究中心
鲁尔与皖北经济地理战略地位对比研究	调查报告	优秀论文奖	钱今昔、吴建藩、陈慧增、冯春萍、戴正洪、张永昶、赵世娟	华东师范大学
上海“七五”期间经济发展规划模型	研究报告	优秀论文奖	课题组	上海市统计局
关于上海资金分配结构几个问题的探讨	论文	优秀论文奖	徐日清、屠基谟、杜岩双、胡应荣、赵恺泰	上海社会科学院
从“一国两制”看主权与治权的关系	论文	优秀论文奖	王邦佐	复旦大学
法制建设与新技术革命(一组七篇)	论文	优秀论文奖	倪正茂	上海社会科学院

（续表）

成果名称	成果类型	奖　项	申报者	申报者单位
充分挖掘儿童少年智慧潜力的探索	论文	优秀论文奖	上海师大教科所	上海师范大学
控制人口与发展经济	论文	优秀论文奖	张开敏	上海社会科学院

表5-1-18　1994年上海市第二届哲学社会科学优秀成果奖特等奖、一等奖获奖名单一览表

成果名称	成果类型	奖　项	申报者	申报者单位
汉语大词典	著作	特等奖	罗竹风等	《汉语大词典》编纂处
英汉大词典	著作	特等奖	陆谷孙等	复旦大学
毛泽东思想研究大系	著作	一等奖	毛泽东思想研究大系编委会	毛泽东思想研究大系编委会
社会主义市场经济学教程	著作	一等奖	伍柏麟等	复旦大学
管理心理学	著作	一等奖	苏东水	复旦大学
中国：国民收入的分配格局	著作	一等奖	石良平等	华东理工大学
重置成本会计论：物价变动的会计对策	著作	一等奖	汤云为	上海财经大学
哲学大辞典	著作	一等奖	冯契等	华东师范大学
意识形态论	著作	一等奖	俞吾金	复旦大学
美学新论	著作	一等奖	蒋孔阳	复旦大学
上海史	著作	一等奖	唐振常等	上海社会科学院
近代中国社会的新陈代谢	著作	一等奖	陈旭麓	华东师范大学
上海人民革命史画册	著作	一等奖	蒋铃等	上海市委党史研究室
当代中国村落家族文化	著作	一等奖	王沪宁	复旦大学
国际经济法新论(3卷)	著作	一等奖	曹建明等	华东政法学院
战后世界历史长编(七、八册)	著作	一等奖	刘同舜等	复旦大学
教育原理	著作	一等奖	陈桂生	华东师范大学
辞海(1989年版)	著作	一等奖	夏征农等	《辞海》编委会
社会科学争鸣大系	著作	一等奖	李储文等	上海社联
邓小平的管理思想与领导艺术	论文	一等奖	夏禹龙等	上海社会科学院
社会形态的两重划分与我国当前社会变革的实质	论文	一等奖	陈烽	上海社会科学院
经济文化落后国家建设社会主义的历史探索	论文	一等奖	蒋学模	复旦大学
两层次公平与双轨制分配：对收入分配不公的观察和思考	论文	一等奖	钱世明	上海社会科学院

(续表)

成果名称	成果类型	奖项	申报者	申报者单位
论重返关贸总协定给我国企业带来的机遇与挑战	论文	一等奖	汪尧田等	上海对外贸易学院
论上海外贸出口增长相对缓慢的原因及其对策	论文	一等奖	王新奎	上海对外贸易学院
交通规则对投资规模问题的理论剖析	论文	一等奖	胡寄窗	上海财经大学
上海技术引进消化吸收政策研究	论文	一等奖	杨公朴等	上海财经大学
上海加快振兴要有大动作	论文	一等奖	蔡来兴	上海市人民政府
论社会主义市场经济模式	论文	一等奖	姚锡棠	上海社会科学院
上海改革流通体制的基本思路	论文	一等奖	厉无畏	上海社会科学院
积极的货币政策的理论基础	论文	一等奖	陈观烈	复旦大学
生态哲学视野中的"第一生产力"	论文	一等奖	吴晓江	上海社会科学院
从中西哲学的会通看新理学	论文	一等奖	杨国荣	华东师范大学
"人学"是否哲学的发展之路	论文	一等奖	黄颂杰	复旦大学
中国新文学与传统文学	论文	一等奖	贾植芳	复旦大学
全面正确学习理解毛泽东有关文学问题的论述	论文	一等奖	郭豫适	华东师范大学
与语言符号有关的问题	论文	一等奖	张斌	上海师范大学
唐代酒令与词	论文	一等奖	王小盾	上海师范大学
法国大革命史编纂学中的罗伯斯庇尔:冤诬与昭雪	论文	一等奖	王养冲	华东师范大学
欧洲共同体一体化进程及其历史地位	论文	一等奖	伍贻康	上海市高等教育局
长江宜昌至城陵矶河床历史演变及其影响	论文	一等奖	张修桂	复旦大学
论海上油污损害赔偿的原则规范及其损失估算	论文	一等奖	沈满堂	上海市海事法院
现代化进程中的政治一体化	论文	一等奖	任晓	复旦大学
90年代的资本主义经济危机和周期	论文	一等奖	姚廷纲	上海社会科学院
教育与社会变迁的关系的理论之质疑	论文	一等奖	张人杰	华东师范大学
论中国古代心理思想的主要成就和贡献	论文	一等奖	燕国材	上海师范大学

（续表）

成果名称	成果类型	奖　项	申报者	申报者单位
1991至2000年上海人才发展战略及其规划方案研究	论文	一等奖	沈荣华等	上海市人事局
论人口与经济发展的关系	论文	一等奖	左学金	上海社会科学院
农村人口向小城镇转移的新态势和新问题	论文	一等奖	朱宝树等	华东师范大学

表5-1-19　1996年上海市第三届哲学社会科学优秀成果奖特等奖、一等奖获奖名单一览表

成果名称	成果类型	奖　项	申报者	申报者单位
金文大字典	著作	特等奖	戴家祥等	华东师范大学
中国文学批评通史（七卷本）	著作	特等奖	王运熙等	复旦大学
智慧的探索：《智慧说三篇》导论	论文	特等奖	冯契	华东师范大学
邓小平——当代中国马克思主义的创立者	著作	一等奖	李君如	上海社会科学院
东西方哲学比较研究	著作	一等奖	王淼洋等	上海社会科学院
浦东崛起与长江流域经济发展	著作	一等奖	姚锡棠	上海社会科学院
中国货币需求分析——货币需求函数中的规模变量问题研究	著作	一等奖	戴国强	上海财经大学
政治的逻辑——马克思主义政治学原理	著作	一等奖	王沪宁等	复旦大学
双重体系的扭曲与外贸效益	著作	一等奖	张幼文	上海社会科学院
中国教育地图集	著作	一等奖	黄永砥等	华东师范大学
儿童辞海	著作	一等奖	巢峰等	上海辞书出版社
试论当代中国的民族精神：兼论邓小平对建设当代民族精神的理论贡献	论文	一等奖	奚洁人	上海师范高等专科学校
喜看今日路，胜读百年书	论文	一等奖	姜德福	上海市中共党史学会
抗战时期上海军民爱国主义的历史特点	论文	一等奖	王关兴	上海师范大学
近代上海市场发育的若干特点	论文	一等奖	张仲礼等	上海社会科学院
孙中山的经济发展战略思想	论文	一等奖	叶世昌	复旦大学
中国乡镇企业资金积累及其运行机制探析	论文	一等奖	韩华林等	上海社会科学院
上海在亚太地区经济中的产业定位问题研究	论文	一等奖	杨公朴等	上海财经大学
国际经贸法律制度与关贸总协定	论文	一等奖	曹建明	华东政法学院

(续表)

成果名称	成果类型	奖项	申报者	申报者单位
论立法成本分析	论文	一等奖	孙潮	华东政法学院
论世界经济增长重心的转移	论文	一等奖	林进成	复旦大学
明清时期北部农牧过渡带的推移和气候寒暖变化	论文	一等奖	邹逸麟	复旦大学
论《孙文学说》人文精神的新构建	论文	一等奖	姜义华	复旦大学
对华澳语系假说的若干支持材料	论文	一等奖	潘悟云	上海师范大学
时代精神与新教育理想的构建	论文	一等奖	叶澜	华东师范大学

表 5-1-20　1998 年上海市第四届哲学社会科学优秀成果奖一等奖获奖名单一览表

成果名称	成果类型	奖项	申报者	申报者单位
智慧说三篇	著作	一等奖	冯契	华东师范大学
中国管理通鉴	著作	一等奖	苏东水等	复旦大学
双轨制经济学：中国的经济改革(1978—1992)	著作	一等奖	张军	复旦大学
新中国经济思想史纲要(1949—1989)	著作	一等奖	谈敏等	上海财经大学
跨世纪的世界格局大转换	著作	一等奖	陈启懋等	上海社联国际关系学会
中国移民史(1—6 卷)	著作	一等奖	葛剑雄等	复旦大学
陈思和自选集	著作	一等奖	陈思和	复旦大学
上海新闻史	著作	一等奖	马光仁等	上海社会科学院
躁动的百年——20 世纪教育的历程	著作	一等奖	陆有铨	上海教育学院
中国人口分布与区域经济发展	著作	一等奖	王桂新	华东师范大学
稻作文化与江南民俗	著作	一等奖	姜彬等	上海社会科学院
中国走向现代化的和平革命与新理性主义	论文	一等奖	姜义华	复旦大学
西方哲学近现代转型与马克思主义哲学和当代中国哲学的发展道路(论纲)	论文	一等奖	刘放桐	复旦大学
假冒伪劣现象的经济学分析	论文	一等奖	谢识予	复旦大学
组织边际创新中的市场体制演进	论文	一等奖	张道根	上海社会科学院
中国工业资金的“逆向”流动和融资政策导向	论文	一等奖	殷醒民	复旦大学

（续表）

成果名称	成果类型	奖项	申报者	申报者单位
非对称信息与政策信息披露对我国货币政策效应的影响分析	论文	一等奖	陈学彬	上海财经大学
商业银行与工商企业交易关系的理论分析	论文	一等奖	金晓斌	上海财经大学
汉语“法学”一词的起源及其流变	论文	一等奖	何勤华	华东政法学院
关于世界经济一体化的几个理论问题	论文	一等奖	张幼文	上海社会科学院
客家源流异说	论文	一等奖	周振鹤	复旦大学
论儒教是否为宗教及中国古代小说与宗教的关系	论文	一等奖	郭豫适	华东师范大学
《三礼》汉读、异文及其古音系统	论文	一等奖	虞万里	上海辞书出版社
内隐社会认知的初步实验研究	论文	一等奖	杨治良等	华东师范大学
上海产业结构高度化演进中的劳动力转移新态势和新问题	论文	一等奖	朱宝树	华东师范大学
中国书业发展的三个阶段与新出版组织的培育	论文	一等奖	陈昕	上海人民出版社

表 5-1-21 2000 年上海市第五届哲学社会科学优秀成果奖荣誉奖、特等奖和一等奖获奖名单一览表

成果名称	成果类型	奖项	申报者	申报者单位
中华文化通志	著作	荣誉奖	本书编委会	复旦大学
辞海(1999 年新版)	著作	特等奖	夏征农等	辞海编辑委员会
上海通史	著作	一等奖	熊月之等	上海社会科学院
本体论研究	著作	一等奖	俞宣孟	上海社会科学院
宏观金融博弈分析	著作	一等奖	陈学彬	上海财经大学
开放经济下的宏观金融管理	著作	一等奖	姜波克等	复旦大学
国际商事仲裁法	著作	一等奖	陈治东	华东政法学院
经济全球化论丛	著作	一等奖	伍贻康等	上海社会科学院
上海历史地图集	著作	一等奖	周振鹤等	复旦大学
蒋孔阳全集	著作	一等奖	蒋孔阳	复旦大学
西方美学通史	著作	一等奖	朱立元等	复旦大学
汉语大词典简编	著作	一等奖	罗竹风等	汉语大词典出版社

(续表)

成 果 名 称	成果类型	奖 项	申 报 者	申报者单位
汉语方言大词典	著作	一等奖	许宝华等	复旦大学
教育研究方法论初探	著作	一等奖	叶澜	华东师范大学
上海百科全书	著作	一等奖	本书编委会	上海市社会科学界联合会
城镇居民消费行为变异与我国经济增长	论文	一等奖	袁志刚等	复旦大学
产权非个人化条件下生产者联合体成员的劳动投入行为	论文	一等奖	李维森	复旦大学
中国的政府间财政转移支付:1952—1997	论文	一等奖	陈家海等	上海社会科学院
资产重组的市场反应——1997年沪市资产重组实证分析	论文	一等奖	陈信元等	上海财经大学
秦汉律学考	论文	一等奖	何勤华	华东政法学院
侵华日军慰安妇制度略论	论文	一等奖	苏智良等	上海师范大学
诗六义原始	论文	一等奖	王小盾	上海师范大学
毛泽东与上海(6集电视文献纪录片)	音像制品	一等奖	王小龙等	上海电视台

表5-1-22 2002年上海市第六届哲学社会科学优秀成果奖特等奖、一等奖获奖名单一览表

成 果 名 称	成果类型	奖 项	申 报 者	申报者单位
中国教育哲学史	著作	特等奖	张瑞番等	华东师范大学
上海抗日战争史丛书	著作	一等奖	唐培吉等	上海市中共党史学会
博弈论	著作	一等奖	施锡铨	上海财经大学
中国法学史	著作	一等奖	何勤华	华东政法学院
次国家政府与对外事务	著作	一等奖	陈志敏	复旦大学
中国历史通论	著作	一等奖	王家范	华东师范大学
中国古代文学理论体系	著作	一等奖	王运熙等	复旦大学
存在、自然存在和社会存在——海德格尔、卢卡奇和马克思本体论思想的比较研究	论文	一等奖	俞吾金	复旦大学
中国近代两种金融制度的比较	论文	一等奖	杜恂诚	上海社会科学院
社会转型期的中国政治体制改革	论文	一等奖	刘世军	中共上海市委宣传部理论处
东林书院的实态分析——“东林党”论质疑	论文	一等奖	樊树志	复旦大学
试析中国当代道德教育内容的基础性构成	论文	一等奖	叶澜	华东师范大学

表 5-1-23　2004 年上海市第七届哲学社会科学优秀成果奖学术贡献奖、一等奖获奖名单一览表

主要学术贡献	代表作品	奖　项	获 奖 者	获奖者单位
19 世纪中国社会绅士阶层的原创性研究及学术成果的国际声誉	《中国绅士——关于其在 19 世纪中国社会中的作用》	学术贡献奖	张仲礼	上海社会科学院
社会主义政治经济学的系统研究、独特见解和广泛学术影响	《高级政治经济学——社会主义总论》	学术贡献奖	蒋学模	复旦大学
现代西方哲学领域开拓性的持续研究及学科建设的重大贡献	《现代西方哲学》	学术贡献奖	刘放桐	复旦大学
成 果 名 称	**成果类型**	**奖　项**	**申 报 者**	**申报者单位**
上海金融的制度、功能与变迁(1897—1997)	著作	一等奖	杜恂诚等	上海财经大学
所有的子弹都有归宿：发展中国家军人政治研究	著作	一等奖	陈明明	复旦大学
国家关系中的华侨华人和华族	著作	一等奖	吴前进	上海社会科学院
中国人口史(1—6 卷)	著作	一等奖	葛剑雄等	复旦大学
西洋传教士汉语方言学著作书目考述	著作	一等奖	游汝杰	复旦大学
区域教育的历史研究	著作	一等奖	吴宣德等	华东师范大学
中国人口地理	著作	一等奖	张善余	华东师范大学
从道德评价优先到历史评价优先：马克思异化理论发展中的视角转换	论文	一等奖	俞吾金	复旦大学
资本形成、工业化与经济增长：中国转轨的特征	论文	一等奖	张军	复旦大学
“变法”模式与政治稳定性——中国经验及其法律经济学含义	论文	一等奖	张建伟	复旦大学
中国文学的现代转型及其意义	论文	一等奖	王铁仙	华东师范大学
汉语否定词考源——兼论虚词考本字的基本方法	论文	一等奖	潘悟云	上海师范大学
单亲主体的福利：中国的解释模型	论文	一等奖	徐安琪等	上海社会科学院

表5-1-24 2006年上海市第八届哲学社会科学优秀成果奖学术贡献奖、一等奖获奖名单一览表

主要学术贡献	代表作品	奖　项	获 奖 者	获奖者单位
中国思想文化研究中的引领性贡献、对时代问题的深刻反思及广泛学术影响	《思辨录》等	学术贡献奖	王元化	上海市古籍整理规划领导小组
中国思想史研究领域里的独特见解和丰富著作	《蔡尚思全集》	学术贡献奖	蔡尚思	复旦大学
我国法国史研究中的奠基性贡献和持续性耕耘	《法国大革命史》等	学术贡献奖	王养冲	华东师范大学
成 果 名 称	**成果类型**	**奖　项**	**申 报 者**	**申报者单位**
上海现代化研究丛书	著作	一等奖	冯小敏等	中共上海市委组织部
古文字诂林	著作	一等奖	李圃等	华东师范大学
二十世纪中国社会科学	著作	一等奖	李储文等	上海市社会科学界联合会
上海通志	著作	一等奖	黄美真等	上海市地方志办公室
日耳曼法研究	著作	一等奖	李秀清	华东政法学院
旧五代史新辑会证	著作	一等奖	陈尚君	复旦大学
营造未来：美国国会游说的制度解读	著作	一等奖	赵可金	复旦大学
篇章回指的功能语用探索	著作	一等奖	许余龙	上海外国语大学
亏损上市公司实证研究	著作	一等奖	薛爽	上海财经大学
家庭服装消费决策行为的系统整合模型及其市场应用	著作	一等奖	沈蕾	东华大学
从科学技术的双重功能看历史唯物主义叙述方式的改变	论文	一等奖	俞吾金	复旦大学
中国服务业增长的特点、原因及影响	论文	一等奖	程大中	复旦大学
因患寡，而患不均——中国的收入差距、投资、教育和增长的相互影响	论文	一等奖	陆铭	复旦大学
中国农村收入分配的不平等及其地区差异	论文	一等奖	薛宇峰	上海财经大学
继承领域内冲突格局的形成——近代中国的分家习惯与继承法移植	论文	一等奖	俞江	华东政法学院
纸简替代与汉魏晋初文学新变	论文	一等奖	查屏球	复旦大学
汉语方言同源词的判别原则	论文	一等奖	游汝杰	复旦大学
世纪初中国基础教育学校“转型性变革”的理论与实践	论文	一等奖	叶澜	华东师范大学
当前中国社会阶层分化的多元动力基础——一种权力衍生论的解释	论文	一等奖	刘欣	复旦大学

表 5-1-25 2008 年上海市第九届哲学社会科学优秀成果奖学术贡献奖、一等奖获奖名单一览表

主要学术贡献	代表作品	奖 项	获 奖 者	获奖者单位
从事马克思主义经济学研究，探索经济规律，运用马克思的地租理论，结合改革开放实际，在国内学术界第一个提出“土地批租”的政策建议	《经济规律的探索》	学术贡献奖	张薰华	复旦大学
从事社会主义政治经济学的理论研究，是中国版社会主义政治经济学的主要开拓者之一	《社会必要产品论》	学术贡献奖	雍文远	上海社会科学院
当代中国文化名人和著名学者，为现代文学和比较文学学科重建和研究开拓作出贡献	《贾植芳文集》	学术贡献奖	贾植芳	复旦大学
中国文学批评史与古代文学史的研究专家	《文心雕龙探索》《中国文学批评通史》	学术贡献奖	王运熙	复旦大学
20 世纪 50 年代提出“文学是人学”，影响文艺理论界，成为“新时期”以来中国文学研究和创作转折的基石和前提	《论“文学是人学”》《钱谷融论学三种》	学术贡献奖	钱谷融	华东师范大学
学者、教育家，主编《大学语文》教材，积极从事学术组织活动	《徐中玉自选集》	学术贡献奖	徐中玉	华东师范大学
成 果 名 称	**成果类型**	**奖 项**	**申 报 者**	**申报者单位**
问题域的转换：对马克思和黑格尔关系的当代解读	著作	一等奖	俞吾金	复旦大学
形而上学的没落——马克思与费尔巴哈关系的当代解读	著作	一等奖	吴晓明	复旦大学
在宏观与微观之间：量子测量的解释语境与实在论	著作	一等奖	成素梅	上海社会科学院
信仰、革命与权力秩序——中国宗教社会学研究	著作	一等奖	李向平	上海大学
社会利益关系演进论——我国社会利益关系发展变化的轨迹	著作	一等奖	洪远朋等	复旦大学
南京国民政府时期的国有企业：1927—1949	著作	一等奖	张忠民等	上海社会科学院
我国流域跨界水污染纠纷协调机制研究：以淮河流域为例	著作	一等奖	赵来军	复旦大学
中国税收制度史	著作	一等奖	黄天华	上海财经大学
崛起中的全球城市——理论框架及中国模式研究	著作	一等奖	周振华	上海市人民政府发展研究中心

(续表)

成 果 名 称	成果类型	奖　项	申 报 者	申报者单位
公共管理新论：体系、价值与工具	著作	一等奖	曾峻	中共上海市委党校
德国国际私法——理论、方法和立法的变迁	著作	一等奖	杜涛	复旦大学
国际贸易的知识产权法	著作	一等奖	张乃根	复旦大学
美国思想库与一个中国政策	著作	一等奖	张春	上海国际问题研究所
中苏关系史纲(1917—1991)	著作	一等奖	沈志华等	华东师范大学
苏州与徽州——16—20世纪两地互动与社会变迁的比较研究	著作	一等奖	唐力行等	上海师范大学
中国文学史新著	著作	一等奖	章培恒等	复旦大学
外国建筑史——从远古至19世纪	著作	一等奖	陈平	上海大学
控制沟通：美国政府的媒体宣传	著作	一等奖	沈国麟	复旦大学
青少年主流价值观：心理学的探究	著作	一等奖	岑国桢	上海师范大学
面向创新型国家的研究型大学建设研究	著作	一等奖	刘念才等	上海交通大学
中国城市的阶层结构与社会网络	著作	一等奖	张文宏	上海大学
上海大辞典	著作	一等奖	王荣华等	上海社会科学院
现代性逻辑预设何以生成	论文	一等奖	张雄	上海财经大学
从以天论德看儒家道德的宗教作用	论文	一等奖	杨泽波	复旦大学
劳动调整成本、流动性约束与中国经济波动	论文	一等奖	胡永刚等	上海财经大学
对"幸福—收入之谜"的一个解答	论文	一等奖	田国强等	上海财经大学
需求波动下的煤电纵向关系安排与政府规制	论文	一等奖	于立宏等	华东理工大学
均衡汇率理论和政策新框架的再探索	论文	一等奖	姜波克	复旦大学
行政处罚中罚款数额的设定方式——以上海市地方性法规为例	论文	一等奖	徐向华等	上海交通大学
比较法在近代中国	论文	一等奖	何勤华	华东政法大学
社会心理、错误知觉与美国安全观的转变及实践	论文	一等奖	薛晨	上海国际问题研究所
中国近代股份制企业的特点——以资金运行为中心的考察	论文	一等奖	朱荫贵	复旦大学

（续表）

成果名称	成果类型	奖　项	申报者	申报者单位
持渡书在中日书籍史上的意义——以《戌番外船持渡书大意书》为说	论文	一等奖	周振鹤	复旦大学
作品、产品与商品——古代文学作品商品化的一点考察	论文	一等奖	王水照	复旦大学
中国古代小说中的城市书写及现代阐释	论文	一等奖	孙逊等	上海师范大学
贾湖遗址二批出土的骨龠测音采样吹奏报告	论文	一等奖	刘正国	上海师范大学
上古汉语的韵尾 * -l 与 * -r	论文	一等奖	潘悟云	上海师范大学
关于《老子》的“绝仁弃义”和“绝圣”	论文	一等奖	裘锡圭	复旦大学
关于开发外来务工人员开放教育市场的调研报告	论文	一等奖	李明华	华东师范大学
社区治理：公民社会的微观基础	论文	一等奖	李友梅	上海大学
制度变迁与教育不平等的产生机制：中国城市子女的教育获得	论文	一等奖	李煜	上海社会科学院
社会性别视角下的城镇医疗保险改革——以上海模式为例	论文	一等奖	王菊芬	复旦大学

表 5-1-26　2010 年上海市第十届哲学社会科学优秀成果奖学术贡献奖、一等奖获奖名单一览表

主要学术贡献	代表作品	奖　项	获奖者	获奖者单位
对汉字做了深刻严谨且富有创见的研究和论述，为中国历史文化的传承延续作出了极大的贡献	《文字学概要》	学术贡献奖	裘锡圭	复旦大学
长期致力于中国文学研究，在倡导中国文学古今贯通研究等方面成就卓著	《中国文学史新著》	学术贡献奖	章培恒	复旦大学
在国有企业改革与发展、温州经济发展与“温州模式”、以及社会主义市场经济理论等研究领域提出了开创性的理论	《袁恩桢文集》	学术贡献奖	袁恩桢	上海社会科学院
成果名称	**成果类型**	**奖　项**	**申报者**	**申报者单位**
敦煌因明文献研究	著作	一等奖	沈剑英	华东师范大学
回溯历史——马克思主义经济学在中国的传播前史（上、下）	著作	一等奖	谈敏	上海财经大学
大型民用飞机产业的全球市场结构与竞争	著作	一等奖	史东辉	上海大学

(续表)

成果名称	成果类型	奖项	申报者	申报者单位
社会转型与治理成长——新时期上海大都市政府治理研究	著作	一等奖	易承志	华东政法大学
人类基因的权利研究	著作	一等奖	邱格屏	华东政法大学
变动社会中的政策选择：美国大麻政策研究	著作	一等奖	张勇安	上海大学
王国维全集	著作	一等奖	谢维扬等	华东师范大学
从甲午到戊戌：康有为《我史》鉴注	著作	一等奖	茅海建	华东师范大学
庄子学史(一、二、三册)	著作	一等奖	方勇	华东师范大学
文学史学原理研究	著作	一等奖	董乃斌等	上海大学
滩簧考论	著作	一等奖	朱恒夫	上海大学
汉俄大词典	著作	一等奖	顾柏林等	上海外国语大学
媒介与社会性别研究：理论与实例	著作	一等奖	曹晋	复旦大学
声音与经验：教育叙事探究	著作	一等奖	丁钢	华东师范大学
流浪儿——基于对上海火车站地区流浪儿童的民族志调查	著作	一等奖	程福财	上海社会科学院
当代中国的文化发展	著作	一等奖	许明等	上海社会科学院
形神之间——早期西洋医学入华史稿	著作	一等奖	董少新	复旦大学
形而上学发展史上的三次翻转——海德格尔形而上学之思的启迪	论文	一等奖	俞吾金	复旦大学
关于“重叠共识”的“重叠共识”	论文	一等奖	童世骏	上海社会科学院
中国各省份劳动生产率增长的收敛性：1978—2006年	论文	一等奖	高帆等	复旦大学
分割市场的经济增长——为什么经济开放可能会加剧地方保护?	论文	一等奖	陆铭等	复旦大学
中国文化背景下品牌情感的结构及对中外品牌资产的影响效用	论文	一等奖	何佳讯	华东师范大学
中国地方政府财政支出效率研究：1978—2005	论文	一等奖	陈诗一等	复旦大学
论政治发展的规划与预期	论文	一等奖	桑玉成	复旦大学
地缘学的发展与中国的地缘战略——一种分析框架	论文	一等奖	潘忠岐	复旦大学
罪数形态理论正本清源	论文	一等奖	刘宪权	华东政法大学

（续表）

成果名称	成果类型	奖　项	申报者	申报者单位
美国对解决台湾问题的政策取向	论文	一等奖	林冈	上海交通大学
松井石根战争责任的再检讨——东京审判有关南京暴行罪被告方证词检证之一	论文	一等奖	程兆奇	上海社会科学院
况周颐与王国维：不同的审美范式	论文	一等奖	王水照	复旦大学
音乐人类学的中国实践与经验的反思和发展构想(上、下)	论文	一等奖	洛秦	上海音乐学院
Web2.0知情与表达：以上海网民为例的研究	论文	一等奖	周葆华	复旦大学
"生命·实践"教育学引论(上、下)——关于以"生命·实践"作为教育学当代重建基因式内核及其命脉的论述	论文	一等奖	叶澜	华东师范大学
从财富分配到风险分配：中国社会结构重组的一种新路径	论文	一等奖	李友梅	上海大学
城市新移民社会认同的结构模型	论文	一等奖	张文宏等	上海大学
东道国腐败对跨国公司进入模式的影响研究	论文	一等奖	薛求知等	复旦大学
中国出口贸易中隐含能变化的影响因素——基于结构分解分析的研究	论文	一等奖	陈红敏	复旦大学

第六节　上海市邓小平理论研究和宣传优秀成果奖

上海市邓小平理论研究和宣传优秀成果奖评选自1995年开展第一届评奖，范围涵盖1979—1994年间的优秀成果，自1998年第二届评奖开始，每两年举办一次。截至2010年，共举办八届评奖，囊括著作、论文、音像制品在内的444项优秀成果分获一、二、三等奖。

表5-1-27　1995年第一届邓小平理论研究和宣传优秀成果奖一等奖获奖名单一览表

成果名称	成果类型	奖　项	申报者	申报者单位
邓小平理论与实践研究丛书	著作	一等奖	本书编委会	本书编委会
毛泽东思想研究大系	著作	一等奖	本书编委会	本书编委会
贯穿新一卷《邓小平文选》的四个"搞清楚"	论文	一等奖	施芝鸿	浦东新区管委会
加速发展，达到共同富裕的捷径	论文	一等奖	夏禹龙	上海社会科学院
邓小平对国际战略的思考	论文	一等奖	王沪宁	复旦大学

(续表)

成果名称	成果类型	奖项	申报者	申报者单位
社会主义政治经济学的伟大变革:邓小平经济思想学习体会	论文	一等奖	裘逸娟	上海财经大学
中国走向市场经济的选择	论文	一等奖	周振华	上海社会科学院
维护社会持久稳定的建议	论文	一等奖	瞿世镜	上海社会科学院

表 5-1-28　1998 年第二届邓小平理论研究和宣传优秀成果奖一等奖获奖名单一览表

成果名称	成果类型	奖项	申报者	申报者单位
邓小平理论与实践研究丛书(第二辑)	著作	一等奖	陈昕等	上海人民出版社
从政治上把握现代化建设的全局性重大问题	论文	一等奖	胡伟	复旦大学
社区发展是现代城市文明的载体和依托	论文	一等奖	徐中振等	上海社联
有中国特色社会主义再就业理论的探索	论文	一等奖	张道根等	上海社会科学院
人间正道:“发展才是硬道理”纵横谈(五集电视理论宣传片)	音像	一等奖	朱贤亮等	上海电视台

表 5-1-29　2000 年第三届邓小平理论研究和宣传优秀成果奖一等奖获奖名单一览表

成果名称	成果类型	奖项	申报者	申报者单位
学习党的十五大精神丛书(22本)	著作	一等奖	本书编委会	上海人民出版社
上海改革开放 20 年系列丛书(31卷)	著作	一等奖	本书编委会	中共上海市委党史研究室
高举邓小平理论伟大旗帜　走出浦东开发创新之路	论文	一等奖	邵煜栋等	中共上海市浦东新区区委
党绝对领导下的人民军队是不可战胜的——我军参加'98 抗洪抢险斗争的理论思考	论文	一等奖	姜德福等	解放军南京政治学院上海分院

表 5-1-30　2002 年第四届邓小平理论研究和宣传优秀成果奖一等奖获奖名单一览表

成果名称	成果类型	奖项	申报者	申报者单位
重铸中国魂——20 世纪马克思主义中国化的历程	著作	一等奖	肖巍等	复旦大学
上海社区发展报告(1996—2000)	著作	一等奖	徐中振等	上海社联
论先进文化的创造与发展	论文	一等奖	姜义华	复旦大学
社会整合:21 世纪中国共产党的政治使命	论文	一等奖	王邦佐等	上海社联

表 5－1－31　2004 年第五届邓小平理论研究和宣传优秀成果奖一等奖获奖名单一览表

成果名称	成果类型	奖项等级	申报者	作者单位
法制建设与社会治理丛书	著作	一等奖	刘云耕等	上海市政治文明建设委员会
论“人的全面发展”与当代价值体系及制度体系的重构	论文	一等奖	姜义华	复旦大学

表 5－1－32　2006 年第六届邓小平理论研究和宣传优秀成果奖一等奖获奖名单一览表

成果名称	成果类型	奖项等级	申报者	作者单位
重新理解马克思：对马克思哲学的基础理论和当代意义的反思	著作	一等奖	俞吾金	复旦大学

表 5－1－33　2008 年第七届邓小平理论研究和宣传优秀成果奖一等奖获奖名单一览表

成果名称	成果类型	奖项	申报者	作者单位
“科学发展论”与“走向社会和谐——中国城市和谐发展指数研究报告”	著作	一等奖	鲍宗豪等	华东理工大学
中国国际关系理论研究	著作	一等奖	赵可金等	复旦大学
论以公平发展为导向的科学分配观	论文	一等奖	权衡	上海社会科学院
开放条件下巩固和加强社会主义意识形态研究	论文	一等奖	余源培等	复旦大学

表 5－1－34　2010 年第八届邓小平理论研究和宣传优秀成果奖一等奖获奖名单一览表

成果名称	成果类型	奖项	申报者	作者单位
通俗《资本论》	著作	一等奖	洪远朋	复旦大学
共和国教育 60 年	著作	一等奖	杜成宪等	华东师范大学
论毛泽东的平民文化话语权思想	论文	一等奖	黄力之	中共上海市委党校
马克思主义资本有机构成理论创新与实证分析	论文	一等奖	马艳	上海财经大学
上海老龄化高峰期预测及对策研究	论文	一等奖	王桂新等	复旦大学

第七节　上海市决策咨询研究成果奖

1994 年 4 月 1 日，上海市人民政府发布《上海市决策咨询研究成果奖励规定》，自 1995 年首次评选以来，原则上每两年评奖一次，至 2010 年共评选了七届。上海市决策咨询研究成果奖分设两类奖项，即上海市决策咨询研究成果奖和上海市决策咨询研究政策建议奖。两类奖项并列，并各自分设特等奖和一、二、三等奖。

表 5-1-35 1995 年第一届上海市决策咨询研究成果奖特等奖、一等奖获奖名单一览表

成果名称	奖项等级	主要完成人	申报单位
迈向 21 世纪的上海——1996—2010 年上海经济、社会发展战略	特等奖	蔡来兴	上海市政府研究室、上海经济研究中心
我国“恢复关贸总协定缔约国地位”对上海经济的影响与对策研究专集	一等奖	潘名山	上海经济研究中心
建立比较完善的上海社会主义市场经济法规范框架的研究	一等奖	沈国明	上海社会科学院
上海市综合交通规划综合报告	一等奖	陈声洪	市综合交通规划研究所
上海国际大都市人才市场构建研究	一等奖	沈荣华	上海公共行政与人力资源研究所
迈向 21 世纪的浦东新区——发展战略研究	一等奖	姚锡棠	浦东改革与发展研究院

表 5-1-36 1997 年第二届上海市决策咨询研究成果奖一等奖获奖名单一览表

成果名称	奖项等级	主要完成人	申报单位
上海市深入开展再就业工程的战略构思 试点方案与有关政策	一等奖	黄奇帆等	中共上海市委研究室
苏州河沿线地区综合整治详细规划	一等奖	俞进等	上海市城市规划设计研究院
加快上海旅游业发展问题的研究	一等奖	黄强等	中共上海市委研究室
新一轮浦东开发的综合研究	一等奖	万曾炜等	浦东新区综合规划土地局
上海城建资金运行机制综合研究	一等奖	阮青等	上海市计划委员会经济研究所

表 5-1-37 1999 年第三届上海市决策咨询研究成果奖一等奖获奖名单一览表

成果名称	成果类别	奖项等级	主要完成人	申报单位
构筑上海人才资源高地政策体系研究	政策建议奖	一等奖	蔡哲人等	上海市公共行政与人力资源研究所
上海住房金融风险防范机制研究	政策建议奖	一等奖	王洪卫等	上海财经大学
上海“九五”城建资金需求和对策研究	政策建议奖	一等奖	谭企坤等	上海城市建设投资开发总公司
迎接挑战,抓住机遇,加快上海信息产业发展	成果奖	一等奖	张广生等	中共上海市委研究室
上海综合交通发展战略研究	成果奖	一等奖	钱云龙等	上海市政府交通办公室
上海市住房分配货币化改革研究	成果奖	一等奖	皋玉凤等	上海市建设委员会
奇迹是如何创造出来的——关于上海市再就业工程的研究报告	成果奖	一等奖	孙承叔等	复旦大学
解决本市商品房空置问题的对策研究	成果奖	一等奖	周伟等	上海市政府研究室
上海城市管理规划目标和法规研究	成果奖	一等奖	张载养等	上海市建设委员会

表 5－1－38　2001 年第四届上海市决策咨询研究成果奖特等奖、一等奖获奖名单一览表

成果名称	成果类别	奖项等级	主要完成人	申报单位
上海市城市综合交通规划（2000—2020）	政策建议奖	一等奖	陈必壮等	上海市城市综合交通规划研究所
优化上海城市空间环境形象研究	政策建议奖	一等奖	张绍樑等	上海市科协高级顾问委员会
上海市国民经济和社会信息化“十五”规划研究	政策建议奖	一等奖	王浣尘等	上海交通大学
上海行政区划体制改革与浦东新区建制镇区划调整及城镇发展战略研究	政策建议奖	一等奖	刘君德等	华东师范大学
向劳动力市场全面过渡的研究	政策建议奖	一等奖	戴律国等	上海市社会保险科学研究所
上海国际航运中心洋山深水港区建设论证报告	成果奖	特等奖	李良园等	上海市发展计划委员会
中国加入 WTO 对上海经济的影响及对策研究	成果奖	一等奖	王战等	上海市政府发展研究中心
“十五”期间增强上海综合竞争力的思路与对策研究	成果奖	一等奖	张广生等	中共上海市委研究室
上海空港发展规划研究	成果奖	一等奖	李关良等	上海市政府研究室
上海城市总体规划指标体系研究	成果奖	一等奖	叶贵勋等	上海市城市规划设计研究院
WTO 规则与上海工业发展研究	成果奖	一等奖	黄奇帆等	上海市经济委员会

表 5－1－39　2004 年第五届上海市决策咨询研究成果奖一等奖获奖名单一览表

成果名称	成果类别	奖项等级	主要完成人	申报单位
苏州河市区河段沿岸文化景观的保护与开发	政策建议奖	一等奖	汤建中等	华东师范大学
确立“世界城市”目标，开拓“创新城市”路径——“世博会与上海新一轮发展”B 方案	政策建议奖	一等奖	尹继佐等	上海社会科学院
上海市中心区主次干道功能与建设方案深化研究	政策建议奖	一等奖	李俊豪等	上海市交通工程学会
上海城市灾害综合管理模式研究	政策建议奖	一等奖	高汝熹等	上海交通大学
上海中心市区标志性地域景观的塑造与完善	政策建议奖	一等奖	张绍樑等	上海市科学技术协会高级顾问委员会
上海崇明越江隧道工程风险分析研究	政策建议奖	一等奖	李永盛等	同济大学
2010 年上海世博会主题研究	成果奖	一等奖	王战等	上海市人民政府发展研究中心
“大通关”——提高上海通关效率	成果奖	一等奖	朱晓明等	上海市对外经济贸易委员会

(续表)

成 果 名 称	成果类别	奖项等级	主要完成人	申 报 单 位
上海临港综合经济战略规划研究	成果奖	一等奖	李良园等	上海市发展和改革委员会
洋山深水港建设、运营与管理体制研究	成果奖	一等奖	周伟等	上海市人民政府研究室
上海科技原创力建设战略研究	成果奖	一等奖	徐美华等	上海科技发展研究中心
关于加强上海市公共卫生体系建设的研究	成果奖	一等奖	张学兵等	中共上海市委研究室科教文处、市卫生局

表 5-1-40　2007 年第六届上海市决策咨询研究成果奖一等奖获奖名单一览表

成 果 名 称	奖项等级	主要完成人	申 报 单 位
推进上海现代服务业发展研究	一等奖	周振华等	上海社会科学院
关于促进上海公共交通发展对策研究	一等奖	李佳能等	上海市政协人口资源环境建设委员会
上海轨道交通可持续发展政策研究	一等奖	顾保南等	同济大学
上海知识经济发展及科技进步指标体系研究	一等奖	罗守贵等	上海交通大学
艾滋病等十个重大疾病防制项目全流程规范和效果研究	一等奖	郝模等	复旦大学
上海卫星应用产业发展对策及规划纲要研究	一等奖	张祥根等	上海市宇航学会
离岸型港口配套物流园区发展策略研究	一等奖	任先正等	上海同盛物流园区投资开发有限公司
上海中长期科技发展规划研究	一等奖	李逸平等	上海市科学技术委员会
充分发挥长江“黄金水道”的作用,推动长江流域经济联动发展	一等奖	王战等	上海市人民政府发展研究中心
上海市“十一五”规划战略研究	一等奖	周伟等	上海市人民政府研究室
杭州湾跨海大桥建设对上海发展的影响和对策研究	一等奖	徐建国等	上海市经济委员会
上海国际金融中心建设“十一五”发展思路研究	一等奖	吉晓辉等	上海市金融服务办公室
上海市郊区现代服务业发展布局研究	一等奖	孙福庆等	上海市人民政府发展研究中心

表 5-1-41　2009 年第七届上海市决策咨询研究成果奖一等奖获奖名单一览表

成 果 名 称	奖项等级	主要完成人	申 报 单 位
世博交通保障总体方案研究	一等奖	朱洪等	上海市城市综合交通规划研究所
世博会与上海社会经济发展系列研究	一等奖	陈信康等	上海财经大学
大型公立医院经营者绩效评价指标体系研究	一等奖	陈建平等	上海申康医院发展中心
建设上海迪士尼乐园综合研究报告及其专题报告	一等奖	祝兆松等	上海投资咨询公司

（续表）

成果名称	奖项等级	主要完成人	申报单位
基金良性运营的控制系统研发——社保基金运营动态仿真的对策研究	一等奖	汪泓等	上海工程技术大学
构建和谐自主创新环境，鼓励华侨华人来张江创业的对策研究	一等奖	吴瑞君等	华东师范大学
上海市中心城慢行交通规划研究	一等奖	袁文平等	上海市市政工程管理处
上海市饮用水水源保护区划定和相关技术研究	一等奖	林卫青等	上海市环境科学研究院
上海城市地下空间信息化建设和运行机制研究	一等奖	江绵康等	上海城市发展信息研究中心
关于有效利用上海郊区集体建设用地的调研	一等奖	顾海英等	上海交通大学

第二章　专项性奖项

第一节　孙冶方经济科学奖

孙冶方经济科学奖于1984年开始设立和评选，每两年评选、颁发一次，是迄今为止中国经济学界的最高奖，自奖项设立至2010年共举办了14届，有16项上海相关成果获奖。

表5-2-1　1984—2010年孙冶方经济科学奖上海获奖名单一览表

成果名称	成果类别	类　别	作　者	作者单位	年份届次
再谈无产阶级绝对贫困化问题	论文	论文奖	蒋学模	复旦大学	1984年第一届
关于中心城市改革的几个问题	论文	论文奖	林凌	华东政法大学	1984年第一届
社会必要产品论——社会主义政治经济学探索	专著	著作奖	雍文远主编	上海社会科学经济研究所	1986年第二届
国际竞争论	专著	著作奖	陈琦伟	上海交通大学	1986年第二届
目前我国消费基金膨胀的原因及对策	论文	论文奖	复旦大学经济系国民经济研究小组（符钢战执笔）	复旦大学	1986年第二届
城市经济商品化与城市开放	论文	论文奖	林凌	华东政法大学	1986年第二届
竞争与垄断：社会主义微观经济分析	专著	著作奖	胡汝银	华东理工大学	1988年第三届
社会主义微观经济均衡论	专著	著作奖	潘振民、罗首初	复旦大学	1988年第三届
中国改革大思路	专著	著作奖	上海课题组、中国社会科学院课题组、北京大学课题组、中共中央党校课题组、中国人民大学课题组、吴敬琏课题组、国务院农研中心发展研究所课题组、国家计委课题组	上海课题组	1988年第三届
评当代西方学者对马克思《资本论》的研究	专著	著作奖	胡代光、魏埙、宋承先、刘诗白主编	复旦大学等	1990年第四届
企业劳动力面临的问题及其出路——对上海企业的调查研究报告	论文	论文奖	蔡江南、符钢战、沈晗耀、林绥	华东理工大学	1990年第四届

（续表）

成果名称	成果类别	类别	作者	作者单位	年份届次
中国农村经济发展与改革所面临的问题对策思路	论文	论文奖	陈吉元、邓英淘、姚钢、徐笑波	上海交通大学	1990年第四届
中国资本主义发展史（一、二、三卷）	专著	著作奖	吴承明主编	上海交通大学	1994年第六届
非瓦尔拉均衡理论及其在中国经济中的应用	专著	著作奖	袁志刚	复旦大学	1996年第七届
对毛泽东工业思想的经济学分析	论文	论文奖	赵晓雷	上海财经大学	1996年第七届
信息、企业监控和流动性——关于发展我国证券市场的几个理论问题	论文	论文奖	许小年	中欧国际工商学院	1996年第七届

第二节　吴玉章人文社会科学奖

中国人民大学于1983年设立吴玉章奖金基金，2002年更名为吴玉章基金。前四届名称为吴玉章奖，后更改为吴玉章人文社会科学奖。至2010年，吴玉章人文社会科学奖共举办五届。上海共有9项成果获奖。

表5-2-2　1987—2010年吴玉章人文社会科学奖上海获奖名单一览表

成果名称	类别	奖项等级	作者	作者单位	年份
章太炎思想研究	专著	优秀奖	姜义华	复旦大学	1987年第一届
中国编辑史	专著	优秀奖	姚福申	复旦大学	1992年第二届
评当代西方学者对马克思《资本论》的研究	专著	一等奖	胡代光、魏埙、宋承先、刘诗白主编	北京大学、南开大学、复旦大学、西南财经大学	1992年第二届
西方混合经济体制研究	专著	优秀奖	华民	复旦大学	1997年第三届
中国教育思想史	专著	优秀奖	孙培青、李国钧	华东师范大学	1997年第三届
中国教育制度通史（1—8卷）	专著	一等奖	李国钧、王炳等主编	华东师范大学、北京师范大学	2002年第四届
现代课程论（新版）	专著	优秀奖	钟启泉	华东师范大学	2007年第五届
当代法国哲学导论（上、下）	专著	优秀奖	高宣扬	同济大学	2007年第五届
心智的误区——巫术与中国巫术文化	专著	优秀奖	詹鄞鑫	华东师范大学	2007年第五届

第三节　钱端升法学研究成果奖

“钱端升法学研究成果奖”是由中国政法大学倡议，以钱端升先生名义设立的全国性法学研究奖项。2006 年首次评奖，截至 2010 年共举办三届，上海地区共有 5 项成果获奖。

表 5-2-3　2006—2010 年钱端升法学研究成果奖上海获奖名单一览表

成果名称	成果类别	奖项等级	作者	作者单位	获奖年份
中国金融刑法国际化研究	专著	三等奖	卢勤忠	华东政法学院	2006 年第一届
论“基因歧视”及其法律对策	专著	提名奖	王迁	华东政法大学	2008 年第二届
物权法原论	专著	三等奖	高富平	华东政法大学	2010 年第三届
中国丧服制度史	专著	提名奖	丁凌华	华东政法大学	2010 年第三届
公司法的合同路径与公司法规则的正当性	论文	提名奖	罗培新	华东政法大学	2010 年第三届

第四节　安子介国际贸易研究奖

安子介于 1991 年出资设立“安子介国际贸易研究奖”，自 1992 年举办第一届评奖活动至 2010 年，共举办十六届，评审出优秀著作奖 90 项、优秀论文奖 185 项，上海共有 15 本著作获得优秀著作奖、23 篇论文获得优秀论文奖。以下是获得二等奖及以上的奖项。

表 5-2-4　1992—2010 年安子介国际贸易研究奖上海获奖名单一览表

成果名称	成果类别	奖项等级	作者	作者单位	获奖年份
试论关贸总协定与我国对外贸易体制改革	优秀论文奖	无奖项等级	强永昌	复旦大学	1992 年第一届
我国外贸体制深化改革的思考	优秀论文奖	无奖项等级	钱宗起	上海对外贸易学院	1993 年第二届
制度风险阻止对外直接投资的发展	优秀论文奖	二等奖	陈舜	复旦大学	1994 年第三届
中国经济的对外开放与通货膨胀	优秀论文奖	二等奖	华民	复旦大学	1995 年第四届
互补性竞争论——区域集团与多边贸易机制	优秀著作奖	一等奖	刘光溪	上海对外贸易学院	1997 年第五届
中国对外贸易改革的进程和效果	优秀著作奖	二等奖	尹翔硕	复旦大学	1999 年第七届
国际贸易的知识产权法	优秀著作奖	二等奖	张乃根	复旦大学	2000 年第八届

（续表）

成果名称	成果类别	奖项等级	作　者	作者单位	获奖年份
论汇率与利率关系：1993—2000年泰国事例检验	优秀论文奖	二等奖	沈国兵	上海财经大学	2003年第十一届
世界贸易组织与我国国家经济安全	优秀著作奖	二等奖	王新奎	上海对外贸易学院	2004年第十二届
关于“通缩出口”论的检验：中、日、美三国比较	优秀论文奖	二等奖	孙立坚	复旦大学	2004年第十二届
贸易救济会计——理论与实务	优秀著作奖	二等奖	孙铮、刘浩、李琳	上海财经大学	2005年第十三届
资本管制、外商投资与最优税差：对中国转型时期过渡性资本外逃的研究	优秀论文奖	二等奖	牛晓健、郑祖玄	复旦大学	2005年第十三届
技术性贸易壁垒的经济效应和政策选择——基于发展中国家视角的分析	优秀著作奖	二等奖	鲍晓华	上海财经大学	2008年第十五届
人民币汇率变动对中国商品出口价格的传递效应研究	优秀论文奖	二等奖	毕玉江	上海立信会计学院	2008年第十五届
反倾销措施的贸易救济效果评估	优秀论文奖	二等奖	鲍晓华	上海财经大学	2008年第十五届

第五节　张培刚发展经济学优秀成果奖

张培刚发展经济学研究优秀成果奖由张培刚发展经济学研究基金会发起，每两年评奖一次，自2006年开始至2010年已评奖三届，上海学者获得1项。

表5-2-5　2006—2010年张培刚发展经济学优秀成果奖上海获奖名单一览表

成果名称	成果类别	奖项等级	作　者	作者单位	获奖年份
中国为何拥有了良好的基础设施？	论文	优秀论文奖	张军	复旦大学	2010年第三届

第六篇

人　物

本篇收录人文社会科学研究领域1956年评定的二级教授、1981年国务院学位委员会认定的首批博士生指导教师、2009年《辞海》收录的上海地区人文社会科学研究者、2010年前历届上海市哲学社会科学学术贡献奖获得者、2018年“上海首批社科大师”人选，1978年之前去世的不收录。人物传略收录1978—2010年间去世的人物，按卒年先后排列；人物简介收录1978—2010年间健在的人物，按生年先后排列。

第一章 人物传略

周予同(1898—1981)

经学史家。原名周毓懋,学名周蘧、周豫桐,字予同,笔名天行,浙江瑞安人。1921 年毕业于北京高等师范学校国文部。曾参加五四运动。1921 年到上海工作,先后任商务印书馆编辑、教育杂志社主编。1933 年,在安徽大学任教。1935 年,在暨南大学任教。1945 年任复旦大学教授,历任复旦大学历史系系主任、副教务长,上海社会科学院历史研究所副所长,先后担任过华东军政委员会文化委员会委员、上海市文化教育委员会副主任、上海市人民委员会委员、上海市人大代表、第三届全国人大代表、民盟上海市委副主任委员等。长期致力于中国历史、经学史,兼及教育学与教育史的研究。著有《群经概论》《孔子》《汉学师承记选注》《朱熹》《经今古文学》《经学历史》注释本等;编写《本国史》《国文教科书》《开明本国史教本》《中国现代教育史》等中学教材,主编《中国历史文选》等大学教材;任《辞海》经学史部主编和《辞海》副主编。1956 年被评定为二级教授;2018 年入选首批"上海社科大师"。

周伯棣(1900—1982)

经济学家。曾用名白棣,浙江余姚人。1917 年毕业于余姚县立第一高等小学校,旋入浙江省立第一师范学校。1927 年入东亚同文书院,1930 年留学日本大阪商科大学银行系。1933 年毕业回国,进中华书局任经济编审,《新中华》杂志编辑等。抗战爆发后,任四川省政府顾问,并执教于迁蜀的中山大学、交通大学,兼任广西大学经济系主任。抗战胜利后回上海,任复旦大学银行系主任。中华人民共和国成立后,加入中国民主同盟,历任复旦大学银行系主任,上海财经学院教授兼财政金融系主任,上海社会科学院经济研究所研究员,上海经济学会理事,上海市政协第一至第四届委员等职。著有《租税论》《中国货币史纲》《国际经济概论》《经济学纲要》《中国财政史》《中国财政思想史稿》等。1956 年被评定为二级教授。

许本怡(1907—1983)

会计学家。又名许哲士,安徽歙县人。1933 年毕业于国立上海商学院会计系。1934—1937 年先后在美国俄亥俄大学、西北大学、哈佛大学研究院及英国伦敦大学经济学院就读,1936 年获商业管理硕士学位;1937 年回国后历任金陵大学经济系教授兼系主任,中央大学经济系、重庆大学会计系、重庆求精商业专科学校会计系教授;1946 年 8 月起任国立上海商学院教授兼会计系主任、教务主任,兼任中央大学经济系、复旦大学会计系教授;1950 年 8 月起任上海财经学院教授、系主任、副教务长;1958 年随上海财经学院并入上海社会科学院。1978 年 10 月起任上海社会科学院情报研究所副所长、《国外社会科学文摘》杂志主编。著有《财务报告分析》《成本会计》《基本会计》等,参译《美国历史上的几个总统》《非洲经济发展》《美国黑人在觉醒中》等。1956年被评定为二级教授。

全增嘏(1903—1984)

哲学家。浙江绍兴人。1923年清华学堂毕业后赴美国留学,1925年获斯坦福大学学士学位,1927年获哈佛大学哲学系硕士学位。1928—1937年先后任中国公学、大同大学、大夏大学、光华大学、国立暨南大学等校教授。1942年起历任复旦大学外文系教授兼系主任,逻辑教研室、外国哲学史教研室、西方现代哲学研究室主任,复旦大学图书馆馆长等职。1958年参加《辞海》编辑工作,后任编委兼外国哲学史分科主编。1960年编写全国哲学系外国哲学史通用教材。中华人民共和国成立后,曾任上海市哲学学会副会长等。1979年任《哲学大辞典》副主编兼外国哲学史卷主编。主要著作有《西洋哲学小史》《不可知主义批判》,主编《西方哲学史》(上、下册),译有狄更斯《艰难时世》等。1956年被评定为二级教授;1981年被国务院学位委员会聘请为博士生导师;2018年入选首批"上海社科大师"。

郭绍虞(1893—1984)

文学家、语言学家、书法家。原名希汾,字绍虞,江苏苏州人。1910年在苏州铁路实业学堂求学;1914年到上海尚公小学任教。"五四"时加入新潮社。1919年,担任北京《晨报》副刊特约撰稿人。1921年,与茅盾、叶圣陶等创立文学研究会。1927年起任北京燕京大学国文系教授。1948年8月任同济大学文法学院院长。中华人民共和国成立前夕在上海参加大学教授联谊会,任同济大学分会主席。1951年起任复旦大学中文系教授兼系主任,后还兼任复旦大学图书馆馆长、古代文学研究室主任、中国语言文学研究所名誉所长。历任上海市文学艺术界联合会第二届副主席、中国作家协会上海分会第三届副主席兼书记处书记、中国古代文学理论学会会长、汉字现代化研究会名誉会长、上海语文学会第二至第四届会长、《辞海》副主编等职。主要致力于中国古典文学、中国文学批评史、中国语言学、音韵学、训诂学等方面的研究。著有《中国文学批评史》《沧浪诗话校释》《宋诗话考》《宋诗话辑佚》《语文通论》《汉语语法修辞新探》《照隅室古典文学论集》《照隅室语言文字论集》《照隅室杂著》等。主编《中国历代文论选》《中国古典文学理论批评专著选辑》等。1956年被评定为一级教授;1981年被国务院学位委员会聘请为博士生导师;2018年入选首批"上海社科大师"。

言心哲(1898—1984)

社会学家。湖南湘潭人。1927年毕业于美国南加利福尼亚大学社会学系并获文科硕士学位。1928年回国后在燕京大学任教。1929年起先后任中央大学等校教授,复旦大学社会学系主任。1935年当选中国社会学社理事、中国统计学社理事。1936—1945年任重庆复旦大学社会学系主任。1952年转到华东师范大学研究部和教育系从事翻译工作。1957年5月30日在《文汇报》发表《也为社会学说几句话》。1973年从华东师范大学退休。晚年任中国社会学会顾问及上海社会科学院社会学研究所特约研究员。1979年3月,参加在北京举行的恢复社会学座谈会,直接参与中国社会学的恢复工作，同年5月组织上海社会学座谈会，推动上海社会学的恢复重建。主要学术成果有《现代社会事业》《社会调查大纲》《农村社会学概论》《中国乡村人口问题之分析》等。2018年入选首批“上海社科大师”。

周煦良(1905—1984)

翻译家、文学家。号舟斋，安徽东至人。1928年毕业于上海光华大学化学系。1932年春毕业于英国爱丁堡大学，获文科硕士学位。1933年冬，到福建省政府工作，参加蔡廷锴发起的福建人民反蒋斗争。1934年到北京，翻译英国哲学家贝克莱的著作。1935年秋在济南大学任教，后任上海暨南大学、四川大学、上海光华大学、武汉大学教授。1949年后，被选为上海市政协第一届至第四届副秘书长，第五、第六届政协常委，第五届全国政协委员，上海市第一届至第三届人大代表。曾任中国民主促进会中央委员会副主任，上海光华大学、华东师范大学外文系主任、教授，中国作家协会上海分会书记，上海市外文学会副会长。选编全国大学文科教科书《外国文学作品选》，译有《存在主义是一种人道主义》《福尔赛世家》《他人就是地狱》《外国文学作品选》《被解放了的普罗米修斯》《自然科学史》《有产者》《西罗普郡少年》《刀锋》等。1956年被评为二级教授。

赵景深(1902—1985)

戏曲史家、戏曲理论家。曾名旭初，笔名邹啸，浙江丽水人。1922年毕业于天津棉业专门学校。同年秋任《新民意报》社文学副刊编辑，并任文学团体绿波社社长。1923年加入文学研究会。1924年秋到湖南第一师范任教，1924年翻译安徒生的童话《皇帝的新衣》《火绒匣》《白鹄》等，是较早把安徒生作品介绍到中国的翻译家。1925年任上海大学教授。1927年任开明书店编辑，并主编《文学周报》。1930年起任复旦大学教授，同时兼任北新书局总编辑。1942年主编《戏曲》。中华人民共和国成立后任中国民间文学研究会上海分会主席、上海昆曲研习社社长。长期致力于戏曲、古典小说、民间文学、童话和曲艺的研究，代表作有《童话评论》《童话概要》《民间故事研究》《宋元戏文本事》《中国戏曲丛谈》《元明南戏考略》《曲论初探》《中国小说丛考》《中国文学小史》，合编《中国大百科全书·戏曲曲艺卷》，并担任《辞海》分科主编等。1981年被国务院学位委员会聘请为博士生导师；2018年入选首批“上海社科大师”。

潘序伦(1893—1985)

会计学家。江苏宜兴人。1921年毕业于上海圣约翰大学，后留学美国，获哈佛大学企业管理学硕士学位、哥伦比亚大学经济学博士学位。1924年秋回国，任上海商科大学教务主任兼会计系主任、上海国立暨南大学商学院院长等职。1927年1月，创办中国第一家会计师事务所即潘序伦会计师事务所，后更名为立信会计师事务所。先后创建立信会计专科学校和立信会计图书用品社。曾任国民政府经济部处长。历任立信会计师事务所主任会计师、立信会计专科学校校长、立信会计图书用品社社长、中国会计学会和上海市会计学会顾问、上海社联顾问、上海市审计学会名誉会长、上海公正会计师事务所董事长、立信会计编译所主任等职。将现代会计的复式簿记方式及其理论引入中国,奠定中国现代会计学的发展道路。出版专著译著30多部,学术论文百余篇,逾千万字。代表作有《会计学》《审计学》《劳氏成本会计》《立信会计丛书》《高级商业簿记教科书》《基本会计学》等。2018年入选首批"上海社科大师"。

徐震堮(1901—1986)

中国古典文学家、诗人、翻译家。字声越,浙江嘉善人。自幼酷爱文学。1923年毕业于东南大学文史部,曾为中学教师十余年。1939年入浙江大学执教。中华人民共和国成立后院系调整,转入华东师范大学中文系任教授,曾担任上海市政协委员。1982年华东师范大学古籍整理研究所成立后任所长;国务院古籍整理小组成员。1984年任古籍所名誉所长。在古籍整理和研究方面,有《唐诗宋词选》《汉魏六朝小说选注》《三家注李长吉歌诗》《敦煌变文集校记补正》及《再补》《世说新语校笺》《徐震堮诗文选》等。1982年被国务院聘为博导。

漆琪生(1904—1986)

经济学家。原名相衡,号伯勋,四川江津人。1923年夏中学毕业后,东渡日本留学。1931年毕业于京都帝国大学经济学部。同年回国,参加中国国民党临时行动委员会,一度任该组织上海小组负责人。1944年后历任复旦大学教授、经济系主任,中国《资本论》研究会首届副会长。1945年加入中国民主建国会,任第四届中央常委。后曾任震旦大学法学院院长、经济系主任、复旦大学教授,民建上海市委副主委、第一至第五届上海市人大代表,第一至第六届上海市政协常委等。著有《〈资本论〉大纲》(三卷)、《资本的循环和周转》,编写《经济学讲义》《中国经济史讲义》等。1956年被评定为二级教授。

朱东润(1896—1988)

古典文学研究家、传记文学家。原名世溱,字东润(亦作笔名),江苏泰兴人。1910年入上海南洋公学附属中学,1913年留学英国伦敦西南学院。1916年回国。1917年秋应聘至广西省立第二中学任教。1919年任南通师范学校教师。1929年任武汉大学讲师。1942年8月任重庆中央大学教授,1947年夏至无锡国学专科任教,后又任江南大学教授。1951年春任齐鲁大学教授,同年秋任沪江大学教授。1952年调入复旦大学中文系,1957年起任复旦大学中文系主任。历任国务院学位委员会第一届学科评议组成员、国务院古籍整理规划小组成员、中国作家协会理事、上海古典文学学会名誉会长、《中华文史论丛》主编等职。长期从事中国古代文学史研究和古代作家传记写作。关注中国古代史书和国外传记作品,代表著作有《中国文学批评史大纲》《中国文学论集》《史记考索》《汉书考索》《后汉书考索》《张居正大传》《陆游传》《梅尧臣传》。1981年被国务院学位委员会聘请为博士生导师;2018年入选首批"上海社科大师"。

潘念之(1902—1988)

法学家。又名枫涂、湘澄,浙江新昌人。1919年入浙江省立第四师范学校。1924年参加中国社会主义青年团。1925年任上海闸北区团委委员,同年转为中共党员。曾任团的宁波地委书记和党的宁波特别支部委员,国共合作时任国民党浙江省党部常委兼组织部部长。大革命失败后流亡

日本，就学于东京明治大学法学院。1929年回国，在上海加入自由大同盟、左联、社会科学家联盟，从事著述翻译。中华人民共和国成立后，先后任华东行政委员会参事室副主任、中央华东局统战部政治处处长。1955年后，任华东政法学院和复旦大学历史系教授。1979年任上海社会科学院法学研究所副所长、华东政法学院副院长、上海市政治学会会长、中国法学会顾问、上海市人大常委会委员等职。长期从事政治学和法学研究，代表著作有《现代社会发展史》《世界思想家名人大辞典》《宪法论初步》《关于加强社会主义的法制问题》等；主编《法学》杂志、《外国法学知识译丛》丛刊，领导并参与编写《法学词典》《中国大百科全书·法学卷》，并任《辞海》政治学科主编。2018年入选首批"上海社科大师"。

陈旭麓（1918—1988）

历史学家。湖南双峰人。1943年毕业于大夏大学历史社会学系。1946年起任大夏大学副教授。1949—1952年兼任圣约翰大学教授。1951年参与华东师范大学建校，历任华东师范大学历史系副教授、教授，中西文化研究中心主任、中国近代史研究室主任等职。兼任中国史学会理事、中国现代史学会副理事长、上海中山学社副社长、上海中西哲学与文化交流中心副主席、上海市史志研究会副会长等职。1951年参加中国民主同盟。1953年加入中国共产党。晚年致力于中国近代社会变迁和文化史研究，论著大多融义理、考据、辞章于一体，以思辨和文笔见称学界。著有《近代中国社会的新陈代谢》《浮想录》《辛亥革命》《近代史思辨录》《陈旭麓学术文存》《陈旭麓文集》等。主编有"中国近代史丛书"、《中国近代史词典》《盛宣怀档案资料选辑》《近代中国八十年》《五四后三十年》《五四以来政派及其思想》等。2018年入选首批"上海社科大师"。

王蘧常（1900—1989）

文史学家、书法家。字瑗仲，号明两，别号端六、欣欣老人等，浙江嘉兴人，生于天津。幼承家学，后从学于唐文治、梁启超等。1912年入嘉兴高等小学。1923年毕业于无锡国学馆。21岁时，编写《三代史》在报刊上零星发表。1924年由唐文治介绍，入私立无锡中学任教。1925年兼任无锡国学专门学院讲师。1927年去上海，先后执教于光华大学附属中学高中部、大夏大学预科、复旦大学中国文学系。抗日战争期间，在之江文理学院历史系和交通大学中文科执教。太平洋战争爆发后，与同事5人辞职离开汪伪交通大学，时称"反伪六教授"。1949年起在无锡任中国文学院副院长。1952年起任复旦大学中文系、哲学系教授。在经学、文学、史学等皆有造诣，晚年以书法驰名。其书法师承沈曾植并有所创新，参用古文字与章草，自成一格。代表著作有《礼经大义》《秦史》《诸子学派要诠》《沈寐叟年谱》《明两庐诗》《王蘧常书法集》等。2018年入选首批"上海社科大师"。

陈子展（1898—1990）

文学史家、杂文家。原名炳堃，字子展，湖南长沙人。幼年就读于私塾，后入长沙县立师范学校，毕业后任小学教师。五四运动后，在东南大学教育系进修两年，后因病辍学回到湖南，寄住在长

沙船山学社自修大学。后相继在湖南多所中学及湖南省立第一师范学校任教。1927年进入南国艺术学院任教授。1931年旅居日本。1932年主编《读书生活》,并在同年到复旦大学中文系任教,1937年被聘为专职教授兼任中文系主任。1950年院系合并后,担任复旦大学中文系教授。20世纪30年代曾发表大量杂文、诗歌和文艺评论,后长期从事《诗经》《楚辞》研究。著有《中国近代文学之变迁》《最近三十年中国文学史》《中国文学史讲话》《唐代文学史》《宋代文学史》《诗经直解》《楚辞直解》等。1956年被评定为二级教授;1981年被国务院学位委员会聘请为博士生导师;2018年入选首批"上海社科大师"。

张世禄(1902—1991)

中国语言文字学家。字福崇,浙江浦江人。1926年毕业于南京国立东南大学,获文学学士。1928年到上海商务印书馆任职。曾任暨南大学、无锡国专、光华大学、云南大学、贵阳大学、重庆大学、中央大学、南京大学、金陵女子文理学院、复旦大学教授。1958年参加《辞海》编辑工作,任语词分科主编。1974年参加"二十四史"标校工作。1977年参加《汉语大词典》编写工作,担任《汉语大字典》学术顾问,中国语言学会理事,上海语文学会、中国汉语音韵学研究会、中国汉语训诂学研究会、上海古籍整理小组学术顾问。毕生致力于中国传统语言学和现代语言文字研究,对音韵训诂之学造诣尤深。早年曾翻译高本汉著《中国语与中国文》《汉语词类》等多种。著有《中国音韵学史》《中国训诂学概要》《中国声韵学概要》《中国古音学》《广韵研究》《中国文字学概要》《语言学概论》《语言学原理》《古代汉语》《汉字改革的理论和实践》《张世禄语音文字论文集》等。1981年被国务院学位委员会聘请为博士生导师;2018年入选首批"上海社科大师"。

吴文祺(1901—1991)

中国语言学家、文学评论家。笔名吴敬铭、朱凤起等,浙江海宁人。早年承家学,研习音韵训诂,协助其父朱起凤编撰《辞通》。1916年毕业于浙江师范讲习所,1917年肄业于金陵大学,后在浙江硖石任小学教员。五四运动后,提倡新文学,参加文学研究会,致力于中国语言文学研究。历任上海商务印书馆国文函授社教师、武汉中央军政分校政治教官、商务印书馆馆外编辑、北京师范大学讲师、燕京大学讲师、中央大学讲师、上海暨南大学文学院院长、复旦大学中文系教授兼语言研究室主任、复旦大学校务委员会委员、学报编委、《辞海》副主编和语言文字分科主编、《汉语大词典》副主编和学术顾问、中国社会科学院语言研究所学术委员、上海语文学会副会长、中国农工民主党中央常委和上海市委副主任、上海市第七届人大常委、上海市第一至第五届政协常委和第六届政协副主席等。长期研究语言文字学、训诂学、文学等,代表著作有《整理国故问题》《重新估定国故学的价值》《对于旧体诗的我见》《论文字的繁简》《近百年来的中国文艺思潮》《上古音研究中的几个问题》《王国维学术思想评价》《春秋左传集解》《侯方域文选注》《曾巩文选注》《文学革命的先驱者——王静安先生》《新文学概要》《辞通续编》等。1956年被评定为二级教授;2018年入选首批"上海社科大师"。

方　重(1902—1991)

英国文学专家、翻译家。字芦浪，江苏常州人，生于安徽芜湖。1923年毕业于清华大学，后留学美国，并获学士及硕士学位。1927年归国，参与筹建武汉大学，任武汉大学外文系主任。1944年，赴英国讲学并任英国三一学院客座教授。1947年回国后，先后在安徽大学、浙江大学、华东师范大学、复旦大学任教。1956年调入上海外国语学院先后任西语系、英语系主任、外国语言文学研究所所长等职。曾任中国外国文学学会顾问、上海外文学会会长等，1986年，成为上海外国语学院第一位博士生导师。研究成果有《现代英国散文集》(二卷本)《英国诗文研究集》等。译有《乔叟文集》《理查三世》《陶渊明诗文选译》《坎特伯雷故事集》等。1956年被评为二级教授；2018年入选首批“上海社科大师”。

谭其骧(1911—1992)

历史学家、历史地理学家。字季龙，笔名禾子，浙江嘉兴人，生于辽宁沈阳。1930年毕业于上海国立暨南大学，同年进北平燕京大学研究院。1932年获燕京大学研究院硕士学位。曾任北平图书馆馆员、辅仁大学讲师。1934年与顾颉刚等创办《禹贡》杂志。后在北京大学、燕京大学、辅仁大学、浙江大学执教。1950年起任复旦大学教授、历史系主任、中国历史地理研究所所长。历任国务院学位委员会第一届学科评议组成员、国务院古籍整理规划小组成员、上海社联副主席。1955年在北京参与改编、修订杨守敬《历代舆地图》。长期从事中国史和中国历史地理的教学和研究，对中国历代疆域、政区、民族迁移、文化区域以及黄河、长江水系、湖泊、海岸变迁做大量研究，主编的《中国历史地图集》赢得国内外学术界高度评价。1982年主持《中华人民共和国国家历史地图集》编绘。在传统文献研究方面，著有《长水集》《秦郡新考》《新莽职方考》《〈汉书·地理志〉选释》《永嘉丧乱后之民族迁徙》《湖南人由来考》《近代湖南人中之蛮族血统》《播州杨保考》等。曾任《辞海》编委兼分科主编，主持《中国历史大辞典》的编纂工作。致力于古代地理遗产的整理和发掘，对徐霞客的地理学成就、《鄂君启节》《五藏山经》、马王堆汉墓出土地图、王士性与《广志绎》等都发表过专题论文。1956年被评定为二级教授，1981年当选为中国科学院学部委员，被国务院学位委员会聘请为博士生导师，是第三、四、五届全国人大代表。2018年入选首批“上海社科大师”。

孙怀仁(1909—1992)

经济学家。浙江杭州人。1922年入浙江省立第一中学，1932年毕业于日本早稻田大学，获学士学位。1932—1934年任上海《申报年鉴·经济部分》主编，后历任上海法学院教授、经济系主任、暨南大学商学院教授、国际贸易系主任、校代教务长。1943年转到英士大学任教授、法学院院长、校教务长。1946年回到上海，在上海商学院任教授、工商管理系主任，兼任上海法学院教授、工业经济系主任，1952—1958年任上海财经学院教授、工业经济系主任。1958年调入上海社会科学院经济研究所主持工业经济研究组工作。1978年后任上海社会科学院副院长、经济研究所所长、名誉所长。先后任上海市经济学会会长、名誉会长，上海市企业管理协会副会长、中国企业管理协会常务理事,当选为第一至第五届上海市政协委员,第六届上海市政协常委,第三至第五届上海市人大代表。代表作品有《资本与剩余价值》《资本的循环与周转》《资本主义的再生产》《社会主义再生产》《中国农村现状》《金本位动摇之意义》《中国财政的病态及其批判》等,译作有《中国社会经济史》(日)《机器制造工厂生产的作业计划检查》(苏)等。1956 年被评定为二级教授。

伍蠡甫(1900—1992)

美学家、画论家、画家。笔名敬庵,字叔潜,号敬盦,广东新会人,生于上海。少时就读于北京汇文附小、上海青年会中学、上海圣约翰大学附中,1923 年毕业于复旦大学文科。山水画学董源、石涛,得黄宾虹指授。1936 年就读英国伦敦大学,潜心治学,广涉外国名著,涉猎西方文学理论和艺术。归国后曾任故宫博物院顾问,国立暨南大学、上海圣约翰大学教授,复旦大学教授兼文学院院长、外国文学系主任,同时从事外国文学翻译工作。20 世纪 80 年代后还担任上海中国画院画师、全国外国文学会顾问、中华全国美学会顾问、上海比较文学研究会顾问、《大百科全书・外国文学卷》和《大百科全书・中国文学卷》编委,《辞海》编委兼美术分科主编等。代表作有《山水与美学》《中国美术辞典》《欧洲文论简史》《欧洲文论简史——古希腊罗马至十九世纪末》《谈艺录》《中国画论研究》《伍蠡甫艺术美学文集》等,主编《中国名画鉴赏辞典》。2018 年入选首批"上海社科大师"。

李剑华(1900—1993)

社会学家、法学家。笔名李震东、子在,四川大邑人。1925 年毕业于日本大学,同年归国。1929 年参与筹建东南社会学会,1930 年选为中国社会学社编辑委员,1933 年遭国民党当局逮捕,1934 年获释后加入中国共产党,在南京从事地下工作。曾任上海法科大学、国立劳动大学等校教授,《流火月刊》《现象月刊》主编,《大众夜报》总编辑。中华人民共和国成立后,任上海市劳动局副局长、华东军政委员会劳动部副部长,1954 年后历任上海第一医学院马列主义教授、华东政法学院劳动法教授,1960 年任上海财经学院工业经济系教授、系主任。1979 年后任上海社会科学院顾问兼社会学研究所负责人,中国社会科学院法学所顾问,上海社会科学院学术委员、上海社会学会理事、中国社会学会顾问等职。较早运用马克思主义观点研究社会学、法学以及社会问题,著有《社会学史纲》《社会事业》《劳工法论》《监狱学》等,还组织编辑《社会学参考资料》,主编《社会学简明辞典》。2018 年入选首批"上海社科大师"。

胡曲园(1905—1993)

哲学家。原名胡延芳,湖北江陵人。1917 年迁居北京,1924 年考取北京大学文学院德国文学系,1927 年赴日本避难。1928 年回国。1935 年参加中共地下党组织哲学研究小组。1937 年赴上海,先后担任上海政法学院、上海法商学院、上海无锡国学专科学校、上海法学院教授。1940 年主编《哲学杂志》。1946 年任复旦大学教授。1949 年 8 月任复旦大学校务委员会秘书长、社会学系和哲学系主任。1950 年参与发起组织新中国哲学研究会上海分会,任会长。1952 年任中国民主同盟上海市委员会委员、区分部主任。长期从事哲学、文学、社会学研究,代表作有《抒情诗》《政治经济学教程》《世界经济地理教程》《马克思主义研究的几个问题》《辩证唯物论》《形式逻辑》《哲学大词典·马克思主义哲学卷》《公孙龙子论疏》《胡曲园哲学论集》等。1956年被评为二级教授。1981年被国务院学位委员会聘请为博士生导师。

邹依仁(1908—1993)

统计学家。号坦安，江苏无锡人。1929年毕业于中央大学数学系。1932—1937年先后就读于法国巴黎大学统计学院、美国密西根大学研究生院，获文学硕士、理学硕士学位和统计师职称。1935年加入美国统计学会、数理统计学会。1938年回国后，历任重庆复旦大学统计系教授兼统计专修科主任、重庆大学教授、中央大学经济系教授。1946年起任国立上海商学院教授兼统计系主任，兼任中央大学经济系教授。中华人民共和国成立后历任上海财经学院统计系主任、研究处副主任。1958年调入上海社会科学院部门经济研究所。曾任第二至第四届上海市政协委员。1980年加入欧洲国际质量管理协会，1985年10月被聘为第一届亚太质量分会主席。长期从事统计学教学和研究，著有《高级统计学》《工业统计学》《统计抽样法》《统计平均数》《旧上海人口变迁的研究》《高级管理统计学》《〈周礼·考工记〉中关于武器战车质量管理史话》《中国质量管理史话》等。1956年定级为二级教授。

胡寄窗(1903—1993)

经济学家。原名钟睿，四川天全人。1926年毕业于北京大学法学院，1938年获英国伦敦大学经济学硕士学位。回国后历任陕西省立商业专科学校校长，四川大学、华西大学、东北大学教授，兼任北京大学、北京师范大学教授。1949年后，历任之江大学财经学院国际贸易系主任、院长，浙江财经学院院长，上海财经学院(今上海财经大学)、上海社会科学院、江西大学教授，并任中国经济思想史学会第一、二届会长，民革中央监察委员会第六、七届常委，外国经济学说研究会名誉理事，中国社会科学院特约研究员。长期致力于中国经济思想史研究工作，分别于1941年和1946年创办《经济学报》和《经济论评》杂志。代表著作有《中国经济思想史》《中国古代经济思想的光辉成就》《中国近代经济思想史大纲》《政治经济学前史》《当代西方基本经济理论》、*Chinese Economic Thought Before the 17th Century*、*A Concise History of Chinese Economic Thought*、《胡寄窗文集》等。2018年入选首批“上海社科大师”。

许　杰(1901—1993)

文学家、文学理论家、教育家。原名世杰，字士仁，笔名张子山，浙江天台人。15岁考进县立中学，后入浙江省立第六师范学校就读，1922年毕业于浙江省立第五师范学校。曾在台州、宁海等地任教。后去南洋吉隆坡担任《群益日报》主编。回国后先后任中山大学、安徽大学、暨南大学、同济大学、复旦大学、华东师范大学等校教授。1951年任华东师范大学中文系主任，兼任华东作协副主席、上海作协副主席、中国小说学会会长。其文学评论文章结集为《文艺、批评与人生》《冬至集文》《蚊蛭集》《现代小说过眼录》。1928年出版《明日的文学》;20世纪40年代初在福建发起成立文学评介社，主编《前线日报·文艺评介》。1951年出版《鲁迅小说讲话》。代表著作有《惨雾》《赌徒吉顺》《坎坷道路上的足迹》《许杰文学论文集》《许杰散文选集》等。1956 年被评定为二级教授。

章　巽(1914—1994)

历史学家、历史地理学家。字丹枫,浙江金华人。先后就读于浙江大学、南京中央大学历史系。1934 毕业后曾任《大公报》驻美国记者并留学三年,先后就读于美国哥伦比亚大学、约翰斯・霍布金斯大学和纽约大学研究院历史系,获文学硕士学位。曾执教于天津南开中学、南京中央大学。1950 年后任复旦大学教授,1960 年后长期兼任《辞海》的中西交通史分科主编。还担任过上海市历史学会理事、中国中亚文化研究协会理事、中外关系史学会名誉理事、中国海外交通史研究会顾问、新加坡亚洲研究学会荣誉会员。曾与顾颉刚合编《中国历史地图集》。著有《大唐西域记》《法显传校注》《中亚古国史》《我国古代的海上交通》《古航海图考释》《章巽文集》。2018 年入选首批"上海社科大师"。

王　中(1914—1994)

新闻学家。原名单勷,笔名张德功,山东高密人。1935 年考入国立山东大学外文系,抗战爆发后,加入中共东北军工委从事抗日救亡宣传和兵运工作。1938 年 1 月加入中国共产党。1940 年转移到山东抗日根据地,历任《农民报》《鲁中日报》总编辑,新华社山东总分社、《新民主报》编辑部主任等职。1949 年任上海市军管会新闻室军代表、秘书股长,接管上海的新闻出版机构,创办华东新闻学院,任教务长。后任复旦学教学科学部自然科学教学组组长、复旦大学图书馆副馆长等职。1979 年任复旦大学新闻系主任、教授,并主持创建复旦大学分校并任校长。1981 年和 1984 年,先后被聘为国务院学位委员会文学学科评议组成员,博士生导师,并任上海新闻学会副会长、中国新闻教育学会副会长等。长期从事新闻理论教学和研究工作,对我国新闻工作改革进行了理论探讨,提出了积极主张,著有《新闻学原理大纲》《王中文集》等。2018 年入选首批"上海社科大师"。

周原冰(1915—1995)

伦理学家、马克思主义伦理学学科奠基者之一。原名周元斌,安徽天长人。1934 年 4 月加入共产主义青年团,曾创办《今天》《准备》等进步刊物,在上海从事抗日救亡活动。1939 年 10 月加入中国共产党。历任中共上海市委党校教育处处长兼秘书长,《学术月刊》总编辑,中共上海市委副秘书长,中共上海市委宣传部副部长,中国伦理学会副会长,上海伦理学会会长,《未定文稿》副主编,华东师范大学副校长、教授。长期从事马克思主义理论研究,着重研究共产主义道德,提出道德形成和发展的"合力论"、共产主义道德的基本结构、四条基本原则和三个发展阶段等理论。代表著作有《共产主义道德通论》《谦虚与骄傲》《培养青年的共产主义道德》《道德问题论集》《道德问题丛论》等。2018 年入选首批"上海社科大师"。

冯　契(1915—1995)

哲学家、哲学史家。原名冯宝麟,浙江诸暨人。1935 年考入清华大学哲学系,1939 年前往西南

联大哲学系复学，1941 年毕业，后就读于清华大学研究院。1944 年起，先后任教于云南大学、同济大学、复旦大学、华东师范大学。历任华东师范大学教授、政治教育系主任、哲学系名誉主任、哲学研究所名誉所长，上海社会科学院副院长，国务院学位委员会第一届学科评议组成员，中国哲学史学会第一、二届副会长，上海社联副主席，上海市哲学学会会长，中国辩证逻辑学会会长，兼任《辞海》分科主编等。长期致力于中国哲学、西方哲学与马克思主义哲学研究，代表作有《怎样认识世界》《认识世界和认识自己》《逻辑思维的辩证法》《人的自由和真善美》《中国古代哲学的逻辑发展》《中国近代哲学的革命进程》《智慧的探索》等，编为《冯契文集》；并主编《哲学大辞典》等。1981 年被国务院学位委员会聘请为博士生导师；2018 年入选首批"上海社科大师"。

王惟中（1903—1996）

经济学家。原名德均，字子美，安徽合肥人。1927 年毕业于上海圣约翰大学，并留校任教。1934 年赴欧洲留学，先后在奥地利维也纳商科大学及德国柏林大学就读，1936 年获经济学博士学位。1938 年回国后历任贵阳邮政管理局、重庆邮政储蓄局专员、经理，并任中国大学、重庆大学、交通大学、金陵大学教授，兼任南京邮政储汇局经济研究室主任。1949 年后，历任南京大学、上海交通大学教授，兼任上海人民银行储蓄部副经理，1952 年调入上海财经学院任教授。1958 年调入上海社会科学院经济研究所任研究员。著有《〈资本论〉讲授提纲》《〈资本论〉专题研究》等，译有《西斯蒙第：〈新经济学原理〉》（法）。1956 年被评定为二级教授。

罗竹风（1911—1996）

语言学家、宗教学家、出版家、辞书编纂家、杂文家。山东平度人。1931 年起参加反帝大同盟和中国左翼作家联盟。1935 年毕业于北京大学。1938 年加入中国共产党，任胶东文化联合社编委、胶东文化协会常务委员，1940 年任平度县长，山东省教育厅督学主任。1943 年任胶东文化协会研究部部长。中华人民共和国成立后，历任山东大学教务长、教授，华东、上海市宗教事务处处长，上海市出版局局长，中国语言学会、中国宗教学会第一届副会长，中国出版工作者协会第一届理事、第二届顾问，山东大学、华东师范大学、上海师范大学兼职教授，上海社联主席，上海市语言文字工作委员会主任等。为《汉语大词典》主编、《辞海》常务副主编、《中国大百科全书》总编委兼《宗教卷》主编、《中国新文学大系・杂文卷》（1949—1976）主编等。著述以杂文见长，著有《中国社会主义时期的宗教问题》《宗教通史简编》《宗教学概论》，85 万字的文集《行云流水六十秋》等。2018 年入选首批"上海社科大师"。

李春芬（1912—1996）

地理学家。江苏兴化人。1937 年毕业于中央大学。1940 年留学加拿大多伦多大学攻读博士学位，1943 年获加拿大第一个地理学博士学位，后赴美国哈佛大学地质地理系从事博士后研究。1944 年，进美国内政部地名局。1946 年 5 月回国后，任浙江大学文学院史地系教授、地理系主任。1952 年，调往华东师范大学历任地理系主任、副校长、西欧北美地理研究所所长、学校学术委员会

副主任、学位委员会副主任;曾任中国地理学会副理事长、上海市地理学会理事长、中国地理学会世界地理专业委员会主任、国际地理联合会(International Geographical Union)地理教育委员会通讯委员等职。第四、五、六届全国政协委员。1979 年加入中国共产党。1988 年 8 月,被加拿大地理学家协会授予特别荣誉奖状。毕生从事地理教育,对区域地理和美洲地理有深入研究。代表著作有《南美洲地理环境结构》《北美洲地理环境结构》,1991 年荣获国家教委科技进步一等奖;主编有《中国大百科全书·世界地理卷》《辞海·世界地理分册》《上海地名辞典》等;发表《秘鲁 200 里海洋权的地理分析》《区域地理:问题和展望》《地理学的传统与近今发展》等多篇论文。2018 年入选首批“上海社科大师”。

周谷城(1898—1996)

历史学家、教育家、社会活动家。湖南益阳人。早年参加五四运动。1921 年毕业于北京高等师范学院,后任教于长沙第一师范学校。曾任湖南省农民协会顾问、省农民运动讲习所教师等职。1927 年后在上海从事文化教育活动。1942 年秋起,历任复旦大学教授、历史系主任、教务长等职,曾任中国历史学会第二届执行主席,第一、二、三、五届全国人大常委,第六、七届全国人大常委会副委员长兼人大科教文卫委员会主任委员,上海市第三、四届政协副主席、中国农工民主党中央副主席兼上海市主委、中国史学会常务理事兼首任执行主席、中国太平洋历史学会会长、上海社联副主席、上海市历史学会会长等职。早年学习世界语,热心世界语的宣传、推广,研究涉及史学、哲学、美学、逻辑学、政治学、社会学、教育学等。著有《中国通史》《世界通史》《历史完形论》《史学上的全局观念》《论西亚古史的重要性》《评没有世界性的世界史》《迷惑人们的欧洲中心论》《美的存在与进化》《史学与美学》《礼乐新解》《艺术创作的历史地位》《形式逻辑与辩证法》《周谷城全集》等。1956 年被评定为一级教授;1981 年被国务院学位委员会聘请为博士生导师;2018 年入选首批“上海社科大师”。

孙大雨(1905—1997)

文学翻译家。原名孙铭传,浙江诸暨人,生于上海。1925 年毕业于清华学校,1928 年毕业于美国新罕布什尔州达德穆斯学院。1928—1930 年在耶鲁大学研究生院专攻英国文学。1930 年回国至 1957 年,历任武汉大学、北京师范大学、北平大学女子文理学院、北京大学、国立青岛大学、浙江大学、暨南大学、中央政治学校、复旦大学等校英国文学教授。1955 年加入中国作家协会。1980 年调入华东师范大学外文系。长期从事诗歌创作和翻译。先后翻译莎士比亚的《黎琊王》《奥赛罗》《暴风雨》等八部著作,并汉译英《屈原诗英译》《古诗文英译集》《英诗选译集》等译著。著有诗集《自己的写照》《精神与爱的女神》等。1956 年被评定为二级教授。

胡焕庸(1901—1998)

地理学家、中国人口地理学奠基人。江苏宜兴人。1923 年毕业于国立东南大学,1926 年赴法国巴黎大学和法兰西学院进修。1928 年起历任中央大学地理系教授、系主任,中国地理学会理事长,美国马里兰大学研究教授。1950 年后历任治淮委员会技术委员,华东师范大学地理系教授、人

口研究所所长等职。长期致力于气候学、水利学、经济地理、区域地理、古地理学、人口学等方面研究。著有《胡焕庸人口地理选集》《气候学》《黄河志·气象篇》《两淮水利盐垦实录》《两淮水利》《淮河水道志》《祖国的水利》《淮河的改造》《世界气候的地带性与非地带性》《欧洲自然地理》《中国经济地理》《美国经济地理》《苏联经济地理》《世界经济地理》《江苏图志》《四川地理》等。30 年代开始系统地研究人口地理学，发表《中国人口之分布》一文，编制了中国第一张等值线人口密度图，提出的瑷珲——腾冲人口地理分界线是认识中国国情的重要分析工具，被称为“胡焕庸线”。1936 年发表了中国第一张农业区划图。1956 年被评定为二级教授。2018 年入选首批“上海社科大师”。

顾廷龙(1904—1998)

版本目录学家、图书馆事业家。字起潜，号匋誃，又号隶古定居主人等，江苏苏州人。1931 年毕业于持志大学国文系。1933 年获燕京大学文科硕士学位。曾任燕京大学图书馆中文采访主任。1939 年参与创办上海合众图书馆，任总干事。后兼任国立暨南大学、光华大学教授。中华人民共和国成立后历任上海市历史文献图书馆、上海图书馆馆长，华东师范大学、复旦大学兼职教授，国务院古籍整理出版规划小组顾问，文化部国家文物鉴定委员会委员，中国图书馆学会第一、二、三届副理事长。1982 年加入中国共产党。长期致力于家谱、朱卷、日记、手札、专人档案资料以及古籍稿本、批校本与革命文献的抢救与收集，中华人民共和国成立后将合众图书馆的近 30 万册古籍及近代中外珍贵文献全部无偿捐献给国家。主持宋刻《唐鉴》《韵语阳秋》等 30 余种上海图书馆馆藏孤本的编印，主编《中国丛书综录》《中国古籍善本书目》，编著有《章氏四当斋藏书目》《明代版本图录初编》(与潘承弼合编)、《续修四库全书》《吴愙斋先生年谱》《古匋文舂录》《尚书文字合编》(与顾颉刚合编)等。2018 年入选首批“上海社科大师”。

李鸿寿(1909—1998)

会计学家。字朋三，江苏扬州人。1931 年上海复旦大学会计系毕业后，应潘序伦之邀，到立信会计师事务所工作，并在立信会计夜校讲授会计课程。同时兼任复旦大学、沪江大学、上海商学院教授。先后担任上海会计师公会监事，并任立信会计专科学校副校长、校长等职，参加编辑《立信会计丛书》和《立信会计季刊》，主编《诚信会计月刊》。1952 年任上海财经学院副院长，创办上海第一所夜大学。兼任中国会计学会理事、上海市会计学会常务理事。著有《会计学概要》，合著《审计学》，合编《会计数学》，合译《会计学中的数量方法》。1956 年被评定为二级教授。

蒋孔阳(1923—1999)

美学家。原名爱阳，重庆万州人。1930 年入分水初级小学读书，正式取名蒋术明；1941 考取南京中央政治大学经济系，改名为“孔阳”，1946 年毕业。1948 年进入上海海光图书馆从事翻译工作。1951 年后历任复旦大学中文系校艺术教研室主任、《复旦学报》编委会主任、讲师、副教授、教授，国

务院学位委员会评议组成员，中国作协上海分会第四届副主席，上海社联副主席，中华全国美学会第一、二届副会长，上海美学学会第一、二届会长，上海市第六、七届政协委员。长期致力于文艺理论与批评研究、西方美学研究、中国古典美学研究、美学理论研究，著有《文学的基本知识》《论文学艺术的特征》《形象与典型》《德国古典美学》《先秦音乐美学思想论稿》《文艺与人生》《美学新论》《蒋孔阳美学艺术论集》《蒋孔阳学术文化随笔》等，主编《哲学大辞典・美学卷》《辞海・美学分册》等，论著辑为《蒋孔阳全集》。1991年获“上海市首届文学艺术杰出贡献奖”。2018年入选首批“上海社科大师”。

贺绿汀(1903—1999)

作曲家、音乐教育家、音乐理论家。原名贺楷，又名安卿，号抱真，湖南邵东人。1924年考入长沙岳云学校艺术专修科，1926年加入中国共产党，参加湖南农民运动，1927年参加广州起义，1931年考入上海国立音乐专科学校，1934年创作钢琴曲《牧童短笛》《摇篮曲》。1936年任明星影片公司音乐科长，为《十字街头》《马路天使》等经典电影作曲。“八一三”事变后参加上海救亡演剧一队宣传抗日活动，并创作《游击队歌》《保家乡》等歌曲。1941年参加新四军，在军部和鲁迅艺术学院华中分院从事音乐创作和教学工作。1943年赴延安筹建中央管弦乐团，任陕甘宁晋绥联防军政治部宣传队音乐教员、延安中央管弦乐团团长。1945年后在华北联合大学任教。1946年10月任中央管弦乐团团长、华北文工团团长、中央音乐学院副院长。中华人民共和国成立后，一直担任上海音乐学院院长，兼任中国音协主席、中国文联副主席等职，并创办上海音乐学院附中和附小。1982年，被选为国际音乐理事会终身荣誉会员。毕生创作3部大合唱、24首合唱、近百首歌曲、6首钢琴曲、6首管弦乐曲、10多部电影音乐及一些秧歌剧音乐和器乐独奏曲，并著有《贺绿汀音乐论文选集》。曾获第四届上海文学艺术奖杰出贡献奖。1956年被评定为一级教授；2018年入选首批“上海社科大师”。

陈从周(1918—2000)

古建筑园林艺术家。原名郁文，晚年别号梓室、自称梓翁，浙江杭州人。1942年毕业于之江大学文学系，获文学学士学位。1942在杭州、上海等处高级中学、师范学校任教。1950年任苏州美术专科学校副教授，并执教于圣约翰大学。1951年任教之江大学建筑系，兼任苏南工业专门学校副教授。1952年到同济大学建筑系任教，筹划组建建筑历史教研室。1978年任同济大学建筑系教授。1985年受聘为美国贝聿铭建筑设计事务所顾问。1989年获日本园林学会海外名誉会员称号。1959年参与主持上海建筑三史工作，20世纪60年代初起，参与指导上海豫园、嘉定孔庙、松江余山秀道者塔的修复、设计工作。发现浙江安澜园遗址，扬州石涛和尚叠石遗作——片石山房。协助、参与梁思成设计扬州大明寺鉴真和尚纪念堂。1978年将苏州园林局部模制，输出至美国纽约大都会博物馆。对造园理论的主要贡献有创立“静观和动观”之说，提出“为情造景”造园理论和“风景区建筑不能喧宾夺主”理论，创立“造园之理要和绘画之理与缀文之理相结合”理论，提倡造园者研究中国历史和中国文化。代表作品有《徐志摩年谱》《说园》《苏州园林》

《扬州园林》《梓室余墨》《上海近代建筑史稿》《中国名园》等。2018年入选首批"上海社科大师"。

刘佛年(1914—2001)

教育家。湖南醴陵人。1935年毕业于武汉大学哲学教育系。1937年出国留学,先后在英国伦敦大学、剑桥大学和法国巴黎大学攻读研究生。1940年初回国,先后任国立西北大学副教授,湖南国立师范学院、国立暨南大学教授。中华人民共和国成立后,历任上海师范学校校长兼复旦大学教授,华东师范大学教授、教务长、副校长、校长、名誉校长,国务院学位委员会第一、二届学科组教育组成员,中国教育学会第一、二届副会长,上海哲学学会第一届副会长,《辞海》副主编,《中国大百科全书·教育卷》编委、副主任。曾当选第五、六届全国人大代表。长期从事教育理论研究和教育实验,发表《关于全面发展的教育目标》《布鲁姆及顾泠源经验》及有关教育改革方面论文30多篇。主要著作有《罗素论》(著译)、《教育学》(主编)、《刘佛年教育文选》等。1956年被评定为二级教授;1981年被国务院学位委员会聘请为博士生导师;2018年入选首批"上海社科大师"。

龚清浩(1909—2001)

会计学家。江苏崇明(今属上海)人。1930年毕业于上海交通大学管理学院,1934年赴美,先后在伊利诺伊大学、西北大学攻读会计学硕士、博士学位,加入美国会计学会和美国成本会计人员协会,并获芝加哥大学工商管理硕士(MBA)学位。曾任上海大夏大学、交通大学教授。中华人民共和国成立后历任上海财经学院教授、会计统计系主任,上海社会科学院、复旦大学、上海财经大学教授,兼任中国会计学会副会长、上海会计学会副会长。主张学习和借鉴国外会计理论和实务时要适合中国国情,编写《辞海》会计类词目释文,并编写《工业会计核算》(二分册)《工业会计》《工业会计图解》等教材;主编《会计简明辞典》和《会计辞典》等会计专业工具书。1956年被评定为二级教授。

胡裕树(1918—2001)

语言学家。笔名胡附,安徽绩溪人。1945年毕业于国立暨南大学中文系。1945—1949年任国立暨南大学助教,1952年起任复旦大学讲师、副教授。1959年加入中国共产党。1978年获语言学教授职称。1986年担任现代汉语专业博士研究生导师。先后任复旦大学语言研究室主任,中文系副主任、主任,校学术委员会委员。曾任上海社联委员,上海市语文学会副会长,中国语言学会常务理事。《辞海》编委兼语言文字分科主编,《汉语大词典》编委,《中国大百科全书·语言文字卷》编委兼语法修辞分支主编。长期专于汉语语法,著有《数词和量词》,合著有《现代汉语语法探索》,主编高等学校教材《现代汉语》、华侨教材《今日汉语》等10多种;参加标校、整理古籍《旧唐书》《旧五代史》《五代会要》等20余册;公开发表论文、序文160余篇。2018年入选首批"上海社科大师"。

施蛰存(1905—2003)

作家、翻译家、古典文学研究家。原名施德普,常用笔名施青萍、安华、薛蕙等,浙江杭州人。

1922年考入杭州之江大学,次年入上海大学。1926年转入震旦大学法文特别班。1927年到松江任中学教员,1928年后任上海第一线书店和水沫书店编辑,参加《无轨列车》《新文艺》杂志编辑工作;1932年主编《现代》杂志,引进现代主义思潮,推崇现代意识的文学创作。1937年前后在云南大学、厦门大学、光华大学等校执教。同时创作短篇小说、诗歌及翻译外国文学。抗日战争期间进行散文创作;1950—1958年,翻译外国文学作品200万字。1952年起任教华东师范大学中文系,并加入中国作家协会。1958年后,致力于古典文学和碑版文物的研究工作。运用意识流心理分析等手法创作小说《鸠摩罗什》《将军底头》等。在词学研究方面,出版有《词籍序跋萃编》《宋花间集》《词学名词释义》等,策划并主编《词学》集刊。另有《北山谈艺录》《北山楼诗》《唐诗百话》《梅雨之夕》《善女人行品》等。1993年获第二届上海文学艺术奖杰出贡献奖。2018年入选首批"上海社科大师"。

陈彪如(1910—2003)

经济学家。曾用名陈友炳,福建福州人。1933年毕业于清华大学政治系。1946年毕业于美国哈佛大学经济系,获硕士学位。同年年底回国,受聘为国立暨南大学经济系教授兼系主任。中华人民共和国成立后历任复旦大学经济系、东吴大学经济系、上海震旦大学经济系教授。1952年起任华东师范大学经济系教授、系主任,世界经济研究室主任、国际金融研究所所长,兼中国外国经济学说研究会副会长和上海分会会长,中国国际金融学会常务理事,上海国际金融学会副会长,中国世界经济学会理事,上海世界经济学会副会长,上海国际问题研究中心顾问等职。长期从事外国经济学说、国际金融等方面的研究,对国家经济建设和金融体制改革产生了重要影响。著有《什么是凯恩斯主义》《凯恩斯就业理论的批判》《国际金融概论》《国际货币体系》《人民币汇率研究》《国际金融市场》《国际经济学》《跨国公司与跨国银行》《利用外资的实务和政策》等,主编《国际金融学》等,翻译《利息理论》《凯恩斯经济学评述》等9部当代西方经济学的代表作。1981年被国务院学位委员会聘请为博士生导师;2018年入选首批"上海社科大师"。

杨　宽(1914—2005)

历史学家。字宽正,江苏青浦(今属上海)人。1936年毕业于光华大学中文系。曾任光华大学教授、上海市博物馆馆长。中华人民共和国成立后,历任上海市文物保管委员会主任秘书、古物整理处处长,上海博物馆馆长,上海社会科学院历史研究所副所长,复旦大学教授,中国先秦史学会第一、二、三届副理事长。长期致力于古史说、冶铁科技史、战国史、西周史等研究,其学术研究和成果涉及古代史、制度史、科技史、学术史、文化史、都城史、陵寝史、农战史、度量衡史,以及古史传说、古史分期、历史地理、历史人物、诸子百家、文博考古等众多领域,是一位集史学、文献学、考古学等一体的学术大家。著有《中国上古史导论》《中国古代冶铁技术发展史》《战国史料编年辑证》《战国史》《西周史》《中国古代陵寝制度史研究》《中国古代都城制度史研究》《古史新探》《杨宽古史论文选集》《杨宽著作集》(8种10册)等10多部学术专著、360多篇论文。参与修订《辞海》《中国通史词典》,编绘《中国历代地图集》先秦部分,标点本《宋史》。1956年被评定为二级教授；1981 年被国务院学位委员会聘请为博士生导师；2018 年入选首批“上海社科大师”。

吴　泽(1913—2005)

历史学家。原名瑶青，江苏常州人。1937 年毕业于北京中国大学经济系。曾任复旦大学、上海大夏大学教授。中华人民共和国成立后，历任华东师范大学教授、历史系主任、中国史学研究所所长，国务院学位委员会第一、二届学科评议组成员，上海历史学会副会长，上海华侨历史学会会长。长期致力于中国古代史、马克思主义东方学研究、华侨史、客家学以及中国史学史、史学概论等方面研究，著有《殷代奴隶制社会史》《中国古代史》《中国原始社会史》《中国历史大系・古代史》《中国历史简编》《亚细亚生产方式问题研究》《古代东方社会的特点问题》《古代公社与公社所有制诸形态》《客家学刍议》《吴泽文集》(四卷)，选编《中国史学史论集》《中国近代史学史论集》，主编《中国近代史学史》《中国历史大辞典・史学史》《客家学研究》杂志等。1956 年被评定为二级教授；1981 年被国务院学位委员会聘请为博士生导师；2018 年入选首批“上海社科大师”。

蒋学模(1918—2008)

经济学家、马克思主义理论家。浙江慈溪人。1941 年毕业于四川大学经济系，获经济学学士学位。1945—1949 年，任重庆复旦大学文摘社编委。1946 年翻译出版大仲马小说《基度山恩仇记》(后改名《基度山伯爵》)。1949 年起，任复旦大学经济学系讲师、副教授、教授、博士生导师。曾为国务院学位委员会第二届学科评议组、国家教育委员会评议组成员。历任复旦大学社会主义经济研究所所长，《复旦学报》(社会科学版)主编、《辞海》分科主编、《中国大百科全书・经济学》编委、《政治经济学辞典》主要撰稿人，上海经济学会副会长、中国国际交流协会理事、中国保险学会理事等。长期致力于政治经济学的教学和研究，出版学术专著 30 余部，主编政治经济学教材和著作 10 余部、文学和经济学译著 10 余部。1980 年主编出版《政治经济学教材》，累计发行 2 000 余万册。著有《社会主义分配》《美国经济危机》《政治经济学讲话》《社会主义经济制度的优越性》《论社会主义经济》《社会主义经济十论》《政治经济学二十题》《社会主义所有制研究》《社会主义经济新论》《走向社会主义市场经济的理论思考》《高级政治经济学：社会主义总论》《蒋学模自选集》《蒋学模文集》等。1981 年被国务院聘为博导；2004 年获上海市哲学社会科学学术贡献奖；2018 年入选首批“上海社科大师”。

蔡尚思(1905—2008)

思想文化史家。号中睿，福建德化人。1925—1928 年相继考入孔教大学国学研究科和北京大学国家研究所。1929 年起先后任上海大夏大学、复旦大学和武昌华中大学讲师、教授。1935—1942 年，同时任沪江、复旦、东吴等大学和无锡国学专修学校教授。1946 年起，任沪江大学教授、副校长、代校长。1950 年参与发起组织中国新哲学研究会上海分会、中国新史学研究会上海分会。1952 年起，历任复旦大学历史系主任、副校长、社会科学学术委员会副主任、研究生部副主任、中国思想文化研究室主任等。1953 年加入中国共产党。曾任上海市史学会副会长，全国宗教学会常务理事,中国史学会理事,孙中山研究学会理事,国务院古籍整理出版规划小组顾问。于中国思想史、学术史和文化史研治尤深。主要著作有《中国思想研究法》《中国历史新研究法》《中国传统思想总批判》《中国传统思想总批判补编》《中国文化史要论》《孔子思想体系》《王船山思想体系》《蔡元培》《中国近现代学术思想史论》《中国古代学术思想史论》《中国礼教思想史》《蔡尚思全集》等,主编《中国现代思想史资料简编》。2006 年获上海哲学社会科学学术贡献奖;2018 年入选首批"上海社科大师"。

王养冲(1907—2008)

历史学家。江苏南汇(今属上海)人。早年担任国民党元老胡汉民私人秘书,1937 年留学法国,1941 年获法国巴黎大学文科博士学位。1947 年回国任复旦大学社会学系教授。1952 年转入华东师范大学历史系,任世界近现代史和西方思想史教授。中国法国史研究会第一、二、三届副会长,荣誉会长。教学研究包括西方哲学史、思想史、史学史和法国大革命史等,国内法国大革命史和西方近代思想史研究领域的奠基人。著有《西方近代社会学思想的演进》《法国大革命史:1789—1794》。编译有法国大革命史论文集和资料集;译作有非洲法语国家历史著作、人物传记、回忆录等。2006 年获上海市哲学社会科学学术贡献奖;2018 年入选首批"上海社科大师"。

贾植芳(1916—2008)

作家、翻译家。山西襄汾人。1936 年赴日本大学社会学科学习。抗战爆发后回国从军,辗转各地。1950 年起先后在震旦大学、复旦大学任教。曾任复旦大学图书馆馆长,中国比较文学学会副会长,上海比较文学研究会会长。主要从事中国现代文学和比较文学研究,主持和参与编纂"中国现代作家作品研究资料丛书""中国当代文学研究资料丛书"、《巴金专辑》《赵树理专辑》《闻捷专辑》《文学研究会资料》《外来思潮流派理论在中国现代文学史上的影响》等大型资料文库。著有《瞿秋白对中国无产阶级文艺理论和文艺批评的开拓性贡献》《巴金作品评论集》《中国现代文社团流派》《中国现代文学的主潮》《中外文学关系史资料汇编(1898—1937)》《人生赋》《人的证据》《热力》《暮年杂笔》《历史的背影》《狱里狱外》《贾植芳文集》(四卷),译有《契诃夫手记》等。2008 年获上海哲社科学学术贡献奖;2018 年入选首批"上海社科大师"。

王元化(1920—2008)

文艺理论家。湖北武昌人。20 世纪 30 年代曾任中共上海地下文委委员、代书记,主编《奔流》文艺丛刊。抗战胜利后任北京铁道学院中文讲师,在上海负责编辑《展望》杂志,后又负责编辑《地下文萃》。中华人民共和国成立后曾任中国作家协会上海分会党组成员、上海文艺工作委员会文学处处长、上海新文艺出版社总编辑等职。曾任国务院学位委员会学科评议组成员,中共上海市委宣传部部长。中国作家协会和上海分会会员。并任中国大百科全书出版社上海分社(筹备组)领导小组成员,上海文联党组成员,作协理论批评委员会委员,上海社会科学院学术委员会委员,华东师范大学教授,《辞海》副主编,中国文艺理论学会名誉会长、中国《文心雕龙》学会名誉会长。致力于中国古代文论研究、当代文艺理论研究、中国文学批评史、中国近现代思想学术史研究，著有《文心雕龙创作论》《京剧与传统文化答问》《传统与反传统》《清园夜读》《清园近思录》《谈社约论三书》《京剧丛谈百年录》《莎剧解读》《向着真实》《文学沉思录》《思辨随笔》《王元化集》等。2006年获上海市哲学社会科学学术贡献奖。2018年入选首批“上海社科大师”。

第二章　人 物 简 介

褚葆一(1913—)

经济学家。浙江嘉兴人。1933 年毕业于国立上海商学院工商管理系。1934 年赴欧留学,先后就读英国伦敦政治经济学院、德国法兰克福大学、柏林大学和柏林经济学院。1938 年归国后任国立中央大学经济系教授、系主任。1946 年任国立上海商学院教授、国际贸易系、银行系主任,兼任中央大学、复旦大学教授。1949 年春,再次任中央大学经济系主任。1950 年,任上海财经学院副院长。1958 年并入上海社会科学院,在世界经济研究所工作,曾任《辞海》编委和分科主编。1978 年任上海社会科学院世界经济研究所所长、中国世界经济学会和上海世界经济学会副会长、世界经济研究所名誉所长等。著有《当代美国经济》《当代帝国主义经济》《世界经济学原理》《褚葆一文集》等。1956 年被评定为二级教授。

徐中玉(1915—)

文艺理论家、作家、语文教育家。常用笔名宗越、王卓,江苏江阴人。1939 年毕业于国立中央大学中文系,1941 年毕业于中山大学研究生院文科研究所,曾任教中山大学、山东大学、复旦大学等校。1947 年任沪江大学中文系教授,兼任同济大学和复旦大学中文系教授。1952 年起先后任华东师范大学中文系主任、文学研究所所长、终身教授;曾任教育部中文学科评议组成员,全国高教自学考试中文专业委员会主任,《文艺理论研究》《古代文学理论研究》《中文自学指导》刊物主编,上海作协第五届主席,中国作协第七届名誉委员。香港中国文化研究院、北京大学中文系语文研究所顾问。抗战时期出版编著 5 种,后著有《鲁迅遗产探索》《古代文艺创作论》《激流中的探索》《论苏轼的创作经验》《关于鲁迅的小说杂文及其他》《古代文艺创作诗集》《现代意识与文化传统》等,主编文学研究丛书 7 套、大学教材《大学语文》5 种及《大学写作》《古代文学作品选》《徐中玉自选集》等。2014 年 12 月获第六届上海文学艺术奖"终身成就奖"。2008 年获上海市哲学社会科学学术贡献奖。

雍文远(1916—)

经济学家。四川渠县人。1943 年毕业于重庆中央大学经济系,1945 年获重庆南开大学经济研究所硕士学位,1948 年获美国威斯康辛大学经济学硕士学位。1949 年 1 月在国立上海商学院任教,任首届校务委员,后历任上海财经学院教授、系主任,上海社会科学院经济所政治经济学研究室主任、研究员、博导,曾任上海市经济学会名誉会长。长期从事社会主义政治经济学理论研究。与姚耐一起主编《政治经济学教材(社会主义部分)》。1986 年主编的《社会必要产品论》获"孙冶方经济学著作奖"。2008 年获上海市哲学社会科学学术贡献奖。

钱谷融(1919—)

文艺理论家。原名钱国荣，江苏武进人。1942年毕业于重庆国立中央大学国文系，1943年任教交通大学，1946年随交通大学回到上海。1952年到华东师范大学中文系，先后任讲师、教授、博士生导师，文学研究所所长，中国作协第四届理事、名誉委员，中国现代文学研究会顾问，《文艺理论研究》主编、中国文艺理论学会名誉会长。长期从事文学理论和中国现代文学的研究与教学，著有《论"文学是人学"》《文学的魅力》《散淡人生》《〈雷雨〉人物谈》《艺术·人·真诚》《钱谷融文集》等。《〈雷雨〉人物谈》获上海市1979—1985年社科优秀著作奖，《艺术·人·真诚》获上海市第四届文学艺术优秀成果奖。1987年获华东师范大学中国语言文学终身成就奖。2008年获上海市哲学社会科学学术贡献奖。2014年获第六届上海文学艺术奖"终身成就奖"。2018年入选首批"上海社科大师"。

张　斌(1920—)

语言学家。笔名文炼，湖南长沙人。1942年毕业于湖南国立师范学院。20世纪50年代起在上海师范大学从事汉语语法教学与研究工作，曾任上海师范大学中文系主任、语言研究所所长、博士生导师、博士后联系导师，兼任上海市语文学会副会长、顾问、上海市语委顾问、全国高等师范学校现代汉语教学研究会名誉会长、《中国语文》编委、《修辞学习》杂志顾问等。在词类问题、语法分析方法等语法研究领域作出重要开拓，领衔编写《现代汉语描写语法》，是全国文科统编教材《现代汉语》(胡裕树主编)主要编写者和修订人。著有《汉语语法学》《现代汉语语法十讲》，主编《语法分析与语法教学》《新编现代汉语》《辞海》分科。2016年获上海市哲学社会科学学术贡献奖。2018年入选首批"上海社科大师"。

张仲礼(1920—)

经济学家、经济史学家。江苏无锡人。1941年毕业于上海圣约翰大学经济系，1952年获美国社会科学研究理事会奖，1953年获华盛顿大学经济学博士学位。后在华盛顿大学经济系、远东研究所任副研究员、研究副教授等职，主研中国绅士问题和太平天国史。1955年出版《中国绅士》。1958年12月回到上海，历任上海社会科学院经济研究所研究员，上海社会科学院院长，第六至第九届全国人大代表。兼任中国国际交流协会上海分会副会长、上海社联副主席，中国经济史学会副会长等职。主要研究中国近代经济史、中国近代城市史、中国近代资本主义经济史、上海工业史、国际经济学、新经济学等，出版《南洋兄弟烟草公司史料》《荣家企业史料》《英美烟草公司在华企业资料汇编》(四卷本)、《沙逊集团在旧中国》《太古集团在旧中国》等；晚年致力于上海史和上海学研究，著有《近代上海城市研究》《东南沿海城市与中国近代化研究》《长江沿江城市与中国近代化》等。1982年获美国卢斯基金会中国学者奖，2008年获美国亚洲研究学会"亚洲研究杰出贡献奖"，成为中国获此殊荣的第一人。2004年获上海市哲学社会科学学术贡献奖，2018年入选首批"上海社科大师"。

宁树藩(1920—)

新闻史学家。安徽青阳人。1941年就读于浙江大学龙泉分校外文系,1943年转学到广东坪石中山大学外文系。1946年毕业于中山大学外文系。1949年起在复旦大学任教,1955年入复旦大学新闻系,从事中国新闻史教学与研究工作。1986年被评定为博士生导师,历任复旦大学图书委员会委员、新闻学院资料室主任、《新闻大学》编委,校学位委员会和学术委员会委员、系学位委员会主席和学术委员。曾任中国新闻教育学会副会长和中国新闻史学会副会长。长期从事中国新闻史的教学与研究工作。合著有新中国最早新闻史教材之一《中国新民主主义革命时期新闻事业史》、我国第一部新闻学辞书《新闻学简明词典》和《新闻学基础》等,是《中国新闻事业通史》(多卷本)副主编和该著作现代卷主编,《新闻学大辞典》副主编。1991年被评为"全国优秀新闻工作者",1996年获韬奋园丁一等奖。2015年获首届新闻传播学学会"终身成就奖"。2018年入选首批"上海社科大师"。

张薰华(1921—)

经济学家。江西九江人。1945年毕业于复旦大学经济系。1947年加入中国共产党。中华人民共和国成立后,历任复旦大学教授、经济系主任,中国《资本论》研究会第二届理事,上海经济学会副会长。专于经济学基础理论,特别是《资本论》研究,主要研究方向为环境经济规律与社会主义市场经济规律。撰有专著《〈资本论〉提要》(三卷本)、《〈资本论〉脉络》《〈资本论〉中的数量分析》《生产力与经济规律》《土地经济学》《交通经济学》等。是中国土地管理体制改革的最早倡导者,其关于"土地批租"的论文为中国土地批租制度的建立提供了理论依据。2008年获上海市哲学社会科学学术贡献奖。

洪文达(1923—)

经济学家。安徽泾县人。1945年毕业于西北大学经济学系,1950年毕业于复旦大学经济研究所研究生班。1954年任教华东纺织工学院,1955年任副教授兼马克思主义教研室主任。1956年调复旦大学任经济学系副教授。1979年,参与创建复旦大学世界经济系。1984年,筹建复旦大学经济研究中心,任首届中心主任,教授、博士生导师,兼任中国世界经济学会副会长、中国美国经济学会副会长。长期从事政治经济学与世界经济的教学研究。20世纪50年代起,参与和共同主编《世界经济》《西欧共同市场》《欧洲共同体——体制·政策·趋势》《政治经济学》等教材、丛书。参与《政治经济学词典》《经济学大词典(世界经济卷)》《中国大百科全书(经济学卷)》和《世界经济百科全书》等辞书编审。2018年入选首批"上海社科大师"。

陈其人(1924—)

经济学家。广东新会人。1947年毕业于中山大学经济系,1952年结业于教育部政治经济学研究生班。1951年起在复旦大学任教,历任复旦大学国际政治系教授、博士生导师,兼任中国美国经济学会理事。研究方向为马克思主义经济理论,长期从事《资本论》和"殖民地与帝国主义理论"等

研究，主要著作有《陈其人文集——经济学争鸣与拾遗卷》《资产阶级价值学说批判》《19世纪上半期法国和英国庸俗政治经济学》《帝国主义理论研究》《大卫·李嘉图》《帝国主义经济与政治概论》《布哈林经济思想》《殖民地经济分析史与当代殖民主义》《南北经济关系研究》和《世界经济发展研究》等。2012年获上海市哲学社会科学学术贡献奖；2018年入选首批"上海社科大师"。

王运熙（1926— ）

古典文学家。江苏金山（今属上海）人。1947年于复旦大学中文系毕业后留校任教。1952年后，历任复旦大学中文系古典文学教研室主任，复旦大学中国语言文学研究所所长，中国唐代文学学会副会长，中国古代文论学会副会长，中国《文心雕龙》学会会长，中国李白学会副会长，上海市古典文学学会第一、二届会长等。专于中国古典文学和文学理论批评，尤长于六朝、唐代文学和《文心雕龙》研究。著有《六朝乐府与民歌》《汉魏六朝唐代文学论丛》《文心雕龙探索》等，与顾易生共同主编并参与撰写的《中国文学批评史》及《中国文学批评史新编》多年来被全国高校用作教材，分别获得国家教委优秀教材一等奖和上海市教委普通高校优秀教材一等奖。2008年获上海市哲学社会科学学术贡献奖；2018年入选首批"上海社科大师"。

夏禹龙（1928— ）

马克思主义哲学家。浙江杭州人，生于上海。1946—1949年先后就读上海大同大学、圣约翰大学。1945年2月加入中国共产党。1945—1949年从事进步学生运动，上海解放后主要从事共青团、社会科学研究和出版工作，1956年调至中共上海市委宣传部，先后任市委宣传部学习室党史组组长，上海人民出版社哲学编辑室编辑、主任，上海市出版局理论研究室副主任，上海市委宣传部理论处副处长、思想研究室主任，上海市科学学研究所副所长，《世界科学》主编，上海社会科学院副院长，上海社会科学院邓小平理论研究中心主任。在邓小平理论、科学学、领导科学研究等领域，提出了一系列具有原创性的学术观点和有影响力的对策建议，发表论文200余篇，出版各种专著20余种，并选辑《夏禹龙文集》。2016年获上海市哲学社会科学学术贡献奖。2017年9月获首届上海市马克思主义理论教学研究"终身荣誉奖"。2018年入选首批"上海社科大师"。

章培恒（1934— ）

文史学家。浙江绍兴人。1954年于复旦大学中文系毕业后留校工作。1980年12月任教授。1983—1985年任复旦大学中文系主任，1985年任古籍整理研究所所长，同年被批准为博士生导师。1996年先后获复旦大学首席教授、杰出教授称号。1999年任复旦大学中国古代文学研究中心主任。曾兼任国务院学位委员会第二届中国语言文学学科评议组成员，教育部社会科学委员会副主任委员，国务院古籍整理出版规划小组成员，国家教委全国高等院校古籍整理研究工作委员会副主任委员等。主要从事中国古代文学研究和古籍整理工作，兼治现代文学。主要著作有《洪昇年谱》《献疑集》《中国文学史》(与骆玉明合编)、《中国文学史新著》(与骆玉明合编)等。2010 年获上海市哲学社会科学学术贡献奖；2018 年入选首批“上海社科大师”。

刘放桐(1934—)

哲学家，现代西方哲学研究专家。湖南桃江人。1954 年毕业于中南财经学院经济系，1960 年从副博士研究生毕业于中国人民大学外国哲史专业，后任复旦大学哲学系教授。先后获聘复旦大学首席教授和资深教授，相继担任国务院学位委员会第三、第四届哲学学科评议组成员、国家社科基金评议组成员、教育部哲学学科首届教学指导委员会副主任。主要研究方向为西方哲学史、现代西方哲学、现代西方哲学与马克思主义比较研究。代表著作有《现代西方哲学述评》《重新评价实用主义》《西方哲学的近现代转型与马克思主义和当代中国哲学的发展道路(论纲)》《现代中国哲学的历程：西方哲学与马克思主义》(英文版)等。与俞吾金共同主编《西方哲学通史》(10 卷本)，并组织完成《杜威全集》(38 卷本)的翻译工程。2004 年获上海市哲学社会科学学术贡献奖。

裘锡圭(1935—)

古文字学家。浙江宁波人，生于上海。1956 年毕业于复旦大学历史系，同年录取为胡厚宣指导的“甲骨文与商代史”研究生，1960 年毕业后任教北京大学中文系。1974 年起先后参加国家文物局组织的银雀山汉墓竹简、云梦秦简、马王堆汉墓帛书、曾侯乙墓文字资料、江陵望山楚简、郭店楚墓竹简和尹湾汉墓简牍等出土文献整理和研究工作。曾任北京大学中文系教授、博士生导师、古文献研究室主任、中国古文献研究中心副主任、复旦大学出土文献与古文字研究中心教授、博士生导师。主要从事古文字学研究，著有《文字学概要》《古文字论集》《古代文史研究新探》《裘锡圭自选集》等。2010 年获上海市哲学社会科学学术贡献奖。

袁恩桢(1938—)

经济学家。浙江宁波人。1956 年考入上海财经学院统计系。1960 年毕业于上海社会科学院，后留院进入经济研究所，一直从事社会主义经济理论研究工作。曾任上海社会科学院经济研究所所长、学术委员会主任、研究员、博士生导师，上海社联副主席，上海市经济学会会长，上海经济体制改革研究会副会长。1987 年被评为国家级有突出贡献中青年专家。长期侧重研究计划与市场、国有企业改革、私营经济发展以及地区经济发展等关于改革与开放的基础理论问题。在国有企业改革与发展、温州经济发展与“温州模式”及社会主义市场经济理论等研究领域提出许多理论。独著、合著和主编的著作有《社会主义必要产品论》《社会主义商品经济简论》《商品经济与社会主义》等 20 余种，论文与文章数百篇。2010 年获上海市哲学社会科学学术贡献奖。

陆谷孙(1940—)

翻译家、双语词典编纂家。浙江余姚人。1962 年毕业于复旦大学外文系英美语言专业，并攻读复旦大学外文系英美语言专业研究生，1965 年研究生毕业后留校任教，1994 年 9 月被授予复旦大学杰出教授称号。1985 年晋升为教授，2003—2006 年出任复旦大学外文学院首任院长。曾任复

旦大学外文系主任，兼任中国莎士比亚研究会副会长、中国翻译家协会理事、上海作家协会理事等。1991 年被评为上海市劳动模范，1995 年被评为全国教育系统劳动模范，并授予人民教师奖章。主要从事英美语言文学的教学、研究和翻译工作，专于莎士比亚研究和英汉辞典编纂。先后主持编纂《新英汉词典》《英汉大词典》《中华汉英大词典》等大型英汉辞书，其中《英汉大词典》是由中国学人独立研编的第一部综合性英汉词典，获得中国首届图书一等奖、国家哲学社会科学优秀成果一等奖、中国首届国家图书奖、上海市优秀图书特等奖、上海市哲学社会科学优秀成果特等奖、全国“五个一工程”优秀著作奖等。译有《卡夫卡的天堂》《幻狮》等各类英译汉近 300 万字，发表论文约 60 篇。2014 年获第六届上海文学艺术奖杰出贡献奖、上海市哲学社会科学学术贡献奖。2018 年入选首批“上海社科大师”。

附 录

一、学 术 传 媒

学术传媒收录1978—2010年间上海地区发行过的人文社会科学类期刊报纸，按创办时间先后排序。

1953—2010年上海人文社会科学期刊一览表

名　　称	创办时间	主 办 单 位	备　　注
《上海文学》	1953年	中国作协上海分会	原名《文艺月报》
《财经研究》	1956年	上海财经大学	1980年复刊
《法学》	1956年	华东政法大学	原名《华东政法学报》，1957年改现名，1980年复刊
《学术月刊》	1957年	上海市社会科学界联合会	1979年1月复刊
《上海教育》	1957年	市教育委员会	1978年复刊
《历史教学问题》	1957年	华东师范大学	—
《世界经济文汇》	1957年	复旦大学	—
《国外社会科学文摘》	1958年	上海社会科学院信息研究所	原名《现代外国哲学社会科学文摘》，1980年4月复刊，2000年改为现名
《中华文史论丛》	1962年	上海古籍出版社	1978年复刊
《阿拉伯世界研究》	1978年	上海外国语大学	原名《阿拉伯世界》，2006年改为现名
《思想政治课研究》	1978年	华东师范大学	—
《民主与法制》	1979年	上海市社会科学界联合会	1990年改由中国法学会主办
《辞书研究》	1979年	上海辞书出版社	—
《上海管理科学》	1979年	上海市管理科学学会	2002年起，改由上海各高校商学院共同参与办刊
《上海艺术家》	1979年	上海艺术研究所	—
《社会科学》	1979年	上海社会科学院	—
《外国经济与管理》	1979年	上海财经大学	—
《语文学习》	1979年	上海教育出版社	—
《环球文学》	1979年	上海社会科学院情报研究所	原名《外国文学报道》，1987年改现名，1990年6月停办
《文艺理论研究》	1980年	中国文艺理论学会、华东师范大学	—

(续表)

名　称	创办时间	主办单位	备　注
《当代外语研究》	1980年	上海交通大学	原名《科技英语学习》
《复旦教育论坛》	1980年	复旦大学	—
《国际商务研究》	1980年	上海对外经贸大学	—
《教育发展研究》	1980年	上海市教育科学研究院、上海市高教学会	—
《上海金融》	1980年	上海市金融学会	—
《外语教学理论与实践》	1981年	华东师范大学	原名《国外外语教学》,2008年改现名
《当代青年研究》	1981年	上海社会科学院社会学研究所、青少年研究所	—
《犯罪研究》	1981年	上海市犯罪学学会	原名《刑侦研究》
《旅游科学》	1981年	上海师范大学旅游学院、上海旅游高等专科学校	—
《国际展望》	1981年	上海国际问题研究院	—
《上海教育科研》	1981年	市教育科学研究院	—
《上海农村经济》	1981年	市农村经济学会	—
《上海企业》	1981年	上海企业联合会	—
《社会》	1981年	上海大学	—
《新闻大学》	1981年	复旦大学	—
《中国广告》	1981年	东方出版中心、上海百联集团有限公司、上海市广告协会	—
《上海财税》	1982年	市财政局、市税务局	—
《上海党史与党建》	1982年	上海党史报刊社	原名《上海党史资料通讯》(内部刊物),1992年更名为《上海党史研究》,2001年改现名
《政治与法律》	1982年	上海社会科学院法学研究所	—
《外国中小学教育》	1982年	上海师范大学	—
《当代修辞学》	1982年	复旦大学	—
《青少年犯罪问题》	1982年	华东政法大学	—
《俄罗斯研究》	1982年	华东师范大学	原名《今日东欧中亚》
《上海经济研究》	1982年	上海社会科学院经济研究所	—
《世界经济研究》	1982年	上海社会科学院世界经济研究所	—
《图书馆杂志》	1982年	上海市图书馆学会、上海图书馆	—
《俄罗斯研究》	1983年	上海大学	—

（续表）

名 称	创办时间	主办单位	备 注
《成才与就业》	1983年	上海教育报刊总社	—
《新闻记者》	1983年	文汇新民联合报业集团、上海社会科学院新闻研究所	—
《编辑学刊》	1984年	市编辑学会	—
《高等学校文科学术文摘》	1984年	上海师范大学	原名《高等学校文科学报文摘》，2003年改现名
《国际市场》	1984年	上海国际经济贸易研究所	—
《上海经济》	1984年	上海社会科学院部门经济研究所	—
《现代中文学刊》	1984年	华东师范大学	原名《中文自学指导》，2009年改现名
《中国比较文学》	1984年	上海外国语大学、中国比较文学学会	—
《工会理论研究》	1985年	上海工会管理干部学院	—
《沪港经济》	1985年	沪港经济发展协会	—
《社会观察》	1985年	上海社会科学院	原为《上海社会科学院学术季刊》，2003年改现名
《大江南北》	1985年	市新四军及华中抗日根据地历史研究会	—
《上海审计》	1985年	市审计学会	—
《上海投资》	1985年	中国建设银行上海分行、市投资学会	—
《思想理论教育》	1985年	市高等学校思想理论教育研究会、上海市教育科学研究院	—
《探索与争鸣》	1985年	上海市社会科学界联合会	—
《现代领导》	1985年	上海市社会科学界联合会	—
《党政论坛》	1985年	市委党校	原名《上海党校学报》，1987年改现名
《行政与人事》	1986年	市人事局、市行政管理学会	2001年改为《新上海人》，2003年停刊
《德国研究》	1986年	同济大学	原名《联邦德国研究》，1994年改现名
《人才开发》	1986年	上海人才研究会	—
《军事历史研究》	1986年	南京政治学院上海分院	—
《史林》	1986年	上海社会科学院历史研究所	—
《军队政工理论研究》	1986年	中国人民解放军南京政治学院	原名《空军政治学院学报》，1993年更名为《政工理论与实践》，2000年改现名
《上海滩》	1987年	市地方志办公室	—

(续表)

名　　称	创办时间	主 办 单 位	备　　注
《上海文化》	1987 年	市作家协会、上海社会科学院文学研究所	原名《上海文论》,1993 年改现名
《新金融》	1988 年	交通银行股份有限公司	—
《上海改革》	1988 年	市经济体制改革办公室	—
《文物保护与考古科学》	1989 年	上海博物馆	—
《现代农村》	1992 年	市农业委员会	—
《浦东开发》	1992 年	浦东新区人民政府、市浦东开发开放研究会	2004 年停刊
《系统管理学报》	1992 年	上海交通大学	—
《现代工商》	1992 年	市工商联	—
《书城》	1993 年	上海三联书店、市出版工作者协会	—
《国际观察》	1993 年	上海外国语大学	—
《毛泽东邓小平理论研究》	1994 年	上海社会科学院	—
《档案春秋》	1994 年	市档案馆	—
《世界贸易组织动态与研究》	1994 年	上海对外贸易学院	—
《咬文嚼字》	1995 年	上海文化出版(集团)有限公司	—
《会计与经济研究》	1996 年	上海立信会计学院	—
《经济展望》	1998 年	市信息中心	—
《中国司法鉴定》	2000 年	司法部司法鉴定科学技术研究所	—
《全球教育展望》	2000 年	华东师范大学	原名《外国教育资料》,2001 年改现名
《中国货币市场》	2001 年	中国外汇交易中心暨全国银行间同业拆借中心	—
《东方法学》	2007 年	市法学会、上海人民出版社	—
《复旦人文社会科学论丛》(英文刊)	2008 年	复旦大学	—
《哲学分析》	2010 年	上海社会科学院哲学研究所、上海人民出版社	—

1935—2010 年上海人文社科类学报一览表

名　　称	创刊时间	主 办 单 位	备　　注
《复旦学报(社会科学版)》	1935 年	复旦大学	1978 年复刊
《华东师范大学学报(哲学社会科学版)》	1955 年	华东师范大学	1978 年复刊

（续表）

名　　称	创刊时间	主 办 单 位	备　　注
《上海师范大学学报(哲学社会科学版)》	1958 年	上海师范大学	1979 年复刊
《外国语(上海外国语大学学报)》	1978 年	上海外国语大学	—
《戏剧艺术(上海戏剧学院学报)》	1979 年	上海戏剧学院	—
《上海交通大学学报》(哲学社会科学版)	1979 年	上海交通大学	—
《音乐艺术(上海音乐学院学报)》	1979 年	上海音乐学院	—
《上海理工大学学报(社会科学版)》	1980 年	上海理工大学	—
《华东师范大学学报(教育科学版)》	1983 年	华东师范大学	—
《上海大学学报(社会科学版)》	1984 年	上海大学	—
《上海市社会主义学院学报》	1984 年	上海市社会主义学院	—
《华东理工大学学报(社会科学版)》	1986 年	华东理工大学	—
《上海政法学院学报(法治论丛)》	1986 年	上海政法学院	—
《上海金融学院学报》	1989 年	上海金融学院	—
《同济大学学报(社会科学版)》	1990 年	同济大学	—
《华东政法大学学报》	1998 年	华东政法大学	—
《上海财经大学学报》	1999 年	上海财经大学	—
《上海行政学院学报》	2000 年	上海行政学院	—
《东华大学学报(社会科学版)》	2001 年	东华大学	—
《中国浦东干部学院学报》	2007 年	中国浦东干部学院	—

1959—2010 年上海人文社会科学类报纸一览表

名　　称	创刊时间	主 办 单 位	备　　注
《语言文字周报》	1959 年	市语言文字工作委员会、上海教育出版社	原名《汉语拼音小报》，1979 年复刊，2001 年改现名
《世界经济导报》	1980 年	中国世界经济学会、上海社会科学院世界经济研究所	1989 年 9 月撤销登记
《文学报》	1981 年	文汇新民联合报业集团	—
《上海译报》	1983 年	上海远东出版社	—
《上海法制报》	1984 年	市委政法委员会、市司法局	—
《政治学信息报》	1984 年	市政治学会	1987 年停刊
《组织人事报》	1984 年	市委组织部、市人事局	原名《组织人事信息报》，1989 年改现名

（续表）

名　称	创刊时间	主办单位	备　注
《上海经济报》	1985年	市经济委员会	原名《上海工业经济报》，1993年改现名
《上海家庭报》	1985年	市计划生育委员会	原名《上海计划生育》，1989年改现名
《文汇读书周报》	1985年	文汇报社	—
《社会报》	1985年	市社会学学会	1987年停刊
《上海商报》	1985年	市委财贸工作委员会、市政府财贸办公室	—
《上海经济信息报》	1985年	解放日报	1987年停刊
《社会科学报》	1985年	上海社会科学院	—
《中国合作经济报》	1985年	中国合作经济学会	1989年停刊
《党史信息报》	1985年	市委党史研究室、市中共党史学会	原名《党史信息》，1991年改现名
《东方城乡报》	1988年	市农村经济学会	原名《上海郊区报》，1993年改现名
《上海经济时报》	1988年	市经济信息中心	1990年停刊
《古籍新书报》	1988年	上海古籍出版社	原名《全国古籍新书目》，2002年改现名
《上海证券报》	1991年	上海证券交易所、新华社上海分社	—
《上海金融报》	1992年	中国人民银行上海市分行	—

二、国家哲学社会科学基金项目（上海地区）

“六五”至“九五”国家社会科学基金重点项目

项目类别	学 科	课 题 名 称	负 责 人	负 责 单 位
“六五”重点	哲学	共产主义道德通论	周原冰	华东师范大学
“六五”重点	哲学	西方哲学史	汪子嵩、汝信、朱德生	人民日报社理论部、上海社会科学院等
“六五”重点	哲学	现代西方主要哲学流派（6 本）	洪谦、江天骥	北京大学、复旦大学
“六五”重点	哲学	中国近代哲学史	冯契	上海社会科学院、华东师范大学等
“六五”重点	哲学	中国逻辑史	李匡武、周云之	中国社会科学院哲学所、复旦大学等
“六五”重点	经济学	中国工业公司的体制问题	史景星	复旦大学
“六五”重点	经济学	上海经济发展战略问题	陈敏之	上海社会科学院
“六五”重点	经济学	世界经济发展趋势和我国的对外经济发展战略	朱昂	复旦大学 外贸部国际贸易所 国际经济合作所
“六五”重点	经济学	80 年代世界经济发展趋势与中国对外经济发展战略	褚葆一、陈彪如、江泽宏	上海社会科学院、华东师范大学、复旦大学、上海外贸局
“六五”重点	经济学	社会主义政治经济学	蒋学模	复旦大学
“六五”重点	经济学	社会主义政治经济学	雍文远	上海社会科学院
“六五”重点	经济学	评当代西方学者对马克思《资本论》的研究	胡代光	北京大学、复旦大学等
“六五”重点	政治学	我国基层群众自治组织研究	潘念之	上海社会科学院、山东社科院
“六五”重点	政治学	社会主义政治学说史（多卷本）	蓝瑛	上海社会科学院、上海师范大学、上海教育学院
“六五”重点	政治学	马克思主义政治学	刘星汉等	复旦大学
“六五”重点	政治学	比较政府体制	徐宗士、曹沛霖	复旦大学
“六五”重点	法学	外国人在中国投资的法律问题	盛愉、刘刍	中国社会科学院、上海社会科学院等
“六五”重点	社会学	中国人口问题研究	刘铮	复旦大学、中国人民大学等
“六五”重点	社会学	我国城市家庭现状及发展趋势：五城市家庭研究	刘英、薛素珍、潘允康	中国社会科学院、上海社会科学院、复旦大学等

(续表)

项目类别	学　科	课 题 名 称	负 责 人	负 责 单 位
“六五”重点	社会学	当代青年工人状况	李景先、金志堃	中国社会科学院、上海社会科学院
“六五”重点	社会学	青少年犯罪学	曹漫之等	华东政法学院等
“六五”重点	国际问题	当代美国经济问题	章嘉琳	上海国际问题研究所、上海财经学院
“六五”重点	国际问题	欧洲共同体：机制和趋势	余开祥、洪文达、伍贻康、	复旦大学
“六五”重点	国际问题	战后西德的复兴	朱正圻、林树众	上海国际问题研究所、复旦大学
“六五”重点	国际问题	战后国际关系史(第一册，1945—1995)	刘同舜、刘星汉	复旦大学
“六五”重点	中国历史	中华人民共和国国家地图集历史地图集	谭其骧	复旦大学
“六五”重点	中国历史	中华民国史	李新、李宗一	中国社会科学院、复旦大学、上海社会科学院等
“六五”重点	中国历史	中国近代经济史资料丛刊	章开沅、丁日初	华中师范大学、上海社会科学院
“六五”重点	世界历史	第二次世界大战的起源	李巨廉	华东师范大学
“六五”重点	世界历史	苏联现代史纲(1917—1937)(两卷本)	陈之骅、陈启能、李显荣	中国社会科学院、华东师范大学
“六五”重点	宗教学	我国社会主义时期的宗教问题	罗竹风、阮仁泽、萧志恬	上海社会科学院
“六五”重点	宗教学	中国基督教史	徐如雷、江文汉等	南京大学、上海社会科学院等
“六五”重点	中国文学	中国文学批评通史(先秦西汉卷、魏晋南北朝卷)	王运熙、顾易生	复旦大学
“六五”重点	外国文学	外国文学名著丛书	包文棣	上海译文出版社
“六五”重点	语言学	汉语方言重点调查：上海(市区)方言志	许宝华、汤珍珠	复旦大学
“七五”重点	哲学	当代各派马克思主义哲学理论的比较研究	余源培	复旦大学
“七五”重点	哲学	现代西方人本主义哲学思潮及其与科学的关系	刘放桐	复旦大学
“七五”重点	哲学	近代中西哲学比较研究	冯契	华东师范大学
“七五”重点	经济学	社会主义经济运行机制研究	雍文远	上海社会科学院
“七五”重点	经济学	企业经营管理系统研究	李仁芝	上海人民出版社
“七五”重点	经济学	土地制度问题研究(城市部分)	张薰华	复旦大学

（续表）

项目类别	学 科	课 题 名 称	负 责 人	负 责 单 位
“七五”重点	经济学	技术进步与经济增长关系的研究	郑绍濂	复旦大学
“七五”重点	经济学	货币供求量问题研究（着重需求部分）	陈观烈	复旦大学
“七五”重点	经济学	人口素质现代化与社会主义建设现代化的关系	潘纪一	复旦大学
“七五”重点	经济学	人民币汇率问题研究	陈彪如	华东师范大学
“七五”重点	政治学	西方国家行政管理体制比较研究	曹沛霖	复旦大学
“七五”重点	政治学	苏联东欧各国行政管理体制比较研究	倪家泰	华东师范大学
“七五”重点	政治学	我国大城市政府的结构和职能	王沪宁	复旦大学
“七五”重点	法学	青少年犯罪问题研究	徐建	华东政法学院
“七五”重点	法学	量刑的综合平衡与电脑辅助量刑专家系统研究	苏惠渔、萧开权	华东政法学院、上海社会科学院
“七五”重点	法学	我国知识产权研究	史文清	复旦大学
“七五”重点	国际问题	本世纪末期世界经济发展形势的问题研究	储玉坤	上海社会科学院
“七五”重点	国际问题	英国政府对经济的干预	余开祥	复旦大学
“七五”重点	国际问题	法国政府对经济的干预	黄文杰	复旦大学
“七五”重点	国际问题	亚太地区经济发展趋势与我国对策	郑励志	复旦大学
“七五”重点	国际问题	当代西欧资本主义的若干问题和特点	朱正圻	上海国际问题研究所
“七五”重点	中国历史	近代上海城市史	张仲礼	上海社会科学院
“七五”重点	世界历史	法国大革命研究	王养冲	华东师范大学
“七五”重点	宗教学	上海宗教史	阮仁泽	上海社会科学院
“七五”重点	宗教学	人、社会、宗教	罗竹风	上海社会科学院
“七五”重点	中国文学	中国新文学社团流派研究	钱谷融	华东师范大学
“七五”重点	中国文学	20 世纪中外文学关系史	贾植芳	复旦大学
“七五”重点	中国文学	中国文学史宏观研究	陈伯海	上海社会科学院
“七五”重点	外国文学	国外文学研究和批评方法论问题	夏仲翼	复旦大学
“七五”重点	语言学	英汉大词典	陆谷孙	复旦大学
“七五”重点	综合・地方	社会科学学及社会科学管理	夏禹龙	上海社会科学院
“七五”重点	综合・地方	上海与香港比较研究	姚锡棠	上海社会科学院

（续表）

项目类别	学　科	课题名称	负责人	负责单位
“八五”重点	经济学（经济理论）	新中国经济思想史	胡寄窗	上海财经大学
“八五”重点	经济学（经济理论）	中国经济改革与对外开放的经验总结	胡汝银	华东化工学院
“八五”重点	经济学（经济理论）	浦东开发与长江中下游地区协调发展	姚锡棠	上海社会科学院
“八五”重点	经济学（部门经济）	中国经济监督研究	杨公朴	上海财经大学
“八五”重点	经济学	企业集团研究——股份制企业集团研究	伍柏麟	复旦大学
“八五”重点	经济学	企业经营机制转换与财务会计政策	石成岳	上海财经大学
“八五”重点	国际问题	90年代的世界战略格局及国际新秩序	陈启懋	上海国际问题研究所
“八五”重点	国际问题	德国的发展前景及其对欧洲政治经济的影响：兼论我国的对策	林进成	复旦大学
“八五”重点	国际问题	苏联、东欧的演变对世界战略格局的影响及我国的对策	倪家泰	华东师范大学
“八五”重点	国际问题	亚太各国（地区）经济合作的前景与我国的对外经济发展战略	夏禹龙	上海社会科学院
“八五”重点	国际问题	建设有中国特色社会主义的国际环境	姚廷纲	上海社会科学院
“八五”重点	中国历史	宋代官僚政治制度研究	朱瑞熙	上海师范大学
“八五”重点	中国历史	东南沿海城市与中国近代史	张仲礼	上海社会科学院
“八五”重点	中国历史	西方中国近代史研究评析	陈绛	复旦大学
“八五”重点	世界历史	巴勒斯坦（以色列）历史专题研究（19世纪末—20世纪中）	潘光	上海社会科学院
“八五”重点	中国文学	中国近400年文学思潮研究	陈伯海	上海社会科学院
“八五”重点	中国文学	中国古代文学理论体系	王运熙	复旦大学
“八五”重点	中国文学	西方美学通史	蒋孔阳	复旦大学
“九五”重点	党史・党建	中国共产党与民主党派关系史	张忆军	市委党校党史教研室
“九五”重点	哲学	马克思主义与西方哲学的现当代走向——当代哲学向何处去	刘放桐	复旦大学
“九五”重点	经济理论	国有企业在社会主义市场经济中的地位和作用	伍柏麟	复旦大学
“九五”重点	经济理论	新形势下的中国对外贸易战略研究	尹翔硕	复旦大学

（续表）

项目类别	学　科	课 题 名 称	负 责 人	负 责 单 位
“九五”重点	部门经济	国有资产管理、监督和营运体系研究	袁恩桢	上海社会科学院
“九五”重点	部门经济	上海(浦东)国家级生产要素市场的形成与发展及其对全国经济的影响	姚为群	浦东改革与发展研究院
“九五”重点	部门经济	创建长江流域金融合作带的研究报告	盛松成	中国人民银行上海市分行金融研究所
“九五”重点	部门经济	经济预测理论和方法研究	吴维扬	市信息中心
“九五”重点	政治学	世纪之交的台湾问题与和平统一的前景	周建明	上海社会科学院
“九五”重点	政治学	中华人民共和国政治制度史	浦兴祖	复旦大学
“九五”重点	社会学	中国长江三角洲地区城乡居民生活史研究	沈关宝	上海大学
“九五”重点	社会学	苏俄意识形态和社会学兴衰	潘大渭	上海社会科学院
“九五”重点	社会学	上海农村人口的加速城市化和社会劳动力再转移	朱宝树	华东师范大学
“九五”重点	国际问题	当代西方国际关系理论评介	倪世雄	复旦大学
“九五”重点	国际问题	三大经济区(欧盟、北美、亚太)运行特点及其发展趋势	伍贻康	上海社会科学院
“九五”重点	中国历史	中国毒品史	苏智良	上海师范大学
“九五”重点	世界历史	古代与中世纪之交的欧洲民族与民族关系史研究	沈坚	华东师范大学
“九五”重点	宗教学	马利坦和新托玛斯主义运动——现当代天主教哲学及其社会理论	黄颂杰	复旦大学
“九五”重点	中国文学	中国20世纪中西文艺理论交流史论	殷国明	华东师范大学
“九五”重点	中国文学	20世纪中国文学研究史	黄霖	复旦大学
“九五”重点	外国文学	中国翻译文学史(1898—1949)	谢天振	上海外国语大学
“九五”重点	新闻学	大众传播学	张国良	复旦大学

1987—1998年国家中华社会科学基金课题

年　度	学科分类	课 题 名 称	负 责 人	工 作 单 位
1987年	哲学	精神文明理论研究	蒋冰海	上海社会科学院
1987年	哲学	社会主义商品经济辩论法	高为学、邱少全	市委党校

(续表)

年　度	学科分类	课 题 名 称	负 责 人	工 作 单 位
1987年	哲学	科学技术进步与社会发展	李继京、戚进勤	复旦大学
1987年	哲学	比较哲学研究	王森洋、黄万盛	上海社会科学院
1987年	哲学	儒家理想人格学说与中国传统文化	朱义禄	同济大学
1987年	哲学	科学哲学导论	傅季重	上海社会科学院
1987年	哲学	科学文化学研究	纪树立	上海社会科学院
1987年	经济学	开拓上海证券市场研究	徐建中	上海社会科学院
1987年	经济学	国家和地区间星系经济系统中经济信息论与经济决策论研究	顾慰文	上海交通大学
1987年	政治学	中国现行政策：案例研究	桑玉成	复旦大学
1987年	法学	国家监督论	孔令望、孙潮	华东政法学院
1987年	法学	14个沿海开放城市利用外资的法律问题	郑衍杓	上海社会科学院
1987年	法学	《联合国海洋法公约》的评价和研究	董世忠	复旦大学
1987年	法学	土地使用权有偿转让的法律问题	沈国明	上海社会科学院
1987年	法学	比较刑法学	朱华荣	华东政法学院
1987年	社会学	西方学术思潮与当代中国大学生	李新华	市高教研究所
1987年	社会学	新时期的改革、开放与人的心理	俞文钊	华东师范大学
1987年	社会学	户籍管理制度与经济体制改革的关系	丁水木	上海社会科学院
1987年	中国历史	中国传统思想文化研究	姜义华	复旦大学
1987年	中国历史	中国传统文化与诸外来因素关系研究	李培栋	上海师范大学
1987年	中国历史	抗战时期的沦陷区研究	黄美真、余子道	复旦大学
1987年	中国历史	19世纪中国文化	唐振常	上海社会科学院
1987年	中国历史	近代中国(1840—1949)资产阶级研究	杨立强	复旦大学
1987年	世界历史	世界近代化进程中若干重要问题研究	潘光	华东师范大学
1987年	世界历史	非洲通史	艾周昌、陆庭恩	华东师范大学
1987年	中国文学	中国左翼作家联盟史稿	胡从经	上海社会科学院
1987年	语言学	科技英语自动句法分析	杨惠中	上海交通大学
1987年	语言学	基础英语分级教学理论和实施	戴炜栋	上海外国语大学
1988年	马列·科社	对《联共(布)党史简明教程》的再评价	周尚文	华东师范大学
1988年	马列·科社	新科学技术革命与马克思主义	陈章亮	上海交通大学
1988年	哲学	马克思晚年人类学笔记研究	虞伟人	复旦大学
1988年	哲学	中西人生哲学之比较研究	王正平	上海师范大学
1988年	哲学	近现代西方哲学的人本主义倾向与主体性的发展	陈京璇	复旦大学

（续表）

年 度	学科分类	课 题 名 称	负 责 人	工 作 单 位
1988 年	哲学	19 世纪西欧哲学	赵修义	华东师范大学
1988 年	哲学	逻辑语义学	朱水林	上海社会科学院
1988 年	哲学	现代科技发展与中国人素质的研究	李难	华东师范大学
1988 年	哲学	社会主义初级阶段的文化特征	顾晓鸣	复旦大学
1988 年	哲学	我国社会主义初级阶段的封建主义与小生产思想研究	周抗	上海社会科学院
1988 年	经济学	沿海地区外向型经济的建立问题研究	吴建藩	华东师范大学
1988 年	经济学	社会主义初级阶段的生产布局模式探索	钱今昔	华东师范大学
1988 年	经济学	西方经济增长理论研究	宋承先	华东化工学院
1988 年	经济学	西方经济增长理论研究和中国经济增长分析	舒元	复旦大学
1988 年	经济学	财政政策与货币政策协调问题研究	蒋学模	复旦大学
1988 年	经济学	劳动力市场的形成和发育问题研究	符钢战	华东化工学院
1988 年	民族问题	若干少数民族的民族心理调查	时蓉华	华东师范大学
1988 年	国际问题	西方金融市场研究	马之騆	复旦大学
1988 年	国际问题	布哈林的经济理论	陈其人	复旦大学
1988 年	国际问题	经互会的历史现状和发展前景研究	史家定	复旦大学
1988 年	国际问题	联邦德国物价问题研究	林进成	复旦大学
1988 年	中国历史	儒家经学与西汉社会	汤志钧	上海社会科学院
1988 年	中国历史	儒生与国运：中国封建社会知识分子史稿	刘修明	上海社会科学院
1988 年	中国历史	中国移民史	葛剑雄	复旦大学
1988 年	中国历史	16 世纪以后我国华北平原和长江三角洲地区市镇的比较研究	邹逸麟	复旦大学
1988 年	中国历史	中华民国政区沿革地图集	章巽	复旦大学
1988 年	中国历史	近代中国的经济、社会	潘君祥	上海社会科学院
1988 年	中国历史	江南市镇的历史与现状	樊树志	复旦大学
1988 年	中国历史	中国帮会史	郭绪印	上海师范大学
1988 年	中国文学	中国现代文学与人道主义	邵伯周	上海师范大学
1988 年	中国文学	抗战时期上海文学史	陈青生	上海社会科学院
1988 年	中国文学	艺术人类学研究	宋耀良	华东师范大学
1988 年	中国文学	吴语地区民间文学与佛、道、巫关系的考察和研究	姜彬	上海社会科学院
1988 年	外国文学	欧美小说形式与技巧研究	方平	上海师范大学

(续表)

年　度	学科分类	课 题 名 称	负 责 人	工 作 单 位
1988 年	语言学	近代汉语语法(禅宗著作语法)	袁宾	华东师范大学
1988 年	语言学	儿童语言发展和评定	缪小春	华东师范大学
1989 年	哲学	中国传统的天人观与科学思想的发展	袁运开	华东师范大学
1989 年	哲学	人和自然的关系	罗祖德	华东师范大学
1989 年	哲学	中西文化汇合史论	胡啸	复旦大学
1989 年	哲学	自组织理论对当代世界图景与思维方式的贡献	陈忠	上海师范大学
1989 年	哲学	社会发展论	张华金	上海社会科学院
1989 年	哲学	世纪之交的社会科学	夏禹龙	上海社会科学院
1989 年	哲学	晚期希腊哲学和早期基督教及其神学	范明生	上海社会科学院
1989 年	哲学	当代中国的“义利之辩”与道德价值取向	朱贻庭	华东师范大学
1989 年	哲学	中国佛教逻辑史	沈剑英	上海教育学院
1989 年	经济学	中国经济政策思想史	马伯煌	上海社会科学院
1989 年	经济学	克服平均主义缓解分配不公	钱世明	上海社会科学院
1989 年	经济学	发展速度和效益的定量统一和不同效益类型地区发展的协同研究	王浣尘	上海交通大学
1989 年	经济学	我国国营企业与非国营企业的经济行为及其比较研究	胡汝银	华东化工学院
1989 年	经济学	中国南方地区经济发展、人口、资源、环境综合分析及其对策研究	吴人坚	复旦大学
1989 年	社会学	工人阶级内部结构分化变迁	吴铎	华东师范大学
1989 年	国际问题	通货膨胀与经济增长：中国避免滞胀的国际借鉴	张幼文	上海社会科学院
1989 年	国际问题	西欧社会民主党及其社会政治理论和实践的历史考察	金重远	复旦大学
1989 年	中国历史	马克思主义中国社会形态学	吴泽	华东师范大学
1989 年	中国历史	中国文化历史区域研究	周振鹏	复旦大学
1989 年	中国历史	上海总商会史	徐鼎新	上海社会科学院
1989 年	世界历史	世界文明史	郭圣铭	华东师范大学
1989 年	中国文学	艺术的超越功能与假定性特征	张德林	华东师范大学
1989 年	中国文学	中国古代小说文体研究	孙逊	上海师范大学
1989 年	中国文学	六朝文化与诗学	曹旭	上海师范大学
1989 年	中国文学	20 世纪前半叶中国现代主义文艺思潮论	吴中杰	复旦大学

（续表）

年 度	学科分类	课 题 名 称	负 责 人	工 作 单 位
1989 年	外国文学	欧美近代小说理论史稿	翁义钦	复旦大学
1989 年	外国文学	生成语法研究	徐烈炯	复旦大学
1989 年	语言学	动词的句型研究	范晓	复旦大学
1990 年	马列・科社	民族社会主义在东欧：历史与现状	张月明	华东师范大学
1990 年	马列・科社	刘少奇对中国社会主义革命和建设道路的探索	邬正洪	华东师范大学
1990 年	马列・科社	殖民地理论和当代殖民主义	陈其人	复旦大学
1990 年	经济学	治理整顿与我国个体私营经济发展问题	袁恩桢	上海社会科学院
1990 年	经济学	国民收入分配格局研究	石良平	市统计科研所
1990 年	经济学	搞活全民所有制大中型企业对策研究：对上海 100 家企业的调查	王鹏程	华东化工学院
1990 年	经济学	对外贸易经济效益及其评价指标体系	史美麟	华东化工学院
1990 年	经济学	治理整顿中的就业人口迁移和流动问题研究	郑桂珍	复旦大学
1990 年	政治学	中国农村政治文化结构	孙关宏	复旦大学
1990 年	政治学	当代西方国家政党制度生态分析	王邦佐	上海师范大学
1990 年	政治学	编制管理法规理论体系研究	吕凤太	市编制委员会办公室
1990 年	法学	信贷法研究	吕润程	上海社会科学院
1990 年	法学	科技法学原理	倪正茂	上海社会科学院
1990 年	社会学	亲子关系与子女成才	万云英	华东师范大学
1990 年	国际问题	世界经济区域集团化	王曰庠	上海社会科学院
1990 年	国际问题	论国际资本流动	王惠珍	上海社会科学院
1990 年	国际问题	战后挪威经济发展及其经济结构变动分析	张润森	复旦大学
1990 年	中国历史	中国人口史	王育民	上海师范大学
1990 年	中国历史	近代中国吸收欧洲文化与日本之比较	赵建民	复旦大学
1990 年	中国历史	中国租界史	费成康	上海社会科学院
1990 年	宗教学	改革开放形势下的宗教问题	萧志恬	上海社会科学院
1990 年	中国文学	形象逻辑论	张履岳	上海社会科学院
1990 年	中国文学	文学语言与艺术思维	朱立元	复旦大学
1990 年	中国文学	《诗经》接受史	萧华荣	华东师范大学
1990 年	中国文学	中国 16 至 17 世纪文学新潮	李时人	上海师范大学
1990 年	中国文学	中国新文学中的人道主义	王铁仙	华东师范大学

(续表)

年　度	学科分类	课 题 名 称	负 责 人	工 作 单 位
1990年	外国文学	安・巴・契诃夫人品、创作和艺术	朱逸森	华东师范大学
1990年	外国文学	澳大利亚文学史	黄源深	华东师范大学
1990年	语言学	现代汉语特殊疑问句研究	邵敬敏	华东师范大学
1991年	马列・科社	准确地把握二战后的社会主义理论与实践	姜琦	华东师范大学
1991年	马列・科社	马克思主义帝国主义理论与不发达国家的经济发展道路：理论的研究	蔡中兴	复旦大学
1991年	党史・党建	毛泽东对社会主义革命和建设道路的探索	翟作君	华东师范大学
1991年	哲学	价值观与民族凝聚力	王克千	上海社会科学院
1991年	哲学	《资本论》三大手稿中的历史观	孙承叔	复旦大学
1991年	哲学	中国传统哲学的智慧与价值	李志林	华东师范大学
1991年	哲学	《周易》：华夏思维信息的宝库	翟廷瑨	上海社会科学院
1991年	哲学	马克思本体论思想研究	俞吾金	复旦大学
1991年	经济学	马克思主义经济学在中国的传播(1919—1949)	谈敏	上海财经大学
1991年	经济学	资本国际化与当代世界经济	洪文达	复旦大学
1991年	经济学	改革开放形势下，我国会计准则体系的研究	娄尔行	上海财经大学
1991年	经济学	经济运行中的证券市场：上海证券市场跟踪研究	张继光	上海社会科学院
1991年	经济学	浦东开发与长江三角洲协调发展	姚锡棠	上海社会科学院
1991年	政治学	人权和政治	叶立煊	华东师范大学
1991年	法学	汉族的家法族规研究	费成康	上海社会科学院
1991年	法学	地方立法学研究	齐乃宽	上海社会科学院
1991年	国际问题	国际新秩序中的主权问题	黄仁伟	上海社会科学院
1991年	国际问题	美国经济的微观管理	杨思正	上海社会科学院
1991年	国际问题	东亚地区国际分工与贸易	郑寅	复旦大学
1991年	中国历史	江浙财团研究	黄逸平	华东师范大学
1991年	世界历史	社会主义国家商品经济发展的历史演变	叶书宗	上海师范大学
1991年	考古学	从遗址文化层孢粉分析研究长江下游新石器时期人与环境的相互关系	王开发	同济大学
1991年	中国文学	宋的党争和文学发展、文人心态的综合研究	王水照	复旦大学

（续表）

年 度	学科分类	课 题 名 称	负 责 人	工 作 单 位
1991 年	中国文学	稻作文化与吴越情结	姜彬	上海社会科学院
1991 年	外国文学	陀思妥耶夫斯基的艺术探索	冯增义	华东师范大学
1991 年	语言学	近代汉语语气词研究	孙锡信	复旦大学
1991 年	语言学	浙南瓯语语缀调查研究	颜逸明	华东师范大学
1991 年	新闻学	中国地区比较新闻史	宁树藩	复旦大学
1992 年	马列・科社	苏联演变的原因及其教训分析——苏联演变中的民族主义因素	张月明	华东师范大学
1992 年	党史・党建	中国共产党对外关系史	窦晖	上海外国语大学
1992 年	经济学	马克思主义的合作经济理论与中国特色的合作经济研究	洪远朋	复旦大学
1992 年	经济学	现代资本主义经济中的国家与市场	华民	复旦大学
1992 年	经济学	90 年代国际贸易与跨国公司投资理论与政策研究	陈建梁	复旦大学
1992 年	经济学	中华民国经济史	虞宝棠	华东师范大学
1992 年	经济学	深化城镇住房制度改革	高柳根	上海社会科学院
1992 年	经济学	全民企业和三资企业工资模式比较研究	童源轼	上海社会科学院
1992 年	经济学	中国灰黑色金融市场研究	朱德林	上海财经大学
1992 年	经济学	中国特色社会主义的社会进步指标体系和社会模型	颜德纶	市统计学会
1992 年	政治学	乡村政府建设与村落传统	张乐天	华东化工学院
1992 年	政治学	当代中国城市单位文化	李孔怀	复旦大学
1992 年	法学	证券犯罪与证券管理研究	顾肖荣	上海社会科学院
1992 年	法学	我国房地产经营发展态势中法律问题研究	金立琪	华东政法学院
1992 年	社会学	社会主义的社会稳定与制约机制研究	丁水木	上海社会科学院
1992 年	国际问题	美国日本投资贸易关系的发展和摩擦以及我国的对策	甘当善	复旦大学
1992 年	世界历史	中世纪晚期西欧社会经济组织研究	金志霖	华东师范大学
1992 年	世界历史	若干发展中国家现代化的历史条件比较研究	俞新天	上海社会科学院
1992 年	世界历史	古突厥碑铭研究	芮传明	上海社会科学院
1992 年	民族问题	中国东部沿海地区与西部民族地区相互支援共同发展及其对策研究	许鸿宝	上海社会科学院
1992 年	宗教学	祆教史	龚方震	上海社会科学院

(续表)

年　度	学科分类	课 题 名 称	负 责 人	工 作 单 位
1992 年	中国文学	中国现代新诗理论批评史	潘颂德	上海社会科学院
1992 年	中国文学	中国诗画艺术思想史	邓乔彬	华东师范大学
1992 年	中国文学	中国曲学	叶长海	上海戏剧学院
1992 年	外国文学	法国近代诗歌发展史	郑克鲁	上海师范大学
1992 年	外国文学	莎评(莎士比亚评论)简史	朱涌协	复旦大学
1992 年	语言学	现代汉语规范化问题研究	范可育	华东师范大学
1992 年	新闻学	东盟国家新闻事业历史和现状	潘玉鹏	复旦大学
1993 年	党史・党建	毛泽东的对苏政策思想及中苏关系演变(1949～1978)	孙其明	同济大学
1993 年	党史・党建	新时期中国女性领导人才成长和开发研究	叶忠海	华东师范大学
1993 年	哲学	企业美学研究	蒋冰海	上海社会科学院
1993 年	经济学	中国近代的市场经济思想	叶世昌	复旦大学
1993 年	经济学	独联体国家市场经济的形成和发展	庄起善	复旦大学
1993 年	经济学	中国跨国公司的创办与经营	谢康	上海社会科学院
1993 年	经济学	社会主义市场经济条件下企业家人才市场研究	李小平	市人事局公共行政与人力资源所
1993 年	政治学	社会主义市场经济条件下城市行政区与经济区关系综合研究	刘君德	华东师范大学
1993 年	法学	当前中国市场经济活动中经济犯罪的罪与非罪界限	钱国耀	上海社会科学院
1993 年	法学	欧洲共同体商法研究	蒋恩慈	上海社会科学院
1993 年	社会学	社会主义市场经济体制下的养老保险研究	桂世勋	华东师范大学
1993 年	社会学	独生子女自控力的形成因素与教育对策	刘金花	华东师范大学
1993 年	国际问题	当前伊斯兰复兴运动的动向、特点及影响	陈和丰	上海国际问题研究所
1993 年	国际问题	转型中的韩国政治经济及其对亚太国际关系的影响	潘世伟	华东师范大学
1993 年	中国历史	中国封建监察制度运作研究	邱永明	华东师范大学
1993 年	中国文学	龚自珍研究(晚清文学研究之一)	章培恒	复旦大学
1994 年	经济理论	中国的经济增长和国际收支	唐国兴	复旦大学
1994 年	经济理论	西方产权理论研究	费方域	上海财经大学
1994 年	部门经济	中国国有企业建立现代企业制度的实证研究	包季鸣	复旦大学

（续表）

年　度	学科分类	课 题 名 称	负 责 人	工 作 单 位
1994 年	部门经济	中国信息市场的形成与发展研究	葛伟民	上海社会科学院
1994 年	部门经济	中国沿海地区乡镇企业的结构与机制	谢自奋	上海社会科学院
1994 年	部门经济	社会主义市场经济条件下政府直接规制研究	夏大慰	上海财经大学
1994 年	部门经济	体制转轨时期宏观经济分析和预测的方法研究	徐国祥	上海财经大学
1994 年	部门经济	中国注册会计师职业发展战略	谢荣	上海财经大学
1994 年	法学	“关贸总协定”与我国相应法律问题研究	汪尧田	上海对外贸易学院
1994 年	国际问题	有争议海域的共同开发	蔡鹏鸿	上海社会科学院
1994 年	世界历史	南非现代化历程研究	艾周昌	华东师范大学
1994 年	宗教学	藏外道书提要研究	陈耀庭	上海社会科学院
1994 年	中国文学	宋代文学通论	王水照	复旦大学
1994 年	中国文学	中国近代戏剧研究	齐森华	华东师范大学
1994 年	外国文学	现代日语中的汉字研究	李月松	上海外国语大学
1994 年	外国文学	歌德与浮士德研究	余匡复	上海外国语大学
1994 年	语言学	现代汉语虚词的功能分类及分析方法研究	张斌	上海师范大学
1994 年	语言学	比较文字学	王元鹿	华东师范大学
1995 年	马列・科社	国外马克思主义的当代资本主义矛盾与危机理论研究	陈学明	复旦大学
1995 年	党史・党建	新形势下国有大中型企业党的建设	孙关宏	复旦大学
1995 年	哲学	中国传统伦理的当代价值研究	朱贻庭	华东师范大学
1995 年	经济理论	当前我国所有制结构现状和变化趋势研究	石良平	华东理工大学
1995 年	经济理论	近现代中国小农经济研究	吴柏均	华东理工大学
1995 年	法学	国有财产运营与保护中的法律问题研究	张宏森	华东政法学院
1995 年	中国文学	90 年代文学思潮研究	毛时安	上海社会科学院
1995 年	中国文学	中国古典文学中的爱国主义传统(暂拟)	徐培均	上海社会科学院
1995 年	中国文学	南北融合与中国古代文学	赵山林	华东师范大学
1995 年	外国文学	屠格涅夫的文体与俄国小说的发展	朱宪生	上海师范大学
1995 年	外国文学	篇章语义学	陆国强	复旦大学
1996 年	党史・党建	农村现代化与上海地区农村党支部设置的新变化	张明楚	市委党校

(续表)

年 度	学科分类	课 题 名 称	负 责 人	工 作 单 位
1996 年	党史·党建	抗日战争的中流砥柱	唐培吉	同济大学
1996 年	哲学	马克思主义辩证法和当代中国	胡振平	上海社会科学院
1996 年	哲学	20 世纪中国科学主义思潮	杨国荣	华东师范大学
1996 年	哲学	马克思四大手稿综合研究	孙承叔	复旦大学
1996 年	经济理论	国际货币论	吴富林	中国外汇交易中心
1996 年	经济理论	中国近代企业制度的演变	沈祖炜	上海社会科学院
1996 年	经济理论	法国宏观调控中几个有参考价值的问题	黄文杰	复旦大学
1996 年	部门经济	跨国公司在中国的市场行为和中国企业的竞争对策研究	薛求知	复旦大学
1996 年	部门经济	城市房地产开发与房地产市场规范化研究	印堃华	上海财经大学
1996 年	部门经济	货币市场在开放经济中的作用研究	姜波克	复旦大学
1996 年	部门经济	沿海地区农业适度规模经营发展的实证研究	莫建备	上海社会科学院
1996 年	部门经济	市场经济体制下环境卫生事业运行机制研究	刘宾	上海社会科学院
1996 年	部门经济	中国政府财政统计核算体系	葛守中	上海财经大学
1996 年	政治学	中国特色政党制度的生态分析	王邦佐	上海师范大学
1996 年	政治学	政府间关系与地区平衡发展	林尚立	复旦大学
1996 年	政治学	社会主义市场经济条件下上海“社区行政”研究	沈荣华	上海公共行政与人力资源所
1996 年	法学	科教兴国战略的法律保障	倪正茂	上海社会科学院
1996 年	法学	中国行政处罚研究	孙潮	华东政法学院
1996 年	法学	祖国大陆与港澳台四地法律比较研究	浦增元	上海社会科学院
1996 年	社会学	上海浦东新区社会可持续发展综合研究	彭希哲	复旦大学
1996 年	社会学	当代社会变迁中的中国知识分子行为模式	许纪霖	华东理工大学
1996 年	社会学	心理矫治应用于在押罪犯分类改造的研究	耿文秀	华东师范大学
1996 年	社会学	上海市外来劳动力和本地劳动力补缺、替代关系研究	王桂新	华东师范大学
1996 年	国际问题	当代国际关系中的国家主权	俞正梁	复旦大学
1996 年	国际问题	世界贸易组织与世界贸易的发展	王新奎	上海对外贸易学院
1996 年	国际问题	跨国公司新发展及其对经济全球化的影响	谢康	上海社会科学院

（续表）

年 度	学科分类	课 题 名 称	负 责 人	工 作 单 位
1996 年	国际问题	中外十国经济增长方式比较	余开祥	复旦大学
1996 年	中国历史	中国近代国家观念的形成与发展	李华兴	上海社会科学院
1996 年	中国历史	太湖水利史	奚柳芳	上海师范大学
1996 年	中国历史	19 世纪华北农村的社会动荡	郭豫明	上海师范大学
1996 年	宗教	中国巫术文化及巫术神秘主义研究	詹鄞鑫	华东师范大学
1996 年	中国文学	过渡时期的香港文学	施建伟	同济大学
1996 年	中国文学	文学遗产研究的理论与方法	郭豫适	华东师范大学
1996 年	中国文学	文体演变与中国文学的发展	李熙宗	复旦大学
1996 年	中国文学	中国古代小说与宗教：多方位地探讨中国古代小说与佛道两教的关系	孙逊	上海师范大学
1996 年	中国文学	近代中外文学关系史（19 世纪下半叶至 20 世纪初叶）	徐志啸	复旦大学
1996 年	中国文学	中国凤鸟传说与信仰民俗对中国思想文化艺术的影响	陈勤建	华东师范大学
1996 年	外国文学	“五四”以来我国英语文学作品翻译史	陆谷孙	复旦大学
1996 年	语言学	汉语普通话水平测试研究	朱川	华东师范大学
1996 年	语言学	改革开放中汉语词汇的发展	陈光磊	复旦大学
1996 年	新闻学	新闻媒体的个性与风格：媒体的角色问题	吴庆棠	上海社会科学院
1996 年	图书馆・情报与文献学	社科图书馆的思想库功能研究	龚绍裘	市委党校
1996 年	图书馆・情报与文献学	中国社会科学的交流机制与情报服务研究：人文和社会科学论文统计分析	范并思	华东师范大学
1997 年	马列・科社	十月革命与列宁主义	余源培	复旦大学
1997 年	马列・科社	东欧民主社会主义思潮研究	姜琦	华东师范大学
1997 年	党史・党建	中国共产党对中国传统文化的认识和政策的历史考察	郗培炎	华东师范大学
1997 年	哲学	马克思主义哲学与中国传统文化	陈卫平	华东师范大学
1997 年	经济理论	社会主义市场经济体制与资本主义市场经济体制比较研究	张薰华	复旦大学
1997 年	经济理论	减轻我国通货膨胀压力与经济利益关系调整	洪远朋	复旦大学
1997 年	经济理论	产业国际化中的当代国际垄断资本	张纪康	复旦大学
1997 年	部门经济	新一轮经济发展中的经济增长点选择研究：国际比较及我国经济政策取向	周振华	上海社会科学院

(续表)

年 度	学科分类	课 题 名 称	负 责 人	工 作 单 位
1997 年	部门经济	我国现阶段城市居民贫困问题及救助模式研究	杨建文	上海社会科学院
1997 年	部门经济	现代信息网络的发展对我国经济发展的影响及对策研究	葛伟民	上海社会科学院
1997 年	部门经济	国债规模的控制与管理研究	杨大楷	上海财经大学
1997 年	部门经济	宏观调控体系中计划财政金融的协调机制研究	周炼石	华东师范大学
1997 年	政治学	发展中国家的政治发展研究	胡伟	复旦大学
1997 年	政治学	我国城乡结合部行政管理体制综合研究	刘君德	华东师范大学
1997 年	法学	中国传统文化与中国当代法制建设	郝铁川	华东政法学院
1997 年	法学	中国古代吏治与当代公务员法制：公务员人才资源开发中的法制建设研究	陈乐平	市人事局公共行政与人力资源研究所
1997 年	社会学	上海市国有企业下岗职工问题与对策研究	王大奔	华东师范大学
1997 年	社会学	现代社会发展中的城市社区精神文明建设的作用与机制研究	孙慧民	上海社会科学院
1997 年	人口学	城郊结合部人口控制机制研究	丁金宏	华东师范大学
1997 年	国际问题	冷战后日本防卫战略的转变及中国对策研究	王少普	上海社会科学院
1997 年	国际问题	亚太地区美中日三边关系研究	任晓	复旦大学
1997 年	世界历史	19 世纪法国建设资本主义的历史进程透视	李宏图	华东师范大学
1997 年	中国文学	马克思主义美学传播史	马驰	上海社会科学院
1997 年	中国文学	明清山水审美意识研究	夏咸淳	上海社会科学院
1997 年	中国文学	20 世纪日本研究中国文学史论集	曹旭	上海师范大学
1997 年	语言学	语言指代现象的跨文化交际研究	熊学亮	复旦大学
1997 年	体育科学	我国高等教育体育院系联合办学的历史、现状和基本模式的调查与研究	徐本力	上海体育学院
1997 年	体育科学	关于学校—社区全民健身联网工程的研究	赵文杰	上海交通大学
1997 年	体育科学	中、外体育俱乐部比较与管理法规研究	池泰棱	上海体育科学研究所
1998 年	马列·科社	国外左翼思潮研究的子课题：俄罗斯与东欧的左翼思潮研究	张月明	华东师范大学
1998 年	党史·党建	新时期党依靠工人阶级问题的研究	唐国才	市总工会

（续表）

年　度	学科分类	课 题 名 称	负 责 人	工 作 单 位
1998年	经济理论	提高对外开放水平和发展经济问题研究	陈飞翔	同济大学
1998年	经济理论	鼓励、引导非公有制经济健康发展的对策研究	王克忠	复旦大学
1998年	经济理论	香港、上海：中国经济腾飞的翅膀	李蓓蓓	华东师范大学
1998年	经济理论	邓小平经济思想研究	李治国	上海师范大学
1998年	经济理论	提高我国外资利用水平问题研究	杨宇光	复旦大学
1998年	部门经济	未来10年中国食品供求结构的预测及对策研究	陈启杰	上海财经大学
1998年	部门经济	上海经济计量分析与预测研究	孙海鸣	上海财经大学
1998年	部门经济	东南亚金融风波与我国金融市场开放问题研究	潘正彦	上海社会科学院
1998年	法学	国际反倾销法的理论与实践及其对中国的借鉴研究	高永富	上海对外贸易学院
1998年	社会学	费孝通的经济社会学思想研究（自选项目）	刘豪兴	复旦大学
1998年	社会学	中国经济大开发前沿的农民问题（自选项目）	李友梅	上海大学
1998年	国际问题研究	90年代世界金融的动荡与危机：国际货币体制上的根源	徐明棋	上海社会科学院
1998年	国际问题研究	世纪之交欧盟第五次扩大的经济分析及其对中欧经贸合作的影响	张永安	华东理工大学
1998年	中国历史	汉传密宗对中国民间信仰的影响	严耀中	上海师范大学
1998年	中国历史	中国行政区划变迁史研究（自选项目）	周振鹤	复旦大学
1998年	中国文学	上海文化与上海文学：百年上海文学综论	杨剑龙	上海师范大学
1998年	中国文学	清代杰出作家研究	吴兆路	复旦大学
1998年	中国文学	邓小平文艺思想、江泽民关于文艺的论述与新时期文学	邱明正	上海社会科学院
1998年	中国文学	吴文英研究	钱鸿瑛	上海社会科学院
1998年	外国文学	近代以来亚欧关系发展演变研究（自选项目）	潘光	上海社会科学院
1998年	外国文学	当代美国文学史（1945年以来）	黄铁池	上海师范大学
1998年	语言学	有关系统功能语言学的多维思考	朱永生	复旦大学
1998年	统计学	现行经济体制下抽样调查方法在统计中的应用研究	梁小筠	华东师范大学

1987—1998年国家青年社会科学基金课题

年　度	学科分类	课 题 名 称	负 责 人	工 作 单 位
1987年	国际问题	苏联农业投资政策研究	唐朱昌	复旦大学
1989年	哲学	东西方女性文化比较研究	余亚平	上海师范大学
1989年	哲学	儒家与当代价值体系的转换	杨国荣	华东师范大学
1989年	哲学	中国古代科技价值观研究	吾敬东	上海师范大学
1989年	经济学	企业管理岗位分层要素系统设计与评价技术研究	斯晓夫	上海第二工业大学
1989年	经济学	国有企业制度与管理方式的国际比较	郭毅	复旦大学
1989年	经济学	我国大中城市副食品产销体制与流通模式研究	唐豪	上海财经大学
1989年	社会学	上海社会流动实证研究	李建勇	华东政法学院
1989年	法学	对中美两国法律的经济学分析	张乃根	复旦大学
1989年	法学	国际直接投资立法研究：我国的实践与借鉴	韩小鹰	上海社会科学院
1989年	中国历史	西书中译与中日文化	邹振环	复旦大学
1989年	宗教学	中国佛教伦理思想研究	业露华	上海社会科学院
1989年	中国文学	中国古代阐释理论与接受文学批评	邬国平	复旦大学
1989年	中国文学	中国文学观念的近代变革	袁进	上海社会科学院
1990年	哲学	马克思主义中国化与中国传统哲学	陈卫平	华东师范大学
1990年	经济学	我国城郊农户的投资和消费行为	吴柏均	华东化工学院
1990年	法学	中西方法律文化比较研究	何勤华	华东政法学院
1990年	社会学	中国企业人际关系的类型及评价体系研究	祁汉堂	复旦大学
1990年	国际问题	德国统一问题和欧洲形势研究	范军	华东师范大学
1990年	中国历史	上海地区民俗文化变异之研究	忻平	华东师范大学
1990年	中国文学	传播方式与中国诗体的变迁	王小盾	上海师范大学
1990年	语言学	赣语吉安方言语法研究	戴耀晶	复旦大学
1991年	党史・党建	中国共产党的理论建设(1921—1949)	齐卫平	华东师范大学
1991年	哲学	板块学说与科学革命	诸大建	同济大学
1991年	经济学	中国土地理论史研究	钟祥财	上海社会科学院
1991年	法学	有限责任公司法实务研究	顾功耘	华东政法学院
1991年	法学	欧洲共同体统一大市场的法律变化及中国对策	曹建明	华东政法学院

（续表）

年　度	学科分类	课 题 名 称	负 责 人	工 作 单 位
1991 年	中国历史	中国近 300 年疑古思潮研究	路新生	华东师范大学
1991 年	宗教学	宗教与近代上海社会变迁	葛壮	上海社会科学院
1991 年	中国文学	中国古代文学范畴研究	汪涌豪	复旦大学
1991 年	中国文学	唐诗学发展研究	朱易安	上海师范大学
1991 年	外国文学	中西悲剧通论	谢柏梁	上海戏剧学院
1992 年	经济学	我国经济信息系统的组织和职能	葛伟民	上海社会科学院
1992 年	政治学	确立相对高度集权的中央行政调控体系：中国行政改革高阶目标模式研究	李琪	上海行政学院
1992 年	社会学	中国现代化进程中知识分子的价值取向和文化功能	许纪霖	华东化工学院
1992 年	社会学	家庭经济和社会特征变化对我国人口发展趋势的影响	张鹤年	上海社会科学院
1992 年	国际问题	跨国经营中的产业进入壁垒与跨国公司投资进入策略的比较研究	张纪康	复旦大学
1992 年	中国历史	宋代南方人口研究	吴松弟	复旦大学
1993 年	哲学	近现代西方经济伦理思想的理论经验和教训及其对社会主义市场经济条件下道德建设的启示	秦裕	华东师范大学
1993 年	经济学	中国证券市场的规范化和国际化问题研究	潘英丽	华东师范大学
1993 年	政治学	社会主义市场经济条件下的政府行为研究	桑玉成	上海师范大学
1993 年	法学	欧共体竞争法及对中国企业的适用	龚柏华	复旦大学
1993 年	国际问题	战后不同类型国家发展模式研究	傅钧文	上海社会科学院
1993 年	世界历史	欧洲民族主义的历史演变与当代欧洲民族问题	李宏图	华东师范大学
1993 年	外国文学	西方语言思维模式研究	褚孝泉	复旦大学
1993 年	新闻学	跨国传播与中国民族文化观念的变迁	裘正义	复旦大学
1994 年	经济理论	国有资产存量调整和优化配置研究	张晖明	复旦大学
1994 年	政治学	当代中国政府过程的机制和功能研究	胡伟	复旦大学
1994 年	法学	中国国际私法制度完善问题研究	徐冬根	华东政法学院
1994 年	社会学	市场经济条件下社区人口控制的比较研究	朱国宏	复旦大学
1994 年	宗教学	梵蒂冈专题研究：中国与罗马教廷关系史(1294～1951)	顾卫民	上海教育学院

(续表)

年　度	学科分类	课 题 名 称	负 责 人	工 作 单 位
1994年	中国文学	王阳明与明代后期文学	谈蓓芳	复旦大学
1994年	中国文学	中国现代重要作家作品研究：钱钟书《管锥编》研究	张文江	上海社会科学院
1995年	哲学	当代法国哲学研究	汪堂家	复旦大学
1995年	外国文学	世界悲剧文学史(近现代部分)	谢柏梁	上海戏剧学院
1996年	经济理论	国有企业转制过程中隐性失业显性化问题研究	袁志刚	复旦大学
1996年	部门经济	企业集团的会计控制与会计决策	陈信元	上海财经大学
1996年	部门经济	中国社会总资金流量动态监控研究	陈湛匀	上海大学
1996年	政治学	中国特色的团体政治研究	郭定平	复旦大学
1996年	政治学	现代化与行政管理体制：浦东新区个案研究	姚俭建	浦东新区华夏社会发展研究院
1996年	社会学	人口城市化和农村社会劳动力转移	张康清	上海社会科学院
1996年	国际问题	90年代国际贸易创新与我国外贸发展的跨世纪战略	唐海燕	华东师范大学
1996年	宗教学	中国现代基督教神学思想	倪慧良	上海社会科学院
1997年	部门经济	经济改革以来我国农民需求结构变动实证分析	石磊	复旦大学
1997年	部门经济	我国可持续发展评估指标体系与测算方法的研究	朱启贵	上海财经大学
1997年	国际问题	国际机制理论及其与国家主权理论的相关性研究	刘杰	上海社会科学院
1997年	国际问题	大变动中的世界格局与中国	程林胜	—
1997年	中国历史	商务印书馆与20世纪中国文化	周武	上海社会科学院
1997年	中国文学	竟陵派与晚明文学思潮	陈广宏	复旦大学
1997年	语言学	弱智儿童语言获得的研究	刘春玲	华东师范大学
1998年	党史・党建	建国以来中国共产党领导社会主义民主政治建设的历史经验	曾峻	市委党校
1998年	经济理论	国有企业经理激励报酬的最优设计	孙经纬	上海财经大学
1998年	法学	计算机犯罪问题研究	寿步	上海大学
1998年	宗教学	放逐于神圣和世俗之间：埃利阿德的“宗教史”方法论述评	晏可佳	上海社会科学院
1998年	外国文学	罗兰巴特后期写作与东方书写文明	屠友祥	上海社会科学院

1999年度国家社会科学基金项目

项目类型	学科分类	课题名称	负责人	工作单位
一般项目	法学	全球电子商务的知识产权保护	张乃根	复旦大学
一般项目	法学	票据犯罪及其防范研究	刘华	上海社会科学院
一般项目	国际问题研究	二十一纪初国际格局变化趋势与我国国际关系战略	陈佩尧	上海国际问题研究所
一般项目	国际问题研究	日本经济体制改革及其对我国改革开放的启示	樊勇明	复旦大学
一般项目	国际问题研究	经济全球化中的不平等关系与结构性矛盾	张幼文	上海社会科学院
一般项目	国际问题研究	21世纪初的国际格局和台湾问题	杨洁勉	上海国际问题研究所
一般项目	国际问题研究	战后中日文化关系史	胡令远	复旦大学
一般项目	考古学	马桥遗址发掘报告	宋建	上海博物馆
一般项目	理论经济	经济学方法论体系与前沿研究	程恩富	上海财经大学
一般项目	理论经济	中国所有制改革与产权制度创新研究	徐桂华	复旦大学
一般项目	理论经济	国有企业改革与企业家队伍建设研究	颜光华	上海财经大学
一般项目	理论经济	中外教育产业及教育经济学的比较研究	王斌华	华东师范大学
一般项目	理论经济	知识经济中的风险利益研究	马艳	上海财经大学
一般项目	理论经济	二十一世纪初长江三角洲区域发展战略研究	朱敏彦、张颢瀚、曾骅	中共上海市委宣传部
一般项目	理论经济	我国经济利益关系演变研究	洪远朋	复旦大学
一般项目	理论经济	“十五”期间我国城乡就业问题研究	袁志刚	复旦大学
一般项目	理论经济	长江三角洲地区市场群落、企业群落与城镇网络协同发展研究	石忆邵	同济大学
一般项目	理论经济	中国海外直接投资问题研究	杨大楷	上海财经大学
一般项目	理论经济	医疗保险制度和改革的卫生经济学理论分析	胡苏云	上海社会科学院
一般项目	人口学	21世纪中国西部大开发与人口分布变动趋势研究	王桂新	复旦大学
一般项目	社会学	城市化与农民的现代化问题研究——浦东农村23个镇的考察	邓伟志	浦东华夏社会发展研究院
一般项目	社会学	企业组织文化比较研究	卢汉龙	上海社会科学院
一般项目	世界历史	全球化对战后世界历史的影响	叶江	上海师范大学
一般项目	世界历史	二战后拉美主要国家发展道路研究与比较	陈才兴	复旦大学

(续表)

项目类型	学科分类	课 题 名 称	负 责 人	工 作 单 位
一般项目	体育学	我国职业体育俱乐部运行机制与组织管理的研究	张林	上海体育学院
一般项目	体育学	全民健身运动对国民心理素质影响的研究	季浏	华东师范大学
一般项目	体育学	我国竞技体育人才资源开发与利用的可持续发展研究	俞继英	上海体育学院
一般项目	统计学	证券指数体系及其应用研究	徐国祥	上海财经大学
一般项目	统计学	金融风险的统计分析与博弈模型	施锡铨	上海财经大学
一般项目	外国文学	中日韩戏剧文化比较研究	翁敏华	上海师范大学
一般项目	外国文学	普鲁斯特评传	郑克鲁	上海师范大学
一般项目	外国文学	中国俄苏文学研究史	陈建华	华东师范大学
一般项目	新闻学与传播学	国外新闻传播行业管理及自律研究	魏永征	上海社会科学院
一般项目	应用经济	证券市场扩容中的资金流向与产业结构变动	殷醒民	复旦大学
一般项目	应用经济	当代金融危机的形成、扩散与防范机制研究	陈学彬	上海财经大学
一般项目	应用经济	经济转轨条件下我国企业会计法律问题实证研究	李若山	复旦大学
一般项目	应用经济	电子商务时代我国流通模式研究	李骏阳	上海大学
一般项目	应用经济	加入WTO与我国经济安全问题研究	王新奎	上海对外贸易学院
一般项目	应用经济	政府财务报告问题研究	赵建勇	上海财经大学
一般项目	语言学	上海方言的语音学数据	刘民钢	上海师范大学
一般项目	语言学	面向应用的现代汉语副词研究	张谊生	上海师范大学
一般项目	哲学	儒家伦理与公民道德教育体系的构建	邵龙宝	同济大学
一般项目	哲学	中西哲学形态比较研究	俞宣孟	上海社会科学院
一般项目	哲学	虚拟技术的认识论问题	张怡	东华大学
一般项目	哲学	走近马克思——西方四大思想家苏东巨变后的思想轨迹及其启示	陈学明	复旦大学
一般项目	哲学	新法兰克福学派和美国实用主义	童世骏	华东师范大学
一般项目	政治学	关于反腐倡廉规范性文件有效性的研究	桑玉成	上海师范大学
一般项目	政治学	城市社区居民委员会组织研究	王邦佐	上海社联
一般项目	中国历史	上世纪之交日本国粹主义与中国国粹思潮——兼论日本右翼思想渊源	盛邦和	华东师范大学

（续表）

项目类型	学科分类	课 题 名 称	负 责 人	工 作 单 位
一般项目	中国历史	关于澳门如何被葡萄牙逐步占领的研究	费成康	上海社会科学院
一般项目	中国历史	上海金融的制度、功能与变迁(1897—1997)	杜恂诚	上海社会科学院
一般项目	中国历史	日本有关"南京大屠杀"论著研究	程兆奇	上海社会科学院
一般项目	中国历史	中国慰安妇幸存者的调查和研究	苏智良	上海师范大学
一般项目	中国文学	宋代诸宫调及杂剧的关系	张兵	复旦大学
一般项目	中国文学	公安派与政治关系的历史考察	黄仁生	复旦大学
一般项目	中国文学	中国文学的近代变革——从戊戌变法到辛亥革命时期	袁进	上海大学
一般项目	宗教学	汉传佛教因明研究	郑伟宏	复旦大学
一般项目	宗教学	世界邪教与反邪教研究	罗伟虹	上海社会科学院
青年项目	国际问题研究	华侨华人和华族在国家关系中的角色	吴前进	上海社会科学院
青年项目	理论经济	公司治理结构的国际比较和对中国国企改革的意义	高晓晖	上海财经大学
青年项目	人口学	城市人口人户分离状况研究	周海旺	上海社会科学院
青年项目	应用经济	中国住房金融资金筹措与风险防范机制研究	王洪卫	上海财经大学
青年项目	应用经济	上海第三产业生态化建设的环境经济激励机制研究	杨凯	华东师范大学
青年项目	应用经济	21 世纪前 10 年我国城乡劳动力供求及就业发展战略研究	郭庆松	市委党校
青年项目	应用经济	区域农业结构调整优化的新思路研究	于冷	上海交通大学
青年项目	应用经济	加入 WTO 后外资银行的进入对中国银行业的影响及其对策	王如忠	上海社会科学院
青年项目	哲学	可持续人类发展与加入 WTO：中国面临的双重挑战——伦理原则与制度意蕴	高国希	复旦大学
青年项目	政治学	社会性别研究与当代西方女性主义政治理论	何佩群	复旦大学
青年项目	中国历史	历史时期西北地区民间信仰与自然环境的关系研究	张晓虹	复旦大学
青年项目	中国历史	太平天国与江南社会变迁	周武	上海社会科学院
青年项目	中国历史	中国历史上的蝗灾研究	章义和	华东师范大学
青年项目	中国历史	自由主义与现代中国	章清	复旦大学
青年项目	中国文学	中国古代小说书目研究	潘建国	上海师范大学

(续表)

项目类型	学科分类	课 题 名 称	负 责 人	工 作 单 位
青年项目	中国文学	一种非主流文艺的形成与封建政治的关系——中国隐逸文化的文艺实践与政治	徐清泉	上海社会科学院
青年项目	中国文学	宋代“文统”研究	罗立刚	上海社会科学院
自筹经费项目	社会学	城市人口老龄化和社会福利体系	彭希哲	复旦大学
自筹经费项目	图书馆情报与文献学	上海图书馆馆藏历代尺牍整理研究	王世伟	上海图书馆
自筹经费项目	应用经济	我国中小企业直接融资问题研究	黄济生	华东师范大学

2001 年度国家社会科学基金项目

项目类型	学科分类	课 题 名 称	负 责 人	工 作 单 位
重点项目	党史党建	互联网与思想政治工作创新研究	谢海光	上海交通大学
重点项目	国际问题研究	国际关系中的文化作用	俞新天	上海国际问题研究所
重点项目	理论经济	西部大开发的基本理论问题研究	丁栋虹	上海财经大学
重点项目	应用经济	内需结构的失衡与结构性内需不足——进一步扩大内需问题	俞忠英	复旦大学
重点项目	图书馆、情报与文献学	信息安全、网络监管与中国的信息立法研究	张新华	上海社会科学院
重点项目	哲学	哲学上的革命与转型：马克思主义哲学与现代西方哲学比较研究	刘放桐	复旦大学
一般项目	党史党建	新时期思想政治工作创新研究	吕会霖	市委党校
一般项目	法学	他山之石，可以攻玉：西方的中国法律研究	胡世凯	上海交通大学
一般项目	法学	行政综合执法与相对集中行政处罚权研究	关保英	华东师范大学
一般项目	法学	WTO 规则与中国竞争法的完善	林燕萍	华东政法学院
一般项目	国际问题研究	新世纪初期的俄罗斯对外战略走向	冯绍雷	华东师范大学
一般项目	理论经济	资本市场多层次交易的结构效应	孔爱国	复旦大学
一般项目	理论经济	经济全球化条件下的比较优势、技术进步和中国发展战略	尹翔硕	复旦大学
一般项目	应用经济	中国民营企业生命周期研究	许晓明	复旦大学
一般项目	应用经济	上市公司财务困境预测实证研究	张鸣	上海财经大学
一般项目	应用经济	国有企业经营者人力资本价值计量与收益分配激励研究	顾琴轩	上海交通大学

（续表）

项目类型	学科分类	课　题　名　称	负　责　人	工　作　单　位
一般项目	应用经济	从上海卫星城兴起探索中国城市化新途径	黄文忠	市委党校
一般项目	应用经济	金融对外开放与监管问题研究	潘英丽	华东师范大学
一般项目	应用经济	我国上市公司信息操纵行为的案例分析和实证研究	洪剑峭	复旦大学
一般项目	社会学	下岗与再就业：劳动力市场中“资本”的作用	朱国宏	复旦大学
一般项目	世界历史	美国多元文化研究	余志森	华东师范大学
一般项目	图书馆、情报与文献学	因特网环境下国家社会科学信息政策研究	楼培敏	上海社会科学院
一般项目	体育学	我国小城镇经济、社会与体育互动关系的区域发展的实证研究	虞重干	上海体育学院
一般项目	体育学	奥运会对增强我国大城市成年人凝聚力的主要心理因素研究	章建成	上海体育学院
一般项目	外国文学	黑塞与东西方文化的整合	张弘	华东师范大学
一般项目	外国文学	20世纪西方文论与《文心雕龙》比较研究	汪洪章	复旦大学
一般项目	新闻学与传播学	中国动画事业现状与发展研究	郭虹	复旦大学
一般项目	语言学	汉语儿童语用发展研究	周兢	华东师范大学
一般项目	语言学	大学英语学习者口语英语语料库	杨惠中	上海交通大学
一般项目	语言学	《蒙古秘史》的语法系统及元代直译体汉语研究	余志鸿	上海大学
一般项目	中国文学	西方美学范畴史	朱立元	复旦大学
一般项目	中国文学	中国诗学之现代观	陈伯海	上海社会科学院
一般项目	中国文学	中国戏曲传播接受史	赵山林	华东师范大学
一般项目	中国文学	《乐府诗集》研究	王小盾	上海师范大学
一般项目	中国文学	中国百年留学生文学论	李安东	复旦大学
一般项目	中国文学	左翼思想与20世纪中国文学研究	薛义	上海师范大学
一般项目	哲学	马克思历史哲学的当代意义	孙承叔	复旦大学
一般项目	哲学	民众评价论研究	陈新汉	上海财经大学
一般项目	哲学	德性的价值	陈根法	复旦大学
一般项目	政治学	大中城市文明城区创建与区级行政管理体制改革研究	刘君德	华东师范大学
青年项目	法学	刑法基本原则及其司法化	肖中华	上海社会科学院

(续表)

项目类型	学科分类	课 题 名 称	负 责 人	工 作 单 位
青年项目	国际问题研究	人权国际化的主权效应及中国的战略选择	刘杰	上海社会科学院
青年项目	理论经济	区域发展中的产业聚集：动态分析与模式研究	刘乃全	上海财经大学
青年项目	应用经济	公共财政理论的发展对我国国有资产管理理论的影响研究	毛程连	上海财经大学
青年项目	人口学	上海就业形势的分析和预测	肖黎春	上海社会科学院
青年项目	世界历史	当代西方史学思想中的叙述问题研究	陈新	复旦大学
青年项目	体育学	体育可持续发展的融资机制研究	倪刚	华东师范大学
青年项目	体育学	我国竞赛表演市场进一步发展的对策研究	陈云开	上海体育学院
青年项目	语言学	听觉障碍儿童汉字加工中语音编码作用的实验研究	昝飞	华东师范大学
青年项目	语言学	现代汉语节奏研究	叶军	华东师范大学
青年项目	中国历史	徽州文书所见明清村落社会生活研究	王振忠	复旦大学
青年项目	哲学	法国现代哲学的逻辑发展线索及其趋向研究	莫伟民	复旦大学
青年项目	哲学	东亚传统审美文化对印象派时代西方绘画的影响	王才勇	上海社会科学院哲学研究所
自筹经费项目	法学	可持续发展与竞争法关系之研究	徐士英	华东政法学院
自筹经费项目	中国历史	中国家谱总目	王鹤鸣	上海图书馆

2002 年度国家社会科学基金项目

项目类型	学科分类	课 题 名 称	负 责 人	工 作 单 位
重点项目	法学	符合中国情况的宪法实施保障制度研究	童之伟	上海交通大学
重点项目	教育学	新基础教育理论及推广性、发展性研究	叶澜	华东师范大学
重点项目	教育学	转型期西方教育哲学的发展及其对我国的启示	陆有铨	华东师范大学
重点项目	教育学	转型期中国教育重大政策案例研究	袁振国	华东师范大学
重点项目	教育学	我国办学体制改革及相关政策研究	胡卫	市教育科学研究院
重点项目	教育学	0—3 岁婴幼儿早期关心与发展的研究	张民生	市教育委员会

（续表）

项目类型	学科分类	课 题 名 称	负 责 人	工 作 单 位
重点项目	理论经济	马克思主义经济思想史研究	程恩富	上海财经大学
重点项目	人口学	21世纪中国人口的发展趋势及其对策	桂世勋	华东师范大学
重点项目	语言学	汉语方言计算机处理系统	潘悟云	上海师范大学
重点项目	中国文学	文化产业竞争力论	花建	上海社会科学院
一般项目	法学	行政法中难以操作的行政法规范研究	张淑芳	华东师范大学
一般项目	法学	证券犯罪研究	刘宪权	华东政法学院
一般项目	法学	民事简易程序研究	章武生	复旦大学
一般项目	国际问题研究	建立“中国与东盟自由贸易区”研究	尤安山	上海社会科学院
一般项目	国际问题研究	中东、里海油气和中国能源安全战略	钱学文	上海外国语大学
一般项目	国际问题研究	世界四类医疗保障体制比较研究	丁纯	复旦大学
一般项目	国际问题研究	新时期中西文化关系研究	胡礼忠	上海外国语大学
一般项目	国际问题研究	国际危机管理和中美关系	杨洁勉	上海国际问题研究所
一般项目	国际问题研究	当代美国国会与中美关系	孙哲	复旦大学
一般项目	国际问题研究	上海合作组织研究	潘光	上海社会科学院
一般项目	国际问题研究	国际制度与中国	苏长和	复旦大学
一般项目	教育学	我国20世纪中学教育改革的历程与问题研究	王伦信	华东师范大学
一般项目	教育学	实用思维训练教程(简化版和特教版)的编制	李其维	华东师范大学
一般项目	教育学	聋人语言教育认知基础的实验研究	方俊明	华东师范大学
一般项目	教育学	情感教学的模式、策略和评价的研究	卢家楣	上海师范大学
一般项目	教育学	信息技术课程论	王吉庆	华东师范大学
一般项目	教育学	新时期青少年学生价值观现状与特点	岑国桢	上海师范大学
一般项目	教育学	政府在市场经济条件下的教育管理职能转变与管理机制研究	魏志春	上海师范大学
一般项目	教育学	我国素质教育背景下双语教学的理论与实践研究	钱源伟	上海师范大学
一般项目	教育学	“理解教育”研究(通过增进理解成批转化后进生的研究)	熊川武	华东师范大学
一般项目	教育学	构建质量保证体系提高研究生培养质量	谢安邦	华东师范大学
一般项目	教育学	21世纪初中国社区教育发展研究	叶忠海	华东师范大学
一般项目	教育学	美术教育促进青少年心理健康的实验研究	钱初熹	华东师范大学

(续表)

项目类型	学科分类	课 题 名 称	负 责 人	工 作 单 位
一般项目	理论经济	经济学与伦理学——探寻我国未来市场经济的伦理维度与道德基础	李维森	复旦大学
一般项目	理论经济	体制改革与中国经济的长期增长和短期波动：一种经验分析	胡永刚	上海财经大学
一般项目	理论经济	企业核心竞争力理论与中国企业国际竞争力研究	张晖明	复旦大学
一般项目	理论经济	有限经济理性和进化博弈论研究	谢识予	复旦大学
一般项目	理论经济	当代跨国公司新理论研究	薛求知	复旦大学
一般项目	理论经济	制度对经济增长与结构调整的作用与影响——日本式市场经济模式研究	陈建安	复旦大学
一般项目	社会学	中国工程移民的比较研究及其社会融合对策	邓伟志	上海大学
一般项目	社会学	城市社区社会工作的职业化与专业化研究	徐永祥	华东理工大学
一般项目	世界历史	西方妇女地位的历史变迁	裔昭印	上海师范大学
一般项目	体育学	当代中国社会阶层与体育人口分层发展对策的研究	肖焕禹	上海体育学院
一般项目	体育学	对我国足球职业俱乐部市场化进程中法治建设的研究	沈建华	上海体育学院
一般项目	体育学	中国竞技体育后备人才培养模式的研究	杨再淮	上海体育学院
一般项目	统计学	我国股票指数产品创新及其风险控制研究	徐国祥	上海财经大学
一般项目	图书馆、情报与文献学	现代图书馆架构研究	王丽丽	市委党校
一般项目	新闻学与传播学	副刊专版——报业经济新战略研究	汪幼海	上海社会科学院
一般项目	新闻学与传播学	媒介经济在我国经济发展中的地位与作用	李本乾	上海交通大学
一般项目	应用经济	经济全球化背景下中国产业结构的战略性调整和升级	干春晖	上海财经大学
一般项目	应用经济	作业成本系统的设计——企业成本管理的模式转换	潘飞	上海财经大学
一般项目	应用经济	知识经济条件下智力资本参与剩余收益分配的理论与方法研究	芮明杰	复旦大学
一般项目	应用经济	中小企业管理模式与制度变迁研究	颜光华	上海财经大学
一般项目	应用经济	企业竞争力的评价方法研究	陈心德	上海工程技术大学

（续表）

项目类型	学科分类	课 题 名 称	负 责 人	工 作 单 位
一般项目	应用经济	基于环境保护的逆向物流的政府管制及企业战略实施研究	朱道立	复旦大学
一般项目	应用经济	中国税负归宿问题研究	杨君昌	上海财经大学
一般项目	应用经济	启动民间投资问题研究	杨大楷	上海财经大学
一般项目	应用经济	资本形成、投资效率和经济增长的实证研究：1978—2000	张军	复旦大学
一般项目	应用经济	社会保险基金预警预报系统的研究	汪泓	上海工程技术大学
一般项目	应用经济	中国存款保险制度与方案研究	贺瑛	复旦大学
一般项目	语言学	英汉语用法的语法化对比研究	向明友	同济大学
一般项目	语言学	语料库技术与网络多媒体在外语教学中的开发应用	卫乃兴	上海交通大学
一般项目	语言学	语用推理(形式化)研究	熊学亮	复旦大学
一般项目	哲学	辩证唯物主义描述理论研究	王天思	上海大学
一般项目	哲学	马克思经济哲学及其当代意义	余源培	复旦大学
一般项目	哲学	人文精神与法治文明关系研究	李瑜青	上海大学
一般项目	哲学	深层本体论：21 世纪科学思想趋势	鲁品越	上海财经大学
一般项目	哲学	全球化背景下中国消费伦理观念的变革及其规范体系的研究	周中之	上海师范大学
一般项目	政治学	大中城市郊区农村城镇发展与基层政区改革研究	林拓	华东师范大学
一般项目	中国历史	清代绿洲农业开发对塔里木河流域生态环境变迁的影响——以和田及其周边地区为研究对象	谢丽	复旦大学
一般项目	中国历史	全球化视野下的晚明社会	樊树志	复旦大学
一般项目	中国历史	明代进士的地理分布	吴宣德	华东师范大学
一般项目	中国历史	异质文化交织下的都市生活——近代上海社会生活研究	熊月之	上海社会科学院
一般项目	中国历史	近代上海金融史研究	吴景平	复旦大学
一般项目	中国文学	本土化的现代性追求：中国艺术人类学导论	郑元者	复旦大学
一般项目	中国文学	域外汉文小说整理与研究	孙逊	上海师范大学
一般项目	中国文学	纸前时代的书籍与文学	查屏球	复旦大学
一般项目	中国文学	古代东亚中国文学接受史	邵毅平	复旦大学
青年项目	法学	中西传统法律思维方式比较研究	王志强	复旦大学
青年项目	法学	WTO 与国家主权	张军旗	上海财经大学
青年项目	理论经济	中国最优经济转型路径下的所有制结构调整	陈钊	复旦大学

(续表)

项目类型	学科分类	课 题 名 称	负 责 人	工 作 单 位
青年项目	理论经济	经济全球化测度理论及其应用研究	冯芸	上海交通大学
青年项目	社会学	农业劳动力转移与新世纪农地承包制度改革	马西恒	市委党校
青年项目	图书馆、情报与文献学	中国地方志流播日本研究	巴兆祥	复旦大学
青年项目	应用经济	高新科技园区与周边地区产业协调发展的比较研究	马文军	复旦大学
青年项目	应用经济	城市泔脚垃圾回收处置的市场化机制研究	杨凯	华东师范大学
青年项目	应用经济	高新技术企业人力资本——物质资本产权交易制度创新研究	黄乾	上海财经大学
青年项目	应用经济	中小企业的集群化成长与科技园区的集约化发展	史占中	上海交通大学
青年项目	应用经济	企业家工作性质及其行为管理模式研究	姚凯	复旦大学
青年项目	应用经济	积极型金融资产组合的动态分析方法研究	劳兰珺	复旦大学
青年项目	语言学	上海方言语音动态腭位研究	平悦铃	复旦大学
青年项目	哲学	莱维纳斯与现代犹太哲学	孙向晨	复旦大学
青年项目	政治学	地区差距与政治整合：当代中国地区发展不平衡的政治学分析	任军锋	复旦大学
青年项目	中国文学	全球化与大众文化语境中的文艺理论新问题研究	包亚明	上海社会科学院
自筹经费项目	党史・党建	中国共产党基层组织建设史	张明楚	市委党校
自筹经费项目	考古学	论文物保护与旅游开发利用的关系——对文物所有权与经营权分离现象的调查分析	陆建松	复旦大学
自筹经费项目	哲学	一般进化论：科学基础、基本框架、哲学问题与社会科学应用	胡皓	上海海运学院

2003 年度国家社会科学基金项目

项目类型	学科分类	课 题 名 称	负 责 人	工 作 单 位
重点项目	党史・党建	党的基层组织建设新情况新问题及对策研究	周鹤龄	中共上海市委组织部
重点项目	法学	宪法控权本质及机制研究	蒋德海	华东政法学院
重点项目	国际问题研究	欧洲区域共同治理模式的探析	伍贻康	上海社会科学院

（续表）

项目类型	学科分类	课 题 名 称	负 责 人	工 作 单 位
重点项目	哲学	西方哲学通史（10卷本）	俞吾金	复旦大学
一般项目	党史·党建	上海地下党基层群众工作的基本经验与启示	朱华	市委党校
一般项目	法学	金融衍生工具的法律规制问题研究	顾功耘	华东政法学院
一般项目	法学	金融犯罪惩治规制的国际化和我国的法律对策	顾肖荣	上海社会科学院
一般项目	国际问题研究	新世纪初期的俄美欧三边关系——兼及"新帝国主义"对大国关系的影响	冯绍雷	华东师范大学
一般项目	国际问题研究	美国战略调整中的国防转型与中国的安全环境	周建明	上海社会科学院
一般项目	国际问题研究	试论社会转型与日本"国家主义"的成因和走向——一种历史与现实分析的新视角	武心波	上海外国语大学
一般项目	国际问题研究	当代国际关系体系转变与构建大国战略稳定框架	夏立平	上海国际问题研究所
一般项目	国际问题研究	南极洲领土主权与资源权属问题综合研究	颜其德	中国极地研究所
一般项目	教育学	全球化视野下的中国教育传统研究	丁钢	华东师范大学
一般项目	教育学	省级政府统筹的教育综合改革试验研究	张伟江	市教育委员会
一般项目	教育学	先进文化与高等教育创新	杨德广	上海师范大学
一般项目	理论经济	全面建设小康社会的东西部经济合作与联动模式研究	徐建华	华东师范大学
一般项目	马列·科社	20世纪马克思主义历程研究	陈学明	复旦大学
一般项目	马列·科社	苏共执政模式兴衰的原因和启示	周尚文	华东师范大学
一般项目	马列·科社	开放条件下的中国国家文化安全——文化建设战略问题研究	胡惠林	上海交通大学
一般项目	人口学	经济全球化与人口国际迁移、流动的实证研究	骆克任	华东师范大学
一般项目	社会学	社会理论的核心范畴	于海	复旦大学
一般项目	社会学	趋向小康生活的城乡居民的生活方式类型研究	陶冶	上海社会科学院
一般项目	社会学	长江三角洲地区社区股份合作制推行中的社会问题研究	张江华	上海大学文学院
一般项目	世界历史	西方马克思主义史学思想研究	张广智	复旦大学
一般项目	体育学	国际体育大赛与大城市发展的关系之研究	姚颂平	上海体育学院

(续表)

项目类型	学科分类	课 题 名 称	负 责 人	工 作 单 位
一般项目	体育学	竞技体育产业市场：都市环境、需求及商业价值研究	唐豪	上海大学
一般项目	体育学	城市生活体育环境研究——上海市生活圈体育设施功能形态布局规划	李建国	上海体育学院
一般项目	统计学	经济环境下风险理论中的统计分析及中国保险市场景气指数的研究	汪荣明	华东师范大学
一般项目	图书馆、情报与文献学	公共图书馆数字资源建设与共享应用方案	范并思	华东师范大学
一般项目	图书馆、情报与文献学	国家竞争情报研究	缪其浩	上海图书馆上海科学技术情报研究所
一般项目	图书馆、情报与文献学	现代企业制度下的企业档案工作运行机制研究	宗培岭	上海大学
一般项目	新闻学与传播学	中国纪录片：历史,现状与发展	吕新雨	复旦大学
一般项目	应用经济	产业集聚与中国地区差距研究	范剑勇	上海大学
一般项目	应用经济	上市公司增资发股：定价及其经济后果	陈信元	上海财经大学
一般项目	应用经济	完善最低生活保障制度问题研究：城镇福利制度与就业意愿	左学金	上海社会科学院
一般项目	应用经济	中国城市水资源安全问题研究	屠梅曾	上海交通大学
一般项目	应用经济	我国组建排污权交易市场的理论、政策及其运作体系研究	李寿德	上海交通大学
一般项目	应用经济	中国高技术企业创业成长机制及其风险(创业)投资金融支持体系的研究	张陆洋	复旦大学
一般项目	应用经济	上市公司自愿性信息披露行为分析	刘红忠	复旦大学
一般项目	应用经济	农村税费改革与农户经济增长研究——以江浙沪跟踪观察农户为例	史清华	上海交通大学
一般项目	应用经济	第三方物流与供应链管理相互促进的原理与方法	骆温平	上海海运学院
一般项目	应用经济	中国农村义务教育转移支付制度建设研究	马国贤	上海财经大学
一般项目	应用经济	公共支出后评价研究	丛树海	上海财经大学
一般项目	应用经济	人民币国际化问题研究	姜波克	复旦大学
一般项目	语言学	俄汉超句统一体共性研究	陈洁	上海外国语大学
一般项目	语言学	中国手语的语言学调查	龚群虎	复旦大学
一般项目	语言学	一种基于主观性试题库和语料库的大学英语电脑化测验	朱正才	上海交通大学

（续表）

项目类型	学科分类	课 题 名 称	负 责 人	工 作 单 位
一般项目	哲学	马克思哲学经典文本当代解读	吴晓明	复旦大学
一般项目	哲学	技术预见学	杨耀武	市科学学研究所
一般项目	哲学	中国哲学中的本体论问题	杨国荣	华东师范大学
一般项目	哲学	20世纪中国哲学史研究的历史进程	陈卫平	上海师范大学
一般项目	哲学	西方诠释学史	潘德荣	华东师范大学
一般项目	哲学	《存在与时间》释义	张汝伦	复旦大学
一般项目	哲学	安然事件后的美国经济伦理学研究	陆晓禾	上海社会科学院
一般项目	政治学	执政党与政治整合	王邦佐	上海社联
一般项目	政治学	中国城市社区发展与制度创新研究	彭勃	复旦大学
一般项目	政治学	美国国会外交与台湾问题	倪世雄	复旦大学
一般项目	中国历史	中国历史上秘密结社与民间宗教研究	邵雍	上海师范大学
一般项目	中国历史	唐宋变革时期的法律与社会	戴建国	上海师范大学
一般项目	中国历史	明清时期东西贸易背景下的外银控制和社会均衡	后智钢	复旦大学
一般项目	中国历史	二十世纪上半叶长江三角洲农村经济与城镇状况评估	李学昌	华东师范大学
一般项目	中国历史	近代中国国有企业的制度演进及其治理模式	张忠民	上海社会科学院
一般项目	中国历史	日本现存南京大屠杀史料研究	程兆奇	上海社会科学院
一般项目	中国历史	汉译佛经中的中西天文学交流与比较研究	江晓原	上海交通大学
一般项目	中国历史	美国中国学进程及其特点研究	朱政惠	华东师范大学
一般项目	中国文学	故事与媒介	曲春景	上海大学
一般项目	中国文学	文学史学原理研究	董乃斌	上海大学
一般项目	中国文学	日本楚辞研究论	徐志啸	复旦大学
一般项目	中国文学	晚清民初的诗学(陈三立陈衍沈曾植诗学研究)	胡晓明	华东师范大学
一般项目	中国文学	“二十世纪文学史理论创新”探索	陈思和	复旦大学
一般项目	宗教学	佛教戒律与中国古代道德法律的互相影响	严耀中	上海师范大学
一般项目	宗教学	中国天主教史	顾卫民	上海大学文学院
一般项目	宗教学	防范和惩治邪教组织犯罪活动研究	业露华	市防范和处理邪教问题办公室
青年项目	法学	人类基因的法律地位	邱格屏	华东政法学院

(续表)

项目类型	学科分类	课题名称	负责人	工作单位
青年项目	法学	现代型诉讼事件的发展与集团诉讼机能的调整	王福华	上海交通大学
青年项目	教育学	课程场域中的学生、知识与命运	周勇	华东师范大学
青年项目	教育学	基于网络的问题化学习	王天蓉	上海市宝山区教育进修学院
青年项目	教育学	教师职业生涯规划研究	白益民	上海师范大学
青年项目	教育学	高等教育质量及新世纪我国高等教育质量观构建的研究	韩映雄	华东师范大学
青年项目	社会学	当代西方社会学理论的新进展——非主流社会学理论的影响及趋势	文军	华东师范大学
青年项目	图书馆、情报与文献学	《四库全书总目》与文献整理研究	司马朝军	复旦大学
青年项目	外国文学	《芬尼根的守灵夜》形式研究	戴从容	复旦大学
青年项目	应用经济	跨国公司R&D全球化与我国企业技术创新战略研究	李安方	上海社会科学院
青年项目	应用经济	全球化背景下的我国药店连锁经营研究	苏同华	华东师范大学
青年项目	应用经济	中小企业融资与县域经济可持续发展的互动性研究	赵旭	上海交通大学
青年项目	语言学	晋语形容词研究	郭校珍	华东师范大学
青年项目	政治学	公共行政中的道德悖论与伦理困境：案例研究	李春成	复旦大学
青年项目	中国历史	中国江南地区一个家族的变迁：洞庭席家研究	马学强	上海社会科学院
青年项目	中国历史	近代外商保险业在上海的投资与经营(1843—1952)	赵兰亮	复旦大学

2004年度国家社会科学基金项目

项目类型	学科分类	课题名称	负责人	工作单位
重大项目	—	中国共产党执政体系研究	林尚立	复旦大学
重点项目	应用经济	非经营性国有资产监督管理对策研究	毛程连	上海财经大学
重点项目	中国文学	钱钟书与宋诗研究	王水照	复旦大学
一般项目	党史·党建	党的基层民主建设与党整合社会的能力研究	丁晓强	市委党校
一般项目	法学	侵权行为法重大疑难问题研究	刘士国	复旦大学

（续表）

项目类型	学科分类	课 题 名 称	负 责 人	工 作 单 位
一般项目	法学	资本市场法律问题比较研究	徐冬根	上海交通大学
一般项目	法学	自然垄断企业反垄断法调整机制研究	徐士英	华东政法学院
一般项目	法学	刑事司法权力的配置与运行研究	谢佑平	复旦大学
一般项目	法学	刑事非羁押措施研究：比较与实证的视角	周伟	上海交通大学
一般项目	法学	中国刑事政策的理性建构	严励	上海政法学院
一般项目	法学	联合国反腐败公约与中国反腐败法制的完善	周洪钧	华东政法学院
一般项目	国际问题研究	中国崛起与东亚多边合作	王少普	上海社会科学院
一般项目	国际问题研究	马克思主义国际关系理论研究	曹泳鑫	上海社会科学院
一般项目	理论经济	区域工业化中的技术扩散效应与制造业结构升级研究	殷醒民	复旦大学
一般项目	理论经济	现代国际大都市发展模式及路径研究	周振华	上海社会科学院
一般项目	理论经济	再生产理论与资本主义掠夺异质经济现实——卢森堡《资本积累论》研究	陈其人	复旦大学
一般项目	理论经济	当代国外马克思主义经济理论研究中的新思路、新方法和新观点	朱钟棣	上海财经大学
一般项目	理论经济	二十世纪中国经济思想史研究	赵晓雷	上海财经大学
一般项目	理论经济	国际直接投资的贸易理论研究	强永昌	复旦大学
一般项目	理论经济	转型国家金融开放与银行体系稳定性的比较研究	庄起善	复旦大学
一般项目	理论经济	中国进入贸易大国行列后贸易政策及战略的修正研究	兰宜生	上海财经大学
一般项目	理论经济	中国在WTO体制中的“非市场经济”地位研究	王新奎	上海对外贸易学院
一般项目	理论经济	当前我国区域经济协调发展中的若干重大理论与实践问题研究	莫建备	市哲学社会科学规划办公室
一般项目	应用经济	中国上市公司交叉持股的经济后果研究	储一昀	上海财经大学
一般项目	应用经济	中国会计制度与国际接轨问题研究	夏大慰	上海国家会计学院
一般项目	应用经济	绿色GDP核算制度研究	朱启贵	上海交通大学
一般项目	应用经济	外资进入中国旅游业的现状、趋向及对策研究	何建民	上海财经大学
一般项目	应用经济	中小金融机构发展研究	熊继洲	复旦大学
一般项目	应用经济	国家企业债券市场发展战略与监理框架	杨大楷	上海财经大学

(续表)

项目类型	学科分类	课 题 名 称	负 责 人	工 作 单 位
一般项目	人口学	半个世纪的死亡率转变——上海的研究	彭希哲	复旦大学
一般项目	人口学	农村人口健康与医疗卫生制度可持续性要素分析	胡苏云	上海社会科学院
一般项目	社会学	当代中国大中城市职业乞丐现象研究	范斌	华东理工大学
一般项目	社会学	农村土地流转的社会学研究	董国礼	上海大学
一般项目	社会学	统筹城乡发展中的农村支持体系研究	张佩国	上海大学
一般项目	图书馆情报与文献学	知识创新的理论、机制和实践	张新华	上海社会科学院
一般项目	图书馆情报与文献学	面向网络信息组织的中文网络本体语言研究	戴维民	南京政治学院上海分院
一般项目	体育学	长江三角洲竞技体育资源一体化开发的模式与机制研究	戴健	上海体育学院
一般项目	体育学	借鉴与超越：中日韩三国职业足球运动的比较研究	陆小聪	上海大学
一般项目	新闻学与传播学	市场经济条件下中国大众传媒新闻竞争力研究	戴元光	上海大学
一般项目	新闻学与传播学	近代以来我国报刊发行体制变迁研究	武志勇	上海社会科学院
一般项目	语言学	外国留学生习得不同标记汉语句子的实验研究	王永德	上海财经大学
一般项目	语言学	对外汉字教学策略研究	张德邵	华东师范大学
一般项目	语言学	大中型双语词典编纂之特性研究	陆谷孙	复旦大学
一般项目	宗教学	中国基督新教史	罗伟虹	上海社会科学院
一般项目	宗教学	当代美国宗教社会学理论思潮研究	李向平	上海大学
一般项目	中国历史	英藏敦煌社会历史文献整理与研究	郝春文	上海师范大学
一般项目	中国历史	国家权力下的乡村统合——16至20世纪徽州乡村社会权力关系研究	唐力行	上海师范大学
一般项目	中国历史	中国藏日本古代文书与日本“唐风文化”研究	韩昇	复旦大学
一般项目	中国历史	中国近代股份制企业研究	朱荫贵	复旦大学
一般项目	中国历史	民国上海同业公会与企业外部环境研究	樊卫国	上海社会科学院
一般项目	中国历史	文化市场与近代上海出版业	周武	上海社会科学院
一般项目	中国文学	中国古代小说文体流变研究	谭帆	华东师范大学
一般项目	中国文学	诗画合璧史	陈正宏	复旦大学

（续表）

项目类型	学科分类	课　题　名　称	负　责　人	工　作　单　位
一般项目	中国文学	20世纪中国电影文学史	周斌	复旦大学
一般项目	中国文学	1949—1966年中国社会主义文学研究	蔡翔	上海大学
一般项目	哲学	思维创新的认识论研究	刘卫平	市委党校
一般项目	哲学	“索卡尔事件”后的社会建构主义研究新动向——超越科学大战中的“两种文化”之争	安维复	上海大学
一般项目	哲学	明末清初“功过格”运动的思想研究	吴震	复旦大学
一般项目	哲学	《韩非子》微观研究	张觉	上海财经大学
一般项目	哲学	牟宗三儒学思想批判（四卷本）	杨泽波	复旦大学
一般项目	哲学	尼采晚期哲学研究	孙周兴	同济大学
一般项目	哲学	在价值与事实之间——社会、政治理论的一般结构	陈嘉映	华东师范大学
一般项目	哲学	维特根斯坦与当代西方社会科学方法论转型	张庆熊	复旦大学
一般项目	哲学	道德理性与现代社会的合理化——德国古典理性主义伦理学研究	邓安庆	复旦大学
一般项目	哲学	基因技术之伦理研究	张春美	市委党校
一般项目	哲学	货币化生活世界的哲学批判	张雄	上海财经大学
一般项目	政治学	民国政治学研究	陈明明	复旦大学
一般项目	政治学	中国特大城市政府管理体制创新与政府职能转变研究	李琪	市委党校
一般项目	政治学	公共部门人力资源管理：机制创新与制度变革研究	吴志华	华东师范大学
一般项目	政治学	城市公共安全体系研究	刘建军	复旦大学
青年项目	法学	法与金融学理论的本土化研究	张建伟	复旦大学
青年项目	法学	行业协会信用能力的法律制度研究	朱国华	同济大学
青年项目	法学	促进就业法律制度研究	杨鹏飞	上海社会科学院
青年项目	法学	犯罪构成及不典型犯罪形态研究	肖中华	上海社会科学院
青年项目	理论经济	专利保护宽度的法经济学研究	寇宗来	复旦大学
青年项目	理论经济	资本账户开放和新型国际分工格局下人民币钉住货币篮汇率制度研究	聂丹	华东师范大学
青年项目	应用经济	中美贸易平衡问题对策研究	沈国兵	上海财经大学
青年项目	马列·科社	乌托邦与现代人的根本困境——恩斯特·布洛赫的乌托邦思想研究	张双利	复旦大学

(续表)

项目类型	学科分类	课题名称	负责人	工作单位
青年项目	人口学	健全城市最低生活保障制度的对策研究	黄晨熹	华东师范大学
青年项目	社会学	当代中国济贫政策制订之探索:模型、评价与建议	顾东辉	复旦大学社会学系
青年项目	图书馆、情报与文献学	网络环境下虚拟组织的知识创新机理及其创新信息服务系统研究	邱允生	上海大学
青年项目	体育学	我国体育健身娱乐业服务质量研究	刘兵	上海体育学院
青年项目	外国文学	艾丽丝·默多克小说研究	何伟文	上海交通大学
青年项目	语言学	现代汉语的"致使态"研究	张豫峰	复旦大学
青年项目	语言学	俄汉语具有文化意义的抽象名词的认知语义对比分析	杨明天	上海外国语大学
青年项目	中国历史	民国时期政商关系研究:以虞洽卿为个案	冯筱才	复旦大学
青年项目	中国文学	从延安"新秧歌"到文化大革命"样板戏"——革命大众文艺改造运动专题研究	张炼红	上海社会科学院
青年项目	哲学	新儒学话语体系的形成与结构研究	方旭东	上海大学
青年项目	哲学	皮尔士哲学和现代西方哲学	汪胤	上海交通大学
青年项目	哲学	西方美学中的"形式":一个观念史的考索	张旭曙	复旦大学
青年项目	政治学	当代中国政治沟通研究	谢岳	上海交通大学
青年项目	政治学	大都市发展中的政府管理体制创新研究	刘晔	复旦大学
青年项目	政治学	公共政策制定与公民参与研究	朱德米	同济大学
青年项目	政治学	中国农业节水灌溉市场的有效性及政策绩效评价研究	王克强	上海财经大学

2005年度国家社会科学基金项目

项目类别	学科分类	课题名称	责任人	工作单位
重大项目	—	党的先进性建设问题研究	奚洁人	中国浦东干部学院
重大项目	—	新时期我国社会利益关系的发展变化研究	洪远朋	复旦大学
重大项目	—	新时期社会协调机制建设问题研究	李友梅	上海大学
重大项目	—	科学发展观与中国经济改革和开放	程恩富、智效和	上海财经大学
重大项目	—	宗教对当代国际关系的影响	徐以骅	复旦大学

（续表）

项目类别	学科分类	课 题 名 称	责 任 人	工 作 单 位
重点项目	应用经济	人口、资源与环境经济学方法论研究	王桂新	复旦大学
重点项目	应用经济	国际石油资源博弈与中国的石油外交战略研究	隋舵	上海财经大学
重点项目	图书馆、情报与文献学	世界级城市图书馆指标体系研究	王世伟	上海图书馆上海科学技术情报所
一般项目	党史·党建	增强党在新经济组织阶级基础和群众基础研究	顾建键	市委党校
一般项目	法学	迈向和谐社会：中国特色利益表达机制的法律构建	侯健	复旦大学
一般项目	法学	中国传统法律文化研究——以审理文化和裁判文化为中心	何勤华	华东政法学院
一般项目	法学	国有自然资源管理、利用、保护法律制度研究	高富平	华东政法学院
一般项目	法学	金融犯罪研究	刘宪权	华东政法学院
一般项目	法学	入世后过渡期中国面临新法律问题研究	龚柏华	复旦大学
一般项目	国际问题研究	中国民间对日索赔运动研究	苏智良	上海师范大学
一般项目	国际问题研究	“新开放观”研究——经济全球化条件下开放效益的理论分析	张幼文	上海社会科学院
一般项目	国际问题研究	美国的中国学研究	仇华飞	同济大学
一般项目	国际问题研究	冷战后的日本财界与外交政策过程研究	臧志军	复旦大学
一般项目	国际问题研究	经济全球化背景下的南北关系研究	杨逢珉	华东理工大学
一般项目	理论经济	马克思《资本论》及其手稿在当代的实践与发展	董瑞华	市委党校
一般项目	理论经济	中国城乡居民收入流动性与收入不平等：实证和理论研究	权衡	上海社会科学院
一般项目	理论经济	社会主义市场经济体制中的非正式制度	伍装	上海财经大学
一般项目	理论经济	开放源码运动的理论问题和战略问题研究	周翼	复旦大学
一般项目	理论经济	开放经济下的中国真实经济周期模型实证研究	费方域	上海交通大学
一般项目	理论经济	马克思主义与西方制度经济理论比较研究	顾钰民	同济大学
一般项目	理论经济	发达国家跨国公司史研究	董有德	上海大学
一般项目	理论经济	近代以来北方主要港口城市腹地的经济互动	吴松弟	复旦大学

(续表)

项目类别	学科分类	课 题 名 称	责 任 人	工 作 单 位
一般项目	应用经济	加强和改善宏观调控、防止经济大起大落的体制机制研究	周炼石	市委党校
一般项目	应用经济	产权市场的建设和管理问题研究	田增瑞	东华大学
一般项目	应用经济	推动长江三角洲经济一体化研究	徐长乐	华东师范大学
一般项目	应用经济	国有企业经营管理者激励和约束机制——基于跨文化变量的理论和实证研究	李绪红	复旦大学
一般项目	应用经济	制造业的国际竞争优势及其跨国投资战略	陈湛匀	上海大学
一般项目	应用经济	经济学信息范式与不完备合约的研究	管毅平	上海交通大学
一般项目	应用经济	推进纳税信用体系建设研究	刘红薇	市地方税务局
一般项目	应用经济	完善社会保险制度研究	汪泓	上海工程技术大学
一般项目	人口学	城市化的城乡人口结构差别效应研究	朱宝树	华东师范大学
一般项目	社会学	社会结构的变化与阶层的主观认同	陆晓文	上海社会科学院
一般项目	社会学	中国社会转型期城市非正规就业及其社会政策研究	张彦	上海财经大学
一般项目	社会学	负性内隐社会认知(恐怖、攻击等)的研究	杨治良	华东师范大学
一般项目	社会学	中国、俄罗斯、东欧社会转型比较	王义祥	华东师范大学
一般项目	社会学	社区矫正研究	张昱	华东理工大学
一般项目	社会学	城市新移民问题研究	张文宏	上海大学
一般项目	世界历史	冷战与中苏同盟——1949—1973 年中苏关系史研究	沈志华	华东师范大学
一般项目	世界历史	泛非主义史研究	舒运国	上海师范大学
一般项目	世界历史	近代来华犹太人研究	王健	上海社会科学院
一般项目	统计学	统计指数理论的发展与应用研究	徐国祥	上海财经大学
一般项目	图书馆、情报与文献学	基于ICTS核心信息能力的信息化测度研究	吕斌	上海大学
一般项目	体育学	体育的社会整合功能与和谐社会的构建	周哲玮	上海大学
一般项目	体育学	新形势下我国高校竞技体育现状及发展对策研究	何志林	上海体育学院
一般项目	体育学	对我国青少年传承中华武术文化的研究	邱丕相	上海体育学院
一般项目	外国文学	殖民主义和澳大利亚小说	叶胜年	上海理工大学
一般项目	外国文学	从边缘到经典：美国本土(印第安)文学的形成与发展	张冲	复旦大学

（续表）

项目类别	学科分类	课 题 名 称	责 任 人	工 作 单 位
一般项目	语言学	汉语"介词框架"的历时、共时及比较研究	陈昌来	上海师范大学
一般项目	语言学	基于标准数字化平台的古文字发展史定量研究	刘志基	华东师范大学
一般项目	语言学	基于内容的商务汉语教学模式研究	黄锦章	上海财经大学
一般项目	语言学	英汉篇章回指的功能语用对比研究	许余龙	上海外国语大学
一般项目	语言学	汉语特殊儿童语言发展与语料库建设的研究	周兢	华东师范大学
一般项目	语言学	现代汉语框架语义系统研究	范开泰	上海师范大学
一般项目	宗教学	藏外佛教文献(第二编)	方广锠	上海师范大学
一般项目	宗教学	《教务杂志》(*THE CHINESE RECORDER*，1867—1941)研究	陶飞亚	上海大学
一般项目	中国历史	走向解体：萧山湘湖水利共同体的兴与衰	钱杭	上海社会科学院
一般项目	中国历史	长江流域文明起源期的生态系统与人地关系	高蒙河	复旦大学
一般项目	中国历史	近代上海工业企业的经济学分析：1860—1949	陆兴龙	上海社会科学院
一般项目	中国文学	15 至 19 世纪东亚汉诗学比较	严明	上海师范大学
一般项目	中国文学	西方马克思主义对中国当代文论的影响研究	马驰	上海社会科学院
一般项目	中国文学	西方现代美学批判研究	吴炫	华东师范大学
一般项目	中国文学	中国古代美学史的重新解读	祁志祥	上海财经大学
一般项目	中国文学	中国近代小说史	陈大康	华东师范大学
一般项目	中国文学	中国文论的近现代转型	黄霖	复旦大学
一般项目	中国文学	五四新文化运动与基督教文化思潮	杨剑龙	上海师范大学
一般项目	中国文学	现代"文学"在中国的确立——以"文学史"和"文学教育"为中心的考察	罗岗	华东师范大学
一般项目	哲学	党的执政能力建设与中国共产党的领导哲学	奚洁人	中国浦东干部学院
一般项目	哲学	经济正义与和谐社会的构建	毛勒堂	上海师范大学
一般项目	哲学	当代计算主义研究	郦全民	东华大学
一般项目	哲学	清代学术与思想的转折：十八、十九世纪之交的汉学更新运动研究	陈居渊	复旦大学
一般项目	哲学	相干逻辑研究	冯棉	华东师范大学
一般项目	哲学	文化研究与当代中国日常生活审美化批判	陆扬	复旦大学

（续表）

项目类别	学科分类	课 题 名 称	责 任 人	工 作 单 位
一般项目	哲学	知识行动论的初步研究	郭强	华东理工大学
一般项目	政治学	大中城市基层行政社区空间结构分析与组织制度创新——以沪常(州)为例	刘君德	华东师范大学
一般项目	政治学	东亚地区政治文化比较研究	郭定平	复旦大学
一般项目	政治学	城市动拆迁中的政府职能研究	方耀楣	同济大学
一般项目	政治学	基层政府公共服务职能的重构：农村小城镇公益事业民营化研究	唐亚林	华东理工大学
青年项目	党史・党建	中国共产党早期妇女领袖研究	张素玲	中国浦东干部学院
青年项目	法学	和谐社会与理性制度选择——一种社会法的视角分析	郑少华	华东政法学院
青年项目	法学	中国传统法律推理的理念与技术	王志强	复旦大学
青年项目	法学	规范、健全、发展资本市场的法律问题研究——以多元证券化法律模式为中心	许凌艳	复旦大学
青年项目	法学	WTO体制中的国际法律责任制度研究	张军旗	上海财经大学
青年项目	国际问题研究	从非传统安全的角度看移民对国家间关系的影响——以俄罗斯的中国移民为案例的分析	强晓云	华东师范大学
青年项目	理论经济	管理层收购后的中国上市公司治理绩效及其改进研究	李曜	上海财经大学
青年项目	理论经济	中国管理层收购的财富创造与财富转移研究	何光辉	复旦大学
青年项目	理论经济	法律、金融与家族企业：中国经济绩效悖论的一个微观机制解释	王永钦	复旦大学
青年项目	理论经济	地方政府环境保护公共支出的有效规模研究	李志青	复旦大学
青年项目	理论经济	在城市与城乡结合部经济社会效益耦合研究	吕康娟	上海大学
青年项目	理论经济	全球资源积聚与世界城市社会空间分异研究	单文慧	复旦大学经济学院
青年项目	理论经济	经济全球化下金融危机国际传染性及对中国的政策含义研究	靳玉英	上海财经大学
青年项目	应用经济	控制权转移与公司业绩	白云霞	同济大学
青年项目	应用经济	当前我国房地产市场状况、发展趋势和对策研究	胡昊	上海交通大学
青年项目	应用经济	农村新型合作医疗制度进展情况、存在问题和对策研究	王耀忠	上海社会科学院

（续表）

项目类别	学科分类	课 题 名 称	责 任 人	工 作 单 位
青年项目	人口学	老年贫困问题研究	程远	复旦大学
青年项目	社会学	城市基层社会变迁与邻里社会资本研究	桂勇	复旦大学
青年项目	社会学	城市新移民的社会学研究——以上海的台湾人为例	何雪松	华东理工大学
青年项目	世界历史	希腊化时代的文化冲突与融合	陈恒	上海师范大学
青年项目	图书馆、情报与文献学	基于网络信息计量的网络信息资源配置与调控机制研究	段宇锋	华东师范大学
青年项目	体育学	我国职业足球俱乐部利益群体的矛盾及调节机制研究	沈佳	上海体育学院
青年项目	外国文学	对卫礼贤“中国”话语及其在中德交流中的影响的研究	范劲	华东师范大学
青年项目	外国文学	理解与误解：米兰·昆德拉研究	袁筱一	华东师范大学
青年项目	中国历史	解放初期上海金融接管研究	张徐乐	复旦大学
青年项目	哲学	康德与兴趣问题：近代实践哲学的困境	林晖	复旦大学
青年项目	哲学	在哲学和政治之间：阿伦特政治哲学研究	王寅丽	华东师范大学
青年项目	哲学	审美与救赎——从德国浪漫派到T-W-阿多诺	孙斌	复旦大学
青年项目	政治学	小康社会进程中农村公共服务保障体系创新研究——以长江三角洲地区为案例	何精华	上海师范大学
青年项目	政治学	国有企业改制过程中的政府监控问题研究	李健	上海财经大学
青年项目	政治学	科学发展观与公共资源管理问题研究	胡位钧	复旦大学
后期资助项目	中国历史	明清旅游活动研究——以长江三角洲为中心	陈建勤	上海大学

2006年度国家社会科学基金项目

项目类型	学科分类	课 题 名 称	责 任 人	工 作 单 位
重大项目	—	建设资源节约型和环境友好型社会的理论与政策研究	王祥荣	复旦大学
重点项目	教育学	建设创新型国家与和谐社会背景下的素质教育研究	叶澜	华东师范大学

(续表)

项目类型	学科分类	课题名称	责任人	工作单位
重点项目	教育学	职业教育有效发展研究(2)	马庆发	华东师范大学
重点项目	语言学	上博简字词全编	陈剑	复旦大学
重点项目	中国文学	《先秦汉魏晋南北朝诗》订补改编	陈尚君	复旦大学
后期资助项目	外国文学	纳博科夫小说论	刘佳林	上海交通大学
后期资助项目	中国文学	中国小说戏曲的发现：文献、价值与观念	罗书华	复旦大学
一般项目	法学	司法公正与政治文明的互动关系研究	董茂云	复旦大学
一般项目	法学	行政行为原理研究	叶必丰	上海交通大学
一般项目	法学	中国能源法律制度研究	肖国兴	华东理工大学
一般项目	法学	计算机取证相关法律与技术问题研究	王永全	华东政法学院
一般项目	法学	司法公正的制度构建研究	章武生	复旦大学
一般项目	国际问题研究	当前国际格局走向与和谐世界建设研究	叶江	上海交通大学
一般项目	国际问题研究	美国战略档案文件编译与研究(1945—1972)	周建明	上海社会科学院
一般项目	教育学	“十一五”期间我国义务教育与职业教育公共经费需求研究	王红	市教育科学研究院
一般项目	教育学	全球视野下中国教育发展战略研究	朱兴德	市教育科学研究院
一般项目	教育学	国内外大学排名的实证研究：指标、权重与影响	刘念才	上海交通大学
一般项目	教育学	中国高等教育支出绩效评价指标体系研究	马国贤	上海财经大学
一般项目	教育学	高等教育财政投入的再配置研究	储敏伟	上海金融学院
一般项目	教育学	千名小学生数学学习全过程的跟踪研究	胡松林	市实验小学
一般项目	教育学	关于体育的地方课程和校本课程的开发研究	季浏	华东师范大学
一般项目	理论经济	基于《资本论》的萨缪尔森《经济学》批判——创建新马克思经济学综合学派的基础研究	薛宇峰	上海财经大学
一般项目	理论经济	收入满足度和收入满足度差距研究	罗文英	上海师范大学
一般项目	理论经济	转型期政府行为与政府社会性规制变革研究	何立胜	中国浦东干部学院
一般项目	理论经济	创新集群、突破性技术创新与后发区域经济追赶	宁钟	复旦大学

（续表）

项目类型	学科分类	课 题 名 称	责 任 人	工 作 单 位
一般项目	理论经济	“十一五”我国产业结构的优化与升级的自主创新战略研究	干春晖	上海财经大学
一般项目	理论经济	科技自主创新的生态群落模式及实施对策研究	戴伟辉	复旦大学
一般项目	理论经济	都市圈产业体系与布局模式研究	张永庆	上海理工大学
一般项目	理论经济	“李约瑟问题”与晚清帝国衰落的制度经济学反思	李维森	复旦大学
一般项目	理论经济	中国金融市场的国际互动及其风险控制研究	杨咸月	上海社会科学院
一般项目	理论经济	经济全球化最新理论问题研究	王根蓓	上海财经大学
一般项目	马列・科社	马克思主义中国化的文化背景	张允熠	上海师范大学
一般项目	马列・科社	比较社会主义视野下的科学发展观研究	黄福寿	上海师范大学
一般项目	人口学	城市女性流动人口社会融入问题研究	周海旺	上海社会科学院
一般项目	人口学	中国城镇第一代独生子女的教育与婚姻状况研究	吴瑞君	华东师范大学
一般项目	社会学	构建和谐社会的社会心理研究	翁定军	上海大学
一般项目	社会学	收入分配与社会公平研究	刘欣	复旦大学
一般项目	社会学	社会工作职业化的本土探索：上海经验实证研究	王瑞鸿	华东理工大学
一般项目	世界历史	战后日本对华政策研究	翟新	上海交通大学
一般项目	世界历史	19世纪欧洲思想家对化解社会冲突的理论探讨	李宏图	复旦大学
一般项目	世界历史	恐怖主义的历史演变研究	余建华	上海社会科学院
一般项目	体育学	体育社会科学理论和学科体系构建研究	熊文	华东师范大学
一般项目	体育学	全国运动会市场开发的研究	刘清早	上海体育学院
一般项目	体育学	中国城市体育消费构成实证及其市场开发的研究	魏农建	上海对外贸易学院
一般项目	体育学	“校企体三结合”我国高校竞技体育人才培养模式的研究	孙麒麟	上海交通大学
一般项目	体育学	我国中小学竞技体育后备人才培养体系的建立与实施	杨烨	上海体育学院
一般项目	统计学	中华民国统计史研究	王德发	上海财经大学
一般项目	统计学	权益指数年金的定价与统计分析	汪荣明	华东师范大学
一般项目	图书馆、情报与文献学	“城市记忆”档案文献资源整合研究	郭红解	市档案局

(续表)

项目类型	学科分类	课 题 名 称	责 任 人	工 作 单 位
一般项目	图书馆、情报与文献学	在整合 INFORMATION 和 INTELLIGENCE 研究基础上实现情报学可持续发展	李国秋	华东师范大学
一般项目	图书馆、情报与文献学	城市信息化评估研究	李农	上海社会科学院
一般项目	外国文学	英国哥特式小说研究	黄禄善	上海大学
一般项目	新闻学与传播学	新闻生产与和谐社会：媒体话语对中国贫富差距心态的影响研究	杨击	复旦大学
一般项目	新闻学与传播学	国际舆情分析和我国对外宣传策略研究	郭可	上海外国语大学
一般项目	新闻学与传播学	当前欧美传媒政策转型危机：版权体系之重构	金冠军	上海大学
一般项目	应用经济	制度环境、公司治理与会计信息	陈信元	上海财经大学
一般项目	应用经济	面向资本市场网络财务信息审计的实验研究	张天西	上海交通大学
一般项目	应用经济	流动就业人员社会保险问题研究	张伯生	上海工程技术大学
一般项目	应用经济	长三角三大城市的化工区开展循环经济试点问题研究	孔令丞	华东理工大学
一般项目	应用经济	环境友好型城市的人居环境规划与管理的体制研究	吴伟	同济大学
一般项目	应用经济	促进循环经济发展的产业组织创新研究	杨忠直	上海交通大学
一般项目	应用经济	地方性国有控股企业的功能定位及其运营研究	周晓庄	上海社会科学院
一般项目	应用经济	预算制定在国有企业经理人薪酬契约中的激励作用	潘飞	上海财经大学
一般项目	应用经济	中国旅游产业潜力和竞争力研究	冯学钢	华东师范大学
一般项目	语言学	自闭症儿童语言障碍和干预绩效的实验研究	方俊明	华东师范大学
一般项目	语言学	欧美学生汉语书面语阅读教学研究	徐子亮	华东师范大学
一般项目	语言学	全国统一语言能力等级量表研究	杨惠中	上海交通大学
一般项目	语言学	基于语料库的现代汉语离合词定量研究	任海波	上海师范大学
一般项目	语言学	现代汉语空间范畴的认知与理解	齐沪扬	上海师范大学
一般项目	语言学	修辞学的叙事结构研究	刘大为	复旦大学
一般项目	哲学	自我评价活动机制研究	陈新汉	上海大学
一般项目	哲学	马克思主义经典作家的文化理论及其当代阐释	黄力之	市委党校

（续表）

项目类型	学科分类	课 题 名 称	责 任 人	工 作 单 位
一般项目	哲学	中国和平发展的意识形态观研究	周民锋	华东理工大学
一般项目	哲学	文化的软权力条件、规律及其相关问题	郭洁敏	上海社会科学院
一般项目	哲学	“平等”观念在现代中国的嬗变与价值	高瑞泉	华东师范大学
一般项目	哲学	当代美国职业伦理研究	王正平	上海师范大学
一般项目	哲学	日常生活中非主流文化对国民素质影响的研究	孙抱弘	上海社会科学院
一般项目	政治学	中国共产党执政经验与执政规律研究	桑玉成	复旦大学
一般项目	政治学	社会公平与政府责任研究	孙荣	同济大学
一般项目	政治学	健全全国统一大市场与我国省际之间利益冲突的立法规制研究	李建勇	华东政法学院
一般项目	政治学	信息技术与大都市政府公共行政管理体制创新理论与方法研究	黄丽华	复旦大学
一般项目	政治学	教育与卫生管理体制分类改革研究	刘海波	华东师范大学
一般项目	中国历史	敦煌丝绸与丝绸之路的综合研究	赵丰	东华大学
一般项目	中国历史	新发现的明清以来徽州商业类书研究	王振忠	复旦大学
一般项目	中国历史	国民党政权在大陆失败的历史研究	汪朝光	上海大学
一般项目	中国历史	20世纪80年代以来日本中学历史教科书对中国历史记述的演变	杨彪	华东师范大学
一般项目	中国历史	1931—1949中国从通货紧缩到通货膨胀研究	贺水金	上海社会科学院
一般项目	中国历史	德语文献里的晚清社会研究	王维江	上海社会科学院
一般项目	中国历史	中国人口地理数据库(1368—2000年)	侯杨方	复旦大学
一般项目	中国文学	跨语境中的批判美学：以本雅明、阿多诺的中国接受为例	朱国华	华东师范大学
一般项目	中国文学	叙事伦理批评	王鸿生	同济大学
一般项目	中国文学	近代书局与白话小说	潘建国	上海师范大学
一般项目	中国文学	欧化白话文学在近代的发生、演变和影响	袁进	复旦大学
一般项目	中国文学	中国当代文学与民间文化	王光东	上海大学
一般项目	中国文学	中国神话发展史	田兆元	华东师范大学
一般项目	宗教学	道教授箓制度研究	刘仲宇	华东师范大学
青年项目	党史・党建	现代领导与新闻媒体	张志海	市委党校
青年项目	法学	以反垄断替代反倾销的法律研究	王中美	上海社会科学院
青年项目	法学	公司治理法律制度研究	罗培新	华东政法学院

（续表）

项目类型	学科分类	课题名称	责任人	工作单位
青年项目	法学	商业银行法律制度研究	许多奇	上海交通大学
青年项目	法学	少年刑事政策与少年司法制度改革	尹琳	上海社会科学院
青年项目	法学	生命科技犯罪及现代刑事责任理论与制度研究	刘长秋	上海社会科学院
青年项目	法学	刑事诉讼协商性司法机制研究	徐美君	复旦大学
青年项目	法学	世界贸易组织协定中的国内税问题	龙英锋	上海立信会计学院
青年项目	法学	商业银行法律制度研究	许多奇	上海交通大学
青年项目	国际问题研究	联合国改革与我国对策研究	陈东晓	上海国际问题研究所
青年项目	国际问题研究	西方非政府组织与独联体国家的“颜色革命”	李立凡	上海社会科学院
青年项目	国际问题研究	“非市场经济”国家与多边贸易体制的政治经济关系研究	张斌	东华大学
青年项目	国际问题研究	利益集团政治与美国对台决策研究	信强	复旦大学
青年项目	教育学	幼儿认知发展中大众传媒的影响机制研究	左志宏	华东师范大学
青年项目	教育学	我国高等教育分地区招生计划的配置模型研究	董业军	市教育科学研究院
青年项目	教育学	我国农村劳动力转移培训的公共政策研究	刘国永	上海财经大学
青年项目	教育学	改革完善高校高水平运动队(员)招生、教学(育)培养管理制度的研究	毛丽娟	上海交通大学
青年项目	教育学	中小学生错误记忆的防治研究	郭秀艳	华东师范大学
青年项目	理论经济	马克思主义政治经济学基础理论的数理化研究	朱奎	上海财经大学
青年项目	理论经济	人口年龄结构变动下中国养老保险体系的可持续性研究	宋铮	复旦大学
青年项目	理论经济	循环经济推进的经济学机制与产业路径研究	吴力波	复旦大学
青年项目	理论经济	基于模块化理论的自主创新机制与标准化战略研究	朱瑞博	中国浦东干部学院
青年项目	理论经济	基于中国背景针对经济人假设的实验经济学研究	阮青松	同济大学
青年项目	马列・科社	全球主义批判与当代中国意识形态建设	申小翠	上海大学
青年项目	人口学	城市流动人口长期居留与社会融合研究	任远	复旦大学

（续表）

项目类型	学科分类	课 题 名 称	责 任 人	工 作 单 位
青年项目	人口学	城市“空巢”家庭老年夫妇生活质量评价指标体系研究	刘晶	华东理工大学
青年项目	社会学	外来农民工融入城市问题研究	刘玉照	上海大学
青年项目	社会学	全球化背景下中国区域经济发展模式的内在危机和制度创新	甄志宏	上海财经大学
青年项目	社会学	流动儿童的社会适应研究	曾守锤	华东理工大学
青年项目	社会学	留守经历对农村儿童影响机制的研究	佘凌	上海社会科学院
青年项目	体育学	中国武术国内国际传播的理论与对策研究	郭玉成	上海体育学院
青年项目	外国文学	俄罗斯文学与末世论思想研究	刘涛	上海外国语大学
青年项目	外国文学	德国战后文学现代性话语之重建研究	胡春春	同济大学
青年项目	外国文学	穆齐尔与德语文学的现代转型研究	吴勇立	复旦大学
青年项目	新闻学与传播学	关于正面人物的宣传报道研究	邹建	华东师范大学
青年项目	新闻学与传播学	祖国和平统一与新时期的对台宣传	王茹	上海国际问题研究所
青年项目	新闻学与传播学	网络游戏对青少年社会化的影响	杨鹏	复旦大学
青年项目	应用经济	经济平稳增长和内外均衡控制研究	陆前进	复旦大学
青年项目	应用经济	创业风险投资研究	金永红	华东理工大学
青年项目	应用经济	证券市场内幕交易行为及其规制研究	张宗新	复旦大学
青年项目	哲学	马克思主义哲学理论的当代意义研究	刘日明	同济大学
青年项目	哲学	中国现代性视域中的个人观	顾红亮	华东师范大学
青年项目	哲学	中国文化产业发展的路径选择与政策检讨	李康化	上海交通大学
青年项目	哲学	维特根斯坦哲学视野中的人工智能哲学问题研究	徐英瑾	复旦大学
青年项目	哲学	中国古典思想中的政治正当性问题——以先秦儒道哲学为中心	陈赟	华东师范大学
青年项目	中国历史	唐宋时期的传染病及应对机制的历史考察	余欣	复旦大学
青年项目	中国历史	唐后期五代宋初敦煌僧寺研究	陈大为	上海师范大学
青年项目	中国历史	历史与记忆：苏报案研究	王敏	上海社会科学院
青年项目	中国文学	伪满洲国时期文学研究	刘晓丽	华东师范大学
青年项目	宗教学	北宋文人与佛教论稿	张煜	上海外国语大学

2007 年度国家社会科学基金项目

项目类型	学科分类	课 题 名 称	负 责 人	工 作 单 位
重点项目	法学	中国检察监督的政治性与司法性研究	谢佑平	复旦大学
重点项目	理论经济	中国特色自主创新道路研究：自主创新动态演化路径与机制设计	司春林	复旦大学
重点项目	应用经济	新时期人力资源强国战略目标、实现途径及保障机制研究	陈国良	市教育科学研究院
重点项目	应用经济	经济建设与国防建设协调发展效能比较研究	韩景倜	上海财经大学
重点项目	哲学	科学发展观的科学内涵、精神实质和根本要求	鲍宗豪	华东理工大学
重点项目	政治学	建设服务型政府与完善公共服务体系研究	竺乾威	复旦大学
后期资助项目	中国文学	《在延安文艺座谈会上的讲话》研究	刘忠	上海师范大学
一般项目	党史・党建	延安知识分子群体研究	张远新	华东理工大学
一般项目	党史・党建	领导干部心理素质综合评价系统研究	赵世明	中国浦东干部学院
一般项目	党史・党建	中国共产党执政资源研究	刘宗洪	上海市委党校
一般项目	法学	马克思主义法学理论在当代中国的新发展	蒋传光	上海师范大学
一般项目	法学	循环经济法律制度研究	曲阳	华东政法学院
一般项目	法学	中医药传统知识的法律保护研究	宋晓亭	上海中医药大学
一般项目	法学	公司治理视野下的劳资关系制衡及劳动权保护法律问题研究	刘金祥	华东理工大学
一般项目	法学	基金犯罪的刑事对策研究	卢勤忠	华东政法学院
一般项目	法学	国际人权公约国内实施问题研究	王光贤	上海交通大学
一般项目	法学	巴塞尔协议的法律性质及其在中国的应用	周仲飞	上海财经大学
一般项目	国际问题研究	我国和平发展道路与新时期国际战略研究——兼论经济外交战略	张曙光	上海外国语大学
一般项目	国际问题研究	上海合作组织进一步发展面临的重大课题	潘光	上海社会科学院
一般项目	国际问题研究	长三角都市圈在中国——东盟自由贸易区建设中的地位与作用对策研究	郭晓合	华东师范大学
一般项目	国际问题研究	欧盟对华政策调整及中欧关系研究——经贸层面的视角	张永安	上海对外贸易学院
一般项目	国际问题研究	美国亚太战略中 FTAAP 新政策对我国的影响及对策研究	蔡鹏鸿	上海社会科学院

（续表）

项目类型	学科分类	课 题 名 称	负 责 人	工 作 单 位
一般项目	国际问题研究	美印战略伙伴关系对我国的影响及对策	张贵洪	复旦大学
一般项目	教育学	区域职业技术教育均衡发展研究	马树超	市教育科学研究院
一般项目	教育学	终身教育理念下的基础教育学校变革与区域推进研究	杨小微	华东师范大学
一般项目	理论经济	现代政治经济学若干重要理论问题的数理分析	马艳	上海财经大学
一般项目	理论经济	居民消费增长缓慢原因分析和对策研究	袁志刚	复旦大学
一般项目	理论经济	科学发展观视角下资源环境产权的效率与公平互动机制研究	董金明	上海海事大学
一般项目	理论经济	中国外资经济结构变动的内在机制及其政策涵义研究	田素华	复旦大学
一般项目	理论经济	促进城乡和区域协调发展研究：理论、实证与政策	陆铭	复旦大学
一般项目	马列・科社	当代视野下《德意志意识形态》中的社会建设理论研究	高惠珠	上海师范大学
一般项目	马列・科社	当代资本主义新变化对世界社会主义发展的影响	刘昀献	中国浦东干部学院
一般项目	人口学	大城市郊区人口城市化进程中的“马赛克”(MOSAIC)现象研究	王红霞	上海社会科学院
一般项目	社会学	社会主义新农村建设背景下的农民合作研究	曹锦清	华东理工大学
一般项目	社会学	城市化进程中失地农民问题研究	沈关宝	上海大学
一般项目	社会学	城乡比较视野下的家庭价值观变迁研究	徐安琪	上海社会科学院
一般项目	社会学	构建和谐社会背景下的青少年情感素质研究	卢家楣	上海师范大学
一般项目	社会学	构建和谐社会背景下员工组织公平感研究：归因的视角	刘永芳	华东师范大学
一般项目	体育学	我国体育赛事事前评估理论与方法体系研究	张林	上海体育学院
一般项目	体育学	传媒议题设置、2008北京奥运会与中国体育的国际化	张咏华	上海大学
一般项目	体育学	构建和谐社会背景下城市化人口流动与体育发展对策研究	陈玉忠	上海体育学院
一般项目	体育学	消费文化语境中武术的文化生产	戴国斌	上海体育学院

(续表)

项目类型	学科分类	课 题 名 称	负 责 人	工 作 单 位
一般项目	图书馆、情报与文献学	信息共享空间实现机制与策略研究	任树怀	上海大学
一般项目	图书馆、情报与文献学	企业知识资本管理研究：人力与组织资本互动转化机制探究的视角	范徵	上海外国语大学
一般项目	图书馆、情报与文献学	美国精英对华研究的信息源分析	缪其浩	上海图书馆上海科学技术情报研究所
一般项目	外国文学	德语后现代文学研究	谢建文	上海外国语大学
一般项目	新闻学与传播学	电视节目评估体系研究	方方	上海戏剧学院
一般项目	新闻学与传播学	沟通与和谐：汉语全球传播的渠道与策略研究	姚君喜	上海交通大学
一般项目	新闻学与传播学	文化策略、亚意识形态与我国动漫产业发展	刘轶	上海社会科学院
一般项目	应用经济	TRIPS协定下强化我国知识产权保护研究	沈国兵	复旦大学
一般项目	应用经济	鼓励和支持自主创新的政府采购政策研究	骆建文	上海交通大学
一般项目	应用经济	形成合理的城镇化空间格局和新城市群研究——长江三角洲城市群城镇体系研究	郁鸿胜	上海社会科学院
一般项目	应用经济	资源与环境约束强化条件下重化工产业发展模式研究——资源替代的视角	于立宏	华东理工大学
一般项目	应用经济	居民消费增长缓慢原因分析和对策研究——基于“阶段性消费目标”的思考	晁钢令	—
一般项目	应用经济	加快转变外贸增长方式对策研究——我国企业品牌国际化的实证研究	韩中和	复旦大学
一般项目	应用经济	加强对国际资本流动尤其是短期资本监管研究	牛晓健	复旦大学
一般项目	应用经济	人民币汇率变化趋势和完善汇率形成机制研究——编制参照指标系统	丁剑平	上海财经大学
一般项目	语言学	基于平行语料库的英汉对应意义单位研究	卫乃兴	上海交通大学
一般项目	语言学	外国人习得汉语相似词语的认知研究	方绪军	上海师范大学
一般项目	语言学	中国高校外语专业多语种语料库建设与研究——英语语料库子项目	戴炜栋	上海外国语大学
一般项目	语言学	应用语言学名词审定	潘文国	华东师范大学
一般项目	语言学	近30年来汉语虚词的发展趋势及其演化规律研究	张谊生	上海师范大学

（续表）

项目类型	学科分类	课 题 名 称	负 责 人	工 作 单 位
一般项目	语言学	俄汉英句法语义对比研究	李勤	上海外国语大学
一般项目	哲学	当代精神文化的虚无主义倾向及其批判	邹诗鹏	复旦大学
一般项目	哲学	亥姆霍兹与现代西方科学哲学的发展	许良	上海理工大学
一般项目	哲学	中国哲学语素论	刘康德	复旦大学
一般项目	哲学	战后法国哲学视野中的马克思思想及其当代意义研究	莫伟民	复旦大学
一般项目	哲学	当代西方德性伦理学研究	高国希	复旦大学
一般项目	政治学	党的基层执政转型与和谐社会的构建研究	张明军	华东政法学院
一般项目	政治学	建立健全面向中低收入家庭的住房保障体系研究	郭士征	上海财经大学
一般项目	中国历史	宋代朝贡贸易研究	黄纯艳	上海师范大学
一般项目	中国历史	清代的中日关系（1644—1868）	易惠莉	华东师范大学
一般项目	中国历史	战争与性别：以抗战时期上海为中心的研究	陈雁	复旦大学
一般项目	中国历史	近代上海外汇市场研究（1843—1949）	宋佩玉	上海师范大学
一般项目	中国历史	古代礼文化的“致和之道”及其当代价值研究	张自慧	上海应用技术学院
一般项目	中国历史	现代中国思想中的个人与国家认同（1895—1949）	许纪霖	华东师范大学
一般项目	中国文学	都市化进程与文艺美学的当代性问题	刘士林	上海师范大学
一般项目	中国文学	修辞批评视角下的中国古代小说写人研究	李桂奎	上海财经大学
一般项目	中国文学	中国古代小说与民间信仰	程蔷	上海大学
一般项目	宗教学	中国佛教与古代科技的发展	周瀚光	华东师范大学
一般项目	宗教学	中古道教女性出家制度研究	杨莉	上海大学
一般项目	宗教学	民间信仰的历史与现状研究	王宏刚	上海社会科学院
青年项目	党史・党建	粮食统购统销制度与当代中国乡村社会变迁研究（1953—1985）	田锡全	华东师范大学
青年项目	法学	论法学教育与司法考试的关系——法律职业准入控制的一种视角	李学尧	上海交通大学
青年项目	法学	盘查程序研究	万毅	上海交通大学
青年项目	法学	废弃物国际贸易的风险防范及法律规制研究	杨华	上海政法学院
青年项目	法学	中国农村留守儿童社会保障法律问题研究	董溯战	华东理工大学

(续表)

项目类型	学科分类	课 题 名 称	负 责 人	工 作 单 位
青年项目	法学	刑事数字证据基本问题研究	廖根为	华东政法学院
青年项目	法学	从程序异化到事实异化:冤案的法社会学考察	王永杰	华东政法学院
青年项目	法学	跨国污染损害赔偿法律问题研究	何艳梅	上海政法学院
青年项目	国际问题研究	准联盟外交与中国安全战略研究	孙德刚	上海外国语大学
青年项目	国际问题研究	立宪主义与东盟一体化相关性研究	赵银亮	上海师范大学
青年项目	国际问题研究	经济全球化与欧洲社会模式重构研究	钱运春	上海社会科学院
青年项目	教育学	职业专长获得与发展的认知研究	李同吉	同济大学
青年项目	教育学	教师教学创新能力培养的心理机制研究	庞维国	华东师范大学
青年项目	教育学	普通高中教育投入与办学体制改革研究	李芙蓉	市教育科学研究院
青年项目	教育学	提高博士生培养质量的机制创新研究	罗尧成	上海理工大学
青年项目	教育学	基于学习型社会理念的成人工作场所学习机制与推进策略研究	孙玫璐	华东师范大学
青年项目	教育学	中小学思维教学的课堂策略研究	郅庭瑾	华东师范大学
青年项目	理论经济	资产价格波动对居民消费的影响效应:宏观计量分析	陈杰	复旦大学
青年项目	理论经济	从收益率、币种结构和资产配置的角度来研究我国外汇储备管理模式的转变	刘莉亚	上海财经大学
青年项目	理论经济	分工组织演进与二元经济结构转化:中国城乡经济协调发展的理论阐释及实证研究	高帆	复旦大学
青年项目	理论经济	中国近代化转型中的农村地权关系:经济思想的变迁与制度的构建	王昉	上海财经大学
青年项目	理论经济	外资的宏观经济传导机制研究——“三维传导模型”方法	赵蓓文	上海社会科学院
青年项目	社会学	完善社会预警机制和维护社会稳定研究	陈秋玲	上海大学
青年项目	社会学	社会学视野下的“乡财县管”与新农村建设——以河北定州和江苏吴江为例	杨发祥	华东理工大学
青年项目	社会学	变迁社会中的社会适应:外国人在中国的社会文化适应研究	严文华	华东师范大学
青年项目	社会学	我国社会政策福利支柱模型研究	曾群	复旦大学
青年项目	世界历史	多边体系的重建与单边利益的诉求:美国与全球禁毒体系的建立(1945—1990)	张勇安	上海大学

（续表）

项目类型	学科分类	课 题 名 称	负 责 人	工 作 单 位
青年项目	世界历史	20世纪德国劳资和谐关系演进研究：以企业代表会体制为中心	孟钟捷	华东师范大学
青年项目	体育学	中国休闲体育产业发展的生态价值网研究	胡笑寒	上海大学
青年项目	图书馆、情报与文献学	跨部门政府信息资源共享的动力机制、推进方法与实证研究	樊博	上海交通大学
青年项目	图书馆、情报与文献学	信息资源的公共获取机制：模式、条件与对策	丁波涛	上海社会科学院
青年项目	外国文学	后殖民视域中的谢默斯·希尼与爱尔兰民族身份建构	杜心源	华东师范大学
青年项目	新闻学与传播学	改革开放时期新闻事业史（1978—2006）	李春	复旦大学
青年项目	新闻学与传播学	受众的社会分化与社会认同重建：基于电视媒介的研究	邢虹文	上海大学
青年项目	新闻学与传播学	国际媒体，中国声音——中国传媒国际影响力研究及对策分析	张军芳	上海外国语大学
青年项目	新闻学与传播学	WEB2－0对社会舆论的影响研究	周葆华	复旦大学
青年项目	应用经济	支持改进的高校研究机构的科研质量评价研究	周文泳	同济大学
青年项目	应用经济	基于产业生命周期的我国创新政策绩效评价研究	谈毅	上海交通大学
青年项目	语言学	我国翻译专业口笔译教材建设理论之重构及对策研究	陶友兰	复旦大学
青年项目	语言学	移民与城市语言发展研究——以上海为例	蒋冰冰	华东师范大学
青年项目	语言学	现代汉语事件名词研究	韩蕾	华东师范大学
青年项目	语言学	汉语诗律演变研究——隋、初唐部分	李斐	上海师范大学
青年项目	政治学	志愿组织与城市社区治理：和谐社会构建的社区之维	罗峰	上海市委党校
青年项目	政治学	基于地理信息系统的城市突发事件风险评估与应急管理平台研究	朱良锋	华东师范大学
青年项目	政治学	区域发展与政府主导的区域互惠互利机制研究	郭晓东	华东师范大学
青年项目	政治学	公共预算的政治监督机制研究	何俊志	复旦大学
青年项目	政治学	中国女性公务员职业发展研究	宁本荣	市委党校
青年项目	中国历史	近代上海埠际贸易研究	唐巧天	上海社会科学院
青年项目	中国文学	指导—疏离—互动：新世纪中国文学理论和创作关系研究	杨俊蕾	复旦大学

(续表)

项目类型	学科分类	课 题 名 称	负 责 人	工 作 单 位
青年项目	中国文学	巴赫金对当代西方文学理论的影响研究	曾军	上海大学
青年项目	中国文学	唐诗在法语世界的译介和研究	蒋向艳	华东师范大学
青年项目	中国文学	唐宋古文运动的终结：苏辙与北宋后期诗文研究	朱刚	复旦大学
青年项目	中国文学	商务印书馆与中国文学的“现代”转型(1902—1932)	董丽敏	上海大学

2008 年度国家社会科学基金项目

项目类型	学科分类	课 题 名 称	负 责 人	工 作 单 位
重大项目	—	科学发展观的科学内涵、精神实质和根本要求	张雄	上海财经大学
重大项目	—	科教兴国与建设人力资源强国战略研究	胡君辰	复旦大学
重点项目	理论经济	经济发达地区率先构建新型工农、城乡关系战略研究	王克强	上海财经大学
重点项目	马列・科社	学习实践科学发展观重大问题研究	余玉花	华东师范大学
重点项目	社会学	保障农民权益对策研究	王全兴	上海财经大学
重点项目	新闻学与传播学	新形势下提高舆论引导能力研究	童兵	复旦大学
重点项目	应用经济	形成城乡经济社会一体化新格局的战略研究	汪宇明	华东师范大学
重点项目	应用经济	生态文明建设与区域经济协调发展战略研究	曾刚	华东师范大学
重点项目	哲学	价值论视阈中的社会主义核心价值体系研究	陈新汉	上海大学
重点项目	哲学	全球化背景下的中国文化软实力战略及对策研究	花建	上海社会科学院
重点项目	哲学	提高我国文化软实力研究	苏勇	复旦大学
后期资助项目	外国文学	爱伦・坡：在文化与美学的视阈下	朱振武	上海大学
后期资助项目	语言学	敦煌社会经济文献语词考释	张小艳	复旦大学
后期资助项目	哲学	社会建构主义——思想渊源、理论特征、分析工具与合理构建	安维复	华东师范大学
后期资助项目	哲学	谢林艺术哲学研究	翟灿	华东师范大学
后期资助项目	哲学	图像学研究(译著)	范景中	上海师范大学

（续表）

项目类型	学科分类	课 题 名 称	负 责 人	工 作 单 位
一般项目	法学	革命后现代国家的成长与法律体系的构建研究	潘伟杰	复旦大学
一般项目	法学	人身侵权之债的破产分配顺位研究	韩长印	上海交通大学
一般项目	法学	应对气候变化适应性战略法律问题研究	张梓太	复旦大学
一般项目	法学	食品安全监管法律制度研究	孙效敏	华东政法大学
一般项目	法学	基于社会资本解释范式的刑事政策研究	汪明亮	复旦大学
一般项目	法学	刑事一体化视野下的非监禁刑模式选择与推进路径研究	刘强	上海政法学院
一般项目	法学	中国仲裁法制改革研究	张圣翠	上海财经大学
一般项目	国际问题研究	软实力建设与中国和平发展道路	胡键	上海社会科学院
一般项目	国际问题研究	中俄关系的中长期前景研究	杨成	华东师范大学
一般项目	国际问题研究	人民币升值对我国发展的影响及对策研究	周宇	上海社会科学院
一般项目	国际问题研究	区域性国际公共产品理论与中国的东亚合作战略	樊勇明	复旦大学
一般项目	国际问题研究	日本福田康夫内阁的对外关系调整及中日关系发展前景研究	廉德瑰	上海国际问题研究所
一般项目	教育学	西部地区后“两基”攻坚发展研究——全面提升西部地区农村义务教育质量的对策研究	张振助	市教育科学研究院
一般项目	教育学	高校国家精品课程建设政策与实践研究	沈玉顺	华东师范大学
一般项目	教育学	中国大学科学原创力的学术生态研究	吴海江	复旦大学
一般项目	教育学	终身学习视野下的微型移动学习资源建设研究	顾小清	华东师范大学
一般项目	教育学	社区教育与城市民生问题研究	秦钠	上海大学
一般项目	教育学	现代大学制度建设与高校体育改革研究	孙麒麟	上海交通大学
一般项目	教育学	文化创意产业与当代学校美术教育的研究	钱初熹	华东师范大学
一般项目	理论经济	城市和谐发展的经济学研究：社会满意度 收入分配与城乡融合	陈钊	复旦大学
一般项目	理论经济	中国养老金隐性债务偿还机制研究	李洁明	复旦大学
一般项目	理论经济	从经济地理看区域协调发展的困境与出路	范剑勇	复旦大学

(续表)

项目类型	学科分类	课 题 名 称	负 责 人	工 作 单 位
一般项目	理论经济	主体功能区格局下的区域协调互动发展机制研究	滕堂伟	华东师范大学
一般项目	理论经济	经济发达地区城乡土地市场一体化政策研究——土地市场一体化为城乡间的和谐创造条件	刘红梅	上海师范大学
一般项目	理论经济	汇率政策的福利效应：国际经验及对中国的启示	金洪飞	上海财经大学
一般项目	理论经济	我国加工贸易企业生产控制模式研究	沈玉良	上海对外贸易学院
一般项目	理论经济	经济学范式与经济思想史发展逻辑的专题研究	马涛	复旦大学
一般项目	理论经济	我国粮食政策变迁史研究	赵德余	复旦大学
一般项目	马列·科社	反思·批判·创新——20世纪90年代以来德国马克思主义研究动向	王凤才	复旦大学
一般项目	社会学	突发事件应急管理标准化模式研究	滕五晓	复旦大学
一般项目	社会学	社会工作视角下的偏差青少年社会关系干预研究	费梅苹	华东理工大学
一般项目	社会学	新劳动法背景下和谐劳资关系研究：基于长三角与珠三角非公企业的实证考察	陈万思	华东理工大学
一般项目	社会学	林权与民间法秩序	张佩国	上海大学
一般项目	社会学	强政府主导下的非政府组织与政府合作互动的比较研究	范明林	上海大学
一般项目	社会学	谁主导温州的转型：市场,政府,还是民营企业?	周怡	复旦大学
一般项目	体育学	世界大国竞技体育崛起及其战略价值研究——兼谈中国竞技体育“优先崛起”的战略价值	舒盛芳	上海体育学院
一般项目	体育学	当代中国城市中间阶层体育休闲方式的研究	肖焕禹	上海体育学院
一般项目	体育学	体育艺术类项目在阳光体育运动中的定位及推广模式的研究	周燕	华东师范大学
一般项目	体育学	城市体育公共服务体系的构建	邵斌	上海大学
一般项目	统计学	基于广义估计方程的非寿险数据的统计分析研究	朱仲义	复旦大学
一般项目	统计学	环境外部性的影子价格和绿色GDP的国家核算	戚顺荣	复旦大学
一般项目	统计学	我国政府财政统计核算改革研究	葛守中	上海财经大学
一般项目	统计学	节能减排统计指标体系研究	朱启贵	上海交通大学

（续表）

项目类型	学科分类	课 题 名 称	负 责 人	工 作 单 位
一般项目	图书馆、情报与文献学	复合图书馆条件下低利用率文献资源合作储存机制和模式研究	赵伯兴	上海大学
一般项目	图书馆、情报与文献学	新出土简牍涉医文献整理与研究	张如青	上海中医药大学
一般项目	图书馆、情报与文献学	网络社区信息运动模式研究	袁毅	华东师范大学
一般项目	图书馆、情报与文献学	电子政务环境下政府信息资源共享模式与运行机制研究	王操	上海社会科学院信息所
一般项目	图书馆、情报与文献学	数字档案馆生态系统研究	金波	上海大学
一般项目	外国文学	彼得·凯里小说研究	彭青龙	华东师范大学
一般项目	外国文学	俄国象征主义诗歌研究	郑体武	上海外国语大学
一般项目	外国文学	改革年代俄苏文学研究的转型与方法论问题	陈建华	华东师范大学
一般项目	新闻学与传播学	民生新闻可持续发展研究——以媒介生态为研究视域	陈立生	同济大学
一般项目	新闻学与传播学	数字版权管理与新媒体产业发展的关系研究	张文俊	上海大学
一般项目	新闻学与传播学	新媒介和传统媒介融合研究——以媒介生产融合为例	严三九	华东师范大学
一般项目	应用经济	教育差别与城乡收入差距问题研究	王明华	上海政法学院
一般项目	应用经济	中国股市周期与企业会计政策选择——会计稳健策略的宏观视角研究	孙铮	上海财经大学
一般项目	应用经济	上市公司的财务约束，内部资本净值与投资研究	徐晓东	上海交通大学
一般项目	应用经济	提升我国高技术产业创新绩效的研究	官建成	复旦大学
一般项目	应用经济	创新型国家建设的R&D资源配置研究	谢富纪	上海交通大学
一般项目	应用经济	中国特色的城镇化道路与策略：一个基于城乡一体化发展的区域城镇化型式研究	吴柏均	华东理工大学
一般项目	应用经济	资源与环境约束强化条件下交通运输业发展模式研究——能源替代的视角	侯荣华	上海海事大学
一般项目	应用经济	旅游业可持续发展问题研究——基于新业态的增长方式研究	陶婷芳	上海财经大学
一般项目	应用经济	税费改革后农村公共服务民营化的经济学实证考察——基于部门与组织视角	伏玉林	华东理工大学

(续表)

项目类型	学科分类	课 题 名 称	负 责 人	工 作 单 位
一般项目	应用经济	中国财政政策对居民消费影响的特征事实与传导机制研究——兼论拉动消费的最优财政政策	胡永刚	上海财经大学
一般项目	语言学	英汉时体类型学特征与语际翻译转换策略研究	尚新	上海海事大学
一般项目	语言学	基于语料库的莎士比亚戏剧汉译研究	胡开宝	上海交通大学
一般项目	语言学	中医名词术语英语翻译国际标准化研究	李照国	上海师范大学
一般项目	语言学	秦汉文字字集字频及比较研究	詹鄞鑫	华东师范大学
一般项目	语言学	战国古玺汇考	施谢捷	复旦大学
一般项目	语言学	《朱子语类》词汇研究	徐时仪	上海师范大学
一般项目	语言学	互文视野中的语篇结构研究	祝克懿	复旦大学
一般项目	语言学	语篇语义研究的理论体系建构与实践	王振华	上海交通大学
一般项目	语言学	中国日语学习者语料库建设与研究	谭晶华	上海外国语大学
一般项目	哲学	当代法国社会哲学研究的创新精神及其现实意义	高宣扬	上海交通大学
一般项目	政治学	改革开放以来中国政治发展模式研究	程竹汝	市委党校
一般项目	政治学	党的代表大会常任制研究	沈士光	市委党校
一般项目	政治学	台湾地区立法机构运作与两岸关系	严泉	上海大学文学院
一般项目	政治学	中国特色社会主义公共管理学研究	曾峻	市委党校
一般项目	政治学	和谐社会构建过程中的社会抗争与政治稳定	谢岳	同济大学
一般项目	政治学	审计与政府绩效评估研究——基于新绩效内涵下的政府绩效审计研究	胡奕明	上海交通大学
一般项目	中国历史	东京审判对华暴行罪研究	程兆奇	上海社会科学院
一般项目	中国历史	浙南山区土地契约的收集,整理与研究:以淞阳线石仓村为中心	曹树基	上海交通大学
一般项目	中国历史	中国家谱史	王鹤鸣	上海图书馆、上海科学技术情报研究所
一般项目	中国文学	后现代主义文学理论思潮研究	朱立元	复旦大学
一般项目	中国文学	中国文艺美学对西方的影响	陈伟	上海师范大学
一般项目	中国文学	中国文学的叙事传统	董乃斌	上海大学
一般项目	中国文学	古代朝鲜汉文小说与中国小说的文化因缘	赵维国	上海师范大学
一般项目	中国文学	明清传奇编年史	程华平	华东师范大学

（续表）

项目类型	学科分类	课 题 名 称	负 责 人	工 作 单 位
一般项目	中国文学	明清小说意图叙事与意味形式研究	许建平	上海交通大学
一般项目	中国文学	文学汉语实践与中国现代文学的发生	文贵良	华东师范大学
一般项目	中国文学	香港话剧史研究(1907—2007)	梁燕丽	复旦大学
一般项目	宗教学	清初江南士人应对天主教文化研究	刘耘华	上海师范大学
一般项目	宗教学	《道藏》医籍研究与校注	金芷君	上海中医药大学
青年项目	党史・党建	“党内潜规则”研究	周敬青	市委党校
青年项目	法学	法国宪法实施机制研究	吴天昊	上海社会科学院
青年项目	法学	行政协议——中国特色的区域法制的协调机制	何渊	上海交通大学
青年项目	法学	禁毒法对劳教制度改革的影响研究	姚建龙	华东政法大学
青年项目	法学	医疗事故责任强制保险制度研究——来自交强险制度的启示	丁凤楚	上海财经大学
青年项目	法学	环境知情权保护立法研究	王文革	上海政法学院
青年项目	法学	经济全球化与美国对外经济制裁的法律问题研究	杜涛	复旦大学
青年项目	法学	价值之平衡：国际金融监管中的消费者保护政策研究	宋晓燕	上海财经大学
青年项目	教育学	教育发展、社会分层与弱势补偿机制构建及政策研究	张锦华	上海财经大学
青年项目	教育学	外来流行时尚对当代中国大学生影响与对策研究	周进	复旦大学
青年项目	教育学	中等职业学校创新德育模式研究	匡瑛	华东师范大学
青年项目	教育学	学校体育促进中小学生人格发展的实验研究	李琳	华东师范大学
青年项目	教育学	书法教育对青少年心理发展影响的实证研究	刘俊升	上海师范大学
青年项目	理论经济	国际外包视角下中国自主创新动力机制研究	黄烨菁	上海社会科学院
青年项目	理论经济	国有企业的产业经济学分析	陆军荣	上海社会科学院
青年项目	理论经济	中国外贸变迁与经济增长研究(1840—2007)	徐炳胜	上海社会科学院
青年项目	马列・科社	马克思主义生态思想论争与《资本论》的生态价值	时青昊	市委党校
青年项目	社会学	社区自治与社区参与：基于组织机制的研究	张虎祥	上海财经大学
青年项目	社会学	职业专长发展视角下大学生创业能力的心理学研究	胡谊	华东师范大学

(续表)

项目类型	学科分类	课 题 名 称	负 责 人	工 作 单 位
青年项目	社会学	当代中国的代际流动：机制、模式与变迁	李煜	上海社会科学院
青年项目	社会学	基于弹性与积极心理学视角的和谐社会心态研究	席居哲	华东师范大学
青年项目	社会学	社会公平感的情感动力机制研究	吕晓俊	上海交通大学
青年项目	社会学	流浪儿童的社会融合问题研究：基于对上海地区流浪儿童的民族志调查	程福财	上海社会科学院
青年项目	社会学	城市发展质量评价研究	陈强	同济大学
青年项目	体育学	基于利益相关者理论的我国体育彩票社会责任问题研究	李海	上海体育学院
青年项目	统计学	复杂高维数据的统计分析及其应用	朱利平	华东师范大学
青年项目	图书馆、情报与文献学	高校图书馆学科化知识服务实证研究与发展对策	郭晶	上海交通大学
青年项目	图书馆、情报与文献学	基于社会认同理论对网络社区与信息运动模式的一个实证研究	何雁群	复旦大学
青年项目	图书馆、情报与文献学	网络社区环境中基于领域本体的用户兴趣模型与个性化知识服务研究	于长锐	上海财经大学
青年项目	图书馆、情报与文献学	电子政务环境下政府信息资源共享模式与运行机制研究	刘寅斌	上海大学
青年项目	图书馆、情报与文献学	基于社会认同理论对网络社区与信息运动模式的一个实证研究	何雁群	复旦大学
青年项目	外国文学	布宁小说诗学研究	杨明明	华东师范大学
青年项目	外国文学	论德国浪漫主义女性诗学的现代转型	张帆	上海外国语大学
青年项目	外国文学	法国1945年以来诗歌中风景意识的演变	姜丹丹	华东师范大学
青年项目	新闻学与传播学	公民新闻在中国的现状,影响与发展研究	王昊	上海交通大学
青年项目	新闻学与传播学	新媒体与传统媒介融合研究——媒介融合建构新的舆论空间	林晖	上海财经大学
青年项目	应用经济	基于通货膨胀压力测度的货币政策调控有效性研究	贾德奎	上海立信会计学院
青年项目	应用经济	基本养老保险基金支出绩效评价：理论与实证研究——基于完善社会保障基金管理的视角	于宁	上海社会科学院
青年项目	应用经济	建立健全流域生态环境补偿机制研究	赵来军	上海大学
青年项目	应用经济	中国产业安全问题研究——反倾销动因的实证分析与国际比较	鲍晓华	上海财经大学
青年项目	应用经济	我国生产者责任延伸制的激励机制研究	吴怡	上海大学

（续表）

项目类型	学科分类	课 题 名 称	负 责 人	工 作 单 位
青年项目	应用经济	基于人水和谐的水系旅游文化深度增殖开发研究——以长江三角地区为例	张璟	上海海事大学
青年项目	语言学	德语语音合成中的韵律研究	王永生	同济大学
青年项目	语言学	中国手语动词调查及手语动词分类研究	倪兰	上海大学
青年项目	哲学	和谐社会视野中的转型期中国社会风险问题研究	潘斌	华东师范大学
青年项目	哲学	环境正义的双重维度：分配与承认	王韬洋	华东师范大学
青年项目	政治学	政府行政管理与基层群众自治的有效衔接与良性互动研究	刘春荣	复旦大学
青年项目	政治学	民族地区族群认同与社会治理——以川、滇、黔地区十个民族自治县为研究对象	付春	上海财经大学
青年项目	政治学	规范垂直管理部门与地方政府的关系研究	王华	中国浦东干部学院
青年项目	政治学	推进新型农村合作医疗制度建设研究	王颖	复旦大学
青年项目	中国历史	告别诸神——民国政府与破除“迷信”运动	沈洁	上海社会科学院
青年项目	中国历史	近代中国票据市场的制度变迁研究	万立明	同济大学
青年项目	中国历史	自行车与近代中国社会(1868—1949)	徐涛	上海社会科学院
青年项目	中国历史	珍贵葡萄牙文中国史料——十七世纪耶稣会中国年报研究	董少新	复旦大学
青年项目	中国历史	《孔子家语》新证	宁镇疆	上海大学
青年项目	中国文学	20世纪中期的文化转型——以京、沪为中心的考察(1949—1954)	杜英	华东师范大学
青年项目	中国文学	文化想象与生活方式转变：1949—1966年社会主义乡村文学与文化	孙晓忠	上海大学
青年项目	宗教学	基督教与当代中美关系	涂怡超	复旦大学

2009年度国家社会科学基金项目

项目类型	学科分类	课 题 名 称	负 责 人	工 作 单 位
重大项目	—	建设社会主义核心价值体系研究——当代中国社会主义核心价值观的构建、阐释与落实	冯平	复旦大学
重大项目	—	保持经济稳定、金融稳定和资本市场稳定对策研究	丁剑平	上海财经大学

(续表)

项目类型	学科分类	课 题 名 称	负 责 人	工 作 单 位
重大项目	—	调整国民收入分配和财政支出结构研究	丛树海	上海财经大学
重大项目	—	体系改组与规范重建——中国参与解决全球性问题对策研究	杨洁勉	上海国际问题研究院
重点项目	理论经济	新形势下贯彻落实科学发展观提高开放型经济水平重大问题研究	赵蓓文	上海社会科学院
重点项目	党史·党建	新形势下中国共产党软实力研究	程竹汝	市委党校
重点项目	马列·科社	科学发展观重大理论问题研究	俞吾金	复旦大学
重点项目	党史·党建	提高党的建设科学化水平研究	桑玉成	复旦大学
重点项目	理论经济	空间集聚、跨区域城乡统筹与我国中长期经济增长	范剑勇	复旦大学
重点项目	应用经济	新型工业化道路研究	陈宪	上海交通大学
重点项目	应用经济	后危机时代中国通货膨胀防范与货币供应机制完善研究	陈学彬	复旦大学
重点项目	应用经济	我国城市生态环境可持续发展与生态文明建设研究	郑少华	上海财经大学
重点项目	应用经济	完善我国大宗农产品价格形成机制和调控机制研究	于冷	上海交通大学
重点项目	新闻学与传播学	我国媒体传播力的体系构建和实施路径研究	孟建	复旦大学
重点项目	社会学	促进大学生就业问题研究	谢晋宇	复旦大学
重点项目	应用经济	主要国家能源战略调整及中国新能源产业发展和制度建设研究	周冯琦	上海社会科学院
重点项目	政治学	服务型政府建设的整体性发展战略研究	竺乾威	复旦大学
重点项目	应用经济	气候变化背景下低碳城市的政策措施研究	戴星翼、张梓太	复旦大学
重点项目	应用经济	我国城市生态环境可持续发展与生态文明建设研究	郑少华	上海财经大学
重点项目	应用经济	国际金融体系调整和我国对策研究	潘英丽	上海交通大学
重点项目	社会学	农民的"终结"与新市民群体的角色再造——大都市郊区农民市民化问题研究	文军	华东师范大学
后期资助项目	中国文学	马克思主义文艺理论中国化的现代历程	张宝贵	复旦大学
后期资助项目	中国文学	胡风年谱长编	钱文亮	上海师范大学
后期资助项目	哲学	科学结构的表征与不变性(译著)	成素梅	上海社会科学院

（续表）

项目类型	学科分类	课 题 名 称	负 责 人	工 作 单 位
后期资助项目	哲学	现代技术下的空间拉近体验反思	杨庆峰	上海大学
后期资助项目	哲学	画与真：梅洛庞蒂与中国山水画境	姜宇辉	华东师范大学
后期资助项目	语言学	陈望道《修辞学发凡》考释	霍四通	复旦大学
后期资助项目	世界历史	《犹太古史》的希腊化嬗变与希伯来精神：所罗门的智慧	周平	上海大学
一般项目	教育学	高校人文社会科学科研成果绩效评价制度研究	张丕强	上海立信会计学院
一般项目	教育学	推进大学生创业力心理教育的实践模式研究	车丽萍	上海理工大学
一般项目	党史·党建	东固革命根据地史论	唐莲英	华东师范大学
一般项目	法学	法官的实践理性论	王申	华东政法大学
一般项目	法学	司法中的“事实”：中国与西欧的历史比较	王志强	复旦大学
一般项目	法学	上下级行政机关的法律关系研究	关保英	上海政法学院
一般项目	法学	行政法学视野下的中国食品安全监管体制改革研究	马英娟	上海师范大学
一般项目	法学	长三角地区跨界水污染防治的法律协调模式、机制与制度研究	陈坤	华东政法大学
一般项目	法学	我国能源立法中生态环境保护的制度建构	张勇	华东政法大学
一般项目	法学	私募基金业立法研究	殷洁	上海对外贸易学院
一般项目	法学	金融衍生品市场与现货市场跨市场监管研究	刘凤元	华东政法大学
一般项目	法学	重大责任事故中渎职犯罪的认定与处罚研究	张绍谦	上海交通大学
一般项目	法学	我国社区矫正管理模式的实践探索与制度创新：基于京、沪、浙试点的实证研究	武玉红	上海政法学院
一般项目	法学	股东派生诉讼立法研究——基于公司法与民事诉讼法协调的视角	沈贵明	华东政法大学
一般项目	法学	司法鉴定质量监控研究	杜志淳	华东政法大学
一般项目	法学	文化财产的跨国流转与返还法律问题研究	孙南申	复旦大学
一般项目	国际问题研究	限容和创新：气候变化两大挑战的综合研究	于宏源	上海国际问题研究院
一般项目	国际问题研究	国际政治中的南极：大国南极政策研究	潘敏	同济大学

(续表)

项目类型	学科分类	课题名称	负责人	工作单位
一般项目	国际问题研究	经济衰退形势下美国贸易保护主义对中美经贸关系的影响及对策研究	张建新	复旦大学
一般项目	国际问题研究	基于全要素生产率测算的中日两国农业产业组织模式的比较研究	车维汉	上海财经大学
一般项目	理论经济	自由贸易理论与实践的历时反思	梅俊杰	上海社会科学院
一般项目	理论经济	中国区域之间基本公共服务水平收敛性的实证研究	豆建民	上海财经大学
一般项目	理论经济	我国社会保障制度改革研究——基于城镇化加速期劳动力比较优势提升的视角	黄丙志	上海海关学院
一般项目	理论经济	和谐劳动关系的合作主义模式及其实现机制——基于长三角民营企业的研究	肖艳	华东师范大学
一般项目	理论经济	美国住房抵押贷款违约与止赎问题及启示	何光辉	复旦大学
一般项目	应用经济	美国金融危机对中国外商直接投资、出口和就业的影响及应对措施研究	金洪飞	上海财经大学
一般项目	应用经济	规范垄断行业企业高管薪酬问题研究	杨蓉	华东师范大学
一般项目	应用经济	完善和规范我国财政转移支付制度研究	刘小川	上海财经大学
一般项目	马列·科社	贯彻落实科学发展观体制机制保障研究	李占才	同济大学
一般项目	人口学	城市外来人口居留意愿研究	黄晨熹	华东师范大学
一般项目	社会学	马克思主义经济社会学理论研究:以消费为核心的视角	张敦福	上海大学
一般项目	社会学	中国特色社会建设理论与政策框架研究	翁笑冰	市委党校
一般项目	社会学	和谐社会建设中的社会群体利益冲突与利益协调研究	王威海	复旦大学
一般项目	社会学	当代中国大都市的族群与社会认同研究	巫达	上海大学
一般项目	世界历史	希腊古风时期的诗人与社会	张巍	复旦大学
一般项目	世界历史	近代西方社会转型时期的“女巫迫害”研究	徐善伟	上海大学
一般项目	世界历史	纽约市犯罪问题的历史考察(1980—2004)	林广	华东师范大学
一般项目	世界历史	战后德国经济,社会结构和阶级构成的变化研究	王涌	华东理工大学

（续表）

项目类型	学科分类	课 题 名 称	负 责 人	工 作 单 位
一般项目	统计学	宏观金融风险管理系统——基于货币与金融统计核算（MFS2006）的研究	杨廷干	上海金融学院
一般项目	图书馆、情报与文献学	城市化进程中的工业遗产保护研究——以近代工业遗产博物馆为例	吕建昌	上海大学
一般项目	体育学	体育政治化博弈与我国体育外交战略研究	刘桂海	华东师范大学
一般项目	体育学	都市社会阶层休闲体育文化模式及其发展对策研究	柏慧敏	上海大学
一般项目	体育学	迈向体育强国必由之路的科技强体研究	司虎克	上海体育学院
一般项目	体育学	中国地域武术文化现代阐释及其发展趋势研究	郭志禹	上海体育学院
一般项目	外国文学	冷战思维与美国文学和文化	金衡山	华东师范大学
一般项目	新闻学与传播学	传媒多样化语境下的新闻执政研究	张涛甫	复旦大学
一般项目	新闻学与传播学	境外资本进入中国传媒市场的现状、影响与监管对策研究	李本乾	上海交通大学
一般项目	新闻学与传播学	手机媒体新闻传播效果研究	张国良	上海交通大学
一般项目	新闻学与传播学	网络舆论引导规律研究——以网络信息传播侵权与管理为例	林凌	华东政法大学
一般项目	语言学	认知语言学方法比较研究	束定芳	上海外国语大学
一般项目	语言学	晚清翻译史论	王晓元	上海大学
一般项目	语言学	在城市化进程中的方言接触与城郊方言的演变——以上海宝山区方言为例	薛才德	上海大学
一般项目	语言学	转型时期大学英语教学发展现状调查及对我国外语人才培养政策制定的影响研究	蔡基刚	复旦大学
一般项目	语言学	基于语法化理论的汉语兼类虚词习得顺序研究	高顺全	复旦大学
一般项目	宗教学	当前西方基督教网络传播态势及其影响研究	许正林	上海大学
一般项目	中国历史	清代中下层官员的出身、迁转与国家权力控制——以清代官员履历档案为中心	王志明	华东理工大学
一般项目	中国历史	声音记录下的变迁——唱片与近代中国城市社会	葛涛	上海社会科学院
一般项目	中国文学	王元化文艺理论思想研究	李平	上海师范大学

(续表)

项目类型	学科分类	课 题 名 称	负 责 人	工 作 单 位
一般项目	中国文学	中国现代小说类型理论与批评实践	葛红兵	上海大学
一般项目	中国文学	春秋时期政治兴变与诗歌创作演化——以两周之际“二王并立”政治格局为研究起点	邵炳军	上海大学
一般项目	中国文学	从石经鲁诗异文看清人四家诗研究	虞万里	上海社会科学院
一般项目	中国文学	16至17世纪前叶江南城市化与诗文新变	查清华	上海师范大学
一般项目	中国文学	明清文人游幕与文学	朱丽霞	上海财经大学
一般项目	中国文学	留日时期鲁迅与明治日本之实证研究	潘世圣	华东师范大学
一般项目	中国文学	从晚清到“五四”：传教士与中国儿童文学的现代转型	宋莉华	上海师范大学中文系
一般项目	中国文学	晚清民初印刷技术转型与文学变革	雷启立	华东师范大学
一般项目	哲学	立足当代实践：唯物史观对劳动价值论的继续建构和发展	鲁品越	上海财经大学
一般项目	哲学	价值道义论：在理由与行动之间	颜青山	华东师范大学
一般项目	哲学	中国史前审美意识研究	朱志荣	华东师范大学
一般项目	哲学	视觉现代性研究	王才勇	上海社会科学院
一般项目	政治学	领导干部公推直选的模式和操作程序研究	邱家军	同济大学
一般项目	政治学	以互联网为工具的反腐败模式研究	袁峰	华东政法大学
一般项目	政治学	多元、冲突、挑战：中产阶层与社会秩序研究	沈瑞英	上海大学
一般项目	政治学	城市化进程中的农村社会管理研究	吴新叶	华东政法大学
一般项目	政治学	我国政府公共政策执行和评估机制研究——以教育政策为例	张远增	华东师范大学
一般项目	政治学	综合配套改革中服务型政府的构建：以浦东为个案的研究	陈奇星	市委党校
一般项目	政治学	我国政府公共政策执行和评估机制研究——以教育政策为例	张远增	华东师范大学
一般项目	法学	司法中的“事实”：中国与西欧的历史比较	王志强	复旦大学
一般项目	体育学	都市社会阶层休闲体育文化模式及其发展对策研究	柏慧敏	上海大学
一般项目	法学	文化财产的跨国流转与返还法律问题研究	孙南申	复旦大学
青年项目	教育学	两代留学归国人员对中国大学学术体制的影响和适应研究	张东海	华东师范大学

（续表）

项目类型	学科分类	课 题 名 称	负 责 人	工 作 单 位
青年项目	教育学	我国民办高校可持续发展的基本条件和主要政策研究	周江林	市教育科学研究院
青年项目	教育学	本科生导师的指导模式与绩效研究	訾晓渊	第二军医大学
青年项目	法学	社会转型期中国法治文化的核心内容及构建途径研究	魏淑君	中国浦东干部学院
青年项目	法学	早期中国的法秩序——以金文资料为主的研究	王沛	华东政法大学
青年项目	法学	选举权的法理研究	张卓明	华东政法大学
青年项目	法学	行政法学范式转换视野中的协商性政府规制研究	蒋红珍	上海交通大学
青年项目	法学	医疗情报公开制度研究	蒋云蔚	复旦大学
青年项目	法学	民事抗辩在司法实践中的运用研究	尹腊梅	华东政法大学
青年项目	法学	国际法视野下的粮食安全问题研究	曹阳	上海政法学院
青年项目	法学	自由贸易区的原产地规则问题研究	厉力	上海海关学院
青年项目	国际问题研究	中国话语权提升战略研究——基于西方舆论对外交部新闻发言人引用的实证分析	吴瑛	上海外国语大学
青年项目	国际问题研究	中美拉三边关系的互动研究及对我国拉美外交政策的影响	朱鸿博	复旦大学
青年项目	国际问题研究	能源安全与中美关系的博弈均衡	赵庆寺	华东政法大学
青年项目	国际问题研究	国际金融危机下中国纺织产业升级研究——基于日韩产业升级的经验借鉴	赵君丽	东华大学
青年项目	理论经济	中小企业的融资条件与融资结构问题研究	郭丽虹	上海财经大学
青年项目	理论经济	劳动份额与经济结构的关系研究	陈体标	华东师范大学
青年项目	理论经济	金融危机下的东亚外汇储备库及中国战略研究	郑海青	华东师范大学
青年项目	理论经济	东部地区金融服务业集群战略研究	闫彦明	上海社会科学院
青年项目	理论经济	全球城市区域跨界治理模式与中国经验分析	陶希东	上海社会科学院
青年项目	应用经济	金融危机下在华外资企业撤资风险与对策研究	沈桂龙	上海社会科学院
青年项目	应用经济	推进自主创新的体制机制和政策措施研究——基于中德韩大型制造企业的对比研究	翟青	上海财经大学
青年项目	应用经济	劳动报酬在企业初次分配中的比重及决定因素研究	常进雄	上海财经大学

(续表)

项目类型	学科分类	课题名称	负责人	工作单位
青年项目	应用经济	我国大都市知识服务业空间布局研究	吴艳	上海金融学院
青年项目	应用经济	基于持续创新能力的中国汽车产业并购整合模式及其政策选择	张峥	上海理工大学
青年项目	应用经济	经济全球化背景下保持出口稳定增长的制约因素及对策研究	张秋菊	上海海事大学
青年项目	应用经济	城乡基本公共服务均等化与财政制度安排研究	王莹	上海金融学院
青年项目	应用经济	中国金融开放创新和加强监管问题研究——动态前瞻性金融监管研究	李宏	上海财经大学
青年项目	应用经济	中国农业巨灾债券的运行机制设计与定价研究	李永	同济大学
青年项目	人口学	土地制度变迁过程中的农村社会保障问题研究	杨昕	上海社会科学院
青年项目	人口学	农村劳动力禀赋的代际差异及其迁移流动行为分析	魏星	复旦大学
青年项目	社会学	社会转型期农民工"组织化"问题研究	汪华	华东理工大学
青年项目	社会学	城市低保家庭贫困的再生产与社会政策机制创新研究	李正东	上海应用技术学院
青年项目	社会学	金融危机背景下中等收入人群的生活方式与价值观研究	袁浩	上海大学
青年项目	社会学	现代化进程中农民合作社组织与乡村社会的互构研究	赵泉民	中国浦东干部学院
青年项目	社会学	社会工作促进精神健康及社会和谐的作用研究——经济危机之下的社会工作模式新探索	杨锃	上海大学
青年项目	社会学	建立新型农村社会养老保险制度研究	周莹	上海社会科学院
青年项目	图书馆、情报与文献学	基于OCB视角的互联网知识创造与传播问题研究	许博	复旦大学
青年项目	图书馆、情报与文献学	三种互联网知识传播模式及其比较研究	王兴全	上海社会科学院
青年项目	体育学	学校体育伤害风险预测及管理模式研究	田旻露	上海体育学院
青年项目	体育学	构建和谐社会中我国城乡群众体育统筹发展研究	杨小明	上海大学
青年项目	外国文学	日本古代文学与唐代科举关系之研究	李宇玲	同济大学
青年项目	外国文学	索福克勒斯悲剧主题研究	肖有志	上海大学
青年项目	外国文学	乔伊斯·卡罗尔·欧茨小说研究	王弋璇	上海外国语大学

（续表）

项目类型	学科分类	课 题 名 称	负 责 人	工 作 单 位
青年项目	新闻学与传播学	媒介融合时代的报纸网站内容创新和盈利模式研究	邓建国	复旦大学
青年项目	新闻学与传播学	外媒涉藏报道与我国对外传播策略：一个框架分析的路径	黄敏	华东师范大学
青年项目	新闻学与传播学	驻华外国记者的职业意识及影响因素研究——兼论对外传播的策略转型	张志安	复旦大学
青年项目	新闻学与传播学	3G手机媒体采纳与扩散研究	李晓静	上海交通大学
青年项目	语言学	基于语料库的英汉程度副词的极性特征对比研究	黄瑞红	上海财经大学
青年项目	语言学	本科翻译专业的测试研究	肖维青	上海外国语大学
青年项目	语言学	基于语料库的中医典籍英译研究	兰凤利	上海中医药大学
青年项目	语言学	吴方言虚词的语法化与类型学考察	郑伟	上海师范大学
青年项目	语言学	基于语料库的理工科大学生英语口语教学与评估一体化研究	刘芹	上海理工大学
青年项目	语言学	留学生汉字习得实证研究	王骏	上海交通大学
青年项目	语言学	法律术语译名统一与规范化研究	屈文生	华东政法大学
青年项目	语言学	现代汉语非现实范畴的语义句法研究	李敏	上海交通大学
青年项目	语言学	现代汉语言说动词	吴剑锋	上海交通大学
青年项目	语言学	任务型语言教学与测试中听力理解任务的难度评估研究	潘之欣	上海交通大学
青年项目	宗教学	宗教非政府组织在中国：实践与法律	秦倩	复旦大学
青年项目	宗教学	宗教公益事业参与的制度化路径：非营利组织中的宗教因素研究	黄海波	上海社会科学院
青年项目	中国历史	南京国民政府纸币政策研究	张秀莉	上海社会科学院
青年项目	中国历史	中国早期电力工业发展研究——以美商上海电力公司为基点的考察(1879—1950)	陈宝云	上海电力学院
青年项目	中国历史	新旧之变承：乡村小学教师群体研究	丰箫	上海大学
青年项目	中国历史	训导与抗衡：党派、学人与浙江大学(1936—1949)	何方昱	上海社会科学院
青年项目	中国文学	消费时代的文化生态与审美伦理研究	傅守祥	华东政法大学
青年项目	中国文学	文艺美学的语言论重建——后期维特根斯坦的文艺美学思想研究	王峰	华东师范大学
青年项目	中国文学	北宋士风、文人集团与文学演变研究	李强	上海商学院
青年项目	中国文学	《渊雅堂全集》校注	眭骏	复旦大学

(续表)

项目类型	学科分类	课题名称	负责人	工作单位
青年项目	中国文学	阐释与重构:“十七年文学批评”研究	刘志华	复旦大学
青年项目	哲学	从美国金融危机看资本文明的意义及其限度——基于马克思经济哲学的当代反思	李振	华东理工大学
青年项目	哲学	雅克·比岱思想研究	吴猛	复旦大学
青年项目	政治学	行政区划改革与地方政府运作:清代中国的历史与启示	林涓	复旦大学
青年项目	政治学	当代西方政治思想中的参与式民主理论研究	陈尧	上海交通大学
青年项目	政治学	乡镇治理机制:从“自治”到共治	郑晓华	上海交通大学
青年项目	政治学	城乡统筹医疗保障体系构建研究——以长江三角洲地区为例	吴君槐	上海师范大学
青年项目	政治学	我国适度普惠型社会福利制度发展研究	曹艳春	华东师范大学
青年项目	政治学	转轨期中国管制政策制定过程中的政府俘获问题及治理研究	卢正刚	上海大学
青年项目	法学	国际法视野下的粮食安全问题研究	曹阳	上海政法学院
青年项目	语言学	留学生汉字习得实证研究	王骏	上海交通大学

2010年度国家社会科学基金项目

项目类型	学科分类	课题名称	负责人	工作单位
重大项目	语言学	出土古文献语料库建设研究	刘志基	华东师范大学
重大项目	语言学	马王堆汉墓简帛字词全编	刘钊	复旦大学
重大项目	哲学	中外科学文化交流历史文献整理与研究	江晓原	上海交通大学
重大项目	哲学	中国文化的认知基础和结构研究	杨国荣	华东师范大学
重大项目	中国历史	来华犹太难民研究(1933—1945)	潘光	上海社会科学院
重大项目	中国历史	20世纪中国人物传记资源整理与数据库建设研究	姜义华	复旦大学
重大项目	中国文学	《全宋笔记》编纂整理与研究	戴建国	上海师范大学
重大项目	宗教学	中国民间信仰研究	李向平	华东师范大学
重大项目	—	“十二五”时期八大综合配套改革试验区公共服务体制机制创新研究	竺乾威	复旦大学
重大项目	—	“十二五”期间加快推进我国产业结构调整研究	干春晖	上海财经大学

（续表）

项目类型	学科分类	课　题　名　称	负　责　人	工　作　单　位
重大项目	—	南海地区国家核心利益的维护策略研究	傅崐成	上海交通大学
重大项目	—	加快推进生态文明建设研究	曾刚	华东师范大学
重大项目	—	中国人口城市化低碳发展战略研究	王桂新	复旦大学
重大项目	—	生态文明法律机制建设研究	郑少华	上海财经大学
重大项目	—	中国体育发展方式改革研究	季浏	华东师范大学
重大项目	—	生态文明法律机制建设研究	郑少华	上海财经大学
重大项目	—	中国模式研究	童世骏	上海社会科学院
重大项目	—	突发事件网络舆情预警指标体系研究	谢耘耕	上海交通大学
重大项目	—	深化金融体制改革研究	顾肖荣	上海社会科学院
重大项目	—	中国人口老龄化与经济社会发展对策研究	左学金	上海社会科学院
重大项目	—	“新医改”背景下中国医疗保障体系研究	梁鸿	复旦大学
重大项目	—	宋代以来长江三角洲环境变迁史研究	王建革	复旦大学
重大项目	—	中外文化交流与近代中国的知识转型	章清	复旦大学
重大项目	—	新中国外国文学研究 60 年	陈建华	华东师范大学
重点项目	法学	中国特色社会主义司法制度研究	季卫东	上海交通大学
重点项目	图书馆、情报与文献学	我国图书馆核心价值体系构建研究	范并思	华东师范大学
重点项目	哲学	中国近现代哲学的重新审视问题研究	周山	上海社会科学院
重点项目	中国历史	上海市档案馆藏近代上海金融变迁档案整理研究	吴景平	复旦大学
重点项目	宗教学	长三角都市流动穆斯林与伊斯兰教研究	葛壮	上海社会科学院
成果文库	理论经济	节能减排、结构调整与工业发展方式转变研究	陈诗一	复旦大学
成果文库	理论经济	均衡与非均衡：中国宏观经济与转轨经济问题探索	袁志刚	复旦大学
成果文库	统计学	统计指数理论的发展与应用研究	徐国祥	上海财经大学
成果文库	图书馆、情报与文献学	信息共享空间实现机制与策略研究	任树怀	上海大学
成果文库	哲学	深层生成论：自然科学的新哲学境界	鲁品越	上海财经大学
成果文库	哲学	自我评价论	陈新汉	上海大学
成果文库	中国历史	明清以来徽州村落社会史研究——以新发现的民间珍稀文献为中心	王振忠	复旦大学

(续表)

项目类型	学科分类	课 题 名 称	负 责 人	工 作 单 位
后期资助项目	法学	科学的自然法观与民法解释	刘士国	复旦大学
后期资助项目	法学	我国刑法侵犯财产罪之财产概念研究	周旋	审计署驻上海特派员办事处
后期资助项目	法学	1925年英国财产法的立法研究	于霄	华东政法大学
后期资助项目	国际问题研究	冷战后美国的战略调整与中美安全关系	潘忠岐	复旦大学
后期资助项目	马列・科社	新世界观的第一次公开问世——《哲学的贫困》当代解读	余源培	复旦大学
后期资助项目	世界历史	史学家约瑟夫斯及其世界	周平	上海大学
后期资助项目	外国文学	I・A・瑞恰慈文学理论研究：中西方文化的对话及其影响	容新芳	上海海事大学
后期资助项目	应用经济	城乡统筹视角下中国基本养老保险的制度构建与政策研究	李亚敏	华东师范大学
后期资助项目	语言学	日语词汇语法研究	许慈惠	上海外国语大学
后期资助项目	语言学	上海地方方言调查研究	游汝杰	复旦大学
后期资助项目	语言学	语言政策：社会语言学中的重要论题	张治国	上海海事大学
后期资助项目	哲学	忠恕而仁——儒家尽己推己、将心比心的态度、观念与实践	余治平	上海社会科学院
后期资助项目	哲学	春秋易学研究——以《周易》卦爻辞的卦象解说方法为中心	张朋	上海社会科学院
后期资助项目	哲学	政治与哲学之间：卢梭政治哲学研究	曾誉铭	上海海洋大学
后期资助项目	哲学	后现代：思想与艺术的悖论	高宣扬	同济大学
后期资助项目	中国历史	两晋宗室制度研究	张兴成	上海师范大学
后期资助项目	中国历史	宋史礼志辨证	汤勤福	上海师范大学
后期资助项目	中国历史	高郎桥纪事：近代上海一个棉纺织厂区的兴起与终结(1700—2000)	罗苏文	上海社会科学院
后期资助项目	中国文学	马克思主义与20世纪中国文艺活动	许明	上海社会科学院
后期资助项目	中国文学	乾嘉经学家文学思想研究	刘奕	上海大学
后期资助项目	中国文学	重溯新文学精神之源：中国新文学建构中的晚清思想学术因素	李振声	复旦大学
一般项目	党史・党建	土地革命时期中国共产党保持同人民群众血肉联系的历史经验研究	黄琨	中国浦东干部学院
一般项目	党史・党建	钱学森年谱	郑成良	上海交通大学
一般项目	党史・党建	新中国初期人民监察通讯员制度及其实践经验研究	邬思源	上海对外贸易学院
一般项目	法学	法律职业和法学教育的契合性研究	丁绍宽	华东政法大学

（续表）

项目类型	学科分类	课 题 名 称	负 责 人	工 作 单 位
一般项目	法学	网络条件下的集体抗争及其法治化研究	李清伟	上海大学
一般项目	法学	区域一体化进程中的地方立法协调机制研究	陈俊	华东政法大学
一般项目	法学	近年金融领域刑事司法状态的实证研究	毛玲玲	华东政法大学
一般项目	法学	民法典分解现象和中国民法典制定研究	张礼洪	华东政法大学
一般项目	法学	金融衍生产品投资风险控制法律制度研究	熊玉莲	华东政法大学
一般项目	法学	垄断行业反垄断规制体系研究	王先林	上海交通大学
一般项目	法学	我国商标注册原则的反思与改进研究	王莲峰	华东政法大学
一般项目	法学	稀有矿产资源战略储备立法研究	张平	华东理工大学法学院
一般项目	法学	国际法视角下的中日战后历史遗留问题研究	管建强	华东政法大学
一般项目	法学	气候变化下中国海外能源投资法律保护研究	何力	复旦大学
一般项目	法学	与经济、社会和文化权利相关的国际法实施机制研究	郭曰君	华东理工大学
一般项目	法学	气候变化与国际粮食贸易中的法律问题研究	刘俊敏	上海大学
一般项目	管理学	技术-环境壁垒与中国企业国际竞争力研究	胡麦秀	上海海洋大学
一般项目	管理学	金融危机后中国应对国际反补贴的会计政策研究	李婉丽	上海对外贸易学院
一般项目	管理学	全球供应链管理与国际贸易安全研究	陈苏明	上海海关学院
一般项目	管理学	中国特色的网络消费调查研究	陈梅梅	东华大学
一般项目	管理学	博弈论与中小企业合作技术创新研究	张树义	上海金融学院
一般项目	管理学	企业知识管理创新与组织创新的内在关联度分析及策略研究	彭正龙	同济大学
一般项目	管理学	能源利用中的碳脉分析与减排政策研究	潘克西	复旦大学
一般项目	管理学	移动电子政务平台的公共服务模型与实证研究	郭俊华	上海交通大学
一般项目	管理学	我国公共文化服务体系绩效评估研究	蒯大申	上海社会科学院
一般项目	管理学	移动电子政务平台的公共服务模型与实证研究	郭俊华	上海交通大学

(续表)

项目类型	学科分类	课题名称	负责人	工作单位
一般项目	国际问题研究	美日海权同盟战略及其对中国的影响研究	高兰	上海社会科学院
一般项目	国际问题研究	欧洲左翼政治格局变迁研究(1979—2009年)	轩传树	上海社会科学院
一般项目	国际问题研究	日本民主党执政后的内外政策走向及对中日关系的影响研究	吴寄南	上海国际问题研究院
一般项目	国际问题研究	中印关系现状、发展趋势及对策研究	赵干城	上海国际问题研究院
一般项目	国际问题研究	国际货币体系改革及人民币的地位与作用研究	石建勋	同济大学
一般项目	教育学	国际组织与世界教育发展研究	张民选	上海师范大学
一般项目	教育学	多元联动与农村优质教育资源发展方式研究	陈振华	华东师范大学
一般项目	教育学	提升学校变革内在需求与持续发展力之研究	卜玉华	华东师范大学
一般项目	教育学	我国科学教育的历史发展与价值转型研究	李雁冰	华东师范大学
一般项目	教育学	创业教育与提高高校人才培养质量的相关研究	薛明扬	市教育委员会
一般项目	教育学	职业教育的国家制度与国家政策比较研究	石伟平	华东师范大学
一般项目	教育学	运动对青少年心理健康干预效果的研究	杨剑	华东师范大学
一般项目	理论经济	《资本论》与当代资本主义金融危机和经济动荡研究	徐明棋	上海社会科学院
一般项目	理论经济	新中国经济增长思想研究(1949—2009)	程霖	上海财经大学
一般项目	理论经济	金融服务贸易壁垒测定研究	凌婕	上海对外贸易学院
一般项目	理论经济	区际产业转移及其对我国区域经济关系的影响	孙明贵	东华大学
一般项目	马列·科社	马克思恩格斯现代性思想及其影响研究	杜艳华	复旦大学
一般项目	马列·科社	科学发展的人权蕴涵及其实现研究	肖巍	复旦大学
一般项目	马列·科社	马克思恩格斯现代性思想及其影响研究	杜艳华	复旦大学
一般项目	民族问题研究	上海合作组织成员国之间跨国民族问题研究	安俭	华东师范大学
一般项目	人口学	农民工城市融入模型及政策仿真研究	郭秀云	华东政法大学
一般项目	社会学	我国家庭政策与家庭服务社会化研究	赵芳	复旦大学

（续表）

项目类型	学科分类	课 题 名 称	负 责 人	工 作 单 位
一般项目	世界历史	古希腊社会生活研究	裔昭印	上海师范大学
一般项目	体育学	中国足球问题的困境及振兴策略研究	龚波	上海体育学院
一般项目	体育学	和谐社会进程中的体育公共服务发展现状及对策研究	郑家鲲	上海体育学院
一般项目	体育学	21世纪中国基础教育体育课程改革理论与实践研究	董翠香	华东师范大学
一般项目	统计学	我国金属期货价格指数编制方法创新及实证研究	徐国祥	上海财经大学
一般项目	图书馆、情报与文献学	中国专业数字化期刊集群的出版模式研究	李红	上海大学
一般项目	图书馆、情报与文献学	档案与社会记忆研究	丁华东	上海大学
一般项目	外国文学	当代英美悖论诗学的反思研究	廖昌胤	上海外国语大学
一般项目	新闻学与传播学	媒介融合背景下中国报业发展趋势研究	王学成	上海财经大学
一般项目	新闻学与传播学	电视产业规制与中国电视剧产业竞争力的国际比较研究	朱春阳	复旦大学
一般项目	应用经济	气候变化与中国产业结构调整研究	高广阔	上海理工大学
一般项目	应用经济	长三角地区集群产业链升级的路径研究	赵红岩	东华大学
一般项目	应用经济	农民进城背景下的政府有效调节城乡收入差距政策研究	杨竹莘	华东政法大学
一般项目	应用经济	长江三角洲地区城镇化体制和政策实证研究	郁鸿胜	上海社会科学院
一般项目	应用经济	促进房地产市场稳定健康发展的宏观调控研究	张永岳	华东师范大学
一般项目	应用经济	我国旅游业创新能力培育与发展研究	武邦涛	上海交通大学
一般项目	应用经济	公共财政责任视角下的政府预算体系改革研究	徐曙娜	上海财经大学
一般项目	应用经济	短期国际资本流入与我国金融风险研究	王楚明	上海立信会计学院
一般项目	语言学	江淮方言泰如片与吴语的语法比较研究	汪如东	上海财经大学
一般项目	语言学	汉英双语者请求行为表现的多元语言能力双向研究	李柏令	上海交通大学
一般项目	语言学	留学生认知实验中的汉字教学法研究	王永德	上海财经大学
一般项目	语言学	近代西方来华人员的汉语学习与教学研究(1807—1920)	王澧华	上海师范大学

(续表)

项目类型	学科分类	课题名称	负责人	工作单位
一般项目	语言学	闽方言语音历史层次比较及数据库建设研究	刘泽民	上海师范大学
一般项目	语言学	汉字与南方民族古文字关系研究	王元鹿	华东师范大学
一般项目	语言学	中国辞格审美史(2卷本)	宗廷虎	复旦大学
一般项目	语言学	当代美国修辞批评的理论与范式研究	邓志勇	上海理工大学
一般项目	语言学	弱势群体身份表征的英汉多模态话语对比分析	唐青叶	上海大学
一般项目	语言学	中国英语教师话语规范化问题研究	蔡龙权	上海师范大学
一般项目	语言学	中美主流报刊话语方式对比研究	朱永生	复旦大学
一般项目	语言学	当代美国英语的文化语境指示方式研究	何刚	华东师范大学
一般项目	语言学	我国大学生英语公式化语言运用规律研究	肖福寿	上海大学
一般项目	哲学	意义与意义世界研究	杨国荣	华东师范大学
一般项目	哲学	认识论的两种进路及其融会研究	郁振华	华东师范大学
一般项目	哲学	先秦儒家伦理思想知识论体系的发生学研究	崔宜明	上海师范大学
一般项目	哲学	西方文化产业理论发展研究	单世联	上海交通大学
一般项目	哲学	文化象征研究	居伟忠	华东理工大学
一般项目	政治学	人民政协与中国特色社会主义民主政治研究	吴先宁	上海师范大学
一般项目	政治学	网络参与和地方政府治理创新研究	顾丽梅	复旦大学
一般项目	政治学	台湾政党政治的发展趋势及应对研究	林冈	上海交通大学
一般项目	中国历史	中国古代婆罗门教(印度教)和婆罗门文化研究	严耀中	上海师范大学
一般项目	中国历史	明清时期国家政权对基层社会的管理研究	张海英	复旦大学
一般项目	中国历史	上海钱业公会事业史	邹晓昇	上海海洋大学
一般项目	中国历史	私人档案中的清末民初政情与社会研究	李志茗	上海社会科学院
一般项目	中国历史	张之洞与戊戌变法研究	茅海建	华东师范大学
一般项目	中国历史	明清时期华东地区灾荒环境社会治理的历史考察研究	陈业新	上海交通大学
一般项目	中国文学	文人流动视野中的唐诗地理学研究	左鹏	上海财经大学
一般项目	中国文学	中国赋学史	徐志啸	复旦大学
一般项目	中国文学	儒家视阈中的韩国汉文小说研究	孙逊	上海师范大学

（续表）

项目类型	学科分类	课 题 名 称	负 责 人	工 作 单 位
一般项目	中国文学	社会转型中的旧文人研究	魏泉	华东师范大学
一般项目	中国文学	城市文化与上海现当代儿童文学作家群研究	萧萍	上海师范大学
一般项目	中国文学	儒家视阈中的韩国汉文小说研究	孙逊	上海师范大学
一般项目	宗教学	中国传统宗教的当代复兴与嬗变研究	范丽珠	复旦大学
一般项目	宗教学	卡尔·拉纳“先验人学”的神哲基础及其对当代天主教和伊斯兰教对话策略的影响研究	王新生	复旦大学
一般项目	宗教学	法国社会的穆斯林社区研究	王建平	上海师范大学
青年项目	党史·党建	新中国成立初期中国共产党的基督教政策及其历史经验研究	刘建平	华东师范大学
青年项目	党史·党建	选人用人中的“带病提拔”现象透析及解决机制研究	吴海红	市委党校
青年项目	法学	晚清中国司法构造与运作原理研究	韩涛	复旦大学
青年项目	法学	环境法视阈下城市“垃圾围城”问题的法律治理研究	胡苑	上海财经大学
青年项目	法学	外资并购国家安全审查制度研究	王东光	华东政法大学
青年项目	法学	知识产权争议多元化解决机制研究	倪静	华东政法大学
青年项目	法学	社会转型期司法鉴定不信任问题研究	肖晋	中国浦东干部学院
青年项目	法学	缺陷医疗器械侵权责任实证研究	董春华	华东政法大学
青年项目	法学	自然资源损害责任类型化研究	张璐	华东政法大学
青年项目	法学	版权保护技术规制研究	王迁	华东政法大学
青年项目	法学	公司董事对债权人责任的法律制度研究	李小宁	复旦大学
青年项目	法学	公司社会责任与公司治理法律问题研究	白江	复旦大学
青年项目	法学	全球治理框架下中美汇率争端的法律问题研究	贺小勇	华东政法大学
青年项目	管理学	中国传统管理思想及其现代性转换研究	施祖留	中国浦东干部学院
青年项目	管理学	新时期中国家族企业治理模式创新研究	葛永盛	华东理工大学
青年项目	管理学	网络交易中的企业道德风险防范和信誉分析研究	殷红	华东师范大学
青年项目	管理学	新兴战略型产业衍生及成长规律研究	郝凤霞	同济大学
青年项目	管理学	投资者保护、定向增发和财富转移问题综合研究	郭思永	上海立信会计学院

（续表）

项目类型	学科分类	课 题 名 称	负 责 人	工 作 单 位
青年项目	管理学	中国上市企业经验数据分析及相关政策研究	张秀敏	华东师范大学
青年项目	管理学	社会保障基金支出管理与政府再分配职能研究	于洪	上海财经大学
青年项目	管理学	公共财政视角下的公共服务均等化问题实证研究	林挺进	浙江大学
青年项目	管理学	我国社会稳定风险评估机制研究	严荣	市委党校
青年项目	管理学	公共突发事件网络舆情的传播模式和演进机制研究	李敏	中国浦东干部学院
青年项目	国际问题研究	国际宗教非政府组织的结构特征、运作方式及影响研究	李峰	华东政法大学
青年项目	国际问题研究	中国周边涉华恐怖组织状况调查及对策研究	张家栋	复旦大学
青年项目	国际问题研究	冷战后中美两国在亚太地区的多边安全行为研究	余建军	中国浦东干部学院
青年项目	国际问题研究	全球价值链下纺织产业集群创新模式研究	王雷	东华大学
青年项目	教育学	龙芯多媒体互动电子书包系统研制及教学成效研究	周宏	华东师范大学
青年项目	教育学	日本大学的国际化战略及其对中国的启示	乔颖	华东师范大学
青年项目	教育学	合并型多校区大学的文化整合研究	关涛	华东师范大学
青年项目	教育学	台湾公民教育发展与两岸文化认同研究	尚红娟	市教育科学研究院
青年项目	教育学	世界一流大学人文社会科学博士生培养研究	刘莉	上海交通大学
青年项目	教育学	新课程改革中教学范式转型研究	李冲锋	中国浦东干部学院
青年项目	教育学	全日制专业学位研究生教育产学合作培养机制研究	陈曦	华东师范大学
青年项目	教育学	社会教育培训机构治理研究	嵇绍岭	上海交通大学
青年项目	理论经济	国外马克思主义经济理论前沿研究	吕守军	上海交通大学
青年项目	理论经济	近代中国城市化中城市土地管理制度的构建及思想演变	贾彩彦	华东政法大学
青年项目	理论经济	经济发展过程中的技术进步方向选择研究	黎德福	同济大学
青年项目	理论经济	中国“高储蓄现象”的理论与实证研究	汪伟	上海财经大学
青年项目	理论经济	不同区域低碳发展产业结构动态规划研究	付雪	上海师范大学

（续表）

项目类型	学科分类	课 题 名 称	负 责 人	工 作 单 位
青年项目	理论经济	我国三大都市圈城市蔓延的理论和实证研究	陈建华	上海社会科学院
青年项目	马列・科社	马克思主义国际经济博弈原理及其发展研究	陈鹏	上海交通大学
青年项目	马列・科社	西方马克思主义的社会主义学说与中国特色社会主义理论比较研究	金瑶梅	同济大学
青年项目	民族问题研究	美国“流亡藏人”社区活动轨迹及观念脉络调查研究	王芳	第二军医大学
青年项目	人口学	海外归国高层次人才迁移规律及其政策环境研究	朱军文	上海交通大学
青年项目	人口学	人口“区域城市化”与城市群经济形态研究	毛新雅	中国浦东干部学院
青年项目	人口学	新生代农民工的城市融入问题与对策研究	高慧	上海社会科学院
青年项目	人口学	海外归国高层次人才迁移规律及其政策环境研究	朱军文	上海交通大学
青年项目	社会学	文化、象征与阶级：布迪厄阶级理论研究	刘拥华	华东师范大学
青年项目	社会学	城镇化进程中征地冲突与调处机制研究	李琼	华东理工大学
青年项目	社会学	网络群体事件的社会学研究	李婷玉	市委党校
青年项目	社会学	城市社区技术治理的运作机制研究	黄晓春	上海大学
青年项目	社会学	城市化进程中失地农民市民化问题抽样调查研究	王慧博	上海政法学院
青年项目	社会学	我国农村留守儿童现状调查报告	赵环	华东理工大学
青年项目	世界历史	19 世纪 J－S－密尔的“东方专制”论研究	盛文沁	上海社会科学院
青年项目	统计学	多指标综合评价质量评估的系统研究	张明倩	上海外国语大学
青年项目	图书馆、情报与文献学	新媒体环境下阅读引导与读者服务的协同推进研究	邓香莲	华东师范大学
青年项目	图书馆、情报与文献学	近代上海基督新教出版机构研究	罗琤	上海社会科学院
青年项目	图书馆、情报与文献学	公民获取政府电子文件信息权利保障机制研究	连志英	上海大学
青年项目	图书馆、情报与文献学	群体性突发事件网上监测预警平台及其关键技术研究	马海兵	武警上海政治学院
青年项目	外国文学	近代上海英文出版与中国古典文学的跨文化传播研究(1867—1941)	孙轶旻	上海师范大学

（续表）

项目类型	学科分类	课 题 名 称	负 责 人	工 作 单 位
青年项目	外国文学	《劳作与时日》笺释研究	吴雅凌	上海社会科学院
青年项目	外国文学	法国现代诗歌与中国传统书画研究	黄蓓	复旦大学
青年项目	新闻学与传播学	非常态事件及其传播机制研究	罗云锋	华东政法大学
青年项目	新闻学与传播学	中国对外传播能力建设研究	相德宝	上海外国语大学
青年项目	新闻学与传播学	中国发展第三代移动通讯技术应用研究	廖圣清	复旦大学
青年项目	新闻学与传播学	网络环境下突发事件的信息传播与管理研究	戴丽娜	上海社会科学院
青年项目	新闻学与传播学	深入开展网络文明引导行动问题研究	吴畅畅	上海社会科学院
青年项目	新闻学与传播学	中国网络版权侵权研究	徐剑	上海交通大学
青年项目	新闻学与传播学	新生代农民工信息需求层次与传播机制研究	陶建杰	上海大学
青年项目	应用经济	教育机会分配公平性的配套改革问题研究	温娇秀	上海财经大学
青年项目	应用经济	自主创新与我国高新技术产业模块化管理研究	刘志阳	上海财经大学
青年项目	应用经济	提升大学生就业能力的理论与实证研究	贾利军	华东师范大学
青年项目	应用经济	资本密集对污染排放的影响机制研究	黄晓芬	市发展改革研究院
青年项目	应用经济	我国承接服务外包的国际竞争力研究	申朴	华东理工大学
青年项目	应用经济	“十二五”时期我国现代服务业发展的体制和政策研究	胡晓鹏	上海社会科学院
青年项目	应用经济	我国的财政分权、地方政府行为与经济增长研究	丁菊红	中国浦东干部学院
青年项目	应用经济	基于金融形势指数的货币政策调控有效性研究	刁节文	上海理工大学
青年项目	语言学	英汉省略结构的形式化对比研究	傅玉	上海外国语大学
青年项目	语言学	译者主体意识与翻译风格关系的实证研究	董琇	同济大学
青年项目	语言学	我国外语学科博士生学术能力发展的国际比较研究	王雪梅	上海外国语大学
青年项目	语言学	战国晋系文字整理与研究	沈之杰	上海师范大学
青年项目	语言学	汉语跨层结构的词汇化研究	刘红妮	上海师范大学

（续表）

项目类型	学科分类	课 题 名 称	负 责 人	工 作 单 位
青年项目	语言学	“希伯来语—汉语”双向词典增补和修订研究	阮项	上海外国语大学
青年项目	语言学	语料库数据驱动下的多维度学习者英语语块研究	甄凤超	上海交通大学
青年项目	语言学	语言类型学视角下的汉英关系从句使用处理模式对比研究	李金满	上海财经大学
青年项目	哲学	马克思经济学研究立场的转变及内在逻辑	方以启	华东理工大学
青年项目	哲学	科恩历史哲学研究	陈伟	复旦大学
青年项目	哲学	中国哲学中的“公私之辨”与儒家公共哲学的建构研究	陈乔见	华东师范大学
青年项目	哲学	先秦诸子与中国现代自由价值研究	蔡志栋	上海师范大学
青年项目	哲学	分配正义与社会公平实证研究	葛四友	华东师范大学
青年项目	哲学	当代娱乐文化的理论危机研究	陈占彪	上海社会科学院
青年项目	政治学	西部民族地区公民教育与国家认同研究	任勇	华东政法大学
青年项目	政治学	大中城市新移民的社会融合与政治心理抽样调查研究	熊易寒	复旦大学
青年项目	政治学	中国人民政治协商会议的政治学分析	袁峰	市委党校
青年项目	政治学	完善我国人大预算监督制度研究	魏陆	上海交通大学
青年项目	政治学	大都市发展中的政府治理机制创新与绩效评估体系研究	易承志	华东政法大学
青年项目	政治学	政府管理民间社会团体的理论与实践研究	王向民	华东师范大学
青年项目	中国历史	民国时期行政区域划界研究	徐建平	复旦大学
青年项目	中国历史	建国初期城市基层社会管理研究	杨丽萍	华东师范大学
青年项目	中国文学	明清词坛唱和研究	姚蓉	上海大学文学院
青年项目	中国文学	“中学西传”与中国古典小说的早期翻译(1735—1911)	宋丽娟	上海师范大学
青年项目	中国文学	近代诗的流派与地域研究	王培军	上海大学
青年项目	中国文学	20世纪上半叶的学术转型与小说重写研究	祝宇红	同济大学
青年项目	中国文学	研究系与五四新文化运动关系研究	陈捷	南京理工大学
青年项目	中国文学	中原文化与20世纪河南文学研究	李丹梦	华东师范大学
青年项目	宗教学	清初儒家基督徒思想、信仰与人际网络研究	肖清和	上海大学

三、上海市哲学社会科学规划立项课题

上海市哲学社会科学“六五”规划立项课题

1983年，上海市成立上海市哲学社会科学规划小组，负责上海解放以来第一个社会科学发展规划“六五”规划的制定与实施。由上海各高校、科研机构和实际部门提出课题，经专家审议并报上海哲学社会科学规划小组批准立项。

（一）马克思主义基本理论和哲学：哲学大辞典、马克思主义哲学原理、自然科学方法论、共产主义道德研究、论社会主义民主、思想政治工作研究。

（二）经济学和经济问题：上海经济区发展战略与体制探讨、上海节能途径问题研究、上海郊区农业经济发展战略研究、工业企业管理现代化问题探讨、上海生产资料所有制结构的研究、上海城市改造若干问题研究、运用投入产出法分析上海主要产品结构、提高上海工业经济效益若干问题研究、社会主义计划经济与市场理论的实践、上海的技术改造若干问题研究、上海发展第三产业的战略、原材料涨价对上海的影响及其对策、关于上海各类公司体制改革的问题、中国近代经济思想史、中国历代货币大系。

（三）社会学、宗教、青少年问题：城市社会问题研究、上海市老年人问题研究、华东及上海人口素质研究、上海市人口综合研究。

（四）政治学和法学：上海社会治安综合治理、民事法律关系若干问题研究、上海近代法制史、政治学基础理论。

（五）文学、艺术和语言学：社会主义文学理论研究十题、左翼十年在上海的作家、金文大字典、中国古代文艺理论专题资料汇编、中国现代文学理论批评史、全明诗、中国戏剧志·上海卷。

（六）教育学和心理学：中小学教育体制改革实验、儿童语言发展、教育哲学、教育学、高等学校管理概论、上海普通教育史。

（七）史学：上海简史、上海工人运动史、上海史大事记、中国文史近代篇、中国近代史学史、当代国外史学理论研究。

（八）国际问题：苏联东欧国家对西方国家的经济联系、1984—1985年世界经济年度预测和上海对外经济发展战略、上海对外贸易金融中的法律问题。

上海市哲学社会科学“七五”规划立项课题

课题名称	课题类别	负责人	承担单位
高校马列主义理论课教材改革研究	哲学	—	市高等教育局
科学哲学导论	哲学	傅季重等	上海社会科学院
精神文明建设中的理论问题研究	哲学	蒋冰海等	上海社会科学院

（续表）

课题名称	课题类别	负责人	承担单位
中国近代伦理思想研究	哲学	徐顺教等	上海社会科学院
现代逻辑研究	哲学	傅季重等	上海社会科学院
辩证思维的理论与实践研究	哲学	彭漪涟等	华东师范大学
美育研究	哲学	刘辉扬、冯凭等	华东师范大学
当代中国思潮研究	哲学	魏承思等	市委宣传部
科学技术革命和马克思主义	哲学	陈章亮、姚伯茂等	上海交通大学、上海工业大学
当代中国文化研究	哲学	王华亮、张家骏等	复旦大学
马克思主义哲学在当代	哲学	俞吾金等	复旦大学
自然科学和社会科学的汇流交融	哲学	钱伟长、仇金泉等	上海工业大学、市经济研究中心
社会主义价格理论和实践	经济学(基础理论)	宋承先	复旦大学
全民所有制改革理论探索	经济学(基础理论)	曹麟章、陶友之等	上海社会科学院
上海地区经济开发思想史	经济学(基础理论)	马伯煌、丁文辉等	上海社会科学院
上海近代经济史	经济学(基础理论)	丁日初等	上海社会科学院
外国企业管理比较研究	经济学(基础理论)	屠修德等	上海财经大学
国际会计的理论与实践	经济学(基础理论)	王松年、钱嘉福等	上海财经大学
关于社会主义经济运行论的研究	经济学(基础理论)	李柱锡	上海财经大学
交通经济学	经济学(基础理论)	张薰华、俞健等	复旦大学、市委研究室
新产业组织论	经济学(基础理论)	孙志尚、陈昌玖、黄文忠等	市委党校
现代企业家研究	经济学(应用研究)	苏东水等	复旦大学
上海经济体制改革的实践	经济学(应用研究)	贺镐圣等	市体制改革办公室
开拓上海证券市场研究	经济学(应用研究)	徐建中、来祖荫等	上海社会科学院
上海旅游发展战略规划研究	经济学(应用研究)	范家驹、冯纪民等	上海社会科学院
技术引进消化吸收政策研究	经济学(应用研究)	杨公朴等	上海财经大学
工业投资项目评估决策模型	经济学(应用研究)	朱幼文、沈友苏等	上海财经大学
城乡一体化研究	经济学(应用研究)	陈锡根等	市农委政策研究室
上海工业的形成与发展	经济学(应用研究)	马一行等	市计划经济研究所
上海财政问题研究	经济学(应用研究)	叶湘治等	市财政科学研究所
上海郊区方言志	语言文学理论	许宝华、汤珍珠等	复旦大学
中国新闻学术发展史	语言文学理论	徐培汀等	复旦大学
社会主义文学理论研究	语言文学理论	刘崇义、武振平等	上海社会科学院
现代外国文论研究	语言文学理论	王道乾等	上海社会科学院

(续表)

课 题 名 称	课题类别	负 责 人	承 担 单 位
唐诗学研究	语言文学理论	陈伯海等	上海社会科学院
文学新论	语言文学理论	王纪人等	上海师范大学
中国京剧史	语言文学理论	黄菊盛、韩希白等	上海艺术研究所
中国古代文艺理论发展史	语言文学理论	徐中玉等	华东师范大学
文论更新系列研究	语言文学理论	钱谷融等	华东师范大学
中国戏剧史	语言文学理论	陈多等	上海戏剧学院
现代国外主要语法学流派	语言文学理论	金顺德等	上海外国语大学
晚清思想史	史学	姜义华等	复旦大学
中国会党史研究	史学	魏建猷、郭绪印、周育民等	上海师范大学
江南地区史	史学	谢天佑、王家范等	华东师范大学
中国禅学史	史学	苏渊雷	华东师范大学
上海近代史研究	史学	唐振常	上海社会科学院
上海史大事记	史学	任建树	上海社会科学院
工人运动史研究	史学	沈以行等	上海社会科学院
中外投资法比较研究	法学	郑衍杓等	上海社会科学院
行政诉讼研究	法学	李宗兴等	上海社会科学院
经济体制改革中的法律问题	法学	吕润程等	上海社会科学院
行政学原理	法学	王沪宁等	复旦大学
国际经济法研究	法学	董世忠等	复旦大学
上海法制发展战略	法学	陈鹏生等	华东政法学院
法制协调学	法学	徐永康等	华东政法学院
国家赔偿制度研究	法学	金立琪、彭万林等	华东政法学院
列宁晚期政治学说研究	法学	王邦佐、柳振铎	上海师范大学
横向经济联合中的法律问题	法学	邹瑞安等	上海大学
国外中小学教育比较研究	教育学	商继宗等	上海师范大学
教育评价学	教育学	应俊峰等	华东师范大学
地区教育规划的理论和方法	教育学	邱渊等	华东师范大学
我国职业技术教育理论和实践	教育学	金一鸣、钱景舫等	华东师范大学
中小学学科教育学	教育学	孙大文、章兼中等	华东师范大学
人力资源开发与激励模式	教育学	俞文钊等	华东师范大学
中国职业教育史	教育学	彭贵昌等	上海技术师院
中国高等教育改革的现状与发展趋势研究	教育学	杨德广、忻福良等	市高等教育研究所

（续表）

课 题 名 称	课题类别	负 责 人	承 担 单 位
世界经济发展趋势与上海对外经济发展战略	国际问题	周建平、储玉坤等	复旦大学、上海社会科学院
世界跨国公司的发展和上海发展海外企业的必要性和发展战略	国际问题	叶刚等	复旦大学
裁军与国际安全	国际问题	陈佩尧、丁幸豪等	上海国际问题研究所
亚洲“四小”经济发展的经验与启示	国际问题	陈启懋等	上海国际问题研究所
苏联东欧关系史	国际问题	姜琦、张月明等	华东师范大学
美国对外贸易发展趋势	国际问题	储玉坤	上海社会科学院
国际价值规律研究	国际问题	张幼文	上海社会科学院
中国近代社会科学史纲要	综合类	金行仁等	上海社会科学院
青少年创造教育研究	综合类	苏颂兴、俞啸云等	上海社会科学院
上海老年人口	综合类	卢汉龙等	上海社会科学院
“七五”期间上海社会保障问题研究	综合类	陈如凤等	上海社会科学院
上海社会发展综合评价和监控指标体系研究	综合类	王宝琛等	上海科学学研究所
老年型地区社会研究	综合类	袁缉辉等	上海大学
改革背景下的上海城乡社会结构研究	综合类	庞树奇等	上海大学
社会主义公共关系	综合类	居延安、赵建华等	复旦大学
中心城市发展，空间扩散与横向联系研究	综合类	严重敏等	华东师范大学
上海文化研究	综合类	吴修艺等	市委宣传部
上海大辞典	综合类	曾庆红、刘振元、洪泽等	市地方志编纂委员会
上海概况	综合类	吴云溥、曹宪镛等	市地方志办公室
社会主义生产力标准问题研究	招标课题	罗宗、顾肖荣等	上海社会科学院
关于社会主义初级阶段问题	招标课题	许一春、吴修艺等	市委研究室、市委宣传部
社会主义有计划商品经济的理论模式	招标课题	蒋学模、洪远朋等	复旦大学
“短缺经济”与社会主义经济规律	招标课题	李鸿江等	上海社会科学院
开放条件下的社会主义经济建设	招标课题	王新奎等	上海外贸学院
国民收入低水平阶段的社会发展和政策选择	招标课题	何凌	世界经济导报
厂长负责制	招标课题	章莉等	市委研究室
两权分离形式探讨	招标课题	蒋铁柱等	市体制改革办公室
对上海大中型企业实行承包经营责任制的跟踪研究	招标课题	—	上海现代社科咨询服务公司

(续表)

课题名称	课题类别	负责人	承担单位
社会主义股份制经济研究	招标课题	周勇闯、徐家树	市委党校、市体制改革办公室
上海产业政策研究	招标课题	于祥年等	市经济研究中心
上海经济发展模式研究	招标课题	符钢战等	华东理工大学
上海工业企业横向经济联合	招标课题	伍柏麟、陈伟恕等	复旦大学
上海市场体系及环境调查	招标课题	施瑾、张广生	市计委研究所、市体制改革办公室
改革条件下的上海经济效益问题研究	招标课题	姚锡棠等	上海社会科学院
上海外向型经济发展的突破问题	招标课题	潘名山等	市经济研究中心
上海外贸战略规划	招标课题	郭忠言等	上海国际问题研究中心
“94”专项情况调查	招标课题	严匡国等	上海社会科学院
开发区与三资企业的研究	招标课题	张守谦等	上海社会科学院
“三来一补”研究	招标课题	董均发等	上海对外贸易学院
价格变动对上海经济发展的影响	招标课题	厉璠等	上海社会科学院
上海怎样在2000年前成为全国最大的金融中心	招标课题	朱小华等	中国人民银行上海市分行
上海对外开放度研究	招标课题	沈峻坡等	上海社会科学院
上海城市经济管理中的若干问题研究	招标课题	王建民、陈志龙等	市委党校
土地批租理论及其在上海的应用研究	招标课题	于品浩、王战等	市经济研究中心、复旦大学
房产经营问题的研究	招标课题	邵纪泉、高柳根等	上海社会科学院
关于浦东新区吸引国内外投资的问题	招标课题	夏禹龙等	上海社会科学院
上海私营经济调查	招标课题	金志等	市体制改革办公室
新陆禽蛋合作社的道路和政策选择	招标课题	黄安国、吴永甫等	市委宣传部
合理差距与共同富裕：调动经营者积极性问题探讨	招标课题	陶友之、钱世明等	上海社会科学院
上海文艺政策研究	招标课题	丁锡满、黄安国、徐俊西等	市委宣传部、上海社会科学院
政治体制改革与法制建设	招标课题	张传桢、郁忠民等	华东政法学院
新时期党的建设的理论和实践	招标课题	蒋洪斌等	上海人民出版社
新学科辞海	增补课题	金哲	上海社会科学院
上海三资企业经济效益跟踪调查	增补课题	周鉴平	—
上海市国际人口迁移调查研究	增补课题	张开敏	上海社会科学院
社会主义初级阶段研究	增补课题	姚锡棠	上海社会科学院
上海城市经济建设与生态环境协调发展模式研究	增补课题	陈予群	—

（续表）

课题名称	课题类别	负责人	承担单位
德国古典哲学的法权哲学	增补课题	谢遐龄	复旦大学
关于经济体制改革与经济发展的若干重大理论问题	增补课题	林炳秋	上海社联
上海现阶段犯罪问题研究	增补课题	张贵龙	—
发展统一战线与加强民主建设	增补课题	范征夫	市委统战部
外向型经济知识丛书	增补课题	孙刚	市委宣传部
社会主义初级阶段统一战线	增补课题	赵定玉	市委统战部
90年代上海教育事业发展的财政对策研究	增补课题	徐元人	—
90年代大众哲学	增补课题	刘吉	市委宣传部

上海市哲学社会科学“八五”规划立项课题

课题名称	课题类别	课题负责人	承担单位
毛泽东思想研究大系	综合类	徐福生	市新闻出版局
有中国特色社会主义研究	综合类	袁恩桢	上海社会科学院
中国特色的社会主义经济论纲	经济学(基础理论)	李鸿江	上海社会科学院
社会主义发展经济学研究	经济学(基础理论)	杨建文	上海社会科学院
社会主义经济调节探索	经济学(基础理论)	程恩富	上海财经大学
中国特色社会主义的所有制结构与产权制度研究	经济学(基础理论)	徐桂华	复旦大学
资源与环境的协调发展	经济学(基础理论)	张薰华	复旦大学
老年经济学	经济学(基础理论)	王爱珠	复旦大学
上海企业发展趋势研究：近代上海工业企业发展模式及其盛衰比较、实证分析	经济学(基础理论)	黄汉民	上海社会科学院
国际金融学说史	经济学(基础理论)	朱彤书	华东师范大学
当代西方经济增长理论研究和上海经济增长因素分析	经济学(基础理论)	舒元	复旦大学
亚细亚生产方式问题研究	经济学(基础理论)	张雅琴	市委党校
社会主义改革论	经济学(应用研究)	刘吉	市体制改革办公室
具有中国特色的社会主义统一市场体系结构的基本格局	经济学(应用研究)	唐豪	上海财经大学
我国改革开放过程中的资产与货币问题	经济学(应用研究)	陈伟恕	复旦大学
论期货交易所的运行机制	经济学(应用研究)	王惠珍	上海社会科学院

(续表)

课 题 名 称	课题类别	课题负责人	承 担 单 位
土地批租实证研究	经济学(应用研究)	俞汉卿	上海社联
全民企业经营机制研究	经济学(应用研究)	陶友之	上海社会科学院
90年代中国的乡镇企业发展	经济学(应用研究)	苏东水	复旦大学
劳动制度改革与社会保障体系研究	经济学(应用研究)	葛寿昌	上海财经大学
跨国公司内部转移价格与我国对策	经济学(应用研究)	张人骥	上海财经大学
上海市情研究	经济学(应用研究)	李懋欢	市统计局
90年代上海经济运行的实证研究	经济学(应用研究)	王战	市计委研究所
90年代上海深化体制改革的目标与措施	经济学(应用研究)	徐家树	市体制改革办公室
上海在亚太地区国际分工合作中的产业定位问题	经济学(应用研究)	杨公朴	上海财经大学
沪台港澳经济合作研究	经济学(应用研究)	郭绍烈	市台湾研究会
上海与长江流域产业结构的比较与产业协调发展研究	经济学(应用研究)	郁义鸿	复旦大学
上海与主要省市经济和社会发展水平综合评价研究	经济学(应用研究)	陈晓声	上海社会科学院
90年代我国需求结构的变化与上海产业结构问题研究	经济学(应用研究)	朱金海	上海社会科学院
上海工农业技术进步的现状、问题和对策	经济学(应用研究)	石良平	华东理工大学
上海的科技优势转化为经济优势的理论与方法	经济学(应用研究)	唐元虎	上海交通大学
上海国有企业与三资企业比较研究	经济学(应用研究)	芮明杰	复旦大学
上海发展第三产业研究	经济学(应用研究)	蔡星火	市经济研究中心
上海商业发展思路研究	经济学(应用研究)	厉播	上海社会科学院
90年代上海私营企业发展趋势	经济学(应用研究)	张文蔚	市工商管理学会
上海农业社会化服务体系研究	经济学(应用研究)	莫建备	上海社会科学院
效益、区位、生态：上海市郊乡镇企业进一步发展探讨	经济学(应用研究)	焦必方	复旦大学经济系
上海对外贸易的实业化、集团化、国际化	经济学(应用研究)	钱宗起	上海对外贸易学院
关于上海通过举债筹措资金的数量界限问题研究	经济学(应用研究)	徐日清	上海社会科学院
上海外汇市场开放和发展研究	经济学(应用研究)	连平	华东师范大学
上海证券市场研究	经济学(应用研究)	王定甫	中国人民银行金融所
上海证券市场运行机制与监督体系研究	经济学(应用研究)	席克正	上海财经大学

（续表）

课题名称	课题类别	课题负责人	承担单位
90年代上海财政补贴问题研究	经济学(应用研究)	叶湘治	市财科所
浦东新区发展战略综合研究	经济学(应用研究)	蔡来兴	市计委研究所
外商经营港口及相关运输业研究	经济学(应用研究)	徐剑华	上海海运学院
上海公积金制度研究	经济学(应用研究)	戴晓波	市计委研究所
中外比较会计研究	经济学(应用研究)	张为国	上海财经大学
社会资源与社会调控	政治学・法学	王沪宁	复旦大学
编制管理学	政治学・法学	吕风太	市编制管理学会
论中国社会主义公平竞争法律	政治学・法学	徐士英	华东政法学院
中国刑事司法解释研究	政治学・法学	游伟	华东政法学院
领事法的理论与实践	政治学・法学	丘日庆	上海社会科学院
上海地方立法研究	政治学・法学	曹建明	上海社联(华东政法学院)
浦东开发区的经济犯罪、社会治安的预测与对策	政治学・法学	史焕章	华东政法学院
马克思主义政治学原理	政治学・法学	孙关宏	复旦大学
社会主义国家管理问题研究	政治学・法学	倪家泰	华东师范大学
科技法学原理	政治学・法学	曹昌桢	上海政法管理干部学校
法律思维学导论	政治学・法学	林喆	上海社会科学院
比较、借鉴与实证研究：由香港经贸法制看浦东新区开发应采取的经贸政策及其立法	政治学・法学	陆文山	华东政法学院
我国与亚洲诸国家和地区外汇管理法规比较研究	政治学・法学	侯放	上海社会科学院
毛泽东论中国革命的逻辑	哲学・宗教学	张天飞	华东师范大学
中国特色社会主义思想的发生和发展	哲学・宗教学	李君如	上海社会科学院
现代中国哲学研究	哲学・宗教学	丁祯彦	华东师范大学
马克思主义哲学基本理论及当代意义研究	哲学・宗教学	俞吾金	复旦大学
认识论的理论建构	哲学・宗教学	刘锋	上海交通大学
列宁主义的历史命运	哲学・宗教学	余源培	复旦大学
科技革命与社会发展的哲学考察	哲学・宗教学	沈铭贤	上海社会科学院
现代西方哲学的整体研究	哲学・宗教学	黄颂杰	复旦大学
走向现代化的中国审美文化	哲学・宗教学	陈超南	上海社会科学院
当代生态伦理学研究	哲学・宗教学	王正平	上海师范大学
上海宗教问题研究	哲学・宗教学	罗伟虹	上海社会科学院

(续表)

课 题 名 称	课题类别	课题负责人	承 担 单 位
马克思主义哲学与现代西方哲学比较研究	哲学・宗教学	邱少全	市委党校
“五缘”文化与对外开放	历史学	林其锬	上海社会科学院
上海科学技术的历史发展和基本特征	历史学	朱新轩	华东师范大学
上海移民史	历史学	熊月之	上海社会科学院
上海历史地图集(清与民国时期)	历史学	周振鹤	复旦大学
文化保守主义思潮与近代中国社会	历史学	胡逢祥	华东师范大学
洋务思潮研究	历史学	刘学照	华东师范大学
黄炎培评传	历史学	陈麟辉	上海社联
江南佛教史	历史学	严耀中	上海师范大学
犹太移民中华史	历史学	唐培吉	同济大学
世界文化史综合研究	历史学	庄锡昌	复旦大学
新时期小说批评史论	文学・语言学・新闻学	吴俊	华东师范大学
“五四”前20年中国文学潮流	文学・语言学・新闻学	朱文华	复旦大学
上海现代文学史	文学・语言学・新闻学	王文英	上海社会科学院
中国艺术理论史	文学・语言学・新闻学	夏写时	上海戏剧学院
中国韵文的传播方式及其体制变迁	文学・语言学・新闻学	王小盾	上海师范大学
西方现代悲剧论稿	文学・语言学・新闻学	任生名	上海外语学院
当代英国小说史	文学・语言学・新闻学	瞿世镜	上海社会科学院
“时髦语”的社会语言学研究	文学・语言学・新闻学	刘大为	华东师范大学
“庄子”词汇研究	文学・语言学・新闻学	钟敬华	复旦大学
上海新闻事业史	文学・语言学・新闻学	马光仁	上海社会科学院
中国现代文艺思潮论	文学・语言学・新闻学	吴中杰	复旦大学
中国特色的社会主义教育研究	教育学・心理学	金一鸣	华东师范大学
中国特色社会主义学校管理	教育学・心理学	吴秀娟	华东师范大学

（续表）

课 题 名 称	课题类别	课题负责人	承 担 单 位
思想政治工作中的哲学问题	教育学・心理学	冷浩然	空军政治学院
上海教育与经济社会发展的关系研究	教育学・心理学	胡瑞文	市智力开发所
上海高等教育与经济社会发展的关系研究	教育学・心理学	杨德广	市高等教育研究所
上海大中学校德育现状与落实德育首位的战略思考及对策研究	教育学・心理学	邱伟光	华东师范大学
现代教学模式研究	教育学・心理学	高文	华东师范大学
智力、非智力因素的理论和实证研究	教育学・心理学	燕国材	上海师范大学
新时期高校思想政治工作的理论与实践	教育学・心理学	王荣华	复旦大学
变革社会中的政治稳定	社会学・人口学	邓伟志	上海社会科学院
社会主义特大型城市的特征特点研究	社会学・人口学	严重敏	华东师范大学
浦东新区人才系统工程体制综合改革方案及对策研究	社会学・人口学	李小平	市人事局
90年代上海人口问题综合研究	社会学・人口学	王建民	上海社联(市委党校)
少年司法制度研究	社会学・人口学	金志堃	上海社会科学院
“老三届”人的现状与中国未来10至20年发展的关系和影响	社会学・人口学	金大陆	上海青年管理干部学院
改革中的妇女就业模式探索	社会学・人口学	何洁珠	市妇女联合会
上海历史文化旅游资源研究	社会学・人口学	丁季华	华东师范大学
马克思主义社会学基础理论研究	社会学・人口学	吴晓明	复旦大学
复杂系统演化理论对社会科学研究方法的贡献	社会学・人口学	李继宗	复旦大学
东西方人口的语言、大脑与文化：比较神经语言学研究	社会学・人口学	刘永昌	上海海运学院
城市学研究	社会学・人口学	袁华音	上海大学
中国旅游历史文化研究	社会学・人口学	邵骥顺	虹口区教育学院
上海市市民阶层与心态研究	社会学・人口学	沈关宝	上海大学
世纪之交的国际安全环境与我国的安全(防务)政策选择	国际问题	朱明权	复旦大学
90年代世界经济发展趋势预测	国际问题	杨思正	上海社会科学院
关贸总协定与国际经济新秩序	国际问题	俞杏堂	上海外贸学院
社会主义运动低潮的历史考察	国际问题	周尚文	华东师范大学
华东经济圈的形成与中日经济合作	国际问题	樊勇明	上海国际问题研究所
“九七”前后的香港经济	国际问题	张守谦	上海社会科学院
东西发展中国家(地区)贸易发展战略研究	国际问题	严翔硕	复旦大学

(续表)

课 题 名 称	课题类别	课题负责人	承 担 单 位
第三世界对二战后国际关系的影响	国际问题	俞新天	上海社会科学院
发展中国家贸易政策理论研究	国际问题	张幼文	上海社会科学院
联合国新论	国际问题	俞冠敏	上海国际问题研究所
美国人权外交	国际问题	刘星汉	复旦大学
苏联解体的原因、后果与教训	国际问题	葛霖生	复旦大学
苏联东欧研究：独联体内各共和国相互关系的跟踪研究	国际问题	冯绍雷	华东师范大学
邓小平的科学态度和创造精神研究	综合类	张华金	上海社会科学院
建设有中国特色社会主义理论体系的形成和发展	综合类	陈永嘉	上海社会主义学院
中国特色社会主义理论的方法论研究	哲学・宗教学	鲍宗豪	华东理工大学
中国特色社会主义的民主法制建设：刑法对经济失范行为评判与抗制	政治学・法学	刘华	上海社会科学院
社会主义市场经济体制研究	经济学(基础理论)	周振华	上海社会科学院
社会主义市场经济与国有大中型企业经营机制转换	经济学(应用研究)	裘逸娟	上海财经大学
社会主义市场经济与分配制度改革	经济学(应用研究)	陈伯庚	华东师范大学
社会主义市场经济与政府职能的转变	政治学・法学	王邦佐、桑玉成	上海师范大学
社会主义市场经济与党的建设	政治学・法学	唐存标、贺世友	华东师范大学
社会主义市场经济与思想政治工作	教育学・心理学	周中之	上海师范大学
市场经济条件下的教育改革方向	教育学・心理学	陈家华	复旦大学
上海成为国际金融中心条件和对策研究	经济学(应用研究)	干杏娣	上海社会科学院
上海与国际市场接轨的思路与策略	经济学(应用研究)	王新奎	上海外贸学院
上海股份制企业集团研究	经济学(应用研究)	金润圭	华东师范大学
上海大商业管理体制研究	经济学(应用研究)	余兴发	上海财经大学
上海市政基础设施建设的大思路：大市政设施投资与土地收益研究	经济学(应用研究)	印堃华	上海财经大学
上海在改革开放条件下的社会治安治理问题研究	社会学・人口学	马锐	市法学会
90 年代韩国经济政治对亚太地区的影响及其与上海经济贸易金融的关联	国际问题	陈琦伟	华东师范大学
儒学对中国社会发展的影响	哲学・宗教学	夏乃儒	上海师范大学
中国会计制度如何与国际接轨	经济学(应用研究)	汤云为	上海财经大学
中国推行公务员制度对策研究	政治学・法学	徐锦林	市人事局公务员办

（续表）

课 题 名 称	课题类别	课题负责人	承 担 单 位
中国近现代爱国主义研究	历史学	何泽福	华东师范大学
现代大城市发展比较研究	社会学・人口学	汤建中	华东师范大学

上海市哲学社会科学“九五”规划立项课题

课 题 名 称	课题类别	负 责 人	承 担 单 位
邓小平的发展观与中国跨世纪的发展	马列・科社	夏禹龙	上海社会科学院
马克思的社会发展三形态理论与当代中国的社会转型	马列・科社	陈烽	上海社会科学院
20 世纪马克思主义中国化的历程	马列・科社	钟家栋	复旦大学
苏东剧变后的国外马克思主义跟踪研究	马列・科社	陈学明	复旦大学
建设有中国特色社会主义理论的哲学基础	马列・科社	余源培	复旦大学
20 世纪社会主义的理论与实践	马列・科社	周尚文	华东师范大学
邓小平认识论思想研究	马列・科社	陈新汉	上海财经大学
社会主义意识形态与精神文明建设研究	马列・科社	朱兆中	市宣传党校
中共上海党史(1920.6～1949.10)	党史・党建	金立人	市委党史研究室
上海抗战史(8 卷)	党史・党建	唐培吉	市中共党史学会
近现代的诸子研究与社会影响	哲学	周山	上海社会科学院
华夏宗教的超越性突破：儒佛道三教并存格局的起源	哲学	钟国发	上海社会科学院
马克思主义哲学前沿问题研究(10 卷)	哲学	俞吾金	复旦大学
现代中国的反传统思潮研究	哲学	潘富恩、徐洪兴	复旦大学
中国近现代历史哲学与社会发展	哲学	丁祯彦	华东师范大学
现代中国哲学与社会思潮	哲学	高瑞泉	华东师范大学
现代经济哲学引论	哲学	张雄	空军政治学院
社会主义政治经济学	经济理论	袁恩桢	上海社会科学院
上海转变经济增长方式研究：战略定位、政策组合及操作方案	经济理论	周振华	上海社会科学院
上海金融的制度、功能及变迁(1897～1997)	经济理论	杜恂诚	上海社会科学院
“增长转型”与可持续发展战略研究	经济理论	张薰华	复旦大学
中国金融史	经济理论	叶世昌	复旦大学

(续表)

课题名称	课题类别	负责人	承担单位
中国社会主义经济改革20年的轨迹研究(10卷)	经济理论	伍柏麟	复旦大学
上海及长江流域地区经济协调发展	经济理论	杨万钟	华东师范大学
新中国基本经济理论发展研究	经济理论	赵晓雷	上海财经大学
世界贸易组织与中国对外贸易发展战略研究	经济理论	王新奎	上海对外贸易学院
经济体制改革以来中国经济增长理论探索	经济理论	姚锡棠	浦东改革与发展研究院
产业经济学：经济转型中的产业经济问题研究	部门经济	厉无畏	上海社会科学院
效率论：企业改革与再造的主旋律	部门经济	张文贤	复旦大学
人口、资源、环境与经济发展研究	部门经济	夏嘉华	华东师范大学
税制改革与收入再分配研究	部门经济	吴云飞	市国家税务局
俄罗斯与东欧国家政党研究	政治学	张月明、姜琦	华东师范大学
公民政治素质研究	政治学	李惠康	市政治学会
发展中国家政治发展研究	政治学	曹沛霖	复旦大学
世纪转变中的上海人口经济社会的可持续发展研究	社会学	孙常敏	上海社会科学院
人口、资源、环境与经济发展研究	社会学	朱国宏	复旦大学
上海城乡居民生活史研究	社会学	邓伟志	上海大学
当代我国沿海城市开发区社会发展趋势研究	社会学	鲍宗豪	华东理工大学
中国人口史(5卷)	社会学	葛剑雄	复旦大学
上海人口老龄化与老年保障体系研究	社会学	桂世勋	市老龄科学研究中心
金融违法犯罪及其防治	法学	顾肖荣	上海社会科学院
上海市高科技园区立法管理研究	法学	卢琦	上海大学
社会转型与中国当代刑法的改革	法学	苏惠渔	华东政法学院
国际经济法专论(6卷)	法学	陈治东、曹建明	华东政法学院
21世纪世界经济走向	国际问题	伍贻康	上海社会科学院
世纪之交世界格局中的亚欧合作及其对中国(上海)的影响	国际问题	潘光	上海社会科学院
经济全球化与世界格局及大国(美、日、德、俄、中)关系	国际问题	刘同舜、俞正梁	复旦大学
上海通史(15卷)	历史学	熊月之	上海社会科学院
明末清初的西学与汉学	历史学	李天纲	上海社会科学院

（续表）

课 题 名 称	课题类别	负 责 人	承 担 单 位
长江沿江城市与中国近代化	历史学	张仲礼	上海社会科学院
晚明史（1573～1644）	历史学	樊树志	复旦大学
近代中国与周边国家关系研究	历史学	石源华	复旦大学
近代拉美与美国发展模式比较研究	历史学	刘文龙	复旦大学
20 世纪世界史通论	历史学	王斯德	华东师范大学
金文人名研究	历史学	谢维扬	华东师范大学
长江文明史	历史学	叶书宗	上海师范大学
20 世纪资本主义发展研究：全球化、区域化与美欧关系	历史学	叶江	上海师范大学
20 世纪的中国现代化及其社会变迁	历史学	武克全	上海社联
上海文学通史	文学·艺术	邱明正	上海社会科学院
当代马克思主义文艺学体系建构	文学·艺术	朱立元	复旦大学
中国文学通史（九编）	文学·艺术	章培恒	复旦大学
风骚四百年：莎士比亚评论之再评论	文艺·艺术	陆谷孙	复旦大学
中外文学关系史（第一卷）	文学·艺术	陈思和	复旦大学
中国散文理论史	文学·艺术	萧华荣	华东师范大学
商务印书馆与近代上海文化	文学·艺术	杨杨	华东师范大学
古本小说词语汇释	文学·艺术	孙逊	上海师范大学
中国诗学史研究	文学·艺术	蒋哲伦	上海师范大学
《三国志》语言研究	语言学	吴金华	复旦大学
汉字发生研究	语言学	王元鹿	华东师范大学
上海当代新闻史	新闻学	马光仁	上海社会科学院
上海大众传媒与大众文化研究（系列专著）	新闻学	张国良	复旦大学
社会主义市场经济条件下的广播电视管理研究	新闻学	赵凯	上海广播电影电视局
新中国教育 50 年	教育学	李军	华东师范大学
市场经济条件下现代人社会性格形成的心理机制	教育学	俞文钊	华东师范大学
中国社会主义教育的轨迹	教育学	金一鸣	华东师范大学
上海学校百年变迁	教育学	张民生	市教育学会
上海地方文献的整理与研究	图书馆·情报与文献学	王鹤鸣	上海图书馆
		冯绍霆	上海档案馆
		严佐之	华东师范大学

(续表)

课题名称	课题类别	负责人	承担单位
上海地区图书馆网络社科功能的开发与研究	图书馆·情报与文献学	陈燮君、沈国明	上海图书馆、上海社会科学院
上海文化通史	综合学科与新兴、边缘、交叉学科	陈伯海	上海社会科学院
信息文化研究	综合学科与新兴、边缘、交叉学科	朱水林	上海社会科学院
人类思维史	综合学科与新兴、边缘、交叉学科	朱长超	上海社会科学院
上海社会保障体系研究	综合学科与新兴、边缘、交叉学科	施岳群	复旦大学
百年学术评述	综合学科与新兴、边缘、交叉学科	林在勇	华东师范大学
深生态学与现代生态价值观念	综合学科与新兴、边缘、交叉学科	王正平	上海师范大学
金融工程学及其在上海走向国际金融中心中的作用	综合学科与新兴、边缘、交叉学科	吴冲锋	上海交通大学
20世纪中国学术史(4卷)	综合学科与新兴、边缘、交叉学科	黄迎暑	上海社联
上海经济社会相互协调和可持续发展研究	综合学科与新兴、边缘、交叉学科	浦再明、郁青	市人民政府研究室
社会主义市场经济与社会公德、职业道德、家庭美德问题	马列·科社	胡振平	上海社会科学院
中国社会主义市场经济条件下的价值观建设	马列·科社	高国希	复旦大学
现代都市发展与社会公德建设	马列·科社	余玉花	华东师范大学
社会主义市场经济的利益关系研究	马列·科社	夏军	市委党校
浦东农村城市化过程中的农民问题研究	马列·科社	严黎昀	浦东华夏社会发展研究院
国有企业经营者管理体制改革研究	马列·科社	黄耀文	市委组织部
市场经济条件下经济犯罪特征与对策研究	马列·科社	朱德林	中国人民银行上海市分行
现代企业制度与上海基层党组织建设	党史·党建	王国平	市委党校
当代法国哲学整体研究	哲学·宗教学	莫伟民	复旦大学
中国现代哲学对转识成智问题的探讨	哲学·宗教学	郁振华	华东师范大学
外国直接投资与中国品牌的策略研究	理论经济	汤静波	上海社会科学院
中国地区发展政策体系研究	理论经济	陈家海	上海社会科学院
社会主义市场经济的利益关系研究	理论经济	洪远朋	复旦大学
中国近代市场经济研究	理论经济	郭庠林	上海财经大学

（续表）

课题名称	课题类别	负责人	承担单位
浦东新区加速城市化进程中的农民就业问题研究	理论经济	万曾炜	浦东新区综合土地规划局
社会主义市场经济条件下银行与企业关系研究	理论经济	王欣欣	中国人民银行上海市分行
上海国有控股集团公司的体制完善与发展	部门经济	韩华林	上海社会科学院
社会主义市场经济条件下银行与企业关系研究	部门经济	蒋学模	复旦大学
“九五”期间上海产业结构优化和产业转移研究	部门经济	杨公朴	上海财经大学
积极利用外资与民族工业发展研究	部门经济	陈荣辉	上海财经大学
上海经济发展中的大公司发展战略研究	部门经济	夏大慰	上海财经大学
上海工业品开拓国内外市场研究	部门经济	唐豪	上海大学
上海国有外贸企业与外资企业出口贸易比较研究	部门经济	李邦君	上海对外贸易学院
保险银行相互融合对金融监管和立法的冲击	部门经济	傅亚平	上海交通大学
上海房地产发展市场研究	部门经济	张重光	市房产经济学会
上海资本市场国际化研究	部门经济	陈琦伟	上海亚洲研究所
上海郊区农业产业化问题研究	部门经济	奚正秋	市农委党校
吸引跨国公司(银行)总部设立或迁入上海浦东新区战略对策研究	部门经济	施芝鸿	浦东新区管委会办公室
“两级政府、三级管理”新体制下上海财政改革与发展研究	部门经济	许谋赛	市财政局
社会主义市场经济与政府职能转变	政治学	李琪	上海行政学院
进入青年期的独生子女社会适应问题研究	社会学	苏颂兴	上海社会科学院
上海流动人口问题研究	社会学	罗祖德	华东师范大学
上海郊区城市化道路研究	社会学	王桂新、田保传	华东师范大学、上海大学
浦东农村城市化过程中的农民问题研究	社会学	李友梅、楼培敏	上海大学、上海社会科学院
国有企业集团资本经营的法律研究	法学	刘学灵	上海社会科学院
房地产融资法律比较研究	法学	龚柏华	复旦大学
经济发展与刑事犯罪	法学	易庆瑶	上海社联(市公安局)
市场经济条件下刑释人员重新犯罪与社会治安综合治理研究	法学	朱济民	市监狱管理局

(续表)

课题名称	课题类别	负责人	承担单位
东亚文化：国际关系新视野	国际问题	俞新天	上海社会科学院
亚太多边安全机制研究	国际问题	任晓	复旦大学
中国与俄罗斯及东欧中西亚国家经济改革比较研究	国际问题	杨烨	华东师范大学
私有化：俄罗斯经济的艰难选择	国际问题	汪宁	上海外国语大学
中国周边国际环境	国际问题	陈佩尧	上海国际问题研究所
近代上海的金融地位和旧中国政府	历史学・考古学	吴景平	复旦大学
伦敦：近代时期第一个国际性大都市的崛起	历史学・考古学	尤天然	华东师范大学
现代中国知识群体的心态研究	历史学・考古学	许纪霖	华东理工大学
卢卡奇文艺思想研究	文学・艺术	马驰	上海社会科学院
现代海派文学研究	文学・艺术	许道明	复旦大学
明代小说史	文学・艺术	陈大康	华东师范大学
宋季明季爱国诗文研究	文学・艺术	陈福康	上海外国语大学
国内所藏西洋传教士汉语言方言学著作研究	语言学	游汝杰	复旦大学
短语音系理论在汉语计算机语音合成中的应用	语言学	潘悟云	上海师范大学
上海大众传媒发展战略研究	新闻学	裘正义	复旦大学
上海出版业发展战略研究	新闻学	阮光页	华东师范大学
上海广告业发展与宏观管理	新闻学	张祖健	上海大学
上海教育对外开放的政策与发展研究	教育学	丁钢	华东师范大学
面向21世纪中小学教学模式的理论与实验研究	教育学	李西亭	上海师范大学
人才培养模式由应试教育向素质教育转变研究	教育学	胡瑞文	市教育科学研究院
上海都市民俗研究	综合学科与新兴、边缘、交叉学科	蔡丰明	上海社会科学院
上海文物建筑(遗址)保护与旅游资源开发之间的合作对策研究	综合学科与新兴、边缘、交叉学科	蔡达峰	复旦大学
上海第三产业高度化所面临的环境污染及控制途径研究	综合学科与新兴、边缘、交叉学科	杨凯	华东师范大学
上海周边地区特色旅游开发效应研究	综合学科与新兴、边缘、交叉学科	程俐骢	同济大学
现代工商社会的中间结构：行业协会(经济类)研究	综合学科与新兴、边缘、交叉学科	陈宪	上海社联(上海大学)

（续表）

课 题 名 称	课题类别	负 责 人	承 担 单 位
犯罪改造研究	综合学科与新兴、边缘、交叉学科	陈士涵	市犯罪改造研究所
上海经济增长和可持续发展的理论和实证研究	经济理论	谢识予	复旦大学
上海大都市可持续发展研究	经济理论	诸大建	同济大学
上海区县工业发展问题研究	经济理论	凌耀初	上海社会科学院
对外投资和引进外资对上海新支柱产业国际化发展的利弊影响	经济理论	张纪康	复旦大学
上海区、县旅游业宏观配置研究	经济理论	丁季华	华东师范大学
上海产业结构调整与劳动力结构调整的趋势以及相互关系研究	经济理论	袁志刚	复旦大学
企业理论与中国企业改革	部门经济	程恩富	上海财经大学
国有企业资产经营问题研究	部门经济	顾孟迪	上海交通大学
上海海外集团的组建及其主体架构研究	部门经济	李怀勇	上海大学
国有大中型企业经营者素质研究	部门经济	孙路一	市委组织部
采取多种形式，放开搞活国有小型企业研究	部门经济	孙海鸣	上海财经大学
“一国两制”条件下沪港经济合作与发展的新机遇、新思路	政治学	尤安山	上海社会科学院
邓小平建设有中国特色社会主义理论与上海改革开放	马列·科社	卢汉龙	上海社会科学院
上海地区新石器时期人与环境相互关系研究	考古学	王开发	同济大学
创一流师大，有一流师资是建一流城市的基础性工程	教育学	吴炳荣	上海师范大学
深化教育科技体制改革，加快上海人才科技优势向经济优势转化	教育学	徐长乐	华东师范大学
思想文化领域的“西化”现象与我们的思考及其对策	教育学	金冠军	上海大学
高等职业教育比较研究	教育学	马庆发	华东师范大学
一流教育与一流城市关系研究	教育学	茅鸿祥	上海教育科学研究院
社会主义初级阶段的道德体系建设	哲学	周东华	市委党校
社会主义义利观研究	哲学	钟月明	上海社会科学院
中国传统伦理道德与精神文明建设	哲学	杨国荣	华东师范大学
上海文化产业发展规律和政策导向研究	哲学	花建	上海社会科学院
90年代上海精神文明建设回顾与思考	哲学	谢锦莲	市委研究室

(续表)

课题名称	课题类别	负责人	承担单位
文明社区的目标：社区道德教化共同体	社会学	于海	复旦大学
社区参与和志愿者活动	社会学	徐中振	上海社联
信息时代与新世纪伦理建设	哲学	鲍科君	上海理工大学
社区精神文明建设的理论与实践	社会学	李冬青	市委宣传部
中国社会主义文化力发展研究	政治学	王锦萍	市委宣传部
西方道德与法研究	法学	郝铁川	华东政法学院
中国历代行政区划变迁史	历史学	周振鹤	复旦大学

1999年度上海市哲学社会科学规划课题

课题名称	课题类别	负责人	工作单位
特大型城市社区党建问题研究	年度课题	夏军	市委党校
"讲学习，讲政治，讲正气"教育与执政党党风建设	年度课题	孙路一	—
共产党员加强主观世界改造、增强理论素质研究	年度课题	奚洁人	市委党校
社会转型期加强企业思想政治工作研究	年度课题	何继良	—
政治体制改革研究	年度课题	胡伟	复旦大学
政府成本问题研究	年度课题	桑玉成	上海师范大学
建设社会主义法治城市研究——上海地方立法质量评估体系研究	年度课题	孙潮	—
依法行政的理论与实践研究	年度课题	齐卫平等	华东师范大学
世纪之交的亚太政治格局与我国东亚战略	年度课题	周建明	上海社会科学院
关于创新问题的理论研究	年度课题	赵修义、叶骏	华东师范大学
邓小平社会理论研究	年度课题	吴铎	上海社联
欧元启动对中国经济、上海经济的影响及对策	年度课题	伍贻康	上海社会科学院
战略·结构·体制——关于上海经济发展阶段和产业结构优化的理论思考和实证分析	年度课题	杨建文	上海社会科学院
面向21世纪的上海产业结构优化研究	年度课题	杨公朴	上海财经大学
上海劳动力市场发育中人力资本积累的研究	年度课题	黄维德	华东理工大学

（续表）

课 题 名 称	课题类别	负 责 人	工 作 单 位
上海外贸出口中的新情况及对策研究	年度课题	李邦君	上海对外贸易学院
上海中小企业融资研究	年度课题	干杏娣	上海社会科学院
上海中小企业融资研究	年度课题	郑韶、韩文	—
上海实现城郊型农业向都市型农业转变研究	年度课题	干经天	市农业科学院
上海都市型旅游发展研究	年度课题	王怡然	上海大学
深化国有企业改革研究	年度课题	丁栋虹	上海财经大学
深化国有企业改革与产业组织优化的实证研究	年度课题	张军	复旦大学
东部沿海地区市场经济发展比较研究	年度课题	俞忠英	复旦大学
二十一世纪初经济全球化发展趋势与上海的对策	年度课题	吴建伟	同济大学
欧盟的市场调控机制及其对我国的借鉴意义	年度课题	戴炳然	复旦大学
金融市场风险度量——VAR 技术及其应用	年度课题	戴国强	上海财经大学
创建文明城区的理论与实践	年度课题	陆炳炎	华东师范大学
现代城市社区创新建设：杨浦区个案研究	年度课题	姚俭建等	上海交通大学
社区服务产业化研究	年度课题	施德容等	华东师范大学
21 世纪上海新闻传播媒体发展战略研究	年度课题	黄冬元	上海社会科学院
深化上海教育体制改革研究	年度课题	杨德广	上海师范大学
深化上海教育体制改革研究	年度课题	陈国良	—
当代中国社会转型的哲学透视	年度课题	冷鹤鸣	市委党校
当代中国社会转型与社会科学研究	年度课题	范并思	华东师范大学
新时期宗教与社会主义相适应	年度课题	余源培	复旦大学
本世纪中国文学史研究	年度课题	骆玉明	复旦大学
全球化格局与我国对外文化政策	年度课题	瞿世镜	上海社会科学院
上海市社会科学成果评估指标体系研究	年度课题	鲍宗豪	—
源泉——党在社会主义建设新时期的重要历史经验	年度课题	程伟礼	上海社会科学院
小企业服务体系研究	年度课题	厉无畏	上海社会科学院
创新	年度课题	夏禹龙	上海社会科学院
深化改革的动力机制	年度课题	夏禹龙	上海社会科学院

（续表）

课 题 名 称	课题类别	负 责 人	工 作 单 位
北京、上海、广州、深圳文化产业可持续发展模式比较研究	年度课题	王文英	上海社会科学院
宗教伦理与社会主义初级阶段精神文明建设	年度课题	业露华	上海社会科学院
中国货币政策效果的定量评价	青年课题	徐龙炳	上海财经大学
农业增长中的市场结构与政策研究	青年课题	洪民荣	上海社会科学院
加入世贸组织对上海金融中心建设的机遇研究	青年课题	杨长江	复旦大学
国有企业改革的再思考——重塑二十一世纪的会计控制功能	青年课题	高建兵	复旦大学
中国教育产业化研究	青年课题	钟杏云	复旦大学
发展中国家钉住汇率的维持与调整	青年课题	聂丹	华东师范大学
住房抵押贷款市场培育：理论与实践	青年课题	陈钊	复旦大学
中国就业体制的转轨：议价理论及应用	青年课题	陆铭	复旦大学
论华莱士农业政策的中国经济思想基础	青年课题	李超民	上海财经大学
基础教育课程体系建设的研究	青年课题	卜玉华	华东师范大学
逻辑数学知识反省抽象的实验研究	青年课题	吴国宏	华东师范大学
现代化·全球化与苏联解体	青年课题	盛昊云	华东师范大学
近代上海土地制度研究	青年课题	马学强	上海社会科学院
市场经济条件下我国大众心理预期与消费需求的刺激	青年课题	石文典	华东师范大学
政府与社会：社区管理理论与实践综合研究——以上海为例	青年课题	张玉枝	华东师范大学
当代中国市民社会、市民文化的初步形成及文化策略	青年课题	仲红卫	复旦大学
大众传播的受众意识与受众研究	青年课题	臧海群	复旦大学
中国对外新闻传播史	青年课题	甘险峰	复旦大学
汉译佛典与唐宋汉语词汇研究	青年课题	夏广兴	上海师范大学
英语新词研究和英汉辞书编纂	青年课题	高永伟	复旦大学
汉语口语交谈过程的动态研究	青年课题	匡小荣	复旦大学
信息处理用现代汉语短语结构类型及其自动切分规则研究	青年课题	任海波	上海师范大学
现代性道德危机与普遍伦理之建立	青年课题	毛羽	复旦大学
社会整合与中国共产党的领导	青年课题	邵春霞	复旦大学
长江三角洲经济一体化研究	长三角课题	朱金海	上海社会科学院

(续表)

课 题 名 称	课题类别	负 责 人	工 作 单 位
长江三角洲地区率先实现现代化的模式选择和对策研究	长三角课题	陈志龙	复旦大学
长江三角洲地区基础设施建设与区域经济一体化	长三角课题	陈志龙	复旦大学
长江三角洲地区小城镇发展模式研究	长三角课题	汤建中	华东师范大学
长江三角洲都市圈的形成与发展研究	长三角课题	宁越敏	华东师范大学
区域发展及跨地区合作的国际经验模式比较研究	长三角课题	诸大建	同济大学
21 世纪长江三角洲经济中心与腹地互适机制的探索	长三角课题	李友梅	上海大学
长江三角洲生态环境保护与灾害减防对策研究	长三角课题	徐长乐	华东师范大学
长江三角洲区域经济一体化进程中的流动人口管理研究	长三角课题	田保传	—
世博后上海创意产业园区空间结构嬗变及优化研究	一般课题	褚劲风	上海工程技术大学
基于 PSR 模型的城市公共服务治理创新研究——以上海实证分析为例	一般课题	诸大建	同济大学

2000 年度上海市哲学社会科学规划课题

课 题 名 称	课题类别	负 责 人	工 作 单 位
社会科学成果评估方法和指标研究	年度课题	左学金	上海社会科学院
互联网的法律监管问题研究	年度课题	芦琦	上海电视大学
清末民初藏事资料研究	年度课题	卢秀璋	上海社会科学院
哲学大辞典	年度课题	李伟国	—
社会主义市场经济公平与效率研究	年度课题	卢汉龙	上海社会科学院
我国网上信息资源建设的政策、法规与管理	年度课题	沈国明	上海社会科学院
关于社会主义道德体系的研究	年度课题	崔宜明	华东师范大学
加快上海产业结构调整研究	年度课题	谢识予	复旦大学
调整上海国有企业经济布局和推进国有企业改组研究	年度课题	袁恩桢	上海社会科学院
社会稳定和预警系统研究	年度课题	鲍宗豪	华东理工大学
新形势下思想政治工作队伍建设问题研究	年度课题	陆耕丰	上海师范大学

（续表）

课题名称	课题类别	负责人	工作单位
新经济组织党的建设研究	年度课题	顾建键	市委党校
社会转型期加强企业思想政治工作研究	年度课题	何继良	—
社会转型与社区思想政治工作研究	年度课题	鲍炳中	上海师范大学
新形势下的社会主义精神文明建设	年度课题	赵修义	华东师范大学
推进浦东新一轮开发开放研究	年度课题	闻继宁	—
国际背景和两岸关系走势	年度课题	杨洁勉	上海国际问题研究所
本世纪初影响中国西部大开发的若干国际因素研究	年度课题	余建华	上海社会科学院
21世纪初中国与周边国家的关系	年度课题	杜幼康	上海国际问题研究所
发展上海教育产业研究	年度课题	袁振国	华东师范大学
“法轮功”等邪教组织产生的社会历史根源与对策研究	年度课题	胡训珉	—
21世纪初期的时代特征与中国的国际环境研究	年度课题	颜声毅	复旦大学
信息全球化趋势中“信息空间”的拓展、控制与利用研究	年度课题	吴惠族	上海图书馆(上海科技情报研究所)
互联网对信息传播和人的精神文明生活的影响	年度课题	戴元光	上海大学
经营管理者队伍及其激励和约束机制研究	年度课题	金润圭	华东师范大学
新形势下加强党的民族工作研究	年度课题	业露华	上海社会科学院
深化新世纪上海社区群体性科普活动的研究	年度课题	诸大建	同济大学
依法治市研究	年度课题	郝铁川	华东政法大学
面向21世纪的上海文化发展研究	年度课题	蒯大申	上海社会科学院
加入WTO与上海商业银行最适规模研究	年度课题	骆玉鼎	上海财经大学
WTO背景下的日、韩、新等国文化管理体制比较研究	年度课题	魏家雨	上海图书馆(上海科技情报研究所)
进入WTO后上海新闻出版业深化改革研究	年度课题	谢金文	上海社会科学院
加入WTO后上海文化管理体制与文化产业发展政策研究	年度课题	胡惠林	上海交通大学
建立和健全社会主义市场经济的法律制度研究	年度课题	丁邦开	上海财经大学
完善社会保障管理体系和管理制度的研究	年度课题	丛树海	上海财经大学

（续表）

课 题 名 称	课题类别	负 责 人	工 作 单 位
改善国有企业的资产结构和减轻企业社会负担研究	年度课题	王蔚松	上海财经大学
建立和完善现代企业制度研究	年度课题	谭黎阳	复旦大学
加快上海所有制结构调整研究	年度课题	朱永	复旦大学
经济全球化与上海经济发展研究	年度课题	张亿镭	复旦大学
社会转型期加强理想信念教育研究	年度课题	杨俊一	上海大学
“三讲”教育与新形势下加强党的思想建设研究	年度课题	刘宗洪	市委党校
新形势下加强社团党的建设和思想政治工作研究	年度课题	程林胜	市委党校
加入 WTO 与我国经济安全问题研究	年度课题	沈大勇	上海对外贸易学院
新形势下加强和改进党的思想政治工作研究	年度课题	林樟杰	上海师范大学
加强党内民主与反腐倡廉关系研究	年度课题	桑玉成	上海师范大学
国内外新形势下意识形态问题研究	年度课题	郑忆石	华东师范大学
经济全球化对当代世界经济与国际关系的影响	年度课题	冯绍雷	华东师范大学
加入 WTO 后广播和影视业深化改革研究	年度课题	金冠军	上海大学
加快推进国有企业技术进步和产业升级研究	年度课题	周振华	上海社会科学院
关于建立上海文化产业统计指标体系的研究	年度课题	傅爱明	市委研究室
面向 21 世纪的上海宣传思想工作	年度课题	韩卫东	—
深化教育改革　推进素质教育的研究	年度课题	王厥轩	—
西部大开发的战略意义及其对上海发展战略的影响	年度课题	杨建文	上海社会科学院
加入 WTO 对文化市场的影响及其管理规则研究	年度课题	于申	—
社区党建与社会发展研究	年度课题	林尚立	复旦大学
社区经济与社会就业研究	年度课题	陈宪	上海大学
社区文化建设与群众参与研究	年度课题	徐中振	上海社联
物业管理与社区建设的研究	年度课题	曹锦清	华东理工大学
社区保障与社会稳定研究	年度课题	葛寿昌等	上海财经大学
居委会组织与基层民主研究	年度课题	林尚立等	上海大学
社区安全与社区综合治理研究	年度课题	顾骏、王维	同济大学

(续表)

课题名称	课题类别	负责人	工作单位
网上新闻宣传的现状、问题和对策研究	年度课题	谢海光	上海交通大学
上海经济拓展发展空间实施“走出去”战略研究	年度课题	陈启豪	—
上海社团组织的现状发展趋势及对策研究	年度课题	谢玲丽	—
新时期宗教与社会主义相适应研究	年度课题	余源培	复旦大学
对外宣传工作研究	年度课题	陈赞周	—
新形势下加强上海社区建设系列研究	年度课题	徐中振	上海社联
加入WTO对上海文化发展的影响及对策系列研究	年度课题	张幼文	上海社会科学院
“十五”期间上海为经济科技文化发展建立保障体系的研究	年度课题	马远良等	上海图书馆(上海科技情报研究所)
金融全球化进程中的法律问题	青年课题	贺小勇	华东政法大学
中国的公共支出管理研究	青年课题	徐曙娜	上海财经大学
会计信息的价值相关性研究：来自中国证券市场的经验证据	青年课题	陈冬华	上海财经大学
中国上市公司财务危机预警系统研究	青年课题	姜秀华	上海财经大学
资本市场的货币政策效应研究	青年课题	陆蓉	上海财经大学
转型时期经济分配与经济增长的互动关系研究	青年课题	权衡	上海社会科学院
三资企业转让定价研究	青年课题	王顺林	复旦大学
技术创新与中国的高失业率——非均衡和经济史分析	青年课题	朱国林	复旦大学
权利与知识：有中国特色基础教育课程政策研究	青年课题	胡东芳	华东师范大学
新基础教育研究方法论——超越行动研究	青年课题	刘良华	华东师范大学
前瞻记忆的启动机制及应用研究	青年课题	赵晋全	华东师范大学
近代上海证券市场管理体制研究	青年课题	刘志英	复旦大学
明清江南地区的环境变动与社会控制研究	青年课题	冯贤亮	复旦大学
上海大都市区管治模式研究	青年课题	黄丽	华东师范大学
中国现代报纸“副刊”与中国现代文学	青年课题	张涛甫	复旦大学
审美文化视野中的“道”	青年课题	王哲平	复旦大学
知识沟：信息化时代的传播学思考	青年课题	丁未	复旦大学
病理语音声学数据分析	青年课题	张庆翔	上海师范大学

（续表）

课 题 名 称	课题类别	负 责 人	工 作 单 位
借代原理与言语交际	青年课题	蒋勇	复旦大学
传统街区保护与更新的建筑人类学研究	青年课题	张晓春	同济大学
唯物史观的历史维度——马克思主义历史哲学导论	青年课题	马拥军	复旦大学
在寻觅理想之根的途中——当代国外社会主义哲学理念分析	青年课题	陈华兴	复旦大学
变化中的政治控制——当代中国国家与社会关系论纲	青年课题	谢岳	复旦大学

2001 年度上海市哲学社会科学规划课题

课 题 名 称	课题类别	负 责 人	工 作 单 位
中国共产党执政实践研究	中长期课题	齐卫平	华东师范大学
中共中央在上海(1921—1932)	中长期课题	吴振兴	市委党史研究室
中国共产党与现代化研究	中长期课题	唐培吉	上海社联
中国共产党上海史(1949—1978)	中长期课题	冯小敏	市委党史研究室
上海城市建设领域的法律新问题研究	中长期课题	杨心明	同济大学
反垄断法领域内的国际合作	中长期课题	刘宁元	华东政法大学
出土文献与中国法学研究	中长期课题	张伯元	华东政法大学
浮动担保法律问题比较研究	中长期课题	徐冬根	华东政法大学
WTO 新一轮多边谈判的主题与我国应采取的主张	中长期课题	张幼文	上海社会科学院
新经济时代的国家发展战略	中长期课题	华民	复旦大学
中美国家利益比较研究	中长期课题	倪世雄	复旦大学
社会转型与国际关系的相关性研究——20 世纪 90 年代以来转型国家的一项研究	中长期课题	冯绍雷	华东师范大学
国际危机管理和中美关系	中长期课题	杨洁勉	上海国际问题研究所
北约和欧盟东扩及其影响	中长期课题	张祖谦	上海国际问题研究所
当代中东国家社会与文化研究	中长期课题	朱威烈	上海外国语大学
从“上海五国”到“上海合作组织”的演进看第三代领导集体对邓小平国际战略思想的发展	中长期课题	潘光	上海社会科学院
上海建立创新体系研究	中长期课题	沈荣方	同济大学

(续表)

课题名称	课题类别	负责人	工作单位
上海建立企业技术创新体系的经验基础与实施方案研究	中长期课题	石磊	复旦大学
规范我国市场秩序的制度研究	中长期课题	薛求知	复旦大学
环境、经济综合核算体系研究	中长期课题	王德发	上海财经大学
社会主义社会劳动与劳动价值论	中长期课题	程恩富	上海财经大学
上海中小企业与民营经济发展研究	中长期课题	蒋铁柱	上海社会科学院
中国加入WTO后上海和长江三角洲地区产业协同调整研究	中长期课题	沈玉芳	华东师范大学
马克思主义制度经济理论研究	中长期课题	顾钰民	同济大学
社会主义生产劳动与劳动价值新论——“新政治经济学”基本理论探索	中长期课题	陆德明	复旦大学
学校改革问题的诊断与对策	中长期课题	叶澜	华东师范大学
关于因材施教的理论及实践应用研究	中长期课题	夏正江	上海师范大学
聋童手语与唇读的认知途径和大脑机制的实验研究	中长期课题	方俊明	华东师范大学
我国基础教育课程政策与课程标准研究	中长期课题	钟启泉	华东师范大学
高等学校管理诊断与改革策略研究	中长期课题	戚业国	华东师范大学
多元智力理论与个性化教育	中长期课题	夏惠贤	上海师范大学
社会转型期青少年价值观研究	中长期课题	岑国桢	上海师范大学
西方教育管理研究前沿之研究	中长期课题	冯大鸣	华东师范大学
资本的历史极限与社会主义	中长期课题	邵腾	东华大学
论与法治相结合的德治	中长期课题	余玉花	华东师范大学
人的全面发展与高教改革的目标定位和政策措施	中长期课题	王宗光	上海交通大学
扩大公民有序的政治参与：一项关于21世纪初叶中国政治参与的社会分析与政治设计	中长期课题	秦德君	上海社联
中国收入分配格局的变化及其对社会发展的作用和影响	中长期课题	许沛	市财政局
当代国外马克思主义经济理论研究	中长期课题	朱钟棣	上海财经大学
东亚古代汉文文献与东亚世界研究	中长期课题	韩升	复旦大学
冷战与国际体系/体制的演变	中长期课题	陈兼	华东师范大学
明清以来徽州日记的整理与研究	中长期课题	王振忠	复旦大学
近代上海城市发展与城市综合竞争力研究	中长期课题	张忠民	上海社会科学院

（续表）

课题名称	课题类别	负责人	工作单位
上海城市发展研究——旧上海工商团体研究	中长期课题	冯绍霆	—
我国东西部差距形成的历史背景	中长期课题	葛剑雄	复旦大学
发展中国家现代化研究	中长期课题	沐涛	华东师范大学
近代上海金融通史	中长期课题	吴景平	复旦大学
上海城市社会生活史	中长期课题	熊月之	上海社会科学院
新世纪上海社区发展研究	中长期课题	刘君德	华东师范大学
当代宗教发展的运行机制及其社会控制	中长期课题	李向平	上海大学
团体心理训练的推广与应用研究	中长期课题	孙时进	复旦大学
中国近世文学思想史	中长期课题	陈广宏	复旦大学
分体中国文学学史	中长期课题	黄霖	复旦大学
庄子学史	中长期课题	方勇	华东师范大学
上海近代小说史	中长期课题	陈大康	华东师范大学
日本汉文学史	中长期课题	陈福康	上海外国语大学
中国电影理论批评史	中长期课题	周斌	复旦大学
吴越地区沿海岛屿与港口文化研究	中长期课题	姜彬、蔡丰明	上海社会科学院
清代后期上海地区的书局与晚清小说	中长期课题	潘建国	上海师范大学
近代日本作家与上海(1920—1936)	中长期课题	徐静波	复旦大学
越南汉诗史长编	中长期课题	王小盾	上海师范大学
20世纪社会主义思想与中国的文化——意识形态	中长期课题	许明	上海社会科学院
汉俄大词典	中长期课题	顾柏林	上海外国语大学
《英汉大词典》修订	中长期课题	陆谷孙、叶路	—
大中华汉英词典	中长期课题	陆谷孙	复旦大学
《说文》、《原本玉篇》和《万象名义》用字比较研究	中长期课题	臧克和	华东师范大学
现代吴语音系比较研究	中长期课题	许宝华	复旦大学
语境动态研究	中长期课题	朱永生	复旦大学
郭注本扬雄《方言》校证研究	中长期课题	华学诚	华东师范大学
网络学研究	中长期课题	鲍宗豪	华东理工大学
中国现代化进程的人文向度	中长期课题	陈卫平	华东师范大学
信息化与上海经济建设、社会发展：互动、前瞻及对策	中长期课题	王国荣	上海社会科学院

（续表）

课题名称	课题类别	负责人	工作单位
上海市创建终身教育体系和学习型城市的研究	中长期课题	叶忠海	华东师范大学
城市综合竞争力研究	中长期课题	周振华	上海社会科学院
上海建设现代化国际大都市的指标体系研究	中长期课题	吴世明	同济大学
德国战后经济腾飞之文化历程	中长期课题	王才勇	上海社会科学院
中国社会科学一百年	中长期课题	施岳群	上海社联
弱智儿童语义加工过程的研究	中长期课题	刘春玲	华东师范大学
城市信息安全评价指标体系研究	中长期课题	张益平	上海图书馆(上海科技情报研究所)
提高城市综合竞争力的城市环境管理的经济手段研究	中长期课题	赵旭	上海交通大学
马克思主义哲学和近现代西方哲学的比较研究	中长期课题	吴晓明	复旦大学
中国学术思潮史	中长期课题	周山	上海社会科学院
科技伦理：两种文化的冲突与交汇	中长期课题	沈铭贤	上海社会科学院
经济全球化背景下国际正义与经济公正问题的哲学研究	中长期课题	赵修义	华东师范大学
马克思主义经济哲学研究	中长期课题	余源培	复旦大学
西方诠释学与中国诠释思想的现代转化	中长期课题	潘德荣	华东师范大学
网络时代的政治学	中长期课题	蒋昌建	复旦大学
社会主义国家执政党建设的政治学研究	中长期课题	林尚立	复旦大学
当代西方政治学理论的最新发展——新制度主义政治学的制度理论与方法研究	中长期课题	孙关宏	复旦大学
社会结构转型与我国执政党建设的政治学研究	中长期课题	商红日	上海师范大学
共产党执政规律研究	年度课题	刘宗洪	市委党校
上海市地方立法中的制度创新研究	年度课题	张淑芳	华东师范大学
入世后上海建立国际金融中心的法律对策研究	年度课题	朱怀念	上海财经大学
邪教活动的法律控制	年度课题	刘宪权	华东政法大学
加入WTO与中国审判方式改革研究	年度课题	王立民	华东政法大学
中国行政法治与WTO规则的整合	年度课题	王士如	上海财经大学
入世与商事规范的整合	年度课题	顾肖荣	上海社会科学院
加入WTO后中国外资法体系的调整和完善	年度课题	陈治东	复旦大学

（续表）

课题名称	课题类别	负责人	工作单位
加入WTO我国政府采购制度研究	年度课题	郑云瑞	华东政法大学
加入WTO后的犯罪变化及对策研究	年度课题	易庆瑶等	—
中国国家安全战略	年度课题	周建明	上海社会科学院
超越威斯特伐利亚？——21世纪全球政治新范式	年度课题	俞正樑	复旦大学
国际新秩序与国际关系的机制创新	年度课题	刘杰	上海社会科学院
上海企业创建国际竞争优势问题研究	年度课题	谭影慧	华东师范大学
上海经济发展中的产业结构优化研究	年度课题	杨公朴	上海财经大学
中小企业集群化与上海高科技园区的发展	年度课题	史占中	上海交通大学
上海农业保险与农业可持续发展实证研究	年度课题	吴扬	上海社会科学院
上海社区商业的市场特征与发展模式研究	年度课题	晁钢令	上海财经大学
电子商务与上海商业发展模式及对策研究	年度课题	孙元欣	上海大学
上海建成国际金融中心的目标定位与实施策略研究	年度课题	潘英丽	华东师范大学
上海国际航运中心口岸物流业发展研究	年度课题	汪传旭	上海海事大学
经济过渡时期的反垄断政策研究	年度课题	史东辉	上海财经大学
上市公司行为的规范与监督：问题与对策	年度课题	陈信元	上海财经大学
中国民营企业“短寿”现象及其对策研究	年度课题	许晓明	复旦大学
中国加入WTO后人民币汇率走势分析	年度课题	陆前进	复旦大学
中国家族文化和华人企业治理模式	年度课题	刘正才	华东师范大学
农村公共产品供给与农民负担	年度课题	陶勇	上海财经大学
健全社会主义市场经济条件下财政监督机制的研究	年度课题	叶相治	市财政科学研究所
证券市场波动与风险控制研究	年度课题	金德环	上海财经大学
加入WTO后国有银行和国有企业同步改革	年度课题	潘正彦	上海社会科学院
完善上海医疗保险制度：老年医疗保障研究	年度课题	左学金	上海社会科学院
上海国际服务贸易发展研究	年度课题	陈宪	上海大学
发展中国家对外贸易的适度自由化问题研究	年度课题	冯金华	市委党校

(续表)

课 题 名 称	课题类别	负 责 人	工 作 单 位
中国对外贸易创新问题研究	年度课题	唐海燕	华东师范大学
沿海地区经济二元结构对沿海产业向中西部转移的影响	年度课题	孙海鸣	上海财经大学
长江经济带：新世纪中国的区域发展战略	年度课题	杨建文	上海社会科学院
改善企业融资、促进企业成长的金融环境理论	年度课题	孔爱国	复旦大学
论人民币汇率制度的选择空间——有中国特色的汇率制度探索	年度课题	丁剑平	上海财经大学
新世纪上海市环保产业发展研究	年度课题	严法善	复旦大学
资本市场不完全条件下的养老保险模式研究	年度课题	李洁明	复旦大学
金融税收的理论研究和实证分析	年度课题	张爱民	市财政局
上海城乡一体化建设进程	年度课题	范德官	—
在张江高科技园区建设上海市中医药创新核心体系的研究	年度课题	程勇	上海中医药大学
新世纪上海基础教育课程改革：创新及其社会学分析	年度课题	吴刚	华东师范大学
虚拟条件下学习有效性的研究	年度课题	唐玉宁	上海交通大学
政府、社会和学校在教育管理中的定位和功能研究	年度课题	熊庆年	复旦大学
轻度弱智儿童有限二项推理能力的成分分析比较研究	年度课题	钱文	华东师范大学
论网络影响下的高校德育革新	年度课题	杨德广	上海师范大学
“先进文化”重要思想的科学内涵——兼论“先进文化”思想对马克思主义和邓小平理论的	年度课题	花建	上海社会科学院
意识形态领导权当代“实现形式”的创新	年度课题	杨俊一	上海大学
上海农村现代化进程中的精神文明创新问题研究	年度课题	陈振民	—
走向全球的上海——从城市开发到城市经营的策略构想	年度课题	黄丽	华东师范大学
江泽民重要论述学习与研究	年度课题	王荣华	—
日本历史教科书事件的真相	年度课题	苏智良	上海师范大学
变动中的农村社会稳定研究——20 世纪江浙沪农村社会问题调查	年度课题	李学昌	华东师范大学
当代国外马克思主义史学研究	年度课题	张广智	复旦大学

（续表）

课 题 名 称	课题类别	负 责 人	工 作 单 位
钱穆与中国现代史学	年度课题	陈勇	上海大学
上海市郊区社区股份合作制推进中的社会问题研究	年度课题	张江华	上海大学
上海的人口移动及人口政策研究	年度课题	王桂新	复旦大学
上海城市贫困人口医疗救助政策研究	年度课题	梁鸿	复旦大学
上海郊区城市化进程中的人口再分布和社会重构研究	年度课题	朱宝树	华东师范大学
上海的人口流动及人口政策研究	年度课题	张鹤年	上海社会科学院
基于五普数据的中国城市化发展水平的地区差异研究	年度课题	张善余	华东师范大学
社会学视野下的禁毒研究	年度课题	夏国美	上海社会科学院
单亲家庭的福利及其社会政策	年度课题	徐安琪	上海社会科学院
上海社会老龄化高峰期前的经济储备和社会储备研究	年度课题	孙克勤	上海社会科学院
档案馆信息化与社会发展研究	年度课题	董永昌	—
二十世纪五十年代至七十年代中国文学的多层次性研究	年度课题	刘志荣	复旦大学
纸前时代的书籍与文学	年度课题	查屏球	复旦大学
北宋文人群体与文学发展研究	年度课题	王水照	复旦大学
齐梁宫体诗研究	年度课题	曹旭	上海师范大学
二十世纪五、六十年代中国地方戏曲文学研究	年度课题	张炼红	上海社会科学院
越剧艺术论	年度课题	高义龙	上海艺术研究所
中日比较：传媒集团发展研究——读卖、朝日、每日三大报业集团发展的经验及启示	年度课题	尹良富	上海社会科学院
信息化与乡村社会的发展——网络传播下的中国青浦农村家庭	年度课题	李双龙	复旦大学
我国英文媒体效果调查及对外传播战略研究	年度课题	郭可	上海外国语大学
东汉简牍文字语料库	年度课题	徐莉莉	华东师范大学
认知语义学	年度课题	束定芳	上海外国语大学
佛经音义概论(内含佛经音义所引《说文解字》和《原本玉篇》的比较研究)	年度课题	徐时仪	上海师范大学
关于我国社会科学研究中的“学术失范”现象的多维度透析及其对策	年度课题	金武刚	华东师范大学

(续表)

课题名称	课题类别	负责人	工作单位
全球化进程中的中国特色社会主义文化研究——文化体制与对外文化经贸政策规章历史转型	年度课题	郑涵	上海大学
发达国家医疗保障改革经验及"入世"背景下上海医改对策研究	年度课题	丁纯	复旦大学
上海市行业博物馆发展对策研究	年度课题	陆建松	复旦大学
上海动画产业在目前我国动画产业发展中的地位及其面临的挑战	年度课题	郭虹	复旦大学
中国传统文化与邪教之关系研究	年度课题	苏萍	上海社会科学院
当代法国戏剧艺术管理研究	年度课题	宫宝荣	上海戏剧学院
欧美等国生物安全管理战略的研究	年度课题	吴凤霞	上海图书馆(上海科技情报研究所)
民俗视野:中日文化的融合与冲突	年度课题	陈勤建	华东师范大学
加入WTO背景下中国企业跨文化经营管理有效性研究	年度课题	范徵	上海外国语大学
国外文化事业和文化产业动态跟踪和分析比较	年度课题	马远良	上海图书馆(上海科技情报研究所)
默会知识论及其伦理的、法律的意蕴	年度课题	郁振华	华东师范大学
价值、历史与人心——舍勒的情感现象学和当代人心性之转型	年度课题	张志平	上海师范大学
邪教的根源及防止对策研究	年度课题	钟国发	上海社会科学院
阳明后学研究	年度课题	吴震	复旦大学
在社会主义批判中演进的资本主义文明	年度课题	孙力	南京政治学院上海分院
新时期党、国家与社会关系研究	年度课题	陈明明	复旦大学
发展党内民主与积极推动人民民主发展研究	年度课题	胡伟	上海交通大学
上海统战对象的新变化、新特点与统战工作新思路的研究	年度课题	吴汉民	上海社联
21世纪初上海青年生存与发展状况研究	年度课题	马春雷	共青团上海市委员会
上海公共行政发展战略研究	年度课题	李琪	市委党校
中外恐怖犯罪法律制度比较	青年课题	杨正鸣	华东政法大学
21世纪的东亚区域经济合作	青年课题	陈霜华	上海财经大学
中国税收负担的转嫁与归宿问题研究	青年课题	于洪	上海财经大学
要素流动对区域经济发展的影响分析	青年课题	刘乃全	上海财经大学
中国国有制思想研究	青年课题	严国海	上海财经大学

（续表）

课 题 名 称	课题类别	负 责 人	工 作 单 位
新时期我国城市化的地区经济增长效应、阻力与机制研究	青年课题	胡彬	上海财经大学
跨国公司全球化战略与世界经济不均衡发展	青年课题	李安方	上海社会科学院
中国养老保险制度改革及其宏观经济效应	青年课题	宋铮	复旦大学
关怀生命——当代中国学校教育价值的新取向	青年课题	李家成	华东师范大学
感官残障运动员内隐记忆与外显记忆的比较研究	青年课题	谢国栋	华东师范大学
新时期党、国家和社会三者关系研究	青年课题	刘靖北	华东师范大学
近代中国社会变动中的知识分子——以“社会流动”为中心的考察	青年课题	孙青	复旦大学
德国西占区“非纳粹化”与民主化改进研究	青年课题	张沛	华东师范大学
转型期上海城市居住形态变迁的社区透视	青年课题	胡伟	华东师范大学
晚清小说与中国近代海关的变迁	青年课题	杨国明	上海师范大学
英国大众传媒理论研究	青年课题	杨击	复旦大学
《印度之行》叙述解读	青年课题	索宇环	上海交通大学
西周金文语序研究	青年课题	潘玉坤	华东师范大学
现代汉语数量词语研究	青年课题	曹秀玲	复旦大学
制度变迁与行政发展——公共行政之制度理论的比较研究	青年课题	江美塘	复旦大学

2002 年度上海市哲学社会科学规划课题

课 题 名 称	课题类别	负 责 人	工 作 单 位
党的最低纲领与最高纲领统一论	中长期课题	周敬青	市委党校
建设社会主义法治国家和民主政治发展研究	中长期课题	何勤华	华东政法大学
市场主体信用制度的法学思考	中长期课题	方乐华	华东政法大学
国际资本流动新趋势与上海提高外资利用效率问题研究	中长期课题	田素华	复旦大学
WTO《农业协议》与我国建立农产品“常平仓”体制研究	中长期课题	李超民	上海财经大学

(续表)

课题名称	课题类别	负责人	工作单位
关于上海国际金融中心的再思考——兼论全面开放条件下的战略对策	中长期课题	杨建文	上海社会科学院
现代科技创新劳动与价值创造的结构性变迁	中长期课题	蒋伟翔	南京政治学院上海分院
国际直接投资与国有经济战略调整	中长期课题	杨大楷	上海财经大学
大都市发展中的交易成本理论研究	中长期课题	黄建富	上海社会科学院
信息技术在早期教育中的作用	中长期课题	郭力平	华东师范大学
大学生法律素质教育研究的理论与实践	中长期课题	陈大文	上海理工大学
上海基础教育现代化、均衡化战略研究	中长期课题	朱怡华	—
"三个代表"重要思想对社会主义的反思和展望	中长期课题	朱坚劲	上海社会科学院
面对加入WTO后中国媒体发展研究——党报改革实务与理论研究	中长期课题	黄芝晓	复旦大学
上海话—普通话中介音语料库	中长期课题	叶军	华东师范大学
九十年代上海地区文化状况分析	中长期课题	王晓明	上海大学
"三个代表"重要思想的哲学基础	中长期课题	胡振平	上海社会科学院
中国共产党基层组织建设史	一般课题	张明楚	市委党校
充分利用WTO争端解决机制,妥善解决外贸冲突	一般课题	邹根宝	复旦大学
基因经济与法制创新(自选)	一般课题	邱格屏	华东政法大学
正确处理社会转型期人民内部矛盾的理论与实践	一般课题	严励	上海大学
单位犯罪研究(自选)	一般课题	林荫茂	上海社会科学院
21世纪初(前15年)的大国均势与我国外交战略研究	一般课题	王义桅	复旦大学
21世纪期初印度外交走向及中印关系(自选)	一般课题	吴永年	上海国际问题研究所
新世纪影响中日关系稳定的基本问题及对策研究	一般课题	吴寄南	上海国际问题研究所
中国WTO四成员方一体化关系研究(自选)	一般课题	周忠菲	上海国际问题研究所
欧盟对华反倾销案例研究(1993—2002)	一般课题	戴启秀	上海外国语大学
女性主义国际政治理论评析	一般课题	胡传荣	上海外国语大学
长江三角洲区域生产要素的流动与上海经济增长	一般课题	程竹汝	复旦大学
长江三角洲区域生产要素的流动与上海经济增长	一般课题	程竹汝	复旦大学

（续表）

课 题 名 称	课题类别	负 责 人	工 作 单 位
上海财源结构实证研究（自选）	一般课题	胡怡建	上海财经大学
采用标准化，保护入世后我国农业并提升农产品竞争力的研究	一般课题	任坤秀	上海财经大学
企业成本战略与可持续发展相关性实证研究	一般课题	张鸣	上海财经大学
研发项目评价的实物期权应用研究	一般课题	王蔚松	上海财经大学
我国信用管理体系研究（自选）	一般课题	赵晓菊	上海财经大学
上海商业街区形象实证调查与评价研究	一般课题	唐幼纯	上海工程技术大学
上海公用事业若干产品定价研究	一般课题	夏大慰	上海国家会计学院
上海组建排污权交易市场的模式与政策研究（自选）	一般课题	李寿德	上海交通大学
非赢利组织企业化运作的理论探索（自选）	一般课题	陆道生	上海社会科学院
中国养老保险体制改革与宏观经济运行	一般课题	袁志刚	复旦大学
上海中等收入群体的经济状况研究（自选）	一般课题	黄维德	华东理工大学
金融一体化进程中国际保险产品创新趋势及其对策的研究	一般课题	曹雪琴	华东师范大学
WTO 环境下我国农民、农村与农业发展模式研究（自选）	一般课题	伍山林	上海财经大学
政府职能转变的约束条件与行业协会、中介组织发展（自选）	一般课题	杨宇立	上海社会科学院
加入 WTO 后的人民币币值问题研究	一般课题	周炼石	市委党校
四至六岁儿童对书面数符号的表正和理解发展的跟踪研究（自选）	一般课题	周欣	华东师范大学
职业教育转型的行动研究	一般课题	刘德恩	华东师范大学
青少年创伤后应激障碍（PTSD）及其心理干预研究	一般课题	周家骥	上海师范大学
新任教师专业社会化研究（自选）	一般课题	钱朴	上海师范大学
提高高等教育对经济发展贡献率对策的研究	一般课题	刘海波	—
哈贝马斯和马克思交往理论的比较研究（自选）	一般课题	郑召利	复旦大学
当代中国青年（大学生）接受马克思主义教育的特点及实效性研究	一般课题	范明英	华东理工大学
在城区范围内构建现代诚信的操作研究（自选）	一般课题	李关德	—

(续表)

课题名称	课题类别	负责人	工作单位
上海近代外侨研究——近代上海的日侨与近代上海的日本佛教研究	一般课题	忻平	华东师范大学
民初制宪历程与制度选择(1912—1923年)(自选)	一般课题	朱学勤	上海大学
《苏州河史》(1843—2000)(自选)	一般课题	郑祖安	上海社会科学院
上博楚竹书《缁衣》与郭店的简本及传本的比较研究	一般课题	虞万里	上海社会科学院
全球化环境中当代西方民族和民族主义理论流变研究(自选)	一般课题	叶江	上海交通大学
流动人口公共教育及其权利保障问题研究	一般课题	陈映芳	华东师范大学
非赢利部门与政府关系之研究	一般课题	郑乐平	上海社会科学院
上海移民社会文化冲突与融合研究	一般课题	张结海	上海社会科学院
上海弱势群体的引导、救助和管理研究	一般课题	田春华	市财政局
新形势下国有企业劳动关系研究(自选)	一般课题	郭庆松	市委党校
萨都剌集编年笺注(自选)	一般课题	杨光辉	复旦大学
前后七子与明代中期文学思潮(自选)	一般课题	郑利华	复旦大学
文学史理论创新和当代文学	一般课题	陈思和	复旦大学
中国式艺术否定学研究(自选)	一般课题	吴炫	华东师范大学
上海电影业态问题研究(自选)	一般课题	石川	上海大学
“文学上海”与城市文化身份建构(自选)	一般课题	陈惠芬	上海社会科学院
上海美术史(自选)	一般课题	周锡山	上海艺术研究所
上海百年戏剧文学史(自选)	一般课题	朱恒夫	同济大学
当代西方马克思主义媒介理论梳理与研究	一般课题	吕新雨	复旦大学
现代西方媒介技术理论述评	一般课题	殷晓蓉	复旦大学
语言信息处理的规律研究	一般课题	熊学亮	复旦大学
中西方译学比较研究(自选)	一般课题	张春柏	华东师范大学
趋向动词的产生、分化、发展及其语法化过程研究	一般课题	陈昌来	上海师范大学
网络时代的城市政府治理——上海政务信息化研究	一般课题	顾丽梅	复旦大学
上海城市减灾中心的构建及对策研究	一般课题	徐长乐	华东师范大学
上海城市泔脚垃圾减量化以及回收处置的市场化机制研究	一般课题	杨凯	华东师范大学

（续表）

课 题 名 称	课题类别	负 责 人	工 作 单 位
国际海运行业协会在上海国际航运中心建设中作用问题的研究(自选)	一般课题	王学锋	上海海事大学
邪教的社会防治机制研究(自选)	一般课题	周国雄	—
上海海港新城文化发展战略研究	一般课题	俞克明	市委研究室
因明大疏研究(自选)	一般课题	郑伟宏	复旦大学
基督教哲学范畴史：一种大历史文化考察	一般课题	张庆熊	复旦大学
苏东剧变后西方马克思主义研究者对马克思的人的全面发展学说的新探讨(自选)	一般课题	陈学明	复旦大学
网络社会交往模式研究	一般课题	安维复	上海大学
中国近代进化论研究(自选)	一般课题	陈卫平	上海师范大学
改革开放时期上海政治现代化研究	一般课题	郭定平	复旦大学
执政党与政治整和(自选)	一般课题	王邦佐	上海社联
加入WTO与我国特大城市政府管理模式创新研究	一般课题	陈奇星	市委党校
循环型社会法制变革	青年课题	郑少华	华东政法大学
上海培育与建设信息经济时代下的东方管理网络模式的试点研究	青年课题	王永珍	复旦大学
轨制变迁下的股市投资行为研究——一般理论及其对中国股市的实证分析	青年课题	卢华	复旦大学
论我国个人所得税课税模式的选择	青年课题	温海滢	上海财经大学
入世后提高中国产业竞争力路径依赖之析——从中国主导产业的现实变迁角度探讨	青年课题	赵洪斌	上海财经大学
会计准则制定的博弈模型研究	青年课题	王建新	上海财经大学
开放金融服务市场建设有特色的上海国际金融中心	青年课题	王鸿	上海社会科学院
社会资本、合作与技术创新——新经济下技术创新激励因素分析	青年课题	李志青	复旦大学
中国农村土地流转机制研究：基于对中国土地所有权思想的历史考察和分析	青年课题	王昉	上海财经大学
国际教育科学学科发展的历程与反思	青年课题	杜晓利	华东师范大学
上海市幼儿园英语“浸入式”教学实验研究	青年课题	赵微	华东师范大学
明清江南市镇的近代转型——以嘉定县为中心	青年课题	周桂发	复旦大学

（续表）

课题名称	课题类别	负责人	工作单位
清末民初上海学者群体与近代中国学术转型研究——以沈曾植为中心(沈曾植年谱长编)	青年课题	许全胜	华东师范大学
一体化社区管理体系研究	青年课题	顾骏	上海大学
都市化时期中法文学中的上海与巴黎形象比较研究	青年课题	陈晓兰	复旦大学
长篇叙事吴歌文本与语境综合研究	青年课题	郑土有	华东师范大学
古代小说与城市	青年课题	葛永海	上海师范大学
美国成长小说模式及其文化表达研究	青年课题	孙胜忠	上海外国语大学
中国现代音乐的结构力思维及其文化属性研究	青年课题	王瑞	上海音乐学院
《春秋左传》介词研究	青年课题	王鸿滨	复旦大学
《考工记》名物考证	青年课题	汪少华	华东师范大学
玄应音义的版本与语言研究	青年课题	徐时仪	上海师范大学
守护夜空的星座：一段美学问题史——从阿多诺的视野看	青年课题	孙斌	复旦大学
上海城市建设与管理体制现代化研究	青年课题	张方	华东师范大学

2003年度上海市哲学社会科学规划课题

课题名称	课题类别	负责人	工作单位
上海职工队伍群体分化的研究	一般课题	汪兰洁	市总工会
TRIPS协议：理论与实践	一般课题	张乃根	复旦大学
刑事司法权力的配置与运行研究	一般课题	谢佑平	复旦大学
海洋法的最新发展与上海产业调整的机遇	一般课题	周洪钧	上海国际问题研究所
刑事非羁押措施比较研究：人权公约、欧美诸国与我国刑事司法的视角	一般课题	周伟	上海交通大学
充分发挥财产刑在惩治和预防犯罪中的作用——财产刑在上海市适用情况实证研究	一般课题	张绍谦	上海交通大学
自然人破产法律问题研究	一般课题	韩长印	上海交通大学
上海市温室气体排放控制政策与法律对策研究	一般课题	王曦	上海交通大学
宗教与美国外交政策	一般课题	徐以骅	复旦大学

（续表）

课题名称	课题类别	负责人	工作单位
新型国际犯罪及其对策研究	一般课题	张筱薇	华东政法大学
资本项目开放条件下的汇率稳定与金融危机防范机制	一般课题	徐明棋	上海社会科学院
关于日本政府对三大领土争端处理的比较研究	一般课题	王少普	上海社会科学院
“接触”外交：尼克松政府改善对华关系的运作	一般课题	张曙光	上海外国语大学
中国与欧美审计市场管理机制比较研究	一般课题	周红	复旦大学
产业集群演进中的技术创新理论与实证研究	一般课题	司春林	复旦大学
上海国有企业管理层收购问题研究	一般课题	何光辉	复旦大学
人民币实际汇率与我国对外竞争力研究	一般课题	许少强	复旦大学
城市现代化过程中的轨道交通发展研究——以上海为例	一般课题	李志青	复旦大学
区域金融成长、区域竞争力与上海金融制度创新	一般课题	殷德生	华东师范大学
上海郊区集体土地价格形成机制和地产多重效用下土地流转过程中利益分配理论与实证研究	一般课题	王克强	上海财经大学
上海旅游业对本市国民经济贡献分析方法及统计指标体系研究	一般课题	何建民	上海财经大学
上海市城乡一体化进程中土地规模经营实现途径研究	一般课题	方芳	上海财经大学
上海金融资本整合与扩张的路径选择及方案研究	一般课题	应望江	上海财经大学
城市居民消费结构发展趋势与扩大内需的对策研究	一般课题	陈启杰	上海财经大学
发展网络银行提升我国商业银行竞争力的策略研究	一般课题	吴以雯	上海财经大学
企业内部诚信管理机制研究	一般课题	周祖城	上海交通大学
社会资本核算理论及其应用研究	一般课题	朱启贵	上海交通大学
上海市就业、失业与收入分配的实证研究	一般课题	陆铭	复旦大学
语言与经济学的制度分析	一般课题	李维森	复旦大学
中国与贸易有关的投资措施改革研究	一般课题	唐海燕	上海立信会计学院
中国的城市化路径与农地制度变迁研究	一般课题	赵晓雷	上海财经大学
世界制造中心的转移与上海生产者服务业的发展	一般课题	程大中	上海大学

(续表)

课题名称	课题类别	负责人	工作单位
股权多元化结构中股东制衡与公司治理的研究	一般课题	胡守忠	上海工程技术大学
开放式基金流动性风险管理问题研究	一般课题	刘海龙	上海交通大学
经济学信息范式的进一步研究	一般课题	管毅平	上海交通大学
区域经济协调发展政策的可计算一般均衡(CGE)模型分析	一般课题	孙林	上海社会科学院
建立我国教师资格认证制度的研究	一般课题	谢安邦	华东师范大学
上海率先基本实现现代化进程中基础教育均衡发展政策研究	一般课题	黄忠敬	华东师范大学
建构终身教育体系,推进上海学习型城市建设研究	一般课题	金一鸣	华东师范大学
智力障碍儿童诊断量表的编制	一般课题	金瑜	华东师范大学
网络成瘾者的戒瘾研究	一般课题	梁宁建	华东师范大学
大学生因特网成瘾障碍研究	一般课题	顾海根	上海师范大学
高等职业教育的国际比较研究——探讨上海高等职业教育的市场化模式	一般课题	胡国勇	上海师范大学
社会政治百年变革与先进文化前进方向	一般课题	郭太风	东华大学
社会主义市场经济下农业保护问题研究	一般课题	姜国祥	华东师范大学
人民利益的代表与政治文明	一般课题	夏军	上海科学社会主义学会
长江下游文明起源期的人地关系研究	一般课题	高蒙河	复旦大学
耶路撒冷城市变迁研究	一般课题	沐涛	华东师范大学
上海公共卫生(1927—1937):空间、权力与文化交融	一般课题	何小莲	同济大学
关系强度与求职行为:对上海市失业群体的实证研究	一般课题	桂勇	复旦大学
大都市社会救助制度框架的设计原理及其在上海市的应用	一般课题	黄晨熹	华东师范大学
1949年以来社会转型过程中地方精英的身份获得与社会认同研究	一般课题	董国礼	上海大学
特大型城市流动人口问题治理与政策的研究	一般课题	张鹤年	上海社会科学院
社会结构及阶层的变化与消费的象征意义	一般课题	陆晓文	上海社会科学院
中国近现代教科书研究	一般课题	王有朋	—
图书馆行业职业资格证书制度研究	一般课题	王世伟	上海图书馆(上海科技情报研究所)

（续表）

课 题 名 称	课题类别	负 责 人	工 作 单 位
中国文化传播与影响朝鲜半岛的历史与现状	一般课题	邵毅平	复旦大学
上海文化传统与城市精神	一般课题	许纪霖	华东师范大学
20 世纪中国文学与民间文化形态	一般课题	王光东	上海大学
中国悲剧美学史	一般课题	谢柏梁	上海交通大学
唐代节日民俗与节日文学的综合性研究	一般课题	朱红	上海社会科学院
唐诗学史稿	一般课题	陈伯海	上海社会科学院
中日韩戏剧文化因缘研究	一般课题	翁敏华	上海师范大学
城市音乐文化论：上海音乐城市化研究	一般课题	洛秦	上海音乐学院
东亚诸国对中国音乐文化的接纳及其历史演化	一般课题	赵维平	上海音乐学院
2010 年世博会上海对外形象传播战略研究	一般课题	孟建	复旦大学
都市文明的建构与传播——上海都市报的文化功能与效果	一般课题	孙玮	复旦大学
对外传播中的国家形象——中国英语媒体国际影响力和发展策略研究	一般课题	郭可	上海外国语大学
《三国志》和裴注词汇研究	一般课题	苏杰	复旦大学
汉语否定范畴研究	一般课题	戴耀晶	复旦大学
中华民族古文字资料库与电子辞典	一般课题	王元鹿	华东师范大学
与汉语名词动词相关的形式短语研究	一般课题	齐沪扬	上海师范大学
当代上海城市发展研究	一般课题	马学新	—
世博会与上海市历史文化遗产的保护和利用	一般课题	朱顺龙	复旦大学
新型个人媒介对上海青年社会化的影响	一般课题	杨鹏	复旦大学
上海高校哲学社会科学研究现状与前瞻	一般课题	许红珍	华东师范大学
贫富差距因素对上海市基础教育中外语教育的影响研究	一般课题	邹为诚	华东师范大学
误读与日本	一般课题	高宁	华东师范大学
我国高校决策机制创新——党的执政方式在基层组织中的创新研究	一般课题	吕贵	上海理工大学
社会变迁与上海流失生问题治理	一般课题	董小苹	上海社会科学院
现代化语境中竞技武术发展的文化研究	一般课题	邱丕相	上海体育学院
论先进音乐文化的发展脉络和趋势	一般课题	徐孟东	上海音乐学院
现代性问题与犹太哲学的回应	一般课题	孙向晨	复旦大学

(续表)

课题名称	课题类别	负责人	工作单位
西方价值学研究	一般课题	冯平	复旦大学
马克思经济哲学思想及其当代意义	一般课题	张雄	上海财经大学
中国哲学的发生与范型研究——从史前到春秋时期的观念与思想发展	一般课题	吾敬东	上海师范大学
中国古代哲学的语言学研究	一般课题	马德邻	上海师范大学
世界级城市精神建设比较研究	一般课题	奚洁人	市委党校
行政体制改革的内动力机制研究	一般课题	吴志华	华东师范大学
上海市居民自治史研究	一般课题	高民政	南京政治学院上海分院
城市公共安全：理论与实践	一般课题	施凯	—
外商风险投资法律制度构建论	青年课题	赵运刚	华东政法大学
中国对美公共外交的战略与策略研究	青年课题	赵可金	复旦大学
中国商业银行治理机制问题博弈分析	青年课题	张文	上海财经大学
中国企业债券问题研究	青年课题	杨晔	上海财经大学
上海市房地产市场预测及预警系统研究	青年课题	杨佃辉	上海交通大学
金融契约、治理结构与产业整合	青年课题	朱瑞博	上海社会科学院
行业协会的制度逻辑——一个理论框架及其对中国转轨经济的应用研究	青年课题	孙丽军	复旦大学
民间投资与中国经济可持续增长	青年课题	刘庆生	上海财经大学
长江三角洲私营企业劳动关系和员工权益保障研究	青年课题	王祖强	上海社会科学院
上海市四所工读学校与普通学校学生攻击性行为的社会认知特点的比较研究	青年课题	李闻戈	华东师范大学
近代以来西北地区生态环境与社会经济变迁	青年课题	郑磊	复旦大学
《诸儒鸣道集》：文本及意义的研究	青年课题	符云辉	复旦大学
文化史的转型：当代西方新文化史研究	青年课题	周兵	复旦大学
上海大都市圈人口发展战略研究	青年课题	吴瑞君	华东师范大学
吴江沈氏文学世家研究	青年课题	郝丽霞	华东师范大学
失落的苍穹——董说与明清之际遗民文化心态研究	青年课题	赵红娟	上海师范大学
灾难新闻传播研究	青年课题	田中初	复旦大学
纳西东巴文假借字研究	青年课题	甘露	华东师范大学
客赣方言历史层次研究	青年课题	刘泽民	上海师范大学
对比和翻译：英汉国俗语义词认知语用研究	青年课题	杨元刚	华东师范大学

（续表）

课 题 名 称	课题类别	负 责 人	工 作 单 位
论拱型结构——音乐作品结构与审美心理平衡	青年课题	李小诺	上海音乐学院
政治哲学的重建——汉娜·阿伦特政治学研究	青年课题	王寅丽	复旦大学
变革时期的秩序重建——荀子礼学研究	青年课题	乔安水	华东师范大学
城市治理中风险管制体制比较研究——上海与伦敦风险管制体制比较	青年课题	李瑞昌	复旦大学
全面建设小康社会的理论研究（小康系列）	系列课题	高国希	复旦大学
提高党对社会整合能力研究（小康系列）	系列课题	刘建军	复旦大学
党的十六大历史地位和战略部署研究总报告（十六大系列）	系列课题	秦绍德	复旦大学
“三个代表”重要思想的时代特征和创新意义（十六大系列）	系列课题	秦绍德	复旦大学
中国的新型工业化道路（十六大系列）	系列课题	袁志刚	复旦大学
“三个代表”重要思想与哲学社会科学理论创新研究总报告（三个代表系列一）	系列课题	王生洪	复旦大学
新兴、边缘、交叉学科和综合学科的方法论研究（三个代表系列一）	系列课题	王生洪	复旦大学
新闻传播学学科理论创新研究（三个代表系列一）	系列课题	李良荣	复旦大学
政治学学科理论创新研究（三个代表系列一）	系列课题	林尚立	复旦大学
法学学科理论创新研究（三个代表系列一）	系列课题	董茂云	复旦大学
哲学学科理论创新研究（三个代表系列一）	系列课题	吴晓明	复旦大学
历史学学科理论创新研究（三个代表系列一）	系列课题	吴景平	复旦大学
国际问题研究学科理论创新研究（三个代表系列一）	系列课题	倪世雄	复旦大学
文学学科理论创新研究（三个代表系列一）	系列课题	游汝杰	复旦大学
经济学学科理论创新研究（三个代表系列一）	系列课题	陆德明	复旦大学
社会学学科理论创新研究（三个代表系列一）	系列课题	谢遐龄	复旦大学
全面建设小康社会的指标体系研究（小康系列）	系列课题	高汝熹	复旦大学

(续表)

课题名称	课题类别	负责人	工作单位
要素参与分配与扩大中等收入阶层的比重研究(小康系列)	系列课题	孔爱国	复旦大学
小康社会公民有序政治参与研究(小康系列)	系列课题	赵渭荣	复旦大学
第三步战略目标与中国经济实现跨越式发展研究(小康系列)	系列课题	俞忠英	复旦大学
国有资产管理体制研究(十六大系列)	系列课题	张晖明	复旦大学
小康社会文化发展战略研究(小康研究)	系列课题	姜义华	复旦大学
全面建设小康社会研究总报告(小康系列)	系列课题	姜义华	复旦大学
长江三角洲地区大都市圈和城市群发展战略研究(长三系列)	系列课题	王桂新	复旦大学
中国特色社会主义政治文明研究(十六大系列)	系列课题	桑玉成	复旦大学
党的十六大与世界社会主义运动(十六大系列)	系列课题	肖巍	复旦大学
党的十六大与中国特色社会主义现代化(十六大系列)	系列课题	杜艳华	复旦大学
多元利益群体的表达机制研究(小康研究)	系列课题	胡守钧	复旦大学
长江三角洲区域一体化发展研究(长三系列二)	系列课题	朱荣林	华东师范大学
长江三角洲地区联动发展新思路研究(长三系列二)	系列课题	沈玉芳	华东师范大学
长江三角洲区域发展协调发展机制创新研究(长三系列二)	系列课题	刘君德	华东师范大学
长江三角洲地区提升综合竞争力研究(长三系列二)	系列课题	徐长乐	华东师范大学
长江三角洲区域发展研究总报告(长三系列二)	系列课题	徐长乐	华东师范大学
长江三角洲地区大都市圈和城市群发展战略研究(长三系列二)	系列课题	谷人旭	华东师范大学
区域经济协调发展的体制与机制研究(十六大系列)	系列课题	豆建民	上海财经大学
上海率先基本实现现代化研究总报告(现代化系列)	系列课题	谈敏	上海财经大学
上海率先基本实现现代化与科教兴市战略(现代化系列)	系列课题	谈敏	上海财经大学
上海新型产业体系研究(现代化系列)	系列课题	刘爱珍	上海财经大学

（续表）

课题名称	课题类别	负责人	工作单位
上海企业增强核心竞争力研究（现代化系列）	系列课题	干春晖	上海财经大学
上海社会中介组织发展与管理研究（现代化系列）	系列课题	宋健敏	上海财经大学
上海城市精神（现代化系列）	系列课题	张雄	上海财经大学
上海城市治理研究（现代化系列）	系列课题	丁健	上海财经大学
上海市公共财政体系建设研究（现代化系列）	系列课题	蒋洪	上海财经大学
上海社会保障体系进一步完善和可持续运转研究（现代化系列）	系列课题	钟仁耀	上海财经大学
上海人力资源建设方略（现代化系列）	系列课题	朱舟	上海财经大学
上海增强国有经济主导竞争力研究（现代化系列）	系列课题	何玉长	上海财经大学
上海构建以创新为核心价值的社会文化研究（现代化系列）	系列课题	陶国富	上海财经大学
上海城市综合竞争力指标体系研究（现代化系列）	系列课题	徐国祥	上海财经大学
“走出去”战略与中国经济的发展空间（小康系列）	系列课题	杨大楷	上海财经大学
农村、农业、农民：问题与对策（小康系列）	系列课题	张佩国	上海大学
新时期新闻传播学理论创新研究（三个代表系列二）	系列课题	戴元光	上海大学
“三个代表”重要思想与哲学社会科学理论创新研究总报告（三个代表系列二）	系列课题	杨俊一	上海大学
哲学学科理论创新研究（三个代表系列二）	系列课题	杨俊一	上海大学
社会学理论创新研究（三个代表系列二）	系列课题	李友梅	上海大学
新兴、边缘、交叉学科的理论创新研究（三个代表系列二）	系列课题	安维复	上海大学
法学学科理论创新研究（三个代表系列二）	系列课题	严励	上海大学
政治学学科理论创新研究（三个代表系列二）	系列课题	程竹汝	上海大学
经济学学科理论创新研究（三个代表系列二）	系列课题	孙伯良	上海大学
历史学学科理论创新研究（三个代表系列二）	系列课题	陶飞亚	上海大学

（续表）

课 题 名 称	课题类别	负 责 人	工 作 单 位
国际问题研究学科理论创新研究（三个代表系列二）	系列课题	王蔚	上海大学
文科学科理论创新研究（三个代表系列二）	系列课题	陈鸣	上海大学
上海社会保障体系进一步完善和可持续运转研究（现代化系列之二）	系列课题	汪泓	上海工程技术大学
和而不同：中国的世界观（十六大系列）	系列课题	夏立平	上海国际问题研究所
上海率先基本实现现代化研究总报告（现代化系列之二）	系列课题	尹继佐	上海社会科学院
上海企业增强核心竞争力研究（现代化系列之二）	系列课题	张幼文	上海社会科学院
上海构建以创新为核心价值的社会文化研究（现代化系列之二）	系列课题	尹继佐	上海社会科学院
现代化国际大都市文化的特点、功能、规律和发展目标研究（文化研究）	系列课题	瞿世镜	上海社会科学院
上海文化管理体制和运行机制改革的基本走向研究（文化系列）	系列课题	徐清泉	上海社会科学院
上海文化创新能力研究（文化系列）	系列课题	王文英	上海社会科学院
长江三角洲区域发展研究总报告（长三系列）	系列课题	左学金	上海社会科学院
上海文化事业发展研究（文化系列）	系列课题	巫志南	上海社会科学院
上海文化产业发展研究（文化系列）	系列课题	花建	上海社会科学院
长江三角洲区域一体化发展研究（长三系列）	系列课题	左学金	上海社会科学院
长江三角洲地区提升综合竞争力研究（长三系列）	系列课题	陈家海	上海社会科学院
上海建立新型产业体系研究（现代化系列之二）	系列课题	杨建文	上海社会科学院
上海城市综合竞争力指标体系研究（现代化系列之二）	系列课题	周振华	上海社会科学院
上海城市精神（现代化系列之二）	系列课题	熊月之	上海社会科学院
上海人力资源建设方略（现代化系列之二）	系列课题	王振	上海社会科学院
上海城市治理模式研究（现代化系列之二）	系列课题	杨雄	上海社会科学院
上海率先基本实现现代化与科教兴市战略（现代化系列之二）	系列课题	黄仁伟	上海社会科学院

（续表）

课 题 名 称	课题类别	负 责 人	工 作 单 位
上海文化建设与文化体制改革研究总报告（文化系列）	系列课题	王文英	上海社会科学院
长江三角洲区域发展协调机制创新研究（长三系列）	系列课题	王贻志	上海社会科学院
社会主义思想道德体系研究（十六大系列）	系列课题	王正平	上海师范大学
上海公共财政体系建设研究（现代化系列之二）	系列课题	刘红蔚	市财政局
上海增强国有经济主导竞争力研究（现代化系列之二）	系列课题	林益彬	—
进一步提高上海市民素质和城市文明程度研究（文化系列）	系列课题	孙慧民	—
上海社会中介组织发展与管理研究（现代化系列之二）	系列课题	谢玲丽	—
长江三角洲地区联动发展新思路研究（长三系列）	系列课题	葛立成	—
领域拓展与功能强化：基层党建新战略（十六大系列）	系列课题	丁晓强	市委党校

2004 年度上海市哲学社会科学规划课题

课 题 名 称	课题类别	负 责 人	工 作 单 位
中国中共党史研究的产生、发展及经验教训研究	一般课题	周一平	华东师范大学
新形势下大学生思想政治工作系统建设研究	一般课题	周家伦	同济大学
上市公司债务重组法律问题研究	一般课题	胡鸿高	复旦大学
WTO 争端解决机制研究	一般课题	朱榄叶	华东政法大学
突发性公共危机的法律应对研究	一般课题	刘宪权	华东政法大学
我国职务犯罪问题研究	一般课题	游伟	华东政法大学
比较银行法研究	一般课题	周仲飞	上海财经大学
中国法律发展研究（全国部分）	一般课题	梁治平	—
我国证券市场利益冲突的法律控制研究	一般课题	李明良	上海交通大学
日本制定对华政策的机制研究	一般课题	翟新	上海交通大学
经济全球化进程中的上海产业竞争和产业安全	一般课题	崔大沪	上海社会科学院

(续表)

课题名称	课题类别	负责人	工作单位
朝鲜核问题与中美关系	一般课题	刘鸣	上海社会科学院
美韩同盟再定义与东北亚安全	一般课题	汪伟民	上海外国语大学
跳出霸权周期论的怪圈——中国和平崛起理论研究	一般课题	郭学堂	同济大学
国企高管报酬激励最优化约束变量及其激励效率的研究	一般课题	李绪红	复旦大学
基于投资者逐笔订单数据的上海证券市场微观结构研究	一般课题	攀登	复旦大学
人民币汇率市场形成与上海国际金融中心建设研究	一般课题	张纪康	复旦大学
一个关于信息技术扩散与产业结构调整的实证研究：来自上海的数据	一般课题	姜建强	复旦大学
社会保障资金的有效筹集与制度选择研究	一般课题	于洪	上海财经大学
长三角装备制造业产业发展区带和上海的战略	一般课题	王玉	上海财经大学
控股股东性质、企业组织形式与公司治理有效性	一般课题	朱红军	上海财经大学
上市公司会计信息披露问题研究	一般课题	蒋义宏	上海财经大学
住房抵押保险在住房保障体系中作用的国际研究及在中国发展前景的分析	一般课题	施方	上海大学
中小企业信用信息共享和信用行为规范研究	一般课题	任永平	上海大学
金融监管效应统计评价方法研究	一般课题	张梅琳	上海大学
上海社会保障基金安全运行问题的研究	一般课题	汪泓	上海工程技术大学
基于交易信用的库存协作控制研究	一般课题	骆建文	上海交通大学
中国消费信贷市场提前偿还行为及其风险管理的理论与实证	一般课题	蔡明超	上海交通大学
上海国企改革突破口与控股公司模式研究	一般课题	王方华	上海交通大学
长江三角洲区域协调的组织机构及运行方式研究	一般课题	靖学青	上海社会科学院
新形势下上海利用外资战略及风险控制问题研究	一般课题	赵蓓文	上海社会科学院
缺陷汽车产品召回管理模式研究	一般课题	叶明海	同济大学
地方政府行为、区域市场整合与长三角经济发展	一般课题	陈钊	复旦大学

（续表）

课 题 名 称	课题类别	负 责 人	工 作 单 位
金融危机预警系统的国际比较及中国特色预警系统的设计研究	一般课题	刘莉亚	上海财经大学
随机冲击与中国经济波动	一般课题	胡永刚	上海财经大学
上海城市居民收入流动性实证与理论研究	一般课题	权衡	上海社会科学院
人民币汇率机制改革、汇率走势与上海对外经济的发展	一般课题	周宇	上海社会科学院
试论建立上海国际债券市场	一般课题	李建	上海社会科学院
上海市企业员工工作倦怠的现状调查与归因分析	一般课题	刘永芳	华东师范大学
聋人语篇理解过程的眼动研究	一般课题	贺荟中	华东师范大学
“模块心理学”的实验研究与理论建构	一般课题	熊哲宏	华东师范大学
人类攻击性行为研究	一般课题	杨治良	华东师范大学
能力的实质与发展：专长心理学视角	一般课题	吴庆麟	华东师范大学
新时期教师自主发展模式的研究	一般课题	姜勇	华东师范大学
社会发展新时期大学生思想道德状况和教育对策研究	一般课题	胡克培	华东政法大学
上海进一步深化社会诚信体系建设研究	一般课题	李安方	上海社会科学院
从邓小平理论到“三个代表”重要思想	一般课题	袁秉达	市委党校
中国人口地理数据库(1368—2000年)	一般课题	侯杨方	复旦大学
中华民国行政区划地图集	一般课题	周振鹤	复旦大学
20世纪上半期沪郊农村经济研究：农家生活状况调查与评估	一般课题	李学昌	华东师范大学
近50年来美国关于中国近代化问题的几次重要探讨	一般课题	朱政惠	华东师范大学
中国古代计量名家研究	一般课题	关增建	上海交通大学
城市流动人口长期居留与社会融合研究	一般课题	任远	复旦大学
从非农化到市民化：中国农村城市化的战略转型与意义重建	一般课题	文军	华东师范大学
上海人口国际化研究	一般课题	骆克任	华东师范大学
上海新一轮发展中的郊区战略与失地农民就业研究：现状、问题、机遇与对策	一般课题	楼培敏	上海社会科学院
数字时代上海地区档案资源建设与公共服务模式研究	一般课题	朱小怡	华东师范大学
公众形象媒体检测系统和方法	一般课题	缪其浩	上海图书馆(上海科技情报研究所)

(续表)

课题名称	课题类别	负责人	工作单位
布迪厄美学理论研究	一般课题	朱国华	华东师范大学
上海戏曲史	一般课题	赵山林	华东师范大学
克罗齐与西方美学现代转型——外国美学史专题研究	一般课题	张敏	上海大学
局部抗战时期中国报告文学研究	一般课题	王文军	上海大学
近代上海词曲及文化生态研究	一般课题	李康化	上海交通大学
中外动画原创性比较研究	一般课题	彭玲	上海交通大学
《文心雕龙》理论体系原创性的还原和现代求证	一般课题	杨文虎	上海师范大学
中日韩汉诗学比较	一般课题	严明	上海师范大学
《儒林外史》与江南士绅生活研究	一般课题	顾鸣塘	上海师范大学
20世纪中国翻译文学史论	一般课题	查明建	上海外国语大学
批判的传播政治经济学——赫伯特・席勒思想研究	一般课题	刘晓红	上海财经大学
上海文化体制与传媒集团经营管理一体化改革研究	一般课题	李本乾	上海财经大学
境外媒体进入的挑战和上海传媒业的对策	一般课题	张咏华	上海大学
楚简帛文字考释研究集成电子资料库	一般课题	刘志基	华东师范大学
东汉文字调查与研究	一般课题	詹鄞鑫	华东师范大学
汉语白话发展史	一般课题	徐时仪	上海师范大学
口腔语音障碍诊断与治疗评价标准	一般课题	刘民钢	上海师范大学
开放源码运动的经济学研究	一般课题	周翼	复旦大学
上海城市建筑与环境的美学研究	一般课题	王振复	复旦大学
上海生态型城市建设水环境系统生态安全研究	一般课题	由文辉	华东师范大学
上海发展文化传媒产业研究	一般课题	金冠军	上海大学
上海市交通运输方式的衔接研究	一般课题	侯立文	上海交通大学
上海公墓土地需求规划的研究	一般课题	樊一阳	上海理工大学
现代社会公共伦理生活发展与青少年思想道德建设重心的研究	一般课题	孙抱弘	上海社会科学院
科技成果在竞技体育转化中的信息保障机制研究	一般课题	司虎克	上海体育学院
社会表演学研究:戏剧性表演在社会环境中的运用与滥用	一般课题	孙惠柱	上海戏剧学院

（续表）

课 题 名 称	课题类别	负 责 人	工 作 单 位
上海企业劳动标准与国际劳工标准接轨的对策研究	一般课题	徐根兴	市委党校
问题域的转换：对马克思与黑格尔关系的当代解读	一般课题	俞吾金	复旦大学
清代经学思想的转型：乾嘉之际汉学自改革运动研究	一般课题	陈居渊	复旦大学
犹太传统视域中的海舍尔相遇学说	一般课题	刘平	复旦大学
中国现代性意识的起源与困境	一般课题	陈赟	华东师范大学
现代性论域中的形而上学问题	一般课题	杨国荣	华东师范大学
现代物理时空观的哲学研究	一般课题	李新洲	上海师范大学
当代中国城市流动人口道德问题研究	一般课题	王正平	上海师范大学
法治背景下的信访制度改革创新研究	一般课题	金国华	上海大学
限度、制度、机制：人大对司法机关监督关系研究	一般课题	程竹汝	上海大学
电子政务环境下的行政成本研究	一般课题	郭俊华	上海交通大学
多元平衡与“准联盟”理论研究	青年课题	孙德刚	上海外国语大学
我国商业银行操作风险管理研究	青年课题	徐润南	复旦大学
国际化经营中的原产地形象效应：基于中国市场的理论与实证研究	青年课题	田圣炳	上海财经大学
新形势下我国都市体育产业发展：环境、路径与政策导向研究、	青年课题	俞琳	上海财经大学
上海市自然垄断公用事业规制研究——基于利益集团视角的分析	青年课题	史小龙	复旦大学
报酬递增、贸易与经济增长——新贸易理论与内生增长理论的比较与综合	青年课题	殷德生	华东师范大学
中国产业投资基金问题研究	青年课题	蒋萍	上海财经大学
政府采购的产权经济学分析	青年课题	王宏	上海财经大学
以生态化标准构建上海市循环经济体系研究	青年课题	左红英	上海交通大学
FDI与经济可持续发展——规模、绩效与结构	青年课题	沈桂龙	上海社会科学院
利益关系的调整与重塑——新公共管理影响下的教育管理机制研究	青年课题	田凌晖	华东师范大学
生态学马克思主义评析	青年课题	曾文婷	复旦大学
小阿瑟·斯莱辛格学术思想研究	青年课题	谈丽	复旦大学
清代榷关研究	青年课题	廖声丰	上海师范大学

(续表)

课题名称	课题类别	负责人	工作单位
仪式性民间体育在乡土社会的文化功能和意义——桂北侗乡“抢花炮”个案研究	青年课题	李志清	上海体育学院
《二十四诗品》接受史	青年课题	李春桃	复旦大学
20世纪现代科技与欧美流行音乐互动影响机制的文化批评	青年课题	刘小山	上海音乐学院
大众传播效果研究的历史、现状与前瞻	青年课题	周葆华	复旦大学
《玉篇》：历史汉字的传承和定形	青年课题	何瑞	华东师范大学
纯理功能的传译——功能语言学理论框架下的翻译研究	青年课题	赵德全	上海外国语大学
媒体时代的公民社会发展与政治文明构建	青年课题	王守杰	华东师范大学
科学发展观与上海新阶段发展的战略集成	青年课题	邢邦志	同济大学
论法律的合法性——罗纳德·德沃金法律伦理思想研究	青年课题	傅鹤鸣	复旦大学
先秦儒学圣人论——变革时期的理想人格与秩序重建	青年课题	成云雷	华东师范大学
组织资本与政治录用——中国共青团政治功能的一个考察视角	青年课题	郑长忠	复旦大学
转型期农村经济精英对农村政治的影响研究	青年课题	郑晓华	上海交通大学
实施科教兴国战略系列研究：上海大力发展现代服务业	系列课题	陈宪	上海大学
实施科教兴市战略系列研究(首席专家)	系列课题	周振华	上海社会科学院
实施科教兴国战略系列研究：创新、创业环境变革竞争态势	系列课题	雷新军	上海社会科学院
实施科教兴国战略系列研究：国际竞争新趋势、新特点实证	系列课题	金芳	上海社会科学院
实施科教兴国战略系列研究：世界主要城市科技、教育、经济互动发展的比较	系列课题	杨亚琴	上海社会科学院
实施科教兴国战略系列研究：上海中、高等教育面向国际，面向社会，面向市场实效性分析	系列课题	周振华	上海社会科学院
实施科教兴国战略系列研究：当前创新人才国际化流动、集聚趋势的实证研究	系列课题	王振	上海社会科学院
实施科教兴国战略系列研究：建设社会化公共服务平台的国际经验借鉴	系列课题	郑韶	—
实施科教兴国战略系列研究：科技创新，行业竞争，城市创新协调推进	系列课题	王效俐	同济大学

（续表）

课 题 名 称	课题类别	负 责 人	工 作 单 位
完善社会主义市场经济体制系列：上海加快金融中心建设	系列课题	潘英丽	华东师范大学
完善社会主义市场经济体制系列：发展市场经济与农村劳动力转移研究——以上海郊区为例	系列课题	王克强	上海财经大学
完善社会主义市场经济体制研究（首席专家）	系列课题	杨大楷	上海财经大学
完善社会主义市场经济体制系列：上海进一步发展资本市场	系列课题	杨大楷	上海财经大学
完善社会主义市场经济体制系列：上海公用事业的深化改革研究	系列课题	丁健	上海财经大学
完善社会主义市场经济体制系列：建立健全现代产权制度研究	系列课题	何玉长	上海财经大学
完善社会主义市场经济体制系列：上海加快航运中心建设A卷	系列课题	宋炳良	上海海事大学
完善社会主义市场经济体制系列：上海加快航运中心建设B卷	系列课题	徐剑华	上海海事大学
完善社会主义市场经济体制系列：上海进一步发展要素市场研究	系列课题	陈霆	—
完善社会主义市场经济体制系列：市场深化进程中的政企关系研究	系列课题	浦再明	—
完善社会主义市场经济体制系列：上海深化分配制度改革	系列课题	吴云飞	—
上海经济社会协调发展系列A卷：市场经济条件下上海社会事业资源整合	系列课题	梁鸿	复旦大学
上海经济社会协调发展系列A卷：促进上海充分就业新思路、新举措	系列课题	陆铭	复旦大学
上海经济社会协调发展系列研究B卷（首席专家）	系列课题	邓伟志	上海大学
上海经济社会协调发展系列B卷：上海社会老龄化现状、趋势和对策创新	系列课题	张钟汝	上海大学
上海经济社会协调发展系列B卷：促进上海充分就业的新思路、新举措	系列课题	翁定军	上海大学
上海经济社会协调发展系列B卷：加快建设上海城镇社保体系	系列课题	苏红	上海大学
上海经济社会协调发展系列B卷：市场经济条件下上海社会事业资源整合	系列课题	邓伟志	上海大学
上海经济社会协调发展系列B卷：上海循环经济体系建设	系列课题	钱光人	上海大学

(续表)

课 题 名 称	课题类别	负 责 人	工 作 单 位
上海经济社会协调发展系列B卷：城乡一体化过程中的法制建设	系列课题	徐静琳	上海大学
上海经济社会协调发展系列研究A卷(首席专家)	系列课题	顾海英	上海交通大学
上海经济社会协调发展系列A卷：上海城乡一体化的法律、法规建设研究	系列课题	顾海英	上海交通大学
上海经济社会协调发展系列A卷：加快建设上海城镇社保体系	系列课题	章晓懿	上海交通大学
上海经济社会协调发展系列A卷：上海社会老龄化现状、趋势和对策创新	系列课题	田春华	市财政局
上海经济社会协调发展系列A卷：上海循环经济体系建设	系列课题	诸大建	同济大学
上海城市治理现代化系列：上海城市发展与人口规模关系	系列课题	王桂新	复旦大学
上海城市治理现代化系列：上海推进文明城市建设的理论与实践	系列课题	鲍宗豪	—
上海城市治理现代化系列：基层党建与社会治理结构现代化	系列课题	刘杰	上海社会科学院
上海城市治理现代化系列研究(首席专家)	系列课题	左学金	上海社会科学院
上海城市治理现代化系列：上海社区发展与科学管理	系列课题	卢汉龙	上海社会科学院
上海城市治理现代化系列：上海城市空间要素均衡配置A卷	系列课题	左学金	上海社会科学院
上海城市治理现代化系列：上海城市空间要素均衡配置B卷	系列课题	林涛	上海师范大学
上海城市治理现代化系列：进一步优化上海市、区两级政府财政支出结构问题	系列课题	刘红薇	市财政局
上海城市治理现代化系列：上海实施两级政府三级管理体制	系列课题	朱金海	—
上海社会稳定若干重要问题系列研究(首席专家)	系列课题	沈国明	上海法学学会
上海社会稳定若干重要问题系列：回沪人员安定问题研究	系列课题	沈安安	上海法学学会
上海社会稳定若干重要问题系列：当前上海社会治安新特点和新趋向	系列课题	易庆瑶	上海法学学会
上海社会稳定若干重要问题系列：非传统公共安全的社会突发事件预警和危机处置	系列课题	沈国明	上海法学学会

（续表）

课 题 名 称	课题类别	负 责 人	工 作 单 位
上海社会稳定若干重要问题系列：上海经济结构调整中下岗失业和再就业新情况、新特点	系列课题	石觉敏	—
上海社会稳定若干重要问题系列：上海郊区快速城市化过程中失地农民问题	系列课题	千经天	市农业科学院
上海社会稳定若干重要问题系列：上海城市建设中动拆迁问题	系列课题	方耀楣	同济大学
加强社会主义文化建设系列：上海媒体发展的结构优化和管理创新	系列课题	李良荣	复旦大学
加强社会主义文化建设系列：加强中国特色社会主义意识形态建设	系列课题	陈锡喜	华东师范大学
加强社会主义文化建设系列研究(首席专家)	系列课题	尹继佐	上海社会科学院
加强社会主义文化建设系列：进一步繁荣和发展上海哲学社会科学——社会科学机构管理中的目标考核研究	系列课题	尹继佐	上海社会科学院
加强社会主义文化建设系列：上海文化产业走出去发展战略	系列课题	花建	上海社会科学院
加强社会主义文化建设系列：上海社会各阶层思想文化特点的调查与分析	系列课题	李维	上海社会科学院
加强社会主义文化建设系列：当代大学生思想道德状况调查分析	系列课题	马春雷	—

2005 年度上海市哲学社会科学规划课题

课 题 名 称	课题类别	负 责 人	工 作 单 位
上海市公共投资的经济拉动效应与传导机制研究	一般课题	赵晓康	东华大学
上海城市生活垃圾的减物质化研究	一般课题	张真	复旦大学
上海水资源可持续利用的经济学研究	一般课题	陈坤	华东政法大学
上海大都市圈内首位城市与其他城市间的相斥效应、共生机制及其协调	一般课题	罗守贵	上海交通大学
公共危机全球化趋势与上海城市相应对策研究	一般课题	王晓成	上海师范大学
中国共产党领导中国现代化进程的历史经验研究	一般课题	朱敏彦	市地方志办公室
突发事件与思想政治工作转型研究	一般课题	毛惠彬	同济大学

（续表）

课题名称	课题类别	负责人	工作单位
建国以来党内民主与人民民主关系的历史考察	一般课题	梅丽红	市委党校
犯罪生成模式与犯罪饱和性生成模式	一般课题	汪明亮	复旦大学
程序法定原则研究	一般课题	谢佑平	复旦大学
刑事习惯法研究	一般课题	杜宇	复旦大学
B2B电子商务的法律控制研究	一般课题	石代伦	复旦大学
证券市场和谐生态环境之法律构建	一般课题	罗培新	华东政法大学
法文化与构建社会主义和谐社会	一般课题	王立民	华东政法大学
国际司法机制与我国参与运用的战略对策研究	一般课题	苏晓宏	华东政法大学
金融衍生品市场风险监管的法律机制	一般课题	唐波	华东政法大学
网上交易安全及其犯罪问题研究	一般课题	王永全	华东政法大学
信息社会法文化的存在方式及其解析研究	一般课题	芦琦	上海电视大学
金融冲突法研究	一般课题	肖凯	上海交通大学
中国特色国际关系理论建设研究	一般课题	俞正樑	上海交通大学
世界能源政治与中国全球油气战略	一般课题	余建华	上海社会科学院
国际人权对话的机制研究	一般课题	刘杰	上海社会科学院
美韩同盟调整与中国	一般课题	杨红梅	上海社会科学院
美国冷战后世界新秩序中的中东战略研究	一般课题	汪波	上海外国语大学
西方霸权语境中的阿拉伯—伊斯兰问题研究	一般课题	马丽蓉	上海外国语大学
基于免疫计算的数据挖掘研究	一般课题	郑建国	东华大学
体制转换时间序列模型及其应用研究	一般课题	蒋祥林	复旦大学
企业家工作性质演变机制及其国际比较研究	一般课题	姚凯	复旦大学
中国企业品牌国际化战略研究	一般课题	苏勇	复旦大学
东亚金融合作机制的跨期均衡研究	一般课题	刘红忠	复旦大学
局部战争下的金融安全研究	一般课题	牛晓健	复旦大学
会计信息技术标准的应用与推广对上海经济影响的研究	一般课题	胡仁昱	华东理工大学
中国资本账户开放的次序选择：基于风险与收益的理论和经验研究	一般课题	蓝发钦	华东师范大学
对外开放背景下银行业竞争的效率与稳定效应及其政策协调	一般课题	潘英丽	华东师范大学

（续表）

课题名称	课题类别	负责人	工作单位
监管目标冲突与机会主义合谋对证券市场效率的影响	一般课题	孙铮	上海财经大学
控制权安排、企业投资与资源配置效率	一般课题	陈信元	上海财经大学
上海工业园区推进循环经济模式研究	一般课题	谢家平	上海财经大学
我国管理层收购的理论分析、实证检验及其监管研究	一般课题	张鸣	上海财经大学
长江三角洲港口群与上海港互动及其配套物流系统协调发展研究	一般课题	汪传旭	上海海事大学
价格传导变异下的中国 CPI 短期预测研究	一般课题	吴文锋	上海交通大学
我国初始排污权分配的模式与政策研究	一般课题	李寿德	上海交通大学
上海郊区快速城市化过程中失地农民问题研究	一般课题	史清华	上海交通大学
基于合约的供应链协调机制研究	一般课题	邵晓峰	上海交通大学
和谐二元矩阵模型及其在冲突管理中的应用研究	一般课题	路琳	上海交通大学
信用风险动态监控方法研究	一般课题	肖庆宪	上海理工大学
本市社会收入阶层的形成及其原因分析	一般课题	陶田	上海理工大学
转变经济增长方式，构建上海节约型城市发展新模式	一般课题	厉无畏	上海社会科学院
关于上海开征物业税的对策研究	一般课题	许沛	市财政科学研究所
基于组织间学习的都市型知识型产业簇群竞争优势研究	一般课题	陈守明	同济大学
外资银行信贷偏好对东道国资源配置的影响分析	一般课题	田素华	复旦大学
俄罗斯产权制度变迁公平缺失的启示	一般课题	唐朱昌	复旦大学
知识产权政策和 FDI 对中国企业自主创新能力的影响：理论分析和实证研究	一般课题	寇宗来	复旦大学
我国产业投资基金运营机制研究	一般课题	杨大楷	上海财经大学
控制权私人收益的理论与实证研究	一般课题	唐宗明	上海交通大学
产品内国际分工及其对上海产业发展的影响研究	一般课题	金芳	上海社会科学院
收入满足度及其差距的测定与研究	一般课题	傅红春	上海师范大学
证券承销商声誉、行为与证券市场效率研究：基于中国证券发行市场的分析	一般课题	刘江会	上海师范大学
上海市自主创新能力：评价、问题及对策研究	一般课题	郝凤霞	同济大学

(续表)

课 题 名 称	课题类别	负 责 人	工 作 单 位
残障人士社区干预研究	一般课题	张福娟	华东师范大学
广告传播中内隐意向和外显意向的影响因素研究	一般课题	赵晋全	上海大学
上海市高校大学生健全人格研究	一般课题	车丽萍	上海理工大学
社会心理学的新发展：建构主义社会心理学的理论与实践	一般课题	李维	上海社会科学院
社区心理矫正研究	一般课题	樊琪	上海师范大学
当代大学生人际关系特征研究	一般课题	高湘萍	上海师范大学
新公共管理视野中的学校发展规划研究	一般课题	陈建华	上海师范大学
解放与救赎——论恩斯特・布洛赫对马克思思想的乌托邦之维的解读	一般课题	张双利	复旦大学
“现实社会主义”的理论构架	一般课题	徐觉哉	上海社会科学院
女子越剧与上海都市文化	一般课题	姜进	华东师范大学
江南地区土地改革研究	一般课题	曹树基	上海交通大学
唐代域外天文学来华及其影响之考察	一般课题	钮卫星	上海交通大学
上海地区新石器时期遗址的环境考古	一般课题	张玉兰	同济大学
上海引进外来劳动力的政策选择	一般课题	陈家华	复旦大学
上海贫困及相对贫困家庭动态监测与政策干预研究	一般课题	梁鸿	复旦大学
社会总体和谐秩序的团体构成	一般课题	李向平	上海大学
家庭压力和因应：女性资源、认知和社会支持	一般课题	徐安琪	上海社会科学院
社会管理体制创新研究——构建社会主义和谐社会的一个视角	一般课题	邓伟志	—
基于互联网技术的上海社会管理与公共服务数字化发展战略研究	一般课题	陈晓云	复旦大学
上海市电子政务信息资源的网络影响力评估	一般课题	段宇锋	华东师范大学
上海西部地区宣卷活动调查研究	一般课题	郑土有	复旦大学
中国各体文学批评比较研究	一般课题	罗书华	复旦大学
世博会与当代上海公共艺术发展研究	一般课题	张勇	复旦大学
《人民文学》与中国当代文学制度关联研究(1949—1966)	一般课题	吴俊	华东师范大学
汉代壁画宗教思想研究	一般课题	汪小洋	上海大学
西化白话文在近代的演变	一般课题	袁进	上海大学

（续表）

课 题 名 称	课题类别	负 责 人	工 作 单 位
中国古代小说在东亚的传播影响及东亚汉文小说研究	一般课题	李时人	上海师范大学
中国九十年代实验话剧与戏剧文化转型研究	一般课题	厉震林	上海戏剧学院
执政能力建设与大众传媒使用	一般课题	童兵	复旦大学
国际化区域社会背景下的报业发行模式比较研究——以上海、东京、汉城三地报业为例	一般课题	朱春阳	复旦大学
完善我国广告管理的理论思考——广告伦理批判框架研究	一般课题	程士安	复旦大学
汉语趋向动词的语法化	一般课题	梁银峰	复旦大学
沪语方言对早期儿童语音意识及阅读能力的影响	一般课题	林泳海	华东师范大学
商周金文文字系统发展史研究	一般课题	张再兴	华东师范大学
现代汉语空间范畴的认知研究	一般课题	齐沪扬	上海师范大学
基于数据库的汉语东南方言历史比较研究	一般课题	刘泽民	上海师范大学
从独语到对话——当代中国法制宣传转型研究	一般课题	王永杰	华东政法大学
上海市智障人士社区融合模式研究	一般课题	汪海萍	华东师范大学
美国南方转型时期社会生活研究（1877—1920 年）	一般课题	黄虚峰	华东政法大学
海运产业集群理论与上海临港新城建设的研究	一般课题	宋炳良	上海海事大学
书法练习对儿童积极心理品质发展的影响研究	一般课题	周斌	华东师范大学
基于知识仓库的电子政务流程优化研究	一般课题	樊博	上海交通大学
数字美学研究	一般课题	程金海	上海理工大学
上海城市民俗文化遗产保护与利用	一般课题	蔡丰明	上海社会科学院
长三角地区大、中城市不同社会阶层居民体育消费行为的研究	一般课题	肖焕禹	上海体育学院
构建和谐社会与反邪教斗争的策略调整研究	一般课题	胡训珉	上海政法学院
预防不良金融事件、防范金融犯罪的法经济学分析	一般课题	刘瑞瑞	上海政法学院
三系论衡——牟宗三三系论的理论贡献及方法终结	一般课题	杨泽波	复旦大学

(续表)

课 题 名 称	课题类别	负 责 人	工 作 单 位
德性伦理学研究	一般课题	高国希	复旦大学
现代性悖论与中国和谐社会建构	一般课题	鲁品越	上海财经大学
悖论问题的描述论研究	一般课题	王天思	上海大学
从因明的角度看佛教哲学思维与语言一致性的关系	一般课题	徐东来	上海大学
关于在沪外国人宗教生活现状及其相关公共政策的研究	一般课题	晏可佳	上海社会科学院
宗教冲突与对话：中国与周边地区的案例研究	一般课题	王建平	上海师范大学
后冷战时期西方政治思潮的历史变迁——在政治学与思想史综合视野之下的研究	一般课题	刘擎	华东师范大学
历史经验与展望：从发展政治学的视角看中国改革开放以来意识形态的坚持与发展	一般课题	萧功秦	上海师范大学
英藏敦煌社会历史文献整理与研究	重大课题	郝春文	上海师范大学
中国文字数字化工程——中文信息化补缺建设	重大课题	王元鹿	华东师范大学
英国图书馆馆藏汉文敦煌遗书总目录	重大课题	方广锠	上海师范大学
城市工业遗存及其保护与更新制度研究	青年课题	寇怀云	复旦大学
论新世纪国际法之本体	青年课题	罗国强	复旦大学
解决群体纠纷的理论与实践	青年课题	杨严炎	复旦大学
共享水资源公平和合理利用的法律理论与实践	青年课题	何艳梅	华东政法大学
亚太多边安全合作与中美安全关系：规范与利益的视角	青年课题	余建军	复旦大学
港口竞争理论及长江三角洲地区港口群的合作竞争研究	青年课题	吉阿兵	复旦大学
营销渠道资产：基于中国企业的理论与实证研究	青年课题	刘颐权	上海财经大学
经济波动与财政政策稳定效应研究	青年课题	李永友	上海财经大学
企业并购中的控制权安排、并购溢价与资源配置效率	青年课题	汪辉	上海财经大学
企业信用成本与信用收益研究	青年课题	王鲁峰	上海交通大学
上海社区矫正第三部门参与研究——一种公共物品供给的视角	青年课题	孙辉	同济大学
转轨条件下的民营企业扩张研究：理论与来自长三角地区的经验分析	青年课题	詹宇波	复旦大学

（续表）

课题名称	课题类别	负责人	工作单位
浮动汇率下的国际定价模型与汇率行为分析及预测	青年课题	宁冬莉	上海财经大学
城乡劳动力市场与社会保障互动：条件、机制与效应研究	青年课题	黄丙志	上海社会科学院
小学生数学学习困难的认知加工机制：基于PASS理论的研究	青年课题	左志宏	华东师范大学
经济发展的人本诉求研究	青年课题	蒋锦洪	华东师范大学
江南海塘的空间过程及相关生态、社会变迁(1052—1937)——对上海滨海平原区的考察	青年课题	王大学	复旦大学
清代地方吏役制度研究	青年课题	周保明	华东师范大学
中国民间对日索赔研究	青年课题	高凡夫	上海师范大学
金陵刻经处研究	青年课题	罗琤	复旦大学
从唐五代词到现代流行歌曲	青年课题	王丽慧	复旦大学
法国电影“新浪潮”与中国电影“新生代”比较	青年课题	邹建	华东师范大学
中国戏剧导演美学研究	青年课题	顾春芳	上海戏剧学院
中古汉语雅言词研究	青年课题	季忠平	复旦大学
楚简文献词汇系统研究	青年课题	余颖	华东师范大学
英语“篇章博喻”论	青年课题	魏纪东	上海外国语大学
上海市体育竞赛表演业国际竞争力的研究	青年课题	周良君	上海体育学院
基于轴辐式网络模型的长三角地区城市群物流配送体系规划研究	青年课题	张世翔	同济大学
社会转型与秩序建构：中国社会治安综合治理问题的政治学研究	青年课题	唐皇凤	复旦大学
长三角区域发展目标和总体格局思路研究	长三角课题	姚锡棠	—
长江三角洲地区社会经济资源整合研究	长三角课题	陈凯	上海财经大学
长江三角洲地区提升产业发展能级研究	长三角课题	徐长乐	华东师范大学
基于多中心治理的长江三角洲大都市带区域规划政策研究	长三角课题	诸大建	同济大学
长三角经济成长中资本市场功效及其完善研究	长三角课题	张宗新	复旦大学
长江三角洲地区完善包括产权市场在内的资本市场的研究	长三角课题	郑韶	—
长江三角洲地区跨国公司发展态势研究	长三角课题	杨大楷	上海财经大学

(续表)

课题名称	课题类别	负责人	工作单位
长江三角洲地区城市政府合作体制创新研究	长三角课题	唐亚林	华东理工大学
长江三角洲一体化的机制设计	长三角课题	钱运春	上海社会科学院
长三角16个城市环境保护公共支出规模与经济增长的比较研究	长三角课题	李志青	复旦大学
长江三角洲区域立法协调与法制环境建设研究	长三角课题	宣文俊	华东政法大学
长江三角洲地区政府协作机制研究	长三角课题	叶必丰	上海交通大学
开放条件下舆论引导方式研究(A卷)	系列课题	童兵	复旦大学
坚持马克思主义在意识形态领域指导地位研究(总课题A卷)	系列课题	秦绍德	复旦大学
发展社会主义民主政治研究(A卷)	系列课题	刘建军	复旦大学
加强党对意识形态工作领导问题研究(A卷)	系列课题	秦绍德	复旦大学
中国特色社会主义基本经济理论研究(A卷)	系列课题	石磊	复旦大学
坚持科学历史观研究(A卷)	系列课题	陈新	复旦大学
开放条件下巩固和加强社会主义意识形态研究(A卷)	系列课题	余源培	复旦大学
弘扬社会主义价值观研究(B卷)	系列课题	赵修义	华东师范大学
开放条件下巩固和加强社会主义意识形态研究(B卷)	系列课题	陈锡喜	华东师范大学
加强党对意识形态工作领导问题研究(B卷)	系列课题	许明	上海社会科学院
坚持马克思主义在意识形态领域指导地位研究(B卷)	系列课题	童世骏	上海社会科学院
坚持科学历史观研究(B卷)	系列课题	童世骏	上海社会科学院
开放条件下舆论引导方式研究(B卷)	系列课题	尹良富	上海社会科学院
中国特色社会主义基本经济理论研究(B卷)	系列课题	袁恩桢	上海社会科学院
发展社会主义民主政治研究(B卷)	系列课题	刘杰	上海社会科学院
知识分子的社会角色和社会责任研究(B卷)	系列课题	徐清泉	上海社会科学院
知识分子的社会角色和社会责任研究(A卷)	系列课题	林樟杰	上海师范大学
弘扬社会主义价值观研究(A卷)	系列课题	吕会霖	市委党校
和谐社会与群众文化建设研究	系列课题	张乐天	复旦大学

（续表）

课 题 名 称	课题类别	负 责 人	工 作 单 位
构建和谐社会的社会结构研究	系列课题	彭希哲	复旦大学
和谐社会与完善社会主义市场经济体制研究	系列课题	李慧中	复旦大学
和谐社会的社会公德研究（B卷）	系列课题	蒋德海	华东政法大学
构建和谐社会与法律法规建设研究	系列课题	徐静琳	上海大学
构建社会主义和谐社会研究系列	系列课题	李友梅	上海大学
新时期充分发挥基层党组织作用研究	系列课题	李友梅	上海大学
和谐社会与社会综合治理研究	系列课题	李瑜青	上海大学
和谐社会与政治文明研究	系列课题	程竹汝	上海大学
和谐社会与社会主义理想信念研究	系列课题	杨俊一	上海大学
和谐社会的社会公德研究（A卷）	系列课题	崔宜明	上海大学
社区发展与管理的资源整合研究	系列课题	顾骏	上海大学
和谐社会的家庭伦理道德建设研究	系列课题	邓伟志	上海大学
上海经济发展中的垄断与反垄断研究	系列课题	史东辉	上海财经大学
上海控制资源消耗研究	系列课题	吴解生	上海大学
上海主动做好“三个服务”研究	系列课题	陈宪	上海大学
城市发展与管理若干问题研究	系列课题	陈宪、周振华	上海社会科学院
上海城市建设与城市管理协调发展研究	系列课题	孙绍荣	上海理工大学
上海进一步优化自主创新环境研究	系列课题	周振华	上海社会科学院
上海非营利组织绩效考核体系建设研究	系列课题	陈林	—
上海市城区拓展和城市空间结构演变趋势研究	系列课题	汤建中	华东师范大学
上海城市体系结构关系研究（A卷）	系列课题	宁越敏	华东师范大学
上海城市发展中的“三生”协调研究	系列课题	雷新军	上海社会科学院
长江三角洲城市群与上海城市功能关系研究	系列课题	汪胜洋	—
上海城市体系结构关系研究（B卷）	系列课题	唐忆文	—
上海城市发展模式研究	系列课题	朱金海	—
上海城市区域功能定位研究	系列课题	朱金海	—
上海历史文化保护与旧城更新协调机制研究	系列课题	卢永毅	同济大学
上海煤炭供需趋势预测研究	系列课题	刘杰	复旦大学
上海城市建设用地供需趋势预测研究	系列课题	沈正超	—
上海水资源状况和未来趋势研究	系列课题	屠梅曾	上海交通大学

(续表)

课题名称	课题类别	负责人	工作单位
上海城市交通供需变化与城市协调发展研究	系列课题	隽志才	上海交通大学
上海"十一五"时期若干重要资源供需趋势预测研究系列	系列课题	屠梅曾	上海交通大学
上海住宅建设与城市协调发展研究	系列课题	胡昊	上海交通大学
上海电力供需趋势预测研究	系列课题	吴大器	上海金融学院
上海油气资源供需趋势预测研究	系列课题	沈跃栋	—

2006年度上海市哲学社会科学规划课题

课题名称	课题类别	负责人	工作单位
基于大城市非永久性居民的社会政策研究:以外来人口政策为例	一般课题	黄晨熹	华东师范大学
建设21世纪"宜居上海"的城市规划创新研究	一般课题	孙斌栋	华东师范大学
创意产业发展与城市地域营销:结合上海增强城市国际竞争力的研究	一般课题	胡彬	上海财经大学
住房公积金制度的重新定位与政策创新研究	一般课题	胡昊	上海交通大学
美国三大都市连绵区中心城市经济功能及地位研究及与上海的对比	一般课题	苏宁	上海社会科学院
高校学生辅导员队伍专业化、职业化建设研究	一般课题	周家伦	同济大学
干部学习的考核与激励机制研究	一般课题	赵世明	中国浦东干部学院
金融法的经济结构与中国金融生态法制环境完善——一个法与金融学理论的视角	一般课题	张建伟	复旦大学
跨国证券投资法律制度研究	一般课题	孙南申	复旦大学
制度创新与行政立法价值转换研究	一般课题	张淑芳	华东师范大学
政党与立法问题研究——比较与借鉴	一般课题	陈俊	华东政法大学
发展中国家的竞争政策与竞争立法研究	一般课题	林燕萍	华东政法大学
科学发展观、和谐社会与生态税收法治	一般课题	陈少英	华东政法大学
司法应用中电子证据认定及其相关问题研究	一般课题	王弈	华东政法大学
保险法基本问题研究	一般课题	张秀全	上海大学

（续表）

课 题 名 称	课题类别	负 责 人	工 作 单 位
商业银行国有资产信托运营法律问题研究	一般课题	倪受彬	上海对外贸易学院
清代的法律控制与社会控制研究	一般课题	沈大明	上海交通大学
东海划界、资源开发争端及相关理论与对策研究	一般课题	金永明	上海社会科学院
转轨期法律与监管制度对资本市场的作用机制的法经济学分析	一般课题	刘志强	上海政法学院
2008年的中俄美关系：一项多视野的分析与预测	一般课题	冯绍雷	华东师范大学
大国社会性成长规律与中国软实力战略	一般课题	郭树勇	上海交通大学
民族文化与欧洲认同：欧洲一体化研究	一般课题	姚勤华	上海社会科学院
中东恐怖主义根源探索	一般课题	钱学文	上海外国语大学
马克思主义国际体系理论与中国	一般课题	潘忠岐	复旦大学
政府采购促进科技创新机理及绩效分析	一般课题	王宏	东华大学
我国居民家庭生命周期消费投资行为动态模拟研究	一般课题	陈学彬	复旦大学
大学生就业援助新机制研究：可雇佣性技能及其开发	一般课题	谢晋宇	复旦大学
影响上海大学生择业因素分析	一般课题	胡君辰	复旦大学
模块化创新的知识集成模式与知识链重构方法研究	一般课题	骆品亮	复旦大学
公共支出绩效与区域经济协调发展：对长三角地区省、市、县级面板数据的实证研究	一般课题	张晏	复旦大学
中国上市公司控制权收益问题研究	一般课题	朱红军	上海财经大学
企业债券品种创新研究	一般课题	杨晔	上海财经大学
大股东控制与上市公司投资行为研究	一般课题	张祥建	上海财经大学
上海财政收入可持续增长研究	一般课题	胡怡建	上海财经大学
积极推进事业单位分类配套改革研究	一般课题	庄序莹	上海财经大学
上市公司会计信息及时性研究	一般课题	蒋义宏	上海财经大学
金融市场结构优化——基于证券市场机构投资者结构及其优化的研究	一般课题	金德环	上海财经大学
房地产市场与金融市场联动关系研究	一般课题	韩冬梅	上海财经大学
资本市场复杂性研究	一般课题	应尚军	上海对外贸易学院
长三角多层次资本市场对上海国际金融中心的支撑研究	一般课题	戴天柱	上海对外贸易学院

(续表)

课题名称	课题类别	负责人	工作单位
发展我国医药创业风险投资研究——风险评价与风险管理	一般课题	仰炬	上海对外贸易学院
我国会计制度与税法差异及其协调问题研究	一般课题	王辉	上海交通大学
我国企业社会业绩评价方法与应用研究	一般课题	周祖城	上海交通大学
社区卫生发展与高等级公立医院改革的良性互动模式和机制研究	一般课题	张录法	上海交通大学
探索开放经济条件下市场型间接融资在中国的发展潜力	一般课题	孙立行	上海社会科学院
中国国家经济安全预警体系研究——外资风险传导模型	一般课题	赵蓓文	上海社会科学院
构建新型农村合作金融组织——农村互助储蓄银行	一般课题	黄国妍	上海师范大学
创新公共服务的政府采购模式改革方案研究	一般课题	袁白薇	市财政局
农地流转制度改革及其相关的农民社会保障问题研究	一般课题	干经天	市农业科学院
行为博弈视角的结构性变动与新宏观经济计量模型	一般课题	李治国	复旦大学
外资进入上海服务市场的部门分布走势成因及对策：一个理论与实证的研究	一般课题	李慧中	复旦大学
贸易摩擦与争端的解决机制研究	一般课题	强永昌	复旦大学
我国证券市场创新的适应性机制及经济效应研究——基于金融生态圈的视角	一般课题	叶德磊	华东师范大学
中国经济波动与动态调控研究	一般课题	黄赜琳	上海财经大学
反倾销等贸易壁垒与中美双边贸易问题	一般课题	沈国兵	上海财经大学
基于幸福经济学的和谐社会构建研究	一般课题	田国强	上海财经大学
中国引进跨国公司研发中心：行为、效应和政策研究	一般课题	陈湛匀	上海大学
我国资本账户渐次开放的制度安排研究	一般课题	王国松	上海大学
唐代城市经济研究	一般课题	张剑光	上海师范大学
国际油价高涨的经济影响与中国石油市场改革研究	一般课题	马卫锋	同济大学
学校教育生态问题诊断与教育生态环境优化的机制、策略研究	一般课题	范国睿	华东师范大学
西方国家政府—学校关系改革及其效果研究	一般课题	冯大鸣	华东师范大学

（续表）

课 题 名 称	课题类别	负 责 人	工 作 单 位
儿童内隐情绪调节态度的发展及其作用机制研究	一般课题	桑标	华东师范大学
中国心理咨询师专业化途径与对策的研究	一般课题	徐光兴	华东师范大学
3—6岁儿童认知发展领域的学习与发展标准的研究	一般课题	周欣	华东师范大学
上海市基础教育教材语言资源的建设和应用	一般课题	陶本一	上海师范大学
当代青少年情感素质现状的研究	一般课题	卢家楣	上海师范大学
社会主义新农村建设与高等农业教育发展战略选择	一般课题	章华明	上海海洋大学
新中国留苏学生及其对中国建设事业的贡献	一般课题	周尚文	华东师范大学
构建社会主义和谐社会的国家职能问题	一般课题	夏禹龙	上海社会科学院
马克思主义政治经济学在当代中国的主流地位研究	一般课题	张公亨	上海师范大学
中国特色社会主义政治建设的价值逻辑——社会主义民主价值研究	一般课题	赵建平	市委党校
上海城市近代化进程中本邑绅商家族史的衍变	一般课题	易惠莉	华东师范大学
衙门内外：江南的州县行政与地方社会研究(1368—1912)	一般课题	冯贤亮	华东师范大学
美国医学界与毒品管制的源起：以美国医学会为中心(1847—1970)	一般课题	张勇安	上海大学
13世纪中国数学在欧洲的传播与影响之研究	一般课题	纪志刚	上海交通大学
宋代天文管理的成效与问题	一般课题	董煜宇	上海交通大学
评弹与晚清以来上海都市文化圈的变迁	一般课题	唐力行	上海师范大学
社会政策与社会融合——我国福利支柱模型研究	一般课题	曾群	复旦大学
流动儿童的心理健康与行为问题研究：以上海为例	一般课题	何雪松	华东理工大学
家庭环境对学校教育的影响研究	一般课题	蒋逸民	华东师范大学
海外上海研究书目	一般课题	印永清	华东师范大学
基于网络环境的信息共享空间构建研究	一般课题	戴维民	南京政治学院上海分院
信息资源基础管理性元数据框架研究	一般课题	王绍平	上海交通大学
乡村的嬗变——新时期文学中的农村	一般课题	倪伟	复旦大学

(续表)

课 题 名 称	课题类别	负 责 人	工 作 单 位
美华文学新趋向研究	一般课题	林涧	复旦大学
历代音乐官署的沿革与古典戏曲的历史演进	一般课题	陈维昭	复旦大学
中国古代小说文体术语考释	一般课题	谭帆	华东师范大学
艺术考古学学科理论体系研究	一般课题	顾平	上海大学
东方世界的艺术经典——佛陀世界	一般课题	阮荣春	上海大学
上海动漫产业发展研究	一般课题	刘铁	上海社会科学院
东亚汉诗史略	一般课题	严明	上海师范大学
近代西人所著汉文小说研究	一般课题	宋莉华	上海师范大学
杰克·伦敦研究	一般课题	虞建华	上海外国语大学
民营资本、国际资本进入我国传媒业情况调查	一般课题	严三九	华东师范大学
开放共享:新媒体的版权管理变革研究	一般课题	徐剑	上海交通大学
关于报业发展路径的实证研究——美日等先进国家的成功经验与借鉴	一般课题	尹良富	上海社会科学院
俄汉语义范畴的多维研究——二元对立视角的空间和时间范畴之对比	一般课题	姜宏	复旦大学
楷字发展及资源调查	一般课题	臧克和	华东师范大学
《古文字诂林》补编	一般课题	董莲池	华东师范大学
小句基本构式的认知操作系统	一般课题	程琪龙	上海大学
上海话语汇数码化	一般课题	钱乃荣	上海大学
语法化理论与汉语虚词的发展演化	一般课题	张谊生	上海师范大学
语言学研究方法	一般课题	金立鑫	上海外国语大学
上海出境旅游市场定位与影响因素研究	一般课题	郭英之	复旦大学
上海市控制能源消耗的模式与对策研究	一般课题	李旭	复旦大学
科学发展观视域中的妇女发展——兼析以上海市"4050"项目为例的下岗女工再就业工程	一般课题	秦美珠	华东理工大学
大城市郊区农村土地流转中的农户行为及土地征用补偿机制研究	一般课题	王昉	上海财经大学
我国团队知识创新的促进方法研究	一般课题	李欣苗	上海财经大学
中国文论的《易》学原理	一般课题	罗立刚	上海大学
上海建设国际物流仲裁中心问题研究	一般课题	王学锋	上海海事大学
上海市共性技术资助计划的组织管理与激励机制设计	一般课题	费方域	上海交通大学

（续表）

课 题 名 称	课题类别	负 责 人	工 作 单 位
关于构建上海城市社区体育健身服务体系的研究	一般课题	赵文杰	上海交通大学
竞技体育体制的保障系统——组织结构的研究	一般课题	缪佳	上海体育学院
关于上海市举办国际体育赛事和建造大型体育设施的规划研究	一般课题	姚颂平	上海体育学院
武术的文化精神之研究	一般课题	戴国斌	上海体育学院
生存论研究的反思与深化	一般课题	邹诗鹏	复旦大学
万物一体——泰州学派思想新探	一般课题	吴震	复旦大学
《庄子》哲学的深层内涵	一般课题	杨国荣	华东师范大学
唐代女道观与道教修行制度	一般课题	杨莉	上海大学
恩格斯技术哲学思想研究	一般课题	许良	上海理工大学
《道藏》医学内容的整理研究	一般课题	金芷君	上海中医药大学
和谐社会视野中的网络交往问题研究	一般课题	高鸿	中国浦东干部学院
公立医院运行机制和补偿机制研究	一般课题	罗力	复旦大学
政党执政的选举机制比较研究	一般课题	何俊志	复旦大学
长三角地方政府行政合作模式与政策互补机制研究	一般课题	王川兰	复旦大学
预算编制过程中的部门关系与责任研究	一般课题	徐曙娜	上海财经大学
中国农村社会转型中农村中介组织功能研究	一般课题	唐兴霖	上海交通大学
中国特色社会主义政治建设中的协商民主研究	一般课题	朱勤军	上海师范大学
中国修辞史	重大课题	宗廷虎	复旦大学
全球化背景下江浙沪城市连绵区经济整合：机制、模式与路径选择	青年课题	贾利军	上海财经大学
基于生态效率的城市循环经济发展规划理论与实证研究	青年课题	邱寿丰	同济大学
从程序异化到事实异化：以刑事冤案为中心	青年课题	王永杰	复旦大学
各国问题金融机构处理的比较法研究	青年课题	刘俊	华东政法大学
非传统安全下集体认同生成分析	青年课题	张全义	上海外国语大学
体育赛事产业及其对城市竞争力的影响——以上海为主要个案	青年课题	余守文	复旦大学
中国会计与国际会计形式协调与实质协调研究	青年课题	贾建军	复旦大学

(续表)

课题名称	课题类别	负责人	工作单位
产品危机事件中消费者价值知觉、信任机制与未来购买意图研究	青年课题	王志良	上海财经大学
新农村建设中我国农村劳动力转移问题研究	青年课题	程名望	上海交通大学
基于资金平滑流动的基准利率主导作用规范研究	青年课题	季波	上海交通大学
体育赛事产业及其对城市竞争力的影响——以上海为主要个案	青年课题	余守文	复旦大学
财政分权、公共物品供给与地区经济增长——新经济增长理论的视角	青年课题	傅勇	复旦大学
政府权力的空间过程及其影响——基于行政区划视角中的中国区域经济考察	青年课题	胡德	华东师范大学
人民币实际汇率长期趋势和短期波动研究——新开放经济宏观经济学的方法	青年课题	鄂永健	上海财经大学
服务贸易与经济增长:理论与实证研究	青年课题	黄建锋	上海社会科学院
中学生社会适应性量表编制与现状研究	青年课题	杨彦平	华东师范大学
基础教育视域中的教学道德性研究	青年课题	刘万海	华东师范大学
语文教师教学知识发展研究	青年课题	朱晓民	上海师范大学
上海、宁波两港空间关系的历史考察(1843—1941)	青年课题	王列辉	复旦大学
传统乡村社会结构的弹性研究——以1927至1937年江西乡村社会变迁为中心的考察	青年课题	万振凡	上海师范大学
我国新型城乡社会救助系统建设研究	青年课题	曹艳春	上海财经大学
中国古代书写用纸的文献学研究——以笺纸、套格纸为中心	青年课题	姜昳	复旦大学
从马克思实践观到当代中国实践美学的建构	青年课题	张弓	复旦大学
20世纪器乐演奏风格——基于计算机可视化音响参数分析的研究	青年课题	杨健	上海音乐学院
当前中国政府新闻发布制度研究	青年课题	李晓虎	复旦大学
魏晋南北朝石刻楷体汉字构形系统研究	青年课题	郭瑞	华东师范大学
英汉语篇结构标注对比研究	青年课题	陈莉萍	上海外国语大学
新编健身气功的理论构建	青年课题	王言群	上海体育学院
人权视野下的公共健康危机与WTO知识产权保护的协调——以"后多哈时代"的TRIPS协议为中心	青年课题	姚颉靖	同济大学

（续表）

课题名称	课题类别	负责人	工作单位
近代西方科学数学性的哲学研究	青年课题	王海琴	复旦大学
作为一种创作方法的“直接电影”	青年课题	黎小锋	华东师范大学
阳明学致良知论和伽达默尔实践哲学之互证	青年课题	鲍永玲	华东师范大学
财富积聚与政治成长：中国私营企业主群体的政治分析	青年课题	陈家喜	复旦大学
长江三角洲陆域经济与海域经济协调发展增长模式研究	长三角课题	郑奕	上海海洋大学
长江三角洲都市群空间格局演变与空间整合趋势研究	长三角课题	徐长乐	华东师范大学
长江三角洲城市群城镇空间格局研究	长三角课题	郁鸿胜	上海社会科学院
长江三角洲区域产业空间布局及结构优化研究	长三角课题	朱永	复旦大学
长三角科技中介资源整合的理论与实证研究	长三角课题	董正英	上海交通大学
资源紧约束下长江三角洲区域土地利用研究	长三角课题	刘志平	上海财经大学
加快长江三角洲区域信息共享平台建设研究	长三角课题	张成洪	复旦大学
长江三角洲区域生态环境建设与保护的制度协调、构架研究	长三角课题	豆建民	上海财经大学
长江三角洲区域综合交通网络建设的协调机制研究	长三角课题	孙海鸣	上海财经大学
“长三角”商务成本与投资环境比较研究	长三角课题	孙明贵	东华大学
长三角民营经济自主创新能力比较与联动建设研究	长三角课题	李国荣	—
长三角区域创新体系的制度创新研究	长三角课题	郑韶	—
长江三角洲区域规划实施保障体系研究	长三角课题	谷人旭	华东师范大学
长江三角洲区域公共服务均等化研究	长三角课题	唐亚林	华东理工大学
加快长江三角洲区域信息共享平台建设研究	长三角课题	王贻志	上海社会科学院
长江三角洲 16 城市农民工现状调查	长三角课题	洪民荣	上海社会科学院
坚持自主创新，建设创新型国家研究	系列课题	司春林	复旦大学
科学发展观与加强党的建设研究	系列课题	陈晓原	复旦大学
科学发展观形成的时代背景、实践基础和指导意义	系列课题	余源培	复旦大学
科学发展观与中国发展模式研究	系列课题	郭强	华东理工大学

(续表)

课 题 名 称	课题类别	负 责 人	工 作 单 位
当前我国经济社会发展阶段性特征研究	系列课题	严黎昀	华东理工大学
构建社会主义和谐社会研究	系列课题	王荣发	华东理工大学
科学发展观与以人为本研究	系列课题	张荣明	华东理工大学
科学发展观的理论和实践问题研究(总课题)	系列课题	鲍宗豪	华东理工大学
科学发展观的理论内涵和精神实质	系列课题	鲍宗豪	华东理工大学
推进社会主义民主政治进程研究	系列课题	范明英	华东理工大学
以科学发展观统领经济社会发展全局研究	系列课题	刘建国	华东理工大学
建设社会主义新农村研究(A卷)	系列课题	曹锦清	华东理工大学
建设社会主义新农村研究(B卷)	系列课题	顾海英	上海交通大学
科学发展观与马克思主义中国化的新进展研究	系列课题	吴林根	中国浦东干部学院
党的先进性与执政能力建设的关系研究	系列课题	林尚立	复旦大学
改进党的执政方式研究	系列课题	郑长忠	复旦大学
加强党的执政能力建设研究系列(总课题)A卷	系列课题	林尚立	复旦大学
加强执政能力建设与党政领导班子素质匹配研究	系列课题	吴志华	华东师范大学
改进党的执政方式研究	系列课题	程竹汝	复旦大学
改进党的执政方式研究	系列课题	程竹汝	复旦大学
巩固和扩大党的执政基础研究	系列课题	商红日	上海师范大学
拓展党的执政资源研究	系列课题	周敏凯	同济大学
加强执政能力建设与党政领导班子素质匹配研究	系列课题	郭庆松	市委党校
加强党的执政能力建设研究(总课题)B卷	系列课题	丁晓强	市委党校
拓展党的执政资源研究	系列课题	刘宗洪	市委党校
党的先进性建设与执政能力建设的关系研究	系列课题	丁晓强	市委党校
巩固和扩大党的执政基础研究	系列课题	顾建键	市委党校
国际化大都市建设过程中党的执政党规律研究	系列课题	李琪	市委研究室
上海社会主义新郊区建设研究(A卷)	系列课题	焦必方	复旦大学
上海产业结构优化升级研究(A卷)	系列课题	张晖明	复旦大学

（续表）

课题名称	课题类别	负责人	工作单位
加快上海公共服务均等化研究（B卷）	系列课题	陈家华	复旦大学
完善就业援助机制研究	系列课题	王大犇	华东师范大学
进一步完善社会保障制度研究	系列课题	钟仁耀	上海财经大学
完善上海区县功能定位研究	系列课题	丁健	上海财经大学
“十一五”期间上海经济社会发展研究（总课题）	系列课题	左学金	上海社会科学院
增强自主创新能力，建设创新型城市研究	系列课题	左学金	上海社会科学院
面向低收入群体的住房保障和政策支持体系研究	系列课题	张鸿铭	上海社会科学院
继续推进上海城市管理信息化研究	系列课题	葛伟民	上海社会科学院
进一步优化创业环境研究	系列课题	顾光青	上海社会科学院
加快上海公共服务均等化研究（A卷）	系列课题	许沛	市财政局
上海社会主义新郊区建设研究（B卷）	系列课题	赵伟星	市财政局
上海产业结构优化升级研究（B卷）	系列课题	吴建伟	同济大学
继续深化经济体制改革系列研究（总课题）	系列课题	姚锡棠	上海社会科学院
浦东新区综合配套改革研究	系列课题	姚锡棠	上海社会科学院
完善政府重大经济社会事务决策程序研究	系列课题	顾肖荣	上海社会科学院
进一步发展和完善现代市场体系研究	系列课题	袁恩桢	上海社会科学院
积极推进事业单位分类配套改革研究	系列课题	杨宇立	上海社会科学院
深化医疗卫生和医药流通体制改革研究	系列课题	胡苏云	上海社会科学院
深化公共服务和社会管理体制改革研究	系列课题	卢汉龙	上海社会科学院
上海文化发展的市场环境建设研究	系列课题	金冠军	上海大学
上海加快文化产业体系建设研究	系列课题	李本乾	上海交通大学
上海文化发展问题研究系列（总课题）	系列课题	蒯大申	上海社会科学院
培育城市创新文化研究	系列课题	包亚明	上海社会科学院
上海公共文化服务体系建设研究	系列课题	蒯大申	上海社会科学院
城市文化竞争力指标体系研究	系列课题	花建	上海社会科学院
上海深化文化管理体制改革研究	系列课题	胡惠林	上海交通大学
上海世博会服饰形象策略及相关国际惯例分析研究	系列课题	陈建辉	东华大学
上海世博会品牌策略与赞助市场开发研究	系列课题	鲁直	复旦大学

(续表)

课题名称	课题类别	负责人	工作单位
上海世博会协调合作问题研究	系列课题	顾丽梅	复旦大学
世博会期间上海环境承载力调控研究(B卷)	系列课题	戴星翼	复旦大学
中国上海世博会安全管理问题研究	系列课题	滕五晓	复旦大学
世博会运营管理绩效评估指标体系研究(B卷)	系列课题	孙元欣	上海财经大学
中国上海世博会文化资源管理研究：文化营销的五维开发框架与软实力构建模型	系列课题	万君宝	上海财经大学
世博经济研究(B卷)	系列课题	白澎	上海财经大学
上海世博会风险管理研究(B卷)	系列课题	吴忠	上海工程技术大学
世博经济研究(A卷)	系列课题	王方华	上海交通大学
2010年上海世博会若干问题研究系列(总课题)	系列课题	王方华	上海交通大学
世博会运营管理绩效评估指标体系研究(B卷)	系列课题	陈先进	—
中国上海世博会风险管理研究(A卷)	系列课题	戴柳	—
保险机制在中国2010年世博会风险管理中的运用	系列课题	吴云飞	—
中国上海世博会组织招展模式研究	系列课题	季路德	—
中国上海世博会对外宣传策划思路研究(B卷)	系列课题	缪其浩	上海图书馆(上海科技情报研究所)
世博会的惯例和特殊制度安排研究	系列课题	单晓光	同济大学
世博会期间上海环境承载力调控研究(A卷)	系列课题	陈小鸿	同济大学
2010年中国上海世博会对外宣传策划思路研究(A卷)	系列课题	陈立生	同济大学
校园文化建设研究	系列课题	刘承功	复旦大学
高校思想政治理论课程建设研究	系列课题	陈锡喜	华东师范大学
荣辱观与学校廉洁教育研究	系列课题	余玉花	华东师范大学
高校思想政治理论课程建设	系列课题	宋进	华东师范大学
高校学生思想政治工作体制机制创新研究	系列课题	杨元华	—
校园文化建设研究	系列课题	杨俊一	上海政法学院
加强和改进高校思想政治工作研究系列(总课题)	系列课题	杨俊一	上海政法学院

（续表）

课 题 名 称	课题类别	负 责 人	工 作 单 位
学生社会工作制度建设研究	系列课题	陶倩	上海大学
上海率先提高自主创新能力研究(B卷)	系列课题	刘杰	复旦大学
上海率先提高自主创新能力研究(A卷)	系列课题	李建伟	上海财经大学
上海率先转变经济增长方式研究	系列课题	刘熀松	上海社会科学院
人民内部矛盾在上海的突出表现和政府的措施	系列课题	顾肖荣	上海社会科学院
上海市民安全感动态研究	系列课题	林荫茂	上海社会科学院
上海社会治安的区域问题、症结和对策研究	系列课题	周海旺	上海社会科学院
社会稳定的体制、机制研究	系列课题	杨雄	上海社会科学院

2007年度上海市哲学社会科学规划课题

课 题 名 称	课题类别	负 责 人	工 作 单 位
多核心巨型城市网络研究——以上海大都市圈为例	一般课题	吴泓	东华大学
上海创意产业空间组织与管理研究	一般课题	谷人旭	华东师范大学
长江三角洲城市职能分工体系研究	一般课题	樊福卓	上海社会科学院
上海大都市新型郊区化问题及发展模式研究	一般课题	吴元波	上海立信会计学院
上海市场中介服务业发展与管理研究	一般课题	许德明	—
共产党在落后国家执政中的文化制约与文化建设问题研究	一般课题	韦定广	南京政治学院上海分院
十六大以来党的制度创新与运行成效研究——兼从党的制度建设视角解析上海社保基金案	一般课题	周敬青	市委党校
宽严相济刑事政策研究	一般课题	汪明亮	复旦大学
立宪主义视野下的基本权利研究	一般课题	刘志刚	复旦大学
WTO争端解决机制与和谐世界关系研究	一般课题	贺小勇	华东政法大学
少年法院的学理论证与方案设计	一般课题	姚建龙	华东政法大学
社会法视角下公法与私法的融合——弱势群体保护理论的系统化	一般课题	董保华	华东政法大学
房地产投资信托(REITs)运行机制之法律经济分析	一般课题	李智	上海大学

（续表）

课 题 名 称	课题类别	负 责 人	工 作 单 位
上海国际航运中心建设发展的海商海事法律问题研究	一般课题	王国华	上海海事大学
构建社会主义和谐社会劳动关系法律保障研究——以反就业歧视为视角	一般课题	周伟	上海交通大学
上海市公民宪政意识及其发展实证研究	一般课题	徐向华	上海交通大学
金融衍生工具法律规制研究——基于法经济学视角	一般课题	刘瑞瑞	上海政法学院
环境保护行政执法程序的规范化研究	一般课题	梁晓俭	同济大学
中东欧国家转型时期公共物品供给研究及其对中国构建和谐的借鉴	一般课题	杨烨	华东师范大学
欧洲社会模式——以欧洲住房政策为视角	一般课题	余南平	华东师范大学
美国太空政策及其对我国安全的影响	一般课题	吴莼思	上海国际问题研究所
21 世纪初中东因素对大国关系的影响	一般课题	汪波	上海外国语大学
基于经济增长方式转换的金融创新和谐性研究	一般课题	朱淑珍	东华大学
构建和谐社会利益分配关系与房地产业的健康发展——基于要素价格形成与变动的实证研究	一般课题	张永岳	华东师范大学
上海老字号品牌复兴的影响机理与管理路径研究——基于世代差异与代际影响的视角	一般课题	何佳讯	华东师范大学
长江流域水污染防治的立法协调与法制环境建设研究	一般课题	陈坤	华东政法大学
我国贸易增长的收入效应和分配格局动态变化研究	一般课题	朱钟棣	上海对外贸易学院
上海生产者服务业的集聚与增长	一般课题	陶纪明	上海社会科学院
上海市工业劳动生产率增长的影响因素分析及其对就业影响研究	一般课题	戴昌钧	东华大学
基于创业能力增强的企业家隐性知识学习机理研究	一般课题	丁栋虹	复旦大学
垄断行业改革深化的理论分析与政策设计	一般课题	白让让	复旦大学
证券市场泡沫的实证分析	一般课题	攀登	复旦大学
创新型国家建设中的技术扩散、技术能力积累与区域科技能力提升战略研究	一般课题	殷醒民	复旦大学
上海反哺农业的双重性研究	一般课题	尹晨	复旦大学

（续表）

课 题 名 称	课题类别	负 责 人	工 作 单 位
金融控股集团的有效监管：基于风险与效率均衡的理论与实证研究	一般课题	阮永平	华东理工大学
面向“节能降排”目标的上海化工企业绿色管理模式创新	一般课题	胡继灵	华东理工大学
新会计准则实施后会计信息质量跟踪监管研究	一般课题	胡仁昱	华东理工大学
转轨经济下的外致性审计需求研究	一般课题	孙铮	上海财经大学
上海市地方财政收入中长期增长趋势研究	一般课题	孙海鸣	上海财经大学
我国上市公司股权激励问题研究	一般课题	李增泉	上海财经大学
土地集约利用的管制失灵、路径替代与制度创新	一般课题	刘志平	上海财经大学
促进上海高科技中小企业技术创新能力的研发项目管理模式研究	一般课题	董静	上海财经大学
基于经济虚拟化的股市系统风险统计测度和监管研究	一般课题	张梅琳	上海大学
气候衍生品交易的发展现状及其在中国的应用前景研究	一般课题	陈信华	上海大学
加强我国对跨境资本流动监管的研究	一般课题	李方	上海对外贸易学院
中国对外贸易的动态优势变化与外贸增长方式的转变	一般课题	张鸿	上海对外贸易学院
会计准则的技术创新导向——来自上市公司研究与开发的证据	一般课题	颜延	上海国家会计学院
资产负债视野下养老金市场风险的识别、测量与控制——兼论差异化管理德中国个人养老金账户必要性	一般课题	蔡明超	上海交通大学
颠覆性创新的机理与后发企业动态优势获取研究	一般课题	陈继祥	上海交通大学
我国衍生金融工具风险监管体系中的会计功能再造	一般课题	吴大器	上海金融学院
促进上海城乡义务教育均衡发展研究	一般课题	金亚萍	市财政科学研究所
新农村建设与大都市圈现代农产品物流市场体系构建	一般课题	俞菊生	市农业科学院
上海服务外包产业发展战略与路径研究	一般课题	邬适融	上海应用技术学院
高科技企业的成长：能力体系与战略选择的交互影响	一般课题	楼永	同济大学
中国产业集聚效应研究	一般课题	范剑勇	复旦大学

(续表)

课题名称	课题类别	负责人	工作单位
区域开发模式和收入差距问题的实证研究——以长江三角洲为中心的考察	一般课题	陈云	复旦大学
未来上海居民收入不平等的动态演化:一项基于收入风险的研究	一般课题	樊潇彦	复旦大学
能源价格变动与经济安全问题研究	一般课题	林珏	上海财经大学
协调利益关系,构建利益共享的社会主义和谐社会	一般课题	陈波	上海财经大学
服务业FDI溢出效应与作用机理研究	一般课题	殷凤	上海大学
民营经济在和谐社会建设中的双重作用及其可塑性研究	一般课题	李国荣	上海电力学院
上海企业集群与发展区域循环经济研究	一般课题	宋殿清	上海理工大学
中国对外贸易创新系统构建问题研究	一般课题	唐海燕	上海立信会计学院
全球化背景下世界生产体系变革的动力机制研究	一般课题	金芳	上海社会科学院
和谐社会与流动人口受教育权问题研究	一般课题	张慧洁	复旦大学
残疾人的心理需求及其社会支持网络优化模式的研究	一般课题	李凌	华东师范大学
人类超常记忆能力的研究:专长心理视角	一般课题	胡谊	华东师范大学
中小学教师创新观与教学行为关系研究	一般课题	庞维国	华东师范大学
大学品牌形象的关注特征及评价要素研究:大学排名的新视角	一般课题	常河山	上海交通大学
我国高等教育规模的区域布局研究	一般课题	赵宏斌	上海交通大学
希伯来语教育在中国——历史、现状与未来	一般课题	曾维华	上海师范大学
转型时期我国学校德育研究的反思	一般课题	刘次林	上海师范大学
马克思的科学哲学及其当代意义	一般课题	周林东	复旦大学
马克思主义话语体系的重构和话语主导权的掌握——以社会主义和谐社会的构建为背景	一般课题	陈锡喜	华东师范大学
网络时代大学生人文精神问题研究	一般课题	张桂芳	上海对外贸易学院
民主社会主义批判资本主义的实践逻辑与历史效应	一般课题	曾瑞明	上海工程技术大学
城乡和谐发展的文化带动战略研究	一般课题	于洪生	中国浦东干部学院
商务印书馆外语教科书编纂与近代上海出版文化	一般课题	邹振环	复旦大学

（续表）

课题名称	课题类别	负责人	工作单位
运动激愤式自杀行动社会意义的赋予——以中国 1919—1928 年社会运动中的自杀事件为例	一般课题	刘长林	上海大学
东京审判对华暴行罪研究	一般课题	程兆奇	上海社会科学院
近代上海舞厅业研究（1917—1954 年）	一般课题	马军	上海社会科学院
地方自治与上海社会变迁	一般课题	周松青	上海政法学院
1990 年以来上海市人口分布与郊区化研究	一般课题	高向东	华东师范大学
新农村建设与农村市民社会的形成：内发发展主义视角下的上海农村	一般课题	张文明	华东师范大学
超越风险社会：西方风险社会学理论及其与中国经验的对话	一般课题	肖瑛	上海大学
中俄社会结构与认同研究	一般课题	潘大渭	上海社会科学院
都市社会的代际流动：模式与变迁	一般课题	李煜	上海社会科学院
我国少数民族聚居区（以毛南族为例）体育与健康相关生命质量的实证研究	一般课题	刘志民	上海体育学院
人际竞争情报研究	一般课题	吴晓伟	—
近现代上海教会大学与中西文学关系	一般课题	梁永安	复旦大学
和谐之道：《周易》与先秦诸子审美观研究	一般课题	谢金良	复旦大学
民国词与词学研究	一般课题	朱惠国	华东师范大学
庄子生态思想与科学发展观研究	一般课题	方勇	华东师范大学
中国外销画艺术史	一般课题	胡光华	上海大学
新中国电影美学形态的演化与重构（1949—2006）	一般课题	金丹元	上海大学
春秋政治变革与诗歌创作考论——以两周之际“二王并立”政治格局为研究起点	一般课题	邵炳军	上海大学
唐宋词从流行到经典的演进研究	一般课题	吴惠娟	上海大学
西方视野中的中国艺术精神	一般课题	陈伟	上海师范大学
《源氏物语》与《红楼梦》比较研究	一般课题	顾鸣塘	上海师范大学
现代性与大众文化	一般课题	贾明	上海师范大学
上海世博会的对外宣传与上海城市形象的提升	一般课题	顾铮	复旦大学
新形势下的舆论安全与舆论引导新机制研究	一般课题	张涛甫	复旦大学
上海媒体突发事件报道的框架选择及范式创新	一般课题	赵士林	上海大学

(续表)

课 题 名 称	课题类别	负 责 人	工 作 单 位
上海妇女类热线电话与都市和谐社会建设	一般课题	曹晋	复旦大学
汉语方言学史研究	一般课题	游汝杰	复旦大学
英汉语篇回指现象的认知对比研究	一般课题	熊学亮	复旦大学
积极话语分析与和谐社区的创建	一般课题	朱永生	复旦大学
上海现代化进程中的方言接触与新新派上海话的形成	一般课题	薛才德	上海大学
法律语篇的行为规范研究	一般课题	王振华	上海交通大学
汉语“韵律词”的界定及其整合效应探讨	一般课题	吴为善	上海师范大学
十一部中医经典特殊词语现象研究	一般课题	孙文钟	上海中医药大学
基于时间竞争的纺织服装供应链协同管理策略研究	一般课题	徐琪	东华大学
环境风险的商业保险应对机制研究:以上海为例	一般课题	陈冬梅	复旦大学
少数民族流动人口的社会心理融合研究	一般课题	马前锋	复旦大学
“全球新政治”:手机短信传播与公共治理风险控制	一般课题	胡春阳	复旦大学
欧洲国家创新政策研究——以瑞典和英国为例	一般课题	赵中建	华东师范大学
上海政府决策中公众参与制度实证研究	一般课题	王士如	上海财经大学
上海水域景观综合治理与世博会主题策应	一般课题	全华	上海财经大学
上海社区文化活动中心评估研究	一般课题	蒯大申	上海社会科学院
基于生态服务价值测算的淀山湖水源保护区水产养殖系统生态补偿政策研究	一般课题	杨正勇	上海海洋大学
关于上海市优秀运动队组织管理模式的对策研究	一般课题	姚颂平	上海体育学院
全球化语境下中国武术跨文化交流之研究	一般课题	虞定海	上海体育学院
论马克思对后现代思潮的影响	一般课题	高宣扬	同济大学
后马克思主义发生史及其批判	一般课题	王金林	复旦大学
当代逻辑若干转向的哲学审视	一般课题	晋荣东	华东师范大学
现代技术下的空间拉近体验反思	一般课题	杨庆峰	上海大学
天文学的文化哲学	一般课题	江晓原	上海交通大学
康德哲学概念谱系	一般课题	余治平	上海社会科学院
俞国桢和中国耶稣教自立会研究	一般课题	张化	—

（续表）

课题名称	课题类别	负责人	工作单位
哈贝马斯之后：社会批判理论的当代转型与发展	一般课题	汪行福	复旦大学
上海服务型政府治理创新研究	一般课题	顾丽梅	复旦大学
民营化改革条件下的中国公用事业治理体制再造研究	一般课题	敬乂嘉	复旦大学
当代中国公共政策体系变革研究	一般课题	唐贤兴	复旦大学
地方政府应急管理标准化模式研究	一般课题	滕五晓	复旦大学
转型社会的制度变革：上海城市管理与社区治理体制构建	一般课题	郭圣莉	华东理工大学
中国行政区划通史	重大课题	周振鹤	复旦大学
美国对华情报评估解密档案的整理与研究	重大课题	沈志华	华东师范大学
社区建设、社会资本与基层治理绩效研究	青年课题	石发勇	上海政法学院
安全等级制度研究	青年课题	曾刚	华东政法大学
上海市人大常委会执法检查权实证研究	青年课题	林彦	上海交通大学
社会资本视角下的腐败犯罪治理研究——兼论《联合国反腐败公约》对我国的影响	青年课题	卫磊	上海政法学院
中央与地方关系法治化研究	青年课题	孙波	上海政法学院
从贸易政治到金融政治：美国对华经济战略的转变	青年课题	宋国友	复旦大学
WTO框架下中国的补贴与反补贴问题及对上海产业发展的影响	青年课题	于蕾	上海社会科学院
创新产品定价中感知风险的影响	青年课题	张喆	复旦大学
人民币均衡汇率与经济增长方式转变的关系	青年课题	李天栋	复旦大学
转型经济中会计准则保护产权的作用机理研究	青年课题	刘浩	上海财经大学
面向和谐社会的转移支付制度研究	青年课题	张恒龙	上海大学
全流通与新会计准则影响下的会计信息与资本配置效率	青年课题	刘凤委	上海国家会计学院
基于双边市场理论的中国电子支付产业的竞争与规则研究	青年课题	胥莉	上海交通大学
农户投资行为与农村金融抑制问题的研究	青年课题	朱喜	上海交通大学
公开内幕交易的外部效应研究：来自中国股票市场的经验证据	青年课题	曾庆生	上海交通大学

(续表)

课题名称	课题类别	负责人	工作单位
中国对外贸易摩擦中的税收竞争与协调	青年课题	罗秦	上海立信会计学院
网络环境下影响消费者购买行为的整合模型研究	青年课题	杜伟宇	华东理工大学
错误记忆的无意识机制研究	青年课题	周楚	复旦大学
亲子关系与独生子女的社会性发展	青年课题	王燕	复旦大学
教育学的学科发展机制研究	青年课题	程亮	华东师范大学
城市各阶层间社会认知偏差的现状、互动机制与对策研究	青年课题	李林	华东师范大学
挖掘默会知识　探究实践智慧——基于默会认识论的体悟学习研究	青年课题	许苏	上海师范大学
后马克思主义的现代性反思及其对建构和谐社会的启示	青年课题	王平	东华大学
论文化权利：从认识到实现	青年课题	赵宴群	复旦大学
西方马克思主义的现代性批判理论研究	青年课题	胡绪明	上海理工大学
当代中国社会分层与大学生思想政治教育研究	青年课题	苏令银	上海师范大学
长三角近300年风暴潮灾与水风险防范研究	青年课题	赵赟	华东理工大学
科学时代的人文主义：《思想与时代》与1940年代中国思想界	青年课题	何方昱	上海社会科学院
上海市统筹城保、镇保和综保三险兼容与衔接的制度创新研究	青年课题	汪华	华东理工大学
城市社区管理体制创新——以上海市社区管理体制变革为例	青年课题	刘伟红	上海大学
视觉艺术视野中的国际都市时尚流变及其特点研究——以上海市为个案	青年课题	周进	复旦大学
欧美生态批评诗学研究	青年课题	苗福光	上海大学
积极修辞话语生成机制研究	青年课题	霍四通	复旦大学
任务价值、归因方式与文化背景对外国人学习和使用汉语时的焦虑之影响研究	青年课题	张晓路	华东师范大学
宋代经学与古文	青年课题	方笑一	华东师范大学
汉语特殊判断句研究	青年课题	向德珍	上海大学
对外汉语教学和测试中的语言能力研究	青年课题	刘惠清	上海师范大学
事实报道与话语倾向：新闻话语中的元语言研究	青年课题	黄敏	华东师范大学
意愿价值法在生态系统服务价值评估中的基础研究	青年课题	张翼飞	上海师范大学

（续表）

课 题 名 称	课题类别	负 责 人	工 作 单 位
上海近代摩登(Art Deco)建筑遗产保护及利用研究	青年课题	许乙弘	同济大学
财政社会学研究——以财政制度、分工与经济增长研究为框架	青年课题	刘志广	市委党校
从分配到承认：环境正义研究	青年课题	王韬洋	华东师范大学
中国书法审美特质的哲学研究	青年课题	李欣	同济大学
人、城邦和善：对亚里斯多德政治理论的初探	青年课题	王涛	复旦大学
后发展国家民主巩固进程中的问题研究	青年课题	陈尧	上海交通大学
转型期长三角区域城市综合竞争力评价指标体系研究	长三角课题	赵红岩	东华大学
长三角区域生产性服务业集群发展所需社会服务体系构建与整合研究	长三角课题	徐以汎	复旦大学
长江三角洲区域协调的重大体制与机制创新研究	长三角课题	宣文俊	华东政法大学
长江三角洲区域科技创新能力研究	长三角课题	杨大楷	上海财经大学
长江三角洲区域高科技企业国际化现状分析与对策研究	长三角课题	赵先进	上海大学
长江三角洲城市带媒介集群的困境与对策研究	长三角课题	刘秀梅	上海大学
长江三角洲区域城市化健康发展研究	长三角课题	曾芬钰	上海电力学院
长三角地区中小城市品牌建设若干问题及对策研究	长三角课题	伍青生	上海交通大学
长三角区域旅游精品建设与世博会联动研究	长三角课题	武邦涛	上海交通大学
基于外资与产业集群共同作用下的长三角区域经济协调发展理论与对策研究	长三角课题	朱向红	上海立信会计学院
长江三角洲区域社会主义新农村建设行动计划思路研究	长三角课题	陈跃斌	市财政科学研究所
长三角区域协调的重大体制与机制创新研究	长三角课题	葛月凤	上海应用技术学院
长江三角洲区域能源供需结构及未来变化——基于能源生产率的实证分析	长三角课题	诸大建	同济大学
树立科学发展观与完善社会主义市场经济体制研究	系列课题	熊琼	华东师范大学
树立科学发展观与推进改革开放研究	系列课题	陈飞翔	同济大学
社会主义核心价值体系研究	系列课题	吴新文	复旦大学

(续表)

课题名称	课题类别	负责人	工作单位
中国特色社会主义法律体系研究	系列课题	潘伟杰	复旦大学
社会和谐与社会主义本质属性的关系研究	系列课题	郎秀云	复旦大学
构建社会主义和谐社会与促进经济社会协调发展研究	系列课题	张良	华东理工大学
构建社会主义和谐社会与调整我国社会结构、社会利益关系研究(A卷)	系列课题	李琼	华东理工大学
构建社会主义和谐社会的世界观与方法论研究	系列课题	曹锦清	华东理工大学
社会主义荣辱观研究	系列课题	张钟汝	上海大学
社会主义和谐文化建设研究	系列课题	喻大翔	同济大学
构建社会主义和谐社会与调整我国社会结构、社会利益关系研究(B卷)	系列课题	蔡驎	同济大学
党政领导体制改革新问题研究	系列课题	竺乾威	复旦大学
推进党内民主建设研究	系列课题	赵渭荣	复旦大学
坚持和完善反腐倡廉制度研究	系列课题	贺卫	东华大学
新形势下加强上海基层党建工作研究	系列课题	郑长忠	复旦大学
上海率先转变经济增长方式研究	系列课题	陆铭	复旦大学
上海率先推进改革开放研究	系列课题	姚锡棠	上海社会科学院
上海率先提高自主创新能力研究	系列课题	张幼文	上海社会科学院
上海率先构建社会主义和谐社会研究	系列课题	毛力熊	—
继续推进上海城市信息化研究(A卷)	系列课题	张成洪	复旦大学
上海创意产业发展研究(B卷)	系列课题	张艳辉	华东理工大学
构建支撑科技创新的资本市场研究(B卷)	系列课题	石良平	华东理工大学
上海发展服务外包研究(B卷)	系列课题	沈玉良	上海对外贸易学院
上海创意产业发展研究(A卷)	系列课题	厉无畏	上海社会科学院
上海信息服务业发展研究(A卷)	系列课题	王贻志	上海社会科学院
上海发展服务外包研究(A卷)	系列课题	韩汉君	上海社会科学院
上海信息服务业发展研究(B卷)	系列课题	蔡旭初	—
上海现代物流业发展研究(B卷)	系列课题	朱金海	—
继续推进上海城市信息化研究(B卷)	系列课题	白庆华	同济大学
构建支撑科技创新的资本市场研究(A卷)	系列课题	闻岳春	同济大学
上海现代物流业发展研究(A卷)	系列课题	霍佳震	同济大学

（续表）

课 题 名 称	课题类别	负 责 人	工 作 单 位
新形势下促进高校毕业生就业创业研究（A卷）	系列课题	马春雷	—
新形势下促进高校毕业生就业创业研究（B卷）	系列课题	吴薇	华东师范大学
促进上海城乡义务教育均衡发展研究	系列课题	李维	上海社会科学院
进一步完善上海社会保障体系研究	系列课题	孙克勤	上海社会科学院
新形势下上海社会管理新趋势与政府职能研究	系列课题	郑韶	—
新形势下强化上海社区建设研究	系列课题	杨蓓蕾	同济大学
推进上海社区卫生服务体系建设研究	系列课题	程俐骢	同济大学
社会主义核心价值观与精神文明建设体系研究	系列课题	王贤卿	复旦大学
马克思主义文化理论研究	系列课题	汪堂家	复旦大学
上海不同社会群体精神文明需求研究	系列课题	陈虹	华东师范大学
和平发展道路与中国的对外文化战略	系列课题	俞新天	上海国际问题研究所
上海加快文化创意产业发展的战略与对策研究	系列课题	王如忠	上海社会科学院
高校思想政治课教学改革与创新研究	系列课题	王荣发	华东理工大学
社会主义核心价值观进国民教育体系研究	系列课题	吴刚	华东师范大学
新形势下学生道德教育的新情况、新问题研究	系列课题	余玉花	华东师范大学
和谐校园建设研究	系列课题	解超	华东师范大学
全球化背景下的民族精神教育研究	系列课题	刘永章	上海财经大学
上海世博会文化资源开发研究	系列课题	苏勇	复旦大学
上海世博会园区工业遗产保护和利用研究（A卷）	系列课题	陆建松	复旦大学
上海世博会对外宣传深化研究	系列课题	陈信康	上海财经大学
上海世博会园区工程建设统筹管理和控制研究	系列课题	房庆强	—
上海世博会运营风险预警与应急机制研究	系列课题	刘霞	上海交通大学
上海世博会捐赠模式研究	系列课题	吴云飞	—
上海世博会运营管理信息化模式研究	系列课题	陆为群	—
上海世博会园区工业遗产保护和利用研究（B卷）	系列课题	夏南凯	同济大学

2008年度上海市哲学社会科学规划课题

课题名称	课题类别	负责人	工作单位
上海市产学研合作创新过程中政府与市场角色的定位及其激励机制的设计——基于博弈均衡分析的视角	一般课题	车维汉	上海财经大学
上海郊区新城开发模式与运作机制研究	一般课题	陈建华	上海社会科学院
上海与国际会展中心城市的比较研究	一般课题	胡平	华东师范大学
世博机遇与长三角文化产业新布局研究	一般课题	杨卫武	上海师范大学
长江三角洲地区经济社会协调发展深化研究	一般课题	殷明	市地方税务局税收科学研究所
上海私营工商业研究(1949—1956)	一般课题	高晓林	复旦大学
东北解放战争中的关内干部:群体研究	一般课题	陈德军	上海大学
上海“文化大革命”史料留存和分布情况调查研究	一般课题	金大陆	上海社会科学院
上海改革开放30年历程研究	一般课题	俞克明	市委党史研究室
中国行政登记重大疑难法律问题研究	一般课题	茅铭晨	东华大学
集体土地所有权法律制度研究——基于历史、比较和实证的考察	一般课题	李凤章	上海大学
中国国有资产管理立法研究	一般课题	倪受彬	上海对外经贸大学
长三角节能减排合作互动长效机制研究	一般课题	莫神星	华东理工大学
《物权法》施行后上海城市房屋拆迁问题与对策研究	一般课题	章礼强	东华大学
行政规划与法治政府建设——从当代行政功能变革的角度的研究	一般课题	朱芒	上海交通大学
世界银行环境政策与中国环境法的发展	一般课题	金慧华	上海立信会计学院
经济全球化下中国国际海运服务法律制度完善研究——兼论中国由海运大国迈向海运强国的法律选择	一般课题	佘少峰	上海海事大学
反腐败国际合作的民事之维	一般课题	范红旗	中国浦东干部学院
变革中的东盟与中国的关系	一般课题	马嫚	上海国际问题研究院
服务业市场深化开放与国内规制研究——基于上海地区若干服务行业的实证分析	一般课题	张磊	上海WTO事务咨询中心
非传统安全理论研究	一般课题	张家栋	复旦大学
冷战后美国核战略与国际核不扩散体制危机研究	一般课题	夏立平	同济大学

（续表）

课题名称	课题类别	负责人	工作单位
美国国会与达赖集团	一般课题	王芳	第二军医大学
环境、能源约束下的上海工业增长模式研究——基于非参数环境生产前沿模型对大中型企业面板数据的分析	一般课题	周建	上海财经大学
上海市海洋产业创新集群的发育机理及成长规律研究	一般课题	蒙少东	上海海洋大学
上市资源流失过程中的财富转移效应研究	一般课题	徐龙炳	上海财经大学
证券投资基金投资者利益保护研究	一般课题	陆蓉	上海财经大学
上海推进区县财税分配体制改革研究	一般课题	田发	上海理工大学
城乡基本医疗保险制度统筹发展研究——长江三角洲地区模式及其推广	一般课题	李华	上海财经大学
基于个人、企业、政府三个视角的城市农民工社会保险问题研究	一般课题	伍青生	上海交通大学
基于企业社会责任的产品伤害危机对品牌资产的影响研究	一般课题	井淼	上海交通大学
美国次贷危机的形成、扩散与防范机制研究	一般课题	陈学彬	复旦大学
制度环境、投资者保护与国际财务报告质量：一项基于全球资本市场的经验证据	一般课题	蒋义宏	上海财经大学
中国家族企业治理结构自然演变与选择性演变的实证研究——生命周期的视角	一般课题	关涛	华东理工大学
中国服装品牌权益构成要素、结构模型和形成机理研究——基于长三角重点城市的实证研究	一般课题	仓平	东华大学
中国流通产业发展方式转变问题研究	一般课题	李骏阳	上海大学
构建强制保险和第三方监督相结合的工程质量风险管理制度	一般课题	郭振华	上海对外经贸大学
上海市加快培育创新型企业自主创新能力研究	一般课题	石明虹	上海工程技术大学
金融全球化背景下的中国对外资产负债与经济调整	一般课题	徐剑刚	复旦大学
后股权分置时期大股东行为模式研究与上市公司绩效评价	一般课题	唐宗明	上海交通大学
基于多元公司治理理论的国有企业董事会内生性研究	一般课题	杨青	复旦大学
中国上市公司盈余预测与内部人交易行为的内生性研究	一般课题	王克敏	复旦大学

(续表)

课题名称	课题类别	负责人	工作单位
中国商业银行操作风险管理研究	一般课题	杨晔	上海财经大学
上市公司高管股权激励制度研究	一般课题	吕长江	复旦大学
本土代工企业自创国际品牌：演进路径与能力构建——以长三角地区为例	一般课题	杨桂菊	华东理工大学
全球化背景下"恶意疑似召回事件"应对机制研究	一般课题	叶明海	同济大学
中国总需求结构的调整和国际收支的均衡研究	一般课题	陆前进	复旦大学
上海世博会与政府管理制度创新	一般课题	吴云飞	上海世博会事务协调局
人民币经济区发展趋势与上海国际金融中心建设问题研究	一般课题	石建勋	同济大学
模块化创新战略与创新效率研究——一个提升自主创新能力的战略视角	一般课题	刘志阳	上海财经大学
上海服务业 FDI 开放进程中的金融风险研究	一般课题	李巍	华东师范大学
董事会职能的模式研究：以上海企业为样本	一般课题	华锦阳	上海财经大学
上海市研发人才资源现状及其优化研究	一般课题	韩清	上海社会科学院
我国汽车节能减排技术政策研究	一般课题	孙林	上海社会科学院
世博会应急事件下公共安全响应机制研究	一般课题	黄培清	上海交通大学
实施自由贸易区战略问题研究	一般课题	尹翔硕	复旦大学
股权激励的经济后果	一般课题	谢荣	上海国家会计学院
关键链项目进度管理的柔性价值	一般课题	马国丰	同济大学
专利测度与评价指标体系研究	一般课题	叶春明	上海理工大学
转型经济中促进股票市场健康发展的规制问题分析	一般课题	刘志强	上海政法学院
农业土地制度对经济发展模式的影响	一般课题	伍山林	上海财经大学
服务业促进经济增长的微观机理及其政策涵义研究	一般课题	程大中	复旦大学
双重过渡背景下影响中国经济增长方式转变的主要因素——基于省际面板数据的实证研究	一般课题	黎德福	同济大学
户籍制度、工资差距与城乡融合：基于上海市抽样调查数据的实证分析	一般课题	章元	复旦大学
双强模式——对我国改革开放 30 年来独特发展经验的分析与扬弃	一般课题	陈维	上海社会科学院

（续表）

课题名称	课题类别	负责人	工作单位
外资并购的国家经济安全规制与预警机制研究	一般课题	徐波	上海对外经贸大学
刻板印象的加工过程：来自 ERP 的证据	一般课题	王沛	上海师范大学
家庭化迁移中流动儿童的身心发展与社会融入	一般课题	崔丽娟	华东师范大学
成人学习的技术支持研究	一般课题	张际平	华东师范大学
太极拳练习对青少年心理健康的影响研究	一般课题	包雪鸣	华东师范大学
国际大都市高等教育国际化的比较研究：上海、香港、新加坡、东京	一般课题	李梅	华东师范大学
基础教育改革中的话语演变与“汉语”教育学重建研究——基于方法论的视角	一般课题	李政涛	华东师范大学
教师评价标准指标体系的国际比较研究	一般课题	王斌华	华东师范大学
我国基础教育教师专业发展状况与政策研究	一般课题	丁钢	华东师范大学
“自闭症谱系”障碍儿童干预方案研究	一般课题	杨广学	华东师范大学
从经济全球化视角看发达国家劳资关系的演变及其影响	一般课题	钱箭星	复旦大学
落实科学发展观与思维方式变革研究	一般课题	张森年	上海政法学院
第三世界社会主义的新探索——基于拉美与印度西孟加拉邦的分析视角	一般课题	官进胜	市委党校
中国特色社会主义理论体系架构与整合范式研究	一般课题	袁秉达	市委党校
晚清幕府与近代社会	一般课题	李志茗	上海社会科学院
钱穆与 20 世纪中国学术	一般课题	陈勇	上海大学
中国古代地方监察体系运行机制研究	一般课题	余蔚	复旦大学
上海禁毒史研究	一般课题	苏智良	上海师范大学
希腊古风时期的诗歌与教育	一般课题	张巍	复旦大学
从仪式变迁看城市化进程中失地农民之市民化问题——以上海市闵行区虹桥镇井亭村为例	一般课题	周建国	上海交通大学
和谐社会视野下的企业社会工作本土化运作机制研究	一般课题	朱贵平	上海应用技术大学
民间信仰复兴中的互动机制研究——以社会转型中的五猖神信仰为例	一般课题	耿敬	上海大学
改革开放以来上海社会分层结构变迁及其趋势研究	一般课题	仇立平	上海大学

(续表)

课题名称	课题类别	负责人	工作单位
布迪厄文化消费理论研究	一般课题	朱伟珏	同济大学
上海学龄人口的规模、结构和空间变动趋势与教育资源的配置整合问题研究	一般课题	肖黎春	上海社会科学院
图书馆员2.0时代的职业认同培育路径研究	一般课题	金武刚	华东师范大学
近代日本的汉籍劫取与国人的应对研究	一般课题	巴兆祥	复旦大学
后期维特根斯坦与文艺美学	一般课题	王峰	华东师范大学
现代主义缪斯在东方相遇——二十世纪中国的现代派诗歌译介史论	一般课题	耿纪永	同济大学
论艺术正义:以社会正义、宗教正义和艺术正义为语境的研究	一般课题	王云	上海戏剧学院
朱光潜与中西文艺美学	一般课题	夏中义	上海交通大学
中国史前艺术的审美特征	一般课题	朱志荣	华东师范大学
亨利・詹姆斯及其现代主义研究	一般课题	王跃洪	上海理工大学
伪满洲国时期文学期刊研究	一般课题	刘晓丽	华东师范大学
京沪两地晚清、民国时期小报的比较研究——一种综合的文化、文学考察	一般课题	李楠	复旦大学
城市化进程与明代江南诗文转型研究	一般课题	查清华	上海师范大学
《世说新语》研究史	一般课题	刘强	同济大学
印刷现代性与中国现代文学的发生——以晚清民初的出版活动为中心	一般课题	雷启立	华东师范大学
20世纪中国文学的"文史互证"研究	一般课题	刘志荣	复旦大学
上海广播电视媒体创新能力研究	一般课题	谢耘耕	上海交通大学
"数字电视新闻博览台"传播新模式开发研究	一般课题	吴信训	上海大学
政治与市场:美国现代新闻思想史研究	一般课题	马凌	复旦大学
韩国汉文古文献异形字研究	一般课题	吕浩	上海大学
汉字与西南少数民族文字的异体字比较研究	一般课题	高慧宜	华东师范大学
汉语趋向动词引申用法的认知分析	一般课题	吴云	复旦大学
古诗词英译文化理论研究	一般课题	顾正阳	上海大学
中国辞格审美史	一般课题	宗廷虎	复旦大学
上海发展文化创意旅游的思路与对策研究	一般课题	王慧敏	上海社会科学院
中西方不同视角下的武术国际化发展现状和未来的研究报告	一般课题	朱东	上海体育学院

（续表）

课题名称	课题类别	负责人	工作单位
现代教育领导研修模式的国际比较	一般课题	陈永明	上海师范大学
区域电网建设安全风险识别及规避策略研究(以华东电网为例)	一般课题	杨太华	上海电力大学
上海率先实行养老、医疗保险优税政策的战略意义、综合效应和现实路径研究	一般课题	翁小丹	上海对外经贸大学
和谐交通网络的信息决策支持系统研究	一般课题	单晓芳	同济大学
城市土地置换过程中相关方的环境、经济责任研究	一般课题	徐启新	华东师范大学
公共文化体系构建及财政投入问题研究	一般课题	于洪	上海财经大学
文化体制改革评估标准研究	一般课题	蒯大申	上海社会科学院
中西从事哲学的不同方式研究	一般课题	何锡蓉	上海社会科学院
中国传统类比推理系统研究	一般课题	周山	上海社会科学院
后现代科学哲学的“更多转向”	一般课题	安维复	华东师范大学
应答存在：海德格尔思想的伦理意义	一般课题	孙小玲	复旦大学
印度教在中国的传播与影响	一般课题	严耀中	上海师范大学
矛盾与变量：转型期中产阶级与社会稳定研究	一般课题	沈瑞英	上海大学
公共治理结构中的公司社会责任	一般课题	甘峰	上海师范大学
东欧与欧美执政党的执政方式对中国共产党建设先进性机制的启示	一般课题	李明(李路曲)	华东政法大学
科学发展中的政治和谐研究	一般课题	孙力	南京政治学院上海分校
浙南山区土地契约的搜集、整理与研究：以松阳县石仓村为中心	重大课题	曹树基	上海交通大学
《民国丛书》续编	重大课题	姜义华	复旦大学
《续修四库全书总目提要》整理与研究	重大课题	吴格	复旦大学
长三角旅游一体化进程中跨行政区利益冲突及博弈机制研究	青年课题	王永刚	复旦大学
干部素质的公众观研究	青年课题	周颖	中国浦东干部学院
1972—2007年中美之间的条约法及其与构建和谐中美关系研究	青年课题	王勇	华东政法大学
城市住宅小区法律问题研究	青年课题	白江	复旦大学
宗教非政府组织法律制度研究	青年课题	秦倩	复旦大学
非正式国际机制的形式选择机理及其有效性研究	青年课题	刘宏松	上海外国语大学
上海市基于益贫式增长的社会安全网的设计与评价：理论、实证与政策研究	青年课题	周华	同济大学

(续表)

课题名称	课题类别	负责人	工作单位
异常审计收费与审计意见购买研究	青年课题	唐跃军	复旦大学
人民币升值与我国外贸顺差调整研究	青年课题	毕玉江	上海立信会计学院
上海城乡一体化进程中的农村集体土地发展权流转与亲贫规制研究	青年课题	刘明宇	复旦大学
我国自然灾害保险救助问题研究	青年课题	聂峰	上海金融学院
权力的治理:大部制改革的经济学分析	青年课题	郑育家	上海交通大学
上海市农民工就业风险及管理问题研究	青年课题	程名望	同济大学
农户蔬菜质量安全控制行为研究——以上海市郊区为例	青年课题	张莉侠	市农业科学院
经济转型评估体系构建及对中东欧10国的检验——兼论对中国经济改革与发展的启示	青年课题	王健	复旦大学
全球化、劳动收入占比与收入差距:基于中国的理论和实证研究	青年课题	罗长远	复旦大学
大学生学习挫折的现状及教育对策研究	青年课题	杨秀君	上海大学
网络环境下的教师自主学习支持平台研究	青年课题	高丹丹	华东师范大学
大学生职业指导测评系统研究	青年课题	王鹏	华东师范大学
积极情绪对认知灵活性的影响	青年课题	王艳梅	华东师范大学
当代中国马克思主义大众化研究:社会主义的理论阐释框架	青年课题	王继停	上海社会科学院
出版、阅读与文化权力——以晚清的“卫生”书籍为中心	青年课题	张仲民	复旦大学
民国时期灾害应急救助机制研究——以1931年江淮大水为例	青年课题	孔祥成	上海立信会计学院
失地农民市民化的制约因素及可行路径分析	青年课题	王慧博	上海政法学院
进城农民工的市民化问题研究	青年课题	杨昕	上海社会科学院
缩小我国城市信息差距的政策研究	青年课题	李勇	上海社会科学院
当代文学中的底层形象研究(1978—2008)	青年课题	刘旭	华东师范大学
生态美学研究的现象学途径	青年课题	王茜	华东师范大学
谢灵运诗歌接受史研究	青年课题	王芳	上海交通大学
现代化进程中文学乡土想像的话语突围与主体建构——以1990年代以来的河南小说为中心的考察	青年课题	李丹梦	华东师范大学
中国文化对外传播效果分析与对策研究——基于孔子学院的调查	青年课题	吴瑛	上海外国语大学

（续表）

课 题 名 称	课题类别	负 责 人	工 作 单 位
汉代实物文献俗语词研究	青年课题	吕志峰	华东师范大学
面向计算的约束体系的建立与应用	青年课题	杨春雷	上海外国语大学
战国文字国别研究汇释	青年课题	陶霞波	华东师范大学
初唐裴务齐正字本《刊谬补缺切韵》研究	青年课题	曹洁	华东师范大学
跨行政区域污染控制与协调管理机制研究	青年课题	赵文会	上海电力大学
基于情景感知技术的公共安全应急响应决策支持系统研究	青年课题	胥正川	复旦大学
大型节事产业对城市竞争力的影响——以世博会为主要个案	青年课题	余守文	复旦大学
国家助学贷款体制创新——一个广义的社会保障框架	青年课题	黄波粼	华东师范大学
互联网对听障青少年群体交往的影响机制	青年课题	王小慧	华东师范大学
不可见者的诱惑——基于梅洛庞蒂的哲学反思	青年课题	张尧均	同济大学
技术过程的价值观研究	青年课题	闫宏秀	上海交通大学
区域经济圈内地方利益冲突及协调机制研究：以长三角为例	青年课题	汪伟全	华东政法大学
长江三角洲经济联动协调发展的机制研究	长三角系列	鞠立新	市委党校
基于合作利益机制的长三角交通基础设施一体化管治模式研究	长三角系列	李晔	同济大学
长江三角洲地区金融一体化进程中的陆家嘴金融城建设研究	长三角系列	储峥	上海金融学院
长江三角洲地区加快推进产业发展一体化研究	长三角系列	陈家海	上海社会科学院
基于上海国际航运中心的长三角物流产业链延伸模式及资源整合研究	长三角系列	迟晓英	上海海事大学
长江三角洲地区进一步完善创新体系研究	长三角系列	徐长乐	华东师范大学
长江三角洲地区进一步完善创新体系研究——大型研究中心集聚效应的组织分析	长三角系列	刘凡丰	复旦大学
长江三角洲地区进一步完善创新体系研究	长三角系列	朱春奎	复旦大学
长江三角洲地区电子废弃物一体化管理研究—基于电子废弃物管理票制度	长三角系列	乌力吉图	上海大学

（续表）

课题名称	课题类别	负责人	工作单位
长江三角洲地区加快推进环境保护一体化研究	长三角系列	曾赛星	上海交通大学
长三角地区公共危机管理联动机制研究	长三角系列	姚尚建	华东政法大学
长江三角洲地区推进社会管理和公共服务均等化研究	长三角系列	应勤俭	上海财经大学
长江三角洲地区文化产业协调发展战略研究	长三角系列	胡惠林	上海交通大学
长江三角洲地区工业遗产与创意产业发展关系研究	长三角系列	黄昌勇	同济大学
长江三角洲地区城市综合竞争力指标体系研究	长三角系列	于丽英	上海大学
长江三角洲地区城市综合竞争力指标体系及其评价与预测	长三角系列	楼文高	上海理工大学
长江三角洲地区地方法律法规协调研究	长三角系列	陈俊	华东政法大学
实现全面建设小康社会奋斗目标的新要求研究	系列课题	姜义华	复旦大学
深入贯彻科学发展观的重大意义和根本要求研究	系列课题	杨宏雨	复旦大学
党的十七大的历史地位、重大意义和理论贡献研究	系列课题	杜艳华	复旦大学
加快转变经济发展方式研究	系列课题	王永钦	复旦大学
当前我国改革和发展新阶段新特征研究	系列课题	胡键	上海社会科学院
建设社会主义核心价值体系研究	系列课题	胡振平	上海社会科学院
中国特色社会主义理论体系的科学内涵和重大意义研究	系列课题	黄凯锋	上海社会科学院
推进党内民主建设和增强党的创新活力研究	系列课题	周敏凯	同济大学
改革和完善干部人事制度研究	系列课题	张子良	上海公共行政与人力资源研究所
党的建设改革创新研究	系列课题	刘靖北	中国浦东干部学院
上海推进区县财税分配体制改革研究	系列课题	胡怡建	上海财经大学
上海加快社会管理体制改革研究	系列课题	邓伟志	上海大学
上海推进区县财税分配体制改革研究	系列课题	袁白薇	市财政局
上海加快突破城乡二元结构研究	系列课题	林善浪	同济大学
上海深化国资国企改革研究	系列课题	刘社建	上海社会科学院
上海推进改革开放的基本思路与总体战略研究	系列课题	王荣华	上海社会科学院

（续表）

课题名称	课题类别	负责人	工作单位
上海加快培育自主创新能力研究	系列课题	干春晖	上海财经大学
上海节约集约利用土地研究	系列课题	顾海英	上海交通大学
上海进一步完善住房保障体系研究	系列课题	姚玲珍	上海财经大学
上海推进公交优先战略研究	系列课题	孙明贵	东华大学
上海志愿者队伍建设研究	系列课题	孙克勤	上海社会科学院
上海外来常住人口本地化研究	系列课题	钟仁耀	华东师范大学
上海进一步完善住房保障体系研究	系列课题	张泓铭	上海社会科学院
上海社会建设总体目标和布局研究	系列课题	韩俊	上海社会科学院
上海城市管理顽症的综合治理研究	系列课题	黄文芳	复旦大学
上海推进旧区改造的新机制研究	系列课题	施建刚	同济大学
上海优化城市网格化管理机制研究	系列课题	白庆华	同济大学
上海郊区新市镇管理体制研究	系列课题	曲丹	同济大学
未来10年上海城市人口规模和结构预测	系列课题	魏星	复旦大学
上海加快推进国际文化交流中心建设研究	系列课题	李萌	上海对外经贸大学
上海营造有利于创新开放的文化发展环境研究	系列课题	周笑	复旦大学
完善上海文化产业发展的政策体系研究	系列课题	王汉栋	上海图书馆(上海科技情报研究所)
上海民族、民间、民俗文化的保护、传承和开发研究	系列课题	郭英之	复旦大学
上海公共文化服务体系建设研究	系列课题	孟建	复旦大学
大中小学德育内容衔接研究	系列课题	李家成	华东师范大学
思想政治教育与人文关怀的关系研究	系列课题	邱伟光	华东师范大学
上海高校引进“海归”教师现状调查	系列课题	徐笑君	复旦大学
思想政治教育的理论和方法创新研究	系列课题	石书臣	上海师范大学
创新人才培养与德育创新发展研究	系列课题	忻平	上海大学
世博会宣传与提升上海城市形象整合研究	系列课题	陈信康	上海财经大学
世博会与完善上海城市公共安全应急体系研究	系列课题	张平	上海公安学院
世博会论坛主题演绎研究	系列课题	曾原	上海图书馆(上海科技情报研究所)

2009年度上海市哲学社会科学规划课题

课题名称	课题类别	负责人	工作单位
国际城市贫困社区形成机理和以社区为本的减贫策略探索：上海和香港的实证分析	一般课题	张力	复旦大学
基于非市场价值估计理论的城市交通政策绩效评价	一般课题	冯苏苇	上海财经大学
1960年代地方经济和社会调整研究——以上海市为中心的考察	一般课题	韩钢	华东师范大学
《政治运动中的上海苏北人(1919～1937)》	一般课题	张玲	上海交通大学
土地制度改革与乡村社会变迁研究(1942～1952)	一般课题	王友明	中国浦东干部学院
WTO补贴规则与我国大飞机产业的发展	一般课题	张军旗	上海财经大学
私法中的体系思想——以人文主义法学以来私法体系之演变为中心	一般课题	金可可	华东政法大学
上海地方政府鼓励企业出口措施与WTO反补贴合规性研究	一般课题	龚柏华	复旦大学
法律原意主义解释方法论研究	一般课题	范进学	上海交通大学
金融危机背景下的上海地区金融犯罪实证调查与刑法规制研究	一般课题	顾肖荣	上海社会科学院
私益与公益平衡理念与机制的构建：征收视野下个人财产权保护研究	一般课题	王铁雄	上海海事大学
分权的两面性及地方经济保护主义的法律治理——以上海地区的国有企业改革为例	一般课题	程金华	华东政法大学
互联网与政治文化安全研究	一般课题	蔡翠红	复旦大学
全球性中欧关系中的国际道义不平衡研究	一般课题	陈玉刚	复旦大学
太空安全问题与中国对策研究	一般课题	何奇松	上海政法学院
双层博弈下的两核危机：现状、前景及我对策	一般课题	龚克瑜	上海国际问题研究院
不同信息条件下的套期保值策略研究	一般课题	肖庆宪	上海理工大学
生产性服务业发展的路径拓展与模式创新——基于上海产业转型升级的对策研究	一般课题	何骏	上海财经大学
美国次贷危机背景下中国金融衍生市场监管研究	一般课题	张宗新	复旦大学

（续表）

课 题 名 称	课题类别	负 责 人	工 作 单 位
服务质量承诺制度的设计模式及有效性研究：消费者响应视角	一般课题	金立印	复旦大学
中国证券市场分析师行为异化研究	一般课题	洪剑峭	复旦大学
中国企业的治理结构、创新体系和核心竞争力——与英美体制和德日体制的对比研究	一般课题	廖春	上海立信会计学院
我国大宗商品政府管制策略及危机管理研究——基于石油、黄金、糖等大宗商品及相关金融市场的实证研究	一般课题	仰炬	上海对外经贸大学
上海市海岸带各区县农村老龄化对其农村社会经济影响的实证研究	一般课题	张效莉	上海海洋大学
浦东新区开发公司模式研究	一般课题	李正图	上海社会科学院
构建上海公共租赁住房体系研究	一般课题	崔光灿	上海师范大学
世博会筹办和后续利用过程中工业遗产旅游研究：国际经验及对上海的借鉴	一般课题	胡浩	上海大学
基于国际标准约束的产品并联创新现象及其机理分析	一般课题	钱春海	中国浦东干部学院
我国社会保险资金投资管理研究	一般课题	贺瑛	上海金融学院
国际金融新格局下的上海国际金融中心金融发展环境研究	一般课题	李豫	上海金融学院
证券分析师预测品质、市场反应以及监管模式研究	一般课题	杨大楷	上海财经大学
资本流动性、金融危机与中国宏观经济波动实证研究	一般课题	徐琤	华东理工大学
基于组织学习和文化冲突的企业兼并收购绩效影响因素研究	一般课题	吕巍	上海交通大学
成本约束视角下的中国产业升级战略研究	一般课题	干春晖	上海财经大学
产业转型背景下提升装备制造业竞争力对策研究	一般课题	沈根荣	上海电机学院
新会计准则执行效果与经济后果研究	一般课题	陈信元	上海财经大学
城镇养老保险基金可持续发展研究——以上海为实证	一般课题	章萍	上海政法学院
不对称违约传染的中国供应链融资企业信用风险评估研究	一般课题	王周伟	上海师范大学
我国生物燃料乙醇发展路径研究——基于能源安全和粮食安全双重约束下的分析	一般课题	许庆	上海财经大学

(续表)

课 题 名 称	课题类别	负 责 人	工 作 单 位
上海企业承接国际服务外包研究	一般课题	李元旭	复旦大学
金融危机背景下公允价值的会计实践——基于新旧会计准则的比较研究	一般课题	薛爽	上海财经大学
超额现金流能否激起中国上市公司内部代理权争夺	一般课题	朱叶	复旦大学
上海现代医疗服务向国际资本开放的可行性及策略研究	一般课题	俞卫	上海财经大学
节能减排、发展方式转变和工业可持续增长关系研究：以上海市为重点的省际区域比较分析	一般课题	陈诗一	复旦大学
上海高端服务业发展“短腿”的体制机制环境研究	一般课题	熊世伟	市发展改革研究院
投资者保护与投资者信心：理论及中国的经验证据	一般课题	计小青	上海财经大学
美国次贷危机及其对中国经济影响与启示研究	一般课题	雷良海	上海理工大学
制造经济向服务经济转型的决定因素与结构变化：来自长江三角洲的证据	一般课题	殷德生	华东师范大学
全球化和二元经济下的最优产业政策研究：互联市场的方法	一般课题	王永钦	复旦大学
可选择的社会保障水平研究：上海的实践、问题和政策选择	一般课题	封进	复旦大学
长三角地区经济增长源泉探析与收敛性研究：理论模型与空间计量分析	一般课题	张学良	上海财经大学
中国农民消费障碍的深层次原因分析及对策研究	一般课题	郭洪仙	上海对外经贸大学
高校自主招生综合评价体系研究	一般课题	王立科	华东师范大学
高等院校科技投入绩效分析与评价	一般课题	孟溦	华东师范大学
大学生自主创业扶持体系建设研究	一般课题	吴薇	华东师范大学
大学生就业难的社会经济影响评价与政策调整研究	一般课题	张锦华	上海财经大学
价值多元与价值统一：德国道德教育理论及实践研究	一般课题	彭正梅	华东师范大学
“学生综合素质评价”科学化及其纳入中考与高考的可行性研究：上海个案	一般课题	李雁冰	华东师范大学
中国民主政治程序化建设研究	一般课题	杨放	第二军医大学
实践科学发展观：上海人力资本社会性贬值预防机制研究	一般课题	黄维德	华东理工大学

（续表）

课 题 名 称	课题类别	负 责 人	工 作 单 位
科学发展观与领导思维创新研究	一般课题	陈尤文	市委党校
国外马克思主义学者对中国经济改革和发展的研究	一般课题	丁晓钦	上海财经大学
民主社会主义思潮对当代社会主义运动的影响	一般课题	曾瑞明	上海工程技术大学
欧美视阈中的晚清上海社会文化	一般课题	司佳	复旦大学
上海城市历史人文地图	一般课题	苏智良	上海师范大学
近世江南民间信仰与区域开发	一般课题	朱海滨	复旦大学
战后都市公共领域与政论期刊研究(1945—1949)——以上海、北京、南京三地为例	一般课题	卫春回	华东理工大学
吕思勉先生年谱长编	一般课题	张根华	华东师范大学
奢侈品消费行为的面子动因及干预策略研究	一般课题	张新安	上海交通大学
城市居住者居住生活救助研究	一般课题	陈映芳	华东师范大学
当代海峡两岸中医文化传承模式比较研究	一般课题	何星海	上海中医药大学
中国社会多元化与科学文化观研究	一般课题	潘天舒	复旦大学
马克思主义视域中的休闲文化与官兵全面发展研究	一般课题	王忠	南京政治学院上海分校
非营利组织参与社会福利的路径、机制和模式研究	一般课题	李振全	上海交通大学
中国志愿者的群体特征及其志愿行为机制研究	一般课题	贺荟中	华东师范大学
基于书目控制的网络信息资源的规范控制方法	一般课题	刘炜	上海图书馆(上海科技情报研究所)
G2G 电子政务的运行维系方法研究：以上海市并联许可系统为实证分析案例	一般课题	樊博	上海交通大学
知识管理与组织学习的互动关系及其提升企业核心竞争力模型的研究	一般课题	易凌峰	华东师范大学
上海市青少年学生体质健康发展与监测管理的互动模型研究	一般课题	汪晓赞	华东师范大学
我国职业体育的社会责任研究	一般课题	陈锡尧	上海体育学院
上海市体育公共服务的政策选择与制度安排	一般课题	曹可强	上海师范大学
大众体育与都市群居民生活方式协调发展路径选择与制度安排——以长江三角洲地区为例	一般课题	戴健	上海体育学院

(续表)

课 题 名 称	课题类别	负 责 人	工 作 单 位
建国以来我国农村体育发展研究	一般课题	郭修金	上海体育学院
非洲裔美国文学研究	一般课题	庞好农	上海大学
锻造民族良心的知识分子——詹姆斯・乔伊斯与爱尔兰民族身份	一般课题	戴从容	复旦大学
19世纪美国家庭小说道德主题研究	一般课题	卢敏	上海师范大学
中国文论普世价值研究	一般课题	殷国明	华东师范大学
儒家视阈中的东亚汉文小说研究	一般课题	孙逊	上海师范大学
美国非营利职业戏剧研究	一般课题	沈亮	上海戏剧学院
三十年上海诗歌研究(1979～2009)	一般课题	孙琴安	上海社会科学院
新中国话剧演出史	一般课题	汤逸佩	上海戏剧学院
“社”与中国上古神话研究	一般课题	尹荣方	上海海关学院
谁在说话?为谁说话?——网络时代中国社会各阶层媒介话语重构	一般课题	许燕	复旦大学
中美新闻传播比较研究—话语・文本・结构	一般课题	薛中军	上海大学
新媒体与网络新生代流行文化传播	一般课题	张苑琛	上海海事大学
手机短信传播与群体性突发事件参与:以社会网络为研究视角	一般课题	廖圣清	复旦大学
敦煌碑铭赞与唐代佛徒墓志词汇研究	一般课题	姚美玲	华东师范大学
多模态话语分析的理论与应用	一般课题	唐青叶	上海大学
英汉“交互主观性”构式及其话语语义实现的对比研究	一般课题	张滟	上海海事大学
两汉同义复合词研究	一般课题	王文晖	复旦大学
汉语语调音系学研究	一般课题	马秋武	同济大学
上海市促进节能减排的理论与政策研究	一般课题	罗云辉	复旦大学
智库运行机制研究	一般课题	赵克	上海社会科学院
中华传统武德文化与中国和平发展战略思想关系研究	一般课题	卫琦	第二军医大学
用于刑事侦查的汉语方言数据库模型	一般课题	刘泽民	上海师范大学
军队政治工作原生数字资源开放平台建设研究	一般课题	马海兵	武警政治学院
长江流域水生生物资源及水域生态保护机制研究	一般课题	姜红	上海商学院
当代俄罗斯哲学与改革开放以来中国马克思主义哲学的比较研究	一般课题	郑忆石	华东师范大学

（续表）

课 题 名 称	课题类别	负 责 人	工 作 单 位
上海及长三角地区的穆斯林群体研究	一般课题	葛壮	上海社会科学院
逻辑、指号学与实用主义：皮尔士哲学的演进线索	一般课题	张留华	中共上海市浦东新区委员会党校
量子纠缠引发的哲学问题思考	一般课题	成素梅	上海社会科学院
全球化背景下的清真寺文化研究	一般课题	马丽蓉	上海外国语大学
卡尔·拉纳"先验人学"的来龙去脉及其对当代天主教与伊斯兰教对话的影响	一般课题	王新生	复旦大学
以责任看发展：多元视阈的"责任发展观"研究	一般课题	胡道玖	上海电力大学
政府经济职能的法治化研究	一般课题	刘厚金	华东政法大学
当代中国民间社会思潮的发展演变与未来趋势研究	一般课题	萧功秦	上海师范大学
网络新民粹主义研究	一般课题	郭中军	上海社会科学院
基于流程依赖关系分析的城市化发展管理协调机制研究——以上海为例	一般课题	王郁	上海交通大学
上海城市社会生活史研究	重大课题	熊月之	上海社会科学院
俄国中苏关系档案的整理与研究(1945—1979)	重大课题	沈志华	华东师范大学
现代汉语描写语法	重大课题	齐沪扬	上海师范大学
大城市阶层分化与社会空间结构演变互动的机制、模式及治理研究	青年课题	王春兰	市人口与发展研究中心
新的区域产业空间组织与演变——全球生产网络视角下的探讨	青年课题	李健	上海社会科学院
论中共策反策略(1945.9—1950.6)	青年课题	闫明	中国浦东干部学院
制度变迁理论与中国法治转型	青年课题	潘小军	华东政法大学
预算过程中的权力控制与公民权利保障——以上海市基层政府为研究对象	青年课题	肖明	上海财经大学
中国海外利益保护的国家战略：基于大国位势与国际秩序建设视角的研究	青年课题	汪段泳	上海外国语大学
电子废弃物逆向物流服务链发展模式与运行机制研究	青年课题	孙华丽	上海大学
上海市基本养老保险制度的演进模拟与福利测度研究：一个基于 OLG 结构的 CGE 精算模型分析	青年课题	李亚敏	华东师范大学
管理咨询业跨国公司对客户价值链的垂直约束研究——基于上海地区的实证分析	青年课题	郑琴琴	复旦大学

(续表)

课 题 名 称	课题类别	负 责 人	工 作 单 位
“人民币价值之谜”问题研究	青年课题	尹应凯	上海大学
缩小我国收入差距的教育公共政策选择	青年课题	温娇秀	上海财经大学
国际化投资组合的人民币条件套期保值策略研究	青年课题	叶欣	同济大学
在综合保险模式下城市农民工医疗保险异地结算及制度衔接的困难与对策研究——以上海市为例	青年课题	赵大海	上海财经大学
健康管理与社区卫生服务功能的提升——上海公共卫生服务的视角	青年课题	余央央	市发展改革研究院
扩大消费需求：基于产业结构与收入分配的视角	青年课题	张涛	复旦大学
转型期我国教育政策的伦理困境与价值选择	青年课题	刘世清	华东师范大学
听处理障碍儿童的现状、成因及康复策略研究	青年课题	刘巧云	华东师范大学
社会民主主义思潮对大学生的影响及对策研究	青年课题	焦凤梅	上海电力大学
域外汉学在民国的传播及其影响	青年课题	李孝迁	华东师范大学
博物馆与口述历史	青年课题	段炼	上海社会科学院
政治社会中的德性与自由：涂尔干再研究	青年课题	刘拥华	华东师范大学
住房私有化对城市基层社区民主的影响研究	青年课题	李骏	上海社会科学院
政务公开信息的网络舆情反馈研究	青年课题	许鑫	华东师范大学
web2.0 环境下的政府信息服务运行机制研究	青年课题	夏蓓丽	上海社会科学院
文学诗性问题研究：以概念的误用为切入口	青年课题	刘阳	华东师范大学
台湾光复初期“跨海知识分子”研究	青年课题	王小平	上海师范大学
面对图像时代的小说发展趋向研究	青年课题	徐巍	上海财经大学
上海艺术市场史	青年课题	钱小燕	上海大学
中国的大众媒介在社会运动中的角色分析	青年课题	吴畅畅	上海社会科学院
美国“中美关系”意见领袖在媒体上的言论表达(2001—2008)	青年课题	沈国麟	复旦大学
面向中文信息处理的动名组合问题研究	青年课题	王淑华	上海大学
增补和修订“希伯来语—汉语双向词典”	青年课题	阮项	上海外国语大学

（续表）

课 题 名 称	课题类别	负 责 人	工 作 单 位
现代汉语虚词语义标记功能羡余问题研究	青年课题	邵洪亮	上海师范大学
互联网搜索引擎竞价排名诚信缺失的监管研究	青年课题	张庆华	上海财经大学
危机后复原力及其开发策略研究	青年课题	罗凤英	市委党校
基因专利的保护范围及其限制研究	青年课题	曹丽荣	华东政法大学
上海周边地区乡村旅游地乡村性研究	青年课题	张歆梅	复旦大学
汉语言与汉语哲学思想特质的关联：一个世界范围内的讨论	青年课题	刘梁剑	华东师范大学
明代王学的政治向度研究	青年课题	朱承	上海大学
我国公共政策执行过程中的利益关系及其优化机制研究	青年课题	谢炜	华东师范大学
基本公共服务均等化问题研究：公共财政视角的实证分析	青年课题	林挺进	复旦大学
长三角深化城市经济协调会机制创新研究	长三角系列	徐长乐	华东师范大学
长三角跨区域功能区再造与区域治理体系优化研究	长三角系列	唐亚林	复旦大学
全球价值链下长三角联合推进产业升级策略研究	长三角系列	张艳辉	华东理工大学
江浙沪医药产业重组研究	长三角系列	嵇尚洲	上海对外经贸大学
长三角统一技术市场构建与发展战略研究	长三角系列	谢富纪	上海交通大学
长江三角洲地区加快制度合作，推进共同发展研究系列	长三角系列	陈宪	上海交通大学
长三角共同加快现代服务业发展研究	长三角系列	金亚萍	市地方税务局税收科学研究所
长三角地区电子口岸联动机制研究	长三角系列	李红霞	上海海关学院
太湖流域水污染防治跨地区的行政协调机制研究	长三角系列	朱德米	同济大学
协同促进长三角形成社会化信息共享机制研究	长三角系列	熊励	上海大学
长三角地区教育联动机制研究	长三角系列	应勤俭	上海财经大学
长三角地区教育联动机制研究——关于建立长三角地区公共管理案例库的可行性研究	长三角系列	陈卓	复旦大学
长三角城市群一体化发展的路径研究	长三角系列	郁鸿胜	上海社会科学院

(续表)

课题名称	课题类别	负责人	工作单位
长三角城市群网络化发展研究——基于复杂网络的视角	长三角系列	吕康娟	上海大学
社会和谐、社会管理与社会秩序建设研究	系列课题	李琼	华东理工大学
完善社会主义市场经济与加强民主法治建设研究	系列课题	李瑜青	华东理工大学
我国现阶段生产力发展中劳动与资本关系研究	系列课题	陈万思	华东理工大学
国际秩序与国家利益关系研究	系列课题	仇华飞	同济大学
舆论引导的体制机制研究	系列课题	张涛甫	复旦大学
环保约束的体制机制研究	系列课题	曾赛星	上海交通大学
财税分配的体制机制研究	系列课题	张荣	市地方税务局税收科学研究所
科技创新的体制机制研究	系列课题	宁钟	复旦大学
干部实绩考核的体制机制研究	系列课题	张子良	上海公共行政与人力资源研究所
民生保障的体制机制研究	系列课题	吴燕	市地方税务局税收科学研究所
土地供给的体制机制研究	系列课题	刘志平	上海财经大学
城市规划的体制机制研究	系列课题	王新军	复旦大学
经济社会发展综合评价的体制机制研究	系列课题	彭希哲	复旦大学
干部实绩考核的体制机制研究	系列课题	桑玉成	复旦大学
产业发展的体制机制研究	系列课题	林善浪	同济大学
土地承包经营权流转市场运行机制研究	系列课题	方志权	上海社会科学院
农村民主管理制度的改革、创新研究	系列课题	刘杰	上海社会科学院
深化城乡户籍制度改革研究	系列课题	张兆安	市人民政府发展研究中心
农民土地承包经营权保障机制研究	系列课题	王克强	上海财经大学
新型农业社会化服务体系研究	系列课题	于冷	上海交通大学
建立和完善现代农村金融制度研究	系列课题	史清华	上海交通大学
建立城乡统一的建设用地市场机制研究	系列课题	顾海英	上海交通大学
工业反哺农业、城市反哺农村的机制研究	系列课题	王振	上海社会科学院
农民工权益保护机制研究	系列课题	周海旺	上海社会科学院
农业“引进来”、“走出去”的机制研究	系列课题	吴方卫	上海财经大学
上海国民经济和社会发展“十二·五”规划思路研究	系列课题	李安方	上海社会科学院

（续表）

课题名称	课题类别	负责人	工作单位
国际金融危机与上海优化产业结构研究	系列课题	张幼文	上海社会科学院
上海加快发展服务经济的战略思考和路径研究	系列课题	程大中	复旦大学
新形势下深化浦东综合配套改革的突破口研究	系列课题	姚锡棠	市浦东改革与发展研究院
上海加快建设国际贸易中心思路研究	系列课题	沈玉良	上海对外经贸大学
人民币国际化与上海国际金融中心建设研究	系列课题	孙立坚	复旦大学
保增长、促内需、调结构、惠民生的政策有效性研究	系列课题	石磊	复旦大学
上海民间社会组织发展现状和趋势研究	系列课题	黄洪基	上海青年管理干部学院
上海外来人口市民化中长期政策研究	系列课题	赖涪林	上海财经大学
上海民间社会组织发展现状和趋势研究	系列课题	沈关宝	上海大学
完善上海城乡社区基层群众自治架构的研究	系列课题	杨蓓蕾	同济大学
上海老龄社会进程预测和对策研究	系列课题	寿莉莉	上海公共行政与人力资源研究所
新形势下社会动员机制研究	系列课题	顾骏	上海大学
建立支撑社会建设的公共财政体制研究	系列课题	胡怡建	上海财经大学
上海构建社会建设大格局研究	系列课题	李友梅	上海大学
当前上海主要社会阶层生存状况及思想动态研究	系列课题	刘欣	复旦大学
都江堰灾后重建的特殊保障措施研究	系列课题	汪泓	上海工程技术大学
都江堰灾后区域社会重建思路和策略研究	系列课题	何雪松	华东理工大学
上海对口支援都江堰灾后重建运行机制研究	系列课题	胡晓鹏	上海社会科学院
都江堰灾后经济重建与产业重构研究	系列课题	王晓娟	上海社会科学院
都江堰灾后重建的特殊保障措施研究	系列课题	杨建文	上海社会科学院
世博会与上海旅游目的地综合吸引力研究	系列课题	王怡然	上海对外经贸大学
和谐城市理念下的上海模式研究	系列课题	马海倩	市发展改革研究院
世博会资源优化配置与后续利用研究	系列课题	王思政	市信息中心
世博会参展参观者满意度指标体系研究	系列课题	孙元欣	上海财经大学

(续表)

课 题 名 称	课题类别	负 责 人	工 作 单 位
世博会建设和管理创新机制的推广应用研究	系列课题	吴云飞	上海世博会事务协调局
世博会与提升上海城市国际影响力研究	系列课题	陈信康	上海财经大学
网络社群的社会组织特征及影响研究	系列课题	张文宏	上海大学
应对突发公共事件的信息发布与管理研究	系列课题	谢耘耕	上海交通大学
互联网信息传播及其治理研究	系列课题	李本乾	上海交通大学
互联网与传统媒体融合趋势研究	系列课题	吴信训	上海大学
互联网信息传播及其治理研究	系列课题	林凌	华东政法大学
应对突发公共事件的信息发布与管理研究	系列课题	王贻志	上海社会科学院
新时期加强国民素质教育的理论和实践研究	系列课题	孙抱弘	上海社会科学院
深化社会主义核心价值体系建设研究	系列课题	黄力之	市委党校
进一步推进上海群众性精神文明创建活动研究	系列课题	崔宜明	上海师范大学
新时期加强未成年人思想道德教育研究	系列课题	杨雄	上海社会科学院
上海建设国际文化服务贸易平台研究	系列课题	张皞	华东师范大学
上海城市形象的国际传播研究	系列课题	孙震海	上海社会科学院
文化领域社会组织发展问题研究	系列课题	郑崇选	上海社会科学院
上海文化产业发展战略和策略研究	系列课题	王兴全	上海社会科学院
外来群体对上海文化的感受及评价研究	系列课题	卢晓	复旦大学
公共文化机构运行绩效评估及管理研究	系列课题	邓屏	上海师范大学
学生思想道德教育的中外比较研究	系列课题	高国希	复旦大学
学生思想道德教育的中外比较研究	系列课题	邱伟光	华东师范大学
社会思潮辨析与思想政治教育的针对性研究	系列课题	陶倩	上海大学
新形势下创新思想政治教育工作研究	系列课题	忻平	上海大学
新形势下高校稳定工作研究	系列课题	滕建勇	上海大学
新形势下学生民族宗教观教育研究	系列课题	吴广成	上海师范大学
高校思想政治理论课贯穿科学发展观教育研究	系列课题	胡涵锦	上海交通大学

2010 年度上海市哲学社会科学规划课题

课题名称	课题类别	负责人	工作单位
世博后上海创意产业园区空间结构嬗变及优化研究	一般课题	褚劲风	上海工程技术大学
基于 PSR 模型的城市公共服务治理创新研究——以上海实证分析为例	一般课题	诸大建	同济大学
“十二五”时期上海加快新城建设对策思路研究	一般课题	黄怡	同济大学
中共隐蔽战线斗争史	一般课题	叶孝慎	政协上海市浦东新区委员会
反腐败法律体系构建的中国路径研究	一般课题	李翔	华东政法大学
法治文化创新与传统儒学价值研究	一般课题	李瑜青	华东理工大学
公共预算的公民参与——以上海闵行区为重点案例的研究	一般课题	孙潮	上海交通大学
基于金融稳定的股票与股指期货跨市场监管法律保障机制比较研究	一般课题	徐冬根	上海交通大学
中国式按揭的困境和出路	一般课题	孟祥沛	上海社会科学院
国家末位补偿机制的构建研究——人身伤害救济的一种模式探索	一般课题	胡雪梅	上海对外经贸大学
行政引诱违法及对策研究	一般课题	张淑芳	华东师范大学
后金融危机时代我国证券监管法律制度之完善	一般课题	罗培新	华东政法大学
激励科技创新与成果转化的职务发明制度研究	一般课题	何敏	华东政法大学
慈善型宣言信托的建构逻辑与制度设计——促进我国慈善事业发展的一种路径	一般课题	徐卫	上海交通大学
我国证券群体诉讼的模式选择与制度构建	一般课题	章武生	复旦大学
国际贸易与气候变化：中国对外贸易的环境效应评估	一般课题	杨来科	华东师范大学
中国热点外交的理论与案例研究	一般课题	刘中民	上海外国语大学
长三角地区城市投资环境评价与企业投资行为、投资效率关系研究	一般课题	刘凤委	上海国家会计学院
低碳视角下上海海洋资源综合利用效率与技术创新投入的测度及开发模式研究	一般课题	郑锦荣	上海海洋大学
上海郊区农村土地承包权流转与农民权益保护研究	一般课题	张笑寒	上海财经大学

(续表)

课 题 名 称	课题类别	负 责 人	工 作 单 位
基于随机索赔强度的非寿险准备金评估模型与方法研究	一般课题	吴贤毅	华东师范大学
基本面加权股价指数：理论含义及中国的实证研究	一般课题	贺学会	上海国家会计学院
中国银行业对外开放过程中的安全问题研究	一般课题	张金清	复旦大学
我国发展液态生物质燃料的原料资源潜力开发利用社会成本收益经济分析	一般课题	吴方卫	上海财经大学
国际“热钱”的非理性流动会引发金融危机吗？机理分析与经验证据	一般课题	刘莉亚	上海财经大学
创意产业化的关键影响因素分析——以上海电视内容和动漫产业为例	一般课题	张洁	复旦大学
中国民营企业的政治关联与企业价值研究	一般课题	张祥建	上海财经大学
基于内生增长视角的能源回弹效应研究：理论模型与中国经验	一般课题	邵帅	上海财经大学
新股发行市场投资者情绪、企业“迎合”行为及其调整机制	一般课题	徐浩萍	复旦大学
企业舆论危机后消费者信任修复机理及修复机制研究	一般课题	熊焰	上海应用技术大学
政府技术采购机理及实现路径研究	一般课题	王宏	东华大学
中国股指期货市场极端风险的生成机理及应对策略研究	一般课题	刘庆富	复旦大学
低碳目标下的基于多 agent 的再制造技术选择和政策构想——以汽车再制造为例	一般课题	常香云	华东理工大学
上海市生物医药产业技术创新平台运行机制与治理模式研究	一般课题	骆品亮	复旦大学
在太湖流域建立排污权交易体系的制度研究	一般课题	尹海涛	上海交通大学
出口与经济绩效——基于上海工业企业微观数据的经验研究	一般课题	程大中	复旦大学
中国获取大宗商品国际定价权的路径研究	一般课题	杨浩	上海对外经贸大学
基于盗版效应分析的信息产品动态定价及版权保护的组合策略研究	一般课题	程岩	华东理工大学
面向公共利益的我国国有资源资产收益分配制度创新研究	一般课题	莫童	上海交通大学

（续表）

课 题 名 称	课题类别	负 责 人	工 作 单 位
产品内国际分工条件下中国制造企业的价值链提升	一般课题	唐海燕	上海立信会计学院
企业异质性、地区生产率动态演化与内生性区域差距研究	一般课题	刘乃全	上海财经大学
知识产权政策、外资进入模式和技术转移	一般课题	寇宗来	复旦大学
中小学课堂消极互动现象的成因与对策研究	一般课题	于龙	上海师范大学
中国社会发展变迁的教育动力探究	一般课题	黄书光	华东师范大学
大学生的职业兴趣、专业选择及职业承诺的关系	一般课题	高山川	复旦大学
上海市高中理科教科书“学习难度”的国际比较研究	一般课题	王祖浩	华东师范大学
以新社会组织发育为背景引领高中生自主建设学生组织的研究——以班级建设和社团建设为例	一般课题	李伟胜	华东师范大学
新课程背景下教师培训项目全程质量监控体系研究	一般课题	陈霞	上海师范大学
马克思主义的时代理论及其创新发展研究	一般课题	林世昌	市委党校
新民主主义革命时期中国共产党引领社会思潮的研究	一般课题	宋进	华东师范大学
扶乩、善书与明清以来的徽州社会——新发现的民间文献之整理与研究	一般课题	王振忠	复旦大学
近代上海城乡经济关系研究（1843—1937）	一般课题	戴鞍钢	复旦大学
春秋至秦汉时期汉字的使用及其在中华文明形成中的文化意义研究	一般课题	吕静	复旦大学
中医学术发展史——先秦汉晋经、子典籍与医学相关性研究	一般课题	严世芸	上海中医药大学
中国古代政治地理研究——以战国、十六国及五代时期为中心	一般课题	李晓杰	复旦大学
构建“社会安全阀”：快速转型期群体性冲突的调节机制研究	一般课题	刘中起	市委党校
农民工的阶级形成与阶级意识研究	一般课题	刘建洲	市委党校
新生代农民工城市融入的社会支持机制研究——基于需要评估的方法	一般课题	罗恩立	华东理工大学
社区自治的草根社群基础——以上海21个居委会自治家园为例	一般课题	汤艳文	上海大学

(续表)

课题名称	课题类别	负责人	工作单位
基于语义网格的多语言信息资源检索与调度研究	一般课题	韩耀军	上海外国语大学
新兴产业竞争力和文化影响力的信息与智力决策支持系统研究——中法竞争情报比较	一般课题	缪其浩	上海图书馆(上海科技情报研究所)
境内外主流媒体网络版报道差异的情报分析——以2010上海世博会报道为例	一般课题	阮光册	上海海关学院
体育产业战略性资本运作研究	一般课题	罗良忠	华东政法大学
构建亲民、便民、利民的上海市社区体育健身公共服务体系研究	一般课题	孙辉	华东师范大学
“长三角”地区农民工子女学龄儿童体质健康及管理模式的研究	一般课题	尹小俭	华东师范大学
王元化文艺美学思想研究	一般课题	陆晓光	华东师范大学
作为新文学思想资源的章太炎	一般课题	李振声	复旦大学
先锋视角下的中国当代电影——中国当代电影的探索策略研究	一般课题	程波	上海大学
西方美学的演进与存在论之关系研究	一般课题	刘旭光	上海师范大学
罗扎诺夫诗学研究	一般课题	田全金	华东师范大学
诗词乐关系与唐五代词之演进	一般课题	李定广	上海师范大学
明清江南园林演剧研究——从明中叶到清中叶	一般课题	姚旭峰	上海交通大学
弱势民族文学在现代中国的接受与影响研究——以东欧文学为中心	一般课题	宋炳辉	上海外国语大学
《话语・形象:驻华美国新闻记者及其报道研究(1911—1949年)》	一般课题	沈荟	上海大学
新媒体与民间组织的动员传播研究	一般课题	谢静	复旦大学
改变社会的传播力量:日本公共广告对中国的启示研究	一般课题	张殿元	复旦大学
对英语母语者的汉语教学语法详编	一般课题	王珏	上海交通大学
基于一阶谓词逻辑和时间逻辑的现代汉语文本蕴涵识别机制研究	一般课题	陈振宇	复旦大学
处理汉语句子的心理过程和神经机制	一般课题	吴芙芸	上海外国语大学
汉语指示代词的语法化及相关构式研究	一般课题	梁银峰	复旦大学
殷墟非王卜辞的文本整理与字词研究	一般课题	姚萱	复旦大学
外国人汉语习得动态语料库建设及研究	一般课题	宋春阳	上海交通大学
中国大学生英语产出中词汇丰富性发展及其制约因素的研究	一般课题	张雪梅	上海外国语大学

（续表）

课题名称	课题类别	负责人	工作单位
长三角协同推进物联网产业发展策略研究	一般课题	邓少灵	上海海事大学
食品安全警示双向失控的成因与对策研究	一般课题	孙继伟	上海大学
后世博上海市城市交通实时优化与应急管理研究	一般课题	马卫民	同济大学
“中国制造”向“中国创造”转型途径研究：基于众包理论视角	一般课题	曾庆丰	上海财经大学
吐火罗人的来源：来自颅骨测量学和古人骨 DNA 多态性研究	一般课题	谭婧泽	上海人类学学会
基于信息技术实施社区糖尿病健康管理均等化服务试点研究	一般课题	武桂英	复旦大学
佛陀“前传”的整理和研究	一般课题	刘震	复旦大学
当下中国文化矛盾与社会主义核心价值体系的构建	一般课题	黄力之	市委党校
传统文化视野中的网络暴力应对策略研究	一般课题	陈代波	华东政法大学
我国社会转型时期的知情同意模式研究	一般课题	朱伟	复旦大学
我国知识产权公共政策制定与 TRIPS 实施的协调研究	一般课题	王珍愚	同济大学
地方政府释放财政压力的路径及其影响	一般课题	陶勇	上海财经大学
政府跨部门信息共享影响因素与绩效关系研究	一般课题	郑磊	复旦大学
哈耶克政治哲学研究——一种批判性视角	一般课题	邓正来	复旦大学
中华民国外交史新著(上中下卷)	重大课题	石源华	复旦大学
我国不动产物权体系下的城市建筑遗产保护机制研究——以上海为例	青年课题	王红军	同济大学
区域性交通设施建设与上海都市圈功能布局优化研究	青年课题	王伟	上海发展战略研究所
中国共产党媒体形象建构研究	青年课题	龙潭	中国浦东干部学院
新时期中国共产党利益整合功能研究	青年课题	黄颖	中国浦东干部学院
上海近代金融创新与法律变革	青年课题	李婧	华东政法大学
《宪法对经济发展的影响：基于法律经济学方法的实证研究》	青年课题	黄锫	同济大学
城乡统筹背景下小产权房问题的实证调查与法律对策研究	青年课题	宋旭明	上海海事大学

(续表)

课题名称	课题类别	负责人	工作单位
视听服务市场准入法律问题研究	青年课题	李墨丝	上海对外经贸大学
世界经验与中国模式:“反恐打黑”的特殊诉讼机制——以我国转型期“扫黑除恶”为对勘样本	青年课题	林喜芬	上海交通大学
气候变化背景下的碳税立法研究	青年课题	李传轩	复旦大学
拉美地缘政治新态势与中国的拉美战略	青年课题	牛海彬	上海国际问题研究院
“东突”分裂势力“国际化发展”战略及其对策研究	青年课题	王震	上海社会科学院
中国证券市场“应计异象”研究	青年课题	李远鹏	复旦大学
基于上海国际航运中心建设目标的长三角航运业合作模式研究	青年课题	吉阿兵	复旦大学
教育机会公平对教育回报的异质性影响——对上海市的实证研究	青年课题	许玲丽	上海大学
价格结构转折点的诊断研究与其在价格走势分析中的应用	青年课题	崔畅	上海财经大学
GVC下的金融化趋势对我国控制权市场的影响:基于长三角的实证研究	青年课题	张慕濒	华东师范大学
劳动力转移背景下培养现代新型农民群体的政策研究	青年课题	龙翠红	华东师范大学
资本监管与市场竞争联合作用对保险公司风险承担行为的影响:理论与实证	青年课题	赵桂芹	上海财经大学
新型农村合作医疗制度可持续发展及成本效益研究——基于上海和河南的比较	青年课题	刘长喜	上海财经大学
转型背景下上海大型制造企业服务化的路径和措施研究	青年课题	王丹	上海财经大学
总部经济与上海产业转型的对接研究	青年课题	余典范	上海财经大学
企业家“傻劲”的最优水平及其调适因素——基于上海与伦敦等城市大学生创业园的比较研究	青年课题	高维和	上海财经大学
中东欧国家为何成为全球金融危机的重灾区——兼论对上海国际金融中心建设的启示	青年课题	窦菲菲	华东政法大学
中国汇率政策的福利分析:基于动态随机一般均衡的模拟研究	青年课题	张卫平	复旦大学
预防与应对大学生负性情绪的心理健康教育课程的探索——以焦虑、抑郁情绪为中心	青年课题	李晓茹	复旦大学
管理者工作领地行为研究	青年课题	彭贺	复旦大学

（续表）

课 题 名 称	课题类别	负 责 人	工 作 单 位
数据驱动的公共政策制定：以美国基础教育改革为例	青年课题	田凌晖	复旦大学
反思·批判·创新——20 世纪 90 年代以来东欧马克思主义研究动向	青年课题	赵司空	上海社会科学院
历史唯物主义再发现：北美生态马克思主义理论与实践研究	青年课题	韩欲立	复旦大学
新中国城乡关系研究——以上海和周边地区为中心(1949—1957)	青年课题	张一平	上海财经大学
教化权与汉唐间的国家构造	青年课题	李磊	华东师范大学
魏晋革命再研究——以家族的政治网络为中心	青年课题	仇鹿鸣	复旦大学
都市开发与农民工的居住问题研究：以上海为例	青年课题	赵晔琴	华东师范大学
网络群体事件发展动因及演化机制研究	青年课题	陈亮	华东理工大学
上海近郊区城市化进程中农业人口就业问题研究	青年课题	崔湧	中共上海市宝山区委员会党校
珍贵文化遗产的传承——博物馆玉器修复保护工艺研究	青年课题	王荣	复旦大学
以体育为特色的上海市学校文化建设研究	青年课题	张晓玲	上海体育学院
上海市学生体质健康监测全面质量管理体系的构建及运行模式研究	青年课题	于红妍	上海交通大学
基于生态意识的公共艺术在城市化进程中的作用及发展研究	青年课题	张苏卉	上海大学
视觉的记忆：中国基督教图像的民族志研究	青年课题	褚潇白	华东师范大学
列维纳斯与布朗肖、德里达的“他者”诗学比较	青年课题	刘文瑾	华东师范大学
全球传媒语境中的中国民族问题	青年课题	严怡宁	上海外国语大学
我国广播电视制播分离的四种模式及发展对策研究	青年课题	吕鹏	上海社会科学院
现代汉语工具动量词的多视角研究	青年课题	过国娇	上海金融学院
战国文字各系间的用字差异现象研究	青年课题	周波	复旦大学
马王堆简帛字词汇编与研究	青年课题	郭永秉	复旦大学
英汉构式生成与识解的转喻动因研究	青年课题	赵琪	同济大学
中小企业协同创新机理与协同模式研究	青年课题	解学梅	上海大学
城市生长和气候变化：低碳城市的理论框架和解决方案	青年课题	汤伟	上海社会科学院

(续表)

课 题 名 称	课题类别	负 责 人	工 作 单 位
基于WebGIS的汽车再制造回收体系管理信息系统研究	青年课题	邵志芳	上海财经大学
基于专利空间分布的我国跨国专利保护模式与发展战略研究	青年课题	唐春	华东政法大学
“后世博低谷效应”的形成机理与主动控制方法研究	青年课题	熊国钺	同济大学
《古典政治中的自然与人的幸福——亚里士多德政治哲学研究》	青年课题	孙磊	同济大学
阿佩尔伦理思想研究	青年课题	罗亚玲	复旦大学
政党制度与中国协商民主——以党际协商为考察对象	青年课题	肖存良	复旦大学
从同质化竞争到多样化互补与共荣：泛长三角时代区域治理的理论与实践	长三角系列	唐亚林	复旦大学
长江三角洲区域率先建立统一的碳金融平台体系的框架与政策研究	长三角系列	鄢德春	上海金融学院
区域经济合作中的法制环境建设研究——以长三角区域为例	长三角系列	宣文俊	华东政法大学
长江三角洲港口群制度合作研究	长三角系列	王列辉	华东师范大学
长三角地区政府间合作推进企业社会责任机制研究	长三角系列	王丹	中国浦东干部学院
长江三角洲区域城市群一体化的机制与路径研究	长三角系列	郁鸿胜	上海社会科学院
资源约束条件下长三角区域城市群经济发展方式转变研究	长三角系列	曾芬钰	上海电力大学
价值链视角下长三角创意产业协同发展研究	长三角系列	张艳辉	华东理工大学
长江三角洲区域协同推进发展战略性新兴产业研究——高校地方研究院的角色	长三角系列	刘凡丰	复旦大学
长江三角洲区域海洋经济协同发展机制研究	长三角系列	卢长利	上海海事大学
马克思主义中国化、时代化、大众化研究	系列课题	李元	上海社会科学院
中国特色社会主义道路研究	系列课题	张远新	上海政法学院
中国特色社会主义民主政治研究	系列课题	方卿	市委党校
中国特色社会主义发展模式研究	系列课题	吴海江	复旦大学
社会主义核心价值体系研究	系列课题	王贤卿	复旦大学
中国特色社会主义理论体系研究	系列课题	杨宏雨	复旦大学
中国特色社会主义基本经济制度研究	系列课题	张晖明	复旦大学
健全惩治和预防腐败体系研究	系列课题	邬思源	上海对外经贸大学

（续表）

课 题 名 称	课题类别	负 责 人	工 作 单 位
马克思主义学习型党组织建设研究	系列课题	齐卫平	华东师范大学
党内民主带动人民民主研究	系列课题	周敏凯	同济大学
低碳发展视角下上海产业结构调整思路研究	系列课题	高广阔	上海理工大学
新形势下上海进一步扩大对外开放研究	系列课题	赵蓓文	上海社会科学院
上海转变经济发展方式的内涵及评价指标体系研究	系列课题	沈露莹	市发展改革研究院
上海调整外贸发展方式研究	系列课题	沈玉良	上海对外经贸大学
探索制定有利于服务经济发展的税收政策研究	系列课题	胡兰芳	市国家税务局
上海支持和促进民营中小企业发展研究	系列课题	许建斌	市国家税务局
关于促进上海房地产市场健康发展的财税政策研究	系列课题	曹晖	市国家税务局
上海进一步提高土地集约化利用水平研究	系列课题	顾海英	上海交通大学
上海加快培育战略性新兴产业研究	系列课题	史占中	上海交通大学
上海探索公共服务合作生产供给的体制机制研究	系列课题	张子良	上海公共行政与人力资源研究所
上海破解城乡“两个二元结构”的对策思路研究	系列课题	李凌	上海社会科学院
上海加快发展为老服务体系研究	系列课题	李正龙	上海工程技术大学
上海公益性组织参与公共服务研究	系列课题	邹珊珊	同济大学
新形势下社会发展的协商求同机制研究	系列课题	徐红	同济大学
新医改背景下加快完善上海公共卫生服务体系研究	系列课题	罗力	复旦大学
上海进一步完善社会保障体系研究	系列课题	汪泓	上海工程技术大学
“十二五”时期上海加快郊区新城建设对策思路研究	系列课题	赵晓雷	上海财经大学
“十二五”时期上海加快郊区新城建设对策思路研究	系列课题	鞠立新	市委党校
新形势下深化上海城市社会管理体制改革研究	系列课题	陶希东	上海社会科学院
未来十年上海城市空间结构演变趋势和优化调整研究	系列课题	王新军	复旦大学
世界城市发展转型比较研究	系列课题	权衡	上海社会科学院
新形势下完善上海城市社区治理结构研究	系列课题	陆晓文	上海社会科学院

(续表)

课题名称	课题类别	负责人	工作单位
上海文化产业“走出去”的内涵、路径和模式研究	系列课题	关涛	华东师范大学
文化体制改革的绩效评估指标体系研究	系列课题	郑崇选	上海社会科学院
新形势下推进群众性精神文明创建活动研究	系列课题	鲍日新	上海海事大学
科学发展观“三进”途径和方法创新研究	系列课题	王天恩	上海大学
当代大学生群体思想特点及变化规律研究	系列课题	鲁雄刚	上海大学
新形势下高校思想政治教育针对性研究	系列课题	忻平	上海大学
以培养创新人格为取向的中小学课程改革研究	系列课题	刘静	市教育科学研究院
高校思想政治理论课新课程设置方案实施跟踪研究	系列课题	王建新	华东师范大学
网络知识产权保护问题研究	系列课题	徐剑	上海交通大学
新一代移动通信技术的普及应用及其社会影响研究	系列课题	罗良忠	华东政法大学
未来十年上海信息化发展战略研究	系列课题	陆小敏	市信息中心
上海大力发展现代信息服务业的对策思路研究	系列课题	郑惠强	同济大学
上海大力发展现代信息服务业的对策思路研究	系列课题	王贻志	上海社会科学院
世博效应对举办城市中长期发展影响的国际比较	系列课题	乔兆红	上海社会科学院
上海世博会展示中高新技术应用研究	系列课题	柴秋霞	上海大学
上海世博会展示中高新技术应用研究	系列课题	孙元欣	上海财经大学
市民参与办博的社会动员机制进一步完善和运用研究	系列课题	王春燕	上海财经大学
上海世博会展示中的世界城市发展趋势研究	系列课题	陈信康	上海财经大学
马克思主义政治经济学基础理论的发展与创新研究	专题研究课题	汪立鑫	复旦大学
中国海外利益研究	专题研究课题	王联合	上海外国语大学
公共科研数据库建设运行管理的体制机制研究	专题研究课题	孙继林	中国科学院上海生命科学研究院
地理信息系统(GIS技术)应用的知识整合功能研究	专题研究课题	满志敏	复旦大学
赞助体系研究	专题研究课题	程国萍	同济大学

索　引

一、主题索引

C

D

E

F

H

O

P

Q

R

W

Y

Z

二、表格索引

编　后　记

根据上海市地方志编纂委员会的统一部署,《上海市志·科学分志·人文社会科学卷(1978—2010)》由上海市社会科学界联合会承编,上海社会科学院和上海社会科学规划办公室参编。

2014年10月,上海社联正式启动志书编纂工作,抽调专门人员,成立编纂办公室。2015年初,本卷各篇章的撰写工作启动。来自复旦大学、华东师范大学、上海交通大学、同济大学、上海财经大学、上海大学、华东政法大学、上海师范大学、上海对外经贸大学、上海社会科学院、上海市国际问题研究院、上海市美国问题研究所、上海市人民政府发展研究中心、中共上海市委党校、中国人民解放军国防大学政治学院、上海市社会主义学院、上海图书馆、上海博物馆、上海社联等20余家单位的150余位学者参与具体的编纂工作。其间,上海社联分别对各篇章内容组织召开多轮专家讨论会,吸收大量宝贵意见,促使志书臻于完善。2020年3月,初稿完成。7月,交市方志办进行评议。2021年3月,通过验收。2021年5月,交付出版社。至此,在上海社联的领导、组织、协调下,在市方志办公室全程指导下,在全市社会科学界共同努力和大力支持下,经过7年的艰苦努力,这部160万字的志书终于完成。

本卷志书坚持以马克思列宁主义、毛泽东思想、邓小平理论、"三个代表"重要思想、科学发展观、习近平新时代中国特色社会主义思想为指导,遵循人文社会科学的基本内涵和一般规律,根据上海人文社会科学发展线索和基本特色,从浩瀚的书山文海中梳理归纳、索微钩沉,力图全面反映1978年以来上海人文社会科学学科体系、研究领域、理论探索发展的轨迹。同时也希望反映上海人文社会科学界为学科发展、学术繁荣、理论创新所承担的历史使命,体现上海理论工作者在全国和上海改革开放中所做出的重要理论贡献。人文社会科学本身具有繁杂分散的特点,而且30多年来发表出版的论文专著无以计数,研究讨论的问题涉及的领域几乎包括了社会发展变革的各个方面,由于我们对志书编撰的经验不足,在编撰中对资料的收集取舍难免挂一漏万,对发展特征认识的理解难免偏颇,篇章节之间的结构不一,篇幅畸轻畸重等,不可避免存在诸多不足和疏漏,敬请方家指正。

最后,向为这部志书付出辛勤劳动的全体专家学者、修志人员及相关单位表示衷心的感谢,并致以崇高的敬意!

《上海市志·科学分志·人文社会科学卷(1978—2010)》编纂办公室

2021年3月

图书在版编目(CIP)数据

上海市志．科学分志．人文社会科学卷：1978—2010／上海市地方志编纂委员会编．—上海：上海人民出版社，2021
ISBN 978－7－208－17423－8

Ⅰ．①上… Ⅱ．①上… Ⅲ．①上海－地方志②人文科学－概况－上海－1978－2010③社会科学－概况－上海－1978－2010 Ⅳ．①K295.1②C125.1

中国版本图书馆CIP数据核字(2021)第224009号

责任编辑 丁 辰 曹怡波
封面设计 严克勤

上海市志·科学分志·人文社会科学卷(1978—2010)
上海市地方志编纂委员会 编

出 版 上海人民出版社
(201101 上海市闵行区号景路159弄C座)
发 行 上海人民出版社发行中心
印 刷 上海中华商务联合印刷有限公司
开 本 889×1194 1/16
印 张 69.25
插 页 13
字 数 1766,000
版 次 2021年12月第1版
印 次 2021年12月第1次印刷
ISBN 978-7-208-17423-8/K·3154
定 价 430.00元